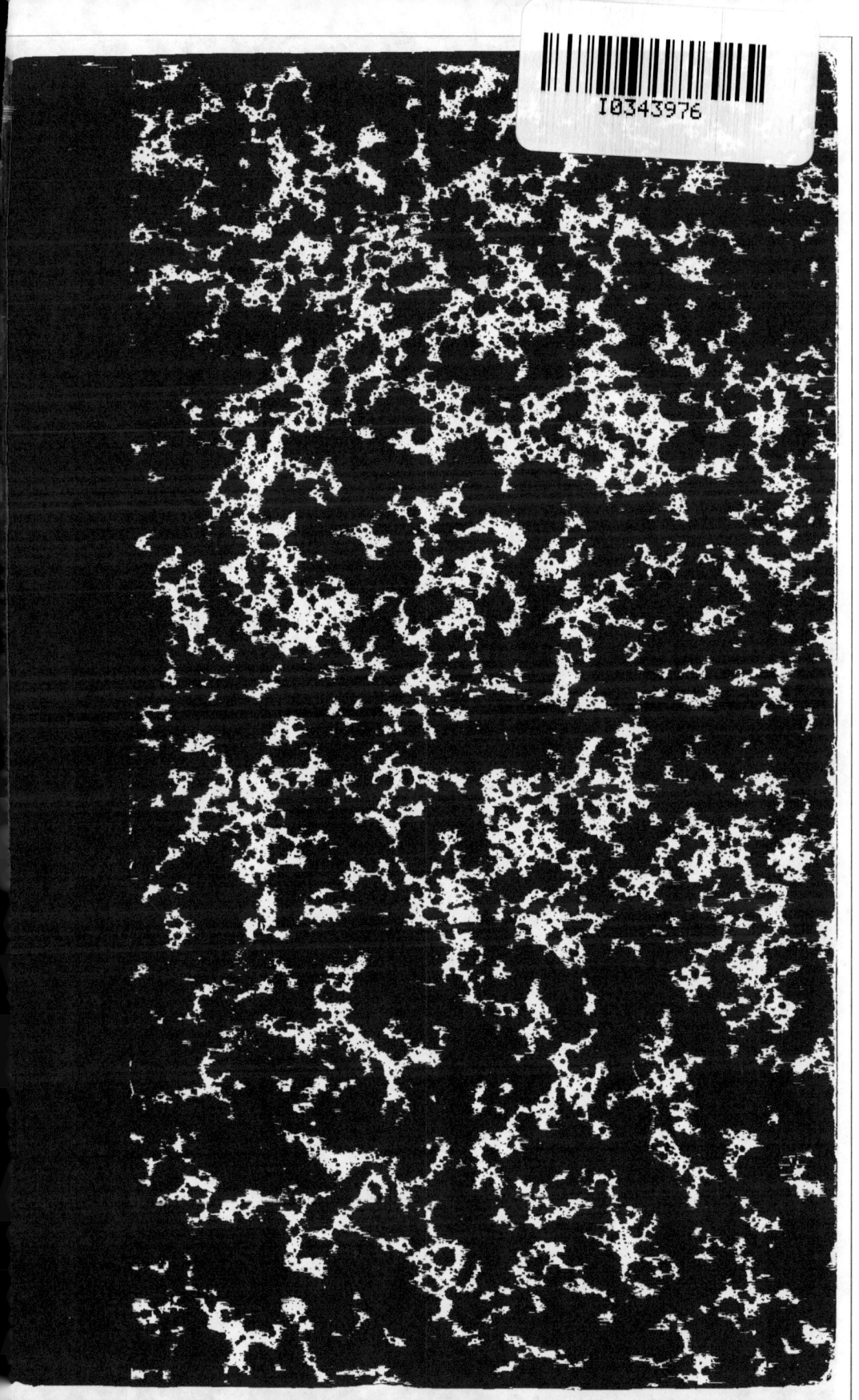

ENCYCLOPÉDIE
THÉOLOGIQUE,

OU

SÉRIE DE DICTIONNAIRES SUR TOUTES LES PARTIES DE LA SCIENCE RELIGIEUSE,

OFFRANT EN FRANÇAIS

LA PLUS CLAIRE, LA PLUS FACILE, LA PLUS COMMODE, LA PLUS VARIÉE
ET LA PLUS COMPLÈTE DES THÉOLOGIES.

CES DICTIONNAIRES SONT :

D'ÉCRITURE SAINTE, DE PHILOLOGIE SACRÉE, DE LITURGIE, DE DROIT CANON, D'HÉRÉSIES ET
DE SCHISMES, DES LIVRES JANSÉNISTES, MIS A L'INDEX ET CONDAMNÉS, DES PROPOSITIONS
CONDAMNÉES, DE CONCILES, DE CÉRÉMONIES ET DE RITES, DE CAS DE CONSCIENCE,
D'ORDRES RELIGIEUX (HOMMES ET FEMMES), DE LÉGISLATION RELIGIEUSE, DE
THÉOLOGIE DOGMATIQUE ET MORALE, DES PASSIONS, DES VERTUS ET DES VICES,
D'HISTOIRE ECCLÉSIASTIQUE, D'ARCHÉOLOGIE SACRÉE, DE MUSIQUE RELI-
GIEUSE, DE GÉOGRAPHIE SACRÉE ET ECCLÉSIASTIQUE, D'HÉRALDIQUE
ET DE NUMISMATIQUE RELIGIEUSES, DES DIVERSES RELIGIONS,
DE PHILOSOPHIE, DE DIPLOMATIQUE CHRÉTIENNE
ET DES SCIENCES OCCULTES.

PUBLIÉE

PAR M. L'ABBÉ MIGNE,

ÉDITEUR DES COURS COMPLETS SUR CHAQUE BRANCHE DE LA SCIENCE RELIGIEUSE.

50 VOLUMES IN-4°.

PRIX : 6 FR. LE VOL. POUR LE SOUSCRIPTEUR A LA COLLECTION ENTIÈRE, 7 FR., 8 FR., ET MÊME 10 FR. POUR LE
SOUSCRIPTEUR A TEL OU TEL DICTIONNAIRE PARTICULIER.

TOME QUATORZIÈME.

DICTIONNAIRE DES CONCILES.
TOME DEUXIÈME.

2 VOL. PRIX : 14 FRANCS.

CHEZ L'ÉDITEUR,
AUX ATELIERS CATHOLIQUES DU PETIT-MONTROUGE,
RUE D'AMBOISE, BARRIÈRE D'ENFER DE PARIS.

1847

DICTIONNAIRE

UNIVERSEL ET COMPLET

DES CONCILES

TANT GÉNÉRAUX QUE PARTICULIERS,

DES PRINCIPAUX SYNODES DIOCÉSAINS,

ET

DES AUTRES ASSEMBLÉES ECCLÉSIASTIQUES LES PLUS REMARQUABLES,

COMPOSÉ

SUR LES GRANDES COLLECTIONS DE CONCILES LES PLUS ESTIMÉES, ET A L'AIDE DES TRAVAUX
DE D. CEILLIER, DU P. RICHARD, DES AUTEURS DE L'HISTOIRE DE L'ÉGLISE GALLICANE,
ET DES AUTRES HISTOIRES DE L'ÉGLISE LES PLUS CÉLÈBRES, SOIT ANCIENNES
SOIT MODERNES, SOIT FRANÇAISES SOIT ÉTRANGÈRES.

RÉDIGÉ

PAR M. L'ABBÉ P*****,

PRÊTRE DU DIOCÈSE DE PARIS.

Publié par M. l'abbé Migne,

ÉDITEUR DES COURS COMPLETS SUR CHAQUE BRANCHE DE LA SCIENCE RELIGIEUSE.

TOME DEUXIÈME.

2 VOL. PRIX : 14 FRANCS.

CHEZ L'ÉDITEUR,
AUX ATELIERS CATHOLIQUES DU PETIT-MONTROUGE,
BARRIÈRE D'ENFER DE PARIS.

1847

Nous donnons ici quelques articles omis dans le corps du Dictionnaire.

NID (Concile de) ou NODORE, *Niddanum*, l'an 705. Saint Wilfrid, de retour de Rome en Angleterre, se réconcilia d'abord avec Bertualde, archevêque de Cantorbery; puis, par le conseil d'Ethelrède, qui, après trente et un ans de règne sur les Merciens, s'était fait moine en 694, dans le monastère de Bardeneg, il envoya un prêtre et un abbé à Alfrid, roi des Northumbres, pour le prier de trouver bon qu'il lui présentât les lettres du pape. Alfrid protesta qu'il ne changerait rien à ce qui avait été ordonné par les évêques de Bretagne; mais, étant tombé malade, il recommanda à son successeur de faire la paix avec saint Wilfrid. Cadulphe, au lieu de lui rendre justice, lui ordonna de sortir dans six jours de son royaume; il en fut chassé lui-même trois jours après; et Ofred, fils d'Alfrid, régna à sa place. La première année de son règne, c'est-à-dire, sur la fin de l'an 705, Bertualde de Cantorbery tint avec les évêques, les abbés et les premiers du royaume, un concile près de la rivière de Nid. Le jeune roi y assista, aussi bien que saint Wilfrid, avec Elflède, abbesse de Streneshal, qui était en réputation de prudence et de sagesse. On lut les lettres du pape Jean VII; et comme elles étaient en latin, on en donna l'interprétation aux seigneurs anglais. Elles portaient en substance que les évêques se réconcilieraient avec saint Wilfrid; qu'ils lui rendraient ses églises, ou qu'ils iraient tous ensemble à Rome pour être jugés. L'abbesse Elflède rendit témoignage que la dernière volonté du roi Alfrid était que l'on rétablît le saint évêque. Sur cela Bertefrid dit, au nom du roi Ofred, qu'il fallait obéir aux ordres du saint-siège et du roi Alfrid, et que l'on ne pouvait s'en défendre après le vœu qu'on avait fait de se soumettre en tout à la volonté du pape, si Dieu donnait à Ofred le royaume de son père. A ces paroles tous les esprits se réunirent, et il fut conclu unanimement que l'on ferait la paix de bonne foi avec saint Wilfrid, et qu'on lui rendrait ses deux monastères de Ripon et d'Hagulstadt, avec tous leurs revenus. Avant de se séparer, tous les évêques s'embrassèrent et communièrent ensemble. *Hist. des aut. sacr. et ecclés.*, t. XX.

NOTRE-DAME DE LAON (Synode de), tenu l'an 869, par Hincmar, évêque de cette ville. Il y fit la menace de faire cesser l'office divin dans son diocèse, si on lui refusait la liberté de porter sa cause à Rome. *Mansi, Conc. t.* XV.

NOTRE-DAME DE LAON (Synode de), l'an 876. Le clergé, ayant élu Hénédulfe pour évêque avec le suffrage du peuple de la ville, écrivit à Hincmar, archevêque de Reims, pour lui demander d'approuver cette élection. Cette lettre, qui paraît avoir été écrite en plein synode, est datée de la basilique de Notre-Dame, et du 5 des calendes d'avril. *Mansi, Conc. t.* XVII.

NOTRE-DAME D'ARRAS (Synodes de), années 1096, 1097, etc., sous l'évêque Lambert. Parmi les monuments de nous restent de ces synodes s'en trouve un qui a plus particulièrement fixé l'attention de Mansi : c'est une lettre par laquelle l'évêque revendique le droit d'asile, non pas seulement pour une église, mais pour la galerie qui l'entourait. Cependant un droit semblable, et même plus étendu, avait été établi dès l'an 511, par le premier concile d'Orléans (*Voy.* col. 180 de ce tome II du Dictionnaire). Du reste, il y a lieu de douter que cette lettre remarquable ait été rédigée en synode. *Mansi, Conc. t.* XX.

NOVARE (Concile de), l'an 1057. Ce concile, présidé par Gui, archevêque de Milan, est sans doute le même que celui de Fontaneto que nous avons rapporté à l'an 1056, peut-être par erreur de date : il eut le même objet et le même résultat. *Voy.* FONTANETO.

NOVOGRODEK (Concile provincial de) en Lithuanie, *Novogradense*, l'an 1415. On y déposa Phociey, qui, ayant usurpé en 1407 le siège épiscopal de Kiovie, faisait ses efforts pour introduire dans la Russie le schisme grec. On lui substitua Grégoire Cemiwlaki, Bulgare de naissance, personnage renommé pour son érudition, et qui vint assister au concile de Constance. *Mansi, Conc. t.* XXVIII.

Paris.—Imprimerie de VRAYET DE SURCY, rue de Sèvres, 57.

DICTIONNAIRE DES CONCILES.

N

NAMNETENSIA (*Concilia*). *Voy.* NANTES.

NAMUR (Synode diocésain de), *Namurcensis*, l'an 1570. Antoine Havet, premier évêque de Namur, sacré en 1562, tint ce synode, dans lequel il publia un corps de statuts divisé en vingt-deux titres. Il veut, titre 5, que les enfants âgés de sept ans soient présentés à l'évêque pour être confirmés; titre 6, que personne n'use, dans le diocèse de Namur, de pouvoirs que le pape aurait accordés pour dispenses de cas réservés à l'évêque, sans avoir auparavant fait vérifier ses pouvoirs par celui-ci; titre 9, que les clercs obligés à la récitation de l'office divin suivent le rite adopté dans le diocèse, ou, s'ils l'aiment mieux, qu'ils se conforment au rite adopté dans l'Église romaine; que l'on jeûne jusqu'à midi le jour de la fête de saint Marc et les trois jours des Rogations. Le reste ne contient rien de remarquable. *Conc. Germ.*

NAMUR (Synode diocésain de), tenu l'an 1604. L'évêque François Buisseret y publia des règlements fort étendus, et compris sous douze titres.

Le titre 2 traite des écoles paroissiales et dominicales : ces dernières étaient appelées ainsi, parce qu'elles se tenaient le dimanche pour les enfants pauvres. Le zélé pontife exige, sous peine d'amende, que chaque curé en élève de semblables dans sa paroisse.

Le titre 4 a pour objet l'office divin : le rite romain, déjà en usage à l'église cathédrale et dans plusieurs collégiales, est prescrit dans ce décret pour toutes les églises paroissiales du diocèse.

L'heure de la messe paroissiale est fixée, pour toutes les paroisses, à huit heures en été, et à neuf heures en hiver, sous peine de suspense de l'office divin.

Le titre 6 traite de l'administration des sacrements. Défense d'en administrer aucun sans le surplis et l'étole. *Conc. Germ. t.* VIII.

NAMUR (Synode diocésain de), l'an 1625. L'évêque Jean Dauvin y recommanda, par de nouveaux statuts, les règlements tracés par son prédécesseur. *Conc. Germ. t.* IX.

NAMUR (Synode diocésain de), l'an 1626. Le même évêque y fit un nouveau statut pour recommander à l'écolâtre de son église cathédrale de veiller à ce que les enfants n'eussent pour maîtres ou maîtresses d'école que des personnes de leur sexe respectif.

NAMUR (Synode diocésain de), l'an 1627, tenu par le même.

NAMUR (Synode diocésain de), l'an 1639. L'évêque Engelbert Desbois y publia un grand nombre de décrets, compris sous 26 titres principaux. La plupart sont remarquables, en ce qu'ils peuvent nous servir beaucoup à connaître la discipline du temps, dont les traces tendent à s'effacer de plus en plus parmi nous.

Titre III. « La pierre des autels portatifs doit être assez grande pour contenir commodément l'hostie et le calice. Chaque calice sera accompagné d'une petite cuiller. Il y aura sur tous les autels, pendant qu'on y dira la messe, une table des secrètes et un crucifix. On ne prendra les prières de la messe que dans le missel romain, et on aura recours au commun du même missel pour les fêtes qui n'auront pas de messe propre. On n'omettra dans le chant aucune partie de la messe ni des vêpres, et on n'y ajoutera rien autre chose que l'oraison *Et famulos tuos*, pour le pape, l'évêque et le roi, et l'antienne *O salutaris* à l'Élévation, ou le *Pie Jesu Domine*, si c'est une messe des morts. Nous défendons de consacrer à une messe d'autre grande hostie que l'hostie destinée à être placée dans l'ostensoir, en se contentant pour le sacrifice de consommer l'ancienne. L'hostie consacrée pour être placée dans l'ostensoir doit être consommée dès le lendemain, si ce n'est à l'époque de l'octave de la Fête-Dieu. Aucune raison ne pourra dispenser les prêtres de consacrer autrement qu'avec une grande hostie. Personne ne pourra célébrer avec deux vins différents mêlés ensemble. On ne pourra réduire de sa propre autorité les messes, les anniversaires ou les autres charges attachées à un bénéfice. Les curés, même réguliers, ne feront l'office public que selon le rite du bréviaire et du missel romain, et ils ne feront usage que du rituel romain dans l'administration des sacrements. En cas d'absence ou de maladie du curé, les laïques ne doivent pas s'ingérer de chanter seuls l'office de Vêpres. Les laïques ne doivent pas porter de chapes à l'office ni aux processions; nous ne leur permettons, en fait d'habit ecclésiastique, que le surplis. On fera, tous les jours de dimanches et de fêtes, les supplications autour de l'église ayant la grand'messe. Le curé, en prenant l'avis du doyen et du magistrat, pourra réduire à de justes bornes les processions trop longues. On ne présentera aucunes provisions de bouche aux processions du Saint-Sacrement. Les curés rédigeront le plus tôt possible un tableau des anniversaires et d'autres pieuses fondations, qui sera suspendu à la sacristie. On ne gardera en réserve le Saint-Sacrement dans aucune chapelle dépendante d'une église paroissiale. On n'y fera non plus aucune fonction pastorale, telle que de relever les femmes après leurs couches, de bénir les cierges, l'eau lustrale, les cendres, les rameaux et les nouveaux fruits; de faire des enterrements, de dire des messes de services ou mariages, à moins que ce ne soit du consentement du curé. On ne sonnera pour la Commémoration des fidèles trépassés ni après neuf heures du soir, ni avant quatre heures du matin. On ne permettra point aux enfants de jouer dans les cimetières. »

Titre IV. « Nous défendons, sous peine d'excommunication, les ligatures employées contre la fin du mariage. On fera choix dans chaque doyenné de trois ou quatre curés, qui recevront de nous le pouvoir de faire les exorcismes. Nous permettons aux prêtres de dire sur les fidèles l'Evangile de saint Jean ou tout autre, en posant l'étole sur leurs têtes en forme de croix. »

Titre V. « Les curés pourront, dans les temps de récoltes, permettre à leurs paroissiens de travailler le dimanche, en cas de nécessité, et hors du temps des offices. On s'abstiendra de laitage le mercredi des Cendres et le vendredi saint; et on ne pourra se le permettre les autres jours de carême, qu'à condition de dire tous les jours cinq fois *Pater* et *Ave*, ou de payer par tête deux *stufers*, qui seront appliqués à la fabrique de notre église cathédrale. »

Titre VII. « A l'avenir, l'eau bénite sera portée tous les dimanches à la maison de chaque particulier par le marguillier lui-même ou par quelqu'un qui le remplacera, pourvu que ce ne soit ni sa femme, ni sa fille, ni toute autre personne du sexe. »

Titre VIII. « On ne donnera point aux enfants que l'on baptisera des noms païens, ni même des noms tirés de l'Ancien Testament, à cause de l'abus qu'en font les hérétiques. »

Titre X. « Les confesseurs n'entendront la confession de personne, ni même celle d'un prêtre, autrement qu'assis, et ils donneront l'absolution en ayant la tête couverte, comme il convient à des juges. »

Au chapitre 4 de ce même titre, on fait entrer le mot *deinde*, qui précède *te absolvo*, dans la forme de l'absolution, tandis que ce mot ne fait partie que de la rubrique dans le rituel Romain, tel que nous le trouvons imprimé de nos jours.

« Les curés, et en général tous les prêtres, pourront se confesser à tel prêtre approuvé qu'il leur plaira d'avoir pour confesseur. »

Titre XI. « Les tabernacles où l'on gardera le Saint-Sacrement seront placés sur le milieu du grand autel. Il y aura toujours un corporal sous le Saint-Sacrement, quand il sera exposé. Le curés ne donneront point sans nécessité la communion pascale hors de leur église paroissiale. On ne donnera la communion à la grand'messe, qu'après que la messe sera achevée. Quiconque, pour de justes motifs, aura communié hors de sa paroisse dans le temps de Pâques, sera tenu d'en fournir la preuve à son curé. »

Titre XIV. « Le curé qui aurait, par erreur, prétendu donner l'extrême-onction avec une autre huile, même bénite, que celle des Infirmes, sera tenu de l'administrer de nouveau. »

Titre XVI. « On portera à l'église tous les corps morts, avant de leur donner la sépulture. »

Titre XVII. « Nous approuvons l'usage, anciennement établi en beaucoup de lieux, de faire aux curés des offrandes de pains et d'œufs, aux temps de Pâques, de Noël et de la Pentecôte. »

Titre XIX. « Nous défendons aux ecclésiastiques de se faire accompagner de leurs chiens à l'église. Les ministres de l'église ne feront point d'excès aux jours de dédicaces, qui les mettent hors d'état de chanter comme il faut l'office de vêpres. Qu'aucun ecclésiastique ne joue en public les jours de dimanches et de fêtes, soit à la paume, soit à d'autres jeux. Que les servantes des clercs de notre diocèse soient de mœurs honnêtes et jouissent d'une bonne réputation. Si quelqu'une devient suspecte, on devra la congédier sur notre avertissement. Nous ne permettons à aucun ecclésiastique de prendre à ferme des terres, quand même elles appartiendraient à la fabrique ou à des monastères, ou à d'autres lieux pies, pour les exploiter à leurs frais ou aux frais d'autres personnes, bien moins encore pour les ensemencer de leurs mains : ils pourront seulement faire cultiver leurs propres terres par leurs domestiques. Ils n'assisteront jamais aux festins des femmes après leurs couches, et se trouveront le plus rarement possible à ceux des noces. Les maîtres d'école auront soin de conduire leurs écoliers au catéchisme, et de les contenir dans le devoir pendant qu'on le leur fera. »

Titre XXIII. « On n'ouvrira aucune école à l'avenir, à moins d'avoir notre consentement. Dans les écoles de villages, les garçons auront au moins des places séparées de celles des filles, et dans les villes, il faudra de toute nécessité qu'ils aient des écoles séparées. Dans toutes les écoles, la lecture du catéchisme diocésain suivra celle de l'alphabet. On y enseignera le plain-chant deux ou trois fois chaque semaine. Chaque jour, à la fin de l'école, on lira les principes de la foi, qu'on fera répéter. » *Conc. Germ.*, t. IX.

NAMUR (Synode diocésain de), l'an 1639. L'évêque Jean de Wachtendonck y publia de nouveaux statuts, à peu près sous les mêmes titres que les précédents. Ces titres sont au nombre de vingt-cinq.

Titre I. « La foi implicite ne suffit pas seule, mais les deux sont nécessaires, et de croire implicitement tout ce que l'Eglise enseigne, et de croire explicitement les articles qui concernent la divinité et même l'humanité du Christ. »

« Que les séculiers sachent bien, qu'il ne leur est pas permis de disputer, soit en public, soit même en particulier, touchant la foi catholique, ou sur des propositions condamnées par le saint-siège. »

T. II. « La matière d'un sacrement ne doit pas être employée à d'autres usages, qu'à ceux pour lesquels l'Eglise l'a destinée. On ne doit rien exiger pour des sacrements reçus, mais il est permis de recevoir ce qui est donné de plein gré. Il n'est pas permis de se servir sans nécessité d'une matière qui n'est que probable, lorsqu'on peut se procurer une matière certaine. Que tout prêtre sache bien qu'il y a obligation de ne se servir que de la forme prescrite ou contenue dans le Rituel romain. »

T. III. « Qu'aucun curé ne se donne la licence de bénir après leurs couches les personnes devenues mères par suite d'un commerce illégitime. »

T. V. « On ne permettra dans ce diocèse à aucun confesseur d'absoudre quelqu'un d'un péché, surtout si ce péché est grave, dont il aurait été lui-même complice. On ne doit pas admettre à la confession les personnes du sexe qui se présentent au confessionnal trop découvertes ou indécemment vêtues, ni les jeunes gens qui soignent leur chevelure comme des femmes. Que les confesseurs suivent toujours, autant que possible, l'opinion la plus probable et la plus sûre dans une matière aussi difficile que celle qui concerne le sacrement de pénitence, de peur de s'engager dans la voie large, qui conduit à la perdition. Ils emploieront tous leurs soins à faire produire à leurs pénitents des actes de foi, d'espérance et de charité, et leur faire concevoir de la douleur de leurs péchés, non tant par la crainte des peines, que par le motif de l'amour de Dieu. »

T. VI. « Il est défendu à toute personne du sexe de se tenir en dedans de la balustrade des autels où le Saint-Sacrement est exposé, pendant qu'on y célèbre la messe ou qu'on y chante Laudes. »

T. X. « Lorsque les curés veulent se charger de la prédication par eux-mêmes, il n'y a personne qui ne doive leur céder cette fonction. Les prédicateurs ne rapporteront les arguties des hérétiques qu'avec d'extrêmes précautions, et que par nécessité. »

T. XI. « Pour garder partout l'uniformité dans les cérémonies prescrites, suivant l'usage de Rome, on se conformera au Cérémonial des évêques, composé par l'ordre de Clément VIII d'heureuse mémoire. Dans les églises où il y a plusieurs messes, la première doit se dire à six heures en été pour être suivie du catéchisme, et à sept heures en hiver. On s'abstiendra de sonner le jeudi saint dans les diverses églises de Namur, du moment où l'on aura cessé de le faire à l'église cathédrale. »

T. XII. « Nous approuvons beaucoup l'usage qu'on aurait de fêter la Présentation de la sainte Vierge, sans en faire toutefois une obligation, et nous attachons à cette dévotion quarante jours d'indulgence. »

T. XIII. « On ne tolérera point dans les églises ni dans les processions des images de saints représentés avec des ajustements mondains. »

T. XVI. « Nous défendons aux curés et aux marguilliers de s'absenter les uns et les autres en même temps de leur paroisse. »

C'est qu'à cette époque les marguilliers étaient considérés à peu près comme des vicaires au temporel.

T. XVII. « Les prêtres ne prendront du tabac, soit en feuille, soit en poudre, ni avant ni pendant la messe qu'ils auront à célébrer. Ils ne la célébreront pas non plus avec des gants ou des mitaines. Les chapelains des campagnes, où il ne se dit ni matines ni grand'messes, si ce n'est le dimanche et les jours de fêtes, emploieront une demi-heure à la méditation, puis ils se disposeront à dire la messe par la récitation de leur office, à moins que le curé n'en juge autrement. La messe dite, et de retour chez eux, ils s'occuperont durant une heure à une lecture de piété ; ils iront ensuite cultiver leur jardin, ou feront quelque autre travail jusqu'au moment du dîner. Après midi, et les Vêpres dites, ils feront une heure de promenade ; puis ils reprendront leur lecture, et après cela le travail des mains jusqu'à souper. Enfin, ils n'iront prendre leur repos qu'après avoir fait une demi-heure d'oraison et d'examen de conscience. Les prêtres étrangers qui devront demeurer quelque temps dans un endroit de ce diocèse, seront tenus aux mêmes exercices, sous peine de se voir refuser le pouvoir de dire la messe. »

T. XXIV. « Défense à un examinateur de recommander à son collègue un sujet pour lequel il aurait lui-même de la préférence. » *Conc. Germ. t.* IX.

NAMUR (Synode de), l'an 1698, où l'on renouvelle la souscription du formulaire du pape Alexandre VII. On y défend d'entendre sans nécessité des confessions de femmes dans les sacristies ; on y renouvelle aussi la défense de satisfaire aux prétentions des nobles qui voulaient que le célébrant leur présentât individuellement l'eau bénite. *M. Guérin, Manuel de l'hist des Conc.*

NANNETENSIA (*Concilia*). *Voy.* NANTES.

NANTERRE (Synode de), *Nemtodorensis Conventus*, l'an 591. A cette assemblée, où se trouvèrent réunis les évêques de Lyon, d'Autun et de Châlons-sur-Saône, outre plusieurs autres avec les grands du royaume, le jeune roi de Soissons, Clotaire II, reçut le baptême, ayant pour parrain Gontran, roi de Bourgogne. *Labb.* V.

NANTES (Concile de, *Nannetense,* vers l'an 658. Il est dit dans l'inscription de ce concile national tenu à Nantes, ville de l'ancienne Bretagne, et de la province ecclésiastique de Tours, qu'il fut assemblé par l'ordre du pape Vitalien, vers l'an 658. Flodoard le dit aussi; mais il ne rapporte de ce concile qu'un fait qui avait rapport à son Histoire de l'Eglise de Reims, savoir, que les évêques permirent à saint Nivard, évêque de Reims, de rebâtir le monastère d'Hautvillers, situé sur les bords de la Marne, qui avait été détruit par les barbares. Nous avons dans les collections des conciles, sous le pontificat du pape Formose, vingt canons sous le nom du concile de Nantes; mais, comme ils sont sans date, on ne sait s'ils appartiennent à ce concile ou à quelque autre. Il est des auteurs qui les attribuent à un concile qu'ils supposent avoir été tenu à Nantes vers la fin du neuvième siècle. Ce sentiment nous paraît insoutenable pour deux raisons: la première est que la ville de Nantes fut entièrement détruite après le milieu de ce siècle, par les guerres continuelles qu'on faisait aux Bretons et aux Normands païens, ce qui ne finit que dans le dixième siècle: la seconde est que le troisième et le dixième canon du concile de Nantes ont été mis dans le septième livre des Capitulaires qui furent dressés dans le huitième siècle. Nous allons donc rapporter ici ces vingt canons du concile de Nantes, comme dans la place la plus convenable qu'on puisse leur donner.

Le 1er ordonne que, les jours de dimanche et de fête, les prêtres demandent au peuple, avant de célébrer la messe, s'il n'y a personne d'une autre paroisse qui vienne entendre la messe au mépris de son propre prêtre; que, s'il s'en trouve, ils les chassent de l'église, et les obligent à retourner à leur paroisse; qu'ils demandent aussi s'il n'y a personne qui soit en querelle; et que s'ils en trouvent il les réconcilient sur le champ; que si ces derniers refusent de se réconcilier, ils les chassent de l'église, jusqu'à ce qu'ils aient satisfait à cette obligation.

On trouve dans ce canon l'obligation où sont les fidèles d'entendre la messe les dimanches et les fêtes, dans leurs paroisses, et le principe établi que le propre prêtre n'est autre que le curé, puisqu'on lui ordonne des choses qui ne peuvent convenir qu'au curé ou à un pasteur, par rapport à ses paroissiens ou à ses ouailles.

Le 2e fait défense aux curés de recevoir à la messe les paroissiens des autres curés, à moins qu'ils ne soient en voyage, ou qu'ils ne viennent aux plaids.

Le 3e défend aux prêtres de demeurer avec des femmes, non pas même avec celles qui sont exceptées par les canons, à cause des servantes qu'elles sont obligées d'avoir pour les servir. Le même canon défend aussi aux femmes de s'approcher de l'autel, d'y servir le prêtre, ou d'être assises dans l'enceinte de la balustrade, c'est-à-dire dans le chœur.

Le 4e porte qu'aussitôt que le curé saura qu'il y a quelqu'un de ses paroissiens malade, il ira le visiter; et qu'en entrant chez lui, il lui fera, par toute sa chambre, l'aspersion de l'eau bénite, en récitant l'antienne *Asperges me, Domine;* qu'il chantera ensuite les sept psaumes, avec les prières pour les malades; et qu'ayant fait sortir tout le monde, il s'approchera du malade pour l'exhorter doucement à confesser ses péchés, à promettre de s'en corriger et d'en faire pénitence, si Dieu lui rend la santé; qu'il le portera aussi à disposer de ses biens, tandis qu'il a l'usage libre de sa raison, et à ne jamais désespérer de la miséricorde de Dieu.

Le 5e porte que, quand un prêtre confessera un malade, il ne lui donnera l'absolution qu'à condition que, si Dieu lui rend la santé, il fera une pénitence proportionnée à ses fautes.

Le 6e renouvelle les canons qui défendent de rien exiger pour la sépulture, et d'enterrer dans l'église, permettant seulement de le faire dans le parvis, ou sous le portique.

Le 7e défend de favoriser l'ordination furtive et secrète d'un clerc d'un autre diocèse, sous les peines portées par le concile de Chalcédoine, savoir, la suspense pour celui qui aura été ainsi ordonné; la déposition, pour celui qui l'aura favorisée, si c'est un clerc, et l'excommunication, si c'est un moine ou un laïque.

Le 8e porte qu'aucun prêtre n'aura plus d'une église, s'il n'a d'autres prêtres sous lui dans chacune des églises, qui y fassent l'office de jour et de nuit, et y célèbrent la messe tous les jours (*a*).

Le 9e ordonne que, des pains que le peuple offre à l'église tous les jours de dimanches et de fêtes, ou que le prêtre fournira lui-même, celui-ci bénisse ceux qu'il n'aura pas consacrés, pour les distribuer à ceux qui ne communieront pas.

Le 10e est sur les dîmes et les oblations des fidèles, et ordonne que, selon les saints canons, on en fasse quatre portions; l'une pour la fabrique de l'église, l'autre pour les pauvres, la troisième pour le curé et son clergé, et la quatrième pour l'évêque.

Le 11e ordonne qu'avant de promouvoir les clercs aux ordres sacrés, on les examine pendant trois jours, et qu'on s'informe de leur naissance, de leur vie, de leur doctrine et de leurs mœurs; de sorte que ceux qui seront préposés à cet examen perdront leur dignité, s'ils admettent des indignes, et que ces sujets indignes seront repoussés de l'autel.

Le 12e permet à un mari de chasser sa femme pour cause d'adultère; mais il lui défend d'en épouser une autre de son vivant, et ordonne que la femme qui tombera en adultère soit mise en pénitence pendant sept ans. Il permet aussi au mari de se ré-

---

(*a*) « Il (ce concile) défend aussi d'avoir plusieurs églises ou bénéfices; le canon ajoute, selon la leçon d'aujourd'hui, à moins que le titulaire n'ait un desservant dans celles où il ne réside pas; mais cette exception est constamment une fourrure ou une note, qui de la marge s'est glissée dans le texte, de laquelle les éditeurs des Conciles ne se sont point encore aperçus. » *Mém. de litt.*, t. VII. Pour prouver que ce texte a été interpolé, il nous semble qu'il faudrait quelque chose de plus qu'une simple assertion.

concilier avec elle, mais à condition qu'il se soumette à faire avec elle la même pénitence. La femme innocente aura le même droit par rapport à son mari adultère.

Le 13ᵉ ordonne trois ans de pénitence pour le péché de fornication.

Le 14ᵉ impose sept ans de pénitence à la personne mariée qui a commis un adultère, et cinq ans à celle qui n'est point mariée.

Le 15ᵉ règle les pratiques des confréries (a), et en retranche plusieurs abus, principalement les grands repas qui s'y faisaient.

Le 16ᵉ défend à un prêtre de briguer une autre église que la sienne, et de faire des présents à un seigneur pour l'obtenir, sous peine de perdre sa propre église.

Le 17ᵉ impose quatorze ans de pénitence pour un homicide volontaire et public, pendant lesquels celui qui l'aura commis sera séparé de l'Église l'espace de cinq ans, et assistera le reste du temps aux prières, sans offrir et sans communier.

Le 18ᵉ impose cinq ans de pénitence pour un homicide involontaire, quarante jours de jeûne au pain et à l'eau, deux ans de séparation des prières des fidèles, et trois ans sans communier. Il laisse à la liberté des prêtres de prescrire l'abstinence comme ils le jugeront à propos.

Le 19ᵉ défend aux femmes, comme une chose contraire aux canons, aux lois civiles et à l'Écriture sainte, de se trouver aux plaids et aux assemblées publiques, si elles n'y sont appelées par le prince ou par leur évêque, ou si elles n'y ont nécessairement affaire, et, en ce cas, elles doivent avoir la permission de leur évêque.

Le 20ᵉ ordonne que les évêques et leurs ministres travaillent à abolir les restes de l'idolâtrie, tels que les arbres consacrés aux démons, pour lesquels le peuple a une telle vénération qu'il n'oserait en couper une branche ni un rejeton; les pierres qui sont auprès des bois ou dans les masures, sur lesquelles il fait des vœux et des oblations, etc. Ce dernier canon fait voir qu'il y avait encore de l'idolâtrie dans les Gaules, et prouve de plus en plus que ce concile est plus ancien que ne le croient ceux qui le placent vers le commencement du dixième siècle. *Anal. des Conc.*, t. I; *Labb.*, t. VI, col. 486, et IX col. 468 (b).

NANTES (Conciles de), en 1105 et 1107. « Il y eut un concile à Nantes dans l'église de Saint-Laurent l'an 1105, par l'archevêque de Tours, et un autre concile l'an 1107, auquel Gérard d'Angoulême, légat du saint-siège, présida. Il n'en reste aucun canon; mais on remarque que dans celui de 1105, l'évêque (de Nantes) Benoît, du consentement du clergé, de la noblesse et du peuple, remit à ceux qui, étant confessés, visiteraient l'église de Doulon au jour anniversaire de sa dédicace, la septième partie des pénitences qui leur avaient été enjointes. » *Mém. de litt.*, t. VII. *Voy.* plus bas, à l'an 1127.

NANTES (Concile de), l'an 1120 : sur l'abbaye de Marmoutier. Mas L.

NANTES (Concile de), l'an 1127. Hildebert, archevêque de Tours, et en cette qualité métropolitain de la Bretagne, assembla ce concile. Le comte Conon y assista avec les évêques de la province, et plusieurs personnes recommandables par leur savoir et leur piété. On y supprima la coutume où les comtes avaient été jusqu'alors de s'attribuer, après la mort d'un mari ou d'une femme, tous les meubles du défunt, et de confisquer au profit du prince tous les débris des naufrages; et cela sous peine d'excommunication, du consentement de Conon et de tout le concile. Les mariages incestueux furent défendus sous la même peine; et on déclara illégitimes, et incapables de succéder, les enfants qui en naîtraient. On défendit aussi de promouvoir aux ordres les enfants des prêtres, à moins qu'ils n'eussent été auparavant chanoines réguliers; et, afin d'ôter l'idée de succession, défendue dans tous les bénéfices et les dignités ecclésiastiques, le concile ajouta que ceux qui étaient déjà ordonnés ne pourraient pas servir dans les églises où leurs pères auraient servi. Tous ces décrets furent confirmés par le pape Honorius II, à la demande d'Hildebert. *Richard*, t. II. Ce concile paraît être le même que le concile rapporté à l'an 1105 par Travers, ou l'auteur de l'article des *Mémoires de littérature* cité plus haut.

NANTES (Concile de), l'an 1135 : en faveur de quelques monastères. Mas L.

NANTES (Synode de), treizième siècle, vers l'an 1216. Maan, dans son histoire de l'*Église métropolitaine de Tours*, rapporte les statuts, au nombre de quatre-vingt-quatorze, de ce synode dont il n'indique pas la date, mais qui paraît être du treizième siècle par les fréquentes citations qu'on y fait du quatrième concile général de Latran. L'auteur de l'*Histoire des évêques de Nantes* publiée dans les *Mém. de litt.*, t. VII, a trouvé que ce synode a dû se tenir sous Pierre de la Bruère, qui tint le siège de Nantes de l'an 1212 ou 1213 à 1216 : il nous en donne par là même l'époque précise. Voici l'analyse qu'il en a tracée : « Nous avons de cet évêque (P. de la Bruère) de longs statuts synodaux qui méritent d'être lus, mais que nous avons remarqué par les manuscrits n'avoir pas été imprimés assez correctement. Ces statuts nous apprennent que le curé était appelé à tous les testaments des laïques; qu'on jeûnait les jours de saint Marc et des Rogations; que les bans de mariages ne se faisaient jamais les jours de fête, mais le dimanche, et qu'on ne dispensait d'aucun (c); qu'il fal-

---

(a) Ce canon est très-remarquable, en ce qu'il prouve l'existence des confréries à une époque fort reculée.

(b) L'estimable auteur de l'article CONFRÉRIE dans l'*Encyclopédie du XIXᵉ siècle*, t. VIII, prétend que « le Père Labbe n'a pas inséré les actes du concile de Nantes dans sa collection, parce qu'il les croit apocryphes. » Cette double assertion est d'une fausseté évidente. Le Père Labbe n'élève aucun doute sur l'authenticité des actes du concile de Nantes, qu'il se garde bien d'appeler un *pseudoconcile*, comme l'écrivain que nous réfutons ici. Seulement il dit, comme tous les autres, que l'époque en est incertaine.

(c) Les statuts ne parlent point de dispense, il est vrai; mais ils ne nient pas qu'on pût en dispenser.

lait avoir atteint quatorze ans (a) pour recevoir l'extrême onction ; qu'on exhortait les malades à détester leurs péchés, non par la crainte des peines dont ils sont menacés, mais parce qu'ils offensent Dieu qui est notre père, notre créateur et notre rédempteur (b); et que lorsque le malade ne pouvait communier sous une grande espèce, on le communiait sous une plus petite avec du vin. Ces statuts obligent les curés à se confesser une fois l'an à leur évêque, comme à leur propre prêtre, ou à son pénitencier. Ils défendent aux cabaretiers de donner à boire à ceux du lieu, sous peine d'être interdits de l'entrée de l'église avec leur famille. Ils punissent l'ivresse de surprise dans un clerc de sept jours de jeûne au pain et à l'eau; celle de négligence, de quinze jours ; et celle d'advertence, de quarante jours aussi au pain et à l'eau. On y recommande les pénitences canoniques de trois et de sept ans, et même de toute la vie pour les plus grands crimes. On y punit de dix jours de jeûne au pain et à l'eau le mari qui use mal de son mariage, *qui accedit ad uxorem puerperam, et quæ in menstruis est, vel qui eam indebito modo cognoscit, licet in vase naturali.* On y conseille une pénitence de sept ans avec la discipline toutes les semaines à ceux qui tombent dans des incontinences secrètes, *qui se secreto polluunt*, ce crime, dit le statut, étant plus grand que l'adultère, et faisant un monstre de celui ou de celle qui le commet. On y déclare qu'il est juste que celui qui a commis un crime le jour d'une fête, en jeûne la vigile toute sa vie, et qu'il faut fuir les occasions. On y lit enfin d'autres règlements dont la connaissance pourrait être utile. »

NANTES (Concile de), l'an 1264, Vincent de Pilennes, archevêque de Tours, tint ce concile à Nantes avec les évêques de sa province, le mardi d'après la fête des apôtres saint Pierre et saint Paul. Le concile fit les neufs statuts suivants :

1. Les patrons ou collateurs ne s'engageront point à présenter ou à nommer à un bénéfice qui n'est point encore vacant, sous peine de nullité de leur engagement, et de punition canonique.

2. On ne diminuera point le nombre des moines qui se trouvent dans les prieurés.

3. Les clercs, surtout les prêtres et les religieux qui s'adonnent à la chasse, seront punis par leurs évêques.

4. On n'établira point de nouvelles vicaireries hors les cas permis par le droit.

5. On ne servira que deux mets dans les repas que l'on donnera aux prélats (c), lorsqu'ils feront leur visite. Ce que l'on aura préparé de plus, sera distribué aux pauvres, et celui qui l'aura fait préparer sera puni par son supérieur.

6. Les clercs qui ont un bénéfice à charge d'âmes, y feront leur résidence ; et s'ils en obtiennent un autre de même nature, le premier vaquera de droit (d).

7. Les clercs seront exempts de tout péage et de toute exaction.

8. Les juges ecclésiastiques ne pourront faire appeler, en vertu d'un pouvoir extraordinaire, des personnes en des lieux peu considérables, où ils ne puissent trouver d'habiles jurisconsultes. Ils ne pourront non plus faire citer devant eux plus de quatre personnes, en vertu de la clause *Et quidam alii*, contenue dans la constitution d'Innocent IV.

9. Si les biens d'un clerc sont pris ou détenus par un laïque, on donnera la récréance au clerc contre le laïque, à condition néanmoins que le clerc s'engagera, par caution, à rendre les biens au laïque qui les détient, si celui-ci prouve devant le juge d'église qu'il a eu droit de s'en emparer.

Le mot de *récréance, recredentia*, est la même chose, généralement parlant, que la restitution en entier, *restitutio in integrum, missio in possessionem*, par laquelle le droit accorde à l'un des contendants la possession d'une chose qui est en litige jusqu'à la fin du jugement. C'est à peu près ce que les Romains appelaient *vindiciæ*, avec cette différence, que les *vindiciæ* n'avaient lieu que dans la possession des choses fiduciaires, c'est-à-dire des choses dont la jouissance n'avait été accordée qu'à condition qu'on les rendrait, au lieu que la récréance se disait de toutes les choses enlevées ou détenues dont on accordait la restitution ou l'itérative possession. Depuis, le mot de *récréance* a été restreint aux matières bénéficiales, et s'est pris pour le jugement provisoire qui maintenait ou envoyait en la jouissance d'un bénéfice litigieux, pendant le procès, celui des contendants qui avait un droit, ou un titre coloré et le plus apparent. *Lab. t. XI ; Hard. t. VIII.* RICHARD.

NANTES (Synode de) entre l'an 1299 et 1304. Henri, troisième du nom, évêque de Nantes, a fait des statuts qui sont perdus, une exacte recherche ne les fait trouver. Il y donnait dix jours d'indulgence, comme nous

(a) Ce statut, qui est le 50e, porte simplement : *Ad sacramentum extremæ unctionis moneant sæpe sacerdotes populum, non tantum divites, sed pauperes, et omnes, maxime a quatuordecim annorum spatio, et supra*, etc.

(b) L'auteur de cette analyse, qui nous paraît prévenu en faveur des exagérations jansénistes, et qui, en effet, suivant le P. Richard, n'est autre que le trop fameux Travers, dont le nom de guerre était celui de P. des Molets, avait peut-être ses raisons pour entendre ainsi ce statut, qui est le 51e; mais il nous paraît, à nous, avoir un sens tout différent. En voici le texte, pour que le lecteur puisse en juger : *Eis (infirmis) est intimandum ut confiteantur et doleant de peccatis suis universis et singulis, NON TANTUM timore pœnæ quam pro peccato meruerunt, sed quod Deum patrem, et creatorem, et redemptorem suum offendere præsumpserint.*

(c) Le texte porte : *Duo tantum fercula præparentur, nisi fiat de licentia prælatorum*; ce qui suppose que les évêques, dans leurs visites, pouvaient permettre à ceux qui les recevaient de leur servir plus de deux plats.

(d) « *Salva tamen in omnibus diœcesani potestate*, ajoute le canon ; ce qui insinue que l'évêque peut dispenser et permettre de tenir deux bénéfices incompatibles ; mais le canon 4e du concile de Saumur de l'an 1276 prouve que le concile de Nantes de l'an 1264 n'a point dit une chose semblable. » *Mém. de litt., t. VII.* Le texte du canon est positif, et rien ne prouve qu'il ait été interpolé. Le 4e canon du concile de Saumur de l'an 1276 ne dit rien qui se rapporte à la question présente; et quant au 3e, qui est sans doute celui que le P. des Molets a eu l'intention de citer, il contient la même clause que le canon 6e du concile de Nantes.

l'apprenons d'un fragment qui en reste, à ceux qui, étant contrits et confessés, assistaient les dimanches et fêtes à la messe et aux vêpres depuis le commencement jusqu'à la fin. *Hist. des évêq. de Nantes*, t. VII des *Mém. de litt.*

NANTES (Synode de), entre l'an 1304 et l'an 1337, sous Daniel Viger ou Vigier. Ce prélat y publia vingt-six statuts, dont le 6e défend aux curés de s'absenter plus de huit jours de suite de leurs paroisses ; le 7e défend d'admettre à un baptême plus de trois parrains ; le 9e enjoint aux parents, sous peine d'excommunication, de ne pas coucher leurs petits enfants avec eux ; le 10e recommande d'entourer de haies les fontaines et les puits ; le 11e fait un devoir à tous les diocésains de visiter une fois chaque année l'église cathédrale ; le 14e accorde dix jours d'indulgences à ceux qui restent à la messe jusqu'à ce qu'elle soit finie ; le 15e ordonne sous des peines sévères le chant de l'*Asperges* avant la grand'messe du dimanche ; le 16e oblige les clercs à être revêtus de surplis pendant le saint sacrifice ; le 17e ordonne de chanter tous les dimanches les vêpres des morts avec les vigiles ; le 20e autorise les héritiers des prêtres décédés à prendre la récolte des champs que ces derniers auraient fait ensemencer. *Thes. nov. anecd.*, t. IV, p. 953.

NANTES (Synode de), vers l'an 1340 ou 1350, sous Olivier Salahadin. Ce prélat fit cinq statuts, dont les deux premiers sont contre les prêtres concubinaires ; le 3e ordonne la publication des bans avant le mariage ; le 4e ordonne de dénoncer excommuniés les sorciers et les sorcières, et le 5e rappelle le 7e canon du concile de Tours de l'an 1282, contre les usurpateurs de la juridiction ecclésiastique. *Ibid.*, p. 960.

NANTES (Synode de), entre l'an 1366 et 1381, sous Simon de Langres, qui y publia quinze statuts. Le 1er rappelle aux bénéficiers le devoir de la résidence ; le 4e excommunie les perturbateurs de la juridiction ecclésiastique ; le 5e prescrit le son de la cloche et la récitation de l'*Ave Maria* au moment du couvre-feu ; le 6e ordonne qu'une personne au moins de chaque maison assiste à la messe de paroisse tous les dimanches et toutes les fêtes principales (a) ; le 7e interdit l'entrée du chœur aux laïques ; le 12e est contre les mariages clandestins. *Ibid.*, p. 961.

NANTES (Synodes de), années 1385, 1387 et 1389 bis. L'évêque Jean de Montrelais a publié dans ces synodes de nombreux statuts, qui ont été recueillis par D. Martène. « Il y défend, comme le rapporte le P. des Molets (*Mém. de litt.*, t. VII), de dire aucune messe avant la grande, et de recevoir qui que ce soit, les serviteurs et les étrangers exceptés, à entendre la messe dans les autres églises, ou de les confesser, sans la permission de leurs curés. Il défend aux ecclésiastiques de sortir de leur maison sans nécessité, après le signal du couvre-feu, ou les huit heures du soir, en quelque temps que ce soit, et à tous ceux en ordre sacré d'avoir des femmes à les servir. Il ordonne aux paroissiens d'assister tous les dimanches à la grand'messe, une personne au moins de chaque maison, et aux curés, avant de commencer la grand'messe, d'avertir ceux qui sont d'ailleurs d'aller entendre la messe à leur paroisse. On apprend encore de ces statuts que les mariages célébrés avant le soleil levé passaient pour clandestins ; et que les curés résidents approuvaient leurs vicaires sans recours à l'évêque ; que l'usage peu mesuré du mariage, *accessum ad uxorem quæ in menstruis est, vel ad prægnantem, si inde sequatur abortus*, était un cas réservé ; et qu'il y avait des cas tellement réservés à l'évêque, qu'il ne pouvait commettre qui que ce soit pour les absoudre. » *Voy. Thes. nov. anecd.* t. IV.

NANTES (Synode de), l'an 1405, sous Henri le Barbu. Il y confirma les statuts publiés dans les synodes précédents pour la liberté de l'Eglise, et défendit les jeux et les danses dans les cimetières. *Thes. nov. anecd.*, t. IV.

NANTES (Synode de), l'an 1406, sous le même. Il y ordonna aux curés de tenir registre des baptêmes. *Ibid.*

NANTES (Synode de), tenu à la Roche-Bernard, le 6 juin 1408, par le même. Il y fit un statut contre ceux qui convoitaient les bénéfices, ou qui même s'en emparaient sans attendre la mort des bénéficiers actuels. Il y ordonna de plus aux intendants des fabriques de saisir les fruits des bénéfices qui n'acquittaient pas leurs fondations, de les faire eux-mêmes acquitter, et d'employer le surplus des fruits aux réparations et aux ornements de l'église. *Ibid.*

NANTES (Autre synode de), 24 octobre 1408, sous le même. Défense y fut faite de donner les bénéfices à ferme, et ordre y fut donné d'exécuter les testaments suivant les intentions des testateurs. Ordre aux bénéficiers d'observer la résidence, et d'acquitter les fondations sur les lieux. « *Item*, mondit seigneur de Nantes des authoritez dessusdites declere excommuniez tous ceulx et celles qui detiennent quelconques lettres touchant les rentes, dismes et revenus de son église de Nantes, et de quelque aultre église en sa diocese de Nantes. » *Ibid.*

NANTES (Synode de), l'an 1409, sous le même. Défense y fut faite aux personnes de sexes différents, quoique mariées ensemble, de coucher en même temps dans les églises. *Ibid.*

NANTES (Synode de printemps de), l'an 1410, sous le même. Le prélat, plus exigeant que ne l'avait été le quatrième concile général de Latran, y prétendit obliger ses diocésains à se confesser quatre fois chaque année : tel est l'objet du premier statut. Dans ceux qui viennent après, défense est intimée aux nourrices de recevoir les enfants dans leurs lits ; et aux curés, d'admettre des frères mendiants à prêcher ou à confesser

---

(a) L'auteur de l'*Histoire des évêques de Nantes* (*Mém. de littér.*, t. VII) paraît s'être mépris en rapportant ce statut au synode précédent.

sans l'autorisation de l'ordinaire. *Ibid.*

NANTES (Synode d'automne de), même année, sous le même prélat. L'excommunication y fut lancée contre les curés qui négligeaient de se rendre au synode. *Ibid.*

NANTES (Synode de), 4 juin 1411, sous le même. Le prélat y enjoignit aux curés, sous peine d'amende, de publier dans leurs églises les statuts des conciles provinciaux de Tours. *Ibid.*

NANTES, 23 avril 1431. Philippe de Coetquis, archevêque de Tours, tint ce concile de sa province, où il ne se trouva avec le président que les évêques de Nantes, de Saint-Pol de Léon, de Saint-Brieuc et de Tréguier. Le siége de Dol était vacant, et les autres évêques s'excusèrent. Les décrets de cette assemblée furent à peu près les mêmes que ceux du concile d'Angers de l'an 1365. Par exemple : ordre aux ecclésiastiques qui auraient obtenu des provisions en cour de Rome, de prendre possession de leurs bénéfices dans six mois. Ordre aux prélats de se faire lire l'Ecriture sainte pendant leur repas. Défense de se faire servir sur leur table plus de deux mets, si ce n'est qu'ils fussent obligés de traiter des princes ou d'autres personnes considérables. Défense à qui que ce soit d'exiger des clercs aucuns droits pour le transport de leurs meubles ou provisions. Défense aux archidiacres et aux archiprêtres de s'attribuer rien au delà de ce qui leur est adjugé par les canons, pour ce qu'on appelait *le droit de lit*, après la mort des recteurs. Défense de pratiquer les cérémonies ridicules du premier Mai, du lendemain de Pâques et de la fête des Fous. Au premier mai, on rançonnait ceux qui avaient été surpris au lit. Le lendemain de Pâques, ceux qu'on trouvait aussi couchés, étaient conduits à l'église, et on leur administrait une espèce de baptême. Pour la fête des Fous c'était une momerie qui commençait à Noël et durait jusqu'à la fête des Innocents. On habillait des enfants en pape, en cardinaux, en évêques; et, le jour des Innocents, l'office se faisait dans les collégiales par les enfants de chœur et le bas clergé. Tout cela était accompagné d'irrévérences, de scandales et de débauches.

On fit aussi, dans le concile de Nantes, des règlements contre les vexations pécuniaires pour l'absolution des censures; contre les bruits scandaleux qui se faisaient aux secondes noces (c'est ce qu'on appelle encore *charivari*), contre les prédicateurs qui prêchaient sur des échafauds dans les places publiques. Le prétexte de ce dernier usage était la multitude des auditeurs : mais cela dégénérait en spectacle et en action théatrale, au mépris de la divine parole. *Histoire de l'Eglise Gallicane.*

« Le P. Labbe et le P. Hardouin ne l'ont pas connu, ce concile, dit l'auteur déjà cité de l'*Histoire des évêques de Nantes*, et aucun historien ecclésiastique n'en a fait mention. M. Maan l'a fait imprimer à la fin de sa *Métropole de Tours*, mais avec quelques omissions, et si corrompu, qu'il est presque inintelligible en plusieurs endroits. Un manuscrit que j'en ai vu m'a servi à en trouver le sens, et à le mettre dans son ordre. Ce concile ordonne aux évêques de faire lire l'Ecriture sainte à leur table, et de se servir de la formule romaine pour la bénédiction de la table et l'action de grâces; et aux curés, de réciter l'office des morts tous les jours de férie, surtout quand ils célèbrent pour les défunts. Il prive du droit d'assistance ceux qui viennent tard à l'office, savoir après le premier psaume, ou qui en sortent sans cause raisonnable avant qu'il soit fini; il défend à tous les ecclésiastiques séculiers et réguliers qui donnent à manger de faire servir plus de deux plats, et aux prédicateurs de faire en prêchant des éclats de voix, et des gestes extraordinaires; et il impose une pénitence publique aux blasphémateurs, etc.» Jean II, dit de Châteaugiron et de Malestroit était évêque de Nantes, suivant le même auteur, à l'époque de la tenue de ce concile.

NANTES (Synodes de), en 1445 et 1446, sous Guillaume II dit de Malestroit, neveu du précédent. « Il a fait des statuts, dit le même écrivain (*Mem. de litt., t.* VII), dont quelques-uns me sont inconnus. Il déclare dans ceux que j'ai lus, qu'il n'accordera point de donner la sépulture ecclésiastique à ceux qui meurent sans confession, que sur l'attestation du curé, que le défunt était de bonnes mœurs, et qu'il n'a pas eu le temps de se confesser. Il prescrit aussi de ne plus faire qu'un jeûne de conseil du jeûne de la Saint-Marc et des Rogations, qui était d'obligation à Nantes depuis plusieurs siècles, sans user dans ces jours de lait ni de beurre; et il défend aux curés qui ne résident pas de mettre un vicaire à leur place, qui ne serait pas approuvé de l'évêque. Cette défense avait sa raison, c'est qu'un vicaire en ce cas prenait des lettres de vicaire, dont on lui faisait payer et au curé, de droit annuel pour le sceau, à chacun soixante sous (soixante francs de notre monnaie actuelle), l'année paire non comprise, dans laquelle il y avait augmentation de droit. » Le P. Martène a rapporté en détail les statuts de ces deux synodes. *Thes. nov. anecd., t.* IV.

NANTES (Synodes de), en 1478 et 1481, sous Pierre Proufilt du Chaffaut. « Nous avons de cet évêque, dit toujours le même auteur (*loc. cit.*), des statuts synodaux, qui ne cèdent en rien à ceux de ses prédécesseurs. Il y ordonne que lorsqu'on remboursera un fonds ecclésiastique, le bénéficier qui le recevra en donnera aussitôt avis au supérieur ecclésiastique du lieu, qui en tiendra un registre, qu'il représentera à l'évêque à sa première visite. Il y défend de se faire des droits de banc, de sépulture et de litre (ou d'armoirie) dans les églises à l'insu de l'évêque, sous peine de mille livres (de la monnaie courante), et de l'interdiction de l'église où l'on aura prétendu de tels droits. » *Voy.* encore D. Martène. *Thes. nov. anecd., t.* IV.

NANTES (Synode de), l'an 1499, sous Jean III dit d'Espinai. « Nous avons sous son nom des statuts qui ordonnent d'acquitter les fondations à la lettre, et de ne point se confesser à d'autres qu'à son propre prêtre ou curé, sans sa permission ou celle du supérieur. » *Mém. de litt.*, t. VII; *Thes. nov. anecd.*, t. IV.

NANTES (Synode de), l'an 1529, sous François Hamon. « François approuva l'an 1529 les statuts du chapitre qu'on venait de revoir et de rendre plus passables, mais qui ont encore beaucoup besoin d'être revus, dit le P. Des Molets, pour être meilleurs, et afin qu'on puisse jurer sans crainte de parjure qu'on les observera. *Mém. de litt.*, t. VII.

NANTES (Synodes de), en 1555, 1556, 1558 et 1560, sous Antoine Ier, dit de Créqui. « Gilles de Gandz, évêque de Rouanne, et curé de Saint-Similien-lez-Nantes, suffragant ou grand vicaire d'Antoine, fit des statuts l'an 1556 et 1558. Antoine en fit l'an 1555 et 1560. Il défend aux prêtres dans ceux de 1560, qui sont les seuls que j'ai vus, mais les mêmes que ceux de 1555, 1556 et 1558, à fort peu de chose près, de se charger de messes pour plus de huit jours; et aux curés de se servir de prêtres étrangers pour l'administration des sacrements, avant d'avoir présenté à l'évêque les lettres de l'ordination de ces étrangers, et le démissoire de leur évêque en forme. Il ordonne aux curés de tenir registre des baptêmes...

« L'ancien usage d'introduire les pénitents à l'église le jour du Jeudi saint, et de les absoudre avec cérémonie, cessa l'an 1562; et le chapitre, craignant que les calvinistes ne pillassent de nuit le trésor de l'église, fit murer les portes du côté du cloître, qui dans ce temps subsistait encore, en preuve de la vie commune que les chanoines de Nantes avaient menée autrefois. » Des Molets.

NANTES (Synode de), vers l'an 1588, sous Philippe Ier dit du Bec. « Nous avons de Philippe du Bec quelques statuts que je crois seulement manuscrits, dit le P. Des Molets, un missel accommodé aux rubriques romaines, imprimé à Nantes l'an 1588, etc. » *Ibid.*

NANTES (Synodes de) en 1638, 1642, 1649, 1661, etc., sous Gabriel de Beauveau. « Nous avons sous son nom des statuts synodaux de différentes années, dont quelques-uns ne sont que manuscrits, et les autres ont été imprimés séparément. Il déclare en ceux de 1638 et de 1649, que les confessions que les réguliers entendent ailleurs que dans leur église sont nulles, s'ils n'ont pas pris le consentement du curé, et que ceux qui les appellent à l'insu du curé, afin de se confesser à eux, pèchent et se rendent indignes de l'absolution. M. de Beauveau établit les conférences dans le diocèse et le séminaire en 1642, sur un fonds et dans la maison de Malvoisines, appartenant au clergé. Il donna à son séminaire un règlement à observer, qu'on peut dire bon, et qui fut imprimé l'an 1658. Louis XIV vint à Nantes le 1er de septembre de l'an 1661, d'où il partit le 6 suivant. M. de Beauveau tint son synode le lendemain dans la ville d'Ancenis. » *Ibid.; Stat. syn. de l'an* 1642.

NANTES (Synodes de), en 1670, 1671, 1673, 1675 et 1679, sous Gilles de la Baume le Blanc. « Nous avons sous son nom des statuts synodaux des années 1670, 1671, 1673, 1675, et du 25 mai 1679, qui ne valent pas ceux de son prédécesseur. » *Ibid.*

NANTES (Synodes de), en 1682 et 1700, sous Gilles-Jean-François de Beauveau, neveu des deux précédents. « Ce prélat fit des statuts l'an 1682, tirés pour la plupart de ceux de M. de la Baume. Il tint son synode pour la seconde fois l'an 1700, et c'est le dernier qu'on a tenu à Nantes, quoique l'usage y fût avant M. de Beauveau de l'assembler régulièrement tous les ans le jeudi d'après la Pentecôte. Il est assigné à ce jour dans *notre* Processionnal de 1613, et par les statuts synodaux de 1642. » *Ibid.*

NAPLES (Synode diocésain de), l'an 1542, sous Alexandre Caraffe, archevêque de cette ville. Ce prélat y confirma des constitutions synodales pour son diocèse, publiées anciennement par Jean, l'un de ses prédécesseurs. *Rituum archiep. et metrop. Eccl. Neapol. interpretatio*, Venetiis, 1542.

NAPLES (Synode diocésain de), février 1565, sous le cardinal Alphonse Caraffe. Dans ce synode, le cardinal-archevêque imposa pour la première fois à son clergé la profession de foi prescrite par le pape Pie IV l'année précédente. *Acta et decr. syn. Neap.* 1568.

NAPLES (Synode de), 29 décembre 1566, sous Marius Caraffe, archevêque de cette ville. Ce prélat y publia quelques nouveaux règlements. *Decreta synod. diœc. Neap.* 1568.

NAPLES (Concile de), *Neapolitanum*, l'an 1576. Annibal de Capoue, archevêque de Naples, tint ce concile provincial, dans lequel il publia les constitutions de Marius Caraffa, son prédécesseur. Ces constitutions ne présentent rien de particulier. *Mansi*, t. V, *Suppl.*

NAPLES (Synode diocésain de), le 19 août 1642, sous le cardinal Ascagne Philamarini, archevêque de cette ville. Le cardinal-archevêque y défendit les mariages célébrés ailleurs qu'à l'église, les baldaquins (ou voiles) sous lesquels se plaçaient les époux pendant qu'on leur donnait la bénédiction nuptiale, l'usage des corbillards aux enterrements, à moins d'une permission spéciale de l'archevêque; il porta la peine d'excommunication contre ceux qui logeaient chez eux des femmes publiques. *Constitutiones in syn. diœcesanis*, Romæ, 1662.

NAPLES (Synode diocésain de), 8 mai 1644, sous le même. Défense y fut faite à tous les prêtres de confesser ailleurs qu'à l'église, même les hommes, hors le cas de nécessité, et à tous les clercs engagés dans les ordres sacrés d'encenser solennellement des séculiers, fussent-ils princes ou seigneurs. *Ibid.*

NAPLES (Synode diocésain de), 4 mai 1646, sous le même. Défense y fut faite aux chantres et aux musiciens de faire entendre pendant l'office divin d'autres chants que ceux qui se trouvent indiqués dans le bréviaire, le missel ou le rituel romain; aux religieux de jouer des pièces de théâtre, et surtout d'y revêtir des habits séculiers. *Constitutiones in syn. diœc. Romæ*, 1662.

NAPLES (Synode diocésain de), 7 mai 1649, sous le même. « La rétribution qu'on reçoit pour un enterrement ne sera jamais donnée ou distribuée dans le convoi même, ou à la vue du peuple, mais en particulier et après l'enterrement achevé. » Les autres statuts publiés dans ce synode concernent pour la plupart les religieuses. *Ibid.*

NAPLES (Synode diocésain de), 14 avril 1652, sous le même. L'usage du tabac y fut interdit, sous peine de suspense, aux prêtres célébrant ou ayant à célébrer le saint sacrifice. *Ibid.*

NAPLES (Synode diocésain de), 18 mai 1662, sous le même. Le temps des pâques y fut fixé du dimanche des Rameaux à l'octave de Pâques inclusivement; les mariages qu'on célébrerait la nuit y furent défendus sous de fortes peines, tant pour le curé que pour les époux. *Ibid.*

NAPLES (Synode diocésain de), les 30 et 31 mai et 1er juin 1694, sous le cardinal Jacques Cantelme, archevêque de cette ville. De nombreux statuts y furent publiés en cinq parties, dont la première traite de la foi; la seconde, des sacrements; la troisième, de la messe et de l'office divin; la quatrième, de la vie cléricale; la cinquième enfin, des formes de procédure en cour épiscopale. *Synodus diœc. ab Em. et Rev. D. Jacobo, Romæ*, 1694.

NAPLES (Concile provincial de), l'an 1699, 7, 8 et 9 juin sous le même. L'éminentissime prélat y publia, de concert avec ses comprovinciaux, de nombreux décrets, qu'il rangea sous quatorze titres différents.

TITRE Ier, *De la Foi catholique.*

C. 1. Les évêques, dans leur prochain synode diocésain, feront eux-mêmes les premiers, et exigeront ensuite de leurs prêtres la profession de foi prescrite par Pie IV.

C. 2. Les curés et tous ceux qui ont charge d'âmes expliqueront aux enfants et aux autres personnes simples les principes de la foi, tous les dimanches et les jours de fête, et même plus souvent pendant l'avent et le carême.

Les maîtres d'école se rappelleront aussi l'obligation qui leur est imposée par le concile de Latran (de l'an 1512) d'enseigner toutes les semaines les éléments de la foi à leurs élèves.

Les curés s'attacheront avec le plus de soin à l'instruction de ceux qu'ils trouveront les plus ignorants, et les plus dépourvus des moyens de s'instruire.

C. 3. Personne, quoique régulier et exempt, ne prêchera dans cette province sans la permission de l'ordinaire.

Le saint concile, désirant réprimer la témérité tous les jours croissante de certains prédicateurs, les exhorte tous dans le Seigneur à ne pas compromettre l'honneur des saints et celui des choses divines, en préconisant avec hardiesse des faits contestés.

Personne ne doit demander en chaire des aumônes pour soi ou ses confrères, et ne pourra le faire même pour d'autres qu'avec la permission de l'ordinaire.

C. 4. Le crime de blasphème, commis en présence de plus de quatre personnes, sera réservé à l'ordinaire.

Tous ceux qui emploient des signes ou des paroles même sacrées pour procurer des guérisons, sont coupables de superstition, et doivent être dénoncés.

C. 5. Les Bibles en langue vulgaire sont défendues, sans que l'ordinaire puisse dispenser de cette défense.

TITRE II. *Des divins Offices.*

C. 1. Il ne convient pas, à cause de l'attention due aux offices, que personne récite ses heures en particulier pendant que se célèbre la messe conventuelle.

Les sacristes renouvelleront l'eau bénite au moins une fois chaque semaine.

Si, pendant les divins offices, on y mêle des chants profanes ou composés en langue vulgaire, on sera passible de peines à la volonté de l'ordinaire. Si cela se fait pendant que le Saint Sacrement se trouve exposé, ces peines seront encourues par les curés eux-mêmes.

C. 2. Les clercs ordonnés par des évêques schismatiques ne pourront servir à l'autel, même pour les fonctions d'autres ordres qu'ils auraient reçus d'un évêque catholique, jusqu'à ce qu'ils aient obtenu du saint-siége la dispense de l'irrégularité qu'ils auront encourue.

Personne, à moins d'un privilége apostolique, ne pourra dire la messe, soit avant l'aurore, soit après midi, ainsi que le défend le saint concile de Trente.

Dans les messes privées, la purification du calice, et les cérémonies qui viennent après, ne doivent pas se faire par le ministre qui sert le prêtre, mais par le célébrant lui-même.

C. 3. On s'interdira dans les processions les contestations qui auraient pour objet la préséance ou toute autre cause.

On ne fera aucune procession sans une permission de l'ordinaire donnée par écrit.

Pour éviter tout désordre, on s'attachera à suivre la croix, non-seulement à la sortie, mais encore au retour à l'église d'où s'est fait le départ.

C. 4. « Les pauvres seront enterrés aux frais du curé, sous peine de suspense pour ce dernier, avec une forte amende; et ceux-là seront punissables au gré de l'ordinaire, qui auront osé recueillir des aumônes pour ces sortes d'enterrements, tandis que la charité du curé y devrait suffire. »

C. 5. « Défense d'inviter des laïques aux offices célébrés dans des églises de religieux ou de religieuses, sous les peines déjà portées par la congrégation des Rites.

« On ne pratiquera ni chambres ni trottoirs au-dessus des oratoires ou des églises. »

C. 6. « Défense, sous peine d'excommunication, d'ouvrir des théâtres ou d'autres spectacles profanes les jours de fêtes avant vêpres, et durant le carême, ou de le faire en quelque temps que ce soit dans le voisinage des églises. »

TITRE III. *Des Sacrements de l'Eglise.*

C. 1. « On ne demandera rien pour l'administration des sacrements. »

C. 4. « Les femmes, en accompagnant le sacrement de l'eucharistie, ne doivent pas précéder le prêtre, mais imiter la piété de ces saintes femmes, qui suivaient de loin le Seigneur. »

C. 5. « Les confessions des femmes seront entendues dans des confessionnaux dont les guichets n'aient que d'étroites ouvertures, en sorte que la voix seule puisse pénétrer à travers. Quant aux femmes malades, on n'entendra leurs confessions, qu'en laissant ouverte la porte de la chambre. »

C. 6. « On renouvellera tous les ans les saintes huiles, et les ministres de l'évêque chargés de les distribuer ne recevront rien pour cet office. »

TITRE IV. *De l'Invocation et du Culte des Saints.*

C. 1. « On n'exposera aucunes reliques, qu'elles n'aient été reconnues par l'ordinaire, ou qu'elles n'aient pour elles la prescription d'un culte ancien. On évitera, en les exposant, tout esprit d'intérêt, et on ne les exposera ou on ne les portera qu'accompagnées de cierges allumés. Elles ne pourront être portées que par un prêtre vêtu du surplis et de l'étole, qui, après l'exposition, récitera l'antienne, le verset et l'oraison convenables. On ne publiera point indifféremment de nouveaux miracles qu'auraient opérés des reliques, mais les curés les porteront auparavant à la connaissance de l'ordinaire, qui les vérifiera et les fera proclamer, s'il le juge à propos. Les reliques des saints seront gardées dans des châsses précieuses et scellées du sceau de l'ordinaire, et on les renfermera sous clef dans des armoires sûres et décentes. Les noms des reliques seront inscrits sur un tableau, qu'on affichera dans l'église, en un lieu ostensible. Personne ne pourra se permettre de porter la main sur des reliques, à moins d'être engagé dans les ordres sacrés. »

C. 2. « On bénira selon la forme du rituel romain toutes les images de saints qu'on voudra placer sur des autels. On ne pourra, à moins d'être dans les ordres sacrés, toucher à des *agnus* faits de cire, ni les peindre ni les dorer, sans encourir l'excommunication prononcée par Grégoire XIII. »

TITRE. V. *Des Indulgences et des Aumônes.*

C. 4. « Toute confrérie aura pour directeur un prêtre qui sera approuvé par l'ordinaire. Mais ce prêtre ne pourra accompagner les processions de sa confrérie en étole ou en chape, sans être suspens du pouvoir d'entendre les confessions. On n'érigera dans cette province aucune confrérie, sans l'approbation de l'ordinaire. »

TITRE VI. *Des Évêques.*

C. 1. « La miséricorde étant le culte le plus agréable à Dieu, les évêques, en même temps qu'ils paîtront spirituellement leur troupeau, ne négligeront pas non plus de lui administrer les secours corporels, et si leur ministère les met au-dessus de la pauvreté, leur administration doit les montrer amis des pauvres. »

C. 2. « Lorsqu'un évêque est atteint d'une maladie mortelle, les trois premiers membres de son chapitre manderont l'évêque le plus voisin ou le plus disponible, pour qu'il vienne assister son confrère dans ses derniers moments, en l'aidant de ses exhortations et de ses prières, et pour qu'en cas de mort, il fasse ses funérailles avec tout le clergé. Le chapitre donnera son attention à ce qu'un nombreux clergé se tienne autour du corps de l'évêque décédé, et adresse à Dieu de ferventes prières pour le repos de son âme. Il se hâtera d'informer de sa mort les évêques comprovinciaux, pour que ceux-ci en fassent le service dans leurs cathédrales. »

TITRE VII. *De la Résidence.*

« On ordonne la stricte exécution des décrets du concile de Trente sur cette matière (*Sess.* VI *et* XXIII, *c.* 1), et de la constitution du pape Urbain VIII du 12 décembre 1634. »

TITRE VIII. *De la Visite.*

C. 1. (Visite personnelle). « Les évêques visiteront tous les ans leur troupeau, par eux-mêmes ou par des visiteurs capables, s'ils sont légitimement empêchés. Ils se feront précéder d'ouvriers apostoliques qui, par de saintes missions prépareront la voie du Seigneur, et rendront droits ses sentiers. Les visiteurs ne courront point après l'or, mais ils s'attacheront à la suite du Christ, comme saint Bernard le leur enseigne, et reviendront de leur visite harassés de fatigue, mais non surchargés de bagages. Les évêques se contenteront en conséquence d'un modeste équipage et de quelques domestiques afin de n'être à charge à personne, et ils ne recevront de ceux qu'ils auront à visiter que la simple nourriture, qui pourra du reste, comme dans le diocèse de cette métropole, leur être payée en argent. »

C. 2 (Visite locale). « On visitera avec soin les oratoires particuliers, et l'on prendra garde surtout à ce qu'ils ne soient employés à rien de profane. On fera effacer sur-le-champ dans les inscriptions des tombeaux ce qui pourrait y répugner à la piété chrétienne ou à la sainteté du lieu. On examinera les vases sacrés, les livres, les ornements et le reste des ustensiles d'église; et pour que rien n'échappe à cette inspection, il sera défendu aux églises, pour le temps de leur visite, de rien emprunter des autres. »

TITRE IX. *Des Bénéfices et des Dignités ecclésiastiques.*

C. 1. « Les évêques, dans la collation des bénéfices, auront égard, non à la chair ni au sang, mais à ce que la raison leur dictera. Ils ne recevront aucun présent, et ils se conformeront, pour les émoluments de leurs ministres, à la taxe *Innocentienne,* c'est-à-dire fixée par le souverain pontife. Ils préféreront, toutes choses égales d'ailleurs, leurs diocésains à ceux d'un diocèse étranger, et les indigènes à ceux d'un district différent. Ils appelleront au concours, pour toutes les églises vacantes à charge d'âmes, tous ceux qui voudront se présenter, et leur choix se fixera toujours sur celui qu'ils auront trouvé le plus digne. »

C. 2. « Les évêques convoqueront leur chapitre au moins une fois chaque mois, en faisant choix d'un jour et d'une heure où cela ne puisse apporter aucun dérangement à la célébration des offices. Les chanoines mis en cause se retireront du chapitre, et n'y seront rappelés qu'après que leur affaire aura été discutée; on procédera par scrutin secret, et si le nombre des votes qui se trouveront d'accord sur un point ne dépasse pas au moins la moitié du nombre des votants, l'affaire sera censée non avenue. »

C. 3. « Les vicaires forains s'informeront avec soin de la manière dont se tiennent les conférences des cas de conscience, et de celle dont les curés expliquent l'Évangile, expliquent le catéchisme et administrent les sacrements, particulièrement celui de l'eucharistie ; et ils dénonceront à l'ordinaire les défauts qu'ils auront remarqués. »

C. 4. « Seront excommuniés *ipso facto* les héritiers, parents et alliés d'un curé défunt, qui auront enlevé ou fait enlever de chez lui quelque objet appartenant à l'église.

« Les curés dont les revenus sont abondants appliqueront tous les jours à leurs paroissiens les fruits du sacrifice ; si au contraire leurs revenus sont modiques, ils rempliront le même devoir au moins les jours de fêtes. »

C. 5. « Les clercs s'abstiendront de tout commerce et de tout affermement, quand même ils ne le feraient que par un intermédiaire ; et ils ne se chargeront pas davantage des affaires des autres, de tutelles ou de curatelles, sans la permission de l'ordinaire. Comme leur conversation doit être dans les cieux, ils fuiront la société des méchants et éviteront les lieux où les laïques ont coutume de se rassembler pour trafiquer ou pour causer ensemble. »

TITRE X. *Du Séminaire.*

C. unique. « Les évêques qui n'ont pas encore de séminaire donneront tous leurs soins pour en ériger au plus tôt, et rendront compte dans l'année à leur métropolitain de ce qu'ils auront fait à cet égard.

« Chaque évêque visitera son séminaire de deux mois en deux mois, suivra avec assiduité les progrès des élèves, les tiendra en haleine par la vue des récompenses ou par la crainte des réprimandes, et leur accordera des bénéfices suivant leurs mérites.

« On ne permettra aux séminaristes aucune communication avec les personnes de dehors ; et s'ils font quelque tour chez eux avec la permission de leur supérieur, ils en rapporteront un témoignage de leur conduite signé par le curé. Au surplus, ces permissions leur seront toujours refusées dans les jours de bacchanales (ou de carnaval) »

TITRE XI. *Des Religieuses et des Réguliers.*

C. 1. « Il est défendu à qui que ce soit, sous peine d'excommunication *ipso facto*, d'approcher d'un couvent de religieuses pour parler à quelqu'une d'entre elles, quand même elle ne serait que novice ou converse. Même peine contre ceux qui leur écriraient ou leur feraient dire ou écrire des choses obscènes, et contre ceux aussi qui se chargeraient de tels messages. Les religieuses, soit à leur prise d'habit, soit à leur profession, soit à une fête quelconque, se garderont, quand même elles seraient exemptes, d'inviter à leurs églises des séculiers, tant d'un sexe que de l'autre ; et l'on aura soin en ces jours de fermer leurs églises avant l'*Angelus*.

« On ne permettra point aux religieuses le chant figuré, mais seulement le grégorien, comme le porte un décret de la sacrée congrégation.

« On ne passera rien que ce soit par l'ouverture disposée uniquement pour la communion des religieuses, et par conséquent cette ouverture, qui ne doit avoir qu'un palme de large et un demi-palme de haut, devra être constamment fermée hors le temps de la communion.

« Le prêtre qui aura été autorisé à pénétrer dans l'intérieur d'un couvent pour y administrer quelque sacrement à une religieuse malade, devra se rendre par le plus court chemin à la cellule préparée et y être escorté de deux anciennes de la maison ; il ne portera point ses pas ailleurs, et il confessera la malade de manière à ce que les religieuses qui l'ont escorté puissent le voir, sans pouvoir l'entendre. »

C. 2. « Lorsque l'ordinaire visite un couvent de religieuses dont des réguliers ont la direction, il n'est point obligé d'avoir avec lui le supérieur régulier de ce monastère. Si celui-ci veut s'imposer à l'ordinaire malgré lui, ou entraver sa visite en quelque manière que ce soit, l'évêque pourra le mettre à la raison en le frappant de censures.

« Nul régulier ne pourra faire d'exorcisme sans y être autorisé par l'évêque.

« Si quelqu'un revêt l'habit monacal, ou tout autre vêtement sacré, ou qui en ait la forme, pour le théâtre, les mascarades ou d'autres divertissements profanes, il sera excommunié par le seul fait. »

TITRE XII. *Des Jugements ecclésiastiques.*

C. 1. « Il est défendu, sous peine d'excommunication *ipso facto*, conformément à la bulle *In cœna Domini*, de traduire une personne d'église, même consentante, devant un tribunal séculier. »

C. 2. « Les causes des pauvres seront soutenues et jugées gratuitement, et expédiées avec toute la célérité possible.

« On fera assidûment la visite des prisons, et l'on sera attentif aux besoins des détenus. »

TITRE XIII. *Des Aliénations de Biens d'église.*

C. unique. « On ne louera pas un bien d'église pour plus de trois ans, et on ne se permettra d'en aliéner aucun sans le consentement de l'ordinaire. »

TITRE DERNIER. *Des Constitutions synodales.*

« A toutes les prières publiques on priera pour le pape, pour le roi et pour la tranquillité de la province.

« Ceux qui violeront ces constitutions encourront, outre les peines qui y sont exprimées, celles qui ont été décernées par les saints canons, les conciles et les constitutions apostoliques.

« Pour mettre davantage à couvert leur désintéressement les évêques n'emploieront point le produit des amendes à leur profit ni à celui de leurs cathédrales, mais ils en feront d'autres usages pieux.

« Le saint synode soumet humblement ces constitutions provinciales au jugement et à l'autorité de la sainte Eglise romaine. »

Les décrets de ce concile provincial, tous basés sur le concile de Trente, furent effectivement confirmés par le cardinal Sacripante, préfet de la congrégation du Concile, le 14 août 1700. *Concilium provinc. Neapolit., Romæ,* 1700.

NAPLOUSE ou NAPOLI (Concile de), *Neapolitanum,* l'an 1120. Guaramond ou Guermond, patriarche de Jérusalem, tint ce concile, où l'on fit vingt-cinq canons pour la réforme des mœurs : les actes n'en sont pas venus jusqu'à nous. Napoli ou Naplouse était à cette époque une ville épiscopale de la première Palestine, de la province de Jérusalem, mais qui fut érigée ensuite en archevêché et unie au siège de Sébaste ou Samarie. *Reg.* XXVII; *Labb.* X; *Hard.* VII.

NARBONNE (Concile de), *Narbonense,* l'an 257 ou 260. Les actes de saint Paul, premier évêque de Narbonne, que l'on croit avoir vécu vers le milieu du troisième siècle, font mention d'un concile tenu en cette ville, et en marquent même le sujet. Mais, quoiqu'ils soient anciens et d'un style même assez sérieux, ils sont mêlés de tant de fables que l'on n'oserait s'appuyer de leur autorité. Ils portent en substance, que deux diacres coupables d'incontinence, ne pouvant souffrir les fréquentes réprimandes que saint Paul leur évêque leur faisait pour ce sujet, mirent secrètement auprès de son lit des souliers de fille, et lui en firent un crime. Le saint prélat, ne voulant point être juge dans sa propre cause, assembla les évêques qui se trouvaient alors dans les Gaules, et leur remit le jugement de cette affaire. Mais Dieu en voulut être lui-même le juge, et contraignit les accusateurs, par le ministère des démons, à confesser leur crime et l'innocence de l'accusé. Le saint toutefois voulant leur rendre le bien pour le mal, les délivra par ses prières de la puissance du démon qui les possédait. D. CELLIER, *t.* III; *Du Bosquet, Hist. Eccl. Gall. Part.* II.

NARBONNE (Concile de), l'an 442. Ce concile fut tenu pour modérer la rigueur de deux prêtres dans la condamnation des adultères.

NARBONNE (Concile de), *Narbonense,* l'an 589. Migétius, évêque de Narbonne, et sept autres évêques de la partie des Gaules qui obéissait aux Goths, et qui avaient tous assisté, par eux-mêmes ou par leurs députés, au troisième concile de Tolède (*Voy.* ce mot, même année), s'assemblèrent à Narbonne, le 1er novembre de la même année 589, et y firent quinze canons.

Le 1er défend aux clercs de porter des habits de pourpre, cette sorte d'étoffe ne convenant qu'aux laïques qui sont dans les dignités.

Le 2e ordonne de chanter le *Gloria Patri* à la fin de chaque psaume, et à chaque division des grands psaumes.

Le 3e remarque que les anciens canons ne permettent pas aux prêtres, ni aux diacres, ni aux sous-diacres, d'avoir leurs maisons sur des places publiques, et qu'il ne leur était pas moins malséant de s'y arrêter pour s'y entretenir de choses fabuleuses et inutiles.

Le 4e porte que tout homme libre ou esclave, goth, romain, c'est-à-dire gaulois, syrien, grec ou juif, s'abstiendra de tout travail le dimanche, sous peine, pour l'homme libre, de payer six sols d'or au comte de la ville, et pour l'esclave de recevoir cent coups de fouet.

Les 5e, 6e et 7e sont pour réprimer la désobéissance, le peu de soumission et les cabales des clercs. « Si quelqu'un d'entre eux traite mal son ancien, ou celui qui est supérieur en dignité, il fera pénitence pendant un an, de la manière que l'évêque l'aura ordonné. »

Le 8e ordonne deux ans de pénitence au clerc qui aura pris quelque chose des biens ou de la maison de l'église, avec défense de le rétablir dans son office, jusqu'à ce qu'il ait restitué, et fait pénitence de sa faute.

Le 9e défend aux juifs d'enterrer leurs morts au chant des psaumes, sous peine de payer au comte de la ville six onces d'or.

Ces amendes pécuniaires supposent qu'il y avait au concile des juges séculiers, ainsi qu'il avait été ordonné par le concile de Tolède.

Le 10e porte que les clercs doivent desservir l'église à laquelle l'évêque les a envoyés, sous peine d'être privés des rétributions et de la communion pendant un an.

Le 11e défend d'ordonner un prêtre ou un diacre qui ne sache pas lire, son ministère ne pouvant, sans cela, être d'aucune utilité à l'église.

Le 12e « fait défense aux prêtres et aux diacres de sortir du sanctuaire pendant qu'on célèbre la messe; au diacre, au sous-diacre et au lecteur, de se dépouiller de l'aube avant que la messe soit achevée. » Tous les clercs étaient donc en aube, pendant la célébration des saints mystères.

Le 13e porte que les sous-diacres, les portiers et les autres clercs s'acquitteront fidèlement de leur service à l'église, et qu'ils tireront la portière à leurs anciens, c'est-à-dire les rideaux qui étaient aux portes des églises; ajoutant que les sous-diacres qui négligeront ces devoirs seront d'abord repris, et puis privés de leur rétribution, et les clercs inférieurs punis par le fouet.

Il est certain qu'on tendait autrefois des voiles, non-seulement aux portes des églises, mais encore à celles des auditoires des magistrats et des appartements des particuliers. « *Inveni ibi velum pendens in foribus ecclesiæ,* » dit saint Epiphane dans sa lettre à Jean de Jérusalem. « *Lypsias proconsul abduxit velum introgressus, et post exiens, ex tabella recitavit sententiam,* » *Baronius, t.* II *Annal. ad ann.* 285. « *Cum amicis familiariter vixit, ut salutaretur quasi unus de senatoribus, patente velo,* » *Lampride, de Alexandro Severo*. Ce canon veut donc que les clercs tirent les voiles ou les rideaux des portes de l'église devant leurs anciens ou les clercs des ordres supérieurs, pour les laisser passer. Tel est le vrai sens de ce canon, que M. Hermant a mal traduit, en disant « qu'il enjoint aux anciens qu'ils aient à tendre les voiles devant la porte de l'église. » (*Hist. des Conc.*)

Le 14ᵉ défend à qui que ce soit de consulter les devins ou les sorciers, avec ordre de fustiger et de vendre ceux qui se disent tels, et de donner aux pauvres le prix qu'on aura reçu.

Le 15ᵉ condamne avec exécration la pratique abominable de certains catholiques qui fêtaient le jeudi en l'honneur de Jupiter, comme si ce jour lui était consacré, et ordonne que, si quelqu'un fête ce jour à l'avenir, à moins qu'il ne s'y rencontre quelque fête commandée par l'Eglise, il soit mis en pénitence une année entière, et condamné à faire des aumônes, s'il est de condition libre, ou à être frappé de verges, s'il est de condition servile. *D'Aguirre, t.* III ; *Anal. des Conc., t.* I.

NARBONNE (Concile de), l'an 788 selon le P. Labbe, ou 791 selon D. Ceillier. L'hérésie de Félix d'Urgel et d'Elipand (*Voy.* FRANCFORT, l'an 794) continuant à faire des progrès, le roi Charles ou Charlemagne, pour les arrêter, fit assembler un concile à Narbonne le 27 juin de la vingt-troisième année de son règne. Il est dit dans les actes de ce concile, à ce que prétend D. Ceillier, qu'il fut assemblé pour plusieurs affaires ecclésiastiques, principalement contre le dogme pernicieux de Félix d'Urgel ; mais on ne sait pas ce qui fut décidé à ce sujet ; et ce qui fait croire qu'on ne décida rien touchant ses erreurs, c'est qu'il souscrivit lui-même en son rang aux actes de ce concile, auquel il assista avec vingt-cinq autres évêques, dont un diacre qui n'était encore qu'évêque nommé, deux députés d'absents, un prêtre faisant les fonctions de greffier ou de secrétaire, et un commissaire de la part du roi. Il y avait quelques différends entre l'archevêque de Narbonne et les évêques d'Elne et de Béziers pour les limites de leurs diocèses ; le concile les termina.

Nous avons suivi à peu près D. Ceillier dans toute cette narration ; du reste la question des limites des diocèses de Narbonne, d'Elne et de Béziers, est la seule que mentionnent les actes de ce concile, tels que nous les lisons dans la collection de Labbe. *Labb., t.* VII ; *D. Ceillier, t.* XXII.

NARBONNE (Concile sur les confins des provinces d'Arles et de), l'an 879, où se trouvèrent les deux métropolitains, pour juger un différend élevé entre Walfred, évêque d'Uzès, et Rotfred, évêque d'Avignon, accusé par le premier d'avoir usurpé sur lui une église de son diocèse. On ignore l'issue de ce procès. *Mansi, Conc. t.* XVII.

NARBONNE (Concile de), l'an 902. *Voy.* ATTILLY, même année.

NARBONNE (Concile de la province de), tenu à Barcelone, l'an 906. *Voy.* BARCELONE, même année.

NARBONNE (Concile de la province de), tenu à Saint-Tibéri, l'an 907. *Voy.* S.-TIBÉRI, même année.

NARBONNE (Concile de) ou de Fontaine-Couverte ou Font-Couvert, *Narbonense apud Fontem coopertum*, l'an 911. Ce concile s'occupa d'une question de limites entre les évêchés d'Urgel et de Pallarie, et il y fut décidé qu'à la mort de l'évêque de cette dernière ville, tout son diocèse passerait sous la juridiction de l'évêque d'Urgel. Ce fut Arnust, archevêque de Narbonne, qui présida à ce concile, la métropole d'Urgel et de Pallarie, qui est Taragone, se trouvant à cette époque occupée par les Mores. Arnust étant mort dès l'an 915, c'est à tort que Mariana a placé ce concile à l'an 940. *Hist. des aut. sacrés, t.* XXII.

NARBONNE (Concile de), l'an 940 : pour les limites de quelques diocèses. C'est sans doute, sauf l'erreur de date, le concile dont nous venons de parler.

NARBONNE (Concile de), l'an 947. Aymeric archevêque de Narbonne, tint ce concile le 27 mars. On y délibéra sur les moyens de rétablir la discipline ecclésiastique dans la province. *Gall. Chr. t.* VI; *D. Vaissette, Hist. du Languedoc, t.* II, *p.* 81.

NARBONNE (Concile de), l'an 990 ou environ. Ermengard, archevêque de Narbonne, présida à ce concile. Plusieurs seigneurs laïques y assistèrent, et l'on y délibéra sur les moyens de réprimer les usurpateurs des biens ecclésiastiques. On trouve dans les collections ordinaires un autre concile de Narbonne, sur le même sujet, en 994 ; mais c'est le même concile, qu'on a multiplié mal à propos.

NARBONNE (Concile de), l'an 1031. On y confirma les priviléges du monastère *Cangionensis*. Ne serait-ce pas l'abbaye de Saint-Michel de Cuxa, dont il est parlé plus bas, et ce concile ne serait-il pas le même que celui de l'an 1045, sans que nous puissions dire à laquelle de ces deux époques il s'est effectivement tenu ?

NARBONNE (Conciles de la province de). *Voy.* AUSONE et GIRONE, l'an 1068, et URGEL, l'an 1040.

NARBONNE (Conciles de), l'an 1043. Guifred ou Guifroi, archevêque de Narbonne, tint deux conciles cette année : l'un le 17 mars, et l'autre le 8 août. On excommunia les usurpateurs des biens de l'Eglise dans le premier ; et dans le second, Guifred déposa l'habit militaire qu'il portait, avec serment de ne jamais le reprendre. *Edit. Ven. t.* XI, *Mansi, t.* I, *col.* 1271.

NARBONNE (Concile de), l'an 1045 : sur la trève de Dieu, et sur les priviléges de l'abbaye de Saint-Michel de Cuxa. *Hard.* VI ; *Mansi, t.* I, *col.* 1275.

NARBONNE (Concile de), l'an 1054. Guifroi, archevêque de Narbonne, y assembla ce concile le 25 août ; il s'y trouva dix évêques, avec un grand nombre d'abbés, de clercs et de seigneurs. On y fit vingt-quatre canons.

1. On défend l'homicide à tous les chrétiens.

2, 3, 4 et 5. On ordonne que la trève de Dieu soit gardée, depuis le mercredi au soir jusqu'au lundi matin après le lever du soleil ; depuis le premier dimanche d'Avent, jusqu'à l'octave de l'Epiphanie ; depuis le dimanche de la Quinquagésime, jusqu'à l'octave de Pâques ; depuis le dimanche qui précède l'Ascension, jusqu'à l'octave de la Pentecôte ; aux jours des fêtes de la sainte Vierge, de saint Pierre, de saint Laurent, de saint Michel, de tous les Saints, de saint Martin, des saints Just et Pasteur, titulaires de l'église de Narbonne ; et tous les jours de jeûne pendant l'année, sous peine d'anathème et d'exil perpétuel.

6. « Ceux qui auront souffert quelques dommages se pourvoiront devant l'évêque, ou par-devant les juges qu'il aura commis ; et, suivant la grièveté de la faute, on ordonnera contre les coupables, ou le jugement de l'eau froide, ou l'exil. »

7. « Celui qui voudra bâtir une forteresse, ne le pourra que quinze jours avant le temps marqué pour la trève. »

8. « Les débiteurs qui refuseront de payer, seront chassés de l'Eglise, et on ne fera aucun office dans leur paroisse, jusqu'à ce qu'ils aient acquitté leurs dettes. »

9. « Il est défendu de couper les oliviers, à cause qu'ils fournissent la matière du saint chrême et du luminaire des églises. »

10. « En tout temps et en tout lieu, les pasteurs et leurs brebis jouiront du bienfait de la trève. »

11. « Il en sera de même des églises, des maisons situés à trente pas à l'entour ; des biens, des terres et des revenus dépendants de ces églises. »

12. « Défense à qui que ce soit de s'emparer des terres ou des effets d'une église, sans la permission de celui à qui cette église appartient. »

13. « Les laïques ne pourront s'approprier les droits synodaux que les prêtres payent aux évêques, sans la permission des évêques. »

14. « Ils ne pourront non plus s'approprier les prémices, oblations et rétributions des clercs, de quelque nature qu'elles puissent être ; les droits pour les cimetières, les œufs qu'on offre aux prêtres, ou ceux qu'on leur présente le jeudi saint, pour les bénir par l'aspersion de l'eau et du sel, aussi bien que les rétributions qui sont dues aux clercs, à raison des trentaines qu'ils font pour les morts. » C'est ce qui est appelé dans ce canon, *trigintarios.*

15. « Défense de s'emparer des biens des clercs, des moines, des religieux, des femmes, et de leurs comtes qui ne portent point les armes. »

16 et 17. « Défense de prendre ou de retenir, à quelque titre que ce soit, les terres, vignes, métairies des chanoines, moines ou religieuses, sans le consentement des évêques, des abbés ou des chanoines. »

18. « Défense à ceux qui ont des procès, d'en venir à des voies de fait pour se faire justice, ou de commettre quelque violence, avant que la cause ait été jugée en présence de l'évêque et du seigneur du lieu. »

On défend dans les autres canons, de piller les marchands, les pèlerins, et de faire tort à qui que ce soit, sous peine, pour ceux qui auront commis des désordres pendant la trève, d'être séparés de l'Eglise, jusqu'à entière satisfaction. *Anal. des Conc.* II.

NARBONNE (Concile de), l'an 1055. Ce concile se tint le 1er octobre, et fut composé de six évêques, qui déclarèrent excommuniés les usurpateurs des biens de l'église d'Ausone. *D. Vaissette.*

NARBONNE (Concile de), l'an 1058, tenu à la dédicace de l'église de cette ville. On y fit, dit D. Ceillier, quelques règlements de discipline. *Hist. des aut. sacrés et eccl.*, t. XXIII.

NARBONNE (Concile de), l'an 1090, ou plutôt 1091, en faveur de l'abbaye de la Grasse, et contre la simonie. La date de ce concile est ainsi marquée : *Factum est hoc anno Domini MXC. XIII kal. Apr. regnante Ludoico.* Comme on commençait alors l'année à Pâques dans le Languedoc, le 19 mars de l'année 1091, selon notre usage, appartenait, dans le comput de cette province, à l'an 1090. Quant au nom du prince *Louis régnant alors*, c'est une faute du copiste, qui aura mis, au lieu de Philippe Ier, Louis le Gros, son fils, quoiqu'il ne fût pas encore associé à la royauté. *Dom Vaissette, Hist. du Lang.*; *l'Art. de vérif. les dates.*

NARBONNE (Concile de), l'an 1125. L'archevêque Arnauld y remit la prévôté à son chapitre. *Gall. Chr.*, t. VI, col. 619.

NARBONNE (Concile de), l'an 1134, par l'archevêque Arnauld. On s'y occupa du malheureux état du diocèse d'Elne, qu'envahissaient les Sarrasins. *Labb.*, t. X.

NARBONNE (Concile de), l'an 1207. Il est parlé dans les gestes de saint Dominique, instituteur de l'ordre des Frères-Prêcheurs, d'un concile tenu dans la province de Narbonne, savoir à Montpellier en 1207, et c'est de là que Vincent de Beauvais a tiré ce qu'il dit de cette assemblée ; mais l'auteur de ces actes est sans autorité pour ce qui regarde la tenue de ce concile, dont la date même ne peut s'accorder avec l'histoire de l'évêque d'Osma, ni avec celle de saint Dominique. Ils passèrent à Montpellier en 1206, et l'on n'y voit nulle part qu'ils y soient retournés en 1207. On ne voit pas non plus où l'auteur a pu lire que douze abbés de Cîteaux se soient trouvés à Montpellier en cette année. Voici ce qu'on dit de ce concile : Le pape

Innocent III voyant les ravages que l'hérésie faisait dans le territoire d'Albi, envoya pour s'y opposer douze abbés de l'ordre de Cîteaux, avec Arnault, abbé du même ordre, légat du saint-siége. Ils assemblèrent un concile des archevêques et des autres prélats les plus voisins pour concerter avec eux comment ils attaqueraient les hérétiques. Ils étaient encore en délibération, lorsque Diégo, évêque d'Osma, recommandable par sa naissance, son savoir, sa vertu, et son zèle pour le salut des âmes, arriva. Ils le reçurent avec honneur, et lui demandèrent conseil. Il s'informa des mœurs de ces hérétiques, et apprenant qu'ils séduisaient les simples par un extérieur de modestie et de sainteté, voyant au contraire que les missionnaires catholiques avaient de grands équipages, beaucoup d'habits, de valets, de chevaux, et faisaient grande dépense, il leur fit entendre qu'ils ne ramèneraient pas à la foi ces gens par les paroles seules; qu'il fallait combattre leur vertu apparente par une vraie piété, et imiter la vie des apôtres. Il en donna lui-même l'exemple, en renvoyant ses chevaux, ses équipages et tous ses domestiques, ne gardant pour tout cortége que Domingue ou Dominique, chanoine régulier et sous-prieur de sa cathédrale. Les missionnaires en firent autant; ils embrassèrent la pauvreté évangélique, n'allèrent plus qu'à pied, et par leurs discours et leurs exemples, ils rendirent odieux aux peuples les chefs des hérétiques, et ramenèrent à la foi catholique ceux qui avaient été séduits. *Hist. des aut. sacr. et eccl.*, t. XXI. *Voy.* MONTPELLIER, l'an 1207.

NARBONNE (Concile de), l'an 1211. Dom Vaissette prouve que ce concile se tint en cette année, et non en 1210, comme l'ont prétendu Labbe et Hardouin. Le légat du saint-siége, et Raymond, évêque d'Usez, y proposèrent au comte de Toulouse de lui rendre ses domaines, à condition qu'il consentirait à chasser les hérétiques de ses Etats; ce que le comte refusa.

NARBONNE (Concile de), l'an 1227. Pierre Amelin, archevêque de Narbonne, ayant assemblé les évêques de sa province, tint ce concile, qui fit vingt canons ou règlements.

1. On accepte la loi de Louis VIII, roi de France, donnée à Pamiers, par les conseils du cardinal Romain, légat du saint-siége, en 1226, qui condamne à une amende ceux qui se laisseront excommunier après trois monitions; et ordonne que tous les biens de ceux qui demeureront dans l'excommunication plus d'une année, soient mis en séquestre.

2, 3 et 4. Défense aux juifs d'accabler les chrétiens par des usures immodérées, ou d'avoir chez eux des esclaves chrétiens, ou des nourrices chrétiennes; de manger publiquement, ou de vendre de la chair les jours défendus par l'Eglise. Ils porteront sur la poitrine une marque qui les fasse connaître. Ils ne travailleront point publiquement les jours de fêtes et de dimanches, et ne sortiront point de leurs maisons, sans nécessité, pendant toute la semaine sainte. Ils payeront à l'église paroissiale six deniers tous les ans, le jour de Pâques, en forme d'offrande.

5. Les testaments seront faits en présence du curé et des personnes catholiques.

6. On déclare infâmes les parjures et les faux témoins.

7. Les confesseurs écriront les noms de leurs pénitents; et ceux qui n'iront point à confesse tous les ans, à commencer dès l'âge de quatorze ans, seront privés de l'entrée de l'église pendant leur vie, et, après leur mort, de la sépulture ecclésiastique. Les confessions doivent se faire dans un lieu public, et non en cachette.

8. On excommuniera tous les dimanches les usuriers publics, les incestueux, les concubinaires, les adultères, les ravisseurs, et ceux qui empêchent l'exécution des testaments.

9. On donnera aux prêtres qui desservent les églises une portion congrue et suffisante.

10. Il n'y aura pas moins de trois moines ou de trois chanoines dans les maisons religieuses.

11. Les moines, les chanoines réguliers, les prêtres séculiers mêmes, ne feront point la fonction d'avocat, si ce n'est dans les causes de leurs églises ou celles des pauvres, et avec la permission de leurs supérieurs.

12. Les clercs ne seront point mis à la taille.

13. On n'imposera point de nouveaux péages.

14. Les évêques établiront dans chaque paroisse des inquisiteurs des hérésies et des autres crimes publics, pour leur en faire le rapport.

15. Les seigneurs, les gouverneurs et les juges seront tenus de chasser les hérétiques et ceux qui les recèlent.

16. On privera des charges publiques les hérétiques, et ceux qui seront justement soupçonnés d'hérésie.

17. On ordonne de dénoncer excommuniés, tous les jours de dimanche et de fête, dans toutes les paroisses, Raymond, fils du comte de Toulouse, le comte de Foix, le vicomte de Béziers, et tous leurs fauteurs, défenseurs et receleurs.

18. Tous ceux qui ont des bénéfices à charge d'âmes seront promus au sacerdoce.

19. Les curés ne laisseront point prêcher dans leurs églises ceux qui quêtent des aumônes; mais ils y liront seulement leurs lettres, comme il est porté dans le quatrième concile de Latran.

20. La fête de saint Mathias se célébrera, dans les années bissextiles, le second des deux jours bissextiles, c'est-à-dire, le 25 du mois. Les quatre-temps de septembre s'observeront toujours le mercredi de la troisième semaine; et, tous les ans, on célébrera un concile provincial le jour du dimanche *Lætare. Anal. des Conc.* II.

NARBONNE (Concile de), vers l'an 1235, selon Labbe et le P. Richard; sur la fin de 1243 ou au commencement de 1244, selon D. Vaissette, et les historiens de l'*Eglise Gallicane*. Pierre Amelin, archevêque de

Narbonne, Jean de Baussan, archevêque d'Arles, et Raimond, archevêque d'Aix, tinrent ce concile, assemblé de trois provinces, avec leurs suffragants, pour répondre aux frères inquisiteurs, qui leur avaient proposé des doutes, touchant les peines à imposer aux hérétiques et à leurs fauteurs qui s'étaient convertis, et auxquels ils avaient promis qu'ils seraient exempts de la prison. Les réponses qu'on leur donna étaient obligeantes pour eux, et modestes de la part des prélats.

Il était déclaré, à la fin des décrets, qu'on prétendait seulement donner des conseils aux inquisiteurs, et non les contraindre; car il n'est pas convenable, ajoutait-on, de gêner leur liberté par des règles ou des formules autres que celles du saint-siége apostolique. Ces décrets au reste, ou ces conseils, sont au nombre de vingt-neuf: en voici l'abrégé.

1. Les hérétiques et leurs fauteurs qui se sont librement convertis se présenteront tous les dimanches à l'église entre l'épître et l'évangile de la grand'messe, ayant quelque partie du corps nue, et des verges à la main pour recevoir la discipline du curé. Ils feront la même chose dans les processions solennelles et tous les premiers dimanches du mois, dans toutes les maisons de la ville ou du village où ils auront vu des hérétiques. Ils assisteront tous les dimanches à la messe, aux vêpres et au sermon. Ils jeûneront et défendront par eux-mêmes, ou par d'autres entretenus à leurs dépens, la foi de l'Eglise contre les Sarrasins et les hérétiques.

2. On ne leur ordonnera pas néanmoins d'aller au delà de la mer; le pape l'ayant défendu, de peur qu'ils ne manquent à leurs promesses dans des pays si éloignés.

3, 4 et 5. On les transportera d'un lieu en un autre, et on leur fera bâtir des édifices propres à renfermer les pauvres hérétiques convertis. Au reste, les inquisiteurs pourront leur imposer les pénitences qu'ils jugeront les plus convenables, augmenter celles-ci ou les modérer.

6 et 7. On leur fera confesser et abjurer publiquement leurs fautes, à moins que l'énormité du scandale qui résulterait de cette confession ne s'y oppose: et l'on dressera des actes publics de ces confessions, abjurations, promesses et pénitences. Les inquisiteurs pourront augmenter ou diminuer les pénitences.

8. Les curés seront chargés du soin de faire accomplir les pénitences imposées à leurs paroissiens.

9. La multitude des hérétiques étant trop grande pour qu'on puisse les renfermer tous, on en avertira le pape, et l'on se contentera de renfermer ceux qui sont les plus capables de corrompre les autres.

Le 10e et les suivants jusqu'au 17e ont pour objet la conduite qu'il faut garder envers les rebelles, les apostats et les fauteurs des hérétiques.

Le 17e défend aux frères prêcheurs d'imposer des pénitences pécuniaires, et de rien exiger des pénitents.

18. Les personnes suspectes d'hérésie, et les nouveaux convertis, ne seront point reçus dans les ordres religieux, à moins que le pape ou son légat ne leur en accorde la permission.

19. Personne ne sera exempt de la prison, sous prétexte qu'il est vieux, qu'il est infirme, qu'il a une jeune femme ou des enfants, etc., à moins que le pape ne juge à propos d'accorder cette exemption.

20 et 21. Ceux qui ont délinqué, et qui ont leur domicile dans les limites d'une inquisition, en sont justiciables. Mais les inquisiteurs doivent s'écrire mutuellement touchant les coupables qui ne sont pas de leur district.

22. On ne fera point connaître les témoins qui déposent contre quelqu'un, à celui contre lequel ils déposent; mais, si celui-ci se plaint d'avoir des ennemis, on lui en demandera les noms, afin de ménager par là les témoins et l'accusé.

23. On ne condamnera personne, sans qu'il soit convaincu par des preuves évidentes ou par sa propre confession, parce qu'il vaut mieux laisser un coupable impuni, que de punir un innocent (a).

24 et 25. On recevra toutes sortes de témoins pour déposer contre les hérétiques, excepté ceux qui y seraient poussés, non par le zèle de la justice, mais par un esprit de malice, comme les ennemis des accusés, etc.

26. Un accusé convaincu d'hérésie sera tenu pour hérétique, quoiqu'il persiste à nier qu'il le soit, et qu'il abjure l'hérésie.

27. On ne doit plus écouter les témoins qui ont une fois déposé, si ce n'est sur quelques circonstances sur lesquelles on ne les avait point interrogés.

28. Quoiqu'il semble qu'on ne doive pas s'en rapporter au confesseur tout seul, qui atteste qu'il a donné l'absolution et la pénitence à un hérétique vif ou mort, on attendra la réponse du pape sur ce point.

29. On donne plusieurs marques pour connaître quand les catholiques ont communiqué avec les hérétiques; comme de les avoir salués et de s'être recommandés à leurs prières, de s'être confessés à eux, d'avoir fait la cène avec eux, d'avoir accepté de leur pain bénit, d'avoir cru qu'on pouvait se sauver dans leur secte, etc.

NARBONNE (Concile de), l'an 1251. On y rétablit l'accord entre le comte Amalric et l'évêque Guillaume de Broa. *Mas Latrie, Tabl. chron.*

NARBONNE (Concile de), l'an 1274, tenu pour défendre l'exportation du blé hors de la province. *Ibid.*

NARBONNE (Concile de), l'an 1280: pour la consécration des évêques de Lodève et de Nîmes. *Gall. Chr. t. VI, col. 630.*

NARBONNE (Concile de), l'an 1309, où on lut la bulle de convocation du concile de Vienne. *Gall. Chr. t. VI, col. 86.*

(a) Cet axiome, disent avec raison les auteurs de l'*Histoire de l'Eglise Gallicane*, vaut seul un concile.

NARBONNE (Concile de), l'an 1328. On y condamna l'hérésie d'un moine de la Chartreuse. *Ibid. col.* 88.

NARBONNE (Concile provincial de), l'an 1374. Ce concile se tint au mois d'avril, à Narbonne, dans l'église métropolitaine. Pierre de la Jugie, archevêque de Narbonne, sur l'ordre qu'il en avait reçu du pape Grégoire XI, qui lui avait écrit pour cela le dernier de juin précédent, l'avait convoqué pour le 15 d'avril. Plusieurs évêques et abbés de la province y assistèrent en personne, et les autres le firent par procureurs. Il avait pour objet le rétablissement de la discipline dans le clergé, et l'on y dressa vingt-huit canons, dont la plupart sont répétés du concile de Lavaur, tenu en 1368. Les nouveaux règlements sont ceux qui suivent :

XIII. Les ecclésiastiques s'abstiendront de tout négoce illicite.

XIV. Tout bénéficier à charge d'âmes sera tenu de dire la messe au moins une fois tous les mois.

XV. Les curés détourneront leurs paroissiens de blasphémer contre Dieu, la Vierge et les saints; et ceux qui n'obéiront pas en cela aux monitions de leurs curés, seront punis par l'évêque selon les règles du droit.

XVI. Les curés avertiront aussi leurs paroissiens de dénoncer les blasphémateurs à l'official.

XXV. Les ecclésiastiques ne prêteront point leurs noms pour des donations frauduleuses, et à dessein de faire décharger des tailles les biens-fonds dont ils se font passer pour donataires.

XXVI. On ne donnera point, sans l'ordre du supérieur, la sépulture ecclésiastique à ceux qui sont morts dans l'excommunication ou l'interdit.

XXVII. On accorde une indulgence de dix jours à ceux qui, contrits et confessés, diront tous les jours un *Pater* et deux *Ave Maria* pour le pape et pour le roi. Labb. XI; *Hist. de l'Egl. Gallic., liv.* XI.

NARBONNE (Concile de), l'an 1430. Ce concile provincial se tint le 29 mai 1430, pour satisfaire aux plaintes que les évêques suffragants formaient contre la cour ecclésiastique de l'archevêque, leur métropolitain. Ce prélat étant absent, l'évêque de Castres fut son grand vicaire dans cette occasion, et présida au concile où se trouvèrent en personne les évêques de Béziers, de Carcassonne, de Lodève, d'Uzès et d'Agde, avec les procureurs des évêques de Maguelonne, d'Elne, de Nîmes, de Saint-Pons et d'Alet. Comme les suffragants se croyaient lésés par l'archevêque de Narbonne, ils présentèrent d'abord leur requête à l'évêque de Castres, et cet acte exposait bien des griefs, dont voici les principaux : que l'official de la métropole admettait les causes d'appel, avant que la sentence eût été rendue dans les cours ecclésiastiques des évêchés, avant même qu'on eût appelé dans les formes; ce qui anéantissait totalement la juridiction des évêques, et autorisait les entreprises criminelles de leurs diocésains ; que, sous prétexte de l'appel on commençait à Narbonne par absoudre *ad cautelam*, quoique les censures eussent été portées pour des faits notoires; qu'au lieu de juger simplement si l'appel avait été légitime ou abusif, on entamait l'affaire au fond, sans la renvoyer à l'official diocésain; que, quand on la renvoyait, bientôt après, sous prétexte d'un autre appel, l'official métropolitain s'en saisissait une seconde fois; que, dès qu'il y avait appel, sans examiner les motifs et la manière, on faisait passer dans les prisons de la métropole, et aux frais de l'évêque, ceux qui avaient été pris par l'ordre du juge ordinaire de l'évêché; que, sans attendre le jugement du premier et principal official de l'évêque, on recevait à Narbonne les appels des officiaux forains; que, par une suite de ces entreprises sur l'autorité des ordinaires on forçait les officiers de la cour épiscopale et les diocésains d'exécuter les mandements du juge métropolitain, de payer des frais, de se transporter hors du diocèse, etc.; que, au mépris de la dignité épiscopale, on adressait des mandements et des sentences aux évêques suffragants, sans songer que les évêques n'exercent point la justice contentieuse par eux-mêmes, et qu'ils ont des officiaux à qui ces sortes d'actes doivent être signifiés ; que, dans les causes de mariage, on ne renvoyait point les parties contendantes à l'ordinaire, comme les canons l'ordonnent. Tels furent à peu près les griefs du plus grand nombre des prélats et des députés de l'assemblée. L'évêque président répondit qu'il était aisé de montrer aux complaignants un état des droits de l'archevêque de Narbonne, dont ils pourraient être contents. Et le procureur de l'archevêque, récapitulant tous les reproches, prétendit que les uns étaient des faux-allégués, et que d'autres ne pouvaient être regardés comme des abus, mais plutôt comme des usages constants et avoués dans cette métropole. Il voulut entrer sur cela dans des explications plus étendues. Les évêques, qui étaient pressés de finir l'assemblée pour se rendre aux états généraux de Languedoc, se contentèrent de ses offres, protestèrent en attendant la conclusion du différend, et menacèrent d'en appeler au pape. Nous ignorons de quelle manière on les satisfit dans la suite. *Hist. de l'Egl. Gall.*

NARBONNE (Concile de), l'an 1551. Ce concile commença le 10 du mois de décembre, et finit le 20 du même mois. Il eut cela de singulier, qu'aucun évêque n'y assista en personne, et qu'il ne fut composé que d'ecclésiastiques du second ordre, députés par les prélats et par les cathédrales de cette province, si l'on en excepte l'église d'Elne, dont l'évêque et le chapitre n'envoyèrent aucun député. L'abbé de Caune y assista, et le chef de l'assemblée fut Alexandre Zerbinatis, professeur en droit, protonotaire du saint-siége, et vicaire général du cardinal François Pisani, archevêque de Narbonne. Ces simples prêtres dressèrent soixante-six canons, qui sont fort beaux, et qui donnent une grande idée de leur zèle et de leur capacité.

Le premier contient une confession de foi, dans laquelle on fait profession de reconnaître une Eglise sainte, catholique et apostolique (dont Jésus-Christ est le chef), sous le commandement et l'autorité de notre saint père le pape, à qui tous les chrétiens sont obligés d'obéir, de même qu'ils sont tenus de recevoir tout ce qui vient de la sainte Eglise romaine et des saints Pères, par le canal des conciles légitimement assemblés et dirigés par le Saint-Esprit. On y rejette en général toutes les nouvelles hérésies; on y présente un abrégé de la doctrine de l'Eglise romaine sur les sept sacrements, le purgatoire, la prière pour les morts, la célébration de la messe, le culte de la bienheureuse Vierge Marie et des saints, les jeûnes et les abstinences, les vœux de religion, les pèlerinages de piété, les cérémonies de l'Eglise, les images, le libre arbitre et les bonnes œuvres. Enfin l'on y déclare que l'on reçoit en tout les articles de la faculté de théologie de Paris du 10 mars 1543.

Le second annonce qu'on parlera des pasteurs et des ouailles dans les canons suivants.

Le troisième ordonne de se conformer aux règles prescrites par les saints Pères, qui veulent qu'on examine et qu'on éprouve sérieusement ceux qu'on doit élever aux ordres, de peur que l'on ne participe aux péchés des autres; et, parce qu'il vaut mieux n'avoir qu'un petit nombre de bons ministres, que d'en avoir un plus grand nombre d'inutiles et de lâches, l'évêque aura soin, avant tout, de s'informer, par lui-même ou par des prêtres éclairés et prudents, de la vie, de la famille, de la patrie, de l'âge, des biens, de l'éducation et de la capacité de ceux qui se présentent à l'ordination; et l'on observera les canons qui défendent d'ordonner les bâtards, ceux qui ont certains défauts corporels, ou qui n'ont pas l'âge compétent, ou qui manquent des biens nécessaires pour se faire un titre, ou enfin qui n'ont ni la capacité, ni les mœurs convenables.

4. « On ne donnera la tonsure qu'à sept ans, les quatre moindres qu'à douze, le sous-diaconat qu'à dix-huit, le diaconat qu'à vingt, la prêtrise qu'à vingt-cinq. »

5. « On n'ordonnera que ceux qui craignent et servent Dieu; qui aiment, honorent, servent et aident leurs parents dans le besoin; qui sont chastes, pacifiques et ennemis de la discorde, équitables envers tous. »

6. « On n'admettra aux saints ordres que les enfants légitimes; et on en exclura tous les bâtards. »

7. « L'évêque n'ordonnera personne, qu'il ne connaisse bien par lui-même, ou par le certificat du juge ordinaire ou des consuls du lieu de sa naissance ou de son domicile, qu'il a l'âge, les mœurs et la naissance requises pour la cléricature. »

8. « On n'ordonnera personne qui n'ait un bénéfice ou un titre patrimonial de la valeur au moins de trente livres tournois, qu'il fera serment de ne point aliéner, jusqu'à ce qu'il puisse s'en passer, et dont il laissera entre les mains du secrétaire de l'évêque l'acte justificatif, en original ou en copie, signé par le juge ordinaire du lieu du bénéfice ou du titre patrimonial. »

9. « On n'ordonnera personne qu'après un mûr examen sur sa capacité, fût-il gradué à cause de ses grands talents, ou religieux profès sous une règle sévère. L'on prendra garde, en particulier, à ce que ceux qui aspirent au sacerdoce, sachent le chant ecclésiastique, et qu'ils soient en état d'expliquer au peuple le texte de l'Evangile. »

10. « On n'ordonnera ni bègue, ni manchot, ni qui que ce soit de ceux que les canons excluent des ordres, à raison de leurs maladies ou défauts corporels. »

11. « Les évêques ne donneront des dimissoires pour les ordres qu'à ceux qui auront toutes les qualités et conditions attestées comme ci-dessus. »

12. « Ceux auxquels il appartient de donner des dimissoires, ne se contenteront pas de mettre qu'ils déchargent leur conscience sur l'état et les dispositions des sujets à qui ils les donnent, mais ils attesteront qu'ils sont dignes d'être ordonnés; et ils donneront un dimissoire pour chaque ordre en particulier, et non pas un seul pour tous. Ces dimissoires, de même que les lettres d'ordination, seront donnés *gratis*, ou du moins ceux qui les expédieront n'en recevront qu'un modique salaire. »

13. « On ne recevra point à la célébration des saints mystères, ni au service des paroisses, les prêtres vagabonds, ni en général aucun de ceux qui sortent de leur diocèse, sans permission et sans lettres de recommandation de l'évêque. »

14. « Puisque les prêtres doivent être sobres, modestes, chastes, continents, et donner l'exemple en tout aux fidèles, il convient qu'ils en donnent des marques par leur habit et le reste de leur extérieur. »

15. « L'habit des ecclésiastiques, surtout celui des chanoines, sera simple et modeste. Ils ne porteront ni soie, ni plumes au chapeau, ni anneau au doigt, ni fraise, à la manière des gens du monde. Ils porteront la tonsure convenable à leur ordre, et l'habit long, si ce n'est en voyage qu'ils pourront porter un habit plus court, mais qui descende néanmoins jusqu'aux genoux. »

16. « Les moines qui ne porteront point la couronne et l'habit de leur ordre seront punis par l'ordinaire, selon la sévérité des canons, nonobstant leurs privilèges ou leurs exemptions. »

17. « Les clercs éviteront l'ivrognerie, et n'entreront dans les cabarets que lorsqu'ils seront en voyage; et cela, sous peine de prison. Ils ne feront pas non plus le métier de cabaretier, sous la même peine et d'autres plus grièves. »

18. « Ils ne joueront et n'assisteront point aux jeux défendus, particulièrement aux jeux de hasard, s'ils ne veulent subir les mêmes peines. »

19. « Mêmes peines contre ceux qui s'adonneront aux danses, qui s'habilleront en

masques, ou qui assisteront aux farces des comédiens. »

20 et 21. « Défense aux clercs de porter des armes, si ne n'est en voyage ; d'exercer des professions serviles; de se faire intendants de maisons, solliciteurs de procès, banquiers, marchands, usuriers, juges, procureurs ou notaires dans les tribunaux de la justice séculière. »

22. « Les clercs n'auront aucune familiarité avec les femmes. Ils n'en logeront point chez eux qui soient libertines, ou que leur âge rende suspectes. Ils ne visiteront point celles qui ont mauvaise réputation, et n'entreront dans aucun lieu de débauche. Les concubinaires seront emprisonnés et punis des autres peines qui leur sont imposées par les canons. Les curés seront tenus, sous peine d'excommunication, de les déférer aux évêques ou à leurs grands vicaires. »

23. « Les clercs concubinaires qui retiendront chez eux leurs propres enfants, ou ceux des femmes qui avaient donné occasion à des bruits désavantageux, seront excommuniés et punis arbitrairement. »

24. « Les clercs coupables, qui auront été saisis par les magistrats, seront renvoyés à l'évêque, sans éclat et avec les égards qui sont dus à la sainteté de leur état. »

25. « Les ecclésiastiques qui ont des terres portant titres de justice, ne recevront point des hommes prévenus de crimes, sous prétexte que ces sortes de gens sont hardis et propres à faire respecter les ordres des seigneurs qui les emploient. »

26. « Tous les bénéficiers seront tenus d'exhiber, dans l'espace d'un mois, les lettres d'ordre en vertu desquelles ils possèdent leurs bénéfices, ainsi que les dispenses qu'ils ont obtenues pour posséder ceux qui en exigent. »

27. « Tous les clercs séculiers ou réguliers qui ont des bénéfices à charge d'âmes, garderont une exacte et perpétuelle résidence, hors les cas où ils en seraient canoniquement dispensés pour un temps, sous peine de perdre le tiers de leur revenu annuel. »

28 et 29. « Le président du diocèse aura soin de mettre des vicaires lettrés et exemplaires à la place des curés qui seront obligés de s'absenter pour des raisons légitimes, et de pourvoir à l'entretien honnête de ces vicaires. »

30. « Les curés eux-mêmes qui seront obligés de s'absenter auront soin de laisser à leurs vicaires de quoi faire l'aumône et exercer l'hospitalité. »

31. « Tous les bénéficiers qui ont charge d'âmes seront obligés de présenter à l'évêque ou à son grand vicaire, pour en être approuvés, les vice-gérants qu'ils mettront à leur place en cas d'absence légitime. »

32. « Les curés ou vicaires ne pourront demeurer que dans le presbytère, qu'ils seront tenus de meubler et de réparer sur les revenus de leur bénéfice. »

33. « Ils auront des registres de ceux qu'ils baptisent et de ceux qu'ils enterrent ; et ces registres seront gardés dans l'église. »

34. « Chaque curé aura l'Ancien et le Nouveau Testament, des explications des évangiles et des épîtres qu'on dit à la messe dans le cours de l'année, et le manuel des curés. »

35. « Les curés prêcheront tous les dimanches, liront et expliqueront l'Evangile à leurs paroissiens, et leur apprendront le *Pater*, l'*Ave*, le *Credo*, le *Confiteor*, les commandements de Dieu et de l'Église. »

36. « Ils avertiront leurs paroissiens de venir à la messe de paroisse tous les dimanches et toutes les fêtes, et de s'y tenir modestement, à genoux, debout ou assis, jusqu'après la bénédiction du célébrant. »

37. « Ils ne laisseront point prêcher les prêtres étrangers, sans être assurés qu'ils ont les pouvoirs de l'évêque ; et tous les prédicateurs réciteront tout haut la salutation angélique, au commencement du sermon. »

38. « Les curés et les vicaires conserveront la sainte Eucharistie sous la clef, dans l'église, et ne la laisseront sans lumière, ni le jour, ni la nuit. Ils la porteront aux malades avec quelque luminaire, et avertiront le peuple de se mettre à genoux pour l'adorer, soit quand on la porte aux malades, soit à la célébration de la messe. Ils renouvelleront les saintes hosties tous les quinze jours et le saint chrême tous les ans. »

39. « Ils auront et tiendront dans une grande propreté tous les ornements et tous les vases nécessaires au culte divin. »

40. « Tous les prêtres de chaque paroisse aideront leur curé dans ses fonctions les jours de fêtes et de dimanches, et les assisteront en habits d'église. »

41. « On n'exigera rien pour l'administration des sacrements, ni pour les enterrements, si ce n'est pour le son des cloches ; mais on pourra recevoir ce qui sera offert librement. Dans les endroits où il y aurait des conventions ou des coutumes contraires à ce décret, on ne refusera jamais ni les sacrements ni la sépulture, sous prétexte du violement de ces coutumes ou de ces conventions. »

42. « On punira sévèrement les curés et les autres prêtres qui manqueront au synode diocésain, auquel ils sont tenus d'assister. »

43. « Les théologaux des cathédrales seront obligés de prêcher le carême et l'avent, et d'expliquer l'Ecriture sainte *gratis* dans l'église, aux chanoines et à tous les prêtres de la ville. Quant aux cathédrales qui n'ont point de théologal, on y en établira le plus tôt possible, et l'on affectera la première prébende qui viendra à vaquer pour cet établissement. »

44. « Les ecclésiastiques qui possèdent des chapelles ou d'autres bénéfices sacerdotaux, hors les cathédrales, les collégiales et les monastères, seront tenus d'exhiber les charges de ces bénéfices, et de s'en acquitter aux termes de la fondation ; faute de quoi, l'ordinaire leur imposera lui-même le nombre des messes qu'ils auront à dire, et des autres offices qu'ils auront à remplir. »

45. « On sonnera les cloches aux heures convenables pour assembler le peuple à l'église,

et exciter sa dévotion. Les clercs se rendront au chœur en habit d'église, au commencement des heures canoniales, pour y réciter l'office divin d'une voix commune et avec piété, sans y rire, ni y causer, ni y lire aucun livre, pas même le bréviaire. »

46. « On bannira des églises toutes sortes de spectacles, de chansons et de bruits propres à faire rire. »

47. « On bannira aussi des églises et des cimetières les danses et les repas qui sentent la débauche et le libertinage. Les curés n'admettront point non plus leurs paroissiens à venir faire chez eux certains repas appelés *defructus*, et ils ne souffriront point qu'ils chantent *Memento*, *Domine*, *David sans truffe* (a), ou d'autres choses ridicules de cette espèce »

48. « L'office divin se fera dans l'église, en paix, en silence; et il n'y aura ni bruit, ni promenade, ni discours inutiles ou touchant les affaires du monde. »

49. « Les curés avertiront leurs paroissiens de sanctifier les jours de fêtes et de dimanches par la prière et l'assistance au sermon et aux offices divins, s'abstenant ces jours-là de toute œuvre servile, des ventes, des achats, des trafics, comme de toutes sortes de péchés. »

50. « Tous les paroissiens se confesseront, une fois l'année, à leur curé, et recevront la communion de sa main, si ce n'est qu'ils aient permission de lui pour se confesser et pour communier ailleurs. Il tiendra registre de tous ceux qui auront fait leurs pâques, et dénoncera à l'évêque, ou à son grand vicaire, dans l'espace de huit jours, tous ceux qui n'auront pas satisfait à ce devoir. »

51. « On n'admettra point ce qu'on appelle vulgairement *confessionnaux* (*confessionales*), sans qu'ils aient été visités par les évêques ou par leurs grands vicaires.» Les confessionnaux dont il est parlé dans ce canon étaient des lettres, billets ou papiers que portaient les quêteurs pour les distribuer aux peuples auxquels ils prêchaient, et qui contenaient plusieurs grâces ou privilèges, comme de se choisir un confesseur, etc.

52. « Les médecins engageront leurs malades à se confesser. »

53. « La célébration des mariages sera toujours précédée de trois proclamations de bans, qui se feront les jours de dimanches ou de fêtes, et d'un intervalle de trois jours depuis la dernière proclamation. On ne mariera les personnes d'un autre diocèse que sur l'attestation de leur propre évêque, ou de son grand vicaire, ou du juge ordinaire de leur domicile, qui certifient qu'ils n'ont aucun empêchement pour le mariage. Les mariages ne se feront que dans les églises paroissiales, et publiquement, hors le cas d'une dispense légitime. »

54. « Les curés dénonceront à l'évêque tous les adultères et les concubinaires de leurs paroisses. »

55. « Les évêques ne souffriront pas qu'il n'y ait qu'un religieux dans un monastère, ni que les religieuses sortent de leurs cloîtres, ou y fassent entrer personne, sans quelque raison pressante, et sans permission du supérieur. »

56. « On n'établira personne maître d'école, qu'auparavant il n'ait été présenté à l'évêque, ou à son grand vicaire, ou enfin à l'ecclésiastique auquel il appartient, de droit ou par la coutume, de l'instituer; afin qu'on l'examine sur sa foi, ses mœurs et sa capacité. »

57. « Les évêques feront tout leur possible pour extirper les hérésies, les sortilèges, les enchantements, les augures et enfin toutes les espèces de scandales et de superstitions. Les curés avertiront leurs paroissiens de s'abstenir de l'usage de la chair, des œufs et du laitage, les jours où cet usage est défendu; et personne ne pourra s'en dispenser sans le conseil du médecin et du confesseur, ou au moins du curé, lequel sera obligé d'en avertir incessamment l'évêque. Les curés avertiront aussi leurs paroissiens de ne point disputer, surtout à table, sur des matières de religion. »

58. « Conformément aux statuts des conciles généraux, les évêques ne souffriront pas que les quêteurs proposent autre chose dans leurs sermons que ce qui est contenu dans leurs bulles ou lettres d'indulgences. »

59. « Les évêques, ou leurs vicaires généraux, visiteront leurs diocèses, au moins une fois les trois ans, pour y corriger tout ce qui aura besoin de correction. »

60. « On obligera les excommuniés dénoncés à se faire relever de l'excommunication, en leur imposant des amendes pécuniaires et d'autres peines; et quiconque sera excommunié dénoncé ne pourra exercer aucun office public. »

61. « Les ordinaires ne seront pas trop indulgents à accorder des dispenses. »

62 et 63. « On payera les dîmes et les prémices au curé de la paroisse dans laquelle on fait son séjour le plus ordinaire avec sa famille. »

64. « Ceux qui recueillent les aumônes des fidèles dans l'église en tiendront registre, et en rendront compte à la fin de l'année. »

65. « Chaque paroisse aura un livre où seront écrits tous ses biens meubles et immeubles. »

66. « On soumet tous ces statuts au jugement de l'Église Romaine; et l'on ne prétend point non plus déroger aux conciles généraux ou provinciaux reçus et confirmés par l'usage, ni blesser l'autorité du roi Très-Chrétien, de l'Église Gallicane et des saints décrets. *Anal. des Conc. t.* II.

NARBONNE (Concile de), l'an 1609. Louis de Vervins, archevêque de Narbonne, tint ce concile avec ses suffragants. On y publia quarante-huit chapitres de règlements sur la discipline, et souvent répétés dans les conciles précédents. Il est dit dans le sixième chapitre qu'on ne portera les reliques des saints aux malades que dans l'extrême nécessité et sur l'exprès commandement de

(a) On parodiait ainsi, à ce qu'il paraît, l'antienne *De fructu* du psaume *Memento* aux vêpres de Noël.

l'évêque. Le quatorzième défend la musique, les ris, les jeux, les promenades et les baisers dans l'église, pendant le baptême des enfants. Il défend aussi aux parrains et aux marraines de rien donner à leurs filleuls non plus qu'à leurs parents; et il condamne la coutume détestable de mettre sur l'autel les enfants nouvellement baptisés, pour les faire racheter par les parrains et les marraines, à prix d'argent ou autrement. Le dix-huitième porte que le prêtre qui donne la communion, fera le signe de la croix sur chaque communiant, aussitôt après qu'il l'aura communié, et lui défend, sous peine d'excommunication, de rien demander, en quelque manière que ce soit, à ceux ou à celles qui auront communié de sa main. Le dix-neuvième défend aux femmes non-seulement de servir la messe, mais encore de préparer l'autel où l'on doit la dire. Le vingt-sixième porte que l'évêque entendra la messe tous les jours, et la dira au moins tous les dimanches et toutes les fêtes; et que, ces mêmes jours, il assistera au moins à la grand'messe et aux vêpres, et qu'il portera toujours la tonsure plus grande que celle des autres prêtres, comme devant être encore plus détaché qu'eux des soins de la terre. Le trente-neuvième défend tout ce qui est capable de scandaliser ou de faire rire dans l'église, comme de représenter les prophètes ou les bergers, la nuit de Noël; de chanter les prédictions des Sibylles, de faire voler une colombe le jour de la Pentecôte, etc. On ne conduira point d'animaux à l'église, même à dessein de les offrir à Dieu dans la personne de ses ministres; et, si quelqu'un en a la volonté, le curé recevra hors de l'église les animaux offerts. Les curés excommunieront, et les juges séculiers puniront sévèrement ceux qui feront servir des habits d'église, ou de prêtres, ou de religieux, pour se déguiser ou commettre des irrévérences et des bouffonneries semblables. La quarante et unième défend aux ecclésiastiques le luxe, la vanité, la soie dans les habits, et toute autre couleur que le noir; les danses, les festins, les spectacles, les armes, tous les jeux de paume, de dés, de cartes, toutes les paroles et les actions indécentes.

NARBONNE (Synode de), l'an 1635. *Gall. Chr. t.* VI, *col.* 120.

NARBONNE (Synode diocésain de), le 20 octobre 1667, sous François Foucquet, archevêque de cette ville. Ce prélat y publia de nombreuses ordonnances, sous forme de canons, parmi lesquels nous remarquons celui-ci : « Défendons aux laïques de quelque condition qu'ils soient, de se placer dans le chœur, ou presbytère, ni tellement proche du balustre que leur banc puisse empêcher d'y pouvoir communier tout le long. Enjoignons aux femmes, de quelque qualité qu'elles soient, de se placer dans l'église, séparées des hommes, à quoi les curés et vicaires tiendront la main. »

NARBONNE (Synode de), l'an 1671. *Gall. Chr.. t.* VI, *col.* 122.

NARBONNE (Synode de), l'an 1699, sur la discipline, conformément aux prescriptions du concile de Trente. *M. Guérin, Manuel de l'hist. des conc.*

NARNI (Synode de), l'an 1625, sous Jean-Baptiste Tusco de Bonecti. Ce prélat y publia les statuts de son diocèse. *Constitut. sancitæ in synodo Narniensi, Interamnæ,* 1625.

NARNI (Synode de), juin 1665, sous Raymond Castelli, évêque de cette ville. Ce prélat y publia de nouveaux statuts. *Constit. et decreta diœcesanæ synodi, Narniæ,* 1665.

NAUMBOURG (Synode de), l'an 1174. L'évêque Udon y confirma la cession de deux manses faite par le prévôt de Saint-Maurice à celui de Hugesdorf. *Conc. Germ., t.* X.

NAUMBOURG (Concile de) en Misnie, *Naumburgense,* l'an 1286, tenu par les évêques réunis de Meissen, de Mersebourg et de Naumbourg, contre ceux qui mettraient en prison des évêques ou des clercs. *Conc. Germ., t.* III.

NAUMBOURG (Synode de), l'an 1530. Jean de Miltitz, évêque de Naumbourg, y confirma les statuts synodaux de ses prédécesseurs : il défendit en particulier d'admettre dans les couvents de religieuses des personnes qui ne le seraient pas, et voudraient y garder l'habit séculier. *Conc. Germ., t.* IV.

NAVARRE (Concile de), *apud Navarram,* l'an 1387. Les évêques de ce royaume, réunis avec les seigneurs, y convinrent de reconnaître Robert de Genève, dit Clément VII, pour légitime pontife. *Mariana, De reb. Hisp., l.* XVIII, *c.* 11.

NAZARETH (Concile de), l'an 1160. Dans ce concile, où se trouvèrent Amauri, patriarche de Jérusalem, avec d'autres évêques, et le roi Baudoin avec quelques seigneurs, on fut quelque temps à délibérer sur le parti que l'on avait à prendre au sujet des deux prétendants à la papauté. Les uns tenaient pour Alexandre, et voulaient qu'on reçût son légat, prêtre cardinal, qui demandait à entrer dans le royaume de Jérusalem, et Pierre, archevêque de Tyr, était à leur tête. D'autres préféraient Victor, comme ayant toujours été ami et protecteur du royaume de Jérusalem, et s'opposaient à ce qu'on reçût le légat. Le roi et ses seigneurs proposaient de ne recevoir ni l'un ni l'autre, et de n'accorder au légat que la liberté de visiter les saints lieux comme pèlerin, sans aucune marque de sa légation, de peur d'occasionner un schisme en Orient. Le premier avis prévalut. Le patriarche Amauri écrivit donc, en son nom et au nom de ses suffragants, une lettre synodale au pape Alexandre, où il dit que sa lettre avait été lue en pleine assemblée, et son élection louée et approuvée ; qu'ensuite on y avait excommunié Octavien avec les deux cardinaux Jean et Gui, et leurs fauteurs. Il ajoutait : « Nous vous avons élu et reçu unanimement pour seigneur temporel et père spirituel. » Ce titre de seigneur temporel donné au pape est d'autant plus remarquable, dit D. Ceillier, que le roi de Jérusalem et les seigneurs étaient présents au concile. Le P. Richard se borne à dire de ce concile, qu'on y reconnut la *primatie* du pape, comme si la primatie du pape (sur les évêques d'Italie) avait jamais été mise en question. Est-ce là de la bonne foi? ou n'est-ce pas plutôt ignorance et prévention?

NEAPOLITANA (*Concilia*). *V.* NAPLES, et NAPLOUSE ou NAPOLI.

NEBBIO (Ier Synode diocésain de), *Nebbiensis*, l'an 1614, tenu sous Julien Castagnola. Ce prélat y publia divers règlements sur l'administration des sacrements et les autres devoirs des curés, et sur les règles à observer dans les procédures ecclésiastiques. *Constitutioni et decreti fatti et publicati nella prima sinodo Nebbiense*, in *Pisa*, 1615.

NÉELLE (Concile de) ou Nesle en Vermandois (et non de Nivelle dans le Brabant méridional, comme l'a prétendu le P. Labbe), *Nidigellense*, l'an 1200. Toute la France était dans la tristesse, parce que depuis l'interdit jeté sur elle à cause de son roi, elle était privée de l'usage des sacrements et de la liberté d'enterrer les fidèles dans les cimetières ordinaires, lorsque le légat Octavien assembla à Néelle en Vermandois, dans l'église de Saint-Léger, les archevêques et évêques de France, la veille de la Nativité de la sainte Vierge, septième de septembre de l'an 1200. Le roi Philippe et Agnès de Méranie s'y trouvèrent. Ce prince, suivant les ordres du légat et le conseil de ses amis, éloigna de lui Agnès, reprit Ingelburge, et jura en son âme qu'il la traiterait en reine, et ne la quitterait point sans le jugement de l'Eglise; en même temps Octavien leva l'interdit, on sonna les cloches, et il se fit grande joie parmi le peuple. Cependant le roi Philippe, soutenant toujours qu'Ingelburge ne pouvait être sa femme à cause de la parenté, demanda que son mariage fût déclaré nul. Le légat, suivant ses instructions, lui donna un délai de six mois pour prouver la nullité de son mariage. Le légat rendit compte au pape de ce qui s'était passé à Néelle, et archevêques et évêques de France lui écrivirent sur le même sujet. Le pape écrivit à la reine Ingelburge et à Canut roi de Danemark, son frère, de se préparer à bien défendre sa cause.

NEMAUSENSE (*Concilium*). *V.* NIMES.

NÉOCÉSARÉE (Concile de) dans le Pont, *Neocœsariense*, l'an 314 ou 315.

Les évêques qui assistèrent, l'an 314, au concile d'Ancyre, s'étant trouvés pour la plupart à celui de Néocésarée, on juge que ce dernier concile se tint la même année 314, que celui d'Ancyre, ou l'année suivante 315. On en compte dans les souscriptions que quinze évêques, dont le premier est Vital d'Antioche, qui semble aussi avoir présidé à ce concile. Parmi ces souscriptions sont celles de deux chorévêques dans la Cappadoce, et à la fin celles de deux autres dont les qualités ne sont pas exprimées. Mais on convient qu'elles ne sont point originales, puisqu'elles ne se trouvent pas dans le grec, et elles souffrent les mêmes difficultés que celles d'Ancyre. Le Synodique (*apud Justell.*, *t.* II, p. 1173) dit que ce concile était composé de vingt-trois évêques, et met Vital d'Antioche à leur tête. Il ajoute qu'on y traita la cause des laps, ou tombés, quoiqu'il n'en soit pas dit un mot dans les canons qui nous restent de ce concile; ce qui fait voir, ou que le Synodique en avait plus que nous n'en avons aujourd'hui, ou plutôt, qu'il a parlé de ce concile sans en avoir lu les actes, n'y ayant aucun lieu de croire que les évêques, qui venaient de régler dans le concile d'Ancyre la pénitence de ceux qui étaient tombés pendant la persécution, l'aient réglée de nouveau dans ce concile. Nous en avons quatorze canons, selon Denys le Petit et toutes les autres collections. Zonare, qui a divisé le troisième en deux, en compte quinze; et ils sont distribués ainsi dans le texte grec de l'édition du P. Labbe.

Le 1er canon ordonne qu'un prêtre qui se marie après avoir reçu les ordres, soit déposé, et que, s'il tombe dans la fornication ou dans l'adultère, il soit puni plus rigoureusement, et mis en pénitence.

Le 2e porte que, si une femme épouse deux frères, elle doit être privée de la communion de l'Eglise jusqu'à la fin de sa vie; mais qu'à la mort, on lui accordera le sacrement de pénitence, pourvu qu'elle promette de rompre le second mariage, en cas qu'elle revienne en santé.

Le 3e déclare que le temps de la pénitence de ceux qui se marient successivement plusieurs fois, et qu'on appelle *bigames*, est réglé; mais il veut qu'on l'abrège, à proportion de la ferveur du pénitent.

Quand les Pères de ce concile disent que le temps de la pénitence des bigames est réglé, cela doit s'entendre de la coutume, et non pas des canons, puisqu'on ne trouve aucun canon, antérieur à ce concile, qui règle la pénitence des bigames.

Le 4e dit que celui qui, ayant conçu le désir de commettre le crime avec une femme, ne l'a point consommé, a été, selon toutes les apparences, préservé par la grâce de Dieu; c'est-à-dire, comme l'observe Fleury, dans le dixième livre, nombre 17, de son Histoire ecclésiastique, qu'il n'était point soumis à la pénitence canonique, parce que les péchés intérieurs n'y étaient point sujets.

Le 5e ordonne que, si un catéchumène qui est au rang de ceux qui prient avec les fidèles vient à pécher, il faut le remettre au rang des écoutants, ou auditeurs; mais que, s'il continue à pécher, il faut le chasser entièrement de l'Eglise.

Pour entendre ce canon, on doit savoir qu'il y avait autrefois deux sortes de catéchumènes, dont les uns, plus nouveaux, étaient renvoyés aussitôt après la lecture de l'Evangile, et les autres, plus anciens, étaient admis, à la suite de cette lecture, à prier avec les fidèles, et fléchissaient les genoux, quand on leur disait: *Catechumeni, capita vestra Domino flectite*. C'est de ces derniers catéchumènes que doit s'entendre ce cinquième canon.

Le 6e ordonne de baptiser les femmes enceintes, quand elles le désirent, sans qu'on soit obligé de remettre à les baptiser après leurs couches, parce que leur baptême n'affecte point leurs enfants, puisque, pour être baptisé, il faut que chacun réponde pour soi.

Il y avait des personnes qui doutaient si le baptême conféré à une femme grosse n'affectait pas son fruit, en sorte qu'il fût censé baptisé par le baptême de la mère. Le concile lève ce doute mal fondé, en déclarant que le baptême de la mère n'affecte point son fruit, parce qu'on ne baptise personne, à moins qu'étant interrogé, il ne réponde qu'il le souhaite et qu'il le veut; ce qui est impossible aux enfants renfermés dans le sein de leurs mères.

Le 7e défend aux prêtres d'assister aux noces des bigames, d'autant plus qu'on leur impose des pénitences, et qu'il serait honteux qu'un prêtre imposât une pénitence à un bigame dont il a paru approuver la conduite, en assistant à ses secondes noces.

Le 8e porte qu'on ne peut recevoir aux ordres sacrés celui dont la femme a été convaincue d'adultère, et que, si la femme d'un clerc tombe dans ce péché, il la doit répudier, sous peine d'être privé de son ministère, s'il ne le fait pas.

Ce canon peut s'entendre, et des moindres clercs qui pouvaient se marier, et même des prêtres auxquels il était permis, comme il l'est encore aujourd'hui dans l'Eglise d'Orient, de garder les femmes qu'ils avaient épousées avant leur ordination. Ce canon, qui punissait un laïque pour le crime de sa femme, prouve combien les ministres de l'Eglise doivent être purs, puisqu'il suffisait, pour être exclu du saint ministère, d'avoir été uni à une personne déréglée, quoiqu'on gémit de son désordre.

Le 9e dit que, si un prêtre confesse qu'il a commis un péché de la chair avant son ordination, il n'offrira plus; mais qu'il gardera le reste de ses droits et de ses avantages, à cause de ses autres bonnes qualités : car, pour ce qui regarde les autres péchés, la plupart tiennent qu'ils sont remis par l'imposition des mains. Que s'il n'a point confessé ce crime, et que l'on ne puisse l'en convaincre, on s'en rapportera à sa conscience.

Lorsque ce canon dit que, selon le jugement du plus grand nombre des Pères du concile, les péchés, différents de la fornication, que l'on a commis avant l'ordination, ont été remis par l'imposition des mains, cela doit s'entendre des péchés plus petits que la fornication, que les Pères ont jugé à propos de dissimuler : sur quoi il faut observer que le concile n'use de dispense qu'à l'égard des personnes déjà ordonnées, puisqu'on n'admettait autrefois dans le clergé que ceux qui avaient conservé l'innocence du baptême.

Le 10e ordonne aussi qu'un diacre, qui sera tombé dans le même péché, avant d'être ordonné, soit privé de son ministère.

Le 11e défend de donner l'ordre de prêtrise à quelqu'un, à moins qu'il n'ait trente ans, quelque digne qu'il en soit d'ailleurs. La raison qu'en apporte le concile, c'est que Notre-Seigneur n'a été baptisé et n'a commencé à enseigner qu'à l'âge de trente ans.

Le 12e défend d'élever à la prêtrise ceux qui ont été baptisés étant malades, parce qu'il semble qu'ils n'ont embrassé la foi que par nécessité; si ce n'est qu'on accorde ensuite cette grâce à leur foi et à leur zèle, et pour la rareté des sujets.

Le 13e défend aux prêtres de la campagne d'offrir dans l'église de la ville en présence de l'évêque, ou des prêtres de la ville, et ne veut pas même qu'ils distribuent le pain sacré ni le calice; mais il leur permet de faire l'un et l'autre, en l'absence des prêtres et de l'évêque.

Le 14e déclare que les chorévêques sont institués sur le modèle des septante disciples, de manière qu'on les considère comme les confrères des évêques, à cause de leur sollicitude, et du soin qu'ils ont des pauvres, et qu'on leur fait l'honneur de les laisser offrir.

Le 15e déclare qu'il ne doit y avoir que sept diacres dans chaque ville, quelque grande qu'elle soit, suivant la première institution, comme l'insinue le livre des Actes des Apôtres. *Reg.*, t. II; *Labbe et Hardouin*, t. I; *Hist. des aut. sacr. et eccl.*, t. III; *Anal. des Conc.*, t. I.

NÉOCÉSARÉE (Concile de), l'an 358. Eustathe, évêque de Sébaste en Arménie, y fut déposé. *Anal. des Conc.*, t. V, p. 6. *Voy.* CONSTANTINOPLE, l'an 360.

NEOMAGENSIA (*Concilia*). *V.* NIMÈGUE.
NEPTODORENSIS (*Conventus*). *Voy.* NANTERRE.

NESTREFIELD (Concile de), en Angleterre, *Nesterfieldense*, l'an 703. Le roi Alfrid assembla, à la persuasion des ennemis de saint Wilfrid, un concile à Nestrefield, ou Estrefeld, à deux lieues de Ripon. Presque tous les évêques de Bretagne y assistèrent, ayant à leur tête Berthuald ou Britwald, archevêque de Cantorbéry. Ils invitèrent saint Wilfrid, qui s'y rendit dans l'espérance de quelque accommodement. Les évêques et les abbés, soutenus de l'autorité du roi, avaient usurpé les biens de son monastère (a). Ils avancèrent plusieurs faussetés pour se maintenir dans leurs usurpations, et voulurent obliger le saint à se soumettre aux décrets de Théodore, archevêque de Cantorbéry (b). Sans s'expliquer, il répondit qu'il obéirait aux canons. Mais les évêques le pressèrent de se démettre de son évêché, et de se retirer dans l'abbaye de Ripon. Saint Wilfrid le refusa, disant que se démettre dans cette conjoncture, ce serait se déclarer coupable. Il appela de leur procédé au saint-siége. *D. Ceillier.*

(a) On ne dit pas de quel monastère, car saint Wilfrid en possédait deux, celui d'Hagulstad et celui de Ripon.

(b) Prédécesseur de Britwald.

NEUF-MARCHÉ (Concile de), en Normandie, *apud Novum Mercatum*, l'an 1161. Les évêques de Normandie s'assemblèrent en ce lieu par l'ordre du roi d'Angleterre Henri II, et là, avec les abbés et les barons, ils reconnurent Alexandre III pour pape légitime, et rejetèrent Victor. *Hist. des aut. sacrés et eccl.*, t. XXI.

NEUSTRIE (Concile de), l'an 878. Après la mort de Charles le Chauve, arrivée le 6 d'octobre 877, Hugues, fils naturel du roi Lothaire, conçut le dessein de recouvrer le royaume de son père. Il assembla des troupes, et fit de grands ravages dans les Etats de Louis le Bègue. On s'en plaignit à un concile tenu en Neustrie, auquel Hincmar de Reims présidait. Les évêques engagèrent le roi Louis à écrire à Hugues pour le détourner de ses prétentions sur le royaume de Lorraine. Le roi lui dit dans sa lettre : « Si vous n'avez égard à mes remontrances, j'assemblerai les évêques de ma province et des provinces voisines, et nous vous excommunierons vous et vos complices, puis nous dénoncerons l'excommunication au pape, à tous les évêques et aux princes des royaumes circonvoisins. » *D. Ceillier*, t. XXII.

NEVERS (Synode de), l'an 1246. Il nous reste dix statuts de l'Eglise de Nevers, publiés sous cette date : *Datum Bitur. IX kalendas Julii, anno Domini, M.CC.XLVI*; d'où il suivrait que ces statuts auraient été composés dans un concile tenu à Bourges. Ces statuts portent défense de vendre dans les églises et de faire à l'avenir la fête des fous ; prescrit aux chanoines et aux clercs de ne paraître à l'église, pendant le jour, qu'avec leurs habits de chœur, et recommande de ne conférer les bénéfices qu'à ceux qui en sont dignes. Le dernier statut est conçu en ces termes : *«Hæc autem ad præsens in ecclesia vestra ordinavimus, et vobis injungimus observanda, ad corrigenda et ordinanda alia processuri, cum vacare poterimus et viderimus expedire. Datum Bitur. IX kalendas Julii, anno Domini M.CC.XLVI.»Martene, Thes. Anecd.*

NEVERS (Synode de), l'an 1843, 25, 26 et 27 juillet, par Mgr Dufêtre, évêque de Nevers.

« Ce synode a été ouvert le 25 juillet. Après la messe chantée à la cathédrale *pro celebratione synodi*, et un discours prononcé par Mgr l'évêque, tous les prêtres se sont rendus processionnellement dans une salle de l'évêché, désormais appelée *salle du synode*. Le prélat s'est placé sur son trône, revêtu de la chape, portant la crosse et la mitre, ayant à ses côtés MM. Gaume et de Cossigny, archidiacres. Il a nommé les officiers du synode, savoir : M. Rouchanche ; M. Delacroix, secrétaire général. Ce dernier a fait ensuite l'appel nominal. Après une allocution de monseigneur Dufêtre sur les avantages de ces assemblées, et la lecture de la profession de foi de Pie IV, faite par M. Gaume, le promoteur a prononcé un discours. Il a terminé le tableau de l'état de l'Eglise en France par ces paroles, qu'il est à propos de citer :

« Enfant de l'Eglise, et vivement touché des maux qui affligent cette tendre mère, si je viens vous les retracer aujourd'hui avec des couleurs si tristes, ce n'est pas, chrétiens, pour porter le découragement dans vos âmes, mais uniquement pour chercher avec vous les moyens de les réparer. Si donc vous me demandez quels sont ces moyens, je vous répondrai : c'est par le corps des évêques, et par le corps des évêques seul, que la religion peut être sauvée en France ; comme c'est par le corps des pasteurs unis à leurs évêques que la foi peut être sauvée et ranimée dans les diocèses. C'est donc dans des conciles nationaux, dans des conciles provinciaux, et dans des assemblées synodales, que les graves intérêts de la religion, du culte et de la discipline ecclésiastique peuvent être traités avec succès. Et ici, Messieurs, ce n'est pas mon opinion personnelle que j'énonce, c'est celle du clergé de France lui-même, qui voyait déjà avec douleur, avant la révolution, les synodes diocésains tomber en désuétude, au grand détriment de la religion et de la discipline de l'Eglise, et qui en sollicitait le rétablissement avec les plus vives instances.

« Qu'ai-je besoin après cela, Messieurs, de m'étendre devant vous sur les avantages des assemblées synodales, puisque, aux termes mêmes si formels du clergé de France que vous venez d'entendre, elles ont été instituées par l'Eglise pour *attaquer les abus dans leur source et pour établir les réformes ; pour maintenir la dignité du culte et l'uniformité de la discipline ; pour entretenir sans variation, dans l'administration et dans l'enseignement, l'unité de la discipline et de la foi* ; enfin pour *réprimer les mauvaises mœurs dans le clergé et dans le peuple, et maintenir la régularité dans l'ordre entier du saint ministère*. C'est là en effet que le premier pasteur, environné de tous ses prêtres, leur communique ses vues, fait appel à leurs lumières et à leur expérience, examine les usages des diverses parties du diocèse, les compare entre eux, en considère les avantages et les inconvénients, cherche à loisir ce qu'il y a de plus convenable, et se met en état d'établir avec connaissance de cause des règles sages, dont l'observation puisse répandre parmi les chefs du troupeau cette bonne odeur de Jésus-Christ qui facilite leurs travaux, en adoucit les peines et en assure la récompense. »

« Ensuite M. le promoteur s'est attaché à énumérer les abus à réformer et les règles à établir. Ses considérations sur ce sujet sont des plus justes et des plus concluantes.

« Il y eut trois assemblées générales chaque jour, et l'intervalle entre les assemblées a été employé à discuter dans le sein des congrégations les matières soumises à leur examen. Dans la seconde séance du 25 juillet, M. Gaume a lu un discours sur la discipline ecclésiastique, à la suite duquel monseigneur l'évêque a formé quatre congrégations, dites, la première, *du Tarif*; la seconde, *de la Liturgie*; la troisième, *du Catéchisme*; la quatrième, *de la Discipline*. Chacune a été composée d'un chanoine, d'un curé de canton et d'un curé desservant de chaque arrondissement, et d'un directeur du grand séminaire. Dans la troisième séance du 25 juillet, monseigneur l'évêque a nommé une cinquième congrégation, dite *de la Juridiction*.

« Les secrétaires des quatre premières ayant été invités à faire le rapport des délibérations, M. Violette, secrétaire de la congrégation de la Liturgie, a développé les avantages du rit romain, manifesté le désir de voir ajouter au bréviaire et au missel un supplément plus étendu sur les saints du Nivernais, et fait connaître que, pour qu'il y eût unité de liturgie, la congrégation serait d'avis qu'on adoptât dans le diocèse le bréviaire romain, le rituel romain et le cérémonial romain. « Il développa avec chaleur les graves et puissants motifs qui doivent engager tous les diocèses aujourd'hui à s'unir d'une manière plus étroite et plus vive au siège de Rome, dans ce temps de lamentable indifférence ou de dangers sans cesse renaissants pour la foi. Ses paroles, pleines de force et d'une raison profonde, firent une grande impression non-seulement sur l'assemblée, heureusement disposée dans sa portion la plus influente, mais encore sur l'esprit de monseigneur; le cœur d'un évêque ne pouvant qu'être saintement et vivement flatté de tout ce qui pouvait rapprocher de plus en plus le clergé de son diocèse de l'immortelle et glorieuse unité catholique (*a*). » Le secrétaire de la congrégation du Catéchisme a exprimé le vœu qu'on en rédigeât un nouveau. Celui de la congrégation de la Discipline a commencé son rapport.

« Le 26 juillet, après la messe, a eu lieu la quatrième séance, dans laquelle ce rapport a été complété; et les membres du synode, consultés sur les propositions faites, ont émis l'avis notamment que tous les prêtres fussent tenus à porter la soutane dans le diocèse et ne fussent autorisés à prendre la redingote noire que pour les voyages au dehors; que le tricorne fût exigé, le pantalon et les bottes généralement interdits; enfin que la coupe des cheveux fût rendue conforme aux usages ecclésiastiques. Le secrétaire de la congrégation du Tarif a exprimé le vœu qu'on établît des catégories différentes, en faisant la distinction des villes et des campagnes.

« La cinquième séance a été ouverte par un discours de M. de Cossigny sur la nécessité de l'unité en liturgie, et sur celle de revenir à la liturgie romaine (*b*). M. Violette, secrétaire de la congrégation de la Liturgie, a fait ensuite valoir avec chaleur

---

(*a*) Extrait d'une lettre sur ce synode, insérée dans l'*Ami de la religion*, n° 3841, p. 505.

(*b*) « A une époque où il se fait un mouvement bienheureux et réparateur vers l'unité liturgique, et où les cœurs et les esprits chrétiens, fatigués de flotter à l'incertain après tant de tourmentes, semblent se reporter avec amour vers Rome, source toute-puissante de paix et de grandeur, mère unique de toutes les Eglises, pour n'avoir eu elle qu'un seul et même langage dans la prière, comme nous ne devons avoir avec elle qu'une m me foi et un même baptême, au milieu d'un si salutaire et si consolant mouvement, disons-nous, mouvement qu'un deste religieux, le R. P. dom Guéranger, aura l'éternel honneur d'avoir provoqué par ses savants et précieux travaux sur la liturgie, nous ne pouvons résister à l'attrait puissant de citer quelques-unes des paroles par lesquelles M. l'abbé de Cossigny a si parfaitement et si éloquemment résumé les avantages de l'unité liturgique :

« Toutes les œuvres de Dieu, a-t-il dit, portent le cachet de sa divinité et reflètent d'une manière plus ou moins vive ses perfections adorables. Bien évidemment il en est ainsi de son culte, dont la liturgie est la plus haute expression. L'ancienneté et l'immutabilité de cette liturgie sur les points fondamentaux correspondent à l'éternité et à l'immutabilité de Dieu. Mais ce Dieu est essentiellement un, et la liturgie doit, comme lui, porter en elle un caractère éclatant d'unité. Le roi-prophète l'avait annoncé. A la vue des merveilles que l'Eglise devait déployer au milieu des siècles et des générations futures, il s'était écrié : Elle rassemblera dans le sein de son unité les peuples et les rois, afin que tous ensemble ils adorent le Seigneur. *In conveniendo populos in unum et reges, ut serviant Domino* (*Ps.* CI). Jésus-Christ lui-même avait dit qu'il n'y aurait qu'un seul pasteur et un seul bercail; et le grand apôtre, allant dans le monde à la conquête des peuples que l'erreur avait égarés, avait écrit sur le frontispice de l'église, comme preuve dernière de la vérité qu'il leur prêchait, cette inscription divine : *Un seul Dieu! une seule foi! un seul baptême!* Or, il est aisé de le comprendre, cette unité, trésor précieux de l'Eglise catholique, et l'un des signes les plus irréfragables de sa divinité, devait se refléter dans toutes les parties de sa constitution, sous peine de voir bientôt s'altérer dans son sein le dépôt même de sa foi. La liturgie devait donc, elle aussi, porter l'empreinte de ce cachet divin; car, encore que le fond eût été invariablement fixé dès l'origine, encore que la matière et la forme essentielle du sacrifice et de ses sacrements n'eût jamais varié, il importait aussi beaucoup d'en arrêter les formes accidentelles, et de multiplier les applications de ce grand principe d'unité qu'elle avait reçu de son divin fondateur, comme sa loi fondamentale, et en vertu de laquelle elle avait traversé victorieusement trois siècles de persécution. Les secousses violentes de l'arianisme faisaient d'ailleurs sentir la nécessité de resserrer de plus en plus les liens qui unissaient les fidèles dans la profession d'une même foi; et, dès lors, l'unité des formes liturgiques devenait indispensable; car, il ne faut pas l'oublier, la liturgie est le langage des peuples pour parler à Dieu; et de même que, au point de vue politique, un des obstacles les plus insurmontables à l'affermissement d'un empire formé par la conquête, c'est lorsque les provinces dont il se compose conservent une langue et des usages différents de ceux de la métropole, de même, au point de vue religieux, on peut dire que le gouvernement de l'Eglise fût devenu bientôt impossible sans l'unité de la langue et des formes liturgiques. Et c'est une chose bien frappante, en effet, que nulle part l'erreur n'a eu plus de facilité à s'introduire et à régner que dans les pays où l'on s'était écarté, par des modifications plus ou moins profondes, de l'unité de ces formes. Aussi les chefs de l'Eglise, ne pouvaient méconnaître la connexion étroite qui existe entre les dogmes de la foi et les formes extérieures du culte, se hâtèrent-ils de les fixer par des règlements dont le pape Célestin a résumé, en un mot devenu célèbre, la haute nécessité : *Legem credendi lex statuat supplicandi* : Que la règle de prier détermine la règle de croire. Et de là découlent toutes les conclusions que vous savez. Dès lors, partout la même langue; une langue irrévocablement fixée, à l'abri de toute variation, et qui est devenue sacramentelle : la langue que parlait le peuple-roi; la langue qu'il imposait à toutes les nations qu'il avait vaincues; c'est celle que l'Eglise impose au monde entier qu'elle a vaincu elle aussi; et, au sein de la ville éternelle, comme au sein des hordes sauvages, c'est le seul idiome qu'elle emploie dans ses prières et ses sacrifices solennels. Partout les mêmes cérémonies, la même forme de temple et d'autel, les mêmes vêtements et jusqu'aux mêmes chants; et le voyageur, transplanté des glaces du Nord sous les feux de l'équateur, s'il entre dans un sanctuaire catholique, ne se croit pas étranger, car il y trouve des frères qui célèbrent les mêmes solennités que lui, et qui chantent sur les mêmes airs que lui les pieux refrains des hymnes sacrées, qu'aux jours de son enfance il apprit à chanter lui-même dans les temples de son pays natal. Et ainsi du reste... »

les graves motifs qui doivent engager tous les diocèses à s'unir d'une manière plus étroite au saint-siége apostolique : un des meilleurs moyens d'atteindre ce but, a-t-il ajouté, c'est l'adoption du bréviaire romain. Son opinion a été combattue par plusieurs membres qui, guidés par d'anciens et pauvres préjugés, et ne se rendant pas bien compte des fruits qui peuvent résulter du retour désiré et si désirable, ont demandé que l'on conservât le bréviaire parisien, ce qu'ils n'avaient pas fait dans une précédente séance où l'on avait voté par assis et levé ; mais, dans celle-ci, où les votes eurent lieu au scrutin secret, il y eut trente et une voix pour le bréviaire romain, trente-deux pour le parisien. Sans doute que la réflexion et de meilleures études sur cette question importante ramèneront les esprits et les réuniront tous dans un commun désir, l'unité liturgique.

« La congrégation de la Juridiction, par l'organe de son secrétaire, a demandé le titre d'archiprêtre pour les curés d'arrondissement, et le curé de la Charité, le titre de doyen pour les curés de canton, et celui de curé, dans l'ordre spirituel, pour les desservants. Dans la dixième séance, le secrétaire de la congrégation du Tarif a donné de nouveaux éclaircissements sur les catégories proposées. Les secrétaires des congrégations de la Discipline et de la Liturgie ont présenté des rapports sur de nouvelles questions.

« Le 27 juillet a eu lieu, après la messe, la septième et dernière séance, où le secrétaire de la congrégation du Catéchisme a fait aussi un rapport sur des questions nouvelles. Monseigneur l'évêque a résumé les travaux du synode, félicité l'assemblée de l'ordre qui avait régné dans les réunions, du zèle avec lequel on avait préparé les matières, du calme et de la dignité des discussions. Il a annoncé qu'il mettrait à profit les vœux du synode pour rédiger un corps de statuts qui tireraient leur force principale des libres suffrages qui les auraient inspirés, ajoutant qu'il ne voulait pas établir de lois nouvelles, mais faire revivre les anciennes règles de discipline consacrées par les décisions et les ordonnances de ses prédécesseurs. Enfin le pieux et zélé prélat a lu l'exhortation du Pontifical qui confirme la substance des obligations sacerdotales, entonné le *Te Deum*, et donné sa bénédiction à l'assemblée, qui s'est aussitôt retirée (a). »

L'espérance qu'on avait conçue de voir le diocèse de Nevers revenir à la liturgie romaine a été, comme on le sait, tristement trompée. Notre rédaction serait donc incomplète, si nous ne joignions au récit donné par l'*Ami de la Religion*, et commenté par M. Guérin, ces judicieuses observations de la *Voix de la Vérité*.

« Une grande partie du synode croyait que l'évêque et le chapitre allaient adopter la liturgie romaine ; un certain nombre, répondant à la pensée secrète de l'évêque, inclinait de préférence vers l'adoption de la liturgie parisienne. La question n'était pas alors suffisamment éclaircie, du moins dans le diocèse de Nevers : sans cela, on n'eût pas songé à mettre en quelque sorte aux voix si une loi générale de l'Église recevrait ou non son exécution. Ce seul fait prouve combien la thèse liturgique était nouvelle pour plusieurs membres du synode. Ce qui le prouve d'ailleurs, c'est qu'on ne songea point à consulter le chef de l'Église avant de passer outre. Grégoire XVI, interrogé, eût répondu à Mgr Dufêtre dans le sens du bref qu'il a adressé à l'archevêque de Reims. Quoi qu'il en soit, la question ayant été mise aux voix, la majorité parut sur le point de se former en faveur de la liturgie romaine ; mais la délibération fut suspendue, et, par un revirement fâcheux, elle se prononça le lendemain pour la liturgie parisienne. De là l'adoption et l'usage absolu de cette dernière liturgie. Mgr Dufêtre a la loyauté de déclarer (dans une Lettre adressée à son clergé) que, depuis, il a éprouvé le besoin de tranquilliser sa conscience, en interrogeant le vicaire de Jésus-Christ. Mais quelle réponse la prudence du saint-siége lui permettait-elle de donner en présence d'un fait accompli ? Évidemment le pontife romain, lié pour ainsi dire par les CIRCONSTANCES, devait couvrir le passé de son indulgence, et dire qu'il NE TROUVAIT PAS MAUVAIS qu'on maintînt l'usage de la liturgie qui, d'une manière si regrettable, venait de prendre possession du diocèse de Nevers, au détriment de la liturgie romaine. Entre NE PAS TROUVER MAUVAIS et APPROUVER, il y a un abîme. La première locution laisse entrevoir toute la douleur du pape ; la seconde eût manifesté sa satisfaction. Si le texte de la réponse de

« Espérons que ces éloquentes paroles, que nous regrettons bien d'être obligé d'abréger, porteront leurs fruits dans le diocèse de Nevers. Déjà les diocèses de Langres, de Périgueux, de Gap (ajoutons, de Troyes, de Rennes et de Saint-Brieuc), sont revenus à la liturgie romaine ; ces Églises prient maintenant en union avec l'Église mère, et d'autres bientôt rentreront, par ce rapport, dans son sein. Puisse le Seigneur récompenser ceux qui favorisent ce glorieux mouvement, et qui travaillent, par de solides écrits, à éclairer les plus obstinés ! A cet égard on ne saurait rien comparer aux *Institutions liturgiques*, 2 vol. in-8°, 1841, de dom Prosper Guéranger, ni à ses autres travaux sur cette science. Nous devons aussi un témoignage de reconnaissance à M. l'abbé Meslé, curé de la cathédrale de Rennes, qui a donné des preuves de zèle et de science dans ses différentes brochures sur la liturgie romaine : 1° *Observations sur le retour à la liturgie romaine*, in-8°, 1847. L'auteur a eu la bonne pensée d'ajouter à cette brochure la bulle *Auctorem fidei*, dont nous avons parlé ci-dessus. 2° *Examen respectueux des objections, etc., contre le retour aux bréviaires et missels romains*, in-8°, 1843. 3° *Second Examen, idem*, in-8°, 1844. Ces différents écrits sont empreints d'une haute raison et d'une grande modération envers les adversaires de la liturgie romaine. »
(*Note de M. Guérin.*)

A cette nomenclature des ouvrages qui ont paru en ces derniers temps pour la défense de l'unité liturgique, nous devons ajouter aujourd'hui, et mettre en première ligne l'écrit si substantiel de Mgr l'évêque de Langres, qui a paru sous le titre de *Question liturgique*, et les *Défenses*, si fortes de science et de logique, de D. Guéranger

(a) *Ami de la Religion*, n° 3817, 19 octobre 1843, au t. CXIX°, p. 117 et suiv. M. *Guérin, Manuel de l'Hist. des Conc.*

Rome était sous nos yeux, nous compléterions ces observations ; mais, faute de la connaître, nous nous arrêtons ici ». 1847, 6 *janvier.*

A notre avis, tel qu'il nous a été inspiré par un de nos plus savants prélats, ce synode de Nevers renfermait un vice essentiel dans le mode de sa tenue. Tous les prêtres qui s'y trouvaient assemblés y ont eu voix délibérative, tandis qu'aucun ne devait l'avoir. A l'évêque seul il appartient d'être juge, dans son diocèse, de la discipline aussi bien que de la foi. D'après les règles retracées si savamment par Benoît XIV (*de Synodo diœc.*), l'évêque assemble ses synodes pour consulter son clergé, mais non pour *déférer* à la décision de la majorité de *ses inférieurs*, ce qui serait contradictoire, pour ne pas dire presbytérien.

NICÉE (I*er* Concile de) en Bithynie, *Nicœnum*, premier œcuménique, l'an 325. Pour le commencement, *Voy.* ALEXANDRIE, l'an 324.

Osius de retour auprès de Constantin, le détrompa des impressions qu'on lui avait données en faveur d'Arius, et lui conseilla d'assembler un autre concile, où l'on fût plus en état de faire cesser les divisions de l'Eglise d'Orient touchant l'arianisme et la célébration de la fête de Pâques, qu'on ne l'avait été dans celui d'Alexandrie. Saint Alexandre lui donna le même conseil, et Rufin dit nettement que ce prince en assembla un à Nicée de l'avis des évêques. Il n'est pas moins certain que le pape saint Sylvestre eut part à cette convocation, quoique ordinairement on en fasse honneur à Constantin seul. Ce prince écrivit donc de tous côtés aux évêques des lettres très-respectueuses, par lesquelles il les priait de se rendre promptement à Nicée, métropole de Bithynie. Il leur marquait le jour auquel ils devaient s'y trouver ; et afin qu'ils le pussent commodément, il leur fit fournir les voitures et tout ce qui était nécessaire pour ce voyage, tant pour eux-mêmes que pour ceux qu'ils amèneraient avec eux.

Le concile se tint sous le consulat de Paulin et de Julien, le dix-neuvième jour de juin de l'an 325, sur la fin de la dix-neuvième année du règne de Constantin. Ceux qui tenaient le premier rang parmi les ministres des Eglises de l'Europe, de l'Afrique et de l'Asie, se trouvèrent à cette assemblée. On y vit des évêques et des prêtres de Syrie, de Cilicie, de Phénicie, d'Arabie, de Palestine, d'Egypte, de Thèbes, de Libye, de Mésopotamie, du Pont, de la Galatie, de la Pamphylie, de la Cappadoce, de la Phrygie, de la Thrace, de la Macédoine, de l'Achaïe, de l'Epire, un de Perse, un de Scythie, un d'Espagne. L'évêque de la ville impériale, c'est-à-dire de Rome, ne put y venir à cause de son grand âge ; mais il y envoya des légats. Le nombre des évêques fut, selon saint Athanase, de 318. Celui des prêtres, des diacres, des acolytes et d'autres personnes qui accompagnaient les évêques, était infini. Les principaux d'entre les évêques étaient Osius de Cordoue, saint Alexandre d'Alexandrie, saint Eustathe d'Antioche, saint Macaire de Jérusalem, Cécilien de Carthage, qui fut le seul de l'Afrique présent à ce concile, saint Paphnuce, évêque dans la haute Thébaïde, saint Potamon d'Héraclée, tous deux du nombre des confesseurs ; Euphration de Balanée dans la Syrie, saint Paul de Néocésarée sur l'Euphrate, à qui on avait brûlé les nerfs avec un fer chaud dans la persécution de Licinius, saint Jacques de Nisibe dans la Mésopotamie, saint Amphion d'Epiphanie, qui avait aussi confessé Jésus-Christ dans les persécutions précédentes, Léonce de Césarée en Cappadoce, saint Basile d'Amasée, saint Mélèce de Sébastopole, Longien de Néocésarée, saint Hypace de Gangres en Paphlagonie, saint Alexandre de Byzance, Protogone de Sardique dans la Dace, Alexandre de Thessalonique, et quelques autres dont nous lisons les éloges dans les écrits de saint Athanase, de saint Hilaire, de saint Grégoire de Nazianze, de Théodoret, de Rufin, de Gélase de Cyzique, de Socrate et de Sozomène. Mais parmi ces grandes lumières de l'Eglise, il se trouva des évêques qui appuyèrent le parti de l'erreur, particulièrement Eusèbe de Nicomédie, Théognis ou Théogène de Nicée, Patrophile de Scythopolis, Maris de Chalcédoine, et Narcisse de Néroniade.

Jusque-là on n'avait pas vu dans l'Eglise une assemblée si nombreuse, et on n'avait pas même eu la liberté d'assembler les évêques de toutes les parties du monde alors connues, tant il y avait à craindre pour leur vie de la part des persécuteurs. Mais sous le règne de Constantin, l'occasion était favorable : ce prince avait donné la paix à l'Eglise, et son empire s'étendait dans toutes les parties du monde où la religion chrétienne était établie. Les évêques en profitèrent ; et afin qu'il ne fût pas nécessaire d'assembler plusieurs conciles en différentes provinces, pour maintenir la pureté de la foi contre l'impiété arienne, ils en tinrent un général à Nicée, qui fut un triomphe de Jésus-Christ sur les tyrans qui avaient voulu étouffer l'Eglise.

Les légats du pape saint Sylvestre y présidèrent, ainsi que dans les trois conciles généraux qui suivirent celui-ci, comme le reconnurent de bonne foi les Orientaux, assemblés à Constantinople en 552. C'est pour cela qu'Osius, qui avait l'honneur de représenter la personne du pape, et d'être son légat, avec les deux prêtres Vite et Vincent, est nommé le premier dans les souscriptions du concile de Nicée, et mis par Socrate à la tête des évêques qui y assistèrent. Quelques-uns néanmoins ont cru que saint Eustathe d'Antioche avait présidé à ce concile, fondés sur ce que plusieurs anciens l'appellent le premier du concile, le chef des évêques assemblés à Nicée, et que, selon Théodoret, il était assis le premier du côté droit dans l'assemblée, et qu'il harangua Constantin. Mais ce dernier fait n'est pas sûr, et il y a de bonnes raisons de croire que ce fut Eusèbe de Césarée qui porta la parole à ce prince. Quant aux qualités de chef des évêques, de premier du concile, on pouvait les donner à saint Eustathe, soit à cause du mérite de sa personne, soit à cause de la dignité de son siège, qui, étant un des trônes apostoliques, lui donnait droit aux premières places.

Il se trouva aussi au concile des hommes habiles dans l'art de disputer, pour aider à disposer les matières. Plusieurs évêques, qui regardaient le concile comme un tribunal établi pour décider leurs affaires particulières, présentèrent à l'empereur des mémoires contenant le sujet de leurs plaintes. Ce prince remit l'examen de toutes leurs requêtes à un certain jour ; et quand il fut arrivé, il leur dit : « Vous ne devez pas être jugés par les hommes, puisque Dieu vous a donné le pouvoir de nous juger nous-mêmes ; remettez à son jugement vos différends, et unissez-vous pour vous appliquer à décider ce qui regarde la foi. » Alors il brûla tous ces mémoires en leur présence, ajoutant avec serment qu'il n'en avait pas lu un seul ; parce que les fautes des évêques ne devaient pas être publiées sans nécessité, de peur de scandaliser le peuple. Il marqua ensuite le jour auquel on commencerait à examiner les difficultés qui occasionnaient le concile. En attendant que ce jour arrivât, les évêques tinrent entre eux plusieurs conférences, où ils agitèrent les questions de la foi, n'osant rien déterminer sur une affaire d'aussi grande importance, qu'avec beaucoup de maturité et de précaution. Ils faisaient souvent venir Arius à ces assemblées ; car l'empereur avait ordonné qu'il se trouvât au concile. Il y eut un grand nombre d'évêques qui acquirent de la réputation dans ces disputes, et qui se firent connaître de l'empereur et de la cour. Athanase, diacre de l'église d'Alexandrie, qui, quoiqu'encore jeune, était honoré très-particulièrement de saint Alexandre, son évêque, eut dès lors la principale part dans cette importante affaire. Quelques philosophes se mêlèrent dans ces conférences, les uns par curiosité, pour savoir quelle était notre doctrine et la matière dont il s'agissait ; les autres par haine pour notre religion, qui faisait perdre crédit à la leur, et par le désir d'augmenter le feu de la division et du schisme parmi les chrétiens. Un d'entre eux, se confiant dans la force de son éloquence, était tous les jours aux mains avec les évêques, et quelques raisons qu'ils alléguassent contre lui, il trouvait toujours le moyen de les éluder par ses subtilités et ses artifices. Un saint vieillard qui était du nombre des confesseurs, mais très-simple de son naturel, et peu instruit dans les sciences humaines, voyant que ce philosophe insultait aux prélats, demanda permission de parler. Les moins sérieux qui connaissaient le vieillard, s'en moquèrent, les plus graves craignirent qu'il ne se rendît ridicule. Toutefois, comme il persistait à vouloir parler, on le lui permit, et il commença en ces termes : « Au nom de Jésus-Christ, écoutez-moi, philosophe. Il n'y a qu'un Dieu qui a fait le ciel et la terre. Il a créé toutes les choses visibles et invisibles par la vertu de son Verbe, et les a affermies par la sanctification de son esprit. Ce Verbe, que nous appelons le Fils, ayant eu pitié de l'égarement des hommes, est né d'une Vierge, a vécu parmi les hommes, et a souffert la mort pour les en délivrer. Il viendra un jour pour être le juge de toutes nos actions. Nous croyons simplement toutes ces choses. N'entreprenez point inutilement de combattre des vérités qui ne peuvent être comprises que par la foi, et ne vous informez point de la manière dont elles ont pu être accomplies. Répondez-moi seulement, si vous croyez. » Le philosophe, surpris de ce discours, répondit : « Je crois, » et remercia le vieillard de l'avoir vaincu. Il conseilla à ses disciples de suivre son exemple, protestant qu'il avait été excité par une inspiration divine à embrasser la foi de Jésus-Christ. Les autres philosophes en devinrent plus modérés, et le bruit que leurs disputes avaient excité cessa.

Constantin, qui s'était rendu de Nicomédie à Nicée, à la nouvelle de l'arrivée des prélats, voulut avoir part à leurs délibérations. Le jour marqué pour la décision de toutes les questions, les évêques se rendirent dans la grande salle du palais, où ils s'assirent selon leur rang, sur des sièges qui leur avaient été préparés, attendant avec gravité et modestie l'arrivée de ce prince. Dès qu'ils en entendirent le signal, ils se levèrent ; et à l'heure même il entra, revêtu de sa pourpre et tout couvert d'or et de diamants, accompagné, non de ses gardes ordinaires, mais seulement de ses ministres qui étaient chrétiens. Il passa au milieu des évêques, jusqu'au haut de l'assemblée, où il demeura debout, jusqu'à ce que les évêques l'eussent prié de s'asseoir, et après leur en avoir demandé la permission, il s'assit sur un petit siège d'or, et aussitôt tous s'assirent après lui, par son ordre. En même temps, l'évêque qui occupait la première place du côté, se leva et prononça un discours adressé à l'empereur, où il rendait grâces à Dieu des bienfaits dont il avait comblé ce prince. Quand cet évêque eut achevé de parler, et qu'il se fut assis, toute l'assemblée demeura dans le silence, les yeux arrêtés sur l'empereur. Alors il les regarda tous d'un air gai et agréable, et s'étant un peu recueilli en lui-même, il leur dit d'un ton doux et modéré, sans se lever, qu'il n'avait rien tant souhaité que de les voir assemblés en un même lieu ; mais qu'il regardait les contestations qui s'étaient élevées dans l'Eglise comme plus dangereuses que les guerres qu'on avait excitées dans ses Etats. « Faites donc, leur dit-il, chers ministres de Dieu, fidèles serviteurs du Sauveur de tous les hommes, que la paix et la concorde mettent fin à vos contestations. Vous ferez en cela une chose très-agréable à Dieu, et qui me sera très-avantageuse. » Il ajouta, selon Théodoret, mais peut-être en une autre occasion, que, n'y ayant plus personne qui osât attaquer les chrétiens, on ne pouvait voir sans douleur qu'ils se combattissent eux-mêmes et se rendissent la raillerie de leurs ennemis; surtout, leurs contestations étant touchant des matières sur lesquelles ils avaient les instructions du Saint-Esprit dans les Ecritures : « Car les livres des Evangiles et des apôtres, leur dit-il, et les oracles des anciens prophètes, enseignent clairement ce qu'il faut croire de la Divinité. C'est de ces livres inspirés de Dieu que l'on doit tirer des témoignages et l'explication des points qui sont contestés. » Constantin ayant parlé de la sorte en latin, et un interprète ayant expliqué son discours en grec, il permit aux présidents du concile de traiter les questions qui troublaient le repos de l'Eglise.

On commença par celle d'Arius. Cet hérésiarque, qui était présent, avança les mêmes blasphèmes, dont nous avons parlé ailleurs, et soutint, à la face de tout le concile et en présence de l'empereur, que le Fils de Dieu est né de rien, qu'il y a eu un temps où il n'était pas, et que par son libre arbitre il pouvait se porter au vice ou à la vertu. Les évêques, entre autres Marcel d'Ancyre, le combattirent fortement. Saint Athanase, qui n'était encore que diacre, découvrit avec une pénétration merveilleuse toutes ses fourberies et tous ses artifices. Il résista aussi avec force à Eusèbe de Nicomédie, à Théognis de Nicée et à Maris de Chalcédoine, qui prenaient le parti d'Arius. Eusèbe, voyant cet hérésiarque confondu en toutes manières, témoigna beaucoup d'empressement pour le sauver ; il envoya diverses personnes à Constantin, pour intercéder en sa faveur, dans la crainte qu'il avait, non-seulement de le voir condamné, mais d'être déposé lui-même. Il avait tout lieu de l'appréhender, depuis qu'on avait lu dans le concile une de ses lettres, qui le convainquait manifestement de blasphème, et découvrait la cabale du parti. L'indignation qu'elle excita fit qu'on la déchira devant tout le monde, et son auteur fut couvert de confusion. Eusèbe y disait entre autres choses, que si l'on reconnaissait le Fils de Dieu incréé, il faudrait aussi le reconnaître consubstantiel au Père. C'était apparemment sa lettre à Paulin de Tyr, où il dit la même chose, quoiqu'en d'autres termes. Les autres partisans d'Arius voulaient aussi le défendre : mais à peine avaient-ils commencé à parler qu'ils se combattaient eux-mêmes et se faisaient condamner de tout le monde ; ils demeuraient interdits, voyant l'absurdité de leur hérésie, et confessaient par leur silence la confusion qu'ils avaient de se trouver engagés dans de si mauvais sentiments. Les évêques, ayant détruit tous les termes qu'ils avaient inventés, expliquèrent contre eux la saine doctrine de l'Eglise. Constantin, spectateur de toutes ces disputes, les écoutait avec beaucoup de patience, s'appliquant attentivement aux propositions que l'on faisait de part et d'autre ; et appuyant tantôt d'un côté, tantôt d'un autre, il tâchait de réunir ceux qui s'échauffaient le plus dans la dispute. Il parlait à chacun d'eux avec une égale bonté, se servant de la langue grecque, dont il avait quelque connaissance. Il gagnait les uns par la force de ses raisons, les autres par la douceur de ses remontrances, pour les amener tous à l'union. Mais il laissa à tous une liberté entière de décider ce qu'ils voulaient, et chacun d'eux embrassa la vérité volontairement et librement.

Le désir de faire autoriser les erreurs d'Arius porta ceux qui en étaient les défenseurs à dresser une profession de foi qui les contenait, et à la présenter au concile. Mais aussitôt qu'elle fut lue, on la mit en pièces, en la nommant fausse et illégitime. Il s'excita un grand bruit contre ceux qui l'avaient composée, et tout le monde les accusa de trahir la vérité. Le concile, voulant détruire les termes impies dont ils s'étaient servis, et établir la foi catholique, dit que le Fils était de Dieu. Les eusébiens, croyant que cette façon de parler appuyait leur erreur, se disaient l'un à l'autre : « Accordons-le, puisque cela nous est commun avec lui, car il est écrit : *Il n'y a qu'un Dieu de qui est tout* (I *Cor.* VIII, 6). Et encore : *Je fais toutes choses nouvelles ; et tout est de Dieu* (II *Cor.* V, 17, 18). » Mais les évêques, voyant leur artifice, exprimèrent la même chose en des termes plus clairs, et dirent que le Fils était de la substance de Dieu et de la substance du Père, ce qui ne convient à aucune créature. Il est vrai néanmoins de dire qu'elles sont de Dieu, puisqu'il en est l'auteur ; mais le Verbe seul est du Père et de la substance du Père. Le concile, croyant qu'il était nécessaire d'établir diverses prérogatives du Fils, demanda au petit nombre des eusébiens s'ils confessaient que le Fils est la vertu du Père, son unique sagesse, son image éternelle, qui lui est semblable en tout ; immuable, subsistant toujours en lui, enfin vrai Dieu. Ils n'osèrent contredire ouvertement, de peur d'être convaincus. Mais on s'aperçut qu'ils se parlaient tout bas et se faisaient signe des yeux ; que ces termes de *semblable* et *toujours*, et en *lui*, et le nom de *vertu*, n'avaient rien qui ne pût convenir aux hommes : nous pouvons, disaient-ils, accorder ces termes : celui de *semblable*, parce qu'il est écrit que l'homme est l'image et la gloire de Dieu (I *Cor.* XI, 7) ; celui de *toujours*, parce qu'il est écrit : Car nous qui vivons, sommes toujours (II *Cor.* IV, 11) ; *en lui*, parce qu'il est dit : En lui nous sommes, et nous avons la vie et le mouvement (*Act.* XVII, 18) ; *la vertu*, parce qu'il est parlé de plusieurs vertus (I *Cor.* XII, 10) ; et ailleurs la chenille et le hanneton sont appelés vertus et la grande vertu (*Joel.* XI, 25), et il y a d'autres vertus célestes ; car il est dit (*Ps.* XLV, 12) : Le Seigneur des vertus est avec nous. Enfin, quand ils diront que le Fils est vrai Dieu, nous n'en serons point choqués, car il l'est vraiment, puisqu'il l'a été fait.

Le concile, voyant leur dissimulation et leur mauvaise foi, rassembla toutes les expressions de l'Ecriture à l'égard du Fils, comme celles qui l'appellent splendeur, fontaine, fleuve, figure de la substance, lumière, qui disent qu'il n'est qu'un avec son Père, et les renferma toutes sous le seul mot de *Consubstantiel*, se servant du terme grec ὁμοούσιος, qui marque que le Fils n'est pas seulement semblable au Père, mais si semblable, qu'il est une même chose, une même substance avec le Père, et qu'il en est inséparable; en sorte que le Père et lui ne sont qu'un (*Joan.*, X, 30), comme il le dit lui-même : le Verbe est toujours dans le Père, et le Père dans le Verbe, comme la splendeur est à l'égard du soleil. Voilà pourquoi les Pères de Nicée, après en avoir longtemps délibéré, s'arrêtèrent au mot *Consubstantiel*, comme nous l'apprend saint Athanase, qui y fut présent et qui y tint l'un des premiers rangs. Ils eurent encore une autre raison d'user de ce terme : car ayant vu par la lettre d'Eusèbe de Nicomédie, qu'on avait lue en plein concile, que cet évêque trouvait un grand inconvénient à reconnaître le Fils incréé, à cause qu'il faudrait aussi avouer qu'il est de la même substance que le Père, ils se servirent contre lui de l'épée qu'il avait tirée lui-même.

Tous les évêques agréèrent de cœur et de bouche le terme de *Consubstantiel*, et ils en firent un décret solennel d'un consentement unanime. Il y en eut qui le rejetèrent avec raillerie, sous prétexte qu'il ne se trouvait point dans l'Ecriture, et qu'il renfermait de mauvais sens, car, disaient-ils, ce qui est consubstantiel ou de même substance qu'un autre, en vient de trois manières : ou par division, ou par écoulement, ou par production : par production, comme la plante de la racine ; par écoulement, comme les enfants des pères ; par division, comme deux ou trois coupes d'une seule masse d'or. Ils soutenaient que le Fils ne procède de son Père en aucune de ces manières. Il se fit diverses demandes et diverses réponses pour examiner ces sens qu'ils donnaient au terme de *Consubstantiel*; mais le concile, rejetant tous les mauvais sens qu'ils prétendaient y trouver, l'expliqua si bien, que l'empereur lui-même comprit qu'il n'exprimait aucune idée corporelle, qu'il ne signifiait aucune division de la substance du Père absolument immatérielle et spirituelle, et qu'il fallait l'entendre d'une manière divine et ineffable. On fit voir encore qu'il y avait de l'injustice de leur part à rejeter le terme de *Consubstantiel*, sous prétexte qu'il n'est pas dans l'Ecriture, eux qui employaient tant de mots qui n'y sont point, comme lorsqu'ils disaient que le Fils de Dieu est tiré du néant, et n'a pas toujours été. Le concile ajouta que le terme de *Consubstantiel* n'était pas nouveau; que les deux saints Denys, l'un évêque de Rome, l'autre d'Alexandrie, s'en étaient servis environ cent trente ans auparavant, pour condamner ceux qui disaient que le Fils est l'ouvrage du Père, et non pas qu'il lui est consubstantiel. Eusèbe de Césarée, qui s'était d'abord opposé à ce terme, le reçut, et avoua que d'anciens évêques et de savants écrivains en avaient usé pour expliquer la divinité du Père et du Fils. Les partisans d'Arius objectèrent que le mot de *Consubstantiel* avait été rejeté comme impropre par le concile d'Antioche contre Paul de Samosate. Mais c'est que Paul, en disant que le Fils est consubstantiel au Père, ôtait la propriété et la distinction des personnes en Dieu, le Fils n'étant selon lui que le Père même. Il prenait encore ce terme d'une manière grossière, prétendant que de ce que le Verbe était consubstantiel au Père, il s'ensuivait que la substance divine était coupée comme en deux parties, dont l'une était le Père et l'autre le Fils; qu'ainsi il y avait eu quelque substance divine antérieure au Père et au Fils, qui a été ensuite partagée en deux. Il était donc question contre Paul de Samosate, de marquer clairement la distinction des personnes, et que le Fils était de la substance du Père, sans que cette substance ait été divisée, comme on divise une pièce de métal en plusieurs parties. C'est pourquoi les Pères du concile d'Antioche décidèrent qu'au lieu de dire que le Fils est consubstantiel à son père, dans le sens de Paul de Samosate, on dirait qu'il est d'une semblable substance; le mot de *semblable* marquant clairement la distinction; mais ils s'appliquèrent en même temps à montrer contre cet hérésiarque, que le Fils était avant toutes choses, et qu'étant Verbe il s'était fait chair.

Les Pères du concile de Nicée, ayant ainsi levé toutes les difficultés que les ariens formaient contre le mot de *Consubstantiel*, qui fut toujours depuis pour eux un terme redoutable, en choisirent encore quelques autres qu'ils jugèrent les plus propres à exprimer la foi catholique, et en composèrent le Symbole. Osius fut commis pour le dresser, et Hermogènes, depuis évêque de Césarée en Cappadoce, pour l'écrire et le réciter dans le concile. Il fut conçu en ces termes : « Nous croyons en un seul Dieu, Père tout-puissant, Créateur de toutes choses visibles et invisibles ; et en un seul Seigneur Jésus-Christ, Fils unique de Dieu, engendré du Père, c'est à-dire, de la substance du Père. Dieu de Dieu, lumière de lumière, vrai Dieu de vrai Dieu ; engendré et non fait, consubstantiel au Père ; par qui toutes choses ont été faites au ciel et en la terre. Qui, pour nous autres hommes et pour notre salut, est descendu des cieux, s'est incarné et s'est fait homme ; a souffert, est ressuscité le troisième jour, est monté aux cieux, et viendra juger les vivants et les morts. Nous croyons aussi au Saint-Esprit. Quant à ceux qui disent : Il y a eu un temps où il n'était pas; et il n'était pas avant d'être engendré, et il a été tiré du néant ; ou qui prétendent que le Fils de Dieu est d'une autre hypostase, ou d'une autre substance, ou muable, ou altérable, la sainte Eglise catholique et apostolique leur dit anathème. » Ce grand et invincible Symbole, comme le qualifie saint Basile (*Ep*. 81), seul capable de ruiner toutes sortes d'impiétés, a servi dans la suite de rempart contre tous les efforts du démon, et de rocher contre lequel toutes les vagues de l'hérésie se sont brisées et réduites en écume. Il n'y a dans ce Symbole qu'un seul mot touchant le Saint-Esprit, parce que jusqu'alors il ne s'était élevé aucune dispute, ni aucune hérésie sur ce point; mais le peu qu'on y en lit, établit suffisamment sa divinité; puisque, selon la remarque de saint Basile (*Ep.* 90), on lui rend dans ce Symbole le même honneur et la même adoration qu'au Père et au Fils.

Tous les évêques du concile souscrivirent à ce Symbole, excepté un petit nombre d'ariens. D'abord il y en eut dix-sept qui refusèrent de l'approuver; ensuite ils se réduisirent à cinq, Eusèbe de Nicomédie, Théognis de Nicée, Maris de Chalcédoine, Théonas et Second de Libye. Eusèbe de Césarée, qui la veille avait combattu le terme de *Consubstantiel*, l'approuva et souscrivit au Symbole. Il écrivit même à son Eglise pour apprendre à son peuple les motifs de sa signature, et lui envoya deux Symboles; l'un qu'il avait dressé lui-même, et auquel il assure que le concile n'eut rien à ajouter que le terme de *Consubstantiel*; l'autre du concile avec l'explication de ce terme. Des cinq opposants, trois cédèrent à la crainte d'être bannis, Eusèbe de Nicomédie, Théognis et Maris : car la définition du concile ayant été portée à Constantin, ce prince, reconnaissant que ce consentement unanime de tant d'évêques était l'ouvrage de Dieu, la reçut avec respect, et menaça d'exil ceux qui refuseraient d'y souscrire. On dit même qu'il avait donné un ordre de bannir Eusèbe de Nicomédie et Théognis; mais il est certain que cet ordre ne fut exécuté qu'après le concile, et à une autre occasion. Eusèbe de Nicomédie ne souscrivit qu'à la persuasion de Constantia, sœur de l'empereur, et il confessa de bouche la foi de l'Eglise sans l'avoir dans le cœur; ce qui parut en ce qu'en souscrivant, il distingua la profession de foi de l'anathème qui était à la fin; persuadé, comme il le disait, qu'Arius n'était pas tel que les Pères le croyaient, en ayant une connaissance plus particulière par ses lettres et par ses conversations. Philostorge, auteur arien, ne dissimule pas la fraude dont Eusèbe et Théognis usèrent dans leurs souscriptions, et il dit nettement que dans le mot ὁμοούσιος ils insérèrent un *iota*, qui faisait ὁμοιούσιος, c'est-à-dire, semblable en substance; au lieu que le premier, signifie de même substance. Constantin se plaint dans une lettre que nous avons encore de s'être laissé honteusement surprendre aux artifices d'Eusèbe de Nicomédie, et d'avoir fait réussir toutes choses comme ce fourbe l'avait souhaité. Ce prince bannit Arius, et le relégua avec les prêtres de son parti dans l'Illyrie, où il demeura jusqu'après la mort de Constantia, vers l'an 330. Outre sa personne, le concile condamna aussi ses écrits, nommément sa *Thalie* et ses autres chansons; et l'empereur, joignant son autorité à celle de l'Eglise, déclara par un édit que tous les écrits de cet hérésiarque seraient brûlés, et que ceux qui seraient convaincus de les avoir cachés subiraient la peine de mort. L'anathème prononcé contre Arius s'étendit à tous ceux qui avaient été excommuniés par saint Alexandre, du nombre desquels étaient le diacre Euzoïus, depuis évêque arien d'Antioche, et Piste, que les ariens placèrent sur le siége d'Alexandrie. Second et Théonas eurent le même sort qu'Arius; ils furent anathématisés et déposés par un consentement universel, comme coupables de blasphèmes contre la doctrine de l'Evangile. Il n'y eut qu'eux deux qui refusèrent constamment de souscrire au Symbole de Nicée; aussi furent-ils relégués en Illyrie avec leur chef. Second ayant depuis sa déposition fait diverses ordinations pour accroître son parti, elles furent rejetées par le pape Jules. Il est remarquable que le concile de Nicée, en condamnant l'hérésie arienne, anathématisa aussi toutes celles que l'on avait vues jusque-là dans l'Eglise.

Après que les évêques eurent terminé ce qui regardait les ariens, ils crurent qu'il fallait aussi faire cesser le schisme des méléciens, qui divisaient l'Egypte depuis vingt-quatre ans, et fortifiaient le parti d'Arius par leur union. L'auteur de ce schisme était Mélèce, évêque d'une ville d'Egypte nommée Lycopolis, dans la Thébaïde. Comme il fut convaincu de beaucoup de crimes, et même d'avoir renoncé à la foi et sacrifié aux idoles, saint Pierre d'Alexandrie fut obligé de le déposer dans une assemblée d'évêques qu'il tint vers l'an 305. Mélèce refusa de se soumettre à cette sentence, et toutefois il n'en appela point à un autre concile, et ne se mit point en peine de donner des preuves de son innocence; mais se voyant appuyé de beaucoup de personnes, il se fit chef de parti, se sépara de la communion de l'Eglise, et ne cessa de charger d'injures et de calomnies saint Pierre d'Alexandrie et ses successeurs, pour couvrir la honte de sa déposition. Il disait qu'il s'était séparé de Pierre, pour l'avoir trouvé d'un avis opposé au sien touchant la réconciliation des apostats; et il l'accusait de trop d'indulgence. L'Egypte se trouva remplie de trouble et de tumulte par la tyrannie qu'il exerça contre l'Eglise d'Alexandrie; car il usurpa les ordinations qui appartenaient à l'évêque de cette ville, comme on le voit par la liste des évêques de sa communion, dont un qualifié évêque du territoire d'Alexandrie. Il essaya, mais inutilement, de répandre son schisme dans la Maréote, et il n'y eut ni prêtre, ni autres clercs qui voulussent se ranger de son parti. On assure (*a*) que, quoique séparé de l'Eglise, il conserva la foi orthodoxe entièrement pure

---

(*a*) *Epiphan. hæres.* 68, num. 1 et 5; *Theodoret. hæreticar. fabular. lib.* IV, c. 7. Il paraît néanmoins par saint Epiphane et par saint Augustin, que les méléciens ne voulaient pas communiquer avec ceux qui étaient tombés dans le péché, quoiqu'ils eussent fait pénitence. Ce qui était l'hérésie des novatiens. Mais, apparemment, ils ne tombèrent dans cette erreur qu'après le concile de Nicée; car ils n'y furent repris que de leur schisme et de la témé-

et inviolable, jusqu'à ce que lui et ses disciples s'étant unis avec le parti d'Arius, quelques-uns d'entre eux en suivirent les erreurs. Le concile usa d'indulgence à l'égard de Mélèce, car à la rigueur il ne méritait aucune grâce : on lui permit de demeurer dans sa ville de Lycopolis, mais sans aucun pouvoir ni d'élire, ni d'ordonner, ni de paraître pour ce sujet, ou à la campagne, ou dans aucune autre ville ; en sorte qu'il n'avait que le simple titre d'évêque. Quant à ceux qu'il avait ordonnés, il fut dit qu'ils seraient réhabilités (a) par une plus sainte imposition des mains, et admis à la communion avec l'honneur et les fonctions de leur ordre ; mais à la charge de céder le rang, en chaque diocèse et en chaque Eglise, à ceux qui avaient été ordonnés auparavant par l'évêque Alexandre. Le concile voulut encore que ceux qui avaient été ordonnés par Mélèce n'eussent aucun pouvoir d'élire ceux qu'il leur plairait, ni d'en proposer les noms sans le consentement de l'évêque soumis à Alexandre ; ce qui était nécessaire pour empêcher qu'ils ne se fortifiassent dans leur cabale. Quant à ceux au contraire qui n'avaient point pris de part au schisme, et qui étaient demeurés sans reproche dans l'Eglise catholique, on leur conserva le pouvoir d'élire et de proposer les noms de ceux qui seraient dignes d'entrer dans le clergé, et généralement de faire toutes choses selon la loi ecclésiastique. Que si quelqu'un d'eux venait à mourir, on pourrait faire monter à sa place un de ceux qui auraient été reçus depuis peu, pourvu qu'il en fût trouvé digne, que le peuple le choisît, et que l'évêque d'Alexandrie confirmât l'élection. Tout cela fut accordé aux méléciens : mais pour la personne de Mélèce, on défendit de lui donner aucun pouvoir ni aucune autorité, à cause de son esprit indocile et entreprenant, de peur qu'il n'excitât de nouveaux troubles. Comme il y avait encore quelque lieu de craindre qu'abusant de l'indulgence du concile, il ne vendît de nouveaux titres, et n'augmentât par des ordinations illicites le nombre des clercs de son parti, saint Alexandre lui demanda une liste des évêques qu'il disait avoir en Egypte, et des prêtres et des diacres qu'il avait tant à Alexandrie que dans le diocèse. Nous avons cette liste parmi les écrits de saint Athanase, et on y trouve au moins vingt-neuf évêques, et huit prêtres ou diacres. Ce saint parle de la réception des méléciens comme s'il l'eût désapprouvée, ajoutant qu'il n'était point nécessaire de rapporter la raison que le concile avait eue de les recevoir. L'expérience fit bien voir que leur réunion n'était qu'une feinte de leur part ; car ils excitèrent de nouveaux troubles contre l'Eglise après la mort de saint Alexandre, et plus de cent vingt ans depuis le concile ils la troublaient encore. Mélèce lui-même se choisit un successeur dans le siége de Lycopolis, contre la défense du concile ; ce fut Jean, surnommé Arcaph,

rité de leurs ordinations. *Epiphan. hæres.* 68, *num.* 5. *Augustin. hæres.* 48, *p.* 17, *t.* VIII.

(a) Leur ordination n'était pas légitime, étant faite sans

dont le nom se trouve dans la liste de ceux que Mélèce ordonna pendant son schisme. Dans cette liste, Mélèce se donne le titre d'*Archevêque*, qui lui est aussi donné dans l'histoire des méléciens, rapportée par saint Epiphane.

La variété d'usages qui se trouvait dans les Eglises touchant la fête de Pâques fut, comme nous l'avons déjà remarqué, un des deux principaux motifs de la convocation du concile de Nicée. Quelques provinces d'Orient, comme la Syrie, la Mésopotamie et la Cilicie, célébraient cette fête avec les Juifs le quatorzième de la lune, sans examiner si c'était le dimanche ou non. La pratique universelle de toutes les autres Eglises, tant de l'Occident que du Midi, du Septentrion, et quelques-unes de l'Orient même, était de ne la célébrer que le dimanche. Cette diversité causait beaucoup de trouble et de confusion, les uns jeûnant et demeurant dans l'affliction, tandis que les autres étaient dans le repos et dans la joie de la résurrection du Sauveur. Il arrivait même quelquefois que l'on faisait la Pâque en trois temps différents de l'année, qui commençait alors en mars, ou qu'on la faisait même deux fois dans un an, et quelquefois, par conséquent, qu'on ne la faisait point du tout : ce qui exposait l'Eglise à la raillerie de ses ennemis. Les papes saint Anicet et saint Victor avaient fait leurs efforts pour établir une entière uniformité sur ce point dans toutes les Eglises du monde. On avait décidé dans le concile d'Arles, en 314, que cette fête serait célébrée partout en un même jour. Osius avait été chargé de la part de Constantin, de travailler dans le concile d'Alexandrie, sous saint Alexandre, à terminer les différends qui troublaient l'Orient au sujet de cette fête. Toutefois ces différends régnaient encore, et il fallut de nouveau agiter la question de la Pâque au concile de Nicée. Elle y fut mûrement examinée : et après une exacte supputation des temps, tous les évêques convinrent d'observer la Pâque en un même jour, et les Orientaux promirent de se conformer sur ce point à la pratique de Rome, de l'Egypte et de tout l'Occident. Mais le décret du concile sur cette matière fut conçu en d'autres termes que sur celle de la foi. C'est saint Athanase (*de Synod.*) qui en remarque la différence : sur la foi, on dit : Voici quelle est la foi de l'Eglise catholique : *Nous croyons en un seul Dieu* ; et le reste du Symbole, pour montrer que ce n'était pas un règlement nouveau, mais une tradition apostolique. Aussi ne mit-on point à ce décret la date du jour ou de l'année. Sur la Pâque on dit : *Nous avons résolu ce qui suit :* pour marquer que c'était une nouvelle ordonnance, à laquelle tous devaient se soumettre. Le jour de la Pâque fut fixé au dimanche d'après le quatorzième jour de la lune, qui suivait de plus près l'équinoxe du printemps ; parce que Jésus-Christ était ressuscité le dimanche qui avait suivi de plus près la pâque des Juifs : en sorte

le consentement de l'évêque d'Alexandrie, contre l'ancienne coutume de la province. *Fleury, tom.* III, *liv.* XI, *num.* 15, *page* 152

néanmoins, que si ce XIV de la lune venait à tomber un dimanche, on devait attendre huit jours après à l'autre dimanche, pour ne pas se rencontrer avec les Juifs Pour trouver plus aisément le premier de la lune, et ensuite son quatorzième, le concile statua que l'on se servirait du cycle de dix-neuf ans, le plus commode de tous, parce que au bout de ce terme, les nouvelles lunes reviennent, à quelque chose près, aux mêmes jours de l'année solaire. Ce cycle, que l'on nommait en grec *Ennéadécatéride*, avait été proposé longtemps auparavant par saint Anatole de Laodicée, et inventé, il y avait environ sept cent cinquante ans, par un Athénien nommé Méton, qui l'avait fait commencer avec la première année de la LXXXVII° olympiade, 432 ans avant la naissance de Jésus-Christ, l'année même du commencement de la guerre du Péloponèse entre les républiques d'Athènes et de Lacédémone. C'est ce cycle lunaire que l'on a depuis nommé le nombre d'or, parce qu'après qu'il eut été mis en usage, on s'accoutuma à marquer en lettres d'or, dans les calendriers, les jours des nouvelles lunes. Saint Jérôme (*in Catalog.*) attribue la composition de ce cycle à Eusèbe de Césarée, ajoutant que cet évêque en avait pris l'idée dans le Canon de saint Hippolyte, qui était de seize ans. Saint Ambroise (*Ep.* 23) en fait honneur aux Pères du concile de Nicée indistinctement. Mais il semble aisé d'accorder toutes ces contrariétés apparentes, en disant qu'Eusèbe de Césarée, qui avait la réputation d'un des plus savants hommes de l'Eglise, fut chargé par le concile d'examiner le cycle de XIX ans, inventé par Méton, et de régler sur ce cycle le jour auquel on devait célébrer la fête de Pâques. Il fut aussi arrêté dans le concile que l'Eglise d'Alexandrie ferait savoir tous les ans à celle de Rome en quel jour il fallait célébrer la Pâque, et que de Rome l'Eglise universelle, répandue par toute la terre, apprendrait le jour arrêté par l'autorité apostolique, pour la célébration de cette fête. Ainsi l'Eglise se trouva dans l'union et dans la paix sur ce point, aussi bien que sur celui de la foi, et l'on vit tous les chrétiens, depuis une extrémité de la terre jusqu'à l'autre, se réconcilier avec Dieu et entre eux-mêmes, s'unir ensemble pour veiller, pour chanter, pour jeûner, pour user d'aliments secs, pour vivre dans la continence, pour offrir à Dieu le même sacrifice, enfin pour toutes les autres choses par lesquelles nous tâchons de nous rendre agréables à Dieu dans l'auguste solennité de ces saints jours. Il se trouva néanmoins dans la Mésopotamie un vieillard, nommé Audius, qui s'opposa à la réception du règlement touchant la Pâque dans son pays. Cet homme, estimé d'ailleurs pour sa probité, la pureté de sa foi et son zèle pour Dieu, s'était rendu odieux à beaucoup d'ecclésiastiques à cause de la liberté avec laquelle il les reprenait de leur luxe et de leur avarice. Les mauvais traitements qu'ils lui firent le rebutèrent, de telle sorte qu'il fit une espèce de schisme, dont les sectateurs furent nommés audiens. Attachés au rite des Juifs pour la célébration de la Pâque, ils continuèrent, nonobstant la décision du concile, à la solenniser le quatorzième jour de la lune, prétendant que c'était une tradition apostolique, dont il n'était pas permis de se départir, et accusant les Pères de Nicée de n'avoir changé l'ancienne pratique de l'Eglise que par la complaisance qu'ils avaient eue pour Constantin. Les évêques, le voyant obstiné dans son sentiment, le dénoncèrent à ce prince, qui le bannit en Scythie. Son absence n'ayant pas empêché que ses sectateurs ne continuassent dans leur entêtement, le concile d'Antioche tenu en 341 les obligea, sous peine d'excommunication, à se conformer au décret de Nicée touchant la célébration de la Pâque. Saint Epiphane (*Hær.* 70, *n.* 9) a réfuté amplement la calomnie des audiens, et saint Chrysostome (*t.* I, *Or.* 3) a fait voir qu'un concile presque tout composé de confesseurs du nom de Jésus-Christ n'était pas capable d'abandonner une tradition apostolique, par une lâche complaisance pour Constantin.

Le concile de Nicée fit aussi plusieurs autres règlements touchant la discipline de l'Eglise, mais dans une session postérieure à celle où Arius fut condamné. Nous les avons encore aujourd'hui au nombre de vingt, que Théodoret (*l.* I, *c.* 7, *Hist. eccl.*) appelle vingt lois de la police ecclésiastique.

Le premier de ces canons est conçu en ces termes : « Si quelqu'un (a) a été fait eunuque, ou par les chirurgiens en maladie, ou par les barbares, qu'il demeure dans le clergé ; mais celui qui s'est mutilé lui-même, étant en santé, doit être interdit s'il se trouve dans le clergé, et désormais on n'en doit promouvoir aucun. » L'esprit de ce canon, c'est d'exclure du cléricature ceux qui ont du penchant à l'incontinence et à la violence : deux défauts tout à fait contraires à la pureté et à la douceur que l'Eglise demande à voir dans ses ministres.

La mutilation volontaire était pareillement défendue par les lois civiles, même sous peine de mort. Toutefois on vit paraître une secte entière qui se distinguait par cette cruelle opération. Ils se nommaient valésiens (*Voy.* ACHAIE, l'an 250), et rendaient eunuques, non-seulement leurs disciples, mais aussi leurs hôtes, soit de gré, soit de force. Saint Epiphane (*Hær.* 58, *n.* 1 *et seq.*) dit qu'il y avait de ces hérétiques à Bachas, ville de la Philadelphie, au delà du Jourdain. Ils rejetaient la Loi et les Prophètes, et avaient sur les anges les mêmes principes que les gnostiques. Ce fut en vertu de ce canon que l'on déposa le prêtrise Léonce, qui s'était mutilé lui-même, pour vivre plus librement avec une nommée Eustolie, dont il avait abusé auparavant. Mais l'empereur Constance l'éleva quelque temps après sur le siège d'Antioche, à la persuasion des ariens.

Le second canon défend d'admettre au baptême ceux qui, étant sortis du paganisme pour embrasser la foi, n'avaient mis que peu de temps à s'instruire, et de promouvoir à

(a) Les canons XX, XXI et XXII, qu'on nomme *Apostoliques*, avaient déjà ordonné la même chose.

l'épiscopat ou à la prêtrise ceux qui n'étaient baptisés que depuis peu. Car il faut du temps pour préparer les catéchumènes au baptême, et beaucoup plus pour éprouver le nouveau baptisé, avant de le recevoir dans l'état ecclésiastique. Le canon ajoute : « Que si, dans la suite du temps, celui qu'on aura admis dans le clergé se trouve coupable de quelque péché de la chair, et en est convaincu par deux ou trois témoins, qu'il soit privé de son ministère. Qui s'opposera à la déposition du coupable, se mettra lui-même en danger d'être déposé, ayant la hardiesse de résister au grand concile.»

Nous voyons dans Tertullien (*de Præscr. c.* 41) que les hérétiques de son temps élevaient aux dignités ecclésiastiques des néophytes, des gens engagés dans le siècle, et même des apostats, afin de grossir leur parti. Les ariens en usèrent de même, mettant à la place des saints évêques qu'ils avaient fait exiler de jeunes débauchés encore païens ou à peine catéchumènes. L'Eglise au contraire n'a dérogé à cette ordonnance que dans des cas extraordinaires, lorsqu'il paraissait clairement que Dieu appelait le néophyte au sacerdoce, comme il arriva dans l'élection de saint Ambroise, ou lorsqu'il ne se trouvait personne dans le clergé qui fût digne de l'épiscopat : et ce fut pour cette dernière raison que Nectaire fut élu évêque de Constantinople,* quoique laïque et encore catéchumène, parce que tous les clercs de cette Eglise étaient infectés de l'hérésie.

Par le troisième canon, il est défendu généralement à tous les ecclésiastiques d'avoir aucune femme sous-introduite, excepté leur mère, leur sœur, leur tante, ou quelque autre qui ne puisse causer aucun soupçon (*a*): ce que Rufin (*l.* I *Hist.*, *c.* 6) entend des plus proches parentes.

On avait déjà essayé de réformer cet abus dans le concile d'Elvire : et dans celui d'Antioche tenu longtemps auparavant, il fut reproché à Paul de Samosate, d'avoir non-seulement entretenu chez lui des femmes qui ne lui étaient point parentes, mais d'avoir encore toléré ce désordre dans ses prêtres et dans ses diacres. Les pères de Nicée donnent à ces femmes le nom de sous-introduites, et c'est ainsi qu'on les nommait surtout à Antioche. D'autres les qualifiaient sœurs ou compagnes, chacun selon les divers prétextes qu'il avait d'en tenir chez soi : les uns sous prétexte de charité et d'amitié spirituelle ; les autres pour qu'elles eussent soin de leurs affaires domestiques et de leur ménage, ou enfin pour être soulagés par elles dans leurs maladies. Saint Basile (*Ep.* 55) se servit de l'autorité de ce canon pour obliger un prêtre nommé Parégoire à quitter une femme qu'il avait chez lui pour le servir, quoique ce prêtre fût âgé de soixante-dix ans, et qu'il n'y eût aucun danger pour lui. Il paraît qu'il l'avait même suspendu des fonctions de son ministère, jusqu'à ce qu'il eût obéi. Il le menaçait d'anathème en cas qu'il refusât de le faire, et soumettait à la même peine ceux qui communiqueraient avec lui. On avait eu dessein dans le concile de faire une loi générale, qui défendît à tous ceux qui étaient dans le sacré ministère, c'est-à-dire, comme l'explique Socrate (*l.* I, *c.* 11), aux évêques, aux prêtres et aux diacres, d'habiter avec les femmes qu'ils avaient épousées étant laïques. Sozomène (*l.* I, *c.* 23) y ajoute les sous-diacres. Mais le confesseur Paphnuce, évêque dans la haute Thébaïde, l'un des plus illustres et des plus saints d'entre les prélats, et qui avait toujours vécu dans la continence, se leva au milieu de l'assemblée et dit à haute voix qu'il ne fallait point imposer un joug si pesant aux ministres sacrés ; que le lit nuptial est honorable et le mariage sans tache ; que cet excès de rigueur nuirait plutôt à l'Eglise ; que tous ne pouvaient porter une continence si parfaite, et que la chasteté conjugale en serait peut-être moins bien gardée : qu'il suffisait que celui qui était une fois ordonné clerc n'eût plus la liberté de se marier, suivant l'ancienne tradition de l'Eglise ; mais qu'il ne fallait pas le séparer de la femme qu'il avait épousée étant encore laïque (*b*). Son avis fut suivi de tout le concile : on ne fit sur ce sujet aucune nouvelle ordonnance, et on laissa à chaque Eglise la liberté de suivre les usages qui y étaient établis : car la discipline

---

(*a*) Suivant l'excellente observation de M. Jager (*Célibat ecclés. dans ses* app. *relig. et politiques, p.* 74, 2ᵉ *éd.*), « le concile, en défendant aux ministres des autels d'avoir des femmes étrangères, et en désignant, sans aucune mention d'épouse, les personnes avec lesquelles ils peuvent demeurer, suppose évidemment le célibat dans toutes les Eglises, et même la séparation des clercs avec leurs femmes ; car autrement il ne serait pas question de femmes introduites, et paraît leur donner un rang que peuvent habiter dans le presbytère figurerait au premier rang l'épouse légitime. »

(*b*) « On a coutume, dit le docte Thomassin, d'opposer au célibat des ecclésiastiques l'histoire de l'évêque Paphnuce qui, au dire de Socrate et de Sozomène, obligea les Pères du concile de Nicée de ne point faire de canon pour assujettir les évêques, les prêtres, les diacres et les sous-diacres à la continence par rapport aux femmes mêmes qu'ils avaient épousées avant leur ordination, puisque l'ancienne tradition ne leur défendait que les nouveaux mariages après les ordres reçus. Mais Socrate et Sozomène ne sont pas des auteurs si irréprochables, ni de si bons garants, qu'on soit obligé de les croire sur leur parole, surtout en un point de cette conséquence. Il se peut faire que le fond de l'histoire soit véritable, et que Socrate n'ait manqué qu'en ce qu'il a ajouté du sien. En effet, il n'est pas hors d'apparence que le nombre des prêtres et des diacres incontinents fût déjà si grand dans l'Eglise orientale, au temps même du concile de Nicée, que ces sages évêques jugeassent plus à propos de dissimuler le mal qu'ils ne pouvaient guérir. On peut porter le même jugement des conciles d'Ancyre, de Néocésarée et de Gangres, qui n'ont point fait de règlement contre ce

---

* Le concile de Néocésarée (*can.* 1) porte la peine de déposition contre le prêtre qui se marie : « *Pres yter, si uxorem acceperit, deponatur.* » Il ne dit rien de ceux qui, étant déjà mariés, auraient reçu l'ordre de prêtrise. Quant au concile d'Ancyre, le canon par lequel il permet le mariage aux diacres qui protesteraient dans leur ordination qu'ils le veulent pas rester célibataires, a été universellement rejeté, comme l'observe Benoît XIV, d'après Balsamon, Zonare et Aristène. Nous disons le canon de ce concile, et non le concile même, forcé que nous sommes de contredire en ce point M. Jager (*pag.* 72 *de sa brochure*). Le canon dont il s'agit a été depuis rejeté par l'Eglise orientale elle-même, comme contraire à celui du concile *in Trullo* ; mais cette amélioration opérée dans la discipline n'ôte rien de l'autorité intrinsèque dont le concile d'Ancyre a toujours joui quant à ses décisions en général, et nous ne sachions pas que Benoît XIV l'ait révoquée en doute.

n'était point uniforme sur ce point. En Thessalie, en Macédoine et en Grèce, on excommuniait un clerc qui avait habité avec sa femme, quoiqu'il l'eût épousée avant son ordination. Les Orientaux observaient la même règle, mais sans y être astreints par aucune loi, et il n'y en avait pas même pour les évêques : d'où vient que plusieurs d'entre eux avaient eu des enfants de leurs femmes légitimes pendant leur épiscopat. C'est Socrate qui rapporte ce fait. Mais saint Jérôme (*adv. Vigil.*) assure que les Eglises d'Orient, d'Egypte et du saint-siège apostolique, c'est-à-dire les trois grands patriarcats de Rome, d'Alexandrie et d'Antioche, prenaient pour clercs des vierges ou des continents ; ou que, si ces clercs avaient des femmes, ils cessaient d'être leurs maris. Saint Epiphane (*Hær*. 59, n. 4) dit aussi que, dans les lieux où les canons étaient observés, on n'admettait point de bigames, et que ceux mêmes qui n'avaient été mariés qu'une fois n'étaient point admis dans le clergé pour y être évêques, prêtres, diacres ou sous-diacres, qu'ils ne s'abstinssent de leur femme, s'ils en avaient encore. Il ne dissimule point qu'en quelques endroits il y avait des prêtres et d'autres ministres inférieurs qui usaient de la liberté du mariage; mais il ajoute que cet usage n'était pas conforme aux lois de l'Eglise, qui ne le tolérait que dans la crainte de manquer de ministres. On voit par une lettre (*Ep.* 105) de Synésius, évêque de Ptolémaïde en Libye, que la loi du célibat était, à l'égard des évêques, en vigueur dans cette province, puisque, lorsqu'on voulut l'obliger à accepter ce qui s'y est fait; en sorte, selon Rufin (*l.* I, *Hist. c.* 6), que l'ordination est nulle, si elle n'est faite en présence ou par l'autorité du métropolitain. On voit ici, dit Fleury, la division des provinces établie, et le nom de métropolitain

donné dès lors à l'évêque de la capitale, que les Grecs nomment métropole, comme qui dirait mère-ville; et ces provinces étaient réglées suivant la division de l'empire romain. Ce canon est cité dans le concile de Constantinople de l'an 382, avec cette addition, que les évêques de la province pourront appeler leurs voisins à une élection, s'ils le jugent à propos.

On a douté si ce canon devait s'entendre de l'ordination, ou seulement de l'élection de l'évêque. Les interprètes grecs, comme Zonare et Balsamon, suivis nouvellement par Guillaume Bévérégius, savant prêtre anglais, dans ses notes sur ce canon, croient qu'il ne doit s'entendre que de l'élection ; d'autres, de l'ordination seulement ; d'autres enfin, de l'élection et de l'ordination tout ensemble ; et ce dernier sentiment paraît plus conforme au texte original de ce canon, qui est le grec, et à la discipline de ce temps-là. Le texte grec de ce canon a deux parties. Le terme employé dans la première partie signifie proprement *être établi*, en faisant abstraction de l'élection et de l'ordination, ou de la consécration de l'évêque. Le terme employé dans la seconde partie du canon signifie *l'imposition des mains*, et par conséquent, *l'ordination*, ou la *consécration*. Le vrai sens du canon est donc celui-ci : « L'évêque doit être établi, ou élu par tous les évêques de la province, et si cela ne peut se faire, au moins par trois évêques présents, avec le consentement de ceux qui sont absents, lesquels ayant consenti à l'élection, ceux qui sont présents font l'imposition des mains ou l'ordination. » Cette interprétation convient parfaitement à la discipline de ce temps-là, où il était ordinaire de faire l'élection et la consécration des évêques tout ensemble. La raison de ce canon, comme le dit Innocent I dans sa lettre à Victrice, est pour que les évêques n'entrent point furtivement dans la bergerie, mais avec l'approbation de toute l'Eglise, qui est représentée par celle de la province où l'on consacre un nouvel évêque. Au reste, il faut observer que, quoique l'ordination épiscopale faite par un seul évêque soit illicite, elle ne serait pas nulle et invalide par cela même. Le pouvoir de dispenser à cet égard et de permettre qu'un évêque tout seul confère l'ordination épiscopale a plusieurs fois été exercé par le saint-siège, mais le pape ne l'a jamais fait sans exiger qu'au moins deux prêtres, tenant lieu d'évêques, assistassent

---

désordre, parce qu'ils le jugeaient irrémédiable. Mais quand Socrate dit que l'ancienne tradition de l'Eglise défendait seulement aux clercs supérieurs de se marier, sans leur ôter l'usage du mariage contracté par avance, nous en appelons à Eusèbe, à saint Epiphane et à saint Jérôme, qui, d'ailleurs, plus anciens que lui, étaient incomparablement mieux instruits des anciens usages de l'Eglise. Ainsi, Socrate a mis dans la bouche du saint évêque Paphnuce une harangue qui n'en sortit jamais. Ce saint prélat put juger avec tout le concile, et avec toute l'Eglise grecque dans les siècles suivants, qu'il valait mieux tolérer cet abus que d'exposer l'Eglise au schisme, et ses clercs à une incontinence plus criminelle; mais il ne put ignorer que ce fût un abus et un violement des anciens canons et de la discipline plus pure établie par les apôtres. » *Thomass. Discipl. eccl.* p. 1, l. II, c. 60. On voit par ce seul extrait

que Thomassin faisait remonter jusqu'à Jésus-Christ, ou du moins jusqu'aux apôtres, la loi du célibat des clercs majeurs.

M. Jager (pag. 93 de la dissertation citée plus haut) nie même que le fond de cette histoire soit véritable : « Si une affaire de cette importance, dit-il, s'était passée au milieu de cette célèbre assemblée, on la trouverait certainement dans les actes du concile, ou les écrivains contemporains en auraient parlé. Or, les actes du concile n'en font pas la plus légère mention; le nom de Paphnuce ne se trouve pas sur la liste des évêques qui ont signé les décrets du concile. Eusèbe et saint Athanase ne disent pas un mot de Paphnuce, et les Pères de cette époque, qui se font gloire de suivre les décrets de Nicée, parlent de la continence comme rigoureusement prescrite aux prêtres après l'ordination. »

à leur défaut le prélat consécrateur. Le P. Sirmond, dans la préface de l'appendice du deuxième tome des Conciles de France, croit que le concile de Nicée établit un nouveau droit, en ôtant au peuple la part qu'il avait eue dans les élections des évêques, mais qu'il n'y eut que les Eglises orientales qui s'y soumirent, celles d'Occident étant demeurées dans leur ancienne pratique.

Le 5ᵉ canon est exprimé en ces termes : « Touchant les excommuniés, clercs ou laïques, la sentence doit être observée par tous les évêques de chaque province, suivant le canon qui défend que les uns reçoivent ceux que les autres ont chassés ; mais il faut examiner si l'évêque ne les a point excommuniés par faiblesse, par animosité ou par quelque passion semblable. Afin qu'on puisse l'examiner dans l'ordre, il a été jugé à propos de tenir tous les ans deux conciles en chaque province, où tous les évêques traiteront en commun ces sortes de questions ; et tous déclareront légitimement excommuniés ceux qui seront reconnus avoir offensé leur évêque, jusqu'à ce qu'il plaise à l'assemblée de prononcer un jugement plus favorable pour eux. Or ces conciles se tiendront, l'un avant le carême, afin qu'ayant banni toute animosité, on présente à Dieu une offrande pure ; le second, vers la saison de l'automne. L'ancien canon mentionné dans celui-ci est le 33ᵉ de ceux que l'on nomme *apostoliques*, par lequel il est déclaré qu'un prêtre ou un diacre excommunié par son évêque ne peut être reçu par un autre. Celui de Nicée fut cité par les évêques d'Afrique dans l'affaire d'Apiarius. Il était encore ordonné dans le 38ᵉ canon des apôtres de tenir deux fois l'année un concile dans chaque province, et on ne manquait guère de le faire en Afrique du temps de saint Cyprien, lorsque l'Eglise était en paix. Le concile de Nicée veut que le premier se tienne avant le carême : ce qui montre que le temps du jeûne qui précédait la fête de Pâques était fixé à quarante jours dans toute l'Eglise, quoique en quelques endroits la manière de jeûner en ces jours ne fût pas uniforme.

On croit que Mélèce donna occasion au 6ᵉ canon, par les entreprises qu'il avait faites contre la juridiction de l'évêque d'Alexandrie. Ce canon porte : « Que l'on observe les anciennes coutumes établies dans l'Egypte, la Libye et la Pentapole ; en sorte que l'évêque d'Alexandrie ait l'autorité sur toutes ces provinces, puisque l'évêque de Rome a le même avantage. A Antioche aussi et dans les autres provinces, que chaque Eglise conserve ses privilèges. En général, qu'il soit notoire que, si quelqu'un est fait évêque sans le consentement du métropolitain, ce grand concile déclare qu'il ne doit point être évêque. Mais si l'élection étant raisonnable et conforme aux canons, deux ou trois s'y opposent par une opiniâtreté particulière, la pluralité des voix doit l'emporter. » Les évêques de Rome, d'Alexandrie et d'Antioche, avaient donc juridiction sur plusieurs provinces, en qualité de patriarches ; mais cette juridiction particulière de l'évêque de Rome sur certaines provinces ne préjudiciait en rien à sa qualité de chef de l'Eglise universelle, qui ne lui a jamais été commune avec aucun autre évêque, et qui est incontestable

Il est une autre interprétation, appuyée sur l'autorité de Rufin, d'après laquelle il ne s'agirait dans ce canon que des droits de métropolitain que l'évêque de Rome exerçait sur les Eglises suburbicaires, c'est-à-dire sur celles qui n'étaient pas distantes de plus de onze cents pas de la ville de Rome. Mais, 1° l'autorité de Rufin est de nulle valeur, comme le dit fort bien le P. Alexandre (*Hist. eccl. sæc. quart.*, diss. 20) ; son esprit de partialité nous est assez connu par les démêlés qu'il eut avec saint Jérôme ; et si personne ne doit être juge dans sa propre cause, cela est vrai de Rufin dans les limites qu'il pose à la juridiction de l'Eglise romaine, qu'il était intéressé à combattre, puisqu'elle l'avait exclu de son sein, par l'organe de son pontife Anastase I, avant même qu'il eût commencé à écrire son *Histoire*. 2° Dès le temps de Rufin, les droits du pontife romain, en sa simple qualité de métropolitain, s'étendaient bien au delà des villes suburbicaires, puisqu'il ordonnait à ce titre, et convoquait à ses conciles les évêques des sept provinces de l'Italie, depuis le Pô jusqu'au Talon, ceux des îles de Sicile, de Corse et de Sardaigne, qui formaient trois autres provinces, et ceux même de Sicile, comme le prouve une lettre de saint Léon I. 3° Le 6ᵉ canon du concile de Nicée attribue aux sièges d'Alexandrie et d'Antioche une juridiction de même nature que celle dont jouissait celui de Rome ; or la juridiction qu'il accorde à l'évêque d'Alexandrie sur l'Egypte, la Libye et la Pentapole, n'est assurément pas celle d'un métropolitain sur une province, mais un droit tout au moins primatial ; et cela posé, qui empêche de dire que ce ne fût un droit patriarcal proprement dit, puisque toute l'histoire ecclésiastique dépose en faveur de ce fait ? Il faut donc abandonner l'interprétation de Rufin, quelque soutenue qu'elle soit par le docteur Launoy, et même par les docteurs protestants, et dire avec tous les catholiques les plus instruits que le 6ᵉ canon du concile de Nicée, bien loin d'affaiblir ou de contester l'autorité du pontife romain, reconnaît au contraire cette autorité, qu'il n'établit pas, mais qu'il suppose comme établie de tout temps ; et la présidence déférée dans ce concile même aux légats du pape saint Sylvestre démontre avec évidence qu'outre le droit patriarcal du siège de Rome, modèle primitif de tous les droits patriarcaux, le concile révérait dans l'évêque assis à la place de Pierre cette même pierre fondamentale sur laquelle toute l'Eglise a été bâtie.

D'autres ont été plus loin et ont prétendu avec Baronius et Bellarmin que l'autorité suprême du siège de Rome non-seulement n'est pas contredite, mais est clairement démontrée par ce canon même. On cite en effet un manuscrit du Vatican, où ce canon a pour titre : *De la primauté de l'Eglise romaine*, d'où Baronius et Labbe après lui ont conclu que nous ne l'avions pas entier : et ils appuient leur opinion de l'autorité de Paschasin, légat du pape saint Léon au concile de Chalcédoine, qui lisait ainsi le commencement de ce canon : *L'Eglise romaine a toujours eu la primauté*. Mais il est à remarquer qu'aussitôt que Paschasin eut fini la lecture de ce canon, selon qu'il était dans son exemplaire, Constantin, secrétaire de l'Eglise de Constantinople, ayant reçu des mains du diacre Aétius un autre exemplaire que celui de Paschasin, lut ce même canon conçu en la manière que nous le lisons encore aujourd'hui dans l'original grec et dans les versions latines, où il n'est fait aucune mention de la primauté de l'Eglise romaine. On n'en trouve rien non plus dans le Code des canons de l'Eglise romaine donné par Justel, ni dans la version de ces canons par Denys le Petit, que le même Justel fit imprimer à Paris en 1628, sur de très-anciens manuscrits. Il est donc à croire, dit D. Ceillier, que ces paroles : *L'Eglise romaine a toujours eu la primauté*, ont été ajoutées au texte dans quelque exemplaire de Rome, et cela par une personne peu habile. Car il ne s'agit nullement dans le canon 6e de Nicée, de la primauté de l'évêque de Rome dans toute l'Eglise, mais de quelques droits qui lui étaient communs avec les évêques d'Alexandrie et d'Antioche, semblables à celui que l'on a depuis appelé patriarcal.

Le septième maintient l'évêque de Jérusalem dans les prérogatives d'honneur dont il avait joui jusqu'alors. «Puisque, suivant la coutume, y est-il dit, et la tradition ancienne, l'évêque d'Ælia, ou de Jérusalem, est en possession d'être honoré, il continuera à jouir de cet honneur, sans préjudice pour la dignité du métropolitain», qui était l'évêque de Césarée en Palestine. Cet honneur, qui consistait apparemment dans la préséance sur les autres évêques de la province, lui était dû comme à l'évêque d'un des sièges apostoliques, ainsi que l'appelle Sozomène (*l.* I, *c.* 17) : et en effet, nous voyons un concile de Palestine au sujet de la Pâque, où saint Narcisse de Jérusalem présida avec Théophile de Césarée. Dans l'histoire du concile d'Antioche contre Paul de Samosate, Hyménée de Jérusalem est nommé après Hélène de Tarse, et avant Théotechne de Césarée; et Juvénal de Jérusalem tint aussi un des premiers rangs dans les deux conciles d'Ephèse et dans celui de Constantinople. Il est encore remarquable qu'Eusèbe, qui ne nous a point donné la suite des évêques de son Eglise, a pris soin de marquer les noms des évêques de Jérusalem, comme des autres sièges apostoliques. Néanmoins il se trouve plusieurs conciles où l'évêque de Césarée est mis avant celui de Jérusalem, comme dans celui de Diospolis en 415; et ce ne fut qu'au concile de Chalcédoine, tenu l'an 451, que l'évêque de Jérusalem fut regardé comme le cinquième patriarche.

Dans le huitième canon on règle la manière dont on devait recevoir les novatiens qui revenaient à l'Eglise catholique. Ils y étaient reçus en promettant par écrit de suivre tous les dogmes de l'Eglise, et de communiquer avec les bigames et avec ceux qui, étant tombés pendant la persécution, avaient fait la pénitence prescrite par les lois de l'Eglise. Car l'erreur des novatiens, qui se nommaient en grec *cathares*, c'est-à-dire purs, consistait en ce qu'ils condamnaient la pénitence que l'Eglise accordait aux apostats, et les secondes noces, traitant d'adultères les veuves qui se remariaient. Il fut encore arrêté que ceux d'entre les novatiens qui seraient dans les degrés ecclésiastiques, y demeureraient après avoir reçu l'imposition des mains, c'est-à-dire (*a*) la confirmation, que ces hérétiques ne conféraient point; et que, dans les lieux, soit villes, soit villages, où il ne se trouverait point d'autres clercs, ils garderaient le rang qu'ils auraient reçu dans l'ordination. Mais, ajoute le canon, si quelques-uns viennent dans un lieu où il y ait un évêque ou un prêtre catholique, il est évident que l'évêque de l'Eglise catholique aura la dignité épiscopale, et celui qui porte le nom d'évêque chez les prétendus purs aura le nom de prêtre; si ce n'est que l'évêque catholique veuille bien lui faire part du titre d'évêque. Autrement il lui trouvera une place de chorévêque ou de prêtre, afin qu'il paraisse effectivement faire partie du clergé, et qu'il n'y ait pas deux évêques dans la même ville. Les évêques catholiques, tant en Afrique qu'à Rome, usèrent d'une semblable indulgence à l'égard des donatistes. Contents d'avoir condamné l'auteur de leur schisme, ils conservèrent les dignités à ceux qui revinrent à l'unité de l'Eglise, quoiqu'ils les eussent obtenues étant dans le schisme. Le bien de la paix et de l'unité, de même que le salut des peuples, engagea l'Eglise à se relâcher en ces occasions de la sévérité de sa discipline, pour faire rentrer dans son sein ceux qui en étaient sortis. Ce fut une plaie, dit saint Augustin, que l'Eglise fit à sa discipline, mais

---

(*a*) « On demande, dit le P. Richard, si l'imposition des mains, dont il est parlé dans ce canon, doit s'entendre de la réordination, en sorte que le concile ait commandé de réordonner les novatiens déjà ordonnés dans leur secte, comme si l'ordination qu'ils y avaient reçue eût été nulle et invalide. Isidore et Gratien l'ont entendu ainsi. D'autres ont entendu, par cette imposition des mains, la confirmation que les novatiens ne conféraient pas ; mais le texte grec de ce canon doit être entendu de l'imposition des mains, c'est-à-dire de l'ordination que les novatiens avaient reçue dans leur secte, et que le concile ratifie, en voulant que les novatiens ainsi ordonnés restent dans les ordres qu'ils ont reçus, lorsqu'ils reviennent à l'Eglise. Isidore a donc mal traduit ce canon, en disant : *Ut impositionem manus accipientes, sic in clero permaneant*. Il devait dire : *Manus impositionem acceptam habentes, sic in clero permaneant*. C'est ainsi que ce canon a été traduit et entendu par Ferrand, Rulin, Balsamon, Zonare, Christianus Lupus, Bévérègus, Van-Espen, etc. » *Anal des Conc.*, t. I. Il faut avouer que plusieurs des autorités que cite ici le P. Richard sont bien faibles et de bien peu de poids aux yeux d'un catholique. *Voy.* ARLES, l'an 314, t. Ier de ce Dictionnaire, col. 198.

une plaie salutaire, comme celle que l'on fait à un arbre pour le greffer. Constantin, dans la vue de réunir les Eglises, avait fait venir au concile un évêque novatien, nommé Acésius, et apparemment il y avait aussi appelé les chefs des autres hérésies dans le même dessein. Après que le concile eut arrêté et écrit le décret de la foi et celui qui regardait la fête de Pâques, l'empereur demanda à Acésius s'il pensait ainsi. Il répondit : Seigneur, le concile n'a rien ordonné de nouveau : c'est, comme je l'ai appris, ce qui s'est observé depuis le commencement et depuis les apôtres, touchant la règle de la foi et le temps de la Pâque. Pourquoi donc, dit l'empereur, vous séparez-vous de la communion des autres? Acésius lui expliqua ce qui était arrivé sous la persécution de Dèce et la sévérité du canon qui défendait, à ce que prétendaient les novatiens, de recevoir à la participation des saints mystères ceux qui après le baptême avaient commis quelqu'un de ces péchés que l'Ecriture (I *Joan.* V, 16) appelle *dignes de mort;* qu'il fallait les exciter à la pénitence, sans leur faire espérer le pardon par le ministère des prêtres, mais par la seule bonté de Dieu, qui a toute puissance de remettre les péchés. Sur quoi Constantin, se moquant de ces personnes qui se croyaient impeccables, lui fit cette réponse: Acésius, prenez une échelle et montez tout seul au ciel.

Le neuvième canon prive du sacerdoce celui qui y aura été élevé sans examen, ou qui dans l'examen se sera avoué coupable de quelques crimes, parce que l'Eglise catholique ne veut pour ministres que ceux dont la conduite est irrépréhensible. Ainsi on n'admettrait point aux ordres celui qui était tombé dans quelque faute considérable depuis son baptême, quelque pénitence qu'il eût faite. On peut voir dans saint Cyprien de quelles précautions on usait pour ne recevoir dans le clergé que des personnes d'une vie pure et intègre. On n'en prenait pas moins du temps d'Origène et de Tertullien, et l'exactitude des évêques à cet égard était admirée des païens mêmes : en sorte qu'Alexandre Sévère, croyant devoir les imiter dans le choix de ses gouverneurs des provinces, faisait afficher les noms de ceux qu'il destinait à ces emplois ou à d'autres quelquefois moins importants, et exhortait tout le monde à venir déclarer si on les savait coupables de quelques crimes.

Le dixième canon est une suite du précédent. Il ordonne que ceux qui, après être tombés durant la persécution, auront été pourvus dans le clergé, par ignorance ou avec connaissance de la part des ordinateurs, soient déposés.

Le onzième canon règle en ces termes la pénitence de ceux qui, sans aucune violence, avaient renoncé la foi dans la persécution. « Quant à ceux qui ont apostasié sans contrainte, sans perte de leurs biens, sans péril ou rien de semblable, comme il est arrivé sous la tyrannie de Licinius, le concile a trouvé bon d'user envers eux d'indulgence, bien qu'ils en soient indignes. Ceux donc qui se repentiront sincèrement seront trois ans entre les auditeurs, quoique fidèles ; six ans prosternés, et pendant deux ans ils participeront aux prières du peuple sans offrir. » Outre ces degrés de pénitence, si connus dans les premiers siècles, il y en avait un qui était le premier de tous, et qui consistait à pleurer pendant quelques années hors de la porte de l'église. Comme le concile n'en fait point ici mention, il est à croire qu'il en dispensait les apostats pénitents.

Il est parlé dans le douzième canon d'une autre sorte d'apostats : c'étaient ceux qui, après avoir montré de la fermeté dans la foi, et quitté la ceinture militaire, plutôt que de renoncer à Jésus-Christ, étaient retournés aux emplois qu'ils avaient dans les armées, et même les avaient redemandés avec de grandes sollicitations, jusqu'à donner de l'argent et des présents. Comme ils n'avaient pu faire cette démarche sous Licinius qu'en renonçant la foi, parce que ce prince ne souffrait dans ses troupes aucun soldat qui ne sacrifiât, le concile ordonne qu'ils soient dix ans prosternés, après avoir été trois ans auditeurs ; mais il veut que l'on examine leurs dispositions et le genre de leur pénitence. « Car ceux, dit-il, qui vivent dans la crainte, les larmes, les souffrances, les bonnes œuvres, et qui montrent leur conversion, non par l'extérieur, mais par les effets, ceux-là, ayant accompli leur temps d'auditeurs, pourront participer aux prières, et il sera libre à l'évêque d'user envers eux d'une plus grande indulgence. Mais ceux qui ont montré de l'indifférence, et qui ont cru que de fréquenter extérieurement l'église était une preuve suffisante de leur conversion, ceux-là accompliront tout le temps qui est prescrit pour la pénitence. » Nous avons remarqué ailleurs (*t.* I, *col.* 191) que le concile d'Arles séparait de la communion les soldats qui quittaient les armes pendant la paix. Celui de Nicée n'a rien de contraire à cette disposition, et ne défend le service de la guerre qu'autant qu'on ne peut le faire sans s'exposer à l'idolâtrie.

Le treizième canon porte : « Qu'à l'égard des mourants, on gardera toujours la loi ancienne et canonique, en sorte que, si quelqu'un décède, il ne sera point privé du dernier viatique si nécessaire. Que si quelqu'un a reçu la communion étant à l'extrémité, et qu'il revienne en santé, il sera avec ceux qui ne participent qu'à la prière. En général, à l'égard de tous les mourants qui demandent la participation de l'eucharistie, l'évêque l'accordera avec examen. » Le viatique dont il est parlé ici était l'eucharistie. Quelques-uns l'ont pris pour absolution, et rien n'empêche qu'on ne lui donne aussi ce sens, l'absolution et la participation de l'eucharistie ayant été dans les premiers siècles deux choses inséparables et regardées comme nécessaires aux mourants. Avant le concile de Nicée, les pénitents réconciliés pendant la maladie, à cause du danger de mort, n'étaient pas remis de nouveau en pénitence lorsqu'ils revenaient en santé. Mais comme la plupart abusaient de l'indulgence de l'Eglise à leur égard, les Pères de Nicée décrétèrent qu'ils seraient renvoyés avec ceux qui ne participaient qu'à la prière, c'est-à-dire, qu'ils seraient remis dans le degré des consistants, pour s'assurer davantage de la sincérité de leur conversion.

Le quatorzième regarde les catéchumènes qui étaient tombés dans quelque faute considérable. Le concile ordonne qu'ils soient trois ans entre les auditeurs, et qu'ensuite ils prient avec ceux des catéchumènes que l'on appelait compétents. Car il y avait divers degrés de catéchumènes : les auditeurs, qui n'étaient admis qu'aux instructions, et les compétents, qui assistaient aux prières qui précédaient le sacrifice. Ces derniers étaient en état de recevoir le baptême.

Dans le quinzième on défend en ces termes les translations des évêques. « A cause des grands troubles et des séditions qui sont arrivées, il a été résolu d'abolir entièrement la coutume qui s'est introduite en quelques lieux contre la règle; en sorte que l'on ne transfère d'une ville à une autre, ni évêque, ni prêtre, ni diacre. Que si quelqu'un, après la définition du saint concile, entreprend rien de semblable, ou qu'il y consente, on cassera entièrement cet attentat, et il sera rendu à l'Eglise dans laquelle il a été ordonné évêque ou prêtre. » Eusèbe de Nicomédie, qui paraît avoir donné occasion à ce décret en passant du siège de Béryte à celui de Nicomédie, s'empara (l. I Hist. c. 18) depuis de l'Eglise de Constantinople, sans respecter, dit Théodoret, les règles qu'il avait faites un peu auparavant avec les autres prélats à Nicée. Comme il eut dans la suite beaucoup d'imitateurs, on fut contraint dans le concile de Sardique de défendre ces sortes de translations, sous peine de privation de la communion laïque, même à la mort. Saint Jérôme (Epist. 82 ad Ocean.) les traite d'adultères, et combat avec force les vains prétextes dont les évêques couvraient leur ambition et leur avarice, pour avoir lieu de passer d'une Eglise pauvre à une plus riche.

Le canon suivant traite la même matière. Il défend aux prêtres, aux diacres et aux clercs d'une Eglise, de passer à une autre, et ordonne qu'ils retournent dans leurs diocèses, sous peine d'excommunication s'ils refusent. Il ajoute que, si quelqu'un a la hardiesse d'enlever celui qui dépend d'un autre, et de l'ordonner dans son Eglise, sans le consentement du propre évêque d'avec lequel le clerc s'est retiré, l'ordination sera sans effet. La stabilité était donc également pour les prêtres, les diacres et les autres clercs, comme pour les évêques ; et comme il était juste d'attacher les ecclésiastiques aux Eglises pour lesquelles ils avaient été ordonnés, il ne l'était pas moins de régler les bornes des diocèses, afin que les évêques n'entreprissent pas sur les droits de leurs confrères.

Le dix-septième canon renouvelle la défense que le concile d'Elvire avait faite aux clercs de prêter à usure. Il est conçu en ces termes : « Parce que plusieurs ecclésiastiques, s'adonnant à l'avarice et à un intérêt sordide, oublient l'Ecriture divine, qui dit : *Il n'a point donné son argent à usure* (Psal. XIV, 5), et prêtent à douze pour cent, le saint et grand concile a décrété que, si, après ce règlement, il se trouve quelqu'un qui prenne des usures d'un prêt, qui fasse quelque trafic semblable, qui exige une moitié au delà du principal, ou qui use de quelque autre invention pour faire un gain sordide, il sera déposé et mis hors du clergé. » Constantin avait borné les usures du prêt en argent au centième denier par chaque mois : mais, à l'égard des fruits qu'il appelle humides, comme le vin et l'huile, et ceux qu'il appelle secs, comme le blé et l'avoine, il permettait d'en tirer jusqu'à la moitié, en sorte que celui qui prêtait deux boisseaux de blé pouvait en exiger un troisième pour l'intérêt. Il y a quelque lieu de croire que cette loi impériale donna lieu aux Pères de Nicée de faire ce canon, pour empêcher que les ecclésiastiques ne s'autorisassent des lois du prince pour faire de leur argent ou de leurs denrées un trafic qui ne convenait pas à leur état.

Il y avait parmi les diacres un autre abus. En quelques endroits, ils donnaient l'eucharistie aux prêtres, contre les canons et la coutume, qui ne permettaient pas que ceux qui n'avaient pas le pouvoir d'offrir donnassent le corps de Jésus-Christ à ceux qui l'offraient. Il y en avait encore qui prenaient l'eucharistie même avant les évêques, et qui s'asseyaient entre les prêtres, c'est-à-dire, qui s'asseyaient dans l'église comme les prêtres, ce qui était contre les canons et contre l'ordre. Le concile ayant reçu des plaintes touchant ces abus, ordonna dans son dix-huitième canon qu'on les abolît, voulant que les diacres se continssent dans leurs bornes, qu'ils se regardassent comme les ministres des évêques et comme inférieurs aux prêtres, qu'ils reçussent l'eucharistie en leur rang, après les prêtres, de la main de l'évêque ou du prêtre, et qu'ils demeurassent debout dans l'église. On voit par saint Jérôme (*Ep.* 101 *ad Evang.*), qu'à Rome, où les diacres s'attribuaient beaucoup d'autorité, ils demeuraient néanmoins debout, tandis que les prêtres étaient assis, quoiqu'ils violassent quelquefois cette règle, surtout lorsque l'évêque n'était pas présent. « Que si quelqu'un, dit le concile, ne veut pas obéir, même après ce règlement, qu'il soit interdit des fonctions de son ministère. » Elles consistaient à servir, surtout à l'autel, à distribuer le corps de Jésus-Christ aux assistants, sous les espèces du pain et du vin, et à le porter aux absents ; les pauvres recevaient d'eux les aumônes, et les clercs leurs rétributions. Rufin lisait ce dix-huitième canon de Nicée autrement qu'il n'est dans les exemplaires grecs et latins. Selon lui, il défendait aux diacres de distribuer l'eucharistie en présence des prêtres, et leur permettait de le faire en leur absence. Ce qu'il y a de plus remarquable dans ce canon, c'est qu'il y est dit en termes clairs et précis que les prêtres offraient le corps de Jésus-Christ, à l'exclusion des diacres : ce qui montre que les Pères de Nicée ne doutaient pas qu'on n'offrît dans l'Eglise un vrai sacrifice, et que les prêtres, qui en étaient les ministres, n'eussent un pouvoir au-dessus de celui des diacres.

On traite dans le dix-neuvième canon de la manière de recevoir dans l'Eglise les sectateurs de Paul de Samosate : « Quant aux paulianistes qui reviennent à l'Eglise catholique, dit le concile, il est décidé qu'il faut absolument les rebaptiser. Que si quelques-uns ont été autrefois dans le clergé, et qu'ils soient trouvés sans reproche, une fois rebaptisés, ils seront ordonnés par l'évêque de l'Eglise catholique ; mais si dans l'examen on les trouve indignes, il faut les déposer. On gardera la même règle à l'égard des diaconesses, et généralement de tous ceux qui sont comptés dans le clergé. On parle des diaconesses que l'on trouve portant l'habit; mais comme elles n'ont reçu aucune imposition des mains, elles doivent être comptées absolument entre les laïques. » Le concile n'ordonna point de baptiser les novatiens avant de les réconcilier à l'Eglise, parce qu'ils n'erraient ni dans la foi de la Trinité, ni dans la forme du baptême; au lieu que les paulianistes erraient dans l'un et dans l'autre de ces points. Ils ne croyaient Jésus-Christ qu'un pur homme, et n'admettaient en Dieu qu'une seule personne, suivant la doctrine de leur maître. A l'égard de la forme essentielle au baptême, ils ne l'observaient pas, soit qu'ils ne baptisassent pas au nom du Père, et du Fils, et du Saint-Esprit ; soit qu'en nommant ces trois personnes ils ajoutassent certaines explications hérétiques qui ôtaient à ces paroles toute leur efficacité. Quant aux diaconesses, dont il est aussi parlé dans ce canon, leurs fonctions étaient d'aider les évêques ou les prêtres lorsqu'ils baptisaient les personnes du sexe, d'ouvrir et de fermer les portes de l'église, d'instruire les femmes, de soulager les pauvres, etc. Elles étaient choisies entre les vierges ou entre les veuves qui n'avaient été mariées qu'une fois ; l'évêque les ordonnait par l'imposition des mains et par la prière, en présence des prêtres, des diacres et des autres diaconesses, et elles étaient censées être du clergé. Mais celles qui se trouvaient parmi les paulianistes ne pouvaient avoir ce privilège, n'ayant point reçu l'imposition des mains de l'évêque. Ainsi le concile les réduisit au rang des laïques. Au reste, cette imposition des mains n'était qu'une simple cérémonie, qui ne leur donnait aucune part au sacerdoce.

Le vingtième et dernier canon rétablit l'uniformité de l'usage où l'on était dans les siècles précédents de prier debout, et non à genoux, les dimanches et les cinquante jours du temps de Pâques : « Parce qu'il y en a, dit-il, qui fléchissent les genoux pendant le temps pascal, afin que tout soit uniforme dans tous les diocèses, le saint concile a décidé que l'on fera debout les prières que l'on doit à Dieu. » Saint Irénée fait remonter cette cérémonie jusqu'aux apôtres ; et elle s'observait exactement du temps de Tertullien et de saint Pierre d'Alexandrie, mort dans les commencements du quatrième siècle. Il est à observer cependant que ce canon ne se trouve point dans le Code de l'Eglise romaine, et qu'il y a été apparemment omis à dessein, parce que cet usage n'était point encore reçu dans cette Eglise, ni peut-être dans le reste de l'Occident, quoiqu'il y ait été reçu depuis que Denys le Petit eut inséré ce canon dans son Code.

Ce sont là les vingt canons du concile de Nicée, les seuls dont les anciens fassent mention et qui soient venus jusqu'à nous. Rufin (*l. I Hist.*, c. 6) en compte vingt-deux, mais c'est qu'il en divise quelques-uns en deux. Ce concile fit néanmoins plusieurs autres décrets, qui ne sont point renfermés dans ces canons ; un en particulier pour célébrer la Pâque en un même jour dans toute l'Eglise (*Epiphan. hær.* 70, n. 9), et un autre pour la réception des méléciens (*Theodoret.*, l. 1, c. 10). On voit outre cela, par la lettre du pape Jules (*Ap. Athan. Apolog.*), que le concile confirma par écrit une ancienne coutume de l'Eglise, qui permettait d'examiner dans un concile postérieur ce qui avait été décidé dans un précédent. Saint Augustin cite (*Ep.* 213) un décret de Nicée qui défendait de donner un évêque à une Eglise qui en avait un vivant. Mais on croit que ce décret est compris dans les dernières paroles du huitième canon, où l'on voit que, quoique le concile souhaitât qu'il n'y eût qu'un évêque dans chaque Eglise, il tolérait néanmoins le contraire en faveur des novatiens qui revenaient à l'unité, et pour le bien de la paix. Les Pères du douzième concile de Tolède (*can.* 4) citèrent ce canon, comme défendant qu'il y eût deux évêques dans une ville. Saint Ambroise dit (*Ep.* 63 *ad Eccl. Vercell.*) que dans le concile de Nicée on exclut les bigames non-seulement du sacerdoce, mais aussi de la cléricature. On ne trouve rien de semblable dans ce qui nous reste de ce concile : ainsi il faut dire, ou que ce décret est perdu, ou que saint Ambroise, lisant ce décret touchant les bigames à la suite de ceux de Nicée dans son exemplaire, a cité sous le nom de ce concile ce qui avait été ordonné dans un autre. Au siècle de Walafride Strabon, on attribuait au concile de Nicée le verset : *Gloire au Père, au Fils et au Saint-Esprit*. Sozomène (*l.* III, *c.* 20) semble favoriser ce sentiment, lorsqu'il dit que Léonce de Byzance, évêque arien, n'osa défendre de glorifier Dieu en des termes conformes à la doctrine de Nicée. Mais il peut s'expliquer de la doctrine de ce verset, aussi bien que des paroles. Théodoret, plus ancien que Sozomène, fait (*Hær. fab. c.* 1) remonter jusqu'aux apôtres la pratique de glorifier le Père, le Fils et le Saint-Esprit ; et il nous apprend qu'Arius, qui trouvait dans cette formule la condamnation de son hérésie, y fit quelque changement, faisant chanter parmi ceux de sa secte : *Gloire au Père, par le Fils*, dans le *Saint-Esprit*. Saint Basile (*lib. de Spir. S.*, c. 7 et 27) dit aussi que ce verset était dans l'usage de l'Eglise depuis un temps immémorial, et il en allègue pour témoins, non-seulement Dianius, évêque de Césarée, de qui il avait reçu le baptême, mais les plus anciens docteurs de l'Eglise, comme saint Clément de Rome, saint Irénée, saint Denys de Rome et plusieurs autres. Ces autres paroles : *Comme il était au commencement*, se disaient à la suite de ce verset dans le sixième siècle de l'Eglise à Rome, dans tout l'Orient et en Afrique; et le concile de Vaison, en 529, fut d'avis qu'on les dirait aussi dans les Gaules, à cause des hérétiques qui enseignaient que le Fils de Dieu n'avait pas toujours été avec son Père, mais qu'il avait commencé dans le temps.

On attribue encore au concile de Nicée un catalogue des livres canoniques, qu'on dit avoir été cité par saint Jérôme; mais nous ne trouvons rien de semblable dans les écrits de ce Père : seulement il dit (*Prol. in lib. Judith*) avoir lu quelque part que ce concile avait mis le livre de Judith au rang des divines Ecritures, c'est-à-dire, qu'il l'avait cité comme canonique dans quelques-uns de ses décrets ou dans les actes de ce concile. Nous ne connaissons pas de concile qui ait fait un catalogue des livres canoniques de l'Ancien et du Nouveau Testament, avant celui de Laodicée. Saint Athanase, qui, dans ses épîtres festales, fait le dénombrement des livres saints, ne dit point que le concile de Nicée ait traité cette matière : et s'il l'eût fait, y aurait-il eu dans la suite des contestations sur ce point? C'est encore sans fondement qu'on fait honneur à ce concile de l'institution de certaines lettres formées, appelées *ecclésiastiques*. Ces sortes de lettres sont plus anciennes que ce concile, et, dès le second siècle de l'Eglise, on en donnait aux chrétiens, surtout aux prêtres, aux diacres et aux autres ministres, pour qu'ils pussent être reçus des fidèles dans les églises des villes et des provinces où ils allaient, et communiquer avec eux. Saint Basile parle de ces lettres, et dit (*Ep.* 203 *ad maritim. episc.*) que les Pères qui l'avaient précédé avaient institué certains petits caractères, pour les former, par le moyen desquels la communion se portait jusqu'aux extrémités de la terre. Mais il ne dit point que les Pères, instituteurs de ces sortes de caractères, fussent ceux de Nicée; il paraît, au contraire, qu'il les croyait beaucoup plus anciens. On croit avec plus de vraisemblance, que la formule que nous en avons dans le recueil des conciles est de l'invention d'Isidore Mercator. On peut voir dans Baronius avec quel art elle est composée. Il y a plusieurs autres choses qui passent sous le nom du concile de Nicée, et qui sont, ou du concile de Sardique, ou tirées de quelques monuments supposés.

Les Eglises d'Orient ont pour fondement de leur discipline certains canons qu'elles croient être du concile de Nicée. Ce sont ceux qu'on appelle *Arabiques*, inconnus en Europe avant la traduction que Turrien en fit faire sur la fin du seizième siècle. Alphonse Pisani, à qui Turrien communiqua cette traduction, l'inséra dans sa collection des Conciles. Celle que nous avons dans la collection du Père Labbe est de la façon d'Abraham Echellensis, maronite, professeur royal en arabe et en syriaque, qui l'avait auparavant fait imprimer. Turrien et Abraham Echellensis soutiennent également que ces canons sont du concile de Nicée; mais les preuves qu'ils en ont données n'ont persuadé presque personne, tant elles sont faibles. Le premier ne se fonde que sur la lettre d'Isidore Mercator, sur une autre faussement attribuée au pape Jules, et sur ce que les anciens ont cité plusieurs décrets de Nicée, qui ne se trouvent pas dans les vingt canons que nous en avons. Le second n'a ajouté à ces preuves que quelques témoignages des Orientaux du dernier âge, qui, en ce qui regarde l'histoire ecclésiastique des premiers siècles, n'ont que peu ou point d'autorité. Tous ceux d'entre eux qui ont écrit en arabe, orthodoxes, jacobites, nestoriens, et même les mahométans (*a*), se sont également trompés en ce qu'ils ont dit du concile de Nicée, savoir qu'il s'y trouva deux mille quarante-huit évêques, qu'ils tinrent leurs séances près de trois ans, et qu'ils composèrent non-seulement les vingt canons reçus dans toute l'Eglise, mais les autres et plusieurs constitutions. Car la tradition constante de toutes les Eglises est qu'il n'y eut à ce concile que trois cent dix-huit évêques, et saint Athanase, qui y était présent, le dit (*Ep. ad Afros*) en termes exprès. Il n'est pas moins certain que le concile se termina la même année qu'il s'était assemblé, puisque au rapport d'Eusèbe (*in vita Const.*, *l.* III, c. 14), témoin oculaire, la fête que Constantin fit après la fin de ce concile, pour rendre grâces à Dieu de ce que l'hérésie arienne y avait été détruite, se rencontra avec le temps de la vingtième année de son règne, laquelle commençait le 25 juillet de l'an 325, un mois et quelques jours après le commencement du concile. A l'égard des décrets faits à Nicée, il est vrai que l'on y en fit quelques-uns qui ne sont pas venus jusqu'à nous, comme nous venons de le remarquer; mais il est vrai aussi qu'on en a attribué à ce concile qui sont de celui de Sardique, les deux en particulier que le pape Zosime allégua, pour montrer qu'il était permis aux évêques, et même aux autres ecclésiastiques, d'appeler au pape. On en a cité d'autres sous le nom de Nicée, parce que dans le Code universel ils étaient à la suite des vingt canons qui ont été faits dans ce concile. Mais aucun auteur contemporain, ni ceux même qui ont écrit l'histoire de ce concile dans les quatre siècles suivants, n'ont fait mention des canons arabiques. A qui persuadera-t-on qu'on n'ait conservé qu'en une langue qui n'était pas alors connue hors du pays où elle était naturelle, des décrets qui devaient avoir été faits originairement en grec et en latin, et qui n'intéressaient pas moins les Eglises d'Occident que celles d'O-

---

(*a*) Renaudot, dans le cinquième tome de la Perpétuité de la foi, *liv.* IX, *cap.* 6, anc. édit.

rient? Les versions syriaques des canons de Nicée, plus anciennes que les arabes, ne contiennent que les vingt canons ordinaires, sans faire aucune mention des arabiques, ni de l'histoire qui les accompagne : ce qui paraît en particulier par le manuscrit syriaque de la bibliothèque de Florence (a). A quoi il faut ajouter que l'on trouve dans les canons arabiques plusieurs termes et plusieurs rites qui (b) n'ont été en usage qu'après le quatrième siècle de l'Eglise.

Ces canons sont au nombre de quatre-vingts. Le premier est le LXXIXe des Apôtres (*Voy*. à la *Table chronologique*, fin du Ier siècle, à la suite de ce Dictionnaire). Les suivants sont les XX véritables canons de Nicée, mais dans un ordre différent. Les XXXVIe, XLVIIe, XLVIIIe, XLIXe et L^e sont tirés du premier concile de Constantinople; le XXXVIIe, touchant la métropole de Chypre, est pris du concile d'Ephèse; les LIe et LIIe sont formés sur les IIe, IIIe et V^e du concile d'Antioche; le LIIIe est le IIe de Chalcédoine : ce qui est dit dans le XXXIVe de la dignité des évêques de Séleucie n'était pas en usage dans le temps du concile de Nicée; mais ils obtinrent depuis les prérogatives d'honneur marquées dans ces canons. Dans le XXXVIe, il est défendu aux Ethiopiens d'élire un patriarche, et ordonné qu'ils se soumettent à celui d'Alexandrie. Or cette discipline n'est guère plus ancienne que le mahométisme, qui prit naissance dans le septième siècle. Par là il paraît clairement que les canons arabiques ne sont ni du concile de Nicée, ni de celui de Constantinople, ou de Chalcédoine, ou d'Ephèse, ou d'Antioche; mais une compilation de plusieurs canons faits dans ces conciles, auxquels l'auteur a ajouté ce qui convenait à la discipline de son temps. Il était Arabe, et ne savait le grec (c) qu'imparfaitement : ce que l'on remarque en plusieurs endroits de sa traduction, particulièrement dans la manière dont il a rendu le premier canon de Nicée, qui est le second dans sa collection; car il entend de la circoncision ce qui y est dit de la mutilation: peut-être aussi a-t-il fait ce changement dans ce canon avec connaissance. Car comme (d) il arrivait souvent que des chrétiens enlevés dans leur jeunesse par les Mahométans étaient circoncis par force, l'interprète se sera apparemment conformé, autant que la matière le permettait, à ce qui avait été décidé à Nicée touchant les eunuques. Il paraît qu'il était orthodoxe (e) ou melchite; autrement il n'aurait pas inséré dans sa compilation des canons des conciles d'Ephèse et de Chalcédoine que les nestoriens et les jacobites ne reçoivent pas. Comme les canons arabiques ne se trouvent point dans la collection syriaque de Florence, faite, comme l'on croit (f), vers l'an 686, il y a toute apparence qu'ils n'étaient pas encore connus alors.

Après que le concile de Nicée eut terminé toutes les contestations touchant la foi et réglé la discipline, il écrivit une lettre synodale adressée à l'Eglise d'Alexandrie et à tous les fidèles de l'Égypte, de la Libye et de la Pentapole, comme les plus intéressés à tout ce qui s'y était fait. Elle était conçue en ces termes : « Puisque, par la grâce de Dieu et par l'ordre du très-religieux empereur Constantin, nous nous sommes assemblés de différentes provinces et de différentes villes, il paraît nécessaire de vous écrire, au nom de tout le concile, pour vous informer de ce qui y a été proposé, examiné, résolu et décidé. Avant toutes choses, l'impiété d'Arius et de ses sectateurs a été examinée en présence de l'empereur, et on a résolu tout d'une voix de l'anathématiser, lui, sa doctrine impie, ses paroles et ses pensées, par lesquelles il blasphémait contre le Fils de Dieu en disant qu'il est tiré du néant, qu'il n'était point avant d'être engendré, et qu'il y a eu un temps auquel il n'était pas; que par son libre arbitre il est capable du vice et de la vertu, et qu'il est créature. Le saint concile a anathématisé tout cela, souffrant même avec peine d'entendre prononcer ces blasphèmes. Pour ce qui regarde la personne d'Arius, vous avez déjà appris, ou vous apprendrez assez comment il a été traité. Nous ne voulons pas paraître insulter à un homme qui a reçu la digne récompense de son crime, par l'exil auquel l'empereur l'a condamné. Son impiété a eu la force de perdre avec lui Théonas de Marmarique et Second de Ptolémaïde, et ils ont été traités de même : ainsi, par la miséricorde de Dieu, vous êtes délivrés de l'impiété et de la contagion de cette erreur et de ces blasphèmes, et de ces hommes inquiets qui ont osé troubler par leurs contestations la paix des fidèles. Quant à Mélèce et à ceux qui ont reçu des ordres de lui, le concile témoigne avoir usé d'indulgence à leur égard, et leur avoir conservé leur rang en la manière et aux conditions que nous avons marquées plus haut. » Puis il ajoute : « Quant à ceux qui, soutenus de la grâce de Dieu et assistés de vos prières, n'ont eu aucune part au schisme, et sont demeurés dans l'Eglise catholique, sans avoir été flétris d'aucune tache, qu'ils aient droit d'élire et de proposer ceux qui méritent d'être admis dans le clergé, et de tout faire selon les lois de l'Eglise. Que si quelqu'un de ceux qui sont dans les dignités ecclésiastiques vient à mourir, on pourra lui substituer un de ceux qui ont été reçus depuis peu, pourvu qu'il en soit jugé digne, qu'il ait les suffrages du peuple, et que son élection soit confirmée par Alexan-

---

(a) Renaudot, *ubi supra*.
(b) On ne connaissait point de patriarches au concile de Nicée. Cependant il est parlé dans les XXXIIIe, XXXIVe, XXXVe, XXXVIe Canons arabiques du patriarche d'Antioche et des patriarches des autres villes considérables, comme d'une dignité commune dans l'Eglise. Dans le XXXVIe, on voit que l'on donnait à certains évêques le titre de *Catholiques*, qui ne s'est donné à aucun évêque des quatre premiers siècles.
(c) Renaudot, *ubi supra*.
(d) Ibidem.
(e) Ibidem.
(f) Ibidem.

dre, évêque d'Alexandrie. » Et ensuite : « Si l'on a réglé ou défini quelque autre chose, notre collègue Alexandre, qui y a eu la principale part, vous en informera. Nous vous donnons aussi avis que le différend touchant le jour auquel la fête de Pâques doit être célébrée, a été heureusement terminé par le secours de vos prières, en sorte que tous nos frères d'Orient, qui faisaient autrefois la Pâque le même jour que les Juifs, la célébreront à l'avenir le même jour que les Romains et les autres qui la célèbrent de tous temps avec nous. Réjouissez-vous donc de tant d'heureux succès, de la paix et de l'union de l'Eglise, et de l'extirpation de toutes les hérésies, et recevez avec beaucoup d'honneur et de charité notre collègue votre évêque Alexandre, qui nous a réjouis par sa présence, et qui dans un âge si avancé a pris tant de peine pour vous procurer la paix. Offrez à Dieu vos prières pour nous, afin que ce qui a été décidé et ordonné demeure ferme et immuable. »

Constantin écrivit aussi deux lettres qui peuvent en quelque manière passer pour synodiques, puisqu'elles apprennent à diverses Eglises les définitions du concile. La première s'adresse à toutes les Eglises en général, et ce prince l'écrivit pour apprendre aux évêques qui n'avaient pu se trouver au concile, ce qu'il s'y était passé, principalement en ce qui regarde la célébration de la Pâque : il dit qu'il y avait été résolu tout d'une voix que cette fête serait partout célébrée le même jour; n'étant pas convenable que les chrétiens soient divisés dans cette grande solennité, qui est, dit-il, la fête de notre délivrance. Il y dit aussi que la question de la foi a été examinée et si bien éclaircie, qu'il n'y est resté aucune difficulté. Il exhorte tout le monde à se soumettre aux décisions du concile comme à un ordre venu du ciel : car, dit-il, tout ce qui se fait dans les saints conciles des évêques doit être rapporté à la volonté de Dieu. Il envoya des copies de cette lettre dans toutes les provinces, quoiqu'elle regardât particulièrement les Eglises de Syrie, de Mésopotamie, et quelques autres qui célébraient la Pâque avec les Juifs. La seconde est adressée en particulier à l'Eglise catholique d'Alexandrie. Après avoir loué Dieu de la réunion des chrétiens en une même foi, il ajoute : « C'est pour y parvenir que par sa volonté j'ai assemblé à Nicée la plupart des évêques, avec lesquels moi-même, comme un d'entre vous, car je me fais un souverain plaisir de servir le même maître, je me suis appliqué à l'examen de la vérité. On a donc discuté très-exactement tout ce qui semblait donner prétexte à la division, et, Dieu veuille nous le pardonner ! quels horribles blasphèmes a-t-on osé avancer touchant notre Sauveur, notre espérance et notre vie, contre l'autorité de la sainte Ecriture et contre la vérité de notre foi ! Plus de trois cents évêques, très-vertueux et très-éclairés, sont convenus de la même foi, qui est en effet celle de la loi divine. Arius seul a été convaincu d'avoir, par l'opération du démon, semé cette doctrine impie, premièrement parmi vous, et ensuite ailleurs. Recevez donc la foi que Dieu tout-puissant nous a enseignée ; retournons à nos frères, dont un ministre impudent du démon nous a séparés. Car ce que trois cents évêques ont ordonné n'est autre chose que la sentence du Fils unique de Dieu ; le Saint-Esprit a déclaré la volonté de Dieu par ces grands hommes qu'il inspirait. Donc, que personne ne doute, que personne ne diffère ; mais revenez tous de bon cœur dans le chemin de la vérité, afin que, quand je vous irai trouver, je puisse rendre grâces à Dieu de vous avoir réunis dans la vérité par les liens de la charité. » Outre ces deux lettres, Constantin en écrivit d'autres contre Arius et contre ses sectateurs, par lesquelles il condamnait et la doctrine et les écrits de cet hérésiarque.

On a imprimé dans le recueil des Conciles une lettre qui porte en tête les noms d'Osius de Cordoue, de Macaire de Jérusalem et de Victor et Vincent, prêtres de Rome et légats du pape saint Sylvestre, par laquelle ils le prièrent, au nom des trois cents évêques assemblés à Nicée, de convoquer un concile à Rome, et d'y confirmer tout ce qui avait été fait et décidé dans celui de Nicée. On y a joint la réponse de saint Sylvestre à cette lettre, où ce pape, après avoir confirmé les décrets de Nicée, y en ajoute de nouveaux, qui regardaient ce semble la célébration de la Pâque, qu'il croyait avoir été mal réglée par le cycle de Victorin. Mais on convient communément que ces deux pièces sont supposées. Le style en est barbare et inintelligible. On suppose, contre toute apparence de vérité, que la lettre à saint Sylvestre fut écrite cinq ou six jours après le commencement du concile de Nicée. Paulin et Julien y sont appelés *consuls souverains*, qualité que l'on n'a jamais donnée aux consuls. Ce qui est dit dans celle qu'on attribue à saint Sylvestre, des cycles pascals que Victorin assurait être faux, est une preuve de sa supposition, puisqu'il n'y en eut jamais pour l'année 325, et que ce Victorin n'a fleuri qu'après la mort de ce saint pape. Il y est dit encore que cette lettre fut écrite, Constantin étant consul pour la septième fois, et Constantius César pour la quatrième fois. Cependant le septième consulat de Constantin ne commença qu'en 326, l'année d'après la tenue du concile de Nicée. Le concile que l'on fait assembler à Rome est inconnu à toute l'antiquité. On veut qu'il s'y soit trouvé deux cent soixante-quinze évêques, et qu'ils se soit tenu en présence de Constantin. Or ce prince ne vint point à Rome en 325 ; et une assemblée aussi nombreuse, et pour une matière si considérable, n'aurait pas été oubliée par saint Athanase, par saint Hilaire et les autres écrivains qui nous ont laissé l'histoire des conciles de leur temps. Les canons de ce prétendu concile ne conviennent point à la discipline du quatrième siècle de l'Eglise.

Socrate (*l.* 1, *c.* 13) cite un livre de saint Athanase intitulé : *Des Synodes*, où on lisait les noms de tous les évêques qui avaient assisté au concile de Nicée. Il n'y a rien de semblable dans le livre de saint Athanase qui porte ce titre. Il n'y est parlé qu'en passant du concile de Nicée ; l'ouvrage regarde ceux de Séleucie et de Rimini. Peut-être Socrate voulait-il parler d'un exemplaire des décrets et des canons de Nicée, que saint Athanase avait eu en main comme évêque d'Alexandrie, ou qu'il avait copié à son usage. Baronius (*ad ann.* 325, *n.* 62) avance aussi, sur l'autorité de saint Athanase, qu'il y avait des actes du concile de Nicée, et saint Jérôme (*Dial. adv. Lucifer.*) les cite en termes formels. Mais Baronius a été trompé par la version latine de l'endroit qu'il cite de saint Athanase. Dans le grec il n'est rien dit des actes du concile de Nicée ; mais seulement que l'on a les écrits des Pères de ce concile, savoir le symbole, les canons et les lettres synodales. S'il y avait eu d'autres actes de ce concile, saint Athanase n'aurait pas manqué de les citer dans sa lettre touchant les décrets de Nicée, dans laquelle il déclare à son ami, qu'il lui a fait un récit fidèle de ce qui s'y était passé. A l'égard de saint Jérôme, on voit par la suite qu'il n'entend autre chose par les actes de Nicée que les souscriptions des évêques. Il y a donc tout lieu de douter de l'authenticité des actes de Nicée, extraits d'un manuscrit grec du Vatican par Alphonse Pisani ; et de ceux que Belleforest (a) a traduits en latin, sur un manuscrit grec que François de Noailles, évêque d'Acqs et ambassadeur à Constantinople, avait fait acheter des moines grecs de l'île de Chio. Ces actes, qui sont ceux mêmes que nous avons sous le nom de Gélase de Cyzique, et qui selon lui avaient appartenu autrefois à Dalmace, archevêque de Cyzique, ne sont qu'une compilation de ce qu'Eusèbe, Théodoret, Rufin, Socrate, Sozomène et quelques autres historiens, ont dit du concile de Nicée. Néanmoins, pour leur donner autorité, cet auteur, qui vivait vers la fin du cinquième siècle, dit les avoir lus dans sa jeunesse, chez son père, donnant à entendre qu'ils avaient été recueillis en un corps longtemps auparavant. Mais il ne s'accorde pas avec lui-même ; car il dit ensuite que, pour trouver ce qui s'était fait dans le concile de Nicée, il s'était donné de grands mouvements, et avait employé pour cela toutes sortes de moyens. Le discours sur les trois cent dix-huit Pères de Nicée, qui porte le nom de Grégoire, prêtre de Césarée en Cappadoce, et l'histoire de ce qui se passa dans le concile à l'occasion de la déposition d'Arius, tirée de Métaphraste, sont deux pièces sans autorité.

Avant que les Pères du concile se séparassent, Constantin voulut qu'ils se ressentissent de la fête solennelle de la vingtième année de son règne, qui commençait le 25 juillet de l'an 325. Il les traita tous dans son palais, et fit manger les principaux avec lui, les autres à des tables placées aux deux côtés de la sienne. Ce prince, ayant remarqué que quelques-uns de ces évêques avaient l'œil droit arraché, et appris que ce supplice avait été la récompense de la fermeté de leur foi, baisa leurs plaies, espérant tirer de cet attouchement une bénédiction particulière. On remarque particulièrement de Paphnuce, que Constantin faisait souvent venir dans son palais, par le respect qu'il lui portait. Après le festin, il leur distribua divers présents, à proportion de leur mérite, et y ajouta des lettres, pour faire délivrer tous les ans dans chaque église une certaine quantité de blé aux ecclésiastiques et aux pauvres. Ensuite il les exhorta à la paix et à l'union, leur demanda de prier Dieu pour lui, et les laissa retourner chacun à leur Eglise.

Ainsi finit le concile de Nicée, devenu si célèbre dans la suite. Comme il avait été assemblé de toutes les parties du monde, il n'y en eut aucune qui ne reçût ses décrets. Ils furent approuvés dans les conciles qui se tinrent quelque temps après dans les Gaules, dans les Espagnes, à Rome, dans la Dalmatie, dans la Dardanie, dans la Macédoine, dans l'Epire, dans la Grèce, dans les îles de Crète, de Sicile, de Chypre, dans la Pamphylie, dans la Lycie, dans l'Isaurie, dans l'Egypte, dans la Libye. Les Eglises de toute l'Afrique et de toute l'Italie, de la Bretagne, du Pont, de la Cappadoce, celles d'Orient, les reçurent (*Athanas. Epist. ad Jovian.*) : enfin tous les chrétiens qui se trouvèrent dans les Indes et les autres pays les plus barbares. Les ariens seuls, et ils étaient en petit nombre, refusèrent de s'y conformer. Comme la plupart des évêques de ces provinces n'avaient pu se trouver au concile, ils crurent devoir témoigner par écrit qu'ils n'avaient point d'autre foi que celle qu'on y avait publiée, et saint Athanase dit expressément qu'il avait en mains les lettres qu'ils avaient écrites à ce sujet. On voit par les lettres synodales des conciles tenus à Rome, dans les Gaules et dans les Espagnes, qu'ils regardaient celui de Nicée comme le seul qui méritât, dans l'Eglise catholique, le nom de concile ; qui a élevé des trophées sur toutes les hérésies, et qui suffit seul, au jugement de saint Athanase, pour les ruiner toutes et rétablir tous les points de la foi chrétienne. Les Grecs font, le 29 mai, ou le dimanche qui précède immédiatement la Pentecôte, une mémoire générale des trois cent dix-huit évêques qui y assistèrent. *D. Ceillier.* t. IV; *Richard, Anal des Conc.*, t. I.

NICÉE (Concile de), l'an 325 ou 326. Quelque temps après le concile général de Nicée, quelques évêques s'assemblèrent dans cette ville pour y déposer Eusèbe de Nicomédie et Théognis de Nicée, chefs des ariens, que Constantin exila ensuite dans les Gaules, pour les rappeler quelques années plus tard.

NICÉE (IIe Concile de), VIIe œcuménique, l'an 787. L'usage des images est très-ancien dans l'Eglise : on en voyait dès les premiers

---

(a) Belleforest publia à Paris chez Morel l'histoire du concile de Nicée, par Gélase de Cyzique, avec une version latine et des notes

siècles ; mais cet usage a varié suivant les temps. Nous parlons des images en peinture, et non pas des images en relief : celles-ci n'ont eu lieu que plus tard, si ce n'est dans les portiques des églises, où on en voyait dès le septième siècle, surtout en France. Théodore, le Lecteur rapporte qu'Eudocie envoya de Jérusalem à l'impératrice Pulchérie une image de la Mère de Notre-Seigneur, qu'on disait avoir été peinte par l'évangéliste saint Luc. Eusèbe de Césarée, parlant de la statue de Jésus-Christ dressée par la syro-phénicienne, ainsi qu'on le disait, remarque qu'il n'était point surprenant que les païens, qui avaient reçu du Sauveur tant de bienfaits, lui eussent en reconnaissance fait dresser une statue ; puisque nous voyons encore, ajoute-t-il, les images de saint Pierre, de saint Paul et même de Jésus-Christ, faites en peinture. Il serait inutile de rapporter ce que les anciens écrivains ont dit des images ; mais il n'est pas aisé de montrer que l'Eglise en ait exigé le culte dans tous les temps : seulement il est certain qu'elle ne l'a jamais désapprouvé, et la raison seule montre que les images des saints sont respectables par elles-mêmes. Peut-être l'Eglise s'est-elle dispensée de leur décerner un culte dès le commencement, de peur que les gentils qui, en se convertissant à la foi, quittaient leurs idoles, n'y retombassent en honorant les images. C'est pour cette raison que les évêques ont jugé à propos de ne pas admettre dans leurs églises l'usage des images, afin qu'elles ne pussent être un sujet de scandale aux gentils. Le concile d'Elvire défendit d'en peindre sur les murailles ; mais il paraît qu'il fit cette défense par un autre motif ; savoir qu'il y avait lieu de craindre qu'elles ne fussent profanées par les infidèles dans les temps de persécution.

Les plus habiles théologiens conviennent que les images sont une de ces choses qu'on appelle indifférentes, c'est-à-dire, qui ne sont point absolument nécessaires au salut, ni de la substance même de la religion, et qu'il est au pouvoir de l'Eglise d'en faire usage ou non, selon les circonstances des temps et des lieux. Mais du moment où elle en eut permis l'usage, les fidèles, par un amour respectueux pour Jésus-Christ, pour sa très-sainte Mère et pour les autres saints, témoignèrent beaucoup d'ardeur pour leurs images, et d'horreur pour ceux qui les méprisaient. Cela se remarqua non-seulement dans le peuple fidèle moins instruit, mais encore dans les évêques et les autres pasteurs, qui trouvèrent bon que l'on mît des images dans les églises, principalement parce qu'elles servaient de livres à ceux qui ne savaient pas lire ; qu'elles apprenaient à ceux qui les regardaient les actions admirables de Jésus-Christ et des saints, et qu'elles étaient utiles à ceux qui savaient déjà ces actions, pour leur en rafraîchir la mémoire.

On ne poussa guère plus loin le culte des images dans les premiers siècles. Depuis on y ajouta des marques plus sensibles de respect et de vénération, comme de les baiser, de les saluer, de s'agenouiller, de brûler devant elles de l'encens et des cierges. Quelques-uns s'élevèrent contre cet usage, comme s'il eût été superstitieux ; d'autres le tolérèrent comme rendu par simplicité, et d'autres l'approuvèrent, pourvu que ce culte fût relatif, et que l'honneur que l'on rendait aux images se reportât à la personne qu'elles représentaient.

Les Juifs, qui ne pouvaient souffrir que l'on rendît un culte public à l'image de celui qu'ils avaient attaché à une croix, persuadèrent au calife Yézid, qu'en faisant effacer toutes les peintures qui étaient dans les églises des chrétiens, soit sur des planches de bois, soit en mosaïque sur les murailles, soit sur les vases sacrés et les ornements des autels, son règne serait de longue durée. Le calife, ajoutant foi à cette promesse, envoya une lettre circulaire par tout son empire, portant ordre de supprimer les peintures qui se trouvaient non-seulement dans les églises, mais aussi sur les places publiques pour l'ornement des villes. C'était vers l'an 724. Trois ans après, l'empereur Léon l'Isaurien, frappé de certains événements extraordinaires arrivés sur mer, et les prenant pour des marques de la colère de Dieu irrité, à ce qu'il pensait, de l'honneur que l'on rendait aux images de Jésus-Christ et des saints (car il regardait ce culte comme une idolâtrie, et il avait appris des Musulmans à penser ainsi), fit assembler le peuple, et dit hautement que faire des images était un acte d'idolâtrie, et qu'à plus forte raison on ne devait pas les adorer. Il n'en dit pas davantage alors ; mais au mois de janvier de l'an 730, il fit un décret contre les images, et voulant en commencer l'exécution par l'image de Jésus-Christ qui était placée dans le vestibule du grand palais, il la fit ôter, jeter au feu, et mit à la place une simple croix, avec une inscription qui marquait qu'on en avait ôté l'image. Saint Germain, patriarche de Constantinople, s'éleva en vain contre cet édit ; le pape Grégoire II ne fut pas plus heureux dans les avertissements et les menaces qu'il fit à ce prince. Son fils Constantin dit Copronyme, qui lui succéda en 741, ne se déclara pas moins ouvertement que son père contre les images. Il poussa l'impiété jusqu'à mépriser non-seulement les saints, mais Jésus-Christ. En 754, ce prince fit assembler un concile à Constantinople ou plutôt dans un palais vis-à-vis de cette ville, sur la côte d'Asie : trois cent huit évêques s'y rendirent ; et tous, soit par flatterie, soit parce qu'ils pensaient en effet comme l'empereur, dirent anathème à quiconque adorait les images. Ils ne pouvaient toutefois ignorer que le terme d'adoration se prend en deux manières dans l'Ecriture : l'une, qui convient à Dieu seul, l'autre, qui n'est qu'un l'honneur que nous rendons aux amis de Dieu, à cause de lui-même, ou que les hommes se rendent mutuellement, comme lorsque Jacob adora son frère. Entre autres raisons que les évêques iconoclastes rendirent de la condamnation des images, ils alléguèrent dans leur définition de foi, que c'était faire injure aux saints qui vivent avec Dieu, que de les représenter avec une matière morte et mise en œuvre par des païens, comme s'il n'y eût point eu de chrétiens qui sussent l'art de peindre. Constantin Copronyme étant mort en 775, après un règne de trente-quatre ans et de près de trois mois, son fils Léon lui succéda. Pendant son règne, qui ne fut que de cinq ans, il se conduisit diversement à l'égard des images. D'abord il témoigna de la piété et du respect pour la sainte Vierge; mais sur la fin il se déclara contre les images, et fit souffrir plusieurs tourments à ceux qui les honoraient. Il eut pour successeur son fils Constantin ; mais ce jeune prince, en 780, qui fut l'année de la mort de son père, n'étant point en état de gouverner l'empire, Irène sa mère en prit les rênes. Comme elle se montra zélée pour la religion catholique, on commença sous son règne à parler librement pour le culte des images. Taraise, qu'elle fit élire pour patriarche de Constantinople en 784, refusa d'accepter le gouvernement de cette Église, jusqu'à ce que l'impératrice lui eût promis d'assembler un concile œcuménique, pour réunir les Églises d'Orient, qui étaient divisées au sujet des images. On le lui promit : et quelque temps après son acceptation, Irène fit expédier les lettres pour la convocation du concile, au nom de Constantin son fils, et au sien.

Ces lettres ayant été envoyées à tous les évêques de l'empire, ils se rendirent à Constantinople en même temps que les légats du pape Adrien, à qui l'impératrice Irène avait communiqué, dès l'an 785, la résolution qu'elle avait prise avec le patriarche Taraise d'assembler un concile universel. L'empereur et l'impératrice étaient alors en Thrace. Les évêques iconoclastes, profitant de leur absence, s'opposèrent à la tenue du concile, disant qu'il fallait s'en tenir à ce qui avait été décidé dans la même ville en 754, contre les images.

Le patriarche Taraise, informé que ces évêques tenaient des assemblées particulières, leur fit dire qu'ils ne pouvaient en tenir à Constantinople sans son agrément, sous peine d'être déposés suivant les canons. Sur cet avis, les évêques cessèrent de s'assembler. Irène et Constantin étant de retour en cette ville, l'ouverture du concile fut fixée au premier jour d'août de l'an 786, et le lieu dans l'église des Saints Apôtres. La veille, des soldats furieux entrèrent le soir dans le baptistère de l'église, criant en tumulte qu'il n'était point permis d'assembler un concile. Le patriarche en fit son rapport à l'impératrice, qui ne crut pas que l'on dût pour cela différer de l'assembler. Il s'assembla en effet le lendemain. Comme on avait commencé à lire quelques lettres synodiques, les soldats poussés par les évêques du parti iconoclaste entrèrent dans l'église l'épée à la main, menaçant de tuer le patriarche, les évêques orthodoxes et les abbés. L'empereur et l'impératrice, qui étaient dans les galeries hautes, d'où ils pouvaient voir le concile, envoyèrent les soldats de leur garde pour arrêter le tumulte. Les Iconoclastes étant sortis, le patriarche Taraise célébra les saints mystères avec les catholiques : mais l'impératrice lui envoya dire à lui et aux autres évêques de se retirer, afin d'éviter l'emportement du peuple. Il était environ midi, et chacun se retira chez soi pour prendre sa réfection; car ils étaient tous à jeun. Au mois de septembre suivant, l'impératrice fit sortir de Constantinople toutes les troupes qui avaient servi sous l'empereur son beau-père, et qui étaient infectées de l'erreur des iconoclastes ; puis les ayant fait passer en Natolie, elle les obligea de poser les armes, les cassa toutes, et en leva de nouvelles dont elle s'assura. Au mois de mai de l'année suivante, elle envoya convoquer de nouveau tous les évêques pour tenir le concile à Nicée en Bithynie.

Ire *Session.* Il s'assembla dans l'église de Sainte-Sophie, le vingt-quatrième de septembre 787. Les deux légats du pape, Pierre, archiprêtre de l'Église romaine, et Pierre, prêtre et abbé du monastère de Saint-Sabas de Rome, sont nommés les premiers dans les actes du concile, comme représentant le pape Adrien. Taraise, patriarche de Constantinople, est nommé ensuite, et après lui les députés des autres patriarches d'Orient. Trois cent soixante-dix-sept évêques assistèrent à ce concile, avec deux commissaires de l'empereur, plusieurs archimandrites, abbés et moines ; les saints Évangiles étant placés au milieu de l'assemblée, les évêques de Sicile parlèrent les premiers, et demandèrent que le patriarche de Constantinople fît l'ouverture du concile. Tous y consentirent, et Taraise, prenant la parole, rendit grâces à Dieu de la liberté accordée à l'Église, exhorta les évêques à rejeter toute nouveauté, soit dans les paroles, soit dans la doctrine, et à s'en tenir aux traditions de l'Église, qui ne peut errer, et qui ne connaît pas le oui et le non. Il permit ensuite à ceux qui l'année précédente avaient résisté à la vérité, d'entrer et de dire leurs raisons. Alors les commissaires de l'empereur firent lire la lettre adressée au concile en son nom et en celui de l'impératrice Irène, par laquelle ils déclaraient qu'ils l'avaient assemblé du consentement des patriarches, et qu'ils laissaient une entière liberté aux évêques d'y dire leur sentiment, en les exhortant toutefois à procurer par leur jugement la paix à l'Église. Cette lettre contenait encore le récit de ce qui s'était passé à la mort du patriarche Paul et à l'élection de Taraise. L'empereur ajoutait à la fin qu'il avait reçu des lettres du pape Adrien et d'autres par les légats d'Orient, dont il demandait que l'on fît la lecture, afin que l'on connût quel était le sentiment de l'Église catholique. Après la lecture de toutes ces lettres, on fit avancer Basile, évêque d'Ancyre, Théodore de Myre, et Théodose d'Armorion, qui étaient du nombre de ceux qui, l'année précédente, avaient pris le parti des iconoclastes. Ils déclarèrent qu'ayant examiné la question, ils honoraient les images et étaient fâchés d'avoir eu d'autres sentiments. Basile d'Ancyre donna même sa profession de foi par écrit, où, après avoir déclaré ce qu'il croyait avec toute l'Eglise touchant la Trinité et l'Incarnation, il ajouta : « Je reçois avec toute sorte d'honneur les reliques des saints ; je les adore avec vénération, dans la confiance que j'ai de participer par là à leur sainteté. Je reçois aussi les vénérables images de Jésus-Christ, en tant qu'il s'est fait homme pour notre salut ; de sa sainte Mère, des anges, des apôtres, des prophètes, des martyrs et de tous les saints : je les embrasse et leur rends l'adoration d'honneur. Je rejette et anathématise de toute mon âme le faux concile nommé septième, comme contraire à toute la tradition de l'Eglise, et assemblé par un principe de folie et de démence. » Après cette déclaration, il dit anathème aux iconoclastes, à ceux qui osent dire que l'Eglise ait jamais reçu des idoles, ou que les images viennent d'une invention diabolique, et non pas de la tradition des saints Pères. Théodore de Myre lut aussi sa profession de foi ; Théodose d'Armorion en fit autant ; et le concile, jugeant qu'ils étaient véritablement repentants, leur ordonna de reprendre leurs rangs et leurs siéges. La comparaison que Théodose d'Armorion employa dans sa profession de foi, mérite d'être rapportée : Si les images des empereurs étant envoyées dans les provinces et dans les villes, le peuple vient au-devant avec des cierges et des parfums, pour honorer non le tableau, mais l'empereur, avec combien plus de raison doit-on peindre dans les églises l'image de Jésus-Christ notre Sauveur et notre Dieu, celles de sa sainte Mère, de tous les saints et bienheureux Pères !

Après que le concile eut reçu ces évêques, il s'en présenta sept autres, qui témoignèrent un grand repentir de s'être joints aux iconoclastes. Cela donna lieu d'examiner comment on devait recevoir les hérétiques convertis. On apporta donc les livres des Pères et les recueils des conciles qui se trouvaient dans la bibliothèque du palais patriarcal. Le premier canon qu'on lut fut le cinquante-troisième des Apôtres ; ensuite le huitième de Nicée, pour la réception des novatiens ; le troisième d'Ephèse touchant les Macédoniens ; le premier de l'épître de saint Basile à Amphiloque, où il est parlé du baptême des encratites ; quelques passages de sa lettre aux évaiséniens et de celle au comte Térence, dans laquelle il parle de la réception de ceux qui quittaient l'hérésie pour se réunir à l'Eglise ; les deux lettres de saint Cyrille d'Alexandrie, au sujet de sa réunion avec Jean d'Antioche ; la lettre de saint Athanase à Rufinien sur la réconciliation de ceux qui avaient souscrit au concile de Rimini ; le jugement du concile de Chalcédoine, dans la réception des évêques d'Orient et d'Illyrie, qui avaient assisté au faux concile d'Ephèse sous Dioscore ; des extraits de l'Histoire ecclésiastique de Rufin, touchant le concile d'Alexandrie, où l'on reçut ceux qui avaient communiqué avec les ariens ; un passage de l'Histoire ecclésiastique de Socrate ; un de celle de Théodore le Lecteur, et plusieurs anciens monuments qui pouvaient servir d'éclaircissements à la difficulté proposée. Après quoi le concile ordonna aux sept évêques de lire leur libelle de réunion à l'Eglise catholique : ils le lurent. C'était le même que celui qu'avait composé Basile d'Ancyre. Le patriarche Taraise déclara que, leur foi étant suffisamment connue par la lecture de ces libelles, ils seraient reçus dans une autre session, s'il ne survenait d'autres empêchements.

IIe *Session*. Dans la seconde, qui fut tenue le vingt-sixième de septembre, Grégoire, évêque de Néocésarée, le même qui s'était trouvé à la tête du faux concile de Constantinople, en 754, se présenta, s'avoua coupable et demanda pardon. Taraise, après lui avoir fait quelques reproches sur la conduite qu'il avait tenue dans cette assemblée, le remit à la session suivante, pour apporter son libelle d'abjuration. On lut ensuite la lettre du pape Adrien à Constantin et à Irène, dans laquelle il établissait le culte des images, prétendant que l'Eglise romaine l'avait reçu par tradition de saint Pierre ; mais parce qu'il y avait dans cette lettre quelque reproche contre Taraise, surtout en ce qui regardait l'irrégularité de son ordination et le titre d'évêque universel qu'il s'attribuait de même que plusieurs de ses prédécesseurs, on passa sous silence ces endroits pour ne pas donner lieu aux hérétiques de résister à ce patriarche, ni de contester l'autorité du concile. On lut aussi la lettre du même pape à Taraise ; et les légats ayant demandé s'il l'approuvait, il répondit que dans l'une et l'autre lettre le pape expliquait clairement la tradition de l'Eglise sur le culte des images ; qu'il avait lui-même examiné ce que les Ecritures enseignaient sur cet article, et qu'il était pleinement persuadé que l'on doit adorer les images d'une affection relative, en réservant à Dieu seul le culte de latrie. Tout le concile approuva cette déclaration et les lettres du pape.

IIIe *Session*. La troisième se tint deux jours après, c'est-à-dire le vingt-huit septembre 787. Grégoire de Néocésarée y lut sa confession de foi, qui était semblable aux autres. Mais parce qu'il courait un bruit qu'il était du nombre des évêques qui, pendant la persécution, avaient maltraité les fidèles, il fut interrogé sur ce sujet ; et comme il assura qu'il n'avait maltraité personne, le concile consentit à ce qu'il reprît sa place. On fit la même grâce aux six évêques qui s'étaient présentés à la première session. Après quoi on fit la lecture de la lettre de Taraise aux Orientaux, dans laquelle, outre la confession de foi sur la Trinité et l'Incarnation, il se déclarait nettement pour le culte des images et la réponse que les évêques d'Orient avaient faite à cette lettre. Ils y déclaraient, au nom des trois siéges apostoliques d'Orient, qu'ils recevaient les six conciles œcuméniques et rejetaient celui qu'on nommait le septième, c'est-à-dire le faux concile de Constantinople, tenu en 754. Ils ajoutaient que l'absence des trois patriarches d'Orient et des évêques de leur dépendance ne devait pas leur faire de peine, ni empêcher le concile de s'assembler, puisqu'il n'était pas en leur pouvoir de s'y rendre, à cause de la tyrannie des Arabes à qui ils obéissaient ; qu'ils n'avaient pas assisté pour la même raison au sixième concile œcuménique, qui, toutefois n'en avait souffert aucun préjudice, et n'en avait pas moins fortement établi les vrais dogmes de la piété ; vu principalement que le très-saint pape y consentait et s'y trouvait par ses légats. Ces paroles sont remarquables dans la bouche des Orientaux, qui n'avaient point d'intérêt à flatter l'Eglise romaine. A cette lettre les évêques d'Orient ajoutèrent la copie de la lettre synodique de Théodore, patriarche de Jérusalem, adressée, selon la coutume, aux patriarches d'Alexandrie et d'Antioche. On en fit aussi la lecture, et l'on vit qu'il admettait les six conciles œcuméniques, sans en reconnaître d'autres ; et qu'il recevait les traditions de l'Eglise touchant la vénération des saints, de leurs reliques et de leurs images. Les légats du pape déclarèrent qu'ils approuvaient ces deux lettres, comme conformes à celles de Taraise et d'Adrien, et rendirent grâces à Dieu de ce que les Orientaux tenaient pour la foi orthodoxe touchant les images.

IVe Session. — Dans la quatrième session, qui fut tenue le premier jour d'octobre 787, le patriarche Taraise ayant fait apporter les livres des Pères, pour montrer la tradition de l'Eglise sur les images, on commença par les passages de l'Ecriture touchant les chérubins qui couvraient l'arche d'alliance, et qui ornaient l'intérieur du temple ; puis, on lut un passage de saint Chrysostome, où il est parlé des images de saint Mélèce, que les fidèles portaient avec eux, et faisaient peindre dans les chambres où ils couchaient, et un autre où ce Père dit qu'il avait regardé avec plaisir une image sur laquelle on représentait un ange mettant en fuite des troupes de barbares ; un de saint Grégoire de Nysse, où il dit qu'il avait vu souvent, et toujours en versant des larmes, la peinture du sacrifice d'Abraham ; un de saint Astère d'Amasée, où il faisait la description d'un tableau qui représentait le martyre de sainte Euphémie ; un de saint Cyrille, un de saint Grégoire de Nazianze, un de la vie de saint Anastase, Persan, et un autre de ses miracles. Sur cela, les légats du pape dirent que l'image de saint Anastase se voyait encore à Rome, dans un monastère, avec son précieux chef. Le passage tiré du recueil des miracles de saint Anastase montrait que Dieu opérait des guérisons miraculeuses par les images ; et pour en donner de nouvelles preuves, on lut un discours attribué à saint Athanase, où l'on fait le récit d'un miracle arrivé à Béryte, sur une image de Jésus-Christ, percée par des juifs, d'où il sortit du sang qui guérit plusieurs malades. On convient aujourd'hui que ce discours n'est point de saint Athanase, et qu'il est plutôt d'un évêque de même nom, en Syrie. Le concile allégua encore d'autres pièces attribuées à des écrivains de qui elles n'étaient pas ; mais cela ne fait rien contre l'autorité de ses décisions, puisqu'elles sont suffisamment appuyées de pièces véritables et authentiques, et que, quoiqu'il se soit trompé dans l'attribution de certains écrits, il ne laisse pas d'être vrai que ceux qui en sont les auteurs n'avaient point d'autre doctrine sur le culte des images que celle de l'Eglise. Tout ce que l'on peut donc reprocher aux évêques de Nicée, c'est de n'avoir pas été assez versés dans la critique. Le concile fit lire encore beaucoup d'autres discours et d'autres lettres des anciens, entre autres de saint Nil et de saint Maxime. Il était dit dans les actes de ce dernier que lui et les évêques monothélites qui l'étaient venus trouver se mirent à genoux devant les Evangiles, la croix et les images de Jésus-Christ et de la sainte Vierge, les saluèrent et les touchèrent de la main, pour confirmer ce dont ils étaient convenus ensemble. Sur quoi Constantin, évêque de Chypre, dit que ce salut était une adoration, puisqu'il s'adressait aux Evangiles, à la croix et aux images tout ensemble. Mais le patriarche Taraise reprit qu'il fallait mettre les vénérables images au rang des vases sacrés, et le concile ajouta : Cela est évident. Le concile *in Trullo* avait ordonné, par son quatre-vingt-deuxième canon, de peindre Jésus-Christ en sa forme humaine. Ce canon fut lu dans un papier qui était l'original même, et ensuite dans un livre où il avait été transcrit avec les autres. Taraise, prenant la parole, dit que l'on contestait sans raison ces canons au sixième concile, puisqu'ils avaient été faits par les mêmes évêques, quoique en différents temps, c'est-à-dire à quatre ou cinq ans de distance. C'était une erreur de fait. Le sixième concile avait fini au mois de septembre 681, et celui du *Trulle* ne se tint que onze ans après, en 692. Les évêques de ces deux conciles ne furent pas non plus les mêmes, comme on peut s'en convaincre par les souscriptions. Mais comme il y en avait beaucoup qui avaient assisté à l'un et à l'autre, la réflexion de Taraise pouvait avoir lieu. Le passage de Léonce, évêque de Néopolis en Chypre, qui fut lu ensuite, à la requête des légats, établit clairement le culte extérieur des images, et rejette tous les mauvais sens que l'on pourrait y donner, montrant que ce culte est absolument différent de celui que nous rendons à Dieu ; qu'il ne se rapporte pas précisément à l'image, mais à la chose qu'elle représente ; comme l'honneur que nous rendons à l'image de l'empereur n'est point relatif à l'image même, mais à l'empereur qui y est représenté.

« Le patriarche Jacob baisa la tunique de Joseph, non par amour ou par honneur pour ce vêtement, mais pour Joseph, qu'il croyait tenir entre ses mains en baisant sa tunique.

De même tous les chrétiens, en saluant l'image de Jésus-Christ, ou des apôtres ou des martyrs, rapportent ce salut à Jésus-Christ même, aux apôtres, aux martyrs, comme s'ils les avaient présents devant leurs yeux : c'est l'intention que l'on doit regarder dans le salut et dans l'adoration. Si vous m'accusez d'idolâtrie parce que j'adore la croix du Sauveur, pourquoi n'en accusez-vous pas Jacob qui adora le haut du bâton de Joseph? » Dans le même passage, Léonce confirmait le culte des images par divers miracles opérés, ou par les reliques des martyrs, ou par les images; on cita plusieurs ouvrages de cet auteur, qui rendaient témoignage de son orthodoxie; puis on lut quelques endroits des écrits d'Anastase, évêque d'Antioche, où il distinguait clairement l'adoration que nous rendons aux hommes et aux saints anges, d'avec celle que nous rendons à Dieu.

L'adoration que l'on rend aux saints n'est qu'une marque d'honneur; celle qu'on rend à Dieu est un culte de latrie ou de service, qui n'est dû qu'à lui, selon que le dit Moïse : *Vous adorerez le Seigneur votre Dieu, et vous le servirez lui seul.*

Les autres passages que l'on allégua étaient tirés des écrits de saint Sophrone de Jérusalem, ou plutôt de Jean Mosch, de Théodoret dans la vie de saint Siméon Stylite, de celle de saint Jean le Jeûneur, de sainte Marie d'Égypte, des actes du martyre de saint Procope, et de saint Théodore Sicéote. On y joignit la lettre de Grégoire II à saint Germain de Constantinople, et trois de ce patriarche, dont nous avons parlé plus haut. Sur quoi le concile s'écria : « La doctrine des Pères nous a corrigés; nous y avons puisé la vérité : en les suivant, nous avons poursuivi le mensonge ; instruits par eux, nous saluons les images. Anathème à qui ne les honore pas. » Ensuite Euthymius, évêque de Sardes, lut au nom du concile une confession de foi, à laquelle tous les évêques souscrivirent, les légats du pape les premiers. L'article qui regarde les images est conçu en ces termes : « Nous recevons la figure de la croix précieuse et vivifiante, les reliques des saints et leurs images ; nous les embrassons et les saluons, suivant l'ancienne tradition de l'Église de Dieu, c'est-à-dire, de nos saints Pères qui les ont reçues, et qui ont ordonné qu'elles fussent mises dans toutes les églises et dans tous les lieux où Dieu est servi. Nous les honorons et adorons ; savoir, celle de Jésus-Christ, de sa sainte mère et des anges, qui, quoique incorporels, ont néanmoins apparu comme hommes aux justes ; celles des apôtres, des prophètes, des martyrs et des autres saints, parce que leurs images nous rappellent leur souvenir, et nous rendent participants en quelque manière de leur sainteté.

Ve *Session.* — La cinquième session, qui est du quatrième d'octobre 787, fut employée à montrer, par la lecture de plusieurs pièces, que les iconoclastes n'avaient fait qu'imiter les Juifs, les Sarrasins, les païens, les manichéens, et quelques autres hérétiques. Saint Cyrille de Jérusalem compte entre les crimes de Nabuchodonosor, d'avoir enlevé les chérubins de l'arche. Il est dit dans une lettre de saint Siméon Stylite le jeune, que les Sarrasins profanèrent les images de Jésus-Christ, et de sa très-sainte mère. Jean, évêque de Thessalonique, enseigne dans l'un de ses discours que l'on peignait dans les églises les images des saints, et que ce n'étaient point les images que les chrétiens adoraient, mais ce qu'elles représentent ; qu'ils ne les adoraient pas comme des dieux, mais comme les serviteurs et les amis de Dieu, et que s'ils peignaient les anges sous des figures humaines, c'était parce qu'ils ont souvent apparu sous cette forme à ceux à qui Dieu les a envoyés. L'auteur de la Dispute entre un juif et un chrétien dit qu'en adorant les images qui représentent les combats et les victoires des saints, nous invoquons et louons le Dieu de ces saints, qui leur a donné la patience et les a rendus dignes de son royaume ; en lui demandant en même temps de nous faire participants de leur gloire, et de nous sauver par leurs prières. On lut quelque chose d'un livre apocryphe, intitulé : *Les Voyages des Apôtres*; et quoiqu'il fût favorable au culte des images, le concile défendit de le transcrire, et le condamna au feu. Ce que l'on cita d'Eusèbe de Césarée servit plus à flétrir sa mémoire qu'à établir le culte des images. Le passage cité de l'histoire d'un nommé Jean, appelé le Séparé, marquait que Xénaïas l'Iconoclaste traitait d'idole et d'invention puérile la colombe que l'on peignait pour représenter le Saint-Esprit, parce qu'en effet il s'était fait voir sous la forme d'une colombe, ainsi qu'il est dit dans l'Évangile. A ces passages on en ajouta de la vie de saint Sabas, des écrits de Jean de Gabale et de Constantin, trésorier de la grande église de Constantinople. Ce dernier soutient qu'on ne doit point faire d'images de la divinité, mais qu'on peut en faire de l'humanité de Jésus-Christ. Il fut ensuite prouvé que les hérétiques iconoclastes avaient brûlé plusieurs livres de la grande église de Constantinople où il était parlé des images; qu'en d'autres ils avaient coupé les feuilles qui traitaient de la même matière ; et le moine Etienne montra un livre où ils avaient effacé de l'histoire ecclésiastique d'Évagre, l'endroit où il parle de l'image de Jésus-Christ envoyée à Abgare d'Édesse. Grégoire, prêtre et abbé, dit qu'il en avait un exemplaire, et offrit d'en faire la lecture : ce qui fut accordé. Le moine Etienne, garde des livres, offrit aussi de lire plusieurs passages; mais on se contenta de trois ; et le concile jugeant que l'on avait démontré suffisamment la tradition de l'Église sur le culte des images, demanda que Jean, légat d'Orient, lût un mémoire qui contenait l'histoire du juif qui persuada au calife Yézide de faire ôter les images, comme on l'a dit plus haut. L'évêque de Messine dit qu'il était enfant en Syrie, lorsque le calife fit détruire les images. La conclusion de cette session fut que les saintes images seraient remises à leur place; qu'on les porterait en procession; que l'on en placerait une au milieu de l'assemblée; qu'elle y serait saluée, et que tous les écrits des iconoclastes seraient jetés au feu.

VI⁰ Session. — Le sixième d'octobre, jour où se tint la sixième session, le concile s'occupa à lire la réfutation de la définition de foi faite par les iconoclastes en 754. Cette réfutation a été divisée en six tomes. Jean, diacre de l'église de Constantinople, fut chargé d'en commencer la lecture, et le diacre Epiphane de la continuer. Grégoire, évêque de Néocésarée, l'un des chefs de l'assemblée des iconoclastes, lut la définition de foi qui avait été dressée. La première chose que l'on attaqua dans cette définition, fut le titre de *concile septième œcuménique* que les iconoclastes donnaient à leur assemblée. « Comment, dit la réfutation, peut-on appeler œcuménique un concile qui n'a été ni reçu ni approuvé, mais au contraire anathématisé par les évêques des autres Eglises; auquel le pape qui gouvernait alors l'Eglise romaine n'a concouru, ni par lui-même, ni par les évêques qui sont près de lui, ni par ses légats, ni par une lettre circulaire, suivant la loi ordinaire des conciles; auquel les patriarches d'Alexandrie, d'Antioche et de Jérusalem, n'ont donné de consentement ni par eux-mêmes, ni par leurs députés, ni par les grands évêques de leurs provinces?» La définition disait que Jésus-Christ nous a délivrés de l'erreur et du culte des idoles, en nous enseignant l'adoration en esprit et en vérité. La réfutation répond : « Comment donc ceux qui croient en lui sont-ils retombés dans l'idolâtrie? Dieu incarné nous a rachetés, et nous sommes réduits une seconde fois à la captivité? Il n'en est pas de Jésus-Christ comme des rois de la terre, qui sont tantôt victorieux et tantôt vaincus; sa victoire est éternelle : d'où il suit que l'on ne peut accuser d'idolâtrie l'Eglise entière, sans faire injure à Jésus-Christ. » Il était dit dans la définition que les six conciles œcuméniques avaient conservé la beauté de l'Eglise sans aucune diminution. On répond dans la réfutation qu'il n'y a eu que soixante-dix ans depuis le sixième concile jusqu'au conciliabule des iconoclastes, et que l'usage des images étant beaucoup plus ancien que le sixième concile, il est visible qu'il ne s'est pas introduit dans cet intervalle. Les Iconoclastes accusaient ceux qui adorent les images d'établir tout ensemble les deux hérésies de Nestorius et d'Eutychès; ce qui était toutefois impossible, puisqu'elles sont directement opposées. A cela on répond que l'image de Jésus-Christ ne le représente que selon la nature par laquelle il a été visible, que l'image n'a que son nom, et non sa substance; qu'ainsi les catholiques, en faisant peindre Jésus-Christ, ne divinisent pas pour cela les deux natures; puisque l'image de l'humanité rappelle en nous l'idée de Jésus-Christ entier, c'est-à-dire du Verbe incarné, comme l'image d'un homme ordinaire rappelle l'idée de son âme avec celle de son corps. En effet, tout homme de bon sens, en voyant l'image d'un homme, ne s'est jamais imaginé que le peintre ait séparé l'homme de son corps. L'objection la plus intéressante est celle que les iconoclastes tirent de l'eucharistie, en disant qu'elle est la seule image de Jésus-Christ qui soit permise. L'auteur de la réfutation répond qu'aucun des apôtres ni des Pères n'a dit que le sacrifice non sanglant fût l'image du corps de Jésus-Christ. « Ce n'est point, dit-il, ce qu'ils avaient appris de lui. Il ne leur a pas dit : Prenez, mangez l'image de mon corps; mais : Prenez et mangez : ceci est mon corps. Il est donc démontré que ni le Seigneur, ni les apôtres, ni les Pères, n'ont jamais dit que le sacrifice non sanglant qui est offert par les prêtres, soit une image de Jésus-Christ; mais ils ont dit au contraire que c'est son propre corps et son propre sang. Il est vrai que quelques Pères, par un sentiment de piété, ont cru pouvoir nommer les choses offertes, avant qu'elles fussent consacrées, *antitypes*, c'est-à-dire, des figures et des images qui représentent ces choses. De ce nombre ont été saint Eustathe, le puissant adversaire des ariens, et saint Basile. L'un d'eux, savoir saint Eustathe, expliquant ces paroles des Proverbes de Salomon : *Mangez mon pain et buvez le vin que j'ai mêlé d'eau pour vous*; dit qu'elles marquent par le pain et le vin les antitypes des membres de Jésus-Christ, et l'autre, c'est-à-dire saint Basile, puisant dans la même source, parle ainsi de l'oblation du Seigneur : «O Dieu! nous approchons avec confiance de l'autel sacré, et en vous présentant les antitypes du saint corps et du sang de votre Christ, nous vous prions et vous invoquons. » Ce qui suit dans la liturgie qui porte le nom de ce Père fait voir encore plus clairement sa pensée, et de quelle manière ces choses ont été appelées antitypes avant la consécration. Car, après la consécration ils sont nommés le propre corps et le propre sang de Jésus-Christ; parce qu'ils le sont en effet, et qu'on les croit tels. Mais les iconoclastes voulant détourner nos yeux des sacrées images, en ont introduit une autre, qui n'est pas une image, mais le corps et le sang de notre Sauveur. Ce que dit la réfutation, qu'aucun des Pères n'a jamais donné à l'eucharistie le nom d'image n'est pas exact. Il y a en a qui l'ont appelée *image*, d'autres *symbole*, et quelques-uns *signe* et *sacrement*; mais peut-être l'entendait-elle d'une image ordinaire, et qui ne fait que représenter l'original, sans le contenir. Quant à ce que ces hérétiques objectaient, que l'on n'avait point dans l'Eglise de prières particulières, ni aucunes cérémonies, pour la consécration des images, on répond qu'il y a beaucoup d'autres choses parmi les chrétiens, qui sont saintes par leur nom seul, sans consécration ni prières : telle est la figure de la croix que nous adorons, et dont nous marquons le signe sur notre front, ou en l'air avec le doigt, pour chasser les démons. Il en est de même des images : nous les honorons à cause du nom qu'elles portent, et de ce qu'elles représentent. Nous saluons aussi, et nous embrassons les vases sacrés, quoiqu'ils n'aient reçu aucune bénédiction, dans l'espérance de recevoir quelque sanctification en les baisant. » Les Grecs, encore aujourd'hui, ne bénissent ni les croix, ni les images, ni les vases sacrés. Les iconoclastes alléguaient plusieurs autorités, tant de l'Ecriture que des Pères, contre le culte des images. Parmi les passages des Pères, il y en avait de saint Epiphane, de saint Grégoire de Nazianze, de saint Basile, de saint Athanase, de saint Amphiloque et de Théodote d'Ancyre. L'auteur de la réfutation répond à tout, en montrant, ou que ces passages ne sont que contre le culte des idoles, ou qu'ils sont tirés d'ouvrages supposés. Ensuite il fait voir qu'il y a contradiction dans le décret du *concile* des iconoclastes, en ce qu'après avoir condamné généralement les images que l'on mettait dans les églises, ils les laissaient sur des vases et des ornements, avec défense d'y toucher pour les convertir à des usages profanes. Comme ils avaient dit anathème à saint Germain, patriarche de Constantinople ; à saint Georges, évêque de Chypre, et à saint Jean Damascène, et qu'ils les avaient déposés, les Pères de Nicée font l'éloge de ces trois saints personnages, en les faisant passer pour des lumières de l'Eglise : ils s'étendent davantage sur saint Jean Damascène, parce que les iconoclastes l'avaient appelé par dérision Mansure.

VIIe Session. — On lut dans la septième session, qui est du 13 d'octobre 787, la confession de foi du concile, et les deux décrets touchant les images. La confession n'est autre chose que le symbole de Nicée ; mais il est suivi d'anathèmes contre les hérétiques qui se sont depuis élevés dans l'Eglise ; en particulier, contre Nestorius, Eutychès, Dioscore, Sévère, Pierre et leurs sectateurs. On anathématisa encore les fauteurs d'Origène, d'Evagre et de Didyme, Sergius, Honorius, Cyrus et les autres qui n'ont point reconnu deux volontés et deux opérations en Jésus-Christ. Vient ensuite le décret touchant les images, qui est conçu en ces termes : « Ayant employé tout le soin et l'exactitude possible, nous décidons que les saintes images, soit de couleur, soit de pièces de rapport, ou de quelque autre matière convenable, doivent être exposées, comme la figure de la croix de Notre-Seigneur Jésus-Christ, tant dans les églises, sur les vases et les habits sacrés, sur les murailles et les planches, que dans les maisons et dans les chemins : c'est à savoir l'image de Jésus-Christ, de sa sainte mère, des anges et de tous les saints ; car plus on les voit souvent dans leurs images, plus ceux qui les regardent sont excités au souvenir et à l'affection des originaux. On doit rendre à ces images le salut et l'adoration d'honneur, non la véritable latrie que demande notre foi, et qui ne convient qu'à la nature divine. Mais on approchera de ces images l'encens et le luminaire, comme on en use à l'égard de la croix, des Evangiles et des autres choses sacrées ; le tout suivant la pieuse coutume des anciens : car l'honneur de l'image passe à l'original ; et celui qui adore l'image adore le sujet qu'elle représente. Telle est la doctrine des saints Pères, et la tradition de l'Eglise catholique, répandue partout. Nous suivons ainsi le précepte de saint Paul, en retenant les traditions que nous avons reçues. Ceux donc qui osent penser ou enseigner autrement ; qui abolissent, comme les hérétiques, les traditions de l'Eglise ; qui introduisent des nouveautés, qui ôtent quelque chose de ce que l'on conserve dans l'église, l'Evangile, la croix, les images, ou les reliques des saints martyrs ; qui profanent les vases sacrés, ou les vénérables monastères : nous ordonnons qu'ils soient déposés, s'ils sont évêques ou clercs ; et excommuniés, s'ils sont moines ou laïques. » Les légats et tous les évêques du concile, au nombre de trois cent cinq, y compris quelques prêtres et quelques diacres pour les évêques absents., souscrivirent à ce décret. Après qu'on en eut fait la lecture, on dit anathème au concile de Constantinople assemblé contre les images, et à quelques évêques en particulier, qui étaient regardés comme les principaux fauteurs des iconoclastes : au contraire, le concile fit des acclamations pour la mémoire éternelle de saint Germain de Constantinople, de saint Damascène et de saint Georges de Chypre.

Il y a plusieurs observations à faire sur le décret de ce concile : la première qu'il n'y est pas fait mention de statues, mais seulement de peintures plates. Il est certain néanmoins que les Grecs avaient, dès le neuvième siècle, des statues dans leurs églises. Cela se voit par la lettre des empereurs Michel et Théophile à Louis Auguste, où ils se plaignent de ce que quelques-uns mettaient le corps du Seigneur entre les mains des images pour recevoir d'elles la communion : cela ne peut s'entendre des images peintes, mais seulement des images faites en relief. Il y en avait donc alors de ce genre. Saint Damascène, qui écrivait avant ce concile, parle de statues élevées en l'honneur des saints : mais, ou il n'y en avait pas encore du temps de ce concile dans les églises, ou elles étaient si rares, qu'on ne crut pas devoir en parler. Au sixième siècle, l'empereur Justinien ayant bâti l'église de Sainte-Sophie, n'y mit que des images ou peintes ou sculptées sur des tables d'argent : ce qui ne faisait pas une grande différence d'avec les images peintes ou faites à la mosaïque. La seconde observation est que le concile ne décida rien sur les images de la sainte Trinité, ou du Père ou du Saint-Esprit, parce qu'on n'avait pas alors coutume de les peindre. La troisième, que le culte des images de Jésus-Christ et des saints, établi par ce décret, n'est point un culte absolu, mais relatif ; c'est-à-dire, qui se rapporte, non à l'image même, mais au sujet qu'elle représente. La quatrième, que l'adoration extérieure que l'on rend à la croix, n'est pas un culte de latrie, mais simplement une adoration d'honneur que nous lui rendons en la baisant, et en nous prosternant devant elle, dans le souvenir que c'est par elle que Jésus-Christ nous a rachetés. Les évêques de France s'accordaient en ce point avec ceux de ce concile, lorsqu'ils disaient que, suivant la tradition des saints Pères, on honore, on adore la croix, mais non pas d'un culte et d'une adoration qui appartient à la Divinité seule.

Après la signature du décret touchant les images, on écrivit deux lettres au nom de Taraise et de tout le concile; l'une à l'empereur et à l'impératrice, l'autre au clergé de Constantinople, pour les instruire de ce qui s'était passé. La lettre à l'empereur contient un précis de ce que les iconoclastes avaient fait pour la destruction des images, et les anathèmes prononcés contre eux et contre les autres hérétiques. Ensuite elle explique le mot d'adoration, et fait voir qu'adorer et saluer sont deux termes synonymes. Il est dit dans le premier livre des Rois que David, se prosternant le visage, adora trois fois Jonathas, et le baisa, et dans l'Épître aux Hébreux, que Jacob adora le haut du bâton de Joseph. On trouve dans saint Grégoire le Théologien de semblables expressions : Honorez, dit-il, Bethléem, et adorez la crèche. Quand donc nous saluons la croix, ajoutent les Pères du concile, et que nous chantons : « Nous adorons la croix, Seigneur, et nous adorons la lance qui a percé votre côté; » ce n'est qu'un salut, comme il paraît en ce que nous les touchons de nos lèvres. Ensuite ils distinguent les divers sens du mot d'adoration. Il y a une adoration mêlée d'honneur, d'amour et de crainte : telle est l'adoration que l'on rend à l'empereur. Il y en a une de crainte seule : comme quand Jacob adora Ésaü. Il y en a une troisième qui est d'actions de grâces; comme quand Abraham adora les enfants de Heth, qui lui avaient accordé une place pour la sépulture de Sara. Il y en a une quatrième que l'on rend aux puissances de qui on espère quelques bienfaits; et ce fut en pareille occasion que Jacob adora Pharaon. Mais l'Ecriture voulant nous instruire, dit : *Tu adoreras le Seigneur ton Dieu, et le serviras lui seul*. Elle met l'adoration indéfiniment, comme un terme équivoque qui peut convenir à d'autres et avoir plusieurs significations : mais elle restreint à lui seul le service que nous le rendons qu'à lui, et que nous appelons latrie. Il est dit sur la fin de cette lettre que les évêques y avaient joint quelques passages des Pères, pour convaincre l'empereur que le concile n'avait rien décidé que conformément à leur doctrine. — La lettre au clergé de Constantinople dit en substance la même chose que la précédente.

L'empereur et l'impératrice ayant reçu la lettre du concile, ne crurent pas devoir se laisser séparer sans y avoir assisté eux-mêmes en personne. Ils écrivirent donc au patriarche Taraise d'amener tous les évêques à Constantinople, et marquèrent pour le jour de l'assemblée le vingt-troisième d'octobre de la même année 787. Elle se tint dans le palais de Magname. Les saints Évangiles étant placés au milieu de la salle, Irène s'assit à la première place avec son fils, et ils invitèrent le patriarche à parler. Ils parlèrent eux-mêmes au concile avec beaucoup de douceur et d'éloquence : et après que les évêques leur eurent répondu par de grandes acclamations, l'empereur et l'impératrice firent lire la définition de foi à haute voix, afin qu'elle fût entendue même du peuple qui était présent. Le diacre Côme en ayant fait la lecture, les princes demandèrent si elle avait été publiée du consentement unanime de tous les évêques. Ils le témoignèrent en diverses manières, disant qu'elle contenait la foi des apôtres, des Pères et de tous les orthodoxes. A quoi ils ajoutèrent des anathèmes contre les principaux iconoclastes. Taraise présenta à l'empereur et à l'impératrice le tome où la définition de foi était écrite, les priant d'y souscrire. Irène souscrivit la première, et ensuite Constantin son fils, après quoi ils demandèrent la lecture des passages des Pères qu'on avait lus à Nicée, insérés dans la quatrième session, savoir, du panégyrique de saint Mélèce, de celui de sainte Euphémie, du traité de Jean de Thessalonique contre les païens, de la lettre de saint Siméon Stylite à l'empereur Justin, de celle de saint Nil à Olympiodore, et le quatre-vingt-deuxième canon du sixième concile œcuménique, ou plutôt du concile du Trulle. Tous les assistants en ayant entendu la lecture, parurent touchés et persuadés de la vérité. Les évêques firent plusieurs acclamations qui furent suivies de celles du peuple; car la salle en était remplie, de même que de gens de guerre. Ainsi finit le second concile de Nicée, septième œcuménique. Ce concile fit les vingt-deux canons suivants pour le rétablissement de la discipline de l'Église.

1. On confirme les anciens canons, et on en recommande l'observation; savoir, ceux des apôtres, ceux des six conciles généraux, et enfin ceux des conciles particuliers. On veut de plus qu'on anathématise ceux qui sont anathématisés dans ces canons; que l'on dépose ceux qui y sont déposés, et qu'on mette en pénitence ceux qu'ils ordonnent d'y être mis.

Ce canon n'est point reçu de l'Église romaine, puisqu'elle ne regarde comme authentiques que les cinquante premiers canons de ceux qu'on attribue aux apôtres; qu'elle n'a point approuvé ceux du concile de Constantinople, ni le vingt-huitième du concile de Chalcédoine, non plus que ceux du concile Quinisexte.

2. On examinera si celui que l'on veut élever à l'épiscopat sait le psautier, s'il est résolu de s'appliquer à la lecture des canons et de l'Écriture sainte, d'y conformer sa vie, et les instructions qu'il doit donner au peuple.

3. On déclare nulles toutes les élections d'évêques, de prêtres ou de diacres faites par des princes; et, à l'égard des évêques, on veut qu'ils soient élus et ordonnés par tous les évêques de la province, ou au moins par trois évêques, si la longueur du chemin, ou

quelque autre nécessité, n'en permet pas davantage.

4. « Défense aux évêques d'exiger de l'or, de l'argent, ou quelque autre chose que ce soit, des évêques, ou des clercs, ou des moines soumis à leur juridiction; d'interdire quelqu'un de ses fonctions, ou de le séparer par passion, ou de fermer une église, pour empêcher que l'office divin ne s'y fasse : le tout, sous peine d'être traités comme ils auront traité les autres. »

5. On veut qu'on mette au dernier rang les ecclésiastiques qui tiraient vanité des présents qu'ils avaient faits à l'église à l'occasion de leur ordination, et méprisaient ceux qui n'avaient rien donné : en cas de récidive, ils subiront une plus grande pénitence. Le même canon renouvelle les peines décernées si souvent contre les simoniaques.

6. On tiendra chaque année des conciles provinciaux, sous peine d'excommunication pour les princes qui voudront les empêcher, et de peines canoniques pour les métropolitains qui négligeront de s'y trouver.

7. On mettra des reliques dans toutes les églises où il n'y en a pas, et les évêques n'en consacreront aucune sans reliques des martyrs, sous peine de déposition.

8. « Défense d'admettre, soit à la communion, soit à la prière, soit à l'église, les juifs qui, après avoir été baptisés, exercent leur religion en secret. On défend aussi de baptiser leurs enfants et d'acheter leurs esclaves. Si toutefois quelqu'un d'eux se convertit sincèrement, on pourra le baptiser lui et ses enfants. »

Ce canon est contre certains Juifs qui faisaient semblant de se convertir, et de professer la religion chrétienne; mais qui en secret judaïsaient, observant le sabbat et les autres cérémonies juives.

9. On ordonne de porter au palais épiscopal de Constantinople tous les livres des iconoclastes, pour y être gardés avec les autres livres des hérétiques; et l'on défend à qui que ce soit de les cacher, sous peine de déposition si ce sont des évêques, des prêtres ou des diacres; et sous peine d'excommunication, si c'est un moine ou un laïque.

10. « Défense de recevoir des clercs étrangers pour dire la messe dans les oratoires particuliers, sans la permission de leur propre évêque, ou du patriarche de Constantinople; et, à l'égard de ceux qui ont permission de demeurer auprès des grands de cette ville, ils ne se chargeront d'aucune affaire temporelle, mais uniquement de l'instruction des enfants ou des domestiques, et du soin de leur lire l'Ecriture sainte. »

11. « Chaque église aura son économe; et si quelqu'une en manque, le métropolitain sera chargé d'en donner aux évêques, et le patriarche aux métropolitains. On observera la même chose dans les monastères. »

12. « Défense, sous peine de nullité, aux évêques et aux abbés, de vendre ou de donner aux princes, ou à d'autres personnes, les biens de leur église ou de leur monastère. »

Il était arrivé, pendant les troubles causés par les iconoclastes, que l'on avait converti en hôtelleries et à des usages profanes, les maisons épiscopales et les monastères. C'est la matière du treizième canon.

13. Il porte qu'on rétablira ces maisons et ces monastères dans leur premier état, sous peine d'excommunication ou de déposition contre les détenteurs.

14. « Aucun tonsuré ne lira dans l'église sur l'ambon ou le jubé, sans avoir reçu l'ordre de lecteur. Il en sera de même pour les moines : l'abbé pourra toutefois ordonner un lecteur dans son monastère par l'imposition des mains; pourvu qu'il soit prêtre lui-même, et qu'il ait reçu de l'évêque l'imposition des mains, comme abbé. Les chorévêques pourront aussi ordonner les lecteurs, suivant l'ancienne coutume, par permission de l'évêque. »

On peut remarquer trois choses dans ce canon : la première, que les Grecs donnaient la tonsure séparément et sans aucun ordre que ce pût être; la seconde, que l'ordination des lecteurs se faisait par l'imposition des mains seulement, et non pas en leur mettant le livre des Prophètes entre les mains; la troisième, que les abbés avaient le pouvoir de faire des lecteurs pour leurs monastères, du moins avec la permission de l'évêque, et de conférer par conséquent les ordres moindres.

15. « Un clerc ne sera pas inscrit dans deux églises différentes, si ce n'est à la campagne, où l'on pourra lui permettre de servir deux églises pour la rareté des habitants. Quant à celui qui dessert une église de la ville, et qui ne reçoit pas suffisamment pour vivre, il doit choisir une profession qui lui aide à subsister, selon qu'il est dit de saint Paul, *Act.* XX, 34 : *Vous savez que ces mains ont fourni à ce qui m'était nécessaire, et à ceux qui étaient avec moi.* »

16. On défend à tous les clercs, sans exception, les habits magnifiques et les étoffes de soie bigarrées, et l'usage des huiles parfumées; et, parce qu'il y en avait qui se moquaient de ceux qui s'habillaient modestement, le canon veut qu'on les punisse. Il remarque qu'autrefois toutes les personnes consacrées à Dieu s'habillaient simplement et modestement : tout habit que l'on ne prend pas pour la nécessité, mais pour la beauté, jette un soupçon d'orgueil et de vanité, selon que le dit saint Basile.

17. On défend d'entreprendre de faire bâtir des oratoires ou des chapelles, sans avoir des fonds suffisants pour les achever; et l'on ordonne aux évêques d'empêcher ces sortes de bâtiments.

Ce canon regarde principalement les moines qui abandonnaient leurs monastères, et en voulaient faire construire d'autres, afin d'avoir l'honneur du commandement et de la supériorité.

18. « Défense aux femmes, soit libres, soit esclaves, d'habiter dans les maisons épiscopales ou dans les monastères. »

19. On ne prendra rien pour les ordres ni pour la réception dans les monastères;

sous peine de déposition pour les évêques, et les abbés qui sont prêtres; et, à l'égard des abbés qui ne sont pas prêtres, et des abbesses, sous peine d'être chassés de leur monastère et mis dans un autre. On pourra néanmoins recevoir ce que les parents donnent pour dot, ou ce que le religieux apporte de ses propres biens, à la charge que ce qui sera donné demeurera au monastère, soit que celui qui y entre demeure, ou qu'il en sorte (a), si ce n'est que le supérieur soit cause de sa sortie.

20. Il défend, à l'avenir, les monastères doubles d'hommes et de femmes; mais il consent à laisser subsister ceux qui sont déjà fondés suivant la règle de saint Basile. Il défend encore à un moine de coucher dans un monastère de femmes, et de manger seul avec une religieuse.

21. « Les moines ne quitteront point leur monastère pour passer en d'autres, et n'y seront point reçus sans l'agrément de leur abbé. Il en sera de même des religieuses. »

22. Il veut qu'on bannisse des festins des chrétiens toutes sortes de chants et d'instruments de musique qui portent à la lubricité. Il défend aussi aux moines de manger seuls avec des femmes, si ce n'est que cela soit nécessaire pour le bien spirituel de ces femmes, ou qu'elles soient leurs parentes, ou qu'ils soient en voyage.

Le patriarche Taraise rendit compte, par une lettre au pape Adrien, de ce qui s'était passé au concile de Nicée; et le pape Adrien l'approuva, et le confirma. Il en envoya aussi des exemplaires, traduits en latin, à Charlemagne et aux autres princes de l'Eglise latine. Les évêques des Gaules refusèrent de recevoir ce concile, pour plusieurs raisons : 1° parce que les évêques d'Occident n'y avaient point eu de part, qu'ils n'y avaient pas même été appelés, et qu'il ne s'y était trouvé d'occidentaux que les légats du pape; 2° parce que ce concile n'avait point été assemblé de toutes les parties de l'Eglise, et que sa décision n'était point conforme à celle de l'Eglise universelle; 3° parce que l'usage des Gaules était, il est vrai, d'avoir des images, mais non de leur rendre aucun culte, soit relatif, soit absolu : 4° à cause du mot d'*adoration*, que le concile de Nicée avait employé, en parlant du culte qui est dû aux images.

Les évêques portèrent ces raisons, avec leurs plaintes, à Charlemagne, qui donna commission à quelques-uns d'entre eux de faire un recueil de ce que les saints Pères ont dit sur ce sujet. Cette compilation parut trois ans après le concile, c'est-à-dire en 790, divisée en quatre livres; c'est ce qu'on appelle *Livres Carolins*. Deux ans après, Charlemagne l'envoya, en tout ou en partie, au pape Adrien, par Angilbert abbé de Centulle, en le priant de répondre aux difficultés que les évêques des Gaules opposaient au décret du concile. Le pape y répondit article par article, et fit voir que les Pères de Nicée ne s'étaient point écartés de l'ancienne tradition de l'Eglise romaine. Ses réponses ne firent point changer de sentiment aux Eglises de France, et les évêques de ce royaume donnèrent un décret tout contraire à celui de Nicée sur le culte des images, dans le concile de Francfort, tenu l'an 794. Ce ne fut que dans les dernières années du neuvième siècle, ou au commencement du dixième, que l'Eglise Gallicane se réunit avec les Grecs et le reste des Latins sur le culte des images. *Labb., t. VIII.*

NICÉE (Concile de) en Bithynie, l'an 1232, terminé à Nymphée. *Voyez* Nymphée, l'an 1232.

NICÉE (Concile de), l'an 1250. Le patriarche Manuel II tint ce concile, dont les décrets sont attribués mal à propos à Manuel Charitopule par Leunclavius. Ils se trouvent au livre III page 238, du *Jus Græco-Romanum*. Ils portent en date l'an de l'ère de Constantinople 6758, indiction 82, au mois de Juillet. *L'Art de vérifier les dates.*

NICÉE (Conciliabule de) en Thrace, l'an 359. Les ariens persuadèrent à l'empereur Constance d'assembler ce faux concile, dans lequel ils fabriquèrent une formule arienne, avec l'espérance que la ressemblance des noms la ferait prendre par quelques gens simples pour le symbole même du concile général de Nicée, tenu en Bithynie. *Socrat., l. II, c. 37.*

NICOPOLIS (Concile de), l'an 372. Cette ville était dans la petite Arménie, sur les confins de la Cappadoce et sous la métropole de Sébaste. Les collecteurs des conciles (*édit. de Venise, t. II, p. 1056*), placent un concile en cette ville, où saint Basile se trouva l'an 372. Il y ramena de ses erreurs Eustathe de Sébaste, qui condamnait le mariage et la possession des biens, et l'obligea de signer la profession de foi qui se trouve dans les lettres de saint Basile. Mansi fait quelques observations sur ce concile : il ne nie pas qu'il n'ait pu y avoir un concile tenu à Nicopolis l'an 372; mais il soutient que ce n'a pu être dans l'affaire d'Eustathe évêque de Sébaste, puisque saint Basile témoigne lui-même dans sa lettre 99, autrefois 187, qu'après avoir conféré avec les évêques d'Arménie, qu'il dit avoir ramenés à la paix, il vint à Satale, et que Théodote, évêque de Nicopolis, ne l'invita pas au concile qu'il tint dans cette ville. Si donc le saint assista alors à un concile, ce fut à Satale, et non pas à Nicopolis; mais il ne fut pas question en celui-ci de la personne d'Eustathe. *Mansi, Suppl. t. I, col. 231.*

NICOMÉDIE (Concile de), *Nicomediense*, l'an 328. C'est ainsi que Mansi a désigné, d'après Philostorgue, le conciliabule qui condamna saint Eustathe d'Antioche à l'exil, quoique, selon les autres, ce soit à Antioche

---

(a) Cette disposition du second concile de Nicée paraît difficile à concilier avec le chapitre XVI du décret de réformation touchant les réguliers, de la vingt-cinquième session du concile de Trente : *Præcipit sancta synodus... ut abeuntibus ante professionem omnia restituantur quæ sua erant.* Le deuxième concile de Nicée n'a-t-il voulu parler que des religieux qui sortiraient après la profession, et qui en ce cas n'auraient aucun droit de réclamer ce qu'ils auraient donné au monastère, ou bien, la discipline de l'Eglise aurait-elle varié sur cet article?

même qu'il ait été assemblé. *Voy.* ANTIOCHE, vers l'an 331.

NICOSIE (Synode diocésain de), *Nicosiensis*, 18 juin 1253, par l'archevêque Hugues. Ce prélat y publia un statut portant excommunication contre les laïques qui se rendaient coupables de tumulte ou de sédition dans les églises; un autre pour défendre aux religieux d'admettre à leurs offices, les jours de dimanches et de fêtes, les gens de dehors, au détriment de la paroisse. *Mansi, Concil. t.* XXVI.

NICOSIE (Synode de), 30 septembre 1257, par le même, qui y fit une constitution pour défendre comme usuraires les contrats de réméré. *Mansi, Conc. t.* XXVI.

NICOSIE (Concile de), l'an 1288. On y fit défense de sonner plus de deux cloches au trépassement de ceux qui auraient choisi leur sépulture ailleurs que dans leur paroisse. *Id. Ibid.*

NICOSIE (Concile de) en Chypre, l'an 1298. Gérard, archevêque de Nicosie et légat du saint-siège, tint ce concile le 23 septembre. Ce prélat y publia une constitution qui n'était qu'un renouvellement des anciens statuts de la province sur l'administration des sacrements et sur d'autres points de discipline. *L'Art de vér. les dates.*

NICOSIE (Synode de), 15 juin 1313. On lut dans ce synode quarante-deux constitutions de Pierre évêque de Rodez et légat du saint-siège, qui paraît y avoir présidé. Il semble même que ce synode a été provincial.

1. « Tous les clercs du royaume de Chypre s'occuperont à quelque ouvrage utile et convenable à leur état, pour avoir le moyen de vivre à leur aise, ou s'ils sont riches, celui d'échapper aux dangers de l'oisiveté. »

2. « Tous les clercs porteront constamment l'habit clérical, à moins de quelque nécessité accidentelle qui les excuse devant Dieu et les hommes. »

3. « Chaque évêque se fera dresser dans un mois la liste de tous les clercs de son diocèse, pour connaître mieux et par leurs noms ses propres ouailles, et pouvoir les traiter selon leurs mérites ou leurs démérites. »

4. « Aucun clerc ne s'occupera de trafic, ni ne fera l'office de bailli, ni ne se chargera d'affaires séculières, surtout de celles qui pourraient engendrer des procès ou des scandales. »

5. « On ne confiera point non plus à des laïques les affaires dont doivent répondre des prélats ou même des clercs quels qu'ils soient. »

6. « Tous les clercs devront savoir lire et chanter, et tâcher d'acquérir quelques principes de grammaire. »

7. « Pendant les offices, tous les clercs garderont une contenance grave et modeste. »

8. « Aucun d'eux ne portera les cheveux frisés, ce qui ne convient qu'à des femmes, ni ne couvrira sa tête à la façon des militaires ou des écuyers. »

9. « Aucun ne se présentera pour les ordres, s'il n'est issu de légitime mariage, et s'il n'a l'âge requis, avec un titre suffisant. »

10. « Aucun clerc, surtout s'il est engagé dans les ordres sacrés, n'aura dans sa maison de femme suspecte. »

11. « Aucun clerc ne mangera ou ne boira dans une auberge sans nécessité. »

12. « Aucun ne se mettra dans le péril de faire souffrir au prochain quelque dommage notable, sous peine de restituer le double, quoiqu'il dût être obligé au quintuple d'après la loi de Moïse. »

13. « Aucun d'eux ne portera d'armes avec lui, soit la nuit, soit le jour, hors les cas où personne n'y pourrait trouver à redire. »

14. « Aucun d'eux ne s'arrêtera sur les places publiques, ni ne s'occupera de jeux, pas même dans le secret de sa maison. »

15. « On fera les distributions aux chanoines et aux autres clercs de manière à ne point troubler le silence du lieu saint. »

16. « Il y aura sermon à l'église principale, tous les jours de dimanches et de fêtes solennelles. »

17. « Les chanoines seuls, sans préjudice du droit des évêques et des autres supérieurs, pourront servir à l'autel de l'église métropolitaine, soit en qualité de célébrants, soit comme diacres et sous-diacres, et ils rempliront alternativement les offices d'hebdomadaires et de chantres. »

18. « Aucun prêtre, à moins d'impuissance ou de nécessité qui l'excuse, ne manquera de se confesser avant de célébrer la messe. »

19. « Les prêtres, quand ils célèbrent, ne doivent rien avoir sur la tête à partir du moment de l'ablution des mains, sous peine de ne pouvoir plus ensuite célébrer pendant trois mois. »

20. « On devra apporter plus d'assiduité à l'office, soit du jour, soit surtout de la nuit. »

21. « Chaque prêtre pourra, sous l'agrément de son évêque, se choisir un confesseur qui soit discret, et auquel il devra ensuite s'adresser exclusivement à tout autre. »

23. « Les prêtres prendront bien garde d'absoudre leurs pénitents des cas réservés aux évêques. »

24. « Les chanoines de l'église de Nicosie corrigeront, dans l'année, l'office entier de l'église, afin qu'il soit uniforme à l'avenir, ou prendront l'office romain, qui se recommande par son ancienneté et sa belle ordonnance. »

26. « On ne permettra à personne de manger de la viande pendant le carême ou les autres jours d'abstinence, à moins d'une cause grave, telle que l'article de la mort, ou une maladie sérieuse, ou un danger évident. »

34. « Aucun clerc ne parlera en mal de son supérieur, soit en public, soit en secret, ni ne le diffamera auprès de qui que ce soit. »

35. « La fête du Corps de Notre-Seigneur se célébrera dans toute la province de Nicosie le jeudi après l'octave de la Pentecôte, avec octave. »

36. « Nous accordons quarante jours d'indulgence à quiconque accompagnera l'espace de quarante pas le corps de Notre-Seigneur, lorsqu'on le portera aux infirmes. Ceux qui

le rencontreront sur le chemin étant à cheval, devront en descendre et se mettre à genoux. »

37. « Tous les clercs, qui voudront avoir entrée au chœur, devront être revêtus de chapes noires en hiver, comme les chanoines, pendant les offices, etc. » *Mansi, Conc. t. XXVI.*

NICOSIE (Chapitre des chanoines de l'église métropolitaine de), 7 avril 1320. Nous faisons mention de ce chapitre, uniquement parce que l'archevêque Jean y fit lire ses constitutions, comprises parmi les constitutions synodales de cette église et rapportées par *Mansi. Ibid.*

NICOSIE (Constitution de), 17 juin 1321, faite par le même. « Défense, soit aux laïques, soit aux clercs, de pénétrer dans les cloîtres de religieuses, excepté aux reines et à leur suite, aux sœurs du roi, et aux confesseurs de ces couvents. » *Id. Ibid.*

NICOSIE (Chapitre de), 22 janvier 1324, par le même. « Défense aux clercs et aux religieux de prendre des engagements au delà d'une certaine somme. » *Ibid.*

NICOSIE (Chapitre de), 30 mars 1325, sous le même. Statut pour le maintien des droits et des priviléges de l'église de Nicosie. *Id. Ibid.*

NICOSIE (Concile de), l'an 1340. Hélie, archevêque de cette ville, et quatre de ses suffragants, tinrent ce concile. On y publia une confession de foi et une constitution sur la discipline, renfermée en huit articles, dont le premier ordonne de payer entièrement la dîme; le second défend les mariages clandestins; le troisième commande à tous les évêques latins de tenir deux fois leur synode chaque année; le quatrième, d'avertir par quelque signe du moment où la consécration est faite à la messe; le cinquième confirme les constitutions publiées auparavant; le sixième défend les expectatives par rapport aux chanoines des cathédrales, qu'on nomme *expectants*, qui, en attendant un canonicat, se plaçaient au chœur avec les chanoines, avaient voix au chapitre, etc. Le septième défend aux clercs de se mêler de l'exécution des testaments, et de se mettre au service des laïques. *Reg.* XXIX; *Labb.* XI, *Hard.* VIII.

NICOSIE (Chapitre de), 16 mars 1353. « Aucun mariage ne sera contracté entre un Franc et une Grecque, ou réciproquement, qu'il n'ait été trois fois à la manière des Francs, et que la personne grecque n'ait été confirmée suivant le même rite. Les enfants qui naîtront de ces mariages seront réputés Francs, et non Grecs. Les prêtres francs n'administreront les sacrements aux Grecs, pas plus que les Grecs aux Francs, que dans les cas de nécessité. » *Id. Ibid.*

NICOSIE (Chapitre de), l'an 1354. « Les prêtres ne feront point les offices de diacres ou de sous-diacres, ni ceux-ci ou d'autres clercs les fonctions qui ne conviennent qu'aux prêtres; mais chacun se tiendra dans son ordre respectif. *Id. Ibid.*

NIDIGELLENSE (*Concilium*). *Voy.* NÉELLE.

NIMÈGUE (Concile ou Assemblée de), *Noviomagense*, l'an 831. L'empereur Louis ayant fait comparaître dans cette assemblée les chefs de la révolte excitée contre lui, Jessé, évêque d'Amiens, y fut déposé par les évêques. Quelque temps après, cependant, ce prince le fit rétablir; et quoique les autres coupables eussent été condamnés à mort, il se contenta de les reléguer et de les faire garder, les laïques en divers lieux, et les clercs dans des monastères. C'est par erreur qu'on trouve ce concile sous le nom de Noyon dans le IVe tome du *Dictionnaire des sciences ecclésiastiques* du P. Richard, et dans les *Tablettes chronologiques* de l'abbé Lenglet.

NIMÈGUE (Concile de), l'an 1018. Ce concile fut tenu le 16 mars. On y condamna le mariage incestueux d'un seigneur français, nommé Otton, avec Irmingarde sa parente : on y statua aussi que le corps de Jésus-Christ serait placé à la gauche du prêtre, et le calice à sa droite, sur l'autel, pendant la messe. *Concil. Germ.*, t. III; *Mansi*, tom. 1, col. 1239.

NIMES (1er concile de), vers l'an 393. Il s'était répandu dans la Narbonnaise une nouvelle hérésie, qui n'était qu'un tissu ridicule des erreurs des gnostiques, des manichéens, de l'arianisme et du sabellianisme. Priscillien, qui en était l'auteur, y avait seulement ajouté quelque chose du sien. Les évêques catholiques avaient d'abord fait éclater leur zèle pour en arrêter les funestes progrès. Ithace, évêque espagnol, était le plus animé contre les priscillianistes, jusqu'à poursuivre leur mort. Mais en ce dernier point de son zèle, la plupart de ses collègues, entre lesquels on remarque principalement saint Martin, évêque de Tours, l'avaient désapprouvé, et s'étaient même séparés de sa communion.

L'affaire des ithaciens forma donc une division qui aurait pu devenir funeste à l'Église : ce fut pour y remédier qu'on tint à Nîmes le concile dont nous parlons. Nous n'en connaissons pas néanmoins les particularités. Nous savons seulement que saint Martin, étant occupé à prier Dieu dans un vaisseau sur lequel il voyageait avec Sulpice Sévère, apprit par la révélation d'un ange tout ce qui s'y était passé, et ce que les évêques assemblés avaient décidé, et que ses disciples ayant voulu s'en informer, reconnurent que tout était conforme à ce que l'ange lui avait révélé, soit pour le jour de l'assemblée, soit pour les décrets qu'on y avait arrêtés. MÉNARD, *Hist. civ. eccl. et litt. de la ville de Nîmes*, t. I; *Sulpic. Sev. dial.* 2, n. 13. Les auteurs bénédictins de la collection des conciles de France commencée en 1789, disent seulement que ce concile se tint après l'an 385, mais sans pouvoir en assigner l'époque précise.

NIMES (Conciles de) ou de *Port*, de *Portu*, l'an 887 ou 886, et 897 ou 898. *Voy.* PORT, mêmes années.

NIMES (Conc. de), an 897 ou 893; *Voy.* PORT,

NIMES (2ᵉ Concile de), l'an 1096. Le pape Urbain II tint ce concile, qu'il avait d'abord indiqué à Arles. Arrivé à Nîmes, le 5 juillet, il en consacra dès le lendemain, qui était un dimanche, l'église cathédrale avec beaucoup de solennité, sans en changer néanmoins la dédicace, qui demeura toujours sous l'invocation de la sainte Vierge. Il fit cette cérémonie en présence de plusieurs archevêques et évêques.

Le même jour, et dans cette même église, le pape et les prélats s'assemblèrent pour l'ouverture du concile. Il s'y trouva dix archevêques et quatre-vingt-dix prélats, tant évêques qu'abbés, de différents royaumes ou provinces. Il y eut sept cardinaux, dont deux étaient évêques, Gaultier d'Albane et Grégoire de Pavie, et cinq qui ne l'étaient pas, parmi lesquels on remarque Richard, abbé de Saint-Victor de Marseille. Les archevêques furent Hugues de Lyon, Amat de Bordeaux, Bernard de Tolède, qui étaient tous trois légats dans leurs provinces; Hugues de Besançon, Gui de Vienne, Raoul de Tours, Gibelin d'Arles, celui d'Embrun, Daibert de Pise, et Bérenger de Taragone. Parmi les évêques on remarque Isarn de Toulouse, Bertrand de Nîmes, Godefroi de Maguelonne, Hugues-Humbald d'Auxerre, Arnaud d'Elne, Bertrand de Girone et Brumon de Segni; et parmi les abbés, Pierre de Cuxa dans le Conflant, Benoît de Bagnols dans le comté de Besalu, et Bernard de Riupoll dans la Marche d'Espagne.

On traita plusieurs affaires importantes dans les premières séances du concile de Nîmes. Le 8 juillet, on termina le différend qui était entre Isarn, évêque de Toulouse, et les chanoines de Saint-Sernin, et qui durait depuis longtemps. On obligea Isarn à abandonner ses prétentions sur les oblations faites à l'église de Saint-Sernin. Urbain II et le comte Raimond de Saint-Gilles confirmèrent en pleine assemblée les donations qu'ils avaient accordées à cette église, lorsque le pape en avait fait la consécration pendant son séjour à Toulouse le 14 mai précédent.

Le 9 juillet, on décida le différend qui s'était élevé entre l'abbaye de Figeac et celle de Conques, à l'occasion de l'union qui s'était faite des deux monastères sous un seul abbé; ce qui avait été la source de plusieurs dissensions entre les moines. On déclara que chaque abbaye aurait à l'avenir son abbé particulier. Ce décret fut encore confirmé par Urbain II, qui donna à ce sujet une bulle datée de Saint-Gilles, où il se rendit après le concile de Nîmes, le 15 du même mois.

Le 11, on écouta les plaintes qui furent portées au concile par Bernard, abbé de Riupoll, contre les entreprises de Bérenger, évêque d'Ausone et archevêque de Taragone, qui avait interdit toutes les églises soumises à son abbaye, au mépris des priviléges et des immunités dont le saint-siége avait décoré son monastère. Bérenger, qui était présent, s'excusa sur les entreprises qu'on lui imputait, et assura qu'il n'y avait point de part; il promit même d'être attentif à maintenir cet abbé dans la jouissance de ses priviléges. Le concile, satisfait de la bonne foi de Bérenger, se contenta de consacrer les priviléges de l'abbaye de Riupoll. Bernard, dans la vue de cimenter ses droits, suivit le pape à Saint-Gilles, et obtint de lui une confirmation encore plus ample de tous ses priviléges.

Le 12 de juillet, le comte Raimond de Saint-Gilles, touché des représentations qu'Urbain II lui avait faites auparavant en diverses occasions, pour l'engager à se dépouiller des biens ecclésiastiques qu'il possédait, comme à titre d'hérédité, par l'usurpation que ses prédécesseurs en avaient faite, donna des preuves marquées de sa piété et de sa religion à cet égard. Il déclara devant le pape et tous les Pères assemblés, qu'il cédait à l'abbaye de Saint-Gilles tous les droits et usages que lui ou ses prédécesseurs avaient possédés justement ou injustement, soit dans la ville de Saint-Gilles, soit dans le territoire de la Vallée-Flavienne. Pour donner plus de force à l'abandon qu'il en faisait, il se soumit à l'excommunication qu'Urbain II prononça, de son consentement même, contre lui et contre ses successeurs, s'ils venaient jamais à reprendre les biens de cette abbaye sans la volonté de l'abbé. Outre cela, il jura entre les mains du pape l'observation de ses promesses. Ce prince, qui avait déjà pris la croix, était à la veille de son départ pour Jérusalem; il voulut par cette restitution attirer les faveurs du ciel sur son entreprise.

Voici en entier l'acte de donation qui fut dressé en cette circonstance :

« Au nom de la sainte et indivisible Trinité, du Père, du Fils et du Saint-Esprit, pour honorer et glorifier l'unité dans la Trinité, pour l'honneur de la bienheureuse vierge Marie, Mère de Dieu, des esprits célestes, des bienheureux apôtres Pierre et Paul et de tous les saints, principalement de saint Gilles, confesseur de Jésus-Christ : Moi, Raimond, par la permission de Dieu comte de Toulouse et du Rouergue, duc de Narbonne, marquis de Provence, craignant d'encourir la damnation éternelle, en présence du saint concile célébré en ce moment à Nîmes par le vénérable pape Urbain II, je cède et fais donation pleine et entière au religieux abbé Odilon et à tous les frères de l'abbaye de Saint-Gilles, ici présents, de tous les droits et usages que j'avais cru posséder justement ou injustement, soit dans le territoire même de Saint-Gilles, soit dans celui de la vallée Flavienne; je renonce pareillement à tous les priviléges bons ou mauvais que moi ou mes prédécesseurs y avions possédés, en vue d'obtenir la rémission de tous mes crimes passés, et d'entrer en possession des biens futurs. *Fiat, fiat*. Ainsi soit-il. Si quelqu'un de mes successeurs venait jamais à mettre obstacle aux effets de cette donation faite de mon consentement, qu'il sache qu'il encourra l'éternelle damnation avec le perfide Judas, Simon le Magicien, Datan et Abiron, et avec tous les autres réprouvés. »

Cet acte fut souscrit par Gautier, évêque d'Albanie, Grégoire de Pavie, cardinal, Jean, cardinal-diacre, Albert, cardinal-prêtre, Daimbert, cardinal-archevêque de Pise, Hugues, archevêque de Lyon et légat du saint-siége, Amal, archevêque de Bordeaux et légat du saint-siége, Bernard, archevêque de Toulouse et légat du saint-siége, Bruno, évêque de Signia, Hugues, archevêque de Besançon, Bertrand, évêque de Nîmes. Voici les noms des religieux qui souscrivirent avec Odilon, leur abbé : Rostang, le prieur, Pierre, le doyen, Berrozet, Pierre et Guillaume de Castlar, Raimond et Jean, Pierre de Laurac. Après la souscription de Raimond, on trouve celle de plusieurs seigneurs séculiers du pays : Pierre Bermond, Guillaume de Montpellier, Raimond Pierre de Gorza, Pence Guillaume de Bariac, Pierre-Guillaume de Rochemaure, Rostang et Régnier de Posquier. L'acte est daté du concile même, le samedi 12 juillet 1096, indiction IV, ce qui prouve avec évidence que le concile avait commencé un dimanche, quoique les historiens ne le disent pas. Quelques jours après, c'est-à-dire le 22 du même mois, cette cession fut confirmée par Urbain II, à Villeneuve-lez-Avignon, dans un rescrit dont voici la teneur.

« Urbain, évêque, serviteur des serviteurs de Dieu. — De même qu'on ne doit jamais faire droit à une demande injuste, de même on doit s'empresser d'accéder à une requête dont l'objet est légitime. Raimond, comte de Toulouse et de Rouergue, marquis de Provence, reconnaissant qu'il tient de l'Église romaine une partie de sa puissance, et voulant honorer Dieu et le bienheureux Gilles, a fait abandon de tous les droits qu'il avait cru posséder justement ou injustement, soit sur le territoire même de Saint-Gilles, soit sur celui de la vallée Flavienne, et il a déclaré qu'il renonçait à tous les priviléges bons ou mauvais que lui ou ses prédécesseurs y avaient possédés. Sur le point d'entreprendre le voyage de Jérusalem, il a juré entre nos mains, au concile assemblé à Nîmes, l'observation de cette promesse en faveur d'Odilon et des religieux de Saint-Gilles, appelant sur lui-même et sur tous ses successeurs l'anathème et la réprobation éternelle, si jamais ils osaient s'opposer aux effets de cette donation. Nous avons donc confirmé la demande du comte en présence de tout le concile et à la prière des religieux, et nous la revêtons du sceau de notre autorité, soumettant à l'anathème et à l'excommunication, et privant de tous ses emplois et dignités quiconque oserait annuler ou empêcher l'effet de cette requête. La divine Providence nous a permis de consacrer ensuite de nos propres mains l'autel érigé dans la nouvelle église du monastère de Saint-Gilles. Nous avons donc décrété et nous décrétons que jamais aucun archevêque ou évêque ne pourra porter sentence d'excommunication ou d'interdit contre ladite église, et voulons que ledit monastère jouisse à tout jamais de sa propre juridiction, qu'il tient de l'autorité de l'Église romaine, au sentiment du bienheureux Gilles lui-même. Si quelqu'un, connaissant la teneur de ce décret, osait jamais y mettre empêchement, qu'il soit privé des honneurs et des dignités de sa charge, séparé de la communion du corps et du sang de Jésus-Christ, et qu'il reçoive, au dernier jour, la peine de l'éternelle malédiction..... » *Mansi, Conc. t. XX.*

On agita encore dans ce concile plusieurs autres points remarquables. Hugues, archevêque de Lyon, s'y plaignit de Richer, archevêque de Sens, qui ne voulait point se soumettre à lui comme à son primat, et refusait d'obéir au décret du concile de Clermont, par lequel la primatie de Lyon avait été confirmée, suivant la bulle que le pape Grégoire VII avait donnée en faveur de l'archevêque Gébuin. En sorte que, sur la plainte de Hugues, le concile de Nîmes confirma de nouveau la primatie de Lyon. Humbald, évêque d'Auxerre, cita devant cette assemblée Guibert, abbé de Saint-Germain d'Auxerre, et l'accusa de beaucoup de crimes. Le concile, instruit de la vérité de cette accusation, obligea cet abbé à se démettre de sa dignité. Le pape lui ôta sa crosse, la remit à l'évêque Humbald, et chargea celui-ci de placer pour abbé dans son monastère quelque digne religieux, en lui laissant le choix de le prendre ou dans l'abbaye de la Chaise-Dieu, ou dans celle de Cluny, afin de rétablir la discipline monastique dans cette abbaye, qui avait été jusqu'alors si célèbre.

On agita dans le concile de Nîmes la cause de Gérard, évêque de Terouanne, qui était accusé de simonie. Ce prélat avait été canoniquement élu par le clergé et par les vœux du peuple. On avait néanmoins été obligé de promettre une certaine somme d'argent pour obtenir le consentement du roi. La convention s'était faite à l'insu de Gérard; mais c'était ce prélat qui avait payé la somme promise. Comme il fut convaincu d'avoir fait ce payement, le pape le priva de l'exercice de son ministère.

On agita aussi la cause d'un prêtre, nommé Anselle, qui avait été élu évêque de Beauvais. Quelques-uns prétendaient que son élection n'était pas canonique. Il ne laissa pas d'avoir de puissants amis dans le concile qui parlèrent en sa faveur; Hugues, archevêque de Lyon, fut un des plus zélés. Le pape se trouva embarrassé, et ne voulut rien prononcer là-dessus, en sorte que cette affaire demeura indécise.

Enfin, le concile de Nîmes fit plusieurs règlements de discipline, contenus en seize canons que nous allons rapporter tout à l'heure.

D. Luc d'Achéry, qui a imprimé les canons de ce concile au tome IV de son Spicilége, page 234, sur le manuscrit de Saint-Aubin d'Angers, en compte dix-huit. Le P. Labbe, qui les a donnés dans son édition des Conciles, sur une copie du P. Sirmond tirée sur le même manuscrit, n'en met que seize; mais cette différence ne vient que de la manière dont les éditeurs ont partagé les articles.

1. On confirme le canon du concile de Clermont, qui défend aux évêques de donner des églises ou des prébendes pour de l'argent, et d'obliger les moines à racheter d'eux les autels ou les églises, à la mort des clercs qui les desservent ; mais on veut que ce soient les évêques qui placent des prêtres dans les églises, du consentement des abbés de qui elles dépendent.

2. « Il y a des ignorants qui, se laissant emporter aux mouvements de leur jalousie, disent que les moines, étant morts au monde pour vivre à Dieu, sont indignes de faire les fonctions sacerdotales, comme de donner la pénitence, le baptême, ou l'absolution ; mais ils se trompent grossièrement : autrement, saint Grégoire, qui était moine, n'aurait jamais été élevé au souverain pontificat ; saint Augustin, son disciple, saint Martin, et tant d'autres saints moines, n'auraient pas été promus à l'épiscopat. Saint Benoît même leur a seulement défendu de se mêler d'affaires temporelles : défense qui regarde les chanoines comme les moines, puisqu'ils sont également morts au monde. Les uns et les autres ressemblent aux anges, puisqu'ils annoncent les ordres de Dieu. Mais les moines sont semblables aux séraphins, dont leur habit représente les six ailes : deux par le capuce, deux par les manches, et deux par le corps. Nous ordonnons donc que ceux qui s'élèvent à ce sujet contre les moines, soient privés des fonctions de la puissance sacerdotale. »

On attribue un pareil canon, en faveur des moines, au pape Boniface IV. Fleury dit que « le style en convient mieux au temps d'Urbain II ; » mais, puisqu'il avoue que saint Pierre Damien a cité ce décret comme de Boniface IV, il est évident que saint Pierre Damien, qui mourut l'an 1072, ne l'a point pris du concile de Nîmes, tenu l'an 1096. Il faut donc reconnaître qu'Urbain II n'a fait que renouveler au concile de Nîmes le même décret que Boniface IV avait porté dans un concile de Rome, au commencement du septième siècle.

3. Ceux qui ont renoncé au siècle, doivent avoir un plus grand soin de prier pour les pécheurs, et ils sont plus capables de délier les péchés que les prêtres séculiers ; car ils se conforment bien mieux aux règlements des apôtres, et marchent sur leurs traces avec plus d'application que les autres. Nous croyons donc que ceux qui ont tout abandonné pour suivre Jésus-Christ, sont plus dignes de baptiser, de prêcher, de donner la communion et d'imposer la pénitence : c'est pourquoi nous leur permettons toutes ces fonctions.

4. Celui qui aura la témérité de faire prisonnier un évêque, un abbé ou un prêtre, sera excommunié et déclaré infâme ; de plus, sa terre sera mise en interdit, jusqu'à ce qu'il ait fait satisfaction à l'Église.

5. Quand un évêque sera mort, on nommera deux personnes de probité pour exécuter son testament, et pour conserver aux successeurs les biens de l'évêché. Celui qui s'en emparera sera excommunié, et on cessera l'office divin dans toutes les églises du diocèse.

6 et 7. On excommunie les laïques qui possèdent des biens de l'Eglise, ou qui retiennent les oblations et les décimes qui lui sont dues.

8. Un clerc ou un moine, qui a reçu un bénéfice ecclésiastique des mains d'un laïque, en sera privé.

9. Un prêtre qui, par cupidité, passe d'une église moins riche à une plus riche, les perdra l'une et l'autre.

10. On excommunie ceux qui épousent publiquement des parentes ou des adultères, tant qu'ils ne s'en seront pas séparés.

11. On prive de la sépulture, et des suffrages de l'Eglise, les ravisseurs qui sont tués dans le rapt, sans avoir fait pénitence.

12. On dégrade les prêtres fornicateurs.

13. On ne mariera pas les filles avant l'âge de douze ans.

14. Il n'est pas permis de retirer les biens donnés à l'Église, ni de citer des clercs par-devant les juges séculiers.

15. Défense aux évêques de recevoir ceux qui auront été excommuniés par d'autres évêques.

16. Défense aux moines d'admettre à la sépulture, ou à l'office divin, les excommuniés, les ravisseurs, les interdits : *Monachi nullo modo recipiant ad sepulturam, aut ad quodlibet divinum officium, excommunicatos, aut raptores, aut interdictos.*

M. Hermant, dans son Histoire des Conciles, tome III, p. 237, traduit ainsi ce canon : « Le 16e et le dernier défend aux moines d'accorder à personne la sépulture, de recevoir à l'office divin les excommuniés, les ravisseurs, et ceux qui sont interdits ; » voulant faire entendre que le concile de Nîmes défend aux moines d'enterrer qui que ce soit dans leurs églises ou leurs monastères, tandis que cette défense ne tombe que sur les excommuniés, les ravisseurs et les interdits. C'est une infidélité qui saute aux yeux ; et il nous suffira d'avertir, une fois pour toutes, qu'il ne faut pas toujours se fier à cet écrivain, quoique estimable d'ailleurs, si l'on veut connaître au juste les canons ou les règlements des conciles dont il nous a donné l'histoire.

Tels sont les canons du concile de Nîmes. La plupart avaient déjà été dressés dans celui de Clermont ; mais comme ils étaient importants par rapport aux pernicieux usages qui avaient cours en ce temps-là, le pape jugea à propos de les renouveler dans celui-ci.

Nous n'avons garde de comprendre parmi les matières qui furent agitées au concile de Nîmes, la prétendue absolution du roi Philippe Ier, qui avait été excommunié à cause de son mariage avec Bertrade, fille de Simon, comte de Montfort. Ce fait, quelque important qu'il soit, ne se trouve rapporté par aucun ancien auteur, si ce n'est par la chronique de Maillezais, qu'un historien moderne, le P. Daniel, a suivie (*Hist. de France*, t. I); mais on est obligé de le rejeter par des raisons puissantes. D'un côté, le roi Philippe avait envoyé Ives de Chartres auprès du pape peu avant le concile de Nîmes; ce qui n'eût pas été nécessaire si ce prince avait été dans le dessein de se trouver lui-même au concile. D'un autre côté, Philippe était encore excommunié après le concile, puisqu'il ne fut absous qu'en 1105 (*a*), dans un concile tenu à Paris, ainsi que le rapporte le P. Labbe. A quoi l'on peut joindre la teneur du dixième canon du concile de Nîmes, qui semble fait exprès pour le roi Philippe, qui avait épousé une adultère, Bertrade, femme de Foulques le Rechin, comte d'Anjou. Le concile de Nîmes fut terminé le 14 juillet. *Anal. des Conc.*, II; *Hist. civ. eccl. et litt. de la ville de Nîmes*, t. I; *Labbe*, t. X.

NIMES (Synode de), vers l'an 1284, suivant l'*Histoire de l'Eglise Gallicane*. Vers cette époque, Bertrand, évêque de Nîmes, publia un livre synodal, pour servir d'instruction pratique aux clercs et aux laïques de son diocèse. Cet ouvrage consiste en dix-sept articles, dont le dernier n'est pas complet. Le premier entre dans un grand détail sur le baptême, que les laïques peuvent conférer en cas de nécessité urgente. Il en donne la forme. « Si l'enfant ne peut être transporté à l'église, et qu'il y ait danger de mort, on le plongera dans l'eau chaude ou froide, non en d'autre liqueur, en disant : *Je te baptise au nom du Père, du Fils et du Saint-Esprit*. C'est aux hommes à baptiser, préférablement aux femmes, qui le peuvent faire faute d'hommes, aussi bien que le père et la mère, s'ils sont seuls. Le baptême d'effusion sur la tête suffit, ou bien une simple immersion au lieu de trois. » Le détail est fort long, n'omet rien, et donne l'idée de la méthode des autres articles, sur la pénitence et les cas réservés, sur l'eucharistie, sur la messe, sur l'extrême-onction, sur le respect dû aux églises, sur l'aliénation des biens ecclésiastiques, sur la vie que doivent mener les clercs, sur les testaments, sur les dîmes et les prémices, sur la sépulture, sur le mariage, sur l'excommunication et l'interdit, sur la manière d'absoudre les malades aussi bien que les personnes en bonne santé, sur le parjure, sur les juifs, enfin sur plusieurs règlements particuliers. En un mot, c'est le catéchisme des curés, et ils devaient l'expliquer au peuple. On y remarque un point, que l'usage et le consentement des évêques autorisaient en ce temps-là : c'est qu'un simple clerc, non prêtre, pouvait absoudre un excommunié à la mort. Il n'est question là que de l'absolution de la censure, qui ne suppose pas nécessairement le caractère sacerdotal, comme l'absolution des péchés. Ainsi c'est sans raison qu'on a cru voir une erreur (*b*) dans cet article du Livre synodal de Nîmes. *Hist. de l'Egl. Gall.*, l. XXXIV.

D. Martène a donné ce Livre synodal tout entier, mais sans en marquer la date, et sous ce titre-ci : *Incipit Liber synodalis compositus per magistrum Petrum de Sampsono ad instantiam domini Raymundi Dei gratia Nemausensis episcopi*; d'où il faudrait conclure que ce livre synodal a été publié par l'évêque Raymond, et non par un évêque Bertrand, comme le prétendent les historiens de *l'Eglise Gallicane*. On y trouve à la fin plusieurs citations d'un concile d'Avignon et d'un concile de Narbonne, avec la note suivante qui termine l'ouvrage : *Ista statuta provincialia sanctissimus in Christo pater et dominus dominus PP. Urbanus quintus ad honorem Dei et virginis Mariæ dedit Ecclesiæ Avenionensi ad servitium ipsius Ecclesiæ et usum canonicorum, et quod nunquam alienetur, anno Domini* M.CCC.LXIV, *die septima mensis Martii. Amen.* Cela nous porte à croire que le Livre synodal lui-même est d'une époque beaucoup plus récente que ne le fait l'*Histoire de l'Eglise Gallicane*.

NIMES (Concile de), convoqué l'an 1302 par Gilles Aicelin, archevêque de Narbonne, pour le 15 septembre. L'archevêque se proposait d'y mettre en délibération, avec ses suffragants, s'ils se rendraient à Rome pour le concile que le pape y avait convoqué, ou s'ils se soumettraient à la défense que leur en faisait le roi. On ignore si cette assemblée se tint effectivement. Nous savons seulement que l'archevêque de Narbonne demeura en France, et qu'il n'y eut que six de ses suffragants qui se rendirent à Rome et y assistèrent au concile que le pape tint le 30 octobre de la même année. *Ménard, Hist. de la ville de Nismes*, t. I.

NIMES (Concile de), l'an 1302, dans les jours de l'octave de la Nativité, pour vider un différend entre l'archevêque et le vicomte de Narbonne. *Gall. Chr.*, t. VI, col. 85.

NIMES (Concile, ou plutôt assemblée de la province de Narbonne, convoquée à), l'an 1364, présidée par Pierre de la Jugie, archevêque de Narbonne, malgré l'opposition de l'évêque de Nîmes, qui lui disputait ce droit. *Gall. Chr.*, t. VI, col. 92.

NIMOCIUM (Concile provincial de Nicosie tenu à), l'an 1298. *Voyez* NICOSIE, l'an 1298.

NISIBE (Conciliabule de), vers l'an 645, par Gurias, qui pouvait être l'archevêque nestorien de cette ville. L'existence de ce concile nous est révélée par une lettre de Jésujab, métropolitain de l'Adiabène, conservée par Assémani. Cette lettre fait voir en même temps que les canons composés dans cette assemblée ont été rejetés même par les nestoriens. *Mansi, Conc.* t. X.

(*a*) L'estimable auteur de l'*Histoire civile, ecclésiastique et littéraire de la ville de Nîmes* s'est mépris lui-même, en avançant que le roi Philippe Ier fut absous dans le concile tenu le 30 juillet 1104 à Beaugenci. Les prélats de ce concile s'excusèrent de prononcer eux-mêmes cette absolution, comme n'ayant pas des pouvoirs suffisants. *Voy.* les Conciles de Labbe, t. X.

(*b*) Les derniers éditeurs des Conciles ont traité d'opinion fausse cet endroit du Livre synodal ; en quoi ils se trompent eux-mêmes. Ils renvoient sur cela à saint Thomas, qui dans l'endroit indiqué parle de l'absolution des péchés, et non de l'absolution des censures.

(*Note de l'Hist. de l'Egl. Gallic.*)

NIVERNENSIS (*Synodus*). Voy. NEVERS.
NIVIGELLENSE (*Concilium*). Voyez NÉELLE.
NOBILIACENSE (*Concilium*). Voy. SAINT-LÉONARD.
NODDRE (Concile de). Voy. NID.
NOGARET (Concile de) ou Nougarol, *Nugaroliense*, l'an 1141, tenu par Willerme, archevêque d'Auch, et les évêques de la province, pour juger un débat élevé entre l'abbé de Saint-Sévère et l'évêque diocésain. L'évêque ne put y prouver ce qu'il intentait à l'abbé. *Estiennot, Fragm.*, t. IX.

NOGARET (Concile de) ou Nougarol, l'an 1290. Amanée d'Armagnac, archevêque d'Auch, tint, le samedi d'après la fête de l'Assomption de la Vierge de l'an 1290, à Nogaret, dans le pays d'Armagnac, ce concile des évêques de sa province, qui y firent douze canons.

Le 1er condamne Roger Bernard, comte de Foix, à restituer à l'église de Lescar la ville de Lescar, les châteaux et les lieux qui en dépendent, sous peine d'excommunication.

Le 2e confirme la sentence d'excommunication portée contre ceux qui retiennent les biens des églises de cette province.

Le 3e prononce la même sentence contre ceux qui abusent des lettres apostoliques, soit en en supposant qui n'en sont pas, soit en cédant à d'autres celles qu'ils ont véritablement reçues en leur propre nom.

Le 4e excommunie les sorciers.

Le 5e excommunie ceux qui citent les clercs devant les juges séculiers. Il exempte aussi les lépreux de leur juridiction, et leur ordonne de porter une marque qui les distingue, et de s'abstenir de paraître dans les marchés et les foires, sous peine de cinq sols d'amende.

Les six suivants renouvellent ou augmentent les diverses peines portées contre ceux qui attentent aux personnes, ou aux biens et aux droits ecclésiastiques. *Labb.*, t. XI.

NOGARET (Concile de), l'an 1303. Le lundi d'après la fête de saint André de l'an 1303, Amanée, archevêque d'Auch, tint avec les évêques de sa province un concile à Nogaret, dans lequel on fit les dix-neuf canons suivants.

Le 1er et le 2e portent qu'on ne recevra point les clercs étrangers, et qu'on ne leur laissera point administrer les sacrements, sous peine d'excommunication, à moins qu'ils n'aient des lettres de recommandation de leur évêque.

Le 3e défend aux laïques, sous peine d'excommunication, et aux clercs et aux religieux, sous peine d'interdit, de troubler la fonction des juges ecclésiastiques et des inquisiteurs.

Le 4e dénonce excommuniés ceux qui empêchent les délégués de l'évêque d'exécuter ses ordres.

Le 5e porte la même peine contre les seigneurs et les juges séculiers qui s'emparent de la juridiction ecclésiastique et qui se mêlent de juger des censures. « Ce n'est point à eux, dit le concile, à décider si les sentences d'excommunication, de suspense, d'interdit, sont justes ou injustes. »

Le 6e défend, sous peine d'excommunication, de prendre ou de maltraiter ceux qui se retirent dans les églises.

Le 7e déclare les parjures excommuniés, infâmes et incapables de tester.

Le 8e défend d'enterrer les laïques dans les églises sans la permission de l'évêque et du curé.

Le 9e porte que les corps de ceux qui auront choisi le lieu de leur sépulture hors de leur paroisse seront portés à l'église paroissiale, et qu'on lui payera les droits, sous peine d'interdiction.

Le 10e ordonne qu'on excommunie ceux qui retiennent les dîmes, qu'on les prive de la sépulture, et qu'eux et leurs descendants, jusqu'à la quatrième génération, soient tenus pour incapables d'être promus aux ordres sacrés ou de posséder des bénéfices.

Le 11e porte que si les archidiacres reçoivent quelque présent dans le cours de leurs visites, ils seront déclarés suspens, et ceux de leur suite excommuniés *ipso facto*, et tenus de rendre le double de ce qu'ils ont pris.

Le 12e ordonne que si une église qui n'a pas encore été consacrée est polluée par l'effusion du sang, ou par la sépulture d'un excommunié ou d'un interdit, elle soit purifiée par l'aspersion de l'eau bénite, faite par l'évêque avant que celui-ci procède à sa consécration.

Le 13e défend de traiter dans l'église des causes temporelles, et encore moins des criminelles, sous peine d'excommunication et de nullité des sentences.

Le 14e et le 15e déclarent excommuniés les concubinaires, les adultères publics, les usuriers et ceux qui retiennent les cédules des choses payées, s'ils ne les rendent au plus tôt.

Le 16e soumet à l'interdiction les lieux dans lesquels on retire les choses enlevées aux églises, aux ecclésiastiques et aux religieux.

Le 17e excommunie les magistrats, les consuls et les barons qui imposent la taille sur les lépreux renfermés. On voit ici la protection que l'Église exerçait envers ces malheureux.

Le 18e porte la même peine contre ceux qui engagent les biens ou les personnes ecclésiastiques pour d'autres.

Le 19e ordonne de dénoncer de même excommuniés ceux qui saisiront les choses mises en dépôt dans les églises. *Labb.*, t. XI.

NOGAROL (Concile de), vers l'an 1154, tenu par l'évêque d'Oleron, légat du saint-siège, qui y ratifia l'érection d'une chapelle dans l'hôpital de Morlan. *Mansi, Conc.* t. XXI.

NOGAROL (Concile de), l'an 1315. Amanée d'Armagnac, archevêque d'Auch, tint ce concile de sa province, et y publia cinq règlements.

1. Les seigneurs temporels, et tous les autres laïques, qui s'empareront des églises vacantes, seront excommuniés; et leurs en-

fants seront inhabiles pour cette fois à les posséder.

2. Les enfants, les frères et les neveux de ceux qui auront contribué à faire mettre les ecclésiastiques à la taille seront incapables d'être promus aux bénéfices et aux ordres jusqu'à la quatrième génération, et toute leur famille sera privée de la sépulture ecclésiastique.

3. On ne refusera point le sacrement de pénitence aux criminels condamnés à mort.

4. Ceux qui feront injure aux domestiques des évêques seront excommuniés, et le lieu où l'action aura été commise sera interdit jusqu'à ce que l'injure soit réparée.

5. Les curés publieront fort souvent, pendant les messes solennelles, la décrétale *Gravis*, contre ceux qui empêchent l'exécution des interdits et des excommunications ecclésiastiques. Labb., t. XI; Hard., t. VIII.

NOLI (1er synode diocésain de), *Nolana*, le 6 novembre 1588, sous Fabrice Galli. Ce prélat y publia de nombreux règlements de discipline : il y défendit en particulier à ses curés de permettre de secondes noces avant de lui avoir exhibé à lui-même des preuves suffisantes de la mort du premier conjoint. *Decreta et constitut., Neapoli*, 1590.

NOLI (2e synode diocésain de), le 25 avril 1594, sous le même. Le prélat y publia des règlements de discipline en particulier pour ses chanoines. *Secundæ synodi constitutiones, Romæ*, 1600.

NONANTULA (Synode de l'abbaye de Saint-Sylvestre de), *Nonantulæ, nullius diœcesis*, sous le cardinal Antoine Barberin, abbé commendataire, le 7 et le 8 mai 1658. Le cardinal y publia de nombreuses constitutions, divisées en six parties, sur le culte divin et la vie cléricale, sur les sacrements, sur les églises, sur la réforme des mœurs et l'extirpation des vices, sur la vie religieuse et sur l'exécution des décrets synodaux. Nous nous bornons à cet aperçu. *Constitutiones et practicabilia decreta, Bononiæ*, 1658.

NORIMBERGENSIA (*Concilia*). Voyez NUREMBERG.

NORMANDIE (Concile de), lieu incertain, l'an 587. Ce concile s'occupa de plusieurs crimes, entre autres du meurtre de Prétextat, évêque de Rouen.

NORMANDIE (Concile de), l'an 1070. Dans ce concile, Lanfranc, moine de l'abbaye du Bec, fut contraint par le pape Alexandre II de passer en Angleterre pour remplir le siége de Cantorbery, auquel le roi Guillaume l'avait nommé. *Bessin, Conc. Norm.*

NORMANDIE (Assemblée d'évêques et de grands, en), entre Vernon et les Andelys, l'an 1199; convoquée par le cardinal légat Pierre de Capoue, pour arrêter la paix entre le roi de France et le comte de Flandre, allié du roi d'Angleterre. On n'y put convenir que d'une suspension d'armes. *Tabl. chron.*

NORMANDIE (Concile tenu en), lieu incertain, l'an 1321. Il ne nous reste de ce concile qu'un catalogue de cas réservés. *Bessin, Conc. Norm.*

NORMANDIE (Synodes de) Synode d'Avranches, l'an 1530. Robert, évêque d'Avranches, publia en cette année un corps de statuts, anciens et nouveaux au nombre de quarante. Les principaux sont pour recommander au clergé la lecture des statuts diocésains, la régularité à se rendre à chaque synode, la modestie, la chasteté et les autres vertus ecclésiastiques. On défend aux clercs la barbe et les cheveux longs ; défense exprimée dans des distyques latins dont voici le commencement :

Tessera nunc sceleris barba est, indexque futuri
Criminis, aut certe conscia præteriti.
Nos vocat ad mores auctor pietatis ovillos :
Hircinos abigit, damnat, abesse jubet.

Synode d'Avranches, l'an 1600, 13 avril. François Péricard, évêque d'Avranches, publia dans ce synode 81 statuts, ayant pour objet la réforme des mœurs, tant dans le clergé, que parmi les laïques. Nous remarquons en particulier celui-ci qui est le onzième : « Nous enjoignons aux curés et à tous maîtres d'école d'avoir le petit livre de la Doctrine chrétienne, composé par l'illustrissime cardinal Bellarmin, et naguère par notre commandement traduit en langue française..... »

Synode d'Avranches, l'an 1643, 16 avril. Charles Vialart, évêque d'Avranches, y traça les devoirs des doyens ruraux.

Synode d'Avranches, l'an 1646, 15 mai. L'évêque Roger d'Aumont y recommanda la résidence aux curés, et défendit à tous les prêtres de s'occuper à des œuvres serviles, et à des commerces sordides et indignes de leur ministère.

Synode d'Avranches, l'an 1647, 2 mai. Le même prélat y publia de nouveaux statuts, dont voici les plus curieux : « IX. Attendu qu'il se commet beaucoup d'irrévérences envers cet auguste sacrement (de l'eucharistie), par les ablutions qu'on donne en plusieurs paroisses, d'un grand verre de cidre à chacun, nous ordonnons aux curés et vicaires de tenir la main à ce que le peuple s'en passe, cela n'étant pas nécessaire, ou, s'il en veut, qu'il n'en soit pas donné davantage à chacun, que le prêtre prend de vin pour la première ablution... XI. Défendons à tous nos curés ou vicaires de faire ou laisser faire des oraisons funèbres en leurs églises pour qui que ce soit, sans notre permission expresse par écrit. »

Synode d'Avranches, l'an 1682, 17 octobre. Gabriel Philippe de Froulay de Tessé, évêque d'Avranches, publia dans ce synode, composé du chapitre et des doyens ruraux, 91 statuts, dont voici quelques-uns : « IV. L'ivrognerie et la débauche étant de ces crimes dont l'apôtre saint Paul déclare que ceux qui les commettent n'entreront point dans le royaume des cieux, l'Église, qui désire que la vie de ses ministres soit si exemplaire, qu'ils soient à tout le peuple la bonne odeur de Jésus-Christ, abhorre tellement ce vice en eux, qu'elle ne leur défend pas seulement l'excès du vin, mais l'entrée même des cabarets, où se commettent ordinairement ces ivrogneries... — XV. Nous défendons encore à tous les prêtres et autres ecclésiastiques de notre diocèse, de s'occuper en public, et dans la société des laïques, à des œuvres mécaniques, et d'aller avec eux travailler à la campagne, n'empêchant pas qu'ils ne cultivent leur jardin, et qu'ils ne fassent dans l'intérieur de leur maison les œuvres mécaniques dont ils sont capables... XXIV. N'y ayant rien que l'Église recommande avec plus de soin que la charité envers les pauvres, dont elle ne dispense pas même les soldats, qui doivent mettre en réserve une portion de leur solde, ni les artisans, qui doivent épargner quelque chose de leur travail pour leur soulagement : nous ordonnons expressément à tous les curés, et autres supérieurs des Églises de notre diocèse, de veiller à ce que les pauvres nécessiteux reçoivent les secours nécessaires dans les lieux de leur demeure tant par la distribution qu'ils leur feront de tout leur superflu, après avoir pris sur leur revenu une subsistance très-frugale et un entretien pauvre, qu'en faisant dans leurs paroisses des collectes pour ce même sujet.»

Synode d'Avranches, l'an 1693, 23 avril. Le célèbre Pierre Daniel Huet, évêque d'Avranches, tint ce synode, où il publia de nombreux statuts distribués en quatre chapitres, sur les ecclésiastiques en général, sur les curés et les vicaires en particulier, sur les églises et les choses sacrées, et enfin sur les sacrements.

Au chapitre 1er, nous remarquons le statut XII : «Nous défendons très-étroitement à tous ecclésiastiques, sur tout autre commerce, de vendre en secret du vin, du cidre, ou toute autre liqueur qui enivre. En quoi, outre le trafic qui est indigne de leur caractère, ils sont blâmables en le faisant furtivement et pour un gain sordide, et fraudant les droits du roi, et donnant aux peuples le mauvais exemple de faire le même.»

Au chapitre 2e, le statut XXVII : «Nous ordonnons que les conférences interrompues par la longue vacance de ce siége soient incessamment rétablies. Et premièrement nous enjoignons à tous les curés, dans les paroisses où il se trouve plusieurs ecclésiastiques, de les assembler chaque semaine.»

Au chap. 3e, le statut VI : «Nous enjoignons à tous curés et vicaires d'employer leurs soins et leur prudence, pour faire que les places que les hommes occupent dans leurs églises pendant le service divin, soient séparées des places qui sont occupées par les femmes.»

Synode de Bayeux, vers l'an 1306, sous Guillaume Bonnet, ou vers l'an 1317, sous Guillaume de Trie. Il y fut ordonné de célébrer la fête de l'Eucharistie ; ce qui fait voir que ce synode se tint plutôt sous Guillaume de Trie que sous Guillaume Bonnet, mort en 1308, puisque la fête du Saint-Sacrement ne fut établie que l'an 1317 dans cette province. Un autre statut prescrit aux curés de dire la messe, suivant l'usage, aux calendes de chaque mois.

Autre synode de Bayeux, avant l'an 1370. Défense y fut faite, sous peine d'excommunication, de garder en sa possession quelque bien appartenant à l'évêque, ou d'entraver l'exercice de la juridiction ecclésiastique.

Synode de Bayeux, l'an 1370, sous Louis Thésart. Les époques des synodes y furent fixées pour chaque année au mardi après le dimanche de *Quasimodo*, et au mardi après l'octave de la Saint-Michel.

Synode de Bayeux, l'an 1518, sous Louis de Canossc. Vingt-trois statuts y furent publiés sur la résidence et les autres devoirs des prêtres ayant charge d'âmes.

Synode de Bayeux, l'an 1656, sous François Servien. Ce prélat y publia 15 statuts, et en particulier celui-ci, qui est le cinquième : «Il est défendu à tous prêtres revêtus de l'aube, de se confesser publiquement à ceux qui n'en ont pas.» Un autre, le dixième, défend «qu'aucuns laïques n'entrent dans le *sancta sanctorum*, proche des grands autels, dans les églises des villes ou de la campagne.»

Synodes de Bayeux, années 1662 et suivantes, sous François de Nesmond. Le prélat y recommande à ses prêtres les conférences, le soin des petites écoles, la retraite annuelle, et les autres devoirs de la vie ecclésiastique.

NORMANDIE. Concile de Caen, l'an 662. Tout ce que nous savons de ce concile, c'est qu'Amlacaire, évêque de Séez, y fut présent. Les actes en sont perdus. *Hist. Conv. Alenc.*

NORMANDIE. Synodes tenus dans l'église de l'abbaye du Bec en 1077 et 1177. *Bibl. hist. de la France*, t. I.

NORMANDIE. Synode d'Évreux, tenu par Jacques Potier de Novion, l'an 1698. *Ibid.*

NORMANDIE. Synode tenu à Jumiéges, l'an 1067. *Ibid.* Voy. NOTRE-DAME DE JUMIÈGES.

NORMANDIE. Synode de Lisieux, tenu par Léonor de Matignon, l'an 1651. *Ibid.*

NORTHAMPTON (Concile de) ou Northumbre, *Northamptoniense*, l'an 1136. Le roi Étienne convoqua ce concile pour le 29 mars. On y élut l'archidiacre Robert, son parent, pour remplir le siége d'Excester, vacant par le décès de Guillaume Waravast. On y nomma aussi à deux abbayes. Les éditeurs des conciles se trompent, en rapportant celui-ci à l'an 1133, puisque le roi Étienne ne fut reconnu qu'à la fin de 1135. Ce sont les paroles mêmes du savant auteur de l'*Art de vérifier les dates*. Cependant Wilkins, t. I, p. 413, ne place ce même concile qu'en 1138.

NORTHAMPTON (Concile de), l'an 1157. Ce concile fut tenu par Thibault, archevêque de Cantorbéry, en présence du roi Henri II. On y obligea à l'obéissance envers son archevêque l'abbé du monastère de Saint-Augustin, nommé Sylvestre. *Anglic.* I.

NORTHAMPTON (Assemblée de), l'an 1164. Ce conciliabule se tint le 13 octobre. Saint Thomas de Cantorbéry y fut condamné comme parjure et traître par le roi, les seigneurs et les évêques. Le pape cassa cette sentence, sur l'appel du saint. *Labb.*, t. X; *Angl.*, t. I

NORTHAMPTON (Concile de), l'an 1176.

Le cardinal Hugues, légat du saint-siége, tint ce concile le 25 janvier. L'archevêque d'York voulut contraindre les évêques d'Ecosse, qui étaient présents, à reconnaître sa juridiction. Ils s'en défendirent, soutenant que de tout temps ils étaient immédiatement soumis au saint-siége, et l'affaire demeura indécise. *L.* X; *H.* VII; *Anglic.* I.

NORTHAMPTON (Concile de), l'an 1177. Le roi Henri II convoqua ce concile, qui est appelé concile général de la nation anglaise. Il y mit, du consentement du pape, des chanoines réguliers à la place des séculiers, dans le chapitre de Waltham, et des religieuses de Fontevrault, à la place de celles d'Ambresberic. *Labb.* X; *Anglic.* I.

NORTHAMPTON (Concile de), l'an 1211. Un chapelain du pape Innocent III, ayant été envoyé légat en Angleterre, assembla ce concile, dans lequel il excommunia en face le roi Jean, sur le refus que fit ce prince de satisfaire à l'Eglise. L'auteur des annales de Beverlay met ce concile à l'année suivante. *Anglic.* I.

NORTHAMPTON (Concile de), l'an 1240. Ce concile fut assemblé par le légat du pape, à dessein de lui procurer des subsides considérables. *Anglic.* I.

NORTHAMPTON (Concile de), l'an 1266 ou 1267. Otton de Fiesque, cardinal du titre de Saint-Adrien, et légat apostolique, tint ce concile, et y fulmina une sentence d'excommunication contre tous les évêques et les clercs qui avaient aidé ou favorisé Simon de Montfort contre le roi Henri III. Il faut bien se donner de garde de confondre ce Simon de Montfort avec le fameux général du même nom, qui se signala par ses exploits contre Raymond VII, dernier comte de Toulouse; mort à Milhoud en Rouergue, le 27 septembre de l'an 1249. Le Simon de Montfort dont il s'agit ici, était fils de ce premier Simon de Montfort, le fléau du comte de Toulouse et des albigeois. Simon de Montfort, ennemi du roi Henri III, était donc le comte de Leicester, qui se mit à la tête des barons d'Angleterre, pour obliger le roi à réformer le gouvernement; ce qu'il fit en jurant solennellement d'observer les articles appelés *statuts et expédients d'Oxford*, qui furent dressés à ce sujet par les vingt-quatre commissaires nommés de part et d'autre. La chronique de Dunestaple met ce concile à la Saint-Nicolas de l'an 1265, et les Annales d'Eversden le placent dans la quinzaine de Pâques de l'an 1266. *Angl.* I; *l'Art de vérifier les dates, pag.* 223.

NORTHAMPTON (Concile ou Assemblée de la province de Cantorbery tenu à), l'an 1380. On y vota un subside au roi, en obligeant tous les clercs et jusqu'aux religieuses à y contribuer, à moins qu'ils ne fussent réduits à un état de mendicité notoire. *Wilkins, t.* III.

NORTHAMPTON (Chapitre provincial des moines noirs tenu à), l'an 1426. On y fit divers règlements concernant l'état monastique : le plus remarquable est celui qui défend aux moines d'accepter aucune pension,

DICTIONNAIRE DES CONCILES. II.

soit de la cour de Rome, soit de toute autre puissance, sans avoir auparavant consulté leur supérieur particulier, sous peine aux contrevenants d'être privés pour un temps de cette pension, et d'être traités comme coupables d'infraction à la règle. *Ibid*

NORTHAUSEN (Concile de) en Thuringe, *Northusanum*, l'an 1105. Rothard, archevêque de Mayence, tint ce concile le 29 mai, en présence du jeune roi Henri V, révolté contre son père l'empereur Henri IV. On y condamna la simonie et le mariage des prêtres. On y suspendit aussi les évêques qui avaient reçu les investitures de l'empereur, et ceux qu'ils avaient ordonnés (*Conc. Germ. t.* III).

NORTHUMBERLAND (Concile de), l'an 680. Ce concile se tint à l'occasion du jugement prononcé dans celui de Rome de 679, en faveur de saint Wilfrid. Mais le roi, les princes et les prélats qui composaient cette assemblée, loin d'avoir égard à un jugement si équitable, firent mettre saint Wilfrid en prison. *Haddius, in Vita S. Wilfr., c.* 33; *Angl.* 1; *Mansi, t.* I, *col.* 511.

NORTHUMBRE (Conciles de). *Voy.* NORTHAMPTON.

NORTHUSANUM (*Concilium*). *Voy.* NORTHAUSEN.

NORWICK (Synode de), l'an 1169. Dans ce synode, l'évêque souscrivit à l'excommunication lancée par saint Thomas de Cantorbery contre Gilbert, évêque de Londres. *Mansi, t.* II, *Suppl.*

NORWICH (Synode diocésain de), l'an 1255. Walter de Suthfeld, évêque de Norwich, renouvela et confirma dans ce synode l'ancien usage de laisser les curés et les vicaires libres de disposer par testament des fruits provenant de leurs bénéfices jusqu'à l'époque du synode de la Saint-Michel, pourvu qu'ils fussent encore vivants le jour de Pâques. Cette disposition, si conforme aux lois de l'équité, aurait besoin d'être rappelée de nos jours, où l'on voit quelquefois les produits des presbytères, dont les curés démissionnaires ont supporté tous les frais, envahis par leurs successeurs, par les fabriques ou par les communes, sans qu'aucune indemnité soit accordée à ceux qui y ont acquis les droits les plus légitimes, pas plus qu'en cas de mort à leurs héritiers. *Labb.* XI *ex vet. manusc.*

NORWICH (Synode de), l'an 1257. Wilkins rapporte à cette année les statuts synodaux de Walter et de Simon, évêques de Norwich. *Angl.* I.

NORWICH (Synode de), *apud Eyam*, l'an 1272. L'évêque Roger y excommunia des malfaiteurs qui avaient dévasté l'église de Norwich et son territoire, et mit toute la ville en interdit. *Wilkins, t.* II.

NOTRE-DAME D'ARRAS (Synode diocésain de), l'an 1153, tenu par l'évêque Gotescalc. On peut remarquer entre les statuts publiés dans ce synode l'ordre d'allumer des cierges pour honorer les saints aux principales solennités. *Mansi, Conc. t.* XXI.

NOTRE-DAME D'ARRAS (Synodes de), en

5

1584, 1678, 1687 et 1691. *Bibl. hist. de la France, t.* I.

NOTRE-DAME DE BOULOGNE (Synodes de), en 1520, 1630, 1653 et 1701. *Bibl. hist. de la France, t.* I.

NOTRE-DAME DE CHARTRES (Synodes de), en 1499, 1564, 1660, 1693 et 1742. *Bib. hist. de la France, t.* I.

NOTRE-DAME DE JUMIÉGES (Assemblée d'évêques à), pour la dédicace de cette église, *Gemeticensis*, l'an 1067. L'archevêque Maurille s'y trouva avec quatre de ses suffragants. *Conc. et decret. synod. sanctæ Rotom. Eccles.*

NOTRE-DAME DE MARSEILLE (Synode diocésain de), l'an 1265. L'évêque prononça la peine d'excommunication contre ceux qui s'obstineraient à ne pas payer la dîme. *Mansi, Conc. t.* XXIII.

NOUGAROL (Conciles de). *Voy.* NOGARET OU NOGAROL.

NOVARE (Synode diocésain de), mai 1590, sous César Speciano. Ce prélat y fit plusieurs règlements sur la profession de la foi catholique, sur les reliques, sur les indulgences, sur le carême, les jeûnes et les fêtes, sur les sacrements; il y fit une obligation aux curés, sous peine d'amende, d'enseigner la doctrine chrétienne dans les écoles, tous les jours de fêtes; il ordonna que le synode diocésain se tînt une fois chaque année, et qu'à chaque synode on célébrât un anniversaire pour tous les évêques de l'Eglise et tous les prêtres du diocèse décédés en particulier depuis la tenue du synode précédent. *Synodus diæces. Novariæ,* 1591

NOVARE (Synode diocésain de), les 18, 19 et 20 avril 1674, sous Joseph-Marie Maraviglia. Ce prélat y publia des statuts dans l'ordre des précédents : l'espace nous manque pour les analyser. *Decreta ab illustris. et rever. Jos. Mar. Marav. Novariæ.*

NOVEMPOPULANIE (Concile tenu en), l'an 1073, par Giraud, évêque d'Ostie et légat du saint-siège. Guillaume, archevêque d'Auch, et Ponce, évêque de Bigorre, y furent déposés, pour le simple fait d'avoir communiqué avec un excommunié. Le pape saint Grégoire VII fit le reproche à son légat de sa rigueur outrée, aussi bien que de l'oubli qu'il avait commis de lui rendre compte des actes du concile, et il rétablit dans sa dignité l'archevêque d'Auch, qui déjà avait obtenu une première fois son pardon du pape Alexandre II ; en même temps il engagea son légat à exercer lui-même une semblable indulgence à l'égard de l'autre prélat déposé. *Labb., t.* X.

NOVIOMAGENSIA (*Concilia*). V. NIMÈGUE.

NOVIOMENSIA (*Concilia*). *Voy.* NOYON.

NOVUM-MERCATUM (*Concilium apud*). *Voy.* NEUF-MARCHÉ.

NOYON (Concile de), l'an 814. Windelmare, évêque de Noyon, et Rotald, évêque de Soissons, se disputaient mutuellement certaines paroisses, que chacun d'eux disait être de son diocèse. Vulfaire, archevêque de Reims et leur métropolitain commun, voulant terminer leur contestation, assembla en 814 un concile à Noyon, où, de l'avis des évêques de la province qu'il avait convoqués, il fut convenu et arrêté que tous les lieux du territoire de Noyon qui se trouvaient en deçà de la rivière d'Isère (Oise), appartiendraient à l'Eglise de Noyon, et que ceux qui seraient situés au delà de ce fleuve dépendraient de celle de Soissons. Cet accommodement fut souscrit par les évêques, chorévêques et abbés du concile, et par le clergé des deux Eglises qui étaient en contestation. Il est parlé de cette assemblée dans Flodoard et dans la Chronique de Cambrai. *Hist. des aut. sacr. et eccl., t.* XXII.

NOYON (Concile de), l'an 1233. Henri de Braine, archevêque de Reims, assembla ce concile, dans le même esprit qu'il avait assemblé celui de Saint-Quentin (*Voy.* ce mot à l'an 1232), dont le but était de prendre des mesures, et de former une confédération des suffragants de Reims, contre les invasions des laïques sur les libertés de l'Eglise. Le concile de Noyon était ouvert, lorsque Milon de Beauvais y vint implorer l'assistance de ses confrères contre ce qu'il traitait de contravention aux droits de l'épiscopat. Il croyait avoir à se plaindre de ce que le roi saint Louis avait exercé la justice dans Beauvais, où il était venu punir une révolte occasionnée par la nomination d'un nouveau maire, usurpant ainsi, disait-il, sur sa juridiction. Mais ce que l'évêque estimait de plus injurieux à la dignité épiscopale, c'est que le roi, pour son séjour à Beauvais, lui avait imposé de payer lui-même ce qu'on appelait le droit de gîte, sur le pied de quatre livres par jour. Milon n'avait pas obéi à cette exigence, et, par suite de son refus, son temporel avait été saisi. La circonstance était dangereuse, et capable de porter les prélats, déjà aigris sur ces sortes de plaintes, à prendre dans leur chagrin quelques résolutions peu ménagées. Ils se donnèrent néanmoins le temps de procéder avec plus de maturité, par le soin qu'ils eurent de faire d'abord constater à Beauvais même la vérité des faits. Pour la suite, *Voy.* LAON, l'an 1233. *Hist. de l'Egl. gall.*

NOYON (Concile de), l'an 1271, sur la discipline. *Tabl. chron.*

NOYON (Concile de), l'an 1280. On y fit six règlements, dont les deux premiers concernent les procès, les deux suivants les usures, et les deux derniers les juges et les avocats. *Hard.* VIII. Labbe ne détermine pas l'époque précise de ce concile : il dit seulement, sous la date de l'an 1299, qu'il dut se tenir dans le cours du treizième siècle ; peut-être même, selon lui, y en eut-il plusieurs. *Labb. t.* XI, col. 2441.

NOYON (Concile de), *Noviomense,* l'an 1344. Jean de Vienne, archevêque de Reims, tint ce concile à l'occasion des atteintes portées par quelques gens de guerre à l'immunité ecclésiastique : il s'y trouva six évêques de la province, et les autres y envoyèrent leurs députés. Il commença le 23 de juin, et finit le 26 du même mois. On y publia dix-sept canons.

1. On ordonne de faire cesser l'office divin partout où il se serait commis des violences contre l'Eglise ou ses ministres. Ces violences sont expliquées en détail ; l'archevêque, faisant l'ouverture du concile, avait marqué les plus considérables. Il est dit dans l'ordon-

nance des évêques, que la cessation des divins offices sera publiée dès que les doyens ruraux ou les curés auront apporté la preuve du délit, soit qu'ils le sachent par la notoriété du fait, ou qu'ils en soient instruits par la déposition des témoins : le tout, suivant les statuts du concile de Senlis tenu en 1317, sous l'archevêque Robert de Courtenay. A l'égard des coupables, ils seront déclarés excommuniés, s'ils ne satisfont dans huit jours, et ajournés personnellement à la cour épiscopale, pour y recevoir la peine due à leur faute.

2. Mais, parce que les appariteurs n'osaient exécuter ces sortes de commissions, ni entrer dans les maisons des seigneurs, les mêmes évêques décernent que les lettres de citation seront mises entre les mains de quelqu'un de leurs domestiques, ou publiées en chaire dans les paroisses, ou à la cathédrale, et affichées aux portes de la cour ecclésiastique, pour avoir autant de poids que si elles avaient été signifiées aux coupables mêmes. Qu'ils ne s'abstiennent pas de ces vexations, en restituant de bonne foi ce qu'ils auraient injustement enlevé, les corps de ceux qui mourront dans les lieux interdits demeureront sans sépulture, excepté ceux des clercs non complices de pareilles violences; encore observera-t-on de les enterrer sans cérémonie.

3. On règle ensuite que les personnes ecclésiastiques ne défieront personne, c'est-à-dire qu'elles ne déclareront point la guerre à leurs ennemis. 4. Que, dans toutes les églises de la province, on suivra l'usage de la cathédrale de Reims pour la célébration des divins offices. 5. Qu'on traitera en excommuniés ceux qui empêcheront leurs vassaux de rien vendre au clergé, et de n'en rien acheter, ou de cultiver ses terres. 6. Qu'on obligera à restitution les juges séculiers qui n'auront délivré de prison les clercs détenus injustement qu'après en avoir extorqué de l'argent ou quelque autre chose. 7. Qu'on empêchera les comédiens de faire des processions ridicules avec des cierges allumés; usage impie et capable de porter les peuples à l'idolâtrie. 8. Qu'on punira les clercs qui accompliront les pèlerinages, ou autres pénitences imposées par les juges séculiers. 9. Que les religieux mendiants, les curés et les autres prédicateurs exhorteront le peuple à payer exactement les dîmes, en menaçant les réfractaires d'être privés de l'entrée de l'église et de la sépulture ecclésiastique : on recommande cet article aux mendiants, sous peine de perdre le pouvoir d'absoudre des cas réservés. 10. Que les évêques et les chapitres se communiqueront, sans fraude, les conventions, privilèges, et toutes les autres pièces dont ils pourront avoir besoin réciproquement. 11. Que les doyens et les juges ecclésiastiques auront soin d'avertir les chanoines et les clercs de ne paraître qu'en habit décent et avec la tonsure, sous peine d'être privés des distributions. 12. Qu'aucun prêtre ou ecclésiastique ne publiera de nouveaux miracles sans l'aveu de l'ordinaire. 13. Que les seigneurs temporels ou leurs officiers encourront l'excommunication si, ayant pris un clerc accusé de quelque crime, ils lui ôtent la tonsure, en lui faisant raser la tête, ou s'ils lui enlèvent son habit clérical pour le revêtir d'habits laïques. 14. Que la même censure sera pour ceux des séculiers qui oseront s'habiller en clercs de leur propre autorité. 15. Que les juges laïques seront pareillement excommuniés, s'ils se font une espèce de jeu des décrets du concile de Senlis, en renvoyant, dans les huit jours, suivant l'ordonnance de ce concile, les clercs qu'ils auront emprisonnés, et les reprenant ensuite pour les retenir tant qu'ils voudront. 16 et 17. Que les promoteurs et procureurs de la cour ecclésiastique n'avanceront rien dans leurs procédures qui puisse blesser l'honneur des parties, et qu'ils ne leur feront point de frais excessifs, comme on s'en était plaint aux évêques. *Lab. t.* XI; *Hard. t* VIII; *Martène, vet. script. ampliss. Coll. t.* VIII: ce dernier ne rapporte que quatre canons de ce concile.

NOYON (Synode diocésain de), 3 octobre 1673, par François de Clermont. Ce prélat y publia cent soixante-seize statuts; entre autres, les suivants.

1. « Nous ordonnons à tous curés et vicaires, de faire quelques exhortations aux prônes tous les dimanches, du moins pendant une demi-heure, et le catéchisme entre vêpres et complies, sous peine d'être poursuivis à la diligence de notre promoteur. »

2. « Ils n'enseigneront aucun autre catéchisme que celui de notre diocèse, et se serviront de questions familières, qu'ils répéteront plusieurs fois. »

3. « Toutes les personnes, indistinctement, qui instruisent la jeunesse ne seront admises à cet emploi dans les paroisses, et n'y pourront tenir école sans notre permission par écrit, ou celle de nos vicaires généraux, qui leur sera renouvelée tous les ans, après notre synode; en conséquence du droit que les conciles de Trente et dernier de Tours, les assemblées générales du clergé de France, édits, déclarations, lettres patentes de nos rois, et arrêts du conseil d'Etat, du parlement de Paris, et des autres cours souveraines, conservent aux évêques. »

5. « Nous ordonnons, conformément aux conciles de Bourges et d'Aix en 1584 et 1585, et à la lettre expresse que le feu roi Louis XIII de triomphante mémoire a écrite sur ce sujet à tous les évêques de France, que les écoles pour les garçons seront tenues par des hommes, et celles pour les filles seulement par des femmes de capacité et piété reconnues. » *Stat. synod.*

NOYON (Synode diocésain de), 7 octobre 1698, par le même, sur la discipline cléricale. Le prélat y renouvela un statut des années précédentes 1673, 1688 et 1690, portant défense à tous les ecclésiastiques constitués dans les ordres sacrés, sous peine de suspense encourue de fait, d'avoir aucune servante qui n'eût au moins atteint l'âge de cinquante ans accomplis. *Ordonn. synod. de l'Égl. et dioc. de Noyon.*

NUGAROLIENSIA (*Concilia*). Voy. NOCAROL.

NUMIDIE (Conciliabule de), l'an 348, tenu par les donatistes, à l'occasion des rigueurs exercées contre eux par Macaire et ses soldats. *Mansi, Conc. t.* III.

NUMIDIE (autre conciliabule de), l'an 349, tenu également par les donatistes qui, étant empêchés par les catholiques d'enterrer dans les basiliques ceux d'entre eux qui avaient péri victimes des rigueurs exercées contre eux, décidèrent que leurs corps seraient enterrés dans les champs et sur les routes publiques. *Id. ibid.*

NUMIDIE (Concile de), l'an 422. *Voy.* HIPPONE, même année.

NUMIDIE (Concile de), l'an 593, non reconnu. Le pape saint Grégoire le Grand avait écrit à deux évêques de Numidie, Adéodat et Colomb, et en signe d'affection, ou pour les bénir, il leur avait envoyé les clefs de saint Pierre avec quelques limailles des chaînes de cet apôtre qu'on y avait renfermées. Les deux évêques tinrent alors un concile avec leurs collègues; mais quelques règlements qu'ils firent dans ce concile étaient en opposition avec les lois générales de la discipline. C'est ce qui obligea saint Grégoire à en casser les décrets. *Greg. Mag. epist. 7, lib.* III, *indic.* 12, *ad Gennad. exarchum; Labb., t.* V.

NUMIDIE (Concile de), l'an 602 ou 603. Un diacre nommé Donadeus, ayant été déposé injustement par Victor son évêque, en appela au saint-siège. Saint Grégoire écrivit aux évêques de la province, nommément à Colomb, d'examiner l'affaire de ce diacre, afin que s'il se trouvait coupable, il fût enfermé dans un monastère pour y faire pénitence, et que s'il était innocent, il fût rétabli dans son ordre, et l'évêque Victor sévèrement puni. Vers le même temps, Paulin, évêque de la Numidie, fut accusé devant le pape d'avoir frappé et outragé quelques-uns de ses clercs. Saint Grégoire écrivit encore à Colomb et au primat de Numidie, les exhortant à examiner cette affaire en concile et à punir Paulin, s'il était coupable. Il ordonna à Hilaire, son cartulaire, d'assister à ce jugement, s'il le jugeait nécessaire. On croit que ce fut dans ce même concile que l'on prit des précautions pour empêcher qu'à l'avenir on n'élevât aux ordres sacrés des jeunes gens et qu'il n'y eût de la simonie dans les ordinations; mais saint Grégoire avait écrit à Colomb sur ce sujet dès l'an 593. *Hist. des ant. sacr. et eccl., t.* XVII.

NUMIDIE (Concile de), l'an 646. Il y eut plusieurs conciles en Afrique cette année contre les monothélites : le premier en Numidie, un autre dans la Bysacène, un troisième en Mauritanie, et un quatrième à Carthage. *Reg.*, XIV; *Labb.,* V; *Hard.* III.

NUREMBERG (Colloque de), *Norimbergæ*, l'an 1410. Albert, évêque de Bamberg, et Frédéric, évêque d'Eichstadt se réunirent à Nuremberg pour conférer ensemble des besoins de l'Eglise. Ils conclurent à rejeter les soi-disant Benoît XIII et Alexandre V, et à reconnaître Grégoire XII pour le vrai et légitime pontife, à qui ils s'engagèrent à garder l'obéissance, jusqu'à ce qu'un concile général vînt faire cesser le schisme. Ils ne considéraient donc pas comme tel le concile de Pise, tenu l'année précédente, et qui avait élu Alexandre V. Jésus-Christ était au milieu d'eux malgré leur petit nombre, parce qu'ils étaient réunis en son nom : *Ubi sunt duo vel tres congregati. Hoffman. l.* V. *Annal. Bamberg.*

NUREMBERG (Assemblée de), l'an 1423. Le cardinal Julien, légat du pape Martin V, qui présida à cette assemblée, où se trouvèrent réunis auprès de l'empereur Sigismond, outre les trois électeurs ecclésiastiques, trois autres évêques, avec les ducs d'Autriche, de Bavière et de Saxe, et quelques autres seigneurs, exhorta si pathétiquement tout le monde à prendre les armes contre les hussites, en promettant à ceux qui s'y engageraient la rémission de tous leurs péchés, que tous agréèrent sa demande, et qu'il se trouva aussitôt quarante mille hommes de cavalerie, et autant d'infanterie, pour former cette expédition. *Hoffm. Annal. Bamb.*

NUYS (Concile de), près de Cologne, l'an 1247. Pierre Capucio, légat du saint-siège, assisté de tous les évêques qu'il put rassembler, tint ce concile le 3 octobre. On y élut Guillaume, frère du roi de Hollande, pour roi des Romains. *Ed. Ven. t.* XIV; *Conc. Germ. t.* III.

NYMPHÉE (Concile de) en Bithynie, *Nymphænse*, l'an 1234. L'empereur des Grecs, nommé Jean Ducas ou Vatace, qui se trouvait alors à Nymphée, fit tenir ce concile, qui dura depuis le 24 avril jusqu'au 10 mai. Les Grecs y disputèrent beaucoup avec les envoyés du pape sur la procession du Saint-Esprit, et sur le pain azyme dont les latins se servaient dans la célébration de la divine eucharistie; mais les uns et les autres persistèrent dans leurs sentiments. *Mansi, tom.* II, *col.* 995.

O

ODENSEE (Concile d'), *Othoniense*, l'an 1245. Ce concile, qui fut tenu dans l'île de Fionie en Danemarck, s'appliqua à réprimer les usurpateurs des biens ecclésiastiques, et ceux qui méprisaient les cérémonies de l'Eglise. *Hard.* VIII.

OISSEL (Concile d'), *Oxellense*, près de Rouen, l'an 1082 : sur le différend de l'archevêque de Rouen et de l'abbé de Fontenelle. *Bessin.*

OLMUTZ (Synode diocésain d'), *Olomucensis*, l'an 1318. L'évêque Conrad tint ce synode à Cremster, où il avait sa résidence; il y publia des statuts synodaux, distribués en vingt-sept chapitres. Le 1er est contre les clercs concubinaires; le 2e contre les curés qui manquaient à la loi de la résidence; le 3e contre la cupidité qui portait quelques-uns d'entre eux à percevoir les revenus d'autres paroisses que de la leur; le 4e fait une obligation à tous les diocésains de se confesser à leurs curés, et non à d'autres, à l'époque des trois principales fêtes de l'année, et de communier de leurs mains à ces trois fêtes, mais surtout à Paques ; le 5ᵉ recommande le soin des infirmes, et les derniers sacrements qui doivent leur être administrés ; le 6ᵉ défend aux prêtres d'engager des vases sacrés ou des ornements sacerdotaux ; le 7ᵉ proclame la nécessité d'obtenir l'agrément de l'évêque, avant de s'ingérer dans le gouvernement d'une église ; le 8ᵉ défend aux clercs d'entrer dans les cabarets, si ce n'est en voyage, et dans ce cas-là même, d'y jouer aux dés, ou à tout autre jeu de hasard, sous peine de payer en amende un marc d'argent ; le 9ᵉ prescrit aux curés de n'excommunier leurs paroissiens que dans les formes voulues, et pour des excès notoires : ce chapitre est remarquable en ce qu'il reconnaît aux curés un pouvoir et un genre de juridiction qu'on leur a retiré depuis. Le 10ᵉ chapitre soumet à l'interdit les paroisses où l'on refusait de payer la dîme ; le 11ᵉ est contre les incendiaires ; le 12ᵉ contre les usurpateurs des biens ecclésiastiques ; le 13ᵉ ordonne de cesser l'office divin dans les paroisses qui seraient vexées par l'avidité de leurs patrons ; le 14ᵉ défend aux clercs de recourir à la justice séculière, et le 15ᵉ excommunie les séculiers qui jugeraient les clercs à leurs tribunaux ; le 16ᵉ déclare les clercs exempts de tout droit de péage ; le 17ᵉ refuse à tout autre qu'à l'official ou à l'archidiacre le droit de juger les causes matrimoniales ; le 18ᵉ exige la présentation de lettres formées de la part de l'évêque diocésain pour la réception des ordres sacrés ; le 19ᵉ défend de différer plus d'un mois le baptême des enfants ; le 20ᵉ de contracter mariage autrement qu'en face de l'église ; le 21ᵉ recommande de nouveau la résidence ; le 22ᵉ rappelle une disposition d'un concile de Fritslar, et fait une loi aux religieux de ne présenter que des prêtres séculiers pour les églises vacantes dont ils auraient le patronage ; le 23ᵉ est contre ceux qui oseraient mettre la main sur des clercs ; le 24ᵉ permet la sépulture de ceux qui seraient morts de mort violente, pourvu qu'ils aient rempli le devoir annuel, et qu'on puisse présumer qu'ils ont eu la contrition ; le 25ᵉ la défend à l'égard de ceux qui auraient été tués en état de péché mortel, et sans aucune grâce qui les prévînt ; le 26ᵉ et le 27ᵉ enfin interdisent, soit aux religieux, soit aux laïques, d'usurper les droits des clercs séculiers. *Conc. Germ. t.* IV.

OLMUTZ (Synode diocésain d'), l'an 1342. Jean Oezko, évêque d'Olmutz, publia dans ce synode vingt-deux nouveaux statuts, dont le 1ᵉʳ recommande aux visiteurs de remplir le devoir de leur charge ; le 2ᵉ à tous les doyens ruraux *plebanis*, de garder copie de la présente constitution ; le 3ᵉ défend de recevoir les ordres dans un autre diocèse sans la permission de son propre évêque ; le 4ᵉ prescrit également l'autorisation de l'évêque pour admettre un étranger à un emploi ecclésiastique ; le 5ᵉ, le 13ᵉ et le 18ᵉ indiquent les fêtes à célébrer, sous peine d'excommunication, particulièrement la fête de saint Cyrille et de saint Méthode, apôtres de la Pologne, et celle de la Dédicace de l'église cathédrale ;

le 6ᵉ interdit aux clercs l'usage de la soie ; le 7ᵉ leur défend de rien donner aux baladins ; le 8ᵉ leur défend de même de donner des repas de noces *filio vel filiæ suæ* ; le 9ᵉ ordonne aux curés d'avoir un sceau où soient marqués leurs noms et celui de leurs églises ; le 10ᵉ leur interdit les joûtes et les tournois ; le 11ᵉ et le 12ᵉ sont contre les échanges simoniaques ; le 14ᵉ recommande de porter la communion aux infirmes avec flambeau et sonnette, et promet 40 jours d'indulgence à ceux qui y accompagneront le prêtre ; le 15ᵉ est contre les usurpateurs des biens d'église et les détenteurs de clercs ; le 16ᵉ contre les moines apostats ; le 17ᵉ accorde dix jours d'indulgence à ceux qui s'inclineront à l'élévation de l'hostie, et prescrit d'agiter la sonnette pour en donner le signal ; le 19ᵉ réserve la nomination des maîtres d'écoles aux recteurs des paroisses ; le 20ᵉ est relatif aux fabriques, auxquelles on y donne le nom de *Czèques* ; le 21ᵉ recommande aux juges et aux échevins d'empêcher les juifs de porter le même costume que les chrétiens ; le 22ᵉ permet aux prêtres des campagnes de recevoir la confession les uns des autres. *Conc. Germ. t.* IV.

OLMUTZ (Synode diocésain d'), l'an 1380. Jean de Lithomissl, évêque d'Olmutz, y recommanda, sous de fortes peines, l'observation du 15ᵉ statut rapporté au synode précédent. *Conc. Germ. t.* IV.

OLMUTZ (Synode diocésain d'), l'an 1413. Wenceslas, patriarche d'Antioche et commandataire d'Olmutz, tint ce synode à Wischau, et y publia 13 statuts, dont la plupart ne font que rappeler ceux des synodes précédents. Le 4ᵉ fait une obligation de sonner la grosse cloche tous les vendredis à midi, en mémoire de la passion de Notre-Seigneur ; le 7ᵉ défend de multiplier les écoles dans des villages où le curé et l'écolâtre manqueraient du nécessaire. *Schannat, ex cod. ms. Bibliot. Mogunt.*

OLMUTZ (Synode diocésain d'), l'an 1568. L'évêque Guillaume Prussinousky de Wiezkova tint ce synode, qui eut pour objet : 1° l'obéissance due aux prélats ; 2° le maintien de l'unité de la foi ; 3° la restauration de la discipline ecclésiastique. *J. Schmidl, Hist. prov. Bohem. soc. Jesu.*

OLMUTZ (Synode diocésain d'), l'an 1591, sous Stanislas Pawlowsky. Ce synode eut trois sessions, et nombre de statuts y furent publiés pour la réforme ou le maintien de la discipline cléricale. On y recommanda les décrets du concile de Trente, la récitation du Bréviaire romain, l'attention que doivent avoir les prêtres, et surtout ceux qui ont charge d'âmes, de ne pas sortir de leurs maisons sans nécessité à des heures indues. *Conc. Germ. t.* VIII.

OMER (Concile de Saint-), *Audomarense*, l'an 1099. Manassès, archevêque de Reims, présida à ce concile, assemblé à la prière de Robert le Jeune, comte de Flandre, et des seigneurs de sa cour. Comme ils étaient sur le point de partir pour la croisade, il leur parut nécessaire de pourvoir à la sûreté de leurs biens et à la paix de l'État pendant leur absence. On fit donc cinq canons, les mêmes à peu près qui avaient été publiés dans les conciles précédents où l'on avait traité de la trêve de Dieu, nommément en celui de Soissons.

Le 1er regarde la sûreté des églises et de leurs parvis.

Le 2e défend de s'emparer des terres appartenant aux évêques, aux abbés, aux clercs et aux moines, de les ravager, et de molester ceux qui les cultivent.

Il est défendu par le 3e d'attaquer, de dépouiller, d'arrêter les évêques, les abbés, les clercs, les moines, les femmes en voyage et ceux qui les accompagnent.

Le 4e prescrit la même chose à l'égard des pèlerins et des marchands, à moins qu'il ne soit prouvé qu'ils ont refusé de payer les tributs ordinaires.

On ordonne dans le 5e aux seigneurs des villes, des châteaux, des forteresses, de jurer l'observation de la trêve de Dieu, sous peine d'excommunication contre ceux qui le refuseront, et d'interdit de l'office divin dans les terres de leur dépendance. Permis néanmoins d'administrer le baptême aux enfants, dans le cas même de cet interdit.

OMER (Synodes de Saint-), tenus en 1583 et 1585. *Bibl. hist. de la France*, t. I.

OPPENHEIM (Concile d'), l'an 1076. Ce fut une assemblée mixte, qui se tint à Oppenheim, entre Mayence et Worms, où les légats, avec plusieurs seigneurs saxons et souabes, délibérèrent d'élire un nouveau roi d'Allemagne, à la place de Henri IV. Le projet échoua, parce que les Souabes et les Saxons voulaient respectivement un roi de leur nation. Henri les apaisa en promettant de réparer les torts qu'il leur avait faits, et de se faire absoudre par le pape dans le mois de février prochain. *Mansi*, t. II, col. 49.

ORANGE (1er Concile d'), *Arausicanum*, l'an 441. Ce concile fut célébré le 5, ou le 8 de novembre de l'an 441, sous le consulat de Cyrus, le règne de l'empereur Valentinien III, et le pontificat de saint Léon I, dans l'église Justinienne, ou Justienne, au diocèse d'Orange. Saint Hilaire d'Arles y présida, et il se trouva avec lui seize autres évêques, dont quelques-uns avaient assisté au concile de Riez, savoir Auspicius de Vaison, Constantin de Gap, Maxime de Riez. Le nouvel évêque d'Embrun, nommé Ingénuus, s'y trouva aussi avec saint Eucher, évêque de Lyon, qui déclara dans sa souscription qu'il attendrait le consentement de ses comprovinciaux, et son fils Salone. Superventor y souscrivit pour l'évêque Claude, son père. On ne voit pas quel fut le motif de ce concile : ainsi l'on peut croire qu'il se tint en exécution du huitième canon de celui de Riez, qui ordonne d'en tenir deux par an. Pour maintenir en vigueur cette ordonnance, le concile d'Orange, après avoir blâmé la conduite des évêques qui ne s'y étaient pas rendus, déclare que chaque concile marquera à l'avenir le lieu du concile suivant. Il fixe au dix-huit d'octobre, en un autre lieu du même diocèse d'Orange, appelé Lucien, celui de l'année suivante 442, laissant à saint Hilaire le soin d'en avertir les évêques absents. Ce premier concile d'Orange fit trente canons.

Le 1er porte que les prêtres, au défaut de l'évêque, pourront réconcilier, par l'onction du chrême et la bénédiction, les hérétiques qui, étant en danger de mort, voudront se convertir, et se réunir à l'Eglise catholique. La réconciliation dont il s'agit dans ce canon, c'est le sacrement de confirmation, que l'on donnait aux hérétiques qui se convertissaient, mais qui ne pouvait leur être administré que par les évêques, si ce n'est quand ils étaient en danger de mort, et qu'il n'y avait point d'évêques pour les confirmer ; alors les simples prêtres pouvaient le faire ; et ce que ce canon leur permet à l'égard des hérétiques dangereusement malades, qui veulent se convertir, le pape saint Sylvestre le leur avait déjà permis à l'égard de tous les néophytes qui se trouveraient dans les mêmes circonstances. (Voyez *Gesta summ. pontific.*).

Le 2e. « Aucun des ministres qui ont reçu la charge de baptiser ne doit marcher sans le chrême, parce qu'il a été résolu parmi nous d'en faire l'onction une fois dans le baptême. Si quelqu'un, par quelque accident, n'a point reçu cette onction dans le baptême, on en avertira l'évêque à la confirmation ; car, parmi nous il n'y a qu'une seule bénédiction du chrême, non que l'onction réitérée porte quelque préjudice, mais afin qu'on ne la croie pas nécessaire : *Ut non necessaria habeatur.* »

Il y a des manuscrits qui portent, *Ut necessaria habeatur*, et des critiques qui soutiennent qu'il faut lire ainsi, sans négation. On sait combien furent vives sur ce point les contestations entre le P. Sirmond, jésuite, qui était pour la négation, et l'abbé de Saint-Cyran, caché sous le nom de *Petrus Aurelius*, qui était contre la négation. Selon cet abbé, le sens de ce canon est donc qu'il y a deux chrismations nécessaires, l'une dans le baptême, l'autre dans la confirmation ; en sorte que quand la première, qui doit se faire dans le baptême, aura été omise par quelque accident, il faudra en avertir l'évêque qui doit confirmer, afin qu'il fasse dans la confirmation cette chrismation qui a été omise dans le baptême, sans préjudice de celle qu'il doit faire en outre dans la confirmation : *Ut necessaria habeatur rechrismatio, seu chrismatio repetita.* Selon le P. Sirmond, le sens du canon est qu'il ne doit y avoir qu'une seule onction du saint chrême, savoir celle qui se fait dans le baptême ; qu'on ne la répétera point, et qu'on n'en fera point une seconde dans la confirmation, mais que, quand elle aura été omise dans le baptême par quelque accident ou pour quelque cas de nécessité, on la donnera dans la confirmation : *Ut non necessaria habeatur rechrismatio.*

Cette dernière leçon est appuyée sur de meilleurs manuscrits, et a plus de partisans que l'autre. Pour entendre ce canon, il faut donc savoir que, dans les deux ou trois premiers siècles de l'Eglise, l'évêque donnaît tout à la fois les trois sacrements de baptême, de confirmation et d'eucharistie, même aux enfants. Il n'y avait alors qu'une seule chrismation ou onction du saint chrême, que l'évêque faisait sur le haut de la tête du baptisé, immédiatement après le baptême, et avant la confirmation. Dans la suite, on sépara le sacrement de confirmation, ou l'imposition des mains, d'avec le baptême; ce qui fut cause des différentes pratiques qui s'introduisirent dans l'Eglise, touchant l'onction du saint chrême; les uns la joignant au baptême, les autres à la confirmation; d'autres enfin la faisant au baptême et à la confirmation. Il semble donc par ce canon que l'usage des Eglises des Gaules était de ne se servir que d'une seule onction, qui était jointe au baptême, et qu'on ne la répétait point dans la confirmation, mais que, quand elle avait été omise dans le baptême, pour quelque cas de nécessité, on la donnait dans la confirmation. L'Eglise romaine, au contraire, se servait de deux onctions; l'une dans le baptême, l'autre dans la confirmation. Les simples prêtres pouvaient faire la première, les évêques seuls la seconde : c'est ce qu'on voit par la lettre du pape saint Innocent I à Décentius, évêque d'Eugubio.

Le 3e. « Ceux qui meurent pendant le cours de leur pénitence ne recevront pas l'imposition réconciliatoire des mains, mais seulement la communion; ce qui suffit pour la consolation des mourants, selon les définitions des Pères, qui ont nommé cette communion *viatique*. S'ils n'en meurent pas, ils demeureront au rang des pénitents; et, après avoir montré de dignes fruits de pénitence, ils recevront la communion légitime avec l'imposition réconciliatoire des mains. »

La communion, ou le viatique, dont il est parlé au commencement de ce canon, c'est l'absolution sacramentelle, distinguée de l'absolution solennelle, qui est l'imposition réconciliatoire des mains; et la communion légitime dont il est fait mention à la fin du canon, n'est autre chose que la communion que l'on accorde aux pénitents qui ont accompli toute la pénitence prescrite par les lois de l'Eglise. Il y en a qui prétendent que la communion accordée par ce canon à ceux qui meurent sans avoir achevé leur pénitence ne doit s'entendre que de la communion ou de la participation aux suffrages de l'Eglise, et non pas à la divine eucharistie; mais d'autres soutiennent, à ce qu'il nous semble, avec plus de raison, qu'il s'agit dans ce canon de la communion eucharistique, et qu'il faut l'expliquer par le treizième de Nicée, qui accorde aux mourants la communion même de l'eucharistie, avec l'obligation d'achever leur pénitence, s'ils reviennent en santé. La même chose est ordonnée dans le quatrième concile de Carthage, canons 76, 77 et 78.

Le 4e. « On ne doit pas refuser la pénitence aux clercs qui la demandent. »

Il y en a qui entendent ce canon de la pénitence publique seulement, parce qu'apparemment il y avait des règlements qui défendaient de mettre les clercs en pénitence publique. D'autres l'entendent aussi de la pénitence secrète, comme dans la lettre de saint Léon à Rustique. Quoi qu'il en soit, il est certain que le concile ne permet d'admettre les clercs à d'autre pénitence qu'à celle qui n'emporte point de note d'infamie et qui est compatible avec l'office qu'ils exercent, et le rang qu'ils occupent. C'est aussi la disposition du dixième canon du treizième concile de Tolède.

Le 5e. « Il ne faut pas livrer ceux qui se réfugient dans l'église, mais les défendre par la révérence du lieu, et en intercédant pour eux. »

Le 6e. « Si quelqu'un prend les serfs ou esclaves des clercs, à la place des siens, qui se sont réfugiés dans l'église, qu'il soit excommunié dans toutes les églises. »

Le 7e. « Il faut aussi réprimer par les censures ecclésiastiques ceux qui veulent soumettre à quelque genre de servitude des esclaves affranchis dans l'église, ou recommandés à l'église par testament. »

L'empereur Constantin avait permis aux maîtres d'affranchir les esclaves dans l'église, par deux lois qui sont dans le code, sous le titre, *De his qui in ecclesiis manumittuntur*. D'autres, en mourant, recommandaient à l'église leurs affranchis; et ce sont ces sortes d'affranchis que le concile défend de vexer, parce qu'ils étaient censés être sous la protection de l'Eglise, à cause que, pour rendre l'acte de manumission plus solennel, les maîtres avaient affranchi ces esclaves dans l'église, en présence des fidèles.

Le 8e. « Si quelqu'un veut ordonner un clerc qui demeure ailleurs, qu'il commence par le faire demeurer avec lui, et qu'il n'ordonne pas celui que son évêque a différé d'ordonner, sans avoir auparavant consulté cet évêque. »

Le 9e. « Si quelqu'un a ordonné des clercs d'un autre diocèse, qu'il les appelle auprès de lui, s'ils sont sans reproche, ou qu'il fasse leur paix avec leurs évêques. »

Le 10e. « Un évêque qui bâtit une église dans un autre diocèse, ne peut en faire la dédicace. Il pourra cependant présenter des clercs pour la desservir; mais c'est à l'évêque diocésain à les ordonner, ou s'ils sont ordonnés, à les agréer : le gouvernement de cette église lui appartient. Si un laïque qui bâtit une église invite à en faire la dédicace un autre évêque que le diocésain, ni celui qui est invité, ni aucun autre évêque ne se trouvera à l'assemblée. »

On voit ici l'origine du droit de patronage, c'est-à-dire le droit de présenter des clercs pour desservir les églises que l'on a fondées, en ce que l'évêque fondateur peut présenter au diocésain les clercs qu'il demande pour son église; mais on ne voit pas que ce droit dût avoir lieu pour ses successeurs dans l'évêché, ou pour ceux de sa famille. On voit aussi la nécessité du *visa*, ou de l'agrément de l'évêque diocésain.

Le 11e. « Un évêque ne doit pas recevoir à la communion un excommunié, avant que l'évêque qui a porté l'excommunication l'ait levée. Ce sera au concile prochain à juger de l'équité ou de l'injustice de l'excommunication. »

Telle fut toujours la discipline de l'Eglise, que le premier concile de Nicée confirma dans son 5e canon; d'où vient que les évêques qui avaient excommunié quelques personnes de leurs diocèses, avaient grand soin d'en informer les évêques voisins, en leur écrivant à ce sujet. »

Le 12e. « Celui qui perd subitement l'usage de la parole, peut recevoir le baptême ou la pénitence, si l'on témoigne qu'il l'a souhaitée, ou s'il donne quelque signe qu'il la souhaite. » Le 3e concile de Carthage avait déclaré la même chose, can. 34.

Le 13e. « Il faut accorder aux insensés tout ce qui est de la piété, c'est-à-dire les prières de l'Eglise, les cérémonies pieuses, les sacrements qui peuvent être conférés à ceux qui n'ont pas l'usage de la raison, comme le baptême et l'extrême-onction, et même l'eucharistie, mais dans le cas seulement où les insensés, qui sont à l'article de la mort, l'ont demandée avant qu'ils fussent tombés dans cet état de folie. »

Le 14e. « Les énergumènes baptisés, qui désirent leur délivrance, et qui se mettent entre les mains des clercs, s'ils se montrent dociles à leurs avis, recevront même l'eucharistie, afin que la vertu du sacrement les fortifie contre les vexations du démon, ou même les en délivre absolument. »

Il y en a qui croient que ce canon ne permet de donner la communion aux énergumènes qu'à l'article de la mort ; mais ils se trompent, et ce canon doit s'entendre d'une manière absolue, de même que le 37e du concile d'Elvire qui prescrit la même chose ; d'où vient que l'abbé Germain ayant dit dans la 7e conférence de Cassien, chap. 29, qu'en certaines provinces les énergumènes ne communiaient jamais, l'abbé Sérénus répondit que les anciens Pères ne leur avaient jamais refusé la communion, et qu'ils croyaient, au contraire, qu'on devait la leur accorder tous les jours, lorsqu'il était possible.

Le 15e. « Pour les énergumènes qui ne sont que catéchumènes, il faut les baptiser le plus tôt que faire se pourra. »

Le 16e. « Ceux qui ont été possédés du démon ne doivent être admis à aucun ordre du clergé, et s'ils ont été ordonnés, il faut leur interdire les fonctions de leur ministère. »

Le 17e. « Il faut porter le calice avec la capse, et le consacrer, en y mêlant l'eucharistie. »

Ce canon est fort obscur. Il y a des exemplaires où, au lieu de *porter le calice*, on lit *offrir le calice* ; mais la première leçon, qui est autorisée par plusieurs manuscrits, paraît la meilleure. Quelques interprètes pensent que le sens de ce canon est que, quand on veut consacrer un calice ou un ciboire, il faut célébrer l'eucharistie dans ces vases. D'autres croient que le canon veut seulement dire qu'il faut faire le mélange des deux espèces à la messe, en mettant dans le calice une portion de l'eucharistie, ou du pain consacré, et que c'est ce mélange qu'il appelle improprement *consécration*, conformément à cette expression du canon de la messe : *Hæc commixtio et consecratio corporis et sanguinis*, etc. D. Ceillier l'explique ainsi : « On voit, dit ce savant bénédictin, par quelques anciens monuments, que, dans l'Eglise gallicane, aux messes solennelles, avant la consécration, le diacre portait à l'autel, dans un vase fait en forme de tour, l'eucharistie consacrée un ou plusieurs jours auparavant, et qu'alors le prêtre offrait le sacrifice. » C'est apparemment ce qu'ordonne ce canon ; et quand il ajoute que « l'on consacrait ce calice en y mêlant l'eucharistie, » c'est que vraisemblablement on tirait de ce ciboire les anciennes espèces, pour les mêler avec celles que l'on consacrait de nouveau.

Le 18e. « On lira désormais l'Evangile aux catéchumènes dans toutes les églises de nos provinces. »

On voit par l'Ordre romain que c'était la coutume d'expliquer aux catéchumènes du 3e scrutin les commencements des quatre Evangiles ; d'où vient que ceux qui assistaient à la messe des fidèles n'étaient renvoyés qu'après l'évangile. Ce canon prouve qu'on observait un usage contraire dans les provinces dont il parle, puisqu'il veut qu'on le corrige dans la suite. Le diacre Amalaire nous apprend aussi que le même usage de ne point lire l'Evangile aux catéchumènes était en vigueur de son temps dans l'Eglise de Metz ; ce qu'il n'approuve point. *Amalarius, lib.* III *de ecclesiastic. Offic., cap.* 36.

Le 19e. « On ne doit jamais laisser entrer les catéchumènes dans le baptistère. »

Le 20e. « On ne doit pas même les bénir avec les fidèles dans les prières particulières qui se font dans les maisons ; mais il faut les avertir de se retirer pour recevoir séparément la bénédiction. »

Le 21e. « Quand deux évêques ordonnent par force et malgré lui un évêque, si celui qui aura été ainsi ordonné est digne de l'épiscopat, il sera mis en la place de l'un des deux qui l'ont ordonné ; et l'autre sera aussi déposé. Si celui qui a été ordonné par deux évêques seulement, a consenti à son ordination, il sera pareillement condamné. »

Le 22e. « Il a été aussi arrêté qu'on n'ordonnera plus de diacres mariés, à moins qu'auparavant ils n'aient fait vœu de chasteté. »

Le 23e. « Si quelque diacre, après son ordination, a encore commerce avec sa femme, qu'il soit exclus du ministère. »

Le 24e « excepte de cette loi les diacres qui ont été ordonnés auparavant ; et la seule peine qu'on leur impose est que, suivant le concile de Turin, il ne pourront être promus à un ordre supérieur. »

Le 25e « défend de promouvoir au delà du sous-diaconat les personnes qui auront été mariées deux fois. »

Le 26e « défend d'ordonner dans la suite des diaconesses, et veut que celles qui ont été ordonnées reçoivent la bénédiction avec les simples laïques. »

L'évêque donnait premièrement la bénédiction au clergé, et ensuite au peuple : c'est pourquoi le concile, qui ne regarde pas les diaconesses comme étant du clergé, ordonne qu'elles reçoivent la bénédiction avec les laïques. Il est des savants, comme le P. Morin, qui pensent que ce canon n'abroge point l'usage des diaconesses dans l'Eglise, mais qu'il enjoint seulement de ne pas les recevoir sans examen, ni au dessous de l'âge de quarante ans, ni sans avoir les autres conditions que demandent les conciles. D'autres, tels que le P. Sirmond, croient que le concile n'abroge pas entièrement les diaconesses quant au nom et au degré, ou à l'office, mais seulement quant à l'ordination, c'est-à-dire qu'il défend qu'elles soient dorénavant ordonnées par l'imposition des mains de l'évêque, ce qui faisait qu'elles étaient censées être du clergé, et réduit celles qui sont déjà ordonnées au rang des simples laïques. Tous les autres interprètes soutiennent que ce canon abroge totalement les diaconesses.

Le 27e. « Les veuves qui voudront garder la viduité, en feront profession devant l'évêque, dans le sanctuaire, ou la salle secrète de l'église, et recevront de lui l'habit de viduité ; et si elles abandonnent leur profession, elles seront condamnées aussi bien que ceux qui les enlèveraient. »

La veuve qui voulait faire profession de viduité, commençait par donner sa profession par écrit à l'évêque ou dans le lieu où les prêtres étaient assis derrière l'autel, ou dans la sacristie, ou enfin dans les salles attenantes à l'église ; car le mot de *secretarium*, qu'on lit dans le latin, est susceptible de ces trois significations. La veuve promettait, dans sa profession, de garder la chasteté perpétuelle. Elle recevait ensuite de la main de l'évêque l'habit des veuves, qui était noir, et le voile ou le manteau. Selon l'Ordre romain, la veuve prenait le voile de dessus l'autel, et se le mettait elle-même, sans le ministère de l'évêque. Quant à la peine des veuves qui violaient leur vœu, le 4e concile de Carthage, can. 104, les soumettait à l'excommunication, ainsi que leurs ravisseurs.

Le 28e. « Les vierges et les moines qui abandonnent la profession qu'ils auraient faite de garder la chasteté seront traités comme prévaricateurs ; et on leur imposera une pénitence convenable. »

Le 29e confirme tous les règlements précédents. Il ordonne qu'aucun concile ne se sépare sans avoir indiqué le suivant, et marque celui de l'an 442 à Lucien ou Lucienne, dans le même diocèse d'Orange.

On voit par ce canon que chacun des évêques du concile emporta avec lui une copie des actes que l'on y dressa, et que saint Hilaire fut chargé, en sa qualité de président, d'en envoyer une copie aux évêques absents.

Le 30e déclare que si un évêque, par infirmité, perd le sens ou l'usage de la parole, il ne fera point exercer par des prêtres, en sa présence, les fonctions qui n'appartiennent qu'aux évêques, mais qu'il fera venir un évêque qui fera ces fonctions dans son église.

On trouve à la suite de ces canons quelques décrets qui ont été attribués au même concile par Gratien et par d'autres. Ils regardent la manière et la forme de l'excommunication, et ce qui s'observait dans la réconciliation des excommuniés. On y a joint trois oraisons que l'Eglise récitait sur le pénitent, et un décret qui porte que personne ne rompra le jeûne le vendredi saint, ni la veille de Pâques avant le commencement de la nuit, excepté les enfants et les malades ; que même, en ces deux jours, on ne célébrera pas les divins mystères, défense étant faite par les canons de conférer en ces mêmes jours les sacrements aux pénitents. Mais tous ces décrets n'ont aujourd'hui aucune autorité. *Reg. tom. VII ; Lab. tom. III ; Hard. tom. I ; Sirmundus, tom. I.*

ORANGE (Concile d'), l'an 501. On lit quelque part qu'Ethilius, ou Sextilius, évêque de Vaison, assista à ce concile, dont il n'est au reste fait mention nulle part ailleurs *Gall. Christ. t. I.*

ORANGE (IIe Concile d'), l'an 529. Treize évêques, qui eurent saint Césaire d'Arles pour président, tinrent ce concile, le 3 de juillet de l'an 529, qui était le troisième du pape Félix IV, et d'Athalaric, roi d'Italie, dans l'église que le patrice Libère, préfet du prétoire des Gaules, avait fait bâtir à Orange. Après que les évêques eurent achevé la cérémonie de la dédicace de cette église, ils proposèrent et souscrivirent quelques articles qui leur avaient été envoyés du saint-siége, et que les anciens Pères avaient tirés des saintes Ecritures, pour instruire ceux qui n'avaient pas des sentiments conformes à la foi catholique sur la grâce et le libre arbitre. Ces articles, presque tous appuyés de quelques passages de l'Ecriture, sont au nombre de vingt-cinq, et conçus en forme de canons, quoiqu'ils ne finissent pas par les anathèmes ordinaires, si ce n'est le 25e.

Le 1er condamne ceux qui soutiennent que le péché du premier homme n'a causé du changement que dans une partie de l'homme, savoir dans son corps qu'il a rendu sujet à la mort, et qu'il n'a fait aucun tort à son âme, laissant l'homme aussi libre qu'il l'était auparavant ; ce qui était l'hérésie de Pélage.

Le 2e condamne ceux qui disent que le péché d'Adam n'a nui qu'à lui seul, ou qu'il n'y a que la mort du corps qui ait passé à ses descendants.

Le 3e enseigne que si quelqu'un dit que la grâce de Dieu peut être donnée à l'invocation humaine, et que ce n'est pas la grâce qui fait que nous l'invoquons, il contredit le prophète Isaïe, et l'Apôtre, qui dit la même chose : « J'ai été trouvé par ceux qui ne me cherchaient point ; et je me suis fait voir à ceux qui ne cherchaient point à me connaître. »

Le 4e condamne ceux qui soutiennent que Dieu attend notre volonté pour nous purifier de nos péchés, et que ce n'est pas par l'infusion et l'opération du Saint-Esprit que se forme en nous la volonté d'être purifiés de nos péchés.

Le 5ᵉ est conçu en ces termes : « Si quelqu'un dit que le commencement, comme l'accroissement de la foi, et le mouvement de la volonté qui nous porte à croire en celui qui justifie l'impie, et à obtenir la régénération dans le baptême, ne sont pas des effets de la grâce, c'est-à-dire d'une inspiration du Saint-Esprit qui nous rappelle de l'infidélité à la croyance, et de l'impiété à la piété, mais que ce sont des effets de la nature, il se montre ennemi des doctrines apostoliques, et en particulier de saint Paul qui a dit ces paroles : *J'ai une ferme confiance que celui qui a commencé le bien en vous ne cessera de le perfectionner jusqu'au jour de Jésus-Christ;* et ces autres paroles : *C'est une grâce qui vous a été faite, non-seulement de ce que vous croyez en lui, mais encore de ce que vous souffrez pour lui;* et ces autres enfin : *C'est par la grâce que vous êtes sauvés en vertu de la foi; et cela ne vient pas de vous, puisque c'est un don de Dieu.* Ceux qui disent en effet que la foi par laquelle nous croyons en Dieu nous est naturelle, pourraient à aussi bon droit ranger au nombre des fidèles tous ceux qui sont éloignés de l'Église de Jésus-Christ. »

Le 6ᵉ, qui n'est pas moins remarquable que celui qu'on vient de lire, est conçu de cette manière : « Si quelqu'un dit que la miséricorde divine nous est conférée comme récompense de notre foi, de notre bonne volonté, de nos saints désirs, de nos efforts, de nos travaux, de nos veilles, de nos études, ou de ce que nous aurions demandé, cherché, frappé, sans que la grâce de Dieu nous eût poussés à le faire, au lieu de confesser que notre foi, notre bonne volonté et tout le reste ne nous est possible que par un effet de l'inspiration et d'une communication des dons du Saint-Esprit, ou si quelqu'un prétend que la grâce vient seulement en aide à notre humilité et à notre obéissance, au lieu d'être le principe de notre humilité et de notre obéissance mêmes, il contredit ces paroles de l'Apôtre : *Qu'avez-vous que vous n'ayez reçu?* et ces autres paroles : *C'est par la grâce de Dieu que je suis ce que je suis.* »

Le 7ᵉ dit que si quelqu'un prétend que, sans la lumière et l'inspiration du Saint-Esprit qui donne à tous cette suavité intérieure qui fait qu'on embrasse la vérité, et qu'on y ajoute foi, il puisse, par ses forces naturelles, penser comme il faut, se porter à faire quoi que ce soit de bon, par rapport au salut et à la vie éternelle, se rendre à la prédication salutaire, c'est-à-dire à celle de l'Évangile, il faut que l'esprit d'erreur et d'hérésie l'ait séduit, puisqu'il n'entend pas la voix de Jésus-Christ même, qui dit dans l'Évangile : « Vous ne pouvez rien faire sans moi; » ni celle de l'Apôtre, qui dit : « Nous ne sommes pas capables d'avoir aucunes bonnes pensées de nous-mêmes, comme de nous-mêmes; et c'est Dieu qui nous en rend capables. »

Le 8ᵉ rejette, comme éloignés de la vraie foi, ceux qui prétendent que les uns peuvent venir à la grâce du baptême par la miséricorde de Dieu, et les autres par le libre arbitre, qui est certainement vicié dans tous ceux qui sont nés de la prévarication du premier homme; car, quoique ceux qui soutiennent cette doctrine reconnaissent que le libre arbitre est affaibli dans tous les hommes par le péché d'Adam, ils ne laissent pas de soutenir qu'il n'est pas tellement affaibli, que quelques-uns ne puissent, sans la révélation de Dieu, acquérir par eux-mêmes le mystère du salut éternel; ce qui est contraire aux paroles de Jésus-Christ, qui dit que non pas quelqu'un, mais « qu'aucun ne peut venir à lui, sinon celui que le Père aura attiré. »

Voilà ce que portent en substance les huit premiers articles ou canons de ce concile. Les dix-sept autres ne sont proprement que des sentences formées des paroles de saint Augustin et de saint Prosper; mais ils n'en font pas moins partie des actes du concile, et ils seront toujours des témoignages de sa doctrine sur la grâce, et de son zèle à établir la nécessité d'une grâce prévenante.

Le 9ᵉ. « Lorsque nous avons quelques bonnes pensées, ou que nous nous gardons de la fausseté et de l'injustice, c'est à la grâce de Dieu que nous en sommes redevables; car, toutes les fois que nous faisons quelque chose de bon, c'est Dieu qui agit en nous et avec nous, afin que nous le fassions. »

Le 10ᵉ. « Il faut que les baptisés, et même les saints, pour pouvoir arriver à une bonne fin, ou persévérer dans la pratique des bonnes œuvres, implorent sans cesse le secours de Dieu. »

Le 11ᵉ. « Personne n'offre véritablement au Seigneur que ce qu'il en a reçu pour le lui offrir, selon qu'il est écrit : *Nous vous donnons ce que nous avons reçu de votre main.* »

Le 12ᵉ. « Dieu nous aime tels que nous serons par ses dons, et non tels que nous sommes par nos mérites. »

Le 13ᵉ. « Le libre arbitre ayant été affaibli dans le premier homme, et rendu comme malade, ne peut être réparé que par la grâce du baptême; perdu (quant à l'étendue des forces qu'il avait dans l'homme innocent), il ne peut être rétabli que par celui qui a pu le donner, selon ce que dit la Vérité même : *Si le Fils vous délivre, vous serez véritablement libres.* »

Le 14ᵉ. « Personne ne peut être délivré de quelque misère que ce soit qui l'afflige, que celui qui est prévenu par la miséricorde de Dieu, ainsi que dit le Psalmiste : *Mon Dieu, votre miséricorde me préviendra.* »

Le 15ᵉ. « C'est par son iniquité qu'Adam a changé en mal l'état dans lequel Dieu l'avait créé; c'est par la grâce de Dieu que le fidèle change en mieux l'état où il est réduit par le péché. Le premier changement est de l'homme prévaricateur : le second est l'effet de la puissance de la droite du Très-Haut. »

Le 16e. « Personne ne doit se glorifier de ce qu'il croit avoir, comme s'il ne l'avait pas reçu : il ne doit pas même se flatter de l'avoir reçu, par cela seul que la lettre de la loi a brillé à ses yeux ou retenti à ses oreilles ; puisque, si la justice nous était donnée par la loi, Jésus-Christ serait mort en vain, et que c'est lui au contraire, qui, *étant monté au plus haut des cieux, a mené en triomphe une grande multitude de captifs, et a répandu ses dons sur les hommes.* Voilà d'où vient tout ce qu'on peut avoir. Celui qui nie tenir de ce principe ce qu'il a, ou ne l'a pas véritablement, ou ce qu'il a lui sera ôté. »

Le 17e. « C'est la cupidité mondaine, qui fait la force des gentils, et c'est la charité de Dieu qui fait celle des chrétiens ; cette charité est répandue dans nos cœurs, non par le simple effet de notre libre arbitre, mais par le Saint-Esprit qui nous a été donné. »

Le 18e. « La récompense est due aux bonnes œuvres ; mais la grâce n'est due à personne, et elle précède nos bonnes œuvres dont elle est le principe. »

Le 19e. « Quand bien même la nature humaine subsisterait avec l'intégrité dans laquelle elle a été créée, elle ne pourrait se conserver elle-même en cet état, sans le secours de son Créateur. Comment donc pourrait-elle, sans la grâce de Dieu, recouvrer la vie spirituelle après l'avoir perdue, elle qui ne pourrait sans cette grâce, la conserver après l'avoir reçue? »

Le 20e. « Dieu fait beaucoup de bonnes choses dans l'homme, sans que l'homme les fasse ; mais l'homme ne fait rien de bon, que Dieu ne le lui fasse faire. »

Le 21e. « Comme c'est avec la plus grande raison que l'Apôtre a dit à ceux qui voulaient que ce fût la loi qui les justifiât, et qui dès là étaient déchus de la grâce : *Si c'est la loi qui justifie, c'est en vain que Jésus-Christ est mort ;* on peut dire avec autant de raison à ceux qui font consister la grâce dans les facultés naturelles : *Si c'est la nature qui justifie, c'est en vain que Jésus-Christ est mort.* Car avant ce temps, on avait déjà et la loi et les facultés naturelles, sans que ni l'une ni l'autre pût justifier. Si donc Jésus-Christ n'est pas mort en vain, c'est que sa loi ne pouvait être accomplie que par la grâce de celui qui a dit : *Je suis venu accomplir la loi, et non pas l'anéantir,* et que la nature ruinée et perdue par Adam, ne pouvait être réparée que par celui qui a dit : *Je suis venu chercher et sauver ce qui était perdu.* »

Le 22e. « Personne n'a de soi que le mensonge et le péché. S'il y a en nous quelque vérité ou quelque justice, c'est par un écoulement de cette source d'eau vive qui doit exciter notre désir dans le désert de ce monde, afin que, rafraîchis par quelques unes de ses gouttes, nous ne défaillions pas en chemin. »

Le 23e. « Les hommes font leur volonté, et non pas celle de Dieu, quand ils font ce qui déplaît à Dieu. S'ils font aussi ce qu'ils veulent, quand ils obéissent à la volonté de Dieu, quoique ce soit volontairement qu'ils agissent alors, ce qu'ils font n'en est pas moins la volonté de celui qui leur fait goûter ce qu'ils veulent et qui le leur commande. »

Le 24e. « Quand les branches d'une vigne tiennent à leur cep, elles ne lui donnent pas la vie, mais elles la reçoivent de lui. Le cep se répand alors dans les branches par la sève qu'il leur communique, sans rien en recevoir lui-même. Ainsi donc, que le Christ demeure dans ses disciples ou ses disciples en lui, dans un cas comme dans l'autre c'est un avantage pour les disciples, et non pour le Christ. Car une branche étant retranchée d'un cep vivant, une autre peut pousser à la place ; au lieu que la branche qui a été coupée, n'ayant plus de racine, ne peut plus vivre. »

Le 25e. « C'est absolument un don de Dieu, que d'aimer Dieu. C'est lui qui nous a donné de l'aimer, puisque c'est lui qui nous a aimés avant que nous eussions commencé à l'aimer nous-mêmes. Il nous a aimés, lorsque nous lui étions désagréables, afin qu'il y eût en nous de quoi lui plaire ; car l'esprit qui répand la charité dans nos cœurs est l'Esprit du Père et l'Esprit du Fils, l'Esprit que nous aimons avec le Père et le Fils. »

Après avoir établi ces vingt-cinq articles, le concile conclut ainsi : « Nous devons donc enseigner et croire, suivant les passages de l'Ecriture, rapportés ci-dessus, et les définitions des anciens Pères, que, par le péché du premier homme, le libre arbitre a tellement été abaissé et affaibli, que personne depuis n'a pu aimer Dieu comme il faut, croire en lui, ou faire le bien pour lui, s'il n'a été prévenu par la grâce et la miséricorde divine. C'est pourquoi nous croyons qu'Abel le juste, Noé, Abraham, Isaac, Jacob, et tous les autres anciens Pères, n'ont pas eu par un don de la nature cette foi que l'apôtre saint Paul relève en eux, mais par la grâce de Dieu ; et depuis la venue de Notre-Seigneur, cette grâce, en ceux qui désirent le baptême, ne vient pas du libre arbitre, mais de la bonté et de la libéralité de Jésus-Christ...

« Nous croyons aussi que tous les baptisés peuvent et doivent, avec le secours et la coopération de Jésus-Christ, accomplir ce qui tend au salut de leurs âmes ; s'ils veulent travailler fidèlement. Que quelques-uns soient prédestinés au mal par la puissance divine, non-seulement nous ne le croyons point ; mais, si quelqu'un veut adopter une erreur si funeste, nous le détestons et lui disons anathème. Nous faisons aussi profession de croire que, dans toutes nos bonnes œuvres, ce n'est pas nous qui commençons, pour être aidés ensuite par la miséricorde de Dieu ; mais c'est lui-même qui, sans aucun bon mérite précédent de notre part, nous inspire le premier la foi en lui et son amour, en nous portant à recourir au sacrement de baptême, et nous donnant la force, après le baptême, d'accomplir avec son secours les choses qui lui sont agréables. D'où il est évident que nous devons croire que la foi du bon larron, rappelé par le Seigneur à la patrie céleste, comme celle du centurion Corneille, à qui l'ange du Seigneur fut envoyé, et celle de Zachée, qui mérita de recevoir le Seigneur même, ne venait pas de la nature, mais de la libéralité de Dieu. » Les évêques souscrivirent à cette définition de foi, et y firent souscrire huit laïques de la première condition, tous qualifiés illustres, qui avaient assisté à la cérémonie de la dédicace. Le premier est le patrice Libère, préfet du prétoire des Gaules. Leur but, en cela, fut que cette définition de foi servirait aussi à désabuser ceux des laïques que les semi-pélagiens auraient pu infecter de leurs erreurs.

Saint Césaire, qui avait présidé à ce concile, en envoya les actes à Rome par Arménius, prêtre et abbé, pour le faire approuver. Le pape Boniface, successeur de Félix IV, répondit à la lettre de saint Césaire; et non-seulement il approuva la doctrine établie dans le concile d'Orange, mais il apporta encore divers passages pour l'établir de nouveau, témoignant son étonnement de ce qu'il y avait des personnes qui errassent dans une matière si clairement développée dans les saintes Ecritures. Le P. Sirmond, dans ses *Notes sur le concile d'Orange*, déclare qu'il a trouvé dans plusieurs manuscrits anciens, à la tête de la lettre du pape Boniface, ces paroles : « Ce concile d'Orange a été confirmé par un décret du pape Boniface; et quiconque aura d'autres sentiments que ceux de ce concile et de ce décret du pape, doit savoir qu'il est opposé au saint-siége apostolique et à l'Eglise universelle. » On avait supprimé cette note dans l'édition royale des Conciles ; mais le P. Labbe a eu soin de la remettre à la suite du concile d'Orange, dans son édition de 1671. Le même P. Sirmond, dans une autre note, dit « qu'il était important de faire voir que ce concile d'Orange, qu'on avait cru autrefois avoir été célébré sous le pontificat de saint Léon, ne s'est tenu qu'en cette année 529, à cause de plusieurs personnages éminents en science et en piété, qui, avant le concile, ont paru favoriser dans les Gaules les semi-pélagiens, dont les erreurs furent enfin proscrites et anathématisées dans ce concile, confirmé par l'autorité du saint-siége apostolique. » Ce concile, ajoute ce Père, termina enfin la dispute si importante qui, durant plus de cent ans, avait échauffé, les uns contre les autres, des hommes très-saints et très-savants ; et ce fut par l'autorité de l'Ecriture, plus encore que par celle des Pères, que tout ce différend fut apaisé dans ce concile.

ORANGE (Concile d'), l'an 1229. On y admit à la pénitence les albigeois et les personnes suspectes de cette hérésie, que l'inquisition avait découverts à Toulouse.

ORIENT (Concile d'), *Orientale*, vers l'an 151. Saint Apollonius, évêque de Corinthe, avec plusieurs évêques d'Orient, condamna dans ce concile, dont on ignore le lieu précis, l'hérésie de Cerdon, qui consistait à admettre deux dieux, l'un bon et l'autre mauvais ; à contester la réalité de la chair de Jésus-Christ ; à rejeter l'Ancien Testament, et à ne recevoir du Nouveau que l'Evangile de saint Luc et 13 épîtres mutilées de l'apôtre saint Paul ; à condamner le mariage, aussi bien que l'usage de certaines viandes, et enfin à nier la résurrection. *Lib. de Hæresibus, ed. Sirmond*., I, c. 3.

ORIENT (Conférences d') entre Manès et Archélaüs, à Charres ou Cascare en Mésopotamie, vers l'an 277. Archélaüs, évêque de Charres, ne nous est connu que par les disputes qu'il eut à soutenir contre l'hérésiarque Manichée ou Manès, sous l'empire de Probe, vers l'an 277. Il les écrivit en syriaque (*a*) ; mais elles furent bientôt traduites en grec, ce qui les rendit fort communes. Nous les avons encore aujourd'hui d'une ancienne traduction latine (*b*), et l'on en trouve plusieurs fragments considérables en grec dans saint Epiphane, dans saint Cyrille de Jérusalem, et dans l'Histoire ecclésiastique de Socrate. Un ancien auteur nommé Héraclien, cité dans Photius (*c*), dit qu'Hégémone écrivit les *Réfutations* de Manès par Archélaüs. Ce qui ne se peut expliquer qu'en disant que cet Hégémone traduisit en grec les actes de la dispute d'Archélaüs, ou qu'il les publia de nouveau en y ajoutant plusieurs circonstances dont Archélaüs n'avait pas fait mention ; car il est certain que ces actes sont de deux mains (*d*). La traduction latine que nous en avons a été faite sur le grec, et non sur le syriaque : ce qui paraît par plusieurs endroits (*e*), où le traducteur, trompé par la ressemblance des termes grecs, a mal rendu le sens de son original. Il paraît aussi avoir supprimé beaucoup de choses, et on croit avec

---

(*a*) « Archelaus episcopus Mesopotamiæ librum disputationis suæ quam habuit adversus Manichæum exeuntem de Persíde Syro sermone composuit, qui translatus in Græcum habetur a multis, claruit sub imperatore Probo. » *Hieronym. in Catalog.* cap. 72.

(*b*) Monsieur Valois a donné ces actes en partie sur un manuscrit de l'abbaye de Bobio, à la suite de ses actes sur l'Histoire de Socrate, pag. 197, à Paris, en 1678. Laurent Zacagni, bibliothécaire du Vatican, les ayant trouvés plus amples dans un manuscrit du Vatican, les fit imprimer à Rome en 1698, in-4°. avec plusieurs anciens monuments ; et c'est cette édition que Fabricius a suivie dans la réimpression qu'il en a faite à Hambourg en 1716, in-fol., à la suite des Œuvres de saint Hippolyte. On y voit premièrement les remarques de Zacagni sur ces actes, pag. 136 ; ensuite un grand éloge de Marcel, pag. 142 ; puis la lettre de Manès à Marcel, pag. 143 ; celle de Marcel à Manès, pag. 146 ; ensuite l'histoire et les actes de la conférence d'Archélaüs avec Manès, pag. 146 ; la conférence de Diodore avec Manès, et sa lettre à Archélaüs, pag. 177 ; la réponse d'Archélaüs à Diodore, pag. 178 ; son discours sur l'histoire de Manès, pag. 183. Ces diverses pièces ont été reproduites par Mansi, *Conc.* t. I.

(*c*) « Recenset item Heraclianus eos qui ante se in Manichæorum impietatem calamum strinxerunt, Hegemonium nimirum qui disputationem Archelai adversus ipsum perscripsit. » Photius, *Cod.* 85.

(*d*) Cela paraît par ce qu'on lit à la fin de ces actes, num. 55, pag. 195., et ibid. Fabricii : « Quibus postea agnitis Archelaus adjecit ea priori disputationi, ut omnibus innotesceret sicut ego qui inscripsi in prioribus exposui. »

(*e*) On en voit un exemple au nombre 8 des actes de cette dispute, où le traducteur a pris ἄνω pour ἄξω, comme nous lisons dans le texte grec de saint Epiphane. Ainsi au

beaucoup de vraisemblance qu'au lieu de traduire les disputes d'Archélaüs avec Manès, il n'en a fait que l'abrégé. Par exemple, il ne rapporte pas les preuves qu'Archélaüs produisit pour montrer que non-seulement la loi de Moïse, mais tout l'Ancien Testament était parfaitement d'accord avec le Nouveau. Cependant Archélaüs lui-même dit avoir prouvé cet article contre Manès (a), et saint Cyrille de Jérusalem a transcrit cet endroit dans la sixième de ses Catéchèses (b). Il se peut faire aussi que la traduction de ces actes ne soit pas venue entière jusqu'à nous, et que le défaut que nous y trouvons vienne moins de la part du traducteur que de la perte d'une partie de sa traduction. Quoi qu'il en soit, voici quelle fut l'occasion des disputes d'Archélaüs avec Manès, et ce qu'elles renferment de plus remarquable.

Vers le milieu du troisième siècle, il y avait en Egypte un nommé Scythien, sarrasin de nation (c), homme extrêmement riche, d'un esprit vif et brillant, qui le faisait pénétrer dans toutes les sciences des Grecs. Quoiqu'il eût quelque connaissance de la religion chrétienne et des saintes Ecritures, il n'avait néanmoins rien de commun avec le christianisme ni avec le judaïsme. L'envie de se voir à la tête d'un parti lui fit inventer de nouveaux dogmes. Il se mit donc à raisonner sur les principes de Pythagore et d'Empédocle; et étant aidé par le démon, il s'imagina que puisque le monde était rempli de choses contraires et opposées l'une à l'autre, il fallait que cette opposition vînt de deux racines et de deux principes ennemis. Pour établir cette doctrine, il composa quatre livres, tous assez courts: le premier intitulé, de l'Evangile; le second, des Chapitres; le troisième, des Mystères; le quatrième, des Trésors (d) Le premier ne renfermait aucune des actions de Jésus-Christ, et n'avait rien de commun avec l'Evangile que le simple titre. Scythien s'était proposé d'infecter la Judée de ses erreurs; mais il mourut de maladie fort peu après qu'il y fut arrivé (e), laissant Terbinthe son disciple héritier de ses livres, de sa doctrine et de son argent (f). Terbinthe passa de Judée en Perse, et pour n'y être pas connu, il changea de nom et se fit appeler Budde (g). Il y eut pour adversaires les prêtres de Mithra ou du Soleil, qui après l'avoir convaincu d'erreur dans plusieurs disputes, le chassèrent, et l'obligèrent à se retirer chez une vieille veuve, sans avoir pu faire un seul disciple. Là, étant monté sur la terrasse de la maison pour invoquer les démons de l'air (h), il fut frappé de Dieu et mourut en tombant du haut de la maison en bas. La veuve hérita de ses livres et de son argent (i); mais comme elle n'avait ni enfants ni parents, elle acheta un esclave persan, nommé Cubrique (j), qui n'avait encore que sept ans: elle l'affranchit, l'adopta pour son fils, et le fit instruire dans les sciences et dans la philosophie des Perses; en sorte qu'il devint considérable entre leurs sages. La veuve étant morte, il hérita de tout son bien, avec les livres qu'elle avait eus de Terbinthe; et afin d'effacer plus aisément la mémoire et la honte de sa servitude, il quitta le nom de Cubrique et prit celui de Manès (k), qui en persan signifie discours ou conversation, comme pour marquer qu'il excellait dans la dialectique. Il disait qu'il était le Paraclet, et se vantait de faire des miracles (l). Le roi de Perse avait son fils malade dans la capitale du royaume (m); et comme il craignait beaucoup de le perdre, il fit publier un édit où il promettait une grande récompense à celui qui le guérirait. Il se trouva grand nombre de médecins; mais Manès promit de guérir ce prince par ses prières. Le malade lui ayant été confié, il lui appliqua quelques remèdes (n), mais inutilement, et il mourut entre ses mains. Manès fut incontinent mis en prison; mais après y avoir demeuré quelque temps, il trouva moyen de s'échapper, s'enfuit en Mésopotamie, et se retira dans un château nommé Arabion, sur la rivière de Stranga, situé dans les déserts qui séparaient l'empire romain de celui des Perses. Là ayant entendu parler de Marcel, homme de grande piété, qui demeurait à Cascare, ville de Mésopotamie, et faisait de grandes aumônes, il lui écrivit en ces termes, par un de ses disciples appelé Turbon

---

lieu de traduire: *Permanent illæ in columna gloriæ quæ vocatur aer perfectus; aer autem iste est columna lucis*, il a traduit mal à propos: *cum igitur Luna onus, quod gerit, animarum sæculis tradiderit Patris, permanent illæ in columna gloriæ, quod vocatur vir perfectus. Hic autem vir est columna lucis.* De même au nombre 8, il a confondu λοιμός *fames* avec λοιμός *pestis*, ce qui ne serait pas arrivé s'il eût traduit sur le syriaque, dont les mots n'ont point de ressemblance qui occasionne de pareilles équivoques. *Voyez* les prolégomènes *de Zacagni*, pag. 146, 157, édit. Fabricii.

(a) « Nos vero ex eadem ipsa scriptura non solum confirmavimus legem Moysi et omnia quæ in ea scripta sunt, verum etiam omne vetus Testamentum convenire novo Testamento, et consonare probavimus, unumque esse textum tanquam si una vestis videatur ex subtegmine atque stamine esse contexta. » Archel. *Epist. ad Diodor.* pag. 178, edit. Fabricii.

(b) Cyrillus, *cateches.* 6, num. 27.

(c) Cyrillus, *catechesi* 6, num. 22 et seq. Epiphan. *hæresi* 66, num. 1, 2, 3, et seqq. Socrates, lib. I Hist. c. 22

(d) Cyrillus *catechesi* 6, num. 22, et Cyrillus, *hæres.* 66, num. 3. Socrates, lib. I, cap. 22, attribue ces quatre livres, non à Scythien comme font saint Cyrille et saint Epiphane, mais à Budde ou Therbinthe disciple de Scythien, en quoi il est conforme au texte de la traduction latine des actes d'Archélaüs, donnée par Fabricius à Hambourg en 1716. *Scythianus discipulum habuit quemdam nomine Terebinthum, qui scripsit ei quatuor libros, ex quibus unum quidem appellant Mysteriorum, alium vero Capitulorum, tertium autem Evangelium, et novissimum omnium Thesaurum appellavit, et erant ei isti quatuor libri et unus discipulus nomine Terebinthus.* Archel. *acta*, pag. 191, num. 52; mais au nombre 53 ces mêmes livres sont attribués à Scythien: *universa bona sua tradidit et cum reliquis, etiam quatuor illos libellos quos Scythianus scripserat, non multorum versuum singulos*, pag. 192.

(e) Cyrill., ubi sup.

(f) Idem, ibid., num. 23

(g) Ibid.

(h) Ibid.

(i) Ibid., num. 24.

(j) Theodor., lib. I *hæretic. Fabul.*, cap. 26.

(k) Cyrill., ubi supra, num. 24.

(l) Ibid., num. 25.

(m) Cyrill., ibid.

(n) Epiphan. *hæresi* 66, num. 5, Cyrillus, *cateches.* 6, num. 25, 26 et 27. Socrat. lib. I, cap. 22.

« Manès, apôtre de Jésus-Christ (a), et tous les saints et les vierges qui sont avec moi, à Marcel mon fils bien-aimé, grâce, miséricorde, paix de la part de Dieu le Père, et de Notre-Seigneur Jésus-Christ, et que la main droite de la lumière vous préserve du siècle présent, de ses accidents et des pièges du méchant. Amen. J'ai eu beaucoup de joie d'apprendre la grandeur de votre charité; mais je suis fâché que votre foi ne soit pas conforme à la vraie doctrine. C'est pourquoi étant envoyé pour redresser le genre humain, et ayant pitié de ceux qui s'abandonnent à l'erreur, j'ai cru nécessaire de vous écrire cette lettre, afin que vous acquériez la discrétion qui manque aux docteurs des simples; car ils enseignent que le bien et le mal viennent du même principe, ne discernant pas la lumière des ténèbres, ni ce qui est hors de l'homme d'avec ce qui est dedans; ils mêlent incessamment l'un avec l'autre; mais pour vous, mon fils, ne les unissez pas comme le commun des hommes le fait sans raison; car ils attribuent à Dieu le commencement et la fin de ces maux. Leur fin est proche de la malédiction. Ils ne croient pas même ce que Notre-Seigneur dit dans l'Évangile, que le bon arbre ne peut produire de mauvais fruits, ni le mauvais arbre de bons fruits; et je m'étonne comment ils osent dire que Dieu soit l'auteur et le créateur de Satan et de ses mauvaises œuvres. Mais plût à Dieu qu'ils n'eussent pas été plus loin, et qu'ils n'eussent pas dit, que le Fils unique descendu du sein du Père, est fils d'une certaine Marie, formé du sang et de la chair et du reste de l'impureté des femmes. Je n'en dirai pas davantage dans cette lettre, de peur de vous fatiguer, n'ayant pas l'éloquence naturelle. Mais vous apprendrez tout quand je serai auprès de vous, si vous avez encore soin de votre salut; car je ne mets la corde au cou à personne, comme font les moins sages du vulgaire. Comprenez ce que je dis, mon très-cher fils. »

Marcel, quoiqu'entièrement surpris de cette lettre, ne laissa pas de recevoir fort bien (b) Turbon qui la lui avait apportée; mais Archélaüs évêque de Cascare, qui s'était trouvé chez Marcel à l'ouverture de la lettre, sentant ranimer tout son zèle (c), grinçait les dents, et voulait à l'heure même aller chercher Manès et le prendre comme un transfuge des Barbares. Marcel modéra son ardeur, et croyant qu'il était plus à propos de faire venir Manès, il lui écrivit par un de ses gens nommé Calliste, pour le prier de venir l'éclaircir des difficultés qu'il trouvait dans sa lettre. Cependant Turbon instruisait amplement Marcel et Archélaüs de la doctrine de Manès (d), qui, ayant reçu la lettre de Marcel, vint en diligence à Cascare. Archélaüs indigné des blasphèmes de Manès, voulait que, s'il était possible, on l'arrêtât quand il serait venu, et même qu'on le livrât à la mort comme une bête dangereuse; toutefois de l'avis de Marcel, qui, sans s'émouvoir (e), comptait avec confiance que Dieu prendrait en cette occasion la défense de la vérité, il convint de conférer paisiblement avec lui. La conférence se fit publiquement dans la maison de Marcel (f), et d'un commun accord on prit des païens pour juges; savoir, Marsipe philosophe, Claude médecin, Egialée grammairien, et Cléobule sophiste; tous fort habiles dans les lettres humaines; et on en usa ainsi, de peur que si l'on eût choisi des chrétiens, on ne les eût soupçonnés d'avoir favorisé le parti de l'Eglise. Quand ils furent assemblés, Manès déclara d'abord qu'il ne prétendait être rien moins que le Paraclet, et se répandit en invectives contre les catholiques (g), prétendant qu'ils faisaient le Père auteur des maux, du péché et de l'injustice, parce qu'ils le reconnaissaient pour auteur de la loi. Il consentait néanmoins à la recevoir (h), s'il se trouvait quelqu'un qui prouvât qu'elle n'enseigne rien que de juste. Les juges lui ayant demandé qu'il expliquât clairement sa doctrine, il avança qu'il reconnaissait deux natures (i): l'une bonne et l'autre mauvaise, mais placées en différents lieux; comme il ne pouvait donner de preuves d'un principe si étrange, on accorda à Archélaüs la liberté de parler (j). Il réfuta avec force les impiétés de Manès, et fit voir l'absurdité qu'il y avait de faire du mal (k) un être incréé, éternel et sans principe comme Dieu. Il prouva par l'harmonie qu'il y a entre l'âme et le corps de l'homme (l), que ces deux parties ne peuvent être de deux principes opposés, mais d'un seul et unique auteur, remarquant en passant que l'homme se conduit par son libre arbitre (m). Tous ceux qui étaient présents applaudirent aux discours d'Archélaüs, et il eut beaucoup de peine à empêcher qu'ils ne missent à mort Manès.

Archélaüs continua de parler, et dit que l'on ne pouvait admettre deux principes innés (n), bien moins encore les placer chacun en différents lieux; car ce serait diviser Dieu et lui ôter son immensité, puisque, s'il est renfermé dans un certain espace, il doit être moins grand que l'espace dans lequel il est contenu. Il ajouta que si Dieu est lumière, comme on en convenait (o), il fallait qu'il éclairât tout l'univers sans y laisser de place aux ténèbres incréées des manichéens, et qu'il en fût le maître unique, sans le parta-

---

(a) In actis Archelai, pag. 143, edit. Fabricii.
(b) In actis Archelai, p. 146, edit. Fabric.
(c) Ibid.
(d) Ibid.
(e) « Hæc cum Turbo dixisset, vehementer accensebatur Archelaus, Marcellus vero non movebatur, Deum exspectans auxilium veritati suæ futurum. » Archel., p. 157, num. 12.
(f) Ibid.
(g) « Sum quidem ego Paraclitus qui ab Jesu mitti prædictus sum. » Ibid, num. 13.
(h) Archel., p. 153.
(i) Ibid., num. 14
(j) Ibid., p. 156, num. 15.
(k) Ibid., p. 158, num. 18.
(l) Idem, p. 160, num. 19.
(m) Ibid., num. 20.
(n) Ibid.
(o) Ibid., p. 261, num. 22 et 23.

ger avec la puissance des ténèbres. Il remarque que Moïse, en parlant des ténèbres, n'a pas dit qu'elles fussent ni créées ni increées, chacun étant à même de remarquer, par le cours ordinaire du soleil, que nous ne sommes privés de sa lumière que par l'interposition de quelque corps solide obscur entre lui et nous. Les juges approuvèrent ce qu'Archélaüs avait dit (a), et pressèrent Manès de dire qui avait formé le mur de séparation qui doit être, selon lui, entre le royaume de la lumière et celui des ténèbres. A quoi il répondit que le Dieu bon avait mis au milieu le firmament, pour marquer son éloignement à l'égard du mauvais principe, avec lequel il n'a rien de commun. Archélaüs, prenant la parole, dit que Dieu n'était donc Dieu que de nom, puisque, selon Manès, il était sujet aux faiblesses humaines, comme à la crainte, ayant besoin d'un mur de séparation pour se défendre de son ennemi. Manès, ne sachant que répondre, se trouva réduit à dire que tout le monde n'était pas capable de comprendre ces mystères (b). Archélaüs l'attaqua ensuite sur la qualité de Paraclet qu'il affectait, et dit qu'il n'y avait nulle apparence que Jésus-Christ (c), ayant promis sous le règne de Tibère d'envoyer dans peu l'Esprit consolateur, ait différé l'exécution de ses promesses jusqu'à l'empire de Probe, laissant ses disciples orphelins pendant plus de 300 ans (d).

Archélaüs montre ensuite que la puissance du mal n'est pas éternelle (e); que Dieu ne l'a point créé; que la loi n'est appelée par saint Paul *un mystère de mort*, que parce qu'elle condamnait à mort les prévaricateurs; qu'au contraire, elle préservait de la mort ceux qui l'observaient, et qu'elle leur procurait la gloire (f), mais avec le secours de Jésus-Christ Notre-Seigneur; que l'homme est libre de sa nature (g), que le diable n'est pas mauvais par sa nature (h), mais qu'il s'est porté de lui-même au mal. Ensuite, après avoir rapporté (i) une partie des miracles que Jésus-Christ a faits pour prouver la vérité de sa doctrine, il demande à Manès (j) quelle preuve il avait donnée jusque-là qu'il fût le Paraclet, s'il avait ressuscité quelque mort, rendu la vue aux aveugles, marché sur les eaux, et fait d'autres prodiges semblables. La dispute finie,

on rendit gloire à Dieu (k), et on combla d'honneur Archélaüs. Les enfants les premiers, et tous les autres ensuite, se mirent à crier contre Manès, à le poursuivre et à le vouloir lapider. Mais Archélaüs conjura le peuple de ne pas souiller par un homicide la victoire que la vérité venait de remporter, ajoutant qu'il fallait, selon ce qui est écrit dans la première Epître de saint Paul aux Corinthiens, qu'il y ait des hérésies afin qu'on découvrît par là ceux qui sont solidement à Dieu. Archélaüs mit ensuite par écrit, à la prière de Marcel, ce qui s'était dit de part et d'autre dans la conférence.

Manès, ainsi convaincu, prit le parti de s'enfuir, et se retira dans un bourg nommé Diodore ou Diodoride (l). Le prêtre ou curé de ce lieu, qui s'appelait aussi Diodore (m), était un homme d'une grande probité, d'une foi très-pure, et d'une piété éminente, mais d'un esprit doux, simple, paisible, qui n'était pas fort en paroles, ni tout à fait instruit dans les difficultés des Ecritures. Manès, ayant reconnu son faible, assembla une grande multitude de peuple (n), et se mit à prêcher, disant qu'il venait pour accomplir l'Evangile (o) et faire rejeter la loi de Moïse, qu'il soutenait être du mauvais principe, et être contraire à la loi de Jésus-Christ. Diodore répondit aux vaines déclamations de Manès par ces paroles de Jésus-Christ (p): *Je ne suis pas venu abolir la loi, mais l'accomplir*; ce qui réduisit cet imposteur à nier que Jésus-Christ eût parlé ainsi, et à dire qu'il valait mieux s'arrêter à ses actions qu'à ses paroles. Il ne laissa pas d'objecter à Diodore plusieurs maximes de la loi de Moïse, et de les opposer à celles que nous trouvons établies dans l'Evangile et dans les Epîtres de saint Paul, ajoutant que la mort de saint Jean, qui avait eu la tête coupée, signifiait que tout ce qui avait été avant lui était coupé et retranché du salut.

Diodore écrivit toutes ces choses à Archélaüs (q), lui demandant en même temps comment il devait parler et agir dans cette rencontre; il le pria même de venir, s'il était possible, disant qu'il assurerait par sa présence le troupeau de Jésus-Christ (r). Archélaüs, ayant reçu cette lettre, y répondit aussitôt par un assez long discours que nous avons encore (s), et qui tend principalement à prouver la liaison

---

(a) Archel., p. 261, n. 22 et 23 et p. 162, num. 24.
(b) Idem, p. 163, num. 25.
(c) « Hæc igitur signa quæ in prædictis comprehendimus exemplis, iste non deferens adest, dicens esse se Paraclitum, quod ab Jesu præsignatus est mitti, in quo mendacem, ignorans, fortasse asseret Jesum; qui enim dixerat se non multo post missurum esse Paraclitum, invenitur post trecentos et eo amplius annos misisse nunc, sicut ipse sibi testimonium perhibet. Quid dicent Jesu in die judicii illi, qui jam vita excesserunt ex illo tempore usque nunc? Nonne hæc apud eum allegabunt: Noli nos cruciare, si opera tua non fecimus; eur enim cum promiseris sub Tiberio Cæsare missurum te esse Paraclitum, qui arguet nos de peccato et de justitia, sub Probo demum imperatore Romano misisti, orphanos dereliquisti? » Ibid., p. 165, num. 27.
(d) Il n'y avait pas 300 ans que Jésus-Christ était mort, lorsqu'Archélaüs conféra avec Manès; mais la chaleur de la dispute ne lui permit pas un calcul exact.

(e) Ibid., num. 29, p. 166.
(f) « Defendebat a morte servantes se et constituebat in gloria, ope atque auxilio Domini nostri Jesu Christi. » P. 168, num. 30.
(g) Ibid., num. 32
(h) Ibid., num. 33.
(i) Num. 34, p. 172.
(j) Num. 36, p. 174.
(k) Ibid., num. 39, p. 176.
(l) Archelaus, p. 176, num. 39
(m) Ibid. Saint Epiphane l'appelle Tryphon. *Hæres*. 66, num. 11, et lib. *de Mensuris et Ponderibus*, cap. 20.
(n) Archelaus, p. 176, num. 39.
(o) *Epist. Diodori ad Archelaum*, ibid. pag. 177, num. 40.
(p) Ibid
(q) Ibid. et p. 176, num. 39.
(r) Epiph. *hæres*. 66, num. 11.
(s) Archelaus, p. 178 num. 41.

et le rapport qu'il y a de l'Ancien Testament avec le Nouveau, et pria Diodore de lui marquer ce qui se serait passé entre lui et Manès (*a*). Ils entrèrent en dispute (*b*), et Diodore sut se servir si à propos des preuves qu'Archélaüs lui avait fournies pour l'accord des deux Testaments, qu'avec plusieurs autres raisons qu'il en apporta lui-même, il eut l'avantage sur Manès, de l'avis de tous ceux qui les entendirent.

Diodore en donna avis à Archélaüs, qui lui envoya un second discours, et promit de venir lui-même (*c*). Il vint en effet dès le matin à Diodoride (*d*), et étant entré au lieu où se tenait la dispute, il se jeta au cou de Diodore, et lui donna le baiser de paix. Diodore et tous ceux qui étaient présents admirèrent la Providence qui envoyait ce secours si à propos. Manès, au contraire, en fut interdit; il cessa de parler dès qu'il aperçut Archélaüs, et il paraissait à son air déconcerté qu'il ne voulait plus disputer. Archélaüs, ayant fait faire silence de la main (*e*), fit l'éloge de Marcel et de Diodore, et dit, en parlant de ce dernier, qu'il le croyait capable de réfuter Manès, mais qu'il croyait aussi le pouvoir faire avec plus de facilité, parce qu'il connaissait déjà cet imposteur. Il pria donc les assistants de l'écouter, et de prononcer ensuite en faveur de celui qu'ils jugeraient avoir dit la vérité. Manès l'interrompit pour lui reprocher les termes durs dont il s'était servi en parlant de lui (*f*), et lui demanda de trouver bon qu'il disputât contre Diodore. Mais Archélaüs persista à vouloir disputer lui-même, et demanda à Manès s'il disait que Jésus-Christ fût véritablement homme et né de la Vierge. Manès le nia, et soutint que Jésus-Christ avait paru homme sans l'être en effet : ce qu'il essaya de prouver en disant que Jésus-Christ avait rebuté celui qui lui avait dit que sa mère et ses frères demandaient à lui parler, au lieu qu'il avait déclaré Pierre bienheureux, parce qu'il l'avait appelé *Fils du Dieu vivant*. Manès proposa ses raisons de manière que les assistants crurent qu'on ne pourrait pas lui résister (*g*). Mais Archélaüs, ayant pris la parole, prouva la vérité de l'incarnation avec tant de succès (*h*), qu'il réduisit encore une fois Manès au silence, et s'attira les applaudissements de tous ceux qui étaient présents. Il répondit à l'objection de Manès (*i*), que Jésus-Christ n'avait point réprimandé celui qui lui avait parlé de sa mère et de ses frères, mais qu'étant occupé, selon le précepte de son Père, à instruire ceux qu'il était venu sauver, il n'avait pas cru devoir interrompre son ministère pour aller converser avec sa mère et ses frères ; qu'à l'égard de saint Pierre, ce ne fut pas la confession de la divinité de Jésus-Christ qui lui mérita alors le titre de *bienheureux*, qu'autrement Jésus-Christ aurait dû aussi appeler bienheureux les démons qui lui disaient : *Nous savons qui vous êtes : vous êtes le Saint de Dieu*; mais que l'on doit interpréter les paroles de Jésus-Christ selon les circonstances des lieux, des personnes, du temps et des matières qu'il traitait.

La conférence finie, les assistants ne voulurent pas qu'Archélaüs s'en retournât chez lui (*j*). Ils se rassemblèrent encore le lendemain pour l'entendre, non-seulement ceux de Diodoride, mais encore ceux des environs. Archélaüs, après avoir dit quelque chose de la doctrine de l'Eglise, et fait remarquer à ses auditeurs (*k*) que les chrétiens ne portent ce nom que parce que le Sauveur l'a ainsi souhaité, et l'exactitude avec laquelle ils observaient ce que saint Paul a établi touchant l'ordination des évêques, des prêtres et des autres ministres, fit l'histoire de Scythien, de Terbinthe et de Manès même, selon qu'il l'avait apprise de Sisinius et de Turbon (*l*), qui tous deux avaient été les disciples et les compagnons de Manès, mais qui s'étaient convertis. Lorsqu'il vint à dire que le roi de Perse (*m*), en conséquence de la mort de son fils, faisait encore alors chercher Manès pour le faire mourir, le peuple commença à vouloir le prendre pour l'envoyer en Perse. Mais Manès prit la fuite, et ayant repassé la rivière de Stranga, il s'en retourna secrètement en Perse, au château d'Arabion d'où il était venu. Il y fut pris par les soldats du roi de Perse qui le cherchaient de tous côtés (*n*), et ayant été amené au roi, ce prince, pour venger la mort de son fils et celle des gardes dont Manès avait été cause par son évasion (*o*), condamna cet imposteur à être écorché tout vif avec des roseaux (*p*). Son corps fut abandonné aux chiens et aux oiseaux (*q*), et sa peau, remplie de paille, exposée sur la

---

(*a*) Archel., p. 183, num. 44.
(*b*) Ibid., num. 45.
(*c*) « Archelaus, his acceptis litteris, duos ad eum libros mittit quos in promptu facileque comprehenderet contra Manetem conscriptos. Cæterum ut adventum suum præstolaretur admonuit. » Epiphan. *hæres.* 66, num. 11. Il n'est rien dit de ces deux circonstances dans la relation d'Archélaüs.
(*d*) Archelaus, p. 184, num. 46.
(*e*) Ibid., p. 184, num. 46.
(*f*) Ibid., p. 185, num. 47.
(*g*) Ibid., p. 186, num. 48.
(*h*) Archelaus, num. 49, p. 187.
(*i*) Ibid., num. 48, p. 186.
(*j*) Ibid., p. 190, num. 51.
(*k*) « Sed quid plura? Appellati sumus ex Salvatoris oesiderio christiani sicut universus orbis terrarum testimonium perhibet, atque apostoli edocent. Sed et optimus architectus ejus, fundamentum nostrum, id est, Ecclesiæ, Paulus posuit et legem tradidit, ordinatis ministris et presbyteris et episcopis in ea describens per singula loca, quomodo et qualiter oporteat ministros Dei, quales et qualiter fieri presbyteros, qualesque esse debeant, qui episcopatum desiderant, quæ omnia bene nobis, et recte disposita usque in hodiernum, statum suum custodiunt, et permanet apud nos hujus regulæ disciplina. » Ibid., p. 190, num. 51.
(*l*) Sisinius avait soutenu en présence de Manès même, ce qu'Archélaüs en dit alors. *Sed ne ipse quidem Sisinius dicere recusavit eadem quæ nos dicimus, præsente Mane*, p. 190, num. 51.
(*m*) Ibid., p. 193, num. 54 et 55.
(*n*) Ibid.
(*o*) Ibid. Archélaüs, après avoir rendu publiques ses disputes contre Manès, y ajouta le récit de la mort de cet imposteur.
(*p*) Epiphan., *hæresi* 66, num. 12.
(*q*) Archelaus, p. 139, num. 55, et Cyrillus, *cateches*. 6, num. 30.

porte de la ville (a), où on la gardait encore du temps de saint Epiphane (b).

On peut remarquer dans des écrits d'Archélaüs qu'il lisait le quatrième verset du cinquième chapitre de l'Epître aux Romains comme nous le lisons dans la Vulgate (c), que *la mort a exercé son règne depuis Adam jusqu'à Moïse à l'égard de ceux mêmes qui n'ont pas péché;* que quoiqu'il n'eût qu'à établir la liberté de l'homme contre les manichéens (d), il ne laisse pas de défendre la nécessité de la grâce, en disant qu'il dépend de l'homme de pécher et de ne pas pécher (e); que nous péchons par nous-mêmes, mais que de ne point pécher c'est un don de Dieu; que chacun mourra dans ses péchés s'ils ne lui sont remis par le baptême institué exprès pour les remettre (f); que si Jésus-Christ s'est fait baptiser, ce n'a pas été pour effacer ses péchés, mais les nôtres dont il s'était chargé; que les chrétiens avaient des lieux destinés pour écrire et conserver les livres saints (g), et que l'on en donnait quelquefois des copies pour de l'argent, mais aux chrétiens seulement; que les livres que Manès avait composés pour la défense de sa doctrine étaient très-difficiles à entendre (h); que l'Eglise n'expliquait les mystères qu'à ceux qui n'étaient plus au rang des catéchumènes (i); que ce n'était pas sa coutume d'en donner la connaissance aux gentils. « Car, dit Archélaüs, nous ne déclarons à aucun infidèle les mystères secrets du Père, du Fils et du Saint-Esprit; et même en présence des catéchumènes, nous n'en parlons pas ouvertement: souvent nous cachons ce que nous en disons, afin qu'il n'y ait que les fidèles qui, sachant ce qu'on dit, le retiennent; et de peur que ceux qui ne les entendent pas ne s'en scandalisent ou ne s'en offensent. Cependant il est permis à tous d'écouter l'Evangile, mais la gloire de l'Evangile est réservée aux vrais chrétiens (j). » *D. Ceill., Hist. des aut. sacr.,* t. III; *Mansi, Conc., t.* I.

ORIENT (Concile supposé d'), lieu incertain, vers l'an 300, où Timothée, patriarche des jacobites de Syrie, qui vivait vers l'an 1280, a prétendu que les quatre patriarches de Rome, d'Alexandrie, d'Antioche et de Jérusalem, avaient accordé le titre et les droits de patriarche à l'archevêque de Séleucie en Perse. Mais 1° le nom de patriarche était inconnu à cette époque; 2° on ne voit pas comment les évêques de Rome, d'Alexandrie, de Jérusalem et d'Antioche, auraient pu s'être assemblés; 3° les canons arabiques de Nicée donnent à entendre que ce fut le concile de Nicée qui le premier attribua à l'archevêque de Séleucie la juridiction sur tous les évêques de Perse. *Mansi, Conc.,* t. I.

ORIENT (Concile d'), l'an 427, contre les hérétiques massaliens. On y décida qu'on ne les recevrait plus à la communion, quelque marque qu'ils donnassent de leur repentir, à cause de l'expérience qu'on avait du peu de sincérité de leur pénitence. Les actes de ce concile sont perdus. On sait seulement que Sisinnius s'y trouva, aussi bien que Théodote d'Antioche. *Labb., t.* II.

ORIENT (Concile d') ou d'Hiéraples, vers l'an 445. Athanase, évêque de Perrha, ayant été déposé dans un concile tenu à Antioche, Etienne, archevêque d'Hiéraples, assembla ses comprovinciaux pour ordonner à sa place Sabinien, comme nous l'apprenons d'une requête que celui-ci présenta plus tard au concile de Chalcédoine; car il avait été déposé à son tour par Dioscore, et Athanase lui avait été substitué de nouveau. *Mansi, Conc., t.* VI.

ORIENT (Concile d'), tenu peut-être à Constantinople, l'an 453. On y lut et on y reçut en partie seulement la lettre que le pape saint Léon avait écrite au concile de Chalcédoine; mais on en omit le reste, sans doute à cause de la nouvelle prérogative attribuée par le concile de Chalcédoine à l'archevêque de Constantinople, et contre laquelle ce grand pape avait réclamé. *Mansi, Conc.,* t. VII.

ORIENT (Concile d'), l'an 478. *Voy.* ANTIOCHE, même année.

ORIENT (Conférence d'), tenue à Constan-

(a) Cyrillus, ibid.
(b) « Sed et Persarum rex, comperta Manichæi fuga, missis satellitibus in eodem illo castello, comprehensum hominem ignominiose in Persidem abduxit, ubi, calamo cute detracta, ultimum de eo supplicium sumpsit. Quam quidem cutem utris in modum, infartis paleis, ad hodiernum diem in Perside servant. » Epiphan. *Hæres.* 66, num. 12.
(c) *Scriptum est* : In eos qui non peccaverunt. *Rom.* V, 14. Archelaüs, p. 166, num. 29. Saint Irénée lisait de même, lib. III *advers. hæres.,* cap. 20. Saint Augustin reconnaît qu'il y avait des exemplaires latins qui ne portaient pas la négation; mais que presque tous les grecs le portaient. Hilaire diacre soutient, au contraire, qu'il faut lire sans négation: *Ceux qui ont péché.* Mais son sentiment a été rejeté, et l'on a suivi, dans la Vulgate, la manière de lire des anciens, qui est la meilleure et la mieux appuyée. *Voyez* saint Augustin, lib. I *de peccatorum Meritis et remissione,* cap. 11, et epist. 157 novæ edit.
(d) « Deus enim omnia quæ fecit, bona valde fecit, liberi arbitrii sensum unicuique dedit, qua ratione etiam legem judicii posuit : peccare nostrum est, ut autem non peccemus Dei donum est : ex eo quod in nostro sit arbitrio constitutum peccare. » Archelaüs, p. 169, num. 52.
(e) Idem, ibid.
(f) Baptisma autem si non est, non erit remissio peccatorum, sed in suis peccatis unusquisque morietur. Manes dixit : Ergo baptisma propter remissionem peccatorum datur? *Archelaus dixit* : Etiam. *Manes dixit* : Ergo peccavit Christus quia baptizatus est? *Archelaus dixit* : Absit. Quin potius pro nobis peccatum factus est, nostra peccata suscipiens, propter quod ex muliere natus est, et propter quod ad baptisma venit ut hujus partis perciperet purificationem, ut spiritum, qui descenderat in specie columbæ, corpus quod susceperat portare possit. Archel., p. 190, num. 50.
(g) « Tunc deinde jubet (Manes) in carcere positus, legis Christianorum libros comparari.. Sumpto ergo aliquantulo auri, modo abierunt ad loca in quibus Christianorum libri conscribebantur; et simulantes se nuntios esse christianos, rogabant præstari sibi libros Scripturarum nostrarum, et deferunt ad eum in carcere constitutum. » Idem, p. 192, num. 55.
(h) « Omnes ejus nuri difficilia quædam et asperrima continent. » Idem, p. 193, num. 55.
(i) « Hæc mysteria nunc patefacit Ecclesia ei qui ex catechumenis excedit: nec moris est gentilibus exponere. Non enim gentili cuiquam de Patre et Filio et Spiritu sancto arcana mysteria declaramus, neque palam apud catechumenos de mysteriis verba facimus; sed multa sæpe loquimur occulte, ut fideles qui rem tenent intelligant, et qui non tenent ne lædantur. » Ibid., p. 193, ex S. Cyril. Hierosolymit. *Catechesi* 6, num. 29.
(j) « Nam Evangelium audire ab omnibus expetitur; at Evangelii gloria solis Christi germanis tribuitur. » Ibid.

tinople, l'an 533, entre les catholiques et les sévériens. L'empereur Justinien, qui avait succédé à Justin son oncle dans le gouvernement de l'empire en 527, voulant ramener à l'unité de l'Eglise les sévériens, fit venir à Constantinople des évêques des deux partis pour conférer ensemble sur divers articles qui les désunissaient. Il appela du côté des catholiques Hypace, évêque d'Ephèse, Jean de Vesine, Innocent de Maronie, Etienne de Séleucie, Antoine de Trébisonde et Démétrius de Philippes. Ceux qu'il fit venir du parti des sévériens étaient Sergius de Cyr, Thomas de Germanicie, Philoxène de Dulychium, Pierre de Théodosiopolis, Jean de Constantine et Nonnus de Cérésine. Quoique Démétrius de Philippes fût à Constantinople lors de la convocation de cette assemblée, il ne put y prendre part, parce qu'il tomba malade. Avant qu'elle se tînt, Justinien fit venir les évêques et les exhorta à conférer ensemble avec beaucoup de douceur et de patience, ajoutant que la dispute ne se tiendrait pas en sa présence, mais en celle du patrice Stratégius, qu'il avait nommé pour y assister de sa part.

L'assemblée se tint dans une salle du palais. Il ne s'y trouva que cinq évêques catholiques, au lieu qu'il y en eut six de la part des sévériens, avec un grand nombre de clercs et de moines; mais avec les cinq évêques catholiques étaient Eusèbe, prêtre et trésorier de la grande église de Constantinople, Héraclien et Laurent, prêtres et syncelles du patriarche Epiphane, Hermésigène, Magnus et Aquilain, prêtres économes et députés d'Antioche, et Léonce, député des moines de Jérusalem. Tous s'étant assis, le patrice Stratégius, s'adressant aux Orientaux, c'est-à-dire aux sévériens, leur dit que l'empereur les ayant assemblés pour recevoir l'éclaircissement de leurs doutes de la bouche des évêques catholiques, ils eussent à les proposer sans esprit de contention, comme il convenait à des personnes de leur rang. Les sévériens dirent qu'ils avaient présenté à l'empereur un écrit contenant l'exposition de leur foi, où ils avaient mis tout ce qui les scandalisait. Nous avons vu cet écrit, répondit Hypace, évêque d'Ephèse, au nom des catholiques, où vous vous plaignez du concile de Chalcédoine et de ce qui a été décidé contre l'hérésie d'Eutychès. Dites-nous donc ce que vous pensez d'Eutychès? Les sévériens répondirent qu'ils le tenaient pour hérétique ou plutôt pour chef d'hérésie. Hypace ajouta: Et que pensez-vous de Dioscore et du second concile d'Ephèse qu'il a assemblé? Les sévériens dirent qu'ils les regardaient comme orthodoxes. Hypace reprit : Si vous condamnez Eutychès comme hérétique, comment appelez-vous orthodoxes Dioscore et les évêques du second concile d'Ephèse qui ont justifié Eutychès, qui, de votre aveu, était hérétique? Les Orientaux répliquèrent qu'ils avaient peut-être justifié Eutychès comme ayant fait pénitence. Si Eutychès s'est repenti, insista Hypace, pourquoi l'anathématisez-vous? Les sévériens ne sachant que répondre, Hypace ajouta : Eutychès ne s'est point repenti; et même, avant qu'on eût achevé de lire les actes faits contre lui à Constantinople, les évêques du second concile d'Ephèse l'avaient déjà justifié, et avaient au contraire condamné Flavien et Eusèbe comme hérétiques. Si Eutychès s'était repenti, on n'aurait pas dû condamner Flavien et Eusèbe, puisqu'on ne pouvait justifier Eutychès qu'en supposant qu'il était revenu à la doctrine de ces deux évêques, et qu'il confessait avec eux les deux natures en Jésus-Christ, en le reconnaissant comme consubstantiel au Père selon sa divinité, et consubstantiel à sa mère selon l'humanité. Flavien et Eusèbe exigèrent en effet qu'Eutychès fît cette confession. Mais Dioscore, au lieu de l'exiger aussi, approuva qu'Eutychès dît : Je reconnais que Jésus-Christ était de deux natures avant l'union, mais après l'union je n'admets qu'une seule nature; et obligea tous ceux qui étaient de son parti à crier : *Eutychès est orthodoxe, Flavien et Eusèbe sont d'impies hérétiques.* Les sévériens conviennent que Dioscore devait exiger d'Eutychès de reconnaître Jésus-Christ comme consubstantiel à sa mère, et que s'il l'avait justifié sans cela, il était tombé dans l'aveuglement. Alors Hypace, reprenant ce qu'il avait dit, fit avouer aux sévériens qu'Eutychès était hérétique; qu'Eusèbe et Flavien avaient eu raison de l'accuser et de le condamner; que Dioscore et ses évêques ayant eu tort de le recevoir, il avait été nécessaire d'assembler un concile universel à Chalcédoine, pour corriger les injustices du second d'Ephèse. Mais les sévériens, en reconnaissant la nécessité d'un autre concile, formèrent des difficultés sur la validité de celui de Chalcédoine, disant qu'il ne paraissait pas que la fin en eût été aussi juste que la convocation ; c'est ce qui fut examiné dans la conférence du second jour.

Les sévériens objectèrent que le concile de Chalcédoine avait innové dans la foi, en décidant que les deux natures étaient distinctes en Jésus-Christ après l'union ; soutenant qu'il fallait dire avec saint Cyrille d'Alexandrie et les évêques ses prédécesseurs que de deux natures il s'était fait après l'union une nature du Verbe de Dieu incarné. Hypace leur demanda s'ils condamnaient la doctrine des deux natures, ou seulement à cause qu'elle leur paraissait nouvelle, ou bien à cause qu'ils la croyaient fausse. Ils répondirent qu'ils la condamnaient, et comme nouvelle, et comme fausse, puisque saint Cyrille, saint Athanase, les papes Félix et Jules, saint Grégoire le Thaumaturge et saint Denys l'Aréopagite, ayant déclaré qu'il n'y a qu'une nature du Dieu Verbe après l'union, on ne doit point, au mépris de tous ces Pères, dire qu'il y a deux natures après l'union. C'est la première fois qu'il est fait mention des écrits que nous avons sous le nom de saint Denys l'Aréopagite. Hypace répondit que toutes ces autorités étaient fausses, et la preuve qu'il en donna, c'est que saint Cyrille n'en avait allégué aucune, tant dans ses lettres contre Nestorius que dans ce qu'il produisit au concile d'Éphèse pour combattre les blasphèmes de cet hérésiarque. Cet évêque y produisit douze passages des Pères, mais on ne lit dans aucun qu'il n'y ait qu'une nature en Jésus-Christ après l'incarnation. C'était toutefois le lieu d'en citer quelqu'un, s'il en avait connu. Il n'en a point cité non plus dans l'explication de ses douze anathématismes contre Théodoret et André, ni dans aucun autre de ses écrits. Les sévériens dirent : « Nous accusez-vous donc d'avoir falsifié les ouvrages que nous vous opposons ? » « Non, répondit Hypace, ce n'est pas vous que nous en soupçonnons, mais les apollinaristes ; parce que nous savons que ceux qui pensent comme Nestorius ont falsifié l'épître de saint Athanase à Épictète, ainsi que nous l'apprenons de saint Cyrille même dans sa lettre à Jean, évêque d'Antioche. »

Les sévériens répliquèrent que saint Cyrille s'était servi de ces autorités contre Diodore de Tarse et Théodore de Mopsueste. Hypace répondit que ces livres avaient aussi été falsifiés. Et sur ce que les sévériens offraient de produire d'anciens manuscrits tirés des archives d'Alexandrie, qui portaient ce qu'ils avaient avancé, Hypace répondit que si l'on en avait pu montrer du temps de saint Protère et de Timothée Solofaciol, tous deux évêques de cette ville, ils seraient indubitables ; mais que depuis leur épiscopat l'Église d'Alexandrie ayant été occupée par des hérétiques qui combattaient la foi des deux natures, on ne devait pas trouver mauvais qu'ils refusassent de recevoir en témoignage des monuments qui sortaient des mains de leurs ennemis. Il ajouta qu'il avait montré clairement que la lettre qu'ils citaient sous le nom du pape Jules était celle qu'Apollinaire avait écrite à Denys ; que Sévère et ceux de son parti ne voudraient pas signer la confession de foi qu'ils disaient être de saint Grégoire Thaumaturge, puisqu'il y est dit que la chair de Jésus-Christ est demeurée inaltérable, et qu'à l'égard des passages qu'ils citaient sous le nom de saint Denys l'Aréopagite, ils ne pouvaient montrer qu'ils fussent véritables, parce que s'ils étaient de ce saint évêque, saint Cyrille n'aurait pu les ignorer, et saint Athanase les aurait produits avant tout autre contre Arius dans le concile de Nicée.

« Mais pourquoi, insistèrent les sévériens, le concile de Chalcédoine n'a-t-il pas reçu la lettre de saint Cyrille qui contient les douze anathématismes, où il nie qu'il y ait deux subsistances en Jésus-Christ ? » Hypace répondit que le concile n'avait point rejeté cette lettre, mais qu'il avait préféré l'autre qui y fut citée, pour marquer la conformité de sa doctrine avec le symbole de Nicée, et celle que le même Père écrivit aux Orientaux, comme étant l'une et l'autre plus claires que la première. « Saint Cyrille, ajoutèrent les sévériens, a pris dans sa lettre des douze anathématismes le terme de substance pour celui de nature, en disant deux substances au lieu de deux natures. » Hypace répondit que les anciens Pères, et surtout les Latins, avaient confondu ces deux termes ; mais que les Orientaux les avaient distingués, et donné le nom de subsistance à celui de personne ; qu'il était arrivé de là que les Occidentaux n'admettant dans la sainte Trinité qu'une subsistance, comme ils n'y admettaient qu'une nature et une substance, les Orientaux les ont accusés de sabellianisme ; et que les Occidentaux ont accusé les Orientaux d'arianisme, parce qu'ils admettaient dans la Trinité trois subsistances : ce qui avait causé entre eux une division, qui ne fut éteinte que par le ministère de saint Athanase, qui, instruit de la langue latine comme de la grecque, réunit les Églises, où depuis ce temps-là, chez les Grecs comme chez les Latins, on ne reconnaît dans la Trinité qu'une nature ou substance, et trois personnes ou trois subsistances ; que saint Cyrille s'est conformé à cet usage, et qu'on ne peut montrer que dans ses écrits il se soit servi indifféremment du terme de nature pour celui de subsistance, ou du terme de subsistance et de personne pour celui de nature. Les sévériens dirent que dans les deux lettres de saint Cyrille, l'une à Nestorius, et l'autre aux Orientaux, approuvées nommément dans le concile de Chalcédoine, on lisait que Jésus-Christ est fait de deux natures, ce qui signifie, ajoutaient-ils, selon le langage de ce Père, que Jésus-Christ est une nature faite de deux. Hypace répondit, que cette expression *fait de deux natures* signifiait si peu ce qu'ils prétendaient, que plusieurs autres anciens s'en étaient servis dans le même sens que saint Cyrille, en particulier les bienheureux Basile de Séleucie et saint Flavien, à qui toutefois personne n'en avait fait de reproches. Pour le prouver, Hypace rapporta la lettre de saint Flavien à l'empereur Théodose. Les sévériens continuant à rapporter divers témoignages des lettres de saint Cyrille où ce Père dit une *nature incarnée*, comme s'il ne reconnaissait pas deux natures subsistantes après l'union, Hypace répondit : « Nous recevons ce qui s'accorde avec ses lettres synodiques qui ont été approuvées dans les conciles, c'est-à-dire, la lettre à Nestorius, et celle aux Orientaux ; ce qui ne s'y accorde pas, nous ne le condamnons ni nous ne le recevons comme une loi ecclésiastique. Les lettres écrites en secret à un ou deux amis ont pu facilement être corrompues. » Il montre par l'exemple des apôtres qu'il y a des occasions où l'on peut se dispenser de certains usages, lorsqu'ils n'ont point été fixés par une décision commune. Saint Paul circoncit Timothée, lui qui avait écrit aux Galates que, s'ils se faisaient circoncire, Jésus-Christ ne leur servirait de rien. Saint Pierre mangeait quelquefois avec les gentils ; en d'autres occasions il refusait de manger avec eux. Mais depuis la décision qu'ils firent en commun avec les autres apôtres dans le concile de Jérusalem, cette décision a dû servir de règle, et il n'a plus été permis de se modeler sur ce que chacun d'eux avait fait par raison d'économie ou de dispense. Hypace ajouta que saint Cyrille établit clairement dans sa lettre à Nestorius l'union des natures sans confusion et sans mélange, et qu'il a fait la même chose dans sa lettre aux Orientaux. Les sévériens s'étant plaints que l'on accusât d'altération les lettres particulières de saint Cyrille à Euloge et à Successus, sans les avoir lues, Hypace consentit à ce qu'on en fît la lecture, et lorsque l'on en fut venu à l'endroit de la lettre à Euloge où il est dit que l'union ne peut être d'une seule chose, mais de deux ou de plusieurs, il soutint que, quand le reste de la lettre leur serait favorable, cela seul détruirait leur prétention, puisqu'il n'était pas possible que saint Cyrille eût admis l'union dans Jésus-Christ autrement qu'en reconnaissant qu'il est de deux natures, comme il le reconnaît en effet, lorsqu'il dit que les deux natures sont en lui sans confusion, conservant chacune leur propriété, la nature humaine n'ayant souffert aucune diminution par son union avec le Verbe. Il prouva que la foi de ce Père touchant les deux natures ne pouvait être suspecte, puisque les deux natures sont clairement exprimées dans les passages qu'il avait allégués de saint Ambroise et de saint Grégoire de Nazianze dans le concile d'Éphèse.

Les sévériens se plaignirent de ce que l'on mettait les noms des conciles dans les sacrés diptyques, disant que cela ne pouvait qu'augmenter la division des Eglises. La réponse d'Hypace fut qu'avant de nommer les conciles dans la célébration des saints mystères, c'était l'usage général des Eglises d'y nommer les évêques de chaque Eglise; qu'ainsi il n'y avait aucun inconvénient à y nommer sous le nom de concile tous les évêques qui s'assemblaient avec beaucoup de peine et de travail, pour prendre en commun la défense de la foi contre les hérétiques; qu'en vain les sévériens objectaient que la mémoire que l'on faisait des conciles dans les diptyques causait du scandale; qu'il n'y avait que les hérétiques qui s'en scandalisassent, en même temps qu'ils ne craignaient point de scandaliser eux-mêmes les fidèles par divers édits ou professions de foi, qu'ils avaient extorquées des empereurs Basilisque et Zénon contre la foi catholique et par les nouveautés du *Trisagion*. Les sévériens formèrent encore des plaintes de ce que le concile de Chalcédoine avait reçu Ibas et Théodoret comme catholiques, et de ce qu'on récitait leurs noms dans les diptyques parmi ceux des évêques orthodoxes. « Ils n'ont été reçus dans le concile, répond Hypace, qu'en anathématisant Nestorius. » Et sur ce que les sévériens répliquèrent, qu'ils ne l'avaient fait que pour tromper le concile, Hypace reprit : « Quoi donc, parce qu'Eusèbe de Nicomédie, Téognis de Nicée et quelques autres ont souscrit de mauvaise foi au concile de Nicée, et soutenu ensuite ouvertement Arius, devons-nous moins recevoir le saint concile de Nicée et ne pas le nommer dans les diptyques? A Dieu ne plaise ! nous ne défendons point Théodoret, mais nous défendons le concile de Chalcédoine, qui a eu raison de le recevoir, sachant certainement que dès avant qu'il fût assemblé, Théodoret s'était réconcilié avec saint Cyrille, qu'il avait maltraité dans sa réplique aux douze anathématismes de cet évêque. » Hypace rapporta pour preuve de cette réconciliation la lettre de saint Cyrille à Jean d'Antioche et aux Orientaux pour la paix des Eglises, et les lettres que Théodoret et saint Cyrille s'écrivirent mutuellement. A l'égard d'Ibas, les sévériens objectaient sa lettre, comme étant favorable à Nestorius et injurieuse à saint Cyrille. Hypace répondit qu'encore que cette lettre eût été publiée du vivant de saint Cyrille, cela ne l'avait point empêché de travailler à la paix, comme il le témoignait dans sa lettre à Valérien d'Icône; que toutefois le concile de Chalcédoine n'avait reçu Ibas qu'après qu'il eut anathématisé Nestorius et sa doctrine, et qu'il aurait de même reçu Nestorius et Eutychès, s'ils eussent renoncé à leurs erreurs. Il ajouta que le concile de Chalcédoine avait traité plus rigoureusement Ibas et Théodoret que n'avait fait saint Cyrille pour se réconcilier avec eux, puisque cet évêque s'était contenté d'exiger qu'ils consentissent à la condamnation de Nestorius et à l'ordination de Maximien de Constantinople, au lieu que le concile les obligea à anathématiser publiquement Nestorius. Les sévériens ayant paru satisfaits de cette réponse, on congédia l'assemblée.

Les évêques catholiques, qui s'attendaient à une troisième conférence, préparèrent un grand nombre de passages pour appuyer la doctrine des deux natures. L'empereur voulant y assister avec le sénat et le patriarche Euphémius, fit d'abord entrer l'archevêque Epiphane avec les autres évêques qui avaient assisté aux deux premières conférences; et les ayant fait asseoir, il leur parla avec beaucoup de douceur, et les exhorta à la paix, après avoir fait la prière selon la coutume. Ensuite il fit entrer les sévériens, qu'il fit asseoir sur un siége à l'opposite de celui sur lequel les évêques catholiques étaient assis. Il y en avait un troisième pour les juges que ce prince avait choisis dans cette affaire. Après que l'empereur leur eut parlé, les sévériens lui firent entendre que les catholiques ne confessaient pas que Dieu eût souffert dans la chair, ni que celui qui a souffert fût un de la Trinité, ni que les miracles et les souffrances fussent de la même personne. Sur cela l'empereur dit aux évêques catholiques : « Ne confessez-vous pas que les souffrances et les miracles sont de la même personne de Notre-Seigneur Jésus-Christ, que c'est Dieu qui a souffert dans la chair, et qu'il est un de la Trinité? » Hypace répondit : « Seigneur, nous confessons, ou plutôt l'Eglise catholique et apostolique votre mère confesse que les souffrances et les miracles appartiennent à la même personne de Jésus-Christ, mais non à la même nature. Selon la doctrine des saints Pères, la chair est passible, et la divinité est impassible. » Il cita la lettre de saint Grégoire de Nazianze à Clédonius, et les décrets des conciles d'Éphèse et de Chalcédoine contre Nestorius et Eutychès, et ajouta : « Nous disons que le Seigneur a souffert dans la chair, à cause de ceux qui confondent les natures, ou qui les divisent, afin qu'en disant qu'il est passible selon la chair, nous déclarions que sa divinité est impassible. Nous disons encore qu'il est un de la Trinité selon la nature divine, et un d'entre nous selon la chair; qu'il est consubstantiel au Père selon la divinité, et à nous selon l'humanité; et que, comme il est parfait dans sa nature divine, il est aussi parfait dans la nature humaine. » Après la conférence du troisième jour, l'empereur fit venir une quatrième fois les évêques dans son palais. Il leur parla à tous, et leur témoigna avec quelle ardeur il désirait leur réunion, qu'il l'avait demandée à Dieu, en le priant dans l'oratoire de saint Michel, archange. Mais de tous les évêques sévériens, il n'y eut que Philoxène de Dulichium qui se laissa persuader. Il fut suivi de plusieurs des clercs et des moines qui les avaient accompagnés, et qui s'en retournèrent avec joie à leurs églises et à leurs monastères, après avoir été admis à la communion de l'Église catholique. Quelques-uns de ces clercs et de ces moines, parlant en syriaque, disaient aux évêques catholiques : « Les sévériens nous ont séduits, et nous en avons séduit plusieurs autres : car ils nous disaient que le Saint-Esprit s'était retiré des églises et du baptême des catholiques, comme aussi de leur communion, et nous ajoutions foi à leurs paroles, croyant qu'elles contenaient la vérité. Mais, retirés de leurs erreurs et réunis aux saintes Églises catholiques et apostoliques (à Dieu en soit la gloire), nous espérons par sa grâce ramener à l'unité et à la communion de ces Églises la plupart de ceux que nous avons trompés. » Telle fut la fin de la conférence de Constantinople, dont nous n'avons point les actes, mais seulement une relation abrégée et fidèle dans une lettre d'Innocent, évêque de Maronie, à un prêtre nommé Thomas. *Hist. des aut. sacr. et eccl., t.* XVI.

ORIENT (Conciliabule d'), tenu à Guba en Mésopotamie, vers l'an 585, par Pierre le Jeune, patriarche eutychien d'Antioche, contre le sophiste Probe, et l'archimandrite Jean, coupables apparemment de pousser les principes erronés d'Eutychès à des conséquences que la secte en général répudiait. *Mansi, Conc. t.* IX.

ORIENT (Conciliabule d') ou d'Arabie, l'an 677, tenu dans l'île de Dirine, à l'entrée du golfe Persique, par Georges, *catholique* des nestoriens. On y traita de la foi ou, pour mieux dire, de l'hérésie et de quelques articles de discipline, dites plutôt d'indiscipline. *Mansi, Conc. t.* XI.

ORIENT (Conciliabule d'), tenu peut-être dans le monastère de Jonas, vers l'an 694, par Ananjesu I, catholique des nestoriens, qui y publia vingt canons. *Mansi, Conc. t.* XII.

ORIENT (Conciliabule d'), tenu à Manasgarde vers l'an 730, et où se trouvèrent réunis le Catholique ou patriarche des Arméniens et le patriarche jacobite des Assyriens. Ce concile est simplement nommé dans la collection de Mansi, mais sans y être à son rang chronologique, et le passage où il en est fait mention ne nous révèle pas les actes qui s'y firent. *Mansi, Conc. t.* XXV, col. 1188.

ORIENT (Conciliabule d'), tenu à Maburge, au diocèse d'Hiéraples, l'an 755, pour l'élection d'un patriarche jacobite d'Antioche. *Mansi, Conc. t.* XII.

ORIENT (Conciliabule tenu en), à Caphartute, l'an 869, par Jean, patriarche jacobite d'Antioche, pour mettre fin à la division qui s'était élevée entre lui-même et le primat des jacobites des contrées les plus orientales. *Mansi, Conc. t.* XV.

ORIENT (Concile d'), peut-être à Nicée, l'an 1235, tenu par Germain II, patriarche schismatique de Constantinople, pour des affaires de discipline. *Mansi, Conc. t.* XXIII.

ORIHUELA (Synode diocésain d'), *Oriolana*, octobre 1600. L'évêque Joseph-Étienne tint ce synode, qui eut quatre sessions ou séances, et où il publia 72 chapitres de décrets. En voici les plus remarquables.

1. Nous recevons solennellement, non-seulement le saint concile de Trente, mais encore toutes les constitutions et tous les décrets émanés du siège apostolique. Nous ordonnons et exigeons que le Pontifical corrigé par l'ordre de notre saint-père le pape Clément VIII soit adopté dans toutes nos églises, et tous les rites et les cérémonies qui y sont prescrits, fidèlement observés par tous les chanoines de nos cathédrale et collégiale, et par tous les curés des autres églises.»

2. Tous les bénéficiers et même les maîtres d'école sont tenus de faire leur profession de foi.

4. Les curés qui ont des Mores dans leurs paroisses donneront tous leurs soins pour les convertir.

5. Le vase dont on se servira pour verser l'eau du baptême sera d'argent, et non de bois, de terre ou d'airain.

6. C'est aux parrains à fournir le sel, les cierges et les autres choses nécessaires au baptême.

8. Nous révoquons toute permission de dire la messe dans des chapelles privées.

10. L'honoraire des messes privées est porté à trois sous, et celui des messes solennelles à quatre.

12. On ne dira qu'une messe des défunts par jour dans chaque église, sauf le cas d'enterrement et de la présence du corps qu'on doit enterrer.

18. Dans toutes les églises où il se trouve un nombre de prêtres suffisant, on dira une messe dès l'aube du jour tous les dimanches et les jours de fêtes pour les voyageurs et ceux qui sont obligés d'aller vendre au loin les choses nécessaires à la vie.

20. Les confesseurs ne recevront aucun présent de leurs pénitents à l'occasion de la confession.

21. Ils ne donneront point témérairement et sans examen l'absolution à leurs pénitents.

26. Nous invitons tous les pères de famille à verser tous les samedis quelque peu d'argent, à proportion de leurs facultés, pour le soulagement des pauvres.

31. Les curés auront leur résidence dans leur paroisse même.

33. Les clercs ne feront point l'office d'avocats, à moins d'être appelés en jugement pour les intérêts de leur église, leurs intérêts propres ou ceux de leurs plus proches parents, en cas de nécessité, ou pour prendre la défense des pauvres. Ils ne se mêleront d'aucun commerce, d'aucune affaire profane.

34. L'usage des armes, même pendant la nuit, leur est strictement défendu. Les armes des prêtres sont les prières et les larmes.

35. Ils ne joueront à aucun jeu de hasard, et ne se permettront pas même d'en être spectateurs.

39. On ne permettra point aux femmes de passer dans les églises quelque temps de la nuit, ou la plus grande partie du jour.

40. On ne souffrira point que les femmes de mauvaise vie établissent leur demeure près des églises ou des écoles publiques.

44. Jamais on ne tiendra le chapitre pendant les offices.

50. Les seigneurs temporels, en quelque dignité qu'ils soient, déféreront l'honneur aux prêtres de Jésus-Christ.

52. L'argent des confréries ne sera employé à aucune dépense frivole.

62. Les mères de famille ne mèneront point aux noces leurs filles encore jeunes.

64. Les cabaretiers et les aubergistes ne logeront point de femmes de mauvaise vie dans leurs maisons. *Aguirre, Conc. Hisp. t.* IV.

ORIHUELA (Synode diocésain d'), 29 avril 1663, par D. Acacio March de Velasco, évêque d'Orihuela. Ce prélat y fit des constitutions sur les sacrements, sur le culte de la sainte Vierge, sur les jeûnes et les fêtes, sur le gouvernement des paroisses et les devoirs des ecclésiastiques. Il ordonna pour tout son diocèse de faire abstinence de viande la veille de chaque fête de la sainte Vierge. *Synodo Oriolana tercera;* en *Valencia,* 1663.

ORLEANS (1er Concile d'), *Aurelianense,* l'an 511. Ce fut le roi Clovis qui fit assembler ce concile, par le conseil de saint Remi de Reims, et de saint Melaine de Rennes, le 10 du mois de juillet 511. Il s'y trouva cinq métropolitains, savoir : Cyprien de Bordeaux, Tétradius de Bourges, Licinius de Tours, Léonce d'Eause (Auch), et saint Gildard ou Godard de Rouen, avec plusieurs évêques; trente-deux en tout, dont quelques-uns avaient assisté au concile d'Agde de l'an 506, parce qu'apparemment leurs diocèses étaient tombés de la domination d'Alaric sous celle de Clovis, depuis la victoire remportée par ce monarque sur le roi des Visigoths. Clovis marqua lui-même aux prélats, d'après les indications de saint Remi, les articles sur lesquels il désirait qu'on fît des règlements. On y porta, conformément aux désirs du roi, les trente et un canons suivants,

précédés d'une petite préface où les évêques reconnaissent que c'est en obéissant à l'appel de Clovis qu'ils se sont assemblés, et d'une lettre à ce prince, où, après avoir loué sa piété et son zèle pour la foi catholique, ils le prient d'appuyer de son autorité les décrets qu'ils vont faire en réponse aux divers articles qu'il leur a proposés.

Le 1er est pour maintenir le droit d'asile que les canons et les lois romaines avaient accordé aux églises et aux maisons des évêques. Il y est défendu d'enlever les homicides, les adultères et les voleurs, non-seulement de l'église, mais du parvis et de la maison de l'évêque, aussi bien que de les livrer sans avoir pris serment sur l'Evangile qu'ils n'auront à subir, ni mort, ni mutilation, ni tout autre genre de supplice, en convenant seulement d'une satisfaction que fera le coupable à celui qu'il aura offensé. Celui qui aura violé son serment sera exclu, non-seulement de la communion de l'Eglise et de tous les clercs, mais encore de la table des fidèles. Que si la partie intéressée ne veut pas recevoir la composition, et que le coupable s'enfuie par un motif de crainte, les clercs n'en auront plus la responsabilité.

Le 2e apporte une modification à ce canon, à l'égard des ravisseurs qui se sauvent dans l'église avec les filles qu'ils ont enlevées. Si c'est par force et contre leur gré qu'ils les ont ravies, et que le fait soit constaté, la fille enlevée sera mise en liberté, et le ravisseur sera fait esclave ou obligé de se racheter. Mais, si la fille a consenti à son enlèvement, et qu'elle ait encore son père, elle lui sera rendue, sans que le père puisse exiger aucune autre satisfaction du ravisseur.

Le 3e porte que si un esclave, coupable de quelques fautes, s'est réfugié dans une église, il sera rendu à son maître, à qui l'on fera toutefois prêter serment de ne lui faire aucun mal pour sa faute; que si, contre son serment, il est convaincu de l'avoir maltraité, il sera séparé de la communion et de la table des catholiques. Que si l'esclave refuse de sortir, quoique son maître ait fait serment, à la demande des clercs, de ne lui point faire de mal, son maître pourra le tirer par force de l'église.

Le 4e défend d'ordonner aucun séculier sans le commandement du roi ou le consentement du juge : on en excepte ceux dont les pères et les ancêtres auraient été dans le clergé, parce qu'ils devaient demeurer sous la puissance des évêques. La raison de ce canon est que, comme les laïques de condition libre devaient au roi le service de guerre, on ne les engageait pas sans son agrément dans la cléricature, qui les exemptait de ces charges.

Le 5e porte que les fruits des terres que les églises tiennent par donation du roi, avec exemption de charges, seront employés aux réparations des églises, à la nourriture des prêtres et des pauvres, et à la rédemption des captifs, avec ordre aux évêques d'en avoir soin, et, avec menace de priver les négligents de la communion de leurs frères

Le 6e défend d'excommunier ceux qui croient pouvoir poursuivre leurs droits contre l'évêque ou contre l'église, pourvu qu'ils n'accompagnent point leurs poursuites de reproches outrageants ou d'accusations criminelles.

Le 7e défend, sous peine d'excommunication et de privation de l'honneur de leurs qualités, aux abbés, aux prêtres, aux clercs et aux religieux, d'aller demander des grâces au prince sans la permission de l'évêque, qui toutefois pourra les rétablir, lorsqu'ils auront satisfait pleinement pour cette faute.

Le 8e porte que si un évêque ordonne un esclave diacre ou prêtre à l'insu de son maître, quoique bien informé lui-même de sa servitude, l'esclave demeurera clerc, mais que l'évêque ou celui qui l'a fait ordonner en payera le prix au double. Que si l'évêque ne l'a pas su, on s'en prendra à celui qui l'aura présenté pour l'ordination.

Le 9e impose la peine de déposition et d'excommunication à un prêtre, ou à un diacre, coupable d'un crime capital.

Le 10e permet que l'on admette les clercs hérétiques bien convertis aux fonctions dont l'évêque les jugera dignes, en leur donnant toutefois auparavant la bénédiction de l'imposition des mains. Il consent aussi à ce que les églises des Goths soient réconciliées avec les mêmes cérémonies que celles des catholiques.

Le 11e interdit la communion et la table des catholiques aux pénitents qui abandonnent leur état pour retourner aux actions du siècle; défendant à qui que ce soit de manger avec eux, depuis leur interdit, sous peine d'être aussi privé de la communion.

Le 12e accorde la permission à un prêtre ou à un diacre qui se serait éloigné de l'autel pour faire pénitence de quelque faute, de donner le baptême en cas de nécessité, et supposé qu'il ne se trouve point d'autre ministre de l'Eglise pour le conférer.

Le 13e dit que si la veuve d'un prêtre ou d'un diacre se remarie et ne veut pas quitter son second mari, ils seront tous deux excommuniés

Les trois canons suivants regardent la dispensation des revenus de l'église. Il y est dit que l'évêque aura l'administration de tous les fonds appartenants à l'église, soit qu'on les ait donnés à l'église matrice ou aux paroisses; mais qu'à l'égard des oblations qui se font à l'autel dans l'église cathédrale, il en aura la moitié, et le clergé l'autre, mais seulement le tiers dans les paroisses; que l'évêque donnera, autant qu'il le pourra, le vivre et le vêtement aux pauvres et aux invalides qui ne peuvent travailler.

Le 17e déclare que, suivant l'ancien droit, l'évêque aura la juridiction sur toutes les nouvelles églises que l'on bâtit dans son diocèse.

Le 18e défend d'épouser sa belle-sœur, ou la veuve de son frère, ou la sœur de sa défunte femme.

Le 19e soumet les abbés aux évêques, qui doivent les corriger, s'ils manquent à la règle, et les assembler une fois l'an. Les moines doivent obéir aux abbés, qui leur ôteront ce qu'ils auraient en propre, mettront en prison les vagabonds, avec le secours de l'évêque, pour les punir selon la règle. On ne sait quelle était la règle dont il est ici fait mention; et l'on ne voit pas qu'il y en eût alors dans les Gaules de commune à tous les monastères.

Le 20e défend aux moines de se servir de l'*orarium* dans le monastère, et de porter des chaussures

Le P. Longueval, dans le second tome de son *Histoire de l'Eglise Gallicane*, traduit le mot *orarium* par *étole*, mais mal. « Le mot *orarium*, dit Hermant, tome II de son *Histoire des Conciles*, signifie proprement *un linge fin*, dont on essuyait son visage; et c'est ce que le concile défend aux moines, et après lui, saint Isidore dans la règle qu'il a faite pour les moines, chapitre 12. » D. Ceillier rend aussi le mot *orarium*, par celui de linge pour s'essuyer le visage. A l'égard des chaussures, il y a dans le latin *tzangas*, qui signifie des *souliers*. Le P. Longueval l'entend d'une sorte de chaussure de cuir, assez semblable au cothurne, et peut-être à des bottines.

Le 21e porte qu'un moine qui abandonne le monastère, et se marie, ne pourra jamais entrer dans l'état ecclésiastique;

Le 22e, qu'un moine qui, par ambition, aura quitté son monastère, ne pourra, sans la permission de l'évêque ou de l'abbé, bâtir une cellule ailleurs, pour vivre séparément.

Le 23e, que si l'évêque, par bonté, donne des terres de l'église à des clercs ou à des moines, pour les cultiver, ou en jouir pour un temps, ils ne pourront les retenir au préjudice de l'église, ni acquérir contre elle aucune prescription, en vertu des lois civiles.

Le 24e ordonne que le carême soit de quarante jours, et non de cinquante. (Ce fut pour mettre l'uniformité dans toutes les Eglises des Gaules que les évêques firent ce règlement, parce qu'il y en avait quelques-unes où plusieurs personnes rompaient le jeûne tous les samedis de carême, ce qui les faisait jeûner dès la Quinquagésime.)

Le 25e déclare qu'aucun des citoyens ne pourra, si ce n'est à raison d'infirmité, célébrer à la campagne les fêtes de Pâques, de Noël et de la Pentecôte.

Le 26e ajoute que personne ne sortira de la messe avant qu'elle soit achevée et que l'évêque ait donné la bénédiction. La bénédiction terminait la messe; car on ne disait point alors de dernier évangile. C'est une institution assez récente, dit le P. Longueval; elle doit son origine à la dévotion des fidèles, qui se faisaient souvent réciter le commencement de l'Evangile de saint Jean, à la fin de la messe.

Le 27e ordonne que toutes les églises célébreront les Rogations ou les Litanies; que le jeûne, qui se pratiquera en ces trois jours, finira à la fête de l'Ascension; qu'on usera, en ces jours de jeûne des mêmes aliments qu'en carême, et que pendant ces trois jours, les esclaves et les servantes seront exempts de travail

Le 28e porte que les clercs qui négligeront de participer à une œuvre si sainte seront punis suivant la volonté de l'évêque. (Il y a dans le latin : *Suscipiant disciplinam;* on peut traduire : « Qu'ils soient fustigés ». Le mot *disciplina* se prit d'abord pour toute sorte de corrections; mais comme la flagellation était particulièrement en usage dans les monastères pour le maintien de la discipline, on a nommé *discipline* cette correction même.)

Le 29e renouvelle les anciens canons qui défendent, tant aux évêques qu'aux prêtres et aux diacres, toute familiarité avec les personnes du sexe qui ne sont pas de leur famille.

Le 30e prive de la communion de l'Eglise ceux qui observent les divinations, les augures ou les sorts, faussement appelés les sorts des saints.

Le 31e veut que l'évêque assiste le dimanche à l'office de l'église la plus proche du lieu où il se trouvera, s'il n'en est empêché par quelque infirmité. *Reg. t.* X, *Lab. t.* IV, *Hard. t.* II.

ORLÉANS (2e Concile d'), l'an 533. Ce concile fut assemblé par l'ordre des trois rois de France, Thierry, Childebert et Clotaire, fils de Clovis, la vingt-deuxième année de leur règne, la première du pontificat de Jean II, le neuf des calendes de juillet, c'est-à-dire le 23 juin 533. Il s'y trouva vingt-six évêques et cinq prêtres députés par autant d'évêques absents. Honorat évêque de Bourges y présida; Léonce, quoique évêque d'Orléans, ou du lieu où se tenait le concile, n'y souscrivit que le second. On y fit vingt et un canons de discipline, qui ne sont guère qu'un renouvellement des anciens.

Le 1er. « Aucun évêque, appelé par son métropolitain au concile ou à l'ordination de quelque nouveau collègue, ne pourra se dispenser de s'y rendre, s'il n'est retenu par quelque empêchement légitime. »

2. « Le métropolitain tiendra tous les ans le concile de la province. »

3. « L'évêque ne recevra rien pour les ordinations. »

4. « On rejettera comme un réprouvé celui qui par une détestable ambition tâche d'obtenir l'épiscopat à prix d'argent. »

5 et 6. « L'évêque appelé pour les funérailles d'un autre évêque ne refusera pas d'y aller; et il ne recevra rien, que pour les frais de son voyage. Il assemblera les prêtres; et après avoir fait avec eux l'inventaire de la maison de l'église, il la laissera à la garde de personnes sûres, afin que ce qui appartient à l'église ne se perde pas. »

On voit par ce canon que les meubles de l'évêque décédé étaient conservés pour le successeur.

7. « Le métropolitain, suivant les anciens canons, sera élu par les évêques comprovinciaux avec le clergé et le peuple; et il sera ordonné par ses comprovinciaux assemblés. »

8. « Le diacre qui s'est marié dans la captivité, s'il est remis en liberté, sera privé des fonctions de son ministère. »

9. « Défense à tout prêtre de demeurer avec des laïques, sous peine d'être privé des fonctions du sacerdoce. »

Ce canon est remarquable, et fait voir que les prêtres demeuraient seuls, ou avec d'autres clercs dans une espèce de communauté.

10. « Défense sous peine d'anathème d'épouser sa belle-mère. »

11. « L'infirmité, quelle qu'elle soit, qui survient après le mariage contracté, n'est pas une raison de le dissoudre. »

12. « Défense d'accomplir des vœux dans des églises en chantant, en buvant, ou en commettant d'autres immodesties, plus propres à irriter Dieu qu'à l'apaiser. »

Ces excès étaient des restes des superstitions païennes, qu'on eut bien de la peine à extirper entièrement.

13. « Défense aux abbés, à ceux qui gardent les tombeaux des martyrs, aux reclus et aux prêtres, de donner des lettres de communion. »

14. « Les clercs qui négligent leur office, ou qui refusent de se trouver à l'église à leur rang, seront dégradés. »

15. « On ne recevra pas les offrandes pour les morts qui ont été tués dans quelque crime, pourvu qu'ils ne se soient pas donné la mort à eux-mêmes. »

16. « On n'ordonnera pas prêtre ou diacre celui qui n'a aucune teinture des lettres, ou qui ne sait pas administrer le baptême. »

17 et 18. « Si les femmes qui ont été ordonnées diaconesses contre la défense des canons se remarient, elles seront excommuniées. Et on renouvelle la défense d'ordonner des diaconesses, à cause de la fragilité de ce sexe. »

19. « Les mariages avec les juifs sont défendus, sous peine d'excommunication. »

20. « Les catholiques qui retournent au culte des idoles, ou qui mangent des viandes immolées sont excommuniés, aussi bien que ceux qui mangent de la chair des animaux mis à mort par la morsure des bêtes, ou morts de maladie, ou suffoqués par quelque accident. »

On crut encore longtemps après en quelques Eglises devoir garder ces observances de l'ancienne loi.

21. « On ne recevra pas à la communion les abbés qui se montrent rebelles aux ordres des évêques, » *Hist. de l'Egl. gallic.,* liv. V.

ORLEANS (Concile d'), l'an 536. *Gall. Chr.,* t. IV, p. 342. C'est sans doute le même que celui de 533, rapporté pareillement par Schram à l'an 536.

ORLEANS (3e Concile d'), l'an 538. Le 7 de mai de l'an 538, qui était le vingt-septième du règne de Childebert, et le second du pontificat de Sylvérius, on tint à Orléans un concile qui est compté pour le troisième. Il y eut dix-neuf évêques et sept prêtres députés. Le premier des évêques et le président du concile était saint Loup, archevêque de Lyon. Après lui souscrivirent quatre autres archevêques, saint Pantagathe de Vienne, saint Léon de Sens, saint Arcade de Bourges, saint Flavius ou Filicu de Rouen. Ingéniosus, archevêque de Tours, n'ayant pu s'y trouver, députa de sa part le prêtre Campanus, qui souscrivit avant tous les autres députés. On renouvela dans ce concile, comme dans les précédents, les anciens canons touchant la discipline; et l'on y en fit de nouveaux, au nombre de trente-trois.

Le 1ᵉʳ ordonne que, chaque année, les métropolitains assemblent un concile provincial avec leurs suffragants, qui ne pourront se dispenser d'y assister, s'ils n'en sont empêchés par maladie. « Le métropolitain, qui passera deux ans, en temps de paix, sans convoquer de concile, sera un an entier suspendu de la célébration de la sainte messe ; et les suffragants qui, sans raison de maladie, se dispenseront d'y assister, seront soumis à la même peine. »

Le 2ᵉ oblige à la continence les sous-diacres et les autres clercs supérieurs, sous peine d'être déposés et réduits à la communion laïque : il veut même que l'évêque soit privé, pendant trois mois, des fonctions de son ministère, si, sachant qu'un sous-diacre ne vit pas dans la continence, il lui permet l'exercice de son office.

Le 3ᵉ dit que, suivant la coutume et les décrets du siége apostolique, les métropolitains seront ordonnés par les métropolitains, si cela est possible, et en présence des évêques de la province, et que leur élection se fera par les évêques comprovinciaux, avec le consentement du clergé et des citoyens ; que les évêques seront aussi choisis, du consentement du métropolitain par le clergé et le peuple de la ville, comme le prescrivent les anciennes règles.

Le 4ᵉ renouvelle la défense faite si souvent aux ecclésiastiques d'avoir chez eux des femmes étrangères, c'est-à-dire, qui ne soient point leurs proches parentes. Le métropolitain sera corrigé, en ce point, par ses comprovinciaux ; et l'évêque suffragant par le métropolitain et les autres évêques de la province.

Le 5ᵉ laisse au pouvoir de l'évêque de régler à son gré ce qu'il faudra prendre sur les offrandes faites aux églises des cités, pour les réparations de l'église et pour l'entretien de ceux qui la desservent. Quant aux offrandes faites aux paroisses et aux églises de la campagne, il veut qu'on garde la coutume des lieux.

Le 6ᵉ. « On n'ordonnera de laïque qu'après un an de conversion, c'est-à-dire un an après qu'il aura voué la continence ; de diacre, qu'à vingt-cinq ans, et de prêtre qu'à trente. On n'ordonnera pas non plus les bigames, ni ceux qui sont mutilés ou qui ont été publiquement tourmentés du démon, sous peine, pour ceux qui seraient ainsi ordonnés, d'être dégradés ; et pour l'évêque qui les ordonnerait, d'être suspens durant six mois. »

Le 7ᵉ ordonne que si les clercs qui se sont engagés volontairement dans le ministère sans être mariés viennent à se marier après leur ordination, ils seront excommuniés avec leurs femmes ; mais que s'ils ont été ordonnés malgré eux, ils seront seulement déposés, sans être privés de la communion, et que l'évêque qui les aura ordonnés sera un an sans célébrer ; que pour les clercs qui seront trouvés coupables d'adultère, on les renfermera dans un monastère pour toute leur vie, sans les priver néanmoins de la communion.

Le 8ᵉ veut que l'on dépose les clercs convaincus de vol ou de faux ; mais il ne les prive pas de la communion. Il soumet à une excommunication de deux ans le clerc coupable de parjure dans les affaires qui doivent se décider par le serment.

Le 9ᵉ défend d'admettre à l'avenir dans le clergé ceux qui, ayant eu des femmes légitimes, ont eu des enfants de quelques concubines ; mais il consent à ce qu'on laisse dans le clergé ceux qui, étant dans ce cas, ont été ordonnés par ignorance.

Le 10ᵉ dit qu'on ne séparera pas les nouveaux chrétiens qui auront contracté des mariages incestueux par ignorance, aussitôt après leur baptême, mais seulement ceux qui en auront contracté sachant les défenses, et au mépris des lois, ce dont l'évêque décidera.

Le 11ᵉ ordonne que s'il se trouve des clercs qui, sous prétexte de quelques protections ou par d'autres raisons illégitimes, refusent de s'acquitter de leurs fonctions, ils seront effacés du canon ou de la liste des clercs qui desservent les églises, et ne recevront plus de gages ni de présents avec les *canonici*.

Les clercs attachés au service d'une église et qui en recevaient des rétributions étaient inscrits dans un canon ou catalogue, et on les nommait pour ce sujet *canonici* ; c'est l'origine du nom de *chanoine*.

Le 12ᵉ défend l'aliénation des biens de l'église, et ordonne à ceux qui sont chargés du soin des églises de travailler à recouvrer, dans l'espace de trois ans, les biens aliénés par leurs prédécesseurs.

Le 13ᵉ défend aux juifs d'obliger leurs esclaves chrétiens à des choses contraires à la religion de Jésus-Christ, et aux chrétiens de contracter des mariages avec les juifs, et de manger avec eux.

Le 14ᵉ porte que la messe doit être dite à la troisième heure, c'est-à-dire à neuf heures du matin dans les jours solennels, afin que les prêtres puissent venir plus facilement à l'office du soir, parce qu'il ne convient nullement qu'ils manquent à cet office, surtout en de tels jours.

Le 15ᵉ défend aux évêques d'aller dans les diocèses de leurs confrères, pour y ordonner des clercs ou y consacrer des autels, sous peine, pour l'évêque, d'être un an sans célébrer, et pour les clercs qu'il aura ordonnés d'être privés de leurs fonctions ; les autels cependant demeureront consacrés. Il ajoute que les clercs qui iront faire leur demeure dans un autre diocèse ne pourront, sans le consentement par écrit de leur propre évêque, être élevés à un ordre supérieur, et qu'on refusera même la communion aux prêtres, aux diacres et aux sous-diacres, qui voyagent sans être munis de lettres de leur évêque.

Le 16e excommunie les ravisseurs des vierges consacrées à Dieu, ou qui leur font violence, de même que celles qui consentent à demeurer avec leurs ravisseurs. Il étend cette peine à celles qui font profession de viduité, et prive, pour un an, de la paye de l'église le prêtre qui aura communiqué sciemment avec ces sortes de personnes.

Le 17e déclare qu'un évêque ne peut ôter à un clerc ce que son prédécesseur lui a donné; mais qu'il peut lui ôter ce qu'il lui a donné lui-même, s'il s'en est rendu indigne par désobéissance ou par quelque autre faute. Il peut aussi le lui ôter, en lui donnant l'administration d'une église ou d'un monastère, parce que le revenu de ce second bénéfice peut suppléer à ce que ce clerc tirait du premier. C'est le sens du dix-huitième canon.

Le 19e porte que les clercs qui refuseront ouvertement d'obéir par orgueil ou par quelque dépit seront réduits à la communion laïque, jusqu'à ce qu'ils aient fait satisfaction à l'évêque, qui conservera cependant pour eux une charité entière, et leur fera donner les rétributions ordinaires selon les temps. En cas de difficulté, il conviendra de recourir au synode.

Le 20e accorde le même recours à celui des clercs qui se croira traité injustement par son évêque.

Le 21e laisse à la discrétion du concile de punir les clercs qui auront fait des conspirations, par écrit ou par serment, comme il était arrivé depuis peu.

Le 22e ordonne que les prêtres qui auront usurpé, par une détestable cupidité, des choses dues à l'église ou appartenant à l'évêque, qu'ils les auront retenues ou qui les auront enlevées à leurs collègues, en supplantant ceux-ci auprès des riches, soient suspens de la communion ecclésiastique, jusqu'à ce qu'ils aient restitué à l'église ou à l'évêque. Il soumet à la même peine tous ceux qui négligent de remplir les intentions des défunts, ou qui, après avoir fait quelque pieuse donation à l'église, sont assez inconséquents pour la reprendre.

Le 23e défend, sous peine de dégradation, aux abbés, aux prêtres et aux autres ministres, d'aliéner ou d'hypothéquer quoi que ce soit des biens de l'église, sans la permission par écrit de leur évêque.

Le 24e ne veut pas que l'on accorde la bénédiction de la pénitence aux personnes qui sont encore jeunes, ni même aux personnes mariées, sans le consentement des deux parties, et encore, supposé qu'elles soient l'une et l'autre dans l'âge parfait.

Le sens de ce canon est qu'on ne doit admettre à la pénitence publique, ni les jeunes gens, ni même les personnes mariées, quoique avec le consentement des deux parties, à moins qu'elles ne soient parvenues à un âge mûr. La raison en est que ceux qui étaient en pénitence publique devaient garder la continence.

Le 25e. « Ceux qui quittent la pénitence pour retourner à la vie séculière, ou pour embrasser le parti des armes, seront excommuniés jusqu'à la mort; mais on leur accordera le viatique. »

Le 26e défend d'ordonner des fermiers ou des comptables, à moins que, selon les statuts du siège apostolique, ils n'aient leur décharge, par testament ou par quelque autre écrit, sous peine pour l'évêque qui les ordonnera d'être privé de ses fonctions pendant un an.

Le 27e ordonne la peine de dégradation contre les diacres et les autres clercs supérieurs, qui prêtent à usure, parce qu'il ne leur est permis de rien exiger au delà de ce qu'ils auraient prêté, ou de trafiquer, soit en leur nom, soit sous le nom d'autrui.

Le 28e porte que, parce que le peuple était persuadé qu'on ne devait pas voyager le dimanche avec des chevaux, des bœufs ou des voitures, ni préparer à manger, ni rien faire qui regardât la propreté des maisons ou des personnes, ce qui sentait plutôt l'observance judaïque que le christianisme, il voulait que ce qui avait été ci-devant permis le dimanche, le fût encore. « Nous voulons toutefois, ajoute-t-il, que l'on s'abstienne en ce jour-là de travailler aux champs, c'est-à-dire de labourer, de façonner la vigne, de faucher les foins, de moissonner ou de battre le blé, d'essarter, ou de faire des haies, pour vaquer plus aisément aux prières de l'Eglise. Si quelqu'un y contrevient, ce n'est pas aux laïques, mais aux évêques à le corriger. »

Il paraît que ce qui engagea le concile à faire ce canon fut la crainte que les chrétiens n'imitassent la superstition des juifs, qui étaient alors en assez grand nombre dans les Gaules.

Le 29e. « Aucun laïque ne doit sortir de l'office avant qu'on ait dit l'oraison dominicale; et si l'évêque est présent, qu'on attende sa bénédiction. Que personne n'assiste à la messe du matin ou à l'office du soir avec des armes. »

Il y a, dans la première partie de ce canon, *De Missis*, terme qui se prend souvent pour les diverses heures de l'office divin, qui étaient toutes terminées par l'oraison dominicale, comme elles le sont encore aujourd'hui. Quant à la défense de porter des armes à l'église, elle ne regarde pas les Romains, qui ne portaient pas même l'épée hors la guerre et les voyages, mais les Gaulois, qui marchaient toujours armés et qui portaient leurs armes jusque dans l'église.

Le 30e. « Défense aux juifs de se trouver avec les chrétiens, depuis le jour de la cène du Seigneur jusqu'à la 2e férie de Pâques. »

Le motif de cette défense était apparemment la crainte que les juifs ou les chrétiens ne se portassent à quelques excès dans ce saint temps, les juifs, en insultant les fidèles, au sujet de la passion de Jésus-Christ; et les fidèles, en se portant à venger sa mort sur les juifs.

Le 31e porte excommunication contre les juges d'une ville ou d'un lieu qui, ayant su qu'un hérétique aurait rebaptisé quelqu'un d'entre les catholiques, ne l'aurait pas dénoncé et fait punir.

Le 32e défend à toutes sortes de clercs de traduire personne devant les juges laïques; et aux laïques, d'y traduire les clercs sans la permission de l'évêque.

Le 33e contient une imprécation contre ceux qui négligeront de faire observer les statuts du concile, que les évêques disent avoir faits, d'un commun consentement, par l'inspiration de Dieu.

Ces canons furent souscrits le septième jour du troisième mois, c'est-à-dire du mois de mai. De ce que le mois de mai est appelé ici le troisième mois, le P. Pagi conclut que les Français commençaient alors l'année à Pâques. Cette conclusion n'est pas juste. Pâques fut, cette année 538, le 4 d'avril; et par conséquent, si l'on commença l'année à Pâques, mai était seulement le second mois. Mai se nommait en France le troisième mois du temps du troisième concile d'Orléans, parce que, sous le règne des Mérovingiens, qui commença en 414 et finit en 741, l'année française commençait le jour où l'on faisait la revue des troupes, qui était le premier jour de mars. Ainsi le mois de mai était, sous le règne des Mérovingiens, le troisième mois de l'année française. *Labb.* V.

ORLÉANS (conciliabule d'), l'an 540. On ne sait rien sur l'objet de cette assemblée. *Vita S. Dalmatii; Suppl. conc. ant. Gall.* p. 50.

ORLÉANS (4e concile d') l'an 541. Ce concile fut assemblé des quatre provinces lyonnaises, des deux viennoises, des Alpes grecques et maritimes, de la Novempopulanie et des Séquaniens, c'est-à-dire de toutes les provinces des Gaules, excepté des deux Germaniques et des deux Belgiques. Fleury et après lui D. Ceillier se sont donc trompés, en disant que les évêques de ce concile étaient rassemblés de tous les trois royaumes de France et de toutes les provinces des Gaules, excepté la première Narbonnaise. Il n'y avait pas à ce concile d'évêques du royaume de Clotaire, non plus que des deux provinces Germaniques et des deux Belgiques; au contraire, il y en avait de la première Narbonnaise, qui se trouvait alors sous la domination des Goths; car Uzès était de cette province, et elle n'en fut démembrée que dans la suite. Il se trouva à ce concile trente-huit évêques en tout : les absents furent représentés par onze prêtres et un abbé nommé Amphiloque, député d'Amélius, évêque de Paris. Léonce de Bordeaux y présida, et Marc, évêque d'Orléans, souscrivit le dernier. Nous ne voyons point d'autres motifs de la convocation de ce concile que les disputes qui s'élevèrent en ce temps-là sur le jour où l'on devait célébrer la Pâque, et le désir de se conformer aux dispositions des conciles précédents, qui avaient ordonné de s'assembler chaque année. Ce concile fit trente-huit canons, dont huit renouvellent les défenses déjà faites aux ecclésiastiques d'aliéner les biens de l'Eglise, et aux laïques de s'en emparer. Voici le contenu des autres :

1er. « La fête de Pâques sera célébrée selon la table ou le cycle de Victorius, dans toutes les églises. Chaque évêque l'annoncera tous les ans au peuple dans l'église, le jour de l'Epiphanie. S'il se rencontre quelque difficulté sur le jour, les métropolitains consulteront le siège apostolique, et l'on s'en tiendra à la réponse de ce dernier. »

Le cycle de Victorius, qu'on propose ici pour règle, n'était pas sans erreur, et Victor de Capoue fit voir, vers le même temps, que l'auteur s'était trompé, en marquant la Pâque de l'année 455 au 17 d'avril, au lieu qu'elle devait être le 24.

2e. « Le carême sera uniformément observé dans toutes les églises, sans qu'aucun évêque le fasse commencer à la Sexagésime ou à la Quinquagésime. Mais aussi, que personne, sans raison d'infirmité, ne se dispense de jeûner les samedis de carême. Il ne sera permis de dîner que le dimanche. »

Le défaut d'uniformité, touchant le jeûne du carême, venait de ce que quelques-uns, imitant l'usage des Grecs, ne jeûnaient point le samedi, commençant le carême le lundi d'après la Quinquagésime, et de ce que d'autres jeûnaient cinquante jours, et d'autres soixante. Le concile défend cette diversité d'usages, et ne permet à personne de se dispenser du jeûne pendant le carême, si ce n'est le jour du dimanche, et, en cas de maladie, tous les jours sans distinction. En exceptant le dimanche, le canon dit qu'il sera permis de *dîner* ce jour-là : c'est que le repas qu'on prenait les jours de jeûne se faisant le soir, se nommait *souper*, et cela prouve qu'on ne faisait pas encore alors de collation les soirs des jours de jeûne.

3e. « Si quelqu'un des principaux citoyens est obligé de s'absenter de la ville à Pâques et aux fêtes solennelles, il ne le fera qu'avec la permission de l'évêque. »

4e. « Que personne n'offre dans le calice d'autre liqueur que du vin mêlé d'eau, parce que c'est un sacrilège d'offrir autre chose que ce que le Seigneur a ordonné. »

Ce qui donna lieu à ce canon, c'est que les Français assaisonnaient souvent leur vin de miel et d'absinthe.

5e. « L'évêque doit être sacré dans l'église pour laquelle il a été élu. Si cela ne se peut, il faut du moins qu'il le soit dans sa province par ses comprovinciaux, en présence ou par l'autorité du métropolitain. »

6e. « Les évêques auront soin que les clercs des paroisses aient un exemplaire des canons, afin qu'eux et leurs peuples ne puissent prétexter leur ignorance. »

7e. « Les seigneurs ne mettront dans les oratoires, ou chapelles de leurs terres, que des clercs approuvés par l'évêque dans le territoire duquel ils sont situés. »

8e. « Le temps de la pénitence de ceux qui, après être tombés dans l'hérésie, reviennent à l'unité de la foi catholique, sera à la disposition de l'évêque, qui pourra les rétablir dans la communion, en la manière et au temps qu'il jugera à propos.

9e. « Les aliénations ou engagements des

biens de l'Eglise, faits par un évêque qui ne laisse rien en mourant, seront révoqués; mais s'il a mis en liberté quelques esclaves, ils en jouiront, à la charge de servir l'église. »

10°. « L'évêque qui aura ordonné un bigame, ou celui qui aura épousé une veuve, sera suspens des fonctions du sacerdoce pendant un an; et, s'il méprise cette censure, il sera privé de la communion des autres évêques, jusqu'au temps du grand synode, ou, selon quelques manuscrits, jusqu'au premier synode. Quant à ceux qu'il aura ordonnés contre les règles, ils seront dégradés. »

12°. « S'il arrive quelque difficulté entre les évêques, sur la possession des biens temporels, ils s'accorderont ensemble à l'amiable, dans l'espace d'un an, ou par-devant des arbitres qu'ils choisiront. S'ils diffèrent de le faire, ils seront séparés de la communion de leurs frères: parce qu'il n'est pas juste que ceux qui président à tous les autres aient entre eux des différends pour quelque sujet que ce soit. »

13°. « Défense aux juges, sous peine d'excommunication, d'imposer aux clercs attachés au service de l'autel, et dont les noms sont dans la matricule, des charges publiques, et particulièrement d'obliger les évêques, les prêtres et les diacres, d'accepter des tutelles; car il est conforme à l'équité que les ministres de Jésus-Christ jouissent d'une exemption que les lois civiles accordaient aux prêtres du paganisme. »

15° et 16°. « Ceux-là sont privés de la communion de l'Eglise, qui, après avoir reçu le baptême, retournent à certaines pratiques de l'idolâtrie, comme de manger des viandes immolées, de jurer sur la tête des animaux, en invoquant les dieux des païens. » Il y a dans le texte, *Invocatis nominibus paganorum*; mais il faut lire, *Numinibus*. Les Francs adoraient la tête d'un bœuf; et c'est peut-être de cette superstition que parle le concile, en disant, *Ad caput alicujus feræ vel pecudis.*

17°. « Défense aux prêtres et aux diacres mariés d'avoir le lit et la chambre communs avec leurs femmes. »

20°. « Qu'aucun laïque n'ait la hardiesse d'emprisonner, d'interroger ou de condamner un clerc, sans l'autorité de l'évêque, ou du supérieur ecclésiastique; mais que le clerc, averti par le supérieur, se trouve à l'audience et n'ait point recours à la chicane pour décliner le jugement. Quand il y a procès entre un clerc et un laïque, que le juge laïque ne donne audience qu'en présence d'un prêtre ou d'un archidiacre, et, si le clerc veut poursuivre un procès devant un tribunal laïque, que le supérieur ecclésiastique le lui permette. »

21°. « Celui qui, sans la permission de l'évêque ou du supérieur de l'église en retire de force ou par fraude une personne qui s'y est réfugiée par la nécessité d'y trouver un asile, doit en être chassé, jusqu'à ce qu'il ait fait pénitence, et à condition de rétablir cette personne dans le lieu d'où il l'a tirée. »

22°. « Défense, sous peine d'excommunication, d'employer l'autorité des puissances pour avoir des filles en mariage, contre la volonté de leurs parents. »

23°. Défense aussi aux serfs des églises ou des évêques d'exercer des violences et de faire des captifs. »

24°. « On ne souffrira pas que les esclaves se réfugient dans les églises pour se marier ensemble. Ils seront séparés et rendus à leurs parents et à leurs maîtres. »

26°. « Si les clercs des paroisses établies dans les terres des seigneurs négligent leurs devoirs envers l'Eglise, sous prétexte de servir leurs maîtres, ils seront admonestés et corrigés par l'archidiacre de la ville. »

27°. « On renouvelle les canons du troisième concile d'Orléans et de celui d'Epaone, sur les degrés prohibés. »

28° et 29°. « Le meurtrier volontaire, qui aura trouvé le moyen de se mettre à couvert de la vengeance publique et de la poursuite des parents, ne laissera pas d'être mis en pénitence par l'évêque, qui y mettra aussi les femmes coupables d'avoir commis un adultère avec des clercs; et ceux-ci seront punis eux-mêmes, selon la volonté de l'évêque. »

30°. « Permis de racheter les chrétiens qui, étant devenus esclaves des juifs, s'enfuient à l'église, et demandent à être rachetés, pourvu que l'on paye aux juifs le prix auquel ces esclaves seront estimés. »

31°. « Défense aux juifs de circoncire les étrangers et les chrétiens, ou d'épouser des esclaves chrétiennes. Un juif qui pervertira un esclave chrétien, perdra tous ses esclaves; et si quelque esclave chrétien a été mis en liberté à la condition de se faire juif, la condition est nulle, et il restera esclave. »

32°. « Les descendants des esclaves seront obligés aux services et aux charges sous lesquels ceux dont ils descendent ont obtenu leur liberté, quand même ce serait depuis longtemps. »

33°. « Si quelqu'un veut avoir une paroisse dans sa terre, qu'il lui assigne, avant toutes choses, un revenu suffisant et des clercs pour la desservir. » Voilà l'origine des patronages. *Reg. tom. XI; Lab. tom. V; Hard. tom. II.*

ORLEANS (5° Concile d'), l'an 549. Ce cinquième concile d'Orléans se tint le 28 d'octobre de l'an 549, qui était le trente-huitième du roi Childebert, *Indiction XIII.* Cette époque, qu'on appelle *Indiction*, et qui consiste dans une révolution de quinze années, en sorte que, quand on a compté *Indiction XV*, on recommence à marquer *Indiction I*, fut établie en Orient, dès le règne du grand Constantin; mais elle ne commença d'être en usage dans la Gaule qu'au sixième siècle. Le quatrième et le cinquième concile d'Orléans sont les premiers actes bien authentiques où l'on trouve que les Français s'en soient servis. Il se trouva dans ce concile cinquante évêques; et vingt et un y envoyèrent des députés, les uns prêtres, les autres archidiacres. Parmi les évêques présents, il y avait neuf métropolitains, savoir saint Sacerdos de Lyon, qui présida au concile, saint Aurélien d'Arles, saint Hésychius de

Vienne, II· du nom ; saint Nicet de Trèves, saint Désidérat ou Désiré de Bourges, Aspaise d'Eause (Auch), Constitut de Sens, Urbique de Besançon, et Avole d'Aix. Marc, évêque d'Orléans, n'y assista point, parce qu'il était accusé et exilé; et c'était pour le juger que le roi Childebert avait fait assembler un concile si nombreux de toutes les provinces qui composaient les trois royaumes de France. Marc fut jugé innocent et rétabli dans son siége (a). Le concile fit vingt-quatre canons.

Le 1ᵉʳ anathématise également les erreurs d'Eutychès et de Nestorius, comme condamnées par le siége apostolique. Ce qui paraît avoir donné lieu à ce canon, c'est la crainte que les troubles excités de nouveau en Orient par les nestoriens et les eutychiens ne se communiquassent dans les églises d'Occident.

Le 2ᵉ dit que les évêques n'excommunieront point pour des causes légères, mais seulement pour des fautes pour lesquelles les anciens Pères ont établi que l'on serait chassé de l'église.

Le 3ᵉ renouvelle les défenses faites plusieurs fois aux clercs d'avoir chez eux des femmes étrangères, ou d'y souffrir leurs parentes à des heures indues, de peur que les suivantes de ces parentes ne donnent lieu à de mauvais soupçons ; et cela, sous peine, pour les contrevenants, d'être suspens pendant un an des fonctions de leur ministère.

Le 4ᵉ leur ordonne, sous peine de déposition, de vivre dans la continence, même avec leurs femmes légitimes ; s'ils violent cette défense, il ne leur laisse plus que la communion laïque.

Le 5ᵉ défend aux évêques de prendre ou d'ordonner les clercs d'un autre diocèse, sans la permission de l'évêque, sous peine d'être privés de dire la messe pendant six mois. Pour les clercs ainsi ordonnés, ils seront renvoyés à leur évêque, en suspens, à son gré, de l'exercice de leurs fonctions.

Le 6ᵉ. « L'évêque, qui ordonnera, avec connaissance de cause, un esclave ou un affranchi, sans la permission de son maître, sera, pendant six mois, suspens de la célébration des saints mystères ; et le nouveau clerc demeurera sous la puissance de son maître, à condition qu'il n'en exigera que des services honnêtes. Si le maître en exige des services qui puissent déshonorer l'ordre sacré, l'évêque qui l'a ordonné le retirera, en donnant, selon les anciens canons, deux esclaves à sa place. »

Les affranchis ne recevaient pas une entière liberté, et ils devaient encore certains services à leurs maîtres : c'est pourquoi le concile veut qu'on ne puisse, sans le consentement de ces maîtres, les engager dans le clergé, qui les exemptait de ces charges.

Le 7ᵉ défend de remettre en servitude les esclaves qui ont été affranchis dans l'église, à moins qu'ils ne se soient rendus indignes de ce bienfait par les fautes marquées dans la loi.

Le 8ᵉ défend à tout évêque d'ordonner des clercs pendant la vacance du siége épiscopal ; de consacrer des autels, et de rien prendre des choses de l'église ; le tout sous peine d'être privé, pendant un an, de la célébration de la messe.

Le 9ᵉ défend d'élever personne à l'épiscopat, qu'il n'ait, au moins pendant un an, été instruit des règles spirituelles et de la discipline ecclésiastique, par des gens doctes et d'une vie éprouvée.

Le 10ᵉ défend d'acheter l'épiscopat par argent, ou d'employer les brigues pour y parvenir, sous peine de déposition. Il ajoute que l'évêque doit être consacré par le métropolitain et ses comprovinciaux après l'élection du clergé et du peuple, et avec l'agrément du roi, *cum voluntate regis*. Il y a des manuscrits qui ne portent point cette dernière clause.

Le 11ᵉ déclare, conformément aux anciens canons, que l'on ne donnera point à un peuple un évêque qu'il refuse, et qu'on n'obligera pas les clercs, ni les citoyens, de s'y soumettre, par l'autorité des personnes puissantes ; qu'autrement l'évêque ainsi ordonné sera déposé.

On voit par ces canons que les évêques tâchaient de rétablir la liberté des élections, qui était souvent gênée par l'autorité royale ou par les recommandations des personnes puissantes. Les rois, dès lors, avaient la meilleure part aux nominations des évêchés ; et il est remarquable que, dans les canons mêmes que l'on faisait pour la liberté des élections, on requérait toujours le consentement du roi pour l'ordination du nouvel évêque.

Le 12ᵉ défend d'ordonner un évêque à la place d'un évêque vivant, si celui-ci n'est déposé pour quelque crime capital.

Le 13ᵉ défend à toute personne de s'emparer des biens légués aux églises, aux monastères, ou aux hôpitaux, sous peine d'être chassé de l'église, jusqu'à la restitution de la chose enlevée.

Le 14ᵉ étend cette défense aux évêques, à toute sorte de clercs, et aux laïques de toute condition, par rapport aux biens d'une église, soit dans le même royaume, soit dans un autre.

Le 15ᵉ confirme la fondation d'un hôpital établi à Lyon par le roi Childebert et la reine Ultrogothe, son épouse. Tous les évêques du concile souscrivirent à cette fondation, le roi et la reine l'ayant ainsi souhaité ; et il fut défendu à l'évêque de Lyon, de même qu'à ses successeurs, de se rien attribuer, ni à cette église, des biens de l'hôpital ; mais, en même temps, on lui enjoignit de tenir la main à ce qu'il fût toujours gouverné par des administrateurs soigneux, que l'on y entretînt le nombre des malades porté par la fondation ;

(a) M. de Mas Latrie a fait trois conciles distincts de ce cinquième concile d'Orléans : l'un qu'il reporte à l'an 545, et qui fut assemblé, dit-il, pour le rétablissement de l'évêque Marc ; l'autre qu'il met, comme nous, en 549, et qui condamna les erreurs des eutychiens ; le troisième, en 552, encore contre les eutychiens. Cette erreur a pour fondement la différence des dates que donnent les diverses collections des conciles.

et que l'on y reçût les étrangers. Le concile prononça anathème contre celui qui contreviendrait à ce décret, le regardant comme meurtrier des pauvres.

Le 16e prononce aussi anathème contre quiconque osera priver les églises ou les lieux saints, des donations qui leur auraient été faites par quelque personne que ce fût.

Le 17e. « Si quelqu'un a quelque affaire contre l'évêque ou contre les agents de l'église, qu'il s'adresse d'abord à l'évêque pour terminer le différend à l'amiable. Si cette démarche ne réussit pas, qu'on ait recours au métropolitain, qui en écrira à l'évêque, pour terminer la cause par l'arbitrage. Si l'évêque ne veut pas entendre à un accommodement, et que le métropolitain soit obligé de lui écrire une seconde fois, il demeurera privé de la communion du métropolitain, jusqu'à ce qu'il soit venu lui rendre compte de l'affaire. Mais s'il est évident que c'est une affaire injuste qu'on suscite à l'évêque, celui qui la lui aura suscitée sera excommunié pour un an. Si le métropolitain, interpellé deux fois par un évêque, diffère de lui rendre justice, l'évêque se pourvoira au concile prochain. »

Le 18e suspend, pour six mois, les évêques qui, étant appelés au concile par le métropolitain, refusent d'y venir, ou en sortent avant qu'il soit fini, si ce n'est en cas d'une infirmité évidente.

Le 19e. « Les filles qui entrent dans un monastère par leur propre volonté, ou qui y seront offertes par leurs parents, y demeureront une année entière, avant de prendre l'habit de religion. Mais celles qui se consacrent dans des monastères où la clôture n'est pas perpétuelle, y seront trois ans en habit séculier. Après quoi, on leur donnera celui de religieuses, suivant les statuts du monastère. Que si, après l'avoir pris, elles abandonnent leur bon propos, et retournent dans le monde pour se marier, elles seront excommuniées avec ceux qu'elles auront épousés. Si elles s'en séparent et qu'elles fassent pénitence, on leur rendra la communion. »

Le 20e. « Les prisonniers, pour quelque crime que ce soit, seront visités tous les dimanches par l'archidiacre ou le prévôt de l'église, qui les soulagera dans leurs besoins selon le divin précepte, et leur fournira la nourriture et les choses nécessaires, aux dépens de l'église, par le ministère d'une personne soigneuse et fidèle, dont l'évêque aura fait choix. »

Le 21e dit qu'encore que tous les prêtres du Seigneur et même chaque fidèle puissent se charger du soin des pauvres, les évêques néanmoins en prendront un particulier des pauvres lépreux, tant de ceux qui se trouvent dans la ville épiscopale, que de ceux des autres lieux de leurs diocèses, en leur fournissant de la maison de l'église, suivant ses revenus, le vêtement et la nourriture.

Le 22e renouvelle les anciens règlements touchant les esclaves qui se réfugient dans l'église.

Le 23e ordonne la tenue annuelle du concile de la province.

Le 24e confirme les décrets précédents, voulant que ce qui avait été réglé dans le concile, par l'inspiration de Dieu, fût inviolablement observé à l'avenir. *Ibid.*

ORLEANS (Concile d'), l'an 581. *Voy.* LYON, même année.

ORLEANS (6e Concile d'), l'an 634. Ce concile fut assemblé contre l'hérésie des monothélites, qui tendait à s'introduire dans les Gaules. Un de ces nouveaux sectaires, jugeant après la mort de Dagobert les conjonctures favorables, vint en effet de l'Orient pour répandre son erreur. Il s'arrêta d'abord à Autun et commença à y dogmatiser secrètement. Mais le mauvais levain ne tarda pas à fermenter, et le danger de la nouvelle doctrine se fit connaître par les troubles qu'elle excita. Saint Éloi, quoiqu'il ne fût que laïque, n'omit rien pour arrêter les progrès de l'hérésie. Il était persuadé, selon la maxime de Tertullien, que tout homme est soldat quand il s'agit de combattre pour la foi. C'est pourquoi, ayant pris des mesures avec saint Ouen et les autres catholiques les plus zélés, il agit si efficacement auprès des évêques et des grands du royaume, que le roi Clovis II ordonna à ce sujet la tenue d'un concile à Orléans. L'hérétique y fut conduit. On lui fit d'abord diverses questions pour tâcher de le faire tomber en contradiction; mais c'était un esprit artificieux et fort versé dans les chicanes de la dispute. Il trouvait toujours quelque faux-fuyant, et quand il paraissait le plus pressé, c'était alors qu'il s'échappait avec le plus d'adresse. Mais un savant évêque du concile, nommé Salvius, prenant la parole, fit triompher la vérité, confondit le novateur, et, malgré ses efforts, le convainquit d'hérésie en présence de toute l'assemblée.

Les Pères du concile l'ayant donc condamné d'une voix unanime, ordonnèrent qu'on publiât dans toutes les villes la sentence portée dans le concile contre ses erreurs : après quoi ils le firent honteusement chasser des Gaules. On ne sait pas précisément de quel siège était évêque ce Salvius qui le confondit. Le P. Lecointe, suivi par Fleury et par D. Ceillier, croit qu'il était évêque de Valence, et il le nomme martyr. Ce qui peut faire quelque difficulté, c'est que, dans un catalogue des évêques de cette ville, cité par le Père Colombi, on trouve bien un évêque de Valence, nommé Salvius, à qui l'on donne la qualité d'un saint prélat, *miræ sanctitatis episcopus*, mais cet évêque est placé dans ce catalogue avant Gallus, qui assista en 552 au cinquième concile d'Orléans. *Vit. S. Elig.* c. 35. *Hist. de l'Égl. gallic. Voy.* l'art. suiv.

ORLEANS (Concile d'), l'an 642. Ce concile, sans doute le même que le précédent, fut tenu contre quelques hérétiques que l'on croit être les monothélites, qui avaient pénétré en France. Le P. Labbe met ce concile en 645; mais le docte Mansi soutient qu'il s'est tenu l'an 642, ou même plus tôt, puisque, de l'aveu du P. Labbe, il a précédé l'épiscopat de saint Eloi, évêque de Noyon, et de saint Ouen, évêque de Rouen, lesquels furent sacrés la troisième année du règne de Clotaire II, c'est-à-dire l'an 639 de l'ère vulgaire. *Mansi, Suppl. t.* I.

ORLEANS (Assemblée d'), l'an 766 : plaid à l'occasion de la guerre d'Aquitaine.

ORLEANS (Synode d'), l'an 820 , par Théodulphe. Cet évêque exhorta ses prêtres à lui exposer avec charité leurs besoins, leur promettant son assistance avec la même charité. En même temps il publia une lettre adressée aux curés, dans laquelle il donnait des règles pour l'administration des sacrements. Il y défend, par exemple, de baptiser ou de confirmer des adultes, qu'ils ne sachent par cœur l'oraison dominicale et le symbole des apôtres. Il défend aux curés, sous peine de déposition ou de prison, d'attirer dans leurs propres églises des personnes d'autres paroisses ; il leur défend aussi d'employer les vases sacrés à des usages profanes ; il leur recommande de recevoir les confessions de leurs paroissiens dans la semaine qui précède le carême, leur imposant une pénitence et faisant cesser leurs discordes.

ORLEANS (Synode diocésain d'), tenu à Bou, *apud Bullensem fundum*, vers l'an 871, le 25 mai, par l'évêque Vaultier ou Gautier. Ce prélat tint ce synode la seconde année de son ordination, sans qu'on sache précisément en quelle année de Jésus-Christ ; il y publia pour le règlement des prêtres de son diocèse un capitulaire dont voici les principales dispositions

1. « Les archidiacres examineront la foi et la capacité des prêtres dans les paroisses de leurs districts, et ils auront soin qu'ils célèbrent la messe avec décence, qu'ils chantent bien les psaumes selon la division des versets, qu'ils entendent l'oraison dominicale et le symbole, et les prononcent distinctement les jours de fêtes pour les faire entendre au peuple. Il faut défendre absolument aux prêtres le port des armes. »

2. « Les archidiacres s'informeront pareillement de la vie et de la doctrine des prêtres cardinaux, c'est-à-dire de ceux qui desservent des églises en titre. »

3. « Défense aux prêtres de demeurer avec des femmes, ou de parler sans témoin à quelqu'une en particulier. »

5, 7. « Chaque prêtre doit avoir un clerc et une école, et conserver toujours des hosties consacrées, afin que si quelqu'un tombe malade, même un enfant, il le communie aussitôt, de peur qu'il ne meure sans le saint viatique. » On voit ici que l'usage était de donner le viatique aux enfants. Charlemagne l'avait aussi ordonné dans un capitulaire.

8. « Si quelque prêtre est si pauvre qu'il ne puisse exercer l'hospitalité, il doit du moins donner aux passants le couvert, du feu, de la paille pour se coucher, et les aider à acheter ce qui est nécessaire. »

9. « Les prêtres qui n'ont point de dot, comme il est ordonné par les capitulaires de notre roi Charles, et par ceux de son aïeul et de son père, nous le feront connaître, afin qu'avec l'aide de Dieu et par notre conseil, ils en obtiennent de leur seigneur. » Cette dot des prêtres est ce qu'on a nommé depuis le titre patrimonial.

10, 16 et 17. « Défense aux prêtres et aux diacres d'aller à la chasse, d'exercer quelque usure, d'aller aux cabarets, de chanter des chansons sales et rustiques dans les repas qu'ils font ensemble à l'anniversaire d'un mort, et de souffrir qu'on danse en leur présence. »

18. « Les fêtes qu'on doit célébrer solennellement sont : Noël, saint Étienne, saint Jean l'Evangéliste, les Innocents, l'octave du Seigneur ou la Circoncision, l'Epiphanie, la Nativité de la Vierge, la Purification, l'Assomption, le samedi saint, Pâques durant huit jours, la grande Litanie (c'étaient les Rogations qu'on nommait ainsi en France dans ce temps-là), l'Ascension, la Pentecôte, saint Jean-Baptiste, saint Pierre et saint Paul, saint Martin, saint André, et les patrons particuliers du diocèse d'Orléans, savoir: saint Euverte, saint Aignan, saint Benoît, saint Mesmin, saint Lisard, et l'Invention et l'Exaltation de la Croix, » parce que l'église d'Orléans est dédiée en l'honneur de la sainte Croix. *Hist. de l'Egl. gallic. liv.* XVII.

ORLEANS (Concile d'), l'an 1022. Etienne et Lisoye, deux clercs français, en réputation de doctrine et de piété, s'étaient laissé séduire par une femme veuve d'Italie, infectée de l'hérésie des manichéens. Ils rejetaient l'Ancien et le Nouveau Testament, en ce qui y est dit de la Trinité et de la création du monde ; niaient que Jésus-Christ fût né de la vierge Marie, qu'il eût souffert, qu'il fût ressuscité ; que le baptême eût la vertu d'effacer les péchés ; que le pain et le vin fussent changés au corps et au sang de Jésus-Christ par les paroles de la consécration que prononce le prêtre. Ils regardaient les bonnes œuvres et l'intercession des saints comme inutiles, condamnaient le mariage et défendaient de manger de la chair. Ils s'assemblaient la nuit pour la célébration de leurs mystères, et, après avoir éteint les lampes, ils se livraient à toute sorte d'impuretés. Un homme de condition, nommé Aréfaste, les ayant découverts, en fit donner avis au roi Robert par Richard, duc de Normandie. On indiqua un concile à Orléans, l'an 1022. Le roi et la reine Constance, son épouse, s'y rendirent avec plusieurs évêques, du nombre desquels était Leuthérie, archevêque de Sens. Etienne et Lisoye furent amenés au concile avec ceux qu'ils avaient engagés dans leurs erreurs. On essaya de les en tirer dans une conférence qui dura depuis la première heure du jour jusqu'à trois heures après midi ; et, comme on les vit endurcis, on les menaça du feu. Ce supplice ne les effraya point : ils y allèrent gaiement ; mais lorsqu'ils sentirent l'impression des flammes, ils se mirent à crier et à détester leurs erreurs. On n'eut pas le temps de les retirer du feu, et onze d'entre eux y périrent ; car, de treize qu'ils étaient lorsqu'ils comparurent devant le concile, il n'y eut qu'un clerc et une religieuse qui se convertirent. Baronius, le P. Labbe et plusieurs autres, ont suivi Glaber Rodulphe qui rapporte cet événement à l'an 1017 ; mais on voit par un diplôme de l'abbaye de Saint-Mesmin, que le concile, tenu en cette ville à l'occasion de ces nouveaux manichéens, est de l'an 1022, ou de la vingt-septième année du règne de Robert. Cela paraît encore par le témoignage d'Adémar, qui dit que cette hérésie fut découverte sous l'épiscopat d'Adolric d'Orléans, qui ne put commencer avant l'an 1022, puisque ce ne fut qu'en cette année que Théodoric, son prédécesseur, se démit de son évêché pour se retirer au monastère de Saint-Pierre à Sens. *D. Mab. t. IV Annal. in Append. p. 708, et l. V Annal. n. 1 et 3.*

ORLEANS (Concile d'), l'an 1029 : pour la dédicace de l'église de Saint-Aignan. Le roi Robert s'y trouvait

ORLEANS (Concile d'), l'an 1129. On en ignore l'objet. *Mas L.*

ORLEANS (Synode d'), l'an 1195, par l'évêque Henri. Ce prélat y intima à tous les abbés de son diocèse, et nommément à celui de Saint-Mesmin, l'obligation d'assister aux synodes qu'il célébrait, ne faisant exception qu'en faveur de ceux qui en étaient dispensés par la coutume.

ORLEANS (Synode diocésain d'), l'an 1314, par l'évêque Milon. Ce prélat y fit à tous les prêtres une étroite obligation de ne se présenter au synode qu'étant à jeun. Il leur défendit d'y apporter d'autres causes à traiter que celles qui avaient rapport au synode même.

ORLEANS (Synode d'), l'an 1324, par Roger le Fort. Entre les autres statuts que publia ce prélat, on remarque celui qui déclare les usuriers notoires incapables de tester, et leur refuse la sépulture ecclésiastique.

ORLEANS (Synode d'), l'an 1335, par Jean IV° du nom. Il prescrivit à tous les clercs, tant mariés que non mariés, de porter la tonsure et l'habit clérical, sous peine d'excommunication et de suspense.

ORLEANS (Concile d'), l'an 1411 : contre Jean Sans-Peur, duc de Bourgogne, sur la mort du duc d'Orléans. *Juvénal des Ursins, Hist. de Charles VI.*

ORLEANS (Assemblée du clergé de France à), l'an 1478. Le roi Louis XI convoqua cette assemblée, composée de six archevêques, de quarante-six évêques, de plusieurs abbés et autres prélats, faisant en tout plus de trois cents, pour délibérer sur les projets d'une guerre sainte contre les Turcs; sur la convocation d'un concile général, et sur une ambassade à envoyer au pape, pour le prier de convoquer le concile, et de donner la paix à l'Italie. Cela ne touchait point encore le point délicat, c'est-à-dire le rétablissement de la Pragmatique Sanction. Louis XI remit cette affaire à une autre assemblée du clergé, qu'il indiqua pour être tenue à Lyon le 3 mai de l'année suivante. *Hist. de l'Égl. gallic., liv. XLIX.*

ORLEANS (Synode d') l'an 1525, par Jean X. Dans les statuts synodaux que ce prélat publia, se trouve l'ordre de se rendre au synode dès le matin, à sept heures en été et à huit heures en hiver. On y trouve ensuite des règlements assez étendus sur l'administration des sacrements.

ORLEANS (Synode d') l'an 1526, par le même. Le prélat y recommanda à ses curés d'exhorter leurs peuples à se mettre en devoir de recevoir la confirmation.

ORLEANS (Synode d'), l'an 1542, par Jean de Morvilliers, XI° du nom. Défense y fut faite aux confesseurs d'entendre en confession les personnes avec qui ils auraient péché.

ORLEANS (Synode d'), l'an 1558, par Germain Valens. Ordre y fut donné de baptiser sous condition les enfants dont le baptême serait douteux.

ORLEANS (Synode d'), l'an 1580, par le même. Il y expliqua les circonstances où l'on contracte une parenté spirituelle.

ORLEANS (Synode d'), l'an 1587, par le même. Ce prélat y publia des statuts fort étendus sur les sacrements, les sépultures, les confréries et les fêtes : les empêchements de mariage y sont expliqués en détail : défense y est faite de dire la messe avant l'aurore, à moins d'une pressante nécessité. On y voit les Commandements de Dieu et de l'Église en vers français, tels à peu près que nous les récitons aujourd'hui, excepté qu'on n'y compte que cinq commandements de l'Église au lieu de six, comme on le fait encore en Belgique, en Allemagne et en Italie. *Statuta synodalia, Aureliæ,* 1587.

ORLEANS (Synode d') l'an 1589, par le même. Il y permit généralement à tous ses prêtres de choisir à leur gré leurs propres confesseurs.

ORLEANS (Synode d'), l'an 1606, par Gabriel de l'Aubespine. Le savant prélat y publia un statut pour défendre les mariages clandestins ; un autre pour interdire la solennité des noces dans les temps prohibés.

ORLEANS (Synode d'), l'an 1632, par Nicolas Denets. Il y enjoignit aux curés de n'admettre à administrer les sacrements dans leurs paroisses que des prêtres approuvés.

ORLEANS (Synode d'), l'an 1633, par le même. Il y prescrivit la confession aux personnes qui voudraient être confirmées.

ORLEANS (Synode d'), l'an 1634, par le même. Il y fit un statut pour recommander le respect dû aux saintes huiles.

ORLEANS (Synode d'), l'an 1635, par le même, qui y renouvela certains statuts de ses prédécesseurs.

ORLEANS (Synode d'), l'an 1640, par le même. Il y enjoignit à tous les prêtres habitués de se présenter à lui tous les ans, le jeudi avant la Pentecôte.

ORLEANS (Synode d'), 3 juin 1642, par le même. Il y renouvela la défense faite aux clercs de fréquenter les cabarets, sous peine de suspense, encourue par le seul fait.

ORLEANS (Synode d'), l'an 1644, par le même. Il y défendit d'exposer le saint sacrement pour d'autres causes que pour des causes publiques et approuvées de lui.

ORLEANS (Synode d'), l'an 1663, par le même. Il y fit des statuts concernant les confréries, défendant aux curés d'en établir aucune sans avoir rempli auparavant auprès de lui certaines formalités.

ORLEANS (Synode d'), 27 mai 1664, par Alphonse d'Elbène. Ce prélat y publia les statuts synodaux de l'Eglise d'Orléans, rangés sous vingt titres. Chacun de ces titres commence par les statuts nouveaux, l'ouvrage proprement dit du prélat, et se termine par des citations des statuts plus anciens. Les statuts nouveaux eux-mêmes sont le plus souvent des extraits d'anciens synodes ou de conciles, soit du diocèse ou de la province, soit des autres parties de l'Eglise. C'est dans cet ouvrage que nous avons pris la plus grande partie des notices données aux articles précédents. *Statutorum synodalium Aurelian. Eccl.*

ORLEANS (Synode d'), l'an 1736. *Biblioth. hist. de la France*, t. I.

ORTONA (Synode diocésain d'), *Hortana*, le 31 mai et les 1 et 2 juin 1626, sous Ange Gozadini, évêque des sièges réunis d'Ortona et de Castellana. Le prélat y publia de nombreux règlements pour procurer le salut des âmes, la restauration des églises et la réforme des mœurs. *Constitutiones et decreta edita in prima diœc. syn. civit. Hortanæ, Roncilioni,* 1627.

ORVIETO (Synode d'), *Urbevetana*, 21 mai 1647, par le cardinal Fauste Polus. Des statuts y furent publiés sur l'enseignement de la foi, l'administration des sacrements, le soin des églises, l'observation des legs pieux et les autres points de la discipline ecclésiastique : ils comprennent trente-sept titres différents. *Constit. et decreta edita ab Em. et rev. D. Fausto tit. S. Chrysog. card. Polo.*

ORVIETO (Synode d'), 20, 21 et 22 octobre 1666, par Joseph della Corgna, évêque de cette ville. Ce prélat y publia de nouveaux décrets, qu'il rangea sous quarante titres. Ils ont pour objet, comme les précédents, l'enseignement de la foi, l'administration des sacrements, les fêtes et les jeûnes, les devoirs des curés et des clercs, les hôpitaux, les monts-de-piété, la conduite des religieuses, les dîmes et les biens d'église, les legs pieux, etc. *Constit. editæ; Urbeveteri,* 1667.

OSBOR (Concile d'), en Saxe, *Osboriense*, l'an 1062. Annon, archevêque de Cologne, chargé de l'éducation du jeune roi Henri et de l'administration de ses Etats, assembla ce concile le 27 d'octobre, et y fit déposer Cadaloüs, évêque de Parme, que l'impératrice Agnès et son conseil avaient fait élire pape à Bâle en 1061, après la mort de Nicolas II, et qui avait pris le nom d'Honorius II. Annon fit aussi confirmer l'élection d'Anselme de Lucques, qui avait été élu pape à Rome, et qui avait pris le nom d'Alexandre II. Saint Pierre Damien avait composé, pour la défense de ce pape, un écrit en forme de dialogue entre l'avocat du roi Henri et le défenseur de l'Eglise romaine, comme s'ils parlaient dans le concile; et il est vraisemblable que cet écrit y fut lu. Les Pères Labbe et Hardouin l'ont rapporté tout entier.

OSCENSE (*Concilium*). *Voy.* HUESCA.

OSIMO (Synode diocésain d'), AUXIMANA, l'an 1593, sous Antonio Maria Galli. Ce prélat y publia de nombreux règlements ; nous remarquons en particulier celui-ci : « On n'administrera point le sacrement de l'extrême-onction aux femmes en couches, à ceux qui se mettent en mer ou qui partent pour un voyage, à ceux qui vont à la guerre ou qui doivent subir le dernier supplice. On pourra cependant l'administrer aux personnes décrépites ou accablées de vieillesse, quand même elles ne seraient pas actuellement malades, puisque la vieillesse elle-même est une maladie. » *Constitut. et decr. in syn. d. Auximana, Perusiæ,* 1594.

OSLAVESHLEM (Concile d') en Angleterre, l'an 821. Cénedrite, abbesse, et fille de Quenulfe, roi des Merciens, y renouvela la satisfaction qu'elle avait faite l'année précédente, à Wulfred, pour des terres que le roi son père avait usurpées sur l'église de Cantorbery, dont Wulfred était archevêque. *Reg.* XXI; *Labb.* VIII; *Hard.* IV; *Angl.* I.

OSNABRUCK (Synode d'), *Osnabrugensis*, l'an 1466. Conrad de Diepholt, évêque d'Osnabruck, tint ce synode, dans lequel il fit un statut contre les mariages clandestins. *Conc. Germ.* t. V.

OSNABRUCK (Synode diocésain d'), l'an 1533. François de Waldeck, évêque d'Osnabruck, publia dans ce synode vingt-trois statuts, qui du reste ne contiennent rien de remarquable. *Conc. Germ.* t. VI.

OSNABRUCK (Synode diocésain d'), l'an 1571, sous Jean, comte de Hoya, évêque d'Osnabruck, de Munster et de Paderborn. Les décrets du concile de Trente y furent promulgués. *Conc. Germ.* t. VII.

OSNABRUCK (Synode diocésain d'), l'an 1625. Le cardinal de Hohenzollern, évêque d'Osnabruck, qui tint ce synode, y publia trente-six statuts, dont le premier est pour la publication du concile de Trente; le 10e défend aux ecclésiastiques la longue barbe comme les longs cheveux; le 25e recommande aux curés d'expliquer aux enfants et au peuple le catéchisme de Canisius; le 30e exige des maîtres d'école qu'ils se fassent approuver par l'évêque, ou son vicaire au spirituel. Le reste n'offre rien de remarquable. *Conc. Germ.* t. IX.

OSNABRUCK (grand Synode d'), *synodus major,* l'an 1628. François-Guillaume de Bavière, évêque tout à la fois d'Osnabruck, de Ratisbonne, de Minden et de Ferden, tint ce synode, qu'il appela emphatiquement le grand synode d'Osnabruck, parce qu'aucun autre n'avait été aussi complet. Il y donna des statuts fort nombreux et fort étendus, qu'il divisa en quatre parties. Dans la première, il traita des sacrements; dans la seconde, de la vie des clercs, à qui il fit une spéciale recommandation de ne pas oublier l'Eglise dans leurs dernières volontés; la troisième partie concerne les religieux et les religieuses, et la quatrième a pour objet la juridiction ecclésiastique. Il est à regretter que, parmi tant de salutaires décrets, il ait oublié, surtout pour lui-même, de toucher l'article de la pluralité des bénéfices. *Conc. Germ. t.* IX.

OSNABRUCK (Synode d'), l'an 1629 : tenu, au nom de l'évêque (le même que celui qui célébra le synode précédent), par le prévôt de son église cathédrale, et le protonotaire apostolique, vicaire général du prélat. On y publia six nouveaux statuts. *Ibid.*

OSNABRUCK (Synode diocésain d'), l'an 1630. Le même évêque y présida, et y fit douze nouveaux statuts, la plupart relatifs aux doyennés et aux chapitres ruraux. Dans le onzième, il prescrit l'usage de l'Office romain. *Ibid.*

OSRHOENE (Concile d') en Asie, *Osrhoense*, l'an 197 : ce concile n'est point reçu.

OSSERO (Synode diocésain d'), *Auxerensis*, 11, 12 et 13 avril 1660, sous Jean de Rossi. Ce prélat y publia trente-six décrets, sur les règles à suivre dans le synode, sur la formule de profession de foi de Pie IV, sur les conférences des cas de conscience, sur les devoirs des curés et des autres clercs, sur les sacrements, les saintes reliques, les indulgences et l'office divin, sur l'observation des fêtes et des jeûnes, sur les processions, sur les réguliers et les religieuses, sur le for ecclésiastique, etc. *Decreti sinod. di Ossero, in Venetia,* 1660.

OSSORE (Synode diocésain d'), l'an 1320, sous Richard Ledred. Ce prélat y publia dix-sept articles de constitutions, sur la foi, sur la consécration et la réconciliation des Eglises, sur la résidence des curés et des vicaires, contre les clercs concubinaires, sur l'affermement des biens d'église, sur l'immunité des églises, contre les fiançailles clandestines, etc. Un de ces articles prescrit en outre de tenir le synode tous les ans, le mardi après la Saint-Michel. *Wilkins, t.* II.

OSTIONENSIA. *Voy.* AUTUN.
OTHONIENSE (*Concilium*). *V.* ODENSÉE.
OTTINGUE (Synode d'), *in Ottinga*, en Bavière, l'an 903. Le roi Louis y fit une donation au monastère de Saint-Emmeran. *Conc. Germ. t.* II.

OVIEDO (Concile d'), l'an 873 ou 901, ou 877 suivant Pagi. Les collections des conciles en mettent deux à Oviédo ; l'un en 873, et l'autre en 901 ; l'un et l'autre sous le pontificat de Jean VIII, qui avait permis de les assembler. Mais, outre que le pape Jean VIII est mort en 882, il n'est parlé dans ses lettres au roi Alphonse III que d'un concile en cette ville ; et il n'était pas besoin de deux, puisqu'il ne s'agissait que d'ériger en métropole l'église d'Oviédo : ce qui se fit d'abord et sans aucune difficulté. Alphonse avait fortifié cette ville pour qu'elle servit de barrière contre les courses des Normands, et rebâti magnifiquement l'église de Saint-Jacques de Compostelle. Il ne voulut point la faire consacrer sans la permission du pape. Deux prêtres, nommés Sévère et Sinderède, et un laïque nommé Rainald, furent députés à cet effet vers Jean VIII, qui leur donna deux lettres pour le roi. Dans la première, il permettait l'érection d'Oviédo en métropole ; dans la seconde, la consécration de la nouvelle église et la tenue d'un concile. Dix-sept évêques se trouvèrent pour la cérémonie de la dédicace ; le roi y assista avec son épouse, et ses fils, et plusieurs seigneurs de la cour. C'était le sixième de mai. Onze mois après, c'est-à-dire au mois d'avril suivant, les mêmes évêques tinrent un concile à Oviédo, en présence du roi, de la reine, de ses fils et des seigneurs. L'église de cette ville y fut érigée en métropole, et Herménégilde, qui en était évêque, reconnu pour chef des autres évêques, afin de travailler avec eux au rétablissement de la discipline. On ordonna de choisir des archidiacres pour faire deux fois l'année la visite des monastères et des paroisses, et on laissa au pouvoir de l'évêque d'Oviédo d'établir des évêques à son choix dans toutes les villes où il y en avait eu auparavant. Comme la province d'Asturie était la plus forte et la plus sûre de toutes, il fut convenu que tous les suffragants d'Oviédo y auraient des églises et des terres, soit pour en tirer leur subsistance quand ils viendraient au concile, soit pour s'y retirer en cas de besoin.

Le roi désigna les bornes de la province ecclésiastique d'Oviédo, et attribua plusieurs terres à ce siége. On en dressa un état, qui fut lu en plein concile, et approuvé unanimement. *D. Ceillier, t.* XXII.

OVIEDO (Concile d'), *Ovietanum, Ovetanum, Ovetense*, l'an 1115. Ce concile d'Oviédo, ville épiscopale d'Espagne, sous la métropole de Compostelle, se tint le jour de la Pentecôte, dans l'église de Saint-Sauveur, en présence de la reine Urraque et de sa cour. Bernard, archevêque de Tolède et légat du saint-siége, y présida, assisté de quatorze évêques d'Espagne, qui y firent les statuts suivants :

1. Quiconque prendra les bœufs d'un autre pour lui servir de gage, pour quelque cause que ce puisse être, sera excommunié, et fera quinze ans de pénitence.

2. Même peine contre les voleurs.

3. Celui qui aura violé l'asile de l'église, si ce n'est dans les cas permis par les canons, comme lorsqu'il s'agit d'un voleur public, sera condamné à se faire moine, ou ermite, ou serf de l'église qu'il aura violée. *Hard.* VII ; *D'Aguirr.* V.

OXFORD (Concile d'), l'an 1160. On vit paraître en Angleterre à cette époque une nouvelle secte qui avait pour chef un nommé Gérard. Ils étaient trente en tout, Allemands de naissance, gens rustres et ignorants. Gérard seul avait quelque teinture des lettres. Pendant le séjour qu'ils firent dans le royaume, ils engagèrent une femme dans leur erreur. Quelque soin qu'ils prissent de cacher leur mauvaise doctrine, elle fut découverte ; le roi, ne voulant ni les faire sortir de ses Etats, ni les punir sans examen, convoqua un concile à Oxford. Interrogé publiquement sur leur religion, Gérard répondit pour tous qu'ils étaient chrétiens, et qu'ils suivaient la doctrine apostolique. On entra dans le détail des articles de la foi. Ils s'expliquèrent catholiquement sur la rédemption du genre humain, mais non sur les moyens dont Dieu s'était servi pour guérir nos infirmités, regardant comme inutiles les sacrements de baptême et d'eucharistie, et témoignant de l'horreur pour le mariage. On les pressa en vain par des témoignages de l'Ecriture : ils répondirent qu'ils ne voulaient point disputer de la foi. Les évêques, les voyant obstinés dans leur erreur, les livrèrent au prince séculier, après les avoir déclarés hérétiques. Il ordonna de faire imprimer sur leur front le caractère de leur hérésie, les fit fustiger publiquement, et les chassa de la ville ; la crainte du supplice engagea la femme à quitter son erreur, et elle fut réconciliée. *Hist. des aut. sacr. et ecclés.*, t. XXI.

OXFORD (Concile d'), l'an 1166. Ce concile fut tenu contre les vaudois : il y en a qui le renvoient, pour l'époque où il se tint, à l'an 1170. *Anglic.* I.

OXFORD (Concile d'), l'an 1207. *Voyez* LONDRES, même année.

OXFORD (Concile d'), l'an 1222. Etienne de Langton, archevêque de Cantorbéry, tint ce concile pour la réforme de l'Eglise anglicane, et principalement de la discipline monastique. Il y condamna un imposteur qui se disait le Christ, qui montrait à ses mains, à ses pieds et à son côté, des marques semblables aux cicatrices des plaies de Notre-Seigneur. Les règlements de ce concile sont divisés en quarante-neuf chapitres.

Le 1er déclare excommuniés tous ceux qui font tort à l'Eglise, ceux qui troublent la paix de l'Etat, les faux témoins, spécialement en matière de mariage et d'exhérédation, les faux accusateurs, ceux qui font injustement et malicieusement des oppositions à des patronages ou à des prises de possession de bénéfices, et ceux qui empêchent qu'on n'exécute les ordres du prince contre les excommuniés.

Le 2e recommande aux évêques d'avoir des aumôniers honnêtes et sages ; d'être charitables ; de donner audience aux pauvres, et de leur rendre justice ; d'entendre les confessions, et de se confesser eux-mêmes à des confesseurs prudents et discrets ; de résider dans leur cathédrale les grandes fêtes et pendant le carême, et de se faire lire la profession de foi qu'ils ont faite à leur sacre.

Le 3e leur défend de rien exiger pour la collation des bénéfices, ou de souffrir que leurs officiers exigent quelque chose.

Le 4e leur défend de différer plus de deux mois de donner les provisions aux personnes qu'on leur présente pour remplir les bénéfices.

Le 5e porte que, s'il y a deux personnes présentées par deux patrons, aucune des deux ne sera pourvue par l'évêque, jusqu'à ce que le procès soit jugé.

Le 6e porte que les prêtres célébreront la messe et administreront les sacrements avec dévotion ; qu'ils diront toutes les paroles du canon ; qu'ils ne prendront point l'ablution, s'ils doivent encore célébrer le même jour ; qu'ils ne diront point plusieurs fois la messe en un même jour, à l'exception du jour de Noël et de celui de Pâques, ou quand il faut enterrer un mort ; auquel cas on dira la première messe du jour, et la seconde pour le défunt.

Le 7e défend aux ecclésiastiques bénéficiers, ou qui sont dans les ordres sacrés, d'être fermiers, juges, baillis ou officiers ; de donner ou de dicter des sentences de mort, ou d'assister à des jugements de cette nature. On y défend aussi de traiter de ces sortes de jugements dans les lieux sacrés, tels que l'église ou le cimetière.

Le 8e contient le catalogue des fêtes que l'on doit solenniser, qui sont tous les dimanches, les cinq jours de Noël, la Circoncision, l'Epiphanie, toutes les fêtes de la Vierge, excepté la Conception, la Conversion de saint Paul, la Chaire de saint Pierre, toutes les fêtes des apôtres, la fête de saint Grégoire, le Vendredi-saint, les seconde, troisième et quatrième fériés de la semaine de Pâques, l'Ascension, les seconde, troisième et quatrième fériés de la semaine de la Pentecôte, saint Augustin en mai, les deux fêtes de la Croix, la Translation de saint Thomas martyr, les deux fêtes de saint Jean, sainte Marguerite, sainte Marie-Magdeleine, saint Pierre-aux-liens, saint Laurent, saint Michel, saint Edmond confesseur, saint Edmond, roi et martyr, sainte Catherine, saint Clément, saint Nicolas, la dédicace de chaque église et celle du patron. On compte encore d'autres fêtes d'un second rang que l'on doit observer avec moins de solennité, et quelques-unes d'un troisième rang, dans lesquelles on peut travailler après la messe. On donne aussi la liste des vigiles et des jeûnes.

Le 9e enjoint aux curés de prêcher souvent, et d'avoir soin de visiter les malades.

Le 10e porte que dans chaque église il y aura un calice d'argent avec les autres vases nécessaires, une aube blanche, des linges d'autel, des livres et des ornements propres et convenables, des surplis pour les ministres de l'autel, et que les archidiacres y auront l'œil.

Le 11e défend à celui qui résigne un bénéfice, d'en retenir le vicariat.

Le 12e fait défense de diviser les bénéfices pour en pourvoir plusieurs personnes.

Le 13e défend de donner le vicariat d'une église à un homme qui ne veut pas résider et la desservir en personne.

Le 14e ordonne la résidence dans les bénéfices.

Le 15e règle la portion congrue d'un vicaire.

Le 16e veut que dans les grandes paroisses il y ait deux ou trois prêtres.

Le 17e ordonne que l'évêque fasse prêter serment à celui qui est présenté à un bénéfice, de n'avoir rien donné ni promis à celui qui le présente.

Le 18e porte que l'évêque diocésain établira dans chaque archidiaconé des confesseurs pour les doyens ruraux et les autres ecclésiastiques qui ne veulent pas se confesser à leur évêque. Il ajoute que les chanoines séculiers des cathédrales se confesseront à l'évêque ou au doyen, ou enfin aux confesseurs établis par l'évêque, le doyen et le chapitre, de concert.

Le 19ᵉ interdit aux doyens la connaissance des causes matrimoniales.

Le 20ᵉ défend à qui que ce soit de retenir des voleurs à son service

Le 21ᵉ défend aux archidiacres d'être à charge aux églises dans leurs visites.

Le 22ᵉ défend de donner à ferme les archidiaconés, les doyennés et autres offices semblables, purement spirituels ; mais, ajoute le canon, s'il y a des revenus attachés à ces offices, on pourra les donner à ferme, avec la permission du supérieur.

Le 23ᵉ enjoint aux archidiacres d'avoir soin que le canon de la messe soit entier et correct, que les prêtres le sachent prononcer comme il faut, ainsi que les paroles du baptême ; que les laïques qui doivent baptiser, en cas de nécessité, le sachent faire au moins en langue vulgaire.

Le 24ᵉ ordonne qu'on gardera sous la clef l'eucharistie, le chrême et les saintes huiles.

Le 25ᵉ, que les archidiacres feront un état des ornements et des biens de l'église.

Le 26ᵉ, qu'ils veilleront à ce qu'on ne s'empare pas des biens et des droits de l'église.

Le 27ᵉ défend aux archidiacres, aux doyens et à leurs officiers, de créer de nouvelles impositions sur les églises et sur les prêtres.

Le 28ᵉ défend aux évêques et à leurs officiers de porter des sentences qui ne soient pas précédées de monitions canoniques.

Le 29ᵉ défend d'exiger quoi que ce soit pour la sépulture ou pour l'administration des sacrements.

Le 30ᵉ défend aux archidiacres et aux doyens d'empêcher qu'on n'accorde les procès.

Le 31ᵉ leur défend encore d'obliger une personne à se purger, si elle n'a été accusée par des gens de probité, et d'être juges dans leurs propres causes.

Les 32ᵉ et 33ᵉ ordonnent aux ecclésiastiques de porter l'habit clérical, d'avoir des manches fermées, une couronne et les cheveux courts, et d'éviter l'ivrognerie.

Les 34ᵉ et 35ᵉ portent qu'ils n'auront point de concubines, sous peine de privation de leurs offices et de leurs bénéfices. Ils ne donneront rien par testament à des concubines, et, s'ils le font, l'évêque appliquera ces donations au profit de l'église, selon sa volonté.

Les 36ᵉ et 37ᵉ défendent d'aliéner les biens de l'Eglise, de les engager ou de les donner en fief à des laïques.

Les 38ᵉ et 39ᵉ font défense aux religieuses de porter des voiles de soie, de se servir d'aiguilles d'or ou d'argent, d'avoir des ceintures brodées, de porter des habits traînants, d'exiger de l'argent pour l'entrée en religion. Que si les monastères sont si pauvres qu'ils ne puissent fournir les habits nécessaires aux novices, ils n'exigeront que ce qu'il faut pour cela.

Le 40ᵉ porte qu'on ne donnera point d'église à ferme, si ce n'est pour une cause approuvée par l'évêque, et à une personne dont on soit assuré qu'elle en fera un bon usage.

Le 41ᵉ défend de donner à une personne qui est pourvue d'un bénéfice à charge d'âmes dans une église, quelque revenu dans une autre église, quoiqu'à titre de *grâce*.

Le 42ᵉ porte que les avocats qui auront combattu la validité d'un mariage déclaré bon par la sentence du juge, seront interdits de leurs fonctions pendant l'année, si le juge ne les décharge par la sentence même.

Le 43ᵉ ordonne que les religieux vivent en commun, qu'ils couchent dans un même dortoir, qu'ils aient chacun leur lit, qu'ils mangent dans un même réfectoire, qu'on ne leur donne point leur vestiaire en argent ; mais qu'on les habille selon leur besoin, et que l'on ne reçoive point de religieux avant l'âge de dix-huit ans, à moins qu'il n'y ait une utilité ou une nécessité évidente de les recevoir plus tôt.

Le 44ᵉ défend aux religieuses de recevoir dans l'enclos de leur monastère d'autres personnes que celles dont elles auront besoin pour les servir, sans la permission de l'évêque. Elles garderont le silence dans les temps et les lieux marqués par la règle, et ne sortiront point sans bonnes raisons et sans permission de la supérieure. La même chose est ordonnée pour les chanoines réguliers et les moines.

Le 45ᵉ enjoint aux moines d'éviter la singularité dans le réfectoire, et de donner aux pauvres tout ce qui reste après le repas, sans que le supérieur puisse en disposer autrement.

Le 46ᵉ défend aux religieuses de recevoir plus de personnes que le monastère n'en peut entretenir, et de prendre d'autres confesseurs que ceux qui leur seront donnés par l'évêque. On défend aussi aux clercs et aux laïques d'aller souvent dans les monastères de filles, sans de bonnes raisons.

Le 47ᵉ défend aux religieuses de faire des testaments et de prendre à ferme aucun bien de leur maison.

Le 48ᵉ défend aux religieux et aux chanoines de boire hors du réfectoire et des heures marquées, s'ils ne sont infirmes ou occupés à servir leurs prélats.

Le 49ᵉ ordonne que quand des religieux sont obligés de demeurer quelque temps hors du monastère, soit par maladie ou pour quelque autre cause juste et raisonnable, ils aient avec eux quelques-uns des anciens, qui puissent rendre témoignage de leur conduite.

Enfin, le concile confirme tout ce qui a été ordonné par le quatrième concile de Latran, sous Innocent III. *Reg.* tome XXVIII ; *Lab.* tom. XI; *Hard.* tom. VI; *Anglic.* tom. 1.

Le docte Mansi observe que le P. Labbe, tout en assurant qu'il donne les canons de ce concile d'Oxford d'après l'édition des Conciles de l'imprimerie royale, et d'après celle d'Angleterre par Spelman, ne suit cependant que l'édition de l'imprimerie royale, qui est pleine de fautes et différente en bien des endroits de celle d'Angleterre. De tous les exemples qu'en rapporte Mansi, nous ne transcrirons ici que les deux premiers canons qui se trouvent dans les deux premiers canons. On lit dans le premier canon, selon le P. Labbe : *Contra misericordiam... oppositiones opponit*; On lit dans Spelman : *Contra matrimonium... exceptiones opponit*. On lit dans le deuxième canon, selon le P. Labbe : *Ipsi etiam (episcopi) per confessarios discretos civitates proprias obeant*; on lit dans Spelman : *Ipsi per confessarios discretos cicatrices proprias adducant* (lisez *obducant*).

Le même savant italien observe encore qu'il y a dans le P. Labbe des chapitres qui ne sont point dans Spelman, et qu'on en trouve dans Spelman qui manquent dans le P. Labbe. Ceux qui manquent dans le P. Labbe sont les quatre suivants : 1. On ordonne aux abbés de changer de chapelain tous les ans. 2. On défend aux prélats de vendre ou d'accorder gratuitement aux laïques ou aux clercs quelque pension sur les monastères, sans une urgente nécessité, jointe à la permission de l'évêque diocésain. 3. On défend aux juifs d'avoir des esclaves chrétiens. 4. On ordonne aux juifs des deux sexes de porter sur la poitrine une bande de laine, large de deux doigts et longue de quatre, et qui soit d'une couleur différente de celle de leur habit ordinaire. *Mansi, Supplem. Concil., tom. II.*

OXFORD (Concile d'), l'an 1244. L'archevêque d'Yorck présida à ce concile, qui fut célébré le 29 novembre. On ordonna des prières et des jeûnes pour obtenir un bon pape, après la mort de Grégoire IX, arrivée le 21 août. *Angl.* I.

OXFORD (Concile d'), l'an 1250. Le roi Henri III convoqua ce concile, composé de tous les prélats de son royaume, qui s'y trouvèrent en personne ou par procureurs. On y lut les lettres du prince, qui déclarent les chapelles royales exemptes de tout subside, même envers le pape (a). *Angl.* I; *Mansi*, II.

OXFORD (Concile d'), l'an 1258 : sur le même sujet que celui de Merton de la même année. *V.* MERTON.

OXFORD (Concile de la province de Cantorbery tenu à), l'an 1322. Walter Raynold, archevêque de Cantorbery, tint ce concile, où il publia diverses constitutions, relatives la plupart à l'administration des sacrements, et au soin qu'on doit avoir des choses saintes. *Wilkins, t. II.*

OXFORD (Concile d'), l'an 1382. Guillaume de Courtenay, archevêque de Cantorbery, tint ce concile le 18 novembre et les jours suivants. On y reçut l'abjuration d'un chanoine, d'un autre prêtre, d'un carme, d'un frère mineur et d'un cistercien, accusés ou convaincus d'hérésie. Le concile fut ensuite transféré à Londres, où l'on vota un subside au roi. *Wilkins, t. III.*

(a) Le P. Richard a traduit, *exemptes de toute juridiction, même papale.* Ce n'est pas du tout, ni ne peut être le sens

OXFORD (Assemblée d'), l'an 1395. Le roi Richard convoqua cette assemblée, composée des plus habiles théologiens de l'université, pour savoir lequel des deux prétendants à la papauté le royaume d'Angleterre devait reconnaître pour pape légitime. Les docteurs se prononcèrent en faveur d'Urbain VI. *Ibid.*

OXFORD (Concile de la province de Cantorbery à), l'an 1398. *Ibid.*

OXFORD (Concile de la province de Cantorbery à), l'an 1407. On y arrêta qu'aucun bénéfice ne serait à la nomination papale en Angleterre, et qu'aucun subside ne serait levé pour la chambre apostolique, tant qu'il n'y aurait pas un pape seul reconnu par toute l'Eglise. On y défendit aussi d'admettre aucun prêtre, séculier ou régulier, à administrer les sacrements, à moins qu'il ne présentât des lettres de recommandation de son évêque. *Ibid.*

OXFORD (Concile d'), l'an 1408. Thomas Arundel, archevêque de Cantorbery, acheva de proscrire les erreurs de Wiclef par les treize statuts suivants, qu'il fit dans ce concile

Le 1er ordonne qu'aucun ecclésiastique séculier ou régulier ne soit admis à prêcher la parole de Dieu, qu'il n'ait été approuvé et examiné par l'évêque diocésain.

Le 2e défend de même, sous peine d'interdit local, aux ecclésiastiques et aux séculiers, de souffrir que personne prêche sans autorisation dans les églises ou dans les cimetières.

Le 3e porte que les prédicateurs prêcheront d'une manière convenable à leur auditoire, sans s'emporter devant les laïques contre les vices et les dérèglements des clercs.

Le 4e fait défense de rien enseigner sur les sacrements ou sur la foi qui ne soit conforme à la doctrine de l'Eglise, de rien publier qui sente la secte ou l'hérésie, sous peine d'excommunication *ipso facto*, dont on ne pourra être absous qu'après avoir abjuré solennellement l'hérésie.

Le 5e défend aux maîtres des arts libéraux de traiter de la théologie ou des dogmes de foi, et de permettre à leurs écoliers d'en disputer; et déclare celui qui fera autrement fauteur de schisme et d'hérésie.

Le 6e porte que l'on ne publiera point de livre qui ne soit approuvé par les académiciens d'Oxford ou de Cambridge, ou par douze docteurs choisis par l'évêque; et veut que l'original demeure dans les coffres de l'université.

Le 7e ordonne que l'on ne souffre point de traduction de l'Ecriture en langue vulgaire, qui ne soit approuvée par l'évêque, sous peine d'encourir l'excommunication majeure et d'être puni comme fauteur d'hérésie.

Le 8e défend à qui que ce soit d'avancer aucune proposition qui ait un mauvais sens, sous prétexte qu'elle en peut avoir un bon.

Le 9e défend de disputer des points de doctrine décidés par l'Eglise, si ce n'est pour les expliquer, et d'attaquer l'autorité des décrétales et des constitutions synodales.

du texte, qu'on peut voir dans Wilkins, *Conc. Magnæ Brit.*, t. I.

Le 10° déclare que l'on ne recevra aucun prêtre à célébrer hors de son diocèse, sans attestation de son évêque.

Le 11° ordonne que les principaux de l'académie d'Oxford et des autres collèges s'informent, tous les mois, de la doctrine et des mœurs de leurs écoliers, et de punir ceux qui seront convaincus d'hérésie.

Le 12° veut que ceux qui n'observeront pas ces constitutions, soient exclus de l'entrée des bénéfices pendant trois ans.

Le 13° et dernier porte que l'on instruira sommairement et extraordinairement les procès en matière d'hérésie, comme en matière de crime de lèse-majesté. *Lab., t.* XI ; *Hard., t.* VIII.

OYAN (Concile de Saint-), l'an 905. Austerius, archevêque de Lyon, et Gérard, évêque de Mâcon, étant assemblés, en 906, dans l'église de Saint-Oyan, les chanoines de Saint-Vincent de Mâcon revendiquèrent une chapelle qu'ils disaient leur avoir été donnée par Bertrice, et dont les moines de Saint-Oyan s'étaient mis en possession. Ceux-ci soutinrent qu'ils la tenaient de l'évêque Lambert. On les somma de produire la charte de donation ; ils ne le purent. C'est tout ce que Severt nous apprend de cette assemblée, dont on voit bien que les actes ne sont pas entiers, puisqu'ils ne rapportent pas la décision de ce concile. D. CEILLIER.

Ce concile est le même que celui que nous avons donné plus haut sous le nom de concile de Mâcon, mais avec moins de détails.

P

PADERBORN (Concile de), *Paderbornense seu Padrabrunnense*, l'an 777. Les Saxons convertis y reçurent le baptême, et consentirent devant Charlemagne à ce qu'il les privât de tous leurs biens s'ils cessaient jamais d'être chrétiens, ou qu'ils manquassent de fidélité au roi ou à ses fils. *Annal. Pithœani ad hunc ann.*

PADERBORN (Concile de) ou de Lipstadt, l'an 780. On s'occupa dans ce concile ou cette assemblée mixte de trois objets. 1° Un différend s'était élevé entre l'évêque de Trèves et l'abbé de Prum au sujet de l'ermitage, *cella*, de Saint-Goar, que l'évêque prétendait lui appartenir, et que l'abbé soutenait de son côté être la propriété du roi Charlemagne, à titre d'héritage du roi Pepin, qui lui en avait confié l'administration. L'affaire, débattue en présence des évêques et des seigneurs, fut jugée en faveur de l'abbé. 2° Wigtrude, princesse saxonne, étant venue se plaindre d'une injure qu'elle avait reçue, le roi la prit sous sa protection, et voulut tenir lui-même sur les fonts du baptême son fils Meinulphe, qui devint dans la suite évêque de Paderborn. 3° Pour consolider en religion en Saxe, on érigea en évêchés les cinq villes de Minden, d'Halberstadt, de Ferden, de Paderborn et de Munster. *Wandelbert, Vita S. Goaris; Schatenus, Hist. Westphal.*

PADERBORN (Assemblée mixte de), l'an 782. Charlemagne y concerta avec les évêques et les seigneurs de Westphalie, d'Angarie et d'Ostphalie, la forme, tant ecclésiastique que civile, qu'il convenait de donner à la Saxe. *Annal. Paderb.*

PADERBORN (Assemblée mixte de), l'an 785. Charlemagne y donna la dernière main à ce qu'il avait commencé dans les assemblées précédentes, et les évêques furent placés ou rétablis par ses soins dans les sièges anciens et nouveaux de toute cette partie de l'Allemagne. *Schaten. Hist. Westph.*

PADERBORN (Assemblée mixte de), l'an 815. Sur la demande d'Adélard, abbé de Corbie en France, l'empereur Louis y jeta les fondements de la nouvelle Corbie en Saxe, après en avoir obtenu l'autorisation d'Hatumar, évêque du lieu. *Annal. Corb. Sax.*

PADERBORN (Assemblée mixte de), l'an 845. Le roi Louis y fit diverses donations à la nouvelle Corbie. *Schatenus.*

PADERBORN (synode de), l'an 1029. Aribon, archevêque de Mayence, y demanda et obtint de l'empereur Conrad et des évêques ses collègues, qu'il lui fût permis de faire le pèlerinage de Rome. *Herman. Contract.; Annal. Hildesem.*

PADERBORN (Synode diocésain de), l'an 1103. Henri de Werle, évêque de Paderborn, y approuva des donations faites au monastère de Saint-Pierre et de Saint-Paul, situé auprès de sa ville épiscopale. *Schaten.*

PADERBORN (Synode diocésain de), l'an 1189. Witikind de Waldeck, sur le point de partir pour la croisade, fit remise dans ce synode de tous ses droits comme de toutes ses prétentions sur certains biens ecclésiastiques, moyennant trois cents marcs d'argent que l'on consentit à lui payer. *Schaten.*

PADERBORN (Synode diocésain de), l'an 1224. L'évêque Olivier y donna à son clergé le recueil des décrets de tous les synodes précédents, à partir de l'an 777. *Gobelin. Cosmodrom.*

PADERBORN (Synode diocésain de), l'an 1263. L'évêque Simon y confirma le droit qu'avaient les archidiacres de citer à comparaître en leur présence les prêtres de leurs archidiaconés respectifs. *Schaten.*

PADERBORN (Synode diocésain de), l'an 1324. Bernard de Lipstadt, évêque de Paderborn, y fit une loi, pour les synodes suivants, du cérémonial qu'on observa dans celui-ci. Dans la description qui en est faite, il est parlé des gants de l'évêque, aussi bien que de sa crosse et de son anneau. *Schaten.*

PADERBORN (Synode diocésain de), l'an 1331. Le même prélat y fit un statut pour que les bénéfices ne fussent conférés qu'à des personnes capables. *Schatenus.*

PADERBORN (Synode de), l'an 1343. Le même y établit pour son diocèse la fête de l'immaculée Conception de la sainte Vierge. *Schat. Annal. Paderb.*

PADERBORN (Synode de), l'an 1411. L'évêque Guillaume s'y plaignit de la résistance pleine de rage que les moines de Saint-Pierre et Saint-Paul opposaient à la réforme de leur monastère. *Gobelin. Cosmodrom.*

PADERBORN (Synode de), l'an 1465, par l'évêque Simon de Lipstadt, pour la réforme de son clergé. *Schat. Annal. Paderb.*

PADERBORN (Synode diocésain de), l'an

1644, par Ferdinand de Bavière, archevêque de Cologne et évêque de Paderborn, pour le maintien de la discipline parmi le clergé de ce diocèse.

PADERBORN (Synode diocésain de), l'an 1688, sous Herman Werner. On y lut le décret du concile de Trente relatif à la profession de foi. *Conc. Germ.*, t. X.

PADOUE (Synode de), vers l'an 955. L'évêque Adalbert y confirma les donations faites par ses prédécesseurs aux chanoines de cette ville. *Mansi, Conc.*, t. XVIII.

PADOUE (Synode de), l'an 1339. L'évêque Hildebrand y publia ses constitutions diocésaines, qu'on peut voir dans Mansi. *Conc.*, t. XXV.

PADOUE (Concile de), *Patavinum*, l'an 1350. Gui de Boulogne, cardinal du titre de Sainte-Cécile, convoqua ce concile, qui eut pour objet de dissiper les factions qui partageaient alors l'Italie. On s'y proposait en particulier de rétablir la bonne intelligence entre le patriarche d'Aquilée et le comte de Goritz, qui avait usurpé les biens et les droits de cette Eglise. Le patriarche était Bertrand de Saint-Géniés, né en Querci, d'une famille ancienne et illustre. Sa charité pour les pauvres, son zèle pour l'Eglise, son érudition distinguée, sa rigoureuse abstinence, toutes les vertus en un mot réunies dans ce saint homme, font regretter en quelque sorte qu'il ne fût pas demeuré dans sa patrie, où il n'aurait pas manqué d'être une des plus grandes lumières de son Eglise. Dans celle d'Aquilée, il fut presque toujours persécuté. Son modèle était saint Thomas de Cantorbery, et il disait souvent qu'il souhaitait de mourir comme cet intrépide défenseur des libertés de l'Eglise. Dieu l'exauça au retour du concile de Padoue. Le comte de Goritz, piqué de la fermeté que le patriarche y avait fait paraître en défendant ses droits, aposta une troupe de scélérats, qui l'attaquèrent sur le chemin : après une légère résistance de ceux qui l'accompagnaient, il tomba entre les mains de ses ennemis, qui le percèrent de cinq coups mortels. En cet état, il pria pour les assassins, il recommanda son âme à Dieu, et il termina par une mort précieuse une vie toute de travaux et de souffrances. Son corps fut porté à Udine, diocèse d'Aquilée. Dans la suite il se fit un grand nombre de miracles à son tombeau, et les peuples de ce canton lui donnent communément le titre de bienheureux. *Hist. de l'Egl. gall.*, liv. XXXIX

PADOUE (Synode diocésain de), *Patavina*, l'an 1579, sous Frédéric Corneille. Ce prélat y publia des instructions fort étendues sur les devoirs des ecclésiastiques en général, et sur les obligations attachées aux divers ordres en particulier; il y traça aussi les règles à suivre par les confesseurs dans l'interrogation des pénitents sur les dix commandements. *Constit. et decreta, Patavii*, 1580.

PADOUE (Synode diocésain de), 17 et 18 avril 1624, par Marc Corneille. Ce prélat y publia des statuts divisés en quatre parties, sur la foi et le culte divin, sur les diverses fonctions ecclésiastiques, sur les obligations des vicaires forains; le soin des autels et des sacristies, les sépultures, les confréries et les cloches des églises, enfin sur les règles à observer par rapport aux réguliers et aux couvents de religieuses. *Constitutiones et decreta Marci Cornelii in septima diœcesana synodo.*

PADOUE (Synode diocésain de), l'an 1647, 20, 21 et 22 août, sous Georges Corneille. Les statuts publiés dans ce synode sont divisés en trois parties : la première traite de la foi et du culte divin; la deuxième, des devoirs des chanoines, des curés et de tous les clercs; la troisième trace les obligations des vicaires et les règles à suivre sur quelques points particuliers de discipline. *Constitut. et decreta, Patavii*, 1660.

PALENCIA (Concile de), tenu à Huzillos, *Fusselense*, l'an 1088. Richard, abbé de Saint-Victor de Marseille, et légat du saint-siège, présida à ce concile avec les archevêques d'Aix et de Tolède. On y marqua les limites respectives des diocèses d'Osma et de Burgos. Ce concile est le même que celui de Fussel, que nous avons rapporté dans notre tome Ier, avec le P. Cossart, à l'an 1104. *Mansi, Conc.*, t. XX

PALENCIA (Concile de), tenu à Huzillos, *Fusselense*, vers l'an 1104. Le cardinal Richard (sans doute le même que l'abbé de Saint-Victor) y présida. On y rendit à l'église de Brague sa dignité de métropole. *Mansi, Conc.*, t. XX.

PALENCIA (Concile de), *Palentinum*, en Espagne, l'an 1114. Bernard, archevêque de Tolède et légat du saint-siège, tint ce concile, assisté de la plupart des évêques et des abbés d'Espagne. On y pourvut de l'évêché de Lugo Pierre, chapelain de la reine Urrague. On y excommunia aussi Maurice, archevêque de Brague, à cause de sa révolte contre le saint-siége. *D'Aguirre*, t. V.

PALENCIA (Concile de), l'an 1129. Le roi Alphonse appela à ce concile tous les évêques de ses Etats, les abbés, les comtes, les princes et les autres personnes constituées en dignité; et l'on y fit les dix-sept canons qui suivent.

1. Aucun n'aura chez lui, ou avec lui, un traître public, un voleur, un parjure, un excommunié

2. Défense de posséder en propre un terrain qui approche de l'église moins de quatre-vingt-quatre pas, et de recevoir les oblations et les dîmes des excommuniés.

3. Les seigneurs des lieux ne dépouilleront leurs sujets qu'après un jugement équitable.

4. On ne donnera point d'églises à ferme à des laïques.

5. On chassera publiquement les concubines des clercs.

6. On restituera aux églises et aux monastères tout ce qui leur aura été enlevé.

7 et 8. Les moines vagabonds seront contraints de retourner à leurs monastères : l'évêque même ne pourra les retenir sans la

permission de l'abbé, ni recevoir une personne excommuniée par un autre.

9. Ordre de séparer les adultères et les incestueux.

10. Défense aux clercs de recevoir des églises de la main des laïques, et aux vicaires des évêques d'y consentir.

11. S'il arrive que les évêques soient en dissension, on les obligera à se réconcilier.

12. On punira d'exil, ou l'on enfermera dans un monastère, ceux qui attaqueront les clercs, les moines, les marchands, les pèlerins et les femmes.

13. Ceux qui désobéiront au roi seront excommuniés.

14. On n'obligera pas les ecclésiastiques au port des armes, ou à quelque chose contre leur état

15. Défense aux laïques de posséder des églises ou des oblations.

16. Tout ce qui appartient à l'Eglise doit être en la disposition des évêques.

17. Les faux monnayeurs seront excommuniés, et le roi leur fera arracher les yeux. *D'Aguirre, Concil. Hispan.,* t. V.

PALENCIA (Assemblée ou Etats de), l'an 1148. On y reçut la bulle d'indiction du concile de Reims, de la part du pape Eugène III, et quelques prélats furent députés pour assister à ce concile. *Mansi, Conc.* t. XXI.

PALENCIA (Concile de), l'an 1322. *Voy.* VALLADOLID, même année.

PALENCIA (Concile de), l'an 1388. Le cardinal Pierre de Lune, étant légat en Espagne au nom du soi-disant pape Clément VII, fit tenir ce concile le 4 octobre, et y publia sept articles de constitutions.

Il ordonne aux ordinaires, dans le premier, de veiller à la correction des clercs qui commettent des crimes.

Il renouvelle dans le 2ᵉ la constitution du concile de Valladolid de l'an 1322 contre les clercs concubinaires.

Il rappelle dans le 3ᵉ que les clercs mariés doivent porter la couronne, ou la tonsure cléricale, pour jouir du privilége de la cléricature.

Il défend dans le 4ᵉ l'aliénation des biens d'église, et l'établissement de nouvelles commendes.

Le 5ᵉ contient des règlements touchant les Juifs et les Sarrasins, et le 6ᵉ porte qu'on les obligera à observer les fêtes.

Le 7ᵉ est contre les adultères et les concubinaires publics. *D'Aguirre,* t. V.

PALENCIA (Synode de), l'an 1678, par D. Fray Juan del Molino Navarrette. Ce prélat y publia des statuts sous vingt-sept titres principaux, où il en fit entrer plusieurs de ses prédécesseurs. Ces statuts ont pour objet la profession de foi, l'administration des sacrements, la célébration de la messe, les fêtes et les jeûnes, la vie cléricale, etc. On y ordonne aux parrains et aux marraines de se présenter sans pompe, et aux ministres de l'Eglise d'apporter la même simplicité dans les apprêts du baptême. *Constituciones ananidas a las synodales de l'obispado de Palencia.*

PALERME (Concile de), *Panormitanum*, l'an 1388. Louis Bonitus, archevêque de Palerme, tint ce concile dans sa ville archiépiscopale, le 10 de novembre. On y dressa les statuts suivants, sous le nom de chapitres.

1. Tous les clercs bénéficiers non malades assisteront tous les jours à toutes les heures de l'office divin.

2. On distribuera aux chanoines et aux clercs qui résideront dans leurs églises, et qui se serviront, les revenus de ceux qui n'y résideront pas, et qui ne les serviront pas au moins les trois quarts de l'année, si ce n'est qu'ils soient dans une étude générale de théologie ou de droit.

3. Tous les clercs concubinaires seront suspens de leurs offices et bénéfices, jusqu'à ce qu'ils aient renvoyé pour toujours leurs concubines.

4. Les clercs bénéficiers et ceux qui sont dans les ordres sacrés n'entreront point dans les cabarets des lieux de leur résidence pour y manger. Ils ne joueront point aux jeux de hasard, et ne se trouveront point aux noces.

5. Aucun clerc ne portera d'armes en public ou en secret dans les lieux de sa résidence, sous peine de suspense d'office et de bénéfice

6. Tous les clercs porteront les cheveux si courts, qu'ils ne passent pas les oreilles.

7. On ne pourra avoir qu'un seul canonicat dans une même église; et s'il arrive qu'on en ait deux dans deux églises différentes, savoir l'un à la métropole, et l'autre à une cathédrale de la métropole, on servira les trois quarts de l'année à la métropole, et le reste à l'autre cathédrale.

8. Les chanoines recevront les distributions quotidiennes, à proportion de leur assiduité aux offices divins.

9. Aucun prêtre n'acceptera une chapellenie, ni même des messes à dire dans une chapellenie, ou un collége, ou un lieu exempt, sans la permission de son supérieur.

10. Chaque bénéficier dira la messe au moins une fois la semaine par lui-même, ou par un autre, dans l'église ou le lieu de son bénéfice.

11. Aucun clerc ne sera promu à un ordre supérieur sans lettres testimoniales de l'évêque qui lui a conféré les premiers ordres.

12. Aucun clerc nommé à un bénéfice, avec charge ou sans charge d'âmes, ne s'immiscera dans les fonctions ou la perception des fruits de son bénéfice, jusqu'à ce qu'il en ait pris possession par l'ordre de l'évêque. Lorsqu'un bénéficier, après les monitions canoniques, continuera pendant un an de porter l'habit laïque, ou de ne pas porter la tonsure cléricale, ou de ne pas dire l'office divin, ou de se mêler des affaires séculières, l'évêque pourra disposer de tous ses bénéfices, comme vacants par le fait.

13. On suspendra d'office et de bénéfice tout clerc qui se mêlera d'affaires séculières, sans la permission de son supérieur.

14. Même peine contre tout clerc qui vendrait du vin en détail par ses propres mains dans sa maison ou dans une autre, ou même

qui en vendrait, par une main étrangère, à ceux qui voudraient le boire dans sa maison.

15. Défense à tout clerc, sous peine d'excommunication majeure réservée au métropolitain, de conspirer ou de tenir des conventicules contre son prélat ou son église, ou toute autre personne ecclésiastique.

16. Défense à tout clerc de trafiquer, sous peine de n'avoir point d'action contre ses débiteurs.

17. Aucun clerc ne portera des habits rouges ou verts, ni chaperon d'écarlate, ni courroies d'argent, ni bagues, excepté ceux qui en ont le droit par leur dignité.

18. Aucun clerc se disant exempt ne jouira du privilége d'exemption, qu'avec l'approbation de l'ordinaire.

19. Aucun clerc ne sortira du royaume, sans dimissoire de son évêque, sous peine de privation de ses bénéfices, s'il en a, ou de punition arbitraire, au gré de son supérieur, s'il n'a point de bénéfice

20. Aucun clerc ne demandera par lui-même ni par d'autres un bénéfice, avant la sépulture du titulaire; et s'il le demande, il sera privé pendant un an des fruits de son propre bénéfice, s'il en a un, ou suspens *a divinis*, pendant six mois, s'il n'est pas bénéficier

21. Tout bénéficier qui en empêchera un autre de jouir des fruits de son bénéfice, perdra ses propres bénéfices; et s'il n'est pas bénéficier, il sera puni à la volonté de son supérieur.

22. Les religieux mendiants n'enterreront personne chez eux, sans la permission du curé de la paroisse du défunt.

23. Lorsqu'un défunt sera inhumé ailleurs que dans sa paroisse, son curé aura les trois quarts de la cire de la pompe funèbre.

24. L'évêque aura toujours le quart des legs pieux, lorsqu'il lui sera assigné par la coutume ou par le droit, nonobstant tout statut contraire.

25. Aucun clerc ne donnera à bail emphytéotique les biens de son église, et il ne les affermera même pas pour l'espace de cinq ans, à l'insu et sans l'avis de son supérieur.

26. Tous les bénéficiers seront forcés par leurs supérieurs de réparer leurs bénéfices et les églises qui en dépendent.

27. Tous les chanoines constitués dans les ordres mineurs seront tenus de prendre les ordres sacrés dans l'année de leur paisible possession.

28. Tout chanoine qui révélera le secret du chapitre, sera privé durant un an des fruits de son canonicat. *Mansi, supplem. tom.* III, *ex libro inscripto de principe templo Panormitano, edito Panormi* 1728, *per Joannem Mariam Amatum; Anal. des Conc.*, t. V.

PALERME (Synode diocésain de), 13 juin 1586, sous César Marulli. Les décrets publiés par ce prélat sont divisés en cinq parties. La première a pour objet la foi catholique; on y recommande aux curés d'exercer leur surveillance sur l'enseignement donné par les maîtres d'école, et les professeurs de philosophie, de droit civil ou canonique qu'ils auraient dans leurs paroisses; d'abolir autant que possible les danses et les débauches dont la coutume s'était introduite à l'occasion des fêtes patronales; de rappeler l'obligation de s'abstenir les jours de jeûne non-seulement de la chair des animaux, mais de tout ce qui en provient, comme œufs, lait, fromage et beurre; de s'élever contre l'usage où étaient les filles nubiles de n'assister presque jamais à l'office de la messe, et les veuves de s'en dispenser de même dans les semaines qui suivaient la mort de leurs époux; d'exhorter leurs paroissiens à fréquenter le tribunal de la pénitence et le sacrement d'eucharistie; de faire le catéchisme tous les jours de fête aux enfants des deux sexes, et d'appeler les prêtres de la société de Jésus à les seconder dans ce ministère; d'instituer dans ce même but des confréries de doctrine chrétienne; d'empêcher toute société avec les infidèles, et de chasser de l'église ces derniers au moment de la célébration des saints mystères. Le prélat s'élève aussi contre les blasphémateurs, les hérétiques et les sorciers, et il finit cette première partie par rappeler aux Grecs de son diocèse la formule de profession de foi prescrite par Grégoire XIII.

La deuxième partie traite des sacrements, et nous jugeons superflu de nous y arrêter, aussi bien que sur les trois autres qui traitent des fonctions ecclésiastiques, du régime de l'église cathédrale, du for contentieux de l'archevêque, des règlements particuliers au synode diocésain, du séminaire établi depuis trois ans en conséquence du décret du concile de Trente, enfin des règles à observer par rapport aux réguliers et aux religieuses, et aux jeunes personnes du siècle qu'on instruisait dans les couvents. *Constitutiones ill. et rev. D. Cæs. Marulli, Panormi,* 1587.

PALERME (Synode diocésain de), l'an 1615, par le cardinal archevêque Joannettino Doria. Les statuts de ce synode sont, comme ceux du précédent, divisés en cinq parties, et ne font guère que les renouveler. *Synodus diœcesana celebr. ab illustriss. et rev. D. Joannett. Doria, Panormi,* 1615.

PALERME (Synode diocésain de), l'an 1622, 2ᵉ tenu par le même prélat, qui y publia, sous forme d'appendice au premier, le calendrier à l'usage de son diocèse, et quelques autres règlements, relatifs aux pouvoirs signés de l'archevêque, que doit exhiber au curé tout prêtre, séculier ou régulier, qui se présente pour entendre les confessions; aux jeunes personnes du sexe, à qui l'on défend de mendier passé l'âge de huit ans; aux prêtres et autres clercs qui voyageraient sans lettres dimissoires; aux confréries, à qui l'on fait une loi de n'accepter pour membres que ceux qui ne feraient encore partie d'aucune autre; aux concubinaires, qui encourront des peines sévères, s'ils commettent leur crime dans la quinzaine de Pâques ou dans la nuit de Noël. *Appendix ad præc. synodum, Panormi,* 1622.

PALERME (Synode diocésain de), l'an 1633, 3ᵉ célébré par le même prélat. Ce sont encore les cinq parties des statuts précédents, que le cardinal publia de nouveau avec quelques modifications dans les détails. *Synodus diœc. tertia, Panormi,* 1634.

PALERME (Synode diocésain de), l'an 1652, sous Martin de Léon et Cardenas. Ce sont toujours les mêmes statuts, et sous la même forme, mais avec de nouveaux développements. *Constitutiones diœcesanæ, Panormi,* 1653.

PALESTINE (Concile de), *Palæstinum,* l'an 196. Ce concile décida, conformément à celui de Rome, que la pâque devait être célébrée le dimanche après le quatorzième jour de la lune de mars. Nous ne savons sur quoi le P. Richard s'appuie pour soutenir que ce concile n'a point été reçu. *Euseb.*

PALESTINE (Concile de), l'an 318. Les évêques de Palestine, entre autres Paulin de Tyr, Eusèbe de Césarée et Patrophile de Scythopolis, s'étant réunis en synode au sujet d'Arius, convinrent de lui permettre d'exercer dans leurs églises les fonctions sacerdotales; mais à condition cependant, que lui et ses adhérents demeureraient soumis au saint évêque d'Alexandrie, et feraient de nouvelles démarches pour obtenir ses lettres de paix. *Baluz. nov. Collect.*

PALESTINE (Concile de), l'an 415. *Voy.* DIOSPOLIS.

PALESTINE (Concile de), tenu à Jérusalem, vers l'an 765. Le patriarche de Jérusalem assembla ce concile sur la demande que lui fit saint Jean, évêque de Gotthie, par son diacre Longin, de lui envoyer une définition de la vraie foi. Le patriarche, voulant le satisfaire, convoqua les évêques soumis à sa juridiction, et ayant recueilli les témoignages, tant de l'ancien et du nouveau Testament, que des saints Pères, en faveur du culte des images, le concile envoya sa décision, fortifiée de toutes ces autorités, à l'évêque de Gotthie. *Mansi, Conc. t.* XII.

PALITH (Conciles de). *Voy.* POELDE.

PALME (Concile de la). *Voy.* ROME, l'an 503.

PAMIERS (Concile de), *Apamiense,* l'an 1212. Simon de Montfort, l'un des chefs des Croisés contre les albigeois, assembla ce concile à la fin de novembre, et y appela les évêques, les nobles et les principaux bourgeois. On y arrêta 49 articles, dont la plupart regardent la police des Etats de Simon de Montfort, et de quelques autres seigneurs à qui avaient été dévolues les terres de la noblesse qui avait embrassé ou favorisé l'hérésie. Parmi les autres articles, on peut remarquer ceux-ci : « Les prémices et les dimes se payeront dans les pays conquis, comme de coutume. On n'imposera pas la taille aux pauvres veuves, ni aux clercs, à moins qu'ils ne soient mariés, et qu'ils n'exercent le négoce, ou qu'ils ne soient usuriers. Il ne se fera aucune foire, le même jour que le dimanche. Un clerc pris en quelque délit que ce soit, sera remis entre les mains de son évêque ou de l'archidiacre ; ce clerc n'eût-il d'autre marque de cléricature que la couronne. Les paroissiens seront contraints d'assister à l'église les jours de fêtes et de dimanches, et d'y entendre la prédication et la messe entière. Celui qui aura donné retraite dans sa terre à un hérétique, en sera privé pour toujours. » Il est parlé de ce concile dans les Collections ordinaires, mais elles n'en rapportent pas les règlements. Dom Martène et Dom Durand les ont donnés dans le premier tome de leurs Anecdotes.

PAMIERS (Synodes de), en 1620 et 1630. *Biblioth. hist. de la France, t.* I.

PAMPELUNE (Concile de), l'an 1032. L'église de Pampelune ayant été détruite par les Barbares, le siége épiscopal fut transféré au monastère de Leyre en Espagne. Quelques années après, le roi Sanche assembla un concile à Pampelune même, où l'on résolut d'y rétablir ce siége, et on en donna le soin à l'évêque Sanche et à l'abbé de Leyre. Il fut arrêté en même temps, qu'afin que cet évêché fût toujours occupé à l'avenir par des personnes de mérite, et que le bon ordre établi dans ce monastère s'y maintînt, et se communiquât aux autres monastères du royaume, l'évêque de Pampelune serait pris d'entre les moines de Leyre, et choisi par les évêques comprovinciaux ; qu'avant son ordination, l'évêque promettrait à Dieu et à la sainte Vierge, patronne de l'église de Pampelune, de professer la foi catholique, de la prêcher constamment, de catéchiser et de baptiser conformément aux saints canons ; de conférer les ordres gratuitement, de remplir fidèlement tous les devoirs d'évêque ; de célébrer de nuit et de jour les divins offices, et de garder fidélité au roi. Ce concile, que Baronius et le père Labbe rapportent à l'an 1032, fut tenu, selon le cardinal d'Aguirre et Dom Mabillon, au mois de septembre de l'an 1033. Sept évêques y assistèrent avec le roi Sanche, la reine son épouse, et quatre de leurs enfants. *D. Ceill.*

PAMPELUNE (Concile de), l'an 1080. Toute la ville de Pampelune y fut excommuniée, comme coupable de conspiration contre l'Eglise. *Mansi, suppl. t.* 11; *Schram.*

PANORMITANUM (*Concilium*). *Voy.* PALERME.

PAPIENSIA (*Concilia*). *Voy.* PAVIE.

PAPUZE (Conciliabule de) ou Puze, *Puzense,* l'an 375. Dans ce faux concile, tenu par les aétiens, on décida qu'il fallait célébrer la fête de Pâques le même jour que les Juifs : le concile de Nicée avait depuis longtemps défini le contraire. Fabricius met ce conciliabule en 368. *Conc. t.* 11, *ed. Venet.*

PARIS (1er concile de), *Parisiense,* l'an 360 ou 361. Saint Hilaire de Poitiers, étant de retour dans les Gaules, y fit assembler divers conciles pour rétablir la foi de Nicée, et condamner la perfidie de Rimini. De tous ces conciles, on ne connaît que celui de Paris, qui se tint vers l'an 360 ou 361 selon le P. Richard, en 362 selon Noël Alexandre, ou en 364 selon Mansi. Il nous en reste une épître synodale, qui paraît être la réponse à une lettre que les évêques d'Orient, déposés dans le concile de Constantinople par la faction des anoméens, écrivirent à saint Hilaire. Dans cette lettre, les évêques, après avoir témoigné à Dieu leur reconnaissance de ce qu'il les a éclairés des lumières de la vraie foi, et de ce qu'il ne permet pas qu'ils soient souillés par aucun commerce avec les hérétiques, parlent ainsi : « Nous avons connu par les lettres que nous avons adressées à notre cher frère et coévêque Hilaire, la ruse du démon, et les artifices que les hérétiques ont mis en usage contre l'Eglise, pour nous tromper à la faveur de l'éloignement qui sépare l'Orient de l'Occident, par les faux exposés qu'ils nous font réciproquement de notre foi. Car le grand nombre de ceux qui se trouvèrent à Rimini ou à Nicée (en Thrace), n'ont consenti à la suppression du terme de substance, que sous l'autorité de votre nom. Vous l'avez introduit, ce terme, contre la furieuse hérésie des ariens; et nous l'avons reçu avec respect et toujours conservé avec soin. Car nous avons embrassé l'ὁμοούσιον pour exprimer la vraie et légitime génération du Fils unique de Dieu, détestant l'union introduite par les blasphèmes de Sabellius, et n'entendant pas que le Fils soit une portion du Père; mais nous croyons que de Dieu non engendré, entier et parfait, est né un Dieu Fils unique, entier et parfait. C'est pourquoi nous le disons de la même substance que Dieu le Père, pour exclure toute idée de création, d'adoption, ou de simple dénomination...

« Nous n'avons pas de peine cependant à entendre dire qu'il est semblable au Père, puisqu'il est l'image de Dieu invisible; mais nous ne concevons pas d'autre ressemblance à son Père digne de lui, que la ressemblance d'un vrai Dieu à un vrai Dieu. » On voit ici que les évêques de la Gaule justifiaient l'ὁμοιούσιον, ou le semblable en substance; et que cette expression dont les hérétiques abusaient, est susceptible d'un bon sens. C'était aussi le sentiment de saint Hilaire.

Les évêques du concile ajoutent : « C'est pourquoi, nos très-chers frères, connaissant par vos lettres qu'on a trompé notre simplicité dans la suppression du terme *substance*, et notre frère Hilaire, qui est un fidèle prédicateur de la foi de Jésus-Christ, nous ayant appris que les députés de Rimini à Constantinople n'ont pu se résoudre à condamner de si grands blasphèmes, quoique vous les en eussiez pressés, nous révoquons aussi tout ce qui a été fait mal à propos et par ignorance. Nous tenons pour excommuniés Auxence, Ursace, Valens, Gaïus, Mégasius et Justin, suivant vos lettres, et suivant la déclaration de notre frère Hilaire, qui a protesté qu'il n'aurait jamais de communion avec ceux qui suivraient leurs erreurs. Nous condamnons aussi tous les blasphèmes que vous avez mis à la suite de votre lettre, rejetant surtout les évêques apostats, qui, par l'ignorance ou l'impiété de quelques-uns, ont été mis en la place de nos frères si indignement exilés. » (Ils parlent des évêques déposés au dernier concile de Constantinople.)

Ils continuent : « Nous protestons devant Dieu que, si quelqu'un dans les Gaules s'oppose à ce que nous avons ordonné, il sera privé de la communion et chassé de son siège..... Celui qui ne pensera pas comme nous sur l'ὁμοούσιον, sera indigne du sacerdoce. Et comme Saturnin s'élève avec une extrême impiété contre nos salutaires ordonnances, que votre charité sache qu'il a été excommunié deux fois par tous les évêques des Gaules. Sa nouvelle impiété, qui paraît dans ces lettres téméraires, ajoutée à ses anciens crimes dissimulés si longtemps, l'a rendu indigne du nom d'évêque. »

Voilà ce que la lettre du premier concile de Paris contient de plus remarquable. Si saint Hilaire, qui nous l'a conservée, ne présida pas à ce concile, on ne peut douter qu'il n'en ait été l'âme. *Histoire de l'Egl. gallic.*, liv. II.

PARIS (Concile de), l'an 551 ou 552. Vingt-sept évêques, dont six étaient métropolitains, assistèrent à ce concile, et y déposèrent Saffarac, évêque de Paris, pour avoir violé les canons du concile d'Orléans de l'an 549, auquel il avait assisté et souscrit. Les uns croient qu'il fut déposé pour crime d'incontinence; d'autres, pour celui de simonie, tous deux condamnés par le concile d'Orléans. Quoi qu'il en soit, le prélat s'avoua lui-même coupable, et on le renferma dans un monastère. MM. de Sainte-Marthe et le P. Sirmond mettent ce concile en 555; mais saint Firmin, évêque d'Uzès, qui mourut en 553, ayant souscrit à ce concile de Paris, il faut qu'il ait précédé l'an 555. Ce fut donc en 551, ou plus probablement sur la fin de l'année suivante, que ce concile fut assemblé, par l'ordre du roi Childebert; puisqu'on y trouve les souscriptions de quatre ou cinq évêques successeurs de ceux qui avaient assisté au concile d'Orléans de l'an 549; et qu'il n'est guère vraisemblable qu'il soit mort tant d'évêques, et que tant d'autres aient été mis à leur place en si peu de temps. Comme le remarque Gassendi (*Not. Eccl. Din.* p. 132), Héraclius, évêque de Digne, et non un prétendu Arédius, évêque de Die, était présent à ce concile. *Labb.* V; *Hard.* II; *Gall. Christ. tom.* VII, col. 17.

PARIS (Concile de), l'an 557. Ce concile fut tenu vers la troisième année du pape Pélage I, et la quarante-sixième du roi Childebert. Quinze évêques y assistèrent. Les plus connus sont Probus de Bourges, qui y présida; saint Prétextat de Rouen, saint Léonce de Bordeaux, saint Germain de Paris, saint Paterne d'Avranches, saint Chalétric de Chartres, et un évêque nommé Samson, qu'on croit être saint Samson, évêque de Dol ou de Bretagne. On y fit dix canons.

Le 1ᵉʳ prononce la peine d'excommunication contre ceux qui retiendront les biens de l'Eglise, jusqu'à ce qu'ils les aient restitués. Il défend aussi de se mettre en possession de biens d'église, sous prétexte de les conserver pendant la vacance des sièges. Les évêques donnent pour raison de ce canon, qu'il n'est pas juste qu'ils soient les simples gardiens des biens des églises, plutôt que leurs défenseurs.

Le 2ᵉ défend, sous peine d'anathème perpétuel, de s'emparer des biens des évêques, parce que ces biens appartiennent aux églises.

Le 3ᵉ est contre les évêques qui voudraient

usurper, ou qui auraient usurpé le bien d'autrui, sous prétexte de concession du roi.

Le 4° défend d'épouser la veuve de son frère, de son père ou de son oncle ; la sœur de sa femme, sa belle-fille, sa tante, et la fille de sa belle-mère.

Le 5° prive de la communion de l'Eglise catholique, et condamne à un anathème perpétuel, ceux qui enlèvent, ou qui demandent en mariage les vierges consacrées à Dieu par une déclaration publique.

Le 6° ordonne la même peine contre ceux qui recourent à l'autorité du prince, pour épouser des veuves et des filles malgré leurs parents, ou qui les enlèvent.

Le 7° renouvelle la défense de recevoir une personne excommuniée par son évêque.

Le 8° dit que l'on n'ordonnera point un évêque malgré les citoyens, mais celui-là seulement que le clergé et le peuple auront choisi avec une entière liberté ; qu'il ne sera point intrus ou intronisé par l'ordre du prince, ni par quelque pacte que ce soit, ni contre la volonté du métropolitain et des évêques comprovinciaux. Le canon ajoute que si quelqu'un a usurpé l'épiscopat par ordre du roi, aucun des évêques ne le recevra, sous peine d'être retranché de la communion de ses collègues, puisqu'on ne saurait ignorer qu'une ordination semblable est illégitime. Quant aux ordinations déjà faites, le métropolitain en décidera avec ses comprovinciaux, et avec les évêques voisins qu'il choisira, et avec qui il s'assemblera en un lieu convenable pour juger toutes choses selon les anciens canons.

On voit dans ce canon l'usage d'appeler d'autres évêques que ceux de la province, jusqu'au nombre compétent, pour juger un évêque.

Le 9° porte que les enfants d'esclaves chargés de garder les tombeaux des morts, et auxquels on a accordé la liberté, à la charge qu'ils rendront quelques services, soit aux héritiers, soit aux églises, remplissent les obligations qui leur ont été imposées par celui qui les a mis en liberté ; mais que si l'Eglise les décharge en tout des fonctions du fisc, ils en seront déchargés, eux et leurs descendants.

Le 10° ordonne que les canons du concile soient signés par les évêques absents, afin que ce qui doit être observé de tous soit aussi unanimement reçu.

Aux souscriptions qu'on lit au bas de ce concile, la plupart des évêques ne prennent point le titre de leur siége, mais seulement la qualité de pécheurs. *Labb.* V; *Hard.* III.

PARIS (IV° Concile de), l'an 573. Le roi Gontran, voulant terminer un différend survenu entre lui et Sigebert son frère, indiqua un concile à Paris de tous les évêques de son royaume. Ils s'assemblèrent au nombre de trente-deux, le 15 de février de l'an 573 selon D. Ceillier, ou le 11 septembre de la même année selon le P. Longueval, dans la basilique de Saint-Pierre et de Saint-Paul, remplacée à la fin du dernier siècle par l'église de Sainte-Geneviève. Voici le sujet qui donna occasion à ce concile. Gilles, archevêque de Rheims, avait érigé un évêché à Châteaudun, qui était du domaine de Sigebert, et en avait consacré évêque un prêtre du diocèse de Chartres, nommé Promotus. La ville de Chartres appartenait à Gontran, et Châteaudun était de ce diocèse. L'évêque de Chartres, nommé Pappole, porta ses plaintes au roi Gontran contre l'entreprise de l'évêque de Reims, soutenant qu'il n'avait aucun droit d'ériger un évêché dans le diocèse d'autrui. Gontran prit la défense de l'évêque de Chartres, et Sigebert se déclara pour l'évêque de Reims et le nouveau titulaire de Châteaudun. Ces deux évêques n'assistèrent point au concile ; mais celui de Chartres y présenta sa requête, et gagna son procès. Le concile en écrivit à l'évêque de Reims, à qui il représenta que l'ordination de Promotus était contraire aux canons et à la raison, puisque Châteaudun n'était, ni de la province de Reims, ni de la Gaule Belgique ; qu'il devait déposer ce prêtre qu'il n'aurait pas dû faire évêque ; ajoutant, qu'au cas où celui-ci prétendrait se maintenir plus longtemps dans cette usurpation, bénir des autels, confirmer des enfants, faire des ordinations, ou résister à Pappole, son évêque, il serait séparé de la communion, et frappé d'anathème, de même que ceux qui recevraient sa bénédiction après ce décret.

Les Pères du concile jugèrent bien que leur décret ne serait pas exécuté, si le roi Sigebert continuait à protéger Promotus. Ils écrivirent donc à ce prince, pour le conjurer de ne point s'opiniâtrer à soutenir contre les canons une si mauvaise cause. La lettre est datée du même jour que le décret, mais le même rang n'est pas observé dans les souscriptions : ce qui marque qu'on n'était pas alors si délicat sur les préséances. Sigebert ne déféra, ni au jugement, ni aux remontrances des évêques, et il maintint Promotus dans le prétendu siége de Châteaudun. Le concile ne réussit pas mieux à terminer les autres différends entre Chilpéric et Sigebert.

Pappole de Chartres, qui était partie dans cette cause pour soutenir les droits de son église, ne souscrivit pas les actes du concile, où il n'avait pas assisté en qualité de juge. Les plus connus des évêques qui en souscrivirent les actes sont Serpandus d'Arles, saint Philippe de Vienne, saint Prisque de Lyon, saint Félix de Bourges, saint Germain de Paris, saint Siagrius d'Autun, saint Félix de Nantes, saint Aunaire d'Auxerre, saint Quiniz de Vaison et saint Pallade de Saintes

PARIS (Concile de), l'an 577. Ce concile se tint au sujet des accusations intentées par le roi Chilpéric contre saint Prétextat, évêque de Rouen. La première était que cet évêque avait marié contre la volonté du roi le prince Mérovée, son fils rebelle, avec la veuve de son oncle, c'est-à-dire avec Brunehaut, reine d'Austrasie. La seconde, d'avoir conspiré avec ce jeune prince contre la vie du roi, et engagé plusieurs personnes, par des présents, dans la conspiration. Ces deux faits ayant été avancés en présence des évêques du concile, assemblés au nombre de quarante-cinq dans l'église de Sainte-Geneviève, Prétextat convint du premier, et nia le second. On n'alla pas plus loin dans la première séance de ce concile. Dans la seconde, qui se tint en présence du roi Chilpéric, on accusa l'évêque de Rouen d'avoir dérobé à ce prince de l'or et divers meubles. L'accusé ayant répondu, Chilpéric ne put s'empêcher de dire à quelques-uns de ses confidents, qu'il n'était point coupable; mais qu'il fallait trouver un expédient pour contenter la reine Frédegonde, qui le tourmentait sans cesse pour faire déposer ce prélat. « Allez donc, » ajouta-t-il après y avoir pensé un moment, « et dites-lui, comme de vous-mêmes, et par manière de conseil : Vous savez que le roi Chilpéric est plein de bonté, et se laisse aisément fléchir. Humiliez-vous devant lui, et dites que vous avez fait ce dont il vous accuse : alors nous nous jetterons tous à ses pieds, pour lui demander votre grâce. » Prétextat, ayant donné dans ce piége, s'avoua coupable le lendemain en présence du concile, et se prosterna aux pieds du roi, en disant : « J'ai péché contre le ciel et contre vous, ô prince très-miséricordieux ! Je suis un infâme homicide ; j'ai voulu attenter à votre vie, et mettre votre fils sur votre trône. » Chilpéric prit les évêques à témoin de l'aveu de Prétextat, le livra à ses gardes, et étant retourné à son palais, il envoya au concile un code de canons, où l'on avait ajouté ceux qui portent le nom des apôtres, et où il était dit qu'un évêque convaincu de parjure, d'adultère ou d'homicide, devait être déposé. Il fit aussi demander aux évêques que la robe de Prétextat fût déchirée en plein concile, qu'on récitât sur lui les malédictions contenues dans le psaume CVIII, ou du moins qu'on l'excommuniât pour toujours. On ne prononça point ces exécrations; mais Prétextat fut déposé et mis en prison : d'où s'étant échappé, il fut battu cruellement, et relégué dans une île de la mer près de Coutances, apparemment l'île de Jersey. Mélantius, créature de Frédegonde, fut mis sur le siége de Rouen, à la place de Prétextat, qui ne fut coupable que par la simplicité qu'il eut de s'accuser d'un crime dont il était innocent. Le canon des apôtres dont on fit lecture dans le concile, est le vingt et unième ; mais il fut falsifié par les adversaires de Prétextat, qui substituèrent le mot *homicide* à la place de celui de *larcin*. C'est ce qu'assure le P. Longueval. D. Ceillier dit que ce fut le vingt-quatrième canon, auquel on avait ajouté le mot *homicide*, qui ne se trouve point dans le texte. *Anal. des Conc.*

PARIS (Concile de), l'an 615. Le roi Clotaire II, devenu le seul maître de tout l'empire des Français, voulut le régler dans toutes ses parties, et assembla pour cet effet un concile à Paris, qui fut non compté pour le cinquième tenu en cette ville, et pour le plus nombreux que l'on eût vu jusqu'alors en France. Soixante-dix-neuf évêques y assistèrent, avec plusieurs seigneurs et vassaux du prince. On ne sait point les noms de ces évêques, ni de celui qui présida à cette assemblée, parce que les souscriptions sont perdues. Ils s'assemblèrent le 18 octobre de la trente et unième année de Clotaire, et de la première de l'épiscopat de Deusdedit, dans l'église de Saint-Pierre, devenue depuis Sainte-Geneviève, et firent quinze canons.

1. « L'élection des évêques se fera gratuitement par le métropolitain, les comprovinciaux, le clergé et le peuple de la ville ; et, si l'élection se fait autrement, l'ordination sera censée nulle, selon le décret des Pères. »

2. « Aucun évêque ne pourra élire son successeur; et l'on n'ordonnera personne en sa place de son vivant, s'il n'est constant qu'il est hors d'état de gouverner son église, ou qu'il a été déposé pour crime. »

3. « On doit punir les clercs qui, au mépris de leur évêque, ont recours aux princes, aux grands seigneurs, ou à d'autres protecteurs : personne ne les recevra, qu'ils n'aient obtenu le pardon de leur évêque ; et si quelqu'un les retient après l'avertissement de l'évêque, il en sera puni selon les lois ecclésiastiques. »

4. « Défense à tout juge séculier de condamner un clerc, quel qu'il soit, sans la participation de l'évêque. »

5. « Défense, sous peine d'excommunication, d'obliger les affranchis de l'Eglise à servir le public comme esclaves. »

6. « Défense, sous peine d'excommunication, de rien soustraire des legs faits pour l'entretien et les réparations des églises. »

7. « Après la mort d'un évêque, d'un prêtre ou d'un autre clerc, il ne sera permis à personne, sous peine d'excommunication, de toucher à leurs propres biens, ou à ceux de l'église, soit par ordre du prince, soit par autorité du juge ; mais ils seront conservés par l'archidiacre et le clergé, jusqu'à ce que l'on connaisse la disposition qui en a été faite par le défunt. »

8. « Défense aux évêques et aux archidiacres de s'attribuer, sous prétexte d'enrichir leurs églises, les biens que les abbés, les prêtres ou d'autres titulaires, laissent en mourant : ces biens doivent demeurer aux lieux auxquels le donateur les a légués par son testament. »

9. « Défense d'usurper, ou de retenir, sous quelque prétexte que ce soit, les biens d'un autre évêque, ou d'une autre église. »

10. « Défense de casser les testaments des évêques et des clercs, faits en faveur des églises. On ordonne même, sous peine d'excommunication, d'exécuter la volonté des défunts, lorsqu'il manque aux testaments des personnes de piété quelques-unes des formalités que demandent les lois. » Ce canon est renouvelé du second concile de Lyon, tenu l'an 567

11. « Les différends qui surviennent entre les évêques seront terminés par le métropolitain, et non par le juge laïque, sous peine, pour l'évêque qui s'adressera au juge laïque, d'être privé de la communion du métropolitain. »

12. « Les religieux et les religieuses qui

ont abandonné leur monastère, pour se retirer chez leurs parents, ou dans leurs terres, seront avertis par l'évêque de retourner à leur monastère; et s'ils n'obéissent, ils seront excommuniés jusqu'à l'article de la mort: mais s'ils obéissent, on pourra, après une humble satisfaction, leur accorder l'eucharistie. »

13. « Les vierges et les veuves, qui, après s'être consacrées à Dieu dans leurs maisons, en changeant d'habit, viennent à se marier, seront excommuniées, elles et leurs maris, jusqu'à ce qu'ils aient réparé leur faute. »

14. « On défend, sous peine d'excommunication, les mariages incestueux, c'est-à-dire, contractés avec la veuve de son frère, la sœur de sa femme, les filles des deux sœurs, la veuve de son oncle, tant du côté paternel que du côté maternel, et avec une fille qui a pris l'habit de religion. »

15. « Défense aux juifs d'exercer aucune charge publique, même dans les armées. Celui qui voudra en avoir quelqu'une, doit auparavant se faire baptiser par l'évêque, lui et sa famille. »

Le roi Clotaire donna, le jour même de la tenue du concile, un édit pour l'exécution de ces canons, mais avec quelques modifications. Il ajouta au premier, qui regarde l'élection de l'évêque par le clergé et le peuple, qu'avant de l'ordonner, il faudra un commandement du prince. Les évêques n'en avaient pas fait mention; mais c'était l'ancien usage autorisé par le cinquième concile d'Orléans, qui requiert le consentement du roi. Dans le troisième canon, qui défend aux clercs de se prévaloir contre leur évêque de l'autorité des grands et même du prince, il inséra que, si un clerc a recours au roi pour quelque cause que ce soit, et que le roi le renvoie à l'évêque avec une lettre de sa part, l'évêque le recevra et lui pardonnera. A l'égard de la défense faite aux clercs de s'adresser aux juges séculiers, il en excepte les affaires criminelles, dont il veut que les juges séculiers informent, en y appelant des évêques. C'est de là qu'est venue la coutume, en France, d'appeler des juges ecclésiastiques, conjointement avec les juges séculiers, pour informer des cas privilégiés. Il défend, sous peine de mort, d'épouser des vierges ou des veuves consacrées à Dieu, et veut qu'on décharge le peuple de tous les nouveaux impôts. *Ibid.*

PARIS (Assemblée mixte de), l'an 638. Le roi Dagobert assista à cette assemblée, composée d'évêques et de seigneurs. Les privilèges de l'église de Saint-Denis y furent confirmés. *Mas. L.*

PARIS (Concile de), l'an 649. Nous donnons sous ce titre ce concile assemblé par l'ordre du roi Clotaire II, quoiqu'il ne soit pas certain qu'il ait été tenu à Paris. Le pape Martin Ier, ayant résolu d'assembler un concile nombreux, afin de rendre plus solennelle la condamnation du monothélisme, députa vers Clotaire, pour que ce prince envoyât à cette assemblée les prélats les plus instruits de son royaume. Le roi, voulant acquiescer à la demande du pape, convoqua tous les évêques de ses Etats, et la décision de cette assemblée fut que saint Ouen de Rouen et saint Eloi de Noyon iraient, comme les plus dignes, représenter la Gaule au concile de Rome. Certaines difficultés cependant s'opposèrent au départ de ces deux saints évêques. *Mansi, Conc. t.* X.

PARIS (Assemblée ecclésiastique de), vers l'an 638. Tout est incertain dans cette assemblée, le lieu de sa tenue, son époque précise, son existence même. Il est dit dans l'ouvrage du faux Anastase (*Epitome Chronic. Casin.*), que le pape Vitalien, ayant appris l'enlèvement des reliques de saint Benoît et de sainte Scolastique, députa vers le roi Dagobert pour les réclamer, et que le roi, *ayant tenu concile* sur cette demande, dirigea les apocrisiaires du pape vers le pays d'Orléans et du Mans, en donnant ses ordres pour que la réclamation du pape eût tout son effet. Mais 1° Dagobert était mort dès l'an 638; 2° quelle utilité pouvait-il y avoir d'adresser les apocrisiaires au pays du Mans, où les reliques n'avaient pas été portées? *Mansi, Conc. t.* XI.

PARIS (Concile de), l'an 664. Les évêques y confirmèrent de nouveau les priviléges accordés par saint Landri, évêque de Paris, à l'église de Saint-Denis. *Mas. L.*

PARIS (Assemblée de), l'an 825. Après que Michel, empereur d'Orient, eut terminé la guerre civile contre Thomas, qui se disait Constantin fils d'Irène, il envoya une ambassade à Louis, empereur d'Occident, avec une grande lettre datée de Constantinople et du 10 avril, indiction seconde, c'est-à-dire de l'an 824. Il se plaignait dans cette lettre de divers abus au sujet des images, et ajoutait que plusieurs empereurs orthodoxes et les plus savants évêques avaient assemblé un concile local, où ils avaient défendu ces abus; que leurs décrets à cet égard n'ayant pas été généralement approuvés, il avait pris le parti d'en écrire au pape de Rome. Louis le Débonnaire reçut cette lettre au mois de novembre de la même année, et suivant le désir de l'empereur Michel, il fit conduire ses ambassadeurs avec honneur jusqu'à Rome. Il en envoya deux de son côté, Fréculphe, évêque de Lisieux, et Adégaire, dont on ne connaît pas le siége, avec ordre de demander au pape Eugène II la permission de faire examiner par les évêques de France la question des images. Le pape l'accorda, et l'assemblée où devait se faire cet examen fut indiquée à Paris pour le 1er novembre 825. Quelques-uns en ont mis l'époque en 824, trompés apparemment par la date de l'instruction de l'empereur Louis à Jérémie, archevêque de Sens, et à Jonas, évêque d'Orléans, touchant les actes de cette assemblée de Paris. Mais cette date est visiblement fausse; et au lieu de 824, il faut lire 825. Cela paraît par la lettre des évêques de cette assemblée à Louis Auguste, où ils disent : « Nous avons fait relire en notre présence la lettre que les ambassadeurs des Grecs ont apportée *l'année dernière.* » Or il est certain que cette lettre fut rendue à ce prince par les ambassadeurs de Michel et de Théophile, empereurs d'Orient, au mois de novembre 824, comme le dit Eginhard sur cette année.

Les évêques assemblés à Paris marquaient dans la même lettre qu'ils s'étaient assemblés le 1er jour de novembre, selon l'ordre qu'ils en avaient reçu de l'empereur. Tous ceux qui avaient été mandés s'y trouvèrent, à l'exception de Modouin d'Autun, qui était malade. Jérémie, archevêque de Sens, Jonas d'Orléans, Halitgaire de Cambrai, Fréculphe de Lisieux et Adelgaire sont les seuls dont les actes fassent mention ; mais on ne peut douter que cette assemblée n'ait été beaucoup plus nombreuse. On y lut la lettre du pape Adrien à l'empereur Constantin et à Irène, et on crut pouvoir remarquer que, comme il avait eu raison de blâmer ceux qui brisaient les images, il avait manqué de discrétion, en ordonnant, disaient-ils, de les adorer superstitieusement : espèce de malentendu qui portait sur l'équivoque du mot *adorer*. On lut aussi plusieurs écrits faits sous le règne de Charlemagne au sujet des images, entre autres les livres carolins : les évêques approuvèrent la censure qu'on y faisait du second concile de Nicée ; et ils trouvèrent insuffisantes les réponses du pape Adrien à ces livres. Ils lurent ensuite la lettre de l'empereur Michel à Louis le Débonnaire, et un grand nombre de passages, tant de l'Ecriture que des Pères grecs et latins, sur les images, dont ils composèrent un recueil pour appuyer leurs décisions, qu'ils réduisirent à quinze chefs.

Ils y combattaient également ceux qui voulaient qu'on abolît les images, et ceux qui leur rendaient un culte superstitieux, prétendant imiter la conduite de saint Grégoire le Grand envers Sérénus, évêque de Marseille. Cet évêque, voyant son peuple adorait les images, les ôta de l'église, et les brisa. Saint Grégoire approuva son zèle, parce qu'en effet on ne doit point adorer les images ; mais il blâma son action, disant qu'on mettait des images dans l'église, afin que ceux qui ne savaient pas lire pussent, en voyant ces peintures, apprendre ce qu'ils ne pouvaient lire dans les livres. Les évêques veulent donc que l'on continue à mettre des images dans les églises, mais ils défendent de les adorer ; et , afin que l'on ne se méprenne point au terme d'adoration, ils l'expliquent et montrent qu'elle n'est due qu'à Dieu, sans toutefois désapprouver un certain culte modéré envers les images, comme serait de les placer en un lieu décent, de les orner et de les tenir proprement. Ils font une distinction entre les images et la croix, soutenant qu'on doit adorer cette dernière, parce que Jésus-Christ y a été attaché, quoique la plupart des raisons sur lesquelles ils se fondent contre le culte des images combattent celui de la croix. Ils accusent d'erreur le second concile de Nicée, pour avoir dit qu'il est non-seulement permis de rendre un culte aux images et de les adorer, mais encore qu'elles sont saintes, et qu'elles sanctifient ceux qui s'en approchent. Enfin, ils reprochent au pape Adrien d'avoir confirmé les décrets de ce concile, et approuvé le culte superstitieux des images. Si l'on peut excuser les évêques de cette assemblée dans la manière dont ils se sont opposés aux abus du culte des images, on ne peut nier qu'ils aient manqué d'attention pour les décrets de Nicée, soit parce qu'ils n'en comprenaient pas bien le sens, soit parce qu'ils ne le regardaient pas comme un concile général.

Ils mirent à la tête de leur recueil une lettre adressée aux deux empereurs Louis le Débonnaire et Lothaire son fils pour leur rendre compte de ce qui s'était passé dans leur assemblée; et à la fin des quinze articles, les modèles de deux lettres, l'une de l'empereur Louis au pape, et l'autre du pape à l'empereur Michel.

Dans la première, Louis le Débonnaire exhorte le pape à user de son autorité pour procurer la réunion des Eglises d'Orient, en ramenant l'usage des images au milieu établi par les évêques, savoir, qu'on les conserverait dans les églises, mais qu'on ne leur rendrait point de culte. Ce prince suivit ce modèle en écrivant à Eugène II. On ne sait si ce pape se conforma au modèle qui lui fut envoyé. Quoi qu'il en soit, les actes de l'assemblée furent portés à l'empereur Louis par Halitgaire et Amalaire, qui arrivèrent à Aix-la-Chapelle le 8 des ides de décembre, c'est-à-dire le 6 de ce mois de l'an 825. Ce prince se les fit lire, puis les envoya à Jérémie, archevêque de Sens, et à Jonas, évêque d'Orléans, qui les portèrent de sa part au pape Eugène, avec une seconde lettre, par laquelle il le priait de conférer avec ces deux évêques touchant la légation qu'il devait envoyer à Constantinople. Il exhortait aussi le pape à se conduire tellement dans cette affaire, que ni les Grecs ni les Romains ne pussent y trouver à redire. A ces deux lettres ce prince en joignit une troisième, pour servir d'instruction à ses envoyés. Elle fait partie des actes de cette assemblée, imprimés à Francfort en 1596, chez les héritiers d'André Wéchel, sur un ancien manuscrit. Comme on ne marquait point dans l'inscription de quelle bibliothèque ce manuscrit avait été tiré, que d'ailleurs l'édition était sans nom d'auteur, et qu'il y avait toute apparence qu'elle avait été faite en haine de l'Eglise romaine, Bellarmin composa un écrit pour montrer que les actes publiés sous le nom du concile de Paris de 825 étaient supposés. Le P. Labbe (t. VII) s'est contenté de rapporter l'écrit de Bellarmin, et n'a mis dans sa collection que la lettre de l'empereur Louis au pape Eugène II, et l'instruction pour Jérémie de Sens et Jonas d'Orléans. Le P. Hardouin n'a rapporté non plus que ces deux pièces, avec une note du P. Sirmond sur cette assemblée de Paris. En 1608, Goldstat publia de nouveau les actes de cette assemblée, dans le recueil des constitutions impériales sur les images, imprimé à Francfort ; et Delalande leur donna place dans le Supplément des conciles de France, qui parut à Paris en 1666. La différence des sentiments entre le saint-siège et les évêques de France au sujet des images ne rompit point la communion qui était entre eux ; et lorsqu'Adon, archevêque de Vienne, demanda le *pallium* à Nicolas I*er*, ce pape n'exigea de lui que de reconnaître l'autorité des six conciles généraux, sans parler du second de Nicée, qui est le septième général. Les choses en restèrent donc là assez longtemps en France ; c'est-à-dire qu'on honorait la croix, on conservait les images, on condamnait l'impiété de ceux qui les brisaient, on les plaçait honorablement dans les églises, pour la décoration et pour l'instruction ; mais on ne leur rendait aucun culte extérieur et religieux.

D'habiles controversistes ont cru pouvoir excuser les évêques français, en interprétant favorablement leur sentiment, et en disant qu'ils ne rejetaient que le culte excessif, qu'ils croyaient, ou par ignorance, ou par prévention, que les Grecs rendaient aux images. Cela peut être vrai de quelques-uns, mais non pas de tous ; et il ne nous paraît guère possible d'excuser, du moins entièrement, 1° ceux qui pensaient qu'il n'était permis de rendre aucun culte extérieur et religieux aux images des saints ; 2° ceux qui accusaient le pape Adrien I*er* d'avoir commandé, dans sa lettre à Constantin et à Irène, qu'on adorât superstitieusement les images ; 3° ceux qui, pour combattre le culte des images, apportaient en preuve de leur sentiment un texte de saint Basile, où ce grand docteur déclare positivement, « qu'il honore et adore les images des saints, selon la tradition des saints apôtres » : *Figuras imaginum eorum honoro et adoro : specialiter hoc traditum a sanctis apostolis et non prohibitum ;* 4° ceux enfin qui, adorant, c'est-à-dire honorant les croix qui représentent la mort de Jésus-Christ, refusaient d'honorer ses images, en disant que « Jesus-Christ était mort sur la croix et non sur son image ; » comme si Jésus-Christ était mort sur les croix de pierre, de fer, d'or et d'argent qu'on honore. Or, s'il est permis d'honorer l'image de la vraie croix, pourquoi serait-il défendu d'honorer l'image même du Sauveur ? Les évêques qui pensaient de la sorte ne nous semblent pas pouvoir être excusés en tout, parce qu'avec un peu moins de prévention et plus d'attention et de soin, ils auraient pu trouver le point fixe de la vérité.

Nous nous sommes abstenu de donner le nom de concile à cette assemblée d'évêques, malgré l'autorité de D. Ceillier, qu'a suivi en ce point le P. Richard, 1° parce que si nous l'avions appelée concile, nous aurions ajouté que ce concile n'a jamais été reconnu; 2° parce que dans le modèle de la lettre de l'empereur Louis au pape, les évêques qui en furent les auteurs reconnaissaient eux-mêmes qu'ils ne s'étaient point assemblés pour tenir concile, mais simplement pour obtempérer à la demande de l'empereur : « *Nos non synodum congregando, sed quemadmodum a vobis postulavimus, licentiamque agendi percepimus, una cum familiaribus nostris filiis vestris..... studuimus,* etc. » Ainsi raisonne le P. Alexandre. *Hist. eccl. sæc. octav.* Panopl. adv. hær. dissert. 6, § 10 ; *Hist. des aut. sacrés et ecclés.*, t. XXII ; *Anal. des Conc.*, t. 1.

PARIS (VI*e* Concile de), l'an 829. L'empereur Louis, informé des grands désordres qui régnaient dans ses Etats, avait nommé des commissaires sous le nom d'envoyés du prince, *missi dominici*, pour aller dans tout l'Empire, et voir par eux-mêmes ce qui s'y passait. Vala, abbé de Corbie, recommandable par sa naissance, son esprit, sa prudence et son expérience dans le maintien des affaires, et par sa vertu, fut du nombre de ces envoyés. A son retour il rendit compte de ce qu'il avait vu à l'empereur, qui tenait alors, c'est-à-dire en 828, un parlement à Aix-la-Chapelle ; lui parla avec liberté des devoirs des princes et de ceux des évêques ; se plaignit de ce que l'Etat de l'Eglise contenant deux puissances, la séculière et l'ecclésiastique, elles entreprenaient l'une sur l'autre ; que l'empereur négligeait souvent ses devoirs à l'égard des affaires temporelles pour s'appliquer aux affaires de la religion qui ne le regardaient point ; que les évêques et les autres ministres de l'Eglise s'occupaient d'affaires temporelles, au lieu de s'occuper principalement du service de Dieu ; qu'on abusait des biens consacrés au Seigneur en les donnant à des laïques. Les seigneurs qui étaient présents dirent que l'Etat était tellement affaibli, qu'il ne pouvait suffire aux besoins présents du royaume ; qu'ainsi il fallait avoir recours aux biens de l'Eglise. S'il en est de la sorte, répondit Vala, il faut examiner de quelle manière les évêques pourront subvenir à ses besoins. Il demanda que l'élection des évêques se fît selon les canons, et parla fortement contre l'ambition et l'avarice des archichapelains du palais. Puis il exposa le mauvais état des monastères, dont les laïques avaient usurpé les biens, et dit à ces seigneurs : « Si quelqu'un des fidèles a mis son offrande sur l'autel pour être présentée à Dieu, grande ou petite, et qu'un autre vienne la prendre de force ou autrement, comment appellerez-vous cette action ? » Tous, comme s'ils eussent été touchés intérieurement par quelque nouvelle inspiration, répondirent que c'était un sacrilège. Sur cela Vala, s'adressant à Louis le Débonnaire, dit : « Que personne ne vous trompe, très-illustre empereur, il est bien dangereux de détourner à des usages profanes les choses une fois consacrées à Dieu, à l'entretien des pauvres et des serviteurs de Dieu, contre l'autorité divine. S'il est vrai que l'Etat ne puisse subsister sans le secours des biens ecclésiastiques, il faut en chercher modestement les moyens, sans nuire à la religion. » Vala dit beaucoup d'autres choses, qui sont rapportées dans l'histoire de sa vie par Paschase Ratdbert. Comme on ne pouvait en contester la vérité, l'empereur, de l'avis de son parlement, décréta que l'on tiendrait quatre conciles, où l'on prendrait les moyens de rétablir la discipline ecclésiastique; l'un à Mayence, l'autre à Paris, le troisième à Lyon, et le quatrième à Toulouse. Ces quatre conciles devaient se tenir le jour de l'octave de la Pentecôte, et aussitôt après en avoir fait l'ouverture, c'est-à-dire dès le lundi, on devait observer un jeûne de trois jours. En attendant, l'empereur envoya des commissaires par tout l'empire pour s'informer de la conduite des évêques, des chorévêques, des archiprêtres, des archidiacres, des vidames et des autres ministres de l'Eglise; de l'état des monastères et des églises données en bénéfice par l'autorité du prince; de la manière dont les comtes remplissaient leurs fonctions, s'ils maintenaient la paix parmi les peuples avec l'exercice de la justice. Tous ces articles sont détaillés dans la lettre générale qu'il écrivit à tous ses sujets. Il en écrivit une autre, où, après avoir rapporté toutes les calamités qui désolaient ses Etats, la famine, la stérilité, les maladies contagieuses, les révoltes, les incendies, des chrétiens menés en captivité, des serviteurs de Dieu mis à mort, les incursions des Barbares, il nomme tous les métropolitains qui devaient assister aux conciles indiqués. Quoique Paschase Ratbert n'en compte que trois, on ne doute point que l'on n'en ait tenu quatre selon l'ordre de l'empereur, qui en avait lui-même désigné les lieux dans sa seconde lettre; mais il ne nous reste les actes que du concile de Paris.

Il ne fut tenu que le sixième de juin 829, quinze jours plus tard qu'il n'avait été indiqué. Une charte de Louis le Débonnaire nous fait connaître qu'il se tint dans l'église de Saint-Etienne des Grés, *de Gressibus*, et qu'il s'y trouva vingt-cinq évêques, savoir, quatre métropolitains avec leurs suffragants. Les quatre métropolitains étaient Ebbon de Reims, saint Alderic de Sens, Renouard ou Rognoard de Rouen, et Landran de Tours. Ils y firent des règlements qu'ils distribuèrent en trois livres; et qui sont plutôt des instructions tirées de l'Ecriture, des Pères et des conciles, que des canons. Le premier livre contient cinquante-quatre articles, le second treize, et le troisième vingt-sept.

I*** livre.* « Il ne suffit pas pour être sauvé de croire au Père, au Fils et au Saint-Esprit, ni tous les autres articles énoncés dans le Symbole; les bonnes œuvres sont encore nécessaires, parce que la foi sans les œuvres est une foi morte. La foi doit précéder, mais elle doit être suivie des bonnes œuvres. On peut juger par là des supplices auxquels seront condamnés ceux qui non-seulement n'ornent point leur foi des œuvres de piété, mais qui la déshonorent par leurs mauvaises actions. »

2 et 3. « La sainte Eglise de Dieu est un corps dont Jésus-Christ est le chef. Elle est, selon que nous l'apprennent les saints Pères, gouvernée par deux puissances, la sacerdotale et la royale. »

4 et 5. « Les évêques doivent commencer par réformer en eux ce qui ne s'accorderait pas avec l'excellence de leur dignité. Ils sont les successeurs et les vicaires des apôtres. Ils sont les conducteurs du peuple dans les voies du salut, les défenseurs de la vérité, les ennemis de l'erreur, l'ornement et les colonnes de l'Eglise, les portiers du ciel, auxquels les clefs du royaume céleste ont été confiées. Les bons évêques sont ceux qui n'ont pas obtenu l'épiscopat par brigue, mais qui l'ont mérité par une vie sainte, qui ne se laissent ni enfler par la dignité, ni rebuter par le travail qu'elle impose; qui songent moins à jouir des honneurs qu'à porter le fardeau, en s'appliquant à connaître, à instruire, à corriger ceux qui sont confiés à leurs soins. Un évêque a beau vivre saintement, s'il n'ose reprendre ceux qui vivent mal, il se perdra avec eux. Eh! que lui servira de n'être point puni pour ses propres péchés, s'il l'est pour ceux des autres? »

6. « Dans les commencements de l'Eglise, on n'admettait personne au sacrement de baptême sans une instruction précédente; mais la foi étant présentement établie partout, et les enfants des chrétiens étant admis au baptême avant l'âge de raison, il faut suppléer aux instructions dont ils n'étaient pas capables lors de leur baptême. »

7. « On s'en tiendra exactement aux temps marqués par les canons pour l'administration de ce sacrement, qui sont les fêtes de Pâques et de la Pentecôte: ceux qui feront le contraire seront punis, s'ils ne se corrigent avec humilité. Les parrains sont obligés d'instruire leurs filleuls, comme devant en répondre devant Dieu. C'est pourquoi il est besoin qu'ils soient eux-mêmes instruits des devoirs de la religion. »

8. « Défense de violer à l'avenir les canons qui excluent des ordres ceux qui ont été baptisés en maladie, ou qui ne se sont fait baptiser que par cupidité et hors des temps réglés. »

9 et 10. « Les prêtres auront soin que ceux qui ont été baptisés accomplissent les promesses faites au baptême; et ils les avertiront, lorsqu'ils seront en âge de raison, de vivre conformément aux obligations qu'ils ont contractées par ce sacrement. »

11 et 12. « Les élections et les ordinations des évêques seront exemptes de toute tache de simonie, et ceux qui auront été ordonnés selon les canons, s'occuperont continuellement de l'exemple et de l'instruction qu'ils doivent donner à leurs peuples. »

13, 14 et 15. « Ils ne seront point avares; ils exerceront l'hospitalité, ils ne détourneront point à leurs propres usages les choses consacrées à Dieu et à l'entretien des pauvres. »

16. « S'ils veulent faire des donations à leurs parents, ce ne sera que des biens qu'ils possédaient avant d'être évêques, ou de ceux qu'ils ont acquis par succession héréditaire pendant leur épiscopat. »

17. « On n'aliénera les biens de l'Eglise que dans une extrême nécessité, du consentement du primat de la province, et en présence des évêques voisins. »

18. « Un pasteur doit posséder les biens de

l'Eglise, en telle sorte qu'il ne s'en laisse pas posséder, et qu'il les possède, non pour lui, mais pour les autres. » Que l'ambition et la jalousie cessent donc de nous dire : les églises ont trop de biens. Si les biens des églises sont bien employés, les églises n'en ont pas trop. Chose étonnante ! l'ambition du monde n'en a jamais assez ; et on veut que l'Eglise de Jésus-Christ en ait trop.

19. « Une secrète malignité porte souvent les inférieurs à médire des prélats. Mais les évêques doivent s'observer, pour ne point donner occasion à ces discours par le luxe de la table et de leurs habits, ou par d'autres vanités. »

20 et 21. « Les évêques doivent toujours avoir des clercs qui couchent dans leur chambre pour y être témoins de leur conduite. Ils doivent manger avec leur clergé, et ne pas s'en séparer pour manger avec des laïques. Ils ne s'absenteront point de leur Eglise sans nécessité ; et, hors ces cas de nécessité, ils diront les heures canoniales avec leurs clercs, leur feront chaque jour des conférences sur l'Ecriture, et mangeront avec eux. »

22. Sur les plaintes qui avaient été formées, que des évêques refusaient d'ordonner indistinctement tous ceux qui leur étaient présentés par des laïques, il fut réglé que, si après avoir été examinés, ils étaient trouvés capables, l'évêque serait obligé de les ordonner ; que, s'ils ne l'étaient point, il donnerait des preuves de leur insuffisance.

23. On exhorte les évêques à s'acquitter de leur devoir envers le troupeau qui leur a été confié, et à ne pas user de domination envers leurs ouailles.

24. On les avertit d'assister corporellement et spirituellement leur troupeau.

25. En quelques diocèses, les archidiacres, ou d'autres ministres des évêques, songeant plus à contenter leur avarice qu'au salut des peuples, faisaient sur eux des exactions. Le concile enjoint à ces évêques de les réprimer.

26. « On tiendra des conciles au moins une fois l'an, et l'on en demandera la permission à l'empereur. »

27. « Les chorévêques ne doivent point donner la confirmation, ni faire les autres fonctions réservées aux évêques ; attendu que les chorévêques ne sont point les successeurs des apôtres, mais des soixante-dix disciples. »

28 et 29. « Défense aux prêtres et aux moines de tenir des fermes et de négocier, et aux moines en particulier, de se mêler d'aucune affaire ecclésiastique ou séculière, sinon par ordre de l'évêque de la ville en cas de nécessité ; aux prêtres, de s'absenter de leurs églises, et aux évêques, de les occuper au dehors, au préjudice du service divin et des âmes de ceux qui meurent pendant leur absence sans confession ou sans baptême. »

30. « Chaque évêque présentera au concile provincial ses écoliers, afin qu'on juge par là de son zèle pour les instruire. »

31. « On ne prêchera point l'Evangile par le motif de la rétribution. Les évêques ne prendront pas la quatrième partie des oblations et des décimes, sans une grande nécessité ; mais ils les distribueront pour être employées au bien de l'Eglise et au soulagement des pauvres. »

32. « Plusieurs prêtres imposaient à ceux qui se confessaient à eux, des pénitences autres que celles qui sont prescrites par les canons, se servant de certains pénitentiels pleins d'erreurs. Le concile enjoint aux évêques de faire la recherche de ces livres pénitentiaux, et de les brûler. »

33. « Les évêques, hors le cas de nécessité, ne doivent imposer les mains pour donner le Saint-Esprit qu'à jeun, et non après avoir mangé, comme il se pratique en quelques provinces ; ce qui ne convient nullement. Ils ne doivent non plus conférer le sacrement de la confirmation qu'à Pâques et à la Pentecôte. »

34. On renouvelle les anciens canons contre les crimes d'impudicité.

35. « Les évêques veilleront avec soin sur la vie des prêtres et des autres clercs déposés, et les soumettront à la pénitence canonique. » C'est que plusieurs comptaient pour rien la déposition, et vivaient en séculiers en s'abandonnant au crime.

36. « Ils réprimeront aussi la licence des clercs vagabonds, eussent-ils été reçus par des évêques ou des abbés, ou par des comtes, et demanderont pour cet effet le secours de l'empereur, surtout à l'égard de l'Italie, où l'on recevait librement les clercs fugitifs de Germanie et des Gaules. »

37. « Les abbés qui, par orgueil, refuseront d'obéir à leur évêque, seront ou corrigés par le synode, ou privés par une autorité supérieure de l'honneur de leur prélature. »

38. « On recommande aux clercs la modestie, l'honnêteté, la fuite de toute sorte de spectacles ; et l'on défend de faire supérieures de religieuses des femmes nouvellement voilées. »

39. « Défense aux prêtres de voiler des veuves et de consacrer des vierges sans le consentement de l'évêque, et aux abbesses de donner le voile aux veuves et aux vierges. »

40, 41, 42 et 43. « On défend aux femmes de se voiler elles-mêmes pour servir l'église ; et aux prêtres, de souffrir que les femmes qui se sont ainsi voilées s'ingèrent de rendre aucun service dans l'église. On ordonne aux évêques de punir, selon la rigueur des canons, les abbesses qui osaient donner elles-mêmes le voile à des veuves ou à des vierges. »

44. « Défense de donner le voile aux veuves immédiatement après la mort de leurs maris. Il faut attendre jusqu'au 30e jour, suivant l'édit de l'empereur, parce qu'alors elles sont libres de se marier ou de se consacrer à Dieu. »

45. « Quelques-uns de nous, disent les évêques, ont appris de personnes dignes de

foi, quelques-uns ont vu eux-mêmes que, dans quelques provinces, les femmes, contre la loi divine et les canons, approchent de l'autel, touchent effrontément les vases sacrés, présentent aux prêtres les habits sacerdotaux; et, ce qui est beaucoup plus indécent et contre toute raison, distribuent au peuple le corps du Seigneur, et font d'autres choses qu'il serait honteux de dire. On ordonne à tous les évêques de tenir la main à ce que de pareils abus ne se commettent plus dans leurs diocèses. »

46. « Défense aux chanoines et aux moines de rendre visite aux religieuses, sans l'agrément de l'évêque. Les religieuses ne se confesseront que dans l'église, en présence de témoins qui seront à quelque distance. Si quelque infirmité les empêche de se confesser à l'église, il y aura aussi des témoins dans la chambre pendant qu'elles se confesseront. Il ne convient nullement qu'un moine quitte son monastère pour aller confesser les religieuses, ni que les clercs et les laïques, déclinant le jugement des évêques et des prêtres chanoines, aillent se confesser aux moines qui sont prêtres; car il est seulement permis aux moines de confesser ceux de leur communauté. »

47 et 48. « Défense aux prêtres de dire la messe dans des maisons particulières ou dans des jardins, comme font plusieurs. Il n'est pas permis de dire la messe ailleurs que dans des églises, si ce n'est en voyage et en cas de nécessité. On défend pareillement de la dire sans avoir un assistant qui puisse répondre. »

49. « Chaque prêtre ne pourra avoir qu'une église, comme l'évêque n'a qu'un évêché. »

50. « L'empereur est instamment supplié d'employer son autorité pour faire sanctifier le dimanche; et pour cela de défendre, sous de grièves peines, de plaider, de tenir marché, de travailler à la campagne, et de charrier quelque chose en ce saint jour.»

51. « Défense d'avoir des boisseaux ou des setiers de différentes mesures; et savoir, de grands pour recevoir, et de petits pour donner ou pour vendre. »

52. « On condamne l'iniquité et l'avarice des comtes et des évêques des provinces occidentales de la France, qui défendaient à leurs vassaux de vendre, pendant la moisson ou la vendange, le froment et le vin à plus haut prix que celui qu'ils avaient taxé: en sorte qu'ils se faisaient donner, pour quatre deniers, un boisseau de froment qui pouvait en valoir douze.

53. On traite d'usurier un riche qui, dans un temps de famine, refuse de prêter un boisseau de blé à un pauvre, à moins que celui-ci ne s'engage à en rendre après la moisson plusieurs boisseaux, jusqu'à la concurrence du prix courant du boisseau qu'il avait reçu.

54. « Défense d'admettre les personnes qui sont en pénitence publique pour être parrains ou marraines, tant pour le baptême que pour la confirmation. Tous les règlements sont appuyés par un grand nombre d'autorités; et c'est ce qui forme le premier livre des actes du concile de Paris. »

II° livre. Le second livre traite particulièrement des devoirs des rois envers leurs sujets, et des sujets envers leurs rois. Ils sont tirés mot pour mot d'un traité de Jonas, évêque d'Orléans, présent au concile. Ce traité est intitulé, *Institutio Regia*, et adressé au jeune Pépin, roi d'Aquitaine.

1, 2, 3, 4 et 5. « Un roi, dit le concile, doit commencer par se bien gouverner lui-même, par régler sa maison, et donner bon exemple aux autres. Il doit rendre la justice, sans acception des personnes; se montrer le défenseur des étrangers, des veuves et des orphelins, réprimer les larcins, punir les adultères, ne pas entretenir des personnes impudiques ni des bouffons, exterminer les parricides et les parjures, protéger les églises, nourrir les pauvres, mettre des hommes équitables à la tête des affaires du royaume; choisir pour ses conseillers des vieillards sages et sobres, différer les effets de sa colère, défendre la patrie avec justice et avec courage, conserver la foi catholique, ne pas souffrir les impiétés de ses enfants, donner certaines heures à la prière, et ne pas manger hors des repas; car il est écrit : *Malheur au pays dont le roi est enfant, et dont les princes mangent dès le matin.* »

6. On avertit les grands seigneurs et toutes sortes de personnes d'être remplis de charité pour le prochain, et de ne lui faire aucune injure ni aucun déshonneur.

7. On déplore le malheur des chrétiens qui négligent si fort la loi de Jésus-Christ.

8. On recommande aux sujets la soumission au souverain, qui a reçu de Dieu sa puissance.

9. On dit que les calamités publiques et les changements qui arrivent dans les royaumes, qui sont souvent transférés à d'autres princes, sont les effets des péchés du peuple et des princes.

10. On condamne d'erreur le sentiment de quelques chrétiens qui croyaient que tous ceux qui étaient baptisés, quelque crime qu'ils commissent, seraient un jour sauvés, et qu'ils ne seraient dans les enfers que pendant un temps, après lequel Dieu leur ferait miséricorde.

11. On exhorte les fidèles à venir à l'église pour y assister aux prières, et on les avertit d'y être avec respect.

12. On reprend ceux qui, étant à l'église, ne font aucune attention aux prières qu'ils adressent à Dieu.

13. On avertit ceux qui ne peuvent aller à l'église à cause de la distance des lieux, de ne pas laisser pour cela de prier Dieu, puisqu'on peut le prier en tout lieu.

III° livre. Le troisième livre des actes du concile de Paris commence par une lettre des évêques, adressée aux empereurs Louis et Lothaire, sous le titre d'*Augustes invincibles*. Comme ils lui envoyaient en même temps les articles qu'ils avaient dressés, ils n'en dirent qu'un mot dans leur lettre; mais ils y joignirent sept articles du premier livre, qu'ils regardaient comme les plus intéressants, et en composèrent vingt autres dont ils lui demandèrent l'exécution. Ces vingt-sept articles réunis forment le troisième livre des actes de ce concile. Les sept premiers sont les 4, 34, 52, 29, 50, 47 et 44 du premier livre.

Les évêques demandent, dans les vingt autres, à l'empereur, de faire en sorte que ses enfants et les grands de sa cour respectent le pouvoir et la dignité sacerdotale ; en les faisant souvenir que c'est aux évêques qu'est commis le soin des âmes, qu'ils sont après les apôtres les fondateurs des églises, que c'est par eux que les volontés de Dieu nous sont connues, qu'ils sont les chefs du peuple fidèle, les défenseurs de la vérité et les pères de ceux qui sont régénérés dans la foi catholique ; de maintenir en tout temps la paix, la concorde et l'unanimité entre les évêques et leurs peuples ; de leur accorder la permission de s'assembler, du moins une fois l'année, dans chaque province pour l'utilité des églises et le maintien de la discipline ; d'établir par son autorité des écoles publiques dans les trois endroits les plus convenables de l'empire ; d'autoriser ses envoyés à faire la recherche des clercs fugitifs, principalement en Italie ; d'empêcher que les moines, les prêtres et les autres clercs ne fréquentent si souvent le palais ; de rétablir quelques évêchés qui ne subsistaient plus, parce qu'on les avait dépouillés de leurs biens ; de faire cesser les désordres qui se commettaient dans quelques endroits des diocèses d'Alitgaire et de Bangaire, l'un évêque de Cambrai, l'autre de Noyon ; de réprimer la fureur de ceux qui, pour satisfaire leur haine ou venger les injures qu'on leur avait faites, répandaient de leur propre autorité le sang de leurs ennemis ; de maintenir le bon ordre dans les monastères, et d'empêcher qu'ils ne dépérissent par la faute des laïques à qui ils sont donnés ; de supprimer les chapelles domestiques, même celles du palais ; d'engager les fidèles, par son exemple, à s'approcher de la communion du corps et du sang de Notre-Seigneur ; de s'appliquer avec soin à pourvoir les églises de bons pasteurs, les monastères de filles de dignes abbesses, et l'État de ministres sages et éclairés, et d'élever lui-même ses enfants dans la crainte de Dieu. Ils représentent en dernier lieu à Louis le Débonnaire, la nécessité de contenir chacune des deux puissances dans ses bornes, disant que le plus grand obstacle au bon ordre venait de ce que, depuis longtemps, les princes s'ingéraient dans les affaires ecclésiastiques, et de ce que les évêques s'occupaient plus qu'ils ne devaient d'affaires temporelles.

PARIS (concile de), l'an 846. Les évêques du concile de Meaux de l'année précédente, étant de retour dans leurs diocèses, tinrent des conciles provinciaux où ils firent divers règlements, que le roi Charles se fit présenter étant à Epernai en 847. Lothaire, mécontent de ce qu'un seigneur, nommé Gisolbert, avait enlevé et épousé sa fille Ermingonde, entreprit de s'en venger sur le roi Charles, dont ce seigneur était vassal. Il exigea à cet effet des lettres du pape Sergius pour examiner de nouveau la déposition d'Ebbon. Il y en avait une adressée au roi Charles, portant ordre d'envoyer Gondebaud, archevêque de Rouen, avec quelques autres évêques de son royaume, et Hincmar, à Trèves, où les légats devaient se trouver. Le pape écrivit sur le même sujet à Gondebaud et à Hincmar. Mais Charles prévoyant que ces évêques ne seraient point en liberté à Trèves, qui était de la dépendance de Lothaire, refusa d'obéir, et Gondebaud indiqua le lieu de l'assemblée à Paris, où il demanda à Ebbon et aux légats du pape de se rendre. Il s'y rendit avec ses suffragants et la plupart des évêques qui avaient assisté au concile de Meaux. Ebbon n'y parut, ni en personne, ni par députés. Il n'y envoya pas même de lettre. Gondebaud, de l'avis et au nom du concile, lui dénonça par écrit qu'on lui interdisait toute prétention sur le diocèse de Reims, avec défense d'inquiéter personne sur ce sujet, jusqu'à ce qu'il se présentât devant eux selon l'ordre du pape, et qu'il fût jugé canoniquement. Ebbon n'ayant pas répondu, le concile ne prononça point sur cette affaire. Il se tint le quatorzième de février 846, indiction dixième, ce qui revient, suivant notre manière de compter, à l'an 847, parce qu'alors on commençait l'année à Pâques. Les évêques n'y firent point de nouveaux canons ; mais dans une lettre qu'ils adressèrent au roi Charles, et qui sert de préface aux règlements du concile de Meaux, ils renouvellent leurs instances pour la réformation de l'État et de l'Église, attribuant les calamités publiques, et en particulier les incursions des Normands, au mépris de leurs avertissements. Ils confirmèrent, à la requête de Paschase, abbé de Corbie, les lettres accordées à ce monastère pour la liberté de ses élections et la disposition de ses biens, en considération de ce qu'on y avait conservé une exacte régularité depuis sa fondation. Trois métropolitains souscrivirent à l'acte de confirmation, Hincmar de Reims, Venilon de Sens, et Gondebaud de Rouen, avec dix-sept autres évêques. *D. Ceillier, t.* XXII.

PARIS (concile de), l'an 847. Ebbon, ayant été déposé de l'archevêché de Reims, porta ses plaintes auprès du pape Sergius, qui, cédant à sa réclamation qu'appuyait le roi Lothaire, manda à Gondebaud, archevêque de Rouen, de se concerter avec ses légats pour examiner de nouveau sa cause. Il se tint donc à ce sujet un concile à Paris où assistèrent, avec l'archevêque de Rouen et les légats, Vénilon de Sens et ses suffragants, Hincmar et tous les évêques de la province de Reims, et Landran, archevêque de Tours. Mais Ebbon, désespérant de gagner sa cause par les moyens canoniques, s'abstint de comparaître lui-même, malgré l'ordre que lui en avait intimé le souverain pontife.

Alors les évêques réunis déclarèrent Ebbon déchu à tout jamais du siége de Reims, avec défense de remettre le pied sur le territoire de ce diocèse. Le P. Labbe ne pense pas que ce concile en soit un autre que celui de l'article précédent. *Labb., t.* VIII, *ex Flodoardo.*

PARIS (concile de), l'an 849. Les quatre évêques de Bretagne que le concile assemblé par les soins du duc Nomenoy avait, l'année précédente, convaincus de simonie, étant avertis du dessein que le duc avait de les contraindre à quitter leurs évêchés, s'étaient aussitôt pourvus à Rome par une lettre adressée au pape Léon IV, où ils demandaient de quelles peines on devait user envers les simoniaques, par qui ils devaient être jugés, et combien il fallait de témoins pour les condamner. Leur but dans cette consultation était de présenter la réponse du pape au duc de Bretagne, pour faire échouer ses desseins; mais elle n'arriva qu'après leur déposition. Ce duc avait aussi écrit à Léon IV; mais craignant que la réponse à sa lettre ne fût pas selon ses désirs, ou plutôt fâché de ce que le pape l'avait adressée aux évêques de France pour la lui envoyer, il refusa de la recevoir. Les évêques de France, assemblés au nombre de vingt-deux à Tours ou à Paris, car on n'est pas d'accord sur le lieu, écrivirent une lettre pleine de reproches et de menaces, où ils lui disaient : qu'encore qu'il portât le nom de chrétien, il avait ravagé les terres des chrétiens, détruit une partie des églises, et brûlé l'autre, avec les reliques des saints ; détourné à son usage le patrimoine des pauvres, chassé de leurs siéges des évêques légitimes, et mis à leur place des voleurs et des mercenaires. Ils lui reprochaient encore d'avoir méprisé le vicaire de saint Pierre, à qui Dieu a donné la primauté dans tout le monde, en refusant non-seulement d'obéir à ses avertissements, mais même de recevoir ses lettres, d'avoir favorisé la révolte du comte Lambert contre le roi Charles, et de n'observer pas les bornes que les Français avaient mises, au commencement de l'empire, entre eux et les Bretons. Ils le chargeaient d'avertir Lambert, que s'il ne rentrait au plus tôt dans son devoir, ils allaient l'excommunier, lui et tous ceux de son parti; et ils le menaçaient lui-même d'une mort prochaine, s'il ne se convertissait. Néanmoins, pour lui donner des marques de cette charité qu'on doit au pécheur, ils lui offraient, en cas qu'il rentrât en lui-même, qu'il mît fin à ses mauvaises actions, et se convertît à Dieu, de lui servir de médiateur auprès du roi, et d'engager ce prince à le pourvoir lui et ses enfants. Mais le duc ne tint aucun compte des menaces, ni des promesses des évêques. La chronique d'Angoulême marque qu'il mourut en 850, frappé de Dieu par le ministère d'un ange. Ainsi il ne survécut qu'un an à ce concile, que l'on met ordinairement en 849. On croit que cette lettre fut écrite par Loup de Ferrières. Landran, archevêque de Tours, y est nommé le premier dans l'inscription. C'est ce qui a fait croire que ce concile s'était tenu en cette ville. Et ce qui le prouve encore, c'est que les affaires traitées dans la lettre synodale étaient du ressort de la métropole de Tours; mais la chronique de Fontenelle le met à Paris. *D. Ceillier, t.* XXII.

Dans ce même concile, selon le témoignage d'Albéric, tous les chorévêques furent déposés; mais cela n'empêcha pas que l'on n'en vit encore quelques-uns depuis.

PARIS (concile de), l'an 853, pour l'ordination d'Enée, évêque de Paris. Saint Prudence, évêque de Troyes, ne pouvant s'y trouver, y envoya quatre articles contre les pélagiens, et contraires à ceux d'Hincmar ou de Quercy pour les faire souscrire par Enée, avant de consentir à son ordination.

PARIS (concile de) ou de France, vers l'an 913. Le roi Charles le Simple assembla ce concile, dont nous ignorons le lieu précis, et où se trouvèrent seize métropolitains avec plusieurs seigneurs. Il y fit excommunier ceux qui manqueraient à la fidélité qu'ils lui devaient. Il y a lieu de croire qu'on fit d'autres règlements dans ce concile, qui paraît avoir été national; mais les actes en sont perdus. *Hist. de l'Egl. Gallic., liv.* XVIII; *Labb. t.* IX, *Epist. Caroli.*

PARIS (concile de), l'an 1006. Le docte Mansi admet un concile tenu à Paris l'an 1006, pour la confirmation de la donation faite aux chanoines de la cathédrale de cette ville par Raynauld, leur évêque, et déjà confirmée par une bulle de Jean XVIII, qui se trouve rapportée dans l'*Appendice* du tome VII du *Gallia Christiana,* dont les auteurs assurent qu'ils ont trouvé cette bulle dans les cartulaires de l'église de Paris, t. XIX, c. 11.

PARIS (Concile de), l'an 1024. On y donna le titre d'apôtre à saint Martial de Limoges. *Pagi ad hunc annum.*

PARIS (Concile de), l'an 1050, où il se trouva un grand nombre d'évêques, rassemblés par ordre et en présence du roi Henri. On y lut une lettre de Bérenger, qui ne comparut point, quoiqu'il y eût été appelé. Le concile fut très-scandalisé de cette lettre. Bérenger fut condamné avec tous ses complices, de même que le livre de Jean Scot sur l'Eucharistie, d'où les erreurs que l'on condamnait étaient tirées. On déclara que si Bérenger ne se rétractait avec ses sectateurs, toute l'armée, ayant le clergé à la tête, irait les chercher quelque part qu'ils fussent, et les assiéger jusqu'à ce qu'ils se soumissent à la foi catholique, ou qu'ils fussent pris pour être punis de mort, s'ils ne se rétractaient. *Durand, abbé de Troarne, de Corp. et Sang. Christi.*

PARIS (Concile de), vers l'an 1072, tenu par Gérald, évêque d'Ostie et légat du saint-siége, pour juger le différend élevé entre les moines de Saint-Aubin d'Angers et ceux de Vendôme au sujet de l'église de Notre-Dame de Cerdon. Le légat n'y put rien décider. Quelque temps après cependant, grâce à la médiation d'Artaud, évêque de Chartres, on convint d'un arrangement entre les parties contendantes ; mais les moines de Saint-

Aubin le rompirent bientôt, et la querelle se ralluma. *Mansi, Conc. t.* XX.

PARIS (Concile de), non reconnu, l'an 1074. Saint Gautier, abbé de Pontoise, y fut fort maltraité, pour avoir pris la défense du décret de saint Grégoire VII, qui ne permettait pas d'entendre la messe des prêtres concubinaires. *Mansi, t.* II.

PARIS (Concile de), l'an 1092, où assistèrent Manassès de Reims, Richard de Bourges, Roger de Châlons-sur-Marne, Geofroi de Paris et sept autres évêques. Tous souscrivirent au diplôme que le roi Philippe Ier accorda à l'abbaye de Saint-Corneille de Compiègne, dont il confirma les biens et les droits. *Labb.* X; *Hard.* VII.

PARIS (Concile de), l'an 1105. Ce concile fut assemblé par l'ordre du pape Pascal II, le 2 décembre, pour l'absolution de Philippe et de Bertrade. Tous les deux se rendirent au concile avec de grandes marques d'humilité, et ils jurèrent en touchant les Évangiles, qu'ils renonçaient à tout commerce criminel. Sur ce serment, Lambert, évêque d'Arras, commis à cet effet par le pape, leur donna l'absolution de l'excommunication. *Labb.* X. Les historiens de l'Église Gallicane et le P. Richard, t. II de son *Analyse des Conciles*, ont marqué ce concile à l'an 1104; mais ce dernier s'est ensuite corrigé lui-même au tome V du même ouvrage.

PARIS (Concile de), l'an 1129. Matthieu, évêque d'Albane et légat du saint-siége, tint ce concile dans l'abbaye de Saint-Germain-des-Prés, en présence du roi Louis VI, dit le Gros. On y traita de la réforme de plusieurs monastères, et en particulier de celui d'Argenteuil, dont on dispersa les religieuses, pour y mettre des moines de Saint-Denis : ce qui fut confirmé par le pape, le roi, et l'évêque de Paris. *Lab.* X; *Hard.* VII.

PARIS (Concile de), l'an 1147. Le pape Eugène III tint ce concile, le 20 avril, au sujet de Gilbert de la Porrée, dont la doctrine lui avait été déférée comme entachée d'erreurs. On produisait contre Gilbert diverses propositions et des témoins qui les avaient entendues de sa bouche, avec des extraits de son Commentaire sur Boèce. Ces propositions portaient que l'essence divine n'est pas Dieu, que les propriétés divines ne sont pas les personnes mêmes, que les personnes divines ne peuvent être nommées comme attribut en aucune proposition, et que la nature divine ne s'est point incarnée, mais seulement la personne du Fils. Gilbert nia avoir dit ou écrit que la Divinité n'est pas Dieu, ou qu'il y a en Dieu une forme ou une essence qui n'est pas lui-même. Mais, comme d'autres soutenaient le contraire, le pape renvoya la décision de cette dispute au concile qu'il se proposait de tenir à Reims, à la mi-carême de l'année suivante 1148. *V.* REIMS, l'an 1148.

PARIS (Assemblée ecclésiastique de), l'an 1164. Le pape Alexandre III, ayant réuni trois mille étudiants ou même plus, la veille de Noël de cette année, condamna en leur présence, de l'avis de ses cardinaux, tous les sens détournés et toutes les questions impertinentes en fait de théologie, leur défendant strictement de se les permettre, et il enjoignit à l'évêque de Paris, en vertu de la sainte obéissance, de faire observer ce décret dans toute la France (c'est-à-dire sans doute dans toute l'Ile de France). On n'est pas bien sûr toutefois que cette assemblée ait eu lieu à Paris même. *Mansi, Conc. t.* XXI.

PARIS (Concile de), l'an 1170, contre une proposition de Pierre Lombard. *Labb.* X.

PARIS (Concile de), l'an 1185. Ce concile fut tenu au mois de janvier de l'an 1185, et non 1186, comme le marquent les collecteurs ordinaires. Philippe II surnommé Auguste, roi de France, y ordonna à tous les prélats assemblés, d'exhorter tous ses sujets à faire le voyage de Jérusalem pour la défense de la foi, et lui-même il y envoya la même année à ses frais un bon nombre de chevaliers et de gens de pied.

PARIS (Concile de), l'an 1188. Philippe-Auguste y obtint des prélats que chacun donnerait pendant cette année la dîme de ses revenus et de ses meubles, pour le secours de la terre sainte. Cette cotisation extraordinaire fut appelée la *dîme saladine*, du nom du fameux sultan qui l'avait rendue nécessaire par ses conquêtes.

PARIS (Concile de), l'an 1196. Deux légats du pape, avec tous les évêques et les abbés du royaume, tinrent ce concile, pour examiner le mariage du roi Philippe-Auguste avec la princesse Ingelburge; mais la crainte les empêcha de prononcer. *Lab.* X; *Hard.* VII.

PARIS (Concile de), l'an 1201. Le légat Octavien tint ce concile avec les évêques du royaume, et y convainquit d'hérésie un vaudois, nommé Elgaud ou Evraud, qui fut brûlé dans la ville de Nevers, dont il avait été gouverneur. *Lab.* XI; *Hard.* VII.

PARIS (Synodes de), vers l'an 1200. L'archevêque François de Harlay a fait publier en 1674, en l'appuyant de son autorité, le *Synodique* ou *Synodicon* de l'Église de Paris. C'est de cet ouvrage que nous allons extraire la plupart des articles suivants.

Statuts synodaux d'Eudes de Sully. Le Synodique ne nous en donne pas la date. On y voit seulement qu'ils furent publiés, partie à une époque, partie à l'autre. On lit en tête le dystique suivant :

Fit Jovis in luce synodus, quæ proxima Lucæ :
Lux Jovis hac (a) replicat tertia Pascha sequens

On y prescrit à tous les prêtres de se rendre à jeun au synode, en aube et avec l'étole au synode de Pâques, en surplis et avec l'étole à celui d'automne.

Suivent des statuts particuliers sur le baptême, le sacrement de l'autel, la confession, le mariage et l'extrême-onction. On recommande aux laïques mêmes de se conformer au rituel romain dans l'administration du baptême en cas de nécessité, et aux prêtres de faire après le simple ondoiement les mêmes cérémonies qu'après le baptême conféré solennellement.

« On n'exigera rien pour le baptême ; mais

(a) Peut-être pour *hanc*.

on recevra ce qui sera offert sans pacte. »

« On tiendra les fonts fermés sous clef, afin de prévenir les sortiléges » (pour lesquels les saints huiles et le sel bénit étaient recherchés de préférence).

« Le prêtre ne manquera jamais de s'enquérir du laïque qui aura baptisé en cas de nécessité, de quelle manière il aura procédé à cette action; et s'il trouve que le baptême a été conféré de la manière prescrite dans le rituel romain, il ne le réiterera pas; s'il ne peut s'en assurer, il rebaptisera l'enfant. »

« On admettra trois personnes au plus pour lever un enfant des fonts. »

« Les prêtres exhorteront souvent le peuple à faire confirmer les enfants, qui doivent recevoir la confirmation après le baptême. S'il s'agit d'adultes, ils se confesseront avant de se faire confirmer. »

« Il appartient à l'évêque seul de donner la confirmation, de consacrer des vierges, de faire la dédicace d'une église, et de conférer les ordres. »

« On entourera les autels du plus grand respect, surtout si l'on y garde le corps du Seigneur, et qu'on y dise la messe. »

« On lavera souvent les linges et les parements des autels. »

« On aura soin de décorer et de tenir propre le vase avec lequel on communie les malades, pour qu'ils en conçoivent plus de dévotion. On fera de même des burettes qui servent à l'autel, et des vases des saintes huiles. »

« Les prêtres ne permettront point aux diacres de porter la communion aux malades, si ce n'est dans leur absence, et en cas de nécessité; mais ils la porteront eux-mêmes avec beaucoup de respect et de gravité dans des boîtes d'ivoire bien fermées, en se faisant précéder d'un flambeau, et en chantant les sept psaumes de la pénitence avec les litanies *pro infirmo*, tant au départ qu'au retour. Si le chemin est long, ils ajouteront quinze psaumes et d'autres prières »

« Ils avertiront fréquemment les laïques de fléchir les genoux, et de prier à mains jointes, toutes les fois qu'ils verront le saint sacrement. »

« Le corps sacré de Notre-Seigneur doit toujours être déposé à la partie de l'autel la plus ornée. »

« Les clercs ne serviront à l'autel qu'en surplis et en chapes. »

« Personne n'aura la présomption de dire deux messes en un même jour, à moins d'une grande nécessité. »

« On ne dira jamais la messe, sous quelque prétexte que ce puisse être, avant d'avoir récité ou entendu matines et prime. »

« A l'office de la Vierge, on chantera toujours et avec dévotion la troisième strophe, *Maria, mater gratiæ*, etc. »

« Les prêtres écouteront les confessions avec beaucoup de soin, et interrogeront leurs pénitents avec détail sur les péchés les plus communs, et d'une manière éloignée sur les autres, de manière cependant à mettre ceux qui en seraient coupables sur la voie de s'en confesser. »

« Les prêtres choisiront pour entendre les confessions le lieu de l'église le plus exposé à la vue des fidèles, et ne confesseront ailleurs que par nécessité. »

« Dans la confession, le prêtre aura les yeux baissés, sans les tourner sur la personne qui se confessera à lui, surtout si c'est une femme : il l'engagera de son mieux à dire tous ses péchés, en lui faisant entendre qu'autrement sa confession lui serait inutile. »

« Les prêtres réserveront à leurs supérieurs l'absolution des péchés les plus considérables, tels que les homicides, les sacriléges, les péchés contre nature, l'inceste, le crime commis sur une vierge, les violences exercées contre des parents, la violation de vœux qu'on aurait faits, et d'autres semblables. »

« Il y a trois crimes spécialement réservés au pape ou à son vicaire : les voies de fait contre des clercs ou des religieux, le crime d'incendie et la simonie. C'est à l'évêque néanmoins qu'on doit renvoyer ceux qui s'en trouvent coupables. »

« Dans les cas douteux, le confesseur consultera toujours l'évêque ou des hommes expérimentés. »

« Il n'absoudra son pénitent qu'autant que celui-ci aura renoncé de cœur à tout péché mortel; s'il le voit endurci, il se contentera de l'engager à faire en attendant tout le bien qu'il pourra pour que Dieu lui donne l'esprit de pénitence. »

« Il prendra bien garde d'imposer des pénitences trop légères, pour lesquelles il lui serait demandé compte un jour; d'ordonner des messes ou des aumônes à ceux qui auraient, avant tout, à faire quelque restitution, et d'accepter lui-même les messes qu'il aurait enjoint à son pénitent de faire célébrer. »

« Les prêtres avertiront fréquemment les fidèles de se confesser, particulièrement à l'entrée du carême. »

« Ils se garderont bien de demander à leurs pénitents les noms de leurs complices, mais seulement les circonstances et la nature de leurs péchés. »

« Aucun d'eux ne pourra jamais révéler les péchés de son pénitent, par parole ou par signe, en termes généraux ou particuliers, sous peine de dégradation. »

« Ils obligeront leurs pénitents à garder les jeûnes prescrits par l'Eglise, tels que ceux du carême, des Quatre-Temps, des vigiles et du vendredi de chaque semaine. »

« Les mariages se célébreront avec décence et sans risée qui puisse en inspirer du mépris. Le prêtre les fera toujours précéder de trois publications, qu'il fera à trois jours de fête distants l'un de l'autre, en enjoignant au peuple, sous peine d'excommunication, de lui donner connaissance des empêchements qui pourraient s'y trouver. »

« On avertira fréquemment les laïques de ne célébrer leurs fiançailles qu'en présence du prêtre et devant la porte de l'église. »

« Les prêtres soumettront toujours à l'évêque les doutes concernant le mariage. »

« Défense, sous peine de suspense, de rien exiger avant la bénédiction nuptiale, soit pour les certificats à présenter, soit pour la célébration du mariage : après qu'il aura été célébré, on pourra recevoir sa *pitance (fercula sua)* et l'exiger même, s'il le faut. »

« On portera avec respect les saintes huiles aux malades, et on ne leur demandera rien pour cet office, qu'ils soient riches ou qu'ils soient pauvres; mais on recevra gratuitement ce qui sera donné de même. »

« Les prêtres avertiront le peuple que tous, soit riches, soit pauvres, sont obligés de recevoir ce sacrement, surtout depuis l'âge de quatorze ans et au-dessus; qu'on peut le recevoir plusieurs fois, et toutes les fois qu'on est atteint d'une maladie dangereuse. »

Tels sont à peu près tous les statuts publiés par Eudes de Sully dans le premier de ses synodes. Dans le second, il en donna de nouveaux, mais avec beaucoup moins de suite ou de liaison que ceux qu'on vient de lire. On y fait aux prêtres une prohibition sévère de jouer aux dés, d'assister aux spectacles et aux danses, et même d'entrer en des maisons étrangères sans y être accompagnés d'un clerc ou d'un laïque. On y touche beaucoup de points marqués depuis dans les rubriques sur la célébration de la messe; on y défend de laisser prêcher des ignorants ou des inconnus dans les rues et dans les places, non plus que dans les églises, avec menace d'excommunication pour ceux qui les écoutent, et cela par rapport au danger de séduction. Mais on veut que les prêtres, dans leurs sermons, en emploient une partie à instruire directement le peuple des articles de la foi, et à en donner des explications qui le prémunissent contre les hérésies; on leur recommande d'exhorter à faire au moins une fois l'an la visite de la cathédrale par forme de pèlerinage; on leur ordonne de prier spécialement pour le roi, aussi souvent qu'ils le pourront; on leur recommande de prendre des précautions très-exactes contre les mariages clandestins. Le précepte cinquante-sixième dit : qu'on défend étroitement aux diacres d'entendre en aucune manière les confessions, si ce n'est dans une nécessité très-pressante; car, ajoute-t-il, ils n'ont pas les clefs et ne peuvent absoudre; ce qui marque que ces confessions ne passaient point pour sacramentelles. Eudes semble néanmoins les tolérer dans la nécessité, mais comme une pénitence arbitraire, qui n'a d'efficace que par la bonne volonté prévenue et aidée de la grâce comme les autres bonnes œuvres. Il ne fit apparemment pas ces statuts dans un seul synode, puisqu'il s'y plaint quelque part du peu d'obéissance qu'on avait eu aux statuts qui avaient précédé.

PARIS (Concile de), l'an 1209. On répandit à Paris, vers cette époque, de nouvelles erreurs, qui y causèrent de grands troubles. Elles avaient pour auteur un nommé Amauri, clerc, natif de Bène, au pays chartrain. Après avoir longtemps enseigné la logique et les autres arts libéraux, il s'adonna à l'étude de l'Écriture sainte, mais avec un esprit préoccupé d'opinions particulières. Il avança que chaque chrétien est obligé de croire qu'il est membre de Jésus-Christ, et que personne ne peut être sauvé sans cette créance, dont il faisait un article de foi. A cette proposition, tous les catholiques s'élevèrent contre lui; il fut déféré au pape Innocent III, qui le condamna après l'avoir ouï, avec les objections de l'université contre sa proposition; mais il ne le fit que de bouche, et mourut quelque temps après dans son erreur. Ses disciples y en ajoutèrent d'autres, soutenant entre autres que chacun pouvait être sauvé par l'infusion intérieure de la grâce du Saint-Esprit, sans aucun acte extérieur; et que ce qui était en soi-même un péché, ne l'était plus, étant fait par charité. D'après ce principe ils commettaient des adultères et d'autres impuretés sous le nom de charité. Ces erreurs étant venues à la connaissance de Pierre, évêque de Paris, et de Pierre Guérin, profès de l'ordre de Saint-Jean de Jérusalem, le principal confident du roi Philippe, ils envoyèrent secrètement le docteur Raoul de Nemours s'informer exactement des gens de cette secte. Il en découvrit plusieurs de toute condition : prêtres, clercs et laïques, de l'un et de l'autre sexe. On en amena quatorze à Paris, où on les mit en prison. Les évêques voisins et les docteurs en théologie s'assemblèrent pour les examiner : on leur proposa les articles de leurs erreurs, et ceux qui y persistèrent furent brûlés le 20 décembre 1210. Le concile condamna aussi la mémoire d'Amauri et l'excommunia; ses os furent en conséquence tirés du cimetière et jetés sur le fumier. Outre les erreurs dont nous avons parlé, ses disciples enseignaient que le corps de Jésus-Christ n'est pas autrement au pain de l'autel qu'en tout autre pain, et que Dieu avait parlé par Ovide comme par saint Augustin. Ils niaient la résurrection et disaient que le paradis et l'enfer n'étaient rien; que ceux-là avaient en eux le paradis, qui avaient la pensée de Dieu; et ceux-là l'enfer, qui étaient coupables d'un péché mortel; que c'était idolâtrie que d'ériger des autels sous l'invocation des saints et d'encenser leurs images.

On lisait publiquement à Paris les livres de la métaphysique d'Aristote, apportés depuis peu de Constantinople, et traduits de grec en latin. Comme ils avaient donné, par les subtilités qu'ils contiennent, occasion à l'hérésie d'Amauri, et qu'ils pouvaient en faire naître d'autres, le concile ordonna de les brûler tous, et défendit sous peine d'excommunication de les transcrire, de les lire ou de les retenir. Mais à l'égard de la physique générale du même philosophe, qu'on lisait aussi depuis quelque temps à Paris, le concile se contenta d'en défendre la lecture pendant trois ans. Il n'eut pas le même égard pour les livres d'un nommé David de Dinan; ils furent brûlés par ordre du concile, avec les livres français ou *romans*, comme on disait alors, de théologie, et par toutes ces précautions l'hérésie fut éteinte. *Hist. des aut. sacr. et eccl.*, t. XXI; *Thes. anecdot.*, t. IV.

PARIS (Concile de), l'an 1212. Robert Corçon ou Corcéon, cardinal et légat en France, tint ce concile, où, par l'autorité du pape et des prélats assemblés avec lui, il publia plusieurs décrets divisés en quatre parties. La première concerne les clercs séculiers, et contient vingt décrets. La seconde regarde les réguliers, et en contient vingt-sept. La troisième a pour objet les religieuses, les abbesses et les abbés, et l'on y compte vingt et un décrets. La quatrième, qui en renferme autant, roule sur les archevêques et les évêques.

Première partie.

1. Les clercs seront modestes dans leurs habits et dans leur maintien : ils porteront les cheveux tondus en rond, ne parleront point inutilement dans le chœur, ne s'y promèneront point, non plus que dans l'église, et n'en sortiront point sans nécessité, si ce n'est après la fin de la messe.

2. On ordonne aux doyens de retrancher la distribution ordinaire aux chanoines qui se contentent d'assister au commencement et à la fin de l'office, et s'en absentent au milieu.

3. Défense aux clercs d'avoir des chiens de chasse ou des oiseaux, et des équipages magnifiques à la façon des gens du monde.

4. Défense aux clercs, sous peine de suspense, d'avoir chez eux des femmes.

5. Les ecclésiastiques se confesseront à leurs évêques ou à leurs supérieurs, et non à d'autres sans leur permission.

6. Défense aux clercs qui ont un bénéfice suffisant, de faire la fonction d'avocat pour de l'argent, de se charger de causes presque désespérées, d'allonger les procédures ou d'en empêcher le cours par malice : quant aux clercs qui n'étaient ni chanoines ni bénéficiers, le concile leur interdit seulement les salaires excessifs.

Comme les laïques étaient autrefois, pour l'ordinaire, fort ignorants, et qu'il n'y avait que peu de lettrés parmi eux, on permettait aux ecclésiastiques d'exercer la profession d'avocat, à condition que les chanoines et les bénéficiers l'exerceraient gratuitement, et que les autres qui n'étaient ni chanoines ni bénéficiers, se contenteraient d'un salaire modéré pour leurs fonctions.

7. Défense aux ecclésiastiques de faire serment de ne point prêter leurs livres ou toutes autres choses, ou de ne servir de caution pour personne. Ces serments sont déclarés nuls.

8. Défense aux quêteurs de prêcher, soit qu'ils portent des reliques ou non, ou d'affermer la prédication de quelque province. On peut néanmoins leur permettre de prêcher, s'ils ont des lettres de leur évêque diocésain.

9. Défense de laisser dire la messe à des prêtres inconnus, à moins qu'ils n'aient des lettres testimoniales de leur évêque, ou le témoignage de quelques gens de bien.

10. Aucun prêtre ne doit donner la communion ou la sépulture à un excommunié, ou à un interdit, ou à un inconnu, ou enfin à un paroissien d'un autre.

11. On n'obligera personne à léguer par testament des rétributions de messes à dire pendant tout le cours d'une année, ou de trois, ou de sept ans; et les prêtres ne se chargeront point de tant de messes, qu'ils soient obligés de s'en décharger sur d'autres pour de l'argent, ou de dire des messes sèches pour les morts.

Il paraît, par ce canon, que les rétributions pour les messes étaient établies dès le commencement du treizième siècle. On sait que les messes sèches étaient celles où il n'y avait ni consécration ni communion.

12. Il est défendu aux curés de prendre à ferme d'autres cures, ou de laisser à ferme les leurs, ou d'être chapelains en d'autres églises. Aucun prêtre ne confessera dans la paroisse sans ordre du supérieur ou de celui qui y est chargé du soin des âmes, si ce n'est dans le cas de nécessité. Ce statut donne au curé et à son supérieur le titre de propre prêtre.

13. Défense de partager les bénéfices et les prébendes.

14. Défense de vendre les doyennés ruraux pour un temps ou pour toujours.

15. Défense aux archidiacres d'exiger des églises qu'ils ne visitent point en personne, le droit de procuration.

16. On ne souffrira dans les cloîtres aucune assemblée de jeux ou de débauches.

17. Les chanoines des chapitres conventuels choisiront un étranger pour leur supérieur, s'ils n'en trouvent pas de capable parmi eux.

18. Quand il y a une élection à faire dans un chapitre, on doit publier le jour qu'elle se fera, afin que les absents puissent s'y rendre.

19. Défense, sous peine d'excommunication, de posséder plusieurs bénéfices à charge d'âmes, avec ordre de se défaire de l'un ou de l'autre dans deux mois, sous peine de privation de tous ses patronats.

20. Défense à qui que ce soit de prétendre qu'un bénéfice lui appartienne, comme par droit de succession; et de rien exiger pour donner permission d'enseigner, ou pour avoir le gouvernement des écoles, avec ordre à l'évêque de suspendre de leur bénéfice ceux qui violeront ce règlement, après qu'on les aura avertis.

Seconde partie.

1. On n'exigera rien pour l'entrée en religion; et les religieux qui suivent la règle de saint Augustin, comme ceux qui font profession de celle de saint Benoît, n'auront rien en propre; mais les prieurs et ceux qui ont quelque administration pourront, avec la permission générale de leurs prélats, retenir ce qui leur sera nécessaire pour acquitter les charges de leurs offices.

2. On ne recevra personne dans quelque ordre que ce soit avant l'âge de dix-huit ans; et l'on n'exigera rien pour l'entrée en religion.

3. On murera dans les monastères les petites portes, afin d'ôter toute occasion de dérangement.

4. Les revenus destinés au soulagement des infirmes et des pauvres ne seront ni diminués, ni employés à d'autres usages.

5. On exercera l'hospitalité, et on donnera aux pauvres les aumônes accoutumées.

6. On ne refusera l'entrée de la religion à aucune personne, sous prétexte qu'elle n'est pas du pays où le monastère est situé, pourvu qu'elle soit de bonnes mœurs et qu'elle puisse être utile à l'Eglise.

7. Défense aux religieux d'accorder l'entrée en religion, les sacrements et la sépulture, aux usuriers et aux excommuniés.

8. On ne recevra pas un moine d'un autre monastère, sans la permission de son abbé et sans une forte présomption qu'il est dans le dessein de mener une vie plus régulière.

9. Les moines ne porteront point de gants blancs, ni de chaussures ou de couvertures magnifiques et semblables à celles des séculiers. La couleur de leurs habits sera le blanc ou le noir; et ils ne mangeront point hors du réfectoire, sans la permission du supérieur.

10. Les religieux n'auront point de chambres hors du dortoir, excepté les officiers, à qui on le permettra selon la règle. Ils ne se querelleront point dans le chapitre, ne feront point de bruit dans le cloître, ne recevront point de femmes dans des lieux suspects, n'iront point à la chasse, ne joueront point à des jeux défendus, et garderont le silence au réfectoire.

11. Quand les supérieurs enverront leurs religieux en voyage, ils leur donneront de quoi en faire la dépense, afin qu'ils ne soient pas obligés de mendier à la honte de leur ordre. C'est qu'il n'y avait pas encore de religieux mendiants.

12. Les inférieurs obéiront avec humilité, et les supérieurs commanderont avec une sage discrétion, de peur que par leur sévérité ils n'obligent même les plus honnêtes religieux à sortir de leurs maisons, comme il est quelquefois arrivé.

13. Les abbés ne donneront ni les prévôtés, ni les prieurés à ferme à des moines, de crainte que le moine fermier ne retienne pour lui-même l'excédant de la somme prescrite par le bail, ou que s'il ne peut la payer, il n'emploie toutes sortes de moyens justes ou injustes pour satisfaire son abbé.

14. Le moine qui aura quitté son habit, sera excommunié par l'ordinaire du lieu, afin que personne n'ait communication avec lui.

15. Si des gens excommuniés, interdits ou irréguliers se présentent pour entrer en religion, ils déclareront leur irrégularité. Que si l'abbé peut les absoudre, il le fera; sinon, il les renverra au supérieur majeur qui en a le pouvoir. Que s'il arrive que quelqu'un soit reçu par négligence ou par ignorance, il sera absous par l'abbé; mais, s'il a caché à dessein son irrégularité, on lui imposera une forte pénitence, et il sera absous par l'abbé ou par le supérieur majeur.

16. On renouvelle le décret du troisième concile de Latran, qui défend de laisser un moine seul dans un village, dans un bourg ou même dans une cure.

17. Défense à un moine d'avoir deux prieurés ou deux obédiences, sous peine d'être privé de tous les deux.

18. Suivant le règlement du concile de Chalcédoine, on privera de son office un moine qui fera des cabales dans les chapitres.

19. Un moine ne pourra faire la fonction d'avocat pour les séculiers; mais il le pourra pour des réguliers, avec la permission de son abbé.

20. Défense aux moines de sortir de leurs monastères pour aller étudier la médecine ou la jurisprudence, sous peine d'excommunication, s'ils n'y retournent dans deux mois, quand même ils auraient la permission de leur abbé, qui n'a pu la leur accorder.

21. Défense aux moines et aux chanoines réguliers de coucher deux dans un même lit.

22. On ne diminuera point le nombre des moines dans un prieuré dont les revenus ne seront point diminués.

23. Défense aux moines de jurer qu'ils ne prêteront point leurs livres.

24. Ceux qui mettent la division dans les monastères, pour être envoyés à des celles ou à des obédiences hors du cloître, seront renfermés plus étroitement et plus longtemps dans le cloître.

25. Tous ceux qui vendent leurs marchandises plus cher, sous prétexte qu'ils les donnent à crédit, sont coupables d'usure et soumis aux peines des usuriers.

26. Défense aux clercs et aux moines de prendre des prieurés à vie, si ce n'est pour les améliorer, et par le consentement de l'évêque diocésain.

27. On n'exigera ni argent, ni habits, ni repas de ceux qui veulent entrer en religion.

Troisième partie.

1, 2, 3 et 4. Les religieuses n'auront point auprès d'elles des clercs ni des serviteurs suspects: elles ne verront pas leurs parents en particulier et sans témoins; elles coucheront seules dans un lit; elles ne sortiront point pour visiter leurs parents, si ce n'est avec des personnes de bonne réputation, et pour très-peu de temps; elles ne feront point de danses dans le cloître, ni ailleurs.

5, 6 et 7. Les religieuses garderont la pauvreté dans leurs habillements; elles vivront en commun du bien du monastère, et les évêques auront soin de leur donner des confesseurs sages et discrets.

8. On suspendra de leurs fonctions les abbesses qui ne s'acquitteront pas de leur devoir; et si, étant averties, elles ne se corrigent pas, on les déposera.

9. Les religieux préposés au gouverne-

ment des hôpitaux et des léproseries feront les trois vœux de pauvreté, de continence et d'obéissance : leur nombre n'excédera pas celui des malades ou des étrangers, et l'on n'y recevra pas des séculiers qui demandent à s'y retirer sous prétexte de piété, mais au fond pour éviter la juridiction séculière.

10, 11, 12, 13, 14 et 15. Les abbés n'exerceront point les fonctions d'avocats ni de juges : ils n'auront ni équipages nombreux, ni de jeunes laquais ; ils ne donneront point des biens du monastère à leurs parents, s'ils ne sont pauvres ; ils ne laisseront point entrer de jeunes femmes dans le monastère ; ils n'ôteront point des obédiences ou des prieurés ceux qui y sont, pour y mettre leurs parents : ils recevront deux fois l'an les comptes des prieurs ou des officiers ; ils ne traiteront point les grandes affaires, et n'emprunteront point de grosses sommes, sans l'avis des anciens, au nombre de sept pour le moins, choisis à cet effet par le chapitre.

16. Les abbés useront de miséricorde envers les religieux pénitents, sans néanmoins blesser l'ordre de la discipline. Ils ne vendront point les obédiences.

17. Défense aux abbés et aux prieurs de menacer ou de maltraiter ceux qui proposent quelque chose au chapitre pour la réforme de la maison ou des prieurs.

18. Les abbés ni les prieurs ne souffriront point que leurs religieux demeurent dans les obédiences, sans y observer, autant qu'il est possible, la vie régulière, hors le cas d'infirmité ou de nécessité.

19 et 20. Les religieux ne mangeront point dans leurs chambres sans une juste cause, et ne sortiront point de leurs cloîtres pour aller étudier dans les écoles.

21. Les abbés auront des chapelains et des assistants d'un âge mûr et de bonnes mœurs.

Quatrième Partie.

1. Les évêques et les archevêques auront des couronnes larges, et leurs cheveux coupés en rond, de telle sorte qu'ils ne paraissent pas indécemment au-dessous de leur mitre : ils garderont la gravité et la modestie dans leurs habits et tout leur extérieur, et ne souffriront pas que l'on jure en leur présence ; encore moins se permettront-ils de jurer eux-mêmes.

2. Ils n'entendront point matines dans leur lit, et ne s'entretiendront point d'affaires séculières ou de discours frivoles pendant l'office.

3. Ils célébreront eux-mêmes l'office dans les grandes solennités : ils prêcheront la parole de Dieu, ou du moins la feront prêcher.

4. Ils s'abstiendront de la chasse, des jeux de hasard, des peaux précieuses.

5. Ils feront faire une sainte lecture, du moins au commencement et à la fin du repas, et ne souffriront à leur table ni histrions, ni instruments de musique.

6. Ils auront des aumôniers honnêtes et prévoyants, exerceront eux-mêmes l'hospitalité, auront des heures réglées pour rendre la justice, et écouter publiquement les pauvres, entendront les confessions des autres, et se confesseront souvent eux-mêmes.

7. Ils résideront assidûment dans leurs églises cathédrales, surtout **aux grandes solennités** et pendant le carême.

8. Ils feront lire publiquement, au moins deux fois l'année, la profession qu'ils ont faite quand ils ont été sacrés ; savoir : une fois dans le synode, et l'autre dans le chapitre.

9. Ils ne mèneront point avec eux dans leurs visites une suite nombreuse, qui puisse être à charge à leurs hôtes.

10. Ils auront des assistants ou des compagnons, graves, âgés, savants, recommandables par leur foi et leurs bonnes mœurs, et des chambriers hommes de bien, qui soient, comme les canons l'ordonnent, les témoins de leur vie et les dépositaires de leurs secrets. Ils auront peu de domestiques, tous bien réglés.

11. Ils éviteront jusqu'à l'apparence de la simonie dans la collation des ordres, la dédicace des églises, la bénédiction des vierges et leurs autres fonctions, sans préjudice néanmoins des coutumes honnêtes et permises.

13. Ils ne prendront rien pour leur sceau, ni pour le rachat des frais de visite, lorsqu'ils ne la font point, ni pour la permission d'enterrer les excommuniés, ni pour la dispense des bans de mariage, ni pour tolérer le commerce des clercs avec leurs concubines, ni enfin pour donner les ordres.

14. Défense aux prélats de donner des bénéfices à charge d'âmes à des jeunes gens ou à des personnes indignes ; d'excommunier avec précipitation, ou de prendre de l'argent pour ne point excommunier, et pour donner dispense des trois bans de mariage.

15. On leur défend aussi de souffrir, en leur présence, les duels et les *jugements étrangers*, qui sont apparemment les mêmes que les jugements de Dieu ; et de les permettre dans les lieux saints ou dans les cimetières.

16. On leur ordonne d'abolir la fête des fous, qui se célébrait aux calendes de janvier.

17. On veut qu'ils tiennent leur synode au moins une fois l'année ; qu'ils aient soin de donner la confirmation, et de corriger, sans crainte ni considération humaine, les désordres de leurs diocèses, spécialement dans les chapitres et les autres corps.

18, 19, 20 et 21. On excite la sévérité des prélats contre les danses dans les lieux saints, le travail du dimanche, les mariages illicites, la facilité à laisser casser des testaments légitimes, et contre les abominables péchés qu'on ne nomme pas.

Ce concile est un des plus utiles qu'il y ait eu en France ; et, quoiqu'il soit peu connu d'ailleurs, on a lieu de croire qu'il était nombreux et composé de plusieurs provinces. *Lab.*, tome XI ; *Hard.*, tome VI ; *Martène*, in *Collect.*, tom. VII.

PARIS (Concile de), l'an 1215. Robert de Courçon, légat du saint-siège, tint ce concile au mois d'août, et y fit un statut pour l'école de Paris. Ce statut, qui embrasse toute la discipline de l'école, est le plus ancien règlement de ce genre qui se soit conservé jusqu'à nous, dit Crévier dans son *Histoire de l'Université de Paris.*

La théologie, dit M. Henry de Riancey (*Hist. de l'instr. publ.*, I, pag. 214), continuait à être la gloire des écoles de Paris, et la principale, sinon l'unique occupation de leurs docteurs. Bien que le droit et la médecine y fussent aussi étudiés, comme l'attestent les annales contemporaines, ce n'était rien en comparaison de la science sacrée, de la science des lettres divines, *sacræ paginæ.* Les arts libéraux eux-mêmes n'étaient considérés que comme des moyens et des accessoires. On comprend que toute l'attention du saint-siége apostolique se soit portée d'abord sur les écoles de théologie, dont l'importance, toujours si grande aux yeux de l'Eglise, prenait, à cause du nombre des étudiants et de la célébrité des professeurs, un intérêt plus puissant encore. Il est d'ailleurs probable que les maîtres en théologie, hauts et redoutés seigneurs de l'enseignement à Paris, avaient eu les premiers la pensée de former la corporation, et d'exécuter près de l'autorité ecclésiastique et de l'autorité royale, les instances que leur position élevée leur rendait plus faciles qu'à tous autres. Les *maîtres-ès-arts* s'étaient jugés trop heureux de marcher à la suite des théologiens, de se grouper derrière eux, et de se faire comprendre dans les priviléges que les deux pouvoirs consentirent à accorder. Il n'est donc pas étonnant de voir le légat préoccupé avant tout de la théologie, régler en second lieu la situation des *artistes* ou des *artiens,* et garder le silence sur le droit et sur la médecine. La faculté de professer, ou de *lire,* en théologie, ne sera accordée qu'à des hommes d'une conduite irréprochable, d'une capacité certaine, âgés de trente-cinq ans, ayant étudié pendant huit années. Pour éprouver les candidats, il leur sera permis de faire des leçons publiques, avant d'obtenir le titre de maître. La licence sera conférée par le chancelier de l'Eglise de Paris; mais il ne devra exiger ni argent, ni aucun engagement de fidélité ou d'obéissance, ni aucune condition que ce puisse être. Quant aux maîtres ès arts, nul ne peut lire à Paris, s'il n'a vingt et un ans, et s'il n'a suivi six années durant les leçons des maîtres. Le candidat promettra de professer pendant deux ans au moins, sauf motif légitime d'empêchement; sa réputation devra être sans tache, et sa capacité éprouvée selon l'usage. Viennent ensuite des prescriptions relatives aux livres autorisés et à ceux qui sont défendus pour cause d'hérésie, etc. »

PARIS (Concile de), l'an 1223. Le cardinal Conrad, évêque de Porto, et légat du saint-siége en France, tint ce concile, le 6 juillet, contre les hérétiques albigeois. Ce concile avait d'abord été indiqué à Sens. *Lab.* XI; *Hard.* VII.

PARIS (Concile de), l'an 1224. Dans la cause de Raymond, comte de Toulouse, protecteur des albigeois. *Mansi* II; *Baluz. Conc. Gall. Narbonn.*

PARIS (Concile de), l'an 1225. Le légat Romain tint ce concile le 15 mai, et y traita avec le roi de France Louis VIII, dit *Cœur de Lion*, des affaires de l'Angleterre et des albigeois. A la suite de ce concile, le monarque cessa de poursuivre ses droits sur l'Angleterre, et marcha contre les albigeois. *Anal. des Conc.*, t. V.

PARIS (Conciles de), l'an 1226. Deux conciles, présidés par Romain, légat du saint-siége, et auxquels se trouva le roi Louis VIII, furent tenus au commencement de cette année contre les albigeois. Dans le premier, du 28 janvier, Raymond, comte de Toulouse, fut excommunié de nouveau, et ses terres passèrent en domaine au roi de France, sur la cession qu'en fit à ce dernier Amaury, comte de Montfort, d'accord avec Guy, son oncle; le roi en même temps prit la croix, et avec lui les évêques et les barons de son royaume, pour courir sus, comme dit l'historien, au sanglier de Toulouse qui ravageait la vigne du Seigneur. Dans le second, qui se tint le 29 mars, le roi Louis, de l'avis du légat, des évêques et des barons, marqua le quatrième dimanche après Pâques, 17 mai, pour le jour où tous les croisés devraient être réunis à Bourges. *Labb.* XI.

PARIS (Concile de), l'an 1229. *V.* MEAUX, même année.

PARIS (Assemblée de docteurs à), l'an 1235. Guillaume d'Auvergne, évêque de Paris, proposa la question de la pluralité des bénéfices dans cette assemblée, qu'il tint chez les Jacobins, et où étaient convoqués tous ceux qui avaient un nom dans les écoles, séculiers et réguliers. Pour ne point s'embarrasser dans des distinctions, par où les partisans de la pluralité avaient souvent éludé la condamnation que plusieurs souverains pontifes et beaucoup de conciles en avaient faite; voici à quoi se réduisait précisément la proposition sur laquelle les théologiens consultés étaient requis de prononcer : savoir, si un ecclésiastique ayant de quoi vivre honnêtement du revenu d'un seul bénéfice pouvait en conscience en garder un autre. La plus grande partie de l'assemblée condamna la pluralité; et les monuments ne nous nomment que deux docteurs, dont l'un, il est vrai, était chancelier de l'Eglise et de l'université de Paris, qui n'aient pas fait une obligation étroite de s'en tenir, dans le cas proposé, à un seul bénéfice. Toutefois la diversité d'avis empêcha de rien arrêter alors, au moins déterminément, et on ne retoucha cette matière que trois ans après. *Hist. de l'Egl. Gall.*, l. XXXI.

PARIS (Assemblée de docteurs à), l'an 1238. Cette seconde assemblée fut encore convoquée chez les Dominicains, où nous en voyons plusieurs autres tenues en ce temps-là, sous l'évêque Guillaume. Personne ne combattait plus fortement la pluralité des bénéfices que les réguliers. *Ibid.*

PARIS (Assemblée de docteurs à), l'an 1240. Voici les propositions que l'évêque

Guillaume fit judiciairement examiner dans une assemblée de docteurs, et sur lesquelles il prononça cette sentence, délibération faite: « Ce sont ici les erreurs détestables qu'on a trouvées avancées dans quelques écrits contre la vérité de la doctrine catholique. Quiconque aura la présomption de les enseigner ou de les défendre encourra l'anathème porté par l'autorité du vénérable Guillaume, évêque de Paris, présents tous les maîtres actuellement en exercice. » Suivent les propositions, au nombre de dix, avec les vérités opposées qu'on y ajouta.

La première erreur est que l'essence de Dieu n'est point vue et ne sera jamais vue, ni des anges ni des hommes; au lieu qu'il faut croire fermement que Dieu sera vu dans son essence, dans sa substance, dans sa nature, par toutes les âmes glorieuses.

La seconde erreur est que l'essence divine, quoique la même dans le Père, le Fils et le Saint-Esprit, diffère néanmoins à raison de sa forme dans chacune des trois personnes; au lieu qu'il faut croire fermement que l'essence, ou la nature, est aussi la même dans toutes les trois à raison de la forme.

La troisième erreur est que le Saint-Esprit, en tant qu'il est amour et nœud des deux premières personnes de la Trinité, ne procède point du Fils, mais seulement du Père; au lieu que la foi nous fait tenir pour certain que le Saint-Esprit, même comme amour et comme nœud, procède de l'un et de l'autre.

La quatrième erreur est qu'il y a eu plusieurs vérités existantes de toute éternité, qui ne sont pas Dieu même. C'est la contradictoire qu'il faut dire.

La cinquième erreur est que le premier instant, le commencement où il y a eu action et passion, n'a été ni le Créateur ni la créature; au lieu qu'il faut croire que le commencement, le principe, a été Créateur et création, et que la passion a été la créature.

La sixième erreur est que le mauvais ange a été mauvais dès le premier instant de sa création, ou qu'il n'a jamais été sans être mauvais; au lieu qu'on doit se représenter un temps où il a été bon.

La septième erreur est que les âmes glorifiées ne sont point dans le ciel empyrée avec les anges, mais dans le ciel aqueux ou cristallin, au-dessus du firmament; au lieu qu'il faut croire que les saints anges et les âmes bienheureuses n'ont qu'une même demeure, savoir, le ciel empyrée. Ce sera pareillement la même pour les corps des hommes dans l'état de la gloire. Anges et hommes, tous n'ont que le même lieu spirituel.

La huitième erreur est qu'un ange peut en même temps se trouver en plusieurs endroits, et que, s'il veut être partout, il s'y trouve; au lieu que la foi nous enseigne qu'il n'y a que Dieu qui puisse être partout dans le même instant.

La neuvième erreur est que celui qui a reçu de meilleures dispositions naturelles, doit nécessairement recevoir, et plus de grâces, et plus de gloire; au lieu que la grâce et la gloire sont certainement données selon le choix et la préordination de Dieu.

La dixième erreur est que le diable avant sa chute, et l'homme dans l'état d'innocence, n'ont point eu de secours pour ne pas pécher; au lieu que nous devons reconnaître qu'ils en ont eu quelqu'un par où ils pouvaient se préserver du péché.

On voit, par la teneur des articles condamnés, que c'étaient des sentiments épars, sans suite ni liaison de parties, qui fissent un corps d'hérésie soutenu, et qui tendissent à un but. Aussi la condamnation n'excitat-elle aucun mouvement dans les écoles. Les auteurs s'étaient vraisemblablement égarés sans malice, et ils se soumirent sans résistance. *Ibid.*

PARIS (Concile de), l'an 1248. Gilon Cornu, archevêque de Sens, tint ce concile, où l'on fit les canons suivants:

1. Les abbés et les prieurs conventuels qui ne sont pas venus au concile, et qui n'ont pas donné d'excuse de leur absence, seront privés pendant un mois de l'entrée de l'église.

2. Ceux qui sont obligés de venir au concile, et qui n'y viendront pas par empêchement, seront obligés de s'excuser par un courrier.

3. Les lieux, tels que les prieurés, où l'on a coutume de tenir les assemblées, seront obligés d'en supporter la charge comme de coutume, malgré l'interruption, si leurs facultés le leur permettent.

4. Les moines et les chanoines réguliers célébreront l'office divin, dans toutes les maisons où les revenus suffisent.

5. Les abbés et les prieurs conventuels établiront des supérieurs subalternes dans les lieux qu'on a coutume de desservir, et n'exigeront que les cens ou revenus accoutumés, à moins d'une permission spéciale de l'évêque.

6. Les abbés, les abbesses, prieurs et prieures, et les autres officiers, rendront compte en chapitre des revenus et des dépenses de chaque année. Les abbés rendront compte de leurs églises devant les anciens, et exposeront en général au chapitre l'état du monastère.

7. Aucun abbé, abbesse, prieur ou prieure, ne recevra d'argent sans le consentement de son chapitre, ni au-dessus de la somme taxée par l'évêque: celui ou celle qui ira contre, sera puni par l'évêque.

8. Nous ordonnons aux abbés, abbesses, prieurs et prieures, de se servir des habits convenables à leur ordre; et si l'abbé ou l'abbesse ne l'observent point, ou qu'ils négligent de corriger leurs sujets, ils seront punis par l'évêque.

9. Le prieur conventuel n'empruntera jamais plus de quarante sols sans la permission de l'abbé ou de l'évêque, si l'abbé n'y est point; s'il le fait, il sera destitué de son prieuré, et ne sera rétabli que par un concile provincial. Il subira la même peine, s'il reçoit une somme d'un juif.

10. Les religieuses ne recevront point de dépôts chez elles sans la permission de l'évêque, surtout les coffres des clercs ou des personnes séculières.

11. Elles mangeront toutes dans le même réfectoire, et coucheront dans le même dortoir, à moins qu'elles n'en soient dispensées par l'abbesse. On détruira les cellules des religieuses, si ce n'est que l'évêque en retienne quelqu'une pour en faire une infirmerie ou pour quelque autre usage.

12. Les abbesses ne permettront point aux religieuses de sortir, surtout la nuit, à moins de graves raisons, et cela rarement. Les évêques veilleront à cela, soit par eux-mêmes, soit par des personnes choisies, afin de prévenir les scandales qui pourraient provenir de cet abus.

13. On célébrera l'office divin de jour et de nuit, comme il convient dans les chapitres séculiers, et surtout dans les cathédrales. On observera exactement les pauses et la psalmodie, afin qu'un chœur ne commence point avant que l'autre ait fini.

14. Les chapitres qui ont coutume d'être appelés au concile, et qui n'y enverront point assez de chanoines, ou qui n'y résideront point pendant huit jours, seront privés de leur distribution, que l'évêque diocésain donnera aux pauvres et à l'église.

15. On enregistrera les lettres des prêtres et des chapelains touchant leurs revenus, et on les déposera ensuite, du consentement de l'évêque, dans les archives, et cela en moins d'un mois.

16. Les recteurs établiront, du consentement de l'évêque, de l'archidiacre ou de l'official, des vicaires et des chapelains dans leurs églises; quiconque ne le fera pas, sera puni.

17. On ne jugera point les petites causes, à moins que l'objet du débat ne surpasse vingt sols, et on procédera, du consentement des parties, à moins que le juge n'en dispose autrement.

18. Ceux qui recevront ce qu'on lègue à l'église, pour qu'elle acquière des revenus, le mettront avec les autres sommes destinées à l'église, et non au propre des prêtres.

19. Les quêteurs ne seront point admis à prêcher publiquement, ni à exposer aucunes reliques, sans le consentement de l'évêque diocésain.

20. Nous renouvelons les anciens statuts du concile, qui porte que si quelqu'un a manqué pendant un an de se faire relever de l'excommunication portée contre lui, la puissance séculière mettra la main sur sa personne et sur ses biens pour l'y obliger.

21. Quand on donnera la commission à quelqu'un de faire une citation ou toute autre chose, il ne l'exécutera qu'autant que les noms et surnoms du diocèse et des parties seront clairement exprimés dans la commission.

22. Chaque évêque choisira dans son diocèse des gens capables et discrets pour exécuter les testaments et la volonté des défunts.

23. En vertu de l'obéissance, nous ordonnons aux abbés, prieurs conventuels et députés des chapitres, de recevoir les statuts du concile, et que dans un mois on les lise publiquement dans leurs chapitres. *Mansi, tom. II, col. 1166 et suiv. Anal. des Conc., Suppl., t. V.*

PARIS (Concile de), l'an 1253. Gilon Cornu, archevêque de Sens, tint ce concile le 12 novembre. On y donna un décret pour transférer à Meaux le chapitre de l'église de Chartres, à l'occasion du meurtre de Reginald de l'Epine, chantre de cette église. *Mansi, Suppl. tom. II, col. 1166.*

PARIS (Concile de la province de Sens tenu à), l'an 1255. Le sujet de ce concile, tenu par l'archevêque Henri de Sens et cinq autres évêques, fut la violence commise contre Reginald, grand-chantre de l'église de Chartres, assassiné depuis peu : les meurtriers furent condamnés à la prison. Le roi saint Louis aurait voulu profiter de l'occasion de ce concile pour faire juger le différend élevé au sujet de l'enseignement entre l'université et les frères mendiants, particulièrement les jacobins. L'assemblée ne crut pas pouvoir se charger par elle-même de cette décision, qu'elle remit, du consentement des parties, à la disposition de quatre archevêques choisis pour arbitres : c'étaient les archevêques de Sens, de Reims, de Bourges et de Rouen. Ce concile est daté du mardi avant la fête de saint Arnoul, martyr, dont on fait encore mémoire, le 18 juillet, dans l'Eglise de Paris. *Anal. des Conc., t. V; Hist. de l'Egl. Gall., t. XXXIII.*

PARIS (Conciles de), l'an 1256. Il y eut deux conciles à Paris cette année, touchant le différend de l'université avec les frères prêcheurs. Il fut décidé dans le premier, que les frères prêcheurs seraient exclus du corps des maîtres et des écoliers séculiers de Paris, à moins que ces derniers ne les rappelassent de leur plein gré. La même affaire fut discutée dans un second concile. Les frères prêcheurs et mineurs en appelèrent au pape Alexandre IV, qui se déclara pour eux contre l'université. *L'Art de vérifier les dates, pag. 222.*

PARIS (Concile de), l'an 1260. Le roi saint Louis fit assembler ce concile le 21 mars, pour implorer le secours de Dieu contre les conquêtes des Tartares. Il fut décidé qu'on ferait des processions, qu'on punirait les blasphèmes, que le luxe des tables et des habits serait supprimé, les tournois défendus pour deux ans, et tous les jeux interdits de même, hors les exercices de l'arc et de l'arbalète. *Lab. XI.*

PARIS (Assemblée de prélats à), l'an 1263. A l'occasion des malheurs qui désolaient la terre sainte, le pape Urbain IV envoya en France l'archevêque de Tyr en qualité de légat, pour la levée et l'emploi du centième des biens ecclésiastiques en faveur des chrétiens du pays. L'assemblée se tint à Paris dans l'octave de la Saint-Martin. On y régla que l'archevêque-légat donnerait au roi les lettres du pape pour la levée du centième, et qu'il ne s'en servirait point contre ceux qui obéiraient à l'ordonnance des prélats, mais seulement contre ceux qui ne s'y soumettraient pas. Voici l'ordonnance : « Les prélats, tant pour eux que pour le clergé, ont accordé aux besoins de la terre sainte, par pure grâce et sans contrainte, non en vertu de la lettre du pape, mais de bonne volonté, le subside de vingt sols par cent livres, le tout à proportion des revenus de chaque particulier; à condition qu'aucun ne soit contraint par la force séculière, et que l'évêque diocésain emploie les censures ecclésiastiques pour la levée du centième. S'il se trouvait des rebelles aux évêques, le légat, archevêque de Tyr, pourra user de son bref contre eux. On exempte du payement les curés ou autres, dont le revenu ne passera pas douze livres (a), à moins qu'il n'y ait pluralité de bénéfices. On borne la levée du subside à cinq ans.... » *Hist. de l'Egl. Gal.*, liv. XXXIII.

PARIS (Concile de), le 26 août 1264. Ce concile fut, pour mieux dire, une assemblée des grands et du clergé, tenue en présence du roi saint Louis, et du cardinal Simon de Brion, légat du saint-siége, et depuis pape sous le nom de Martin IV. Nous n'en savons que ce qu'en rapporte Geoffroi de Beaulieu, dominicain, confesseur du roi saint Louis. « Le roi, dit-il, était inquiet et sensiblement affligé de la contagion générale et ancienne qui régnait spécialement dans son royaume. Il s'agit des jurements et des blasphèmes contre Dieu et les saints. Animé du zèle du Seigneur, et songeant prudemment à la manière dont il pourrait déraciner cette exécrable coutume, après une conférence avec le légat, il convoqua à Paris une assemblée des grands et des prélats, pour apporter un remède salutaire à un mal si dangereux par une loi générale. Le légat fit sur cela un discours très-efficace. Après lui, le roi prit la parole : son exhortation remplie de zèle et de force était fondée sur les plus fortes raisons. Ensuite, de l'avis de tous, il fit et publia dans le royaume une ordonnance très-sévère. » On en ignore le détail, si ce n'est qu'on y condamne les blasphémateurs à être marqués d'un fer chaud, appliqué sur leurs lèvres. *Hist. de l'Egl. Gal.* l. XXXIII.

PARIS (Concile de), l'an 1281. Quatre archevêques et vingt évêques tinrent ce concile au mois de décembre. Ils s'y plaignirent de ce que les religieux mendiants s'ingéraient de prêcher et de confesser malgré eux-mêmes dans leurs diocèses, sous prétexte des priviléges des papes, qui les y autorisaient.

PARIS (Concile de), l'an 1284. On ignore l'objet de ce concile, qui du reste fut tenu par Jean Cholet, légat, et un grand nombre de prélats.

PARIS (Concile de), l'an 1290. Girard et Benoît, deux légats envoyés en France par le saint-siége, tinrent ce concile dans l'église de Sainte-Geneviève, après y avoir appelé tous les évêques du royaume. *Hard.* VIII, *ex Chronico S. Dionysii edit. a R. P. Luca Dacherio Benedictino.*

PARIS (Assemblée générale du clergé de France à), l'an 1297. Cette assemblée fut convoquée par Simon de Baulieu, cardinal-évêque de Palestrine et légat du saint-siége, au sujet des maux qui menaçaient le royaume. Il y fut conclu qu'on enverrait à Rome, aux frais du clergé, les évêques de Nevers et de Béziers, pour traiter en présence du pape des remèdes qu'on pourrait apporter aux maux de l'Eglise de France. Les historiens de l'Eglise Gallicane soupçonnent que ces plaintes pouvaient avoir pour objet les subsides fréquents et considérables que le roi exigeait des ecclésiastiques.

PARIS (Synodes de), Statuts de Guillaume. Comme il y a eu sept évêques de Paris à porter ce nom, on ne sait lequel du second, du troisième ou du quatrième dans l'ordre des temps est l'auteur des statuts dont il s'agit. Du reste, il paraît certain qu'ils ne sont l'ouvrage d'aucun des quatre autres. Guillaume II ou d'Auxerre est mort en 1223; Guillaume III ou d'Auvergne en 1248, et Guillaume IV ou Baufet en 1320.

On recommande dans ces statuts, 1° aux clercs de porter la tonsure; 2° et 3° aux prêtres de ne point fréquenter les marchés, comme de n'y point y prendre de repas. 4° On leur défend de faire l'office d'avocats, si ce n'est pour leur église ou pour des pauvres, des orphelins ou des veuves. 6° On les oblige à se confesser au moins deux fois chaque année, savoir en avent et en carême. 7° On veut que les confesseurs écrivent les noms de leurs pénitents, et les remettent à l'évêque à l'époque du synode. 9° On oblige les pénitents à se présenter le mercredi des Cendres à l'église cathédrale, pour être solennellement expulsés de l'église, et à se faire réconcilier d'une manière non moins solennelle par l'évêque le jeudi saint. 11° On ordonne aux curés d'interdire ceux de leurs paroissiens qui s'absenteraient de leur église trois dimanches de suite, et de les envoyer à l'évêque. 15° On recommande de sonner la cloche au moment de l'élévation de la messe, ou quelques instants devant. 16° On oblige les personnes qui doivent se marier à se confesser avant leur mariage. Les autres statuts n'offrent rien de plus particulier. *Synodic. Eccl. Par.*

PARIS (Assemblée des Etats à), en 1302. Le P. Richard décore du nom de concile cette assemblée, sans doute parce que le clergé y eut ses réunions particulières comme les autres corps de l'Etat. Nous ne rapporterons des actes de celui-ci, d'après l'*Histoire de l'Eglise Gallicane*, que cette fin de la lettre qu'il adressa au souverain pontife, et qui nous peint si au naturel l'état critique où se trouvait alors l'Eglise en France : « A la vue de l'émotion et du trouble étonnant que mar-

---

(a) Deux cent quarante livres de la monnaie courante il y a un siècle, d'après le calcul des historiens de l'Eglise Gallicane.

quaient le roi, les barons et les autres laïques, nous reconnûmes le danger imminent d'une rupture entre l'Eglise romaine et le royaume de France. » Les prélats avaient dit dans le corps de la lettre, qu'ils avaient pris toutes les voies de douceur et d'insinuation pour faire sentir à la cour que l'intention du pape n'était pas de blesser la liberté du royaume, et cela pour justifier Sa Sainteté, mais inutilement. « Au contraire, ajoutaient-ils, les séculiers nous fuient et nous écartent de leurs conférences, comme si nous étions des traîtres, complices d'une cabale contre l'Etat; et afin de rendre inutiles toutes les procédures ecclésiastiques, ils s'arment de mépris contre les censures. Nous avons demandé permission au roi d'obéir à la citation de Votre Sainteté, et de nous transporter en sa présence. Ni lui, ni l'assemblée ne l'ont permis, disant que ce serait dépouiller la France de ses appuis. Dans cette affreuse situation, nous avons recours à votre prudence, pour supplier Votre Sainteté, les larmes aux yeux, de maintenir l'union si ancienne et si constante entre l'Eglise et la France, de révoquer la citation et d'obvier au scandale et aux dangers que nous vous exposons. » Le scandale, à vrai dire, était dans les mauvaises dispositions du roi et de ses ministres; tous les dangers venaient de là. Voyez *Hist. de l'Egl. Gall.*, liv. XXXV.

PARIS (Assemblée des Etats à), en 1303. Les prélats de cette assemblée étaient au nombre de trente-neuf ou quarante; savoir, cinq archevêques, vingt et un évêques, onze abbés, du nombre desquels d'anciens écrits exceptent cependant l'abbé de Cîteaux, comme ayant refusé sa signature et s'étant démis de sa charge; le visiteur des maisons de l'ordre des templiers; le prieur des hospitaliers en France, et le prieur des bénédictins de Saint-Martin-des-Champs. Les mauvais traitements exercés contre plusieurs de ces prélats par les ministres du roi, la saisie du temporel ordonnée contre ceux d'entre leurs collègues qui, partis l'année précédente pour le concile de Rome, étaient restés en Italie, l'esprit de cour peut-être et une certaine faiblesse de conscience, leur firent signer dès le lendemain de leur rassemblement, 13 juin, un acte par lequel ils prétendaient devoir défendre la personne du roi et toute la famille royale, leurs droits, leur honneur et leurs libertés, contre quiconque et même contre le pape Boniface; qu'ils l'avaient promis au roi, et qu'ils lui tiendraient parole de tout leur pouvoir, sans jamais s'en séparer; qu'ils promettaient encore, sauf le respect dû à l'Eglise romaine, d'aider à la convocation du concile général, auquel le roi et les Etats avaient interjeté appel; et qu'en cas que cet appel fût suivi des censures du pape, ils y adhéreraient toujours, quelque absolution de serment de fidélité que le pape pût leur donner. Le respect dû à l'Eglise romaine est inséparable de l'obéissance à ses lois, sans quoi il devient illusoire. Les prélats de l'assemblée le sentaient bien; mais il leur fallait céder au roi, ou consentir à la perte de leur temporel; et puis les maximes gallicanes commençaient à fermenter. *Inde mali labes.* V. *ib.*

PARIS (Assemblée du clergé à), en 1304. Benoît XI ayant consenti, pour le bien de la paix, à révoquer tous les actes faits par son prédécesseur contre le roi et le royaume de France, Philippe le Bel fit assembler les prélats et le clergé dans l'église de Notre-Dame de Paris, pour y entendre la lecture des bulles que le nouveau pape avait portées en sa faveur. Benoît XI, sans en avoir été requis, y donnait l'absolution à ce prince, à la reine son épouse, aux princes de la famille royale et à tous les Français en général, des sentences d'excommunication et d'interdit qu'ils pouvaient avoir encourues. *Ibid.*

PARIS (Concile de), l'an 1310. Philippe de Marigny, archevêque de Sens, convoqua ce concile, qui dura depuis le 11 jusqu'au 26 mai. On y examina la cause des templiers. Les uns furent renvoyés absous et dégagés de leurs vœux, les autres relâchés avec une pénitence qu'on leur imposa; plusieurs furent condamnés à une prison perpétuelle; quelques-uns livrés au bras séculier comme relaps et contumaces. On dégrada les prêtres, et cinquante-neuf templiers furent brûlés à Paris dans un champ près de l'abbaye de Saint-Antoine. Ce qu'il y a d'étonnant, dit l'historien de l'Eglise Gallicane, c'est que ces cinquante-neuf infortunés rétractèrent leurs aveux à la mort, en disant qu'on les condamnait injustement, et que, s'ils avaient déposé contre eux-mêmes, c'était par la crainte des tourments; ce qui fit d'étranges impressions sur l'esprit du peuple. *Hist. de l'Egl. Gall.*, liv. XXXVI.

PARIS (Synode de). Après les statuts de Guillaume, le Synodique en donne quelques autres dont l'auteur est inconnu, mais qui doivent être postérieurs au concile œcuménique de Vienne, puisque la Clémentine *Ut religiosi, de privil.* s'y trouve citée. On y défend aux clercs le port des armes, et l'on y refuse aux usuriers notoires la sépulture ecclésiastique.

PARIS (Concile de), l'an 1314. L'archevêque de Sens, Philippe de Marigny, tint ce concile le 7 de mai. Les actes en contiennent trois articles.

Le 1er ordonne aux curés des paroisses où il se trouveraient des personnes qui retiendraient des clercs en prison, de les avertir qu'ils aient à les remettre à leurs évêques sans délai; faute de quoi les curés les déclareront excommuniés.

Le 2e défend les citations générales, comme interdites dans la province.

Le 3e défend aussi de citer personne comme ayant participé avec des excommuniés, sans l'avoir précédemment averti et tiré serment du demandeur, qu'il croit qu'un tel a sciemment communiqué avec des excommuniés dans des cas non permis. Si le cité n'est pas coupable, on punira le juge, auteur de la citation.

La raison de ce règlement est que l'on abusait de ces citations pour extorquer de l'argent, comme on le voit par d'autres conciles. *Lab.*, tom. XI; *Hard.*, tom. VIII. Mansi, pag. 391 et suiv. du tome III de son Supplément aux Conciles du père Labbe, attribue neuf autres articles à ce concile, d'après D. Martène, *Veter. Monum.*, tom. VII, p. 390. Ces articles ont pour objet la publication des canons des conciles, les absolutions extorquées par force, qui sont déclarées nulles, la défense d'user de représailles, et de bâtir des chapelles ou oratoires dans des lieux non exempts, sans la permission de l'ordinaire; les interdits locaux, durant lesquels on permet d'administrer le sacrement de pénitence aux sains et aux malades. *Anal. des Conc.*, t. II.

PARIS (Concile de la province de Sens tenu à), en février 1324, par Guillaume de Melun, archevêque de Sens. Ce concile est un renouvellement d'une autre assemblée tenue à Sens en 1320, le jeudi après la Pentecôte. Il y a de part et d'autre quatre articles exprimés presque en mêmes termes.

1. On ordonne de jeûner la veille de la fête du Saint-Sacrement, et l'on accorde pour ce jeûne quarante jours d'indulgence (concession qui semble indiquer que l'ordonnance ne contenait qu'un conseil, et non une loi : la pratique de l'Eglise universelle justifie cette remarque). Les deux conciles ajoutent : « Quant à la procession solennelle du Très-Saint-Sacrement, nous ne changeons rien à l'usage qui s'est introduit sur cela, et nous l'abandonnons à la dévotion du peuple et du clergé. » Le premier concile avait ajouté que cette pieuse cérémonie paraissait introduite par inspiration divine.

2. On prononce l'interdit sur les lieux où le juge laïque retiendrait un clerc prisonnier.

3. On fixe la profession des religieux et des religieuses, après un an et un jour de noviciat.

4. On prescrit aux bénéficiers, et généralement aux ecclésiastiques, la modestie dans les habits. On leur défend plusieurs modes indécentes, comme des souliers de couleur, des aumusses de soie ou de velours, certains usages de porter les cheveux longs, la tonsure irrégulière et la barbe prolixe. C'étaient les coutumes séculières de ce temps-là. La longue barbe était une invention nouvelle en France, et blâmée par les historiens et les synodes de cette époque, aussi bien que les habits très-courts, qui commencèrent à s'accréditer beaucoup sous ce règne et sous le suivant. *Hist. de l'Egl. Gallic.*

PARIS (Conférences de) et de Vincennes, en 1329 et 1330, sur les rapports entre la juridiction ecclésiastique et la juridiction séculière. Le roi Philippe de Valois, informé des plaintes mutuelles qui se répandaient de la part des magistrats et des évêques, résolut de pacifier son royaume sur cet article. Dès le premier jour de septembre 1329, c'est-à-dire au commencement de la seconde année de son règne, il convoqua à Paris les évêques et les principaux seigneurs et officiers de justice, pour les entendre conférer sur les propositions qui faisaient la matière du différend.

Les prélats se rendirent à Paris selon les ordres de la cour, et le 15 décembre ils comparurent devant le roi au nombre de vingt-cinq archevêques et quinze évêques. Le roi s'étant assis sur son trône, accompagné de ses conseillers et de quelques seigneurs, toute l'assemblée le salua. Après quoi Pierre de Cugnières, chevalier et conseiller du roi, prit la parole en commençant par ce texte de l'Evangile : *Rendez à César ce qui est à César, et à Dieu ce qui est à Dieu.* Son discours était une défense des droits du roi, et il roulait sur ces deux points : premièrement, qu'on doit au roi respect et soumission; en second lieu, qu'il doit y avoir une distinction entre le spirituel et le temporel, de manière que le spirituel appartienne aux évêques, et le temporel au roi et aux seigneurs laïques. Il allégua en preuve plusieurs raisons de fait et de droit, et sa conclusion générale fut, que les prélats doivent se contenter du spirituel, et de la protection que le roi leur offrait à cet égard. Après cette harangue, qui ne contenait que des principes et des axiomes préliminaires, l'orateur se délivra de la contrainte de parler latin, et il dit en français, que l'intention du roi était de retenir la juridiction temporelle: sur quoi il rapporta de suite soixante-six griefs contre le clergé, prétendant que c'était autant d'articles où les seigneurs laïques souffraient de l'autorité des prélats et des gens d'Eglise. Comme la matière était vaste et importante, Cugnières trouva bon que les prélats prissent du temps pour en délibérer, afin, disait-il, qu'ils fussent plus en état de donner sur cela leur avis au roi comme ses fidèles sujets. Il leur communiqua à cet effet et par écrit tout ce qu'il avait exposé de bouche, c'est-à-dire les soixante-six chefs de plainte contre le clergé.

On assigna pour la réponse une autre séance, et elle se tint à Vincennes le vendredi suivant, 22 décembre. Pierre Roger, archevêque élu de Sens, était chargé de parler pour les évêques. Il protesta d'abord que tout ce qu'il allait dire n'était point dans la vue de subir un jugement quel qu'il fût, mais seulement pour instruire la conscience du roi et de ceux qui l'accompagnaient. Ensuite ayant pris pour texte ces paroles de saint Pierre : *Craignez Dieu, honorez le roi,* il fit voir que saint Pierre nous a voulu montrer, premièrement, que nous devons à Dieu *redoutance, tremeur et amour pour sa grande puissance et sa haute majesté;* secondement, que nous devons au roi *révérence et honneur pour sa grande excellence et haute dignité;* ce sont les termes français que l'archevêque mêla à son discours latin, pour faire mieux entendre sa pensée.

Sur ces premiers mots du texte de l'apôtre, *Craignez Dieu,* Pierre Roger dit qu'on remplissait les devoirs de la religion à cet égard, quand on donnait à Dieu libéralement, quand on honorait les ministres de Dieu sagement, quand les biens qui sont à Dieu étaient rendus à Dieu entièrement. Donner à Dieu, ajoutait-il, c'est donner aux églises.

Libéralités qui conviennent surtout aux souverains, parce que les souverains ont plus reçu de Dieu que les autres hommes; et c'est ce qui a rendu les rois de France si glorieux et si chéris de Dieu. Ils ont plus fait de bien aux églises que les autres princes. On connaît assez sur cela le zèle de Clovis, de Charlemagne et de saint Louis.

Autre effet de la crainte du Seigneur, honorer ses ministres, qui sont comme les pères du peuple chrétien. Les bons rois ont eu encore de grandes attentions sur cet article, et les monarques français se sont distingués en ce point comme dans le premier. Ils ont honoré les prélats, et l'on peut bien dire qu'ils en ont été récompensés par les prospérités de leur règne.

Enfin rendre à Dieu tout ce qui appartient à Dieu, c'est une obligation attachée à la crainte qu'on lui doit; mais si l'on veut ôter à l'Eglise les biens dont elle jouit à titre d'acquisition ou de prescription, à titre de droit ou de coutume, ce sera ne point rendre à Dieu tout ce qui appartient à Dieu.

Le seigneur de Cugnières, continue l'archevêque, parlait dernièrement de la distinction des deux puissances, et il entreprenait de prouver que celui qui a la juridiction spirituelle ne devait point avoir en même temps la juridiction temporelle, qu'autrement ce serait mettre la confusion dans l'une et dans l'autre. Il faut donc montrer ici que ces deux juridictions ne sont point incompatibles, et qu'elles peuvent par conséquent se trouver réunies dans la même personne. D'abord, ce ne sont point des puissances opposées entre elles: l'une est différente de l'autre, mais sans contrariété mutuelle; or, selon les principes du raisonnement, deux choses qui ne sont point contraires, fussent-elles de différente espèce, peuvent subsister ensemble. Ensuite, les livres saints nous fournissent des exemples de cette réunion des deux puissances sur la même tête. Melchisédech était roi de Salem et prêtre du Très-Haut; Samuel faisait les fonctions de pontife et de juge: Esdras, Néhémie et les Macchabées possédaient le sacerdoce avec la suprême magistrature; Jésus-Christ même, en tant qu'homme, était le maître de toutes les choses créées; saint Pierre exerça un jugement de rigueur contre Ananie et Saphire; saint Paul contre l'incestueux de Corinthe; et l'Eglise, selon l'Evangile, a droit de punir les coupables et de retrancher de son corps les incorrigibles: *Tout ce que vous lierez et délierez sur la terre*, dit Jésus-Christ, *sera lié et délié dans le ciel.*

Telle était, en abrégé, la première partie de son discours et l'explication de ces mots de saint Pierre: *Craignez Dieu*. Dans la seconde, il entreprend d'expliquer le reste du passage, *Honorez le roi*.

Honorer le roi, disait-il, c'est vouloir conserver au roi ce qui fait aimer sa domination, ce qui maintient son autorité, ce qui entretient sa bonne réputation, ce qui empêche que sa conscience ne soit blessée.

Or, lui conseiller de maintenir l'Eglise dans toutes ses libertés, ses privilèges et ses usages, c'est le mettre en voie de faire aimer son empire.

Rien en effet ne rend un prince plus aimable que quand il ne trouble point ses sujets dans leurs coutumes. Rien ne le rend plus odieux que les nouveautés quand il veut en introduire. Les rois Charlemagne, saint Louis, Philippe le Bel et ses trois fils ont laissé aux ecclésiastiques les droits dont ils les ont trouvés en possession: ils les ont reconnus et confirmés. Ce serait aujourd'hui une source de murmures contre le prince régnant, une cause d'inimitiés mutuelles, s'il voulait renverser les bornes posées par ses ancêtres. Mais quel tort ne ferait-on point à la puissance de nos rois, si l'on s'obstinait à dire qu'ils n'ont pas pu accorder cette juridiction temporelle à l'Eglise? Il s'ensuivrait donc qu'ils auraient passé leurs pouvoirs, qu'ils auraient même péché très-grièvement en la lui accordant; et que deviendra le respect dû à saint Louis, que l'Eglise a honoré d'un culte public et religieux?

Il ajoute que la diminution des privilèges du clergé donnerait atteinte à la réputation et à la conscience du roi Philippe de Valois. Sur cela, il lui adresse la parole; il le prie de considérer qu'il est le roi très-chrétien, et le successeur de tant de rois entièrement dévoués à l'Eglise; il le fait ressouvenir des promesses jurées solennellement le jour de son sacre: promesses qui ont pour objet la conservation des privilèges ecclésiastiques, la défense et la protection du clergé, le maintien de la paix, l'extirpation des hérésies. L'archevêque conclut son discours par une réponse générale et succincte aux soixante-six articles de réformation proposés par le seigneur de Cugnières: « Plusieurs, dit-il, de ces articles renverseraient toute la juridiction ecclésiastique, si on les admettait: ainsi nous sommes déterminés à les combattre jusqu'à la mort. D'autres ne nous reprochent que des abus dont nous ne croyons pas nos officiers coupables; mais s'ils étaient réels, nous ne voudrions les tolérer en aucune manière. Assemblés ici, nous sommes prêts à procurer les remèdes convenables, afin de satisfaire au devoir de nos consciences, de maintenir la dignité du roi, de procurer la tranquillité des peuples et la gloire de Dieu. Ainsi soit-il. » Cette harangue de l'archevêque, quoique peu élégante pour le style, peu exacte dans quelques traits pris de l'ancienne histoire ecclésiastique, peu solide dans quelques raisonnements, ne laisse pas de nous faire voir un esprit assez précis, en ne le considérant même que du côté de l'attention à n'embrasser que les points attaqués par l'avocat adverse.

Tout ce qui en résulte, c'est que les deux puissances peuvent se trouver réunies dans la même personne; que les lois impériales, la libéralité des rois de France, la coutume et le consentement des peuples, avaient contribué à rendre les évêques juges de bien des causes d'ailleurs assez étrangères à l'Eglise; que nos prélats avaient fort à cœur la conservation de ces privilèges ; mais qu'ils ne refusaient point, après tout, de corriger les abus qu'on pourrait remarquer dans l'exercice de cette juridiction.

La partie la plus négligée dans le discours de Pierre Roger était le détail des griefs exposés par l'orateur de la juridiction séculière. Un autre prélat se chargea de cette discussion, et ce fut la matière d'une troisième conférence, qui se tint à Paris, dans le palais, le vendredi 29 du même mois de décembre 1329. Le roi Philippe de Valois, les prélats, les seigneurs et les magistrats étaient encore présents. Pierre Bertrandi, évêque d'Autun, porta la parole pour le clergé. Après s'être concilié la bienveillance du roi par ces paroles de la Genèse : *Ne vous fâchez pas, Seigneur, si je parle*; il prit pour texte de son discours : *Seigneur, vous êtes devenu notre refuge*. Ensuite, ayant fait la même protestation que l'archevêque de Sens, savoir, qu'il parlait pour instruire le roi par forme de conseil, et non en vue de faire une réponse juridique au seigneur de Cugnières ; il appuya sur les mêmes raisons à peu près que Pierre Roger, pour fonder la juridiction dont jouissaient alors les évêques et le clergé : puis il répondit à tous les articles qu'on avait objectés, distinguant ceux dont l'Église usait justement, et que les prélats voulaient défendre, de quelques autres où il pouvait s'être glissé des abus, et qu'on était près de réformer.

Il ne restait plus rien à dire de part ni d'autre sur la contestation présente. Le roi fit demander à l'archevêque de Sens et à l'évêque d'Autun leurs réponses par écrit, telles qu'ils les avaient prononcées. L'assemblée des prélats en délibéra, et il fut conclu qu'il ne serait donné qu'un extrait de ce que les deux orateurs du clergé avaient dit en public. Cet extrait fut réduit en forme de requête contenant les demandes du clergé, toutes opposées aux objections de Pierre de Cugnières, excepté dans les points où les évêques reconnaissaient l'abus.

Huit jours après, c'est-à-dire le vendredi (cinquième jour de janvier 1330) les évêques allèrent à Vincennes, où était le roi, pour attendre la réponse qu'il devait donner à leur requête. Le seigneur de Cugnières leur fit, au nom du roi, un petit discours qui commençait par ces mots : *La paix soit avec vous; c'est moi, ne craignez rien*, pour leur annoncer simplement qu'ils ne devaient point se troubler de certaines choses qui s'étaient dites, parce que l'intention du roi était de conserver à l'Église et aux prélats leurs droits autorisés par les lois, et par une coutume juste et raisonnable. Cependant il insinua que les causes civiles ne pouvaient appartenir au clergé, parce que le temporel appartient aux séculiers comme le spirituel aux ecclésiastiques. Il insista même sur ce point par des citations et des raisonnements, et il mentionna certains cas exprimés dans le droit. Enfin il conclut par ces mots : « Le roi est prêt à recevoir les remontrances qu'on voudra lui faire sur quelques coutumes, et à maintenir celles qui sont raisonnables. « L'évêque d'Autun répondit pour tous ; et après avoir loué poliment la prudence et la bonté du roi, il réfuta en peu de mots les réflexions de Cugnières; ensuite il demanda avec beaucoup de respect une réponse plus nette et plus consolante pour le clergé, de peur que l'ambiguïté ne donnât lieu aux seigneurs d'en abuser. Le roi dit alors lui-même, qu'il n'entendait point attaquer les usages de l'Église dont on lui donnerait une pleine connaissance.

Le dimanche suivant (qui devait être le septième de janvier), les évêques retournèrent à Vincennes. L'archevêque de Sens, portant la parole, rappela le contenu de la dernière supplique du clergé, et la réponse que le roi avait donnée le vendredi précédent. Sur quoi l'archevêque de Bourges, Guillaume de la Brosse, assura les prélats que le roi avait promis de conserver tous leurs droits et leurs coutumes, ne voulant pas qu'il fût dit que son règne eût donné l'exemple d'attaquer l'Église. L'archevêque de Sens remercia le roi au nom des prélats; puis il dit qu'on avait fait certaines publications ou annonces au préjudice de la juridiction ecclésiastique, et que les évêques priaient le roi de les révoquer. Alors le roi répondit encore de sa propre bouche qu'on ne les avait point faites par son ordre ; qu'il n'en savait rien, et qu'il ne l'approuvait pas. L'archevêque répliqua que les évêques avaient pris de si bonnes mesures pour corriger certains abus dont on s'était plaint, que le roi et les seigneurs en seraient contents. Il ajouta pour dernière conclusion, que le roi était encore supplié de vouloir bien les consoler par une réponse plus bénigne et plus nette. Alors Cugnières prononça ces mots au nom du roi : *Il plaît au roi de vous accorder jusqu'à Noël prochain pour que vous corrigiez ce qui doit l'être : pendant ce temps-là toutes choses demeureront sur le même pied ; mais si vous négligez jusqu'à ce terme de faire les réformes qu'on souhaite, le roi ordonnera lui-même des remèdes qui seront agréables à Dieu et à l'État*. Telle fut l'audience de congé donnée aux prélats, qui se retirèrent. *Hist. de l'Égl. Gallic.*

PARIS (Assemblées de) et de Vincennes, en l'an 1333 et 1334. Depuis quelques années on disputait en France sur l'état des âmes justes séparées des corps. Il se rencontra des esprits prévenus d'une doctrine enseignée par d'anciens Pères, mais constamment éloignée de la croyance commune des fidèles, savoir, que ces âmes ne voient point l'essence divine avant le jour du jugement. Dans ce nombre se trouva Gérard Eudes, général des frères mineurs, qui croyait faire sa cour au pape Jean XXII en publiant dans les écoles cette opinion nouvelle. Mandé auprès du roi Philippe le Bel, qu'avait alarmé le bruit de cette dispute, il eut le chagrin de voir son paradoxe taxé d'erreur et d'hérésie devant le prince par dix docteurs, que le prince avait réunis pour ce sujet.

Une autre assemblée plus solennelle eut lieu au château de Vincennes le 4e dimanche de l'avent 1333. Outre les princes, les évêques, les abbés et les principaux magistrats qui se trouvaient à Paris, on y appela les plus célèbres docteurs de la faculté de théologie, au nombre de vingt-deux, sans compter le patriarche de Jérusalem et l'archevêque de Rouen, qui étaient aussi membres de la faculté. Interrogés par le monarque, les vingt-quatre théologiens répondirent unanimement, 1° que depuis la mort de Jésus-Christ, les âmes des saints Pères tirées des limbes et toutes les autres, soit innocentes, soit purifiées dans le purgatoire, ont été admises à la vision nue, claire, intuitive, béatifique et immédiate de l'essence divine, et de la très-sainte Trinité, Père, Fils et Saint-Esprit, vision que l'Apôtre appelle *face à face*; 2° que cette vision, après la résurrection des corps, sera la même pendant toute l'éternité, sans être remplacée par une autre. Il y eut cependant quelques docteurs qui dirent qu'elle deviendrait plus parfaite au jour du jugement.

Le général des franciscains, qui était présent, acquiesça au sentiment de l'assemblée, quoiqu'on vît bien qu'il entrait de la contrainte dans le sacrifice qu'il faisait de sa façon de penser. Le roi congédia les docteurs; mais quelques jours après, il leur envoya ordre de s'assembler le 26 décembre, pour faire ensemble un acte authentique contenant la déclaration qu'ils avaient donnée de bouche à Vincennes. On s'assembla en conséquence aux Mathurins, et d'un commun accord on dressa l'acte d'approbation de tout ce qui s'était dit à Vincennes. On y apposa les sceaux et on le signa le 2 janvier 1334. Outre les vingt-quatre docteurs qui avaient assisté à la conférence tenue devant le roi, il s'en trouva aux Mathurins six autres qui approuvèrent les réponses de leurs confrères et signèrent avec eux. Du reste, la question du délai de la vision béatifique, qu'agitaient ces docteurs, n'a été péremptoirement jugée qu'au concile œcuménique de Florence. *Voy.* ce mot. *Hist. de l'Égl. Gallic.*, liv. XXXVIII.

PARIS (Concile de), depuis le 9 mars jusqu'au 14, l'an 1347 (ou 1346, en ne commençant comme alors l'année qu'à Pâques). Guillaume de Melun, archevêque de Sens, tint ce concile dans le palais épiscopal de Paris, depuis le 9 jusqu'au 14 de mars 1346. Il se trouva au concile, avec le métropolitain, cinq évêques suffragants, Foulques de Paris, Pierre d'Auxerre, Philippe de Meaux, Jean de Nevers et Jean de Troyes : les évêques de Chartres et d'Orléans envoyèrent des députés. Le résultat de ce concile consiste dans les treize articles ou règlements qui suivent.

Le 1er article commence par les propres termes de la fameuse décrétale *Clericis laicos*, donnée autrefois par Boniface VIII. On y expose ensuite toutes les entreprises des juges laïques contre les clercs. Ils les faisaient arrêter, emprisonner, tourmenter et conduire au dernier supplice, au préjudice, dit le concile, de la juridiction et de la liberté ecclésiastiques. « Si donc, ajoute-t-il, on continue d'en user ainsi dans l'étendue de la province de Sens, après les monitions canoniques, on cessera l'office divin dans les lieux exempts et non exempts où seront les clercs détenus prisonniers, ou bien ceux qui les retiennent ou font retenir en prison, qui les condamnent ou font condamner au dernier supplice. Excommunication d'ailleurs contre tous les auteurs et complices de ces violences; les curés auront soin de la publier dans leurs paroisses, les dimanches et les fêtes. »

Le 2e article renouvelle le quatrième décret du concile provincial, tenu l'an 1320 par Guillaume de Melun, prédécesseur et parent de l'archevêque que nous voyons ici présider au concile de 1347 : ce canon regarde les habits des clercs. Défense à eux de porter des bottes rouges, vertes, bleues et à la mode séculière de ce temps-là, aussi bien que des souliers avec des boucles d'argent, des anneaux aux doigts, et d'autres ornements qui sentaient la mondanité. Défense pareillement d'affecter une chevelure et une barbe à la manière des laïques, avec une tonsure peu convenable. Il est de plus ordonné par cet article aux chanoines de porter l'aumusse de couleur noire, marquetée de blanc, afin qu'on pût les distinguer des autres bénéficiers dont l'aumusse devait être purement noire, le tout sous peine d'être privés de la moitié des distributions pour les chanoines : à l'égard des autres bénéficiers, il est dit qu'on leur imposera une peine arbitraire.

Le 3e déclare qu'on regardera comme hérétiques les excommuniés qui auront passé un an sans se faire absoudre.

Le 4e ordonne aux juges d'église de faire prendre les hérétiques ou ceux qui sont soupçonnés de l'être; même ordre, sous peine d'excommunication, aux juges laïques ou seigneurs temporels, quand ils en seront requis par les ecclésiastiques.

Le 5e défend d'appliquer à des usages étrangers les legs faits aux églises. On recommande de faire au plus tôt l'emploi de cet argent; en attendant, le concile veut qu'on le garde dans un coffre sous deux clefs, dont l'une sera entre les mains du doyen de la chrétienté ou de l'archiprêtre ou d'un simple prêtre, et l'autre restera aux marguilliers ou proviseurs.

Le 6e veut que ceux qui ne pourront se trouver au concile de province, s'excusent par lettres, et qu'ils y témoignent le respect et l'obéissance qui sont dus au concile.

Le 7e dit que les lettres d'assignation en cour ecclésiastique seront nulles, si celui qui les a obtenues, ou son procureur, ne prouve par serment qu'il a contracté avec celui qu'il fait assigner, et si ces lettres ne sont signées et scellées par l'official ou son vice-gérant. C'est qu'on traduisait quelquefois au tribunal d'église pour des causes injustes ou qui n'étaient d'aucune conséquence ; ce qui exposait les accusés à bien des frais, sans compter l'injure faite à leur réputation.

Le 8e ordonne d'unir les prieurés et les cures dont le revenu est trop modique. On recommande aux évêques diocésains d'obliger les patrons ecclésiastiques à donner aux curés qu'ils nomment la portion qui leur est due sur les revenus de l'église dont ces patrons jouissent. C'est ce qu'on a appelé depuis *la portion congrue*.

Le 9e recommande l'observation des Décrétales et des Clémentines, au sujet des hopitaux, léproseries et aumôneries.

Le 10e défend aux abbés, prieurs, curés et autres bénéficiers de laisser ruiner leurs édifices et de négliger la culture de leurs terres. S'ils ne sont pas en état de faire toutes les réparations convenables, ordre à eux de laisser chaque année une partie de leurs revenus, suivant l'estimation de l'évêque diocésain, afin qu'on puisse réparer peu à peu tout ce qui est de la dépendance de ces bénéfices.

Le 11e ne souffre point que les prélats réguliers s'appliquent les prieurés et les autres bénéfices particuliers qui sont à leur disposition, mais non pas de leur mense. Il leur est aussi défendu d'augmenter les pensions anciennes, ou d'en instituer de nouvelles.

Le 12e recommande l'observation de la Clémentine, par laquelle il est ordonné de procéder uniment, simplement et sans l'appareil du for contentieux, dans les causes de mariages, d'usures, de dîmes, et quelques autres qui y ont rapport. Le concile adresse ce règlement aux curés et aux ecclésiastiques chargés de discuter ces matières. Il ordonne de plus que ceux qui sont tenus aux dîmes, soient d'abord pressés par la monition canonique et ensuite par les censures de l'Eglise. Pour ranimer sur cela le zèle des ecclésiastiques, les Pères du concile rappellent une constitution du Sexte des Décrétales, livre diversement reçu en France à cause du démêlé de Boniface VIII avec Philippe le Bel. Cela n'empêche pas les évêques d'insérer dans leur ordonnance les propres termes de ce décret, adressé par Grégoire IX aux frères prêcheurs et mineurs. « Nous vous défendons très-expressément, dit ce pape, de proposer à vos auditeurs, dans vos sermons ou ailleurs, des choses qui les détournent du paiement des dîmes. Au lieu de corrompre leurs esprits par de mauvaises maximes, instruisez-les plutôt, de parole et d'exemple, à payer de bon gré tout ce qui est dû aux églises. »

Le 13e canon prescrit l'observation inviolable du règlement fait par le pape Jean XXII, touchant la petite prière établie pour l'heure du couvre-feu. On appelait ainsi le temps où les laboureurs se retiraient chez eux , et chacun à leur exemple dans les villes ; ce qui arrivait vers les sept heures du soir, et alors on sonnait aux églises. La petite prière tant recommandée par Jean XXII et par les évêques, était la salutation angélique, répétée trois fois. Il y avait une indulgence pour ceux qui seraient fidèles à cette pieuse coutume. Le concile de Paris ajoute en faveur de tous ceux qui diraient alors l'oraison dominicale et la salutation angélique, pour l'Eglise, la paix, le roi, la reine et la famille royale, une indulgence particulière attachée à chaque jour dans toute l'étendue de la province de Sens ; savoir une indulgence de trente jours accordée de l'autorité du métropolitain, et une indulgence de vingt jours accordée par chacun des suffragants. *Anal. des Conc. t. II.*

PARIS (Concile de), l'an 1379 : en faveur du pape Urbain VI. *Paul. Emil. in Carol.* V.

PARIS (Concile de), l'an 1391 : pour l'extinction du schisme. *Mas. L.*

PARIS (Concile de), l'an 1395. Ce fut un concile national assemblé le 4 février , et composé de deux patriarches, celui d'Alexandrie, administrateur de l'évêché de Carcassonne, et celui de Jérusalem, administrateur de l'église de Saint-Pons ; de sept archevêques, de quarante-six évêques, neuf abbés, quelques doyens, et grand nombre de docteurs. On y délibéra, par ordre du roi Charles VI, sur le moyen de faire cesser le schisme que causaient dans l'Eglise les prétentions opposées de Pierre de Lune, dit Benoît XIII, et de Boniface IX à la papauté. L'avis du concile, à la pluralité des voix, fut que la cession des deux contendants était le meilleur expédient pour mettre fin au schisme. Ce concile est daté de l'an 1394, selon le style de France. *Raynaldi, ad hunc ann. Mansi, tom. III.*

PARIS (Concile de), l'an 1398. Le roi Charles VI, qui avait déjà fait assembler un concile national à Paris en 1395, pour finir le schisme qui divisait l'Eglise entre les deux prétendants à la papauté, fit encore assembler celui-ci pour le même sujet. Il s'y trouva onze archevêques avec le patriarche d'Alexandrie, soixante évêques, soixante-dix abbés, soixante-huit procureurs de chapitres, le recteur de l'université de Paris avec les procureurs des facultés, les députés des universités d'Orléans, d'Angers, de Montpellier et de Toulouse, outre un très-grand nombre de docteurs en théologie et en droit. Il y eut deux assemblées : la première le 22 mai, et la seconde au mois de juillet. On convint dans celle-ci, que le meilleur moyen de mettre l'anti-pape Benoît à la raison, était de lui ôter, non-seulement la collation des bénéfices, mais tout exercice de son autorité, par une soustraction entière de son obéissance. Le roi, pour cet effet, donna un édit le 28 juillet, qui fut enregistré au parlement le 29 août du même année, et publié à Avignon au commencement du mois de septembre suivant. Cette soustraction dura jusqu'au 30 mai 1403. Le roi le révoqua ce jour-là, et restitua, pour lui et pour son royaume, l'obéissance au *pape* Benoît XIII. Le même prince, par sa déclaration du 19 décembre de la même année, ordonna que tout ce qui avait été fait pendant cette soustraction, quant aux provisions des bénéfices, demeurerait en sa force et vertu, malgré les prétentions de Benoît XIII, qui voulait disposer de tous les bénéfices qui avaient vaqué depuis la soustraction. *Spicileg*, VI.

PARIS (Concile de), non approuvé, l'an 1404. Ce concile fut tenu le 21 octobre. On y arrêta huit articles pour la conservation des priviléges pendant le schisme. D. Martène et le prélat Mansi prétendent que ce concile est le même que celui qui se tint à Paris l'an 1408. Les raisons qu'ils en donnent, c'est que l'une des constitutions qui furent lues dans le prétendu concile de l'an 1404 est datée de l'an 1408, et que d'autres, qui se trouvent parmi les *preuves des libertés de l'Eglise gallicane*, portent aussi l'an 1408. *Marten. Anecd. t.* II, p. 1398 ; *Mansi. t.* III, col. 761.

PARIS (Concile de), l'an 1406. Ce concile, convoqué de tout le clergé de France, commença à la Saint-Martin et ne finit que le 16 janvier suivant. Il eut pour objet de terminer le schisme. On y arrêta de demander un concile général, et de se soustraire à l'obéissance de Benoît XIII.

PARIS (Concile de), l'an 1407. Les évêques réunis à Paris, voyant Pierre de Lune de mauvaise foi dans l'engagement qu'il avait pris d'abdiquer le pontificat s'il le fallait pour le bien de l'Eglise, prirent le parti de se soustraire de nouveau à son obédience, et ils convinrent ensemble que chaque église pourrait élire son prélat, et chaque prélat conférer les bénéfices, sans être obligés de recourir à l'autorité du soi-disant pape. L'opposition du roi fit que ces décrets des prélats ne furent pas mis sur-le-champ à exécution. *Mansi, Conc. t.* XXVI.

PARIS (Concile de), l'an 1408. Le roi Charles VI ayant donné ordre à tous les prélats du royaume, aux députés des universités et à ceux des chapitres, de se trouver à Paris le premier jour d'août de cette année 1408, ils obéirent : cependant la première séance de ce concile ne put se tenir que le onze du même mois. Le lieu de l'assemblée fut la Sainte-Chapelle de Paris ; et l'archevêque de Sens, Jean de Montaigu, y présida, jusqu'à ce que le patriarche d'Alexandrie, Simon de Cremaud, eût terminé les affaires qui le retenaient en Italie. Ce patriarche arriva avant la publication des règlements qui faisaient l'objet du concile.

Le premier de ces règlements fut publié le 13 octobre. Il y est dit que tous ceux qui prennent ouvertement, ou qui favorisent le parti de Pierre de Lune, autrefois appelé Benoît XIII, sont privés du droit de toutes leurs dignités, offices et bénéfices ; et que les collateurs doivent y pourvoir incessamment, sans attendre d'autres déclarations, ni laisser aux coupables le temps de produire leurs défenses, attendu qu'ils ont été assez avertis, et que leur opiniâtreté est notoire. A l'égard de ceux qui sont seulement soupçonnés de suivre le même parti, le concile déclare qu'ils seront simplement suspens de leurs dignités ou bénéfices, et que l'administration en sera commise à des personnes sages, jusqu'à ce que les accusés aient rendu compte de leur conduite et de leurs sentiments.

Dans la séance du 15 d'octobre, on régla ce qui concernait le gouvernement des religieux, et, en général, de tous les exempts, tant réguliers que séculiers. « Ils se gouverneront tous, dit le concile, selon leurs constitutions et leurs priviléges, comme ils faisaient avant la soustraction. Les abbés et les supérieurs des exempts, qui ne dépendent que du pape, recevront leur confirmation de l'évêque diocésain, en protestant néanmoins que cela ne portera aucun préjudice à leurs priviléges. Pour terminer les affaires des exempts, il y aura à Paris quatre supérieurs majeurs ; savoir les abbés de saint Germain-des-Prés et de Sainte-Geneviève, avec le doyen de Notre-Dame et celui de Saint-Germain-l'Auxerrois. Leur pouvoir s'étendra à toutes sortes de causes, même à celles qui sont actuellement pendantes en cour de Rome, sans ôter néanmoins la liberté aux parties de demander des commissaires pour juger les procès dans les lieux où ils auront pris naissance. A l'égard des cas réservés et des censures, les exempts s'en feront absoudre par le grand-pénitencier, s'ils peuvent avoir recours à lui ; sinon, ils s'adresseront à leurs supérieurs, qui pourront donner l'absolution en vertu des pouvoirs émanés de la présente assemblée du clergé de France. Quant à ceux des exempts qui n'ont point d'autre supérieur que le pape, ils demanderont ces absolutions aux juges ci-dessus nommés ; et enfin ceux des exempts qui ont des juridictions épiscopales, pourront absoudre et dispenser dans tous les cas où les évêques le peuvent. »

Le concile publia ses dernières ordonnances le 22 d'octobre. Ce sont cinq articles de discipline pour le bon ordre des églises durant la neutralité.

Le premier regarde l'absolution des péchés et des censures que le droit réserve au pape. Les évêques renvoient pour cela au pénitencier du saint-siège ; et, si l'on ne peut y avoir recours, ils en remettent le pouvoir à l'ordinaire, aussi bien que celui d'absoudre des censures portées par le pape ou par ses délégués. A l'égard des exempts, il y a des dispositions particulières déjà exprimées dans les règlements dont nous avons parlé plus haut.

Le 2ᵉ article roule sur les dispenses d'âge pour les saints ordres : « Elles seront accordées par les ordinaires ; mais seulement en faveur des nobles et des gradués. En matière d'irrégularité, on s'adressera au pénitencier de l'Eglise romaine, si cela se peut ; sinon à l'ordinaire. Pour l'empêchement de mariage provenant de la parenté ou de l'affinité, on ira aussi au pénitencier de l'Eglise romaine, et si cela ne se peut pas, au concile de la province, qui dispensera pareillement des autres empêchements de mariage. S'il arrive que les nommés aux prélatures aient besoin de dispense, ils la demanderont à leurs supérieurs ; c'est-à-dire l'évêque au métropolitain, le métropolitain au primat ; et s'il est question d'un siège qui ne reconnaisse point de primatie, l'affaire reviendra au concile de la province. S'il se rencontre des dispenses accordées par Pierre de Lune avant la neutralité, mais demeurées jusqu'ici sans exécution, l'assemblée du clergé les déclare bonnes et valables, à moins que les impétrants ne fussent fauteurs du schisme »

Le 3e article règle l'administration de la justice. « Chaque métropolitain célébrera, tous les ans, le concile de sa province ; et s'il y manque, le plus ancien suffragant prendra ce soin à sa place. Ces conciles provinciaux dureront au moins pendant un mois. On y fera les examens, les informations et les jugements nécessaires, quand même il s'agirait d'une accusation intentée contre le métropolitain. Les ordinaires veilleront aussi à la convocation des chapitres provinciaux dans l'ordre de Saint-Benoît et parmi les chanoines réguliers. La présente assemblée du clergé nommera, avant de se séparer, neuf personnes pour présider aux premiers chapitres qui seront assemblés dans ces ordres. »

Le 4e article contient la jurisprudence qu'il faudra suivre pour les appellations. « On conservera exactement les degrés des divers tribunaux : de l'archidiacre, on ira à l'évêque ; de l'évêque, au métropolitain ; du métropolitain, au primat ; et s'il n'y a point de primatie, au concile de la province. En matière de censures, s'il y a danger pour le délai de l'absolution, le doyen des évêques suffragants pourra la donner en attendant le concile. Si les évêques assemblées ne peuvent finir une affaire d'appel, ils nommeront des commissaires pour la terminer. L'appel au concile sera relevé dans les deux mois, à peine de nullité. Défense d'appeler désormais en cour de Rome : si cependant il se trouve des sentences de cette cour rendues avant la neutralité, et non exécutées, elles seront valables, pourvu que l'exécution s'en fasse dans le mois. Enfin, dans la décision de tous les procès, on se réglera suivant les dispositions du droit commun, et non suivant les règles de la chancellerie romaine, si ce n'est que le droit commun et ces règles s'accordent ensemble. »

Le 5e et dernier article comprend une longue instruction sur la manière de conférer les bénéfices, dont voici les principales dispositions. « Les élections auront lieu pour les évêchés, et, en général, pour toutes les dignités qui d'elles-mêmes et dans leur origine, sont électives. Les évêques suffragants se feront confirmer par le métropolitain, et le métropolitain par le primat, s'il en reconnaît un ; sinon, l'élection sera confirmée par le concile des évêques suffragants. Mais le nouvel archevêque ne fera usage du *pallium*, que quand il y aura quelqu'un qui puisse le lui donner. Pour obvier aux fraudes qui pourraient se glisser dans les rôles présentés de la part des universités ou des princes, il est défendu de se faire inscrire en différents rôles, où deux fois dans le même ; et il est ordonné d'exprimer les bénéfices qu'on possède déjà. Quiconque aura quatre cents livres de rente en biens d'église, n'aura plus de droit aux nominations que feront les ordinaires. » On excepte les gentilshommes, les docteurs et les bacheliers en théologie, les docteurs en droit, les licenciés en médecine, les maîtres des requêtes de l'hôtel, l'aumônier, le premier chapelain, et le médecin du roi, de la reine et des princes du sang. Enfin le concile déclare que, si quelqu'un des nommés aux bénéfices osait reconnaître un des deux prétendants à la papauté, il perdrait ses revenus et son titre, et, qu'outre cela, son procès lui serait fait avec toute la sévérité possible.

On ajoute à la fin de ces règlements, qu'ils ont été faits sans préjudice des droits de la couronne de France, des libertés de l'Eglise Gallicane, et de la révérence due au saint-siège apostolique et au futur pape légitime.

Les dernières éditions des Conciles disent qu'il ne nous reste de ce concile de Paris, que l'acte du 20 d'octobre, rapporté au tome VI, *in-4°*, du *Spicilége*, concernant les fauteurs de Pierre de Lune ; mais on en trouve des morceaux très-considérables dans l'Histoire anonyme de Charles VI, l'Histoire de l'Université de Paris, et la Collection des preuves des libertés de l'Eglise gallicane. M. Du Châtenet a recueilli toutes ces pièces. Voyez l'*Hist. de l'Egl. Gallic.*, t. XV, p. 261 et suiv.

PARIS (Concile de), l'an 1414. « On y délibéra, dit le P. Richard, sur le choix de ceux qui seraient députés de la province de Rouen au concile de Constance. *Mansi, suppl. t.* III. » Il semblerait qu'il y aurait ici un malentendu : Paris n'a jamais été de la province de Rouen : pourquoi les évêques de cette province s'y seraient-ils assemblés de préférence à leur métropole ? Le fait existe cependant, et n'est pas difficile à expliquer.

PARIS (Assemblée de), l'an 1417 : contre les réserves. *Mém. du Clergé.*

PARIS (Synode de). Statuts synodaux de Jacques du Chastellier, publiés au synode d'automne de l'an 1428. On y donne des règles concernant les excommunications ; d'autres sont relatifs à la tenue des synodes.

PARIS (Concile de), l'an 1429. Jean de Nanton, archevêque de Sens, et auparavant évêque de Paris, convoqua à Paris tous ses suffragants pour le premier mars 1429. Mais il ne s'y en trouva que quatre en personne, savoir les évêques de Paris, de Chartres, de Meaux et de Troyes. Les évêques de Nevers et d'Auxerre envoyèrent leurs procureurs. Celui d'Orléans s'excusa de prendre part à cette assemblée, et ses raisons furent trouvées légitimes. Les décrets de ce concile de la province de Sens sont au nombre de quarante et un, et se rapportent à cinq chefs principaux que nous indiquons en général.

1° On ordonne plus de régularité et de décence dans la célébration des divins offices ; point de discours frivoles dans l'église ; point de jeux indécents à certaines fêtes; point d'absence durant les heures canoniales; point d'empressement à posséder plusieurs prébendes en diverses églises, au détriment de la résidence et de l'édification des fidèles.

2° On avertit les évêques de quelques-uns de leurs devoirs. Ils auront soin d'examiner ceux qui se présenteront pour recevoir les saints ordres, ou pour posséder des cures. Ils préviendront les clercs sur le vœu de continence qui est attaché au sous-diaconat. Ils prendront les conseils d'un ou de deux théologiens pour le gouvernement de leur diocèse. Ils veilleront sur les officiers du tribunal ecclésiastique, afin que, dans l'exercice de leur charge, il ne se glisse ni fraude ni vexation. Enfin les évêques doivent porter en public, même quand ils vont à cheval, leur chapeau de cérémonie; et, dans l'église, ils ne paraîtront point sans le rochet par-dessus la soutane, qui ne sera ni de velours ni de damas.

3° On rappelle, sur le gouvernement des religieux, la plupart des règlements faits par le pape Benoît XII. Ainsi la modestie dans les habits, l'observation de la règle, l'instruction des jeunes religieux, l'attention à mettre de bons sujets dans les cures, sont les objets de ces canons. On défend expressément toutes stipulations d'argent, ou de quelque autre chose que ce soit, pour l'entrée en religion; mais, après l'entrée, si celui qui a été admis fait un présent, il n'est pas défendu de le recevoir.

4° On entre dans un détail sur la réforme des ecclésiastiques du second ordre. Il leur est défendu de se trouver avec les laïques dans les cabarets, d'exercer le négoce, de quitter leurs habits pour jouer à la paume en public, d'affecter dans leurs ajustements les modes de ce temps-là, de jouer aux dés; surtout l'incontinence est proscrite, et l'on recommande aux évêques de sévir contre les coupables en ce point.

5° On détermine plusieurs articles touchant la conduite des simples fidèles. L'observation des dimanches et des fêtes est recommandée, le blasphème condamné sous peine d'amende, de jeûne et de prison, la justice ecclésiastique maintenue, le payement des dîmes ordonné, l'usage de célébrer les mariages dans des chapelles particulières défendu, hors certains cas de nécessité. On avertit les curés d'exhorter leurs paroissiens à se confesser cinq fois l'année, outre le temps de Pâques : savoir à Noël, à la Pentecôte, à la Toussaint, à l'Assomption et au commencement du carême. *Hist. de l'Égl. Gallic.*

PARIS (Synode d'été de), l'an 1495, sous Jean-Simon. On y défend aux ecclésiastiques de porter des chapeaux semblables à ceux des laïques; on y rappelle aux fidèles l'obligation de se faire confirmer, et celle d'exécuter religieusement les dernières volontés des défunts. On défend aux parents de coucher avec eux leurs enfants âgés de moins de deux ans. On oblige les curés et les chapelains à célébrer les offices selon l'usage de l'Eglise de Paris.

PARIS : Statuts synodaux d'Etienne Poncher, après l'an 1503. C'est tout un corps de statuts sur les sacrements, l'office divin et les canons pénitentiaux, dont le détail nous mènerait trop loin. Nous ne pouvons pas davantage en désigner l'époque précise. Etienne Poncher fut élu évêque de Paris en 1503, et transféré en 1519 sur le siège de Sens.

PARIS (Concile de), l'an 1521. L'archevêque de Sens tint à Paris ce concile, qui fut provincial, et dans lequel il publia les sept statuts suivants : 1. On n'exigera rien pour l'élection, ou pour la collation d'un bénéfice. 2. On fera plus forte la portion qui doit être distribuée tous les jours à chaque chanoine. 3. On s'appliquera à la restauration de la discipline dans les monastères. 4. Les chanoines réguliers porteront partout le rochet ou la robe de lin par-dessus leurs autres habits. 5. On n'érigera aucune nouvelle confrérie sans l'agrément de l'évêque. 6. On ne prononcera d'excommunications que pour des causes graves. 7. Les ecclésiastiques n'useront point de soie pour leurs vêtements particuliers. *Mansi, Supp. t. V.*

PARIS (Concile de la province de Sens, tenu à), au mois de mars 1523. On y condamna deux libelles publiés par les luthériens contre le célibat des prêtres. Un de ces ouvrages était de Carlostad, prêtre apostat, qui s'était marié publiquement dans l'église de Wittemberg. Les Pères du concile de Paris députèrent au parlement, pour le prier de défendre sous des peines pécuniaires l'impression et le débit de ces mêmes livres : ce qu'ils obtinrent. *Hist. de l'Égl. Gall. t. LI.*

PARIS (Concile de Sens provincial à), l'an 1528. Le cardinal Antoine du Prat, archevêque de Sens et chancelier de France, tint ce concile avec ses suffragants, qui étaient alors les évêques de Chartres, de Paris, de Meaux, de Troyes, d'Auxerre, de Nevers et d'Orléans. Ce dernier cependant, qui était en même temps archevêque de Toulouse, ne crut pas pouvoir paraître dans le concile comme un simple suffragant, et il se contenta d'y envoyer son grand vicaire. Le concile commença le 3 février, et finit le 9 octobre. Les prélats s'assemblaient aux Augustins, et étaient aidés dans leurs délibérations par un grand nombre de docteurs. On peut juger du travail de cette assemblée par la quantité des questions qu'elle traita, et dont les actes nous font le détail le mieux circonstancié.

La préface expose d'abord quelques-unes des principales hérésies qui ont troublé l'Eglise, savoir, celles des manichéens, d'Aérius, de Vigilance, des vaudois, de Marsile de Padoue, de Wiclef; et l'on fait voir que Luther renouvelle toutes ces anciennes erreurs; qu'il détruit le libre arbitre, comme Manès; les jeûnes et les préceptes de l'Eglise, comme Aérius; le célibat des prêtres, comme Vigilance; la hiérarchie, le sacerdoce et la prière pour les morts, comme les vaudois; la juridiction ecclésiastique, comme Marsile de Padoue; toute l'autorité de l'Eglise, comme Wiclef. On remarque ensuite les variations, les dissensions du parti luthérien : comment les uns renversent les images, et d'autres les conservent; les uns rejettent toutes les sciences humaines comme pernicieuses à la piété, et d'autres les recommandent comme très-utiles; les uns réitèrent le baptême, et d'autres ont horreur de cette pratique; les uns veulent qu'il n'y ait dans l'eucharistie que le signe du corps et du sang de Jésus-Christ, et d'autres y reconnaissent la présence réelle, ajoutant toutefois, très-mal à propos, que la substance du pain et du vin demeure avec le corps et le sang de Notre-Seigneur; les uns enfin, se portant pour être remplis du Saint-Esprit, assurent que les saints livres sont plus clairs que le jour et s'expliquent d'eux-mêmes; et d'autres ne refusent pas de recevoir les explications des saints docteurs. « Or, reprend le concile, ces différences de sentiments dans des matières aussi essentielles à la foi, montrent combien ces novateurs sont éloignés de la vérité : car l'esprit de Dieu n'est pas un esprit de discorde. Au contraire, les catholiques sont parfaitement d'accord sur le dogme; ils professent tous la même foi : ce qui prouve que leur doctrine vient de Dieu, et qu'elle ne pourra jamais être détruite, quelques efforts que fassent pour cela les ennemis de la vérité. »

Ce n'était pas assez de montrer la conformité des nouvelles erreurs avec les anciennes; il fallait faire des lois pour arrêter le cours de ces doctrines pernicieuses.

Le cardinal du Prat publia, dans la première session du concile, un décret général (a) qui disait : « Nous excommunions et anathématisons toute hérésie qui s'élève contre l'Eglise orthodoxe et catholique. Nous décernons que ceux-là sont hérétiques opiniâtres et retranchés de la communion des fidèles, qui osent croire et parler autrement que l'Eglise. Car l'Eglise universelle ne peut errer, étant gouvernée par l'Esprit de vérité qui ne l'abandonne jamais, et par Jésus-Christ qui demeure avec elle jusqu'à la consommation des siècles. Nous déclarons soumis à l'excommunication tous ceux qui reçoivent, favorisent ou défendent les hérétiques. Quiconque est suspect d'hérésie, ou noté à ce sujet, devra être évité par les fidèles, après une ou deux monitions, afin que ce retranchement de la société, le couvrant d'une confusion salutaire, lui inspire plus aisément la volonté de se réconcilier avec l'Eglise. Ceux qui seront condamnés pour cause d'hérésie, et qui ne (b) voudront pas retourner à l'unité, demeureront justiciables du for ecclésiastique,

et passeront le reste de leurs jours en prison, pour y faire pénitence au pain et à l'eau. Les laïques qui ne voudront pas abjurer leurs erreurs seront remis sans délai en la puissance du bras séculier. Les ecclésiastiques ne seront renvoyés à ce tribunal, qu'après avoir été dégradés de leurs ordres; et parce qu'il serait difficile d'assembler pour cela le nombre d'évêques marqué par les canons, il suffira que l'évêque diocésain, accompagné d'abbés et de quelques autres supérieurs ecclésiastiques, procède à la dégradation des prêtres, et de quiconque est constitué dans les ordres sacrés.

« Les relaps seront retranchés du corps de l'Eglise, et livrés sans autre forme de procès au bras séculier. Nous appelons *relaps* tous ceux qui, ayant rétracté leurs erreurs en jugement, retombent dans le même crime d'hérésie, ou qui donnent faveur aux hérétiques. On comprend aussi sous ce nom tous ceux qui auraient été soupçonnés ou accusés en matière de foi, et qui ayant fait abjuration viendraient à donner encore les mêmes soupçons. Au reste, quoique les relaps doivent être punis de peines temporelles nonobstant leur pénitence, l'Eglise, qui ouvre toujours son sein à ceux qui se convertissent, ne laisse pas de leur accorder les sacrements de pénitence et d'eucharistie. »

La suite du décret proscrit toutes les assemblées de luthériens et tous les livres de ces sectaires. On ordonne aux évêques de la province d'empêcher par toutes sortes de moyens le progrès de l'erreur, de se transporter dans les lieux suspects, d'obliger les habitants du canton à révéler les coupables, de faire insérer ce décret dans les statuts synodaux. Enfin le concile implore ainsi la protection du roi : « Nous conjurons par les entrailles de la miséricorde divine le roi très-chrétien, notre souverain seigneur, de signaler le zèle dont il est rempli pour la religion chrétienne en éloignant tous les hérétiques des terres de son obéissance, en exterminant cette peste publique, en conservant dans la foi cette monarchie, qui depuis sa fondation a été sans tache du côté de la doctrine. »

Après ce décret général, les Pères du concile dressèrent seize articles concernant la foi, et d'une matière trop importante pour n'être pas reproduits ici, du moins en ce qu'ils ont d'essentiel. C'est le concile qui va parler dans tout ce détail de définitions.

1. « L'Eglise étant l'épouse de Jésus-Christ, la maison de Dieu, la colonne et le fondement de la vérité, il ne peut se faire qu'elle soit jamais séparée de son Epoux, ni qu'elle succombe à l'effort des tempêtes qui s'élèvent quelquefois contre elle. Il n'est pas plus possible de se sauver hors de son sein, qu'il ne le fut, lors du déluge, de se sauver du

---

(a) Le P. Richard dit une *Epître synodale* ; mais, outre que cette pièce porte le titre de *Decretum generale*, et non d'Epître, à qui cette épître aurait-elle été adressée ?

(b) « Il semble, dit le P. Berthier, qu'il ne faudrait point ici de *négation*, car cette pénitence qu'on veut faire faire à ces sortes de gens marque des hérétiques qui sont rentrés en eux-mêmes. » Nous ne saurions être ici de l'avis du P. Berthier. Cette pénitence est si sévère, que beaucoup de personnes lui préféreraient la mort ; et un hérétique qui aurait voulu retourner à l'unité, aurait mérité plus d'indulgence.

naufrage hors de l'arche de Noé. Cette Eglise, une, sainte et infaillible, ne peut s'écarter de la foi orthodoxe; et quiconque ne s'en tient pas à son autorité dans la foi et dans les mœurs est pire qu'un infidèle. »

2. « L'Eglise de Jésus-Christ étant juge de toutes les controverses qui s'élèvent sur la foi, elle n'est ni invisible ni cachée, comme disent les luthériens. Car comment un tribunal qui ne se voit point, qui ne se trouve point, pourrait-il terminer les différends de religion? Comment saint Paul aurait-il averti les prêtres et les évêques de gouverner le troupeau de Jésus-Christ, qui est l'Eglise, si ce troupeau n'était pas une société sensible? Et qui ne voit qu'en ôtant du christianisme toute autorité visible, on n'établit pas une hérésie particulière, mais on creuse pour ainsi dire le fondement de toutes les hérésies? »

3. « La Synagogue ayant eu un tribunal établi de Dieu pour décider les difficultés de la loi, il n'est pas raisonnable de penser que l'Eglise chrétienne, qui l'emporte si fort sur l'état des Juifs, n'ait pas des ressources contre l'erreur. Ainsi l'on ne peut pas refuser l'infaillibilité aux conciles généraux, représentant l'Eglise universelle. Cette puissance suprême s'étend à la conservation du dogme, à l'extirpation des hérésies, à la réformation de l'Eglise et au rétablissement des mœurs. C'est par ce moyen que les anciens Pères ont détruit les mauvaises doctrines; et l'on ne peut nier l'autorité des conciles généraux sans rouvrir la porte à toutes les impiétés condamnées autrefois, à l'arianisme, au nestorianisme, et à tant d'autres monstres qui ont disparu depuis tant de siècles. En un mot, il faut regarder comme un ennemi de la foi celui qui s'obstine à ne pas reconnaître le pouvoir de ces saintes assemblées. »

4. « L'autorité des saintes Ecritures est très-grande et très-vénérable, puisque ceux qui en ont été les auteurs furent inspirés du Saint-Esprit. Mais il n'appartient pas à tout le monde de juger de l'inspiration ou du sens de ces livres : ce pouvoir regarde l'Eglise. C'est elle qui peut décider sûrement et d'une manière infaillible toutes les controverses, en distinguant les livres apocryphes des canoniques, et le sens vrai et orthodoxe, de celui qui est hérétique ou contraire à la vérité. S'il se trouve donc quelqu'un qui rejette le canon des Ecritures tel que l'Eglise le reçoit, tel que le concile III de Carthage et les papes Innocent et Gelase l'ont reconnu, ou bien si quelqu'un ose interpréter les saints livres suivant son sens particulier et sans égard pour les explications des saints Pères, il faut réprimer ces entreprises comme schismatiques, comme propres à fomenter toutes les erreurs. »

5. « C'est une erreur pernicieuse de ne vouloir admettre que ce qui est contenu dans l'Ecriture, puisqu'il est certain que Jésus-Christ, instruisant ses apôtres, leur a déclaré bien des choses qui ne sont point écrites et qu'il faut toutefois croire fermement, puisqu'il est constant, par la doctrine de l'apôtre saint Paul, que les fidèles doivent conserver les traditions qu'ils ont reçues, soit par écrit, soit de vive voix. On peut citer pour exemples de ces traditions non écrites l'usage de prier vers l'Orient, la manière d'administrer et de recevoir l'eucharistie, les diverses cérémonies du baptême, le symbole des apôtres, l'onction qui se fait en administrant le sacrement de confirmation, la pratique de mêler l'eau avec le vin destiné au sacrifice, celle de faire le signe de la croix sur le front, etc. Plusieurs de ces choses n'ont peut-être pas été instituées par Jésus-Christ même; cependant, comme les apôtres étaient inspirés du Saint-Esprit, ce qu'ils ont établi dans l'Eglise doit être reçu et conservé comme les traditions de Jésus-Christ. Enfin, si quelqu'un s'obstine à ne respecter et à n'admettre que ce qui est écrit dans les saints livres, il faut le tenir pour hérétique et pour schismatique. »

6. « S'il n'était pas permis dans l'ancienne loi de contredire les ordres du grand prêtre, et si l'on punissait de mort les infracteurs de ses règlements, de quel front les hérétiques modernes osent-ils rejeter les décrets des conciles et des souverains pontifes, par la seule raison que cela n'est pas contenu dans l'Ecriture? Ignorent-ils que Jésus-Christ a ordonné d'obéir aux pasteurs? Et ces pasteurs n'ont-ils pas une puissance ordonnée de Dieu? Ne sont-ce pas des maîtres et des pères? Les apôtres ne prétendaient-ils pas qu'on observât leurs ordonnances, quand ils recommandaient aux nouveaux chrétiens de s'abstenir du sang, des viandes suffoquées et des victimes présentées aux idoles? Il faut donc garder les coutumes reçues parmi le peuple fidèle. Il faut observer les décrets des anciens, dans les choses mêmes dont l'Ecriture ne parle point; et ceux qui méprisent les usages de l'Eglise doivent être punis comme des prévaricateurs de la loi divine. »

7. « La loi du jeûne et de l'abstinence est une des plus utiles que l'Eglise ait faites, parce qu'elle réprime les révoltes de la chair et qu'elle chasse cette espèce de démons qui redoute le jeûne et la prière, comme le témoigne Jésus-Christ dans son Evangile. Cette même loi est autorisée par l'exemple de Moïse, des Ninivites, d'Elie, et de Jésus-Christ même. Aussi la sainte observance du carême a-t-elle été instituée par les apôtres. Le jeûne des Quatre-Temps a pour auteurs les plus anciens papes, et c'est dans ce même esprit qu'on a établi les vigiles des grandes solennités. S'il arrive donc que quelqu'un, s'attachant à l'erreur des ariens, de Jovinien, de Vigilance, des vaudois, des wiclefites, des hussites et de Luther, rejette les jeûnes et les abstinences de l'Eglise, qu'il soit anathème. »

8. « Ceux de la secte luthérienne ne se sont pas contentés de renoncer à toutes les lois de la pudeur : ils ont voulu se procurer une multitude de partisans. Ils ont osé enseigner que les prêtres de la loi évangélique ne sont point obligés de garder le célibat, et qu'ils peuvent se marier après leur ordina-

tion. Il est vrai que parmi les Juifs le mariage était permis à ceux de l'ordre lévitique ; et cette permission était nécessaire, puisqu'il avait été réglé par le Seigneur que les ministres du sanctuaire seraient toujours tirés de la tribu de Lévi. Il est vrai encore que dans l'Eglise orientale on permet aux prêtres d'user du mariage qu'ils ont contracté avant leur consécration ; mais on n'a point d'exemple qu'on ait laissé la liberté aux prêtres de prendre des épouses, et le second concile de Carthage défend cela comme une chose déjà interdite par les apôtres. Or on n'a pas pu imaginer de loi plus sainte ni plus conforme à la majesté des saints autels, dont l'Eglise souhaite que ses ministres soient toujours en état de s'approcher. Il faudra donc regarder comme hérétique quiconque enseignera que les prêtres, les diacres et les sous-diacres ne sont point tenus à la loi du célibat, ou quiconque leur accordera la liberté de se marier. »

9. « Les ennemis de la vérité se sont aussi élevés contre les vœux monastiques, sous prétexte que ces engagements seraient contraires à la liberté chrétienne, et qu'il ne serait pas en notre pouvoir de garder la continence toute notre vie. C'est par ces artifices qu'ils séduisent ceux qui ont embrassé la profession religieuse. Ils leur promettent un état de liberté ; mais on n'est jamais plus libre que quand on réprime la tyrannie des sens ; et cela est toujours en notre pouvoir avec la grâce de Dieu, qui ne permet jamais que nous soyons tentés au-dessus de nos forces. C'est un blasphème contre Jésus-Christ, que de représenter sa doctrine comme opposée au vœu de chasteté ; c'est contredire l'Apôtre, qui exhorte souvent les fidèles à garder une perpétuelle virginité. Au reste Jésus-Christ conseille aussi le vœu d'obéissance et celui de pauvreté, en disant que celui qui veut être parfait doit renoncer à soi-même, porter sa croix, vendre tout ce qu'il a et en donner le prix aux pauvres. Tous ces vœux obligent donc ceux qui s'y sont engagés. Si quelqu'un les transgresse, ou si, par principe d'hérésie, il enseigne qu'il est permis de ne pas les accomplir, les supérieurs auront soin de le punir, non-seulement comme faisant injure aux saints conciles, mais encore comme violant la loi divine et la loi naturelle. »

10. « La matière des sacrements est celle où les hérétiques se sont permis le plus d'excès. Non-seulement ils ont osé en diminuer le nombre ; mais ils leur ôtent à tous le pouvoir de conférer la grâce. Il est donc nécessaire de déclarer ici la vraie doctrine de l'Eglise.

« Le baptême est représenté partout comme un bain salutaire qui efface les péchés, comme un gage de salut, un renouvellement de l'homme, une régénération qu'opère le Saint-Esprit. Or ces qualités marquent évidemment l'infusion de la grâce.

« Le sacrement de l'ordre se prouve par l'institution même de Jésus-Christ, qui donna à ses apôtres deux sortes de pouvoirs : le premier sur son corps naturel, en leur ordonnant de consacrer et d'offrir le sacrifice ; le second sur son corps mystique, en leur disant : *Recevez le Saint-Esprit ; les péchés que vous remettrez seront remis, et les péchés que vous retiendrez seront retenus.* Ce qui montre bien clairement qu'on reçoit la grâce en recevant l'ordre ; et saint Paul confirme la même chose, quand il recommande à Timothée de ne point négliger la grâce, qui lui a été donnée par l'imposition de ses mains.

« A l'égard du sacrement d'eucharistie, qui peut nier qu'il contienne la grâce ? Jésus-Christ lui-même ayant dit : *Celui qui mange ma chair et qui boit mon sang, a la vie éternelle ; il demeure en moi, et je demeure en lui.*

« Le sacrement de confirmation a été indiqué par Jésus-Christ, lorsqu'il imposait les mains aux enfants. Il a été promulgué par les apôtres, lorsqu'ils envoyèrent Pierre et Jean à Samarie, pour y donner le Saint-Esprit à ceux qui avaient reçu le baptême. Il a été reconnu par les plus anciens Pères, qui l'appellent tantôt imposition des mains, et tantôt confirmation. Il appartient aux évêques de le conférer, et cette puissance est un don de Dieu. C'est une chose qui, selon l'apôtre saint Pierre, ne peut s'acquérir à prix d'argent.

« Le sacrement de pénitence est très-nécessaire, puisque le baptême, ne se conférant qu'une fois, ne peut être le remède des péchés commis par les fidèles déjà baptisés. La pénitence est la seconde planche après le naufrage. Il est nécessaire, pour en profiter, de sonder sa conscience, et de détester tout ce qui a pu offenser Dieu ; car le Seigneur ne rejette point un cœur contrit et humilié. Mais il ne suffit pas d'être contrit devant Dieu et de s'accuser en sa présence ; il faut encore déclarer ses péchés à un prêtre. Cette confession n'est ni une invention nouvelle, ni une obligation imposée par les hommes. Outre les figures de l'ancienne loi qui l'annonçaient, Jésus-Christ lui-même, ayant ressuscité Lazare, le fit délier par ses apôtres ; ayant guéri le lépreux, il lui ordonna de se présenter aux prêtres ; et l'institution même du sacrement montre la nécessité de la confession. Car le Sauveur ayant donné à ses disciples le pouvoir de lier et de délier, de remettre et de retenir les péchés, comment ce pouvoir s'exercera-t-il, si l'on ignore ce qui doit être lié ou délié, remis ou retenu ? et par quel moyen les ministres de l'Eglise seront-ils instruits sur cela, si ce n'est par l'accusation des fidèles ? Aussi cette pratique de la confession a-t-elle été connue dès les premiers siècles de l'Eglise ; et nous déclarons que ceux qui ne la regardent pas comme une institution divine, ont été condamnés par le concile de Constance, et par plusieurs autres décrets ecclésiastiques

« Le sacrement de l'extrême-onction paraît avoir été préparé et insinué par Jésus-Christ, lorsqu'il ordonnait aux apôtres de guérir les malades en les oignant d'huile ; et ce rite est décrit par saint Jacques comme un vrai sacrement qui remet les péchés. Par où il est manifeste que ce n'est pas cet apôtre qui l'a institué, mais celui-là seul qui est capable de conférer la grâce et la gloire.

« L'Eglise enseigne aussi par ses usages et par son autorité que le mariage est un sacrement. Cette alliance représente celle de Jésus-Christ avec son Eglise; elle sanctifie l'homme infidèle par l'épouse fidèle, et la femme infidèle par le mari fidèle : c'est ce qui fait que le mariage des chrétiens est honorable ; que les enfants qui en sont le fruit attirent la bénédiction de Dieu sur leurs parents, et que le démon n'a aucun empire sur ces familles, où l'on craint le Seigneur, où l'on ne se livre pas au désordre des passions. Il faut donc mettre au nombre des hérétiques celui qui nierait que le mariage soit un sacrement, ou qui dirait qu'il n'y a pas sept sacrements dans l'Eglise. »

11. « Luther n'a jamais fait de démarche plus audacieuse, que quand il a voulu abolir le sacrifice de la messe, dont tant d'autorités démontrent la grandeur et la nécessité. Car est-il une religion où il n'y ait un sacerdoce et un sacrifice ? Et quel sera le sacrifice de la nouvelle alliance, si ce n'est l'oblation du corps et du sang de Jésus-Christ? C'est là ce sacrifice éternel selon l'ordre de Melchisédech ; cette victime pure et puissante pour la rémission des péchés ; cette oblation sainte dont Malachie a prédit la durée et l'étendue par toute la terre. Ceci est la doctrine de tous les Pères, celle de tous les conciles, et de tous les siècles de l'Eglise : celui qui enseignera le contraire sera manifestement coupable d'hérésie.

12. « Luther séduit encore la multitude en disant que toute la peine temporelle due au péché est toujours remise avec la coulpe ; qu'il n'y a point de purgatoire, et que les prières pour les défunts sont une nouvelle invention des prêtres. Ce saint concile définit des articles tout contraires. Il enseigne que la tache du péché étant remise et effacée, il reste encore souvent des peines temporelles à subir, comme il paraît par l'exemple de David, qui, pénitent de son crime et rétabli en grâce avec Dieu, ne laissa pas d'éprouver des disgrâces, en punition de son adultère et de son homicide. S'il arrive que les peines temporelles n'aient pas été entièrement payées durant la vie, ou qu'un chrétien meure avec la tache du péché véniel, il est nécessaire qu'il soit purifié avant d'entrer dans le ciel. C'est ce qui constitue l'état des âmes dans le purgatoire ; elles y sont soulagées par les bonnes œuvres et les prières des fidèles : car *c'est une sainte et salutaire pensée*, dit l'Ecriture, *de prier pour les défunts, afin qu'ils soient délivrés de leurs péchés*. Et c'est pour cela que depuis le temps des apôtres, on fait mémoire des défunts dans le redoutable sacrifice. On se rend donc coupable de l'erreur des cathares, des vaudois, de Wiclef, des bohémiens et de Luther, en ne tenant pas la doctrine de l'Eglise sur les points qu'on vient d'indiquer. »

13. « Le même esprit d'erreur qui ôte aux défunts les suffrages des fidèles, prive les vivants de la protection des saints, sous prétexte qu'ils n'entendent pas nos prières, ou qu'ils ne sont pas touchés de nos besoins. Cela est réfuté par la raison même, qui porte à juger que les bienheureux voient dans le sein de Dieu tout ce qui peut concerner leur état ou leur gloire. Les Ecritures nous enseignent aussi que les anges présentent nos prières au trône du Seigneur : et comment peut-on dire que les saints amis de Dieu ne soient pas touchés de nos besoins, après y avoir été si sensibles durant leur vie ? Et n'est-il pas écrit que l'ange du prophète Zacharie, et Jérémie placé depuis si longtemps dans le sein d'Abraham, priaient beaucoup pour le peuple d'Israël et pour la sainte cité ? Il faut joindre à tout cela les décisions des conciles et la pratique de l'Eglise, qui autorisent l'invocation des saints, sans faire tort à la suprême et divine médiation de Jésus-Christ. Si quelqu'un persiste dans opiniâtrement dans les sentiments qu'on vient de condamner, il faudra le punir suivant les lois portées contre les hérétiques. »

14. « L'honneur qu'on rend aux images dans l'Eglise, ne peut être taxé d'idolâtrie. Car le catholique qui honore une image de Jésus-Christ, ne pense pas que ce soit une divinité, et il ne l'honore pas comme Dieu. Il lui témoigne seulement du respect en l'honneur du Fils de Dieu : et à la présence de cette figure, il se sent excité à l'amour de ce divin Sauveur. Il faut dire à proportion la même chose des images de la bienheureuse Vierge et des saints. Aussi toute l'antiquité les a-t-elle consacrées, révérées, défendues contre leurs ennemis ; et ceux qui les rejettent aujourd'hui sont dans la même erreur que les vaudois. »

15. « L'erreur de Wiclef et de Luther touchant la nécessité d'agir, opposée au libre arbitre, est un dogme renouvelé du paganisme ; mais il n'est personne qui ne puisse réfuter aisément cette impiété. La raison montre que sans le libre arbitre, les lois divines et humaines, les conseils, le choix d'un parti, les prières, les reproches, la justice, les récompenses et les châtiments, sont des choses tout à fait inutiles. L'Ecriture enseigne de plus très-clairement, que Dieu a laissé l'homme maître de son conseil ; que celui-là est heureux qui a pu faire le mal et qui ne l'a pas fait, qui a pu transgresser la loi du Seigneur et qui ne l'a pas transgressée. Or cela montre que le libre arbitre existe en nous, et qu'il s'étend aux deux contradictoires. Ce saint concile reconnaît la vérité d'une telle doctrine, et nous n'excluons pas pour cela le secours de la grâce divine. Nous disons, selon l'Ecriture, que la volonté de l'homme, prévenu de la grâce intérieure, se tourne vers Dieu, s'approche de Dieu, et se prépare à cette grande grâce qui ouvre la vie éternelle. Mais cette nécessité de la grâce ne porte aucun préjudice au libre arbitre ; car elle est toujours prête à nous secourir, et il n'y a point de moment où Dieu ne soit à la porte de notre cœur et n'y frappe ; à quoi il

faut ajouter que cette grâce n'est point telle, que la volonté ne puisse y résister. Autrement, saint Étienne eût inutilement reproché aux Juifs qu'ils résistaient toujours au Saint-Esprit, et saint Paul eût exhorté en vain les Thessaloniciens à ne point éteindre en eux l'Esprit-Saint. A la vérité Dieu nous attire, mais nous ne sommes point entraînés par violence. Dieu prédestine, choisit, appelle, mais il ne glorifie à la fin que ceux qui ont assuré par de bonnes œuvres leur vocation et leur élection. Au reste, ce n'est pas, à proprement parler, une nouvelle condamnation que nous faisons ici de l'erreur contraire au libre arbitre : l'Eglise et les conciles l'ont condamnée il y a long-temps. Nous déclarons plutôt que cette erreur combat évidemment les premiers principes de la raison et les témoignages formels de l'Ecriture. »

16. « Luther, voulant abaisser le mérite des œuvres, s'est appliqué à relever uniquement la foi. Il cite en faveur de la foi des textes de l'Ecriture qui, dans leur vrai sens, n'excluent point les autres vertus. Il en produit d'autres contre les œuvres qui réprouvent seulement la trop grande confiance qu'on aurait dans ses bonnes actions, ou bien qui regardent les cérémonies de la loi. Les saints livres nous apprennent donc qu'il faut joindre l'espérance, la charité et les bonnes œuvres à la foi; que ce n'est pas la foi seule, mais plutôt la charité, qui justifie, et que les œuvres, bien loin d'être des péchés, sont nécessaires aux adultes pour le salut, et qu'elles ont même la qualité de vrai mérite. »

Ces décrets si sages, si savants même et si précis, suffisaient pour détruire toutes les nouvelles erreurs. Le concile de Sens recueillit néanmoins beaucoup d'articles enseignés par les hérétiques modernes, en fit une liste, persuadé qu'il suffirait de les remarquer, pour en éloigner les fidèles. Ces articles, au nombre de trente-neuf, portaient qu'il y a peu d'endroits dans le Nouveau-Testament où Jésus-Christ soit appelé Dieu; que les anciens n'osaient pas donner le nom de Dieu au Saint-Esprit; qu'il ne faut pas pleurer la mort de Jésus-Christ, mais l'adorer; que le péché mortel retranche de l'Eglise celui qui le commet; que l'Eglise n'est composée que de justes; que la primauté du souverain pontife n'est point émanée de Jésus-Christ; que l'Eglise a tort de chanter les antiennes *Salve regina*, *Regina cœli*, et *Ave maris stella*; que la fin du dernier chapitre de l'Evangile selon saint Marc est tirée de quelque Evangile apocryphe; qu'il est indécent et ridicule que les gens sans lettres et les femmes disent leurs prières en latin, ne comprenant pas ce que renferment ces prières; que les enfants qui ont reçu le baptême aussitôt après leur naissance, doivent être rebaptisés lorsqu'ils parviennent à l'âge de discrétion; qu'il ne faudrait pas conférer le baptême aux enfants; que ceux qui ont reçu le baptême dans leur enfance, devraient être interrogés sur les articles de la foi, lorsqu'ils sont en âge de les savoir, s'ils ratifient ou non les promesses que leurs parrains ont faites pour eux à leur baptême, et être laissés à eux-mêmes, s'ils refusent de les ratifier; que le foyer du péché retarde l'entrée d'une âme dans le ciel, quand même elle ne serait coupable d'aucun péché actuel; que le juste pèche dans toutes ses bonnes œuvres; que toute bonne œuvre est au moins un péché véniel, et que Dieu a commandé une chose impossible, en donnant aux hommes les deux derniers préceptes de la loi, qui défendent la concupiscence; que le plus grand de tous les péchés est de ne pas se croire en état de péché mortel devant Dieu; que la manière dont l'Eglise célèbre la messe n'est pas convenable; qu'elle doit être dite en langue vulgaire; que c'est une erreur de l'offrir pour les péchés, pour les satisfactions, pour les défunts ou pour quelque nécessité que ce soit; que tous les prêtres, les moines et les évêques d'aujourd'hui sont idolâtres et dans un état très-dangereux, à cause de l'abus qu'ils font de la messe et du sacrement de l'eucharistie; qu'il y a abus de la foi à reconnaître la présence de Jésus-Christ au saint-sacrement, mais qu'il y en a encore plus à croire que le corps de Jésus-Christ est partout; qu'il ne sert de rien de se préparer au sacrement de l'eucharistie par la contrition, la confession, la satisfaction et d'autres bonnes œuvres; qu'il n'est pas permis de porter les hommes à la pénitence par la crainte de l'enfer; qu'un évêque n'a pas plus de pouvoir qu'un simple prêtre; que l'Eglise n'a pas pu rendre certaines personnes inhabiles à contracter mariage; que les institutions humaines sont inutiles et pleines de mensonges; que l'Evangile condamne toute espèce de jurements; que les excommunications ne sont point à craindre, mais plutôt à souhaiter; qu'on entraîne les hommes dans une erreur insensée, quand on leur enseigne qu'il y a de la distinction entre les péchés véniels et les péchés mortels; que les œuvres ne sont rien devant Dieu, ou bien qu'elles sont d'un égal mérite; qu'attribuer du mérite aux œuvres, c'est une erreur qui approche de celle des juifs; que, quand on a la charité, on n'est sujet à aucune loi humaine, et qu'on n'est obligé ni de jeûner, ni de prier, ni de veiller; que, dans cet état, on peut pratiquer ou omettre, selon sa volonté, toute espèce de bonnes œuvres; qu'il faut absolument rejeter les indulgences; que les fondations d'obits sont des inventions du démon; que les ecclésiastiques ne doivent pas avoir plus de priviléges que les laïques; qu'il est défendu aux ministres du sanctuaire de posséder des biens immeubles; que Dieu ne veut pas qu'on détruise les hérétiques, mais qu'on les laisse se convertir ou attendre les châtiments du souverain Juge; que les dîmes sont de pures aumônes, et que les paroissiens peuvent en priver leurs curés et leurs prélats, quand ceux-ci sont pécheurs; qu'il n'est permis à personne d'entrer en religion malgré ses parents; qu'on ne peut traduire son prochain en jugement, et que les procédures judiciaires sont toujours des injustices.

Les Pères du concile joignirent à cette longue énumération d'erreurs une sentence d'excommunication contre tous ceux qui tiendraient ces dogmes impies, qui favoriseraient leurs partisans, ou qui retiendraient des livres de Luther ou des luthériens. Cette censure venait à la suite d'une exhortation vive et pathétique qu'adressaient ces évêques aux princes chrétiens, pour les engager à seconder les décrets de l'Église, à poursuivre les hérétiques, à leur interdire toute assemblée, toute conférence.

Enfin le concile dressa quarante décrets concernant la discipline ecclésiastique, dont voici l'abrégé.

Le premier recommande de faire des prières publiques pour la paix de l'Église et de l'État.

Le second défend de rien exiger, sous quelque prétexte que ce soit, pour l'administration des sacrements ou des choses sacrées.

Le troisième porte que les évêques ne donneront les ordres sacrés à personne, qu'il n'ait un certificat de vie et de mœurs de son curé, attesté par deux autres témoins, et qu'il n'ait examiné s'il a la capacité requise.

Le quatrième défend de conférer l'ordre de sous-diaconat à d'autres qu'à ceux qui ont un titre de bénéfice ou de patrimoine de vingt livres parisis de rente au moins; et pour empêcher qu'il n'y ait de la fraude, il est ordonné que le cessionnaire fera serment qu'il n'y a aucun pacte entre lui et le cédant à l'effet de lui restituer ce titre; qu'il a intention de le retenir et d'en jouir tant qu'il vivra; et il lui est défendu de l'aliéner sans la permission de son évêque, jusqu'à ce qu'il ait un bénéfice et un patrimoine de la même valeur.

Le cinquième porte que les ordinaires n'accorderont point de dimissoires qu'ils ne soient informés de l'âge, de la capacité, des mœurs et du titre de ceux à qui ils les donnent; et, qu'en cas que celui qui les demande ne puisse se commodément se présenter à son évêque, cet examen sera renvoyé à l'évêque à qui les lettres du dimissoire sont adressées, avec cette clause : *Super quo conscientiam tuam oneramus :* en sorte toutefois qu'on n'accordera de dimissoires qu'à ceux qui ont un bénéfice ou un patrimoine de la valeur sus-déclarée.

Le sixième, que l'on suspendra des ordres sacrés ceux qui auront été ordonnés avant l'âge porté par les canons, ou qui ne se trouveront pas d'une capacité suffisante, jusqu'à ce qu'ils soient parvenus à un âge légitime ou qu'ils aient été suffisamment instruits.

Le septième, que ceux qui sont promus aux ordres en cour de Rome, seront examinés par les évêques, avant d'être admis aux fonctions de leur ordre.

Le huitième, que les évêques examineront ceux qui auront des nominations ou des provisions de cures, et qu'ils ne donneront l'institution qu'à ceux dans lesquels ils trouveront la capacité requise.

Le neuvième, que les collateurs des bénéfices seront tenus de les donner à des personnes capables; et que, s'ils manquent de le faire après en avoir été repris, la collation leur en sera interdite par le concile.

Il est statué dans le dixième, qu'il y aura des distributions manuelles, suffisantes pour ceux qui assistent à l'office, dans toutes les églises cathédrales et collégiales.

Le onzième enjoint aux curés de résider dans leurs paroisses; d'y expliquer, tous les dimanches, en langue vulgaire, les dix commandements de Dieu et les articles de notre foi; ou, s'ils n'ont pas assez de science pour prêcher par eux-mêmes, de lire un chapitre de l'ouvrage à trois parties de Jean Gerson.

Le douzième leur ordonne d'avertir leurs paroissiens d'assister à la messe paroissiale les dimanches et les fêtes, et d'écouter avec attention ce qu'on dit dans les prônes; de dénoncer aux promoteurs ceux qui manqueront d'y assister par trois dimanches consécutifs. Ils sont encore avertis dans ce statut d'exhorter leurs paroissiens à se confesser fréquemment de leurs péchés, et à recevoir le sacrement de l'eucharistie, principalement pendant les fêtes ou dans le temps de maladie, ou quand ils sont en danger de mort, ou près d'aller en voyage; et de prendre garde à ce qu'ils communient au moins une fois l'an.

Le treizième porte que non-seulement on célèbrera la messe dans les églises paroissiales, les jours de dimanches et de fêtes, mais que l'on y fera aussi, les autres jours, les offices qui y sont de fondation. Il y est fait défense d'ériger de nouvelles chapelles, ou de rebâtir celles qui sont détruites, sans en avoir obtenu la permission de l'évêque.

Le quatorzième défend de célébrer la messe dans des chapelles particulières, sous prétexte de permission du pape, si les évêques n'ont vu et approuvé ces permissions. Il défend aussi les chapelles qui étaient communément dans les hôtelleries.

Le quinzième porte qu'on ne dira point d'autres messes dans les chapelles, que celles qui sont de fondation; que celles-ci n'y seront dites, les jours de dimanche, qu'après la messe de paroisse; que les évêques n'autoriseront pas facilement les fondations de nouvelles chapelles, et qu'ils ne consacreront point sans nécessité d'autels portatifs.

Le seizième est sur le respect dû aux églises : que l'on n'y tiendra point d'assemblées ni de discours profanes; que l'on n'y souffrira rien qui puisse troubler l'office ou offenser Dieu; que l'on n'y laissera point entrer de bateleurs pour y jouer sur des instruments, et qu'on ne fera plus la fête des fous.

Le dix-septième porte que le chant de l'église sera propre à inspirer la dévotion; et qu'on se gardera bien d'y chanter ou d'y jouer sur les orgues des chansons profanes et des airs lascifs.

Le dix-huitième, que dans les églises cathédrales, collégiales et conventuelles, on récitera l'office d'une manière décente, avec gravité et attention ; qu'on se lèvera quand on dit le *Gloria Patri*, et qu'on inclinera la tête quand on prononce le nom de *Jésus* : que personne ne récitera en particulier son office, pendant qu'on le chante dans le chœur.

Le dix-neuvième avertit les bénéficiers et ceux qui sont dans les ordres sacrés, de réciter distinctement et posément leur office, et prive des distributions de tout le jour ceux qui seront trouvés se promenant ou causant autour de l'église pendant qu'on y récite quelqu'une des heures canoniales.

Le vingtième règle les absences des officiers du chœur. Il y est ordonné que l'on pique les absents : que ceux qui n'arrivent pas à matines et aux autres heures avant le *Gloria Patri* du premier psaume, et à la messe avant la fin de l'épître, seront censés absents, et perdront les distributions : qu'enfin, dans les églises où il n'y a point de distributions pour toutes les heures, on en prendra sur les gros : que les doyens, prévôts et autres officiers ne seront tenus présents, que lorsqu'ils seront absents pour le bien de l'église.

Le vingt et unième porte qu'aussitôt que quelqu'un sera reçu chanoine d'une église cathédrale ou collégiale, il touchera le gros et les autres émoluments de la prébende, si ce n'est qu'il y eût quelque fondation légitime et particulière, par laquelle les revenus de la prébende fussent destinés pour un temps à d'autres églises ou à de pieux usages ; condamnant la coutume qui se pratique dans quelques églises de partager, pendant un certain temps, entre les anciens chanoines, le revenu des nouveaux chanoines : que les évêques, de retour dans leurs diocèses, après le concile fini, examineront leurs bréviaires, antiphonaires, missels, légendes de saints, afin d'en retrancher ce qu'ils jugeront nécessaire.

Le vingt-deuxième, que les abbés et abbesses, prieurs et prieures feront observer dans leurs monastères la discipline régulière, et empêcheront que les religieux et religieuses ne sortent de leur cloître sans l'habit de leur ordre, afin que ce ne leur soit point une occasion d'apostasier ; et que les évêques, dans le cours de leurs visites, s'informeront de l'état où se trouveront les monastères, et de ce qu'il y aurait à corriger, et qu'ils y apporteront les remèdes qu'ils jugeront nécessaires : que les chanoines réguliers ne paraîtront point en public et dans leurs monastères sans le rochet, si ce n'est qu'ils eussent un privilége particulier pour ne le point porter, qu'ils seront tenus de montrer à l'évêque, qui pourra leur ordonner de porter un habit qui les distingue des séculiers ecclésiastiques.

Le vingt-troisième, que les ecclésiastiques feront paraître une grande modestie dans leurs habits ; et, pour cet effet, qu'ils ne porteront aucun habit de soie ni dans leur particulier, ni hors de la maison ; que les fils de princes et de ducs seuls auront droit d'en porter, mais d'une manière qui ressente l'état ecclésiastique ; que les ecclésiastiques ne porteront point d'habits qui soient ouverts, mais fermés sur le cou, sur les côtés, par derrière et sur les poignets.

Le vingt-quatrième, que les ecclésiastiques auront soin que leurs habits longs ne soient ni trop amples, ni trop étroits, qu'on n'y voie rien qui ressente le faste, et qu'ils ne soient ni froncés ni plissés ; qu'ils fuiront également une propreté trop affectée, et aussi un air crasseux ; que leurs chaussures ne seront point de diverses couleurs, et que leurs souliers ne seront ni trop pointus, ni trop ronds, ni trop ouverts ; et que, selon qu'il est ordonné dans le concile de Latran, les ecclésiastiques ne s'habilleront point de drap rouge ou vert.

Le vingt-cinquième, que les ecclésiastiques s'abstiendront de jouer en public à la paume et à tout autre jeu ; qu'ils ne joueront point aux jeux de hasard, et surtout avec des laïques, ni ne se trouveront point dans les lieux où l'on joue à ces sortes de jeux : qu'ils ne se trouveront point non plus aux danses ; qu'ils ne chanteront aucune chanson d'amourette, et ne se trouveront point dans les lieux où elles se chantent ; et que leur conversation n'aura rien que d'honnête.

Le vingt-sixième, que les prêtres qui vivent dans l'incontinence seront punis selon la disposition des canons ; et que ceux qui chasseront, et se mêleront d'affaires séculières, seront soumis aux peines du concile d'Orléans et du second concile de Latran.

Le vingt-septième, que dans les administrations ou prieurés, où il n'y a qu'un religieux, le revenu n'étant pas suffisant pour en nourrir un plus grand nombre, afin que ce religieux ne demeure pas seul, l'évêque du lieu, conformément à ce qui est ordonné par le concile de Vienne, unira les administrations ou prieurés au plus prochain monastère : que la même chose s'observera dans les maisons où il n'y a qu'une religieuse.

Le vingt-huitième, que les monastères de filles seront obligés de recevoir des religieuses à proportion de leur revenu, et ne pourront rien exiger pour l'entrée ou réception, sous prétexte de coutume ou sous quelque autre couleur que ce soit : que cependant, si quelque fille demandait à entrer dans un monastère dont le nombre serait rempli, alors le monastère pourra recevoir une pension qui ne sera point éteinte par la mort d'une religieuse numéraire, et cela en faveur de quelque religieuse pauvre fille qui sera reçue en sa place : que les évêques veilleront à la clôture des monastères.

Le vingt-neuvième, qu'afin que les revenus des léproseries, maladreries, hôpitaux et aumôneries ne soient point employés, contre l'intention des fondateurs, à d'autres usages, on choisira de sages administrateurs, lesquels tiendront un registre fidèle de l'état des lieux et des revenus de ces maisons, et rendront, tous les ans, compte de leur administration.

Le trentième, que les évêques défendront, sous peine d'excommunication, ce monopole qui se fait dans les confréries, pour être employé en débauches, surtout les jours de fêtes; et qu'ils ne permettront pas qu'on érige de nouvelles confréries sans leur permission, ni qu'on porte le bâton de la confrérie, soit dans l'église, soit au dehors, pour finir la cérémonie par des festins; que les syndics et procureurs des confréries seront tenus, six mois après la publication de ces décrets, de porter à l'évêque du lieu ou à ses vicaires généraux les statuts de leurs confréries, et de rendre compte de l'emploi des deniers de la confrérie; faisant défense aux confrères de porter les calices, vases et chapes de l'église; qu'on élira, tous les ans, des marguilliers dans les paroisses, qui, entrant en charge, feront serment de s'acquitter fidèlement de leur emploi, et rendront compte, lorsqu'ils sortiront de charge, de la mise et de la recette.

Le trente et unième, qu'afin de ne pas donner occasion de mépriser les excommunications, on ne les prononcera que pour des causes graves, après les monitions faites en forme.

Le trente-deuxième, que les évêques auront soin de visiter, deux fois l'année, par eux ou par leurs archidiacres, les paroisses dans lesquelles il y aura quelque lieu de soupçonner qu'il y a des hérétiques; et qu'ils obligeront les habitants de leur découvrir qui sont ces hérétiques, afin qu'on les punisse.

Le trente-troisième, que, parce que les hérétiques, pour répandre plus facilement leur mauvaise doctrine, donnent en français des traductions des livres sacrés, et y mêlent, avec les explications des Pères, des notes marginales très-dangereuses, il sera défendu à tous libraires de vendre et d'imprimer aucun livre, soit l'Ecriture sainte ou quelque traité de la foi ou de la morale, sans une permission des évêques, sous peine d'excommunication; et que, comme depuis vingt ans, les hérétiques ont fait imprimer plusieurs petits livres, tant en latin qu'en français, les curés auront soin de publier dans leurs prônes, quatre fois l'année, la défense que fait le présent concile à tous fidèles de lire et de garder ces livres, sous peine d'excommunication.

Le trente-quatrième, que, parce que quelques prédicateurs et quêteurs, sous l'habit de religieux, se mêlent de prêcher, et trompent les curés, débitent en chaire de nouvelles doctrines, et souvent des hérésies, et, afin de s'acquérir l'estime du peuple, parlent mal des puissances tant séculières qu'ecclésiastiques, et les portent par ce moyen à la désobéissance; pour prévenir un si grand mal, les curés ne permettront à aucun prédicateur ou quêteur de prêcher, qu'il n'ait une permission de l'évêque du lieu; que les évêques feront choix de prédicateurs savants et honnêtes gens qui prêcheront au peuple l'Evangile, et ne s'amuseront point à citer des auteurs profanes, des passages des poètes, ou à traiter des questions d'écoles et à dire des bouffonneries.

Le trente-cinquième, que les prédicateurs qui, au lieu de prêcher l'Evangile, d'enseigner les commandements de Dieu, d'inspirer de l'horreur pour les vices et de l'amour pour la vertu, diront des contes à faire rire et porteront les peuples à la désobéissance, seront interdits.

Le trente-sixième, que, quoique les mendiants aient le pouvoir d'absoudre, en vertu des décrets des papes, lorsqu'ils ont été choisis comme capables par leurs gardiens, et présentés aux évêques et approuvés; cependant leur pouvoir ne s'étend pas au delà de ceux des curés, n'ayant droit que d'absoudre des cas ordinaires, à moins qu'ils n'aient reçu un pouvoir spécial des évêques pour les cas réservés.

Le trente-septième, qu'afin que les fidèles sachent à quels religieux approuvés pour les confessions ils pourront s'adresser, les gardiens feront mettre dans un endroit de leur couvent un tableau où sera écrit le nom des religieux qu'ils auront choisis pour confesser.

Le trente-huitième, que quelques abbés, prétendant avoir le droit de donner le sacrement de confirmation, seront obligés, sur la réquisition des évêques, de faire voir leur privilége.

Le trente-neuvième, que le mariage étant un sacrement, on doit être reçu avec respect, on aura soin d'éviter les ris et les paroles ridicules pendant les épousailles et la bénédiction nuptiale; que les fiancés se disposeront à ce sacrement par le jeûne et la pénitence; et qu'on ne mariera plus dorénavant qu'après le soleil levé, et non point immédiatement après minuit, comme on faisait; ce qui donnait lieu à des mariages clandestins, dont il arrivait de très-grands scandales: c'est pourquoi ceux qui les contractent et les favorisent sont excommuniés *ipso facto*.

Le quarantième, qu'afin qu'il n'y ait rien qui blesse la sainteté de la maison de Dieu, les évêques auront soin qu'il n'y ait dans les églises aucun tableau indécent et qui représente des choses contraires à la vérité de l'Ecriture; et qu'afin de ne point abuser de la crédulité et de la simplicité du peuple, qui court aussitôt porter des chandelles et faire des vœux dans les lieux où il a ouï dire qu'il s'était fait des miracles, on ne publiera aucun nouveau miracle pour cette raison, et qu'on ne bâtira aucune chapelle à cette occasion, sans une permission expresse de l'évêque.

Voilà toute l'analyse de ce concile, appelé communément de Sens, quoique tenu à Paris, l'un des plus mémorables qui aient jamais été assemblés en France. On y remarque, sur la foi et sur les mœurs, la plupart des décisions qui furent depuis publiées à Trente. Nous ne trouvons point les règlements qui durent y être faits pour les subsides promis au roi François Ier, afin de le mettre en état de retirer des mains de l'empereur les deux fils de France. Il est cependant certain que ce concile servit comme de modèle aux assemblées qui furent tenues à ce sujet dans les autres provinces ecclésiastiques. On le voit clairement par la lettre qu'écrivit l'archevêque de Lyon, François de Rohan, à l'évêque de Mâcon, en le nommant son grand vicaire, pour présider au concile de cette province. Il y marquait que, dans le dessein de le soulager par rapport aux opérations de cette assemblée, il lui envoyait un abrégé des actes du concile de Sens. Ce ne pouvait être, au reste, que le commencement des actes de ce concile, qui ne fut terminé, comme nous l'avons dit, que le 9 octobre, puisque le concile de Lyon fut ouvert lui-même le 21 mars, et qu'il ne dura que quatre jours. *Hist. de l'Egl. Gallic.*, liv. LII; *Anal. des Conc.*, t. II.

PARIS (Synode de) : Statuts synodaux d'Eustache du Bellay. Nous dirons la même chose de ces statuts que de ceux d'Etienne Poncher. Nous ajouterons qu'Eustache du Bellay est mort en 1565.

PARIS (Synode diocésain de), l'an 1585, par Pierre de Gondy. Ce prélat y publia vingt-cinq statuts, où il recommanda à ses prêtres : 1° la résidence; 2° la vie exemplaire; 3° l'instruction du peuple; 4° celle de l'enfance; 5° la vigilance sur leurs paroissiens; 6° l'attention à ce qu'on assiste à la messe paroissiale; 7, 8 et 9° les précautions à prendre par rapport aux prêtres étrangers; 10° la visite des malades à faire par eux-mêmes ou par leurs vicaires; 11° le désintéressement dans l'exercice de leurs fonctions; 12° l'exécution fidèle des fondations; 13° l'exact emploi des revenus de leurs églises; 14° la discrétion dans l'établissement des confréries; 15° la défense de porter le saint sacrement d'une paroisse à une autre; 16° celle de dire la messe dans un appartement profane, même en faveur des malades; 17° l'honneur dû au saint sacrement lorsqu'ils le portent à des infirmes; 18° le soin d'entretenir l'union et la paix parmi leurs paroissiens; 19° les règles à observer par rapport aux excommuniés; 20° la défense de rebaptiser des enfants déjà ondoyés par des sages-femmes; 21° le renvoi des parrains ou des marraines qui n'auraient pas l'âge de discrétion, ou qui ne sauraient pas les deux symboles de la foi; 22° la défense de marier des époux avant quatre heures en été, et cinq heures en hiver; 23° l'uniformité dans les rites et les cérémonies; 24° et 25° l'usage exclusif du bréviaire et du missel parisiens dernièrement corrigés. *Statuta a R. in Christo patre D.D. Petro de Gondy*, 1585.

PARIS (Assemblée d'évêques à), juillet 1586. D. Martène nous a conservé une pièce remarquable, souscrite par sept prélats réunis à Paris : ce sont quatre-vingt-dix-sept articles de réforme, rédigés dans l'esprit du concile de Trente, que les prélats s'engageaient à observer, en attendant que le concile lui-même fût publié en France. Les prélats signataires de ces articles étaient les archevêques de Vienne et d'Aix, et les évêques de Mirepoix, de Noyon, de Cahors, de Mâcon et de Senlis. Voici les articles les plus importants.

Art. 3. « Tout prêtre étant obligé de célébrer tous les jours le sacrifice de la messe, s'il n'en est empêché par quelque cause légitime, l'évêque prendra bien garde d'apporter lui-même de la négligence dans l'accomplissement de ce devoir. »

Art. 4. « L'évêque choisira l'église plutôt qu'un oratoire privé, pour remplir cette obligation, à cause de l'édification qu'il doit au peuple, et il ne manquera surtout point de s'en acquitter les jours où il aura à consacrer des églises, des autels, des cimetières, ou à les réconcilier, ou à faire quelque autre fonction épiscopale, aussi bien que les jours où il devra faire l'examen des ordinands ou des confesseurs, ou s'occuper de quelque autre affaire importante. »

Art. 5. « Lorsqu'il administrera des sacrements avec solennité, ou qu'il fera quelque consécration, il fera toujours précéder ces sortes d'actions d'une exhortation qu'il adressera au peuple. »

Art. 7. « Tous les jours de fêtes, et surtout les dimanches, il assistera au chœur à l'office divin, ou du moins à la messe conventuelle. »

Art. 9. « Il donnera tous les jours certaines heures à l'étude de la théologie et des saints canons, et tous les jours aussi il lira quelque passage de la Bible; quant aux études profanes, un concile de Carthage défend à l'évêque d'en faire son principal objet. »

Art. 13. « Il évitera la trop grande familiarité avec les laïques, et surtout avec les femmes : il fuira les repas des séculiers. »

Art. 14. « Il ne fera servir à sa table que deux plats, ou tout au plus quatre s'il lui survient quelque hôte, outre le potage, le laitage et le dessert. »

Art. 15. « Il ne se servira nulle part, pas même dans son particulier, de vêtements de soie ou de fourrures de prix. »

Art. 16. « Il ne portera d'autre anneau que son anneau pastoral; mais il le portera toujours, soit chez lui, soit même hors de son diocèse, pour se rappeler sans cesse que son Eglise est son épouse. »

Art. 17. « Toutes les fois qu'il fera quelque fonction publique, même dans son palais, il ne se montrera qu'avec le rochet et la mozette, conformément au décret d'Innocent III. »

Art. 18. « Il ne sortira jamais de sa chambre sans la soutane et la mozette, et ne quittera l'une et l'autre le soir qu'après que tout le monde aura été congédié. »

Art. 19. « Il convient extrêmement qu'il porte la soutane noire durant l'avent et le carême entiers, tous les vendredis et tous les jours de jeûne; et la soutane violette tout le reste de l'année. »

Art. 20. « Il portera la tonsure beaucoup plus grande que tous ses prêtres, pour se souvenir qu'il doit être plus détaché du monde et plus attaché à Dieu que tous les clercs qu'il a sous sa conduite. »

Art. 21. « Lorsqu'il sortira dans sa ville ou dans son diocèse, il donnera toujours sa bénédiction au peuple, quand même il ne verrait personne fléchir le genou. »

Art. 22. « Lorsqu'il recevra la visite de quelqu'un de ses collègues, il l'invitera, s'il doit passer avec lui quelque jour de fête, à faire entendre à son peuple la parole sainte; et si celui-ci s'y refuse, il lui fera une sainte violence pour qu'il lui donne du moins sa bénédiction. »

Art. 23. « Il fera toujours faire à sa table quelque sainte lecture, et n'omettra jamais ni la bénédiction de la table, ni l'action de grâces. »

Art. 24. « Il n'y aura dans ses appartements, ni tapisseries, ni broderies ou autres ouvrages qui accusent trop de luxe ou de pompe. »

Art. 25. « Il aura toujours auprès de lui au moins deux clercs engagés dans les ordres, et de plus un prêtre, pour être les témoins et les imitateurs de toutes ses actions. »

Art. 26. « Tous ses domestiques seront vêtus en noir, ou du moins ne porteront que des habits de couleur brune, et ils ne porteront aucun ornement d'or ou d'argent. »

Art. 29. « Il veillera à ce que toutes les personnes de sa maison se confessent souvent et communient au moins une fois le mois et à toutes les fêtes solennelles, et de sa propre main, autant que possible. »

Art. 73. « Il n'admettra point à la confirmation les enfants au-dessous de l'âge de huit ans; et il serait même à propos d'attendre jusqu'à la dixième année. »

Art. 75. « Il ne recevra point pour parrains à la confirmation les parents ou les époux, ni même les frères des confirmés, pas plus que ceux qui auraient déjà été leurs parrains à leur baptême. »

Art. 76. « Il ne souffrira point que les parrains fassent des cadeaux à leurs filleuls ou aux parents de ces derniers, pour que ceux-ci n'en prennent pas occasion de se faire conférer plusieurs fois ce sacrement. »

Art. 77 et suiv. « L'évêque se fera un devoir d'administrer par lui-même, au moins de fois à autre, les sacrements autres que la confirmation, savoir : le baptême aux veilles de Pâques et de la Pentecôte; la pénitence les trois jours surtout avant Pâques, où il devra se tenir plusieurs heures durant au confessionnal et à la place de son pénitencier; l'eucharistie, surtout dans les jours qui précèdent le carême; le mariage aussi, dans des occasions différentes, et lors même que personne ne le requerrait de sa part; l'extrême-onction enfin, particulièrement à ses chanoines et aux curés de sa ville qu'il saura en danger de mort. »

Art. 96. « Enfin l'évêque se conformera exactement au concile de Trente en tout ce qui est de juridiction volontaire, et pour le reste même, autant qu'il lui sera possible. »

Art. 97. « Les évêques finissent en s'engageant à s'informer par lettres les uns aux autres, tous les six mois, des progrès spirituels de leurs Eglises et de leurs diocèses, et à se conformer autant qu'ils le pourraient aux articles signés d'eux, sans toutefois s'en faire une obligation sous peine de péché mortel. » *Martène, Thes. Anecd. t.* IV.

PARIS (Assemblée du clergé à), 5 décembre 1605. Jérôme de Villars, archevêque de Vienne, présenta au roi, sous la date de ce jour, le cahier des plaintes de l'assemblée du clergé. Sa harangue roula sur les maux qui affligeaient l'Eglise gallicane, où l'on ne voyait que simonies, confidences et pactes illicites. Il ajouta qu'une des causes les plus certaines du désordre qui régnait dans le clergé était *la retardation de cette tant nécessaire publication du très-saint et œcuménique concile de Trente, concile tant de fois demandé, et non encore obtenu, concile convoqué et assemblé sous l'autorité de tant de grands papes, poursuivi par les rois, prédécesseurs de Sa Majesté;* qu'il était triste que la France seule, gouvernée par le fils aîné de l'Eglise, fût comme schismatique et désobéissante à des ordonnances si saintes, *aux résolutions certaines où le Saint-Esprit a présidé.* Il avança ensuite que ce qui paraissait dans les décrets du concile peu conforme aux lois du royaume était si peu de chose, que dans une seule conférence tenue entre les prélats et messieurs du conseil ou du parlement, on pourrait donner toute sorte de satisfaction au roi.

Henri IV répondit qu'il savait que l'Eglise était affligée et qu'il souhaitait fort que le concile de Trente fût reçu en France; mais que, comme le prélat l'avait fort bien remarqué, *les considérations du monde combattent souvent celles du ciel.* Il prit ensuite les évêques à témoin qu'il ne conférerait les bénéfices qu'aux sujets qu'il en jugeait dignes, ce qui avait produit un changement considérable dans le clergé; et il les assura qu'il tâcherait de faire encore mieux à l'avenir. *Mém. chronol. et dogm., t.* I.

PARIS (Concile provincial de Sens tenu à), 13 mars 1612. Ce concile, composé du cardinal du Perron, archevêque de Sens, qui y présida, et des évêques de Paris, d'Auxerre, de Meaux, d'Orléans, de Troyes, de Nevers et de Chartres, condamna le traité intitulé *De Ecclesiastica et politica potestate,* comme contenant *plusieurs propositions, expositions et allégations fausses, erronées, scandaleuses et, comme elles sonnent, schismatiques et hérétiques;* sans toucher néanmoins, dit le décret par une réserve tout au moins intempestive, aux droits du roi et de la couronne de France, droits, immunités et libertés de l'Eglise gallicane.

Edmond Richer, syndic de Sorbonne, était l'auteur de cet ouvrage, qu'il composa à l'occasion que nous allons dire. Le 27 mai de l'année précédente, les dominicains firent soutenir dans leurs écoles à Paris, pendant la tenue du chapitre général, une thèse qui portait : 1° que le souverain pontife est infaillible en jugeant de la foi et de la doctrine des mœurs; 2° qu'en aucun cas le concile n'est supérieur au pape; 3° qu'il appartient au pape de décider des choses douteuses, de les proposer au concile, de confirmer ou d'infirmer ses décisions, d'imposer un silence perpétuel aux parties, etc. Un bachelier attaqua ces propositions dans la dispute, et prétendit prouver qu'elles étaient hérétiques, comme contraires à la définition expresse du concile de Constance. Le nonce Ubaldini fut fort offensé de cette qualification, que quelques membres du parlement, qui étaient présents, ne trouvèrent pas trop forte. On s'échauffa extrêmement, et le cardinal du Perron mit fin à l'argumentation en disant que cette question problématique n'appartient point à la foi. Le jour suivant, les jacobins affichèrent une autre thèse dans laquelle on lisait qu'il n'appartient qu'au pape de décider les questions de foi, et qu'il ne peut errer dans ses décisions. Sur les plaintes du syndic, le premier président fit défense de la soutenir, à moins que l'article ne fût effacé; mais le chancelier de Sillery donna là-dessus les permissions nécessaires, à condition néanmoins qu'on n'agiterait point la question de l'infaillibilité du pape. Ainsi la thèse fut soutenue le 30; et ce fut pour réfuter le sentiment qu'on y établissait, que Richer composa son petit ouvrage de trente pages, où il prétend établir la doctrine de l'Eglise de France et de la faculté de théologie de Paris touchant l'autorité du souverain pontife et le gouvernement de l'Eglise. Dès que cet ouvrage parut, le nonce, les évêques et plusieurs docteurs firent grand bruit: on parla aussitôt de le censurer en Sorbonne. L'évêque de Verdun, qui avait engagé Richer à écrire, avait assez d'autorité pour parer ce coup: en effet le parlement rendit un arrêt le 1er février, portant défense à la faculté de passer outre à toute délibération sur ledit livre, jusqu'à ce que la cour se fût éclaircie de ce qui regardait le service du roi, et ordre à l'auteur d'en porter les exemplaires au greffe. Cet arrêt fut suivi d'un autre semblable, le dernier du même mois. La Sorbonne ayant par là les mains liées, le nonce s'adressa aux cardinaux et aux évêques qui étaient alors à Paris, tous fort zélés pour la saine doctrine, et persuadés qu'étant dépositaires de la foi par leur caractère, nulle puissance laïque ne pouvait les empêcher d'y pourvoir quand elle se trouvait en danger. Ils s'assemblèrent et, après plusieurs conférences, ils convinrent de censurer le livre de la manière que nous avons rapportée. *Mém. chronol. et dogm.*, t. 1.

PARIS (Assemblée du clergé à), l'an 1615. On a vu sous 1605 les efforts inutiles faits à différentes reprises pour obtenir la publication du concile de Trente. Le clergé, secondé de la noblesse aux états-généraux, en venait de faire tout récemment (en 1614) le premier article de ses remontrances; et le même jour qu'elles avaient été dressées, Richelieu, alors évêque de Luçon, avait fait une harangue très-vive pour supplier le roi d'accorder à l'Eglise ce qu'elle demandait depuis si longtemps. Les prélats s'aperçurent bientôt qu'il n'y avait rien à espérer: sur cela ils s'assemblèrent et s'engagèrent par serment à garder les ordonnances du concile. Ils réglèrent en même temps, qu'afin de rendre la réception plus solennelle, on tiendrait dans six mois des conciles provinciaux, et que pour cet effet les archevêques et les évêques absents seraient suppliés de faire tenir lesdits conciles, et ensuite leurs synodes particuliers. Ce décret fut signé le 1er juillet par le cardinal de Larochefoucault, par sept archevêques, quarante-cinq évêques, trente ecclésiastiques, et ensuite par les cardinaux de Gondy et du Perron. *Mém. chronol. et dogm. Ibid.*

PARIS (Synode de), l'an 1618, sous Henry de Gondy. Ce prélat y tint et publia 38 statuts, par lesquels il recommanda à ses prêtres la résidence, une conduite grave et édifiante, l'instruction du peuple, le soin des écoles, la vigilance à l'égard des hérétiques, la visite des malades; et leur défendit les pactes intéressés à l'occasion de messes ou d'enterrements. Plus tard, en 1620, le même prélat, devenu cardinal, donna des règlements contenant l'explication de quelques-uns de ces articles.

« C'est par erreur, est-il dit dans le *Manuel des cérémonies selon le rite de l'Eglise de Paris*, *Préf. pag.* 10 (édit. de 1846), qu'on a mis aux premiers statuts de Henri de Gondy, la date de 1608. Ils n'ont été faits qu'après la publication du Missel en 1615, et du Bréviaire en 1617; ils sont donc de 1618. D'ailleurs Sonnet, qui les cite dans son *Cérémonial*, leur assigne cette date. »

PARIS (Assemblée du clergé à), l'an 1626. Cette assemblée condamna comme téméraires, scandaleux et séditieux, deux libelles intitulés, l'un *Admonitio ad regem christianissimum*; l'autre *Mysteria politica*, où la personne du roi n'était guère plus respectée que celle du cardinal de Richelieu, son premier ministre. *Ibid.*

PARIS (Conseil d'évêques tenu à), l'an 1633. Le pape, à la prière du roi Louis XIII, avait délégué quatre prélats, savoir l'archevêque d'Aix, l'évêque de Boulogne, coadjuteur de Tours, et les évêques de Saint-Flour et de Saint-Malo, pour juger les prélats de Languedoc, qui s'étaient déclarés en faveur de Gaston, duc d'Orléans, et avaient engagé dans la révolte les états du pays. Ces prélats délégués s'assemblèrent pour la première fois, le 22 mars 1633, à Paris, où ils reçurent un nouveau bref de sa Sainteté en date du 7 mai. Par une sentence rendue le 24 décembre suivant, deux des évêques accusés furent renvoyés à leurs diocèses en attendant de plus amples informations. Par une autre du 10 juillet 1634, l'évêque de Lodève fut absous, parce qu'il s'était conformé à la déclaration du 23 août 1632, par laquelle le roi pardonnait à tous ceux qui renonceraient par un acte public aux actes des états tenus à Pézenas. Par la troisième sentence, rendue par défaut le 29 juillet, M. d'Elbène, évêque d'Albi, fut déclaré criminel de lèse-majesté, et comme tel privé de son évêché. Le roi fu prié d'agréer, qu'en considération de sa dignité, il fût renfermé dans un monastère. *Mém. chronol. et dogm., t.* II.

PARIS (Assemblée du clergé de France à), l'an 1635. Louis XIII avait entrepris de faire déclarer nul le mariage de son frère Gaston, duc d'Orléans, avec Marguerite de Lorraine, parce qu'il s'était fait sans son consentement, et même à son insu. Il fit demander, le 16 juin de cette année, le sentiment de l'assemblée du clergé, qui ne voulut rien décider qu'après avoir pris l'avis des plus célèbres docteurs séculiers et réguliers. Enfin, le 7 juillet, elle se déclara pour la nullité des mariages des princes du sang contractés contre la volonté du roi ou sans son agrément, et l'acte en fut signé le 10. Louis XIII envoya l'évêque de Montpellier à Rome; mais ce prélat ne trouva pas le pape du sentiment du clergé de France. *Ibid.* Au fond cette question est parfaitement analogue à celle des mariages des fils de famille contractés contre le gré de leurs parents; et le concile de Trente, en se prononçant pour la validité des seconds, a par là même tranché la difficulté relative aux premiers.

PARIS (Assemblée de prélats à), janvier 1639. Vingt-deux prélats, tant cardinaux qu'archevêques ou évêques, y condamnèrent l'ouvrage en deux volumes intitulé : *Des droits et des libertés de l'Eglise Gallicane avec leurs preuves*. On l'avait imprimé sans permission, on n'y voyait ni le nom de l'auteur, ni celui du libraire; et un arrêt du conseil d'Etat l'avait supprimé le 20 décembre de l'année précédente sur les plaintes du nonce Bologneti et d'un grand nombre de prélats, qui ne le jugeaient propre qu'à détruire les véritables libertés de l'Eglise gallicane et à faire naître un schisme. Les auteurs anonymes de l'ouvrage condamné étaient Pierre et Jacques Dupuy. *Ibid.*

PARIS (Assemblée provinciale de), l'an 1640. Jean François de Gondy, archevêque de Paris, et les évêques de sa province, y condamnèrent un petit livre intitulé, *Optati Galli de cavendo schismate liber paræneticus*, comme faux, scandaleux et injurieux, propre à troubler la paix publique, à inspirer de l'aversion pour le roi et ses ministres, sous le prétexte d'un schisme qu'il inventait malicieusement. Cette censure fut signée le même jour par seize autres archevêques ou évêques qui étaient alors à Paris.

L'auteur de l'ouvrage condamné était Jean Hersant, prêtre et docteur en théologie, et déjà expulsé de la congrégation de l'Oratoire. *Ibid.*

PARIS (Assemblée du clergé de France à), avril 1642. On y censura la *Somme des péchés*, du P. Baury jésuite, comme contenant des propositions qui portaient les âmes au libertinage et à la corruption des mœurs. Quelques propositions extraites de cet ouvrage avaient été condamnées l'année précédente par l'université de Paris, et l'inquisition romaine l'avait mis à l'index. *Ibid.*

PARIS (Assemblée de prélats à), juillet 1653. Dès que le roi eut reçu du nonce la constitution d'Innocent X, qui condamnait les cinq propositions, il donna un édit adressé à tous les prélats du royaume pour la faire recevoir. Ceux qui se trouvèrent à Paris s'assemblèrent le 11 juillet chez le cardinal Mazarin au nombre de trente, et conclurent unanimement à la réception de la bulle. Quatre jours après ils écrivirent au pape pour l'en informer.

PARIS (Assemblée de prélats à), mars 1654. Les jansénistes s'efforçaient de répandre que les cinq propositions condamnées par la constitution d'Innocent X ne se trouvaient pas dans le livre de Jansénius, ou qu'elles n'avaient pas été condamnées au sens de l'auteur, dont il n'avait pas été question à Rome. Ce fut pour renverser cette prétention que les évêques qui se trouvaient à Paris se rassemblèrent le 9 mars. Huit commissaires choisis entre les plus savants du clergé s'appliquèrent d'abord à examiner le texte de Jansénius par rapport aux cinq propositions, et quelques écrits faits pour prouver qu'elles n'étaient point de cet auteur. Après dix séances d'un travail assidu, ils déclarèrent dans l'assemblée tenue au Louvre le 26 en présence du cardinal Mazarin, que les cinq propositions censurées par la bulle étaient véritablement dans le livre de l'évêque d'Ypres, et que bien loin d'imposer à sa doctrine, elles n'exprimaient pas encore suffisamment le venin répandu dans tout son gros volume, d'où ils conclurent que, les condamnations se faisant suivant la signification propre des paroles et le sens des auteurs, il n'y avait pas lieu de douter que les cinq propositions n'eussent été condamnées dans leur sens propre, qui est celui de Jansénius; c'est-à-dire que les opinions et la doctrine de ce prélat sur la matière contenue dans les cinq propositions, et auxquelles il a donné plus d'étendue dans son livre, étaient condamnées par la constitution. Les commissaires ajoutèrent que l'évêque d'Hippone était ouvertement contraire aux subtilités de celui d'Ypres, qui le citait en sa faveur à l'exemple des anciens et des nouveaux hérétiques, qui avaient toujours appuyé leurs erreurs du témoignage des saintes Écritures et des Pères, surtout de saint Augustin, ce qui n'avait pas empêché les papes et les conciles de proscrire leurs fausses doctrines. Le rapport fait, l'assemblée remit au 28 à délibérer. Ce jour-là, on fit la lecture des textes de Jansénius allégués dans les livres imprimés pour vérifier que les cinq propositions n'étaient point de lui, et qu'on trouvait dans son ouvrage les contradictoires des propositions condamnées. On lut aussi les textes de saint Augustin que les auteurs de ces livres alléguaient sur chacune des cinq propositions; d'où ils prétendaient conclure que dans leur condamnation était comprise celle de saint Augustin. Les commissaires, après avoir fait remarquer la mauvaise foi de ceux qui alléguaient les passages de Jansénius, s'étendirent particulièrement à montrer que saint Augustin était conforme aux décisions de la constitution, et contraire aux opinions de Jansenius; qu'il était certain que ce Père avait enseigné sur cette matière ce qui appartenait à la règle de la foi, mais qu'il y avait ajouté d'autres questions qui n'étaient point de foi, et avaient été laissées indécises par le pape Célestin; que le malheur de Jansénius était que les opinions contenues dans les cinq propositions n'étaient pas du nombre des indécises; qu'il n'y avait point eu d'auteur catholique qui eût interprété saint Augustin au sens de Jansénius jusqu'à Baïus, qui avait été condamné en cela par Grégoire XIII et Pie V; que le concile de Trente avait expliqué la vraie intention de ce saint et ancien docteur, en choisissant les termes et les endroits où il s'était ouvertement déclaré, et en ajoutant d'autres fort considérables pour faire voir ses sentiments. Le cardinal Mazarin parla après les commissaires, et enfin il fut arrêté qu'on déclarerait, par forme de jugement contradictoire, que la constitution avait condamné les cinq propositions comme étant de Jansénius, et au sens de Jansénius, et que le pape serait informé de ce jugement par la lettre que l'assemblée écrirait à Sa Sainteté, et qu'on écrirait aussi sur le même sujet aux prélats du royaume.

L'évêque de Lodève, qui était alors à Rome, ayant rendu au pape la lettre de l'assemblée, Sa Sainteté en témoigna toute la satisfaction possible, et fit expédier un bref le 29 septembre, adressé à l'assemblée générale du clergé, dans lequel, après avoir donné de grands éloges aux évêques, il approuve tout ce qu'ils avaient décidé au sujet de sa bulle, et déclare en termes exprès qu'il avait *condamné dans les cinq propositions la doctrine de Cornelius Jansénius contenue dans son livre intitulé* Augustinus. *Mém. chronol. et dogm.* t. II.

- PARIS (Assemblée générale du clergé de France à), l'an 1656. Henri Arnauld, évêque d'Angers, avait fait en 1654 quelques ordonnances pour interdire aux réguliers l'usage de plusieurs de leurs privilèges. Les mendiants lui présentèrent là-dessus une remontrance, où ils s'appliquaient à justifier leurs prétentions, fondées tant sur les décrets des papes et des conciles, que sur la possession de plusieurs siècles. On les accusa aussitôt par des écrits publics d'usurper des pouvoirs qui ne leur appartenaient pas, dont ils abusaient pour perdre les âmes, et ils se défendirent avec la vivacité que semblait demander la vigueur de l'attaque. En 1655, le cardinal François Barberin voulut travailler à l'accommodement. Il en arrêta les articles, qui furent signés par l'agent de l'évêque d'Angers et le procureur des religieux à Rome; mais le prélat refusa d'y souscrire. L'année suivante, il rejeta la médiation de Molé, garde des sceaux, et du bailli de Valençai. Le prétexte était qu'il avait remis ses intérêts entre les mains des députés du clergé, et il l'avait fait effectivement, persuadé qu'il aurait tout lieu d'être content de ce tribunal, où chaque prélat, ajoute malignement le P. d'Avrigny, serait en même temps juge et partie des religieux. Il ne fut point trompé. L'assemblée du clergé prit fait et cause pour lui, et ne ménagea en aucune façon les religieux mendiants d'Angers. On examina les écrits qu'ils avaient publiés, d'où l'on tira six propositions qu'on jugea mériter une plus forte censure.

1. Le concile de Trente n'oblige point les réguliers en France d'obtenir l'approbation des évêques pour pouvoir administrer le sacrement de pénitence aux séculiers, et on ne peut pas se servir de son autorité pour restreindre les priviléges des réguliers. Il n'est même reçu en France que pour les décisions qui sont purement de la foi, et la bulle de Pie IV, qui confirme ce concile et en ordonne l'observation, n'a aucune force dans ce pays.

2. Aux lieux où le concile de Trente est reçu, les évêques ne peuvent pas limiter les approbations qu'ils donnent aux réguliers pour confesser, ni révoquer en aucun cas les approbations qu'ils leur ont données sans limitation; et ces réguliers mêmes, s'ils sont des ordres mendiants, ne sont point tenus d'obtenir de telles approbations : pourvu qu'ils les aient demandées, le refus des évêques leur vaut autant que si elles leur étaient effectivement accordées.

3. Les réguliers des ordres mendiants, étant une fois approuvés par un évêque pour confesser dans son diocèse, sont approuvés dans tous les autres, et n'ont pas besoin d'une autre approbation. Ils peuvent aussi absoudre les séculiers des péchés réservés aux évêques, sans que ceux-ci leur en donnent l'autorité.

4. Il n'y a aucune obligation de conscience d'assister aux églises paroissiales, soit pour y recevoir annuellement le sacrement de pénitence, soit pour y entendre les messes paroissiales ou les prônes, soit pour s'y faire instruire les choses de la foi et des mœurs aux catéchismes et sermons qui s'y font.

5. Ni les évêques, ni les conciles provinciaux et nationaux, ne peuvent établir cette obligation, ni ordonner aucune peine ou censure ecclésiastique contre ceux qui n'y satisfont pas.

6. Les réguliers mendiants peuvent demander aux juges séculiers qu'ils enjoignent aux évêques de leur délivrer des mandements pour prêcher les avents et les carêmes, et en cas de refus de la part des évêques aux ordonnances des juges séculiers, elles valent permission de prêcher aux dits religieux.

La plupart de ces propositions, qui portaient les priviléges des religieux au delà de leurs justes bornes, n'étaient ni bonnes en elles-mêmes, ni propres à être publiées quand elles auraient été vraies. Aussi ceux qui composaient l'assemblée du clergé les condamnèrent toutes respectivement comme téméraires, scandaleuses, fausses, erronées, induisant à l'hérésie et au schisme, injurieuses et contraires au siège apostolique, aux conciles tant œcuméniques que provinciaux, principalement au saint concile de

Trente et à l'ordre apostolique des évêques, et destructives de la hiérarchie de l'Eglise. *Mém. chronol. et dogm. t.* II.

PARIS (Assemblée du clergé de France à), l'an 1657. *V.* l'art. suivant, au bas de la page.

PARIS (Assemblée du clergé de France à), l'an 1660. Le docteur Voisin avait publié une traduction du Missel romain, de l'aveu des vicaires généraux de Paris, qui, dans leur permission, parlaient aussi de l'approbation des docteurs en théologie comme si elle eût déjà été donnée; et cependant on vérifia qu'elle était de six mois postérieure à la permission. Les prélats de l'assemblée du clergé, non contents de défendre le livre sous peine d'excommunication, écrivirent à tous les évêques du royaume pour les prier d'en faire autant chacun dans son diocèse, et sous les mêmes peines, et le 7 janvier de l'année suivante ils écrivirent au pape pour l'engager à appuyer leur décision de son autorité apostolique. Ils disent dans leur lettre, qu'il n'y a rien de meilleur et de plus utile que la parole de Dieu, et dans un autre sens rien de pire ni de plus dangereux à cause du mauvais usage qu'on en peut faire : « D'où l'on doit conclure, saint-père, ajoutent-ils, que la lecture de l'Evangile et de la messe donne la vie aux uns et la mort aux autres, et qu'il ne convient nullement que le missel, ou le livre sacerdotal qui se garde religieusement dans nos églises sous la clef et sous le sceau sacré, soit mis indifféremment entre les mains de tout le monde. » Le pape, qui avait appris qu'on débitait le missel français, l'avait déjà condamné, c'est-à-dire le 12 janvier, avant d'avoir pu recevoir la lettre des prélats. *Ibid.*

PARIS (Assemblée du clergé de France à), février 1661. Cette assemblée avait commencé sur la fin de l'année précédente. Dès le 15 décembre, le roi fit appeler au Louvre les trois présidents, à qui il témoigna qu'il souhaitait qu'ils s'appliquassent à chercher les moyens les plus propres et les plus prompts pour extirper la secte du jansénisme, et qu'il les appuierait de toute son autorité, pressé qu'il était lui-même par sa conscience, son honneur et le bien de son Etat de terminer cette affaire, en réprimant, s'il était nécessaire, par la sévérité ceux qu'on n'avait pu gagner par la douceur. Il n'en fallait pas tant pour exciter le zèle des prélats, dont les délibérations ne roulaient plus guère depuis plusieurs années que sur le jansénisme. Dès le 17, ils nommèrent douze commissaires qui travaillèrent pendant six séances à examiner les moyens les plus efficaces d'éteindre la nouvelle secte, et à lire les écrits publiés contre le formulaire dressé par l'assemblée de 1657. Les commissaires firent leur rapport le 10 de janvier de cette année, et le 1er février il fut résolu d'un commun consentement, 1° que tous les ecclésiastiques du royaume souscriraient à la formule de foi; 2° que, comme on n'avait mis dans cette formule pour décision de foi que celle qui était contenue dans les constitutions d'Innocent X et d'Alexandre VII, les contredisants et les rebelles seraient tenus pour hérétiques, et châtiés des peines portées par les constitutions; 3° que, si quelques ecclésiastiques séculiers ou réguliers étaient réfractaires à cet ordre, qui tendait à établir l'obéissance publique aux décrets de la foi, et à distinguer par une marque extérieure, suivant l'usage de l'Eglise, les orthodoxes d'avec ceux qui sont suspects d'opinions hérétiques, on leur ferait leur procès; 4° que ceux qui avaient écrit contre la teneur des constitutions, outre la souscription qu'ils devaient faire, rétracteraient par écrit ce qu'ils avaient enseigné. La faculté de théologie de Paris, ayant reçu cette délibération le 2 mai suivant, déclara d'un consentement unanime qu'elle approuvait entièrement la formule de foi et la souscription qui en était ordonnée, vu qu'elle ne proposait point d'autre définition de foi que celle qui était contenue dans les dernières constitutions, et que cette souscription était le moyen le plus à propos pour s'opposer à la nouvelle secte. Les docteurs déclarèrent en même temps que la doctrine contenue tant dans les constitutions que dans le formulaire était la doctrine ancienne et constante de la faculté, et que l'usage des souscriptions y était établi depuis longtemps, et avait été souvent exigé par elle dans de semblables occasions. C'est ainsi qu'ils conclurent à ce que le formulaire fût souscrit par tous les docteurs, bacheliers et candidats, dans les termes exprimés par l'assemblée du clergé, et que nous allons rapporter ici :

« Je me soumets sincèrement à la constitution du pape Innocent X, du 31 mai 1653, selon son véritable sens qui a été déterminé par la constitution de notre saint-père Alexandre VII, du 16 octobre 1656. Je reconnais que je suis obligé en conscience d'obéir à ces constitutions, et je condamne de cœur et de bouche la doctrine des cinq propositions de Cornélius Jansénius contenues en son livre intitulé *Augustinus*, que ces deux papes et les évêques ont condamnée, laquelle doctrine n'est point celle de saint Augustin, que Jansénius a mal expliquée, contre le vrai sens de ce docteur. » *Ibid.*

PARIS (Synode de), 6 juillet 1673, sous François de Harlay. Ce prélat y publia des statuts partagés en vingt articles. Le 1er oblige les clercs à porter la tonsure ; le 2e leur interdit les cabarets; le 3e défend aux prêtres de dire la messe ou d'entendre les confessions sans approbation; le 4e défend de prêcher sans mission et sans être au moins diacre; le 5e prescrit la résidence; le 6e enjoint aux curés de faire le catéchisme tous les dimanches et même les jours de fêtes, autant que possible; le 7e fait défense de recevoir des prêtres sans attestation; le 8e ordonne à tous les curés, vicaires et prêtres employés dans le diocèse, de se trouver une fois le mois à la conférence ecclésiastique de leur canton ; le 9e est relatif aux synodes, auxquels tous les curés et autres bénéficiers devront assister tous les ans en chaque doyenné, pour se trouver ensuite au synode général, qui devait se tenir à l'avenir le jeudi d'après le premier dimanche de juillet. Les autres statuts sont relatifs au baptême des enfants, à la confession annuelle et à la communion pascale. Le 13e est un règlement concernant les petites écoles ; le 14e contient la défense de faire des enterrements sans les cérémonies ecclésiastiques. Nous omettons le reste.

PARIS (Assemblées du clergé de France à), 1681 et 1682. Les évêques d'Alet et de Pamiers s'étaient fortement opposés, dès l'an 1673, à l'extension que Louis XIV, *attendu que sa couronne était ronde*, voulait donner à la régale. Le premier mourut après avoir appelé au saint-siège de la sentence rendue par l'archevêque de Narbonne, son métropolitain ; l'autre, à qui les démarches de son confrère, soit en bien, soit en mal, tenaient lieu de loi depuis longtemps, refusa de recevoir dans son chapitre deux sujets pourvus en régale, et publia contre eux une ordonnance en date du 27 avril 1677. L'archevêque de Toulouse l'ayant cassée, l'évêque de Pamiers en appela au saint-siège, par un acte qui fut signifié au métropolitain, le 29 d'octobre ; et pour donner plus de poids à cette procédure, il excommunia un troisième chanoine que le roi venait de donner à son église. Le conseil donna inutilement un nouvel arrêt le 28 novembre, pour l'obliger à faire enregistrer dans deux mois au plus tard son serment de fidélité, sous peine de saisie de son temporel. Il refusa d'obéir, bien persuadé qu'il trouverait des ressources, et il n'en manqua pas. Un autre arrêt du conseil, porté le 20 février 1679, lui ayant ordonné de recevoir un ecclésiastique à qui le roi avait donné une prébende, il le traita au contraire comme un excommunié, et défendit à ses chanoines de l'admettre, sous peine d'être excommuniés eux-mêmes. Les chanoines n'avaient à appréhender, en obéissant à leur évêque, que la saisie de leurs revenus : le prélat crut les en garantir en fulminant, le 10 de juillet, les censures ecclésiastiques contre ceux qui y mettraient la main. Le parlement, qui regarda ces ordonnances comme un attentat, l'assigna à comparaître à la cour pour les voir casser ; mais, loin d'obéir à cet ordre insolite, il donna au public un traité de la régale, où il faisait voir l'injustice des prétentions du roi et de ses ministres, et il déclara de nouveau, le 7 février 1680, séparés de la communion des fidèles ceux qui avaient obtenu du roi, ou qui en obtiendraient à l'avenir, pour eux ou pour d'autres, quelque bénéfice dans son diocèse. La mort l'enleva au milieu de ces agitations, qui ne finirent pas avec sa vie. On exila le P. d'Aubarède, vicaire capitulaire, qui marchait sur les traces du prélat décédé ; et le P. Cerle, qui lui fut substitué par ses partisans, ayant cassé les sentences données par le métropolitain, et excommunié le grand vicaire et le promoteur, nommés par le même, en conséquence de l'arrêt du parlement, fut condamné à être traîné par les rues et ensuite décapité, ce qui fut exécuté en effigie le 16 avril 1681.

Le pape Innocent XI ne pouvait voir d'un œil indifférent ces atteintes inouïes portées à son autorité. Dans le cours de tous ces démêlés, il adressa trois brefs au roi, deux à l'archevêque de Toulouse, autant à l'évêque de Pamiers, et après la mort de ce prélat trois autres brefs au chapitre de sa cathédrale, et aux grands vicaires qu'il avait nommés. Dans les uns il parlait de l'extension de la régale comme d'une nouveauté infiniment préjudiciable à la religion, et d'une si dangereuse conséquence, qu'il était résolu de se servir de l'autorité que Jésus-Christ lui avait confiée pour en prévenir les suites pernicieuses. Dans les autres il animait le prélat et son chapitre, dont il appuyait toutes les démarches, pendant que d'un autre côté il annulait les ordonnances du métropolitain, et déclarait excommuniés par le seul fait ses fauteurs ou les grands vicaires qu'il avait nommés.

La cour de France était encore en opposition avec le saint-siège pour une autre affaire, qui ne ressortissait pas moins que la première du for ecclésiastique. La première supérieure du monastère de Charonne, de l'ordre de Saint-Augustin et de la congrégation de Notre-Dame, étant venue à mourir, le roi avait de sa propre autorité nommé à la place une bénédictine qui mourut elle-même avant d'avoir obtenu ses bulles, et qui fut remplacée, toujours par l'autorité du roi et sur la recommandation, il est vrai, de l'archevêque de Paris, par la sœur Marie-Angélique de Grandchamp, seule capable, à ce que prétendait le prélat, de rétablir le spirituel et le temporel également délabrés dans ce monastère. Mais les religieuses se plaignirent qu'on violât leurs règles, dont l'une des plus essentielles était qu'elles se choisissent elles-mêmes une mère parmi les sujets qui composaient leur communauté. Elles écrivirent au pape, dont la réponse fut un commandement exprès de procéder à l'élection d'une supérieure. Le procureur-général du parlement appela comme d'abus de ce bref, et la sœur de Grandchamp fut maintenue dans son poste. Un second bref confirma l'élection de la sœur Lévêque, nommée par les religieuses, et le parlement la déclara une seconde fois invalide. Le pape, par un bref en forme de bulle, défendit, sous peine d'excommunication encourue par le seul fait, de garder aucun exemplaire de l'arrêt du parlement, qu'il condamna à être brûlé. Ce bref ne parut pas plutôt à Paris, que le parlement en ordonna la suppression, le 24 janvier de cette année 1681.

Ce fut à l'occasion de ces différents brefs que les prélats s'assemblèrent. La plupart, prélats courtisans, n'en paraissaient pas moins offensés que le roi, à qui les agents généraux du clergé en portèrent leurs plaintes officieuses, prétendant que tout ce qui s'était fait en cour de Rome, et ce qu'on avait tenté d'exécuter en France, était contre la disposition des canons, les libertés de l'Église gallicane et les lois du royaume. La première séance se passa à lire le mémoire que

MM. Desmarets et de Bezons avaient présenté au roi là-dessus, et à nommer des commissaires pour examiner les pièces concernant les affaires présentes. Ces commissaires nommés par M. de Harlay, qui présidait, furent les archevêques de Reims, d'Embrun et d'Albi, et les évêques de la Rochelle, d'Autun et de Troyes, qui firent leur rapport le 1er de mai, l'archevêque de Reims Letellier portant la parole. Ce prélat dit d'abord qu'il s'en fallait beaucoup que le roi eût cherché à affaiblir les priviléges de l'Eglise, et à lui imposer une servitude insupportable. Puis il discuta l'affaire de la régale, et soutint que ce droit avait été approuvé par plusieurs papes et le second concile général de Lyon; que depuis le temps de Philippe le Bel, il avait été traité de *jus regium*, et que nos rois ne l'avaient jamais soumis à aucun tribunal ecclésiastique, ni n'avaient prétendu être obligés de se conformer à la police et à la discipline de l'Eglise. Il est singulier qu'un roi très-chrétien ne se crût pas obligé de se conformer à la discipline de l'Eglise dans une matière aussi ecclésiastique que l'était alors la perception de ses revenus et la collation des bénéfices, et qu'un prélat consécrateur de nos rois approuvât une pareille prétention dans le fils aîné de l'Eglise. L'archevêque de Reims, en alléguant le second concile de Lyon pour autoriser la régale, reconnaissait cependant que ce concile n'en avait toléré l'usage que dans les lieux où elle était pour lors établie, et qu'il avait défendu en même temps de l'étendre davantage, sous peine d'excommunication. C'est aussi la réponse qu'on opposait avec une juste raison aux régalistes, c'est-à-dire à ceux qui, comme l'archevêque de Reims, favorisaient les empiétements du roi. Le prélat alléguait pour réplique que nos rois avaient toujours considéré la régale comme un droit de leur couronne si inaliénable et si imprescriptible, que sur cette matière ils ne prétendaient point être sujets à la discipline de l'Eglise; mais c'est cette prétention même qu'il fallait justifier, ou plutôt qu'il n'était pas possible de tolérer, et qu'un évêque surtout ne devait pas admettre.

L'orateur de la commission finit cet article en disant que puisque cinq cents évêques, présidés par Grégoire X, avaient cru devoir autoriser par un décret ce qui était en usage sur la régale, son sentiment était qu'on pouvait permettre qu'elle s'introduisît dans les endroits où elle n'avait pas lieu avant 1673 (c'est-à-dire que, puisqu'un concile œcuménique avait toléré l'usage de la régale là où il se trouvait établi, on pouvait en permettre un abus que ce même concile œcuménique condamnait formellement, et sous les peines les plus sévères); qu'en opinant de la sorte, il pouvait se servir de ces belles paroles d'Ives de Chartres (*ep.* 171) : « Des hommes plus courageux parleraient peut-être avec plus de courage; de plus gens de bien pourraient dire de meilleures choses. Pour nous, qui sommes médiocres en tout, nous exposons notre sentiment, non pas pour servir de règle en pareille occurrence, mais pour céder au temps, et pour éviter de plus grands maux dont l'Eglise est menacée, si on ne peut les éviter autrement. » L'application de ces paroles ne pouvait sans doute être plus facile, mais elle pouvait être plus juste, quoi qu'en dise dans sa *charmante naïveté* le P. d'Avrigny, que nous avons suivi pour la narration historique de toutes ces assemblées du clergé tenues au dix-septième siècle, tout en le corrigeant dans les endroits où il nous a paru défectueux

Le prélat, après avoir fait le rapport du premier chef de la commission, rendit compte à sa manière de l'affaire de Charonne, qui n'était pas d'une si grande discussion. Son discours sur ce point se réduit à dire que le pape aurait dû prendre ses lumières auprès de l'archevêque, et non casser sans l'entendre tout ce qu'il avait fait, sur la relation des religieuses, qui étaient intéressées dans leur propre cause à lui déguiser la vérité. C'était, comme on le voit aisément, appeler du pape mal informé au pape mieux informé, sur un fait patent et en opposition ouverte avec la règle imposée aux religieuses par le B. Pierre Fourier, et approuvée du saint-siége.

L'orateur dit pour conclusion, que son sentiment et celui des commissaires étaient qu'on pouvait écrire une lettre au pape, dans laquelle on prendrait la liberté de lui représenter que la matière de la régale *ne méritait pas* que Sa Sainteté portât les choses si avant; que *la chaleur qui paraissait dans ses brefs, et l'éclat qu'ils avaient fait, étaient capables de former des divisions dangereuses*; que par les brefs adressés aux religieuses de Charonne et au chapitre de Pamiers, *on avait troublé l'ordre de la juridiction, et violé le droit*, tant des ordinaires que des métropolitains; qu'*on s'était élevé au-dessus des constitutions canoniques, et que ces entreprises sur les règles les plus saintes étaient capables, selon la pensée de saint Léon, d'affaiblir l'union* que les Eglises de France devaient inviolablement conserver avec le saint-siège; mais que, comme il se pourrait faire que Sa Sainteté, *trompée par ceux qui l'avaient surprise jusqu'alors, regarderait moins ces justes remontrances comme la voix de toute l'Eglise de France, que comme l'effet des impressions de la cour et d'une basse flatterie*, il fallait demander au roi un concile national, ou du moins une assemblée générale de tout le clergé, ainsi qu'il s'était pratiqué sous Philippe Ier, Philippe le Bel, Charles VI, Charles VII et Louis XII, afin que l'Eglise de France représentée par ses députés pût discuter les matières, élever la voix, se faire entendre, prendre des résolutions *propres à engager Rome à faire attention à ses plaintes....* Le jour suivant, l'avis du rapporteur fut adopté d'un consentement unanime, et l'on pria le président et les commissaires de prendre des mesures pour l'exécution de ce qui venait d'être projeté. Elles étaient prises de longue main. Comme la convocation d'un concile général avait ses difficultés, et que, faite malgré le pape, elle eût été ouvertement schismatique, Louis XIV s'en tint à celle de l'assemblée générale, qui fut arrêtée le 28 juin pour le 9 de novembre.

L'ouverture s'en fit ce jour-là, et ce fut Jacques-Bénigne Bossuet, évêque de Meaux, qui prêcha le sermon, où il traita de la beauté et de l'unité de l'Église dans son tout, de sa beauté et de son unité dans chaque membre, de sa beauté et de son unité durables : ce furent les trois parties du discours. La première contient un éloge de l'Eglise en général, et en particulier de celle de Rome, dont on établit la primauté accordée à saint Pierre malgré ses fautes, qui *apprennent à ses successeurs à exercer une si grande puissance avec humilité et condescendance*, vertus dont il leur a laissé un exemple admirable dans la manière dont il reçut la réprimande que lui fit saint Paul, qui jugeait *qu'il ne marchait pas droitement selon l'Evangile* (a). La seconde partie est un panégyrique de l'Eglise gallicane et des rois de France, dont on fait valoir les services rendus au saint-siége, et l'application à maintenir dans leurs États *le droit commun et la puissance des ordinaires, selon les conciles généraux et les institutions des saints Pères*, comme parle saint Louis dans sa Pragmatique (b). Dans la troisième partie, l'orateur proposa des remèdes pour prévenir les moindres commencements de division et de trouble (c). Le plus efficace de ces remèdes est l'assemblée des évêques, qui ont soin de maintenir les canons et la discipline (d). Ainsi un concile tenu dans la province de Lyon en 1025 s'éleva contre un privilége de Rome, qu'on crut contre l'ordre (e) ; ainsi le second concile de Limoges, tenu dans le même siècle, se plaignit d'une sentence que Jean XVIII avait donnée par surprise et contre les règles (f) ; ainsi l'Eglise de France a toujours maintenu ses libertés, mais sans manquer au respect dû à la sainte Eglise romaine, la mère, la nourrice et la maîtresse de toutes les Eglises.

Quoique l'archevêque de Reims eût avancé, en faisant son rapport, que la convocation de l'assemblée générale ne pouvait manquer d'avoir l'approbation des hommes, il est certain qu'elle eut beaucoup de contradicteurs. De zélés catholiques appréhendèrent qu'elle n'aboutît à un schisme, et accusèrent les prélats de l'assemblée de cacher les vues les plus humaines et les plus basses sous le spécieux prétexte de maintenir les droits de la couronne et de l'épiscopat.

Le pape, dans la réponse qu'il fit, le 13 avril 1682, à la lettre de l'assemblée rédigée par Bossuet, au sujet de la régale, n'adressa aux évêques qu'un reproche, et malheureusement ce reproche était fondé : « Nous avons d'abord remarqué, disait-il, que votre lettre était dictée par les sentiments de crainte dont vous êtes animés, crainte qui ne permet jamais à des prêtres, lorsqu'elle les domine, d'entreprendre avec zèle, pour le bien de la religion et le maintien de la liberté ecclésiastique, des choses difficiles et grandes. Qui d'entre vous a parlé devant le roi pour une cause si juste et si sainte ? Quel est celui de vous qui est descendu dans l'arène, afin de s'opposer pour la maison d'Israël ? Nous nous abstenons de rapporter ici ce que vous nous déclarez sur les démarches que vous avez faites auprès des magistrats séculiers. Nous désirons que le souvenir d'un pareil procédé soit à jamais aboli. Nous voulons que vous effaciez ce récit de vos lettres, de peur qu'il ne subsiste dans les actes du clergé de France pour couvrir votre nom d'un opprobre éternel (g). »

Il y a apparence que les prélats de l'assemblée avaient été instruits de bonne heure des dispositions où l'on était à Rome à leur égard, ou que, malgré la soumission dont ils faisaient profession dans leur lettre, ils étaient résolus à ne plus rien ménager (h) ; car même avant que le bref eût été expédié, ils portèrent (19 mars 1682) à la cour de Rome, dit ingénuement le P. d'Avrigny, mais disons plutôt à l'Eglise romaine dans la personne de son pontife, un des plus rudes coups qu'elle ait reçus depuis plusieurs siècles. Nous parlons de la déclaration des députés du clergé touchant la puissance ecclésiastique. Nous ne croyons pas à propos de reproduire le texte de cette déclaration, frappée de nullité par la bulle *Inter multiplices* du pape Alexandre VIII, et par la bulle *Auctorem fidei* du pape Pie VI, et désavouée par ses auteurs mêmes (i) ; mais nous nous bor-

---

(a) La justesse de cette allégation serait contestée, surtout aujourd'ui, après la dissertation donnée par M. l'abbé James sur le *Céphas* dont il est question dans l'épître aux Galates.

(b) Pièce controuvée, comme l'a prouvé M. Thomassy dans le *Correspondant*. Voyez l'ouvrage de Mgr. l'archevêque de Paris, *des Appels comme d'abus*.

(c) Mais cette délibération même, prise contre le gré du souverain pontife, n'en était-elle pas déjà un commencement ?

(d) Le premier canon ou la première règle du salut est de suivre en tout le siége apostolique, comme il est dit dans le formulaire du pape Hormisdas.

(e) C'est une bien faible autorité que ce petit concile d'Anse, dont le décret ne fut guère plus observé qu'il ne méritait de l'être.

(f) *Voy.* Conc. Labb., t. IX, col. 908. Ce ne fut pas le concile entier, mais seulement l'évêque de Clermont, qui s'était plaint au pape de cette sentence, donnée par surprise il est vrai, mais non précisément contre les règles, comme le pape lui-même le prouva dans la réponse qu'il fit à l'évêque. *Quod nescienter egi*, lui dit-il, *non mea, sed tua est culpa. Scis enim quia quicunque de universa Dei Ecclesia, quæ est in toto orbe terrarum, ad me causa remedii recurrit, impossibile est mihi ejus curam negligere, dicente Domino ad beatum specialiter Petrum : Petre, pasce oves meas. Quo ergo modo sedes apostolica potest abjicere aliquem de medela, nisi rationabili causa ? Debueras certe mihi, antequam illa mortua (morbida) ovis Romam veniret, ejus causam tuis innotescere apicibus.* Et les évêques du concile disent à leur tour : *Hoc ab ipsis apostolicis Romanis et cæteris Patribus cautum tenemus, ut parochiano suo episcopus, si pænitentiam imponit eumque papæ dirigit, ut judicet utrum sit an non pænitentia digna pro tali reatu, potest enim confirmare auctoritas papæ, aut levigare, aut superaddicere. JUDICIUM ENIM TOTIUS ECCLESIÆ MAXIME IN APOSTOLICA ROMANA SEDE CONSTAT.*

(g) *Observ. sur l'ass. de 1682*, par M. le comte Beugnot, p. 28 et 29.

(h) « Le pape nous a poussés, il s'en repentira, » disaient quelques-uns d'entre eux. *Hist. de Bossuet*, par le cardinal de Bausset.

(i) « Prosternés aux pieds de Votre Sainteté, nous venerons à rapporter sur ce sujet quelques-unes des réflexions du cardinal Litta.

« En lisant cette déclaration on y reconnaît tout de suite trois objets qu'on a eus principalement en vue : 1° de garantir la souveraineté temporelle contre les prétendues entreprises des papes ; 2° de rabaisser l'autorité spirituelle du pape dans tout ce qui concerne le gouvernement de l'Eglise ; 3° de détruire la croyance à peu près générale dans la chrétienté, et en France même la plus commune à cette époque, par rapport à l'infaillibilité du pape, lorsqu'il prononce son jugement dans les matières de la foi.

« Voilà les trois principaux objets qui se présentent à ceux qui lisent cette déclaration. Mais ici l'on se demande quelle était donc cette grande nécessité qui a conduit, ou au moins autorisé ces prélats à une pareille démarche ; ou, si la nécessité n'existait pas, quelle a été la grande utilité qu'ils en espéraient, soit pour toute l'Eglise, soit pour leurs diocèses, pour la mettre en balance avec les funestes conséquences qu'on devait prévoir et qui n'en ont que trop malheureusement résulté. « Si nous parlons du premier objet, on aurait compris cette démarche dans les temps où s'élevèrent les malheureuses contestations entre le sacerdoce et l'empire. Mais tout au contraire, on n'a rien fait de semblable dans ces siècles et même longtemps après ; et lorsque ces querelles étaient parfaitement éteintes, lorsqu'elles étaient oubliées, lorsqu'il n'y avait rien à craindre de la part des papes, voilà des prélats français qui, dans l'année 1682, sous le pontificat d'Innocent XI, sous le règne de Louis XIV, s'avisent de sonner la trompette d'alarme. Et par quelle nécessité y ont-ils donc été autorisés ? La couronne de France était-elle en danger ? y avait-il à craindre des entreprises du pape sur le temporel des princes ? Rien de tout cela. Rien n'était moins nécessaire que cette déclaration. Mais au défaut de la nécessité, y avait-il au moins une grande utilité pour déterminer ces prélats? Je n'en vois aucune. La doctrine qu'ils ont proclamée sur cet objet n'est pas, je crois, assez édifiante pour la prêcher sur les toits, comme ils ont fait. Bien loin d'y trouver rien d'utile ou d'édifiant pour les fidèles, il me paraît au contraire que ces prélats ont semé dans le cœur des princes un germe funeste de défiance contre les papes, qui ne pouvait qu'être fatal à l'Eglise. L'exemple de Louis XIV et de ces prélats a donné à toutes les cours un motif spécieux pour se mettre en garde contre les prétendues entreprises de la cour de Rome. De plus, il a accrédité auprès des hérétiques toutes les calomnies et les injures vomies contre les chefs de l'Eglise, puisqu'il les a affermis dans les préjugés qu'ils avaient, en voyant que les catholiques mêmes et les évêques faisaient semblant de craindre les entreprises des papes sur le temporel des princes. Et enfin cette doctrine répandue parmi les fidèles a diminué infiniment l'obéissance, la vénération, la confiance pour le chef de l'Eglise, que les évêques auraient dû affermir de plus en plus.

« On peut faire le même raisonnement sur le second objet. Je ne crois pas que ces prélats pussent alléguer de tels abus dans l'exercice de l'autorité spirituelle du pape, qu'il fût nécessaire de la restreindre et de la rabaisser, quand même le droit aurait pu leur en appartenir en quelque manière. Il n'existait donc pas de nécessité, mais encore moins d'utilité. Les coups qu'on porte à l'autorité du pape retombent toujours sur l'Eglise même, dont les intérêts auraient dû inspirer d'autres sentiments aux évêques de France. Il est évident que par cette entreprise on a singulièrement affaibli le gouvernement de l'Eglise et ouvert une grande porte à tous les prétextes des réfractaires.

« Pour imaginer une nécessité relativement au troisième objet, il faudrait prouver que des erreurs dans la foi se sont introduites ou maintenues dans l'Eglise par le moyen d'une décision du pape : or, quel est le catholique qui pourrait le dire ? La nécessité n'existait donc pas. Mais je ne vois non plus aucune utilité qui autorisât les prélats à une pareille entreprise, quand elle aurait été de leur compétence. Je vois au contraire, et l'expérience me l'apprend aussi bien que la raison, qu'ils ont fourni par là une source inépuisable de disputes et de chicanes à tous les novateurs qui voudront troubler l'Eglise ; et en effet, tous les novateurs qui ont paru depuis la Déclaration en ont été grands amateurs, et l'ont employée efficacement pour soutenir leurs erreurs.

« Il faut donc conclure que, si l'on ne connaissait pas les événements qui ont amené cette déclaration, on ne devinerait pas les intentions des prélats qui l'ont publiée. Et quoique, dans le préambule de la Déclaration et dans la lettre de l'assemblée, on parle de différents motifs de cette démarche, ils paraissent cependant si peu vraisemblables, que cela a fait dire à plusieurs personnes que le ressentiment de Louis XIV contre le pape pour les affaires de la régale y est entré pour beaucoup. Mais je ne crois pas qu'on puisse en avoir des preuves suffisantes. Je dis seulement que je ne saurais deviner les intentions de ces prélats ; je ne vois aucune nécessité ni utilité pour autoriser leur déclaration ; et, tout bien considéré, il me semble qu'ils auraient mieux fait de

---

nous lui exprimer l'amère douleur dont nous sommes pénétrés dans le fond de nos cœurs, et plus qu'il ne nous est possible de l'exprimer, à raison des choses qui se sont passées dans l'assemblée, et qui ont souverainement déplu à Votre Sainteté, ainsi qu'à ses prédécesseurs. En conséquence, si quelques points ont pu être considérés comme décrétés dans cette assemblée, sur la puissance ecclésiastique et sur l'autorité pontificale, nous les tenons pour non décrétés, et nous déclarons qu'ils doivent être déclarés comme tels. » *Lettre des évêques nommés qui avaient assisté à l'assemblée de 1682, au pape Innocent XII.* M. de Maistre a observé avec beaucoup de justesse et d'à-propos que la Déclaration de 1682 fut exclue du recueil des Mémoires du clergé, et qu'elle n'y a jamais été insérée. « *Abeat declaratio quo libuerit,* » a dit Bossuet lui-même.

s'en abstenir. Et voilà déjà un motif qui m'empêche de lui donner mon adhésion. » *Lettres du card. Litta*, 2ᵉ lett.

PARIS (Assemblée du clergé de France à), l'an 1685. Cette assemblée porta des plaintes au roi de la liberté que les ministres calvinistes se donnaient de décrier la foi de l'Église romaine par les plus atroces calomnies, ce qui empêchait le peuple de se réunir et de profiter de l'avertissement pastoral qui lui avait été adressé par l'assemblée de 1682. Pour juger de la justice des plaintes que faisaient les prélats, il n'y a qu'à jeter les yeux sur le petit ouvrage qu'ils publièrent alors sous ce titre : *Doctrine de l'Église contenue dans notre profession de foi*. On y voit que nos sentiments sur l'Écriture et la tradition, sur les sacrements, sur la justification et les mérites, sur la messe, l'adoration de Jésus-Christ dans l'eucharistie, les satisfactions, le purgatoire, les indulgences, l'invocation des saints et quelques autres articles, avaient été tellement défigurés par les écrivains protestants, qu'il fallait ou qu'ils ne les eussent pas connus, ou qu'ils se fussent étudiés à les représenter avec les couleurs qu'ils jugeaient les plus propres à les décrier. *Mém. chronol. et dogm.*, t. III.

PARIS (Synode diocésain de), 26 septembre 1697, sous Louis Antoine de Noailles. Ce prélat y confirma et renouvela les statuts des synodes de 1673 et de 1674, et en publia lui-même de nouveaux, le tout en quarante-six articles.

Dans le 2ᵉ il marque les conditions que devaient avoir les sujets pour être admis à la tonsure ; savoir, d'être au moins dans leur quatorzième année, et d'avoir été initiés, pendant six mois, à la vie cléricale.

Par le 4ᵉ il défend à tous les bénéficiers et à tous les ecclésiastiques engagés dans les ordres sacrés de paraître en public autrement qu'avec la tonsure suivant leurs ordres, et des cheveux courts et modestes, et leur ordonne de porter toujours la soutane dans le lieu de leur résidence ; leur interdisant l'usage des justaucorps, des cravates et des habits de couleur autre que la noire.

Par le 5ᵉ il leur défend de porter la perruque sans nécessité.

Il leur défend par le 6ᵉ d'avoir des servantes, qu'elles n'aient au moins cinquante ans.

Par le 7ᵉ il leur défend, sous peine de suspense, de se trouver aux comédies, bals, opéras, assemblées de jeu, et tous autres spectacles profanes.

Il leur interdit par le 8ᵉ, sous la même peine, les cabarets et les auberges, hors le cas de voyage ; mais il n'entend point par là défendre les maisons où les pauvres ecclésiastiques sont obligés de prendre leurs repas ordinaires.

Il leur défend par le 9ᵉ de se faire solliciteurs de procès, et de prendre des emplois qui les occupent du soin des affaires temporelles.

Par le 10ᵉ il leur interdit tous jeux de hasard, le jeu de paume et de boule en des lieux publics, et à la vue des séculiers ; la chasse qui se fait avec bruit et armes à feu, ainsi que le port de toutes sortes d'armes.

Il défend par le 12ᵉ, sous peine de suspense, à tous les prêtres séculiers qui n'étant point du diocèse, n'y ont ni titre ecclésiastique, ni emploi approuvé de l'archevêque, et qui ne reçoivent point l'honoraire de leur messe, d'y dire la messe plus de quinze jours sans permission de l'autorité diocésaine.

Par le 16ᵉ il défend de confesser dans les maisons particulières et ailleurs que dans les églises, si ce n'est les malades ; dans les églises mêmes, il défend de confesser hors des confessionnaux.

Par le 17ᵉ il fait défense de recevoir des prêtres sans attestation des curés des lieux d'où ils viennent.

Par le 18ᵉ il déclare qu'il ne tiendra point pour résidents les curés qui, demeurant hors de leurs paroisses, se contentent d'y aller les fêtes et les dimanches.

Par le 28ᵉ il prescrit de ne pas commencer plus tard que sept heures en été, et sept heures et demie en hiver, la première messe dans les paroisses où il y en a deux, et la seconde pas plus tard que neuf en été, et neuf heures et demie en hiver ; dans celles où il n'y en a qu'une, pas plus tard que huit heures et demie en été, et neuf heures en hiver. A l'égard des vêpres, elles ne commenceront pas plus tôt que trois heures et demie l'été, et deux heures et demie l'hiver. Il ordonne de faire le catéchisme au moins tous les dimanches, et, autant que faire se pourra, toutes les fêtes ; et lorsqu'ils ne le pourront pas faire eux-mêmes, de préposer des personnes approuvées de l'archevêque pour le faire à leur place. Il enjoint de faire le prône à la messe de paroisse, et d'y instruire le peuple des principales vérités de la religion et de ses devoirs, d'une manière qui lui soit proportionnée et qui puisse lui être utile. *Statuts synodaux publiés dans le synode général tenu à Paris le jeudi 26 septembre 1697*.

PARIS (Assemblée du clergé de France à), l'an 1705. On reçut dans cette assemblée la bulle *Vineam Domini sabaoth*, qui condamnait le silence respectueux au sens des jansénistes, mais on mêla à cette acceptation des formes qui déplurent à Clément XI. Il se plaignit que les évêques se fussent assemblés, moins pour recevoir sa constitution, que pour restreindre l'autorité du saint-siège ou plutôt l'anéantir. *Ibid*.

PARIS (Assemblée d'évêques à), l'an 1714. Aussitôt que la bulle *Unigenitus* fut parvenue en France, le roi convoqua un grand nombre d'évêques dans la capitale pour procéder à son acceptation, et laissa au cardinal de Noailles, qui fut fait président de l'assemblée, le choix des commissaires, marquant seulement qu'il souhaitait que le cardinal de Rohan en fût le chef. La plupart des évêques étant fort unis de sentiment, l'affaire aurait été bientôt amenée à sa conclusion, si l'archevêque de Paris avait voulu dire : *Pierre a parlé par la bouche de Clément*, comme il avait dit quelques années auparavant à l'occasion du bref contre le livre des *Maximes des Saints*, de Fénelon : *Pierre a parlé par la bouche d'Innocent*. Mais soit prévention, soit quelque autre motif qui le fit agir, il ne crut pas devoir s'en tenir au jugement de ses confrères. Il reconnut à la vérité dans quelques-unes de ses conférences, que sa simplicité, ce sont ses paroles, avait été surprise dans l'approbation qu'il avait donnée aux *Réflexions morales* de Quesnel, que condamnait la bulle; toutefois il ne put vaincre ses répugnances, et on ne put le faire revenir à l'unanimité, non plus que sept autres prélats qui lui demeurèrent constamment attachés, et qui signèrent avec lui un projet de protestation contre ce qui se ferait, en déclarant néanmoins qu'ils étaient très-éloignés de vouloir favoriser le livre des *Réflexions*, qu'ils étaient résolus de proscrire dans leurs diocèses. Les autres prélats, au nombre de quarante, furent ainsi réduits à recevoir la constitution indépendamment d'eux. Ils dressèrent en même temps un mandement commun, qu'ils renfermèrent sous la même signature, pour marquer l'uniformité des sentiments par celle des expressions, et prévenir les abus et les fausses interprétations. Il n'y a rien de plus sage ni de mieux entendu que ce mandement, où, suivant la bulle pied à pied, on fait voir qu'il n'y a pas une proposition condamnée qui ne soit erronée, captieuse ou hérétique, et conséquemment qui ne mérite quelqu'une des qualifications contenues dans la bulle. La précaution était nécessaire pour prémunir les fidèles contre la séduction des libelles qu'on répandait déjà de toutes parts.

Les évêques écrivirent au pape le 5 février, pour lui marquer qu'animés de l'esprit de leurs prédécesseurs aussi bien que de leur zèle pour le siège apostolique, et se conformant à leurs exemples, ils avaient reçu la dernière bulle avec la même déférence et la même vénération; qu'ils avaient arrêté un modèle uniforme d'instruction pastorale, pour ôter aux esprits remuants et avides de nouveautés toute occasion de dispute et de chicane sur les propositions qui contiennent les erreurs; qu'ils avaient eu le soin et l'attention d'exhorter par une lettre circulaire les autres prélats du royaume à adopter cette instruction, et à la faire publier chacun dans son diocèse, étant juste et même nécessaire que ceux qui sont unis par les mêmes sentiments et par le même attachement à la foi de l'Eglise romaine, s'expliquent de la même manière, et tiennent ouvertement le même langage. Ils ajoutaient qu'on peut dire avec vérité que Sa Sainteté a terrassé sans ressource et avec éclat la doctrine des novateurs de ce temps, et qu'elle n'a pas moins apporté de soin à découvrir leurs erreurs, qu'ils n'avaient employé d'adresse à les déguiser et à les répandre imperceptiblement. *Mém. chronol. et dogm.*, t. IV.

PARIS (Assemblée du clergé à), l'an 1725. Les évêques voyaient avec beaucoup de douleur, depuis bien des années, les désordres de l'Eglise et le progrès de ses maux. Ils auraient désiré pouvoir se réunir pour aviser en commun aux moyens d'y opposer une digue. Mais le régent, loin de permettre ces réunions, n'avait pas même convoqué l'assemblée ordinaire du clergé de 1720. Il n'y en avait point eu cette année-là. Celle de 1723 n'avait pu suivre tous les mouvements de son zèle. Elle avait seulement demandé avec instance : 1° le rétablissement des conciles, comme le remède le plus efficace aux maux de l'Eglise; 2° une déclaration qui assurât aux bulles *Vineam* et *Unigenitus* la qualité de lois de l'Etat comme de l'Eglise; 3° une défense au parlement de recevoir les appels comme d'abus des réfractaires; 4° la cassation de quelques arrêts rendus dans ces derniers temps contre l'autorité de l'Eglise et des évêques. L'assemblée de 1725 réitéra les mêmes demandes. Cette assemblée fut très-orageuse et se trouva divisée sur plusieurs points avec le ministère. Le premier était les immunités ecclésiastiques. Le clergé se plaignait qu'elles fussent violées par une déclaration du 5 juin précédent, qui assujettissait ses biens, comme ceux de tout le royaume, à une imposition extraordinaire. De là des altercations entre l'assemblée et M. le duc de Bourbon, alors ministre. Le second point était les affaires de l'Eglise. Les évêques n'avaient pas cru qu'il leur fût permis de garder le silence sur cet article. La licence des appelants, l'insubordination de plusieurs ecclésiastiques, les outrages faits au caractère épiscopal, l'audace avec laquelle des gens en délire semblaient courir au schisme, les écarts de quelques tribunaux, et la protection qu'ils accordaient aux prêtres qui affichaient la révolte; tous ces désordres demandaient un remède. Déjà dans les assemblées des métropoles on s'était plaint de cet excès. La province de Narbonne surtout avait senti plus que toute autre la nécessité d'un concile, et l'avait demandé. Mais lorsqu'on voulut parler dans l'assemblée générale de cette affaire et des autres besoins de l'Eglise, on fut arrêté par des ordres supérieurs. Il fut fait cependant le 2 octobre, par une commission chargée spécialement de la doctrine, un rapport sur MM. Colbert et de Lorraine, évêques de Montpellier et de Bayeux. On déduisit plusieurs griefs contre ces deux prélats, et l'assemblée arrêta de demander au roi la permission de tenir les conciles de Narbonne et de Rouen. Elle désirait faire quelque chose de plus, et pouvoir s'élever contre tant d'erreurs et d'écrits. Mais elle s'occupait de condamner quelques libelles et de censurer quelques propositions, lorsqu'elle reçut ordre, le 27 octobre, de terminer ce jour-là ses séances. Cette nouvelle excita beaucoup de plaintes. Les évêques trouvaient étrange qu'on leur fermât la bouche, tandis que l'impunité était assurée à leurs adversaires. Ils arrêtèrent d'écrire au roi pour lui faire leurs représentations. Dans cette lettre, ils reconnaissaient la constitution *Unigenitus* pour une loi irréfragable de l'Eglise et de l'Etat, et ils annonçaient qu'ils la feraient observer par leurs ecclésiastiques. L'assemblée se sépara ensuite, après une séance extrêmement longue, et avec la douleur de n'avoir pu apporter des remèdes proportionnés aux maux de l'Eglise. *Mém. pour servir à l'histoire du dix-huitième siècle.*

PARIS (Assemblée du clergé à), 18 novembre 1726. Le roi avait commencé à satisfaire aux plaintes du clergé, d'abord en sursoyant aux taxes imposées sur ses biens, et ensuite en reconnaissant formellement ses priviléges et s'engageant à les maintenir. L'assemblée, après avoir remercié le roi de cette protection, lui marquait qu'elle recourait à lui pour des intérêts plus pressants. Elle lui exposait la patience avec laquelle le clergé avait souffert les injures faites à l'Eglise, le besoin de les réprimer, et la nécessité d'une loi qui exceptât formellement les évêques du silence prescrit. Elle rappelait la licence des écrivains, ce qu'on appelait si faussement le *silence respectueux* canonisé, la bulle *Unigenitus* attaquée par des libelles sans nombre, le feu roi calomnié, les droits de l'Eglise méconnus, l'autorité des évêques combattue, et les questions les plus claires mises en problème ou résolues avec témérité. Il demandait qu'on réprimât ces écrits audacieux qui soufflaient l'esprit de révolte dans les communautés et les séminaires. Elle exposait que le meilleur remède à ces maux était les conciles provinciaux, qui ramèneraient la discipline et la subordination, et préviendraient ces recours fréquents aux tribunaux séculiers, qui commettent les deux puissances. Ce moyen, disaient les évêques, nous donnerait peut-être de la consolation (et quel avantage pour la religion!) de ramener à l'unanimité quelques-uns de nos confrères qui s'en sont éloignés, de leur faire connaître combien leur résistance à la bulle est condamnable, et de les engager à corriger eux-mêmes ce qui leur est échappé de répréhensible. Ils demandaient donc avec instance les conciles provinciaux. Leurs vœux, à cet égard, furent remplis en partie. *Ibid.*

PARIS (Assemblée du clergé à), 22 août 1727, contre le livre de le Courayer. Pierre-François le Courayer était chanoine régulier de Sainte-Geneviève et bibliothécaire de la maison de ce nom à Paris. Il était appelant, et il avait pris part à toutes les démarches de ce parti. Ayant été employé à lire le mémoire de l'abbé Renaudot sur la validité des ordinations anglicanes, inséré dans la *Véritable croyance catholique*, de l'abbé Gould, il examina cette question et devint chaud partisan de la validité de ces ordinations. Il sut que l'archevêque de Cantorbery Wake avait été en correspondance avec Du Pin, et il imagina d'écrire au prélat pour avoir les renseignements qu'il souhaitait. La première lettre de Wake est du 16 septembre 1721, et il s'établit entre eux une correspondance. En 1723, le Courayer publia le fruit de ses recherches, sous ce titre: *Dissertations sur la validité des ordinations anglicanes*. Son ouvrage, imprimé à Nancy, quoique portant le titre de Bruxelles, lui attira plusieurs adversaires, l'abbé Gervaise, les pères Hardouin et le Quien, M. Fennel. Le père le Courayer leur prête à tous, dans sa *Relation apologétique*, des motifs injustes ou ridicules; mais c'est ainsi qu'il en use envers tous ceux qui lui ont été contraires. Lui seul avait de l'amour pour la vérité; lui seul se conduisait en toute rencontre avec franchise et loyauté. Les autres sont ou des gens faibles et lâches, ou des gens injustes et passionnés. Il comptait pour peu, disait-il, d'être approuvé ou censuré par l'épiscopat; mais en revanche il se liait de plus en plus avec les Anglais. Il écrivit une lettre de remercîments à celui qui avait traduit son livre en cette langue. En 1726, il donna la *Défense de sa dissertation*, en quatre volumes qui furent aussi traduits en anglais. Il soutenait les mêmes sentiments, et y ajoutait encore de nouvelles idées, traitant ses adversaires avec beaucoup d'arrogance et de mépris. On crut y voir aussi une forte tendance à se rapprocher de l'Eglise anglicane. L'auteur s'expliquait fort librement sur le saint sacrifice de la messe, dont il semblait ne plus faire qu'un sacrifice représentatif et commémoratif. Il n'était pas plus exact sur le sacerdoce, sur la forme des sacrements, sur leur caractère, sur les cérémonies de l'Eglise, sur l'Eglise même, enfin sur la juridiction et l'autorité du souverain pontife. Il louait, sur ces divers points, la doctrine des anglicans, et on verra par la suite qu'il ne disait point encore tout ce qu'il pensait. Mais il y en avait assez dans son livre pour exciter l'attention et le zèle du clergé. M. de Belzunce, évêque de Marseille, fut le premier qui condamna ses écrits. Le roi, informé de l'éclat qu'ils causaient, chargea les évêques qui se trouvaient alors à Paris, de les examiner. Ces prélats se réunirent, au nombre de vingt, chez le cardinal de Bissy, évêque de Meaux, et tirèrent de la *Dissertation* et de sa *Défense* trente-sept propositions qui roulaient sur les questions que nous venons d'indiquer. Après avoir repris le Courayer de la hauteur et de l'aigreur de ses expressions, et avoir montré dans le concile de Trente la condamnation de son système, ils condamnaient les trente-sept propositions avec différentes qualifications, et notamment avec celle d'hérésie. En conséquence de ce jugement, le roi rendit peu après, en son conseil, un arrêt portant que ces livres seraient lacérés et supprimés, à peine de 300 livres d'amende. *Ibid.*

PARIS (Assemblée d'évêques à), 4 mai 1728. Beaucoup d'écrits avaient été publiés pour rendre le concile d'Embrun odieux ou ridicule. La plus fameuse de ces productions fut une consultation, signée le 30 octobre 1727, par cinquante avocats de Paris. Le nombre et la réputation des jurisconsultes semblaient donner du poids à ce mémoire, où l'évêque de Senez était présenté comme parfaitement innocent. On disait que son acte de récusation devait arrêter tout le cours du concile : ce qui ne laisse pas d'être commode pour les novateurs. Des jurisconsultes devaient, moins que tous autres, soutenir que la récusation d'un accusé empêche ses juges naturels de procéder contre lui. On y répétait, contre M. de Tencin, de vaines allégations, que M. Soanen n'avait pu prouver. L'histoire de la paix de Clément IX y était défigurée. Le formulaire, la constitution, l'acceptation qui en avait été faite, le pouvoir des évêques, l'autorité de leur jugement, toutes ces matières étaient traitées avec légèreté et décidées avec hardiesse. Le roi, informé de l'éclat que faisait cet écrit, que l'on répandait avec profusion, et que l'on prônait avec enthousiasme, chargea le cardinal de Rohan d'assembler chez lui les évêques qui se trouvaient à Paris, afin d'examiner le mémoire et d'en dire leur avis. Ces prélats se réunirent donc, et après un mois de conférences, ils dressèrent une lettre au roi, dans laquelle ils exposaient ce qu'il fallait penser de la nouvelle production. Ils s'exprimaient avec modération sur le compte des signataires du mémoire, et ne paraissaient pas leur imputer tous les excès de la consultation, qu'ils supposaient être l'ouvrage de quelques théologiens égarés. Mais ils montraient en détail que cette pièce donnait de l'Eglise l'idée la plus fausse, qu'elle anéantissait l'autorité du corps des pasteurs, et la force de leurs jugements; qu'elle représentait le concile général comme nécessaire et indispensable, mais empêché par la seule politique des papes; qu'elle traitait les censures dites *in globo* de sources de disputes, de jugements de ténèbres, de joug honteux; qu'elle traçait le portrait le plus affreux de la bulle *Unigenitus*; qu'elle autorisait l'appel, condamné même par le souverain; enfin qu'elle était pleine de mépris et de faussetés sur le formulaire, sur la paix de Clément IX, sur la bulle *Vineam*, et notamment sur le concile d'Embrun, dont elle insultait les membres avec une partialité révoltante. L'esprit de critique, disaient les prélats en finissant, devient l'esprit dominant. Combien de personnes s'érigent en juges de ce qu'elles n'entendent pas? Il y a un parti ouvertement révolté contre l'Eglise. Il s'accrédite chaque jour, il acquiert de nouveaux sectateurs; il reçoit avec avidité, il répand avec profusion, il vante avec excès les libelles sans nombre qui se font pour l'autoriser, et il ne néglige rien pour appuyer ses erreurs et sa désobéissance. Cette lettre était signée de trois cardinaux, de cinq archevêques, de dix-huit évêques et de cinq ecclésiastiques nommés à des évêchés. *Mém. pour servir à l'hist. du dix-huitième siècle.*

PARIS (Assemblée du clergé à), 11 septembre 1730. Il était difficile que des évêques vissent d'un œil indifférent les maux de l'Eglise. Le parlement de Paris avait rendu, depuis la déclaration du roi du 24 mars, dix arrêts consécutifs, toujours en faveur des opposants, toujours contre les principaux évêques qui s'autorisaient de la loi de l'Eglise et de celle du souverain. Un curé de Paris interdit par son archevêque exerçait hardiment ses fonctions en vertu d'un arrêt. Un autre arrêt avait supprimé des thèses, et défendu d'enseigner aucune proposition contraire à l'ancienne doctrine, comme si c'était à des laïques à juger quelle était l'ancienne ou la nouvelle doctrine. L'assemblée arrêta des remontrances au roi sur ces divers objets, et obtint entre autres la cassation de l'arrêt rendu en faveur du curé de Paris. Elle crut aussi devoir manifester son mécontentement contre deux prélats qui ne cherchaient qu'à souffler la discorde. L'évêque d'Auxerre lui ayant écrit au sujet de la légende de saint Grégoire VII (*a*), elle se montra choquée de ses imputations calomnieuses, tandis qu'il était lui-même dans une désobéissance ouverte à l'autorité de l'Eglise, et par là même réfractaire aux ordres du roi; et comprenant que M. de Caylus ne lui avait écrit que pour se donner la liberté d'invectiver contre la bulle, elle témoigna qu'elle ne voyait pas sans indignation à quels excès il s'était porté contre un jugement dogmatique de l'Eglise universelle, auquel tout évêque, comme tout fidèle, doit adhérer de cœur et d'esprit, et elle chargea son président de l'exhorter à la soumission. Elle fit plus à l'égard de l'évêque de Montpellier. Ce prélat publiait chaque jour des écrits où la nouveauté des principes le disputait à l'aigreur du style. Dernièrement il venait d'adresser au roi une lettre remplie d'invectives contre le saint-siége, de calomnies contre ses collègues, et des maximes les plus propres à exaspérer les esprits. L'assemblée, d'autant plus affligée que cet écrit partait d'un homme élevé à une plus haute dignité, se plaignit avec force d'un tel scandale; et après avoir réfuté dans une lettre au roi les inculpations et les erreurs de M. Colbert, elle demanda instamment la permission pour la province de Narbonne, de tenir son concile. Cette demande fut encore réitérée quelques jours après par l'évêque de Nîmes, qui, haranguant le roi pour la clôture, lui exposa les causes et les remèdes des troubles, et lui peignit l'obligation qu'il y avait pour un prince dont *le règne est fondé sur la catholicité, et doit toujours se soutenir sur les mêmes principes,* de réprimer ses écarts. *Ibid.*

PARIS (Assemblée du clergé à), l'an 1745. Dans son livre des *Pouvoirs légitimes du premier et du second ordre du clergé*, le trop fameux Travers avait établi entre les évêques et les prêtres une parfaite égalité, jusqu'à associer ceux-ci à toutes les fonctions de l'épiscopat, sans même en excepter l'ordination. Ce livre renversait toute la hiérarchie, attaquait ouvertement la doctrine du concile de Trente sur la nécessité de l'approbation des confesseurs, et contenait des déclamations furibondes contre les évêques et leur autorité la plus légitime. M. de Rastignac, archevêque de Tours, alors président de l'assemblée du clergé, déféra (6 juillet) ce livre à cette assemblée, et en exposa les principes dangereux. Son rapport imprimé fut rendu public et envoyé à tous les évêques. *Ibid.*

(*a*) Au fond, ces évêques avaient-ils droit de supprimer l'office de saint Grégoire VII, plus que les évêques appelants de supprimer la bulle *Unigenitus?*

PARIS (Assemblée du clergé de France à), l'an 1750. Le même esprit qui s'élevait contre la religion s'attachait aussi à poursuivre les ministres de l'Eglise, soit dans leurs personnes, soit dans leurs biens, et excitait la cupidité en lui présentant les richesses du clergé comme une proie abondante et légitime. On avait voulu assujettir ces biens à un édit portant création d'un vingtième, quoiqu'il eut été déclaré souvent que le clergé, contribuant aux charges de l'Etat par des dons gratuits, ne serait soumis à aucune imposition. Un édit avait été rendu au mois d'août 1749, touchant les établissements et les acquisitions des gens de mainmorte, et pour leur défendre toute acquisition ultérieure. Cette disposition a été beaucoup louée par plusieurs écrivains. Nous nous contenterons d'observer que tous les biens tombés en main-morte depuis deux siècles n'avaient été acquis que pour des hôpitaux et hôtels-dieu, des séminaires, des écoles de charité et autres établissements non moins utiles à l'Etat qu'à l'Eglise, et que ces biens n'avaient procuré au clergé aucune richesse. Quoi qu'il en soit, le nouvel édit avait jeté l'alarme dans le clergé, qui, convoqué six fois depuis dix ans, avait donné dans cet intervalle soixante millions. Ce fut dans ces circonstances que les commissaires du roi vinrent demander à l'assemblée le don gratuit ordinaire. Mais loin de se servir de cette expression consacrée par l'usage, ils insinuèrent plusieurs fois que c'était une dette qu'ils réclamaient. Leur discours parut au clergé une confirmation des alarmes qu'il avait conçues; et ce qui acheva de les justifier, ce fut une déclaration donnée par le roi, laquelle levait plusieurs millions sur le clergé, et obligeait tous les bénéficiers à présenter l'état de leurs revenus. L'assemblée arrêta des remontrances; elle y disait que les immunités ecclésiastiques étaient fondées sur les lois de l'Etat comme sur les lois de l'Eglise; qu'elles étaient aussi anciennes que la monarchie, et que si une possession aussi constante était méconnue, nulle condition, nulle propriété, nul contrat ne seraient sacrés. « Les moindres nouveautés, ajoutait-elle, introduites dans les maximes et les usages de la religion, l'exposent à de grands dangers. Des États voisins nous en fournissent des preuves trop funestes; et s'il y a jamais eu un temps où ces exemples ont dû nous effrayer, c'est celui où nous vivons. Une affreuse philosophie se répand comme un venin mortel. Des écrits pleins de blasphèmes se multiplient tous les jours. » En finissant, l'assemblée répétait au roi que les alarmes du clergé sur ses droits avaient seules pu retarder son empressement à se rendre aux désirs du prince, et qu'elle demandait à recouvrer une liberté qui lui était nécessaire pour témoigner son zèle. Ces remontrances furent peu écoutées, et l'assemblée se sépara, le 20 septembre, sans avoir rien pu obtenir. Mais elle crut devoir opposer quelque acte public et solennel, et aux nouveautés qu'on cherchait à introduire, et aux efforts de la philosophie. Déjà les assemblées du clergé de 1747 et 1748 s'étaient occupées de ce dernier objet. Dans celle de 1750, M. de Montazet, évêque d'Autun, l'un de ses membres, avait combattu l'incrédulité dans un discours où il montrait qu'elle était vicieuse dans son origine et dans ses progrès. Il en avait assigné les causes et déploré les effets. L'assemblée avait fait des représentations sur la licence et l'impunité avec lesquelles on répandait dans Paris et dans les provinces des pamphlets irréligieux et des libelles outrageants. Parmi ces écrits il en était un surtout qu'on avait distribué avec profusion par toute la France, et auquel les circonstances avaient donné un moment de vogue. Il portait simplement pour titre : *Lettres*, avec cette épigraphe : *Ne repugnate vestro bono*. On y avançait que les ecclésiastiques étaient la partie la moins utile à la société : que Dieu même n'a pas pu accorder d'exemptions aux biens de l'Eglise; que les dons faits aux églises sont les fruits d'une piété séduite et mal entendue, et que le patriotisme peut les revendiquer. On y disait que c'est au peuple qu'appartient la propriété du pouvoir suprême, dogme que nous avons vu ériger depuis en maxime fondamentale, et si bien réfuté par tant de crimes et de malheurs venus à sa suite. On y contredisait sans cesse les Ecritures; on y insultait à des saints que l'Eglise révère; on y représentait le célibat des prêtres comme nuisible aux Etats; enfin l'ouvrage respirait une philosophie toute païenne, propre à éteindre la foi et la piété. L'assemblée arrêta de l'examiner; et M. Languet, archevêque de Sens, en ayant fait son rapport, elle le condamna le 14 septembre, *comme renfermant des propositions fausses, téméraires, injurieuses à l'Eglise, erronées et impies*. Cette censure fut signée des seize évêques et des vingt ecclésiastiques qui composaient l'assemblée, et on envoya dans tous les diocèses une lettre où l'on exposait en détail les vices de l'ouvrage condamné. *Ibid.*

PARIS (Assemblée de prélats à), l'an 1752. Le roi avait établi une commission, mi-partie d'évêques et de magistrats, pour examiner les objets des contestations réciproques; mais cette commission ne donnant aucun résultat de son travail, et le parlement devenant de jour en jour plus entreprenant, plusieurs évêques crurent devoir prendre en main la cause de l'Eglise. Vingt et un prélats, qui se trouvaient à Paris, souscrivirent une lettre au roi, sous le titre de représentations. Ils s'y plaignaient des magistrats, de leurs entreprises continuelles, et surtout du dernier arrêt du parlement. Ils n'avaient pu voir sans étonnement et sans douleur qu'on défendît de refuser les sacrements, pour raison de non-acceptation de la bulle; qu'on jugeât la soumission à cette loi de l'Eglise une chose indifférente au salut, qu'on statuât sur la suffisance ou l'insuffisance des dispositions aux sacrements, et qu'on usurpât enfin dans les matières spirituelles toute l'autorité. Ils suppliaient le monarque de réprimer cet écart, et de protéger l'Eglise à l'imitation de ses ancêtres. Outre cette lettre, il y en eut une autre de la même date et signée des mêmes prélats, à l'exception de l'archevêque de Sens. On y prenait sa défense contre un arrêt du 5 mai, où il était accusé de favoriser le schisme. Des magistrats, disait la lettre, qui ne peuvent apprendre authentiquement que de nous ce qui constitue le schisme, ont osé intenter contre leur pasteur une accusation si odieuse; et ce qui montre à quel point la prévention les aveugle, c'est qu'ils traitent ce prélat de schismatique dans le temps même où par leur arrêt ils défendent de donner ce nom injurieux aux moindres de vos sujets. Ces deux lettres furent présentées au roi et envoyées à tous les autres évêques, parmi lesquels plus de quatre-vingts, dit-on, approuvèrent de si justes représentations. Quelques-uns réclamèrent aussi en particulier contre les atteintes portées à l'autorité spirituelle. M. de Beaumont composa sur ce sujet un mandement qu'il ne publia point, par déférence pour les désirs du roi. M. Languet donna deux lettres où il montrait l'irrégularité des procédés du parlement. D'autres évêques traitèrent la même matière. Mais aux yeux des tribunaux, c'était un crime aux premiers pasteurs de défendre leurs droits. Presque tous les écrits de ces prélats subirent des arrêts moins flétrissants pour eux que pour leurs ennemis. *Mém. pour servir à l'hist. du dix-huitième siècle.*

PARIS (Assemblée de Conflans près de), l'an 1753. Le P. Berruyer, jésuite, avait publié, en 1728, son *Histoire du peuple de Dieu, tirée des livres saints*: ouvrage assez profane, où il semblait avoir pris à tâche de faire de la Bible une espèce de roman. Il voulait, disait-il, rendre la lecture des divines Ecritures plus agréable aux gens du monde. Mais ne valait-il pas mieux laisser ces oracles sacrés dans leur noble et primitive simplicité, que de les dénaturer par les ornements du bel esprit et les recherches de l'imagination? On jugea même qu'il favorisait quelques erreurs. Aussi la première partie de son ouvrage, la moins condamnable de toutes, fut censurée à Rome, en 1734 et en 1737. La seconde, qui ne parut qu'en 1753, excita des plaintes plus vives encore. Ce fut à ce sujet que vingt-deux évêques s'assemblèrent à Conflans, dans la maison de l'archevêque de Paris. On y convint de prendre des mesures pour retirer le livre de Berruyer des mains des fidèles. Six évêques furent chargés de l'examiner. Dix jours après, les mêmes prélats s'assemblèrent à Conflans. On lut un mandement que M. de Beaumont voulait publier sur ce livre, et qui fut approuvé d'une voix unanime. Ce mandement était daté de ce même jour, 13 décembre, et défendait de lire l'ouvrage. L'archevêque se plaignait que l'auteur, après avoir promis une histoire tirée des seuls livres saints, y mêlât fréquemment du sien sans en prévenir, exposât ainsi les fidèles à prendre la parole de Dieu pour la parole de l'homme; donnât un sens forcé aux paroles de l'Ecriture, osât même ajouter à l'Evangile pour le rendre susceptible d'interprétations singulières et dangereuses, et s'éloignât de la règle du concile de Trente sur le texte sacré. Le P. Berruyer se soumit à ce jugement. Peu auparavant, le provincial des jésuites et les supérieurs de leurs trois maisons de Paris avaient donné une déclaration pour improuver le livre et en désavouer l'impression. Les troubles qui suivirent empêchèrent les prélats de s'assembler de nouveau pour donner de concert un jugement doctrinal, comme ils se l'étaient proposé. Seulement quelques évêques condamnèrent le livre par des mandements particuliers.

La seconde partie de l'Histoire du peuple de Dieu, qui renferme l'histoire du Nouveau Testament, fut condamnée à Rome en 1755, et par un décret plus solennel en 1758. Restait une troisième partie, que les jésuites avaient pris, dit-on, l'engagement de supprimer, mais qui n'en vit pas moins le jour à Lyon en 1758. C'est celle que Clément XIII proscrivit par son décret du 2 décembre 1758, où il dit qu'elle a comblé la mesure du scandale. Cette partie, qui n'est qu'une paraphrase des Epîtres des apôtres, est en effet la plus répréhensible. Elle est rédigée d'après le commentaire du P. Hardouin, et est en conséquence semée d'erreurs, d'idées singulières et de paradoxes. Le 1er août 1759, M. de Fitz-James, évêque de Soissons, donna contre les deux jésuites une *Instruction pastorale* en sept volumes, où il les accusait des plus grands égarements. L'auteur de cet écrit était l'abbé Gourlin, théologien appelant, qui avait déjà prêté sa plume à M. de Rastignac, archevêque de Tours, et qui ne sera pas accusé d'avoir ménagé les jésuites. L'assemblée du clergé de 1760 se joignit aux évêques qui s'étaient déclarés contre l'*Histoire du peuple de Dieu*. Enfin en 1762 et en 1764, la Sorbonne publia sa censure contre les deux parties. Elle condamnait quatre-vingt-quatorze propositions dans la première et deux cent trente-une dans la seconde. *Ibid.*

PARIS (Assemblée du clergé de France à), l'an 1755. Les réfractaires à la constitution *Unigenitus* auraient voulu que le roi eût défendu aux évêques assemblés de s'occuper de ce qui faisait la matière de leurs contestations avec le parlement; toutefois le désir des ennemis de l'Eglise ne fut pas satisfait. L'assemblée du clergé commença à montrer les sentiments qui l'animaient, en arrêtant de demander au roi le retour de M. de Beaumont, toujours exilé à Conflans. Elle députa aussi au prince en faveur des évêques de Montpellier et d'Orléans, dont les tribunaux cassaient les ordonnances et troublaient les diocèses. Le 29 juillet, l'archevêque d'Arles fit un rapport sur la situation de l'Eglise de France et sur les entreprises des parlements. Un nouvel éclat attira bientôt toute l'attention de l'assemblée. Le 29 août, le parlement de Paris rendit, sur l'affaire de Cougniou (chanoine appelant d'Orléans, à qui les sacrements avaient été refusés au lit de la mort), un arrêt dont toutes les dispositions étaient autant d'abus d'autorité. Le chapitre d'Orléans et plusieurs chanoines étaient condamnés à des amendes. Trois autres chanoines étaient bannis à perpétuité. Enfin, le chapitre devait fonder un service et faire les frais d'un monument en l'honneur de Cougniou. L'assemblée fit demander au roi la permission d'aller en corps se jeter à ses pieds. Mais le prince ne voulut recevoir qu'une députation ordinaire, qui lui présenta, le 8 septembre, un mémoire rédigé par M. de Montazet, évêque d'Autun, et où l'on s'élevait avec force contre un arrêt qui portait le sceau de la passion. Cette réclamation n'eut pas l'effet qu'on était en droit d'en attendre, et le marbre décerné à Cougniou fut depuis élevé dans une des églises d'Orléans. Le 5 octobre, l'assemblée présenta ses remontrances. Elle y réfutait les calomnies insérées dans différents actes des parlements, montrait les écarts de ces cours et leur incompétence dans les matières spirituelles, et suppliait le roi d'interpréter la déclaration de 1754 conformément à celle de 1730; de casser les arrêts contre la bulle; de rendre aux évêques la liberté essentielle à leur ministère, et aux écoles de théologie la plénitude d'enseignement, qu'on n'eût pas dû leur ravir; de défendre aux juges séculiers toute injonction en matière de sacrements; d'ordonner que les ordonnances des évêques fussent exécutées provisoirement, nonobstant l'appel comme d'abus; et enfin d'annuler les arrêts et sentences rendus incompétemment contre les ecclésiastiques dans les derniers troubles. Nous regrettons de ne pouvoir faire connaître plus en détail ces remontrances, où la cause du clergé était plaidée avec une modération dont ses ennemis ne lui avaient pas donné l'exemple. L'attention de l'assemblée se tourna ensuite vers les efforts de l'irréligion, et contre cette nuée de mauvais livres destinés à la propager. Ce fut la matière d'un mémoire particulier qu'elle présenta au roi. Elle s'occupa aussi des maux de l'Eglise. Une commission de ses membres avait été chargée de faire un travail sur l'autorité de la bulle *Unigenitus*, sur les refus des sacrements et sur les droits de la puissance ecclésiastique. Elle avait présenté le résultat de son travail, qui consistait en dix articles dans lesquels elle avait renfermé ce qu'elle jugeait le plus convenable sur ces matières. Il y eut une partie de l'assemblée à qui ces propositions ne parurent pas assez précises, et qui dressa huit autres articles. Des deux côtés on reconnaissait que la constitution *Unigenitus* est un jugement dogmatique et irréformable de l'Eglise universelle, auquel tout fidèle doit une soumission sincère d'esprit et de cœur; qu'il y avait donc des cas où l'on pouvait refuser même publiquement les sacrements aux réfractaires; que dans le doute on devait en consulter l'évêque; que la puissance ecclésiastique avait seule le droit de déterminer les dispositions nécessaires pour participer aux sacrements, et juger ceux à qui ils doivent être accordés ou refusés, et

DICTIONNAIRE DES CONCILES. II.

enfin que c'était pécher que de recourir aux tribunaux séculiers, au mépris de l'autorité de l'Eglise, pour obtenir les sacrements, et de les accorder, au gré de ces tribunaux, à ceux qui en avaient été jugés indignes par leur pasteur. Mais, quoique de part et d'autre on convînt de ces principes, on se divisait ensuite sur leur application, leur étendue ou leurs conséquences. On peut voir dans les articles dressés, en quoi consistait cette disparité, qui occasionna beaucoup de conférences pour tâcher de réunir les prélats au même avis. Mais chacun persista dans son opinion. Les dix articles furent souscrits par dix-sept évêques et vingt-deux députés du second ordre. A leur tête était le cardinal de la Rochefoucault, devenu ministre de la feuille depuis la mort de M. Boyer, ce qui fit donner à ses adhérents le nom de *feuillants*. Comme leurs articles paraissaient conçus quelquefois d'une manière équivoque, et qu'ils étaient réglés de concert avec la cour, on les accusa d'avoir cherché des tempéraments qui s'écartaient des principes, et d'avoir plus songé à contenter le gouvernement, qu'à remplir les devoirs de leur ministère. Nous n'adopterons point toutes ces imputations. Plusieurs de ces prélats jouissaient d'une estime méritée, et la conduite qu'ils tinrent en cette occasion ne prouverait que le désir qu'ils avaient de terminer les troubles. Cependant nous nous garderons bien de blâmer ceux qui ne crurent pas pouvoir adopter les dix articles, et qui s'expliquèrent avec plus de force sur le péché des réfractaires, sur la légitimité des refus, et sur l'injustice du recours aux juges séculiers. Les huit articles de ces derniers furent souscrits par seize évêques et dix députés. Au surplus on convint de part et d'autre d'envoyer les articles au pape, et de s'en rapporter à sa décision. On arrêta aussi de nouvelles représentations au roi sur sa déclaration, sur les arrêts des parlements, et sur l'exil de tant d'ecclésiastiques. Mais on n'obtint que des réponses évasives. Le 4 novembre, l'assemblée se sépara après avoir écrit aux autres évêques une circulaire où elle leur rendait compte de ce qu'elle avait fait relativement aux affaires de religion. Cette circulaire fut depuis dénoncée au parlement par le conseiller Chauvelin. Il trouva même mauvais que les évêques se fussent plaints de la circulation des mauvais livres, et eussent prié le roi de prendre des mesures pour en arrêter le cours. On se montra aussi très-choqué au parlement, que les évêques eussent écrit au pape pour le consulter. C'était compromettre, disait-on, la tranquillité de l'Etat; comme s'il n'était pas naturel que des évêques s'adressassent au saint-siége dans une cause qui l'intéressait ainsi qu'eux, et comme s'il n'avait pas été d'usage dans tous les temps, et dès les premiers siècles du christianisme, de recourir, dans les questions importantes, aux lumières et à l'autorité de celui qui est chargé de veiller sur toutes les Eglises. Le parlement fit au roi sur ces objets des représentations, auxquelles on n'eut point d'égard

Le prince fit partir la lettre des évêques pour le pape, et l'accompagna d'une autre que lui-même écrivait à Benoît XIV. *Mém. pour servir à l'hist. du 18ᵉ siècle.*

PARIS (Assemblée extraordinaire d'évêques à), l'an 1758. Elle avait été convoquée par le roi pour donner des secours à l'Etat pendant une guerre malheureuse. Elle remplit les désirs du prince; mais les affaires de l'Eglise appelaient aussi son attention. Il avait été beaucoup question dans les assemblées des provinces du jugement de M. de Montazet dans l'affaire des hospitalières, et l'on croyait que l'assemblée générale s'en occuperait; le ministère fit en sorte que cet objet ne fût pas traité. Le 13 octobre, l'assemblée arrêta les objets de ses remontrances. C'était le retour de l'archevêque de Paris et de l'évêque de Saint-Pons, le rappel des prêtres bannis, le rétablissement de la faculté de théologie dans son ancien état, une interprétation des dernières déclarations dont on abusait toujours, enfin les mauvais livres. Il fut présenté, sur ces différents objets, des mémoires particuliers. L'assemblée exposait surtout au roi les dangers dont on était menacé de la part de ces ouvrages impies et séducteurs, dont le nombre croissait avec l'impunité. Elle demanda aussi l'exécution de la lettre encyclique de Benoît XIV, du 16 octobre 1756. *Ibid.*

PARIS (Assemblée d'évêques à), l'an 1761. Ils avaient été convoqués par le roi, sur la demande des commissaires du conseil chargés de rendre compte des constitutions des jésuites. On voulait avoir leur avis sur les quatre points suivants : 1° Quelle est l'utilité dont les jésuites peuvent être en France, et quels sont les avantages ou les inconvénients des différentes fonctions qui leur sont confiées? 2° Quelle est la manière dont ils se comportent dans l'enseignement et dans la pratique, sur les opinions contraires à la sûreté de la personne des souverains, sur la doctrine des quatre articles de 1682, et en général sur les opinions ultramontaines? 3° Quelle est leur conduite sur la subordination due aux évêques, et n'entreprennent-ils point sur les droits et les fonctions des pasteurs? 4° Quel tempérament pourrait-on apporter en France à l'autorité du général des jésuites, telle qu'elle s'y exerce? La première assemblée des évêques se tint le 30 novembre, chez le cardinal de Luynes, archevêque de Sens et président. On lut les quatre articles proposés, et il fut nommé pour les examiner une commission composée de ce cardinal, de six archevêques et de six évêques. Ces commissaires s'assemblèrent assez fréquemment dans le courant de décembre. Vers le milieu de ce mois, ils invitèrent les autres évêques à se rendre trois ou quatre ensemble à leur bureau pour leur communiquer l'avis de la commission et avoir le leur. On y lut l'avis des commissaires, qui était entièrement favorable aux jésuites, et qui répondait aux quatre articles de manière à repousser les calomnies répandues contre la société. Le cardinal de Choiseul, archevêque de Besançon, premier opinant, ouvrit un avis différent: c'était de laisser subsister les jésuites, mais en les soumettant aux ordinaires, et en faisant quelques autres changements dans leur régime. Cette opinion fut adoptée par cinq évêques, dont un revint même depuis à l'avis de la majorité. Celle-ci se prononça de la manière la plus formelle en faveur de la société. Quarante-cinq évêques la défendirent contre les reproches de ses ennemis, et représentèrent sa destruction comme un malheur pour leurs diocèses. M. de Fitz-James, évêque de Soissons, fut le seul qui s'élevât contre les jésuites, qu'il prétendit être non-seulement inutiles, mais dangereux. Les autres évêques remplirent mieux ce qu'ils devaient à la religion et à la vérité, et leur avis imprimé en même temps, qui est un éclatant hommage en faveur de religieux alors en butte aux traits de deux partis, honore les prélats qui, au milieu de tant de préventions et de haines, surent ne point se laisser entraîner au torrent, ni séduire par les clameurs, et rendirent à des hommes proscrits la justice qu'ils leur devaient. Chaque opinion fut présentée au roi, celle des quarante-cinq par une députation, et celle du cardinal de Choiseul et de ses quatre adhérents par ce cardinal lui-même. M. de Fitz-James envoya la sienne dans une lettre particulière. Il y traitait fort mal les jésuites, auxquels il rendait cependant un témoignage honorable. « Quant à leurs mœurs, dit-il, elles sont pures. On leur rend volontiers la justice de reconnaître qu'il n'y a peut-être point d'ordre dans l'Eglise dont les religieux soient plus réguliers et plus austères dans leurs mœurs. » Cet aveu d'un ennemi pourrait répondre à plus d'un reproche. Il serait moralement impossible que toute une société fût pure dans ses mœurs, et professât des principes corrompus. *Ibid.*

PARIS (Assemblée du clergé de France à), l'an 1762. Cette assemblée s'ouvrit extraordinairement cette année le 1ᵉʳ mai. Les entreprises continuelles des tribunaux, l'impiété toujours croissante et les coups portés aux jésuites, furent les principaux objets de ses plaintes. Les deux premiers articles firent la matière des premières remontrances qu'elle adressa au roi, le 16 juin, et dans lesquelles elle faisait de nouvelles instances pour demander qu'on appliquât enfin des remèdes à des maux qui prenaient de jour en jour un caractère plus effrayant. Six jours après, elle écrivit au prince en faveur des jésuites: « Sire, lui disait-elle (car on ne peut s'empêcher de transcrire ici ce mémoire), en vous demandant aujourd'hui la conservation des jésuites, nous vous présentons le vœu unanime de toutes les provinces ecclésiastiques de votre royaume. Elles ne peuvent envisager sans alarmes la destruction d'une société de religieux recommandables par l'intégrité de leurs mœurs, l'austérité de leur discipline, l'étendue de leurs travaux et de leurs lumières, et par les services sans nombre qu'ils ont rendus à l'Eglise et à l'Etat. Cette société, Sire, depuis la première époque de son établissement, n'a cessé d'éprouver des contradictions; les ennemis de la foi l'ont toujours persécutée, et dans le sein même de l'Eglise elle a trouvé des adversaires, aussi dangereux rivaux de ses succès et de ses talents qu'attentifs à profiter de ses fautes les plus légères. Mais, malgré les secousses violentes et réitérées, ébranlée quelquefois, jamais renversée, la société des jésuites jouissait dans votre royaume d'un état, sinon tranquille, au moins honorable et florissant. Chargés du dépôt le plus précieux pour la nation dans l'éducation de la jeunesse; partageant, sous l'autorité des évêques, les fonctions les plus délicates du ministère; honorés de la confiance de nos rois dans le plus redoutable des tribunaux; aimés, recherchés d'un grand nombre de vos sujets; estimés de ceux mêmes qui les craignaient, ils avaient obtenu une considération trop générale pour être équivoque; et des lettres et patentes émanées de votre autorité, des déclarations enregistrées sur les effets civils de leurs vœux, des arrêts des parlements rendus en conséquence de ces déclarations, des procédures multipliées où ils ont été admis comme parties, des donations, des unions faites en leur faveur et revêtues des formes légales, la durée de leur existence, le nombre de leurs maisons, la multitude des profès, la publicité de leurs fonctions, leur genre de vie consacrée à l'utilité publique; tout, jusqu'aux obstacles mêmes dont ils avaient triomphé, leur annonçait un avenir heureux. Et qui aurait pu prédire l'orage affreux qui les menaçait? Leurs constitutions déférées au parlement de Paris, sont un signal qui est bientôt suivi par les autres parlements; et dans un délai si court qu'à peine aurait-il été suffisant pour un procès particulier, sans entendre les jésuites, sans admettre leurs plaintes et leurs requêtes, leurs constitutions sont déclarées impies, sacrilèges, attentatoires à la majesté divine et à l'autorité des deux puissances; et, sous prétexte de qualifications aussi odieuses qu'imaginaires, leurs collèges sont fermés, leurs noviciats détruits, leurs biens saisis, leurs vœux annulés; on les dépouille des avantages de leur vocation; on ne les rétablit pas dans ceux auxquels ils ont renoncé; on les prive des retraites qu'ils ont choisies; on ne leur rend pas leur patrie: proscrits, humiliés, ni religieux ni citoyens, sans état, sans biens, sans fonctions, on les réduit à une subsistance précaire, insuffisante et momentanée..... Une révolution si subite, et dont la rapidité étonne même ceux qui en sont les auteurs, semblerait annoncer de la part des jésuites de France quelque attentat énorme qui a dû exciter la vigilance des magistrats..... Mais nous cherchons en vain les causes qui ont pu armer la sévérité des lois. On ne reproche aux jésuites aucun crime. Un magistrat, célèbre dans cette affaire, convient même qu'ils ne peuvent être accusés du fanatisme qu'il attribue à l'ordre entier; et pour avoir un prétexte de les condamner, on est obligé de renouveler d'anciennes imputations contre leur doctrine et leurs institutions. Mais si cette doctrine et ces constitutions sont aussi condamnables qu'on le suppose, comment se peut-il faire qu'aucun jésuite de votre royaume ne soit coupable des excès qu'on prétend qu'elles autorisent? Quelle étrange contradiction de proposer comme des sujets fidèles et vertueux les membres d'une société qu'on assure être vouée par serment à toutes sortes d'horreurs, et de supposer que des milliers d'hommes puissent être attachés à des principes qui révoltent la nature et la religion, sans qu'aucun se ressente de la source empoisonnée qui doit les corrompre? Nous ne vous répéterons point, Sire, tout ce que les évêques assemblés par vos ordres, au mois de décembre dernier, ont eu l'honneur d'exposer à Votre Majesté au sujet des constitutions des jésuites. Après les éloges qu'en ont faits le concile de Trente, l'assemblée de 1574, et plusieurs papes qui ont illustré la chaire de saint Pierre par l'éclat de leurs lumières et de leurs vertus, comment a-t-on osé les traiter d'impies et de sacrilèges? La conduite de la société pendant cent cinquante ans n'était-elle pas suffisante pour rassurer sur les craintes que pouvaient inspirer ses privilèges? Et quand même il y aurait eu dans l'institut des jésuites quelques défauts susceptibles de précaution, ces défauts pouvaient-ils être une raison de les détruire? Si l'expression trop générale d'un devoir nécessaire, si des privilèges trop étendus, mais abolis par la renonciation de ceux mêmes qui les ont obtenus, si des dangers purement possibles suffisent pour détruire une société qui réunissait en sa faveur la possession de deux siècles et l'approbation des deux puissances, quel est, Sire, l'ordre religieux de vos Etats qui peut se flatter de ne pas éprouver le même sort? Il n'en est aucun qui ait subi l'examen qu'on suppose aujourd'hui nécessaire. Quelle est la règle qui, dans tous ses articles, peut se promettre d'être entièrement supérieure à une critique sans bornes? Les privilèges de tous les religieux sont presque tous les mêmes, et les jésuites sont-ils ceux qui en ont le plus abusé?» Les évêques exposaient ensuite au roi les inconvénients de la nouvelle jurisprudence introduite par le parlement. Si les jésuites devaient être exclus, que ce fût au moins par l'autorité qui seule devait être l'arbitre de leur sort. Ce n'était que par des lettres-patentes que les communautés pouvaient être établies dans le royaume; ce n'était que par des lettres-patentes qu'elles pouvaient en être exclues. « Mais quelle humiliation ne serait-ce pas pour eux si, sous prétexte d'appel comme d'abus, de simples arrêts des parlements pouvaient détruire des établissements consacrés par une possession constante, des fondations, monuments respectables de la libéralité des rois, des maisons dévouées à l'instruction de la jeunesse, la ressource des familles françaises et l'asile des étrangers, qui y envoyaient avec empressement leurs enfants recevoir des leçons de sagesse et de vertu! » L'assemblée représentait les avantages d'une éducation chrétienne, l'interruption qui avait lieu dans les colléges, la difficulté de remplacer les maîtres que l'on chassait, les droits des évêques sur l'éducation, droits que le parlement leur refusait pour se les attribuer à lui-même. Le lendemain du jour où l'assemblée avait écrit cette lettre au roi, elle fit des remontrances particulières sur les arrêts par lesquels plusieurs parlements avaient entrepris d'annuler les vœux des jésuites. On avait toujours cru jusque-là que le vœu était une promesse religieuse faite à Dieu; sa nature, son objet, ses effets, en faisaient un engagement spirituel, sur la nullité ou validité duquel l'Eglise seule devait prononcer; mais c'étaient là des principes que les parlements ne connaissaient plus. On avait prétendu annuler les vœux, on avait couvert de dénominations flétrissantes une règle approuvée par l'Eglise. Le parlement de Rouen, allant même plus loin que les autres, avait qualifié le vœu des jésuites de serment impie, d'une règle impie. Quel renversement de toutes les notions? Appeler impies des constitutions autorisées dans l'Eglise depuis deux cents ans, c'était montrer bien peu de mesure. Accuser l'Eglise universelle d'un tel aveuglement, c'était être bien aveugle soi-même. L'assemblée du clergé se sépara le 28 juin, avec la douleur de penser que l'acharnement des ennemis de la religion allait consommer une mesure qu'elle ne pouvait empêcher. Elle termina ses séances par une nouvelle protestation contre les entreprises des tribunaux séculiers. *Mém. pour servir à l'hist. du 18e siècle.*

PARIS (Assemblée du clergé de France à), l'an 1765. Cette assemblée s'ouvrit le 25 mai. Elle suivit, dès ses premières séances, les intentions manifestées par les assemblées provinciales, qui partout s'étaient élevées avec force contre la hardiesse avec laquelle on attaquait la religion. Elle arrêta de dresser sur les droits de l'Eglise une instruction dogmatique, qui serait rendue publique, et où l'on se bornerait aux principes généraux, en écartant tout fait particulier. Ce fut le plan de l'écrit qui fut adopté par l'assemblée, le 22 août. Il est divisé en trois parties. Dans la première, après de solides réflexions sur les projets de la philosophie, et les dangers dont on était menacé de la part de ces écrivains qui semblaient prendre à tâche de corrompre les mœurs, comme de renverser la foi, et qui ne se montraient pas moins les ennemis de la société et du gouvernement que de la religion et de ses dogmes, l'assemblée condamnait les principaux ouvrages qui, dans ces derniers temps, avaient paru sur ces matières : l'*Analyse* de Bayle, *de l'Esprit*, l'*Encyclopédie*, l'*Emile* et les ouvrages faits pour sa défense, le *Contrat social*, les *Lettres de la Montagne*, l'*Essai sur l'Histoire générale*, le *Dictionnaire philosophique*, la *Philosophie de l'histoire* et le *Despotisme oriental*. Dans la seconde partie étaient exposés les droits de la puissance spirituelle. On y établissait que l'enseignement est un droit et un devoir des pasteurs, qu'il est indépendant, que l'Eglise ne souffre sur cet article ni trêve, ni composition; qu'elle ne condamne au silence que ce qui est contraire à sa doctrine, et que ce silence ne peut être imposé à ceux que Dieu a établis pour être ses organes. On y enseignait que l'Eglise seule peut porter des jugements en matière de doctrine, déterminer la nature, le caractère, l'étendue et les effets de ces jugements, et fixer le degré de soumission qui leur est dû. On y montrait qu'elle ne peut autoriser une morale corrompue, déclarer pieux, saint et digne d'éloges ce qui ne l'est pas; que supposer que ce qu'elle a approuvé puisse être impie, blasphématoire, contraire au droit civil ou naturel, c'est lui imputer un aveuglement que ne permet pas d'imaginer l'assistance que Jésus-Christ lui a promise; que c'est à elle seule qu'il appartient de prononcer sur les vœux, de les déclarer nuls ou d'en dispenser; que l'administration des sacrements ne regarde aussi qu'elle; qu'elle seule peut juger des dispositions nécessaires, décider si elles sont remplies, et prononcer sur l'observation de ses lois à cet égard, sans que l'autorité civile puisse en aucune manière statuer sur ces dispositions, conférer la mission aux pasteurs ou enjoindre d'administrer les sacrements. Dans la troisième partie, l'assemblée, après avoir reconnu la bulle *Unigenitus*, et adopté l'Encyclique de Benoît XIV, déclarait avec ce pape les réfractaires indignes d'approcher des sacrements. Ces actes furent arrêtés unanimement par tous les membres, et souscrits par trente-deux archevêques et évêques et trente-deux députés du second ordre. On les fit passer à tous les évêques du royaume, en les priant d'y joindre leurs suffrages. Aussitôt vingt libelles se déchaînèrent contre les prélats et leurs ouvrages. Le parlement de Paris proscrivit les actes, le 4 septembre, avec des qualifications odieuses, prétendant que les évêques étaient incompétents sur ces matières, et qu'ils avaient excédé les pouvoirs d'assemblée purement économique. L'objection n'était pas neuve. On l'avait puisée dans les écrits des appelants, et l'on avait été flatté, sans doute, d'une idée qui renversait d'un seul coup tout ce qui avait été fait en France depuis cent ans contre le jansénisme : comme si les assemblées du clergé n'avaient pas toujours été en possession de statuer sur les matières de religion, et comme si les évêques qui s'y trouvaient réunis perdaient en y entrant le caractère de juges de la foi et de guides des fidèles. Le lendemain, un autre arrêt condamna comme fanatique et séditieuse la circulaire de l'assemblée aux évêques. Le 7, un troisième supprima l'Instruction pastorale de l'archevêque de Tours et de ses suffragants. Ces nouveaux excès excitèrent les justes réclamations de l'assemblée. Le 8, elle se rendit en corps à Versailles, accompagnée de quelques évêques qui se trouvaient à Paris. Un des prélats porta la parole : « Sire, dit-il, c'est avec la plus vive douleur et la plus entière confiance que le clergé de votre royaume vient porter ses plaintes à Votre Majesté contre les nouvelles entreprises de son parlement de Paris. Un ouvrage de l'assemblée du clergé, monument public de sa fidélité pour votre personne sacrée, et de son zèle pour la religion, vient d'être proscrit comme attentatoire aux lois du royaume; et sous le prétexte d'une qualification aussi odieuse qu'imaginaire, l'arrêt qui supprime cet ouvrage ose contester aux évêques le droit d'enseigner et d'instruire, qu'ils ont reçu de Jésus-Christ, et tend à dissoudre les liens de la hiérarchie ecclésiastique et à soustraire les fidèles à l'obéissance qu'ils doivent à leurs pasteurs. Il défend d'obtempérer à ce que nous avons enseigné pour le bien de l'Eglise et celui de l'Etat. Il renverse ainsi l'économie entière de la religion; et il serait, Sire, le dernier présage et la cause de sa ruine, si V. M. n'en prévenait les suites et n'en annulait les dispositions. C'est en vain que, pour colorer ses entreprises, votre parlement de Paris prétend réduire les assemblées générales du clergé à l'état d'assemblées purement économiques. Comment les évêques réunis ne pourraient-ils pas ce que chacun peut dans son diocèse? Le droit d'enseigner et d'instruire est inséparable de leurs personnes, et leur réunion ne fait que donner une nouvelle force à leur enseignement. Aussi les assemblées générales du clergé ont-elles toujours été regardées en quelque sorte comme le concile de la nation (a). Consultées par les rois et les peuples lorsqu'elles étaient réunies aux autres ordres du royaume, la première qui eut lieu au moment de leur séparation fut tenue à Poissy pour des matières de doctrine. Depuis cette époque, aucune affaire considérable de religion ne s'est traitée en France sans le concours des assemblées du clergé; et il en est plusieurs (comme celles de 1682 et de 1700) qui ont donné des décisions doctrinales (b), dont les parlements eux-mêmes ont toujours reconnu et souvent réclamé l'autorité. Nous n'avons donc pas, Sire, commis un attentat contre les ordonnances du royaume, en instruisant les peuples confiés à nos soins. Dans un Etat catholique, la liberté de l'enseignement des pasteurs fait partie du droit public. Toutes les lois leur annoncent que cet enseignement est le premier de leurs devoirs; et si vos déclarations de 1754 et de 1756 ont paru jeter quelques nuages sur ce droit sacré, V. M. a cru devoir nous rassurer par sa réponse; et les dispositions mêmes de ces lois, contre lesquelles nous avons toujours réclamé, ne sont pas conciliables avec l'arrêt de votre parlement. Mais, Sire, nous sommes forcés de vous le dire, c'est moins la manutention des lois que l'observation de ses arrêts que le parlement de Paris semble avoir en vue; et c'est là le principe de ces termes si faussement prodigués, de *canons reçus dans le royaume*, *de perturbateurs du repos public*, expressions vagues et indéterminées, à l'ombre desquelles l'infraction d'un arrêt injuste devient un crime de lèse-majesté, et le moyen de venger des querelles particulières, sous le prétexte d'assurer la tranquillité publique. Votre parlement de Paris, Sire, vient de donner une preuve de ce système d'indépendance des lois divines et humaines, dans la scène scandaleuse qui vient de se passer à Saint-Cloud.

« Une supérieure, dont les réponses annoncent la fidélité à son Dieu et à son roi, a été décrétée pour avoir refusé l'entrée de son monastère à des ecclésiastiques étrangers et sans mission. D'autres religieuses ont subi le même sort pour que les clefs pussent être remises entre les mains d'une autre religieuse rebelle aux décisions de l'Eglise. Les commissaires du parlement ont confié à cette même religieuse le gouvernement de la maison, quoique, en supposant les décrets légitimes, il ne lui fût pas dévolu par les constitutions. Les portes ont été forcées, la clôture violée; et au milieu de ces scandales, un prêtre sans pouvoirs, sans autorité, a osé, en vertu d'un arrêt du parlement, porter le Saint des saints à une religieuse indocile, qui n'avait pas approché des sacrements depuis quatre ans, qui a déclaré n'avoir pas reçu l'absolution, qui a refusé tous les secours que lui a offerts son archevêque, et qui n'avait pas craint d'annoncer elle-même le complot criminel dont elle se proposait de donner le spectacle. C'est par suite de ce même système, Sire, que le parlement de Paris a condamné la lettre de l'assemblée aux évêques comme fanatique et séditieuse. Le clergé sera toujours supérieur à ces outrages. » Le roi écouta de si justes représentations, et cassa, le 15 septembre, les arrêts du parlement. Il rassura en même temps l'assemblée par une lettre qu'il lui écrivit.

La lettre et l'arrêt du conseil choquèrent les magistrats; et la chambre des vacations, qui se tenait alors, parlant de l'arrêt, le traita d'*imprimé*, *d'acte aussi illégal dans sa forme, qu'impuissant pour affaiblir l'autorité et suspendre l'exécution des arrêts de la cour*. Quel modeste langage! Cependant l'assemblée du clergé continuait ses opérations.

Le 11 septembre, les évêques qui se trouvaient à Paris se rendirent dans son sein, suivant l'invitation qui leur en avait été faite. On leur lut les actes. Ils déclarèrent qu'ils y reconnaissaient leur doctrine, y adhérèrent et les souscrivirent, au nombre de dix-neuf. Deux jours après, il fut fait un rapport sur l'affaire de l'évêque d'Alais, et

---

(a) Cette prétention est exagérée. L'orateur n'en partait pas moins d'un principe vrai, savoir, qu'à quelque occasion que des évêques se trouvent réunis, ils ont toujours le droit d'enseigner et d'instruire. Il pouvait se borner là.

(b) Plût à Dieu que la première n'en eût jamais donné! Du reste, ceci est un démenti à ce qu'ont dit quelques gallicans et, si notre mémoire ne nous trompe, Bossuet lui-même, pour la justification des quatre articles: que, par la déclaration de 1682, les prélats n'avaient pas prétendu faire un décret sur la foi, c'est-à-dire donner une décision doctrinale, mais simplement déclarer le sentiment du clergé de France. La preuve déduite des actes de l'assemblée de 1682 ne pouvait donc avoir d'autre valeur que celle d'un excellent argument *ad hominem*, auquel le parlement de Paris n'avait rien à répondre.

l'assemblée demanda pour la province de Narbonne la permission de tenir son concile. L'arrêt du 21 janvier 1764 contre M. de Beaumont, et les remontrances présentées peu après contre ce prélat, occupèrent ensuite l'assemblée, qui présenta un mémoire au roi sur l'immunité des évêques attaquée dans ces remontrances. Elle alléguait que cette immunité, établie par les conciles, consacrée par les lois des empereurs romains, antérieure dans les Gaules à la monarchie même, reconnue depuis par une foule d'ordonnances de nos rois, était aussi avouée par un grand nombre d'arrêts du parlement, et dans tous les écrits des magistrats et des jurisconsultes les plus célèbres et les plus zélés pour étendre l'autorité civile, tels que Dupuy, d'Héricourt, Bornier, Van-Espen. Elle observait que ce privilége des évêques ne blessait pas plus les lois que ceux de la magistrature, de la noblesse, des pairs.

Vengeant ensuite l'archevêque de Paris des outrages faits à son caractère, elle priait le roi de supprimer des remontrances inspirées par la haine, et écrites avec un fiel si peu digne des ministres des lois. Le même jour, elle présenta un mémoire contre les mauvais livres, dont la liste se grossissait de jour en jour avec une impunité qui ne laissait voir aucun terme à ce fléau. L'assemblée demandait l'exécution des anciens règlements sur la librairie, et représentait qu'on pouvait bien arrêter le débit d'un ouvrage irréligieux, puisque les magistrats avaient si bien réussi à empêcher la distribution des mandements des évêques. Mais les ministres étaient gagnés, et le mal continua toujours. Le 27 septembre, il fut question du mandement de M. de Grasse, évêque d'Angers, sur les *Assertions*, et des réclamations qu'il avait excitées. On avait écrit, à ce sujet, au prélat, qui répondit qu'il avait toujours pensé comme le clergé de France, auquel il s'unirait de nouveau en adhérant aux actes; ce qu'il fit en effet. On n'alla pas plus loin à son égard. Les désordres arrivés en plusieurs monastères appelèrent aussi l'attention de l'assemblée, qui proposa de recourir au saint-siége pour lui exposer l'état des ordres religieux, et le prier de concourir à y apporter des remèdes convenables. On n'oublia ni les jésuites, ni les ecclésiastiques bannis depuis 1756, et le roi fut supplié de leur rendre la justice qui leur était due. Le 2 octobre, M. de Beaumont vint à l'assemblée suivant son droit d'évêque diocésain, et y adhéra aux actes et à tout ce qui avait été fait jusque-là. Ce même jour, l'assemblée suspendit ses séances, suivant les intentions du roi, pour les reprendre au 2 mai suivant, ainsi qu'il avait été réglé.

PARIS (Reprise des séances de l'assemblée du clergé à), 2 mai 1766. Elle présenta ses remontrances au roi sur un arrêt du conseil rendu dans le même temps, et par lequel on ordonnait de nouveau le silence sur les matières contestées. Elle arrêta plusieurs représentations sur le bannissement de plusieurs ecclésiastiques, sur l'oppression où l'on tenait les jésuites, sur la hardiesse des protestants à exercer publiquement leur culte, sur la multitude des mauvais livres, et sur les arrêts des parlements contre ses actes. Le 26 juin, elle censura les actes du conciliabule d'Utrecht et condamna l'ouvrage où ils étaient contenus, sous les mêmes qualifications que l'avait fait le pape dans le décret *Non sine acerbo*. Cette censure fut signée des trente-deux évêques qui siégeaient à l'assemblée. Le 2 juillet, tous les membres souscrivirent une protestation contre les arrêts par lesquels les parlements avaient prétendu infirmer les actes. L'assemblée aurait bien désiré s'occuper encore de quelques autres objets; mais la cour crut que le bien de la paix voulait qu'on assoupît ces différends, et empêcha qu'il n'en fût question. Ainsi se termina cette assemblée, une des plus longues et des plus importantes qui se fussent encore tenues. Le zèle qu'elle montra pour les intérêts de l'Église, les obstacles qu'elle eut à vaincre, les actes qu'elle publia, la solidité des principes qu'elle y établit, les nombreuses réclamations qu'elle fit entendre pour le bien de la religion, l'unanimité de ses délibérations, tout, jusqu'aux insultes des ennemis de la paix et de la religion, doit faire placer cette assemblée au nombre de celles qui ont le plus honoré le clergé de France, et qui ont laissé des monuments durables de leur zèle et de leur doctrine. *Mém. pour servir à l'hist. du* 18e *siècle*.

PARIS (Assemblée du clergé de France à), l'an 1770. Déjà les évêques avaient réclamé fréquemment contre les progrès de l'irréligion. Nous avons vu les assemblées du clergé témoigner au prince leurs alarmes et s'efforcer d'exciter son zèle sur un objet si important pour la société. Plusieurs prélats avaient cherché à prémunir leurs peuples contre la séduction par des instructions solides. MM. de Beaumont, de Brancas, de Luynes, de Fernel, de Termont, de Pressy, de Montmorin, et d'autres encore, avaient publié, en différents temps, des écrits pour prouver l'excellence et la divinité de la religion, pour répondre aux difficultés de la philosophie, et affermir la foi des chrétiens. M. de Pompignan surtout avait donné sur ce sujet plusieurs ouvrages, qui prouvaient à la fois son talent et son zèle. Mais que pouvaient ses efforts contre un parti secondé par la faiblesse du gouvernement, par la protection de quelques-uns de ses agents, par le penchant à la nouveauté, par la corruption des mœurs et par le désir de l'indépendance? L'assemblée du clergé de cette année crut donc devoir tout tenter pour opposer une digue à ce fléau. Déjà le pape venait d'écrire au roi pour l'engager à prêter son appui aux évêques dans les délibérations qu'ils allaient prendre. Ils présentèrent au prince, le 6 mai, un mémoire renfermant leur représentations. Ils s'y plaignaient de l'inutilité des efforts des assemblées précédentes. Ils y peignaient le nombre des mauvais livres se grossissant de jour en jour, leur circulation impunie, les bibliothèques infectées, toutes les provinces, toutes les classes exposées à la séduction, et l'impiété glissant ses productions jusque dans les campagnes, pour y éteindre la foi et faire haïr l'autorité. « Car, disait l'assemblée, l'impiété ne borne pas à l'Eglise sa haine et ses projets de destruction, elle en veut tout à la fois à Dieu et aux hommes, à l'Empire et au sanctuaire, et elle ne sera satisfaite que quand elle aura anéanti toute puissance divine et humaine. Si cette triste vérité pouvait être révoquée en doute, nous serions en état, Sire, de vous en montrer la preuve dans un de ces ouvrages irréligieux nouvellement répandus parmi vos peuples, et où, sous le nom spécieux de *Système de la nature*, l'athéisme, tel que l'énonce ce terme pris dans toute sa rigueur, est enseigné à découvert avec une audace et un emportement dont il n'y a point d'exemple dans les siècles passés. L'auteur de cette production, la plus criminelle peut-être que l'esprit humain ait encore osé enfanter, ne croit pas avoir assez fait de mal aux hommes, en leur enseignant qu'il n'y a ni liberté, ni providence, ni être spirituel et immortel, ni vie à venir; que tout l'univers est l'ouvrage et le jouet de l'aveugle nécessité, et que la Divinité n'est qu'une chimère hideuse, absurde et malfaisante, qui doit son origine au délire d'une imagination troublée par la crainte, et dont la croyance est l'unique cause de toutes les erreurs et de tous les maux dont l'espèce humaine est affligée. Cet écrivain porte encore ses regards sur les sociétés et sur ceux qui les gouvernent. Il ne voit dans les sociétés qu'un vil assemblage d'hommes lâches et corrompus, prosternés devant des prêtres qui les trompent et des princes qui les oppriment. Il ne voit dans les chefs des nations, que des méchants et des usurpateurs, qui les sacrifient à leurs folles passions, et qui ne s'arrogent le titre fastueux de représentants de Dieu, que pour exercer plus impunément sur elles le despotisme le plus injuste et le plus odieux. Il ne voit dans l'accord du sacerdoce avec la puissance souveraine, qu'une ligue formée contre la vertu et contre le genre humain. Il apprend aux nations que les rois n'ont et ne peuvent avoir sur elles d'autre autorité que celle qu'il leur plaît de confier, qu'elles sont en droit de la balancer, de la modérer, de la restreindre, de leur en demander compte, et même de les en dépouiller, si elles le jugent convenable à leurs intérêts. Il les invite à user avec courage de ces prétendus droits, et il leur annonce qu'il n'y aura pour elles de véritable bonheur, que lorsqu'elles auront mis des bornes au pouvoir de leurs princes, et qu'elles les auront forcés à n'être que les représentants du peuple et les exécuteurs de sa volonté. L'anarchie et l'indépendance sont donc le gouffre où l'impiété cherche à précipiter les nations. C'est pour remplir ce funeste projet qu'elle s'attache depuis longtemps à briser par degrés tous les liens qui attachent l'homme à ses devoirs. En vain voudrait-elle se parer encore des fausses apparences de la sagesse et de l'amour des lois; son affreux secret vient de lui échapper, et la voilà convaincue d'être autant l'ennemie des peuples et des rois que de Dieu même. Qui le croirait cependant, Sire? Un livre aussi impie et aussi séditieux se vend pourtant dans votre capitale et peut-être aux portes de vos palais. Bientôt il pénétrera jusqu'aux extrémités de votre empire et y répandra dans les cœurs les germes de la désobéissance et de la rébellion. Et les lois se taisent ! l'autorité tranquille ne songe pas à arracher des mains de vos sujets cet assemblage monstrueux de blasphèmes et de principes destructeurs de toute autorité ! » L'assemblée exposait ensuite les artifices des distributeurs de mauvais livres, et les manœuvres par lesquelles l'impiété, secondée de la cupidité, répandait son poison. Elle demandait pourquoi la police de la capitale, si habile et si puissante sur tant d'objets, ne s'exerçait pas sur un fléau si digne de son attention. Elle finissait par ces réflexions remarquables : « Pour ne pas arrêter les progrès heureux de l'esprit humain, disait-elle, faut-il donc lui permettre de tout détruire? Ne pourra-t-il être libre que lorsqu'il n'y aura rien de sacré pour lui ?

« Cette liberté effrénée de rendre publics les délires d'une imagination égarée, loin d'être nécessaire au développement de l'esprit humain, ne peut que le retarder par les écarts où elle le jette, par les folles illusions dont elle l'enivre, et par les troubles dont elle remplit les Etats. C'est cette fatale liberté qui a introduit chez les insulaires nos voisins cette multitude confuse de sectes, d'opinions et de partis, cet esprit d'indépendance et de rébellion qui y a tant de fois ébranlé ou ensanglanté le trône. Cette liberté produirait peut-être parmi nous des effets encore plus funestes : elle trouverait dans l'inconstance de la nation, dans son activité, dans son amour pour les nouveautés, dans son ardeur impétueuse et inconsidérée des moyens de plus pour y faire naître les plus étranges révolutions, et la précipiter dans toutes les horreurs de l'anarchie. Et plût à Dieu, Sire, que Votre Majesté n'eût pas eu déjà lieu de s'apercevoir que cette liberté, à l'exemple de tous les fléaux, a laissé des traces funestes de son passage, qu'elle a altéré la bonté du caractère national, et qu'elle a introduit, dans presque toutes les conditions, des mœurs, des maximes et un langage inconnus à nos pères, et dont leur fidélité et leur amour pour leurs rois eussent été également alarmés ! » Enfin, les évêques dénonçaient au roi neuf des plus mauvais ouvrages qui circulaient alors. C'étaient le *Recueil nécessaire*, le *Discours sur les miracles de Jésus-Christ*, traduit de Woolston, l'*Enfer détruit*, la *Contagion sacrée*, l'*Examen des prophéties qui servent de fondement à la religion*, l'*Examen critique des apologistes de la religion*, le *Système de la nature*, le *Christianisme dévoilé*, *Dieu et les hommes.* Mais les oreilles des ministres étaient fermées aux conseils comme aux reproches.

Ils laissaient tranquillement saper le trône et l'autel. Indifférents, ou séduits eux-mêmes, ils aveuglaient le monarque sur ses vrais intérêts. Ils traitaient les craintes du clergé de frayeurs pusillanimes. L'assemblée demanda en outre, avec instance, le rappel des ecclésiastiques bannis ou décrétés, et le rétablissement des conciles provinciaux, article sur lequel le clergé revenait toujours à la charge. Mais ce qui lui fit le plus d'honneur, ce fut l'*Avertissement adressé aux fidèles sur les dangers de l'incrédulité*. Rien ne semblait plus capable de faire impression, qu'un avis de cette nature. C'était tout le corps épiscopal et tout le second ordre, qui, parlant par leurs députés, exposaient aux peuples les inconvénients de nouveaux systèmes et les avantages de la religion révélée. L'assemblée annonçait que, resserrée par la courte durée de ses séances, elle ne se proposait pas de retracer tout l'ensemble des preuves de la religion, et de répondre à toutes les objections des incrédules; elle se bornait à faire voir que les avantages que promet l'incrédulité, et la science dont elle se pare, ne sont que prestige et mensonge; qu'au lieu d'élever l'homme, elle le dégrade; qu'au lieu de lui être utile, elle nuit à son bonheur; qu'elle rompt les liens de la société, détruit les principes des mœurs, et renverse les fondements de la subordination et de la tranquillité. Elle prouvait en même temps que sans la religion nous ne pouvons avoir une connaissance suffisante de nos devoirs, ni la force de les pratiquer; que notre faiblesse, nos imperfections, ce que nous sentons en nous-mêmes, ce que nous éprouvons au dehors, tout annonce la nécessité et les avantages d'une révélation; qu'elle seule nous ouvre le chemin de la vérité et du bonheur. Tel était le plan de cet ouvrage, qui finissait par des exhortations à se tenir en garde contre le péril, à repousser ces lectures dangereuses où la foi de plusieurs avait fait naufrage, et à opposer les principes de la religion et la pratique des vertus chrétiennes aux égarements de l'esprit, à la manie des systèmes et à la séduction des maximes corrompues. Cet avertissement, qui fut imprimé à part, fut envoyé à tous les évêques, qui le répandirent dans leurs diocèses, en y joignant, pour la plupart, un mandement particulier. Cette démarche du clergé, si elle n'arrêta pas tous les progrès du mal, était du moins une réclamation solennelle de l'Eglise de France contre les atteintes de la philosophie. *Ibid.*

PARIS (Assemblée du clergé de France à), l'an 1775. Cette assemblée ne lutta pas moins que les précédentes contre les progrès de la nouvelle philosophie. Dès ses premières séances, elle arrêta des mesures relatives à cet objet. Ce fut sur ses représentations que le roi supprima une brochure de Voltaire, intitulée : *Diatribes de l'auteur des Ephémérides*, comme scandaleuse, calomnieuse, et contraire au respect dû à la religion et à ses ministres. On interdit l'imprimeur de sa profession, et on raya de la liste des censeurs celui qui avait approuvé le livre. Quelques jours après, une sentence du Châtelet condamnait au feu la *Philosophie de la nature*, dont l'auteur, M. Delille de Sales, fort jeune alors, mettait toujours la nature en opposition avec la révélation, et traitait les questions les plus hautes avec légèreté. Une érudition mal digérée des contes absurdes, des déclamations, un style emphatique, des plaisanteries, des contradictions : telle était la substance de cet ouvrage, que Jean-Jacques Rousseau appelle *exécrable*, dans ses *Dialogues*. L'auteur fut banni, et le censeur qui avait approuvé son livre fut condamné au blâme. Le 19 septembre, l'assemblée arrêta deux mémoires au roi; le premier, sous le titre de *Remontrance*, dépeignait les succès effrayants de l'impiété rompant toutes les barrières et ourdissant ouvertement les complots. « D'où vient, disaient les évêques, cette fermentation générale qui tend à dissoudre la société ? D'où vient cet examen curieux et inquiet, que personne ne se refuse sur les opérations du gouvernement, sur ses droits, sur leurs limites ? D'où viennent ces principes destructeurs de toute autorité, semés dans une multitude d'écrits, et que dans tous les états on se plaît à entendre et à répéter ? Tous les désordres se tiennent et se suivent nécessairement. Les fondements des mœurs et de l'autorité doivent crouler avec ceux de la religion. » Ces observations furent encore traitées de vaines alarmes. L'assemblée du clergé, ne pouvant opposer au torrent que ses exhortations et ses remontrances, arrêta une instruction où l'on présenterait au peuple les avantages de la religion, et les effets pernicieux des écrits qui lui sont contraires. M. de Pompignan, archevêque de Vienne, prélat déjà connu par plusieurs ouvrages sur cette matière, fut chargé d'en rédiger un sur le plan proposé. Son travail répondit aux vues de l'assemblée, et fut adopté par elle. On y exposait sept avantages que la foi procure aux hommes, et que l'incrédulité leur ravit : 1° Le repos dans la connaissance de la vérité; 2° Le sentiment intérieur de la vertu; 3° Le frein du vice et les remords du crime; 4° la rémission des péchés; 5° la consolation dans les maux; 6° l'espérance de l'immortalité; 7° l'ordre public dans la société civile. L'*Avertissement* trace sur chacun de ces points la doctrine consolante du christianisme, et les effets funestes des systèmes contraires. « D'une part, des nuages épais sur la vérité, le dégoût de la vertu, le vice sans frein, le crime sans remords, les péchés sans expiation, les maux sans consolation, la perspective du néant substituée à celle de l'immortalité, les lois caduques dans l'ordre politique, le germe de la révolte dans les sujets, les passions déchaînées dans les souverains. D'autre part, la religion assure ces mêmes avantages que font perdre les systèmes impies. » L'*Avertissement* finissait par des exhortations aux fidèles, à ceux qui s'étaient laissé séduire par la nouvelle doctrine, enfin aux écrivains mêmes acharnés à renverser les institutions même les plus salutaires. *Mém. pour servir à l'hist. du 18ᵉ siècle.*

PARIS (Assemblée du clergé de France à), l'an 1780. Le retour des assemblées du clergé ramenait toujours les mêmes observations et les mêmes plaintes, et l'assemblée de 1780 suivit fidèlement à cet égard les traces des assemblées précédentes. On commença par écarter du bureau chargé des affaires de la religion un prélat qui y avait siégé jusque-là, mais dont on avait lieu de suspecter le zèle, et on mit à sa place M. Dulau, archevêque d'Arles, prélat également pieux, instruit et vigilant, qui s'acquitta de ses fonctions de manière à mériter les éloges de tous les amis de la religion. Le 21 juin il fit un rapport sur les mauvais livres. Il se plaignit de l'inutilité des réclamations des assemblées précédentes, de l'éclat affecté des hommages rendus à Voltaire, et des souscriptions ouvertes publiquement pour des ouvrages qui respiraient la haine de l'autorité. Il s'éleva surtout contre le scandale qu'avait donné récemment un prêtre, un ancien religieux (Raynal), en mettant son nom à la tête d'un écrit semé des blasphèmes les plus révoltants. Il dit que la sévérité même de quelques règlements sur la librairie était peut-être une des raisons qui faisaient fermer les yeux sur les délits des auteurs; que la déclaration du 16 avril 1757, en portant la peine de mort contre les auteurs et distributeurs des mauvais livres, avait manqué le but qu'elle semblait vouloir atteindre; que cette excessive rigueur arrêtait les juges les mieux disposés, et qu'il était digne du clergé de France de solliciter contre ses ennemis non des supplices, mais des mesures répressives qui conciliassent les intérêts de la religion avec les égards dus même aux coupables. Il fut chargé de conférer à ce sujet avec le garde des sceaux. Quelques jours après, il fit des rapports sur les entreprises des protestants et sur la tenue des conciles provinciaux.

Il demandait pourquoi on refusait au clergé ces réunions anciennes et canoniques, tandis qu'on favorisait de toutes parts l'établissement des sociétés dans tous les genres. L'Eglise devait-elle donc s'attendre à être moins protégée que les sciences, que la littérature, que la franc-maçonnerie même, qui avaient leurs académies, leurs loges, leurs lieux et leurs jours de réunion bien connus? Déjà M. de Pompignan, archevêque de Vienne, avait adressé à cet égard au prince des représentations pleines de sagesse. L'assemblée arrêta de suivre l'exemple de ce prélat. Le 20 juillet, elle adopta trois mémoires sur trois sujets différents. Dans le premier elle exposait, au roi combien il était temps de mettre un terme à l'assoupissement funeste où l'on semblait plongé sur les progrès de l'esprit d'irréligion. Encore quelques années de silence, disaient les évêques, et l'ébranlement, devenu général, ne laissera plus apercevoir que des débris et des ruines : paroles remarquables et qui se sont si tristement vérifiées quelques années après. Elles ne firent alors aucune impression. On affectait même de se moquer de ces terreurs. On minait chaque jour quelques institutions religieuses. Des couvents, des corps entiers disparaissaient par les soins d'une commission formée, disait-on, pour épurer l'état monastique, mais qui ne paraissait occupée qu'à le détruire. Des extinctions réitérées anéantissaient des ordres anciens. Ce fut la matière d'un rapport fait, le 17 août, par l'archevêque d'Arles. «Sans parler dit-il, de cette société célèbre dont le sort a si justement excité les regrets honorables des assemblées précédentes, nous avons vu tomber et disparaître en moins de neuf ans neuf congrégations, les grammontins, les servites, les célestins, l'ancien ordre de Saint-Benoît, et ceux du Saint-Esprit de Montpellier, de Sainte-Brigitte, de Sainte-Croix de la Bretonnerie, de Saint-Ruf, et de Saint-Antoine. L'ordre de la Merci paraît ébranlé jusqu'en ses fondements, et le même orage gronde au loin sur les autres conventualités. On répand l'opprobre sur une profession sainte. L'insubordination exerce au dedans ses ravages. La cognée est à la racine de l'institut monastique, et va frapper cet arbre antique déjà frappé de stérilité dans plusieurs de ses branches.» L'assemblée du clergé s'occupa à plusieurs reprises des ordres religieux et des atteintes qui leur avaient été portées, et elle signa particulièrement une réclamation générale contre la suppression de l'ordre de saint Antoine, et contre l'union qu'on avait faite de ses biens à l'ordre de Malte. L'assemblée donna aussi son attention à la nouvelle édition de Bossuet, dont était chargé dom Déforis, bénédictin. Cet homme de parti chargeait de notes injurieuses et maladroites les œuvres de l'illustre évêque. Il semblait que ce fût une fatalité attachée aux manuscrits de ce grand prélat, de tomber en des mains qui en abusassent. Après avoir appartenu longtemps à son neveu l'évêque de Troyes, ils avaient passé aux Blancs-Manteaux, maison de bénédictins, de Paris, fort connue par son attachement à un parti tenace. C'est de là que partait la nouvelle édition de D. Déforis, qui s'en était chargé après l'abbé Lequeux et en faisait un dépôt de ses opinions exagérées. L'assemblée du clergé, justement jalouse de l'honneur d'un évêque dont les écrits sont un des plus beaux domaines de l'Eglise gallicane, improuva de la manière la plus expresse le travail de l'éditeur et pressa le garde des sceaux de lui renouveler l'ordre qu'on lui avait déjà intimé de ne faire imprimer que le texte de Bossuet dégagé de tout commentaire. Le 7 octobre, l'archevêque d'Arles fit un rapport sur les ouvrages pour et contre la religion. Il remarqua avec douleur que toutes les productions étaient empreintes du venin de l'incrédulité, et quelle se glissait dans les écrits les plus étrangers à ces sortes de matières. Il parla avec éloge des efforts de plusieurs ecclésiastiques qui avaient entrepris des travaux honorables à la religion, et il cita entre autres l'abbé Bergier, l'abbé Guénée, et ses excellentesLettres de quelques juifs portugais à Voltaire; l'abbé Godescard et ses Vies des saints, ouvrage plein de critique et en même temps de piété; l'abbé de la Blandinière, continuateur des Conférences d'Angers, etc. L'assemblée accorda des encouragements à plusieurs d'entre eux, et se sépara le 11 octobre, après avoir fait de nouvelles et plus instantes représentations sur la multitude des mauvais livres, et sur l'impunité de ceux qui les distribuaient. *Mém. pour servir à l'hist. du 18° siècle.*

PARIS (Assemblée du clergé de France à), l'an 1788. Cette assemblée avait été convoquée extraordinairement pour donner des secours d'argent à l'Etat, dans la situation critique des finances. On était alors dans un de ces moments de troubles et d'ébranlement général, qui précèdent de bien peu la chute des empires. Des mécontentements fomentés avec soin éclataient de toutes parts. Les anciens différends entre la cour et le parlement s'étaient renouvelés avec plus de force. Celui-ci, égaré par les applaudissements d'un parti qui voulait le perdre, s'écartait de plus en plus de la ligne de ses fonctions et de ses devoirs. Ses arrêtés des 4 janvier et 3 mai 1788, sont fameux dans l'histoire de ce temps-là. Les parlements des provinces imitaient celui de Paris, et affichaient sa résistance. La faiblesse et l'indécision du ministère grossissaient l'orage. Les magistrats exaltés rendaient publiques leurs remontrances, protestaient, oubliaient les procès des particuliers, et augmentaient la fermentation par leurs agressions imprudentes. Tous les ordres participaient à l'agitation générale. L'assemblée du clergé, tout en protestant de son attachement au gouvernement établi, et de son éloignement pour l'esprit de trouble et pour les innovations, sacrifia quelques instants à l'illusion des opinions dominantes. Elle demanda le retour des parlements et la convocation des états généraux (*Ibid.*).

PARIS (Conciliabule de), l'an 1797. Les évêques constitutionnels surnommés *les réunis* avaient déjà essayé, en 1796, de rassembler leurs collègues en concile; mais la convocation qu'ils avaient faite n'ayant pas eu lieu, ils en annoncèrent une seconde en 1797. On présenta cette assemblée comme devant remédier à tous les maux de l'Eglise, et faire cesser toutes les divisions.

Dans la *lettre circulaire* de convocation, adressée aux *évêques métropolitains de France*, en date du 22 juin, les évêques réunis rappellent avec de grands éloges le souvenir de l'assemblée du clergé de 1682, et l'autre plus récent de l'assemblée des évêques de Toscane: « Si quelqu'une (des assemblées du clergé), disent-ils, pouvait mériter la dénomination de concile national, ce serait sans doute la célèbre assemblée de 1682, où Bossuet développa si éloquemment les droits primitifs de l'Eglise gallicane, où les prélats français élevèrent un rempart contre les prétentions ultramontaines, et se couvrirent de gloire en défendant nos libertés. Depuis cette époque, il faut traverser plus d'un siècle, avant de rencontrer dans l'Eglise un concile national; ce titre seul manqua à l'assemblée générale des archevêques et évêques de la Toscane, en 1787, où l'on vit briller tant d'érudition et de talent.» Cette pièce était signée de Desbois, *évêque* d'Amiens, de Wandelincourt, *évêque* de Langres; de Grégoire, *évêque* de Blois; de Royer, *évêque* de Belley; de Saurine, *évêque* de Dax, et de Clément, *évêque* de Versailles.

L'assemblée commença ses séances le 15 août, dans la cathédrale de Paris, sous la présidence de Le Coz, *évêque* de l'Ille-et-Vilaine, dit M. Picot. Elle était composée alors de soixante-douze membres, dont vingt-six seulement étaient évêques (*a*). Le journal du concile observe qu'on n'en comptait pas davantage au concile de Trente lors de son ouverture. Peut-être; mais on n'y voyait pas du moins un nombre de prêtres, presque triple de celui des évêques, y former les décisions. Il était réservé aux constitutionnels d'offrir cette composition presbytérienne, absolument inconnue dans les annales de l'Eglise, et contraire à ses maximes. Les *réunis* eussent bien voulu en effet, à ce qu'il paraît, ne pas s'écarter à ce point de la discipline; mais il fallait ménager le second ordre. L'existence des évêques constitutionnels n'était déjà que trop précaire. Ils se voyaient de plus en plus abandonnés. Des rétractations successives les privaient de jour en jour de leurs adhérents, et l'on sent combien il eût été impolitique d'aliéner le peu qui en restait. Cette matière occasionna des débats dès les premières séances. L'attachement aux formes antiques, dont on parlait beaucoup, demandait que les prêtres fussent exclus, ou n'eussent pas voix délibérative; mais l'intérêt du parti exigeait le contraire. On leur accorda donc provisoirement les mêmes droits qu'aux évêques.

La première opération de l'assemblée fut d'adresser une lettre, sous la date de ce même jour, *aux évêques et aux prêtres résidant en France*. Nos constitutionnels y prêchaient la charité, comme s'ils en avaient eux-mêmes donné l'exemple en rompant l'unité catholique. Ils y citaient des textes des Pères, qu'on aurait pu à bien meilleur droit leur opposer. Ils y parlaient de sacrifier *l'exactitude des règles au bien de la paix;* mais ce sacrifice ils l'avaient fait au schisme et à l'erreur, et au lieu de la paix, ils avaient amené la guerre au sein de l'Eglise. Ainsi tout ce qu'ils pouvaient écrire de plus séduisant était d'avance démenti par leurs œuvres.

(*a*) M. l'abbé Filsjean, dans la nouvelle édition qu'il a donnée du *Dictionnaire portatif des conciles* d'Alletz porte le nombre des membres du prétendu concile a trente-trois évêques, à dix prêtres fondés de pouvoirs, à cinq représentants de siéges censés vaquer, et à cinquante-trois autres prêtres. Les actes mêmes que nous avons entre les mains ne nommant que le président et les six secrétaires de l'assemblée, il nous est impossible en ce moment de démêler la vérité sur ce point. Nous trouvons seulement qu'à la session tenue le 24 septembre le *décret de pacification* qu'on y publia fut souscrit par trente évêques sacrés, un évêque élu et non encore sacré, les procureurs de dix autres et cinquante-sept députés des départements.

Le 25 août, ils adressèrent au souverain pontife Pie VI une lettre dérisoire, où, se comparant à *Paul parlant à Pierre*, ils lui disaient *avec la même franchise, qu'il ne leur serait pas nécessaire de descendre en Egypte pour s'assurer du secours, et qu'il leur suffirait de recourir au pape lui-même, et d'attendre du soulagement de la même main dont ils se plaignaient qu'était venue leur oppression.* Pour preuve de cette franchise, ils affectaient de révoquer en doute l'authenticité des brefs dont le pape les avait frappés, pour se donner ensuite le plaisir de les traiter de *lettres tout au plus furtives, que la ruse et le mensonge avaient surprises à sa religion.*

Bien éloignés de demander au pape l'absolution du serment constitutionnel, ils s'en faisaient un titre de gloire, comme si par ce moyen, contraire à toutes les prescriptions de l'Eglise, ils avaient sauvé l'Eglise même : « Nous n'avons pu, disaient-ils, ne pas prêter, en 1791, le serment que nous prescrivait la loi, et que nous commandait la charité. En effet, en le refusant, dans quel péril ne mettions-nous pas, et notre salut, et celui de nos concitoyens ? » Ils voulaient sans doute parler de leur salut temporel.

Enfin, après avoir exhorté de nouveau le pape à s'expliquer en leur faveur, ils s'écriaient, par une ridicule parodie du premier concile d'Arles : « Plût à Dieu que votre âge et les grandes affaires qui vous occupent, vous permissent d'honorer notre concile de votre présence, et de participer à nos travaux, dont vous seriez l'âme et le modérateur ! »

Il n'est pas nécessaire d'observer ici que Pie VI ne répondit pas à cette missive pleine d'imputations calomnieuses, et dans laquelle la ruse, l'hypocrisie, la dérision et la mauvaise foi se démasquaient à chaque ligne.

Le 8 septembre, tous les membres du concile prêtèrent le nouveau serment de haine à la royauté, et ils publièrent une *instruction* pour exhorter les peuples à faire la même chose à leur exemple. Dans cette pièce vraiment curieuse, ils appellent à leur secours, pour soutenir leur mauvaise thèse, les principes de la souveraineté du peuple français, « rentré, disent-ils, dans ses droits » par l'abolition de la royauté. Ce principe une fois admis, on ne voit pas comment il peuvent avancer ensuite que la haine qu'ils vouent à la royauté « n'est pas un fanatisme aveugle, prêt à poursuivre dans ses fureurs la royauté partout où elle serait établie. » Est-ce que les peuples qui vivaient encore sous le régime monarchique n'avaient pas leurs droits aussi bien que le peuple français ? Pourquoi donc, à l'exemple de ces antiques libérateurs de l'humanité, ne pas purger la terre, comme de nouveaux Hercules, de ce monstre fatal, partout où ils le voyaient relever la tête? On ne voit pas surtout comment ils pouvaient approuver ce serment de haine à la royauté, sans consacrer par là même tous les excès, commis dans un but politique, de la révolution française, et notamment les actes régicides auxquels elle s'est portée DANS SES FUREURS.

Le 24 septembre, il y eut session publique, où on lut et proclama un plan de pacification avec ceux que le concile appelait dissidents. Ce plan offre entre autres une disposition curieuse. Il est dit qu'on ne peut traiter, ni avec les évêques sortis de France, ni avec ceux qui, y étant restés, n'ont pas prêté les serments requis. Autant eût valu dire qu'on ne voulait traiter avec personne. Après cela ne pouvait-on pas regarder comme une dérision l'offre que faisaient les constitutionnels de céder la place à l'évêque ancien dans les lieux où il y en avait un? Ils savaient bien qu'il ne pouvait craindre d'être troublés dans leurs sièges par des pasteurs inscrits sur la liste des émigrés, incarcérés ou menacés de la déportation. Dans l'intervalle de cette session à la suivante, il fut fait plusieurs rapports, dont le plus intéressant est le compte rendu des travaux des évêques réunis, présenté par *l'évêque* de Loir-et-Cher, Grégoire. Il parla de la persécution qu'il avait essuyée; mais il ne put dire en quelle occasion il avait eu le bonheur de souffrir pour le nom de Jésus. Il assura ses collègues qu'il aurait été martyr s'il l'avait fallu. Il parla de ses soins pour ressusciter l'Eglise constitutionnelle. Il se plaignit des prêtres insermentés, qui avaient fait rétrograder la nation vers le moyen âge, et prétendit, avec autant de décence que de vérité, qu'il faudrait peut-être un demi-siècle pour ramener au bon sens des millions d'hommes égarés par cette fourmilière de prétendus vicaires apostoliques, qui avec une bulle vraie ou fausse se croient des êtres importants. » Il s'éleva fortement contre ceux qui avaient rétracté le serment de la *constitution du clergé*. Ne devait-on pas pardonner un peu d'humeur à des gens qui se voyaient de jour en jour plus abandonnés ? Il fit des sorties contre la bulle *Auctorem fidei*, contre l'inquisition, contre l'autorité temporelle des papes. « Comment corriger les abus, s'écriat-il, tant que le successeur de Pierre pauvre sera le successeur de la grandeur temporelle des Césars? » Et dans quels temps tenait-on ce langage? Lorsque le souverain pontife était menacé par le Directoire, et près de succomber. Dans ces moments critiques, était-il bien généreux d'encourager encore les ennemis de la religion à opprimer un vieillard sans défense? Le rapporteur s'étendit beaucoup sur sa correspondance avec les *Eglises* étrangères. Il paraît que depuis quelque temps cet objet l'occupait principalement. Il écrivait de tous côtés pour solliciter quelque appui. Il adressait au grand inquisiteur une lettre où il lui faisait honte de ses fonctions, sans songer qu'il avait plus près de lui des inquisiteurs un peu plus dangereux et un peu plus dignes de son zèle. Il faisait passer en Espagne des écrits contre le saint-siége. Il envoyait des encycliques depuis Trébisonde jusqu'à Québec. Il fit part au concile de ses espérances sur l'Allemagne, fondées sur ce qu'on y comptait neuf mille écrivains, et sur ce qu'un pays où l'on écrivait tant, était un pays où on lisait beaucoup, et où conséquemment la masse des lumières ferait bientôt explosion. Il combla d'éloges les articles d'Ems, la *magnifique* instruction de M. de Colloredo, les écrits de M. Trauttmansdorf, et d'autres de ce genre, comme une preuve que l'esprit public marchait dans cette contrée vers une amélioration dans l'ordre des choses religieuses; tandis que l'indifférence et l'irréligion y faisaient de si rapides progrès. Il avertit, en passant, les catholiques irlandais qu'ils pouvaient « légitimement réclamer par la force l'exercice des droits politiques » oubliant que, dans un rapport antérieur, il avait engagé le concile à interdire à vie tous les ecclésiastiques qui conseilleraient ou fomenteraient la guerre civile. (*Journal du concile, n.* 5, *page* 34.) Enfin l'évêque termina son rapport en faisant espérer à ses collègues l'ébranlement du monde politique et une secousse générale qui allait faire crouler l'inquisition et le despotisme. Tel est ce compte rendu, plus digne de figurer dans les registres d'un club, que dans les actes d'un concile. Le 29 octobre, les *pères* publièrent les élections. Le 5 novembre, on érigea onze évêchés pour les colonies, sans consulter les habitants, ni ceux qui y jouissaient de la juridiction. On en créa aussi à Porentruy et à Nice, quoique ces pays eussent leurs évêques. On publia une *lettre synodique*, adressée *aux pères et mères et à tous ceux qui sont chargés de l'éducation de la jeunesse*. Ce n'est pas assurément le plus mauvais des actes de cette assemblée. On y veut que le maître et la maîtresse d'école soient nommés par les paroissiens sur la présentation du curé ; que l'évêque les approuve, ou qu'il commette à cet effet l'archiprêtre ; qu'ils ne puissent être destitués que par le concours des paroissiens et du curé, et qu'en cas de dissentiment on en réfère à l'évêque. Cela, quelque imparfait qu'il soit, vaut un peu mieux que la loi de 1833 sur l'enseignement primaire. La dernière session eut lieu le 12 novembre. On y fit un décret sur la foi, dans lequel on condamna l'hérésie de la *rebaptisation* à laquelle personne ne songeait, et toutes maximes, toutes propositions tendant à faire commettre des actes de violence, sous prétexte de défendre la foi catholique... comme antichrétiennes et subversives des principes de notre sainte religion. Il fallait bien opposer au moins un décret à ces généreux fidèles qui, dans une multitude de paroisses, avaient montré une répugnance si invincible au nouveau schisme que les intrus s'étaient crus obligés de recourir à la force armée, pour pouvoir pénétrer dans les postes qu'ils envahissaient et s'y installer.

En appliquant au mariage, d'une manière indéfinie et sans réserve, dans un autre décret, la maxime par laquelle ils établissent que « c'est à la puissance civile qu'il appartient proprement de régler les conditions et les formes nécessaires pour la validité des contrats », les *évêques* constitutionnels s'approprient l'erreur de ceux qui, enlevant à l'Eglise tout droit qui lui soit propre sur le contrat matrimonial des chrétiens, et ne reconnaissant en elle, à cet égard, qu'une autorité, ou usurpée, ou précaire et dépendante de la volonté des souverains temporels, ne lui laissent de pouvoir qu'à l'égard du sacrement. Erreur condamnée par le concile de Trente, et plus récemment encore par la bulle *Auctorem fidei*, dans la condamnation de la 59ᵉ proposition du synode de Pistoie.

C'est sur le même fondement que les évêques constitutionnels déclarent (art. 2 de ce même décret), que « la validité du mariage est indépendante de la bénédiction nuptiale. » S'ils eussent voulu parler franchement, ils eussent mis *la présence du prêtre désigné par l'Eglise* à la place de la bénédiction nuptiale, et ils ne se fussent point contredits ; puisque, selon eux les empêchements opposés au mariage par la seule puissance ecclésiastique n'atteignent que le sacrement.

Ils déclarent, article 8, que « les mariages contractés entre beau-frère et belle-sœur, oncle et nièce, tante et neveu (comme aussi entre cousins germains), ne doivent être bénits qu'avec l'autorisation expresse de l'évêque ; » et ainsi, non-seulement ils présentent l'autorité de l'évêque comme suffisante, indépendante de celle du pape, pour donner dispense des empêchements dirimants, mais encore ils ne reconnaissent d'autres empêchements de ce genre que ceux du premier et du second degré de parenté, et ils s'élèvent de leur autorité privée au-dessus des lois de l'Eglise universelle et des définitions des conciles généraux, sans doute par attachement pour le droit commun, ou par affection pour les libertés gallicanes.

Nous dirons peu de chose de l'article 13 de ce même décret, où ils établissent que « la bénédiction nuptiale ne sera jamais donnée qu'après que les époux auront rempli les formalités prescrites par la loi civile. » Nous ferons simplement observer qu'il ne convenait pas à des évêques d'imposer à l'Eglise cette servitude.

Nous passons plusieurs autres décrets dans lesquels ce qu'il y a de bon ne leur appartient pas, et ce qu'il y a de mauvais et qui leur appartient ressemble à ce qu'on a déjà vu, pour dire un mot de la nouvelle lettre que le conciliabule écrivit au pape avant de terminer sa séance. Dans celle-ci, qui est plus franche et plus courte que la première, les *évêques* se plaignent de ce que le souverain pontife ne leur a pas répondu. Ils lui mandent que « son silence a contribué à entretenir un schisme qui a eu les suites les plus désastreuses, et pour l'Etat et pour la religion... Parlez donc, très-saint Père, ajoutent-ils ; dites à tous qu'il n'y a jamais nécessité de rompre l'unité. » Fort bien ; mais de quel côté étaient ceux qui la rompaient ? Ils continuent : « Hélas! combien votre silence a été nuisible ! Des flots de sang ont coulé et coulent encore parmi nous, parce qu'on a fait paraître en votre nom des brefs qui autorisaient la révolte, en menaçant d'excommunier des citoyens soumis et fidèles... Eût-on pensé à les produire, à les répandre, si vous vous fussiez empressé de parler en père qui veut réunir tous ses enfants? » Il n'y a qu'à lire ces brefs, qui inquiètent tant les *réunis*, pour voir que Pie VI y a déployé tous les sentiments que peuvent inspirer la charité chrétienne et la tendresse d'un père, qui sent ses entrailles se déchirer, quand il est forcé d'user de moyens sévères par l'insubordination de ses enfants.

La fin de la lettre est curieuse. « Au surplus, très-saint Père, une grande Eglise est troublée; si elle est accusée, elle doit être jugée, elle demande à l'être : c'est à l'Eglise universelle assemblée qu'elle remet sa cause. En conséquence, elle réclame de Votre Sainteté la plus prochaine convocation d'un concile œcuménique. » Dans leur première lettre, les évêques réunis en appelaient du pape mal informé au pape mieux informé; dans celle-ci, c'est au concile œcuménique qu'ils appellent des décisions du pape, quelqu'éclairées qu'elles soient ou puissent être. Aussi, dans l'intervalle des trois mois ou environ qui s'étaient écoulés d'une missive à l'autre, devaient-ils ou jamais avoir fait quelques progrès.

Ils insistent sur cette idée d'un concile général dans la *quatrième lettre synodique* qu'ils publièrent à cette même séance, pour annoncer la fin de leurs travaux. Ils y demandent *un jugement légal et canonique de l'Eglise universelle*; et ce jugement légal et canonique, ils l'entendent de la décision d'un concile œcuménique, ainsi qu'ils s'en expliquent aussitôt après. Mais l'Eglise, pour porter ses jugements, n'a pas besoin d'être rassemblée en concile : il suffit qu'elle entende et suive la voix de son chef suprême.

Ainsi se sépara cette assemblée, qui s'intitulait si improprement concile national. Une pareille réunion pouvait-elle être considérée comme représentant l'Eglise de France, tandis que ses évêques véritables, et l'immense majorité de ses prêtres, n'avaient pris aucune part à cette convocation, et que les membres qui la composaient s'étaient eux-mêmes placés hors de l'Eglise, en adhérant à une constitution schismatique, de laquelle seule ils tenaient leurs pouvoirs? *Collection des pièces imprimées par ordre du concile national de France; Dict. port. des conc., nouv. édit. par l'abbé Filsjean; Mém. pour serv. à l'hist. ecclés. t. III.*

PARIS (Conciliabule de), l'an 1801. Les évêques *réunis*, toujours soigneux de donner de l'éclat à leur parti, avaient convoqué cette assemblée de 1801, et en avaient même averti les Eglises étrangères par une circulaire qu'ils assurent être enregistrée dans les archives de l'histoire. A cette convocation tout s'ébranla dans l'Eglise constitutionnelle: les évêques tinrent leurs synodes, et les métropolitains, les conciles de leurs provinces. On a publié les actes de quelques-unes de ces assemblées; mais nous ne nous arrêterons qu'au concile dit national, comme le plus fameux. La plus grande union ne régnait pas dans ce clergé, si peu nombreux pourtant. Le métropolitain de Paris, Roger, s'opposait à la tenue du concile, qu'il regardait comme inutile et même comme dangereux. Le concile se tint malgré lui. Un autre sujet de dispute était la composition même du concile. Celui de 1797 avait vu les prêtres en grande supériorité de nombre sur les évêques, et formant par conséquent les décisions. De là des reproches assez bien fondés de s'écarter des règles de l'antiquité et de soutenir le presbytérianisme, reproches que les *réunis*, eussent, à ce qu'il paraît, désiré prévenir; mais ils ne purent engager les prêtres à se désister de leurs prétentions. Le 29 juin, jour de l'ouverture du *concile*, l'évêque de Loir-et-Cher, Grégoire, un des *réunis*, prononça un long discours, qu'il commença en prenant la défense de la philosophie et en parlant avec attendrissement de la caducité des trônes et du courage des fondateurs de la liberté. De là tombant sur les papes, pour lesquels il ne savait pas dissimuler son peu de penchant, il couvrit d'éloges ceux qui, dans ces derniers temps, avaient partagé ses sentiments contre le saint-siège : Van Espen, Giannone, Hontheim, Péreira, Trauttmansdorf, Le Plat, Tamburini... Il revint sur cet objet à différentes reprises, et toujours avec un ton pas plus honnête qu'épiscopal. Ardent républicain, il voulut prouver par les canons son dogme favori de la souveraineté du peuple, et cita une décision du concile de Tolède de 688, qui porte textuellement : *Un intérêt particulier doit-il avoir autant de force que le soulagement général des peuples? A Dieu ne plaise!* Voilà tout ce que dit le concile de Tolède.

A coup sûr ce passage n'a aucun trait avec la maxime que l'évêque voulait prouver; mais l'antiquité ecclésiastique ne lui avait pas fourni autre chose. Le 30 juin, la dispute s'échauffa entre les deux ordres, relativement à leurs droits respectifs. Plusieurs évêques réfutèrent assez bien les prétentions des prêtres, et s'élevèrent contre l'esprit d'indépendance et d'anarchie qui ravageait les diocèses constitutionnels. Les prêtres crièrent encore plus haut. Accoutumés à ne voir dans les nouveaux prélats que des confrères qui avaient tant crié eux-mêmes contre le despotisme épiscopal, ils ne voulurent point se laisser dominer par eux. On opinait de part et d'autre avec beaucoup de vivacité. Un ecclésiastique, apostrophant les évêques, leur demanda d'où leur venaient leur titre et leur légitimité, prétendit qu'ils ne pouvaient le tenir que du second ordre, qui avait sanctionné la constitution civile du clergé, et leur reprocha leur ingratitude. On alla même plus loin, et on les menaça de les abandonner. A ce coup, ces hommes, chancelant sur leurs sièges, reculèrent et tremblèrent de se voir tout à fait seuls. Après bien des débats, il ne fut pas possible de rien décider. La question fut ajournée, et les prêtres eurent gain de cause par le fait. Quelques jours après, on admit deux prêtres italiens, envoyés de ce pays-là par un petit nombre de brouillons. L'un, entre autres, était député par huit prêtres et deux avocats du Piémont; il fut reçu comme représentant des Eglises d'Italie.

Le 17 juillet, on fit, sur la situation des métropoles constitutionnelles, un rapport qui présenta des idées affligeantes. Vingt-cinq sièges étaient encore vacants, par mort, apostasie ou abandon; plus de douze évêques avaient négligé de venir ou d'envoyer au concile, et paraissaient ne pas s'embarrasser de ce qui s'y passait. Pour les consoler, on les flatta de la prochaine réunion des protestants. L'évêque du Doubs, Demandre, annonça que, dans un entretien avec un ministre calviniste, il l'avait assuré que si les siens connaissaient les sentiments des Français sur la cour de Rome, la réunion serait bientôt faite (*Actes du concile, tome* II, *page* 133). On n'avait pas besoin de cet aveu pour savoir que les constitutionnels n'ont guère moins d'éloignement pour les papes que les protestants.

Le 28 juillet, l'évêque de l'Aude, dans un rapport sur le schisme et l'excommunication, posa des principes en faveur de tous les schismatiques. Desbois, évêque de la Somme, demanda de plus que le concile adoptât et proclamât cette proposition : *La crainte d'une excommunication injuste ne doit pas nous empêcher de faire notre devoir.* On sait que c'est la quatre-vingt-onzième des propositions condamnées par la bulle *Unigenitus*. Les modernes partisans de Quesnel eussent été ravis de faire approuver par les constitutionnels assemblés cette assertion de leur patron, qui appelait injuste toute censure portée contre les siens, et qui faisait consister son devoir à défendre ses erreurs. Ils eussent voulu pouvoir opposer un concile prétendu national à l'autorité du saint-siège, qui avait donné la bulle, et de l'Eglise, qui l'avait adoptée. Il y eut des débats à ce sujet. L'évêque d'Ille-et-Vilaine, Le Coz, président du concile, trouvait la proposition dangereuse, et voulait qu'on la supprimât. La plupart furent de son avis, quoique Desbois se défendît avec chaleur. Sa proposition était d'une éternelle vérité : « Nous avons déclaré sous le sceau du serment, dit-il (*Actes du concile, tome* II, *page* 268), que la résistance à l'oppression est le plus saint devoir. Cette proposition est restée sur la charte des droits de l'homme... Ne sommes-nous plus les enfants de la liberté? » On ne s'attendait pas à voir rappeler dans un concile la sainte insurrection; mais c'est un des réunis qui parle ici, et qui parle dans un concile constitutionnel.

Le 2 août, on adressa une nouvelle invitation aux Eglises des pays réunis, et on leur apprit que le concile de Chalcédoine avait décidé qu'elles devaient faire partie de l'Eglise constitutionnelle. Le 3 et le 5, l'évêque de Loir-et-Cher fit un rapport sur la liturgie. Content d'étaler le fruit de ses lectures, et de montrer son érudition et sa critique, il disserta longuement sur plusieurs usages attribués à différentes Eglises; et ramassant à ce sujet des anecdotes vraies ou fausses, il s'appesantit sur des détails frivoles, s'égaya sur des pratiques singulières, et ne montra qu'une envie immodérée de critiquer et de faire rire. On fut scandalisé, même dans le concile, de son affectation à railler; et les événements qui suivirent firent tomber à plat les innovations qu'on se proposait d'introduire. Le concile se passait dans ces inutilités, lorsque, le 13 août, les *Pères* apprirent qu'une convention avait été signée entre le pape et le premier consul. Ils reçurent en même temps l'ordre de se séparer. Les *Actes du concile* s'efforcent de dissimuler cette dernière circonstance; mais elle paraît à travers les voiles sous lesquels on voudrait la cacher.

Après quelques tentatives pour sauver cet affront, il fallut se résoudre à terminer aussi brusquement une assemblée dont on espérait tant d'avantages. On voit dans les *Actes* l'extrême embarras des *Pères*. Ils ne savaient quel parti prendre. Ils voyaient bien que leur Eglise allait crouler tout à fait, et ils auraient bien voulu faire au moins une fin éclatante. Chacun ouvrait des avis, et le peu de temps qui leur restait se consumait en motions qui se détruisaient l'une l'autre. Ils s'étaient flattés qu'on soumettrait les articles du Concordat à leur approbation, et on venait de le conclure sans eux. Ils allaient être obligés d'adhérer à un acte émané d'un pape, de cette même autorité dont ils s'étaient affranchis. Moyse, évêque du Jura, fit là-dessus un rapport où perçait à chaque page la haine du saint-siège, la douleur de voir qu'on eût eu recours au pape, le dépit que leur causait le Concordat, la crainte d'être comptés eux-mêmes pour rien. Il parla souvent de cette cour perfide et astucieuse, qui profite de tout. « Si le pape déclare nos sièges vacants, dit-il (*Actes du concile, tome* III, *page* 145), nous lui dirons qu'il n'en a pas le droit, et qu'ils sont remplis plus canoniquement que celui de saint Pierre. » Il proposa de renvoyer la bulle si elle ne reconnaissait pas la légitimité de l'Eglise constitutionnelle, ou même de la déclarer criminelle si elle insinuait là-dessus le moindre doute (p. 146).

Le même jour, 14 août, l'évêque de Loir-et-Cher, toujours infatigable, fit un très-long rapport sur les travaux des *réunis*, ou plutôt sur les siens : il voulut revendiquer pour son parti une part dans la persécution directoriale, et cita en effet deux ou trois prêtres qui avaient été déportés malgré leur certificat de patriotisme; mais il ne parla ni de ces douze cents ecclésiastiques relégués dans l'île de Rhé, ni de ceux qui avaient été enfermés dans les départements, ni de ceux qu'on avait fait périr dans les sables brûlants de la Guyane. Il assura que les constitutionnels n'avaient jamais usé que de charité avec le clergé insermenté. Mais, le fait fût-il vrai, il s'en dédommagea bien dans cet article, où il mit sur le compte de ce clergé, proscrit, déporté, fugitif, et sans cesse menacé de la mort, tous les crimes possibles, et jusqu'à l'assassinat d'un constitutionnel tué en Bretagne lors des troubles de la chouannerie. Il parla du séjour de Pie VI en France.

A l'entendre, lui et les siens avaient pris la plus grande part au sort de ce pontife. Il avertit cependant les catholiques de prendre garde qu'on n'abusât de leur sensibilité pour les malheurs du chef de l'Eglise, et de songer qu'ils étaient citoyens avant d'être chrétiens, et Français avant d'avoir été admis dans l'Eglise romaine (*Actes*, tome III, page 241) : avis bien étrange dans la bouche d'un évêque, et qui prouve que chez lui le patriotisme, ou du moins ce qu'il appelle ainsi, doit passer avant tout. Mais l'article sur lequel il s'étendit le plus, ce fut celui de ses relations avec les Eglises étrangères. Il entretenait de tous côtés une correspondance très-active avec des hommes ennemis, comme lui, de la superstition et du despotisme. Il s'arrêta surtout avec complaisance sur l'Italie, où il ne pouvait pas même nommer, disait-il, tous ses partisans. Il rappela une lettre écrite au nom des Eglises de ce pays, qui ne s'en doutaient pas, et fabriquée par deux prêtres qu'en reconnaissance on avait admis au concile. Elle était datée de Gênes, le 23 novembre 1798, et on l'avait fait circuler pour la revêtir de signatures. On ne dit point combien on en obtint. Cette lettre, d'ailleurs, épargnait si peu les papes, qu'un membre du concile même voulait qu'on y fit des changements. Le rapporteur déplora la suppression de l'université de Pavie, et nomma avec éloge Tamburini, Zola, Palmieri, membres de cette école. Il donna des larmes au sort du royaume de Naples, retombé dans les fers après l'aurore d'une si belle révolution, et à la mort de l'évêque Serrao et de quelques autres victimes de leur patriotisme. Après avoir ainsi passé l'Europe en revue, l'évêque *réuni* rendit compte des obstacles qu'avait éprouvés la tenue du concile. Il parla de ses travaux et de ses fatigues ; se représenta comme Guatimozin sur des charbons ardents, mais soutenu par la main divine de la Providence ; répéta qu'il était membre du souverain qui est le peuple, et qui ne peut être que le peuple ; et engagea ses collègues, en finissant, à continuer d'avoir à Paris, malgré les changements qui allaient avoir lieu, une agence chargée d'entretenir avec les Eglises étrangères une correspondance nécessaire pour se maintenir contre les entreprises du curialisme. Il fut chargé lui-même de ce soin et du dépôt des archives constitutionnelles.

Le 16 août, le concile tint sa dernière séance. A la suite des *Actes*, on trouve un procès-verbal particulier. Le concile avait arrêté précédemment des conférences avec le clergé qui ne reconnaissait point les constitutionnels. Elles devaient s'ouvrir le 1er septembre ; mais personne n'y parut. Plusieurs raisons sans doute portèrent le clergé à ne pas accepter le défi des constitutionnels. Il ne se trouvait à Paris que très-peu d'évêques, qui n'étaient point autorisés par leurs collègues, et qui eussent peut-être été blâmés d'avoir fait cette démarche sans s'être concertés avec le reste de l'épiscopat. Les ecclésiastiques du second ordre pouvaient encore moins prendre sur eux d'accepter les conférences. *Mém. pour servir à l'hist. eccl.*

PARIS (Commission d'évêques à), l'an 1810. Pie VII ayant refusé de donner des bulles aux évêques nommés en France par celui qui le retenait lui-même captif, on assembla, par ordre de ce dernier, une commission d'évêques chargés de chercher les moyens de pourvoir aux besoins de l'Eglise. La commission était composée des cardinaux Maury et Fesch, de l'archevêque de Tours, des évêques de Verceil, d'Evreux, de Trèves et de Nantes, du Père Fontana, général des barnabites, et de l'abbé Emery, supérieur général de Saint-Sulpice. La lettre de convocation est du 16 novembre 1809. Ils tenaient leurs séances dans le palais du cardinal Fesch, à Paris. On leur présenta trois séries de questions ; la première concernant le gouvernement de l'Eglise en général ; la seconde sur le concordat ; la troisième touchant les Eglises d'Allemagne et d'Italie, et la bulle d'excommunication. On dit que la rédaction des réponses fut confiée pour la première série à l'évêque de Trèves, pour la seconde à l'évêque de Nantes, et pour la troisième à l'archevêque de Tours. Le Père Fontana ne parut qu'aux premières séances, et s'abstint ensuite de s'y trouver. Cet habile théologien était trop attaché au saint-siège pour se plier à des concessions qui lui fussent défavorables, et il ne parlait pas assez facilement le français pour se livrer à des discussions sur des objets soumis à l'examen de la commission. L'abbé Emery y fut fort assidu, et il y parla comme il convenait à un théologien exact et à un ami courageux de l'autorité pontificale. Il n'est pas douteux qu'il n'approuvait pas toutes les réponses de la commission, et il refusa positivement de les signer, en alléguant qu'il ne lui convenait pas de mettre sa signature à côté de celles de cardinaux et d'évêques.

Le travail de la commission fut terminé le 11 janvier : du moins c'est de ce jour qu'est datée la partie du rapport, qui fut publiée dans les journaux. Ce rapport est long, et fait avec adresse, quoiqu'on y voie plus d'une fois l'embarras des évêques, qui voulaient ne pas paraître heurter trop fortement les principes, mais qui avaient surtout à cœur de ne pas blesser un homme orgueilleux et irascible. Ils commençaient ainsi : « Nous ne séparerons pas de l'hommage que nous rendons à V. M. le tribut d'intérêt, de zèle et d'amour que nous commande la situation actuelle du souverain pontife. Ces sentiments deviennent en ce moment, plus que jamais, une dette sacrée envers le vicaire de Jésus-Christ, que ses malheurs nous rendraient, s'il était possible, encore plus cher et plus vénérable. Toutes nos vues, toutes les mesures indiquées dans nos réponses, tendent à établir le concert si nécessaire à la religion et à la tranquillité des consciences, entre V. M. et le souverain pontife. Si cette consolante perspective ne venait s'offrir à nos regards, nous ne saurions prévoir pour l'Eglise que des jours de deuil et de larmes. Tout le bien spirituel que nous pouvons attendre de nos délibérations est donc uniquement entre les mains de V. M. C'est à elle seule que la gloire en est réservée, et nous osons espérer qu'elle en jouira bientôt, si elle daigne seconder nos vœux en accélérant une réunion si désirable par l'entière liberté du pape environné de ses conseillers naturels, sans lesquels il ne peut ni communiquer avec les Églises confiées à sa sollicitude, ni résoudre aucune question, ni pourvoir aux besoins de la catholicité. »

Après ce préambule, qui contient, comme on voit, une faible réclamation en faveur du pape, les évêques répondaient séparément à chaque question. A la première : *Le gouvernement de l'Eglise est-il arbitraire?* Ils donnaient, d'après la tradition, la forme du gouvernement de l'Église. Sur la deuxième : *Le pape peut-il, par des motifs d'affaires temporelles, refuser son intervention dans les affaires spirituelles?* Ils disaient : « La primauté d'honneur et de juridiction dont le pape jouit de droit divin, est tout à l'avantage de l'Église. Loin de vouloir affaiblir une autorité si essentielle à la constitution de l'Église, nous croyons ici lui rendre hommage en répondant que, si les affaires temporelles n'ont par elles-mêmes aucun rapport nécessaire avec le spirituel, si elles n'empêchent pas le chef de l'Église de remplir librement et avec indépendance les fonctions du ministère apostolique, nous pensons que le pape ne peut pas par le seul motif des affaires temporelles refuser son intervention dans les affaires spirituelles. » Les évêques oubliaient ici qu'ils avaient dit plus haut que « le pape, privé de sa liberté, ne pouvait ni communiquer avec les Églises, ni pourvoir aux besoins de la catholicité. » Ce n'était donc pas le temporel seul qui était envahi comme on affectait de le répandre; le spirituel avait aussi reçu les plus graves atteintes. Mais cette réponse nous paraît encore plus répréhensible sous un autre point de vue. On y fait sans scrupule le complet abandon de tous les droits temporels qui ne seraient pas *nécessaires* au bien spirituel de l'Église, et l'on blâme le pape s'il n'entre dans cette voie large de concessions en déposant ses armes spirituelles, les seules qu'il ait à sa disposition, pour défendre ses droits acquis, quelque avantageux qu'ils soient, quoique non absolument *nécessaires* au gouvernement de son Église. C'est bien là ce que nous pouvons appeler un principe de paupérisme spirituel, qu'il ne convenait pas à des évêques de proclamer.

La troisième question consistait à demander s'il était à propos de réunir un concile. Les évêques ne le pensaient pas, parce que, disaient-ils, s'il s'agissait d'un concile général, il ne pourrait se tenir sans le chef de l'Église, autrement il ne représenterait pas l'Église universelle, et que s'il s'agissait d'un concile national, son autorité serait insuffisante pour régler un objet qui intéressait la tholicité entière. On ne peut qu'applaudir à la sagesse de cette réponse, qui eût été tout ce qu'elle devait être si, comme il nous semble, les évêques eussent en même temps fait observer qu'ils n'avaient mission ni du pape, pour juger de l'à-propos d'un concile œcuménique, ni de leurs collègues pour juger de celui d'un concile national. Dans la quatrième réponse, les évêques disaient que l'Église romaine conserve aujourd'hui tous ses anciens usages relativement au conseil du pape, et ils croyaient que cet objet n'avait pas besoin d'être changé comme l'empereur le proposait. Dans la cinquième réponse, ils jugèrent que l'empereur pouvait, pour la nomination des cardinaux ou pour toute autre prérogative, réclamer les droits attachés aux souverains des pays dont il s'était emparé. Cette réponse, qui favorisait tous les envahissements faits ou à faire, était-elle bien de la part des évêques, défenseurs nés de l'équité et du bon droit des souverains comme des sujets?

Telles étaient les questions et les réponses de la première série. La deuxième série était plus particulièrement relative à la France. On demandait d'abord si l'empereur ou ses ministres avaient porté atteinte au concordat. Les évêques répondaient que non, avec autant de fausseté que de bassesse, et justifiaient même plusieurs des articles organiques dont le pape s'était plaint tant de fois. Ils relevaient pourtant deux ou trois points qui annonçaient trop la servitude de l'Église, et ils en demandaient la suppression, qui fut accordée par un décret du 28 février 1810. Sur la deuxième question : *Si l'état du clergé en France est en général amélioré depuis le Concordat*, ils rappelaient les concessions faites par le gouvernement, et présentaient, comme des bienfaits, des décorations et des titres accordés aux évêques. Ces deux réponses furent publiées par le gouvernement, qui les fit insérer dans ses journaux comme des pièces en sa faveur. Dans la troisième question de cette série, on demandait si le pape pouvait arbitrairement refuser l'institution canonique aux évêques, et perdre la religion comme il l'avait déjà perdue en Allemagne. Cette dernière allégation était de toute fausseté. Ce n'était point le pape qui était cause de l'état déplorable de l'Église d'Allemagne; c'étaient les changements opérés en ce pays, et l'esprit qui y dominait. Quoi qu'il en soit, les évêques disaient que le pape était obligé d'exécuter le concordat de 1801, et ils discutaient, comme s'ils eussent été ses juges, les plaintes portées dans sa lettre au cardinal Caprara, du 26 août 1809. Ils justifiaient l'empereur sur les innovations religieuses que lui reprochait le souverain pontife, et prétendaient que l'invasion de Rome était une affaire purement temporelle, qui ne devait pas être mêlée avec le spirituel, comme si cette invasion même, les circonstances qui l'avaient accompagnée et suivie, le traitement fait au pape, et les entraves mises à l'exercice de sa juridiction, n'étaient pas autant d'atteintes portées au spirituel. Quant au défaut de liberté allégué par le pape, les évêques rapportaient le passage même de la lettre de S. S., dont l'empereur, disaient-ils, sentira toute la force et toute la justice. N'aurait-il pas été convenable de saisir cette occasion pour faire sentir davantage l'équité des plaintes du pape, et la dureté dont on usait à son égard?

Dans la quatrième question, on marquait que l'intention de l'empereur était de regarder le concordat comme abrogé, si le pape persistait à ne pas l'exécuter, et on demandait ce qu'il convenait de faire pour le bien de l'Eglise. La commission ne conseillait point d'abroger le concordat, qui étant d'ailleurs un traité solennel, fait partie du droit public de la France. Elle examinait le moyen d'avoir des évêques canoniquement institués. « Il faudrait, disait-elle, une loi de l'Eglise pour faire revivre la pragmatique sanction. » N'ayant pas l'autorité nécessaire pour discuter cette grande question, elle proposa d'assembler un concile national dont l'empereur prendrait les avis. Celui-ci fut mécontent de cette réponse, qui n'énonçait pas assez à son gré le droit du concile national relativement à l'institution des évêques. Il renvoya de nouveau la question à la commission, et elle fut d'avis, cette seconde fois, que le concile national pourrait, d'après l'urgence des circonstances, statuer que l'institution serait donnée par le métropolitain ou par le plus ancien suffragant. Il est difficile de concilier cette réponse avec la première série, mais beaucoup plus encore avec les principes de la religion catholique et la doctrine du saint-siège sur l'institution des évêques. Nous croyons que dans ce cas il vaut mieux s'en tenir à la première version : la complaisance et la crainte sont de mauvais conseillers.

Dans la troisième et dernière série, on demandait d'abord quels étaient les moyens à prendre pour faire sortir l'Eglise d'Allemagne du désordre où elle était. Les évêques proposaient un concordat à peu près pareil à celui de France. Par la deuxième question, l'empereur demandait comment il faudrait s'y prendre pour régulariser une nouvelle circonscription d'évêchés en Toscane et dans d'autres contrées, si le pape refusait d'y coopérer. Les évêques répondaient que les autres pays n'étaient pas en souffrance comme l'Allemagne; que les Eglises y étaient régulièrement organisées, et qu'il était digne de la sagesse et de la modération de l'empereur de suspendre l'exécution des améliorations qu'il projetait.

La dernière question portait sur la bulle. On demandait quel parti prendre pour empêcher que dans des temps de troubles et de calamités, les papes ne se portassent à de tels *excès* de pouvoirs. La réponse à cette question est une de celles de tout le rapport qu'il est le moins aisé de justifier. Les évêques y discutent les motifs de la bulle, et en parlent on ne peut plus légèrement. Ils vont jusqu'à la déclarer nulle et de nul effet, ce qui est une témérité inexcusable. Ils peignent sous de fausses couleurs la politique de la cour de Rome, et la rendent presque responsable des procédés de son persécuteur. On est fâché que des évêques se soient montrés assez craintifs ou assez complaisants pour donner en quelque sorte gain de cause à un homme en qui ils ne pouvaient se dispenser de voir un ennemi de l'Eglise et un persécuteur violent. Leurs raisons contre la bulle sont faibles. Même en adoptant leurs préjugés contre quelques papes du moyen âge, on ne saurait la ranger au nombre des prétendues entreprises de ceux-ci contre le temporel des rois. C'est une mesure purement spirituelle, et le saint-père, dans la bulle même, déclare qu'il ne prétend nuire en rien aux droits temporels de ceux qu'il frappe de censures. Il n'a fait qu'user de ses armes naturelles. Que des gens sans religion se moquent de ses foudres, on le conçoit, mais des prélats devaient en parler autrement, et on ne voit pas ce que la saine critique et le progrès des lumières ont à faire ici. S'il y a eu au monde une sentence juste, c'est celle du 10 juin 1809. Le pape s'y est renfermé dans ses attributions, et n'a prononcé que des peines spirituelles. Son décret est non-seulement valide, mais très-légitime, et assurément le délit méritait bien une telle peine.

Au surplus, ces réponses ne virent pas le jour, et il n'y eut de publiées que les deux que nous avons spécifiées plus haut. Après avoir présenté ainsi en substance le travail de la commission, nous ne pouvons nous dispenser de remarquer combien il accuse la timidité ou la souplesse des rédacteurs. La faiblesse de quelques-unes de ces réponses, la fausseté de quelques autres, et par-dessus tout, le ton général du rapport, les éloges et les flatteries qu'il renferme, étonnent et affligent de la part d'évêques qui eussent pu se faire honneur par de fortes réclamations en faveur de l'Eglise et de son chef. Mais l'oppression et la crainte avaient tellement abattu ceux qui aspiraient à la faveur ou qui redoutaient la persécution, qu'ils se persuadaient que, pour empêcher cette dernière, il fallait toujours céder, et leur facilité excitait encore un homme déjà si entreprenant.

PARIS (Concile de), l'an 1811. Ce concile, ou plutôt cette assemblée générale des évêques de France et d'Italie, convoquée par l'empereur Napoléon, avait dû commencer le 9 juin, mais elle fut ensuite remise au 17. Avant l'ouverture, plusieurs assemblées préliminaires furent tenues chez le cardinal Fesch, pour régler le cérémonial et préparer les matières. Ce cardinal devait naturellement être président; mais au lieu d'être redevable de cette qualité au choix des évêques, il prétendit qu'elle était due à son siège, quoique Lyon n'eût en effet aucune prééminence depuis le concordat. Il fit donc insérer dans le cérémonial que la présidence appartenait à l'archevêque de l'Eglise la plus ancienne et la plus qualifiée, et à ce titre il prit les fonctions de président, quoique le concile n'ait jamais rien statué à cet égard. La première session, ou plutôt la seule so tint le 17 juin. Ce jour-là, à huit heures du matin, les Pères se réunirent au palais de l'archevêché, d'où ils se rendirent en chape et en mitre à l'église métropolitaine. Ils étaient au nombre de quatre-vingt-quinze, dont six cardinaux, neuf archevêques et quatre-vingts évêques, sans compter neuf ecclésiastiques nommés à des évêchés C'était un spectacle imposant que la réunion de tant de prélats pris dans deux grandes portions de la catholicité. On n'avait pas vu tant d'évêques rassemblés depuis le concile de Trente ; et les amis de la religion se fussent félicités de cette convocation, si les circonstances n'eussent pas inspiré quelque inquiétude, et si on n'eût pas craint avec raison les sinistres projets d'un homme qui n'avait en effet provoqué cette réunion que pour satisfaire ses caprices et son ambition. Quoi qu'il en soit, la cérémonie du 17 juin fut à la fois pompeuse et touchante. Le cardinal Fesch officia pontificalement. Après l'évangile, l'évêque de Troyes prononça un discours, où il traita de l'influence de la religion catholique sur l'ordre social et sur le bonheur des empires. Il remplit ce sujet avec son éloquence accoutumée. La cérémonie de la paix et la communion générale touchèrent les spectateurs.

Après la messe, on ouvrit le concile. Les évêques de Nantes, de Quimper, d'Albenga et de Brescia firent les fonctions de secrétaires provisoires, et ceux de Citta-della-Pieve et de Bayeux, celles de promoteurs provisoires. L'évêque de Nantes publia en chaire le décret d'ouverture et celui sur la manière de vivre en concile. Les suffrages pour la manière furent recueillis dans la forme indiquée par le cérémonial, et l'on observa tout ce qui a coutume d'être pratiqué dans ces saintes assemblées. On lut la profession de foi de Pie IV. Le président du concile, à genoux, prêta le serment ordinaire de se tenir attaché à cette foi et de rendre au pontife romain une véritable obéissance. Il reçut ensuite le même serment de tous les Pères du concile et des ecclésiastiques du second ordre, et le premier acte d'une assemblée convoquée par l'ennemi du saint-siège fut une reconnaissance des droits de ce même siège, et une promesse d'obéir au pontife qui y était assis ; ce qui commença sans doute à mécontenter Bonaparte. On chanta les litanies, le *Te Deum* et toutes les prières d'usage. Ainsi se termina cette première session, où se trouvaient, comme nous l'avons dit, quatre-vingt-quinze évêques. Dans ce nombre il y avait quarante-neuf évêques de France; trois seulement manquaient, savoir : les évêques du Mans, de la Rochelle et de Séez. Ce dernier avait eu défense de venir au concile, et il fut obligé, vers le même temps, de donner sa démission. Sur dix-sept évêques du Piémont et de l'Etat de Gênes, il en vint dix. Deux évêques d'Allemagne, l'évêque de Paros, suffragant d'Osnabruck, et l'évêque de Jéricho, suffragant de Munster, furent aussi appelés, ainsi que l'évêque de Trente, comme appartenant sans doute au royaume d'Italie, et l'évêque de Sion, qui était censé être de la France depuis le décret de réunion du Valais. Enfin il y avait au concile trente-un évêques d'Italie. Il semble qu'un pays où il y a tant de sièges épiscopaux, aurait dû envoyer plus d'évêques. Le royaume d'Italie seul, tel qu'il existait en 1803, comprenait vingt-six évêchés, et il ne fournit que quatorze membres au concile. L'archevêque de Bologne, ni aucun de ses suffragants n'y parurent, et cette métropole ne se trouva point représentée dans cette assemblée. L'archevêque était le cardinal Oppisoni, alors enfermé à Vincennes. Le reste de l'Etat de Venise, qui avait été réuni en 1806 au royaume d'Italie, et qui comprenait avec la Dalmatie plus de trente évêchés, n'envoya que quatre députés au concile; la Toscane, sur dix-neuf sièges, fournit onze députés. Dans l'Etat de l'Eglise, sur cinquante-cinq sièges il ne vint que Bechetti, évêque de Citta-della-Pieve : car le cardinal Maury, évêque de Montefiascone, fut admis à un autre titre. Les cinquante-trois autres, ou ne furent pas convoqués, ou n'eurent pas la liberté de venir. Plusieurs d'entre eux étaient exilés ou emprisonnés pour refus de serment. Le cardinal Brancadoro, archevêque de Fermo, avait été exilé à l'occasion du mariage, et le cardinal Gabrielli, évêque de Sinigaglia, était à Vincennes. En total, la partie de l'Italie dont Bonaparte s'était emparé comprenait cent cinquante-deux sièges épiscopaux, sur lesquels il n'y eut que quarante-deux évêques au concile. Il en manquait donc plus de cent. On jugera si un tel déficit permettait de regarder le concile comme national pour les Eglises d'Italie, et si la non-convocation de tant d'évêques et l'impossibilité où furent plusieurs de venir à cette assemblée n'étaient pas une forte atteinte à sa liberté et à son intégrité. Il n'y eut plus, après la session du 17 juin, que des congrégations générales ou particulières, qui se tinrent à l'archevêché. La première eut lieu le 20 juin. Après la messe, le ministre des cultes entra sans être attendu. Son arrivée surprit tous les membres, excepté ceux qui étaient dans le secret. Le ministre lut un décret de son maître, portant qu'il agréait le cardinal Fesch pour président, quoiqu'on ne le lui eût point demandé, et qu'il serait formé un bureau chargé de la police de l'assemblée. Cette dernière mesure parut insolite, et excita des réclamations. Il était assez clair que Bonaparte voulait par là dominer le concile : il avait spécifié que les deux ministres des cultes, pour la France et l'Italie, feraient partie de ce bureau. Dans la discussion qui eut lieu à ce sujet, le cardinal Fesch se déclara pour ce décret, et son avis entraîna toute l'assemblée. Il fut nommé membre du bureau avec les archevêques de Bordeaux et de Ravenne, et l'évêque de Nantes. Cette première discussion amena une discussion incidente, et on agita si les ecclésiastiques nommés à des évêchés auraient voix délibérative. On la leur accorda pour cet objet seulement, sans tirer à conséquence pour l'avenir. Au milieu de cette discussion, le ministre des cultes voulut aussi dire son avis. On eut beaucoup de peine à lui faire entendre qu'il n'avait aucun avis à émettre; que c'était déjà beaucoup de souffrir sa présence dans une assemblée d'évêques, et qu'il devait rester neutre dans toutes les délibérations. On élut quatre secrétaires et deux promoteurs. Les premiers furent les évêques d'Albenga, de Brescia, de Montpellier et de Troyes; les seconds, les évêques de Como et de Bayeux. Le ministre des cultes lut un message de l'empereur au concile. C'était un véritable manifeste contre le pape, conçu dans les termes les plus aigres et les plus offensants. Suivant ce message, c'était Pie VII qui était cause de tous les maux de l'Eglise.

C'étaient ses prétentions exagérées, et son entêtement qui avaient tout troublé, tandis que les sollicitations religieuses de l'empereur étaient dignes de tous les éloges. Celui-ci avait tout tenté pour ramener la paix; mais le refus que faisait le pape de donner des bulles, en Italie depuis 1805, et en France depuis 1808; les brefs adressés à Paris et à Florence, les pouvoirs extraordinaires délégués au cardinal di Pietro, avaient forcé l'empereur de déployer sa puissance, et de reprendre Rome et les Etats de l'Eglise. Il déclamait contre la doctrine des Grégoire et des Boniface, contre la bulle *In Cœna Domini*, et déclarait qu'il ne souffrirait point en France de vicaires apostoliques; que le concordat avait été violé par le pape et n'existait plus; qu'il fallait par conséquent recourir à un autre mode pour les institutions canoniques, et que c'était au concile à indiquer celui qu'il jugerait le plus convenable. Lorsque le ministre eut lu ce passage en français, Gondronchi, archevêque de Ravenne, eut la complaisance de le lire en italien pour ses compatriotes. Il n'est pas besoin de dire l'effet que fit ce message; où chacun ne vit qu'une diatribe aussi peu digne d'un souverain qu'insultante pour le chef de l'Eglise. La seconde congrégation générale fut tenue le vingt-un juin. On y nomma pour la rédaction de l'adresse à l'empereur une commission du cardinal Caselli et de six évêques, et une autre commission chargée de présenter un règlement qui n'eut jamais lieu. On arrêta aussi que M. Dalberg archevêque de Ratisbonne, qui se trouvait à Paris, serait invité à assister aux congrégations, ainsi que son suffragant, l'évêque de Capharnaüm. Dans la troisième congrégation générale, le 23 juin, il y eut une discussion qui remplit presque toute la séance. Il s'agissait de déterminer si les ecclésiastiques nommés à des évêchés auraient voix délibérative. Le gouvernement leur était favorable, les traitait déjà comme évêques, et aurait voulu qu'ils fussent dans le concile sur le même pied que les autres membres. La question fut fortement débattue, et on prévoyait que la décision du concile allait repousser les prétentions des évêques nommés, lorsqu'on suggéra à l'un d'eux de déclarer que, puisque ce qu'ils demandaient éprouvait des difficultés, ils aimaient mieux y renoncer que d'être un sujet de dispute, et en conséquence il n'en fut plus question. Dans cette même séance on nomma une commission chargée de répondre au message, et qui fut composée des cardinaux Spina et Caselli, des archevêques de Tours et de Bordeaux, et des évêques de Nantes, de Trèves, de Tournay, de Gand, de Commachio, d'Ypres et de Troyes. L'archevêque de Ratisbonne fut introduit avec son suffragant. On lut un projet de mandement du concile, et l'on trouva quelques changements à faire dans la rédaction. Le 26 juin, quatrième congrégation générale, où il fut question de l'adresse. Une lettre du grand maître des cérémonies prévint que Bonaparte recevrait le concile le dimanche suivant, et qu'il désirait qu'on lui communiquât l'adresse d'avance. On en lut le projet, qui occasionna de longs débats. Les prélats italiens se plaignaient qu'on n'y eût suivi les quatre articles de 1682, qu'ils ne reconnaissent point. On vit alors quel fond on pouvait faire sur les adresses que le gouvernement avait publiées et répandues avec affectation peu de mois auparavant, et ces évêques, à qui on avait fait tenir un langage si peu favorable aux prérogatives de l'Eglise romaine, furent les premiers à réclamer pour elles. L'évêque de Brescia lut et déposa sur le bureau, tant en son nom qu'en celui de plusieurs de ses collègues italiens, une protestation contre cette partie de l'adresse. Ce fut au milieu de cette discussion que l'évêque de Chambéry proposa d'aller se jeter aux pieds de l'empereur, pour réclamer la liberté du saint-père. L'évêque de Jéricho, suffragant de Munster, et l'évêque de Namur, parlèrent dans le même sens. C'était le moins que le concile pût faire en faveur du chef de l'Eglise, et la démarche proposée par ces prélats eût été une honorable protestation contre la violence et l'injustice. Des évêques ne devaient pas voir tranquillement le premier des pasteurs dans les fers. Toutefois on objecta qu'il valait mieux s'abstenir d'une réclamation publique, et qu'on réussirait plus sûrement en secret, et en attendant un moment plus favorable. Ce fut l'avis du président, et ces calculs d'une prudence humaine, où sans doute il entrait un peu de crainte et de pusillanimité, l'emportèrent sur des considérations si dignes d'une assemblée d'évêques. Dans la cinquième congrégation générale du 27 juin, on lut de nouveau l'adresse, qui avait été rédigée par l'évêque de Nantes, et qui essuya de fortes contradictions, quoiqu'elle eût déjà été retouchée par la commission chargée de cet objet. L'auteur la défendit avec chaleur, et dans la discussion il lui échappa de dire qu'il était obligé de la lire telle qu'elle était, et qu'elle avait eu l'approbation de l'empereur. L'assemblée tout entière manifesta son indignation contre cet aveu servile; et cet évêque que l'on savait être un des instruments les plus dociles et les plus actifs de la cour, fut humilié et réduit au silence. Il y eut surtout des débats sur l'article où il était parlé de l'excommunication. L'évêque de Soissons se fit honneur par la manière dont il témoigna son attachement au pape. Enfin on adopta l'adresse, après en avoir retranché ce qui concernait l'excommunication, et il fut seulement convenu qu'elle ne serait signée que du bureau.

Cependant l'ennemi de l'Eglise ne négligeait rien pour parvenir à ses fins. Il avait dans le concile des émissaires soigneux de l'instruire de tout ce qui se passait. On cherchait à séduire quelques évêques, à en intimider d'autres. Bonaparte, mécontent des changements faits à l'adresse, ne voulut plus la recevoir, et fit contremander la députation qui devait lui être présentée. Il ordonna qu'on s'occupât sur-le-champ de l'objet de la convocation du concile, et en conséquence la commission formée précédemment, à l'occasion du message, tint des séances fréquentes pendant lesquelles le concile resta comme suspendu, et ne tint plus de congrégations générales. Cette commission ou congrégation particulière se réunissait chez le cardinal Fesch. La première séance eut lieu le 28 juin, et la deuxième le lendemain; mais on n'y fit en quelque sorte que préluder à la discussion. Le lundi 1er juillet, l'évêque de Nantes lut le rapport de ce qui avait été fait dans la commission d'évêques de 1810, et les évêques de Gand et de Tournay communiquèrent un travail que chacun d'eux avait fait sur la même matière, mais dans un sens différent de celui de Nantes. On entra alors dans quelques détails sur ce qui s'était passé à Savone. L'évêque de Nantes en avait fait un rapport très-sommaire dans une des assemblées tenues chez le cardinal Fesch avant l'ouverture du concile; mais depuis il n'en avait pas été question, et l'on était étonné qu'on tardât si longtemps à communiquer aux évêques un acte qui devait les intéresser si fort. L'archevêque de Tours, un des députés de Savone, lut donc la note qu'on disait avoir été approuvée le 19 mai par le pape, et qui portait « 1° qu'il accorderait l'institution canonique aux sujets nommés par l'empereur, dans la forme convenue à l'époque des concordats de France et du royaume d'Italie; 2° que Sa Sainteté se prêterait à étendre, par un nouveau concordat, les mêmes dispositions aux Eglises de la Toscane, de Parme et de Plaisance (qui étaient aussi sous la domination de Napoléon) ; 3° qu'elle consentait à ce qu'il fût inséré dans les concordats une clause par laquelle elle s'engageait à faire expédier aux évêques nommés les bulles d'institution canonique dans un temps déterminé, que Sa Sainteté estimait ne pouvoir être moindre que de six mois; et que dans le cas où elle différerait plus de six mois, pour d'autres raisons que l'indignité personnelle des sujets, elle investirait du pouvoir de la donner en son nom, après les six mois expirés, le métropolitain de l'église vacante, et à son défaut, le plus ancien évêque de la province ecclésiastique ; 4° que Sa Sainteté ne se déterminait à ces concessions que dans l'espoir qu'on lui avait fait concevoir que les évêques députés, qu'elles prépareraient les voies à des arrangements qui rétabliraient l'ordre et la paix de l'Eglise, et qui rendraient au saint-siége la liberté, l'indépendance et la dignité qui lui conviennent. »

Cette pièce, dépourvue de tout caractère d'authenticité, ne parut pas faire beaucoup d'impression sur la commission. Le 3 juillet, on commença à traiter sérieusement la question de la compétence du concile, pour chercher les moyens de suppléer aux bulles pontificales, ce qui était proprement le but du message. L'évêque de Nantes demanda si, dans le cas d'extrême nécessité, on ne pouvait pas se passer de bulle. Mais la commission ne voulut pas poser ainsi la question, et se réduisit à demander si, dans les circonstances où l'on se trouvait, le concile était compétent pour ordonner un autre moyen d'instituer les évêques. Les trois députés de Savone votèrent pour l'affirmative, comme on devait s'y attendre; les huit autres membres furent d'un avis contraire, et le cardinal Fesch ne donna point de voix. Après plusieurs incidents et propositions diverses, la congrégation déclara, le 5 juillet, qu'elle estimait qu'avant de prononcer sur les questions qui lui étaient proposées, le concile, pour se conformer aux règles canoniques, devait solliciter la permission d'envoyer au pape une députation qui lui exposât l'état déplorable des Eglises, et qui conférât avec lui des moyens d'y remédier. Le président fut chargé de présenter cette réponse à son neveu, qui s'en montra très-irrité, et qui menaça de dissoudre le concile et de forcer les métropolitains à instituer les évêques. Les prélats qui l'approchaient assuraient qu'ils avaient eu beaucoup de peine à le calmer, et qu'ils n'y étaient parvenus qu'en concertant un projet de décret qui pouvait seul arrêter les maux dont on était menacé. Ce projet était ainsi conçu : 1° Les évêchés ne peuvent rester vacants plus d'un an pour tout délai, et, dans cet espace de temps, la nomination, l'institution et la consécration doivent avoir lieu. 2° L'empereur nommera à tous les siéges vacants, conformément au concordat. 3° Six mois après la nomination faite par l'empereur, pour tout délai, le pape donnera l'institution canonique. 4° Les six mois expirés, le métropolitain se trouvera investi par la concession même faite par le pape, et devra procéder à l'institution canonique et à la consécration. 5° Le présent décret sera soumis à l'approbation de l'empereur. 6° S. M. sera suppliée par le concile de permettre une députation d'évêques de se rendre auprès du pape, pour le remercier d'avoir, par ces concessions, mis un terme aux maux de l'Eglise. On présenta ce décret comme une condescendance de l'empereur et comme un bienfait dont il fallait se hâter de profiter; et les évêques qui avaient sa confiance vantèrent la peine qu'ils s'étaient donnée pour obtenir des articles si favorables. Leurs démonstrations affectées n'en imposèrent que pour quelques moments, et on sentit bientôt tout ce que ce décret avait d'artificieux; car si le pape avait fait les concessions du 19 mai, il n'était pas nécessaire que le concile les adoptât, et s'il ne les avait pas faites, le concile ne devait pas les supposer et les prévenir. Dans la séance de la congrégation du 7 juillet, le projet ne fut rejeté que par l'archevêque de Bordeaux et par l'évêque de Gand; mais le lendemain, six autres membres rétractèrent l'approbation qu'ils avaient donnée, et quatre voix seulement furent pour l'acceptation pure et simple. On examina de nouveau, dans cette séance, et le projet et les concessions du 19 mai, et la commission fut d'avis, à la majorité des voix, que le décret susdit, avant d'avoir force de loi, devait être soumis à l'approbation de Sa Sainteté, et que cette clause devait y être insérée, attendu, 1° que la concession de Sa Sainteté n'était pas dans les formes; 2° que l'addition qui en dérivait, relativement à l'institution des métropolitains, n'était pas textuellement comprise dans les concessions faites par le pape. L'évêque de Tournay fut chargé de faire un rapport dans ce sens au concile. Ce rapport, que l'évêque de Troyes fut invité à retoucher, fut lu dans la congrégation générale du concile du 10 juillet. Il portait que la question de savoir si le concile national est compétent pour prononcer sur l'institution canonique des évêques sans l'intervention préalable du pape, dans le cas où le concordat serait déclaré abrogé par S. M., avait été mise aux voix, et que la pluralité des suffrages avait été pour l'incompétence du concile, même en cas de nécessité. La commission proposait donc un message au pape, pour lui soumettre le projet de décret; la délibération fut remise au lendemain. Mais le soir même, Bonaparte, irrité que le projet qu'il avait fait présenter eût échoué, rendit un décret pour dissoudre le concile. Ce décret fut notifié, le 10 au soir, au cardinal Fesch, et le lendemain, à tous les membres. Le ressentiment du despote se porta aussi sur les évêques qu'il jugea lui avoir été le plus contraires dans la commission. L'évêque de Gand avait déjà encouru sa disgrâce, pour avoir refusé le serment de la Légion d'honneur; l'évêque de Tournay avait rédigé le rapport de la commission, et l'évêque de Troyes avait été chargé de le revoir. Ces trois prélats furent arrêtés dans leur domicile, la nuit du 12 juillet, et conduits au donjon de Vincennes, où on les mit au secret le plus rigoureux, sans plumes, livres ni papier. L'archevêque de Bordeaux, qui n'était pas moins coupable aux yeux de Bonaparte que ces trois prélats, et qui en toute occasion avait montré son attachement aux règles, fut menacé du même sort; mais on ne voulut pas étendre plus loin la vengeance, et on crut apparemment avoir assez répandu de terreur parmi les évêques par ce coup d'autorité.

Quelques-uns repartirent sur-le-champ pour leurs diocèses; les autres durent se regarder comme frappés dans la personne de leurs collègues, et l'on se crut reporté au temps où les Constance, les Valens et les Zénon n'assemblaient des conciles que pour faire triompher l'erreur, et contraignaient les évêques à signer leurs caprices. Mais du moins jusque-là les évêques réunis à Paris avaient conservé l'honneur de leur caractère, et avaient montré en tout ce qui était essentiel du courage pour résister à l'oppresseur de l'Eglise. On avait voulu les séparer du saint-siège; ils s'y étaient tenus fermement attachés, et les menaces de Bonaparte, comme les artifices de ses agents, avaient échoué devant l'unanimité de leur résolution. Leur dissolution subite et l'emprisonnement de trois de leurs collègues, en attestant la violence qu'on voulait exercer sur eux, fermaient donc leur délibération d'une manière honorable. La tyrannie avait manqué son but; les espérances des fauteurs du schisme et de la discorde étaient déjouées, et les amis de l'Eglise applaudissaient à cette conclusion d'un concile dont la formation, vu le plan de son auteur, avait pu leur inspirer quelque alarme.

Le concile était dissous. Convoqué par l'envie de dominer et de brouiller, il venait d'être rompu dans un accès de colère, lorsqu'un nouveau caprice entreprit de le faire revivre. Bonaparte, irrité au dernier point de se voir entravé dans ses projets, ne parfait que de mesures terribles. Il voulait, disait-on, laisser de côté le pape et les évêques, et faire par le corps législatif une loi pour régler le mode d'élection des évêques : idée digne de tant d'autres qu'enfantait cet esprit opiniâtre et brouillon. Les évêques qu'il honorait de ses faveurs mirent tout en usage pour le calmer et pour lui fournir de nouveaux moyens de suivre ses vues. On lui dit sans doute que le châtiment qu'il venait d'infliger aux plus coupables rendrait les autres plus souples, et qu'il fallait se hâter de profiter de la terreur qu'avait répandue l'emprisonnement de trois prélats. Il n'y avait qu'à prendre à part les évêques, les effrayer successivement et ensuite reformer le concile, et lui faire rendre un décret tel qu'on le voulait. Une irrégularité de plus ne devait pas arrêter ceux qui avaient débuté par tant d'autres. Les auteurs et promoteurs de ce projet paraissent avoir été les trois évêques que nous avons vus constamment déclarés pour la cour, avant et après le concile, assistés d'un autre prélat qui était alors en faveur auprès de Bonaparte, et qui le suivait quelquefois dans ses campagnes. Après avoir laissé partir trois ou quatre évêques, ce qui était une nouvelle brèche à l'intégrité du concile, on retint les autres, et ils furent mandés, par des lettres particulières, chez le ministre des cultes, qui était chargé de leur faire la leçon les uns après les autres. Il usa de tout ce qu'il pouvait avoir d'éloquence, d'adresse et de théologie, tâcha de séduire ceux-ci, d'intimider ceux-là, et de les persuader tous des pieuses intentions de l'empereur, et les pressa d'adhérer au décret en six articles, que la commission avait rejeté. Les réponses durent être assez divergentes, et on obtint, dit-on, un assez grand nombre de signatures, les unes absolues, les autres avec diverses modifications. Plusieurs refusèrent toute espèce d'assentiment. On cite dans ce nombre l'archevêque de Bordeaux et les évêques de Vannes, de Saint-Brieuc, de Soissons, d'Amiens, d'Angers, de Limoges, d'Agen, de Mende, de Namur et de Digne. Quand on crut être sûr d'un nombre suffisant de suffrages, on convoqua tous les évêques chez le ministre pour le 27 juillet, et là on leur proposa le nouveau décret rédigé à peu près dans le même sens que le premier.

Le cardinal Fesch n'assista point à cette réunion, mais on s'était assuré de son assentiment. Le décret proposé était appuyé sur les deux bases suivantes : 1° Le concile national est compétent pour statuer sur l'institution des évêques en cas de nécessité ; 2° une députation de six évêques étant envoyée au pape, si Sa Sainteté refuse de confirmer le décret proposé par le concile, le concile déclarera qu'il y a nécessité. Dans ce cas, il sera pris par le concile, de concert avec S. M., des mesures à l'effet de pourvoir à la nomination, à l'institution et à la consécration des évêques, conformément aux canons et aux usages des églises, antérieurs au concordat. On dit que plus de quatre-vingts évêques adhérèrent à ces propositions, avec ou sans modifications, et en conséquence, les promoteurs du concile essayèrent de le ressusciter, quoique mutilé par l'emprisonnement de quelques évêques et par le départ de quelques autres. Il n'y eut point de décret pour le faire revivre, quoiqu'il parût nécessaire d'effacer le décret de dissolution du 10 juillet, et de redonner à l'assemblée qu'on allait tenir un titre d'existence. Le caprice du maître suffit, et il semble qu'il prit à tâche de ne pas laisser à son œuvre une ombre de régularité. On tint donc, le 5 août, ce qu'on appela une congrégation générale ; ce sera, si l'on veut, la septième. Les détails de cette séance prouvent combien la terreur avait agi sur les esprits. D'abord le cardinal Fesch proposa de renouveler les secrétaires, dont un, l'évêque de Troyes, se trouvait proscrit ; et pour épargner à l'assemblée la peine de les élire dans les formes, il lut une liste qu'il avait probablement concertées avec son neveu.

Les quatre secrétaires furent l'archevêque de Turin, et les évêques de Pavie, de Nantes et de Bayeux, qui entrèrent en fonctions, sans que l'on réclamât contre ce mode arbitraire. L'archevêque de Tours fit le rapport de la députation de Savone, et lut les concessions du 19 mai, sur lesquelles personne ne se permit la moindre réflexion. On passa ensuite au projet de décret qui avait déjà été communiqué chez le ministre des cultes. L'archevêque de Bordeaux fut le seul qui parla contre. L'évêque de Plaisance, nouveau promoteur, se hâta de prendre la parole, et dit que cette pièce avait été assez méditée, et qu'il fallait de suite aller aux voix. Jusque-là on avait toujours voté au scrutin, ce qui laissait du moins un peu plus de liberté ; mais cette fois, pour abréger, et sans doute pour intimider, on vota par assis et par levé ; et, de cette manière, une délibération d'une si haute importance dura à peine un quart d'heure. Une faible minorité se leva contre le décret, qui fut rendu ainsi : 1° Conformément à l'esprit des canons, les archevêchés et évêchés ne pourront rester vacants plus d'un an, pour tout délai : dans cet espace de temps, la nomination, l'institution, la consécration devront avoir lieu. 2° L'empereur sera supplié de nommer aux sièges vacants, conformément au concordat, et les prélats nommés par l'empereur s'adresseront à notre saint-père le pape pour l'institution canonique. 3° Dans les six mois qui suivront la notification faite au pape, par les voies d'usage, de ladite nomination, le pape donnera l'institution canonique conformément au concordat. 4° Les six mois expirés sans que le pape ait accordé l'institution, le métropolitain, ou à son défaut le plus ancien évêque de la province ecclésiastique, procédera à l'institution de l'évêque nommé ; et s'il s'agissait d'instituer le métropolitain, le plus ancien évêque de la province conférerait l'institution. 5° Le présent décret sera soumis à l'approbation de notre saint-père le pape, et à cet effet, Sa Majesté sera suppliée de permettre qu'une députation de six évêques se rende auprès de Sa Sainteté, pour la prier de confirmer un décret qui seul peut mettre un terme aux maux des Églises de France et d'Italie. On se doute assez, par le style de ces articles, sous quelle influence ils avaient été rédigés. Ces expressions : *Sa Majesté sera suppliée* et *le pape donnera*, indiquaient assez en faveur de qui on voulait faire pencher la balance. Quoi qu'il en soit, il est à propos de remarquer que, suivant l'usage observé de tout temps dans les conciles, les décrets ne sont véritablement tels, que quand ils ont été proclamés en session. Jusque-là ce ne sont que des avis de congrégations. Le concile lui-même avait reconnu cette forme, et en conséquence les cinq articles ci-dessus n'avaient pas même le caractère et l'autorité que pouvait leur donner l'assemblée des évêques, dans l'état de mutilation et de contrainte où elle était réduite ; et la congrégation, si c'en était une, n'avait pas le droit de les convertir en décret. Néanmoins on se disposa à les envoyer à Savone par une députation dont on laissa le choix à l'empereur, afin d'être plus sûr qu'elle lui fût agréable. Ce choix, et quelques autres difficultés, occasionnèrent un retard d'une quinzaine de jours. Ce ne fut que le 19 août que quatre-vingt-cinq évêques souscrivirent une lettre commune, dans laquelle ils priaient le saint-père de confirmer leur décret, et lui faisaient espérer à ce prix la paix de l'Église et sa propre liberté.

Ils y faisaient de grands éloges de l'empereur et de sa sollicitude pour le bien de l'Église. A cette lettre, qui ne fut souscrite que dans une réunion privée, en était jointe une autre du cardinal Fesch, qui mêlait ses instances à celles des évêques. Ces dépêches furent portées à Savone par une députation de neuf prélats, savoir : les archevêques de Tours, de Pavie et de Malines, et les évêques de Faenza, de Plaisance, de Feltre, d'Évreux, de Trèves et de Nantes, réduits à huit par la mort subite de l'évêque de Feltre. Quelques-uns trouvèrent que ces députés avaient été choisis de manière à ce que le pape ne sût du concile que ce que l'on voulait bien ne pas lui cacher. En même temps, afin que le souverain pontife ne pût pas dire qu'il manquait de conseils, on daigna lui envoyer cinq cardinaux, pris parmi ceux qui résidaient à Paris. Les cardinaux Doria, D'Agnani, Roverella, Ruffo (Fabrice) et Bayane eurent ordre de se rendre à Savone. On eut même la bonté de faire partir pour la même destination le prélat Bertazzoli, camérier secret et aumônier du saint-père, qui n'avait plus auprès de lui aucun des prélats de sa maison. Les députés du concile, ou plutôt de l'empereur, arrivèrent à Savone le dernier jour d'août, et firent demander une audience. On dit qu'elle leur fut d'abord refusée : Pie VII pressentait assez que cette mission tendait à lui arracher quelque chose contre ses intérêts, et que, soit qu'on le laissât seul, soit qu'on vînt le visiter, c'était afin de le fatiguer et de l'abattre. Cependant, sur de nouvelles instances des députés, qui alléguaient avoir à traiter avec lui des affaires les plus importantes, le généreux pontife consentit à leur donner audience, le 5 septembre, et les reçut en effet avec cette bonté qui ne s'est jamais démentie. Ils expliquèrent le sujet de leur voyage. Nous n'avons point vu de relation authentique de leur mission, du moins celle qui a été publiée ne paraît pas avoir un caractère marqué de vérité. Il est probable que les députés n'omirent rien pour amener le saint-père à ce qu'ils souhaitaient. Ils lui firent valoir sans doute les maux de l'Eglise et la nécessité des temps, comme si les maux de l'Eglise ne venaient pas de l'empereur; comme s'il n'eût pas dépendu de lui de faire cesser cette nécessité dont il voulait se prévaloir. Enfin, on prétend que, le 20 septembre, le pape touché de leurs représentations, et montrant d'autant plus de condescendance que son ennemi faisait voir plus de roideur, consentit à confirmer par un bref les articles du 5 août. Ce bref, qui commence par ces mots : *Ex quo*, est adressé, si la copie qu'on en a publiée est fidèle, aux évêques assemblés à Paris, mais sans les reconnaître comme concile national. Le pape y approuvait les cinq articles, en ajoutant qu'il voulait que le métropolitain, ou le plus ancien évêque, fît les informations d'usage, exigeât la profession de foi, instituât au nom du souverain pontife, et en envoyât le plus tôt possible les actes authentiques. Ensuite il félicitait les évêques de la soumission filiale et de la véritable obéissance qu'ils témoignaient pour lui et pour l'Eglise romaine, cette mère et cette maîtresse de toutes les autres. On assure que lorsque ce bref fut parvenu à Paris, ces dernières expressions choquèrent le conseil de Bonaparte. On trouva ridicule cette épithète de maîtresse (*magistra*) consacrée par la tradition, et l'avis fut de renvoyer le bref au pape, et de lui en demander un qui ne blessât pas les oreilles chatouilleuses du despote et de ses conseillers. Si le fait est vrai, et il y a quelques raisons de le croire, on ne saurait assez s'étonner que, pour une misérable chicane, on eût négligé un moyen de conciliation que l'on paraissait désirer ardemment. Le saint-père, qui avait poussé la condescendance jusqu'aux dernières bornes, dut penser que puisque les sacrifices qu'il avait faits ne contentaient pas encore des esprits exigeants, il n'y avait plus rien à espérer pour la paix de l'Eglise. Les négociations furent donc rompues, et les évêques qu'on avait fait rester à Paris pour en attendre l'issue, sans qu'ils eussent eu permission de s'assembler, furent mandés chez le ministre des cultes, le 2 octobre. Là on leur dit que les négociations étant près de se terminer d'une manière heureuse, et la saison étant avancée, l'empereur jugeait qu'ils devaient retourner dans leurs diocèses. Quelques-uns se crurent en droit d'en demander davantage, et voulaient qu'on les informât de ce qu'avaient fait leurs députés. D'autres parlaient d'aller à Notre-Dame pour clore le concile avec les cérémonies usitées. Mais on ne les satisfit ni sur l'un ni sur l'autre point; il ne convenait pas qu'il y eût rien de régulier dans ce simulacre de concile. Il fut donc dissous une seconde fois, si toutefois on peut dire qu'il existât encore depuis le décret du 10 juillet, l'emprisonnement de trois évêques et la retraite de quelques autres. Les députés de Savone, après quelque séjour dans cette ville, revinrent successivement sans avoir rien fait, et les cardinaux furent aussi appelés dans la suite à Paris. Ainsi se termina définitivement cette assemblée d'évêques, convoquée avec tant d'éclat, et dont l'histoire rappelle ces conciles tenus dans les temps du Bas-Empire ou sous des empereurs ariens. Même manége, même terreur de la cour. Les commissaires de Constance et de Valens n'étaient pas plus artificieux que ceux de Napoléon. La marche du concile fut toujours tracée d'avance, et il ne lui fut permis ni de s'assembler, ni de délibérer, que sous le bon plaisir de l'empereur. Oublions que quelques évêques servirent ses vues avec une complaisance peu honorable, et ne nous rappelons que les noms de ceux qui soutinrent la dignité de leur caractère et les droits de l'Eglise. Bonaparte ne permit point la publication des actes : il fit saisir au contraire toutes les pièces qui y avaient rapport, ce qui rend la tâche de l'histoire plus difficile. Nous croyons cependant n'avoir rien omis d'important, et nous avons mis tous nos soins à réunir tout ce qui pouvait donner une idée exacte de l'un des faits les plus intéressants de l'histoire ecclésiastique dans ces dernières années. *Mém. pour serv. à l'hist. ecclés.*, t. III.

PARME (Conciliabule de), l'an 1062, par

l'antipape Cadaloüs, pour faire approuver son intrusion. *Mansi, Suppl. t.* I.

PARME (Concile de), l'an 1187 : contre les violences des laïques envers les ecclésiastiques. *Reg.* XXVII ; *Labb.* X.

PARME (Synode diocésain de), *Parmensis*, sous Jean Mozanega, vicaire général, l'an 1602. On y publia de sages règlements par rapport aux maîtres d'école ; on y recommanda aux curés la soumission aux archiprêtres ; on y défendit aux bénéficiers de couper les arbres plantés sur leurs bénéfices. *Constitutiones, Parmæ*, 1602.

PARME (Synode diocésain de), l'an 1674, 26 et 27 avril, sous Charles Nembrino. Ce prélat, entre autres règlements, y publia le calendrier à l'usage de son diocèse. *Constit. synodales, Parmæ.*

PASSAU (Concile de), *Patavinum, seu Passavinum*, l'an 976. *Voy.* LAUREACUM, même année.

PASSAU (Synode de), l'an 1074. L'évêque Altmann y publia les décrets du concile de Rome contre les clercs concubinaires et simoniaques ; mais il trouva dans son clergé, par rapport surtout au premier article, une violente opposition. « Nous ne voulons ni ne pouvons, lui crièrent ces éhontés, quitter notre habitude. » « Je ne puis ni ne veux, leur répartit le vigoureux prélat, consentir à ce désordre. » Les séditieux auraient fini par mettre en pièces leur évêque, s'il n'avait été défendu par les seigneurs laïques présents à l'assemblée. *Germ. sacr. t.* I ; *Gretser. Oper. t.* VI.

PASSAU (Synode de), l'an 1203, présidé par l'évêque Wolffger, pour maintenir certains droits temporels des chanoines réguliers de Saint-Nicolas. *Hist. monast. S. Nicol. extra urbem Pataviam.*

PASSAU (Synode ou Chapitre de), l'an 1220, tenu sous l'évêque Ulric, en présence des légats du saint-siége. Il y fut arrêté qu'on prélèverait pendant trois années consécutives le vingtième du revenu de tous les biens ecclésiastiques, suivant ce qui avait été ordonné au concile de Latran, pour le recouvrement de la terre sainte. *Hansitz. Germ. sac. t.* I.

PASSAU (Synode de), l'an 1261. Otton de Lonsdorff, évêque de Passau, y nomma, du consentement de son clergé, huit collecteurs chargés de recueillir cent marcs d'argent à employer dans la guerre contre les Tartares. *Ibid.*

PASSAU (Synodes de), l'an 1284. L'évêque Godefroi tint en cette année deux synodes. Dans le premier, il publia trente-quatre statuts, dont plusieurs sont très-remarquables. Le septième, par exemple, fait un devoir aux recteurs de paroisses de ne placer, avec l'approbation de leur doyen, que des ecclésiastiques capables dans les succursales de leur ressort ; ce qui prouve qu'à cette époque le choix des succursalistes ou des chapelains était un droit réservé aux curés. Le neuvième interdit aux clercs de célébrer les noces de leurs fils ou de leurs filles. Le quatorzième défend à un clerc d'exercer à la fois deux vicariats ; et le quinzième, à un bénéficier en titre, de faire l'office de vicaire. Le dix-septième réserve au seul doyen de l'église de Passau, à moins d'une délégation particulière du pape ou de l'évêque, le droit de prendre connaissance des causes matrimoniales. Le vingtième impose l'obligation à tous les prêtres de se confesser à leur doyen de leurs péchés graves, comme aux doyens eux-mêmes de le faire à l'évêque ou à l'archidiacre. Le vingt-deuxième porte la peine d'excommunication contre les chrétiens qui se mettraient au service des juifs. Le vingt-quatrième fait défense de vendre du vin, ou de ramasser les récoltes sans nécessité dans les églises et les cimetières. Le trente-deuxième défend tout pacte intéressé qu'on ferait à l'occasion de funérailles, avant la sépulture ; mais l'enterrement étant fait, les héritiers, ou ceux qui succèdent aux biens du défunt, doivent payer au prêtre et à l'église tout ce qui peut être dû en vertu du testament ou de quelque louable coutume, et ils doivent même y être contraints, en cas de besoin, par la force des censures ecclésiastiques. Le trente-quatrième et dernier statut oblige tous les clercs engagés dans les ordres sacrés à la récitation quotidienne de l'office canonique.

L'autre synode qui se tint cette même année eut pour objet de réprimer l'insolence de certains moines, auteurs d'une sédition sacrilége. *Hansitz. Germ. sac. t.* I.

PASSAU (Synode de), l'an 1293. L'évêque Bernard de Prambach y fit un statut pour défendre aux clercs engagés dans les ordres sacrés l'usage de certains chapeaux à forme relevée, et même de chapeaux quels qu'ils fussent, si ce n'était en voyage. Il fit un autre statut pour qu'on anticipât d'un jour les vigiles et les jeûnes qui tombaient le dimanche. *Ibid.*

PASSAU (Synode ou Chapitre de), l'an 1294. Bernard de Prambach, évêque de Passau y renouvela quelques-uns des statuts du premier synode tenu par son prédécesseur ; il y condamna de plus les personnes coupables d'usures à payer, tant en restitution qu'en amende, le double des intérêts qu'ils auraient perçus. *Ibid.*

PASSAU (Synode de), l'an 1470. Udalric de Nusdorff, évêque de Passau, tint ce synode, dans lequel il publia cinquante-cinq statuts : voici les plus remarquables. Le 2ᵉ fait défense de donner du vin du calice, dans le temps de la messe, aux enfants nouvellement baptisés. Le 3ᵉ enjoint à tous les prédicateurs de réciter au peuple, dans sa langue maternelle, le *Pater*, l'*Ave*, le *Credo*, les dix commandements de Dieu et la forme du baptême. Le 5ᵉ prescrit aux curés d'assurer à leurs vicaires une portion suffisante et honnête des revenus de leurs églises. Le 19ᵉ fait un devoir à tous les prêtres de dire chacun une messe, à la mort de l'évêque, pour le repos de son âme. Le 22ᵉ défend à tous les religieux, et particulièrement aux frères mendiants, de faire des sermons au peuple avant l'heure du dîner. Le 23ᵉ réprouve les festins donnés par des prêtres le jour même de leurs premières messes. Le 30° défend de traiter les enfants illégitimes différemment des autres dans le baptême qui leur était conféré, ou de s'enquérir du nom du père de qui ces enfants tenaient le jour, surtout si cette question pouvait causer du scandale, ou contribuer à rendre publics des péchés secrets. Le 4° contient la défense de porter processionnellement l'eucharistie, pour bénir une moisson ou arrêter un incendie. Le 45° prescrit trois clefs pour la garde du trésor de chaque fabrique : l'une qui devait être entre les mains du curé ou de son vicaire ; la seconde entre celles du marguillier, appelé le maître de la zèque dans le style du temps, et la troisième confiée à un notable de la paroisse. Le 54° interdit de nouveau les pactes intéressés à l'occasion de sépultures ou de mariages. *Hansitz. Germ. sac. t.* 1.

PATAVINA (*Concilia*). *Voy.* PADOUE ; *voy. aussi* PASSAU.

PATRICE (Concile de saint), l'an 451 ou 456. *Voy.* IRLANDE, même année.

PAVIE (Concile de), *Papiense, seu Ticinense,* l'an 850. Ce concile fut tenu sur la fin de l'an 850, sous Lothaire et Louis Auguste. Angilbert, archevêque de Milan, y présida avec Théodemar, patriarche d'Aquilée, et Joseph, évêque et archichapelain de toute l'Eglise. Baronius dit qu'il y avait à Ivrée, en 844 et 845, un évêque de ce nom. Ils firent vingt-cinq canons.

1. « L'évêque aura dans sa chambre, et pour les services les plus secrets, des prêtres et des clercs de bonne réputation, qui le voient continuellement veiller, prier, étudier l'Ecriture sainte, et qui soient les témoins et les imitateurs de sa sainte vie. »

2. « Il célébrera la messe non-seulement les dimanches et les fêtes principales de l'année, mais tous les jours s'il est possible, et priera en particulier pour lui, pour les autres évêques, pour les rois, pour tous les pasteurs de l'Eglise, pour ceux qui se sont recommandés à ses prières, et surtout pour les pauvres. »

3. « Il se contentera de repas modérés, et au lieu de presser ses convives de manger et de boire, il leur donnera l'exemple de la sobriété : il n'admettra point à sa table les spectacles ridicules de fous ni de bouffons, mais on y verra des pèlerins, des pauvres et des infirmes. On y lira l'Ecriture sainte, et il entretiendra ensuite ses convives de discours de piété, afin qu'ils se réjouissent d'avoir reçu en même temps une nourriture corporelle et spirituelle. »

4. « Il n'aimera ni les oiseaux, ni les chiens, ni les chevaux, ni les habits précieux, ni tout ce qui sent le faste et le luxe. Il sera simple et vrai dans ses discours, en employant ces façons de parler de l'Evangile : *Cela est, ou cela n'est pas ;* ou celle-ci ; *Dieu le sait,* lorsqu'il est besoin d'assurer quelque chose. »

5. « Il s'occupera sans cesse de la méditation des Ecritures canoniques et des dogmes de la religion, pour en instruire les prêtres et les autres clercs. »

6. « Il prêchera aux peuples, selon leur portée, les dimanches et les fêtes. Il aura soin que les archiprêtres visitent tous les chefs de familles, afin que ceux qui se trouveront coupables de péchés publics fassent pénitence publique, et que, pour les péchés secrets, ils se confessent à ceux que lui ou ses archiprêtres auront choisis ; lesquels, en cas de difficulté, consulteront l'évêque ; et l'évêque consultera ses confrères voisins, ou le métropolitain, ou même le synode de la province, si la difficulté le demande. »

7. « Les prêtres de la ville et de la campagne veilleront sur les pénitents, pour voir comment ils pratiquent la pénitence qui leur est imposée : s'ils font des aumônes ou d'autres bonnes œuvres pour l'expiation de leurs péchés ; quelle est leur contrition, quelles sont leurs larmes, pour abréger ou étendre le temps de leur pénitence. A l'égard de la réconciliation, elle se fera, non par les prêtres, mais par l'évêque seul, suivant ce que prescrivent les anciens canons, si ce n'est qu'il y ait danger de mort, ou que l'évêque soit absent, et que le pénitent ait demandé avec piété à être réconcilié. »

8. « Les prêtres avertiront les malades de demander le sacrement recommandé par l'apôtre saint Jacques, c'est-à-dire l'extrême-onction ; mais ils ne l'accorderont aux pénitents qu'après que ceux-ci auront été réconciliés, et qu'ils auront reçu le corps et le sang du Seigneur. Si la qualité du malade l'exige, l'évêque lui administrera lui-même l'onction sainte. »

9. « On renouvelle les anciens canons qui défendent aux pénitents de se marier pendant le cours de leur pénitence ; et, parcequ'il arrivait quelquefois que des parents refusaient de marier leurs filles, quoiqu'ils en eussent l'occasion, et que ces filles se livraient à l'impudicité dans la maison même paternelle, il est ordonné que, si un père ou une mère ont consenti à la corruption de leur fille, ils accompliront l'un et l'autre leur pénitence publique avant qu'elle puisse être mariée. »

10. « Les ravisseurs et leurs complices pourront recevoir la communion à la mort, s'ils sont vraiment pénitents, et s'ils la demandent avec dévotion ; mais jamais un ravisseur ne pourra épouser légitimement celle qu'il a enlevée. »

11. « C'est à l'évêque du lieu où un crime aura été commis, qu'il appartient d'imposer la pénitence, et d'écrire à tous les évêques dans les diocèses desquels le coupable a des terres, de ne point l'admettre à leur communion, comme ayant été excommunié pour son crime. »

Ce canon fut fait contre la fraude de ceux qui, ayant des terres en différents diocèses, disaient à l'évêque qui voulait, à cause de quelque crime, les mettre en pénitence, qu'ils l'avaient déjà reçue d'un autre.

12. On déclare que tous ceux qui sont privés de la communion du saint autel, et

soumis à la pénitence publique, ne peuvent ni porter les armes, ni juger des causes, ni exercer aucune fonction publique, ni se trouver dans les assemblées, ni faire des visites. Néanmoins on leur permet de vaquer à leurs affaires domestiques, si ce n'est, comme il arrivait souvent, que, touchés de l'énormité de leurs crimes, ils ne pussent en prendre soin.

13. On distingue deux sortes de paroisses; les unes, qu'on appelle *Moindres titres;* et les autres, *plebes* ou *baptismales;* et l'on veut que les premières soient gouvernées par de simples prêtres; les secondes, par des archiprêtres qui, outre le soin de leurs paroisses, devaient encore veiller sur les moindres cures, et en rendre compte à l'évêque. On juge l'inspection des archiprêtres si nécessaire, qu'encore que l'évêque soit en état de prendre soin de ces églises baptismales, en même temps que de l'église matrice ou cathédrale, il doit néanmoins se contenter de veiller par lui-même sur celle-ci, afin de partager avec d'autres les fonctions et les charges de l'épiscopat.

14. Comme la plupart des monastères, tant d'hommes que de filles, avaient été détruits, soit par les évêques, soit par les laïques, le concile en ordonne la réparation, et premièrement de ceux qui étaient sous la puissance des évêques; en sorte que, pour le premier synode, il y en ait cinq de rétablis. Il menace d'excommunication les évêques négligents à cet égard.

15. « Les hôpitaux seront gouvernés par ceux que les fondateurs auront désignés; et, s'il arrive que les héritiers s'emparent des biens de la fondation, on aura recours à l'autorité de l'empereur pour réprimer leur usurpation. »

16. « Quant aux monastères et aux hôpitaux mis par les fondateurs sous la protection du sacré palais, on se contente, pour empêcher les princes de contribuer à leur destruction, de leur représenter que, si, dans ce siècle ils n'ont personne pour les juger, Dieu les jugera en l'autre. »

17. « Les dîmes seront payées exactement, et l'évêque en fera la distribution selon les canons, et non selon sa volonté. »

18. « On ne souffrira point de clercs acéphales, c'est-à-dire qui ne soient sous la discipline d'aucun évêque; c'est pourquoi on avertira les séculiers, qui veulent que l'on célèbre les divins mystères dans leurs maisons, de n'y employer que ceux qui auront été examinés par les évêques, et qui auront des lettres de recommandation de ceux de qui ils auront reçu les ordres. »

20. « Défense aux laïques, sous peine d'excommunication, de charger des prêtres de la recette des deniers du fisc, des impôts, de leurs propres affaires, ou d'autres fonctions semblables, et de commettre des juifs pour juger des causes criminelles entre les chrétiens, et d'en exiger des tributs. »

21. On ordonne aux usuriers de restituer ce qu'ils auront acquis par usure; et, au cas qu'ils ne l'eussent pas fait de leur vivant, on enjoint aux héritiers de le faire, ou moins à moitié, et de racheter leurs péchés par les aumônes. Le concile ne parle que de ce qui s'était fait jusqu'alors; mais il ajoute que si à l'avenir quelqu'un est convaincu de prêter à usure, s'il est laïque, il sera excommunié; s'il est prêtre ou clerc, et ne s'est point corrigé, après avoir été averti par son évêque, il sera privé de son grade.

22. On implorera le secours de l'empereur contre ceux qui, s'étant fait donner la tutelle des veuves et des orphelins, les oppriment au lieu de les protéger.

23. « Les évêques feront arrêter les clercs et les moines vagabonds, qui sèment des erreurs partout où ils passent, ou proposent des questions inutiles. Ensuite il les fera conduire au métropolitain, pour être punis comme perturbateurs de la paix de l'Église. »

24. On défend aux pères et aux mères de marier leurs enfants fort jeunes à de grandes filles, parce qu'il arrivait que, sous le voile du mariage de leurs enfants, les beaux-pères abusaient de leurs brus.

25. On condamne à une pénitence très-sévère des magiciennes qui se vantaient de donner de l'amour ou de la haine par leur art, et que l'on soupçonnait même de faire mourir des hommes. On ordonne qu'elles ne soient réconciliées qu'au lit de la mort, et au cas seulement où elles auront fait de dignes fruits de pénitence.

L'empereur Louis, qui était présent à ce concile, y fit un capitulaire qui fut depuis confirmé par Lothaire, son père. Il est composé de cinq articles, dont deux ont rapport aux matières ecclésiastiques. L'un ordonne aux comtes et à tous les ministres publics de veiller à la sûreté des pèlerins qui allaient à Rome faire des prières. L'autre défend aux prélats qui allaient à la cour de commettre des vexations envers leurs hôtes, et de rien exiger d'eux qu'en les payant. *Reg.* XXI; *Lab.* VIII; *Hard.* V.

PAVIE (Assemblée de), l'an 853. Ce fut une assemblée politique, mais où l'on s'occupa d'intérêts religieux. On y permit aux femmes veuves de prendre le voile dès la première année de leur veuvage. *Labb.*, t. VIII.

PAVIE (Concile de), l'an 855. L'empereur Louis, fils de Lothaire, voulant réformer plusieurs abus dans la discipline de l'Église, en demanda les moyens aux évêques de Lombardie, qu'il avait assemblés au mois de février de l'an 855. La réponse de ces évêques contient dix-neuf articles, dans lesquels ils se plaignent de ce que quelques-uns de leurs confrères ne veillaient ni sur leur clergé ni sur leurs peuples : ils demandent toutefois à l'empereur de leur accorder du temps pour se corriger, voulant qu'en cas d'incorrigibilité ils soient punis sévèrement. Ils déclarent ensuite qu'ils sont disposés à écouter toutes les plaintes qui pourraient être formées contre des évêques, soit par des laïques, soit par des clercs, et de punir les délits d'une manière convenable. Ils ajoutaient que le ministère de la parole de Dieu était extrêmement négligé, autant par la faute des évêques et des prêtres, que par celle du peuple; mais aussi que quelques laïques, principalement les seigneurs, qui devaient être les plus assidus aux instructions qui se faisaient dans les grandes églises, n'y venaient point, aimant mieux entendre l'office divin dans les églises qui étaient proche de leurs maisons. Quelques-uns de ces seigneurs recevaient même les clercs sans la permission de leurs évêques, et faisaient célébrer la messe par des prêtres ordonnés en d'autres diocèses, ou dont l'ordination était douteuse. Il y avait aussi des laïques qui, sous prétexte qu'ils avaient part à l'élection, traitaient leurs archiprêtres avec hauteur; d'autres qui enlevaient les biens de l'Eglise, et d'autres qui donnaient leurs dîmes aux églises situées dans leurs terres, ou aux clercs qu'ils avaient à leur service, au lieu de les donner aux églises où ils recevaient l'instruction, le baptême et les autres sacrements. Les évêques prient l'empereur de réformer tous ces abus, d'empêcher les mariages incestueux, et de faire observer les capitulaires de ses prédécesseurs, sur le rétablissement des hôpitaux et des églises, et l'observation de la règle de saint Benoît, dans les monastères d'hommes et de filles. Ils marquent en détail ce que les archiprêtres devaient fournir à l'évêque, lors de la visite de son diocèse. *Hist. des aut. sacr. et eccl.*

PAVIE (Concile de), l'an 866. On y implora la clémence du pape Nicolas Ier en faveur de Teutgaud et de Gontier. *Mansi, Conc.*, XV.

PAVIE (Concile de), l'an 876. Le roi Charles le Chauve ayant été couronné empereur à Rome, le jour de Noël de l'an 875, par le pape Jean VIII, reçut encore, à son retour, la couronne de Lombardie à Pavie, et la confirmation de celle de l'empire, dans une assemblée des évêques et des comtes du pays, tenue au mois de février de l'an 876. L'acte en fut souscrit par dix-sept évêques de Toscane et de Lombardie, par un abbé et par dix comtes. Les mêmes évêques firent les quinze canons qui suivent, et qui furent confirmés dans le concile de Pontyon.

1. On respectera la sainte Eglise romaine, chef des autres églises, et personne n'entreprendra rien contre ses droits.

2. On honorera le pape Jean; on respectera ses décrets, et on lui rendra en toutes choses l'obéissance qui lui est due.

3. On ne fera aucune entreprise sur les terres de l'église de Rome; et ceux qui lui enlèveront quelque chose seront punis à la volonté de l'empereur, outre la restitution qu'ils seront obligés de faire.

4. On respectera l'autorité sacerdotale et le clergé.

5. On respectera de même l'autorité impériale, et personne n'aura la hardiesse de lui résister.

6. On laissera les évêques exercer librement leurs fonctions selon les canons.

7. Les évêques prêcheront par eux mêmes ou par d'autres, et auront soin que leurs prêtres s'acquittent aussi de cette fonction. Les laïques qui demeurent dans les villes assisteront les jours de fêtes aux assemblées publiques de l'Eglise, de même que ceux qui demeurent à la campagne; et il ne sera permis à personne d'avoir des chapelles domestiques sans raison, et sans le consentement de l'évêque.

8. Les évêques auront des cloîtres près de leur église, où ils vivront canonialement avec leurs clercs. Ils empêcheront leurs prêtres de quitter leur église pour aller demeurer ailleurs, ou s'en feront obéir selon les canons.

9. Défense aux ecclésiastiques d'habiter et de converser avec les femmes; d'aller à la chasse, et de s'habiller à la façon des séculiers.

10. Défense de prendre les biens de l'Eglise, et ordre de les restituer au plus tôt, si on les a pris.

11. On payera fidèlement la dîme, et l'évêque en commettra la dispensation aux prêtres.

12. Les évêques et les seigneurs vivront en bonne intelligence.

13. Les évêques et les comtes, en exerçant leur ministère, demeureront dans leurs maisons, et non pas dans celles des pauvres, à moins qu'ils n'en soient priés. Ils auront soin aussi d'empêcher les pillages et les déprédations.

14. Défense à qui que ce soit de s'emparer des biens de l'évêque, quand il vient à mourir. On doit les réserver à son successeur, ou les donner aux pauvres pour le bien de son âme.

15. Personne ne retirera ou ne célera au roi les infidèles

PAVIE (Concile de), tenu par le pape Jean VIII, l'an 878. On s'y occupa de la discipline des églises, et le pape y confirma au peuple et au clergé de Pavie le droit d'élire son propre évêque, et à l'évêque lui-même celui d'appeler au concile les archevêques de Ravenne et de Milan. *Mansi, Conc. t.* XVII.

PAVIE (Concile de), l'an 889. Ce concile se tint sous Jean, évêque de Pavie, qui fut gouverneur de Rome dans le temps que le pape Adrien III vint de Rome en France. Ce concile confirma l'élection de Gui, roi d'Italie, et fit dix canons sur la discipline. *Ed. Ven. t.* XI.

PAVIE (Concile de), vers l'an 937. Rathier, évêque de Vérone, qui avait été chassé de son siège et s'était retiré à Pavie, parla à ce concile pour être réintégré. *Mansi, Conc. t.* XVIII.

PAVIE (Concile de), l'an 997. Le pape Grégoire V tint ce concile, et y excommunia le consul Crescentius, avec Philagathe, évêque de Plaisance, que Crescentius avait fait élire anti-pape la même année, sous le nom de Jean XVII. *Reg.* XXV; *Lab.* IX; *Hard.* VI.

PAVIE (Concile de), vers l'an 1012 ou 1020. Le pape Benoît VIII présida à ce concile, et y fit un long discours contre la vie licencieuse des clercs. On a mis ce discours à la tête des actes du concile, qui consistent en sept décrets ou canons :

1. Les clercs n'auront ni femmes ni concubines, et cela sous peine de déposition.
2. Même peine contre les évêques qui auront des femmes chez eux.
3 et 4. Les enfants de clercs seront serfs de l'église dans laquelle leurs pères servent, quoique leurs mères soient libres ; et tous les biens qu'ils leur auront donnés appartiendront aussi à l'église. Défense aux juges laïques, sous peine d'excommunication, d'affranchir ces sortes de serfs.
5. Les serfs de l'Eglise ne pourront rien acquérir ni posséder en propre, quand même ils seraient nés d'une mère libre.
6. L'homme libre qui aura prêté son nom à un serf de l'Eglise pour faire quelque acquisition, donnera à l'Eglise ses sûretés, ou il sera excommunié.
7. Même anathème contre le juge ou le tabellion qui aura écrit le contrat.

Ces décrets sont souscrits de six évêques, outre le pape Benoît. La date en est du premier août, on ne dit pas de quelle année.

PAVIE (Concile de), l'an 1049. Le saint pape Léon IX tint ce concile dans la semaine de la Pentecôte, et n'y fit que répéter celui qu'il avait tenu à Rome la même année.

PAVIE (Conciliabule de), l'an 1076. Les évêques schismatiques du parti de Henri IV y retournèrent contre le pape saint Grégoire VII l'excommunication qu'il avait lancée contre eux, attentat qui ne pouvait faire de mal qu'à eux-mêmes. *Labb., t. X.*

PAVIE (Conciliabule de), l'an 1081, vers la mi-mars, en présence de l'empereur Henri IV : on y confirma l'élection de l'antipape Guibert. *Mansi, Suppl. t. II.*

PAVIE (Concile de), l'an 1114. On y accorda des indulgences à ceux qui contribueraient à la construction d'un hôpital pour les pauvres pèlerins. *Mansi, t. II, col. 285.*

PAVIE (Concile de), l'an 1128. Le cardinal Jean de Crême tint ce concile, qui excommunia Anselme, archevêque de Milan, pour avoir couronné roi d'Italie Conrad, duc de Franconie, rebelle envers Lothaire II, *Ed. Ven. XII.*

PAVIE (Conciliabule de), l'an 1160. L'empereur Frédéric s'étant déclaré pour Octavien ou Victor III, anti-pape, fit assembler les évêques à Pavie au nombre de cinquante, avec plusieurs abbés, dans le dessein de le faire reconnaître solennellement. Le pape Alexandre III, à qui l'empereur avait mandé de s'y rendre, ne le jugea pas à propos, craignant de se mettre entre les mains de ce prince. Cette assemblée commença le 5 février 1160 ; on fut cinq jours à agiter la question des deux élections ; le sixième on lut une espèce d'information et de déposition de témoins, après quoi on prononça le septième jour en faveur d'Octavien, qui était présent. L'empereur était sorti du concile pour laisser la liberté aux évêques ; mais aussitôt que la sentence fut rendue, on la lui porta pour la confirmer. Octavien appelé à l'église y fût reçu avec grande solennité.

L'empereur lui rendit à la porte le respect accoutumé, puis le prenant par la main, le mena à son siége et l'intronisa. Le lendemain, 8 février, Alexandre III fut anathématisé comme schismatique, sous le nom de Roland, avec ses fauteurs. Alexandre III, étant à Anagni avec les évêques et les cardinaux de sa suite, excommunia solennellement, le jeudi saint, 21 mars, l'empereur Frédéric, et déclara que tous ceux qui avaient prêté serment de fidélité à ce prince étaient absous de leur serment. Les présidents du conciliabule de Pavie écrivirent une lettre circulaire dans laquelle ils disaient qu'ils avaient traité canoniquement la cause des deux élections et sans aucune intervention du jugement séculier ; la première signature est de Peregrin, patriarche d'Aquilée, qui signa aussi pour ses suffragants. Arnould, archevêque de Mayence, en fit de même. La lettre que l'empereur écrivit sur l'élection de Victor III, est adressée à Eberard, archevêque de Saltzbourg, et à quelques autres évêques d'Allemagne ; mais on ne fut pas longtemps sans faire voir les nullités de l'assemblée de Pavie. Henri, prêtre-cardinal, auparavant moine de Clairvaux ; Odon, cardinal-diacre, et Philippe, abbé de l'Aumône, au diocèse de Chartres, écrivirent une lettre générale à tous les prélats et fidèles, où ils montraient l'incompétence des juges, la canonicité de l'élection d'Alexandre, et son mérite personnel, les défauts essentiels de celle de Victor, ses violences. Jean de Salisbury écrivit aussi pour faire voir d'un côté la canonicité de l'élection d'Alexandre, de l'autre l'irrégularité du concile de Pavie, où, faute d'évêques, on avait fait paraître des laïques, et mis au premier rang des évêques dont l'élection était nulle ou rejetée. Fastrède, abbé de Clairvaux, disait dans sa lettre à Omnibon, évêque de Vérone, qu'au lieu de cent cinquante-trois évêques que les schismatiques disaient avoir au conciliabule de Pavie, il n'y en avait que quarante-quatre. *Hist. des aut. sacr.*

PAVIE (Concile de), l'an 1423. Le concile de Constance avait indiqué ce nouveau concile. On en fit l'ouverture au mois de mai ; mais il fut transféré à Sienne le 22 juin, à cause de la peste dont Pavie était menacée. *Voy.* SIENNE, l'an 1423.

PAVIE (Synode de), *Papiensis*, sous Hippolyte Rossi, l'an 1566. Louis Somaschi, prévôt de l'église de Pavie, y prononça le discours synodal ; les constitutions qu'on y publia furent renouvelées avec quelques modifications dans le synode tenu l'an 1612. *Constit. in synodo Papiensi, Ticini, 1612.*

PAVIE (Synode de), l'an 1612, sous Jean-Baptiste Bili. Les statuts publiés dans ce synode ne furent, pour ainsi dire, qu'une nouvelle édition de ceux de l'an 1566, revue et augmentée ; ils se divisent en quatre parties. La première des obligations des clercs leur défend de nourrir leurs cheveux ou leur barbe, de porter des armes, de faire des sorties nocturnes, de porter des plumes à leurs chapeaux, de jouer soit à la grande, soit à la petite paume, de se déguiser dans leurs habillements, d'habiter les maisons où il se trouve des femmes suspectes. La deuxième partie a rapport à l'office divin et à la célébration des messes. La troisième traite de l'administration des sacrements; la quatrième, des legs pieux et des biens ecclésiastiques. A ces constitutions, qui appartenaient proprement au synode tenu en 1566, le prélat en joignit de nouvelles, en particulier contre les concubinaires et les prêtres simoniaques, et sur les oratoires des campagnes. *Ibid.*

PAYS-BAS (Synodes diocésains des). Synode tenu à Bois-le-Duc, *Buscoducensis*, l'an 1571, par Laurent Metsius, évêque de cette ville, qui y publia des statuts, rangés sous vingt-cinq titres, sur les sacrements, le culte divin, la vie cléricale, la tenue des écoles et du séminaire, les biens d'église, les cimetières, les fabriques et les testaments. *Conc. Germ., t.* VII.

Autre synode tenu à Bois-le-Duc, l'an 1612, par Gisbert Masius, qui y publia de nouveaux statuts, rangés sous vingt-six titres, sur les mêmes matières et à peu près dans le même ordre que ceux de son prédécesseur. *Ibid., t.* IX.

Pour les autres synodes des Pays-Bas, *Voy.* GAND, NAMUR, YPRES, LIÉGE, MALINES, CAMBRAI, TOURNAY, ANVERS, RUREMONDE, UTRECHT, etc.

PAZ (Synode diocésain de Notre-Dame de la), au Pérou, l'an 1638, par D. Félicien de Vega, évêque de la Paz et archevêque élu de Mexico. Les constitutions publiées dans ce synode par ce prélat sont divisées en cinq livres : le 1er, sur la foi catholique, l'extrême-onction, les clercs étrangers, les devoirs de curé, de sacriste, de visiteur, ceux de l'évêque, de ses grands vicaires et de ses officiers ; le 2e, sur les jugements et l'examen des causes, et sur les fêtes à garder; le 3e sur la vie des clercs et le devoir de la résidence, sur les testaments, les sépultures, les paroisses, les dîmes, les couvents, la célébration des messes et des divins offices, le baptême, l'eucharistie, la conservation des saintes huiles, l'observation des jeûnes ; le 4e, sur les fiançailles et le mariage ; le 5e enfin, sur la pénitence et les cas réservés. *Constituc. synod. del obisp. de la ciudad de Nuestra Senora de la Paz; en Lima*, 1639.

PEDREDAN (Concile de), *Pedredanum*, l'an 1071. On y termina un différend touchant la juridiction, en faveur de saint Wulstan, évêque de Worchestre. *Angl.* I.

PEGNA (Concile de Saint-Jean de la) dans l'Aragon, *Aragonense*, l'an 1062, le 25 juin. On y décida que les évêques de l'Aragon seraient tous pris dans le monastère de Saint-Jean de la Pegna. *Reg.* XXV; *Lab.* IX; *Hard.* VI.

PEGNAFIEL (Concile de), *apud Pennam fidelem*, l'an 1302. Ce concile fut tenu par Gonsalve, archevêque de Tolède et ses suffragants, depuis le 1er avril jusqu'au 13 mai. On y fit les quinze canons suivants.

1. Tout clerc constitué dans les ordres sacrés, ou qui aura un bénéfice, sera obligé de réciter tous les jours les heures canoniales, sous peine de privation des fruits de son bénéfice, ou de suspense des fonctions de ses ordres, s'il n'a point de bénéfice.
2. Même peine contre les clercs concubinaires.
3. Tout curé qui aura laissé mourir par sa faute quelqu'un de ses paroissiens sans sacrements, sera privé pour toujours de son bénéfice.
4. Nul curé n'administrera son paroissien, sans savoir s'il aura été confessé.
5. Tout prêtre qui aura révélé la confession, sera mis en prison, pour y vivre au pain et à l'eau le reste de ses jours.
6. Chaque évêque de la province de Tolède fera publier dans son diocèse la constitution du pape Boniface VIII en faveur du clergé.
7. On payera la dîme de tout.
8. Les prêtres, ou du moins des clercs en leur présence, feront eux-mêmes les pains de farine de blé, destinés à la consécration.
9. L'évêque punira les usuriers.
10. Les juifs ou les agaréniens qui se feront baptiser, ne perdront pas pour cela les biens qu'ils avaient avant leur baptême, quoique la disposition du droit civil l'ordonne ainsi. Les agaréniens sont les Arabes, ainsi nommés parce qu'ils descendent d'Ismaël, fils d'Agar.
11. On fera la fête de S. Ildephonse, archevêque de Tolède, sous le rite d'un office double.
12. On chantera tous les jours, et dans toutes les églises, le *Salve Regina*, et les oraisons *Concede nos famulos tuos; Ecclesiæ tuæ; Deus omnium fidelium; Quæsumus, omnipotens Deus*, etc., après complies
13. Les évêques interdiront les terres de ceux ou de celles qui violeront les immunités des églises.
14. Quiconque retiendra prisonnier un évêque, ou un chanoine d'une église cathédra, sera excommunié.
15. L'évêque diocésain excommuniera les militaires, et les autres non privilégiés, qui achèteront des biens d'église. *D'Aguirre, tom.* V; *Reg.* XXVIII; *Lab.* XI; *Hard.* VIII.

PERGAME (Concile de), l'an 152. Baluze cite un concile de Pergame en Asie, qu'il croit avoir été tenu l'an 152, contre les colarbasiens, hérétiques qui faisaient dépendre la destinée des hommes de sept constellations, auxquelles ils rapportaient ce que dit saint Jean, dans son Apocalypse, des sept églises et des sept chandeliers d'or. Le premier que nous sachions qui ait parlé de ce concile, est Primasius, dont le P. Sirmond a publié l'ouvrage sous le nom supposé de *Prædestinatus*.

PERGAMENSE (*Concilium*), l'an 1311. *Voy.* BERGAME.

PERIGUEUX (Concile de), *Petrocoricense*, l'an 1365. Ce fut un concile de toute la province de Bordeaux, présidé par l'archevêque Elie de Salignac. *Gall. Chr. t.* XI, *col.* 837.

PEROUSE (Synode diocésain de), *Perusina*, vers l'an 1320, par l'évêque François Poggi.

Ce prélat y publia les constitutions synodales de son diocèse, dont voici quelques-unes des principales.

« On administrera gratuitement les sacrements. Défense d'absoudre, sans une autorisation spéciale, des cas réservés, sous peine d'être interdit d'entendre les confessions. Défense aux clercs, sous peine de suspense, de garder des femmes suspectes. Les faussaires de lettres épiscopales sont excommuniés de plein droit. » *Mansi, Conc. t.* XXV.

PÉROUSE (Synode diocésain de), *Perusina*, l'an 1582, 16 et 17 mai, sous Vincent Herculano. Ce prélat y prescrivit avant tout l'observation des règlements de ses prédécesseurs; il y fit défense de rien faire imprimer, en fait de thèses théologiques et de sommaires d'indulgences, qui n'eût été auparavant soumis à son examen, ou à l'examen de l'inquisiteur. Il donna des règles pour l'administration des sacrements, le soin des églises et des cimetières, le culte des images et des reliques, le discernement des vrais et des faux miracles, la conduite des confréries; et il rappela à ses prêtres plusieurs décrets du concile de Trente et des souverains pontifes, pour qu'ils engageassent le peuple à s'y conformer. *Decreta et monita, Perusiæ*, 1584.

PÉROUSE (Synode de), l'an 1600. Nous ignorons les décrets qui y furent portés.

PÉROUSE (Synode diocésain de), l'an 1632, sous le cardinal-archevêque Côme de Torres. Le prélat y publia des décrets où il insista particulièrement sur la réforme des abus relatifs aux sortiléges, aux enchantements, à la représentation des sujets sacrés et aux faux miracles. *Decreta synodalia, Perusiæ*, 1632.

PERPIGNAN (Concile de), *Perpiniacense*, non approuvé, l'an 1408 et 1409.

Benoît XIII fit l'ouverture de ce concile, le 1ᵉʳ novembre. Les prélats qui le composaient, se partagèrent de sentiment le 5 décembre, et le plus grand nombre ayant insensiblement quitté le concile, il n'en resta que dix-huit avec Benoît, auquel ils conseillèrent, le 1ᵉʳ février de l'an 1409, d'embrasser sans délai la voie de la cession, et d'envoyer des nonces à Grégoire XII et à ses propres cardinaux, qui tenaient alors le concile de Pise. Il nomma en effet sept légats à Pise, le 26 mars; mais six de ses légats furent arrêtés à Nîmes, par ordre du roi de France; et le septième était resté en Catalogne, pour aller en ambassade auprès du même roi de France Charles VI, de la part de Benoît. *Lab.* XI; *Hard.* VIII.

Pour les autres conciles, assemblées ou synodes du diocèse de Perpignan, *Voy.* ELNE, ARLAS ou ARLES, et TÉLUJES ou TULUJES.

PERSE (Concile de), ou de l'Arche, *in cœnobio Arcæ*, après l'an 430. Dadjésu, archevêque de Séleucie, ayant excommunié quelques évêques, ceux-ci pour se venger, le calomnièrent auprès du roi Béhéram, et réussirent au point qu'il fut mis en prison et battu de verges. Quelque temps après, l'empereur Théodose, qui venait de conclure un traité de paix avec le roi de Perse, obtint de ce prince que l'archevêque calomnié fût élargi; mais celui-ci, dégoûté du siècle, se retira alors dans le monastère de l'Arche, dans la résolution qu'il avait prise d'abdiquer sa dignité. Les évêques de la province s'y opposèrent à leur tour, et s'étant assemblés en concile dans le monastère même, ils déterminèrent avec beaucoup de peine le saint évêque à rentrer dans son siége, en même temps qu'ils firent un canon pour défendre de recevoir à l'avenir des accusations contre l'archevêque de Séleucie, et pour se déclarer eux et la Perse entière, soumis à sa juridiction. Les écrivains nestoriens en faussé les actes de ce concile, en leur faisant dire que l'archevêque de Séleucie ne pourrait pas même être traduit en jugement devant le patriarche d'Antioche, tandis qu'au contraire les Chaldéens, tant qu'ils ont été orthodoxes, ont constamment reconnu dans ce patriarche de l'Orient le pouvoir de juger sans distinction tous leurs évêques. Dadjésu, rentré dans ses droits, accorda à tous ses ennemis une généreuse amnistie, n'exceptant du pardon général que les deux évêques Isaac et Jahabella, que le vice radical de leur ordination avait fait déposer depuis longtemps. *Mansi, Conc. t.* IV.

PERSE (Conciliabule de), *Persicum*, l'an 499, par Rosée, métropolitain nestorien de Nisibe, où l'on confirma les décrets donnés sous Barsumas en faveur du mariage des prêtres et des moines. *Assemani, Bibl. orient.*

PERSE (Conciliabule de), l'an 544, par Mar-Abas, *catholique* des nestoriens, qui sut mettre fin au schisme qui régnait dans la secte, où l'on voyait ordinairement deux évêques en chaque ville, l'un célibataire et l'autre marié. Il paraît que dans ce synode les évêques embrassèrent la continence. *Ibid.*

PERSE (Conciliabule de), l'an 553. C'est un faux concile comme les deux précédents, assemblé par Joseph, patriarche des nestoriens, dans lequel on fit vingt-trois canons de discipline. Le premier est remarquable, en ce qu'il condamne ceux qui usurpent les dignités ecclésiastiques par la faveur des rois et des personnes puissantes; et le septième, en ce qu'il défend aux patriarches et aux métropolitains de rien statuer dans leurs conciles, si ce n'est en présence et avec le consentement de trois évêques. *Mansi, Suppl. t.* I

PERSE (Conciliabule nestorien de), l'an 588, présidé par le patriarche nestorien Jésujab. On y fit trente canons, dont le premier ordonne qu'on reçoive la foi de Nicée, les canons des apôtres et des Pères, et qu'on rejette l'hérésie d'Arius et de Macédonius touchant la Trinité, ainsi que les erreurs d'Eutychès, de Manès et des autres, touchant l'humanité du Christ. Le second prescrit de suivre les commentaires de Théodore de Mopsueste, et d'anathématiser quiconque enseigne une doctrine différente. Le huitième est dirigé contre les prêtres et les moines vagabonds, qui menaient des femmes avec eux, sans faire cas ni des jeûnes, ni de la prière, ni de l'eucharistie; et on y fait la défense aux hommes de pénétrer dans des communautés de religieuses, et aux femmes d'entrer dans des monastères d'hommes. Le neuvième porte qu'il n'est pas permis le dimanche de déserter les églises catholiques où se célèbrent les offices divins, sous prétexte de satisfaire sa dévotion dans les monastères, ce qu'on peut du reste se permettre les jours de férie. Le vingt-neuvième traite des synodes de métropolitains convoqués par le patriarche, et des synodes d'évêques convoqués par leur métropolitain, et menace de la déposition les évêques de Nisibe et de Gandisapor, qui avaient refusé de se trouver au concile, s'ils ne témoignent de leur obéissance dans le courant de cette année. *Mansi, Conc. t.* IX.

PERSE (Conciliabule de), et peut-être de Séleucie, l'an 596, présidé par Sabarjésu, *catholique* nestorien. On y fit des décrets fort semblables à ceux du précédent. *Mansi, Conc., t.* X.

PERSE (Conciliabule de), l'an 607, à l'occasion de l'ordination de Grégoire, *catholique* nestorien. On y confirma les décrets de Sabarjésu, en particulier contre les prêtres, les diacres et les moines vagabonds. *Id., ibid.*

PERSE (Conciliabule tenu en), peut-être à Séleucie, l'an 804, par Timothée, patriarche nestorien. On y fit quatre-vingt-dix-huit canons, dont le 6e et les deux suivants prononcent la peine de suspense pour deux mois, avec obligation de s'abstenir de poisson et de vin pendant ce temps, contre les évêques réfractaires à leur souverain catholique ou à leur métropolitain : si ce sont des prêtres et des diacres, outre la peine de suspense, ils devront pendant le même temps s'abstenir de viande et de vin. Mansi conclut de ces canons que l'usage de la viande était généralement interdit aux évêques, du temps de Timothée. Le 10e canon fait défense de garder sur un autel l'eucharistie pour le lendemain, et oblige de la consommer tout entière le jour même où elle est consacrée. Le 42e et le 44e défendent à la femme répudiée pour cause de fornication, de se remarier à un autre, et à celui-là même qui l'a répudiée de contracter un autre mariage. Les autres décrets de ce conciliabule ne méritent pas de nous occuper. *Mansi, Conc. t.* XIV.

PERSE (Conciliabule tenu en), peut-être à Séleucie, l'an 820, par Josué Bar-Nun, *catholique* nestorien. On y fit cent trente canons, dont nous n'avons plus les trente-trois premiers. Le 101e permet, contrairement au 42e du conciliabule rapporté plus haut, à celui qui a répudié sa femme pour cause de fornication, de passer à de nouvelles noces, et à la femme répudiée, de chercher un autre mari. *Id., ibid.*

PERTESTADT (Concile de), *Pertestadense*, l'an 1085. Ce concile, ou plutôt cette assemblée mixte, se tint en un lieu de la Thuringe appelé Vevesten ou Pertestadt, au sujet des divisions qui partageaient l'Allemagne, tant pour l'ecclésiastique que pour le civil. *Mansi, t.* II.

PERTH (Concile de), *Perthanum*, l'an 1201. Le légat Jean, cardinal de Saint-Etienne, tint ce concile, qui eut pour objet la réforme des mœurs, et qui dura quatre jours. Les actes en sont perdus : nous savons seulement qu'il y fut ordonné, sous de grièves peines, de chômer le samedi depuis midi, et d'assister au sermon et aux vêpres, ce qui serait annoncé par le son des cloches. On y accommoda aussi un différend qui subsistait entre l'évêque de Saint-André et les moines de Chercho. *Angl.* I; *Mansi, tom.* II.

PERTH (Concile de), l'an 1206. Ce fut un concile national de toute l'Ecosse, qui se tint au mois d'avril, et dont on n'a point les actes, non plus que ceux des conciles de Lambeth, de saint Albans et de Rading, qui se tinrent la même année. *Angl.* I.

PERTH (Concile de), l'an 1211. On y délibéra sur les secours à porter à la terre sainte. *Anglic.* I.

PERTH (Concile de), l'an 1221. Jacques, chanoine de Saint-Victor de Paris, et légat du saint-siège dans l'Ecosse et l'Irlande, convoca ce concile de toute l'Ecosse. Il commença dans l'octave de la Purification, et dura quatre jours. On en ignore les actes. *Angl.* I.

PERTH (Concile de), l'an 1242. Ce fut un concile général de tous les évêques d'Ecosse. Le roi Alexandre II y parut en personne, et défendit rigoureusement à tous ses sujets, et notamment à ses barons, de faire aucun tort au clergé. *Angl.* I.

PERTH (Concile de), l'an 1268. L'abbé de Melvos, et la plus grande partie de ses moines, y furent excommuniés pour avoir fait des actes d'hostilité, en blessant et en tuant, contre le traité de paix de Wedal. *Angl.* II.

PERTH (Concile de), l'an 1275. Bagimond, nonce du pape, y perçut la taxe imposée sur tous les bénéfices ecclésiastiques de l'Ecosse, sans excepter les couvents de l'ordre de Citeaux. C'est tout ce que nous savons de ce concile. *Wilkins, t.* II.

PERTH (Concile de), l'an 1280. On y prononça une sentence d'excommunication contre un seigneur nommé Guillaume de Fontana, détenteur injuste d'un bien d'Eglise. *Ibid.*

PERTH (Concile de), l'an 1321. On n'a point d'actes de ce concile, dont on sait uniquement que ce fut cette année qu'il se tint.

PERTH (Concile de), l'an 1416. L'abbé de Pontigny ayant été envoyé en Ecosse par les Pères du concile de Constance, y assembla ce concile pour déterminer l'Eglise d'Ecosse à adhérer au concile de Constance, et à quitter l'obédience de Pierre de Lune, confiné alors au château de Paniscole. *Anglic.* III.

PERTH (Concile provincial de), l'an 1420. On y détermina la portion canonique qu'il y aurait à payer pour la confirmation des testaments. *Wilkins, t.* III.

PERTH (Concile général d'Écosse à), l'an 1436. Ce concile, convoqué par le légat du pape Eugène IV, n'eut aucun effet. *Ibid.*

PERTH (Concile général d'Écosse tenu à), l'an 1459. On y confirma le droit dont le roi était en possession, de présenter à tous les bénéfices vacants de son royaume. *Ibid.*

PESCHIA (Synode de), *Pisciensis*, en juillet 1606, sous Étienne Cicchi. On y recommande aux curés l'instruction chrétienne de l'enfance, la lecture du catéchisme romain et des constitutions diocésaines, la résidence dans leurs paroisses, et le soin d'administrer les sacrements. D'autres statuts de ce synode reproduisent le calendrier du diocèse, ou sont relatifs aux testaments, aux biens d'Église, aux confréries et aux couvents, aux formalités à observer dans les causes ecclésiastiques. *Decreta diœc. synodi Pisciensis, Florentiæ*, 1606.

PETERBOROUGH (Assemblée ecclésiastique de), composée de l'archevêque, d'évêques et de comtes, vers l'an 660, pour la consécration de l'église de ce monastère. Wilkins, sur la foi duquel nous mentionnons cette assemblée, ne dit pas en quel lieu précisément elle a pu se tenir. *Anglic.* I.

PETERKAU (Concile de), ou Pétricovie, *Petercavense*, l'an 1510. Jean, archevêque de Gnesne et primat de Pologne, tint ce concile le 11 novembre : on y fit les statuts suivants :

1. On célébrera la fête de la conception de la sainte Vierge avec octave.
2. On chômera la fête de saint François.
3. On observera les anciens statuts provinciaux.
4. Les ordinaires puniront les archidiacres et tous ceux qui sont obligés de faire des visites dans le diocèse, quand ils seront négligents à les faire, ou qu'ils exigeront plus que leurs droits de procuration.
5. Il y aura dans chaque collégiale quelques prébendes affectées aux officiaux forains, qui seront savants dans le droit.
6. On ne nommera curés que des prêtres.
7. On ne donnera les cures qu'à des prêtres savants et irréprochables dans leurs mœurs, après un sévère examen.
8. L'évêque de Cracovie, chancelier de l'université de cette ville, corrigera les abus qui s'y trouveront, s'il y en a.
9. On ne choisira que des gens savants et habiles pour gouverner les écoles des cathédrales, des collégiales et des cures.
10. Personne ne sera admis aux ordres sans un certificat de vie et de mœurs signé par son doyen rural, et par deux curés témoins de sa conduite.
11. On publiera la bulle *In cœna Domini* les jours solennels, et surtout le jeudi saint.
12. On exécutera le statut du concile provincial qui frappe les faussaires.
13. Les ordinaires puniront les blasphémateurs et ceux qui négligent de se faire relever des censures ecclésiastiques qu'ils ont encourues.
14. On publiera dans les églises qu'on ne tiendra point de foires les jours de dimanches et de fêtes.
15. Les clercs ne se mettront point au service des hérétiques, ni des schismatiques, ni des Tartares ou des Turcs.
16. On suivra le Pontifical romain pour donner les ordres, sacrer les évêques, bénir les vierges, célébrer l'office divin.
17. Les évêques porteront des rochets.
18. Les prêtres suivront les rites du diocèse dans la célébration de l'office divin.
19. On dira la messe à voix haute et intelligible, excepté les secrètes et le canon grand et petit.
20. On fera les unions d'églises paroissiales qui ont été arrêtées.
21. Les ordinaires puniront les adultères et les concubinaires publics, et prieront le roi de ne pas souffrir qu'on les élève aux dignités et aux charges publiques.
22. On observera le statut provincial touchant les usuriers, de même que celui qui défend aux clercs de porter les habits laïques qu'on nomme *husucæ*.
23. Les clercs ne porteront point de bonnets carrés, si ce n'est en voyage.
24. Les clercs ne s'exciteront point à boire les uns les autres dans les repas, et ne boiront pas à la santé les uns des autres.
25. Les prêtres n'iront point aux cabarets.
26. Les curés ne marieront pas d'autres personnes que celles de leur paroisse.
27. On ne portera point d'habits de soie, excepté les princes, leurs ambassadeurs et leurs officiers curiaux. *Mansi, t.* V.

PETERKAU (Concile provincial de), l'an 1520, sous la présidence de Matthias Drzewiki, archevêque de Gnesne. On y défendit d'arrenter les biens ecclésiastiques, surtout aux séculiers. *Constit. synodor. metropol. eccl. Gnesnensis, Cracoviæ* 1579.

PETERKAU (Concile provincial de), l'an 1530, sous Mathias Drzewiki. On y recommanda l'observation des statuts des synodes précédents. On défendit les brigues au sujet des élections ; et l'on déclara susceptibles d'être annulées, les élections de prélats ou de chanoines où n'auraient pas été appelés les chanoines absents. On rappela, à propos des troubles excités par l'hérésie de Luther, l'obligation d'éviter les excommuniés dans le commerce de la vie, et surtout dans le boire et le manger. Mais le plus intéressant de tous ces décrets est celui où le concile recommande aux hôpitaux les enfants exposés, ordonnant que si l'hôpital est trop pauvre pour suffire à cette charge par lui-même, la paroisse où un enfant aura été exposé fournisse à l'hôpital les moyens de le nourrir, ou que du moins la piété des ordinaires vienne au secours de cet enfant, en le sauvant de la mort. *Ibid.*

PETERKAU (Concile provincial de), l'an 1532, sous le même. On y recommanda la vigilance aux évêques pour empêcher la propagation des livres suspects, et l'on fit un devoir aux abbés d'obliger leurs moines à fréquenter les écoles publiques. *Ibid.*

PETERKAU (Concile provincial de), l'an 1534, sous le même. On y déclara les abbés de monastères tenus de se rendre, sur l'invitation des ordinaires, au synode provincial. *Constit. syn. metropol. Eccl. Gnesnensis, Cracoviæ.* 1579.

PETERKAU (Concile provincial de), l'an 1539, sous Jean Latalski et Pierre Gamrati. L'archevêque et les évêques présents s'engagèrent dans ce synode à honorer comme leurs frères et leurs membres les plus près de leur cœur les prélats et les chanoines de leurs cathédrales, et à ne gêner en rien leur juridiction capitulaire, confirmée par leurs propres serments. Le même concile défendit aux clercs de faire l'office de procureurs ou d'avocats devant des tribunaux séculiers, à moins que ce ne fût dans leurs propres causes, ou dans celles de leurs églises, des pauvres et de leurs proches. *Ibid.*

PETERKAU (Concile provincial de), l'an 1542, sous Pierre Gamrati. On y annula un statut de fraîche date d'après lequel les nobles auraient été seuls éligibles à la dignité d'abbés. On y déclara causes purement spirituelles celles où il s'agissait de la foi catholique, d'hérésie, de schisme, de blasphème, d'apostasie, de dîmes, de sacrements, de bénéfices, de mariages, de simonie, d'usure, de meurtre commis sur un prêtre, de sacrilège; et causes mixtes, les exécutions de testaments et de dernières volontés, excepté les legs pieux, qu'on déclara être des causes purement spirituelles. On recommanda aux curés et, à leur défaut, aux archidiacres, la visite des écoles à faire au moins deux fois chaque année, et l'on y défendit les livres de Mélanchthon, de Luther et des autres novateurs, en permettant au contraire la lecture de la Morale de Caton, d'Isocrate, de Cicéron, d'Esope, de Virgile, de Sénèque, aussi bien que des auteurs sacrés du Nouveau Testament, et celle des autres orateurs et poëtes approuvés et nullement suspects dans la foi catholique. *Ibid.*

PETERKAU (Concile provincial de), l'an 1544, sous le même. On y recommanda aux ordinaires la discrétion dans le choix des prédicateurs et des curés; à tous les clercs en général de réclamer contre les atteintes portées à la liberté ecclésiastique; on fit un statut contre les officiers locaux qui soutiendraient les excommuniés opiniâtres, et on arrêta enfin que le roi serait supplié de pourvoir à la fondation de nouvelles cures, selon le besoin des lieux et sur la demande des ordinaires. *Ibid.*

PETERKAU (Concile provincial de), l'an 1551, sous Nicolas Dzierzgowski. Défense y fut faite aux évêques d'aliéner les fonds et les dîmes de leurs églises sans le consentement de leurs chapitres. Ordre leur fut donné d'avoir toujours auprès d'eux des hommes savants pour instruire et confirmer dans la foi les ignorants et les faibles. On leur recommanda en même temps de ne point permettre au milieu de leurs repas, surtout devant des séculiers, des disputes sur les matières controversées entre les catholiques et les hérétiques. *Ibid.*

PETERKAU (Concile provincial de), l'an 1554, sous le même. Les biens de l'archevêché et des évêchés ayant souffert de l'oppression des gouverneurs, et en quelques endroits des évêques eux-mêmes, le synode assemblé autorisa les chapitres à remédier à ces désordres par des perquisitions sévères. Il défendit les permutations de biens d'église, à moins d'une nécessité évidente et de l'accord unanime des ordinaires et de leurs chapitres. Il menaça de peines pécuniaires les évêques qui gêneraient la liberté de leurs prêtres dans la perception de leurs dîmes. *Ibid.*

PETERKAU (Concile provincial de), le 19 mai 1577. Ce concile fut tenu par Vincent Laureo, évêque de Montréal et nonce du saint-siége auprès du roi Etienne, et par Jacques Uchanski, archevêque de Gnesne, légat-né et primat du royaume de Pologne, assistés des évêques de Poméranie, de Cracovie, de Posen et de Camin, avec les représentants d'autres évêques de la province absents. On y admit de plus un grand nombre d'ecclésiastiques dignitaires ou docteurs. Trente-sept décrets y furent dressés.

On exigea avant le reste (c. 1) la profession de foi prescrite par Pie IV. On ordonna (c. 2) la stricte exécution des canons et des décrets du concile de Trente. On pria toutefois le nonce (c. 3) d'obtenir du saint-siége d'en modérer quelques-uns, vu la difficulté d'en faire l'application rigoureuse en particulier à cette province. On recommanda (c. 3) l'usage des litanies et des processions aux époques marquées pour chaque année, et (c. 6) la tenue régulière des synodes tant provinciaux que diocésains, en prononçant des peines contre ceux qui négligeraient de s'y rendre. On recommanda (c. 8) de remettre en exercice la juridiction spirituelle, presque tombée en désuétude, en poursuivant par les peines canoniques les usures, les adultères, les concubinages, les parjures, les simonies et tant d'autres crimes. On prescrivit aux clercs la sobriété (c. 9), l'habit clérical et la tonsure (c. 10); on exhorta (c. 13) les évêques à défendre les droits de l'Eglise, ses priviléges et ses immunités; on leur fit un devoir (c. 14) d'assister aux états généraux et aux assemblées particulières du royaume. On résolut (c. 15) de demander au roi le rétablissement du siége épiscopal de Pomesen, que l'hérésie avait envahi. Les cinq chapitres suivants ont pour objet la discipline à observer dans les monastères. Au chapitre 23e, on ordonna, pour faire cesser la variété dans les prières et le chant ecclésiastique, d'établir partout dans la province l'usage du Missel et du Bréviaire romains, et pour le chant, d'après les mêmes principes, une règle uniforme. On s'éleva (c. 24) contre l'abus de piller les biens des ecclésiastiques à leur mort. On ordonna (c. 27) pour toutes les écoles la lecture publique du Catéchisme romain, et l'on y défendit particulièrement tous les livres composés par des hérétiques. On déclara (c. 33) illégitimes et incestueux les mariages de prêtres, et excommuniés par le fait même ceux qui les auraient contractés. On arrêta (c. 34), en exécution du décret du concile de **Trente**, que des séminaires seraient au plus tôt établis auprès des cathédrales. On fit un devoir aux évêques (*c.* 35) de soutenir de leurs propres deniers l'académie de Cracovie. On leur recommanda de plus l'hospitalité envers tout le monde, mais surtout à l'égard de leurs confrères et de leurs chanoines, le soin des hôpitaux, la charité pour les pauvres. On défendit aux ecclésiastiques d'empêcher les fidèles de disposer librement de leurs biens dans la manifestation de leurs dernières volontés. Enfin (*c.* 37), on déclara qu'aucune de ces constitutions ne serait publiée, qu'elles n'eussent auparavant été revues, corrigées et confirmées par le siége apostolique. Le pape Grégoire XVI confirma en effet les décrets de ce concile par un bref daté de Rome, 29 décembre 1577. *Constitutiones synodor. metrop. Eccl. Gnesnensis, Cracoviæ,* 1579.

PETERKAU (Concile provincial tenu à), l'an 1578, sous le même. On y demanda, comme dans le précédent, la profession de foi prescrite par Pie IV; puis on condamna le traité qui avait précédé l'élection de Henri de Valois, et en vertu duquel la liberté de conscience avait été accordée aux hérétiques, comme contraire aux lois divines, aux sacrés canons et aux lois communément reçues, en particulier à la constitution du royaume de Pologne et au serment que l'on y prêtait, et comme tournant au bouleversement et à la ruine de l'Eglise, à la perte des fidèles, à la destruction de la paix et de l'unité, enfin, comme incompatible avec la raison elle-même et avec la nature des choses, qui ne permet pas que deux doctrines opposées sur le même point soient vraies à la fois. On déclara excommuniés les laïques, et suspens de leurs fonctions et privés de leurs bénéfices les clercs qui donneraient les mains à ce traité. *Constitutiones synod. Eccles. Gnesnensis, Cracoviæ,* 1630.

PETERKAU (Concile provincial tenu à), l'an 1607, 8 octobre, sous le cardinal Bernard Macieiowski, archevêque de Gnesne. On y recommanda la réforme du clergé aussi bien que celle du peuple, la fuite du luxe, le soin des pauvres, la défense des libertés et des droits de l'Eglise, le rétablissement des églises ruinées, l'observation des anciens statuts de la province; on prit des moyens de conciliation avec les autres ordres de l'Etat; on défendit le détournement des dîmes et l'aliénation des biens ecclésiastiques; on demanda au roi l'abrogation d'une constitution publiée à la dernière assemblée générale, comme blessant les droits et les franchises des Russes du rite grec unis à l'Eglise romaine. Enfin on résolut de demander la confirmation de tous ces décrets au saint-siége, qui les confirma effectivement l'année suivante. *Ibid.*

PETERKAU (Concile provincial tenu à), ouvert le 26 avril et terminé le 1er mai 1621, sous Laurent Gembicki, archevêque de Gnesne et légat-né du saint-siége. On y revendiqua les droits de l'Eglise de Gnesne, en sa qualité de métropole, sur celle de Breslau; on recommanda aux évêques de ne pas casser sans nécessité les actes de leurs prédécesseurs; d'accorder à leurs clercs, qu'on aurait accusés, les moyens de se défendre; d'user de leur autorité contre les usuriers publics, les adultères, les incestueux, les parjures, les sorciers et les autres fauteurs de désordres; de se soutenir mutuellement et de défendre contre les séculiers les libertés ecclésiastiques. On défendit de célébrer la messe dans les oratoires privés. On convint d'adresser de nouvelles supplications au saint-siége pour la canonisation du B. Stanislas Kostka et du B. Cantzki, aujourd'hui, comme on le sait, déclarés saints l'un et l'autre. On fit encore quelques autres règlements qu'il serait trop long de rapporter. Les actes de ce concile furent confirmés par le saint-siége, le 29 avril 1623. *Synod. prov. Gnesn., Cracoviæ,* 1624.

PETERKAU (Concile provincial tenu à), ouvert le 22 mai et terminé le 26 du même mois 1628, sous Jean Wesik, archevêque de Gnesne. On y ordonna l'exécution d'une lettre pastorale du cardinal Macieiowski, l'un des prédécesseurs de l'archevêque d'alors, concernant l'administration des sacrements. On y rappela aussi plusieurs constitutions de souverains pontifes touchant les droits des évêques et les exemptions des réguliers. Ces statuts furent approuvés par le saint-siége, sous la date du 18 novembre de la même année. *Synodus prov. Gnesnensis, Cracoviæ,* 1629.

PHARE (Concile de) en Angleterre, *Pharense,* l'an 664. Il y avait en cet endroit un monastère de filles, dont Hilde était abbesse. Ce fut elle qui demanda la convocation de ce concile à Oswy, roi de Northumberland. Elle s'y trouva avec Egfrid, fils du roi Oswy, Agilbert, évêque des Saxons occidentaux, l'abbé Wilfrid, le prêtre Agathon, Jacques, diacre de l'Eglise de Rome : ceux-ci étaient pour l'Eglise romaine, excepté l'abbesse Hilde, qui soutenait la cause des Ecossais, ainsi que le roi Oswy, qui se trouva aussi au concile avec plusieurs évêques d'Ecosse. On y traita la question du jour où l'on devait célébrer la pâque, fort agitée entre les Anglais, qui soutenaient qu'il fallait la célébrer le premier dimanche après le 14e de la lune de mars, et les Ecossais, qui prétendaient qu'on devait la célébrer le premier depuis le 13e de la lune jusqu'au 20e; d'où il arrivait qu'ils célébraient la pâque le même jour que les Juifs, toutes les fois que le dimanche tombait le 14e de la lune. Les Ecossais différaient des quartodécimains en ce que ceux-ci prétendaient qu'il fallait toujours célébrer la pâque le 14e de la lune de mars, en quelque jour qu'elle tombât; au lieu que les Ecossais disaient seulement qu'on devait la célébrer le premier dimanche après le 13e de la lune. Les Ecossais perdirent leur cause dans ce concile. On y traita aussi de la couronne des prêtres et de quelques autres matières ecclésiastiques. *Reg.* XV; *Lab.* VI; *Angl.* I.

PHILADELPHIE (Concile de). *Voy.* Bosra.

PHILIPPOPOLIS (Conciliabule de), l'an

347. *Voy.* Sardique (conciliabule de), même année.

PICARDIE (Synode de), tenu à Amiens, l'an 1063. Foulques, évêque de cette ville, avait usurpé certains droits sur l'abbé de Corbie, et Gui, son successeur, soutenant son usurpation, cita au synode dont il s'agit l'abbé dépouillé de ses droits. Celui-ci ne répondit point à la citation, et l'évêque l'excommunia. *Mansi, Conc. t.* XIX.

PICARDIE (Synodes diocésains de). Synode d'Amiens, l'an 1696. *Biblioth. de la France*, t. I. Pour les autres synodes tenus en Picardie, *voy.* Beauvais, etc.

PICENTIN (Concile du) tenu à Ardéa, l'an 1135. On y calma la querelle qui s'était animée entre les clercs de l'église de Saint-Garin et les moines de Saint-Pierre de Nurcki au sujet de certaines églises situées en Sardaigne. Le concile fut présidé par Aubert, archevêque de Pise. *Mansi, Conc. t.* XXI.

PICTAVIENSIA (Concilia). Voy. Poitiers.

PIERRE (Concile légatin de Saint-) de Cologne, l'an 1452. Nous plaçons ici l'analyse entière de ce concile de Cologne, que nous avions oublié de rapporter à sa place naturelle.

Le cardinal Nicolas de Cusa, légat en Allemagne pour le pape Nicolas V, tint ce concile le 3 mars. On y fit les statuts suivants :

1. On tiendra le concile de la province de Cologne tous les trois ans, après l'octave de Pâques.

2. On tiendra tous les ans le synode diocésain, dans lequel on corrigera tout ce qui doit l'être, selon les canons et les statuts.

3. On lira dans les synodes diocésains l'ouvrage de saint Thomas d'Aquin sur les articles de foi et les sacrements de l'Eglise, et les curés étudieront avec soin la partie qui regarde les sacrements.

4. On publiera souvent, et on observera rigoureusement les statuts provinciaux d'Engelbert et de Henri, archevêques de Cologne, avec les additions des autres archevêques et des pontifes romains, touchant les libertés ecclésiastiques.

5. Les juifs de l'un et de l'autre sexe porteront une marque qui les fasse reconnaître, et on ne souffrira point leurs usures criantes.

6. On observera les statuts provinciaux touchant l'entrée dans les ordres et dans les bénéfices, la résidence des curés et la permutation des bénéfices.

7. Tous les clercs porteront la tonsure, *patentibus auribus*, des habits longs, décents et fermés par les côtés.

8. On ne souffrira point qu'on tienne des marchés les jours de fêtes et de dimanches, si ce n'est des choses nécessaires à la vie, ou dans les cas permis par le droit, et surtout selon la décision de saint Thomas l'Aquin.

9. On ne recevra les quêteurs que conformément au droit commun et à la teneur des statuts synodaux.

10. On n'admettra aucune congrégation d'hommes ou de femmes pour vivre en commun, à moins qu'elle ne fasse profession d'une règle approuvée par le saint-siége.

11. On n'admettra non plus aucune confrérie qui puisse porter quelque préjudice à la religion ou aux droits de l'Eglise.

12. Tout clerc concubinaire public sera privé, *ipso facto*, pendant trois mois, de tous les fruits de son bénéfice ; et si après s'être corrigé il vient à retomber, il sera inhabile à tout office, tout bénéfice, tout honneur et toutes dignités.

13. Aucun juge d'église ne jettera l'interdit sur quelque lieu que ce soit pour dette pécuniaire, conformément à la constitution du pape Boniface VIII, *Provide*, etc., si ce n'est pour une dette envers l'Eglise, ou un bénéfice ecclésiastique.

14. Les ordinaires obligeront les religieux et les religieuses à vivre régulièrement, selon la teneur du droit commun et des statuts synodaux.

15. Les religieux mendiants qui ne voudront pas se réformer en menant une vie régulière, ne seront admis, ni à confesser, ni à prêcher.

16. Les ordinaires feront enlever dans le cours de leurs visites les images qui seraient pour le peuple une occasion de superstition et d'idolâtrie : ils en useront de même à l'égard des hosties que des quêteurs charlatans feraient paraître comme changées en chair ou en sang.

17. Pour le plus grand honneur du très-saint sacrement, on ne l'exposera et on ne le portera en procession qu'une fois l'année, le jour et durant l'octave de sa fête, si ce n'est avec la permission spéciale de l'évêque, ou pour quelque nécessité extraordinaire.

18. Tous les ordinaires pourront absoudre de toutes les peines et de toutes les censures portées par les conciles provinciaux du diocèse de Cologne, excepté celles qui sont réservées au siége apostolique. *Lab.* XIII ; *Hard.* X ; *Anal. des C.*, t. V.

PIERRE-ENCISE (Concile de), l'an 1098. *Voy.* Lyon, même année.

PINTERVILLE (Concile de), *apud Pintam Villam*, l'an 1304. Guillaume de Flavacourt, archevêque de Rouen, tint ce concile le mardi d'après la fête de sainte Agathe, avec trois de ses suffragants. On y prononça la sentence d'excommunication contre tous ceux qui favoriseraient les juges séculiers dans leurs entreprises injustes contre les ecclésiastiques. *Bessin, Conc. Norm.*

PIPEWEL (Concile de), l'an 1189. Ce concile, qui se tint à Pipewel, abbaye de Northampton, fut composé d'un grand nombre d'évêques et d'abbés d'Angleterre, de Normandie, de France et d'Irlande. Le roi Richard y assista avec plusieurs seigneurs. Baudouin, archevêque de Cantorbery, y soutint avec force le droit qu'il avait, comme primat d'Angleterre, de sacrer Geoffroi, élu archevêque d'York. *Angl.* I.

PISCIENSIS (Synodus). Voy. Pescia.

PISE (Concile de), *Pisanum*, l'an 1134. Le pape Innocent II, étant à Pise, y assembla ce concile, qui est quelquefois nommé général, à cause qu'il était composé de presque tous les évêques d'Occident : saint Bernard y fut appelé pour assister à toutes ses délibérations. Le motif de sa convocation fut d'excommunier Pierre de Léon, ou l'antipape Anaclet, avec tous ses fauteurs. On y traita aussi beaucoup d'autres affaires utiles à l'Eglise. On y déposa Alexandre, usurpateur de l'évêché de Liége. Saint Hugues, évêque de Grenoble, y fut canonisé; et l'on y excommunia l'hérésiarque Henri, qui, depuis le pontificat de Pascal II, n'avait cessé de répandre ses erreurs dans l'Eglise de France. Cet imposteur menait en apparence une vie fort austère sous un habit d'ermite, portant les cheveux courts, et marchant toujours nu-pieds, même dans le fort de l'hiver; mais il cachait sous ces dehors spécieux les plus honteux désordres et les erreurs les plus pernicieuses. S'étant rendu au Mans, il y fut reçu comme un apôtre, et les églises furent trop petites pour la foule des auditeurs. Il prêchait, entre autres choses, que les femmes qui n'avaient pas vécu chastement devaient, pour expier leurs péchés, se dépouiller toutes nues dans l'église, et brûler ensuite tous leurs habits avec leurs cheveux. Le prétendu prophète les revêtait de nouveaux habits; et ces femmes croyaient que, par cette cérémonie, tous leurs péchés étaient effacés, et leur intérieur renouvelé. Il enseignait aussi qu'on ne devait, ni donner, ni recevoir de dot pour se marier, et qu'il fallait peu se soucier si la femme qu'on voulait épouser avait été chaste, ou non. Il renouvelait l'hérésie de Vigilance, et combattait comme lui l'invocation des saints. Il dogmatisait en Provence, lorsque l'archevêque d'Arles le fit prendre et conduire au concile de Pise, où il fut excommunié et condamné à être enfermé le reste de ses jours. Pour éviter le coup, il fit semblant de vouloir se faire moine sous la discipline de saint Bernard. On le remit entre les mains du saint abbé, qui l'envoya à Clairvaux; mais il s'échappa en chemin, et fit encore bien du mal à l'Eglise de France. *Reg.* XXVII; *Lab.* X; *Hard.* VI.

PISE (Concile de), l'an 1409. L'objet de ce concile fut l'extinction du schisme qui s'était élevé dans l'Eglise après la mort du pape Grégoire XI, arrivée à Rome le 26 mars 1378. Seize cardinaux élurent Barthélemi Prignano, archevêque de Bari, qui prit le nom d'Urbain VI. Mais douze d'entre eux s'étant retirés peu de temps après à Anagni, et ensuite à Fundi, protestèrent avec serment que l'élection d'Urbain VI était nulle selon les canons, comme ayant été faite par violence; et ils élurent, le 20 septembre 1378, Robert, frère du comte de Genève, qui prit le nom de Clément VII. A Urbain VI succéda Boniface IX; à Boniface IX Innocent VII, et à Innocent VII Grégoire XII. Clément VII eut pour successeur Benoît XIII. C'étaient donc Grégoire XII et Benoît XIII qui se prétendaient papes lors du concile de Pise, dont l'ouverture se fit le 25 mars 1409, dans la cathédrale. Il s'y trouva vingt-deux cardinaux, les quatre patriarches d'Alexandrie, d'Antioche, de Jérusalem et de Grado. On y vit douze archevêques présents, et les procureurs de quatorze autres; quatre-vingts évêques, et les procureurs de cent-deux autres; quatre-vingt-sept abbés, et les procureurs de deux cents autres; quarante et un prieurs; les généraux des dominicains, des cordeliers, des carmes, des augustins; le grand maître de Rhodes, accompagné de seize commandeurs, avec le prieur général des chevaliers du Saint-Sépulcre; le procureur général des chevaliers teutoniques, au nom du grand maître et de tout l'ordre; les députés des universités de Paris, de Toulouse, d'Orléans, d'Angers, de Montpellier, de Boulogne, de Florence, de Cracovie, de Vienne, de Prague, de Cologne, d'Oxford, de Cambridge et de quelques autres; ceux des chapitres de plus de cent églises métropolitaines et cathédrales; plus de trois cents docteurs en théologie et en droit canon, et enfin les ambassadeurs des rois de France, d'Angleterre, de Portugal, de Bohême, de Sicile, de Pologne et de Chypre; ceux des ducs de Bourgogne, de Brabant, de Lorraine, de Bavière, de Poméranie, du marquis de Brandebourg, du landgrave de Thuringe et de presque tous les princes d'Allemagne.

Jusqu'à l'élection du pape Alexandre V, ce fut le cardinal de Malesec, évêque de Palestrine, qui fit la fonction de président du concile. Le calviniste Lenfant dit que ce cardinal était de l'obédience de Grégoire XII; qu'il se nommait *évêque d'Ostie*, et qu'il célébra pontificalement la messe à la première session. Le même auteur réfute aussi ceux qui diraient que le cardinal de Viviers, Jean de Brognier, aurait présidé au concile. Ce sont autant de méprises. Le cardinal de Malesec fut toujours de l'obédience de Clément VII et de Benoît XIII, jusqu'au concile de Pise : il se nommait *cardinal de Poitiers*, à cause de son premier évêché, et *cardinal de Palestrine*, à cause de son titre ; jamais *cardinal d'Ostie*. Il ne célébra la messe, ni à l'ouverture du concile, puisque ce fut le cardinal de Thury, ni à la première session, puisque ce fut le cardinal de Brognier; et personne n'a dit que ce dernier cardinal ait présidé au concile de Pise.

1re *Session*, 26 mars. On choisit les officiers du concile; on récita la profession de foi; on régla les cérémonies et les prières dont on devait se servir dans toutes les sessions, suivant cet ordre. Après la messe et le sermon, les prélats, en chapes de soie et en mitres blanches, prenaient leurs places; puis on chantait quelques antiennes, et le diacre qui servait à la messe avertissait tout le monde de se prosterner et de prier pendant quelques moments. Cela était suivi des litanies, auxquelles tous les prélats répondaient à genoux et sans mitres; après quoi, un cardinal-évêque récitait certaines oraisons pour la paix de l'Eglise. On se levait ensuite; un cardinal-diacre en dalmatique lisait un évangile; le cardinal-évêque entonnait le *Veni Creator*, à la fin duquel il disait encore quelques prières; et toute la cérémonie se terminait par un avertissement, que le diacre donnait aux assistants, de se lever et de reprendre leurs places.

II° *Session, 27 mars*. On fit appeler aux portes de l'église Pierre de Lune et Ange Corrario, soi-disant papes, pour savoir s'ils étaient présents; et personne ne comparut en leur nom.

III° *Session, 30 mars*. On cita de nouveau les deux concurrents, et, personne n'ayant comparu, ils furent déclarés contumaces dans la cause de la foi et du schisme, par une sentence qui fut affichée aux portes de l'église.

IV° *Session, 15 avril*. On y donna audience aux ambassadeurs de Robert de Bavière, qui se portait pour roi des Romains, et qui était fort attaché à Grégoire XII. L'évêque élu de Ferden, un des envoyés de ce prince, proposa publiquement vingt-deux chefs de récusation contre le concile; mais ils se retirèrent furtivement, et sans attendre de réponse, dès le 21 d'avril.

V° *Session, 24 avril*. On accusa de nouveau les deux contendants de contumace; et le promoteur du concile fit proposer contre eux trente-sept articles, qui contenaient toute l'histoire du schisme, et qui faisaient voir, prétendait-il, combien leur cause était mauvaise. On nomma des commissaires pour faire informer de la vérité de ces faits, que chacun appréciait selon l'esprit de parti.

VI° *Session, 30 avril*. L'évêque de Salisbury essaya de faire voir, dans un discours, qu'avant d'aller plus loin il fallait que la soustraction fût générale; et il déclara que lui et ses confrères avaient un pouvoir suffisant de poursuivre l'affaire de l'union, et de consentir à tout ce qui serait ordonné par le concile.

VII° *Session, 14 mai*. Le docteur Pierre d'Ancharano, professeur en l'université de Boulogne, s'efforça de réfuter toutes les propositions des envoyés de Robert, roi des Romains.

VIII° *Session*. Les évêques de Salisbury et d'Evreux représentèrent qu'on ne pouvait faire l'union des deux collèges, tant que les cardinaux de Benoît lui obéiraient, pendant que les autres ne reconnaissent pas Grégoire, et qu'il fallait que la soustraction fût générale. En conséquence, le concile déclara l'union des deux collèges légitime, et le concile dûment convoqué; et on prononça une sentence qui portait que chacun avait pu et dû se soustraire à l'obédience de Grégoire et de Benoît, depuis qu'on voyait que, par leurs artifices, ils éludaient la voie de la cession, qu'ils avaient promise avec serment.

IX° *Session, 17 mai*. On lut le décret de la session précédente, par lequel on se retirait de l'obédience des deux contendants.

X° *Session, 22 mai*. On fit appeler à la porte de l'église les deux contendants, pour entendre les dépositions des témoins. On lut ensuite une partie des trente-sept articles de ces dispositions, et on marqua sur chacun par combien de témoins il était prouvé.

XI° *Session, 23 mai*. On continua la même lecture, et on demanda que le concile déclarât que tout ce qui était contenu dans ce rapport était vrai, public et notoire; ce qui fut fait à la session suivante.

XII° *Session, 25 mai*. On prononça le décret du concile touchant la notoriété des faits avancés contre Benoît et Grégoire.

XIII° *Session*. Le docteur Pierre Plaoul, un des députés de l'université de Paris, fit voir dans un discours que Pierre de Lune était un schismatique obstiné, même hérétique et déchu du pontificat, ajoutant que c'était l'avis des universités de Paris, d'Angers, d'Orléans, de Toulouse. Ensuite l'évêque de Novare lut un écrit qui portait que tous les docteurs du concile, assemblés au nombre de cent trois, pensaient comme l'université de Paris; que celles de Florence et de Boulogne étaient du même avis.

XIV° *Session*. Elle servit de préparation à la quinzième, c'est-à-dire, qu'on déclara que, le concile représentant l'Eglise universelle, c'était à lui qu'appartenait la connaissance de cette affaire, comme n'ayant point à cet égard de supérieur sur la terre. On dressa l'acte de la soustraction générale d'obéissance aux deux contendants.

XV° *Session, 5 juin*. On prononça la sentence définitive en présence de l'assemblée et du peuple, qu'on avait laissé entrer. Cette sentence porte que le saint concile universel, représentant toute l'Eglise, à laquelle il appartient de connaître et de décider de cette cause, après avoir examiné tout ce qui s'était fait touchant l'union de l'Eglise, déclare que Pierre de Lune, dit *Benoît XIII*, et Ange Corrario, appelé *Grégoire XII*, sont tous deux notoirement schismatiques, fauteurs du schisme, hérétiques et coupables de parjure; qu'ils scandalisent toute l'Eglise par leur obstination; qu'ils sont déchus de toute dignité, séparés de l'Eglise *ipso facto*; défend à tous les fidèles, sous peine d'excommunication, de les reconnaître ou de les favoriser; casse et annule tout ce qu'ils ont fait contre ceux qui ont procuré l'union, et les dernières promotions des cardinaux qu'ils ont faites l'un et l'autre.

XVI° *Session*. On lut un écrit par lequel ils promettaient que, si quelqu'un d'eux était élu pape, il continuerait le présent concile, jusqu'à ce que l'Eglise fût réformée dans son chef et dans ses membres; et que, si on élisait un absent, on lui ferait faire la même promesse avant de publier son élection. Ensuite le concile ratifia la sentence prononcée contre les deux concurrents.

XVII° *Session*. On convint que les cardinaux créés par les prétendus papes, séparés l'un de l'autre, procéderaient, pour cette fois, à l'élection, sous l'autorité du concile, sans prétendre déroger au droit des cardinaux pour l'élection d'un pape.

XVIII° *Session.* On fit une procession solennelle pour demander à Dieu les grâces nécessaires pour l'élection d'un pape : en conséquence, les cardinaux, au nombre de vingt-quatre, étant entrés au conclave qui avait été préparé dans l'archevêché, et dont la garde fut confiée au grand maître de Rhodes, y demeurèrent enfermés dix jours, après lesquels ils élurent unanimement Pierre de Candie, de l'ordre des Frères-Mineurs, cardinal de Milan, âgé de soixante-dix ans, et qui prit le nom d'*Alexandre V.*

Dès qu'il fut élu, Jean Gerson, chancelier de l'université de Paris, prononça, en présence du nouveau pape et de tout le concile, un discours dans lequel il prit pour texte ces paroles des Actes des apôtres : *Domine, si in tempore hoc restitues regnum Israel?* « Seigneur, sera-ce en ce temps que vous rétablirez le royaume d'Israël ? » Il s'attacha à prouver la validité du concile de Pise et son autorité, par l'exemple du concile de Nicée, qui fut assemblé par Constantin seul, et par le cinquième concile œcuménique, contre Théodore, disciple de Nestorius, assemblé par les Pères eux-mêmes. Il exhorta le pape à ne se dispenser d'aucun de ses devoirs, et à couper, sans différer, la racine du schisme par la vive poursuite des deux concurrents : il s'éleva contre le relâchement du clergé et surtout des moines mendiants : il parla des abus qui se commettaient dans la collation des bénéfices ; enfin il exhorta le pape et les Pères du concile à travailler sérieusement à la réformation de l'Eglise.

XIX° *Session,* 1er *juillet.* Le pape y présida : il y fit un discours sur ces paroles de saint Jean : *Fiet unum ovile et unus pastor.* On y lut le décret de son élection ; et il fut couronné le dimanche suivant.

XX° *Session.* On lut, de la part du pape, un décret par lequel il approuvait et ratifiait toutes les dispenses de mariages ou autres qui concernaient la pénitencerie, accordées par Benoît et Grégoire.

XXI° *Session,* 27 *juillet.* On publia, de la part du pape et du concile, un décret qui confirmait toutes les collations, provisions, translations de dignités et de bénéfices, et toutes les ordinations faites par les contendants, pourvu qu'elles eussent été faites canoniquement, et à l'exception de celles qui avaient été faites au préjudice de l'union.

XXII° *Session,* 7 *août.* On lut un décret qui ordonnait aux métropolitains d'assembler des conciles provinciaux, et aux généraux d'ordres de tenir leurs chapitres, où il y aurait des présidents de la part du pape : du reste, le pape ratifia tout ce qui avait été fait et réglé par les cardinaux depuis le 3 mai 1408, et particulièrement ce qui s'était passé à Pise. On régla les affaires de l'Eglise, comme on pouvait les régler prudemment, pour réparer les maux que le schisme avait causés. A l'égard de la réforme de l'Eglise dans son chef et dans ses membres, le pape déclara qu'il la suspendait jusqu'au prochain concile, qu'il indiqua en 1412, ne pouvant la faire actuellement, à cause du départ de plusieurs prélats : ensuite il congédia le concile, avec indulgence plénière pour tous ceux qui y avaient assisté et qui y adhéraient.

L'autorité du concile de Pise fait encore la matière d'une controverse parmi les théologiens. Quelques-uns le regardent comme un conciliabule, parce qu'il fut assemblé sans l'autorité du pape, et qu'il augmenta le schisme au lieu de l'éteindre. De ce nombre sont Saint-Antonin (*Part.* III *Chronic., tit.* 22, *cap.* 5, § 2), les cardinaux Cajetan et de la Tour-Brûlée, Sanderus, Rainaldi, Clemangis, etc.

D'autres au contraire, à la tête desquels il faut placer Bossuet, et après lui Noël Alexandre, soutiennent que son œcuménicité est tellement certaine, qu'on ne peut la révoquer en doute sans témérité (*Def. Declar. l.*IX, *c.* 12). Mais n'y a-t-il pas plutôt de la témérité à trancher la question d'une manière aussi prononcée?

Sans donner au concile de Pise le nom odieux de conciliabule, nous dirons simplement que, selon notre manière de voir, ce ne fut pas non plus un concile œcuménique ; 1°, parce qu'il ne représentait pas l'Eglise entière, puisque les obédiences de Grégoire XII et du soi-disant Benoît XIII refusèrent d'y envoyer leurs représentants ; 2° parce que ce concile ne fut ni convoqué, ni confirmé par l'autorité des souverains pontifes, si ce n'est par Alexandre V, élu par le concile même, et dont la légitimité est encore aujourd'hui contestée. Il convient à un concile œcuménique d'avoir des caractères d'œcuménicité aussi visibles que l'Eglise même qu'il représente. Mais nous ne pouvons toutefois appeler conciliabule une assemblée composée de prélats respectables, et qui, bien loin de fomenter le schisme, a eu pour objet d'y mettre fin.

PISE (Conciliabule de, et de Milan), l'an 1511. Quelques cardinaux, mécontents de ce que le pape Jules II ne convoquait point de concile général, comme il l'avait promis par serment lors de son élection, sollicités d'ailleurs par l'empereur Maximilien et Louis XII, roi de France, indiquèrent ce concile de Pise, qu'ils appelèrent général, et en marquèrent l'ouverture au 1er septembre. Ces cardinaux étaient ceux de Sainte-Croix, de Narbonne et de Cosence. L'ouverture du concile ne se fit que le 1er novembre de la même année 1511. Quatre cardinaux s'y trouvèrent, avec la procuration de trois autres absents. Plusieurs évêques de France et plusieurs abbés y assistèrent avec les ambassadeurs du roi. Il n'y en eut aucun d'Allemagne aux trois premières sessions. La quatrième se tint à Milan, le 4 janvier 1512, et il y en eut jusqu'à huit. Dans la dernière on suspendit le pape Jules, et les prélats quittèrent ensuite Milan et se retirèrent à Lyon, où ils voulurent continuer leur concile, mais sans succès. Malgré ce désappointement, le roi Louis XII fit valoir le décret du concile qui suspendait le pape, et fit à ses sujets défense d'impétrer aucune provision en cour de Rome, et d'avoir égard aux bulles que le pape pourrait expédier, ce qu'il fit par des lettres patentes données à Blois le 16 juin 1512. Le pape Jules l'ayant appris, mit le royaume de France en interdit ; et la France ne fut réconciliée au saint-siège que lorsque François Ier, successeur de Louis XII, eut fait sa paix avec Léon X au concile de Latran. *Reg.* XXIV ; *Lab.* XIII ; *Hard.* X.

PISE (Synode diocésain de), l'an 1616, sous François Bonciano. Cet archevêque y publia des règlements rangés sous vingt-huit titres. Les dix premiers ont pour objet la foi, les sacrements, le culte divin, les dîmes et les biens ecclésiastiques, les devoirs des clercs et des religieuses. Les dix-huit autres ont particulièrement rapport aux matières contentieuses. *Synodus diœces. Pisana, Pisis*, 1616.

PISE (Synode diocésain de), l'an 1625, sous Julien de Médicis. Ce prélat y publia plusieurs développements aux statuts de son prédécesseur, en les modifiant en quelques endroits. *Synodus diœc. Pisana, Pisis*, 1626.

PISE (Synode diocésain de), l'an 1639, sous Scipion d'Ilci. Entre les statuts publiés par ce prélat nous remarquons celui où il oblige les trésoriers de fabrique à donner caution de la fidélité avec laquelle ils devront s'acquitter de leur charge. *Synodus diœc. Pisis*, 1640.

PISTOIE (Synode diocésain de), *Pistoriensis*, 8 décembre 1308. Erman, évêque de Pistoie, publia dans ce synode quelques constitutions, par la première desquelles il rappelle aux clercs, aux religieux et aux convers l'obligation de porter, avec la tonsure, l'habit de leur état ; par un autre il défend de recevoir personne, sans son agrément, en qualité de chanoine, de clerc ou de convers. *Mansi, Conc. t.* XXV.

PISTOIE (Synode de), *Pistoriensis*, l'an 1587, sous Lattantio Lattantii. Ce prélat y fit défense de déférer ou de recevoir les serments sur des autels, des pierres consacrées, des reliques ou des images de saints ; il enjoignit aux curés et aux prédicateurs de rappeler au peuple, les peines portées contre les blasphémateurs par les saints canons et par les papes Léon X et Pie V ; il défendit toute espèce de ventes dans les églises, excepté celle des bougies destinées au culte divin, n'accordant toutefois cette faculté qu'aux clercs ; il y défendit également les agapes et toute sorte de repas, les chants profanes et les concerts, qui portent à la volupté ; enfin il traça aux curés et aux clercs leurs devoirs particuliers. *Decreta diœc. synodi Pistoriensis, Florentiœ*, 1587.

PISTOIE (Synode de), ouvert le 18 septembre 1786 par Scipion Ricci. Ce prélat avait convoqué cette assemblée de son clergé conformément aux désirs du grand-duc, ou plutôt c'était sans doute lui-même qui avait inspiré cette idée à Léopold. Ce prince avait dressé, le 26 janvier précédent, aux évêques de son duché, un mémoire fort long sur les réformes à faire. Il y avait cinquante-sept articles, dans lesquels rien n'était oublié pour la discipline, l'enseignement, le culte, les cérémonies, etc. On y entrait dans les plus petits détails avec l'exactitude la plus minutieuse, et Léopold pouvait se vanter d'être après Joseph le premier prince catholique qui se fût mêlé de ces règlements. Il y était poussé par l'empereur son frère, qui se faisait des princes de sa famille autant d'auxiliaires dans le système qu'il avait adopté. Ricci fut le plus ardent à suivre cette impulsion ; mais comme il n'eût pas trouvé dans son diocèse tous les prêtres disposés en sa faveur, il fit venir de différents côtés plusieurs de ses affidés. Il appela de Pavie, de cette école fertile alors en amis de la nouvelle théologie, le professeur Tamburini, dont il fit le promoteur du synode, quoiqu'il n'eût aucun droit d'y assister. D'autres hommes connus en Italie pour leurs sentiments, Vecchi, Guarisci, Monti, Bottieri et Palmieri, vinrent en aide à l'évêque. On prétend même que pour mieux s'assurer des suffrages, il fit écarter ou emprisonner les prêtres de son clergé dont il pouvait craindre de l'opposition. Quoi qu'il en soit, le synode s'ouvrit par les cérémonies d'usage. Un des membres fit un discours, qui renfermait toutes les maximes qu'on allait adopter ; car on se doute bien que les décrets étaient dressés d'avance, et qu'on n'aurait pu dans l'espace de dix jours que dura l'assemblée, préparer et rédiger toutes les matières qui y furent traitées. Tamburini paraît avoir eu la principale part à ce travail. Il y avait à la première séance deux cent trente-quatre prêtres. Le 20, on lut deux décrets qui avaient été adoptés la veille dans une congrégation particulière. Le premier traitait de la foi et de l'Eglise, et le second de la grâce, de la prédestination et des fondements de la morale. Dans l'un on disait que la foi est la première grâce, et qu'il survient de temps en temps dans l'Eglise des jours d'obscurcissement et de ténèbres ; et l'on copiait tout ce qu'avaient dit les appelants français contre les dernières décisions de l'Eglise. Ce décret finissait par l'adoption des quatre articles du clergé de France en 1682. Le second commençait par assurer qu'il s'est répandu dans ces derniers siècles un obscurcissement général sur les plus importantes vérités de la religion, qui sont la base de la foi et de la morale de Jésus-Christ. Cette proposition, digne d'un synode luthérien, suffirait pour révolter les catholiques ; mais le conventicule de Pistoie ne se borna pas à cette erreur palpable. Il adopta dans son décret tout le système de Baïus et de Quesnel sur la distinction des deux états, les deux amours, l'impuissance de la loi de Moïse, la délectation dominante ou la grâce, sa toute-puissance, le peu d'efficacité de la crainte, et tous les dogmes qui retentissaient en France depuis cent cinquante ans. En parlant de la morale, on s'élevait contre les nouveaux casuistes, à qui l'on reprochait d'avoir tout défiguré dans l'Eglise. On approuvait vingt-quatre articles de ceux que la faculté de théologie de Louvain avait présentés à Innocent XI, en 1677, et que le conciliabule d'Utrecht avait adoptés en 1763. Pouvait-on prendre un meilleur modèle? On approuvait de même les douze articles envoyés à Rome en 1725 par le cardinal de Noailles, et dont l'on assurait hardiment qu'il était notoire qu'ils avaient été autorisés par Benoît XIII, tandis qu'il n'y en a aucune preuve, et que nous verrons encore ce fait démenti par Pie VI. La quatrième session eut lieu le 22. On y souscrivit quatre décrets, sur les sacrements en général, sur le baptême, la confirmation et l'eucharistie. Quatorze membres refusèrent de les signer, s'excusant sur ce qu'ils mêlaient à des choses utiles beaucoup d'idées nouvelles et d'expressions équivoques. Le 25, on tint la cinquième session, où l'on adopta quatre décrets sur les quatre derniers sacrements. Celui qui concernait la pénitence s'écartait du sentiment commun sur l'absolution, sur la crainte servile, sur les indulgences, sur les cas réservés, sur les censures.

On connaît la doctrine janséniste sur ces différents points; Ricci s'y était scrupuleusement conformé. Les décrets de l'ordre et du mariage renfermaient aussi des assertions répréhensibles. Ce fut ce jour-là que, pour gagner ses prêtres, l'évêque de Pistoie s'avisa de leur accorder des distinctions qui ne lui coûtaient guère, mais qu'apparemment il jugea propres à séduire des hommes vains et frivoles Il voulut que ses curés portassent, pendant les exercices de leurs fonctions, le rochet et le camail violet, et hors de leurs fonctions la rotonde et la ganse de même couleur à leurs chapeaux. Cette déclaration nouvelle et les caresses du prélat servirent peut-être à mettre quelques curés dans ses intérêts. D'ailleurs, il ne manquait jamais de relever les droits du second ordre, et de crier contre l'esprit de domination. Il avait fait assurer à ses prêtres que l'Esprit-Saint était au milieu d'eux, et que leurs oracles devenaient ceux de Dieu même. Dans la sixième session, tenue le 27 septembre, on tâcha de répondre à quelques objections des opposants, et on arrêta trois nouveaux décrets sur la prière, la vie des clercs et les conférences ecclésiastiques. Dans le premier on rejetait la dévotion au cœur de Jésus, les images et autres pieuses pratiques. On adopta ensuite six mémoires qu'on devait présenter au grand-duc pour lui demander l'abolition des fiançailles et de quelques empêchements dirimants du mariage, la réforme des serments, la suppression des demi-fêtes et la défense de tenir les boutiques ouvertes durant les offices, un nouveau règlement pour l'arrondissement des paroisses, l'approbation d'un plan de réforme pour les réguliers et la convocation d'un concile national. Le cinquième mémoire surtout était remarquable. Après avoir beaucoup déclamé contre le grand nombre d'ordres religieux, l'évêque voulait qu'on réunît tous les moines dans un seul ordre; qu'on supprimât les vœux perpétuels, qu'on se servît de la règle de Port-Royal..... Onze membres refusèrent de souscrire à ces idées bizarres. La dernière session fut célébrée le 28. L'évêque remercia ces curés, qu'il admit à lui baiser la main, et leur annonça que, pour se prémunir contre l'esprit de domination, il allait nommer un conseil de huit prêtres pour l'aider à régir son diocèse. Ainsi finit ce synode, que dans un certain parti il est d'usage d'appeler concile, quoique cette expression soit communément réservée aux assemblées d'évêques. Le 28 août 1794, le pape Pie VI donna la bulle *Auctorem fidei*, dans laquelle il condamna les actes et les décrets du synode de Pistoie, ainsi que les écrits qui avaient été publiés pour sa défense. Il y taxe d'hérésie sept propositions extraites des actes et notamment celle-ci: *Il s'est répandu dans ces derniers temps un obscurcissement général sur plusieurs vérités importantes de la religion qui sont la base de la foi et de la morale de Jésus-Christ.* Quant à l'insertion que le synode avait faite dans son décret sur la foi des actes de l'assemblée de France de 1682, le pape condamne cette insertion comme téméraire, scandaleuse et extrêmement injurieuse au siége apostolique, après les décrets surtout des papes (Innocent XI et Alexandre VIII) ses prédécesseurs. *Voy.* la bulle et les *Mém. pour serv. à l'hist. ecclés.*

PITRES (Concile de), *Pistense*, l'an 862. Le roi Charles le Chauve tint ce concile, avec les évêques de quatre provinces, à Pîtres ou Pistes, en Normandie, près du Pont-de-l'Arche, sur les maux de l'Eglise et de l'Etat. Il y publia un capitulaire contre les pillards, avec ordre aux évêques d'imposer des pénitences convenables à ceux qui se trouveraient coupables, et aux commissaires du roi de les punir selon la rigueur des lois. Ce fut dans ce concile que Rothade de Soissons se plaignit de la sentence rendue contre lui, l'année précédente, par Hincmar de Reims, son métropolitain. L'archevêque, au contraire, en demanda la confirmation. Rothade en appela au saint-siége, et tout le concile déféra à l'appel. *Bessin, Conc. Norm.*

PITRES (Concile de), l'an 864, pour les affaires de l'Eglise et de l'Etat. Les évêques y accordèrent un privilége au monastère de Saint-Germain d'Auxerre. *Mabill. de Re diplom. t. IV.*

PITRES (Concile de), l'an 868. On y remit Hincmar, évêque de Laon, en possession des biens dont il avait été dépouillé par le roi Charles le Chauve. *Mansi, tom. I, col. 1001.*

PITRES (Assemblée mixte de), l'an 869. Ce concile fut tenu au mois d'août. On y dressa treize capitules sur les affaires de l'Eglise et de l'Etat. *Reg. XXII, Lab. VIII, Bessin, Conc. Norm.*

PITRES (Concile de), l'an 869. Le roi Charles étant à Pîtres, y fit venir plusieurs évêques, pour traiter avec eux des affaires de son royaume. Il ne reste d'autres monuments de cette assemblée qu'un diplôme accordé à Egile, archevêque de Sens, par lequel le roi lui confirme les donations qu'il avait faites à un monastère et à une église de son diocèse, qui avaient l'un et l'autre saint Pierre pour patron. Douze évêques souscrivirent à ce diplôme, Egile à la tête, Pîtres étant dans sa province. Hincmar de Reims souscrivit des derniers, avec Wulfade de Bourges et Hérard de Tours. *Hist. des aut. sacr. et eccl.*

PLAISANCE (Concile de), l'an 1095. Le pape Urbain II présida à ce concile, qui se tint vers le milieu du carême, et qui fut si nombreux, qu'il fallut le tenir en pleine campagne. La princesse Praxède, femme de l'empereur Henri, dont elle était séparée depuis longtemps, y reçut l'absolution des impuretés énormes auxquelles elle déclara qu'elle avait été contrainte par son mari. On y reçut les ambassadeurs que Philippe, roi de France, y avait envoyés pour s'excuser de ce qu'il ne s'y était pas rendu. Le pape lui donna du temps jusqu'à la Pentecôte, pour rendre raison de son divorce avec la reine Berthe, et de son mariage incestueux avec Bertrade de Montfort, femme du comte d'Anjou. On y traita encore de quelques affaires particulières, après quoi on fit plusieurs canons pour le rétablissement de la discipline. On déclara nulles les ordinations simoniaques, et l'on souffrit seulement dans le clergé ceux qui, sans le savoir, avaient été ordonnés par des évêques simoniaques. On permit à ceux qui, étant encore enfants, avaient obtenu des bénéfices par le moyen de leurs parents, soit qu'ils eussent donné pour cela de l'argent, ou qu'ils les eussent obtenus de quelque autre manière, de les posséder après qu'ils les auraient quittés, et d'être promus aux ordres, s'ils en étaient capables. On défendit aussi de rien exiger pour le baptême, le saint chrême, la sépulture, et l'on ordonna d'observer les quatre-temps dans les semaines marquées par les autres conciles.

PLAISANCE (Concile de), l'an 1107, tenu par le pape Pascal II. Herman, évêque d'Augsbourg, qui avait été suspendu de ses fonctions l'année précédente, dans le concile de Guastalla, fut réconcilié à l'Eglise dans celui-ci. *Mansi, Conc. t.* XX.

PLAISANCE (Concile de), l'an 1132. Le pape Innocent II, assisté de plusieurs évêques de Lombardie, tint ce concile après Pâques. On y excommunia l'antipape Anaclet; et l'on défendit de recevoir à pénitence ceux qui ne voudraient pas renoncer au concubinage, à la haine ou à quelque autre péché mortel. *Lab.* X, *Hard.* VII.

PLAISANCE (Synode diocésain de), *Placentina*, 27 août 1570, sous le cardinal Paul d'Arezzo, évêque de cette ville. Le cardinal y prescrivit à tous les prêtres obligés de se rendre au synode, de faire avec serment la profession de foi contenue dans la bulle de Pie IV. Il recommanda la vigilance à l'égard des hérétiques, la répression des blasphémateurs et, dans ce but, l'établissement dans chaque paroisse de la confrérie du *Nom de Dieu*; il défendit de dire la messe à des autels de bois, à moins qu'il ne s'y trouvât un autel portatif de pierre, et qui fût consacré. Mais il faut bien prendre garde, ajoute le prélat, à ce que la pierre consacrée ne soit pas brisée et qu'elle ne soit pas détachée ou remuée de son châssis.

« On ne devra pas non plus dire la messe à un autel exposé au grand air, quand même cet autel serait attenant aux murs de l'église. »

Le synode passe de même en revue tous les sacrements, rappelle les devoirs des chanoines, des curés, des simples prêtres et des clercs inférieurs, insiste en particulier sur l'obligation de la résidence; s'occupe des réguliers et des religieuses; donne des règles pour l'ornement des églises, pour les services funèbres, pour la conservation des biens ecclésiastiques, pour le soin des hôpitaux; poursuit de peines sévères les concubinaires et les usuriers, et met à exécution plusieurs décrets du concile de Trente.

PLAISANCE (Synode diocésain de), 2 septembre 1574, sous le même. Dans ce synode, plus encore que dans le précédent, le prélat insiste sur la vigilance à exercer à l'égard des maîtres d'école, comme sur les autres points de la discipline ecclésiastique

PLAISANCE (Synode diocésain de), mai 1589, sous Philippe Sega. Ce prélat y publia des règlements fort étendus sur tous les points de la discipline cléricale, sur le saint sacrement, sur l'ordre à garder dans les funérailles, sur les maisons de religieuses, sur le séminaire, sur les hôpitaux, sur les dîmes et les autres biens d'église, sur les testaments, enfin sur le cérémonial à observer dans les synodes. *Synodus diœcesana, Placentiæ*, 1589.

PLAISANCE (Synode diocésain de), novembre 1599, sous Claude Rangoni. Le nouvel évêque n'eut pas plutôt pris possession de son siège, qu'il assembla son clergé pour le synode d'hiver, dans lequel il publia de nouveaux règlements. *Constitut. et decreta condita in diœc. synodo Placentina, Placentiæ*, 1600.

PLAISANCE (Synode diocésain de), 5 octobre 1610, sous le même. Le prélat y fit quelques additions aux règlements portés dans le synode précédent. *Constit. editæ et promulg. in diœc. syn. Placentina, Placentiæ*, 1613.

PLAISANCE (Synode diocésain de), 3 mai 1632, sous Alexandre Scappi. Entre autres règlements publiés dans ce synode, le prélat fit injonction à tous les curés de délivrer *gratis* les certificats ou extraits de registres qu'on leur demanderait, avec peine d'amende contre ceux qui contreviendraient à cette loi.

PLAISANCE (Synode diocésain de), novembre 1646, sous le même. Les règlements publiés dans ce nouveau synode s'étendent particulièrement sur les devoirs des chanoines, sur l'office public et sur les maîtres d'école. *Synodus diœcesana, Placentiæ*, 1648.

PLAISANCE (Synode diocésain de), mai 1677, sous Joseph de Parme. Ce prélat y publia des règlements qui diffèrent peu de ceux de ses prédécesseurs. *Synodus diœcesana, Placentiæ.*

PLOCZKO (Synode diocésain de), *Plocensis,* 4 et 5 août 1733, par André Stanislas Kostka Zaluski. A ce synode général, qui se tint dans l'église collégiale de Pultovie, se trouvèrent, outre l'évêque diocésain, deux autres évêques, savoir celui de Dresde qui était en même temps suffragant et doyen de l'église de Ploczko, et l'évêque de Philadelphie, archidiacre de la même église. On y fit d'abord la profession de foi selon la formule prescrite par Pie IV, et il fut décidé qu'on exigerait le même serment de tous les bénéficiers, de tous les prédicateurs, fussent-ils de quelque ordre religieux, et de tous les maîtres d'école. On y fit beaucoup d'autres règlements concernant la foi, l'administration des sacrements, la vie cléricale et religieuse, et les autres points de discipline; mais ces détails nous entraîneraient trop loin. *Constitut. et decreta synodi diœc. Plocensis, Varsoviæ,* 1735.

PODIENSE *(Concilium). Voy.* Puy.

POELDE (Concile de), *Palithense,* l'an 1001. Frédéric, cardinal-prêtre et légat du saint-siège, tint ce concile, dans lequel il entra avec toute la pompe qu'eût déployée le pape lui-même; et il y suspendit de ses fonctions Willegise, archevêque de Mayence, pour avoir entrepris de consacrer l'église du couvent de Gandersheim, dans le diocèse d'Hildesheim, sans le consentement, ou plutôt contre le gré de saint Bernard, évêque du lieu. *Tangmarus, in Vita S. Bernwardi.*

POELDE (Concile de), l'an 1007. L'empereur saint Henri, présent à ce concile, tenu à l'occasion de la dédicace définitive de l'église de Gandersheim (la première ayant été apparemment censée nulle), y détermina enfin l'archevêque de Mayence à faire l'abandon de ses prétentions sur cette église. *Ibid.*

POELDE (Concile de), *Palithense,* l'an 1029. Aribon, archevêque de Mayence, renonça définitivement, dans ce concile, à ses prétentions sur le monastère de Gandersheim, et en abandonna la juridiction à l'évêque d'Hildesheim. *Conc. Germ., t.* III.

POISSY (Colloque de), l'an 1561. Cette assemblée, politique autant que religieuse, fut convoquée contre le gré du pape, par l'ordre de la reine mère Catherine de Médicis. Nous allons en emprunter tous les détails au P. Daniel, notre célèbre historien.

« En attendant que les docteurs protestants fussent arrivés, la reine avait fait assembler quelques évêques dès la fin de juillet, pour délibérer sur les matières dont on traiterait à Poissy et sur la manière qu'on tiendrait dans les conférences. Quelques-uns furent d'avis qu'on n'y parlât que de la réformation des mœurs, sans toucher les matières de foi; mais ce n'était pas là l'intention du roi de Navarre ni de l'amiral, que la reine avait résolu de satisfaire : et nonobstant les dangers qu'on en prévoyait, il fut conclu que les docteurs protestants, ainsi qu'ils l'avaient demandé, pourraient y lire leur confession de foi, et proposer leurs difficultés. Dès que ceux-ci eurent reçu leur sauf-conduit, ils se rendirent en grand nombre à la cour. Calvin ne jugea pas à propos d'y venir lui-même; mais tout ce qu'il y avait de plus habile et de plus éloquent dans le parti fut choisi, pour en soutenir l'honneur en une occasion si célèbre.

« Théodore de Bèze fut mis à la tête de cette troupe. Il était natif de Vézelai en Bourgogne, d'une honnête famille du pays. C'était un homme bien fait, de beaucoup d'esprit, qui parlait bien, et avait les manières très-agréables, et fort propre à s'insinuer dans l'esprit des grands et des dames. Il était le favori de Calvin, qui le destinait dès lors pour son successeur dans la chaire de Genève, et pour être le chef de la secte après sa mort, nonobstant le décri où il était par la corruption de ses mœurs et par ses infâmes et scandaleuses poésies, qu'on ne peut lire sans horreur et sans concevoir de l'indignation contre l'impudence du poëte à publier ses plus abominables débauches.

« Bèze avait pour ses seconds, Augustin Marlorat, Lorrain, Jean de l'Espine, Français, Pierre Martyr, Florentin; le premier était apostat des dominicains, et le troisième des chanoines réguliers; Jean Mâlo, prêtre autrefois habitué de Saint-André des Arcs à Paris, quelques autres, tous hérétiques sacramentaires, partie zuingliens, partie calvinistes. Cinq ministres luthériens, dont deux furent envoyés par le comte Frédéric, palatin, et trois par le duc Christophe de Wurtemberg, n'arrivèrent qu'après le colloque, et il y a beaucoup d'apparence que ces troupes auxiliaires n'auraient pas beaucoup fortifié le parti; car les luthériens n'avaient jamais pu s'accorder jusqu'alors avec les sacramentaires.

« Le cardinal de Lorraine avec Claude d'Espence, Claude de Xaintes, chanoine régulier, et quelques autres docteurs de la faculté de théologie de Paris, devaient être les tenants pour le parti catholique, non pas qu'on prétendit faire une dispute réglée; car il n'était ni de la dignité du cardinal de Lorraine, ni convenable à un homme de sa naissance de se commettre avec des gens tels que ces ministres protestants; mais il devait y parler seulement pour leur donner des éclaircissements sur leurs difficultés, et comme pour les instruire; et c'est sans doute par cette raison qu'on donna à ces conférences le nom de *colloque.*

« La reine par cette même raison fit dire aux docteurs calvinistes qu'ils eussent grand soin d'observer les bienséances en cette occasion, qu'ils se gardassent bien de laisser échapper aucune parole injurieuse à l'ancienne religion, à la dignité des prélats et des autres personnes constituées en dignité, et que leurs remontrances demeurassent toujours dans les bornes du respect dû à l'illustre assemblée devant laquelle ils auraient à parler.

« Après quelques conférences particulières entre le cardinal et Théodore de Bèze, et quelques remontrances que la Sorbonne fit inutilement à la reine, pour empêcher qu'on ne traitât en public des controverses sur la religion, l'ouverture du colloque se fit le mardi neuvième de septembre, dans le grand réfectoire de l'abbaye de Poissy.

«Le roi y fut présent avec la reine, le duc d'Orléans, Marguerite de France sa sœur, le roi de Navarre, le prince de Condé, les autres princes du sang, et quantité de seigneurs de la cour, les cardinaux de Bourbon, de Lorraine, de Tournon, de Châtillon, d'Armagnac et de Guise, et environ quarante tant archevêques qu'évêques.

«Le roi ayant témoigné en peu de mots le grand désir qu'il avait de voir les esprits réunis sur le fait de la religion, afin que tous concourussent enfin à la tranquillité de son Etat, le chancelier parla plus au long sur le sujet de l'assemblée, et d'une manière qui ne fit que confirmer la mauvaise idée qu'on avait déjà de lui touchant sa créance. Il fit entre autres choses fort valoir la prétendue justice de la demande des calvinistes, que sur les points controversés on s'en rapportât à la seule Ecriture.

«Quand il eut fini, le cardinal de Tournon, comme primat des Gaules par son archevêché de Lyon, prit la parole; et après avoir parlé avec beaucoup de modération sur la harangue du chancelier, il demanda qu'elle lui fût communiquée et aux évêques par écrit. Le chancelier le refusa, parce qu'il appréhendait qu'un jour on ne lui en fit une affaire, et il dit, pour s'en défendre, que tout le monde l'avait entendue et suffisamment comprise. On passa outre, et le duc de Guise, et M. de la Ferté, capitaine des gardes, sortirent pour aller prendre les ministres protestants, qui étaient au nombre de douze, et les introduire dans l'assemblée.

«Ils s'avancèrent pour s'asseoir au premier rang à côté des évêques; mais on les arrêta et on les fit placer le long d'une espèce de barrière, où on leur ordonna de rester debout et tête découverte.

«De Bèze, qui devait porter la parole, commença par se mettre à genoux avec tous ses confrères, et fit une prière à Dieu, pour demander ses lumières dans une occasion si importante. S'étant relevé, il remercia le roi de l'honneur qu'il leur faisait de vouloir bien les entendre. Il fit une courte apologie de ceux de son parti sur le crime de révolte et sur les autres qu'on leur imputait: et après avoir dit qu'il y avait plusieurs points dont il convenait avec les évêques de France, mais qu'il y en avait quelques autres sur lesquels il ne pouvait s'accorder avec eux, il récita sa profession de foi conformément au symbole des Apôtres, et en expliqua quelques articles selon la doctrine de Calvin. Il ajouta qu'on en avait introduit plusieurs dans la religion qui n'étaient point dans le Symbole ni dans l'Ecriture; qu'avant que d'en convenir, il fallait montrer que les Pères et les conciles d'où on les avait tirés ne s'étaient pas éloignés de l'Ecriture. Il parcourut les divers dogmes sur les sacrements, sur le mérite des bonnes œuvres, sur la satisfaction pour les péchés: et étant venu à l'article de la réalité du corps de Jésus-Christ dans l'eucharistie, il lâcha cette parole, que le corps du Sauveur était autant éloigné du pain et du vin, que le haut du ciel l'est de la terre.

«Ces paroles excitèrent un grand murmure parmi les assistants, qui jusque-là avaient écouté, les uns avec plaisir, les autres avec patience, parce qu'il parlait de fort bonne grâce.

«Le cardinal de Tournon eut beaucoup de peine à s'empêcher de l'interrompre; mais dès que le ministre eut achevé son discours, ce cardinal parla avec beaucoup de zèle contre le blasphème qu'il venait d'entendre. Il dit qu'on voyait bien que ce n'était pas sans raison que lui et plusieurs évêques s'étaient opposés à ces conférences publiques sur la religion avec des hérétiques dont les dogmes avaient tant de fois été condamnés. Il pria le roi de ne se pas laisser imposer par ces nouveaux docteurs, et qu'il se chargeait de lui rendre si bon compte de la vérité de ce que l'Eglise romaine croyait, que si, à l'occasion de ce qu'il venait d'entendre, il s'était élevé quelque doute dans son esprit sur nos saints mystères, il le lui ôterait parfaitement. Il ajouta que, sans le respect qu'il avait eu pour Sa Majesté, il se serait levé sur-le-champ, pour sortir de l'assemblée, et qu'il aurait été suivi de tous les cardinaux, de tous les évêques et de tout ce qu'il y avait là de catholiques.

«La reine, qui s'aperçut bien que le cardinal par son discours voulait la rendre responsable de ce scandale, prit la parole et dit que pour elle, on n'avait rien à se reprocher là-dessus, qu'on n'avait rien fait que suivant l'avis du conseil et du parlement de Paris, et qu'au reste son dessein n'avait jamais été qu'on innovât rien en matière de religion, mais seulement de donner lieu à l'instruction de ceux qui s'étaient malheureusement égarés, et à la réunion des esprits.

«Bèze se repentit lui-même d'avoir si clairement exposé son hérésie, et dès le lendemain il présenta à la reine une explication de sa proposition, de laquelle, dit-il, il ne s'ensuit pas *que nous voulions forclore Jésus-Christ de la sainte cène, ce qui serait une impiété toute manifeste*; car, ajouta-t-il, *nous croyons, suivant sa parole, qu'encore que le corps de Jésus-Christ soit maintenant au ciel, et non ailleurs, ce nonobstant nous sommes faits participants de son corps et de son sang par une manière spirituelle, et moyennant la foi, aussi véritablement que nous voyons les sacrements à l'œil, les touchons à la main, et les mettons à notre bouche.*

«La séance finit par là, et on en tint une autre le seizième de septembre, où le cardinal de Lorraine ayant touché la plupart des articles dont Bèze avait fait mention la première, insista particulièrement sur deux points: le premier fut l'autorité de l'Eglise, des Pères et des conciles. Il montra fort solidement que de récuser leur autorité, comme faisaient les calvinistes, c'était ne point vouloir reconnaître de juge sur les différends de la religion; que l'Ecriture pouvant recevoir diverses interprétations, devait être regardée comme une loi qui ne s'interprète pas elle-même; qu'il fallait par conséquent avoir recours à un interprète vivant, pour en déterminer le véritable sens dont on disputait; que cette qualité ne pouvait convenir qu'à l'Eglise et non point aux particuliers, et que sans cela il était impossible de décider aucune controverse.

« L'autre point fut celui de l'eucharistie, sur lequel il montra les contradictions du système des calvinistes qui, n'osant nier que le corps de Jésus-Christ y soit, comme Bèze l'avait marqué dans l'explication qu'il avait donnée à la reine, y ajoutaient néanmoins qu'il était présentement au ciel et *non ailleurs*. Il apporta encore plusieurs preuves de la présence réelle, et adressant la parole au roi, il protesta que lui et les autres prélats étaient résolus de plutôt mourir que de jamais abandonner cette doctrine, qui avait toujours été celle de l'Eglise; que si les docteurs protestants voulaient demeurer d'accord de ces deux points si bien établis, on les écouterait sur les autres; que s'ils ne le voulaient pas, il conjurait Sa Majesté de ne les pas entendre davantage et de les faire au plus tôt sortir du royaume, où leur présence ne servirait qu'à le corrompre de plus en plus.

«Sur cela les prélats se levèrent. Bèze pria le roi de lui permettre de répliquer au discours du cardinal; et, ne pouvant l'obtenir, parce que la séance avait déjà duré longtemps, il demanda qu'au moins il fût permis à ses collègues d'avoir encore quelques conférences particulières avec les docteurs catholiques; ce qui lui fut accordé, pour ne lui pas donner lieu de publier qu'on avait à appréhender sa réplique.

«Dans l'intervalle qu'il y eut entre ces assemblées publiques et les particulières qui se firent après, Hippolyte d'Est, cardinal de Ferrare, légat du pape, arriva à la cour, et amena avec lui Jacques Lainez, théologien espagnol, et général des jésuites, qui s'était beaucoup distingué par sa doctrine et par son éloquence au concile de Trente, sous le pontificat de Jules III.

«Ce cardinal, très-instruit des affaires de France, prévoyant qu'il ne pourrait empêcher le colloque de Poissy, et jugeant d'ailleurs qu'il lui serait peu honorable de laisser faire sans opposition une chose si contraire aux intentions du saint-siége, s'était avancé à petites journées, afin de ne pas arriver avant que ce colloque fût commencé, et il fut bien aise de le trouver fini pour les assemblées publiques.

«Les particulières se tinrent le vingt-quatrième et le vingt-sixième du mois dans l'appartement de la prieure, entre les docteurs catholiques et les douze ministres calvinistes en présence de cinq cardinaux; car le cardinal de Tournon ne voulut point en être. Le roi, la reine, le roi de Navarre, le prince de Condé, le chancelier et quelques autres assistèrent à la première; mais le roi s'absenta de la seconde.

«Le général des jésuites, par ordre du légat, s'y trouva aussi. Il ne parla point dans la première; mais dans l'autre il le fit avec beaucoup de liberté, en langue italienne; et choqué de la hardiesse avec laquelle Bèze et Pierre Martyr s'exprimèrent sur le sujet des évêques et sur l'article de l'eucharistie, il les réfuta principalement et avec beaucoup de solidité sur le second point, leur appliqua les passages de l'Ecriture où il est parlé des loups qui se déguisent en brebis, et des renards qui ravagent la vigne du Seigneur; mais ce qui piqua plus vivement Pierre Martyr, fut l'épithète de frère, qu'il lui donna en le nommant, parce que ce nom était un reproche de son apostasie de l'ordre des chanoines réguliers.

«Durant son discours, il adressa diverses fois la parole à la reine, et il conclut en lui disant que, persuadé de ses bonnes intentions pour la religion et pour l'instruction de ceux qui s'étaient égarés, il jugeait qu'il n'y avait que deux voies légitimes à prendre pour cette fin : l'une, qui était l'unique bonne; et l'autre, qui pouvait se tolérer; la première, de renvoyer les docteurs protestants au concile de Trente qu'on se préparait de rassembler, et pour lequel on leur offrait des sauf-conduits; que c'était dans ces sortes d'assemblées, selon l'usage constant de l'Eglise, que les questions sur la foi pouvaient être agitées et devaient être décidées; qu'elles n'étaient point de la compétence des princes qui, tout éclairés qu'ils étaient pour le gouvernement des Etats, n'avaient pas la science ni les lumières requises pour bien juger ces sortes de matières; que l'autre voie, qui, en de certaines circonstances, pouvait être permise, était des conférences avec les docteurs catholiques, mais non pas en la présence de ceux sur qui les objections des hérétiques pouvaient faire de très-mauvaises impressions pour leur religion, et dont le moins méchant effet était de les ennuyer; qu'en prenant ces moyens, Dieu ne refuserait pas son secours à Leurs Majestés, au lieu que si on en prenait de moins légitimes, on devait tout appréhender de la vengeance divine.

«Ces manières libres du jésuite espagnol déplurent à la reine : mais elle n'en fit pas semblant par les égards qu'elle eut pour le légat; et cela n'empêcha pas que le décret de l'assemblée de Poissy par lequel la compagnie des jésuites avait été reçue en France immédiatement avant l'arrivée du général, sur les instances des cardinaux de Lorraine et de Tournon, ne subsistât. Les sincères catholiques, le légat et le pape donnèrent de grands éloges à la conduite du Père Lainez dans cette occasion. Bèze entreprit de lui répliquer, et voulut railler sur les avis que ce Père avait donnés à la reine, et sur quelques autres endroits de son discours : mais on vit par la suite qui des deux avait le mieux réussi, car la reine ne voulut plus qu'on fit des conférences en présence du roi et des gens de la cour; et conformément à ce qui lui avait été représenté, elle ordonna seulement que désormais quelques théologiens des deux partis conféreraient ensemble, pour essayer de s'accorder sur l'article de l'eucharistie, qu'on regardait comme le plus essentiel.

« Elle avait tant d'envie de voir au moins ce fruit du colloque de Poissy, qu'elle nomma pour ces conférences particulières les deux évêques, qui de notoriété publique avaient plus de penchant pour le calvinisme, savoir : Jean de Montluc, évêque de Valence, et Pierre du Val, évêque de Séez, auxquels elle joignit Louis Boutillier, Jean de Salignac et Claude d'Espence. Celui-ci, si on en croit les historiens calvinistes, était à la vérité fort convaincu de la présence réelle dans l'eucharistie ; mais il était assez indéterminé sur l'article de la transsubstantiation.

« Les protestants choisirent de leur côté Bèze, Martyr, Marlorat, des Gallardes et de l'Espine. On s'assembla dans une maison particulière à Saint-Germain. On convint que, sans s'amuser à disputer davantage, on tâcherait de faire une formule de foi sur l'article de l'eucharistie, dont les deux partis se contenteraient, et on présenta quelques jours après celle-ci à la reine.

« *Nous confessons que Jésus-Christ en sa sainte cène nous présente, donne et exhibe véritablement la substance de son corps et de son sang par l'opération du Saint-Esprit, et que nous recevons et mangeons sacramentellement, spirituellement et par foi ce propre corps qui est mort pour nous, pour être os de ses os et chair de sa chair, afin d'être vivifiés, et en percevoir tout ce qui est nécessaire à notre salut ; et pour ce que la foi appuyée sur la parole de Dieu, nous fait et rend présentes les choses promises, et, que par cette foi nous prenons vraiment et de fait le vrai et naturel corps et sang de Notre-Seigneur par la vertu du Saint-Esprit, à cet égard nous confessons la présence du corps et du sang d'icelui notre Sauveur à la sainte cène.*

« Il est certain que les ministres dans cette exposition de foi n'abandonnaient point leurs erreurs sur la présence réelle, quoique plusieurs personnes s'en fussent d'abord laissé éblouir ; et l'on voit par cet exemple combien il est dangereux de capituler avec les novateurs en matière de religion, et de se relâcher même sur l'expression, sous prétexte de les rapprocher du dogme catholique par cette condescendance. C'est leur fournir des moyens, non pas de revenir de leur égarement, mais de séduire les fidèles, déguisant leur pernicieuse doctrine qu'ils retiennent toujours et qu'ils inspirent avec d'autant plus de facilité, que les termes spécieux et équivoques dont ils l'enveloppent la font ressembler à la doctrine catholique. Il est surprenant que le docteur d'Espence et ses collègues eussent donné dans ce piège ; mais ce fut apparemment l'autorité des deux évêques qui les y entraîna.

« On était convenu de part et d'autre que cette formule demeurerait secrète, jusqu'à ce qu'elle eût été communiquée aux prélats et aux autres théologiens qui étaient à Poissy ; mais il en courut plusieurs copies à la cour. On y eut une grande joie, et la plupart furent persuadés que l'accord étant fait sur cet article principal, on s'accommoderait aisément du reste. La reine témoigna à Bèze, en présence de l'évêque de Valence la satisfaction qu'elle avait de sa conduite, et on prétendit même que le cardinal de Lorraine ayant lu la formule, l'avait approuvée. Si l'on croit Calvin dans une lettre écrite au seigneur de Poët, dont *j'ai la copie*, elle fut signée de l'évêque de Valence ; ce n'est pas surprenant ; mais lorsqu'on la communiqua le quatrième d'octobre aux prélats et aux docteurs, ils en jugèrent tout autrement ; et le neuvième du même mois la faculté de théologie la déclara insuffisante, captieuse, hérétique et remplie de plusieurs erreurs contre le mystère du saint sacrement de l'autel. Il leur fut aisé de montrer la vérité de leur censure, et que la présence de Jésus-Christ par la foi n'est point cette présence réelle sous les espèces du pain et du vin, que l'Eglise a toujours crue dans l'eucharistie. L'assemblée de Poissy approuva la censure des docteurs, et représenta au roi par la bouche du cardinal de Tournon, qu'on perdait le temps et qu'on voyait bien qu'il n'y avait rien à gagner dans toutes ces conférences avec les docteurs calvinistes ; qu'il fallait qu'ils signassent l'article de l'autorité de l'Eglise, des conciles et des Pères que le cardinal de Lorraine avait si clairement démontré dans le discours qu'il avait fait en une des premières assemblées, et que pour celui de l'eucharistie, il fallait les obliger pareillement à souscrire à cette formule de l'Eglise catholique, qui était nette, précise et sans équivoque : *Nous croyons et confessons qu'au saint sacrement de l'autel le vrai corps et sang de Jésus-Christ est réellement et transsubstantiellement sous les espèces du pain et du vin, par la vertu et puissance de la divine parole prononcée par le prêtre, seul ministre ordonné à cet effet selon l'institution et commandement de Notre-Seigneur Jésus-Christ;* que si les ministres refusaient de s'en tenir là, il ne fallait pas les écouter, et qu'il supplierait Sa Majesté de les faire au plus tôt sortir de la cour et du royaume, où ils gâtaient une infinité de personnes.

« Ce fut effectivement le parti que l'on prit, nonobstant les instances de Théodore de Bèze pour de nouvelles conférences : et c'est ainsi que finit le colloque de Poissy, dont les docteurs calvinistes envoyèrent partout des relations à leur avantage, et où ils disaient entre autres choses qu'on n'avait congédié cette assemblée que parce qu'on voyait qu'à toute occasion ils poussaient à bout les docteurs catholiques. C'était à quoi on devait bien s'attendre ; car en pareilles rencontres les deux partis ne manquent jamais de s'attribuer la victoire. Le cardinal de Lorraine y fit paraître beaucoup de doctrine et d'éloquence, l'évêque de Valence beaucoup de politique et d'adresse, et Théodore de Bèze n'y acquit pas moins de réputation. Il ne s'y fit aucun décret sur la religion, et il fut conclu qu'on s'en rapporterait aux décisions du concile de Trente.» *Hist. de France, Charles* IX, 1561.

POITIERS (Concile de), *Pictaviense*, l'an 355. *V.* GAULES, même année.

POITIERS (Concile de), l'an 589 selon le P. Richard, ou 590 selon Labbe. Ce concile fut tenu au sujet de Basine et de Chrodielde, religieuses de l'abbaye de Sainte-Croix de Poitiers, qui s'étaient révoltées contre leur abbesse, nommée Leubouère, et qui furent excommuniées en punition de leur révolte. *Greg. Tur. hist. l.* X, *c.* 8.

POITIERS (Synode de), l'an 937. Dans ce synode, qui fut diocésain, l'évêque Alboin fit restituer aux moines du couvent de Saint-Cyprien un certain droit de dîmes qu'on leur avait usurpé. *Schram, ad hunc annum.*

POITIERS (Concile de), l'an 1000. Guillaume V, surnommé le Grand, comte de Poitiers et duc d'Aquitaine, convoqua ce concile l'an 1000, ou l'année précédente 999. Il s'y trouva cinq évêques, Séguin de Bordeaux, Gislebert de Poitiers, Hilduin de Limoges, Grimoard d'Angoulême, Islo de Saintes, et douze abbés dont les noms ne sont pas marqués. Le motif de cette assemblée fut de rétablir la paix, la justice et la discipline de l'Eglise. On y fit trois canons. Le premier porte que les différends touchant les dommages causés cinq ans avant la tenue de ce concile, ou dans la suite, seront terminés par les juges des lieux, devant qui les parties seront obligées de comparaître ; qu'en cas de refus, le prince ou le seigneur du lieu assemblera les seigneurs et les évêques qui ont assisté au concile ; qu'ils marcheront contre le rebelle, et l'obligeront, même en faisant le dégât chez lui, de se soumettre à la raison. Le duc Guillaume et les seigneurs présents au concile promirent d'observer le canon sous peine d'excommunication, et donnèrent des ôtages. On renvoya au concile de Charroux de l'an 989, pour l'imposition des peines qu'encourraient ceux qui, à l'avenir, romperaient les portes des églises, ou en enlèveraient quelque chose. Le second canon défend aux évêques et aux prêtres d'exiger des présents pour la pénitence ou pour la confirmation ; mais il permet de recevoir ce qu'on offrira volontairement. Le troisième défend, sous peine d'excommunication et de dégradation, aux prêtres et aux diacres d'avoir des femmes chez eux. *Lab.* IX, *Hard.* VI.

POITIERS (Concile de), l'an 1023 : au sujet de l'apostolat de saint Martial de Limoges, sur lequel il ne fut rien décidé. *Pagi, ad hunc annum.*

POITIERS (Synode capitulaire de), entre l'an 1027 et 1031. Nous croyons pouvoir rapporter à cette époque reculée quinze statuts extraits par D. Martène d'un manuscrit de l'église de Poitiers touchant les cérémonies de l'office divin telles qu'elles se pratiquaient dans cette église insigne de l'ancienne Gaule. *Thes. nov. anecd., t.* IV, *p.* 1071 *et seq.*

POITIERS (Concile de), l'an 1030 selon le P. Richard, ou 1031 selon M. de Mas Latrie, ou 1032 selon Labbe. On y traita de la foi catholique, et l'on y condamna ceux qui s'empareraient des biens d'églises ou d'abbayes. *Marten. Thes. t.* IV, *Masl.*

POITIERS (Concile de), l'an 1036 ou 1035 selon D. Bouquet : sur la paix et la discipline. *Labb.* IX ; *Rer. Franc. script.* XI

POITIERS (Concile de), l'an 1067. Les savants auteurs du *Recueil des historiens de France, t.* XI, se bornent, d'après la chronique de l'abbaye de Saint-Aubin d'Angers, à faire mention de ce concile, en le rapportant à cette époque, mais sans nous dire quel en fut l'objet.

POITIERS (Concile de), l'an 1073, au monastère de Moutier-Neuf, par le légat Amé, et Gosselin, archevêque de Bordeaux, avec plusieurs de ses suffragants, pour obliger Guillaume VI, comte de Poitiers, à quitter Hildegarde de Bourgogne, sa femme, pour cause de parenté, quoiqu'il en eût déjà trois enfants. Ce concile était à peine commencé, qu'Isambert, évêque de Poitiers, étant survenu, par ordre du comte, avec une troupe de soldats, rompit les portes du monastère, et chassa tous les prélats : sur quoi le pape saint Grégoire VII écrivit une lettre fulminante (*l.* I, *ep.* 1) à l'évêque de Poitiers, pour le citer en sa présence : le comte satisfit le pape, en renvoyant Hildegarde, après avoir inutilement demandé de la garder jusqu'à ce que la validité du mariage fût décidée dans un synode. Son obéissance lui valut une lettre de félicitation que saint Grégoire lui écrivit (*l.* II, *ep.* 3). A l'égard de l'évêque de Poitiers, le pape l'ayant interdit de ses fonctions, s'il ne comparaissait au jour marqué, chargea l'archevêque de Bordeaux du spirituel de l'église de Poitiers, et, par un exemple inouï, confia le temporel au comte de Poitiers. Cette affaire eut pour résultat d'assurer la validité d'un mariage jusque-là soupçonné d'être illégitime. La prétendue parenté de Guillaume et d'Hildegarde ne fut point prouvée. Le comte reprit sa femme, et le pape leva l'interdit prononcé contre l'évêque de Poitiers.

POITIERS (Concile de), l'an 1074. Giraud, évêque d'Ostie et légat du saint-siège, tint ce concile, le 13 janvier. On y agita la matière de l'eucharistie avec tant de chaleur que Bérenger, qui y était présent et qui niait la présence réelle, pensa y être tué. Le Père Pagi, qui met ce concile en 1075, et les éditeurs des conciles, qui l'ont suivi, n'ont pas fait attention que Giraud, légat du saint-siège, était de retour à Rome en 1074.

POITIERS (Concile de), l'an 1075. *V.* SAINT-MAIXENT.

POITIERS (Concile de), l'an 1076. Le P. Labbe croit que ce concile, qu'il rapporte sur la foi de l'auteur anonyme de la chronique de Saint-Maixent, n'est pas le même que celui qui paraît avoir été tenu en 1078. Mais il nous semblerait plutôt devoir être confondu avec celui que nous avons mis nous-même, avec le P. Richard, sous la date de l'an 1074. *Labb.* X.

POITIERS (Concile de), l'an 1078. Hugues,

évêque de Die et légat du saint-siége, assembla ce concile, malgré le roi Philippe Ier, qui avait écrit au comte de Poitiers et aux évêques du royaume, de ne pas souffrir que le légat tînt des conciles. Le premier jour, le concile s'assembla dans l'église de Saint-Pierre, et le second jour, dans celle de Saint-Hilaire. On y jugea plusieurs affaires qui regardaient presque toutes la déposition d'évêques convaincus de simonie ; et l'on y fit les dix canons suivants :

1. Le saint concile a ordonné qu'aucun évêque, abbé, ou prêtre, ne reçût l'investiture d'un évêché, d'une abbaye ou de quelque dignité ecclésiastique, des mains du roi, du comte ou de quelque personne laïque. Si les laïques méprisent ce décret et s'emparent violemment des églises, ils seront excommuniés, et ces églises interdites : on y donnera seulement le baptême, la pénitence et le viatique aux malades.

2. Personne ne possédera de bénéfices en plusieurs églises, et ne donnera d'argent pour les obtenir. Ceux qui ont obtenu par cette voie quelque dignité ecclésiastique ou quelque prébende seront déposés.

3. Personne ne pourra prétendre aux biens ecclésiastiques par droit de parenté.

4. Défense aux évêques de recevoir aucun présent pour les ordinations et les autres fonctions spirituelles.

5. Défense aux abbés, aux moines et aux autres, d'imposer les pénitences : il n'y a que ceux que l'évêque diocésain a chargés de ce soin qui puissent le faire.

6. Les abbés, les moines, les chanoines, n'acquerront pas de nouvelles églises sans le consentement des évêques ; et le prêtre qui y aura le soin des âmes répondra à l'évêque de sa conduite.

7. Les abbés, les doyens et les archiprêtres doivent être prêtres, et les archidiacres doivent être diacres. S'ils ne peuvent être promus à ces ordres, ils seront déposés.

8. Les enfants des prêtres et les autres bâtards ne pourront être promus aux ordres sacrés, à moins qu'ils ne se fassent moines ou chanoines réguliers. Pour les prélatures, ils ne pourront jamais les obtenir.

9. Défense aux prêtres, aux diacres et aux sous-diacres d'avoir des concubines. Si quelqu'un entend la messe d'un prêtre qu'il sait être simoniaque ou concubinaire, il sera excommunié.

10. On excommunie les clercs qui portent les armes, et les usuriers.

Baronius et Binius rapportent au concile tenu l'an 1100, dans la même ville de Poitiers, les dix canons qu'on vient de lire ; mais ils se trompent en cela, au jugement de Noël-Alexandre et de D. Ceillier. *Hist. des aut.*, t. XXIII. *Hist. Eccl. sæc.* XI, cap. III, art. 7.

POITIERS (Concile de), l'an 1100. Ce concile s'assembla dans l'église de Saint-Pierre, le 18 novembre, sous la présidence des cardinaux Jean et Benoît, légats du pape Pascal II. Geoffroi le Gros marque, dans la Vie de saint Bernard de Tiron, qu'il s'y trouva cent quarante Pères ; Hugues de Flavigny dit qu'il y en eut seulement quatre-vingts, évêques ou abbés. Nortgaud, évêque d'Autun, déjà suspendu de ses fonctions au concile de Valence, s'y rendit avec l'évêque de Châlons et celui de Die, que Hugues archevêque de Lyon, envoya en sa place, pour défendre la cause de Nortgaud. Trente-cinq chanoines s'y rendirent aussi pour l'accuser : on renouvela donc les accusations portées au concile de Valence, et on tâcha d'y répondre fort au long. Le concile résista encore aux légats, et soutint les usages de l'Eglise gallicane sur l'appel au saint-siége, et la permission qu'on devait accorder à l'accusé de se purger par serment. Les légats ne voulurent jamais consentir à l'appel qui donnait atteinte à leur autorité. Mais ils se relâchèrent sur l'autre article, et donnèrent permission à Nortgaud de se purger par serment avec des personnes convenables, et cela sur-le-champ. On excepta l'évêque de Châlons et celui de Die, dont les témoignages ne furent pas admis.

Les partisans de l'évêque d'Autun demandèrent pour lui un délai : il lui fut refusé. L'archevêque de Tours, l'évêque de Rennes et quelques autres offrirent d'abord de jurer pour lui. Mais les chanoines d'Autun les prièrent aussitôt de ne pas jurer pour la défense d'un prélat dont ils ne connaissaient pas la vie, ajoutant même que si, malgré leurs remontrances, ils allaient faire ce serment, eux tous, tant qu'ils étaient de chanoines, les convaincraient de parjure par la raison, par serment et par l'épreuve du feu. Cette menace arrêta ces deux évêques. L'évêque d'Autun, qui s'était retiré près de l'autel, ne trouvant personne qui voulût jurer pour lui, on le pressa de rendre son étole et son anneau. Il refusa de les rendre et de revenir au concile : ainsi il fut déposé et suspendu de toutes fonctions épiscopales et sacerdotales.

Ce prélat ne se tint pas pour légitimement déposé, et garda les marques de sa dignité ; mais les chanoines d'Autun administrèrent quelque temps les biens de l'évêché. Nortgaud fut enfin reçu à se purger par serment, et rétabli malgré son clergé. C'est ce qui empêcha Hugues de recouvrer son abbaye de Flavigny. Car Nortgaud était son persécuteur, et il avait soulevé contre lui ses moines, si nous en croyons Hugues lui-même, qui fait une peinture bien triste des violences qu'il eut à essuyer de la part de ce prélat ; mais on peut se défier un peu de ce qu'il dit dans sa propre cause.

Le concile de Poitiers était convoqué pour une affaire plus importante, savoir, au sujet du mariage du roi Philippe avec Bertrade. Ce prince avait bientôt oublié les promesses qui avaient engagé le pape Urbain II à lever l'excommunication dont il était frappé, et peu de temps après il avait rappelé Bertrade à sa cour pour se replonger dans ses désordres. Urbain II, qui avait tant d'autres affaires sur les bras, avait dissimulé ce scandale ; et l'on avait murmuré même en France contre sa mollesse.

Dès que Pascal II eut été élevé sur la chaire de saint Pierre, il songea efficacement à remédier à un désordre si public. C'était le principal objet de la légation des cardinaux Jean et Benoît. Immédiatement après le concile de Valence, ces légats allèrent trouver le roi, pour l'exhorter à renoncer à son péché. Il ne leur donna aucune espérance de changement ; c'est pourquoi ils refusèrent de communiquer avec lui, et résolurent de procéder contre lui au concile qu'ils avaient indiqué à Poitiers. Mais quand on parla dans le concile d'excommunier le roi, Guillaume, comte de Poitiers, qui se sentait coupable des mêmes crimes, conjura instamment les légats de ne pas faire cet affront au roi son seigneur, et quelques évêques se joignirent à lui. Ils ne purent cependant rien gagner sur les légats, qui parurent inflexibles.

Le comte, voyant ses remontrances inutiles, sortit du concile et fut suivi de quelques évêques et d'un grand nombre d'ecclésiastiques. Les autres n'en montrèrent que plus de courage ; et l'on prononça en effet l'excommunication contre le roi et contre Bertrade, sa concubine. Après cette action, on commençait les prières pour la conclusion du concile, lorsque quelqu'un des laïques qui étaient dans les jubés jeta d'en haut une pierre sur les légats. Il ne les atteignit pas ; mais il cassa la tête à un ecclésiastique qui était à leur côté et qui tomba à la renverse, arrosant de son sang le pavé de l'église. Ce fut comme le signal d'un grand combat que les laïques, tant ceux qui étaient dans l'église que ceux qui étaient à la porte, livrèrent aux Pères du concile, en faisant pleuvoir de toutes parts une grêle de pierres sur eux.

Dans le premier mouvement de frayeur, quelques prélats prirent la fuite et se sauvèrent comme ils purent ; mais la plupart des autres demeurèrent comme des colonnes immobiles, et ils ôtèrent même leur mitre pour recevoir plus sûrement les coups, s'estimant trop heureux de sceller de leur sang la sentence qu'ils venaient de prononcer. Robert d'Arbrissel et saint Bernard, alors abbé de Saint-Cyprien, et depuis abbé de Tiron, étaient à ce concile, et ils y firent éclater leur courage par l'intrépidité avec laquelle ils affrontèrent la mort.

Le comte de Poitiers parut avoir honte de sa violence, et il fit excuse aux légats et aux évêques de ce qui s'était passé. C'est ainsi que finit le concile de Poitiers.

On y traita aussi du rétablissement de Robert, abbé de Saint-Remi de Reims, qui avait été chassé de son monastère, où l'abbé Burcard avait été mis à sa place. Le concile trouva injuste l'expulsion de l'abbé Robert ; et l'on penchait à le rétablir, lorsqu'on eut quelque doute sur les lettres qu'il produisait pour montrer que son élection avait été approuvée par le pape. Les légats ne reconnurent point la forme du parchemin de Rome, ni le style romain dans ses lettres, surtout à cause de *Valete*, qui était à la fin, et dont les papes ne se servaient point, dit Hugues de Flavigny. Cependant il y a quelques lettres de Pascal II qui sont terminées par cette formule. Cette difficulté fit renvoyer au pape l'affaire de l'abbé Robert, qui ne recouvra pas son abbaye. Mais Burcard ne la garda pas non plus ; et Azenaire de la Trémouille en fut pourvu.

On termina dans le même concile plusieurs autres différends pour les bénéfices, sur les plaintes de quelques particuliers, et on y dressa les seize canons suivants :

1. Que personne, excepté les évêques, ne donne la tonsure aux clercs. Les abbés pourront la donner à ceux qu'ils recevront pour être moines.

2. On n'exigera aucun présent pour la tonsure, pas même des ciseaux et des essuie-mains.

3. Les clercs ne feront hommage à aucun laïque, et ne recevront des laïques aucun bénéfice ecclésiastique.

4. Il n'appartient qu'à l'évêque de bénir les habits sacerdotaux et les vases qui servent à l'autel.

5. Défense aux moines de porter le manipule, à moins qu'ils ne soient sous-diacres.

On portait alors le manipule hors de l'église ; et l'on voit dans une miniature, faite du temps de Charles le Chauve, plusieurs moines qui saluent ce prince ayant le manipule, non au bras comme nous le portons, mais à la main.

6. Défense aux abbés de porter des gants, des sandales et l'anneau, sans en avoir obtenu un privilège de l'Église romaine.

7. Défense, sous peine d'excommunication, de vendre ou d'acheter une prébende, où d'exiger des repas pour l'avoir donnée.

8. Défense de donner l'investiture des prébendes, des dignités ecclésiastiques ou des prélatures, du vivant de ceux qui les possèdent.

9. Défense, sous peine d'excommunication, aux clercs et aux moines, d'acheter des autels ou des dîmes des laïques ou d'autres personnes.

10. Les clercs réguliers peuvent, par ordre de l'évêque, baptiser, prêcher, donner la pénitence et faire des enterrements.

11. Défense aux moines de faire les fonctions des prêtres de paroisses, c'est-à-dire de baptiser, de prêcher et de donner la pénitence.

12. On n'admettra pas à prêcher ceux qui portent des reliques de ville en ville pour amasser de l'argent.

13. Ni les archevêques, pour l'ordination des évêques, ni les évêques, pour la bénédiction des abbés, ne recevront aucun présent, comme des chapes, des tapis, des bassins ou des essuie-mains.

14. Défense aux laïques, sous peine d'excommunication, de rien usurper des offrandes que les fidèles font à l'autel ou au prêtre, non plus que de ce qu'on donne par dévotion pour la sépulture des fidèles.

15. Défense, sous peine d'excommunica-

tion, aux avoués des églises d'usurper les biens de l'évêque, soit durant sa vie, soit après sa mort.

On sait que les avoués des églises étaient des seigneurs chargés de défendre les biens de l'Eglise; mais souvent ils étaient les premiers à les usurper.

16. On ordonne l'observation des règlements faits par le pape Urbain II au concile de Clermont, touchant les dîmes et les autels que les laïques possèdent contre les canons, touchant la chasteté des prêtres, des diacres, des sous-diacres et des chanoines; contre la pluralité des bénéfices, et les autres articles concernant les biens de l'Eglise. *Labb.* X; *Hard.* VII.

POITIERS (Concile de), l'an 1104, sur quelques possessions disputées entre le chapitre de Saint-Maixant et quelques monastères. *Gall. Christ.*, *t.* II, col. 344; *Append. Mansi*, *t.* II, col. 215.

POITIERS (Concile de), l'an 1106. Ce concile fut tenu le 26 mai, en présence de Boémond, prince d'Autriche. On y publia solennellement la croisade, et l'on y traita de diverses matières ecclésiastiques. *Labb.* X; *Hard.* VII.

POITIERS (Concile de), l'an 1109. Robert d'Arbrissel y soumit à l'évêque de Poitiers les monastères de son nouvel ordre. *Jean de la Mainferme*, *Clypeus Fontebr.*, t. I.

POITIERS (Synode de), l'an 1280. Gautier de Bruges, évêque de Poitiers, y fit douze règlements, dont quelques-uns sont propres à nous apprendre certains usages de ce temps-là : par exemple, la défense faite aux juges ordinaires de sceller des actes sans signature, ou des papiers en blanc. C'est que l'écriture était peu connue des laïques. Le sceau en tenait lieu, « matière à beaucoup d'inconvénients pour le spirituel et le temporel. » Ce sont les termes du 1er statut. Le choix des confesseurs est limité par le 4e : les prélats et supérieurs du diocèse, tant séculiers que réguliers, ne peuvent se confesser qu'à l'évêque, ou à ses pénitenciers, ou à des confesseurs qu'il aura désignés; on défend d'en choisir d'autres. Ces supérieurs, qui ont charge d'âmes, n'ont point pour leurs sujets les réservés à l'évêque, sans son agrément. Le 5e corrige un abus singulier : les diacres écoutaient les confessions, et se croyaient en droit d'absoudre comme les prêtres. Le 11e montre qu'on citait devant les juges ecclésiastiques ceux qu'on soupçonnait d'être lépreux, pour juger si le soupçon était fondé ou non. On borne la liberté de faire ces citations déshonorantes : il faut des lettres du chapitre, ou du doyen, ou de l'archiprêtre, pour assurer que le soupçon est notoire et mérite un examen. C'est que l'Eglise avait pris les lépreux sous sa protection, et l'on en abusait quelquefois pour rendre suspects de lèpre ceux qui ne l'étaient pas. *Histoire de l'Eglise Gallicane*, liv. XXXIV.

POITIERS (Synode de), l'an 1284. Gautier de Bruges tint cette année un autre synode, dans lequel il défendit, par cinq statuts particuliers, 1° d'avoir aucun commerce avec ceux qui auraient encouru l'excommunication majeure, surtout à la messe, qu'il n'est permis de célébrer qu'après les avoir chassés de l'église ; 2° d'unir une chapellenie à une cure ; 3° de recevoir les sacrements d'un prêtre qui n'aurait pas l'approbation de l'évêque ; 4° de retenir ou de détourner les dîmes ; 5° d'appauvrir les prieurés vacants. *Hist. de l'Egl. Gallic.*, liv. XXXIV.

POITIERS (Synode de), l'an 1304, sous l'évêque Gautier de Bruges. *Gall. Christ.* t. II, col. 1187.

POITIERS (Synode de), l'an 1396, sous Thierry de Montreuil. *Mas L.*

POITIERS (Synode de), l'an 1405 : sur la discipline ecclésiastique. *Mas L.*

POITIERS (Synode de), l'an 1410, tenu par l'évêque de Poitiers, cardinal de Reims, qui prescrivit de fulminer les sentences d'excommunication, qui sans cela n'auraient pas d'effet. *Thes. nov. anecd.*, t. IV, p. 1076.

POL.-DE-LÉON (Synodes de Saint-). *Voy.* LÉON.

POLDEN (Conciles de). *Voy.* POELDE; *voy.* aussi MAYENCE, l'an 1029.

POLOGNE (Concile de), l'an 1000, tenu à Gnesne, pour l'établissement de cet archevêché. *Mansi, Conc. t.* XIX. *Voy.* GNESNE.

POLOGNE (Synode de), vers l'an 1221, par Henri, archevêque de Gnesne. Les prêtres, dont la plupart étaient mariés ou vivaient dans le concubinage, furent tous obligés, en vertu d'un décret publié dans ce synode, de faire serment de renvoyer pour toujours leurs femmes et leurs concubines. *Mansi, Conc. t.* XXII.

POLOGNE (Concile de), tenu à Cracovie l'an 1369. Jarozlas, archevêque de Gnesne, qui le présida, en présence du roi Casimir, y publia, de concert avec ce prince, plusieurs statuts tendant à prévenir les conflits des juges ecclésiastiques avec les juges laïques. *Mansi, Conc. t.* XXVI.

POMESEN (Synode de), en Prusse, *Pomesaniensis*, l'an 1322. *Voy.* RISEBURGENSIS, même année.

POMESEN (Synode de), l'an 1745. André-Stanislas-Kotska Zaluski, évêque de Culm, tint ce synode, qui dura trois jours, le 16, le 17 et le 18 septembre : il y renouvela une grande partie des canons des conciles précédents, et recommanda l'exacte obéissance aux lois du pays pour le bien de la religion catholique.

PONDICHÉRY (Synode de), *Pudicheriana*, 18 janvier 1844, par monseigneur Clément Bonnard, évêque de Drusipare et vicaire apostolique du Maduré, assisté de monseigneur Etienne-Louis Charbonnaux, son coadjuteur élu, outre MM. Jarrige, provicaire, Bertrand, supérieur des jésuites pour ces contrées, et vingt-cinq autres prêtres, dont trois indigènes, qui furent présents au synode. Le principal objet de cette assemblée fut, comme il paraît d'après les actes, de chercher les moyens de procurer au pays un clergé indigène plus nombreux.

Dans ce but, on ordonna l'érection de petites écoles dans tous les lieux où il y aurait des congrégations de catholiques ; celle d'un petit séminaire pour l'enseignement des langues latine, tamoule, française et anglaise, de l'histoire, de la géographie, de l'arithmétique, de l'astronomie, de la physique et des belles-lettres jusqu'à la rhétorique inclusivement ; enfin l'établissement d'un grand séminaire séparé du petit, où s'enseigneraient la philosophie, la théologie et l'Ecriture sainte. Laissons parler sur cet intéressant sujet monseigneur Luquet, aujourd'hui évêque d'Hésebon, alors simple prêtre, et qui fit au synode les fonctions de secrétaire.

« Le 18 janvier 1844 s'ouvrit, par le chant solennel d'une messe du Saint-Esprit, le premier synode tenu à Pondichéry depuis l'introduction de notre sainte foi dans l'Inde. C'était un touchant spectacle de nous voir tous réunis au pied d'un autel où le saint sacrifice s'offrait avec toute la majesté d'une messe chantée par un évêque ; de contempler ces missionnaires épuisés prématurément par les fatigues d'un apostolat exercé sous les ardeurs brûlantes du climat de l'Inde, ces vieillards avant l'âge, dont le regard recueilli, dont les fronts inclinés pour la prière annonçaient de quelles pensées solennelles ils étaient préoccupés. C'était un beau spectacle aussi de voir près de nous ces prêtres indigènes, espérance *future* de nos Eglises enfantées dans la douleur, mêler leurs prières aux nôtres pour appeler sur notre évêque, sur nous tous, des grâces correspondant à la grandeur de nos besoins. Pourquoi fallait-il les trouver encore si rares ? pourquoi aussi le nombre de jours employés par eux dans les travaux de la mission, n'avait-il pas encore servi de règle pour établir au pied de l'autel le rang fixé à chacun d'eux ?

« Ce jour-là même commencèrent les travaux du synode, et le soir n'était pas arrivé que déjà un succès immense avait été obtenu. Le principe de l'éducation complète à donner aux indigènes, proposé d'abord dans les réunions préparatoires par monseigneur le coadjuteur élu, fut adopté à la presque unanimité des suffrages. Toutefois, comme cette question était extrêmement délicate à aborder, comme on pouvait craindre, d'après les souvenirs du passé, une assez forte opposition à cet égard, la proposition fut faite de manière à exciter le moins d'ombrage possible, et l'on y réussit.

« Ce succès était déjà très-grand ; mais tout se réduisait encore à l'adoption d'un simple principe auquel on pouvait donner plus ou moins de développement dans l'application. On pouvait même l'annuler dans la pratique. Dans la séance du lendemain devait se décider complètement la question. Il s'agissait en effet d'établir, d'après le principe admis la veille, les bases nouvelles sur lesquelles on réglerait l'enseignement du séminaire.

« Cette fois la discussion fut aussi grave et aussi solennelle que la grandeur de la question le demandait. Pendant trois heures consécutives, monseigneur Charbonnaux, coadjuteur, et plusieurs autres confrères non moins distingués par leurs vertus que par leurs lumières, parlèrent en faveur de l'instruction à donner aux indigènes. Ils le firent d'une manière qui dut porter la plus profonde conviction dans tous les esprits. Pour cela, ils exposèrent l'état et les besoins de l'Inde, les efforts des protestants, l'insuffisance complète des secours européens pour soutenir et propager la foi ; ils répondirent victorieusement à toutes les objections, résolurent toutes les difficultés ; en un mot, ils démontrèrent jusqu'à la dernière évidence la nécessité absolue de se conformer le plus promptement possible à l'exemple de nos pères, justifié par les prescriptions positives du saint-siége apostolique. La lucidité de cette discussion fut si grande, que les objections fondées sur les motifs faux ou incomplets, adoptés comme base du principe opposé, se produisirent avec une timidité vraiment significative. En un mot, la délibération et la résolution de cette grande journée furent dignes en tout point de la question qui s'y trouva victorieusement résolue.

« Dès ce moment l'œuvre du synode fut vraiment accomplie. »

Outre les règlements pour l'érection d'écoles et de deux séminaires, le synode en fit quelques autres pour le bon gouvernement des fidèles, l'administration des sacrements, la conduite des missionnaires et la conversion des gentils. On y recommande partout de se conformer aux usages romains, autant que les circonstances peuvent le permettre.

La sacrée congrégation de la Propagande, à l'examen de laquelle les actes du synode furent soumis, les approuva, moyennant quelques corrections qu'elle ordonna d'y faire. La congrégation romaine, toujours favorable à la liberté des peuples, émit en particulier le vœu qu'on ne fit point de distinction de castes dans l'admission des jeunes Indiens à l'instruction donnée dans les écoles. *Synode de Pondichéry.*

PONS (Concile de), *apud Pontes*, l'an 1294, au diocèse de Saintes, et aujourd'hui de la Rochelle, dont les évêques y ont établi leur petit séminaire. Le concile dont il s'agit eut pour objet d'accorder une décime à Philippe le Bel.

PONS (Concile de), l'an 1298. *Gall. Chr.* t. II, col. 1076.

PONT (Concile de), en Asie, *Ponticum*, vers l'an 197. C'est le même que celui d'Asie, rapporté au tome I, col. 226, et que présida Psalmas ou Palmas. *Voy.* ASIE.

PONTANUM (Concilium), en Irlande, l'an 1262. *Voy.* PONTEM, même année.

PONT-AUDEMER (Concile de), *apud Pontem Audemari seu Audomari*, l'an 1257. Ce concile, qui fut tenu au mois de septembre, dressa ou renouvela vingt règlements des conciles précédents.

Le 13e défend aux moines de demeurer seuls, quelque part que ce soit.

Le 14e ordonne que les moines qui demeurent dans des prieurés non conventuels, observent l'abstinence et les jeûnes selon les règlements du pape Grégoire.

Le 15e leur défend de demeurer avec des séculiers sans la permission spéciale de l'évêque.

Le 17e déclare que les doyens ruraux ne pourront porter d'excommunications que par écrit.

Le 20e porte que les prêtres ne pourront lancer aucune excommunication d'une manière générale, et sans les monitions canoniques, si ce n'est quand il sera question de vol ou de choses perdues. *Bessin, Conc. Norm.*

PONT-AUDEMER (Concile de), l'an 1267. Eudes Rigaud, de l'ordre de Saint-François, archevêque de Rouen, tint ce concile le 30 août. On y défendit aux clercs, mariés ou non, les trafics séculiers, surtout ceux qui sont sordides, et on leur ordonna de porter la tonsure et l'habit clérical. On y avertit aussi les clercs et les croisés de ne pas abuser des lettres apostoliques. *Lab.* XI ; *Hard.* VIII ; *Bessin*.

PONT-AUDEMER (Concile de), l'an 1270, mentionné par Bessin. *Conc. Norm.*

PONT-AUDEMER (Concile de), l'an 1279. Guillaume de Flavacour, archevêque de Rouen, tint ce concile le jeudi avant l'Ascension, et y publia les vingt-quatre règlements qui suivent.

1. Les clercs justement excommuniés perdront les revenus de leurs bénéfices ; et s'ils demeurent excommuniés pendant un an, ils perdront les bénéfices mêmes.

2. Les chapelains ou curés qui ne célèbrent point la messe comme ils le doivent, seront privés de leurs bénéfices, et tenus pour non résidents, s'ils ne se corrigent pas après la monition canonique, c'est-à-dire après avoir été avertis trois fois juridiquement.

3. On renouvelle les statuts du concile de Bourges de l'an 1276, et de celui de Lyon de 1274, contre les perturbateurs de la juridiction ecclésiastique.

4. Ceux qui sont excommuniés (par le canon quinzième du deuxième concile de Latran) pour avoir maltraité les clercs, seront dénoncés et punis comme excommuniés, s'ils ne se font absoudre dans le temps qui leur sera marqué par l'ordinaire.

5. Le 21e canon du quatrième concile de Latran, touchant la confession annuelle au propre prêtre et la communion pascale, sera fidèlement observé.

6. Les seigneurs ou juges qui retiennent des clercs malgré la réquisition des juges ecclésiastiques, seront excommuniés d'abord en général, et ensuite en particulier, lorsque le fait sera bien constaté.

7. Les ecclésiastiques ne porteront point aux tribunaux laïques les causes qui appartiennent à l'Eglise, et surtout les personnelles. Cela avait déjà été défendu par les conciles d'Epaone en 517, d'Orléans en 541, de Mâcon en 585, de Paris en 615, de Reims en 630, et enfin de Bourges en 1276.

8. Les gros décimateurs seront obligés à la réparation des églises, des livres et des ornements, à proportion du revenu qu'ils tirent de ces églises.

9. Les chrétiens ne serviront point les juifs, et ne demeureront pas même avec eux. Ces derniers seront obligés de porter quelques marques extérieures qui les distinguent des chrétiens.

10. On ne fera point de veilles ni de danses dans les églises ou dans les cimetières.

11. Les clercs ne s'occuperont point à la chasse.

12. On mettra le nombre ancien de moines dans les abbayes et prieurés dont les revenus ne sont pas diminués.

13. Les moines qui sont dans les prieurés observeront les constitutions du pape Grégoire touchant l'abstinence des viandes, les confessions, les jeûnes ; et ils y seront contraints par les censures.

14. Les réguliers ne demeureront point avec les séculiers, sans la permission de l'ordinaire.

15. On observera le cinquante-neuvième canon du quatrième concile de Latran, qui défend aux réguliers d'emprunter au delà d'une certaine somme, sans l'exprès consentement de l'abbé.

16. Les doyens ruraux qui exercent la juridiction, ne prononceront de sentences de suspense ou d'excommunication que par écrit.

17. On dénoncera les excommuniés jusqu'à ce qu'ils se soient fait absoudre.

18. On n'excommuniera point en général, si ce n'est pour des vols et des pertes, et après la monition compétente, c'est-à-dire la monition canonique, qui doit se répéter trois fois.

19. Les chapelains auxquels on donnera des églises à desservir pour un temps, seront examinés sur leur capacité, leur conduite et leur ordination.

20 et 21. Les clercs, mariés ou non, qui, après trois monitions juridiques, ne s'abstiendront pas des affaires séculières, ou qui ne porteront point la tonsure et l'habit clérical, et ne vivront pas cléricalement, ne seront ni défendus, ni revendiqués par les juges d'église.

Le canon vingtième, qui distingue les clercs mariés de ceux qui ne le sont pas, suit le quatorzième canon du quatrième concile de Latran, qui fut tenu l'an 1215, où on lit : *Qui autem secundum regionis suæ morem non abdicarunt copulam conjugalem, si lapsi fuerint, gravius puniantur, cum legitime matrimonio possint uti.* Cependant le pape Urbain II, dès l'an 1089, avait décrété que tous les clercs qui, après le sous-diaconat, voudraient user du mariage, seraient privés de tout office et bénéfice ecclésiastique. Ainsi, il faut dire que l'ordonnance de ce pape ne fut pas en vigueur partout, et qu'il y eut des pays, même en Occident, où l'on permit aux sous-diacres mariés avant l'ordination, de continuer à user du mariage. Il paraît même que, dans quelques Eglises d'Occident, on permit le mariage aux sous-diacres qui déclaraient, au moment de leur ordination, qu'ils ne voulaient pas s'engager au célibat, comme on le permettait aux diacres mêmes dans l'Eglise grecque.

22. Les prêtres excommuniés pour n'avoir pas payé la dîme se feront absoudre avant Noël, sous peine d'être privés de leurs bénéfices, si l'évêque le juge à propos.

23. Les clercs qui sont croisés n'abuseront point des priviléges qui leur sont accordés par les papes ou par leurs légats.

24. Les chanoines réguliers ne seront reçus curés qu'après avoir été examinés par l'évêque, et leurs supérieurs ne pourront point les rappeler sans le consentement de l'évêque. Si les supérieurs réguliers ne présentent point de sujets propres à remplir les cures, quarante jours après qu'elles auront commencé à vaquer, les évêques y pourvoiront, et y pourront mettre des prêtres séculiers, s'ils le trouvent bon.

Ce canon est conforme au droit, tant ancien que nouveau, selon lequel les collateurs inférieurs aux évêques ne peuvent conférer de bénéfices, sans que ceux à qui ils les confèrent soient obligés de se présenter à l'évêque pour recevoir l'approbation ou l'institution canonique, qui emporte le soin des âmes et l'autorité de les régir, que l'évêque seul peut donner. S'il y avait des abbés et des abbesses qui conféraient des cures, sans que les curés fussent obligés de se faire approuver par l'évêque, cela venait de ce que, par un privilége singulier, ces collateurs avaient une juridiction quasi-épiscopale, et qu'ils tenaient lieu, pour ainsi dire, d'évêques à ces curés, en ce point. Quant au temps accordé aux collateurs et aux patrons pour l'exercice de leur droit de collation ou de présentation, les patrons ecclésiastiques avaient six mois, et les patrons laïques quatre seulement, à compter du jour où ils avaient eu connaissance de la vacance; après ce temps, la collation était dévolue au supérieur immédiat du patron ou du collateur. *Bessin, in Concil. Normann.*

PONT-AUDEMER (Concile de), l'an 1305, sur la juridiction ecclésiastique. *Bessin, conc. Norm.*

PONT-DE-L'ARCHE (Concile du), l'an 1310. Des templiers y furent condamnés au supplice du feu. *Ibid.*

PONT-DE-SORGUES (Concile du), l'an 1108. Le pape Urbain II avait décidé en 1095 qu'à la mort de l'évêque actuel d'Orange, cette église serait réunie au diocèse de Trois-Châteaux. L'évêque étant donc venu à mourir, Pascal II se disposait à mettre à exécution la constitution de son prédécesseur. Enfin, se laissant gagner par les prières du clergé d'Orange, il fit décider cette affaire dans le concile qu'il fit assembler au Pont-de-Sorgues, et auquel présida son légat Richard, évêque d'Albane, avec Gibelin, archevêque d'Arles, métropolitain de la province. Le concile chargea le clergé d'Orange d'élire lui-même son évêque, et sanctionna ensuite l'élection. Ce fut Bérenger, chanoine de Saint-Ruf, qui obtint ainsi les suffrages. *Mansi, Conc. t.* XX.

PONTEFRACT (Synode de), dans le diocèse d'York, l'an 1379. Le clergé diocésain y accorda au roi, sur la proposition de son archevêque, la dîme de tous ses revenus. *Wilkins, t.* II.

PONTEM (*Concilium apud*), *seu Pontanum*, en Irlande, l'an 1262. Patrice Oscanlan, archevêque d'Armach, tint ce concile avec ses suffragants. On y traita de la primatie de l'Eglise d'Armach, et l'on y fit plusieurs règlements de discipline qui ne sont pas parvenus jusqu'à nous. Wilkins a daté ce concile du lundi 19 janvier 1262; mais en cette année le 18 janvier tombait un mercredi, et l'année suivante un jeudi. *Angl.* I; *l'Art de vérif. les dates.*

PONTION (Concile de), diocèse de Châlons-sur-Marne, *Pontigonense*, l'an 876. L'empereur Charles fit tenir ce concile le 21 juin, et y assista avec deux légats du saint-siège, Jean évêque de Toscanelia, et Jean, évêque d'Arezzo. Il s'y trouva, outre les légats, neuf archevêques et quarante-deux évêques de France. Hincmar de Reims souscrivit le premier après les légats, ensuite Aurélien de Lyon; il y eut huit sessions. On lut dans la première une lettre du pape, datée du 2 janvier de cette année 876, par laquelle il établissait Ansegise, archevêque de Sens, primat des Gaules et de Germanie, comme son vicaire en ces provinces, avec pouvoir de convoquer des conciles, et de notifier aux évêques les députés du saint-siège. Les évêques, ayant ouï le contenu de cette lettre, dirent qu'ils obéiraient aux ordres du pape, sans préjudice des métropolitains, et suivant les canons; et quelque instance que leur fît le roi Charles de reconnaître sans restriction la primauté d'Ansegise, ils n'en voulurent rien faire. La seconde session, qui se tint le 22 de juin, fut employée à la lecture des actes du concile de Pavie, et des lettres du pape Jean envoyées aux laïques; et l'élection de l'empereur y fut confirmée par tous les évêques et seigneurs qui étaient présents. La troisième session, qui fut tenue le 3 de juillet, se passa en contestations sur les prêtres de divers diocèses, qui réclamaient l'autorité des légats du saint-siège. Dans la quatrième, qu'on tint le lendemain, l'empereur donna audience aux ambassadeurs du roi Louis, son frère, qui demandèrent en son nom la part du royaume de l'empereur Louis. On y lut trois lettres du pape: l'une aux évêques du royaume de Louis, qu'il reprend de n'avoir pas empêché ce prince d'entrer à main armée dans les Etats de l'empereur Charles, en son absence; l'autre aux évêques du royaume de l'empereur Charles qui lui étaient demeurés fidèles; et la troisième à ceux qui avaient pris le parti de Louis de Bavière. Le pape leur ordonne à tous d'obéir à ses légats.

Deux nouveaux légats se trouvèrent à la cinquième session, le 10 juillet, et y apportèrent des lettres du pape à l'empereur et à l'impératrice. On lut le lendemain, dans la sixième session, une lettre du pape, adressée à tous les évêques de Gaule et de Germanie, contenant les sentences rendues contre Formose, évêque de Porto, et contre Grégoire Nomenclateur, et leurs complices. On lut encore, le 14 juillet, dans la septième session, par ordre de l'empereur, la lettre du pape touchant la primatie d'Ansegise; et le légat demanda que les archevêques promissent de s'y conformer. Ils répondirent qu'ils n'obéiraient aux décrets du pape que de la manière que leurs prédécesseurs y avaient obéi. Dans la huitième et dernière session, Jean d'Avezze, légat, lut un écrit. Odon de Beauvais en lut un autre, contenant certains articles que les légats du pape, Ansegise de Sens, et Odon lui-même, avaient dressés sans la participation du concile. L'historien Aimoin dit que ces articles n'étant d'aucune utilité, il les a supprimés, de même que l'écrit lu par Jean d'Avezze, parce qu'il était destitué de raison et d'autorité. Il ajoute qu'on revint pour la troisième fois à la question de la primatie d'Ansegise, et qu'il ne l'obtint pas plus du concile ce dernier jour que le premier; qu'ensuite l'impératrice ayant été amenée dans l'assemblée, la couronne sur la tête, le légat Léon prononça l'oraison; après quoi les évêques se séparèrent. On trouve à la suite des actes du concile neuf articles qu'on croit être ceux dont Aimoin parle avec tant de mépris. Il y est dit qu'après la mort de l'empereur Louis, le pape Jean VIII avait invité le roi Charles à venir à Rome, où il l'avait choisi pour défenseur de l'Église de saint Pierre, et couronné empereur; qu'avant son arrivée, le pape avait tenu un concile, et écrit au roi Louis, aux évêques, aux abbés et aux seigneurs de son royaume, pour leur défendre de faire aucune irruption dans les États du roi Charles, jusqu'à ce que dans une conférence on eût réglé les droits de leurs royaumes; mais qu'Odon de Beauvais leur ayant présenté jusqu'à deux fois les lettres du pape, ils les avaient rejetées; que le roi Louis, méprisant les avis du saint-siége, était entré à main armée dans le royaume de Charles; qu'admonesté d'en retirer ses troupes, et de faire pénitence de ses crimes, il n'avait point obéi, non plus qu'à la seconde monition qui lui avait été faite par les légats du pape; qu'en conséquence, le pape avait donné ses pouvoirs à ses légats, pour faire ce qui convenait en pareille occasion. On dit aussi que le pape, du consentement de l'empereur Charles, a établi Ansegise, archevêque de Sens, primat des Gaules et son vicaire, et que le concile le reconnaît en cette qualité; qu'il adopte aussi la sentence rendue contre Formose et ses complices, de même que la condamnation prononcée contre les excès commis par le roi Louis.

PONTOISE (Concile de), l'an 1317. Ce concile ne nous est connu que par un acte de protestation de l'abbé de Fécamp. *Bessin, Conc. Norm.*

PORT (Concile de), *Portuense*, l'an 823. *Gall. Chr.*, t. VI, col. 753. Voir pour la statistique de ce lieu l'article suivant.

PORT (Concile de), au diocèse de Nîmes, l'an 887, 17 novembre. Port était alors un gros bourg, situé vers l'embouchure du Vidourle dans l'étang de Mauguio ou de Melgueil, sur les frontières des diocèses de Nîmes et de Maguelone, à deux milles de Lunel, et composé de deux paroisses qui dépendaient de l'abbaye de Psalmodi, l'une sous l'invocation de la sainte Vierge, et l'autre sous celle de saint Pierre. Ce fut dans la première de ces deux églises que le concile s'assembla. Selva, évêque d'Urgel, et Hermenmire, évêque de Girone, intrus l'un et l'autre dans leurs siéges, d'où ils avaient chassé les prélats légitimes, y furent cités, excommuniés et déposés publiquement. Saint Théodard, archevêque de Narbonne, y présida. Le bourg de Port est aujourd'hui entièrement détruit. Il n'en reste plus qu'une église, appelée Notre-Dame d'Asport ou des Ports. *Ménard, Hist. de Nîmes.*

D. Ceillier (t. XXII) a commis sur ce concile, à ce qu'il nous semble, plusieurs inexactitudes. Sans parler de la date, qu'il fixe à l'an 886, il appelle Théodore l'archevêque de Narbonne, et lui fait condamner les ordinateurs d'un archevêque de Tarragone, pour avoir ordonné sans le consentement du métropolitain : mais, ou Tarragone n'était pas un archevêché à cette époque, ou elle ne devait pas reconnaître de métropolitain.

PORT (Concile de), l'an 897, 19 avril. Ce concile fut tenu, comme le précédent, dans l'église du lieu, dédiée à la sainte Vierge. Dans ce concile, où présida Arnuste, archevêque de Narbonne, et où assistèrent avec trois évêques et quelques autres prélats plusieurs seigneurs laïques, on traita également des matières ecclésiastiques et des politiques, comme il se pratiquait alors dans ces assemblées mixtes. On y ordonna en particulier que les domaines adjugés par l'évêque de Maguelone à l'église de Saint-André (a) fussent restitués à l'église de Saint-Jean-Baptiste. *Id.*

PORTUGAL (Concile de), *Lusitanum*, l'an 1228. Jean, cardinal-légat et évêque de Sabine, tint ce concile. On y prononça la peine d'excommunication contre ceux qui donneraient atteinte aux libertés ecclésiastiques, à la tranquillité, aux biens et à l'honneur des femmes cloîtrées, etc. *Ferreras, t. IV.*

PORTUM ANSILLÆ (*Concilia apud*). *Voy.* ANSE.

PORTUM ANSILLÆ (*Concilium apud*), ou Concile d'Anse, l'an 1299. Henri, archevêque de Lyon, tint ce concile avec les évêques d'Autun, de Mâcon et de Châlons, ses suffragants. L'évêque de Langres se contenta d'y envoyer son procureur. Il s'y trouva aussi plusieurs abbés. On y fit de nombreux décrets.

Le 1er fait une obligation à tous les curés de dire chaque semaine une messe de la sainte Vierge ou du Saint-Esprit pour le pape et l'Église romaine.

(a) Ménard appelle ainsi l'église en question; D. Ceillier lui donne le nom de Saint-Andoche.

Le 2ᵉ veut que les juifs portent sur leurs habits un signe qui les distingue des chrétiens.

Le 3ᵉ déclare les parjures infâmes et incapables d'être admis en témoignage.

Le 4ᵉ soumet à de fortes peines ceux qui se vengent des excommunications en persécutant ceux qui les ont lancées ou qui les ont fait porter.

Le 5ᵉ défend d'admettre les excommuniés à des fonctions publiques, comme à la charge de bailli, de châtelain, de prévôt, ou à quelque autre dignité que ce soit, supérieure ou moindre.

Le 6ᵉ porte la peine de réaggrave contre les excommuniés qui enfreignent leur excommunication en entrant dans les églises.

Le 7ᵉ réserve le droit d'absoudre les excommuniés au prélat qui les a frappés de censures, ou à son official.

Le 8ᵉ prescrit d'enterrer les morts dans la paroisse même où ils sont décédés, à moins que, de leur vivant, ils n'aient choisi ailleurs leur sépulture.

Le 9ᵉ déclare excommuniés de plein droit ceux qui tranent des embûches ou des complots contre des évêques ou d'autres prélats.

Le 10ᵉ autorise les prêtres à disposer librement de leurs biens meubles ou immeubles, acquis autrement que dans l'exercice du saint ministère.

Le 11ᵉ déclare inhabiles à posséder un bénéfice ceux qui recourraient à des moyens violents pour en obtenir.

Le 12ᵉ est contre ceux qui abusent des lettres apostoliques.

Le 13ᵉ contre ceux qui emploient des voies de fait contre des clercs, sous le prétexte d'être au service de quelque seigneur.

Le 14ᵉ recommande de maintenir dans leur intégrité les fiefs et autres biens d'église.

Le 15ᵉ frappe de diverses peines les prêtres, les clercs ou les laïques qui violent un interdit général.

Le 16ᵉ déclare les clercs légitimement mariés exempts de payer la taille.

Le dernier statut oblige tous les suffragants, abbés et prieurs indépendants, archidiacres, doyens et archiprêtres, de prendre copie de tous ces statuts, et d'en procurer l'exécution. *Mansi, Conc. t.* XXIV.

POSONIENSIA (*Concilia*). V. PRESBOURG.

POTENZA (Synode diocésain de), *Potentina*, 2 avril 1606, sous Gaspar Cardoso. Les statuts publiés dans ce synode obligent, comme tous les autres du temps, les bénéficiers à charge d'âmes à faire dans deux mois profession publique de leur foi, dans la forme prescrite par Pie IV. On y défend aux femmes de coucher avec elles de petits enfants, qu'ils n'aient au moins quinze mois accomplis. En général ces règlements n'offrent rien de bien capable de piquer la curiosité du lecteur. *Constit. et decr. diœc. syn. Pot.*

POUILLE (Conciliabule de), tenu à Melfi, l'an 1130, par l'antipape Anaclet. C'est tout ce qu'on en sait. *Mansi, Conc. t.* XXI.

PRAGUE (Concile de), *Pragense*, l'an 1073. Jaromire, évêque de Prague, y fut déposé par Rodulphe, légat du pape saint Grégoire VII. *Mansi, t.* I.

PRAGUE (Synode de), l'an 1322. L'archevêque Jean y condamna l'abus de refuser les sacrements de pénitence et d'eucharistie aux personnes condamnées au dernier supplice. *Mansi, Conc., t.* XXV.

PRAGUE (Concile de), vers l'an 1346 selon le P. Richard, et 1353 selon le savant éditeur des Conciles de Germanie. Prague venait d'être soustraite à la province de Mayence, et érigée elle-même en archevêché, par une bulle datée du 8 des calendes de mai 1344. Dès l'année précédente, le pape Clément VI avait envoyé le pallium à son évêque. Une fois érigée en métropole, Prague eut pour suffragants les évêchés d'Olmutz et de Létomeritz.

Quoi qu'il en soit de la date du concile dont il s'agit, et qui fut présidé par Ernest de Pardubiez, son premier archevêque, on y publia les canons suivants.

1. On ne croira et on n'enseignera que ce que croit et enseigne la sainte Église romaine.

2. On lira les statuts provinciaux dans les conciles de la province, et les statuts synodaux dans les synodes diocésains.

3. Pour obvier aux fraudes de ceux qui impètrent des rescrits apostoliques, pour tirer quelqu'un hors de sa province, et le citer au tribunal d'autres juges que les siens, ceux qui se prétendent délégués ou subdélégués du saint-siège seront tenus de produire les bulles apostoliques qui leur donnent ces titres et cette juridiction.

4. On approuve l'usage selon lequel l'archevêque de Mayence peut commettre à des juges des diocèses de ses suffragants, les causes qu'il peut juger par appel à son tribunal, ou à celui de son official.

5. Toutes les fois qu'il y aura élection ou collation de bénéfices, ou aliénation de biens, ou quelque autre affaire importante et difficile à traiter dans les chapitres, on y appellera tous les chanoines absents, pourvu qu'ils ne soient pas hors de la province; faute de quoi le supérieur, s'ils le requièrent, cassera tout ce qui aura été fait sans eux.

6. Les bénéficiers qui renonceront à leurs bénéfices sans la permission de l'ordinaire, seront suspens des ordres qu'ils auront reçus.

Ce canon frappe les ecclésiastiques qui se procuraient de petits bénéfices pour s'en servir comme de titres pour se faire ordonner, et qui y renonçaient après leur ordination, aimant mieux aller à la messe d'église en église que de les garder.

7. Les évêques rejetteront tous ceux qui se présenteraient pour être ordonnés sans avoir l'âge, la science, la pureté des mœurs, la légitimité de la naissance, et enfin toutes les qualités nécessaires à la cléricature.

8. On n'admettra aucun ecclésiastique à dire la messe, s'il est inconnu et étranger, à moins qu'il ne produise non-seulement des lettres formées de son évêque et celles de son ordination, mais encore des lettres de

l'évêque du diocèse où il a dit la messe en dernier lieu.

9. Les archidiacres pourront juger, par eux-mêmes ou par leurs assesseurs, les causes concernant les mariages et les usures; mais pour les autres, elles seront réservées aux évêques et à leurs officiaux.

10. Les évêques, chanoines et autres ecclésiastiques séculiers et réguliers, qui sont obligés de mettre des curés ou vicaires, à portion congrue, pour desservir les églises attachées à leurs bénéfices, les doteront suffisamment pour leur honnête entretien, et pour l'acquit de toutes les charges qu'ils ont à supporter.

11. On déclare nuls les interdits lancés par les délégués ou subdélégués du saint-siège qui outre-passent leurs commissions.

12. Les prélats inférieurs n'empêcheront pas ceux qui ont des causes pendantes à leurs tribunaux, d'appeler de leurs sentences aux prélats supérieurs.

13. Les clercs inférieurs rendront aux supérieurs le respect et l'honneur qui leur sont dus, chacun selon son rang; et aucun clerc ne s'engagera à desservir la chapelle d'un grand, sans la permission de son évêque.

14. Les prêtres, et les dignitaires même qui ne sont pas prêtres, ne pourront faire l'office d'avocats, si ce n'est pour plaider leurs propres causes ou celles de leurs églises. Les religieux ne le pourront non plus, si ce n'est pour plaider les causes de leurs monastères, et avec la permission de leurs supérieurs.

15. La crainte griève, et capable d'affecter un homme constant, excuse de l'obéissance qu'on doit à un supérieur qui ordonne la publication des procès faits aux rebelles à l'Église; mais cette même crainte n'excuse pas quand on veut obliger un clerc de communiquer avec les excommuniés, ou de célébrer les offices divins dans les lieux interdits.

16. Le changement d'une cause ne se fera qu'avec la connaissance et l'agrément du juge ordinaire.

17. Quiconque frappe, vole ou empoisonne le messager d'un juge, est excommunié par le seul fait.

18. On excommuniera le juge laïque qui entreprendra de juger les causes criminelles ou civiles des clercs, ou même les laïques qui posséderont des biens d'église, à quelque titre qu'ils les possèdent; et l'on portera la même sentence contre le juge ecclésiastique qui entreprendra de juger les causes purement civiles des laïques, si ce n'est peut-être celles des pauvres, ou au défaut du juge laïque.

19. Même peine contre ceux qui feront l'office de notaire public, sans avoir prouvé authentiquement à l'évêque diocésain ou à son official, qu'il possède légitimement cet office.

20. L'appelant qui ne poursuivra pas son appel, sera obligé de s'en tenir à la sentence du juge dont il a appelé.

21. Les clercs ne s'abstiendront pas seulement du mal, mais de son apparence même. Ils vivront chastement, et éviteront la crapule et l'ivrognerie. Lors même qu'ils donneront des repas, ce qui doit être rare, il n'y aura pas plus de six mets différents sur leurs tables. Ils n'entreront point dans les cabarets, et ne porteront point d'armes, si ce n'est en voyage pour la nécessité. Ils ne commerceront et n'exerceront aucun métier propre aux laïques, notamment ceux de cabaretiers et de bouchers. Ils porteront l'habit clérical et la tonsure, en sorte que leurs oreilles soient découvertes. Leurs habits ne seront ni rayés, ni ouverts par-devant. Ils fuiront avec soin les jeux de hasard, les assemblées publiques, les danses, les tournois, et tous les spectacles profanes. Ils n'entreront jamais dans les monastères de filles, sans une cause manifeste, et sans la permission du supérieur. Ils ne recevront pas chez eux les clercs vagabonds. Les curés ne prendront point des hommes mariés pour sonner leurs cloches, mais des clercs qui puissent lire et chanter avec eux. Aucun prêtre ne dira la messe sans serviteur.

22. Les clercs concubinaires seront privés pour toujours de leurs bénéfices, s'ils en ont; ou s'ils n'en ont pas, ils seront suspens pour toujours de leurs ordres; et les archidiacres ou les curés qui les tolèrent subiront la même peine.

23. Tout bénéficier qui ne résidera pas, y étant obligé, sera privé de son bénéfice.

24. Tous les intrus dans quelque bénéfice que ce soit, en seront privés.

25. Personne ne sera installé dans un bénéfice qu'après avoir prêté serment qu'il obéira à ses supérieurs, qu'il observera les statuts provinciaux et synodaux, et qu'il s'acquittera fidèlement de toutes les charges attachées à son bénéfice. On privera pour toujours du droit de présentation le patron qui soutiendra un clerc intrus dans un bénéfice sans l'institution canonique.

26. Aucun chapitre de cathédrale ou de collégiale ne recevra un chanoine pour une prébende qui ne soit pas encore vacante, si ce n'est pour l'évidente utilité de l'Église, au jugement de l'évêque.

27. Il y aura dans la sacristie des chapitres un inventaire de tous leurs biens, livres, ornements, etc. Les administrateurs de ces biens ne pourront ni les aliéner, ni les vendre, ni les permuter, sans le consentement de la majeure partie des chanoines, sous peine de nullité des contrats que l'on passerait sans cette condition.

28. On obligera par la voie des censures à la restitution, celui qui aura acheté des choses volées.

29. Celui qui aura engagé un château, ou tout autre bien auquel est attaché le droit de patronage, conservera ce droit, parce que le fruit en étant spirituel, il ne peut être compensé par des choses temporelles.

30. Les bénéficiers ne pourront tester des biens de leurs églises, mais seulement de

ceux qu'ils auront hérités de leurs parents, ou acquis par leur industrie. Les règlements qui fixent la somme qu'on pourra léguer à l'église ou à ses ministres sont nuls et injustes, parce qu'ils anéantissent la liberté des testaments commis à la vigilance des ordinaires, quant à l'exécution.

31. Ceux qui enterrent dans les cimetières durant l'interdit, ou qui enterrent des excommuniés ou des interdits publiquement dénoncés, encourent l'excommunication par le seul fait. Même peine, réservée au pape, si ce n'est à l'article de la mort, contre tous les clercs séculiers ou réguliers qui engagent quelqu'un à promettre par serment, par vœu, ou autrement, qu'il choisira sa sépulture dans leur église, ou qu'il ne la changera pas.

32. Tout curé, avant de commencer la messe, les jours de dimanches et de fêtes, demandera à haute voix s'il n'y a pas dans son église quelque paroissien d'une autre paroisse, pour le faire sortir sur-le-champ, s'il s'en trouve. Aucun curé n'administrera aucun sacrement aux paroissiens d'un autre curé, sans la permission de celui-ci.

33. Tous les abbés et abbesses, prieurs et autres supérieurs des monastères d'hommes ou de filles, porteront l'habit régulier sans aucun ornement superflu, et garderont la même modestie dans leurs tables, équipages, etc.

34. Les religieux ne pourront point mettre des curés de leur ordre dans les églises mêmes qui leur appartiennent de plein droit, lorsque la coutume sera que ces églises soient desservies par des prêtres séculiers; et l'évêque ne pourra, sans le consentement de son chapitre, appliquer aux religieux les églises paroissiales, ni aucune partie de leurs revenus.

35. Quand un ecclésiastique aura été présenté à un bénéfice-cure par un patron, l'ordinaire du lieu, auquel appartient l'institution, fera proclamer par le doyen ou le curé de l'église la plus proche du bénéfice, que ceux qui auraient quelque chose à opposer au présenté, ou à sa présentation, aient à paraître, sans quoi l'institution sera nulle par le seul fait.

36. Si un patron fait une présentation simoniaque, et que le présenté l'accepte, le patron sera privé de son droit de patronage pour cette vacance, et le présenté sera non-seulement privé du bénéfice, mais encore inhabile à en posséder d'autres, et à recevoir les ordres sacrés.

37. On ne fera point l'office divin dans une église polluée, on n'enterrera point dans le cimetière contigu, avant la réconciliation de l'un et de l'autre. On ne chantera pas deux messes à la fois dans une même église. On ne dira point l'office des morts pour les vivants. On ne lira et on ne chantera ni histoires ni hymnes, ni séquences nouvelles à l'église, à moins qu'elles n'aient été approuvées dans un concile provincial, ou dans les synodes diocésains.

38. Tout le monde, dans le cas de nécessité, donnera le baptême en langue vulgaire; mais si le prêtre doute avec raison de sa validité, il le recommencera sous condition.

39. On gardera sous clef, dans l'église, le chrême, l'eucharistie, les saintes huiles, l'eau baptismale; et si celui qui en est chargé vient à y manquer, il sera suspens de son office pour trois mois. On ne mettra aucuns meubles dans les églises, si ce n'est en cas de nécessité, pour les préserver des flammes ou des ennemis, et l'on aura soin de tenir dans une grande propreté tout ce qui sert à l'église.

40. On indique les fêtes chômées, qui sont en grand nombre, et parmi lesquelles on trouve saint Martin, saint Nicolas, saint Procope, saint Marc, saint Luc, et les quatre docteurs de l'Eglise latine, Grégoire, Ambroise, Augustin et Jérôme. On ajoute néanmoins, pour ces quatre derniers, que le peuple pourra travailler après avoir entendu l'office paroissial.

41. On observera tous les jeûnes commandés par l'Eglise, ou par la coutume; et ceux qui ne pourront les observer demanderont dispense à leur supérieur ecclésiastique, s'ils peuvent l'aller trouver: la permission d'un simple prêtre ne suffit pas, à moins qu'il n'y ait du danger pour celui qui jeûnerait.

42. Personne ne bâtira une nouvelle église, ou n'en transportera ailleurs une ancienne, sans que l'évêque ou son commissaire y pose la première pierre. Les églises paroissiales n'auront pas plus de deux ou trois autels, à moins qu'elles ne soient aussi collégiales.

43. On respectera les asiles des églises, excepté à l'égard des voleurs publics ou nocturnes, ou de ceux qui auraient tué ou mutilé dans une église ou dans un cimetière, sous l'espoir de l'immunité. Tout laïque qui emprisonnera un clerc, sans la permission du juge ecclésiastique, encourra, *ipso facto*, l'excommunication réservée au pape.

44. Le mariage contracté *per verba de præsenti* est valide, et ne peut être dissous par un mariage subséquent; mais une simple promesse de mariage pour l'avenir, quoique confirmée par serment, doit céder à un mariage subséquent contracté *per verba de præsenti*.

45. On compte jusqu'à vingt cas dans lesquels la cognation spirituelle ou compaternité empêche de contracter mariage, ou dissout le mariage déjà contracté; comme entre celui qui lève l'enfant, et l'enfant lui-même; entre l'enfant levé, et les enfants de ses parrains et marraines; les parents de l'enfant levé, et la femme du parrain; entre le baptisé, et les enfants de celui qui baptise, etc.

46. Les consanguins ou affins au quatrième degré sont excommuniés par le seul fait, s'ils se marient ensemble. Il en est de même des clercs constitués dans les ordres sacrés, ou des religieux et des religieuses qui contractent mariage.

47. Si un homme marié promet à une femme de l'épouser après la mort de sa femme, et qu'il commette avec elle un adultère, son mariage est nul, supposé qu'il l'épouse

en effet après la mort de sa femme, et que sa complice ait su qu'il était marié. Il en est de même si lui ou sa complice avait causé la mort de la femme légitime.

48. On donnera tous les sacrements et la sépulture gratuitement, et les transgresseurs de ce règlement seront punis ; en sorte que, si c'est un curé qui le transgresse, il perdra sa cure pour toujours, et si c'est un vicaire, il sera renfermé pour toujours dans la prison épiscopale. Les archidiacres ou les doyens ruraux qui extorqueront quelque chose pour le saint chrême ou les saintes huiles, par eux-mêmes ou par d'autres, seront privés pour toujours de leurs bénéfices.

49. Les chrétiens ne se mettront point au service des juifs, et il ne sera point permis à ceux-ci de bâtir de nouvelles synagogues.

50. Les hérétiques et leurs fauteurs sont excommuniés.

51. Les chrétiens qui se font juifs, ou qui le redeviennent après avoir embrassé le christianisme, seront traités comme hérétiques.

52. Défense à tous les curés d'aider ou de favoriser en aucune sorte les voleurs, les proscrits, les bannis, les incendiaires ; et cela sous peine de la perte de leurs bénéfices.

53. On dénoncera les usuriers aux évêques ou à leurs officiaux, afin qu'ils les obligent à restituer.

54. Aucun ecclésiastique ne recevra ceux qui se disent porteurs de lettres apostoliques, à moins qu'elles n'aient été visées par leurs évêques ou leurs officiaux.

55. Les curés avertiront souvent leurs paroissiens, que les sortiléges ne peuvent rien contre les maladies, la grêle, le tonnerre, la stérilité, et leur défendront, sous peine d'excommunication, d'exercer aucune espèce de sortilége ou de superstition, de consulter les sorciers, de les recevoir chez eux, etc.

56. On doit réparer les torts ou les injures dont on s'est rendu coupable en les faisant soi-même, ou en aidant les autres à les faire.

57. Les prêtres avertiront les peuples au commencement du carême, de ne pas remettre leurs confessions à la fin, mais de les faire au plus tôt. Ils obligeront à la restitution ceux qui ont fait tort au prochain, et imposeront des aumônes pour pénitence. Les évêques ne pourront donner qu'un an d'indulgence, au jour de la dédicace d'une église, pour ne point énerver la pénitence et les satisfactions, qui sont les suites du péché. Quant au jour de l'anniversaire de la dédicace d'une église, les évêques ne pourront donner que quarante jours d'indulgences ; et pour ce qui est des prêtres séculiers ou réguliers, exempts ou non exempts, ils ne pourront publier aucunes indulgences dans leurs églises ou monastères, à moins qu'elles n'aient été approuvées par l'évêque diocésain.

58. Quiconque a le pouvoir d'excommunier par le droit ou par la coutume, n'excommuniera personne, si ce n'est par un écrit qui contiendra la cause de l'excommunication, et après la monition canonique faite au coupable en présence de témoins idoines, pour l'attester en cas de besoin.

59. Lorsque la sentence d'excommunication aura été publiée à la cathédrale, ou dans le synode, ou dans la paroisse du coupable, ou en tout autre lieu convenable, celui qui communiquera avec l'excommunié n'évitera point la peine canonique de sa faute, à moins qu'il ne prouve qu'il était hors du diocèse, ou dans un lieu si éloigné, qu'il n'a pu vraisemblablement avoir connaissance de la sentence d'excommunication lors de sa publication.

60. On doit entendre les paroles selon l'usage ordinaire, et par la nature même de la cause ou du sujet dont il est question ; *quia non sermoni res, sed rei est sermo subjectus*.

61. Le concile finit par quelques règles de droit, telles que celles-ci :
Dubia in meliorem partem sunt interpretanda.
Utilius scandalum nasci permittitur, quam veritas relinquatur.
Necessitas licitum facit quod in lege licitum non habetur.
Non potest esse pastoris excusatio, si lupus oves comedit, et pastor nescit. (Mansi, Suppl. t. III. col. 543 et seq.)

L'auteur de l'*Art de vérifier les dates* recule ce concile jusqu'à l'an 1356, d'après le *Conc. Germ. t. IV. Richard.*

PRAGUE (Synode de), l'an 1361, sous l'évêque Ernest. Le prélat y expliqua, en les modifiant, quelques règlements du concile provincial tenu à Prague en 1355. *Conc. Germ. t. X.*

PRAGUE (Synode archidiaconal de), l'an 1365, sous Jean, 2ᵉ archevêque de Prague. On y défendit aux ecclésiastiques d'assister à des danses, de jouer à des jeux de hasard, et de faire les fonctions de greffiers ou de notaires publics. *Ibid.*

PRAGUE (Concile de), l'an 1381. Jean de Genstoyn, archevêque de Prague, tint ce concile le 29 avril. On y dressa sept statuts, en forme d'interprétation de ceux que l'archevêque Ernest avait publiés l'an 1346, selon le P. Richard (qui du reste n'est pas conséquent à lui-même), ou 1355, selon l'éditeur des Conciles de Germanie. *Conc. Germ. t. IV.*

PRAGUE (Synode de), l'an 1384 : Matthieu de Cracovie y fit un discours sur la réforme des mœurs du clergé et du peuple. *Petzius, t. I Thes. noviss.*

PRAGUE (Concile de), l'an 1392. Jean de Genstoyn, archevêque de Prague, tint ce concile le 17 juin. On y défendit aux séculiers d'empêcher les criminels condamnés à mort de recevoir le sacrement de pénitence, et même celui de l'eucharistie, s'ils les demandaient. *Conc. Germ. t. IV.*

PRAGUE (Concile de), l'an 1405. Ce concile fut assemblé contre Pierre de Lune. *Labb. XI.*

PRAGUE (Concile de), l'an 1408. Ce concile fut assemblé pour la condamnation des erreurs de Wiclef. *Cochlæus. Hist. Hussit.*

PRAGUE (Synode de), l'an 1413, tenu à Raudnitz par l'archevêque Conrad de Westphalie. *Conc. Germ. t. V.*

PRAGUE (Conciliabule de), l'an 1421, 7 juin ou juillet, par les calixtins, ayant à leur tête Conrad de Westphalie, archevêque de Prague. On y fit vingt-deux statuts, dont le 2ᵉ commet quatre docteurs de la même secte pour régler toutes les affaires ecclésiastiques de la Bohême ; le 5ᵉ recommande la communion sous les deux espèces pour tous les fidèles, de tout âge comme de tout état ; le 8ᵉ, sous prétexte de ramener les prêtres à la pauvreté évangélique et à la manière de vivre des apôtres, leur interdit toute souveraineté temporelle, et tout droit proprement dit sur des terres, des maisons ou toute autre sorte de propriétés. Par une feinte modération, on défend cependant aux seigneurs laïques, dans le même statut, d'enlever à l'église, de leur propre autorité, les aumônes ou les dotations qui lui auraient été faites. Le reste offre un semblable mélange de principes outrés et d'une modération affectée. Comme les calixtins qui portèrent ces décrets admettaient les sept sacrements, et en particulier la présence réelle de Jésus-Christ dans l'eucharistie, ils formèrent un parti mitoyen entre les catholiques et les thaborites, qui suivaient les erreurs de Jean Hus et de Wiclef, et leur faction tenait du schisme plutôt que de l'hérésie. *Conc. Germ. t.* V.

PRAGUE (Synode diocésain de), l'an 1665. Antoine de Muglitz, archevêque de Prague, publia dans ce synode des règlements de discipline pour la réforme de son clergé, avec des règles tracées aux visiteurs de son diocèse pour l'exercice de leur emploi. Il y donna de plus une instruction aux prêtres du royaume de Bohême sur la manière dont ils devaient se conduire dans l'administration du sacrement de l'eucharistie sous la seule espèce du pain, ou sous les deux espèces, d'après la concession faite par le pape Pie IV. Il leur dit aussi les matières sur lesquelles ils devaient particulièrement insister tant en chaire qu'au confessionnal. *Conc. Germ. t.* VII.

PRAGUE (Synode archidiocésain de), l'an 1605. L'archevêque Sbigneus Berka tint ce synode, où il publia trente-cinq statuts sur la foi et les mœurs. Il réserva (titre 3) aux seuls curés du diocèse le droit de prêcher, à moins de concessions particulières données par écrit, et par l'autorité métropolitaine, après examen. Il recommanda aux prédicateurs l'étude de la théologie mystique, et l'usage de l'oraison mentale. Il défendit strictement (*t.* V) de donner à dessein les traits de quelques personnes vivantes aux images ou aux statues de saints ou de saintes exposées dans les églises à la vénération des fidèles. Il loua (*t.* XI) l'usage de l'eau bénite portée dans les maisons particulières, et employée par les chefs de famille à bénir matin et soir leurs enfants et toute leur famille, et jusqu'à leurs troupeaux, leurs terres et leurs jardins. Il voulut qu'au frontispice de chaque église il y eût l'image de la Vierge portant l'enfant Jésus dans ses bras, à droite et à gauche celles des patrons particuliers. Il rappelle (*t.* XVI) l'obligation d'employer le sel aux exorcismes du baptême. Il défend (*t.* XIX) aux prêtres de déposer sur l'autel où ils disent la messe leurs barrettes, leurs mouchoirs, des clefs ou tout autre objet étranger à la célébration du sacrifice. Il prononce la peine de suspense du ministère ecclésiastique contre tout prêtre qui dira plus d'une messe en un jour, si ce n'est à la fête de Noël. Il recommande pour le chœur, (*t.* XXIV) à l'office de prime, la lecture du martyrologe et l'annonce de la fête du jour suivant. Il défend aux clercs (*t.* XXV) les jeux de hasard et l'exercice des armes à feu, et il les exhorte à n'avoir aucune société avec les ministres hérétiques. Il engage ses curés (*t.* XXVI) à recommander à leurs paroissiens la récitation de l'*Angelus*. Il interdit aux religieux (*t.* XXVIII) l'usage des bains publics. Il fait envisager aux archidiacres (*t.* XXX) et aux doyens ruraux (*t.* XXXI) l'importance de leurs emplois. *Conc. Germ. t.* VIII.

PRATO (Synode diocésain de), *Pratensis*, l'an 1662, par François Rinuccini, évêque de Pistoia et de Prato. Les statuts publiés dans ce synode se partagent en deux parties : la première a pour objet la profession de foi, les sacrements, les fêtes et les services funèbres ; la seconde, ce qui concerne plus particulièrement l'église cathédrale, le séminaire et les couvents de religieuses. *Synodus diœc. Pratensis, Pistorii*, 1662.

PRÉ (Conciles de Notre-Dame-du-), l'an 1299 et 1335. *V.* ROUEN, mêmes années.

PRESBOURG (Concile de), *Posoniense*, l'an 1309. Le 10 novembre de l'an 1309, le cardinal Gentil de Montflore, qui avait été cordelier, envoyé par Clément V en Hongrie avec la qualité de légat, tint ce concile à Presbourg, où il fit neuf canons pour remédier aux désordres de ce royaume.

Le 1ᵉʳ contient des anathèmes contre ceux qui attaquent les légats, les vicaires ou les envoyés du saint-siége.

Le 2ᵉ fait défense aux ecclésiastiques de prêter secours ou conseil contre les personnes d'église.

Le 3ᵉ défend, sous les peines portées tant de fois par les canons, de recevoir un bénéfice de la main d'un laïque.

Le 4ᵉ confirme les canons faits contre ceux qui s'emparent des biens d'église ou qui les retiennent.

Le 5ᵉ renouvelle la constitution de Benoît XI contre les clercs concubinaires, et prive les clercs qui ne l'observeront pas de la quatrième partie de leurs revenus.

Le 6ᵉ défend la guerre et les pillages.

Le 7ᵉ veut qu'on agisse contre ceux qui demeurent une année excommuniés, comme contre des hérétiques.

Le 8ᵉ fait défense aux femmes chrétiennes de se marier avec des infidèles.

Le 9ᵉ et dernier fait injonction d'obéir aux décrets du pape et de ses légats.

PRESBOURG (concile de), national de la Hongrie, ouvert le 8 septembre 1821 par l'archevêque de Strigonie, primat du royaume, à la suite des synodes qui avaient eu lieu dans chaque diocèse. On s'y occupa de plusieurs questions de dogmes, et on y arrêta divers règlements pour le bien et les progrès de la religion dans ce pays. *Guérin, Manuel de l'hist. des Conc.*

PROVENCE (Concile de), c'est-à-dire d'Arles, ou de Narbonne, en 545 et 874. *Biblioth. de la Fr.*, t. 1.

PROVENCE (Concile de) tenu à Arles, vers l'an 682, suivant la conjecture de Mansi. Il ne resterait de ce concile, dont l'existence est fort incertaine, que deux canons que Mansi lui-même nous fait à peine connaître. *Mansi, Conc.* t. XI.

PROVENCE (Concile de), tenu à Arles vers l'an 1035. L'existence de ce concile nous est révélée par la plainte que porta au concile de Toulouse Bérenger, vicomte de Narbonne, contre Guifroi son archevêque. Bérenger avait premièrement présenté sa requête à ce concile d'Arles ; mais l'archevêque Guifroi avait dédaigné d'y comparaître de son côté. *Mansi, Conc.* t. XIX.

PROVENCE (Concile de), l'an 1133, formé des provinces d'Arles, d'Aix et d'Embrun réunies, outre l'évêque de Maguelonne, qui s'y trouva également. On s'y proposa d'apaiser le différend qui existait entre l'abbé de Lérins et l'évêque d'Antibes ; mais on ne put y réussir, l'abbé ayant décliné le jugement des évêques. *Mansi, Conc.* t. XXI.

PROVENCE (Concile de), tenu à Aix, l'an 1409. Ce concile, composé de trois provinces, désigna les sujets qu'on devait envoyer au concile de Pise. *Mansi*, t. III.

PROVENCE (Concile de), tenu à Aix, l'an 1416, pour envoyer des députés au concile de Constance. *Gall. Christ.* t. I, col. 507.

PROVENCE (Concile de), tenu à Aix l'an 1585. Alexandre Canigiano, archevêque d'Aix en Provence, tint ce concile avec les évêques de sa province, et y publia quarante-quatre canons de discipline, tirés du concile de Trente et des autres conciles précédents. Dans le neuvième chapitre, qui traite du sacrement de l'eucharistie, il est dit que le tabernacle doit être d'or massif et de pierres précieuses, s'il est possible. Il y est dit aussi qu'on mettra sur le haut du tabernacle une image de Jésus-Christ ressuscitant du tombeau, ou percé d'une lance au côté, ou attaché à la croix. Dans le onzième, il est ordonné de faire usage du bréviaire et du missel romains. Il est dit dans le chapitre qui traite du sacrement de pénitence, que le prêtre qui confesse sera toujours assis en entendant les confessions, de quelque rang que puissent être les pénitents ou les pénitentes. Le chapitre du sacrement de l'extrême-onction porte que le curé qui l'administrera prendra avec lui le plus de prêtres qu'il pourra. Le 17ᵉ chapitre recommande aux prêtres d'avoir la barbe rase au-dessus de la lèvre supérieure, afin de n'être pas gênés pour prendre le précieux sang. Le 25ᵉ prescrit de faire une procession tous les jours de dimanche et de fête avant la messe. Le 28ᵉ fait un devoir à l'évêque de ne pas quitter le chœur après la messe conventuelle, que l'office de sexte ou de none ne soit achevé. Le 30ᵉ ordonne le silence dans les sacristies, et défend d'y recevoir des laïques sans nécessité. Le 33ᵉ défend de faire aux funérailles dans les églises l'éloge funèbre de la personne décédée, à moins d'en avoir obtenu par écrit la permission de l'évêque. Le 39ᵉ recommande à l'évêque de visiter son séminaire tous les trois mois, et de surveiller les écoles avec soin. Le 40ᵉ indique la forme à suivre dans la célébration des synodes diocésains. Le 41ᵉ ordonne aux évêques d'établir partout des vicaires forains, chargés chacun de l'inspection de huit ou dix paroisses, dont ils rassembleront les curés tous les mois, tantôt dans une église paroissiale, tantôt dans une autre, et après la messe dite, feront un discours aux prêtres de leur district sur les devoirs ecclésiastiques et curiaux ; ils rendront ensuite compte de tout à l'évêque. Le 44ᵉ et dernier soumet tous ces décrets au jugement de l'Église romaine, mère et maîtresse de toutes les Eglises. Ce concile a été en effet approuvé par le saint-siège. *Rit. Rom.* p. 543, édit. de Périsse. 1843. *Conc.* t. XXI.

PROVINS (Concile de), *Pruscinense*, l'an 1251. Gilon, archevêque de Sens, tint ce concile le 26 juillet. On y renouvela les statuts du concile de Paris, tenu en 1248, avec quelques additions sur la discipline à observer à l'égard des excommuniés. *Mansi*, t. 11.

PTOLÉMAÏDE (Concile de), l'an 411. Baronius croit que Synésius, évêque de Ptolémaïde, tint cette année un concile provincial à Ptolémaïde, ville épiscopale de la Pentapole dans la Libye, dans lequel il excommunia Andronic, préfet de la Pentapole, qui se conduisait en tyran, et qui avait fait afficher ses ordonnances à la porte de l'église. Mais Baluze fait voir que ce prétendu concile provincial ne fut qu'une simple assemblée du clergé de Synésius, comme le prouve la lettre 72, que Synésius lui-même écrivit aux évêques, et que Baronius rapporte n. 39. Il est bon de savoir que ce Synésius était un des plus savants prélats de son temps, et qu'il laissa plusieurs monuments de son génie, dont le P. Pétau a donné une édition grecque et latine, avec des notes très-estimées. *Pagi, Critic.* t. II, p. 108.

PUDICHERIANA (Synodus). Voy. PONDICHÉRY.

PULICASTRO (Synode diocésain de), *Polycastrensis*, l'an 1632, sous Urbain Felici. Ce synode eut trois séances : dans la première on s'occupa de la foi et du culte divin ; dans la seconde, des sacrements ; dans la troisième, de la réformation du peuple et du clergé. *Synodus diœc. Polycastrensis, Romæ*, 1632.

PULICASTRO (Synode diocésain de), 29 juin 1638, par Pierre Magri Rossanen, qui y publia de nouveaux règlements, en particulier contre l'usure. On y déclare profit usuraire tout ce qu'on reçoit au delà du capital qu'on a prêté, soit en argent, soit en choses estimables à prix d'argent, que le prêt ait été formel, ou qu'il soit interprétatif. *Decr. et constit. diœcesanæ, Romæ*, 1638.

PULICASTRO (Synode diocésain de), 29 septembre 1655, par l'Philippe Jacques de Messana, qui y publia des statuts assez semblables aux précédents, quoique plus abrégés, sur la foi, les jeûnes et les fêtes, les sacrements et les autres points de la discipline ecclésiastique. On y déclare les concubinaires frappés d'excommunication, après qu'ils auront négligé d'obéir à une troisième monition ; et si ce sont des clercs, on veut qu'ils soient de plus jetés en prison et privés de leurs bénéfices. *Synodus diœc. Polycastrensis, Romæ*, 1658.

PUY (Concile du) en Vélai. *Podiense seu Aniciense*, l'an 1130. Les cardinaux s'étant divisés après la mort du pape Honorius II, les uns choisirent Grégoire, cardinal de Saint-Ange, sous le nom d'Innocent II ; les autres, Pierre de Léon, prêtre cardinal de Sainte-Marie-Trastévéra, à qui ils donnèrent le nom d'Anaclet II : ce qui causa un schisme dans l'Eglise. Saint Hugues, évêque de Grenoble, qui savait que ce dernier avait été élu par le crédit et la violence de sa famille, vint au Puy avec quelques autres évêques ; et s'étant réunis en concile, ils reconnurent Innocent II pour pape légitime. Quelques-uns ont prétendu que ce pape était présent lui-même à ce concile : mais il est plutôt vrai de dire qu'il était dans ce moment à Avignon, et que ce ne fut qu'à la suite de la tenue du concile qu'il vint au Puy, après avoir passé par Viviers.

PUY (Concile du), l'an 1181. On n'a que le nom de ce concile, qui se tint le 15 septembre, présidé par le cardinal Henri, évêque d'Albano et légat du saint-siége. *D. Vaissette*, t. III.

PUY (Concile du), l'an 1222. Conrad, évêque de Porto et légat du saint-siége, tint ce concile au sujet de Boson, abbé du monastère *Electensis*, accusé d'hérésie. Ce monastère ne subsiste plus : il fut réuni dans le même temps au chapitre de Narbonne. *Mansi*, t. II, col. 913.

PUZE (Concile de). *Voy.* PAPUZE.

Q

QUEDLIMBOURG (Assemblée ecclésiastique de), *Quintiliburgensis*, l'an 959. On y décida la translation d'un monastère d'Alsace dans un autre lieu, et le roi Otton y abandonna aux moines de ce monastère le droit d'élire eux-mêmes leur abbé, leur faisant en même temps diverses donations. *Mabill. sæc. v Bened.*

QUEDLIMBOURG (Assemblée ecclésiastique de), l'an 966. La princesse Mathilde, fille de l'empereur Othon, y fut élue et consacrée abbesse de Saint-Servais de Quedlimbourg. *Vita S. Mathildis.*

QUEDLIMBOURG (Concile de), l'an 1000. Ce concile fut tenu vers Pâques. On y somma Gésilier, archevêque de Magdebourg, de quitter l'évêché de Mersbourg, qu'il retenait avec son archevêché tout à la fois. On lui fit depuis la même sommation à Aix-la-Chapelle, et il l'éluda comme la première. Ce concile est nommé *Magdeburgense* par Mansi, qui le met en l'an 1000, dit l'auteur de l'*Art de vérifier les dates*. S'il est vrai que Mansi mette ce concile en l'an 1000, il n'est pas du moins dans le premier tome de son *Supplément aux Conciles* du P. Labbe, col. 1213 : il ne parle là que d'un concile qu'il nomme *Magdeburgense*, tenu l'an 999, et auquel il donne un objet tout différent de celui du concile de Quedlimbourg. Il dit donc que Gésilier ou Gisler, archevêque de Magdebourg, y tint un concile vers le commencement de l'an 999, au sujet du rapt de Liutgarde, fille du marquis Ekikard, enlevée du monastère de Quedlimbourg par Wérinhard, comte de Thuringe, son fiancé. Les deux fiancés ayant paru devant le concile, le jeune seigneur y fit les soumissions convenables, et la demoiselle témoigna qu'elle désirait l'avoir pour époux ; et on les laissa libres. C'est ce que rapporte Mansi, d'après l'*Annaliste saxon*, publié par Eckard, *in corp. hist.* t. I, comme nous l'avons rapporté nous-même, art. MAGDEBOURG, l'an 999.

QUEDLIMBOURG (Concile de), l'an 1085. Ce concile fut tenu après Pâques, en présence et par l'ordre de Herman, que les Allemands soulevés contre Henri IV avaient élu empereur l'an 1082, à la place de Rodolphe. Othon, cardinal évêque d'Ostie, y tenait la place du saint pape Grégoire VII. On y déclara nulle l'élection de Wicelin à l'archevêché de Mayence, et généralement toutes les ordinations faites par les excommuniés. On y condamna Wicelin, comme soutenant que les laïques dépouillés de leurs biens ne pouvaient être soumis aux jugements ecclésiastiques, ni excommuniés, et que ceux que l'on excommuniait pour des biens temporels pouvaient être reçus à la communion sans être réconciliés. On y condamna un certain clerc de Bamberg, nommé Cunibert, qui ôtait au pape la primauté sur les autres évêques, ou qui prétendait que c'était par usurpation que le pape s'attribuait le droit de juger les autres, sans être jugé lui-même par personne. On porta enfin les sept canons suivants.

1. On ne recevra à la communion aucun de ceux qui auront été excommuniés même injustement par leur évêque, s'ils n'en ont reçu l'absolution.

2. Défense d'absoudre ceux qui ont été excommuniés pour avoir commis quelque sacrilége, en volant ou retenant les biens de l'Eglise, à moins qu'auparavant ils n'aient restitué.

3. On renouvela la loi du célibat pour les prêtres, les diacres et les sous-diacres.

4. Défense aux laïques de toucher les vases sacrés et les pales de l'autel.

5. Défense aux laïques de s'approprier les

dîmes, à moins que ceux à qui elles appartiennent légitimement ne les leur aient cédées.

6. On observera le jeûne des quatre-temps du printemps la première semaine de carême, et celui de l'été, la première semaine après la Pentecôte.

7. Personne ne mangera ni œufs ni fromage pendant le carême.

Dans ce concile, qui est signé par Herman, par le cardinal d'Ostie, par les archevêques de Salzbourg et de Magdebourg, et par douze évêques, on prononça la sentence d'excommunication, les chandelles allumées, contre l'antipape Guibert et quelques cardinaux ses partisans. *Conc. Germ. t.* III.

QUEDLIMBOURG (Concile de), selon les uns, de Northausen en Thuringe, selon les autres, le 29 mai 1105. *Voy.* NORTHAUSEN, même année.

QUENTIN (Concile de SAINT-), l'an 1232, Henri de Braine, archevêque de Reims, présida à ce concile, qui fut nombreux, mais qui n'est guère connu aujourd'hui que par ces paroles des Proverbes, qui servirent de texte au discours qu'il fit : *Le frère qui est aidé par son frère est comme une ville forte; tous les deux seront comblés de bénédictions.* C'est le commencement de la lettre de Henri de Braine. Les actes de cette assemblée ne nous ont point été conservés; elle ne fut tenue, dit-on, que pour disposer à un autre concile qu'on indiqua l'année suivante à Noyon. *Voy.* ce mot. *Hist. de l'Egl. Gall.* Le P. Richard a mal à propos (*Anal. des Conc.*, t. V) rapporté ce concile au mois de septembre 1233, en le mettant après celui de Noyon : c'est 1232 qu'il fallait dire.

QUENTIN (Concile de SAINT-), l'an 1233. Pour les antécédents de ce nouveau concile, *voy.* l'article précédent et les articles LAON et NOYON, à l'an 1233. Etonnés de la persévérance du roi, les évêques de la province de Reims tinrent un quatrième concile à Saint-Quentin, pour délibérer s'il leur convenait d'essayer de le vaincre par quelqu'une des voies qu'ils avaient en leur pouvoir selon les canons. Tous convinrent de recourir à l'interdit. On décerna qu'il serait général sur toutes les églises de la province de Reims. Milon de Beauvais, que l'affaire regardait le plus, fut le premier qui le publia pour son diocèse.

Nous ne croyons pas devoir distinguer de ce dernier concile, tenu à Saint-Quentin, celui où tous ces prélats firent ensemble leurs arrangements pour se défendre à Rome, où ils ne doutaient pas que le roi ne se mît incessamment en devoir de les évoquer. Telle fut la lettre d'avis qu'ils dressèrent de concert. « Henri, par la grâce de Dieu, archevêque de Reims, et tous les évêques ses suffragants assemblés à Saint-Quentin. Nous vous faisons savoir que nous nous sommes engagés pour l'honneur de Dieu et pour la conservation de la liberté de nos Eglises, ou à nous rendre tous en personne à Rome, si le seigneur archevêque le trouve à propos, ou, s'il en juge autrement, à consentir au choix qu'il fera, pour l'accompagner, de quelques-uns seulement, à qui il ne sera pas libre de se dispenser d'obéir, et que les dépenses du voyage, qui que ce soit qu'on en charge, seront aux frais communs de tous les évêques. » Cet acte est daté du samedi après la Nativité de la sainte Vierge de l'an 1233. Pour la suite, *voy.* l'article suivant. *Hist. de l'Egl. Gall., liv.* XXXI.

QUENTIN (Autre concile de SAINT-), l'an 1233. Les chapitres de la province de Reims se plaignirent fort haut qu'on ne les eût ni consultés, ni invités même à parler dans une affaire qui les touchait, disaient-ils, de si près : on ignore ce qui excita leur délicatesse sur ce point. Il y a apparence que la cour y intervint pour se tirer d'embarras. Nous voyons du moins qu'aussitôt que le chapitre de Laon se fut détaché pour signifier au concile qu'il n'adhérait point à l'interdit, le roi même écrivit au chapitre des lettres très-gracieuses. Plusieurs autres chapitres s'unirent à celui de Laon contre l'interdit, et se défendirent de fermer leurs églises. Ce concert surprit l'archevêque de Reims. Il crut que le plus court était de convoquer un nouveau concile où il inviterait les chapitres, sans s'amuser à contester sur la légitimité de la sentence portée par les évêques sans la participation des chapitres. Les chapitres qui assistaient à cette nouvelle assemblée lui firent prendre une tout autre face. Elle dura le dimanche, le lundi, et peut-être le mardi d'après. Simon d'Arci, doyen de la cathédrale d'Amiens, était un homme de tête, capable de soutenir avec vigueur une opposition. Les actes de ce concile le louent singulièrement de celle qu'il forma sur cet interdit. Le roi dut à la constance de cet ecclésiastique, sinon une révocation authentique de la censure, du moins un désistement presque universel. L'archevêque de Reims, auquel il appartenait de prononcer, témoigna vouloir se désister sur l'heure, et peut-être ne fut-il arrêté que par l'opposition de l'évêque de Beauvais, qui, désespérant de faire passer le décret d'interdit, interjeta son appel à Rome. *Ibid.*

QUENTIN (Concile de SAINT-), l'an 1235, 22 juillet. A ce concile, présidé par l'archevêque Henri de Braine, assistèrent les évêques de Soissons, de Laon, de Châlons, de Noyon, de Senlis et de Terouanne, avec les procureurs des évêques d'Amiens, d'Arras, de Tournay et de Cambrai, et les députés de tous les chapitres. Aussi était-il question d'une affaire qui regardait le chapitre de la métropole; car il s'agissait de certains droits temporels que les échevins de la ville de Reims contestaient à l'archevêque, et sur lesquels celui-ci n'aurait pu transiger sans l'agrément de son chapitre. Les évêques trouvaient de plus matière à délibération sur d'autres points. Le roi n'avait point souffert qu'on bénît à Soissons une abbesse de Notre-Dame, qu'il n'en eût reçu ses régales. Elle les refusait, et était soutenue par l'évêque et son chapitre. Parmi les mortifications que ceux-ci et l'abbesse avaient essuyées à ce sujet de la part des officiers du roi, ils se plaignaient de la profanation et des violences exercées par le bailli, qui avait enlevé de l'église abbatiale jusqu'aux vases sacrés et aux reliques. Il y avait encore trois articles sur lesquels le concile entier suppliait le roi de le satisfaire, savoir : le bannissement du doyen de Reims, Thomas de Baumez, chassé de la ville pour l'ardeur qu'il avait montrée dans la contestation de l'évêque de Beauvais; l'indécence que trouvaient les prélats à contraindre des ecclésiastiques à plaider en cour séculière avec des excommuniés, et la dureté que les juges avaient de les réduire à y prouver par le duel que leurs serfs étaient réellement à eux. On déclara que tout cela blessait la liberté de l'Eglise, surtout de celle de Reims.

Ces griefs n'étaient pas représentés pour la première fois à la cour, surtout les injures atroces faites à l'archevêque et au chapitre de Reims par les bourgeois. Comme il était de l'intérêt de ceux-ci de mettre l'archevêque dans la nécessité de répondre devant le roi à leurs accusations, la voix unanime du concile fut : que le roi devait en croire l'archevêque sur sa parole touchant les causes qu'il avait eues de les excommunier, et ne point demander d'informations à cet égard ; que si l'archevêque requérait le roi de lui prêter secours pour le châtiment des coupables, le roi se tiendrait obligé de le faire à sa seule réquisition ; que si les bourgeois accusaient l'archevêque, fût-ce d'homicide ou de quelque autre crime qui le touchât personnellement, il ne serait point tenu d'y répondre à la cour non plus que sur toute autre chose, ses parties étant ses vassaux et ses justiciables ; enfin, qu'on ne devait pas le croire en défaut pour n'avoir pas pris jour contre eux devant le roi, ses accusateurs étant excommuniés.

Après que le concile eut ainsi rassemblé les différentes sortes d'atteintes qu'il jugeait avoir été portées aux libertés ecclésiastiques dans la province de Reims, il décerna unanimement que les évêques qui y assistaient, et les députés des chapitres avec eux, iraient le samedi suivant porter leurs très-humbles supplications au pied du trône sur tous ces articles, et qu'ils ne quitteraient point la cour qu'ils n'eussent reçu leur audience. Enfin on régla que l'on se rassemblerait encore à Compiègne le dimanche après la Saint-Pierre-aux-Liens, pour y traiter du même sujet. Le voyage à la cour fut si vivement pressé que, dès le 29 juillet, l'archevêque de Reims et les six autres évêques, avec les procureurs des chapitres, se trouvèrent à Melun, où était le roi, qui les reçut à la fin de la semaine et les écouta sur tous les articles. Il leur dit qu'il ne tarderait pas à mettre leurs demandes en délibération ; mais, de l'avis de son conseil, il leur déclara ensuite qu'il voulait en délibérer plus mûrement, et il les remit à l'Assomption de Notre-Dame. Avant de partir, ils firent au roi une première monition sur les deux articles qui leur tenaient le plus au cœur, savoir, l'oppression de l'archevêque de Reims et le bannissement de Thomas de Baumez. Pour la suite et la fin, voy. COMPIÈGNE, l'an 1235.

QUENTIN (Concile de SAINT-), l'an 1239. Ce concile eut principalement pour objet la délivrance de Thomas de Baumez, dont les seigneurs de Rumigni, père et fils, et le seigneur de Grisondel, s'étaient saisis, et qu'ils détenaient dans les fers. Pour venger cet outrage, le concile fit des décrets terribles, entre autres celui qui étend les censures sur les trois gentilshommes et leurs enfants, sur leurs seigneurs temporels et sur leurs terres, si l'on ne fait satisfaction. L'archevêque Henri de Braine commit les évêques de Soissons et de Laon pour travailler à la délivrance du prisonnier et faire observer les décrets. *Hist. de l'Eglise Gall.*, *ibid.*

QUENTIN (Concile de SAINT-), l'an 1256. Thomas de Beaumanoir, archevêque de Reims, tint ce concile, qui fit un décret pour défendre de recevoir des filles ou des sœurs converses dans aucun lieu appartenant à l'abbaye d'Arouaise, de l'ordre de Saint-Augustin, située dans le diocèse d'Arras. *Gall. Christ.*, *t. III, col.* 332, et *Append.*, *col.* 88. Mansi met ce concile en 1255, quoique le *Gallia Christiana*, qu'il cite, le mette en 1256.

QUENTIN (Concile de SAINT-), l'an 1271. Le siége de l'Eglise de Reims étant vacant, Milon, évêque de Soissons, indiqua ce concile provincial. Il fut tenu dans le couvent des dominicains, lieu ordinaire de ces sortes d'assemblées, et l'on y fit cinq canons.

1. Les abbés et autres prélats inférieurs n'emprunteront que ce qui sera nécessaire pour subvenir à leurs propres affaires ou à celles de leurs églises.

2. Quiconque aura violé l'asile des églises en en tirant quelqu'un qui s'y sera réfugié, sera privé de l'entrée de l'église pendant un an.

3. Celui qui aura tué quelqu'un dans une église sera privé toute sa vie de l'entrée de l'église, à moins que le concile provincial n'abrège cette peine.

4. Les abbés seront forcés, par la saisie de leurs biens, de mettre dans les prieurés de leur dépendance le nombre convenable de moines.

5. Les magistrats laïques n'obligeront pas les clercs à payer aux juifs les dettes que ceux-ci réclameraient, sans consulter auparavant l'évêque.

QUENTIN (Concile de SAINT-), l'an 1349 : concile provincial des chapitres des cathédrales de la province de Reims. *Gall. Christ.*, *t. III, col.* 366.

QUERCY (Concile de), ou Quiersi-sur-Oise, ou Cressy-sur-Serre, selon D. Bouquet, *Carisiacum*, l'an 838. Ce concile fut tenu le 6 septembre, en présence de l'empereur. On y jugea de nouveau le différend de l'évêque du Mans avec l'abbaye de Saint-Calais, en faveur du premier, comme le prouvent ces paroles du docte Mansi : *Eodem quoque anno in synodo Carisiaca iterum auditi Anisolenses monachi, iterum rejecti ; pœna-*

que depositionis ab omni sacerdotali gradu mulctati sunt.

Dans ce même concile, Florus, prêtre de l'Eglise de Lyon, plus connu sous le nom du diacre Florus, dénonça et fit condamner les ouvrages liturgiques d'Amalaire, chorévêque de Lyon. L'importance de ce dernier sujet mérite que nous nous y arrétions davantage.

Nous avons trois écrits de Florus contre Amalaire. Le premier est une lettre en forme de plainte ou de dénonciation, adressée à Drogon, évêque de Metz, qualifié maître du sacré conseil; à Hetti, archevêque de Trèves; à Aldric du Mans; à Raban, abbé de Fulde, et à Albéric, évêque de Langres, assemblés à Thionville en 835. Il raconte qu'Amalaire, dans le temps qu'il était chorévêque de Lyon, avait assemblé un synode de prêtres, et qu'assis au milieu d'eux comme leur maître, il avait employé trois jours entiers à leur inculquer ses nouvelles erreurs; qu'afin de les leur imprimer plus fortement, il leur avait donné à transcrire un fort long ouvrage qu'il avait composé sur les offices divins, et qui était rempli de tant d'inepties et de sentiments dangereux, que les moins instruits ne pouvaient qu'en témoigner du mépris; que depuis il avait produit un antiphonier comme arrangé et corrigé par lui-même, mais où en effet il avait mis tant de choses du sien, qu'on ne pouvait le lire sans rougir de honte; et que nouvellement il avait composé un nouveau volume qu'il avait fait couvrir proprement à Lyon et orner de rubans de soie, pour le présenter, à ce qu'on disait, ou au prince ou à son archichapelain, quoiqu'il fût également rempli d'erreurs et d'absurdités. Florus s'excuse d'en faire le détail, qui lui paraissait peu nécessaire, parce que les livres d'Amalaire étaient déjà répandus presque partout, et il n'insiste que sur celles qu'il croyait mériter le plus l'attention de ces évêques. « Il enseigne, dit-il, que le corps de Jésus-Christ est tripartite et de trois figures, en sorte qu'il a trois corps, un qu'il a pris en se faisant homme, l'autre qui est dans nous qui vivons sur la terre, et un troisième qui est dans ceux qui sont dans le tombeau. Il doute si l'on doit dire que le corps de Jésus-Christ, que nous prenons à l'autel, demeure dans le nôtre jusqu'au jour de notre sépulture, ou s'il est reçu invisiblement dans le ciel, ou si, quand on nous ouvre la veine, il coule avec le sang, ou s'il va au retrait avec les autres aliments. Il appelle sépulcre le calice du Seigneur; et parce que Joseph d'Arimathie et Nicodème ont enseveli Jésus-Christ, il donne au premier le nom de prêtre, et au second celui d'archidiacre. » Nous passons les autres reproches que Florus lui fait, parce qu'ils ne sont fondés que sur des explications mystiques et allégoriques qu'Amalaire avait données du jeûne des Quatre-Temps, des habits des prêtres et des autres ministres, des vases sacrés et de diverses autres choses qui appartiennent aux saints mystères. Florus ajoute que cet écrivain, au lieu de rétracter ses erreurs sur l'eucharistie quand on l'en reprenait, les soutenait avec hauteur, disant qu'il n'enseignait rien qui ne fût conforme à la doctrine des Eglises d'Allemagne, d'Italie, de Constantinople et d'Istrie. Il lui oppose l'autorité de saint Augustin, qui avait blâmé Ticonius le donatiste de ce qu'il avait intitulé une de ses règles *du Corps bipartite du Seigneur*; puis, s'expliquant lui-même sur ce qu'il pensait de l'eucharistie, il dit que nous y recevons (*a*) Jésus-Christ, la vertu et la sagesse de Dieu; que nous recevons son corps, non dans une espèce visible, mais en vertu spirituelle; en sorte qu'il n'y a aucun danger que ce corps, qui a coutume de purifier les vices des âmes et des corps, soit souillé par la lie ou l'ordure des choses matérielles. Fabricius (*Biblioth. Lat. lib.* I, *p.* 207) cite ce passage sous le nom du concile de Quiercy, mais en le tronquant pour le rendre favorable aux sacramentaires. Florus anime les évêques du concile de Thionville contre Amalaire, en les faisant ressouvenir du zèle que les anciens évêques avaient témoigné contre les hérésies d'Arius, de Sabellius, de Nestorius, d'Eutychès et des autres hérétiques.

On ne sait point quelle fut la réponse des évêques aux plaintes de Florus. De son aveu, Amalaire soutint dans une assemblée publique à Lyon, qu'elle lui avait été favorable, et que le concile de Thionville souscrivit à ses livres et à sa doctrine. Florus se récria beaucoup là-dessus, et prétendit le contraire. Quoi qu'il en soit, ils comparurent l'un et l'autre au concile qui se tint à Quiercy-sur-Oise vers l'an 837 ou 838. Amalaire y défendit ses sentiments avec fermeté, mais ayant avoué qu'il ne pouvait les établir ni par l'autorité des divines Ecritures, ni par des passages des Pères, les évêques déclarèrent que sa doctrine était condamnable, et qu'elle devait être absolument rejetée de tous les catholiques. Il paraît que le concile ne s'arrêta qu'à ce qu'Amalaire avait dit du corps tripartite de Jésus-Christ, et du doute qu'il y avait s'il n'allait point au retrait avec les autres choses que l'on prend par la bouche. Florus recueillit ce que les évêques dirent sur ce sujet; et afin de donner plus de poids à leurs décisions, il ajouta au recueil des actes de ce concile un grand nombre de passages de l'Ecriture et des Pères, non-seulement sur l'unité du corps de Jésus-Christ, mais qui tendaient encore à renverser les explications mystiques qu'Amalaire avait données aux habits et ornements des ministres des autels (*b*). *Hist. des Aut. sac. et eccles.*, *t.* XIX, *art.* FLORUS.

QUERCY (Assemblée de), l'an 842, pour le mariage de Charles le Chauve avec Hermentrude. *Rer. Gall. script., t.* VIII.

(*a*) Nullatenus cogitanda vel metuenda est in hoc mysterio ulla plutio: Christus enim Dei virtus et sapientia in eo sumitur... Corpus igitur Christi non es, in specie visibili, sed in virtute spirituali, nec inquinari potest fæce corporea, quod et animarum et corporum vitia mundare consuevit. *Florus adv. Amalarium, pag.* 647.

(*b*) Quelques mouvements que Florus se donnât, et après lui Agobard, ils ne purent obtenir la suppression des

QUERCY (Concile de), l'an 849. Hincmar de Reims fit comparaître le moine Gothescalc devant cette assemblée, que le roi Charles tenait à Quiercy-sur-Oise. Il s'y trouva douze évêques, entre autres Venilon de Sens, Hincmar de Reims, Rothade de Soissons ; deux chorévêques, Rigbold de Reims, et Wittuo de Cambrai ; Enée, notaire du sacré palais, et depuis évêque de Paris; trois abbés, Paschase Ratbert de Corbie, Baron d'Orbais et Hilduin d'Hautvilliers. Gotescalc, interrogé sur sa doctrine, fut jugé hérétique et incorrigible, et en conséquence déposé de l'ordre de prêtrise qu'il avait reçu du chorévêque Rigbold sans l'agrément de Rothade de Soissons, son évêque ; puis, à cause de son opiniâtreté et de la façon insolente dont il avait parlé aux évêques du concile, on le condamna à être fustigé, suivant les canons du concile d'Agde et la règle de Saint-Benoît, à une prison perpétuelle, et à jeter lui-même ses écrits au feu. La sentence fut exécutée à la rigueur. Après avoir été fouetté publiquement en présence du roi Charles, et après avoir brûlé lui-même ses écrits, il fut renfermé dans l'abbaye d'Hautvilliers. On a mis à la suite des actes de ce concile quatre canons, où la doctrine de la prédestination est expliquée ; mais ils appartiennent au concile qui se tint encore à Quiercy en 853.

QUERCY (Concile de), l'an 853. Le roi Charles, étant venu de Soissons à Quercy-sur-Oise, avec quelques évêques et quelques abbés, y tint avec eux un concile, où il souscrivit aux quatre articles dressés par Hincmar de Reims contre la doctrine de Gothescalc. Le premier porte, que Dieu par sa prescience, ayant choisi de la masse de perdition ceux qu'il a prédestinés par sa grâce à la vie éternelle, il a laissé les autres, par le jugement de sa justice, dans cette masse de perdition, connaissant par sa prescience qu'ils périraient ; mais qu'il ne les a pas prédestinés à périr, quoiqu'il leur ait prédestiné la peine éternelle, parce qu'il est juste; qu'ainsi on ne doit reconnaître que cette sorte de prédestination, qui appartient au don de la grâce ou à la rétribution de la justice : que si le genre humain est devenu une masse de perdition, cela ne vient point de Dieu, qui a fait l'homme avec le cœur droit et sans péché, lui a donné le libre arbitre, l'a placé dans le paradis et a voulu qu'il persévérât dans la justice ; mais de l'homme lui-même, qui, en usant mal de son libre arbitre, a péché et est tombé. Il est dit dans le second, que nous avions perdu dans le premier homme la liberté que nous avons recouvrée par Jésus-Christ ; et que, comme nous avons le libre arbitre pour le bien, lorsqu'il est prévenu et aidé de la grâce, nous l'avons pour le mal, quand il est abandonné de la grâce : or, il est libre, quand il est délivré et guéri par la grâce. On enseigne dans le troisième, que Dieu veut que tous les hommes sans exception soient sauvés, quoique tous ne le soient pas ; que c'est par la grâce du Sauveur que quelques-uns sont sauvés, et par leur propre faute que quelques-uns périssent. Le quatrième dit que, comme il n'y a point d'hommes, qu'il n'y en eut jamais, et qu'il n'y en aura jamais dont le Fils de Dieu n'ait pris la nature, il n'y a point d'hommes non plus, il n'y en eut jamais, et il n'y en aura jamais, pour lesquels il n'ait souffert, quoique tous ne soient pas rachetés par le mystère de sa passion ; que ; si tous ne sont pas rachetés par ce mystère, ce n'est pas que le prix ne soit suffisant ; mais c'est par rapport aux infidèles, et à ceux qui ne croient pas de cette foi qui opère par la charité, parce que la médecine salutaire, composée de notre infirmité et de la vertu divine, est de soi capable de profiter à tous ; mais elle ne guérit que ceux qui la prennent. Le roi Charles, les évêques et les abbés du concile signèrent ces articles. Prudence de Troyes les signa comme les autres ; mais quelque temps après il entreprit de les combattre, et il en composa quatre autres tout différents qu'il leur opposa.

Il est parlé de ce concile dans les *Annales de Saint-Bertin* à l'année 853, et l'on y trouve en abrégé les quatres articles qu'on vient de lire.

D. Martène a donné, avec quelques opuscules de Florus, diacre de l'Eglise de Lyon, les actes d'un concile tenu à Quercy contre les erreurs attribuées à Amalaire, dont la principale était, qu'il divisait le corps eucharistique de Jésus-Christ en trois corps différents. C'est le concile que nous avons rapporté nous-même, avec le P. Richard, à l'an 838.

QUERCY (Assemblée mixte de), l'an 857. Ce fut le roi Charles le Chauve qui assembla dans ce concile, le 28 février, un grand nombre d'évêques et de seigneurs de sa domination, pour remédier aux maux de l'Eglise et de l'Etat. *Reg.* XXII; *Lab.* VIII; *Hard.* V.

QUERCY (Concile de), l'an 858. Ce concile fut tenu le 25 novembre, et composé des évêques des provinces de Reims et de Rouen. Voici à quelle occasion il s'assembla. Louis de Germanie, ayant pénétré en France, avait ordonné aux évêques de se rendre à Reims le

---

écrits d'Amalaire, qu'on lit encore aujourd'hui avec fruit et édification, quand on les lit avec des dispositions différentes de celles de ces deux écrivains. Si le concile de Quercy en trouva la doctrine dangereuse, celui de Thionville n'en jugea pas de même, apparemment parce qu'il ne prit pas en mauvaise part ce qu'Amalaire avait dit de la triple nature du corps de Jésus-Christ, et qu'il donna à cette expression singulière une explication favorable, comme elle en est en effet susceptible ; puisque, outre le corps naturel de Jésus-Christ, on peut encore dire que l'Eglise militante est son corps, mais d'une autre manière ; et que l'Eglise des morts, qui comprend ceux qui sont dans le ciel et ceux qui sont dans le purgatoire, fait aussi partie du corps de Jésus-Christ. Quant aux explications mystiques et morales qu'il donne des rites de l'Eglise, sont-elles plus répréhensibles que celles que tant de saints Pères donnent des livres saints? Si les unes et les autres ne sont pas toujours solides, elles ont du moins l'avantage de nous avoir conservé et transmis les dogmes et les cérémonies de la religion. *Hist. des aut. sacr. et eccl.* t. XVIII, *art.* AMALAIRE.

25 de novembre, pour aviser aux moyens de rétablir l'Eglise et l'Etat. Mais la plupart des évêques, qui ne le reconnaissaient pas pour leur souverain, parce qu'ils voulaient demeurer fidèles au roi Charles, se contentèrent de s'assembler à Quercy, d'où ils écrivirent à Louis de Germanie une grande lettre au nom de tous les évêques des provinces de Reims et de Rouen. Ils y disaient au roi de Germanie : « Si vous venez rétablir l'Eglise, comme vous nous avez écrit, conservez les priviléges, honorez les évêques, ne les inquiétez point à contre-temps; laissez-leur exercer en paix leurs fonctions; commandez aux comtes de leur amener les pécheurs scandaleux, pour les mettre en pénitence; permettez de tenir les conciles provinciaux dans les temps réglés par les canons; conservez les biens des églises et de leurs vassaux : car depuis que les richesses des églises sont accrues, les évêques ont jugé à propos de donner des terres à des hommes libres, pour augmenter la milice du royaume et assurer aux églises des défenseurs. » On voit ici l'origine des fiefs dépendants de l'Eglise. Ils disaient encore à ce prince : « Quant aux seigneurs qui, à l'occasion des désordres commis dans nos diocèses, se sont rendus coupables de crimes dignes de l'excommunication, obligez-les à venir s'humilier devant leurs évêques pour satisfaire à l'Eglise, et si quelqu'un a participé à leurs péchés, fût-ce vous-même, qu'il en fasse pénitence. Les églises que Dieu nous a confiées, ne sont pas des fiefs, ou des biens appartenant en propriété au roi, et dont il puisse disposer à sa volonté. Ce sont des biens consacrés à Dieu, dont on ne peut rien prendre sans sacrilége. » Sur ce qu'il avait exigé d'eux le serment de fidélité, ils répondent : « Nous ne sommes pas des séculiers qui puissions nous rendre vassaux, ou prêter serment contre la défense de l'Ecriture et des canons. Ce serait une abomination que des mains qui ont reçu l'onction du saint chrême, et qui par la prière et le signe de la croix font que le pain et le vin deviennent le corps et le sang de Jésus-Christ, servissent à un serment, non plus que la langue de l'évêque, qui par la grâce de Dieu est la clef du ciel. Et si l'on a exigé quelque serment des évêques, ceux qui l'ont exigé et ceux qui l'ont prêté, doivent en faire pénitence. » Quant à l'ordre que le prince leur avait donné, ils lui répondirent, en s'excusant avec dignité, qu'ils ne pouvaient lui obéir, par l'impossibilité où étaient les évêques de France de se rendre à Reims dans un terme si court; qu'il ne leur était pas plus facile de tenir les assemblées particulières des provinces, qui, selon les canons, doivent précéder la générale; que la ville de Reims était peu commode pour un concile national; que les troubles du royaume étaient encore un obstacle à cette assemblée, et qu'ayant jusqu'ici fait peu de cas des avertissements des évêques, ils n'avaient aucun lieu d'espérer qu'il dût dans cette assemblée avoir égard à leurs avis. Ils priaient donc Louis de Germanie de juger lui-même, en consultant sa propre conscience, si l'irruption qu'il venait de faire dans les Etats du roi Charles son frère était légitime, et de faire cet examen, en se considérant lui-même au moment où il rendrait compte à Dieu de sa conduite, afin de juger sans prévention des conseils de ceux qui l'avaient engagé dans cette guerre. Cette lettre, dont on croit qu'Hincmar fut l'auteur, fut portée par Venilon, archevêque de Rouen, et Erchanrade, évêque de Châlons-sur-Marne, mais elle fut sans effet. Louis ne se laissa toucher ni des raisons des évêques, ni de la crainte salutaire qu'ils tâchèrent de lui inspirer, en lui rapportant, sur l'autorité d'une histoire apocryphe, mais qu'ils croyaient véritable, que saint Eucher, évêque d'Orléans, avait vu, transporté en esprit dans l'autre monde, Charles Martel dans les enfers; et que lui en ayant demandé la cause, il avait répondu que c'était pour avoir enlevé aux églises ce qui leur avait été donné par les fidèles pour l'entretien des ministres, et pour les luminaires.

Il fut résolu dans ce même concile de Quercy, que chaque évêque remontrerait au peuple par l'autorité de l'Ecriture et des canons la grandeur du péché de ceux qui pillaient ou prenaient de force le bien d'autrui, et quelle pénitence ils méritaient; que les comtes et les envoyés du prince feraient de semblables remontrances dans leurs départements, en les appuyant de l'autorité des lois et des capitulaires, et en menaçant de supplices ceux qui se trouveraient coupables. Il ne reste de ce concile que la lettre synodale, écrite au nom du roi Charles, et adressée aux évêques et aux comtes. Les évêques y trouvaient une formule des remontrances qu'ils avaient à faire. L'autre partie, qui regardait les comtes, n'a pas encore été rendue publique, dit D. Ceillier. *Hist. des aut. sacrés et ecclés.*, t. XXII.

QUERCY (Concile de), l'an 868. Au mois de décembre de cette année, les députés du clergé et du peuple de Châlons-sur-Marne vinrent trouver Hincmar de Reims, pour le prier de leur donner pour évêque à la place d'Erchanrade, mort depuis peu, Willebert, prêtre du diocèse de Tours, qu'ils avaient élu canoniquement, comme l'acte d'élection en faisait foi. Il se tint là-dessus un concile à Quercy, où avec les évêques de la province de Reims se trouvèrent Venilon, archevêque de Rouen, Hérard de Tours et Egilon de Sens. Comme ils ne connaissaient point Willebert, ils l'interrogèrent sur le lieu de sa naissance, sur sa condition, sur ses études, sur ses qualités. Il répondit qu'il était né dans le territoire de Tours, de condition libre; qu'il avait fait ses études en cette ville; qu'il avait reçu les ordres jusqu'au diaconat d'Hérard son évêque; qu'avec des lettres dimissoriales de sa part, il avait été promu au sacerdoce par Erpuin, évêque de Senlis, et ensuite attaché au service du palais. Ceux qui l'avaient connu à la cour rendirent témoignage à sa probité. On lui fit lire un chapitre du *Pastoral* de saint Grégoire et les canons qui regardent les devoirs de celui qui doit être ordonné évêque; et après qu'il eut assuré qu'il les entendait et qu'il voulait bien s'y conformer, il fit à haute voix sa profession de foi devant l'assemblée, et la souscrivit de sa propre main. Là-dessus, on marqua le jour de son sacre, et ce fut Hincmar qui en fit la cérémonie. *D. Ceillier.*

QUINTILIBURGENSIA (Concilia). Voy. QUEDLIMBOURG.

QUINTINUM (Concilia apud Sanctum). Voy. SAINT-QUENTIN.

R

RADINGENSIA (Concilia). Voy. READING.

RADULPHI-CASTRUM (Concilium apud), ou concile de Châteauroux, l'an 1113, tenu par Gérard, évêque d'Angoulême et légat du saint-siége, et où se trouvèrent les évêques de Poitiers, du Mans et d'Angers. Le concile assura à l'abbesse de Fontevrault des possessions ou des droits qui lui étaient disputés par l'abbé de Saint-Cyprien. *Mansi, Conc. t.* XXI.

RATISBONNE (Concile de), *Ratisbonense seu in Reganespurch,* l'an 768 ou 769. On y défendit aux chorévêques de faire aucune fonction épiscopale, si auparavant ils n'avaient été ordonnés à cet effet par trois évêques. *Conc. Germ. t.* I; *Mansi t.* I*, col.* 625.

RATISBONNE (Concile de), l'an 792. Alcuin dit qu'avant qu'il eût passé en France, la cause de Félix d'Urgel avait déjà été agitée dans un concile célèbre tenu à Ratisbonne, en présence et par les ordres du roi Charles ou Charlemagne, et que son hérésie y avait été condamnée par les évêques assemblés en cette ville de toutes les parties de l'empire. C'était en 792, et le roi Charles y avait passé l'hiver. Pour convaincre Félix, il le fit amener dans cette ville, afin qu'il fût présent au concile et y défendît sa doctrine. Mais convaincu d'erreur par les évêques, on arrêta qu'il serait envoyé à Rome vers le pape Adrien. L'abbé Angilbert fut chargé de le conduire. *Hist. des aut. sacr. et eccl., t.* XXII. Pour la suite, *voy.* ROME, l'an 792.

RATISBONNE (Concile de), vers l'an 798. On y décréta la translation du siége épiscopal de cette ville, du monastère de Saint-Emmeran, à l'église de Saint-Étienne. Cette translation fut confirmée par le pape Léon III, quoique les PP. Lecointe et Pagi, et Mansi après eux, doutent de l'authenticité de la lettre de ce pape qui contient l'acte de confirmation. *Conc. Germ. t.* III.

RATISBONNE (Synode diocésain de), vers l'an 799, selon la conjecture de Mansi. Le P. Forben Forster nous a révélé l'existence de quinze décrets, portés dans un concile provincial et publiés dans un synode diocésain, mais sans pouvoir nous dire de quelle province ni de quel diocèse. Comme cette pièce a été trouvée dans la bibliothèque de Saint-Emmeran, et que l'église de ce monastère était anciennement la cathédrale du diocèse de Ratisbonne; comme d'ailleurs le concile et le synode dont il s'agit ont dû se tenir hors des limites de l'empire des Francs, et que la Bavière à la fin du huitième siècle n'était pas encore soumise à Charlemagne: toutes ces raisons ont fait conjecturer à Mansi que tels ont dû être l'époque et le lieu de ce concile, dont nous allons rapporter sommairement les décrets.

Les trois premiers sont autant d'exhortations à la prière, à la fréquentation de l'église et à la confession, ainsi qu'à la réception du viatique, dont on rappelle l'obligation aux malades en danger de mort.

Par le 4e on recommande aux fidèles de se conformer à l'usage de faire des offrandes tant pour soi que pour les parents vivants et décédés.

Le 5e loue celui de se donner le baiser de paix en signe d'union.

Le 6e contient une invective contre ceux qui ne communient qu'à peine une fois chaque année.

Le 7e proscrit la coutume d'assurer ses paroles par des jurements.

Le 8e recommande l'aumône.

Le 9e ordonne de jeûner le mercredi et le vendredi de chaque semaine.

Le 10e recommande de joindre l'aumône au jeûne le samedi avant les Rameaux, la veille de la Pentecôte, celle de Noël, et le 4e samedi d'un mois ou la veille d'une fête qu'on ne nomme pas.

Le 11e ordonne de jeûner jusqu'à none le mercredi et le vendredi de ces *quatre-temps* qu'on désigne sous le nom de *quatuor consecrationis tempora,* et de se rendre le samedi à l'église à cette même heure.

Le 12e contient la défense de se marier sans en avoir prévenu son propre prêtre, ses parents et les personnes de son voisinage.

Le 13e condamne l'ivrognerie; le 14e proscrit les fausses mesures; le 15e enfin recommande l'hospitalité. *Mansi, Conc. t.* XIII

RATISBONNE (Concile de), présidé par Arnon, archevêque de Saltzbourg, l'an 799, selon Labbe, ou plutôt 803, selon Mansi. On y défendit aux chorévêques de s'ingérer dans les fonctions épiscopales, et l'on déclara nul tout ce qu'ils auraient pu faire dans ce genre. On y déclara de plus que qui que ce fût qui établirait des chorévêques à l'avenir, courrait le risque d'être lui-même déposé. *Mansi, Conc. t.* XIV.

RATISBONNE (Concile de), l'an 810, présidé par Arnon, archevêque de Salzbourg. On y ratifia une donation faite à l'église de Freysingen. *Meichelbeck, Hist. Frising.*

RATISBONNE (Concile de), vers l'an 817. Même objet que le précédent ; au fond ces deux prétendus conciles pourraient fort bien n'en faire qu'un. *Hansitz germ. sac., t. I.*

RATISBONNE (Concile de), l'an 932. Ce concile, qui se tint le 14 janvier, fut composé de cinq tant archevêques qu'évêques, d'un chorévêque, d'un abbé et de plusieurs ecclésiastiques inférieurs. Les évêques y firent des exhortations relatives à la foi et aux mœurs; ils y convinrent aussi entre eux de certains services spirituels qu'ils se rendraient mutuellement après leur mort. Ce concile est daté : *Anno ab Incarnat. Dom.* DCCCCXXXII, *Indict.* v, xix *kalend. febr., regnante Arnolfo venerabili duce, anno* 10 ; tous caractères qui conviennent à l'an 932 suivant le nouveau style, et prouvent, par conséquent, que l'année commençait alors en Allemagne à Noël ou au premier janvier. *Hartzheim, Concil. Germ. tom. II ; Mansi, Suppl. tom. I, col. 1119 ; L'Art de vérifier les dates, p. 199.*

RATISBONNE (Assemblée ecclésiastique de), l'an 961. On y célébra la translation à Magdebourg des reliques de saint Maurice et de quelques-uns de ses compagnons, en présence de deux légats du pape, de trois archevêques et de dix évêques. On y apporta en même temps beaucoup de reliques d'apôtres, de martyrs, de confesseurs et de saintes vierges. *Ditmar. t. II.*

RATISBONNE (Synode de), l'an 1073. On y ordonna en faveur de Bennon, évêque d'Osnabruck, la restitution des dîmes qui en étaient détenues par les moines de Corbie et d'Herfeld. *Norbert. Vita Bennonis episc. Osnabr.*

RATISBONNE (Concile de), l'an 1104. Ce concile fut tenu en présence de l'empereur Henri IV et des grands du royaume. On y réprima l'excessive avidité des avocats, en fixant leurs honoraires. *Mansi, t. II.*

RATISBONNE (Assemblée mixte de), l'an 1149. On y déclara les ministres et officiers de l'église de Freysingen exempts de la juridiction du prince palatin de Wittelsbach. *Lunig. Spicil. Eccles. part. II.*

RATISBONNE (Concile de), l'an 1150. On y institua les octaves de plusieurs fêtes de la sainte Vierge pour toute la province de Saltzbourg. *Craft. Chron.*

RATISBONNE (Conciliabule de), l'an 1174, assemblé par ordre de l'empereur Frédéric Ier On y déposa injustement Adalbert, archevêque de Saltzbourg, pour lui substituer un intrus. *Chron. Reichesperg.*

RATISBONNE (Synode de), l'an 1512. Jean de Bavière, évêque de Ratisbonne, y publia des statuts synodaux fort étendus, où se trouvent rapportés quarante-sept canons pénitentiaux, avec des constitutions de plusieurs souverains pontifes. *Lunig. Spicil. Eccl.*

RATISBONNE (Diète de), l'an 1528. Le cardinal Campège présida à cette assemblée, composée de princes de l'Empire, tant ecclésiastiques que laïques. On y ordonna l'exécution de l'édit de Worms de Charles V ; on défendit de rien changer aux cérémonies de la messe ; on prit des mesures pour la répression des hérétiques, et l'on porta les trente-cinq décrets suivants pour la réforme du clergé

I. Personne, fût-il religieux exempt, ne pourra prêcher sans une approbation expresse de l'ordinaire. On s'attachera, dans l'explication des passages difficiles de l'Ecriture, à l'interprétation qu'en ont donnée les saints Pères, pour ne pas substituer à ce qui est certain des choses douteuses, et à la doctrine reçue des opinions condamnées par l'Eglise.

II. Les clercs seront exacts à porter l'habit ecclésiastique et la tonsure.

III. Ils fuiront les cabarets, les jeux défendus, les disputes, les danses, les spectacles et les festins publics.

IV. Ils ne feront point de leurs maisons des lieux de réunions pour les laïques; ils s'abstiendront de tout commerce et de tout trafic.

V. Les curés n'exigeront rien de leurs paroissiens au delà de ce qui leur est dû ; ils ne les obligeront point à faire célébrer des services de huitaine ou de jour anniversaire, et ils ne leur demanderont que les oblations autorisées par la coutume.

VI. Ils ne les taxeront point malgré eux pour des enterrements à faire ou des sacrements à administrer ; ils ne leur refuseront point les sacrements pour des manques de paiements, ni la sépulture à qui que ce soit pour de semblables motifs.

VII. Les évêques et les magistrats prendront à tâche d'alléger les charges trop onéreuses au peuple.

VIII. Défense aux prêtres de se donner des repas dans les auberges à l'occasion de sépultures ou de confréries.

IX. Tout confesseur aura le droit d'absoudre ses pénitents laïques des cas jusqu'ici réservés à l'évêque, excepté les cas d'homicide, d'hérésie et d'excommunication.

X. Aucun prêtre, séculier ou régulier, ne pourra s'employer au ministère pastoral, s'il n'est approuvé par l'évêque. Ce sera de même à l'évêque à autoriser les vicaires, et à fixer l'honoraire qu'ils devront recevoir.

XI. Les bénéficiers feront réparer et entretenir à leurs frais les constructions faisant partie de leurs bénéfices.

XII. Les religieux, même exempts, ne pourront être chargés du gouvernement des paroisses.

XIII. Les vicaires perpétuels des paroisses dépendantes de quelques monastères, seront approuvés par l'évêque.

XIV. On n'admettra aucun clerc étranger à recevoir les ordres, sans lettres testimoniales de son propre évêque.

XV. Les clercs concubinaires seront punis selon les canons.

XVI. Les quêteurs seront astreints à présenter des lettres de l'ordinaire.

XVII. On ne gardera pas plus d'un mois les prêtres vagabonds.

XVIII. Les procureurs de fabriques ne feront aucun emploi d'argent sans le consentement des curés

XIX. Les évêques donneront à leurs vicaires généraux des honoraires honnêtes et suffisants.

XX. Dans ce décret, on réduit le nombre des fêtes.

XXI. La solennité des noces est interdite tout le carême, la dernière semaine de l'avent, aux fêtes de Pâques, de la Pentecôte et de Noël avec leurs octaves, et dans les jours des Rogations. On annoncera les jeûnes sans faire mention d'excommunication, pour ne pas scandaliser les faibles.

XXII. On ne prononcera point d'interdit local pour le meurtre d'un clerc, à moins qu'une partie du peuple n'en ait été complice.

XXIII. Les évêques ne pourront succéder aux clercs qui seront morts sans testament, dans leurs biens patrimoniaux, ou acquis par leur propre industrie.

XXIV. Les magistrats séculiers auront le droit d'appréhender les prêtres et les religieux apostats, à condition qu'ils les remettront au pouvoir de l'ordinaire.

XXV. Les évêques n'exigeront point la moitié du revenu des bénéfices dont la valeur ne s'élèvera pas au-dessus de 32 rémois.

XXVI. On célébrera le concile provincial tous les trois ans.

XXVII. On privera de leurs revenus, et même, s'ils ne se corrigent, de leurs bénéfices, les clercs qui négligeront l'office canonique.

XXVIII. On observera le canon *Omnis utriusque sexus* du 4° concile général de Latran.

XXIX. On punira les blasphémateurs, selon les canons.

XXX. Même sévérité contre la simonie.

XXXI. On évitera la société des devins et des hérétiques.

XXXII. On se gardera de disputer touchant la foi, surtout quand on se trouvera à table. Les prêtres s'appliqueront à l'étude du Testament Ancien et Nouveau.

XXXIII. On recommande aux prélats et à tous les prêtres le soin des pauvres.

XXXIV. Les anciens statuts seront remis en vigueur.

XXXV. Les présentes constitutions seront publiées tous les ans dans les synodes des diocèses. *Conc. t.* XIX.

RATISBONNE (Synode de), l'an 1660. On y renouvela les décrets portés dans la même ville dix ans auparavant. *Guérin, Manuel de l'hist. des Conc.*

RATZBOURG (Synode de), *Ratzceburgense*, l'an 1217. Henri, évêque de cette ville, y confirma les donations faites par Albert, comte de Ratzbourg, à l'église de Bergerdorp. *Conc. Germ. t.* X.

RAVENICA (Assemblée ecclésiastique de), l'an 1210. Cette assemblée eut pour objet de discuter la justice des réclamations des Grecs, qui se plaignaient d'être vexés par les Latins. Le patriarche de Constantinople y fut présent, ainsi que les principaux prélats de l'un et l'autre rit. Ravenica est une ville située en Achaïe, selon la conjecture de Mansi. *Conc. t.* XXVII.

RAVENNE (Concile de), l'an 419. Après la mort du pape Zosime, arrivée le 26 décembre 418, il y eut de grandes contestations dans le clergé de Rome au sujet d'un successeur : les uns choisirent le prêtre Boniface, les autres l'archidiacre Eulalius ; ce qui causa un schisme dans l'Eglise romaine. L'empereur Honorius en ayant pris connaissance, et voulant le terminer, convoqua à Ravenne plusieurs évêques de diverses provinces. Ils s'y assemblèrent en concile au mois de février 419, et il fut d'abord convenu, avec l'agrément du prince, que les évêques qui avaient assisté et souscrit à l'une ou à l'autre des ordinations contestées, ne seraient admis ni comme juges ni comme témoins. Cette précaution paraissait nécessaire, dans la crainte qu'on avait qu'au lieu de rendre un nouveau jugement, ils ne fissent que confirmer celui qu'ils avaient porté, les uns en faveur de Boniface, les autres en faveur d'Eulalius. Le concile se trouva néanmoins trop divisé pour terminer le différend qui l'avait assemblé ; comme la fête de Pâques approchait, l'empereur, de l'avis des évêques et du consentement des parties, arrêta que Boniface et Eulalius sortiraient de Rome, et n'y rentreraient pas, de peur qu'ils n'y occasionnassent quelque sédition parmi le peuple ; et qu'Achille, évêque de Spolette, qui n'avait pris aucun parti dans cette affaire, célébrerait à Rome les saints mystères pendant les fêtes de Pâques. Cependant Honorius, pensant toujours à terminer ce différend dans un concile, en indiqua un pour le premier mai, où il appela les évêques de l'Italie, de l'Afrique et des Gaules, leur envoyant à cet effet une lettre d'invitation. Mais la témérité d'Eulalius empêcha la tenue de ce concile ; car étant entré dans Rome dès le 18 mars, il fut obligé d'en sortir par un rescrit de l'empereur, daté du 25 du même mois, et Boniface eut la liberté d'y rentrer pour prendre le gouvernement de l'Eglise.

RAVENNE (Concile tenu dans la province de), vers l'an 731. On y confirma une pieuse donation faite aux moines de Ravenne. *Mansi, Conc. t.* XII.

RAVENNE (Concile de), l'an 874. Le pape Jean VIII, à la tête de soixante-dix évêques, présida à ce concile. On y termina un différend entre Ursus, duc ou doge de Venise, et Pierre, patriarche de Grado, qui refusait, malgré les instances du duc, de consacrer évêque de Torzello un certain Dominique, pour s'être fait eunuque contre les canons. Malgré cette irrégularité, on abandonna à Dominique, sans doute à cause de son mérite personnel, l'administration de l'Eglise de Torzello. *Labb.* IX.

RAVENNE (Concile de), l'an 877. Le pape Jean VIII tint ce concile le 22 juillet, à la tête de cinquante évêques, tous du royaume de Lombardie, dans le dessein de travailler au rétablissement de la discipline et des immunités de l'Eglise. On fit à cet effet dix-neuf canons, qui furent confirmés dans le concile de Troyes de l'année suivante 878.

1. Tout métropolitain sera tenu d'envoyer

à Rome, dans les trois premiers mois de sa consécration, pour faire la déclaration de sa foi, et recevoir le *pallium* du saint-siége ; et il n'exercera aucune fonction, jusqu'à ce qu'il se soit acquitté de ce devoir.

2. Les évêques élus seront obligés de se faire consacrer dans trois mois, sous peine d'être privés de la communion : après cinq mois, ils ne pourront plus être consacrés pour la même église, ni pour une autre.

3. Défense aux métropolitains de se servir du *pallium*, si ce n'est aux grandes fêtes et dans les autres temps marqués par le siége apostolique, et pendant le sacrifice de la messe.

4. Défense aux ducs de présenter aux papes des évêques, d'exiger d'eux des redevances publiques ou des présents, et de les reprendre en présence des laïques.

5. On excommunie ceux qui violent la maison de Dieu, et qui en enlèvent quelque chose sans la permission de celui à qui elle est confiée, ou qui maltraitent les ecclésiastiques.

6, 7 et 8. Même peine contre ceux qui ravissent les vierges consacrées à Dieu, et les femmes, jusqu'à ce qu'on les ait rendues à leurs parents ; contre les homicides, les incendiaires et les pillards.

9. On déclare excommuniés ceux qui communiquent volontairement avec des personnes qu'ils savent être excommuniées ; et l'on veut qu'on refuse toute audience à ceux qui sont restés excommuniés pendant une année entière, sans s'être mis en peine de faire lever leur excommunication ; que s'ils meurent en cet état, on ne communiquera point avec eux après leur mort, c'est-à-dire qu'ils ne seront point admis aux prières et aux suffrages que l'Eglise offre pour ceux qui sont morts dans sa communion.

10. A cet effet, les évêques feront connaître les excommuniés, en envoyant leurs noms aux évêques voisins et à leurs diocésains, et les faisant afficher à la porte de l'église.

11. On défend sous peine d'excommunication de recevoir les coupables qui, pour éviter les châtiments qu'ils ont mérités, quittent les lieux où ils ont commis quelque délit, et se retirent ailleurs.

12. Même peine contre les coupables qui s'absentent volontairement trois dimanches consécutifs de leur église paroissiale.

13. Les défenseurs, conservateurs et administrateurs des biens de l'Eglise, des pupilles et des veuves, feront leur devoir en empêchant les injustices et les violences ; et si, après trois monitions, ils refusent de le faire, ils seront excommuniés.

14. L'évêque qui ordonnera un prêtre, le fixera à la desserte d'une certaine église.

15, 16 et 17. Défense de demander à l'avenir les patrimoines de l'Eglise romaine en bénéfice ou autrement, sous peine de nullité, de restitution des fruits, et d'anathème contre ceux qui donneront ou recevront ces patrimoines ou leurs dépendances : on en excepte les familiers du pape, c'est-à-dire ceux de sa maison

18. Les dîmes seront payées au prêtre préposé par l'évêque pour les recevoir, et non à d'autres.

19. Les envoyés des princes, les comtes et les juges ne prendront point leur logement dans les maisons de l'Eglise, sous prétexte de la coutume, et n'y tiendront point les plaids, mais dans les maisons publiques, suivant l'ancien usage.

Le concile confirma à l'évêque Adalgaire d'Autun et à son église les droits qu'il revendiquait sur le monastère de Flavigni et sur la terre de Tiliniac, qui lui avait été enlevée. Le pape Jean VIII souscrivit le premier, et après lui, Jean, archevêque de Ravenne ; puis Pierre, patriarche de Grado. La date des souscriptions est du 26 novembre 877 : d'autres lisent septembre. *D. Ceillier, t.* XXII.

RAVENNE (Concile ou assemblée de), l'an 882. Le pape Jean VIII y présida, et l'empereur Charles le Gros, qui s'y trouvait aussi présent, y donna un diplôme en faveur de l'abbaye de Brumen ; un autre, par lequel il déclarait mettre sous sa protection l'église de Reggio avec ses biens ; un troisième enfin, en faveur de l'immunité des églises, et en particulier de l'église d'Arezzo. *Mansi, Conc. t.* XVII.

RAVENNE (Concile de), vers l'an 902, selon le P. Richard, mais plutôt en 898, selon Schram et l'auteur de l'*Art de vérifier les dates*. Baronius, dans ses Annales, Sigebert, dans sa Chronique, et le P. Labbe, mettent ce concile à l'an 904 ; d'autres croient que le pape Jean IX l'assembla peu de temps après celui de Rome ; or ce pape fut élu en 898, selon l'auteur de l'*Art de vérifier les dates*, et mourut au mois d'août de l'an 900. L'empereur Lambert, qui, selon le même auteur, n'occupa le trône que jusqu'en septembre 899 tout au plus, y assista avec soixante-quatorze évêques, et on lut en sa présence les dix articles suivants.

1. Si quelqu'un n'observe point les règles des SS. PP. et les Capitulaires des empereurs Charlemagne, Louis, Lothaire et son fils Louis, il sera excommunié.

2. L'empereur Lambert déclare qu'il sera permis à toute personne d'aller implorer sa protection, et menace de son indignation ceux qui s'y opposeront.

3. Il promet de conserver inviolablement les anciens privilèges de l'Eglise romaine.

4. On approuve ce qui avait été ordonné par le dernier concile de Rome, touchant le pape Formose.

5. On ordonne la punition des violences exercées sur le territoire de l'Eglise de Rome, qui avaient obligé le pape d'avoir recours à l'empereur.

6. On renouvelle le traité fait entre le saint-siége et l'empereur Guy, père de Lambert.

7. On ordonne la révocation des édits qui se trouveront n'être pas conformes aux conditions de ce traité.

8. On déclare que les biens donnés par des lettres du prince, au préjudice de ce même traité, seront rendus à l'Eglise.

9. On prie l'empereur ae défendre les assemblées illicites de Francs, de Romains et de Lombards dans les territoires de S. Pierre, comme contraires à l'autorité du saint-siége et de la dignité impériale.

10. Le pape Jean IX fit encore des remontrances à ce prince sur ce que des gens mal intentionnés avaient empêché que l'on ne coupât des bois pour le rétablissement de l'église du Sauveur, et sur la pauvreté où l'Eglise romaine était réduite, qui était telle, qu'il n'y avait plus moyen de soulager les pauvres, ni de subvenir aux besoins des ministres et des domestiques.

Après qu'on eut achevé la lecture de ces articles, le pape, s'adressant aux évêques, les exhorta à veiller avec soin sur leurs peuples, à leur donner l'exemple d'une bonne vie, et à demander à Dieu l'extinction des schismes et la conservation de l'empereur Lambert, en ordonnant, à leur retour dans leurs évêchés, un jour de jeûne et une procession ou litanie. *Hist. des aut. sacrés et ecclés.*, t. XXII; *Anal. des Conc.* t. II.

Consulter, pour ce qui regarde l'époque de ce concile, le diplôme de Benoît IV en faveur d'Argrime, évêque de Langres; celui de Jean IX à Riculphe, évêque d'Elne, et un autre du même pape à Servus-Dei.

RAVENNE (Concile de), l'an 954. Ce concile eut pour objet de faire restituer à l'évêque de Ferrare les biens qu'on lui avait usurpés. On y confirma en même temps les droits de l'Eglise de Ravenne. *Mansi, Conc.* t. XVIII.

RAVENNE (Concile de), l'an 967. Le pape Jean XIII tint ce concile au mois d'avril, en présence de l'empereur Othon Ier. Le pape y donna la bulle d'érection de l'archevêché de Magdebourg, et l'empereur y rendit au pape la ville et le territoire de Ravenne. Hérold, archevêque de Saltzbourg, y fut déposé, et l'acte de sa déposition fut souscrit, le 25 avril, par cinquante-six évêques, sans compter le pape. L'empereur souscrivit après le souverain pontife, et les évêques ensuite. *Reg.* XXV; *Lab.* XI; *Hard.* VI; *Mansi* I.

RAVENNE (Concile de), l'an 968. Le pape Jean XIII célébra ce concile, au mois d'octobre, en présence de l'empereur Othon Ier. Le pape y accorda la primatie sur tous les évêques et archevêques de la Germanie intérieure à Adalbert, archevêque de Magdebourg, avec un rang égal à celui des archevêques de Trèves, de Cologne et de Mayence, et le droit de porter le *pallium* pour lui et pour ses successeurs. Atton, archevêque de Mayence, lui céda aussi la juridiction sur quelques églises de l'archevêché de Mayence. Enfin les Pères du concile souscrivirent un échange entre l'église d'Halberstadt et celle de Magdebourg. *Pagi; Mansi, Suppl.* t. I, col. 1155.

RAVENNE (Concile de), l'an 976. Ce concile eut pour objet de réprimer la simonie dans l'élection des abbés de Saint-Jean de Parme. *Mansi, Suppl.* t. I.

RAVENNE (Concile de), l'an 998. Arnoul ayant été rétabli sur le siége archiépiscopal de Reims, par ordre du pape Grégoire V, et du consentement du roi Robert, Gerbert se retira auprès de l'empereur Othon III, qui le fit archevêque de Ravenne. Le 1er mai de l'an 998 il tint un concile en cette ville avec neuf de ses suffragants, et il y dressa trois canons. Par le premier, il abolit l'abus qui s'était introduit d'obliger les évêques, le jour de leur consécration, à payer à un sous-diacre l'hostie qu'ils recevaient en cette cérémonie. On défendit aussi aux archiprêtres de vendre le saint chrême. Le second ordonne aux mêmes archiprêtres de payer chaque année, le jour de la fête de saint Vital, aux sous-diacres de Ravenne, deux sols de redevance. On renouvelle, dans le troisième, la défense faite par les anciens canons de consacrer un oratoire ou une église dans un diocèse étranger, sans la permission de l'évêque diocésain; de recevoir, de promouvoir ou de retenir quelqu'un d'un autre diocèse, sans lettres formées de son évêque. On y déclare que l'on ne doit conférer les ordres qu'à ceux qui en seront jugés dignes par leur savoir et leurs bonnes mœurs, et qui auront atteint l'âge prescrit par les lois de l'Eglise. On y ajoute la défense de rien exiger pour les sépultures.

Les Collections des Conciles mettent celui-ci en 997; mais Gerbert, à cette époque, n'était point encore archevêque de Ravenne, et il ne le fut que l'année suivante, comme il paraît par la lettre que Grégoire V lui écrivit aussitôt après sa nomination à cet archevêché, en lui envoyant le *pallium*. Elle est du quatre des calendes de mai, indiction onzième, c'est-à-dire du 28 avril 998.

RAVENNE (Concile de), l'an 1014. L'Eglise de Ravenne ayant été vacante pendant onze ans, il se commit dans la province plusieurs désordres, soit à l'égard des ordinations, soit par rapport aux dédicaces des églises. L'empereur Henri nomma son frère Arnoul pour remplir ce siége, qui avait été usurpé par Adalbert. Arnoul, étant demeuré paisible possesseur, assembla ce concile le dernier jour d'avril de l'an 1014. Il y eut trois séances. On régla dans la première que ceux qui avaient été ordonnés illicitement seraient suspens jusqu'à un plus ample examen; dans la seconde, que les églises consacrées par Adalbert demeureraient interdites; et dans la troisième il fut défendu, sous peine d'anathème, d'exiger de l'argent pour le saint chrême, la recommandation de l'âme et la sépulture; et aux archiprêtres, de donner au peuple la bénédiction ou la consécration par le saint chrême, ces fonctions étant réservées aux évêques. *Lab. t.* IX. Corriger cet article par l'article suivant.

RAVENNE (Concile de), l'an 1016. Il faut distinguer ce concile de celui de l'an 1014, dont nous venons de parler. Il est certain qu'on suspendit dans celui-ci, jusqu'à plus ample examen, les clercs ordonnés par Adalbert, qui s'était emparé par intrusion du siége de Ravenne; et quoique nous ayons attribué cette opération au concile de l'an

114, il faut la reculer jusqu'à celui de l'an 116, suivant l'édition des Conciles faite à Venise, t. XI. C'est aussi le sentiment de Mansi, qui le prouve par la raison que ce dernier concile dont nous parlons fut présidé par Arnoul, qui n'était pas encore évêque à l'époque de celui de l'an 1014. *Mansi, t.* XIX.

RAVENNE (Conciliabule de), l'an 1086 : par l'antipape Guibert, en faveur de cette Église.

RAVENNE (Concile de), l'an 1128. Le pape Honorius II y déposa les patriarches d'Aquilée et de Venise ou de Grado, pour avoir été favorables aux schismatiques. *Pagi.*

RAVENNE (Concile de), l'an 1253. Philippe, archevêque de Ravenne, tint ce concile le 28 avril, contre les usurpateurs des biens ecclésiastiques. *Lab.,* XI.

RAVENNE (Concile de), l'an 1258, sur les ordres religieux de Saint-Dominique et de Saint-François.

RAVENNE (Concile de), l'an 1261. Ce concile fut indiqué pour le mois de juillet par le pape Alexandre IV, à l'effet de délibérer sur les moyens de résister aux Tartares ; mais le pape étant mort à Viterbe, le 25 mai de la même année, le concile indiqué ne se tint pas. *Ed. Ven., t.* XIII; *Mansi, Suppl. t.* II, col. 1233.

RAVENNE (Concile de), l'an 1270. Philippe Fontana, archevêque de Ravenne, tint ce concile le 28 avril contre les usurpateurs de l'évêché de Césène. *Hard. t.* VIII; *Hieron., Rub. hist. l.* VI.

RAVENNE (Concile provincial de), tenu à Imola, l'an 1280. Tous les suffragants s'y trouvèrent, présidés par Boniface leur métropolitain, à l'exception de l'évêque de Bologne, qui se contenta d'y envoyer son représentant. *Labb. t.* XI.

RAVENNE (Concile de), l'an 1286. Boniface, archevêque de Ravenne, tint ce concile avec les évêques de sa province, le 8 juillet, et y fit neuf canons.

1. Défense aux clercs de recevoir ou de nourrir les farceurs ou les danseurs qu'on leur envoie, ou même qui ne font que passer, sous peine de payer pour l'église ou pour les pauvres le double de ce qu'ils leur auront donné.

C'était l'usage autrefois que les laïques, quand ils recevaient la ceinture militaire, ou qu'ils se mariaient, s'envoyassent les uns aux autres, et même aux clercs, des farceurs et des danseurs, qu'il leur fallait nourrir et soudoyer pendant quelque temps. C'est cet abus que le concile condamne ici par rapport aux clercs.

2. On exhorte les ecclésiastiques à donner l'aumône aux pauvres, et l'on accorde une année d'indulgence aux évêques qui en nourriront quatre à un repas chaque jour de la semaine ; aux abbés qui en nourriront deux, et aux autres prélats, comme doyens, archidiacres, qui en nourriront un.

3. Les clercs qui porteront des armes sans une juste nécessité, et sans permission de l'évêque, seront condamnés, outre l'excommunication, à quarante sols d'amende pour chaque arme qu'ils auront portée ; et ceux qui ne porteront pas l'habit clérical, la couronne et la tonsure, payeront cinquante sols pour chaque omission à cet égard.

4. Ceux qui sont pourvus de bénéfices à charge d'âmes, se feront ordonner prêtres dans l'année, sous peine d'être privés de ces bénéfices, selon le treizième canon du second concile général de Lyon.

5. On ordonne les distributions manuelles, qui ne seront données qu'aux chanoines qui auront assisté à l'office depuis le commencement jusqu'à la fin.

6. Les notaires ne recevront les testaments des usuriers qu'en présence du curé.

7. Les prélats excommunieront ceux qui refuseront de payer les dîmes ; et si les excommuniés négligent de faire lever l'excommunication, on aura recours au bras séculier.

8. Les cas réservés aux évêques sont l'absolution de l'excommunication majeure, *ab homine vel a jure* ; l'absolution des incendiaires, des blasphémateurs, des meurtriers de leurs propres enfants ; la dispense des vœux ; l'absolution des homicides, des sacrilèges, des faussaires, de ceux qui attentent aux immunités et aux libertés ecclésiastiques ; de sorciers, de ceux qui sont coupables de bestialité ; des incestueux, des corrupteurs de religieuses ; des questions de larcin, quand on ne sait à qui restituer ; des parjures et des mariages clandestins.

9. Tous ceux qui, sous prétexte de coutume et de privilège, attenteront aux immunités et aux libertés de l'Église, encourront l'excommunication majeure. *Reg. t.* XXVIII; *Lab.* XI ; *Hard.* VIII.

RAVENNE (Concile de), l'an 1307. On ne sait de ce concile que ce qu'en dit en ces termes le P. de Rubeis ou de Rossi dans son histoire de Ravenne, liv. VI : *Raynaldus archiepiscopus in dies virtutibus ac religione proficiens, purissimum cultum divini numinis legibus persancte editis propagandum apud suum populum diligenter curavit. Quapropter provinciale concilium anno ab ortu Christi MCCCVII Ravennæ celebravit.*

RAVENNE (Concile de), l'an 1310. Rainaldi, archevêque de Ravenne, assembla deux fois cette année le concile de sa province, la première à Ravenne même, et la seconde, le 1er juin, à Bologne. Le sujet de ces deux conciles fut l'affaire des templiers. Comme ils nièrent tous les crimes dont on les chargeait, Rainaldi demanda au concile ce qu'on devait faire. Les sentiments furent partagés. Il demanda si cette procédure paraissait légitime ? On répondit que oui. Si les accusés devaient être appliqués à la question ? Répondu que non. Cependant Nicolas et Jean, dominicains, dirent que les templiers devaient y être mis. Demandé s'il fallait renvoyer le jugement au pape ? Répondu unanimement que non, parce que le temps du concile général (à Vienne) approchait. Demandé s'il fallait les absoudre, ou les obliger à se justifier ? Répondu qu'il fallait les obliger à prouver leur innocence. Mais le lendemain les évêques s'étant rassemblés, le concile prononça tout d'une voix cette sentence : « On doit absoudre les innocents, et punir les coupables selon la loi. Ceux-là seront encore censés innocents, qui auront tout avoué contre eux par la crainte des tourments, en révoquant ensuite cette fausse confession; ou même, s'ils n'osent la révoquer par la même crainte, pourvu que la crainte et le reste soient bien et dûment constatés. Quant à l'ordre en général et à ses biens, on les conservera en faveur des innocents, s'ils font le plus grand nombre, à condition que les coupables soient punis dans l'ordre même suivant leur mérite.» Tel est le résultat de ces deux conciles de la province de Ravenne. *Hist. de l'Eglise gallic.*, *liv.* XXXVI.

RAVENNE (Concile de), l'an 1311. Rainaldi, archevêque de Ravenne, tint, le 22 juin de l'an 1311, dans son église métropolitaine, un concile des évêques de sa province, dans lequel il renouvela plusieurs constitutions des conciles et des papes, divisées en trente-deux rubriques.

1. Quand les églises seront vacantes, on fera des prières publiques et des processions pour l'ordination d'un évêque.

2. On célébrera solennellement les funérailles des évêques décédés. Leurs corps seront revêtus de leurs habits pontificaux; le chapitre fera savoir le jour de leur mort aux autres évêques de la province, qui feront dire tous les jours une messe pendant un mois, nourriront chaque jour trois pauvres, et feront célébrer une messe solennelle dans leur cathédrale pour l'expiation de leur âme.

3. On fera tous les ans, le 20 juillet, dans les églises cathédrales, un anniversaire solennel pour les évêques défunts; et l'on nourrira en ce jour douze pauvres.

4. On fera la même chose tous les ans, le 4 juin, pour les patrons et les bienfaiteurs des églises.

5. Les reliques dont on sera assuré seront exposées hors des autels, pour être révérées par le peuple; mais celles dont on n'a aucune certitude seront enfermées sous l'autel, ou ailleurs, et ne seront point exposées au culte public.

6. Tous les sacrements de l'Eglise seront administrés par des personnes à jeun, autant qu'il sera possible, avec des ornements convenables, et gratuitement.

7. L'eucharistie, le saint chrême et les saintes huiles seront renfermés soigneusement dans les églises ou dans les sacristies; et l'on renouvellera souvent les hosties que l'on conserve pour le viatique.

8. On aura soin de tenir propres les corporaux, les pales, les linges et les ornements des églises. Les calices seront d'argent, si cela se peut. Il y aura des livres et des parements suffisants. Les cloches seront bénites avec les cérémonies prescrites dans le Pontifical.

Le terme latin qu'on a rendu par le mot de *linges* est *tobaleæ*, qui peut signifier nappes, essuie-mains, tapis d'autel, et qui revient aux mots *toubaillia*, *tobaillia*, *toacuta*, *toagla*, qu'on lit dans les livres d'église, pour exprimer les mêmes choses.

9. Chaque évêque aura soin d'instruire les prêtres et les autres ministres de son diocèse des fonctions de leur ministère. Les prêtres ne célébreront qu'une messe par jour, si ce n'est dans les cas permis par le droit. Aucun étranger ne pourra prêcher, célébrer, ni faire aucune fonction, qu'il n'ait été présenté et approuvé par l'ordinaire. On fera tous les dimanches la bénédiction de l'eau, et tous les paroissiens entendront la messe entière tous les dimanches dans leur paroisse, sous peine d'excommunication, s'ils ne le font après avoir été avertis trois fois.

10. On fera la fête des patrons des églises cathédrales; et les curés auront soin d'avertir tous les dimanches à la messe, après l'évangile et l'offerte, des fêtes et des jeûnes de la semaine.

11. Tous les fidèles étant obligés de savoir la forme du baptême, on la publiera trois fois l'an dans les églises, savoir les jours de l'Epiphanie, de Pâques et de la Pentecôte.

12. On ne fera point de marchés, de conférences, ni d'actes de justice dans les églises, si ce n'est peut-être en cas de nécessité pendant la guerre.

13. L'on n'admettra à prêcher que des ecclésiastiques âgés de trente ans, de quelque ordre qu'ils puissent être; et on ne souffrira point que les quêteurs exercent cet office.

14. Les abbés et les prieurs des bénédictins non exempts et des chanoines réguliers tiendront tous les ans un chapitre provincial pour la réforme.

15. Les curés auront soin de publier pendant l'avent et le carême le canon *Omnis utriusque sexus*, en avertissant leurs paroissiens qu'ils pécheront mortellement, s'ils ne se confessent et ne communient au moins une fois l'année. Les médecins du corps ne visiteront pas un malade pour la seconde fois, qu'il n'ait appelé le médecin de l'âme.

16. On ne donnera de cure à aucune personne, à moins qu'elle ne sache lire et chanter l'office divin; ni de canonicat dans une église cathédrale, à moins qu'elle ne sache de même lire et chanter, et qu'elle n'ait atteint l'âge de quinze ans; ni aucun bénéfice dans une église collégiale, à moins que, sachant lire passablement, elle n'ait douze ans accomplis.

17. Tous les abbés et prieurs de l'ordre de Saint-Benoît auront un office conforme.

18. Les évêques tiendront tous les ans un synode pour la réforme des ecclésiastiques et des laïques.

19. On publiera les bans de mariage dans l'église, deux dimanches consécutifs avant les fiançailles; cependant les curés s'informeront s'il n'y a point d'empêchement. On ne célébrera point de noces depuis le premier dimanche de l'avent jusqu'après l'octave de l'Epiphanie, depuis le dimanche de la Septuagésime jusqu'à l'octave de Pâques, et depuis le troisième jour avant l'Ascension jusqu'à l'octave de la Pentecôte.

20. Ceux qui se font élire et se mettent en possession des bénéfices par l'autorité séculière, sont excommuniés, et ne pourront posséder aucun bénéfice dans la province.

21. Les clercs et les religieux rebelles à leurs supérieurs seront suspens, jusqu'à ce qu'ils aient fait satisfaction.

22. Les moines ou chanoines apostats ne seront admis à aucun bénéfice ni office ecclésiastique.

23. Les juifs porteront une marque pour les distinguer des chrétiens, et on ne souffrira point qu'ils demeurent plus d'un mois dans les lieux où ils n'ont pas de synagogues.

24. Aucun évêque n'exercera de juridiction dans le diocèse d'un autre, sans la permission de l'ordinaire. Aucun clerc séculier ou régulier ne sera promu aux ordres sans dimissoire de son évêque de naissance, de domicile ou de bénéfice, si ce n'est ceux qui sont de l'ordre des religieux mendiants, ou autres privilégiés. Aucun évêque étranger ne sera admis à faire les fonctions épiscopales, si le métropolitain n'est assuré de son ordination.

25. On ne donnera le gouvernement des hôpitaux qu'à des célibataires résolus à y faire leur résidence.

26. On renouvelle et on aggrave les peines contre ceux qui frappent, emprisonnent, maltraitent ou molestent les clercs.

27. Les blasphémateurs du nom de Dieu, de la Vierge ou des saints, seront exclus pour un mois de l'église, outre les autres peines portées par les canons; et, s'ils ne font pénitence, ils seront privés de la sépulture ecclésiastique.

28. Même peine contre ceux qui demeurent plus d'une année excommuniés, quand même ils auraient reçu l'absolution à la mort.

29. On emploiera les censures jusqu'à l'excommunication contre les adultères; et, s'ils sont un mois sans quitter l'habitude de leur crime, ils seront aussi privés de la sépulture ecclésiastique, quand même ils satisferaient au moment de la mort.

30. Puisque les biens ecclésiastiques appartiennent aux pauvres, les évêques, les chapitres et les monastères feront des aumônes générales et réglées, et nourriront des pauvres selon leurs facultés. Les évêques travailleront à la paix des villes qui seront en discorde, et feront dire la collecte de la paix jusqu'à ce que la discorde soit passée.

31. Les notaires apporteront dans un mois à l'évêque ou à son grand vicaire, une expédition des testaments où il y a des legs pieux, et cela sous peine d'excommunication. Si les exécuteurs testamentaires négligent l'espace d'une année d'exécuter les testaments, l'exécution en sera dévolue à l'évêque; et ces exécuteurs négligents ne pourront plus s'immiscer dans l'exécution des testaments qu'ils auront négligée, et seront inhabiles à exécuter tout autre testament.

32. On règle les droits des secrétaires et des notaires des évêques.

RAVENNE (Concile de), l'an 1314. Rainaldi, archevêque de Ravenne, tint ce concile dans le château d'Argent, de son diocèse, le 10 octobre 1314; et l'on y fit les vingt constitutions suivantes.

1. Il n'y aura que les chanoines qui sont dans les ordres sacrés, qui auront voix au chapitre.

2. On n'ordonnera de prêtres qu'à vingt-cinq ans, de diacres qu'à vingt, et de sous-diacres qu'à seize. On n'admettra ni aux ordres, ni à aucun office, un sujet d'un autre diocèse, à moins qu'il ne présente à l'évêque qui doit l'ordonner, deux mois au moins avant l'ordination, des lettres dimissoires et testimoniales de capacité, vie et mœurs, qui ne pourront être accordées que par l'évêque diocésain, ou par son vicaire. Celui qui aura été autrement ordonné ne pourra exercer les ordres qu'il aura reçus, sans dispense du siège apostolique ou du concile provincial. On excepte de cette règle les religieux mendiants et les autres exempts.

3. On n'ordonnera point d'évêque étranger et inconnu, ni même de personne connue, sans le consentement de l'archevêque et des évêques de la province, comme les canons le prescrivent; et aucun suffragant de Ravenne ne pourra sortir de la province, pour consacrer un évêque d'une autre province, sans la permission de l'archevêque ou du saint-siège.

4. Les exempts ne pourront inviter des évêques étrangers ou inconnus pour faire les fonctions épiscopales ou les ordinations dans leurs églises.

5. Les légats et les délégués, ou autres nonces du saint-siège, seront tenus de faire voir leur commission à l'ordinaire, à l'exception des légats *a latere*, ou de ceux qui ont des commissions particulières.

6. Lorsque les évêques voyageront dans leurs diocèses, les curés des paroisses par où ils passeront feront sonner les cloches, afin que le peuple en soit averti, et puisse se mettre à genoux pour recevoir leur bénédiction. Les curés qui y manqueront, donneront aux pauvres, dans trois jours, cinq sols d'or. Les chapitres recevront les évêques au son des cloches, et les chanoines iront au-devant d'eux jusqu'à la porte de l'église, en tuniques et en chapes ou pluviaux, *cum coctis* ou *cotis*, et *pluvialibus*, avec l'encens, l'eau bénite et la croix, en psalmodiant ou en chantant avec dévotion. Étant arrivés à l'autel, ils se prosterneront, et l'évêque les bénira solennellement. Les évêques suffragants pourront célébrer pontificalement dans tous les lieux de la province de Ravenne où ils iront, quoique hors de leurs diocèses, pourvu qu'ils n'y demeurent pas plus de dix jours, et que l'ordinaire n'y soit pas présent. Lorsque le légat du saint-siège, ou l'archevêque de Ravenne, célébrera solennellement en quelque lieu, les évêques et les abbés du voisinage y assisteront avec leurs habits d'église. Les clercs désobéissants à leurs supérieurs seront suspens, et excommuniés après un mois qu'ils auront demeuré dans la suspense sans vouloir se corriger, ni faire satisfaction à leurs supérieurs.

7. Les notaires seront obligés, sous peine d'excommunication, de délivrer les actes qu'ils ont faits aux personnes qui y ont intérêt.

8. Les religieux ou les séculiers qui, sous prétexte du laps du temps et de la prescription, ne voudront pas souffrir la visite de leurs prélats, seront excommuniés, et leurs églises interdites.

9. Ceux qui appellent d'une sentence d'excommunication, et qui ne poursuivent pas leur appel, seront privés de tout bénéfice, s'ils continuent à faire les fonctions du saint ministère comme auparavant.

10. Les religieux, ainsi que les clercs, ne porteront point d'armes ni d'habits d'une autre couleur que celle qui est permise par le droit. Ils auront des habits longs et fermés, une couronne, et les cheveux coupés en sorte qu'on voie les oreilles, un chapeau, ou un bonnet, ou une aumusse qui descendra jusqu'aux oreilles, pour couvrir leur tête. Ils ne fréquenteront pas les festins des laïques; et ils feront leur demeure dans les maisons des églises. Les prêtres, les évêques, les chanoines, les curés, et enfin tous les ecclésiastiques constitués dans les ordres sacrés, auront des habits décents dans la ville et les faubourgs, savoir, des chapes ou des robes. Hors des villes et des faubourgs, ils auront au moins des tabars ou tabardes, *tabardos*, c'est-à-dire des espèces de casaques ou de manteaux. Dans l'église, ils auront des chapes noires, ou au moins des tuniques blanches ou autres, et surplis. Ils n'entreront point dans les cabarets, si ce n'est en voyage. Ils ne souffriront pas que l'on tienne des cabarets ou des marchandises défendues, ni qu'on loge des personnes suspectes dans les églises, ni dans les maisons des églises qui sont dans l'intérieur du cloître et destinées à l'usage des clercs.

11. Les hommes n'entreront point dans les monastères de filles; et les religieuses n'en sortiront point sans la permission de l'évêque.

12. Personne n'aura de prébende, qu'il n'ait atteint l'âge de seize ans; et ceux qui en ont en seront privés, s'ils ne se font promouvoir aux ordres qu'exige la nature de leur prébende.

13. Les prêtres célébreront leur première messe dans les trois mois après leur ordination, et ensuite le plus souvent qu'ils pourront, au moins une fois l'an, sous peine d'être privés de tous leurs bénéfices. On dira tous les mercredis ou tous les jeudis de la semaine une collecte à la messe pour les étudiants.

14. Les curés enseigneront, au moins trois fois l'an, la forme du baptême à leurs paroissiens.

15. On dira à l'introït de la messe la formule de confession suivante : *Confiteor Deo omnipotenti, beatæ Mariæ virgini*, etc.

16. Puisqu'il est très-certain que Dieu accorde ses bienfaits, surtout en considération des prières ferventes qu'on lui adresse, des jeûnes et des aumônes, tous ceux qui seront appelés au concile provincial jeûneront trois jours avant la première session du concile, et feront des prières et des aumônes plus que de coutume. Pour ce qui est des autres ecclésiastiques et des laïques, on les exhortera à pratiquer les mêmes bonnes œuvres.

17. On renouvelle l'excommunication et les autres peines portées par les conciles contre les détenteurs des biens de l'Église.

18. Les clercs séculiers ou réguliers, qui retiennent des bénéfices qui appartiennent à la mense des évêques, des monastères ou des chapitres, en sont privés *ipso facto*, et ils encourent l'excommunication.

19. Comme les sentences d'interdit causent beaucoup de scandales, et qu'il arrive souvent de là que l'on punit des innocents, que l'indévotion du peuple et les hérésies augmentent et se fortifient, et qu'enfin les églises et les ecclésiastiques en souffrent, nous défendons de porter de ces sortes de sentences pour des causes purement pécuniaires.

20. On révoque les permissions accordées aux religieux pour annoncer et prêcher des indulgences. *Reg. tom.* XXVIII; *Lab. tom.* XI; *Hard. tom.* VIII.

RAVENNE (Concile de), l'an 1317. Rainaldi, archevêque de Ravenne, toujours appliqué aux devoirs de l'épiscopat, et à conserver ou à rappeler l'intégrité des mœurs et de la discipline, tint ce concile à Bologne, le 27 octobre 1317, dans lequel il confirma les deux conciles précédents, et publia de nouveaux règlements en vingt-quatre articles ou capitules.

1. Les évêques nommeront des économes actifs et discrets pour la régie des revenus des églises vacantes, afin que ces revenus tournent au profit de ces églises et du successeur du défunt. Si les chanoines, ou les autres clercs, veulent s'immiscer dans la régie de ces biens, ils seront privés du droit d'élire pour cette fois; et si les patrons tombent dans la même faute, ils seront aussi privés, pour cette fois, du droit de présentation.

2. Personne n'entrera dans une cure sous prétexte qu'il a son institution de quelque prélat séculier ou régulier, à moins qu'il n'ait reçu sa mission de l'évêque.

3. On renouvelle le canon du concile de Poitiers, qui ordonne que ceux qui sont pourvus des bénéfices se feront promouvoir dans l'année aux ordres que leurs bénéfices requerront, sous peine de privation de tous les bénéfices qui requerraient les ordres qu'ils n'ont pas voulu prendre.

4. On renouvelle le dixième canon du concile de Ravenne de l'an 1314, touchant les habits et la conduite des clercs; et l'on impose des peines pécuniaires à ceux qui y contreviendront. On en impose de même à ceux qui vendent ou qui achètent des marchandises, et surtout du vin dans les maisons destinées pour les ecclésiastiques, qui vont aux cabarets ou aux festins des laïques, qui marchent la tête nue

5. Pour empêcher la promotion des sujets indignes aux bénéfices, on ne recevra point de chanoines dans les églises cathédrales ou collégiales, ni de chanoines réguliers ou de moines dans les monastères, sans la permission de l'ordinaire et du métropolitain.

6. On ne recevra personne dans les monastères d'hommes ou de filles par le crédit des laïques. Ceux ou celles qui auront été reçus de la sorte, seront privés de voix active et passive; et leurs supérieurs ne seront pas tenus à les habiller.

7. Les longues vacances des églises causant de grands dommages, tant pour le spirituel que pour le temporel, ceux à qui il appartient d'y pourvoir auront soin de le faire au plus tôt; et, en cas de négligence de leur part, les clercs des églises dont les bénéfices seront dévolus au métropolitain de Ravenne, l'en avertiront dans l'espace du mois qu'ils auront eu connaissance de cette dévolution.

8. Pour empêcher que les chanoines des églises cathédrales ou collégiales ne soient obligés de mendier, à la honte du clergé, on réglera le nombre des chanoines, de façon que leurs revenus soient suffisants pour les entretenir.

9. Les bénéficiers dont les bénéfices demandent résidence, seront privés de tous leurs bénéfices, s'ils s'absentent plus de quinze jours de leurs églises sans une permission spéciale de l'ordinaire.

10. Il y aura des distributions quotidiennes et une table commune pour les chanoines dans toutes les églises cathédrales et collégiales, conformément à l'ordonnance que Boniface, archevêque de Ravenne, fit faire à ce sujet dans le concile qu'il tint à Forli.

11. On règle les taxes et les impositions que doivent porter les églises pour subvenir aux frais nécessaires aux évêques et aux autres clercs inférieurs, quand ils sont appelés à Ravenne, ou autrement employés pour les affaires de la province. Les évêques, dans ces sortes de cas, ne peuvent avoir que quinze chevaux, les abbés et autres prélats quatre, les chanoines de la cathédrale trois, les simples ecclésiastiques un.

12. Aucun prêtre, soit séculier, soit régulier, ne commencera à dire une messe particulière dans quelque église que ce soit, tandis qu'on y chantera une messe solennelle; mais il attendra que cette messe solennelle soit finie pour commencer la sienne.

13. Aucun abbé, ni prélat quelconque inférieur à l'évêque, ne pourra connaître des causes qui regardent les personnes des clercs, sous peine de nullité de tout ce qu'ils auront fait à cet égard, à moins qu'ils n'y soient autorisés par un privilége spécial, ou par une coutume légitimement prescrite.

14. Aucun chrétien ne pourra louer sa maison à des juifs, ni souffrir qu'ils y demeurent sous quelque prétexte que ce soit; et les contrevenants seront excommuniés *ipso facto*.

15. Tous les usuriers publics seront privés de la communion et de la sépulture de l'Eglise : on ne recevra point leurs offrandes; ils ne pourront être absous, et leurs testaments seront nuls. Les notaires qui auront dressé les contrats et autres actes usuraires, seront soumis aux mêmes peines que les usuriers.

16. Les restitutions des biens mal acquis seront faites par l'évêque, ou par son ordre, en faveur des pauvres, quand on ne connaîtra pas ceux à qui ces sortes de biens appartiennent; et les personnes obligées à ces restitutions, seront tenues de spécifier dans leurs testaments la cause de ce legs, en disant clairement et expressément : « Je laisse tant de biens mal acquis, incertains, pour être restitués; » et non pas seulement : « Je laisse pour le remède de mon âme ou de l'âme de mes parents. »

17. Les religieux n'iront point à la chasse, sous peine d'être privés, pendant une année, de l'administration de leurs offices, s'ils en ont quelques-uns; ou, s'ils n'en ont pas, d'être inéligibles, et de tenir le dernier rang au chœur jusqu'à ce qu'ils aient suffisamment satisfait pour leur faute, au gré de leur supérieur.

18. Les clercs arrêtés portant les armes, ou commettant quelque crime, seront remis, sans diffamation, entre les mains de l'évêque, sous peine d'excommunication pour ceux qui refuseront de les y remettre, ou qui ne les y remettront qu'en les diffamant avec éclat.

19. On n'imposera pas deux peines pour un même crime.

20. Les évêques pourront dispenser de l'âge et des qualités qu'il faut avoir pour être ordonné selon les canons des conciles précédents, en sorte toutefois que les personnes qu'ils ordonneront soient capables.

21. Les chapitres qui ne feront pas savoir la mort de leur évêque aux autres évêques de la province, dans l'espace de dix jours, payeront dix livres d'amende, qui seront appliquées à des usages pies par le métropolitain.

22. Les ordinaires et leurs vicaires pourront absoudre ceux qui auront encouru les peines portées par les canons des conciles de Ravenne, pourvu qu'ils soient pénitents, et qu'ils fassent la satisfaction convenable dans l'espace d'un mois. Pour ce qui est de l'avenir, la punition des transgresseurs des canons, et l'autorité de modérer ou d'interpréter les lois des conciles, seront réservées au métropolitain.

23. Les religieuses pourront parler au travers d'une grille aux personnes non suspectes qui les demanderont, pourvu que ce soit avec la permission de la supérieure, et qu'il y ait toujours deux religieuses qui accompagnent celle que l'on demande, en sorte qu'elles puissent toujours la voir et l'entendre.

24. On avertit les notaires et les secrétaires qu'ils seront sujets aux peines portées par le concile, s'ils ne se conforment, pour la perception de leurs droits, aux tarifs qu'on leur dresse ici.

Ces deux derniers articles furent dressés

par l'archevêque Rainaldi, en conséquence du pouvoir que le concile lui donna d'expliquer ses décrets. *Reg.* XXIX ; *Lab.* XI ; *Hard.* VIII.

RAVENNE (Concile provincial de), l'an 1569. Jules cardinal de la Rovère, archevêque de Ravenne, tint ce concile avec ses suffragants. Il y publia de nombreux décrets, dont voici les plus remarquables.

Tous les évêques présents au concile firent d'abord leur profession de foi dans les termes prescrits par Pie IV, et ensuite ils statuèrent que la même profession de foi serait exigée de tous les ecclésiastiques pourvus de bénéfices à charge d'âmes.

On avertira fréquemment les princes et les magistrats de travailler à la recherche et à l'extirpation des hérétiques, et des gens suspects d'hérésie.

Les évêques obligeront les libraires et les imprimeurs à se conformer exactement à l'index des livres défendus dernièrement publié. Ils veilleront à ce qu'aucun ouvrage nouveau ne paraisse sans avoir été auparavant examiné et corrigé.

En tout temps de l'année on choisira le jour, et non la nuit, pour annoncer la parole de Dieu. Les femmes, autant qu'il sera possible, l'entendront séparées des hommes. On observera inviolablement les louables coutumes par rapport aux honoraires des prédicateurs. Les puissances du siècle et les universités ne devront point s'ingérer dans le choix des prédicateurs ; ce soin regardant uniquement les évêques et les curés, d'après la disposition des canons.

Il y aura dans chaque cathédrale, et même dans chaque collégiale, un lecteur de théologie, qui sera séculier, autant que faire se pourra, et le haut clergé, comme le bas clergé, assistera fréquemment à ses leçons.

Les évêques apporteront tous leurs soins à ce que les professeurs et les maîtres d'école soient tous bons catholiques et de mœurs édifiantes ; et à ce qu'aucun livre obscène ou dangereux ne soit mis entre les mains des écoliers. Ils feront eux-mêmes la visite des petites écoles, aussi bien que des collèges et des universités.

On traitera avec respect les reliques des saints, et on ne les présentera à la vénération du peuple qu'avec des cierges allumés ; on ne les tirera point de leurs châsses sans y être autorisé par l'ordinaire ; on ne permettra de les voir et de les toucher que par motif de dévotion ; on ne donnera pour authentiques que celles qui auront été reconnues par les évêques ; on fera cesser au plus tôt les abus qui pourraient s'être glissés dans le culte qu'on leur rend.

On ne placera aucune image dans les églises sans l'agrément des évêques ou des curés. On rendra aux images et aux reliques le culte prescrit par le concile de Trente.

On défend toute représentation de sujets pieux, tels que la passion de Jésus-Christ ou les actions des saints, non-seulement dans les églises, mais même dans les couvents et dans les lieux profanes.

Les autres décrets concernent les fêtes et les jeûnes, l'établissement des séminaires, l'administration des sacrements, les chanoines, les évêques, les visites diocésaines, les collations de bénéfices, etc.

RAVENNE (Synode diocésain de), 5 mai 1580, par Christophe Boncompagno. Le prélat y défendit de graver ou de peindre sur le sol ou dans des lieux malpropres des images de la croix ou des saints. Il y exigea la formule de profession de foi de Pie IV de tous ceux qui voudraient exercer les fonctions de l'enseignement. Le reste des statuts a rapport aux obligations des officiers de l'église cathédrale, à l'administration des sacrements et aux formalités à observer dans les causes ecclésiastiques. *Constit. et decreta, Ravennæ,* 1580.

RAVENNE (2º Concile provincial de), l'an 1583, sous Christophe Boncompagno. Ce prélat, assisté de dix de ses suffragants, et des procureurs de sept autres, tint ce concile, où il publia nombre de décrets.

De la Profession de foi. « Les évêques de notre province feront attention avant tout à ce que non-seulement les professeurs de théologie, de droit canonique ou civil, de médecine, de philosophie et de grammaire, mais encore les maîtres d'arithmétique, de musique et des autres arts libéraux, fassent leur profession de foi dans les termes prescrits par Pie IV.

« Les évêques obligeront les imprimeurs, les libraires et les correcteurs de livres à faire serment de s'acquitter fidèlement de leur emploi, en se conformant aux règles de l'Index de Rome. »

Des Livres défendus. « On observera dans l'impression des livres ce qui est marqué dans le concile de Latran, tenu sous Léon X, dixième session. »

Des Superstitions, des Enchantements et des Opérations magiques. « On observera la neuvième règle de l'Index romain par rapport à l'astrologie judiciaire. » Cette règle a pour objet de rejeter tous les livres de géomancie, d'hydromancie, d'aéromancie, de pyromancie, d'onomancie, de chiromancie, de nécromancie, etc. On permet cependant les observations naturelles, qui peuvent être de quelque secours pour la navigation, l'agriculture ou la médecine.

« Les évêques auront soin de ne laisser se répandre parmi le peuple aucuns pronostics, sans leur examen et leur approbation.

« L'évêque décernera des peines sévères contre ceux qui recourent au sortilége, à la divination ou à la magie, pour retrouver des choses dérobées. »

Du Blasphème. « Les évêques favoriseront l'établissement de la société *du Nom de Dieu* dans les villes de leurs diocèses respectifs. »

Des Courtisanes et des Concubines. « Les évêques feront tous leurs efforts pour qu'on ne permette point aux femmes de la lie du peuple de paraître sur la scène : *ne mulierculæ in scenam introducantur.*

« Ils ne permettront point non plus aux cabaretiers d'avoir dans leurs maisons des femmes qui font trafic de leur corps. »

Des jours de fête. « Défense aux charlatans et aux jongleurs d'exercer ces jours-là leur métier, ou de vendre quoi que ce soit, pas même sous prétexte d'opérer des guérisons.

« Les évêques feront porter chaque année sur le calendrier le jour de la consécration de leur église cathédrale, pour que la fête en soit célébrée par tout le clergé. »

Des Saintes Images. « Les évêques ne permettront point de graver sur le pavé, où elles pourraient être foulées, l'image de la croix ou celles des saints.

« Ils apporteront tous leurs soins pour qu'on ne représente aucune image contraire à la vérité des saintes Ecritures. »

RAVENNE (Synode diocésain de), 3 mai 1607, tenu par le cardinal archevêque Pierre Aldobrandin. Le prélat y publia des règlements fort étendus sur les mesures à employer contre les hérétiques, sur le culte divin, les jeûnes et les fêtes, sur les devoirs des curés et l'administration des sacrements. *Decreta diœc. synodi, Venetiis*, 1607.

RAVENNE (Synode diocésain de), 4 mai 1627, par le cardinal archevêque Louis Capponi. Ce sont à peu près les mêmes règlements que ceux du synode précédent. On y ordonne de ne faire entendre dans l'église d'autres chants que ceux qui peuvent inspirer la piété, sans que les paroles en soient étouffées par une musique trop bruyante ou trop étudiée : on défend en conséquence d'y employer d'autres instruments de musique que des orgues, à moins d'une permission particulière de l'autorité diocésaine. *Decreta diœc. synodi, Ravennæ.* 1627.

READING (Concile de), *Redingense*, l'an 1206, tenu par le légat Jean Ferentin. *Labb. t. XI, ex Matth. Paris.*

READING (Concile de), l'an 1213. Ce concile eut pour objet de permettre au clergé de réciter publiquement l'office à voix basse, en attendant que le pape eût confirmé l'absolution du roi Jean.

READING (Concile de), l'an 1240. Ce concile fut assemblé par le légat du pape, à dessein de lui procurer des subsides considérables. *Anglic.* I.

READING (Concile de), l'an 1271. Les évêques en appelèrent au légat du pape, sur la question de savoir s'ils devaient obéir au chapitre de l'église de Cantorbéry. *Wilkins t.* II; *Mansi t.* II

READING (Concile de), l'an 1279. Jean Peckam, archevêque de Cantorbery, ayant assemblé à Reading, l'an 1279, les évêques ses suffragants, y renouvela les constitutions d'Ottobon, et en fit quelques autres touchant les collations de bénéfices, les sentences d'excommunication, et les clercs concubinaires. Il y en a aussi une touchant le baptême des enfants, dans laquelle il est ordonné que l'on ait à réserver tous ceux qui viennent au monde huit jours avant Pâques et avant la Pentecôte, pour les baptiser solennellement en ces deux fêtes. Il y en a encore plusieurs touchant les religieux et les religieuses, qui contiennent un grand détail de ce qui regarde l'ordre et la discipline qui doivent être observés dans les monastères. On recommande, entre autres choses, la retraite, la modestie et la simplicité aux religieux et aux religieuses, et on leur fait sentir qu'il serait ridicule de les appeler *Messieurs* ou *Dames*

REDON (Concile de), *Rotonense*, l'an 848. Ce fut Noménoi, duc de Bretagne, qui convoqua ce concile, dans le monastère de Saint-Sauveur de Redon en Bretagne. Il obligea quatre évêques bretons à quitter leurs siéges, en mit d'autres à leurs places, et érigea trois nouveaux évêchés, Dol, Saint-Brieuc et Tréguier. Il sépara ces sept évêchés de Tours, et donna à Dol le titre de métropole, titre qu'elle conserva pendant plus de 300 ans, malgré toutes les réclamations de Tours, et qu'elle ne perdit que l'an 1199, après que le pape Innocent III eut décidé que Dol et les autres évêchés de Bretagne seraient réunis sous l'archevêché de Tours. Noménoi, ayant érigé Dol en métropole, se fit proclamer roi : c'est le but qu'il s'était proposé dans tous ces changements. *Mansi tom.* 1, *col.* 921.

REDON (Concile de), l'an 1133. Les actes en sont perdus. *Mas. L.*

REDONENSIA (Concilia). Voy. RENNES.

REGANESPURCH (Conciles de). V. RATISBONNE.

REGGIO (Synode de), *Regiensis*, l'an 1141. On y traita de la paix entre les habitants et les capitaines des galères. *Mansi, Suppl. t.* II.

REGIATICINENSIA (Concilia). Voy. PAVIE.

REGIENSIA (Concilia). Voyez l'article REGGIO, et les articles RIEZ.

REIMS. (Assemblée ecclésiastique de), *Remensis*, l'an 496. L'objet de cette assemblée fut le baptême de Clovis (Chlodowig), roi des Franks. Avite, évêque de Vienne, lui adressa un discours que l'on a conservé. *Greg. Tur. Hist. l.* II, c. 31; *Lalande, Suppl. Conc. ant. Gall.; Lab. t.* IV.

REIMS (Concile de), l'an 517, à ce qu'on croit, sur la foi. *Mas. L.*

REIMS (Concile de), l'an 530 : sur la réformation des mœurs. *Mas. L.*

REIMS (Concile de), l'an 625. Ce concile fut composé de quarante-un évêques des provinces de Gaule qui dépendaient du roi Clotaire. Fleury, et après lui D. Ceillier, disent que six de ces évêques étaient métropolitains. Ils auraient dû dire onze ; savoir : Sonnace de Reims, qui présida apparemment à ce concile, Thierri de Lyon, saint Sindulfe de Vienne, saint Sulpice de Bourges, Modégisile de Tours, Senoch d'Eause (Auch), saint Modoat de Trèves, saint Cunibert de Cologne, Richer de Sens, saint Donat de Besançon, et Lupoald de Mayence. Il est vrai que quelques auteurs prétendent que Mayence et Cologne n'étaient point encore alors métropoles ecclésiastiques, parce que l'on voit que le pape soumit, dans la suite, Cologne à Mayence, et qu'il érigea ce dernier siége en métropole en faveur de saint Boniface. Mais cela peut seulement prouver que ces églises avaient perdu leurs droits dans un temps où la discipline ecclésiastique était en grande confusion, surtout par rapport aux droits des métropolitains; et puisque Cologne et Mayence étaient certainement métropoles civiles du temps du concile de Reims, on peut assurer, en suivant les anciens canons, qu'elles étaient aussi métropoles ecclésiastiques. Quoi qu'il en soit, les Pères du concile de Reims firent vingt-cinq canons.

1er « Quelque temps qui se soit écoulé depuis qu'on possède des biens ecclésiastiques par droit de précaire, on ne pourra se les approprier, ni en frustrer l'Eglise. »

On nommait *précaire*, un contrat par lequel l'Eglise cédait de ses biens à quelque laïque, pour en jouir moyennant une certaine redevance annuelle. Ce droit s'étendait quelquefois jusqu'au cinquième héritier.

2e « Les clercs qui se liguent ensemble contre leur évêque, par des serments ou par des écrits signés de leurs mains, seront déposés s'ils ne se corrigent. »

3e « On observera les règlements faits au concile général assemblé à Paris dans la basilique de Saint-Pierre, par les soins du roi Clotaire. »

Ce concile est nommé ici *général*, c'est-à-dire, *national*, parce qu'il s'y trouva soixante-dix-neuf évêques.

4e « Si l'on soupçonne qu'il y ait encore des hérétiques dans les Gaules, les pasteurs des églises en feront une exacte recherche pour les ramener à la foi catholique. »

5e « On n'excommuniera personne témérairement, et le concile de la province aura droit de juger de la validité de la sentence d'excommunication. »

6e « Défense aux juges laïques d'imposer des charges publiques aux clercs, ou de les condamner à quelques peines, sans l'aveu de l'évêque; et de recevoir les clergé, sans la permission du prince ou du juge, ceux qui sont chargés des revenus du domaine. »

7e « On ne pourra tirer des églises ceux qui s'y seront réfugiés, qu'en les assurant avec serment qu'ils ne seront condamnés ni à la mort, ni aux supplices, ni à la mutilation : néanmoins le réfugié ne sera délivré, qu'en promettant d'accomplir la pénitence canonique que méritera son crime. »

8e « Ceux qui contractent des mariages incestueux seront excommuniés, et ne pourront gérer aucune charge. Les évêques et les clercs les dénonceront aux juges et au roi, afin que leurs biens soient confisqués au profit de leurs proches, sans qu'ils puissent les recouvrer, à moins qu'ils ne se séparent et ne fassent pénitence. »

Le mépris que l'on faisait dès lors des censures canoniques, obligeait les évêques à y joindre d'autres peines, comme la confiscation des biens par l'autorité du prince.

9e « Celui qui a commis un homicide de propos délibéré, et non à son corps défendant, sera excommunié toute sa vie; s'il fait pénitence, il recevra le viatique de la communion à la mort. »

10e « Les clercs ou les laïques qui retiennent les legs pieux de leurs parents, seront excommuniés comme meurtriers des pauvres. »

11e « Défense, sous peine d'excommunication, de vendre des esclaves chrétiens à d'autres qu'à des chrétiens. Si un juif maltraite ses esclaves chrétiens, pour leur faire embrasser le judaïsme, les esclaves seront confisqués au profit du roi. »

12e « Un clerc qui fait voyage, ne sera pas reçu sans lettres de son évêque. »

13e « Défense à un évêque de vendre ou d'aliéner, par quelque contrat que ce soit, les esclaves et les autres biens de l'Eglise qui font vivre les pauvres. »

14e « Défense de consulter les augures des païens, d'observer leurs cérémonies, de manger avec eux des viandes superstitieuses, et d'assister à leurs sacrifices. »

15e « Les esclaves ne seront point reçus pour accusateurs. Celui qui accuse quelqu'un sur plusieurs chefs, et qui ne prouve pas le premier, ne doit point être admis à prouver les autres. »

16e « Si quelqu'un, après la mort d'un évêque et avant l'ouverture de son testament, ose s'emparer de quelque bien de l'Eglise, ou toucher aux meubles de la maison épiscopale, qu'on le retranche de la communion des fidèles. »

17e « Défense, sous la même peine, de poursuivre des personnes libres, pour les réduire en servitude. »

18e « Un clerc ne pourra plaider ni pour lui, ni pour l'Eglise, sans la permission de l'évêque. »

19e « Personne ne sera tiré d'entre les laïques, pour faire les fonctions d'archiprêtre dans les paroisses ; mais on choisira le plus ancien du clergé, pour gérer cette charge. »

C'est ainsi que le P. Longueval a traduit ce canon, en lisant apparemment ainsi le texte latin : *Ut in parochiis nullus laicorum archipresbyter præponatur : sed qui senior in ipsis esse debet clericis ordinetur*. Cependant toutes les collections portent *clericus* et non *clericis*. Il semble donc qu'on pourrait traduire plutôt de cette manière : « Mais on ordonnera clerc avant tout celui qui doit y occuper la place la plus respectée. « Le P. Richard a traduit bien différemment : « Mais il sera permis d'ordonner clerc celui qui se trouvera le seigneur, ou l'un des principaux du lieu. »

20e « Ce qui est donné à l'évêque par les étrangers, doit appartenir à l'église, et non à l'évêque ; parce que le donateur est censé l'avoir offert pour le salut de son âme, et non pour l'utilité particulière de l'évêque. »

21e et 22e « L'évêque convaincu d'avoir usurpé les biens d'une autre église, sera déposé : s'il brise les vases sacrés pour toute autre raison que pour la rédemption des captifs, on le suspendra de ses fonctions. »

23 et 24e. « Ceux qui auront enlevé des veuves ou des vierges consacrées à Dieu, seront privés de la communion avec celles qu'ils auront enlevées, si elles y ont consenti. Même peine contre les juges qui mépriseront les canons, ou violeront l'édit du roi donné à Paris pour l'observation des canons. »

25e « On n'élira, pour évêque d'une ville, qu'une personne qui soit de la ville même; et l'élection se fera par le suffrage de tout le peuple, du consentement des évêques de la province. Si quelqu'un est promu à l'épiscopat par une autre voie, qu'il soit déposé; et que ceux qui l'auront ordonné, soient suspendus trois ans des fonctions de leur ministère. »

Le saint pape Célestin Ier, comme l'observe ici le P. Richard, avait déjà ordonné, longtemps auparavant, que l'évêque fût pris, autant que cela se pourrait, d'entre le clergé de la ville. Le P. Longueval, qui fait cette observation, n'est donc pas conséquent, ajoute le dominicain, lorsqu'il traduit ainsi ce dernier canon : « On n'élira pour évêque d'une ville, qu'une personne qui soit du pays : *Ut, decedente episcopo, in locum ejus non alius subrogetur, nisi loci illius indigena;* » d'où il suit, conclut-il, que la traduction du P. Longueval n'est conforme, ni au texte, ni à sa propre observation.

Nous trouvons à notre tour l'observation du P. Richard trop sévère. Le mot *loci illius*, qui se trouve dans le texte du concile, aussi bien que celui de *civitatis*, qui se lit dans le texte du pape saint Célestin, peut s'entendre non-seulement de la ville même proprement dite, mais de toute la contrée qui en dépend, et le mot *civitas* a un sens tout autrement étendu que le mot *urbs* dans l'ancienne latinité. Il paraîtrait d'ailleurs étrange que le curé d'un endroit considérable, mais différent de la ville épiscopale, fût regardé comme moins propre à devenir évêque, en vertu même de son placement, qu'un simple tonsuré de l'église cathédrale; et voilà cependant où devrait aboutir la prétention du P. Richard.

Les canons de ce concile de Reims sont suivis de vingt et un statuts qui portent le nom de Sonnace; mais ils sont beaucoup plus récents, comme il paraît par plusieurs de ces statuts. Par exemple, on veut qu'il n'y ait que le pasteur qui entende les confessions durant le carême; que chaque prêtre dise la messe deux fois le mois; qu'on porte l'eucharistie aux malades dans un vase propre, et qu'elle soit précédée d'un flambeau. On fait une liste des fêtes chômées, et l'on met de ce nombre la Nativité de la sainte Vierge, qui fut établie, dit le P. Richard, par le pape Sergius Ier, élevé sur le saint-siége en 687, et qui ne fut reçue en France que sous Louis le Débonnaire, qui succéda à Charlemagne, son père, l'an 814. Sur l'époque de l'institution de la Nativité, le P. Richard se trouve contredit par le savant pape Benoît XIV, qui lui attribue une origine plus ancienne, et qui allègue en preuve l'ancien sacramentaire romain, qu'on croit être de saint Léon, ainsi que le sacramentaire de saint Grégoire, où il est déjà fait mention de cette fête.

REIMS (2e Concile de), l'an 813. Le concile de Reims se tint vers la mi-mai. Vulfaire, archevêque de cette ville, y présida ; le nombre des évêques qui y assistèrent n'est point marqué. Avant d'en faire l'ouverture, on jeûna trois jours, comme on le fit à Mayence la même année, pour implorer les lumières du Saint-Esprit, et l'on dressa les quarante-quatre canons suivants.

1 et 2. « Tous les chrétiens doivent savoir l'énoncé de leur foi et l'oraison dominicale. »

3. « Tous les clercs doivent servir l'église, dans l'ordre auquel ils ont été promus. »

4, 5, 6 et 7. On fit lire dans le concile les Epîtres de saint Paul, pour montrer comment les sous-diacres devaient les lire dans l'église. On lut pareillement l'Evangile pour l'instruction des diacres ; et, pour apprendre aux prêtres à célébrer avec plus de dignité les saints mystères, on examina l'ordre de la messe et celui du baptême.

8, 9, 10 et 11. Pour rétablir la régularité parmi les chanoines, les moines et les pasteurs, on lut dans les canons, la règle de saint Benoît, le Pastoral de saint Grégoire, et plusieurs sentences des Pères.

12 et 13. On expliqua la manière d'administrer la pénitence, pour apprendre aux prêtres comment ils devaient entendre les confessions, et imposer la pénitence selon les canons. A cette occasion, on parla des huit péchés capitaux, afin d'en faire connaître la différence, et d'en donner de l'éloignement.

Il faut remarquer que les anciens comptaient huit péchés capitaux, parce qu'ils distinguaient la vaine gloire de l'orgueil.

14 et 15. On recommande aux évêques de s'appliquer avec plus de soin à la lecture des saints Pères, et à la prédication de la parole de Dieu. Comme plusieurs n'étaient pas en état de composer des sermons, on veut qu'ils prêchent les homélies des saints Pères, traduites en langue vulgaire, afin qu'on puisse les entendre.

16. On recommande aux évêques et aux prêtres d'examiner avec soin comment ils doivent entendre la confession des péchés, et imposer la pénitence.

17 et 18. « Les évêques et les abbés ne souffriront pas qu'on fasse, pendant leur repas, des bouffonneries indécentes ; mais ils feront manger les pauvres à leur table, où l'on fera une lecture de piété ; et ils feront la bénédiction des viandes avant le repas, qui doit être sobre, et ensuite l'action de grâces. »

19. « Les évêques et les juges apporteront beaucoup de discernement pour savoir les choses qu'il faut juger, et celles qu'il faut laisser au jugement de Dieu. »

20. « Défense aux prêtres de passer d'un moindre titre à un plus grand. »

21. « Un prêtre qui aura acheté son rang ou son église sera déposé. »

22. « Les prêtres ne pourront demeurer qu'avec leur mère seulement, ou leur sœur, ou enfin d'autres personnes qui ne soient nullement suspectes, conformément au concile de Nicée. »

23. « Les abbés suivront, pour le vivre et le vêtir, et dans le reste de leur conduite, la volonté de Dieu et celle de l'empereur. »

24. « On établira des supérieurs, selon les canons. »

25 et 26. « Les moines et les chanoines ne

seront point vagabonds, et n'iront point aux cabarets. »

27. « Il n'y aura dans les villes et les monastères que le nombre de prêtres et de moines que l'on pourra entretenir. »

28. « On défend l'avarice et la cupidité. »

29. « Défense aux moines d'aller aux plaids, c'est-à-dire, aux audiences des juges laïques. »

30. « Défense aux prêtres et aux moines de se mêler d'affaires séculières. »

31. « Il faut faire le discernement entre les pécheurs à qui l'on doit imposer la pénitence publique, et ceux qui ne doivent faire qu'une pénitence secrète. »

32. « On s'abstiendra des gains honteux et usuraires. »

33. « On aura recours à la piété de l'empereur, pour fournir le nécessaire aux monastères de filles; et on veillera à la conservation de leur chasteté. »

34. « Les veuves vivront d'une manière convenable à leur état, sous l'autorité de l'évêque. »

35. « On ne fera point d'œuvres serviles les jours de dimanche; on n'ira point non plus ces jours-là aux plaids; on ne fera point de donations publiques, et on ne tiendra point de marchés. »

36. « Les donations faites à l'Eglise, d'un bien acquis par des voies illégitimes, seront nulles; et le bien sera rendu à qui il appartiendra, en même temps que l'on mettra en pénitence les usurpateurs, selon la grièveté de leur faute. »

37. « Celui qui s'attire par quelque mensonge des choses qui appartiennent à l'Eglise, les lui restituera; et si quelqu'un donne à l'Eglise frauduleusement et par des vues secrètes de cupidité, l'Eglise lui rendra ce qu'elle aura reçu. »

38. « On payera la dîme en entier. »

39. « Personne ne demandera et ne recevra des présents pour rendre la justice. »

40. « On augmentera les prières et les oblations pour l'empereur et ses enfants. »

41. « L'empereur sera supplié de faire grâce, et d'accorder que, selon l'ordonnance de Pépin, les sols dont il est parlé dans la loi, ne soient pas estimés quarante deniers, parce que c'est une occasion de plusieurs parjures et faux témoignages. »

Selon la loi salique, les sous valaient quarante deniers; et on voulait faire payer sur ce pied les amendes ordonnées par cette loi; ce qui engageait les coupables à se parjurer pour sauver l'amende.

42. « On prie aussi l'empereur d'empêcher que personne ne refuse le logement à ceux qui marchent pour son service, et aux autres qui en auront besoin. »

43 et 44. « Le prince sera aussi prié de tenir la main à l'exécution de ses anciens capitulaires, pour faire terminer promptement les procès, et réprimer les faux témoins. »

REIMS (Concile de la province de), l'an 822. Ce concile, dont on ignore absolument le lieu, est peut-être le même que celui d'Attigny. On y arrêta qu'Ebbon, archevêque de Reims, serait envoyé en Danemarck pour y prêcher l'Evangile, et que Rothade tiendrait sa place pendant son absence. Le pape Pascal approuva cet arrêté du concile, et nomma Ebbon son légat apostolique dans cette contrée du Nord. *Mansi, Conc. t.* XIV.

REIMS (Synode de), l'an 874. Hincmar tint ce synode au mois de juillet, et il y publia cinq articles pour les prêtres de son diocèse.

Le premier est touchant les curés de la campagne, qui, négligeant leurs paroisses, se retiraient dans le monastère de Mont-Faucon, et y recevaient la prébende ou distribution en espèce, que chaque chanoine avait coutume de recevoir pour sa subsistance; et les chanoines du même monastère, qui s'emparaient des paroisses de la campagne. Les uns et les autres contrevenaient aux canons; les curés, en quittant leurs paroisses, pour se mettre en sûreté dans le monastère; les chanoines, en quittant leur monastère, pour aller desservir les paroisses de la campagne, dans la vue de percevoir le profit de la dîme. Hincmar leur fait voir qu'il n'est pas permis aux clercs de passer d'une église à une autre, et bien moins d'en tenir deux ensemble, n'étant pas possible de faire, en même temps, les devoirs de curé et de chanoine. S'il arrive, dit-il, qu'il faille baptiser la nuit un enfant en péril, ou porter le viatique à un malade, le chanoine ne sortira pas du cloître pour aller au village. Si donc un prêtre, pour quelque infirmité corporelle, ou pour quelque péché secret, veut se retirer dans un monastère, qu'il renonce, par écrit, au titre de sa cure; autrement, qu'il y demeure. Les cloîtres des chanoines étaient alors fermés comme ceux des moines: c'est pourquoi quelques curés s'y retiraient pendant les guerres, comme en des lieux de sûreté.

Dans le second article, Hincmar défend aux prêtres, sous peine de déposition, de rien prendre pour la place de la matricule, c'est-à-dire des pauvres que l'on inscrivait dans la matricule de l'Eglise, et à qui, en conséquence, on distribuait une partie de la dîme ou des oblations. Il leur défend, par le troisième, la fréquentation des femmes, et de leur rendre des visites hors de saison. Par le quatrième, il menace de la sévérité des canons les prêtres qui acquéraient des terres et des maisons des épargnes de leurs revenus ecclésiastiques, aux dépens de l'aumône et de l'hospitalité, et donnaient ensuite ces terres et ces maisons à leurs parents. Il leur défend encore, par le cinquième, de faire des présents aux patrons, dans la vue d'obtenir des bénéfices, ou pour eux-mêmes, ou pour leurs clercs, protestant qu'il n'ordonnera point de clercs dont il ne soit content. *D. Cellier, t.* XXII.

REIMS (Assemblée mixte de), ou plaid composé de prélats et de seigneurs laïques, l'an 876. On y reconnut d'avance Louis le Bègue pour successeur de son père, Charles le Chauve. La tenue de ce plaid n'est connue que par une lettre d'Hincmar, qui y assista. *Mas. L.*

REIMS (Concile de), l'an 879. Les PP. Sirmond et Labbe mettent deux lettres synodales sous le nom d'Hincmar de Reims, dont la première porte que, dans un concile tenu en cette ville le 22 avril 879, le prêtre Godbalde, convaincu d'avoir eu un mauvais commerce avec une femme nommée Dode, fut privé de ses fonctions. On voit par la seconde, que dans le même concile on excommunia Foulcre et Hardoise, qui, s'étant mariés ensemble quoique parents, refusèrent de se séparer. On les menaça, s'ils persistaient dans leur opiniâtreté, de leur refuser même à la mort la communion du corps et du sang de Jésus-Christ, et de les priver des honneurs de la sépulture ecclésiastique, c'est-à-dire de ne pas prier pour eux suivant l'usage de l'Eglise, et de ne pas les enterrer avec les autres chrétiens. *D. Ceillier, t.* XXII.

REIMS (Concile de), l'an 892. Foulques, archevêque de Reims, assembla ce concile, où, de l'avis des évêques et des seigneurs qui y assistèrent, il fit proclamer roi le jeune prince Charles, fils posthume de Louis le Bègue, quoiqu'il ne fût âgé que de quatorze ans. Ce prince fut sacré au mois de janvier de l'année suivante; mais il ne jouit que d'une partie de ses Etats, parce que le roi Eudes s'était emparé de l'autre. Il fut résolu dans le même concile qu'on excommunierait Baudouin, comte de Flandre, convaincu de plusieurs crimes; mais on crut devoir suspendre l'exécution de cette sentence, sur ce qu'il pouvait être utile à l'Eglise et à l'Etat dans les circonstances présentes. On se contenta donc de l'avertir de se corriger, et on lui en donna le temps. *Ibid.*

REIMS (Concile de), vers la fin du neuvième siècle. Mansi fait mention d'un concile tenu en France, où l'on aurait pris le parti du pape Formose, et il conjecture que ce fut Foulques, archevêque de Reims, qui le tint, à cause de l'amitié qu'il portait à ce pape. Nous ne pouvons en dire davantage. *Mansi, Conc. t.* XVIII.

REIMS (Concile de), l'an 900. Ce concile fut tenu le 6 juillet. On y excommunia les meurtriers de l'archevêque Foulques. *Lab.* IX; *Hard.* VI; *D. Bouquet*, VIII, p. 93.

REIMS (Concile de la province de), lieu incertain, l'an 923 ou 924. Seulfe, archevêque de Reims, tint ce concile avec six évêques et les députés de la province de Reims. On y régla la pénitence que l'on devait imposer à ceux qui s'étaient trouvés à la bataille de Soissons, engagée entre le roi Charles et Robert, son compétiteur, qui y fut tué, après quelques mois seulement de règne. On les condamna à faire pénitence pendant trois carêmes, trois ans de suite. Le premier carême, dit le concile, ils demeureront hors de l'église, et seront réconciliés le jeudi saint. Chacun de ces trois carêmes, ils jeûneront au pain et à l'eau le lundi, le mercredi et le vendredi, ou ils rachèteront leur jeûne. Ils en observeront un semblable quinze jours avant la Saint-Jean et quinze jours avant Noël, et tous les vendredis de l'année, s'ils ne rachètent ce jeûne, ou s'il n'arrive ce jour-là une fête solennelle, s'ils ne sont malades ou occupés au service de la guerre. On rachetait les jeûnes par des aumônes, ou en nourrissant un certain nombre de pauvres. *Lab.* IX; *Hist. des aut. sacrés et eccl., t.*XXII.

REIMS (assemblée mixte de), l'an 936, à l'occasion du couronnement du roi Louis d'Outre-Mer. Plus de vingt évêques y étaient présents, avec un grand nombre de seigneurs laïques. Louis y reçut l'onction et la couronne royale des mains d'Artault, archevêque de Reims, et Raoul, évêque de Laon, y fut sacré en cette qualité par le même prélat. *Flodoard. Chron.*

REIMS (Concile de), l'an 941, pour le sacre de Hugues, fils du comte Héribert, élu archevêque de Reims à la place d'Artault, déposé. *Chronic. Flodoardi.*

REIMS (Concile de), l'an 953. *V.* THIERRY, même année.

REIMS (Concile de), l'an 975. Ce concile fut tenu par Etienne, légat du pape Benoît VII, Adalbéron, archevêque de Reims, et quelques évêques, au sujet de Thiébaud, prétendu évêque d'Amiens, qui fut excommunié comme usurpateur de cette église. Il avait déjà subi la même sentence dans le concile de Trèves en 948, mais il en avait appelé à Rome. Au lieu de poursuivre son appel, il en fit venir des lettres qui faisaient plus contre lui que pour lui. Il ne les avait d'ailleurs obtenues que par argent, et sur un faux exposé. Cité à deux conciles par le légat, il ne voulut point y comparaître. Le concile assemblé à Reims prit le parti de l'excommunie, jusqu'à ce qu'il donnât des marques de repentir. *Hist. des aut. sacrés et ecclés., t.* XXII.

REIMS (Concile de), entre l'an 980 et 982. L'archevêque de Reims, assisté de sept évêques, y instruisit la cause des miracles attribués à saint Landoald dans l'écrit d'Hériger, et entendit à ce sujet les témoins qui en confirmèrent la vérité. *Mansi, Conc. t.* XIX.

REIMS (Concile de), l'an 985. Adalbéron, archevêque de Reims, écrivit à ses comprovinciaux une lettre circulaire datée de cette année, pour les inviter à un concile. Il leur en marquait le lieu et le jour. Il y a d'autres lettres particulières de cet archevêque, ou de Gerbert, au nom de l'archevêque, pour citer ses suffragants au concile de sa province. Du reste, nous ignorons quels en ont été les actes. *Hist. des aut. sacrés et ecclés., t.* XXII.

REIMS (Concile de), l'an 987. On y excommunia Arnoul, fils naturel du roi Lothaire, neveu de Charles, duc de Lorraine, et alors chanoine de Laon. Le sujet de son excommunication fut sa correspondance avec le prince son oncle, qui ravageait la France pour en obtenir le trône. Adalbéron, évêque de Laon, le releva bientôt après de cette sentence, et il fut élu archevêque de Reims dans un concile tenu en cette ville au mois de janvier de l'année suivante, en présence du roi Hugues Capet et de son fils Robert. *Edit. Venet. tom.* XI; *Mansi, tom.* I, *col.* 1193.

REIMS (Concile de), l'an 989. Après la mort d'Adalberon, archevêque de Reims, les évêques de la province s'assemblèrent pour lui donner un successeur ; et les suffrages se réunirent en faveur d'Arnoul, fils naturel du roi Lothaire, et neveu du prince Charles. Celui-ci s'empara de la ville de Reims, et emmena prisonnier le nouvel archevêque, qu'on soupçonna d'avoir livré la ville à son oncle, et de s'être fait prendre exprès pour couvrir sa trahison. Il tâcha de se purger de ce soupçon, en publiant une excommunication contre ceux qui avaient pillé l'église et la ville de Reims, jusqu'à ce qu'ils eussent restitué le tout.

— REIMS (Concile de) ou de Saint-Basle, ancienne abbaye près de Reims, l'an 991, assemblé par l'ordre de Hugues Capet pour le jugement d'Arnoul, archevêque de Reims. Il s'y trouva treize évêques de diverses provinces, savoir : trois de la province de Sens, y compris l'archevêque ; six de celle de Reims, trois de celle de Lyon, et Daïbert ou Dacbert, archevêque de Bourges. On y compta aussi plusieurs abbés.

Arnoul, évêque d'Orléans, qui était éloquent et versé dans les affaires, fut choisi pour être comme le promoteur de ce concile. On commença par lire les excuses des évêques absents, et après quelques autres préliminaires, Arnoul d'Orléans dit : « Révérendissimes Pères, il faut tâcher qu'il n'y ait aucun trouble ni aucun tumulte dans le concile. Que pour cela on garde à chacun le rang et l'honneur qui lui sont dus, et que chacun ait la liberté de proposer et de répondre ce qu'il jugera à propos. » Il exposa ensuite l'affaire d'Arnoul de Reims ; après quoi il ajouta : « Puisque nous sommes assemblés par ordre du roi, examinons si Arnoul peut se justifier. Vous savez que pour le crime d'un seul, tout l'épiscopat est accusé de félonie. Si les évêques ont des lois, dit-on, et s'ils sont fidèles au roi, pourquoi ne punissent-ils pas un traître ? Ils s'efforcent de cacher les crimes de leurs confrères, afin que les leurs demeurent impunis. Mais à Dieu ne plaise que nous prenions la défense de quelqu'un contre les lois divines et humaines ! » Séguin de Sens qui présidait, prenant la parole, dit : « Je ne souffrirai point qu'on examine la cause d'un prélat accusé d'un crime de lèze-majesté, à moins qu'on ne promette de lui pardonner, s'il est convaincu ; » et il se fit lire là-dessus les canons du concile de Tolède. Dacbert de Bourges dit : « Il faut prendre garde qu'en jugeant les autres on ne se condamne soi-même. » Hervée de Beauvais dit : « Il est encore plus à craindre que les laïques n'attendent plus les jugements de l'Eglise pour condamner les évêques qui seraient coupables ; car si nous refusons de nous juger selon les lois divines, il faudra bien qu'on nous traîne aux tribunaux laïques. »

Brunon de Langres, qui avait été mis en prison par ordre du roi, parce qu'il s'était rendu caution de la fidélité d'Arnoul, parla avec beaucoup de vivacité contre ce prélat. Gotesman d'Amiens dit : « Il n'est pas juste que nous nous rendions les auteurs de la mort d'Arnoul. Je voudrais bien savoir ce qu'en pense Brunon. » Brunon dit : « Continuons le jugement, sans craindre l'effusion du sang. Il nous sera aisé d'obtenir sa grâce du prince. C'est pourquoi, si vous le jugez à propos, qu'on fasse entrer le prêtre qui a ouvert à l'ennemi les portes de Reims. » Les évêques répondirent : « Nous le voulons bien. » Ratbode de Noyon dit : « J'entends parler d'un serment de fidélité qu'Arnoul a souscrit, et qui suffit, dit-on, pour sa condamnation, quoique quelques Lorrains s'inscrivent en faux contre cette pièce. Je voudrais savoir ce que le concile en pense. » Le concile ordonna qu'on lût ce serment. Quand on en eut fait la lecture, Arnoul d'Orléans fit remarquer qu'un évêque converti de l'hérésie avait fait par écrit un pareil serment à saint Grégoire le Grand, en consentant à être déposé et anathématisé s'il le violait.

Pendant ce temps-là on avait fait entrer au concile le prêtre Adalger. Il protesta qu'en livrant la ville, il n'avait rien fait que par le commandement de son archevêque. « C'est par son ordre, dit-il, que j'ai pris les clefs de la ville, c'est par sa main que j'en ai ouvert les portes. Si quelqu'un refuse de m'en croire, qu'il ajoute foi à l'épreuve du feu, à celle de l'eau chaude ou du fer chaud. »

Odon de Senlis demanda qu'on fît la lecture des censures qu'Arnoul avait fulminées contre Adalger et contre ceux qui avaient pillé son église. Gautier d'Autun fit quelques réflexions sur ces actes, pour faire sentir la prévarication et la collusion d'Arnoul de Reims. On lut aussi l'excommunication portée au concile de Senlis contre les auteurs de ces violences. Après la lecture de ces pièces, Arnoul d'Orléans dit : « Quoique tous les suffrages aillent à condamner Arnoul de Reims, je crois qu'il faut avertir ceux qui voudraient le défendre qu'ils peuvent le faire en toute liberté. » Séguin de Sens : « Avec l'aide de la sainte Vierge et de tous les saints, nous ordonnons, par l'autorité de Dieu le Père, le Fils et le Saint-Esprit, et par celle de ce concile, que si quelqu'un sait quelque chose pour la justification d'Arnoul, il ait à le déclarer publiquement. » Alors Jean, scholastique d'Auxerre, c'est-à-dire professeur, Romulfe, abbé de Senones, et Abbon, abbé de Fleury, se levèrent et prirent hautement la défense d'Arnoul. Ils étaient tous trois distingués par leur érudition et par leur éloquence, et ils offrirent de justifier l'accusé par les canons. On apporta dans le concile un grand nombre de volumes, afin qu'ils y cherchassent les autorités dont ils pouvaient avoir besoin.

Les moyens de défense qu'ils proposèrent en faveur d'Arnoul étaient, 1° qu'Arnoul ayant été dépouillé de ses biens, il n'était pas obligé de répondre à ses accusateurs, à moins qu'il n'eût été préalablement rétabli sur son siège ; 2° qu'on devait, avant d'examiner sa cause, lui faire les sommations canoniques; 3° qu'il fallait notifier l'affaire au pape; 4° que l'accusé et l'accusateur devaient être entendus dans un concile plus nombreux. On répondit que la détention d'Arnoul n'empêchait point qu'il ne pût être jugé; qu'on en avait autrefois usé de cette manière avec Abbon de Reims, Hildeman de Beauvais; qu'Arnoul avait été cité canoniquement; que le saint-siège avait été consulté: et pour le prouver on fit lire la lettre du roi et des évêques au pape; enfin que les accusateurs étaient de caractère à ne pouvoir être récusés.

Les défenseurs de l'archevêque de Reims parurent se rendre à ces raisons, et l'on conclut que, pour le juger, il ne restait plus qu'à le faire comparaître au concile. On le fit donc entrer, et il prit sa place au rang des évêques. Arnoul d'Orléans lui reprocha son infidélité en termes assez modérés. Il répondit que, loin d'avoir manqué à la fidélité au roi, il n'avait été emprisonné par le duc Charles que pour l'avoir gardée. On lui confronta le prêtre Adalger. Il dit que c'était un calomniateur; que pour lui il était entre les mains de ses ennemis; qu'on n'avait jamais vu un évêque traité de la sorte, et qu'il ne pouvait répondre en cet état.

Gui de Soissons lui demanda pourquoi, avant sa prison, étant cité par le roi et les évêques, il avait refusé de se rendre au concile? Il répondit: « J'étais accusé auprès du roi; je n'osai me présenter. » Gui répliqua: « Quand je vous fis la troisième sommation, vous me répondîtes que vous ne pouviez aller au concile sans avoir pour conducteurs Herbert et Odon. Je vous offris mon père Gautier et mon frère Gautier pour garants et pour ôtages qu'il ne vous serait fait aucune violence. »

Pour achever de convaincre Arnoul, on fit entrer au concile un nommé Rainier, qui avait été son confident. Rainier lui dit: « Avez-vous oublié ce que vous me dîtes un jour sur les bords de l'Aisne, avant de livrer la ville? Pour vous en faire souvenir, je n'ai qu'à vous rappeler l'amour que vous portiez à Louis, fils de Charles... Allez, Charles, allez vous offrir aux évêques, à Louis, fils de Charles. Allez vous offrir, afin que, puisque vous avez mérité la mort temporelle, vous sauviez du moins votre âme par la pénitence. Si vous ne le faites pas, je publierai vos crimes devant tout le peuple qui est assemblé à la porte de ce concile; et pour preuve de ce que j'avance, je demanderai mon valet pour qu'on lui fasse subir l'épreuve du feu, et qu'en marchant pieds nus sur des socs ardents, il montre que le jugement de Dieu vous condamne. » Il ne s'offrit pas à souffrir lui-même cette épreuve, parce que les personnes d'un certain rang en étaient exemptes, et pouvaient la faire subir à leurs gens en leur place.

Quelques-uns des abbés qui assistaient au concile proposèrent de permettre à Arnoul de se retirer à l'écart avec les prélats qu'il voudrait choisir pour son conseil, et délibérer avec eux sur le parti qu'il lui convenait de prendre. Arnoul d'Orléans dit: « Qui l'en empêche? » Arnoul de Reims se leva donc, et passa dans une chapelle avec Seguin de Sens, Arnoul d'Orléans, Brunon de Langres et Gotesman d'Amiens, qu'il avait choisis pour ses conseillers et ses confesseurs. Les portes étant fermées, il confessa ses crimes à ces prélats et se reconnut indigne de l'épiscopal. Les évêques à qui il venait de faire cet aveu appelèrent les autres évêques et firent défense à Arnoul, au nom de Dieu et sous peine d'anathème, de s'accuser faussement, l'assurant qu'ils le protégeraient et le maintiendraient dans son siège malgré les rois, s'il pouvait prouver son innocence.

Les évêques proposèrent qu'on fît aussi venir dans la chapelle les abbés et les autres personnes du concile, et qu'Arnoul fît en leur présence la même confession, après qu'on leur aurait défendu, sous peine d'anathème, de révéler ce qu'ils auraient entendu. Arnoul, y ayant pensé quelque temps, y consentit. Ensuite on les fit retirer; et on délibéra sur les moyens de tenir secret ce qu'il avait confessé, et de satisfaire cependant le peuple par sa déposition. Les évêques crurent qu'après la confession qu'il venait de faire on ne pourrait plus leur reprocher de n'avoir pas eu égard aux priviléges du saint-siège apostolique en déposant Arnoux, parce que ce prélat, avant d'avoir choisi ses juges, n'avait pas appelé au pape, comme il le pouvait alors, et qu'il était manifeste qu'après avoir choisi ses juges, il ne pouvait plus appeler. C'est ce que disent les actes de ce concile. Mais il paraît, par ces actes mêmes, qu'Arnoul avait moins choisi ces prélats pour être ses juges que pour être son conseil. Ainsi finit la première séance du concile.

On se rassembla le lendemain; et, après qu'on eut traité de quelques autres affaires, tant civiles qu'ecclésiastiques, on remit sur le bureau la cause d'Arnoul de Reims. Les évêques parurent plus favorables que le jour précédent. Sa jeunesse et sa haute naissance excitaient la compassion. On craignait que la honte de sa déposition ne retombât sur tout le corps épiscopal, et chaque évêque commençait à craindre les reproches qu'on pourrait lui faire d'avoir contribué à la dégradation d'un prélat de cette qualité.

Les deux rois, Hugues et Robert, son fils, qui étaient avertis de tout ce qui se passait, voyant l'affaire traîner en longueur, entrèrent au concile; et après avoir remercié les prélats de leur zèle, ils demandèrent qu'on leur fît le rapport de l'état où en était l'affaire. Arnoul d'Orléans en fit le précis, et requit qu'on fît de nouveau comparaître Arnoul de Reims au concile. Il fut introduit, et on laissa entrer le peuple. L'évêque d'Orléans dit à Arnoul de Reims: « Vous voyez que tous les regards sont attachés sur vous: que ne parlez-vous pour votre défense? » Arnoul, que la présence du roi intimidait, ne proféra que des paroles mal articulées, qu'on ne pouvait entendre. L'évêque d'Orléans, voulant le faire s'expliquer, lui dit:

« Etes-vous encore dans les mêmes dispositions où nous vous laissâmes hier? » Il répondit : « J'y suis. » « Voulez-vous, reprit l'évêque d'Orléans, abdiquer l'épiscopat, dont vous avez abusé? » Il répondit : « Ainsi que vous le dites. » Le comte Brochard, qui était présent, dit : « Que signifie cette réponse, *Ainsi que vous le dites?* » Arnoul de Reims dit : « Je confesse publiquement que j'ai péché et que j'ai manqué à la fidélité que je devais au roi; du reste, je vous prie d'ajouter foi à ce que dira pour moi le seigneur évêque d'Orléans. »

Arnoul, évêque d'Orléans, dit : « L'archevêque Arnoul est taciturne de son naturel, et il a honte de déclarer publiquement ce qu'il nous a confessé en secret. Qu'il vous suffise de savoir qu'il reconnaît avoir manqué à la fidélité qu'il devait au roi. » « Cela ne suffit pas, reprit le comte Brochard : il faut qu'il déclare ou qu'il nie publiquement qu'il a fait son abdication entre vos mains, afin qu'on puisse élire un autre archevêque à sa place. » L'évêque d'Orléans dit au comte : « Vous n'avez pas ici la même autorité que les évêques et les prêtres; ce n'est qu'à eux qu'on doit une confession entière... Qu'il vous suffise qu'il s'avoue publiquement indigne de l'épiscopat. » Puis, se tournant vers l'archevêque Arnoul, il ajouta : « Que dites-vous à ce que j'ai répondu pour vous? » « Je confirme, reprit l'archevêque, ce que vous avez dit. » « Prosternez-vous donc, répliqua l'évêque, devant les rois vos maîtres, que vous avez si grièvement offensés. »

Arnoul de Reims se prosterna aux pieds des deux rois, ayant les deux bras étendus en forme de croix, et demanda qu'on lui accordât la vie et l'usage des membres : ce qu'il fit avec des gémissements qui tirèrent des larmes des yeux de tous les évêques. Dacbert de Bourges se prosterna aussi aux pieds du roi, pour demander la grâce du coupable. Hugues Capet et Robert, son fils, furent touchés. Ils répondirent : « Qu'il vive, en votre considération ; mais qu'il demeure sous notre garde, sans craindre ni le fer ni les chaînes, à moins qu'il ne tâche de s'enfuir. » Cette réponse ne satisfit pas les évêques : ainsi le roi leur donna parole qu'il ne ferait pas mourir Arnoul, à moins qu'il ne commît quelque nouveau crime digne de mort.

Arnoul s'étant levé, on lui demanda s'il voulait qu'on le déposât avec les solennités prescrites par les canons. Il répondit qu'il s'en rapportait aux évêques; et on lui conseilla de quitter les unes après les autres les marques de sa dignité. Il commença par remettre au roi ce qu'il en avait reçu, c'est-à-dire le bâton pastoral : ce qui marque que nos rois donnaient alors l'investiture des évêchés par la crosse. Ensuite il se dépouilla de ses habits pontificaux, qu'il remit aux évêques, et il fit dresser un acte de son abdication, semblable à celle qu'Ebbon avait autrefois donnée en pareille occasion. Il y marque que, suivant la confession qu'il a faite aux évêques qu'il s'était choisis pour ses juges et ses confesseurs, il se reconnaît indigne de l'épiscopat; qu'il laisse la liberté d'élire en sa place un archevêque, et qu'il s'ôte le pouvoir de revenir jamais contre ce qu'il a fait. Il signa cet acte : *Je Arnoul, autrefois évêque*, et pria les évêques présents de le souscrire. Chacun d'eux, en le souscrivant, lui disait : « Quittez votre ministère : *Cessa ab officio.* » Après quoi, Arnoul déclara le peuple et le clergé de Reims absous des serments qu'ils lui avaient faits.

Quand l'archevêque Arnoul eut été déposé, le prêtre Adalger, son accusateur, se jeta aux pieds du roi, et se plaignit qu'on l'excommuniât pour avoir obéi à son archevêque. Arnoul d'Orléans dit : « Avez-vous ouvert les portes de la ville à l'ennemi? Etes-vous entré armé dans l'église? » Il répondit : « Je ne puis le nier. » « Eh bien, répondit l'évêque, je vous juge sur votre propre aveu ; que votre sang soit sur votre tête. » Gautier d'Autun dit : « Puisque l'archevêque qui a commandé a été puni, vous qui avez obéi, vous le serez aussi. » Brunon de Langres dit : « C'est vous et vos semblables qui, par vos conseils, avez perdu ce jeune homme; et vous voudriez chanter, tandis qu'il pleure? » Brunon était fils d'une sœur du roi Lothaire, et par conséquent il était oncle de l'archevêque Arnoul, pour lequel il s'était fait caution.

On donna le choix à Adalger, ou d'être excommunié toute sa vie, ou d'être déposé de la prêtrise. Après avoir délibéré quelque temps, il opta pour la déposition. Les évêques le revêtirent donc des habits sacerdotaux, et les lui ôtèrent ensuite jusqu'aux habits du sous-diaconnat exclusivement ; en même temps ils disaient : *Cessa qu'on ab officio.* Ensuite on le réconcilia, en lui accordant la communion laïque. Enfin on réitéra l'excommunication contre ceux qui, ayant pillé l'église de Reims, n'étaient pas encore venus faire satisfaction.

C'est ce qui se passa dans le monastère de Saint-Basle proche de Reims, au sujet de la déposition d'Arnoul, du moins suivant la relation que nous avons de ce concile. Mais les règles de la bonne critique doivent nous rendre cette pièce un peu suspecte, puisqu'elle est de Gerbert, qui l'a composée lorsqu'il avait le plus d'intérêt à faire paraître Arnoul coupable, et qui d'ailleurs avoue dans la préface, qu'il a ajouté quelque chose aux actes originaux, qu'il a changé les termes, et fait en quelques endroits une espèce de paraphrase. C'est ce qui paraît surtout dans une harangue qu'il attribue à Arnoul d'Orléans, pour montrer que sans le consentement du pape on pouvait procéder à la déposition de l'archevêque de Reims. Il dit qu'il a recueilli ce discours de diverses choses qu'Arnoul d'Orléans a dites dans le concile, partie publiquement, et partie en particulier à ses voisins, et que lui Gerbert a cru devoir les lier dans un corps de discours suivi, afin qu'elles fissent plus d'impression sur l'esprit des lecteurs. Cet aveu ne les prévient pas en faveur de sa fidélité à rapporter ce discours. Voici comment on y fait parler l'évêque d'Orléans. « Nous sommes dans la résolution d'honorer toujours l'Eglise romaine en mémoire de saint Pierre, et nous ne prétendons pas nous opposer aux décrets des pontifes romains, sauf cependant l'autorité du concile de Nicée et des canons, qui doivent être toujours en vigueur. Nous devons seulement prendre garde à ce que le silence du pape, ou quelque nouvelle constitution de sa part, ne porte préjudice aux lois des canons qui ont été établis. Car si le silence du pape préjudicie à toutes les lois, il faut que toutes les lois se taisent quand le pape se tait. Et de quoi servent toutes les lois, si une nouvelle constitution peut les abroger? Quoi donc! dérogerons-nous au privilége du pape? Non : si le pape est recommandable par sa science et par sa vertu, nous n'avons à craindre ni son silence, ni ses nouveaux décrets ; s'il est ignorant et vicieux, nous avons encore moins à craindre, parce que ce qui est contre les lois ne peut préjudicier aux lois.

« Que le sort de Rome est à plaindre! Après avoir possédé de si grandes lumières, les Léon, les Grégoire, les Gélase et les Innocent, qui ont éclairé l'univers de leur doctrine, elle n'a plus que de monstrueuses ténèbres........ Que pensez-vous que soit celui qui est assis sur un siége éminent, revêtu de la pourpre et tout brillant d'or? S'il manque de charité, s'il n'est enflé que par la science, c'est l'antechrist qui est assis dans le temple de Dieu; mais s'il n'a ni charité, ni science, ce n'est qu'une statue placée dans le temple de Dieu. Consulter un tel pontife, c'est vouloir faire parler le marbre.

« L'ignorance est en quelque sorte tolérable dans les autres évêques, mais comment la souffrir dans l'évêque de Rome, qui doit juger de la foi, des mœurs et de la conduite des évêques et des simples fidèles dans toute l'étendue de l'Eglise universelle? »

Ce qu'on est obligé d'accorder ici au pape, dans un discours qui paraît fait pour abaisser son autorité, est bien remarquable. Au reste, le lecteur éclairé sent assez le danger et l'erreur du principe qu'on voudrait établir, en supposant qu'un prélat, qu'un pape perd, par le défaut de science ou de charité, l'autorité et la puissance attachée à son caractère. Le reste de cette déclamation est du même style. Mais il faut se souvenir qu'elle est de Gerbert; et que ce prélat, par la manière dont il a parlé dans la suite de l'autorité du saint-siége, a rétracté ce qu'il dit ici, ou ce qu'il fait dire aux autres de contraire. Il paraît même que l'auteur de cette relation n'est pas fort exact dans le narré des faits; car la déposition de l'archevêque Arnoul ne fut point faite avec ce concert unanime qu'il suppose, et l'on assure en particulier que Seguin, archevêque de Sens, s'y opposa.

Arnoul avait à la vérité manqué à la fidélité qu'il avait promise à Hugues Capet; mais il n'y avait manqué que pour embrasser le parti de celui qui était l'héritier légitime de la couronne. Cette faute, si c'en était une, dut paraître excusable dans un prélat qui était lui-même de la famille royale de Charlemagne, dont il soutenait les droits. Cependant Arnoul n'en fut pas quitte pour perdre son siége, il perdit encore la liberté; et après sa déposition il fut reconduit dans sa prison d'Orléans. *Hist. de l'Egl. gallic.*

REIMS (Concile de), l'an 993. Gerbert, archevêque de Reims, et depuis pape sous le nom de Sylvestre II, présida à ce concile des évêques de sa province. On y invita ceux qui avaient pillé les biens de l'Eglise de Reims, ou qui en avaient maltraité les clercs, à faire pénitence et satisfaction, avec menace de les retrancher de la communion de l'Eglise, si, dans un temps limité, ils ne se rendaient à leurs devoirs. *Hist. des aut. sacrés et ecclés.*, t. XXII.

REIMS (Concile de), l'an 995. Ce concile fut une suite de celui de Mouson, où il avait été indiqué par le légat Léon; les évêques qui avaient déposé Arnoul, et qui pour ce sujet avaient été suspendus de leurs fonctions, s'y trouvèrent aussi. Le légat leur fit de vifs reproches sur ce qu'ils avaient osé déposer un métropolitain sans le consentement du saint-siége. Ils répondirent que le danger où était le royaume par la faction d'Arnoul, les avait obligés de chasser ce prélat de son siége; qu'on avait envoyé deux députations au pape à ce sujet; mais que les députés n'ayant pas fait de présents à Crescentius, garde du palais, ils n'avaient pas été admis à l'audience. Le légat réfuta sans peine ces raisons; et il parut que puisque les envoyés n'étaient restés que trois jours à Rome, ils n'avaient pas eu un grand empressement à obtenir audience ; ainsi on conclut à la déposition de Gerbert, et au rétablissement d'Arnoul : après quoi le légat leva les censures portées contre les prélats qui avaient déposé Arnoul.

Telle fut la conclusion de ce concile. Cependant Arnoul ne fut entièrement rétabli qu'après la mort de Hugues Capet, au concile de Pavie, tenu en 997. *Hist. de l'Egl. gallic.*

REIMS (Concile de), l'an 1015. Il n'en reste d'autres actes qu'une confirmation des priviléges de l'abbaye de Mouson. *Mas L.*

REIMS (Concile de), l'an 1049. Le pape Léon IX, étant venu de Rome en France, l'an 1049, se rendit à Reims, le 29 septembre de cette même année, accompagné des archevêques de Trèves, de Lyon et de Besançon, à la prière d'Hérimar, abbé de Saint-Remi, qui l'avait invité à faire la dédicace de sa nouvelle église. Il fit cette cérémonie les deux premiers jours d'octobre, après avoir fait la translation du corps de saint Remi; et le troisième, il tint un concile dans la même église. Vingt évêques y assistèrent, cinquante abbés, et grand nombre d'autres ecclésiastiques. La simonie régnait en France; les laïques y faisaient des fonctions qui n'appartenaient qu'aux clercs; ils s'emparaient des églises ou les vexaient par des exactions. Les mariages incestueux ou adultérins y étaient communs. On voyait des moines et des clercs quitter leur habit et leur profession, et porter les armes. Les pillages étaient fréquents; diverses hérésies commençaient à se répandre. Le pape se proposa dans ce concile de remédier à tous ces abus. Il ordonna aux évêques présents, de déclarer si quelqu'un d'entre eux avait donné ou reçu les ordres par simonie. Plusieurs protestèrent de leur innocence. L'archevêque de Reims, accusé de simonie et de plusieurs autres crimes, demanda un délai pour sa justification, et on lui accorda jusqu'au concile qui devait se tenir à Rome à la mi-avril de l'année suivante. L'évêque de Langres, convaincu de simonie, fut excommunié. Celui de Nevers, dont les parents avaient donné de l'argent, à son insu, pour le faire évêque, jeta sa crosse aux pieds du pape, qui, de l'avis du concile, lui rendit les fonctions épiscopales, avec une autre crosse. L'évêque de Nantes, qui s'avoua coupable de simonie, fut privé des fonctions épiscopales; on lui ôta l'anneau et la crosse, mais on lui laissa l'exercice des fonctions de prêtre. Les évêques qu'on avait invités au concile, et qui n'y étaient pas venus, furent excommuniés, de même que l'abbé de Saint-Médard, qui en était sorti sans congé, et l'archevêque de Saint-Jacques en Galice, qui prenait le titre d'apostolique, réservé au pape. Pour obvier aux abus qui régnaient alors en France, on renouvela les anciens décrets qui y avaient du rapport, par les douze canons suivants.

1. On n'élèvera personne aux dignités ecclésiastiques que par les suffrages du clergé et du peuple.
2. Défense d'acheter ou de vendre les ordinations, les ministères ecclésiastiques, les églises ou les autels, sous peine d'être puni par l'évêque.
3. Défense aux laïques de posséder des églises ou de s'ingérer dans le sacré ministère.
4. Il n'y aura que l'évêque ou ses ministres qui pourront percevoir quelques droits autorisés par la coutume dans les parvis des églises.
5. Défense de rien exiger pour la sépulture, pour le baptême ou pour l'eucharistie.
6. Les clercs ne porteront point d'armes, et n'iront point à la guerre.
7. Les clercs ni les laïques ne prêteront point à usure.
8. Les clercs et les moines ne quitteront ni leur habit, ni leur profession.
9 et 10. Défense de vexer les clercs ni les pauvres.
11. Défense d'épouser sa parente.
12. Défense de quitter sa femme légitime pour en épouser une autre.

Le pape excommunia ensuite les nouveaux hérétiques qui s'étaient élevés en France, et ceux qui les protégeaient. On ne nomme pas ces hérétiques : ce pouvaient être des manichéens, ou des disciples de Bérenger, qui commençait à dogmatiser. Il excommunia aussi nommément quelques seigneurs qui avaient contracté des mariages illégitimes, et défendit à Guillaume, duc de Normandie, d'épouser la fille de Baudouin, comte de Flandre, à cause de sa parenté.

Ce concile présente encore quelques autres particularités remarquables. Dès la première session, il y eut contestation entre le clergé de la ville et celui de Trèves sur la préséance. Le pape, ne croyant pas devoir entrer alors dans la discussion de ce différend, ordonna que les siéges des évêques fussent mis en rond, et le sien au milieu, et que l'archevêque de Reims réglât les places. Le pape se trouvait au milieu du chœur, tourné vers l'Orient, ayant vis-à-vis de lui l'archevêque de Reims à sa droite, et l'archevêque de Trèves à sa gauche. Les places des autres évêques sont marquées dans les actes du concile. Dans la même session, il fut ordonné, sous peine d'anathème, que si quelqu'un soutenait qu'un autre que le pape fût chef de l'Eglise universelle, il eût à le déclarer ouvertement; mais tous demeurèrent dans le silence, et on lut alors les autorités des Pères orthodoxes sur la primauté du pape. A la fin de la troisième session, le pape fit lire le privilége qu'il avait accordé à l'église de Saint-Remi; après quoi il congédia le concile. *Hist. des aut. sacrés et eccl.*, t. XXIII.

REIMS (Assemblée mixte de), l'an 1059. Philippe Ier y fut sacré roi en présence de son père Henri.

REIMS (Synode de), l'an 1074. Manassé, archevêque de Reims, y approuva le rétablissement de l'abbaye de Morimond, opéré par les soins du prévôt et des chanoines de sa cathédrale. *Mansi, Conc. t.* XX.

REIMS (Concile de), l'an 1092. Rainaud de Martigné, archevêque de Reims, tint ce concile, qui obligea Robert le Frison, comte de Flandre, à cesser de s'emparer de la succession des clercs après leur mort. On y reçut la bulle d'Urbain II, qui permettait au clergé d'Arras de se donner un évêque. Cette église était réunie depuis longtemps à celle de Cambrai.

REIMS (autre Concile de), l'an 1092. Le clergé d'Arras s'étant adressé à l'archevêque de Reims pour le sacre de Lambert, qu'ils avaient élu évêque de leur église, l'archevêque, qui prévoyait que le clergé de Cambrai s'opposerait à cette consécration, ne voulut rien décider que dans un autre concile qu'il tint à Reims la même année à ce sujet, et auquel il invita le clergé d'Arras par une lettre qu'il lui adressa, rapportée par Mansi, d'après Baluze, *Miscellan. tom.* V, p. 150; *Mansi, Supplem.* t. II, col. 89.

REIMS (Concile de), l'an 1094. Trois archevêques et huit évêques assistèrent à ce concile, qui se tint le 17 septembre, par les ordres de Philippe Ier, roi de France. Ce prince avait répudié, en 1092, Berthe son épouse, fille de Florent Ier, comte de Hollande, dont il avait eu quatre enfants, et épousé Berthrade, femme de Foulques le Rechin, comte d'Anjou. Un évêque de Beauvais osa bénir cette alliance scandaleuse. Ives de Chartres la condamna hautement, et fut mis en prison par le roi Philippe, qui voulut encore le faire déposer dans ce concile de Reims ; mais Philippe fut excommunié le 16 octobre suivant au concile d'Autun, par Hugues, légat du pape Urbain II.

REIMS (Concile de), l'an 1097. Manassé II, archevêque de Reims, tint ce concile. On y condamna Robert, abbé de Saint-Remi, a continuer de rendre obéissance à l'abbé de Marmoutier, dont il avait été moine. Robert ayant appelé de ce jugement au pape Urbain II, le pontife déclara qu'un moine tiré d'une abbaye pour être mis à la tête d'une autre, n'appartenait plus à la première, et devenait moine du lieu où il était abbé.

REIMS (Concile de), l'an 1105. Ce concile fut tenu le 2 juillet. On y substitua Odon, abbé de Saint-Martin de Tournay, à Gaucher, évêque de Cambrai, déposé au concile de Clermont, en 1095, pour son attachement à l'empereur Henri IV. Gaucher se maintint néanmoins dans son siège, tant que ce prince vécut. *Mabillon, Annal. t. V, p. 840; Gall. Christ. t. II, p. 273 ; D'Acheri, Spicil. t. XII.*

REIMS (Concile de), l'an 1109. Saint Godefroi, évêque d'Amiens, y convainquit de faux le titre d'exemption de l'abbaye de Saint-Valery. C'est au moins ce que disent les éditeurs des Conciles, qui en mettent un à Reims en cette année 1109. Mais les savants Bénédictins, auteurs de l'Histoire littéraire de la France, rejettent ce fait comme une fable des plus atroces et des plus calomnieuses. Voici leurs raisons : Nulle mention de ce fait, ni dans Ives de Chartres, le conseil de Godefroi et l'un des plus zélés adversaires des priviléges monastiques, ni dans aucun auteur contemporain. 2° L'histoire en elle-même ne présente qu'un tissu de contradictions et d'absurdités, telles que la séduction des trois clergés d'Amiens, de Reims et de Rome par l'or de l'abbé de Saint-Valery, l'insuffisance des fonds de cette abbaye pour corrompre tant d'hommes à prix d'argent, en les supposant même capables d'un crime aussi honteux ; la bizarrerie de la conduite qu'on fait tenir à l'abbé de Saint-Valery, qui, prétendant ne relever que du saint-siége, défère néanmoins sans résistance à la première citation de l'évêque diocésain ; l'invraisemblance d'un titre si récemment fabriqué, comme le porte l'histoire, que saint Godefroi n'eut besoin que de le frotter du coin de sa robe pour en faire paraître les caractères nouvellement tracés. 3° L'incertitude du temps où se tint ce prétendu concile de Reims, et du voyage de Godefroi à Rome. 4° Le premier titre de l'exemption du monastère de Saint-Valery est dû au pape Benoît VII, qui monta sur le saint-siége l'an 974 ou 975. Le pape Pascal II confirma ce privilége par sa bulle datée de Bénévent, le 4 mars de l'an 1106. Ce ne fut que soixante ans après que les moines de Saint-Valery commencèrent à être inquiétés sur le titre de leur exemption par Robert, successeur de Godefroi. Les papes Alexandre III, Innocent III et Grégoire IX, se déclarèrent tous pour ces mêmes religieux. Il est faux par conséquent que l'abbaye de Saint-Valery soit demeurée soumise à la juridiction de l'évêque d'Amiens, comme le dit Nicolas, moine de Saint-Crépin de Soissons, dans la Vie de saint Godefroi. 5° Il y a tout lieu de croire que quelque ennemi des moines aura glissé dans la Vie de saint Godefroi le trait qui regarde ceux de Saint-Valery, puisque D. Mabillon nous assure avoir vu dans l'abbaye de Bougeval, près de Bruxelles, une autre Vie manuscrite de saint Godefroi, dans laquelle on ne trouve aucun vestige du fait de Saint-Valery. *D. Mabill. Annal., t. LXX, n. 107; Hist. litt. de la Fr., t. XI, p. 729 et suiv.*

REIMS (Concile de), l'an 1113 : sur le différend des moines de Saint-Vaast et des chanoines d'Arras, touchant quelques possessions. *Mansi, t. II.*

REIMS (Concile provincial de), septembre 1114, par l'archevêque Raoul et ses suffragants. On y approuva la donation faite par l'archidiacre Clarembauld de la terre de Lustingehem au monastère de Saint-Bertin. *Martène, Thes. Anecd. t. IV.*

REIMS (Concile de), l'an 1115. Le légat Conon tint ce concile le 28 mars. Il y excommunia l'empereur Henri, et obligea l'évêque Godefroi à retourner dans son diocèse d'Amiens, où il fut reçu aux acclamations du peuple.

REIMS (Concile de), l'an 1119. Le lundi 20 octobre, le pape Calliste II fit l'ouverture de ce concile, qui se tint dans la cathédrale. On plaça les siéges des prélats devant le crucifix, et on éleva un trône fort haut pour le pape devant la porte de l'église : après qu'il eut célébré la messe, il alla s'y placer. Au premier rang, vis-à-vis du pape, étaient Conon de Palestine, Boson de Porto, Lambert d'Ostie, Jean de Crême, et Atton de Viviers. Car comme ils étaient fort habiles, ils furent choisis pour discuter les affaires qui seraient proposées, et rendre les réponses convenables. Le diacre Chrysogone, revêtu de la dalmatique, était debout à côté du pape, tenant en main le livre des canons, pour lire ceux dont on aurait besoin. Six autres ministres, en tuniques et en dalmatiques, entouraient le trône du pape ; et ils étaient chargés de faire faire silence.

Tout le monde ayant pris sa place, on récita les litanies, et après les autres prières usitées pour l'ouverture des conciles, le pape fit en latin un discours fort éloquent, sur les tempêtes dont le vaisseau de l'Eglise était battu, et que le Seigneur, qui commande aux vents et à la mer, apaise quand il le juge à propos. Ensuite Conon parla avec beaucoup de force sur les devoirs des premiers pasteurs.

Le pape reprit ensuite la parole, et dit : « Seigneurs, pères et frères, voici le sujet pourquoi nous vous avons appelés de si loin. Vous savez combien de temps l'Eglise à combattu contre les hérésies, et comment Simon le Magicien, chassé de l'Eglise, a péri par le jugement de l'Esprit-Saint et le ministère de saint Pierre, à qui le Seigneur a dit : *J'ai prié pour vous, Pierre, afin que votre foi ne défaille point : quand vous serez converti, confirmez vos frères.* Le même Esprit-Saint n'a pas cessé jusqu'à nos jours, par ceux qui tiennent sa place, d'extirper de l'Eglise les sectateurs de Simon le Magicien ; et moi, qui suis son vicaire, quoique indigne, je désire ardemment chasser de l'Eglise l'hérésie de Simon, qui a été renouvelée par les investitures. C'est pourquoi, pour vous instruire de l'état où en est cette affaire, écoutez les paroles de nos frères qui ont porté des paroles de paix au roi de Germanie, et donnez-nous conseil sur ce que nous devons faire, puisque la cause est commune. » L'évêque d'Ostie, qui avait été envoyé à l'empereur, fit en latin le rapport de ce qui s'était fait; et quand il eut cessé, l'évêque de Châlons, en faveur des laïques, fit le même en français. On proposa ensuite plusieurs articles, dont la décision fut remise à la fin du concile.

Le roi de France s'était rendu à Reims. Il entra au concile avec les principaux seigneurs français, et étant monté au trône du pape, il fit un discours fort éloquent, et qu'il prononça avec grâce, contre le roi d'Angleterre. « Je viens, dit-il, à cette assemblée avec mes barons pour vous demander conseil : seigneur pape, et vous, Messieurs, écoutez-moi je vous prie. Le roi d'Angleterre, qui a été fort longtemps mon allié, a fait et à moi et à mes sujets plusieurs injures. Il s'est emparé par force de la Normandie, qui est de mon royaume, et il a traité le comte Robert contre toute justice, et d'une manière qui fait horreur. Car quoique Robert fût mon vassal, son frère et son seigneur, il lui a fait toutes sortes d'outrages, l'a fait enfin prisonnier, et le retient depuis longtemps dans les fers. Voici avec moi le prince Guillaume, qu'il a dépouillé du duché de Robert son père. Je l'ai souvent requis, par le ministère des évêques et des magistrats, de me remettre le duc qu'il tenait prisonnier; mais je n'ai pu rien obtenir. Au contraire, il a fait prisonnier le comte de Bellesme, mon ambassadeur à sa cour, et il le retient encore dans un noir cachot.

« Le comte Thibault mon vassal, par la suggestion du même roi d'Angleterre, son oncle, s'est méchamment révolté contre moi; et soutenu par les armes de ce prince, il a osé me faire une guerre atroce. Il a fait prisonnier et tient encore dans les fers Guillaume, comte de Nevers, que vous connaissez pour un seigneur d'un singulière probité et d'une rare piété, lorsqu'il venait d'assiéger le château d'un brigand excommunié, qui avait fait de cette place une caverne de voleurs, et un antre du diable. Je parle de Gomas de Marle, que les prélats m'ont ordonné d'assiéger comme un ennemi public, et comme le brigand de toute la province. C'est au retour de cette expédition que Guillaume a été fait prisonnier par Thibault, qui n'a jamais voulu lui rendre la liberté, quoique plusieurs seigneurs l'en aient requis de ma part, et que son comté ait été anathématisé par les évêques. »

Hildegarde, comtesse de Poitiers, entra avec toutes les dames de sa suite, et attira toute l'attention du concile. Elle se plaignit de ce qu'elle avait été répudiée par le comte Guillaume son mari, qui avait épousé la femme, ou, selon quelques auteurs, la fille du vicomte de Châtellerault. Le pape demanda si le comte de Poitiers s'était rendu au concile selon ses ordres. Guillaume, évêque de Saintes, se leva avec plusieurs évêques et abbés d'Aquitaine, et ils tâchèrent d'excuser le comte, en assurant qu'il s'était mis en chemin pour se rendre au concile, mais qu'une maladie l'avait obligé de s'arrêter.

Le pape reçut cette excuse, et marqua un terme au comte pour venir à Rome se justifier.

Audin le Barbu, évêque d'Evreux, se plaignit d'Amauri de Montfort, disant que ce seigneur l'avait honteusement chassé de son siége, et avait brûlé l'évêché. Un chapelain d'Amauri se leva, et l'interpellant devant toute l'assemblée : « Ce n'est pas Amauri, dit-il, c'est votre méchanceté qui est la cause de votre expulsion, et de l'incendie de l'évêché. Car votre malice ayant engagé le roi d'Angleterre à dépouiller Amauri du comté d'Evreux, il a recouvré sa dignité par sa valeur et par la force de ses armes. Le roi d'Angleterre étant venu ensuite assiéger la ville, c'est par votre ordre qu'il y a mis le feu, lequel a brûlé les églises et l'évêché. Que le saint concile juge lequel d'Audin ou d'Amauri est coupable de l'incendie des églises. » Les Français prenant la défense d'Amauri contre les Normands, la contestation s'échauffa. Mais le pape imposa silence, et après avoir exhorté tous les fidèles à la paix, il déclara qu'il voulait se trouver au rendez-vous, pour conférer avec l'empereur, ainsi qu'on en était convenu; qu'il mènerait avec lui les archevêques de Reims et de Rouen, avec quelques autres prélats; mais qu'il défendait aux autres évêques et abbés de sortir de Reims avant son retour.

Il ordonna, pendant son absence, qu'on fit des prières pour la réussite de la grande affaire qu'il allait traiter, et que nommément le jour marqué pour la conférence, les Pères du concile allassent en procession pieds nus, depuis la cathédrale jusqu'à l'église Saint-Remi. C'est ce qui se passa au concile de Reims le lundi et le mardi.

Le mercredi, le pape partit pour conférer avec l'empereur. Il arriva le jeudi au soir à Mouson fort fatigué. Le vendredi, il fit assembler dans sa chambre les prélats qui l'accompagnaient, et leur fit lire la promesse de l'empereur et la sienne. Ils firent quelques remarques sur certains termes dont l'empereur pourrait abuser, s'il n'agissait pas avec sincérité; et l'on prit des précautions contre les abus qu'on pourrait en faire. Après quoi le pape envoya au camp de l'empereur l'évêque d'Ostie, le cardinal Jean, l'évêque de Viviers, l'évêque de Châlons et l'abbé de Cluny. Ils présentèrent à ce prince les écrits dont ils étaient convenus avec lui.

L'empereur, en ayant ouï la lecture, dit qu'il n'avait rien promis de tout cela; mais l'évêque de Châlons, animé du zèle de Dieu, et armé du glaive de la parole, dit : « Seigneur, si vous voulez désavouer cet écrit que nous tenons en main, je suis prêt à jurer, sur les reliques des saints ou sur l'Evangile, que vous êtes tombé d'accord avec moi de ces articles. » L'empereur se voyant convaincu par tous ceux qui étaient présents, fut contraint d'avouer ce qu'il avait nié; mais il se plaignit de ce qu'on l'avait engagé à promettre ce qu'il ne pouvait pas tenir sans donner atteinte aux droits de sa couronne. L'évêque lui répartit : « Prince, vous nous trouverez fidèles à toutes nos promesses. Car le pape ne prétend pas diminuer les droits de votre couronne, ainsi que des esprits brouillons tâchent de vous le persuader. Au contraire il déclare à tous vos sujets qu'ils doivent vous obéir pour le service de la guerre et pour tous les autres services qu'ils ont rendus et à vous et à vos prédécesseurs. Si vous cessez de vendre les évêchés, ce n'est pas là ce qui diminuera votre puissance; c'est plutôt ce qui servira à l'augmenter.

L'empereur demanda un délai jusqu'au lendemain matin, disant qu'il voulait en conférer pendant la nuit avec son conseil. Après quoi les gens de l'empereur parlèrent aux envoyés du pape touchant la manière dont leur maître serait réconcilié avec l'Eglise, et ils demandèrent si on l'obligerait, comme il se pratiquait communément, de venir nu-pieds recevoir l'absolution. Les envoyés répondirent qu'ils tâcheraient d'engager le pape à absoudre l'empereur en particulier, et sans qu'il eût les pieds nus.

Le pape, ayant appris ces tergiversations, désespéra de la paix de l'Eglise, et voulait partir sur-le-champ pour retourner à Reims. Mais afin d'ôter tout prétexte à l'empereur, il attendit encore, et lui renvoya le samedi matin l'évêque de Châlons et l'abbé de Cluny, pour savoir ce qu'il avait déterminé. L'empereur entra en colère, et demanda du temps jusqu'à ce qu'il eût tenu une assemblée générale de la nation. Le pape partit sur-le-champ de Mouson, et se retira dans un château du comte de Troyes.

L'empereur l'envoya prier d'attendre jusqu'au lundi. Le pape répondit : « J'ai fait pour l'empereur ce que je ne sache pas qu'aucun de mes prédécesseurs ait jamais fait. J'ai quitté un concile général pour traiter avec lui : je ne l'attendrai plus ; il faut que je retourne à mes frères. Si Dieu veut nous accorder la paix, je serai toujours prêt à recevoir ce prince, soit dans le concile, soit après le concile. »

Le pape partit le dimanche avant le jour, et fit tant de diligence, qu'il arriva à Reims, après avoir fait vingt lieues, assez à temps pour célébrer la messe, où il sacra Frédéric élu évêque de Liége. Mais le lendemain lundi le pape se trouva si fatigué, qu'il put à peine venir au concile, où il fit faire par le cardinal Jean le rapport de ce qui s'était passé dans son voyage.

Le cardinal, après un récit de ce qui était arrivé, apprit au concile que l'archevêque de Cologne s'était soumis au pape, et lui avait renvoyé le fils de Pierre de Léon, qu'il avait pour otage.

Humbald, archevêque de Lyon, se leva ensuite avec tous ses suffragants, et fit sa plainte au concile contre Ponce, abbé de Cluny, de ce qu'il faisait plusieurs outrages à son église, lui enlevait ses dîmes, et refusait les soumissions qui lui étaient dues. Plusieurs évêques firent les mêmes plaintes contre les entreprises des moines de Cluni.

Quand ils eurent harangué, Ponce, abbé de Cluny, se leva avec un nombreux cortége de moines, et parla avec autant de modestie que de force pour sa défense. « L'église de Cluny, dit-il, depuis sa fondation, n'a été soumise qu'à l'Eglise romaine. Les papes nous ont accordé des priviléges que ceux qui se plaignent voudraient abolir. Moi et mes frères, nous ne travaillons qu'à conserver les biens du monastère, tels que saint Hugues et mes autres prédécesseurs les ont possédés. Nous ne faisons aucun préjudice à personne ; mais parce que nous défendons avec courage les biens que les fidèles nous ont donnés pour l'amour de Dieu, on nous appelle usurpateurs. Au reste je ne dois pas m'en mettre en peine : Cluny est une église qui appartient spécialement au pape; c'est à lui à la défendre.» Le pape fit remettre à une autre fois la décision de cette affaire.

Le lendemain mardi, Jean de Crême fit une belle harangue en faveur du monastère de Cluny, qui fut maintenu dans ses priviléges, malgré les murmures de quelques évêques. Le pape n'assista pas ce jour-là au concile, mais il y vint le mercredi; et comme il voulait terminer ce jour-là le concile, il fit lire les canons qu'il avait dressés, au nombre de cinq. Le premier, qui est contre la simonie, fut reçu avec de grands applaudissements. Mais le second, qui est contre les investitures, excita les murmures de quelques clercs et de plusieurs laïques. Il était conçu en ces termes : *Nous défendons absolument qu'on reçoive d'une main laïque l'investiture d'aucune église ni d'aucun bien ecclésiastique.* Les seigneurs qui étaient présents crurent que le pape voulait par là leur ôter le droit de patronage ou les fiefs ecclésiastiques, et les dîmes qu'ils possédaient depuis longtemps; et l'on disputa là-dessus depuis trois heures après midi jusqu'au soir. Ainsi le pape ne put ce jour-là terminer le concile.

Le lendemain, le pape fit un discours fort éloquent sur les contradictions que le canon touchant les investitures avait essuyées dans la session précédente, et tout le monde parut disposé à s'y conformer. Cependant le pape jugea à propos de le modérer, et il se contenta de mettre : *Nous défendons absolument de recevoir d'une main laïque des évêchés et des abbayes.*

Les trois autres canons étaient contre les usurpateurs des biens ecclésiastiques, et contre ceux qui exigent de l'argent pour l'administration des sacrements et pour la sépulture, et contre les prêtres et les diacres ou les sous-diacres concubinaires. Quand ces canons eurent été lus, avec l'applaudissement de tout le concile, on apporta quatre cent vingt-sept cierges qui furent distribués à un pareil nombre d'évêques et d'abbés qui étaient dans le concile. Après quoi le bienheureux Oldegaire, évêque de Barcelone, pour disposer les esprits à ce qu'il fallait faire, prononça un fort beau discours sur la dignité royale et sacerdotale. On l'écouta avec attention, et la sainteté connue du prélat donna une nouvelle force à son éloquence. Quand il eut fini, le pape fulmina la sentence d'excommunication contre l'empereur Henri, contre l'antipape Bourdin, et contre quelques autres personnes, et en même temps tous les prélats éteignirent leurs cierges selon la coutume. Après quoi le pape congédia l'assemblée en lui donnant sa bénédiction.

Il publia dans le même concile un décret par lequel il ordonna de nouveau ce qu'on nommait la trêve de Dieu, pour empêcher les guerres particulières et toutes les violences, depuis le commencement de l'avent jusqu'à l'octave de l'Epiphanie; depuis la Quinquagésime jusqu'à la Pentecôte, et durant le reste de l'année, les fêtes et les jours de jeûne, et chaque semaine depuis le mercredi au soir, qu'on devait sonner les cloches, jusqu'au lundi matin. Il met en interdit les lieux où il sera commis quelque violence pendant ce temps-là, défend d'y célébrer l'office et d'y administrer les sacrements, excepté le baptême aux enfants, et la pénitence et le viatique aux mourants. *Hist. de l'Egl. gallic., liv.* XXIII.

REIMS (Concile de), l'an 1119 ou 1120. L'archevêque Raoul, suivant la commission qu'il en avait reçue du pape, rétablit dans cette assemblée l'évêché de Tournay, depuis longtemps uni à celui de Noyon. *Mansi, Conc. t.* XXI.

REIMS (Concile de), l'an 1128, présidé par Mathieu, évêque d'Albane, et légat du saint-siége. On y ratifia ce qui avait été réglé au concile d'Arras par rapport au couvent de Saint-Jean de Laon. *Mansi, Conc. t.* XXI. *Voy.* ARRAS, l'an 1128.

REIMS (Concile provincial de), l'an 1130, tenu par l'archevêque Raynauld peu de temps avant l'arrivée du pape Innocent II dans cette ville. On y excommunia deux seigneurs coupables de vexations envers le monastère de Saint-Thierry de Laon. *Mansi, Conc. t.* XXI.

REIMS (Concile de), l'an 1131. Ce concile, où présida le pape Innocent II, avait été indiqué pour la Saint-Luc, 18 octobre, qui était cette année-là un dimanche. Il ne commença, à proprement parler, que le lundi 19, selon l'ancienne coutume de commencer les conciles en ce jour de la semaine. Il s'y trouva, de toutes les parties du monde chrétien, treize archevêques et deux cent soixante-trois évêques, outre un grand nombre d'abbés, de clercs et de moines. Nous avons perdu les actes de ce concile; il ne nous en reste que les canons, dont nous parlerons bientôt. Mais divers monuments nous font connaître ce qui s'y passa de plus remarquable.

Les premiers jours du concile ayant été employés à fulminer des censures contre l'antipape Anaclet et à dresser les canons, le roi Louis le Gros songea à exécuter le dessein pour lequel il était venu à Reims. Il entra au concile le samedi 24 d'octobre, avec Rudulfe, comte de Vermandois, son cousin et maire de son palais, et plusieurs autres seigneurs; et étant monté sur l'estrade où était placé le trône du pape, il lui baisa les pieds. Puis s'étant assis auprès de lui, il fit au concile, sur la mort de son fils Philippe, un discours qui tira les larmes des yeux de tous les Pères du concile. Ensuite le pape lui adressant la parole, lui dit : « Grand roi, vous qui gouvernez la très-noble nation des Français, il vous faut élever votre esprit jusqu'au trône du souverain Maître qui fait régner les rois, et adorer avec respect les décrets de sa sainte volonté. Car comme il a créé toutes choses, il les gouverne toutes; rien n'échappe à sa connaissance; il ne fait rien d'injuste, et il ne veut pas qu'on fasse aucune injustice, quoiqu'il s'en commette plusieurs. Le Seigneur plein de bonté a coutume de consoler ses plus fidèles serviteurs par la prospérité, et de les éprouver par l'adversité. Il frappe et il guérit, il châtie les enfants qu'il aime; et il en use ainsi, de peur que l'homme créé à son image, n'aime le lieu de son exil et n'oublie sa patrie. Car nous ne sommes que des voyageurs sur la terre : nous n'y avons pas de demeure fixe, mais nous soupirons après la céleste Jérusalem, la cité sainte où ceux qui ont vaincu leurs passions jouissent avec Dieu d'un bonheur éternel. Votre fils, grand roi, dans un âge dont la simplicité et l'innocence sont l'apanage, a passé dans cette heureuse cité. Car le royaume des cieux appartient à ceux de cette espèce

« David, le modèle des bons rois, pleura amèrement, tandis que son fils n'était que malade. Quand on lui en eut annoncé la mort, il se leva de dessus la cendre et le cilice où il était couché, changea d'habits, se lava les mains, et invita sa royale famille à un festin. Ce saint roi, plein de l'esprit de Dieu, savait combien il se serait rendu coupable, s'il s'était opposé aux ordres de la justice divine. Quittez donc cette tristesse mortelle que vous avez dans le cœur, et qui rejaillit sur votre visage. Le Dieu qui vous a enlevé un fils pour le faire régner avec lui, vous en a laissé plusieurs qui pourront régner après vous. Vous devez, prince, vous consoler, et par là nous consoler nous-mêmes. Nous qui sommes des étrangers chassés de nos siéges, vous nous avez le premier reçus dans votre royaume pour l'amour de Dieu et de saint Pierre; vous nous avez comblés d'honneurs et de bienfaits : que Dieu, grand roi, vous en rende une récompense éternelle dans cette cité, où est une vie sans crainte de la mort, une éternité sans tache, et une joie sans fin. »

Cette harangue, prononcée avec une tendresse paternelle, sécha les larmes du roi, et adoucit considérablement l'amertume de sa douleur. Le pape se levant aussitôt récita l'oraison dominicale, et fit l'absoute pour le prince Philippe. Ensuite il ordonna à tous les prélats qui composaient l'assemblée, de se trouver le lendemain, dimanche 25 octobre, à l'église cathédrale, revêtus de leurs habits pontificaux, pour assister au sacre du prince Louis.

Ce jour, dit un historien de ce temps-là, le soleil parut plus brillant qu'à l'ordinaire, et il sembla que le ciel voulait orner la fête par sa sérénité. Le pape se rendit dès le matin avec les officiers de sa cour à l'église de Saint-Remi, où le roi avait pris son logement avec le prince son fils. Les moines le reçurent en procession. Ensuite le pape s'étant revêtu de ses habits pontificaux, alla à l'église cathédrale avec le prince Louis, entouré d'une multitude presque infinie d'ecclésiastiques, de noblesse et de peuple. Le roi, les principaux seigneurs, les archevêques, quelques évêques et quelques abbés, avec les chanoines, attendirent le pape et le prince à la porte de l'église. Le pape, étant entré avec le prince Louis, le présenta à l'autel, et lui donna l'onction royale avec la sainte ampoule. Le roi fut si consolé de voir son fils couronné roi avec les applaudissements sincères de tous ses sujets, qu'il parut oublier pour un temps la mort du prince Philippe, et il s'en retourna plein de joie reprendre le soin des affaires de son royaume.

Bernard, évêque d'Hildesheim, s'était rendu au concile de Liége tenu avant celui de Reims, et il avait lu dans le concile la vie de saint Godehard, l'un de ses prédécesseurs, pour obtenir du pape sa canonisation. Le pape lui ayant répondu que la coutume de l'Eglise romaine étant de canoniser les saints dans un concile général, il attendrait celui qui était indiqué à Reims, pour faire la cérémonie avec plus d'éclat, Bernard arriva à Reims avec saint Norbert, quelques jours après le commencement du concile; et quand on eut terminé les affaires les plus pressées, il produisit des preuves de la sainteté et des miracles de celui dont il poursuivait la canonisation. Le B. Oldegaire, qu'on avait obligé de prendre l'administration de l'archevêché de Tarragone avec l'évêché de Barcelone, dont il était en possession, fit un discours sur l'ordre qu'il fallait observer pour la translation et l'élévation des reliques de saint Godehard, et le pape donna pour la canonisation de ce saint évêque une bulle datée de Reims le 29 d'octobre. C'est par où finit le concile. On y dressa dix-sept canons, qui sont à peu près les mêmes que ceux du concile de Clermont, en 1130, ce qui nous dispense de les rapporter ici. Le quatorzième, qui n'est pas dans le concile de Clermont, défend, sous peine d'excommunication, de mettre la main sur ceux qui se réfugient dans l'église ou dans le cimetière. *Hist. de l'Egl. gallic., liv.* XXIV.

REIMS (Concile de), l'an 1132, en faveur de l'abbaye de Marmoutier. *Martène, Thes. anecd. t.* IV.

REIMS (Concile de), l'an 1141. Samson Desprets, archevêque de Reims, y ratifia les priviléges et les possessions des chanoines de Saint-Pierre de Caslet ou Cassel, au diocèse de Terouanne. *Mansi, Concil. t.* XXI.

REIMS (Concile de), l'an 1148. Le concile indiqué par le pape Eugène III pour l'ouverture de ce concile, qu'il tint en personne, était le lundi de la quatrième semaine de carême, 22 mars 1148. Outre les évêques et les abbés de France, qui en faisaient la partie la plus nombreuse, il y en vint beaucoup de pays plus éloignés, et l'ordre de s'y rendre était si absolu dans les royaumes d'Espagne, que le pape, quelques semaines après, eut besoin de lever la censure encourue par ceux qui n'y avaient pas déféré. Il ne s'y trouva que quatre Anglais, à cause des frayeurs du roi Etienne, toujours ombrageux et défiant; encore n'y en avait-il que trois à qui il l'eût permis, mais avec cette marque de respect pour le pape, qu'il les chargeait de lui représenter ses raisons, et d'excuser en son nom leurs confrères absents. Thibaud, archevêque de Cantorbery, qui se joignit à eux, quoique les ports lui eussent été fermés, avait pour cela un intérêt d'honneur qui l'enhardit à violer la défense. Il y gagna de s'assurer des droits que l'on contestait à sa métropole; mais il y perdit pour quelque temps ses revenus, que le roi confisqua.

Le concile fut ouvert dans l'église de Notre-Dame. On n'aperçoit pas que d'abord Eugène s'y fût proposé d'autre fin que la fin ordinaire de remédier aux abus qui, toujours renaissants et toujours plus forts que la vigilance des pasteurs, fournissent toujours une matière suffisante à de nouvelles ordonnances. L'affaire de Gilbert de la Poirée, et les autres que l'on y traita, y furent en quelque sorte incidentes et occasionées par la célébrité de l'action. Ainsi, les premiers soins allèrent à opposer aux déréglements du temps la respectable barrière des décrets que l'on y jugea plus propres à les réprimer. Ce sont dix-huit canons, tous portés dans un esprit véritablement épiscopal, mais sous des peines qui ont demandé depuis bien du tempérament, et dont la même autorité à laquelle il appartenait d'y astreindre les fidèles s'est successivement relâchée, suivant les raisons de convenance ou de nécessité qu'elle en a eues. En voici la substance.

1 et 2. Anathème à quiconque aura usurpé, pillé ou diverti en quelque façon les biens de l'Eglise. Un clerc qui aura perçu les revenus d'une église, contre la défense de l'évêque, sera soumis à l'anathème, jusqu'à ce qu'il ait restitué, et le prêtre qui, pendant ce temps, aura desservi cette église, subira la même peine, et sera en outre dégradé.

3, 4 et 5. Défense de tirer rançon d'un clerc, de retenir ses otages, le mettre en prison ou dans les fers, le tout sous peine d'anathème, d'interdiction du lieu où il sera détenu, et de tous les autres lieux qui appartiendront au seigneur qui aura pris ce clerc. L'absolution de cette censure est réservée au pape, si ce n'est en cas de mort.

6, 7 et 8. Défense, sous peine de privation d'offices et de bénéfices, aux clercs de communiquer en quoi que ce soit avec les excommuniés, fussent-ils de condition noble, de célébrer l'office divin ou de sonner les cloches dans la ville où le château, et en tout autre lieu où il y aura un excommunié, quand même le roi serait présent, sous peine aux chapelains de la cour ou autres prêtres des lieux, de déposition et de perte de bénéfice.

9. Un excommunié pour rapine ou invasion des biens de l'Eglise sera obligé par serment à payer chaque année une somme qui lui sera fixée, jusqu'à satisfaction entière, avant de recevoir l'absolution, lorsqu'il sera dans l'impuissance de réparer sur-le-champ tout le tort qu'il a causé.

10 et 11. Défense aux prêtres de desservir les chapelles des seigneurs, sans la permission de l'évêque, à qui ils promettront en même temps d'obéir en tout.

12 et 13. Les prêtres qui, pour avoir célébré contre la défense à eux faite de célébrer, auront encouru l'anathème, seront dégradés et privés des biens ecclésiastiques, s'ils n'obtiennent du pape le pardon de leurs fautes.

14, 15 et 16. Un évêque prié par son confrère de publier un jugement rendu contre une personne, ne pourra le refuser sans se mettre en danger d'être privé de son ordre. Les corps des excommuniés demeureront sans sépulture; et, au cas où l'on aurait enterré dans le cimetière le corps d'une personne nommément excommuniée, on l'exhumera.

17. Défense de recevoir ou de protéger les hérétiques de Gascogne et de Provence, c'est-à-dire les manichéens, sous peine d'excommunication contre leurs protecteurs, et d'interdit sur leurs terres.

Dom Martène a publié ces canons dans le quatrième tome de ses Anecdotes, sur deux manuscrits, l'un de l'abbaye de Saint-Germain-des-Prés, l'autre du Mont-Saint-Michel. Ils sont rapportés fort différemment dans les Collections générales des Conciles. Le dix-septième qu'on vient de rapporter d'après dom Martène, est le même que le dix-huitième et le dernier de la Collection du P. Labbe. Voici ce qu'il y a de remarquable dans les autres canons de cette même Collection.

2. Les évêques, comme les autres clercs, n'offenseront point les yeux du public par une variété de couleurs dans leurs habits. Ils y éviteront aussi les découpures et la superfluité, et se comporteront de façon que l'on juge par leurs actions combien ils sont portés à vivre dans l'innocence convenable à la dignité de l'ordre clérical.

4. Les religieuses et les chanoinesses qui vivent peu régulièrement, se conformeront à la règle de saint Benoît ou de saint Augustin; elles garderont la clôture, quitteront leurs prébendes et tout ce qu'elles possèdent en propre, afin de mener la vie commune.

5. Défense aux laïques de juger les affaires ecclésiastiques, aux évêques et aux autres prélats des églises de les en faire juges.

6. Défense aux avoués des églises de prendre quelque chose sur elles, ni par eux, ni par leurs inférieurs au-delà des anciens droits.

8. Défense aux laïques de posséder des dîmes, soit qu'ils les aient reçues des évêques, des rois ou de quelqu'autre personne que ce soit.

10. On ne mettra point dans les églises des prêtres mercenaires par commission; et chacune aura son prêtre particulier, qui ne pourra être destitué que par le jugement canonique de l'évêque, ou de l'archidiacre, et auquel on assignera une subsistance convenable sur les biens de l'Eglise.

Après que ces décrets, quelle qu'en ait été la forme, eurent été portés, Samson, archevêque de Reims, produisit Eon de l'Etoile, qu'il tenait dans ses prisons, hérétique, ou même hérésiarque d'une espèce toute singulière. Car le malheureux voulait l'être sans avoir ni le peu d'acquit, ni le peu d'intelligence qu'il lui fallait pour discerner ce que c'est qu'hérésie. Il y en avait assurément d'aussi ignorants et d'aussi grossiers que lui parmi ceux avec qui le concile venait d'interdire tout commerce, si ce n'est qu'ils croyaient leurs maîtres, et ne prêchaient guère que par une docilité stupide, au lieu qu'Eon ne devait ce qu'il était qu'à lui-même. Né dans la Bretagne et bon gentilhomme, mais enflé d'un léger commencement de lettres, il s'était avisé de raisonner sur ce qu'il entendait quelquefois à l'église, où la lettre *u* et la lettre *m* jointes ensemble se prononçaient comme *o* et *n*, *on*, pour *um*. Ainsi à ces paroles des exorcismes, *per eum qui venturus est*, et à celles des oraisons, *per eumdem Dominum nostrum*, il s'imaginait que c'était lui qu'on y nommait. La méprise n'aurait été que risible si elle n'eût pas dégénéré en folie ou en impiété, et que là-dessus il ne se fût pas mis en tête qu'il était le Fils de Dieu, le juge des vivants et des morts et le Seigneur de toutes choses. Il se le persuada même, et parvint à le persuader d'autres avec tant d'aheurtement, que dans son pays et aux environs il se forma un cortège de gens qui lui étaient aveuglément dévoués. Sa famille cherchait à le faire renfermer, et la sûreté publique l'exigea bientôt. Quelque simple ou quelque fou qu'il parût, il ne l'était pas au point qu'en posant des principes de spéculation, il ne sût parfaitement bien en tirer des conséquences, qui l'autorisaient à faire sa main, et à se donner par là les moyens de vivre dans l'abondance. Sa qualité de Fils de Dieu et de Seigneur universel, n'était pas seulement une pure impiété. Accompagné de ses partisans, il la faisait valoir à force ouverte. Il dépouillait les églises, pillait les monastères, et s'enrichissait partout avec eux aux dépens de qui ils pouvaient. Quoique c'en fût assez que l'appât du gain pour les multiplier, on éprouva cependant qu'il y en avait d'assez infatués pour s'attacher à lui par un motif de religion. Les enchantements y auraient eu aussi beaucoup de part, si quelques auteurs en étaient croyables dans ce qu'ils racontent des esprits qu'il avait à ses ordres, et des tables somptueusement dressées au milieu des forêts sur le moindre signe qu'il en donnait. Mais Otton de Frisingue, le plus sensé de tous, n'en dit mot. Au contraire il n'attribue la propagation du mal qu'à la disposition des personnes à qui le prétendu magicien s'adressait dans les recoins d'une ou deux provinces éloignées du cœur de la France. Il eut cependant la témérité de s'approcher des grandes villes ; et après quelques poursuites qu'on avait faites inutilement pour s'en saisir, ce qui confirmait les bruits de ses communications avec le diable, il fut heureusement arrêté au diocèse de Reims, lui et plusieurs des siens.

Qui que ce pût être qui lui eût appris à manier la plume, ou qui lui en eût prêté une pour manifester ses idées, et les revêtir d'une couleur de vraisemblance, on prétend qu'il ne parut devant le pape qu'avec une apologie composée. Le pape lui ayant demandé qui il était : « Je suis, répondit-il fièrement, celui qui doit juger les vivants et les morts, et le siècle par le feu. » On souhaita de savoir ce que signifiait la forme du bâton sur lequel il s'appuyait, et qui était terminé en haut par une fourche. « Elle est le symbole d'un grand mystère, reprit-il ; car tandis que les deux branches ainsi élevées regardent le ciel, vous devez reconnaître que des trois parties de l'univers, Dieu en possède deux, et me cède la troisième ; au lieu que si je tourne les deux branches vers la terre, nos fortunes changent ; Dieu n'a plus pour lui qu'une troisième partie, et il m'abandonne la souveraineté des deux autres. » Ce n'était pas là de quoi engager les théologiens du concile dans une discussion bien sérieuse. On rit de ces inepties, et l'on eut pitié d'un hébété qui ne s'en apercevait seulement pas. On alla même jusqu'à ne le pas croire assez libre pour lui imputer à la rigueur les vols et les sacrilèges qu'il avait commis. Une prison perpétuelle fut toute la punition que le pape voulut qu'on en tirât. On l'y confina par l'autorité de l'abbé Suger, régent du royaume, et il mourut peu après.

Un de ses disciples poussa si loin le blasphème, et se montra si inexcusable dans ses fureurs, qu'on fut obligé, pour l'exemple, de le livrer au bras séculier. Eon l'avait appelé le Jugement, comme il en avait appelé un autre la Sagesse, les désignant tous sous des noms magnifiques. Le Jugement fut donc condamné au feu, quelque menace qu'il fît à ses juges d'en tirer promptement une terrible vengeance. Etant conduit au supplice il criait souvent : Terre, terre, ouvre-toi ; et il attendait qu'elle s'ouvrît réellement. On offrit la vie à d'autres, que leurs pilleries et la profanation des choses saintes ne rendaient pas moins dignes de mort. Mais parce que c'était à condition qu'ils renonçassent à leur chef et à ses visions, le charme de la séduction l'emporta ; ils aimèrent mieux mourir que de changer. Le reste fut dissipé.

C'était une rencontre assez bizarre dans le concile de Reims, que le contraste des deux hommes dont la cause y avait été portée ; d'un côté Eon de l'Etoile, sorte de sectaire uniquement renommé par son impertinence et son ignorance, et de l'autre, Gilbert de la Poirée, le théologien de son siècle le plus raffiné et le plus versé dans la dispute. Le pape avait remis à une section moins nombreuse l'examen de Gilbert.

Entre ceux des prélats et des abbés qui y furent admis, les plus distingués par leur science étaient l'archevêque de Bordeaux, Geoffroi de Loroux ; Josselin, évêque de Soissons ; Milon, évêque de Terouanne ; saint Bernard et l'abbé Suger. Ce que plusieurs cardinaux témoignaient d'inclination à justifier l'accusé, ne laissa pas au commencement toute la liberté nécessaire à la délibération. Cette ombre de partialité refroidit dans quelques-uns la vivacité des avis, et fit par une condescendance inexcusable, que pour ne choquer personne, ils attendirent pour s'expliquer entièrement qu'ils eussent à peu près senti où tournait la pluralité. L'archevêque de Bordeaux ne se le pardonna pas. Il avait des raisons d'honnêteté et d'amitié pour ménager un évêque, son suffragant ; mais il ne voulait que le ménager, dit-il depuis dans l'humble confession qu'il fit de sa faiblesse, et il se réservait à en parler plus ouvertement, selon sa conscience, quand l'heure de la décision serait venue.

L'embarras de langue qu'avait l'abbé Gotescalc aurait été un nouvel inconvénient favorable à l'évêque de Poitiers, si le zèle dont ils brûlaient pour l'Eglise, saint Bernard et lui, ne leur avait rendu tout commun. Chargé par le pape d'extraire des écrits de Gilbert les propositions erronées ou suspectes d'erreurs, et de ceux des saints Pères les témoignages les plus propres à y appliquer le remède, Gotescalc s'en acquitta savamment ; mais ses talents n'allaient pas plus loin. Pour faire usage de son travail cependant, une controverse publique demandait de ces bouches aisées et coulantes qui ne s'énoncent qu'avec grâce et avec empire, avantage précieux que la nature avait refusé à Gotescalc encore plus sensiblement qu'à un autre. Saint Bernard s'offrit à y suppléer ; et pour peu que les contestations s'échauffassent, l'emploi ne pouvait tomber mieux ; mais la séance ne débuta pas si vivement : Gilbert, dès l'entrée, s'était pourvu à tout événement de plusieurs gros volumes que ses clercs lui avaient apportés. Maître par là de citer et de produire tout ce qu'il lui plairait, il avait pour première réponse à chaque accusation, qu'on lui objectait que des textes tronqués, et lui-même là-dessus se mettait à en lire d'extrêmement longs, quoique sans en faire d'application, ou sans en tirer de conséquences fort décisives au gré des assistants. Le pape, aussi fatigué de leur longueur que rebuté de leur inutilité, jugea donc s'y devoir prendre autrement. « Mon frère, vous rapportez bien des choses, et des choses peut-être que nous n'entendons pas. Répondez-moi simplement : Cette souveraine essence que vous confessez être trois personnes en un seul Dieu, croyez-vous qu'elle soit Dieu ? Je ne le crois pas, » répondit Gilbert, non point par inadvertance, comme Otton de Frisingue le veut faire entendre, mais conformément au principe de son commentaire sur Dieu, où il distinguait exactement dans Dieu la substance divine *qui serait Dieu*, et la substance divine *par laquelle il est Dieu*, n'admettant que la dernière expression pour une expression juste et véritable. Quelque simple que fût la réponse, on trouva moyen de l'expliquer différemment par la confrontation qu'on en faisait avec les termes du commentaire : tous néanmoins en étaient révoltés, et ceux mêmes qui cherchaient à l'adoucir se plaignaient de ce que l'auteur ne se prêtait pas assez facilement à leurs intentions.

C'eût été la ruine de son système, qui dans cette alternative n'était pas susceptible de souffrir le moindre tempérament. Aussi saint Bernard prit-il la parole. « A quoi bon ces irrésolutions? lui dit-il. L'unique source du scandale, c'est que vous passez auprès de plusieurs pour croire et pour enseigner que l'essence ou la nature divine, sa divinité, sa sagesse, sa grandeur n'est point Dieu, mais la forme par laquelle Dieu est Dieu. Qu'en croyez-vous? » Gilbert persista, et dit que c'était la forme par laquelle Dieu est Dieu, mais que ce n'était point Dieu même. « Il le confesse enfin aussi clairement que nous le souhaitons, reprit saint Bernard, la confession n'est point équivoque, qu'on l'écrive. » « Qu'on l'écrive, » dit le pape. « Et vous, dit au même moment l'évêque de Poitiers, s'adressant à saint Bernard, écrivez que la divinité est Dieu. » « C'est peu de l'écrire, répliqua le saint d'un air intrépide ; je demande pour plume un style de fer qui conserve cette vérité éternellement gravée sur le diamant ou sur la pierre, que l'essence divine, la forme, la nature, la divinité, la bonté, la sagesse, la vertu, la puissance, la grandeur en Dieu est véritablement Dieu. Eh! quelle serait donc en Dieu cette forme que vous voulez qui en soit distinguée? continua-t-il. Si elle n'est point Dieu, il faut qu'elle soit plus excellente que Dieu, puisqu'elle ne tient rien de lui, et qu'il tient d'elle tout ce qu'il est comme Dieu. » Saint Bernard parlait de l'abondance du cœur; mais quelque temps après, Geoffroi, religieux de Clairvaux, qui accompagnait son abbé, étant entré dans la bibliothèque de l'archevêque de Reims, en rapporta un tome de saint Augustin, où il fit lire presque mot pour mot ce que saint Bernard venait d'objecter. Ce religieux, attentif à tout, observa encore que la proposition adoptée par l'évêque de Poitiers était la même qu'il avait protesté à Paris lui être faussement et calomnieusement imputée, jusqu'à en produire des témoins respectables. Un reproche de contradiction ou d'infidélité si avéré ne le déconcerta pas. « Quelque chose, dit-il, que j'aie soutenu alors, vous entendez ce que je soutiens à l'heure qu'il est. » Ce qui lui inspirait tant d'assurance, c'est que plus il étudiait l'effet que produisaient ces contestations, plus il s'apercevait qu'à l'instigation de ses amis le pape reculait à le condamner. Par là son audace croissait à mesure que l'on avançait dans la discussion des quatre articles auxquels on était résolu de s'arrêter; et quand on en fut venu au second, il nia net qu'on pût dire qu'un Dieu fût trois personnes, quoique l'on puisse dire que trois personnes sont un Dieu. Le pape, toujours porté à attendre quelque nouvelle explication qui sauvât le mauvais sens des propositions, différait à mettre celle-ci au nombre des erreurs reconnues et avouées par l'auteur. Mais Gilbert ne fournissait rien que saint Bernard ne pulvérisât à l'instant même. Il ordonna qu'on y joignît cet article au premier sur le registre, et ainsi finit la première séance.

C'en était assez pour ce jour-là, quant à ce qu'il devait y avoir de public et d'authentique : le reste du temps n'y fut pas perdu de part ni d'autre. Otton de Frisingue, tout préoccupé qu'il est pour Gilbert, dit que cet évêque s'y donna de grands mouvements auprès des cardinaux qui le protégeaient, jusqu'à passer la nuit même à aller et à conférer de maison en maison; et il ne le dit que de lui. Pour saint Bernard, Gotescalc et les autres qui devaient poursuivre l'accusation, ils se corrigèrent bien du défaut qu'il y avait, si c'en était un, dans les circonstances, à n'employer l'autorité des Pères que par des citations transcrites et abrégées. Ils revinrent le lendemain en état de faire parade à leur tour d'une multitude de livres qui étonna leurs adversaires. Avec cet étalage réciproque d'érudition, ce fut beaucoup moins dans la patience qu'on avait de consulter les textes que dans le soin de pénétrer attentivement les notions les plus communes du dogme catholique, qu'on trouva de quoi se fixer. Il s'agissait du troisième et du quatrième article, et il fut statué, par ordre du pape, qu'on en chargerait le registre comme des précédents. C'était donc en tout quatre propositions que le pape déterminait mériter quelque censure, mais qu'il remettait de plus en plus à noter, soit en général, soit distinctement et avec des qualifications précises. Quoi qu'il en fût de ses intentions là-dessus, ce délai fit trembler nos évêques, plus décidés et plus uniformes entre eux que n'étaient les cardinaux sur le besoin d'une condamnation. Ils soupçonnaient même les cardinaux de la vouloir éluder, plutôt qu'ils ne les accusaient de vouloir s'attribuer à eux seuls l'autorité d'un jugement qui dans un concile devait être commun, sans exception, à tous ceux des Pères dont le concile était composé. C'est en effet ce qui résultait naturellement de ces paroles prononcées par quelques cardinaux à la fin de la séance : *Maintenant que nous avons entendu tout ce qui s'est proposé, nous jugerons ce qu'il en faut définir;* paroles que les écrivains contemporains n'ont point interprétées d'une prétention ou d'une jalousie d'autorité, mais qu'ils ont prises pour un bon office rendu indirectement à Gilbert par l'affection qu'on lui portait, disent-ils, sans dessein de favoriser ou d'accréditer sa doctrine. Les prélats français ne leur faisaient pas non plus cette injure. Mortifiés seulement qu'aux pieds même du trône pontifical, et dans le conseil du vicaire de Jésus-Christ, l'on ignorât ou l'on se dissimulât les dangers de son Eglise, ils crurent les y devoir exposer avec une exactitude qui ne permît plus de tenir pour indifférent à la foi le silence sur des questions capitales en matière de foi. La cellule de saint Bernard devint le sanctuaire où le Seigneur inspira ce qu'il y avait de plus zélé et de mieux intentionné dans le clergé de France. Le jour d'après, dix archevêques, beaucoup d'évêques et quantité d'abbés et de maîtres en théologie se rangèrent auprès de lui, et tous unanimement convinrent ensemble d'une forme de symbole qui de toutes les voies qu'ils pouvaient prendre pour faire impression sur l'esprit des cardinaux, aussi de l'évêque de Poitiers, leur parut la plus persuasive et la moins choquante.

L'acte avait à la tête les quatre articles reconnus publiquement par le pape pour renfermer la doctrine de l'accusé, et dans le corps quatre propositions contradictoires aux quatre articles, par lesquelles ils rendaient compte de leur foi en ces termes :

« Nous croyons et nous confessons simplement que la nature de la Divinité est Dieu, et qu'on ne peut nier dans aucun sens catholique que la Divinité ne soit Dieu, et que Dieu ne soit la Divinité. Si l'on dit quelquefois que Dieu est sage par sa sagesse, grand par sa grandeur, Dieu par sa divinité, et si l'on use d'autres pareilles expressions, nous croyons que ce n'est point une autre sagesse, une autre grandeur, une autre éternité, une autre unité, une autre divinité que celle par laquelle il est Dieu ; c'est-à-dire, que par lui-même il est sage, grand, éternel, unique.

« Lorsque nous parlons de trois personnes, le Père, le Fils et le Saint-Esprit, nous déclarons que c'est un seul Dieu, une seule substance divine ; comme lorsque nous parlons d'un seul Dieu et d'une seule substance divine, nous confessons que ce seul Dieu et cette seule substance divine, ce sont les trois personnes.

« Nous croyons et nous confessons que le seul Dieu, le Père, le Fils et le Saint-Esprit, est éternel, et qu'il n'y a aucunes choses, de quelques noms qu'on les appelle, soit relations, soit propriétés, soit singularités, soit unités, soit quelque autre pareille idée qu'on s'en fasse, qui étant en Dieu, n'y soient de toute éternité, et ne soient pas Dieu.

« Nous croyons et nous confessons que la Divinité même ou la substance divine a été incarnée, mais dans le Fils. »

Ce symbole ainsi rédigé après la plus mûre délibération, tout ce qu'il y avait là de prélats et de personnes qui eussent un rang le signèrent : ils choisirent pour l'aller présenter au pape les évêques d'Auxerre et de Terouanne et l'abbé Suger. Il était recommandé aux trois députés d'accompagner leur démarche d'une déclaration un peu forte, mais que méritaient bien ceux de la cour de Rome qui, sous prétexte des subtilités dont cette controverse était remplie, osaient presque mettre sur le même pied les agresseurs et les défenseurs, et ne suggéraient pas d'autre moyen d'abolir l'erreur qu'ils détestaient que de laisser tomber la dispute. C'était principalement à cette injustice d'égalité, maudit fruit d'une protection peu éclairée, que les auteurs du symbole en voulaient, dans ce que leurs députés avaient à signifier en leur nom. « Le respect que nous vous portons, devaient-ils dire au saint-père, nous a fait négliger quelques discours jusqu'au moment où nous avons su que votre intention était de juger cette cause. Nous vous présentons donc aussi notre profession de foi par écrit, comme notre adversaire vous a présenté la sienne, afin que vous ne décerniez pas sur les raisons d'une des deux parties, sans avoir écouté l'autre. Mais il y a cette différence entre lui et nous, qu'il s'est engagé, lui, à corriger dans sa profession ce que vous y trouveriez de défectueux ; au lieu que nous, nous vous remettons la nôtre indépendamment de toute condition, résolus de nous y tenir sans rien changer. » C'est qu'ils n'avaient pas le moindre doute que le pape pensât autrement qu'eux.

Aussi l'air de vigueur dont la commission fut exécutée n'émut pas plus Eugène que si par d'autres endroits elle n'eût pas pu devenir une semence d'aliénation capable de causer une dissension fâcheuse. Très-assuré de la bonne intelligence qui subsisterait entre lui et l'Eglise de France, tant que les principes qu'on y suivait depuis si longtemps n'y varieraient point, il se rassurait par là contre les conséquences mêmes qu'il y avait à craindre de la déclaration des trois députés. Loin d'en paraître peiné ou embarrassé, il donna sur-le-champ sa réponse, qui fut : qu'on devait se tranquilliser, et que l'Eglise de Rome n'aurait jamais d'autres sentiments que les sentiments exposés dans la profession qu'on lui présentait ; que si quelques-uns y avaient témoigné de la bienveillance pour Gilbert, cela regardait sa personne, mais n'irait jamais jusqu'à flatter ou épargner sa doctrine ; que c'était ce qu'il leur ordonnait de rapporter à ceux qui les envoyaient.

Les esprits ne furent pas tout à fait aussi calmes parmi les cardinaux, quoique après la démarche des prélats français ce ne fût rien moins que l'intérêt de Gilbert qui les touchât, c'était le leur propre. Ils ne goûtaient point la liberté qu'on se donnait en France, non pas précisément de leur proposer un symbole, mais de le leur proposer comme le seul qui dût faire règle, et par la défiance que l'on y avait conçue de leur foi. Eugène aimait les Français, et ce qu'il leur connaissait de religion fortifiait son amitié par un fonds d'estime, qui dans un autre aurait été une grande disposition à s'en laisser gouverner. Cela inquiétait les plus soupçonneux du sacré collège. Ils lui rappelèrent en termes assez durs : Que de simple particulier qu'il avait été, élevé par leur choix au souverain pontificat, il était devenu le père commun du monde chrétien ; qu'en cette qualité il se devait spécialement à eux, appelés qu'ils étaient à partager avec lui le poids des affaires; que sans retour sur les amitiés et les relations d'une vie privée, l'utilité publique et les obligations inséparables de la prééminence de son siége faisaient le seul objet qui dût l'attacher. « Cependant, continuaient-ils en parlant de saint Bernard, voyez ce qu'entreprend votre abbé, et avec lui l'Eglise gallicane! de quel front il a osé s'attaquer à la primauté de l'Eglise romaine. C'est néanmoins cette chaire à qui seule il est donné de fermer, et personne n'ouvre; d'ouvrir, et personne ne ferme. C'est elle seule qui, établie juge des questions de foi, jouit, pour les résoudre, d'une prérogative singulière, à laquelle l'absence même de ceux qui y sont assis ne saurait préjudicier. Malgré cela, voici que les Français nous dédaignent jusqu'à nous insulter en face; et que sans requérir seulement notre avis, quelque part où nous ayons eue à l'examen des articles controversés, ils présument de mettre la dernière main à la controverse par une profession de foi qui, s'ils en sont crus, doit avoir force de sentence définitive. » Les cardinaux irrités prétendaient trouver là un procédé plus hautain qu'ils ne l'eussent dû appréhender des Orientaux mêmes. Qu'une semblable cause, disaient-ils, eût été remuée à Alexandrie ou à Antioche, tous les patriarches présents, rien sans notre autorité n'y pourrait passer pour un jugement fixe et parfaitement valable. Ce serait même à la connaissance du pontife de Rome que la dernière discussion en serait réservée, suivant les statuts et la pratique des anciens. Comment l'entendent donc ces gens-ci d'usurper sous nos yeux ce qu'il ne leur serait pas permis de s'arroger au mépris de notre rang, ne fussions-nous pas aussi à portée qu'ils nous consultassent que nous le sommes? Ainsi, considérant la témérité et la nouveauté de leur attentat, notre avis est que vous le réprimiez, et que vous le punissiez sans aucun délai. »

Ce discours, quoique rapporté par Otton de Frisingue, a été suspect à plusieurs critiques, en ce qu'Otton, qui en est le plus ancien garant, était alors bien loin de Reims, parmi les croisés, et que Geoffroy de Clairvaux, compagnon inséparable de saint Bernard au concile, n'en dit pas un mot dans le compte qu'il rend à l'évêque d'Albane de la profession et de la déclaration même des évêques de France. Le feu qui y règne, le désordre des pensées, le mélange du vrai et du faux qu'on y sent partout, autorisent du moins à n'y pas donner une confiance entière. Quel qu'il fût sorti de la bouche des cardinaux, le pape, toujours modéré et toujours égal, promit d'éclaircir les faits et de satisfaire aux plaintes. Saint Bernard lui raconta respectueusement ce qui en était. Il l'assurait que ni les prélats ni lui n'avaient eu intention de rien définir; mais que lui personnellement avait été bien aise de constater ses sentiments par écrit, ainsi que l'évêque de Poitiers avait constaté les siens; et que pour donner quelque poids à son exposé, au lieu d'en être chargé seul, il s'é-tait couvert de l'autorité et du témoignage de ceux des évêques et des autres, avec qui il ne faisait comme eux qu'énoncer et expliquer sa pensée. L'humilité et l'ingénuité de cette défense apaisa les cardinaux, et peut-être leur inspira-t-elle ce que la honte de s'être précipitamment avancés ne saurait guère ne pas inspirer, quand on a quelque délicatesse d'honneur. Mais pour ne pas s'écarter des règles ordinaires, et se soutenir dans les principes allégués sur l'insuffisance de l'autorité qui proposait la nouvelle exposition de foi, il fut arrêté qu'elle ne serait reçue dans le concile que sur le même pied et dans le même esprit qu'elle avait été dressée par le clergé de France, sans y être intimée au corps des fidèles avec le caractère de symbole ou de profession universelle.

Les cœurs ainsi réunis, et toute occasion de schisme retranchée, c'était au concile même à statuer sur les articles dénoncés, quelle que fût la forme qu'on y voulût suivre. On s'assembla dans le palais de l'archevêque, qui était appelé le *Thau*, à cause de la figure des bâtiments qui représentait cette lettre grecque. Les quatre articles y ayant été lus publiquement, et l'évêque de Poitiers juridiquement interrogé pour savoir de lui s'il persistait à les soutenir comme sa doctrine, il répondit que non, sans autre rétractation que ces mots répétés à chaque article : « Si vous croyez, si vous parlez, si vous écrivez autrement, je crois aussi, je parlerai aussi, et j'écrirai autrement. » Le pape alors prononça que par son autorité, et avec le consentement du concile, il condamnait lesdits articles, défendant étroitement de lire ou transcrire le livre même d'où ils avaient été extraits, fût-on intérieurement soumis à la condamnation qui venait d'en être portée, jusqu'à ce que l'Eglise romaine l'eût fait corriger. Gilbert, pendant ce temps-là, conserva assez de flegme pour dire au pape que lui-même y ferait telles corrections que sa sainteté lui prescrirait. C'était se bien posséder dans un moment aussi critique; mais on ne témoigna pas lui en savoir beaucoup de gré. Le pape ou quelque autre reprit : « Qu'on ne s'en rapporterait pas à lui pour ces corrections. »

La censure, toute bornée qu'elle était, avait essuyé tant de difficultés, qu'on prit le parti de dissimuler sur les autres points qui de jour en jour étaient venus à la connaissance des plus zélés du concile; mais la multitude de ceux qui déposaient, obligea de faire au moins quelque chose qui flétrit différents écrits répandus dans les écoles et ailleurs sous le nom de Gilbert. Plusieurs opinaient pour qu'on les brûlât, ce qui fut jugé trop diffamant; on se contenta de les lacérer. Un mal présent demandait un remède présent. Pour le danger qu'on en pouvait craindre à l'avenir, il y avait à se rassurer sur la nature de ces productions, dont la postérité n'a jamais été fort avide. Connues du vivant de l'auteur par le goût qu'on prenait aux recherches extraordinaires, elles ont été très-négligées depuis : quelques citations conservées à la faveur des ouvrages qui les combattent sont presque aujourd'hui tout ce qui nous en reste. *Hist. de l'Egl. gall., liv.* XXVI.

REIMS (Concile de), l'an 1131, par le pape Eugène III, contre des simoniaques. *Gall. Chr. t.* III, *col.* 675.

REIMS (Concile de), l'an 1157. L'archevêque Samson tint ce concile le 26 octobre, et y fit les sept canons suivants :

1. Les hérétiques albigeois nommés *Pifres* seront excommuniés et emprisonnés.

2. Les ravisseurs des biens d'église seront punis canoniquement.

3. On ne touchera point durant la guerre à la personne des clercs, ni des moines, ni des femmes, ni des voyageurs, non plus qu'à celle des laboureurs et des vignerons.

4. On refusera la terre sainte à tous ceux qui meurent dans les tournois.

5. On remplira les cures vacantes dans l'espace de quarante jours au plus tard.

6. Les abbés n'enverront pas leurs chanoines desservir les cures, et ne les rappelleront pas non plus, sans le consentement de l'évêque.

7. Les religieuses garderont la simplicité dans leurs habits, et ne quitteront point leurs cloîtres, même sous prétexte d'aller quêter, dans le cas où leurs monastères seraient brûlés ou pillés. *Mansi, Suppl. tom.* II, *col.* 499.

REIMS (Concile de), l'an 1158. Barthélemi et Gauthier Ier, successivement évêques de Laon, avaient fait quelques donations aux prémontrés de la même ville. Gauthier II s'en plaignit et voulut obliger les prémontrés à restitution. Barthélemi vivait encore, et après avoir abdiqué l'épiscopat, s'était fait moine de l'ordre de Cîteaux. Informé des poursuites que Gauthier II faisait contre les prémontrés, il écrivit au concile assemblé à Reims en 1158, pour se justifier et montrer qu'au lieu d'avoir dissipé, étant évêque, les biens de l'Eglise de Laon, il les avait augmentés et remis en bon état. Le roi Louis intervint dans cette affaire, et la termina. *Hist. des aut. sacr. et eccl., t.* XXI.

REIMS (Concile de), l'an 1164. Le pape Alexandre tint ce concile après le mois de mai. On y traita des secours à porter dans la terre sainte. *Pagi.*

REIMS (Concile de), l'an 1231. Henri de Breune, archevêque de Reims, tint ce concile à Saint-Quentin, sur la discipline. *Hard.* VIII.

REIMS (Concile de), l'an 1235. *Voyez* SAINT-QUENTIN.

REIMS (Autre concile de la province de), tenu à Saint-Quentin l'an 1235. *Voy.* SAINT-QUENTIN, l'an 1235.

REIMS (Concile de), l'an 1236. *Voy.* SAINT-QUENTIN.

REIMS (Concile provincial de), l'an 1287. Pierre Barbets, archevêque de Reims, tint ce concile, le 1er octobre, avec sept de ses suffragants et les députés des deux autres, à l'occasion des privilèges accordés par le pape Martin IV aux religieux mendiants. Le décret qu'on fit à ce sujet portait en substance : « Les frères prêcheurs et les frères mineurs prétendent user de certains privilèges accordés par Martin IV touchant les confessions et l'injonction des pénitences, et cela d'une manière qui est manifestement contraire au droit commun, aux décrets des conciles, aux constitutions des papes et à l'intention même de celui qui a fait la concession de ces grâces. En conséquence il s'est élevé des disputes et même des scandales. Le salut des âmes a été en danger. On a averti les religieux de ne pas envahir les fonctions épiscopales; et comme on n'a pu les obliger à se désister de leurs prétentions, il a fallu en venir à la convocation du concile de la province, dont le résultat est que l'affaire sera poursuivie en cour de Rome jusqu'à son entière conclusion, et que pour les frais indispensables d'une telle procédure, l'archevêque de Reims et chaque évêque de la province payeront le vingtième de leur revenu de l'année présente, et les autres ecclésiastiques le centième. »

Cette déclaration de la province de Reims contre les privilèges des mendiants n'était que la suite de quelques mouvements qui avaient précédé sur la même matière dans la métropole de Rouen. On ignore la suite de cette affaire. Il paraît seulement que la levée de la taxe, ordonnée dans le concile de Reims pour les frais de la procédure en cour de Rome, ne se fit pas sans difficulté. Enfin, soit que la plainte eût été mal reçue à Rome, soit que les réguliers eussent corrigé les abus qu'on leur reprochait, le pape Nicolas IV, qui était de l'ordre de Saint-François, accorda en 1288, outre quantité de nouveaux privilèges, la confirmation de ceux qu'on leur disputait. En particulier, il les déclara exempts, pour le spirituel et le temporel, de toute autre juridiction que de celle du saintsiége. *Hist. de l'Egl. gallic., liv.* XXXV.

REIMS (Concile)de), l'an 1291 : sur les religieux mendiants. *Gall. Chr. t.* III, *col.* 222.

REIMS (Concile de), l'an 1301. Robert de Courtenay, archevêque de Reims, tint ce concile le 22 novembre. On y fit une constitution de sept articles, dont la plupart regardent les clercs qui seraient appelés à un tribunal séculier. Le nouveau *Gallia Christiana,* tom. IX, col. 121, met ce concile à Compiègne, et Hartzheim le place à Cambrai. Le P. Hardouin met aussi ce concile à Compiègne, avec la note suivante du P. Cossart : *Liber ms. ex quo descripti sunt hi canones Remensis provinciæ concilium appellat, non designato concilii loco : quem docemur a Meyaro, lib.* X *Annal. Fland. ad hunc ann. Mense, inquit, novembri, die Mercurii, ante ferias divi Clementis, vacante adhuc sede Morinensi, coacta apud Compendium synodus provincialis per archiepiscopum Remorum. Hic excommunicati abbates, quicumque conspiraverunt in suos episcopos. Fulminati item magistratus laici, qui non patiebantur ut laici in foro ecclesiastico convenirentur. Decretum quoque, ut ubicumque a judice temporali capiatur clericus, a divinis cessetur offi-*

cits. Quæ omnia huic concilio convenire manifestum est. Hard. VIII.

REIMS (Concile de), l'an 1302. Robert de Courtenay, archevêque de Reims, tint ce concile le 30 septembre, contre les entreprises des chanoines des cathédrales, qui abusaient des priviléges des souverains pontifes, pour se soustraire à leurs légitimes créanciers. Le concile en écrivit au pape Boniface VIII, en le priant de remédier à cet abus.

REIMS (Concile provincial de), l'an 1303. On y fit plusieurs décrets, dont le premier ordonne de priver de l'entrée de l'église et de la sépulture ecclésiastique les excommuniés et les interdits; le second tend à réprimer les excès que commettaient des agents de seigneurs temporels et de juges laïques, en obligeant des clercs à payer la taille et les autres impôts, sous le faux prétexte qu'ils faisaient publiquement le métier de marchands; le troisième et le suivant ordonnent de traiter comme suspects d'hérésie les excommuniés qui négligeaient des années entières de se faire relever de l'excommunication; le dernier enfin prescrit aux ecclésiastiques de ne faire servir à leurs tables que deux plats outre le potage, à moins qu'ils n'eussent à recevoir des personnes de distinction. *Martène, Vet. monum. t.* VII; *Mansi, Conc. t.* XXV.

REIMS (Concile de), l'an 1408. Guy de Roye, archevêque de Reims, tint ce concile de sa province, le 28 d'avril 1408. Outre la lettre de convocation, qui subsiste tout entière, et quelques indices des matières qu'on y traita, on nous a conservé un discours qui fut prononcé à l'ouverture de cette assemblée par le chancelier Gerson, sur ce texte de l'Evangile : *Le bon pasteur donne sa vie pour ses brebis.* C'est une explication très-ample des devoirs attachés au saint ministère. L'orateur les réduit à trois : à l'instruction, au bon exemple et à l'administration des sacrements; et il dit sur cela mille choses également curieuses et utiles, quoique exprimées d'un style un peu trop scolastique.

En conséquence de cette exhortation, qui avait plu à l'assemblée, on dressa un plan général sur la manière de visiter les paroisses. Tout le détail que comprend cette pièce est très-instructif et pourrait encore servir de modèle aux évêques les plus occupés de leurs devoirs. On y recommande d'abord à ceux qui font la visite, d'examiner ce qui concerne le pasteur de chaque endroit; s'il a des revenus suffisants; s'il est logé et meublé d'une manière convenable; s'il est instruit des règles qu'on doit observer dans l'administration des sacrements, la célébration des divins offices, l'absolution des censures, l'explication de la doctrine chrétienne; si sa conduite est édifiante et exempte de tout reproche, surtout en matière de continence, de tempérance et de fidélité à garder le sceau de la confession; s'il a soin de conserver décemment le saint chrême et les saintes huiles, de fermer les fonts baptismaux, et de changer tous les mois, ou même plus souvent, les hosties du tabernacle.

L'instruction dit ensuite, qu'il faut s'appliquer à connaître l'état de la paroisse. On doit s'informer s'il y a des excommuniés, des hérétiques, des gens adonnés à la magie, des blasphémateurs, des usuriers et des adultères publics; si l'on garde les fêtes de commandement et les jeûnes; si l'on se confesse au moins à Pâques; si l'on paye exactement les dîmes; si l'on se comporte avec révérence dans l'église et durant la célébration des saints mystères. On ajoute, comme un des points les plus importants de la visite, que celui qui la fait, ou les ecclésiastiques qui l'accompagnent, doivent entendre les confessions de quiconque voudra s'adresser à eux. C'était pour remédier aux inconvénients que le défaut de confiance envers les pasteurs ordinaires pouvait occasionner dans l'administration du sacrement de pénitence.

On donne après cela une liste exacte des cas réservés, et ce sont à peu près les mêmes qu'on trouve indiqués aujourd'hui dans la plupart des rituels de nos diocèses. Les Pères du concile avertissent, à cette occasion, qu'il est à propos d'accorder d'amples pouvoirs pour l'absolution de ces sortes de péchés, à ceux des curés qu'on trouvera capables; et, au défaut des curés, il faudra, disent-ils, commettre dans le voisinage un prêtre séculier ou régulier qui soit comme le pénitencier du canton, et à qui l'on puisse avoir recours dans l'occasion.

Enfin, on remarque encore ici des règles très-sages, pour empêcher la simonie, le mépris des censures, la déprédation des biens de l'église, l'entrée des mauvais sujets dans l'état ecclésiastique et dans les saints ordres. Les avis s'étendent jusqu'à la conduite des réguliers. Le concile souhaite qu'au temps de la visite, les prélats s'informent si les religieux mendiants se comportent avec réserve dans leurs discours et dans l'administration des sacrements; s'ils renvoient au pénitencier pour certains péchés; s'ils ne prêchent point contre les curés, les sépultures à la paroisse et les dîmes; s'ils n'admettent point les excommuniés aux offices de l'Eglise; s'ils ne débitent point en chaire des choses peu sérieuses, et s'ils ne sont pas trop faciles à traiter certaines actions de péché mortel. Telle est la substance de cette instruction synodale qui, malgré la critique trop sévère qu'on y fait des ordres mendiants, fait voir qu'on voulait le bien dans cette province de Reims, et que les évêques de ce canton n'avaient point laissé prescrire contre les bonnes règles de l'Eglise. *Amplissima collect., tom.* VII, *p.* 416 *et seq.; Mansi, dans son Supplém. des Conciles du P. Labbe, tom.* III, *pages* 786 *et suiv.; Histoire de l'Eglise gallicane, t.* XV, *pages* 279 *et suiv.*

REIMS (Concile de), l'an 1564. Le cardinal de Lorraine, étant de retour du concile de Trente, tint à Reims, au mois de décembre, ce concile de sa province, pour y faire recevoir les décrets du concile de Trente, et y travailler à la réforme du clergé. Les évêques de Soissons, de Senlis, de Châlons-sur-Marne, y assistèrent en personne, avec les procureurs des évêques de Noyon, de Laon, d'Amiens et de Boulogne. On y appela aussi l'archevêque de Sens et l'évêque de Verdun, qui se trouvaient alors à Reims. Les députés des chapitres et plusieurs abbés y portèrent leurs suffrages. On y lut une profession de foi par laquelle on approuvait les décrets du concile de Trente, et l'on y dressa dix-neuf statuts ou règlements de discipline.

1. Les curés résideront dans leurs paroisses sous peine d'en être privés, après trois mois d'absence, par les évêques, qui les conféreront comme vacantes à des sujets capables. Pour remplir le devoir de la résidence, il ne suffit pas à un curé de demeurer oisivement dans sa paroisse : il faut de plus qu'il s'applique à connaître son troupeau ; qu'il offre pour lui le sacrifice de la messe ; qu'il le nourrisse du pain de la parole ; qu'il lui administre les sacrements ; qu'il l'édifie par ses exemples, et le soulage dans tous ses besoins spirituels et corporels.

2. Ils enseigneront à leurs paroissiens la doctrine du concile de Trente ; leur expliqueront, au moins tous les jours de dimanches et de fêtes, quelque chose de l'épître, de l'évangile ou de quelque autre livre de l'Ecriture sainte, et surtout ils les instruiront de tout ce qui est nécessaire au salut.

3. Ils leur expliqueront aussi, dans leur langue vulgaire, la vertu et l'usage des sacrements qu'ils doivent leur conférer, et les inviteront à s'en approcher dignement.

4. Il n'y aura tout au plus qu'un parrain et une marraine pour lever un enfant sur les fonts de baptême ; et ils ne contracteront l'alliance spirituelle qu'avec l'enfant et son père et sa mère. Les personnes qui baptisent ne contracteront non plus l'alliance spirituelle, qu'avec le baptisé et son père et sa mère : les curés les en instruiront. Ils inscriront aussi leurs noms dans un registre, avec ceux des père et mère de l'enfant baptisé, de même que le jour et l'an de l'administration du baptême.

5. On ne célébrera point de mariages depuis l'avent jusqu'au jour de l'Epiphanie, ni depuis le jour des Cendres jusqu'au jour de Pâques inclusivement. Les curés exhorteront les futurs époux à se confesser à leur propre prêtre, et à communier au moins trois jours avant leur mariage. Ils les avertiront aussi de traiter saintement le mariage, et de n'en blesser la sainteté, ni par leurs actions, ni par leurs discours.

6. Les curés donneront l'exemple de toutes sortes de bonnes œuvres.

7. On nommera tous les ans, dans le synode, six prêtres capables, séculiers ou réguliers, pour examiner ceux qui seront présentés ou nommés à quelque cure. Ces examinateurs jureront sur les saints Evangiles de s'acquitter fidèlement de leur commission, sans acception de personne, et de ne rien prendre à l'occasion de l'examen, ni devant, ni après. Ils n'admettront que des sujets propres et convenables, quand même les cures vacantes seraient en patronage laïque.

8. Les évêques feront tout ce qui dépendra d'eux pour ne donner les ordres que par degrés et après de longues épreuves.

9. On n'admettra personne à la tonsure, à moins qu'il ne soit confirmé, qu'il ne possède bien son catéchisme, qu'il ne sache lire et écrire, et qu'on ne soit assuré de sa vocation à l'état ecclésiastique. Les tonsurés ne jouiront du privilége de la cléricature que quand ils porteront l'habit clérical, qu'ils seront, par l'ordre de l'évêque, ou dans quelque église pour la servir en leur manière, ou dans quelque université, ou dans quelque séminaire, pour se disposer aux ordres supérieurs.

10. On rétablira les fonctions des ordres mineurs dans les églises cathédrales, collégiales et paroissiales ; et ces fonctions, au défaut des clercs, pourront être exercées par des hommes mariés, d'une vie irréprochable, pourvu qu'ils ne soient point bigames.

11. On ne donnera les ordres mineurs qu'à ceux qui sauront au moins la langue latine, et qui mèneront une vie exemplaire. On leur fera garder les interstices pour les faire passer d'un ordre à l'autre ; et on ne les élèvera aux ordres sacrés qu'un an après qu'ils auront reçu le dernier des ordres mineurs, si la nécessité ou l'utilité de l'Eglise ne demande qu'on prévienne ce temps. Les aspirants aux ordres mineurs apporteront avec eux un bon témoignage de leurs curés et de leurs maîtres d'école.

12. On n'ordonnera personne, en quelque degré que ce soit, sans l'attacher à une église ou à un lieu pieux, pour y exercer ses fonctions ; et l'on n'admettra aucun clerc étranger à la célébration de la messe ou à l'administration des sacrements, sans lettres de recommandation de son évêque.

13. On ne donnera le sous-diaconat qu'à l'âge de vingt-deux ans, le diaconat à vingt-trois, et la prêtrise à vingt-cinq. On ne fera personne sous-diacre, à moins qu'il n'ait un bénéfice ou quelque autre bien suffisant pour l'entretenir.

14. Ceux qui doivent recevoir quelque ordre sacré se présenteront aux évêques ou à leurs grands vicaires, un mois avant l'ordination, afin que les curés de ces aspirants publient leurs noms et leur dessein dans l'église, et s'informent exactement de leur naissance, de leur âge et de leurs mœurs.

15. Tous les clercs qui auront été ordonnés, iront faire les fonctions de leur ordre dans les églises auxquelles ils seront attachés, et y communieront à la grand'messe, au moins toutes les fêtes d'apôtres et les autres plus solennelles.

16. Nous déclarons qu'il n'est permis, ni à nous, ni à nos officiers, de recevoir quoi que ce puisse être pour les ordres ou pour la tonsure, ou pour les lettres soit dimissoires, soit testimoniales, ni pour le sceau ou toute autre chose semblable. Nos secrétaires pourront seulement recevoir la dixième partie d'un écu d'or : *Decimam tantum unius aurei nartem*, pour les lettres dimissoires ou testimoniales, sans qu'il puisse nous en revenir aucun profit direct ou indirect.

L'écu d'or a eu diverses valeurs selon les temps : mais il a valu le plus ordinairement cent quatorze sols.

17. Tous les clercs doivent régler leur conduite de façon que tout respire la gravité, la modération et la religion dans leur habit, leur geste, leur démarche et leurs discours ; qu'ils évitent jusqu'aux péchés les plus légers, qui seraient très-grands dans leurs personnes, et que leurs actions leur attirent le respect et la vénération de tout le monde. C'est pourquoi nous renouvelons tout ce que les papes et les conciles ont jamais ordonné touchant la vie et la conduite des clercs, ainsi que les peines qu'ils ont décrétées contre les transgresseurs, sans que l'appel puisse suspendre l'exécution de celles qui regardent la correction des mœurs.

18. Les archidiacres feront leurs visites aux temps marqués, et en rendront compte aux évêques un mois après : le but de ces visites sera de s'informer de la foi et des mœurs du clergé et du peuple, de corriger ce qui en aura besoin, ou d'en faire le rapport aux évêques, et d'exhorter tout le monde à la paix et à la vérité, en leur donnant l'exemple de la charité, de la modestie, du désintéressement ; évitant d'être à charge ou de causer du scandale à personne, et se contentant du viatique ou honoraire fixé par la loi ou par la coutume.

19. Les archidiacres et les doyens ruraux avertiront souvent les clercs et surtout les curés de vivre avec piété, de s'adonner à la prière, et d'exhorter leur troupeau à faire pénitence et à réparer les églises paroissiales, dont Dieu a permis les profanations et les pillages, pour punir les péchés du clergé et du peuple. *Anal. des Conc.*, t. II.

REIMS (Concile de), l'an 1583. Le cardinal Louis de Guise, archevêque de Reims, tint ce concile dans son palais archiépiscopal, sous le pontificat de Grégoire XIII et le règne de Henri III. Les évêques de la province et plusieurs autres personnes respectables s'y trouvèrent. On y fit vingt-sept canons en forme de capitules.

1. *De la Foi catholique.* Il contient une formule de profession de foi.

2. *Du Culte divin.* Tous les pasteurs apprendront à leurs peuples à servir Dieu en esprit et en vérité. Il les appelleront à l'église par le son des cloches, qui sera différent selon la différence des solennités. Les laïques et les clercs s'y tiendront modestement ; et ces derniers chanteront les psaumes, en articulant bien et en gardant les pauses. Ils se découvriront et s'inclineront en prononçant le nom de Jésus et en disant le *Gloria Patri.* On ne mettra point de nouvelles images dans les églises, sans la permission de l'évêque.

3. *Du Bréviaire, du Missel et du Manuel.* Les évêques, aidés de leurs chanoines, purgeront ces livres de tout ce qu'il pourrait y avoir de contraire à la doctrine catholique ou à la pureté des mœurs et à la vérité de l'histoire.

4. *Des Jours de Fêtes.* Les peuples entendront la messe, le sermon et les vêpres dans leurs paroisses les jours de dimanches et de fêtes. Personne ne pourra s'absenter de sa paroisse les jours de Pâques, de la Pentecôte et de Noël, sans un juste sujet, ni sans la permission de son curé. Les confréries ne tiendront pas leurs assemblées les jours de dimanches pendant la messe de paroisse, et le prêtre n'y fera point la bénédiction du pain ou de l'eau.

5. *Des Sortiléges et des autres choses contraires à la piété chrétienne.* On punira ceux qui profaneront les paroles de l'Ecriture sainte, en les employant à des bouffonneries, des détractions, des enchantements, des superstitions, des sorts, des libelles diffamatoires. On excommuniera ceux qui nuisent au mariage, les devins et les tireurs d'horoscopes.

6. *Des Sacrements.* Tous les ministres de la parole instruiront les peuples du nombre et de la nature des sacrements, des raisons de leur institution, de leur vertu, de leurs effets, de leur utilité et des dispositions qu'il faut apporter quand on s'en approche.

7. *Du Baptême.* Les curés ne différeront point à baptiser les enfants ; et ils reprendront fortement les parents qui différent à les faire baptiser. On ne prendra ni hérétiques, ni religieux, ni religieuses pour être parrains ou marraines. Le curé prendra garde que l'eau baptismale ne soit sale ; et il ne permettra de sonner les cloches ou de toucher les orgues, qu'après que l'enfant aura été baptisé, en signe de joie de l'adoption qui le fait enfant de Dieu.

8. *De la Confirmation.* Les ministres de la parole avertiront les fidèles de ne point négliger le sacrement de confirmation ; et les évêques l'administreront fréquemment.

9. *De la Pénitence.* Les curés et les prédicateurs avertiront souvent les fidèles qu'ils ne peuvent obtenir la rémission de leurs péchés mortels, qu'en les confessant tous à un prêtre approuvé, avec les dispositions nécessaires.

11. *De l'Eucharistie.* Les curés et les prédicateurs porteront les fidèles à communier et à entendre la messe très-souvent avec la dévotion convenable. Tous se tiendront debout à l'évangile et à la préface. Les prêtres diront la messe les jours de dimanches et de fêtes, et plus souvent encore ; mais jamais hors de l'église ou des oratoires approuvés.

12. *De l'Ordre.* Le sacrement de l'ordre, qui donne aux prêtres le pouvoir de prêcher, de baptiser, de consacrer le corps de Jésus-Christ, et de remettre les péchés, les avertit assez qu'ils doivent être saints.

13. *Du Mariage.* On observera le décret de la vingt-quatrième session du concile de Trente, touchant le mariage.

14. *De l'Extrême-Onction.* Le curé préviendra les malades qui sont en danger, pour leur porter le sacrement de l'extrême-onction ; et ils les visitera le plus souvent qu'il lui sera possible, après qu'ils l'auront reçu, afin de les consoler et de les fortifier. Les évêques auront aussi la charité de les aller voir, pour leur donner la bénédiction

épiscopale; et ils exerceront ces bons offices envers les personnes pieuses, de préférence aux autres.

15. *Des Sépultures.* Les curés feront en sorte que la simplicité et la modestie brillent dans les funérailles des chrétiens. Ils enterreront les pauvres *gratis*, et refuseront la sépulture aux pécheurs publics.

16. *Des Séminaires.* Les évêques érigeront des séminaires, et y mettront des hommes choisis pour les gouverner.

17. *Des Clercs en général.* Les clercs ne seront ni économes des grands, ni fermiers, ni ivrognes, ni concubinaires, ni joueurs, ni chasseurs; mais chastes, modestes, charitables, exemplaires en tout.

18. *Des Réguliers et de leurs monastères.* On rétablira l'ancienne discipline, autant qu'il sera possible, dans les monastères. On ne forcera personne à y entrer; on n'y mettra personne par présents ni par caresses; on ne s'y déterminera que par des motifs tout à fait purs; on en bannira l'oisiveté, et l'on y observera fidèlement les trois vœux, la règle, la vie commune.

19. *Des Curés.* Ils résideront continuellement dans leurs paroisses; et leur présence ne sera point oisive, mais utile à leurs paroissiens, du côté de l'instruction et de l'exemple.

20. *Des Chapitres et des Chanoines.* On ne recevra point de chanoine sans l'obliger de faire sa profession de foi, en présence de l'ordinaire et du chapitre, suivant la forme prescrite par Pie IV. Ils seront reçus gratuitement; ils résideront et assisteront exactement à tous les offices, avec le surplis, l'aumusse et toutes les marques de leur dignité.

21. *Des Evêques.* Les évêques veilleront avec soin sur leurs troupeaux, selon la signification de leur nom. Ils résideront assidûment et s'appliqueront à l'étude des livres saints, dont la lecture assaisonnera même leurs repas. Ils prieront pour le peuple; ils l'instruiront et l'exhorteront par leurs discours; ils l'édifieront par leurs exemples, et le traiteront avec bonté, parce que la douceur de la charité réussit mieux quelquefois à corriger les coupables, que le nerf du pouvoir et le poids de l'autorité.

22. *Des Simoniaques et des Confidentiaires.* On les dénoncera excommuniés, privés de leurs bénéfices, et incapables d'en posséder d'autres.

23. *De l'Usure.* Les usuriers sont obligés à restitution. Les curés les dénonceront excommuniés tous les dimanches. Les clercs usuriers seront déposés.

24. *De la Juridiction.* Les juges laïques renverront à l'Eglise les causes qui appartiennent à sa juridiction; et les clercs ne paraîtront devant les tribunaux séculiers que dans les cas permis par le droit.

25. *De la Visite.* Les évêques visiteront tous les deux ans leur diocèse tout entier, par eux-mêmes ou par d'autres.

26. *Du Synode diocésain.* L'évêque le tiendra tous les ans. Les curés n'y paraîtront qu'en étole et en surplis.

27. *Du Concile provincial.* Le concile provincial se tiendra tous les trois ans. Les évêques en feront publier et conserver les actes. *Ibid.*

REIMS (Synode de), 30 avril 1669, par le cardinal Antoine Barberin, archevêque de Reims. L'éminentissime prélat y publia des *Ordonnances et Instructions pour le devoir des pasteurs*, très-substantielles dans leur brièveté. Des règles y sont données aux pasteurs, « premièrement, pour ce qui les regarde intérieurement; secondement, pour ce qui les regarde extérieurement sur eux-mêmes; troisièmement, pour ce qui les regarde extérieurement par leur charge à l'endroit des autres. »

1. « Qu'ils se renouvellent tous les jours en l'homme intérieur et spirituel, de crainte que l'Epouse ne leur reproche avec douleur qu'étant préposés et ordonnés pour cultiver la vigne des autres, ils n'aient délaissé et abandonné misérablement la leur. »

2. « Qu'ils ne s'occupent point dans les embarras séculiers et profanes, eux qui sont destinés à être employés pour la gloire de Dieu; et que partant, ils s'abstiennent de tout commerce, de négoce et d'emploi servile, et ne se prêtent point aux autres comme facteurs, afin d'agir pour eux dans le monde, et de se charger de leurs affaires, eux qui sont préposés pour les soins assidus du sanctuaire et des autels.

« Qu'ils ne s'ingèrent jamais dans aucune sollicitation de procès ou jugement où il y aille de l'effusion du sang, et qu'ils évitent la pratique de la médecine et de la chirurgie où le feu et l'incision sont en usage.

« Qu'ils fassent résidence indispensablement où ils sont obligés par le titre et la condition de leur bénéfice, et pour ce sujet, qu'ils ne tiennent jamais deux cures ni deux bénéfices en même temps qui obligent à la résidence.

« Qu'ils ne célèbrent jamais deux messes en même jour, hors celui de Noël, sous quelque prétexte que ce puisse être, même de leurs annexes. »

3. « Qu'ils ne permettent et ne souffrent pas que l'on chante rien de profane dans les Eglises, ni que des chants y soient introduits, s'ils ne sont bien approuvés, non plus que des prières ou oraisons, si elles ne sont autorisées de nous ou de nos vicaires généraux.

« Qu'ils n'admettent aussi dans les églises aucune image, statue ni figure qui ne ressente la piété, et s'il y en a d'autres, nous les obligeons de les faire ôter. » *Ordonn. et inst. du synode tenu à Reims*, 1669.

RÉMOIS (Concile tenu dans le), l'an 923. *V.* REIMS, même année.

RENNES (Concile de), *Redonense*, l'an 848. *V.* BRETAGNE, même année.

RENNES (Synodes de), en 1069 et 1079, cités dans le Recueil des historiens de France, t. XI. *Voy.* BRETAGNE, l'an 1079.

RENNES (Concile de), l'an 1176. Barthélemi de Vendôme, archevêque de Tours, tint ce concile, au sujet peut-être des différends de l'Eglise de Tours avec celle de Dôle, touchant le droit de métropole qu'elles se disputaient. *Martène, Anecd. t.* III; *Mansi, t.* II.

RENNES (Concile de), l'an 1273. Le lundi d'après l'Ascension de l'an 1273, Jean de Montsoreau, archevêque de Tours, tint ce concile, où l'on fit les sept canons qui suivent

1. « On excommunie quiconque maltraitera un évêque ou un abbé, ou une abbesse, ou qui aura mis le feu à leurs maisons, ou qui aura tué ou mutilé un ecclésiastique. Si c'est un clerc qui ait commis quelqu'un de ces crimes, outre l'excommunication, il sera privé de tout bénéfice obtenu et à obtenir ; et si c'est un laïque, ses enfants et ses neveux seront exclus de la cléricature, jusqu'à la troisième génération. »

2. « On ne donnera point d'églises paroissiales à ferme, si ce n'est du consentement de l'évêque, et à condition qu'on laissera une partie du revenu au fermier, pour exercer l'hospitalité. »

3. « On renouvelle le quatrième canon du concile de Châteaugontier, qui défend de dépouiller les prieurés qui viennent à vaquer par la mort, la cession ou la translation des prieurs, et qui ordonne de laisser aux moines qui demeurent dans ces prieurés de quoi subsister jusqu'à la prochaine récolte. »

4. « Ceux qui s'emparent des biens d'église seront excommuniés, et les lieux où l'on déposera ces sortes de biens seront interdits. »

5. « Par les biens d'église, on n'entend pas seulement les biens qui appartiennent en propre aux clercs, mais encore ceux qu'ils tiendraient en dépôt, ou qu'ils auraient empruntés. »

6. « Chaque évêque, dans son diocèse, peut absoudre ceux qui sont excommuniés par le concile provincial, après qu'ils auront satisfait comme il convient. »

7. « On approuve et l'on confirme tous les conciles précédents de la province. »

RHODIGIENSIS (Synodus). Voy. ROVIGO.

RIÉTI (Synode diocésain de), *Reatina*, 4 avril 1303, présidé par l'évêque, le chapitre présent (*a*). On y dressa cinquante-cinq articles de statuts, dont voici les plus remarquables :

1. « On frappe d'excommunication les auteurs et fauteurs d'attentats commis contre l'immunité des églises. »

2. « Si celui qui se trouve chargé de la garde de l'eucharistie, du chrême et de l'huile sainte, y met de la négligence, il sera suspendu pendant un mois de son office et de son bénéfice. La punition sera même plus sévère, s'il résulte de son incurie quelque malheur. »

3. « Le prêtre qui négligera d'assister à l'office, soit du jour, soit de la nuit, payera six deniers d'amende pour chaque heure d'omission, et le diacre ou autre clerc qui sera dans le même cas, quatre deniers ; cette amende tournera au bénéfice de ceux qui auront été exacts à l'office, s'ils veulent la recevoir. »

6. « Nous voulons qu'on observe la coutume de sonner les cloches pour matines et les autres offices, après le signal donné par notre sacriste. Celui qui anticipera sur ce signal payera pour chaque fois deux sous d'amende, et le sacriste sera tenu de nous le dénoncer sur-le-champ. »

10. « Nous défendons absolument à tous les prélats et à tous les clercs de notre ville et de notre diocèse de faire des ligues ou des conventicules et autres sociétés illicites, qui pourraient déroger à la fidélité qui nous a été jurée, ainsi qu'à notre juridiction et à la dignité de notre siége. Nous annulons et réprouvons toutes ces associations, et nous en anathématisons les auteurs, s'ils ne les cessent et ne les annulent eux-mêmes dans un mois. »

13. « Nous défendons, sous des peines que nous nous réservons de déterminer, d'admettre indifféremment des paroissiens étrangers aux offices divins et aux sacrements de l'Eglise. Aucun clerc ne pourra s'absenter plus de trois jours de sa propre église, sans notre permission spéciale. »

17. « On accomplira fidèlement les dernières volontés des mourants, et nous punirons par la privation de leurs revenus les clercs qui oseront convertir à leur propre avantage les legs faits aux églises, au lieu de les faire servir à quoi ils auront été destinés. »

21. « Nous ordonnons, sous peine d'excommunication, qu'on tienne partout des registres de ce que chaque église possède, soit en maisons, soit en terres, soit en rentes, soit en ornements, en vaisseaux, en livres et en tout autre mobilier. »

26. « Le clerc qui en aura frappé un autre non prêtre, sans effusion de sang, payera cent sous d'amende à notre cour ; s'il y a grande effusion de sang, vingt-cinq livres ; s'il y a mutilation ou blessures graves, il payera cent livres d'amende, et sera privé de tout office et bénéfice, et banni pour toujours. »

27. « Le clerc qui aura maltraité un laïque subira la même peine qu'aurait à subir le laïque lui-même qui maltraiterait un clerc ou un laïque, de sa propre autorité. S'il y a mutilation, il payera deux cents livres, perdra tout office et bénéfice, et sera banni à perpétuité. Si la mort s'ensuit du mauvais traitement, il sera dégradé et condamné à la prison perpétuelle. »

33. « Nous taxons à dix sous d'amende les clercs qui feraient le métier de pleureurs aux funérailles, en se couvrant le visage de leurs mains et en poussant des gémissements et des cris à la manière des laïques. »

36. « Nous excommunions et anathématisons tous les hérétiques, patarins, cathares, pauvres de Lyon, et tous autres sectaires,

---

(*a*) Il y a dans le texte donné par Marlène, *præsidente capitulo*. C'est sans doute une faute d'impression ou une erreur de copiste, pour *præsente capitulo*.

quelque nom qu'ils portent ou qu'ils se donnent. »

43. « Nous excommunions et anathématisons tous ceux qui louent ou cèdent soit leurs maisons, soit d'autres terres, à des femmes perdues pour y exercer leur infâme métier. »

44, 45 et 46. Même peine contre les auteurs de maléfices, les voleurs et les incendiaires.

47, 48 et suivants. Même peine contre ceux qui envahissent les bénéfices, ou qui y font entrer des intrus, ou qui retirent à l'évêque ses droits ou lui refusent sa portion canonique.

52 et suivants. Même peine contre les concubinaires et les usuriers, sans qu'un autre que l'évêque puisse les en relever.

55. « Nous ordonnons à tous les abbés, prévôts, archiprêtres et autres prélats de la ville et du diocèse de Riéti, de publier deux fois chaque année, savoir le mercredi des Cendres et le vendredi après la Toussaint, les présentes constitutions aux clercs et aux laïques soumis à leur autorité. *Martène, Vet. script. monum. ampliss. collectio*, t. VIII.

RIÉTI (Synode diocésain de), 6 avril 1315. L'évêque y publia cinquante-deux nouveaux statuts, dont voici ceux qui méritent le plus de fixer l'attention du lecteur.

4. « Personne n'aura voix dans une église collégiale, qu'il ne soit engagé dans les ordres sacrés. »

9. « Tous les vêtements du prêtre seront bénits, propres et entiers. Les corporaux en particulier devront être très-propres ; ils seront doubles, et il y aura sur l'autel où l'on célébrera la messe deux nappes, dont la supérieure sera bénite. »

11. « Le prêtre s'abstiendra de cracher après avoir pris le corps et le sang de Notre-Seigneur ; ou, si la nécessité l'y force, il le fera dans un lieu écarté, qui ne soit point exposé à être foulé aux pieds des fidèles. »

25. Ce statut, qui a pour objet la manière de donner le baptême, fait voir qu'on le donnait par immersion encore à cette époque : *Baptizet eum et mittat ipsum in aquam*, y lisons-nous.

La plupart des autres statuts de ce synode sont de même relatifs aux sacrements, ou rentrent dans ceux du synode rapporté plus haut. *Ibid.*

RIEZ (Concile de), *Regiense*, l'an 439. Ce concile fut tenu le 29 novembre 439, au sujet d'un jeune homme de qualité, nommé Armentaire, qui avait été ordonné évêque d'Embrun contre les canons, et dont l'ordination était nulle par trois chefs : 1° parce que les évêques de la province n'y avaient pas consenti ; 2° parce qu'elle avait été faite par deux évêques seulement ; et 3°, sans l'agrément du métropolitain, qui était saint Hilaire, évêque d'Arles. Il paraît par là qu'Embrun, quoique ville capitale ou métropolitaine, pour le civil, de la province des Alpes Maritimes, ne jouissait pas encore alors des droits de métropole ecclésiastique, puisque l'on fait un crime aux évêques qui ordonnèrent Armentaire, d'avoir agi sans l'autorité du métropolitain ; si ce n'est qu'on veuille dire que saint Hilaire d'Arles, en vertu des priviléges du pape Zosime et des prérogatives de son siège, était regardé comme le premier métropolitain de ces provinces, sans le consentement duquel l'ordination d'un autre métropolitain était censée illégitime. Le pape Hilaire, dans une lettre écrite environ trente-quatre ans après ce concile, dit qu'Ingénuus d'Embrun avait toujours eu le rang de métropolitain : or, ce fut Ingénuus qui fut élu à la place d'Armentaire. Douze évêques de la province d'Arles et des provinces voisines assistèrent à ce concile avec le prêtre Vincent, député de Constantin, qu'on croit avoir été évêque de Gap. Ceux dont on connaît les sièges sont Hilaire d'Arles, qui présida ; Auspicius de Vaison, Valérien de Cémèle, Maxime de Riez, Théodore de Fréjus, Nectaire de Digne. Les Pères de ce concile dressèrent huit canons.

Le 1er porte que les deux évêques qui avaient fait l'ordination d'Armentaire, et qui en demandaient pardon, n'assisteraient plus à l'avenir à aucun concile, et ne seraient plus présents à aucune ordination. Ce règlement avait été fait dans le concile de Turin, canon 3.

Le 2e déclare nulle l'ordination d'Armentaire, et ordonne de procéder à une autre.

Le 3e accorde à Armentaire, en considération de son repentir, la qualité de chorévêque, dont il ne pourra exercer les fonctions qu'à la campagne, et dans une seule église, que quelque évêque pourra lui céder par compassion, ou pour le gouverner, ou pour y participer au saint ministère, comme un évêque étranger, pourvu néanmoins que ce soit hors de la province des Alpes Maritimes ; encore lui défend-on de faire aucune ordination dans cette église, et d'offrir jamais le sacrifice dans les villes, même en l'absence de l'évêque. Les fonctions épiscopales qu'on lui permet sont de confirmer les néophytes de son église ; d'y offrir avant les prêtres ; d'y bénir publiquement le peuple et d'y consacrer les vierges. « En sorte, dit le concile, qu'il soit moins qu'un évêque et plus qu'un prêtre. » Le concile dit qu'en cela il ne fait que se conformer à ce qui avait été ordonné dans le huitième canon de Nicée, touchant les novatiens.

Le 4e statue que, quant aux clercs ordonnés par Armentaire, s'il en a ordonné quelques-uns qui fussent excommuniés, comme on le prétendait, ils seront déposés, et que ceux qui sont sans reproche, l'évêque d'Embrun qui sera élu les pourra garder ou les renvoyer à Armentaire, dans l'église qui lui sera assignée.

Le 5e donne aux simples prêtres la permission qu'ils avaient déjà, dit-il, dans quelques provinces, de donner la bénédiction dans les familles, à la campagne et dans les maisons particulières, suivant le désir des fidèles, mais non pas dans l'église. Il accorde aussi à Armentaire la permission de donner la bénédiction solennelle au peuple dans l'église de la campagne qui lui aura été assignée ; d'y consacrer des vierges et d'y confirmer des néophytes.

On voit par ce canon, 1° que, dans les provinces des Gaules, dépendantes du concile, les simples prêtres n'avaient pas droit de donner des bénédictions, même secrètes, et non solennelles, quoiqu'ils l'eussent dans d'autres provinces ; 2° qu'il leur fut défendu de donner des bénédictions publiques dans l'église, comme il le fut encore depuis par le concile d'Agde, en 506, canon 44 ; 3° que, pour distinguer Armentaire des simples prêtres, on lui permit de donner des bénédictions publiques et solennelles dans son église, d'y consacrer des vierges et d'y confirmer des néophytes ; ce qui n'était point permis aux simples prêtres. Les Orientaux différaient des Latins sur l'article des bénédictions, puisque en Orient les simples prêtres bénissaient même en public.

Le 6° ordonne qu'après la mort d'un évêque, le plus proche seulement vienne faire les funérailles et donner les ordres nécessaires pour la paix et le gouvernement de l'Eglise ; et le 7° ajoute qu'il se retirera au bout de sept jours, pour attendre, comme les autres évêques, le mandement du métropolitain, sans lequel personne n'aura la liberté de venir à l'église vacante, de peur qu'il ne fasse semblant d'être forcé par le peuple d'en accepter l'épiscopat.

Le 8° ordonne que, suivant l'ancienne constitution du concile de Nicée, il se tienne deux conciles provinciaux par an, si les temps sont paisibles et assez calmes pour ces sortes d'assemblées.

Au lieu de ce huitième canon, un ancien manuscrit de la Collection d'Isidore en met deux autres, dont le premier ordonne la peine de l'excommunication, et même de l'exil, contre ceux qui exciteront des séditions ou des révoltes dans l'Eglise. Il veut toutefois qu'on leur accorde la communion, s'ils font pénitence ; mais il défend de les recevoir dans le clergé. Il est dit dans le second, qu'il suffira de tenir chaque année deux conciles provinciaux, auxquels les prêtres, les diacres, les juges ou les corps de ville, et les particuliers eux-mêmes seront obligés de se trouver, et où tous ceux qui se prétendront lésés pourront se défendre et attendre la décision du concile touchant leur affaire. Baluze, qui nous a donné ces deux canons, n'en porte aucun jugement. Il se contente de remarquer que le second est tiré d'un concile d'Antioche, tenu sous le pontificat du pape Jules, en 341. C'est en effet le vingtième canon de ce concile, mais avec quelques changements. *Reg.* VII ; *Lab.* III ; *Hard.* I ; *Sirmond*, I.

RIEZ (Concile de), l'an 1286. Tandis que Charles, prince de Salerne, était prisonnier à Barcelone, il se tint un concile à Riez, en Provence, où l'on ordonna des prières pour demander à Dieu sa liberté. Les prélats de l'assemblée étaient l'archevêque d'Aix, Rostaing de Neuves, et les évêques d'Apt, de Riez, de Sisteron et de Fréjus. L'ouverture s'en fit le 14 février. On y publia les vingt canons suivants.

1. On observera exactement les canons des conciles généraux, ceux du concile de Valence (tenu en 1248), et les statuts provinciaux.

2. On fera des prières pour la délivrance de Charles II, comte de Provence et roi de Sicile, le même que le prince de Salerne. On accorde quarante jours d'indulgence pour quiconque priera à cette intention.

3. Chaque église aura son cartulaire, où tous ses biens seront inscrits.

4. Les prélats qui donneront des bénéfices, comme des prieurés, à des personnes supposées qui n'en auront que le nom, seront excommuniés, ainsi que ces faux titulaires ; et l'évêque diocésain conférera librement ces sortes de bénéfices.

5. Les patrons des bénéfices ne les conféreront que quand il sera bien certain qu'ils en ont le plein droit.

6. L'évêque diocésain aura tout droit de citer à son tribunal, et de punir tout clerc délinquant dans son diocèse, séculier ou régulier.

7. On aura soin d'éloigner de l'église et de ses environs tous les excommuniés, suspens ou interdits.

8. On n'enterrera que dans les cimetières bénits par l'évêque, ou au moins par son ordre.

9. Tout le clergé, séculier ou régulier, prendra la défense de tout clerc tiré hors de son diocèse pour être jugé.

10. Personne ne vendra du poison à qui que ce soit, sans en avertir les cours séculières ; et cela, sous peine d'excommunication, qui ne pourra être levée que par le saint-siège.

11. Même peine contre les empoisonneurs et leurs conseillers, fauteurs, complices, etc. Et si c'était un clerc bénéficier, qu'il soit privé de son bénéfice, dégradé de son ordre et livré au bras séculier.

12. On excommunie les religieux militaires et autres qui, sous prétexte de leurs priviléges et exemptions, méprisent les censures des ordinaires ou de leurs officiaux.

13. Pour empêcher qu'on ne cache les legs pies ou les restitutions, les testateurs feront appeler leur curé, et, en son absence, le notaire qui recevra le testament sera obligé, dans le terme de huit jours, à compter du jour de la mort du testateur, d'exhiber à l'évêque ou à son official, ou au curé de la paroisse du défunt, les articles du testament qui les intéressent.

14. Aucun prêtre ne pourra, sans la permission de l'ordinaire, absoudre d'une violence exercée, quand même elle serait légère. Le concile appelle *injection de mains* cette sorte de violence qu'il condamne. Il est peut-être ici question des clercs.

15. Quiconque osera s'emparer, par lui-même ou par d'autres, des biens d'une église vacante, sera excommunié *ipso facto*.

16. Les corps des défunts seront enterrés

dans les cimetières de leurs paroisses, à moins qu'il ne conste qu'ils ont choisi ailleurs leur sépulture.

17. Les curés avertiront leurs paroissiens qu'ils sont obligés de payer la dîme, d'après les lois divines et les décrets ecclésiastiques.

18. Tous ceux qui se prétendront exempts des ordonnances du présent concile, produiront leurs titres dans l'espace de deux mois après leur publication.

19. Défense, sous peine d'excommunication, à tout clerc présenté ou à présenter pour un bénéfice, de prêter serment entre les mains de son patron, ecclésiastique ou laïque, sans l'expresse permission de l'ordinaire.

20. Défense, sous peine d'excommunication, d'empêcher qu'on n'appelle des suffragants au métropolitain. *Martène. Thesaur. nov. anecdot. tom.* IV, pag. 191 *et seq.*

L'auteur de *l'Art de vérifier les dates*, observe que ce concile est daté de l'an 1285, parce que l'année commençait alors à Pâques. Il dit aussi qu'il y a vingt-trois canons du même concile dans l'édition de Venise, t. XIV. D. Martène ne rapporte que les vingt qu'on vient de transcrire, *ex mss. illustrissimi episcopi Diensis. Hist. de l'Egl. gallic.,* liv. XXXV; *Anal. des Conc.,* t. V.

RIGA (Concile de), *Rigense*, l'an 1215. On y convint de partager les revenus de l'Esthonie, dont les évêques de Livonie avaient converti les habitants, entre l'évêque de Livonie, celui de l'Esthonie, et les chevaliers de l'ordre du Christ, chargés de défendre le pays contre les Russes. *Gruber. Orig. Livon.*

RIGA (Concile de), l'an 1224, présidé par Guillaume de Savoie, légat du saint-siège. évêque de Modène, et mort depuis cardinal dans la ville de Lyon. On y fit divers règlements pour le maintien de la religion dans l'Esthonie, nouvellement convertie à la foi. *Chron. vet. Livon. ed Gruber.*

RIGA (Concile de), l'an 1428. Henri, archevêque de Riga, capitale de la Livonie, tint ce concile. Il envoya à Rome seize députés, tous prêtres, pour se plaindre de ceux qui opprimaient l'église de Riga; mais ils furent arrêtés sur les confins de la Livonie par le gouverneur du fort de Gowin, chevalier de l'ordre teutonique; et cet homme barbare les ayant fait jeter pieds et mains liés dans une rivière glacée, ils y périrent tous. *Lab.* XII; *Hartzeim, Concil. Germ.*

RIGA (Synode diocésain de), *Vendensis et Livoniæ*, le 4 mars 1611. Il est fait mention de ce synode dans les *Constitutions synodales de la province de Gnesne*, publiées l'an 1630 par Jean Wesick, métropolitain de la province. *Constit. synodorum metropol. eccl Gnesnensis, Cracoviæ,* 1630.

RIMINI (Concile de), l'an 359. Rimini est une ville située dans l'Etat de l'Eglise, et dans la Romagne, à l'embouchure de la rivière de Marrechia, dans le golfe de Venise. Il s'y trouva plus de quatre cents évêques de diverses provinces d'Occident, de l'Illyrie, de l'Italie, de l'Afrique, d'Espagne, des Gaules, d'Angleterre. L'empereur Constance avait donné ordre qu'on leur fournît à tous des voitures publiques, et il voulut se charger de tous les frais du voyage ; mais les évêques des Gaules et d'Angleterre refusèrent ses offres, craignant de se rendre trop dépendants s'ils les acceptaient ; et il y en eut seulement trois d'Angleterre, qui n'ayant pas les moyens de faire cette dépense, aimèrent mieux user des libéralités de l'empereur, que d'être à charge à leurs confrères. Les plus célèbres des catholiques que nous connaissions étaient Restitut, évêque de Carthage; Musone, évêque de la province Bysacène en Afrique, auquel saint Jérôme dit que tout le monde cédait à cause de son grand âge ; Grécien, évêque de Calles ou de Cagli en Italie au duché d'Urbin ; des Gaules, saint Phébade d'Agen, et saint Servais de Tongres. On peut croire que Restitut, évêque de Carthage, présida au concile, puisqu'il est nommé à la tête des autres dans les actes qui nous en restent : au moins il paraît que Libère, alors évêque de Rome, n'y parut ni par lui, ni par ses légats, et même qu'il n'y fut point appelé. Les ariens s'y trouvèrent au nombre d'environ quatre-vingts, dont les principaux étaient Ursace, Valens, Germinius, Caïus, Mygdone, Mégase, tous d'Illyrie ; Epictète de Civita Vecchia, Auxence de Milan et Démophile de Bérée en Thrace, que saint Athanase met toujours à Rimini, quoique saint Hilaire ne l'y compte pas, et qu'il semble qu'il eût dû être plutôt à Séleucie comme les autres Orientaux. Taurus, préfet du prétoire, y assista de la part de l'empereur, avec ordre de ne point laisser aller les évêques, qu'ils ne fussent convenus d'une même foi ; et on lui promit à cette condition de le faire consul, comme en effet il le fut deux ans après, c'est-à-dire en 361; mais il ne jouit pas longtemps de cette dignité ; car Constance étant mort cette même année, il fut relégué à Verceil.

L'empereur écrivit lui-même aux évêques du concile, pour renouveler les ordres qu'il leur avait déjà donnés dans des lettres précédentes, mais avant qu'ils fussent encore assemblés, de traiter les choses qui regardaient la foi, l'unité et l'ordre de l'Eglise : il leur défend expressément de rien ordonner touchant les évêques d'Orient, et il déclare nul tout ce qu'ils pourraient entreprendre à ce sujet, disant que s'il y avait quelque chose à discuter contre eux, cela pourrait se vider en Orient même par les dix légats qu'il leur ordonne de lui envoyer. Cette lettre est datée du sixième des calendes de juin, sous le consulat d'Eusèbe et d'Hypace, c'est-à-dire du vingt-septième de mai 359. On n'en peut pas conclure que les évêques fussent dès lors assemblés à Rimini ; et il est certain au moins qu'ils n'y étaient pas tous, puisque Germinius, Ursace et Valens étaient encore à Sirmium la nuit du 22. Mais il faut croire qu'ils y étaient déjà arrivés pour la plupart, puisque Sulpice Sévère écrit qu'ils n'en sortirent qu'après sept mois, et qu'on ne peut mettre leur départ plus tard que vers le mois de novembre de cette même année.

Quand ils furent tous à Rimini, les catholiques, qui étaient en plus grand nombre, s'assemblèrent dans l'église, et les ariens dans un lieu qu'on avait laissé vacant exprès, dont ils firent leur oratoire : car ils ne priaient plus ensemble. Comme on commençait à traiter de la foi, et que tous les évêques ne se fondaient que sur les saintes Ecritures, Ursace et Valens, assistés de Germinius, Auxence, Caïus et Démophile, parurent dans l'assemblée, tenant à la main un papier qu'ils lurent devant tout le monde. C'était la troisième, ou plutôt la dernière formule de Sirmium, dressée le 22 mai de cette année 359, avec la date du jour et des consuls. Ils représentèrent qu'ayant eu l'approbation de l'empereur, il fallait la recevoir et se contenter de celle-là, sans se mettre en peine de tous les autres conciles et de toutes les autres formules, et sans demander rien de plus, ni trop vouloir pénétrer le sentiment de chacun, de peur que cette discussion ne causât des divisions et des troubles. Il vaut mieux, disaient-ils, parler de Dieu plus simplement, pourvu que l'on en pense ce que l'on doit, que d'introduire des mots nouveaux qui sentent la subtilité de la dialectique, et ne font qu'exciter des divisions ; et on ne doit pas troubler l'Eglise pour deux paroles qui ne se trouvent pas dans l'Ecriture. Ils attaquaient par là les termes de *consubstantiel* et de *semblable en substance*, qu'ils avaient rejetés dans leur formulaire, pour y substituer leur expression de *semblable en toutes choses* ; ils pensaient surprendre ainsi les Occidentaux : car les Orientaux, par qui les ariens étaient instruits, les regardaient comme des gens simples.

L'on ne voit pas ce que les évêques catholiques répondirent d'abord ; mais on proposa ensuite de condamner la doctrine d'Arius ; et tous s'y étant accordés, à la réserve de Valens et d'Ursace, et des autres de leur faction, leur artifice fut découvert, et on se plaignit hautement de leur fourberie. « Nous ne sommes pas assemblés, disaient les évêques catholiques, pour apprendre ce que nous devons croire : nous l'avons appris de ceux qui nous ont catéchisés et baptisés, qui nous ont ordonnés évêques ; de nos pères, des martyrs et des confesseurs à qui nous avons succédé ; de tant de saints qui se sont assemblés à Nicée, et dont plusieurs vivent encore : nous ne voulons point d'autre foi, et nous ne sommes venus ici que pour retrancher les nouveautés qui y sont contraires. Que veut dire votre formule datée de l'année et du jour du mois? En a-t-on jamais vu de semblable? N'y avait-il point de chrétiens avant cette date ? et tant de saints qui avant ce jour-là se sont endormis au Seigneur, ou qui ont donné leur sang pour la foi, ne savaient-ils ce qu'ils devaient croire? C'est plutôt une preuve que vous laissez à la postérité de la nouveauté de votre doctrine. » Les ariens voulaient soutenir leur date par l'exemple des prophètes ; mais on leur répondit qu'ils n'en avaient usé ainsi que pour marquer quand ils avaient vécu, et quand ils avaient prédit les choses futures; que l'Eglise a coutume aussi de dater les actes des conciles et ses règlements sur des choses qui sont sujettes à changer, mais non pas les confessions de foi, où elle ne fait que déclarer ce qu'elle a toujours cru. On trouva encore absurde dans cette formule, qu'ils y donnassent à l'empereur le titre d'*éternel*, tandis qu'ils le refusaient au Fils de Dieu. Enfin on les pressa eux-mêmes d'anathématiser toutes les hérésies, et de s'en tenir à la foi du symbole de Nicée, pour ôter le prétexte d'assembler tous les jours de nouveaux conciles.

Le concile fit lire les professions de foi des autres sectes, et celle du concile de Nicée, à laquelle seule il s'arrêta, rejetant toutes les autres ; et il forma son décret à peu près en ces termes : « Nous croyons que le moyen de plaire à tous les catholiques est de ne nous point éloigner du symbole que nous avons appris, et dont nous avons reconnu la pureté, après en avoir conféré tous ensemble. C'est la foi que nous avons reçue par les prophètes de Dieu le Père, par Jésus-Christ Notre-Seigneur, que le Saint-Esprit nous a enseignée par tous les apôtres, jusqu'au concile de Nicée, et qui subsiste à présent : nous croyons qu'on ne doit rien y ajouter ni en diminuer; qu'il n'y a rien à faire de nouveau, et que le nom de *substance*, et la chose qu'il signifie, établie par plusieurs passages des saintes Ecritures, doit subsister dans sa force, comme l'Eglise de Dieu a toujours eu pour coutume de le professer. » Tous les évêques catholiques, sans en excepter un seul, souscrivirent à ce décret. On déclara que la profession de foi présentée par Ursace et Valens était tout à fait contraire à la foi de l'Eglise, et on condamna de nouveau la doctrine d'Arius par un acte qui fut dressé en ces termes : « Les blasphèmes d'Arius, quoique déjà condamnés, demeuraient cachés, parce que l'on ignorait qu'il les eût proférés ; mais Dieu a permis que son hérésie ait été examinée de nouveau, pendant que nous sommes à Rimini : c'est pourquoi nous la condamnons avec toutes les hérésies qui se sont élevées contre la tradition catholique et apostolique, comme elles ont déjà été condamnées par les conciles précédents. Nous anathématisons donc ceux qui disent que le Fils de Dieu a été tiré de rien ou d'une autre substance que le Père, et qu'il n'est pas vrai Dieu de vrai Dieu. Et si quelqu'un dit que le Père et le Fils sont deux Dieux, c'est-à-dire deux principes, ne confessant pas une même divinité du Père et du Fils ; qu'il soit anathème. Si quelqu'un dit que le Fils a été fait ou créé, qu'il soit anathème. Si quelqu'un dit que Dieu le Père est né de la Vierge Marie, et qu'il est le même que le Fils ; qu'il soit anathème. Si quelqu'un dit que le Fils de Dieu a commencé d'être lorsqu'il est né de la Vierge Marie, ou qu'il y avait un temps où il n'était pas; qu'il soit anathème. Si quelqu'un dit que le Fils n'est pas véritablement né de Dieu le Père d'une manière ineffable, mais qu'il est Fils adoptif; qu'il soit anathème. Si quelqu'un dit que le Fils de Dieu a été fait dans le temps, ou qu'il est un pur homme, et ne confesse point qu'il est né de Dieu le Père avant tous les siècles; qu'il soit anathème. Si quelqu'un dit que le Père, le Fils et le Saint-Esprit ne sont qu'une personne, ou qu'ils sont trois substances distinctes, ne confessant point une seule divinité d'une Trinité parfaite; qu'il soit anathème. Si quelqu'un dit que le Fils est avant tous les siècles, mais non pas avant tous les temps absolument, en sorte qu'il lui assigne un temps; qu'il soit anathème. Si quelqu'un dit que toutes choses ont été créées non par le Verbe, mais sans lui et avant lui; qu'il soit anathème. Tels sont les dix anathèmes du concile contre les diverses erreurs d'Arius, de Photin et de Sabellius.

Après qu'il eut été ainsi convenu de s'en tenir à la tradition des Pères sans l'affaiblir en rien, on pensa à réprimer ceux qui prétendaient aller contre; et ils furent condamnés et déposés d'une voix unanime. L'acte, que nous avons encore, en fut dressé en ces termes : « Sous le consulat d'Eusèbe et d'Hypace, le douzième des calendes d'août, c'est-à-dire le 20 juillet, le concile des évêques étant assemblé à Rimini : après que l'on eut traité de la foi et résolu ce que l'on devait faire, Grécien, évêque de Calles, dit : Mes chers frères, le concile universel a souffert, autant qu'il est possible, Ursace et Valens, Caïus et Germinius, qui ont troublé toutes les Eglises par les variations de leurs sentiments, et ont osé maintenant entreprendre de joindre le raisonnement des hérétiques à la foi catholique, de ruiner le concile de Nicée, et nous proposer par écrit une foi étrangère, qu'il ne nous était pas permis de recevoir. Il y a longtemps qu'ils sont hérétiques, et nous avons reconnu qu'ils le sont encore à présent : aussi ne les avons-nous point admis à notre communion, les condamnant de vive voix en leur présence : dites donc encore ce que vous en ordonnez, afin que chacun le confirme par sa souscription. Tous les évêques dirent : « Nous voulons que ces hérétiques soient condamnés, afin que la foi catholique demeure ferme, et l'Eglise en paix. » On peut remarquer dans cet acte que l'on s'y qualifie de concile général. Saint Athanase écrit qu'Auxence de Milan y fut condamné avec Ursace, Valens, Caïus et Germinius ; mais le concile ne fait mention que de ces quatre dans la lettre qu'il écrivit ensuite à Constance ; et on sait qu'Auxence loua beaucoup le concile de Rimini dans la conférence qu'il eut avec saint Hilaire. Il y a encore moins d'apparence que Démophile de Bérée ait été compris nommément dans cette condamnation, puisque sa cause était dévolue aux Orientaux, suivant le rescrit de l'empereur, qui défendait aux évêques d'Occident assemblés à Rimini, de rien décider contre ceux d'Orient. Il paraît qu'on parla dans ce concile de la condamnation du pape Libère par Potamius et par Epictète : mais nous n'avons aucune lumière sur ce point.

Toutes choses étant ainsi terminées sans beaucoup de difficultés, parce que l'union de sentiment qui régnait entre les évêques catholiques, et leur grand nombre, leur donnait tout l'avantage sur les ariens ; il fut conclu, conformément aux ordres de l'empereur, qu'on lui enverrait dix députés, pour l'instruire de tout et lui déclarer qu'il n'y avait aucun moyen de garder la paix avec les hérétiques. Ceux-ci de leur côté en choisirent aussi dix des leurs, pour aller soutenir leur cause devant Constance ; mais il y eut cette différence, que les députés des catholiques étaient des jeunes gens simples et peu capables; au lieu que les ariens choisirent des vieillards d'esprit, rompus dans l'art de tromper, et parfaitement instruits des subtilités et des détours de la perfidie arienne. Le plus considérable des catholiques était Restitut de Carthage. On crut remédier à leur peu de capacité en leur défendant de communiquer en aucune manière avec les hérétiques, et en bornant leurs pouvoirs de telle sorte, qu'ils ne devaient entrer dans aucun traité avec eux, mais renvoyer tout au concile. Ils reçurent ordre encore de s'arrêter en tout à ce qui avait été ordonné dans le concile, sans y rien changer; de défendre la vérité devant l'empereur par les témoignages de l'antiquité, et de lui faire entendre que le moyen de rétablir la paix dans l'Eglise n'était point de détruire ce qui avait été établi, comme les hérétiques voulaient le lui persuader, mais que cette façon d'agir n'était propre qu'à remplir l'Eglise de trouble et de confusion.

Les députés partirent avec ces instructions, chargés d'une excellente lettre que le concile écrivit à l'empereur, rapportée tout entière par les historiens de l'Eglise. Elle fut écrite en latin, et néanmoins elle est plus claire dans le texte grec de saint Athanase, que dans l'original latin que saint Hilaire nous a conservé. En voici les termes : « C'a été, comme nous croyons, par l'ordre de Dieu, aussi bien que par celui de votre piété, que nous avons été assemblés de toutes les provinces de l'Occident dans la ville de Rimini, afin de faire connaître à tout le monde quelle est la vraie foi de l'Eglise, et qui sont ceux qui la combattent par leur hérésie. Après donc en avoir délibéré entre nous tous qui avons la saine doctrine, nous avons jugé qu'on devait s'en tenir à la foi qui dure depuis tant de siècles, et que nous avons reçue par la prédication des prophètes, des évangélistes et des apôtres de Notre-Seigneur Jésus-Christ, protecteur de votre empire et conservateur de votre santé : car il nous a paru injuste de rien changer à ce que nous avons appris des saints et à ce qui a été conclu par les Pères de Nicée, en présence de votre père Constantin de glorieuse mémoire; à ce concile dont la doctrine reçue de tous les peuples et gravée dans leurs cœurs est comme un rempart contre les hérésies d'Arius et des autres, et auquel on ne peut donner atteinte sans ouvrir aux hérétiques un chemin pour répandre librement le venin de leurs erreurs.

» C'est pour avoir voulu s'élever contre cette doctrine en favorisant l'hérésie d'Arius, qu'Ursace et Valens furent privés de la communion de l'Eglise, où ils ne rentrèrent qu'après avoir demandé pardon dans le concile de Milan en présence des légats du saint-siège, comme il est prouvé par leurs propres signatures. C'est dans cette foi si mûrement examinée en présence de Constantin, que ce prince a passé de cette vie au repos de Dieu. C'est cette même foi que Dieu a fait passer jusqu'au temps de votre règne par Notre-Seigneur Jésus-Christ, dont la grâce a soumis à votre autorité toute l'étendue de l'empire. Il ne nous est point permis d'y rien changer, de peur que nous ne semblions condamner en quelque chose tant de saints confesseurs et successeurs des martyrs, qui nous l'ont laissée par écrit, suivant qu'ils l'avaient apprise des catholiques leurs prédécesseurs, et des saintes Ecritures. Maintenant on entreprend de renverser ce qui a été si sagement établi ; car comme nous commencions à traiter de la foi, suivant que votre piété nous l'a ordonné par ses lettres, ces perturbateurs des Eglises (Ursace et Valens) sont venus, accompagnés de Germinius et de Caïus, nous présenter un écrit nouvellement fait, qui contenait beaucoup d'impiétés ; lequel ayant été rejeté par le concile, ils se sont avisés d'en fabriquer encore un nouveau : or tout le monde sait combien de semblables écrits ont paru en peu de temps. Afin donc que les Eglises n'en soient pas troublées davantage, nous avons jugé qu'il fallait retenir ce qui a été sagement établi par nos ancêtres, et retrancher absolument de la communion les auteurs de ces troubles. C'est pour cela que nous vous avons envoyé nos députés, afin de vous faire connaître par cette lettre qu'ils vous rendront, quels sont les véritables sentiments du concile ; la seule commission que nous leur ayons donnée est de faire subsister en leur entier les décrets des Pères, et de persuader à votre prudence que ce n'est pas un moyen d'établir la paix que d'abolir ce qui a été établi «(ils veulent dire le *consubstantiel*, qu'ils omettent peut-être pour ne pas choquer l'empereur),» comme Ursace et les autres du même parti tâchent de vous le persuader ; car on voit assez que les efforts qu'ils ont faits pour cela ont porté le trouble et la confusion dans toutes les provinces et dans l'Eglise romaine : nous supplions donc votre clémence d'écouter et de recevoir favorablement nos légats, de ne pas permettre que l'on déshonore la mémoire des morts, en introduisant des nouveautés contraires à l'ancienne doctrine ; mais que les lois et les définitions de nos Pères restent inébranlables, puisqu'on ne peut douter qu'ils n'aient décidé toutes choses avec beaucoup de sagesse et avec la lumière du Saint-Esprit : aussi bien les nouveautés que ces personnes introduisent dans le monde ne sont propres qu'à troubler les fidèles et à empêcher les infidèles d'embrasser la foi. Nous vous supplions aussi d'ordonner que tant d'évêques que l'on retient ici, parmi lesquels il y en a plusieurs qui souffrent extrêmement des incommodités de l'âge et de la pauvreté, puissent retourner en leur province, afin que les Eglises ne soient pas privées plus longtemps de la présence de leurs pasteurs. Nous vous en conjurons encore une fois : que l'on n'augmente et que l'on ne diminue rien de ce qui a été défini dans le concile de Nicée ; mais que les choses restent dans l'état où elles étaient du temps de votre père très-pieux, et telles qu'elles ont subsisté jusqu'à votre règne. Ne souffrez plus qu'on nous fatigue par des courses inutiles, et qu'on nous arrache sans cesse de nos sièges ; mais plutôt, que les évêques gouvernent paisiblement leurs Eglises, afin d'offrir à Dieu en liberté leurs vœux et leurs prières pour votre santé, pour la prospérité et la paix de votre empire, que nous supplions sa divine bonté de vous accorder à jamais. Nos députés portent les souscriptions et les noms des évêques de ce concile, avec les autres pièces nécessaires (a) pour instruire Votre Majesté de tout ce qui s'est passé ici. »

Constance était encore à Sirmium le 18 de juin de cette année 359 ; mais l'état des affaires d'Orient le rappela bientôt après à Constantinople, pour se préparer à la guerre contre les Perses, et arrêter les victoires de ces barbares, qui s'étaient rendus maîtres, cette même année, de la ville d'Amide dans la Mésopotamie. Il était donc à Constantinople lorsque les députés du concile se rendirent auprès de lui, suivant leur commission ; mais ceux des ariens qui avaient à leur tête Ursace et Valens, ayant fait plus de diligence, y arrivèrent avant eux et s'emparèrent aisément de l'esprit de l'empereur, qui, outre son penchant pour l'arianisme, put bien encore se trouver choqué qu'on n'eût pas voulu recevoir à Rimini un formulaire fait en sa présence et avec sa participation. Au lieu donc qu'il reçut ces derniers avec beaucoup d'amitié et de caresses, comme des gens de son parti, lorsque les députés catholiques furent arrivés, ses officiers prirent la lettre dont ils étaient chargés, et voulurent la porter eux-mêmes à l'empereur, sans daigner permettre qu'ils lui parlassent, sous prétexte qu'il était extraordinairement occupé d'affaires d'Etat. Il les traîna ensuite longtemps par des retardements affectés, sans leur faire aucune réponse, et prétextant une expédition qu'il

---

(a) Le texte porte : *Sicut idem alia scriptura instruit ;* ce qui paraît pouvoir s'entendre raisonnablement des actes du concile, que l'on ne manqua pas d'envoyer à Constance, et où l'on trouvait assurément les noms des évêques et des députés. Ce sens est au moins plus probable que celui du traducteur grec dans saint Athanase, qui l'a expliqué de l'Ecriture sainte. On remarque encore d'autres fautes dans cette traduction. *Vid. Athan. lib. de Synod.*

allait entreprendre contre les barbares, il leur manda de l'aller attendre à Andrinople jusqu'à son retour.

Enfin il écrivit au concile une lettre assez froide, où s'excusant de n'avoir pu encore voir les députés, ni examiner ce qu'ils avaient à lui dire, il en allègue pour raison la nécessité pressante de repousser les barbares, et qu'étant nécessaire d'apporter aux affaires de la religion un esprit tranquille, débarrassé de tous les soins de la terre, il leur avait ordonné d'attendre son retour à Andrinople. « Trouvez bon, ajouta-t-il, d'attendre aussi jusqu'à ce qu'ils retournent vers vous, afin qu'après avoir reçu notre réponse, vous puissiez terminer les affaires de l'Église. » Saint Athanase, qui ajouta cette lettre à son traité des Synodes, aussitôt qu'elle vint à sa connaissance, dit qu'on y remarquait la ruse criminelle du très-impie Constance. En effet, ce prince y compte vingt évêques députés, confondant ceux des hérétiques avec ceux du concile, et il fait entendre qu'il les avait traités tous de la même manière. Il prétendait lasser les évêques par ces longueurs, espérant que l'ennui et le désir de revoir leurs églises les obligeraient enfin à renverser eux-mêmes le rempart qu'ils avaient élevé contre l'hérésie. Mais ses desseins ne réussirent pas pour lors. Les Pères du concile lui répondirent par une lettre que nous avons encore, où ils protestent de nouveau qu'ils ne se départiront jamais de ce que leurs pères avaient décidé, et le supplient de nouveau de les renvoyer à leurs églises avant l'hiver. Ce fut peut-être dans cet intervalle que, traitant des priviléges des églises, ils résolurent de demander à l'empereur que les terres appartenant aux églises fussent exemptes de toutes les charges publiques. L'empereur le refusa, conservant seulement aux églises l'exemption des charges extraordinaires. Mais quant aux personnes des clercs négociants et aux terres de ceux qui en possédaient en propre, il les soumet même aux charges extraordinaires, comme il paraît par une lettre écrite l'année suivante 360, le trentième de juin, à Taurus, préfet du prétoire, le même qui avait assisté au concile; mais étant à Antioche en 361, il fit changer cette disposition, et rétablit tous les clercs dans l'exemption des charges extraordinaires.

Cependant Constance reçut la lettre du concile dont nous venons de parler, et les ariens, ayant de nouveau aigri son esprit, profitèrent de ces dispositions pour obliger une partie des évêques, c'est-à-dire les députés du concile, à venir malgré eux dans une petite ville de Thrace, appelée Nicé ou Nice, et même Nicée dans saint Hilaire. Elle se nommait auparavant Ustodizo, que l'on croit être la même que Sanson appelle Ustodizius, et qu'il place à quelques lieues d'Andrinople dans l'Orient. Ils choisirent ce lieu à dessein, pour tromper les simples, et faire passer sous le nom du grand concile de Nicée le symbole qu'ils voulaient y faire recevoir; mais l'artifice était si grossier, que peu de gens s'y laissèrent prendre. Ils réussirent mieux dans leur dessein principal, qui était d'abattre la constance des députés du concile. Après les avoir lassés par de longs délais, ils firent tant par ruses, par promesses et par menaces, que les évêques, qui étaient d'ailleurs des gens simples, affaiblis par les violences qu'ils souffrirent, et trompés par la fausse assurance qu'on leur donna que les Orientaux avaient supprimé le terme de *substance* dans le concile de Séleucie, consentirent enfin à casser ce qu'ils avaient si saintement établi, et à approuver ce qu'ils avaient condamné comme impie. La crainte qu'ils eurent de souffrir l'exil pour le Fils de Dieu, et la satisfaction qu'ils se promettaient dans les malheureuses possessions de leurs églises, les obligèrent à communiquer avec ces mêmes ariens qu'ils détestaient auparavant, et à souscrire une formule de foi assez semblable à la dernière de Sirmium, qui avait été rejetée à Rimini, mais pire encore en ce qu'elle dit seulement que le Fils est semblable au Père, selon les Écritures, sans ajouter *en toutes choses*. Elle rejette absolument le mot de *substance*, comme introduit par les Pères avec trop de simplicité, et scandalisant les peuples; elle ne veut pas que l'on parle d'une seule hypostase en la personne du Père, du Fils et du Saint-Esprit. Enfin elle dit anathème à toutes les hérésies, tant anciennes que nouvelles, contraires à cet écrit; c'est-à-dire qu'elle condamne la doctrine catholique. Nous l'appellerons le formulaire de Nicée ou de Rimini, parce qu'il y fut aussi reçu. C'est le même qu'on fit ensuite signer partout, et qui rendit toute la terre arienne, selon l'expression de saint Jérôme. On croit qu'il fut fait originairement en latin, ce qui paraît assez visiblement par la différente manière dont il est rapporté dans Théodoret et dans saint Athanase.

Les députés du concile de Rimini, ayant signé cette formule, firent un acte de réunion avec les ariens, en ces termes : « Sous le consulat d'Eusèbe et d'Hypatius, le sixième des ides d'octobre, c'est-à-dire le dixième d'octobre 359, les évêques s'étant assemblés à Nicée, nommée auparavant Ustodizo, en la province de Thrace, savoir Restitut, Grégoire, Honorat et les autres, » qui y sont nommés jusqu'au nombre de quatorze que nous ne connaissons point d'ailleurs; c'étaient peut-être, outre les dix premiers députés, quatre autres évêques qui avaient apporté à l'empereur la dernière lettre du concile; et après les avoir nommés, l'acte continue ainsi : « Restitut, évêque de Carthage, a dit : Vous savez, mes saints confrères, que quand on traita de la foi à Rimini, la dispute causa de la division entre les pontifes de Dieu, par la suggestion du démon, d'où il arriva que moi Restitut, et la partie des évêques qui me suivaient, nous prononçâmes une sentence contre Ursace, Valens, Germinius et Caius, comme auteurs d'une mauvaise doctrine; c'est-à-dire que nous les séparâmes de notre communion. Mais ayant examiné toutes choses de plus près, nous avons trouvé ce qui ne doit déplaire à personne, c'est-à-dire que leur foi est catholique suivant leur profession, à laquelle nous avons aussi tous souscrit, et qu'ils n'ont jamais été hérétiques : c'est pourquoi la concorde et la paix étant un très-grand bien devant Dieu, nous avons été d'avis de casser, d'un commun consentement, tout ce qui a été fait à Rimini, de les recevoir pleinement à notre communion, et ne laisser aucune tache sur eux. Puisque nous sommes présents, chacun doit dire si ce que j'ai avancé est véritable, et le souscrire de sa main. » Tous les évêques dirent : Nous le voulons, et souscrivirent. C'est ainsi que ces évêques, qui étaient venus pour soutenir la cause de la vérité, la trahirent si honteusement; et saint Ambroise attribue leur chute moins encore aux finesses et aux ruses des hérétiques, qu'à ce que quelques-uns d'eux s'étaient avisés de vouloir disputer de la foi dans le palais de l'empereur.

Après cela ils eurent la liberté de retourner à Rimini ; mais Constance, qui comptait pour peu d'avoir abattu ce petit nombre d'évêques, s'il ne venait à bout de vaincre tous les autres, manda au préfet Taurus de n'en laisser aller aucun qu'ils n'eussent tous signé la même profession de foi qui venait d'être reçue par leurs députés; il y ajouta un ordre d'envoyer en exil ceux qui refuseraient de le faire, pourvu qu'ils ne fussent pas plus de quinze, et il écrivit en même temps aux évêques qu'ils eussent à supprimer les termes de *substance* et de *consubstantiel* : traitant fort injurieusement ceux qui avaient déposé les ariens, et les menaçant de ne les point laisser retourner à leurs églises, jusqu'à ce qu'ils lui eussent obéi.

Les Pères du concile, informés de la prévarication de leurs légats, refusèrent d'abord de communiquer avec eux à leur retour, quoiqu'ils protestassent de la violence qu'on leur avait faite. Ils se trouvèrent néanmoins fort embarrassés, lorsqu'ils reçurent les ordres de l'empereur, et ils ne savaient à quoi se résoudre. Les ariens au contraire, ranimés par ces nouvelles assurances que le prince leur donnait de sa protection, commencèrent à reprendre le dessus, s'emparèrent de l'église où le concile s'était d'abord assemblé, et en chassèrent les catholiques. Alors les évêques s'étant affaiblis, soit par une légèreté et une inconstance naturelle, soit par l'ennui qu'ils avaient de se voir si longtemps hors de leurs pays, cédèrent les armes à leurs adversaires ; et dès que les esprits furent une fois ébranlés, on courut au parti contraire avec tant de foule et de chaleur, que les catholiques se trouvèrent réduits à vingt. Les ariens, qui savaient joindre les sollicitations aux menaces, et l'artifice à la violence, envoyèrent secrètement quelques personnes de leur cabale, qui, sous prétexte de faire l'office de conseillers et de médiateurs, représentaient aux orthodoxes qu'il était bien fâcheux de voir tous les évêques divisés pour un mot, tandis qu'il était si facile de couper la racine de la division en lui en substituant un autre ; que c'était une chose nécessaire, si l'on voulait terminer une bonne fois toutes les disputes, et que l'Occident n'aurait jamais de paix avec l'Orient, qu'en supprimant le terme de *substance*. Le concile céda à cette raison, qui néanmoins était fausse, puisque presque tous les Orientaux reconnaissaient le Fils, ou consubstantiel au Père, ou semblable en substance. Les hérétiques usèrent encore d'une autre subtilité pour surprendre les évêques attachés à la foi de Nicée ; car on dit qu'ils leur demandèrent si c'était la consubstantialité qu'ils adoraient, ou Jésus-Christ ; et que par cette opposition ridicule, ils leur rendirent insensiblement odieux ce terme qu'ils n'entendaient pas assez, et les obligèrent à l'abandonner entièrement. On prétend aussi qu'ils cédèrent à la crainte d'être appelés *athanasiens*. Mais il est difficile que tant d'évêques aient été surpris, et Ruffin assure que tous ne tombèrent pas par ignorance. L'histoire n'exprime pas précisément en quoi consista leur chute : ce qui est certain, c'est qu'elle fut un grand sujet de scandale et de gémissement pour l'Église, et on ne peut douter que leur faute n'ait été la même que celle de leurs députés, c'est-à-dire, d'avoir reçu à leur communion Ursace, Valens et les autres hérétiques, et d'avoir signé le formulaire de Nicée.

Ceux qui avaient embrassé dès auparavant le parti de l'hérésie écrivirent alors à l'empereur une lettre pleine de flatterie et de bassesse, où, après avoir protesté d'une entière soumission à sa dernière lettre, comme ne contenant rien au sujet de la suppression des termes de *substance* et de *consubstantiel*, qui ne s'accordât parfaitement avec ce qu'ils avaient toujours pensé, ils lui donnent de grandes louanges d'avoir imposé silence à ceux qui avaient des sentiments contraires. Ils le remercient de ce que par son moyen la vérité devenue victorieuse a été reconnue de tout le monde, en sorte qu'on n'emploie plus ces termes indignes de Dieu et étrangers aux saintes Écritures. C'est pourquoi ils supplient ce prince de ne pas souffrir qu'on les retienne plus longtemps à Rimini, avec ceux qui sont imbus d'une doctrine perverse, c'est-à-dire, les catholiques qui soutenaient encore le *consubstantiel* ; mais d'ordonner qu'on les renvoie à leurs églises, puisque leur foi est conforme à celle des Orientaux, et que suivant ses ordres ils ont rejeté le terme de *substance*. Saint Hilaire nous apprend que cette lettre fut écrite au nom du concile de Rimini, uni de sentiment avec les Orientaux, c'est-à-dire, de Mygdone, Mégase, Valens, Épictète, et des autres qui avaient consenti à l'hérésie : ce que nous entendons, non des évêques qui venaient de souscrire le formulaire de Nicée, mais de ceux qui avaient toujours fait profession de l'arianisme, tels qu'étaient ces quatre qu'il nomme expressément. C'est ce qui paraît, tant parce qu'ils assurent eux-mêmes qu'ils ont toujours été dans ce sentiment, qu'à cause qu'ils traitent d'hérétiques ceux qui n'avaient pas encore signé ; et d'ailleurs il n'y a aucune apparence que des évêques qui n'étaient tombes que par surprise et par faiblesse soient auteurs d'une pièce si lâche et si infâme. Les mêmes écrivirent aussi aux Orientaux pour les assurer qu'ils étaient dans la même foi qu'eux, et qu'ils y avaient toujours été.

Cependant les vingt évêques qui n'avaient pas voulu souscrire avec les autres soutenaient encore avec vigueur la cause de la vérité, et leur constance paraissait d'autant plus invincible, que leur nombre était plus restreint. Ils avaient à leur tête saint Phébade d'Agen, et saint Servais de Tongres. Le préfet Taurus, voyant qu'ils ne cédaient point aux menaces, eut recours aux prières pour les fléchir, et les abordant avec larmes : « Voilà, leur dit-il, le septième mois que les évêques sont enfermés dans une ville, pressés par la rigueur de l'hiver et par la pauvreté, sans espérance de retour : ceci ne finira-t-il point? Suivez l'exemple des autres et l'autorité du plus grand nombre. » Phébade répondit qu'il était prêt à souffrir l'exil et tous les supplices qu'on voudrait, mais qu'il ne recevrait jamais une profession de foi faite par les ariens. Cette contestation dura quelques jours, sans que l'on vît aucune apparence de paix. Enfin Phébade même commença insensiblement à se relâcher et à s'amollir, et il se laissa vaincre tout à fait par une proposition qu'on lui fit. Car Valens et Ursace remontrèrent qu'on ne pouvait sans crime rejeter une profession de foi très-catholique, produite, disaient-ils faussement, par les évêques d'Orient, de l'autorité de l'empereur ; et ils demandaient comment pourrait finir les divisions, si les Occidentaux rejetaient ce que les Orientaux auraient approuvé. Ils allèrent même plus avant, et dirent à Phébade et à Servais que si le formulaire dont il s'agissait ne leur semblait pas assez clair et assez formel, ils y ajoutassent ce qu'ils voudraient, promettant de leur part d'y consentir. Une proposition si plausible fut reçue de tout le monde avec joie, et les catholiques, qui voulaient terminer l'affaire par quelque moyen que ce fût, n'osèrent pas s'y opposer. On commença donc à produire des professions de foi dressées par Phébade et par Servais, c'est-à-dire, comme nous croyons, les anathèmes dont parle saint Jérôme, tels que nous les rapporterons bientôt. Elles portaient la condamnation d'Arius, et déclaraient le Fils semblable à son Père, sans commencement et sans aucun temps. Lorsqu'on les dressait, Valens, comme pour y contribuer de sa part, dit qu'il fallait mettre que le Fils n'est pas une créature comme les autres. Personne ne s'aperçut pour lors de la malignité de cette proposition captieuse, qui, sous le prétexte de ne pas confondre le Fils avec les choses créées, le réduisait au rang d'une véritable créature relevée seulement au-dessus des autres. Les évêques, qui avaient la simplicité de la colombe, sans avoir l'adresse du serpent, crurent tous avoir trop de facilité, dit saint Ambroise ; mais en cherchant la nourriture de la foi, comme des oiseaux sans prudence, ils donnèrent, sans s'en apercevoir, dans le piége qu'on leur tendait ; et courant à la vérité, ils tombèrent dans la fosse de l'hérésie, où les autres les poussaient par leurs fourberies.

On conclut ainsi l'accord, où il semblait que personne ne fût ni victorieux, ni vaincu ; le formulaire étant pour les ariens, et les professions ou les anathèmes qu'on y avait ajoutés étant pour les catholiques, à l'exception de celui que Valens y avait glissé. Rien ne paraissait plus convenable à des serviteurs de Dieu, que de chercher l'union. La formule que l'on proposait, et qui était celle de Sirmium et de Nice en Thrace, n'avait rien d'hérétique en apparence. On n'y disait point que le Fils de Dieu fût créature tirée du néant, ni qu'il y eût eu un temps où il n'était pas : au contraire on disait qu'il était né du Père avant tous les siècles, et Dieu de Dieu. La raison de rejeter le mot d'*ousia* ou *substance* était probable, parce qu'il ne se trouvait point dans les Ecritures, et qu'il scandalisait les simples par sa nouveauté. Les évêques ne se mettaient pas en peine d'un mot, croyant que le sens catholique était en sûreté. Enfin, comme il s'était répandu un bruit parmi le peuple que cette exposition de foi était frauduleuse, Valens de Murse, qui l'avait composée, déclara en présence du préfet Taurus, qu'il n'était point arien ; au contraire, qu'il était entièrement éloigné des blasphèmes de ces hérétiques. Mais cette protestation, faite en particulier, ne suffisait pas pour apaiser les soupçons du peuple : c'est pourquoi le lendemain les évêques étant assemblés dans l'église de Rimini avec une grande foule de laïques, Musonius, évêque de la province de Bysacène en Afrique, à qui tous déféraient le premier rang pour son âge, parla ainsi : « Nous ordonnons que quelqu'un de nous lise à Votre Sainteté ce qui est répandu dans le public, et qui est venu jusqu'à nous, afin de condamner tout d'une voix ce qui est mauvais, et qui doit être rejeté de nos oreilles et de nos cœurs. » Tous les évêques répondirent : « Nous le voulons. » Alors Claude, évêque de la province d'Italie nommée Picenum, autrement la Marche d'Ancône, commença à lire, par l'ordre de tous, les blasphèmes que l'on attribuait à Valens ; mais Valens les désavoua et s'écria : « Si quelqu'un dit que Jésus-Christ n'est pas Dieu, Fils de Dieu, engendré du Père avant les siècles, qu'il soit anathème. » Tous s'écrièrent après lui : « Qu'il soit anathème » ; et il ajouta : « Si quelqu'un dit que le Fils de Dieu n'est pas semblable au Père selon les Ecritures, qu'il soit anathème. Si quelqu'un ne dit pas que le Fils de Dieu est éternel avec le Père, qu'il soit anathème. » Tous répondirent à chaque fois : « Qu'il soit anathème. » Valens ajouta, comme pour fortifier la doctrine catholique : « Si quelqu'un dit que le Fils de Dieu est créature comme sont les autres créatures, qu'il soit anathème. » Tous répondirent : « Qu'il soit anathème » ; sans s'apercevoir du venin caché sous cette proposition ; car les catholiques entendaient qu'il n'était point du tout créature, et Valens entendait qu'il était une créature, mais plus parfaite que les autres. Ils reconnurent trop tard le double sens de cette équivoque, et leur faute consista principalement à s'y être laissé surprendre. Valens ajouta : « Si quelqu'un dit que le Fils de Dieu est tiré du néant, et non pas de Dieu le Père, qu'il soit anathème. » Tous s'écrièrent de même : « Qu'il soit anathème. » Enfin il dit : « Si quelqu'un dit : Il y avait un temps auquel le Fils de Dieu n'était pas, qu'il soit anathème. » Tous répondirent : « Qu'il soit anathème. » Cette parole de Valens fut reçue de tous les évêques et de toute l'Eglise, avec un applaudissement et une joie extraordinaire, parce que ces expressions semblaient être le caractère propre de l'arianisme. Ils élevaient jusqu'au ciel Valens par leurs louanges, et condamnaient avec repentir les soupçons qu'ils avaient eus de lui.

Alors l'évêque Claude ajouta : « Il y a encore quelque chose qui est échappé à mon frère Valens : nous le condamnerons, s'il vous plaît, en commun, afin qu'il ne reste aucun scrupule. Si quelqu'un dit que le Fils de Dieu est avant tous les siècles, mais non avant tous les temps absolument, en sorte qu'il mette quelque chose avant lui, qu'il soit anathème. » Tous répondirent : « Qu'il soit anathème ; » et Valens condamna de même plusieurs autres propositions qui semblaient suspectes, à mesure que Claude les prononçait. Saint Jérôme dit avoir tiré ces choses des actes mêmes du concile de Rimini, qui étaient alors dans les archives de toutes les églises, mais qui ne se sont pas conservés jusqu'à nous ; et il ajoute que les ariens mêmes ne niaient pas que cela fût ainsi. Nous ne voyons pas d'apparence à ce que rapporte Julien le Pélagien, qu'il y eut sept évêques qui, préférant la volonté de Dieu à celle de Constantius, refusèrent de condamner saint Athanase, et de renoncer à la confession de la Trinité. On n'aurait pas manqué de bannir ces évêques, suivant les ordres qu'en avait donnés l'empereur, et leur exil aurait fait éclat. Cependant aucun autre auteur n'en parle ; et d'ailleurs il ne paraît par aucun monument, qu'il se soit agi de la condamnation de saint Athanase dans le concile de Rimini. La dernière action du concile fut apparemment la nomination des députés que l'on envoya à Constance ; les chefs étaient Ursace, Valens, Mégase, Caius, Justin, Mygdone, Optat et Martial. Par là on voit quel parti avait prévalu dans la fin déplorable de ce concile. On reconnut bientôt qu'une fausse paix est plus pernicieuse à l'Eglise qu'une guerre ouverte de la part des hérétiques les plus accrédités ; et que la paix avec des novateurs est toujours fausse, quand elle n'est pas fondée sur une entière soumission de leur part. *D. Ceillier, t.* V ; *Hist. de l'Egl. Gallic.*, liv. II.

RIMINI (Ier Synode diocésain de), *Riminensis*, sous Jean-Baptiste Castelli, 9 mai 1577. L'évêque y défendit de sonner les cloches pour des femmes en mal d'enfant, qu'on prétendait soulager par ce moyen, et d'user d'autres pratiques également superstitieuses. *Decreta diœc. syn. Arim.*

RIMINI (IIe Synode diocésain de), le 19 juin 1578. Le même prélat y défendit plusieurs usages superstitieux, tels que celui de garder les œufs pondus les jours de l'Ascension et les morceaux de bois à demi brûlés le jour de Noël, avec l'intention de s'en servir pour détourner les orages ; l'usage de découvrir le toit de la maison où souffrait un mourant, pour abréger son agonie ; de se ceindre la tête ou les reins avec des herbes cueillies la nuit qui précédait la Saint-Jean, pour apaiser les douleurs ; d'écrire certaines paroles sur le pain qu'on jetait aux chiens, pour les préserver de la rage ; de laisser à d'autres qu'à des parents le soin d'éteindre les flambeaux allumés auprès des morts, de crainte d'être frappé soi-même de mort prochaine à cause de sa parenté ; la pratique employée par certaines femmes, pour se donner du lait, de boire le suc d'herbes cueillies la nuit de Noël, mêlé au jus d'un chapon tué de la main de leurs maris. *Ibid.*

RIMINI (IIIe Synode diocésain de), le 16 juin 1580. Le même prélat y condamna la superstition de suspendre des chaînes aux cheminées, et de les jeter dans la rue, pour écarter les tempêtes ; la pratique de choquer l'une contre l'autre, en guise de baiser, les croix de deux paroisses différentes, quand elles se rencontraient dans les processions des rogations. *Ibid.*

RIMINI (Ier Synode diocésain de), *Ariminensis*, sous l'évêque Jules-César Salucini, le 10 juin 1593. Ce prélat y renouvela les décrets de ses prédécesseurs. Il proscrivit comme superstitieux l'usage où étaient les hommes d'ôter l'anneau du doigt de leurs épouses décédées, dans la persuasion qu'ils ne pourraient, sans cette formalité, passer à un nouveau mariage. *Decreta diœc. syn. prim. Arimin.*

RIMINI (IIe Synode diocésain de), le 27 mai 1596. Le prélat y fit défense d'exorciser des énergumènes, sans sa permission donnée par écrit. Il condamna aussi diverses superstitions, telles que de choisir les vendredis du mois de mars pour faire bouillir le vin afin de le rendre plus acide ; de jeter dans le feu des feuilles d'olivier la nuit de l'Epiphanie pour connaître l'avenir ; de baiser les pieds des morts pour obtenir la santé, etc. *Ibid.*

RIMINI (IIIe Synode diocésain de), . . . mai 1602. Le même prélat y défendit de faire aucune représentation de sujets même pieux sans l'aveu du curé et l'approbation de l'évêque. *Ibid.*

RIMINI (Synode diocésain de), sous Cyprien Pavoni, les 7 et 8 novembre 1624. Ce prélat y renouvela les décrets de ses prédécesseurs Castelli et Salucini, et en publia lui-même de nouveaux. *Ibid.*

RIMINI (Ier Synode diocésain de), sous Ange Cési, les 14, 15 et 16 mai 1630. Ce prélat y fit des règlements assez étendus sur la discipline ecclésiastique, les devoirs des religieuses et les confréries. *Constitut. syn. Arimin.*

RIMINI (II⁰ Synode diocésain de), . . . juin 1639. Le même prélat y publia le catalogue des fêtes à observer dans son diocèse. *Ibid.*

RIPOL (Assemblée d'évêques à), *Rivi-Pollensis in diœcesi Ausonensi*, l'an 977, pour la dédicace de la nouvelle église de ce monastère. Les évêques présents de la province y firent un décret contre ceux qui viendraient à envahir les biens de ce monastère, et leurs collègues absents, à qui ils envoyèrent ce décret, le souscrivirent comme eux. *D'Aguirre*, t. III.

RIPOL (Concile de), l'an 1032. Les évêques de la province y confirmèrent les privilèges de ce monastère. *Labb.* XI.

RIPPON (Synode du diocèse d'Yorck tenu à), l'an 1306. William Grenefeld, archevêque d'Yorck, y publia des constitutions qui, à peu d'additions près, sont les mêmes que celles qui avaient été publiées à Chichester en 1289. Il y fit en particulier défense aux laïques de couper les arbres ou de faucher l'herbe des cimetières sans la permission des curés. *Wilkins*, t. II.

RISBACH (Concile de), *Risbaciense*, au diocèse de Ratisbonne, l'an 799.

On y fit douze canons, dit l'auteur de *L'Art de vérifier les dates*, qui ajoute aussi que le P. Mansi rapporte ce concile à l'an 803. Il y a quelques observations à faire sur ce récit. 1° Dukerus, dans sa *Chronique de Saltzbourg*, dit que ce concile s'est tenu le 20 janvier, qu'il renferme différents canons : mais l'historien de Frisingue les rejette, comme destitués de bon sens, contraires à la dignité ecclésiastique, et indignes des sages évêques que l'on dit avoir assisté à ce concile. Par exemple, le 5ᵉ et le 12ᵉ canon défendent aux évêques et à tous les prélats en général d'acquérir ou de posséder des biens nobles. 2° Ce même historien de Frisingue assure que ces prétendus canons sont manifestement contradictoires, et signés par des témoins qui n'ont pu assister à ce concile. 3° Loin de rapporter ce concile à l'an 803, le P. Mansi avance précisément le contraire en ces termes : *Annus habiti concilii incertus est, quanquam diversum credo a concilio Ratisponensi, contra Felicianam hæresim anno 803 coacto.*

RISBOURG (Synode de), *Risburgensis in Prussia*, l'an 1322. A ce synode diocésain se trouvaient rassemblés 450 curés, et 175 tant vicaires que diacres. Nous ignorons du reste quel en fut l'objet. Les sièges de *Pomesen* et de *Risbourg* étaient dès lors réunis à l'évêché de Culm. La ville de Pomesen, selon le P. Cossart, est située dans l'île de Sainte-Marie. *Conc. Germ.* t. IV.

RIVIPOLLENSIS (*Conventus*). Voyez RIPOL.

ROCHEBOURG (Concile de), *Roxburgense*, en Ecosse, l'an 1126. Jean de Crême, cardinal prêtre du titre de saint Chrysogone, et légat du pape Honorius II en Angleterre, tint ce concile, qui eut pour objet de rétablir la paix entre Turston, archevêque d'Yorck, et les évêques d'Ecosse. *Angl.* I.

DICTIONNAIRE DES CONCILES. II.

ROCKINGHAM (Concile de), *Rockingamiense*, non approuvé, l'an 1094.

Ce concile fut tenu les 11 et 12 mars, dans le château de Rokhingam en Angleterre, par l'ordre du roi Guillaume II, dit le Roux. Presque toute la noblesse du royaume s'y trouva avec les évêques et le clergé du second ordre. On y agita cette question si fameuse dans le temps, savoir, si l'archevêque Anselme pouvait garder la foi au roi de la terre, sans préjudice du respect et de l'obéissance qu'il devait au saint-siège. Il fut décidé, contre l'avis de saint Anselme, que ce prélat ne pouvait, sans le consentement du roi, promettre obéissance ni demander le *pallium* au pape Urbain II, parce que le prince ne l'avait pas encore reconnu pour pape. *Wilkins*, t. I.

RODEZ (Synode diocésain de), *Ruthenensis*, l'an 1161. Ce que les statuts de ce synode présentent de remarquable, c'est qu'on y défend à tout le monde de porter des armes, excepté les militaires, à qui l'on permet d'avoir l'épée, et leurs écuyers à qui seuls on laisse le droit de paraître avec des bâtons. On prescrit à chacun une redevance annuelle dont le montant doit servir à indemniser ceux à qui leurs biens viendraient à être enlevés. *Mansi, Conc.* t. XXI.

RODEZ (Synode de), l'an 1289, sous l'évêque Raymond de Chaumont. Nous apprenons de la lettre synodale mise en tête des statuts publiés en cette année par l'évêque Raymond, que le synode diocésain s'y tenait, comme dans beaucoup d'autres diocèses, deux fois chaque année, savoir le mardi et le mercredi les plus proches après la quinzaine de Pâques, et le mardi et le mercredi aussi les plus proches après la Saint-Luc. Le livre de statuts synodaux dont il s'agit dans cet article est un véritable rituel, tel qu'on le conçoit en France de nos jours, ou un catéchisme complet à l'usage des curés, divisé en deux parties, dont la 1ʳᵉ comprend des instructions fort étendues sur le symbole, les sept dons du Saint-Esprit, le Décalogue et les sept sacrements: et la 2ᵉ d'autres instructions sur la discipline cléricale, le respect dû aux églises, l'aliénation des biens ecclésiastiques, les testaments, les sépultures, les dîmes et les prémices, les excommunications, les suspenses et les interdits, l'exécution des mandements de l'évêque ou de son official, et le calendrier des fêtes. Nous y renvoyons le lecteur. *Thes. nov. anecd.* t. IV, p. 671.

RODEZ (Synode de), vers l'an 1336. D. Martene a trouvé dans un manuscrit du monastère de Saint-Severin de Naples (*Neapolitani*) dix-neuf statuts synodaux de l'Eglise de Rodez, où il est fait mention du concile tenu à Bourges en 1336. Le 1ᵉʳ de ces statuts est contre les empiétements de la puissance séculière sur la liberté ecclésiastique ; le 2ᵉ défend de prêcher ou de confesser sans mission ; le 3ᵉ condamne les résignations de bénéfices faites autrement qu'entre les mains de l'évêque ; le 4ᵉ recommande à tout le monde de ne point faire de vœu sans avoir

18

bien réfléchi, et aux femmes en particulier de n'en point faire sans le consentement de leurs maris; le 5° prescrit aux prêtres de faire l'absoute de leurs paroissiens, dès qu'ils apprennent leur mort; le 7° ordonne de bien persuader au peuple que la simple fornication est un péché mortel; le 9° interdit aux prêtres de célébrer eux-mêmes les messes qu'ils auraient enjoint de faire dire, en particulier pour des défunts; le 12° ne permet de dire la messe dans les chapelles les jours de dimanches et de fêtes, qu'après que le prône aura été fait à l'église paroissiale; le 16° fait une stricte défense de forcer des juifs ou des païens, ou d'autres infidèles à recevoir le baptême, et déclare cependant affranchis ceux d'entre eux qui, étant esclaves de maîtres infidèles, auraient reçu le baptême de leur plein gré; le 19° et dernier contient le détail des cas où l'on encourait l'excommunication d'après le concile général de Vienne et celui de Bourges de 1336. *Thes. nov. anecd. t.* IV.

RODEZ (Synode de), l'an 1341, sous l'évêque Girbert. Ce prélat y publia sept statuts relatifs en particulier aux chapelles domestiques, au devoir de la résidence, à la réparation des églises, et à l'abus que quelques-uns faisaient des lettres apostoliques. *Ibid.*

RODOME (Conciles de), *Rothomagensia.* Voy. ROUEN.

ROFFIACENSIA (Concilia). V. RUFFEC.

ROME (Concile de), *Romanum,* l'an 146. Fabricius reconnaît un concile tenu à Rome, l'an 146, contre Théodote le Corroyeur. *In synodico veteri Fabricii Biblioth. Græcæ,* t. XI.

ROME (Concile de), l'an 170. On cite un concile de Rome, tenu l'an 170, contre les quartodécimains. *Ibid.*

ROME (Concile de), l'an 197. Il se tint la quatrième année de l'empire de Sévère, sous le pontificat du pape Victor, touchant la célébration de la pâque, et contre les Eglises d'Asie qui célébraient cette fête précisément le quatorzième de la lune de mars, à la manière des Juifs. Le concile ordonne qu'on ne célèbre cette fête que le dimanche d'après le quatorzième de la lune de mars et l'équinoxe du printemps, selon la pratique de l'Eglise de Rome, et de toutes celles d'Occident. Les actes de ce concile sont perdus. *Eusebius, lib.* V *Hist. eccles. cap.* 22; *Reg. et Lab., t.* I.

ROME (Concile de), l'an 198, sur la Pâque. *Fabricius, in synodico veteri, tom.* XI, p. 186.

ROME (Concile de), l'an 237. Le pape saint Fabien condamna Origène dans un concile qu'il tint à Rome à peu près à cette époque. *Rufin., l.* II, *Invect. in Hieronym.; Hard.* I.

ROME (Concile de), l'an 250 ou 253. Le clergé de Rome s'assembla en concile durant la vacance du siége, après la mort du pape saint Fabien, à l'occasion de ceux qui avaient idolâtré, soit en sacrifiant aux idoles, soit en leur offrant de l'encens, soit en exerçant quelque autre acte public de religion, soit enfin en renonçant secrètement à la foi, et en achetant des magistrats des certificats portant qu'ils avaient sacrifié. Le clergé invita à ce concile les évêques voisins et les étrangers qui étaient venus à Rome. On y décida qu'on recevrait à la confession et à la pénitence les apostats qui seraient dangereusement malades; mais que pour les autres, on différerait à les réconcilier jusqu'après l'élection du pape. *Cyprian. ep.* 52 *ad Antonian., Baronius, an.* 253; *Reg. et Lab.* I.

ROME (Concile de), l'an 251. Le pape saint Corneille assembla cette année à Rome un concile de soixante évêques contre Novatien qui fut chassé de l'Eglise. *Euseb., lib.* VI, *c.* 43; *Hard.* I.

ROME (Concile de), l'an 252. Ce nouveau concile fut tenu sous le même pape saint Corneille. On y confirma ce que le premier concile de Carthage, tenu par saint Cyprien l'année précédente, avait résolu touchant la pénitence des tombés; et l'on y régla aussi la manière de recevoir à la pénitence les évêques, les prêtres et tous ceux du clergé qui avaient idolâtré ou pris des certificats. On en a perdu les actes. *S. Cypr. ep.* 52, 64, 67 et 68; *Reg. et Hard.* I.

ROME (Concile de), l'an 256. Ce concile fut tenu par le pape saint Etienne, et l'on y décida la validité du baptême des hérétiques, contre le sentiment des évêques d'Afrique. *Reg. Lab. et Hard.* I.

ROME (Concile de), l'an 258. On condamna dans ce concile l'erreur de Noët et de Sabellius, qui confondaient ensemble les trois personnes divines, et celle de Valentin, qui prétendait que le corps du Christ avait été pris du ciel. *Baluz. Nov. Coll.*

ROME (Concile de), l'an 260 ou 263. Saint Denys d'Alexandrie ayant été accusé de sabellianisme, le pape saint Denys assembla un concile à Rome l'an 260 ou 263 pour discuter l'accusation. Après un mûr examen, l'accusé fut unanimement absous par le concile, comme l'atteste saint Athanase dans son écrit touchant la sentence de Denys contre les ariens. *Baronius, an.* 263, *n.* 30; *Reg. Lab. et Hard.* I.

ROME (Concile de), l'an 268. Ce concile eut pour objet le baptême des hérétiques. *Fabricius, in Synod. vet.*

ROME (Concile de), l'an 313. Les donatistes voyant que, malgré la sentence de déposition qu'ils avaient prononcée contre Cécilien (*Voyez* CARTHAGE, l'an 311 ou 312), toute la terre demeurait unie de communion avec lui, et que c'était à lui, et non à Majorin, que s'adressaient les lettres des Eglises d'outre-mer, prirent le parti de l'accuser devant les évêques mêmes de sa communion, bien résolus néanmoins, pour le cas où ils ne pourraient venir à bout de le faire succomber sous leurs calomnies, de ne pas se désister de leur injuste séparation. Les mouvements qu'ils se donnèrent en même temps pour grossir leur nombre, et pour corrompre le peuple par leurs erreurs, causèrent quelque émotion dans le public, et Constantin en fut averti. Pour y remédier, ce prince donna ordre à Anulin, proconsul d'Afrique, et à Patrice, préfet du prétoire, de s'informer de ceux qui troublaient la paix de l'Eglise catholique, afin de les réprimer. C'est ce que nous apprenons d'une lettre qu'il écrivit à Cécilien même, où, après lui avoir dit de distribuer une certaine somme d'argent qui devait lui être mise en main par Ursus, receveur général de l'Afrique, il ajoutait : « Et parce que j'ai appris qu'il y a des personnes d'un esprit turbulent qui veulent corrompre le peuple de la très-sainte Eglise catholique par des divisons dangereuses, sachez que j'ai donné ordre de ma propre bouche au proconsul Anulin et à Patrice, vicaire des préfets, de veiller à cela par-dessus tout, et de ne point tolérer ce désordre. C'est pourquoi, si vous voyez des personnes continuer dans cette folie, adressez-vous aussitôt à ces officiers, et faites-leur vos plaintes, afin qu'ils punissent les séditieux, comme je leur ai commandé. »

En conséquence des ordres de l'empereur, Anulin, en faisant savoir à Cécilien et à ceux de sa communion, le nouvel édit qui exemptait les ecclésiastiques de toutes les fonctions civiles, les exhorta à rétablir l'unité par un consentement universel. On ne voit pas qu'il ait fait part de cette loi aux donatistes. Mais peu de jours après, quelques évêques de leur parti, accompagnés d'une multitude de peuple, vinrent présenter au proconsul un paquet cacheté et un mémoire ouvert, le priant instamment de les envoyer à la cour. Le paquet portait pour titre : *Mémoire de l'Eglise catholique touchant les crimes de Cécilien, donné par le parti de Majorin*. C'est le nom qu'ils prenaient avant de s'appeler le parti de Donat. Le mémoire ouvert et attaché au paquet contenait ces paroles : « Nous vous prions, très-puissant empereur, vous qui êtes d'une race juste, dont le père a été le seul entre les empereurs qui n'ait point exercé de persécution, que, puisque les Gaules sont exemptes de ce crime, c'est-à-dire d'avoir livré les choses sacrées, vous nous fassiez donner des juges dans les Gaules pour les différends que nous avons en Afrique avec les autres évêques. Donné par Lucien, Digne, Nassuce, Capiton, Fidence et les autres évêques du parti de Majorin. » Saint Augustin parle souvent de cette requête, par laquelle les donatistes rendaient, selon lui, Constantin le maître d'une affaire purement ecclésiastique, et l'on verra que l'empereur en jugea de même : cependant dans un endroit ce saint l'a qualifiée simplement de lettre des donatistes, où ils demandaient que les différends des évêques d'Afrique fussent jugés par des prélats d'outre-mer.

Le proconsul envoya toutes ces pièces à l'empereur, et lui manda en même temps l'état des choses. Constantin, ayant lu la requête des donatistes, répondit avec indignation : « Vous demandez que je vous juge en ce siècle, moi qui attends à être moi-même jugé par Jésus-Christ. » Il leur accorda néanmoins les juges qu'ils demandaient, et nomma à cet effet Materne, évêque de Cologne, Retice d'Autun et Marin d'Arles, prélats d'une grande réputation et d'une vie très-pure, laissant aux évêques l'examen et le jugement de cette affaire, qu'il n'osait pas juger lui-même, parce qu'elle regardait un évêque. Il en écrivit à ces trois évêques ; et afin qu'ils fussent amplement informés de l'affaire, il leur envoya copie de toutes les pièces qu'il avait reçues d'Anulin. En même temps il ordonna que Cécilien et ses adversaires, chacun avec dix évêques de son parti, se transportassent à Rome le 2 octobre pour y être jugés par des évêques. Constantin écrivit aussi au pape Miltiade, qu'il nomma pour juge avec les trois évêques des Gaules. Il disait dans cette lettre : « J'ai jugé à propos que Cécilien aille à Rome avec dix évêques de ceux qui l'accusent, et dix autres qu'il croira nécessaires pour sa cause, afin qu'en présence de vous, de Reticius, de Materne et de Marin vos collègues, à qui j'ai donné ordre de se rendre en diligence à Rome pour ce sujet, il puisse être entendu comme vous savez qu'il convient à la très-sainte loi. » La lettre au pape était aussi adressée à Marc, que l'on croit être ce prêtre de Rome qui succéda à saint Sylvestre en 338. Quelques-uns, au lieu de Marc, disent qu'il faut lire Mérocle, évêque de Milan, parce qu'il n'est pas vraisemblable que l'empereur ait établi un prêtre pour juge avec le pape.

Quoi qu'il en soit, les ordres de l'empereur ayant été notifiés aux deux parties, Cécilien, avec dix évêques catholiques, et Donat des Cases-Noires, à la tête de dix évêques de son parti, se trouvèrent à Rome au jour marqué, et le concile s'assembla dans le palais de Fausta, femme de Constantin, nommé la maison de Latran, ce même jour second d'octobre de l'an 313, qui était un vendredi ; le pape Miltiade présidait : ensuite étaient assis les trois évêques gaulois, Retice d'Autun, Materne de Cologne, Marin d'Arles ; puis quinze évêques italiens, Mérocle de Milan, Florin de Césène dans la Romagne, Zotique de Quintiane dans la Rhécie, du département d'Italie, aujourd'hui Kintzen dans la Bavière, Stemnie de Rimini, Félix de Florence en Toscane, Gaudence de Pise, Constance de Faenza dans la Romagne, Protère de Capoue, Théophile de Bénévent, Savin de Terracine, Second de Palestrine, Félix de Cisterna près de Rome, Maxime d'Ostie, Evandre d'Ursin ou Adiazzo en Corse, et Donatien d'Oriol, bourg de l'Etat de l'Eglise, dans le patrimoine de saint Pierre. Ce fut devant ces dix-neuf évêques que l'affaire de Cécilien fut examinée ; il y parut non comme évêque, mais en qualité d'accusé, et il y a lieu de croire qu'il ne communiqua pas d'abord avec les évêques du concile, puisqu'il n'y fut reçu qu'après avoir été reconnu innocent des crimes dont on l'accusait.

Le concile tint trois séances, pendant lesquelles des notaires rédigeaient par écrit ce qui s'y passait. Dans la première séance les juges s'informèrent qui étaient les accusateurs et les témoins contre Cécilien, et ils en rejetèrent quelques-uns, à cause des taches dont leur réputation était noircie, et apparemment Donat des Cases-Noires, qui s'y reconnut coupable de plusieurs fautes dont on l'accusait. Ceux que lui et Majorin produisirent pour témoins, avouèrent qu'ils n'avaient rien à dire contre Cécilien. Ainsi les schismatiques se trouvèrent réduits à alléguer les cris tumultuaires et séditieux de la populace qui suivait le parti de Majorin; mais les juges tinrent ferme jusqu'au bout à ne vouloir point recevoir un pareil témoignage, une populace ne faisant point un accusateur certain et déclaré, et persistèrent à demander, ou des accusateurs, ou des témoins tels que l'ordre judiciaire les requiert. Il en était venu d'Afrique avec les autres; mais Donat les avait fait retirer. Il promit néanmoins de les représenter; mais après l'avoir promis non une fois, mais plusieurs, il ne voulut plus lui-même paraître devant les juges, dans la crainte d'être condamné sur son propre aveu. Car ayant été accusé par Cécilien d'avoir commencé le schisme à Carthage du vivant de Mensurius, d'avoir rebaptisé et imposé de nouveau les mains à des évêques tombés dans l'idolâtrie pendant la persécution, il confessa les deux derniers chefs, et fut suffisamment convaincu du premier.

Dans la seconde séance, quelques-uns donnèrent une requête d'accusation contre Cécilien : ce qui obligea le concile à discuter l'affaire tout de nouveau. On examina les personnes qui avaient présenté cette requête, et il ne se trouva rien de prouvé contre cet évêque. La troisième se passa dans l'examen du concile tenu à Carthage par les soixante-dix évêques qui avaient condamné Cécilien et Félix d'Aptonge. Les schismatiques l'objectaient comme une autorité considérable, soit à cause du grand nombre d'évêques qui y avaient assisté, soit parce qu'étant tous du pays, ils avaient jugé avec connaissance de cause. Mais Milliade et les autres évêques du concile de Rome, sachant que ceux du concile de Carthage avaient été assez emportés et assez aveugles pour condamner avec précipitation leurs confrères absents et sans les avoir entendus, ne s'amusèrent point à regarder combien ils étaient ni d'où ils étaient. Ils ne voulurent pas même entrer dans le fond de cette affaire, voyant qu'elle était embrouillée d'une infinité de questions dépendantes les unes des autres, et qu'il était impossible de démêler. Les Pères du concile de Rome pouvaient aussi considérer, selon la remarque de saint Augustin, que les donatistes, en renvoyant la cause de Cécilien à l'empereur, avaient reconnu eux-mêmes que le concile de Carthage, dont ils vantaient tant l'autorité, n'avait pas néanmoins suffi pour la terminer. D'ailleurs Cécilien avait eu de bonnes raisons pour ne se pas trouver au concile de Carthage. Comment aurait-il pu se résoudre à sortir de son église pour aller dans une maison particulière se livrer à la haine d'une femme, et paraître devant des gens qu'il ne pouvait plus regarder comme des évêques disposés à faire un examen juridique de son affaire, mais comme des ennemis attroupés pour l'égorger? Et quand Félix d'Aptonge eût été traditeur, ce qui n'était pas, il ne s'en suivait pas que l'ordination de Cécilien fût nulle, puisque c'est une maxime constante qu'un évêque, tant qu'il est en place, sans être condamné ni déposé par un jugement ecclésiastique, peut légitimement faire des ordinations et toutes les autres fonctions épiscopales.

Cécilien fut donc absous par tous les évêques du concile de Rome. Miltiade, qui parla le dernier et forma le jugement, donna le sien en ces termes : « Puisqu'il est constant que Cécilien n'a point été accusé par ceux qui étaient venus avec Donat, comme ils l'avaient promis, et qu'il n'a été convaincu par Donat sur aucun chef, je suis d'avis qu'il soit maintenu dans tous ses droits à la communion ecclésiastique. » Nous n'avons pas le reste de la sentence ni les autres chefs; mais saint Augustin en rapporte la substance dans une de ses lettres, où il dit : « Quand le bienheureux Miltiade vint à prononcer la sentence définitive, combien n'y fit-il pas paraître de douceur, d'intégrité, de sagesse et d'application à conserver la paix ! Il n'eut garde de rompre la communion avec ses collègues que l'on accusait, puisqu'on n'avait rien prouvé contre eux; et quant à ses accusateurs, s'en tenant à condamner Donat, qu'il avait reconnu être le principal auteur de tout le mal, il laissa les autres en état de rentrer, s'ils l'eussent voulu, dans la paix et la communion de l'Eglise. Il offrit même d'envoyer des lettres de communion à ceux qui avaient été ordonnés par Majorin, et de les reconnaître pour évêques, en sorte que dans tous les lieux où se trouveraient deux évêques par suite du schisme, celui-là fût maintenu qui aurait été ordonné le premier, et qu'on cherchât un autre évêché pour le dernier. O l'excellent homme, continue saint Augustin ! O le vrai enfant de la paix ! O le vrai père du peuple chrétien ! » Et ensuite, parlant des évêques du concile de Rome : « Comparez maintenant, dit-il, le petit nombre de ces évêques avec le grand nombre de ceux de Carthage, non pour les compter, mais pour opposer la conduite des uns à celle des autres. Autant vous trouverez de modération et de circonspection d'un côté, autant vous verrez de témérité et d'aveuglement de l'autre. Dans les uns la douceur n'a point affaibli l'intégrité, et l'intégrité n'a point altéré la douceur; dans les autres la fureur a servi de voile à la crainte, et la crainte d'aiguillon à la fureur. Ceux-là s'assemblent pour vérifier les crimes véritables, et rejettent les fausses accusations; ceux-ci s'étaient assemblés pour couvrir, par la condamnation d'un crime supposé, ceux dont ils étaient véritablement coupables. » On voit que le pape Miltiade voulait parler du faux concile tenu à Carthage contre Cécilien. *Aug. ep. 43, et Brevic. collat. diei 3, c. 17; Optat. l. I.*

ROME (Prétendu concile de), l'an 315. Il est fait mention de ce prétendu concile dans les actes de saint Sylvestre, cités dans le décret de Gélase, dans une lettre du pape Adrien à Charlemagne, par Zonare, par Nicéphore-Calixte, et par quelques autres écrivains postérieurs; mais on convient aujourd'hui que ces actes ne méritent aucune croyance, et que ce concile de Rome est un concile imaginaire. On veut qu'il se soit tenu aux ides de mars de l'an 315, en présence de l'empereur Constantin, et de Constantin Auguste, son fils; qu'il s'y soit trouvé soixante-quinze évêques, avec cent neuf prêtres des Juifs, sans compter ceux que leur pontife, nommé Issachar, y aurait envoyés pour soutenir le parti de leur religion; que la raison qu'on aurait eue de convoquer ce concile, ait été qu'Hélène, qui étant en Orient, s'était presque laissé engager dans le judaïsme, ne pouvait souffrir que Constantin, son fils, professât la religion chrétienne; ce qui obligea ce prince à assembler à Rome les principaux des deux partis, pour prouver, en présence même d'Hélène et de Constantin Auguste, la vérité de l'une des deux religions. On ajoute que le concile se termina heureusement à l'avantage du christianisme, et que saint Sylvestre confondit ses adversaires; mais rien de plus mal assorti que l'histoire de ce concile. La date en est absolument fausse. L'empereur Constantin ne vint à Rome que dans le mois d'août de cette année 315, après avoir passé par Aquilée, où il se trouvait le 18 juillet, comme on le voit par une loi adressée au sénat. Constantin Auguste ne vint au monde qu'en 316, un an après le terme auquel on fixe ce prétendu concile de Rome. Quant à Hélène, Eusèbe, qui était mieux instruit que personne de l'histoire de Constantin, dit en termes exprès, que « ce prince avait rendu Hélène, sa mère, servante de Jésus-Christ, » et n'en fait pas honneur à saint Sylvestre. *Euseb., l. III de Vita Constantini, c. 47; D. Ceillier, Hist. des aut. sacrés et eccl., t. III.*

ROME (Concile supposé de), l'an 324. La supposition de ce prétendu concile, qui aurait été tenu en présence de Constantin, quoique ce prince fût en Orient à cette époque, où il aurait été statué, contrairement à tout le droit canonique, ancien et nouveau, que jamais les laïques ne devraient être reçus à accuser des clercs, ni des prêtres à accuser des évêques, ni des diacres des prêtres, etc., et qui aurait été souscrit par une femme, l'impératrice Hélène, contre la pratique de tous les siècles, a été démontrée par Pagi, après Hincmar, P. de Marca, Christianus Lupus, le P. Labbe et d'autres érudits. Il serait superflu de nous y arrêter davantage. *Mansi, Conc. t. II.*

ROME (Concile de), l'an 325. Les Pères de Nicée ayant fait parvenir à Rome leur lettre synodale pour demander au pape Sylvestre la confirmation de leur concile, ce saint pape assembla pour ce sujet deux cent soixante-quinze évêques de toute l'Italie, et fit avec eux les décrets que nous allons rapporter, tels qu'ils se trouvent dans les actes. Si ceux-ci sont bien fidèles, Sylvestre, évêque du saint-siège apostolique de Rome, dit : Tout ce qui a été établi à Nicée en Bithynie par les trois cent dix-huit évêques, pour l'affermissement de la sainte mère l'Eglise catholique et apostolique, nous le confirmons de notre bouche. Tous ceux qui oseront aller contre la définition du saint et grand concile, assemblé à Nicée, en présence du très-pieux et vénérable Constantin Auguste, nous les anathématisons. Et tous les évêques dirent : Nous sommes de cet avis.

Le pape : Il est ordonné à tous évêques et prêtres d'observer la pâque du 14 de la lune jusqu'au 21, c'est-à-dire le dimanche qui vient après l'un de ces jours. Et les évêques dirent : Nous pensons de même. L'évêque Sylvestre reprit en ces termes : Nous pensons, pourvu que ce soit aussi votre avis, que la décision aura plus de force, si tous les évêques présents la signent de leur main, afin que, de retour de la ville confiée à leurs soins, ils la notifient à leur peuple, et que l'ordre soit gardé inviolablement. Et les évêques dirent : Nous pensons de même.

L'évêque Sylvestre dit : Qu'il ne soit permis à aucun clerc de se faire rapporteur public d'une cause, ou de sister en présence d'un juge laïque. Et les évêques dirent : Nous pensons de même.

Le pape : Si quelqu'un veut entrer dans la cléricature, il est juste qu'il soit portier un an, lecteur vingt, exorciste dix, acolyte cinq, sous-diacre cinq, diacre cinq. Et s'il est élevé à l'honneur du sacerdoce, et qu'après y avoir passé six années, il soit choisi pour évêque par son Eglise entière, sans y avoir employé de brigue ni de présents, ni avoir supplanté aucun de ses confrères, mais que tous soient d'accord pour son élection, qu'il soit ainsi élu. Et les évêques dirent : C'est notre avis.

Le pape : Qu'aucun évêque ne puisse, sans le suffrage de toute l'Eglise, ordonner un néophyte depuis le dernier degré jusqu'au premier. Et les évêques dirent : Nous pensons de même.

L'évêque Sylvestre dit : Commençant par nous-mêmes cette modération dans le gouvernement, nous vous faisons savoir qu'aucun de nous ne pourra ordonner ou consacrer un clerc pour quelque degré que ce soit, autrement que de concert avec toute son Eglise réunie. Cela vous plaît-il ? Et les évêques dirent : Cela nous plaît. *Mansi, Conc. t. II.*

ROME (Concile de), l'an 337. Ce concile fut tenu par le pape Jules Ier et cent seize évêques catholiques, en faveur de la foi de Nicée et de saint Athanase, si l'on s'en rapporte à la Collection d'Isidore Mercator. On ne doit pas, après tout, comme le fait le P. Richard, croire ce concile supposé, par le seul motif que cette collection est le seul monument qui nous l'ait conservé; car tout n'est pas supposé dans la collection d'Isidore *Reg. et Labb.*, t. II; *Hard.* t. I.

ROME (Concile de), l'an 341 ou 342. Ce fut le pape Jules qui tint ce concile vers le mois de juin. Il était composé de plus de cinquante évêques. Saint Athanase s'y trouva, et le concile le déclara innocent, après qu'il eut fait voir la fausseté des accusations que ses ennemis alléguaient contre lui. Marcel d'Ancyre, Asclépias de Gaze, et apparemment tous les autres évêques qui étaient venus à Rome se plaindre d'avoir été chassés de leurs siéges par les ariens, y furent aussi rétablis. Ce concile est daté de l'indiction 15. C'est la première fois que cette date se trouve employée par les Latins.

De l'avis de tous les évêques du concile, le pape écrivit aux Orientaux l'excellente lettre que nous avons encore, et que saint Athanase a insérée tout entière dans son apologie contre les ariens. On peut dire sans flatterie que c'est un des plus beaux monuments de l'antiquité. On y voit un génie grand et élevé, et qui a en même temps beaucoup de solidité, d'adresse et d'agrément. La vérité y est défendue avec une vigueur digne du chef des évêques, et le vice représenté dans toute sa difformité. Mais la force de ses réprehensions y est tellement modérée par la charité qui y paraît partout, que, bien que la fermeté et la générosité épiscopale dominent dans cette lettre, on voit néanmoins que c'est un père qui corrige, non un ennemi qui veut blesser. Elle est adressée à Darius ou Dianée, évêque de Césarée en Cappadoce, à Flaville, à Narcisse, à Eusèbe, qu'on croit être celui d'Emèse, à Maris, à Macedonius, à Théodore, et aux autres qui lui avaient écrit d'Antioche. Le comte Gabien en fut le porteur.

Elle commence ainsi : « J'ai lu la lettre que m'ont apportée mes prêtres Elpidius et Philoxène, et je me suis étonné, qu'après que je vous ai écrit avec charité et dans la sincérité de mon cœur, vous m'ayez répondu d'un style si peu convenable, qui ne respire que la contention, et fait paraître du faste et de la vanité; ces manières sont éloignées de la foi chrétienne; puisque je vous avais écrit avec charité, il fallait répondre de même, et non pas avec un esprit de dispute; car n'était-ce pas une marque de charité, de vous avoir envoyé des prêtres pour compatir aux affligés, et d'avoir exhorté ceux qui m'avaient écrit, à venir pour régler promptement toutes choses, pour faire cesser les souffrances de nos frères et les plaintes que l'on faisait contre vous? » Comme la lettre des eusébiens était écrite avec beaucoup d'éloquence, mais d'un style satirique, le pape en prend occasion de remarquer que dans les affaires ecclésiastiques il ne s'agit pas d'ostentation de paroles, mais de canons apostoliques et du soin de ne scandaliser personne. « Que si la cause de notre lettre, ajoute-t-il, est le chagrin et l'animosité que quelques petits esprits ont conçus les uns contre les autres, il ne fallait pas que le soleil se couchât sur leur colère, ou du moins qu'elle fût poussée jusqu'à la montrer par écrit. Car enfin, quel sujet vous en ai-je donné par ma lettre? est-ce parce que je vous ai invités à un concile? vous deviez plutôt vous en réjouir. Ceux qui se tiennent assurés de leur conduite ne trouvent pas mauvais qu'elle soit examinée par d'autres, ne craignant pas que ce qu'ils ont bien jugé devienne jamais injuste. C'est pourquoi le grand concile de Nicée a permis que les décrets d'un concile fussent examinés dans un autre, afin que les juges, ayant devant les yeux le jugement qui pourra suivre, soient plus exacts dans l'examen des affaires, et que les parties ne croient pas avoir été jugées par passion. Vous ne pouvez honnêtement rejeter cette règle : car ce qui a passé en coutume une fois dans l'Eglise, et qui est confirmé par des conciles, ne doit pas être aboli par un petit nombre. » Il leur représente ensuite, qu'en les invitant au concile de Rome, il n'avait fait que consentir à la demande de leurs propres députés qui, se trouvant confondus avec ceux de saint Athanase, avaient demandé ce concile; que mal à propos ils se plaignaient de ce qu'on y avait reçu à la communion Athanase et Marcel d'Ancyre, qui en avaient été exclus dans le concile de Tyr et de Constantinople, puisque eux-mêmes avaient admis à leur communion les ariens, chassés de l'Eglise par saint Alexandre, évêque d'Alexandrie, excommuniés en chaque ville, et anathématisés par le concile de Nicée. « Qui sont donc, dit-il, ceux qui déshonorent les conciles? ne sont-ce pas ceux qui comptent pour rien les suffrages de trois cents évêques? car l'hérésie des ariens a été condamnée et proscrite par tous les évêques du monde; mais Athanase et Marcel en ont plusieurs qui parlent et qui écrivent pour eux. On nous a rendu témoignage que Marcel avait résisté aux ariens dans le concile de Nicée; qu'Athanase n'avait pas même été condamné dans le concile de Tyr, et qu'il n'était pas présent dans la Maréote, où l'on prétend avoir fait des procédures contre lui. Or, vous savez, mes chers frères, que ce qui est fait en l'absence d'une des parties, est nul et suspect. Nonobstant tout cela, pour connaître plus exactement la vérité, et ne recevoir de préjugé ni contre vous, ni contre ceux qui nous ont écrit en leur faveur, nous les avons tous invités à venir, afin de tout examiner dans un concile, et de ne pas condamner l'innocent ou absoudre le coupable. » Les eusébiens, pour faire valoir les décrets des conciles de Tyr et de Constantinople contre saint Athanase et Marcel d'Ancyre, avaient allégué l'exemple du concile de Rome, qui excommunia Novatien, et de celui d'Antioche qui déposa Paul de Samosate. Le pape répond que les décrets du concile de Nicée contre les ariens doivent aussi avoir lieu, puisque les ariens ne sont pas moins hérétiques que Novatien et Paul de Samosate. Il leur reproche d'avoir violé les canons de l'Eglise, en transférant les évêques d'un siége à un autre, ce qui pouvait regarder Eusèbe, qui avait passé de l'évêché de Béryte à celui de Nicomédie, et ensuite à celui de Constantinople ; d'où il prend occasion de retourner contre eux, pour les confondre, ce qu'ils avaient avancé pour affaiblir l'autorité de l'Eglise romaine. « Si vous croyez véritablement, dit-il, que la dignité épiscopale est égale partout, et si, comme vous dites, vous ne jugez point des évêques par la grandeur des villes, il fallait que celui à qui on en avait confié une petite y demeurât, sans passer à celle dont il n'était pas chargé, méprisant, pour la vaine gloire des hommes, et son Eglise et Dieu de qui il l'avait reçue. » Les eusébiens, s'excusant dans leur lettre de n'être pas venus au concile de Rome, se plaignaient que le terme qu'on leur avait fixé pour s'y rendre fût trop court ; ils disaient aussi qu'on n'avait écrit qu'à Eusèbe, et non à eux tous. Le pape fait voir que le premier de ces prétextes est vain, puisqu'ils ne se sont pas même mis en chemin, et qu'ils ont retenu ses prêtres jusqu'au mois de janvier ; qu'ainsi le refus qu'ils ont fait de venir au concile, est une preuve qu'ils se défiaient de leur cause. Quant à la seconde raison, il la détruit en disant qu'il n'a dû répondre qu'à ceux qui lui avaient écrit ; et il ajoute : « Vous devez savoir, qu'encore que j'aie écrit seul, ce n'est pas mon sentiment particulier, mais celui de tous les évêques d'Italie et de ces pays-ci ; je n'ai pas voulu les faire tous écrire, pour ne pas charger de trop de lettres ceux à qui j'écrivais ; mais encore à présent, les évêques qui sont venus au jour nommé, ont été de même avis. » Le pape ne dit rien d'une autre excuse que les eusébiens alléguaient, savoir la guerre des Perses ; mais ce prétexte n'était pas moins frivole que ceux dont nous venons de parler. La guerre de Perse n'empêchait pas les eusébiens de faire toutes sortes de maux à l'Eglise, ni de s'assembler à Antioche, ni de courir de tous côtés dans l'Orient proche des lieux où était la guerre ; elle ne devait donc pas les empêcher de se rendre à Rome, dont le chemin leur était entièrement libre.

Le pape vient après cela à la justification de saint Athanase et de Marcel d'Ancyre, et expose les motifs qu'il a eus de les recevoir l'un et l'autre à sa communion. « Eusèbe, dit-il, m'a écrit auparavant contre Athanase, vous venez vous-mêmes de m'écrire contre lui ; mais plusieurs évêques d'Egypte et des autres provinces m'ont écrit en sa faveur. Premièrement, les lettres que vous avez écrites contre lui se contredisent, et les secondes ne s'accordent pas avec les premières, en sorte qu'elles ne font point de preuves. De plus, si vous voulez que l'on croie vos lettres, on doit aussi croire celles qui sont pour lui ; d'autant plus que vous êtes éloignés, et que ceux qui le défendent, étant sur les lieux, savent ce qui s'y est passé, connaissent sa personne, rendent témoignage à sa conduite, et assurent que tout n'est que calomnie. » Le pape prouve lui-même la fausseté des faits avancés contre saint Athanase, en particulier celui d'Arsène et d'Ischyras ; puis, venant à l'ordination de Grégoire, que les eusébiens avaient mis sur le siége d'Alexandrie, il en fait voir l'irrégularité. « Voyez, dit-il, qui sont ceux qui ont agi contre les canons, ou de nous qui avons reçu un homme si bien justifié, ou de ceux qui à Antioche, à trente-six journées de distance, ont donné le nom d'évêque à un étranger, et l'ont envoyé à Alexandrie avec une escorte de soldats. On ne l'a pas fait quand Athanase fut envoyé en Gaule ; car on l'aurait dû faire dès lors, s'il avait été véritablement condamné ; cependant à son retour il a trouvé son Eglise vacante et y a été reçu. Maintenant je ne sais comment tout s'est fait. Premièrement, pour dire le vrai, après que nous avions écrit pour tenir un concile, il ne fallait pas en prévenir le jugement. Ensuite, il ne fallait pas introduire une telle nouveauté dans l'Eglise, car qu'y a-t-il de semblable dans les canons ou dans la tradition apostolique ? Que l'Eglise étant en paix, et tant d'évêques vivant dans l'union avec Athanase évêque d'Alexandrie, on y envoie Grégoire, étranger qui n'y a point été baptisé, qui n'y est point connu, qui n'a été demandé ni par les prêtres, ni par les évêques, ni par le peuple ; qu'il soit ordonné à Antioche et envoyé à Alexandrie, non avec des prêtres et des diacres de la ville, ni avec des évêques d'Egypte, mais avec des soldats ; car c'est ce que disaient ceux qui sont venus ici, et de quoi ils se plaignaient : quand même Athanase, après le concile, aurait été trouvé coupable, l'ordination ne se devait pas faire ainsi contre les lois et les règles de l'Eglise. Il fallait que les évêques de la province ordonnassent un homme de la même Eglise, d'entre ses prêtres ou ses clercs. Si l'on avait fait la même chose contre quelqu'un de vous, ne crieriez-vous pas, ne demanderiez-vous pas justice ? Mes chers frères, nous vous parlons en vérité, comme en la présence de Dieu ; cette conduite n'est ni sainte, ni légitime, ni ecclésiastique. » Voilà les règles des élections, suivant le témoignage de ce saint pape. Il décrit ensuite les maux que l'intrusion de Grégoire avait causés à l'Eglise, les maux qu'il avait fait souffrir aux catholiques, particulièrement aux évêques, aux prêtres, aux diacres, aux moines et aux vierges. Puis il se justifie sur le sujet de Marcel d'Ancyre, montrant qu'il ne l'avait reçu à sa communion que sur une confession de foi très-orthodoxe, dans laquelle il faisait profession « de croire de Notre-Seigneur Jésus-Christ ce qu'en croit l'Eglise catholique. » Il ajoute : « Non-seulement il est aujourd'hui dans ces sentiments, mais il nous a assuré qu'il avait toujours pensé de même ; et nos prêtres, qui avaient assisté au concile de Nicée, ont rendu témoignage à la pureté de sa foi. Il assure encore lui-même que dès lors il était, comme il l'est aujourd'hui, opposé à l'hérésie arienne ; c'est pourquoi il est bon de vous avertir qu'il ne faut pas que personne reçoive cette hérésie; mais qu'elle doit être en horreur à tout le monde, comme contraire à la véritable doctrine. » Le pape ajoute que l'on avait commis dans la plupart des églises, nommément dans celle d'Ancyre, les mêmes violences qu'à Alexandrie, comme Marcel et d'autres, qui en avaient été témoins, le lui avaient appris; et il continue ainsi : « On nous a fait des plaintes si atroces contre quelques-uns de vous, car je ne veux pas les nommer, que je n'ai pu me résoudre à les écrire ; mais peut-être les avez-vous apprises d'ailleurs. C'est donc principalement pour cela que j'ai écrit, et que je vous ai invités à venir, afin de vous le dire de bouche, et que l'on pût corriger et rétablir tout. C'est ce qui doit vous exciter à venir, pour ne pas vous rendre suspects de ne pouvoir vous justifier. »

Le pape se plaint de ce que les Eglises d'Orient étant dans le trouble et dans la division, ils lui avaient néanmoins écrit qu'elles étaient en paix et en union. Il les exhorte à corriger tous les désordres qui s'y étaient commis, et dont il fait une vive peinture, les priant de travailler au rétablissement de la discipline dans ces quartiers-là. Il rejette la faute de tous les troubles sur un petit nombre d'entre eux, et dit que s'ils croyaient pouvoir convaincre leurs adversaires de quelque crime, ils n'avaient qu'à le lui faire savoir et venir à Rome; qu'il y ferait venir aussi ceux qu'ils accusent, et qu'on assemblerait les évêques pour y tenir un concile, afin de convaincre les coupables en présence de tout le monde, et de faire cesser la division des Eglises. La suite de la lettre du pape est remarquable : « O mes frères ! ajoute-t-il, les jugements de l'Eglise ne sont plus selon l'Evangile, ils vont désormais au bannissement et à la mort. Si Athanase et Marcel étaient coupables, il fallait nous écrire à tous, afin que le jugement fût rendu par tous. Car c'étaient des évêques et des Eglises qui souffraient ; et non pas des Eglises du commun, mais celles que les apôtres ont gouvernées par eux-mêmes. Pourquoi ne nous écrivait-on pas, principalement touchant la ville d'Alexandrie ? Ne savez-vous pas que c'est la coutume de nous écrire d'abord, et que la décision doit venir d'ici (a)? Si donc il y avait de tels soupçons contre l'évêque de ce lieu-là, il fallait écrire à notre Eglise. Maintenant, sans nous avoir instruit, après avoir fait ce que l'on a voulu, on veut que nous y consentions sans connaissance de cause : ce ne sont pas là les ordonnances de Paul ; ce n'est pas la tradition de nos pères, c'est une nouvelle forme de conduite. Je vous prie, prenez-le en bonne part, c'est pour l'utilité publique que je vous écris : je vous déclare ce que nous avons appris du bienheureux apôtre Pierre, et je le crois si connu de tout le monde, que je ne l'aurais pas écrit sans ce qui est arrivé. » Il finit sa lettre en priant les eusébiens de ne plus rien entreprendre de semblable, mais d'écrire plutôt contre les auteurs de ces désordres, soit pour empêcher qu'à l'avenir les ministres de l'Eglise ne souffrissent de pareilles vexations, soit afin que personne ne fût contraint d'agir contre son sentiment, comme il est arrivé à quelques-uns : « et afin encore, « dit-il, de pas nous exposer à la risée des « païens, et principalement à la colère de « Dieu, à qui chacun de nous rendra compte « au jour du jugement. » Socrate se plaint (b) de la mauvaise foi de Sabin, évêque d'Héraclée pour les macédoniens, qui avait omis cette lettre dans sa Collection des conciles ; au lieu qu'il y avait inséré celle des eusébiens au pape Jules, parmi les autres qui favorisaient son hérésie. Nous n'avons point d'autre original de celle du pape Jules que le grec, rapporté dans l'apologie de saint Athanase contre les ariens ; et comme il ne dit point que ce fût une traduction, on peut croire qu'elle avait été écrite ainsi ; car les papes ne manquaient pas d'interprètes et de secrétaires. Cette lettre se trouve encore dans les collections des Conciles, et parmi les Epîtres Décrétales données par le père Coutant. *D. Ceillier, Hist. des aut. sacr. et ecclés., t. IV; Labb. t. II.*

ROME (Concile de), l'an 349. Ce concile fut tenu contre Photin, au mois de janvier. Ursace et Valens y rétractèrent, en présence du pape Jules Iᵉʳ, tout ce qu'ils avaient dit contre saint Athanase, et lui écrivirent des lettres de communion. Le prélat Mansi place ce concile en 348; le P. Hardouin le partage en deux : l'un tenu en 349, où Valens et Ursace se rétractèrent; l'autre en 351, où l'on condamna l'hérésie et la personne de Photin. L'éditeur de Venise le réfute sur ce point, tom. II. C'est ce qu'on lit à la pag. 174 de *l'Art de vérifier les dates;* et s'il est vrai qu'Ursace et Valens se rétractèrent dans un concile tenu à Rome l'an 349 par le pape Jules Iᵉʳ, nous avons eu tort de dire que ce fut dans un concile tenu à Milan la même année, en présence des députés de l'Eglise romaine. Le concile dans lequel ceci se passa, ne doit pas être multiplié ; et il n'est question que de savoir s'il fut tenu à Rome ou à Milan. Les auteurs de *l'Art de vérifier les dates* le mettent à Rome, sans en donner aucune raison : nous l'avons, nous, placé à Milan, fondé sur le texte suivant de la lettre synodale des Pères du concile de Rimini, tenu l'an 359, dix ans après celui de Milan ; lettre qui est adressée à l'empereur Constance, et dans laquelle les Pères de Rimini s'expliquent en ces termes : *Atque ea de causa Ursacius et Valens, jampridem socii et adstipulatores ariani dogmatis, a nostra communione, sententia data, segregati fuere : quam ut denuo recuperarent, de peccatis suis, in quibus se conscios agnoscebant, pœnitentiam veniamque postularunt, ut eorum syngraphæ testantur; et ob id illis venia gratiaque delictorum facta est. Hæc autem per id temporis facta sunt, cum Mediolani synodus in concessum ibat, præad hunc Ecclesiam illud rescribendum fuit.*

(a) *An ignoratis hanc esse consuetudinem, ut primum nobis scribatur, et hinc quod justum est, decernatur ? Sane si qua hujusmodi suspicio in illius urbis episcopum cadebat,*

(b) La collection que Sabin avait faite des Conciles, n'est pas venue jusqu'à nous, il écrivait vers l'an 423.

sentibus ibidem Romanæ ecclesiæ presbyteris. Labb. tom. II Concil. pag. 797.

ROME (Concile de), l'an 352. Ce concile fut tenu au commencement du pontificat du pape Libère, à l'occasion des lettres qui lui furent remises de la part des eusébiens contre saint Athanase. Il en reçut aussi, dans le même temps, de quatre-vingts évêques d'Egypte, en faveur du saint. Il les lut toutes en présence de son Eglise, et ensuite dans ce concile des évêques d'Italie, et saint Athanase fut jugé innocent. *Reg. t. III; Lab. t. II.*

ROME (Concile de), l'an 358. L'antipape Félix tint ce concile à la tête de quarante-huit évêques, qui condamnèrent Ursace, Valens et l'empereur Constance comme hérétiques. *Baluze, nov. Coll.*

ROME (Concile de), l'an 364. On y reçut les députés du concile de Lampsaque, avec la confession de foi dont ils étaient chargés. Ce concile est peut-être le même que celui de 366.

ROME (Concile de), l'an 366. Les macédoniens, après avoir tenu divers conciliabules à Lampsaque, à Nicomédie, à Smyrne, en Pisidie, en Isaurie, en Pamphylie, résolurent enfin de députer à l'empereur Valentinien, au pape Libère et aux autres évêques de l'Occident, pour embrasser leur croyance. Ils choisirent pour cette députation Eustathe de Sébaste, Sylvain de Tarse, et Théophile de Castabales, auxquels ils donnèrent ordre de ne point disputer avec le pape Libère sur la foi, mais de communiquer avec l'Eglise romaine, et de signer la consubstantialité. Le pape Libère les reçut à sa communion dans un concile qu'il tint à Rome vers l'an 366, et les chargea d'une lettre adressée aux évêques qui les avaient députés.

ROME (Concile de), l'an 367. Ce qui donna lieu à la tenue de ce concile fut une accusation d'adultère formée par les schismatiques contre le pape saint Damase. Il s'y trouva quarante-quatre évêques, qui découvrirent la calomnie et attestèrent l'innocence du saint pontife. On croit aussi qu'ils condamnèrent les paterniens, autrement dits vénustiens. C'étaient des hérétiques du quatrième siècle, qui soutenaient que le démon avait créé la chair et tout ce qui est visible. Ils condamnaient le mariage, et se livraient cependant à toutes les voluptés charnelles, sans croire qu'ils fissent aucun péché, pourvu qu'ils empêchassent la génération. On les nommait paterniens ou vénustiens à cause de leurs chefs, dont l'un était Paterne de Paphlagonie, et l'autre un certain Vénustius. *Edit. Venet. t. II.*

ROME (Concile de), l'an 368. Ce concile fut tenu sous le pape saint Damase. On y condamna Valens, Ursace et les autres ariens. *Labb. t. II.*

ROME (Concile de), l'an 369. Le pape saint Damase, ayant été prié par saint Athanase et les évêques d'Egypte de déposer Auxence, évêque arien de Milan, assembla un concile à Rome, en cette année 369, où il se trouva quatre-vingt-dix évêques, tant de l'Italie que des Gaules. Ils déposèrent Auxence, et en écrivirent aux évêques d'Illyrie, qu'il avait séduits en grande partie.

Dans cette lettre, Damase et les Pères du concile commencent par marquer qu'ils ont appris des évêques de la Gaule et de la Vénétie, que des séducteurs tâchent encore par toute sorte de moyens de répandre le venin de leur secte, et que, pour s'opposer à leurs perfides desseins, ils ont eux-mêmes jugé à propos de condamner nommément Auxence. Ce qu'ils ajoutent touchant le concile de Rimini est remarquable.

« On pouvait d'abord, disent-ils, excuser en quelque sorte la faute qu'ont commise ceux qui ont été contraints à Rimini de changer ou de retoucher la formule de Nicée. Ils avouaient eux-mêmes qu'en voulant disputer à contre-temps, ils s'étaient laissé écarter de la vérité par la persuasion où ils étaient que leur formule de foi n'était nullement contraire à celle de Nicée. Car le nombre des évêques assemblés à Rimini ne doit former aucun préjugé, puisque leur formule n'a pas été reçue par l'évêque de Rome, dont il fallait, avant tout le reste, attendre le décret; ni par Vincent (de Capoue), qui avait si longtemps fait l'honneur de l'épiscopat, ni par les autres qui leur étaient unis. Mais il y a quelque chose de plus : c'est que ceux mêmes qui, comme nous l'avons dit, se sont laissé tromper, et ont paru s'écarter de la vérité, ont repris de meilleurs sentiments, et témoignent publiquement qu'ils réprouvent entièrement cette formule.»

Ce texte est une réponse à toutes les objections que les novateurs tirent si souvent du concile de Rimini.

Le schismatique Ursicin fut aussi déposé dans ce concile de Rome. *Labb. t. II; Hist. de l'Egl. gallic.* Tillemont, dans ses *Mémoires*, place ce concile vers la fin de l'an 371, et Carranza en 372.

ROME (Concile de), l'an 374. C'est dans un concile tenu à Rome cette année, selon Mansi, que fut condamné l'arien Lucius, usurpateur du siége d'Alexandrie. On y déposa aussi Florent, évêque de Pouzzoles, partisan de l'antipape Ursin.

ROME (Concile de), l'an 377 ou 378. Les évêques d'Orient ayant envoyé en Occident, l'an 377, les prêtres Dorothée et Sanctissime, pour prier les Occidentaux de condamner Eustathe de Sébaste, qui était retombé dans l'hérésie des macédoniens, et Apollinaire qui commençait à former une nouvelle secte, disant que Jésus-Christ avait eu seulement une chair humaine et l'âme animale, c'est-à-dire celle qui nous fait vivre, mais qu'il n'avait pas eu l'âme par laquelle nous raisonnons, soutenant que la divinité en faisait dans lui les fonctions; le pape Damase tint à ce sujet un concile dans Rome, sur la fin de l'an 377, ou au commencement de l'an 378. Les erreurs d'Apollinaire y furent condamnées, et on y définit que Jésus-Christ est vrai homme et vrai Dieu tout ensemble, et que quiconque dirait qu'il manque quelque chose, soit à sa divinité, soit à son humanité, devrait être jugé ennemi de l'Eglise. Le concile condamna même la personne d'Apollinaire, et le déposa avec Timothée, son disciple, qui se disait évêque d'Alexandrie; et cette sentence fut depuis confirmée dans le concile d'Antioche, en 379, et dans le concile œcuménique de Constantinople, en 381. Il anathématisa aussi un certain Magnus, et Vital, qu'Apollinaire avait fait évêque des apollinaristes d'Antioche. Le pape Damase écrivit au nom du concile, une lettre aux Orientaux, qui contient en substance, que « tous ont confessé dans le concile qu'il n'y a en Dieu qu'une substance, et trois personnes ; que le Fils a sa propre substance ; qu'il est vrai Dieu de vrai Dieu ; qu'il est né de la Vierge, homme parfait, pour nous racheter ; que le Saint-Esprit est encore incréé, et dans la même majesté et vertu que le Père et Notre-Seigneur Jésus-Christ ; que dans les ordinations des clercs, il faut suivre les règles prescrites par les canons. » Ensuite il réfute l'erreur d'Apollinaire. On trouve à la suite de cette lettre un décret qu'Holsténius, et le P. Labbe après lui ont cru être de ce concile, mais qui est d'un autre concile tenu dans la même ville, sous le pape Gélase, comme on le fera voir ailleurs.

Le pape Damase assembla un autre concile à Rome, sur la fin de la même année 378, de tous les endroits de l'Italie. Les motifs de la convocation de ce concile furent 1° la cause du pape Damase qui voulut se justifier d'un crime dont un juif nommé *Isaac*, gagné par la faction de l'antipape Ursin ou Ursicin, l'avait calomnieusement accusé ; 2° la cause de plusieurs évêques qui, quoique déposés par des conciles, se maintenaient par violence. Nous avons la lettre que le concile écrivit aux empereurs Gratien et Valentinien, pour leur faire des remontrances sur ces désordres. *Tom. I Epist. decret. p. 523; et tom. II Concil. Lab. p. 1001.*

ROME (Concile de), l'an 379. Nous avons de ce concile une confession de foi, et des anathématismes contre les erreurs de Macédonius, d'Eunome, et d'Apollinaire. Théodoret parle de ce concile dans le chapitre II du cinquième livre de son Histoire, et rapporte cette confession : elle est encore dans la lettre que le pape Damase écrivit, en cette année, à Paulin, évêque d'Antioche. *Tom. I Epist. decret. p. 511; Hard. tom. I; Lab. tom. II.*

ROME (Concile de), l'an 381. On connaît ce concile de Rome par celui de Constantinople, où il est dit, qu'un concile assemblé à Rome, après celui d'Aquilée de l'an 381, écrivit à l'empereur. *Mansi, Suppl. t. I.*

ROME (Concile de), l'an 382. L'empereur Gratien eut beaucoup de part à la convocation de ce concile, qui fut très-considérable, puisque, outre le pape Damase et cinq métropolitains d'Occident, il y en avait deux d'Orient, savoir saint Epiphane, évêque de Salamine en Chypre, et Paulin d'Antioche, accompagnés de saint Jérôme ; mais on n'a presque aucune connaissance de ce qui s'y passa. On conjecture que la communion y fut confirmée avec Paulin et qu'on y résolut de ne point communiquer avec Flavien ; ce qui paraît appuyé du témoignage de Sozomène, l. VII, c. 11. On y disputa aussi avec les apollinaristes, et on y traita de la manière de les recevoir à l'église, quand ils y reviendraient. *Rufin. de adulter. Libr.; Origen. t. V oper. Hieron.; Lab. t. II.*

ROME (Concile de), l'an 386. On voit par la lettre du pape saint Sirice aux évêques d'Afrique qu'en 385, le sixième jour de janvier, il tint à Rome un nombreux concile d'évêques dans le dessein de renouveler quelques anciennes ordonnances que la négligence avait laissé abolir. On peut juger de la nature de ces anciennes ordonnances, par celles que fit le concile au nombre de huit.

La 1re porte que l'on ne pourra ordonner un évêque à l'insu du siége apostolique, c'est-à-dire du primat : *Ut extra conscientiam sedis apostolicæ, hoc est primatis, nemo audeat ordinare. Integrum enim judicium est, quod plurimorum sententia consequatur* (selon le P. Labbe), ou plutôt, *confirmatur* (selon Carranza). Le sens de ce canon est assez clair : les évêques devant être approuvés par le primat, comme le primat lui-même par le siége apostolique, du moment où ils avaient l'approbation du primat, ils étaient censés avoir celle du siége apostolique lui-même ; et leur élection ainsi ratifiée par le suffrage de l'Eglise entière (*plurimorum sententia*), représentée dans son chef, avait toutes les conditions d'un jugement canonique (*integrum judicium*). D. Ceillier, et après lui le P. Richard, ne faisant point attention à ces mots, *hoc est primatis*, qui expliquent les premiers, *sine conscientia sedis apostolicæ*, ont prétendu que cela ne devait s'entendre que des pays qui dépendaient immédiatement du siége de Rome. « Dans les autres provinces, ajoutent-ils, comme dans celle d'Afrique, il ne fallait que le consentement du primat ou du métropolitain. » Et ils n'ont pas vu que ces canons qu'ils ont trouvés rapportés dans une lettre de saint Sirice aux évêques d'Afrique, ont été faits précisément pour la province d'Afrique !

Le 2e canon ne veut point qu'un évêque puisse être ordonné par un seul évêque.

Le 3e défend d'admettre dans le clergé celui qui, après la rémission de ses péchés, c'est-à-dire apparemment, après le baptême, aura porté l'épée de la milice du siècle.

Le 4e s'oppose à ce qu'un clerc épouse une femme veuve ; et le 5e, à ce qu'on reçoive dans le clergé un laïque qui aura épousé une veuve.

Le 6e défend d'ordonner un clerc d'une autre église ; et le 7e de recevoir un clerc chassé d'une autre église.

Le 8e ordonne de recevoir par l'imposition des mains les novatiens et les montagnards, c'est-à-dire les donatistes, excepté ceux qui auraient été rebaptisés. Quant à ces derniers, on ne les recevait plus dans le clergé, ni même dans l'Eglise, qu'à condition qu'ils se soumettraient à une pénitence pleine et entière, parce qu'en se faisant rebaptiser, ils avaient outragé l'Eglise, et profané son baptême.

Le pape presse ensuite les prêtres et les diacres de vivre dans une exacte continence, attendu qu'ils ont à satisfaire aux besoins journaliers du service divin. Il leur fait voir que saint Paul, en voulant qu'un prêtre n'ait épousé qu'une femme, ne lui laisse point la liberté d'en user, mais que son intention est qu'il vive dans une parfaite continence, comme il y vivait lui-même. Il déclare que ceux qui refuseront d'observer ce qui est prescrit dans sa lettre, seront séparés de sa communion et punis dans l'enfer. On ne regardait donc pas dès lors dans l'Eglise la continence des clercs comme une chose de simple conseil.

ROME (Concile de), l'an 390. Jovinien, auteur de la secte des jovinianistes, étant allé à Rome pour y répandre ses erreurs, y fut dénoncé au pape Sirice par le célèbre Pammaque, et d'autres laïques illustres comme lui par leur naissance et par leur piété. Ce pape ayant assemblé son clergé, vers l'an 390, condamna et excommunia Jovinien avec ses partisans. Cet hérésiarque, qui de moine austère était devenu un homme plongé dans les délices et un prédicateur de la volupté, enseignait que l'état des vierges et des veuves n'est pas plus parfait que celui des femmes mariées ; que le diable ne peut plus vaincre ceux qui ont été régénérés par le baptême avec une vive foi ; qu'il n'y a point de différence entre s'abstenir des viandes et en user avec action de grâces ; que la récompense sera égale dans le ciel pour tous ceux qui auront conservé la grâce du baptême ; qu'avant le baptême il était au pouvoir de l'homme de pécher ou de ne pas pécher, mais qu'après le baptême il ne peut plus pécher ; que tous les péchés sont égaux ; que la sainte Vierge avait bien conservé sa virginité en concevant Jésus-Christ, mais qu'elle l'avait perdue en le mettant au monde. *D. Ceillier, Hist. des aut. sacr., t.V.*

ROME (Concile de), l'an 400. Le pape saint Anastase présida à ce concile, dans lequel il fut décidé que les clercs et les évêques donatistes ne seraient point maintenus dans leurs grades, lorsqu'ils reviendraient à l'Eglise catholique. *Ed. Venet. t. II.*

ROME (Concile de), l'an 402. Nous mettons sous ce titre seize canons ou règlements qui se trouvent dans le recueil des Conciles de France du P. Sirmond, aussi bien que dans la collection de Labbe, et qui sont adressés aux évêques gaulois. Il est marqué que ce sont autant de réponses aux questions qu'ils avaient auparavant proposées au saint-siège, c'est-à-dire au pape Innocent I*er*, comme on en juge par la conformité du style qu'il y a entre ces canons et les lettres de ce pape. Ils sont précédés d'une préface où il est dit que, dans les difficultés qui se trouvent dans la recherche de la vérité, on doit avoir recours à la prière, et que divers évêques sont tombés dans les ténèbres de l'erreur, pour avoir voulu changer la doctrine qui avait été transmise par la tradition de nos pères.

Les évêques de France avaient demandé comment ils devaient se comporter envers les vierges qui, après avoir reçu le voile et la bénédiction du prêtre, et fait une profession publique de chasteté, avaient commis des incestes, ou contracté un mariage défendu.

On décide dans le 1er canon, que d'avoir changé la résolution de vivre en chasteté, avoir quitté le voile, et violé la première foi donnée, sont autant de péchés ; et que celles qui en sont coupables, ayant commis une grande faute, en quittant Dieu pour s'attacher à un homme, doivent la pleurer pendant plusieurs années, et en obtenir le pardon par de dignes fruits de pénitence.

Le 2e canon impose aussi une pénitence à celles qui, après avoir pris la résolution de demeurer vierges, se marient, soit ayant été enlevées, soit volontairement, quoiqu'elles n'aient pas fait une profession solennelle de virginité, ni reçu le voile. Il y est encore statué qu'elles seront pendant un certain temps privées de la communion, et qu'elles effaceront leurs crimes, en vivant dans les pleurs, l'humiliation et le jeûne.

Dans le 3e on avertit les prêtres et les diacres qu'ils doivent être l'exemple du peuple par leurs bonnes œuvres, afin que leurs instructions puissent être de quelque utilité : on les y oblige aussi, de même que les évêques, de garder le célibat, suivant les ordonnances des Pères. La raison qu'on en donne est qu'ils sont obligés d'offrir, à tout moment, le saint sacrifice, de baptiser et d'administrer ; ce qui demande de leur part une chasteté d'esprit et de corps. D'ailleurs, avec quel front oseraient-ils prêcher la virginité aux vierges, et la continence aux veuves, s'ils usaient eux-mêmes de la liberté du mariage ? On leur met devant les yeux la pureté prescrite à ceux qui offraient des sacrifices dans le temple de Jérusalem, et l'usage où étaient même les idolâtres de garder la continence aux jours des fêtes cérémonies sacrilèges, et lorsqu'ils devaient offrir des victimes au démon.

Le 4e semble exclure du clergé ceux qui ont été employés, depuis leur baptême, dans la milice séculière, n'étant guère possible que, pendant ce temps, ils n'aient assisté aux spectacles, et commis quelque injustice dans la vue du gain.

On voit par le 5e que l'usage de l'Eglise romaine était d'admettre dans le clergé celui qui, étant baptisé dans l'enfance, avait gardé la virginité ; et celui-là même qui, ayant reçu le baptême étant adulte, s'était conservé chaste, ou n'avait épousé qu'une femme, pourvu qu'il ne fût pas coupable de quelque autre crime. Mais on n'y admettait point ceux qui avaient souillé la sainteté de leur baptême par quelque crime de la chair, quoiqu'ils se fussent mariés depuis ; car, comment accorder le sacerdoce à celui qui doit se purifier par la satisfaction d'une longue pénitence ?

Il est dit dans le 6e que, comme il n'y a qu'une même foi dans toutes les Eglises répandues dans l'univers, ce qui est cause que l'Eglise est appelée *Une*, il ne devrait non plus y avoir dans toutes ces Eglises qu'une même discipline.

Le 7e porte que, dans le temps de Pâques, le prêtre et le diacre pourront administrer le baptême dans les paroisses, même en présence de l'évêque au nom duquel ils le donnent en ce temps-là ; mais que, lorsqu'il y aura nécessité de baptiser en un autre temps, cela appartiendra au prêtre, et non pas au diacre, puisque l'on ne voit pas que ce pouvoir ait été accordé aux diacres, mais que, s'ils l'ont usurpé une fois, la nécessité qu'il y avait les excuse, sans qu'ils puissent à l'avenir l'administrer en sûreté.

Le 8e dit qu'il n'est pas nécessaire d'exorciser, plusieurs jours de suite, les huiles que l'on veut bénir pour l'administration des sacrements.

Le 9e déclare qu'il n'est pas permis, dans la nouvelle loi, comme dans l'ancienne, d'épouser la femme de son frère, ni d'avoir des concubines avec sa femme.

Le 10e défend d'ordonner évêques ceux qui ont exercé la judicature du siècle, quand même ils auraient été choisis du peuple, parce que son suffrage ne doit être suivi que lorsqu'il est conforme à la discipline évangélique, et qu'il tombe sur une personne digne du sacerdoce : or il est évident que ceux qui ont possédé des charges séculières, ne peuvent être exempts de fautes, soit qu'ils infligent des peines de mort, ou qu'ils rendent des jugements injustes, ou qu'ils ordonnent des tortures, ou qu'ils prennent soin des spectacles et des autres plaisirs publics, ou qu'ils y assistent. Le même canon approuve ce qui avait été décidé dans le premier de Nicée, d'admettre à la cléricature celui qui a été mutilé par force.

Le 11e défend le mariage d'un homme avec la femme de son oncle, et celui d'une tante avec le fils du frère de son mari ; on fait passer de tels mariages pour une fornication.

Le 12e veut que l'on ne choisisse pour évêques que ceux qui étaient déjà clercs, n'étant pas convenable de mettre à la tête du clergé celui qui n'a point servi dans les offices inférieurs, de même qu'on ne lit point qu'aucun soit parvenu à l'empire, sans avoir auparavant servi dans la milice. Il faut donc choisir celui que l'âge, le temps, le mérite et la vie rendent recommandable.

Le 13e remarque que l'on privait de l'épiscopat celui qui passait d'une Eglise à une autre, et qu'il était regardé comme ayant quitté sa propre femme pour attenter à la pudeur d'une étrangère : on ajoute qu'une telle témérité ne doit pas demeurer impunie.

Le 14e renouvelle la défense, faite déjà plusieurs fois, de recevoir un clerc chassé par son évêque, et ne veut pas même qu'on lui accorde la communion laïque dans une autre Eglise. Ce canon déclare exclu de la société des catholiques, et de la communion du siége apostolique, celui qui aura prévariqué en ce point.

Le 15e défend aux évêques de faire des ordinations hors de leurs diocèses ; voulant, conformément au 4e canon de Nicée, que l'ordination des évêques se fasse par le métropolitain, et par les évêques de la province.

Le 16e ordonne d'éloigner du ministère certains laïques qui, après avoir été excommuniés par leur propre évêque avec connaissance de cause, avaient été admis à la cléricature par un autre évêque. *Reg.* VI; *Lab.* II ; *Hard.* I.

ROME (Concile de), l'an 405. *Voy.* Italie, même année.

ROME (Synode de), l'an 417. Pélage et Célestius, se voyant condamnés par le pape saint Innocent, comme par les évêques d'Afrique, n'oublièrent rien pour se justifier. Pélage écrivit à ce sujet au pape même, et Célestius vint à Rome, espérant y trouver de l'appui dans le clergé de cette ville, dont un prêtre, nommé Sixte, passait pour être favorable aux ennemis de la grâce. Il se présenta au pape Zosime, dans le dessein de poursuivre son appel, interjeté cinq ans auparavant, de la sentence rendue contre lui dans le concile de Carthage de l'an 412 (ou 411). Il fit valoir l'absence de ses accusateurs, et présenta une confession de foi, où parcourant tous les articles du symbole depuis la Trinité jusqu'à la résurrection des morts, il expliquait en détail sa croyance sur tous les points où on ne lui reprochait rien. Mais lorsqu'il venait à ce dont il était question, il disait : « S'il s'est ému quelques disputes sur des questions qui ne sont point de la foi, je n'ai point prétendu les décider comme auteur d'un dogme; mais je vous présente à examiner ce que j'ai tiré de la source des prophètes et des apôtres, afin que, si je me suis trompé par ignorance, vous me corrigiez par votre jugement. » Il disait ensuite sur le péché originel : « Nous confessons que l'on doit baptiser les enfants pour la rémission des péchés, suivant la règle de l'Eglise universelle et l'autorité de l'Évangile, parce que le Seigneur a déclaré que le royaume des cieux n'est ouvert qu'à ceux qui sont baptisés; mais nous ne prétendons pas pour cela établir la transmission du péché par voie de génération (*peccatum ex traduce*), ce qui est fort éloigné de la doctrine catholique. Car le péché ne naît pas avec l'homme ; c'est l'homme qui le commet quand il a reçu l'être : et ce n'est pas la faute de la nature, mais le crime de la volonté. » C'est à peu près tout ce qui nous reste de la confession de foi de Célestius, et qui nous a été conservé par saint Augustin (*De Peccato orig. c.* 5 *et* 6).

Le pape Zosime, ayant reçu cette confession, avec les écrits et les lettres de Pélage, résolut d'examiner l'affaire, et convoqua son clergé et plusieurs évêques dans l'église de Saint-Clément. On fit entrer Célestius, et on lut la profession de foi qu'il avait présentée. Le pape, non content de ce premier témoignage, lui demanda s'il était l'auteur de cette pièce, s'il parlait et pensait de même. Il l'interrogea aussi sur les accusations d'Éros et de Lazare, contenues dans leurs lettres, que le concile de Carthage avait envoyées à Rome. Célestius répondit qu'il n'avait jamais vu Lazare qu'en passant, et qu'Éros lui avait fait beaucoup d'honneur en pensant mal de lui. Le pape, ne voulant rien précipiter dans une affaire qu'il ne trouvait pas assez éclaircie, ni cependant absoudre sur-le-champ Célestius de l'excommunication dont il avait été frappé, lui donna un délai de deux mois, afin d'en écrire aux évêques d'Afrique de qui sa cause était plus connue, et de lui laisser à lui-même le temps de se corriger. Ce délai était, selon la remarque de saint Augustin, comme une médecine qu'on présente à un malade, ou comme une fomentation qu'on essaye sur un frénétique pour le calmer un peu. Le pape cita aussi les accusateurs de Célestius à comparaître à Rome dans le même délai de deux mois, s'ils pouvaient le convaincre d'autres sentiments que ceux qu'exprimait sa confession de foi. Il traita toutes ces questions de vaines subtilités et de contestations inutiles, qui détruisaient plutôt que d'édifier, ajoutant qu'il avait averti les évêques présents à l'assemblée de les éviter à l'avenir. Il dit à Aurèle et aux autres évêques d'Afrique, qu'ils devaient moins s'en rapporter à leur propre jugement dans ces sortes de matières, qu'aux divines Écritures. Il leur marquait dans la même lettre, qu'il leur envoyait les actes de ce qui s'était passé dans le jugement de Célestius et de ses accusateurs, et il se plaignait de ce qu'ils avaient ajouté foi trop légèrement aux lettres d'Éros et de Lazare, dont les mœurs n'étaient pas telles, qu'on pût s'en rapporter à leurs témoignages. « Car nous avons trouvé, ajouta-t-il, que leurs ordinations avaient été irrégulières, et qu'ils avaient usurpé le sacerdoce dans les Gaules; on n'aurait pas dû recevoir de leur part une accusation intentée par écrit contre un absent, qui maintenant, s'étant présenté, explique sa foi et défie ses accusateurs. » Cette première lettre à Aurèle et aux évêques d'Afrique était datée du onzième consulat d'Honorius, c'est-à-dire de l'an 417.

Quelque temps après que Zosime l'eut écrite, il en reçut une de Prayle, évêque de Jérusalem, successeur de Jean, qui, favorable à la cause de Pélage, la lui recommandait avec de grandes instances. Avec cette lettre, il y en avait une autre de Pélage lui-même, qui y avait joint sa confession de foi. Le tout était adressé au pape Innocent, dont l'un et l'autre ignoraient encore la mort. Pélage disait dans sa lettre qu'on voulait le décrier sur deux points, l'un de refuser le baptême aux enfants, et de leur promettre le royaume des cieux sans la rédemption de Jésus-Christ; l'autre, d'avoir tant de confiance dans le libre arbitre, qu'il refusait le secours de la grâce. Il rejetait la première erreur, en disant qu'il n'avait jamais entendu personne la soutenir; et il ajoutait : « Qui est assez impie, pour refuser à un enfant la rédemption commune du genre humain, et pour empêcher de renaître à une vie certaine et sans fin ceux qui n'ont encore reçu qu'une vie incertaine ? » Sur le second article, il disait : « Nous avons le libre arbitre pour pécher ou ne pas pécher; mais, dans toutes les bonnes œuvres, il est toujours aidé du secours divin. » (Aug. de Grat. Chr. c. 31.) « Nous disons, ajoutait-il, que le libre arbitre est généralement dans tous les hommes, chrétiens, juifs et gentils : ils l'ont tous par le don de la nature; mais il n'est aidé de la grâce que dans les chrétiens. Dans les autres, cette précieuse faculté n'est accompagnée de rien qui la protége ou la garantisse : ils seront cependant jugés et condamnés, parce que, pouvant par ce moyen parvenir à la lumière de la foi et mériter la grâce de Dieu, ils usent mal de la liberté qui leur a été donnée. Les chrétiens au contraire seront récompensés, parce qu'usant bien de leur libre arbitre, ils méritent la grâce du Seigneur et s'attachent à ses commandements. » Enfin, Pélage, pour prouver qu'il pensait sainement sur la grâce, renvoyait ses accusateurs aux lettres qu'il avait écrites à l'évêque saint Paulin, à l'évêque Constantius et à la vierge Démétriade, et au livre qu'il avait composé depuis peu sur le libre arbitre, soutenant que dans tous ces écrits il confessait pleinement le libre arbitre et la grâce. Il concluait ainsi sa confession de foi : « Voilà, bienheureux pape, la foi que nous avons apprise dans l'Église catholique, que nous avons toujours tenue, et que nous tenons encore. S'il s'y trouve quelque chose qui ne soit pas expliqué avec assez de netteté ou de précaution, nous désirons que vous le corrigiez, vous qui héritez de la foi comme du siége de Pierre. » (Apud Aug. in append. p. 96, t. X).

Les lettres et la confession de foi de Pélage ayant été lues publiquement, tous les assistants et le pape même trouvèrent que Pélage s'expliquait de la même manière que Célestius. Ils furent remplis de joie, et c'était à peine s'ils pouvaient retenir leurs larmes, tant ils étaient touchés de voir qu'on eût pu calomnier des hommes dont la foi leur paraissait si orthodoxe. « Y a-t-il, disait le pape dans sa seconde lettre à Aurèle, un seul endroit des écrits de Pélage, où cet homme qu'on accuse ne parle de la grâce et du secours de Dieu ? » Puis, venant à ses accusateurs, qui étaient Éros et Lazare : « Est-il possible, disait-il, mes chers frères, que vous n'ayez encore appris, du moins par la renommée, que ces deux hommes sont des perturbateurs de l'Église ? Ignorez-vous leur vie et leur condamnation ? Mais, quoique le siége apostolique les ait séparés de toute communion par une sentence particulière, apprenez encore ici en peu de mots leur conduite : Lazare est accoutumé depuis longtemps à imputer des crimes aux innocents; en plusieurs conciles il a été convaincu de calomnie contre notre saint frère Brice, évêque de Tours; Proculus de Marseille l'a flétri de cette note au concile de Turin. Toutefois le même Proculus l'a ordonné plusieurs années depuis évêque d'Aix, par faiblesse pour le tyran (Constantin, usurpateur des Gaules). Malgré la résistance qu'opposait la ville entière consternée, il est monté sur le siége épiscopal, qui était encore teint du sang innocent, et il a conservé l'ombre du sacerdoce, tant que le tyran lui-même a gardé un simulacre d'empire; mais du moment que celui-ci a eu perdu la vie, il a quitté la place, et s'est condamné lui-même. Il en est de même d'Eros, ajoute le pape : c'est la protection du même tyran; ce sont des meurtres, des séditions, des emprisonnements de prêtres qui lui résistaient; ce fut la même consternation dans la ville; le même repentir l'a fait renoncer au sacerdoce. » Zosime insiste aussi sur l'absence d'Eros et de Lazare, et en tire une preuve de la faiblesse de leur accusation, disant qu'ils n'ont osé la soutenir. Il en dit autant de celle de Timase et de Jacques, et blâme les évêques d'Afrique de leur facilité à recevoir de semblables accusations; il les exhorte à être plus circonspects à l'avenir, à ne pas croire sans examen les rapports de gens inconnus, à ne juger personne sans l'entendre, suivant l'Ecriture, à imiter la modération que l'on observe dans les tribunaux séculiers; à conserver soigneusement la charité et la concorde, et à se réjouir de ce que Pélage et Célestius n'ont jamais été séparés de la vérité catholique, ni de la communion de l'Eglise romaine. Cette lettre, qui est datée du 21 septembre de l'an 417, fut envoyée aux évêques d'Afrique avec des copies des écrits de Pélage. La suite fit voir que le pape Zosime ne s'était point assez méfié de ceux qui lui avaient parlé en faveur de Pélage, et contre ses accusateurs. Lazare et Eros, qu'il traite si mal, sont cités avec éloge par les auteurs du temps; et saint Augustin, à l'imitation du concile de Carthage, les qualifie de saints; Eros en particulier est appelé *vir sanctus*, disciple de saint Martin, dans la Chronique de Prosper. Mais il était de l'intérêt de Patrocle, intrus dans le siége épiscopal d'Arles à la place d'Eros, qu'il avait chassé, de le décrier à Rome; et Célestius, qui était aussi alors en cette ville, n'était pas moins intéressé dans la cause de Pélage que Pélage même. C'était de même sans fondement qu'on accusait Lazare de s'être emparé contre les règles de l'évêché d'Aix. Il en avait été légitimement choisi évêque, de même qu'Eros du siége d'Arles; mais il l'avait quitté volontairement, dans la crainte qu'Honorius ne lui fît souffrir quelque mauvais traitement, ainsi que nous le lisons dans la Chronique d'Ithacius. Les lettres qu'ils écrivirent l'un et l'autre contre Pélage au concile de Diospolis, ne méritaient pas une censure aussi sévère que celle qu'en fait Zosime, qui peut être ne les avait pas vues, et n'en savait le contenu que sur un rapport infidèle. Ces deux évêques, ayant trouvé dans les livres de Pélage, qui était alors en Palestine, plusieurs choses contraires à la foi catholique, avaient envoyé ces livres aux évêques d'Afrique, en y joignant des lettres en plainte, ou une requête contre Pélage, comme le disent saint Augustin et Paul Orose. Ils avaient chargé de ces diverses pièces Euloge, évêque de Césarée, et celui-ci avait en conséquence assemblé un concile à Diospolis, où Lazare et Eros n'avaient pu assister, l'un d'eux étant tombé dangereusement malade. Au reste, il n'est pas surprenant que le pape Zosime se soit laissé surprendre par l'hérétique Pélage, de la manière dont celui-ci avait enveloppé ses erreurs dans les lettres et dans la confession de foi qu'il avait envoyées à Rome : tout autre y aurait été de même trompé; et saint Augustin avoue qu'en lisant la lettre de Pélage à la vierge Démétriade, il crut presque y trouver lui-même la doctrine de l'Eglise sur la grâce. Ce ne fut qu'en lisant les autres écrits que cet hérésiarque composa depuis, qu'il remarqua que ses sentiments sur cette matière s'éloignaient de ceux de l'Eglise, et que dans les précédents il avait abusé du terme de grâce pour mieux cacher le venin de sa doctrine. Aussi Facundus, quoique persuadé que Zosime avait cru Pélage et Célestius orthodoxes, soutient néanmoins qu'on ne peut inférer de sa conduite envers eux, qu'il ait été répréhensible en cette occasion, puisqu'on ne doit pas faire un crime aux saints de ne concevoir pas les ruses des méchants. Saint Augustin en pense à peu près de même, en disant qu'on n'avait traité doucement Célestius et Pélage, que dans l'espérance de les corriger. Ce Père ajoute que Zosime usa encore de douceur envers eux par un autre motif, qui était de conserver à l'Eglise deux hommes d'un esprit pénétrant, qui auraient pu lui être fort utiles, s'ils s'étaient corrigés de leurs erreurs. Enfin, il dit que Zosime ne s'éloigna en rien de la conduite d'Innocent son prédécesseur. *D. Ceillier, Hist. des aut. sacr.,* t. X; *N. Alex. Hist. Eccl. sæc.* V.

ROME (Synode de), l'an 418. Les évêques d'Afrique, sans s'étonner de la protection que Zosime paraissait accorder à Célestius, lui écrivirent pour le prier de laisser les choses où elles étaient, c'est-à-dire de ne point lever l'excommunication prononcée contre cet hérésiarque, jusqu'à ce qu'ils eussent eu le loisir de l'instruire plus à fond de cette affaire. En même temps ils lui envoyaient les actes de tout ce qui s'était passé en Afrique à cette occasion, soit en présence de Célestius, soit en son absence. Marcellin, sous-diacre de l'Eglise de Carthage, fut porteur de cette lettre et de toutes ces dépêches. Il se chargea aussi d'un écrit du diacre Paulin, le même qui avait accusé Célestius vers l'an 412. Comme il était encore à Carthage, Basilisque, sous-diacre de Rome, qui y était aussi, lui signifia de la part du pape, le 2 novembre, l'ordre verbal de se présenter à Rome, pour s'y justifier de l'accusation qu'il avait, six ans auparavant, formée contre Célestius. Mais Paulin s'en excusa, en disant : « Célestius s'est désisté de l'appel qu'il avait interjeté en 412 : je n'ai plus d'intérêt particulier en cette affaire; elle est devenue celle de toute l'Eglise. Et Célestius n'est-il pas assez convaincu, puisque, le pape Zosime l'ayant pressé de condamner ce que je lui avais reproché à Carthage, il s'y est toujours refusé? » L'écrit de Paulin, dont le sens est très-embarrassé, est daté du 8 novembre 417. Le pape répondit aux évêques d'Afrique, par une lettre datée du 21 mars 418, qu'il n'avait point, comme ils le pensaient, ajouté foi à tout ce que lui avait dit Célestius ; qu'il n'avait rien changé dans les dispositions de son prédécesseur à l'égard de cet hérétique, et que dans toute cette affaire il n'avait rien voulu décider sans leurs avis.

Cette lettre ne fut rendue aux évêques que le 29 avril suivant, au moment où ils se rassemblaient pour tenir un concile général de toute l'Afrique. Ce concile se tint le 1er mai, à Carthage, dans la basilique de Fauste. On y fit plusieurs décrets, et l'hérésie de Pélage y fut condamnée par un anathème. Les évêques du concile donnèrent avis au pape de ce qu'ils avaient fait, et lui firent part de leurs huit décrets touchant la réunion des pélagiens. Dans le même temps, quelques fidèles de Rome ayant trouvé des écrits de Pélage, et entre autres ses Commentaires sur saint Paul, les firent venir à la connaissance du pape. Zosime, voyant les choses en cet état, résolut, suivant l'avis des évêques du concile de Carthage, d'examiner encore Célestius et de tirer de lui une réponse nette et précise, afin qu'on ne pût plus douter, ou qu'il avait renoncé à ses erreurs, ou que ce n'était qu'un imposteur et un fourbe. Il le cita à comparaître dans une grande audience qu'il voulait tenir à cet effet. Mais Célestius, n'osant se présenter à cet examen, s'enfuit de Rome, de crainte d'être obligé d'anathématiser les propres termes de sa profession de foi, ainsi que les évêques d'Afrique l'avaient demandé. Alors le pape Zosime, reprenant la juste sévérité qu'il n'avait fait que suspendre, donna sa sentence par laquelle il confirma les décrets du concile d'Afrique de 417; et, conformément au jugement du pape son prédécesseur, il condamna pour la seconde fois Pélage et Célestius, qu'il réduisit à l'état de pénitents, en cas qu'ils abjurassent leurs erreurs, les excommuniant absolument s'ils refusaient de se soumettre à cette humiliation salutaire. Ensuite il écrivit aux évêques d'Afrique en particulier, et en général à tous les évêques, voulant, dit saint Prosper, mettre le glaive de saint Pierre entre les mains de tous les évêques de l'univers, pour retrancher tous ces impies (*contra Collat.* c. 21). Dans cette lettre qui était fort ample, et connue dans l'histoire ecclésiastique sous le nom de *Tractoria epistola*, ou de Circulaire du pape Zosime, le pape expliquait les erreurs dont Célestius avait été accusé par Paulin ; il y rapportait tout ce qui regardait l'affaire tant du maître que du disciple ; il y citait plusieurs passages du Commentaire de Pélage sur saint Paul ; il y établissait solidement la doctrine du péché originel, et celle de la nécessité du baptême même pour les enfants ; il y enseignait qu'en tout temps nous avons besoin du secours de Dieu, et que dans toutes nos actions, nos mouvements et nos pensées, c'est de lui, et non des forces de la nature, que nous devons tout attendre; enfin il y reconnaissait que c'était par l'inspiration de Dieu, auteur de tout bien, qu'il avait communiqué cette affaire aux évêques. Nous n'avons plus cette lettre; mais saint Augustin, saint Prosper, le pape saint Célestin, et quelques autres anciens, nous en ont conservé plusieurs fragments. Le clergé de Rome tout entier se soumit au jugement du pape, quoique les pélagiens se fussent flattés jusque-là d'y compter des partisans. Le prêtre Sixte, qu'ils regardaient comme un puissant défenseur de leur cause, fut le premier qui souscrivit à l'anathème prononcé contre eux par Zosime, et il eut soin d'en écrire à ceux auprès desquels les pélagiens se vantaient de sa protection et de son amitié. Il paraît que ses lettres furent adressées à Aurèle de Carthage, et qu'elles furent portées en Afrique, avec celles du pape Zosime, par Léon, acolyte de l'Eglise romaine. Sixte écrivit aussi à saint Augustin par le prêtre Firmus. Le saint évêque d'Hippone, après avoir rapporté l'endroit de la lettre de Zosime où ce pape s'explique sur le péché originel et sur la nécessité du baptême pour l'effacer dans tous les hommes, de quelque âge et de quelque condition qu'ils soient, dit que dans ces paroles du siège apostolique la foi catholique se trouve expliquée si clairement, qu'il n'est permis à aucun chrétien d'en faire l'objet d'un doute. Zosime, dans le fragment de sa lettre rapporté par le pape Célestin, déclare qu'il reçoit le troisième canon du concile de Carthage comme s'il eût été fait par le siège apostolique.

La lettre de Zosime ayant été envoyée aux Eglises de l'Orient, en Egypte, à Constantinople, à Thessalonique, à Jérusalem, en un mot à toutes les Eglises du monde, elle fut confirmée par les souscriptions de la plus grande partie des évêques : en sorte que toute l'Eglise, sauf un petit nombre d'exceptions, écrivit, par la main de ses pasteurs, une même sentence contre les pélagiens. Plusieurs de ceux qui avaient embrassé l'erreur y renoncèrent, vinrent se soumettre au saint-siège, et rentrèrent dans leurs Eglises. C'est dans ces circonstances que saint Augustin prononça le mot célèbre : *Romam causa perlata est ; inde rescripta venerunt; causa finita est.* Il est donc faux que l'hérésie pélagienne n'ait été définitivement anathématisée, comme quelques-uns l'ont prétendu, que dans le concile œcuménique d'Ephèse ; et la sentence du pape Zosime n'a pas été un jugement rendu en première instance sauf appel à un tribunal supérieur, mais un jugement péremptoire et une sentence définitive, à laquelle l'évêque Julien d'Eclane et les dix-sept autres de son parti n'ont pu refuser de se soumettre, sans être sur-le-champ jugés solidement indignes de l'épiscopat, déposés de leurs siéges, et chassés même de toute l'Italie en vertu d'un rescrit de l'empereur, comme des décrets des évêques. *Voy. D. Ceillier, Hist. des aut. sacr., t.* X.

ROME (Décret de) dans la cause des pélagiens, l'an 424 ou 425. Le pape saint Célestin, soit après avoir assemblé un synode, ce qu'on ignore, soit sans en avoir assemblé, rejeta la demande que Célestius, avec ses partisans, faisait d'un concile œcuménique, et il donna ordre de le chasser de l'Italie, ratifiant en même temps les décrets de ses prédécesseurs et des conciles précédemment tenus contre les pélagiens. C'est ce que nous apprenons de saint Prosper, qui ajoute que tel était le sentiment de ce pape : *Ut quod semel meruerat abscindi, nequaquam admitteret retractari*. S. Prosper, *l. contra Collat.* c. 21; *Nat. Alex. Hist. eccl. sæc.* V.

ROME (Concile de), l'an 430. Le pape saint Célestin, ayant reçu la lettre que venait de lui écrire saint Cyrille au sujet de Nestorius, et remarqué dans les écrits de ce novateur des blasphèmes visibles et une condamnation manifeste de la doctrine orthodoxe, tint, au commencement du mois d'août de l'an 430, un concile à Rome, où tous ces écrits furent lus et examinés en plusieurs séances. On y lut aussi les lettres de saint Cyrille à Nestorius, après que toutes ces pièces eurent été traduites en latin. On compara les écrits de Nestorius avec la doctrine des Pères, et tous les évêques s'écrièrent qu'ils contenaient une hérésie toute nouvelle et très-dangereuse. Au contraire, ils approuvèrent les deux lettres de saint Cyrille à Nestorius, comme entièrement orthodoxes. Le pape lui adressa aussi de grands éloges dans un discours qu'il fit en présence du concile, et dont il ne nous reste qu'un fragment, où nous lisons qu'il se souvenait que saint Ambroise, d'heureuse mémoire, faisait chanter à tout son peuple, le jour de Noël, une hymne qui commençait ainsi : *Venez, Rédempteur des nations; faites-nous voir l'enfantement d'une vierge; tout le monde en est ravi; un tel enfantement convient à un Dieu.*

> Veni, Redemptor gentium;
> Ostende partum virginis;
> Miratur omne sæculum :
> Talis decet partus Deum.

« Il n'a pas dit, ajoute le pape, *un tel enfantement convient à l'homme.* » D'où il conclut que saint Cyrille, en appelant Marie mère de Dieu, s'accorde avec saint Ambroise, et qu'il est vrai de dire que la Vierge a enfanté un Dieu par la puissance de celui qui a toute puissance en main. Le pape cite encore dans ce fragment un passage de la lettre de saint Hilaire, ou plutôt de sa requête à l'empereur Constance, et deux autres de saint Damase, tirés de ses lettres à Paulin d'Antioche, où ces deux saints docteurs disaient nettement la même chose que saint Cyrille, quoique non tout à fait dans les mêmes termes.

Après avoir donc pris l'avis du concile qu'il avait assemblé, saint Célestin écrivit diverses lettres aux principaux évêques de l'empire d'Orient, toutes datées du 11 août 430. Libérat, saint Cyrille, Jean d'Antioche, le pape Nicolas Ier, Gennade et plusieurs autres anciens, parlent de ces lettres, avec cette différence que saint Cyrille les attribue au concile de Rome, et d'autres au pape. Mais il était permis de faire honneur à un concile des lettres mêmes des papes lorsqu'ils y avaient assisté, quoique ce fût l'usage de les attribuer aux papes mêmes. Dans ces lettres, et particulièrement dans celles qu'il écrivait à saint Cyrille, à Jean d'Antioche et à Nestorius lui-même, le pape faisait savoir que si, dans dix jours à partir de la signification de sa lettre, Nestorius ne déclarait clairement et sans équivoque qu'il recevait la foi enseignée dans les Eglises de Rome et d'Alexandrie, et par toute l'Eglise catholique, il serait dès lors séparé de la communion de l'Eglise, et privé de tout le pouvoir qui appartient à la dignité du sacerdoce. Il menaçait de la même peine tous ceux qui avaient suivi Nestorius dans son erreur, et réintégrait au contraire dans le saint ministère tous ceux que Nestorius avait déposés. Enfin il chargeait saint Cyrille de l'exécution de son décret et du soin de pourvoir à l'Eglise de Constantinople. *D. Ceillier, Hist. des aut. sac., t.* XIII.

ROME (Concile de), l'an 431. L'empereur Théodose, en appelant les évêques à se réunir à Ephèse pour l'examen de la cause de Nestorius, avait par là même empêché l'exécution immédiate de la résolution prise dans le concile romain : c'est pourquoi le pape Célestin, pour donner plus de force à son premier décret, assembla un nouveau concile, qui confirma ce qui avait été fait dans le précédent; ensuite, ne jugeant pas à propos de se rendre lui-même à Ephèse, il nomma deux évêques et un prêtre pour l'y représenter, en qualité de ses légats, aux yeux des Pères assemblés. *Conc. t.* III, *col.* 560.

ROME (Concile de), l'an 433. Ce concile fut tenu par le pape Sixte, le 26 juillet, à l'occasion de l'anniversaire de son ordination. Il y reçut la nouvelle de la paix conclue entre saint Cyrille et les Orientaux. *Tillemont, Mém. pour serv. à l'hist. eccl.*

ROME (Concile de), l'an 443 ou 444. Le pape saint Léon, jugeant qu'il était de l'utilité publique de l'Eglise qu'on eût horreur des abominations qu'il avait découvertes parmi les manichéens qui étaient à Rome, y assembla beaucoup d'évêques et de prêtres avec ceux qui tenaient les premières dignités de l'empire, et une grande partie du sénat et même du peuple. Il fit amener en leur présence les *élus* de cette secte, c'est-à-dire ceux qui participaient aux mystères des manichéens. Après avoir confessé plusieurs impiétés de leurs dogmes, et diverses superstitions de leurs fêtes, ils révélèrent des crimes que la pudeur ordonne de taire. Leur évêque lui-même fit l'aveu de toutes ces abominations. On brûla tous leurs livres; et pour laisser à la postérité la mémoire de ce qui s'était passé dans cette assemblée, saint Léon en fit dresser des actes et des procès-verbaux qu'il eut soin d'envoyer de tous côtés. *Reg.* VII; *Labb.* III; *Hard.* I.

ROME (Concile de), l'an 445. Quélidoine, ayant été déposé par saint Hilaire d'Arles, dans un concile qu'on croit avoir été tenu à Besançon (*Voy.* BESANÇON, l'an 444), se pourvut à Rome, se plaignant de l'injustice de la sentence rendue contre lui. Saint Léon, qui occupait alors le siège, admit d'abord Quélidoine à sa communion. Saint Hilaire, l'ayant appris, partit pour Rome au milieu de l'hiver de l'an 444, n'ayant ni monture ni bagage. Après avoir visité les tombeaux des apôtres et des martyrs, il se présenta à saint Léon avec toutes sortes de respects, le suppliant de maintenir la discipline des Eglises suivant l'ancien usage, et se plaignant que l'on admettait à Rome aux saints autels des personnes condamnées dans les Gaules par une sentence publique. Il conjura ce saint pape, si ses plaintes lui paraissaient justes, de remédier secrètement à cet abus. « Car je suis venu, ajouta-t-il, pour vous rendre mes devoirs, et non pour plaider ma cause; et je vous instruis de ce qui s'est passé, non par forme d'accusation, mais par simple récit: si vous êtes d'un autre sentiment, je ne vous importunerai pas davantage. »

Saint Léon assembla un concile pour décider cette affaire. Saint Hilaire y fut entendu avec Quélidoine, en présence l'un de l'autre, et l'on mit par écrit ce qu'ils alléguèrent pour leur défense. Le concile trouva trop de hauteur dans les réponses de saint Hilaire; et jugeant par les dépositions des témoins que Quélidoine était innocent, il le rétablit dans son siège. Saint Hilaire ne changea pas pour cela de sentiment; et quelques menaces qu'on lui fit, il ne voulut jamais communiquer avec Quélidoine, qu'il avait déposé avec le suffrage de tant de grands évêques. Voyant donc qu'il ne pouvait persuader ni le pape ni son concile, il sortit de Rome; et nonobstant les gardes qu'on lui avait donnés, et l'hiver qui durait encore, il s'en retourna à Arles.

Alors ses ennemis, le croyant dans la disgrâce du pape, formèrent à Rome diverses plaintes contre lui. L'évêque Projectus se plaignit qu'étant malade, saint Hilaire eût ordonné un évêque en sa place, à son insu. D'autres l'accusèrent d'avoir fait traîner des personnes, pour les ordonner évêques, dans des lieux où on ne les demandait pas. On l'accusa de séparer trop facilement les laïques de la communion pour des fautes légères; de s'attribuer l'autorité de régler toutes les Eglises des Gaules; d'aller par les provinces, accompagné de gens armés, pour donner des évêques aux églises vacantes; d'indiquer des conciles et de troubler les droits des métropolitains; de s'être fait une habitude de mentir. Le pape passant légèrement sur quelques-unes de ces accusations, s'arrêta surtout à celles qui regardaient la déposition de Quélidoine et l'ordination d'un second évêque dans l'Eglise dont Projectus était titulaire. Il défendit à saint Hilaire d'entreprendre à l'avenir sur les droits d'autrui; lui ôta la juridiction qu'il avait sur la province de Vienne; lui défendit non-seulement d'ordonner aucun évêque, mais de se trouver même à aucune ordination; le déclara séparé de la communion du saint-siége, et prétendit lui faire grâce en le laissant dans son église, sans le déposer. Saint Léon, croyant devoir s'autoriser d'un rescrit de l'empereur Valentinien, qui était alors à Rome, en obtint un adressé au patrice Aétius, commandant des troupes de l'Empire dans les Gaules, par lequel il était défendu à saint Hilaire et à tout autre, d'employer les armes pour les affaires ecclésiastiques; et à tous évêques, soit des Gaules, soit des autres provinces, de rien entreprendre contre l'ancienne coutume, sans l'autorité du pape.

L'auteur de la Vie de saint Hilaire a passé sous silence le procédé de saint Léon et de son concile contre saint Hilaire, et les raisons que ce saint évêque allégua pour sa défense, n'osant pas, dit-il, examiner les jugements et la conduite de deux si grands hommes, que Dieu avait déjà appelés à sa gloire lorsqu'il écrivait. Mais il nous apprend que saint Hilaire étant tombé malade à son retour de Rome, n'omit rien pour fléchir saint Léon, et qu'il fit en cette occasion toutes les soumissions et toutes les avances que son humilité lui fit juger raisonnables. Il lui députa premièrement le prêtre Ravenne, qui fut depuis son successeur; ensuite il lui envoya deux saints évêques, l'un nommé Nectaire, l'autre Constance. Outre ce qu'il les chargea de dire au pape de vive voix, il y a apparence qu'ils furent aussi porteurs des écrits qu'il composa pour sa justification, et dont aucun n'est venu jusqu'à nous. Auxiliarius, qui avait été autrefois préfet des Gaules, et qui se trouvait alors à Rome, parla encore à saint Léon en faveur de saint Hilaire, dont il connaissait la vertu. Mais il paraît que toutes ces démarches furent inutiles; et l'on peut, ce semble, en juger ainsi par la lettre qu'Auxiliarius lui écrivit au sujet de l'entretien qu'il avait eu avec le pape. « Comme vous êtes, lui dit-il, toujours ferme et constant dans vos résolutions, et toujours égal à vous-même, sans vous laisser emporter ni au trouble du chagrin, ni à la douceur de la joie, je ne vois pas même d'ombre d'arrogance dans votre sainteté; mais les hommes ont peine à souffrir que nous parlions avec la hardiesse qu'inspire une bonne conscience. D'ailleurs les oreilles des Romains sont d'une extrême délicatesse. Si vous vous y accommodiez un peu, vous gagneriez beaucoup et vous n'y perdriez rien. Accordez-moi cela, je vous en prie, et dissipez ces petits nuages par une petite condescendance. » On ne lit point que saint Hilaire ait eu aucun égard à cet avis. Mais il paraît que sa fermeté ne put empêcher l'exécution de la sentence du concile en faveur de Quélidoine; qu'il continua à gouverner l'Eglise de Besançon, et qu'Importunus, qui avait été mis à sa place, fut contraint de la quitter. Nous finirons ce qui regarde cette contestation par le jugement qu'en a porté le cardinal Baronius, après avoir transcrit la lettre assez vive du pape Hilaire contre saint Mamert, évêque de Vienne, accusé d'avoir ordonné un évêque à Die, malgré le peuple et par violence : « Que l'on ne s'étonne pas, dit-il, si ce pape s'élève avec tant de véhémence contre un évêque dont la sainteté est si illustre. Dans ces choses qui dépendent du témoignage des hommes, il est aisé que toutes sortes de personnes soient trompées ; et c'est ce qui arriva aussi à saint Léon, lorsqu'il parla avec tant d'aigreur contre saint Hilaire. Qui ne sait que les oreilles des papes sont souvent remplies du bruit que font de fausses accusations par lesquelles on les surprend ; ce qui fait qu'ils maltraitent un innocent, et croient néanmoins ne rien faire que de juste ? »

ROME (Concile de), l'an 447. Quelques évêques de Sicile dissipant les biens de leurs églises par des aliénations ou des donations déplacées, saint Léon, qui voulait remédier à cet abus, tint concile à cet effet, et défendit à tout évêque de disposer d'aucun bien de son église, par donation, vente ou échange, sans le consentement de tout son clergé, et à moins que ce ne fût pour l'avantage de la même église. *Mansi, Suppl. t.* I, col. 323.

ROME (Concile de), l'an 449. Saint Léon, informé par son diacre Hilaire, qui s'était échappé d'Ephèse, du mauvais succès du concile où il avait été envoyé en qualité de légat, en fut pénétré de douleur. Mais élevant son esprit vers Dieu, et espérant tout de la vérité dont il était le gardien, il attendit avec confiance qu'elle répandît ses rayons de tous côtés, et dissipât les ténèbres de l'imposture et de l'erreur. Il assembla néanmoins un nombreux concile d'évêques occidentaux, et, de concert avec eux, il écrivit touchant l'affaire qui les occupait plusieurs lettres datées, soit du 13, soit du 15 octobre. Les unes sont en son nom seul ; les autres au nom du concile de Rome. Dans celle qu'il adressa à Flavien, dont il ignorait la mort, il lui promettait de s'employer de toutes ses forces, tant à son soulagement particulier qu'au rétablissement de la cause commune. Celle qu'il écrivit à l'empereur Théodose était une plainte amère de la violence de Dioscore et de l'irrégularité du concile d'Ephèse. « Nous avons appris, dit-il à ce prince, que tous ceux qui étaient venus au concile n'ont pas assisté au jugement. On a rejeté les uns et introduit les autres, qui ont livré leurs mains captives pour faire au gré de Dioscore ces souscriptions impies, sachant qu'ils perdraient leurs dignités s'ils n'obéissaient. Nos légats y ont résisté constamment, parce qu'en effet tout le mystère de la foi est détruit, si l'on n'efface pas ce crime, qui surpasse tous les sacriléges. Nous vous conjurons donc, mes collègues et moi, en présence de l'indivisible Trinité et des saints anges de Jésus-Christ, d'ordonner que tout demeure au même état où cela se trouvait avant tous ces jugements, jusqu'à ce que l'on rassemble du monde entier un plus grand nombre d'évêques. » Il donnait pour motif de la tenue d'un concile général la réclamation de ses légats contre ce qui s'était passé à Ephèse, l'appel interjeté par Flavien, et la nécessité de lever tous les doutes sur la foi, et toutes les divisions contraires à la charité. Dans une autre lettre, adressée à sainte Pulchérie, il se plaignait de ce que sa lettre à Flavien n'avait point été lue à Ephèse, et il déclarait que tous les évêques d'Occident demeuraient unis de communion avec Flavien. Il disait dans celle qui était pour le magistrat et le peuple de Constantinople, que quiconque oserait usurper le siége de Flavien, ne pourrait espérer d'être dans la communion de l'Eglise romaine, ni d'être inscrit au rang des évêques. *D. Ceillier, Hist. des aut. sacr., tom.* XIV.

ROME (Concile de), l'an 451. Saint Léon tint ce concile sur la fin de l'année. On y confirma les décrets du concile de Chalcédoine contre Eutychès et Dioscore, et l'on fit deux canons de discipline. Le premier ordonne de baptiser les enfants revenus de la captivité, lorsqu'il y a un juste sujet de douter s'ils l'ont été ; le 2° défend de réitérer le baptême donné par les hérétiques. Le prélat Mansi met ce concile au 29 de septembre de l'an 451, sous prétexte que ce jour était consacré au synode annuel de Rome ; mais il n'as pas fait attention que l'ouverture du concile de Chalcédoine ne se fit que le 8 d'octobre, et la clôture le 31 du même mois de l'an 451 ; et qu'il ne peut se faire, par conséquent, que le concile de Rome, qui a reçu et approuvé celui de Chalcédoine, se soit tenu au mois de septembre de la même année. *Mansi, Suppl. t.* I ; *l'Art de vérifier les dates.*

ROME (Concile de), l'an 458. Le pape saint Léon tint ce concile pour résoudre quelques difficultés que les ravages des Huns avaient fait naître. La principale que le saint pape voulut qu'on examinât dans ce concile, fut celle qui avait pour objet les personnes emmenées captives par les barbares. Le concile décida qu'on imposerait seulement les mains à ceux qui auraient été baptisés par les hérétiques, sans les rebaptiser ; et que, pour les enfants dont le baptême serait douteux, on les baptiserait sans difficulté. Le concile ne parle point de baptiser ces enfants sous condition, parce que cette condition est toujours renfermée dans l'esprit comme dans la doctrine de l'Eglise. *Tillemont, t.* XV.

ROME (Concile de), l'an 462. Les habitants de la ville de Béziers ayant refusé de recevoir pour évêque Hermès, archidiacre de Narbonne, qui leur avait été envoyé en cette qualité par saint Rustique, leur métropolitain, ce saint prélat ne voulut ni se venger de cette injure, ni les contraindre à se soumettre ; mais comme il mourut lui-même sur ces entrefaites, Hermès trouva le moyen de se faire élire son successeur. Le prince Frédéric, frère de Théodoric, roi des Goths, qui apparemment n'aimait pas Hermès, se plaignit à Rome de ce qu'il avait usurpé le siége de Narbonne contre les canons. Le bruit public confirmait la plainte de ce prince. Toutefois le pape Hilaire, qui ne voulait rien précipiter, écrivit à Léonce d'Arles de lui envoyer au plus tôt une relation des faits, signée de lui et des évêques les plus voisins. A peine cette lettre était-elle partie de Rome, que les évêques Fauste de Riez et Auxanius d'Aix y arrivèrent, députés par les évêques des Gaules pour l'éclaircissement de cette affaire. Comme il y avait alors plusieurs évêques à Rome, venus de diverses provinces pour célébrer avec le pape l'anniversaire de son ordination, qui tombait le 19 novembre 462, saint Hilaire tint un concile où l'affaire de l'Église de Narbonne fut examinée. On convint que, pour le bien de la paix, Hermès en demeurerait évêque ; mais de crainte que cet exemple ne tirât à conséquence, on décida en même temps qu'il serait privé du droit de métropolitain pour l'ordination des évêques dont serait chargé, tant qu'il vivrait, Constantius d'Uzès, ou tel autre évêque de la province qui se trouverait le plus ancien. Saint Hilaire écrivit le résultat du concile aux évêques des Gaules par une lettre du 3 décembre 462, où il rendait à Hermès un témoignage avantageux, tout en blâmant la manière dont il était devenu évêque de Narbonne. Cette lettre contenait plusieurs autres ordonnances pour le maintien de la discipline, et on ne peut guère douter que ce ne soit dans le concile qu'elles aient été faites. Il y était recommandé aux évêques des Gaules de s'assembler tous les ans en concile, et de tenir ensuite la main à ce qu'ils auraient décidé ; d'examiner dans ces sortes d'assemblées les ordinations et les mœurs des évêques comme des autres ecclésiastiques, et, s'il se rencontrait quelque affaire de plus grande importance qu'ils ne pourraient terminer, d'en référer au saint-siège. Il y était encore défendu aux ecclésiastiques de sortir de leur diocèse sans lettres de leur évêque, et aux évêques eux-mêmes de leur province sans lettres de leur métropolitain ; à tous les prélats d'aliéner les terres de l'Église sans l'approbation d'un concile national ou provincial, à moins que ce ne fussent des terres désertes ou onéreuses. Cette lettre fut apportée aux évêques des Gaules par Fauste et Auxanius. *D. Ceillier, Hist. des aut. sacr.*, t. XV.

ROME (Concile de), l'an 465. Le pape saint Hilaire tint ce concile dans la basilique de Sainte-Marie, le 19 novembre, à l'occasion de l'anniversaire de son ordination. Il s'y trouva quarante-huit évêques, dont deux étaient des Gaules, Ingénuus d'Embrun et Saturne d'Avignon. Saint Maxime de Turin est nommé le premier après le pape. On fit dans ce concile quelques règlements que saint Hilaire prononça, et qui furent approuvés par les acclamations des autres évêques, sans qu'on les eût obligés de donner auparavant leur avis en particulier.

Le pape dit dans le premier, que sa qualité de principal évêque l'obligeait à prendre plus de soin qu'aucun autre de la discipline de l'Église ; que, sans cela, il se rendrait d'autant plus coupable qu'il était plus élevé en dignité.

Il avertit dans le second, qu'on ne devait point élever aux ordres sacrés ceux qui auraient été mariés à d'autres qu'à des vierges, ou qui l'auraient été deux fois.

Il ajoute dans le troisième, qu'on devait encore exclure de ces ordres ceux qui ne savaient pas les lettres, ou à qui l'on avait coupé quelques membres, ou qui avaient été soumis à la pénitence publique.

Il dit dans le quatrième, qu'un évêque doit condamner de lui-même ce que lui ou ses prédécesseurs ont fait contre les règles de l'Église ; qu'autrement il en portera la peine.

Dans le cinquième et dernier règlement, il défend aux évêques de désigner en mourant leurs successeurs. Ce dernier règlement faisait allusion au fait de Nundinaire, évêque de Barcelone, qui avait désigné en mourant son successeur à ses diocésains. Cette affaire fut examinée dans le concile ; et, afin que les évêques fussent témoins de ce que les évêques d'Espagne avaient écrit sur ce sujet, le pape fit lire leurs lettres, dont les évêques présents interrompirent deux fois la lecture en se récriant contre l'abus de donner des évêchés comme par testament. Il fit lire aussi la lettre que lui avaient envoyée les évêques d'Espagne contre les entreprises de Sylvain, l'un de leurs collègues ; et, après quelques acclamations, comme il voulut avoir leurs avis, saint Maxime de Turin et les autres évêques du concile protestèrent qu'ils ne feraient jamais rien de ce qui était défendu par les canons. Le pape conclut en déclarant que les actes de ce qui s'était passé seraient écrits et publiés par des notaires, afin qu'ils pussent venir à la connaissance de toute l'Église. *D. Ceill.*, t. XV *Voy.* TARRAGONE, l'an 464 ou 465.

ROME (Concile de), l'an 478. Timothée Elure, Pierre le Foulon, Jean d'Apamée et Paul d'Éphèse furent condamnés dans ce concile par le pape Simplice. *Pagi*

ROME (Concile de), l'an 483. Jean Talaïa ayant été élu patriarche d'Alexandrie vers l'an 482, envoya, selon la coutume, sa lettre synodique au pape Simplice et à Calandion d'Antioche ; mais celle qu'il avait adressée à Acace de Constantinople ne lui ayant pas été rendue, cet évêque se piqua et irrita l'empereur Zénon contre Talaïa. Il conçut même le dessein de le chasser de son siège. A cet effet, il en écrivit au pape, qui s'y opposa inutilement. Talaïa fut chassé d'Alexandrie, et Pierre Monge rétabli en sa place. Talaïa appela de la sentence au pape, et se rendit à Rome pour porter ses plaintes contre Acace et solliciter son rétablissement. Le pape saint Félix II, qui avait succédé au pape Simplice, assembla un concile des évêques de l'Italie, et il y fut décidé qu'on enverrait une légation à l'empereur Zénon, et qu'Acace serait cité à comparaître devant le pape pour se justifier. Les évêques Vital de Tronto, Misène de Cumes, et Félix, défenseur de l'Église romaine, furent choisis pour cette ambassade. Le pape leur remit deux lettres : une pour Zénon, dans laquelle il lui rappelait les ordres qu'il avait précédemment donnés pour le maintien de la foi catholique, et en particulier contre Pierre Monge, et le conjurait avec les plus vives instances de ne pas détruire ce qu'il avait fait, de suivre les traces de Marcien et de Léon, plutôt que celles du tyran Basilisque, et de délivrer l'Eglise des hérétiques, comme Dieu l'avait délivré lui-même de ses ennemis ; et une autre pour Acace, où il lui reprochait vivement ses fautes, et employait les plus touchantes exhortations pour l'engager à changer de conduite, lui représentant qu'il se rendait lui-même suspect d'hérésie, qu'il perdait le mérite de son zèle contre Basilisque, et qu'il aurait à rendre compte au jugement de Dieu des maux que l'Eglise aurait eus à souffrir de la part des sectaires, puisque, par le crédit dont il jouissait auprès de l'empereur Zénon, il n'aurait tenu qu'à lui de les empêcher.

Dès leur arrivée à Constantinople, les légats du pape, Vital et Misène, furent arrêtés par ordre de l'empereur ; on les mit en prison après leur avoir enlevé leurs papiers, et on employa les menaces de mort, les caresses et les présents, pour les engager à communiquer avec Acace et Pierre Monge. Ils consentirent enfin, malgré leurs instructions positives, à ce que l'empereur exigeait d'eux, et ils parurent dans l'église avec Acace et les apocrisiaires de Pierre Monge, qu'ils reconnurent ainsi pour légitime évêque d'Alexandrie. Le troisième légat du pape, Félix, qui arriva le dernier à Constantinople, fut, comme ses deux collègues, renfermé dans une étroite prison et exposé à toutes sortes de mauvais traitements ; mais, malgré l'exemple de leur défection, il demeura inébranlable dans sa fidélité. *D. Ceillier* ; *S. Felicis Ep.* 1, 2; *Evag. Hist. l.* III.

ROME (Concile de), l'an 484. A la nouvelle de la chute des deux légats, le pape saint Félix assembla un concile à Rome, où Vital et Misène, appelés à rendre compte de leur conduite et convaincus d'une prévarication manifeste, furent excommuniés et déposés de l'épiscopat. Le pape fit aussi confirmer la sentence d'excommunication et de déposition déjà prononcée par le saint-siége contre Pierre Monge. Quant au patriarche de Constantinople, il se contenta de blâmer sévèrement ses variations et sa condescendance pour les hérétiques, et de le citer de nouveau à comparaître, voulant encore essayer de le ramener, en lui offrant le pardon du passé, à condition qu'il reconnût sa faute et qu'il la réparât. *Liberatus, Breviar. c.* 18; *Evagr. Hist. l.* III, *c.* 20.

ROME (Autre concile de), l'an 484, le 28 juillet. Quoique la plupart des collecteurs de conciles aient confondu ce concile avec le précédent et n'en aient fait qu'un des deux, ils sont cependant bien distincts, ainsi qu'on pourra le voir par les témoignages des historiens que nous citons à la fin de cet article. Le pape saint Félix avait espéré ramener Acace par la voie de la modération ; mais lorsqu'il le vit obstiné à ne point quitter la communion de Pierre Monge, et à ne point obéir à la citation qui lui avait été faite, il se décida enfin à prononcer la condamnation de ce patriarche. Il rassembla pour cet effet un concile de soixante-sept évêques dans la basilique de Saint-Pierre, et prononça contre Acace une sentence d'excommunication et de déposition. Il rappelait d'abord toutes les fautes dont il s'était rendu coupable, la protection déclarée qu'il accordait aux hérétiques, les violences exercées contre les légats du pape, et dont il s'était rendu complice en ne daignant pas même admettre en sa présence le dernier d'entre eux, qui était demeuré fidèle ; le refus qu'il avait fait de comparaître devant le saint-siège pour répondre aux accusations du patriarche exilé d'Alexandrie ; puis il concluait ainsi : « Que votre partage soit donc avec les hérétiques dont vous embrassez les intérêts, et sachez que par la présente sentence, en vertu de notre autorité apostolique, vous êtes privé de l'honneur du sacerdoce et retranché de la communion de l'Eglise, sans pouvoir jamais être relevé de cet anathème. » C'est-à-dire sans doute que la sentence de déposition prononcée contre Acace était irrévocable, quoiqu'il pût toujours, en venant à résipiscence, rentrer dans la communion de l'Eglise. Le concile étendit de semblables peines à tous les évêques, clercs, moines ou laïques, qui continueraient de communiquer avec Acace. La sentence prononcée contre ce dernier ne porte le nom que de Cœlius Félix, évêque de la sainte Eglise catholique de Rome, quoiqu'elle soit signée en même temps par les soixante-sept autres évêques présents au concile. C'est qu'il était d'usage dans les conciles d'Italie où le pape se trouvait, que les décisions ne portassent pas d'autres noms que le sien. *D. Ceill., Hist. des aut. sac., t.* XV; *Felicis Ep.* 6 ; *Liber. Breviar. c.* 18 ; *Theophan., p.* 114 ; *Nicéphore, Hist. l.* XVI.

ROME (Concile de), l'an 485. Le même pape saint Félix II, assisté de quarante-trois évêques, tint ce concile dans la même église, le 5 octobre, au sujet de Pierre le Foulon, qui avait usurpé depuis plusieurs années le siége patriarcal d'Antioche, et qu'Acace, réfractaire lui-même, soutenait dans son usurpation. On y renouvela les anathèmes déjà prononcés contre cet usurpateur, et ceux contre Pierre Monge et contre Acace. La lettre synodale, adressée aux prêtres et aux archimandrites de Constantinople et de Bithynie, est souscrite par Candide, évêque de Tivoli, et par quarante-deux autres évêques ; elle contient un témoignage éclatant en faveur de la primauté du saint-siège : « Toutes les fois, y est-il dit, que les prêtres du Seigneur (c'est-à-dire ici les évêques), s'assemblent en Italie pour des causes ecclésiastiques, et particulièrement pour celles de la foi, c'est un usage constant que l'évêque qui occupe le siége apostolique par le droit d'une succession légitime, règle tout, comme le représentant de tous les évêques de l'Italie, et à cause de la sollicitude qu'il doit avoir de toutes les Eglises, puisqu'il en est le chef, selon ces paroles de Notre-Seigneur à l'apôtre saint Pierre : *Tu es Pierre, et sur cette pierre je bâtirai mon Eglise, et les portes de l'enfer ne prévaudront point contre elle.* C'est à cette parole qu'ont obéi les trois cent dix-huit Pères réunis à Nicée, lorsqu'ils ont attribué à la sainte Eglise romaine la confirmation de tous les décrets et la suprême autorité : double droit que tous les évêques de Rome qui se sont succédé ont, avec la grâce de Dieu, continué d'exercer jusqu'à nos jours. » *Labb.*, t. IV.

ROME (Concile de), l'an 485 ou 486. Le savant Mansi croit que le même pape tint un second concile à Rome cette même année 485, ou du moins l'année suivante 486, et se fonde sur la lettre de ce pape aux archimandrites et aux autres moines répandus à Constantinople et dans la Bithynie. Il est dit dans cette lettre qu'on avait assemblé un concile à Rome pour condamner Tutus, défenseur de l'Eglise romaine, qui avait été envoyé à Constantinople pour y notifier la sentence contre Acace, et qui, après s'être bien acquitté d'abord de son devoir, avait eu la faiblesse de communiquer avec le patriarche déposé. Or, il n'est point parlé de cette condamnation de Tutus dans la lettre synodale du concile précédent, tenu à Rome le 5 octobre 485. Il faut donc que celui qui a condamné Tutus se soit tenu à la fin de la même année, ou l'année suivante 486. *Mansi, Suppl. tom.* X, col. 345.

ROME (Concile de), l'an 487 selon les collections ordinaires, ou 488 selon Mansi. Le saint pape Félix II assembla ce concile dans la basilique de Constantin, le 13 mars, sous le consulat de Boèce. Il s'y trouva quarante évêques d'Italie, y compris celui de Rome, quatre d'Afrique, envoyés peut-être de la part de leurs collègues, et soixante-seize prêtres, qui tous sont nommés dans les actes du concile. Le pape y marqua d'abord combien il était affligé de la désolation des Eglises d'Afrique, où non-seulement le simple peuple et les clercs inférieurs, mais des diacres, des prêtres et des évêques s'étaient laissé rebaptiser. Il y a apparence qu'il fit lire dans cette assemblée des mémoires qu'on lui avait communiqués sur toutes ces choses, et que le concile ayant réglé ce qu'il y avait à faire en cette rencontre, le pape en forma une lettre qu'il fit lire ensuite par le diacre Anastase. Elle est adressée à tous les évêques des différentes provinces, et contient le résultat du concile. Celle que nous avons est datée des ides de mars 488, sous le consulat de Dynamius et de Siphidius ; ce qui a fait conjecturer à D. Ceillier que le pape en envoya des copies originales en divers endroits, selon les besoins, et qu'il datait ces copies du temps où il les envoyait. Nous ne savons pas où le P. Richard a pu prendre qu'il est dit dans les actes du concile que l'ouverture s'en fit le dimanche : les actes du concile, tels qu'ils nous sont rapportés par le P. Labbe, commençant par ces mots : *Flavio Boetio V. C. consule sub die III Iduum Martiarum,* n'en disent rien (a).

Dans la lettre qui nous reste, le pape marque aux évêques que l'on doit appliquer à ceux qui sont tombés dans la persécution des remèdes qui conviennent à leurs plaies, de peur que, si l'on voulait les fermer avant le temps, non-seulement cela ne servît de rien à des personnes attaquées d'une peste mortelle, mais encore que les médecins ne se rendissent aussi coupables que les malades, pour avoir traité superficiellement un mal si pernicieux. Il veut d'abord que l'on distingue la personne et la condition des tombés qui demandent indulgence ; que l'on examine s'ils sont vraiment pénitents, s'ils ont une vraie douleur de s'être laissé rebaptiser, si leur volonté a eu part à ce crime, ou s'ils ne l'ont commis que par contrainte : parce que la condition de celui qui y a été forcé doit être différente de celui qui s'y est laissé aller volontairement, et que la faute de celui qui s'y est porté par l'appât du gain mérite une peine plus sévère. Il ordonne ensuite que, renonçant à tout respect humain et à toute fausse délicatesse, les pénitents embrassent les jeûnes, les gémissements et les autres pratiques salutaires, dans les temps où elles leur seront imposées, parce que la grâce est accordée aux humbles et non aux superbes. Puis entrant dans le détail des cas particuliers, il veut que les évêques, les prêtres et les diacres qui, soit de gré, soit de force, auront perdu la grâce de leur légitime baptême, soient soumis à la pénitence jusqu'à la mort, sans assister même aux prières, non-seulement des fidèles, mais encore des catéchumènes. Ce ne sera qu'à la mort qu'on pourra leur accorder, en les réconciliant, la communion laïque, après qu'un prêtre habile aura fait l'examen de leurs dispositions. Quant aux clercs, aux moines, aux vierges et aux séculiers qui, étant tombés sans y avoir été contraints, témoigneront un véritable désir de se relever, il veut que, conformément à la règle établie dans le concile de Nicée, ils passent trois ans dans le rang des catéchumènes, sept ans dans celui des prosternés ou pénitents, et deux ans admis aux prières avec les laïques, sans pouvoir néanmoins faire aucunes oblations. Il ajoute que, si les mêmes personnes sont tombées par la violence des tourments, on les admettra à la participation du sacrement par l'imposition des mains, après trois ans de pénitence.

A l'égard des enfants clercs ou laïques, le pape statue qu'ils seront tenus quelque temps sous l'imposition des mains, et qu'après cela on leur rendra la communion, de crainte qu'ils ne tombent dans de nouvelles fautes pendant le temps de leur pénitence ; mais que ni eux, ni aucun de ceux qui auront été baptisés ou rebaptisés hors de l'Eglise catholique, ne pourront jamais être admis au

---

(a) Il est vrai que le 3 des ides de mars tombait le dimanche en 488 ; mais la question est précisément de savoir si c'est en 488 que s'est tenu ce concile, et non pas plutôt en 487. Tant que cette question ne sera pas péremptoirement décidée, celle du jour de la semaine où s'est tenu le concile demeurera également indécise.

ministère ecclésiastique, et que ceux qu'on y aura élevés par surprise seront déposés; que les catéchumènes de l'Eglise qui auront reçu le baptême des ariens seront trois ans parmi les auditeurs, puis parmi les catéchumènes, avec lesquels ils auront permission de prier, jusqu'à ce qu'ils reçoivent avec eux la grâce de la communion catholique par l'imposition des mains. C'était un usage général dans l'Eglise catholique de donner l'eucharistie aux pénitents, lorsqu'ils la demandaient, en péril de mort. C'est pourquoi le pape ordonne que, si quelqu'un de ceux qui n'ont pas accompli le temps de leur pénitence se trouve à l'extrémité, on se rende à la demande qu'il en fera, et qu'il reçoive le viatique, soit du même évêque qui lui aura imposé la pénitence, soit de tout autre évêque ou même d'un simple prêtre, pourvu qu'on commence par s'assurer que cette personne a réellement été admise au nombre des pénitents. Le pape défend, au surplus, aux évêques et aux prêtres de recevoir dans leurs districts le pénitent d'un autre, sans l'attestation donnée par écrit de l'évêque ou du prêtre à la paroisse duquel il appartient, soit que ce pénitent avoue être lié, soit qu'il prétende être délié. Il dit en finissant que, s'il arrive quelque cas imprévu, on demandera la solution au saint-siége. On ne doit pas oublier que, d'après le concile de Nicée, le pape rappelle dans sa lettre que ceux qui avaient reçu la communion et qui revenaient en santé, n'en étaient pas moins tenus d'achever le temps prescrit de leur pénitence. *D. Ceillier*, *Hist. des aut. sacr.*, t. XV.

ROME (Concile de), l'an 494. Dans les collections des Conciles on en trouve un tenu à Rome sous le consulat d'Astérius et de Présidius, l'an 494, et composé de soixante-dix évêques. Il y est dit que ce fut avec eux que le pape Gélase dressa un catalogue des livres de l'Ancien et du Nouveau Testament, que la sainte et catholique Eglise romaine reçoit avec vénération. Mais il y a de la variété à cet égard dans quelques anciens exemplaires, qui attribuent ce catalogue non à un concile de Rome auquel Gélase avait présidé, mais à Gélase seul. Ils ne s'accordent pas non plus sur le contenu de ce catalogue, qui est plus nombreux dans quelques-uns, et moins dans d'autres; en sorte que l'on ne peut douter qu'on n'y ait ajouté. Mais ce qui le prouve encore mieux, c'est la contrariété qui se rencontre dans le jugement qu'on y porte de certains livres. En un endroit, on reçoit l'Histoire d'Eusèbe, à cause des choses importantes qu'elle renferme; en un autre, on la déclare apocryphe, sans aucune exception. On y cite la Chronique du comte Marcellin, qui ne fut rendue publique qu'après la mort de Gélase, et au plus tôt en 566. Je ne sais même si en 494, où l'on met l'époque de ce Catalogue, on pouvait dire du poëme pascal de Sédulius qu'il était en grande estime dans le monde, puisque ce ne fut qu'en cette année qu'Astérius le découvrit tout brouillé parmi les papiers de ce poëte chrétien, et qu'il en fit faire des copies bien nettes. Gennade, en parlant des ouvrages de Gélase, ne dit rien du décret touchant les livres apocryphes, et je ne crois point qu'il ait voulu le comprendre sous le terme général de *divers autres traités*, qu'il lui attribue. Quelques-uns l'ont donné à saint Léon sur l'autorité de Bardus, qui a écrit la Vie de saint Anselme de Lucques; mais outre que Bardus ne dit autre chose, sinon que ce saint rejeta de l'Office de l'Eglise les livres apocryphes, comme saint Léon l'avait ordonné, et qu'il ne permit pas qu'on lût dans l'Eglise d'autres ouvrages que ceux des Pères orthodoxes; quelle apparence d'attribuer à ce pape un écrit où il est parlé de lui comme mort? Il vaut mieux le laisser au pape Gélase, qui en est en possession depuis tant de siècles, et dire qu'on y a ajouté. Il est cité sous son nom dans un acte de l'abbaye de Saint-Riquier en 832, par Ansegise, abbé de Fontenelle, mort en 833; par saint Loup, abbé de Ferrières, et par Hincmar, qui écrivaient tous deux dans le neuvième siècle; enfin, par Gratien dans son décret. Le décret de Gélase contient premièrement le catalogue des livres canoniques de l'Ancien et du Nouveau Testament, semblable à celui du concile de Trente; si ce n'est que celui de Gélase ne compte qu'un livre des Machabées, au lieu que nous en comptons deux. Mais nos deux, dans la plupart des anciens exemplaires, n'en font qu'un. Du reste, il met au rang des divines Ecritures les livres de la Sagesse, de l'Ecclésiastique, de Job, de Tobie, de Judith, d'Esdras, l'Apocalypse de saint Jean, et les sept Epîtres canoniques. C'est sur les écrits des prophètes, des évangélistes et des apôtres, que l'Eglise catholique a été fondée. Mais quoique toutes les Eglises catholiques répandues dans toute la terre, ne fassent qu'une épouse de Jésus-Christ, néanmoins l'Eglise romaine a été préférée à toutes les autres, non par aucun décret de concile, mais par la parole de Notre-Seigneur Jésus-Christ, quand il a dit: *Tu es Pierre, et sur cette pierre je bâtirai mon Eglise.* A saint Pierre a été associé le bienheureux Paul, qui a souffert comme lui le martyre à Rome sous Néron le même jour, et non pas en un autre temps comme disent les hérétiques. C'est par leur mort glorieuse qu'ils ont l'un et l'autre consacré l'Eglise romaine à Jésus-Christ, et qu'ils lui ont donné, par leur présence et par le triomphe de leur martyre, la prééminence sur toutes les autres Eglises.

Ainsi le premier siége de l'apôtre saint Pierre est l'Eglise romaine, *qui n'a ni tache, ni ride, ni rien de semblable.* Le second siége a été établi à Alexandrie, au nom de saint Pierre, par Marc son disciple, envoyé en Egypte par cet apôtre: il y a prêché l'Evangile et fini sa vie par un glorieux martyre. Le troisième siége, établi à Antioche, porte aussi le nom de saint Pierre, parce qu'il y a demeuré avant de venir à Rome, et que c'est là que le nom de *chrétien* a commencé.

Quoique personne ne puisse poser d'autre

fondement que celui qui est posé, c'est-à-dire Jésus-Christ ; toutefois, pour notre édification, l'Eglise romaine, après les Ecritures de l'Ancien et du Nouveau Testament, reçoit aussi les quatre conciles de Nicée, de Constantinople, d'Ephèse et de Chalcédoine, et les autres conciles autorisés des Pères. Dans celui de Nicée, trois cent dix-huit évêques, par l'entremise du grand Constantin, condamnèrent l'hérétique Arius. Macédonius reçut la sentence de condamnation qu'il méritait, dans celui de Constantinople, sous Théodose l'Ancien. Le concile d'Ephèse, avec le consentement du bienheureux pape Célestin, et par le ministère de saint Cyrille et d'Arcade, députés de l'Italie, condamna Nestorius. Son hérésie, avec celle d'Eutychès, fut encore condamnée dans le concile de Chalcédoine, par les soins de l'empereur Marcien, et d'Anatolius, évêque de Constantinople.

Après cette déclaration, le concile de Rome marque en détail les ouvrages des Pères dont l'Eglise romaine admet l'autorité : de ce nombre sont les écrits de saint Cyprien, de saint Grégoire de Nazianze, de saint Basile de Cappadoce, de saint Anastase, de saint Cyrille, de saint Chrysostome, de Théophile d'Alexandrie, de saint Hilaire de Poitiers, de saint Ambroise, de saint Augustin, de saint Jérôme, de saint Prosper, la lettre de saint Léon à Flavien, sans en retrancher un seul mot ; les ouvrages de tous les autres Pères qui sont morts dans la communion de l'Eglise romaine ; les décrétales des papes et les actes des martyrs. Le concile ajoute, qu'encore que l'on ne doute point qu'il n'y en ait de véritables, l'ancienne coutume de l'Eglise romaine est de ne les point lire par précaution, parce que les noms de ceux qui les ont écrits sont entièrement inconnus, et qu'ils ont été altérés par des infidèles ou par des ignorants ; comme ceux de saint Cyrique, de sainte Julitte, de saint Georges, et de plusieurs autres composés par des hérétiques : que, pour éviter donc la moindre raillerie, on ne les lit point dans l'Eglise romaine, quoiqu'elle honore avec une entière dévotion tous les martyrs et leurs combats, plus connus de Dieu que des hommes. Mais le concile reçoit avec honneur les Vies des Pères, savoir de saint Paul, de saint Antoine, de saint Hilarion, et les autres écrites par saint Jérôme. Il permet la lecture des actes de saint Sylvestre, ceux de l'Invention de la Croix, et les nouvelles relations de l'Invention du chef de saint Jean-Baptiste ; mais avec la précaution que prescrit saint Paul aux Thessaloniciens : *Eprouvez tout, et approuvez ce qui est bon* (1 *Thess.* V, 22). Il permet encore de lire les ouvrages de Ruffin et d'Origène, pourvu qu'on ne s'écarte point du jugement qu'en a porté saint Jérôme ; et l'histoire d'Eusèbe de Césarée avec sa Chronique, à cause des faits importants que cette histoire contient ; mais le concile condamne les louanges que cet historien a données à Origène. Il approuve sans réserve l'Histoire d'Orose, et les poëmes de Sédulius et de Juvencus.

Le concile déclare ensuite que l'Eglise catholique ne reçoit point les livres composés par les hérétiques ou par les schismatiques. Il défend en particulier de lire les suivants : le Concile de Rimini assemblé par l'empereur Constance, l'Itinéraire de saint Pierre sous le nom de saint Clément, les Actes de saint André, de saint Thomas, de saint Pierre, de saint Philippe ; les Evangiles de saint Thadée, de saint Matthias, de saint Pierre, de saint Jacques, de saint Barnabé, de saint Thomas, de saint Barthélemi, de saint André ; ceux que Lucien et Hésychius avaient falsifiés ; le livre de l'Enfance du Sauveur ; le livre de la Nativité du Sauveur, de Marie et de la Sage-Femme ; le livre du Pasteur ; tous les livres de Leucius ; le livre intitulé : *Du Fondement*, un autre appelé *Le Trésor* ; le livre de la génération des filles d'Adam, les Centons de Jésus-Christ composés des vers de Virgile, les Actes de sainte Thècle et de l'apôtre saint Paul ; un livre appelé *Nepos*, un des Proverbes composé par les hérétiques sous le nom de Sixte ; les révélations de saint Paul, de saint Thomas, de saint Etienne ; le Passage ou l'assomption de sainte Marie ; la pénitence d'Adam, le livre d'Og le géant, qui portait qu'il avait combattu avec un serpent après le déluge ; le testament de Job, la pénitence d'Origène, de saint Cyprien, de Jannès et Mambrès ; les sorts des apôtres, l'éloge des apôtres, les canons des apôtres ; le Philosophique sous le nom de saint Ambroise. Aux livres apocryphes, le concile ajoute ceux qui ont été composés par quelques hérétiques, ou même par des catholiques, mais qui se sont écartés en quelque point des sentiments de l'Eglise catholique ; savoir Tertullien, Eusèbe de Césarée, Lactance, Africain, Posthumien, Gallus, Montan, Priscille, Maximille, Fauste le manichéen, Commodien, Clément d'Alexandrie, Tatien, Cyprien, Arnobe, Tychonius, Cassien, Victorin, Fauste de Riez, Frumentius l'aveugle. La lettre d'Abgare à Jésus-Christ et celle de Jésus-Christ à Abgare sont mises entre les apocryphes, de même que les actes du martyre de saint Cyrique, de sainte Julitte, de saint Georges, et le livre qu'on appelle *la Contradiction de Salomon*. Enfin, le concile condamne tous les caractères ou billets préservatifs qui portent le nom des Anges ; et en général tous les écrits des hérétiques et des schismatiques ou de leurs adhérents, dont il marque les noms, depuis Simon le Magicien jusqu'à Acace de Constantinople, et leur dit à tous anathème. Il est aisé de voir par la liste des ouvrages déclarés apocryphes dans ce concile, qu'ils ne sont pas tous condamnés à égal titre, et que quelques-uns ne le sont qu'à certains égards : par exemple, l'Histoire d'Eusèbe, à cause des louanges qu'il y donne à Origène ; les écrits de Clément d'Alexandrie, à cause des erreurs dont les hérétiques avaient rempli les livres des Hypotyposes ; ceux de Cassien, parce que, dans la treizième conférence, il favorise les semi-pélagiens; ceux de saint Cyprien, parce qu'il y prend la défense de la rebaptisation contre le pape saint Etienne.

Le P. Noël-Alexandre, suivi en ce point par le docte Mansi, est d'avis que ce décret, dit du pape Gélase, a en effet Gélase pour auteur, mais qu'il a été retouché depuis et confirmé tout à la fois par le pape Hormisdas. La raison que Mansi ajoute à celles du P. Alexandre pour le prouver, c'est que le catalogue des livres de l'Ancien et du Nouveau Testament ne se lit pas dans de très-anciens manuscrits. Le P. Alexandre fait observer de plus que deux anciens manuscrits, l'un de l'église d'Urgel cité par Baluze, et un autre cité par Chifflet, attribuent ce décret au pape Hormisdas, tandis qu'un autre manuscrit très-ancien emporté par Lanfranc en Angleterre, de l'abbaye du Bec, et conservé dans la bibliothèque du collège de la Trinité de Cambridge, le revendique au pape Gélase. Un autre ancien manuscrit de la collection de Denis le Petit, communiqué à Baluze par Luc Dacheri, fait remonter ce décret jusqu'au pape saint Damase, sous le nom duquel il est rapporté en partie par Baronius, à propos du concile de Rome tenu en 369. De tout cela il résulte que ce catalogue est un monument de la plus vénérable antiquité, et qui confond la témérité qu'ont eue les protestants de rejeter plusieurs livres de la Bible compris dans ce catalogue, aussi bien que dans celui qu'a donné le concile de Trente. Pour toutes ces raisons, il n'est pas nécessaire non plus de rapporter à l'an 496 le concile où le décret de Gélase a été dressé, comme a cru pouvoir le faire le P. Pagi, et après lui le P. Richard.

ROME (Concile de), l'an 495. Le pape Gélase tint un second concile à Rome, le treizième jour de mai de l'an 495, où se trouvèrent quarante-cinq évêques, qui sont tous nommés à la tête des actes du concile. Il s'y trouva aussi cinquante-huit prêtres, deux magistrats séculiers, Amandica et Diogénien, avec des diacres dont le nombre n'est pas marqué. Misène, l'un des évêques légats qui avaient trahi la cause de l'Eglise à Constantinople en 483, présenta une requête au concile, datée du huitième du même mois, mais adressée nommément au pape, à qui il demandait grâce en des termes très-soumis. Elle fut lue le même jour en plein concile; mais soit qu'on n'eût pas le loisir de l'examiner, soit qu'on eût renvoyé l'affaire à une seconde délibération, le pape, dans la séance du treize mai, fit relire la requête de Misène par le diacre Anastase. Il lui permit ensuite d'entrer lui-même. Misène se prosterna, et, demeurant à terre, il présenta une seconde requête datée du 13 mai, où il rejetait, condamnait, anathématisait l'hérésie et la personne d'Eutychès avec tous ses sectateurs, nommément Dioscore, Timothée Elure, les deux Pierre Foulon et Monge, et Acace avec tous leurs complices et ceux qui communiquaient avec eux. Après qu'on eut fait la lecture de cette seconde requête, Gélase demanda l'avis des évêques, qui, se levant avec les prêtres, le prièrent avec de grands cris d'user de la puissance que Dieu lui avait donnée, et d'accorder l'indulgence qu'on lui demandait. Les évêques et les prêtres s'étant rassis, le pape fit un assez long discours, où, après avoir montré que les Grecs qui voulaient que l'on pardonnât à Acace, même après sa mort, ne pourraient pas trouver mauvais qu'on eût accordé le pardon à Misène; il dit que le saint-siége, en le condamnant avec Vital, ne leur avait point ôté l'espérance du pardon; que Vital, qui avait été enlevé par une mort précipitée sans avoir pu être rétabli dans la communion, quelque effort qu'on eût fait pour le secourir, avait subi le jugement de Dieu; mais qu'on ne devait point différer de recevoir Misène tandis qu'il était encore en vie; et que son avis était qu'il rentrât dans la communion de l'Eglise et dans la dignité sacerdotale, puisqu'il avait dit anathème contre Eutychès, les deux Pierre et Acace. Les évêques et les prêtres se levèrent et confirmèrent par leurs acclamations ce que le pape avait dit, le reconnaissant pour vicaire de Jésus-Christ, et lui souhaitant les années de saint Pierre. Sixte, notaire de Rome, dressa, par ordre de Gélase, les actes de tout ce qui s'était fait dans ce concile. On les trouve dans Baronius, dans le quatrième tome de la Collection du P. Labbe, et ailleurs. Misène assista depuis, en qualité d'évêque de Cumes, à un concile de Rome, tenu en 499 sous le pontificat de Symmaque.

ROME (Concile de), l'an 499. Ce concile se tint le premier de mars après le consulat de Paulin, c'est-à-dire en 499, dans la basilique de Saint-Pierre. Le pape Symmaque, qui l'avait convoqué pour remédier aux émotions populaires, comme il s'en était fait à son ordination, y présida. Il s'y trouva soixante-douze évêques, soixante-sept prêtres et cinq diacres. L'archidiacre Fulgence ouvrit la séance, en priant le pape de régler avec les évêques assemblés ce qui regardait la sûreté et la paix de l'Eglise; et après quelques exclamations de la part des assistants, le pape exposa en peu de mots les motifs de la convocation du concile, et demanda que l'on prescrivît ce qui se devait observer dans l'ordination de l'évêque de Rome. Tous les évêques et les prêtres répondirent: « Nous prions qu'on le fasse, qu'on retranche les scandales, qu'on éteigne les brigues. » On fit donc trois canons ou règlements, que le pape fit lire par le notaire Emilien. Il est dit dans le premier que si quelque prêtre, diacre ou clerc, du vivant du pape et sans sa participation, est convaincu d'avoir donné ou promis son suffrage à quelqu'un pour la papauté, il sera déposé, soit qu'il ait promis son suffrage par billet ou par serment. La même peine est décernée contre ceux qui auraient délibéré sur le même sujet en quelques assemblées particulières. Outre la déposition, on les menace encore d'excommunication. Le second porte que, si le pape meurt subitement, sans avoir pu pourvoir à l'élection de son successeur, celui-là sera consacré évêque qui aura les suffrages de tout le clergé; et que, s'il arrive du partage dans les suffrages, on aura égard au plus grand nombre. Le troisième ordonne que lorsque quelqu'un découvrira les brigues que l'on aura faites, et en donnera des preuves, non-seulement il soit absous, s'il est complice, mais encore récompensé convenablement. Le pape souscrivit à ces décrets, et après lui tous les évêques, les prêtres et les diacres présents, l'archiprêtre Laurent à la tête des prêtres.

ROME (Concile de), l'an 500, tenu par le pape Symmaque, et où se trouvèrent cent quinze évêques. Baronius ne distingue point ce concile, non plus que le suivant, du concile de la Palme, tenu l'an 503, et il dit que ce furent seulement autant de sessions différentes du même concile. Sessions ou conciles, on y traita toujours le même objet, savoir, la justification du pape Symmaque. *Voyez* les articles suivants. *Mansi, Conc. t.* VIII. D. Ceillier regarde comme supposé le concile rapporté par Labbe comme par Mansi à l'an 500. « Anastase, dit-il, fait mention d'un concile de Rome sous Symmaque, où il dit que ce pape fut absous par cent quinze évêques, et Pierre d'Altino, nommé visiteur par Théodoric, condamné avec Laurent, compétiteur de Symmaque; mais Ennode n'en parle pas dans son Apologétique, ni Symmaque dans le sien. Auraient-ils oublié l'un et l'autre un jugement qui ne pouvait que fortifier leur cause? » *D. Ceillier*, *t.* X.

ROME (Concile de), l'an 501. Laurent, archiprêtre de l'Eglise romaine, avait été élu pape par la faction du patrice Festus, le même jour que Symmaque; mais les deux contendants s'étant rendus à Ravenne pour subir le jugement que le roi Théodoric porterait de leur élection, ce prince décida en faveur de Symmaque, parce qu'il avait été ordonné le premier, et qu'il avait pour lui le plus grand nombre des suffrages. Quelques années après, ceux du parti de Laurent formèrent contre le pape Symmaque des accusations atroces, et subornèrent à cet effet de faux témoins qu'ils envoyèrent au roi Théodoric : en même temps ils rappelèrent secrètement l'archiprêtre Laurent. On assembla un concile par l'autorité du roi, mais du consentement du pape Symmaque, pour juger des accusations formées contre lui. Les évêques de Ligurie, d'Emilie et de Vénétie passèrent à Ravenne en allant au concile. Le roi, à qui ils demandèrent le sujet de cette assemblée, leur répondit que c'était pour examiner les crimes dont le pape Symmaque était accusé. Les évêques dirent que c'était au pape lui-même à convoquer le concile; que le saint-siége avait ce droit, autant par sa primauté tirée de saint Pierre que par l'autorité des conciles, et que l'on ne trouvait aucun exemple qu'il eût été soumis au jugement de ses inférieurs. Théodoric dit que la convocation du concile s'était faite du consentement de Symmaque, et fit donner à ces évêques les lettres que le pape avait écrites sur ce sujet. Les évêques d'Italie arrivés à Rome ne crurent point devoir aller saluer le pape Symmaque, dans la crainte de se rendre suspects; mais ils firent toujours mémoire de lui au saint sacrifice, pour montrer qu'ils lui étaient unis de communion. La première séance du concile se tint dans la basilique de Jules, au mois de juillet de l'an 501. Les évêques, qui avaient passé par Ravenne, firent le récit de ce qu'ils avaient dit au roi. Ensuite, comme ils voulaient commencer à traiter l'affaire principale, le pape Symmaque témoigna sa reconnaissance envers le roi pour la convocation du concile, déclarant qu'il l'avait désiré lui-même. Alors les évêques n'eurent plus aucune peine sur ce sujet. Mais le pape témoigna qu'il espérait qu'avant toutes choses l'on ferait retirer le visiteur envoyé par le roi, et qui avait été demandé, contre les règles des anciens et contre la religion, par une partie du clergé et par quelques laïques, et qu'on lui restituerait tout ce qu'il avait perdu par les intrigues de ses ennemis; après quoi il répondrait aux accusations qu'il avaient formées contre lui, si on le jugeait à propos. La demande parut juste à la plus grande partie des évêques : néanmoins le concile n'osa rien ordonner sans avoir auparavant consulté le roi, à qui on envoya des députés à cet effet. Leur négligence à s'acquitter de leur commission fut cause que la réponse de Théodoric ne fut point favorable. Il exigea que Symmaque répondît à ses accusateurs avant la restitution de son patrimoine et des églises qu'on lui avait ôtées, et le pape ne voulut pas contester davantage sur ce point.

Le concile tint sa seconde séance le premier de septembre dans l'église de Sainte-Croix dite de Jérusalem, autrement la basilique du palais de Sessorius. Le roi avait marqué le jour dans sa lettre au concile. Quelques évêques furent d'avis de recevoir le libelle des accusateurs; mais on y remarqua deux défauts; l'un, qu'ils disaient que les crimes de Symmaque avaient été prouvés devant le roi, ce que le pape soutint être faux. En effet ce prince n'eût pas renvoyé la cause aux évêques comme entière, si l'accusé eût déjà été convaincu et qu'il ne se fût plus agi que de prononcer sa sentence. L'autre défaut était que les accusateurs prétendaient convaincre Symmaque par ses propres esclaves, et demandaient qu'il les livrât pour cet effet, ce qui était contraire aux lois civiles et aux canons de l'Eglise, qui défendaient de recevoir en jugement ceux à qui les lois civiles ne permettaient pas de former d'accusations contre personne. Pendant que l'on disputait sur ce qu'il y avait à faire, le pape venait du concile, suivi d'une grande foule de peuple de l'un et de l'autre sexe qui témoignait son affection par ses larmes. Mais il fut attaqué en chemin par une troupe de ses ennemis à coups de pierres, dont plusieurs prêtres qui l'accompagnaient furent blessés. On les aurait même tués sans trois officiers du roi, qui arrêtèrent ces schismatiques, et reconduisirent le pape à Saint-Pierre, d'où il était parti. Ces officiers étaient le comte Aligerne, Gudila et Bedulfe, maires de la maison du roi, qui avaient apporté au concile un ordre de finir cette affaire. Les évêques envoyèrent au roi une relation de ce qui s'était passé, où ils disaient: Nous avons envoyé au pape jusqu'à quatre fois des évêques, pour lui demander s'il voulait encore se présenter au jugement du concile. Il a répondu par eux que le désir de se justifier l'avait fait relâcher de son droit et de sa dignité ; mais qu'après un tel danger, où il avait pensé périr, le roi ferait ce qu'il lui plairait, que pour lui on ne pouvait le contraindre par les canons. Ils ajoutaient qu'ils ne pouvaient prononcer contre un absent, ni accuser de contumace celui qui avait voulu se présenter. Le roi Théodoric répondit, Dieu l'inspirant à cet effet, qu'il était au pouvoir du concile d'agir dans une affaire de si grande importance, comme il jugerait à propos ; que ce n'était point à lui de traiter les affaires ecclésiastiques, et qu'il laissait la liberté aux évêques d'examiner la cause de Symmaque ou de ne la point examiner, pourvu que, par la médiation du vénérable concile, la paix fût rétablie dans Rome. La relation des évêques au roi est sans date ; la réponse du roi est du premier jour d'octobre. Les évêques du concile, l'ayant reçue, envoyèrent des députés au sénat, pour lui déclarer que les causes de Dieu devaient être laissées au jugement de Dieu, à qui rien n'est caché, principalement dans le cas présent, où il s'agissait du successeur de saint Pierre ; que presque tout le peuple communiquait avec Symmaque, et qu'il était besoin de remédier promptement au mal que pouvait causer la division. Ils firent plusieurs fois de semblables remontrances au sénat, l'exhortant à se rendre, comme il convenait à des enfants de l'Eglise, à ce qui avait été fait dans le concile, selon l'inspiration de Dieu.

Dans la troisième et dernière séance, qui fut tenue le 23 d'octobre, le concile, après avoir rapporté tout ce qui s'était passé tant à Ravenne entre les évêques d'Italie et le roi Théodoric, qu'à Rome dans les basiliques de Jules et de Sainte-Croix, prononça la sentence en ces termes : « Nous déclarons le pape Symmaque du siége apostolique, déchargé, quant aux hommes, des accusations formées contre lui, laissant le tout au jugement de Dieu. Nous ordonnons qu'il puisse administrer les divins mystères dans toutes les églises qui sont du ressort de son siége. Nous lui rendons, en vertu des ordres du prince qui nous en donne le pouvoir, tout ce qui appartient à son Eglise, soit au dedans soit au dehors de Rome (c'est-à-dire le temporel que les schismatiques avaient usurpé). Nous exhortons tous les fidèles à recevoir de lui la sainte communion, sous peine d'en rendre compte au jugement de Dieu. Quant aux clercs du même pape qui se sont séparés de lui il y a un certain temps, contre les règles, et ont fait schisme, nous ordonnons qu'en lui faisant satisfaction, ils obtiennent le pardon, et soient rétablis dans les fonctions du ministère ecclésiastique. Mais quiconque des clercs après ce jugement osera célébrer des messes en quelqu'un des lieux consacrés à Dieu de l'Eglise romaine, sans le consentement du pape Symmaque, tant que ce pape vivra, sera puni canoniquement comme schismatique. » Cette sentence fut souscrite par soixante-seize évêques, dont les deux premiers sont Laurent de Milan et Pierre de Ravenne. Cette dernière session, que l'on compte quelquefois pour la quatrième, en mettant pour la première l'entrevue des évêques d'Italie à Ravenne avec le roi Théodoric, est appelée *le synode de la Palme,* tenu sous le pape Symmaque en 503, peut-être à cause du lieu où elle fut tenue.

ROME (Concile de), l'an 502. Sous le consulat d'Aviénus le jeune, le six novembre, il se tint un autre concile à Rome dans la basilique de Saint-Pierre, où le pape Symmaque présida. Il s'y trouva quatre-vingts évêques, trente-sept prêtres et quatre diacres, dont l'un était Hormisdas qui fut depuis pape. On y examina un statut fait sous le pontificat de saint Simplice par Basile, préfet du prétoire, qui représentait aussi Odoacre roi d'Italie. Ce statut portait que l'on n'élirait point d'évêque de Rome sans le consentement et la participation du roi d'Italie ; qu'il serait défendu, sous peine d'anathème, aux évêques de Rome de rien aliéner des biens de l'Eglise ; et qu'en cas qu'il fût fait quelque aliénation, elle serait de nulle valeur ; que les meubles précieux et les ornements superflus des églises seraient vendus, et que le prix en serait distribué aux pauvres. Le pape Symmaque, après avoir remercié les évêques du concile de ce qu'ils voulaient tirer avantage du statut dont nous venons de parler, sous prétexte de la conservation des biens de l'Eglise, ordonna qu'on fît la lecture du statut fait sous le roi Odoacre en 483. Le diacre Hormisdas le lut : après quoi Laurent, évêque de Milan, qui tenait la première place après le pape, dit que cet écrit n'avait pu obliger aucun évêque de Rome, parce qu'un laïque n'avait pas eu le pouvoir d'ordonner quelque chose dans l'Eglise, où il doit plutôt obéir que commander ; vu principalement que le pape n'avait point souscrit à ce statut, pas plus qu'aucun métropolitain. Pierre, évêque de Ravenne, ajouta que ce décret étant, contre les canons, fait par un laïque et en l'absence de l'évêque du siége apostolique, il ne pouvait avoir aucune vigueur. Eulalius de Syracuse dit qu'il n'était pas permis aux personnes laïques, quoique de piété, de disposer en aucune manière des biens ecclésiastiques , les canons ne leur donnant aucun pouvoir à cet égard ; et que si les évêques, dans le concile même de la province, ne pouvaient rien sans l'autorité du métropolitain, à plus forte raison les évêques qui avaient consenti au statut fait par le patrice Basile, ne l'avaient-ils pu faire au préjudice du pape, le saint-siège étant vacant, lui qui, par une prérogative qui lui est accordée par les mérites de saint Pierre, a la primauté dans toutes les Eglises du monde, et qui a coutume de donner de l'autorité aux statuts synodaux. Tous les autres évêques étant d'avis que le statut de Basile ne méritait aucun égard, le pape Symmaque, pour pourvoir aux abus que ce statut avait prétendu réformer, arrêta qu'il ne serait permis à aucun pape d'aliéner à perpétuité, ni d'échanger aucun héritage de la campagne, de quelque étendue qu'il fût, ni de le donner en usufruit, si ce n'était aux clercs, aux captifs et aux étrangers ; que les maisons des villes qui ne pourraient être entretenues qu'à grands frais pourraient être laissées à bail portant rente; que les prêtres des titres de la ville de Rome seraient tenus à la même loi, de même que tous les autres clercs : celui qui ne tient que le second rang dans l'Eglise ne sera pas exempt d'une loi à laquelle le souverain pontife s'était astreint lui-même par la charité de Jésus-Christ. La peine portée contre ceux qui vendraient ou aliéneraient ou donneraient les biens de l'Eglise, est la déposition ; mais on frappe d'anathème ceux qui recevraient la chose aliénée, de même que ceux qui souscriraient au contrat d'aliénation ou de donation. Le concile permet à tout ecclésiastique de répéter les choses aliénées avec les fruits ; mais il déclare que cette ordonnance n'est que pour le saint-siège, laissant à chaque évêque dans les provinces la faculté de suivre, selon sa conscience, la coutume de son Eglise.

ROME (Concile de), l'an 503. Après le consulat d'Aviénus, c'est-à-dire en 503, sous le règne de Théodoric, le pape Symmaque tint encore un concile à Rome, où il se trouva deux cent dix-huit évêques, selon qu'il paraît par les souscriptions. Mais on croit qu'il y a lieu de les suspecter, et que la plupart y ont été ajoutées, ou qu'elles appartiennent à quelques autres conciles, parce qu'on y trouve plusieurs évêques qui, cinquante-deux ans auparavant, avaient assisté au concile de Chalcédoine, et dont il n'est plus fait mention dans l'histoire dix ans après la tenue de ce concile. Les évêques étant assis devant la confession de saint Pierre, le pape ordonna que l'on produisît l'écrit composé par Ennode contre ceux qui avaient osé attaquer la session du concile de Rome tenu à la Palme, et qu'on en fît lecture en présence de l'assemblée. Nous avons encore cette apologie. Ennode la composa pour répondre à un écrit publié par les schismatiques sous ce titre : *Contre le synode de l'absolution irrégulière.*

Les schismatiques alléguaient un grand nombre de raisons pour combattre l'autorité du concile de la Palme, où le pape Symmaque avait été déclaré innocent. Ils disaient en premier lieu que le roi Théodoric n'avait pas fait venir à ce concile tous les évêques, et que ceux qui y étaient venus n'avaient pas tous consenti à l'absolution de ce pape ; que l'on en avait exclu ses accusateurs, qu'on avait refusé de les entendre, et que ceux qui s'étaient trouvés à ce synode étaient convenus qu'ils étaient vieux et imbéciles. Ennode répond qu'il avait été inutile de convoquer tous les évêques à cette assemblée, et qu'il n'était pas vrai que ceux qui ne s'y étaient point rendus fussent ennemis du pape Symmaque ; qu'il était ridicule de faire passer pour des insensés ceux qui avaient dit qu'ils étaient faibles de corps ; que la ville de Rome pouvait rendre témoignage que tous les évêques du concile n'étaient ni tous vieux, ni malades ; et que si l'on avait refusé d'entendre les accusateurs de Symmaque, c'est que les personnes que l'on avait produites étaient incapables, suivant les canons, d'être ouïes en témoignage contre des évêques. Les schismatiques objectaient ensuite que les évêques du concile n'avaient pas suivi l'intention du roi, et qu'ils s'étaient rendus coupables d'une espèce de sacrilége, en lui contestant le droit de convoquer les conciles, pour l'attribuer au pape Symmaque. Ennode répond que les évêques n'avaient en cela rien fait que de légitime ; qu'ils avaient eu raison de remontrer au roi que c'était non pas à lui, mais au pape, à convoquer le concile, parce qu'en effet il en avait le droit, et que Théodoric l'avait reconnu, en demandant au pape son consentement pour la convocation du concile. Leur troisième objection était, qu'en disant que le pape ne pouvait être jugé, on semblait dire que saint Pierre et ses successeurs avaient reçu de Dieu, avec les prérogatives de leur siége, la licence de pécher. Ennode nie cette conséquence et dit, en parlant de saint Pierre : « Il a transmis à ses successeurs un avantage ou une espèce de dot perpétuelle de mérites avec l'héritage de l'innocence : ce qui lui a été accordé pour la gloire de ses actions s'étend à ceux dont la vie ne brille pas moins. Car qui peut douter que celui-là ne soit saint, qui est élevé à une si haute dignité ? S'il manque des avantages acquis par son mérite, ceux de son prédécesseur lui suffisent. Jésus-Christ élève des hommes illustres à cette place si éminente, ou rend illustres ceux qu'il y élève : lui sur qui l'Eglise est appuyée, prévoit ce qui est propre à lui servir de fondement. » S'il n'était pas permis d'entendre l'accusé, et si le pape ne pouvait être jugé par ses inférieurs, il était inutile, disaient les schismatiques, d'aller consulter le roi sur cette affaire et d'assembler un concile ; les évêques mêmes ne devaient citer le pape, ni faire venir ses accusateurs, et le pape devait s'abstenir de se présenter et d'approuver la convocation de cette assemblée, comme il avait fait. « Du moins, ajoutaient-ils, après s'être présenté de lui-même pour être jugé, devait-il se présenter de nouveau lorsqu'il fut cité jusqu'à quatre fois ? Pouvait-on l'absoudre sans qu'il eût répondu aux accusations intentées contre lui ? » Ennode répond que le pape s'y était présenté par humilité ; qu'il ne s'était absenté de l'assemblée que parce qu'il en avait été empêché par les violences de ses ennemis, qui, dans le temps qu'il venait au concile pour s'y justifier, l'avaient attaqué en lui jetant une grêle de pierres, dont plusieurs des prêtres qui l'accompagnaient furent blessés ; qu'au reste il était tellement disposé à répondre aux accusations intentées contre lui, que, quoiqu'il eût demandé au concile que le visiteur envoyé par le roi se retirât, et qu'on lui restituât tous les biens dont on l'avait dépouillé, et qu'après cela il répondrait à ses accusateurs, sachant néanmoins que la volonté du roi était qu'il se justifiât avant la restitution de ses biens, il ne s'y opposa point, par un sentiment d'humilité. « Si le pape Symmaque n'eût pas été coupable des crimes dont on l'accusait, pourquoi, disaient les schismatiques, les évêques Laurent de Milan et Pierre de Ravenne, étant arrivés à Rome, s'abstinrent-ils de le voir ? » Ennode répond qu'ils n'en agirent ainsi que pour ne pas se rendre suspects ; mais qu'ils firent toujours mention de Symmaque au saint sacrifice, pour montrer qu'ils étaient dans sa communion. Ils insistaient encore, et disaient que le concile avait avancé une fausse proposition, en soutenant que les conciles devaient être assemblés par le pape : parce que si cela était, les conciles provinciaux qui se tiennent tous les ans n'auraient aucune force, la convocation s'en faisant sans que le pape y ait part. Ennode ne prétend point que les conciles provinciaux dussent être convoqués par l'autorité ou avec la participation du pape ; mais il soutient que dans les causes majeures on a toujours eu recours au saint-siége : il cite sur cela le troisième canon du concile de Sardique, où il est dit qu'un évêque déposé dans un concile provincial pourra en appeler au pape, qui sera en droit de donner des juges, s'il trouve à propos de renouveler le jugement. « Pourquoi, objectaient les schismatiques, le pape Symmaque a-t-il refusé de recevoir un évêque visiteur, comme il en donnait lui-même aux autres églises ? N'a-t-il pas, en cela, contrevenu aux règles ecclésiastiques ? » Ennode nie que Symmaque ait rien fait, par ce refus, contre les lois de l'Eglise, et soutient que, comme il est libre à un législateur de s'astreindre ou non à la rigueur de ses propres lois, ce pape a pu donner des visiteurs aux autres évêques sans en recevoir lui-même. Il ajoute que Dieu a voulu peut-être terminer par des hommes les causes des autres hommes ; mais qu'il a réservé à son jugement l'évêque de ce siége, et que les successeurs de saint Pierre n'ont à prouver leur innocence qu'au ciel, devant celui qui peut en connaître parfaitement. « Si vous dites, continue-t-il, que toutes les âmes sont sujettes également à ce jugement, je répondrai qu'il a été dit à un seul : *Tu es Pierre, et sur cette pierre je bâtirai mon Eglise.* » Il allègue encore, pour marquer la dignité des évêques de Rome, et pour montrer que tous les fidèles doivent leur être soumis, comme au chef du corps de l'Eglise, ces paroles du prophète Isaïe: *Dans le jour de l'affliction à qui aurez-vous recours, et où laisserez-vous votre gloire* (*Isaï.* X, 3) ? Il ne s'arrête point aux autres objections des schismatiques mais il introduit saint Pierre pour les exhorter à cesser leurs poursuites contre Symmaque, et à rentrer dans la concorde et la paix, les assurant que l'Eglise est toute prête à leur ouvrir son sein. Il rappelle les maux que l'Eglise romaine avait soufferts du schisme qui s'était élevé en elle après la mort du pape Zosime, par l'élection de deux contendants au pontificat; savoir, Eulalius et Boniface. Il fait aussi parler saint Paul, et rapporte plusieurs endroits de l'Epître aux Romains, qui défend de juger personne, surtout les élus de Dieu. Enfin il fait intercéder la ville de Rome, la maîtresse du monde et leur patrie, en faveur de Symmaque et pour la paix de l'Eglise. Il remarque en passant que, de son temps, les consuls, en commençant les fonctions de leurs emplois, avaient coutume de faire de grandes largesses aux pauvres, et qu'en cela leurs libéralités étaient plus louables que celles des anciens consuls qui, lorsqu'ils paraissaient en public, faisaient jeter de l'argent au peuple, coutume qui fut abolie par Marcien.

Après que l'on eut achevé la lecture de l'écrit d'Ennode dans le concile de Rome, les évêques l'approuvèrent d'une voix unanime, et dirent qu'il devait être reçu de tout le monde, et transmis à la postérité parmi les actes du concile, comme ayant été composé et confirmé par son autorité. Le pape Symmaque, de l'avis de tous, ordonna qu'il fût mis au nombre des décrets apostoliques. Après quoi les évêques demandèrent à haute voix, tous sans exception, de même que les prêtres qui étaient présents, que l'on condamnât ceux qui avaient accusé le pape, et parlé ou écrit contre le concile. Mais le pape demanda, au contraire, que ses persécuteurs fussent traités avec plus de douceur, déclarant qu'il leur pardonnait. Néanmoins, pour prévenir de semblables accusations, il voulut que l'on renouvelât les anciens canons, qui défendent aux ouailles d'accuser leur pasteur, si ce n'est quand il erre contre la foi, ou qu'il leur a fait tort en particulier, parce qu'encore que l'on croie les actions des pasteurs répréhensibles, on ne doit pas en mal parler. Il demanda de plus qu'il fût statué que l'évêque dépouillé de son bien ou chassé de son siége serait réintégré, et que toutes choses seraient rétablies en leur entier avant qu'il pût être appelé en jugement. Le concile confirma tous ces statuts, voulant qu'ils fussent observés sous peine de déposition pour les clercs, et de privation de la communion pour les moines et les laïques, avec menace d'être frappé d'anathème en cas d'incorrigibilité; ce qui fait voir que l'excommunication était une moindre peine que l'anathème. Ennode marque assez clairement que le pape Symmaque avait été accusé d'adultère par les schismatiques; et l'on croit que cette calomnie lui donna occasion de faire une ordonnance, qui porte que les évêques, les prêtres et les diacres seront obligés d'avoir toujours auprès d'eux une personne de probité reconnue pour témoin de leurs actions, et que ceux qui n'auront point assez de bien pour entretenir une personne de cette sorte, serviront de compagnons à d'autres, afin que la vie des clercs soit à couvert non-seulement du mal, mais du soupçon. Ces compagnons s'appelaient syncelles. Ce qui arriva à Symmaque était arrivé à Sixte III, qui, environ soixante et dix ans auparavant, fut accusé d'un crime d'impureté par Bassus, qui avait été consul. Mais ces deux papes se lavèrent l'un et l'autre d'une tache si infâme dans les conciles, au jugement desquels ils avaient bien voulu se soumettre.

ROME (Concile de), l'an 504. Le dernier concile de Rome sous le pontificat de Symmaque, se tint le 1er octobre de l'an 504, dans l'église de Saint-Pierre. Le pape, qui l'avait convoqué, en exposa le motif aux évêques assemblés. C'était de remédier aux maux que les églises souffraient de la part de ceux qui s'emparaient des biens temporels, soit meubles, soit immeubles, que les fidèles avaient donnés ou laissés par testament aux églises pour la rémission de leurs péchés, et pour acquérir la vie éternelle. Les conciles précédents avaient déjà fait divers règlements sur ce sujet; mais le pape Symmaque, de l'avis des évêques, crut qu'il fallait les renouveler, pour tâcher de déraciner les abus qui se multipliaient par l'invasion des biens de l'Eglise. Il fut donc résolu de traiter comme des hérétiques manifestes les usurpateurs de ces biens, et de les anathématiser, s'ils refusaient de les restituer; et on défendit de les admettre à la communion de l'Eglise, jusqu'à ce qu'ils eussent satisfait par une entière restitution. Le concile rapporte deux décrets de celui de Gangres qui défend, sous peine d'anathème, de recevoir ou de donner, à l'insu de l'évêque ou de l'administrateur des biens de l'Eglise, les oblations des fidèles. Après quoi il décide que c'est donc un grand sacrilége à ceux à qui il conviendrait de veiller à la conservation des biens de l'Eglise, c'est-à-dire, aux chrétiens qui craignent Dieu, et principalement aux princes et aux premiers des provinces, de lui ôter ce que les fidèles lui ont donné pour la rémission de leurs péchés et leur salut ou le repos de leur âme; et de convertir ces oblations en d'autres usages, ou d'en accorder la possession à des étrangers, au préjudice de l'Eglise. C'est pourquoi, ajoute le concile, quiconque demandera, ou recevra, ou possédera, ou retiendra, ou contestera injustement les fonds de terre donnés ou laissés à l'Eglise, s'il ne les restitue au plus tôt, qu'il soit frappé d'anathème. Le concile prononça la même sentence contre ceux qui se seraient mis en possession des biens de l'Eglise, sous prétexte qu'ils leur auraient été donnés par la libéralité ou par l'ordre des princes ou des puissants du siècle, ou parce qu'ils les auraient envahis eux-mêmes, ou retenus par une puissance tyrannique. Il leur défend, sous la même peine, de laisser ces biens à leurs enfants ou à leurs héritiers, par forme de succession, s'ils ne restituent au plus tôt les choses de Dieu, après en avoir été avertis par l'évêque. Cent quatre évêques souscrivirent à ce concile; mais il s'en trouve un plus grand nombre dans Justel que dans Labbe, qui remarque qu'il y a une si grande altération dans les souscriptions, soit par rapport aux noms des évêques, soit par rapport à ceux de leurs Eglises, qu'il est presque impossible de les rétablir. *D. Ceill., t.* XV.

ROME (Concile de), l'an 519. Le pape Hormisdas ayant reçu d'Orient des lettres de l'empereur Justin, celle de Jean, patriarche de Constantinople, et une troisième du comte Justinien, qui assuraient que les Orientaux recevaient les quatre conciles généraux, et que le nom de saint Léon et celui d'Hormisdas avaient été mis dans les diptyques, ce pape assembla un concile à Rome, au commencement de l'an 519. Ce concile décida que tout ce qui avait été fait dans celui de Constantinople, pour la confirmation du concile de Chalcédoine, et contre Sévère, faux évêque d'Antioche, et les autres eutychiens, aurait lieu, mais que ce que le même concile avait ordonné pour le rétablissement des noms d'Euphémius et de Macédonius dans les diptyques serait nul, parce que ces deux évêques avaient communiqué avec Acace. Le concile de Rome régla ensuite que l'on recevrait à la communion du siége apostolique les églises d'Orient, si elles condamnaient le schismatique Acace, en ôtant son nom des tables sacrées, de même que ceux d'Euphémius et de Macédonius. Et pour l'exécution de ce décret, le pape envoya cinq légats en Orient, Germain et Jean, évêques, Blandus, prêtre, Félix et Dioscore, diacres, avec un formulaire qu'ils devaient faire signer à tous ceux qui voudraient se réunir à l'Eglise romaine. Il était conçu en ces termes : Le commencement du salut est de garder la règle de la foi et de ne s'écarter en rien de la tradition des Pères ; et parce que Jésus Christ a dit : *Tu es Pierre*, etc., et qu'il est impossible que ses promesses ne s'accomplissent pas, la doctrine catholique s'est toujours conservée inviolable et sans altération dans le siége apostolique. C'est pourquoi, ne voulant pas déchoir de cette foi, j'anathématise tous les hérétiques, principalement Nestorius, Eutychès, etc., et me conformant aux décisions du Siége apostolique, j'espère obtenir d'être admis dans sa communion. Je promets de ne point réciter dans le saint sacrifice les noms de ceux qui sont séparés de l'Eglise catholique et de la communion du saint-siége. Que si je viens à m'écarter de la profession que je viens de faire, je me trouverai associé par mon propre jugement au nombre de ceux que je viens de condamner. J'ai souscrit de ma main cette déclaration pour l'envoyer au saint pape de Rome. » Outre les hérétiques et leurs fauteurs nommément désignés dans ce formulaire, et parmi lesquels se trouvait en particulier Acace, l'anathème comprenait aussi en général tous leurs sectateurs. La réunion se fit entre l'Eglise d'Occident et celle d'Orient à ces conditions, si glorieuses pour le siége de Rome.

ROME (Conciles de), l'an 530. Le pape Félix étant mort le 12 octobre 529, on élut pour lui succéder Boniface II. Un parti opposé élut en même temps un nommé Dioscore, ce qui causa un schisme, mais qui ne dura que près d'un mois, Dioscore étant mort le 12 novembre de la même année. Boniface se voyant paisible possesseur, assembla un concile dans la basilique de Saint-Pierre, où il fit signer aux évêques un décret qui l'autorisait à se choisir son successeur. Il nomma le diacre Vigile, que les évêques du concile promirent par serment de reconnaître. Le pape s'apercevant qu'il avait contrevenu en cela aux saints canons, et blessé la dignité de son siége, assembla un autre concile, où il fit casser le décret du premier et le brûla en présence de tous les évêques, du clergé et du sénat. *D. Ceillier, Hist. des aut. sacr. et eccl., t.* XVI.

ROME (Concile de), le 7 décembre 531. Etienne ayant appelé au saint-siége de la sentence rendue contre lui par les évêques assemblés à Constantinople, le pape Boniface II tint un concile dans le consistoire de Saint-André pour juger cette affaire. Il s'y trouva quatre évêques, quarante prêtres et quatre diacres, parmi lesquels on distingue Abundantius de Démétriade en Thessalie, Mercure, prêtre, et Agapit, diacre ; ces deux derniers appartenaient à l'Eglise de Rome ; ils devinrent depuis papes.

*I*re *Session*, 7 décembre. Le concile étant assemblé, Théodose, évêque d'Echine en Thessalie, fut introduit dans le concile, et présenta deux requêtes de la part du métropolitain de Larisse. Elles rapportaient ce qui a été dit aux articles LARISSE et CONSTANTINOPLE, l'an 530 ou 531. Après la lecture de ces requêtes, le pape ordonna qu'elles seraient enregistrées dans les annales ecclésiastiques. Ainsi finit la première session.

*II*e *Session*, 9 décembre. Théodose d'Echine présenta une troisième requête au nom d'Elpide, d'Etienne et de Timothée, tous trois évêques de Thessalie, qui se plaignaient de la sentence rendue contre leur métropolitain, au préjudice de la juridiction du saint-siége, dont ils imploraient le secours. Après la lecture de cette requête, Théodose ajouta : « Vous voyez par la lecture de ces requêtes ce qui a été fait contre les canons et les décrets de vos prédécesseurs ; car il est certain que le saint-siége, outre qu'il jouit de la primauté sur toutes les Eglises, a de plus un droit particulier sur celles d'Illyrie. Quoique vous connaissiez les lettres de tous vos prédécesseurs, je produis les copies de quelques-unes que je vous prie de vérifier sur vos archives. Le pape fit ensuite lire les lettres des souverains pontifes qui avaient institué des légats en Illyrie, et d'autres pièces constatant que cette province avait toujours fait partie du patriarcat d'Occident. Il y en avait deux du pape Damase à Ascole de Thessalonique ; une de Sirice à Anysius ; deux d'Innocent, l'une à Anysius, et l'autre à Rufus ; cinq de Boniface, trois à Rufus, et deux aux évêques de Thessalie ; une lettre d'Honorius à Théodose le Jeune, avec la réponse de ce prince ; une de saint Célestin aux évêques d'Illyrie ; quatre de Sixte III, l'une à Périgène contre un concile de Thessalonique, la troisième à Proculus, et la quatrième à tous les évêques d'Illyrie ; une lettre de l'empereur Marcien au pape saint Léon, sur la dignité de l'Eglise de Constantinople, et sept lettres de saint Léon à ce prince, à Anatolius de Constantinople et à divers évêques d'Illyrie et d'Achaïe. On en lut un plus grand nombre d'autres que nous ne connaissons pas, parce que les actes de ce concile de Rome ne sont point venus entiers jusqu'à nous.

Nous n'avons plus le jugement du pape Boniface II sur l'affaire du métropolitain de Larisse ; mais nous savons que l'évêque de Constantinople, soutenu par l'empereur Justinien, persista longtemps encore à maintenir son jugement contre l'évêque Etienne.

ROME (Concile de), l'an 534. On approuva dans ce concile, tenu sous le pape Jean II, la proposition : *Unus de Trinitate passus est carne*; et les moines acémètes, qui la combattaient, y furent condamnés. Il est vrai que la même proposition avait été précédemment proscrite par le pape Hormisdas ; mais c'est que des moines de Scythie avaient voulu en abuser en la faisant ajouter au texte des décrets du concile de Chalcédoine, comme si ce concile ne s'était pas assez bien expliqué lui-même. Les moines acémètes, qui étaient nestoriens, se prévalant à leur tour de cette condamnation pour en inférer que la personne qui avait souffert n'était donc pas une personne de la sainte Trinité, le concile prit alors la défense d'une proposition qui n'avait été jugée condamnable que par l'abus que d'autres téméraires en avaient fait. *Labb., t.* IV.

ROME (Concile de), l'an 589. Le pape Pélage II y satisfit à la consultation que lui avaient adressée les évêques de Gaule et de Germanie, sur le nombre de préfaces qu'il fallait admettre. Le pape répondit à leur lettre que l'Eglise romaine n'en reconnaissait que neuf, savoir : les préfaces de Pâques, de l'Ascension, de la Pentecôte, de Noël, de l'Epiphanie, de la Croix, de la Trinité, des Apôtres et du Carême. Pagi croit ce concile supposé, aussi bien que la lettre du pape aux évêques de Gaule et de Germanie, qui en serait l'unique monument, tant parce que le style de cette lettre ressemble assez à celui du faux Isidore, que parce que le nombre des préfaces était loin d'être aussi restreint à cette époque, où il égalait presque celui des offices. C'est aussi le sentiment du cardinal Bona. *Mansi, Conc. t.* IX.

ROME (Concile de), l'an 590. Ce concile se tint au mois de décembre. Le pape saint Grégoire y présida, et cita Sévère, patriarche d'Aquilée, à venir rendre compte de la rétractation qu'il avait faite de sa signature pour la condamnation des trois chapitres,

Mais cet évêque schismatique refusa d'obéir à la citation : c'est pourquoi il fut déposé et finit misérablement. *Labb.* V; *Mansi, Suppl.* t. I.

ROME (Concile de), février 591. Ce fut dans ce concile que le pape saint Grégoire le Grand écrivit une longue lettre synodale aux quatre patriarches. Il y fait sa profession de foi, selon la coutume, et déclare qu'il reçoit et révère les quatre conciles généraux comme les quatre Evangiles. « Je porte, ajoute-t-il, le même respect au cinquième, où la prétendue lettre d'Ibas a été condamnée, Théodore convaincu de diviser la personne du Médiateur, et les écrits de Théodoret contre saint Cyrille réprouvés. Je rejette toutes les personnes que ces vénérables conciles rejettent, et reçois toutes celles qu'ils honorent, parce que leurs décisions s'appuyant sur le consentement de l'Eglise universelle, celui-là se perd sans leur nuire, qui ose lier ceux qu'ils délient, ou délier ceux qu'ils lient. » Une copie de cette circulaire fut aussi adressée au patriarche Anastase, chassé du siége d'Antioche, et le pape écrivit même à l'empereur que, si l'on ne voulait pas permettre à l'évêque de retourner à son Eglise, on l'envoyât du moins à Rome avec le droit du pallium.

ROME (Concile de), l'an 595. Saint Grégoire, pape, tint ce concile le 5 de juillet, devant le corps de saint Pierre. Il s'y trouva vingt-deux évêques, non compris ce saint pape, qui y présidait, et trente-trois prêtres, qui étaient assis de même que les évêques; les diacres se tenaient debout avec le reste du clergé. On y fit six canons, proposés par saint Grégoire, et approuvés de tous les évêques, qui répétèrent l'anathème que le pape prononçait contre tous ceux qui y contreviendraient.

Le 1er porte qu'à l'avenir les ministres du saint autel ne chanteront point; qu'ils liront seulement l'Evangile à la messe, et que les sous-diacres, ou, s'il est besoin, les moindres clercs, chanteront les psaumes et feront les autres lectures.

Ce qui donna lieu à ce canon fut un abus passé en coutume dans l'Eglise romaine, qui consistait à prendre des chantres pour les ordonner diacres et à les laisser continuer de chanter, au lieu de les appliquer à la prédication et à la distribution des aumônes.

Le 2e ordonne que des clercs, ou même des moines choisis, suffisent pour le service de la chambre de l'évêque, afin qu'il ait des témoins secrets de sa vie, qui puissent profiter de ses exemples.

Ce règlement fut dressé à l'occasion d'un autre abus : c'est que les évêques qui demeuraient à Rome employaient des valets séculiers pour les services secrets de leur chambre, en sorte que ceux-ci connaissaient la vie intérieure de l'évêque, tandis que les clercs l'ignoraient.

Le 3e défend aux recteurs du patrimoine de l'Eglise de mettre des panonceaux aux terres et aux maisons de sa dépendance, comme faisaient les officiers du fisc, et d'employer les voies de fait pour défendre le bien des pauvres.

Le 4e défend de continuer la coutume qui s'était introduite parmi le peuple, de couvrir de dalmatiques les corps des papes que l'on portait en terre. C'est que le peuple se partageait ces dalmatiques et les gardait comme des reliques.

Le 5e défend de rien prendre pour les ordinations, le *pallium* et les lettres, sous quelque prétexte que ce soit. Si cependant celui qui a été ordonné veut donner, par honnêteté, quelque chose à quelqu'un du clergé, après avoir reçu ses lettres et le *pallium*, on ne le défend pas.

Le 6e est un règlement pour la réception des serfs, soit des églises, soit des séculiers dans les monastères. Les recevoir tous indifféremment, c'était donner occasion à tous les serfs de se soustraire à l'Eglise; et si on les retenait tous en servitude sans examen, on ôterait quelque chose à Dieu, qui nous a donné tout. Il fut donc statué que celui qui voudrait se donner à Dieu serait auparavant éprouvé en habit séculier, afin que, si ses mœurs faisaient voir la sincérité de son désir, il fût délivré de la servitude des hommes pour embrasser une vie plus rigoureuse. La vie monastique était en effet alors si laborieuse, si pauvre et si mortifiée, que des esclaves mal convertis n'y auraient pas trouvé leur compte. *Anal. des Conc.*, t. I.

ROME (Concile de), l'an 600. On condamna dans ce concile un imposteur grec nommé André, pour avoir falsifié une lettre d'Eusèbe de Thessalonique, adressée à saint Grégoire même, et supposé sous le nom de ce pape divers discours qui ne pouvaient que déshonorer le saint-siége; et l'on permit à Probus, abbé du monastère de Saint-André de Rome, de faire un testament; car en général cela n'était pas permis aux moines, et les lois le défendaient par le motif qu'ils ne possédaient rien en propre. *S. Greg.*, l. IX, cp. 22.

ROME (Concile de), l'an 601. Le but de ce concile, assemblé à Rome le 5 avril de cette année 601, fut de pourvoir au repos des monastères et de les mettre à couvert des vexations des évêques. Saint Grégoire, qui y présidait, défendit à tous les évêques de diminuer en rien les biens, les terres, les revenus ou titres des monastères, voulant que, s'ils avaient quelque différend pour des terres qu'ils prétendraient appartenir à leurs églises, il fût terminé promptement par des arbitres. Il ajouta qu'après la mort de l'abbé, le successeur serait choisi par le consentement libre et unanime de la communauté, et tiré de son corps s'il s'en trouvait de capable; sinon, que l'on en prendrait un en d'autres monastères; que l'élu serait ordonné sans fraude ni vénalité; qu'il aurait seul le gouvernement de son monastère, si ce n'est qu'il se rendît coupable de quelques fautes contre les canons; qu'on ne pourrait lui ôter aucun de ses moines sans son consentement, soit pour gouverner d'autres monastères, soit pour entrer dans le clergé; qu'il pourrait de lui-même en offrir pour le service de l'Eglise, au cas qu'il en eût suffisamment pour l'office divin et le service du monastère ; que celui des moines qui aurait passé à l'état séculier ne pourrait plus demeurer dans le monastère. Il défendit encore aux évêques de faire l'inventaire des biens ou des titres du monastère, même après la mort de l'abbé; d'y célébrer des messes publiques, d'y mettre leur chaire, et d'y faire le moindre règlement, sinon à la prière de l'abbé, sous la puissance duquel les moines devaient toujours être. Vingt et un évêques souscrivirent à ces décrets, avec seize prêtres. *D. Ceillier, Hist. des aut. eccl., t. XVII.*

ROME (Concile de), l'an 606 (et non 603 comme l'a marqué faussement le P. Richard). Boniface III ayant été élu le 15 février 606, après une vacance de près d'un an depuis la mort de Sabinien, arrivée le 2 février 605, assembla un concile à Rome, dans l'église de Saint-Pierre, où se trouvèrent soixante-douze évêques, trente-quatre prêtres, les diacres et tout le clergé de la ville. Son dessein était de réformer les abus qui se commettaient dans l'élection du pape et des autres évêques. Il fut donc défendu dans ce concile, sous peine d'anathème, à qui que ce fût, du vivant du pape ou de quelque autre évêque, de parler de son successeur, et quand il serait mort, de procéder à une nouvelle élection qu'il ne se fût écoulé trois jours après ses funérailles. *Hist. des aut. sacrés et ecclés., t. XVII.*

ROME (Concile de), l'an 610. Laurent, successeur de saint Augustin dans le siège de Cantorbéry, l'imita dans son zèle pour l'accroissement de la nouvelle Eglise des Anglais. Il étendit ses soins jusque sur les Bretons et les Ecossais ; et voyant que les uns et les autres continuaient dans des usages contraires à ceux de l'Eglise universelle, principalement sur la pâque, il leur écrivit avec ses confrères Mellit et Gust, pour tâcher de les ramener. Sa lettre était adressée aux évêques et aux abbés de toute l'Ecosse. Il y disait : « Quand nous sommes entrés dans l'île de Bretagne, nous avons eu grand respect pour les Bretons et les Ecossais, croyant qu'ils suivaient l'usage de l'Eglise universelle ; après avoir connu les Bretons, nous avons cru que les Ecossais étaient meilleurs ; mais nous avons reconnu ensuite, par la manière de vivre de l'évêque Dagam, qui est venu en cette ville, et de l'abbé Colomban, qui a passé en Gaule, qu'ils ne sont pas différents des Bretons. Car l'évêque Dagam a refusé de manger non-seulement avec nous, mais dans le logis où nous mangions. » Laurent écrivit une semblable lettre avec ses confrères aux évêques des Bretons pour les inviter à l'unité catholique. C'est tout ce que Bède rapporte de ces deux lettres, disant qu'elles furent sans succès. Mellit avait été ordonné évêque de Londres par saint Augustin quelque temps avant sa mort. Etant allé à Rome pour traiter avec le pape Boniface IV des affaires de l'Eglise d'Angleterre, il fut invité à se trouver au concile que ce pape assembla pour condamner ceux qui, ayant pour principe la jalousie et non la charité, soutenaient que puisque les moines étaient morts au monde, et faisaient profession de ne vivre que pour Dieu, ils étaient par cette raison indignes du sacerdoce et incapables d'en faire les fonctions ; qu'ainsi ils ne pouvaient administrer les sacrements du baptême et de la pénitence. Cette doctrine fut condamnée comme folle, et il fut décidé que les religieux élevés au sacerdoce par une ordination légitime, pouvaient en exercer le ministère, et user du pouvoir de lier et de délier ; ce que Boniface confirma tant par l'exemple de saint Grégoire son prédécesseur, de saint Augustin apôtre des Anglais, et de saint Martin, qui avaient, dit-il, porté l'habit monastique avant d'être élevés à l'épiscopat, que par la conduite de saint Benoît maître des religieux, qui n'a point interdit à ses disciples les fonctions sacerdotales. Mellit reporta ce décret en Angleterre, où il pouvait être nécessaire pour les monastères qui y étaient déjà établis. Car, outre celui que saint Augustin avait bâti près de Cantorbéry, il en avait lui-même bâti un auprès de Londres, nommé Westminster, par rapport à sa situation, c'est-à-dire, monastère d'ouest. Le pape Boniface lui donna des lettres pour l'archevêque Laurent, pour le clergé, pour le roi Ethelbert et pour toute la nation des Anglais. Il ne nous reste que celle qui est adressée au roi, à qui il dit qu'il avait accordé tout ce qu'on lui avait demandé de sa part pour le monastère de Cantorbéry, avec défense, sous peine d'anathème, à ses successeurs et à tous autres, de rien faire de contraire. Bède, en parlant de ce concile de Rome, dit que Boniface l'assembla pour y faire un règlement au sujet de la vie et du repos des moines. Ce témoignage ôte tout doute sur la tenue de ce concile. Mais je ne sais s'il est suffisant pour autoriser le décret tel que nous l'avons. Il n'est pas vraisemblable que les papes ni les conciles se fussent amusés à allégoriser sur l'habit des moines. Ce c'était pas même encore le temps où l'on trouvait dans la figure des habits monastiques les six ailes des Chérubins. Ces imaginations ne sont venues que depuis. *D. Ceillier.*

ROME (Concile de), l'an 640. Sergius de Constantinople, voulant s'appuyer de l'autorité de la puissance impériale, composa sous le nom de l'empereur Héraclius, en 639, un édit que l'on nomma Ecthèse, c'est-à-dire, exposition, parce qu'en effet ce n'était qu'une explication de la foi, à l'occasion de la dispute touchant une ou deux opérations en Jésus-Christ. L'Ecthèse défend d'abord de dire soit une soit deux opérations, parce que d'un côté certaines personnes craignaient qu'en disant une opération, on ne se servît de cette façon de parler pour détruire les deux natures unies en Jésus-Christ ; et que de l'autre le terme de deux opérations scandalisait beaucoup de monde, comme n'ayant été employé par aucun des principaux docteurs de l'Eglise. Mais elle soutenait ensuite en termes exprès une seule volonté. Sergius la fit approuver et confirmer dans un concile qu'il tint la même année 639 à Constantinople, avec menace de séparer de la communion du corps et du sang de Jésus-Christ ceux qui oseraient enseigner une doctrine contraire à celle de l'Ecthèse. Cyrus d'Alexandrie, à qui Sergius l'envoya, la reçut avec joie. Il ne doutait pas même que le pape Séverin, à qui elle avait aussi été envoyée, ne l'approuvât. Mais elle eut à Rome un sort tout différent. Jean IV, à qui elle fut rendue après la mort du pape Séverin, la condamna et l'anathématisa dans un concile qu'il tint au commencement de son pontificat.

ROME (Concile de), l'an 648. Le pape Théodore, apprenant que ses lettres et les avertissements de ses légats n'avaient produit aucun bon effet sur l'esprit de Paul, successeur de Pyrrhus sur le siége patriarcal de Constantinople, prononça contre lui dans ce concile une sentence de déposition, qu'il signa, dit Théophane, avec sa plume trempée dans le sang du Sauveur. Ce fut apparemment dans le même concile qu'il condamna avec un semblable appareil Pyrrhus, prédécesseur de Paul, qui était retombé dans le monothélisme après l'avoir abjuré à Rome.

ROME (Concile de), l'an 649. *Voyez* Latran, même année.

ROME (Concile de), l'an 649 ou 650. Les députés du pape saint Martin lui ayant rapporté la profession de foi signée, mais tronquée par Paul de Thessalonique, furent soumis à une peine canonique pour s'être ainsi laissé tromper. Le pape assembla ensuite un concile le 1er novembre, où l'on anathématisa Paul de Thessalonique et tout ce qu'il avait fait dans deux conciles tenus à Thessalonique même. Le pape fit savoir tout cela à l'évêque anathématisé, par des lettres qu'il lui écrivit. *Mansi, t.* 1, *col.* 483.

ROME (Concile de), l'an 667. *Voyez* Crète, même année. Jean, évêque de Lappe, dans l'île de Crète, étant à Rome, présenta, le 19 décembre, une requête au pape Vitalien, par laquelle il le suppliait de réformer la sentence que Paul, son métropolitain, et les autres évêques de la province, avaient rendue contre lui. Le pape fit examiner cette affaire dans un concile; on y lut les actes du concile de Crète, que Paul avait envoyés. Les évêques les ayant trouvés conformes à la requête de Jean, cassèrent la sentence rendue contre lui, le déclarèrent innocent et ordonnèrent la réparation des dommages que lui et son Église en avaient soufferts. Après quoi Vitalien le fit assister avec lui à la messe, comme les autres évêques; et, afin que Jean pût s'en retourner en Crète en sûreté, le pape écrivit à Paul pour lui notifier le jugement du concile de Rome et en ordonner l'exécution. Il écrivit aussi en faveur de l'évêque de Lappe à Vaane, chambellan de l'empereur, et à quelques autres personnes.

ROME (Concile de), l'an 679. Wilfrid, qui en 664 avait soutenu dans la conférence de Streneshal les usages de l'Église romaine sur la pâque, fut élu la même année évêque d'Yorck après la mort de Tuda, et sacré à Compiègne par l'évêque Agilbert accompagné de douze autres évêques. C'était le prince Alfride qui avait procuré l'élection de Wilfrid. Osui, à qui elle ne plaisait pas, fit choisir un autre évêque d'York, hibernois de naissance, nommé Ceadda, frère de l'évêque Cedde, qui avait disputé contre Wilfrid dans la même conférence. Celui-ci ne voulut point attaquer l'ordination de Ceadda, quoiqu'elle fût irrégulière, et retourna à son monastère de Ripon, où il demeura pendant trois ans, au bout desquels Théodore de Cantorbery le rétablit dans son siége épiscopal, et cassa l'ordination de Ceadda, son compétiteur. Wilfrid jouissait encore paisiblement de l'évêché d'York, en 673, qu'il assista au concile d'Herford avec Théodore de Cantorbery. Mais la reine Ermanburge, femme du roi Ecfrid, l'ayant pris en aversion, engagea avec son mari, qu'elle avait fait entrer dans ses sentiments, Théodore de Cantorbery à déposer Wilfrid, et à ordonner en sa place Eata pour évêque d'York. Wilfrid, se voyant déposé et chassé injustement de son siége, en appela à Rome, où il arriva pendant l'été de l'an 679, avec Adéodat, évêque de Toul, que le roi Dagobert lui donna pour l'accompagner. Le pape Agathon, qui était déjà informé du sujet de son voyage, assembla un concile de plus de cinquante évêques dans la basilique du Sauveur, au mois d'octobre de la même année 679. André d'Ostie et Jean de Porto, chargés d'examiner avec d'autres évêques les pièces du procès contre Wilfrid, et ses défenses, dirent à l'assemblée qu'ils ne le trouvaient convaincu canoniquement d'aucun crime qui méritât la déposition; qu'il s'était comporté en tout avec beaucoup de modération, et contenté de protester devant les évêques, en appelant au saint-siége, où Jésus-Christ a établi la primauté du sacerdoce. Après ce rapport, le pape fit entrer Wilfrid, qui donna sa requête en plainte d'avoir été déposé injustement, et de ce qu'on avait ordonné trois évêques à sa place, savoir, Bosa pour le pays Deir à Hagulstad, Eata pour les Berniciens à York, et Eadhede à Lindisfarne. Il se soumettait entièrement au jugement du saint-siége, consentant à n'être plus évêque, et trouvant bon que l'on augmentât le nombre des évêques dans le pays, si ses confrères le trouvaient à propos, pourvu que ces nouveaux évêques fussent choisis dans un concile, et tirés de l'église d'York. On voit par là que le principal prétexte de la déposition de Wilfrid était que son diocèse était trop étendu et avait besoin d'un plus grand nombre d'évêques. Le concile, ayant entendu les raisons de Wilfrid et admiré sa soumission, ordonna qu'il fût rétabli dans son évêché, et que l'on en chassât ceux qui y avaient été mis contre les règles ; mais les évêques qu'il choisirait avec le concile assemblé sur les lieux pour l'aider, devaient être ordonnés par l'archevêque de Cantorbery. On ajouta à ce jugement la peine de déposition et d'anathème contre les évêques, les prêtres et les diacres, et celle d'excommunication contre les laïques, même contre les rois qui entreprendraient de le troubler dans la possession de son évêché. *Hist. des aut. eccl.*, t. XIX.

ROME (Concile de), l'an 680. Wilfrid demeura encore quelque temps à Rome par ordre du pape Agathon, qui voulait qu'il assistât au concile où il devait nommer des députés pour aller à Constantinople, suivant que l'empereur l'avait demandé. Ce concile se tint le 27 mars 680. Il s'y trouva cent vingt-cinq évêques, tant des provinces soumises immédiatement au saint-siége, que des autres parties de l'Italie. Il y en eut aussi des Gaules, savoir, Adéodat de Toul, Félix d'Arles, et Taurin de Toulon, qui dans les souscriptions se dirent tous trois légats du concile des Gaules : ce qui a donné lieu de croire qu'il s'était tenu dans les Gaules un concile contre les monothélites. Mais Wilfrid se qualifia aussi légat du concile de Bretagne dans sa souscription : et toutefois il ne paraît nulle part que les évêques de ce pays-là l'eussent député à Rome. Mais c'est qu'il était ordinaire dans les actes ecclésiastiques de nommer concile les évêques d'une même province, quoiqu'ils ne fussent pas assemblés. Le concile de Rome écrivit deux lettres aux empereurs, c'est-à-dire à Constantin surnommé Pogonat, et à ses frères Héraclius et Tibère, qui portaient comme lui le titre d'Auguste. L'une de ces deux lettres est au nom du pape seul, l'autre au nom du concile.

Le pape Agathon témoigne dans la première la joie que lui avait causée la lettre de l'empereur, par laquelle il exhortait Donus, son prédécesseur, à examiner la vraie foi; ajoutant que, pour se conformer aux désirs de ce prince, il avait assemblé son clergé et les évêques voisins de Rome, et quelques-uns des provinces plus éloignées, pour concerter avec eux des personnes capables, qui pussent le représenter au concile général de Constantinople. Il marque que le malheur des temps et l'état de l'Italie ne lui avaient point permis d'en trouver qui eussent une science parfaite des Ecritures ; cela n'étant pas possible à des personnes qui vivaient au milieu des nations barbares, et qui gagnaient à grand'peine leur nourriture de chaque jour par le travail de leurs mains. Contraint donc de se contenter de députés qui gardaient avec simplicité de cœur la foi des Pères ; « Nous avons, dit-il, donné quelques passages des Pères, avec les livres mêmes, pour vous les présenter, quand vous le jugerez à propos, et vous expliquer la foi de cette Eglise apostolique votre mère spirituelle. Le pape explique lui-même dans sa lettre la foi de l'Eglise sur les mystères de la Trinité et de l'Incarnation : et s'arrêtant surtout à la question des deux volontés, il enseigne que comme les trois personnes divines n'ont qu'une nature, qu'une divinité, qu'une substance, qu'une essence, elles n'ont aussi qu'une volonté naturelle, qu'une opération et qu'une puissance : y ayant en Jésus-Christ deux natures parfaites, la divine et l'humaine, il y a aussi deux volontés et deux opérations naturelles, mais qui ne sont point contraires, parce que Jésus-Christ a pris tout ce qui est de la nature humaine, excepté le péché. Telle est, continue-t-il, la règle de la vraie foi, que l'Eglise apostolique a toujours tenue et défendue dans les adversités comme dans les prospérités. Jamais elle n'a erré, et, par la grâce du Tout-Puissant, elle ne s'est jamais écartée de la tradition des apôtres, conservant sa foi pure, sans la laisser souiller par les nouveautés des hérétiques. » Il reconnaît que le saint-siége jouit de cet avantage, en vertu de la promesse que le Sauveur fit au prince de ses disciples, et ajoute que ses prédécesseurs, informés des tentatives faites par les hérétiques pour corrompre l'Eglise de Constantinople par de nouvelles erreurs, n'ont rien négligé pour les en empêcher, soit en les avertissant de se désister, soit en les priant de ne rien innover dans la foi, de peur de rompre l'unité. Ensuite il prouve la distinction des deux volontés en Jésus-Christ par un grand nombre de passages de l'Ancien et du Nouveau Testament, expliqués par les Pères de l'Eglise, auxquels il joint la définition du concile de Chalcédoine, puis d'autres passages des Pères grecs et latins, savoir de saint Grégoire de Nazianze, de saint Grégoire de Nysse, de saint Chrysostome, de saint Cyrille d'Alexandrie, de saint Hilaire de Poitiers, de saint Athanase, de saint Denis l'Aréopagite, de saint Ambroise et de saint Léon. Il ajoute qu'on pourrait en citer beaucoup d'autres qui ont enseigné clairement deux opérations naturelles en Jésus-Christ, comme saint Cyrille de Jérusalem, et ceux qui ont depuis combattu pour la défense de la définition de foi du concile de Chalcédoine, et de la lettre de saint Léon à Flavien : savoir, Jean, évêque de Scythopolis, Euloge d'Alexandrie, Ephrem et Anastase d'Antioche, et l'empereur Justinien. Le pape Agathon, pour montrer ensuite que les monothélites ont puisé leurs erreurs dans les écrits des anciens hérétiques, fait voir qu'avant eux Apollinaire, Sévère, Nestorius et Théodose d'Alexandrie ont soutenu qu'il n'y avait en Jésus-Christ qu'une opération et une volonté. Il rapporte leurs passages, et de suite ceux des monothélites, c'est-à-dire de Cyrus, de Théodore de Pharan, de Sergius, de Pyrrhus et de Paul de Constantinople. Il relève les contradictions de Pierre, successeur de Paul, qui dans sa lettre au pape Vitalien faisait profession d'admettre en Jésus-Christ une et deux volontés, une et deux opérations, n'usant de cette manière embarrassée de parler que parce qu'il ne voulait point dire nettement deux volontés et deux opérations. Après avoir ainsi établi la vérité, il exhorte l'empereur à se servir de son autorité pour la soutenir et pour réprimer la témérité de ceux qui s'efforcent d'introduire dans l'Eglise de Jésus-Christ de nouvelles erreurs. « Si, ajoute-t-il, l'évêque de Constantinople se réunit avec nous pour enseigner la véritable doctrine, la paix sera établie solidement parmi ceux qui aiment le nom de Dieu, il n'y aura plus de scandale, ni de division, tous n'auront qu'un cœur et qu'une âme. Si, au contraire, il embrasse la nouveauté introduite par ceux qui se sont éloignés de la règle de la vérité orthodoxe et de notre foi catholique, il en rendra compte au jugement de Dieu, à qui nous aurons nous-mêmes à répondre du ministère de la prédication de la vérité dont nous nous sommes chargés. »

La seconde lettre est encore au nom du pape Agathon et du concile de Rome. C'est une espèce d'instruction pour ceux qui doivent être députés au concile général de Constantinople. Les évêques y parlent d'eux-mêmes avec beaucoup de modestie ; mais en s'avouant peu instruits dans les sciences, ils ne s'en font pas moins gloire de la fermeté de leur foi. Ils conviennent de même que les députés qu'ils ont envoyés au concile ne sont point recommandables par l'éloquence du siècle ; et ils ajoutent qu'il ne serait point aisé, dans des pays continuellement agités par la fureur des barbares, de trouver quelqu'un qui pût se vanter d'être parfaitement éloquent ; que, réduits à subsister du travail de leurs mains, parce que l'ancien patrimoine des églises avait été consumé insensiblement par diverses calamités, il ne leur restait pour tout bien que leur foi ; qu'ils mettaient leur plus grande gloire à la conserver pendant leur vie, et leur avantage éternel à mourir pour elle. Après cet aveu, qui était bien sincère, ils font une profession de leur foi qui est très-longue, où ils déclarent que Jésus-Christ étant Dieu parfait et homme parfait, il y a en lui deux volontés et deux opérations, selon qu'ils l'ont appris de la tradition apostolique et évangélique. Ils ajoutent qu'ils ont prêché hautement et défendu cette doctrine dans le concile de Rome sous le pape Martin I**er**; que c'est la foi commune des évêques, et qu'ils espéraient que Théodore de Cantorbery viendrait avec les évêques de la Bretagne se joindre à eux, afin d'écrire à l'empereur au nom de tout le concile de Rome : mais ils ne disent point la raison qui avait empêché Théodore de se rendre en cette ville avec les évêques de son pays. Ils finissent en disant que leurs députés présenteront de leur part une confession de foi, non pour disputer comme d'une doctrine incertaine et sujette au changement, cette confession ne renfermant que des vérités certaines et immuables ; qu'ils recevront comme leurs frères tous les évêques qui voudront la professer, et qu'ils condamneront tous ceux qui la rejetteront, sans les souffrir jamais en leur compagnie, qu'ils ne se soient corrigés. Tous les évêques du concile de Rome souscrivirent à cette lettre, le pape Agathon à la tête. *D. Ceillier.*

ROME (Concile de), l'an 684. Le pape saint Martin I**er** assembla ce concile, où il purgea le vice de l'ordination du nouvel archevêque de Torré, ordonné par l'archevêque de Cagliari, quoique le saint-siége lui en eût retiré le pouvoir. *Mansi, Conc. t.* XI.

ROME (Concile de), l'an 704. Malgré son grand âge, saint Wilfrid, à la suite du concile tenu à Nestrefield contre lui, alla à Rome chercher la justice qu'on lui refusait en Angleterre. Le pape Jean VI, qui occupait alors le saint-siége, fit examiner son affaire par un concile, en présence des députés de ses parties. Le premier chef d'accusation fut, qu'il avait méprisé en plein concile les décrets de l'archevêque de Cantorbery, établi par le saint-siége sur toutes les Eglises britanniques. Saint Wilfrid s'étant pleinement justifié sur ce point, le concile déclara qu'il s'était défendu canoniquement, et renvoya ses parties, disant que, n'ayant point prouvé le premier chef d'accusation, elles ne pouvaient, suivant les canons, être admises à prouver les autres. Les évêques continuèrent néanmoins à s'assembler, et pendant quatre mois ils tinrent soixante-dix congrégations, où ils examinèrent à loisir tous les articles. C'était en 704. Saint Wilfrid fut renvoyé absous, et les actes de sa justification, de même que ceux du concile, furent lus à haute voix devant tout le peuple, suivant l'usage des Romains. Le pape Jean VI écrivit à Ethelrède, roi des Merciens, et à Alfride, roi des Northumbres, d'avertir Berthuald, archevêque de Cantorbery, d'assembler un concile en Angleterre avec l'évêque Wilfrid ; d'y faire venir Boza et Jean, et de tâcher de les accommoder ; ou que, si cela ne se pouvait, de les obliger les uns et les autres à venir à Rome, où leur différend serait terminé par le saint-siége. La lettre à ces deux rois est attribuée, dans la collection des conciles, à Jean VII, mais c'est par erreur. Elle fut écrite en 704, et Jean VII ne monta sur la chaire de saint Pierre que vers le mois de mars de l'an 705.

ROME (Concile de), l'an 705. Le pape Jean VII étant monté sur la chaire de saint Pierre, reçut la lettre de l'empereur Justinien, dans laquelle ce prince le conjurait d'assembler un concile, et d'y confirmer les décrets du concile du Trulle. Le pape fit en effet assembler les évêques à Rome ; mais, par la crainte de déplaire à l'empereur, il n'approuva ni ne rejeta les décrets du Trulle, et lui renvoya les volumes de ce concile, sans rien corriger.

ROME (Concile de), vers l'an 710, sous le pape Constantin, où l'on aurait discuté les droits de métropole du siége de Milan sur celui de Pavie. L'existence de ce concile est fort douteuse. *Mansi, Conc. t.* XXI.

ROME (Concile de), l'an 721. Le pape Grégoire II assembla ce concile le 5 avril 721. Vingt-deux évêques y assistèrent, y compris trois étrangers, savoir : Sédulius d'Angleterre, Fergaste d'Ecosse, et Sinderad d'Espagne, qui, en 713, avait quitté le siége épiscopal de Tolède par la crainte des Arabes. Les mariages illicites avec des femmes consacrées à Dieu furent le motif de la convocation de ce concile, qui fut d'avis que tous ceux qui se trouveraient coupables de ce crime seraient anathématisés : sur quoi le pape prononça, devant le corps de saint Pierre, la sentence de condamnation en onze articles, où il dit anathème à quiconque épouserait une prêtresse, c'est-à-dire celle dont le mari aurait été ordonné prêtre, et à qui il était défendu pour cette raison de se remarier, même après la mort de son mari; une diaconesse, une religieuse, sa commère, la femme de son frère, sa nièce, la femme de son père ou de son fils, sa cousine, sa parente ou son alliée; enfin, à quiconque aurait enlevé une veuve ou une fille. On anathématisa aussi ceux qui consultaient des devins ou des sorciers, ou qui se servaient de ligaments; ceux qui, au préjudice des lettres apostoliques, s'emparaient de jardins ou de places faisant partie des propriétés de l'Eglise; un nommé Adrien et une diaconesse nommée Epiphanie, qui s'étaient mariés au mépris de leurs serments, et généralement tous ceux qui avaient eu part à ce mariage; enfin, les clercs qui laissaient croître leurs cheveux.

ROME (Concile de), l'an 724. Voici quelle fut l'occasion du concile tenu à Rome, sous le pontificat du même pape, en 724. Un moine de grande réputation, nommé Corbinien, voulant se dérober aux visites que plusieurs personnes de la première condition lui rendaient fréquemment pour recevoir ses instructions, quitta sa cellule et alla à Rome, où il découvrit au pape ses peines intérieures, au sujet de ces visites et des offrandes qu'on lui faisait. Il craignait qu'elles ne fussent la cause de sa perte. Le pape n'en jugea pas de même, et, de l'avis de son conseil, il ordonna Corbinien évêque, après l'avoir fait passer par tous les degrés. Il lui donna le *pallium*, avec pouvoir de prêcher partout. Corbinien exerça son ministère dans toute la Gaule avec beaucoup de succès; mais, ne pouvant souffrir les marques de vénération qu'il recevait de toutes parts, il retourna à son ancienne cellule, près de l'église de Saint-Germain de Châtres, dans le voisinage de Paris. Sa retraite ne fit qu'augmenter sa réputation. Il résolut donc de retourner à Rome, pour demander au pape de le décharger de l'épiscopat. Grégoire II le reçut avec honneur, le fit asseoir auprès de lui; et le saint évêque lui ayant expliqué toutes ses peines, le conjura avec larmes de le décharger de la dignité épiscopale, et de lui permettre de s'enfermer dans quelque monastère, ou de lui donner dans un bois écarté quelques pièces de terre à cultiver. Le pape assembla un concile, qui est celui dont il s'agit dans cet article, et où il fut déclaré tout d'une voix que Corbinien devait s'en retourner. Ne pouvant donc résister, ni aux raisons des évêques, ni à l'autorité du pape, il sortit de Rome, et passa en Bavière, où il établit son siége à Freysingen. *Hist. des aut. sac. et eccl., t.* XX.

ROME (Concile de), vers l'an 726 ou 730. On croit qu'il y eut effectivement un concile tenu vers ce temps-là à Rome par le pape Grégoire II, pour la défense du culte des saintes images contre les entreprises sacriléges de l'empereur Léon l'Isaurien, comme il paraît par une lettre d'Adrien Ier à Charlemagne. Ce pape y rapporte même les raisons et les autorités dont Grégoire II se serait servi pour montrer que le culte des images était légitime et ancien dans l'Eglise.

ROME (Concile de), l'an 731. Le pape Grégoire III tint ce concile, qui eut pour objet le prêtre Georges, lequel ayant été chargé de porter une lettre de ce pape aux empereurs Léon et Constantin, pour les engager à cesser de faire la guerre aux saintes images, s'en était revenu sans avoir osé la remettre. Grégoire voulait le déposer; mais, à la prière des évêques, il se contenta de lui imposer une pénitence, et le renvoya porter sa lettre aux empereurs. Georges fut arrêté par les officiers impériaux en Sicile, et mis en prison, où il demeura près d'un an. Cet envoyé est appelé Grégoire dans les Collections des conciles; les auteurs de *l'Art de vérifier les dates* le nomment Georges, d'après Muratori.

ROME (Concile de), l'an 732. Le même pape tint un autre concile à Rome, en faveur des saintes images, le premier novembre de la même année 731, si l'on en croit Mansi. La raison qu'il en donne, c'est qu'Antoine, patriarche de Grado, assista à ce concile; ce qui prouve, entre autres choses, qu'il faut reconnaître deux conciles célébrés en cette année à Rome par le pape Grégoire III, puisque Anastase le bibliothécaire nous apprend, dans ses *Vies des papes*, que le concile romain auquel Antoine assista est postérieur à celui dans lequel on punit le prêtre Georges pour s'être mal acquitté de sa légation à Constantinople. D'ailleurs, le pape Grégoire, élu au mois de mars de l'an 731, rendit grâces à Dieu de son exaltation dans le concile où l'on traita de la cause du prêtre Georges; ce qui suppose que ce concile fut tenu peu de temps après son élévation au souverain pontificat : c'est ainsi que raisonne le docte Mansi. Mais si son raisonnement prouve qu'il ne faut pas confondre en un seul les deux conciles en question, il ne prouve nullement qu'ils aient été tenus la même année. Aussi le second, auquel assista Antoine de Grado, ne se tint-il que le premier novembre de l'année 732, comme il paraît par la lettre de convocation de ce concile, rapportée par Mansi lui-même : puisque, selon cette lettre de Grégoire III, le concile est convoqué pour le premier novembre de l'année qui suivait la XVe indiction; ce qui revient à l'année 732, en prenant l'indiction du premier septembre, comme faisaient alors les papes, ainsi que l'observent les savants auteurs de *l'Art de vérifier les dates*. Quatre-vingt-treize évêques assistèrent à ce concile, avec les prêtres, les diacres, tout le clergé de Rome, les nobles, les consuls et le reste du peuple. On y ordonna que quiconque mépriserait l'usage de l'Eglise, touchant la vénération des saintes images, soit qu'on les enlevât, qu'on les détruisît ou qu'on les profanât, soit qu'on en parlât avec mépris, fût privé du corps et du sang de Jésus-Christ, et séparé de la communion de l'Eglise. Les actes de ce concile sont perdus, et nous n'en savons que ce qu'Anastase en a rapporté dans la Vie de Grégoire III. *Reg.* XVII; *Lab.* VI; *Hard.* III.

ROME (Concile de), l'an 744. Le pape Zacharie, qui avait succédé à Grégoire III en 741, tint ce concile dans l'église de Saint-Pierre, avec quarante évêques, vingt-deux prêtres, six diacres et tout le reste du clergé de Rome, l'an 744 ou, selon d'autres, 743. Le pape expliqua lui-même les raisons qu'il avait eues de convoquer cette assemblée, savoir le maintien de la foi orthodoxe et de la discipline ecclésiastique. Il fit, à cet effet, les quinze canons suivants, que le concile approuva d'une voix unanime.

1, 2. « Les évêques ne demeureront point avec des femmes, pour ne pas rendre leur ministère méprisable. Il en sera de même des prêtres et des diacres ; seulement ils pourront avoir avec eux leur mère ou leurs plus proches parents. »

3. « Les clercs ne porteront ni habits séculiers ni longs cheveux. »

4. « Les évêques qui auront été ordonnés par le pape se rendront à Rome, chaque année, le 15 mai, pourvu qu'ils ne soient pas trop éloignés de la ville ; autrement, il leur suffira d'écrire, pour marquer leur soumission. »

5. « Celui qui aura épousé la femme d'un prêtre, une diaconesse, une religieuse ou sa commère spirituelle, sera livré à l'anathème et privé du corps et du sang de Jésus-Christ : aucun prêtre ne pourra communiquer avec lui, sous peine d'être déposé. »

6. « La même peine est ordonnée contre celui qui épousera sa nièce, sa cousine germaine, sa belle-mère, sa belle-sœur. »

7. « Anathème à ceux qui enlèvent des vierges ou des veuves. »

8. « Anathème aux clercs et aux moines qui laissent grandir leurs cheveux. »

9. « Anathème à ceux qui font des fêtes au premier jour de l'an, à la manière des païens. »

10. « Anathème à ceux qui marient leurs filles avec des juifs, ou qui leur vendent des esclaves chrétiens. »

11. « Les ordinations se feront aux Quatre-Temps, et les évêques ne pourront ordonner un clerc étranger, sans lettres dimissoriales de son évêque diocésain. »

12. « Si les ecclésiastiques ont entre eux des différends, ils seront jugés, non par des séculiers, mais par des évêques, et ceux des évêques par le pape. Le clerc qui saura son évêque indisposé contre lui pourra se pourvoir devant l'évêque le plus voisin, suivant les canons ; et, si l'on ne veut pas s'en rapporter à son jugement, l'affaire sera portée au saint-siége. Si quelqu'un ose aller contre ce statut, qu'il soit privé de l'honneur de son rang, et chassé de l'église, jusqu'à ce que son affaire soit définitivement jugée. »

13. « Défense à l'évêque, au prêtre et au diacre, lorsqu'ils viennent pour célébrer les saints mystères, de se servir de bâtons ou d'avoir la tête couverte, étant à l'autel. »

14. « L'évêque ou le prêtre ayant dit l'oraison du commencement de la messe, ne doit plus quitter l'autel, ni faire achever la messe par un autre ; mais il est obligé de continuer jusqu'à la fin, sous peine d'être suspens de la communion du corps et du sang de Notre-Seigneur Jésus-Christ. »

15. « On renouvelle la défense que le pape Grégoire II avait faite dans un concile tenu à Rome, en 721, des mariages entre parents dans les degrés prohibés, et avec des personnes consacrées à Dieu. Le pape Zacharie ajoute qu'il avait appris que le pape saint Grégoire avait permis aux peuples de Germanie, dans le commencement de leur conversion, de contracter des mariages au quatrième degré de parenté ; mais qu'il n'avait trouvé rien là-dessus dans les archives de l'Eglise romaine. » *Lab.* VI.

ROME (Concile de), l'an 745. Saint Boniface de Mayence, ayant engagé Carloman à faire tenir un concile, pour y examiner plusieurs clercs hérétiques qui avaient été séduits par Adalbert, condamné au concile de Soissons, écrivit deux lettres au pape Zacharie, où il le priait d'écrire au prince Carloman, pour faire emprisonner Adalbert et Clément, ces deux imposteurs, dont il dépeignait les mauvaises mœurs et les erreurs.

Adalbert donnait ses ongles et ses cheveux, pour les porter et les honorer avec les reliques de saint Pierre ; et, lorsque quelqu'un venait se confesser à lui, il lui disait qu'il n'était pas besoin d'accuser ses péchés, parce qu'il connaissait les plus secrètes pensées, et qu'il pouvait s'en retourner en sa maison, assuré d'avoir reçu l'absolution. A l'égard de Clément, il rejetait les canons, les conciles et les écrits des Pères ; il soutenait qu'il pourrait être évêque, quoiqu'il eût eu deux enfants par un adultère ; qu'il était permis à un chrétien d'épouser la veuve de son frère ; que Jésus-Christ, descendant aux enfers, en avait délivré tous les damnés, même les idolâtres ; et il avançait plusieurs autres erreurs sur la prédestination. Le pape Zacharie, ayant lu les lettres de saint Boniface, qui lui avaient été apportées par le prêtre Dénéard, assembla un concile à Rome, où se trouvèrent sept évêques, dix-sept prêtres, les diacres et tout le clergé. Adalbert et Clément y furent déposés et anathématisés avec tous leurs sectateurs. Le pape Zacharie envoya les actes du concile à saint Boniface, avec une lettre datée du dernier octobre de la même année 745. *Lab.* VI.

ROME (Concile de), douteux, l'an 753. Dans ce concile, dont Mansi révoque en doute l'authenticité, le pape Etienne II aurait accordé plusieurs exemptions à l'abbé du monastère de Nonantula, du diocèse de Modène. Il lui aurait aussi fait don du corps de saint Etienne et de plusieurs autres reliques, quoique, suivant l'observation de Muratori, les Romains prétendent également avoir une partie du corps de saint Etienne, dans l'église dédiée à Rome sous son invocation.

ROME (Concile de), l'an 757, sous le pape Etienne II. Sergius, archevêque de Ravenne, y fut déposé, comme coupable de n'avoir dû son élévation qu'à la faveur des séculiers. *Mansi*, *Conc.* t. XII.

ROME (Concile de), l'an 761, sous le

pape Paul 1, au sujet des priviléges accordés par ce pape aux monastères qu'il avait érigés. *Ibid.*

ROME (Concile de), l'an 769. Le pape Etienne III tint ce concile le 12 avril, accompagné de douze évêques de France et de plusieurs autres de Toscane, de Campanie et du reste de l'Italie. On y condamna à une pénitence perpétuelle l'antipape Constantin, qui, de simple laïque qu'il était à la mort du pape saint Paul premier, avait envahi le trône pontifical, par la faction d'une troupe de séditieux. On y brûla les actes du concile qui avait confirmé son élection, et l'on fit un décret portant défense de troubler l'élection du pape. On y ordonna aussi que les reliques et les images seraient honorées suivant l'ancienne tradition, et l'on anathématisa le concile tenu en Grèce, l'an 754, contre les images. La date du concile de Rome est singulière; elle porte : *Regnante una et eadem sancta Trinitate*, sans faire mention des années de l'empereur régnant : c'était Constantin Copronyme qui tenait alors l'empire. Cela prouve que l'on ne reconnaissait plus alors son autorité à Rome, et que l'Italie avait entièrement secoué le joug de l'empire grec. *Mansi, Suppl. tom. I, col. 627.*

ROME (Concile de) ou de Latran, l'an 774, partie supposé, partie douteux, dit Mansi, qui penche même à le croire tout entier supposé, avec Baronius, de Marca, Pagi et les autres. Le pape Adrien y aurait accordé à Charlemagne le droit d'élire le souverain pontife, et de donner l'investiture à tous les archevêques et à tous les évêques. Cent cinquante-trois, tant évêques qu'abbés, auraient assisté à cette assemblée. N'en voilà-t-il pas assez pour en démontrer la supposition ? *Mansi, Conc. t. XII.*

ROME (Concile de), l'an 780. Le pape Adrien 1er tint ce concile pour vérifier l'authenticité des reliques de saint Candide, martyr, qu'il se proposait d'envoyer à Charlemagne, sur la demande que ce prince lui avait adressée. *Mansi, Conc. t. XII.*

ROME (Concile de), l'an 792. Félix, évêque d'Urgel, ayant été amené à Rome par Angilbert, y confessa son erreur en présence du concile qui se tint à son occasion, et fit démission de son siége entre les mains du souverain pontife. *Carranza, ad hunc an.* D. Ceillier dit simplement qu'il retourna à Urgel. *Hist. des aut. ecclés., t. XXII.*

ROME (Concile de), l'an 794. Ce concile fut tenu peu de temps après celui de Francfort. Félix d'Urgel, étant retombé dans son erreur, y fut condamné de nouveau par le pape Adrien 1er, qui y présida. *Mansi, Suppl. t. I, col. 731.*

ROME (Concile de), l'an 799. Félix d'Urgel, qui n'avait abjuré son hérésie que de bouche, soit à Rome, devant le pape Adrien, soit à Ratisbonne, en présence du roi Charles et des évêques du concile, fit voir par sa réponse à la lettre qu'Alcuin lui avait écrite pour l'exhorter à se réunir à l'Eglise catholique, qu'il n'était rien moins que converti. Son écrit scandalisa toute l'Eglise, ce qui obligea le roi Charles à faire tenir un concile à Rome, pour le condamner. Le pape Léon III y présida, assisté de cinquante-sept évêques. Il nous reste trois fragments des trois sessions de ce concile. Dans la première, le pape dit les raisons pour lesquelles il avait été convoqué, et que nous venons de rapporter nous-même. Il dit dans la seconde que Félix avait confessé son erreur dans le concile de Ratisbonne, et anathématisé cette proposition : *Jésus-Christ est fils adoptif de Dieu selon la chair*; qu'ayant depuis été envoyé au pape Adrien, il lui avait fait, étant prisonnier, une confession de foi catholique, qu'il avait déposée sur les divins mystères, dans le palais patriarcal, et ensuite sur le corps de saint Pierre, en assurant avec serment qu'il croyait ainsi, et disant anathème à quiconque ne croit pas que Notre-Seigneur Jésus-Christ n'est pas le vrai et propre Fils de Dieu; mais que s'étant enfui chez les païens, c'est-à-dire chez les musulmans, il avait faussé son serment. Le pape ajoute que Félix n'avait pas même appréhendé la sentence rendue contre lui au concile de Francfort. Il en donne pour preuve l'écrit que cet évêque avait composé contre le vénérable Alcuin, abbé du monastère de Saint-Martin, où il répandait ses erreurs avec plus de véhémence qu'il n'avait fait jusqu'alors. Léon prononça, dans la troisième session, une sentence d'excommunication contre Félix d'Urgel, s'il ne renonçait à l'erreur par laquelle il avait osé enseigner que Jésus-Christ est fils adoptif de Dieu. *Hist. des aut. sacrés et ecclés., t. XXII.*

ROME (Concile de), l'an 800. Les ennemis du pape Léon III, après avoir exercé plusieurs violences contre lui, voyant qu'il leur avait échappé en se retirant en France vers le roi Charles, envoyèrent à ce prince des députés, avec ordre de former plusieurs accusations contre ce pape. Charles vint en Italie, et se trouva à Rome, le 24 novembre de l'an 800. Léon III, qui y était arrivé le 29 novembre de l'année précédente 799, vint au-devant de lui avec le clergé, le sénat, la milice et le peuple. Sept jours après, le roi convoqua une assemblée, où, entre plusieurs affaires, il proposa d'examiner les accusations formées contre le pape. Le concile se tint dans l'église de Saint-Pierre. Le roi et le pape étaient assis, et ils firent asseoir de même les évêques et les abbés; mais les prêtres et les seigneurs demeurèrent debout. Personne ne se présentant pour prouver les crimes objectés au pape, les évêques dirent : « Nous n'osons juger le siége apostolique, qui est le chef de toutes les Eglises; ce siége n'est jugé par personne : c'est l'ancienne coutume que nous soyons jugés nous-mêmes par lui et par son vicaire. » Le pape, prenant la parole, dit qu'il voulait suivre les traces de ses prédécesseurs, et qu'il était prêt à se purger de ces fausses accusations. Il le fit le lendemain, dans la même église de Saint-Pierre, en présence des archevêques, des évêques, des abbés, des Français et des Romains. A cet effet, il prit entre ses mains les saints Evangiles, et, montant sur l'ambon devant tout le monde, il dit à haute voix avec serment : « Je, Léon, pape de la sainte Eglise romaine, n'ayant été ni jugé, ni contraint par personne, mais de ma propre volonté, je me justifie devant vous en la présence de Dieu, qui sonde le fond des consciences, en présence des anges, de saint Pierre, prince des apôtres, devant qui nous sommes, et je prends à témoin Dieu, au tribunal de qui nous comparaîtrons tous, que je n'ai ni commis, ni fait commettre les crimes dont on m'accuse. Je fais ce serment sans y être obligé par aucune loi, et sans vouloir en faire une coutume ou une loi pour mes successeurs, mais seulement pour dissiper plus certainement d'injustes soupçons. » Aussitôt que le pape eut prononcé ce serment, tous les archevêques, évêques et abbés chantèrent avec le clergé une litanie, et louèrent Dieu, la sainte Vierge, saint Pierre et tous les saints. D. CEILLIER, *ex Anastasio*, Hist. des aut. sacrés et ecclés., t. XXII.

ROME (Conférence de), l'an 810. Les évêques réunis en concile à Aix-la-Chapelle en 809, ayant pris à tâche de justifier l'addition *Filioque* faite au symbole, députèrent vers le pape pour le prier d'approuver lui-même cette addition. Les députés du concile furent Bernaire, évêque de Worms, et saint Adalard, abbé de Corbie. Quelques auteurs y joignent Jessé, évêque d'Amiens. Il paraît en effet qu'il assista à la conférence que les évêques eurent avec le pape, aussi bien que Smaragde, abbé de Saint-Michel-de-Verdun, qui a écrit les actes de cette conférence. Les députés portèrent au pape une lettre écrite au nom du roi, qui n'est presque qu'une compilation de divers textes de l'Ecriture et des Pères, sur la procession du Saint-Esprit.

L'Eglise de Rome, qui croyait, comme les autres Eglises d'Occident, que le Saint-Esprit procède du Père et du Fils, n'avait cependant pas jugé à propos de mettre au symbole l'addition *Filioque*. Le pape la désapprouvait même, et les envoyés étaient chargés de n'omettre rien pour le porter à l'approuver. Ils eurent à ce sujet une longue conférence, qui mérite d'être ici rapportée telle qu'elle nous a été donnée par l'abbé Smaragde, qui y assista.

Les députés furent admis à l'audience du pape dans la salle secrète de l'église de Saint-Pierre, et ils commencèrent par lire les témoignages recueillis des saints Pères, pour montrer que le Saint-Esprit procède aussi du Fils. Le pape, les ayant écoutés avec attention, dit : « C'est là mon sentiment; je tiens ce qui est contenu dans ces auteurs et dans le texte de l'Ecriture sainte; je défends de penser et d'enseigner le contraire, sous peine d'excommunication. » *Les envoyés.* « S'il faut croire ainsi, comme vous dites, ne faut-il pas enseigner ainsi à ceux qui ignoreraient ce dogme? » *Le pape.* « Il faut l'enseigner. » *Les envoyés.* « Si quelqu'un l'ignore ou ne le croit pas, peut-il être sauvé? » *Le pape.* « Quiconque refuse de croire ce mystère ne peut être sauvé, si cependant il a assez de pénétration pour l'entendre et le savoir; car il y a dans la religion des mystères si sublimes, que plusieurs n'y peuvent atteindre, soit par le défaut d'âge, soit faute d'intelligence. »

Les envoyés. « S'il n'est pas permis de ne pas croire ce dogme, ou de ne le pas enseigner, pourquoi sera-t-il défendu de le chanter ou de l'enseigner en le chantant? » *Le pape.* « Il est permis de le chanter et de l'enseigner en le chantant, mais il n'est pas permis de l'insérer, soit en écrivant, soit en chantant, dans des actes où il est défendu de le faire. » *Les envoyés.* « Nous voyons bien pourquoi vous pensez qu'il n'est pas permis de faire cette addition : c'est que ceux qui ont composé le symbole, n'y ont pas inséré cet article, et que les conciles suivants, savoir celui de Chalcédoine, qui est le quatrième, le cinquième et le sixième, ont défendu de faire de nouveaux symboles, sous quelque prétexte que ce fût, ou de changer, d'ôter ou d'ajouter rien aux anciens. Nous n'insistons pas là-dessus; nous souhaitons qu'on nous dise : Puisque c'est bien fait de croire cet article, pourquoi ne serait-il pas bien de le chanter, si on l'eût inséré? » *Le pape.* « Ce serait bien fait, et même fort bien, puisque c'est un grand mystère de la foi. »

Les envoyés. « Les auteurs du symbole n'eussent-ils pas bien fait d'éclaircir pour tous les siècles un mystère si nécessaire par l'addition de quatre syllabes? » *Le pape.* « Comme je n'ose dire qu'ils n'eussent pas bien fait, je n'ose assurer qu'ils auraient bien fait, persuadé qu'ils ont été dirigés par la sagesse divine. Ainsi je n'ose dire qu'ils ont eu moins de pénétration que nous, ni s'ils ont examiné pourquoi ils omettaient cet article, ou pourquoi ils ont défendu de faire dans la suite au symbole, tant cette addition que d'autres semblables, quelles qu'elles soient. »

« Pour vous et les vôtres, voyez vous-mêmes quels sentiments vous avez de vous-mêmes. Quant à moi, je ne me préfère pas aux auteurs du symbole, mais à Dieu ne plaise que j'ose m'égaler à eux ! »

Les envoyés. « A Dieu ne plaise aussi, saint-père, que l'orgueil nous inspire d'autres sentiments ! Mais nous compatissons à la faiblesse de nos frères; et comme la fin du monde approche, où il a été prédit que les temps seront dangereux, nous redoublons nos soins pour leur être utiles et pour les instruire dans la foi. Comme donc nous avons vu que quelques-uns chantaient ce symbole, et que c'était un moyen fort propre à l'instruction du peuple, nous avons jugé qu'il valait mieux instruire tant de personnes en le chantant ainsi, que de les laisser dans cette ignorance en ne le chantant pas. Si votre paternité savait combien de milliers d'hommes ont été instruits par ce moyen, elle serait peut-être de notre avis, et elle consentirait à ce qu'on chantât le symbole. »

Le pape. « J'y consens en attendant : mais répondez-moi, je vous prie. Faudra-t-il, pour faciliter l'instruction, ajouter au symbole tous les autres articles de la foi, lorsque la fantaisie prendra à quelqu'un de le faire? » *Les envoyés.* « Il ne le faut pas, parce que ces articles ne sont pas également nécessaires. » *Le pape.* « Quoiqu'ils ne le soient pas tous, plusieurs le sont tellement, qu'on ne peut être catholique sans les croire. » *Les envoyés.* « Pouvez-vous nommer un seul article qui renferme un mystère aussi sublime que celui dont il s'agit? » *Le pape.* « Oui, j'en nommerai plusieurs. » *Les envoyés.* « Nommez-en d'abord un, et s'il est nécessaire ensuite, ajoutez-y en un autre. » Le pape promit de le faire : mais pour ne rien avancer inconsidérément dans une matière aussi importante, il demanda le temps d'y penser. Ainsi finit ce jour-là la conférence.

On la recommença le lendemain.

Le pape dit : « Est-il plus salutaire de croire ou plus dangereux de ne pas croire que le Saint-Esprit procède du Fils comme du Père, qu'il est salutaire de croire ou dangereux de ne pas croire que le Fils, Sagesse et Vérité, est engendré de Dieu, et que cependant l'un et l'autre sont la même Sagesse et la même Vérité? Il est néanmoins constant que les saints Pères n'ont pas ajouté cet article au symbole.... Nous en pourrions encore donner quelques autres exemples, non-seulement touchant l'essence de la Divinité, mais encore touchant le mystère de l'incarnation. » *Les envoyés.* « Il n'est pas nécessaire que vous vous donniez cette peine; par la grâce de Dieu, nous savons là-dessus ce que les autres savent, ou nous pouvons le savoir. » Ils s'excusèrent ensuite sur l'intention pure qu'ils avaient eue en faisant l'addition en question.

Le pape réfuta au long cette réponse, et dit que les Pères n'avaient pas défendu de faire des additions au symbole à bonne ou à mauvaise intention, mais simplement d'en faire. *Les envoyés dirent :* « N'est-ce pas vous-même qui avez permis de chanter le symbole dans l'Eglise? Cet usage n'est pas venu de nous. » *Le pape.* « J'ai donné permission de chanter, mais non pas d'y rien changer, d'y rien ajouter ou retrancher, et, pour vous parler plus clairement, puisque vous nous y contraignez, tandis que vous l'avez chanté tel que le conserve l'Eglise romaine, nous n'avons pas cru devoir nous en mettre en peine. Quant à ce que vous le chantez ainsi parce que vous avez appris que d'autres l'ont ainsi chanté avant vous dans vos provinces, que nous importe? Pour nous, nous ne le chantons pas, mais nous le lisons; et nous nous donnons bien de garde d'y rien ajouter, nous contentant d'enseigner en temps et lieu ce que nous croyons manquer à ce symbole. »

Les envoyés. « A ce que nous voyons, votre paternité ordonne que l'on commence par ôter du symbole l'addition en question, et elle permet ensuite de le chanter. » *Le pape.* « Nous l'ordonnons ainsi, et nous vous conseillons de vous soumettre à cette ordonnance. » *Les envoyés.* « Puisque nous ne cherchons ici que le bien, sera-t-il bon de chanter le symbole quand on en aura ôté ce que vous souhaitez? » *Le pape.* « Il sera très-bon de le faire, mais nous ne l'ordonnons pas; nous le permettons seulement, comme nous avons fait. » *Les envoyés.* « Si l'on continue de chanter ce symbole après en avoir retranché cette addition si catholique, on croira qu'on l'en a ôtée comme contraire à la foi. Que conseillez-vous de faire pour éviter cet inconvénient? » *Le pape.* « Si, avant de le chanter, on m'avait consulté, j'aurais répondu qu'il ne fallait pas y faire d'addition. Mais voici un expédient qui se présente à mon esprit, je ne vous le propose que par manière de conversation : c'est que, puisqu'on ne chante pas le symbole dans notre église, on cesse peu à peu de le chanter dans le palais. Ainsi il arrivera que ce qui a été établi sans autorité et par amour de la nouveauté sera abandonné de tout le monde. Si vous l'abandonnez, c'est peut-être le moyen le plus convenable d'abolir, sans que la vraie foi en souffre aucun préjudice, la mauvaise coutume qui s'est introduite de chanter le symbole. »

Telle fut la conférence des envoyés du concile d'Aix-la-Chapelle avec le pape Léon III, sur l'addition *Filioque* faite au symbole de Nicée, pour marquer que le Saint-Esprit procède aussi du Fils. Le célèbre Alcuin désapprouvait cette addition qu'on avait admise en quelques Eglises. Le pape Léon, qui voulait ménager les Grecs, et donner des preuves éclatantes qu'il n'approuvait pas l'addition, fit faire deux grands écussons d'argent en forme de boucliers du poids de quatre-vingt-quatorze livres six onces, y fit écrire le symbole sans l'addition, sur l'un en grec, et sur l'autre en latin; et les fit placer à droite et à gauche de la confession de Saint-Pierre, comme des monuments publics du soin avec lequel l'Eglise de Rome conservait le symbole tel qu'elle l'avait reçu. Il ne paraît pas qu'on ait suivi en France l'avis et l'exemple du pape; au contraire, l'usage de l'Eglise de France pour le chant du symbole et l'addition *Filioque* ont enfin prévalu. L'Eglise d'Espagne avait fait cette addition longtemps auparavant, ainsi qu'on le voit par le symbole inséré dans les actes du troisième concile de Tolède. *Hist. de l'Egl. gall.*, liv. XIII.

ROME (Concile de), l'an 816. Ce fut le pape Etienne IV qui tint ce concile. On y dressa un canon qui ordonnait que l'élection du pape se fît par les évêques et le clergé, en présence du sénat et du peuple, et sa consécration, devant les députés de l'empereur. *Muratori, in nota ad supplementa concilii romani, an.* 863. *Mansi, t.* I, *col.* 787.

ROME (Concile de), l'an 823. Le pape Pascal Ier s'y purgea par serment, en présence de trente-quatre évêques, de l'accusation intentée contre lui d'avoir fait crever les yeux au primicier Théodore et au nomenclateur

Léon, et de les avoir fait décapiter. *Thegan., lib. de Gestis Ludov. Pii; Mansi, t. 1, col. 827.*

ROME (Concile de), l'an 826. Ce concile fut tenu le 15 de novembre de l'an 826. Le pape Eugène II y présida, assisté de soixante-douze évêques d'Italie, de dix-huit prêtres, de six diacres et de plusieurs autres clercs. On y publia trente-huit canons, presque tous pour la réformation de la discipline ecclésiastique.

1, 2 et 3. « On ne choisira pour évêques que des personnes recommandables par leurs bonnes œuvres et par leur doctrine. Ils prendront pour règle de leur conduite le Pastoral de saint Grégoire. Le prêtre qui aura fait des présents pour être ordonné, sera privé de l'honneur du sacerdoce, de même que celui qui les aura reçus. »

4. « Les évêques ignorants seront suspendus par leur métropolitain; et les prêtres, diacres et sous-diacres qui seront dans le même cas, par leur propre évêque, pour qu'ils puissent avoir le temps de s'instruire. S'ils ne se rendent point capables de remplir leurs fonctions, ils seront jugés canoniquement, c'est-à-dire qu'ils pourront être déposés. »

5. « On observera les canons anciens dans l'élection des évêques, en sorte qu'on n'en ordonnera que du consentement du clergé et du peuple. »

6. « Les évêques ne demeureront point hors de leur église au delà de trois semaines, si ce n'est par l'ordre du métropolitain, ou pour le service du prince, »

7. « Les clercs demeureront dans un cloître proche de l'église : ils auront un même dortoir, un même réfectoire et mêmes officines, et seront sous la conduite de supérieurs capables et subordonnés à l'évêque. »

8. « Les évêques ne mettront des curés dans les paroisses que du consentement des habitants. »

9. « On ne recevra dans les églises qu'autant de chanoines qu'elles pourront en entretenir. »

10. « On n'ordonnera aucun prêtre sans un titre de bénéfice, c'est-à-dire à moins que ce ne soit pour une église déterminée, ou pour un monastère. »

11. « Les prêtres liront et méditeront assidûment les divines Écritures. Ils s'abstiendront du jeu et du plaisir qu'ils pourraient prendre à voir jouer. »

12. « Les prêtres ne seront ni usuriers, ni chasseurs. Ils ne s'occuperont pas des travaux de la campagne, et ne sortiront de leurs maisons qu'en habit sacerdotal, pour n'être point exposés aux injures des séculiers, et pour être toujours en état de faire leurs fonctions. »

13. « Ils ne pourront être cités comme témoins en justice, pour affaires séculières, s'ils ne sont témoins nécessaires. »

14. « Les prêtres convaincus d'un crime qui mérite la déposition seront déposés et mis par l'évêque en un lieu où ils fassent pénitence. »

15. « Tout ecclésiastique soupçonné de mauvais commerce, sera averti, une, deux et trois fois, par son supérieur; s'il ne se corrige point, il sera jugé canoniquement. »

16. « Les évêques ne tourneront point à leur propre usage les biens des paroisses et des autres lieux de piété, et n'en tireront pas plus de droits qu'ils n'y seront autorisés par la coutume. »

17 et 18. « Défense aux prêtres de refuser, sous aucun prétexte, les offrandes de ceux qui se présentent; et aux évêques de donner des démissoires à des clercs qui ne sont point demandés par quelque autre évêque, de peur qu'ils ne deviennent vagabonds; et, afin que ces démissoires ne puissent être falsifiés, ils seront légalisés par le métropolitain, par le pape ou par le prince. »

19 et 20. « Les évêques et les prêtres étant établis pour chanter les louanges de Dieu, et pour s'appliquer aux bonnes œuvres, choisiront quelque personne entendue aux affaires, et de bonnes mœurs, pour avoir soin de leurs causes et de celles de leurs églises. Que si les prêtres n'en peuvent pas trouver, les évêques s'informeront si leur mauvaise conduite n'en est point cause; et s'ils les trouvent coupables, ils les puniront selon la règle des canons. »

21. « Les monastères ou les oratoires dépendront de leurs fondateurs, lesquels auront droit d'y établir des prêtres avec l'agrément de l'évêque. »

22. « On excommunie ceux qui s'emparent des biens de l'Église. »

23. « Les évêques auront soin de faire la visite des hôpitaux et des autres lieux de piété qui sont dans leurs diocèses. »

24. « A l'égard des lieux de piété qui sont abandonnés, s'ils sont en la dépendance des séculiers, les évêques les avertiront d'y établir des prêtres à qui ils fourniront la subsistance. Si, après avoir été avertis, ils sont trois mois sans y en établir, l'évêque en prendra soin et en donnera avis au prince pour s'autoriser à les faire desservir. »

25. « On rétablira les églises ou les lieux de dévotion qui sont tombés par vétusté. »

26. « Défense aux évêques d'imposer de nouvelles redevances aux prêtres, ou aux clercs, ou aux lieux de dévotion. »

« 27. On ne mettra pour abbés dans les monastères que des personnes capables de connaître et de corriger les fautes des moines. Ils seront prêtres, afin qu'ils aient plus d'autorité pour le maintien du bon ordre et des statuts. »

28 et 29. « Les évêques auront soin que les moines qui n'en ont que l'habit, observent la règle de leur ordre, en rentrant dans le monastère d'où ils sont sortis; ou ils les enverront dans un autre, afin qu'ayant fait des vœux à Dieu, pris l'habit monastique, fait tondre leurs cheveux, ils vivent conformément à l'état qu'ils ont embrassé. Ils en useront de même à l'égard des femmes qui ont pris l'habit ou le voile de la religion; mais on ne retiendra pas dans les monastè-

res ceux qui y ont été mis par force, sans l'avoir mérité par quelque crime. »

30. « On sanctifiera le dimanche, en s'abstenant de toute œuvre servile et de tout trafic. »

31. « On emprisonnera ceux qui violent la sainteté du dimanche. »

32. « Défense de retenir dans la religion ceux qu'on y a mis par force. »

33. « Aucun laïque ne s'assiéra dans le presbytère, c'est-à-dire dans le lieu où les prêtres et les autres clercs se tiennent pendant la célébration de la messe; ce lieu étant réservé pour y faire honorablement et avec liberté l'office divin. »

34. « On établira des écoles dans les évêchés, les paroisses et les autres lieux où elles seront jugées nécessaires, avec des maîtres capables d'enseigner les lettres, les arts libéraux et les dogmes de l'Eglise. »

35. « Quelques-uns, principalement les femmes, passaient les jours de fêtes à se baigner, à danser et à chanter des chansons déshonnêtes, au lieu de les employer à la prière et à fréquenter les églises ; le concile ordonne aux prêtres de corriger cet abus. »

36. « Le mari ne doit point se séparer de sa femme, si ce n'est pour cause de fornication ; mais ils peuvent, d'un commun consentement, embrasser chacun l'état religieux, avec la permission de l'évêque, qui leur assignera des demeures séparées. »

37. « Défense d'avoir deux femmes tout à la fois, ou d'avoir ensemble une femme et une concubine. »

38. « Ordre de séparer ceux qui ont contracté des mariages dans des degrés prohibés, sous peine d'anathème et de privation de la communion. »

Petronax, archevêque de Ravenne, souscrivit le premier à ces décrets. *Lab., tom. VII et VIII.*

ROME (Concile de), l'an 848. Le pape Léon IV ayant reçu les députés du concile de Bretagne, en assembla un à Rome, où il fut décidé qu'aucun évêque ne devait rien prendre pour conférer les ordres, sous peine de déposition. Ceux qui s'étaient écartés de cette règle par le passé ne furent néanmoins pas déposés. *Mabillon, sæc. IV Bened., pag. 221.*

ROME (Concile de), l'an 849. Anastase, cardinal prêtre du titre de Saint-Marcellin, fut cité à ce concile pour rendre compte de sa conduite, ayant quitté sa paroisse sans le consentement du pape ; mais il n'obéit point à la citation. *Schram., Summ. Conc. Carranza.*

ROME (Concile de), l'an 850. Le même Anastase, qui avait refusé de comparaître dans le concile précédent, fut excommunié dans celui-ci. *Ibid.*

ROME (Concile de), l'an 853. Le 8 décembre de l'an 853, le pape Léon IV tint un concile à Rome dans l'église de Saint-Pierre, assisté de soixante-sept évêques, entre lesquels il y en avait quatre envoyés par l'empereur Lothaire. Jean, archevêque de Ravenne, n'ayant pu s'y rendre, députa de sa part un diacre nommé *Paul*, qui souscrivit le premier de tous, après le pape et l'empereur Lothaire. Les évêques publièrent quarante-deux canons, dont les trente-huit premiers sont les mêmes qui avaient été publiés par le pape Eugène II en 826. Le concile y fit néanmoins quelques additions, qui ont été imprimées séparément dans l'édition romaine de Luc Holsténius, et dans les suivantes, où l'on a mis d'abord tous les actes du concile de l'an 826, puis ceux de 853, avec la remarque donnée pour avertissement, que les 39, 40, 41 et 42ᵉ canons sont les 1ᵉʳ, 2ᵉ 3ᵉ et 4ᵉ canons de ce dernier concile.

39. Il y est dit que, pour se conformer aux décrets des anciens, qui défendent d'ordonner pour une église un plus grand nombre de clercs que les revenus et les oblations des fidèles ne peuvent en entretenir, on retranchera le nombre superflu des prêtres qui se trouvaient à Rome, ordonnés par les évêques les plus voisins, et dont le tiers suffisait pour faire le service.

40. « Tous les prêtres des églises baptismales, ou qui desservent de simples oratoires, viendront au synode de leur évêque diocésain, qu'ils demeurent, soit dans les villes, soit à la campagne. »

41. « Les laïques ne mettront point de prêtres d'un autre diocèse dans les églises de leur dépendance, sans le consentement de l'évêque, sous peine d'excommunication, contre les laïques, et de déposition contre les prêtres.

42. « La même peine est ordonnée contre les abbés et autres patrons ecclésiastiques ; et l'on en donne pour raison que les prêtres ne peuvent être placés que par ceux qui ont droit de les ordonner et de les corriger. »

Le concile procéda ensuite contre Anastase, prêtre de l'Eglise romaine, et cardinal du titre de Saint-Marcellin, qui, ayant quitté Rome depuis cinq ans, avait fixé sa demeure à Aquilée, malgré le pape. Ce cardinal fut déposé. *Lab., tom. VIII; Hard., tom. V.*

ROME (Concile de), l'an 855, tenu par le pape Léon IV, en présence de l'empereur Louis II, au sujet de certaines paroisses que l'évêque d'Arezzo disputait à celui de Sienne. Le concile les adjugea à ce dernier. *Mansi, Conc. t. XV.*

ROME (Concile de), l'an 856. Anastase, déjà déposé et soumis à l'anathème dans les conciles précédents, ayant excité de nouveaux troubles à l'occasion de l'élection du pape Benoît III, celui-ci assembla contre lui un concile, dans lequel le cardinal rebelle fut dépouillé de ses habits sacerdotaux et réduit à l'état laïque. *Conc. t. IX.*

ROME (Concile de), l'an 860. Le pape Nicolas Iᵉʳ, ayant appris la déposition du patriarche Ignace et la consécration de Photius, assembla un concile pour délibérer sur cette affaire. Il y fut résolu qu'on enverrait deux légats à Constantinople, pour s'informer au juste des causes d'une pareille révolution ; et ces légats furent Rodoalde, évêque de Porto, et Zacharie, évêque d'Anagni. *Nicolaus I, epist. 1 ad universos cathol., et epist. 9 ad Michaelem imper.; Mansi, t. I, col. 983.*

ROME (Conciles de), l'an 861. Le pape Nicolas Ier tint deux conciles à Rome en cette année. Dans le premier, il déclara en présence de Léon, ambassadeur de l'empereur Michel, qu'il n'avait point envoyé ses légats à Constantinople pour approuver la déposition du patriarche Ignace, et la consécration de Photius, et qu'il ne consentirait jamais ni à l'une ni à l'autre.

Comme les habitants de Ravenne lui avaient formé des plaintes contre Jean, leur évêque, il l'appela trois fois par lettres à ce même concile; mais Jean n'ayant pas voulu y venir, on l'excommunia. Quelque temps après il vint à Rome avec des députés qu'il avait obtenus de l'empereur Louis. Le pape reprit les députés d'avoir communiqué avec un excommunié, et manda à l'archevêque Jean de se trouver au concile, deuxième de cette année, qui devait se tenir le 1er novembre, pour rendre compte de sa conduite. Jean refusa et sortit de Rome. Nicolas Ier, aux instances des sénateurs de Ravenne, alla sur les lieux pour s'instruire par lui-même. Jean ne l'y attendit pas, mais se retira à Pavie auprès de l'empereur. Le pape fit donc un décret par lequel il rendit aux parties plaignantes les biens que Jean leur avait enlevés. Convaincu dans la suite d'avoir conspiré contre l'autorité du saint-siège, il fut déposé dans un concile que le même pape tint à Rome en 864. *D. Cellier, t.* XXII.

ROME (Concile de), l'an 862. Le pape Nicolas assembla ce concile, où il condamna les théopaschites, qui renouvelaient l'hérésie de Valentin, de Manès, d'Apollinaire et d'Eutychès, disant que la divinité avait souffert en Jésus-Christ, contre la doctrine expresse du prince des pasteurs, qui nous enseigne que Jésus-Christ n'a souffert que dans sa chair. Pour confirmer cette doctrine, le concile fit deux canons, dont le premier porte que Jésus-Christ, Dieu et Fils de Dieu, n'a souffert la mort que dans sa chair, sa divinité étant demeurée impassible; et le second prononce l'anathème contre tous ceux qui enseignent une doctrine contraire. *Ibid.*

ROME (Concile de), l'an 863 ou 862, suivant Mansi. Le pape Nicolas Ier assembla ce concile au commencement de 863, pour réparer la faute des légats qu'il avait envoyés à Constantinople, et qui avaient lâchement concouru à l'injuste déposition du patriarche Ignace, dans un conciliabule que Photius avait fait assembler dans cette ville en 861. Ces légats étaient Rodoalde, évêque de Porto, et Zacharie, évêque d'Anagni. Après que le pape eut fait lire les actes du concile de Constantinople, et les lettres de l'empereur Michel, que le secrétaire Léon avait apportées, on fit comparaître le légat Zacharie, qui ayant avoué qu'il avait consenti à la déposition d'Ignace, et communiqué avec Photius, fut déposé de l'épiscopat et excommunié. On ne put procéder contre Rodoalde, parce qu'il était absent, et sa cause fut renvoyée au jugement d'un autre concile. On examina celle de Photius, et, sur les preuves qui furent données qu'il avait passé de la milice séculière à l'épiscopat; qu'il avait, du vivant d'Ignace, légitime patriarche de Constantinople, usurpé ce siège; qu'il avait osé déposer et anathématiser Ignace, corrompre les légats du saint-siège, reléguer les évêques qui ne voulaient point communiquer avec lui, et qu'il ne cessait de persécuter l'Eglise, il fut privé de tout honneur sacerdotal et de toute fonction cléricale, avec menace de n'être jamais admis à la communion de l'Eglise, et du corps et du sang de Jésus-Christ, sinon à la mort, dans le cas où il empêcherait Ignace de gouverner paisiblement son Eglise. On interdit pareillement toute fonction sacerdotale à Grégoire de Syracuse, ordinateur de Photius, et à tous ceux que Photius avait ordonnés. A l'égard d'Ignace, on déclara qu'il n'avait jamais été déposé; et il fut arrêté que les évêques et les clercs exilés ou déposés depuis l'expulsion de ce patriarche, seraient rétablis dans leurs sièges et dans leurs fonctions, sous peine d'anathème contre ceux qui s'y opposeraient. Le concile ajouta que, s'ils étaient accusés de quelque crime, on commencerait par les rétablir; qu'ensuite ils seraient jugés, mais seulement par le saint-siège. Enfin, on confirma par un décret la tradition touchant le culte des images, et on prononça anathème contre Jean, autrefois patriarche de Constantinople, et contre ses sectateurs, ennemis du culte des images. *Reg. t.* XXII; *Labb. t.* VIII; *Hard. t.* V.

ROME (Conciles de), l'an 864. Ces deux conciles furent tenus dans le palais de Latran par le pape Nicolas Ier, au sujet de la prévarication commise par ses légats dans le concile qui s'était tenu à Metz, l'année précédente 863. Ces légats étaient Rodoalde, évêque de Porto, le même qui avait été envoyé à Constantinople, et Jean, évêque de Ficocle ou Cervia dans la Romagne. Ils avaient souscrit avec les autres évêques l'acte d'approbation du divorce de Thietberge avec le roi Lothaire, et du mariage de ce prince avec Valdrade, sa concubine. Gonthier de Cologne, et Theutgaud de Trèves, qui avaient été envoyés à Rome par Lothaire, pour demander au pape la confirmation des actes du concile de Metz, les lui présentèrent avec ceux du concile d'Aix-la-Chapelle; mais ils contenaient des propositions si honteuses et si inouïes, que ces prélats furent condamnés sur leur propre confession. Le décret de condamnation est renfermé dans une lettre que le pape écrivit à tous les évêques de Gaule, d'Italie et de Germanie, et divisé en cinq articles. Dans le premier, le concile de Rome casse celui de Metz du mois de juin 863, qu'il compare au brigandage d'Éphèse. Il déclare dans le second, Theutgaud de Trèves et Gonthier de Cologne dépouillés de toute puissance épiscopale, avec défense de faire aucune fonction de leur dignité, sous peine de n'être jamais rétablis. Le troisième dépose les évêques leurs complices, en leur promettant toutefois de les rétablir, s'ils reconnaissent leur faute. On anathématise dans le quatrième Ingeltrude, fille du comte Mattefride et femme de Boson, qu'elle avait quitté depuis environ sept ans. Le cinquième prononce anathème contre tous ceux qui méprisent les décrets du siége apostolique touchant la foi catholique, la discipline ecclésiastique et la correction des mœurs. Il n'est rien dit des deux légats, parce que Rodoalde, troublé par le reproche de sa conscience, s'était enfui avant la tenue du concile, et qu'on ne voulait point le condamner sans l'avoir entendu. Il revint à Rome avec l'empereur Louis, en sortit une seconde fois, malgré la défense du pape, s'enfuit en d'autres provinces, et fut déposé et excommunié par un concile nombreux que le pape tint, la même année, dans l'église de Latran. *Ibid.*

ROME (Concile de), l'an 865. Le pape Nicolas Ier indiqua ce concile, pour le commencement de novembre, touchant l'affaire de Rothade, évêque de Soissons, celles du roi Lothaire, du patriarche Ignace, de Theutgaud de Trèves, et de Gonthier de Cologne. Personne ne s'étant présenté pour accuser Rothade, il fut rétabli dans son premier état, de même que Suffrède, évêque de Plaisance, qui avait été chassé de son siége. Le pape envoya Rothade à Soissons, avec Arsène, évêque d'Orta en Toscane, chargé de faire exécuter le rétablissement de Rothade, et d'obliger Lothaire à quitter Valdrade. Theutgaud et Gonthier, qui étaient venus à Rome dans l'espérance de se faire rétablir, s'en retournèrent sans avoir rien obtenu. *Ibid. et Mansi, Concil. Supplem. t.* I.

ROME (Concile de), l'an 868, avant le mois d'août. Le patriarche Ignace ayant déféré à Rome les actes du conciliabule tenu à Constantinople en 866, dans lequel Photius avait eu l'audace de déposer le pape Nicolas Ier, Adrien II, croyant de son devoir de venger l'honneur de son prédécesseur et de l'Eglise romaine, assembla un concile en 868, où, de l'avis des évêques qui le composaient, il frappa jusqu'à trois fois Photius d'anathème, et condamna au feu ses actes, comme remplis d'erreurs et de mensonges. Il ordonna la même chose de tous les écrits que Photius avait publiés contre le saint-siége, de même que de ceux qui avaient été publiés par ordre de l'empereur Michel, et il condamna les deux conventicules qu'ils avaient assemblés contre le patriarche Ignace. Il releva en particulier la témérité de Photius, d'avoir osé condamner le pape Nicolas, son prédécesseur. Photius alléguait pour sa justification l'exemple du pape Honorius, dont la mémoire avait été anathématisée après sa mort. « Mais, répliqua le pape Adrien, il faut savoir qu'Honorius avait été accusé d'hérésie, qui est la seule cause pour laquelle il est permis aux inférieurs de résister à leurs supérieurs; et toutefois aucun, ni patriarche, ni évêque, n'aurait eu droit de prononcer contre lui, si l'autorité du saint-siége n'avait précédé. » Trente évêques souscrivirent à ce concile, avec neuf prêtres et cinq diacres. Quand il fut fini, on le mit à la porte, sur les degrés de l'église de Saint-Pierre, les actes du conciliabule de Photius; on les foula aux pieds, et on les jeta au feu. *D. Ceillier, tom.* XXII.

ROME (Concile de), l'an 868, 4 octobre. Le pape Adrien II y condamna de nouveau Anastase, qui, après s'être caché sous le pontificat de Nicolas Ier, avait reparu sous le sien.

ROME (Concile de), l'an 869. *Voy.* MONT-CASSIN.

ROME (Concile de), l'an 872. Le pape Jean VIII tint ce concile à la demande de l'empereur Louis, qui s'était rendu à Rome pour se plaindre de la tyrannie d'Adalgise, duc de Bénévent. Le pape délia l'empereur Louis d'un serment qu'Adalgise lui avait fait faire de ne point tirer vengeance de son emprisonnement. *Mansi, Suppl. tom.* I, *col.* 1023; *Conc. t.* XVII, *col.* 264.

ROME (Concile de), l'an 875. Le même pape tint ce concile sur la fin de l'année. Il y proposa d'élire empereur le roi Charles le Chauve; ce qui fut accepté. *Mansi, Suppl. tom.* I, *col.* 1023.

ROME (Concile de), l'an 876. Le même pape tint encore ce concile, vers la mi-avril, et y donna un jour préfix à Formose, évêque de Porto, pour comparaître devant lui. *Ibid.*

ROME (Concile de), l'an 877. Quoiqu'on eût accordé les revenus de l'église de Torzello à Dominique dans le concile de Ravenne (*Voy.* ce mot) en 874, on ne laissait pas de le faire passer pour un intrus. On le cita même deux fois à Rome pour examiner son affaire en présence de Pierre, patriarche de Grado, qui s'était opposé à son ordination; et comme il ne comparut point, le pape lui ordonna de se trouver au concile qu'il avait indiqué à Rome pour le 13 février 877. Il y appela aussi les évêques de Vénétie intéressés dans cette affaire. Ils n'y vinrent point; et on ne fit autre chose dans cette assemblée que de confirmer l'élection de l'empereur Charles. Jean VIII y fit un long discours à la louange de ce prince, et entreprit de montrer que son élection s'était faite par l'inspiration de Dieu. C'est pourquoi, après avoir pris l'avis des évêques du concile, il prononça le décret de confirmation, ajoutant l'anathème contre ceux qui s'opposeraient à cette élection. *D. Cellier, t.* XXII.

ROME (Concile de), l'an 878. Le pape Jean VIII tint ce concile avec les évêques d'Italie, et y excommunia Lambert, duc de Spolette, pour les maux qu'il avait faits et ceux qu'il menaçait de faire aux Romains. *Mansi, tom.* I, *col.* 1027.

ROME (Conciles de), l'an 879. Jean VIII, pour se conformer aux canons qui ordonnaient la tenue de deux conciles chaque année, en indiqua un à Rome pour le 24 avril; mais ensuite il le remit au premier de mai. Il y appela Romain, archevêque de Ravenne, et Anspert, archevêque de Milan, l'un et l'autre avec leurs suffragants. Pour les y engager, il leur fit savoir qu'outre les affaires ecclésiastiques, on y traiterait de l'élection d'un empereur. Carloman, roi de Bavière, aurait pu prétendre à l'empire; mais sa mauvaise santé ne lui permettait pas d'agir ; et Louis le Bègue était mort le 10 avril. Le pape destinait la couronne impériale au roi Charles, frère de Carloman ; mais il eut des raisons pour suspendre son élection, et elle n'eut lieu qu'en 881. Anspert n'étant pas venu au concile, le pape le priva de la communion ecclésiastique, et lui enjoignit de se rendre à celui qu'il tiendrait le 12 d'octobre de la même année 879.

Le concile se tint au jour marqué. Anspert n'y vint pas et n'envoya personne de sa part. Le pape le déposa en conséquence, et ordonna aux évêques de la province de Milan de procéder à l'élection d'un autre archevêque. Dans l'intervalle qu'il y eut entre ces deux conciles, Anspert, comptant pour rien son excommunication du 1er mai, avait ordonné un nommé Joseph évêque de Verceil. Le pape déclara nulle cette ordination, et ordonna lui-même pour évêque de cette ville Conspert, à qui Carloman, en qualité de roi d'Italie, avait donné cet évêché. *D. Ceillier, t.* XXII.

Dans un autre concile, tenu au mois d'août, le pape se rendit aux importunes sollicitations de l'empereur Basile, en reconnaissant Photius pour patriarche de Constantinople, et il renvoya les ambassadeurs de Basile avec un légat chargé de lettres favorables pour cet ambitieux, à qui il donnait les noms d'évêque, de confrère et de collègue. *Anal. des conc. t.* V.

ROME (Concile de), l'an 880. Dans ce concile, le même pape déclara absous le duc Dieudonné, accusé du crime d'inceste et excommunié pour ce sujet par Romain, archevêque de Ravenne. *Mansi. Conc. t.* XVII.

ROME (Concile de), l'an 881. Le pape Jean avait souvent averti Athanase, évêque de Naples, de rompre le traité qu'il avait fait avec les Sarrasins. Cet évêque le lui avait promis, consentant même à être déposé de l'épiscopat et anathématisé, s'il continuait son alliance avec eux. Malgré toutes ces promesses, et sans égard à l'argent qu'il avait reçu du pape pour se séparer de ces barbares, il partagea avec eux le butin. Le pape fut donc contraint de procéder contre lui dans un concile qu'il tint à Rome au mois d'avril 881, et de le priver de la communion ecclésiastique jusqu'à ce qu'il se fût séparé des Sarrasins. Il fit part de cette sentence aux évêques voisins, et quelques instances qu'Athanase fit pendant plus d'une année pour obtenir l'absolution de son excommunication, il ne la lui accorda qu'à condition qu'il lui enverrait les principaux d'entre les Sarrasins, dont il lui marquait les noms, et qu'on égorgerait les autres. *D. Ceillier, Hist. des aut. sac.* Ce dernier trait, comme on le voit, est de l'histoire, mais n'a aucun rapport avec la décision même prise dans le concile.

ROME (Autre concile de), l'an 881. Le pape Jean VIII, ayant appris tout ce qui s'était passé dans le conciliabule de Constantinople, en annula tous les actes dans le concile qu'il tint à ce sujet; et confirmant les sentences portées par ses prédécesseurs, il condamna de nouveau Photius, et le frappa encore une fois d'anathème. *Mansi. Suppl. t.* I.

ROME (Autre concile de), l'an 881. Romain, archevêque de Ravenne, étant accusé de divers crimes, et particulièrement de parjure, fut cité à comparaître à ce concile pour répondre aux griefs avancés contre lui ; mais ayant fait défaut, il fut frappé d'excommunication.

ROME (Concile de), l'an 883. Le pape Marin, imitant la conduite de ses prédécesseurs, tint ce concile contre Photius, qu'il condamna et anathématisa de nouveau. *Mansi Suppl*

ROME (Concile de), l'an 884. Le pape Adrien III, en montant sur le trône pontifical, avait été sollicité par l'empereur Basile de rendre la communion à Photius ; mais bien loin d'acquiescer à une telle demande, il renouvela dans ce concile dont il s'agit la sentence d'excommunication tant de fois prononcée par ses prédécesseurs, et persista à ne voir dans Photius qu'un laïque qui avait usurpé le siége de Constantinople. L'empereur, irrité de ce coup de vigueur, répondit au pape par une lettre très-virulente ; mais Adrien mourut sur ces entrefaites, et la lettre de l'empereur ne put être remise qu'à son successeur Etienne.

ROME (Concile de), l'an 893. Nous apprenons de Flodoard que le pape Formose assembla un concile à Rome le 1er de mars 893, auquel il invita Foulques, archevêque de Reims. Il paraît qu'il y fut question d'aviser aux moyens de pacifier les troubles occasionnés par de nouvelles erreurs que l'on répandait de toutes parts, et par des schismes qui s'élevaient dans l'Eglise de Constantinople et en Orient. *Hist. des aut. sacrés et eccl., t.* XXII.

ROME (Concile de), l'an 896 ou 897. On donne avec justice, dit D. Ceillier, le nom de conciliabule à cette assemblée, que convoqua le pape Etienne VI pour la condamnation de Formose, son prédécesseur. Le corps de ce pape, que l'on avait exhumé, fut apporté au milieu de l'assemblée ; on le revêtit des ornements pontificaux, et on lui donna un avocat pour répondre en son nom. La procédure fut courte. Formose ayant été condamné comme usurpateur du saint-siége, on lui coupa trois doigts et la tête, puis on le jeta dans le Tibre. Ceux qu'il avait ordonnés furent déposés et ordonnés de nouveau. On déclara nulle aussi l'élection du pape Boniface VI, parce qu'il avait été dégradé deux fois, l'une du sous-diaconat, et l'autre de la prêtrise. Les actes de ce conciliabule sont rapportés dans un concile de Rome de l'an 904, où ils furent cassés. *Hist. des aut. sacrés et ecclés., t.* XXII ; *Carranza, Summa. Concil.*

ROME (Concile de), l'an 898. Le pape Théodore y réhabilita les clercs ordonnés par Formose, que son prédécesseur Etienne avait déposés, rappela les évêques chassés de leurs siéges, et travailla à la réunion de l'Eglise. *Mansi*, *Suppl. t.* I, *col.* 1081.

ROME (Concile de), l'an 898. Jean IX venait d'être préconisé; mais Sergius lui disputant son élection, il fallut assembler un concile, pour réprimer l'audace de ce nouvel anti pape, et assurer les droits du pape légitime.

ROME (Concile de), vers l'an 900. Le concile de Rome sous le pape Jean IX est fixé dans les collections ordinaires à l'an 904. Le père Pagi le met en 898. La difficulté ne vient que de l'incertitude de la chronologie des papes qui occupaient le saint-siége sur la fin du neuvième siècle, et au commencement du dixième. Leur pontificat fut si court, qu'on ne prit pas la peine d'en marquer la durée. Ce que l'on sait de plus exact là-dessus est dû à Flodoard de Reims, qui, quoiqu'étranger à la cour de Rome, s'est appliqué à donner la suite des papes. Mais à l'égard de Jean IX, on voit par deux diplômes rapportés par de Marca, l'un adressé à Riculfe, évêque d'Elne dans le Roussillon, l'autre à Servus-Dei, évêque de Girone, qu'il était pape dès le mois d'octobre de l'an 900. Comme il ne gouverna l'Eglise qu'environ trois ans, ou même deux, selon quelques historiens, on ne peut mettre son concile de Rome qu'en cette année, ou dans la précédente, ou la suivante. On lut d'abord dans ce concile un mémoire concernant l'état présent de l'Eglise et les moyens de la pacifier ; puis les actes du concile tenu sous le pape Théodore, successeur de Romain Gallesin, élu à la place d'Etienne. Quoique Théodore n'ait vécu que vingt jours depuis son ordination, il ne laissa pas de contribuer beaucoup à la réunion de l'Eglise, ayant rappelé les évêques chassés de leurs siéges, rétabli les clercs ordonnés par Formose, et fait reporter solennellement le corps de ce pape dans la sépulture ordinaire des pontifes romains. Il prit apparemment toutes ces résolutions dans le concile dont il est parlé ici. On n'en trouve rien ailleurs.

Après qu'on eut lu les actes, on fit lecture de ce qui s'était passé contre le pape Formose par les ordres de Jean VIII et d'Etienne VI. Trois des accusateurs de Formose étaient présents. On leur demanda si leur déposition contenait la vérité; ils répondirent que non, et cherchèrent à s'excuser, disant qu'ils n'avaient agi que par l'autorité du pape, et qu'ils avaient été forcés d'assister à ces conciles. Le résultat de la discussion fut que les évêques qui s'étaient déclarés contre Formose demandèrent pardon prosternés en terre, et le pape Jean IX le leur accorda volontiers.

On publia ensuite le décret du concile en douze capitules ou articles, dont voici l'abrégé.

1. « On condamna tout ce qui s'était passé dans le concile de Rome, tenu sous Etienne VI contre la mémoire et le corps du pape Formose. On défendit d'entreprendre rien de semblable à l'avenir, parce qu'un mort ne peut être appelé en jugement, puisqu'il est impossible qu'il réponde aux accusations intentées contre lui.

2. « On accorda le pardon aux évêques, aux prêtres aux autres clercs qui avaient assisté à ce jugement par crainte ; et l'on ordonna que dorénavant on n'userait plus de ces sortes de violences. »

3. « Formose ayant été transféré de l'église de Porto à celle de Rome par nécessité, son exemple ne devra pas tirer à conséquence; attendu que les canons défendent la translation d'un évêque d'un siége à un autre, jusqu'à refuser aux contrevenants la communion laïque, même à la fin. » Après la mort de Formose, une faction populaire avait choisi pour lui succéder Boniface, qui avait été déposé du sous-diaconat, et ensuite de la prêtrise. Le concile en prit occasion de défendre d'élever à un plus haut degré celui qui aurait été déposé par un synode, et n'aurait point été canoniquement rétabli.

4. « On rétablit dans leur rang les évêques, les prêtres et les autres clercs ordonnés canoniquement par le pape Formose ; et on rappela ceux d'entre eux qui avaient été chassés par la témérité de quelques personnes. »

5. « On défendit, suivant les ordonnances des conciles d'Afrique, les réordinations, les rebaptisations et les translations d'un siége à un autre. »

6. Guy, duc de Spolette, roi d'Italie, étant mort, Bérenger, duc de Frioul, s'était fait couronner empereur par Etienne VI. Mais Lambert, fils de Guy, couronné par Formose dès l'an 893, trouva le moyen de se maintenir et de chasser Bérenger. Le concile déclara donc qu'il confirmait l'onction du saint chrême donnée à l'empereur Lambert, et qu'il rejetait absolument celle que Bérenger avait extorquée.

7. « On condamna au feu les actes du concile tenu par Etienne VI contre Formose. »

8. « On déclara les prêtres Serge, Benoît et Marin, et les diacres Léon, Paschal et Jean, justement condamnés et séparés de la communion de l'Eglise, comme des sacriléges et des séditieux ; et l'on défendit, sous peine d'anathème, de les rétablir. »

9. « On menaça d'excommunication ceux qui avaient violé la sépulture du pape Formose, s'ils ne venaient à résipiscence. »

10. « Pour remédier aux violences que l'Eglise souffrait à la mort d'un pape, lorsqu'on choisissait son successeur à l'insu de l'empereur, et en l'absence de ses commissaires destinés à maintenir le bon ordre, le concile demanda qu'à l'avenir le pape fut élu dans l'assemblée des évêques et de tout le clergé, à la demande du sénat et du peuple, et ensuite consacré solennellement en présence des commissaires de l'empereur, sans qu'il fût permis à personne d'exiger de lui des serments nouvellement inventés, mais seulement ce qui s'était toujours pratiqué. »

11. « On défendit de piller le palais pa-

triarcal après la mort du pape, et la maison épiscopale, après la mort de l'évêque, sous peine aux contrevenants d'encourir les censures de l'Eglise et l'indignation de l'empereur. » C'était un abus qui régnait dans ces temps-là, de piller, après la mort du pape, non-seulement le palais pontifical, mais aussi tous les autres qui lui appartenaient dans Rome ou aux environs. On pillait de même la maison épiscopale, après la mort de l'évêque. Ce sont ces abus que le concile condamne ici.

12. Il condamna encore la coutume abusive où étaient les juges séculiers et leurs officiers, de vendre des commissions pour la recherche des crimes; ce qui tendait à les commettre avec plus de liberté, en donnant de l'argent à ces commissionnaires pour n'être plus recherchés. On déclara que les évêques auraient la liberté, dans leurs diocèses, de rechercher et de punir, selon les canons, les adultères et les autres crimes, et qu'ils pourraient, dans le besoin, tenir des audiences publiques, pour réprimer ceux qui leur résisteraient.

ROME (Concile de), l'an 900 selon Mansi, et sous le pape Jean IX : ce concile est peut-être le même que le précédent. Agrime, évêque de Langres, ayant été apparemment déposé par l'ordre du pape Etienne VI, le clergé et le peuple de Langres, qui étaient attachés à leur évêque, réclamèrent en sa faveur auprès du pape Jean IX. Jean IX fit droit à leur requête, après avoir pris l'avis du concile, assemblé peut-être pour cet unique sujet. « Chargé, dit-il dans sa réponse au clergé et au peuple de Langres, du soin et de la sollicitude de toutes les Eglises, et voulant, comme c'est aussi notre devoir, maintenir inviolablement les droits de chacune d'elles, et y faire respecter les canons, nous ne saurions permettre que vous restiez plus longtemps dans cet état de souffrance; mais sensible à vos plaintes, dont nous avons reconnu la justice avec le collège de nos frères les évêques et des autres ordres, nous vous rendons notre vénérable frère Agrime, que nous rétablissons canoniquement dans son siége : non que nous improuvions la sentence de notre prédécesseur le pape Etienne, mais pour satisfaire plus avantageusement à votre utilité et à votre besoin. » *Mansi, Conc. t.* XVIII.

ROME (Concile de), l'an 904 selon le P. Richard, quoique Benoît IV, qui tint ce concile, soit mort dès le commencement d'octobre de l'an 903, selon les auteurs de l'*Art de vérifier les dates*. Ce concile fut convoqué dans le palais de Latran, et se tint en présence de l'empereur Louis IV, au mois de février. On y traita de quelques affaires ecclésiastiques, et l'on y fit rendre à l'église de Lucques quelques biens qu'on lui avait enlevés. *Mansi, t. I, col.* 1093.

ROME (Concile de), l'an 906, sous le pape Serge III. Guillaume, évêque de Turin, le même qui composa un office de la passion du Sauveur avec trois répons, fut suspendu pour trois ans, dans ce concile, de ses fonctions épiscopales, pour faire pénitence pendant tout ce temps. *Mansi, Suppl.*

ROME (Concile de), l'an 910, sous Serge III. Dans ce concile, l'Eglise de Brême fut détachée de la province de Cologne, pour faire à l'avenir partie de celle de Hambourg. *Tom.* XI *Conc. cum Suppl. Mansi.*

ROME (Concile de), l'an 949. Le pape Agapet II, que quelques-uns nomment Agapet le Jeune, pour le distinguer du pape Agapet Ier, tint ce concile, qui confirma ceux d'Ingelheim et de Trèves, avec les sentences rendues contre Hugues, prétendant au siége de Reims, et Hugues, comte de Paris. *Anal. des Conc. t.* V; *Hist. des aut. sacrés et ecclés., t.* XXII.

ROME (Concile de), l'an 956. Rathier, qui du siége de Vérone, qu'il avait été forcé de quitter, avait été transféré à celui de Liége, ayant été chassé de celui-ci comme du premier, obtint pourtant dans ce concile d'être rétabli sur le siége de Vérone. Il n'est pas certain après tout que ce concile ait été tenu à Rome, plutôt que dans quelque autre endroit de l'Italie. *Mansi, Suppl.*

ROME (Concile de), l'an 962. L'empereur Othon Ier ayant été invité par le pape Jean XII à se rendre à Rome, ce pape lui donna la couronne impériale dans un concile qu'il tint, à cette occasion, au mois de février de l'an 962. Othon confirma dans ce concile les priviléges de l'Eglise romaine, par un diplôme qui fut souscrit par tous les évêques présents au concile. On y confirma aussi l'érection de l'Eglise de Magdebourg en archevêché, et celle de Mersbourg en évêché. *Muratori, Rerum ital. tom.* I, *part.* II; *Mansi, tom.* I, *col.* 1133.

ROME (Conciliabule de), l'an 963. Le pape Jean XII s'étant joint à Adalbert contre l'empereur Othon, ce prince en apprit la nouvelle étant à Pavie. Il eut peine à y ajouter foi; et pour s'assurer du vrai, il envoya à Rome. Les Romains certifièrent la révolte du pape Jean, et le chargèrent de plusieurs crimes. Othon ne s'en émut point, disant à ceux qu'il avait envoyés, que le pape était jeune, et qu'il pourrait se corriger. En effet, Jean XII lui députa Léon protoscriniaire de l'Eglise romaine, et Démétrius, pour s'excuser de ce qu'il avait fait pour Adalbert, sur un emportement de jeunesse. Il se plaignit en même temps de ce que l'empereur lui avait manqué en plusieurs points. Othon se justifia et offrit, en cas que le pape ne recevrait pas ses excuses, de prouver son innocence par le duel. Luitpart, évêque de Crémone, fut chargé de porter cette réponse au pape, qui ne voulut recevoir sa justification ni par le serment, ni par le duel. Il fit même revenir Adalbert, assiégé par l'empereur dans Monte-Feltro. L'empereur l'y suivit; mais le pape et Adalbert, informés de son voyage, en sortirent. Les Romains, quoique divisés en deux partis, dont l'un tenait pour le pape, l'autre pour l'empereur, lui promirent fidélité, avec serment de ne point élire de pape sans son consentement ou celui de son fils. On assembla un concile nombreux, où l'empereur assista avec quarante évêques, treize cardinaux, plusieurs autres clercs et laïques. Othon témoigna être fâché que le pape ne fût pas présent au concile, et demanda pourquoi il l'avait évité. Les évêques répondirent qu'ils étaient surpris de cette question, les crimes de Jean XII étant si publics, qu'ils n'étaient ignorés de personne. Ce prince dit qu'il fallait proposer les accusations en particulier. On les proposa en grand nombre, et toutes graves. L'empereur en donna avis au pape par une lettre du 6 novembre 963. Il ne répondit que par des menaces d'excommunication contre ceux qui entreprendraient d'élire un autre pape. Cette lettre ayant été lue dans une seconde session du 22 novembre, on lui en écrivit une autre qui ne lui fut pas rendue, parce qu'on ne put le trouver.

Cela fut cause apparemment qu'on ne lui en écrivit pas une troisième par forme de citation, pour garder les formalités. Le concile s'étant assemblé pour une dernière fois, l'empereur se plaignit de ce qu'après avoir délivré le pape Jean des mains de Bérenger et d'Adalbert, oubliant la fidélité qu'il lui avait jurée, il avait pris le parti d'Adalbert, fait des séditions, et était devenu chef de guerre, portant une cuirasse et un casque. Le concile, invité par ce prince à déclarer ce qu'il convenait d'ordonner, demanda que Jean fût chassé de son siége, et qu'on mît à sa place un homme de bon exemple. L'empereur en fut d'avis, et tous ayant nommé d'une voix unanime et par trois fois Léon, protoscriniaire, il fut conduit au palais de Latran, et ordonné pape au mois de décembre 963. Il tint le saint-siége un an et quatre mois. Nous n'avons pas les actes de son élection, ni de ce qui se passa dans cette assemblée; et nous n'en savons que ce qu'on en lit dans Luitprand et dans son continuateur. *D. Ceillier, Hist. des aut. sacr. et eccl.*

ROME (Concile de), l'an 964. Le pape Jean XII, rappelé à Rome par les Romains, tint un concile dans l'église de Saint-Pierre, le 26 de février 964, avec seize évêques italiens et douze prêtres cardinaux, dont la plupart avaient assisté au conciliabule de l'année précédente, où il avait été déposé. Jean ouvrit la première session par des plaintes contre l'empereur Othon : puis il demanda aux assistants comment on devait appeler le concile tenu dans son Eglise en son absence. Ils répondirent que c'était une prostitution en faveur de Léon l'adultère et l'usurpateur; qu'il fallait condamner les évêques qui l'avaient ordonné, comme ayant outrepassé leur pouvoir, et le condamner lui-même. Léon s'était sauvé de Rome. Le concile ordonna de le chercher, et on remit sa condamnation à la troisième session. Le pape ne laissa pas, en attendant, de le déclarer déposé, et il fit la même chose à l'égard des évêques que Léon avait ordonnés. Cependant il les fit entrer dans le concile revêtus de chasuble et d'étole, et tous ayant écrit par son ordre sur un papier : *Mon père n'avait rien à lui, et ne m'a rien donné*, il les rétablit dans le rang qu'ils avaient auparavant.

La seconde session fut tenue le 27 du même mois de février. Le pape dit qu'on avait cherché inutilement Sicon, évêque d'Ostie, qui avait sacré Léon, avec Benoît de Porto, et Grégoire d'Albane, on remit leur condamnation à la session suivante, et toutefois on fit entrer Benoît et Grégoire, à qui on ordonna de lire un papier : *Moi tel, du vivant de mon père, j'ai consacré à sa place Léon, homme de cour, néophyte et parjure, contre les ordonnances des Pères*. Le concile étendit ses discussions jusque sur ceux qui avaient prêté de l'argent au pape Léon, et décida que, s'ils étaient évêques, prêtres ou diacres, ils perdraient leur rang; que si c'était un moine ou un laïque, il serait anathématisé. Il réserva au pape le jugement des abbés de sa dépendance qui avaient assisté au concile précédent, et défendit, sous peine d'excommunication, à tout inférieur d'ôter le rang à son supérieur, et aux moines d'abandonner le monastère où ils ont renoncé au siècle.

Il ne fut plus question du pape Léon dans la troisième séance; mais on y déposa Sicon d'Ostie, son ordonnateur, sans espérance de rétablissement, et on remit à leur premier rang ceux que Léon avait ordonnés. Le concile se modela en cela sur la conduite du pape Etienne, qui déclara nulles les ordinations faites par Constantin. Ensuite, à la prière du pape, il défendit aux laïques de se tenir pendant la messe autour de l'autel ou dans le sanctuaire. *Ibid.*

ROME (Concile de), l'an 964. C'est encore de Luitprand que nous apprenons ce qui se passa dans ce concile, dont les actes n'existent plus. Le pape Jean XII était mort le quatorzième de mai 964; les Romains lui donnèrent pour successeur Benoît, cardinal de l'Eglise romaine, que l'on nomma Benoît V. L'empereur Othon, l'ayant appris, vint assiéger Rome, dont il se rendit maître le vingt-trois juin suivant. Les Romains lui abandonnèrent Benoît, et reçurent Léon VIII, déposé par Jean XII dans le concile précédent. On en assembla un dans l'église de Latran : Léon y présida. L'empereur était présent avec plusieurs évêques d'Italie, de Lorraine, de Saxe, le clergé et le peuple de Rome. On amena Benoît V, revêtu de ses ornements pontificaux, et on lui fit de vifs reproches sur son manque de fidélité, tant au pape Léon qu'à l'empereur. Benoît se jetant aux pieds de l'un et l'autre, demanda pardon, s'avouant usurpateur du saint-siége. Il ôta de lui-même son *pallium*, le rendit à Léon avec le bâton pastoral qu'il tenait en main. Le pape brisa le bâton, fit asseoir Benoît à terre, lui ôta la chasuble et l'étole, et le déclara privé de tous les honneurs du pontificat. Néanmoins, en considération de l'empereur, qui n'avait pu voir toute cette procédure sans verser des larmes, il lui permit de garder l'ordre de diacre, à condition qu'il sortirait de Rome, et irait en exil. Le concile fit un décret par lequel on accorda à Othon et à ses successeurs le pouvoir de se donner un successeur pour le royaume d'Italie, d'établir le pape et de donner l'investiture aux évêques, avec défense, sous peine d'excommunication, d'exil perpétuel et de mort, de choisir, ni pape, ni patrice, ni évêque sans son consentement. Il ne faut pas être surpris de la peine de mort imposée aux contrevenants à ce décret, parce que les deux puissances se trouvaient réunies dans cette assemblée.

ROME (Concile de), l'an 967. Le pape Jean XIII tint ce concile au mois de janvier, en présence de l'empereur Othon Ier. Il ne nous reste de ce concile qu'un diplôme donné par l'empereur, avec l'approbation de l'assemblée, en faveur de l'abbaye de Sublac. Mais Muratori croit que ce fut dans ce concile que l'on confirma le titre de métropole de toute la Vénétie à l'église de Grado. Sigonius croit aussi que l'on proposa dans ce concile l'abolition de la loi qui ordonnait de confirmer les actes publics par un serment solennel, comme étant une source de parjures; mais que l'affaire fut renvoyée à un autre concile. Cette loi ne fut effectivement abolie que l'an 983, dans une diète que tint l'empereur Othon II, au retour de sa funeste expédition contre les Grecs. *Muratori; Mansi, tom.* I; *l'Art de vérifier les dates, pag.* 200.

ROME (Concile de), l'an 967 et 968. Ce concile fut commencé à la fin de l'an 967, et achevé au commencement de 968, par le pape Jean XIII, en présence des empereurs Othon Ier et Othon II son fils. Il ne nous reste de ce concile que trois priviléges accordés par Jean XIII : le premier, pour mettre une église sous la protection du saint-siége; le second, pour exempter de la juridiction de l'archevêque de Trèves les moines de l'abbaye de Saint-Maximin de la même ville; et le troisième, pour l'érection de l'évêché de Meissen, capitale de la Misnie, fondé en 935 par Henri. *Mansi, Suppl. t.* I, *col.* 1149.

ROME (Concile de), l'an 969, 22 janvier. Le pape Jean XIII y accorda à perpétuité à Théodoric, archevêque de Trèves, le droit de siéger le premier dans les conciles, soit après le légat du pape, soit après le roi ou l'empereur, d'y dire de même le premier son avis, et d'en promulguer les décrets, en qualité de vicaire du siége apostolique. *Conc. Germ. t.* II.

ROME (Concile de), l'an 969, le 26 mai. Le pape Jean XIII y érigea l'évêché de Bénévent en archevêché, et lui accorda, en conséquence, l'usage du *pallium*. La lettre du pape fut souscrite par l'empereur Othon, par vingt-trois évêques, trois prêtres et quatre diacres. *Lab.* IX; *Hard.* VI.

ROME (Concile de), l'an 971. Le même pape y confirma les donations faites par le roi Edgar au monastère de Glastembury. *Mansi, Conc. t.* XIX.

ROME (Concile de), l'an 972. Le pape Jean XIII tint ce concile le 23 avril, et y confirma l'établissement des moines dans l'abbaye de Mouzon, au diocèse de Reims, à la place des chanoines réguliers qui y étaient auparavant. *Gall. Christ., t.* VIII; *Mansi, t.* I.

ROME (Concile de), l'an 973. Le pape Benoît VI y confirma les priviléges de l'église de Trèves, comme son successeur dans le concile suivant. *Mansi, Conc. t.* XIX.

ROME (Concile de), l'an 975. Le pape Benoît VII y excommunia Boniface Francon, pour avoir usurpé le saint-siége; il y confirma aussi les droits des archevêques de Trèves, notamment sur l'église des Quatre-Couronnés de la même ville. Suivant Mansi, ces deux objets furent traités dans deux conciles différents, quoique de la même année. *Edit. Venet. tom.* XI; *Mansi, Suppl. tom.* I, *col.* 1181; *id., Conc. t.* XIX.

ROME (Concile de), l'an 979. Benoît VII y reçut sous la protection du prince des apôtres le monastère de Bisulduno, fondé par Miron, évêque de Girone, et en confirma les droits et les priviléges. Les actes en sont perdus. *Mansi, Suppl. t.* I.

ROME (Concile de), l'an 981, sous le même pape : l'empereur Othon II y fut aussi présent. Léon, administrateur de l'église de Ferrare, s'y plaignit des vexations d'Onestus, archevêque de Ravenne. Celui-ci répondit à ses plaintes, en s'obligeant à payer à l'évêque de Ferrare une forte somme d'argent, si elles étaient jamais prouvées. *Mansi, Conc. t.* XIX

ROME (Concile de), l'an 982. On examina dans ce concile l'élection de Gisilaire, nommé successeur d'Adalbert au siége archiépiscipal de Magdebourg. *Conc. t.* XI.

ROME (Conciles de), l'an 983. « Il y eut cette année, dit D. Ceillier, deux conciles à Rome. Le premier, que nous venons de rapporter nous-même à l'an 982, se tint à l'occasion de la translation de Gisilaire de l'évêché de Merzbourg à l'archevêché de Magdebourg. Ce dernier siége était vacant par la mort de saint Adalbert. Le clergé et le peuple élurent pour son successeur le moine Ochtric, homme de grande réputation pour son savoir, et ils en donnèrent avis à l'empereur Othon par des députés. Gisilaire, qui était alors avec ce prince en Italie, lui demanda pour lui-même cet archevêché, et il l'obtint avant que les députés eussent notifié à l'empereur la mort de saint Adalbert et l'élection d'Ochtric. Il se pourvut à Rome pour faire autoriser sa translation. Benoît VII proposa la chose à son concile, qui fut d'avis qu'on pouvait faire passer Gisilaire à Magdebourg, attendu que le siége de Merzbourg lui avait été ôté par l'évêque Hildevon. Ditmar l'accuse dans sa Chronique d'avoir obtenu cet archevêché par de mauvaises voies; mais un autre chronologiste éloigne ce soupçon de Gisilaire, en le faisant passer pour un saint et pour un apôtre. On lut dans le second concile divers décrets contre les ordinations simoniaques. La lettre synodale est au nom du pape Benoît VII, qui l'adressa à Miron, évêque de Girone, pour la faire publier. Elle est sans date, mais on la met en l'année 983, qui est la première de l'épiscopat de Miron. On croit même que de ces deux conciles il n'en faut faire qu'un, où sur ce qu'on disait que Gisilaire était parvenu à l'archevêché de Magdebourg par des voies illégitimes, on en prit occasion de décerner des peines contre ceux qui donneraient ou recevraient de l'argent pour l'ordination. » *Hist. des aut. sacr. et ecclés.*

Le concile de Rome où fut jugée pour la première fois la cause de Gisilaire est porté à l'an 998 par les éditeurs des *Conciles de Germanie. Conc. Germ.*, t. II.

ROME (Concile de), l'an 989, selon D. Ceillier, en 994 selon le P. Labbe. Saint Adalbert (a), voyant que son peuple profitait peu de ses instructions, résolut de le quitter. Il fit un voyage à Rome pour consulter le pape à ce sujet. Il en obtint ce qu'il souhaitait, et avec son consentement, il entreprit le voyage de Jérusalem. Il vint une seconde fois à Rome, dans le dessein d'y finir ses jours dans un monastère. Il y était, lorsqu'il arriva à Rome une députation des citoyens de Prague, pour redemander leur évêque, avec promesse de lui être plus soumis et de mieux profiter de ses instructions. C'était en 989 ; le pape Jean XV assembla un concile dont le résultat fut que saint Adalbert retournerait vers son peuple ; mais avec cette clause, que si le peuple continuait dans ses désordres, l'évêque pourrait le quitter sans risque de son salut. Le saint obéit et retourna à Prague, après en avoir obtenu la permission de l'abbé Léon, qui lui avait donné l'habit monastique.

ROME (Concile de), l'an 993. Le pape Jean XV tint ce concile le 31 janvier 993. Saint Uldaric, évêque d'Augsbourg, y fut mis au nombre des saints, vingt ans après sa mort. Le pape décida que la mémoire du saint devait être honorée, et en fit expédier une bulle qu'il souscrivit avec cinq évêques, neuf prêtres cardinaux et trois diacres. Cette bulle est la première que nous ayons pour la canonisation d'un saint. Dom Mabillon, qui nous a donné la vie et les miracles de saint Uldaric, remarque (*Act. ord. S. Bened. t. I, p. 417*) que le terme de *canonisation* n'était point encore en usage, lorsque le pape Jean fit cette cérémonie. On peut consulter, sur les canonisations solennelles, la dissertation du P. Papebroch, à la tête du premier tome des Actes des Saints du mois de mai.

ROME (Concile de), l'an 994, selon Labbe. C'est le même que le concile tenu en 989.

ROME (Concile de), l'an 996. Herluin, après avoir été ordonné évêque de Cambrai par Grégoire V, assista au concile que ce pape tint à Rome en 996. Il y forma des plaintes contre ceux qui s'étaient emparés des biens de son église. Le pape, pour l'en indemniser en quelque sorte, lui accorda plusieurs priviléges, et excommunia les usurpateurs des biens de cette église. Ces priviléges sont détaillés dans la lettre que le pape adressa à Herluin. On y voit aussi la raison qui obligea cet archevêque de faire le voyage de Rome pour recevoir son ordination. C'est qu'alors le différend entre les deux contendants à l'archevêché de Reims n'était pas terminé. L'empereur Othon III fut présent à ce concile avec plusieurs évêques, abbés, prêtres et autres ecclésiastiques. On y traita de diverses affaires de l'Église. L'histoire ne fait mention que de celle qui concernait l'Église de Cambrai. Sigebert dit que pendant le séjour de ce prince à Rome on traita plusieurs matières qui concernaient les droits de l'Empire. On s'est appuyé de ce témoignage pour faire valoir la prétention de ceux qui veulent qu'il se soit tenu un concile à Rome sous Grégoire V, où il fut établi que dans la suite l'empereur serait élu par sept princes d'Allemagne, et que c'est là l'origine des sept électeurs ; mais cette prétention n'a presque plus de partisans. Il suffit, pour la détruire, de rapporter ici ce qu'un écrivain dit de la manière dont les Allemands procédaient à l'élection de leur chef. Elle se fait, dit-il, par la volonté unanime du clergé et des grands seigneurs. Au reste, comme l'observe D. Ceillier, les actes de ce concile n'étant pas venus jusqu'à nous, on ne peut rien en dire. *Hist. des aut. sacr. et eccl.*

Le P. Richard ajoute que, selon le sentiment des plus doctes écrivains d'Allemagne, l'institution des électeurs commença sous Frédéric II, sans aucun diplôme qui l'établit positivement, mais d'une façon comme insensible et du consentement tacite de tous les ordres de l'Empire ; jusqu'à ce qu'après quelques changements elle fut enfin fixée par la célèbre bulle d'or, publiée le 29 décembre à Nuremberg, l'an de Jésus-Christ 1356, le septième du règne de l'empereur Charles IV, à ne compter le règne de ce prince que de l'an 1349, qu'il se fit sacrer de nouveau à Aix-la-Chapelle par les mains de l'archevêque de Cologne. Cette bulle est l'ouvrage du jurisconsulte Bartole. Elle règle la forme de l'élection des empereurs, ainsi que les fonctions, les droits, les priviléges des électeurs, et en fixe le nombre à sept. On l'appelle *bulle d'or* par excellence, à cause que les empereurs d'Orient faisaient autrefois sceller leurs édits d'un sceau d'or, qu'on appelait *bulle*. Quoiqu'elle soit l'ouvrage de Bartole, il ne la composa et elle ne fut publiée que de l'avis et du consentement des grands et de tous les ordres de l'Empire. *Voy.* Ducange, *tom. III, pag. 31*, au mot ÉLECTORES.

ROME (Concile de), l'an 998. Le pape Grégoire V tint ce concile en présence de l'empereur Othon III. Il s'y trouva vingt-huit évêques, entre autres Gerbert, archevêque de Ravenne. On y fit huit canons.

1. Il y est dit que le roi Robert quittera sa parente, qu'il avait épousée contre les lois ; qu'il fera sept ans de pénitence, suivant les degrés prescrits par l'Église ; et qu'en cas de refus de sa part, il sera anathème : la même chose est ordonnée pour Berthe.

(a) Il ne faut pas confondre ce saint Adalbert, archevêque de Prague et qui fut martyrisé par les Hongrois idolâtres, avec saint Adalbert, premier archevêque de Magdebourg dont il a été question à l'article précédent.

2. On suspend de la communion Archambaud de Tours, qui leur avait donné la bénédiction nuptiale, et tous les évêques qui y avaient assisté, jusqu'à ce qu'ils se présentent au saint-siège pour faire satisfaction de cette faute.

3. On ordonne le rétablissement de l'évêché de Merzbourg, érigé par le saint-siége et par l'empereur Othon Ier, dans un concile universel, et supprimé par Othon II, sans l'avis d'aucun concile.

4. On déclare que, si Gisilaire peut montrer canoniquement qu'il a été transféré de Merzbourg à Magdebourg, non par ambition, mais à l'invitation du clergé et du peuple, il demeurera dans ce dernier siége; et que, s'il ne peut se justifier d'ambition ou d'avarice dans cette translation, il perdra l'un et l'autre.

5. On dépose Etienne, évêque du Puy en Velay, pour avoir été élu par Gui, son oncle et son prédécesseur, sans le consentement du clergé et du peuple, et ordonné, après la mort de Gui, seulement par deux évêques qui n'étaient pas même de la province. Ces deux évêques étaient Dagbert de Bourges et Rodène de Nevers.

6. On suspend de la communion ces deux évêques, jusqu'à ce qu'ils viennent pour faire satisfaction au saint-siége de ce qu'ils avaient ordonné Etienne du vivant de Gui, son oncle, contre les lois de l'Eglise.

Il faut qu'il y ait erreur dans ce canon ou dans le précédent, puisque l'un met l'ordination d'Etienne du vivant de Gui, et l'autre après sa mort.

7. Le concile déclare que le clergé et le peuple du Velay auront le pouvoir de procéder à l'élection d'un autre évêque, qui sera consacré par le pape.

8. On dit que le roi Robert n'accordera point sa protection à Etienne, mais qu'il favorisera l'élection du clergé et du peuple, sauf l'obéissance qui lui est due par ses sujets.

ROME (Autre concile de), l'an 998. Ce concile est différent, suivant le P. Richard, de celui que nous venons de rapporter. Quoi qu'il en soit, on y jugea le différend élevé entre deux compétiteurs à l'évêché d'Ausone (peut-être Ossero), en déboutant l'un des deux de ses prétentions. On y suspendit aussi de leurs fonctions, selon Mansi, tous les évêques qui avaient pris part à la déposition d'Arnoul, archevêque de Reims, ou qui avaient dédaigné de se rendre au concile de Pavie. *Mansi, Suppl. t. I; Baluz., Miscell.*

ROME (Concile de), l'an 999, contre Gisilaire, évêque de Merzbourg. *Labb. IX.* C'est le même que le premier des deux que nous venons de rapporter à l'an 998.

ROME (Concile de), l'an 999. Ditmar, en parlant du second voyage que l'empereur Othon III fit à Rome en 999, dit que l'on y assembla un concile, dans lequel Gisilaire, archevêque de Magdebourg, fut accusé de posséder en même temps deux évêchés, celui de Magdebourg et celui de Merzbourg, que l'on avait désunis dans le concile précédent : que n'ayant pu venir répondre à cette accusation à cause d'une paralysie, l'affaire avait été renvoyée à un concile provincial de Germanie. On lit dans Baronius que l'empereur fit lire dans le concile de Rome le privilége accordé à l'église de Worms.

ROME (Concile de), l'an 1001. Le pape Sylvestre II, appelé auparavant Gerbert, né en Auvergne d'une famille obscure, et le premier français qui soit monté sur le saint-siége, tint ce concile le 6 janvier, à la tête de dix-sept évêques d'Italie et de trois d'Allemagne, en présence de l'empereur Othon III. Saint Bernouard, évêque d'Hildesheim, y fut confirmé dans la possession du monastère de Gandersheim, que Villigise de Mayence lui disputait. *R. XXV; L. IX; H. VI.*

ROME (Concile de), l'an 1002. Le pape Sylvestre tint ce concile le 3 décembre, où l'abbé de Saint-Pierre près de Pérouse vint se plaindre de ce que Conon, évêque de cette ville, l'avait chassé de son monastère, en abandonnant au pillage tout ce qui y appartenait aux moines. L'évêque s'offrit à prouver qu'il n'avait eu aucune part à cette violence ; mais il soutint que, ce monastère étant de sa dépendance, c'était à lui à en maintenir les droits. On fit lecture des priviléges accordés au monastère de Saint-Pierre, et il fut démontré que, du consentement même du prédécesseur de l'évêque Conon, il avait été soumis immédiatement au saint-siége. L'évêque renonça donc à ses prétentions, et donna à l'abbé le baiser de paix, avec promesse de l'aider dans la suite en ses besoins. *Hist. des auteurs sacrés et eccl., t. XXIII.*

ROME (Concile de), l'an 1007. Le roi Henri avait aimé dès son enfance la ville de Bamberg. Quand il fut roi, il forma le dessein d'y ériger un évêché. Il prit sur cela l'avis des évêques de son royaume, assemblés à Mayence le 25 mai pour célébrer avec lui la fête de la Pentecôte ; et ayant obtenu le consentement de l'évêque de Wirtzbourg, il envoya deux de ses chapelains à Rome demander au pape Jean XVIII la confirmation de cette élection. La bulle est datée du mois de juin de l'an 1007 ; elle fut accordée en un concile tenu dans la basilique de Saint-Pierre, et le pape en écrivit à tous les évêques de Gaule et de Germanie. *Ibid.*

ROME (Concile de), l'an 1014. Le pape Benoît VIII tint ce concile en présence du roi saint Henri II, qui était alors en Italie, et qui avait rétabli Benoît sur son siége. On y déposa quelques ennemis du pape, de même que dans un autre concile qui se tint aussi à Rome la même année. *Mansi, tom. I, col. 1227.*

ROME (Concile de), l'an 1015. On y publia un privilége en faveur du couvent de Fructuario. *Tom. XI Conc.*

ROME (Concile de), l'an 1027. Le pape Jean XIX tint ce concile, le 6 avril, en présence de l'empereur Conrad II, surnommé le Salique, et à la tête d'un grand nombre de prélats. La contestation qui régnait de puis longtemps entre le patriarche d'Aquilée et celui de Grado, touchant la prééminence, y fut terminée à l'avantage du premier. On y décida aussi que l'église de Ravenne n'aurait jamais la prééminence sur celle de Milan dans les affaires pontificales. Schram, dans l'édition qu'il a donnée de la *Somme des Conciles* de Carranza, ajoute, toujours d'après Mansi, que l'on confirma dans ce même concile la translation de l'évêché de Citize à Naumbourg. *Mansi, tom. I, col.* 1249.

ROME (Concile de), l'an 1028. On y confirma l'évêque de la Forêt-Blanche dans la possession de certains droits. *Conc. t.* XI.

ROME (Concile de), entre l'an 1027 et 1032. Le pape Jean XIX y approuva la translation du siège épiscopal de Ziza à Naumbourg. *Mansi, Conc. t.* XIX.

ROME (Concile de), vers l'an 1029. On y annula le privilége accordé en 1027 à Poppon, patriarche d'Aquilée, et l'église de Grado fut rétablie dans son droit de métropole sur Venise et l'Istrie. *Ibid.*

ROME (Concile de), l'an 1033. Le pape Jean XIX y approuva le replacement à Maguelone du siège épiscopal, transféré depuis plusieurs années dans un bourg près de Montpellier, à cause des ravages des Sarrasins. *Mansi, Conc. t.* XIX.

ROME (Concile de), l'an 1037. Dans ce concile, l'évêque de Pérouse fut obligé d'abandonner les droits qu'il prétendait avoir sur le monastère de San-Petro.

ROME (Concile de), l'an 1038. *Voy.* ITALIE, même année.

ROME (Concile de), l'an 1039 ou 1040. Le pape Benoît IX tint ce concile et y condamna Barétislas, duc de Bohême, à construire un monastère à ses dépens, pour avoir enlevé de Gnesne, dans le pillage de cette ville, les reliques de saint Adalbert, de saint Gaudent, son frère, et de quelques autres martyrs. Le duc obéit sans répugnance, et fit bâtir un monastère dans la ville de Bélezlan, en l'honneur du martyr saint Winceslas.

ROME (Concile de), l'an 1044. Le pape Benoît IX tint ce concile vers la fin de l'année, et y révoqua le décret par lequel il avait déclaré, peu de mois auparavant, l'Eglise de Grado suffragante d'Aquilée, quoiqu'elle en eût été déclarée indépendante au concile de Rome de l'an 1027. *Ed. Venet. t.* IX.

ROME (Concile de), l'an 1046. *V.* SUTRI, même année.

ROME (Autre concile de), l'an 1046. Le pape Grégoire VI, qui tint ce concile, y prit sous la protection spéciale du saint-siége le monastère de Saint-Quentin-du-Mont, situé dans le Vermandois. *Mansi, Conc. t.* XIX.

ROME (Concile de), l'an 1047. Le pape Clément II présida à ce concile, et y termina la contestation pour la préséance entre l'archevêque de Ravenne, celui de Milan et celui d'Aquilée. Tous les trois prétendaient s'asseoir à la droite du pape; mais cette prérogative fut adjugée à l'archevêque de Ravenne. On travailla, dans le même concile, à bannir la simonie des églises d'Occident, où elle faisait de grands ravages.

ROME (Concile de), l'an 1049. Le pape saint Léon IX tint ce concile, la semaine d'après Pâques, avec les évêques d'Italie et de Gaule, et y déclara nulles les ordinations simoniaques; mais, à l'exemple de Clément II, il permit à ceux qui avaient été ordonnés par des simoniaques, d'exercer leurs fonctions après quarante jours de pénitence. Il ordonna aussi que les clercs qui abandonneraient le parti des hérétiques pour se réunir à l'Eglise conservassent leur rang, mais sans pouvoir être promus à des degrés supérieurs. Il approuva aussi dans le même concile la translation de Jean, évêque de Toscanelle, à l'évêché de Porto, avec le droit de faire les fonctions épiscopales au delà du Tibre. *Hist. des aut. sacr. et eccl., t.* XXIII.

Dans ce même concile, selon le P. Richard, qui cite Mansi à son appui, le pape donna la primatie à l'église de Trèves, par une bulle publiée à ce sujet, et approuva la vie et les actions de saint Adéodat ou Dieudonné, mort en odeur de sainteté, après avoir quitté l'évêché de Nevers pour se faire abbé. *Anal. des Conc., t.* V; *Mansi, t.* I.

ROME (Concile de), douteux, vers l'an 1049. Le saint pape Léon IX y aurait accordé des priviléges au monastère de Santa-Grata, au diocèse de Bergame; mais l'acte qui les contient manque d'authenticité. *Mansi, t.* XIX.

ROME (Concile de), l'an 1050. Ce qui donna occasion à ce concile, où présida le pape saint Léon IX, ce fut une lettre de Bérenger, archidiacre d'Angers, adressée à Lanfranc, archevêque de Cantorbery, et qui, étant tombée entre les mains de clercs indiscrets, avait été déférée à Rome. Cette lettre fut lue dans le concile, et comme elle contenait tout le venin de l'erreur de Bérenger contraire au dogme de la présence réelle, le concile condamna son hérésie et l'excommunia lui-même, en même temps qu'il admit la justification de Lanfranc, que la lettre interceptée de Bérenger avait rendu suspect de partager son erreur. C'est Lanfranc lui-même qui nous a transmis l'histoire de ce concile, dans son livre *de Corpore et Sanguine Domini, c.* 4, où s'adressant à Bérenger : « Sous le saint pape Léon, lui dit-il, ton hérésie a été déférée au siége apostolique. Le synode ayant été assemblé, et le pontife y étant entouré d'un grand nombre d'évêques, avec une foule d'abbés et de religieux de divers ordres et de diverses nations, on fit lire en présence de toute l'assemblée la lettre que tu m'as écrite touchant le corps et le sang du Seigneur. Car le porteur de cette lettre ne m'ayant pas trouvé en Normandie, l'avait laissée entre les mains de quelques clercs; ceux-ci l'avaient lue, l'avaient trouvée incompatible avec la foi commune de l'Eglise, et enflammés de zèle pour leur Dieu, ils l'avaient montrée à d'autres personnes, en y joignant leurs commentaires. C'est ainsi que sont tombés sur moi des soupçons non moins tristes que sur toi-même, plusieurs étant venus à penser, à cause de la lettre que tu m'avais adressée, que je favorisais et partageais tes erreurs, soit par amitié pour toi, soit par ma propre conviction. Lors donc qu'on lut cette lettre qu'avait portée à Rome un clerc de l'Eglise de Reims, qu'on t'y vit élever Jean Scot jusqu'aux nues, abaisser Paschase jusqu'aux enfers, et contredire ouvertement la foi universellement admise touchant l'eucharistie, on te frappa d'une sentence de condamnation pour te priver de cette communion de l'Eglise dont tu voulais priver l'Eglise elle-même. Après cela le pape m'ordonna de me lever, de me blanchir du soupçon qui me couvrait comme une tache, d'exposer ma foi et, après l'avoir exposée, de la justifier par des autorités sacrées, plus encore que par des arguments. Je me levai donc, je dis ce que je pensais, je prouvai ce que j'avais dit, et mes preuves plurent à tous, comme elles ne déplurent à personne. » Le pape indiqua dans ce même concile le concile suivant, qui se tint à Verceil, et où Béranger, qui s'y était fait représenter par deux clercs, fut condamné de nouveau. L'auteur de la Vie de Lanfranc (*Vita Lanfranci*) s'est trompé en attribuant ce concile de Rome au pape Léon VIII, et de plus en y faisant comparaître deux clercs comme de la part de Bérenger, ce qui n'eut lieu qu'au concile de Verceil.

Ce fut aussi dans ce concile de Rome qu'on canonisa saint Gérard, évêque de Toul, en assignant sa fête au 24 avril. *Mabillon, Annal., t. IV; Mansi, t. I; N. Alex. in Hist. eccl.* XI *sæc. Dissert.* 1, *art.* 6; *Herman. Contract. Chronic.*

ROME (Concile de), l'an 1051. Le même pape tint ce concile, et y excommunia pour cause d'adultère Grégoire, évêque de Verceil, qui promit satisfaction et fut rétabli dans ses fonctions. On y condamna aussi les simoniaques, et l'on y reçut les plaintes de Jean, évêque de Sabine, contre les moines de Farsi. *Mansi, t. I, col.* 1302. Saint Pierre Damien dit que saint Léon IX fit dans le même concile un décret pour la continence des clercs, et un autre portant que les femmes qui, dans l'enceinte de Rome, se seraient prostituées à des prêtres, appartiendraient dans la suite au palais de Latran comme esclaves, et qu'il fut d'avis qu'on en usât de même pour les autres églises. *Pagi ad ann.* 1050.

ROME (Concile de), l'an 1053. Ce concile fut encore tenu par le même pape après Pâques. Il n'en reste que la lettre aux évêques de Vénétie et d'Istrie en faveur de Dominique, patriarche de Grado, portant que cette église sera reconnue métropole de ces deux provinces, suivant les priviléges accordés par les papes. Le P. Labbe s'est trompé en rapportant à ce concile la condamnation de Bérenger et la canonisation de saint Gérard, évêque de Toul, puisque ces deux faits appartiennent au concile de Rome de l'an 1050. *Mansi, t. I, col.* 1303. Henschenius et le P. Pagi croient qu'on agita aussi dans ce concile la question du pain azyme, qui donnait aux Grecs un prétexte de calomnier l'Eglise romaine et toutes les Eglises d'Occident. *D. Ceillier, t.* XXIII.

ROME (Concile de), l'an 1057. Le pape Victor II tint ce concile le 18 avril, et y excommunia Guifred, archevêque de Narbonne, pour crime de simonie, comme le prouve D. Vaissette, p. 198 du tome II de son *Histoire du Languedoc*. Il rétablit dans son premier état l'évêché de Marsi, que l'on avait par la suite divisé en deux diocèses, et il donna à l'évêque Acton, qui en occupait injustement une partie, la ville de Thiéti. Mansi rapporte à ce concile la bulle du pape Victor II, adressée à Viminien, archevêque d'Embrun, par laquelle ce pape confirme tous les droits de l'archevêché d'Embrun. Le pape Etienne IX donne à ce concile le nom de *Concile général*. *Mansi, t. I, col.* 1311.

ROME (Concile de), l'an 1058. Le pape Etienne IX convoqua ce concile, où il cita à comparaître Landon, qui s'était emparé d'une église au préjudice des moines à qui elle appartenait, en donnant de l'argent aux habitants de Capoue pour s'en assurer la possession. Landon, n'ayant pas obéi à la citation du pontife, fut excommunié, et la ville de Capoue avec lui. Mansi rapporte à ce concile le décret que donna le même pape pour l'immunité des clercs de l'Eglise de Lucques : on sait que Mansi est mort archevêque de cette dernière ville. *Nat. Alex. Hist. eccl. ed. Mansi, t.* VII. *Muratori rer. Italic. t.* IV, *ex Chronico Vulturnensi.*

ROME (Concile de), l'an 1059. Ce concile fut tenu le 18 janvier, à l'occasion du couronnement du pape Nicolas II. L'archidiacre Hildebrand, qui fit la cérémonie, mit sur la tête du pontife une couronne royale, sur le cercle inférieur de laquelle on lisait : *Corona regni de manu Dei*, et sur le second cercle : *Diadema imperii de manu Petri*. Ceci fait voir que la double couronne qu'on voit sur la tiare pontificale est plus ancienne que les savants mêmes ne l'ont cru jusqu'à présent. *Benzo, de Reb. Henrici III, l.* VII, *c.* 2; *l'Art de vérifier les dates.*

ROME (Autre Concile de), l'an 1059. Le pape Nicolas II fit assembler ce concile au mois d'avril 1059, dans la basilique Constantinienne, c'est-à-dire dans l'église de Saint-Jean de Latran. Il s'y trouva cent treize évêques. Bérenger, qui niait la présence réelle de Jésus-Christ dans la sainte eucharistie, y comparut. Albéric, moine du Mont-Cassin, et Lanfranc, le réfutèrent avec beaucoup de lumières et de solidité. Il se rendit, déclara qu'il était prêt à croire et à signer ce que le pape et le concile lui prescriraient, alluma lui-même le feu, et y jeta les ouvrages qui contenaient ses erreurs, avec le livre de Jean Scot, où il les avait puisées. Ensuite il signa de sa main et jura de vive voix une profession de foi conçue en ces termes : « Je, Bérenger, diacre indigne de l'église de Saint-Maurice d'Angers, connaissant maintenant la véritable foi catholique et apostolique, j'anathématise toute hérésie, et spécialement celle dont j'ai été accusé jusqu'à présent, laquelle enseigne que le pain et le vin offerts à l'autel sont seulement un sacrement après la consécration, et non le vrai corps et le vrai sang de Notre-Seigneur Jésus-Christ; et qu'ils ne peuvent être touchés par les mains des prêtres, ni mangés par les fidèles qu'en forme de sacrement. J'embrasse les sentiments de la sainte Eglise romaine et du siége apostolique, et je confesse de bouche et de cœur que je tiens, sur le sacrement de l'eucharistie, la foi que le seigneur pape Nicolas et ce saint concile ont définie et m'ont enseignée, comme devant être tenue d'après l'autorité de l'Evangile et des apôtres, savoir, que le pain et le vin offerts à l'autel sont après la consécration non-seulement un sacrement, mais encore le vrai corps et le vrai sang de Notre-Seigneur Jésus-Christ; et que ce corps est touché et rompu (a) par les mains des prêtres, et mangé par les fidèles, non-seulement en forme de sacrement, mais réellement et en vérité : je le jure par la sainte et consubstantielle Trinité, et par ces saints Evangiles. Je déclare dignes d'un éternel anathème ceux qui s'écarteront de cette foi, aussi bien que leurs sectateurs; et, si j'enseigne jamais quelque chose de contraire, que je sois soumis à toute la sévérité des canons. Après avoir lu et relu cet écrit, je l'ai signé de mon plein gré. »

Le concile fit ensuite les treize canons suivants :

1. Les cardinaux auront la meilleure part à l'élection du pape; et, si quelqu'un montait sur le saint-siége sans avoir été élu unanimement et canoniquement par les cardinaux, du consentement des autres ordres du clergé et des laïques, il ne serait pas considéré comme pape, mais comme un intrus.

2. A la mort du pape ou d'un évêque, personne ne s'emparera de leurs biens, mais on les réservera pour leurs successeurs.

3. On n'entendra point la messe d'un prêtre notoirement concubinaire, et il sera défendu à tout prêtre, diacre et sous-diacre, qui, depuis la constitution du pape Léon IX, aura pris ou gardé une concubine, de célébrer la messe, d'y lire l'Evangile ou l'Epître, de demeurer dans le sanctuaire pendant l'office, et de recevoir sa part des revenus de l'Eglise.

4. Ceux des mêmes ordres qui, suivant la même constitution, ont gardé la continence, mangeront ensemble, coucheront en un même lieu et mettront en commun tout ce qui leur vient de l'Eglise.

5. Les dîmes, les prémices et les oblations des vivants et des morts seront rendues exactement à l'Eglise par les laïques, pour être en la disposition de l'évêque, selon les canons.

6. Un clerc n'emploiera point un laïque pour obtenir une église, ni gratuitement ni par argent.

7. Un laïque ne prendra point l'habit de moine, dans l'espérance ou sous la promesse d'être abbé.

8. Un prêtre n'aura pas en même temps deux églises.

9. On ne fera point d'ordinations simoniaques, et l'on n'obtiendra par simonie aucune dignité ecclésiastique.

10. Les laïques ne jugeront ou ne chasseront de l'église aucun clerc, de quelque ordre qu'il soit.

11. Personne n'épousera sa parente jusqu'au septième degré.

12. On excommuniera tout laïque qui aura à la fois une femme et une concubine.

Ces canons sont suivis d'un décret contre les simoniaques, portant que ceux qui ont été ordonnés gratuitement par des évêques qu'ils connaissent pour simoniaques, pourront garder le rang qu'ils occupaient dans l'Eglise; mais que dorénavant ceux qui se feront ordonner par des évêques qu'ils sauront être simoniaques seront déposés. *Reg.* XXV; *Lab.* IX; *Hard.* VI; *Martène, Collec. t.* VII.

ROME (Concile de), l'an 1061. Le pape Nicolas II tint ce concile, et plusieurs évêques des Gaules y assistèrent. On y condamna les simoniaques, et Aldred de Cantorbery y fut déposé pour ce crime; mais le pape lui rendit son archevêché et lui accorda le *pallium*, touché de compassion sur le triste état où les voleurs l'avaient réduit, comme il se rendait à Rome, lui et ses compagnons. Mansi croit qu'on termina aussi dans ce concile le différend qui s'était élevé entre les moines de Saint-Aubin d'Angers

---

(a) On a élevé plusieurs difficultés sur la manière dont il faut entendre cette formule avec les expressions qu'elle condamne : *Non posse sensualiter, nisi in solo sacramento, manibus sacerdotum tractari, vel frangi, aut dentibus fidelium atteri.* L'une de ces difficultés regarde la fraction de l'hostie, *frangi.* Quelques-uns en effet disaient que cette fraction n'avait lieu que par rapport au signe ou aux espèces sacramentelles; d'autres, qu'elle s'exerçait sur le corps même de Notre-Seigneur. Les premiers soutenaient qu'après la transsubstantiation il restait toujours les espèces ou les accidents du pain, qui se rompaient réellement, ce que niaient les seconds. La première de ces deux opinions fut défendue par maître Pierre Abailard, à qui Gautier, abbé de Saint-Victor de Paris, l'impute comme une erreur, dans son ouvrage intitulé : *Contra quatuor labyrinthos Franciæ, lib.* III (Ces quatre labyrinthes de France étaient précisément Abailard, et avec lui, Pierre Lombard, Pierre de Poitiers, et Gilbert de la Porrée). Mais, comme l'observe Noël-Alexandre, l'abbé Gautier s'est montré injuste sur ce point envers Abailard, qui professait véritablement la doctrine de la présence réelle contraire à l'erreur de Bérenger, et soutenait avec l'Eglise que le pain une fois changé dans le corps de Jésus-Christ, il n'y reste plus que sa forme sacramentelle ou son espèce visible; mais quant à la fraction ou au broiement de l'espèce, il ne pouvait admettre que cette action s'exerçât sur le corps même, au lieu de s'exercer sur le symbole ou l'espèce seulement; et n'est-ce pas aussi ce que confesse l'Eglise, depuis près de six siècles, dans la prose composée par le docteur angélique : *Nulla rei fit scissura, signi tantum fit fractura?*

L'opinion de l'abbé Gautier a été aussi celle d'un certain abbé Abbaud, dont le savant Mabillon nous a conservé le traité *de fractione corporis Christi,* dans le tome III de son grand ouvrage *Veterum Analectorum.* Abbaud non-seulement prétendait que la fraction avait lieu sur le corps de Jésus-Christ même, mais soutenait encore qu'elle ne se faisait pas sur l'espèce consacrée, par la raison, disait-il, qu'après la consécration, l'espèce aussi bien que la substance du pain était anéantie. *Nat. Alex. in Hist.* XI *sæc. Dissert.* 1, *art.* 15.

et ceux de Vendôme, touchant un monastère qu'ils se disputaient. *Mansi, t. I, col. 1344.*

ROME (Concile de), l'an 1062. Le pape saint Alexandre II tint ce concile au mois de mai, avant de partir de Rome pour l'Allemagne. Il y fit adjuger l'église de Saint-Jean *in Sorbitulo* à Benoît de Semproniè, contre Guillaume de Sinigaglia, qui la lui disputait.

Rome (Conciles de), l'an 1063 et 1065, ou 1068. Le pape saint Alexandre II tint trois conciles à Rome : le premier en 1063, et les deux autres, dit le P. Richard, d'après Noël-Alexandre, en 1065. Schram, au contraire, se fondant sur une observation de Mansi, *Suppl. t. I*, prétend que ces conciles n'ont pu être tenus à Rome, le premier qu'en 1068, et les deux autres qu'en 1063, à cause des fréquentes excursions que faisait dans les divers quartiers de la ville, pendant cinq années consécutives, l'antipape Cadaloüs, qui s'était rendu maître, en 1064 au plus tard, du château Saint-Ange.

Quoi qu'il en soit de ce point de critique, le pape renouvela dans le premier de ces conciles les règlements de ses prédécesseurs saint Léon IX et Nicolas II contre les simoniaques, les concubinaires, la pluralité des bénéfices, les mariages entre parents jusqu'à la septième génération, les ordinations de laïques passant tout d'un coup à l'état de clercs, et l'ambition de quelques autres qui ne se faisaient moines que sous l'espérance d'être faits abbés. Dans ce même concile, Pierre, évêque de Florence, fut déposé comme convaincu du crime de simonie.

Dans le second concile, tenu l'an 1065 selon le P. Alexandre, l'hérésie des incestueux fut condamnée. On appela de ce nom l'erreur opiniâtre de certains jurisconsultes qui, s'appuyant sur l'autorité de l'empereur Justinien, prétendaient que l'Eglise devait compter les degrés de consanguinité de la même manière qu'on le faisait dans les successions et qu'on le fait encore aujourd'hui parmi nous d'après le code civil, et qui en conséquence voulaient autoriser les mariages entre toutes personnes parentes l'une de l'autre au quatrième degré égal, et non, comme le dit le P. Richard, entre les personnes issues de germains ; car celles-ci, se trouvant parentes au sixième degré suivant la manière de compter du code Justinien, ne pouvaient encore, même d'après cette suppulation, se marier légitimement à une époque où les mariages étaient déclarés incestueux jusqu'au septième degré de consanguinité.

Dans le troisième concile romain, tenu sous le même pape, on priva de la communion de l'Eglise tous les incestueux, selon les décrets des canons, comme l'atteste saint Pierre de Damien dans son opuscule apologétique du *Mépris du siècle*, c. 29. *Nat. Alex. Hist. eccl. sæc.* XI.

ROME (Concile de), l'an 1070. Le pape Alexandre II tint ce concile à la tête de soixante-douze évêques. On y approuva la fondation du monastère de Vissegrad, près de Prague, faite par le duc Vratislas. *Pagi.*

ROME (Concile de), l'an 1072. Le pape Alexandre II tint ce concile et y excommunia Godefroi de Castillon, qui avait acheté l'archevêché de Milan. *Pagi.*

ROME (Concile de), le premier dimanche de carême de l'an 1074. C'est le premier des onze conciles tenus à Rome sous le pape saint Grégoire VII. Il s'y trouva cinquante évêques et un grand nombre d'abbés et d'ecclésiastiques. On y fit vingt-quatre canons, pour le rétablissement de la discipline et la réforme des mœurs.

1er Canon. Il contient l'épître décrétale du saint pape contre la simonie et l'incontinence des clercs.

2. On reçoit comme les quatre Evangiles les quatre principaux conciles œcuméniques, savoir : le premier de Nicée, contre Arius ; celui de Constantinople, contre Eunomius et Macédonius ; le premier d'Ephèse, contre Nestorius, et celui de Chalcédoine, contre Eutychès et Dioscore.

3 et 4. On fait valoir l'autorité des constitutions apostoliques et des autres conciles.

5. On fait une courte énumération des articles renfermés dans la lettre du pape pour la convocation de ce concile, et des motifs qui l'ont engagé à le convoquer, savoir, 1° d'interdire toute fonction ecclésiastique aux clercs simoniaques ; 2° de les chasser de l'église dont ils auraient acheté le gouvernement à prix d'argent ; 3° de traiter de même les clercs incontinents ; 4° d'éloigner les peuples des clercs qui mépriseraient les décrets apostoliques.

6. On renouvelle le canon du concile de Chalcédoine, par lequel la peine de déposition est prononcée contre l'évêque qui aura ordonné quelqu'un à prix d'argent, et contre celui qui aura été ordonné de la sorte, de même que contre les clercs qui auraient été les médiateurs d'une pareille ordination. Quant aux laïques et aux moines qui s'en seraient mêlés, on les frappe d'anathème.

7. On défend la simonie, sous peine d'anathème ; et l'on dépose du sacerdoce tout prêtre qui achètera une église.

8, 9 et 10. On autorise par l'Ecriture sainte et par l'exemple de Jésus-Christ la défense de vendre et d'acheter les offices spirituels, ou de s'immiscer en aucune sorte dans ce trafic sacrilége.

11. On interdit les fonctions du saint autel aux clercs incontinents, et on leur défend d'avoir chez eux aucune femme étrangère, conformément aux conciles de Nicée, de Chalcédoine, de Néocésarée, etc.

12. On excommunie ceux qui prétendent soutenir l'incontinence des clercs par l'autorité de Sozomène, ou plutôt d'Ebion.

13. On condamne les petits savants qui disent que ces paroles de l'Apôtre, *Unusquisque suam uxorem habeat*, doivent s'entendre des clercs aussi bien que des laïques.

14. On rapporte deux passages de saint Paul touchant les ordres ; l'un tiré du troisième chapitre de sa première Epître à Ti-

mothée: l'autre du premier chapitre de son Epître à Tite.

15 et 16. On insiste sur ces passages de l'Apôtre, et on les explique par saint Jérôme en ce sens, que celui qui veut être promu aux ordres sacrés doit briller, entre autres vertus, par sa chasteté; qu'il ne peut y prétendre s'il a plusieurs femmes, et qu'il ne lui est permis d'en garder aucune avec le caractère de ministre des saints autels.

17 et 18. On défend, d'après les conciles d'Antioche et de Chalcédoine, de communiquer avec les clercs qui continuent à faire leurs fonctions malgré l'interdit de l'église; et cela, sous peine d'excommunication pour les peuples qui communiquent avec de tels clercs. La raison que l'on en donne, d'après saint Grégoire le Grand, c'est que de tels ministres sont plus propres à provoquer la colère de Dieu et à attirer sa malédiction sur les peuples, qu'à leur mériter ses grâces et ses faveurs.

19. On explique le quatrième canon du concile de Gangres, qui paraît contraire au statut précédent; et voici l'explication qu'on lui donne. Ce canon anathématise ceux qui se séparent d'un prêtre qui a été marié, et ne veulent pas participer à l'oblation ou à la messe qu'il a célébrée en communiant de sa main. *Quicunque discernit a presbytero qui uxorem habuit, quod non oporteat eo ministrante de oblatione percipere, anathema sit.* Le sens de ce canon, disent les Pères du concile de Rome, est que l'anathème tombe sur ceux qui rejettent l'oblation d'un prêtre qui a été marié autrefois, et non pas sur ceux qui rejettent l'oblation du prêtre qui est marié actuellement et qui garde sa femme pour en user maritalement: car, ajoutent-ils, on voit, par le prologue même du concile de Gangres, qu'il y avait en ce temps-là des hérétiques sectateurs d'un certain Eustathe, qui condamnaient, comme criminels, les mariages même les plus légitimes; d'où vient qu'ils rejetaient les oblations des prêtres qui avaient été mariés avant leur ordination; et ce sont ces hérétiques seuls que le concile de Gangres excommunie, comme dogmatisant contre ces paroles de l'Apôtre : *Si acceperis uxorem, non peccasti. Oportet episcopum unius uxoris esse (id est fuisse) virum.*

20, 21 et 22. On apporte les raisons qui ont engagé à faire ces ordonnances contre les clercs simoniaques et incontinents, pour être exécutées sans délai; et ces raisons consistent surtout dans l'obligation où l'on est de faire observer les statuts des conciles et des SS. PP., et dans la crainte trop fondée de partager les supplices éternels de ceux qu'on aurait voulu flatter, en tolérant leurs désordres.

23. Le pape a droit de condamner non-seulement les évêques, mais encore ceux et celles qui leur sont soumis en qualité de leurs diocésains.

24. Les diocésains des évêques sont plus obligés d'obéir au pape qu'à leurs propres évêques, puisque leurs évêques ne peuvent les soustraire à l'autorité du pape, au lieu que le pape peut les soustraire à l'autorité de leurs évêques. *Reg. t.* XXVI; *Labb. t.* X; *Hard. t.* VI. — Ce fut aussi dans ce concile que le pape enjoignit aux clercs réguliers de Saint-Hilaire de Poitiers de recevoir honorablement les chanoines de la cathédrale se rendant processionnellement à leur église le jour de la Toussaint et celui de la fête de saint Hilaire, et d'y laisser dire la messe ces jours-là à l'évêque, ou, en son absence, au doyen ou à un autre des principaux chanoines. *Greg.* VII, *Ep.* 54, *l.* I.

Le pape prescrivit dans ce même concile la vie commune et régulière aux clercs de l'église de Lucques. *Ep.* 11, *l.* VI.

ROME (Autre concile de), l'an 1074. Ce concile, dont le P. Noël-Alexandre omet de faire mention, p. 21 de son Histoire, quoiqu'il en parle ailleurs, p. 238, est différent, selon le P. Richard, de celui dont nous venons de rapporter les canons. Celui-ci se tint vers la fête de saint André, comme il paraît par la lettre de saint Grégoire VII à Cunibert, évêque de Turin. *Mansi, t.* II, *col.* 5. On y confirma les décrets déjà portés contre la simonie; et l'on excommunia cinq conseillers de Henri IV, roi de Germanie, comme coupables d'avoir favorisé des trafics sacriléges d'abbayes et d'évêchés. Enfin ce fut dans ce concile que saint Grégoire VII porta son fameux décret contre les investitures, comme le soutient le P. Alexandre p. 238, quoique, p. 21 du même volume de son histoire, il eût rapporté ce décret au concile suivant de l'an 1075. *Nat. Alex. Hist. eccl. sæc.* XI, *t.* VII.

ROME (Conciles de), l'an 1075. Le pape saint Grégoire VII tint deux conciles à Rome, selon le P. Richard, dans l'année 1075 : le premier, depuis le vingt-quatre février jusqu'au dernier du même mois; le second, vers la fin de la même année. On ignore le sujet de celui-ci; quant au premier, le seul dont le P. Noël-Alexandre fasse mention, on y renouvela la défense pour tout chrétien d'entendre la messe d'un prêtre qui serait marié. (*Voy.* pour explication le canon 19 du concile de Rome du premier dimanche de carême 1074.)

ROME (Concile de), l'an 1076. Le pape saint Grégoire VII tint ce concile la première semaine de carême. Le roi Henri IV y fut excommunié, privé pour la première fois de sa dignité royale, et ses sujets absous du serment de fidélité. L'archevêque de Mayence et les évêques d'Utrecht et de Bamberg y furent excommuniés comme fauteurs du schisme.

ROME (Conciles de), l'an 1078. Le pape saint Grégoire VII tint deux conciles à Rome cette année : le premier, la première semaine de carême, auquel se trouvèrent à peu près cent évêques, outre les abbés et d'autres ecclésiastiques. On y suspendit de toute fonction sacerdotale Thetbald, archevêque de Milan, et Guibert de Ravenne, comme fauteurs du schisme excité par Henri. On déposa Arnoul du siége de Crémone, qu'il avait usurpé par simonie. On anathématisa de même Roland, désigné pour l'évêché de Trévise par le roi de Germanie. On déclara déchu de toutes fonctions ecclésiastiques Hugues le Blanc, depuis longtemps destitué du cardinalat ; on soumit à la même peine Gaufrède, archevêque de Narbonne. On intima l'ordre aux peuples de Germanie de se soumettre à la décision des légats chargés par le concile de juger le différend entre les partisans de Henri et ceux de Rodolphe, que plusieurs seigneurs avaient nommé roi, par suite de la sentence prononcée contre le premier. Le même concile fit un canon pour protéger la liberté et les biens des personnes naufragées, un autre pour déclarer nulles les ordinations faites par des évêques excommuniés : cette nullité doit s'entendre de la juridiction qu'auraient prétendu conférer de tels évêques, et non du caractère même de l'ordre, auquel une excommunication quelconque ne saurait porter atteinte. Un troisième canon délie du serment de fidélité, comme de toute obligation semblable, les sujets ou les ministres de gens excommuniés. Un quatrième canon excepte de l'excommunication portée contre ceux qui communiquent avec les excommuniés, leurs épouses, leurs enfants, leurs domestiques, les paysans et les serfs, qu'on peut soupçonner de leur servir de conseillers, les avocats enfin, aussi bien que les étrangers et les voyageurs, à qui le concile permet de leur acheter les choses nécessaires à la vie, si ceux-ci ne peuvent autrement se les procurer.

Le second concile de l'an 1078 se tint le 29 novembre. On y excommunia Nicéphore Botoniate, empereur de Constantinople, et plusieurs autres. Les avocats de Henri et de Rodolphe y promirent les uns et les autres de ne gêner en rien l'action des légats, envoyés en Allemagne pour juger leur différend. On fit dans ce même concile un grand nombre de décrets de discipline, dont voici les douze principaux, qui nous ont été conservés par Hugues de Flavigny, dans sa *Chronique de Verdun*.

Le premier enjoint sous peine d'excommunication de rendre aux églises les biens de leur dépendance dont on se serait emparé, quand même on ne l'aurait fait que du consentement des recteurs de ces églises.

Le second est contre les investitures.

Le troisième défend aux évêques, sous peine de suspense, de vendre les prébendes, les archidiaconés, les prévôtés et les autres fonctions ecclésiastiques.

Le quatrième annule (quant à l'exercice) les ordinations simoniaques, et celles aussi qui, contrairement aux canons, auraient été faites sans le consentement du clergé et du peuple.

Le cinquième déclare fausse toute pénitence qui n'est pas en rapport avec le crime commis, selon les enseignements des saints Pères, ou qui ne va pas jusqu'à faire quitter un emploi qu'on ne saurait exercer sans péché, ou jusqu'à faire restituer des biens injustement acquis, ou renoncer à des haines qu'on garderait dans le cœur. On exhorte néanmoins celui qui n'aurait pas encore cette volonté forte, à ne pas se jeter pour cela dans le désespoir, mais à faire en attendant tout le bien dont il aura la force, afin que le Dieu tout-puissant l'éclaire et touche son cœur d'un repentir véritable.

Le sixième canon défend aux laïques de retenir des dîmes, qui n'ont été établies que pour les usages pieux, quand même elles leur auraient été cédées par des papes ou par des évêques. Mais le même saint pape qui fit ce décret crut cependant ne pas devoir en presser l'exécution à l'égard de certains seigneurs, qui se rendaient utiles à l'Eglise, en l'aidant à se délivrer de prêtres simoniaques ou concubinaires. C'est de quoi l'on peut se convaincre par la lecture d'une lettre de ce pape à l'évêque de Die. *Greg.* VII, *Ep.* 5, *l.* IX.

Le septième canon recommande de garder l'abstinence tous les samedis, à moins qu'on ne fût malade, ou qu'il ne tombât quelque grande fête ces jours-là. L'abstinence du samedi n'était pas encore passée en loi dans toute l'Eglise latine.

Le huitième canon défend aux moines et aux abbés d'intercepter les dîmes et les autres oblations, qui appartiennent aux évêques d'après les canons, à moins qu'ils ne le fassent avec le consentement des évêques eux-mêmes ou de l'avis du pontife romain.

Le neuvième défend aux évêques d'imposer aux abbés et aux clercs des charges, des services ou des tributs, contre les lois de l'Eglise, ou de réintégrer pour de l'argent des prêtres interdits de leurs fonctions.

Le dixième est contre les usurpateurs des biens du saint-siège, ainsi que contre ceux qui participent ou connivent à l'usurpation. Le concile les condamne à payer le quadruple avec leurs propres biens.

Le onzième suspend de ses fonctions tout évêque qui, par argent ou par prière, consentirait à laisser impuni le crime d'inceste ou la fornication commise par un clerc engagé dans les ordres sacrés.

Le douzième recommande aux fidèles de faire des oblations aux messes solennelles, selon l'usage ancien et l'ordre de Dieu lui-même, qui a fait entendre par Moïse ces paroles : *Vous ne paraîtrez point les mains vides en ma présence.*

Schram, dans l'édition qu'il a donnée de la *Somme des Conciles* de Carranza, rapporte quelques autres canons faits dans le même concile. Le plus important de ces canons fait une loi de célébrer les fêtes des papes martyrs. Un autre recommande aux évêques d'établir dans leurs Eglises l'enseignement des belles-lettres.

Bérenger fit aussi dans ce concile une nouvelle profession de sa foi, et obtint un délai jusqu'au concile suivant.

ROME (Concile de), l'an 1079. Le pape Grégoire VII tint ce concile au mois de février, à la tête de cent cinquante évêques. Bérenger y fit profession de la foi de l'Eglise sur l'eucharistie, et écrivit contre, à son retour en France. Sur les plaintes des violences exercées en Allemagne par le roi Henri, le pape y envoya des légats, qui revinrent sans avoir rien fait.

Mansi prouve par l'annaliste saxon que le même pape tint encore un autre concile à Rome, la même année, et sur le même sujet, c'est-à-dire, touchant les différends des rois Henri et Rodolphe. *Mansi, tom.* II, *col.* 33.

ROME (Concile de), l'an 1080. Le pape saint Grégoire VII tint ce concile le 7 mars, après la bataille gagnée, le 27 janvier, par Rodolphe sur Henri, qui fut excommunié et déposé du royaume, tandis que Rodolphe fut déclaré le vrai roi dans ce concile. On y réitéra aussi la défense de recevoir ou donner des investitures; et on y renouvela les excommunications contre Thetbald de Milan, Guibert de Ravenne, et quelques autres évêques, et contre les Normands, qui pillaient en Italie les terres de l'Eglise. *R.* XXVI; *L.* X; *H.* VI.

ROME (Concile de), l'an 1081. Le pape saint Grégoire VII tint ce concile le 4 mai. Il y excommunia de nouveau le roi Henri avec tous ses partisans, et confirma la déposition prononcée par ses légats contre les archevêques d'Arles et de Narbonne. *R.* XXVI; *L.* X; *H.* VI.

ROME (Concile de), l'an 1083. Le pape saint Grégoire VII y excommunia tous ceux qui avaient empêché le roi Henri de venir à Rome.

ROME (Concile de), l'an 1084. Le roi Henri, s'étant rendu à Rome, le 21 mars 1084, y fit introniser l'antipape Guibert, sous le nom de Clément III, le dimanche suivant, jour des Rameaux, et reçut de ses mains la couronne impériale le jour de Pâques, pendant que saint Grégoire VII était enfermé au château Saint-Ange. Robert Guiscard l'en ayant tiré, Grégoire assembla ce concile, dans lequel il réitéra l'excommunication contre l'antipape Guibert, l'empereur Henri et leurs partisans. *R.* XXVI; *L.* X; *H.* VI.

ROME (Concile de), l'an 1085. L'antipape Guibert tint ce faux concile au mois de janvier, et y déclara nulle l'excommunication prononcée par le pape saint Grégoire VII contre l'empereur Henri. Il en écrivit une lettre synodique à tout le clergé, sans parler des autres lettres qu'il adressa à quelques évêques en particulier, comme à celui d'Ostie. Mansi croit que ce même antipape avait tenu l'année précédente un autre conciliabule à Rome, en présence de l'Empereur. *Mansi, tom.* II, *col.* 55 *et suiv.*

ROME (Concile de), l'an 1089. Le pape Urbain II, assisté de cent quinze évêques, tint ce concile, et y confirma les statuts de ses prédécesseurs contre l'empereur Henri et les autres schismatiques. Guibert fut chassé de Rome, et s'en retourna à Ravenne. « Il est remarquable, dit le savant bénédictin, auteur de l'*Art de vérifier les dates*, que depuis l'assemblée de Brixen, où il fut fait antipape, il continua de se nommer Guibert archevêque de Ravenne dans toutes ses chartes, hors une seule, où il prend le nom de Clément; et ce qu'il y a de plus singulier encore, celles où il se nomme Guibert sont datées du pontifical de Clément, comme si c'étaient deux hommes différents. »

ROME (Concile de), l'an 1098. Le pape y accorda à Guillaume le Roux, roi d'Angleterre, sur la demande que lui en fit son envoyé, quelques mois de délai, avant de prononcer son jugement dans l'affaire de saint Anselme de Cantorbery. *Mansi, Conc. t.* XX.

ROME (Conciliabule de), l'an 1098, tenu par huit cardinaux, quatre évêques et quatre prêtres schismatiques : Guibert était absent. Ils y écrivirent une lettre, datée du 7 août, pour s'attirer des partisans; mais cette lettre fut méprisée par tous les catholiques: *Fascic. rer. exquis. p.* 43. Alletz et après lui M. l'abbé Filsjean mettent à tort ce conciliabule à l'année 1089, *Voy.* l'*Art de vérif. les dates.*

ROME (Concile de), 3ᵉ semaine après Pâques de l'an 1099. Il se trouva à ce concile plusieurs évêques de France, qui ne sont pas nommés, et l'on y fit des règlements contre l'incontinence des clercs et contre les investitures données par les laïques. Le pape ordonna à Reinger, évêque de Lucques, qui avait la voix haute et sonore, de lire publiquement ces canons. Reinger passa au milieu du concile et commença à lire quelques articles; mais interrompant tout à coup cette lecture et changeant de couleur et de ton, il s'écria: « Hé! que faisons-nous? Nous accablons de préceptes nos inférieurs, et nous ne nous opposons pas aux vexations iniques des tyrans! On vient de toutes les parties du monde s'en plaindre à ce siége : quel remède y trouve-t-on? Tout le monde le sait et en gémit. Nous avons sous nos yeux un évêque des extrémités de la terre, qui a été injustement dépouillé de tous ses biens, et voilà la seconde année qu'il est ici à implorer du secours: en a-t-il obtenu? Je parle d'Anselme, archevêque anglais. » En disant cela, il frappa trois fois le pavé de sa crosse pour marquer son indignation.

Le pape lui dit : Frère Reinger, c'en est assez là-dessus, cela suffit; nous aviserons à ce qu'il convient de faire sur cette affaire. L'évêque acheva de lire les canons du concile, et après cette lecture, il parla encore d'Anselme, qui fut le seul du concile qui garda un profond silence sur ce qui le concernait.

Le pape Urbain excommunia dans ce concile tous les ennemis de l'Eglise, et nommément les laïques qui donnent les investitures des dignités ecclésiastiques, et les clercs qui les reçoivent des laïques, aussi bien que les ecclésiastiques qui se font les hommes liges des laïques : « Car c'est une chose indigne, dit le concile, que des mains qui offrent le Fils de Dieu à son Père sur nos autels, et qui font ce que les anges ne peuvent faire, soient souillées par des attouchements impurs, par des rapines ou par l'effusion injuste du sang humain. »

La chronique de Maillezais nous apprend

que le pape recommanda dans le concile le voyage de la terre sainte, et qu'il ordonna que tous les chrétiens jeûnassent tous les vendredis, pour obtenir la rémission de leurs péchés et particulièrement de ceux qu'ils auraient oublié de confesser. On termina dans le même concile le schisme qui s'était formé dans l'Eglise de Terouanne; cette Eglise était depuis longtemps en proie à la violence et à l'ambition. Après la mort de Drogon, évêque de Terouanne, arrivée l'an 1079, Hubert, son successeur, fut déposé comme coupable d'hérésie et de simonie. Il fut même blessé dangereusement, et il se fit moine à Saint-Bertin. Après sa retraite, Lambert usurpa ce siège et persécuta cruellement le clergé, qui refusa de le reconnaître. On eut enfin recours à la violence pour le chasser lui-même, et on lui coupa la langue et les doigts de la main droite. Gérard, qui lui succéda, fut à la vérité élu par le clergé, mais il acheta à prix d'argent le consentement du roi, et ayant enfin été déposé pour ce sujet par Urbain II, il se retira au mont Saint-Eloy. Il se forma une grande division pour l'élection d'un successeur. Les archidiacres et les chanoines de la cathédrale élurent Erkembolde, chanoine de Saint-Omer. Mais comme il refusa et qu'on ne lui fit pas de grandes instances, on procéda à une autre élection. Les chanoines élurent Aubert, chanoine d'Amiens, qui avait aussi un canonicat de Terouanne; mais les abbés du diocèse, auxquels se joignirent les seigneurs laïques, élurent Jean, archidiacre d'Arras, qui était un savant homme et d'une vie irréprochable. Comme les chanoines ne voulurent pas céder, l'affaire fut portée au pape par appel, sans que Jean, qui était élu, en sût rien.

Le pape Urbain fit examiner l'affaire dans le concile. L'élection d'Aubert fut cassée, et celle de Jean confirmée. Mais comme on fit entendre au pape que ce dernier ne manquerait pas de refuser l'épiscopat, il lui écrivit une lettre, pour lui ordonner par l'autorité apostolique d'accepter cette dignité.

Jean, malgré sa répugnance, fut obligé de se soumettre à des ordres si précis: il reçut la prêtrise le 3 juin 1099, fut ordonné évêque le 17 juillet suivant par Manassès II, archevêque de Reims, et fut intronisé dans le siège de Terouanne le 24 du même mois.

Daimbert de Sens s'était rendu à ce même concile de Rome: il y reconnut solennellement la primatie de l'Eglise de Lyon sur celle de Sens. Il promit de plus qu'avant la Saint-Remi la prochaine, il se rendrait à Lyon pour jurer obéissance à l'archevêque en qualité de primat. Le pape manda ce qui s'était passé là-dessus à l'archevêque de Lyon, et il lui nomma plusieurs prélats qui avaient servi de témoins de cette promesse de l'archevêque de Sens. On remarque parmi ces témoins saint Anselme, Léger de Bourges, Amat de Bordeaux, Isméon de Die et Leutard de Senlis: ce qui montre qu'ils avaient assisté à ce concile de Rome.

On a lieu de croire que ce fut aussi dans ce concile romain que le pape Urbain II fit approuver ses réponses aux consultations de Pibon, évêque de Toul. Cette partie de la France, qui obéissait à l'empereur Henri, était dans une étrange confusion à cause du schisme de ce prince. Un grand nombre de prêtres y avaient été ordonnés par des évêques schismatiques: ce qui jetait dans l'embarras les évêques qui demeuraient attachés au saint-siège. Ils ne savaient s'ils pouvaient se servir de ces prêtres; et s'ils les interdisaient de leurs fonctions, ils craignaient de laisser leurs peuples sans secours. Pibon prit le parti de consulter le saint-siège sur cet article et sur quelques autres. Voici les réponses que le pape lui envoya, après les avoir fait approuver dans le concile.

1. L'évêque doit donner gratuitement toutes les charges et dignités de son Eglise, comme les doyennés, les archidiaconés, etc.

2. Nous éloignons des ordres et privons de tout office et bénéfice ceux qui après le sous-diaconat ont eu commerce avec leurs femmes. Les évêques qui souffrent ces ministres sont interdits de leurs fonctions.

3. Nous éloignons pareillement du ministère des autels les enfants de prêtres, à moins qu'ils n'aient été éprouvés dans des monastères ou dans des communautés de chanoines.

4. Quant aux clercs qui ont été ordonnés par des évêques excommuniés, nous n'avons pas encore porté là-dessus de règle fixe, parce qu'il faut un concile général pour remédier à un mal aussi universel: voici cependant ce que nous pensons pour le présent et ce que nous répondons à votre fraternité. Si ceux qui ont été ordonnés par des évêques excommuniés à la vérité, mais catholiques autrefois, n'ont pas été ordonnés par simonie; si d'ailleurs ce sont de dignes sujets, imposez-leur une pénitence convenable, et permettez-leur de faire les fonctions des ordres qu'ils ont reçus: cependant nous ne prétendons pas qu'ils soient promus à des ordres supérieurs, à moins que la nécessité ou une grande utilité de l'Eglise n'y oblige: ce qu'il faudra faire rarement et avec beaucoup de précaution.

5. Il faut priver du saint ministère et de tout bénéfice les évêques et les clercs simoniaques, et il faut consacrer de nouveau les églises dont ces simoniaques auraient fait la dédicace.

6. Pour ceux qui ont été ordonnés sans titre, quoiqu'une pareille ordination soit contraire aux canons, je laisse à votre discrétion à déterminer, vu les besoins de l'Eglise, si vous devez conserver quelques-uns d'entre eux.

7. Nous privons des saints ordres les bigames et ceux qui ont épousé des veuves.

Le pape exhorte Pibon à faire observer ces articles dans son Eglise, et à ne pas craindre dans sa vieillesse les ennemis qui l'environnent et qui ne cessent d'aboyer contre lui. La lettre n'a point de date. *Hist. de l'Egl. gall.*, liv. XXII.

ROME (Concile de), ou de Latran, l'an 1102. Le pape Pascal II, assisté de tous les évêques d'Italie et des députés de plusieurs évêques de delà les monts, tint ce concile, dans l'église de Saint-Jean de Latran, vers la fin du mois de mars. On y anathématisa avec serment toute hérésie, et on y promit obéissance au pape. On y confirma de plus l'excommunication prononcée contre l'empereur Henri par saint Grégoire VII et Urbain II : le pape Pascal la publia de sa bouche le jeudi saint, 3 avril, dans l'église de Latran. *R.* XXVI; *L.* X; *H.* VII.

ROME (Concile de), l'an 1103 ou 1105. Le pape Pascal II y rétablit dans son siége Grossolan, archevêque de Milan, qui avait été déposé au conciliabule de Milan, en 1101, comme convaincu de simonie. L'affaire de ce prélat ne fut absolument terminée que l'an 1116, au concile de Latran. *Mansi, Conc. t.* XX.

ROME (Concile de), l'an 1104. Le pape Pascal II tint ce concile dans le carême. Il y fit une sévère réprimande à Brunon, archevêque de Trèves, de ce qu'il avait reçu l'investiture de l'empereur Henri ; mais il ne lui en fit aucune sur son attachement et sa fidélité pour ce prince, quoique excommunié et déposé par les papes ; comme il n'en fit point non plus à saint Othon pour le même sujet, lorsqu'il le sacra évêque de Bamberg, le 17 mai 1103. Cela prouve de plus en plus que les papes mêmes ne regardaient pas comme absolument définitive la déposition de cet empereur, même après qu'ils l'avaient prononcée. *L.* X; *H.* VII; *Hartzeim,* III.

ROME (Concile de), l'an 1105. Le pape Pascal II tint ce concile le 26 mars au palais de Latran, et y excommunia le comte de Meulan et ses complices, que l'on accusait d'être cause que le roi d'Angleterre s'opiniâtrait à soutenir les investitures. Il y excommunia aussi les ecclésiastiques qui les avaient reçues de la main de ce roi. *Eadmer, l.* IV *Hist*

ROME (Autre concile de), l'an 1105. Le même pape tint ce concile dans le mois de mai, et y rétablit Pierre Grossolan sur le siége de Milan. Ce décret n'eut cependant pas d'exécution, à cause des obstacles insurmontables qu'il rencontra dans le parti opposé à Grossolan. *Muratori.* V. ROME, 1103.

ROME (Concile de), l'an 1110. Le pape Pascal II tint ce concile le 7 mars, au palais de Latran. Il y renouvela les décrets contre les investitures et les canons qui défendent aux laïques de disposer des biens des églises.

ROME (Concile de), l'an 1111. *V.* LATRAN, même année.

ROME (Concile de), l'an 1112. *V.* LATRAN, même année.

ROME (Concile de), l'an 1116. *V.* LATRAN, même année.

ROME (Autre concile de), l'an 1116. On y permit à l'abbé du Mont-Cassin de prendre le titre d'abbé des abbés. *Reg.* XXVI; *Labb.* X; *Hard.* VII.

ROME (Concile de), l'an 1121. Le pape Calliste II tint ce concile, dont l'objet fut le rang que devaient tenir dans les conciles les archevêques de Ravenne et de Milan. L'archevêque de Pise prétendait de son côté exercer les droits de métropolitain sur les évêques de l'île de Corse : le concile le débouta de ses prétentions. *Tom.* XII *Conc.; Mansi, t.* II, *col.* 343. Voy. plus bas ROME, l'an 1126.

ROME (Concile de), l'an 1122. On y justifia les moines du Mont-Cassin, et Oderise leur abbé, de certains torts que leur imputaient les évêques voisins. *Conc., t.* XII.

ROME (Concile de), neuvième œcuménique, l'an 1123. *V.* LATRAN, même année.

ROME (Concile de), l'an 1126. On y rendit à l'archevêque de Pise le droit de consacrer les évêques de Corse. *Conc. t.* XII.

ROME (Concile de), l'an 1127. Le pape Honorius II tint ce concile, qui condamna Gebhard, élu évêque de Wirtzbourg par la faction de l'empereur Henri, à renoncer pour toujours à l'épiscopat. *Mansi, t.* II, *col.* 385.

ROME (Concile de), l'an 1133, le 5 juin. Le pape Innocent II y autorisa Berthold, évêque de Paderborn, à porter le rational, formé d'un tissu de soie, d'or et de pierreries, à certains jours où il célébrerait la messe, dans la consécration des églises et dans les ordinations qu'il ferait dans son diocèse. On croit aussi que saint Norbert, archevêque de Magdebourg, reçut dans ce même concile le titre de primat ou y fut confirmé dans ce titre, et que Berthold, abbé de Fulde, y obtint le droit de porter la mitre, le bâton et l'anneau pastoral. *Conc. Germ. t.* III.

ROME (Concile de), dixième œcuménique, l'an 1139. *Voy..* LATRAN, même année.

ROME (Concile de), l'an 1144. Le pape Lucius II tint ce concile. On y soumit à l'église de Tours, comme à leur métropole, toutes les églises de Bretagne, avec cette restriction pour celle de Dol, que Geoffroi, son évêque, aurait le pallium, et ne serait soumis qu'au pape. La bulle adressée à Hugues, archevêque de Tours, et à ses successeurs légitimes, est du 15 mai. *Mansi, t.* II, *col.* 449.

ROME (Concile de), onzième œcuménique, l'an 1179. V. LATRAN, même année

ROME (Concile de), l'an 1193. Saint Bernward, évêque d'Hildesheim, y fut canonisé par le pape Célestin III. *Conc. Germ. t.* III.

ROME (Concile de), l'an 1200. Le pape Innocent III y canonisa sainte Cunégonde, femme de l'empereur saint Henri II. *Conc. Germ. t.* III.

ROME (Concile de), l'an 1210. On met vers cette année un concile à Rome dont on ne sait pas bien le détail. Voici quelle en fut l'occasion. Le pape Innocent III était venu à bout de faire reconnaître Othon IV roi des Romains, dans une diète tenue à Francfort au mois de novembre de l'an 1208. Le 14 d'octobre de l'année suivante 1209, le pape le sacra et le couronna empereur dans l'église de Saint-Pierre à Rome, après avoir reçu de lui le serment où il promettait entre autres choses de rendre à l'église romaine toutes les terres dont elle avait joui, notamment celles de la comtesse Mathilde, et de la laisser encore jouir de ses droits sur le royaume de Sicile. Othon, sans avoir égard à ce serment, refusa de rendre la terre de la comtesse Mathilde, et attaqua les terres du roi de Sicile. Le pape le fit avertir de garder ses serments, et de rendre justice à l'Église romaine. Othon n'écouta rien : et prétendant observer le premier serment qu'il avait fait de conserver et faire valoir les droits de l'empire, il continua à rétablir son autorité en Italie. Le pape, mécontent de son procédé, l'excommunia l'année suivante 1210. En conséquence il écrivit en 1211 aux patriarches d'Aquilée et de Grade, aux archevêques de Ravenne et de Gênes et à plusieurs autres prélats, de renouveler l'excommunication prononcée contre Othon et ses fauteurs. Cela n'empêcha pas ce prince de continuer ses conquêtes en Pouille et en Calabre. Le pape employa l'abbé de Morimond pour ménager la paix avec Othon. Mais tous les mouvements furent inutiles : Othon jouit de l'empire jusqu'en 1214 qu'il fut défait par le roi Philippe-Auguste le 2 juillet. Alors abandonné de tout le monde, il se retira à Brunswick et mourut au château de Horizbourg le 19 mai 1218. *Hist. des aut. sacr. et eccl.* t. XXI.

ROME (Concile de), douzième œcuménique, l'an 1215. *Voy.* LATRAN, même année.

ROME (Concile de), l'an 1220. Le pape Honorius III assembla ce concile à l'occasion du couronnement de l'empereur Frédéric II, qu'il fit le 22 novembre dans la basilique du prince des apôtres. Le pape y prononça l'excommunication contre tous les hérétiques et les ennemis de la liberté de l'Église. *Mansi*, t. II, col. 271.

ROME (Concile de), l'an 1227. Le pape Grégoire IX présida à ce concile, y réitéra l'excommunication qu'il avait déjà portée contre l'empereur Frédéric le 29 septembre, pour n'avoir pas exécuté la promesse qu'il avait faite de s'embarquer pour le secours de la terre sainte. *Anal. des Conc.* t. V.

ROME (Concile de), l'an 1228. Le même pape y confirma, le jeudi saint 23 mars, l'excommunication portée contre l'empereur Frédéric. *Ibid.*

ROME (Concile de), l'an 1234. Dans ce concile, auquel se trouva présent l'empereur Frédéric II, on décréta une nouvelle expédition pour la terre sainte. *Conc.* t. XIII.

ROME (Concile de), l'an 1302. Le pape Boniface VIII assembla ce concile contre Philippe le Bel, et y publia la fameuse décrétale *Unam sanctam*, dont le dispositif tend à établir que la puissance temporelle est soumise à la spirituelle, et que le pape a droit d'instituer, de corriger et de déposer les souverains, sous prétexte que tout homme est soumis au pape, en confondant la soumission quant au temporel avec la soumission quant au spirituel. Clément V déclara, par une bulle datée du premier février 1305, que la bulle *Unam sanctam* ne portait aucun préjudice au roi ou au royaume de France; et quand il ne l'aurait pas déclaré, la chose n'en serait pas moins incontestable pour quiconque connaît l'esprit et l'économie de la loi évangélique. *Reg.* XXVIII; *Lab.* XI; *Hard.* VIII.

ROME (Concile de), l'an 1412 et 1413. Le pape Jean XXIII, successeur d'Alexandre V, tint ce concile contre les wicléfites et les hussites. On a de lui un décret contre ces hérétiques, daté du 2 février 1413. *Labb.* XI; *Hard.* IX.

ROME (Concile de), l'an 1512. *V.* LATRAN, même année.

ROME (Concile de), l'an 1725. Le pape Benoît XIII fit l'ouverture de ce concile le 15 avril dans l'église de Saint-Jean de Latran. Il l'avait convoqué quelques mois auparavant, et y avait appelé les évêques dépendant spécialement de la métropole de Rome, les archevêques sans suffragants, les évêques qui relèvent immédiatement du saint-siège, et les abbés qui, n'étant censés d'aucun diocèse, exercent dans les abbayes une juridiction presque épiscopale. Il fit l'ouverture de l'assemblée par un discours où il insista particulièrement sur les motifs qui doivent porter les papes et les évêques à tenir fréquemment des synodes, et sur les avantages qui en résultent pour l'Église. Il se tint en tout sept sessions, les 15, 22 et 29 avril, et les 6, 13, 22 et 27 mai.

La clôture eut lieu le 29. On fit plusieurs règlements, dont les principaux concernent les devoirs des évêques et des autres pasteurs, les instructions chrétiennes, la résidence, les ordinations, la tenue des synodes, les bons exemples que les pasteurs doivent à leurs peuples, la sanctification des fêtes, et différentes autres matières de discipline ecclésiastique. Tous ces décrets attestent le zèle religieux du pape, et ne renferment presque que les mesures qu'il avait prises lui-même dans les synodes qu'il tenait fréquemment étant archevêque. A la tête de ses décrets, le concile en mit deux principaux, dont le premier ordonne aux évêques, bénéficiers, prédicateurs et confesseurs, de faire la profession de foi de Pie IV. Le second est conçu en ces termes : « Comme pour maintenir et conserver dans son intégrité et sa pureté la profession de foi catholique, il est très-nécessaire que tous les fidèles évitent avec le plus grand soin et détestent les erreurs qui dans ces temps modernes s'élèvent contre cette même foi, tous les évêques et pasteurs des âmes veilleront avec la plus grande exactitude, comme par le passé, à ce que la constitution donnée par Clément XI, de sainte mémoire, constitution qui commence ainsi : *Unigenitus*, et que nous reconnaissons comme une règle de notre foi, soit observée et exécutée par tous, de quelque grade et de quelque condition qu'ils soient, avec l'obéissance entière qui lui est due. S'ils apprennent donc que quelqu'un demeurant dans leur diocèse (soit qu'il y appartienne, ou qu'il soit de leur province, ou qu'il soit étranger) ne pense pas bien ou parle mal de cette constitution, qu'ils ne négligent pas de procéder et de sévir contre lui selon leur pouvoir et leur juridiction pastorale. Et lorsqu'ils croiront qu'il est besoin d'un remède plus efficace, qu'ils dénoncent au siége apostolique ces opiniâtres et ces rebelles à l'Eglise. Qu'ils aient même soin de rechercher exactement les livres faits contre cette constitution, ou qui soutiennent les fausses doctrines qu'elle a condamnées, et qu'ils se les fassent remettre pour les déférer ensuite à nous et au saint-siége. » Ce décret si fort et si précis a donné lieu depuis à une chicane singulière et que nous devons d'autant moins taire, qu'on l'a répétée même dans des écrits de ce siècle. On a prétendu que le concile romain ne reconnut point la bulle comme *règle de foi*, et que cette proposition incidente fut ajoutée après coup par M. Fini, archevêque de Damas et secrétaire. C'est dommage que les ariens aient ignoré cette manière commode de se débarrasser des décrets d'un concile. Une pareille assertion devrait, pour être crue, être appuyée sur des preuves solides, et l'on ne cite au contraire que des ouï-dire; on fait parler des gens morts qui ne peuvent plus donner le démenti. Mais comment supposer que les Pères du concile n'eussent pas réclamé contre une altération si manifeste de leurs décrets ? Comment Benoît XIII, dont les réfractaires eux-mêmes ont loué la piété, aurait-il souffert une pareille falsification? Pourquoi le cardinal Fini, auquel on l'attribue, n'en aurait-il pas été puni du moins sous Clément XII, lorsqu'il fut arrêté et qu'on lui fit son procès? Ses ennemis ne parlèrent point de cette imputation. L'auraient-ils oubliée, si le fait eût été aussi vrai qu'on le prétend ? Au reste on pourrait presque admettre cette supposition, tout étrange qu'elle est, sans que les appelants fussent fondés à en tirer avantage, car ils n'attaquent que la partie du décret qui porte que la constitution *Unigenitus* est une règle de notre foi, et n'accusent point de faux le reste où il est parlé des *erreurs* et des *fausses doctrines de ces opiniâtres et de ces rebelles*, et où il est tant recommandé de faire rendre à la constitution *l'obéissance entière qui lui est due.* Ainsi, en retranchant même la clause qui choque les opposants, il en resterait encore assez pour faire voir que le pape et le concile condamnaient leurs erreurs et leur résistance. D'ailleurs le parti n'avait rien épargné pour que les choses se passassent autrement dans le concile. Il avait député à Rome deux théologiens chargés d'aider les Pères de leurs lumières. D'Etemare et Jubé, connus tous les deux par d'importants services pour le soutien de cette cause, firent exprès le voyage d'Italie, et s'efforcèrent d'inspirer leurs sentiments aux membres du concile. Mais on ne tarda pas à pénétrer leur dessein, et ils furent obligés de sortir de Rome.

Les décrets publiés dans le concile sont compris sous trente-deux titres : en voici l'abrégé.

Titre I. De la sainte Trinité et de la foi catholique.

C. 1. Tous les évêques, les dignitaires, les chanoines, les bénéficiers quels qu'ils soient, les vicaires généraux, les vicaires forains, les officiers du palais épiscopal, les prédicateurs et les confesseurs nouveaux, quand même ils seraient réguliers ou attachés à des couvents de religieuses, les professeurs et les maîtres même particuliers de théologie, de philosophie, de droit canonique ou civil, ou d'une science quelconque, même de grammaire, les médecins et les chirurgiens, sont tenus de faire leur profession de foi dans la forme prescrite par Pie IV.

C. 2. « Tous les évêques et autres pasteurs des âmes feront observer et mettre à exécution la constitution *Unigenitus*, donnée par Clément XI, que nous reconnaissons comme règle de foi ; et s'ils savent que quelqu'un en pense ou parle mal, ils procéderont contre lui avec l'autorité que leur donne leur charge, ou déféreront les opiniâtres au saint-siége. Ils feront aussi rechercher avec soin les livres publiés contre ladite constitution ou en faveur des doctrines qui y sont condamnées, et se les feront remettre pour les dénoncer au siége apostolique. »

C. 3. « Les évêques ne s'occuperont d'aucune affaire domestique ; mais s'adonneront tout entiers à la lecture, à la prière et à la prédication de la parole de Dieu ; ils ne se chargeront pas eux-mêmes de pourvoir aux besoins des veuves, des orphelins et des étrangers, mais ils laisseront ce soin aux archidiacres et aux archiprêtres, et ils feront entendre leur voix pastorale dans leur église au moins tous les dimanches et les jours de fêtes solennelles en expliquant l'Ecriture et la loi divine, devoir qu'ils ont à remplir par eux-mêmes, suivant les prescriptions de Jésus-Christ, des apôtres et des saints canons, tant qu'ils n'en sont pas légitimement empêchés. »

C. 4. « Les évêques veilleront à ce que les curés remplissent les devoirs de leur ministère, en instruisant par eux-mêmes leur peuple dans la foi catholique, en administrant les sacrements, en visitant les malades, en assistant les mourants, en priant tous les jours pour le salut de leur peuple, et lui montrant la voie du salut par une vie exemplaire. Tous les dimanches, ils adresseront à leurs paroissiens, à la suite de l'Evangile, une courte et familière exhortation dont ils puiseront les matériaux dans le Catéchisme romain. Dans l'après-midi, ils instruiront à l'aide de la *Doctrine chrétienne* de Bellarmin les enfants des deux sexes, à part les uns des autres, depuis l'âge de sept ans jusqu'à leur quatorzième année ; et ils n'omettront pas d'exhorter les parents à former leurs enfants à la vertu par leurs discours et leurs exemples, en leur inculquant la doctrine qu'ils auront eux-mêmes reçue de leurs pasteurs. »

C. 5. « A la fin du prône, les curés diront à haute voix, alternativement avec le peuple, qui leur répondra dans sa langue maternelle, pour ôter à l'ignorance des personnes avancées en âge tout prétexte d'excuse, au moins les choses suivantes mises en chant : le signe de la croix, les mystères de la Trinité et de l'Incarnation, le symbole des apôtres, l'oraison dominicale, la salutation angélique, les commandements de Dieu et de l'Eglise, les sept sacrements et l'acte de contrition. »

C. 6. « On érigera une prébende, suivant le décret du concile de Trente (*sess.* V. *c.* I *de Ref.*), pour l'enseignement de la théologie ; et nous voulons que le premier canonicat vacant, fût-il réservé à la nomination du saint-siége, soit affecté à cet emploi, pourvu qu'il n'y ait aucune fonction incompatible qui s'y trouve annexée d'avance : de sorte que toute autre collation faite par l'évêque n'aura aucune valeur, et alors la provision de la prébende sera dévolue au saint-siége. Si le canonicat avec la prébende n'offre pas encore une ressource suffisante, l'évêque y pourvoira en y joignant un bénéfice simple, du revenu de soixante écus romains, quand même ce bénéfice serait aussi réservé au saint-siége. »

C. 7. « Le théologal sera tenu de donner chaque année au moins quarante leçons publiques de théologie, soit par lui-même, soit par un autre capable que l'évêque lui substituera ; et il obligera le théologal, par la soustraction de son revenu, à satisfaire au devoir de sa charge. »

C. 8. « Les lecteurs chargés d'expliquer dans l'Eglise l'Ecriture sainte devront, après avoir donné l'explication littérale d'un passage, proposer à son sujet et résoudre deux questions pour le moins, l'une historique et l'autre morale, concernant les articles de notre foi, les sacrements, les rites de l'Eglise catholique et les mystères qu'il renferme, ou toute autre chose qui ait rapport à la doctrine et à la morale du christianisme. »

C. 9. « Les dignitaires des églises tant cathédrales que collégiales, les chanoines, les curés, les confesseurs séculiers et les réguliers mêmes qui n'auraient point de leçon d'Ecriture sainte dans leurs communautés, seront tenus, sous peine d'amende, d'assister aux leçons d'Ecriture sainte aux jours et aux heures que l'évêque leur marquera. »

C. 10. « Les évêques feront choix de prédicateurs instruits, prudents, zélés et irrépréhensibles dans leurs mœurs, sans les prendre au hasard, quand même ils appartiendraient à quelque ordre régulier. Ils agréeront cependant de préférence ceux qui se présenteront à eux avec des lettres de leurs supérieurs qui les approuvent. »

Titre II. Des constitutions.

C. 1. Les métropolitains sont exhortés vivement à tenir le synode de leur province, ainsi que les évêques celui de leur diocèse, à l'exemple du pape lui-même, qui a assemblé ce concile des évêques de la province de Rome, des archevêques sans suffragants, et des évêques et abbés immédiatement soumis au saint-siége.

C. 2. « Les métropolitains assembleront au moins tous les trois ans leurs synodes provinciaux ; et, à leur défaut, ce devoir sera rempli par le plus ancien évêque de la province. »

C. 3. « Les évêques tiendront leur synode au moins une fois chaque année, et la première, six mois au plus tard après que ce concile aura été publié. »

C. 4. « Nous ordonnons aux chapitres des églises cathédrales, collégiales et conventuelles, de tirer de l'oubli leurs anciens statuts ou leurs constitutions capitulaires, et, s'ils n'en ont pas, de s'en faire dans six mois, sous peine d'interdit ; et ils devront soumettre à l'examen et à la correction de l'évêque tant leurs anciens statuts que les nouveaux. »

C. 5. « Les statuts devront être faits de manière à exprimer les origines, les fondations, les priviléges, les droits, les usages, les revenus, les charges et les fonctions sous autant de titres distincts, et qu'il ne s'y lise rien de contraire à la disposition du droit, aux décrets des congrégations et aux coutumes légitimes. »

Titre III. Des rescrits.

« Les citations, lettres, mandats ou significations quelconques ne seront point adressés directement à l'évêque par les personnes en procès ou d'autres qui agissent en leur nom, mais seront présentés immédiatement au promoteur, ou au fiscal, ou au greffier. »

Titre IV. Des remèdes à la négligence des prélats.

« Les abbés réguliers perpétuels ne peuvent bénir leurs sujets ou exercer leurs fonctions d'abbés qu'après avoir reçu, dans la forme indiquée dans le Pontifical romain, la bénédiction solennelle de l'évêque dans le diocèse duquel aura été faite son élection. »

Titre V. Des temps des ordinations.

C. 1. « Ceux qui ont dispense du saint-siége pour être promus aux saints ordres *extra tempora* ne pourront les recevoir d'aucun autre que de leur propre évêque. »

C. 2. « Les réguliers peuvent être ordonnés *extra tempora* en vertu de leurs seuls priviléges, sans qu'il soit besoin d'un nouvel indult. »

Titre VI. De l'âge et de la qualité des éligibles.

Les chapitres 1 et 2 ne font que reproduire les chapitres 4, 6 et 16 de la 23ᵉ session du concile de Trente, *de Reformatione.*

C. 3. « Les évêques ne doivent promouvoir aux saints ordres que ceux qui ont les qualités requises par le concile de Trente, c. 13 et 14 de la 23ᵉ session ; et ils n'appelleront au sacerdoce que ceux qu'ils trouveront suffisamment instruits dans la théologie morale. »

C. 4. « Ceux qui veulent être ordonnés dans un diocèse étranger pour un bénéfice qui y est situé doivent auparavant être examinés par l'évêque de leur domicile, dans la supposition qu'ils doivent y rentrer. »

C. 5. « Dans la collation des canonicats ou des autres bénéfices simples, les évêques ne doivent consulter ni la chair ni le sang, mais les services et les qualités des sujets, gardant en tout la justice distributive, et choisissant de préférence ceux qui savent le chant grégorien. »

Titre VII. De l'office de juge délégué.

C. 1. « Après la visite faite dans tout son diocèse, les synodes tenus et les statuts publiés, l'évêque se choisira des auxiliaires outre les témoins synodaux, pour parcourir à ses frais le diocèse dans tous les sens, et voir si les règlements s'exécutent. »

C. 2. « L'évêque établira de même dans les bourgs principaux des vicaires forains, qui s'informeront de la vie des clercs et de celle des laïques, pour rendre à l'évêque un compte fidèle. »

Titre VIII. De l'office de juge ordinaire.

C. 1. « Les évêques achèveront la visite de leur diocèse en deux ans tout au plus, et ne la feront jamais par d'autres, à moins d'une pressante nécessité : et, dans ce cas, ils choisiront des ecclésiastiques dont quelques-uns au moins soient prêtres, et qui soient des gens probes, savants et incapables de se laisser corrompre. »

C. 2. « Les évêques ne choisiront point pour leurs vicaires généraux leurs frères, leurs neveux ou des compatriotes. Se rappelant la 65ᵉ proposition condamnée par Innocent XI, ils se garderont bien, eux et leurs vicaires généraux, de suivre entre deux opinions la moins probable. »

C. 3. « Les évêques choisiront pour avocats des pauvres, des hommes pieux, probes et savants, qui sachent défendre tant au criminel qu'au civil, même devant un juge laïque, la cause des personnes destituées d'appui. »

C. 4 et 5. « Ces chapitres contiennent des règlements pour le droit cathédratique et certains droits funéraires, dont on marque le taux qu'il n'est pas permis de dépasser. »

Titre IX. De la majorité et de l'obédience.

C. 1. « Tout évêque exempt est tenu, sous peine d'interdit de l'entrée de l'église, conséquemment au décret du concile de Trente (sess. 24, de Ref. c. 2), de faire choix d'un métropolitain voisin, pour assister aux synodes de sa province. »

C. 2. « Il n'est pas permis à un archevêque qui n'a point d'évêques suffragants, d'assembler un synode prétendu provincial seulement avec des abbés exempts, sous prétexte que ceux-ci ont leur territoire situé dans son diocèse ; un synode de cette espèce ne sera jamais qu'un synode diocésain, et ces abbés eux-mêmes n'auront point rempli la condition prescrite par le concile de Trente en choisissant un tel archevêque pour métropolitain. »

C. 3. « Nous enjoignons aux évêques de procéder, quand cela est nécessaire, contre les clercs exempts, ainsi que l'ordonne le concile de Trente (sess. 6, c. 3, et 14, c. 4, et 24, c. 1 de Reform.). »

Titre X. Du for compétent.

« Les évêques qui n'auront point de taxe fixée pour leurs officiaux, la règleront dans leur premier synode diocésain, et la feront ensuite approuver au plus prochain concile de la province. »

Titre XI. Des féries et des fêtes.

C. 1. Outre l'audition de la messe et l'interruption des œuvres serviles, on recommande aux fidèles de vaquer, les jours de fêtes, à des exercices spirituels, de visiter religieusement les églises, de se sanctifier par les sacrements, d'assister aux sermons et aux offices divins, et de s'adonner avec plus de ferveur aux œuvres de piété.

C. 2. « En temps de moisson et de vendange, comme en toute autre occasion pressante, on pourra, avec la permission de l'évêque, qui devra l'accorder gratuitement, se livrer à de tels travaux, après avoir au moins entendu la messe. »

Titre XII. Des actes faisant foi.

C. 1. On devra faire dans l'année les inventaires des biens d'église, qui seront ensuite révisés par le pape et par les évêques respectifs.

C. 2. Une copie authentique de chaque exemplaire sera déposée au greffe de la chambre apostolique, et une autre à celui de l'évêché.

C. 3. « Le greffe de chaque évêché devra être un lieu sûr, où se trouvent rangés par ordre tous les actes de procédures et tous les écrits, tant de la mense épiscopale que du diocèse entier. »

C. 4. « Lorsqu'un évêque verra sa fin approcher, il remettra à son confesseur un inventaire scellé de son sceau, pour être donné en garde au prélat le plus digne de la ville jusqu'à l'arrivée de l'évêque qui lui succédera, et qui seul pourra l'ouvrir. S'il est surpris par la mort avant d'avoir fait cette disposition, le chapitre, accompagné du vicaire général de l'évêque décédé, fera la visite du greffe, et dressera un nouvel inventaire qu'on collationnera avec celui qui était entre les mains de l'évêque de son vivant. »

C. 5. « Quiconque aura corrompu, soustrait, brûlé, supprimé ou violé autrement un acte ou un écrit de cette espèce, sera privé de toute dignité, office et bénéfice, et inhabile à en posséder jamais à l'avenir. »

C. 6. « Nous ordonnons en conséquence d'établir des archives dans chaque église cathédrale, collégiale et paroissiale, pour en conserver les actes, là où il n'y en aurait pas encore d'établies. Et pour cela, il faudra compulser toutes les écritures, en faire le recensement, en dresser le sommier, avec la table ou le catalogue souscrit de la main de l'archiviste. »

Titre XIII. Du serment.

C. 1. On recommande vivement aux évêques de garder la constitution *Romanus pontifex* de Sixte V, en visitant le seuil des Apôtres, par eux-mêmes ou par leur internonce, et en rendant compte de vive voix et par écrit de leur office pastoral et de l'état de leur église.

C. 2. « On n'exigera plus dans aucun tribunal le serment des accusés pour crime, lorsqu'ils sont interrogés comme principaux acteurs et non comme témoins. »

Titre XIV. Des appels.

C. 1. On ordonne l'exécution des décrétales *Cum sit romana* et *Romana* d'Alexandre III et d'Innocent IV, et l'observation des décrets du concile de Trente concernant les appels.

C. 2. « Lorsqu'il y aura appel à Rome de la sentence d'un évêque en cause criminelle, sans qu'aucune accusation ait été déférée par son tribunal, l'évêque devra avertir le promoteur fiscal général, pour que celui-ci prenne ses intérêts. »

Titre XV. De la messe, de l'eucharistie et de l'office divin.

C. 1. « On gardera dans l'administration des sacrements, dans la célébration des messes et dans les autres offices divins, les rites approuvés de l'Eglise catholique. »

C. 2. « Les évêques publieront et feront exécuter le décret de Clément XI de l'an 1703 touchant la célébration des messes dans les oratoires privés, et il ne pourra être permis à personne de dire la messe dans une chambre où l'on couche. »

C. 3. « Nous déclarons cependant que, lorsqu'il est dit dans le décret d'Innocent XIII, qu'il n'est permis aux évêques de célébrer les saints mystères dans des maisons laïques hors de leur propre habitation, cette défense ne doit pas s'appliquer aux maisons laïques où les évêques sont reçus hospitalièrement en temps de visite ou de voyage; et cela, quand même les évêques, absents de leur habitation ordinaire dans les cas permis par le droit, ou avec une permission spéciale du siége apostolique, prolongeraient leur séjour dans une maison autre que la leur à cause de l'hospitalité même qu'ils y recevraient : car dans des cas semblables, il leur sera permis de se dresser un autel et de dire la messe dans ces maisons, comme ils le feraient dans leur propre habitation. »

C. 4. L'anniversaire pour les papes défunts sera célébré à Rome un des jours de la semaine après la Commémoration de tous les fidèles trépassés, dans la chapelle pontificale et les églises patriarcales et collégiales de la ville.

C. 5. En quelque diocèse que ce soit, outre l'anniversaire pour le dernier évêque défunt, on devra tous les ans en célébrer un autre pour tous les évêques du diocèse, dans toutes les églises cathédrales, collégiales et conventuelles.

C. 6. « On ne touchera point l'orgue, pas plus que tout autre instrument de musique, aux messes des défunts et aux jours d'avent et de carême, excepté les fêtes. On permet cependant de toucher l'orgue le troisième dimanche d'avent et le quatrième de carême, mais à la messe conventuelle seulement, sous les peines exprimées dans l'extravag. *Docta. de vit. cleric.*, et dans la constitution d'Alexandre VII de l'an 1665. Les évêques s'opposeront à ce que les maîtres de musique, les organistes et les chantres fassent entendre à l'église des airs inconvenants, de peur qu'ils ne paraissent vouloir plutôt flatter l'oreille des fidèles, qu'exciter leur piété envers Dieu. »

C. 7. « Aux processions solennelles du saint sacrement, outre les cierges portés selon l'usage entre les mains du clergé et du peuple, il y aura au moins quatre falots avec des flambeaux allumés pour entourer le célébrant. »

C. 8. On étend aux évêques présents au concile la faculté accordée en 1724 aux moines du mont Cassin pour la réduction des messes.

C. 9. « Dans toutes les villes des divers diocèses, il y aura chaque semaine des conférences où les chanoines engagés dans les ordres, les curés et les confesseurs assemblés, traiteront tour à tour des cérémonies de l'église et des cas de conscience. Les réguliers eux-mêmes seront obligés de se trouver à ces conférences, à moins qu'il n'y ait dans leurs maisons des leçons établies qui en tiennent lieu. »

Titre XVI. De la vie et de la décence cléricales.

C. 1. « Les évêques devront se faire remarquer entre tous les autres par leur vie exemplaire, par la charité fraternelle qui régnera entre eux, par le respect qu'ils se témoigneront mutuellement, par la subordination qu'ils garderont à leur métropolitain, et ils se céderont le pas entre eux suivant l'ancienneté de leur ordination. »

C. 2. « Les évêques ne rendront point leur dignité méprisable par trop de familiarité avec les laïques. Ils ne paraîtront dans les palais des princes qu'autant que l'exigeront les besoins de l'Eglise ou d'autres motifs de piété, et ils n'y resteront point pour assister à des repas, sous prétexte d'y faire à la fin l'action de grâces. Ils se conduiront avec les rois, les barons et les seigneurs, de manière à n'employer jamais dans les lettres qu'ils leur écrivent des formules qui témoignent de l'infériorité, et dans leurs visites, comme dans tout autre commerce de la vie, soit à l'église, soit ailleurs, ils agiront avec tout le monde indistinctement comme des pasteurs et des pères, et tiendront partout la place la plus honorable. »

C. 3. « Les clercs s'appliqueront à des études louables et devront savoir les cérémonies de l'Eglise et le chant grégorien. Les occupations profanes leur seront étrangères, aussi bien que la chasse, les jeux et les trafics inconvenants à leur état ; ils n'habiteront point avec des femmes qui ne soient pas leurs parentes ou leurs alliées au premier ou au second degré. Ils porteront l'habit et la tonsure convenables; l'usage de la perruque leur est interdit, et ils n'auront point d'anneaux à leurs doigts, à moins que leur dignité ne leur en donne le droit : encore devront-ils les quitter pour dire la messe, s'ils ne sont abbés ayant reçu la bénédiction. »

C. 4. « Nous permettons aux laïques cuiaux de porter la soutane comme les clercs ;

mais nous leur interdisons les rabats, quelle qu'en soit la forme, carrée ou ronde. »

C. 5. « Les clercs, soit dans les moindres, soit dans les ordres sacrés, devront se confesser et communier tous les quinze jours, outre les fêtes solennelles, et les simples tonsurés au moins tous les mois. »

Titre XVII. Des clercs non résidents

C. 1. On renouvelle le décret du concile de Trente (Sess. 6, de Reform. c. 1, et Sess. 23, de Reform. c. 1) touchant la résidence.

C. 2. « En vertu de la constitution d'Urbain VIII de l'an 1634, les évêques sont tenus de résider personnellement dans leurs églises un mois au plus tard après leur élection. Le cardinal vicaire pourra cependant proroger ce délai jusqu'à quarante jours de plus, mais non au delà. »

C. 3. « La congrégation chargée de veiller à la résidence des évêques examinera et corrigera, s'il y a lieu, la licence, en quelque sorte consacrée par l'usage, que se donnent les évêques de s'absenter en été ou en automne, sous prétexte d'un air malsain. »

C. 4. « Nous voulons que la clause *Tribus tamen conciliaribus comprehensis*, que la congrégation du concile est dans l'usage d'insérer aux permissions qu'elle donne de s'absenter pour quatre mois, continue d'être exprimée. »

C. 5. « La congrégation verra s'il est à propos d'exiger autre chose que le certificat du médecin, pour ces permissions à obtenir. »

C. 6. « Les curés ne s'absenteront pas plus de deux jours de suite de leurs paroisses sans une permission de leur évêque donnée gratuitement par écrit, sous peine de privation des revenus de leur bénéfice à proportion de la durée de leur absence. »

C. 7. On renouvelle le décret d'Innocent XIII de l'an 1723, pour contraindre les clercs bénéficiers à quitter Rome et à se rendre dans leur bénéfice, s'ils y ont charge d'âmes.

Titre XVIII. Contre les innovations faites pendant la vacance d'un siége.

C. 1. Un siége épiscopal étant vacant, les vicaires capitulaires observeront à l'égard des promotions de clercs la discipline prescrite par les canons.

C. 2. « Nous défendons aux vicaires capitulaires de donner des dimissoires pour la tonsure ou pour les ordres, à moins d'une permission spéciale émanant du saint-siège. »

Titre XIX. Contre les aliénations de biens ecclésiastiques.

C. 1. « Il est défendu de louer ou d'affermer des biens d'église pour plus de trois ou quatre ans, à moins d'une utilité évidente, conformément à l'extravagante *Ambitiosa;* en aucun cas cette concession ne pourra être perpétuelle. »

C. 2. « Défense de convenir de pots-de-vin à l'occasion de ces contrats, sous peine de nullité pour les contrats eux-mêmes, à cause du préjudice qui en reviendrait à l'Eglise, ou de l'injustice qui s'y commettrait. »

C. 3. « Le bail expiré, on ne pourra le renouveler au même, ni en faveur de sa famille ou de ses héritiers, à moins que l'usage ou quelque indult apostolique n'en donne le droit, et on observera à cet égard la constitution d'Alexandre III, c. *Ad aures*.

Titre XX. Des testaments.

C. 1. On déclare valides les testaments faits en présence des curés avec deux ou trois témoins, à moins d'une disposition locale, confirmée par l'autorité apostolique, qui ne frappe de nullité. Le même nombre de témoins devra suffire, avec la présence du curé, pour les legs pieux.

C. 2. On loue la coutume de quelques Etats, où les évêques font des testaments, dits testaments des âmes, pour ceux qui sont morts sans en avoir fait.

Titre XXI. Des réguliers.

C. 1. « Comme les réguliers à qui il est glorieux de mendier n'ont pas d'autre titre à présenter à leur ordination que la pauvreté dont ils ont fait vœu, ou la religion approuvée dont ils sont membres, ils ne seront promus au sous-diaconat qu'après avoir exhibé un écrit de leur supérieur qui témoigne de leur profession solennelle et des exercices spirituels qu'ils ont suivis.

C. 2. Les réguliers ne devront être ordonnés que par l'évêque du lieu, conformément au décret de Clément VIII de l'an 1596.

C. 3. « Toute propriété sera bannie des couvents de religieuses ; et celles-ci auront toutes la même table, la même manière de se nourrir et de s'habiller, sans pouvoir user, même par-dessous, de vêtements de soie. »

C. 4. « Les jeunes personnes admises comme pensionnaires dans les maisons de religieuses avec la permission de l'évêque, y seront instruites avec piété dans la foi catholique; elles ne porteront point de vêtements de soie, ni d'autre couleur que de couleur brune, noire, blanche ou violette. Leurs supérieures seront les premières à observer ces règlements. »

Titre XXII. Des moines et des ermites.

C. 1. « Les évêques s'efforceront de rendre à l'état érémitique son ancienne splendeur. »

C. 2. « Ils procureront l'observance des règles tracées aux ermites par le pape Benoît XIII, dès qu'elles auront été livrées à l'impression. »

C. 3. « Tous les ermites, sans en excepter un seul, viendront à la ville une fois chaque année se présenter à l'évêque le jour qu'il leur aura marqué, et lui rendre compte de l'état de leurs églises et de leurs ermitages, des aumônes qu'ils auront reçues et de l'emploi qu'ils en auront fait, en un mot, de tous leurs actes et de leurs progrès dans la vie spirituelle. »

Titre XXIII. Des maisons religieuses et soumises à l'évêque.

C. 1. « Les évêques visiteront les confréries de laïques, conformément aux décrets du concile de Trente (Sess. 22, de Ref. c. 8 et 9), et y feront observer la constitution

Quæcumque de Clément VIII, de l'an 1604. »

C. 2. « Chaque année, les évêques exigeront des économes des lieux pieux la reddition de leurs comptes, à moins qu'il ne soit autrement stipulé dans l'acte de fondation ; et dans le cas où cette reddition de comptes devrait se faire à d'autres personnes qu'à l'évêque, la présence de celui-ci, ou d'un ministre de sa part, n'en serait pas moins indispensable. »

Titre XXIV. Du droit de patronat.

Les évêques devront s'informer, suivant le décret du concile de Trente (*Sess.* 25, *c.* 9 *de Ref.*), de l'origine et de la légitimité des patronats établis dans leur diocèse, et en envoyer le catalogue, revêtu des formes légales, au pape et au cardinal dataire.

Titre XXV. De la consécration des églises et des autels.

C. 1. « Les églises cathédrales et paroissiales, ainsi que leurs grands autels, qui ne seraient pas encore achevés ou consacrés, devront l'être dans l'année s'ils sont situés dans les villes, ou dans l'espace de deux ans, s'ils le sont ailleurs. »

C. 1. « L'anniversaire de la dédicace des églises doit se célébrer à perpétuité au même jour que la dédicace aura été faite, ou à un autre que l'évêque aurait désigné. »

C. 3. « Les églises et les autels dont la consécration est incertaine, sans écritures ni témoins qui en fassent foi, devront être consacrés sans condition. »

Titre XXVI. Du baptême et de la confirmation.

C. 1. « Les évêques ne feront point difficulté de faire par eux-mêmes, au moins quelquefois, la bénédiction solennelle des fonts baptismaux, et d'administrer le baptême solennellement le samedi saint et la veille de la Pentecôte. »

C. 2. « On doit donner la robe blanche aux catéchumènes, non avant leur baptême, mais après qu'ils sont baptisés. »

C. 3. « Le catéchisme, ou les cérémonies qui précèdent le baptême, doivent se faire à la porte de l'église, sans que les parrains avec la personne à baptiser en dépassent le seuil. »

C. 4. « Les évêques ne négligeront pas d'administrer solennellement le sacrement de confirmation tous les ans dans leur ville, et à l'époque de leur visite dans le reste du diocèse, en observant d'être à jeun autant que possible, et que les personnes qui le reçoivent soient de même à jeun, qu'elles se soient confessées auparavant si elles sont adultes, et qu'elles le reçoivent dans l'enceinte de l'église, les garçons rangés d'un côté, et les filles de l'autre. »

Titre XXVII. De la construction et de la réparation des églises.

« Nous permettons aux évêques de l'Italie et des îles adjacentes de se réserver la moitié des fruits de la première année des bénéfices qu'eux ou leurs inférieurs on le droit de conférer ; et l'argent qui en proviendra devra être employé à la construction à la réparation, à l'agrandissement et à l'ornementation de leur cathédrale et des églises collégiales, et non être dissipé en concerts de musique ou en paiement de salaire des organistes ou d'autres serviteurs de l'église. »

Titre XXVIII. De l'immunité

C. 1. On devra observer la constitution de Grégoire XIV, de l'an 1591, sur les immunités, telle qu'elle a été expliquée pour certains cas, et étendue à quelques autres par le pape Benoît XIII, dans celle qu'il a donnée sur le même sujet.

C. 2. Les évêques rappelleront à l'ordre les laïques qui ne craignent pas d'attenter à l'immunité cléricale, en les menaçant et, au besoin, en les frappant de leurs censures.

C. 3. On excommunie les seigneurs temporels qui empêchent leurs sujets laïques d'entrer dans l'état ecclésiastique sans leur permission, et les laïques aussi qui se procurent cette permission par eux-mêmes ou par d'autres.

C. 4. Défense aux laïques, sous peine d'interdit réservé au pape, de se placer dans l'enceinte du sanctuaire ou du chœur, d'y avoir des bancs ou des escabeaux pendant les offices divins.

Titre XXIX. Des accusations.

On donnera commission dans chaque synode provincial à des personnes capables, pour rechercher dans le diocèse qui leur sera assigné les choses susceptibles d'être corrigées, et en faire leur rapport au synode suivant.

Titre XXX. Des maîtres.

1. On mettra à exécution le décret du concile de Trente (*Sess.* 25 *de Ref.* c. 18), pour l'érection des séminaires, là où il n'y en a point encore d'érigés ; et l'on observera sur cet article la constitution du pape Benoît XIII.

C. 2. « Tous ceux qui devront être promus aux saints ordres passeront à tout le moins six mois consécutifs dans un séminaire, ou dans la maison de l'évêque, et pendant ce temps, hormis les jours ordinaires de retraite, ils s'appliqueront à l'étude des rites sacrés, de la théologie morale et du catéchisme romain, et se pénétreront de plus en plus des règles de la discipline cléricale et de la connaissance de la langue latine. »

Titre XXXI. De l'excommunication.

C. 1. « Les évêques n'emploieront pas le glaive de l'excommunication pour des fautes légères ; mais ils auront recours aux autres remèdes que le droit met à leur disposition, ainsi que l'ordonne le concile de Trente (*Sess.* 25, *c.* 3, *de Reform.*). »

C. 2. Les censures portées par un évêque devront être respectées par tous les autres, mais surtout par les réguliers (*Conc. de Trente*, *sess.* 25, *c.* 12, *de Reg.*).

Titre XXXII. Des pénitences et des relaxations de peines.

C. 1. Outre les peines portées par le canon *Cum infirmitas*, on frappe d'excommunication les médecins qui, ayant fait déjà trois visites à un malade, continuent à le visiter sans qu'il se soit confessé.

C. 2. « Les évêques ne permettront point aux réguliers d'entendre les confessions, s'ils n'ont un écrit de leur supérieur qui atteste qu'ils sont pleinement imbus des excellentes instructions de saint Charles données pour les confesseurs, et qu'ils ont, avec la gravité de mœurs, toutes les qualités requises pour exercer cet emploi. »

C. 3. « On observera les instructions données par Benoît XIII pour les premières confessions et communions des enfants. Les curés feront surtout attention, en instruisant les enfants sur la manière de se confesser, à ne pas leur apprendre le mal qu'ils ignorent, à l'occasion du bien dont ils voudraient leur inspirer l'amour. »

C. 4. « On établira une prébende dans chaque cathédrale pour le pénitencier. Celui-ci se tiendra à son confessionnal, dans l'église cathédrale, à certains jours et à certaines heures, et seulement dans ces occasions, s'il est chanoine, il aura droit aux mêmes distributions que s'il assistait au chœur. »

La clôture du concile dont nous venons d'analyser les décrets se fit le 29 mai, avec les cérémonies d'usage. Les actes sont souscrits par le pape et par trente-deux cardinaux, cinq archevêques, trente-huit évêques, trois abbés et deux secrétaires. Presque tous ces prélats étaient d'Italie, à la réserve de trois ou quatre cardinaux et de deux évêques. Outre ces quatre-vingt-un signataires, il y eut encore d'autres prélats qui assistèrent par procureurs, savoir : quatre cardinaux, vingt-six évêques, trois abbés et deux chapitres. Nous ne parlons point des officiers du concile, qui étaient en fort grand nombre. On y comptait quatre-vingt-deux théologiens ou canonistes, parmi lesquels était le prélat Lambertini, alors archevêque de Théodosie, et depuis pape sous le nom de Benoît XIV. *Conc. Romanum* ann. 1725; *Mém. pour servir à l'hist. eccl.*, t. II; *Schram*, t. IV *Summæ Conc. Carranz*.

ROSCOMMON (Concile provincial tenu à), dans le Connaught en Irlande, *Roscomanense*, l'an 1158, par Edan, premier archevêque de Tuam. On y fit de nombreux et sages règlements, mais qui ne paraissent pas être venus jusqu'à nous. *Labb.*, t. X, *ex Wareo*.

ROTA (Assemblée de la), *Rotense*, l'an 1022, pour la consécration de la nouvelle église de ce monastère situé en Catalogne. L'archevêque de Narbonne, dans l'absence de l'évêque de Girone, prélat diocésain, présida à la cérémonie, assisté des évêques d'Apt, d'Agde et d'Ausone. *Mansi, Conc. t.* XIX.

ROTHOMAGENSIA (*Concilia*). *Voy.* ROUEN.
ROTONENSE (*Concilium*). *Voy.* REDON.
ROUEN (Concile de), *Rothomagense*, l'an 584, sur l'abbaye de Saint-Lucien de Beauvais. *Bessin, Conc. Norm.*

ROUEN (Concile de), l'an 630, sur la discipline. *Ibid.*

ROUEN (Concile de), l'an 689, ou 692 selon le P. Labbe, ou 687, selon le P. Longueval. Ce concile accorda des priviléges au monastère de Fontenelle, à condition qu'on ne s'y écarterait pas de la règle de saint Benoît. Il était composé de seize évêques, outre l'archevêque saint Ansbert qui y présida, et l'on y agita bien des questions dans l'intérêt de la gloire de Dieu et de l'utilité de son Eglise, dit l'auteur de la vie de saint Ansbert. *D. Bouquet*, t. III.

ROUEN (Concile de), l'an 693, sur l'exemption de l'abbaye de Fécamp en Normandie.

ROUEN (Concile de), vers l'an 813. On y fit sept canons. Les trois premiers ordonnent de prêcher au peuple quelques articles de foi, tels que la Trinité et l'Incarnation.

Le 4e défend aux évêques de suspendre du sacrifice de la messe un prêtre accusé, à moins qu'il n'ait laissé passer un mois sans paraître pour se justifier, après en avoir été averti par lettres.

Le 5e veut qu'on admette à la communion après dix ans de pénitence, les femmes qui ont tué leurs enfants.

Le 6e veut que les prêtres avertissent de porter les bâtards à la porte de l'église.

Le 7e impose la pénitence publique aux enfants qui frappent ou qui maudissent leur père ou leur mère. *Bessin, Conc. Norm.*

Ce concile est rapporté au commencement du dixième siècle par D. Pommeraye, du moins quant aux trois premiers canons, les seuls qu'il en ait donnés dans sa Collection des Conciles de la province de Rouen. Mais dans l'appendice du même ouvrage, D. Godin a aussi publié les quatre autres, avec des chiffres qui indiquent qu'il y en eut encore un bien plus grand nombre de portés dans ce concile, qu'il croit avoir été tenu dans les premiers temps de l'invasion des Normands.

ROUEN (Concile de), vers l'an 878. On n'a rien d'assuré sur l'époque de ce concile. Le P. Hardouin le met en 878. D. Bessin, dans sa Collection des Conciles de Normandie, le place sous le règne de Clovis II et l'épiscopat de saint Ouen. La raison qu'il en donne, c'est que ce concile condamna les mêmes abus que nous voyons que proscrivit ce saint évêque par la Vie qu'il nous a laissée de saint Eloi. On fit dans ce concile les seize canons suivants.

1. « Après l'offertoire, on encensera les oblations, en mémoire de la mort du Sauveur. » Ce canon doit s'entendre de la messe solennelle : la sacrée Congrégation des Rites, si fidèle observatrice des anciens usages, défend encore aujourd'hui de faire des encensements aux messes qui se célèbrent sans diacre et sous-diacre.

2. « Les prêtres communieront de leurs propres mains les laïques des deux sexes, en leur mettant l'Eucharistie dans la bouche et en prononçant ces paroles : *Corpus Domini et sanguis prosit tibi ad remissionem peccatorum et ad vitam æternam.* »

Ce canon regarde certains prêtres qui, ne voulant point prendre eux-mêmes les divins mystères qu'ils avaient consacrés, les mettaient entre les mains des laïques hommes et femmes, pour qu'ils les prissent à leur place.

3. « On payera exactement la dîme tant des fruits que des animaux, sans commutation d'espèces, sous peine d'anathème envers ceux qui, étant avertis deux et trois fois, refuseront de la payer. »

4. « On défend toutes sortes de remèdes superstitieux, soit pour les maladies des animaux, soit pour quelque calamité. Ces remèdes consistaient en certains vers diaboliques, que les pâtres ou les chasseurs prononçaient sur du pain, ou sur des herbes, ou sur des ligatures, qu'ils cachaient ensuite dans un arbre, ou qu'ils jetaient sur un chemin fourchu. »

5. « On ne rebaptisera point ceux qui ont été baptisés au nom de la sainte Trinité chez les hérétiques : on se contentera de les instruire et de leur imposer les mains, en les recevant dans l'église. »

6. « Défense de recevoir ceux qui auront été excommuniés pour leurs fautes par leur propre évêque, conformément aux conciles de Nicée, de Chalcédoine, d'Antioche et de Sardique. »

7. « Défense, sous peine d'être chassé du clergé, à un prêtre de donner de l'argent ou des présents, soit à un clerc, soit à un laïque, pour se faire mettre en possession de l'église d'un autre, ou même d'une église vacante. »

8. « Défense d'admettre aux fonctions ecclésiastiques des évêques ou des prêtres inconnus, sans le consentement du synode. »

9. « On défend aux prêtres, sous peine de déposition, de voiler les veuves, parce que cela n'est pas même permis aux évêques, dit le canon. Quant aux vierges, il n'appartient qu'à l'évêque de leur donner le voile. »

10. « On ordonne aux évêques d'entrer souvent dans les monastères de moines et de religieuses, accompagnés de personnes graves et pieuses ; d'en examiner l'observance, de punir de prison les fautes contre la chasteté, et d'empêcher qu'aucun laïque n'entre dans le cloître ni dans les chambres des religieuses ; l'entrée du cloître n'étant pas même permise au prêtre, si ce n'est pour la célébration de la messe. » C'est que les églises des monastères de filles étaient dans l'enceinte de la clôture.

11. « L'évêque ne quittera point son église cathédrale, pour se rendre plus souvent dans une autre église de son diocèse ; ou, ce qui revient au même, il ne transférera point sa chaire épiscopale. » *Refertur apud Gratian.* 7, q. 1, c. 21, *Placuit.*

12. « Si un laïque en a frappé un autre jusqu'à effusion de sang, il fera pénitence pendant vingt jours ; si c'est un clerc qui a frappé, sa pénitence sera de trente jours ; et l'on augmentera la peine, à proportion des degrés auxquels le coupable sera élevé : un diacre sera six mois en pénitence, un prêtre pendant un an, un évêque deux ans et demi. »

13. « Ceux qui feront ce que les païens font aux calendes de janvier, ou qui observeront superstitieusement la lune, les jours et les heures, seront anathèmes. »

14. « Les prêtres auront soin d'avertir les gens de la campagne, occupés à la garde des troupeaux, de venir à la messe les dimanches : les pâtres étant, comme les autres hommes, rachetés du sang de Jésus-Christ, on ne doit point négliger leur salut.

15. « A l'égard de ceux qui demeurent dans les villes et les villages, on les avertira d'assister, les jours de fêtes et de dimanches, aux vêpres, aux offices de la nuit et à la messe ; et l'on constituera des doyens craignant Dieu, pour presser les paresseux de se rendre au service divin. Les jours de fêtes se célébreront d'un soir à l'autre, en s'abstenant de toute œuvre servile et dans un respect convenable. »

16. « Lorsque l'évêque fera la visite de son diocèse, un archidiacre ou un archiprêtre le devancera d'un jour ou deux, pour annoncer son arrivée dans les paroisses ; et tous, excepté les infirmes, se trouveront au synode le jour marqué, sous peine d'être privés de la communion. S'il y a des affaires de moindre importance, l'archiprêtre les videra avec le clergé du lieu, afin que l'évêque, à son arrivée, ne soit occupé que des plus difficiles. »

L'inscription de ce concile porte qu'il était général, c'est-à-dire, composé de tous les suffragants de l'archevêché de Rouen. Il est sans date et sans souscriptions. *Hardouin*, VI; *D. Bessin* ; *D. Ceillier.*

ROUEN (Concile de), au commencement du onzième siècle. L'archevêque Robert tint ce concile avec ses suffragants, où il déclara exempte de sa juridiction l'église de Fontnid, ou fontaine de Saint-Pierre, qui dépendait de l'église de Saint-Pierre de Chartres. Robert, fils de Richard, duc de Normandie, occupa le siège de Rouen depuis l'an 998 jusqu'à sa mort arrivée en 1046. *Concilia et Synod. decreta Rothom. prov.*

ROUEN (Concile de), l'an 1049 ou 1050. La discipline avait souffert de grands affaiblissements dans la province de Rouen, autant par la vie déréglée de ses archevêques, que par les guerres civiles dont elle fut agitée sous le règne de Richard III et la minorité de Guillaume le Bâtard. L'archevêque Mauger, quoique peu réglé dans ses mœurs, songea à rétablir le bon ordre, et tint à cet effet avec Hugues d'Evreux et Robert de Coutances, deux de ses suffragants, un concile à Rouen vers l'an 1049 ou 1050, où ils firent dix-neuf canons, la plupart contre la simonie qui régnait jusque dans les cloîtres.

1. On ordonna d'être fortement attaché au symbole de l'Eglise catholique.

2. On défendit de faire des présents au prince ou à ses officiers, pour obtenir des évêchés.

3. On défendit aux évêques de passer d'une église à une autre par un motif d'ambition. Les évêques s'autorisaient, dans ces sortes de translations, sur un passage de l'Evangile mal entendu, où Jésus-Christ ordonne à ses apôtres de passer d'une ville à une autre, pour éviter la persécution.

4 et 5. Défense aux moines de donner de l'argent pour parvenir à la dignité d'abbé, et aux évêques et aux abbés, de supplanter

leurs confrères pour avoir leurs places.

6 et 7. Défense aux évêques et à leurs officiers de rien exiger pour les ordinations.

8. On n'ordonnera aucun clerc, qu'il n'ait l'âge requis par les canons, et la science nécessaire.

9. L'évêque ne pourra ordonner un clerc d'un autre diocèse, sans lettres de recommandation, ou dimissoire de l'évêque diocésain.

10. Défense aux évêques de donner aux laïques les honoraires ou les biens des clercs.

11, 12 et 13. Défense aux ecclésiastiques de se supplanter les uns les autres.

14, 15 et 16. Défense de rien exiger pour le saint chrême, pour la dédicace des églises et pour l'administration du baptême. On pourra néanmoins, en ces deux derniers cas, recevoir des fidèles ce qu'ils offriront d'eux-mêmes.

17. Dans les huit jours que les nouveaux baptisés portent l'habit blanc, ils ne seront obligés que d'offrir leurs cierges et le linge qui couvre leur tête, à cause du saint chrême : à moins qu'ils ne veuillent faire volontairement quelque autre présent.

18. On défend, sous peine de déposition, d'augmenter ou de diminuer la pénitence des pécheurs pour de l'argent ; et l'on ordonne de la régler sur la grièveté de la faute et les forces de la nature.

Ce qui donna lieu à ce règlement fut l'avarice de certains prêtres qui diminuaient ou aggravaient leurs pénitences, à proportion de l'argent qu'ils tiraient des pénitents.

19. Les nouveaux baptisés iront pendant huit jours, avec des habits blancs et des cierges allumés, à l'église où ils auront reçu le baptême. *Bessin, in Concil. Norm.*

ROUEN (Concile de), l'an 1056. Maurille, archevêque de Rouen, tint ce concile, composé de tous les évêques de sa province : on y dressa une formule de foi concernant le sacrement de l'Eucharistie, et on y statua qu'on la ferait recevoir par tous les évêques, soit qu'ils s'assemblassent pour un concile, soit qu'ils se disposassent à recevoir l'ordination. C'est à tort que Gérard Dubois et Mabillon lui-même, après l'auteur anonyme des Actes des archevêques de Rouen, ont renvoyé ce concile à l'an 1063, puisque l'anonyme lui-même avoue qu'il se tint en présence de Guillaume, duc de Normandie, et du vivant de Henri, roi de France, et du pape Victor II : or ce pape mourut en 1057, et le roi Henri en 1060. Ce même concile est rapporté à l'an 1055 par Laurent Bochelli et Guillaume Bessin, à ce que prétend D. Bouquet. Nous voulons bien le croire de Laurent Bochelli, dont nous n'avons pas l'ouvrage ; mais quant à Guillaume Bessin, nous pouvons affirmer, livre en main, que c'est une erreur. Guillaume Bessin a rapporté ce concile à l'an 1063. *Conc. Norm., Rothomagi,* 1717.

ROUEN (Concile de), l'an 1064, à l'occasion de la dédicace de l'église cathédrale. Les évêques de Bayeux, d'Avranches, de Lisieux, d'Evreux, de Séez et de Coutances se trouvèrent à ce concile, que présidait l'archevêque Guillaume. On y fit des règlements contre l'incontinence du clergé. *Hist. de l'Egl. gall., liv. XXI.*

ROUEN (Concile de), l'an 1068. Lanfranc, pour lors abbé de Saint-Etienne de Caen, y fut élu archevêque de Rouen, à la place de celui qu'on venait de déposer, comme coupable de divers crimes. Le pieux abbé refusa. *Bessin, Conc. Norm.; D. Ceil. Hist. des aut. sacr. t. XXI.*

ROUEN (Concile de), l'an 1072. Jean de Bayeux, archevêque de Rouen, tint ce concile provincial dans l'église métropolitaine de Notre-Dame, où se trouvèrent Odon de Bayeux, Hugues de Lisieux, Robert de Séez, Michel d'Avranches, et Gislebert d'Evreux, avec la plupart des abbés de Normandie. On y discuta avec soin ce que la foi catholique nous apprend du mystère de la sainte Trinité ; et chacun des membres du concile fit sa profession de foi là-dessus, selon les définitions des conciles de Nicée, de Constantinople, d'Ephèse et de Chalcédoine. A cette profession de foi, que nous n'avons plus, les évêques ajoutèrent les vingt-quatre canons qui suivent.

1. Nous avons ordonné, suivant les décrets des Pères, que la consécration du chrême et de l'huile, pour le baptême et pour l'onction des malades, se fît après none. Quand l'évêque fait cette consécration, il doit être assisté de douze prêtres ou davantage, revêtus des habits sacerdotaux.

L'Ordre romain exige ce nombre de douze prêtres, qu'il appelle les témoins et les coopérateurs du mystère du saint chrême.

2. Il faut renouveler entièrement le saint chrême et les saintes huiles, et ne pas faire comme font quelques archidiacres, qui ont la coutume détestable de mettre seulement dans l'ancien chrême quelques gouttes du nouveau.

3. Les doyens, revêtus d'aubes, feront la distribution du chrême et des saintes huiles, avec soin et respect, dans des vases bien fermés, afin qu'il ne s'en perde rien.

4. Celui qui célèbre la messe ne doit pas manquer d'y communier.

5. Quand il n'y a pas de nécessité, le prêtre ne doit baptiser qu'à jeun ; et il doit alors avoir l'aube et l'étole.

C'était l'usage autrefois dans plusieurs églises de France, que les prêtres ne baptisassent qu'à jeun, et à l'heure de none, à laquelle Jésus-Christ mourut, pour honorer le mystère de sa mort et du mélange de l'eau et du sang qui coulèrent de son côté. C'est ce que l'on voit dans le 33e canon d'un concile de Paris, *t. II, Concil. Gall.*, dans un concile de Meaux, *apud Burchard*; et dans Gratien, *de Consec. dist. 5, c. 16.* Mais comme il était difficile de jeûner si tard et si souvent, à cause de la multitude des enfants qu'il y avait à baptiser, on adoucit cet usage, en permettant aux prêtres de baptiser le matin, pendant ou après l'office divin, sans attendre l'heure de none, c'est-à-dire trois heures après midi.

6. On doit renouveler tous les huit jours l'eau bénite et les hosties consacrées qu'on garde pour le viatique. Quelques-uns se contentent de les consacrer une seconde fois, ce qui est défendu sous de grièves peines.

La raison de ce règlement, qui ordonne de renouveler les hosties consacrées tous les huit jours, est le danger de la corruption. Cette loi, qui avait déjà été portée dans plusieurs autres conciles, fut observée fort exactement jusqu'après l'an 1300; mais ensuite on l'abrogea, et il fut ordonné, dans plusieurs conciles, de faire ce renouvellement d'hosties, de quinze jours en quinze jours. Tels sont, entre autres, le concile de Langres de l'an 1440, celui de Sens de l'an 1524, celui de Chartres en 1527, et celui de Bordeaux en 1584. Quant au renouvellement de la consécration des hosties déjà consacrées, c'est un sacrilége horrible et contraire à l'institution divine, selon laquelle il n'est permis de consacrer qu'une seule fois les hosties, en offrant le sacrifice de l'autel. Pour ce qui est du renouvellement de l'eau bénite tous les dimanches, c'est un usage fort ancien dans l'Eglise d'Occident. Hincmar en parle dans un concile qui fut tenu l'an 864. Les Grecs ne renouvellent l'eau bénite qu'une fois le mois.

7. L'évêque qui donne la confirmation doit être à jeun, aussi bien que ceux qui la reçoivent; et l'on ne doit pas administrer ce sacrement sans feu, c'est-à-dire sans cierges allumés.

8. Ceux qui donneront les ordres et ceux qui les recevront seront aussi à jeun; et l'on fera l'ordination la nuit du samedi au dimanche de la première semaine du mois de mars, ou le dimanche matin, si l'on n'a pas interrompu le jeûne du samedi.

9. On observera religieusement les jeûnes des quatre-temps.

10. Les clercs qui reçoivent les ordres furtivement et sans l'attache de leur évêque, méritent d'être déposés.

11. Ceux qui ont eu des couronnes bénites, et qui les quittent, seront excommuniés, jusqu'à ce qu'ils aient satisfait à l'Eglise. Les clercs qui veulent être ordonnés viendront trouver l'évêque le jeudi.

On doit entendre ce canon de la tonsure ou de la couronne cléricale. Le concile veut que l'on excommunie les clercs qui quittent la tonsure ou la couronne cléricale, qu'il appelle *couronne bénite*, selon la manière de parler de plusieurs conciles.

12. Les moines vagabonds et les religieuses qui seront dans le même cas seront contraints par l'évêque de rentrer dans leurs monastères; et, si les abbés ne veulent pas recevoir ceux qu'ils auront chassés, ils seront tenus de leur faire l'aumône et de les nourrir.

13. Défense de vendre et d'acheter les cures.

14. Défense de célébrer des mariages en secret, ni après le dîner, ni entre les parents jusqu'au septième degré, sous peine de déposition pour le prêtre qui agira autrement. L'époux et l'épouse étant à jeun recevront donc dans le monastère (c'est-à-dire l'église paroissiale) la bénédiction du prêtre qui sera aussi à jeun.

L'Eglise a toujours eu en horreur les mariages clandestins, c'est-à-dire les mariages non contractés en face de l'Eglise et bénis solennellement par le prêtre, conformément aux canons des conciles et aux lois des princes chrétiens. Nous en avons une, entre autres, de l'empereur Basile, dans le droit grec-romain, conçue en ces termes : *Nullus secreto coronatur, sed in præsentia plurium*, c'est-à-dire que personne ne recevra la bénédiction nuptiale qu'en présence de plusieurs. On se servait du mot *coronari*, pour marquer l'action de recevoir la bénédiction nuptiale, parce qu'aussitôt que les époux avaient reçu cette bénédiction du prêtre, ils portaient des couronnes sur la tête. Il fallait donc que le prêtre qui donnait la bénédiction nuptiale fût à jeun, de même que ceux qui la recevaient, et cette cérémonie se faisait pendant la messe dans l'église; car le mot de *monastère*, employé dans ce canon, signifie dans les auteurs anciens *basilique*; *église*, *oratoire*, et ce que nos ancêtres appelaient en langue vulgaire *monstier*.

15. Touchant les prêtres, les diacres et les sous-diacres qui sont mariés ou qui ont des concubines, on observera ce qui a été réglé par le concile de Lisieux, de l'an 1055. Ils ne gouverneront aucune église, ni par eux, ni par des personnes de leur part, et ne percevront aucun revenu de l'église; c'est-à-dire qu'ils sont privés de leurs bénéfices, et inhabiles à en posséder aucun.

16. Un mari ne pourra épouser, après la mort de sa femme, celle avec laquelle il aura été accusé, du vivant de sa femme, d'avoir eu un commerce criminel.

17. Un homme dont la femme a pris le voile, ne pourra se remarier tant qu'elle vivra.

18. Une femme qui se marie dans l'absence de son mari, sans être assurée de sa mort, sera excommuniée.

Selon les lois civiles, il suffisait autrefois à une femme, pour se remarier, d'attendre cinq ans son mari qui avait été pris par les ennemis; et si c'était un soldat, il lui suffisait de l'attendre quatre ans, que l'on porta ensuite à dix. Mais, selon les lois canoniques, une femme ne peut jamais se remarier, quelque longue que soit l'absence de son mari, à moins qu'elle n'ait des nouvelles certaines de sa mort. *Cap. In præsentia de sponsalibus, quamvis septennio et amplius abfuerit, captus ab hostibus*, etc. La novelle 117 de Justinien est conforme au droit canon en ce point; et Navarre dit que, selon le droit civil moderne, un homme est présumé pouvoir vivre cent ans, si l'on ne prouve qu'il est mort.

19. Les clercs qui ont commis des crimes énormes et publics ne seront rétablis dans leurs dignités que quand il y aura nécessité

de le faire, et après qu'ils auront fait une longue et sérieuse pénitence.

20. Il faut six évêques pour déposer un prêtre, et trois pour déposer un diacre. Quand un évêque est appelé pour assister à ces dépositions, il ne doit pas manquer de s'y rendre ou d'envoyer un député avec sa procuration.

Les Pères d'Afrique renouvelèrent cette loi qu'ils avaient reçue de leurs ancêtres. On la voit dans le code de l'Eglise d'Afrique et parmi les canons du concile de Tribur.

21. On ne doit pas prendre sa réfection en carême avant trois heures; celui qui la prend avant cette heure ne jeûne pas.

22. Il a été ordonné qu'on ne commencera pas l'office du samedi saint avant trois heures après midi, parce que c'est l'office de la nuit de la résurrection; et c'est pour cela qu'on y chante le *Gloria in excelsis* et l'*Alleluia*.

23. Si l'on est obligé de remettre quelque fête, on ne l'avancera point; mais on la célébrera dans la huitaine suivante.

Selon les décrets des saints papes, savoir Innocent et Léon, on ne conférera le baptême que le samedi de Pâques et le samedi de la Pentecôte, excepté aux petits enfants, qu'on baptisera en quelque temps et en quelque jour qu'on les présente : cependant, la veille et le jour de l'Epiphanie, on n'administrera le baptême qu'à ceux qui seront en danger.

Le décret dont il est parlé dans ce canon n'est pas du pape Innocent, mais du pape Sirice. *Epist. I, ad Himerium Tarraconensem. Reg. t.* XXV; *Lab. t.* IX; *Hard. t.* VI; et *Bessin, in Conc. Norman.*

ROUEN (Concile de), l'an 1073, le 24 août. Ce concile fut tenu en présence du roi Guillaume, au sujet d'un tumulte arrivé dans l'église de Saint-Ouen. *Mabill. Annal. Bened., t.* V, p. 68.

ROUEN (Concile de), l'an 1074. Jean, archevêque de Rouen, tint ce concile provincial en présence de Guillaume, roi d'Angleterre. Après que tous les évêques eurent fait leur profession de foi, on dressa les quatorze canons suivants (a).

1. Il faut entièrement extirper toute simonie, et empêcher qu'on ne vende ni achète les abbayes, les archidiaconats, les doyennés ou les églises paroissiales.

2. On n'établira aucun abbé, qu'il n'ait professé longtemps la vie monastique.

3. On ne recevra pas de clercs étrangers, sans lettres formées de leurs évêques, parce qu'il est arrivé bien des abus, faute d'avoir observé la discipline de nos pères.

4. Nous défendons, par l'autorité des canons, de conférer tous les ordres en un jour à une même personne, depuis l'ordre d'acolyte jusqu'à la prêtrise.

5. Défense d'ordonner des sous-diacres, des diacres et des prêtres, à moins qu'ils ne fassent une profession légitime devant l'évêque et ceux qui l'environnent, conformément au règlement d'un concile de Tolède.

(a) Richard dit quinze : c'est une erreur.

On ne nomme ici ni celui des conciles de Tolède qui ordonne cette profession, ni en quoi elle consiste. Le premier canon du concile de Tolède de l'an 531 porte que, lorsque les enfants destinés à la cléricature auront dix-huit ans accomplis, l'évêque leur demandera s'ils veulent se marier ou non ; et que, s'ils promettent librement de garder la continence, on les fera sous-diacres à l'âge de vingt ans. Le 10e canon d'un autre concile de Tolède, tenu l'an 675, veut que les clercs, dans leur ordination, s'obligent par écrit à être inviolablement attachés à la foi de l'Eglise, de bien vivre, de ne rien faire contre les saints canons, et de porter honneur et respect à leurs supérieurs.

6. Un moine qui a commis quelque crime honteux ne pourra être abbé, et l'on observera la même chose pour les religieuses.

7. On observera uniformément la règle de saint Benoît dans les monastères des deux sexes, et on y rétablira l'observance du silence.

8. Les clercs seront instruits des choses qui sont marquées dans le 8e canon du 8e concile de Tolède.

9. On ne refusera pas la sépulture et les prières de l'Eglise à ceux qui meurent subitement, à moins qu'ils ne soient actuellement dans le crime, non plus qu'aux femmes qui meurent enceintes ou en travail d'enfant. Quant aux clercs qui ont quitté les ordres sacrés, on les excommuniera, s'ils ne font pénitence de leur apostasie.

Il doit paraître surprenant qu'on ait douté si l'on devait accorder la sépulture chrétienne aux femmes qui mouraient enceintes ou en couche.

10. Ceux qui, pour avoir un prétexte de se séparer de leurs femmes, déclarent qu'avant leur mariage, ils ont péché avec les sœurs ou les parentes de ces femmes, doivent prouver en jugement ce qu'ils avancent.

11. On oblige à la même preuve ceux qui allèguent qu'ils n'avaient pas reçu tous les ordres inférieurs quand on les a ordonnés prêtres, afin de pouvoir quitter le sacerdoce.

12. Ceux qui pour quelques fautes ont été déposés des ordres sacrés ne doivent pas pour cela vivre en laïques, comme s'ils n'étaient plus engagés dans la cléricature.

13. Ordre à ceux dont le mariage est déclaré nul à cause qu'ils sont parents, de garder la continence jusqu'à ce qu'ils se remarient à d'autres.

14. Défense aux chrétiens d'avoir des juifs pour esclaves, ou des juives pour nourrices, comme cela avait déjà été défendu par saint Grégoire le Grand. *Bessin, in Conc. Norman.*

ROUEN (Concile de), l'an 1078. Hubert, légat du saint-siège, y déposa l'archevêque Jean, devenu trop infirme pour gouverner son diocèse. *Conc. t.* XII.

ROUEN (Concile de), l'an 1091, pour l'élection d'un évêque de Séez. *Bessin.*

ROUEN (Concile de), l'an 1096. Guillaume, archevêque de Rouen, tint ce concile avec ses suffragants, dans sa métropole, au mois de février. Le concile accepta les règlements de celui de Clermont, et y ajouta les huit qui suivent :

1. « Le saint concile ordonne que la trêve de Dieu soit gardée depuis le dimanche avant le mercredi des Cendres jusqu'au lever du soleil de la seconde férie après l'octave de la Pentecôte, et depuis le coucher du soleil du mercredi avant l'Avent jusqu'à l'octave de l'Épiphanie, et, chaque semaine de l'année, depuis le mercredi au coucher du soleil jusqu'au lever du soleil du lundi suivant, aussi bien que toutes les vigiles et toutes les fêtes de la Vierge et des apôtres. »

2. « Le concile ordonne pareillement que toutes les églises et leurs parvis, tous les clercs, les moines et les religieuses, les femmes, les pèlerins, les marchands et leurs valets, les bœufs et les chevaux de charrues, les charretiers, les laboureurs et toutes les terres qui appartiennent aux saints, de même que l'argent des clercs, jouissent d'une paix perpétuelle, qu'il ne soit jamais permis de les attaquer, de les enlever ou d'y commettre quelque violence. »

3. On ordonne que tous les hommes de l'âge de douze ans et au-dessus jurent d'observer cette trêve de Dieu.

4. On excommunie ceux qui refuseront de faire ce serment, et on met leurs terres en interdit; on excommunie même les marchands ou les artisans qui leur vendraient quelque chose.

5. Les églises doivent jouir des biens et des priviléges dont elles jouissaient du temps du roi Guillaume le Conquérant.

6. Défense aux laïques de mettre un prêtre dans une église, ou de l'en ôter, sans le consentement de l'évêque, et de vendre ces places. On leur défend pareillement de porter les cheveux longs. « Il faut, dit le concile, que tout homme soit tondu, comme il convient à un chrétien, sans quoi, il sera chassé de l'église : aucun prêtre ne lui fera le service, ni n'assistera à son enterrement. » On croyait que de porter les cheveux longs, c'était pour les hommes un ornement trop efféminé.

7. Aucun laïque n'aura les droits épiscopaux, ni aucune juridiction qui concerne le soin des âmes. Le texte porte : *Nullus laicus habeat consuetudines episcopales*. Les coutumes épiscopales sont les droits ordinaires, tant spirituels que temporels, des évêques, dont les laïques s'emparaient fort souvent.

8. Aucun prêtre ne se fera l'*homme* d'un laïque, c'est-à-dire ne lui fera hommage; car il est indigne que des mains qui ont été consacrées par l'onction soient mises dans les mains profanes d'un homicide ou d'un adultère. Mais si un prêtre tient d'un laïque un fief qui n'appartienne pas à l'Église, il donnera d'autres assurances de sa fidélité qui puissent la garantir. *Labb.*, *t.* X ; *Anal. des Conc.*, *t.* II.

ROUEN (Concile de), l'an 1108, ou 1093 selon un manuscrit de S. Evroult en Ouche. Ce concile fut tenu par Guillaume, archevêque de Rouen, et ses suffragants, sur les besoins présents de l'Église. *Ex Orderici hist. eccles. l.* VIII.

ROUEN (Concile de), l'an 1118. Ce fut une assemblée mixte qui se tint le 7 octobre. Henri, roi d'Angleterre, y traita de la paix du royaume avec les seigneurs et Raoul de Cantorbery, tandis que Geoffroi de Rouen y traitait des affaires de l'Église avec quatre de ses suffragants et plusieurs abbés. Conrad, légat du pape Gélase, s'y plaignit de l'empereur et de l'antipape Bourdin, en demandant aux églises de Normandie le secours de leurs prières et de leur argent. *L.* X ; *H.* VII ; *Bessin*; *l'Art de vérifier les dates*, p. 212.

ROUEN (Synode de), l'an 1119. Geoffroi, archevêque de Rouen, étant de retour du concile de Reims, tint un synode des prêtres de son diocèse, pour leur notifier les canons du concile, et nommément celui qui leur défendait d'avoir des femmes ou des concubines. Plusieurs prêtres de Normandie, malgré tant de canons, s'étaient maintenus dans la possession où ils étaient depuis longtemps de se marier. Quand l'archevêque leur eut déclaré qu'il leur interdisait tout commerce avec leurs femmes, sous peine d'anathème, il s'éleva dans l'assemblée un grand murmure, et les prêtres se plaignirent de la pesanteur du joug qu'on leur imposait. L'archevêque, qui était Breton, n'aimait pas les Normands, et il n'en était pas aimé. C'était un prélat brusque et qui ne voulait pas être contredit. Un jeune prêtre, nommé Anselme, ayant osé lui répliquer, il le fit enlever du synode, et traîner en prison. Voyant ensuite que les autres murmuraient de ce traitement fait à un de leurs confrères, il sortit comme un furieux de l'église où se tenait le synode, et appela ses domestiques et ses satellites, lesquels étant entrés aussitôt dans l'église, armés d'épées et de bâtons, frappèrent tous les prêtres qu'ils trouvèrent, et dissipèrent le synode. Les curés se sauvèrent comme ils purent, et allèrent raconter ces violences à leurs concubines, en leur montrant les blessures qu'ils avaient reçues à leur occasion. Après cette expédition l'archevêque alla réconcilier l'église qui avait été polluée par le sang des prêtres qu'il avait fait verser. On se plaignit amèrement au roi Henri de cette violence ; mais les autres affaires qui l'occupaient alors l'empêchèrent de faire justice. Ce procédé de l'archevêque, tout irrégulier qu'il était, fut plus efficace que les canons pour intimider les concubinaires. *Hist. de l'Égl. gallic.*

ROUEN (Assemblée d'évêques à), l'an 1126, pour la dédicace de l'église de Saint-Ouen. *Bessin*.

ROUEN (Concile de), l'an 1128. Le cardinal légat Matthieu, évêque d'Albane, tint ce concile avec tous les évêques et abbés, en présence de Henri, roi d'Angleterre. On y fit les trois règlements suivants:

1. Aucun prêtre n'aura de femme; et s'il ne renvoie pas sa concubine, il sera privé

de son église et de sa prébende, et les fidèles ne pourront assister à sa messe.

2. Un même prêtre ne pourra desservir deux églises, ni un clerc posséder deux prébendes en deux églises différentes; mais il sera obligé de faire le service de Dieu dans l'église qui lui fournit sa subsistance, et d'y offrir ses prières pour ses bienfaiteurs.

3. Défense aux abbés et aux moines de recevoir des églises et des dîmes de la main des laïques; et ordre aux laïques de remettre à l'évêque celles qu'ils ont usurpées.

Le légat, après avoir publié ces canons, donna aux assistants une absolution générale de toutes les infractions précédentes.

Les actes de ce concile sont rapportés dans l'Histoire ecclésiastique d'Orderic Vital, d'où ils sont passés dans la Collection des Conciles de Rouen par D. Bessin. *Anal. des Conc.*

ROUEN (Concile de), l'an 1154, mentionné par Bessin. *Conc. Norm.*

ROUEN (Concile de), l'an 1189 selon le P. Richard, ou 1190 selon les auteurs de l'*Art de vérifier les dates*.

Gautier de Constance, archevêque de Rouen, tint ce concile le 11 de février avec ses suffragants, dans son église cathédrale, et y fit trente-deux canons.

1. Pour marcher sur les traces de nos pères, nous avons arrêté que les églises suffragantes de la nôtre suivront dans les leçons et la psalmodie l'usage de la métropole.

2. Chaque église doit avoir les livres et habits sacerdotaux qui lui sont nécessaires. On ne consacrera l'eucharistie que dans un vase d'or ou d'argent; et il ne sera point permis à un évêque d'en consacrer d'étain, s'il ne le juge évidemment nécessaire.

3. On ne doit point porter de jour ou de nuit le corps du Seigneur sans luminaire, sans croix et sans eau bénite, ni sans la présence d'un prêtre, à moins que les prêtres ne soient nécessairement détenus ailleurs.

4. Il est défendu à un clerc, de quelque ordre qu'il soit dans le clergé, d'avoir chez lui une servante.

5. Les prêtres et les clercs doivent avoir de larges couronnes et les cheveux coupés décemment en long, sous peine, pour ceux qui ont des bénéfices, d'en être déclarés suspens, et pour ceux qui n'en ont pas, d'être déchus du privilége des clercs.

6. Conformément aux anciens canons, il est étroitement défendu de placer les fils des prêtres dans les églises où leurs pères sont connus avoir servi, en les leur y faisant immédiatement succéder.

7. On n'admettra point aux fonctions de leur ordre les clercs qui, pour ignorance, défaut de naissance, mauvaise conduite ou contumace, se seront soustraits à l'examen de leur évêque; ou qui, ordonnés par des évêques étrangers, ou au delà les mers, en présenteront les témoignages.

8. Aucun clerc ne sortira de la province pour aller étudier ou pour aller en pèlerinage, sans en avoir eu la permission de son évêque ou des officiers de son évêque.

9. Défense aux moines et aux clercs de faire aucun trafic. Défense à eux et aux laïques de tenir des églises ou des métairies à ferme.

10. Défense à un prêtre de gérer pour un vicomte ou pour un magistrat séculier, sous peine de suspense d'office ou de privation de bénéfice ecclésiastique.

11. La coutume contraire au droit écrit et reçu, quelque généralité et quelque durée de temps qu'on allègue, ne peut jamais faire loi.

12. Nous intimons et nous recommandons l'observation exacte du canon porté dans le concile de Latran, que les archidiacres, dans leurs visites, n'auront point avec eux plus de six ou sept chevaux; qu'ils ne recevront point de procuration d'un clerc, s'il n'a des revenus compétents; qu'ils ne seront point à charge à leurs hôtes; et qu'étant obligés de manger chez de pauvres ecclésiastiques, ils feront partager la dépense à quatre ou cinq bénéficiers voisins.

13. Il est recommandé aux évêques et à leurs officiaux de faciliter les appellations.

14. Il est ordonné de ne point empêcher par censures la liberté de se défendre en justice, quand la citation est légitime.

15. Les testaments des ecclésiastiques seront inviolablement observés; et les biens de ceux qui meurent sans avoir testé seront employés par l'évêque à des œuvres pies.

16. Permis aux clercs qui meurent après Pâques de disposer aussi dans leur testament des fruits de leurs bénéfices qu'ils auraient perçus en automne.

17. On maintient les croisés dans la jouissance des priviléges que les bulles des papes leur accordent pour leurs femmes, leurs familles et leurs biens.

18. Dans les causes des malheureux qui recourent à la protection de l'Eglise, on défend d'y rien mêler qui puisse diminuer la juste assurance qu'ils doivent y avoir.

19. Défense, sous peine d'excommunication, aux clercs et aux moines, de donner les dîmes et d'autres bénéfices à ferme à des laïques.

20. Défense, sous peine d'anathème et de privation de tout bénéfice ecclésiastique, de payer ou d'exiger sur les églises ou les bénéfices, des pensions illégitimes et non canoniques. Telles étaient les pensions dont les prêtres et les simples clercs chargeaient quelquefois leurs églises ou leurs bénéfices, à l'insu de l'évêque, et pour des intérêts secrets; d'où vient que le canon les appelle *privatas pensiones et adulterinas*.

21. Un ecclésiastique n'en doit point traîner un autre à un tribunal laïque pour affaire ecclésiastique; si quelqu'un l'entreprend, il perdra son procès et encourra l'excommunication, dont il ne sera absous par l'évêque qu'après une satisfaction convenable.

22. Défense, sous peine d'excommunication, d'engager ou d'aliéner en aucune sorte

un bien de l'Eglise, sans le consentement de l'évêque ou de ses officiers.

23. Les dîmes sont définies de précepte divin; et les différentes espèces qui en font la matière, dans ce qu'on recueille à la fin de chaque année, indiquées.

24. Les connaissances acquises par la confession ne doivent point servir à vexer personne en justice, pour quelque redevance ecclésiastique: cela est défendu sous peine d'excommunication.

25. On défend sous la même peine toute association entre clercs ou laïques, dans laquelle on s'engagerait par serment à se prêter réciproquement secours en quelque cause ou affaire que ce soit. La raison qu'on en apporte est le danger des parjures.

26. Ordre d'excommunier tous les dimanches dans la cathédrale et dans les paroisses, les cierges allumés, ceux qui, en justice, rendent un faux témoignage contre les intérêts de l'Eglise, et pour faire déshériter quelqu'un; ce péché est réservé à l'évêque.

Les cinq canons suivants finissent par la même peine de l'excommunication contre les intrus dans les bénéfices, les faussaires, les incendiaires, les empoisonneurs, les sorciers et ceux qui communiquent sciemment avec les excommuniés. On y joint les clercs contumaces et les prêtres rebelles qui persévéreraient de célébrer contre la prohibition de l'évêque ou de ses officiers, et tant les laïques que les clercs qui auraient fait quelque injure au métropolitain dans ses biens, ses droits, son clergé.

32. On ordonne qu'un prêtre qui aura osé célébrer étant suspens, demeure interdit une année entière; et s'il a célébré étant excommunié, qu'il soit envoyé à Rome. *Hard t.* VI; et *Bessin, Concil. Rothomag.*

ROUEN (Concile de), l'an 1214. Le cardinal Robert de Courçon, légat du saint-siége, tint ce concile avec l'archevêque de Rouen et les autres prélats de Normandie, et y publia à peu près les mêmes décrets que dans celui qu'il avait tenu à Paris l'an 1212. Dans celui de Rouen, les décrets sont divisés en trois parties, dont la première concerne les clercs séculiers, la seconde les réguliers, et la troisième les religieuses. *Conc. Norm.* Voy. PARIS, l'an 1212.

ROUEN (Concile de), l'an 1223. Ce concile fut tenu le 27 mars. On y publia un abrégé des canons du concile de Latran de l'an 1215. *Hard.* VII; *Bessin, Edit. Venet.* XIII.

ROUEN (Concile provincial de), l'an 1231. Il y avait huit ans que les évêques suffragants de Rouen s'étaient réunis en concile sous l'archevêque Thibaut d'Amiens, lorsque Maurice, son successeur, jugea bon de les convoquer, peu après qu'il eut pris possession de son siége.

Soit que les besoins des monastères fussent les plus pressants, soit que ces établissements étant rappelés à leur état primitif, on espérât que le corps du clergé et le peuple chrétien en prendraient exemple, ce fut là l'objet principal de ce concile. Les premiers décrets tendent vraisemblablement à corriger ce que ces maisons avaient à souffrir des emprunts illicites et de l'indépendance ou de la négligence des officiers dans le maniement du temporel.

Maurice, étant jeune prêtre, avait dirigé une communauté de filles; aussi voit-on que les règlements du concile où il présidait, sur cette partie de l'état monastique, sont d'un prélat expérimenté, qui sait couper la racine au déréglement, en retranchant toutes les occasions qui peuvent y conduire. Un de ces statuts fait voir que les religieuses noires (comme le concile les appelle) n'avaient point de clôture.

Le septième est pour modérer l'usage des excommunications portées en général, lesquelles enveloppent ceux qui participent avec les excommuniés en chef. On pouvait en effet y voir un défaut d'équité.

Le dixième défend de se faire ordonner, sinon par son propre évêque ou avec sa permission; et le onzième veut que l'on tonde les concubines des prêtres devant tout le peuple.

Le douzième défend aux prêtres de dire deux messes dans un même jour, ou une messe avec deux introïts, si ce n'est dans le cas d'une grande nécessité.

Le treizième défend aux archidiacres et aux doyens ruraux, ou à tout autre, de connaître des causes de mariages, à moins qu'ils n'aient un privilége du saint-siége ou une longue possession.

Le quatorzième veut que les prêtres défendent les danses dans les cimetières et les églises sous peine d'excommunication; et le quinzième défend de même de faire des veilles dans les églises, si ce n'est à la fête du patron.

Le seizième défend aux laïques de bâtir dans les cimetières; et le dix-septième défend aux clercs qui ont des bénéfices ou qui sont dans les ordres sacrés de faire l'office d'avocat pour de l'argent.

Le dix-huitième défend à tous les clercs qui ne sont point prêtres avec charge d'âmes de recevoir une église à ferme; et à ceux mêmes qui sont prêtres avec charge d'âmes d'en recevoir, à moins qu'ils n'aient un vicaire perpétuel et la permission de l'évêque.

Le vingtième défend aux clercs de porter des armes sans un juste sujet de crainte.

Le vingt et unième défend aux laïques de faire des testaments, sans qu'un prêtre soit présent, hors le cas de nécessité.

Le vingt-deuxième veut que les officiaux des évêques jurent qu'ils ne recevront point de présents, à moins qu'ils ne soient extrêmement modiques.

Le vingt-troisième défend aux moines et aux clercs de porter aux tribunaux laïques les causes qui ont coutume d'être traitées dans les tribunaux ecclésiastiques, sans une permission spéciale de l'évêque.

Le vingt-quatrième défend de vendre les doyennés; et le vingt-cinquième, de rien payer aux juges laïques pour les causes sur lesquelles on fait quelque accommodement devant les juges ecclésiastiques.

Le vingt-sixième ordonne de porter les causes ecclésiastiques aux juges d'église.

Le vingt-septième regarde les croisés.

Le vingt-huitième ordonne d'excommunier les juges laïques qui refusent de rendre à l'église les clercs coupables de crimes, qu'ils ont emprisonnés.

Les cinq canons suivants contiennent quelques dispositions touchant les curés, les vicaires et les desservants pendant la vacance des cures.

Le trente-quatrième défend aux diacres d'administrer le viatique aux malades, de confesser ou de baptiser, si ce n'est en l'absence du prêtre.

Le trente-cinquième défend aux prêtres d'avoir des femmes dans leurs maisons, si ce n'est leur mère ou d'autres que leur grand âge mette hors de tout soupçon.

Le trente-sixième défend aux prêtres de porter aucune excommunication, si ce n'est pour cause de vol de choses déposées dans leurs paroisses.

Le quarante-neuvième et dernier ordonne aux juifs de porter sur la poitrine quelque marque qui les distingue, et défend aux chrétiens de l'un et de l'autre sexe de s'engager à leur service. *Hist. de l'Eglise gallic.*; *Anal. des Conc.*, t. V.

ROUEN (Synode de), entre l'an 1236 et 1253, par Pierre de Collemieu. Nous rapportons ce synode à l'occasion des ordonnances synodales publiées par ce prélat, mais sans pouvoir en dire la date précise. On y trouve les défenses de célébrer la messe avant d'avoir récité matines et prime ; de faire du pain bénit le jour de Pâques et les autres jours de communions générales ; de donner la communion à des enfants âgés de moins de sept ans ; de servir à l'autel si l'on est marié, et autrement qu'en surplis ; de dire d'autres préfaces que l'une des dix du Missel romain. On y déclare permis à tout prêtre d'absoudre de l'excommunication, même réservée au pape, toute personne à l'article de la mort. On y défend de rien exiger pour la bénédiction des mariages, pour des funérailles ou pour d'autres *sacrements*. On y prescrit à tous les prêtres de se confesser au moins une fois chaque année à l'archevêque ou au pénitencier ; la même obligation y est imposée aux clercs qui se disposent à recevoir les ordres. On y recommande aux curés de renvoyer de leurs églises, au moment de dire la messe, les étrangers qui voudraient y venir en désertant leur paroisse, à moins que ce ne fût comme en passant et pour cause de voyage. On y défend de bénir après leurs couches des femmes devenues mères par un mauvais commerce. Enfin, on y défend de nourrir des pigeons dans les clochers. L'étendue que nous avons donnée à l'analyse des statuts synodaux de Bayeux (*Voyez* BAYEUX, vers l'an 1300) nous dispense d'entrer ici dans d'autres détails. *Conc. et decr. synod. S. Rothom. Eccl.*

ROUEN (Synode d'hiver de), l'an 1245, par le même. Ce prélat y donna aux doyens de son diocèse diverses instructions, dont le détail ne nous paraît pas fort important. *Ibid.*

ROUEN (Concile de), l'an 1256. Le savant Mansi met en cette année un concile des évêques de la province de Rouen, sur quelques droits contestés entre l'archevêque et ses suffragants. Il est dit à la fin des actes de ce concile, qu'ils furent passés à Pont-Audemer, le lundi d'après la Saint-Jean-Baptiste de l'an 1256. *Mansi*, t. II, col. 1191, *exms. S. Michaelis in periculo maris.*

ROUEN (Synode de), l'an 1275, par Eudes Rigaud. Ce prélat y donna diverses instructions aux doyens relativement aux excommunications. *Bessin, Conc. Norm.*

ROUEN (Synode de), l'an 1299. Guillaume de Flavacourt, archevêque de Rouen, tint ce concile avec ses suffragants, le jeudi d'après l'octave de la Pentecôte, dans l'église de Sainte-Marie-du-Pré, aujourd'hui de Bonne-Nouvelle. On y fit sept statuts ou capitules.

I. On renouvelle les anciens décrets qui privent de leurs bénéfices les clercs qui, après avoir été avertis, continuent pendant un an de porter l'épée comme les soldats, l'habit court et la tonsure peu régulière, ceux qui ont des concubines dans leurs maisons ou chez autrui ; ceux qui exercent quelque office de la justice séculière, ou qui se mêlent de faire des contrats usuraires ou d'autres illicites.

II. On excommunie ceux qui tiennent des plaids les jours de dimanches et de fêtes.

III, IV et V. Même peine contre les clercs qui se soumettent à la justice civile dans les causes personnelles, contre les juges laïques qui informent des faits concernant des ecclésiastiques, et contre tous ceux qui troublent la juridiction de l'Eglise.

VI. Les archevêques ne donneront point aux réguliers le pouvoir d'absoudre des cas réservés, si ce n'est à de certains dont ils connaissent la prudence et la capacité ; et encore à condition que cette permission ne s'étendra pas à la confession que chacun est tenu de faire à son propre curé ou pasteur, à moins que celui-ci n'y consente.

VII. On ordonne la publication et l'exécution des statuts précédents. *Anal. des Conc.*, t. II

ROUEN (Concile provincial de), tenu à Deville ou Pinterville, près de Rouen, l'an 1304. Les actes de ce concile sont perdus. *Conc. et decr. synod. S. Rothom. Eccl.*

ROUEN (Synode de), l'an 1305. L'archevêque y ordonna de publier dans tout son diocèse plusieurs des décrets portés dans le concile provincial de l'an 1299, et du dernier tenu à Pinterville. *Bess. Conc. Norm.*

ROUEN (Concile de), l'an 1310, sur les Templiers, dit M. de Mas Latrie. C'est sans doute le concile du Pont-de-l'Arche qu'il a voulu dire. *Voy. Conc. Norm.*

ROUEN (Concile de), l'an 1311, 12 août. On y délibéra dans la salle de l'archevêché sur la députation qu'il fallait envoyer au concile œcuménique de Vienne. *Bessin, Conc. Norm.*

ROUEN (Concile de), l'an 1313. Gilles Aycelin, archevêque de Rouen, tint ce concile avec ses suffragants dans l'église de Notre-Dame du Pré, aujourd'hui de Bonne-Nouvelle, vers la fête de saint Luc, pour expliquer quelques-uns des règlements faits sous son prédécesseur Guillaume de Flavacourt.

ROUEN (Concile de), l'an 1315, mentionné par Bessin, *Conc. Norm.* Ce n'est en effet qu'une répétition des articles qui avaient été traités dans le concile célébré au même lieu en 1299. Seulement on y détaille un peu plus les défenses faites aux clercs de comparaître devant les tribunaux séculiers dans les cas où la loi donnait sur-le-champ action à l'accusateur, et intimait l'ajournement personnel à l'accusé : ce qui arrivait dans les clameurs de *Haro*. C'est la matière des articles 4, 5, 6, 7 et 8. Le 1er et le 2e recommandent encore aux ecclésiastiques la modestie dans les habits et les manières, condamnent les habits courts, le port d'armes, la fréquentation des femmes et l'usure. Le 3e renouvelle l'ordre de s'abstenir des plaidoiries les jours de fêtes. *Hist. de l'Eglise Gallic.*, liv. XXXVI.

ROUEN (Concile de la province de), lieu incertain, l'an 1321. On y reconnut le droit qu'avait le chapitre de Saint-Ouen d'élire l'abbé de Saint-Victor *ad Caletas*, et qui lui était contesté par les moines. *Conc. Norm.*

ROUEN (Concile de), l'an 1333. Pierre Roger, archevêque de Rouen, tint ce concile au mois de septembre, dans l'église de Sainte-Marie du Pré, à présent de Bonne-Nouvelle, où les évêques d'Avranches et de Séez assistèrent en personne, et les autres évêques ses suffragants par députés, et il y fit treize constitutions.

La 1re porte que l'office sera célébré avec dévotion dans les églises, selon ce qui est ordonné dans la Clémentine *Gravi nimirum*.

La 2e et la 3e renouvellent les règlements touchant les habits et la conduite des clercs et des moines.

La 4e ordonne aux chapelains de desservir les bénéfices.

La 5e défend aux patrons de recevoir de l'argent pour la présentation aux bénéfices.

La 6e excommunie ceux qui empêchent de payer les dîmes dues aux curés.

La 7e exhorte les prélats et les curés à prier pour le voyage de la terre sainte, à porter les fidèles à l'entreprendre, et à lever des deniers pour ce sujet.

La 8e renouvelle les règlements touchant les réparations et l'entretien des églises et des ornements.

La 9e porte que les curés institués par d'autres que par l'évêque du diocèse seront tenus de se présenter à lui dans les quarante jours après leur prise de possession, pour montrer leurs titres et prêter le serment d'obéissance et de résidence.

La 10e, que l'on publiera le premier dimanche de chaque mois, les cas dans lesquels on encourt l'excommunication.

La 11e, que les évêques publieront dans leurs synodes, et les doyens dans leurs calendes, les cas réservés au saint-siége et aux évêques.

La 12e, que les curés traiteront favorablement et bénignement les frères prêcheurs et les frères mineurs.

La dernière ordonne que ces constitutions soient publiées dans les synodes diocésains. *Labb.*, t. XI; *Bessin, Conc. Norm.*

ROUEN (Concile de), l'an 1342. On renouvela dans ce concile, qui fut provincial, les anciens décrets contre les atteintes portées à la personne des ecclésiastiques. *Mansi Suppl.* t. III

ROUEN (Chapitre de la métropole), l'an 1361. Le chapitre de Rouen, présidé par son doyen, fit quelques règlements dans cette assemblée concernant la discipline à observer par tout le clergé attaché à cette église. *Martène, Vet. script. ampliss. coll.* t. VIII.

ROUEN (Assemblée générale tenue à); 5 juillet 1401. L'objet de cette assemblée fut de voter un subside pour l'union de l'Eglise romaine. *Bessin, Conc. Norm.*

ROUEN (Concile de), tenu l'an 1403 dans l'église métropolitaine, pour la réforme du clergé. Il ne nous reste rien de ses actes. *Ibid.*

ROUEN (Synode de la Pentecôte de), l'an 1415. On y publia les cas réservés soit au pape, soit à l'archevêque ou à son pénitencier. *Conc. et decr. synod. s. Rothom. Eccl.*

ROUEN (Synode de), l'an 1417, par Louis de Harcourt. On trouve ce synode indiqué dans la Synopse des Conciles de Labbe.

ROUEN (Synode de), l'an 1441, par Louis de Luxembourg. Ce prélat y publia dix-sept statuts, ayant pour objet l'office du chœur et les devoirs des chanoines et des autres clercs attachés à l'église métropolitaine. *Bessin, Conc. Norm.*

ROUEN (Concile de), l'an 1445. Raoul Roussel, archevêque de Rouen, tint ce concile le 15 décembre 1445, avec son clergé et les députés de ses suffragants. On y dressa quarante articles, dont les sept premiers inculquent la pureté de la foi, en condamnant tous les livres de magie, toute pratique de sorcellerie, divination, enchantements, talismans ; et l'on statue des peines contre les auteurs de ces inventions diaboliques. On proscrit de même les jurements, les blasphèmes et l'usage d'appeler certaines images de la sainte Vierge, *Notre-Dame de Recouvrance, Notre-Dame de Pitié, de Consolation, de Grâce*, etc. Le concile marque que cela semblait avoir été introduit pour gagner de l'argent, et que cela autorisait des opinions superstitieuses. Cet usage a prévalu depuis, parce que les mêmes raisons ne subsistent plus.

Les autres décrets, jusqu'au trente-troisième inclusivement, sont d'une discipline très-exacte et très-étendue

On n'admettra aux saints ordres que ceux qui sauront les articles de la foi, la doctrine du décalogue et des sacrements, la manière de distinguer les péchés ; et, pour qu'on puisse être assuré de leur capacité, ils seront examinés avant l'ordination. On exigera d'eux qu'ils aient un bénéfice ou un patrimoine qui leur serve de titre; et, s'il se glisse en cela quelque fraude, ils seront suspens de leurs ordres.

On n'exigera rien pour la collation des ordres ou des bénéfices, pour l'administration de l'eucharistie et de la confirmation. Les prêtres éviteront les gains sordides, les conventions intéressées pour la célébration de la messe. On défend aux ecclésiastiques l'ivrognerie, le négoce, la fréquentation des femmes, la vanité dans les habits, les procès en cour séculière. Les prêtres, tant séculiers que réguliers, ne seront admis à prêcher qu'après avoir été examinés par l'évêque ou par ses grands vicaires. Les réguliers exhorteront leurs auditeurs au paiement des dîmes. Les archidiacres feront leurs visites exactement et d'une manière utile, pour l'instruction et l'édification des peuples. Les curés dénonceront excommuniés, le premier dimanche de chaque mois, tous les homicides volontaires, les voleurs, les incendiaires : ils auront soin d'instruire, tous les dimanches, leurs paroissiens dans la foi et dans les mœurs. Ceux à qui appartient la collation des écoles publiques choisiront pour cet emploi des personnes d'un âge, d'une conduite et d'une capacité éprouvées.

On recommande l'observation du décret *Omnis utriusque sexus* fait au concile de Latran. On défend, sous peine d'excommunication, de faire désormais la fête des fous. Défense aussi de se promener et de converser dans les églises, de passer la nuit de Noël à jouer aux dés ou à d'autres jeux. On entretiendra la propreté et la décence dans les choses saintes. Les reliques seront remises, après les solennités, dans les lieux convenables; et les cimetières seront toujours séparés des endroits profanes.

Les six canons suivants regardent la conduite des réguliers. Il y aura dans chaque communauté un tableau où la règle sera écrite. Outre le chapitre qui se tient chaque jour, on en tiendra de généraux aux Quatre-Temps de l'année. On y expliquera la règle, on en recommandera l'observation ; et ceux qui l'auront violée seront punis par les supérieurs. Les visiteurs auront soin de s'acquitter avec zèle de leur emploi; et si les supérieurs locaux sont négligents, les évêques et les autres ordinaires maintiendront la discipline régulière.

Dans le dernier article de ce concile, on exhorte à prier pour la consommation de la paix, dont il était toujours question entre la France et l'Angleterre. *Labb.*, XIII.

ROUEN (Assemblée du clergé de France à), l'an 1451, pour régler quelques différends qui s'étaient élevés entre les prélats de France et la cour de Rome. Nous ne savons ni le sujet, ni les circonstances de ces démêlés. Il était peut-être question des règlements faits à Bâle, ou des articles contenus dans la Pragmatique sanction. *Hist. de l'Egl. gal.*, liv. XLIX.

ROUEN (Synode de), novembre 1476, par Jean de Gonnes et Guillaume Mézard, vicaires généraux, en l'absence de l'archevêque Guillaume d'Etouteville, cardinal évêque d'Ostie. Injonction y fut faite à tous les prêtres concubinaires ou soupçonnés de l'être, de congédier sous quinze jours les femmes qu'ils avaient avec eux. *Conc. et decr. synod. S. Rothom. eccl*

ROUEN (Synode d'hiver de), l'an 1506, par Arthur Fillon, vicaire général du cardinal d'Amboise. Entre autres statuts qui y furent portés, on y défendit aux prêtres de jouer avec les laïques en se dépouillant de leur soutane ; de donner les corporaux à laver à des femmes ; de négliger la confession des personnes pauvres. On leur recommanda d'intimer à leurs paroissiens la défense de danser, soit le jour, soit la nuit, à l'occasion de fêtes patronales. *Bessin, Conc. Norm.*

ROUEN (Concile provincial de), le 15 février de l'an 1523, sous Georges d'Amboise 2ᵉ du nom. Le roi François Iᵉʳ y assista en personne : il paraît même que les subsides qu'il demandait au clergé de Normandie furent le principal motif de la convocation des évêques. Après quelques séances et quelques altercations, on accorda à ce prince vingt-quatre mille livres, dont la répartition se fit ensuite selon l'étendue et les facultés de chaque diocèse.

On traita aussi quelques matières de discipline dans ce concile (*a*), et les règlements qui nous en restent sur cela sont de deux espèces. Les uns portent le titre de Capitules, et l'on y recommande la résidence aux évêques et aux curés ; le *gratis* pour les ordres, pour la provision des bénéfices et pour les dimissoires. On ordonne que les pasteurs s'informent des legs pieux; que les amendes imposées par la cour ecclésiastique tournent au profit des pauvres. On défend aux évêques de porter des habits de soie, et de donner des livrées de couleur à leurs domestiques. On règle sur les déports, que désormais ils ne seront plus exigés en entier, mais qu'il se fera des transactions avec les prélats pour une somme d'argent ou pour quelque partie des fruits. On déclare que dans la suite il ne sera plus établi de couvent du tiers ordre de saint François, et qu'on procédera même à l'extinction des anciens. On avertit de veiller sur les sectes nouvelles, afin qu'elles ne fassent point de progrès en Normandie ; et défense est faite d'imprimer aucun livre sur la religion sans l'approbation de l'évêque.

Les déports dont il est question dans les règlements qu'on vient de parcourir s'appelaient aussi *droits de vacant*, et étaient une espèce d'annate que les évêques, ou les archidiacres, ou les archiprêtres, ou enfin les chapitres levaient sur le revenu d'un bénéfice vacant, et surtout d'un bénéfice-cure. Nous disons que le déport était une espèce d'annate, et non simplement une annate, parce que ceux qui jouissaient du droit de déport ne percevaient pas toujours le revenu de la première

---

(*a*) Suivant Bessin, les matières de discipline dont il va être parlé furent l'objet d'un concile différent de celui où l'on accorda les subsides au roi, quoique tenu la même année. *Voy. Conc. Norm.*

année tout entière du bénéfice, mais que les uns n'en percevaient que la moitié, et les autres plus ou moins, selon l'usage des lieux.

Les autres ordonnances de ce concile de Rouen sont en forme de réponses à plusieurs questions qui avaient été proposées. Ainsi, l'assemblée décida que les chanoines pèchent en parlant dans le chœur de choses profanes durant le service, ou bien en allant et venant dans l'église; que les chanoines de l'église cathédrale sont dispensés de résider dans leurs bénéfices à charge d'âmes, pourvu qu'ils s'y présentent quelquefois dans le cours de l'année. C'était une décision relative au temps: car on souffrait alors que des chanoines fussent en même temps curés, ce qui n'est plus aujourd'hui. Les Pères déterminèrent aussi qu'à l'entrée des nouveaux chanoines, on peut recevoir quelque chose d'applicable au service divin, non au profit des chanoines; que les prélats sont obligés de faire garder la clôture aux religieuses et la régularité aux moines; que dans chaque monastère d'hommes, il y aura un maître pour enseigner les jeunes religieux; que le supérieur d'une communauté peut recevoir quelque chose d'un novice pour son entrée en religion, pourvu que cela soit offert *gratis*, sans pacte ni convention; que les moines ne pourront bâtir de somptueux édifices, et qu'en général ils seront justiciables de l'évêque, s'ils tombent dans les fautes scandaleuses hors de l'enceinte du monastère et sur le territoire de l'évêque. *Hist. de l'Egl. gallic. l.* LI; *Anal. des conc.*, III.

ROUEN (Concile de), l'an 1527. On y accorda quatre décimes au roi François Ier. *Bessin, Conc. Norm.*

ROUEN (Synode de), l'an 1578, selon Bessin. Jean de Cropey, vicaire général, y publia vingt statuts, dont le 6e ôte aux prêtres la faculté de lancer des excommunications générales, si ce n'est pour des larcins commis dans la paroisse même; le 7e leur refuse le droit de confirmer et celui de consacrer des vierges; le 8e ordonne l'opération césarienne dans le cas de mort de la mère et de doute sur l'existence de l'enfant; le 9e fait une obligation aux curés de faire sur-le-champ l'absoute pour tous ceux de leurs paroissiens dont ils viennent à apprendre le trépassement. *Bessin, Conc. Norm.*, pars 2a.

ROUEN (Concile de), l'an 1581. Ce concile fut tenu à Rouen, dans l'église métropolitaine, par le cardinal Charles de Bourbon, assisté des évêques et des députés de tous les chapitres de sa province. On y fit onze canons ou règlements, sous le nom de *Capitules*.

Le 1er est touchant la foi et la religion, et contient une formule de profession de foi.

Le 2e est du culte divin en général, qui consiste à aimer Dieu d'un cœur parfait, et à marquer par ses paroles et par ses œuvres l'amour qu'on lui porte, disent les Pères du concile. Ils défendent ensuite les profanations des jours de fêtes qui se font par les foires, le trafic, les débauches, l'ivrognerie, le luxe, les jeux prohibés, les danses, les chansons déshonnêtes, etc.

Le 3e, qui est sur les sacrements, défend aux prêtres de confesser sans surplis, sans étole et sans habit long. Il défend aussi de rebaptiser sous condition les calvinistes qui rentrent dans le sein de l'Eglise, quoique le ministre, en les baptisant, n'ait pas eu dessein de les baptiser pour la rémission de leurs péchés. Il ordonne à tous les ministres de la parole d'instruire le peuple touchant le sacrement de confirmation, et aux évêques de le conférer souvent dans les différentes parties de leurs diocèses.

Le 4e, qui traite du sacrifice de la messe, ordonne aux prêtres coupables de quelque péché mortel de se confesser avant de dire la messe, et de tenir dans une grande propreté tout ce qui sert à l'autel.

Le 5e, qui est du mariage, veut qu'on avertisse les peuples de la nullité des mariages clandestins; qu'on fasse trois publications de bans avant le mariage; que les futurs époux se confessent et communient trois jours au moins avant de se marier. Il défend le mariage dans les temps et les degrés prohibés, de même que le concubinage.

Le 6e, des évêques et des chapitres. Les évêques qui sont exposés aux regards de tout le monde, comme ils sont préposés eux-mêmes pour voir et considérer les autres, doivent être irrépréhensibles et briller comme des astres par l'éclat de leurs bonnes œuvres, pour servir d'exemple à tous ceux qui les contemplent. Il faut qu'ils sachent qu'ils n'ont point été appelés pour vivre dans le luxe et toutes les commodités que procurent les richesses, mais pour accroître la gloire de Dieu par toutes sortes de peines, de sollicitudes et de travaux. Rien ne doit paraître dans leur personne ni dans leur famille, leur table, leur habit, leur ameublement, qui ne respire la simplicité, la frugalité, le mépris des vanités, le zèle pour les intérêts de Dieu.

Les chanoines des cathédrales doivent aussi se distinguer de tous les autres ecclésiastiques par la régularité de leur conduite. Ils diront la messe tous les jours de dimanches et de fêtes, et plus souvent encore. Ils ne porteront point de soie, et ils auront une couronne conforme à l'ancien usage. Ils n'habiteront point dans une même maison avec des femmes, résideront exactement et observeront les décrets du concile de Bâle touchant l'office divin.

Le 7e, des devoirs des évêques. Le devoir de l'évêque est de consacrer les ministres de l'Eglise et les églises elles-mêmes avec tout ce qui a besoin de consécration; de veiller sur les peuples soumis à sa juridiction, de les conduire, de les juger, de les visiter. Il n'ordonnera personne que sur les témoignages requis, et avec toutes les conditions si souvent répétées dans les conciles. Il s'élèvera avec force contre la simonie dans les résignations et les autres provisions des bénéfices; et il fera ses visites assidûment pour maintenir la foi dans tout son diocèse, en extirper l'erreur, y protéger les bonnes mœurs, y corriger les mauvaises, exhorter les peuples à vivre dans la paix, l'innocence, l'exercice de la religion.

Le 8ᵉ, des devoirs des curés, des autres prêtres et des paroissiens. Les curés résideront dans leurs paroisses, aux termes des décrets du concile de Trente sur la résidence, pour paître et conduire leur troupeau dans la justice et la vérité, la charité, la chasteté, la modestie, la simplicité. Tous les prêtres attachés à une paroisse sont obligés de la desservir, surtout les jours de dimanches et de fêtes; et les paroissiens sont obligés eux-mêmes d'assister régulièrement aux offices de leur paroisse, en ces saints jours.

Le 9ᵉ, des monastères. Les abbés et leurs prieurs électifs, soit réguliers, soit commendataires, même exempts, ne prendront point possession sans avoir fait leur profession de foi entre les mains de l'évêque. Ils ne donneront qu'à des catholiques l'administration des biens des monastères. Les religieux observeront leur règle, et en particulier, les vœux d'obéissance, de pauvreté, de chasteté, et la vie commune dans la table, les vêtements, la clôture. Les religieuses s'appliqueront uniquement à Dieu de corps et d'esprit. Elles ne seront ni oisives, ni causeuses, ni curieuses, mais assidues à la prière, le jour et la nuit.

Le 10ᵉ, de la juridiction ecclésiastique. Le concile avertit les juges séculiers de renvoyer les clercs aux juges d'Église, dans les cas marqués par les saints canons.

Le 11ᵉ ordonne qu'on établisse des écoles publiques et des séminaires, pour élever les ecclésiastiques dans la science et la piété.

ROUEN (Synode de), mai 1606. Le cardinal de Joyeuse, archevêque de Rouen, y publia un statut pour défendre aux curés et autres supérieurs ecclésiastiques de recevoir en leurs églises des prêtres étrangers, qui n'auraient pas de lettres d'approbation de l'archevêque ou de ses vicaires généraux. *Inst. pour les curés de Mgr le cardinal de Joyeuse.*

ROUEN (Synode de), 17 mai 1616, par François de Harlay. Ce prélat y publia plusieurs statuts, dont voici les plus remarquables.

De la Résidence. « Tous les curez de ce diocese feront residence en leurs benefices, et satisferont en personne au devoir de leur charge. Ceux qui auront quelque cause legitime de s'absenter nous le feront cognoistre sans déguisement : et ne quitteront leur Eglise qu'ils n'ayent obtenu congé de nous par escrit : lequel leur sera gratuitement accordé.

« Avant que d'obtenir leur congé feront approuver un vicaire capable : et au reste pourvoiront tellement à ce qui est de leur charge, que tant que faire se pourra leurs oüailles ne reçoivent aucun detriment de leur absence.

« Les non residents, ou ceux qui s'absenteront sans nostre permission, outre le peché mortel qu'ils commettront, ne gagneront point les fruits de leurs benefices pour le temps de leur absence, et ne les pourront retenir en conscience, ains seront tenus, sans attendre qu'ils y soient condamnez et contrains par justice, les appliquer eux mesme à la fabrique de leur Eglise, ou aux pauvres. »

De la Doctrine chrétienne. « Outre les instructions du Manuel, qu'ils sont tenus lire au prosne de la messe, et predications ordinaires, prendront les jours de dimanche et festes de l'année une heure commode, devant ou apres les vespres, pour enseigner la doctrine chrestienne par eux ou autre personne capable qu'ils commettront.

« A cet effet auront tous la sainte Bible, le Catéchisme romain latin françois, le concile provincial (de 1581), les ordonnances synodales, etc.

« Es champs et petites villes ils ne permettront qu'aucun s'ingere de tenir les escoles en leurs paroices, qui ne soit approuvé d'eux. »

De la Vie et Mœurs. « Qu'ils ne portent manteaux courts, habits de couleur, passemens, decoupeure, bagues aux doigts, peccadilles, rotondes, dentelles, moustaches et grands cheveux, ny autres choses indecentes. »

Du Service divin. « Ils ne laisseront quester personne par l'Eglise sans nostre permission. »

Des Eglises. « Que les autels soient de pierre, beaux et entiers, sans fraction notable, clos par dessous. Qu'ils soient garnis de contretable, devanture, rideaux et ciel; et de trois nappes, desquelles les deux de dessous couvrent tout l'autel, et celle de dessus pende des deux costez jusques à fleur de terre ; avec un tapis par dessus : et à costé la piscine nette, et bien percee.

« Que le tabernacle soit au milieu du grand autel, richement paré dedans et dehors, bien clos et bien fermé, couvert d'un pavillon de quelque belle estoffe : avec une lampe ardante, ou cierge allumé devant.

« Qu'en toutes les Eglises il y aye une representation du crucifix au haut de l'entree du chœur : et une image du patron au costé droit du grand autel. Qu'elles soient en bonne forme et honnestement decorees : comme aussi toutes autres images : ostant celles qui seroient brisees, rompues, vermoulues, ou autrement difformes.

« Qu'il ne se face aucune croix sur le pavé des Eglises, ni en lieu ou elle puisse estre foulee aux pieds. »

Du Baptesme. « Le curé ne rebaptisera ceux qu'il trouvera avoir été bien baptisez, car ce seroit sacrilege, et il encourroit irregularité : mais seulement il adjoustera les prieres et ceremonies ordinaires.

« Le diable pour empescher l'effect du baptesme, et la renonciation à ses œuvres et pompes, a introduit en quelques endroits une damnable coustume, de porter les enfans nouvellement baptisez à la taverne : ce que nous deffendons pour l'advenir estre fait. »

Du Saint-Sacrement. « Que l'on ne se serve du calice pour donner du vin aux laïques après avoir communié, mais d'une coupe d'argent, ou d'un verre de cristal à ce destiné. »

Les statuts que nous venons de rapporter suffisent pour donner une idée des autres. *Ordonn. faites par Mgr l'arch. de Rouen.*

ROUEN (Synode de), 29 mai 1618. Les statuts qui y furent publiés sont les mêmes que les précédents, avec quelques additions, telles que celles-ci :

« Le curé ne permettra les hommes mariez chanter l'Epistre, ny porter chappes ou surplis en l'Eglise, et processions, ou autres lieux. » *Conc. et decr. synod. S. Rothom. Eccl.*

ROUEN (Synode de), 7 novembre 1628, par François de Harlay. Les statuts publiés dans ce synode ont la plupart pour objet de tracer le règlement et le cérémonial de chaque synode diocésain. On y recommande de plus aux officiers de cour ecclésiastique le désintéressement dans l'exercice de leurs fonctions. On y défend d'établir aucunes confréries, si elles ne sont approuvées par l'archevêque. *Bessin, Conc. Norm.*

ROUEN (Synode d'été de), l'an 1630, par le même. Trois prêtres y furent suspendus des fonctions de leur ordre, par suite des divisions qu'occasionna dans le clergé la nouvelle édition du Bréviaire et du Missel. *Ibid.*

ROUEN (Synode d'automne de), l'an 1631, par le même. L'époque des synodes d'automne fut fixée dans celui-ci au jeudi ou au mardi après la Toussaint : c'est ce qui forme l'objet du premier statut. Le troisième contient l'injonction de faire l'office dans toutes les paroisses selon le rit métropolitain, et non selon le rit romain : *Alioquin intelligant se suo officio non satisfacturos*. Une clause de cette nature aurait eu besoin d'être ratifiée par le saint-siège, partie intéressée, à ce qu'il nous semble, dans l'affaire. *Ibid.*

ROUEN (Synode d'été de), l'an 1632, par le même. François de Harlay y publia quelques statuts relatifs aux mariages et aux fiançailles ; il renouvela la défense de recevoir des prêtres étrangers non approuvés ; il condamna, comme tendant au schisme, un libelle intitulé : *Lettre envoyée à monseigneur l'illustrissime et révérend, archev. de Rouen, touchant la réformation des synodes. Ibid.*

ROUEN (Synode de), 4 novembre 1638, par le même. Défense y fut faite aux curés d'admettre des prédicateurs pour le carême sans un mandat de l'archevêque, et sans que les mêmes prissent l'engagement de prêcher aussi aux octaves du Saint-Sacrement et de l'Assomption. *Ibid.*

ROUEN (Synode d'été de), l'an 1639, par le même. La résidence y fut recommandée aux chanoines ; l'exposition du saint sacrement y fut défendue à moins d'une autorisation spéciale, en tout autre temps qu'en celui de l'octave de la fête ; les cimetières qui ne seraient pas munis d'une bonne clôture y furent déclarés pollus. *Ibid.*

ROUEN (Synode d'automne de), l'an 1640, par le même. On y réduisit les synodes diocésains à un seul d'obligation par an, au lieu de deux ; on y prescrivit de garder dans un calice, et non dans un ciboire, l'hostie réservée le jeudi saint pour l'office du lendemain. *Ibid.*

ROUEN (Synode d'été de), l'an 1641. Le même prélat y rappela à tous les clercs l'obligation de porter la tonsure. *Francisci statuta synod.*

ROUEN (Synode d'automne de), l'an 1641, par le même. On y régla qu'il serait établi dans divers endroits du diocèse plusieurs sous-pénitenciers, pour absoudre des cas réservés, excepté quelques-uns des plus notables. On y recommanda aux curés d'avoir la liste des pauvres de leurs paroisses, et de les visiter avec un soin particulier : on fit défense à ceux-ci de mendier dans les églises. On ordonna des conférences mensuelles dans toutes les paroisses pourvues d'un clergé en nombre suffisant. *Ibid.*

ROUEN (Synode d'été de), l'an 1642. Le même prélat y renouvela quelques statuts précédents, et prescrivit l'usage du catéchisme revu par ses soins pour toutes les paroisses de son diocèse. *Ibid.*

ROUEN (Synode d'automne de), l'an 1642, par le même, qui y recommanda à tous les curés d'acquitter fidèlement les fondations en faveur des défunts. *Ibid.*

ROUEN (Synode d'automne de), l'an 1643, par le même. Il y renouvela la défense d'admettre des prêtres étrangers, qui n'auraient pas son approbation par écrit. *Ibid.*

ROUEN (Synode d'été de), l'an 1644, par le même. Défense y fut faite d'admettre des femmes à chanter des jérémiades à l'office de ténèbres. *Ibid.*

ROUEN (Synode d'automne de), l'an 1644, par le même. Défense aux clercs de jouer dans les jardins publics ou d'autres lieux semblables. *Ibid.*

ROUEN (Synode d'automne de), l'an 1645, par le même. Il y recommanda aux curés d'aider de tous leurs moyens les clercs qui se destineraient à l'état ecclésiastique. *Ibid.*

ROUEN (Synode d'automne de), l'an 1646, par le même, pour recommander aux clercs de porter la tonsure et les cheveux courts. *Ibid.*

ROUEN (Synode d'automne de), l'an 1647, par le même. Il y prescrivit aux prêtres d'accompagner toujours d'une exhortation l'administration des sacrements. *Ibid.*

ROUEN (Synode d'automne de), l'an 1650, par le même, à l'occasion de la nouvelle édition du Manuel ou Rituel qu'il venait de publier. *Concil. et decr. synod. S. Rothom. Eccl.*

ROUEN (Synode d'été de), l'an 1652, par François III de Harlay, devenu coadjuteur de son oncle. Il s'y borna à rappeler les anciennes ordonnances, et particulièrement celles qui interdisent aux clercs l'entrée des cabarets, et celles qui exigent l'autorisation de l'archevêque pour l'exercice du saint ministère dans son diocèse. *Ibid.*

ROUEN (Synode d'été de), l'an 1661, par François III de Harlay. Ce prélat y défendit à tout fidèle soumis à sa direction et à son autorité, d'imprimer, de lire, de garder et retenir le livre intitulé le *Missel romain*, traduit en langue vulgaire par Voisin; imitant en cela, dit-il, la conduite et l'intention du pape Alexandre VII, dans son bref du 12 janvier de la même année. Il y défendit de plus l'usage de tous les livres de prières, de psalmodies, d'hymnes, d'instructions, de méditations, de catéchismes et autres semblables qui pourraient être imprimés sans son expresse permission ou celle de ses grands vicaires. « Car nous savons, ajoute le prélat, par les monuments de l'antiquité, que rien n'a tant contribué à répandre les anciennes hérésies et à surprendre la simplicité des peuples, que ces sortes d'ouvrages, qui contiennent des psalmodies, des prières ou des entretiens spirituels. » *Conc. et decr. synod. S. Rothom. Eccl.*

ROUEN (Synode d'automne de), l'an 1663, par François III de Harlay, archevêque de Rouen. Il y fit défense de dire des messes privées, et d'administrer les sacrements de pénitence ou d'eucharistie dans une église, pendant qu'on y dirait la messe solennelle. *Ibid.*

ROUERGUE (Concile tenu sur les confins du), l'an 590. *Voy.* GÉVAUDAN.

ROUSSILLON (Concile d'Elne en). *Voyez* ELNE.

ROVIGO (Synode du diocèse d'Atri (*a*), tenu à), le 31 mai 1627, par Ubertini Papafava, évêque d'Atri. A la suite de ce synode, le prélat publia des Constitutions et des Décrets, qu'il divisa en trois parties : la première, sur la foi et la religion ; la seconde, sur la vie des clercs, et la troisième sur les sacrements.

Il oblige dans la première tous les prêtres appelés au synode, et en général tous les bénéficiers, et de plus tous les professeurs, même de grammaire, à faire profession de leur foi dans la forme prescrite par Pie IV, et à recevoir tous les décrets du concile de Trente.

Il recommande aux confesseurs et aux prédicateurs de travailler à détruire les superstitions auxquelles sont attachés plusieurs fidèles, et surtout les femmes.

Il défend de lire et même de garder chez soi des livres condamnés comme hérétiques.

Il fait une loi aux prédicateurs de ne publier aucune indulgence, à moins d'un mandat spécial, qui ne soit d'avance connue et promulguée.

Il recommande aux magistrats d'empêcher les foires les jours de fêtes, et de veiller à ce que toutes les boutiques soient fermées, excepté celles où l'on se procure les choses nécessaires à la vie ou à la santé.

Il enjoint aux curés de visiter fréquemment les écoles, tant de l'un que de l'autre sexe, et d'établir, autant que faire se pourra, dans leurs paroisses la confrérie de la Doctrine chrétienne.

Il défend de faire bâtir aucune église, chapelle ou oratoire, sans en avoir prévenu l'évêque, qui en prescrira la forme.

Il défend de laisser pousser l'herbe, ou croître des arbres dans les cimetières ; de graver de saintes images en des endroits où elles seraient exposées à être foulées aux pieds ; de transférer des reliques d'une église dans une autre à l'insu de l'évêque ; de laisser entrer dans les églises des personnes du sexe qui n'auraient pas la tête décemment voilée ; de souffrir que des pauvres y mendient pendant la messe, le sermon et les offices.

Les autres règlements sont d'une même sagesse. *Constitutiones et decreta in prima diœcesana synodo Rhodigii celebrata. Rhodigii*, 1628.

RUF (Concile de Saint-). Ce concile se trouve cité dans le concile d'Apt de l'an 1365. *Martène, Thes. anecd. IV.*

RUFFEC (Concile de), *Roffiacense*, l'an 1258. Gérard de Malemort, archevêque de Bordeaux, tint ce concile avec les évêques de sa province, le 21 du mois d'août, et y fit dix décrets ou capitules :

Le 1er traite des entreprises formées par les laïques contre l'Église, et des confédérations qui avaient pour but de restreindre sa juridiction.

Dans le second, on s'efforce de réprimer ces brigandages par tout ce qu'on peut y opposer de peines, mais avec peu d'espérance d'y réussir.

Le 3e fait voir le mal à son comble par la dépravation des corps mêmes de l'Église dont la profession devait faire attendre plus de soumission aux supérieurs ecclésiastiques.

Le 4e accumule défense sur défense contre les seigneurs et les communautés séculières qui, par des saisies et des invasions, troublent une possession paisible.

Le 5e fait inhibition à tout ecclésiastique d'agir ou de répondre dans le for séculier en matières qui regardent l'Église ; et cela sous peine d'excommunication, encourue par le seul fait, pour les délinquants aussi bien que pour les magistrats ou autres qui les y forceraient.

Le 6e exclut de la fonction d'avocat dans les cours séculières tout bénéficier et tout autre engagé dans la cléricature.

Le 7e met au nombre des devoirs de l'épiscopat celui de faire exécuter les volontés des morts, et marque pour cela les conditions d'un testament légitime, qui consistent en ce qu'il soit fait en présence du curé et de quelques témoins dignes de foi.

Le 8e règle la manière dont il faut agir avec les excommuniés au moment de la mort, à qui l'on ne doit donner l'absolution qu'après une entière satisfaction, s'il est possible.

Le 9e avertit les commissaires du saint-siège de ce qu'ils doivent observer dans l'exécution de leur commission.

Le 10e et dernier défend les audiences et les plaidoiries dans les églises et les cloîtres, de peur que les clameurs et tout ce qui est inséparable des plaids n'y introduisent la dis-

---

(*a*) Nous avons donné, au commencement du tome I de ce Dictionnaire, d'autres synodes diocésains d'Atri, sous le titre ADRIA, qui est le nom latin de cette ville.

sipation. *Anal. des Conc. t.* II; *Nat. Alex., Hist. eccl.* XIII *sæc.*

RUFFEC (Concile de), l'an 1304, sous Bertrand de Got, archevêque de Bordeaux, depuis pape sous le nom de Clément V. *Lenglet du Fresnoi.*

RUFFEC (Concile de), l'an 1327. Arnaud de Canteloup, archevêque de Bordeaux, tint ce concile de Ruffec dans le diocèse de Poitiers, au mois de janvier de l'an 1327, et y publia un interdit contre tous les lieux où les juges séculiers retiendraient des clercs prisonniers. Il régla aussi que les clercs pourraient plaider dans le for séculier pour les églises et les personnes ecclésiastiques, à condition qu'ils ne recevraient pas même ce qui leur serait offert gratuitement; et cela ; nonobstant les statuts des conciles précédents, qui prononçaient la peine d'excommunication ou de l'interdit contre les clercs qui plaideraient dans les cours séculières.

RUPEM SCISSAM (*Concilium apud*), l'an 1099. V. Pierre-Encise. Dans ce concile, s'il faut le distinguer de celui de 1098, tenu dans le même lieu, on s'occupa d'apaiser un différend qui s'était élevé entre les moines de Cîteaux et ceux de Molême. *Schram, t.* II.

RUREMONDE (Synodes de), *Ruræmundenses*, années 1569, 1570, 1571, 1572 et 1573, tenus par l'évêque Guillaume Lindan. Dans le 1er de ces synodes, on fit la division du diocèse de Ruremonde en neuf archiprêtrés. Dans le second, l'évêque fit adopter un corps de statuts, qu'il rangea sous neuf titres. Par un de ces statuts, il recommande de placer des banquettes devant le sanctuaire de chaque église, afin que les personnes qui viennent communier soient invitées par là à le faire à genoux et avec tout le respect convenable. Par un autre, il fait une obligation à tous les curés de se confesser à leur archiprêtre, comme à tous les chanoines de le faire à leur doyen au moins une fois chaque année. Le reste ne contient rien de remarquable. *Conc. Germ. t.* VII.

RUREMONDE (Synode diocésain de), l'an 1652. L'évêque André Creusen, depuis archevêque de Malines, qui tint ce synode, y publia plusieurs règlements qui témoignent de son zèle pour la discipline de son Église. Qu'à défaut de Pastoral de Ruremonde, on se serve du Romain ou de celui de Malines, jusqu'à ce qu'on en imprime un nouveau. Que devant le saint sacrement, conservé dans le tabernacle, il y ait toujours une lampe allumée. On ne doit point permettre à des catholiques d'épouser des hérétiques, ou de les prendre pour parrains ou marraines. C'est un abus intolérable, que les biens des pauvres, des églises, des fabriques, des confréries et des hôpitaux, soient si mal administrés par des laïques, qui les afferment à vil prix ou en vendent les produits, soit à eux-mêmes, soit à leurs proches et à leurs amis : c'est aux curés à chercher un remède à un si grand mal... *Conc. Germ.*

RUSSIE (Concile de), *Ruthenicum*, l'an 1720. *Voy.* Zamosc.

RUTHENENSES (*Synodi*). *Voy.* Rodez.

S

SABINE (Synode diocésain de), l'an 1312, par le cardinal-évêque Arnaud de Faugère. Vingt-trois chapitres de décrets, sous la dénomination de rubriques, y furent publiés sur la vie des clercs, l'administration des sacrements, les jeûnes et les fêtes. On y interdit aux clercs la chasse bruyante, les foires et les marchés ; on défendit à ceux qui étaient occupés au ministère des paroisses de suivre les écoles, ou d'entreprendre des pèlerinages. On y recommanda le baptême par immersion, en ne permettant le baptême par infusion que pour les cas de nécessité; on y fit une loi de baptiser sous condition dans les cas douteux ; on y défendit aux confesseurs d'imposer aux personnes du sexe des pénitences capables de faire naître des soupçons sur elles; on y rappela aux laïques l'obligation de ne contracter mariage qu'en présence de plusieurs témoins et, autant que possible, du propre prêtre, après les trois bans publiés ; on y ordonna l'abstinence de viande pour tous les vendredis et les samedis de l'année, le jour de Noël excepté. *Acta Eccl. Sabin. Urbini,* 1737.

SABINE (Synode diocésain de), l'an 1341, sous le cardinal-évêque Pierre de Barosso Gomez. On y interdit la communion aux usuriers; on y fit une étroite obligation aux médecins d'avertir les malades de recourir promptement à leurs médecins spirituels. *Ibid.*

SABINE (Synode diocésain de), l'an 1352, sous le cardinal-évêque Bertrand de Dieuzy (*de Deucio*), prélat français du diocèse d'Uzès, qui avait été précédemment archevêque d'Embrun. On rappela dans ce synode que le sacrement de confirmation ne peut être conféré que par l'évêque; que celui d'extrême-onction peut être reçu plusieurs fois, et qu'il a la vertu de remettre les peines, et de rendre la santé à ceux qui le reçoivent; que la messe ne peut être dite par un prêtre qu'une fois le jour, excepté le jour de Noël, et qu'on ne devait la dire qu'après matines et prime. On y fit une règle de dire la messe *de Beata* tous les samedis de l'année ; on y frappa d'excommunication les femmes qui se feraient avorter, et toute autre personne qui leur procurerait l'avortement; on y condamna les blasphémateurs à dix livres d'amende pour chaque blasphème; on y prononça de même diverses peines pécuniaires contre les clercs qui porteraient des armes, ou qui joueraient à des jeux de hasard, ou qui vivraient dans le concubinage. *Ibid.*

SABINE (Synode diocésain de), l'an 1422, par François Landi, cardinal de Grade, évêque de Sabine. On rapporte de ce prélat deux décrets synodaux : l'un sur la vie des clercs, à qui l'on défend de porter les manches pendantes à leurs habits; l'autre sur les moines, les frères mendiants et en général tous les prêtres étrangers, à qui l'on défend d'exercer sans approbation le ministère sacré dans les paroisses. *Acta Eccl. Sabin. Urbini*, 1737.

SABINE (Synode diocésain de), l'an 1494, par le cardinal-évêque Olivier Caraffe. Le prélat y publia quelques nouveaux règlements pour la réforme du clergé. Il défendit aux laïques de porter sans permission l'habit clérical, et réciproquement aux clercs de porter l'habit laïque; il interdit à ces derniers les spectacles profanes, les combats de taureaux, les mascarades, les danses, les affaires séculières, les fonctions de tuteurs, etc. *Ibid.*

SABINE (Synode diocésain de), 4 mai 1590, par le cardinal Ptolomée de Come, évêque de Sabine. L'éminentissime prélat y dressa dix chapitres de décrets, où il traite successivement des devoirs du clergé, tant séculier que régulier, tant bénéficier que non bénéficier, des devoirs des religieuses et de ceux du peuple. *Ibid.*

SABINE (Synode diocésain de), 20 avril 1593, par le cardinal-évêque Gabriel Paleotti. Le prélat y arrêta l'érection d'un séminaire diocésain, et ordonna la tenue des conférences dites des cas de conscience. *Ibid.*

SABINE (Synode diocésain de), 27 septembre 1594, par le même. On y fit des règlements concernant la décence du service divin, et en particulier la propreté des tabernacles. Le prélat y exigea des confréries, sous peine d'interdit, de lui exhiber, pour être approuvées de lui, leurs titres et leurs privilèges; il fit voir que, d'après le décret du concile de Trente, les médecins et les maîtres d'école étaient tenus entre les autres de faire leur profession de foi dans les termes indiqués par la bulle de Pie IV. *Ibid.*

SABINE (Assemblée capitulaire de), l'an 1595. Le même cardinal y fit souscrire par les chanoines de la cathédrale de Saint-Libérat de Manliano, les constitutions propres au chapitre qu'il y promulgua. *Ibid.*

SABINE (Synode diocésain de), tenu à Manliano, le 2 octobre 1597, par le cardinal-évêque Louis Madruce. On y rappela aux clercs l'obligation de porter la tonsure et de s'abstenir de l'usage des armes et des fonctions du barreau. *Ibid.*

SABINE (Synode diocésain de), le 24 septembre 1632. Le cardinal de Borghèse, évêque de Sabine, y publia plusieurs statuts, par l'un desquels il défend de faire même dans des édifices profanes, sans sa permission expresse, des représentations de la Passion et des autres mystères de Notre-Seigneur, ou des actes des saints. Il réglementa par un autre la tenue des conférences dites des cas de conscience ou de théologie morale. *Decreta quæ in prima diœc. synodo*, Romæ, 1632.

SABINE (Synode diocésain de), l'an 1736, par Annibal, évêque de Sabine et cardinal du titre de Saint-Clément. Les constitutions publiées dans ce synode sont divisées en cinq parties.

La première rappelle l'obligation de faire sa profession de foi; de conserver le dépôt de la foi dans son intégrité; de favoriser les confréries de la doctrine chrétienne; d'annoncer assidûment la parole de Dieu; de fréquenter les leçons publiques d'Ecriture sainte, et les conférences de théologie morale.

La deuxième a pour objet le culte divin : on y défend de dire la messe à des heures indues; de dire des messes privées avant la messe paroissiale les jours de dimanches et de fêtes, sans la permission du curé; de recevoir pour une seule messe plusieurs honoraires, quelque modiques qu'ils soient; de céder à d'autres prêtres des messes à dire pour des honoraires moindres que ceux qu'on a reçus soi-même, quelque considérables que puissent être ces derniers. On y défend aussi de représenter l'image de la croix, ou toute autre image sainte, sur le sol où elle pourrait être foulée aux pieds, ou dans des lieux malpropres, ou sur des enseignes de cabarets. On condamne les repas publics et les luttes entre hommes nus, qui se pratiquaient les jours de fêtes; on fait une obligation, non-seulement à tous les clercs séculiers, mais encore aux religieux et à tous les membres de pieuses confréries d'assister aux processions générales.

La troisième partie traite des sacrements, et les deux dernières des personnes et des biens d'église, des hôpitaux et autres pieux établissements. Nous ne nous appesantirons pas davantage sur ces articles, où nous n'aurions guère qu'à répéter ce que nous avons dit tant de fois ailleurs. *Ibid.*

SABLONIÈRES (Entrevue de), près de Toul, *in villa apud Sablonarias dicta*, l'an 842. Louis de Germanie, voulant rétablir la paix entre le roi Charles et Lothaire, les engagea à se trouver à Sablonières. Charles, avant de s'y rendre, donna à Louis un mémoire contenant ses griefs contre Lothaire, marquant en même temps qu'il ne voulait point communiquer avec lui, que préalablement il ne promit de se soumettre au jugement du pape et des évêques. Lothaire l'ayant promis, ces deux princes se virent et s'embrassèrent à Sablonières, le 3 novembre 862. Il s'y trouva huit évêques, dont quatre étaient venus avec le roi Charles, et quatre avec le roi Lothaire. Ils furent les entremetteurs de la paix. *D. Ceillier*, t. XXII.

SAINT-ALBAN (Concile de), *Albanense*, l'an 1206. Les prélats réunis y souscrivirent à la prière que leur faisait le roi d'attendre, pour prendre une résolution au sujet du tribut dit *Romescot*, imposé par le pape sur le clergé d'Angleterre, que les esprits fussent plus disposés à y donner leur assentiment. *Angl.* I.

SAINT-ALBAN (Synode de), l'an 1231, tenu par un grand nombre d'abbés et de prieurs, d'archidiacres et d'autres clercs, avec presque toute la noblesse du royaume, pour mettre en délibération le divorce de la comtesse d'Essex avec son mari. *Anglic.* I.

SAINT-ALBAN (Autres conciles de). V. ALBAN.

SAINT-AMAND DE BOISSE (Concile de). V. Boisse.

SAINT-AMBROISE (Concile de) de Milan, l'an 842. Ramberi, évêque de Brescia, avait fondé dans sa ville épiscopale un monastère placé sous l'invocation des saints Faustin et Jovite, et avait établi qu'aucun évêque n'aurait le droit d'en élire l'abbé, ou de s'immiscer dans le gouvernement de ce monastère. Le concile dont il s'agit eut pour objet de confirmer ce privilége accordé aux moines par leur propre évêque. *Mansi, Conc. t.* XIV.

SAINT-AMBROISE (Concile de) de Milan, l'an 880. Anspert, archevêque de Milan, excommunia dans ce concile, de concert avec ses suffragants, un certain Atton, coupable d'usurpations sacriléges. *Mansi, Conc. t.* XVII.

SAINT-AMBROISE (Concile de) de Milan, l'an 1059, sous Gui, archevêque. Saint-Anselme de Lucques et saint Pierre de Damien, légats du pape Nicolas II, s'y trouvèrent. Les clercs incontinents et simoniaques y furent amnistiés, tant leur nombre était grand. On se contenta d'exiger de tous les membres présents le serment de renoncer pour toujours à de semblables désordres, ce que l'archevêque Gui fit avant tous les autres. *Mansi, Conc. t.* XIX.

SAINT-ANDRE (Concile national de), l'an 1487. Ce fut un concile général de l'Ecosse, mais dont on n'a point les actes. *Angl.* III.

SAINT-AUGUSTIN (Synode provincial de) de Cantorbery, vers l'an 943. L'archevêque Odon y publia ses constitutions, divisées en dix chapitres, qui ont pour objet les devoirs du roi, des magistrats et du clergé, et le maintien des droits de l'Eglise.

Le 1er chapitre fait défense d'imposer les églises ou leurs biens.

Le 2e rappelle au roi et aux princes, ainsi qu'à tous ceux qui sont constitués en dignité, l'obligation d'obéir en toute humilité à l'archevêque et à tous les autres évêques.

Le 3e recommande aux évêques de mener une vie exemplaire, et d'annoncer sans crainte et sans flatterie la parole de vérité au roi, aux princes du peuple et à tous les magistrats.

Le 4e recommande de même aux prêtres la vie exemplaire et la sainteté de la doctrine.

Le 5e rappelle à tous les autres clercs le même devoir.

Le 6e trace aux moines leurs principales obligations.

Le 7e condamne les mariages incestueux, soit avec des parentes, soit avec des religieuses.

Le 8e recommande la paix et l'union entre tous les chrétiens.

Le 9e prescrit l'observation du jeûne quadragésimal, de celui des quatre-temps, et des autres, en particulier du jeûne de tous les mercredis et de tous les vendredis de l'année.

Le dernier rappelle à tous l'obligation de payer la dîme. *Mansi, Conc. t.* XVIII.

SAINT-BENOIT (Synode de) de Castres, 13 avril 1358, sous Pierre Després, qui y publia des statuts très-amples et fort détaillés. C'est un recueil de tout ce que doivent savoir les curés et les autres ecclésiastiques touchant la foi, l'administration des sacrements, les censures, la simonie, l'office divin, le calendrier, les dîmes, la juridiction ecclésiastique, la modestie et la tempérance des clercs. On y trouve une défense faite aux curés de payer les tailles ou les subsides que les seigneurs séculiers imposeraient sans la permission de l'évêque, et une sentence d'excommunication contre les seigneurs qui lèveraient des péages sur des personnes ecclésiastiques. *Hist. de l'Egl. gallic., liv.* XL.

SAINT-BENOIT (Synode de) de Castres, l'an 1699, 22 septembre, par Augustin de Maupeou, qui y publia des statuts. *Bibl. hist. de la France, t.* I.

SAINT-BENOIT-SUR-LOIRE (Conciles de). *Voy.* Benoit-sur-Loire.

SAINT-BRIEUC (Synode de), l'an 1233. On fixe au mois d'octobre de cette année la date des décrets qui furent dressés à Saint-Brieuc par Juhel de Mayenne, archevêque de Tours, dans un synode de visite, à l'instigation de l'évêque Guillaume Pinchon et de concert avec le chapitre. Le saint prélat y fit dresser quelques articles que l'on n'a pas jugés au-dessous de la dignité des décrets canoniques, plus peut-être par la vénération que le peuple avait pour lui, que par l'importance des choses qui y sont décernées. Car on y trouve d'abord qu'il ne s'agit que de l'établissement d'un vicaire et de deux chapelains, ajoutés au petit nombre de chanoines, qui jusque-là n'avaient pas suffi pour les fonctions du chœur. On y voit qu'un clergé si modique n'empêchait pas que l'évêque ne voulût y établir toute la décence propre au culte divin et aux fonctions ecclésiastiques. On y remarque qu'il cherchait soigneusement les moyens de réduire les bénéfices à l'égalité, et que, l'assiduité aux assistances étant, disait-il, également requise, il était raisonnable selon Dieu que l'honoraire fût aussi égal. Dans cet esprit, il ne négligeait pas les distributions manuelles. L'Avent et le Carême surtout, il avait fort à cœur qu'on les fît. Le temps qu'on appliquait à l'étude dans une université était, selon lui, une légitime raison pour autoriser l'absence ou la non-résidence, pendant six mois; mais on devait en demander la permission au chapitre, qui ne pouvait la refuser.

Ce synode finit par un détail des moyens suggérés par l'évêque pour la multiplication et l'égalité des canonicats. C'était l'objet principal auquel l'archevêque Juhel prêta son autorité. Pour le dire en peu de mots, ils réglèrent, pour ce qui concernait le chapitre, que le nombre des chanoines serait augmenté de deux; que chacun aurait vingt livres (a) de rente de revenu, quatre deniers de distribution à matines, trois à la grand'-

(a) Vingt livres de ces temps-là en auraient fait quatre cents au siècle dernier, selon les auteurs de l'*Histoire de l'Eglise gallicane*. D'après le même calcul, douze deniers, ou un sou, auraient fait une livre tournois. On sait que la livre a été remplacée par le franc dans notre monnaie actuelle.

messe et deux à vêpres. *Hist. de l'Egl. gal.*, liv. XXXI.

Pour les autres synodes tenus à Saint-Brieuc, V. BRIEUC.

SAINT-CELSE (Synodes de) d'Autun, treizième siècle. D. Martène nous a donné, dans son *Thesaurus novus anecdotorum*, un recueil de statuts d'Autun, au nombre de cent-un, qu'il a extraits, dit-il, d'un manuscrit d'environ quatre cents ans d'antiquité. Ces statuts, dont nous ne pouvons guère en ce moment que parcourir les titres, ont pour objets les sacrements, l'office divin, la célébration des fêtes, les devoirs des curés, des moines et des chanoines, et la répression de l'usure. *Thes. nov. anecd.*, t. IV, p. 468 et seq.

Synode d'Autun. — L'an 1299. Vingt statuts furent publiés dans ce synode, qui se tint le vendredi après l'octave de la Toussaint, époque fixée pour les synodes d'hiver de l'église d'Autun, comme le vendredi après la quinzaine de la Pentecôte pour ceux d'été. Ces statuts eurent pour objet de maintenir les privilèges de la juridiction ecclésiastique, de réprimer l'usure, la clandestinité des mariages et le concubinage, de prescrire la clôture aux religieuses, la résidence aux curés, qui ne doivent point s'absenter de leur paroisse sans la permission de l'évêque, de défendre aux prêtres de se choisir eux-mêmes leurs confesseurs sans cette même permission, et de tenir sans dispense plusieurs bénéfices à la fois, etc. *Ibid.*

Synode d'Autun. — L'an 1300, sous l'évêque Barthélemi, qui y publia sept statuts concernant le mariage, et contre l'entretien des femmes suspectes. *Ibid.*

Synode d'Autun. — L'an 1301, sous le même. Les huit statuts publiés dans ce synode ont pour objet de recommander aux bénéficiers de se faire ordonner dans l'année, à tous les clercs de porter la tonsure et l'habit clérical, et contiennent en outre quelques dispositions liturgiques. *Ibid.*

Synode d'Autun. — L'an 1315, sous l'évêque Elie, qui y publia cinq statuts, en particulier pour le maintien de la juridiction ecclésiastique. *Ibid.*

Synode d'Autun. — L'an 1316, sous le même. Douze nouveaux statuts y furent publiés, sur l'obligation de la résidence pour les curés, et de la visite des paroisses pour les archiprêtres, sur le saint sacrifice, qu'on défend de célébrer deux fois dans un jour, excepté à Noël et à Pâques, et lorsqu'on a une annexe à l'église principale, enfin, sur le devoir imposé aux archiprêtres de faire rebâtir les maisons de bénéfices tombées en ruines, et de pourvoir à la réconciliation des cimetières pollués. *Ibid.*

Synode d'hiver d'Autun. — L'an 1322, sous Pierre Bertrand. Quatorze statuts y furent portés sur la résidence des curés, l'approbation nécessaire aux vicaires, contre ceux qui porteraient atteinte à la liberté ecclésiastique, ou qui resteraient une année excommuniés sans se faire relever de l'excommunication. *Ibid.*

Synode d'Autun. — L'an 1323, sous le même, qui y publia vingt-huit statuts sur les mêmes objets, et de plus sur les obligations imposées aux prêtres de se rendre au synode, d'avoir, s'ils sont curés, et d'étudier les statuts synodaux et provinciaux, et de se confesser à des confesseurs approuvés, et contre les usuriers, les concubinaires et les mariages clandestins. *Ibid.*

SAINT-CORNEILLE (Concile de), l'an 1085. V. COMPIÈGNE, même année.

SAINT-DENIS (Conciles de). *Voy.* DENIS.

SAINT-DUBRICE (Synode de) de Landaff, vers l'an 886. Le roi Theudur et le roi Elgistel avaient juré ensemble, sur l'autel de Saint-Dubrice et sur les saintes reliques, en présence de l'évêque Gurvan, de conserver la paix entre eux et de ne se tendre de pièges ni l'un ni l'autre. Malgré ces serments, le roi Theudur attira son rival dans une embuscade et lui ôta la vie. L'évêque, en punition de ce meurtre et de ce parjure tout à la fois, frappa d'excommunication le prince coupable, mais touché ensuite des témoignages qu'il lui donna de son repentir, et ne voulant pas abandonner le pays à une sorte d'anarchie, il laissa le prince en possession de son royaume, et l'admit à la pénitence, après avoir pris l'avis de son clergé. Le roi pénitent fit de grandes donations à l'église de Landaff pour expier son crime, et l'acte en fut signé par plusieurs tant clercs que laïques. *Mansi*, *Conc.* t. XVIII.

Synode de Landaff. — Sous l'évêque Bertguin, et dont l'époque est incertaine. Ce synode eut un objet tout semblable à celui du synode précédent. Le roi Clotri, au mépris de ses serments, avait assassiné le roi Lundgallaun : en conséquence, l'évêque assembla son synode, et excommunia le prince homicide et parjure. Celui-ci, touché de repentir, se soumit à la pénitence que l'évêque lui imposa, et entreprit un long pèlerinage ; après quoi il fit à l'église de Landaff de riches donations, que l'évêque et trois abbés, avec plusieurs seigneurs laïques, revêtirent de leurs signatures. *Id.*, *Ibid.*

Synode de Landaff. — Sous le même prélat. L'évêque Bertguin y lança l'excommunication contre le prince Gurcan, coupable d'inceste avec sa marâtre. Le prince repentant fit pénitence, rompit son commerce incestueux, et fit don d'une terre à l'Eglise de Landaff. *Id. Ibid.*

Synode de Landaff — Sous l'évêque Cerenhir (a). Le roi Hovel, coupable d'avoir fait périr dans une embuscade, malgré ses serments, le prince Gallum, qui s'était auparavant révolté contre lui, mais à qui il avait pardonné, fut excommunié par l'évêque dans ce synode, et repentant de son double crime, il se soumit à la péni-

---

(a) Nous rangeons ce synode et les suivants dans l'ordre de succession des évêques qui les tinrent, mais sans pouvoir en assigner les dates précises. Les princes qu'on y voit mis en cause étaient autant de seigneurs ou tout au plus de roitelets du pays de Galles. *Wilkins.*

tence que l'évêque lui imposa, et donna à l'Eglise quelques-unes de ses terres. *Mansi, Conc. t.* XVIII.

Synode de Landaff. — Sous le même. C'est encore un prince, du nom d'Ili, fils de Conbli, coupable d'homicide et de parjure, et excommunié par l'évêque en synode pour ce sujet; puis faisant pénitence et donnant des terres à l'Eglise. *Id., Ibid.*

Synode de Landaff. — Sous l'évêque Gulfrid. Ici c'est un autre prince, du nom de Loumarch, coupable d'avoir ravagé une terre du domaine de l'église de Landaff, et de s'être emparé de la personne d'Eichol, qui apparemment en était le possesseur, ainsi que de tout son mobilier. Le prince excommunié obtint son pardon par sa pénitence et par des donations qu'il fit à l'Eglise. *Id., Ibid.*

Synode de Landaff. — Sous l'évêque Civelliauc. Brocvail, fils du prince Mouric, avait fait un tort grave à la famille de l'évêque. Celui-ci, ayant assemblé son synode, menaça le prince de l'excommunier, s'il ne faisait satisfaction à lui-même et à sa famille au moyen d'une forte somme d'argent. La fierté du prince ne put s'accommoder de cette sentence, et il préféra donner une terre à l'église de Landaff. *Id., Ibid.*

Synode de Landaff. — Sous le même. Une église avec son territoire était disputée à l'évêque par le prince Brocvail; le synode assemblé prononça en faveur de l'évêque. *Id., Ibid.*

Autre synode de Landaff. — L'an 950, sous l'évêque Pater. Le roi Nougui s'était rendu coupable de sacrilége, en violant l'asile sacré où s'était réfugié Arcoit, son ennemi. L'évêque Pater l'excommunia en plein synode pour cette méchante action. Le prince repentant demanda au synode son pardon, qu'il obtint en se soumettant à la pénitence, et au moyen de donations qu'il fit à l'Eglise. *Mansi, Conc. t.* XVIII.

SAINT-ELPIDE (Concile de), dans le diocèse de Fermo, l'an 887. A l'occasion de la dédicace de l'église du monastère de Sainte-Croix, situé sur le territoire de Saint-Elpide, Théodose, évêque de Fermo, donna un diplôme pour la dotation de ce monastère, qu'il fit signer par tous les évêques présents, au nombre de dix-sept, outre lui-même et un chanoine présent à leur assemblée. *Mansi, Conc. t.* XVIII.

SAINT-ETIENNE (Synode de) d'Agen, l'an 1547. *Bibl. hist. de la France, t.* I.

SAINT-ETIENNE (Synodes de) d'Auxerre, en 1451, 1456, 1622, 1633, 1642, 1695, 1738. *Ibid.*

SAINT-ETIENNE (Assemblée d'évêques à) de Balnéole, l'an 1086, pour la dédicace de cette église. Il s'y trouva l'archevêque de Narbonne, avec les évêques de Girone, de Carcassonne, d'Ausone, de Maguelone et de Barcelone. Ils assurèrent une dot au couvent, et accordèrent à l'abbé et aux moines divers priviléges. *Mansi, Conc. t.* XX.

SAINT-ETIENNE (Synode de) de Beauvais, l'an 1034. *Conc. t.* XXV; édit. du Louvre.

SAINT-ETIENNE (Synodes de) de Beauvais, en 1232 et 1233. *Martène, Thes. anecd. t.* IV.

SAINT-ETIENNE (Synodes de) de Beauvais, en 1554 et 1633. *Bibl. hist. de la France, t.* I.

SAINT-ETIENNE (Concile de) de Bourges, l'an 1123, mentionné par Siméon de Durham, dans son Histoire des gestes des rois d'Angleterre. *Mansi, Conc. t.* XXI.

SAINT-ETIENNE (Concile provincial de) de Bourges, l'an 1315, par l'archevêque Gilles Colonne. Il ne nous reste de ce concile qu'une simple mention. *Mansi, Conc. t.* XXV.

SAINT-ETIENNE (Synodes de) de Bourges, années 1541, 1608, 1680. *Ibid.*

SAINT-ETIENNE (Assemblée générale des évêques de Normandie à) de Caen, pour la dédicace de cette église, *Cadomensis*, l'an 1077. *Conc. et decr. synod. S. Rothom. Eccl.*

SAINT-ETIENNE (Synode de) de Cahors, vers l'an 1320, sous l'évêque Guillaume. On y adopta les statuts publiés en 1289 pour le diocèse de Rodez par Raymond de Chaumont. *Voy.* RODEZ, l'an 1289. A la suite de ces statuts, D. Martène en a rapporté trente-deux autres propres à l'Eglise de Cahors, et extraits d'un manuscrit de Saint-Germain des Prés, dont le 15e, qui défend de danser dans les églises, est sans aucun doute, à parler historiquement, le plus remarquable. *Thes. nov. anecd., t.* IV.

SAINT-ETIENNE (Synodes de) de Cahors, en 1638 et 1647, par Alain de Solminhiac. Ce saint prélat fit publier, à l'époque du second de ces deux synodes, une deuxième édition des statuts portés dans le premier, en y ajoutant les ordonnances publiées aux autres synodes tenus dans cet intervalle. *Ibid.*

SAINT-ETIENNE (Synode de) de Cahors, l'an 1662, par François Sevin, qui y publia de nouvelles ordonnances. *Ibid.*

SAINT-ETIENNE (Synode de) de Cahors, l'an 1674, par Nicolas de Sevin, qui y renouvela les statuts de son prédécesseur, en y joignant les siens propres. *Ibid.*

SAINT-ETIENNE (Synode de) de Cahors, l'an 1685, par Guillaume le Jai, qui y renouvela les statuts précédents. *Ibid.*

SAINT-ETIENNE (Synode de) de Dijon, l'an 1744, par Jean Bouhier. *Ibid.*

SAINT-FELIX (Concile de). *Voy.* FÉLIX.

SAINT-FLOUR (Conciles de). *Voy.* FLOUR.

SAINT-GENÈS (Concile de). *Voy.* GENÈS.

SAINT-GERMAIN-EN-LAYE (Assemblée du clergé de France à), l'an 1700. Cette assemblée condamna quatre propositions tendantes à favoriser le jansénisme; deux autres sur la grâce, comme propres à renouveler le semi-pélagianisme; neuf concernant les vertus théologales et la foi en particulier; dix touchant l'amour de Dieu et du prochain, et cent deux sur différents sujets. La plupart avaient déjà été censurées par Innocent X et Alexandre VII.

La censure fut suivie d'une déclaration touchant l'amour de Dieu requis dans le sacrement de pénitence, et touchant la probabilité. L'archevêque de Reims, qui présidait le 26 juin, en proposant de former une commission pour la doctrine et la morale, avait parlé avec son feu ordinaire contre les opinions probables : cependant, après beaucoup de réflexions, le clergé se borna à condamner les propositions que Rome avait proscrites sur cette matière, et à marquer le sentiment qu'il jugeait le plus conforme à la vérité. Sur le premier point il enseigne que, comme la charité parfaite qui réconcilie l'homme, même avant qu'il fasse usage du sacrement, n'est pas essentiellement nécessaire pour recevoir le baptême et s'approcher du tribunal de la pénitence ; il ne faut pas se croire non plus en sûreté si, outre les actes de foi et d'espérance, on ne commence à aimer Dieu comme source de toute justice. Pour les opinions probables, le clergé avertit de suivre ces règles prescrites par le droit, que dans le doute, lorsqu'il s'agit de l'affaire du salut, et que les motifs paraissent également forts de part et d'autre, on suive le plus sûr ou ce qui est également sûr dans le cas où l'on se trouve ; que dans les autres occasions on prenne le parti le plus conforme au sentiment des saints et des docteurs modernes, conformément à une parole du concile de Vienne, bien entendu que les théologiens reçus ne s'écarteront en rien de la doctrine des Pères. Rien n'est plus sage que cet avis ; mais comme il est de la destinée des hommes de disputer éternellement, il n'a pas mis fin aux contestations. Les attritionnaires prétendent que l'assemblée n'a rien décidé contre eux, et les probabilistes croient marcher sur les traces d'un grand nombre de saints et de docteurs modernes. On sait que le probabilisme improuvé par cette assemblée du clergé de France n'en a pas moins été l'opinion de saint Alphonse de Ligorio, dont la théologie a été approuvée par la pénitencerie romaine, et que c'est encore aujourd'hui celle de Mgr Gousset, archevêque de Reims, son illustre et savant apologiste.

« Toute cette censure, a dit M. de Maistre, portait sur un sophisme énorme. L'assemblée partait de ce principe, que l'*Eglise était mise en danger par les attaques des deux partis opposés, le jansénisme et la morale relâchée*, et que l'équité exigeait une condamnation réciproque des deux partis, mais rien au contraire n'était plus injuste que cette proposition.

« Le jansénisme était bien certainement *un parti*, *une secte*, dans toute la force du terme, dont les dogmes étaient connus autant que sa résistance à l'autorité, et qui était solennellement condamné par l'Eglise ; mais la *morale relâchée* n'était nullement un parti : car où il n'y a point d'hommes, il n'y a point de parti : donner ce nom, dans la circonstance que j'expose, à quelques vieux livres que personne ne défendait, c'était une injustice, une cruauté, un solécisme.

« D'ailleurs, ce mot de *morale relâchée*, grâce aux artifices d'un parti puissant, et à l'opposition où on le plaçait à l'égard des jansénistes, n'était pour l'oreille du public qu'un chiffre qui signifiait *jésuites*.

« Je sais ce que nous a dit Bossuet, interprète des sentiments de l'assemblée, que « si l'on parlait contre le jansénisme sans réprimer en même temps les erreurs de l'*autre parti*, *l'iniquité* manifeste d'une si visible partialité ferait mépriser un tel jugement, et croire qu'on aurait voulu épargner la moitié du mal. »

« Je ne l'aurai jamais assez répété : Bossuet n'a pas de plus sincère admirateur que moi ; je sais ce qu'on lui doit ; mais le respect que j'ai voué à sa brillante mémoire ne m'empêchera point de convenir qu'il se trompe ici, et même qu'il se trompe évidemment.

« *L'iniquité manifeste* se trouvait au contraire dans le système qui supposait deux partis, deux sectes dans l'Eglise, opposées et corrélatives, également coupables et dignes également de censure. Quel était en effet ce parti, mis en regard avec le jansénisme ? Jamais l'opinion n'aurait balancé un instant : c'étaient les jésuites. En vain le plus clairvoyant des hommes nous dit, dans la page précédente, pour mettre à l'abri les actes de l'assemblée : *Le mal est d'autant plus dangereux, qu'il a pour auteurs des prêtres et des religieux de tous ordres et de tous habits.* Personne ne sera trompé par cette précaution. Pascal ne cite ni cordeliers ni capucins. J'atteste la conscience de tout homme qui en a une, l'expression se dirige naturellement sur les jésuites, et il est impossible de faire une autre supposition. Le mot seul de *partialité* ne laisse aucun doute sur ce point : comment le juge peut-il être *partial*, s'il n'y a pas deux partis qui plaident ensemble ?

« Or, cette supposition est l'injustice même. *Lorsque deux factions divisent un empire*, il faut voir d'abord s'il en est qui reconnaisse l'*empire*, qui marche avec l'*empire*, et fasse profession de lui obéir. Dès ce moment elle ne peut plus être confondue avec l'autre, quelque faute que lui arrache d'ailleurs le zèle mal entendu, l'esprit de corps, ou telle autre maladie humaine qu'on voudra imaginer ; car les fautes, dans ces sortes de cas, se trouvant toujours des deux côtés, elles s'annulent réciproquement. Et que reste-t-il alors ? L'erreur d'un côté, et la vérité de l'autre. » *De l'Egl. gall.*, liv. II, ch. 11 ; *Mém. chronol. et dogm.* Le chapitre entier que nous venons de citer de M. de Maistre aurait eu besoin d'être reproduit dans cet article.

SAINT-GILLES (Concile de), l'an 1130, tenu par le pape Innocent II. C'est tout ce qu'on en sait. *Mansi, Conc.* t. XXI.

SAINT-HIPPOLYTE (Synode de), l'an 1294 par Bernard, évêque de Passau. Le prélat y prononça la peine de suspense contre ceux qui supplanteraient des clercs. *Mansi, Conc.* t. XXIV.

SAINT-JACQUES (Concile de) en Galice, après l'an 1215. On ignore le lieu précis de ce concile, dont il nous reste vingt statuts.

Le 1er est contre la pluralité des bénéfices. Le 2e est pour prescrire la résidence. Le 3e exige un titre, soit ecclésiastique, soit patrimonial, pour recevoir les ordres. Le 4e frappe d'excommunication les mariages clandestins ou contractés dans les degrés prohibés. Le 5e prescrit de soumettre à la dîme les Juifs et les Sarrasins, comme tous les autres. Le 6e défend de confier à plusieurs à la fois le gouvernement d'une même Eglise. Le 7e enjoint d'administrer gratuitement les sacrements. Le 8e rappelle aux chanoines et aux moines l'obligation de tenir leurs chapitres. Le 9e recommande aux moines la simplicité dans le train. Le 10e leur interdit d'avoir quoi que ce soit en propre. Les deux suivants ordonnent de dégrader publiquement les clercs connus pour coupables de crimes énormes. Le 13e défend de diviser les prébendes. Le 14e prive de leurs revenus les bénéficiers qui ne font pas le service divin auquel ils sont obligés. Le 15e recommande de pourvoir aux églises vacantes. Le 16e oblige les chanoines et les autres clercs à s'acquitter par eux-mêmes de l'office du chœur. Le 17e défend, sous peine de restitution, les pactes illicites. Le 18e défend de mettre pour ainsi dire à louage les archiprêtrés, et veut qu'ils soient perpétuels. Le 19e est pour protéger l'immunité des églises; et le 20 ou dernier frappe d'excommunication ceux qui prêtent quelque appui aux Mores. *Mansi, Conc. t.* XXII.

SAINT-JAUMES (Concile de). *Voy.* JAUMES.

SAINT-JEAN (Concile de) de Lyon, vers l'an 460. On nous a conservé l'avis qu'un évêque nommé Véran proposa touchant la continence des prêtres. Sirmond avait cru d'abord que c'était dans un concile tenu à Cavaillon; mais il a depuis changé de sentiment, et pensé que le concile où Véran proposa de faire quelques règlements touchant la continence des prêtres s'était tenu à Lyon vers l'an 460. On trouve un Véran dans les catalogues des évêques de Lyon, donnés par le P. Chifflet (*Paul. illust.*, p. 82). Mais si ce Véran était le fils de saint Eucher, il faudrait dire qu'il avait été transféré à Lyon : car il était évêque du vivant même de son père. D'autres mettent un Véran entre les évêques de Lyon, et différent du fils de saint Eucher. On compte encore un évêque de ce nom parmi ceux de Cavaillon; mais on n'a rien de décisif pour attribuer plutôt à l'un qu'à l'autre le fragment dont nous parlons. Ce Véran, quel qu'il soit, appuie son sentiment touchant la continence des ministres de l'autel, premièrement, sur la pureté que la loi ancienne exigeait de ceux qui mangeaient les pains de proposition ; secondement, sur les dispositions que saint Paul demande dans ceux qui reçoivent le corps de Jésus-Christ. De ces principes il conclut que personne ne doit oser consacrer la chair de l'Agneau sans tache, immolé pour le salut du monde, après s'être souillé en satisfaisant aux passions charnelles. Comme on aurait pu lui objecter la difficulté de trouver des ministres de l'autel qui voulussent vivre suivant les lois de la continence qui leur est imposée par les canons, il répond que dans les lieux voisins de la ville où se tenait le concile, il y avait plusieurs monastères considérables, d'où l'on pouvait tirer des personnes de probité, pour les employer aux fonctions ecclésiastiques : en un mot, qu'il était plus honorable et plus avantageux pour l'Eglise d'avoir un petit nombre de bons ministres que d'en avoir beaucoup dont les mœurs ne fussent point édifiantes. *Hard. t.* III; *D. Ceill., t.* XV.

SAINT-JEAN (Concile de) de Lyon, vers l'an 835. Amalaire, chorévêque de Lyon, exposa dans ce concile, aux applaudissements du grand nombre, la doctrine qu'il a consignée dans ses livres sur la liturgie. Mais il trouva un adversaire dans le diacre Florus *Voy.* QUERCY.

SAINT-JEAN (Concile de) de Lyon, l'an 1082. Les évêques d'Autun, de Langres, de Châlons-sur-Saône et de Mâcon, agissant au nom de l'Eglise primatiale de Lyon, de concert avec tout son clergé réuni, excommunièrent, dans ce concile où ils s'étaient rassemblés, Foulques, comte d'Angers, coupable de vexations envers l'Eglise de Tours, et les moines de Marmoutier, ennemis de la discipline, et suspendirent de son office Gaufred, évêque d'Angers, comme fauteur du comte. *Mansi, Conc. t.* XX.

SAINT-JEAN (Concile de) de Lyon, l'an 1126. Pierre, légat du pape Calliste II, tint ce concile, où il lança l'excommunication contre Ponce, abbé de Cluny, qui, après avoir été déposé, et de retour de la terre sainte, dont le pèlerinage lui avait été imposé comme pénitence, s'était emparé de nouveau, à main armée, de son ancienne abbaye. *Mansi, Conc. t.* XXI.

SAINT-JEAN (Concile provincial de) de Lyon, 3 mars 1376, présidé par Jean de Talaru, archevêque de cette ville. Ce concile se trouve simplement mentionné dans les statuts de l'Eglise de Lyon. *Mansi, Conc. t.* XXVI.

SAINT-JEAN (Assemblée du clergé de France à) de Lyon, l'an 1479. On y rappela les principales dispositions de la Pragmatique, surtout celle de la supériorité du concile général au-dessus du pape, et l'on y forma, au nom du roi et de toute l'assemblée, un acte d'appel au futur concile de tout ce que le pape pourrait entreprendre au préjudice, disait-on, des libertés du royaume. *Hist. de l'Egl. Gall., t.* XLIX. *Voy.* LATRAN, 1512.

SAINT-JEAN DE LA PEGNA (Concile de). *Voy.* PEGNA.

SAINT-JULIEN (Concile de), du Mans, l'an 516 ou 517. Innocent, évêque de cette ville, assisté de plusieurs de ses collègues, y confirma la donation faite par Harigairi et par l'épouse et la fille de celui-ci, de tous leurs biens, pour la construction d'un monastère sous l'invocation de la sainte Vierge et des saints Gervais et Protais, martyrs. *Mansi, Conc. t.* VIII.

SAINT-JULIEN (Synode de) du Mans, l'an 839, sous saint Aldric. Le saint évêque y prescrivit à ses prêtres des prières et des messes à dire chaque semaine, tant pour l'évêque que pour eux tous et pour leurs frères ou leurs collègues défunts. *Mansi, Conc.*

SAINT-JULIEN (Assemblée mixte de) du Mans, l'an 1166. Il s'y trouva les trois archevêques de Rouen, de Tours et de Bordeaux, avec onze évêques et beaucoup de barons de la Normandie, du Maine, de la Touraine, de l'Anjou, de la Bretagne et de la Gascogne. L'objet de cette assemblée générale, convoquée par le roi d'Angleterre, fut un subside à accorder pour la terre sainte, et l'on s'y obligea à prélever sur toute sorte de revenus deux deniers par livre la première année, et un denier les quatre suivantes. *Mansi, Conc. t.* XXII.

SAINT-JULIEN (Concile de) du Mans, l'an 1237, indiqué par Juhel de Mayenne, archevêque de Tours ; mais il est douteux qu'il ait eu lieu. *Mansi, Conc. t.* XXIII.

SAINT-JULIEN (Synode de) du Mans, l'an 1247. Les statuts synodaux de ce diocèse y furent publiés, tels qu'on peut les lire tout au long dans Mansi. *Conc. t.* XXIII.

SAINT-JULIEN (Synode de) du Mans, années 1640 et 1644, par Emery-Marc la Ferté, qui y publia des ordonnances. *Bibl. hist. de la France, t.* I.

SAINT-JULIEN (Synode de) du Mans, par Charles-Louis du Froulay, dont on cite de même des ordonnances (Paris, Coignard, 1747) *Ib.*

SAINT-LÉONARD-LE-NOBLAT (Concile de). *Voy.* LÉONARD.

SAINT-LISIER (Synode diocésain de) de Conserans, vers l'an 1280, par l'évêque Auger, pour la réforme de son clergé. *Mansi, Conc. t.* XXIV.

SAINT-MAMMES (Synode diocésain de) de Langres, l'an 1107. L'évêque Rotbert y accommoda un différend entre les chanoines de Notre-Dame de Meudon (*Milidunensis*) et les moines de Saint-Michel, au sujet de l'église de Sainte-Colombe qu'ils se disputaient. *Mansi, Conc. t.* XX.

SAINT-MARTIN DE LUCQUES (Synode diocésain de), l'an 1253. L'évêque Guerrigue y publia ses statuts. On y oblige chaque curé à avoir au moins un écolier avec lui, qui sache lire et chanter. On exige qu'il y ait toujours un cierge au moins allumé à la messe, surtout durant le canon.

SAINT-MARTIN (Synode diocésain de), de Lucques, vers l'an 1308, sous l'évêque Henri. Mansi, évêque lui-même de Lucques, a donné dans son grand ouvrage les constitutions de son prédécesseur, mais telles qu'il a pu les trouver, c'est-à-dire remplies de lacunes. Nous allons rapporter d'après lui quelques-unes des principales qu'il nous a fait connaître.

2. On conservera avec un grand soin le corps de Notre-Seigneur suspendu à l'autel dans une cassette ou quelque autre vase. Il y aura toujours un cierge allumé à l'autel pendant qu'on y dira la messe, ou du moins pendant le canon (*Saltem dum secreta dicitur*).

On fera l'encensement sur l'hostie et le calice à toutes les messes solennelles.

Chacun ne dira qu'une messe par jour, ou tout au plus deux en cas de nécessité, excepté à Noël.

Aucun prélat, ou recteur d'église ou d'hôpital, ne donnera de repas à ses paroissiens pour prise de possession.

26. Aucun recteur de paroisse ou de maison religieuse ne pourra emprunter au nom de son église au delà de la somme pour l'emprunt de laquelle nous l'aurions autorisé.

28. On excommunie les clercs et tous les gens d'église qui prêteraient à intérêt.

30. On défend les associations illégales (*indebitas conjurationes*).

38. On excommunie les clercs et tous les gens d'église qui jouent aux dés.

39. On condamne les blasphémateurs du nom de Dieu ou des saints à cent deniers d'amende, qui seront employés pour le secours de la terre sainte. *Mansi, Conc. t.* XXV.

SAINT-MAURICE (Synode de) d'Angers, l'an 1275. Ce synode est cité par Simon de Peyronnet, dans son ouvrage intitulé : *Jus sacrum Ecclesiæ Tolosanæ*. On y prescrivit de ne pas se contenter d'une immersion ou d'une seule infusion en baptisant, mais de faire cette action trois fois de suite. *Constit. diœc. Tolos., t.* I, *p.* 6.

SAINT-MAURICE (Autres conciles de). *Voy.* MAURICE.

SAINT-OMER (Conciles de). *Voy.* OMER.

SAINT-OYANT (Concile de). *Voy.* OYANT et MACON, l'an 906.

SAINT-PATRICE (Concile de) ou d'Irlande, vers l'an 684, mentionné par Mansi, qui pense que les canons d'Hibernie rapportés au long tant par Luc Dachery que par Martène, pourraient fort bien être attribués à ce concile. *Mansi, Conc. t.* XI.

SAINT-PATRICE (Assemblées des évêques d'Irlande) an. 1808, 10 et 15. L'Église catholique d'Angleterre était depuis quelque temps en proie à des discussions assez graves, relativement à un *veto* que l'on voulait donner au roi sur le choix des évêques.

Jusque-là la cour n'avait influé en rien sur leur nomination. On imagina de lui conférer le droit de rejeter ceux dont elle croirait pouvoir suspecter la loyauté, et on résolut d'attacher à cette condition l'émancipation absolue des catholiques, que ceux-ci sollicitaient. Les auteurs du projet paraissent avoir été des membres distingués du parlement, secondés par quelques catholiques laïques. Ce projet avait été approuvé, dans l'origine, par M. Milner, un des vicaires apostoliques d'Angleterre, et par quelques-uns des évêques d'Irlande ; mais depuis ils rétractèrent leur approbation. L'opposition contre le projet se manifesta surtout en Irlande, où le peuple même se prononça très-fortement à cet égard. On y regardait l'influence du gouvernement dans le choix des évêques comme subversive de la religion. Ne pouvait-on pas laisser les choses sur le même pied ? Le gouvernement n'avait point eu à se plaindre jusqu'ici des évêques catholiques, ni à suspecter leur fidélité. Pourquoi concevrait-il des craintes pour l'avenir ? Les évêques d'Irlande s'assemblèrent plusieurs fois à ce sujet. Ils déclarèrent, le 14 septembre 1808, dans une réunion de vingt-cinq d'entre eux, qu'il n'était point expédient d'introduire aucun changement dans le mode canonique suivi jusqu'ici pour la nomination des évêques, et ils confirmèrent encore depuis cette résolution. Toutefois les auteurs du projet en suivirent l'exécution. Les lords Grenville et Grey, MM. Ponsonby et Hippisley, membres du parlement, et l'avocat catholique Butler, défendirent le *veto* par quelques écrits. L'opposition des évêques les arrêtait. Ils travaillèrent à les amener à seconder leurs vues, et indiquèrent une assemblée des catholiques à Londres pour le 1er février 1810. On devait y convenir d'une pétition à présenter au parlement, et dans laquelle il était dit que les catholiques étaient disposés, si l'on prenait à leur égard un système libéral, à entrer dans des arrangements qui, sans blesser leur foi et leur discipline, assureraient la loyauté des sujets nommés à l'épiscopat. Trois des vicaires apostoliques anglais et un évêque coadjuteur se trouvèrent à cette assemblée, et parurent, dit-on, d'abord unis pour un refus; mais le coadjuteur de Londres, M. Poynter, ayant changé d'avis après avoir entendu un discours du président de l'assemblée, entraîna dans son sentiment deux vicaires apostoliques, MM. Douglas et Collingridge, et ils signèrent tous une résolution conforme au projet. M. Milner, l'autre vicaire apostolique, s'y opposa seul et s'unit pour un avis contraire à ceux d'Irlande, dont il était l'agent en Angleterre. Ceux-ci ayant appris la résolution du 1er février, convoquèrent à leur tour une assemblée qui se tint à Dublin le 24 février et les deux jours suivants. Quatre archevêques et douze évêques s'y trouvèrent réunis, et prirent plusieurs résolutions. La première porte qu'il appartient aux évêques de juger des points de foi et de discipline sans l'intervention des laïques : c'est qu'ils regardaient ces derniers comme menant toute cette affaire. La deuxième résolution confirme celle qu'ils avaient prise unanimement le 14 septembre 1808. La cinquième porte que les évêques ne voulaient d'autres subsides que ceux que leurs fidèles leur offraient volontairement. Ils craignaient que ce ne fût se donner une chaîne que d'accepter un traitement, et ils blâmaient ce qu'on venait de faire en Angleterre. Ces résolutions furent signées de seize évêques, et approuvées dans la suite de neuf autres. M. Poynter, instruit de cette délibération, écrivit à M. Troy, archevêque de Dublin, plusieurs lettres dans lesquelles il se plaignit que ses démarches eussent été mal représentées. Il n'avait point compromis, disait-il à son collègue, les intérêts de la religion, et ne s'était montré disposé à seconder les arrangements projetés que dans le cas où ils ne blesseraient point la foi et la discipline ; c'étaient les termes de la résolution du 1er février. Cette explication n'opéra point de rapprochement, et on continua de se prononcer fortement à Dublin contre le *veto*.

En 1813, un bill fut présenté au parlement, pour l'émancipation entière des catholiques, qui eussent été admis dans les deux chambres, et eussent pu parvenir à tous les emplois ; il fut rejeté, le 24 mai, à une très-faible majorité. Cependant, comme le *veto* était l'objet de discussions très animées, M. Poynter, évêque d'Halie, qui de coadjuteur était devenu vicaire apostolique de Londres par la mort de M. Douglas, crut devoir s'adresser à Rome pour en avoir une décision. L'état où était alors la capitale du monde chrétien n'était guère favorable pour traiter une affaire si épineuse. Il ne restait à Rome que quelques prélats, qui avaient acheté par leur soumission ou leur complaisance la faculté d'échapper à l'exil. Un d'eux, M. Quarantotti, qui avait le titre de vice-préfet de la Propagande, répondit, le 16 février 1814, à M. Poynter, qu'on pouvait prêter le serment proposé, et s'engager à n'entretenir, ni avec le souverain pontife, ni avec ses ministres, aucune correspondance qui tendît à troubler l'Église protestante, pourvu que l'on n'entendît pas qu'il n'était point permis de prêcher en faveur de la religion catholique. Le prélat approuvait aussi le *veto* royal. Ce rescrit occasionna beaucoup de bruit en Angleterre et surtout en Irlande. Les partisans du *veto* le firent valoir comme une décision solennelle en leur faveur ; les autres contestèrent le droit de M. Quarantotti à prononcer seul sur cette grande affaire. Le pape étant retourné peu après à Rome, M. Milner s'y rendit pour se plaindre du rescrit, et faire valoir ses motifs et ceux des évêques d'Irlande. M. Murray, coadjuteur de Dublin, fut envoyé à Rome pour le même objet, et plus tard M. Poynter y fut aussi mandé. Le souverain pontife entendit leurs raisons, et ne prit cependant pas de décision formelle. Seulement une lettre du cardinal Litta, préfet de la Propagande, annonça qu'il ne serait rien innové avant l'émancipation accordée, que le saint-père ne consentirait jamais à ce que sa correspondance avec les évêques fût soumise au gouvernement. Cette publication ne calma pas des esprits échauffés, et il y eut encore une assemblée d'évêques à Dublin, en 1815. On y confirma les résolutions déjà prises plusieurs fois par le corps épiscopal d'Irlande, et on arrêta d'envoyer à Rome deux prélats pour représenter plus fortement au saint-père les inconvénients du *veto*, et la répugnance des catholiques d'Irlande pour une telle concession. *Mém. pour l'hist. eccl.*

SAINT-PAUL (Concile de) de Londres, l'an 886. Le roi Alfred, s'étant rendu maître de la ville de Londres, y assembla un concile de toute l'Angleterre, où il se trouva nombre d'évêques, d'abbés et de seigneurs. C'est ce que nous lisons dans les annales de Winchester. *Harpesfeld, sæc. IX, c. 7 ; Pagi, ad hunc ann. n. 11 ; Mansi, Conc. t. XVIII.*

SAINT-PAUL (Concile de) de Londres, l'an 1225. Tout le clergé de la province s'y engagea à donner au roi, par forme de subside, le quinzième de ses revenus. *Mansi, Conc. t. XXII.*

SAINT-PAUL (Concile de la province de Cantorbery tenu à) de Londres, l'an 1328. Simon Mepham, archevêque de Cantorbery, tint ce concile avec ses suffragants, et y publia neuf chapitres de statuts.

Il ordonne par les deux premiers de chômer le vendredi saint et la fête de la Conception.

Les trois suivants ont pour objet l'immunité des biens d'église ou de clercs, la liberté et la sûreté des testaments.

Le 6e autorise les appels tant que la sentence définitive n'est pas prononcée.

Le 7e est contre ceux qui s'opposent à la perception des dîmes ou d'autres oblations.

Le 8e réprouve les mariages faits sans publication de bans.

Le 9e recommande la réparation ou l'entretien des maisons appartenant à des bénéfices. *Mansi, Conc. t.* XXV.

SAINT-PAUL (Concile de) de Londres, l'an 1396. On y condamna divers articles de la doctrine de Wiclef, au nombre de dix-huit. *Mansi, Conc. t.* XXVI.

SAINT-PIERRE (Concile de) de Cologne, l'an 1152. On y excommunia des gens qui avaient arraché les yeux à un clerc. *Mansi, Conc. t.* XXI.

SAINT-PIERRE (Concile de) de Cologne, l'an 1247, pour l'élection de Guillaume de Hollande à la dignité d'empereur. *Mansi, Conc. t.* XXIII.

SAINT-PIERRE (Concile de) de Melfi, l'an 1067. Guillaume fils de Tancrède y fut excommunié avec ses gens par le pape Nicolas II, qui y présida, pour avoir envahi des biens appartenant à l'église de Salerne. *Mansi, Conc. t.* XIX.

SAINT-PIERRE (Synode de) de Neuville, *Novæ Villæ apud Kenanam,* en Irlande, l'an 1152, présidé par Jean Paparon, légat du saint-siége. *Mansi, Conc. t.* XXI.

SAINT-PIERRE (Synode de) de Neuville, *Novæ Villæ apud Kenanam,* l'an 1216, par Simon, évêque de Navan (*episcopum Midensem*). Ce prélat y fit douze statuts, en les accompagnant d'un préambule où il rappelait les constitutions du cardinal Paparon, publiées au synode de 1152, et qu'il se proposait de faire exécuter. On voit par ce qui y est établi qu'il y avait encore des chorévêques en Irlande au milieu du douzième siècle, puisque le cardinal avait recommandé de substituer des archiprêtres à tous les chorévêques, aussitôt que ceux-ci viendraient à mourir, ainsi qu'aux évêques des endroits les moins considérables. Par suite de cet arrêté, l'évêque Simon ordonne dans le 1er statut, aux nouveaux archiprêtres, de garder la résidence et de faire observer la discipline dans leurs doyennés respectifs. Par le 2e, il défend d'élever à l'archipresbytérat quelqu'un qui ne serait pas déjà prêtre. Par le 3e, il se réserve à lui-même ou à ses successeurs l'élection des archiprêtres à venir. Par le 4e, il oblige les archiprêtres à la visite annuelle de toutes les églises de leur doyenné. Par le 5e, il les astreint à lui faire remettre en synode l'état par écrit des livres, des vaisseaux, des ornements et de tout le mobilier de chaque église. Par le 6e, il leur recommande de presser dans tous les lieux de leur juridiction le fidèle accomplissement des pénitences canoniques, et de s'en faire eux-mêmes les témoins autant que possible. Par le 7e, il exige qu'ils prêtent serment en entrant dans leur emploi. Par le 8e, il ordonne la tenue des chapitres ruraux de trois semaines en trois semaines. Par le 9e, il veut qu'ils aient chacun une copie des statuts tant provinciaux que diocésains. Par le 10e, il leur interdit la discussion des testaments, la connaissance des causes matrimoniales, de celles de simonie et de toutes causes criminelles qui emportent la peine de dégradation ou de déposition. Par l'avant-dernier, il leur défend toute exaction comme toute demande intéressée, et par le dernier, il les menace de les suspendre de leur office, s'ils se montrent négligents ou réfractaires aux ordres qu'il leur fait. *Mansi, Conc. t.* XXII.

SAINT-QUENTIN, (Concile de). *Voy.* QUENTIN.

SAINT-RUF (Concile de). *Voy.* RUF.

SAINT-SEVER-CAP (Concile de). *Voy.* SEVER-CAP.

SAINT-SIMÉON (Conciliabule tenu au monastère de), peut-être près de Séleucie, en Perse, entre l'an 647 et 650. Maremès, catholique des nestoriens, y reçut à la communion l'évêque Sahadunas, qui demandait à y rentrer, après l'avoir quittée plusieurs fois pour se réunir aux catholiques. Jésujab, métropolitain de l'Adiabène, réclama contre cette condescendance. La lettre de ce dernier, qui nous a été conservée par Assemani, nous fait connaître que huit autres assemblées, qualifiées de synodes généraux, ont dû être tenues par les nestoriens dans l'intervalle qui s'écoula de l'an 628 à l'an 650. *Mansi, Conc. t.* X.

SAINT-THIERRY (Concile de), *apud Sanctum Theodoricum,* l'an 953. *Voy.* THIERRY.

SAINT-TIBÉRI (Conciles de). *Voy.* TIBÉRI.

SAINT-VINCENT (Concile de) de Châlons-sur-Saône, l'an 887. *Martène, Thes. anecd., t.* IV.

SAINT-ZÉNOBE (Synode diocésain de) de Florence, vers l'an 1546, par l'évêque Angèle. Ce prélat y publia les constitutions de son diocèse, divisées en cinq livres, telles qu'on peut les voir rapportées en entier dans le grand ouvrage de Mansi, *Conc. t.* XXVI.

SAINTE-CÉCILE (Synodes de) d'Alby, en 1527 et 1695. *Bibl. hist. de la France, t.* I.

SAINTE-MARIE (Concile de), l'an 972. *Voy.* ANDREA et MONT-SAINTE-MARIE.

SAINTE-MARIE (Conciles et synodes de). Nous allons ranger sous ce titre général, si arbitraire qu'il soit, et en suivant du reste l'ordre alphabétique, tous les conciles et les synodes que nous trouvons omis au tome 1er de ce Dictionnaire, et dont nous ignorons le vocable particulier quant au lieu spécial de leurs assemblées.

Concile d'Abbendon. — Tenu à Ketling ou Katlage, en Angleterre, l'an 978. Ce concile fut nombreux, et l'on y autorisa le pèlerinage à l'église de Sainte-Marie-d'Abbendon. C'était l'église du monastère de ce nom, dont saint Ethelvolde avait été fait abbé en 944. *Hist. des aut. sacrés et ecclés.*, t. XXII.

Concile d'Afrique. — Vers l'an 1033. Peut-être est-ce dans ce concile, composé de quatre ou cinq évêques, qui étaient tout ce qui restait de cette Eglise autrefois si florissante, que la primatie aurait été assurée à l'évêque de Carthage contre les ambitieuses prétentions de nous ne savons quel autre évêque de ces contrées. *Mansi, Conc. t. XIX.*

Concile d'Agen. — L'an 1366. Il ne nous reste guère que le nom et la date de ce concile. *Mansi, Conc. t. XXVI.*

Concile d'Amalfi. — Vers l'an 1048. *Mansi, Conc. t. XIX.*

Concile d'Angoulême. — Vers l'an 1112. Il y fut question de l'église de Saint-Etienne de Rus, dont la possession était disputée aux moines de la Sauve-Majeure par ceux d'un autre monastère. Ces derniers, sentant la faiblesse de leur cause, s'abstinrent de paraître au concile. *Mansi, Conc. t. XXI.*

Concile d'Antivari en Dalmatie, *Antibarense.* — L'an 1199, présidé par les légats du siège apostolique. L'objet en fut d'examiner la cause de l'évêque de Soacino, accusé d'homicide. Mansi ne pense pas que ce concile soit le même que celui de Dalmatie tenu la même année, et que nous avons rapporté, tome Ier de cet ouvrage. *Mansi, Conc. t. XXII.*

Synode d'Antioche. — Tenu au monastère du Carcaph, diocèse de Béryte, l'an 1806. Adami en fut l'âme, et s'attacha à copier ce qui s'était fait à Pistoie, en évitant néanmoins de prononcer le nom de ce synode. Comme cela se passait douze ans après la condamnation prononcée par Pie VI contre l'assemblée de Pistoie dans la bulle *Auctorem fidei*, Adami ne pouvait assurément avoir l'excuse de la bonne foi. Il eut soin de rédiger les actes du synode d'Antioche en arabe, sans y joindre la version latine, comme le voulait l'usage. Ces actes ne furent point envoyés au saint-siège, comme cela est prescrit et se fait toujours. Ce ne fut qu'en 1810 qu'on les imprima et qu'on les répandit dans tout l'Orient, avec une approbation surprise à Gandolfi, alors visiteur apostolique au mont Liban. L'erreur profitait des malheurs de l'Eglise pour se propager. Cependant des bruits vagues et sinistres pénétrèrent en Italie. Maxime Mazlum, nouveau patriarche des Grecs melchites, envoya à Rome un exemplaire du synode traduit en italien, en certifiant que cette version était conforme à l'original arabe. Elle fut soumise à l'examen de la congrégation chargée de la correction des livres de l'Eglise d'Orient, et sur le rapport qui lui fut fait, intervint, de l'avis unanime des cardinaux, une condamnation du synode d'Antioche. Le patriarche Mazlum déclara adhérer à la censure, et promit de faire tous ses efforts pour empêcher que les décrets du synode ne fussent mis à exécution ou n'ob- tinssent quelque autorité. Admirons ici l'opiniâtreté de l'esprit de secte, qui va jusqu'en Orient troubler une Eglise paisible, et y porter le germe des divisions qui avaient si longtemps agité l'Eglise de France et quelques Eglises voisines. *L'Ami de la religion, t. LXXXIX; Hist. gén. de l'Eglise, t. XII; M. Guérin.*

Synode diocésain d'Arezzo, *Aretina.* — Vers l'an 1350, sous l'évêque Bosi. Ce prélat y publia les constitutions de son diocèse, rapportées dans Mansi, excepté la fin, qui en est perdue. *Mansi, Conc. t. XXVI.*

Synode d'Australie. — L'an 1844, 10 septembre et jours suivants, par l'archevêque Polding avec les suffragants d'Hobarton, d'Adélaïde et le prieur de la métropole de Sidney, sur les mœurs et la discipline. C'est la première assemblée de ce genre qui ait eu lieu dans l'hémisphère austral. *Mémorial catholique, t. IV, p. 531.*

Etats de Barcelone. — L'an 1126. Saint Oldegaire, archevêque de Taragone, appuyé de ses collègues, y obtint du roi Raymond III des lois favorables à la liberté ecclésiastique. Le droit d'asile fut assuré aux églises, et étendu jusqu'à trente pas au delà de leur enceinte. Les seigneurs, et le comte de Barcelone le premier, restituèrent à l'église les terres et les revenus dont ils l'avaient dépouillée. *Mansi, Conc. t. XXI.*

Synode capitulaire de Barcelone. — L'an 1332. L'évêque Ponce renouvela dans ce synode plusieurs constitutions de Jean, évêque de Sabine et légat du saint-siége, et quelques autres de ses prédécesseurs, en y joignant les siennes propres. Toutes ces constitutions sont relatives à l'état du chapitre de l'église cathédrale : on y recommande de rétablir l'égalité entre les bénéfices, d'éviter les pactes simoniaques, d'être assidus au chœur, etc. *Martène, Thes. nov. anecd., t. IV.*

Synodes capitulaires de Barcelone. — En 1441 et 1443. L'évêque Ferrarius y publia, de l'avis de son chapitre, quelques nouvelles constitutions. *Thes. nov. anecd., t. IV.*

Synodes de Belley, *Bellicenses.* — En 1746, 1747, 1748 et 1749. *Bibl. hist. de la France, t. I.*

Conférence de Berbac. — L'an 1085, entre Wecilon, archevêque de Mayence, parlant pour le roi Henri, et saint Gebhard, archevêque de Saltzbourg, soutenant la cause du pape saint Grégoire VII. Les évêques du parti de Henri, présents à la conférence, voulant revenir sur les sentences portées par le pape contre le roi, Otton, légat du saint-siége, rassembla à Quedlimbourg les évêques et les abbés d'Allemagne restés fidèles à la bonne cause. *Mansi, Conc. t. XX.*

Synode de Bergame. — L'an 908, sous l'évêque Adalbert. Ce prélat y rétablit la vie commune parmi les chanoines séculiers de l'église de Saint-Vincent et de Saint-Alexandre. *Mansi, Conc. t. XVIII.*

Synodes de Béziers, *Biterrenses.* — En 1277. *Ibid.*

Concile de Béziers. — L'an 1299. Nous rapportons ici les nuit canons de ce concile, que nous avions omis dans le cours de cet ouvrage ; nous les avons trouvés, avec les historiens de l'Eglise gallicane, dans le *Thesaurus novus anecdotorum* de D. Martène, qui les a publiés sur la foi de deux manuscrits, l'un de l'évêque de Béziers, et l'autre du marquis d'Aubais.

Le 1er de ces règlements ordonne de dénoncer dans toute la province de Narbonne les excommuniés, qui l'auront été par quelqu'un des évêques de cette métropole.

Le 2e renouvelle les défenses déjà faites aux clercs d'exercer des métiers d'une espèce trop vile : par exemple, on ne veut point qu'ils soient bouchers, tanneurs, cordonniers, etc.

Le 3e recommande de faire une perquisition exacte de ceux qui reçoivent et cachent les hérétiques.

Le 4e avertit d'empêcher les assemblées secrètes de certains faux dévots, que le peuple appelle béguins et béguines. « Sous prétexte de parler de Dieu, disent les Pères du concile, et de pratiquer des exercices extraordinaires de piété et de pénitence, ils donnent occasion à des scandales, et ils mettent la foi en danger. »

Le 5e déclare qu'il faut observer les constitutions du pape Boniface touchant la clôture des religieuses, l'institution des vicaires perpétuels, et la célébration sous le rit double des fêtes d'apôtres et des quatre principaux docteurs. C'est en effet le pape Boniface VIII qui a ordonné l'office double pour les fêtes de ces saints. Sa bulle est du 20 septembre 1295. Enfin le concile de Béziers veut qu'on observe ponctuellement toutes les constitutions du même pape, renfermées dans le Sexte des Décrétales.

Le 6e canon regarde la fête de saint Louis. Il y est dit que dans toute la province de Narbonne elle sera célébrée comme d'un confesseur, et que dans toutes les églises cathédrales et collégiales, dans les monastères et les prieurés conventuels, on en fera l'office double le lendemain de la fête de saint Barthélemi, comme le pape l'avait déterminé.

Le 7e règle qu'on fera chaque année l'office à neuf leçons de tous les saints et saintes titulaires des églises cathédrales de la province de Narbonne.

Le 8e recommande encore l'observation de tous les statuts faits dans cette métropole, et de toutes les constitutions du pape Boniface. *Hist. de l'Egl. gall., t. XXXV; Thes. nov. anecd., t. IV, col. 225 et seq.*

Synode capitulaire de Béziers. — L'an 1342. En 1368, l'évêque Hugues approuva ou fit approuver dans son synode capitulaire quarante statuts synodaux publiés en 1342 par Guillaume, son prédécesseur.

Ces statuts contiennent quelques règlements de fabrique, tels que celui de placer dans l'église un tronc avec double serrure et deux clefs, dont l'une soit entre les mains du recteur, et l'autre en celles du trésorier de l'œuvre. Les autres sont relatifs aux douze articles du Symbole, au Décalogue et aux sacrements. *Thes. nov. anecd., t. IV.* Ce synode est le même que celui indiqué *col.* 339 de ce Dictionnaire.

Synode capitulaire de Béziers. — L'an 1368, sous l'évêque Hugues. D'après les ordres du prélat qui, pour infirmité, ne put assister au synode, les chanoines y publièrent de nouveau soixante et onze anciens statuts, dont le 1er prescrit deux synodes pour chaque année, l'un du temps pascal et l'autre d'hiver. Le 4e défend d'administrer un sacrement quelconque sans mission de l'évêque. Le 5e enjoint aux clercs de porter la tonsure et de raser leur barbe. Le 7e leur défend le port des armes, et les deux suivants la cohabitation avec des femmes suspectes. Le 10e leur interdit la vengeance et les jugements en matière criminelle. Le 11e leur interdit en général les fonctions séculières et les trafics roturiers. Le 12e leur défend l'entrée des cabarets, les comédies et les spectacles. Le 13e défend aux clercs et aux laïques de manger de la viande, des œufs et du fromage, les jours que nous appelons aujourd'hui le lundi et le mardi gras. Le 14e défend de même l'usage de la viande tous les samedis de l'année, si ce n'est le jour de Noël. Le 15e interdit l'usage de la viande pendant l'Avent tout entier aux prêtres qui ont charge d'âmes. Le 16e défend aux clercs les jeux de hasard. Le 17e et le 20e exigent la permission de l'évêque pour l'admission d'un vicaire. Le 21e et le suivant recommandent aux clercs de ne se présenter à des services anniversaires que lorsqu'ils y sont appelés par les familles, et de n'engager personne à en faire célébrer. Le 23e contient une exhortation à exercer l'hospitalité envers les frères mendiants. Le 24e prescrit aux clercs l'observation des ordonnances du roi, et le 25e l'exécution des mandements de l'évêque. Le 28e prescrit à chaque église du diocèse d'avoir son sceau particulier. Le 31e ordonne de sonner une cloche à l'élévation de la messe. Le 35e prescrit aux fidèles de se prosterner à la rencontre du saint sacrement. Le 37e ordonne de renouveler les saintes espèces au moins tous les quinze jours. Le 38e défend de célébrer sur un autel non consacré, ou sur un autre où l'évêque aurait dit la messe le même jour. Le 41e défend de dire la messe deux fois le même jour, excepté en cas de nécessité et le jour de Noël. Le suivant, de dire la messe avant d'avoir dit matines et prime. Le 45e, d'exiger quoi que ce soit pour l'administration des sacrements. Le suivant est contre les profanateurs d'églises, les ravisseurs et les usuriers. Le 50e défend de recevoir à la fois la tonsure et les ordres mineurs. Le 56e défend de faire travailler les animaux les jours de dimanche et de fête. Le 63e exige des confesseurs de curés qu'ils soient curés eux-mêmes. Le 66e ordonne de faire la fête de la Décollation de saint Jean-Baptiste. Le 69e défend aux confesseurs d'absoudre des cas réservés à l'évêque ; le 70e, à tous les gens d'église de déposer des vases ou des ornements sacrés chez des séculiers, et le 71e ou dernier, d'élever de nouveaux autels sans l'autorisation de l'évêque.

A ces statuts, renouvelés de ses prédécesseurs, l'évêque Hugues en ajouta cette même année vingt-deux nouveaux, dont les premiers sont relatifs aux testaments et aux legs pieux; le 8e interdit les charivaris donnés à l'occasion des secondes noces; le 12e est pour maintenir la juridiction ecclésiastique; le 13e déclare non recevable le témoignage d'un juif contre un chrétien; le 14e défend d'avoir le samedi des rapports quelconques avec les juifs; le 15e et les deux suivants défendent de permettre aux juifs d'élever de nouvelles synagogues ou d'avoir des chrétiens à leur service, ou de paraître en public le samedi saint; le 18e et les deux suivants prescrivent aux Juifs et aux Sarrasins de porter des marques qui les distinguent des chrétiens, d'observer nos fêtes et de payer la dîme, et aux chrétiens de n'avoir avec eux aucune société. *Thes. nov. anecd.*, t. IV.

Synode de Pâques de Béziers. — L'an 1369, sous le même, qui y recommanda la résidence aux curés et l'assiduité au synode. *Ibid.*

Synode de la Saint-Luc de Béziers. — Même année. Le même prélat y accorda 20 jours d'indulgence aux fidèles qui diraient trois *Pater* et trois *Ave* chaque matin au son de la cloche. Par un autre statut, il défendit aux femmes de se farder le visage.

Synode de la Saint-Luc de Béziers. — L'an 1370. Défense y fut faite d'accorder la sépulture aux excommuniés sans prendre l'avis de l'évêque ou de son official. *Ibid.*

Synode de la Saint-Luc de Béziers. — L'an 1375, sous l'évêque Sicard. Défense y fut faite de prendre la tonsure de sa propre autorité. *Ibid.*

Synode de Béziers. — L'an 1400, sous l'évêque Barthélemi. Statut contre les blasphémateurs. Défense de coucher des enfants avec soi, à cause du danger de les étouffer. *Ibid.*

Synode de Béziers. — L'an 1409, sous le même, pour le maintien des droits ecclésiastiques. *Ibid.*

Synode de Béziers.—L'an 1426, sous l'évêque Guillaume. Statut qui interdit la chasse pour les jours de dimanches et de fêtes. *Ibid.*

Concile de Béziers.—L'an 1430. C'est le même que celui de Narbonne, tenu en cette même année, et qui fut transféré à Béziers. *Thes. nov. anecd.*, t. IV. *Voy.* NARBONNE, l'an 1430.

Synode de Béziers.—L'an 1437, sous l'évêque Guillaume de Montjoie. Statut qui prescrit de sonner neuf coups avec la cloche au moment de l'élévation de chaque grand'messe. *Ibid.*

Conciliabule de Blaquernes, *in Blachernis*.— L'an 829, assemblé par l'ordre de l'empereur Théophile contre le culte des saintes images. *Mansi, Conc. t.* XIV.

Concile de la province de Brême. — Tenu à Hambourg, l'an 1406. On s'y éleva contre la croyance superstitieuse qui attribuait à l'habit de l'ordre de Saint-François la vertu d'assurer le salut et même de sauver infailliblement des peines du purgatoire, *Mansi, Conc. t.* XXVI.

Assemblée de tous les évêques bretons. — L'an 516, pour le couronnement du roi Arthur. Saint Dubrice y donna sa démission de son archevêché, pour aller se renfermer dans un monastère, et on lui donna pour successeur David, oncle du roi. On fit encore quelques autres nominations à des évêchés vacants. *Mansi, Conc. t.* VIII.

Concile de Bunden.—L'an 943. La chronique d'Hildesheim est la seule qui fasse mention de ce concile; encore n'en dit-elle qu'un mot. *Mansi, Conc. t.* XVIII.

Synode schismatique du Caire.—L'an 1239, tenu par les jacobites d'Alexandrie. *Mansi, Conc. t.* XXIII.

Concile de Calchute. — L'an 794. Le roi Offa fit élever de terre, par forme de canonisation, le corps de saint Alban, d'après l'autorisation qu'il en avait obtenue de Rome, où il avait été en pèlerinage. *Wilkins*, t. I.

Concile de Capoue. — Douteux, l'an 1111. Dans ce concile, de l'existence duquel on n'a pas d'autre preuve que ce qui en est dit dans une lettre de Frédéric, évêque de Liége, auteur, il est vrai, presque contemporain, le pape Pascal II aurait révoqué le privilége que la nécessité lui aurait fait accorder quelques années auparavant à l'empereur Henri IV de donner les investitures. La vérité de ce fait est contestée par Mansi, qui allègue les témoignages exprès de trois écrivains contemporains de Pascal II, pour démontrer que le traité passé par ce pape avec l'empereur ne fut dissous que l'année suivante dans le concile tenu à Rome. *Mansi, Conc. t.* XXI.

Conciliabule de Carthage. — Au quatrième siècle, on ne sait en quelle année. Saint Augustin (*ep.* 46, *ad Vincent.*) est celui à qui nous devons la connaissance de ce conciliabule, où cent soixante-dix évêques donatistes, ayant à leur tête Donat, successeur de Majorin, admirent à leur communion des traditeurs, en dépit du principe même qui avait servi de prétexte à leur schisme. L'habile défenseur de l'Eglise ne manqua pas de relever cette inconséquence de ses adversaires. *Nat. Alex. Hist. Eccl.*

Concile provincial de Cashel. — L'an 1514. On y fit quelques règlements concernant la liturgie, l'habit et le maintien ecclésiastiques. *Wilkins*, t. I.

Concile de Châlons-sur-Marne. — L'an 1084, selon Mansi, ou plutôt 1113 selon nous. Le roi Louis, fils de Philippe, y fit de nombreuses donations à l'abbaye de Saint-Victor de Paris. L'acte est signé des archevêques de Sens (*a*) et de Reims (*b*), puis du roi Louis, et ensuite des évêques de Soissons (*c*), de Chartres (*d*), de Meaux (*e*), de Senlis (*f*), de

---

(*a*) *Daimberti Senonensis archiepisco. i.*
(*b*) *Rodulphi Remorum.*
(*c*) *Lisiardi episcopi Suessionensis.*
(*d*) *Ivonis Carnotensis.*
(*e*) *Manassæ Meldensis.*
(*f*) *Humberti Silvanectensis.*

Paris (a), d'Orléans (b), d'Amiens (c), d'Auxerre (d) et de Troyes (e) : ce qui fait voir que le concile fut nombreux.

Jusqu'ici nous avons suivi Mansi, mais il y a certainement une erreur de date; car c'était Philippe Iᵉʳ qui régnait en 1084, et non Louis, son fils, qui n'avait encore que treize ans. D'un autre côté, il est marqué dans l'acte rapporté par Mansi qu'il fut fait l'an V du règne de Louis, ce qui coïnciderait avec l'an 1113, ou plutôt 1104, Louis le Gros ayant été associé à la royauté en 1099, et du vivant de son père, si l'acte lui-même n'indiquait que le roi Philippe était mort à l'époque où il fut fait.

Synode de Châlons-sur-Marne. — Entre l'an 893 et 900, sous l'évêque Mantion. Il y fut question d'un prêtre convaincu d'avoir voulu contracter mariage avec une de ses paroissiennes, mais sans qu'il pût y réussir, à cause de l'opposition de tous les gens de bien. L'évêque, de l'avis de son synode, renvoya cette cause au jugement de Foulques, archevêque de Reims, son métropolitain. *Mansi, Conc. t.* VIII.

Synode de Châlons-sur-Marne. — L'an 1393, tenu par deux vicaires de l'évêque Charles. Onze statuts y furent publiés pour recommander aux curés la résidence, l'exactitude au synode, et pour leur défendre d'admettre des prêtres étrangers et inconnus. Le 8ᵉ regarde la liberté ecclésiastique. *Thes. nov. anecd., t.* IV.

Synode de Châlons-sur-Marne. — L'an 1557. Jérôme de Bourg, évêque de cette ville, y publia des statuts synodaux. *Bib., hist. de la France, t.* I.

Concile de Châteauroux. — Vers l'an 1125. Gérard, évêque d'Angoulême et légat du saint-siège, y confirma une donation faite à l'abbesse de Fontevrault. *Thes. anecd.* IV.

Synode de Chichester. — L'an 1292. Gilbert, évêque de Chichester, publia dans ce synode la défense de laisser les cimetières ouverts aux animaux. *Wilkins, t.* II.

Synode de Clermont. — En Auvergne, vers l'an 1268. Mansi en a publié les statuts, qu'on peut voir dans sa grande collection. *Conc. t.* XXIII.

Concile de Clermont. — L'an 1295. *Martène; Bibl. hist. de la France, t.* I.

Synode de Clermont. — Le cardinal de Bourbon, mort en 1504, y publia des statuts synodaux. *Bibl. hist. de la France, t.* I.

Synode de Clermont. — L'an 1537. L'évêque Guillaume du Pré y renouvela les statuts de son prédécesseur. *Ibid.*

Synode de Clermont. — L'an 1599, par François de la Rochefoucauld. Ce prélat y renouvela les statuts de ses prédécesseurs. *Ibid.*

Synode de Clermont. — L'an 1620, par Joachim d'Estaing, qui y publia des canons synodaux. *Ibid.*

Synode de Clermont. — Par le même, qui y renouvela les statuts du synode précédent. *Ibid.*

Synode de Clermont. — L'an 1633. Les statuts des synodes précédents y furent revus, corrigés et augmentés. *Ibid.*

Synode de Come. — L'an 1010. L'évêque Albéric y fit diverses donations à l'abbé Abundius; mais à quelle abbaye? C'est ce qu'on ne dit pas. *Mansi, Conc. t.* XIX.

Synode de Cominge. — L'an 1641. Des statuts y furent publiés par Hugues de Labatuts. *Ibid.*

Concile de Compiègne. — L'an 816, on ne sait pour quel objet. *Mansi, Conc. t.* XIV.

Concile de Compiègne. — L'an 823, où l'on fit des décrets contre l'usage illicite des choses saintes. *Ibid.*

Concile de Compiègne. — Vers l'an 1000. Mansi conclut d'une lettre du pape Sylvestre II à Azolin, évêque de Laon, qu'un concile a dû être tenu à Compiègne entre l'an 997 et l'an 1003; mais il ne nous reste pas d'autres monuments de ce concile. *Mansi, Conc. t.* XIX.

Assemblée ou plaid de Compiègne. — L'an 1066, où les droits de l'abbaye de Saint-Médard furent défendus contre les prétentions d'Albéric de Couci. *Mansi, Conc. t.* XIX.

Concile de la Corogne, *Carrionense*. — L'an 1110, présidé par Bernard, archevêque de Tolède et légat du saint-siège. On y cita à comparaître Gonsalve, évêque de Mondonedo, qui retenait, contre les règles, deux archiprêtrés avec la moitié d'un troisième; le prélat s'étant abstenu de répondre à la citation, l'archevêque légat lui signifia par lettre la défense de garder tous ces bénéfices plus longtemps. *Mansi, Conc. t.* XXI.

Synode de Condom. — L'an 1663, par Charles-Louis de Lorraine, qui y publia des statuts. *Ibid.*

Synode de Die. — L'an 1698, par Séraphin Pajot, qui y publia des statuts. *Ibid.*

Concile provincial de Dublin. — L'an 1518. Guillaume Rokeby, archevêque de Dublin, assisté de ses suffragants et de quelques religieux, y publia dix statuts :

1. On excommunie ceux qui refusent de payer les péages et les autres dîmes.

2. Les curés dénonceront excommuniés les clercs qui refuseront de contribuer pour leur part à l'acquittement des charges de l'Église.

3. Les calices d'étain seront défendus à partir de la fin de cette année, et on n'en permettra plus dont la coupe au moins ne soit d'argent.

4. L'évêque nommera deux estimateurs pour évaluer les biens des défunts, et toute estimation qui n'aura pas cette condition sera nulle.

5. Seront excommuniés par le seul fait, et dénoncés comme tels par les curés, les seigneurs temporels qui refuseront de payer la moitié des frais des édifices construits dans les cimetières, et leurs personnes, comme les

---

(a) *Ga'onis Parisiensis.*
(b) *Joannis Aurelianensis.*
(c) *Godefridi Ambianensis.*
(d) *Hubaudi Antissiodorensis.*
(e) *Philippi Trecensis.*

biens qu'ils pourraient avoir sur ces cimetières ou sur ces églises, ne jouiront point de l'immunité ecclésiastique.

6. Les ordinaires et les curés observeront les statuts provinciaux et synodaux, sous les peines qui y sont contenues.

7. Toute concession à ferme ou autrement faite à des laïques sans le concours du clergé est nulle de fait.

8. Les clercs qui joueront à la grande paume (*ad pilam pedalem*) payeront pour chaque fois quarante deniers à l'ordinaire, et autant pour les réparations de l'église du lieu.

9. Tous ceux, excepté le roi, qui imposeront des corvées ou d'autres exactions sur des terres appartenant à l'Eglise, seront excommuniés.

10. On payera à l'évêque, sous peine de censure, selon les rites anciens et les rôles qui ont cours dans chaque diocèse, les procurations dues à l'évêque à titre de visite. *Wilkins, t. III.*

Concile général d'Ecosse. — Tenu à Edimbourg, l'an 1445. On y publia une bulle de Grégoire XII pour protéger les biens des évêques quand ils venaient à décéder, et une autre de Martin V, qui avait excommunié un évêque coupable de complot contre le souverain légitime. *Wilkins, t. III.*

Synode d'Ely. — Tenu dans l'église conventuelle de Barnewell, l'an 1528. On y fit des règlements pour assurer la légitimité des mariages, et prévenir les fraudes en matière ecclésiastique. On y régla aussi quelques articles de liturgie, et on défendit l'usage des nouvelles versions de la Bible. *Wilkins, t. III.*

Concile d'Embrun, *Ebrodunense*. — L'an 1267. *Martène, Thes. anecd. t. IV.*

Synode d'Embrun. — Publié par Jacques, archevêque de cette ville. *Ibid.*

Concile en Espagne. — Tenu après l'an 1215. Il nous reste de ce concile, fort peu connu d'ailleurs, vingt décrets dont voici l'abrégé :

1. Défend la pluralité des bénéfices.
2. Prescrit la résidence aux bénéficiers.
3. On ne conférera les ordres à personne qui n'ait un titre, ou qui soit illégitime ou indigne en quelque façon que ce soit.
4. On excommuniera dans toutes les églises, aux principaux jours de fête, toutes les personnes qui auraient sciemment contracté mariage dans les degrés prohibés.
5. Les Juifs et les Sarrasins payeront la dîme tout comme les autres.
6. Il n'y aura dans chaque église qu'un prêtre à être chargé en chef de la gouverner.
7. L'administration des sacrements se fera gratuitement.
8. Les moines et les chanoines réguliers seront exacts à s'assembler en chapitre.
9. Les moines garderont la simplicité dans tout leur train.
10. On leur défend d'avoir rien en propre.
11 et 12. Les clercs pris en faute seront remis entre les mains du juge ecclésiastique pour être punis selon les canons.
13. On ne partagera point une prébende en plusieurs.

DICTIONNAIRE DES CONCILES. II.

14. Les bénéficiers qui négligent le service de leurs églises n'en percevront point les fruits.
15. On remplira sans délai les églises vacantes.
16. On défend aux chanoines et aux autres clercs l'habit séculier.
17. On leur défend tout pacte fait au préjudice des églises paroissiales.
18. Les archiprêtres seront inamovibles.
19. Défense de porter atteinte à l'immunité des églises.
20. On excommuniera tous ceux qui prêteront assistance aux Mores contre les chrétiens. *Thes. nov. anecd. IV, p. 168.*

Synode capitulaire de Ferrare. — L'an 1332. L'évêque Guido y publia ses constitutions diocésaines. *Mansi, Conc. t. XXV.*

Concile en France. — Lieu incertain, tenu l'an 1022 ou 1023. Gauzelin, archevêque de Bordeaux, y excommunia, en présence du roi Robert, tout le pays de Limoges, pour n'avoir pas été appelé à confirmer l'élection de l'évêque de ce diocèse. *Mansi, Conc. t. XIX.*

Concile en France. — Lieu incertain, tenu vers l'an 1099, par Hugues, archevêque de Lyon et légat du saint-siége. Rabode, évêque de Noyon et de Tournay, accusé de simonie, y fut obligé de se purger par serment. *Mansi, Conc. t. XX.*

Congrès de Francfort. — L'an 1338, convoqué par l'empereur Louis de Bavière. On y assura à l'Eglise son droit dans l'élection de l'empereur. *Mansi, Conc. t. XXV.*

Synode de Fréjus. — L'an 761. *Ibid.*

Concile de Fritzlard. — Assemblée de toute la province de Mayence, vers l'an 1200, par l'archevêque Gérard. On y fit un décret pour l'exécution des dernières volontés des mourants. *Mansi, Conc. t. XXII.*

Concile de Fulgine. — En Italie, l'an 1146, présidé par le cardinal Jules du titre de Saint-Marcel, et où se trouvèrent les évêques de Narni, de Todi, d'Assise, de Pérouse, d'Eugubio, d'Urbin, de Fossombrone, de Sinigaglia, de Fulgine, de Fermo, de Nocera, etc., avec nombre d'abbés et d'autres prélats. On y fit la consécration de quelques autels. *Mansi, Conc. t. XXI.*

Concile dans les Gaules. — Lieu incertain, tenu l'an 386. *De la Lande, Suppl.*

Concile dans les Gaules. — Tenu vers l'an 753. On trouve plusieurs règlements faits sous Pépin et, à ce qu'on croit, dans un concile de Metz, sans qu'on puisse dire en quelle année. Ils sont partie civils et partie ecclésiastiques, parce que les assemblées où l'on dressait ces articles étaient composées d'évêques et de seigneurs laïques.

1. On y condamne à de grosses amendes pécuniaires ou à la prison les hommes libres qui commettent des incestes, même avec leurs commères et avec leurs marraines du baptême ou de la confirmation ; ce qui marque qu'il y avait des parrains et des marraines pour la confirmation. Les esclaves et les affranchis, coupables de ce crime, sont condamnés au fouet ou à la prison ; et si leurs maîtres souffrent qu'ils retombent, ils

payeront soixante sous d'amende. Si l'homme libre ne se corrige pas, on défend de le recevoir chez soi, ou de lui donner à manger, sous la même peine.

Les ecclésiastiques des ordres supérieurs, coupables du même crime d'inceste, seront déposés; les autres seront fustigés ou emprisonnés.

L'archidiacre de l'évêque avertira avec le comte les prêtres et les clercs de se trouver au concile. Si quelque prêtre refuse d'y venir, le comte lui fera payer, à lui ou à son défenseur, soixante sous d'amende, au profit de la chapelle du roi; et l'évêque fera juger selon les canons le prêtre ou le clerc réfractaire. Si quelqu'un accuse un prêtre ou un clerc, ou quelque incestueux, le comte fera comparaître la personne accusée devant le roi, avec un envoyé de l'évêque; et le roi punira le coupable pour la correction des autres.

Défense d'exiger aucun tribut pour les vivres, non plus que pour le passage des chariots vides, des chevaux de charge, ou des pèlerins qui vont à Rome ou ailleurs. Défense d'arrêter ces derniers aux passages des ponts, des écluses, des bacs; ou de les inquiéter sur leur petit bagage: et si quelqu'un leur fait quelque insulte à ce sujet, il payera soixante sous d'amende, dont la moitié sera adjugée au pèlerin, et l'autre moitié à la chapelle du roi.

Touchant la monnaie, qu'il n'y ait pas plus de vingt-deux sous dans une livre, et que de ces vingt-deux sous le monétaire en ait un pour lui, et rende le reste à son seigneur. (On peut juger par ce règlement ce qu'un sou devait valoir, puisque d'une livre pesant d'argent, c'est-à-dire de deux marcs, on ne faisait que vingt-deux sous. On n'en faisait même que vingt sous autrefois; et c'est la raison pour laquelle on a nommé une livre la somme de vingt sous. On voit aussi que dès lors des seigneurs avaient droit de faire battre monnaie.)

On ordonne de conserver les priviléges à ceux qui en ont.

On recommande à tous les juges, tant laïques qu'ecclésiastiques, de rendre exactement la justice, avec défense aux parties, sous peine de punition corporelle, de venir la demander au roi en première instance, et avant d'avoir été jugées par le comte et ses assesseurs.

On défend pareillement aux ecclésiastiques, sous la même peine, de venir à la cour se plaindre du jugement de leur seigneur (ou supérieur), à moins que le seigneur n'envoie un député de sa part. *Hist. de l'Égl. gall.*

Synode dans les Gaules. — Assemblé l'an 764 par Pépin. On y fit un décret touchant le mystère de la Trinité. Ce concile est sans doute le même que celui de Volvic. *D. Bouquet, Rer. gall. script. t.* V.

Concile dans les Gaules. — Tenu l'an 1163. *Martène, Thesaur. anecd. t.* IV, *p.* 147.

Concile dans les Gaules. — Tenu l'an 1176. *Conc. t.* XXVI, *p.* 409, *éd. du Louvre.*

Synodes de Genève. — Tenus à Annecy, sous saint François de Sales. Les instructions synodales du saint évêque de Genève ont été publiées à Paris en 1673, libraire Cramoisy.

Statuts synodaux de Genève. — Publiés par Jean d'Arenton d'Alex en 1672. *Lelong, Bibl. de la Fr. t.* I.

Concile de Germigny. — L'an 853. Le P. Lelong fait mention de ce concile sur l'autorité des *Acta Sanctorum ord. Benedict.* Nous n'avons pu vérifier si ce n'est pas le même qu'un des conciles ci-dessus. *Bibl. de la Fr. t.* I.

Concile de Girone. — L'an 1101. Présidé par le cardinal Richard, abbé de Saint-Victor de Marseille et légat du saint-siége. Bérenger, évêque de Barcelone, y céda l'église de Saint-Paul de Subirads à l'abbaye de Saint-Victor de Marseille. *Mansi, Conc. t.* XX.

Synode de Glandève. — L'an 1656. L'évêque Jean-Dominique y publia ses *Constitutions Synodales. Bibl. de la Fr. t.* I.

Synodus Glavornensis. — L'an 1190, par Guillaume, évêque d'Ely et légat du saint-siége. On ignore ce qui s'y fit. *Mansi. Conc. t.* XXII.

Concile de Grado. — Tenu dans la province l'an 1066. On y discuta les droits que le curé de Saint-Étienne de Murano revendiquait contre le vicaire de Sainte-Marie de la même ville. *Mansi, Conc. t.* XIX.

Concile de Grado. — Tenu à Grado, l'an 1152, mentionné par Mansi. *Conc. t.* XXI.

Concile de Grado. — L'an 1321. Dominique, patriarche de Grado, excommunia dans ce concile Ptolémée de Lucques, évêque de Torzello, comme coupable de désobéissance à ses instructions. *Mansi, Conc. t.* XXV.

Synodes de Grasse. — *Voy.* VENCE.

Concile provincial de Grenade. — Tenu l'an 1565 par Pierre Guerrero, archevêque de cette métropole. Les actes n'en sont pas venus jusqu'à nous. *Aguirre, Conc. Hisp. t.* IV.

Concile de Grèce. — L'an 1077. On ne connaît ce concile que par une lettre de Théophylacte, adressée à l'évêque de Triadiza qui refusait de s'y rendre. *Mansi, Conc. t.* XX.

Synode de schismatiques grecs. — Lieu incertain, vers l'an 1229, sous Anastase, patriarche de Constantinople. *Mansi, Conc. t.* XXIII.

Concile des Grecs. — L'an 1232, sous Germain II, patriarche de Constantinople. *Id., ibid.*

Synode de Laon — L'an 1696. L'évêque Louis de Clermont y publia ses *Constitutions Synodales. Bibl. de la Fr. t.* I.

Concile de Langez ou Langeais. — L'an 1270. *Maan, Conciles de la prov. de Tours.* On trouve dans la même collection un autre concile de Langeais, mais qui n'a point de date.

Synode de Lescure, *Lascuriensis.* — L'an 1352, par Jacques de Foix. *Bibl. hist. de la France, t.* I.

Synode de Lestines, *Lestatensis.* — L'an 1107, tenu par le pape Pascal II. Richer, évêque de Verdun, s'y assura l'acquisition d'un bien pour son église. *Mansi, Conc. t.* XX.

Synode de Limoges. — Par Renaud de la Porte. Les statuts publiés par cet évêque se trouvent cités par Baluze.

Synode de Limoges. — En 1533, sous Jean de Langeac, qui revit et augmenta les statuts précédents.

Synode de Limoges. — Tenu en 1619 par Raymond de la Martonie, qui y publia de nouveaux statuts.

Ces derniers statuts furent revus en 1629, dans un synode tenu par François de la Fayette.

Synode de Limoges. — Tenu en 1683 par Louis de Lascaris d'Urfé, qui y publia des ordonnances synodales.

Synode de Limoges. — Tenu en 1703 par François de Carbonel de Canisy, qui y porta de nouvelles ordonnances. *Bibl. hist. de la Fr.*, t. I.

Concile de Louvain, *apud Lupianum*. — L'an 1131 ou 1132, présidé par l'archevêque de Narbonne. On y adjugea aux moines de Saint-Tibéri l'église de Bécian, qui leur était disputée par ceux de la Chaise-Dieu. *Mansi, Conc. t.* XXI.

Synode de Luçon. — Tenu l'an 1565 par Jean-Baptiste Tiercelin, qui y publia des sanctions et canons synodaux.

Synode de Luçon. — En 1629 par Emery de Bragelongue, qui y fit de nouvelles ordonnances.

Synode de Luçon. — Par Nicolas Colbert en 1671.

Synode de Luçon. — Par le même en 1674.

Synode de Luçon. — Par le même en 1681.

Synode de Luçon. — Par Henri de Barillon en 1685 et 1693.

Synode de Luçon. — Par François de Lescure en 1721. Tous ces prélats publièrent des ordonnances ou des statuts à chacun des synodes que nous venons de citer. *Bibl. hist. de la France*, t. I.

Synode de Magliano. — L'an 1845. Il y avait plus d'un siècle, dit *l'Ami de la religion*, du 26 juin 1845, que le cardinal Albani, évêque suburbicaire de Sabine, y avait tenu le dernier synode diocésain. Tant d'années écoulées depuis cette assemblée du clergé de Sabine, et la circonscription récente de ce diocèse étaient de puissants motifs pour la convocation d'un nouveau synode. Cette pensée préoccupait depuis longtemps, au milieu de ses hautes fonctions, la sollicitude pastorale de son éminence le cardinal Lambruschini, évêque de Sabine, secrétaire d'Etat et des brefs de sa sainteté Grégoire XVI. A cet effet une lettre pastorale de son Eminence, en date du 25 décembre 1844, avait annoncé au clergé de ce diocèse la tenue d'un synode pour le jour de la Pentecôte de l'année 1845.

Dès le 29 avril, le vénérable cardinal s'était rendu de Rome à Magliano, sa ville épiscopale; en même temps, et conformément aux instructions qu'ils avaient reçues, tous les ecclésiastiques qui devaient assister au synode se réunissaient au séminaire pour y suivre préalablement pendant huit jours les exercices d'une retraite spirituelle. Retiré dans la même solitude, au milieu de cette nombreuse famille, comme l'un de leurs frères, l'illustre et pieux pontife augmentait par sa présence l'amour et le zèle de tous ces prêtres pour les saintes vertus de leur état. Il serait superflu de dire combien fut imposante la solennité de cette fête de la Pentecôte, soit à cause des personnages de distinction qui y assistaient, soit par l'éclat de la majesté des cérémonies religieuses, dirigées par monseigneur Brancadoro, l'un des maîtres de cérémonies de la chapelle papale. La messe fut chantée et célébrée par son Eminence; il y eut un moment d'universelle et profonde émotion dans cette grave et touchante cérémonie Des larmes d'attendrissement mouillèrent tous les yeux, lorsque le vénérable cardinal distribua la sainte communion à cette pieuse assemblée de prêtres, et surtout lorsque d'une voix vivement émue et le visage baigné de larmes il adressa au clergé et aux fidèles qui remplissaient l'enceinte sacrée deux allocutions d'une pathétique éloquence.

Après avoir ainsi rempli l'un des vœux les plus ardents et les plus chers à son âme d'évêque, le savant et pieux cardinal repartit pour Rome le 16 mai. Plusieurs traits de généreuse charité firent bénir son séjour à Magliano; il y dota six jeunes filles. Le chapitre, le clergé et les fidèles de Sabine garderont longtemps un souvenir de reconnaissance et d'admiration pour tous ces témoignages de paternelle bonté de la part de leur vénérable et bien-aimé pasteur. *M. Guérin, Manuel de l'hist. des conc.*

Concile de Maguelone. — L'an 1037, sous l'évêque Arnaud. On y mit la dernière main au rétablissement du siège épiscopal dans cette ville, comme il avait été décidé quatre ans auparavant dans le concile tenu à Rome. *Mansi, Conc. t.* XIX. *Voy.* ROME, l'an 1033.

Assemblée mixte de Mayence. — Vers l'an 800, convoquée par Charlemagne, et où se trouvèrent grand nombre d'évêques et d'abbés. *Mansi, Conc. t.* XII.

Concile de Modène. — L'an 1106, à l'occasion de la translation des reliques de saint Géminien, ancien évêque de cette ville. *Mansi, Conc. t.* XX.

Synode de Montauban, *Montalbanensis seu Montis Albanensis*. — L'an 1337. L'évêque Guillaume y publia dix statuts, dont les sept premiers regardent la sanctification des fêtes; il défend par le huitième à tous les prêtres de faire l'office de parrains; par le 9e, il ordonne de célébrer trois fois dans l'année la commémoration générale des fidèles défunts, et par le 10e il oblige tous les prêtres à dire une messe solennelle à la mort de chaque archiprêtre ou curé du diocèse pour le repos de son âme. *Martène, Vet. script. et monum. ampliss. coll. t.* VIII.

Conciliabule de Numidie. — L'an 348, tenu par les donatistes, à l'occasion des rigueurs exercées contre eux, par Macaire et ses soldats. *Mansi, Conc. t.* III.

Conciliabule de Numidie. — L'an 349, tenu

également par les donatistes, qui, étant empêchés par les catholiques d'enterrer dans les basiliques ceux des leurs qui avaient péri victimes des rigueurs exercées contre eux, décidèrent que leurs corps seraient enterrés dans les champs et sur les routes publiques. *Mansi, Conc. t.* III.

SAINTE-SOPHIE (Conciliabules de) de Constantinople, l'an 665 et l'an 666. Dans le premier de ces conciliabules, tenus, sur l'ordre de l'empereur Constant II, par le patriarche monothélite de Constantinople, on tenta vainement d'ébranler la constance de saint Maxime, d'Anastase son disciple, et d'un autre Anastase qui avait été apocrisiaire ou nonce de l'Église romaine. Dans le second on prononça l'exil en Thrace de ces trois défenseurs de la foi orthodoxe. *Mansi, Conc. t.* XI.

SAINTE-SOPHIE (Concile de) de Constantinople, l'an 805 ou 806. Nous ignorons les décrets qui ont pu être publiés dans ce concile, que le P. Labbe traite de conciliabule, sans qu'on sache pourquoi, dit Mansi. Il paraît seulement qu'on y régla les rites qui devaient être observés à la consécration des archimandrites, comme on le voit dans la vie de saint Hilarion le jeune. Ce concile doit être distingué d'un autre de Constantinople tenu la même année, peut-être 806. *Mansi, Conc. t.* XIV.

SAINTE-SOPHIE (Concile de) de Constantinople, l'an 856, tenu par saint Ignace contre les partisans de Grégoire de Syracuse. *Mansi, Conc. t.* XV.

SAINTE-SOPHIE (Concile de) de Constantinople, l'an 1266, tenu par les schismatiques grecs, où Arsène leur patriarche fut excommunié, comme partisan de l'empereur Jean Ducas. *Mansi, Conc. t.* XXIII.

SAINTE-SOPHIE (Conciliabule de) de Constantinople, *Sophianum*, vers l'an 1450. Dans cette assemblée, tenue après la mort de Jean Paléologue et sous son fils Constantin, sans que nous en sachions la date précise, les évêques schismatiques grecs, ayant à leur tête les trois patriarches d'Alexandrie, d'Antioche et de Jérusalem, déposèrent Grégoire, patriarche catholique de Constantinople, et mirent à sa place l'intrus Athanase. Ce fut l'objet de la première séance : car le conciliabule en eut plusieurs. Dans les trois autres, on disputa beaucoup sur ce qui s'était passé au concile de Florence entre eux-mêmes et les latins ; on reprocha à ces derniers d'avoir manqué à leurs engagements, en n'envoyant pas des secours à l'empereur comme ils l'avaient promis ; on fit un long dénombrement des erreurs qu'on leur imputait, et parmi lesquelles figuraient l'usage de commencer le signe de la croix par le côté gauche plutôt que par le droit, les génuflexions du samedi et du dimanche, l'abstinence du samedi, etc. *Labb., t.* XIII.

SAINTE-TRINITÉ (Assemblée générale des évêques de Normandie à) de Caen, pour la fondation de ce couvent de bénédictines par le roi Guillaume, l'an 1082. Lanfranc, archevêque de Cantorbery s'y trouva. *Conc. et decr. synod. S. Rothom. Eccl.*

SAINTES (Concile de), l'an 562 ou 563. Léonce, archevêque de Bordeaux, assembla ce concile des évêques de sa province, où il déposa Émérius, évêque de cette ville. Les raisons de destituer cet évêque paraissaient justes. Il avait été ordonné sans les suffrages du clergé et du peuple, et obtenu un décret du roi Clotaire pour être sacré sans le consentement du métropolitain, qui était absent. L'un et l'autre était contre la discipline ecclésiastique établie dans le dernier concile de Paris. A la place d'Émérius les évêques élurent Héraclius, prêtre de l'église de Bordeaux, et ils envoyèrent au roi Charibert le décret d'élection souscrit de leurs mains. Le prêtre qui en fut chargé, étant arrivé à Tours, raconta à l'archevêque Euphronius ce qui s'était passé, le priant de souscrire aussi le décret. Euphronius le refusa ouvertement, prévoyant le scandale que cette élection causerait. Le prêtre, arrivé à Paris, dit au roi : Seigneur, le siège apostolique vous salue. C'était le style du temps de nommer apostoliques tous les sièges épiscopaux, principalement les métropolitains, et tous les évêques papes. Mais Charibert, feignant de ne pas l'entendre, dit au prêtre : Avez-vous été à Rome pour me saluer de la part du pape ? Il répondit : C'est votre père Léonce qui vous salue avec les évêques de sa province, vous faisant savoir qu'Émérius a été déposé de l'évêché de Saintes, qu'il avait obtenu par brigues contre les canons. C'est pourquoi ils vous ont envoyé leur décret pour en mettre un autre à la place, afin que le châtiment de ceux qui violent les canons attire la bénédiction sur votre règne. A ces mots le roi commanda qu'on l'ôtât de sa présence, qu'on le mît dans une charrette pleine d'épines, et qu'on l'envoyât en exil, et ajouta : Penses-tu qu'il ne reste plus de fils de Clotaire qui maintienne ses actions, pour chasser ainsi sans notre ordre un évêque qu'il a choisi ? Il envoya aussitôt des ecclésiastiques pour rétablir Émérius dans le siège de Saintes, et des officiers de sa chambre qui firent payer à l'archevêque Léonce mille sous d'or, et aux autres évêques du concile à proportion de leurs facultés. C'est ainsi, dit saint Grégoire de Tours, que Charibert vengea l'injure faite à son père. *Hist. des aut. sacr. et eccl. t.* XVI.

SAINTES (concile de), l'an 579. Ce concile recommanda à la miséricorde de l'évêque Héraclius le comte Nantinus qu'il avait excommunié, et qui lui demandait l'absolution : l'évêque l'accorda. *M. de Mas L.*

SAINTES (Concile de), l'an 1074 ou 1075, par Gosselin, archevêque de Bordeaux, pour la confirmation de la fondation de l'abbaye de Saint-Etienne-des-Vaux. *Mansi, t.* II.

SAINTES (Concile de), l'an 1080. Neuf évêques assistèrent à ce concile, avec plusieurs abbés. Il y fut décidé que le monastère de la Réole, nommé alors Squirs, que l'évêque de Bazas prétendait lui appartenir, dépendrait de l'abbaye de Fleury. *Hist. des aut. sacrés, t.* XXIII.

SAINTES (Concile de), l'an 1081. On cite

un concile tenu à Saintes en 1081, en présence des deux légats, Hugues de Die et Amé d'Oléron, où Guillaume, comte de Poitiers et duc d'Aquitaine, remit le monastère de Saint-Eutrope à Hugues, abbé de Cluny, pour y rétablir le service de Dieu, négligé pendant que les laïques le possédaient. Le duc exempta en même temps le monastère de toutes charges, à la réserve de cinq sous qu'il devait payer à l'église cathédrale. *Hist. des aut. sacrés et eccl. t.* XXIII

SAINTES (Concile de), l'an 1081. On trouve ce concile placé à l'an 1080 dans les collections ordinaires; mais le docte Mansi prouve qu'il doit être renvoyé à l'an 1081, puisque les lettres du pape saint Grégoire VII, qui commet à ses légats dans la Bretagne la discussion de l'affaire qui en est l'objet, sont datées du mois de mars 1080, et que le concile de Saintes dans lequel les légats terminèrent cette affaire, est daté du mois de janvier, ce qui ne peut s'entendre que du mois de janvier 1081. Il s'agissait du droit de métropole sur les évêchés de la basse Bretagne, que l'église de Dol disputait à celle de Tours, et qui fut adjugé, dans ce concile, à la dernière. *Mansi, Suppl. tom.* II, *col.* 41; *Anal. des conc. t.* V.

SAINTES (Concile de), l'an 1083, où Ramnulfe fut ordonné évêque de Sens, à la place de Boson, qui avait été déposé l'année précédente, au concile de Charonne ou Charroux. *Voy.* CHARROUX, l'an 1082. *Hist. des aut. sacr. et eccl.*, *t.* XXIII.

SAINTES (Concile de), l'an 1088, en faveur de l'abbaye de Saint-Maixent. *Gall. Chr.*, *t.* II, *p.* 806.

SAINTES (Concile de), l'an 1089. Amé, évêque d'Oléron, y fut nommé archevêque de Bordeaux. *Hist. des aut. sacr. et eccl.*, *t.* XXIII$_s$

SAINTES (Concile de), l'an 1096, selon le P. Richard, ou 1097, selon M. de Mas Latrie. Le pape Urbain II tint ce concile le 2 mars. On y ordonna aux fidèles de jeûner toutes les veilles des fêtes d'apôtres. *Lab.* X; *Hard.* VII.

SAINTES (Synode de), l'an 1280. L'évêque Geoffroi de Saint-Brice y fit des règlements de discipline.

SAINTES (Synode de), l'an 1282. Cette année, le même évêque assembla un synode, où il s'agit, principalement dans deux articles, de la sépulture des excommuniés. Le synode défend de les enterrer ou dans les cimetières, ou si près comme il se pratiquait, qu'on ne pouvait les distinguer des fidèles. Il veut qu'on les éloigne des lieux sacrés au moins de deux arpents, et qu'on ne les mette jamais en même lieu plus de deux, de peur que ce terrain n'ait l'air d'un cimetière destiné aux fidèles. Défense de mettre en terre sainte ceux qui ont soutenu l'excommunication jusqu'à la mort, quoiqu'absous. Le dernier des cinq statuts regarde les testaments. Ordre aux curés ou vicaires de les envoyer à l'évêque deux mois après la mort des testateurs, pour éviter l'abus des héritiers ou des exécuteurs qui les célaient, afin de s'emparer des legs pieux. Défense, sous peine d'excommunication, à ceux qui se chargent, par une espèce de fidéicommis, des biens du défunt, de s'en approprier la moindre partie. Même peine contre ceux qui font eux-mêmes le testament d'un mourant en délire ou hors d'état de dicter sa volonté. Le synode fait voir que ces abus, dictés par la cupidité, n'étaient pas rares. *Hist. de l'Egl. gall.*, *liv.* XXXIV.

SAINTES (Synode de), l'an 1298. Gui, évêque de Saintes, y publia six statuts synodaux assez remarquables. On y défend aux curés, sous peine d'excommunication, de porter des chaussures ou souliers magnifiques. On décerne la même peine contre ceux qui donneront leurs cures à ferme, sans la permission de l'évêque. On recommande aux mêmes la résidence, excepté le cas des études, avec la permission de l'évêque. On ordonne aux réguliers de ne point quitter l'habit de leur ordre : excommunication contre les coupables en cette matière. On menace ceux qui ont perçu ou percevraient, sans permission de l'évêque ou des curés, les dîmes des novales dans les paroisses étrangères. On réitère les censures contre les excommuniés pour cause de testaments, si, dans l'intervalle de vingt jours, il ne conste de leur absolution. On déclare que les usurpateurs des biens et des droits ecclésiastiques encourent l'excommunication *ipso facto*. *Hist. de l'Egl. gall.*, *liv.* XXXV.

SALAMANQUE (Concile de), *Salmanticense*, l'an 1134. Le roi Alphonse VII assembla ce concile, où il fut présent avec son fils Sanche de Castille, et où présida l'archevêque de Tolède, qui ne souscrivit cependant, avec les évêques, qu'après les deux princes. On accommoda le différend qui s'était élevé entre l'évêque d'Oviédo et celui de Lugo au sujet des bornes de leurs diocèses respectifs. *D'Aguirre*, *t.* III.

SALAMANQUE (Concile de), présidé par le cardinal Hyacinthe, légat du pape Alexandre III, vers l'an 1165. L'évêque de Zamora, ayant refusé de s'y trouver, fut cité à Rome par le pape pour y rendre raison de sa conduite. *D'Aguirre*, *t.* III.

SALAMANQUE (Concile de), vers l'an 1175, présidé par le cardinal Hyacinthe. L'évêque de Zamora, ayant refusé d'assister à ce concile, fut cité par le pape Alexandre III à comparaître devant lui, pour lui rendre compte de sa conduite. *Mansi, Conc. t.* XXII.

SALAMANQUE (Concile de), l'an 1190. On y déclara nul, pour cause de parenté, le mariage qu'avait contracté Alphonse IX, roi de Léon, avec Thérèse, fille de Sanche Ier, roi de Portugal. *Conc. t.* XIII.

SALAMANQUE (Concile de), l'an 1310. Roderic, archevêque de Compostelle, assembla ce concile le 21 octobre. On y examina l'affaire des templiers, qui furent déclarés innocents, d'une voix unanime. On renvoya toutefois au pape la suprême décision, qui fut bien différente de celle du concile, quant à l'ordre entier. *Mariana, Histor. Hispan. lib.* XV, *cap.* 10; *Hard.* VIII.

SALAMANQUE (Concile de), l'an 1312.

L'archevêque de Compostelle convoqua ce concile par l'ordre de Clément V. On y accorda à l'université de Salamanque la neuvième partie des décimes qu'on levait sur le clergé. *D'Aguirre, t. V, p. 234.*

SALAMANQUE (Concile de), l'an 1335. Jean, archevêque de Compostelle, tint ce concile, le 24 mai, dans l'église cathédrale de Salamanque, et y publia les dix-sept statuts suivants :

1. Les évêques, les doyens, les archidiacres et les autres dignitaires qui ont la juridiction ordinaire, prendront dans leurs chapitres les vicaires qu'ils voudront établir pendant leur absence, au lieu d'aller chercher des étrangers.

2. L'évêque qui aura pris ou fait prendre un appelant de sa sentence, l'appel pendant, sera privé de l'entrée de l'église ; et, si celui qui a commis cette violence est inférieur à l'évêque, il encourra l'excommunication *ipso facto*.

3. On observera la bulle *Quamvis* contre les clercs concubinaires publics ; et ceux qui auront fait enterrer leurs concubines dans l'église, ou qui auront assisté à leur enterrement, seront excommuniés.

4. Ceux qui recevront de la main des laïques, des églises, ou des bénéfices, ou les clefs, ou les maisons de ces bénéfices, seront excommuniés *ipso facto*, et inhabiles à posséder pour cette fois ces bénéfices.

5. Ceux qui prendront ou retiendront les dîmes, les oblations ou quelque autre bien de l'église, seront excommuniés jusqu'à ce qu'ils aient restitué.

6. Les prélats et tous ceux qui ont droit de visite feront en sorte que les supérieurs aient soin de tenir propres les églises et les ornements, de garder sous la clef le sacré corps de Jésus-Christ, le chrême, l'huile des catéchumènes et des malades, les corporaux, les croix, les calices, les patènes. Ces mêmes supérieurs des églises recevront tous les ans le nouveau chrême des mains de l'ordinaire : ils porteront avec respect et dévotion le saint viatique aux malades, se faisant précéder de la croix, d'un cierge allumé et de la sonnette.

7. Le jeûne du carême étant comme la dîme de toute l'année que l'on paye à Dieu, tous ceux qui, étant parvenus à l'âge de discrétion, oseront manger de la chair pendant ce saint temps, hors le cas de maladie ou de famine, encourront l'excommunication, de même que ceux qui en vendront ou qui en achèteront publiquement. Même loi pour les quatre-temps.

8. Ceux qui violent les immunités des églises ou des personnes ecclésiastiques seront soumis à l'excommunication et à l'interdit.

9. Ceux qui contractent sciemment des mariages clandestins dans un degré prohibé seront excommuniés ; et le prêtre et les témoins qui auront été présents à ces sortes de mariages, payeront cent marbotins d'amende à l'évêque du lieu.

10. On publiera, les quatre principales fêtes de l'année et tous les dimanches de carême, la bulle de Clément V contre ceux qui contractent des mariages dans les degrés prohibés de consanguinité ou d'affinité.

11. On ordonne aux évêques de faire publier les chapitres *De secundis nuptiis minime benedicendis*, qui défendent aux prêtres de bénir les secondes noces. La raison qu'en donne le concile est, *Quod plerique simplices clerici, et rectores quandoque, per juris ignorantiam, secundas nuptias benedicunt, non attendentes quod sacramentum hujusmodi iterari non licet.* Il est évident que les Pères du concile de Salamanque se trompent en disant que le sacrement du mariage ne peut se réitérer, puisqu'il est certain que l'Église ne condamne point les secondes noces, quoiqu'elle souhaite que ses enfants s'en abstiennent, non qu'elle les regarde comme mauvaises, mais parce qu'elle les croit fort imparfaites, et qu'elle les envisage comme une marque d'incontinence ; d'où vient qu'elle a soumis autrefois à la pénitence, en plusieurs endroits, ceux qui convolaient à de secondes noces, et qu'aujourd'hui encore, selon plusieurs Rituels, on ne bénit pas les seconds mariages.

12. Les chrétiens ne se feront point traiter par les Juifs ou les Sarrasins dans leurs maladies ; ils ne leur loueront point non plus de maisons contiguës à l'église ou au cimetière ; le tout, sous peine d'excommunication.

13, 14 et 15. Même peine contre les laïques qui volent les animaux destinés aux travaux de la campagne, les usuriers publics, les sorciers, les devins, les enchanteurs.

16. Les curés qui auront laissé mourir, par leur faute, des enfants sans baptême, ou des fidèles adultes sans les autres sacrements qu'on doit leur administrer, seront privés pour toujours de leur office et de leur bénéfice.

17. Ceux qui empêchent l'exécution des sentences portées par les évêques seront excommuniés. *D'Aguirre, Concil. Hispan., tome V.*

SALAMANQUE (Concile de), l'an 1380. Ce concile commença le 23 novembre 1380, à Medina del Campo, ville du diocèse de Salamanque, et finit à Salamanque même, le 19 mai de l'année suivante. Ce n'est donc qu'un même concile ; et l'on ne doit pas en faire deux, comme il est arrivé à l'éditeur vénitien des Conciles du P. Labbe. Jean Ier, roi de Castille, assista à ce concile, qui eut pour objet de décider entre les deux contendants à la papauté, Urbain VI et Clément VII. Le cardinal Pierre de Lune, qui présidait à ce concile, en qualité de légat de Clément VII, détermina les suffrages en sa faveur. *D'Aguirre, t. V ; et Mansi, t. III.*

SALAMANQUE (Concile de), l'an 1410. Ce concile, tenu en présence des ambassadeurs des rois et d'un grand nombre de docteurs, reconnut Pierre de Lune pour le seul véritable pape ; mais il n'a point été approuvé, pas plus que le précédent. *D'Aguirre, t. V.*

SALAMANQUE (Synode diocésain de), septembre 1604, par Louis Fernandez de Cordoue, évêque de Salamanque. Les statuts de ce synode sont divisés en cinq livres, dans le même ordre que les constitutions publiées en 1632 au synode de la Paz. *Voy.* ce mot.

SALAMANQUE (Synode diocésain de), avril 1654, par D. Pèdre Carillo d'Acunha. Ce prélat y développa les statuts publiés au synode précédent. *Constit. Synod.*

SALAMINE (Concile de), l'an 402. *Voy.* CHYPRE.

SALEGUNSTADIENSIA(Concilia). Voy. SELINGSTADT.

SALERNE (Concile de), l'an 1067, présidé par le pape Alexandre II. Guillaume, fils de Tancrède, qui avait été excommunié au concile de Melfi, tenu cette même année, vint faire sa soumission dans celui-ci, et le pape prononça des anathèmes contre ceux qui à l'avenir porteraient atteinte aux droits de l'église de Salerne. *Mansi, Concil. t.* XIX.

SALERNE (Synode provincial de), l'an 1484. Jean Géraldini d'Amelia, évêque *in pártibus infidelium*, et vicaire général du cardinal d'Aragon, archevêque de Salerne, présida à ce synode où, du consentement des évêques suffragants et des chanoines de l'église métropolitaine, il publia les statuts suivants :

Les hérétiques, les schismatiques et leurs fauteurs sont excommuniés.

Sont de même excommuniés tous les pirates et corsaires, et ceux qui fournissent des armes ou des équipages aux Turcs, aux Mores ou aux Sarrasins.

On excommunie en outre les blasphémateurs du nom de Dieu, de la sainte Vierge ou des saints, ceux qui usurpent les biens de la mense archiépiscopale, ou de toute autre église ou chapelle ; les incendiaires, les enchanteurs, sorciers ou devins ; ceux qui emploient à des sortiléges ou autres usages superstitieux le chrême et les saintes huiles, ceux qui donnent des breuvages pour empêcher la génération des enfants.

On ordonne aux curés, sous peine d'amende, d'avertir publiquement leurs paroissiens aux deux époques de Noël et de Pâques, de ne pas tarder plus de huit jours après la naissance, de faire baptiser leurs enfants. Défense aux parents de coucher avec eux leurs enfants âgés de moins d'un an. On autorise ceux qui croient avoir de bonnes raisons pour ne pas se confesser à leurs propres chapelains, à se choisir d'autres confesseurs. On excommunie ceux qui ne respectent pas les dernières volontés des mourants ; les prêtres qui vivent en concubinage et ceux qui assistent à leurs offices ; les religieux, qui administrent les sacrements sans y être autorisés par l'ordinaire ; ceux qui, pour se faire promouvoir aux ordres sacrés, se servent de la faveur des seigneurs temporels, et ceux qui enfreignent la défense d'employer à un baptême plus de trois parrains ou marrains.

On interdit aux prêtres et aux clercs les dés, les cartes et autres jeux de hasard, l'usage des armes, les commerces sordides et l'entrée des cabarets. On leur défend de sortir du diocèse sans permission spéciale, de se promener la nuit sans lumière et sans motif qui les excuse ; de porter une accusation, sans le consentement de l'évêque, devant un tribunal séculier.

On fait une obligation aux médecins d'avertir au plus tôt les malades d'appeler un confesseur.

Enfin, on déclare excommuniés ceux des sept suffragants ou des huit ou neuf principaux abbés ou prieurs de la province qui manqueront sans raison de comparaître en personne vêtus pontificalement, à l'église métropolitaine, pour les premières vêpres et la messe de la translation de Saint-Matthieu, fête patronale de cette église. *Constitutione sinodali del la Ecclesia Salernitana. Neapoli,* 1525. Les statuts dont nous venons de donner un aperçu furent renouvelés cette même année 1525 par l'autorité métropolitaine.

SALERNE (Synode diocésain de), le 7 mai 1579 et les trois jours suivants, par Antoine Marsile Colonne, archevêque de cette ville. Ce prélat y publia, sous quarante-neuf titres, de nombreux statuts.

T. 1. Ceux qui auront à porter au synode quelque plainte, devront la mettre par écrit entre les mains du vicaire général.

T. 2. Non-seulement tous les bénéficiers, mais aussi tous les professeurs et maîtres d'école seront tenus de faire leur profession de foi dans la forme voulue par Pie IV.

T. 3. Défense aux libraires et aux colporteurs de vendre des livres sans y être autorisés par l'ordinaire. Tout livre qui passe à des héritiers devra de même être examiné. Personne ne se permettra de lire des traductions de Bible ou des livres de controverse religieuse, sans y être autorisé par son curé ou son confesseur. Personne, fût-il régulier, ne pourra prêcher, même dans une église de son ordre, sans avoir reçu pour cela la bénédiction et l'agrément de l'archevêque. Il y aura sermon dans l'église métropolitaine tout le carême, tous les dimanches de l'avent, le troisième dimanche de chaque mois, le jour de l'Ascension, le lundi de la Pentecôte, le dimanche de l'octave du Saint-Sacrement, de même de l'Epiphanie, et le jour de l'Assomption. Défense de représenter sur un théâtre, soit sacré soit profane, la passion de Notre-Seigneur ou les actions des saints.

T. 4. On ne dira point la messe de mémoire, mais on la lira sur le livre, surtout s'il s'agit des secrètes ou des paroles relatives à la consécration. On parcourra des yeux la messe entière avant de la célébrer. On ne déposera sur l'autel ni bonnet, ni calotte, ni gants, ni rien de profane. On n'interrompra ni ne recommencera la messe, une fois commencée, en considération de qui que ce soit. On ne présentera point la patène à baiser à l'offrande, mais ou la croix ou une sainte image. On ne sonnera les cloches le samedi, saint dans aucune église du diocèse avant l'église principale du lieu.

T. 7. On se tiendra à genoux durant la messe entière, si elle est basse, excepté aux deux évangiles. On ne s'appuiera ni sur les autels, ni sur les bénitiers, ni sur les fonts.

T. 11. Il y aura dans chaque sacristie un vase d'étain ou de cuivre étamé pour laver les corporaux et les autres linges sacrés. Il s'y trouvera aussi un bassin pour que les prêtres s'y lavent les mains avant et après la messe.

T. 13. Les chanoines chanteront par eux-mêmes l'office du chœur, et ne diront point leur office particulier pendant que l'on chante la messe. Le chantre et le primicier se rendront au chœur une demi-heure avant l'office, pour préparer ce qui doit être chanté. On leur recommande à tous de reprendre l'ancienne manière de dire le bréviaire dans l'église de Salerne, et dont l'antiquité remontait à plus de deux cents ans.

Le corps de saint Grégoire VII, inhumé depuis cinq cents ans dans l'église de Salerne, y fut retrouvé, à l'époque de ce synode, revêtu des ornements sacrés et dans un état d'intégrité presque complet. L'archevêque ordonne qu'en mémoire de ce saint pontife, dont il avait fait déposer les précieux restes dans un monument de marbre, le chapitre célèbre tous les ans son anniversaire le 16 mai, comme cela s'était pratiqué autrefois : Grégoire VII n'était pas encore canonisé.

T. 14. On défend aux clercs de porter des habits de soie, et de tenir compagnie à des femmes à table, quelle que soit leur condition. Personne ne prendra l'habit clérical sans la permission de l'archevêque, avant de recevoir la tonsure.

T. 15. Ceux qui entrent au séminaire seront tous obligés de faire leur confession générale. Ils réciteront tous les jours l'office de la Vierge, et le mercredi et le vendredi les sept psaumes de la pénitence avec les litanies, jusqu'à ce qu'ils entrent dans les ordres sacrés.

La plupart des autres statuts concernent les religieuses et l'administration des sacrements. On y adopte expressément, dans quelques-unes au moins de leurs parties, les dispositions des conciles tenus par saint Charles. Plusieurs font mention d'un second synode provincial de Salerne, dont il ne nous reste pas d'autres traces.

On trouve à la suite de ce synode les statuts de l'Église de Salerne confirmés par le pape Pie IV, l'an premier de son pontificat. *Constitut. editæ a M. Anton. Marsilio Columna. Neapoli*, 1580.

SALERNE (Concile provincial de), l'an 1596. Marius Bolognini, archevêque de Salerne, tint ce concile, où furent dressés beaucoup de statuts en forme de chapitres.

On reçoit dans le premier le saint concile de Trente, et l'on y fait sa profession de foi selon la formule prescrite par le pape Pie IV.

Le second chapitre est intitulé, *De l'usage des livres, des actions de Jésus-Christ, des représentations des saints, des libelles diffamatoires.* On y défend tous les livres contraires à la foi ou aux mœurs, et l'on y ordonne à tous les fidèles de faire un catalogue exact de tous leurs livres, et de le porter à l'évêque ou à son délégué, afin qu'il puisse juger lesquels de ces livres ils peuvent garder, et ceux qu'ils doivent irrémissiblement brûler. On défend aussi à tous les imprimeurs et libraires a exposer aucun livre en vente, avant d'en avoir mis de bonne foi le catalogue entre les mains de l'évêque ou de son délégué. On défend encore de représenter la passion de Notre-Seigneur en aucun lieu, soit sacré, soit profane, à cause des abus qui se glissent dans ces sortes de représentations.

Le troisième chapitre recommande aux curés de faire le catéchisme aux enfants tous les jours de dimanches et de fêtes, et aux clercs d'aider leurs curés dans cet exercice.

Dans le quatrième chapitre, sur la prédication, on recommande aux prédicateurs de commencer par prêcher d'exemple, d'éviter les questions obscures et scolastiques dans leurs sermons, de prêcher les vérités du salut d'une façon claire et intelligible. On veut que les curés qui n'ont aucun talent pour la prédication, lisent à leurs paroissiens les sermons et les homélies des Pères ou d'autres qui soient approuvés par l'évêque.

On ordonne dans le cinquième chapitre l'érection d'une prébende théologale, conformément au décret du concile de Trente.

Le sixième recommande une vénération sage et éclairée pour les saints et leurs reliques. On y ordonne d'ôter toutes les croix qui seraient peintes ou gravées sur le pavé des églises, pour empêcher qu'elles ne soient foulées aux pieds.

Le septième chapitre ordonne d'extirper toutes les mauvaises coutumes et toutes les superstitions; et le huitième commande la sanctification des fêtes, dont il veut qu'on bannisse les jeux, les courses, les danses, les comédies ou tous autres spectacles semblables, les festins, les assemblées profanes.

Le neuvième a pour objet l'ornement des églises. On y ordonne d'en ôter, ainsi que des cimetières, toutes sortes d'ordures, de poussières, de toiles d'araignées, d'arbres, d'arbustes, de racines, d'épines, de vignes, etc. On condamne les fenêtres du dehors, d'où l'on puisse entendre les messes qui se disent dans l'église, et l'on défend d'y mettre aucune denrée ni aucun instrument. Il n'y aura ni importation, ni exportation des maisons cléricales à l'église, et de l'église aux maisons cléricales. On n'en fera point un lieu de passage, ni n'y souffrira point de mendiants. Les autels seront couverts de trois nappes, dont la dernière descendra jusqu'au bas de l'autel; et l'on mettra sur les trois une toile azurée, pour les préserver de la poussière, etc.

Le dixième chapitre, qui est sur les sacrements, renouvelle et confirme tout ce qui se trouve dans les autres conciles touchant les dispositions et les qualités des ministres des sacrements, le désintéressement qu'ils doivent faire paraître en les administrant, etc.

Les sept chapitres suivants roulent sur les sept sacrements, et le dix-huitième sur la vie et la conduite des clercs.

Le dix-neuvième a pour objet la célébration de la messe. On y recommande aux prêtres d'y apporter une grande pureté de conscience, de préparer la messe avant de la commencer, pour éviter les fautes, etc.

Le vingtième est sur l'office divin, et le vingt-unième sur les chapitres et les chanoines. Le vingt-deuxième sur les cures ; le vingt-troisième sur les bénéfices ecclésiastiques; le vingt-quatrième sur la résidence; le vingt-cinquième sur les hôpitaux et les autres lieux pies; le vingt-sixième sur les religieuses ; le vingt-septième sur l'usure ; le vingt-huitième sur les archives; le vingt-neuvième et le dernier sur la manière d'observer le concile provincial. *Mansi, tom.* V.

SALERNE (Synode provincial de), le 10 mai 1615 et les trois jours suivants; Luce Sanseverino, archevêque de Salerne, tint ce concile avec ses sept suffragants, et y publia des statuts, qui ne diffèrent guère pour la plupart des statuts diocésains.

« On défend aux imprimeurs et aux libraires d'imprimer ou de vendre aucun des livres mis à l'index.

« On ordonne d'instituer une prébende pour l'enseignement de la théologie dans toutes les églises cathédrales ou collégiales.

« On presse l'exécution des peines décrétées par le pape Léon X, au concile de Latran, contre les blasphémateurs, et par le concile de Trente contre les concubinaires.

« On défend de rien demander ni même recevoir dans l'administration même des sacrements, mais on permet de recevoir les offrandes volontaires après qu'ils ont été administrés.

« On enjoint aux évêques de punir les sacristes ou tous autres qui demanderaient ou exigeraient quelque chose pour la tradition des saintes huiles.

« On oblige les femmes à se présenter à l'église après leurs couches pour recevoir la bénédiction du prêtre.

« Au *Credo* de la messe même solennelle, on ne doit faire entendre aucun son d'orgue ni de tout autre instrument de musique, conformément au cérémonial publié par l'autorité apostolique, qui doit être observé dans toute la province.

« On ne pourra entendre les confessions des femmes ni avant le lever du soleil, ni après son coucher, à moins de nécessité ou d'une permission de l'évêque.

« Défense aux clercs bénéficiers ou engagés dans les ordres sacrés de faire l'office d'avocats ou de procureurs, si ce n'est pour eux-mêmes, pour leur église, pour leurs proches ou pour des pauvres. Ils ne sortiront point de chez eux pendant la nuit, si ce n'est pour une juste cause et avec une lumière.

« On ne mêlera rien de profane aux processions, surtout à celles du saint sacrement, et les évêques feront leurs efforts pour détruire l'abus d'y manger ou d'y boire, aussi bien que celui de manger ou de boire dans les églises.

« Les évêques auront soin que les couvents de religieuses aient le nombre complet de sujets, tel qu'il se trouve marqué par leurs règlements, sans dépasser jamais ce nombre, à moins que ces couvents n'acquièrent de nouvelles ressources. »

Les décrets de ce synode furent confirmés par le saint-siège le 23 août 1616. *Synod. provinc. Salernitana. Romæ*, 1618.

SALISBURGENSIA (*Concilia*). *Voy.* SALZBOURG.

SALISBURY (Concile de), *Salisberiense*, l'an 1116. Ce concile fut tenu le 20 mars, par l'ordre et en présence du roi Henri I*er*, qui, sur le point de partir pour la Normandie, voulut faire reconnaître son fils Guillaume pour son successeur, comme il le fit en effet dans ce concile, composé de tous les grands, tant prélats que laïques, d'Angleterre. Turstain, ayant été élu archevêque d'York dans ce concile, aima mieux renoncer à son siége que de promettre obéissance à l'archevêque de Cantorbery. *Lab.* X; *Hard.* VII; *Angl.* I.

SALISBURY (Synode de), *Sarum*, l'an 1217. L'évêque Richard Poore y publia ses constitutions, rangées sous quatre-vingt-sept titres. On y réprime le concubinage, et on y recommande aux prêtres le désintéressement dans toutes leurs fonctions. On y défend aux personnes mariées d'entrer en religion sans l'avis de l'évêque. On y ordonne de pourvoir les maîtres d'école de bénéfices suffisants, pour qu'ils puissent instruire gratuitement les enfants pauvres. *Labb. t.* XI.

SALISBURY (Synode de) , *Saresbiriensis seu Sarum*, l'an 1256. L'évêque, Gilles de Bridport, y publia ses constitutions synodales, rapportées au long dans la grande collection des Conciles d'Angleterre. *Wilkins, t.* I.

SALISBURY (Assemblée de la province de Cantorbery à), l'an 1384. On y vota une demi-décime au roi. *Wilkins, t.* III.

SALMURIENSIA (*Concilia*). *Voyez* SAUMUR.

SALONE (Concile ou synode de), *Salonitanum*, l'an 591. Natalis, évêque de Salone, dont la métropole était Sirmium, n'ayant pu vaincre la résistance d'Honorat, son archidiacre, qu'il voulait élever au sacerdoce malgré lui, tint cette assemblée, composée sans doute des membres les plus considérables de son clergé, pour priver même de sa dignité l'archidiacre obstiné dans son refus. Le pape saint Grégoire réclama contre cette décision insolite, enjoignit à Natalis de réintégrer son archidiacre, et, évoquant la cause à son tribunal, signifia à l'évêque qu'il eût à envoyer à Rome un avocat pour le défendre. *Mansi, Conc. t.* X.

SALONE (Concile de), *Salonitanum*, l'an 1075. Les légats du saint-siége tinrent ce concile, dans lequel ils accordèrent l'absolution à un prêtre schismatique, nommé Ulfus Galfaneus.

SALONE (Concile de), l'an 1076. Les mêmes légats tinrent ce concile au mois d'octobre, où ils couronnèrent roi de Dalmatie Démétrius, autrement dit Zuonimir. Ce prince s'obligea en conséquence à payer annuellement un tribut de deux cents besans au saint-siège. *Mansi, t.* II, col. 12 et 18.

SALZ (Assemblée mixte de), *Salzense*, l'an 804. Charlemagne, qui présida cette assemblée, tenue dans l'un de ses palais, y exempta de payer le tribut les Saxons nouvellement convertis, en ne les obligeant à payer que la dîme aux prêtres chargés de les instruire.

SALZBOURG (Concile de), *Salisburgense*, l'an 807. Arnon, premier archevêque de Salzbourg, présida à ce concile, qui se tint le 26 janvier. On y décida, selon les canons, que les dîmes devaient être partagées en quatre portions : la première pour l'évêque, la seconde pour les clercs, la troisième pour les pauvres, et la quatrième pour la fabrique des églises. Nous n'avons qu'un précis des actes de ce concile, donné par Brunérus sur un ancien manuscrit de Freysingen. *Reg.* XX; *Lab.* VII; *Hard.* IV; *Hartzheim*, II.

SALZBOURG (Concile de), l'an 899. Wichind, évêque de Nitravie, ayant envahi le siège de Passau en abandonnant le sien, fut ramené à l'ordre dans ce concile par Théodmar, archevêque de Salzbourg. *Conc. t.* XI.

SALZBOURG (Synode de), l'an 1141. On y examina l'élection de Pabon, abbé de Saint-Emmeran à Ratisbonne. *Conc. Germ. tom.* III.

SALZBOURG (Concile de), l'an 1145. *Voyez* HALL, même année.

SALZBOURG (Concile tenu dans la province de), l'an 1147, pour la réforme des monastères. *Mansi, Conc. t.* XXI.

SALZBOURG (Concile de), l'an 1150. Le bienheureux Eberhard, archevêque de Salzbourg, y institua plusieurs octaves de fêtes de la sainte Vierge. *Conc. Germ. t.* III.

SALZBOURG (Concile de), l'an 1171. On y obligea, sous peine d'excommunication, les clercs qui auraient une prébende en même temps que le service d'une paroisse, à abandonner l'une ou l'autre. *Mansi, Conc. t.* XXII.

SALZBOURG (Concile de), l'an 1178. *Voy.* HOCHENAU, même année.

SALZBOURG (Concile de), l'an 1180. L'évêque de Freysingen et l'abbé de Sainte-Croix, choisis par le pape en qualité de commissaires, assurèrent dans ce synode à l'archevêque de Salzbourg le droit d'élire les évêques de Gurck, contre le chapitre et le clergé de cette église, qui lui disputaient ce privilège. *Conc. Germ. t.* III.

SALZBOURG (Concile de), l'an 1195. *Voy.* LAUFFEN, même année.

SALZBOURG (Concile provincial de), l'an 1216, tenu par l'archevêque Eberhard. On y rappela les décrets du concile tenu dernièrement à Rome, et on y taxa tout le clergé à donner pendant trois ans le vingtième de ses revenus pour le secours de la terre sainte. *Mansi, Conc. t.* XXII.

SALZBOURG (Concile provincial de), l'an 1219. Il y fut question du décret du quatrième concile de Latran, d'après lequel tous les ecclésiastiques, à l'exception des réguliers, devaient céder pendant trois ans le vingtième de leurs revenus, pour venir au secours de la terre sainte. *Conc. Germ. t.* III.

SALZBOURG (Concile de), tenu à Mildorf, l'an 1249. *Voyez* MILDORF, même année.

SALZBOURG (Concile de), l'an 1274. Frédéric, archevêque de Salzbourg et légat du saint-siège, tint ce concile provincial dans sa métropole. Il y publia les canons du deuxième concile général de Lyon, et fit relire les constitutions publiées par Gui, cardinal et légat du saint-siége, dans le concile tenu à Vienne en Autriche, l'an 1267, auxquelles il ajouta les vingt-quatre capitules suivants :

1. Les abbés de l'ordre de saint Benoît tiendront tous les ans des chapitres provinciaux pour la réforme de la discipline monastique, qui a beaucoup souffert de l'interruption de ces chapitres.

2. On fera revenir les moines fugitifs. Les incorrigibles et ceux qui commettent des crimes énormes seront mis en prison. Les abbés ne pourront point dispenser de l'obéissance les moines qui passent dans un ordre plus austère.

3. On condamne la mauvaise coutume des abbés qui envoient des moines dans d'autres monastères pour des fautes légères, au lieu de les punir dans les monastères mêmes où ils ont commis ces fautes. Que si l'abbé est obligé d'envoyer un moine dans un autre monastère, il ne le fera pas sans le consentement de l'évêque, qui jugera lui-même des raisons du changement et du temps du retour.

4. Les abbés ne pourront ni se servir des habits pontificaux, ni bénir les habits et les vases sacrés, ni accorder des indulgences, et faire les autres fonctions pontificales, s'ils ne justifient de leurs privilèges dans le premier concile provincial.

5. On défend la même chose aux chanoines réguliers.

6. On révoque les pouvoirs donnés aux religieux de confesser, d'accorder des indulgences, ou de faire d'autres fonctions sacerdotales.

7. Ceux qui ont plusieurs bénéfices se contenteront de celui qui leur a été donné le dernier, et seront privés des autres, s'ils ne justifient avant la tenue du premier concile provincial, qu'ils ont obtenu du supérieur, qui a droit de la donner, une dispense pour les posséder.

8. Tous les clercs qui ont des bénéfices à charge d'âmes, seront tenus à la résidence, sous peine de la privation des fruits et de l'administration du temporel de leur bénéfice.

9. On soumet à la même peine ceux qui ne prennent pas les ordres dans le temps prescrit par les canons.

10. Dans les bénéfices où il doit y avoir des vicaires, l'évêque leur assignera, pour leur entretien, une portion congrue sur les revenus de ces bénéfices ; sinon, il sera obligé d'y pourvoir lui-même après trois mois.

11. Les clercs et surtout les prêtres auront les cheveux coupés de façon que leurs oreilles paraissent. Ils porteront des habits fermés, et ne se serviront point de ceintures argentées, ni ornées d'aucun métal.

12. Un clerc dans les ordres sacrés, qui entre au cabaret pour y boire ou y manger, à moins qu'il ne soit en voyage, sera suspens

de son office, jusqu'à ce qu'il ait jeûné un jour au pain et à l'eau. S'il y joue aux jeux de hasard, il jeûnera deux jours au pain et à l'eau. S'il ne se corrige pas, ou s'il continue ses fonctions quoique suspens, il sera privé de son bénéfice par sentence de l'évêque.

13. L'évêque fera mettre en prison tout prêtre qui aura célébré dans la suspense ou l'excommunication. Il en fera de même à l'égard d'un clerc ou d'un religieux surpris dans un vol ou tout autre crime énorme.

14. Ceux qui feront fracture à une prison, pour sauver un clerc ou un moine emprisonné par l'ordre de son évêque, seront excommuniés.

15. Aucun prélat ne pourra couper les cheveux à qui que ce soit, homme ou femme, ni lui donner l'habit religieux, ou souffrir qu'il le porte, à moins qu'il ne fasse profession d'une règle dans un ordre approuvé, et qu'il ne se destine à un monastère.

16. On ne fera point l'aumône aux écoliers vagabonds.

17. On défend un certain jeu appelé *l'épiscopat des enfants*, que des ecclésiastiques faisaient dans les églises.

18. Les évêques feront observer les censures portées par d'autres évêques.

19. On chômera, dans toute la province, les fêtes des saints Rupert, Virgile et Augustin, patrons de Salzbourg.

20. Aucun religieux ne pourra se choisir un confesseur hors de son ordre, si ce n'est par la permission de l'évêque.

21. On mettra en prison les moines ou les religieux qui emploieront les puissances séculières pour se soustraire à la correction de leur supérieur, et ils seront incapables de posséder aucun bénéfice ou office dans leur église ou monastère.

22. On ordonne l'interdit général dans toute la province pour punir l'emprisonnement d'un évêque, ou la persécution que l'on ferait à son église; mais on en excepte la personne et le domaine des princes, à moins qu'ils ne méprisassent les avertissements qu'on pourrait leur donner sur cela, et qu'ils ne refusassent de réparer, dans l'espace d'un mois, les torts qu'ils auraient faits.

L'interdit est une censure par laquelle l'Eglise prive les fidèles de l'usage de certaines choses saintes, telles que les sacrements, les offices divins, l'entrée de l'église, la sépulture ecclésiastique. Quand l'interdit affecte immédiatement la personne en la privant de l'usage des choses saintes, en quelque endroit qu'elle se trouve, on l'appelle *personnel*. Si l'interdit affecte le lieu immédiatement, en empêchant d'y faire l'office divin et d'y administrer les sacrements, etc., on le nomme *local*. L'interdit local est général ou particulier. Il est général quand il tombe sur une ville, une province, un royaume entier. Il est particulier, lorsqu'il ne tombe que sur un lieu spécial, comme sur une église. L'origine des interdits est fort incertaine. Il y en a qui croient apercevoir le premier exemple de l'interdit local dans l'épître 244 de saint Basile, qui veut qu'on excommunie celui qui a ravi une fille, et avec lui ses complices, et que les habitants du lieu où le ravisseur a été reçu avec la fille ravie soient privés de la communion des fidèles. D'autres pensent que cet endroit de saint Basile ne contient pas un interdit formel, et soutiennent que le premier exemple d'interdit local que nous ayons dans toute l'Eglise est celui que rapporte Grégoire de Tours, lorsqu'il nous apprend que Leudowal, archevêque de Rouen, fit fermer toutes les églises de cette ville, jusqu'à ce qu'on eût reconnu le meurtrier de saint Prétextat, archevêque de la même ville, qui avait été assassiné dans sa propre église en 589. Les interdits locaux n'ont donc commencé que sur la fin du sixième siècle; et, dans le neuvième, on ne connaissait point encore les interdits généraux. Mais ils devinrent si communs dans le onzième siècle, particulièrement sous saint Grégoire VII, que certains auteurs ont cru que ce pape était l'inventeur de cette espèce de censure, qu'Yves de Chartres, mort l'an 1115, appelait *remedium insolitum, ob suam nimirum novitatem* (epist. 94). Dans la suite, les papes ont été obligés eux-mêmes de modérer la sévérité avec laquelle on faisait observer les interdits locaux, à cause des troubles et des scandales qui en résultaient. On permit d'abord de donner le baptême et la communion aux mourants, ensuite de prêcher dans les églises interdites, et d'administrer le sacrement de la confirmation; puis de dire une messe basse toutes les semaines, sans sonner, en tenant les portes de l'église fermées; enfin, de dire tous les jours la messe sans chant, les portes de l'église étant fermées; de sonner et de chanter le service, mêmes portes étant ouvertes, aux quatre fêtes solennelles de l'année. Ce dernier règlement est du pape Boniface VIII. Depuis ce temps, le concile de Bâle, *sess.* 20, *art.* 3, a encore augmenté toutes ces modifications, en proscrivant, par son fameux décret, *Quoniam ex indiscreta interdictorum multitudine,* etc. les interdits généraux sur les lieux entiers, si ce n'est pour une faute notable de ces lieux, ou de leurs seigneurs, gouverneurs, officiers publics, et non pas pour la faute d'une personne particulière, à moins que cette personne n'ait été dénoncée publiquement dans l'église, et que les gouverneurs des lieux, requis par le juge de chasser cet excommunié, n'aient pas obéi avant deux jours; mais, quand l'excommunié aura été chassé, ou qu'il aura subi telle autre satisfaction convenable, l'interdit sera censé levé après les deux jours. La pragmatique sanction, titre 24, et le concordat de François Ier, titre 15, contiennent la même disposition.

Malgré toutes ces modifications, comme l'interdit local occasionnerait aujourd'hui bien des maux, tels que le trouble, le scandale, le libertinage, l'impiété, etc., on a cessé de le mettre en usage, quoique l'Eglise conserve toujours ses droits à cet égard, et qu'en vertu même de la liberté des cultes établie ou reconnue par la Charte constitutionnelle,

elle soit absolument libre de les exercer; mais elle ne juge pas à propos de les faire valoir jusqu'à ce point.

23. Défense, sous peine d'excommunication, de recevoir des cures ou des prélatures de la main des laïques, avant d'en être investi par l'évêque.

24. Défense aux avoués des églises de les vexer, et d'en exiger plus que leurs droits. *Lab.* XI.

SALZBOURG (Concile de), l'an 1281. Frédéric, archevêque de Salzbourg, tint ce concile qui fut composé de quatorze prélats, et qui publia dix-huit canons.

1. Défense d'aliéner les biens d'un monastère, sans la permission de l'évêque diocésain et sans le consentement de la communauté.

2. Les supérieurs des monastères rendront compte, une fois l'année, de leurs revenus à la communauté, en présence de l'évêque ou d'un député de sa part.

3. Tous les religieux jeûneront depuis la Saint-Martin jusqu'à Noël, et commenceront le jeûne quadragésimal à la Quinquagésime.

4. On emprisonnera les religieux notoirement propriétaires.

5. Les religieux porteront l'habit de leur ordre, soit dans l'enceinte, soit hors de leur monastère.

6. Tout supérieur qui refusera de recevoir son religieux fugitif ou expulsé, lorsqu'il en sera requis par l'évêque ou les visiteurs de l'ordre, encourra la suspense de l'administration du temporel, jusqu'à ce qu'il se soit rendu à ce qu'on lui demande.

7. Les abbés de l'ordre de saint Benoît tiendront leur chapitre général de trois ans en trois ans.

8. Les abbés, visiteurs et ceux qui iront au chapitre général, ne pourront avoir plus de huit chevaux pour leur équipage.

9. Toutes les religieuses mèneront la vie commune, et les abbesses seront tenues de coucher dans un même dortoir, et de manger dans un même réfectoire avec elles, depuis l'Avent jusqu'à Noël, et depuis la Septuagésime jusqu'à l'octave de Pâques.

10. Ceux qui ont plusieurs bénéfices à charge d'âmes se contenteront du dernier qu'ils auront obtenu, et se démettront des autres.

11. On réserve à l'archevêque le soin de mettre des vicaires dans les paroisses des curés qui ne pourront point y faire leur résidence.

12. Les avoués des églises qui ne justifieront point de leurs droits avant la fête de la Saint-Jean, au tribunal de l'ordinaire du lieu, ne seront plus écoutés sur leurs prétentions.

13. Ceux qui font violence aux clercs encourront les peines portées par les canons.

14. Ceux qui sont cause de la pollution d'une église ou d'un cimetière, en y versant le sang humain, payeront les frais de la réconciliation.

15. Les patrons ou les juges qui s'emparent des biens et des bénéfices des clercs décédés encourront l'excommunication portée par le droit.

16. On ordonne des prières pour la paix.

17. Les clercs et les laïques faussaires seront excommuniés.

18. Même peine contre les clercs qui reçoivent des églises de la main des laïques. *Reg. t.* XXVIII; *Lab. t.* XI; *Hard. t.* VIII.

SALZBOURG (Concile de), l'an 1287. Le légat Jean Bucomatio, évêque de Tusculum, tint ce concile. On y statua que l'on donnerait pendant six ans la dîme des revenus ecclésiastiques pour les besoins de la terre sainte. *Conc. Germ. t.* III.

SALZBOURG (Concile de), l'an 1288. L'archevêque Rodolphe tint ce concile avec ses suffragants le 11 novembre, à l'occasion de la translation des reliques de saint Vigile, archevêque de Salzbourg. On rapporte à ce concile deux lettres de Henri, duc de la basse Bavière, par lesquelles il exhorte les Pères du concile à ne rien ordonner de contraire aux mœurs et aux lois de la patrie. Avant de délibérer, on présenta à chaque évêque des tablettes au bas desquelles on pria chacun d'appliquer son sceau. Elles contenaient un anathème contre les clercs qui régiraient les affaires des princes séculiers, avec une défense à tout prélat de rendre hommage au seigneur laïque de la province. Le seul évêque de Seckaw refusa de sceller ces tablettes; les autres les scellèrent sans examen, et eurent lieu de s'en repentir, dit l'auteur de la *Germanie sacrée*. *Hansiz, German. sac. t.* II; *Mansi, t.* III, col. 131

SALZBOURG (Concile de), l'an 1291. Ce concile fut convoqué par l'ordre du pape Nicolas IV, pour délibérer sur les moyens de secourir la terre sainte. On y conseilla au pape d'unir ensemble les templiers, les hospitaliers et les chevaliers teutoniques. *Reg.* XXVIII; *Lab.* XI; *Hard.* VIII.

SALZBOURG (Concile de), l'an 1294. Meinard, duc de Carinthie, y fut excommunié avec ses fauteurs, parce qu'il retenait, après s'en être emparé, les évêchés de Trente et de Brixen. *Conc. Germ. t.* IV.

SALZBOURG (Concile de), l'an 1300. Conrad, archevêque de Salzbourg, et ses suffragants y convinrent d'envoyer à Rome des députés auprès du pape Boniface IX, pour demander à ce pontife des explications au sujet de sa constitution *Super Cathedram*, que les religieux prêcheurs et mineurs refusaient d'observer : ce qu'ils obtinrent. *Conc. Germ. t.* IV.

SALZBOURG (Concile de), l'an 1310. Conrad, archevêque de Salzbourg et légat d'Angleterre, tint ce concile avec six évêques, durant le carême. On y ordonna le payement de la décime que le pape Clément V avait demandée pour deux ans. On y renouvela aussi le douzième canon du concile de Salzbourg de l'an 1274, le deuxième canon du concile tenu en cette même ville l'an 1281, la décrétale du pape Boniface VIII contre les clercs qui exercent le métier de bateleurs ou de bouffons, et celle du pape Clément V qui modère la peine portée par la décrétale de Boniface VIII *Clericis laicos*. Quelques auteurs, comme le P. Labbe, rapportent mal à propos deux conciles de Salzbourg à cette année. *Reg.* XXVIII ; *Lab.* XI.

SALZBOURG (Concile de), l'an 1340. Le prêtre Rodolphe, coupable d'avoir répandu deux fois le précieux sang de Notre-Seigneur en célébrant le saint sacrifice, et traduit pour ce sujet devant le concile, y fut convaincu de soutenir que les juifs et les païens pouvaient être sauvés sans la grâce du baptême; que le corps de Jésus-Christ n'était pas véritablement sur les autels, et que les démons pourraient rentrer un jour en grâce avec Dieu, parce qu'ils n'avaient péché que par la pensée. Comme il refusa obstinément de rétracter ces erreurs, il fut dégradé par le concile et livré au bras de la puissance séculière, qui le condamna au supplice du feu. *Conc. Germ. t.* IV.

SALZBOURG (Concile provincial de), l'an 1380, tenu par Pérégrin II, archevêque de Salzbourg. *Conc. Germ. t.* IV.

SALZBOURG (Concile de), l'an 1386. Pilgrin, archevêque de Salzbourg et légat du saint-siège, tint au mois de janvier ce concile des évêques de sa province, dans lequel il publia dix-sept capitules.

Il est ordonné par le premier de célébrer l'office dans toutes les églises du diocèse d'une manière conforme aux usages de l'église cathédrale.

Dans le 2e il est dit que les prêtres n'absoudront point des cas réservés à l'évêque ou au saint-siège, s'ils n'en ont reçu le pouvoir.

Dans le 3e, que ceux qui ont ce pouvoir se garderont d'en abuser, comme ils le feraient en accordant l'absolution pour de l'argent.

Dans le 4e, que, dans les cas douteux, les confesseurs auront recours aux supérieurs.

Dans le 5e, que les clercs ne paraîtront jamais tête nue ni en public, ni dans l'église.

Dans le 6e, que les simples clercs ne porteront point les ornements distinctifs de ceux qui sont constitués en dignité, ou chanoines, ou docteurs ; et qu'ils n'auront non plus ni ceintures, ni courroies, ni poches ornées d'or ou d'argent.

Le 7e porte que l'on aura soin de tenir propres les ornements des églises.

Le 8e fait défense aux religieux mendiants de prêcher, qu'ils ne soient invités par les curés, et aux curés, d'en employer autrement qu'avec la permission de leurs supérieurs, ou de les admettre à prêcher ou à confesser dans les lieux où ils font résidence sans avoir été approuvés de l'évêque diocésain.

Le 9e et le 11e regardent l'immunité des clercs.

Le 10e est contre ceux qui méprisent les sentences d'excommunication.

Le 12e, contre ceux qui s'emparent de biens appartenant à l'église.

Le 13e, contre les usuriers.

Le 14e fait défense, sous peine d'excommunication, de citer des clercs devant des juges séculiers.

Le 15e, d'admettre des prêtres inconnus à célébrer l'office divin.

Le 16e porte qu'on ne reconnaîtra point de notaires, qu'ils n'aient été reçus par devant l'ordinaire ou l'official du lieu. Il n'est question ici que des notaires ecclésiastiques, dont la fonction était d'expédier les actes faits en matière spirituelle. Le droit d'approuver les notaires est attribué de même aux évêques par le concile de Trente (*sess.* 22, c. 10, *de Reform.*).

Le dernier capitule publié par le concile impose l'obligation aux évêques et aux archidiacres de prendre une copie de ces statuts. *Reg.* XXXI ; *Lab.* XI ; *Hard.* VIII.

SALZBOURG (Concile provincial de), l'an 1388. Ce concile eut cela de singulier que ses décrets dirigés, dit la chronique, en haine du duc Albert, principalement contre les clercs qui se chargeaient d'affaires séculières, eurent pour auteur l'archevêque seul, et pour signataires tous les évêques qui n'en savaient rien, excepté l'évêque de Seccovie, qui s'en doutait et qui refusa d'y apposer son sceau comme les autres. L'archevêque, usant de stratagème, et sous prétexte de faire sceller par tous les évêques rassemblés l'acte de canonisation de saint Vigile, inséra dans cet acte les statuts qui lui tenaient au cœur, et tous ses suffragants, excepté un seul qui exigea qu'on lui fît voir le contenu, scellèrent de confiance. *Mansi, Conc. t.* XXVI.

SALZBOURG (Concile de), l'an 1418 selon Hansiz, ou 1420 selon Richard.

Eberhard, archevêque de Salzbourg et légat du saint-siège, tint ce concile de sa province, pour le rétablissement de la discipline presque anéantie durant le schisme. On y confirma plusieurs anciens statuts, et on en fit trente-quatre nouveaux.

Le 1er déclare que c'est une erreur d'enseigner qu'un curé ou un prêtre qui est en état de péché mortel ne peut pas absoudre ni consacrer, et qu'il n'est pas vrai que l'évêque ou le curé ne puisse pas absoudre un prêtre du crime de fornication.

Le 2e porte que l'on tiendra des synodes provinciaux et diocésains, suivant qu'il est ordonné par les saints canons.

Le 3e abroge les coutumes établies contre la liberté des églises.

Le 4e ordonne que l'on n'admettra personne aux ordres sacrés, qu'il ne se soit auparavant confessé.

Le 6e exclut du clergé les bâtards.

Le 7e défend aux juges inférieurs d'empêcher l'appel aux supérieurs.

Le 8e ordonne aux curés de donner un revenu honnête à leurs vicaires.

Le 9e défend de prononcer légèrement et mal à propos une sentence d'interdit.

Le 10e explique les devoirs des prélats, et à quoi ils doivent prendre garde dans leurs visites.

Le 11e défend aux chapelains de chapelles particulières d'y célébrer sans avoir fait leur soumission à l'évêque ou à l'archidiacre, et leur enjoint de venir aux synodes.

Le 12ᵉ prive ceux qui extorquent des absolutions par violence, du fruit de l'absolution.

Le 13ᵉ ordonne que personne ne sera excusé de n'avoir point exécuté l'ordre de son supérieur, sous prétexte de perte de biens ou d'incommodité corporelle, si la chose n'est prouvée; et qu'à l'égard des préceptes négatifs, on ne recevra aucune excuse.

Le 14ᵉ, que les cessions de droits se feront en présence de l'évêque ou de l'official, après que les parties auront prêté serment d'agir sans feinte.

Le 15ᵉ règle la manière de citer ceux que les curés n'osent citer parce qu'ils les craignent.

Le 16ᵉ défend de traduire les clercs au tribunal laïque.

Le 17ᵉ renouvelle les canons touchant la modestie des habits dans les ecclésiastiques, et fait défense aux religieux devenus évêques de quitter leur habit de religion.

Le 18ᵉ prive les clercs concubinaires de leurs bénéfices, et les déclare inhabiles à en posséder.

Le 19ᵉ porte que les clercs qui ont un bénéfice jureront devant l'évêque ou l'archidiacre, avant d'en prendre possession, qu'ils n'ont point commis de simonie pour l'obtenir.

Le 20ᵉ défend aux patrons et aux collateurs des bénéfices d'en rien retenir sous quelque prétexte que ce soit.

Le 21ᵉ excommunie ceux qui ont pillé quelque chose, s'ils ne restituent dans le mois.

Le 22ᵉ déclare que celui qui engage une terre à cause de laquelle il a droit de patronage n'engage point ce droit.

Le 23ᵉ laisse la liberté aux clercs et à tous autres de tester.

Le 24ᵉ fait une obligation de faire un service pour l'archevêque ou l'évêque qui viendra à décéder : pour le premier, dans tous les évêchés de la province; et, pour le second, dans toutes les cures de son diocèse; et tout cela, sous peine de suspense contre ceux qui manqueront à ce devoir.

Le 25ᵉ défend à un curé d'administrer les sacrements à une personne qui n'est point de sa paroisse, ou d'entendre sa confession avant que celle-ci en ait demandé et obtenu la permission de son propre curé.

Le 26ᵉ prive du droit de patronage ceux qui dépouillent les églises dont ils sont patrons, après la mort de celui qui les possédait.

Le 27ᵉ défend aux prêtres de donner des repas le jour de la première messe.

Le 28ᵉ enjoint aux curés d'apprendre à leurs paroissiens la forme du baptême.

Le 29ᵉ défend aux avoués ecclésiastiques de vexer les églises.

Le 30ᵉ établit que l'on publiera trois fois l'année, dans les églises cathédrales et collégiales, les constitutions du concile de Constance contre les simoniaques.

Le 31ᵉ déclare excommuniés *ipso facto* ceux qui à l'avenir enterreront des morts dans des cimetières interdits.

Le 32ᵉ est contre les hussites.

Le 33ᵉ établit pour règlement que les juifs porteront un chapeau cornu, et les juives une clochette, afin qu'on puisse les distinguer.

Le 34ᵉ est contre le luxe et les parures des femmes. *Reg.* t. XXIX; *Labb.* t. XII; *Hard.* t. IX.

SALZBOURG (Synode diocésain de), présidé par Jean, prévôt et archidiacre de cette église, l'an 1420. Cinquante-neuf canons y furent publiés, particulièrement contre le concubinage des clercs, l'usure, la simonie, l'usurpation des biens et la violation des privilèges ecclésiastiques. *Conc. Germ.*, t. V.

SALZBOURG (Concile de), l'an 1440, tenu par l'archevêque Jean de Reisperger et ses suffragants, sur la question débattue entre le pape Eugène IV et les évêques assemblés à Bâle. On ignore quel en fut le résultat. *Hansiz, Germ. sacr.*

SALZBOURG (Concile de), l'an 1451, présidé par le cardinal légat Nicolas de Cusa. On y ordonna l'addition à la fin de la messe de la prière pour le pape et le prélat diocésain, avec mention de leurs noms propres, et la réforme de la discipline régulière dans les monastères. *Conc. Germ.* t. V.

SALZBOURG (Concile provincial de), l'an 1456. On y porta diverses plaintes contre les frères mineurs, accusés de multiplier leurs maisons sans prendre l'avis de l'ordinaire, et de gagner la confiance des peuples au préjudice du clergé séculier. *Conc. Germ.* t. V.

SALZBOURG (Concile provincial de), l'an 1490. On y fit plusieurs règlements de discipline, tirés en grande partie de ceux du concile de Bâle. On y publia de plus une constitution de Martin V, donnée le 19 décembre 1417, pendant la tenue du concile de Constance, pour confirmer les lois des empereurs Frédéric II et Charles IV, touchant les immunités ecclésiastiques et la sûreté des asiles sacrés. *Edit. Venet.*

SALZBOURG (Concile de), l'an 1544. Dans ce concile, présidé par l'archevêque Ernest de Bavière, et auquel assista le P. Claude le Jay, de la compagnie de Jésus, les évêques prirent l'engagement de ne traiter de la religion dans aucune réunion laïque, sans y être autorisés par le pontife romain. *Hansiz, Germ. sacr.*

SALZBOURG (Concile provincial de), l'an 1549. On s'occupa particulièrement dans ce concile d'arrêter les progrès de l'hérésie de Luther. *Hansiz, Germ. sacr.*

SALZBOURG (Concile de), l'an 1562. On y convint d'envoyer une députation à Trente, pour consulter les Pères du concile au sujet de l'usage du calice et du mariage des prêtres. *Hansiz, Germ. sacr.*

SALZBOURG (Concile provincial de), l'an 1569. Jean-Jacques, archevêque de Salzbourg, publia dans ce concile un corps de statuts pour la réforme du clergé et celle du peuple. L'un de ces statuts contient la défense de lire des livres d'auteurs hérétiques, sans l'autorisation du pontife romain. Un autre prescrit le consentement de l'évêque, tant pour l'admission que pour le renvoi d'un vicaire, etc. *Conc. Germ. t.* VII.

SALZBOURG (Concile provincial de), l'an 1373. Ce synode ne fut, en partie, que la confirmation du précédent. Jean-Jacques, archevêque de Salzbourg, y présida, ainsi qu'aux deux précédents de 1562 et 1569.

SALUCES (Synode diocésain de), 12 mai 1648. François Augustin della Chiesa, évêque de cette ville, soumis immédiatement au saint-siége, tint ce synode, qui fut le second de ceux qu'il célébra, et où il publia de nombreux décrets. La matière de ces décrets est la même que celle de tant d'autres de la même époque, sur la profession de foi suivant la forme prescrite par Pie IV, sur l'office divin, sur les sacrements et les sacramentaux, sur les églises et les autels, les jeûnes et les fêtes, les sépultures et les cimetières, sur la vie et l'habit des clercs, sur les lieux et les legs pieux, sur les maîtres d'école, sur les dîmes et les biens ecclésiastiques, sur les contrats et les usures, les superstitions et les blasphèmes, les hérétiques et les livres défendus, etc. *Decreti sinodali in Mondovi,* 1648.

SALZENSE (Concilium). Voy. SALZ.

SAMARITANENSE (Concilium). Voyez NAPLOUSE, l'an 1120.

SANCTAM-MACRAM (Concilium apud). Voyez FINES.

SAN-DIONYSIANA (Concilia). V. SAINT-DENIS.

SANGARE (Conciliabule de) en Bithynie, *Sangarense,* l'an 393, ou, selon D. Ceillier, l'an 392. Marcien, évêque des novatiens à Constantinople, assembla les évêques de sa secte pour remédier au schisme que le prêtre Sabbatius introduisait comme par surcroît parmi ces sectaires, à l'occasion de la Pâque. Pour ôter tout prétexte de schisme à Sabbatius, on décida dans un canon, qui fut nommé *l'Indifférent,* que chacun célébrerait la Pâque le jour qu'il lui plairait de choisir. Ce décret, sous prétexte de prévenir le schisme entre schismatiques, violait la discipline affermie dans toute la chrétienté par le concile de Nicée. *Socrat. Hist. l.* V, *c.* 21; *Sozom. Hist. l.* VII, *c.* 18.

SAN-MINIATO (Synode de). *Voy.* MINIATO.

SANTA-SEVERINA (Concile de), l'an 1597. François-Antoine Santorius, archevêque de Santa-Severina, ville d'Italie dans la Calabre ultérieure, tint ce concile provincial de concert avec ses suffragants. On y fit une profession de foi, selon le symbole de l'Eglise romaine, et l'on y exhorta les évêques à la maintenir de tout leur pouvoir. On y publia ensuite un grand nombre de canons de discipline touchant le choix des livres, l'abus des paroles de l'Ecriture sainte, les superstitions, les représentations, les images, l'enseignement dans les écoles et les cathédrales, les prédicateurs, l'observation des jours de fêtes, et enfin les autres matières tant de fois répétées dans les différents conciles. Il y a un article qui regarde les Grecs, où il est dit que leurs exemptions et tous leurs priviléges ayant été révoqués par le pape Pie IV, ils seront soumis désormais à la juridiction, à la visite et à la correction des évêques latins. *Mansi, t.* V.

SANTA-SEVERINA (Synode diocésain de), l'an 1668. *Voy.* SEVERINO.

SANTONENSIA (Concilia). Voy. SAINTES.

SARAGOÇA (Synode diocésain de), *Syracusana,* 4 octobre 1651, par Jean Antoine Capibianco, évêque de cette ville. Les statuts publiés dans ce synode sont divisés en trois parties : la première, sur la profession de foi et l'observation des fêtes; la seconde, sur les sacrements, et la troisième regarde la vie des clercs, les maisons religieuses et les divers offices ecclésiastiques. Nous n'y remarquons rien de particulier. *Synodus diœc. Syracusana prima; Catanæ,* 1651.

SARAGOÇA (Synode diocésain de), juin 1727, par Thomas Marini. Ce prélat zélé y publia des statuts nombreux et divisés en quatre parties, sur la foi et la religion, sur les personnes et sur les choses d'église, sur les jugements, les délits et les peines ecclésiastiques. On y prescrit avant tout la profession de foi de Pie IV. On ordonne contre les maléfices les exorcismes indiqués avec leur forme dans le Rituel romain. *Synodus prima ab illustriss. et rever. Thoma Marino.*

SARAGOSSE (Concile de), *Cæsar-Augustanum,* l'an 380. Ce concile fut tenu contre les priscillianistes, à Saragosse, capitale du royaume d'Aragon. Les évêques d'Aquitaine s'y trouvèrent avec ceux d'Espagne, au nombre de douze, dont le premier est nommé *Fitade,* que l'on croit être saint Phébade d'Agen; le second, saint Delphin de Bordeaux. Il ne nous reste des actes de ce concile qu'un fragment qui paraît en être la conclusion. Il est daté du 4 d'octobre de l'ère 418, c'est-à-dire de l'an 380, et contient divers anathèmes et divers règlements qui ont visiblement rapport aux priscillianistes.

Le 1er canon condamne les femmes qui s'assemblent avec des hommes étrangers, sous prétexte de doctrine, ou qui tiennent elles-mêmes des assemblées pour instruire d'autres femmes ;

Le 2e, ceux qui jeûnent le dimanche par superstition, et qui s'absentent des églises pendant le carême, ou pour se retirer dans les montagnes, ou dans des chambres, ou pour s'assembler dans des maisons de campagne ;

Le 3e, celui qui sera convaincu de n'avoir pas consumé l'eucharistie qu'il aura reçue dans l'église.

Le 4e défend de s'absenter pendant les vingt et un jours qui sont depuis le dix-septième de décembre jusqu'au sixième de janvier, c'est-à-dire depuis huit jours avant Noël jusqu'à l'Epiphanie.

Le 5e sépare de la communion les évêques qui auront reçu ceux que d'autres évêques auront séparés de l'église.

Le 6e défend aux clercs de quitter leur ministère, sous prétexte de pratiquer une plus grande perfection dans la vie monastique ; que, s'ils le quittent, ils seront chassés de l'église, et n'y seront reçus de nouveau qu'après qu'ils auront satisfait en le demandant longtemps.

C'est la première fois qu'il est parlé de la

vie monastique en Espagne. Ce canon ne la condamne pas. Il défend seulement aux clercs de quitter leur ministère pour l'embrasser, ou par mépris pour la cléricature, ou par légèreté d'esprit, ou sans permission de l'évêque.

Le 7⁰ est contre ceux qui s'attribuent le nom de *docteurs* sans une autorité légitime.

M. de l'Aubespine observe que le doctorat était une dignité dans l'Eglise. Tertullien, dans son livre des Prescriptions, le met au rang des ministères; et saint Cyprien, *epist.* 21, parle aussi des docteurs, et semble les mettre dans le clergé: *Optatum cum presbyteris, doctoribus, lectoribus doctorum audientium constituimus.* Ce canon défend donc de prendre le titre de docteur sans la permission de ceux qui ont droit de l'accorder, c'est-à-dire, des évêques qui instituaient les docteurs, de même que les archidiacres, les pénitenciers, et qui les inscrivaient dans le canon de l'Eglise. Les universités ont succédé dans la suite, en ce point, aux évêques, puisque ce sont elles aujourd'hui qui font les docteurs. Dieu veuille qu'elles n'en soient pas les ennemies!

Le 8⁰ ordonne de ne voiler les vierges qu'à l'âge de quarante ans, et par l'autorité de l'évêque.

Comme ces canons ont été faits contre les priscillianistes, et que ce furent eux qui occasionnèrent ce concile de Saragosse, il est bon de savoir que l'hérésie des priscillianistes eut pour premier auteur un nommé Marc, natif de Memphis en Egypte, très-habile magicien, et de la secte de Manès. D'Egypte il vint en Espagne où il eut pour disciples une femme de qualité, nommée Agape, et un rhéteur nommé Elpidius. Agape et Elpidius instruisirent Priscillien, et ce fut lui qui donna le nom à la secte des priscillianistes. C'était un composé monstrueux de tout ce qu'il y avait de plus grossier et de plus sale dans les sectes précédentes, particulièrement des manichéens et des gnostiques. Ils enseignaient, avec les sabelliens, que le Père, le Fils et le Saint-Esprit n'étaient qu'une seule personne. Ils disaient, avec Paul de Samosate et Photin, que Jésus-Christ n'avait pas été avant d'être né de la Vierge, et même que cette naissance n'était qu'apparente; soutenant avec Marcion et Manès que Jésus-Christ n'avait pas eu véritablement une nature humaine. Ils étaient ennemis de la croix, et ne voulaient pas croire la résurrection de la chair. Ils étaient ennemis du mariage, et le rompaient autant qu'ils pouvaient, séparant les maris des femmes, les femmes des maris, malgré l'opposition des parties. Ils prenaient ensuite ces femmes à titre de sœurs, et les menaient avec eux dans leurs voyages. Ils venaient à l'église avec les catholiques, et y recevaient l'eucharistie, mais ne la consumaient pas. Ils jeûnaient le dimanche et le jour de Noël; mais, ces jours-là, de même que durant le carême, ils tenaient leurs assemblées à la campagne. *D. Ceillier, t. V; d'Aguirre, t.* III.

SARAGOSSE (Concile de), l'an 592. Le 1ᵉʳ jour de novembre de cette année 592, la septième du roi Récarède, et la dernière de saint Grégoire le Grand, il y eut un concile à Saragosse, où se trouvèrent onze évêques et deux diacres qui représentaient deux évêques absents. Artémius, évêque de Taragone et métropolitain de la province, y présida. On n'y fit que trois canons.

Le 1ᵉʳ porte «que les prêtres ariens qui seront retournés à l'Eglise catholique pourront, s'ils sont purs dans la foi et dans les mœurs, faire les fonctions de leur ordre, après avoir reçu de nouveau la bénédiction du sacerdoce (*a*); et de même pour les diacres;» mais que «ceux dont la vie ne sera pas régulière demeureront déposés, en restant néanmoins dans le clergé.» C'est que la plupart ne gardaient point la continence.

Le 2⁰ dit «que les reliques trouvées chez les ariens seront portées aux évêques et éprouvées par le feu,» et que «ceux qui les retiendront ou les cacheront seront menacés d'excommunication.»

On croyait en ce temps-là que les véritables reliques ne pouvaient être consumées par le feu; (*b*) et c'est pour cela que le concile ordonne cette épreuve, pour vérifier celles qui seraient trouvées dans les lieux infectés de l'hérésie arienne. L'histoire ecclésiastique nous fournit un grand nombre d'exemples de ces sortes d'épreuves, sur lesquelles on peut consulter entre autres le savant Mabillon, dans sa préface du sixième siècle bénédictin, n. 45. Au reste cette superstition comme le fait remarquer fort à propos le P. Alexandre, n'a jamais été approuvée par l'Eglise romaine, la mère et la maîtresse de toutes les autres.

Le 3⁰ veut que, si des évêques ariens ont consacré des églises, avant d'avoir reçu la bénédiction (qui les réconcilie à l'Eglise catholique), elles soient consacrées de nouveau.

Ces canons sont suivis d'une lettre de quatre évêques du concile, par laquelle ils consentent à ce que les receveurs du fisc prennent un certain droit pour chaque boisseau (*c*) de grain, qui provenait apparemment des terres de l'Eglise. *D'Aguirre, t.* II; *Anal. des Conc., t.* I.

SARAGOSSE (Concile de), l'an 691. Ce

(*a*) *Acceptam denuo benedictionem* (forte, *accepta denuo benedictione*, dit D'Aguirre) *presbyteratui* (Loaisa, *presbyterii*, sed melius *presbyteratui*, dit le même cardinal) *sancte et pure ministrare debeant*. Taraise de Constantinople, comme l'observe Noël-Alexandre, interpréta, au septième concile général, act. 1, cette nouvelle bénédiction, que devaient recevoir les prêtres ariens qui revenaient à l'Eglise catholique, dans le sens d'une nouvelle imposition des mains, mais non dans celui d'une nouvelle consécration; et le savant dominicain prouve, par le 18⁰ canon du IV⁰ concile de Tolède, que l'Eglise d'Espagne n'était pas plus dans l'usage de réitérer le sacrement de l'ordre que de réitérer le baptême. *Nat. Alex. Hist. Eccl.*

(*b*) *Igne probentur.* Le P. Noël-Alexandre conjecture que cela pourrait signifier ici la même chose que *In ignem consumendæ conjiciuntur;* car, ajoute-t-il, ces évêques d'Espagne voyaient moins de danger à brûler des reliques douteuses qu'à en exposer de fausses à la vénération du peuple, en conservant comme de sacrés dépôts ce qui n'était peut-être que des ossements de réprouvés.

(*c*) *Pro uno modio canonico*, dit le texte.

concile fut tenu le 1er novembre de cette année, et fit cinq canons.

Le 1er fixe au dimanche le jour de la dédicace des églises.

Le 2e ordonne aux évêques de s'adresser au métropolitain pour savoir le jour de la Pâque, et de se conformer à ce qu'il aura ordonné sur ce sujet, afin que cette solennité soit célébrée partout en même temps.

Le 3e défend aux moines de recevoir dans l'intérieur de leur cloître des séculiers pour y faire leur demeure, si ce n'est des personnes d'une probité connue, ou des pauvres qui aient besoin d'y trouver l'hospitalité.

Le 4e ordonne que les esclaves de l'Eglise, qu'un évêque aura affranchis, soient obligés de montrer à son successeur leurs lettres d'affranchissement, dans l'année qui courra après la mort de l'évêque, sous peine d'être remis en servitude.

Le 5e oblige les veuves des rois à prendre l'habit de religieuses, et à s'enfermer dans un monastère le reste de leurs jours, de peur que, si elles restent dans le monde, on ne leur manque de respect, ou qu'elles ne soient exposées à quelque insulte. *D'Aguirre, t.* IV.

SARAGOSSE (Concile de), l'an 1318. Pierre de Lune, premier archevêque de Saragosse, tint ce concile le 13 décembre avec ses suffragants. On y publia solennellement l'érection de Saragosse en métropole, faite l'année précédente. *Carrillo, catalog. præsulum eccl. Cæsaraug.*

SARAGOSSE (Synodes provinciaux de), années 1328, 1338 et 1342, sous l'archevêque D. Pedro; 1352, 1357, 1361 et 1377, sous D. Lopez; 1393 et 1395, sous D. Garsias; 1417, sous D. Francisco; autre d'une époque incertaine, sous D. Dalmace; un autre, l'an 1462, tenu à Albalat par D. Juan d'Aragon: un autre par le même, l'an 1475; autres tenus en 1479, 1487, 1493 et 1498, par Alphonse d'Aragon. Au dernier de tous ces synodes provinciaux, le prélat qui le présidait publia, sous le modeste titre de *compilation*, un choix de toutes les constitutions synodales portées aux diverses époques que nous venons de dire. *Compilatio omnium constitutionum provincialium et synodalium Cæsaraugustan.*

SARAGOSSE (Concile provincial de), l'an 1565, présidé par l'archevêque Alphonse d'Aragon; les évêques d'Utique, de Pampelune, de Calahorra, d'Huesca et de Jacca s'y trouvèrent. Il nous en manque les actes, que ne put se procurer le cardinal d'Aguirre. *Conc. Hisp. t.* IV.

SARAGOSSE (Synode de), 30 avril 1657, par l'archevêque D. Juan Cebrian. Ce prélat y publia de nombreuses constitutions comprises sous quarante-quatre titres, et ayant pour objet la foi, les sacrements, les biens d'église, la répression de l'usure et du sortilége, les juges et les examinateurs synodaux, etc. *Constituciones sinod. de l'arçobispado de Saragoza.*

SARAGOSSE (Synode diocésain de), 20 octobre 1697, par Antoine Ybanes de la Riva Herrera, archevêque de cette ville. Les lumineuses constitutions publiées dans ce synode sont divisées en quatre livres. Dans le premier on traite de la doctrine chrétienne, des commandements de Dieu et de l'Eglise, de la bonne administration et de l'usage des sacrements. Le second a pour objet les lieux saints ou pieux, le culte divin, les obligations des prêtres et des clercs. Le troisième concerne les jugements ecclésiastiques, les délits et les peines. Le quatrième et dernier regarde les juges et les ministres du tribunal ecclésiastique. *Constituc. sinod.*

SARDAIGNE (Concile de), l'an 521. *Voy.* ANDREA, même année.

SARDAIGNE (Concile de), tenu à Bonarcada, l'an 1263, par Prosper, archevêque de Torré. On ne sait rien du reste. *Mansi, Conc. t.* XXIII.

SARDIQUE (Concile de), *Sardicense*, l'an 347. On croit avec assez d'apparence que l'empereur Constant assista au concile de Milan, et que ce fut là qu'il se détermina enfin à écrire à son frère Constance, pour la convocation d'un concile œcuménique, comme le seul moyen de remédier aux maux de l'Eglise. Ce qui est certain, c'est qu'il était à Milan lorsqu'il écrivit sur ce sujet, quatre ans depuis que saint Athanase fut arrivé à Rome, c'est-à-dire en 345, et qu'il le fit par le conseil de divers évêques qui s'y trouvèrent. Ceux qui contribuèrent le plus à lui faire prendre cette résolution, furent le pape Jules (*Ap. Hilar. fragm.* 3), Maxime ou Maximin, évêque de Trèves, et le fameux Osius. Nous trouvons dans les historiens de l'Eglise que saint Athanase même et les autres prélats déposés lui en firent la demande, en lui représentant qu'il n'y allait pas moins de la vérité de la foi que de leur propre intérêt, puisque leur déposition ne tendait qu'au renversement de la foi et de la véritable doctrine de l'Eglise. Il y a en effet beaucoup d'apparence qu'ils avaient sollicité leurs amis de demander ce concile, comme les eusébiens le reprochaient à saint Athanase, ou du moins ils contribuèrent à l'exécution de ce dessein; mais il est certain que Constant en avait déjà écrit à son frère, avant que saint Athanase en eût aucune connaissance; puisque lui-même assure avec serment qu'ayant reçu ordre de Constant de l'aller trouver à Milan, il ne sut pourquoi on le mandait que lorsque, s'en étant informé sur les lieux, il apprit que ce prince avait écrit et député à son frère pour le concile.

L'empereur Constance n'ayant pu refuser à son frère Constant une demande si juste, ils convinrent de part et d'autre de s'assembler, tant de l'Orient que de l'Occident, et arrêtèrent que le concile se tiendrait à Sardique. Cette ville, qui est dans l'Illyrie, et métropole des Daces, était d'autant plus commode pour l'exécution de ce dessein, qu'elle servait comme de borne aux deux empires, étant située sur les confins de l'Orient et de l'Occident. Nous avons diverses lois de Constantin qui en sont datées, et qui font voir qu'elle était considérable dès auparavant, et que ce prince y faisait assez souvent sa demeure. Le concile s'ouvrit sous le consulat de Rufin et d'Eusèbe, onze ans depuis la mort du grand Constantin, c'est-à-dire en l'an 347, après le 22 de mai; et il paraît que c'était dans le temps que Constance était en campagne contre les Perses, c'est-à-dire, plutôt vers la fin de l'année qu'au commencement. Il était composé d'évêques de plus de trente-cinq provinces, sans compter les Orientaux, qui se retirèrent : en les comprenant tous, il s'en trouva d'Espagne, des Gaules, d'Italie, de Campanie, de Calabre, de la Pouille, d'Afrique, de Sardaigne, des Pannonies, des Mysies, des Daces, de Norique, de Siscie, de Dardanie, de Macédoine, de Thessalie, d'Achaïe, d'Epire, de Thrace, de Rhodope, qui était une partie de la Thrace, de Palestine, d'Arabie, de Candie, d'Egypte, d'Asie, de Carie, de Bithynie, de l'Hellespont, des deux Phrygies, de Pisidie, de Cappadoce, de Pont, de Cilicie, de Pamphylie, de Lydie, des Cyclades, de Galatie, de Thébaïde, de Libye, de Phénicie, de Syrie, de Mésopotamie, d'Isaurie, de Paphlagonie, d'Asie, d'Europe, de la province de Thrace appelée Heminont, et de la Massilie, que l'on ne connaît point entre les provinces romaines.

Pour le nombre des évêques qui assistèrent à ce concile, quoiqu'on ne puisse douter qu'il ne fût considérable, eu égard à tant de différentes provinces d'où ils étaient venus, il n'est pas néanmoins aisé de le savoir au juste, les anciens ne s'accordant pas en ce point. Socrate et Sozomène en mettent environ trois cents de l'Occident, et soixante-seize de l'Orient : saint Athanase en compte cent soixante-dix, tant de l'Orient que de l'Occident; mais il paraît n'y avoir pas compris les eusébiens, qui à la vérité vinrent à Sardique au nombre de quatre-vingts, mais qui refusèrent de se présenter au concile. Ainsi il ne s'éloignait guère de Théodoret, qui en tout en compte deux cent cinquante, comme on le trouve, dit-il, dans les anciens monuments.

Le grand Osius de Cordoue a été considéré comme le père et le chef de ce concile. Saint Athanase l'en appelle, tantôt le premier, en quoi il est suivi par Théodoret, tantôt le père. Sozomène, voulant marquer les orthodoxes qui étaient dans ce concile, dit que c'étaient ceux qui étaient avec Osius: le concile même relève cet évêque au-dessus de tous les autres par un éloge magnifique. Celui de Chalcédoine dit qu'il était le chef des sentiments de cette assemblée. C'est lui aussi qui signa le premier la lettre circulaire, et celle que le concile écrivit au pape Jules; et la manière dont les eusébiens parlent de lui fait voir encore qu'il avait présidé à ce concile. Les prêtres Archidame et Philoxène sont nommés après lui, comme ayant signé au nom du pape Jules. On y joint avec eux un diacre nommé Léon, qui paraît par là avoir aussi été légat du pape; néanmoins on ne voit pas qu'il ait eu séance au concile en cette qualité; et le cardinal Baronius ne reconnaît point d'autres légats qu'Archidame et Philoxène. Il semble que le pape Jules avait été prié de se trouver à Sardique avec les autres évêques; mais il s'en excusa sur la crainte des maux qui pourraient arriver à son Eglise, et le concile témoigna être satisfait de ses raisons.

Protogène, évêque de Sardique, suit dans saint Athanase, après les légats du pape. Il tenait le premier rang parmi les Occidentaux avec Osius, selon Sozomène; et les Orientaux joignent diverses fois Osius et Protogène, comme représentant le corps du concile. Peut-être lui accorda-t-on cette prérogative, parce que le concile se tenait dans sa ville; il pouvait aussi être considérable par son ancienneté de même qu'Osius; au moins Constantin lui avait adressé un rescrit en faveur de l'Eglise, dès l'an 316. Il avait assisté au concile de Nicée, où on prétend même qu'il avait tenu un des premiers rangs. Les eusébiens lui reprochent des crimes aussi peu prouvés que le meurtre d'Arsène, qui, disent-ils, avaient été cause que Jean de Thessalonique n'avait jamais voulu communiquer avec lui; mais son véritable crime était, qu'ayant d'abord signé, à ce qu'ils prétendent, la condamnation de Marcel d'Ancyre et de saint Paul de Constantinople, il les avait depuis reçus à sa communion, et qu'il défendait alors leur cause, avec celle de saint Athanase.

A la tête des trente-quatre évêques des Gaules qui ont signé les décrets du concile de Sardique, saint Athanase met Maximin et Vérissime, dont le second était évêque de Lyon, et le premier était indubitablement le célèbre saint Maximin de Trèves, qui sans doute vint soutenir la vérité en cette rencontre, comme il avait fait en tant d'autres. Les anathèmes lancés contre lui par les eusébiens nous en fournissent une grande preuve. On peut remarquer entre les autres évêques qui assistèrent à ce concile saint Protais de Milan, Fortunation d'Aquilée, saint Sévère de Ravenne, saint Lucille de Vérone, Vincent de Capoue, tous évêques d'Italie; Gratus de Carthage, chef de tous les évêques d'Afrique; Alexandre de Larisse, métropole de la Thessalie; Aèce (a) de Thes-

(a) *Apud Hilar. fragm.* 2, *pag.* 1293, *et Concil. tom.* II, *pag.* 638. Il semble par la lettre des Orientaux du faux concile de Sardique, que Jean était alors évêque de Thessalonique. « Quia Joannes Thessalonicensis, disent-ils, Protogeni frequenter probra multa, criminaque objecit... cui communicare nunquam voluit; nunc vero in amicitiam recepius, quasi pejorum consortio expurgatus, apud ipsos habeatur ut justus. » Cependant les signatures du concile de Sardique, tant dans saint Hilaire que dans les Conciles, portent expressément le nom d'Aèce, évêque de Thess-

lonique dans la Macédoine; il faut donc, ou qu'il y ait une faute dans l'un de ces endroits, ou que Jean fût aussi appelé Aèce, ce qui est plus vraisemblable, puisque saint Athanase ne marque aucun Jean dans les souscriptions du concile, que l'on puisse présumer être Jean de Thessalonique. On peut aussi donner ce sens aux paroles des eusébiens: que quoique Jean, tant qu'il avait vécu, n'eût jamais voulu communiquer avec Protogène à cause de ses crimes, le concile de Sardique n'avait pas laissé de recevoir Protogène comme innocent : ainsi Aèce pourra avoir été suc-

salonique, capitale de la Macédoine; Gaudence de Naïsse dans la Dace, qui mérita aussi les anathèmes des eusébiens, parce qu'il n'avait pas condamné leurs ennemis, comme Cyriaque son prédécesseur, et qu'il avait même défendu avec beaucoup de générosité saint Paul de Constantinople. Les Grecs disent que Régin, évêque de Scopèle dans l'Archipel, dont les ariens firent depuis un martyr, assista au concile de Sardique. Arsène, qu'on prétendait avoir été tué par saint Athanase, parait aussi y être venu pour rendre témoignage par sa vie même contre les calomniateurs de ce saint.

Outre les évêques orthodoxes, qui étaient presque tous d'Occident, il en vint à Sardique quatre-vingts ou soixante-seize (a) de diverses provinces de l'Orient, mais attachés au parti des eusébiens, partie par passion, partie par crainte, et peut-être quelques-uns par ignorance. Leurs noms se lisent, mais avec quelque corruption (b), à la fin de la lettre schismatique qu'ils écrivirent pour justifier leur retraite de Sardique. Les principaux étaient Théodore d'Héraclée, Narcisse de Néroniade, Etienne d'Antioche, Acace de Césarée en Palestine, Ménophante d'Ephèse, avec Ursace de Singidon en Mésie, et Valens de Murse en Pannonie, qui, quoique Occidentaux, étaient toujours liés avec les eusébiens d'Orient. Il y faut joindre Maris de Chalcédoine et Macédone de Mopsueste, puisqu'ils avaient été députés par le concile de Tyr à la Maréote; car tous ces députés se trouvèrent à Sardique, hors le seul Théognis de Nicée, qui était mort. On peut encore remarquer dans leurs souscriptions Quintien, usurpateur du siége de Gaza, Marc d'Aréthuse, Eudoxe de Germanicie, Basile d'Ancyre, Dion de Césarée, qui est le même que Diance de Césarée en Cappadoce, Vital de Tyr, Proérèse de Synope, Bythinique de Zelona en Arménie, Olympe de Dorique en Syrie, dont les trois derniers ont assisté, comme on croit, au concile de Gangres; Callinique de Péluse, ce grand mélétien qui s'était déclaré accusateur de saint Athanase dans le concile de Tyr; Démophile de Coé ou de Bérée, Eutyque de Philippopolis, où ils étaient assemblés lorsqu'ils écrivirent leur lettre; et le fameux Ischyras, à qui, en récompense de ses calomnies, l'on avait donné le titre d'évêque de la Maréote. Le concile même témoigne assez clairement qu'il était venu à Sardique avec les eusébiens.

Saint Athanase se trouva aussi à Sardique, de même que Marcel d'Ancyre, Asclépas de Gaza et divers autres, tant de ceux que les eusébiens avaient accusés, que de ceux qui venaient pour les accuser eux-mêmes des violences qu'ils en avaient souffertes. On y voyait non-seulement ceux qu'ils avaient bannis, mais aussi les chaînes et les fers dont ils avaient chargé des innocents. Il y avait encore des évêques et d'autres personnes qui y venaient porter les plaintes de leurs parents et de leurs amis qui étaient en exil, ou à qui l'animosité des eusébiens avait fait perdre la vie et procuré en même temps l'honneur et la gloire du martyre. Ils en étaient venus à un tel excès de fureur, qu'ils avaient attenté à la vie des évêques mêmes. Théodule de Trajanople était mort en fuyant, pour éviter le supplice auquel ils l'avaient fait condamner par leurs calomnies. Entre divers autres évêques qu'ils avaient persécutés, il y en avait un présent au concile qui montrait les chaînes et les fers qu'ils lui avaient fait porter (ce pouvait être saint Luce d'Andrinople); d'autres montraient les coups de couteaux qu'ils avaient reçus, et d'autres se plaignaient d'être presque morts de faim. Diverses Eglises y avaient député, pour représenter les violences qu'elles avaient endurées par l'épée des soldats, par les insultes d'une multitude armée de massues, par la terreur et les menaces des juges, et pour se plaindre des lettres qu'on leur avait supposées; car Théognis en avait supposé plusieurs, pour irriter les empereurs contre saint Athanase, Marcel et Asclépas, comme on le vérifia par ceux qui avaient été ses diacres. On n'oublia pas non plus les vierges dépouillées, les églises brûlées, les ministres de l'Eglise emprisonnés, et tout cela sans autre sujet que parce qu'on ne voulait pas communiquer avec l'hérésie des ariens et d'Eusèbe, comme parle le concile. L'Eglise d'Alexandrie avait écrit au concile sur ce sujet, et l'on y vit venir diverses personnes, tant de la ville que de la Maréote et des autres endroits d'Egypte. On y remarque particulièrement deux prêtres de cette Eglise, qui avaient été autrefois dans le parti de Mélèce, mais qui, ayant été reçus par saint Alexandre, demeuraient unis à saint Athanase. C'est sans doute ce grand concours de personnes que les eusébiens veulent marquer, lorsqu'ils disent, avec leurs mensonges ordinaires, que l'on voyait arriver d'Alexandrie et de Constantinople à Sardique

---

cesseur de Jean. On voit dans le seizième canon de Sardique, qu'Aèce y parle de l'Eglise de Thessalonique avec éloge. *Tillemont, note 51, sur S. Athanase.*

(a) Ces évêques disent dans leur lettre, *apud Hilar. fragm.* 3, *pag.* 1315, qu'ils étaient venus quatre-vingts à Sardique. Leurs signatures ne se montent néanmoins qu'à soixante-treize; mais il faut y ajouter Maris de Chalcédoine, Macédone de Mopsueste et Ursace de Singidon, que l'on voit d'ailleurs y être venus: ainsi nous trouverons soixante-seize eusébiens à Sardique, ce qui est justement le nombre qu'ils étaient, selon Sabin d'Héraclée, cité par Socrate, *lib.* II *Hist. cap.* 20, *pag.* 101.

(b) *Apud Hilar. fragm.* 3, *pag.* 1325 *et seq.* La plupart des noms sont altérés dans ces souscriptions; et quoiqu'on en puisse corriger une partie par l'histoire, il y en a beaucoup que l'on ne peut éclaircir. Il y a même un Telaphe qualifié évêque de Chalcédoine, quoique tout le monde sache que Maris en était alors évêque, et qu'il vivait encore sous Julien l'Apostat. Il était même à Sardique avec les autres, puisque tous les députés de la Maréote y étaient, à l'exception de Théognis de Nicée, déjà mort: ainsi il faut lire *Chalcide* en cet endroit, au lieu de *Chalcedoine*, ou dire qu'on a sauté du nom de Telaphe à l'évêché de Maris. On trouve encore dans ces souscriptions deux évêques de Troade, Pison et Nucome, et même un Eusèbe et un Eusème, tous deux de Pergame, quoiqu'on ne connaisse qu'une ville de Troade; car pour Pergame, outre celle qui est célèbre en Asie, on en met une seconde en Thrace. *Tillemont, note 52, sur S. Athanase.*

une multitude prodigieuse de scélérats et d'hommes perdus, coupables d'homicides, de meurtres, de carnage, de brigandage, de pillages, de vols, et en un mot de tous les crimes et de tous les débordements imaginables; qui avaient rompu les autels, brûlé les églises, pillé les maisons des particuliers, profané les mystères de Dieu, foulé aux pieds les sacrements de Jésus-Christ, et massacré cruellement les plus sages d'entre les prêtres, les diacres et les évêques, pour établir la doctrine impie des hérétiques contre la foi de l'Eglise. Néanmoins, ajoutent les eusébiens, Osius et Protogène les reçoivent dans leurs assemblées, et les traitent avec honneur.

On ne peut douter que les eusébiens ne redoutassent fort le concile de Sardique. La crainte de l'issue qu'il pourrait avoir empêcha Georges de Laodicée d'y venir, et depuis ils parlèrent de la convocation de ce concile comme d'une chose tout à fait criminelle, qui avait troublé presque tout l'Orient et l'Occident. Ils se plaignirent de ce que l'on avait contraint les évêques d'abandonner toutes les affaires ecclésiastiques, le peuple de Dieu et la prédication de la doctrine; que l'on avait fait faire un long voyage à des vieillards chargés d'années, faibles de corps et accablés de maladie; qu'on les avait traînés de côté et d'autre, et qu'ils avaient été contraints d'abandonner leurs frères, qui étaient restés malades sur les chemins. Ils se flattaient néanmoins que leurs adversaires n'oseraient se présenter au concile, et ils s'imaginaient même pouvoir y dominer à leur ordinaire, par la puissance et la protection du comte Musonien, et d'un officier d'armée appelé Hésyque. Ils avaient mené deux personnes avec eux pour leur servir de protecteurs et pour défendre leur cause; au lieu que les autres y étaient venus seuls, n'ayant à leur tête que l'évêque Osius. Les eusébiens, flattés de ces espérances, partirent pour le concile avec assez de promptitude. Mais ayant appris en chemin que ce serait un jugement purement ecclésiastique, où ni les soldats ni les comtes n'auraient de place; que leurs adversaires, au lieu de fuir, se présentaient avec joie, et que l'on envoyait de toutes parts pour les accuser et pour les convaincre, alors les remords de leur conscience leur firent redouter un jugement qui devait avoir pour règle, non leur fantaisie et leur caprice, mais la loi de la vérité. Ainsi ils se trouvèrent dans un étrange embarras, qui les obligea de tenir en divers endroits, sur le chemin, des assemblées et des conférences. Ils avaient honte d'avouer les crimes dont ils se sentaient coupables; ce qu'ils ne pouvaient éviter s'ils venaient au concile, parce qu'il n'y avait plus moyen de les couvrir; et ils craignaient d'autre part de se reconnaître coupables s'ils n'y venaient pas. Ils convinrent donc ensemble qu'ils viendraient effectivement jusqu'à Sardique, mais sans comparaître au jugement, ni même venir dans le concile, et qu'aussitôt qu'ils seraient arrivés, et qu'ils auraient comme pris acte de leur diligence, ils s'enfuiraient promptement. Ils ajoutèrent de grandes menaces d'exercer les dernières violences contre ceux qui se sépareraient d'avec eux; et, pour leur en ôter toute occasion, ils obligèrent tous les évêques d'Orient à demeurer dans un même logis, ne souffrant pas qu'ils fussent jamais en particulier. Toutefois plusieurs les quittèrent sur les chemins, disant qu'ils étaient malades. Sozomène rapporte que, s'étant assemblés à Philippopolis avant de venir à Sardique, ils écrivirent aux Occidentaux que s'ils recevaient dans leur communion Athanase et les autres condamnés, ils ne pouvaient se joindre à eux. Mais on ne lit pas ailleurs cette circonstance

Quand ils furent arrivés à Sardique, ils se logèrent dans le palais, et s'y tinrent tellement renfermés, qu'ils ne laissèrent la liberté à aucun d'entre eux, ni de venir au concile, ni même d'entrer dans l'église, où il est assez croyable que le concile se tenait. Il y en eut deux néanmoins, qui, plus généreux que les autres, abandonnèrent leur impiété, et se joignirent au concile, où, après avoir déploré la violence qu'on leur avait faite, ils découvrirent les mauvais desseins et la faiblesse des eusébiens; ajoutant qu'il y en avait plusieurs venus avec eux qui étaient dans de très-bons sentiments, mais retenus par les menaces qu'on leur faisait. Ces deux évêques étaient Macaire de Palestine, et Astère d'Arabie. Ils sont tous deux qualifiés évêques de Pétra ou des Pierres. En effet, on met deux villes de Pétra, l'une dans la première Palestine, et l'autre dans la troisième, qui fait aussi quelquefois partie de l'Arabie. Macaire est presque toujours nommé Arius, et on prétend que c'est son véritable nom. Astère est aussi nommé Etienne dans saint Hilaire. La générosité de ces deux évêques leur fit mériter, aussitôt après le concile, d'être bannis dans la haute Libye, où ils furent extrêmement maltraités, et enfin d'être honorés par l'Eglise au nombre des saints, Astère le 10 juin, Macaire le 20 du même mois.

Les eusébiens, qui, comme nous l'avons dit, n'étaient venus à Sardique que pour s'en retourner aussitôt, en cherchaient tous les prétextes imaginables. Les Pères du concile avaient reçu dans leur assemblée saint Athanase et les autres accusés, souffrant non-seulement qu'ils eussent séance avec eux, mais aussi qu'ils célébrassent les saints mystères. Les eusébiens en prirent occasion de dire qu'ils ne pouvaient communiquer avec le concile, à moins qu'il ne se séparât de ces évêques condamnés. Ils rebattaient à ce sujet leurs vieilles accusations contre saint Athanase, qu'ils accusèrent d'homicide, mais sans le pouvoir prouver. Aussi le concile rejeta leur proposition, comme non recevable, après le jugement si authentique que le pape avait rendu en faveur de ce saint, fondé sur le témoignage de quatre-vingts évêques d'Egypte, qui l'avaient déclaré innocent. On devait encore avoir d'autant moins d'égard à la demande des eusébiens, que les empereurs avaient permis au concile de discuter de nouveau toutes les matières depuis leur origine; et ainsi les devaient être remises au même état où elles s'étaient trouvées avant le commencement de la dispute, c'est-à-dire avant le concile de Tyr. C'est apparemment ce que voulaient dire les Pères, lorsqu'ils soutenaient, au rapport des eusébiens, qu'ils étaient les juges des juges mêmes, et qu'ils devaient examiner de nouveau ce que les autres avaient déjà jugé. Sozomène dit que le concile déclara dans sa réponse que l'Occident ne s'était jamais séparé de saint Athanase ni des autres.

Les Orientaux ne demandaient pas seulement qu'on chassât Athanase et Marcel, mais ils voulaient aussi qu'on traitât de même Denys d'Edique, ou peut-être d'Elide dans le Péloponèse, et Bassus de Dioclétiane en Macédoine. Ils disaient que le premier avait été déposé par les Occidentaux mêmes; que le second, qui avait été fait évêque par eux, après avoir été banni de Syrie pour des crimes dont on l'avait convaincu, était tombé depuis dans des dérèglements encore plus grands, et avait aussi été déposé par les Occidentaux. On ne sait si tous ces reproches étaient bien fondés, mais on sait que ceux qui les faisaient étaient des menteurs à titre. Voilà les prélats que les eusébiens demandaient que l'on fît sortir du concile, si l'on voulait qu'ils y vinssent. Comme ils avaient besoin de ce prétexte, ils s'y tinrent obstinément, et firent durant plusieurs jours la même demande. Les Pères souhaitaient extrêmement qu'ils comparussent dans le concile, et qu'ils entreprissent de prouver leurs accusations. Ils les y exhortèrent autant qu'ils purent, et de vive voix et par écrit, non une fois ou deux, mais souvent. Ils leur représentaient qu'étant venus au lieu du jugement, ils ne pouvaient refuser de comparaître; qu'ils auraient dû ou n'y point venir du tout, ou ne point se cacher après y être venus; que c'était se condamner eux-mêmes ouvertement; qu'Athanase et les autres qu'ils accusaient en leur absence étaient là présents; que s'ils avaient des preuves contre eux, il était temps de les produire; que s'ils ne le faisaient pas, il ne leur servirait de rien de dire qu'ils ne l'avaient point voulu, parce que l'on croirait plutôt que c'était par impuissance, et qu'ainsi ils passeraient pour des calomniateurs; enfin que le concile ne pourrait en juger d'une autre manière, et qu'il serait obligé de reconnaître pour innocents Athanase et les autres, et de prendre leur protection. Ils ajoutaient à cela, qu'ils violaient les ordres de l'empereur par leur refus, que leur schisme était même honteux à la ville de Sardique, et capable de faire soulever le peuple contre eux. Saint Athanase de son côté, avec Marcel et Asclépas, priait les eusébiens de comparaître; il les en priait, les en conjurait avec larmes, et protestait hardiment que non-seulement il se purgerait de toutes leurs calomnies, mais qu'il les convaincrait d'opprimer les Eglises par leurs violences. Osius et les autres évêques leur déclaraient fort souvent ce défi d'Athanase et des autres; et ils reconnaissaient eux-mêmes que ces illustres accusés demandaient d'être jugés devant eux.

Ils ne firent pas apparemment de meilleures réponses à tout cela que celle qui se voit dans la lettre qu'ils écrivirent aussitôt après de Philippopolis, dont les deux principaux points sont, l'un qu'on introduisait une nouvelle loi dans l'Eglise, et qu'on faisait injure à l'Orient de vouloir que les jugements qu'ils avaient rendus fussent revus et examinés par l'Occident; l'autre, que les témoins et les accusateurs étaient morts. Le pape Jules avait fort bien répondu au premier; et pour le second, ils en reconnaissent assez la nullité eux-mêmes, lorsqu'ils disent que de six évêques qui avaient informé à la Maréote il y en avait encore cinq de reste, qui étaient à Sardique même.

Ils firent cette proposition : que des deux côtés on enverrait des évêques sur les lieux où l'on prétendait qu'Athanase avait commis les crimes dont il était accusé, pour faire une information exacte de la vérité des faits ; à condition que s'ils se trouvaient faux, ils demeureraient eux-mêmes déposés, sans pouvoir s'en plaindre, ni à l'empereur, ni au concile, ni aux évêques ; et que si au contraire on prouvait qu'ils fussent véritables, ceux qui avaient communiqué avec Athanase et Marcel, et qui les défendaient, seraient traités de la même manière. Ils proposaient ce parti avec beaucoup d'assurance; car, ni Osius, ni Protogène, ni les autres, n'avaient garde d'accepter un parti qui, par sa longueur, tendait à dissoudre le concile, et qui d'ailleurs était inutile, puisque toutes les personnes nécessaires étaient présentes, et que saint Athanase n'en demandait pas d'autres. Il y avait même du danger à accepter cette voie, puisque avec le crédit que les eusébiens avaient en Egypte, par la terreur de leur puissance, il leur eût été aisé de faire violence à la justice, et de faire faire une information à leur mode, comme ils avaient fait la première fois.

S'ils n'avaient demandé que la paix, ils auraient bien plutôt consenti à la proposition que leur fit Osius, lorsqu'ils le vinrent trouver dans l'église où il demeurait ; car il les exhorta par deux différentes fois à exposer sans crainte tout ce qu'ils avaient à dire contre saint Athanase. Il les assura qu'ils n'avaient rien à appréhender, qu'on ne rendrait aucun jugement qui ne fût juste: que s'ils ne voulaient pas proposer leurs accusations en plein concile, au moins ils le fissent devant lui seul; qu'il leur promettait que si, par cet examen, Athanase se trouvait coupable, les Occidentaux mêmes l'abandonneraient et l'excommunieraient; que quand même il se trouverait innocent, et qu'il aurait convaincu ses adversaires d'être des calomniateurs, si néanmoins ils avaient trop de répugnance à le recevoir, il lui persuaderait de venir avec lui en Espagne. Saint Athanase acquiesçait à cette proposition, montrant par là qu'il ne cherchait absolument que les intérêts de Jésus-Christ et de l'Eglise; mais ses adversaires refusèrent tout. Leur conscience leur faisait trop craindre cet examen, et plus on les pressait de justifier leurs plaintes, plus l'impossibilité où ils se voyaient de le faire les confirmait dans la résolution qu'ils avaient prise de se retirer, et d'avouer par cette fuite honteuse qu'ils étaient des calomniateurs, plutôt que de s'en voir convaincre en présence de tout le concile. Quant aux suites que pouvait avoir leur retraite, ils savaient bien que, quand on les aurait condamnés en leur absence, ils avaient en Constance un puissant protecteur, qui ne souffrirait pas que les peuples les chassassent de leurs Eglises, et qu'ainsi ils trouveraient toujours moyen de défendre leur hérésie.

Après donc que plusieurs jours se furent écoulés à disputer sur les prélats que les eusébiens voulaient exclure du concile, et le terme marqué pour décider les affaires étant déjà passé, ils inventèrent un prétexte pour ne point s'y trouver, plus ridicule encore que celui dont ils s'étaient servis à Antioche, pour ne pas venir au concile de Rome. Ils publièrent que l'empereur leur avait mandé qu'il venait de remporter une victoire considérable sur les Perses, et ils n'eurent pas honte de faire dire au concile par un prêtre de Sardique, nommé Eusthate, que cette raison les obligeait de se retirer. Ils n'osèrent néanmoins l'alléguer dans la lettre qu'ils écrivirent peu après pour leur justification, dans laquelle ils se contentèrent de dire qu'ils avaient voulu se retirer à cause que les Pères refusaient de se séparer d'Athanase et des autres. Ils ajoutèrent qu'on avait soulevé le peuple, et qu'on avait excité une sédition contre eux dans la ville. Cependant le concile se moqua de leur prétexte impertinent, et leur écrivit en termes précis qu'ils eussent à venir se défendre des calomnies et des autres crimes dont on les accusait, ou qu'il reconnaîtrait Athanase et les autres pour absous et entièrement innocents. Mais la crainte que leur donnait leur conscience, plus forte que cette lettre, et la frayeur que leur causait la vue de ceux qu'ils avaient traités si indignement, ne leur laissa pas même la liberté de se tourner vers ceux qui leur parlaient de la part du concile, et ils n'eurent point d'autre pensée que de s'enfuir en diligence durant la nuit. Nous parlerons à l'article suivant des traits qu'ils lancèrent en fuyant contre l'innocence et la vérité; il faut voir ici ce qui se passa dans le concile depuis leur fuite.

Il y avait trois points à traiter: le premier regardait la foi; le second les prélats accusés par les eusébiens; et le troisième les crimes et les violences dont les eusébiens eux-mêmes étaient accusés. Pour le premier, quelques personnes demandèrent qu'on traitât de nouveau de la foi, comme si le concile de Nicée ne l'eût pas assez éclaircie. Ils eurent même la hardiesse d'y travailler; mais le concile le trouva fort mauvais, et déclara que, sans plus rien écrire sur cette matière, il fallait se contenter du symbole de Nicée. Cela n'empêcha pas qu'on ne fît courir peu de temps après un écrit touchant la foi, attribué au concile de Nicée; mais saint Athanase, et les autres évêques assemblés au concile d'Alexandrie, l'an 362, déclarèrent que cet écrit était supposé, et défendirent de le lire ou de s'en servir jamais. Saint Eusèbe de Verceil, en souscrivant à ce concile, fit un article exprès pour rejeter cet écrit. Il est étrange qu'après une déclaration si authentique, Théodoret, Socrate, Sozomène et Vigile n'aient pas laissé de recevoir cette fausse pièce. Le premier nous l'a conservée tout entière au bout de la lettre circulaire du concile, et Sozomène ajoute qu'Osius et Protogène écrivirent au pape Jules, pour justifier cette confession de foi, et faire voir qu'elle n'avait été faite que par nécessité. Il y a apparence que cette lettre est une pièce encore plus supposée que l'autre, puisque nous avons encore la lettre du concile au pape, où il n'y a pas un mot sur ce sujet.

La fuite des eusébiens était une grande preuve, et de la fausseté des crimes qu'ils imputaient à leurs adversaires, et de la vérité de ceux dont on les accusait eux-mêmes. Néanmoins le concile ne voulut pas s'en contenter, de peur qu'ils n'en prissent un nouveau prétexte de persécution et de calomnie. Il reçut donc Athanase et les autres évêques accusés à prouver leur innocence. Il examina toutes choses avec les soins nécessaires pour en connaître la vérité, et il lui fut facile de la trouver. La vie d'Arsène était une preuve bien manifeste de l'imposture de ceux qui disaient qu'Athanase l'avait tué; car il semble, comme nous l'avons déjà remarqué, qu'Arsène lui-même était présent au concile. Il était aisé de juger par cette accusation de quelle nature étaient les autres. Mais le concile fut particulièrement convaincu de la fausseté de celle du calice rompu; premièrement, par la déposition de diverses personnes venues d'Alexandrie, entre autres des deux prêtres de Mélèce dont nous avons parlé, et ces témoins furent confrontés avec le saint; secondement, par le témoignage que quatre-vingts évêques en avaient rendu dans leur lettre au pape Jules; troisièmement, par l'information même de la Maréote, qui non-seulement ne pouvait avoir d'autorité, puisqu'il n'y avait eu qu'une partie présente, que ceux qui en étaient les commissaires ne méritaient aucune croyance, et que les témoins étaient incapables de déposer du fait, mais qui se combattait encore, et se détruisait visiblement elle-même; quatrièmement, par le refus que les eusébiens avaient fait de venir à Rome, quoique le pape leur eût écrit et envoyé des prêtres pour les appeler. Le concile fut surpris d'une imposture si visible et si grossière; il reconnut alors qu'en effet les eusébiens avaient eu quelque raison de s'éfuir, et l'équité du jugement que le pape avait rendu en faveur d'Athanase parut si claire et si manifeste, que tous les évêques le confirmèrent sans la moindre difficulté dans la communion de l'Eglise. Ils le reçurent comme un évêque injustement persécuté, avec qui ils affermirent plus que jamais la paix et la charité. Ainsi c'est avec raison que l'on soutint dans l'affaire de saint Chrysostome que le canon d'Antioche, par lequel il était défendu d'écouter un évêque, lorsqu'il serait rétabli sans concile, avait été condamné et rejeté à Sardique par les Eglises de Rome, d'Italie, d'Illyrie, de Macédoine et de Grèce.

Les Pères de Sardique reçurent de même, et déclarèrent innocents quatre prêtres d'Alexandrie, qui avaient été bannis par les eusébiens, ou contraints de s'enfuir pour éviter la mort dont ils étaient menacés. Ces prêtres étaient Aphthone, Athanase fils de Capiton, Paul et Plotion, dont les noms se trouvent parmi ceux qui protestèrent contre l'information de la Maréote, excepté celui de Paul. Le concile les déclara heureux et dignes de louanges d'avoir mérité de souffrir quelque chose de la part des hérétiques, pour l'honneur et le culte dus à Jésus-Christ. On examina aussi la cause de Marcel d'Ancyre, que ses adversaires réduisaient à un livre qu'il avait composé contre eux longtemps auparavant. On lut ce livre, et le concile n'y trouva rien que d'orthodoxe. Pour Asclépas, nous savons seulement qu'il produisit des actes faits à Antioche en présence de ses accusateurs et d'Eusèbe de Césarée, et qu'il fit voir son innocence par les sentences de ceux qui l'avaient jugé. Ainsi le concile déclara innocents ces trois évêques, et peut-être encore quelques autres, que l'histoire n'a point remarqués.

Les évêques accusés ayant été ainsi justifiés, il était juste de punir les eusébiens, auteurs de tant de calomnies. Mais ce ne fut pas la seule raison qui obligea le concile à procéder contre eux. Ils étaient accusés de quantité d'autres crimes: dont les Pères avaient les preuves devant les yeux en la personne de ceux mêmes qu'ils avaient si cruellement persécutés, et qui étaient venus de tous côtés à Sardique pour s'en plaindre. On fit voir de plus que Théognis avait supposé des lettres pour animer les empereurs contre Athanase, Marcel et Asclépas; ce qui fut prouvé par ceux mêmes qui avaient été alors ses diacres. Le concile ne put souffrir non plus que les eusébiens eussent non-seulement reçu à la communion ceux qui avaient été déposés et chassés à cause de l'hérésie d'Arius, mais qu'ils eussent encore élevé les diacres au sacerdoce, et les prêtres à l'épiscopat, sans autre raison que celle de répandre de plus en plus leur hérésie, et de corrompre la foi. Il crut ne pas devoir tolérer davantage tant de désordres, ni laisser sans punition les évêques qui calomniaient leurs frères, qui emprisonnaient, qui bannissaient, qui tuaient, qui battaient, qui supposaient de fausses lettres, qui outrageaient et dépouillaient les vierges, qui ruinaient et brûlaient les églises, qui passaient d'un petit évêché à un grand, comme avait voulu faire Valens, et surtout qui s'efforçaient de relever l'hérésie détestable d'Arius. Il ordonna donc, à l'égard de Grégoire, de Basile et de Quintien, qui étaient entrés comme des loups dans les églises d'Alexandrie, d'Ancyre et de Gaze, qu'on n'aurait aucune communication avec eux, qu'on ne leur écrirait point et qu'on ne recevrait point de leurs lettres, qu'on ne les regarderait point comme évêques, ni même comme chrétiens, et que leurs ordinations seraient cassées, sans qu'on en parlât jamais. A l'égard des principaux eusébiens, savoir, Théodore d'Héraclée, Narcisse de Néroniade, Acace de Césarée en Palestine, Etienne d'Antioche, Ursace de Singidon, Valens de Murse, Ménophante d'Ephèse, et Georges de Laodicée, non-seulement ils furent déposés tout d'une voix, mais aussi anathématisés, privés de la communion des fidèles, et entièrement séparés de la communion de l'Eglise, de même qu'ils séparaient le Fils de la substance et de la divinité du Père. Georges n'était point venu à Sardique avec les autres; mais il avait autrefois été déposé par saint Alexandre, et il n'était ni moins arien, ni moins criminel que les autres. Saint Athanase met en un endroit Patrophile de Scythopolis entre ceux qui furent déposés à Sardique; mais son nom ne se trouve point dans le catalogue de ceux dont nous venons de parler. Théodoret ajoute que Maris, Ursace et Valens présentèrent des requêtes au concile pour demander pardon de la fausse information qu'ils avaient faite contre saint Athanase dans la Maréote.

Après que le concile eut jugé toutes choses de la manière que nous venons de rapporter, on fit divers canons de discipline, qui furent proposés la plupart par Osius, et quelques-uns par Gaudence de Naïsse, Aèce de Thessalonique, Alype de Mégare, et Olympe, que nous croyons être celui d'Enos. Il nous en reste vingt selon le texte grec, et vingt et un selon le latin, où l'on a suivi une autre division, et même un autre ordre différent. Les deux premiers, qui sont contre les translations des évêques, sont conçus en ces termes:

« Osius, évêque de Cordoue, a dit : Il faut déraciner absolument la pernicieuse coutume, et défendre à aucun évêque de passer de sa ville à une autre. Il ne s'en est point trouvé qui ait passé d'une grande ville à une petite: ainsi il est manifeste qu'ils n'y sont poussés que par avarice et par ambition. Si vous l'approuvez tous, cet abus sera puni plus sévèrement, en sorte que celui qui l'aura commis n'ait pas même la communion laïque. Tous répondirent : Nous l'approuvons.

« Osius ajouta : S'il se trouve quelqu'un assez insensé pour vouloir s'excuser et soutenir qu'il a reçu des lettres du peuple, il est manifeste qu'il aura pu corrompre par argent quelques-uns de ceux dont la foi n'est pas sincère, pour les faire crier dans l'église, et le demander pour évêque. Il faut donc condamner absolument ces artifices, en sorte que celui-là ne reçoive pas même à la mort la communion laïque : ordonnez-le si vous l'approuvez. Tout le concile répondit : Nous l'approuvons. »

Le troisième canon défend à un évêque de passer de sa province dans une autre où il y a des évêques (ce que Zonare explique, pour y faire les fonctions ecclésiastiques), « si ce n'est, dit le canon, qu'il y soit invité par ses confrères ; car nous ne voulons pas fermer la porte à la charité. » Il ajoute que si deux évêques de même province ont un différend entre eux, aucun des deux ne pourra prendre pour arbitre un évêque d'une autre province.

Le reste de ce canon fait le quatrième dans la version d'Isidore ; et en effet, c'est une matière qui n'a pas beaucoup de rapport aux précédentes : c'est aussi le point le plus remarquable et le plus fameux du concile de Sardique. Osius le proposa en ces termes : « Si un évêque, ayant été condamné, se tient si assuré de son bon droit, qu'il veuille être jugé de nouveau dans un concile ; honurons, si vous le trouvez bon, la mémoire de saint Pierre ; que ceux qui ont examiné la cause écrivent à Jules, évêque de Rome ; s'il juge à propos de renouveler le jugement, qu'il donne des juges ; s'il ne croit pas qu'il y ait lieu d'y revenir, on s'en tiendra à ce qu'il aura ordonné. » Ceci ne marque pas un nouveau droit que le concile accorde au pape, puisque dès auparavant saint Athanase avait appelé à Jules même, et que ce pape se plaignait qu'on eût jugé Athanase sans lui en écrire.

L'évêque Gaudence proposa le quatrième canon, qui porte que pendant cette appellation on n'ordonnerait point d'évêque à la place de celui qui était déposé, jusqu'à ce que l'évêque de Rome eût jugé sa cause.

5e Canon. Ensuite, pour un plus grand éclaircissement, Osius dit : « Quand un évêque, déposé par le concile de la province, aura appelé et eu recours à l'évêque de Rome, s'il juge à propos que l'affaire soit examinée de nouveau, il écrira aux évêques de la province voisine, afin qu'ils en soient les juges : et si l'évêque déposé persuade à l'évêque de Rome d'envoyer un prêtre d'auprès de sa personne, il le pourra faire, et envoyer des commissaires pour juger de son autorité avec les évêques ; mais s'il croit que les évêques suffisent pour terminer l'affaire, il fera ce que sa sagesse lui suggérera. »

Le sixième canon, selon le grec, porte que tous les évêques de la province se devant trouver à l'ordination d'un évêque élu, si quelqu'un y manque par négligence, le métropolitain doit lui écrire à ce sujet, et l'attendre ; que s'il ne vient point, et n'écrit pas même pour dire ses excuses, il faut passer outre à l'ordination. Il ajoute que pour élire le métropolitain il faut appeler les évêques de la province voisine. On y défend aussi d'établir des évêques dans les petites villes, et dans les lieux où il n'y en a pas eu d'antiquité, à moins que l'augmentation du lieu n'y oblige. Or il faut bien remarquer quelles sont les villes que le concile trouve indignes d'un évêque ; ce sont celles où un seul prêtre peut suffire. Ainsi nous ne serons pas surpris de la multitude d'évêchés que nous trouvons dans tous les pays qui étaient les mieux peuplés en ces premiers siècles de l'Eglise. On croit que l'ordination d'Ischyras en qualité d'évêque de la Maréote peut avoir donné occasion à cette ordonnance, qui a toujours été la pratique commune de l'Eglise, quoiqu'on ne l'ait pas toujours suivie dans l'Arabie ni dans l'île de Chypre. Ce canon est divisé en deux dans Denys le Petit, où la deuxième partie forme le septième.

Le huitième se plaint des longs et fréquents voyages des évêques à la cour, et Osius le proposa ainsi : « Notre importunité, nos assiduités et nos demandes injustes nous ôtent le crédit que nous devrions avoir ; car il y a des évêques qui ne cessent point de venir à la cour, particulièrement les Africains : ils méprisent, nous le savons, les salutaires conseils de notre frère Gratus (c'était l'évêque de Carthage, présent au concile). » Osius continue : « Les affaires qu'ils portent à la cour ne sont d'aucune utilité pour l'Eglise ; ce sont des emplois et des dignités séculières qu'ils demandent pour d'autres personnes. Il est honorable aux évêques d'intercéder pour les veuves, ou pour les orphelins dépouillés ; car souvent ceux qui souffrent vexation ont recours à l'Eglise, de même que les coupables condamnés à l'exil et à quelque autre peine. Ordonnez donc, s'il vous plaît, que les évêques n'aillent à la cour que pour ces causes, ou quand ils seront appelés par des lettres de l'empereur. Ils dirent tous : Nous le voulons ; qu'il soit ordonné. »

9e Canon. Osius ajouta : « Pour ôter aux évêques les prétextes d'aller à la cour, il vaut mieux que ceux qui auront à solliciter ces affaires de charité le fassent par un diacre, dont la présence sera moins odieuse, et qui pourra plus promptement rapporter la réponse. » On l'ordonna ainsi. On ajouta que les évêques de chaque province enverraient au métropolitain les requêtes et le diacre qu'ils en auraient chargé, afin qu'il lui donnât des lettres de recommandation, adressées aux évêques des villes où se trouverait l'empereur. « Que si un évêque a des amis à la cour, on ne l'empêche pas de leur recommander par son diacre quelque affaire honnête et convenable. »

10e Canon. « Ceux qui viendront à Rome présenteront à l'évêque de Rome les requêtes dont ils seront chargés, afin qu'il examine si elles sont justes et honnêtes, et qu'il prenne soin de les envoyer à la cour. Ces règles furent approuvées de tous. »

11e Canon. Gaudence, évêque de Naïsse en Mysie, ajouta qu'il était nécessaire, pour retenir par la crainte les infracteurs de ces règles, d'ordonner qu'ils fussent déposés de l'épiscopat après qu'on aurait pris connaissance de leur cause.

« Et pour venir à l'exécution, continua-t-il, il faut que chacun de nous qui sommes sur le canal (ainsi nommait-on les grands chemins), que chacun, dis-je, quand il verra passer un évêque, s'enquière du lieu où il va et des causes de son voyage. S'il va à la cour, qu'il voie s'il y est invité; mais s'il y va pour des sollicitations telles qu'il a été dit, qu'il ne souscrive point à ses lettres, et ne le reçoive pas même à sa communion. » Cet avis fut approuvé de tout le monde. Seulement Osius y ajouta une restriction (12e Canon) : « que ceux qui, avant de savoir ce décret du concile, arriveraient aux villes situées sur les grandes routes, en seraient avertis par l'évêque du lieu; et que celui qui serait ainsi averti enverrait son diacre de ce lieu-là, et retournerait à son diocèse. »

Le treizième canon porte que ceux du barreau qui seront élus évêques doivent être considérés comme néophytes, et n'être sacrés qu'après avoir exercé les fonctions de lecteur, de diacre et de prêtre, et être demeurés longtemps dans chacun de ces degrés, afin que l'on s'assure de leur foi, de leurs bonnes mœurs, de leur fermeté et de leur douceur. Les entreprises des eusébiens peuvent avoir donné sujet à ce canon.

14e Canon. Osius se plaignit ensuite d'un autre abus. « Quelquefois, dit-il, un évêque vient dans un autre diocèse ou dans une autre province, et y demeure longtemps par ambition, parce que l'évêque du lieu a peut-être moins de talents pour instruire, et l'évêque étranger se met à prêcher souvent pour le faire mépriser, et se faire désirer et transférer à cette Église. Réglez donc le temps du séjour; car il y a de l'inhumanité à ne pas recevoir un évêque, et du danger à le souffrir trop longtemps. Je me souviens que nos frères ont ordonné ci-devant, dans un concile, que si un laïque passait trois dimanches, c'est-à-dire trois semaines sans venir à l'assemblée de la ville où il demeure, il serait privé de la communion. Si on l'a ordonné pour les laïques, il est bien plus à propos qu'un évêque ne s'absente pas plus longtemps de son Église, sans une grande nécessité. » Cet avis fut approuvé de tous. On croit que le concile dont parle Osius était celui d'Elvire, où il avait assisté quarante-six ans auparavant; car nous y trouvons l'ordonnance dont il parle ici.

15e Canon. Il ajouta cet autre canon, qui fut approuvé de tous : « Il y a des évêques qui ont peu de bien dans leur diocèse et et beaucoup ailleurs, dont ils peuvent soulager les pauvres : on doit leur permettre de demeurer trois semaines dans les lieux où leur bien est situé, pour en recueillir les fruits. Et afin que cet évêque ne passe pas un dimanche sans venir à l'église, qu'il fasse l'office dans l'église la plus proche où un prêtre a coutume de le faire; mais qu'il n'aille pas trop souvent à l'église de la ville où réside l'évêque, pour éviter le soupçon d'ambition, sans préjudice de son intérêt domestique. » Cette règle de n'être absent que trois semaines fut étendue aux prêtres et aux diacres, sur ce qu'Aèce, évêque de Thessalonique, représenta que dans sa ville, qui était grande, et métropole de la Macédoine, il en venait souvent des autres pays, et qu'après un long séjour on avait peine à les faire retourner chez eux. Mais sur la remontrance d'Olympe, évêque d'Enos en Thrace, on ajouta cette exception, en faveur des évêques persécutés et chassés injustement de leurs sièges pour la défense de la vérité, qu'on leur permettait de demeurer ailleurs, jusqu'à ce qu'ils eussent la liberté de retourner chez eux, puisqu'ils méritaient toute sorte de bons traitements. L'injustice des ariens ne rendait ces cas que trop fréquents; et l'évêque Olympe, qui proposa ce canon par la bouche d'Osius, en avait éprouvé lui-même la nécessité.

Le seizième canon défend aux évêques de donner la communion aux clercs qu'ils sauront en avoir été privés par leur évêque, sous peine d'en répondre devant le concile.

17e Canon. Osius ajouta : « Si un évêque, se laissant aller à la colère plus qu'il ne doit, s'emporte contre son prêtre, ou contre son diacre, et l'excommunie, l'excommunié pourra s'adresser aux évêques voisins, et il doit être écouté. L'évêque qui l'a condamné doit trouver bon que l'affaire soit examinée par plusieurs; mais avant cet examen, personne ne doit avoir la hardiesse de communiquer avec le condamné. Que si l'assemblée trouve dans les clercs du mépris et de l'insolence pour leur évêque, qu'on leur fasse une sévère réprimande ; car comme l'évêque doit témoigner à ses clercs une charité sincère, aussi de leur part doivent-ils avoir pour lui une véritable soumission. »

Le dix-huitième et le dix-neuvième canon renouvellent ceux qui avaient déjà été faits pour défendre aux évêques, sous peine de nullité, d'ordonner un clerc d'un autre évêque.

Le vingtième canon, qui ne se trouve point dans Denys le Petit, regarde l'Église de Thessalonique, où il y avait eu de grands troubles. On y voit qu'Eutychien et Musée s'étaient tous deux donnés pour évêques de Thessalonique, et y avaient ordonné diverses personnes. Ce trouble ayant été apaisé par l'ordination d'Aèce, le concile ordonne que ni Eutychien ni Musée ne puissent prendre le nom ou la qualité d'évêques, ni être reçus à la communion autrement qu'à la communion laïque, s'ils la demandent. Gaudence prie néanmoins Aèce de recevoir tous ceux qu'ils avaient ordonnés, afin d'ôter toutes les semences de division.

21e Canon. Osius mêle à cela deux choses qui ne paraissent pas avoir de rapport aux troubles de Thessalonique, mais à ce qu'avait dit Aèce dans le seizième canon contre les ecclésiastiques qui quittaient leurs églises pour s'habituer dans d'autres villes.

Voilà quels sont les vingt ou vingt et un canons du concile de Sardique. Ils ont été écrits en latin, selon la préface de Denys le Petit ; et en effet, les deux canons allégués par Zosime sont presque mot à mot comme dans Denys, au lieu que dans la version grecque de la lettre de Zosime, ils sont fort différents pour les termes de ceux qui sont dans les conciles et dans Zonare. Il y a aussi des endroits où le latin est plus complet et fait un meilleur sens que dans le grec; mais il y en a d'autres où l'on trouve tout le contraire: d'où l'on peut juger que l'une et l'autre copie a souffert quelque altération, et qu'on peut les corriger l'une par l'autre.

Le concile de Sardique, voulant justifier devant tout le monde le jugement qu'il avait rendu dans la cause de saint Athanase et des autres évêques accusés, écrivit diverses lettres synodales : une aux empereurs, une seconde à tous les évêques, une troisième au pape Jules, et d'autres encore aux Eglises dont les évêques avaient été rétablis, c'est-à-dire à celles d'Alexandrie, d'Ancyre et de Gaze, afin de les assurer de l'innocence de leurs évêques, et de les exhorter à rejeter absolument ceux qui avaient usurpé leurs sièges. Saint Athanase dit que le concile manda la même chose à toutes ces Eglises, c'est-à-dire que toutes ses lettres étaient fort semblables. Il nous a conservé celle qui fut écrite à l'Eglise d'Alexandrie, et qui devait être commune pour toute l'Egypte et la Libye. Elle est conçue en ces termes : « Le saint concile assemblé, par la grâce de Dieu, dans la ville de Sardique, et composé d'évêques envoyés de Rome, des Espagnes, des Gaules, etc., à nos chers frères en Jésus-Christ, les prêtres, les diacres et tout le peuple de l'Eglise de Dieu, qui est à Alexandrie, salut. Avant de recevoir les lettres que votre piété nous a écrites, nous ne connaissions déjà que trop clairement les excès si prodigieux et si horribles que les chefs de la malheureuse secte des ariens avaient commis, et qui tendent encore plus à la perte de leurs propres âmes qu'à la ruine de l'Eglise; car on peut dire que leur artifice et leur fourberie s'est toujours proposé le but, et qu'ils ont toujours formé la pernicieuse résolution de persécuter par leurs intrigues et d'outrager par leurs violences tous ceux qui sont attachés à la religion orthodoxe, en quelque lieu qu'ils puissent être, et qui demeurent fermes dans la doctrine qu'ils ont reçue de l'Eglise catholique. C'est pour ce sujet qu'ils ont imposé aux uns de faux crimes, qu'ils ont fait bannir les autres, et qu'ils en ont fait plusieurs au milieu des supplices ; mais ils se sont particulièrement attachés à accabler l'innocence de notre frère Athanase, par tous les efforts d'une violence tyrannique. C'est ce qui les a empêchés de prendre aucun soin de s'informer de la vérité des faits, ou de garder les règles de la foi, ou d'observer les formes de la justice, dans le jugement qu'ils ont prononcé contre lui. Voyant donc maintenant qu'ils sont dans l'impuissance de soutenir leurs accusations par aucune preuve solide et véritable, quoiqu'ils soient venus à Sardique, ils n'ont pas voulu néanmoins comparaître au concile, ni se trouver dans la compagnie des saints évêques qui le composent. En cela on a reconnu visiblement combien le jugement de Jules, notre frère et notre collègue dans l'épiscopat, est légitime et équitable, puisque ce n'a pas été par un mouvement inconsidéré, mais avec toute la maturité dont on peut user dans une affaire de cette importance, qu'il a décidé le différend. De sorte qu'il ne reste plus aucune difficulté sur le fait de la communion de notre frère Athanase ; car il a eu de son côté quatre-vingts évêques qui ont rendu témoignage à son innocence, et elle a paru en cela même qu'il a fait voir par le témoignage des prêtres, nos chers frères, et par ses lettres, que les eusébiens n'ont pas agi contre lui suivant les règles que l'on doit garder dans les jugements ecclésiastiques, n'ayant employé pour le perdre que la force et la violence. Aussi tous les évêques qui se sont rendus ici de toutes parts ont été tellement persuadés de son innocence, qu'ils l'ont confirmé par leurs suffrages dans la communion de l'Eglise. »

Les Pères du concile racontent ensuite de quelle manière les eusébiens, ayant été cités devant eux, avaient éludé l'assignation par une fuite et par des chicanes tout à fait honteuses. Ils font voir la nullité des informations faites dans la Maréote, les fourberies d'Ischyras, qu'ils appellent un très-méchant homme et un scélérat, qui avait reçu le titre apparent d'évêque, pour récompense de l'imposture dont il avait été l'instrument. Ils disent ce qu'il s'était passé à l'égard d'Arsène, qui s'était représenté en personne, pour montrer par sa vie même la calomnie de ceux qui accusaient Athanase de l'avoir tué. Après la relation de tous ces faits, ils continuent ainsi : « C'est pourquoi, nos très-chers frères, nous vous avertissons et vous exhortons avant toutes choses à conserver religieusement la foi orthodoxe de l'Eglise catholique. Vous avez souffert, de même qu'elle, plusieurs maux, plusieurs injures, plusieurs injustices; mais quiconque persévérera jusqu'à la fin sera sauvé. Si donc ils exercent encore votre patience par quelque nouvelle entreprise, cette affliction doit vous tenir lieu d'un sujet de joie ; car les souffrances sont une espèce de martyre. La générosité avec laquelle vous confessez le nom de Dieu, et les tourments que vous endurez pour la foi, ne seront pas sans récompense. Combattez donc pour la vraie foi, pour la saine doctrine et pour l'innocence de notre frère, l'évêque Athanase. De notre part, nous ne sommes point demeurés dans le silence, et nous n'avons point négligé les moyens de pourvoir à votre sûreté ; mais nous en avons pris un soin tout particulier, et nous avons fait tout ce que la considération de votre charité semblait exiger de notre zèle. Nous compatissons aux afflictions de nos frères, nous regardons leurs maux comme nos propres souffrances, et nous mêlons nos larmes aux vôtres. » Après cela, ils les exhortent à la patience, par l'exemple de leurs frères qui étaient venus apporter leurs plaintes au concile ; ils leur mandent la déposition de Grégoire, afin que ceux qui l'avaient reconnu pour évêque, ou par crainte ou autrement, s'abstinssent de sa communion. Ils n'oublient point la justification d'Aphthone et de trois autres prêtres d'Alexandrie, faussement accusés par le parti arien, et ils témoignent qu'ils les ont reçus, persuadés que tout ce que les eusébiens avaient fait contre eux n'était fondé que sur des calomnies inventées par eux-mêmes, pour couvrir leur mauvaise volonté contre tous les défenseurs de la foi orthodoxe. « Il eût été à propos, ajoutent-ils, qu'Athanase, notre frère et votre évêque, vous eût mandé lui-même toutes ces choses qui le regardent particulièrement ; mais comme il a souhaité que, pour un témoignage plus imposant et plus authentique de son innocence, le saint concile vous en écrivît aussi, nous n'avons point différé de lui donner cette satisfaction, et nous avons pris le soin de vous déclarer qu'il est juste que vous le receviez, lui et les autres, comme des personnes qui méritent de grands éloges, pour avoir été trouvés dignes de souffrir par la violence des hérétiques qui ont persécuté en eux l'amour de Jésus-Christ et de la véritable religion. » Les Pères du concile finissent en leur déclarant la déposition de Théodore d'Héraclée et des autres évêques eusébiens ; dont ils leur envoyaient les actes, c'est-à-dire la lettre circulaire adressée à tous les évêques : « Afin, disent-ils, que votre piété joigne son suffrage au jugement que nous avons rendu, et qu'elle sache que l'Église catholique n'use point de dissimulation lorsqu'il s'agit de punir ceux qui l'outragent. »

Cette lettre circulaire, qui nous a été conservée en grec par saint Athanase et par Théodoret, et en latin par saint Hilaire, n'est presque qu'un récit de ce qui s'était passé à Sardique, dans la suite des eusébiens, dans la justification de saint Athanase, de Marcel et d'Asclepas, et dans la condamnation des principaux protecteurs de l'arianisme, de la même manière que nous avons rapporté toutes ces choses. Les Pères y disent expressément qu'ils ont été convoqués à Sardique par les ordres de l'empereur ; ils y font un éloge magnifique d'Osius. La fin de leur lettre est remarquable en ce qu'ils prient tous les évêques, en quelque lieu de la terre qu'ils puissent être, de s'unir avec eux, et de témoigner par leurs souscriptions qu'ils consentent aux décrets du concile. Osius signa le premier cette lettre, et immédiatement après lui, saint Athanase met les légats du pape Jules, Protogène de Sardique, et les autres qui l'ont signée, soit dans le concile même, soit depuis. Les plus remarquables, outre ceux dont nous avons déjà parlé, sont : en Égypte, saint Paphnuce, saint Sérapion de Thmuis ; dans l'île de Chypre, saint Spiridion et Triphyle, son disciple ; et en Palestine, saint Maxime de Jérusalem. Le concile de Chalcédoine fait apparemment allusion à cette lettre, lorsqu'il dit que ceux qui avaient combattu à Sardique contre les restes des ariens avaient envoyé à ceux d'Orient le jugement qu'ils avaient rendu.

Nous avons encore dans les fragments de saint Hilaire une autre lettre du concile adressée au pape Jules. Les Pères lui mandent peu de particularités de ce qui s'était passé, supposant qu'il les apprendrait par la bouche de ses légats, par la lecture des actes du concile, qui comprenaient tout ce qui s'y était fait et ordonné, et par les lettres que l'on avait écrites aux empereurs. Ils le prient de faire savoir aux évêques de Sardaigne, de Sicile et d'Italie ce qui avait été ordonné, de peur qu'ils ne reçussent par mégarde quelques lettres des évêques déposés. On peut remarquer dans celle-ci que le concile déclare que ceux qui étaient morts par les persécutions des eusébiens, avaient indubitablement acquis la gloire et l'honneur du martyre. Ils y appellent l'hérésie arienne l'hérésie d'Eusèbe. Il faut aussi remarquer qu'ils disent qu'il est très-bon et très-raisonnable que de toutes les provinces les évêques rapportent ce qui s'y passe à leur chef, c'est-à-dire au siège de l'apôtre saint Pierre. Blondel prétend que cet endroit est suspect de supposition ; mais il n'en allègue point d'autres preuves que la barbarie de quelques termes latins : ce qui n'est pas fort considérable en une lettre qui peut bien avoir été écrite originairement en grec. Ce qui pourrait faire plus de difficulté, c'est que ces paroles n'ont aucune liaison avec ce qui précède, et en ont peu avec ce qui suit, rompant plutôt la suite du discours qu'elles ne l'éclaircissent. Il est vraisemblable que les Pères du concile, voulant marquer par là les règlements qu'ils avaient faits touchant les appels à Rome, ne s'expliquent ainsi que comme en passant, parce que les pièces toutes seules qu'ils envoyaient au pape parlaient assez d'elles-mêmes.

Dans les lettres aux empereurs, le concile, ayant compassion de tant de fidèles et de tant d'Églises opprimées par la tyrannie des eusébiens, suppliait ces princes de mettre en liberté ceux qui gémissaient encore sous l'oppression. Il demandait que la foi fût libre, que les Églises ne fussent plus infectées par la contagion des ariens, que l'on ne parlât plus de chaînes, de bourreaux, de tribunaux et de nouvelles tortures. Mais il suppliait particulièrement les empereurs de défendre aux juges, qui ne devaient prendre connaissance que des affaires civiles, de se mêler de juger les ecclésiastiques, et de rien entreprendre contre les fidèles, sous prétexte de servir l'Église. Il avait mandé toutes les choses qui s'étaient passées dans ces lettres aux empereurs, et nous y trouverions beaucoup de remarques importantes, si elles étaient venues jusqu'à nous, comme nous l'apprenons de saint Hilaire, qui avait inséré pour ce sujet dans son traité sur le concile de Rimini celle qui avait été écrite à Constant. Le concile ne se contenta pas de lui écrire ; mais, pour l'engager encore plus fortement à faire exécuter ses décrets, c'est-à-dire, le rétablissement des évêques chassés par les eusébiens ; il lui députa Vincent, évêque de Capoue, métropole civile de la Campanie, et Euphratas de Cologne, métropole de la Gaule supérieure, c'est-à-dire de la Germanie inférieure. Constant même confirma la députation du concile, envoyant de sa part les mêmes évêques Vincent et Euphratas, auxquels il joignit le général Salien, que son amour pour la piété et la justice rendait illustre.

« Il paraît inutile, dit D. Ceillier, de qui nous avons emprunté tout cet article, de discuter si le concile de Sardique doit passer pour un concile œcuménique, puisque l'Eglise, qui est l'arbitre de ces sortes de questions, n'a point jugé à propos de lui donner rang parmi ceux qu'elle respecte sous ce titre. Ce que l'on en peut dire, c'est qu'il avait été convoqué pour représenter toute l'Eglise, que ce qu'elle avait alors de plus saint s'y trouva réuni, et que, malgré l'opposition des évêques orientaux, il fut néanmoins reçu deux ans après par plusieurs évêques d'Orient, et ensuite par toute l'Eglise, en ce qui regardait la justification de saint Athanase. Ses canons, qui, selon la prétention de M. de Marca, ne devaient être considérés que comme des statuts des Occidentaux, ne furent pas si tôt adoptés par l'Eglise orientale. Il est vrai que dans l'affaire de saint Chrysostome on opposa l'autorité du concile de Sardique aux canons d'Antioche, et que celui de Chalcédoine parle avec respect du jugement qui y avait été rendu contre les restes de l'arianisme; mais ces passages ne regardent point les canons, dont on ne voit pas non plus que les historiens de ces temps-là aient parlé. Ils furent depuis généralement approuvés par les Grecs dans le concile *in Trullo* : et une déclaration si authentique suppose clairement qu'ils avaient dès auparavant beaucoup d'autorité parmi eux. Ils étaient dans le code dont ils se servaient ordinairement, et encore dans une collection des canons réduits sous cinquante titres, que quelques-uns attribuent à Théodoret, et que d'autres disent être de Jean, patriarche de Constantinople sous Justinien: ce qui s'accorde avec ce qu'on remarque, que cet empereur donne le titre d'œcuménique au concile de Sardique. A l'égard des Occidentaux, quoique les canons dont il s'agit fussent proprement leur ouvrage, il semble néanmoins que, bien loin d'y avoir été universellement reçus, ils n'étaient point connus dans certaines provinces d'Occident, et qu'on n'y connaissait pas même le concile qui les avait faits. La chose paraît claire pour l'Afrique du temps de saint Augustin; Cresconius donatiste, et Fortunat, évêque du même parti, ayant objecté à ce Père que le concile de Sardique avait écrit à Donat de Carthage, ce qui est vrai du faux concile de Sardique ou de Philippopolis, dont nous parlerons bientôt, saint Augustin répondit seulement, sur la lettre qu'ils en produisaient, que c'était un concile d'ariens; et il le prouve, parce que ce concile avait condamné saint Athanase et le pape Jules ; sans jamais dire qu'il y en avait eu un autre et catholique, où Gratus, évêque catholique de Carthage, avait assisté. La dispute qui arriva entre saint Hilaire d'Arles et saint Léon peut aussi donner quelque lieu de douter si les canons de Sardique qui permettent (ou plutôt, qui confirment l'usage) d'appeler au pape, étaient alors connus ou reçus dans les Gaules ; mais ce qui est surprenant, c'est qu'à Rome même, où l'on ne pouvait pas manquer de les connaître, et où on les a souvent employés, on ne sût pas qu'ils étaient de Sardique : car les papes, comme Zosime dans l'affaire d'Apiarius, prêtre d'Afrique, saint Léon et les autres les citent sous le nom du concile de Nicée; et comme on ne peut soupçonner saint Léon et d'autres dont l'Eglise honore la sainteté de l'avoir fait de mauvaise foi pour tromper leurs frères, il y a toute apparence que, dans le code dont ils se servaient, on les avait mis tout de suite après ceux de Nicée, sans les en distinguer, et sans marquer qu'ils fussent du concile de Sardique. C'est ce qui s'est enfin vérifié par le code de l'Eglise romaine trouvé par le Père Quesnel, et donné au public dans son édition de saint Léon. Ce ne fut qu'au commencement du sixième siècle que Denys le Petit ayant inséré dans son code les canons de Sardique, comme de Sardique, ils furent reçus, de même que ce code, dans tout l'Occident. Fulgentius Ferrandus, diacre d'Afrique, leur a aussi donné place dans sa collection; et les Grecs, comme nous l'avons dit, les ayant reçus dans le concile *in Trullo*, ils ont été adoptés d'un consentement général de toute l'Eglise. » *Hist. des aut. sac. et eccl.*, t. IV.

D. Ceillier, dans ce que nous venons de rapporter de lui, nous paraît supposer précisément ce qui est en question, en affirmant comme il le fait, d'une manière absolue, que l'Eglise n'a pas jugé à propos de donner rang au concile de Sardique parmi les conciles œcuméniques. Puisque de son aveu les canons de ce concile ont été identifiés dès le quatrième siècle, ou le commencement du cinquième, avec ceux de Nicée, on croyait donc pouvoir donner une autorité égale aux uns et aux autres, et dès lors ce n'est plus qu'une question de mots de savoir si l'on doit appeler œcuménique le concile de Sardique, ou si l'on doit seulement le considérer comme l'appendice du concile œcuménique de Nicée. D. Ceillier et M. de Marca, dont il fait valoir les raisons, conviennent que ce concile a été œcuménique dans sa convocation; l'Orient et l'Occident en ayant adopté les canons au moins depuis le septième siècle, comme ils le reconnaissent encore, ils sont de même forcés d'avouer qu'il est œcuménique dans son issue, ou par rapport à l'autorité que nous devons lui attribuer. Est-ce donc la retraite d'un plus ou moins grand nombre d'évêques eusébiens qui nous empêchera de le reconnaître pour œcuménique dans sa célébration même? C'est pourtant la principale difficulté qu'oppose M. de Marca, en cela suivi par les savants calvinistes, à l'œcuménicité de ce concile

Nat. Alex., hist. eccl. sæc. IV; *Mansi*, *ibid.*; *Cabassut, Notitia Concil.*

SARDIQUE (Faux concile de), ou conciliabule des eusébiens à Philippopolis, l'an 347. Les eusébiens, après s'être enfuis de Sardique, s'arrêtèrent enfin à Philippopolis dans la Thrace, qui obéissait à Constance. Ils y tinrent leur concile particulier, composé de leurs soixante ou quatre-vingts évêques, ayant à leur tête Etienne d'Antioche, digne de présider à cette assemblée, plus encore par sa méchanceté que par la dignité de son siège. Ce fut dans ce conciliabule qu'ils tâchèrent de répandre leur venin par la lettre qu'ils envoyèrent de tous côtés. Saint Augustin en parle en quelques endroits; Sozomène en fait l'abrégé, et saint Hilaire en rapporte le formulaire de foi dans son traité des Synodes. Nous l'avons même tout entière dans les fragments de ce saint. Les eusébiens déclarent qu'ils l'écrivent de Sardique, et ils l'ont persuadé à Sozomène. Mais ils font voir eux-mêmes que cela est faux, puisqu'ils parlent de la lettre circulaire des Occidentaux, laquelle constamment n'a pu être écrite qu'après qu'ils se furent enfuis de Sardique. Il est aisé de juger qu'ils n'usèrent de cette fiction, dans laquelle le concile d'Ancyre montre qu'ils ont persisté, que pour couvrir la honte de leur fuite, et effacer par là l'autorité du concile légitime de Sardique, comme ils essayèrent quelques années après d'effacer le grand concile de Nicée, par l'équivoque de leur conciliabule de Nicée en Thrace. On voit par saint Augustin qu'ils ne réussirent pas mal à l'égard du concile de Sardique, le véritable étant inconnu de son temps en Afrique, où l'on ne connaissait que le faux.

Leur lettre, telle qu'elle existe dans les fragments de S. Hilaire, et qu'elle fut envoyée en Afrique, est adressée à Grégoire d'Alexandrie, Amphion de Nicomédie, Donat de Carthage, Didier de Campanie, Fortunat de Naples en Campanie, Eutice de Rimini, Maxime de Salone en Dalmatie, et généralement à tous les évêques, prêtres, diacres et fidèles de l'Eglise catholique; ce qui était néanmoins faux de Donat, qui n'était évêque de Carthage que dans le parti schismatique des donatistes. Saint Augustin remarque qu'il y avait des exemplaires où on ne lisait que les noms des évêques, et non celui de leurs évêchés. Il dit que c'étaient les plus communs, et il ajoute même que quand les évêques écrivaient à des évêques, ce n'était pas la coutume de mettre le nom de leurs évêchés; c'est pourquoi il demande aux donatistes quelle preuve ils avaient que Donat, marqué dans le titre de cette lettre, fût leur évêque de Carthage. Il le leur accorde néanmoins facilement; ce qui était en même temps qu'ils ne peuvent tirer aucun avantage de ce que des ariens, condamnés par toute l'Eglise, ont tâché d'attirer à leur parti Donat et les donatistes. Ils ne réussirent pas même en ce dessein; car quoique Donat, en confessant la *consubstantialité*, crût le Fils inférieur au Père, et le Saint-Esprit au Fils, les donatistes ne suivaient point cette erreur, et ne faisaient nulle difficulté de reconnaître que les ariens étaient des hérétiques détestables.

Le sujet de la lettre des eusébiens est de donner quelque couleur au refus qu'ils avaient fait de se joindre aux Occidentaux, et de flétrir leurs ennemis par les calomnies les plus noires. Rien n'est plus insupportable que l'hypocrisie avec laquelle ils commencent cet ouvrage d'iniquité. Ils ne parlent que de paix, de charité et d'observation des lois de l'Eglise, eux qui étaient les perturbateurs de la paix, et les violateurs de tous les canons. Après cette fausse déclaration, ils s'élèvent tout d'un coup contre Marcel, évêque d'Ancyre, à qui ils attribuent les hérésies de Sabellius, de Paul de Samosate et de Montan. Ils exhortent tous les fidèles à condamner ses blasphèmes; puis venant à la personne de saint Athanase, ils renouvellent contre lui leurs anciennes calomnies, si fortement ruinées en tant de rencontres, touchant le calice rompu, l'autel brisé dans la maison d'Ischyras, le meurtre d'Arsène. Ils rappellent le refus qu'il avait fait de comparaître au concile indiqué contre lui à Césarée en Palestine, sa condamnation dans celui de Tyr, et le chargent de mille violences, des brigandages, des meurtres et des sacrilèges qu'ils avaient eux-mêmes commis contre lui et contre son peuple, par les mains de Philagre son persécuteur et le ministre de toutes leurs passions. Ils noircissent par de semblables calomnies saint Paul de Constantinople, Marcel d'Ancyre, Asclepas de Gaze. Ils disent en termes vagues et généraux qu'on ne peut ouïr sans horreur ce qu'avait fait le premier, autrefois évêque de Constantinople, au retour de son exil; que Marcel avait fait brûler plusieurs maisons dans Ancyre; qu'il avait fait traîner des prêtres nus devant les juges, profané publiquement le corps sacré du Seigneur attaché à leur cou, et dépouillé aux yeux de tout le peuple, au milieu de la ville et de la place publique, des vierges d'une vie très-sainte, consacrées à Dieu; qu'Asclepas, étant retourné à Gaze, y avait rompu un autel et excité plusieurs séditions; que Lucius, après son retour à Andrinople, avait fait jeter aux chiens le saint sacrifice, consacré par des évêques très-saints et très-innocents; enfin, comme si tous ces crimes eussent été bien avérés, ils s'emportent d'un faux zèle, et demandent s'il est juste de confier plus longtemps les brebis de Jésus-Christ à ces loups si furieux, et de faire de ses membres saints les membres d'une malheureuse prostituée : ce qu'ils protestent ne pouvoir souffrir.

Ils essayaient ensuite par diverses raisons de montrer que le concile de Sardique n'a pu ni dû recevoir à la communion Athanase et les autres évêques accusés, et le prétexte qu'ils allèguent pour excuser la manière honteuse dont ils s'étaient retirés, c'est que ces évêques, quoique condamnés, ne laissaient pas d'avoir pris séance dans le concile avec Osius et Protogène, de conférer avec eux, et de célébrer même les saints mystères. Ils se plaignent qu'on eût refusé le parti qu'ils avaient fait proposer au concile, d'envoyer de part et d'autre des évêques dans la Maréote, et aux lieux où les crimes avaient été commis, pour en informer de nouveau. Ils déclarent que, pour ne pas se souiller par la communion de ces criminels, qui avaient reçu à la participation des saints mystères des évêques convaincus de crimes, ils se sont résolus à revenir chez eux, et qu'ils ont écrit de Sardique même toutes ces choses comme elles s'étaient passées, exhortant tous les fidèles à se séparer de la communion d'Osius, de Protogène, d'Athanase, de Marcel, d'Asclepas, de Paul et de Jules. Ils ajoutent que tout l'Orient et l'Occident sont renversés pour quelques scélérats, à l'occasion desquels il a fallu que tant d'évêques chargés d'années et d'infirmités quittassent leurs Eglises, abandonnassent la prédication de l'Évangile, le soin de leurs troupeaux, et entreprissent un long et pénible voyage, dont la fatigue en avait obligé plusieurs de rester malades sur les chemins; que tout le monde est troublé pour un criminel ou deux, dans lesquels il ne reste plus aucune semence de religion, puisque, s'ils en avaient le moindre sentiment, ils imiteraient le prophète Jonas, en disant comme lui: *Jetez-moi dans la mer, et cette tempête s'apaisera à l'instant;* mais que leurs adversaires sont fort éloignés d'imiter cette conduite, parce qu'ils ne prennent point l'exemple des saints pour règle de leurs actions, et que, se rendant chefs et conducteurs de scélérats, ils ne recherchent le gouvernement de l'Église que comme une domination temporelle et tyrannique. Que c'est par ce motif qu'ils s'efforcent de ruiner les lois divines et les règles de l'Église, et veulent établir un nouvel usage, en remettant au jugement des évêques d'Occident l'examen et la décision des choses que les évêques d'Orient ont ordonnées: au lieu que la sentence prononcée autrefois dans le concile de Rome contre les hérétiques Novat, Sabellius et Valentin, avait été rectifiée par les prélats d'Orient. Après avoir confirmé de nouveau la condamnation de saint Athanase, de Marcel, d'Asclepas et de saint Paul de Constantinople, ils poussent encore leur emportement jusqu'à prononcer anathème contre Osius, Protogène, le pape Jules, Gaudence de Naïsse et saint Maximin de Trèves. Ce fut cet anathème contre le pape et contre saint Athanase, qui fit reconnaître à saint Augustin que la lettre ne pouvait venir que des ariens. Le crime général qu'ils reprochent à tous ces prélats, c'est d'avoir fait recevoir à la communion Marcel, Athanase et les autres scélérats, comme il leur plaît de les appeler; et ils rejettent particulièrement sur le pape Jules ce crime si glorieux. Outre ce crime commun, ils reprochent à Osius d'avoir toujours été l'ennemi et le persécuteur d'un certain Marc de très-heureuse mémoire (qu'on ne connaît point), et le défenseur de tous les méchants, nommément de Paulin, évêque de Dacie; d'un Eustathe et d'un Quimasse, dont ils disent beaucoup de maux. Sozomène l'entend de Paulin et d'Eustathe, évêques d'Antioche, ce qui ne fait point de difficulté pour le dernier; mais il se trompe pour Paulin, qui ne fut évêque qu'en 362, et qui ne le fut jamais dans la Dacie. A l'égard de Protogène, les eusébiens prétendent qu'il s'était condamné lui-même en communiquant avec Marcel et avec saint Paul, après avoir signé plusieurs fois leur anathème. Ils font un crime à Gaudence de ce qu'il recevait ceux que Cyrinque son prédécesseur avait anathématisés, et encore de ce qu'il défendait hautement saint Paul de Constantinople. Mais la faute de saint Maximin était bien plus noire, puisqu'il avait communiqué le premier avec ce saint, et avait été cause de son rétablissement, outre qu'il n'avait point voulu recevoir les évêques que les ariens avaient députés dans les Gaules en 342. Les eusébiens excommunièrent donc tous ces prélats dans leur faux concile, priant tous les fidèles de n'avoir aucune liaison avec eux, ni avec ceux qui communiqueraient avec eux.

Ils ajoutèrent à la fin une formule de foi, qu'ils prient tout le monde de signer. Ils n'y établissent point le Fils consubstantiel au Père, mais aussi ils ne détruisent point ce dogme, comme Socrate l'a prétendu. Au contraire, ils condamnent ceux qui croyaient que le Fils est tiré du néant, ou qu'il est d'une autre substance que celle du Père; mais leur symbole ne laisse pas d'être dangereux et suspect, tant parce qu'ils s'y abstiennent du terme de *consubstantiel* que parce qu'il ne fallait point d'autre symbole que celui de Nicée, si l'on n'avait pas une autre foi. On ne sait pourquoi saint Athanase l'a omis dans son recueil des divers symboles des ariens. On le trouve dans les fragments de saint Hilaire, à la fin de la lettre dont nous venons de parler, et il est encore d'une version plus correcte dans son traité des Synodes.

SARUG (Conciliabule de), l'an 765. Les jacobites, divisés en deux partis depuis dix ans, se réunirent en un seul dans cette assemblée, composée d'évêques de Mosul, et présidée par Georges leur patriarche. La mort de Jean, patriarche rival, et chef de l'autre parti, facilita leur réunion. *Mansi, Conc. t.* XII.

SARUM (Conciles ou Synodes de), *Sarumenses synodi.* Voy. SALISBURY.

SARZANA (Synode diocésain de) ou LUNA, *Lunensis,* l'an 1568, 20 mai, sous Benoît Lomellini, cardinal, évêque de cette ville. Les statuts publiés dans ce synode ne présentent rien de particulier. *Constitut. et decreta condita in diœc. synodo Lunensi et Sarzanensi, Genuæ,* 1568. *Bibl. roy.* B. 1267.

SAUMUR (Concile de), *Salmuriense,* l'an 1243, par Juhel de Matteflon ou de Mayenne, archevêque de Tours. Les canons publiés dans ce concile, au nombre de trente, sont les mêmes que ceux du suivant, à l'exception du 17e et du dernier de celui-ci, qui ne se trouvent pas dans le premier. *Maan, sacr. et metropol. eccl. Turon.*

SAUMUR (Concile de), l'an 1253. Pierre de Lamballe, archevêque de Tours, tint ce concile dans l'abbaye de Saint-Florent de Saumur, au commencement du mois de décembre 1253, et y fit trente-deux statuts très-utiles.

1. On récitera les heures canoniales dans toutes les églises cathédrales et collégiales, aux heures compétentes, avec la dévotion convenable, et l'un des chœurs ne commencera pas un verset que l'autre n'ait achevé le verset précédent.

2. Les archidiacres, archiprêtres, doyens ruraux et autres auront soin que le sanctuaire, les fonts, les saintes huiles, le saint chrême, soient fermés à clef; et que les sacrements soient portés avec respect dans les lieux peuplés, et principalement dans les villes.

3. Les corporaux seront lavés par des prêtres revêtus de surplis, et dans un vase fort net, destiné à cet usage; et la première eau sera jetée dans la piscine. Les linges de l'autel et ceux des prêtres seront lavés par une femme ou par une fille séparément des autres, et l'on aura soin de les bien conserver.

4. On fera un inventaire des livres, des vases, des habits, des ornements et de tous les meubles à l'usage de l'Église, et on les conservera fidèlement. On suspendra les archidiacres, les archiprêtres et les doyens ruraux qui seront en faute sur ce point; et l'on ne relâchera point la sentence, qu'ils n'aient payé dix sols applicables à la fabrique dans chacune des églises où l'on aurait à se plaindre de leur négligence.

5. Les archidiacres seront obligés de se faire promouvoir au diaconat dans l'année, ainsi que les archiprêtres et les doyens ruraux, à la prêtrise.

6 et 7. On ne tiendra point de plaids dans les églises, ni sous leurs portiques; et les archidiacres ou autres prélats inférieurs n'en tiendront point en présence de l'évêque.

8. Les archidiacres, archiprêtres, doyens ruraux, ou autres prélats inférieurs n'auront point d'officiaux ou d'alloués hors de la ville. Ils ne connaîtront point des causes de mariage, de simonie et autres qui vont à la dégradation ou la déposition, sans un ordre exprès de leur évêque.

9. Défense aux prélats d'exiger des honoraires en argent, sous le nom de procurations. La procuration ou le gîte ne sont dûs qu'à ceux qui font leurs visites en personne.

Il arrivait quelquefois que les prélats qui avaient droit de visite dans les églises paroissiales et autres exigeaient deux procurations ou deux honoraires de ces églises: l'un en argent comptant, hors du temps de la visite; l'autre en choses comestibles, dans le temps même de leurs visites. C'est cet abus que le concile condamne, en ordonnant que les prélats ne recevront aucun honoraire hors du temps de leurs visites, et que dans le temps même de leurs visites ils se contenteront d'être logés et défrayés aux dépens des églises qu'ils visiteront.

10. On renouvelle le sixième canon du concile de Château-Gonthier de l'an 1231, qui veut que le nombre des chanoines soit déterminé, et qui défend de partager les prébendes pour augmenter le nombre des chanoines.

11. On ne recevra aucun chanoine, qui ne soit né en légitime mariage.

12. Les prélats ne doivent demander de subside qu'à titre de nécessité manifeste, ni le recevoir que modéré et à titre de charité.

13. On annule les pensions que quelques prélats avaient établies sur les cures.

14 et 15. Les réguliers observeront les règlements portés dans les lettres des souverains pontifes qui les regardent, dont ils auront un exemplaire, en langue vulgaire, dans chaque monastère.

16 et 17. Les moines n'auront point de pécule, et ne se mêleront pas des plaids qui regardent les séculiers.

18. Les abbés ne donneront point les lieux réguliers aux laïques, ni à vie ni pour un temps.

19. Les abbés seront contraints, par censure, à rétablir le nombre ancien des moines dans chaque monastère.

20. Ils n'augmenteront pas les anciennes pensions imposées sur les prieurés.

21. Quand les prieurés viendront à vaquer, ils empêcheront qu'on ne les dépouille, et pourvoiront à l'entretien des nouveaux prieurs et de leurs confrères, jusqu'à la prochaine récolte. Ils auront soin aussi de réparer les bâtiments des prieurés, et de les conserver en bon état.

22. Les abbés, prieurs et autres religieux, n'auront aucun dépôt hors de leur monastère.

23. Défense aux clercs de se mêler de marchandises ou de faire des contrats de société avec des marchands.

24. Les juges ecclésiastiques ne multiplieront point à leur gré les citations, en commettant plusieurs personnes pour citer indistinctement ceux qu'il leur plaira devant eux.

Ce canon regarde les juges ecclésiastiques qui vendaient aux prêtres qui leur étaient soumis le droit de citer devant eux toutes les personnes qu'ils trouvaient bon d'appeler.

25 et 26. Défense, sous peine d'excommunication, de troubler l'exercice de la juridiction ecclésiastique, ou l'exécution des sentences, par des menaces, des terreurs et des voies de fait.

27. On renouvelle la défense des mariages clandestins, fondée sur plusieurs raisons, telles que le détriment des âmes, les mésintelligences, les guerres et les meurtres qu'ils occasionnent. On condamne à une suspense de trois ans tout clerc qui se porterait à quelque démarche capable de les autoriser, et l'on impose aux contractants une peine pécuniaire, à la volonté de l'évêque.

28. On condamne un abus commun dans ce temps-là parmi les évêques, qui donnaient plusieurs cures en commende à un clerc déjà pourvu d'une cure en titre. Le concile prive du bénéfice celui qui l'aurait reçu pour cet abus, et ôte au collateur le pouvoir de le conférer pour cette fois seulement.

29. Défense aux évêques de s'approprier une partie des revenus des églises paroissiales, ou de les charger de nouvelles pensions,

30. On renouvelle le canon du concile de Tours, qui défend aux clercs bénéficiers ou engagés dans les ordres sacrés de rien léguer à leurs enfants naturels, ni à leurs concubines. De tels legs seront appliqués à l'église.

31. Un bénéficier pourvu d'une prébende sacerdotale ne pourra la garder sans se faire ordonner prêtre, et sans la desservir comme prêtre.

32. On observera, sous peine d'excommunication, tous les statuts provinciaux prescrits par les archevêques prédécesseurs de Pierre de Lamballe. *Reg. tom.* XXVIII; *Lab. tom.* XI; *Hard. tom.* VII.

SAUMUR (Concile de), l'an 1276. Jean de Montsoreau, archevêque de Tours, tint ce concile provincial, le lundi d'après la fête de saint Jean-Baptiste, et y publia quatorze articles sur la discipline cléricale et monastique.

1. Il y aura un luminaire allumé le jour et la nuit dans toutes les églises, conformément à l'un et à l'autre droit, qui ne permet de bâtir une église qu'à condition que, pour l'honneur du culte divin, le fondateur laissera des revenus suffisants pour l'entretien du luminaire et des desservants.

2. Défense de mettre dans les églises des coffres, des tonneaux et autres choses profanes, ce qui est contraire au respect dû à la maison de Dieu, qui est une maison de prière.

3. Les ecclésiastiques ne posséderont point à la fois plusieurs bénéfices à charge d'âmes, à moins que l'évêque n'ait de bonnes raisons pour en dispenser quelques-uns.

4. Les moines et les chanoines réguliers ne porteront point de fourrures de diverses couleurs; et les chanoines réguliers eux-mêmes ne porteront point de souliers ouverts, à moins qu'il n'y ait au moins trois nœuds à chacun.

5. Les moines ne porteront ni souliers ouverts ni bottes ou bottines plissées à la façon des laïques, ni de ceintures ou bourses de soie, ni de couteaux, canifs ou tout autre ustensile où il y aurait de l'or ou de l'argent.

6. Lorsque les abbesses recevront quelques personnes pour les placer dans quelque couvent de leur dépendance, elles ne retiendront pas pour elles les biens que ces personnes pourront apporter; mais ils seront appliqués tout entiers aux maisons où ces personnes feront leur demeure perpétuelle.

7. Les moines n'auront pas de places en plusieurs monastères, ni plusieurs offices ou administrations dans un même monastère.

8. On ne mettra point de jeunes religieux dans des prieurés qui ne sont pas conventuels.

9. On renouvelle la sentence de suspense contre les abbés, prieurs et administrateurs qui dépouillent les prieurés vacants.

10. Défense de donner aux clercs séculiers les prieurés en état d'entretenir deux moines.

11. Les juges seront obligés, sous peine d'excommunication, de rendre justice aux ecclésiastiques.

12. Les excommuniés ne pourront, ni intenter action en justice, ni plaider, ni rendre témoignage.

13. L'évêque aura le pouvoir d'absoudre des cas dans lesquels le concile porte la peine de la suspense ou de l'excommunication.

14. On ordonne l'observation des lois des conciles précédents. *Labb. tom.* XI; *Hard. tom.* VIII.

SAUMUR (Concile de), l'an 1294. Renaud de Montbaron, archevêque de Tours, tint ce concile au mois d'octobre, avec les évêques de sa province, et y publia les cinq règlements suivants:

Le 1er ordonne aux clercs et aux moines d'être habillés d'une manière conforme à leur état, et leur défend de porter des habits de couleur.

Le 2e porte qu'on ne donnera l'absolution à un excommunié en danger de mort que quand il aura satisfait, s'il se peut, ou donné caution pour le faire, s'il ne le peut actuellement.

Le 3e défend aux archidiacres, doyens et archiprêtres, d'imposer une peine pécuniaire pour la punition de crimes énormes, tels que l'adultère, l'inceste, etc.

Le 4e défend aux mêmes, et à tous ceux qui exercent la juridiction ecclésiastique, d'envoyer des prêtres dans les paroisses de leur dépendance, pour entendre les confessions de ceux qui étaient sur le point de se marier. Le concile insinue que ces confesseurs ambulants se laissaient gagner, et qu'ils témoignaient avoir confessé des personnes qu'ils n'avaient pas même vues; sur quoi la permission était accordée par les archidiacres et les autres de procéder à la célébration du mariage. Les Pères du concile défendent, sous peine de nullité, tout ce qui se ferait désormais en ce genre.

Le 5e excommunie ceux qui troublent les ecclésiastiques dans la possession légitime de percevoir les dîmes. *Anal. des Conc. t.* II; *Hist. de l'Egl. gall., liv.* XXXV.

SAUMUR (Concile de), l'an 1300. Ce fut sans doute l'archevêque de Tours Renaud de Montbaron qui tint ce concile provincial, quoiqu'il ne soit pas nommé, mais que l'archevêque, quel qu'il fût, soit seulement désigné comme président du concile, dans les actes qui nous en restent. On y publia douze canons.

Le 1er défend de troubler la juridiction de l'Eglise, ou de porter atteinte à ses libertés.

Le 2e dénie aux juges séculiers le droit de s'enquérir de la justice des excommunications.

Le 3e déclare tous les objets qui appartiennent à des ecclésiastiques, exempts de péages comme de tous autres droits.

Les suivants jusqu'au neuvième sont également en faveur des immunités ecclésiastiques.

Le 9e porte que les décrets de ce concile seront lus chaque année dans toutes les églises de la province le premier dimanche de l'avent comme du carême, le dimanche de la Passion, le premier après la Pentecôte, et le dimanche après l'Assomption de la Vierge.

Le 10° contient la défense de dire la messe dans les chapelles particulières les mêmes dimanches que nous venons de dire, et de plus le premier dimanche après l'Epiphanie.

Le 11° ordonne de lire dans toutes les paroisses les autres décrets des conciles précédents.

Le 12° laisse à chaque évêque la faculté de lever les peines d'interdit, de suspense et d'excommunication portées par ce concile. *Maan, sacr., et metropol. Eccl. Turon.* Les mêmes décrets se trouvent rapportés aussi par cet auteur à un autre concile de Saumur, tenu en 1320, par Geoffroi de la Haye. S'il n'y a point d'erreur, il faut dire que ce dernier se borna à renouveler dans son concile les décrets portés par son prédécesseur.

SAUMUR (Concile de), l'an 1315. Geoffroi de la Haye, archevêque de Tours, tint ce concile le vendredi 9 mai, avec les évêques et les abbés de sa province, et y publia quatre canons ou capitules.

1° On excommunie les vassaux de l'Eglise qui, pour se dérober aux seigneurs ecclésiastiques et les frustrer de leurs droits, reconnaîtront, dans leurs aveux, qu'ils tiennent des seigneurs séculiers les biens qu'ils tiennent en effet de l'Eglise, soit médiatement, soit immédiatement. Quant au passé, ceux qui, depuis quarante ans, ont fait de pareils aveux, seront excommuniés, s'ils ne les révoquent dans trois mois et après trois monitions.

2° On rappelle le décret du concile de Bourges de l'an 1276, qui déclare excommuniés, *ipso facto*, tous ceux qui empêchent l'exécution des jugements ecclésiastiques. On porte aussi la sentence d'interdit contre les terres des seigneurs dont les baillis, sénéchaux, ou autres juges, donnent atteinte à la juridiction ecclésiastique.

3° Défense aux archidiacres et autres préposés pour l'examen des clercs qui sont ordonnés ou pourvus de bénéfices, de rien prendre d'eux, à peine de suspense s'ils sont prêtres, ou d'excommunication s'ils ne le sont pas.

4° On pourra interdire une terre avant même d'avoir rien ordonné contre la personne du seigneur ou du bailli ; et les évêques suffragants pourront absoudre des excommunications, et lever les interdits portés par ce concile. *Labb.* tome XI ; *Hard.* tome VIII.

SAUMUR (Concile de), l'an 1320. *Voy.* SAUMUR, l'an 1300, à la fin de l'article.

SAUMUR (Concile de), l'an 1342, tenu par l'archevêque de Tours. Le concile défend de tenir des plaids dans les églises ou leurs vestibules ; il ne veut point que les évêques se réservent des pensions sur les cures. *M. de Mas. L.*

SAURCI (Concile de) ou SOURCI, *Sauriciacum*, à trois lieues de Soissons, l'an 590. On y permit à Droctégisile, évêque de Soissons, de revenir dans sa ville épiscopale, d'où les évêques de la province l'avaient obligé, quatre ans auparavant, de s'éloigner à cause de son ivrognerie. *Greg. Turon. lib.* IX, *n.* 37.

SAVONE (Synode diocésain de), 6 mai 1586. Jean-Baptiste Centurioni, évêque de Savone, y publia vingt décrets.

Le 6° contient la défense faite aux curés, sous de fortes peines, de s'absenter durant plus d'un jour de leurs paroisses sans la permission de l'ordinaire.

Le 10° requiert la même permission pour que des clercs engagés dans les ordres sacrés puissent avoir avec eux des personnes du sexe, fussent-elles leurs plus proches parentes.

Le 13° leur défend à tous de porter des gants, quelque froid qu'il fasse, quand ils sont revêtus des ornements sacrés ; et si ce sont des clercs qui n'aient que les ordres mineurs, le décret le leur interdit absolument.

Le 15° règle l'établissement de conférences mensuelles dans tout le diocèse, divisé pour cela en cinq arrondissements

Le 19° impose l'obligation, principalement à chaque curé, d'avoir un Ancien et un Nouveau Testament, le Catéchisme romain, le Concile de Trente, tous les conciles de la province (c'est-à-dire de Milan), la Somme du docteur Navarre et le rituel le dernier publié.

On voit par plusieurs de ces décrets qu'on ne peut pas leur reprocher un excès de relâchement. *Constitut. et decreta in diœc. synodis sex edita; Taurini*, 1623.

SAVONE (Synode diocésain de), 12 avril 1589, par Pierre-François Costa. On y ordonna de publier dans les paroisses plusieurs décrets des conciles provinciaux de Milan, et plusieurs bulles des papes Pie V et Sixte V. On défendit, sous peine d'excommunication, la danse appelée la *Nizzarda*, et l'on recommanda aux curés d'abolir comme superstitieux le *Piantar maggio* qui se faisait le premier mai, espèce de jeu qui consistait à courir çà et là dans les campagnes, et à en rapporter des branches d'arbres qu'on plantait aux portes des maisons. *Ibid.*

SAVONE (Synode diocésain de), 9 avril 1592, par le même. Le prélat y défendit d'admettre pour parrains ceux qui ne seraient pas encore confirmés, et prescrivit aux curés de s'informer avec soin des enfants qui auraient été ondoyés par des sages-femmes, pour ne pas s'exposer au danger de les rebaptiser. On y trouve une autre décision que n'adopteraient pas tous les théologiens, savoir, que lorsqu'un enfant a été baptisé au foyer, celui-là est son parrain qui l'a tenu pendant qu'on l'ondoyait, et non celui qui en fait les fonctions lorsqu'on lui supplée ensuite à l'église les cérémonies du baptême. Il y est ordonné de plus de chanter le *Salve regina* dans chaque paroisse tous les samedis au soir, en y invitant le peuple au son de la cloche. *Ibid.*

SAVONE (Synode diocésain de), 17 novembre 1594, par le même. On y autorise tous les curés indistinctement à confesser les personnes de paroisses étrangères qui se présentent à eux. On défend aux clercs de se laisser croître la barbe et particulièrement les moustaches. *Ibid.*

SAVONE (Synode diocésain de), 22 avril 1597, par le même. Défense y fut faite de présenter à baiser à l'offrande, soit la patène, soit l'étole ou l'amict, et toute autre chose qu'un instrument de paix ou l'image de quelque saint. Injonction aux curés de visiter sans délai les personnes dont on leur apprend la maladie. *Ibid.*

SAVONE (Synode diocésain de), 3 mai 1603, par le même. On y renouvela l'injonction faite aux curés de remettre au greffe de l'évêché, à la fin de chaque année, un exemplaire du registre des baptêmes de leurs paroisses. On leur permit de mêler en hiver de l'eau chaude, quoique en moindre quantité, à l'eau chrismale. On fit un devoir aux fidèles chez qui on porterait le saint viatique, de sortir à la porte de leurs maisons avec des bougies allumées pour recevoir le saint sacrement, et de faire la même chose à la sortie du prêtre. On fit défense d'administrer l'extrême-onction aux femmes en couche. Ordre de porter le vase aux saintes huiles dans un sac de soie de couleur violette. Défense de représenter dans les églises la passion de Notre-Seigneur, comme cela s'était pratiqué jusque-là à l'office du vendredi saint. On chargea des chanoines ou des prêtres de la cathédrale d'examiner sur le chant grégorien les ecclésiastiques qui voudraient être promus à un ordre sacré. *Ibid.*

SAVONE (Synode diocésain de), 13 septembre 1621, par le même. On y défendit aux chrétiens tout commerce avec les juifs. On prescrivit de garder dans un calice, et non dans un ostensoir, l'hostie qu'on réserve pour l'office du vendredi saint. On déclara nulle la permission que donnerait un évêque, sans y être autorisé par le souverain pontife, de garder une hostie consacrée pour l'adoration dans un lieu autre que l'église paroissiale. *Ibid.*

SAVONE (Synode diocésain de), 12 octobre 1627, par François-Marie Spinola. Injonction fut faite aux curés d'interdire l'entrée de l'église aux personnes qui tarderaient plus de trois jours à venir recevoir la bénédiction nuptiale, après avoir contracté mariage, même avec permission, dans une maison particulière.

Les statuts publiés à la suite de ce synode, et approuvés trois jours après son ouverture par le clergé rassemblé, contiennent des instructions aussi utiles qu'étendues sur la prédication de la parole de Dieu, sur l'administration des sacrements, et sur les obligations des curés et de tous les clercs, etc. *Constit. et decreta in diœc. synodo condita; Finarii,* 1631.

SAVONIÈRES (Concile de) ou de Toul; *apud Saponarias,* l'an 859.

Ce concile fut tenu, au mois de juin de l'an 859, à Savonières, près de Toul. Il était composé des évêques de douze provinces des trois royaumes de Charles le Chauve, de Lothaire et de Charles le Jeune, ses neveux: ces trois princes y assistèrent. Le but de ce concile fut de détruire le schisme qui s'était élevé depuis peu dans l'Eglise, d'en rétablir la discipline, et de ramener à l'obéissance ceux qui avaient manqué de fidélité à leurs souverains. A cet effet, les évêques obtinrent des trois rois la permission de tenir des conciles dans les temps prescrits par les canons : ce qu'ils n'avaient pu faire pendant les troubles de la guerre. On porta des plaintes au concile sur l'ordination de trois évêques, Tortold de Bayeux, Anscaire de Langres, et Atton de Verdun; et on les accusa d'être parvenus à l'épiscopat par des voies illégitimes. La cause de Tortold fut renvoyée à Vénilon, archevêque de Rouen, et à deux autres évêques. Anscaire promit, par des députés, de se désister; sur quoi le concile lui prescrivit une formule de serment par laquelle il demanderait pardon de son entreprise, et promettrait de ne rien tenter de semblable à l'avenir. A l'égard d'Atton, il fut arrêté qu'il comparaîtrait à un autre concile. On croit que, comme il avait fait profession de la vie monastique dans l'abbaye de Saint-Germain d'Auxerre, il ne lui manquait que le consentement de ses supérieurs pour l'épiscopat, qu'ils lui donnèrent apparemment, puisque son ordination fut confirmée dans la suite, et qu'il gouvernait encore l'évêché de Verdun en 867. Il y avait au contraire un autre évêque à Bayeux en 860 ; ce qui prouve que Tortold en avait été déjeté.

Le roi Charles le Chauve présenta une requête contre Vénilon, archevêque de Sens, où il disait que, malgré les serments de fidélité qu'il lui avait faits, il s'était joint contre lui à Louis de Germanie, avec toutes ses forces ; qu'il s'était fait donner par ce prince l'abbaye de Sainte-Colombe qui ne lui appartenait pas; et que, depuis que lui Charles avait recouvré son royaume, Vénilon avait continué dans sa révolte, en lui refusant les secours que l'Eglise de Sens lui devait comme à son souverain. Charles disait dans sa même requête : « Lorsque Vénilon me sacra roi dans l'église de Sainte-Croix d'Orléans, qui est de sa province, il me promit de ne point me déposer de la dignité royale, au moins sans les évêques qui m'avaient sacré avec lui, et au jugement desquels je me suis soumis, comme je m'y soumis encore. » Les évêques, qui avaient sans doute eu part à la requête de ce prince, ordonnèrent que Vénilon fût cité à certain terme; en conséquence ils écrivirent une lettre synodique qu'ils lui adressèrent, et dans laquelle, après lui avoir donné communication des plaintes du roi, et nommé les évêques qu'il avait choisis pour juges, ils lui ordonnent de comparaître devant eux trente jours après la réception de cette lettre, pour proposer ses défenses. Ils ajoutèrent à leur lettre synodique des extraits des anciens canons, touchant les principaux chefs d'accusations contenus dans la requête du roi Charles. Hérard de Tours fut chargé par le concile de porter cette lettre à Vénilon, et de lui faire la citation; mais ne l'ayant pu pour cause de maladie, il en donna la commission à Robert du Mans, son suffragant, et écrivit en même temps à l'archevêque de Sens, pour l'exhorter à se justifier et à satisfaire le roi. Vénilon, suivant ce conseil, se réconcilia avec ce prince ; et par là il évita le jugement des évêques.

Le concile écrivit aussi aux évêques de Bretagne, pour les engager à se réunir en rentrant sous l'obéissance de l'archevêque de Tours, leur métropolitain. On lut ensuite les canons qui avaient été faits, quelques jours auparavant, dans le concile de Langres. Les six premiers sont les mêmes que ceux du troisième concile de Valence, si ce n'est qu'on en avait fait disparaître la censure des quatre articles de Quercy. Il fut statué par le septième que l'on prierait les princes de permettre la tenue des conciles provinciaux, tous les ans ; et une assemblée générale, dans leur palais, tous les deux ans.

S. « Dans la promotion d'un évêque, on s'en rapportera aux métropolitains et aux évêques voisins ; et le peuple n'aura aucune part à l'élection. »

9. « Les évêques diocésains visiteront exactement les communautés de chanoines, de moines et de religieuses, pour voir si la règle et les statuts y sont observés. »

10. « Les princes et les évêques seront exhortés à établir des écoles publiques, tant des saintes Écritures que des lettres humaines, dans tous les lieux où il se trouvera des personnes capables de les enseigner, parce que la vraie intelligence des Écritures était alors tellement déchue, qu'à peine en restait-il quelque vestige. »

11. « Les églises seront réparées ou rebâties par ceux qui en tirent les revenus. »

12. « On demandera aux princes la permission, pour chaque communauté religieuse ou ecclésiastique, de se choisir un chef de la même profession. »

13. « La distribution des biens consacrés à Dieu, se fera de façon que la neuvième ou dixième partie en soit donnée aux églises. »

14. « On rétablira les hôpitaux fondés par les pieux empereurs, et les revenus en seront employés à la sustentation des pauvres et des étrangers. »

15 et 16. On pria les trois princes qui assistaient au concile de faire examiner les causes des pauvres par des ministres intègres, et de punir, suivant le pouvoir que Dieu leur en a donné, les adultères, les ravisseurs, jusqu'à ce qu'ils se présentent d'eux-mêmes publiquement, pour être jugés par les prêtres, et soumis à la discipline ecclésiastique.

Après qu'on eut achevé la lecture de ces canons à Savonières, quelques évêques du parti d'Hincmar voulurent former quelque difficulté sur les articles qui regardaient la grâce et la prédestination ; mais on les arrêta, et il fut convenu que ces articles seraient examinés au premier concile qui se tiendrait après le rétablissement de la paix. Ensuite les évêques conjurèrent le roi Charles et Rodolphe, archevêque de Bourges, de maintenir en vigueur le privilège du monastère de Saint-Benoît, qu'ils avaient déjà confirmé du consentement du roi ; et, pour se donner des marques de leur charité avant leur séparation, ils convinrent unanimement de dire le mercredi de chaque semaine une messe pour tous ceux qui avaient assisté au concile ; et qu'en cas que quelqu'un d'eux vînt à mourir, les survivants célèbreraient sept fois la messe pour lui, et autant de fois les vigiles ; que chaque prêtre, soit dans les monastères, soit à la campagne, dirait trois messes et trois fois les vigiles, et qu'à cet effet on enverrait des lettres circulaires pour donner avis de la mort. Les abbés présents au concile furent admis à cette société de prières. *Hist. des aut. sacr. et ecclés.*, t. XXII.

SCHENNING (Concile de), *Schœnningiense*, en Suède, l'an 1248. Le légat Guillaume, depuis cardinal évêque de Sabine, tint ce concile, qui décerna des peines contre les clercs concubinaires. *Lab.* XI.

SCHIRVAN (Concile de) en Arménie, *Schirachavense*, l'an 864 ou environ. Ce concile, présidé par le patriarche ou catholique Zacharie, condamna de nouveau les erreurs de Nestorius et d'Eutychès ; après quoi l'on fit quinze canons, qui se trouvent dans Clément Galanus, *Conciliat. Eccl. Armen. t. I, part.* II, p. 139, ainsi que dans la Collection du P. Hardouin. Celui-ci met cette assemblée en 863, d'autres en 862.

SCONE (Concile de), *Sconense*, en Ecosse, l'an 906. Le roi Constantin y fit la promesse de garder la foi, et de suivre toutes les lois de l'Église catholique. *Mansi, Suppl.*

SCONE (Concile de), l'an 1324. Ce concile fut assemblé de toute l'Ecosse, et c'est tout ce qu'on en sait. *Anglic.* II, *ex Chartulario Glasquensi.*

SCOTICUM (*Concilium*), ou concile général d'Ecosse, tenu à Edimbourg, l'an 1445. On y publia une bulle de Grégoire XII pour protéger les biens des évêques quand ils venaient à décéder, et un autre de Martin V, qui avait excommunié un évêque coupable de complot contre le souverain légitime. *Wilkins, t. III.*

SCOTICUM (*Concilium*), ou concile provincial d'Ecosse tenu à Edimbourg, l'an 1512. On y convint, malgré de nombreuses répugnances, que tous les bénéfices sacerdotaux dont le revenu excéderait quarante livres, payeraient une pension au pape, à titre de décimes et de diplômes, et un subside au roi suivant les demandes qu'il en ferait et les besoins occurrents. *Ibid.*

Pour les autres conciles tenus en Ecosse, *Voy.* ECOSSE, PERTH, EDIMBOURG, etc.

SEBENICO (Assemblée provinciale de Spalatro, tenue à), *Sibenicensis seu Spalatrensis conventus*, l'an 1579. Augustin Valère, évêque de Vérone, ayant été nommé, par un bref du pape Grégoire XIII, du 18 octobre 1578, visiteur apostolique dans les deux provinces de Spalatro et de Zara, qui composaient alors la Dalmatie, assembla les évêques de ces deux provinces avec leurs métropolitains, premièrement à Sebenico pour la province de Dalmatie; puis, le 20 mai 1579, à Zara. où il réunit les prélats des deux provinces. Les constitutions publiées à Zara furent les mêmes qui avaient été arrêtées d'avance à Sebenico.

Ces constitutions ou décrets se divisent en neuf chapitres, et s'adressent successivement aux évêques, aux gouverneurs des villes, à tous les clercs en général, aux chanoines et aux curés en particulier; aux administrateurs de biens ecclésiastiques, aux religieuses, aux confréries, et enfin aux laïques.

Décrets concernant les évêques.

« Ils ne s'absenteront point de leurs diocèses sans la permission du souverain pontife, ou sans l'agrément de leur métropolitain ou du plus ancien suffragant, en cas d'absence de ce dernier. Si leur absence dure jusqu'à trois mois, le métropolitain ou le plus ancien suffragant devra en écrire au saint-père.

« Ils expliqueront au peuple le Catéchisme romain, prêcheront aux grandes messes, et s'ils ne savent pas la langue illyrienne ou du pays, ils seront tenus de l'apprendre.

« Ils s'occuperont à table de saintes lectures, donneront l'exemple de la retenue et de la sobriété, se montreront hospitaliers, autant que le leur permettra la modicité de leurs revenus, envers les pauvres de Jésus-Christ, particulièrement envers ceux que la crainte ou les tourments auraient fait apostasier, et qui leur témoigneraient le désir de rentrer dans le sein de l'Eglise.

« Pour soutenir la constance des chrétiens, dont un grand nombre conservent la foi au sein de l'oppression que font peser sur eux les Turcs, les évêques feront traduire pour eux en illyrien de petits livres tels que des abrégés de catéchismes, leur enverront des prêtres au moins à Pâques et à Noël, et les visiteront eux-mêmes tous les trois ans, pour leur offrir à recevoir le sacrement de confirmation, ou du moins se rendront dans des villes du voisinage où ces peuples puissent venir jusqu'à eux.

« On assemblera le concile provincial tous les trois ans, conformément au décret du concile de Trente; et si le métropolitain néglige de le faire, le plus ancien suffragant le suppléera pour cet office.

« Le synode diocésain se tiendra chaque année après la fête de Pâques, et pourra ne durer qu'un jour; l'évêque y nommera des examinateurs et des juges, dans la forme voulue par le concile de Trente.

« Chaque évêque aura son vicaire général, autant que le lui permettra son revenu, et il le choisira autant que possible hors de son chapitre, pour prévenir les dissensions.

« Il n'accordera des dimissoires qu'avec peine, et qu'après avoir examiné avec soin les sujets qui voudront en obtenir.

« On érigera s'il se peut des séminaires dans les deux provinces de Spalatro et de Zara, où l'on recevra et entretiendra au moins quarante clercs. Si le pape trouve la chose impraticable, il sera supplié de faire admettre quatre jeunes gens de chaque diocèse au collège germanique érigé à Rome, ou à un collège dalmatique que Sa Sainteté voudrait bien ériger.

« Sa Sainteté sera de même suppliée de faire recevoir soit à Rome, soit à Bologne ou à Pérouse, un ou deux sujets de chaque diocèse, au choix de l'évêque, pour l'étude du droit canon.

« Les évêques établiront un maître des cérémonies, à qui ils assigneront pour traitement un bénéfice simple.

« On prie le pape d'ordonner aux supérieurs des ordres de Saint-Dominique et de Saint-François de rappeler dans la province les religieux qui en sont sortis.

« On demande l'établissement d'un collège au moins de pères jésuites.

« Les évêques manderont auprès d'eux les prêtres de Servie, et leur inculqueront fréquemment l'obéissance due à l'Eglise romaine et aux articles de foi, tels que la récompense promise aux saints et les peines assurées aux damnés même avant le jugement général, et la procession du Saint-Esprit par rapport au Père et au Fils.

« Ils publieront dans le synode diocésain l'index des livres défendus, et veilleront à ce que l'hérésie ne pénètre pas dans leurs diocèses.

« Ils examineront soigneusement les maîtres d'école, qui, s'ils étaient corrompus, pourraient corrompre toute la province, et ne les approuveront qu'après qu'ils auront fait leur profession de foi dans la forme prescrite par Pie IV.

« Ils porteront par eux-mêmes ou par d'autres des consolations aux galériens, leur procureront le bienfait de la communion pascale et s'informeront de leurs chapelains.

« Ils n'abandonneront point leur troupeau en temps de guerre, et seront prêts plutôt à sacrifier leur vie pour le défendre.

« Ils favoriseront et tâcheront d'étendre les associations de charité établies depuis quelques mois pour venir au secours des pauvres.

« Ils n'auront dans leur évêché aucune femme, fût-elle leur plus proche parente, même leur mère, ou ils seront admonestés par l'archevêque, et, s'il le faut, dénoncés au pape.

« Ils ne permettront pas à leurs diocésains de se servir de médecins juifs, qui ne les avertiraient point dans leurs maladies de recourir au sacrement de pénitence.

« Ils veilleront à ce que les saintes reliques soient vénérées des peuples, et ne permettront de les exposer qu'à certains jours marqués.

« Ils recommanderont l'usage du vin blanc de préférence au vin rouge dans le saint sacrifice.

« Ils empêcheront les repas qui se font sur les sépulcres des morts au jour de la commémoration de tous les fidèles trépassés, et exhorteront les fidèles à distribuer plutôt cette nourriture aux pauvres, pour en recevoir de Dieu la récompense.

« L'Eglise romaine étant la maîtresse de

toutes les Eglises, on se conformera à ses usages dans les cérémonies, l'office canonique, la lecture de l'Epître et de l'Evangile et la forme des ornements sacrés.

« Les évêques ne permettront aucunement, mais ils puniront même les représentations qui se feraient de la passion de Notre-Seigneur ou des saints.

« Ils ne souffriront ni danses, ni jeux aux portes et sous les galeries des églises

« Ils visiteront les prisonniers, leur porteront des paroles de consolation, et s'informeront si les sacrements leur sont administrés. Ils veilleront de même à ce que l'administration des hôpitaux soit paternelle et remplie avec fidélité. »

Décrets concernant les gouverneurs des villes.

On leur recommande de protéger la liberté ecclésiastique, et de ne pas usurper des droits que les canons leur refusent dans les collations de bénéfices. On leur accorde ne pas dans les cérémonies ecclésiastiques immédiatement après les évêques, en considération de l'obéissance rendue par la république de Venise (dont dépendaient ces provinces) au siége apostolique de Rome.

Décrets concernant les chanoines et les clercs en général.

Ils ne porteront ni anneaux aux doigts, ni habits de soie, à moins que leur dignité ne leur en donne le droit, sous les peines portées par les saints canons et par les décrets du concile de Trente.

Ils porteront le bonnet carré, ou du moins des bonnets de forme ronde : les chapeaux de forme allongée leur sont interdits. Ils ne déposeront jamais leur bonnet sur l'autel.

L'évêque punira sévèrement les clercs médisants ou factieux, ainsi que les clercs joueurs ou qui fréquentent les spectacles ou les danses, ou qui vont à la chasse, ou qui portent des armes.

Décrets concernant les chanoines en particulier.

Les chanoines qui auront provoqué contre eux la colère de l'évêque, seront traités comme séditieux par son vicaire général.

Ils honoreront leur évêque en toute manière comme pasteur de leurs âmes et le principal ministre de Jésus-Christ pour l'église à laquelle ils sont attachés; ils l'accompagneront en surplis de son palais à l'église, et de l'église à son palais, pourvu que ces deux édifices soient voisins l'un de l'autre.

Ils pourront prendre trois mois de vacances, à moins que les constitutions particulières de leur église ne restreignent cette faculté.

Décrets qui concernent les curés.

Ils ne pourront s'absenter de leurs paroisses sans la permission de l'évêque. Ils déféreront à l'évêque ceux qui n'auront pas communié à Pâques. Ils ne feront usage que du rituel romain, et n'administreront les sacrements au foyer domestique qu'en cas de nécessité. Ils souffriront tout plutôt que de baptiser des enfants turcs, que leurs parents ne présenteraient au baptème qu'à cause de la persuasion superstitieuse où seraient ceux-ci que le baptême empêche les enfants de sentir mauvais.

Décrets concernant les administrateurs de fabriques.

Ils seront à la nomination de l'évêque, à moins que la coutume du lieu ne confère ce droit à quelque communauté; mais dans ce cas-là même, un ou deux d'entre eux devront être élus par l'évêque et son chapitre, ou par l'évêque seul, là où cet usage a prévalu. L'élection sera nulle si la personne élue se trouve souillée d'adultère, de concubinage ou de quelque autre crime qui soit public, ou qu'elle n'ait point fait ses Pâques cette même année.

Les administrateurs ou le trésorier n'entreprendront rien et ne feront aucune dépense sans avoir consulté l'évêque. Ils ne mettront leurs armoiries à rien de ce qui appartient à l'église ou au service divin.

Décrets concernant les religieuses.

L'évêque visitera souvent leurs maisons, et les consolera par sa présence et ses discours. Elles ne sortiront de leur couvent pour aucune cause que ce puisse être, si ce n'est la guerre ou la peste. Elles n'admettront personne à leur parloir dans les jours de communions générales. Elles se confesseront et communieront au moins une fois le mois. L'abbesse devra être âgée au moins de quarante ans, et si aucune d'entre elles n'a cet âge pour en remplir la charge, on la prendra d'un autre couvent. On n'élira pour abbesses que celles qui sont portées à refuser cette dignité, et on écartera les ambitieuses. Les religieuses ne converseront avec personne sans témoin.

Décrets concernant les confréries.

On fera tout pour y prévenir les dissensions, et on engagera à communier au moins une fois le mois les personnes qui en font partie. Elles rendront compte tous les ans à l'évêque de leurs recettes et de leurs dépenses. Elles repousseront de leur sein les personnes infâmes, comme adultères, concubinaires, coupables de paroles outrageuses, de sédition, d'usure, etc.

Décrets concernant les laïques.

L'évêque leur expliquera de temps en temps la bulle *in cœna Domini.* Ils n'empêcheront point leurs filles d'aller à l'église au moins tous les dimanches, sous la garde de leurs mères ou de leurs parentes.

Les décrets que l'on vient de voir, et les autres actes de cette assemblée ont été confirmés par le saint-siége. *Constit. et decreta in conventu reverendiss. DD. Spalatr. et Jadr. provinc.*

SEDENENSE (*Concilium*), l'an 1267. *Voy.* SEYNE.

SEDUNENSIS (*Synodus*), l'an 1626. *Voy.* SION.

SÉEZ (Assemblée d'évêques à), l'an 1126, pour la dédicace de l'église cathédrale. *Bessin, Conc. Norm.*

SÉEZ (Synode diocésain de), l'an 1208, le 12 mai, sous l'évêque Sylvestre. On y reçut les constitutions données au commencement de cette même année par le cardinal Galon.

Ces constitutions, dont nous pouvons parler ici, comprennent dix articles touchant la continence des clercs, la modestie de leurs habits et leur désintéressement. Sur ces divers points, elles portent contre les infracteurs l'excommunication de plein droit, mais avec une exception en faveur des docteurs et des étudiants, qui devaient auparavant être admonestés, tant on avait, dit Fleury, de considération pour l'université de Paris. *Hist. ecclés.*

SÉEZ (Synode diocésain de), l'an 1524, sous Jacques de Silly. Ce prélat donna en cette année une édition corrigée du livre synodal du diocèse de Séez, en tête duquel se lisent des distyques principalement dirigés contre l'hérésie de Luther ; ce qui donne lieu de présumer que le prélat s'est proposé d'aller au-devant des mouvements de cette secte naissante, en opposant l'autorité des anciens usages, ou la tradition de son diocèse, à la nouveauté téméraire qui couvrait du beau nom de réforme ses projets destructeurs. Le livre synodal se divise en deux parties, dont la première contient une instruction latine et française, tant pour les clercs que pour les simples fidèles. Nous nous bornerons ici à dire quelques mots de la seconde.

On traite dans celle-ci en premier lieu des sacrements. On exige des curés, ou des vicaires à leur défaut, qu'ils tiennent un registre exact des baptêmes faits dans leur paroisse, et qu'ils n'admettent personne en qualité de parrain ou de marraine qui ne soit âgé au moins de douze ans.

On permet à tous les prêtres de se choisir indifféremment leurs confesseurs.

On accorde à tous les membres de la confrérie de Saint-Gervais et de Saint-Protais le privilége de pouvoir être absous par leurs curés ou les vicaires, ou même par d'autres prêtres commis par ceux-ci pour entendre les confessions, *et PER EOSDEM ad audiendas confessiones commissis*, de tous les cas réservés à l'évêque ou au pénitencier, excepté toutefois le crime d'invasion de la juridiction ecclésiastique.

On défend aux prêtres d'entendre, sans nécessité, les confessions autrement qu'en surplis, et ailleurs qu'à l'église et dans un lieu exposé à la vue de tous.

On prescrit de renouveler au commencement et au milieu de chaque mois les saintes espèces, et d'en conserver toujours sur l'autel pour y être adorées par tous les fidèles.

On ordonne aux prêtres, quand ils portent le saint viatique, d'être revêtus du surplis, de l'étole et du camail, soit court appelé *domino*, soit long et à cornette.

On enjoint aux officiers de l'évêché et aux doyens chargés de la distribution des saintes huiles, de ne recevoir pour cet office ni argent ni présents, par des moyens soit directs soit indirects, sous peine de suspense et d'excommunication.

On recommande aux curés et à leurs vicaires de garder les saintes huiles dans un endroit décent, propre et bien fermé.

On défend aux baladins de paraître dans les églises pour assister aux mariages avec leurs flûtes, leurs tambours ou autres instruments de musique, et aux curés de passer outre, dans ce dernier cas, à la célébration du mariage. On prescrit aussi à ces derniers de ne bénir un lit nuptial qu'à condition qu'on s'abstienne de toute danse et de toute chanson profane.

On condamne également les danses, aussi bien que les marchés et les autres désordres qui se feraient les dimanches et les jours de fêtes.

Le reste du livre synodal ne fait guère que rappeler aux ecclésiastiques leurs devoirs particuliers, et aux doyens les règlements à l'observation desquels ils doivent spécialement tenir la main. *Bessin, Conc. Norm.*

SÉEZ (Synode diocésain de), 16 septembre 1653, sous François Rouxel de Medavy. Ce prélat y publia cinquante-neuf statuts pour la discipline de son clergé. Voici les plus remarquables.

1. « Nous enjoignons à tous prêtres de notre diocèse et aux autres promus aux saints ordres, de porter la couronne, les prêtres plus grande, les diacres et sous-diacres plus petite ; ensemble de porter indispensablement des habits décents, tels qu'ils fassent connaître la profession qu'ils font ; et à cet effet nous leur faisons défense de porter l'épée, si ce n'est en voyage hors le diocèse. »

2. « Nous défendons à tous ecclésiastiques d'aller en masque et se déguiser pour prendre part aux jeux ou danses qui se font en conséquence. Nous leur défendons aussi toutes sortes de danses de leur chef, et d'assister à aucuns bals, comédies et autres représentations qui seraient contre l'honnêteté publique. »

4. « Nous faisons très-expresses défenses à tous prêtres et autres ecclésiastiques qui sont dans les ordres sacrés de donner l'habitation dans leurs maisons à aucunes femmes ou filles, si elles ne sont leurs mères, sœurs ou nièces, réservant néanmoins à nous et à nos archidiacres de pouvoir défendre la demeure des susdites, s'il y en avait aucun scandale ; et où aucun d'iceux ecclésiastiques contreviendraient au présent règlement, nous enjoignons à tous prêtres, clercs de la paroisse en laquelle lesdits contrevenants feront leur demeure, d'en faire la dénonciation au doyen, sous peine d'être traités comme complices. Nous réservant, s'il y avait en aucun desdits ecclésiastiques telle nécessité par vieillesse ou maladie, qu'il eût besoin du service de quelque femme, le permettre avec connaissance, pourvu que l'âge ancien et la probité connue de la personne en puissent lever tout

scandale, voulant qu'à cet effet notre permission en soit portée par écrit, afin d'éviter l'abus qui s'y pourrait commettre. »

5. « Nous défendons pareillement aux prêtres, et autres admis aux saints ordres, sous peine d'excommunication, *ipso facto*, et dont nous nous réservons l'absolution, d'aller, si ce n'est en voyage, boire ni manger dans les hôtelleries et tavernes, non-seulement de leur paroisse, mais encore dans la lieue de distance, sous quelque prétexte que ce soit. »

8. « Les lèvres des prêtres doivent avoir la science en dépôt, étant établis en terre pour annoncer au peuple les volontés de Dieu, et leur expliquer les oracles du ciel. L'Eglise défend aux ecclésiastiques toute œuvre manuelle et mécanique, à cette fin qu'ils vaquent plus assidûment à l'étude. Nous enjoignons à tous ecclésiastiques de s'appliquer particulièrement à celle de l'Ecriture sainte, et administration des sacrements. Et d'autant que les choses plus nécessaires pour ladite administration sont contenues dans le rituel du diocèse, nous leur enjoignons de le lire souvent, afin de le mieux pratiquer. »

13. « Et parce que les chœurs des églises destinés pour les ecclésiastiques qui font le service sont souvent occupés par des gens laïques, nous défendons à tout curé, leur souffrir prendre place, sinon après les ecclésiastiques, et seulement ceux qui peuvent aider au chant, si ce n'est qu'il y eût des magistrats, lesquels, après que les ecclésiastiques auront pris leur place, prendront leur séance privilégiément à tous les autres. »

16. « Nous ordonnons que, suivant qu'il a été de tout temps pratiqué en ce diocèse, tous les doyens, curés et autres qui sont obligés de droit à comparoir à nos deux synodes de Pâques et de septembre, y comparaissent en personne, à peine contre les défaillants au synode de Pâques, de six livres, et à celui de septembre, la somme de soixante sols, lesquelles sommes seront appliquées à l'autel Saint-Gervais ; et autres peines arbitraires, s'ils n'ont une légitime excuse qui sera présentée en bonne et valable forme le jour d'auparavant. Et en cas de ladite excuse, lesdits curés et doyens enverront leurs vicaires, ou autres prêtres, pour nous rendre raison de ce qui se passe dans leurs doyennés et paroisses, et choses desquelles nous les informerons. Enjoignons aux susdits curés de nous apporter chacun an au synode d'après Pâques le nom de leurs ecclésiastiques qui sont demeurants dans leurs paroisses, non-seulement prêtres, diacres et sous-diacres, mais encore clercs et autres initiés aux ordres mineurs, avec note particulière de ceux qui manqueront à l'assistance du service divin en habit convenable selon leur ordre ; comme aussi un double des baptêmes, mortuaires et mariages qu'ils auront faits depuis le synode précédent. »

17. « Enjoignons auxdits doyens de tenir leurs calendes en l'une des paroisses de leur doyenné en la semaine qui précédera lesdits synodes, où nous avons ordonné que tous les curés desdits doyennés comparaîtront en personne, en habit décent, et notamment avec surplis et bonnets carrés, pour, après la messe du Saint-Esprit et cérémonies accoutumées, informer lesdits doyens des cas d'office, et autres choses qui regardent leur charge, et où il sera besoin de pourvoir, pour nous rapporter le tout au synode desdits doyens. »

19. « Nos doyens ruraux prendront de nos mains les saintes huiles, pour les distribuer à leurs calendes d'après Pâques à chaque curé de leur doyenné, et les avertiront de faire brûler les anciennes. »

20. « Pour parvenir à la cléricature et ordres mineurs, chacun prétendant présentera l'extrait de son baptistère en bonne forme, avec l'attestation de sa vie et mœurs, et fera choix de l'église au service de laquelle il entend être ordonné. »

29. « L'exposition du saint sacrement ayant été réglée par l'Eglise au jour de l'octave de la fête qu'elle célèbre à cet effet, nous faisons défense à toutes les personnes d'en faire l'exposition aux autres jours, s'ils n'en ont pas la permission du saint-siége, avec la communication qui nous en aura été donnée, ou notre permission. »

34. « D'autant que la doctrine et piété ordinaire parmi les religieux peut être utilement employée au salut des fidèles, nous entendons appeler à notre aide la plupart de ceux que nous connaîtrons y pouvoir faire fruit pour administrer le sacrement de pénitence ou prêcher la parole de Dieu, selon que nous les en trouverons capables ; c'est pourquoi nous enjoignons aux curés de les bien recevoir lorsqu'ils leur feront apparaître de nos mandements et permission. »

35. « Plusieurs des fidèles ayant dévotion de recevoir les sacrements d'eucharistie et de pénitence par l'entremise des religieux, nous exhortons les curés de l'accorder facilement à leurs paroissiens, lorsqu'ils leur auront nommé quelque personne approuvée, dont ils auront vu l'approbation, même dans l'octave de devant et celle d'après Pâques, pourvu que lesdits sacrements, pendant lesdites octaves, s'administrent par lesdits religieux dans l'église paroissiale, afin qu'il soit connu que le paroissien a satisfait en ce temps à l'obligation de chrétien. »

36. « Après avoir été fidèlement averti que plusieurs prêtres administrent le sacrement de pénitence indifféremment aux lieux profanes comme aux lieux saints, sans nécessité, ce qui est mépriser notablement la maison où Dieu a promis une particulière présence à exaucer les prières des fidèles, même qu'il résulte de grands scandales de cette administration, dont il se prend prétexte quelquefois pour des conférences pernicieuses, la confession qui est supposée en icelles donnant occasion d'éloigner la présence d'un tiers, nous faisons défenses très-expresses à tous prêtres d'administrer ledit sacrement hors de l'église, si ce n'est en cas de maladie ou autre nécessité urgente. »

37. « Et, en ce qui est de l'administration dudit sacrement en l'église, nous entendons

qu'elle ne se fasse que pendant le jour et non durant la nuit, si ce n'est la veille de Noël, et en habit décent. »

38. « Nous avons été averti que quelques prêtres n'ayant aucun pouvoir valable pour donner l'absolution de l'hérésie, au moins qui nous ait été communiqué, s'ingèrent d'en donner les absolutions, et recevoir au giron de l'Eglise ceux qui y retournent ; nous faisons défense à tous curés et autres prêtres de reconnaître ceux qui auront été hérétiques, pour avoir part en la communion de l'Eglise, s'ils n'ont été reçus par nous, ou par ceux qui auront notre permission, dont ils seront obligés de donner attestation par écrit. »

39. « Nous exhortons tous nos curés d'offrir à leurs paroissiens, deux ou trois fois l'année, la permission de se confesser aux curés voisins, ou autres prêtres approuvés qu'ils leur nommeront. »

48. « Nous défendons à tous nos curés d'établir ou de permettre qu'on établisse aucunes confréries ou congrégations dans leurs églises, sans notre permission par écrit, et nous donnerons un état de celles qui sont déjà établies, et du revenu et fondation d'icelles ; les administrateurs desquelles confréries et congrégations rendront le compte de leur administration par-devant nous ou nos archidiacres, en faisant leur visite, sur peine de suppression desdites confréries. »

51. « L'Eglise ayant saintement ordonné que quelques ornements destinés pour servir aux autels et aux ecclésiastiques célébrant le service seraient bénits par les évêques, nous défendons à tous curés et autres prêtres sous notre direction, de s'en servir avant qu'ils aient reçu ladite bénédiction. »

54. « L'Eglise a toujours observé l'ordre dans les processions entre les laïques comme entre les ecclésiastiques. Les curés tiendront la main à ce que les hommes y marchent les premiers, et séparés des femmes, sans confusion, et dans la révérence qu'ils doivent à une action de prières. »

58. « Nous défendons, conformément aux saints canons, à tous les ecclésiastiques de plaider pour cause personnelle devant les juges laïques, mais ils auront recours à leur juge de droit, et, en cas de contravention, sera procédé contre eux à la diligence de notre promoteur, suivant la rigueur desdits canons. »

SÉEZ (Synode de), 16 octobre 1674, sous Jean Forcoal. Ce prélat y publia des statuts fort instructifs, dont nous allons rapporter les plus importants.

Des Doyens ruraux.

1. « Comme la dignité des doyens ruraux a toujours été très-considérée dans l'Eglise, et que nous prétendons en faire nos principaux ouvriers, afin qu'ils puissent plus facilement vaquer à l'obligation de leurs charges, nous ordonnons, vu l'inégalité des doyennés, que le nombre des paroisses qui les composera ne sera dorénavant que de vingt-cinq ou environ, sans toutefois confondre le district de nos archidiaconés. »

2. « Leur office sera de veiller sur les personnes ecclésiastiques, sur la décoration et réparation des églises et des maisons presbytérales, en nous faisant un fidèle rapport de ce qui doit venir à notre connaissance. »

3. « Lorsque nous convoquerons nos synodes, ils s'y trouveront avec leur étole, selon la coutume ; ils assembleront les curés pour les calendes qui se feront tous les ans dans une de leurs églises, la plus commode, où tous assisteront avec soutanes, surplis, bonnets carrés ; et après la sainte messe et prières ordinaires, on y traitera des affaires et nécessités de chaque paroisse, pour ensuite nous en faire le rapport, ou à nos vicaires généraux. »

4. « Ils recevront nos ordres et distribueront les mandements qui leur seront adressés de notre part ou de celle de nos grands vicaires ; ils prendront les saintes huiles de notre main, pour les départir aux curés de leurs doyennés, voulant désormais qu'elles ne soient portées et distribuées que par des personnes ecclésiastiques. »

6. « Ils mettront les nouveaux curés et autres bénéficiers en possession de leurs bénéfices après la collation par nous délivrée, à moins que nous n'en ordonnions autrement. Ils vérifieront la validité des contrats de ceux qui aspirent à l'ordre sacré de sous-diaconat, établissant leur titre patrimonial, qui sera au moins de six-vingts livres de rente en fonds d'héritages, suivant la coutume du diocèse. »

Des Curés.

1. « Voulant régler l'entrée dans leurs bénéfices, leurs résidences, leurs emplois, leur ministère et leur conduite, nous ordonnons qu'à l'avenir aucun ne soit admis à en faire la fonction qu'auparavant il n'ait fait trois mois de retraite dans le séminaire qui leur aura été marqué par leur lettre de collation. Et pour ceux qui après cela permuteront ou changeront de bénéfice, nous nous contenterons d'une huitaine, si nous ne jugions qu'il fût à propos d'en ordonner plus ou moins, avec défense, sous peine de suspense encourue *ipso facto*, de faire au contraire de notre présente ordonnance. »

2. « Enjoignons à tous curés et autres ayant charge d'âmes de faire actuelle et personnelle résidence dans l'enclos de leur paroisse et dans leurs maisons presbytérales, à moins qu'ils n'aient des raisons pour s'en dispenser, lesquelles ils seront en ce cas obligés de nous faire connaître. Aucun ne s'absentera plus d'un mois sans notre permission par écrit, et où leurs affaires les appelleraient ailleurs (quand même ce ne serait que pour quelques jours), ils auront soin de mettre à leur place un prêtre approuvé de nous, pour veiller sur leur troupeau, faute de quoi il sera procédé contre eux par les voies de droit et suivant la rigueur des canons. »

3. « Or, comme la résidence serait inutile si le travail ne s'ensuivait, nous souhaitons et cependant enjoignons très-étroitement à

tous nos curés d'ajouter aux prônes qu'ils doivent faire tous les dimanches, des catéchismes qu'ils feront ou feront faire dans leurs églises, à l'heure qu'ils trouveront la plus commode. Et afin d'obliger le peuple d'y assister, nous défendons aux mêmes curés et à tous autres faisant leurs fonctions d'admettre aucuns fidèles pour être fiancés ou mariés, pour être parrains ou marraines, ni à recevoir les sacrements de pénitence et de la sainte eucharistie, qu'ils ne les aient interrogés auparavant et jugés suffisamment instruits des choses nécessaires au salut, s'ils ne les connaissent d'ailleurs; et voulons que cette pratique soit générale dans tout notre diocèse. »

4. « Nous faisons très-expresse défense à tous curés, prêtres et autres ecclésiastiques sujets à notre juridiction, de retenir dans leurs presbytères et maisons aucunes femmes ou filles pour être leurs domestiques, si elles ne sont leurs mères, sœurs ou tantes, nous réservant à l'égard des nièces les tolérer, et avec connaissance de cause; et encore ne souffrirons-nous toutes les susdites parentes qu'à ces conditions : premièrement, qu'elles n'auront avec elles aucune servante ou autre du sexe dans un degré de parenté plus éloigné; et, en second lieu, que lesdits curés n'auront pour lors chez eux ni prêtres ni vicaires pour y demeurer. »

5. « Que si dans la suite il se trouvait quelques-uns de nos ecclésiastiques qui, par quelque nécessité que ce fût, eussent besoin du service de quelque femme, nous pourrons la leur accorder lorsque nous serons instruit de leurs besoins, pourvu que l'âge avancé et la probité reconnue des personnes en puissent lever tout scandale, désirant qu'à cet effet ils en aient notre permission. »

6. « Les curés seront obligés de tenir registre des choses principales qui regardent leur ministère, et particulièrement mariages et mortuaires, lesquels registres demeureront à l'église et non à leurs héritiers. Nous les exhortons de tenir eux-mêmes les petites écoles dans leurs paroisses, ou de procurer quelques bons prêtres ou autres maîtres qui les tiennent dans quelque maison particulière, et jamais dans l'église; et à l'égard des bourgs et villes de notre diocèse où l'on peut avoir facilement des maîtres et des maîtresses, afin d'éviter les abus qui arrivent assez souvent par le mélange des sexes, nous défendons aux hommes de recevoir chez eux les filles, et pareillement aux femmes de recevoir les garçons, et surtout défendons, sous peine d'excommunication encourue *ipso facto*, aux pères et mères d'envoyer leurs enfants chez des maîtres ou maîtresses hérétiques. »

7. « Afin de rendre les peuples qui ne fréquentent pas les sacrements de pénitence et de l'autel tout à fait inexcusables, nous enjoignons de se tenir toujours prêt pour les leur administrer, leur permettant en outre de recevoir chez eux et d'entendre en confession les fidèles des autres paroisses, pourvu que ce ne soit point au temps de Pâques, pour décliner la juridiction de leurs pasteurs naturels, ou pour demeurer en des habitudes criminelles et en des occasions de pécher.

Des Confesseurs.

1. « Aucun, soit séculier ou régulier, quand même il aurait été curé auparavant, ne s'ingérera d'entendre les confessions de nos diocésains, qu'il ne soit approuvé de nous par écrit; et défendons à tous nos curés d'en recevoir dans leurs églises pour entendre les confessions, même des prêtres, qui ne leur aient fait apparoir de notre approbation, à moins qu'ils ne les connaissent d'ailleurs. »

2. « Un prêtre approuvé seulement pour une paroisse ne pourra confesser dans un autre lieu plus considérable, c'est-à-dire dans un bourg ou dans une ville, sans approbation spéciale. Et comme l'administration des sacrements est quelque chose de grand, nous défendons d'entendre les confessions, dans les églises et à la vue des peuples, qu'en habit décent, c'est-à-dire en soutane et surplis, et ce dans les places les plus commodes de la nef, où il y aura pour cet effet des confessionnaux; défendant expressément d'entendre les confessions des femmes en des lieux retirés, et moins encore dans les sacristies, dans lesquelles elles ne doivent pas même entrer. »

Des Bénéficiers et autres constitués aux ordres sacrés.

1. « Comme l'extérieur est souvent une marque de l'intérieur, nous ordonnons à tous ecclésiastiques de porter la tonsure et habits convenables à l'ordre dans lequel ils sont constitués et à la profession qu'ils ont embrassée : ils auront donc des manchettes et des colliers qui ressentent la modestie cléricale, avec défense aux prêtres de les ôter auparavant que de célébrer la sainte messe. Nous enjoignons en outre à ceux qui sont habitués dans les villes de porter toujours la soutane longue jusqu'aux talons; et pour ceux qui font leur demeure dans les bourgs ou paroisses de la campagne, nous voulons qu'ils portent une soutanelle longue jusqu'à moitié de la jambe, avec laquelle néanmoins ils ne pourront célébrer la sainte messe dans les lieux de leur demeure, porter le surplis, ni administrer publiquement aucun sacrement, ne prétendant pas comprendre ni faire passer pour soutanelles les casaques et justaucorps. »

2. « Nous enjoignons à tous prêtres habitués, et autres ecclésiastiques résidant dans les paroisses de notre diocèse, d'y porter le surplis, d'assister à l'office, et d'aider à célébrer le service divin, du moins aux saints jours de dimanches et de fêtes, remettant aux curés d'icelles paroisses où ils font leur résidence de nous en faire leurs plaintes, en cas de contravention et de désobéissance. »

3. « Tous jeux publics, danses, comédies, et autres spectacles prohibés aux ecclésiastiques par les saints canons, nous les leur défendons très-expressément, et pareille-

ment d'être les procureurs et gens d'affaires chez les personnes de qualité ; leur interdisous la chirurgie qui met la main au sang, et toute opération périlleuse de médecine. »

4. « Leur défendons, sous les peines portées par les canons, la chasse qui se fait avec bruit et clameur, et sous peine de suspense encourue *ipso facto* pour quinze jours, de porter des armes à feu, ou d'en tirer, si ce n'est pour leur défense et par notre permission. »

5. « Et sous les mêmes peines leur faisons très-expresses défenses de boire ou de manger dans les cabarets ou hôtelleries qui se trouvent dans la banlieue de leur demeure, et entendons y comprendre les cours, jardins et chambres, et autres lieux adjacents, et dépendant desdits cabarets : nous faisant un cas réservé de l'ivresse à l'égard des prêtres, et autres constitués aux ordres sacrés. »

Des Pères et Mères.

1. « Afin d'apporter remède aux maux qui arrivent souvent par l'indiscrétion des parents, nous leur défendons, sous peine d'excommunication, de mettre coucher les garçons avec les filles qui auront atteint l'âge de sept ans, ni d'en mettre coucher avec eux-mêmes au-dessous de deux ans et au-dessus de sept, et pour ce qui regarde les mères ou nourrices qui mettraient avec elles dans leur lit les enfants au-dessous d'un an, quand ce ne serait que pour un peu de temps. Nous en faisons un cas réservé également que si elles les avaient étouffés ; à quoi nous voulons que les confesseurs tiennent la main. »

2. « Les parents seront avertis qu'il y a une excommunication portée par les saints canons contre ceux qui obligent leurs enfants d'embrasser une profession contraire à leurs inclinations. »

Des Peuples.

1. « S'il se trouvait dans les paroisses de notre diocèse, ce qu'à Dieu ne plaise, des personnes mariées clandestinement, qui voulussent persévérer en ce désordre, des concubinaires publics et autres créatures scandaleuses, ou enfin des fidèles qui, par négligence ou mépris, n'eussent pas obéi aux commandements de l'Eglise touchant la confession annuelle et la communion pascale : nous défendons à tous confesseurs, et sous peine d'interdit *ipso facto*, de les recevoir au sacrement de pénitence ou d'eucharistie, qu'ils ne se soient séparés absolument, et n'aient satisfait à leur devoir de chrétien, déclarant qu'après que les curés ou vicaires les auront charitablement avertis, et qu'ils nous en auront donné avis, nous leur adresserons pouvoir de leur faire les monitions en pareil cas accoutumées et nécessaires, dont ils nous enverront un acte en bonne et due forme. »

Des Chapelles et Oratoires.

1. « Les chapelles détachées des églises paroissiales, et les oratoires domestiques ne subsistant que par tolérance, nous les interdisons toutes et défendons à tous prêtres, sous peine de suspense, d'y célébrer la sainte messe, à moins qu'elles ne soient en bonne réparation, suffisamment ornées, et dotées d'un fonds assuré, dont les curés auront soin de nous faire rapport. »

2. « Il n'y sera fait aucun pain bénit ni eau bénite, ni autre fonction curiale, sans notre permission expresse, les messes s'y célébreront précisément dans les jours marqués par la fondation, et ne pourront être remises aux jours de dimanches et de fêtes, s'il n'a été ainsi spécifié, ou que nous l'eussions permis ; auquel cas nous voulons que ce soit une heure qui ne puisse concourir avec celle du service public de la paroisse, et que ce soit seulement pour ceux de la maison qui sont incommodés ou légitimement dispensés d'aller à leur église, et non pour les autres domestiques, et encore moins pour les voisins, s'il n'y avait nécessité, et c'est de quoi nous répondront les chapelains desdites chapelles. »

De la sanctification des Dimanches et Fêtes.

1. « Désirant que les saints dimanches soient solennisés et fêtés par les fidèles, dans la pratique d'œuvres de piété et de religion ; nous disons que les foires qui écherront dorénavant auxdits jours seront remises au lendemain conformément aux ordres royaux et arrêt de parlement donnés à ce sujet. »

3. « Si tous les chrétiens doivent avoir beaucoup de vénération pour toutes les fêtes des saints, il est sans doute que celles des patrons de leur église leur doivent être d'une singulière recommandation ; c'est pourquoi les curés, autant que faire se pourra, n'y permettront aucunes danses, jeux publics, ni débauches ; et montrant en cela l'exemple à leurs paroissiens, ils s'occuperont ces jours-là au service divin et à l'administration des sacrements, et ne feront aucuns festins, mais donneront seulement à manger aux ecclésiastiques qui les auront assistés à chanter et confesser, et cela frugalement. »

De la Messe et Office de paroisse.

1. « Comme l'on ne doit rien innover sans sujet, nous enjoignons très-étroitement à tous nos curés de dire toujours la messe paroissiale, suivant l'usage du diocèse, à savoir : depuis Pâques jusqu'à la Toussaint à neuf heures, et depuis la Toussaint jusqu'à Pâques à dix heures. S'il y a deux messes dans la paroisse, la première se commencera du moins deux heures avant la grande ; et s'il y en a plus grand nombre, elles seront dites successivement selon l'ordre qu'en donnera le curé, pour la plus grande commodité du peuple, en sorte toutefois qu'aucune messe basse ne se commencera qu'après la consécration de la grand'messe, qui sera chantée avec eau bénite et procession, et ne durera ordinairement avec le prône (qui se fera immédiatement après l'évangile, avant l'offertoire) qu'une heure et demie. »

3. « Les curés de campagne, pendant l'oc-

tave du Saint-Sacrement en feront tous les jours l'ostension en leur église à l'heure la plus commode; et à l'égard du jour de la fête, du dimanche ensuivant, et du jour de l'octave, ils feront la procession au dehors de l'église en des lieux propres qui ne soient pas beaucoup écartés, et où l'on dressera, autant que l'on pourra, quelques reposoirs et chapelles pour la décence d'une action si auguste; et quant aux villes et gros bourgs, nous enjoignons aux curés d'entretenir les louables et pieuses coutumes. »

4. « Ils auront pareillement soin que l'office des trois derniers jours de la semaine sainte soit fait solennellement, et qu'il n'y ait que la messe de l'office du jour, à moins que la nécessité ne voulût qu'on en disposât autrement, ce que nous remettrons à leur prudence et bonne conduite; comme aussi de tenir la main à ce que tous les ecclésiastiques habitués ou non reçoivent, le jeudi saint, selon la pieuse et ancienne coutume de l'Eglise, la sainte eucharistie de la main de leur curé ou supérieur. »

7. « Aucuns ecclésiastiques ne participeront aux distributions qui se donneront dans leurs églises, même pour les enterrements et services des morts, s'ils n'assistent fidèlement au service divin. Ne pouvant entièrement abolir la coutume que l'on a de donner à manger aux prêtres et autres qui viennent de loin pour assister aux enterrements et services des trépassés; du moins nous exhortons que ce soit avec toute la modération et la frugalité que demandent la qualité des conviés et la solennité lugubre du jour. »

Des Sacrements.

1. « Le sacrement de baptême étant le premier canal par où Dieu nous envoie ses grâces; c'est un grand péché aux pères et mères qui en privent leurs enfants : c'est pourquoi nous leur défendons, sous peine d'excommunication, de les garder plus de trois jours sans le leur procurer; et défendons, sous les mêmes peines, à tous les laïques et à tous les ecclésiastiques, sous peine de suspense, de baptiser hors l'église et sans les cérémonies ordinaires, sinon en cas de grande nécessité; condamnons pareillement la négligence des parents qui diffèrent de procurer à leurs enfants le sacrement de confirmation, lorsqu'ils sont en état et en âge de le recevoir. »

4. « Nous enjoignons à tous curés et prêtres ayant le gouvernement et le soin des églises, de changer au moins tous les mois les saintes hosties qui sont conservées à l'autel, de purifier le saint ciboire, et de nettoyer le tabernacle en même temps, les exhortant de procurer, autant qu'ils le pourront, qu'il y ait toujours une lampe allumée devant le saint sacrement, du moins aux fêtes et dimanches, et qu'il y ait un crucifix sur l'autel et deux cierges allumés pendant la grand'messe et vêpres. »

5. « Et pour observer uniformément les mêmes cérémonies dans tout notre diocèse, notre intention est que l'on y garde ponctuellement les rubriques romaines, selon que les a expliquées le grand Moulin, que nous autorisons à cet effet. »

6. « L'exposition du saint sacrement ayant été réglée par l'Eglise au jour et octaves qu'elle solennise à cet effet, nous faisons défenses à toutes personnes de l'exposer ou le porter en procession en d'autres jours sans notre permission expresse. »

7. « Nous recommandons à nos curés sur toutes choses, d'avoir soin de leurs malades, de les visiter, de les consoler, et spécialement assister les agonisants, après leur avoir administré les sacrements; ils avertiront souvent leurs peuples de n'attendre pas à la mort à demander l'extrême-onction; et à l'égard des médecins et chirurgiens, nous les exhortons d'avoir soin du salut des personnes qui se confient en eux, et de les porter à faire leur devoir de chrétien, sitôt qu'ils le jugeront à propos, selon leur prudence et le cours de la maladie. »

8. « Nous défendons à tous curés et vicaires de marier pendant la nuit, ni même auparavant l'aurore sans notre permission. Les proclamations pour les mariages ne se feront qu'aux jours de dimanche et de fêtes chômées, en plein prône ou à l'offertoire, en sorte néanmoins qu'il y ait huit jours entre la première et la dernière. Et si les parties ne veulent faire qu'un de leurs bans publiquement, prétendant se pourvoir devant nous pour les deux autres, les curés et les vicaires ne délivreront aucune attestation du premier que le lendemain du jour de la publication, et déclarons en outre que nous n'accorderons aucune dispense sur cette matière, qu'il ne nous ait apparu du contrat de mariage, afin d'éviter toute surprise. »

Des Processions.

L'institution des processions étant très-sainte et très-ancienne, notre dessein n'est pas de les abolir, mais seulement de les régler; nous voulons donc qu'à l'avenir il ne s'en fasse aucune qui ne soit entière, c'est-à-dire qu'on ne revienne dans le même ordre qu'on est allé, en corps, sous la croix et la bannière : nous retranchons toutes celles qui se font de nuit ou dans des lieux si éloignés que l'on soit obligé de coucher en chemin, défendant d'en faire à plus d'une lieue sans notre permission expresse, et remettant aux curés de régler tellement toutes choses, que la révérence due à une action de cette solennité y soit gardée sans mélange ni confusion de sexe, autant que faire se pourra.

Des Confréries.

1. « Nous faisons défense à tous nos curés et autres supérieurs, d'établir ou de permettre qu'on établisse aucune confrérie dans leurs églises sans notre permission par écrit, du revenu desquelles les administrateurs rendront compte devant nous ou nos vénérables frères les archidiacres. Nous voulons que celles qui sont déjà établies, particulièrement celles de la charité, soient réglées suivant les statuts de leur première institution

nous réservant à y retrancher, augmenter ou corriger, selon que nous le jugerons à propos, défendant néanmoins dès à présent tous festins qui avaient accoutumé de s'y faire, soit aux frais des prévôts et confrères, soit à ceux de la confrérie. »

Des Conférences des ecclésiastiques.

Nous avons cru ne pouvoir mieux conclure nos ordonnances synodales que par celle-ci, qui peut beaucoup contribuer à l'observance de toutes les autres; c'est pourquoi sachant le fruit que les conférences ont déjà produit en plusieurs endroits, pour nous conformer à ce qui s'y pratique avec tant de bénédiction, notre dessein est d'en établir dans chaque doyenné de notre diocèse, avec ordre exprès à tous curés, vicaires, prêtres et autres personnes ecclésiastiques de se trouver une fois le mois à celle de leur canton, au jour et lieu qui seront indiqués dans son érection, suivant la distribution que nous en ferons, et l'ordre que nous y apporterons, ce que nous voulons être à l'avenir très-inviolablement observé, *Conc. Norm.*

SEGNI (Concile de), en Italie, *Signiense*, l'an 1182. Saint Brunon, qui avait été évêque de cette ville, fut canonisé dans ce concile par le pape Lucius III.

SEGORBE (Synode diocés. de), 12 avril 1668, par Anastase Vives de Rocamora, évêque de cette ville. Ce prélat y publia de nombreux statuts, compris sous quarante-sept titres. Les devoirs des curés et en général de tous les clercs, le culte divin, l'administration des sacrements, le soin des églises et des biens ecclésiastiques, la répression de l'usure, du sortilége, du concubinage et de la simonie, en composent la partie principale. *Constit. syn. del obisp. de Segorbe.*

SEGOVIE (Synode diocésain de), l'an 1648, par l'évêque D. Francisco de Aranjo. Les constitutions publiées dans ce synode sont divisées en trois livres : dans le 1ᵉʳ, on traite de la profession de foi, de l'instruction à donner au peuple et de l'administration des sacrements; dans le 2ᵉ, de la célébration des messes, des fêtes, des jeûnes, des dîmes, des reliques des saints, de l'immunité des églises, des excommunications et autres censures ; dans le 3ᵉ, de la vie des clercs, du devoir de la résidence, et de la répression du concubinage, de la simonie, des sortiléges, des usures et des blasphèmes, etc. *Sinodo diocesana que celebró el illust. y rev. senor D. F. Francisco ; en Madrid*, 1649.

SELEUCIE (Concile de), en Isaurie, l'an 359. Le premier dessein de l'empereur Constance, pour faire triompher le parti des ariens, avait été de rassembler tous les évêques eu un même lieu ; et on a regardé comme un artifice du démon, et un effet des mauvais desseins des hérétiques contre l'Eglise, de les avoir divisés, les uns en Orient et les autres en Occident, pour tromper les uns et les autres par un rapport infidèle de ce que l'on croyait dans les deux Eglises. Cette ruse en effet réussit à Séleucie, comme elle avait réussi à Rimini. Séleucie, surnommée la Rude à cause des montagnes du pays, était la métropole de l'Isaurie. Saint Grégoire de Nazianze l'appelle la Séleucie de sainte Thècle, apparemment parce qu'elle était célèbre par le tombeau de cette sainte martyre. Les évêques s'y rendirent suivant l'ordre de l'empereur, le 13 septembre; mais l'ouverture du concile ne se fit que le 27 du même mois. Quoiqu'il y eût ordre d'y envoyer tous les évêques de la Thrace, de l'Orient, de l'Egypte et de la Libye, on ne dit pas néanmoins qu'il s'y en soit trouvé plus de cent soixante, et même Théodoret n'en compte que cent cinquante. Ils étaient divisés en trois partis ; des anoméens, des demi-ariens et des orthodoxes, ou de ceux qui tenaient pour le *consubstantiel.* Les anoméens avaient à leur tête Acace de Césarée en Palestine, Georges d'Alexandrie, Eudoxe d'Antioche, Uranius de Tyr. On nomme encore parmi ceux de ce parti Patrophile de Scythopolis, Théodule de Chérétopes dans la Phrygie, et Astère, dont le siége n'est point marqué, mais qui peut bien être celui que Dieu fit mourir à Cyr vers l'an 372, à la prière de saint Julien Sabas, parce que son éloquence faisait tort à la vérité. Ils étaient en tout trente-six selon Socrate, ou trente-neuf, et même quarante-trois selon saint Epiphane. Les principaux des demi-ariens étaient Georges de Laodicée, Eleusius de Cyzique, Sophrone de Pompeiopolis en Paphlagonie, Silvain de Tharse, Macédonius de Constantinople, Basile d'Ancyre et Eustathe de Sebaste, auxquels on joint saint Cyrille de Jérusalem, qui ayant été déposé par Acace de Césarée, était venu pour faire de nouveau juger sa cause par le concile. C'était le plus grand nombre, et il y en avait jusqu'à cent cinquante. Le peu qui restait était des catholiques au nombre d'environ quinze, presque tous égyptiens, les seuls qui soutinrent la consubstantialité dans ce concile. Mais il y faut joindre saint Hilaire de Poitiers, que la providence divine amena à Séleucie, pour y soutenir par sa science la vérité de la foi. Ce saint était en exil depuis quatre ans dans la Phrygie ; et quoiqu'il n'y eût pas d'ordre particulier pour lui, le vicaire du préfet du prétoire, et le gouverneur de la province, lui fournirent la voiture, et le firent partir pour le concile sur l'ordre général qu'il y avait d'y envoyer tous les évêques. Saint Paulin de Trèves, saint Denis de Milan et Rhodarius de Toulouse, qui avaient aussi été bannis en Phrygie, ou dans les provinces voisines, auraient dû s'y trouver par la même raison; mais nous n'en voyons rien dans l'histoire, soit que ces saints confesseurs fussent déjà morts, soit qu'il y eût quelque défense particulière de les y envoyer. Saint Hilaire, étant arrivé à Séleucie, fut reçu très-favorablement, et attira la curiosité de tout le monde. On lui demanda d'abord quelle était la croyance des Gaulois; car les ariens les avaient rendus suspects, les accusant de ne reconnaître la Trinité que dans les noms, comme Sabellius. Mais il y expliqua sa foi conformément au concile de Nicée, et rendit ce témoignage aux Occidentaux, qu'ils étaient dans les mêmes sentiments. Ayant ainsi levé tous les soupçons, il fut reçu dans la communion des autres prélats, dit Sulpice Sévère, admis à leur société et au nombre de ceux qui devaient opiner dans le concile. Ce qui ne marque pas, comme l'on croit, qu'il soit entré dans la communion des ariens, mais seulement qu'il fut reçu à donner sa voix dans le concile avec les autres. Il communiqua sans doute aussi avec les évêques qui tenaient la foi orthodoxe, comme les Egyptiens, et peut-être même qu'il se joignit dans les prières avec ceux des demiariens qui n'étaient pas excommuniés nommément. Car il croyait que, dans la confusion où étaient les choses, on en pouvait user ainsi. Saint Athanase, faisant l'histoire de ce qui s'était passé à ce concile et à celui de Rimini, assure qu'il ne rapporte rien que ce qu'il en avait appris très-certainement, ou qu'il avait vu lui-même. Cela donne quelque lieu de croire qu'il était à Séleucie pendant la tenue du concile; mais il ne pouvait y être que secrètement, puisque les ariens et l'empereur l'obligeaient à se tenir caché. Deux commissaires de l'empereur y assistèrent, Léonas, questeur ou trésorier, homme considérable par sa naissance et par sa sagesse, mais favorable aux anoméens, et Lauricius, qui commandait les troupes dans l'Isaurie. Léonas avait ordre d'être le modérateur du concile; Lauricius de prêter main forte s'il en était besoin. Il y avait aussi des écrivains envoyés pour rédiger les actes, c'est-à-dire le procès verbal du concile, que Sabin, évêque d'Héraclée pour les macédoniens, avait inséré tout entier dans ses recueils des conciles, mais qui ne se trouve plus qu'en abrégé dans Socrate.

Parmi les évêques venus à Séleucie, il y en avait plusieurs accusés de divers crimes. De ce nombre étaient Acace de Césarée, Patrophile de Scythopolis, Uranius de Tyr, Eudoxe d'Antioche, Léonce de Tripoli en Lydie, Théodote ou Théodose de Philadelphie, aussi en Lydie, Évagre de Mitylène, Théodule de Chérétapes en Phrygie, et Georges d'Alexandrie, tous ariens. On croit qu'Acace était appelé par saint Cyrille de Jérusalem, pour rendre raison du jugement qu'il avait prononcé contre lui environ deux ans auparavant; et on assure que Théodose de Philadelphie était adonné à des crimes honteux, et coupable d'horribles blasphèmes contre Jésus-Christ. Quant à Georges et à Eudoxe, l'entrée de l'un dans l'épiscopat d'Antioche, et les cruautés que l'autre avait exercées dans Alexandrie, suffisaient pour les faire déposer même par les ariens. Ces évêques, qui craignaient avec raison le succès des accusations que l'on formait contre eux, ne trouvèrent pas de meilleur expédient que de changer l'état de la question, en la faisant tomber sur la foi. Ils se joignirent pour cet effet à ceux qui faisaient profession ouverte de l'arianisme, et qui avaient reçu l'ordination de Second de Ptolomaïde en Libye, c'est-à-dire, à Etienne, évêque de cette même ville, à Saras de Parétoine, à Pollux de la seconde Eparchie ou Eléarchie, aussi en Libye, accusés eux-mêmes de différents crimes; à Pancrace de Damiette, et à Ptolomée le Mélétien, évêque de Thmuis. On devina aisément qu'ils ne s'unissaient ainsi que pour grossir leur parti, et éviter par ce moyen la punition de leurs crimes : car il était visible qu'ils n'étaient point d'accord dans la doctrine, puisque Acace, qui se déclarait en cette occasion pour le dogme des anoméens, avait écrit peu auparavant dans une lettre à Macédonius de Constantinople, que le Fils était semblable au Père en tout, même en substance, ce qu'on lui reprocha aussi en plein concile d'avoir mis dans ses livres.

Il y avait encore d'autres évêques accusés, du même parti des acaciens. C'était Astère de Séleucie en Syrie, ou de Sébaste en Palestine; Augare de Cyr dans l'Euphratésienne, Basilic ou Basile de Caunes en Lydie, Phile, ou plutôt Phèbes de Polycandes en Lydie, Philède ou Phidèle, ou Philicade d'Augustade dans la Phrygie, Eutyque d'Eleuthéropolis en Palestine, Magnus de Thémise en Phrygie, et Eustathe d'Epiphanie en Syrie, ou de Pinares en Lycie. On remarque que Eutyque était disciple de saint Maxime de Jérusalem, et que lui et divers autres de la Palestine qui suivaient la bonne doctrine, s'étaient néanmoins engagés dans le parti d'Acace pour l'intérêt de leurs sièges, et en haine de saint Cyrille. Ainsi l'on voit jusqu'à quel abîme la corruption du cœur peut précipiter ceux mêmes qui ont la vraie foi, mais qui l'ont comme les démons, sans l'ardeur de la charité. Entre les demi-ariens, Macédonius, Basile d'Ancyre, Eustathe de Sébaste et saint Cyrille, avaient aussi à répondre de leur conduite dans le concile; Macédonius, comme accusé de diverses cruautés, et parce qu'il avait reçu à la communion un diacre convaincu d'adultère; Eustathe, comme déposé par le concile de Mélitine, et saint Cyrille par Acace. Enfin, on reprochait à Basile les troubles qu'on prétendait qu'il avait excités lorsqu'il était venu à Sirmium l'année précédente, et divers autres faits particuliers.

La confusion inséparable de tant de différents partis formés par la diversité des intérêts et des opinions, n'empêcha pas que le concile ne s'assemblât. La première séance se tint le lundi 27 septembre de cette année 359, sous le consulat d'Eusèbe et d'Hypace. Léonas exhorta chacun à proposer ce qu'il voudrait; mais les évêques dirent qu'on ne pouvait agiter aucune question, jusqu'à ce que ceux qui manquaient fussent venus. Ces absents étaient Macédonius de Constantinople, Basile d'Ancyre, Patrophile de Scythopolis, et quelques autres qui craignaient les accusations dont ils étaient menacés. Macédonius se disait malade; Patrophile était demeuré dans un faubourg de Séleucie, sous prétexte d'un mal aux yeux : chacun des autres avait quelque excuse semblable. Léonas soutint qu'on ne devait pas laisser en leur absence de proposer la question : mais les évêques trouvèrent une autre défaite, et dirent qu'ils n'agiteraient aucune question, qu'auparavant on n'eût examiné la vie de ceux qui étaient accusés. Cette proposition produisit un grand débat dans l'assemblée, les uns embrassant cet avis, et les autres voulant au contraire que l'on commençât par les questions de la foi ; et ils s'autorisaient chacun des lettres de l'empereur, qui s'expliquaient en effet différemment sur la manière dont on devait procéder dans le concile. La contestation en vint jusqu'à une division déclarée entre les acaciens et les demi-ariens, dont Acace et Georges de Laodicée furent ensuite les chefs. Enfin le sentiment de ceux qui voulaient que l'on commençât par opiner sur la foi l'ayant emporté, les acaciens rejetèrent ouvertement le symbole de Nicée, voulant qu'on en dressât un nouveau où l'on ne parlât plus de *substance*; et ils prenaient pour règle la formule de foi dressée à Sirmium le 22 mai de cette année. Ils n'avançaient que des propositions impies, disant que rien ne pouvait être semblable à la substance de Dieu ; qu'il ne pouvait y avoir en Dieu de génération ; que Jésus-Christ était une créature, dont la création était traitée de génération divine ; qu'il était tiré du néant, et par conséquent qu'il n'était ni Fils de Dieu, ni semblable à lui. On lut publiquement ces paroles tirées d'un sermon prononcé à Antioche par l'évêque Eudoxe : « Dieu était ce qu'il est, il n'était point Père, parce qu'il n'avait point de Fils : car s'il avait un Fils, il faudrait aussi qu'il eût une femme. » Et après plusieurs autres blasphèmes semblables où il établissait les qualités de Père et de Fils, plutôt sur le don de ces termes, que sur l'unité de la nature, il parlait en cette sorte : « Plus le Fils s'étend avec effort pour connaître son Père, plus le Père s'étend et s'élève avec encore plus d'effort afin de n'être pas connu. » C'est saint Hilaire qui rapporte avec horreur ces impiétés, qu'il avait entendues de ses oreilles. Elles produisirent un grand tumulte dans l'assemblée, sitôt qu'on les entendit : car la plus grande partie des évêques suivaient ouvertement le concile de Nicée, avec cette seule réserve qu'ils s'abstenaient du terme de *consubstantiel*, qui leur semblait trop obscur. A cela près, quelques-uns étaient si peu éloignés de la véritable doctrine, qu'ils reconnaissaient en propres termes que le Fils était de Dieu, c'est-à-dire de la substance de Dieu, et qu'il avait toujours été. Après que la dispute eut duré jusqu'au soir, Silvain de Tarse s'écria à haute voix que la profession de foi de la Dédicace d'Antioche en 341 suffisait, et qu'il n'était pas besoin d'en faire une nouvelle. Les anoméens, fâchés de cette proposition, et voyant que le plus grand nombre était contre eux, sortirent du concile, pour ne pas avoir la honte de voir condamner leurs erreurs en leur présence. Acace, qui était à la tête, prit pour prétexte qu'il ne pouvait entrer dans aucune délibération, à moins que Cyrille, qui avait été déposé de l'épiscopat, ne sortît de l'assemblée. Quelques-uns qui voulaient la paix conseillèrent à ce saint de se retirer, lui promettant qu'après que le dogme aurait été examiné, on s'occuperait de son affaire ; mais il refusa de le faire, et sur son refus Acace sortit avec les autres, ainsi que nous venons de dire. Après qu'ils se furent retirés, les évêques de l'autre parti firent apporter la formule d'Antioche ; on la lut, et ainsi se termina la première session du concile.

Le lendemain 28 septembre, les demi-ariens s'assemblèrent seuls dans l'église de Séleucie, et en ayant fermé les portes, ils confirmèrent par leurs souscriptions le formulaire d'Antioche. A la place de quelques absents, souscrivirent des diacres et des lecteurs à qui ils en avaient donné commission. D'une autre part les acaciens instruits par ce qui s'était passé la veille, qu'il ne leur était pas possible de faire recevoir leur dogme de la dissemblance, et que les oreilles des hommes n'étaient pas capables de supporter une si grande impiété, dressèrent un nouveau formulaire accompagné d'un acte, où, après s'être plaints de la violence qu'ils prétendaient leur avoir été faite, ils condamnaient également le *consubstantiel*, le *semblable en substance* et le *dissemblable*. En cela ils faisaient voir qu'ils étaient plutôt les évêques d'une cour où régnaient les équivoques et les ténèbres, que des prélats de l'Eglise, qui ne cherchent que la vérité, la sincérité et la lumière : car il était impossible de concevoir comment ils pouvaient condamner ces trois dogmes tout ensemble. Ils portèrent ensuite cet acte et la profession de foi chez Lauricius et Léonas, se plaignant du procédé des autres qui s'étaient tenus enfermés dans l'église, et disant que ce qui se faisait ainsi en cachette était suspect. Il ne se fit rien de plus ce jour-là.

Le suivant, qui était le 29 septembre, Léonas voulut faire assembler au même lieu les évêques des deux partis. Macédonius y vint, et avec lui Basile d'Ancyre ; mais les acaciens firent dire qu'ils ne pouvaient s'y trouver, si l'on n'en faisait sortir ceux qui avaient été déposés, ou qui étaient encore alors accusés. Après une grande contestation, le concile consentit à cette demande; les accusés se retirèrent, et les acaciens entrèrent. Alors Léonas dit que les acaciens lui avaient donné un écrit sans dire ce qu'il contenait. Tous écoutèrent, croyant que c'était tout autre chose qu'une exposition de foi, et l'écrit fut lu en ces termes : « Hier cinquième des calendes d'octobre, nous avons apporté tous nos soins pour conserver la paix de l'Eglise, avec toute la modération possible, et pour établir la foi solidement, suivant l'ordre de l'empereur chéri de Dieu, conformément aux paroles des prophètes, sans y rien mêler qui ne soit tiré de l'Ecriture ; mais dans le concile quelques-uns nous ont insultés, nous ont fermé la bouche et nous ont fait sortir malgré nous, ayant avec eux ceux qui ont été déposés en diverses provinces, ou ordonnés contre les canons, en sorte que le concile était rempli de tumulte, comme le très-illustre comte Léonas et le très-illustre gouverneur Lauricius l'ont vu de leurs yeux. C'est pourquoi nous déclarons que nous ne refusons point la formule de foi authentique dressée à la Dédicace d'Antioche : et parce que les mots de *consubstantiel* et de *semblable en substance* ont excité jusqu'ici beaucoup de troubles, et que quelques-uns sont accusés d'avoir dit encore depuis peu que le Fils est dissemblable au Père, nous déclarons que nous rejetons le *consubstantiel*, comme étranger à l'Ecriture, et que nous condamnons le *dissemblable* ; tenant pour étrangers à l'Eglise tous ceux qui sont dans ces sentiments ; mais nous confessons clairement la ressemblance du Fils avec le Père, suivant l'Apôtre, qui dit, *qu'il est l'image de Dieu invisible.* » Ensuite ils mettent une formule de foi semblable à celle de Sirmium du 22 mai, comme ils marquent eux-mêmes à la fin. Cet acte est rapporté tout entier par Socrate et par saint Epiphane, et en partie par saint Athanase, où il se trouve plus intégralement. On trouve dans saint Epiphane les souscriptions de trente-neuf évêques qui le signèrent, auxquelles il faut ajouter, selon saint Athanase, celle de Patrophile. Après que la lecture en eut été faite, Sophrone de Pompeiopolis en Paphlagonie s'écria : « Si c'est exposer la foi que de proposer tous les jours nos sentiments particuliers, nous perdons la règle de la vérité. » Sur quoi Socrate remarque très judicieusement que, si lui et les autres eussent toujours voulu agir de la sorte, et se contenter de ce qu'on avait fait à Nicée, jamais l'Eglise n'eût été dans le trouble et l'agitation où on la voyait alors. Le reste du jour se passa à disputer tant sur ce sujet que sur les prélats accusés, et on se sépara sans avoir rien avancé.

Ce fut peut-être ce même jour qu'un évêque du parti d'Acace étant venu pour sonder saint Hilaire, le saint, comme s'il eût ignoré ce qui s'était passé, lui demanda ce qu'ils voulaient dire de rejeter l'unité et la ressemblance de *substance*, et de condamner la dissemblance. L'arien répondit, que Jésus-Christ n'était pas semblable à Dieu, mais à son Père. Cela parut encore plus obscur à saint Hilaire, et il lui en demanda l'explication. « Je dis, répliqua l'arien, que Jésus-Christ est dissemblable à Dieu, et qu'on peut entendre qu'il est semblable à son Père ; parce que le Père a voulu faire une créature qui voulût des choses semblables à lui. Il est donc semblable au Père, parce qu'il est fils de la volonté, plutôt que de la Divinité ; mais il est dissemblable à Dieu, parce qu'il n'est ni Dieu, ni né de Dieu, c'est-à-dire de sa substance. » Saint Hilaire demeura interdit, et il ne put croire que ce fût là le sentiment des acaciens, jusqu'à ce qu'ils l'eussent déclaré eux-mêmes publiquement ; ce qui se fit le lendemain.

Tous les évêques étant donc rassemblés le 30 septembre, qui était le quatrième jour du concile, on recommença les disputes du jour précédent. Acace dit : « Puisqu'on a une fois changé le symbole de Nicée et plusieurs fois ensuite, rien n'empêche que l'on ne dresse encore à présent une autre confession de foi. » Eleusius de Cyzique répondit : « Le concile n'est pas maintenant assemblé pour apprendre ce qu'il ne sait pas, ni pour recevoir une foi qu'il n'avait pas : il marche dans la foi de ses pères, et ne s'en écarte ni à la vie, ni à la mort. » La maxime était bonne ; mais par la foi de ses pères il entendait celle de la Dédicace d'Antioche : ce qui fait dire à Socrate qu'il fallait bien plutôt s'en tenir à la foi proposée par les pères de ceux qui s'assemblèrent à Antioche, puisque ceux-ci, dressant une nouvelle formule, avaient semblé renoncer à la foi de leurs pères. On demanda ensuite aux acaciens en quoi ils disaient le Fils semblable au Père. Ils répondirent qu'ils ne le croyaient semblable que quant à la volonté et non quant à la substance. Tous les autres au contraire soutenaient qu'il est semblable même quant à la substance. Et le reste du jour se passa à disputer sur ce point. On fit voir à Acace qu'il avait enseigné dans ses écrits, que le Fils est semblable au Père en toutes choses ; mais il répondit qu'on n'avait jamais jugé personne sur ce qu'il avait écrit autrefois. Comme la dispute s'échauffait, les acaciens voulurent se prévaloir de la confession de foi dressée à Sirmium par Marc d'Aréthuse, et souscrite par Basile d'Ancyre, où l'on convenait d'abolir le mot de *substance* : sur quoi Eleusius de Cyzique dit : « Si Basile ou Marc ont fait quelque chose en leur particulier, ou s'ils ont quelque différend avec les acaciens, cela ne regarde point le concile, et il n'est pas nécessaire d'examiner si leur profession de foi est bonne ou mauvaise : il faut suivre celle qui a été autorisée à Antioche par les évêques plus anciens qu'eux ; quiconque introduit autre chose est hors de l'Eglise. » Tous les évêques, c'est-à-dire ceux de son parti, qui étaient le plus grand nombre, lui applaudirent. Comme la dispute ne finissait point, Léonas se leva, et sépara l'assemblée ; et telle fut la fin du concile de Séleucie. Car le lendemain Léonas étant invité de s'y trouver, il refusa, disant que l'empereur l'avait envoyé pour assister à un concile où l'on fût d'accord ; mais que, puisqu'ils étaient divisés, il ne pouvait s'y trouver : « Allez donc, ajouta-t-il, discourir vainement dans l'église. » Ceux qui l'allèrent inviter de la part du concile, trouvèrent les acaciens chez lui ; en sorte que l'on vit manifestement qu'il les favorisait, et qu'il avait rompu le concile pour leur faire plaisir. Aussi crurent-ils dès lors avoir tout gagné, et ils refusèrent de retourner davantage au concile.

Après quelques négociations inutiles, les évêques, c'est-à-dire les demi-ariens, qui faisaient le corps du concile, s'assemblèrent seuls dans l'église. Ils y firent appeler les acaciens, pour juger l'affaire de saint Cyrille, qui avait appelé de sa déposition par Acace ; mais voyant qu'ils ne voulaient ni venir au concile, ni répondre aux accusations formées contre eux, ni convenir touchant la foi, et qu'ils blasphémaient toujours plus ouvertement; ils prononcèrent une sentence de déposition contre Acace de Césarée, Georges d'Alexandrie, Uranius de Tyr, Théodule de Chérétapes, Théodose de Philadelphie, Evagre de Mitylène, Léonce de Tripoli de Lydie, Eudoxe d'Antioche et Patrophile de Scythopolis. Ceux-ci furent seulement excommuniés, c'est-à-dire réduits à la communion de leurs Eglises : Astère, Eusèbe, Abgare, Basilic, Phèbes, Phidèle, Eustathe, Eutyque et Magnus, jusqu'à ce qu'ils se fussent justifiés des crimes dont on les accusait. Ainsi furent condamnés les auteurs de l'hérésie, et ceux qui avaient soutenu avec le plus d'impudence le blasphème des anoméens. Le concile écrivit aux Eglises dont il avait déposé les évêques, pour leur en donner avis. On rétablit en même temps saint Cyrille à Jérusalem, car saint Jérôme le compte ici évêque pour la seconde fois; et on ordonna pour Antioche, à la place d'Eudoxe, Anien, prêtre de cette même Eglise. Néon, évêque de Séleucie, où se tenait le concile, donna son église pour le sacrer; mais l'ordination fut sans effet. Ceux du parti d'Acace se saisirent d'Anien, qu'ils remirent à Léonas et à Lauricius, et, malgré les protestations des évêques qui l'avaient élu, il fut envoyé en exil, après qu'on l'eut fait garder quelque temps par des soldats. Nous allons voir que le jugement du concile ne fut pas mieux exécuté dans le reste.

Les évêques, voyant qu'ils n'obtenaient rien, pensèrent enfin à se séparer, et à se retirer dans leurs Eglises ; mais ils choisirent auparavant dix députés pour instruire l'empereur de tout ce qui s'était passé, avec ordre exprès de résister à l'hérésie. Les principaux étaient Eustathe de Sébaste, Basile d'Ancyre, Sylvain de Tarse et Eleusius de Cyzique, et on ne doute pas que les noms des autres ne se trouvent parmi ceux des dix-huit évêques d'Orient nommés dans les Fragments de saint Hilaire. Ce saint les suivit à Constantinople, pour voir ce qu'il plairait à l'empereur d'ordonner de lui; s'il le retiendrait en exil, ou s'il le renverrait à son Eglise. A l'égard des acaciens que l'on avait déposés, quelques-uns, comme Patrophile de Scythopolis et Georges d'Alexandrie, s'en retournèrent dans leurs Eglises, sans se mettre en peine de la sentence qui venait d'être prononcée contre eux. D'autres allèrent à Constantinople se plaindre à l'empereur, et Acace y amena Eudoxe, l'encourageant contre sa timidité naturelle. Comme ils firent plus de diligence que les députés du concile, ils arrivèrent aussi les premiers, et eurent le loisir de prévenir l'empereur et de se rendre favorables les premiers de la cour, dont plusieurs étaient attachés à leur hérésie; les autres se laissèrent gagner par les présents qu'ils leur faisaient aux dépens de leurs Eglises, quelques-uns par leur flatterie, et le reste par l'adresse et l'autorité d'Acace. Ils eurent aussi la précaution de ne parler de leurs blasphèmes à Constance qu'avec beaucoup de retenue et de gravité, soutenue d'une grande éloquence. S'étant ainsi rendus les maîtres de l'esprit de ce prince et de ceux qui l'approchaient, il leur fut aisé de l'aigrir contre le concile de Séleucie. Ils le lui représentèrent comme une assemblée de méchants, qui semblaient n'avoir eu pour but que de renverser toutes les Eglises du monde. Ils se répandirent en diverses calomnies contre saint Cyrille, qui y avait assisté; et pour prendre l'empereur par un endroit plus sensible, ils ajoutèrent que l'on y avait rejeté la profession de foi de Sirmium, faite en sa présence. Socrate dit bien nettement qu'ils tirèrent dès lors de lui une loi contre tous les demi-ariens du concile de Séleucie, par laquelle il ordonnait que ceux qui se trouveraient sujets à des fonctions publiques, soit dans les conseils des villes, soit pour le service des magistrats, fussent contraints à s'en acquitter. Il paraît par Théodoret que l'empereur voulut alors assembler à Constantinople tous ceux qui avaient été à Séleucie ; mais les acaciens, qui craignaient avec raison l'union de tant d'évêques, lui persuadèrent de mander seulement les dix principaux, c'est-à-dire les députés, qui étaient peut-être encore en chemin, lui faisant entendre qu'ils étaient assez pour rendre raison de la conduite du concile, si elle pouvait se justifier. C'est une fausseté dans l'arien Philostorge, que presque tous les évêques de l'Orient, de l'Occident et de la Libye se soient trouvés alors dans cette ville.

Tel était l'état des choses lorsque les députés du concile vinrent à Constantinople. Y étant arrivés, il aimèrent mieux s'abstenir d'entrer dans l'église que de s'y trouver avec ceux qui avaient été déposés à Séleucie. Dans l'audience qu'ils eurent de Constance, en présence d'Acace, d'Eudoxe et des autres de ce parti, ils prièrent ce prince avec beaucoup de liberté de réprimer le blasphème et la malice d'Eudoxe. L'empereur, qui était prévenu, répondit qu'il fallait avant toutes choses régler la question de la foi, après quoi on verrait ce qui regardait Eudoxe. Basile d'Ancyre, se fiant à son ancienne familiarité, voulut lui parler librement et lui représenter que son procédé tendait à ruiner la doctrine des apôtres : mais ce prince en colère lui imposa silence, lui reprochant qu'il était lui-même l'auteur de la tempête qui agitait toute l'Eglise. Il se tut donc, et alors Eustathe de Sébaste prenant la parole dit : « Seigneur, puisque vous voulez que l'on examine la foi, voyez, je vous prie, les blasphèmes qu'Eudoxe a osé prononcer contre le Fils de Dieu. » En même temps il tira une exposition de foi qu'il lui présenta. L'empereur la fit lire, et on y trouva entre autres impiétés ces paroles : Ce qui est énoncé différemment est dissemblable en substance : il n'y a qu'un Dieu le Père, de qui est tout, et un Seigneur Jésus-Christ, par qui est tout : *de qui* et *par qui* sont des énonciations dissemblables : donc le

Fils est dissemblable à Dieu le Père. Constance ne put entendre sans colère ce raisonnement aussi impie que ridicule ; il demanda à Eudoxe si l'écrit était de lui. Eudoxe répondit qu'il n'était pas de lui, mais d'Aétius. L'empereur ordonna donc que l'on fît venir Aétius, car il était à Constantinople, et Eunomius aussi. Aétius étant entré, l'empereur lui montra l'exposition de foi, lui demandant si c'était son ouvrage. Aétius l'avoua, car il ne savait rien de ce qui s'était passé, ni à quoi tendait cette question ; et il pensait au contraire que cet aveu lui allait attirer de grandes louanges, suivant la prévention naturelle des hommes en faveur de leurs ouvrages. L'empereur, frappé d'une telle impiété, le fit chasser du palais, et donna ordre de l'envoyer en exil dans la Phrygie ; ce qui fut exécuté peu de temps après.

Eutathe de Sébaste ne laissa point échapper cette occasion de pousser Eudoxe ; il assura l'empereur que cet évêque était dans les mêmes sentiments qu'Aétius ; qu'il l'avait toujours eu dans sa maison et à sa table ; que c'était par ses ordres qu'il avait écrit ces blasphèmes ; et qu'il ne fallait point de meilleure preuve de la part qu'il avait eue à cet écrit, que de ce qu'il en avait si bien reconnu l'auteur. « Il ne faut pas, dit l'empereur, juger sur des conjectures ; il faut examiner les faits avec soin. » « Eh bien, dit Eutathe, si Eudoxe veut nous persuader qu'il n'est pas dans les mêmes sentiments, qu'il anathématise l'écrit d'Aétius. » Constance agréa la proposition, et ordonna à Eudoxe de faire ce qu'on demandait de lui. Il s'en défendait et employait divers artifices pour éluder. Mais voyant que l'empereur en colère le menaçait de l'envoyer lui-même en exil avec Aétius comme complice de son impiété, il désavoua sa propre doctrine, qu'il continua néanmoins à soutenir dans la suite. Il voulut à son tour presser Eustathe et les autres de condamner le terme de *consubstantiel*, puisqu'il n'était point de l'Ecriture. Sylvain de Tarse prit la parole et dit : « S'il faut anathématiser tout ce qui n'est pas dans l'Ecriture, anathématisez donc aussi ces termes, *du néant*, *créature*, *et d'une autre substance*, qui ne se trouvent ni dans les écrits des prophètes, ni dans les livres des apôtres. » L'empereur obligea encore Eudoxe et ceux de son parti qui étaient présents à condamner ces termes, malgré la répugnance qu'ils y avaient. Alors ils insistèrent pour que leurs adversaires condamnassent le terme de *consubstantiel*. Mais Sylvain, prenant avantage de ce qu'ils venaient d'avouer, dit : « Si le Verbe Dieu n'est pas tiré du néant, s'il n'est ni créature, ni produit d'une autre substance, il est donc consubstantiel au Père qui l'a engendré ; il est Dieu de Dieu, lumière de lumière, et de la même nature que son Père. » Quelque juste et solide que fût ce raisonnement, il ne satisfit aucun des assistants. Acace, Eudoxe et tous ceux de leur parti le rejetèrent avec de grands cris ; et l'empereur en colère menaça Sylvain et les autres de les chasser de leurs Eglises. Eleusius et Sylvain lui firent cette réponse généreuse : « Vous pouvez, seigneur, user de votre puissance, et nous faire souffrir tel traitement qu'il vous plaira ; mais c'est à nous de choisir entre ce qui est conforme à la vraie piété, et ce qui nous y paraît contraire ; nous sommes résolus de ne point abandonner la doctrine de nos pères. » Constance, loin d'admirer, comme il devait, la sagesse de ces évêques, leur fermeté et leur générosité à défendre les dogmes apostoliques, les chassa de leurs Eglises, et en mit d'autres à leurs places ; mais cela n'arriva pas si tôt. C'est ainsi que Théodoret rapporte cette conférence. Il est surprenant d'y voir le *consubstantiel* si hautement défendu par les évêques qui l'avaient anathématisé l'année précédente dans le concile d'Ancyre, et qui peu de jours auparavant avaient témoigné à Séleucie embrasser tout le concile de Nicée, à la réserve de ce terme. On ne voit rien qui ait pu les engager à un changement si subit. C'est ce qui donne lieu de croire, ou qu'il y a faute dans le texte de Théodoret, car il a été aisé de changer *omoiousion* en *omoousion*, et le raisonnement de Sylvain n'est point contraire à cette conjecture, étant également concluant pour l'un comme pour l'autre ; ou que Théodoret lui-même s'est trompé, et qu'il a pris pour des défenseurs de la consubstantialité les évêques qui défendaient seulement la ressemblance en substance. Ce qui a pu occasionner cette erreur, c'est que Sylvain, Eustathe et beaucoup d'autres demi-ariens signèrent en effet, en 366, le symbole de Nicée, et il y a apparence que la plupart sont morts dans la communion de l'Eglise. Au reste nous ne voyons pas pourquoi Théodoret n'aurait point loué les discours de Sylvain, supposé même qu'il n'ait voulu y défendre que la ressemblance en substance. C'était beaucoup dans l'extrémité où étaient les choses, de soutenir avec autant de fermeté ce dogme qui différait peu, ou peut-être point, dans le sens, de celui de la consubstantialité ; et il est vrai que les ariens ou les anoméens, n'abhorraient pas moins l'un que l'autre.

Pour revenir à la suite de l'histoire, quelque irrité que fût l'empereur contre les aétiens et les demi-ariens, il ne voulut pas néanmoins exécuter sur-le-champ l'arrêt que sa colère lui avait dicté. Il donna commission à Honorat, qu'il venait de faire préfet à Constantinople, d'examiner juridiquement l'affaire d'Aétius avec les principaux du sénat ; et lui-même assista en personne à ce jugement. On croit que les acaciens, faisant semblant de ne pas savoir ce que c'était que cette hérésie, persuadèrent finement à l'empereur de la faire examiner lui-même en sa présence ; car, comme ils croyaient Aétius invincible dans la dispute, ils se persuadèrent qu'il viendrait aisément à bout de confondre ses adversaires, et que par ce moyen leur hérésie prendrait un accroissement considérable. La chose eut une tout autre issue ; Aétius fut convaincu d'erreur, et l'empereur et tous les assistants furent scandalisés de ses blasphèmes.

Cependant les derniers députés du concile de Rimini arrivèrent à Constantinople, ayant à leur tête Ursace et Valens, chefs des ariens occidentaux; ils se joignirent d'abord sans délibérer à ceux qui avaient été condamnés à Séleucie, parce qu'en effet ils étaient dans les mêmes sentiments. Les députés du concile de Séleucie, c'est-à-dire les Orientaux demi-ariens, allèrent les trouver pour leur apprendre ce qui se passait, et l'hérésie pour laquelle ces évêques avaient été condamnés. Ils leur donnèrent par écrit une copie de ces blasphèmes, c'est-à-dire assez probablement, de l'exposition de foi lue devant Constance, et même ils leur adressèrent une lettre qui s'est conservée jusqu'à nous, par laquelle ils les conjurent de se joindre à eux pour empêcher que cette abomination qui régnait déjà dans l'Église, ne se fortifiât de plus en plus. « Nous l'avons, disent-ils, montrée à l'empereur; il en a été indigné, et a voulu que tout cela fût anathématisé; mais on prépare une ruse, celle de condamner Aétius, auteur de cette hérésie, plutôt que son erreur: en ce que le jugement semble prononcé contre la personne et non contre sa doctrine. » Ils prient à la fin ces évêques de donner avis à ceux d'Occident de tout ce qui se passe. La lettre est au nom de dix-huit évêques, dont Sylvain de Tarse, Sophronius de Pompéiopolis et Néon de Séleucie sont les premiers; nous y connaissons aussi Elpide de Satales et Eortase de Sardes. Il n'y a pas lieu de s'étonner qu'il y eût alors à Constantinople d'autres évêques que les dix qui y avaient été députés par le concile de Séleucie. Ceux à qui cette lettre s'adressait, loin d'y avoir égard, entrèrent en grande colère contre celui qui l'avait reçue, et pensèrent le déposer pour ce sujet. Ils voyaient par là leur hypocrisie sur le point d'être découverte: car il fallait, ou condamner l'erreur d'Aétius avec les Occidentaux; ou ne les condamnant pas, avouer que c'étaient leurs propres sentiments. Ils choisirent ce dernier parti, et continuèrent de communiquer avec ceux qui avaient été déposés à Séleucie, c'est-à-dire avec les anoméens; ils témoignèrent même très-ouvertement leur impiété par l'explication qu'ils donnèrent aux anathèmes qui avaient été prononcés à Rimini. Comme on leur demandait, dans une grande assemblée, pourquoi ils n'avaient pas dit aussi à Rimini que le Fils fût créature, ils répondirent qu'on n'y avait pas dit qu'il n'était pas créature, mais qu'il n'était pas semblable aux autres créatures, en disant qu'il n'était pas créature comme les autres. Et saint Hilaire soutenant que Jésus-Christ est vrai Dieu, vrai Fils de Dieu, engendré de son Père avant tous les temps; ces misérables s'élevèrent contre lui avec de grands cris, et expliquèrent l'éternité du Fils comme celle des anges, de ce qui précède, non la durée du monde, mais celle de l'avenir. Ils se sauvaient ainsi de la ressemblance qu'ils lui accordaient par cette clause, selon les *Ecritures*, qui donnait lieu à plusieurs défaites.

Ce secours vint fort à propos aux anoméens d'Orient, abattus par la condamnation d'Aétius. Quand ils virent que les Occidentaux avaient abandonné le terme de *substance* à Rimini, ils déclarèrent qu'ils recevaient de tout leur cœur la même formule : car, disaient-ils, si elle prévaut avec le terme de *substance*, on abolira le *consubstantiel* que les Occidentaux estiment tant par le respect du concile de Nicée. Ils pressèrent donc les députés du concile de Séleucie de recevoir le formulaire de Rimini; et comme ils protestaient qu'ils ne pouvaient aucunement abandonner le mot de *substance*, les anoméens firent serment qu'ils ne croyaient point du tout que le Fils ne fût pas semblable en substance à son Père, et qu'ils étaient prêts à anathématiser cette hérésie. L'empereur entra tout à fait dans leur proposition, et approuva la formule de Rimini, considérant le grand nombre des évêques qui l'avaient dressée. Il crut que pour le sens il importait peu que l'on dît *semblable* ou *consubstantiel*; mais qu'il importait fort de ne point user de paroles inconnues à l'Écriture, pourvu que l'on en employât d'autres de même valeur. Or il croyait tels les termes de *semblable* selon les Écritures, employés dans la formule de Nicée de Thrace, reçue à Rimini. Suivant donc sa manière d'agir ordinaire, il commanda à tous les évêques qui étaient à Constantinople de l'accepter. Il fit menacer le peuple par le préfet; il menaça lui-même les évêques dans le palais. Enfin la crainte de l'exil tira d'eux une signature forcée, après laquelle il se vanta d'avoir vaincu les Orientaux, parce qu'il avait réduit dix députés à lui obéir et à signer son blasphème. Il avait une telle ardeur à faire réussir cette affaire, qu'il y employa le dernier jour de décembre tout entier, et même une partie de la nuit suivante, quoiqu'il eût à se préparer à la cérémonie du lendemain, où il devait commencer son dixième consulat avec l'année 360. Ce fut en cette occasion qu'Eustathe de Sébaste consentit à ce que les hérétiques lui proposèrent, et signa le célèbre formulaire composé ou plutôt autorisé par la faction d'Eudoxe. *Hist. des aut. sacrés et eccl.*, t. XXII.

SÉLEUCIE (Concile de) en Perse, tenu par saint Miliès, évêque de Suse, l'an 314. Papa, évêque de Séleucie, y fut déposé pour l'extrême hauteur avec laquelle il traitait ses prêtres et ses diacres. C'est ce que dit l'auteur des actes de saint Millès, publiés par Assémani, et à quoi semble faire allusion saint Jacques de Nisibe dans sa lettre aux évêques, aux prêtres et aux diacres de Séleucie et de Ctésiphon. Marès cependant, autre écrivain perse, dans la vie qu'il a donnée de Papa, attribue sa déposition à la faute qu'il avait faite d'ordonner deux évêques à la fois pour une même église. Tout ceci, comme on le voit, ne s'accorde guère avec cette autorité patriarcale attribuée aux évêques de Séleucie par le prétendu concile, sans lieu marqué, de l'an 300. *Voy.* ORIENT, l'an 300

SÉLEUCIE (Concile de) en Perse, l'an 399. Cajumas, évêque de Séleucie et de Ctésiphon, ayant assemblé les évêques d'Orient à Séleucie l'an 399, renonça à son siége de son propre mouvement et avec une humilité qui tira les larmes des yeux de tous les Pères du concile. Il demanda donc avec les plus vives instances qu'on mit à sa place Isaac Cajumas; ce que les prélats ne lui accordèrent enfin qu'à regret, et à condition qu'Isaac ne ferait rien sans le consulter. *Bibliot. Orient. t.* III; *Mansi, Suppl. t.* I, *col* 259.

SÉLEUCIE (Concile de), l'an 410. Ce concile se tint sous le règne de Théodose le Jeune, fils de l'empereur Arcade. Il s'y trouva quarante évêques, dont les deux principaux étaient Isaac, évêque de Séleucie, et Maratha son frère. On y dressa les vingt-sept canons suivants, pour le rétablissement de la discipline ecclésiastique en Perse et en Mésopotamie.

Le premier ordonne des prières pour les princes.

Le 2e est une profession de foi par laquelle on s'unit à celle de Nicée.

Le 3e veut qu'un évêque ne soit ordonné que par trois autres au moins, et cela, après qu'on se sera informé dans un juste détail de la sainteté de sa doctrine et de ses mœurs.

Le 4e rejette de la cléricature les eunuques volontaires.

Le 5e exclut du ministère tout prêtre ou autre clerc qui ne mène pas une vie entièrement séparée du commerce des femmes.

Le 6e regarde comme absolument étrangers aux fonctions ecclésiastiques, tous clercs coupables d'usure ou d'autre gain sordide.

Le 7e exclut de la communion des fidèles quiconque a part à quelque enchantement ou à d'autres œuvres de ténèbres de cette espèce.

Le 8e regarde l'assemblée fréquente des synodes.

Le 9e prescrit l'hospitalité entre les évêques et les prêtres envers ceux de leur rang qui se présenteront avec des lettres de recommandation en bonne forme.

Le 10e veut qu'il y ait un réfectoire pour les prêtres et les autres clercs, distingué de celui des autres pauvres, afin d'observer une décence convenable.

Le 11e veut que le dortoir des prêtres, diacres, etc., soit aussi tellement séparé, que personne autre qu'eux n'y ait place.

Le 12e ordonne que les lectures et les instructions se fassent jusqu'à la troisième ou quatrième heure du jour, et qu'après cela on offre le saint sacrifice.

Le 13e veut que les métropolitains aient sous les yeux les canons de Nicée, ainsi que les actes des conciles de Perse, afin que tout se fasse selon les saintes règles.

Le 14e défend qu'aucun évêque ait plus d'un chorévêque.

Le 16e veut que l'archidiacre soit le bras et la langue de l'évêque, pour faire connaître et exécuter ses ordres et instruire le peuple.

Le 17e ordonne que, dans les églises où il y a un évêque, le même archidiacre distribue aux prêtres et aux autres ministres les emplois qu'ils doivent remplir dans la semaine.

Le 18e veut que les ministres de l'église reçoivent de l'église les secours nécessaires à la vie; et que le majordome, qui doit avoir soin de distribuer ces secours, reçoive de l'autel les clefs de son office, et les remette sur l'autel aussi, lorsqu'il quitte cet emploi.

Le 19e veut qu'un prêtre qui se dispense des assemblées, si ce n'est pour cause de maladie, soit exclu du ministère.

Le 20e semble donner au prêtre, en l'absence de l'évêque, le pouvoir de faire offrir le sacrifice par l'archidiacre : il donne aussi à l'archidiacre l'autorité de punir les diacres qui se dispensent de leurs fonctions, si ce n'est à raison de maladie.

Le 21e décerne l'exclusion du ministère contre les sous-diacres qui ne se rendent point exacts à leurs fonctions.

Le 22e prescrit à l'archidiacre d'avoir soin que chacun des autres ministres se range à son devoir : il ne veut pas que ceux-ci s'absentent sans sa permission, et lui ordonne à lui-même d'exercer son ministère avec toute la décence et l'édification possibles.

Le 23e ne veut pas que les diacres, ni même les prêtres plus anciens que celui qui célèbre en l'absence de l'évêque, s'éloignent de l'assemblée; celui qui célèbre devant toujours être regardé comme le plus respectable, soit qu'il soit plus âgé ou non.

Le 24e défend d'ordonner prêtre un clerc qui n'a pas atteint l'âge de trente ans, et qui n'a pas été jugé digne de ce caractère par un mûr examen.

Le 25e défend aux évêques d'ordonner des prêtres et des diacres ailleurs que devant l'autel d'une église.

Le 26e défend d'admettre aux ordres sacrés, même du sous-diaconat, quiconque ne sait pas le psautier; et ordonne que ceux qui ont été ordonnés avant de le savoir, se retirent du ministère jusqu'à ce qu'ils l'aient appris et médité.

Le dernier règle l'autorité des évêques et des métropolitains, et marque aussi les cas où l'on doit recourir au patriarche et au souverain pontife. *Mansi, Suppl. tom.* I, col. 286.

SÉLEUCIE (Conciliabule de), l'an 485, Ce concile fut tenu par Barsumas, métropolitain nestorien de Nisibe. On y permit, sur une fausse interprétation d'un texte de saint Paul, le mariage aux prêtres et aux moines. *Assem., Bibl. Orient. t.* III.

SÉLEUCIE (Concile de), l'an 485. Ce concile fut tenu par Babuée, évêque catholique de Séleucie. On y condamna la décision de Barsumas et de son faux concile. *Assemani, Bibl. Orient. t.* III

SÉLEUCIE (Conciliabule de), l'an 495.

L'évêque nestorien Barsumas confirma dans ce concile l'hérésie et les décrets rendus précédemment en faveur du mariage des prêtres et des moines. *Ibid.*

SÉLEUCIE (Conciliabule de) en Perse, l'an 576, tenu par Ezéchiel, catholique des nestoriens. On y fit trente-neuf canons, soit de discipline, soit de dogme, dont le premier est contre les messaliens, qui méprisaient l'eucharistie, le jeûne et la psalmodie, permettaient la fornication et niaient les peines et les récompenses de la vie future. Le 15e enjoint aux archevêques et aux évêques de s'assembler tous les quatre ans avant le carême chez le patriarche. Le 16e ordonne que le synode épiscopal se tienne tous les ans au mois de septembre dans chaque métropole. Le 18e et le suivant réservent au patriarche l'ordination des métropolitains, et à chaque métropolitain celle de ses suffragants. Le 28e défend d'ordonner personne sans l'attacher à une église. Le 35e d'élever ou de consacrer des églises ou des monastères sans dotation suffisante. Le 38e donne aux prêtres de la ville le pas sur les autres prêtres, et le dernier donne de même la préséance aux évêques et aux prêtres de la province immédiatement soumise au patriarche, sur les évêques et les prêtres des autres provinces d'égal degré. *Mansi, Conc. t.* IX.

SÉLEUCIE (Conciliabule de) en Perse, vers l'an 634. Les évêques nestoriens assemblés y séparèrent de leur communion les Perses marvanites et catarins qui déclinaient la juridiction de leur *catholique* de Séleucie. *Mansi, Conc. t.* X.

SELINGSTAD (Concile de), *Salegunstadiense*, l'an 1022. Aribon, archevêque de Mayence, assembla ce concile le 11 août, pour rétablir l'uniformité de la discipline dans toutes les Églises dépendantes de sa métropole, et supprimer quantité de décrets synodaux et d'usages dont la contrariété causait du trouble et de la confusion. Les évêques de Strasbourg, d'Augsbourg, de Bamberg et de Wurzbourg, tous suffragants de l'archevêque de Mayence, firent donc avec lui les vingt canons qui suivent.

1. Tous les chrétiens s'abstiendront de la chair et du sang, ou de la graisse, quatorze jours avant la Saint-Jean-Baptiste, autant avant Noël, et garderont la même abstinence les veilles de l'Épiphanie, des fêtes des apôtres, de l'Assomption de la sainte Vierge, de Saint-Laurent et de Tous les Saints, où ils ne feront qu'un repas.

2. L'observance sera la même pour les jeûnes des Quatre-Temps.

3. Il ne sera permis à personne de contracter mariage en aucun de ces jours, ni depuis l'avent jusqu'à l'octave de l'Épiphanie ; et l'on ne se mariera pas non plus depuis la Septuagésime jusqu'à l'octave de Pâques.

4. Le prêtre qui aura bu après le chant du coq, ne pourra célébrer la messe ce jour-là.

5. Défense aux prêtres de célébrer plus de trois messes en un jour.

6. Défense, sous peine d'anathème, de jeter un corporal, consacré par l'attouchement du corps du Seigneur, dans le feu, pour éteindre un incendie ; de porter une épée dans l'église, si ce n'est celle du roi, et de causer dans le vestibule de l'église.

7. Si de deux personnes accusées d'adultère l'une avoue et l'autre nie, on mettra en pénitence celle qui s'avoue coupable ; l'autre sera obligée de donner des preuves de son innocence

8. On ne portera point d'épée dans l'église, si ce n'est celle du roi.

9. Défense de faire des assemblées dans les églises ou dans leurs parvis.

10. On condamne la coutume de quelques personnes, et principalement de certaines dames qui, par superstition et pour deviner, se faisaient lire tous les jours l'évangile *In principio erat Verbum*, et dire des messes de la Trinité ou de Saint-Michel. On ordonne d'abolir cet abus, et si quelqu'un veut entendre une messe particulière par respect pour la Trinité, il entendra une messe du jour, ou une pour le salut des vivants, ou une messe des morts.

11. On ordonne de suivre, dans l'énumération des degrés de consanguinité, non les lois civiles, mais les canons ; en sorte que l'on commence à compter par les cousins germains.

12. On abattra les bâtiments des laïques attenant aux églises, et les prêtres tout seuls logeront dans le parvis.

13. Défenses aux patrons laïques de donner leurs églises à des prêtres, sans le consentement et l'approbation de l'évêque diocésain ou de son grand vicaire.

14. Si deux personnes accusées d'avoir commis un adultère ensemble, nient le fait, et demandent que l'une des deux fasse l'épreuve du jugement de Dieu pour toutes les deux ; si l'une succombe dans l'épreuve, elles seront toutes deux réputées coupables.

15. On observera les jeûnes publics ordonnés par l'évêque, ou on les rachètera en nourrissant un pauvre chaque jour de jeûne.

16. Personne ne fera le voyage de Rome sans la permission de l'évêque diocésain ou de son grand vicaire.

17. Défense, sous peine d'anathème, aux prêtres de retrancher rien du jeûne de quarante jours imposé aux pénitents, à moins qu'ils ne soient infirmes.

18. On déclare à ceux qui, étant coupables de quelques crimes, ne veulent pas recevoir de pénitence de leur évêque, dans la confiance qu'allant à Rome, le pape leur remettra leurs péchés, que cette indulgence ne leur servira de rien ; qu'ils doivent recevoir auparavant une pénitence proportionnée à la grandeur de leurs crimes, et qu'après cela, ils pourront aller à Rome avec la permission et des lettres de leur évêque

19. Défense aux pénitents de voyager pendant les quarante jours de leur pénitence, afin que le prêtre qui a soin de veiller sur eux, rende témoignage de la manière dont ils s'en sont acquittés.

20. Les prêtres ne recevront point dans l'église ceux à qui il n'est pas permis d'y entrer à cause de leurs crimes, sans en avoir reçu ordre de l'évêque.

On trouve à la suite de ces canons un formulaire des cérémonies que l'on doit observer en commençant le concile, et des prières qu'il faut réciter pendant sa tenue. Ce formulaire est d'autant plus remarquable, qu'il fait loi encore aujourd'hui, ayant été inséré depuis des siècles dans le Pontifical romain.

SELINGSTADT (Concile de), l'an 1026. Oribon, archevêque de Mayence, y entreprit saint Godard, évêque d'Hildesheim, au sujet du monastère de Gandersheim, sur lequel il prétendait avoir juridiction. L'affaire fut remise au concile de l'année suivante, tenu à Francfort. *Schram, in Summ. Conc. Carranza, t.* II.

SENENSIA (Concilia). Voy. SIENNE.

SENLIS (Concile de), *Sylvanectense*, l'an 861. Ce concile est cité dans le *Gallia Christiana, t.* III, *col.* 864.

Selon Pagi, c'est le même que le suivant de l'an 863.

SENLIS (Concile de), l'an 863. Rodoalde, évêque de Porto, et Jean, évêque de Cervia, légats du saint-siège, passant à Soissons pour se rendre au concile convoqué à Metz, le peuple leur demanda avec de grandes instances le rétablissement de Rothade, leur évêque. Cet empressement du peuple occasionna, à ce qu'on croit, la tenue du concile près de Senlis. Les évêques écrivirent au pape Nicolas I pour le prier de confirmer la déposition de Rothade, dont ils lui envoyèrent les actes par Odon, évêque de Beauvais. Ils le priaient aussi de confirmer les priviléges de leurs églises, et de convoquer un concile de toutes les provinces pour le jugement de l'affaire de Lothaire et de ses femmes.

Le P. Richard s'est trompé (*Anal. des Conc., t.* V), en rapportant à ce concile l'acte par lequel Hincmar priva Rothade de son siége. Rothade avait été déposé dès l'an 861, au concile tenu à Saint-Crépin de Soissons, comme le P. Richard l'avait remarqué lui-même (*Anal. des Conc. t.* I). *Hist. des aut. sacr. et ecclés., t.* XXII.

SENLIS (Concile de), l'an 873. Le roi Charles, voyant que Carloman son fils, à qui il avait fait embrasser l'état ecclésiastique, entretenait toujours des troubles dans le royaume, assembla à Senlis les évêques des provinces de Sens et de Reims, et présenta sa plainte à Ansegise, archevêque de Sens, de qui Carloman dépendait comme de son métropolitain, et de même à Hildegaire, qui l'avait ordonné diacre. Le jugement du concile fut que ce prince serait déposé du diaconat et de tout degré ecclésiastique, et réduit à la communion laïque. Les actes de ce concile sont perdus.

SENLIS (Concile de), l'an 988 ou 990. Ce concile se tint au mois de juillet. On y confirma l'excommunication portée par Arnoul, archevêque de Reims, contre ceux qui s'étaient emparés de cette ville; et c'était Arnoul lui-même qui avait favorisé la prise de sa ville archiépiscopale, en trahissant Hugues Capet, auquel il avait fait serment de fidélité.

L'acte d'excommunication lancé par le concile peut servir à donner une idée du style de ce temps-là : le voici :

« Satellites d'un nouveau Judas, jusqu'où s'étendra votre licence effrénée? Quel terme de ses crimes s'est proposé l'audace de votre chef? Nous appelons ainsi le prêtre Adalger, dont le nom déshonore la dignité sacerdotale. Malheureux prêtre! c'est à vous que nous adressons la parole. Après avoir à Laon souillé vos mains dans les combats, qui vous a porté à vous rendre une seconde fois un vil apostat du sacerdoce, et à livrer Arnoul, votre archevêque, dont vous étiez le confident? Vous seriez-vous flatté d'éviter les jugements de l'Eglise et ceux d'un Dieu tout-puissant? Vous avez ouvert les portes de la ville à l'ennemi ; vous avez assiégé comme un camp l'Eglise de la Mère de Dieu. Et vous, brigand, qui avez paru armé devant l'autel de la Vierge...... qui, avec des mains sacriléges, avez pris dans le sanctuaire le pasteur avec son clergé et son peuple, espérez-vous vous soustraire à la vengeance divine, vous et ceux qui ont eu part à l'attentat commis contre Adalberon, évêque de Laon? »

Après cette invective, les évêques déclarent qu'ils interdisent de l'office divin l'église de Laon et celle de Reims, jusqu'à ce qu'elles aient été légitimement réconciliées ; et ils prononcent un terrible anathème contre les auteurs de ces violences, et nommément contre le prêtre Adalger, qu'ils appellent un des membres du diable. *Hist. de l'Egl. Gallic.*

SENLIS (Concile de) l'an 1048 : en faveur de Saint-Médard de Soissons. *Marten., Coll. nova, t.* VII.

SENLIS (Concile de), l'an 1235. L'archevêque de Reims, et avec lui six de ses suffragants, y lancèrent l'interdit sur tous les domaines du roi situés dans la province de Reims. Saint Louis arrêta cette affaire, en rendant à Paris un jugement favorable à l'archevêque, au mois de janvier 1236, et en nommant deux commissaires, qui prirent toutes les précautions qu'ils purent pour ôter toute matière de division, comme on le voit par leur jugement rendu à Reims le 8 février 1236. *M. de Mas L.*

SENLIS (Concile de), l'an 1240, par le cardinal légat Jacques de Palestrine. On y accorda au pape la vingtième des revenus ecclésiastiques. *Id.*

SENLIS (Concile de), l'an 1310. Robert de Courtenai, archevêque de Reims, assembla ce concile dans l'affaire des templiers. On y condamna au feu neuf de ces infortunés chevaliers, sans qu'aucun d'eux avouât les crimes dont on les accusait. *Raynaldi, ad hunc ann. ; l'Art de vérifier les dates.*

SENLIS (Concile de), l'an 1315. Le roi Louis le Hutin indiqua ce concile pour le 6 du mois d'août, afin qu'on y jugeât Pierre de Latilli, évêque de Châlons-sur-Marne, soupçonné de l'empoisonnement du roi Philippe le Bel, et accusé d'autres crimes. Ce concile fut prorogé par Robert de Courtenai, archevêque de Reims, jusqu'au 15 mai de l'an 1316, et l'évêque de Châlons y fut absous.

SENLIS (Concile de), l'an 1316. *Voy.* l'art. précédent.

SENLIS (Concile de), l'an 1318. Robert de Courtenai, archevêque de Reims, tint ce concile avec quatre de ses suffragants, et les députés de sept autres absents, le 27 mars, contre les usurpateurs des biens de l'Eglise. Ce concile est daté de l'an 1317, suivant le style du temps. *L'Art de vérifier les dates*, page 228.

SENLIS (Concile de), l'an 1326. Guillaume de Brie, archevêque de Reims, tint ce concile, et y publia sept règlements.

1. L'archevêque chantera une messe solennelle à l'ouverture de chaque concile provincial. Les suffragants et les abbés y assisteront, vêtus des ornements d'église qui leur sont propres. On y prêchera, on y accordera des indulgences, et on y chantera le *Veni Creator*.

2. Les bénéficiers ne se chargeront pas d'autres emplois, sous peine de privation de leurs bénéfices.

3. On payera exactement les dîmes, sous peine d'excommunication.

4. Les personnes frappées d'une excommunication majeure seront incapables d'agir, de plaider, ou de rendre témoignage en jugement, même dans le for séculier.

5. Les laïques qui tireront des asiles des églises, sans la permission de l'évêque, ceux qui s'y seront réfugiés, encourront l'excommunication *ipso facto*.

6. Ceux qui contracteront des mariages clandestins, seront excommuniés de même.

7. On renouvelle le canon du concile de Bourges de l'an 1276, contre ceux qui empêchent l'exécution des jugements ecclésiastiques, et l'on ordonne que l'excommunication lancée par ce concile contre ces sortes de personnes, soit publiée dans toute la province de Reims. *Lab.* XI; *Hard.* VIII.

SENLIS (Concile de), l'an 1402 : sur le schisme. *Mas L.*

SENLIS (Synode diocésain de), 1er octobre 1620, par le cardinal François de la Rochefoucauld. Ce prélat y publia des statuts en trente-huit articles, sur les devoirs des curés et les fonctions des marguilliers. Il y déclara qu'il recevait le concile de Trente dans son diocèse, conformément à la décision prise dans l'assemblée du clergé de 1615, et qu'on était désormais obligé en conscience de l'observer en tout point, mais principalement en ce qui regarde l'ordre, la pénitence, le mariage, la résidence des bénéficiers, l'entrée en religion, et quelques autres points importants pour la conservation de la foi et des bonnes mœurs; que pour ce qui regardait la police extérieure, il fallait s'en tenir à ce qui avait été arrêté aux états généraux, c'est a-dire ne point toucher aux droits du roi, aux libertés de l'Eglise gallicane, ni aux privilèges des églises et des communautés. Nous croyons, nous, que le concile de Trente entendait un peu mieux les privilèges des églises et des communautés, les libertés de l'Eglise gallicane, et jusqu'aux droits du roi de France, que les états-généraux de 1614. *Statuta synod. diœcesis Sylvanect.; Mém. chron. et dogm.*, t. II.

SENS (Concile de), l'an 601 ou environ. On croit que ce concile fut tenu en conséquence des lettres du pape saint Grégoire, qui avait écrit au roi, à la reine, à Vigile d'Arles et à d'autres évêques, pour leur recommander de tenir des conciles qui pourvussent à la réforme des mœurs, à l'extirpation de la simonie et à l'ordination des néophytes. Saint Béthaire, évêque de Chartres, assista à ce concile; et ce n'est que par l'histoire de sa vie que l'on sait que ce concile se tint véritablement à Sens. Le P. Mabillon ne le cite dans ses *Annales*, liv. IX, n. 34, que sous le nom de *Concile d'un lieu incertain*. Saint Colomban fut invité à ce concile; mais il refusa d'y aller, parce qu'on devait y traiter la question qui divisait les Français et les Bretons, touchant le jour de la célébration de la fête de Pâques. *Mansi, Suppl.* t. I, col. 461.

SENS (Concile de), l'an 657, pour les privilèges de l'abbaye de Saint-Pierre-le-Vif de Sens. Saint Eloi, qui mourut en 659, assista à ce concile. *Le Cointe, Annales ecclésiastiques françaises.*

SENS (Concile de), l'an 669 ou 670. Emmon, archevêque de Sens, assembla ce concile dans sa métropole, pour confirmer les privilèges des monastères de Sainte-Colombe et de Saint-Pierre-le-Vif. Trente évêques, qui composaient ce concile, confirmèrent en effet ces privilèges, en y apposant leurs signatures. *Mabill., Annal.* t. I, *l.* XIV, § 63; *Mansi*, t. I, col. 503.

SENS (Concile de), l'an 846. Vénilon, archevêque de Sens, présida à ce concile, et y sacra chorévêque Audradus Modicus. Ce concile est daté dans la chronique du moine Albéric : *Anno tertio induciarum*. Ce mot *induciarum* fait allusion à la paix qui fut faite, l'an 843, entre les fils de Louis le Débonnaire. *Mansi*, t. I, col. 907.

SENS (Concile de la province de), tenu à Moret, l'an 850, présidé par Vénilon. *Voy* MORET, même année.

SENS (Concile de), l'an 852 ou environ. Ce concile confirma l'exemption de l'abbaye de Saint-Pierre-le-Vif de Sens. *M. de Mas L.*

SENS (concile de), l'an 853. Ce concile refusa à sacrer Burchard évêque de Chartres, parce qu'il l'en croyait indigne, quoiqu'il lui eût été recommandé par Charles le Chauve. *Id.*

SENS (Concile de), l'an 862. On produit une lettre synodique d'un concile tenu dans le diocèse de Sens en 862, au sujet d'Hériman, attaqué d'une maladie qui lui troublait tellement l'esprit, qu'il faisait des actions indécentes, et devenait incapable des fonctions de son ministère. Il était évêque de Nevers, et on pensait à le déposer; mais les évêques du concile voulurent auparavant consulter le saint-siége. Le pape Nicolas ne décida rien là-dessus, tant parce que la lettre synodique ne spécifiait aucun fait, que parce qu'il ne s'était présenté personne pour la défense d'Hériman. On rapporte au même concile le fragment d'une lettre du même pape, où il dit que celui-là ne peut être regardé comme médiateur équitable, qui juge les procès sans avoir entendu les parties ; qu'ainsi le prêtre qui avait été excommunié, apparemment sans avoir été entendu, pouvait librement en appeler au siége apostolique. *D. Ceillier, t.* XXII.

SENS (Concile de), l'an 912. On trouve à cette époque des canons de Gautier, archevêque de Sens : *Constitutiones ex concilio Galteri, archiepiscopi Senonensis.* Cela semble indiquer qu'il tint un concile, mais on n'en a pas d'autres preuves. Voici ce que ces canons contiennent de plus remarquable.

1° « Les abbés et les prieurs conventuels qui ne viendront pas au concile et qui ne s'excuseront pas, seront huit jours interdits de l'entrée de l'église. » C'est la première fois que nous remarquons dans un acte le nom de prieur conventuel. On nommait ainsi les supérieurs des petits monastères, nommés alors celles, et depuis prieurés.

2° « Pour éviter les scandales que donnent les religieuses, on leur défend de recevoir chez elles des dépôts, et surtout des coffres des clercs, ou même des laïques. » C'est qu'apparemment ces dépôts facilitaient l'entrée du monastère.

3° « Elles mangeront toutes dans le même réfectoire, et coucheront toutes dans le même dortoir. »

4° « On détruira toutes les chambres particulières des religieuses, à moins qu'il ne soit nécessaire d'en conserver quelqu'une pour y recevoir l'évêque, ou pour en faire une infirmerie, ou pour quelque autre usage que l'évêque trouvera convenable. »

5° « L'abbesse ne permettra pas à ses religieuses de sortir, sans de grandes raisons, et l'accordera rarement et pour peu de temps. »

6° « On condamnera les portes des monastères suspectes ou inutiles, qui peuvent donner entrée dans l'intérieur de la maison. Les évêques y prendront garde, et auront soin d'arrêter les scandales que peuvent donner les religieuses. »

7° « Les juges, tant ordinaires que délégués, ne porteront pas d'excommunication générale, à moins qu'on n'ait commis quelque faute énorme. »

8° « Les chapitres séculiers, surtout des cathédrales, seront avertis de s'assembler pour prendre ensemble des mesures, afin que l'office divin se fasse d'une manière convenable par eux et par leurs clercs, selon les facultés de leurs églises. » On voit ici que les chanoines avaient des clercs pour faire l'office avec eux.

9° « Il faut aussi avertir les chanoines et les clercs séculiers, de garder dans leurs habits et sur les autres points les statuts du concile général. » (Nous ne devinons pas quel est ce concile, à moins que ce ne soit celui que le roi Charles avait assemblé peu de temps auparavant, et où il se trouva seize métropolitains.

10° « On établira des communautés de moines ou de chanoines, pour faire le service dans les lieux ou prieurés où il y en a eu autrefois. »

13° « Les clercs débauchés qui font le métier de bouffons, seront tondus par les évêques ou bien par les archidiacres ou les officiaux, ou par les doyens de chrétienté, ou même ils seront entièrement rasés, afin qu'il ne paraisse plus de vestiges de tonsure cléricale, si cependant on peut le faire sans péril et sans scandale. » C'est la première fois que nous remarquons le terme de doyen de chrétienté, *decani christianitatis.*

14° « Enfin, Vaultier renouvelle un ancien statut d'un concile de la province de Sens, par lequel il est déclaré que, quand une terre a été mise en interdit pour le crime des seigneurs ou des baillis, on ne doit pas le lever jusqu'à ce qu'il ait été satisfait pour tous les dommages causés aux prêtres des paroisses à l'occasion de l'interdit. C'est-à-dire que l'on dédommageait les curés des pertes qu'ils avaient faites par la cessation de leurs fonctions durant l'interdit. *Hist. de l'Egl. gallic.*

SENS (Concile de), l'an 980. Sevin, archevêque de Sens, fit restituer dans ce concile plusieurs propriétés au monastère de Saint-Pierre-le-Vif.

SENS (Concile de), l'an 986. Sur la discipline. *Chron. de S.-Pierre-le-Vif.* Ce concile est sans doute le même que le précédent, tenu réellement l'an 980.

SENS (Concile de), l'an 996. Léothéric, archevêque de Sens, y céda au chapitre de Paris quelques autels qui appartenaient de droit à son église. *Schram, t.* II.

SENS (Concile de), l'an 1048. On y confirma la fondation du prieuré de Saint-Ayoul de Provins, faite par le comte Thibault. *Édit. Venet. t.* XI.

SENS (Concile de) l'an 1071. Hugues, évêque de Troyes, y fit donation de l'église de Saint-André au monastère de Chelles. *Schram, t.* II.

SENS (Concile de), l'an 1080. On n'en a plus les actes. *Labb.* X.

SENS (Concile de la province de), lieu incertain, vers l'an 1103. On ne connaît ce concile que par la lettre qu'Arnauld, abbé de Saint-Pierre-le-Vif, écrivit à l'archevêque de Sens, pour s'excuser de ne s'y être pas trouvé. *Mansi, Conc. t.* XX. Mais ce concile ne serait-il pas le même que celui de Paris de l'an 1104 ou 1105 ?

SENS (Concile de), l'an 1140. Ce concile s'assembla le 2 juin, et Henri Sanglier, archevêque de Sens, y présida. Selon les termes dont l'archevêque, dans sa lettre de convocation, motivait la tenue de cette assemblée, il semblait ne s'y être proposé que de donner de la solennité à l'exposition des reliques dont il avait enrichi sa cathédrale. Mais l'affaire d'Abailard est certainement ce qui s'y traita de plus mémorable. Le caractère, encore plus que l'affluence des personnes qui s'y rendirent, montrait qu'elles y étaient conduites par un autre motif que celui d'une simple dévotion. Elle avait été annoncée avec tant d'affectation en des lieux fort éloignés, que l'on s'y était préparé comme à quelque chose d'extraordinaire, et même comme à un véritable spectacle, dit saint Bernard. Les évêques étaient réunis de deux provinces, Sens et Reims; de sorte qu'avec les deux métropolitains, Henri de Sens et Samson de Reims, on y comptait huit de leurs suffragants, Geoffroy de Chartres, Elie d'Orléans, Hugues d'Auxerre, Hatton de Troyes, Manassès de Meaux, Josselin de Soissons, Geoffroi de Châlons, et Avise d'Arras. Le roi Louis VII, Thibaut, comte de Champagne. Guillaume, comte de Nevers, s'y trouvèrent aussi, avec un nombre très-considérable d'abbés, de seigneurs, de dignitaires de chapitres, de professeurs, et autres gens de lettres; et à la suite d'Abailard, tout ce que par lui-même et par ses disciples, il avait pu ramasser qui animât et redoublât pour lui les applaudissements de la multitude. Soutenu d'un pareil cortége, il était maître d'entreprendre la justification de ses sentiments, et d'en discourir aussi au long et aussi éloquemment que tout le monde l'attendait. Saint Bernard au moins ne tarda pas à le mettre dans la nécessité de s'énoncer.

Le livre de sa *Théologie* à la main, il commença par en citer les propositions qu'il y déclarait absurdes, hérétiques même, exigeant du novateur de nier ou d'avouer qu'il les eût écrites. Que si Abailard y reconnaissait sa doctrine, saint Bernard lui demandait ou d'en prouver la conformité avec la doctrine catholique, ou de la rétracter. Soit qu'à la voix seule du saint abbé, Abailard se sentît atterré du même coup de tonnerre qui avait atterré le duc d'Aquitaine et Pierre de Pise, et que lui-même avait si fort respecté peu de jours auparavant; soit que le Seigneur employât quelques autres moyens de dompter son orgueil, il tomba dans un trouble et une défiance qui lui permirent à peine d'apporter en balbutiant quelques mauvaises défaites : il ajouta brusquement qu'il en appelait au pape, et il se retira.

Abailard ayant disparu et entraîné avec lui tous ses adhérents, les prélats délibérèrent entre eux de l'effet qu'aurait son appel. Ils ne le trouvèrent pas canonique, en ce que les juges dont il appelait étaient de son choix. Pour accorder cependant ce qui appartenait séparément aux deux juridictions, celle du pape et celle du concile, ils distinguèrent entre la personne même et la doctrine d'Abailard. Ils prononcèrent que, par déférence pour le saint-siège, ils s'abstenaient de porter aucun jugement sur la personne; mais que pour la doctrine, l'étendue et la violence de la séduction en rendaient la condamnation si pressante et si nécessaire, qu'ils ne croyaient pas pouvoir différer plus longtemps à y travailler. Ils reprirent donc publiquement l'examen des propositions dénoncées par saint Bernard : ils reconnurent ce qu'elles avaient manifestement de contradictoire avec tout ce qu'il alléguait de mieux fondé en raisons et en témoignages des Pères, nommément de saint Augustin : ils les déclarèrent fausses et hérétiques, et les condamnèrent. Cet acte précéda d'un jour l'acte de l'appel d'Abailard, c'est-à-dire l'acte par lequel, délibération faite, les évêques le reçurent pour appelant.

Quelque union que conservassent entre elles les deux provinces dont le concile était composé, elles arrêtèrent que chacune des deux ferait séparément son rapport à Rome et par deux différentes lettres au pape Innocent. La province de Sens descendait beaucoup plus dans les détails, tant sur les raisons que l'on avait eues de procéder contre Abailard, que sur les formes gardées dans l'assemblée, et sur les résolutions qu'on y avait prises. Dès quatre choses qu'elle demandait au saint-père en conséquence de ses résolutions, la première était de les approuver et de les ratifier, notant et condamnant par son autorité ce que le concile avait noté et condamné dans les propositions d'Abailard; la deuxième, de décerner une peine contre tous ceux qui soutiendraient avec opiniâtreté et contention quelques-unes des propositions condamnées; la troisième de faire signifier à Abailard une prohibition expresse d'enseigner ou d'écrire; la quatrième, d'étendre généralement à tous ses livres, comme infectés du même poison que les propositions, la condamnation portée contre les propositions mêmes. Les évêques alléguaient pour motifs de leur demande, « le caractère propre de l'autorité apostolique; personne au monde ne révoquant en doute qu'elle ne mît à couvert de toute chicane, et ne rendît toujours respectable tout jugement ou décret qu'elle avait approuvé et ratifié. » Tel était le rapport des évêques de la province de Sens, qui, dans le titre, sont appelés *évêques de France*, selon la signification plus restreinte que l'on donnait communément à ce terme. Ils marquaient à la fin qu'ils envoyaient avec leur lettre quelques-uns des articles qui avaient été l'objet de leur condamnation; et c'est ce qui fut dressé par saint Bernard dans une longue dissertation, qui est nommée tantôt *lettre*, et tantôt *traité*.

Huit suffragants ne furent point présents à ce concile, non plus qu'Etienne, évêque de Paris, qui mourut un mois et demi après. Leur absence n'empêcha pas les trois autres, unis à leur métropolitain, d'écrire pareillement au pape pour lui montrer la part qu'avait leur province à la condamnation d'une hérésie, misérable reproduction des blasphèmes qu'avaient condamnés leurs prédécesseurs dans le même Abailard, il y avait dix-huit ans. Ils ne lui dissimulaient pas que ce rejeton était devenu un arbre fort et puissant, dont les branches s'étendaient jusqu'à Rome, et y trouvaient de l'appui dans sa propre cour; que l'auteur de la secte s'en glorifiait, et que c'était là en grande partie ce qui nourrissait son arrogance, son obstination, sa fureur. Ils en citaient pour preuvé son appel, « aussi destitué de tout fondement valable qu'il le pût être, ajoutaient-ils, et dans lequel il n'avait évidemment cherché qu'à proroger son iniquité. » Ces déclarations étaient odieuses, étant adressées au pape même; mais un appel interjeté à Rome par Abailard, avec les relations qu'on n'ignorait pas qu'il y avait, était alors un aussi grand sujet de trembler pour bien d'autres que pour ceux qui s'en expliquaient avec tant de franchise. Ils finissaient par ces mots: « Nous sommes allés aussi avant que nous avons osé le faire; du reste, très-saint-père, c'est à vous de pourvoir à ce que sous votre pontificat le moindre souffle d'hérésie ne souille point la beauté de l'Eglise. Elle est l'épouse de Jésus-Christ; elle vous est confiée sans tache; elle attend de vos soins que vous la remettiez sans tache à Jésus-Christ. »

Ce qu'ils disaient de l'appel d'Abailard au pape, y supposait plus de dessein vraisemblablement qu'il n'y en avait eu. Quelques-uns l'excusaient sur ce qu'il avait craint au concile de Sens, non les évêques convoqués pour le juger, mais une populace séditieuse, et prête à le mettre en pièces dès qu'on le lui aurait fait regarder comme un hérésiarque. Si cela eût été, rien ne l'avait empêché de le prévoir, en demandant la convocation du concile : et le prévoyant, pourquoi l'avait-il demandée? Nous croyons plus naturel de penser qu'il y était venu très-déterminé à n'épargner pour sa défense ni efforts, ni artifices, ni aucun des avantages que la dispute la plus chaude, et poussée le plus vivement, pouvait prêter à sa cause; mais que déconcerté d'abord par saint Bernard, il avait pris la voie de l'appel, comme le premier faux-fuyant qui se présentait à son esprit, ou comme une ressource qui, faisant au moins traîner l'affaire en longueur, lui ouvrirait peut-être une sortie moins honteuse par les bons offices des personnes dont il était considéré jusque dans le collége des cardinaux.

SENS (Concile de), entre 1165 et 1177. Jean, doyen de l'abbaye de Saint-Euverte d'Orléans, ayant été assassiné, en haine du zèle qu'il apportait à défendre les biens du monastère contre la cupidité des seigneurs laïques, Etienne, qui en était abbé comme le fondateur, porta sa plainte à ce concile, dont il ne nous reste pas d'autre monument. *Mansi, Conc. t. XXI.*

SENS (Concile de), l'an 1198. Cette année, on découvrit dans le Nivernais plusieurs hérétiques nommés *poplicains*, dont les erreurs étaient les mêmes que celles des manichéens. Ils avaient pour chef un nommé Terric : caché depuis longtemps dans une grotte souterraine à Corbigny, il en fut tiré et condamné au feu, après avoir été convaincu d'hérésie. Michel, archevêque de Sens, invité par l'évêque d'Auxerre, se rendit à la Charité, ville du diocèse d'Auxerre, avec les évêques de Nevers et de Meaux, pour y informer contre ceux qui étaient infectés d'hérésie. Plusieurs hommes très-riches furent cités; mais ils refusèrent de comparaître et s'absentèrent. Les évêques les excommunièrent et les livrèrent au bras séculier. Le clergé et le peuple de la Charité étaient présents à l'enquête. Le doyen de Nevers et l'abbé de Saint-Martin de la même ville furent dénoncés comme diffamés publiquement pour cause d'hérésie. L'archevêque de Sens les suspendit de leurs fonctions, et les assigna à venir à Auxerre à jour marqué, pour se défendre devant lui; le doyen de Nevers comparut, mais comme il ne se trouvait point d'accusateur, l'archevêque, assisté des deux évêques d'Auxerre et de Nevers, et de plusieurs jurisconsultes instruits du droit canonique et civil, fit d'office examiner les témoins pour et contre, et publier leurs dépositions. L'abbé de Saint-Martin comparut aussi; son prieur le chargea non-seulement d'hérésie, mais encore de plusieurs crimes, et il était près de se porter accusateur, lorsque l'abbé appela au pape. L'archevêque n'ayant aucun égard à cet appel frustratoire, admit l'accusateur à produire ses témoins, et les informations faites, il remit le jugement au concile qu'ils devaient tenir à Sens.

L'archevêque y présida, assisté des évêques de Troyes, d'Auxerre et de Nevers. Le doyen de cette église comparut, proposa quelques reproches contre les témoins, quelques raisons pour sa défense, puis demanda à être jugé; la preuve pour le condamner comme coupable d'hérésie ne s'étant pas trouvée assez claire, l'archevêque ne voulut pas prononcer, mais aussi il refusa de recevoir la purgation canonique que le doyen offrait, parce qu'il était prouvé qu'il avait eu des liaisons avec les hérétiques, et qu'il les avait recherchées; ainsi il le renvoya sans l'absoudre au saint-siége, auquel il appartient de dispenser de la sévérité des canons, ou de l'excéder. Le pape Innocent III, après l'avoir ouï en consistoire, le renvoya sur les lieux pour s'y purger par le témoignage de quatorze personnes de son ordre, qui fussent d'une foi pure et d'une probité connue. La sentence du pape, qui est du 7 de mai 1199, porte que si le doyen ne peut accomplir la purgation, il sera déposé et enfermé dans un monastère pour faire pénitence; que si au contraire il l'accomplit, il sera rétabli dans son bénéfice.

Quant à Rainald, abbé de Saint-Martin, quoiqu'il eût réitéré dans le concile son appel au pape, l'archevêque ne laissa pas de le déposer de sa charge d'abbé, tant pour cause d'adultère que pour d'autres crimes dont il avait été convaincu; mais à l'égard de l'accusation d'hérésie, il ne voulut rien prononcer, se contentant d'envoyer au pape les dépositions des témoins, qui prouvaient que cet abbé avait soutenu deux erreurs, l'une, que le corps de Notre-Seigneur va au retrait comme les autres aliments; l'autre, que tous à la fin seront sauvés. L'abbé Rainald ainsi déposé, les chanoines de Saint-Martin en élurent un autre. Il ne poursuivit pas son appel, et le pape voyant qu'il ne comparaissait pas, ni personne de sa part, renvoya la décision et l'examen de sa cause à Pierre de

Capoue, son légat en France, et à Eudes de Sully, évêque de Paris, leur ordonnant pour le cas où les charges portées par les informations se trouveraient véritables, de le déposer encore de la prêtrise, et de l'enfermer dans un monastère, de crainte qu'il ne prît parti avec les hérétiques. La commission du pape est du 19 juin 1199. *Hist. des aut. sacr. et eccl.*, t. XXI.

SENS (Concile de), l'an 1216. On a de ce concile, présidé par l'archevêque Pierre, sept canons de discipline, dont le deuxième est contre les excommuniés qui restent plus d'une année dans l'état d'excommunication ; les suivants ordonnent aux abbés et aux prieurs de rendre compte tous les ans à leurs chapitres de leurs dépenses comme des ressources de la communauté, et leur défendent d'emprunter, soit des juifs, soit au delà d'une certaine somme. *Mansi, Conc. t. XXII.*

SENS (Concile provincial de), vers l'an 1224. Le livre de Jean Scot ayant pour titre *Perifisis* fut condamné dans ce concile, dont il ne nous reste pas d'autre souvenir. *Mansi, Conc. t. XXII.*

SENS (Concile de), l'an 1239. Wautier Cornut assembla ce concile, et y publia quarante règlements.

1. Les abbés et les prieurs conventuels qui ne se trouveront point au synode, ou qui ne justifieront point leur absence par des raisons canoniques, seront privés de l'entrée de l'Eglise pour huit jours ; et cela, sous peine d'excommunication majeure, s'ils s'absentent encore d'autres années par leur faute.

2. Les moinesses noires ne recevront des dépôts de qui que ce soit dans leurs maisons, et surtout les coffres des clercs, sans la permission de l'évêque.

3. Elles mangeront toutes dans un même réfectoire, et coucheront dans un même dortoir, à moins que l'abbesse ne permette à quelques-unes de faire autrement, pour des raisons justes et nécessaires.

4. Les chambres particulières des religieuses seront abattues, hors celles que l'évêque trouvera bon de conserver pour une cause juste et nécessaire.

5. Les abbesses ne permettront point à leurs religieuses de sortir, sinon rarement et pour des causes majeures.

6. On bouchera les portes suspectes et superflues.

7. Les juges, tant ordinaires que délégués, s'abstiendront de lancer des excommunications générales, hors le cas de quelques excès extrêmement énormes.

8. Les chapitres séculiers auront un soin particulier de régler tout ce qui concerne l'office divin du jour et de la nuit.

9. Les chanoines et les clercs séculiers observeront les statuts du concile général (de Latran).

10 et 11. On rétablira les couvents dans les endroits où il y en avait autrefois, si les facultés de l'église le permettent ; et alors les moines ou les chanoines de ces maisons y feront l'office divin.

12. Les abbés et les prieurs conventuels mettront autant de religieux dans leurs monastères qu'il doit y en avoir selon la coutume, et n'exigeront d'eux aucune pension.

13. Les évêques feront raser les clercs joueurs et vagabonds, en sorte qu'il ne leur reste aucune trace de la tonsure cléricale, pourvu néanmoins qu'ils puissent le faire sans danger et sans scandale.

14. Quand une terre aura été mise en interdit par la faute du seigneur ou de ses baillis, l'évêque ne lèvera point l'interdit sans obliger ceux qui l'ont attiré à réparer les dommages que les curés auront soufferts à son occasion. *Marten. Collect. ampliss. t. VII ; Mansi, Suppl. t. II ; Anal. des Conc., t. II.*

SENS (Concile de), l'an 1252. Six suffragants de Sens tinrent ce concile le 15 novembre, sous la présidence de Gilon, leur archevêque. Le concile envoya une monition canonique à Thibaut, comte de Champagne et roi de Navarre, pour l'engager à cesser de s'emparer des biens ecclésiastiques, acquis depuis quarante ans, dans ses Etats de Champagne. *Lab.,* XI ; *Hard.,* VIII.

SENS (Concile de), l'an 1256. Il y eut deux conciles à Sens en cette année ; le premier, qui fut tenu le 31 juillet, commua l'emprisonnement des meurtriers du chantre Reginald de l'Epine en un bannissement perpétuel à la terre sainte. Le second se tint le 24 octobre. On y ordonna au chapitre de Chartres, qui était revenu de Meun en cette ville, de se transporter à Etampes, jusqu'à ce qu'on lui eût assuré sa tranquillité à Chartres. *Marten., ampl. Collect. t.* VII ; *col. 146 ; Mansi, Suppl. t.,* II, *col.* 1195.

SENS (Concile de), l'an 1269. L'archevêque de Sens assembla ce concile provincial le samedi d'avant la fête de Saint-Simon et de Saint-Jude, et y fit six canons

1. On dénoncera publiquement excommuniés les clercs concubinaires qui ne voudront pas se corriger, et on saisira leurs bénéfices.

2. Les clercs ne signeront aucune pièce suspecte d'usure.

3. Les usuriers impénitents seront privés de la communion et de la sépulture de l'Eglise.

4. On gardera le vingt et unième canon du quatrième concile de Latran, qui ordonne de se confesser au moins une fois l'an à son propre prêtre, et de communier à Pâques.

5. Les clercs qui citeront d'autres clercs devant les juges séculiers, perdront leur cause, et seront privés de la communion de l'Eglise.

6. Pour obvier aux abus des privilèges des exempts, on ordonne que les hommes qui se donnent à eux sous le nom d'*oblats*, et qui leur payent un certain cens, soient soumis à la juridiction des évêques comme les autres diocésains, tant qu'ils conserveront quelques possessions, et qu'ils ne feront pas un même corps avec les exempts.

SENS (Concile de), l'an 1280. Gilon Cornut II, archevêque de Sens, et cinq de ses suffragants, tinrent ce concile le 25 septembre, à l'occasion des violences que Jean, seigneur d'Amboise et de Chaumont, exerçait contre l'abbaye de Pontlevoi, diocèse de Chartres. *Mansi, Suppl. t.* III, *col.* 63.

Le même auteur, *ibid. col.* 59, met un autre concile tenu à Sens, où Simon Ier de Perruche, évêque de Chartres, fit sa profession de foi à l'archevêque de Sens, selon l'usage.

SENS (Concile de), l'an 1315. On y accorda une décime à Louis X, dit le Hutin, roi de France. *Dubois, Hist. eccl. Paris.*, t. II; *Mansi, Suppl. t.* III, *col* 397.

SENS (Concile de), l'an 1320. Philippe de Marigny, archevêque de Sens, tint ce concile le jeudi de la Pentecôte 1320, et y publia quatre statuts.

1. Les évêques exhorteront leurs diocésains à jeûner la veille de la fête du Saint-Sacrement, et accorderont à ceux qui le feront quarante jours d'indulgence.

2. On interdira les lieux, exempts et non exempts, où les juges laïques retiendront un clerc de force.

3. Les supérieurs de monastères obligeront leurs religieux ou religieuses à faire leur profession solennelle au bout d'un an et d'un jour.

4. Les chanoines, curés et autres prêtres, n'auront que des chaussures noires, ou d'une autre couleur modeste. Ils auront la tonsure, et ne porteront ni la barbe longue, ni les cheveux longs, ni des aumusses de diverses couleurs. *Labb. t.* XI; *Anal. des conc. t.* II.

SENS (Concile de), l'an 1460. Louis de Melun, archevêque de Sens, tint ce concile de sa province, dont les décrets se rapportent à quatre articles, comprenant chacun plusieurs canons ou chapitres.

Le premier article roule sur le service divin. On rappelle et l'on accepte (*Art.* I, *c.* 1) ce qui avait été défini dans le concile de Bâle, et dans l'assemblée de Bourges (en 1438), touchant l'obligation et la manière de réciter les heures canoniales, soit en public, soit en particulier. On recommande l'observation des décrets du deuxième concile général de Lyon, sur le respect dû aux temples du Seigneur. Les plaidoieries, les entretiens profanes, les allées et venues, les clameurs, toutes sortes d'irrévérences, en un mot, sont proscrites; et l'on n'oublie pas de condamner spécialement les momeries de la fête des fous, dont il a été parlé tant de fois. On condamne absolument la cupidité de certains ecclésiastiques qui, possédant plusieurs prébendes dans la même ville, couraient d'une église à l'autre, pour gagner les distributions, en assistant à quelque partie de l'office dans ces divers lieux. On détermine que les distributions seront partagées entre toutes les heures de l'office canonial, de manière qu'il faudra être présent à telle heure pour gagner telle distribution. On fait ressouvenir encore les curés et les autres ecclésiastiques de tenir les églises propres, les vases sacrés et les ornements d'autel en bon état. On les avertit de veiller à la décence, à la modestie et à l'édification publique dans les processions. Défense aux religieuses d'y assister; elles seront punies par l'ordinaire si elles osent transgresser cette ordonnance. On leur permet simplement de faire des processions dans leurs églises, et autour de leurs cloîtres.

Art. II, *c.* 1. — Le second article embrasse la réformation des mœurs, par rapport aux ecclésiastiques. Les évêques auront soin d'exceller autant par la régularité, la gravité, le bon exemple, qu'ils sont supérieurs aux autres par leur dignité. Ils s'occuperont de la lecture et de l'observation des saints décrets. Ils résideront dans leurs diocèses, à moins qu'ils n'aient des raisons pressantes, ou du moins honnêtes, de s'en absenter. Leur extérieur sera modeste; ils ne paraîtront en public qu'avec le rochet et le camail; ils entretiendront le bon ordre et l'édification dans leur maison; ils se feront accompagner dans leurs visites par des ecclésiastiques sages et bien instruits des canons; ils apporteront toute la diligence possible pour exterminer les hérésies, les sortilèges et les superstitions. C. 2, 3, 4. La collation des saints ordres, les visites, la nomination des bénéfices, font encore des objets considérables dans ce recueil de décrets. On n'oublie rien de ce qui concerne l'examen des ordinands, la manière de rendre les visites utiles, le choix des bénéficiers. On recommande principalement, sur le premier article, de bien avertir ceux qui se présentent au sous-diaconat, qu'ils seront désormais obligés à la chasteté. Sur le second, de ne point rendre la visite onéreuse aux curés, par les droits excessifs de procuration et par des dépenses superflues. Sur le troisième, de n'avoir aucun égard à l'amitié, à la parenté, aux recommandations, dans la distribution des bénéfices, surtout si ce sont des cures ou d'autres places à charge d'âmes. C. 5. Enfin, pour remédier aux scandales inséparables de la mauvaise conduite des ecclésiastiques, on rappelle les décrets du concile de Bâle et de la pragmatique sanction contre les concubinaires, et l'on en ordonne l'exécution.

Le concile de Sens expose ensuite les abus que les ecclésiastiques doivent éviter dans leur conduite extérieure : point d'habillements immodestes ou à la mode séculière; point d'habits courts, de cheveux longs et ajustés. C. 6, 7, 8. Ceux qui contreviendront à ces règlements seront punis d'abord par l'exclusion des divins offices et le retranchement des distributions. S'ils ne se corrigent pas, on emploiera contre eux la voie des censures et la privation totale des fruits de leurs bénéfices. On leur défend encore très-sévèrement le négoce, la fréquentation des cabarets, les jeux de hasard; et l'on charge les ordinaires de veiller à l'observation de ces statuts. C. 9. Il y avait en ce temps-là de grands abus dans les quêtes qui se faisaient à l'occasion de quelques indulgences ou de quelques reliques singulières. Des quêteurs se répandaient dans les diocèses, et publiaient bien des faussetés, dont le simple peuple était la dupe. Le concile ordonna aux évêques d'empêcher ces désordres, et régla qu'aucune indulgence, aucune relique ne pourrait être annoncée sans l'approbation de l'ordinaire. Il recommanda aussi, C. 10, de remédier aux plaintes qu'on faisait contre les officiers de la cour ecclésiastique, avocats, procureurs, promoteurs, notaires, qui étaient accusés d'allonger les procès et d'extorquer de l'argent par mille pratiques injustes.

Art. III, *c.* 1. Le troisième article regarde la réformation des religieux. On se plaint de ce que les constitutions appelées *bénédictines* du nom de Benoît XII, leur auteur, étaient presque entièrement ignorées. On en rappelle le souvenir, principalement en ce qui concerne les études, les chapitres généraux, l'administration du temporel, l'abstinence du mercredi, le jeûne de l'avent et de la Septuagésime. C. 2. On insiste après cela sur la modestie dans les habits, dans la démarche, dans tout l'extérieur, parce que les défauts en ce genre ont coutume de scandaliser beaucoup les séculiers. On défend comme une simonie, C, 3, toute convention pécuniaire pour l'entrée en religion; et les coutumes introduites sur cela sont taxées ouvertement d'usages pernicieux et tout à fait contraires aux saints canons. Enfin, C. 4, on avertit les patrons de bénéfices-cures, tant réguliers que séculiers, auxquels appartient le droit de percevoir les dîmes, de pourvoir à l'entretien des curés; et l'on recommande aux évêques d'y tenir la main.

Art. IV, *c.* 1. Le quatrième article est pour le gouvernement des laïques. On aura soin qu'ils passent les jours de fête avec plus d'édification. Outre le temps de Pâques, on les exhortera encore à confesser leurs péchés aux fêtes de Noël, de l'Ascension, de la Pentecôte, de l'Assomption et de la Toussaint. C. 2. On recommande fort l'exécution des lois ecclésiastiques portées contre le blasphème et les blasphémateurs. C. 3, 4, 5. On charge les ordinaires de veiller au payement des dîmes, et de ne pas souffrir que les mariages se contractent dans des oratoires particuliers; d'empêcher qu'on ne célèbre durant les temps défendus, qui sont l'avent, le temps de la Septuagésime jusqu'à Pâques, et les Rogations. C. 6, 7. On renouvelle en général les décrets qui défendent aux juges laïques d'envahir la juridiction de l'Église. On réveille sur cela l'attention des évêques, aussi bien que sur le bon gouvernement des religieuses, dont on ne prenait pas assez de soin. Enfin les Pères de cette assemblée nomment, dans chaque diocèse de la province, des ecclésiastiques graves et constitués en dignité, pour observer si ces ordonnances seraient gardées fidèlement dans la suite. *Labb.* XIII; *Hard.* IX.

SENS (Concile provincial de), l'an 1485, sous Tristan de Salazar. Ce concile fut ouvert le 23 juin, et continué jusqu'au 1er août suivant. Les évêques suffragants, Milon d'Illiers de Chartres, Jean Baillet d'Auxerre, Pierre de Fontenai de Nevers, Jean l'Huillier de Meaux, et Jacques Raguier de Troyes, s'y trouvèrent en personne avec l'archevêque leur métropolitain. L'évêque de Paris, Louis de Beaumont, refusa d'y prendre part; et l'évêque d'Orléans, François de Brillac, n'y assista que par procureur.

L'objet de cette assemblée était de rétablir la discipline; et l'on crut qu'il suffisait pour cela de renouveler et de confirmer les décrets du dernier concile de cette province, dont il vient d'être fait mention, tenu en 1460. On y ajouta cependant quelques règlements nouveaux, pour le maintien de la gravité et de la modestie parmi les ecclésiastiques.

SENS (Synode diocésain de), l'an 1524, mardi avant la Pentecôte, par Etienne de Poncher. Il y fut défendu de réitérer le sacrement de l'extrême-onction dans une même maladie (*Benedict.* XIV, *de Synod. diœces. l.* VIII, *c.* 8). — On voit par les statuts publiés dans ce synode que l'empêchement de parenté ou d'affinité spirituelle n'était pas aussi restreint à cette époque, qu'il l'a été quelques années après par le concile de Trente. Ainsi on déclare qu'il y a parenté spirituelle non-seulement entre le parrain et son filleul, ou son père et sa mère, mais encore entre la personne baptisée et les enfants ou la femme de son parrain, et que la même parenté se contracte également dans la confirmation. *Ordinat. synod. civit. et diœc. Senon.*

SENS (Concile de la province de), l'an 1528. *V.* Paris.

SENS (Synode diocésain de), l'an 1534, par les vicaires généraux du cardinal archevêque Louis de Bourbon. On y publia les ordonnances synodales de la ville et du diocèse de Sens. Ces ordonnances concernent l'ordre à garder dans les synodes, les sacrements et les fêtes. On y renouvela aussi plusieurs statuts des synodes précédents, tenus dans les années 1534, 1536, 1542, 1543 et 1548. *Ordinat. synod. civ. et diœc. Senonensis.*

SENS (Concile de la province de), tenu à Paris, l'an 1612. *Voy.* Paris, même année.

SENS (Synode diocésain de), 6 septembre 1644, par Octave de Bellegarde. Le prélat y recommanda à ses curés de porter les fidèles avec discrétion et réserve à la fréquentation des sacrements. *Admonition de monseigneur illustrissime et révérend. Octave de Bellegarde.*

SENS (Synode diocésain de), 4 septembre 1658, par Louis Henri de Gondrin. Les statuts de ce synode sont rangés sous plusieurs titres différents.

Des Personnes Ecclésiastiques. « Nous défendons très-étroitement à tous ecclésiastiques d'avoir aucunes servantes au-dessous de cinquante ans, ny à cet âge, s'ils les ont eues plus jeunes, ny de suspecte à quelque âge que ce soit, ny de loger avec eux aucunes parentes qu'ils ne nous ayent auparavant fait apparoistre de la parenté au degré marqué par les saints canons, si ce n'est qu'estant du pays, elles soient notoirement connues pour telles; ny enfin, de prendre à journée aucune femme ou fille chez eux, sous quelque prétexte que ce soit, d'avoir aucune conversation ou familiarité qui puisse causer du scandale.

« Nous leur enjoignons d'avoir au plustôt la sainte Bible de l'édition vulgaire, avec quelques commentaires, la petite Somme des Conciles de Carranza, et le Concile de Trente, le Catéchisme romain, la Somme de saint Thomas, et le Trésor de la doctrine chrétienne de Turlot, les Instructions de saint Charles aux confesseurs, imprimées depuis peu par l'ordre de l'assemblée du clergé, l'Instruction sur le Manuel par Beuvelet (et s'il se peut ses autres œuvres), les Avertissements de l'archevêque de Cosance aux recteurs ou curés, Molina, chartreux de la Sainteté des prêtres, Gerson *de Imitatione Christi*, la Somme de Peraldus *de Virtutibus et Vitiis*, le Pédagogue chrétien, le Bon-Laboureur, l'Introduction à la vie dévote, et le recueil ou résultat des conférences que nous avons établies par l'ordonnance publiée en ce synode. »

Des Eglises et Lieux saints. « La lampe sera toujours allumée devant le saint sacrement, autant qu'il se pourra, particulièrement hors le temps du service divin, et lorsqu'il n'y a point de cierges allumés dessus l'autel. Le saint sacrement reposera sur un corporal blanc dans un tabernacle posé au milieu du grand autel (si ce n'est qu'il soit suspendu, comme nous souhaiterions qu'il le fût partout, selon l'ancien usage), dans lequel il ne sera permis de mettre aucune autre chose, et qui sera doublé s'il se peut de quelque étoffe précieuse, et fermera à la clef, que les curés ne laisseront sur l'autel ou autre lieu exposé, non plus que celle des fonts, et du lieu où sont les vaisseaux des saintes huiles, que nous leur enjoignons de garder soigneusement. »

De la Messe et Office divin. « Nous enjoignons à tous nos curés d'instruire et d'exhorter tous leurs paroissiens de s'y rendre assidus comme à un des principaux exercices de la piété chrétienne, et de leur déclarer qu'il leur est commandé par les saints décrets, et notamment par notre dernier concile provincial, de l'entendre au moins de trois dimanches l'un, sous peine d'excommunication.

« Tous les bénéficiers et autres ecclésiastiques obligés à l'office, prendront l'Usage et le Bréviaire de Sens, et régleront le service de leur église autant qu'il se pourra sur notre métropolitaine. On ne fera aucun service propre aux fêtes des patrons, qui ne soit approuvé de nous ou de nos vicaires généraux.

« Le saint sacrement ne sera exposé ou porté en procession sans permission expresse et par écrit de nous ou de nos vicaires généraux, hors le temps de la Fête-Dieu et l'octave, et quelques jours de la semaine sainte, selon la coutume de l'Eglise. Les curés et vicaires auront soin de consommer l'hostie qui aura été exposée à l'adoration des peuples, dès le lendemain (s'il se peut) de la solennité, et de renouveler au plus tard tous les quinze jours celles qui sont gardées dans le saint ciboire, et d'user soigneusement tous les fragments. » *Recueil des stat. synod. du dioc. de Sens*

SEPTIMANIE (Concile de). l'an 940. *Hist. de la ville de Nimes*, t. I. *V.* NARBONNE, l'an 940.

SEPTIMUNIQUE (Concile de), dans la Bysacène, *Septimunicum*, l'an 418. — Les évêques de ce concile firent six canons touchant la discipline ecclésiastique. Baluze les rapporte d'après la collection du diacre Ferrand.

1er Canon. « Le jugement de l'église matrice (métropolitaine) doit suffire pour l'élection d'un évêque » (c'est-à-dire qu'il n'était pas besoin dans ce cas d'appeler ni le clergé ni le peuple des autres églises du diocèse).

2e Canon. « Les évêques nommés pour juger une affaire en connaîtront dans un temps limité. »

3e Canon. « L'évêque qui ne viendra pas au concile après en avoir été averti, devra être privé de la communion de l'Eglise. » Ce canon n'est point applicable aux infirmes et aux vieillards qui ne peuvent plus sortir.

4e Canon. « Le peuple ne doit point excommunier un clerc, soit en présence, soit en l'absence de l'évêque. » Ce canon ne peut s'entendre que du refus que ferait le peuple de communiquer avec ce clerc.

5e Canon. « On doit faire deux fois l'oblation le jour du jeudi saint. »

6e Canon. « On ne doit point jeûner durant les cinquante jours du temps pascal. »

SEVER-CAP (Concile provincial de Gascogne tenu à Saint-), l'an 1208. Navarre, évêque de Couserans et légat du saint-siége, y écouta les plaintes des gens de ce village contre l'abbé et les religieux du monastère. Il ordonna à l'abbé de ne pas rien exiger pour l'administration des sacrements, et aux villageois d'obéir à l'abbé. *Mansi*, *Conc.* t. XXII.

SEVERINO (Synode diocésain de San-), *Sanctæ Severinæ*, 28 octobre 1668, par François Falabella, archevêque de cette ville. Un décret de ce synode, qui pourra paraître singulier, enjoint aux curés d'envoyer tous les dimanches après midi, dans les rues de leurs paroisses, deux clercs chargés de crier, en agitant une sonnette : *Pères et mères, envoyez vos enfants à la doctrine chrétienne; si vous ne les y envoyez pas, vous en rendrez compte à Dieu.* Un autre prescrit d'afficher dans les confessionaux un tableau des cas qui sont réservés, tant au pape qu'à l'ordinaire. Un autre décret porte la peine d'excommunication et en même temps celle d'une forte amende contre les personnes qui appelleraient frauduleusement leur curé pour contracter mariage en sa présence sans les cérémonies de l'Eglise. Au surplus, les décrets portés ou rappelés dans ce synode sont fort nombreux, et ont pour objet la profession de foi suivant la forme prescrite par Pie IV, tous les sacrements, la messe et l'office divin, les églises et leurs immunités, les biens ecclésiastiques, les fêtes et les jeûnes, les obligations des curés et des clercs, les conférences dites des cas de conscience, les écoles, la répression des usures, des blasphèmes et des sacrilèges, de l'adultère et du concubinage; l'exorcisation des possédés, les excommunications et les autres peines; en un mot, l'ensemble de la discipline ecclésiastique. *Synodus diœcesana S. Severinæ; Romæ,* 1669.

SÉVILLE (Concile de) en Espagne, *Hispalense,* l'an 590. Saint Léandre, évêque de Séville, y tint ce concile avec sept de ses suffragants, la cinquième année du roi Récarède, c'est-à-dire l'an 590. Il ne nous en reste que trois canons. Les deux premiers ont été faits pour répondre au mémoire que les diacres de Pégase, évêque d'Astigis, présentèrent au concile, et qui contenait les noms des esclaves de l'église que son prédécesseur Gaudence avait prétendu mettre en liberté, et dont il avait donné une partie à ses parents. Le concile, suivant la disposition des canons, déclara qu'un évêque ne pouvait pas mettre des esclaves en liberté, ni rien donner à ses parents, si l'église ne possédait rien de ses biens. Il consent néanmoins à ce qu'en cas que l'évêque Gaudence n'ait rien laissé à l'église pour la récompenser de la perte de ses esclaves, ils soient affranchis, à condition qu'ils demeureront au service de l'église et dans sa dépendance, et qu'ils ne pourront donner ce qu'ils acquerront qu'à leurs enfants, qui demeureront aussi, eux et leurs descendants, au service et dans la dépendance de l'église; en sorte que les biens de ceux qui mourront sans héritiers reviendront à l'église: c'est ce que porte le premier canon. Et, à l'égard des esclaves que cet évêque avait légués à ses parents, on ordonne que l'église les reprenne, s'il ne l'a pas d'ailleurs récompensée de cette perte. En effet, dit le second canon, il est contre l'équité et contre la religion que celui qui vit aux dépens de l'église, et qui ne lui donne rien du sien, la prive des dons faits par les autres. Le troisième canon défend aux clercs d'avoir chez eux des femmes étrangères ou des esclaves, et ordonne que, si les prêtres, les diacres, ou les autres ecclésiastiques n'obéissent pas aux remontrances de leurs évêques, les juges des lieux puissent prendre ces femmes, avec la permission de l'évêque, à la charge néanmoins qu'ils promettront de ne les rendre jamais aux clercs, sous peine d'excommunication; voulant qu'on les donne à des monastères de filles pour les servir. *Reg. t.* XIV; *Lab. t.* V; *Hard. t.* III; *d'Aguirre, Concil. Hispan. t.* III; *Anal. des Conc.*

SÉVILLE (2ᵉ Concile de), l'an 619. Ce concile fut tenu dans la salle secrète de l'église nommée *Jérusalem,* le 13 novembre 619, sous le roi Sisebut et le pape Boniface V. Saint Isidore de Séville y présida, et sept autres évêques y assistèrent, avec le clergé et deux séculiers qui portaient le titre d'illustres, Pisiselle, gouverneur de la province Bétique, d'où étaient tous ces évêques, et Suanila, intendant du fisc. Les décrets de ce concile sont divisés en treize actions ou chapitres, selon les matières différentes qui y furent traitées.

Dans la première action, Théodulfe, évêque de Malaga, présenta sa requête, par laquelle il se plaignait que son diocèse, ayant été ravagé par les guerres, était devenu la proie des évêques voisins, qui s'en étaient emparés. Il fut décidé qu'on lui rendrait toutes les églises qui lui appartenaient, sans qu'on pût se prévaloir de la prescription, parce qu'il n'y en a point à alléguer, quand la possession n'est due qu'à un état de troubles.

On régla, dans la seconde action, le différend qui s'était élevé entre l'évêque d'Astigis et celui de Cordoue, pour une église qu'ils prétendaient tous deux être de leur dépendance, et dans les limites de leur diocèse. Le concile nomma des députés pour examiner les limites du diocèse et ensuite la possession, et déclara que, si elle était de trente ans, la prescription aurait lieu en faveur du possesseur.

Théodose le Grand (*Lib.* I, *cod. de Action. cert. temp., fin.*) et le concile de Chalcédoine, *can.* 17, avaient déterminé que les biens de l'Église se prescrivaient par une possession de trente ans. D'autres empereurs exigèrent cent ans, qui furent ensuite réduits à quarante. Mais, du temps du second concile de Séville, la loi de Théodose s'observait en Espagne, selon l'ordre d'Alaric, roi des Visigoths.

On renouvela, dans la troisième action, les anciens canons qui défendent aux clercs de quitter leurs églises pour passer à d'autres.

La 4ᵉ déclare nulles les ordinations des clercs qui avaient épousé des veuves, et défend de les élever au diaconat.

La 5ᵉ dépose un prêtre et deux diacres qui avaient été ordonnés irrégulièrement, l'évêque, qui avait mal aux yeux, s'étant contenté de leur imposer les mains pendant qu'un prêtre avait donné la bénédiction, c'est-à-dire prononcé la formule de l'ordination. Le concile déclare ces ordinations nulles, et ajoute que ce prêtre mériterait punition pour sa hardiesse, s'il était encore en vie.

On voit, par ce canon, que les Pères de ce concile regardaient l'imposition des mains comme la matière essentielle de l'ordination, et nullement la porrection des instruments, dont ils ne font aucune mention.

La 6ᵉ rétablit un prêtre de Cordoue qui avait été injustement condamné par son évêque, et défend en général aux évêques de déposer un prêtre ou un diacre, si leur cause n'a été examinée dans un concile. On excommunie ceux qui les condamnent sans examen, usant d'une puissance tyrannique, et non pas de l'autorité canonique, ou qui élèvent les uns par faveur, et abaissent les autres par haine ou par envie, en les condamnant sur de légers soupçons. Le concile ajoute « qu'un évêque à la vérité peut bien donner seul la dignité du sacerdoce ou du diaconat, mais qu'il ne peut pas seul l'ôter à ceux à qui il l'a donnée. »

La 7e fit un règlement considérable à l'occasion de la permission qu'Agapius, évêque de Cordoue, peu versé dans la discipline ecclésiastique, avait accordée à des prêtres d'ériger des autels et de consacrer des églises en l'absence de l'évêque. Le concile défend pour l'avenir de donner de pareilles permissions, et déclare que les prêtres ne peuvent consacrer des autels ou des églises, ni ordonner des prêtres ou des diacres, consacrer des vierges, imposer les mains aux fidèles baptisés ou convertis de l'hérésie, et leur donner le Saint-Esprit; faire le saint chrême, ou en marquer les baptisés sur le front, réconcilier publiquement un pénitent à la messe, donner des lettres formées ou ecclésiastiques; toutes ces fonctions étant réservées aux évêques par l'autorité des canons, et défendues aux prêtres; parce qu'encore qu'ils aient plusieurs choses communes avec les évêques, ils n'ont pas cependant la souveraineté du sacerdoce, qui n'appartient qu'à ces derniers, parce qu'il faut et conserver la différence des grades du ministère ecclésiastique, et distinguer l'épiscopat par ces prérogatives. Il n'est pas même permis aux prêtres d'entrer dans le baptistère, ni de baptiser en présence de l'évêque, ni de faire un catéchumène, ni de réconcilier des pénitents, ni de consacrer l'eucharistie, d'instruire le peuple, ou de bénir et de le saluer en présence de l'évêque; mais l'évêque peut permettre quelques-unes de ces fonctions, comme de réconcilier les pénitents.

La 8e ordonne qu'un esclave, nommé Elisée, qui avait été affranchi par son évêque et était devenu désobéissant, soit remis dans l'esclavage, à cause de son ingratitude.

La 9e porte que chaque évêque se choisira un économe du corps du clergé, suivant le concile de Chalcédoine; qu'il ne pourra employer des laïques à cette fonction, ni administrer les biens de l'Eglise, sans la participation de cet économe.

La 10e confirme les monastères établis dans la province Bétique, avec défense aux évêques, sous peine d'excommunication, d'en supprimer aucun, ou de s'emparer de leurs biens.

La 11e accorde aux moines le gouvernement des biens des monastères de religieuses dans la province Bétique, à condition qu'ils demeureront dans des maisons séparées, qu'ils n'auront aucune familiarité avec elles, et ne viendront pas même à leur vestibule, excepté l'abbé ou le supérieur; qu'il ne pourra parler qu'à la supérieure, en présence de deux ou trois sœurs, et que les visites seront rares et courtes. Le concile ajoute que le moine destiné à avoir soin des livres, des maisons, des bâtiments et de tous les besoins du monastère des filles, devra être d'une sagesse très-éprouvée; en sorte qu'elles n'aient soin que de leurs âmes, et ne s'occupent que du service de Dieu et de leurs ouvrages, parmi lesquels il met les habits des moines qui les servent.

La 12e traite de la conversion d'un évêque syrien de la secte des acéphales, qui se présenta au concile. Il niait la distinction des natures en Jésus-Christ, et soutenait que la divinité était passible en lui. Il allégua plusieurs passages pour défendre son sentiment, et résista longtemps aux salutaires instructions des évêques; mais enfin il se rendit, et confessa qu'il y a en Jésus-Christ deux natures unies en une seule personne. La résistance qu'il témoigna d'abord les obligea de prouver cette vérité fort au long et de réfuter l'hérésie des acéphales par des témoignages de l'Ecriture et des Pères, entre autres, de saint Hilaire, dans son Commentaire sur l'Epître à Timothée, qui n'est pas venu jusqu'à nous; de saint Ambroise, de saint Grégoire de Nazianze, de saint Basile, de saint Augustin, du pape saint Léon et de saint Fulgence.

La 13e et dernière prouve et définit qu'il y a deux natures en Jésus-Christ, unies en une seule personne; que la divinité n'a point souffert en lui, et qu'il n'y a eu de passible que l'humanité. *Lab.* V; *Hard.* III.

SÉVILLE (Concile de), l'an 1352. L'archevêque Nunio tint ce concile. On ignore les statuts que l'on y fit, si ce n'est celui qui restreint au nombre de quatre les parrains de baptême. *D'Aguirre*, t. V.

SÉVILLE (Concile de), l'an 1412. Le patriarche, administrateur perpétuel de l'église de Séville, tint ce concile, qui recommanda aux clercs l'assiduité aux offices divins, et établit la fête de la Nativité de la sainte Vierge sous le rite d'un office double solennel. *D'Aguirre*, t. V.

SÉVILLE (Concile de), l'an 1512. D. Diégo Déza, archevêque de Séville, tint ce concile avec les évêques de sa province. Il y renouvela les constitutions de ses prédécesseurs, faisant défense en particulier aux prêtres de jouer aux cartes ou à des jeux de hasard; d'établir des bureaux de fabriques dans leurs églises, sans la permission expresse de l'évêque, et de souffrir que les sacristes à qui était confiée la garde des églises pendant la nuit, et qui pour cela devaient y coucher, s'y comportassent sans le respect convenable, ou en sortissent au lieu de se tenir à leur poste. *Conc.* t. XIX.

SEYNE (Concile de), au diocèse de Digne, *Sedense*, l'an 1267. Les évêques de la province d'Embrun (a) tinrent ce concile le 26 octobre. On y fit douze statuts, que rapporte D. Martène, *Thes. anecd.*, t. IV, col. 183.

Canon 1er. «Les évêques s'occuperont avec soin de rechercher et de punir les hérétiques, les excommuniés et les pécheurs notoires, selon les canons et les règlements, et sui-

---

(a) Le P. Richard dit *les évêques de la province d'Arles*; c'est une erreur. Le diocèse de Digne dépendait autrefois de la province d'Embrun, et les actes du concile portent expressément qu'il a été présidé par Henri, archevêque d'Embrun.

vant les instructions données par les légats dans ces contrées. »

2e « Chaque évêque fera par lui-même ou par d'autres la recherche de ces instructions données par les légats, ainsi que des statuts des conciles provinciaux d'Embrun, et fera transcrire le tout avec netteté, en sorte que chacun ait un exemplaire, qu'il devra apporter avec soi au concile prochain, aussi bien qu'aux suivants, ayant soin d'en observer et d'en faire observer par ses peuples toutes les prescriptions. Il fera mettre à ce livre un titre, avec l'indication des auteurs des statuts et des livres où ils ont été publiés. »

3e « Chaque évêque observera et fera observer les sentences d'excommunication portées par quelqu'un de ses confrères, ou décrétées par les conciles, du moment où elles lui auront été notifiées, suivant ce qui a été ordonné par le concile de Valence. Il en sera de même de toutes les sentences comprises sous le nom général de censures. »

4e « Les clercs ne porteront point de coutelas ou d'autres armes offensives; si quelqu'un d'entre eux le fait à l'avenir, on le tiendra pour incorrigible. »

5e « Les chanoines dans les ordres mineurs n'auront point voix au chapitre. S'ils en ont la prétention, ou que sommés de se retirer par quelqu'un d'entre les chanoines, ils ne se retirent pas sur-le-champ, ils seront privés de leur prébende par le droit et par le fait, et l'évêque qui aura été trouvé négligent sur ce point sera frappé de peines, soit spirituelles soit temporelles, au gré du métropolitain, aussi bien que le chanoine qui se sera rendu coupable; et nous entendons qu'on use de la même rigueur à l'égard de tous ceux qui, quoique avertis par leur prélat, ne se seront pas fait promouvoir au diaconat ou au sacerdoce, selon le besoin de l'Eglise. »

6e « Là où les biens sont divisés par prébendes, les prébendiers seront tenus à la résidence personnelle et canonique; autrement tous les fruits qu'ils auraient à percevoir seront mis au séquestre, et distribués aux ministres inférieurs, ou partagés entre les autres prébendiers; et le prélat négligent sur cet article, ou qui y contreviendra, sera puni au gré de son supérieur, aussi bien que le délinquant, par la privation ou la suspension de son office, ou par d'autres peines temporelles ou spirituelles : et nous entendons qu'il en soit de même de tous les dignitaires ou ecclésiastiques en place, soit que les fruits qu'ils auraient à percevoir se divisent par prébendes ou se touchent en commun. »

7e « Aucun laïque, de quelque dignité ou condition qu'il soit, ne pourra citer ou faire citer, ou retenir malgré lui, ou punir en aucune façon un clerc, pour aucune cause criminelle ou personnelle, sous peine d'excommunication. »

8e « Aucun laïque, de quelque dignité ou condition qu'il puisse être, ne pourra, sous la même peine, sans la volonté de l'évêque, occuper, ou usurper, ou retenir des dîmes ou d'autres biens appartenant à des églises ou à des ecclésiastiques, soit qu'il s'agisse de biens meubles ou immeubles, ou d'autres droits quelconques. »

9e « Aucun laïque ne pourra entraver ou troubler la juridiction épiscopale, sous peine d'être excommunié, s'il ne fait satisfaction quinze jours après avoir été averti. »

Le 10e canon dit à peu près la même chose que les deux précédents.

11e « Défense, sous peine d'excommunication, de s'ingérer dans l'administration d'une église ou d'un bénéfice ecclésiastique, sans y être autorisé par l'archevêque ou par le prélat diocésain. »

12e « Défense à qui que ce soit de porter des plaintes contre un clerc ou une personne d'église, pour une cause spirituelle ou ecclésiastique, criminelle ou civile, devant un tribunal séculier ou quelque laïque que ce soit, pour en obtenir justice; ou de traiter avec eux pour les mêmes causes sans le consentement de l'ordinaire, sous peine de perdre son droit en justice et par le fait, et de demeurer dans l'excommunication jusqu'à ce qu'il ait satisfait convenablement. » *Martène, loc. cit.; Gassendi, Notit. eccl. Diniensis.*

SIBENICENSIS (*Conventus*). *Voy.* SEBENICO.

SICILE (Concile de), *Siculum*, l'an 115 selon Schram, ou 125 selon le P. Richard. Baluze fait mention d'un concile, qu'il dit avoir été tenu en Sicile, l'an 125, contre les erreurs des héracléonites et de Valentin; mais on croit ce concile supposé. *Rich.*

SICILE (Concile de), l'an 366. Ce concile, composé des évêques du pays, fut assemblé par les soins d'Eustathe de Sébaste, de Sylvain de Tarse et de Théophile de Castabales, qui approuvèrent en leur présence la foi de Nicée et le terme de *consubstantiel. Anal. des Conc. t. I.*

SIDE (Concile de), *Sidense*, l'an 390 ou 391. Les messaliens que saint Flavien avait chassés d'Antioche s'étant retirés en Pamphylie, saint Amphiloque, évêque d'Icone, assembla un concile à Side, métropole de la Pamphylie, pour les y faire condamner. Il se trouva à ce concile vingt-cinq évêques. Saint Amphiloque y présida, et ce fut apparemment lui qui se chargea d'écrire la lettre synodale qu'ils adressèrent à Flavien d'Antioche, pour l'informer de ce qui s'était passé dans leur assemblée. Nous n'avons plus cette lettre, ni les actes que l'on dressa dans ce concile. Nous avons aussi perdu la lettre que Flavien écrivit aux évêques de l'Osrhoène à la suite du concile d'Antioche, hors le peu que nous en a conservé Photius. C'est de lui aussi que nous apprenons que les messaliens avaient déjà été condamnés dans quelque autre concile tenu avant celui d'Antioche dont nous venons de parler, et qu'ils se maintinrent en Orient jusqu'à son siècle. Ils subsistèrent même encore après lui, puisqu'ils étaient fort répandus sous le règne d'Alexis Comnène, qui mourut l'an 1118. *Photius, Cod.* 52, p. 37, 39; *Theodoret., l. IV Hist., c.* 10, *et l. IV hæret. Fab., c.* 12.

SIDON (Faux concile de), *Sidonium*, l'an 511. Dans ce conciliabule, convoqué par l'empereur Anastase, et composé de quatre-vingts évêques eutychiens et acéphales, Flavien et Elie, évêques orthodoxes, l'un d'Antioche et l'autre de Jérusalem, furent déposés de leurs siéges. *Pagi*, *an.* 512 ; *Schram*, *t.* I.

SIENNE (Concile de), *Senense*, l'an 1058. Gérard, né dans le royaume de Bourgogne, et évêque de Florence, fut élu pape dans ce concile, le 28 décembre, par les seigneurs allemands et romains, sous le nom de Nicolas II. *Muratori*, *Annal. tom.* VI.

SIENNE (Concile de), l'an 1423. Il commença le 22 août, et finit le 26 février de l'année suivante 1424, après avoir fait un décret contre les hérésies condamnées à Constance, et contre tous ceux qui donneraient du secours aux wicléfites ou aux hussites ; mais on renvoya l'affaire de la réformation et celle de la réunion des Grecs au concile qui fut indiqué à Bâle, et qui se tint en 1431. *Reg.* XXIX ; *Lab.* XII ; *Hard.* IX.

SIENNE (Synode provincial de), l'an 1599. François-Marie Tarusi, archevêque de Sienne et cardinal prêtre du titre de Saint-Barthélemi-dans-l'Ile, tint ce concile avec plusieurs de ses suffragants, tous n'ayant pu s'y rendre, ou quelques-uns ayant négligé de le faire. On y publia de nombreux décrets sur l'ensemble de la discipline ecclésiastique. Nous n'en rapporterons que les plus remarquables.

« Partout où la chose pourra se faire commodément, les évêques établiront des confréries de la Doctrine chrétienne, composées de personnes de l'un et de l'autre sexe, qui soient capables de l'enseigner et irréprochables dans leurs mœurs. Les maîtres de grammaire feront en sorte de conduire les enfants à l'église les dimanches au moins et les autres jours de fêtes, pour y recevoir de la bouche des curés les premiers éléments de la doctrine chrétienne.

« Les évêques feront en sorte d'annoncer la parole de Dieu dans leurs églises, au moins tous les dimanches et les jours de fêtes solennelles, soit par eux-mêmes, soit par d'autres, s'ils en sont légitimement empêchés. Les curés rempliront le même devoir dans leurs paroisses, quelque dignité qu'ils puissent occuper d'ailleurs.

« Dans toutes les églises métropolitaines, cathédrales et collégiales, où le clergé se trouve nombreux, on établira une prébende, si elle n'existe déjà, pour l'enseignement de l'Ecriture sainte, conformément au décret du concile de Trente.

« Les imprimeurs et les libraires se conformeront aux règles de l'index, fixées par Clément VIII, et les évêques feront visiter tous les ans leurs boutiques par un vicaire général ou quelque autre personne recommandable par sa science et sa piété. Chaque libraire affichera à sa porte l'index romain, contenant la liste des auteurs condamnés. Tous les colporteurs de livres devront être munis d'une liste des livres qu'ils vendent, souscrite par l'évêque ou par l'inquisiteur, ou par des examinateurs délégués. Les héritiers ou les exécuteurs des dernières volontés d'une personne décédée ne pourront ni se servir de ses livres, ni les vendre à d'autres, qu'auparavant ils n'en aient soumis la liste à l'examen de l'ordinaire. Défense à qui que ce soit, à moins d'une autorisation spéciale, d'avoir des livres de controverse religieuse écrits en langue vulgaire. On ne mettra point en vente l'office de la sainte Vierge écrit en langue vulgaire, pas même avec le latin en regard, conformément à la constitution de Pie V.

« On n'exposera aucunes reliques à la vénération du peuple, qu'elles n'aient été reconnues par l'évêque. On ne pourra les transférer d'une église à une autre sans y être de même autorisé. Tout le temps qu'elles seront exposées, il devra y avoir une lampe allumée devant elles.

« On ne choisira, pour peindre les saintes images, que des peintures dont les couleurs n'aient rien à craindre de l'humidité, ni de la rouille, ni du soleil. Nous recommandons fortement l'usage de tenir une lampe continuellement allumée devant celles qui attirent le plus la dévotion du peuple, et d'allumer deux ou plusieurs cierges devant elles aux jours de fêtes.

« On ne vendra ni n'achètera aux jours de fêtes que ce qui est nécessaire pour la vie ou la santé. Les foires et les marchés y seront interdits, la justice y sera suspendue, on n'y fera aucuns contrats, et on n'y mettra rien à l'enchère. Les curés s'élèveront avec une sévérité paternelle contre les abus qui se commettent ces jours-là. On ne fera aucun voyage ni aucun charroi les jours de fêtes, et les ecclésiastiques donneront à-dessus l'exemple au peuple. On observera, sans aucune exception, toutes les fêtes ordonnées par l'Eglise romaine, et l'on y joindra la fête patronale du lieu, qui sera d'obligation, au moins quant à l'audition de la messe. Les curés n'iront que le plus rarement possible aux fêtes anniversaires des paroisses autres que la leur, pour ne pas négliger leur troupeau en soignant celui d'autrui.

« Dans l'administration des sacrements, les prêtres auront soin d'expliquer ce qu'ils contiennent en eux-mêmes, et qui est bien différent de ce qui tombe sous les sens, et ils en exposeront les effets en langue vulgaire et d'une manière accommodée au peuple, comme cela est prescrit par le Catéchisme romain. »

Suivent des instructions détaillées sur chaque sacrement en particulier, et qui sont à peu près les mêmes que celles que nous avons analysées tant de fois ailleurs. Nous nous dispenserons pour cette raison d'en donner ici l'analyse.

Le concile recommande aux clercs une vie exemplaire, et leur défend le blasphème et le jurement, le luxe et le faste, plus particulièrement qu'aux simples fidèles ; il ne leur permet de porter des anneaux à leurs doigts qu'autant qu'ils s'y trouvent autorisés par leur office ou leur dignité. Il exige une permission de l'évêque pour qu'ils puissent accepter l'office de tuteurs, et en général il leur interdit le négoce et les offices de fermiers. Leurs maisons ne doivent point servir d'asile aux voleurs ni aux bannis, ni aux criminels, quels qu'ils soient, quand même ce seraient leurs parents. Ils ne devront paraître au chœur qu'avec le bonnet carré et le surplis, ne point porter de gants, et n'avoir aux mains ni fleurs, ni rien de semblable.

« Les curés pratiqueront la résidence et ne s'absenteront pas plus de deux jours de suite sans la permission de l'évêque ou du vicaire général.

« On ne bâtira ni église, ni monastère, ni oratoire, sans que l'évêque y donne son consentement par écrit. Le même consentement sera requis pour élever ou renverser des autels, pour y ajouter ou en retrancher, y représenter ou y peindre quoi que ce soit. Les évêques ne permettront l'érection d'aucune église, ni d'aucun oratoire, sans s'assurer d'une dot qui puisse suffire pour l'entretien de l'établissement et la subsistance du prêtre et du clerc qui le desserviront.

« On placera, autant que la chose sera possible, l'image du patron de chaque église au-dessus de son portail. On condamnera et l'on bouchera toutes les fenêtres d'où l'on pourrait entendre l'office divin et voir célébrer les saints mystères. Les bénitiers devront, autant que possible, être de marbre, et ils seront munis d'un aspersoir.

« On nettoiera les églises assez fréquemment pour qu'on ne puisse y apercevoir aucune ordure. On renverra les pauvres qui y demanderaient l'aumône : on leur permettra cependant de se tenir à la porte pour y implorer la charité des fidèles. On ne fera à l'église ni citation, ni acte judiciaire : ce qu'on y ferait de ce genre n'aurait aucune valeur.

« Excepté la cathédrale, aucune église ne sera ouverte avant l'aurore, ni après le coucher du soleil. Quant aux églises rurales, on les ouvrira de très-grand matin, pour que les laboureurs puissent y faire leurs prières avant d'entreprendre leurs travaux.

« La principale chapelle d'une église doit être fermée d'une balustrade, sans qu'il soit permis aux laïques d'y entrer. On n'y mettra point de coffres ou de dépôts de cierges, et s'il y a des bougies à distribuer, ce sera un clerc en surplis qui devra être chargé de cette fonction.

« On n'ensevelira personne dans les églises sans y être autorisé par un écrit de l'évêque. Personne, pas même un évêque, ne devra jamais être enterré dans l'enceinte du chœur ou de la chapelle principale. Les tombeaux ne devront pas dépasser le sol, et ils auront pour couvercle deux pierres de marbre. On n'y gravera aucune épitaphe sans l'approbation de l'évêque. La même autorisation sera requise pour qu'on puisse prononcer un éloge funèbre.

« On célébrera tous les ans dans chaque cathédrale le synode diocésain. »

Le concile termine ses décrets en déclarant usuraires les contrats de cheptel, où la perte de l'animal loué serait laissée à la charge du fermier ou du preneur. *Constit. et decr.; Romæ*, 1601.

SIGUENÇA (Synode diocésain de), 24 mai 1609, par Mathieu de Burgos. Ce prélat y publia des constitutions synodales, divisées en cinq livres, sur les sacrements, les sépultures, les actes d'officialité et les autres points de la discipline ecclésiastique.

SIGUENÇA (Synode diocésain de), l'an 1659, par D. Bartholome Santos de Risoba, évêque de Siguença. Ce prélat y publia un nouveau recueil, comprenant avec ses propres statuts ceux de ses prédécesseurs. *Constituc. sinod. del obispado de Siguenza; en Alcala*, 1660.

SILVANECTENSIA (*Concilia.*) V. SENLIS.

SINGIDON (Conciliabule de), *Singidunense*, l'an 367. Plusieurs évêques ariens, savoir: Ursgie, Valens, Paul et Gaïus, réunis dans ce conciliabule, en écrivirent une lettre à Germinius, évêque de Sirmium, pour l'engager à revenir à leurs erreurs, qu'il venait d'abandonner. *Hist. des aut. sacrés et ecclés.*, t. V.

SINIGAGLIA (Synode diocésain de), *Senogalliensis*, mai 1627, par Fr.-Antoine Barberini, évêque de cette ville, cardinal prêtre du titre de Saint-Honufre. Des décrets y furent publiés sur tous les points les plus pratiques de la discipline. On y déclare suspects d'hérésie ceux qui ne font ni leurs pâques ni leur confession annuelle, ceux qui parlent mal ou par plaisanterie des choses divines et de l'Ecriture sainte, ceux qui méprisent, soit la dignité ou l'autorité, soit la personne des prêtres; ceux qui font quelque entreprise contre la liberté ecclésiastique, ceux qui parlent ou pensent mal de l'excommunication ou qui la méprisent, enfin ceux qui s'adonnent aux divinations, aux sortilèges, aux enchantements ou à des superstitions quelles qu'elles soient. On y déclare autorisés à confesser dans les campagnes ceux qui le sont dans les villes, mais non réciproquement. On défend de garder dans les tabernacles autre chose que le saint-sacrement, devant lequel il doit toujours y avoir une lampe allumée, et on menace de peines le curé ou le sacristain qui laissera cette lampe s'éteindre par sa négligence. On ordonne l'établissement d'un enseignement public sur les cas de conscience dans toutes les grandes collégiales, et on oblige à s'y rendre les chanoines, les curés et les confesseurs. *Constit et decreta synodalia; Romæ*, 1627.

SINUESSE (Concile de), en Campanie, *Sinuessenum*, l'an 303. On dit que le pape Marcellin se présenta à ce concile, et qu'il s'y confessa d'avoir offert de l'encens aux idoles; mais ce récit est une fable, et ce concile évidemment supposé. *Reg. Lab. et Hard.*

SION (Synode diocésain de), en Valais, *Sedunensis*, l'an 1626. Hildebrand Josce, évêque de Sion, tint ce synode, où défense fut faite de fréquenter les lieux habités par les hérétiques. Le même prélat y établit pour son diocèse la fête de saint Charlemagne et celle des sept joies de la sainte Vierge. Il défendit aux femmes d'aller aux pèlerinages lointains, à cause des dangers et des scandales qui pouvaient en être la suite. Enfin il fit défense de recevoir plus de cinq pour cent. *Conc. Germ. t.* IX ; *Schram, t.* IV.

SIPONTO (Concile de), *Sipontinum*, dans la Pouille, l'an 1050. Le saint pape Léon IX tint ce concile dans le carême, et y déposa deux archevêques pour crime de simonie. *Pagi ; Anal. des Conc., t.* V.

SIPONTO (Concile de), l'an 1567, sur la discipline ecclésiastique. *Tabl. chronol. de l'hist. univ., t.* II.

SIRMIUM (Conciles de), *Sirmiensia*, en 350 et 351. L'hérétique Photin, évêque de Sirmium même, fut l'objet de ces deux conciles, que les évêques d'Orient tinrent contre lui, sur l'invitation des Occidentaux, qui ne purent s'y rendre. C'est le troisième assemblé contre cet hérétique : il est bien marqué dans saint Hilaire ; et saint Epiphane parle de plusieurs conférences que les évêques eurent avec Photin, entre sa première condamnation et sa dernière, qui lui fit perdre sa dignité, mais qui ne vint que l'année suivante. Car il en fut encore de ce concile-ci, comme des autres. Photin, trouvé hérétique et depuis si longtemps déclaré coupable, et retranché de la communion des fidèles, ne put être ôté de son siége, par l'opposition du peuple. Mais il était arrivé qu'Athanase lui-même, jugeant Marcel (*Hilar. fragm.* 2) infecté de cette hérésie, l'avait séparé de sa communion, et que lui acquiesçant s'était abstenu de l'entrée de l'église. Cela paraît une histoire forgée par les Orientaux, puisque saint Athanase justifie Marcel dans tous ses écrits, nommément dans sa lettre aux solitaires écrite vers 357 ; et saint Epiphane lui ayant un jour demandé ce qu'il pensait de Marcel, il témoigna qu'il avait eu des soupçons de sa doctrine, mais il ajouta qu'il le mettait au nombre de ceux qui s'étaient justifiés. Quoi qu'il en soit, ces évêques, d'un génie subtil et rusé, et qui depuis la mort de Constant ne respiraient plus que brouilleries, se servirent adroitement de cette histoire pour faire revivre en ce temps-ci les anciennes querelles ; et récrivant aux Occidentaux, non-seulement ils joignirent au crime de Photin le nom de Marcel, comme de son maître, mais ils donnèrent un tour malin à cette prétendue rupture de saint Athanase avec lui, affectant de remarquer qu'elle était arrivée dès avant que Photin eût été condamné en Occident, c'est-à-dire en 347 ; toutefois après le concile de Sardique, qui avait été tenu la même année, ce qui laissait très-peu d'intervalle entre l'absolution de Marcel en ce concile et sa condamnation par saint Athanase. C'était une couleur pour rendre ce concile suspect d'avoir absous Marcel, actuellement hérétique, ruiner le plus sûr fondement du rétablissement de saint Athanase, qui était un décret du même concile, et le ruiner par saint Athanase même. Car ne pouvait-on pas croire qu'il avait été aussi injustement rétabli, que Marcel de son aveu avait été mal absous. Ce qu'il y eut ici de plus indigne dans le procédé des évêques d'Orient envers les Occidentaux, c'est qu'ils commençaient leur lettre par une formule faite exprès pour tromper, et qui cachait sous des termes flatteurs le venin secret de l'hérésie, dont elle était pleine, en cette sorte : « Nous confessons un non engendré de Dieu, Père, et un qui est son Fils unique, Dieu de Dieu, Lumière de Lumière, premier né de toute créature, et un troisième le Saint-Esprit Consolateur. » Tellement que de souscrire à cette lettre, comme il paraît qu'ils le demandaient, c'était tout à la fois punir légitimement Photin, reconnaître Athanase pour coupable et condamner la foi catholique. Cependant quand les Occidentaux leur avaient écrit touchant Photin, ils l'avaient fait dans la simplicité, selon la coutume qu'ont les évêques d'avertir tous leurs confrères de ce qui mérite leur connaissance, et non pour leur faire injure, en extorquant leur consentement ; surtout ils n'avaient rien écrit de Marcel.

En l'année 351, qu'on data d'après le consulat de Sergius et de Nigrinien, parce que la guerre civile allumée entre Magnence et l'empereur Constance fit qu'il n'y eut point de consuls reconnus par tout l'empire, ce prince était à Sirmium, où il attendait quel serait le succès de ses armes contre le tyran. Photin ayant publié alors plus ouvertement que jamais la doctrine qu'il avait inventée, et plusieurs en ayant été scandalisés, l'empereur y assembla de nouveau des évêques. On en compte vingt-deux, la plupart venus d'Orient, savoir Narcisse de Néroniade, Théodore d'Héraclée, Basile d'Ancyre, par où il paraît qu'on avait chassé Marcel, et Socrate le dit expressément ; Eudoxe de Germanicie, Démophile de Bérée, Cecropius de Nicomédie, Sylvain de Tarse, Macédonien de Mopsueste, et Marc d'Aréthuse (*a*), qui sont les plus connus. Nous ne trouvons d'Occidentaux qu'Ursace et Valens, les autres n'ayant pas la même liberté de venir au concile, à cause que Magnence occupait l'Italie et tout le pays de delà les Alpes. Les évêques ayant reconnu que Photin renouvelait les erreurs de Sabellius de Libye et de Paul de Samosate, le déposèrent : après quoi ils composèrent un formulaire célèbre que nous mettrons ici tout entier, parce qu'il est très-important

---

(*a*) Outre [ceux-là, saint Hilaire marque un Evagre, peut-être le même évêque de l'île de Mytilène, qui, dans le concile de Séleucie, se rangea dans le parti d'Acace, Hirénée, Exupérance, Térentien, Bassus ; on en trouve un de ce nom qui signe évêque de Car, parmi ceux qui souscrivirent au faux concile de Sardique ; Gaudence, Atticus, Julius, Surinus ou Séverinus, que saint Epiphane met parmi ceux qui souscrivirent à la lettre du concile d'Ancyre. Il est aussi nommé dans l'adresse d'une lettre écrite en 367 par Germinius, évêque de Sirmium, pour le semblable en substance : *Simplicius et junior* ; un manuscrit de saint Remi, *apud Sirmond.*, lit à la place de *junior et cæteri juniores. Baronius et alii.* En sorte qu'il faudrait dire que les évêques du concile de Sirmium étaient au delà de vingt-deux.

pour la suite des discussions. Il commence par une exposition de foi en ces termes : « Nous croyons en un seul Dieu Père tout-puissant Créateur, duquel prend son nom tout ce qui porte le nom de Père dans le ciel et sur la terre ; et en son Fils unique Notre-Seigneur, qui est né du Père avant tous les siècles ; Dieu de Dieu, Lumière de Lumière, par qui toutes choses ont été faites au ciel et en la terre, visibles et invisibles ; qui est Verbe et Sagesse, Vertu, et Vie et vraie Lumière ; qui dans les derniers temps a été fait chair pour nous ; est né de la sainte Vierge, a été crucifié, est mort, a été enseveli, est ressuscité d'entre les morts, le troisième jour ; est monté au ciel, est assis à la droite du Père, et viendra à la fin des siècles pour juger les vivants et les morts, et rendre à chacun selon ses œuvres ; dont le règne n'ayant point de fin, demeure dans les siècles éternels : car ce n'est pas seulement pour ce temps-ci, mais aussi pour le temps à venir qu'il doit être assis à la droite de son Père. Et au Saint-Esprit, c'est-à-dire le Paraclet, qu'il a promis à ses apôtres, et leur a envoyé après son ascension, afin qu'il les enseignât et qu'il les avertît de tout ; par qui les âmes de ceux qui croient sincèrement en lui sont sanctifiées. » Ce symbole est suivi de vingt-sept anathèmes. « I. Ceux qui disent, le Fils est de ce qui n'était point, ou il est d'une autre substance et non de Dieu, et il était en un temps ou un siècle auquel il n'était point, la sainte Eglise catholique les tient éloignés d'elle. II. Si quelqu'un dit que le Père et le Fils sont deux dieux, qu'il soit anathème. III. Et si quelqu'un confessant un seul Dieu, ne confesse pas de même un Christ Dieu avant les siècles, qui étant Fils de Dieu a aidé son Père dans la création du monde, qu'il soit anathème. IV. Et si quelqu'un ose dire que Dieu innascible, ou une partie de lui-même, est né de Marie, qu'il soit anathème. V. Et si quelqu'un dit que le Fils est avant Marie seulement selon la prescience et la prédestination, et qu'il n'est pas né du Père avant les siècles, suivant ce qui est écrit, qu'*il était dans Dieu*, et qui nie que toutes choses ont été faites par lui, qu'il soit anathème. VI. Si quelqu'un dit que la substance de Dieu s'étend ou se raccourcit, qu'il soit anathème. VII. Si quelqu'un dit que l'extension de la substance de Dieu fait le Fils, ou qu'il appelle Fils cette extension de substance, qu'il soit anathème. VIII. Si quelqu'un dit que le Verbe interne ou prononcé est Fils de Dieu, qu'il soit anathème. IX. Si quelqu'un dit que le Fils né de Marie est seulement homme, qu'il soit anathème. X. Si quelqu'un confessant un Dieu homme né de Marie, entend parler de Dieu innascible, qu'il soit anathème. XI. Si quelqu'un entendant dire : *Le Verbe a été fait chair*, pense que le Verbe a été changé en chair, ou qu'en prenant chair il a souffert quelque changement, qu'il soit anathème. XII. Si entendant dire que le Fils unique de Dieu a été crucifié, il dit que sa divinité a été sujette à la corruption et aux souffrances, ou qu'elle a souffert quelque changement, quelque diminution ou quelque perte, qu'il soit anathème. XIII. Si quelqu'un dit que ces paroles : *Faisons l'homme*, ne sont point celles du Père au Fils, mais un discours que Dieu se tient à lui-même, qu'il soit anathème. XIV. Si quelqu'un dit que ce n'est point le Fils qui a apparu à Abraham, mais le Dieu innascible ou une partie de lui-même, qu'il soit anathème. XV. Si quelqu'un dit que ce n'était pas le Fils qui luttait comme un homme avec Jacob, mais le Dieu innascible ou une partie de lui-même, qu'il soit anathème. XVI. Si quelqu'un n'entend pas du Père et du Fils ces paroles : *Le Seigneur a répandu la pluie de la part du Seigneur*, mais qu'il dise que le même a répandu la pluie de la part de soi-même, qu'il soit anathème ; car c'est le Seigneur Fils qui a répandu la pluie de la part du Seigneur Père. XVII. Si de ce qu'il faut confesser un Seigneur, et un Seigneur le Père et le Fils, car *le Seigneur répandait la pluie de la part du Seigneur*, quelqu'un en prend occasion de dire qu'il y a deux dieux, qu'il soit anathème ; car nous n'égalons pas le Fils au Père, mais nous le concevons sujet ; car il n'est pas descendu dans Sodome sans que le Père l'ait voulu, et il n'a pas répandu la pluie de lui-même, mais de la part du Seigneur, c'est-à-dire par autorité du Père ; et il ne s'assied pas de lui-même à sa droite, il l'entend qui lui dit : *Asseyez-vous à ma droite*. XVIII. Si quelqu'un dit que le Père, le Fils et le Saint-Esprit sont une seule personne, qu'il soit anathème. XIX. Si quelqu'un, confessant un Saint-Esprit consolateur, dit que c'est le Dieu innascible, qu'il soit anathème. XX. Si quelqu'un dit que le Consolateur n'est point autre que le Fils, contre ce que le Fils nous a enseigné lui-même, quand il a dit : *Le Père que je prierai vous enverra un autre Consolateur*, qu'il soit anathème. XXI. Si quelqu'un dit que le Saint-Esprit est une partie du Père ou du Fils, qu'il soit anathème. XXII. Si quelqu'un dit que le Père, le Fils et le Saint-Esprit sont trois dieux, qu'il soit anathème. XXIII. Si quelqu'un lisant ces paroles de la sainte Ecriture : *Je suis le premier Dieu et le dernier Dieu, et il n'y a point d'autre Dieu que moi*, qui sont des paroles avancées pour ruiner les idoles et les faux dieux, les entend à la façon des Juifs pour nier le Fils unique de Dieu, qui est avant les siècles, qu'il soit anathème. XXIV. Si quelqu'un dit que le Fils a été fait par la volonté de Dieu, comme quelqu'une d'entre les créatures, qu'il soit anathème. XXV. Si quelqu'un dit que le Fils est né du Père sans sa volonté, qu'il soit anathème : car le Père n'a point été contraint, ni poussé par une nécessité naturelle à engendrer son Fils, mais aussitôt qu'il l'a voulu, il l'a montré, engendré de soi-même sans aucun temps et sans souffrir aucune chose. XXVI. Si quelqu'un dit que le Fils est innascible et qu'il n'a point de principe ; parce qu'en admettant deux êtres exempts de principe, et deux innascibles, et deux non engendrés, il introduit deux dieux, qu'il soit anathème : car le Fils est le chef qui est principe de toutes choses ; mais Dieu est le chef qui est principe de Jésus-Christ ; c'est ainsi que nous rapportons toutes choses par le Fils à un seul qui est sans principe, principe de tout. XXVII. Nous répétons encore pour plus grand éclaircissement et confirmation de la doctrine chrétienne : si quelqu'un ne confesse point un Christ Dieu, Fils de Dieu, qui subsiste avant les siècles, et a servi son Père dans la création du monde, mais dit que c'est depuis qu'il est né de Marie qu'il a été appelé Christ et Fils, et a commencé d'être Dieu, qu'il soit anathème. »

Tel est le premier formulaire de Sirmium, où S. Hilaire a remarqué de la part des évêques qui le composèrent, une attention singulière à chercher la vérité, beaucoup de netteté et d'exactitude dans l'exposition de leur croyance. Selon lui, leurs sentiments touchant le Verbe divin, son origine d'un principe existant et de la substance de Dieu, son éternité, sont exposés d'une manière sincère et propre à éloigner toutes les ambiguïtés. Ils s'expliquent aussi nettement sur sa divinité et même son identité d'essence avec le Père. En parlant de son incarnation et des infirmités de sa chair, ils lui conservent en tant que Dieu toute sa grandeur : s'ils disent dans un endroit qu'ils ne le comparent pas avec le Père, c'est que la comparaison ne subsistant en rigueur qu'entre deux sujets séparés, ils craignaient de paraître admettre diversité de deux divinités dissemblables, comme il est aisé de voir par ce qui précède et ce qui suit. Ils ajoutent qu'ils conçoivent le Fils soumis ; mais une preuve qu'ils parlent d'une soumission d'amour et d'un office de religion qui ne diminue rien de la majesté de l'essence, et n'ôte point l'égalité, c'est qu'ils accordent au Fils les mêmes noms de Dieu et de Seigneur qu'ils donnent au Père, sans toutefois vouloir souffrir qu'on dise que ce sont deux dieux. Enfin ils établissent puissamment la différence entre les trois personnes divines et la réalité de leurs subsistances particulières. Il est vrai qu'ils entrent dans un détail prodigieux de questions ; mais outre que dans une matière immense et infinie telle qu'est celle de Dieu, il est dangereux d'être concis, puisqu'il s'agit de présenter à la raison, qui y comprend peu de chose, des idées claires et distinctes, faute de quoi elle est sujette à prendre le change, les évêques avaient en tête un hérétique rusé, qui avait quantité de conduits secrets par où il s'efforçait d'entrer dans la maison de l'Eglise : il fallait donc le couper par autant d'articles d'une foi pure et inviolable. Ce sont les sentiments et presque les expressions de saint Hilaire dans le traité des Synodes, touchant la formule de Sirmium. Vigile de Tapse n'en a pas parlé en termes moins honorables dans son livre contre Eutychès, où il appelle le concile qui la publia, un concile catholique, assemblé de tout l'Orient : il en approuve les décisions, et dit qu'aucun fidèle n'oserait faire difficulté de les recevoir. On croit que c'est aussi de ce concile que parle saint Philastre, quand il dit que Photin fut chassé de l'église par les saints évêques. En effet, il n'est pas nécessaire de croire que plusieurs d'entre eux aient été dès lors aussi ariens qu'ils le parurent depuis. Macedonius et Cécrops de Nicomédie, le plus méchant des ariens au jugement de saint Athanase, passaient encore en 358 pour être unis avec Basile d'Ancyre dans la défense du *semblable en substance*. Ursace et Valens ne furent jamais constants dans leur doctrine : ils avaient embrassé la foi du *consubstantiel* en 349, et peut-être n'étaient-ils pas encore retournés à leur vomissement : en 359, ils condamnèrent le *dissemblable*. Mais pour ne parler que de ceux qui parurent comme l'âme du concile de Sirmium, et à qui il faut principalement attribuer le formulaire qu'on y dressa, c'est-à-dire de Basile d'Ancyre et de Silvain de Tarse, on sait que la foi du premier a été approuvée, pour le fond, par saint Athanase, et qu'il n'a pas fait difficulté de le regarder comme son frère : Théodoret et saint Basile ont donné au second de grands éloges, jusque-là que l'un d'eux l'appelle un homme admirable, et qu'il le compte parmi les défenseurs de la *consubstantialité*. On voit au moins que Silvain de Tarse, étant venu en députation en 366 vers le pape Libère, donna, tant en son nom qu'au nom de beaucoup d'autres évêques d'Orient, une déclaration de foi où ils recevaient le symbole de Nicée, et faisaient profession de ne s'en être point écartés auparavant. Enfin, Silvain de Tarse était ami de saint Cyrille de Jérusalem, et dans la communion de l'Eglise, de même que Basile d'Ancyre : ce qui suffit pour faire regarder comme orthodoxe le concile de Sirmium, dont ils étaient les chefs, d'autant plus qu'il n'y fut rien décidé contre la foi. La plupart néanmoins des évêques qui y avaient assisté abusèrent dans la suite de la formule qui y avait été faite, soit pour faire tomber la foi du *consubstantiel*, qui n'y était pas exprimé, soit pour détacher des évêques orthodoxes de la communion de saint Athanase, comme le pape Libère : c'est ce qui a donné matière à saint Hilaire dans l'endroit où il parle de la chute de ce pape, de traiter tous les évêques de Sirmium d'hérétiques, et leur formule de perfidie, en ce qu'elle en avait fourni l'occasion : car il ne la croyait pas mauvaise en elle-même, ainsi que nous l'avons remarqué plus haut.

Les évêques du concile ayant dressé leur formulaire, proposèrent à Photin, tout déposé qu'il était, de renoncer à ses erreurs et de souscrire, au moyen de quoi ils lui promettaient de lui rendre son évêché ; mais au lieu d'accepter leur offre, il les provoqua à une dispute ; et étant allé trouver l'empereur, comme pour se plaindre de l'injustice de leur procédé, il lui demanda une conférence contre les prélats, avec des juges qu'il lui plairait de nommer pour y présider. L'empereur députa Thalasse, Dacien, Céréal,

Taurus, Marcellin, Eranthe, qui étaient des plus considérables de la cour par leur rang et leur savoir. Le jour ayant été pris, ces sénateurs et les évêques se trouvèrent au lieu de l'assemblée. Basile, évêque d'Ancyre, fut choisi pour soutenir la discussion contre Photin, et il y eut des notaires pour écrire ce qui se dirait de part et d'autre, savoir Anisius, qui servait l'empereur; Callicrate, greffier du préfet; Rufin, Olympe, Nicète et Basile, secrétaires; Eutyche et Théodule, notaires de Basile. La dispute fut longue et opiniâtre, parce que Photin jetait souvent en travers des sentences mal assorties et détournées à des significations fausses et dangereuses, semblable à ces femmes perdues, qui corrompent les couleurs par le fard; que par des subtilités et un grand flux de paroles, il ne cherchait qu'à se tromper lui-même et les autres; et qu'il se vantait impudemment d'avoir cent passages de l'Ecriture à alléguer pour son opinion, ce qui fut sans doute un aiguillon pour plusieurs, qui voulurent aussi disputer contre lui, et tirèrent ainsi la conférence en longueur. Saint Epiphane nous a conservé quelques-unes des distinctions de cet hérétique, par où l'on voit qu'il expliquait, ou par anticipation du Christ, qui devait naître du Saint-Esprit et de Marie, ou plus littéralement du Verbe interne, qu'il ne disait être dans Dieu que de la même manière que la raison est dans nous, les endroits de l'Ecriture qui parlent d'un Verbe Dieu, engendré avant les siècles et existant avec le Père : c'est ainsi qu'il tâchait d'éluder les preuves de Basile d'Ancyre, qui toutefois remporta sur lui une pleine victoire. On fit trois copies de la conférence : une fut envoyée cachetée à l'empereur Constance; une autre demeura au concile où Basile présidait; la troisième, aussi cachetée, fut délivrée aux comtes, qui la gardèrent par devers eux.

Photin, condamné et confondu par les évêques, fut enfin obligé de céder à l'autorité de l'empereur, qui le chassa; depuis ce temps il demeura toujours banni jusqu'à sa mort, que saint Jérôme met en 366. Saint Epiphane témoigne qu'il avait vécu jusqu'au temps où il écrivait son livre des hérésies en 356, répandant de côté et d'autre la mauvaise semence de la sienne. On peut croire néanmoins que Julien, qui rappelait tous ceux qui avaient été bannis par Constance, le fit revenir à son Eglise, d'autant plus qu'ayant de grands talents pour le mal, il était fort propre à la troubler, suivant les vues de cet apostat, qui lui écrivit même pour le louer de ses blasphèmes contre Jésus-Christ. Mais en ce cas, il aura été chassé de nouveau par Valentinien; d'où vient que saint Jérôme dit absolument que ce fut ce prince qui le chassa de l'Eglise. C'est ainsi que Dieu la délivra de ce faux pasteur, dont l'éloquence soutenue d'un grand esprit et de beaucoup de savoir a été, au jugement de Vincent de Lérins, une vraie tentation pour les ouailles de Jésus-Christ.
D. Ceill., t. IV.

SIRMIUM (Conciliabule de), l'an 357. L'empereur Constance, après avoir passé une partie de l'année 357 à Rome et à Milan, vint en Illyrie et s'arrêta à Sirmium jusqu'à la fin de l'hiver. Les ariens, qui depuis quelque temps s'efforçaient de séduire les simples dans Antioche, dans Alexandrie, dans la Lydie et dans l'Asie, par leurs discours empoisonnés, profitèrent du séjour de ce prince à Sirmium, pour y étendre leur parti, et y tinrent à cet effet un concile, selon que nous l'apprenons de saint Phœbade d'Agen. Les évêques qui s'y trouvèrent étaient tous occidentaux; mais l'histoire ne nous a conservé les noms que de ceux qui furent les chefs de cette assemblée, savoir, Ursace de Singidon, Valens de Murse, Germinius de Sirmium, Potamius de Lisbonne en Portugal. C'est à ce dernier que l'on attribue principalement la formule de foi qui y fut dressée, qui est la seconde de celles qui furent faites en cette ville, et que saint Hilaire, qui nous l'a transmise en sa langue originale, qualifie de blasphème et de perfidie. Potamius, après avoir défendu la foi catholique, l'avait trahie honteusement, pour obtenir du domaine une terre qu'il souhaitait avec passion : Ursace et Valens eurent aussi quelque part à cette formule; et il semble même qu'ils y ajoutèrent. Elle était conçue en ces termes : Ayant été jugé à propos de traiter de la foi, on a tout examiné et expliqué soigneusement en présence de nos très-saints frères, Valens, Ursace et Germinius. On est convenu qu'il n'y a qu'un Dieu Père tout-puissant, comme on le croit par tout le monde, et un seul Jésus-Christ, son Fils unique Notre-Seigneur, notre Sauveur, engendré de lui avant tous les siècles; que l'on ne peut ni ne doit reconnaître deux dieux, puisque le Seigneur lui-même dit : *J'irai à mon Père et à votre Père, à mon Dieu et à votre Dieu*; c'est pour cela qu'il n'y a qu'un seul Dieu de tout le monde, ainsi que l'Apôtre nous l'a enseigné, quand il a dit : *Croyez-vous que Dieu ne le soit que des Juifs? ne l'est-il pas aussi des gentils? car il n'y a qu'un seul Dieu qui justifie par la foi les circoncis, et qui par la même foi justifie les incirconcis*. On s'est accordé sur tout le reste sans difficulté, mais comme quelques-uns en petit nombre étaient frappés du mot de *substance*, que l'on appelle en grec *ousia*, c'est-à-dire sur le terme de *consubstantiel* et de *semblable en substance*, on a jugé à propos de n'en faire aucune mention, tant parce qu'ils ne se trouvent pas dans l'Ecriture, que parce que la génération du Fils est au-dessus de la connaissance des hommes, selon ce qu'un prophète a écrit : *Qui racontera sa génération?* Ce qui est certain, c'est qu'il n'y a que le Père qui ait engendré son Fils, que le Fils qui ait été engendré par son Père. Il n'y a nulle difficulté que le Père est le plus grand, et personne ne peut douter que le Père ne soit plus grand en honneur, en dignité, en gloire, en majesté, par le nom même de Père, puisque le Fils dit : *Celui qui m'a envoyé est plus grand que moi*. Et tout le monde sait que c'est la doctrine catholique, qu'il y a deux personnes du Père et du Fils, que le Père est plus grand, le Fils soumis avec toutes les choses que le Père lui a soumises : que le Père est sans commencement, invisible, immortel, impassible : au lieu que le Fils est né du Père, Dieu de Dieu, lumière de lumière : il a pris de la Vierge Marie un corps, c'est-à-dire un homme par lequel et avec lequel il a souffert. Toute notre foi se réduit à cette vérité capitale, et nous devons nous affermir dans cette doctrine de la sainte Trinité, qui est établie par ces paroles de l'Evangile : *Allez, enseignez toutes les nations, en les baptisant au nom du Père, du Fils et du Saint-Esprit* : le nombre de la Trinité est un nombre entier et parfait ; quant au Saint-Esprit, il est par le Fils, et il est venu au monde après y avoir été envoyé, suivant la promesse qui en avait été faite, pour instruire, enseigner et sanctifier les apôtres et tous les fidèles. Telle est la formule de foi de Sirmium, à laquelle Osius fut contraint de souscrire. Le venin en est assez sensible, qu'il soit besoin de le faire remarquer. On y affecte de relever l'unité d'un Dieu, pour n'attribuer la divinité qu'au Père seul, à l'exclusion du Fils : on y défend de dire que le Fils est consubstantiel, pour donner à entendre qu'il est d'une autre substance que le Père, ou tiré du néant comme les créatures ; on y dit assez nettement que le Fils n'est pas si grand que le Père, ni en honneur, ni en dignité, ni en gloire, ni en majesté ; le Fils y est déclaré soumis au Père ; et tout ce qu'on y dit de ses souffrances dans la chair tend à montrer qu'il est d'une nature différente du Père, et même sujette aux souffrances. *D. Ceill. ibid.*

SIRMIUM (Conciliabule de), l'an 359. Valens et ceux de son parti, c'est-à-dire les anoméens, furent auteurs d'une troisième formule ou exposition de foi, qu'ils dressèrent à Sirmium au mois de mai de l'an 359, et qu'ils firent signer tant à Basile d'Ancyre, qui y était venu trouver l'empereur, qu'à plusieurs autres évêques, qui y étaient pour leurs affaires particulières. Elle rejetait le mot de *substance*, et défendait à l'avenir d'en faire aucune mention en parlant de Dieu, sous prétexte que ce terme n'était pas de l'Ecriture, et que le peuple, qui ne l'entendait pas, en était scandalisé. Elle disait le Fils semblable au Père en toutes choses, selon les Ecritures. Car Constance, qui était présent à l'assemblée, voulut qu'on le déclarât semblable en toutes choses. Marc d'Aréthuse fut chargé de composer cette formule en latin, d'où ensuite elle fut traduite en grec ; mais avant de la conclure, il y eut de grands débats, qui durèrent jusqu'à la nuit qui précédait la fête de la Pentecôte. Il n'y eut pas moins de difficulté pour la signature de cette formule. Marc d'Aréthuse, Georges d'Alexandrie, Germinius de Sirmium, Hypatien d'Héraclée, Ursace de Singidon et Pancrace de Péluse signèrent simplement qu'ils croyaient ce qui y était porté. Mais Valens signa en ces termes : Les assistants savent comment nous avons souscrit ceci la veille de la Pentecôte ; et notre pieux empereur le sait, lui à qui j'en ai rendu témoignage de vive voix et par écrit. Ensuite il mit sa souscription ordinaire avec cette clause : Que le Fils est semblable au Père, sans dire *en toutes choses*. Mais l'empereur, qui s'en aperçut, le contraignit d'ajouter *en toutes choses*. Basile d'Ancyre, se doutant qu'il y avait encore quelque mauvais sens caché sous ces termes, crut devoir expliquer nettement ce qu'il pensait, et souscrivit ainsi : Moi Basile, évêque d'Ancyre, je crois, comme il est écrit ci-dessus, que le Fils est semblable au Père en tout : c'est-à-dire, non-seulement quant à la volonté, mais quant à la subsistance, l'existence et l'être, comme étant Fils selon l'Ecriture, Esprit d'Esprit, vie de vie, lumière de lumière, Dieu de Dieu : en un mot, Fils en tout, semblable au Père ; et si quelqu'un dit qu'il soit semblable seulement en quelque chose, je le tiens séparé de l'Eglise catholique, comme ne tenant pas le Fils semblable au Père suivant les Ecritures. Quand on eut ainsi souscrit à cette formule, on la lut, et ensuite on la mit entre les mains de Valens, qui voulut l'avoir pour la porter au concile que l'on devait bientôt assembler à Rimini, où nous avons pu voir qu'elle fut rejetée, particulièrement à cause de la date qu'il avait mise à la tête en cette manière : Exposition de la foi, faite en présence de notre seigneur le très-pieux et victorieux empereur Constance auguste éternel, sous le consulat de Flavius Eusèbe et d'Hypatius, à Sirmium, le onzième des calendes de juin. *Ibid.*

SIS (Concile de), en Arménie, l'an 1307, pour la réunion des Eglises d'Arménie avec l'Eglise romaine. Constantin, archevêque de Césarée ou d'Erivan, et patriarche de toute l'Arménie, y présida, assisté de trois autres archevêques, savoir, Jean de Tarse, Etienne de Sébaste et Constantin de Sis. Vingt-deux évêques y siégèrent aussi, et l'on admit au concile plusieurs chefs de communautés religieuses et quelques seigneurs. A la tête de ces derniers était Hagton, avec son fils Léon, roi de toute l'Arménie. On y régla que les Arméniens célébreraient les principales fêtes aux mêmes jours que les Romains ; qu'au trisagion, on dirait *Christe qui crucifixus es*, etc. ; qu'on mêlerait de l'eau avec le vin dans le saint sacrifice ; qu'on se servirait de pain azyme ; qu'on ferait le signe de la croix à la manière de Rome, etc. Les actes de ce concile sont datés de l'an 756 de l'ère des Arméniens, ce qui revient à l'an 1307 de Jésus-Christ. *Galanus, Concil. Armen. Edit. Venet. tom. XIV; Mansi, Supplem. tom. III, col. 270 et seq.*

SIS (Concile de), ou d'Arménie, l'an 1342. Nous plaçons ce concile sous le titre de Sis pour le faire entrer plus commodément dans l'ordre alphabétique, quoique nous en ignorions le lieu précis ; nous savons seulement qu'il se tint dans la petite Arménie, dont Sis était la capitale. L'Eglise d'Arménie ayant reçu les lettres du pape Benoît XII, qui lui ordonnait de se justifier des erreurs qu'on lui imputait, ses évêques s'assemblèrent en concile, sous la présidence du catholique Mekquitar, et avec l'agrément du roi et des princes. Avec le patriarche, il s'y trouva six archevêques : Basile de Sis, Vartan de Tarse, Etienne d'Ananarse, Marc de Césarée en Cappadoce, Basile d'Icone, et Siméon de Sébaste ; quinze évêques ayant des évêchés, quatre qui n'en avaient point, trois qui étaient de la cour du patriarche, un notaire public, cinq docteurs, dix abbés de monastères et plusieurs prêtres. Le concile examina successivement tous les articles du mémoire, et y répondit, sinon avec une parfaite exactitude, du moins avec une candeur qui fait plaisir. Au temps de Fleury on ne connaissait point ce concile : les actes en ont été retrouvés depuis et publiés par Martène, sur le manuscrit de la bibliothèque royale qui les contient. Le premier article du mémoire porte : Les anciens docteurs de l'Arménie enseignaient que le Saint-Esprit procède du Fils comme du Père ; mais depuis six cent douze ans, les docteurs et les prélats de la grande Arménie ont abandonné et même condamné cette ancienne doctrine, en sorte que nul n'ose plus la professer, sinon ceux qui sont unis à l'Eglise romaine ; enfin, lorsqu'il est dit dans leurs écrits que le Saint-Esprit procède du Fils, ils ne l'entendent que de sa procession temporelle pour sanctifier la créature, et non de la procession par laquelle il procède éternellement du Père et du Fils.

Le concile répond sur le premier point : Il est vrai, quoique nous ayons peu d'anciens écrits sur cette matière, on y trouve toutefois que le Saint-Esprit procède du Père et du Fils, comme dans l'oraison de la Pentecôte, que chaque année toute l'Eglise d'Arménie récite en commun, et où elle dit à l'Esprit-Saint : *Seigneur ! vous qui êtes le Seigneur des vertus, le Dieu véritable, la source de lumière, procédant en vous-même, d'une manière incompréhensible, du Père et du Fils ; Esprit-Saint qui opérez les merveilles.* Saint Cyrille dit également : *Il est nécessaire de confesser que l'Esprit est de l'essence du Fils, car, comme il est de lui selon l'essence, il est envoyé par lui aux créatures pour les renouveler.* Quant au second point, celui d'avoir abandonné ou même condamné cette doctrine, le concile répond qu'il n'en est rien, vu, entre autres, que l'Arménie tout entière n'a cessé et ne cesse de dire tous les ans la susdite oraison de la Pentecôte. De plus, quand l'Eglise romaine eut défini que le Saint-Esprit procède du Fils comme du Père, quoique les Grecs s'y fussent opposés, les docteurs des Arméniens ont reçu cette définition en concile, comme on le voit dans les histoires conservées dans la grande Arménie ; mais nous n'avons pas retenu au juste le nom du pape qui envoya la formule. Quant à la petite Arménie, au temps du grand roi Hécon et du *catholique* Constantin, le pape Grégoire envoya un légat et ordonna par sa lettre de dire et de confesser que le Saint-Esprit procède du Fils comme du Père. Le roi et le patriarche reçurent ce décret en concile, le confirmèrent et l'envoyèrent à ceux de l'Orient, qui le reçurent et y acquiescèrent de même. Mais depuis notre réunion avec l'Eglise romaine, cela devint plus explicite et plus populaire, au temps du roi Esin et du catholique Constantin. Quant au troisième point, il manque aussi de vérité ; lorsqu'on trouve dans nos livres que le Saint-Esprit procède du Père et du Fils, ou de l'un des deux, sans qu'il soit question de sa mission vers les créatures, nous l'entendons de sa procession éternelle, comme dans l'oraison rapportée plus haut ; mais quand l'Esprit-Saint est envoyé par le Fils vers les créatures pour les renouveler et les sanctifier, nous l'entendons de la procession temporelle.

Sur l'article six (car il serait trop long de les rapporter tous), touchant l'état des enfants morts sans baptême, le concile répond : L'Eglise des Arméniens ne met point de différence entre les enfants non baptisés, qu'ils soient nés de chrétiens ou d'infidèles ; mais, suivant la parole du Seigneur, ils les excluent uniformément du paradis céleste, et, quoiqu'ils n'aient pas la gloire, ils ne doivent pas non plus éprouver de peine sensible, comme dit Saulius ; ils n'entreront ni dans la peine ni dans le royaume, parce qu'ils n'ont fait ni bien ni mal. Quant au lieu où ils vont, nos anciens n'écrivaient rien de précis, mais se bornaient à dire d'une manière générale qu'ils vont où Dieu l'a ordonné pour eux, sans affirmer, comme on le fait par imputé, qu'ils aillent en paradis. Depuis que nous avons appris de vous qu'ils vont dans le limbe, qui est au-dessus de l'enfer, nous le disons comme vous, suivant l'instruction que vous nous avez donnée.

Sur l'article huit, si les justes verront l'essence de Dieu, le concile répond : De dire que les justes ne verront pas l'essence de Dieu, c'est aller contre la doctrine de l'Evangile et des apôtres, que reçoit l'Eglise d'Arménie et qui enseigne que nous verrons Dieu de la même manière que le voient les anges. Il est dit en saint Matthieu : *Les anges des petits enfants voient sans cesse la face de mon Père qui est dans le ciel.* Or, que nous devions voir Dieu comme les anges, saint Paul le dit aux Corinthiens : *Maintenant nous le voyons comme dans un miroir et en énigme ; mais alors nous le verrons face à face.* Il dit *face à face,* parce que nous verrons manifestement l'essence de Dieu. L'Apôtre caractérise encore cette vision quand il dit : *Maintenant je le connais en partie ; mais alors je le connaîtrai comme je suis connu,* c'est-à-dire comme Dieu nous voit et nous connaît maintenant : ainsi nous verrons Dieu selon la mesure de notre mérite et de notre pouvoir, mais non toutefois autant que Dieu se voit lui-même. Que nous devions voir l'essence de Dieu, saint Jean l'atteste encore par cette parole : *Nous savons que quand il se manifestera, nous lui serons semblables, parce que nous le verrons tel qu'il est.* C'est-à-dire que nous verrons son essence, sa grandeur, sa gloire, sa sagesse et sa bonté ; tout cela en

Dieu étant Dieu. Cependant nous ne le verrons pas autant qu'il se voit lui-même; la science de Dieu étant immense, infinie, incomparable, incompréhensible, incirconscriptible.

Aussi notre Eglise chante-t-elle dans nos cantiques: *Jésus-Christ notre Dieu, accordez-nous, avec Pierre et les fils de Zébédée, d'être dignes de voir votre divinité.* Et encore: *Purifiez, Seigneur, les sens de vos serviteurs coupables, et accordez-leur de vous voir et d'entendre cette parole du Père: Celui-ci est mon Fils bien-aimé.* Voyez donc, et qu'ici, et qu'en beaucoup d'autres endroits, nous demandons à voir l'essence de Dieu. Toutefois, s'il y a quelques ignorants, ce que nous savons pas, qui disent ou écrivent le contraire, nous ne les approuvons point, mais nous les réprouvons et les méprisons.

Sur l'article quinze: Que les Arméniens tiennent communément que dans l'autre vie il n'y a pas de purgatoire pour les âmes, le concile répond: Cet article est vrai dans un sens, et non dans un autre. Si l'on entend parler du nom de *purgatoire*, il est vrai que les Arméniens connaissent ce nom depuis peu; mais si l'on dit que les âmes souillées par le péché, qui sortent de ce monde avec la foi, l'espérance, la contrition et la confession, mais sans avoir accompli la pénitence entière, ne souffriront dans l'autre vie aucune peine, dans un lieu ou un temps quelconque, pour leurs péchés non expiés, cela est faux. C'est ce qui est manifeste, puisque les Arméniens observent des vigiles, font des aumônes, célèbrent des messes ou en font célébrer tantôt pour un seul, tantôt pour plusieurs défunts, soit aussitôt après leur mort, soit plus tard, et que par ces bonnes œuvres, ils demandent à Dieu pour les défunts la rémission des péchés, la délivrance des tourments et l'héritage du royaume des cieux: trois points que le concile prouve par l'office public des Morts. Il ajoute: Mais depuis que nous avons le bonheur de connaître la grande, sainte et glorieuse Eglise romaine, nous avons reçu et consacré le nom de purgatoire, et, ce que nous avons reçu, nous le prêchons et l'enseignons aux autres.

L'article quarante-sept porte: Les Arméniens ne disent pas qu'après les paroles de la consécration, le pain et le vin soient transsubstantiés au vrai corps et au vrai sang de Jésus-Christ, qui est né de la Vierge Marie, a souffert et est ressuscité. Réponse du concile: Ceci est réfuté par le texte du canon de la messe arménienne, qui dit: *Tenant le pain, et bénissant le vin, il en fait véritablement le corps et le sang de Notre-Seigneur Jésus-Christ, les changeant par le Saint-Esprit.* Par où il est manifeste que l'Eglise d'Arménie entend consacrer et transsubstantier le pain et le vin, par l'opération du Saint-Esprit, dans le vrai corps et le vrai sang de Jésus-Christ, qui est né de la Vierge Marie, qui a été crucifié et enseveli, est ressuscité, est monté au ciel et est assis à la droite de Dieu le Père, d'où il viendra exercer son jugement. Jésus-Christ dit la même chose: *Ceci est mon corps, ceci est mon sang: celui qui mange mon corps et boit mon sang habitera en moi, et moi en lui.* Donc, quiconque dira, pensera ou prêchera autre chose que ce que dit le Christ, qu'il soit anathème!

L'article continue: Mais ils tiennent que ce sacrement est une image, une similitude, une figure du vrai corps et du vrai sang du Seigneur, et il y a certains docteurs d'Arménie qui l'enseignent d'une manière spéciale. Réponse du concile: De pareils docteurs, avec une pareille doctrine, nous ne les connaissons pas, mais nous les maudissons.

Le concile professe en plusieurs endroits sa croyance et sa soumission à la primauté du saint-siège, en particulier lorsqu'il répond à l'article quatre-vingt-quatrième, qui porte: Les Arméniens disent et tiennent que leur catholique ou patriarche, leurs évêques et leurs prêtres ont une même et égale puissance de lier et de délier, que l'apôtre saint Pierre, à qui le Seigneur a dit: *Tout ce que tu lieras ou délieras sur la terre, sera lié ou délié dans les cieux.* Réponse du concile: Suivant le droit tant canonique que civil, les successeurs ont l'autorité de leurs prédécesseurs. Or, le pape est le successeur de l'apôtre Pierre; il a donc l'autorité de Pierre, comme le catholique est successeur de l'apôtre Thadée, et en a par conséquent l'autorité. De plus, dans le saint concile de Nicée, l'assemblée des saints Pères dont les déterminations et les canons sont d'un grand poids parmi nous, a défini que l'Eglise romaine est à la tête de toutes les autres Eglises, et le pape est le chef de l'Eglise romaine. C'est pourquoi le catholique des Arméniens, ainsi que les autres patriarches, sont sous sa puissance, comme ceux d'un degré inférieur, tels que les archevêques sont sous la puissance du catholique, et non ses égaux. Personne n'ignore parmi nous que le catholique a une plus grande puissance que les évêques, et les évêques que les prêtres, quoique, suivant l'usage de l'Arménie, nous n'usions point de réserve pour ouïr les confessions et absoudre de tous les péchés. Mais, si vous y voyez de l'inconvénient, nous sommes prêts à faire ce que vous voudrez, et en la manière que vous nous le dicterez.

L'article quatre-vingt-onze revient au même sujet et le complète. Les Arméniens disent et tiennent que la puissance générale sur toute l'Eglise n'a pas été donnée à Pierre et à ses successeurs par Jésus-Christ, mais par le concile de Nicée, et que les successeurs de Pierre l'ont perdue depuis. Réponse du concile: C'est la première fois que nous entendons de pareilles choses. Ce que nous voulons dire, nous l'avons expressément dans nos écrits, savoir, ce qui a été défini par les Pères du premier et du second concile de Nicée, que l'Eglise romaine est le chef des autres Eglises, et que le pontife romain l'emporte sur les autres pontifes. Voilà ce que nous disons et croyons, non-seulement parce que cela a été défini dans le saint concile, mais parce que c'est à Pierre que le Christ a commandé de paître ses brebis. Quant à ce que l'on dit que les successeurs de Pierre en ont perdu l'autorité, ce sont là des paroles de chicane, et non pas de charité ni de vérité. A Dieu ne plaise que des choses si absurdes nous soient jamais entrées dans l'esprit.

Le concile répond d'une manière semblable sur tous les articles. Il en est quelques-uns où ils conviennent naïvement qu'avant d'avoir été instruits par l'Eglise, ils avaient certaines opinions erronées dont ils s'étaient défaits. Mais il se trouve un très-grand nombre d'articles qu'ils repoussent comme des imputations calomnieuses. Ce qui naturellement y donnait lieu, c'étaient certains individus venus d'Arménie en Occident, qui se donnaient pour ce qu'ils n'étaient pas, et qui répandaient ou occasionnaient sur le compte de leurs compatriotes des idées défavorables.

Ce concile d'Arménie fut tenu, comme nous l'avons déjà dit, l'an 1342, après la mort du roi Léon V, et sous le règne de Constantin III, qui ne fut qu'un an sur le trône : les actes en furent envoyés par son frère Gui ou Kovidon, qui lui succéda, et furent remis non à Benoît XII, mais à Clément VI, successeur de ce dernier. Les réponses des Arméniens à plusieurs des articles qui leur étaient reprochés n'ayant pas paru assez exactes aux yeux du saint-siège, Clément VI leur envoya en 1346 de nouveaux députés, chargés de leur présenter les articles à croire, et les vraies traditions de l'Eglise romaine. *Martène, Veterum monum. t. VII ; Mansi, Conc. t. XXV ; Rohrbacher, Hist. univ. de l'Egl. cath., liv.* 79.

SISTERON (Concile de), *Sistariensis*, l'an 859. Aurélien, abbé d'Aisnay, et depuis évêque de Lyon, après avoir rétabli le bon ordre dans son monastère, eut la pensée d'en bâtir un nouveau ; mais comme il lui manquait pour cela des fonds de terre, il obtint de ses parents le terrain où il avait dessein de le bâtir, et divers héritages qui en dépendaient. Il fit tout de concert avec Remy, archevêque de Lyon, qui confirma cet établissement, comme appartenant à son diocèse. Il fut aussi confirmé par un diplôme du roi Charles et par un décret d'un concile tenu à Sisteron, où dix évêques assistèrent. Ce monastère est connu sous le nom de Sessieu. Le décret ou privilége des évêques est daté de l'an 859. Ils y rappellent les actes de fondation et de confirmation, et déclarent que les biens donnés à ce monastère ne pourront être employés qu'à l'usage des moines, et que ceux-ci ne pourront être inquiétés de personne dans le droit d'élire eux-mêmes leur abbé. Ils prient les évêques qui n'avaient point assisté au concile, de souscrire à ce décret, et font la même prière aux abbés absents. *D. Ceillier, t. XXII.*

SISTERON (Synode de), vers l'an 1245, sous l'évêque Henri. Nous trouvons dans Martène cent quatre statuts publiés dans un synode par ce prélat, mais sans que la date en soit désignée : ces statuts ont pour objet les sacrements et les autres articles de discipline. On y oblige les enfants, dès l'âge de sept ans, à se confesser et à communier au temps de Pâques, et à venir baiser la croix le jour de la Pentecôte. On astreint tous les adultes à jeûner aux Rogations, ainsi qu'aux autres jours de l'année où le jeûne est prescrit, sous peine d'excommunication. *Thes. nov. anecd. t.* IV.

SLAVES (Concile du pays des), tenu à Dalma, vers l'an 770. Nous n'avons rien de bien certain sur l'existence même de ce concile, pas plus que sur les circonstances où il a été tenu. Nous ne le connaissons que par la narration du prêtre Diocléas, qui vivait après le onzième siècle, et qui a écrit l'histoire des Slaves. Suivant cet historien, Suétopelek, roi de Dalmatie, ayant envoyé une ambassade au pape Etienne (on ne dit pas lequel), ce pape à son tour chargea Honorius, *cardinal prêtre de la sainte Eglise romaine*, d'aller vers ce prince, accompagné de deux autres *cardinaux*, tous *évêques*, et de régler de concert les affaires de l'Eglise dans ses Etats. Les trois cardinaux, parvenus en Dalmatie, assemblèrent, avec l'aide du roi, un concile des évêques du pays, et pour clôture de cette assemblée, ils couronnèrent le roi *à la manière des rois romains*. Puis ils consacrèrent deux archevêques et un grand nombre d'évêques, et divisèrent toute la Dalmatie en deux provinces, à la première desquelles ils assignèrent Dioclée pour métropole, et Salone à la seconde. Nous n'avons pas besoin de dire que plusieurs circonstances au moins de cette narration ne sauraient convenir à l'histoire du huitième siècle de l'Eglise. *Mansi, Conc. t.* XII.

SLESWICK (Concile de), *Slesvicense*, l'an 1061. Adalbert, archevêque de Hambourg, tint ce concile. On y traita des qualités requises dans les évêques qu'on devait ordonner pour les nouveaux sièges établis en Danemark. *Anal. des Conc. t.* V.

SLESWICK (Concile de), l'an 1222. Le cardinal Grégoire tint ce concile de Sleswick ou Scio-Jutland, duché qui appartient aujourd'hui au roi de Danemarck, depuis 1720. Ce concile eut pour objet le célibat des prêtres. *Edit. Venet. t.* XIII.

SOANA (Synode diocésain de), *Suanensis*, l'an 1626, par Scipion Tancrède, évêque de cette ville. Des statuts y furent publiés sur les sacrements et le reste de la discipline ecclésiastique. *Constit. Suanenses, Senis*, 1627.

SODORE (Synode de) en Irlande, *Sodorensis*, l'an 1229 ou 1239. L'évêque y publia des statuts synodaux. *Wilkins, Angl.* I.

SODORE (Synode diocésain de), tenu dans l'église de Saint-Bradan en l'île du Man, l'an 1291. Marc, évêque de Sodore, y publia trente-six articles de constitutions sur la visite des malades, les vertus propres aux ecclésiastiques, l'observation des jeûnes, la purification des femmes après leurs couches, qu'on défend de célébrer en carême, les testaments et les intestats, les dîmes et les prémices, la défense de paraître dans les églises avec des armes, celle de plaider les jours de fête, le soin qu'on doit avoir des saintes huiles, la visite des archidiacones, etc. *Wilkins, t.* II.

SOISSONS (Concile de), l'an 744. Pépin, prince et duc des Français, fit assembler ce concile le 2 ou 3 de mars 744, pour la partie de la France qui lui était soumise. Il s'y trouva vingt-trois évêques, avec des prêtres et d'autres clercs. Pépin y assista avec les principaux seigneurs qui souscrivirent aux décrets. On croit que saint Boniface de Mayence y présida, quoique son nom ne se trouve pas dans les souscriptions ; aussi ne sont-elles point entières. On y fit dix règlements qui sont à peu près les mêmes que ceux des conciles d'Allemagne et de celui de Lestines.

Le premier ordonne de publier partout la foi du concile de Nicée, et les jugements canoniques des autres conciles, pour rétablir plus facilement la discipline ecclésiastique.

Le 2⁰ ordonne de tenir tous les ans un synode pour empêcher le progrès de l'hérésie.

Le 3⁰ porte qu'on a mis des évêques légitimes dans les villes de France ; qu'on a ordonné Abel, archevêque de Reims, et Ardobert archevêque de Sens, au jugement desquels on aura recours dans le besoin. On veut aussi que les moines et les religieuses jouissent paisiblement de leurs revenus, et que les clercs ne soient point débauchés ; qu'ils ne portent point d'habits séculiers, et qu'ils n'aillent point à la chasse.

Le 4⁰ défend aux laïques les parjures, les fornications et les faux témoignages. Il ordonne aux prêtres qui sont dans les paroisses d'être soumis à leur évêque, de lui rendre compte tous les ans, dans le carême, de leur conduite, de lui demander les saintes huiles et le chrême, et de le recevoir quand il fait sa visite.

Le 5⁰ défend de recevoir des prêtres ou des clercs étrangers qu'ils n'aient été approuvés de l'évêque du diocèse.

Le 6⁰ enjoint aux évêques de veiller à l'extirpation du paganisme.

Le 7⁰ ordonne de brûler les croix qu'Adalbert avait plantées dans les campagnes.

Cet Adalbert était Gaulois de nation. Il se disait évêque et séduisait les peuples par ses erreurs et par une piété hypocrite. Il consacrait les églises sous son nom, faisait de petites croix et de petits oratoires dans les campagnes, près des fontaines et ailleurs, où il assemblait le peuple au mépris des évêques. Cet imposteur fut condamné comme hérétique dans le concile de Soissons, avec un certain Clément, autre séducteur.

Le 8⁰ défend aux clercs d'avoir des femmes dans leurs maisons, si ce n'est leur mère, leur sœur ou leur nièce.

Le 9⁰ défend aux laïques d'avoir chez eux des femmes consacrées à Dieu. Il leur défend aussi d'épouser la femme d'un autre du vivant de son mari, parce que le mari ne peut répudier sa femme, si ce n'est pour cause d'adultère.

« Il semble par ces dernières paroles, dit le P. Richard, que les Pères du concile croyaient que le mari était libre de se remarier en cas d'adultère de la part de sa femme ; et, en effet, les évêques de ce temps-là n'étaient pas assez instruits sur l'indissolubilité du mariage. »

Il nous semble, à notre tour, que les termes dans lesquels est conçu ce neuvième canon admettent une interprétation plus favorable, et qu'on peut fort bien les interpréter en ce sens que, s'il n'est pas permis à un homme de congédier sa femme, hors le cas d'adultère, il lui est défendu à plus forte raison d'en prendre une autre de son vivant, qu'elle soit adultère ou qu'elle soit innocente.

Le 10⁰ et dernier dit que celui qui violera les lois du concile sera jugé par le prince, ou par les évêques, ou par les comtes. *Anal. des Conc., t.* I.

SOISSONS (Conciles de), l'an 851 et 853. Le premier de ces conciles fut assemblé au sujet de Pépin le Jeune, neveu du roi Charles, fils de Pépin, roi d'Aquitaine. Cet enfant dénaturé entretenait depuis longtemps la révolte dans le royaume de son père, lorsqu'il fut pris par Sanche, comte de Gascogne, et livré au roi Charles, qui, par le conseil des évêques et des seigneurs, lui fit couper les cheveux, et le renferma dans le monastère de Saint-Médard de Soissons en 851. Hincmar qualifie ce conseil des évêques de sentence synodale, ce qui fait voir qu'ils s'assemblèrent en concile pour décider de la manière dont ce jeune prince serait puni. Mais il se sauva du monastère en 852, à l'aide de deux moines qui, en conséquence, furent chassés comme incorrigibles, et déposés de la prêtrise dans un autre concile qui se tint en la même ville en 853.

Le roi Charles y assista avec trois métropolitains, vingt-trois évêques et six abbés. Les trois métropolitains étaient Hincmar de Reims, Venilon de Sens, et Amauri de Tours. Il y eut huit sessions qui se tinrent dans l'église du monastère de Saint-Médard, que l'on avait choisie pour le lieu du concile. Nous n'en avons pas les actes entiers, mais seulement le précis de ce qui se passa dans ces huit sessions. On a mis en premier lieu les treize canons ou décrets du concile, qui contiennent en abrégé tout ce qui y fut réglé, soit par rapport aux personnes, soit sur les matières ecclésiastiques.

1. On y traita d'abord des ordinations faites par Ebbon depuis qu'il avait été déposé ; on les déclara nulles, et on décida qu'ayant été légitimement déposé, Hincmar avait été légitimement ordonné à sa place.

2. Sur les remontrances qu'Hériman, évêque de Nevers, était attaqué d'une maladie qui lui faisait commettre beaucoup d'indécences et négliger le soin de son Église, il fut arrêté que Venilon de Sens, son métropolitain, irait à Nevers avec quelques évêques pour régler les affaires de cette Église, et qu'il garderait à Sens l'évêque Hériman pendant l'été, saison la plus contraire à son mal, pour régler sa conduite autant que cela se pourrait.

3. Comme Venilon de Sens faisait difficulté

d'ordonner Burchard évêque de Chartres, sur ce que celui-ci n'avait pas une bonne réputation, il fut déclaré qu'on enverrait des commissaires sur les lieux pour examiner son élection, afin que, sur le rapport qu'on en ferait à Venilon, il l'ordonnât sans délai.

4. Saint Aldric, évêque du Mans, attaqué d'une paralysie, ayant écrit au concile pour s'excuser de n'y être point venu et se recommander aux prières des évêques, l'archevêque de Tours, son métropolitain, fut chargé de l'aller voir, et de faire dans l'église du Mans tout ce qui serait nécessaire.

5. Rothade de Soissons ayant fait amener au concile, par son archidiacre, les deux moines de Saint-Médard qui avaient aidé le jeune Pépin à sortir de l'endroit où il avait été enfermé par ordre du roi Charles, ils furent déposés de la prêtrise et relégués séparément en des monastères éloignés.

6. Le roi Charles s'étant plaint au synode d'un diacre de l'église de Reims, accusé d'avoir fait de fausses lettres en son nom, il lui fut défendu de s'absenter du diocèse, jusqu'à ce qu'il se fût justifié ou qu'il eût fait satisfaction.

7. On ordonne de rétablir au plus tôt le culte divin dans les villes et dans les monastères des deux sexes, et de prier le roi d'envoyer des commissaires pour examiner, avec l'évêque diocésain, l'état présent des lieux, et référer au prochain concile et à la puissance royale la correction des abus qu'ils n'auraient pu réprimer eux-mêmes.

8. « Les églises qui ont reçu des immunités et des privilèges par la concession des princes, en jouiront toujours. »

9. « Si l'on ne peut rétablir les églises dans leurs anciennes possessions, à cause de diverses nécessités, on leur rendra du moins les dîmes et les noves. »

10. « Défense de tenir les plaids dans les lieux saints et les jours de dimanches ou de fêtes. »

11. « Les évêques ne seront point empêchés de punir ceux qui ont fait quelque faute contre la discipline de l'Église, qu'ils soient libres ou qu'ils soient serfs. »

12. « Les incestueux et autres coupables de pareils crimes, qui refuseront d'être examinés par les évêques, y seront contraints par les juges publics, afin que l'impunité des crimes ne soit pas une occasion d'en commettre. »

13. « Défense de faire aucun échange de biens ecclésiastiques, sans le consentement du roi. »

On a mis à la suite de ces canons, des extraits de ce qui se passa dans les huit sessions de ce concile, et le capitulaire qui y fut fait par le roi Charles. Il contient douze articles, qui sont autant d'instructions pour les commissaires qui devaient être envoyés partout, pour visiter les églises et les monastères avec l'évêque diocésain, régler le nombre des chanoines et des moines, leur manière de vivre, leur entretien; réparer les bâtiments, et dresser un état des biens et des dégâts que les Normands y avaient causés.

Il paraît, par ce capitulaire, que les collégiales, ou communautés de chanoines et de chanoinesses, étaient nommées *monastères* : ainsi, quoiqu'on trouve ce nom donné à d'anciennes collégiales, ce n'est pas une preuve qu'il y ait eu originairement des moines dans ces églises.

SOISSONS (Concile de), l'an 858. Ce concile fut tenu par l'ordre de Louis le Germanique, venu en Gaule les armes à la main.

SOISSONS (Concile de), l'an 861. Ce concile se tint dans l'église de Saint-Crépin, et Rothade, évêque de Soissons, y fut privé de la communion épiscopale par Hincmar de Reims, son métropolitain. *Anal. des Conc.*, t. I.

SOISSONS (Conciles de), l'an 862. Le premier de ces deux conciles se tint dans l'église de Saint-Médard, où Rothade, malgré son appel, fut jugé, déposé de l'épiscopat, et mis ensuite en prison dans un monastère. Aussitôt on élut un évêque de Soissons à sa place. L'autre concile fut assemblé à l'occasion du mariage entre le comte Baudouin et Judith, fille du roi Charles, et veuve d'Edilulfe, roi des Anglais. Baudouin avait enlevé Judith; ainsi son mariage étant contre les lois, les évêques, assemblés à Soissons, l'excommunièrent, de même que Judith qui avait consenti à l'enlèvement. Le roi fit savoir au pape Nicolas Ier ce qui s'était passé en ce concile; et le pape répondit qu'il ne toucherait point à la sentence rendue contre Baudouin et Judith, dont il détestait la conduite. *Bessin, in concil. Norman.; D. Ceillier, t. XXII.*

SOISSONS (Concile de), l'an 866. La déposition de Wulfade et des autres clercs ordonnés par Ebbon, archevêque de Reims, donna occasion à ce concile de Soissons. Le pape Nicolas, à qui on porta des plaintes sur cette affaire, ayant lu les actes du concile tenu dans la même ville, en 853, trouva que ces clercs n'avaient pas été régulièrement déposés. C'est pourquoi il écrivit, dans les premiers jours du mois d'avril, à Hincmar et à plusieurs autres évêques de France, d'appeler Wulfade et les autres clercs ordonnés par Ebbon, d'examiner ensemble à l'amiable s'ils avaient été justement déposés, de lui envoyer les actes du concile qu'ils tiendraient à cet effet, et de ne point maltraiter ces clercs, pour s'être pourvus devant le saint-siége. Le concile se tint à Soissons, le 18 août 866. Il s'y trouva trente-cinq évêques, du nombre desquels était Rothade, rétabli l'année précédente. Le roi Charles y assista. L'archevêque Hincmar présenta au concile quatre mémoires, dont le premier contenait ce qui s'était passé dans la déposition de Wulfade et des autres clercs ordonnés par Ebbon. Le second était touchant la déposition d'Ebbon, qu'Hincmar prétendait avoir été faite canoniquement. Dans le troisième, Hincmar faisait voir que, par indulgence et par l'autorité du pape, on pouvait rétablir Wulfade et les autres clercs, sans que cela pût tirer à conséquence pour l'avenir. On n'acheva point la lecture du quatrième mémoire, parce que l'archevêque de Reims s'y déclarait trop fortement contre

Wulfade. Le concile suivit le tempérament proposé dans le troisième mémoire, et on usa d'indulgence envers Wulfade et les autres clercs, à l'imitation de ce qui s'était passé au concile de Nicée, où l'on avait reçu ceux que Mélèce avait ordonnés : on soumit le tout au jugement du pape. Les évêques du concile lui rendirent compte, par une lettre synodale datée du 25 août, de ce qu'ils avaient fait. Ils en joignirent une seconde où ils se plaignaient de l'indocilité des Bretons qui, depuis vingt ans, refusaient de reconnaître la métropole de Tours, et de venir aux synodes nationaux des Gaules : ce qui avait produit chez eux un grand relâchement dans la discipline. *D. Ceillier, t. XXII.*

SOISSONS (Concile de), l'an 899. *Gall. Christ. t. VI, col. 531.*

SOISSONS (Concile de), l'an 941. A la mort de Seulfe, en 925, Héribert, comte de Vermandois, lui fit donner pour successeur son fils Hugues, quoiqu'il n'eût que cinq ans. Six ans après, le roi Raoul ayant pris la ville de Reims, tira du monastère de Saint-Remi Artaud, qu'il fit sacrer archevêque. Artaud gouverna l'Eglise de Reims huit ans et sept mois, au bout desquels cette ville étant retournée sous la puissance d'Héribert, ce comte l'obligea à renoncer à l'administration de son archevêché, et à se retirer dans l'abbaye de Saint-Basle. C'était en 940. L'année suivante, Héribert et Hugues, son fils, assemblèrent un concile à Soissons. Artaud y fut invité, mais il refusa d'y aller ; et sachant qu'on pensait à y sacrer archevêque Hugues, qui était déjà avancé dans les ordres, il menaça de l'excommunication ceux qui oseraient ordonner de son vivant un archevêque de Reims, et appela au saint-siège de tout ce qui se ferait à cet égard dans le concile. Ses menaces n'intimidèrent personne. Le sacre de Hugues fut résolu ; et les évêques étant passés de Soissons à Reims, l'ordonnèrent archevêque dans l'église de Saint-Remi, à l'âge de vingt ans. *Hist. des aut. sacrés et eccl., t. XXII.*

SOISSONS (Synode de), l'an 1078. Dans ce synode, Ratbold, évêque de Noyon, céda l'autel d'Emmes à l'abbaye de Saint-Thierry. *Schram. t. II.*

SOISSONS (Concile de), l'an 1092. Renaud, archevêque de Reims, présida à ce concile assemblé contre les erreurs de Roscelin, clerc de Compiègne. Ce célèbre professeur enseignait que les trois personnes divines étaient trois choses séparées l'une de l'autre, comme le sont trois étages ; qu'elles n'avaient néanmoins qu'une même volonté et qu'une même puissance : en sorte qu'on pourrait dire que ce sont trois dieux, si l'usage le permettait. Il appuyait cette doctrine de l'autorité de Lanfranc et de saint Anselme, l'un abbé du Bec, et l'autre archevêque de Cantorbéry. Saint Anselme, l'ayant appris, écrivit à Foulques, évêque de Beauvais, qui devait assister à ce concile, que ni lui, ni Lanfranc, n'avaient jamais rien dit de semblable ; et qu'il disait en particulier anathème à Roscelin et à son erreur. Roscelin l'abjura lui-même en présence des évêques ; mais, ne l'ayant condamnée que dans la crainte d'être assommé par le peuple, il continua de l'enseigner après être sorti du concile. *Hist. des aut. sacrés et eccl., t. XXIII.*

SOISSONS (Concile de), l'an 1100, tenu par Manassès, archevêque de Reims, et ses suffragants. Le clergé de Beauvais y demanda et obtint des lettres de recommandation auprès du saint-siège, pour faire confirmer l'élection d'Etienne, archidiacre de Paris, à l'évêché de Beauvais. *Mansi, Conc. t. XX.*

SOISSONS (Concile de), l'an 1110. Manassès, archevêque de Reims, tint ce concile. Les actes en sont perdus, et on ne les connait que par les lettres des clercs de Beauvais à Lambert, évêque d'Arras. *Baluze, Miscellan. t. V, p. 322; Mansi, t. II, col. 185.*

SOISSONS (Concile de), l'an 1115. La désolation où les guerres mirent la ville et le diocèse d'Amiens, et les crimes dont elles furent la cause, donnèrent tant de chagrins à saint Godefroi, qui en était évêque, qu'il résolut d'abdiquer l'épiscopat, et de se retirer à la chartreuse de Grenoble. Guigue, personnage distingué par sa prudence et par sa rare piété, en était alors prieur. Il reçut le saint évêque avec joie, et lui assigna une cellule, sans cependant oser le recevoir au nombre de ses religieux, dans la crainte que le pape ne le trouvât mauvais.

Les évêques du concile de Beauvais, à qui cette affaire avait été portée, s'étant de nouveau assemblés à Soissons le jour de l'Epiphanie, sous la présidence du légat Conon, furent d'avis de rappeler saint Godefroi à son Eglise. Ils mandèrent à Soissons, par ordre du roi, Henri, abbé du Mont Saint-Quentin, et un moine de Cluny d'une grande réputation, nommé Hubert. Ils les envoyèrent à la Grande-Chartreuse avec des lettres pour Godefroi et pour les chartreux. Ils priaient ceux-ci et leur ordonnaient de renvoyer incessamment le saint évêque à son Eglise. Dans la lettre qu'ils écrivirent à Godefroi, ils lui faisaient des reproches de ce qu'il avait abandonné ainsi son Eglise contre les canons, et lui marquaient qu'il offensait plus le Seigneur en laissant ses ouailles sans conducteur, qu'il ne pouvait mériter en menant la vie la plus austère dans une solitude. Enfin ils lui ordonnèrent de venir reprendre le gouvernement de son Eglise.

Godefroi ayant reçu ces lettres, se jeta aux pieds de ses chers chartreux, en les conjurant avec larmes de ne pas permettre qu'on l'arrachât d'avec eux. Ils pleurèrent avec lui : mais ils répondirent qu'ils ne pouvaient résister à l'autorité du roi et à celle des évêques. Ainsi ils le congédièrent malgré eux et malgré lui. Il demeura dans la Chartreuse depuis la fête de Saint-Nicolas, sixième décembre, jusqu'au commencement du carême. Avant de se rendre à Amiens, il alla à Reims, où le légat Conon tenait un nouveau concile. L'archevêque Radulphe présenta Godefroi aux évêques assemblés. On fut surpris de voir l'état où les macérations l'avaient réduit. Car il était si exténué par ses austérités, qu'à peine pouvait-il se soutenir. Le légat qui présidait au concile lui fit une réprimande assez vive de ce qu'il avait quitté son siége, et lui ordonna d'y retourner incessamment. Godefroi obéit avec humilité. Il fut reçu à Amiens avec de grandes démonstrations de joie ; mais il mourut peu de temps après. *Hist. de l'Égl. gallic.*, *liv.* XXIII.

SOISSONS (Concile de), l'an 1121. Pour faciliter à ses disciples l'étude de la théologie, Abailard avait publié un traité intitulé : *Introduction à la théologie*. Cet ouvrage est divisé en trois livres. Après avoir exposé dans la préface les motifs qui l'ont engagé à entreprendre cet ouvrage, il déclare que si, dans ses expressions ou dans ses sentiments, il s'est écarté en quelque chose de la vérité, il sera toujours prêt à se corriger, quand on le reprendra ; afin que, s'il ne peut éviter la honte de l'ignorance, il ne tombe pas du moins dans le crime de l'hérésie, qui ne consiste que dans l'opiniâtreté à soutenir l'erreur. Rien ne serait plus édifiant qu'une pareille protestation, si elle avait été sincère. Mais bien des hérétiques en ont fait de pareilles, sans en avoir plus de docilité.

L'ouvrage est divisé en trois livres : après avoir traité en peu de mots, au commencement, de la foi, de la charité et des sacrements, il parle dans le reste du premier livre et dans les deux derniers, du mystère de la Trinité, qu'il tâche d'expliquer même par la raison. Mais c'est un abîme où il se perd, en voulant en sonder la profondeur. Il enseigne quelques autres erreurs sur d'autres points. Il tâche de prouver que Dieu ne peut rien faire que ce qu'il fait, parce qu'il ne peut faire que ce qu'il lui convient de faire, et qu'il fait en effet tout ce qu'il lui convient de faire. Il s'objecte qu'il s'ensuivrait de là que Dieu ne pourrait pas sauver ceux qui ne seront pas sauvés, et il admet la conséquence. Nous n'avons pas la fin de ce traité : ainsi on ne saurait bien juger si toutes les erreurs qu'on a reprochées à l'auteur y étaient en effet contenues.

Dès que cet ouvrage parut, il excita un grand bruit par les éloges et les critiques qu'on en fit. Abailard y accusait quatre professeurs de France de plusieurs erreurs. Les professeurs usèrent de représailles, et décrièrent partout son livre comme un ouvrage pernicieux. Deux professeurs de Reims, Alberic et Rotulfe, ancien disciple d'Anselme de Laon et de Guillaume de Champeaux, quoiqu'ils ne fussent pas de ceux dont Abailard avait relevé les erreurs, dénoncèrent son livre à Radulphe le Verd, archevêque de Reims, et le pressèrent de porter Conon, légat du saint-siége en France, à condamner cet ouvrage dans un concile.

Le légat ne négligea pas une affaire si importante à la religion. Il convoqua un concile à Soissons, où Abailard eut ordre de se trouver et d'apporter son livre avec lui. Alberic et Rotulfe, dont le zèle était peut-être excité par la jalousie, se rendirent des premiers à Soissons, et prévinrent les esprits contre Abailard. Le peuple de cette ville était fort attaché à la foi : il en avait donné des preuves en brûlant quelques années auparavant, de son propre mouvement, quelques hérétiques manichéens. Il pensa lapider Abailard, quand ce novateur entra dans Soissons. Aussitôt que celui-ci fut arrivé, il alla présenter son livre au légat, et l'assura qu'il était prêt à corriger ce qu'il aurait enseigné de contraire à la foi catholique. Le légat lui ordonna de le remettre à l'archevêque de Reims, qui le fit examiner. On différa d'en parler jusqu'à la fin du concile Alberic, ce professeur de Reims dont nous avons parlé, vint trouver Abailard, et lui dit que, puisque Dieu avait engendré un Dieu, il s'étonnait qu'il niât cependant que Dieu se fût engendré lui-même. Abailard voulut s'expliquer : Alberic lui dit qu'il ne voulait pas de raisons, qu'il cherchait des autorités. Abailard ne fit que tourner le feuillet, et lui montra un texte de saint Augustin qui disait la même chose ; ce qui, en confondant ce professeur, l'irrita davantage.

Le dernier jour du concile, le légat et l'archevêque de Reims qui avaient examiné le livre d'Abailard, et quelques autres prélats, délibérèrent ensemble avant la séance sur la manière dont ils traiteraient le livre et l'auteur. Geoffroi, évêque de Chartres, leur dit : « Vous savez quelle est l'érudition, l'esprit et le crédit de cet homme. Prenez garde qu'en agissant avec lui contre les règles, vous n'augmentiez le nombre de ses partisans. Si l'on trouve quelques articles dignes de censure, il faut les lui proposer publiquement, et lui donner toute la liberté de s'expliquer et de se défendre. » On ne goûta pas cet avis, parce qu'on craignait les subtilités et les sophismes d'Abailard. D'ailleurs son livre parlait assez contre lui et s'expliquait suffisamment.

L'évêque de Chartres proposa un autre moyen pour donner du temps à Abailard. Il dit que le concile de Soissons n'était pas assez nombreux pour terminer une affaire de cette importance ; qu'il fallait en assembler un autre au monastère de Saint-Denis, où les plus savants théologiens de France seraient appelés. Tous les assistants parurent goûter cet avis, et le légat lui alla dire la messe avant de commencer le concile. Mais on fit entendre à l'archevêque de Reims qu'il serait honteux que cette affaire fût terminée hors de sa province, et qu'on n'eût osé en parler dans un concile qu'on savait être particulièrement assemblé pour ce sujet. L'archevêque fit de nouvelles instances au légat ; et il fut résolu de faire brûler le livre en question, et d'enfermer l'auteur dans un monastère. L'évêque de Chartres ayant appris cette résolution, alla en avertir Abailard, et l'exhorta à souffrir cette humiliation avec patience, l'assurant qu'il ne demeurerait pas longtemps dans un autre monastère. Abailard fut en effet mandé au concile, et on l'obligea à jeter son livre dans un feu qu'on y avait allumé. Il offrit ensuite de s'expliquer et de faire sa profession de foi. On lui répondit qu'il n'en pouvait faire de meilleure que celle qui est contenue dans le symbole de saint Athanase; on le lui apporta et on le lui fit réciter publiquement; après quoi on le mit entre les mains de l'abbé de Saint-Médard, afin que ce monastère lui servît de prison.

Il se plaignit amèrement de ce qu'on avait refusé de l'entendre, et de lui montrer ses erreurs. Il dit qu'il entendit seulement quelqu'un lui reprocher dans le concile d'enseigner que Dieu le Père était seul tout-puissant, et que le légat ayant dit là-dessus qu'il y avait trois tout-puissants, un professeur nommé Tenic répondit en riant par ces paroles du symbole : *Non tamen tres omnipotentes, sed unus omnipotens.*

C'est Abailard qui rapporte ces traits : c'en est assez pour qu'on doive s'en défier. Si on veut l'en croire, le mérite de son livre en a fait tout le crime ; et il n'y a que les yeux de l'envie qui y ont découvert des erreurs; c'est la passion qui a présidé au jugement qui l'a condamné, et l'ignorance qui l'a prononcé ; le légat Conon était un homme faible et entièrement ignorant des vérités de la religion. C'est ainsi que les novateurs s'efforcent de décrier ceux qui les ont condamnés ; mais les erreurs reprochées au traité d'Abailard n'étaient que trop réelles.

SOISSONS (Concile de), l'an 1115. Ce concile se tint le 6 janvier contre l'empereur Henri V, et pour obliger saint Godefroi, évêque d'Amiens, à rentrer dans son diocèse. *Labb.* X. *Voy. col.* 898.

SOISSONS (Concile de), l'an 1121 ou 1122, selon les auteurs de l'*Art de vérifier les dates*. Dans ce concile, le légat Conon, évêque de Préneste, obligea Abailard à brûler de ses propres mains son livre *de la Trinité*, et à faire une nouvelle profession de sa foi : on voulut pour cet effet qu'il lût le symbole de saint Athanase ; ce qu'il fit avec quelque peine et beaucoup de soupirs : on l'envoya ensuite au monastère de Saint-Médard, d'où il fut peu de temps après renvoyé à celui de Saint-Denis. *Voy. col.* 899.

SOISSONS (Concile de), l'an 1155. Le 10 juin, le roi Louis le Gros assembla ce concile, où se trouvèrent les archevêques de Reims et de Sens avec leurs suffragants, le duc de Bourgogne, le comte de Flandre et plusieurs grands seigneurs. La paix y fut jurée de tous, pour dix ans, et le roi eut soin de mettre par écrit ce qui s'était passé en cette occasion, et de sceller l'acte de son sceau. *Hist. des aut. sacr. et eccl.*

SOISSONS (Concile de), l'an 1201. Cette assemblée, qui fit suite à celle de Nesle de l'année précédente, se tint vers le milieu du mois de mars. Le roi s'y rendit avec les évêques et les seigneurs du royaume, et la reine accompagnée de quelques évêques et des envoyés du roi de Danemark, son frère. Ceux-ci demandèrent d'abord au roi Philippe sûreté de parler pour la reine Ingeburge, et

de retourner chez eux. Quand ils l'eurent obtenue, le roi demanda d'être séparé d'Ingeburge, disant que son mariage avec elle ne pouvait subsister à cause de leur parenté. Les députés de Danemark firent le rapport des démarches que le roi et ses ambassadeurs avaient faites pour son mariage avec Ingeburge, du serment qu'ils avaient fait en son nom, qu'il l'épouserait, la ferait couronner, et la traiterait en épouse et en reine tout le temps qu'ils vivraient l'un et l'autre, et des lettres qu'ils avaient en main, tant du roi que de ses ambassadeurs, portant ce serment. Ils ajoutèrent : « Et parce que vous avez traité la reine autrement que vos ambassadeurs n'avaient promis, nous les accusons de parjure devant le pape, à qui nous appelons aussi de ce juge le seigneur Octavien, qui nous est suspect, comme se disant votre parent et vous favorisant manifestement. » La reine Ingeburge interjeta aussi cet appel. Le légat Octavien pria les envoyés de Danemark d'attendre l'arrivée de Jean, cardinal de Saint-Paul, que le pape Innocent III lui avait donné pour collègue dans cette affaire. Mais ils se retirèrent, disant qu'ils avaient appelé. Trois jours après, le cardinal de Saint-Paul arriva à Soissons. On s'assembla de nouveau. Les avocats du roi parlèrent pour lui ; mais la reine n'avait personne pour défendre sa cause, lorsqu'un pauvre clerc inconnu s'offrit pour plaider la cause de cette princesse. Le roi et les deux légats le permirent. Le clerc se fit admirer, et le cardinal de Saint-Paul, l'ayant ouï, était prêt à prononcer définitivement en faveur du mariage, lorsque le roi amena Ingeburge, faisant savoir aux prélats qu'il la reconnaissait pour sa femme, et qu'il ne voulait plus en être séparé. Ainsi finit le concile de Soissons. *Histoire des auteurs sacrés et ecclésiastiques,* t. XXI.

SOISSONS (Synode de), l'an 1334. L'évêque y publia vingt-deux statuts, sous le titre de préceptes, et contenant des sentences d'excommunication contre les usuriers, certaines injonctions faites aux curés, et l'énumération des fêtes qui devaient être gardées dans le diocèse. *Martène, vet. script. ampliss. coll. t.* VIII.

SOISSONS (Synode de), l'an 1403. L'évêque Simon y rappela à tous les clercs l'obligation de porter l'habit convenable à leur état. Il y enjoignit à tous les curés et chapelains d'avertir publiquement leurs paroissiens au prône, une fois le mois, d'envoyer leurs enfants, âgés de six ou sept ans, aux écoles, ou à défaut d'écoles, aux curés ou chapelains eux-mêmes, pour apprendre l'oraison dominicale, la salutation angélique, le symbole des apôtres et la prière qui doit précéder les repas. Suivent les statuts anciens de l'église de Soissons, mi-partis de conseils et de préceptes, et semblables en bien des points à ceux de l'église de Chartres. *Martène, vet. script. ampliss. coll. t.* VIII.

SOISSONS (Concile de), l'an 1455 (a). Jean

(a) Les statuts synodaux d'Arras, publiés par le cardinal de Granville, portent que ce concile de Soissons, marqué à l'an 1455 p r le P. Richard, ne s'est tenu que le 11 juillet de l'an 1456. *Conc. Germ. t.* VIII, *p.* 501.

Juvénal des Ursins, archevêque de Reims, tint ce concile de sa province au mois de juillet 1455, et non pas 1456, comme le disent les Pères Labbe et Hardouin; car il y a : *Calixti papæ* III *an.* 1 ; or, le pape Calixte III fut élu le 8 avril 1455. On y régla que l'on se conformerait aux décrets du concile de Bâle touchant la régularité et la modestie dans l'office divin, touchant l'élection des dignités ecclésiastiques et la provision des bénéfices; que les lois contre les clercs concubinaires seraient observées à la rigueur; que les évêques ne paraîtraient jamais dans l'église sans le rochet sur la soutane, et qu'ils ne porteraient point d'habits de soie ; qu'on ne conférerait la prêtrise qu'à de bons sujets, capables d'expliquer l'Evangile et ayant un patrimoine pour vivre; qu'on donnerait la tonsure avec plus de mesure, de choix et de précautions ; qu'on aurait égard aux représentations des abbés, chapitres, prieurs et curés qui se plaignaient des droits excessifs de visite et de la part des évêques ou des archidiacres ; que les abbés de Prémontré, de Cluny et de Cîteaux seraient tenus de montrer les priviléges qui les exemptaient de la visite des ordinaires ; que les abbés, monastères et chapitres qui percevaient les dîmes, donneraient une portion congrue aux curés; que de chaque chapitre on enverrait quelqu'un aux universités; que les clercs éviteraient la mondanité dans les ajustements, et qu'ils porteraient tous la tonsure et l'habit clérical, s'ils voulaient jouir de leurs priviléges ; parce qu'autrement cela faisait naître des démêlés continuels entre les juges séculiers et la cour ecclésiastique.

Avant de célébrer ce concile, l'archevêque de Reims avait demandé l'agrément du roi, en nommant à Sa Majesté plusieurs villes, afin qu'elle en désignât une pour le lieu de l'assemblée. Le roi, se contentant des offres du prélat, l'avait laissé maître de faire lui-même ce choix, et l'archevêque s'était déterminé pour Soissons, où il fut accompagné de l'évêque du lieu et des évêques de Laon, d'Amiens et de Senlis : les autres suffragants n'y assistèrent que par procureur. *Hist de l'Égl. gall.*, liv. XLIX.

SOISSONS (Synode de), l'an 1531 ou 1532, par l'évêque Symphorien. Des statuts y furent publiés sur la tenue des synodes, l'administration des sacrements, le soin des églises et des cimetières, et la juridiction ecclésiastique. *Statuta synod. dioc. Suessionensis; Parisiis*, 1532.

SOPHIANA (*Concilia*). *Voy.* SAINTE-SOPHIE et CONSTANTINOPLE.

SORA (Synode diocésain de), *Sorana,* l'an 1611, par Jérôme Joannelli, évêque de cette ville. Ce prélat y publia de nombreux décrets, divisés en trois parties. La première a pour objet principal les sacrements ; la seconde, la vie des clercs, et la troisième est un recueil de formules et d'édits concernant la discipline. Nous nous bornons à les mentionner ici, sans entrer dans aucun détail. Sora, patrie du cardinal Baronius, est une ville de la terre du Labour, dépendant de la métropole de Rome. *Constit. editæ in diœc. synodo Sorana ; Romæ,* 1614.

SORRENTO (Synode diocésain de), *Surrentina*, l'an 1654, par Antoine de Pezzo, archevêque de cette ville. Ce prélat y publia quelques règlements sur la tenue des synodes, les mariages, la vie des clercs et des personnes religieuses, et sur les cas réservés. *Constit et decreta ; Neapoli,* 1654.

SOURCI (Concile de), près de Soissons, *Sauriacum,* l'an 589. Ce concile ordonna que l'entrée de la ville de Soissons fût accordée à Droctégisile, qui en était évêque, et que son intempérance en avait fait éloigner. *Voy.* SAURCI.

SPALATRO (Concile de) en Dalmatie, *Spalatense,* « l'an 870 ou environ, présidé par un légat du pape. On y défendit l'usage de la langue esclavone dans la célébration du service divin. Ce décret fut confirmé par le pape Alexandre II ; mais il faut convenir qu'il ne regardait que les églises situées vers la Moravie et la Pologne, ou dire qu'il ne fut jamais exécuté. Il y avait encore, vers le milieu du dix-huitième siècle, dans le diocèse de Spalatro, dix chapitres et plusieurs paroisses qui célébraient la liturgie en esclavon. Robert Sala atteste lui-même, dans ses *Observations sur les livres liturgiques* du cardinal Bona, qu'il n'y a dans ce diocèse que huit paroisses qui fassent usage de la langue latine.» *M.Guérin, Manuel de l'hist. des conc.*

SPALATRO (Concile de), l'an 1059 ou 1060. Un légat du saint-siége tint ce concile. On y publia les décrets du dernier concile romain, et l'on élut Laurent pour archevêque. *Anal. des Conc.,* t. V.

SPALATRO (Concile de), l'an 1069. Mainard, légat du saint-siége, tint ce concile de Spalatro, ville archiépiscopale de la Dalmatie. On y interdit aux Dalmates l'usage de la langue sclavone dans la célébration de l'office divin. Le clergé de Dalmatie appela de cette défense au pape Alexandre II, qui la confirma. Cependant les Dalmates continuèrent à suivre leur ancien usage, et se servent encore aujourd'hui du sclavon dans la liturgie, mais différent du sclavon vulgaire. *Assemani, Kal. ant.,* t. IV.

SPALATRO (Concile de), l'an 1075. Girard, évêque de Siponte et légat du saint-siége, tint ce concile au mois de novembre. On y fit plusieurs règlements touchant la discipline, qui ne sont pas venus jusqu'à nous. *Assemani, Kalend. ant.,* tom. IV.

SPALATRO (Concile de), l'an 1185. Pierre, archevêque de Spalatro, convoqua ce concile pour marquer les églises soumises à son archevêché. *Assemani, Kal. ant.,* t. IV.

SPALATRO (Concile de), l'an 1292. Jean, primat de Dalmatie, tint ce concile dans son palais archiépiscopal de Spalatro, pour régler la discipline ecclésiastique dans l'ordination des clercs. Il y fut statué qu'un évêque ne pourrait ordonner les sujets d'un autre diocèse, ni administrer aucun sacrement sans l'agrément de l'ordinaire. *Mansi, t.* III.

SPALATRO (Assemblée provinciale de), l'an 1579. *Voy.* SEBENICO.

SPARNACENSE (Concilium). Voy. EPERNAY.

SPIRE (Synode diocésain de), l'an 1149. Gontier de Lyningen, évêque de Spire, y conféra la possession de la prévôté de Neubourg à l'abbé de Limbourg, en y renonçant pour lui-même et ses successeurs. *Conc. Germ. t.* III.

SPIRE (Synode diocésain de), l'an 1211. Conrad de Scharveneck, chancelier de l'empereur et évêque de Spire, y prononça son jugement sur certains droits de dîmes échangés entre un seigneur et l'abbé d'un monastère. *Conc. Germ. t.* III

SPIRE (Synode de), l'an 1356. Gérard d'Ernberg, évêque de Spire, y convainquit un hérétique, nommé Bertold de Rorbach, des erreurs suivantes : que le Christ dans sa passion avait été tellement abandonné de son Père, qu'il avait été en peine s'il ne devait pas sauver sa vie; que cédant à l'excès de ses souffrances, il avait maudit la sainte Vierge Marie; qu'il avait maudit la terre, qui avait bu son sang coulant de la croix; qu'un homme pouvait ici-bas parvenir à un tel degré de perfection, qu'il n'eût plus besoin de la prière ni du jeûne; enfin qu'un laïque éclairé de la lumière d'en haut pouvait mériter plus de croyance que l'Evangile même, ou que les docteurs chargés d'expliquer la sainte Ecriture. Après avoir inutilement tenté de le convertir, l'évêque se vit obligé de livrer cet hérétique au bras séculier, qui le fit périr dans les flammes. *Naucler. Chronogr. t.* II.

SPOLETO (Concile de), l'an 1234. Ce concile, à proprement parler, s'est tenu à Rome, et non à Spolète, et il eut pour objet l'expédition de la terre sainte. Seulement le pape Grégoire IX écrivit de Spolète et de l'avis du concile, le 6 août de la même année, une lettre à tous les archevêques et évêques du royaume de Jérusalem. *Labb.* XI. *Voy.* ROME, l'an 1234.

SPOLETO (Synode diocésain de), l'an 1583, par Pierre Ursini, sous le pontificat de Grégoire XIII. L'évêque y publia de nombreuses constitutions sur les sacrements, et généralement sur tous les points de la discipline ecclésiastique. *Constit. et decr. condita in diœc. Spolet. synodo prima; Perusiæ* 1584.

STAMPENSIA (Concilia). Voy. ETAMPES.
STRAMINIACENSE (Concilium). Voy. CRÉMIEU.

STRASBOURG (Concile de), *Argentinense,* vers l'an 1127. Il se trouva à cette assemblée un cardinal, trois archevêques et cinq évêques, sans compter Gebhard élu évêque de Wirtzbourg par la faction de l'empereur Henri, et dont l'affaire fit le principal objet du concile. Elle ne fut terminée qu'au concile de Rome. *Mansi, Conc. t.* XXI. *Voy.* ROME, l'an 1127.

STRASBOURG (Synode de), *Argentinensis,* l'an 1300. Frédéric de Lichtemberg, évêque de Strasbourg, y fit une ordonnance contre les clercs concubinaires. *Conc. Germ. t.* IV.

STRASBOURG (Synode de), l'an 1311, sous Jean Ochsenstein. Ce zélé prélat publia, outre les statuts provinciaux de Mayence, sa métropole, les statuts synodaux de son propre diocèse, qu'il augmenta et fit mettre à exécution. *Ibid.*

STRASBOURG (Synode de) l'an 1335. Il en est fait mention dans D. Martène, *Thes. Anecd.* t. IV, p 539.

STRASBOURG (Synode de), l'an 1431, ou 1435 selon D. Martène, sous l'évêque Berthold. Ce prélat y publia des statuts divisés en 106 capitules, et la plupart tirés des synodes précédents. Voici ceux qui nous présentent le plus d'intérêt.

1. Si un clerc ou un laïque ose enseigner publiquement, ou même en secret, prétendre enfin qu'un prêtre en état de péché mortel ne peut consacrer le corps de Notre-Seigneur, ou absoudre ses paroissiens, nous ordonnons qu'il soit tenu pour hérétique.

6. Il y a des prêtres qui célèbrent la messe deux fois le jour, sans nécessité, et par le seul motif du gain, soit dans une même église, soit dans deux différentes ; c'est ce que nous défendons par la présente constitution, hormis les cas permis par le droit.

7. Il est permis à un prêtre de dire trois messes le jour de Noël, selon la coutume de l'Eglise, et d'en dire deux tout autre jour, s'il y a enterrement, ou s'il survient une personne d'une condition éminente, telle qu'un prince de l'Eglise ou même du siècle ; à condition toutefois, qu'à la suite de la communion de la première messe, on ne prenne pas d'ablution, ce qui empêcherait de célébrer la seconde.

11. Nous défendons par le présent édit à qui que ce soit de notre diocèse de demander l'absolution par lettres ou par le moyen d'un tiers, à moins d'une cause raisonnable, et autorisée par les canons.

15. Que personne n'ose dire la messe dans une église, ou y faire un autre office, depuis le moment où l'on a commencé au chœur à chanter prime, jusqu'à la fin de la grand'messe ou de l'office qui peut la suivre.

24. Nous défendons à tous nos sujets d'engager aux juifs des calices consacrés.

31. Nous défendons aux prêtres de se charger à la fois de deux vicariats.

32. Nous défendons, sous peine d'excommunication, d'ôter un vicaire de la place qu'il occupe, sans un motif suffisant et légitime, et sans y être autorisé par le juge ecclésiastique.

35. Lorsque des ecclésiastiques consentiront à accorder la sépulture dans leurs églises à des personnes d'autres paroisses, sur la demande légale que celles-ci en auraient faite de leur vivant, ils verseront dans la quinzaine aux curés des paroisses d'où étaient ces personnes le quart des rétributions qu'ils recevront eux-mêmes à cette occasion.

38. Tout prêtre qui exercera ses fonctions sacerdotales avec de longs cheveux sera condamné à dix sous d'amende, qui se-

ront applicables ensuite à l'embellissement du chœur de la cathédrale.

58. Désirant extirper l'esprit d'avarice, qui se glisse jusque dans les pratiques les plus chrétiennes, nous interdisons à tous les supérieurs de maisons religieuses d'accepter la fonction de parrains ou de marraines.

60. Comme l'hérésie simoniaque surpasse ou égale du moins par son énormité les autres crimes commis à l'occasion des fonctions saintes, nous excommunions tous ceux qui vendent les sacrements, aussi bien que les bénédictions nuptiales et les sépultures ecclésiastiques.

62. Nous défendons à tous les fidèles, et surtout aux clercs, l'usage des sortilèges, des enchantements et de tous les autres maléfices.

71. Nous réprouvons, comme l'a déjà fait le concile de Vienne, les bégards et les béguins, qui, sous une sainteté apparente, cachent un esprit de contention et des opinions erronées.

72. Nous défendons aux clercs, sous peine d'excommunication et de suspense, les blasphèmes et les jurements.

73. Nous déclarons nuls les échanges de bénéfices accomplis sans l'autorisation de l'évêque.

80. Nous enjoignons aux abbés et aux abbesses, et à tous supérieurs de monastères et de colléges, sous peine de privation de leurs dignités, d'avoir dans l'enceinte de leurs couvents des prisons bien fermées, pour y recevoir et y garder les sujets incorrigibles.

100. Nous ordonnons aux clercs chargés de l'emploi d'aumônes qui leur auraient été laissées à distribuer par testament de le faire d'une manière publique, au lieu de n'en faire profiter que leurs parents ou leurs amis prétendus pauvres.

103. Nous voulons que l'on observe inviolablement l'ancienne coutume de notre Église de Strasbourg, qui est que les clercs lèguent à l'évêque, pour le cas de leur mort, au moins quelque chose (*fertonem*). *Marten., Thes. anecd.*, t. IV; *Conc. Germ.*

STRASBOURG (Synode de), l'an 1549, sous l'évêque Érasme. Les statuts portés dans ce synode sont divisés en 49 chapitres. Le 1er, qui traite de la foi, contient plusieurs symboles ou confessions de foi, qui y sont cités en entier, à savoir : les symboles du 1er concile de Constantinople, de celui d'Éphèse, de celui de Chalcédoine, du 1er et du IVe conciles de Tolède; l'exposition de l'enseignement de la vérité de saint Irénée, le symbole apostolique de saint Basile le Grand, et celui du pape saint Damase, puis un long commentaire, en forme de sermon, sur le Symbole des apôtres; enfin une confession de la vraie foi tirée des Soliloques de saint Augustin. Le second chapitre donne des règles sur la manière d'annoncer au peuple la parole de Dieu. Plusieurs des suivants sont pour recommander aux ecclésiastiques la lecture des livres saints. Le 8e et ceux qui viennent après ont pour objet les sacrements; le 14e, les anciennes pratiques, traditions et cérémonies de l'Église; le 15e, les heures canoniques, les prières et les lectures à faire chaque jour, enfin une citation, sur ce sujet, de la XXIe session du concile de Bâle; le 16e traite des jeûnes, avec de longs extraits du pape saint Léon; le 17e, de l'aumône; le 18e, des féries, avec des citations de saint Basile, de saint Léon et de saint Maxime. Nous négligeons de rapporter le reste, qui se trouve traité avec la même diffusion. Comme on le voit, les statuts de ce synode, contenus dans 116 pages *in-folio* des *Conciles de Germanie*, forment à eux seuls un livre volumineux sur les principaux devoirs des ecclésiastiques. *Conc. Germ.*, t. VI.

STRASBOURG (Synode de), 8 juin 1687, par Martin de Ratabon, vicaire général, qui en publia les statuts. *Biblioth. hist. de la France*, t. I.

STRENESHAL (Concile de), l'an 664. Le vénérable Bède fait mention d'un concile, ou plutôt d'une conférence tenue dans le monastère de Streneshal, en 664, sous Osui, roi de Northumbre, et le prince Alfrid, son fils. Elle fut ordonnée par Osui dans la vue de terminer les disputes qui régnaient toujours chez les Irlandais, au sujet de la célébration de la Pâque. Le roi vint à la conférence avec son fils Alfrid et deux évêques de sa nation, qui étaient comme lui dans un usage différent des Romains sur la Pâque. L'un de ces évêques se nommait Colman; l'autre, Cedde. Ils en amenèrent un troisième, nommé Agilbert, évêque des Saxons occidentaux, mais Gaulois de naissance. Il avait avec lui les prêtres Agathon, Romain et Wilfrid, et un diacre nommé Jacques. Le roi Osui, après avoir ouvert en peu de mots la conférence, commanda à Colman de parler. Il était chargé de défendre la pratique des Irlandais. « Très-ancien, dit-il, cet usage de mes anciens; il a été observé par saint Jean l'Évangéliste, avec toutes les Églises qu'il gouvernait. » Le roi commanda à Agilbert de parler; mais cet évêque, n'ayant pas l'usage de la langue du pays, pria le prince de trouver bon que le prêtre Wilfrid, qui la savait, portât la parole : ce qu'il fit en ces termes : « Nous faisons la Pâque comme nous l'avons vu observer à Rome, où saint Pierre et saint Paul ont vécu, enseigné, souffert le martyre, et où ils sont enterrés. Nous l'avons vu observer de même en Gaule, où nous avons passé pour nous instruire. Nous savons que l'Afrique, l'Asie, l'Égypte, la Grèce et toute la terre où l'Église s'étend, l'observent de même, malgré la diversité des nations et des langues. Il n'y a que les Pictes et les Bretons, dans une partie des deux dernières îles de l'Océan, qui s'obstinent à faire le contraire. » Colman insistant toujours sur l'autorité de saint Jean, Wilfrid répondit que cet apôtre observait en plusieurs points la loi de Moïse à la lettre, ne croyant pas devoir rejeter tout d'un coup des observances établies de Dieu même; que la lumière de l'Évangile ayant éclaté depuis par tout l'univers, on n'était plus assujetti à cette loi; qu'en vain Colman s'autorisait de la conduite de saint Jean, puisque, contrairement à cet apôtre, qui commençait à célébrer la Pâque le soir du quatorzième jour du premier mois, soit que ce fût un samedi ou un autre jour de la semaine, les Bretons attendaient le dimanche qui suivait le quatorzième de la lune; qu'ils n'étaient pas plus d'accord avec saint Pierre, qui célébrait la Pâque entre la quinzième lune et la vingt et unième, au lieu que les Bretons soutenaient qu'ils pouvaient la célébrer depuis le quatorzième jusqu'au vingtième, la commençant quelquefois au soir de la troisième lune, dont il n'est fait mention ni dans la loi ni dans l'Evangile; et qu'ils excluaient entièrement la vingt et unième lune, si recommandée par la loi.

Colman allégua pour sa défense les témoignages d'Anatolius, de saint Colomban et de ses successeurs. « Qu'avez-vous de commun avec Anatolius, repartit Wilfrid, puisque vous n'en suivez point les règles et que vous ne recevez pas son cycle de dix-neuf ans? Je veux, comme vous le dites, que saint Colomban ait fait des miracles; mais aussi je ne doute pas qu'il n'eût suivi les règles de l'Eglise au sujet de la célébration de la Pâque, s'il les eût connues, comme lui et ses successeurs ont suivi les commandements de Dieu, qu'ils connaissaient. » On voit ici que Wilfrid ne savait pas que saint Colomban avait été averti sur ce point, tant par les souverains pontifes que par les évêques des Gaules. « Mais pour vous, continua Wilfrid, vous êtes inexcusable, si après avoir entendu les décrets du saint-siége, ou plutôt de l'Eglise universelle, autorisés par l'Ecriture, vous les méprisez. » Il ajouta que, quelque saint que fût Colomban, son autorité ne pouvait être préférée à celle de saint Pierre, à qui le Seigneur a dit : Tu es Pierre, et sur cette pierre je bâtirai mon Eglise. Le roi Osui, frappé de ces paroles, demanda à Colman s'il était vrai que Jésus-Christ eût parlé ainsi à Pierre. Colman l'ayant avoué, le roi lui dit : « Pouvez-vous montrer que votre Colomban ait reçu un semblable pouvoir? » L'évêque ayant répondu que non, Osui ajouta : « Convenez-vous de part et d'autre que cela ait été dit principalement à Pierre, et que Jésus-Christ lui ait donné le royaume des cieux? » Tous en étant convenus, le roi dit que, puisque saint Pierre était le portier du ciel, il voulait obéir à ses ordres, de peur qu'en arrivant à la porte du royaume des cieux, il ne trouvât personne pour la lui ouvrir, si celui qui en tient les clefs lui était contraire. Ce discours du roi fut approuvé des assistants, et ils embrassèrent tous l'usage des Romains sur la célébration de la Pâque et sur la tonsure, dont il fut aussi question. Colman, voyant son parti méprisé, retourna en Irlande, résolu à se consulter avec les siens sur ce qu'il devait faire. Mais Cedde, le second évêque que le roi avait amené à la conférence pour défendre l'usage des Irlandais sur la Pâque, le quitta pour embrasser celui de l'Eglise romaine. Telle fut l'issue de la conférence tenue au monastère de Streneshal sur cette importante question. *Hist. des aut. sacr. et eccl.*, t. XIX.

STRIGONIE (Concile de), *Strigoniense*; l'an 1114. *Voy.* GRAN, même année.

STRIGONIE (Concile de), l'an 1169 Ce concile fut convoqué par Lucas Banssi, archevêque de Gran, à l'occasion des impôts que levait Etienne III, roi de Hongrie, sur les bénéfices ecclésiastiques, pour rétablir ses finances épuisées. Le roi, repris de cet empiètement par le concile, ne fut amené à la raison qu'après que le pape Alexandre III, ayant été saisi de l'affaire, eut envoyé sur les lieux un de ses cardinaux en qualité de légat, qui réussit à réconcilier le roi avec le clergé. *Mansi, Suppl.* t. II.

STRIGONIE (Concile de), l'an 1256. Dans ce concile national de toute la Hongrie, on jugea, en faveur d'un abbé de l'ordre de Saint-Benoît, une contestation élevée entre lui et l'évêque du lieu au sujet des limites de certaines paroisses. *Mansi, Suppl.* t. II.

STRIGONIE (Conciles de), années 1294 et 1382; *Voy.* GRAN, mêmes années.

STROUBINGEN (Concile de), dans la province de Salzbourg, l'an 1239, assemblé pour pacifier les différends; mais il fut dissous avant qu'on eût rien fait. *Mansi, Conc.* t. XXIII.

SUANENSIS (Synodus). *Voy.* SOANA.

SUBIACO (Concile de), *Sublacense*, l'an 1051. C'est un concile supposé, où l'on prétend que le saint pape Léon IX, s'étant fait représenter les titres du monastère de Subiaco ou Sublac, reconnut la fausseté de la plupart de ces titres, et les condamna au feu. Le fait est que ce pape, étant dans ce monastère, y convoqua les habitants du lieu, les obligea à représenter leurs titres, nota les plus faux, et en fit brûler la plus grande partie; puis confirma la juridiction du monastère de Sublac : *Sublacenses ad se convocavit in monasterio; quorum et requirens monumenta chartarum, notavit falsissima, et ex magna parte ante se igne cremari fecit. Pontificali itaque præcepto reconfirmavit monasterium Sublacum.* Chron. Sublac. tom. XXIV *Rerum ital.*, col. 932; *L'Art de vérifier les dates*, pag. 204.

SUBIACO (Synode diocésain de l'abbaye exempte de), *Sublacensis, nullius diœcesis*, 3, 4, 5 et 6 juin 1674, par le cardinal Charles Barberini, abbé commendataire. Des règlements y furent publiés sur tout le détail de la discipline ecclésiastique, et particulièrement sur la profession de foi et l'administration des sacrements. Ce sont les mêmes pour le fond que ceux de tant d'autres synodes de ce siècle. On remarquera seulement qu'il n'y est pas du tout question de l'hérésie janséniste, soit parce qu'elle n'avait pas pénétré dans ce territoire, soit à cause du silence imposé au parti par Clément IX. *Synod diœcesana insignis abbat. Sublac.; Romæ*, 1674.

SUERINENSIA (Concilia). *Voy.* SWERINENSIA.

SUESSIONENSIA (Concilia). *Voy.* SOISSONS.

SUFFÈTE (Concile de), vers l'an 524. Saint-Fulgence se trouva à ce concile, et, du consentement des évêques assemblés, céda la préséance à l'évêque *Quod vult deus*, qui la lui disputait, quoiqu'elle lui eût été adjugée précédemment à lui-même par le concile de Junque, tant était grande son humilité, et tant était vif le désir qu'il avait de conserver la paix.

SUFFÉTULA (Concile de), *Suffetulense*, l'an 418 ou environ. Cette ville était de la province de Byzacène en Afrique, sous la métropole de Carthage. Le concile de Suffétula défendit d'élever un laïque à l'épiscopat, à moins qu'il n'eût passé pendant une année par tous les autres degrés du ministère ecclésiastique. *Baluze.*

SU-TCHUEN (Synode tenu au), 2, 5 et 9 septembre, par Gabriel Taurin, évêque de Tabraca (*a*), vicaire apostolique du *Su-Tchuen* et administrateur de l'*Yun-Nan* et du *Kouey-Tcheou*. Dans sa lettre pastorale, adressée, à la suite de ce synode, à tous les missionnaires de sa juridiction, et dont le nombre total ne dépassait pas à cette époque celui de vingt, le vénérable martyr engageait ses prêtres, et par eux tous les fidèles qui lui étaient confiés, à considérer ce synode et ce qui y avait été fait comme l'équivalent d'une visite pastorale, que des obstacles de plus d'une sorte l'empêchaient d'effectuer. On voit par les actes que quatorze seulement de ses prêtres, dont treize indigènes, purent se rendre à son appel. L'évêque de Caradra, son coadjuteur, et Charles Hamel, supérieur de son séminaire, s'excusèrent d'y venir sur la distance des lieux et d'autres difficultés; néanmoins ils lui envoyèrent leurs avis par écrit. Le synode eut trois sessions, outre les congrégations ou les conférences qui les précédèrent pour préparer les matières. Les actes, qui comprennent dix chapitres, en peuvent aisément se diviser en deux parties bien distinctes : la première, où l'on traite des sacrements, et qui embrasse les neuf premiers chapitres ; et la seconde, contenue en trente-sept paragraphes, et qui a pour objet le reste de la discipline.

Première session tenue le 2 septembre.

C. 1. Le prêtre qui se sent coupable d'un péché mortel n'aura point la témérité d'administrer un sacrement, sans avoir auparavant fait un acte d'une contrition véritable, ainsi qu'il est prescrit dans le Rituel romain. Dans l'administration des sacrements, on observera exactement toutes les cérémonies, et l'on récitera fidèlement toutes les prières, puisque, selon le décret du concile de Trente, rien n'en peut être changé ni omis sans péché. On s'y préparera par la prière, et l'on ne s'y proposera que la gloire de Dieu et le salut des âmes ; on ne s'y conduira ni avec précipitation ni par routine, et l'on y paraîtra toujours en surplis et avec l'étole, à moins qu'il ne s'agisse du sacrement de pénitence, pour lequel on pourra se contenter du vêtement séculier, pourvu toutefois que ce vêtement descende jusqu'aux talons.

On n'exigera rien pour les administrer, on ne demandera rien, quelque pauvre qu'on puisse être, on ne fera rien qui témoigne qu'on désire une rétribution ; mais on donnera gratuitement ce qu'on a soi-même reçu gratuitement. On apportera de l'empressement à les administrer, sans acception de personnes riches ou pauvres, instruites ou grossières, justes ou pécheresses, et la peste ou tout autre mal contagieux ne sera point un motif qui dispense de se porter à le faire, s'il s'agit du baptême, de la pénitence, de l'eucharistie ou de l'extrême-onction. Les prêtres indigènes ne passeront aucune année sans aller à un prêtre européen, pour être exercés par lui, non-seulement à dire les paroles, mais encore à pratiquer tous les rites prescrits dans le Rituel.

C. 2. Les personnes du sexe ne pourront se dispenser, par une fausse délicatesse de recevoir les onctions et de souffrir qu'on fasse sur elles les signes usités dans le baptême. On n'omettra jamais dans le baptême des adultes les cérémonies qui les concernent particulièrement ; seulement, on pourra les baptiser toutes ensemble, si leur nombre s'élève à plus de dix. En aucun cas l'eau simplement bénite ne pourra tenir lieu de l'eau chrismale. Aucun adulte ne sera baptisé, qu'il ne sache le symbole, l'oraison dominicale, les commandements de Dieu et de l'Église, et qu'il ne soit instruit sur les principaux mystères de la foi, sur la nature et les effets du baptême, sur les dispositions qu'il faut y apporter, et sur les trois vertus théologales dont on aura soin de le former à produire des actes. S'il a des restitutions à faire, ou quelque scandale public à réparer, on ne l'admettra au baptême qu'après qu'il aura fait satisfaction. Quant aux filles qui auraient été dès leur enfance fiancées à des infidèles, on ne les baptisera point que leurs fiançailles ne soient rompues, ou que du moins elles ne soient déterminées à plutôt mourir que de se marier sans les dispenses nécessaires. Si elles sont sur le point de se marier, il vaut mieux leur différer le baptême que de s'exposer à les voir se marier ensuite sans les dispenses légitimes. On baptisera les enfants qui seront présentés par leurs parents fidèles, quand même ceux-ci seraient faibles dans la foi ; mais si la mère seule est chrétienne, c'est au missionnaire à décider selon sa prudence s'il doit baptiser ou non l'enfant qu'elle lui présente. Hors le cas du danger de mort, il n'est point permis de baptiser les enfants contre le gré de leurs parents infidèles, ni même à la demande de

---

(*a*) M. Guérin (*Manuel de l'hist. des conc.*) prétend que ce vénérable confesseur de la foi ne fut que dans la suite évêque de Tabraca ; mais les actes du synode lui donnent déjà cette qualité. Le titre de la lettre de convocation porte expressément ces mots : *Gabriel Taurinus Dei et sanctæ sedis apostolicæ gratia episcopus Tabracensis vicarius apostolicus provinciæ Sutchuensis et administrator provinciarum Yun Nans et Kouey Tcheou (Synodus vicariat. Sutch.*, p. 1, *Romæ*, 1822).

ces derniers, s'ils doivent rester sous leur puissance. S'ils sont en danger de mort, on les baptisera toujours, à moins qu'on ne le puisse rendre la religion odieuse ou provoquer contre elle une persécution. On ne tardera jamais plus de huit jours de baptiser ou d'ondoyer les enfants de fidèles nouveau-nés, sauf, s'il le faut, à leur suppléer le plus tôt possible les cérémonies de leur baptême.

C. 3. Les prêtres à qui le vicaire apostolique, en vertu de l'indult du 18 janvier 1767, accordera le pouvoir d'administrer les sacrements de confirmation, se conformeront en tout à l'instruction de la Propagande approuvée par le pape Clément XIV, et n'oublieront pas de prévenir les fidèles que l'évêque seul n'en est pas moins le ministre ordinaire de ce sacrement. Qu'ils sachent bien qu'il n'est jamais permis de faire l'onction du chrême avec la spatule ou un autre instrument, mais qu'on doit toujours la faire avec le pouce pour ne pas exposer le sacrement au danger de nullité, suivant l'opinion de plusieurs graves théologiens. On pourra, à cause des persécutions et de la difficulté des circonstances, confirmer les enfants avant l'âge de discrétion.

C. 4. On n'admettra à la communion ni les usuriers, ni les ivrognes, ni les impudiques, ni les superstitieux, ni les contempteurs des lois de l'Église, ni les sacriléges, ni les séditieux, ni les personnes inconstantes dans la foi, ni ceux qui marient leurs filles à des gentils, ou qui épousent sans dispense des femmes infidèles, ou qui sont coupables de quelque autre crime. On défendra aux parents et aux autres de s'informer curieusement des motifs qui empêchent une personne de communier, en leur faisant comprendre que ni la communion n'est un indice sûr et certain de probité ou de bonne vie, puisque des hypocrites s'en approchent quelquefois, ni l'éloignement ou plutôt le délai de la communion n'est un signe de perversité ou d'indignité, puisqu'il peut n'avoir lieu que pour mieux s'y disposer, ou n'avoir d'autre principe qu'un pieux scrupule. On se montrera d'autant plus facile à admettre les fidèles à ce céleste banquet, que rarement, dans ces contrées, l'occasion s'offre pour ceux d'y participer, et qu'ils sont exposés à plus de périls. Pour la même raison, on aura soin de les exhorter et de leur apprendre à faire la communion spirituelle, à défaut de la communion réelle dont ils sont souvent réduits à se priver des années entières. On ne permettra point aux femmes de communier, pas plus que de se confesser, sans avoir la tête voilée. Si une personne qui a communié vient à tomber le même jour en danger de mort, on la disposera à recevoir le saint viatique au moins le lendemain, pour l'accomplissement du précepte. On ne fera point non plus difficulté de porter plusieurs fois le viatique à des malades dont le danger persévère, lorsqu'ils le demandent et qu'il y a un ou deux mois qu'ils ne l'ont reçu. Pour les enfants qui tomberaient également en danger de mort, on les communiera du moment où ils pourront discerner le corps de Jésus-Christ, quand bien même ils n'auraient pas encore l'âge ordinairement requis pour cet acte important de la vie chrétienne.

C. 5. Le prêtre qui dira la messe aura soin de la lire, et non de la réciter de mémoire, pour éviter le danger de se tromper. On se contentera pour la rétribution du taux de deux cents sapèques ou deniers, fixés depuis longtemps par la coutume dans ce pays, et l'on sera obligé à restitution si l'on demande davantage. Dans le cas où une somme plus forte aurait été offerte sans paroles qui expliquent l'intention, on dira autant de messes que le suppose le montant de la somme en s'en tenant à la coutume. On ne recevra jamais des rétributions pour des messes qu'on aura soi-même imposées en pénitence. On n'acceptera d'honoraires que ce qu'on pourra acquitter dans un mois, d'après la déclaration de la congrégation du concile approuvée par Urbain VIII, ou bien il faudra recourir au saint-siége (a) pour obtenir une plus longue prorogation ; en attendant, on préviendra les fidèles de l'impuissance où l'on se trouve de satisfaire sur-le-champ à leur demande.

Deuxième session, tenue le 5 septembre.

C. 6. Les missionnaires ne se reposeront point sur les catéchistes du soin d'instruire les fidèles de ce qui concerne le sacrement de pénitence, dont l'importance surpasse en quelque sorte le baptême, parce qu'il se reçoit plus d'une fois dans la vie, et qu'il est d'ailleurs aussi nécessaire pour les personnes tombées en péché mortel après le baptême que le baptême lui-même l'est pour celles qui n'ont pas encore été régénérées (*Conc. Trid. sess.* XIV, *de Pœnit. c.* 2). Ils auront sans cesse entre les mains quelque bon livre de théologie morale outre la Bible ou le Nouveau Testament, et sous les yeux les canons pénitentiaux et les décrets des papes relatifs à ces contrées. Ils feront entre eux de fréquentes conférences sur la manière de conduire des âmes. Ils ne repousseront personne du saint tribunal, quelle qu'ait été sa vie antérieure, à moins qu'il ne s'agisse de quelqu'un qui serait notoirement excommunié. Encore l'admettront-ils dans ce cas, s'il est prêt à donner satisfaction à l'Église.

Ils avertiront de leur arrivée ou de leur présence les personnes de leur district, pour que tous puissent accomplir le devoir de la confession annuelle. Ils recevront tout le monde avec une égale bonté, et n'écarteront pas même les enfants qui se présenteraient avant d'avoir tout à fait atteint l'âge de discrétion, ou d'être instruits des premiers principes de la foi, pour les former dès le plus bas âge à ce qu'il leur faudra pratiquer toute leur vie. Ils se feront amener en conséquence, pour la confession, tous les enfants âgés de sept ans, ou tout au moins

(a) Le pape Pie VII a étendu ce délai à l'espace de deux mois pour le Su-Tchuen, le 15 janvier 1822, sur la proposition qui lui en fut faite par la Propagande.

de huit, et recommanderont aux parents de n'être pas négligents à remplir ce devoir. Ils observeront avec ponctualité les règles données par saint Charles aux confesseurs. Ils accorderont sur-le-champ l'absolution aux personnes qu'ils verront contrites, quand même ce seraient jusque-là des pécheurs scandaleux, en leur imposant toutefois une pénitence ou une satisfaction, telle que l'exigera la nature de leurs dispositions. Ils s'acquitteront de leur ministère d'une manière parfaitement désintéressée, et ils ne demanderont ni ne recevront rien à son occasion comme salaire. Ils le feront aussi d'une manière décente, auront soin que la porte de l'appartement où ils confesseront soit toujours ouverte, et qu'il y ait toujours entre eux et la personne qui se confesse, si ce n'est en cas de maladie, un treillis, soit de bois, soit de roseau, posée sur un pied de bois qui les sépare. Ils ne confesseront les femmes que de jour, ne leur permettront point de s'approcher la tête ou les bras découverts, ou la face tournée vers eux, ou la tête appuyée sur le treillis ou le guichet; et quant à eux-mêmes, ils observeront les mêmes règles par rapport à elles.

C. 7. En administrant aux femmes le sacrement d'extrême-onction, on n'omettra jamais l'onction des pieds, à moins qu'il n'y ait à craindre que les gentils n'en prennent une occasion de scandale.

C. 8. On éprouvera au moins pendant une année, avant de les admettre, les jeunes gens qui demanderont à entrer au séminaire. On attendra pour les recevoir qu'ils aient quatorze ans accomplis. On leur apprendra le latin et la théologie, et l'on excitera leur émulation par des exercices publics qui reviendront deux fois chaque année, et le vicaire apostolique s'assurera tous les ans, ou du moins tous les deux ans, de leurs progrès dans les lettres et les sciences. Chaque élève fera serment au supérieur du séminaire, tant que celui-ci jugera à propos de l'exiger, de ne servir que dans cette mission, et de ne point en sortir pour passer à une autre. Chaque élève, avant d'être promu au sacerdoce, exercera pendant au moins une année, s'il n'en est dispensé par le vicaire apostolique, l'office de catéchiste dans la société d'un missionnaire, qui l'éprouvera de nouveau, et le formera de plus en plus à la vie ecclésiastique.

Troisième session, tenue le 9 septembre.

C. 9. Les missionnaires auront bien soin qu'aucun des fidèles qui leur sont soumis n'entre dans le mariage sans être instruit comme il faut de ce qui concerne ce sacrement. Ils empêcheront de tout leur pouvoir les fiançailles qui se pratiquent avant l'âge de discrétion, et ne les permettront, dans des cas rares et exceptionnels, qu'autant qu'on laissera aux enfants à qui on les a fait contracter la liberté de les rompre quand ils seront parvenus à l'adolescence. Ils feront tous leurs efforts pour extirper l'abus de placer chez leurs fiancés, avant leur mariage, les filles fiancées, et ils ne toléreront cet usage que pour le cas d'une extrême indigence, ou qu'en considération du danger où ces filles seraient exposées de perdre la foi chez leurs propres parents. Quoique le concile de Trente n'ait pas été publié dans ces contrées, et qu'en conséquence les mariages clandestins ne soient pas nuls pour cela, ils n'en sont pas moins illicites, et on avertira les fidèles de la grièveté du péché qu'ils commettraient en les contractant, toutes les fois que, sans un grave inconvénient, ils peuvent se présenter au ministre de l'Église et recevoir de lui la bénédiction nuptiale. Quant à ceux qui auraient été forcés de se marier sans cette formalité, on les exhortera à la suppléer au plus tôt. Si des personnes fiancées ont eu commerce ensemble, elles sont dès lors réellement mariées d'après les principes du droit, et par conséquent elles ne sont plus admissibles à demander dispense de leur engagement, à moins que l'un des fiancés ne renonce à sa foi, et qu'il n'y ait danger pour l'autre de perdre la sienne. La dispense de disparité de culte ne pourra s'accorder que dans les conditions suivantes : 1° que la partie catholique ne coure aucun danger de se laisser pervertir; 2° qu'il y ait des garanties données pour que les enfants qui proviendront soient élevés dans la religion catholique; 3° qu'il y ait espérance d'amener à la vraie foi la partie infidèle; 4° qu'on ait de graves motifs pour demander une dispense de ce genre; 5° qu'il se trouve dans la contrée plus d'infidèles que de chrétiens.

D'où il suit qu'on n'admettra jamais, que dans des cas fort rares, les femmes à contracter ces sortes de mariages, et qu'en aucun cas, on ne devra jamais les conseiller à personne. Les personnes mariées à des infidèles ne seront admises à s'en séparer qu'autant que leurs époux refuseront de se convertir ou du moins de leur laisser à elles-mêmes la liberté de leur croyance. Une fois séparées, elles ne pourront contracter de nouveaux mariages qu'avec des chrétiens baptisés.

C. 10. Les missionnaires feront chaque année une retraite de cinq jours au moins, pour laquelle ils se réuniront plusieurs sous la direction de l'un d'entre eux, autant que possible. Ils ne passeront jamais dans l'oisiveté le temps qui pourra leur rester après l'exercice de leurs fonctions; mais ils l'emploieront à l'étude des saintes lettres, des canons de l'Église, des décrets du saint-siége, des cérémonies de la messe et des sacrements, des statuts propres à cette mission, de la théologie et du catéchisme romain. Ils n'auront d'entretien avec des femmes que pour des choses nécessaires, ne leur permettront point de leur parler sans être accompagnées, et ils ne se chargeront jamais, sous quelque prétexte que ce soit, d'enseigner les lettres ou d'expliquer des leçons, soit à des maîtresses d'école, soit à de jeunes personnes du sexe. Ils ne caresseront de la main aucun enfant, de quelque sexe qu'il soit, pas même sous prétexte d'empêcher ses cris. Ils ne porteront aucun vêtement de soie ou d'une couleur éclatante; leur nourriture sera frugale, et on ne les entendra jamais se plaindre de ce qui leur sera présenté. Leur équipage sera modeste, et leur train n'aura rien qui ressente le faste ou la grandeur; ils ne souffriront point qu'on leur donne les titres réservés aux gouverneurs séculiers. Ils chériront la pauvreté, à l'exemple de leur divin Maître, qui est né dans une crèche, et qui est mort sur une croix, et ils se contenteront des rétributions de leurs messes et des offrandes volontaires des fidèles. Se contentant pour eux-mêmes du strict nécessaire, ils se mettront en état de soutenir des écoles de piété, de parer des autels, de soulager des pauvres, et de subvenir aux autres besoins de la mission. Ils se rendront avec empressement partout où ils seront appelés, sans faire d'acception de riches ou de pauvres, et chercheront plutôt à se faire respecter et aimer qu'à se faire craindre. Ils ne frapperont personne, et ne permettront pas davantage à leurs catéchistes de le faire; ils n'imposeront aucune pénitence publique de leur propre autorité; mais ils se contenteront d'exiger une abjuration de ceux qui auront apostasié, et les admettront ensuite à la confession sacramentelle; ils n'exigeront de personne des billets de réparation ou des garanties d'amendement par écrit, comme cela se pratique dans les tribunaux séculiers; ils n'imposeront à personne, pas même aux riches, ni pour quelque motif que ce soit, fût-il notoire, des amendes pécuniaires ou de toute autre espèce, soit pour être distribuées aux pauvres, soit pour être employées à quelques bonnes œuvres, à moins d'en avoir reçu le mandat du vicaire apostolique. Ils ne se mêleront jamais aux discussions que les fidèles auraient entre eux pour des intérêts temporels, pas même sous prétexte de les concilier, à moins que l'une et l'autre partie ne soit disposée à s'en tenir à leur décision. En tout autre cas, ils se borneront à les détourner des choses contraires aux lois de Dieu et de l'Eglise, et les abandonneront à leur liberté pour tout le reste. Ils ne s'occuperont point de médecine, comme cela leur est défendu par les canons; ils ne tâteront le pouls de personne, et s'ils le font à des femmes, ils seront punis comme des corrupteurs. Ils ne feront aucun prêt, parce qu'en leur empruntant on a rarement l'intention de leur rendre, et qu'on se trouve ensuite empêché par la honte d'avoir recours à eux pour les sacrements. Mais ils donneront selon leurs moyens et par pure aumône à ceux qu'ils croiront dans le besoin. Ils seront sobres de demandes pour faire contribuer les fidèles à l'ornement des autels et des maisons de réunion; et lorsqu'ils se permettront d'en faire, ils n'imposeront point de taxes, mais laisseront chacun libre de donner ce qu'il voudra. Au reste, ces moyens doivent être employés de préférence pour le soulagement des pauvres, pour l'érection d'écoles chrétiennes, ou pour d'autres œuvres semblables, qui sont bien plus utiles, en même temps que plus honorables à la religion. Ils s'appliqueront à connaître leur troupeau et à détruire les scandales qui pourraient y régner; ils éviteront toutefois de rendre leur ministère odieux et vil, en épiant la conduite de chacun avec une indiscrète curiosité. Dans le cours de leurs visites, ils ne passeront aucun jour sans annoncer aux fidèles la parole de Dieu, que ceux-ci sont si rarement à portée d'entendre, et ils soutiendront leurs discours par la sainteté de leurs exemples. Ils écarteront de leurs instructions toutes les questions difficiles et subtiles, tous les détails incertains ou fabuleux; ils ne s'arrêteront point trop à des récits tirés de la vie des saints, mais ils insisteront principalement sur la doctrine, qu'ils pourront puiser dans le catéchisme romain, dans l'Evangile ou dans les Epîtres. Ils prêcheront sans donner trop d'éclat à leur voix et sans prendre un ton déclamatoire, mais sur un ton modéré et en ne se servant que d'expressions usitées. Ils apporteront tous leurs soins pour qu'il y ait partout des écoles où les enfants de chaque sexe soient instruits dans la foi et les bonnes mœurs, *comme cela se pratique dans tout le monde chrétien*, et ils feront attention à ce que les maîtres soient des gens probes et de bonnes mœurs, prudents, vigilants et parfaitement instruits des règles de la vie chrétienne. Les enfants ne seront appliqués à l'étude des livres classiques de la nation, qu'après qu'ils auront été nourris de la lecture des livres nécessaires qui concernent la religion. On ne leur en mettra aucun entre les mains qui contienne des récits superstitieux, ou des choses obscènes ou contraires aux mœurs.

On ne permettra point aux fidèles de contribuer de leur argent à des rites superstitieux. Si des gouverneurs prétendent les y forcer, ils protesteront, en acquittant leur taxe, qu'ils n'entendent contribuer qu'aux charges communes, et pour se délivrer d'injustes vexations. Ils ne participeront de même en rien au culte superstitieux des ancêtres, et si on les taxe et qu'on se serve de leur argent pour faire les frais de repas idolâtriques, ce sera indépendamment de leur propre volonté.

On ne permettra aucun contrat ni aucun prêt qui ressente l'usure, c'est-à-dire où l'on reçoive au delà de la somme prêtée, mais on se conformera sur ce point aux décisions du saint-siège (à l'encyclique *Vix pervenit* de Benoît XIV); et l'autorité du prince où les lois et les usages du pays ne sont pas des titres suffisants pour légitimer des actes que réprouve la simple équité ou la loi naturelle. Il ne faut donc pas permettre non plus ces gages usuraires appelés *antichrèse*, qui profitent au prêteur en attendant que le capital lui soit remboursé, autre espèce d'usure condamnée par un décret de la Propagande de l'an 1781.

On ne peut rien de plus sage que ces règlements. Ils sont certes une preuve incontestable, non-seulement du zèle et de la science de ces saints missionnaires, mais aussi de l'exacte discipline maintenue parmi la population fidèle de ces contrées; et les pasteurs et les peuples de l'ancien monde catholique peuvent y trouver une ample matière d'instruction. Puissent-ils du moins n'y rien trouver qui les confonde !

SUTRI (Concile de) près de Rome, *Sutrinum*, l'an 1046. Henri le Noir, roi de Germanie, fit tenir ce concile en sa présence, et y invita Grégoire VI, qui s'était mis en possession du saint-siège, après la cession simoniaque qu'en avait faite Benoît IX. Grégoire abdiqua de gré ou de force, en se dépouillant des ornements pontificaux, et en remettant le bâton pastoral. Le roi vint ensuite à Rome avec les évêques du concile de Sutri, et fit élire pape Suidger, Saxon de naissance, et évêque de Bamberg. Le nouveau pape, élu du consentement unanime des Romains et des Allemands, prit le nom de Clément II, et fut sacré le jour de Noël. Le roi Henri fut couronné empereur le même jour, et la reine Agnès, impératrice. *Reg. XXV; Labb. IX, Hard. VI.*

SUTRI (Concile de), l'an 1059. Le pape Nicolas II tint ce concile vers la fin de janvier, et y déposa son compétiteur, l'antipape Benoît. *Labb. IX.*

SUTRI (Synode diocésain de), *Sutrina*, 20 et 21 septembre 1671, par le cardinal Jules Spinola, évêque de cette ville et de Nepi. L'éminentissime prélat y publia de nombreux statuts sur les sacrements et le reste de la discipline ecclésiastique. *Constit. synodales; Ronciliome*, 1671.

SWERIN (Synode de), *Suerinensis vel Megalopolitana*, l'an 1177. L'évêque Bernon y assigna quelques terres, avec le droit de dîme, à l'abbaye de Doberan. *Conc. Germ. t. X.*

SWERIN (Synode de), dans la province de Hambourg, l'an 1492. Conrad Losten, évêque de Swerin, publia dans ce synode un corps de statuts synodaux, dont voici les plus remarquables : Les autels portatifs seront interdits désormais ; l'uniformité sera partout établie dans l'office divin ; les personnes mariées seront obligées d'habiter ensemble dans le délai d'un mois (le concile de Trente a porté depuis jusqu'à deux mois ce temps laissé à la réflexion des époux) ; l'intérêt annuel tiré d'une somme d'argent en vertu d'un acte passé sous seing privé est condamné comme usuraire. *Conc. Germ. t. V.*

SYLVANECTENSIA (*Concilia*). Voy. SENLIS.

SYNADE (Concile de), *Synadense*, vers l'an 235. Ce concile eut pour objet le baptême des hérétiques et l'hérésie des montanistes. Les évêques de Phrygie, de Galatie et de Cilicie y assistèrent, et l'on y décida que le baptême conféré par des hérétiques devait être réitéré. C'est ce qu'atteste saint Denys d'Alexandrie, qui ajoute que ce concile s'est tenu longtemps avant les conciles d'Afrique sur la même matière ; ce qui nous porte à croire que la date de l'an 256 ou 258 donnée à ce concile par le P. Labbe est tout à fait fautive. *Eusèbe, l. VII, c. 7; August. l. III contra Crescon. c. 3; Firmilian. epist. ad Cypr.*

SYRACUSANÆ (Synodi). Voy. SARAGOÇA.

SYRIE (Concile de), vers l'an 536. Dans ce concile, présidé par Euphrémius, archevêque d'Antioche, l'origénisme fut condamné, et les moines de Palestine qui le soutenaient furent frappés d'anathème. *Labb. t. V, ex lib. synodico.*

SYRIE (Conciliabule de), l'an 726, présidé par Athanase, patriarche des jacobites. Les jacobites de Syrie y effectuèrent leur union avec ceux d'Arménie. *Mansi, Conc. t. XII.* Ce concile ne serait-il pas le même que le concile de Manasgarde, dont il est question dans Mansi, t. XXV, col. 1188, à l'occasion du concile des Arméniens? Les indications qui s'y trouvent de ce dernier porteraient sa date à l'an 730, ce qui est à peu près la même chose.

SYRIE (Concile de), *Syriacum*, l'an 1115. Bérenger, évêque d'Orange et légat du saint-siège, tint ce concile après Noël. Arnoul, patriarche de Jérusalem, y fut déposé. *Labb. t. X; Anal. des Conc., t. V.*

SYRIE (Concile provincial de), l'an 1254. Odon, évêque de Frascati et légat du saint-siège, y publia une constitution contre le concubinage et contre diverses pratiques simoniaques. *Mansi, Conc. t. XXVI*

SYRIE (Concile de), 30 septembre 1736. On sait que la foi catholique s'est conservée intacte chez les Maronites, au milieu des progrès de l'hérésie et du mahométisme. Ce peuple se distingue depuis longtemps par un constant attachement à l'Église romaine. Ces peuples pauvres et simples sont gouvernés, quant au spirituel, par un patriarche et par des évêques, ou, comme l'on dit dans ce pays, des archevêques. Les diocèses de ces prélats sont aussi bornés que leurs revenus. Ils ont sous eux des prêtres de leur pays, et des missionnaires envoyés d'Occident. Car ceux-ci sont répandus dans presque toutes les parties de l'Église grecque, où ils exercent leur ministère sous la protection des puissances chrétiennes, et s'efforcent de ramener les schismatiques. Louis XIV surtout avait beaucoup favorisé ces établissements. Il s'était servi de son crédit à la Porte pour obtenir à ces missionnaires plusieurs avantages. Il leur avait même bâti des églises, et avait contribué de tout son pouvoir à leurs succès. Par leurs soins, plusieurs cantons, soit dans la partie d'Europe, soit dans les îles, soit surtout en Asie, s'étaient réunis à l'Église romaine. Pour en revenir aux Maronites, quelques abus, relatifs à la discipline, s'étant établis parmi eux, excitèrent l'attention du saint-siège. Clément XII leur envoya, suivant leurs désirs, en qualité d'ablégat, le prélat Assemani, qui était de leur pays, et qui est si connu par sa vaste érudition et par ses savants ouvrages. Il devait engager les évêques à se réunir en concile et à y prendre de concert les mesures pour faire cesser les abus dont on se plaignait. Ces évêques s'assemblèrent en effet après quelques délais. L'ouverture du concile se fit le 30 septembre. Joseph-Pierre Gazéma, patriarche maronite d'Antioche, présidait. Le prélat Assemani siégeait ensuite avec quatorze évêques maronites, deux syriens et deux arméniens, plusieurs abbés de différents monastères, des missionnaires apostoliques et beaucoup de curés et de prêtres du pays. Un des missionnaires fit le discours d'ouverture, et parla sur les objets qui devaient se traiter dans l'assemblée. On lut la lettre du souverain pontife, et l'on convint des choses à réformer. On y travailla dans six séances tenues les trois jours suivants. Le 3 octobre au soir, tout étant réglé, on finit la huitième séance par des acclamations et des actions de grâces. Nous ne rendrons pas un compte détaillé des règlements qu'on y fit, et qui avaient rapport à la situation particulière de cette Eglise et à des localités qui n'offriraient pas beaucoup d'intérêt. Le savant ablégat fut chargé de rédiger les actes et règlements du concile, qui furent envoyés à Rome. Benoît XIV en confirma les décrets, le 1er septembre 1741, et envoya depuis un nouvel ablégat pour veiller à leur exécution. Il dédommagea le patriarche de quelques revenus dont il était privé par ces décrets, et continua de procurer, comme avaient toujours fait ses prédécesseurs, des avantages spirituels et temporels à ces peuples fidèles et dociles. *Mém. pour servir à l'hist. eccl.*

SZABOLCHS (Concile de), *Szabolchense*, l'an 1092. Séraphin, archevêque de Strigonie, tint ce concile de Szabolchs dans le comté de Riga en Hongrie. Le roi Ladislas y assista, et l'on y fit de concert avec ce prince et la noblesse, un corps de lois ecclésiastiques et civiles, divisé en trois livres. *Petarsy, Concil. Hung.*, t. I; *Mansi*, t. II, col. 93.

T

TARANTAISE (Synode diocésain de), tenu à Moutiers, le 5 mai 1609, par Anastase Germoni. Ce prélat, qui était très-savant et en même temps fort zélé pour la discipline, publia dans ce synode des statuts fort détaillés, extraits pour la plupart du concile de Trente, de ceux de Florence et du Latran, et du droit canonique, qu'il divisa en cinq livres. Dans le Ier il traite de la foi, des sacrements et de divers offices ecclésiastiques; dans le IIe, des jugements et des procédures ecclésiastiques; dans le IIIe, de la vie cléricale, des bénéfices et de divers contrats; dans le IVe, de toutes les matières concernant le mariage; dans le Ve, des péchés, soit des ecclésiastiques, soit du peuple, des excommunications et des autres peines. Il déclare le Bréviaire et le Missel romains les seuls autorisés et permis dans son diocèse. *Anastasii Germonii ex Cevœ marchion. arch. et comitis Tarant. epist.*

TARDENOIS (Concile du Mont-Sainte-Marie de), *Tardanense*; V. MONT-SAINTE-MARIE.

TARENTE (Synode diocésain de), l'an 1614, par le cardinal Boniface Gaétan, archevêque de cette ville. Ce prélat y publia des constitutions rangées sous trente-neuf titres, et ayant pour objet la profession de foi, les fêtes, les sacrements, les monts-de-piété et d'autres matières semblables. *Constit. in diœc. synodo Tarentina.*

TARENTE (Synode diocésain de), l'an 1632, par l'archevêque Thomas Caraccioli, de l'ordre des clercs réguliers. Les nouvelles constitutions publiées par ce prélat ressemblent assez à celles de son prédécesseur, si ce n'est qu'elles abondent en extraits du concile de Trente. Elles sont divisées en trente-deux chapitres. *Decreta et stat. synodalia.*

TARMANE (Conciliabule de), entre l'an 740 et l'an 755, où le patriarche jacobite Jean se réconcilia avec Athanase, autre évêque jacobite. Tarmane était un bourg du diocèse de Cyr. *Mansi, Conc.* t. XII.

TARRAÇONA (Concile de), *Turiasonense*, l'an 1229. Le cardinal Jean, évêque de Sabine et légat du saint-siège, tint ce concile le 29 avril, à la tête de deux archevêques et de neuf évêques. On y déclara nul le mariage de Jacques Ier, roi d'Aragon, avec Éléonore de Castille, comme ayant été contracté entre proches parents, sans dispense. Alphonse, né de ce mariage, fut cependant déclaré légitime. *D'Aguirre, ibid.*

TARRAGONE (Concile de), *Tarraconense*, l'an 464 ou 465. Sylvain, évêque de Calahorra, ayant ordonné des évêques à l'insu d'Ascagne, archevêque de Tarragone, son métropolitain, celui-ci assembla le concile de sa province, et, de concert avec lui, en écrivit au pape saint Hilaire, pour savoir comment il fallait traiter Sylvain. Le pape, ayant examiné l'affaire dans un concile qu'il tint à Rome le 19 du mois de novembre de l'an 465, répondit par une lettre décrétale, adressée au métropolitain et à tous les évêques de la province de Tarragone, en date du 4 décembre 465, où il leur marque que, eu égard à diverses lettres qu'il avait reçues des magistrats et des principaux citoyens de plusieurs villes d'Espagne en faveur de Sylvain, et à la nécessité des temps, il lui pardonnait le passé, pourvu que dans la suite il observât les canons. *D. Ceillier*, t XV.

TARRAGONE (Concile de), en Espagne, l'an 516. Ce concile, composé de dix évêques, dont le premier était Jean de Tarragone, métropolitain, se tint le 6 novembre 516. On y fit treize canons, tant pour maintenir l'ancienne discipline, que pour prévenir certains abus.

Le 1er ordonne que les ecclésiastiques ou les moines à qui l'on permet d'assister leurs parents leur fournissent le nécessaire; qu'ils puissent les aller voir, mais qu'ils ne fassent pas une longue demeure chez eux;

et qu'ils mènent avec eux une personne d'âge et d'une probité reconnue, pour être témoin de leurs actions; que si quelqu'un contrevient à ce règlement, si c'est un clerc, il sera privé de sa dignité; si c'est un moine, il sera renfermé dans une cellule du monastère, et mis en pénitence au pain et à l'eau, en la manière que l'abbé l'ordonnera.

Le 2e défend aux clercs d'acheter à trop vil prix ou de vendre trop cher, voulant que ceux qui se mêleront de semblables commerces en soient empêchés par le clergé.

Le 3e dit qu'un clerc qui aura prêté de l'argent à un homme dans sa nécessité, pourra prendre, pour son argent, du vin ou du blé, que l'emprunteur se serait proposé de vendre lorsque le temps en serait venu; mais que, si celui à qui il a prêté n'a ni l'une ni l'autre de ces espèces, le clerc se contentera de recevoir de lui la même somme, sans aucune augmentation.

Le 4e défend aux évêques et à tous les autres clercs d'exercer aucun jugement le dimanche, ce jour devant être occupé au service de Dieu. Ils pourront néanmoins rendre des jugements les autres jours, mais jamais en matière criminelle.

Le 5e porte qu'un évêque qui n'a pas été ordonné par le métropolitain même, quoique avec sa permission, doit se présenter dans deux mois au métropolitain, pour recevoir de lui les instructions et les avis nécessaires. S'il en est empêché par quelque infirmité, il en avertira par lettres le métropolitain; mais s'il néglige de le faire ou de se présenter, il en sera repris par les autres évêques, au premier synode.

Le 6e prive de la communion de ses frères, jusqu'au futur concile, l'évêque qui ne s'est pas trouvé à celui qui avait été indiqué, supposé qu'il n'ait pas été retenu par quelque maladie.

Le 7e est un règlement pour les paroisses de la campagne. Lorsqu'elles étaient desservies par un prêtre et par un diacre, ils y demeuraient tour à tour, chacun leur semaine. Le samedi, tout le clergé de ces églises se tenait prêt pour y faire l'office le dimanche; mais, chaque jour, on disait dans ces paroisses les matines et les vêpres. Ceux qui manquaient de se trouver aux offices devaient être punis selon la rigueur des canons.

Le 8e ordonne aux évêques de visiter, tous les ans, les églises de leurs diocèses, et d'y faire les réparations nécessaires sur le tiers de tous les fruits qui leur sont attribués, suivant l'ancienne tradition.

Le 9e ordonne de chasser du clergé un lecteur ou un portier qui voudra se marier ou demeurer avec une femme adultère.

Le 10 défend aux clercs de prendre aucun salaire, à la manière des juges séculiers, pour avoir procuré la justice, si ce n'est qu'on leur fasse des offrandes gratuites dans l'église, sans rapport aux services qu'ils auront rendus. Ceux qui feront le contraire doivent être dégradés, comme le seraient des usuriers.

Le 11e défend aux moines qui vont dehors, de s'employer au ministère ecclésiastique, s'ils n'en reçoivent l'ordre de leur abbé, sans le commandement duquel ils ne doivent pas non plus se mêler des affaires séculières, à moins que l'utilité du monastère ne le demande, et en gardant, avant toutes choses, les canons des Eglises des Gaules touchant les moines.

Le 12e ordonne qu'après la mort de l'évêque qui n'aura point fait de testament, les prêtres et les diacres fassent un inventaire de tous les biens, et que, s'il se trouve quelqu'un qui en ait pris quelque chose, on l'oblige de restituer.

Le 13e dit qu'il est du devoir du métropolitain d'appeler au concile, non-seulement les prêtres de la cathédrale, mais aussi ceux de la campagne, avec quelques séculiers, du nombre des enfants de l'Eglise. Il semble que ce canon ne veut parler que du concile que l'on assemblait ordinairement pour l'ordination des évêques.

Gratien rapporte un fragment d'un concile de Tarragone, où il est dit que, comme il n'est pas permis de réitérer le baptême, on ne doit non plus conférer qu'une fois la confirmation. *Labb.*, *t.* IV; *Anal. des Conc.*, *t.* I.

TARRAGONE (Concile de), l'an 1146. Ce concile fut tenu après le mois de juin, sous le pontificat du pape Eugène III, dans l'église de Sainte-Thècle, par Bernard, archevêque de Tarragone, et ses suffragants. On y établit une confrérie dans laquelle le pape Eugène et saint Bernard se firent recevoir. *Baluze*, *l.* IV *Marcæ Hispan.*; *Anal. des Conc.*, *t.* V.

TARRAGONE (Concile de), l'an 1180. Bérenger, archevêque de Tarragone, tint ce concile avec ses suffragants et une partie de son clergé. Il commença le 24 juin, et ne finit que le 18 octobre. On y supprima le calcul de l'ère d'Espagne, et l'on y arrêta que désormais on mettrait dans les actes publics l'année de l'incarnation de Jésus-Christ, avec défense d'employer, comme par le passé, les années des rois de France; ce qui néanmoins ne fut pas si bien observé qu'on ne vît encore, en 1184, un traité entre Alphonse, roi d'Aragon, et Raimond, comte de Toulouse, daté du règne de Philippe-Auguste. *Anal. des Conc.*, *t.* V.

TARRAGONE (Concile de), l'an 1230. Sparagus, archevêque de Tarragone, tint ce concile le 1er mai avec ses suffragants. On y fit cinq canons qui n'ont point encore vu le jour, et dont le dernier défend les joutes dans l'enceinte et les dépendances des monastères. *D'Aguirre*, *t.* V; *L'Art de vérifier les dates*, pag. 219.

TARRAGONE (Assemblée de), l'an 1234. Jacques, roi d'Aragon, de concert avec les évêques, porta dans cette assemblée une loi contenue en vingt-six articles, par laquelle il attribue aux évêques seuls ou à leurs délégués le jugement des personnes suspectes d'hérésie. *Mansi*, *Conc.* t. XXIII.

TARRAGONE (Concile de), l'an 1240.

L'archevêque Pierre Albalatius tint ce concile le 8 mai. On y dressa un règlement en quatre articles, dont le second défend à tous les évêques de la province de souffrir que l'archevêque de Tolède exerce aucun acte de juridiction en passant dans leur diocèse. On ajoute que si ce prélat fait dorénavant de pareilles entreprises, les lieux où il les fera seront interdits tant qu'il y restera, et que lui-même sera excommunié. *Baluze, lib.* IV *Marcœ Hisp.; D'Aguirre, t.* V, *pag.* 189.

TARRAGONE (Concile de), l'an 1242. L'archevêque Pierre Albalatius tint ce concile le 13 mai, avec les évêques de Tortose, d'Urgel et d'Huesca, sur la manière de rechercher les hérétiques, de les punir et de les absoudre lorsqu'ils abjurent leurs erreurs. On y fit de plus quatre canons sur la discipline.

1. Les évêques et les clercs se rendront au concile provincial.

2. Les évêques et leurs officiaux rendront la justice *gratis.*

3. Aucun prêtre ne dira plus d'une messe par jour, excepté celui de Noël.

4. Un curé pourra néanmoins en dire deux, quand il aura deux églises, dont l'une dépendra de l'autre. *Baluze, lib.* IV *Marcœ Hispan. D'Aguirre, t.* V, *pag.* 193.

TARRAGONE (Concile de), l'an 1243. Il est fait mention de ce concile dans le recueil des constitutions de la province de Tarragone. *D'Aguirre, Conc. Hisp. t.* IV.

TARRAGONE (Concile de), l'an 1244. L'archevêque Pierre Albalatius tint ce concile le 12 janvier, assisté des évêques de Tortose, de Lérida, de Saragosse, de Pampelune et de Barcelone; les autres suffragants y envoyèrent leurs procureurs. On y recommanda l'exécution des décrets du dernier concile de Latran et de celui de Lérida tenu en 1229. On excommunia tous ceux qui feraient des associations illicites, et ceux qui s'empareraient des biens ou de la personne des clercs. *Baluze, Marcœ Hispan. lib.* IV.

TARRAGONE (Concile de), l'an 1246, tenu par le même archevêque et six de ses suffragants. On y confirma les décrets du concile précédent, en bornant l'excommunication à ceux qui de propos délibéré violeraient les exemptions ecclésiastiques. *D'Aguirre, t.* III.

TARRAGONE (Concile de), l'an 1247. L'archevêque Pierre Albalatius et six autres évêques tinrent ce concile le 1er mai. On y confirma l'excommunication contre ceux qui prenaient par violence les personnes et les biens ecclésiastiques, et on y décida que les Sarrasins qui demandaient le baptême demeureraient quelques jours chez le recteur de l'église, pour éprouver leur conversion. *Baluze, lib.* IV *Marcœ Hispan.*

TARRAGONE (Concile de), l'an 1248. Pierre Albalatius, archevêque de cette ville, tint ce concile. On y pourvut à la sûreté des biens des évêques de la province après leur mort, en statuant qu'ils seraient déposés entre les mains d'une personne de probité, qui en rendrait compte ensuite au successeur du défunt. *Edit. Venet., t.* XIV; *Baluze, Marcœ Hispan. lib.* IV.

TARRAGONE (Concile de), l'an 1249. On s'y occupa de demander la canonisation de saint Raymond de Pennafort. *Conc. t.* XIV.

TARRAGONE (Concile de), l'an 1253. L'archevêque Benoît tint ce concile le 8 avril. On y régla que les évêques pourraient absoudre les excommuniés de leur diocèse, les archevêques tous ceux de leur province, et on y accorda aux prêtres la faculté de s'absoudre réciproquement de l'excommunication mineure. *Baluze, Marcœ Hispan. lib.* IV; *d'Aguirre, t.* V, *p.* 196.

TARRAGONE (Concile de), l'an 1256. Il est fait mention de ce concile dans le recueil des constitutions de la province de Tarragone. *D'Aguirre, Conc. Hisp. t.* IV.

TARRAGONE (Concile de), l'an 1266. Benoît, archevêque de Tarragone, tint ce concile avec ses suffragants, le premier novembre. On y fit trois canons contre les voleurs des biens d'église, et contre les assassins ou les détenteurs des ecclésiastiques. *Martène, veter. Mon. t.* VII, *pag.* 171, *ex mss. cod. Colbert; Mansi, t.* II, *col.* 1243.

TARRAGONE (Conciles de), en 1273 et 1277. Il est fait mention de ces deux conciles dans le recueil des constitutions de la province de Tarragone. *D'Aguirre, Conc. Hisp., t.* IV.

TARRAGONE (Concile de), l'an 1279. Bernard, archevêque de Tarragone, tint ce concile le 7 décembre, avec plusieurs autres évêques et abbés, pour demander au pape Nicolas III la canonisation de Raymond de Pennafort, troisième général de l'ordre des frères prêcheurs, qui ne reçut néanmoins cet honneur que le 29 avril de l'an 1601, sous le pape Clément VIII. *Reg.* XXVIII; *Lab.* XI; *Hard.* VIII; *d'Aguirre, t.* V.

TARRAGONE (Concile de), l'an 1282. Bernard, archevêque de Tarragone, tint ce concile avec six de ses suffragants. On y renouvela les statuts qui avaient été faits dans les deux conciles tenus précédemment dans la même ville et sous le même archevêque, de sorte qu'on ne doit regarder les actes de ce troisième que comme la collection de ceux des deux autres, à quelques réformes près. *Mansi, Suppl. t.* III.

TARRAGONE (Concile de), l'an 1291. Il est fait mention de ce concile dans le recueil des constitutions de la province de Tarragone. *D'Aguirre, Conc. Hisp., t.* IV.

TARRAGONE (Concile de), l'an 1292. Rodrigue, archevêque de Tarragone, tint ce concile avec ses suffragants, le 15 mars, par l'ordre exprès du pape Nicolas IV. On y fit les règlements qui suivent:

1. On confirme toutes les constitutions des archevêques de Tarragone qui furent jamais faites pour la défense des personnes et des biens du clergé, tant séculier que régulier.

2. On ordonne à tous les clercs de porter l'habit, la tonsure et la couronne convenables à leur ordre, sous peine de privation de l'entrée de l'église.

3. On prononce l'excommunication contre

tout clerc, séculier ou régulier, qui en aura *défié* ou fait *défier* un autre, *qui diffidaverit, acunydaverit seu acunydari fecerit vel procuraverit*; c'est-à-dire, qui se sera retiré de l'obéissance ou redevance qu'il doit à un autre, par un acte légal et juridique; qui se sera déclaré son ennemi; qui l'aura provoqué ou fait provoquer, etc.

4. Les clercs parjures seront punis par une amende.

5. Les clercs excommuniés, qui passeront six mois sans se faire relever de l'excommunication, seront pareillement punis par l'amende; et s'ils passent un an entier, on les privera de leurs offices et bénéfices.

6. Même peine de l'amende contre les ecclésiastiques qui administrent quelque sacrement que ce soit à un fidèle d'une autre paroisse sans la permission de son curé, excepté le baptême et la pénitence, qu'ils pourront donner librement dans le cas de nécessité.

7. On privera de l'entrée de l'église tous les évêques suffragants de Tarragone, qui souffriront, sans opposition, que l'archevêque de Tolède, ou tout autre, fasse porter la croix devant lui, ou use du *pallium*, ou accorde des indulgences en passant par leurs diocèses.

8. On punira les hérétiques comme il convient.

9. Les vagabonds qui se disent apôtres ou religieux seront pris et chassés de la province.

10. Les clercs séculiers et réguliers qui agiront contre les immunités et les privilèges de l'église seront excommuniés et privés de leurs bénéfices.

11. On défend aux laïques de rien exiger du clergé séculier ou régulier, en certains jours de l'année, comme repas, blés ou autres denrées.

12. On observera la constitution du pape Boniface VIII, qui commence par *Alma mater*, quant à la cessation de l'office divin.

13. Les évêques auront soin de faire des informations sur l'accomplissement des testaments, dans le cours de leurs visites.

14. On observera le droit touchant les usures et les restitutions. *D. Martène, vet. monum. t. VII; Mansi, Suppl. t. III, col. 237.*

TARRAGONE (Concile de), l'an 1294. L'archevêque Rodrigue assembla ce concile. On y fit une constitution qui n'a pas encore vu le jour. Elle est en six articles, dont le quatrième défend le repas que les paroissiens exigeaient de leur curé à certains jours de l'année. *L'Art. de vérif. les dates.*

TARRAGONE (Concile de), l'an 1305. Rodrigue, archevêque de cette ville, y publia, le 22 février, une constitution en trois articles, qui n'a pas encore vu le jour. *Dom Ursin. Durand*, cité par l'auteur de l'*Art de vérifier les dates, pag. 227.*

TARRAGONE (Concile de), l'an 1307. Ce concile fut célébré par Guillaume, archevêque de Tarragone, et ses suffragants. On y publia une constitution qui n'a pas encore vu le jour. Elle est en deux articles, dont le second ordonne que les legs faits aux frères mineurs seront appliqués à d'autres par l'ordinaire, attendu qu'ils sont incapables d'en recevoir. *L'Art de vérifier les dates, pag. 227.*

TARRAGONE (Concile de), l'an 1312. Guillaume de Roccaberti, archevêque de Tarragone, tint ce concile avec ses suffragants, et y déclara, après un mûr examen, les templiers de sa province innocents de tous les crimes dont on les accusait. *D'Aguirre, t. V, sur un manuscrit catalan de Joseph Blanch, chanoine et chartophylax de l'église de Tarragone, intitulé: Archiepiscopologium S. metropolitanæ ecclesiæ Tarraconensis.*

TARRAGONE (Concile de), l'an 1317. Ce concile provincial, qui fut célébré le 22 février, publia les sept statuts suivants:

1. On prendra les béguins et les béguines, et on les chassera de la province, s'ils ne veulent pas quitter l'habit qui les distingue.

2. Ils n'auront aucun livre théologique en langue vulgaire.

3. Ceux qui font profession du tiers-ordre de Saint-François ne demeureront ensemble qu'aux termes de la bulle du pape Nicolas III, qui le leur permet.

4. On n'exigera et on ne recevra le vœu de virginité d'une fille que selon le droit canonique.

5. Tout bénéficier qui engagera les biens de son bénéfice sous le sceau royal sera excommunié par le seul fait.

6. Les chanoines et les bénéficiers communieront deux fois l'année.

7. Tous les clercs, mariés ou non, porteront la tonsure et l'habit clérical; ils s'abstiendront de tout trafic et de toute espèce d'usure, de tout métier indécent. On leur permet néanmoins de faire des courses sur mer contre les infidèles, et de faire la guerre pour leur propre défense ou celle de leurs églises. *Martène, Veter. monum. t. VII, pag. 305; Mansi, t. III, col. 397.*

TARRAGONE (Concile de), l'an 1323. On y publia quelques décrets contre les usurpateurs des droits de l'Église. *Mansi, Suppl. t. IV.*

TARRAGONE (Concile de), l'an 1329. Jean, patriarche d'Alexandrie, et administrateur de l'église de Tarragone, tint ce concile avec les suffragants de cette métropole, le 26 février. On y renouvela les statuts des conciles qui s'étaient tenus précédemment à Tarragone et en d'autres villes d'Espagne. On en fit autant dans quelques autres conciles tenus ensuite à Tarragone par le même patriarche, et par Arnauld, son successeur. *Martène, Thes. IV, p. 283.*

TARRAGONE (Concile de), fin de janvier 1331. Jean, patriarche d'Alexandrie et administrateur de l'église de Tarragone, tint ce concile provincial, où il fit les quatre ou cinq constitutions dont voici l'abrégé.

1. « L'administrateur d'une église dont le siège est vacant, n'établira point sa demeure dans le palais épiscopal; il ne retirera aucun acte des archives que par besoin et en présence de deux membres du chapitre, et il les remettra aussitôt après s'en être servi. »

2. « Les prélats et les clercs peuvent librement porter leurs revenus d'un lieu à un autre, et les seigneurs temporels n'ont rien à prélever sur leurs dîmes. »

3. « Les évêques dénonceront excommuniés ceux qui exigent le payement des usures, ou qui en empêchent la restitution. »

4. « Les évêques qui ne pourront pas venir au concile, ne devront point nommer pour leurs procureurs ceux de leur chapitre, et les abbés ne choisiront pour cet office que des religieux de leur ordre. »

Le cardinal d'Aguirre n'a pas produit d'autres constitutions de ce concile que les quatre que nous venons d'analyser. Schram, ou peut-être Carranza, dont il a donné le supplément, y en a joint cependant une cinquième, dont il présente ainsi l'analyse.

5. « Chaque évêque, à sa mort, laissera à l'église qu'il aura gouvernée une chapelle entière bien fournie, ou cent florins d'or pour en faire l'achat. » *Carranzæ Summ. Conc. ed. Schram*, t. III; *Conc.*, t. XV; *D'Aguirre*, t. III.

TARRAGONE (Concile de), vers l'an 1332. Le même prélat tint ce nouveau concile provincial, où il publia les cinq constitutions suivantes.

1. « Ceux qui *défient (diffidantes)* des gens d'église, ou qui font la guerre, soit à leurs personnes, soit à leurs biens, sont frappés d'excommunication, et leurs terres soumises à l'interdit. »

2. « Personne ne donnera asile, ou ne fera l'hospitalité à ceux qui auront été dénoncés et publiquement excommuniés pour avoir envahi des biens ou des gens d'église. Les officiaux ne recevront rien pour prix de l'information qu'ils auront faite des causes de ce genre. »

3. « Défense à un clerc bénéficier de prendre en main la cause d'un laïque en procès avec l'Eglise. »

4. « Ceux qui demeurent chez des prélats ou d'autres ecclésiastiques en qualité de domestiques ou de familiers ne pourront redemander aucun salaire après la mort de leurs maîtres, à moins qu'ils ne prouvent que ce salaire leur a été promis, ou qu'ils ne l'aient réclamé en justice de leurs maîtres eux-mêmes, lorsque ceux-ci vivaient encore. »

5. « Les seigneurs qui empêchent les gens d'église sur leurs domaines des maisons ou des greniers pour y ramasser leurs revenus sont frappés d'anathème. » *Ibid.*

TARRAGONE (Concile de), l'an 1336. L'archevêque Arnaud tint ce concile, où il fit défense entre autres aux ecclésiastiques de souffrir des malfaiteurs ou des bannis dans les lieux dépendants de leur juridiction. Il y défendit aussi d'admettre à recevoir la tonsure ceux qui ne paraissent pas être dans l'intention de se faire dans la suite promouvoir aux ordres sacrés. Enfin, il y fixa le prix dont devaient être, sans pouvoir le dépasser, les habillements des clercs. Dans un autre concile, le même prélat résolut quelques doutes qu'on avait élevés au sujet des constitutions portées contre les envahisseurs dans les conciles précédents. *Conc.* t. XV; *Schram*, t. III.

TARRAGONE (Concile de), l'an 1354, par Sanche d'Ayerbe. Il est fait mention de ce concile dans les *Constitutions provinciales Tarragonaises*, données par Jean Terez dans le concile qu'il tint lui-même en 1591. *D'Aguirre, Conc. Hisp.* t. IV.

TARRAGONE (Conciles de), l'an 1364 et 1367, par Pierre Clasquerin. Il en est également fait mention dans les Constitutions citées à l'article précédent.

TARRAGONE (Conciles de), l'an 1402, 1411 et 1424. Il est fait mention de ces conciles dans le recueil des constitutions de la province de Tarragone. *D'Aguirre, Conc. Hisp.* t. IV.

TARRAGONE (Concile provincial de) tenu à Barcelone, l'an 1517, par Pierre de Cardona, métropolitain de la province. Ce concile est aussi mentionné dans les Constitutions de la province de Tarragone, livre IV, t. VIII, c. 2.

TARRAGONE (Concile de la province de) tenu à Barcelone, l'an 1564. On y reçut le concile de Trente. *D'Aguirre, Conc. Hisp.* t. IV.

TARRAGONE (Concile de) tenu à Barcelone, l'an 1584. Il en est fait mention dans le recueil des constitutions de cette province. *D'Aguirre, Conc. Hisp.* t. IV.

TARRAGONE (Concile de), l'an 1591. Jean Terez, archevêque de Tarragone, y publia le recueil des constitutions de sa province, divisé en cinq livres. *D'Aguirre, Conc. Hisp.* t. IV.

TARRAGONE (Concile de), l'an 1592. Le même prélat y déclara non obligatoire une partie des constitutions dont il avait donné la collection l'année précédente; et il fit l'énumération de ces constitutions qui n'avaient plus force de loi. *D'Aguirre, Ibid.*

TARSE (Concile de), *Tarsense*, l'an 431 ou 432. Ce fut un conciliabule qu'assembla Jean d'Antioche avec Alexandre d'Hiéraple et quelques autres évêques de son parti, en passant par Tarse, à leur retour du concile d'Ephèse. Il entreprit de nouveau de déposer saint Cyrille, et avec lui les sept évêques que le concile d'Ephèse avait députés à l'empereur Théodose, et qui avaient été appelés à Constantinople pour l'ordination de Maximien. Théodoret et les autres Orientaux qui se trouvèrent à ce conciliabule promirent de ne consentir jamais à la déposition de Nestorius. Ils renouvelèrent cette promesse dans un concile nombreux, que Jean tint à Antioche, aussitôt après son retour, et prononcèrent une troisième sentence de déposition contre saint Cyrille; mais enfin la paix se fit entre eux, Jean d'Antioche ayant condamné la doctrine de Nestorius, et saint Cyrille ayant approuvé la confession de foi que les Orientaux avaient faite, d'un commun consentement, dans un concile que Jean avait assemblé à Antioche.

TARSE (Concile de), l'an 435. Les évêques de la première Cilicie, ayant à leur tête Helladius, métropolitain de Tarse, reçurent solennellement dans ce concile les décisions d'Ephèse, anathématisèrent Nestorius, et adoptèrent la paix faite entre saint Cyrille et Jean d'Antioche.

TARSE (Concile de), l'an 1177. Ce concile est daté de l'an 626 de l'ère des Arméniens, ce qui répond à l'an de Jésus-Christ 1177, après le 9 juillet (ou plutôt à l'an 1180, époque de la mort de l'empereur Manuel, qui arriva pendant la tenue du concile). Ce fut Léon, roi d'Arménie, qui convoqua ce concile, au sujet des propositions que les Grecs avaient faites aux Arméniens pour se réunir à eux. On voit par ce concile que les Arméniens étaient alors très-attachés à l'Eglise romaine. Ils refusèrent aux Grecs de se servir, comme ceux-ci l'ont toujours fait, de pain levé dans le saint sacrifice, en même temps qu'ils convinrent d'y mêler à l'avenir de l'eau au vin, ce qu'ils n'avaient pas fait eux-mêmes jusque-là; et ils exhortèrent les Grecs à se réconcilier comme eux avec le siége de Rome, où s'était assis le chef des apôtres. *Galanus, Conciliat. eccles. Armenæ cum Rom. t. I; Mansi, t. II, col. 679.* RICH.

TARVISINÆ (Synodi). Voy. TRÉVISE.
TAURIACENSE (Concilium). Voy. TOURY.
TAURINATENSIA (Concilia). Voy. TURIN.

TEGERNSEI (Concile de), *Tegernscense,* l'an 804. Ce concile fut tenu le 16 juin dans le monastère de ce nom situé dans le diocèse de Frisingue. Atton, évêque de cette ville, se plaignit de ce que les religieux de ce monastère s'attribuaient des églises paroissiales qui lui appartenaient à lui-même, et les moines, n'ayant pu rien produire pour leur défense, furent obligés de les rendre à l'évêque. *Hartzheim, t. II; Mansi, t. I, col. 747.*

TELA (Conciliabule de), l'an 759, où Athanase, évêque jacobite de Sandale, se fit élire métropolitain. *Mansi, Conc. t. XII.*

TELLE (Concile de) ou Télepte, *Teleptense,* l'an 418. Ce concile se tint le 24 février dans l'église des Apôtres. Il s'y trouva trente-trois évêques, présidés par Donatien, qui est appelé dans les actes évêque du premier siége et de la ville de Télepte. On y lut deux lettres du pape Sirice, et l'on y fit quelques ordonnances, tirées pour la plupart de ces lettres mêmes du pape.

La 1re porte qu'on n'admettra point dans le clergé celui qui, après le baptême, aura été enrôlé dans la milice séculière;

La 2e, que l'évêque sera ordonné par trois évêques, du consentement des autres, qui le donneront par écrit, et du métropolitain ou primat;

La 3e, qu'un seul évêque ne pourra en ordonner un autre, si ce n'est dans l'Eglise romaine;

La 4e, que les évêques, les prêtres et les diacres vivront dans la continence;

La 5e, que les évêques nommés pour juger une affaire détermineront le lieu de l'assemblée;

La 6e, qu'un évêque qui, après avoir été sommé deux ou trois fois de se présenter devant le concile, négligera de le faire, sera suspendu de la communion des autres évêques;

La 7e, qu'un clerc n'épousera point une veuve, et que celui qui, étant laïque, en aura épousé une, ne sera point admis dans le clergé;

La 8e, qu'une église ne recevra pas un clerc chassé d'une autre église;

La 9e, que l'on recevra, par l'imposition des mains, ceux qui reviennent de l'hérésie des novatiens ou montagnards;

La 10e, que tout le monde observera les décrets des anciens conciles. *Anal. des Conc., t. I.*

TELUJES (Concile de) ou d'Arlas, *Arulense,* l'an 1047. Le concile de Telujes au diocèse d'Elne est rapporté dans la Collection générale des conciles à l'an 1027. Mais l'auteur de la nouvelle Histoire du Languedoc fait voir qu'il ne fut assemblé qu'en 1047, la dernière année de la vie d'Olives, évêque d'Ausone ou de Vic, qui présida à ce concile en l'absence de Bérenger, évêque diocésain, qui était allé visiter les saints lieux. Baluse en a donné les actes dans ses additions au vingt-quatrième chapitre du quatrième livre de la Concorde du sacerdoce et de l'empire; et c'est de là qu'ils ont passé dans les recueils des conciles. Ces actes portent que, dans tout le comté de Roussillon, personne n'attaquera son ennemi depuis l'heure de none du samedi jusqu'au lundi à l'heure de prime, afin que chacun puisse rendre au dimanche l'honneur convenable; qu'il ne sera permis non plus à personne d'attaquer en quelque manière que ce soit un clerc ou un moine marchant sans armes, ni un homme allant à l'église ou en revenant, marchant avec des femmes; ni une église ou les maisons d'alentour à trente pas. Cette défense est convertie en anathème. Il est défendu sous la même peine de s'emparer des biens des églises ou des monastères; d'épouser sa parente jusqu'au sixième degré, et de communiquer avec des excommuniés, c'est-à-dire de leur parler, de boire et de manger avec eux, et de leur donner le baiser de paix; et, au cas qu'ils meurent dans l'excommunication, de leur donner la sépulture et de prier pour eux. Mais le concile ordonne des prières publiques pendant trois mois pour la conversion des excommuniés. *Hist. des aut. sacrés et eccl., t. XXIII.*

TERNI (Synode diocésain de), *Interamnensis,* l'an 1567, le 7 septembre. On y publia divers règlements sur les devoirs des chanoines, des curés et des autres clercs, des réguliers et des religieuses, et pour la bonne administration des sacrements. *Constit. synodalis s. Eccl. Interamnatis, Romæ,* 1568.

TEROUANNE (Synode de), *Morinensis seu Tervanensis,* l'an 839. On y confirma des priviléges accordés à l'abbaye de Saint-Bertin par l'empereur Louis le Débonnaire, en même temps que l'acte par lequel le monastère de Saint-Omer devait dépendre de cette abbaye. *J. Iperius, Chron. S. Bertin; Conc Germ. t.* II

TEROUANNE (Synode de), l'an 1144. L'évêque Milon y changea le collège de chanoines séculiers de l'église d'Ardée en une abbaye de chanoines réguliers. *Conc. Germ. t.* X.

TEUVER (Conciles de). *V.* Tribur.

THEATINA (Synodus), ou Synode de Chieti, l'an 839. Théodoric, archevêque de Chieti, y mit des chanoines en possession d'une église et de quelques terres. C'est ainsi que nous avons cru pouvoir entendre l'acte de donation, qui est fort obscur. *Mansi, Conc. t.* XIV.

THENISE (Concile de) ou Thènes, dans la Byzacène, vers l'an 411 ou 418. Baluze donne trois canons comme publiés dans ce concile.

Il est dit dans le premier que si l'on a appelé des juges que le primat aura nommés, on en nommera un plus grand nombre, et que, s'il y a encore appel, l'affaire sera portée au concile, pour y être jugée.

Le deuxième est le même que le premier de Tusdre.

Le troisième ne veut pas que celui qui est coupable de crime puisse servir d'accusateur. *Hist. des aut. sacr. et eccl., t.* XII.

THEODISIOPOLIS (Conciles de). *Voy.* Charne.

THEODONIS VILLAM (Concilia apud). *Voy.* Thionville.

THEODORICUM (Concilium apud Sanctum). Voy. Thierry.

THESSALONIQUE (Concile de), l'an 390. On y condamna l'hérésie de l'évêque Bonose, qui prétendait que la sainte Mère de Dieu avait cessé d'être vierge depuis son enfantement. On consentit cependant à reconnaître les prêtres qui avaient été ordonnés par cet hérésiarque. *S. Ambr., ep.* 78 *et* 79.

THESSALONIQUE (Concile de), vers l'an 455. Ce fut l'empereur Léon qui ordonna la convocation de ce concile, tenu par Eudoxe, évêque de cette ville. On y anathématisa Eutychès, Dioscore et Timothée, et l'on appuya les décrets du concile de Chalcédoine. *Labb. t.* IV.

THESSALONIQUE (Concile de), l'an 518. Ce concile fut assemblé par l'ordre du pape Hormisdas, pour la confirmation de celui de Chalcédoine; mais les partisans de l'erreur mirent le feu pendant la nuit à l'édifice où étaient réunis les évêques, au point que plusieurs d'entre eux en reçurent les atteintes. Cet événement dissipa l'assemblée. *Labb. t.* IV.

THESSALONIQUE (Conciles de), l'an 650. Paul, évêque de Thessalonique, infecté du monothélisme, tint deux conciles en faveur de cette hérésie. Dans le premier, il dressa une exposition de sa doctrine, qu'il envoya au pape saint Martin, avec une lettre synodique pour la défendre. Le pape lui ayant renvoyé deux députés, avec ordre de lui faire signer une profession de foi catholique, Paul la signa dans un nouveau concile qu'il convoqua à ce sujet, mais après l'avoir tronquée en un point essentiel. *Anal. des Conc., t.* V.

THEVESTE (Concile ou concil iabule de) en Numidie, l'an 362. Nous ne connaissons ce concile que par saint Optat, qui en parle à l'occasion des violences que les donatistes exercèrent contre les catholiques, en 362. Ces schismatiques, souhaitant d'être rappelés de leur exil, présentèrent à cet effet une supplique à Julien l'Apostat, demandant qu'ils fussent remis en possession des églises que Constantin leur avait ôtées, et rétablis dans leur ancien état. Julien le leur accorda d'autant plus volontiers, qu'il prévoyait que, retournant en Afrique pleins de fureur contre les catholiques, ils mettraient le trouble dans l'Eglise, et occasionneraient par là la ruine du christianisme. Il était bien honteux aux donatistes qu'entre tous les empereurs aucun ne leur eût été favorable que l'ennemi déclaré de l'unité, de la paix et de la foi de l'Eglise, et que le chemin de leur patrie ne leur eût été ouvert qu'en même temps que les démons se réjouissaient de voir ouvrir leurs temples. Ils y retournèrent la rage dans le cœur; ils y firent la guerre aux catholiques, chassèrent les évêques de leurs sièges, s'emparèrent des églises à main armée, et commirent des cruautés si inouïes et en tant d'endroits, que les magistrats furent obligés d'en informer l'empereur.

Saint Optat rapporte, entre autres, celles qu'ils firent souffrir aux catholiques de Lemelle dans la Mauritanie de Stèfe. Félix de Diabe ou Zabe, et Janvier de Flumenpisce, tous deux évêques donatistes, étant allés en diligence et bien accompagnés en cette ville, dans le dessein de s'emparer de l'église du lieu, la trouvèrent fermée, et les catholiques en dedans. Comme ils ne purent s'en faire ouvrir les portes, ils commandèrent à leurs gens de monter sur le toit, d'en découvrir les tuiles, et de les jeter sur ceux qui y étaient enfermés. L'ordre fut aussitôt exécuté. Les diacres catholiques qui se trouvaient dans l'église se mirent en état de défendre l'autel; mais plusieurs furent blessés et deux tués à coups de tuiles. Primose, évêque catholique de Lemelle, se plaignit de cette violence dans le concile de Theveste. Les donatistes l'écoutèrent, mais ne lui rendirent aucune justice. C'est tout ce que nous savons de ce concile.

THEVIS (Concile de) ou Thévin, en Arménie, *Thevinense*, l'an 536. Ce fut un faux concile, mais qui est remarquable, parce qu'il sert d'époque au schisme de l'Eglise d'Arménie. Le concile de Chalcédoine ayant condamné l'hérésie d'Eutychès, les Arméniens s'imaginèrent que c'était la vérité qui y avait été proscrite; et comme ils étaient d'ailleurs indisposés contre les Romains, ils en prirent occasion de faire schisme, en se séparant de l'Eglise de Rome. Ils tinrent donc à ce sujet un concile à Thévis, où ils approuvèrent le monophysisme, et élurent un *catholique*, c'est-à-dire un archevêque indépendant ou patriarche d'Arménie. *Anal. des Conc., t.* V.

THÈVES (Conciliabule de) ou Thévin, *Theimense*, vers l'an 562. Chapiéghin, *catho-*

lique, c'est-à-dire patriarche des Arméniens hérétiques, tint cette assemblée d'évêques de sa secte, où l'on approuva l'addition faite au Trisagion de ces mots : *Qui avez été crucifié pour nous,* addition qui impliquait l'erreur des patripassiens. *Mansi, Conc. t.* IX.

THIERRY (Concile de SAINT-), *apud Sanctum Theodoricum,* l'an 953. Artaud, archevêque de Reims, ayant convoqué un concile à Saint-Thierry, dans son diocèse, y cita le comte Regenold, qui, après avoir usurpé quelques terres de l'église de Reims, faisait des ravages dans celles dont il ne s'était pas emparé. Le comte, craignant l'excommunication, engagea le roi à écrire au concile en sa faveur. On suspendit donc pour lors la censure dont il avait été menacé; mais comme il recommença ses ravages, Odalric, successeur d'Artaud, prononça contre lui, en 966, la sentence d'excommunication. *Hist. des auteurs sacrés et ecclés.*, *t.* XXII.

THIONVILLE (Concile de), *apud Theodonis villam*, l'an 821. Ce concile se tint au mois d'octobre, et fut composé de trente-deux évêques des provinces de Mayence, de Cologne, de Trèves et de Reims, avec les députés absents. Mansi soutient, contre Hartzeim et D. Ceillier, que ce concile fut tenu vers la fin de l'an 813; qu'il ne s'y trouva que vingt-deux évêques, et que les lois qu'il fit furent confirmées par un édit de l'empereur Charlemagne et de Louis le Débonnaire, son fils, qu'il avait associé à l'empire au mois de septembre de la même année (*Mansi, t.* I, *col.* 823). Quoi qu'il en soit de ces divers points de critique ou de chronologie, les prélats de ce concile s'assemblèrent au sujet de l'attentat commis sur un évêque de Gascogne, nommé Jean, qui, peu de temps auparavant, avait été mis à mort avec les outrages les plus indignes. Pour arrêter ces violences contre le clergé, qui devenaient fréquentes, ils supplièrent le prince de permettre qu'elles fussent punies selon les lois; que les évêques déterminassent la pénitence pour ces crimes, et qu'on fixât la somme que les capitulaires des rois précédents avaient établie en général qu'on payerait pour la consolation de l'Eglise opprimée. Voici comment ils réglèrent l'une et l'autre, sous le bon plaisir de l'empereur.

1. Celui qui aura blessé un sous-diacre fera pénitence pendant cinq carêmes, et payera trois cents sous avec la composition et une amende à l'évêque. On nommait *composition* la somme taxée par les lois pour la réparation de quelque crime. Si le sous-diacre meurt de sa blessure, l'assassin fera pénitence cinq ans entiers, et payera quatre cents sous, avec triple composition et triple amende à l'évêque. La composition et l'amende étaient réglées par les lois.

2. Celui qui aura blessé un diacre fera pénitence six carêmes, et payera quatre cents sous, avec la composition et l'amende à l'évêque. Si le diacre en meurt, l'assassin fera pénitence six ans entiers, payera six cents sous, triple composition et triple amende à l'évêque.

3. Celui qui aura blessé un prêtre fera pénitence douze carêmes, et payera six cents sous, avec triple composition et triple amende à l'évêque. Il fera pénitence douze ans si le prêtre en meurt, et payera neuf cents sous, avec triple composition et triple amende à l'évêque.

4. Si quelqu'un dresse des embûches à un évêque, le met en prison, ou lui fait quelque autre outrage, il fera dix ans de pénitence, et payera la triple composition qu'on doit payer pour avoir tué un prêtre. Celui qui aura tué un évêque par accident fera pénitence selon l'avis des évêques de la province. Mais s'il l'a tué volontairement, il ne boira point de vin et ne mangera point de chair le reste de sa vie; il ne portera plus les armes, et ne pourra jamais se remarier.

Quand on eut fait la lecture de ces règlements, Astulfe ou Heistulfe de Mayence dit : « Prions les princes et les seigneurs de les approuver et de les souscrire; » ce que les deux empereurs Louis et Lothaire, son fils, et tous les seigneurs laïques firent volontiers. *Hist. de l'Egl. gall.*, liv. XIII.

THIONVILLE (Concile de), l'an 835. Ce concile fut convoqué par l'empereur Louis le Débonnaire, pour faire annuler les procédures faites contre lui, lorsqu'il fut déposé par les intrigues de son fils Lothaire, au conciliabule de Compiègne en 833. Il s'y trouva quarante-quatre tant archevêques qu'évêques; et Drogon de Metz y présida avec Hotti, archevêque de Trèves. Ebbon, archevêque de Reims, qui avait été le principal auteur de tout ce qui s'était fait contre l'empereur, y fut conduit, et ne put se dispenser de donner un écrit, comme tous les autres évêques, pour désapprouver l'attentat commis contre la personne de ce prince, qui fit transférer le concile à Metz, pour donner plus d'éclat à ce qu'il projetait de faire.

Les prélats du concile s'y assemblèrent le dimanche qui précédait le commencement du carême, avec l'empereur et les seigneurs, dans l'église de Saint-Etienne, qui est la cathédrale. Au milieu de la messe, Drogon monta sur l'ambon, et lut, en présence du peuple, tous les écrits des évêques pour le rétablissement de l'empereur. Ebbon y monta aussi et condamna de vive voix, comme il avait déjà fait par écrit, son indigne procédé à l'égard de l'empereur, confessant que ce prince avait été injustement déposé et mis en pénitence pour des crimes supposés; après quoi sept archevêques récitèrent sur l'empereur chacun une des sept oraisons marquées pour la réconciliation des pénitents. Cette cérémonie étant finie, on retourna continuer le concile à Thionville. L'empereur y rendit sa plainte contre les évêques qui avaient été les principaux auteurs des attentats commis contre sa personne à Compiègne et à Soissons. On cita les coupables, dont quelques-uns furent déposés. Ebbon s'y déposa lui-même et donna par écrit sa démission. *Reg.*, t. XXI ; *Labb.*, t. VII ; *Hard.*, t. IV.

THIONVILLE (Concile de), l'an 844. Ce concile se tint au mois d'octobre, auprès de Thionville, dans un lieu nommé en latin *Judicium*, et vulgairement Julz. L'empereur Lothaire et les deux rois ses frères, Louis et Charles, y assistèrent. Drogon, évêque de Metz, y présida, et l'on y fit six canons ou règlements.

Le 1er est une exhortation à ces princes, que l'on prie de conserver entre eux la paix et la charité, afin de faire cesser les troubles que leur division avait jetés dans l'Eglise rachetée par le sang de Jésus-Christ, et réunie avec tant de peine par les rois leurs prédécesseurs.

2e On recommande aux princes de remplir au plus tôt les sièges épiscopaux qui étaient restés vacants par suite de leurs querelles, ou d'y faire rentrer ceux qui en avaient été chassés ; et on les prie en même temps de bannir la simonie, et de suivre en tout la disposition des canons.

3e Ils sont priés d'ôter aux laïques les monastères qui leur ont été donnés, et d'y remettre des abbés et des abbesses pour les gouverner ; et, au cas qu'ils s'en acquitteraient mal, d'en mettre d'autres à leur place.

4e Les évêques demandent la conservation des privilèges des églises, en s'offrant de fournir des subsides, selon leurs facultés, dans les besoins pressants de l'Etat.

5e Ils disent que, si, à cause de ces besoins, il n'était pas possible alors d'ôter aux laïques les monastères, pour y mettre des abbés ou des abbesses, il soit du moins permis aux évêques, dans les diocèses desquels ces monastères sont situés, d'en prendre soin, afin que les réparations soient faites, l'office divin célébré, et les moines entretenus.

6e Ils demandent qu'on rende à l'Eglise son ancienne vigueur, et que l'ordre ecclésiastique puisse, soutenu de la puissance royale, faire en toutes choses ce qui est nécessaire pour le salut des peuples. *Ibid.*

THIONVILLE (Concile de), l'an 1003. Henri II, roi de Germanie, fut présent à ce concile. On y condamna, devant ce prince, le mariage de Conrad, duc de Carinthie, et de Mathilde, fille de Conrad, roi de Bourgogne, pour cause de parenté. *Conc. Germ.* t. III.

THIONVILLE (Concile de), l'an 1132. Trois légats du saint-siège tinrent ce concile en présence de l'empereur Lothaire, au sujet de l'élection d'un évêque de Cologne, à la place de Frédéric, mort l'année précédente. Brunon fut élevé sur ce siège par la faveur de Lothaire. *Mansi*, t. II ; *Anal. des Conc.*, t. X.

THURINGE (Concile de), l'an 1105, assemblé par l'empereur Henri, qui venait de réunir toute la Saxe à la communion de l'Eglise romaine, et par le conseil de Rothard, archevêque de Mayence, et de Gebehard, évêque de Constance, légats du pape. Ce concile fut tenu dans la maison royale de Northus. On y renouvela les décrets des conciles précédents. On condamna la simonie et l'hérésie des nicolaïtes, c'est-à-dire le concubinage des prêtres : on confirma la paix de Dieu, etc. *Dict. port. des Conc.*; *Conc.* t. X.

THORN (Conférences de), septembre, octobre et novembre 1645, entre les catholiques, les calvinistes et les luthériens. Ces conférences avaient pour objet d'amener des moyens de conciliation entre les partis religieux qui divisaient la Pologne ; mais elles n'eurent qu'un faible résultat. Les catholiques s'y trouvaient représentés par l'évêque de Samogitie, qui avait avec lui douze théologiens nommés par l'archevêque de Gnesne. Les calvinistes et les luthériens avaient chacun le même nombre de députés ou de théologiens de leurs partis. Le duc d'Ossolin présidait au nom du roi. Les catholiques réfutèrent les propositions qu'on leur imputait, et mirent à la place une claire exposition de leur foi. Les luthériens et les calvinistes prétendirent faire de même de la leur; mais les catholiques leur reprochèrent un défaut de sincérité, et demandèrent aux luthériens une exposition plus complète, ce que ceux-ci refusèrent; et le jour de la clôture vint sans que rien eût été terminé. *Acta conv. Thorun., Varsoviæ*, 1646.

TIBEN (Conciliabule de), *Tibenense*, l'an 552. Le *catholique* des Arméniens assembla ce concile de Tiben, qui est dans la grande Arménie. Ce faux concile est remarquable en ce qu'on y confirma la condamnation du concile de Chalcédoine, déjà prononcée au concile de Thévis en 536, et qu'il donna commencement à l'ère des Arméniens, établie en mémoire de la consommation de leur schisme. *L'Art de vérifier les dates*, p. 184. *Anal. des Conc.*

TIBERI (Concile de Saint-), *apud Sanctum Tiberium*, l'an 907. Saint-Tiberi, ou Saint-Tubert et Tibert, est un ancien bourg autrefois du diocèse d'Agde, et aujourd'hui de celui de Narbonne, situé dans le Languedoc, entre Agde et Pézénas. Il s'y trouvait une abbaye de bénédictins ; et c'est dans cette abbaye que se tint le concile dont il s'agit ici. On y déclara l'église d'Ausone franche envers celle de Narbonne, qui réclamait de son évêque une redevance d'une livre d'argent.

Ce concile est le même que celui que Ferreras met, cette année, à Barcelone, ou plutôt fait suite au concile de Barcelone de l'année précédente, où l'affaire de l'église d'Ausone n'avait pu être terminée. *Lab.* IX ; *Hard.*VI ; *edit. Venet.* XI ; *D. Vaissette.* II.

TIBERI (Concile de Saint-), l'an 1050, contre les usurpateurs des biens de l'abbaye d'Arlas en Roussillon. Guifred y présida. *Gall. Chr.* t. VI, col. 35.

TIBERI (Concile de Saint-), l'an 1389. Jean Roger, archevêque de Narbonne, convoqua ce concile, qui se tint en effet le 26 juillet. C'est un concile provincial, quoiqu'il ne s'y soit trouvé aucun évêque ni abbé en personne, ce qui est une singularité, peut-être sans exemple. Ce concile, tout composé de prêtres, députés de leurs prélats, était présidé par Jean Picorlati, vicaire général de Narbonne. On y dressa quelques articles ou règlements convenables aux circonstances, et à l'état de la province.

Le premier regarde la réception du roi. On y marque que les évêques qui se trouveront sur les lieux, et en leur absence les chefs de chapitres ou des autres églises, iront au-devant de ce prince à la tête de leur clergé.

Dans le second article, il est dit que la province ecclésiastique de Narbonne ne fera point de présent au roi en commun ; mais que les prélats ou les églises des lieux par où il passera lui présenteront, en provisions et en denrées, ce qu'ils jugeront à propos.

Le troisième article décide que l'évêque de Saint-Pons, ou à son défaut l'abbé de Vilmagne, sera député au pape pour le supplier de ne plus mettre d'impôt sur les ecclésiastiques de la province, et pour lui porter un mémoire des vexations qu'éprouvait le clergé de cette province, de la part des juges royaux. Ce mémoire est joint aux règlements du concile ; il contient vingt-quatre griefs, qui concernent toute la juridiction ecclésiastique et l'immunité des clercs. On espérait sur cela que le pape prendrait des mesures avec le roi, pendant le séjour de ce prince à Avignon.

Le quatrième article parle de racheter, moyennant une somme que demandait le vicomte de Narbonne, certains priviléges que les rois Louis Hutin et Philippe de Valois avaient accordés aux églises de cette province.

Les autres ordonnances remarquables sont celles où il est dit qu'on fera une levée de mille francs sur les diocèses pour la poursuite des affaires de la province; qu'il y aura à Narbonne un receveur général, auquel ressortiront les receveurs particuliers des diocèses ; que ce receveur sera tenu d'assister aux conciles provinciaux, et d'y rendre compte de son administration; qu'on entretiendra aussi à Paris un avocat et un procureur, pour prendre soin des affaires de la province ecclésiastique de Narbonne. Il est aisé de remarquer dans ces règlements quelque chose de ce qui se pratiqua plus tard dans le clergé de France, par rapport à la recette et à l'emploi des deniers, qui se lèvent en forme de subside. *Anal. des Conc.; Hist. de l'Egl. gall.*

TIBERI (Concile de la province de Narbonne tenu à Saint-), l'an 1401, pour u subside à accorder à la demande du roi. *Mansi, Conc. t.* XXVI

TIBURTINÆ (Synodi). *Voy.* TIVOLI.
TICINENSIA (Concilia). *Voy.* PAVIE.
TIL-CHATEL (Concile de), l'an 1116. *Voy* LANGRES, même année.

TIVOLI (Synode diocésain de), 18 décembre 1636, par le cardinal Roma, évêque de cette ville. Les statuts publiés dans ce synode contiennent une minutieuse énumération de tout le mobilier qui doit se trouver dans chaque église paroissiale : rien n'y est oublié, pas même la cuiller de l'encens, les éteignoirs et les mouchettes, ce que nous n'avons garde toutefois de critiquer. *Liæc. Syn. Tiburtina*

TIVOLI (Synode diocésain de), 13 juin 1638, par le cardinal Maral de Sainte-Croix, évêque de Tivoli, qui y publia de nouveaux décrets, rangés sous vingt titres. L'avant-dernier est relatif aux femmes de mauvaise vie : on leur défend de se loger près des églises, des monastères, ou dans les quartiers fréquentés des villes, et d'exercer leur infâme métier particulièrement dans les huit jours qui précèdent ou qui suivent les fêtes de Noël et de Pâques. On les condamne au fouet et à l'exil, si elles sont adultères. On défend aussi aux aubergistes de les recevoir à demeure. *Decreta diæc. synodi Tiburt.*

TODI (Concile de), l'an 1001, présidé par le pape Sylvestre II. On y désapprouva le procédé de l'archevêque de Mayence à l'égard de l'évêque d'Hildesheim au sujet de la juridiction sur le monastère de Gandersheim. Toutefois, comme l'archevêque de Cologne et les autres évêques d'Allemagne, qui étaient attendus au concile, tardaient d'arriver, la contestation entre les deux prélats demeura indécise. *Hard., t.* VI. *Voy.* ROME, l'an 1001 : c'est le même concile, pensons-nous, sous deux noms différents. *Voy.* aussi D. Ceillier, *t.* XXIII, *Hist. des aut. sacrés et eccl.*

TOLÈDE (Concile de), *Toletanum*, vers l'an 396. *Voy.* l'art. suivant.

TOLÈDE (Concile dit 1er de), l'an 400. Le P. Florez, savant auteur de l'ordre des ermites de Saint-Augustin, a fort bien prouvé, dans son *Histoire sacrée*, écrite en espagnol, qu'il y avait eu un concile à Tolède, métropole de toute l'Espagne, vers l'an 393. Celui dont nous parlons passe néanmoins pour le premier, sans doute à cause de sa célébrité. Il se tint le septième des ides de septembre de l'ère 438, c'est-à-dire de l'an 400 de Jésus-Christ, sous le pontificat du pape Anastase, sous les empereurs Honorius et Arcade, et sous le consulat de Stilicon, pour rétablir la discipline, et réunir les Églises divisées par les priscillianistes. Il s'y trouva dix-neuf évêques de toutes les provinces d'Espagne. Patruin de Mérida, président du concile, en fit l'ouverture, en proposant d'ôter la diversité scandaleuse qui se trouvait dans la conduite des évêques, en particulier dans les ordinations, diversité qui allait jusqu'au schisme, et de suivre les règlements du concile de Nicée. Son avis fut trouvé bon. On convint, d'un consentement unanime, que quiconque, après avoir eu connaissance de ce qui avait été réglé à Nicée, y contreviendrait, serait excommunié, à moins qu'il ne rectifiât ce en quoi il aurait manqué. Ensuite on dressa vingt canons.

Le 1er permet de donner le diaconat à des personnes mariées, pourvu qu'elles soient chastes et qu'elles gardent la continence ; mais il défend, en même temps, d'élever à la prêtrise les diacres, et à l'épiscopat les prêtres qui n'auront pas gardé la continence avec leurs femmes, et qui en auront eu des enfants, même avant la loi des évêques de Lusitanie sur ce sujet.

Le 2e ne veut pas qu'on ordonne une personne qui a fait une pénitence publique. Que si néanmoins la nécessité le demande, ou que ce soit la coutume, le canon ajoute qu'on pourra le faire portier, ou même lecteur, mais à condition qu'il ne lira ni l'évangile ni l'épître, et que, s'il se trouve quelqu'un qui ait été ordonné diacre, il sera mis seulement au rang des sous-diacres, sans pouvoir imposer les mains, ni toucher les choses sacrées. « Or, continue le canon, nous appelons *pénitent* celui qui, ayant fait une pénitence publique après son baptême, pour un homicide, ou pour quelque autre crime semblable, a été réconcilié publiquement, sous le cilice, à l'autel divin. »

Le 3e porte que, si un lecteur épouse une veuve, il ne pourra être élevé tout au plus qu'au sous-diaconat.

Le 4e. « Le sous-diacre qui, après la mort de sa femme, en épouse une autre, perd son grade, et devient portier ou lecteur, mais à la charge de ne lire ni l'épître ni l'évangile. S'il se marie une troisième fois, il fera pénitence, et sera séparé de la communion pendant deux ans; et, après sa réconciliation, il ne sera jamais qu'au rang des laïques. »

On voit par ces deux canons, que le sous-diaconat n'était point compté alors parmi les ordres majeurs et sacrés, et que la bigamie était interdite aux clercs même qui n'avaient que les ordres mineurs. On voit aussi que le sous-diacre pouvait lire l'épître et l'évangile à l'église, puisqu'on impose pour peine à un sous-diacre bigame, de ne lire ni l'épître ni l'évangile. Mais il faut bien remarquer que ce n'est point la lecture de l'évangile qui se faisait à la messe solennelle, que l'on interdit ici aux sous-diacres bigames, mais celle qui se faisait au commencement du sermon, laquelle leur était permise; de même qu'il était permis aux simples lecteurs de lire, hors le temps du sacrifice, certaines parties de l'Ecriture, qui leur étaient assignées par l'évêque ou par le prêtre.

Le 5e prive de la dignité ecclésiastique les prêtres ou les clercs qui, étant destinés au service de quelque église de la ville ou de la campagne, n'assistent pas au sacrifice qui s'y fait tous les jours, à moins qu'ils ne se corrigent, et n'obtiennent le pardon de leur évêque.

Ce canon prouve qu'avant le cinquième siècle, on offrait tous les jours le sacrifice de la messe, et que tous les clercs étaient tenus d'y assister.

Le 6e défend aux vierges consacrées à Dieu d'avoir de la familiarité avec un confesseur, et avec quelque laïque que ce soit, qui ne soit pas de leurs parents; d'aller seules dans les festins, s'il n'y a nombre d'anciens et d'honnêtes gens, et de veuves de probité; comme aussi d'aller dans les maisons des lecteurs, si elles ne sont sœurs consanguines ou utérines.

Par le confesseur dont il est parlé dans ce canon, on doit entendre le chantre ou psalmiste, de même que dans le neuvième canon; et c'est de ces sortes de chantres, ou psalmistes, qu'on doit aussi expliquer le terme de *confesseurs*, qui se lit dans la préface de l'oraison que l'on dit pour eux le jour du vendredi saint, et qui est ainsi conçue : *Oremus pro omnibus episcopis, presbyteris, diaconibus, acolythis, exorcistis, lectoribus, ostiariis, confessoribus*

Le 7e. « S'il arrive que la femme d'un clerc pèche, il pourra la lier dans sa maison, la faire jeûner et la châtier, sans néanmoins attenter à sa vie; mais il ne lui sera pas permis de manger avec elle, jusqu'à ce qu'elle ait fait pénitence, et soit rentrée dans la crainte de Dieu. »

C'était alors la coutume en Espagne, que les maris fissent mourir leurs femmes adultères : de là vient que les Pères du concile furent obligés de le défendre aux clercs qui auraient des femmes dérangées, leur permettant seulement de les punir par le jeûne, la prison, et d'autres peines semblables.

Le 8e. « Celui qui s'est engagé dans la milice depuis son baptême, quand bien même il n'y aurait pas fait de grandes fautes, et qu'il n'y aurait tué personne, s'il est reçu dans le clergé, ne pourra arriver au diaconat. »

Le 9e. « Aucune religieuse ni veuve ne doit faire les prières publiques dans sa maison, soit avec un confesseur, c'est-à-dire un chantre ou psalmiste, soit avec un domestique, sans la présence d'un évêque ou d'un prêtre. L'office de vêpres ne doit se lire que dans l'église; ou, si on le lit dans une maison de campagne, il faut que ce soit en présence de l'évêque, d'un prêtre ou d'un diacre. »

Le mot latin *Antiphonas facere*, qui est dans le canon, signifie *réciter* ou *chanter alternativement les psaumes*; et le mot *lucernarium*, qui est dans le même canon, signifie *l'office des vêpres*, qui se disait le soir, après qu'on avait allumé les lampes. La raison pour laquelle le concile ne veut pas que l'on dise l'office public dans la maison, à moins qu'il n'y ait un évêque, un prêtre ou un diacre, c'est qu'à la fin de l'office, et particulièrement de celui de vêpres, on faisait l'interprétation de l'Ecriture sainte, qui n'appartenait qu'à l'évêque, au prêtre, ou, à leur défaut, au diacre. Il était aussi arrivé que les priscillianistes avaient répandu leurs erreurs dans ces assemblées particulières, où il ne se trouvait ni évêque, ni prêtre, ni diacre; et ce fut pour parer à cet inconvénient que le concile le défendit.

Le 10e. « Il n'est pas permis d'ordonner clercs ceux qui sont sous la puissance d'autrui, sans le consentement de leurs maîtres, et s'ils ne sont d'une vie éprouvée.

Le 11e ordonne que, si un homme puissant a dépouillé un clerc, ou un pauvre, ou un religieux, et qu'il refuse de venir se justifier de son action devant l'évêque, il soit excommunié, jusqu'à ce qu'il ait rendu le bien qui ne lui appartenait pas.

Le 12e fait défense à un clerc de quitter son évêque, pour entrer dans le clergé d'un autre. On excepte le clerc qui quitte le schisme, ou l'hérésie, pour se réunir à l'Eglise catholique. On déclare excommuniés tous ceux qui se séparent des catholiques, pour s'unir avec des schismatiques.

Le 13e veut qu'on avertisse ceux qui se trouvent au service divin sans jamais communier, qu'il faut, ou qu'ils communient, ou qu'ils se rangent parmi les pénitents; autrement, qu'ils seront excommuniés.

Le 14e ordonne qu'on chasse de l'église, comme un sacrilége, celui qui, ayant reçu l'eucharistie de la main du prêtre, ne la consommera pas.

Ces deux derniers canons sont contre les priscillianistes, qui ne recevaient point l'eucharistie des prêtres catholiques, ou qui ne la consommaient point, quand ils la recevaient dans la main, selon l'usage de ce temps-là.

Le 15e ordonne d'éviter un excommunié, soit laïque, soit clerc. Si quelqu'un est trouvé buvant, mangeant ou parlant avec lui, il sera soumis à l'excommunication; mais cela ne s'entend que de ceux à qui l'on a fait connaître l'excommunié.

Le 16e. « La religieuse qui aura péché ne sera pas reçue dans l'église, qu'elle ne se soit corrigée, et qu'elle n'ait fait pénitence pendant dix ans; et il est défendu aux autres chrétiens, sous peine d'excommunication, de la recevoir à leur table, pendant le temps de sa pénitence. Que si elle s'est mariée avec celui qui l'a corrompue, on ne pourra la recevoir au nombre des pénitents, si, du vivant de son mari, ou après sa mort, elle n'a vécu avec chasteté pendant un temps considérable. »

Le 17e. « Celui qui avec une femme fidèle a une concubine, est excommunié; mais si la concubine lui tient lieu d'épouse, en sorte qu'il se contente de la compagnie d'une seule femme à titre d'épouse ou de concubine, à son choix, il ne sera point rejeté de la communion. S'il agit autrement, qu'il soit excommunié, jusqu'à ce qu'il se corrige, et qu'il rentre dans son devoir par la pénitence. »

On distinguait autrefois des concubines de deux sortes. Les unes étaient des femmes illégitimes, et les autres des femmes très-légitimes, auxquelles on donnait la foi du mariage, sans observer toutes les solennités de l'Eglise, et sans les doter. C'est ainsi que, dans l'Ecriture sainte, Agar et Cétura sont appelées les *concubines d'Abraham*, quoiqu'elles fussent véritablement ses femmes. C'est ainsi encore qu'aujourd'hui, dit le P. Richard, en Allemagne, les princes qui ne veulent pas épouser avec toutes les cérémonies de l'Eglise une femme d'une condition fort inférieure à la leur, l'épousent en secret, ou même en public, avec certaines solennités. Selon les lois romaines, toute femme ne pouvait être épousée légitimement de tout homme : il fallait que l'un et l'autre fussent citoyens romains, et qu'il y eût proportion entre les conditions. Un sénateur ne pouvait épouser une affranchie : un homme libre ne pouvait épouser une esclave; et les conjonctions des esclaves n'étaient point nommées *mariages* : or la femme qui ne pouvait être tenue à titre d'épouse, pouvait être concubine; et les lois le souffraient, pourvu qu'un homme n'en eût qu'une, et ne fût point marié. Les enfants qui en venaient n'étaient ni légitimes ni bâtards, mais enfants naturels, reconnus par les pères, et capables de donations. L'Eglise n'entrait point dans ces distinctions, et, se tenant au droit naturel, approuvait toute conjonction d'un homme et d'une femme, pourvu qu'elle fût unique et engagée pour toujours.

Le 18e. « Si la veuve d'un évêque, d'un prêtre ou d'un diacre, se remarie, aucun clerc, aucune religieuse ne mangera avec elle, et elle ne recevra la communion qu'à la mort. » C'est qu'il n'était point permis à ces sortes de veuves de se remarier, parce qu'elles vouaient la continence, après la mort de leurs maris.

Le 19e. « La fille d'un évêque, d'un prêtre ou d'un diacre, consacrée à Dieu, qui aura péché, ou qui se sera mariée, ne recevra la communion qu'après la mort de son mari, si elle fait pénitence; et le père et la mère seront excommuniés, s'ils ne se séparent d'elle. Que si cette femme est séparée de son mari de son vivant, on lui accordera la grâce de la réconciliation à la fin de sa vie. »

Le 20e porte que, « quoique l'on observe presque partout la coutume de ne point consacrer de chrême sans l'évêque, néanmoins comme on a rapporté qu'en quelques lieux les prêtres le consacrent, il n'y aura désormais que l'évêque qui consacrera le saint chrême, et qui l'enverra dans tout son diocèse; et, afin que cela s'exécute, chaque église enverra à l'évêque un diacre ou un sous-diacre, vers les fêtes de Pâques, afin qu'il puisse apporter le chrême pour ce jour. » Il ajoute ensuite : « Il est certain que l'évêque peut consacrer le chrême en tout temps : que les prêtres ne fassent donc rien sans l'autorité et le consentement de l'évêque. Les diacres ne pourront administrer le saint chrême; cela n'est permis qu'aux prêtres en l'absence de l'évêque, ou par son ordre s'il est présent. Que l'archidiacre se ressouvienne d'avertir les évêques de ce règlement, afin qu'ils l'observent, et que les prêtres n'y contreviennent pas. »

Les interprètes ne s'accordent point sur le sens de ce canon. Les uns l'entendent de l'onction du saint chrême, que les prêtres peuvent faire, et qu'ils font en effet sur le haut de la tête quand ils administrent le baptême avec les cérémonies accoutumées, et non pas de l'onction qui se fait sur le front dans le sacrement de confirmation, qui est réservée aux seuls évêques, aussi bien que la consécration du saint chrême. Hugues de Saint-Victor, *lib.* 2 *de Sacram. cap.* 3, atteste que cette onction était autrefois interdite aux prêtres, et qu'ils ne pouvaient la faire qu'avec la permission de l'évêque : d'autres prétendent que ce canon décide deux choses : la première, que le prêtre ne peut faire le saint chrême, même par ordre de l'évêque, quoiqu'il puisse en faire l'onction, même au front, en l'absence de l'évêque, ou avec sa permission, s'il est présent ; la seconde, qu'il n'est pas permis au diacre de faire ce que fait le prêtre, ou de faire l'onction du saint chrême consacré par l'évêque. Les défenseurs de cette seconde opinion la confirment en disant que les prêtres sont les ministres extraordinaires de la confirmation ; d'où vient que le concile de Trente, en parlant du ministre de la confirmation, se contente de dire que l'évêque en est le ministre ordinaire.

Ces vingt canons sont suivis d'une confession ou formule de foi contre toutes les hérésies, et principalement contre celles des priscillianistes, et qui compte pour 21e canon dans quelques collections ; mais il y a toute apparence que cette formule de foi a été ajoutée à ces canons, et qu'elle ne fut dressée que dans quelque autre concile postérieur au premier de Tolède, et probablement dans celui de l'an 447 ; car le titre de cette formule porte en termes exprès, qu'elle fut faite par l'ordre du pape saint Léon, et envoyée par les évêques de la Tarragonaise, de la Carthaginoise, de la Lusitanie et de la Bétique, à Balcone, évêque de Galice, ou de Brague. Ce titre ajoute que les mêmes évêques qui ont fait la confession de foi, ont fait aussi les vingt canons portés dans le concile de Tolède. Mais cette addition est ou hors de place, ou mise ici sans raison ; car on ne connaît point d'autre concile de Tolède, que celui de l'an 400, qui ait fait vingt canons, et les évêques qui y ont souscrit sont de ce temps-là. On objecte, qu'entre les dix-neuf évêques qui ont fait les canons, on ne trouve pas Rufin, qui, comme nous l'apprenons du pape Innocent Ier (*ép.* 3), demanda pardon au concile de Tolède, en 400, de ce qu'il avait fait contre la tranquillité de l'Eglise. Mais était-il naturel qu'un évêque coupable, et qui venait demander pardon, fût établi juge dans ce concile ? Symposius, dont nous allons parler tout à l'heure, y a-t-il souscrit ? S'il n'est rien dit dans les actes des députés de l'évêque Jean, qui consentirent de sa part à la réception de Symposius et des autres, ce n'est pas qu'ils n'aient assisté au concile de l'an 400, mais c'est que nous n'en avons pas les actes tout entiers.

Après que l'on eut dressé les canons, le concile régla diverses autres affaires le troisième jour du même mois de septembre. Le sixième, qui était un jeudi, Dictinius, l'un de ceux que Symposius, évêque priscillianiste, avait fait évêque, étant encore dans l'hérésie, pria les Pères du concile de corriger tout ce qu'ils voudraient en lui, les conjurant d'user des clefs de l'Eglise qu'ils avaient reçues, pour lui ouvrir la porte du ciel et non celle de l'enfer. Il condamna ce qu'il avait dit, que Dieu et l'homme n'avaient qu'une même nature, et en général toutes les erreurs qui pouvaient se trouver dans ses écrits, et toutes celles qui étaient dans les livres de Priscillien, et sa personne même. Comme on avait lu dans ce concile un écrit de Priscillien qui contenait quelques-unes de ses erreurs, Symposius, prenant la parole aussitôt après Dictinius, protesta qu'il condamnait les erreurs contenues dans cet écrit, la doctrine et la secte de Priscillien avec son auteur. Comasius, disciple et prêtre de Symposius, condamna aussi les écrits de Priscillien, et en particulier ce qu'il disait, qu'il y avait deux principes, et que le Fils de Dieu était inaccessible. Son estime pour Symposius allait si loin, qu'il ne feignit point de dire en présence du concile, qu'il ne préférait que Dieu à la sagesse de ce vieillard. Le mardi suivant, qui était le onze de septembre, Comasius ayant lu dans un papier que Priscillien enseignait, contre la foi de Nicée, que le Fils de Dieu n'est point né, condamna Priscillien et ses écrits, en déclarant qu'il s'en tenait à la foi de Nicée. Symposius ajouta que, si Priscillien avait fait de méchants livres, il les condamnait avec leur auteur. Dictinius déclara qu'il suivait le sentiment de Symposius, son père et son docteur ; qu'il anathématisait avec saint Paul tous ceux qui suivaient une doctrine différente de celle de l'Evangile, et que pour cette raison il condamnait Priscillien et tout ce qu'il avait écrit ou enseigné contre la vérité.

Sur cette rétractation, les évêques du concile rendirent une sentence qui porte que, suivant l'avis de saint Ambroise, qui avait pris connaissance de l'affaire de Symposius et de Dictinius, ces deux évêques, en condamnant ce qu'ils avaient fait de mal, seraient reçus à la paix ; mais que Dictinius demeurerait prêtre, sans pouvoir être élevé à un plus haut degré. Ç'avait aussi été l'avis du pape Sirice. Dictinius et Symposius avaient, quelques années auparavant, été trouver saint Ambroise pour le prier de les faire recevoir dans l'Eglise aux conditions qu'ils lui proposèrent. Dictinius n'était alors que prêtre. Saint Ambroise écrivit donc aux évêques d'Espagne pour demander qu'ils fussent reçus à la paix aux conditions qu'ils s'étaient eux-mêmes imposées en sa présence, dont l'une était que Dictinius garderait le rang de prêtre, et ne pourrait être élevé à un degré plus honorable. Cependant Symposius l'ordonna évêque d'Astorga. Mais il s'excusa au concile de Tolède sur ce que le peuple l'y avait contraint. La sentence de ce concile parle de plusieurs autres évêques de Galice qui avaient suivi le parti et les erreurs de Priscillien, dont les uns, obstinés à les soutenir, furent condamnés, et les autres reçus à la communion. Paterne, ordonné évêque de Brague par Symposius, avoua qu'il avait été engagé dans la secte de Priscillien ; mais il ajouta qu'il s'était converti par la lecture des écrits de saint Ambroise. Sur quoi on lui permit de demeurer dans son Eglise, et on lui promit de le recevoir à la communion quand le saint-siège en aurait écrit. Le concile en agit de même envers Isonius, baptisé depuis peu et fait évêque par Symposius, et envers Végétinus, évêque dès avant le concile de Saragossé, parce qu'ils condamnèrent Priscillien et ses livres. Hérénas, au contraire, Donatus, Acurius et Emibius, ayant persisté à vouloir défendre Priscillien, furent déposés du sacerdoce : le premier, outre l'hérésie, était coupable d'avoir nié avec parjure une chose dont il était convaincu par la déposition de trois évêques et de beaucoup de prêtres et de diacres. Ensuite il fut ordonné que l'on enverrait une formule de foi aux autres évêques de la Galice qui s'étaient trouvés au concile assemblé par Symposius, et qui étaient toujours demeurés dans la communion de cet évêque. On leur promit en même temps que, s'ils y souscrivaient, ils pourraient aspirer à la paix de l'Église, en attendant néanmoins, comme les autres, ce que le pape, qui était alors Anastase, Simplicien, évêque de Milan, et les autres évêques ordonneraient sur leur sujet ; mais que s'ils refusaient de signer la formule envoyée par le concile, ils ne pourraient demeurer dans leurs églises, et que les évêques que le concile avait renvoyés dans leurs siéges ne communiqueraient point avec eux.

Il fut encore arrêté que tous ceux à qui il avait donné la paix, à condition qu'elle leur serait rendue par le pape et par l'évêque Simplicien, ne pourraient, avant d'avoir reçu cette paix, ordonner ni évêques, ni prêtres, ni diacres ; qu'on voie, disent les Pères de Tolède, s'ils ont appris à rendre le respect qu'ils doivent aux sentences des conciles. Sur la fin de la sentence, le concile avertit les évêques d'empêcher les excommuniés de tenir des assemblées particulières, et les fidèles de s'engager dans la communion et le supplice des hérétiques, en lisant leurs livres apocryphes ; et il la conclut en rétablissant Ortygius dans les églises dont les priscillianistes l'avaient chassé, c'est-à-dire dans son évêché de Célènes. *Hist. des aut. sacr. et eccl.*, t. X ; *Anal. des Conc.*, t. I ; *D'Aguir.*, t. II.

TOLÈDE (Concile de), l'an 447. Les priscillianistes continuant à infester l'Espagne, principalement la Galice, Dieu leur opposa Turibius, évêque d'Astorga dans la même province. Il les combattit dans un écrit, qu'il envoya depuis aux évêques Idace et Céponius, avec une lettre où il leur rendait compte de son travail, en les priant de défendre dans leurs diocèses la lecture des livres des priscillianistes. Il communiqua aussi son ouvrage au pape saint Léon, et lui envoya seize chapitres qui contenaient plusieurs chefs d'erreurs déjà condamnées dans ces hérétiques. Saint Léon fut d'avis qu'il fallait tenir un concile de tous les évêques d'Espagne, ou du moins un provincial des évêques de la Galice, si l'on ne pouvait en tenir un général. Il commit les évêques Idace et Céponius avec Turibius pour en presser la convocation, afin que l'on remédiât au plus tôt à des maux dont les suites pouvaient être si fâcheuses. Les Suèves occupaient alors la Galice avec une partie de la Lusitanie ; le reste appartenait, partie aux Goths, partie aux Romains. Cette diversité de maîtres dans l'Espagne ayant empêché la tenue d'un concile général, il s'en tint un de diverses provinces à Tolède en 447, où l'on examina d'abord ce qui avait été fait contre les priscillianistes dans celui de 400, sous le consulat de Stilicon. Il paraît qu'on fit même un extrait des actes de ce concile. Du moins ne peut-on pas l'attribuer au concile de l'an 400, puisque Symposius et Dictinius, qui ont survécu à ce concile, sont appelés de sainte mémoire dans cet extrait. Quoi qu'il en soit, on ne peut contester au concile de Tolède de l'an 447, la confession de foi qui se trouve parmi les actes de celui de l'an 400 ; car le titre de cette confession porte expressément qu'elle fut faite par les évêques de la Tarragonaise, de la Carthaginoise, de la Lusitanie et de la Bétique, et envoyée, par l'ordre du pape saint Léon, à Balcone, évêque de Brague ; ce qui est confirmé par le témoignage qu'en rendit Lucrèce, évêque de la même ville, dans un concile qui y fut tenu en 563. Cet évêque ajoute qu'on envoya aussi à Balcone les dix-huit anathèmes joints à cette profession de foi. On l'a quelquefois attribuée à saint Augustin, sous le nom duquel elle est citée par le Maître des Sentences, *Sentent.* 3, *dist.* 21 ; mais elle ne le porte dans aucun manuscrit ; d'où vient que, dans la nouvelle édition de ses œuvres, on l'a mise parmi les sermons qui lui sont supposés. Ce qu'il y a de plus remarquable dans les dix-huit anathèmes, c'est que nous devons croire « que le monde est créé de Dieu ; que le Père, le Fils et le Saint-Esprit, sont trois personnes distinctes ; que le Fils, se faisant homme, a pris un corps et une âme humaine ; que l'ancienne et la nouvelle loi sont d'un même Dieu ; qu'il n'y a pas d'autres Écritures canoniques que celles qui sont reçues par l'Église ; que l'astrologie judiciaire est une science vaine ; que les mariages qui se font conformément à la loi de Dieu sont permis et légitimes, et que, quoique l'on puisse s'abstenir, par mortification, de manger de la viande des oiseaux ou des animaux grossiers, on ne doit pas l'avoir en exécration. »

TOLÈDE (Concile dit 2e de) l'an 527), selon le cardinal d'Aguirre et l'auteur de l'*Art de vérifier les dates*, ou l'an 531 selon d'autres Montan, évêque de Tolède, assisté de sept autres évêques d'Espagne, tint ce concile le 17 mai de l'an 531, le cinquième du règne d'Amalaric. On y fit cinq canons de règlements de discipline.

Le premier porte que ceux qui, dès l'enfance, seront destinés à la cléricature par leurs parents, recevront d'abord la tonsure et seront mis ensuite au rang des lecteurs pour être instruits dans la maison de l'église, sous les yeux de l'évêque, par celui qui leur sera préposé. Lorsqu'ils auront dix-huit ans accomplis l'évêque leur demandera, en présence du clergé et du peuple, s'ils veulent se marier ou non, parce qu'il n'est pas permis de leur ôter la liberté accordée par l'Apôtre. S'ils promettent librement de garder la continence, on les fera sous-diacre à l'âge de vingt ans. A vingt-cinq ans accomplis, s'ils se sont conduits sagement, on les ordonnera diacres, mais en veillant sur eux, afin qu'ils ne se marient point et qu'ils n'aient aucun commerce secret avec des femmes. S'ils sont convaincus de cette faute, ils seront regardés comme des sacriléges et chassés de l'Eglise. Que si, étant mariés et en âge mûr, ils promettent de garder la chasteté, du consentement de leurs femmes, ils pourront aspirer aux ordres sacrés

Le 2e porte que ceux qui auront été ainsi élevés dans leur jeunesse ne pourront, en quelque occasion que ce soit, quitter leur propre église pour passer à une autre, et que l'évêque qui les recevra sans l'agrément de celui sous les yeux duquel ils auront été instruits se rendra coupable envers tous ses confrères, parce qu'il est dur qu'un évêque ôte à son confrère un jeune homme qu'il a tiré de la rusticité et de la crasse de l'enfance.

Le 3e renouvelle les anciens canons touchant la défense faite aux clercs d'avoir chez eux des femmes autres que leurs proches parentes.

Le 4e permet aux clercs qui se seront fait des métairies ou des vignobles sur les terres de l'église, pour s'aider à subsister, d'en jouir pendant leur vie, mais à la charge de ne pouvoir en disposer par testament ou à titre de succession après leur mort, en faveur de personne, si ce n'est que l'évêque leur ait donné ces fermes à condition de rendre des services ou certaines redevances à l'église.

Le 5e défend les mariages entre parents, et étend cette défense tant que la parenté se peut connaître.

Ces canons sont suivis d'une lettre de Montan, évêque de Tolède, aux chrétiens du territoire de Palenza, contre des prêtres qui s'étaient donné la liberté de consacrer le saint chrême, contre l'usage de l'Eglise, qui réserve ce droit aux évêques. « Ignorez-vous, leur dit-il, les règles des anciens Pères et les décrets des conciles, où il est établi que les prêtres des paroisses iront eux-mêmes chercher tous les ans le saint chrême, ou qu'ils y enverront leurs sacristains, et non pas des personnes viles, pour le recevoir de la main de l'évêque? Il semble qu'en vous ordonnant de le venir chercher, ils vous ont ôté le pouvoir de le consacrer? »

Le cardinal d'Aguirre prétend que ce concile s'est tenu l'an 527, et non pas l'an 531, parce que l'an 527 répond la cinquième du règne d'Amalaric, et à l'ère 565. *T. III Conc. Hisp.* p. 154; *Anal. des Conc.*, t. I.

TOLÈDE (Conciliabule de), l'an 581 ou 583. Ce conciliabule fut tenu par des évêques ariens. Le roi Lévigilde y fit défendre de rebaptiser à l'avenir les catholiques qui passeraient à l'arianisme, et il fut déclaré qu'on se contenterait de leur imposer les mains et de leur donner la communion. Il fut aussi résolu que l'on dirait : *Gloire au Père par le Fils dans le Saint-Esprit*. Ces décisions furent cause que plusieurs catholiques abjurèrent la foi.

TOLÈDE (Conférence de), entre les évêques catholiques et les évêques ariens, l'an 587. Nous plaçons cette conférence à Tolède, quoique Mansi, qui la rapporte, d'après saint Grégoire de Tours, ne nous en marque pas le lieu précis. Le roi Récarède, empressé de connaître la vérité, ménagea cette conférence entre les ariens, dont il tenait encore le parti, et les évêques catholiques, pour qui il éprouvait dès lors une pente secrète. Les catholiques confondirent leurs adversaires, en faisant valoir principalement le caractère de sainteté dont les miracles étaient la preuve, et qui ne pouvait convenir à la secte arienne. Le roi, convaincu par ce simple argument, se fit instruire dans la vraie foi, et reçut sur son front le signe salutaire de la croix (a) avec l'onction du chrême, de la main du pontife catholique qui l'instruisit. *Mansi, Conc. t.* IX.

TOLÈDE (3e Concile de), l'an 589. Récarède, fils et successeur de Léovigilde, roi des Visigoths en Espagne, s'étant fait catholique par les soins de saint Léandre, d'arien qu'il était, convoqua un concile à Tolède, pour affermir la conversion de ses sujets, qui avaient abandonné l'arianisme à son exemple et par ses exhortations. Ce concile commença le 6 mai de l'an 589. Il s'y trouva soixante-quatre évêques, et huit députés pour autant d'évêques absents. Avant de tenir leurs séances, le roi, qui était présent, les exhorta à s'y préparer par les jeûnes, les veilles et les prières. Ils passèrent trois jours entiers dans ces exercices de piété, puis, s'étant assemblés, le roi fit lire sa profession de foi sur la Trinité, où il déclare qu'il anathématise Arius, sa doctrine et ses complices; qu'il reçoit le concile de Nicée assemblé contre cette peste; le concile de Constantinople contre Macédonius; le premier concile d'Éphèse contre Nestorius; le concile de Chalcédoine contre Eutychès et Dioscore, et généralement tous les conciles orthodoxes qui s'accordent avec ces quatre dans la pureté de la foi. Ensuite, s'adressant aux évêques, ce prince leur dit : Recevez cette déclaration de nous et de notre nation, écrite et confirmée de nos souscriptions, et la gardez avec les monuments canoniques, pour être un témoignage devant Dieu et devant les hommes que les peuples sur lesquels nous avons au nom de Dieu une puissance royale, ayant quitté leur ancienne erreur, ont reçu dans l'église le Saint-Esprit par l'onction du saint chrême et par l'imposition des mains, en confessant que cet Esprit consolateur est égal en puissance au Père et au Fils. Si à l'avenir quelqu'un d'entre eux veut se dédire de cette sainte et vraie foi, que Dieu le frappe d'anathème dans sa colère, et que sa perte soit un sujet de joie aux fidèles et un exemple aux infidèles. Le roi avait ajouté à sa profession de foi les définitions des quatre conciles généraux, et l'avait souscrite avec la reine Baddo, son épouse. Après qu'on en eut fait la lecture, le concile fit plusieurs acclamations de joie, en rendant grâces à Dieu de cette heureuse réunion et en

---

(a) « Accepto signaculo beatæ crucis cum chrismatis unctione credidit Dominum Jesum Christum Filium Dei æqualem Patri cum Spiritu sancto regnantem in sæcula sæculorum. » *S. Greg. Turon. Hist. Franc. lib.* IX, c. 15.

souhaitant au roi la gloire présente et la gloire éternelle. Puis, par ordre du concile, un des évêques catholiques, portant la parole aux évêques et aux prêtres, et aux plus considérables des Goths convertis, leur demanda ce qu'ils condamnaient dans l'hérésie qu'ils venaient de quitter, et ce qu'ils croyaient dans l'Eglise catholique, à laquelle ils étaient réunis; afin qu'il parût par leur confession, qu'ils anathématisaient sincèrement la perfidie arienne avec tous ses dogmes, ses offices, sa communion, ses livres, et qu'il ne restât aucun doute qu'ils ne fussent les véritables membres du corps de Jésus-Christ. Alors tous les évêques, avec les clercs et les premiers de cette nation, déclarèrent, d'une voix unanime, qu'encore qu'ils eussent déjà fait dans le temps de leur conversion ce que l'on exigeait d'eux, ils étaient prêts à le réitérer, à confesser tout ce que les évêques catholiques leur avaient montré être le meilleur.

On prononça sur cela vingt-trois articles avec anathème contre les principales erreurs des ariens, et contre tous ceux qui en prenaient la défense ; nommément contre ceux qui ne croient pas que le Fils soit engendré sans commencement de la substance du Père; qu'il lui soit égal et consubstantiel; qui nient que le Saint-Esprit soit coéternel, et égal au Père et au Fils, et qu'il procède du Père et du Fils ; qui ne distinguent pas trois personnes en Dieu dans l'unité d'une même substance ; qui mettent le Fils et le Saint-Esprit au rang des créatures, et les disent moindres que le Père ; qui avancent que le Fils ne sait pas ce que sait Dieu le Père ; qui enseignent qu'il est visible et passible selon la divinité; qui imaginent une autre foi et une autre communion catholique que celle qui fait profession de suivre les décrets des conciles de Nicée, de Constantinople, d'Ephèse et de Chalcédoine ; qui ne rendent pas un honneur égal au Père, au Fils et au Saint-Esprit, et refusent de réciter la glorification qui leur est commune ; qui regardent comme bonne la rebaptisation ; qui ne rejettent pas le libelle composé la douzième année du règne de Lévigilde, c'est-à-dire le décret du conciliabule de Tolède; qui ne condamnent pas de tout leur cœur le concile de Rimini. Les évêques Goths protestèrent qu'ils abandonnaient de tout leur cœur l'hérésie arienne; qu'ils ne doutaient pas qu'en la suivant, eux et leurs prédécesseurs n'eussent erré; qu'ils venaient d'apprendre dans l'Eglise catholique la foi évangélique et apostolique; qu'ainsi ils promettaient de tenir et de prêcher celle dont leur roi et leur seigneur avait fait profession en plein concile, avec anathème à qui cette doctrine ne plairait point, étant la seule vraie foi que tient l'Eglise de Dieu répandue par tout le monde, et la seule catholique. Ensuite ils souscrivirent au nombre de huit, tant aux vingt-trois articles qu'aux formules de foi de Nicée et de Constantinople, et à la définition de Chalcédoine; après eux les prêtres et les diacres, puis les grands seigneurs et les anciens des Goths.

Cela fait, le roi Récarède proposa aux évêques de dresser des statuts pour le règlement de la discipline ecclésiastique et pour réparer les brèches que l'hérésie y avait faites. Il demanda en particulier que, dans toutes les églises d'Espagne et de Galice, l'on récitât à voix claire et intelligible le symbole dans le sacrifice de la messe, avant la communion du corps et du sang de Jésus-Christ, suivant la coutume des Orientaux. On fit donc vingt-trois canons.

1er. « Tous les décrets des anciens conciles et les lettres synodiques des papes demeureront en vigueur, et aucun ne sera promu aux degrés du ministère ecclésiastique, qu'il n'en soit digne, et on ne fera rien de ce que les saints Pères ont défendu. »

C'est une chose digne de remarque que les conciles d'Espagne ne délibéraient jamais qu'ils n'eussent fait lire auparavant le code des saints canons, des conciles et des lettres synodiques des papes, afin de ne rien statuer, soit touchant la foi, soit touchant les mœurs, qui y fût contraire. »

2e. « Pour affermir la foi des peuples on leur fera chanter à la messe le symbole du concile de Constantinople avant l'oraison dominicale, afin qu'après avoir rendu témoignage à la vraie foi, ils soient plus purs pour participer au corps et au sang de Jésus-Christ. »

Timothée, patriarche de Constantinople en 510, établit qu'on chanterait le symbole à toutes les messes, l'usage n'étant de le chanter que le vendredi saint, lorsque l'évêque instruisait les catéchumènes qui devaient recevoir le baptême la veille de Pâques. L'Eglise d'Espagne fut la première en Occident qui reçut cette coutume; et d'abord on le récitait immédiatement avant le *Pater*, comme on le voit encore dans le Missel en langue mozarabique. C'est de là qu'est venu l'usage en Espagne de faire réciter le symbole à chaque fidèle avant de le communier.

3e. « Il ne sera point permis aux évêques d'aliéner les biens de l'Eglise ; mais ce qu'ils auront donné aux monastères ou aux églises de leur diocèse, sans un préjudice notable pour leur église propre, demeurera ferme et stable. Ils pourront encore pourvoir aux nécessités des étrangers et des pauvres. »

4e. « Si un évêque veut même consacrer une église de son diocèse à l'établissement d'un monastère, il le pourra, du consentement de son concile, fallût-il donner à ce monastère quelque partie des biens de l'Eglise pour sa subsistance. »

5e. « Les évêques, les prêtres et les diacres, qui s'étaient convertis de l'arianisme, vivaient maritalement avec leurs femmes. Le concile veut qu'à l'avenir ils vivent dans la continence, et qu'à cet effet ils se séparent de chambre, et même de maison, s'il se peut. Quant aux clercs qui ont toujours été catholiques, il leur est défendu, sous les peines canoniques, d'avoir aucune communication avec des femmes suspectes ; et s'il s'en trouve qui demeurent avec eux, les évêques vendront ces sortes de femmes, et en donneront le prix aux pauvres. »

6°. « Les affranchis faits par les évêques jouiront de la liberté, sans être privés de la protection particulière de l'Eglise, eux et leurs enfants ; et il en sera de même des affranchis faits par d'autres personnes, mais recommandés aux églises. »

7°. « Pour ôter lieu aux discours inutiles et fabuleux, on fera toujours lecture de l'Ecriture sainte à la table de l'évêque, afin d'édifier ceux qui y mangent. »

8°. « Les personnes tirées des familles fiscales demeureront attachées à l'église où elles sont immatriculées, en payant leur capitation, sans que personne puisse les revendiquer, sous prétexte de donation du prince. »

Saint Isidore, *lib.* XX *Orig.*, *cap.* 9, dit que le fisc était un sac public dans lequel les exacteurs mettaient les deniers qu'ils levaient pour le prince, et que c'est de là que sont venus les noms de *fiscellæ* et *fiscinæ*. Quoi qu'il en soit de cette étymologie, il est certain qu'on appelait *famille fiscale* ou *famille du fisc des clercs*, les serviteurs ou esclaves qui cultivaient leurs fiscs, c'est-à-dire leurs biens ou leurs domaines, parce que ces serviteurs appartenaient au clergé, soit qu'ils lui eussent été donnés par le prince, soit qu'il les eût acquis autrement. Mais parce qu'il arrivait que quelques particuliers demandaient ces esclaves au prince, le concile, du consentement du roi Récarède, veut qu'on n'ait aucun égard à ces sortes de demandes, fussent-elles appuyées de la donation du prince, sauf à payer la capitation de ces esclaves, qui demeureront attachés au service des églises où ils sont immatriculés.

9°. « Les églises qui d'ariennes sont devenues catholiques, appartiendront aux évêques dans les diocèses desquels elles seront situées. »

10. « On ne contraindra pas les veuves ou les filles à se marier ; et quiconque empêchera une veuve ou une fille de garder le vœu de chasteté sera excommunié. »

11°. « En quelques Eglises d'Espagne, les pécheurs faisaient pénitence d'une manière honteuse, et non selon les canons, demandant aux prêtres de les réconcilier, toutes les fois qu'il leur plaisait de pécher. »

Le concile, pour remédier à cette présomption, qu'il appelle *execrable*, ordonne que celui qui se repent de son péché soit premièrement suspendu de la communion, et vienne souvent recevoir l'imposition des mains avec les autres pénitents, et qu'après avoir accompli le temps de la satisfaction il soit rétabli à la communion, suivant le jugement de l'évêque. Il ajoute que ceux qui retombent dans leurs péchés pendant le temps de la pénitence, ou après la réconciliation, seront condamnés selon la sévérité des anciens canons.

Ce canon souffre une grande difficulté qui partage les interprètes. Les uns croient que, quand il dit que ceux qui retombent dans leurs péchés, soit pendant le temps de la pénitence, soit après la réconciliation, ils seront condamnés selon la sévérité des anciens canons, cela veut dire uniquement qu'ils ne seront plus admis à la pénitence publique et solennelle, qui ne s'accordait qu'une fois, selon les anciens canons et les décrets des papes, surtout du pape Sirice à Himérius, évêque de Tarragone, mais qu'ils ne seront point exclus pour cela de la pénitence secrète et sacramentelle. Les autres soutiennent, au contraire, que ce canon doit s'entendre de l'exclusion de la pénitence même secrète et sacramentelle, conformément aux anciens canons, qui refusaient cette sorte de pénitence et de réconciliation secrète à ceux qui retombaient dans leurs péchés après la pénitence solennelle, si ce n'est à l'article de la mort; encore ne l'accordaient-ils pas toujours dans cette circonstance même. C'est ce que prouve un grand nombre de conciles, tels que celui d'Elvire, le premier d'Arles, ainsi que les lettres de saint Cyprien et du clergé de Rome, celle du pape Innocent Ier à Exupère, évêque de Toulouse, et une infinité d'autres témoignages des anciens, rapportés par les PP. Morin, Thomassin, Pétau, Cabassut, etc. D'ailleurs, si les Pères du troisième concile de Tolède n'avaient exclu les pécheurs récidifs que de la pénitence publique, et qu'ils leur eussent accordé la pénitence secrète, ils auraient manqué leur but, qui était de mettre un frein aux pécheurs pénitents, pour les empêcher de retomber et d'apporter un remède efficace à leurs fréquentes rechutes, par la difficulté de se relever et d'obtenir la grâce de la réconciliation, puisque ces pécheurs de rechute auraient été réconciliés tout autant de fois qu'ils seraient tombés, à la faveur de la pénitence secrète et sacramentelle, qui leur aurait été laissée.

Si l'on dit que cette conduite eût été dure, cruelle, peu analogue à la charité et à la tendresse de l'Eglise pour les plus grands pécheurs, et uniquement propre à les précipiter dans l'abîme du désespoir, on répond que tous les catholiques ont à résoudre cette difficulté, du moins par rapport aux pécheurs coupables d'idolâtrie, d'homicide ou d'adultère, puisqu'il est certain qu'anciennement, dans plusieurs Eglises, on n'accordait la pénitence et la réconciliation à ces sortes de pécheurs qu'à la mort, et qu'il y en avait même où on la leur refusait en ce moment; non que l'on désespérât de leur salut, mais parce qu'on les abandonnait à la miséricorde de Dieu, dont on ne désespérait pas pour eux, et qu'on voulait, par cette rigueur salutaire, leur inspirer, à eux et aux autres, plus de crainte du péché et plus d'ardeur pour la pénitence.

12°. « L'évêque ou le prêtre n'accordera point la pénitence à celui ou à celle qui la demandera, soit en santé, soit en maladie, qu'auparavant il ne lui ait coupé les cheveux, si c'est un homme, ou qu'il ne lui ait fait changer d'habit, si c'est une femme. » (Cette précaution paraissait nécessaire pour empêcher les rechutes.)

13°. « Défense aux clercs de traduire leurs confrères devant les tribunaux séculiers, sans s'être auparavant adressés à leur évêque, sous peine pour l'agresseur de perdre son procès, et d'être privé de la communion. »

14e. « Défense aux juifs d'avoir des femmes ou des concubines chrétiennes, ou des esclaves chrétiens pour les servir, et d'exercer des charges publiques; les enfants qui pourraient être nés de semblables mariages seront baptisés, et, s'il était arrivé aux juifs de circoncire leurs esclaves chrétiens, ou de les initier à leurs rites, on les leur ôtera, sans leur en payer le prix, et on les rétablira dans la profession chrétienne. »

15e. « Si quelques serfs fiscalins ont construit et doté une église, l'évêque en procurera la confirmation de la part du prince. »

16e. « Ordre aux juges de s'employer avec les ecclésiastiques pour abolir par toute l'Espagne et la Galice tous les restes d'idolâtrie. »

17e. « Ordre aux mêmes d'empêcher les pères et mères de faire mourir leurs enfants qui sont le fruit de leur débauche, et dont ils se trouvent surchargés. »

Ce crime, fréquent dans quelques parties de l'Espagne, était un reste des mœurs des païens.

18e. « Sans préjudice des anciens canons qui ordonnent deux conciles chaque année, attendu la longueur du chemin et la pauvreté des églises d'Espagne, les évêques s'assembleront seulement une fois l'an, au lieu choisi par le métropolitain. Les juges des lieux et les intendants des domaines du roi se trouveront à ce concile, le 1er de novembre, pour apprendre la manière dont ils doivent gouverner les peuples de la bouche des évêques, qui leur sont donnés pour inspecteurs. »

19e. « Plusieurs personnes demandaient que l'on consacrât les églises qu'elles avaient fait bâtir, à la charge de retenir l'administration du bien dont elles les avaient dotées. Cette disposition étant contraire aux anciens, il est réglé par le concile que dans la suite cette administration appartiendra à l'évêque. »

20e. « Défense aux évêques de charger les prêtres et les diacres de corvées ou d'impositions nouvelles, au delà des anciens droits des évêques sur leurs paroisses. »

21e. « Défense, sous peine d'excommunication, aux officiers du domaine royal, de charger de corvées les serfs des églises, des évêques et des autres clercs. »

22e. « Défense de chanter des cantiques funèbres, ou de se frapper la poitrine aux enterrements de chrétiens; on doit se contenter d'y chanter des psaumes, pour marquer l'espérance de la résurrection. »

23e. « Défense de faire des danses et de chanter des chansons profanes dans les solennités des saints, ces jours devant être sanctifiés par l'assiduité aux offices divins. Comme l'abus était commun dans toute l'Espagne, le concile charge les évêques et les juges séculiers de l'abolir, chacun dans leur juridiction. »

Saint Léandre fit un discours après la tenue du concile, sur l'heureux changement de l'Église d'Espagne, qui se trouvait en liberté et en joie après avoir été comme captive dans les gémissements sous les rois ariens; il dit que la presse où elle avait été en ces temps-là avait produit cet effet; que ceux qui, par leur infidélité, lui étaient à charge, faisaient sa couronne par leur conversion. Sur quoi il lui fait répéter ces paroles du psaume quatrième, comme si elles avaient été dites d'elles : *Lorsque j'étais resserré dans l'affliction, vous m'avez, mon Dieu, dilaté le cœur.* Il fait remarquer à ses auditeurs que les hérésies ne dominent ordinairement que sur une nation, ou qu'elles n'occupent qu'un petit coin du monde, au lieu que l'Église catholique est répandue par tout l'univers, et qu'elle est composée de toutes les nations; que les hérésies se cachent dans les cavernes, tandis que l'Église catholique se montre à tout le monde, les membres dont elle est composée surpassant toutes les sectes des hérétiques. Il ajoute que s'il reste encore quelque nation barbare qui n'ait point été éclairée de la lumière de la foi, il est hors de doute qu'elle le sera un jour, la promesse de Jésus-Christ à cet égard ne pouvant manquer d'avoir son effet; l'ordre naturel demandant que ceux qui tirent leur origine d'un même homme s'aiment mutuellement et conviennent dans la profession d'une même vérité. Raderic de Tolède fait mention de ce discours au 21e livre de son Histoire, chapitre quinzième, *Hist. des aut. sacr. et eccl.* t. XVI.

Le roi Récarède fit publier, la quatrième année de son règne, une ordonnance portant confirmation de tout ce qui avait été fait et arrêté dans ce concile. Il souscrivit le premier, et soixante-deux évêques le firent après lui, y compris les députés des absents. Cinq étaient métropolitains, savoir : Euphémius de Tolède, saint Léandre de Séville, Migétius de Narbonne, Pontard de Brague, et Massona de Mérida, qui souscrivit le premier, comme le plus ancien des métropolitains : c'était un prélat recommandable par son savoir et sa vertu, défenseur intrépide de la foi catholique contre les ariens, qui l'avaient fait déposer et exiler par le roi Léovigilde. *D'Aguirre*, t. III; *Anal. des Conc.*, t. I; *Hist. des aut. sacr. et eccl.*, t. XVI.

TOLÈDE (Concile de), l'an 597. L'inscription du concile de Tolède, en 597, la douzième année du règne de Récarède, porte qu'il fut composé de seize évêques, et qu'ils s'assemblèrent dans l'église des apôtres saint Pierre et saint Paul. Il n'y a cependant que les souscriptions de treize, dont Massona de Mérida est le premier, et Adelphius de Tolède le troisième. Ils ne firent que deux canons.

Le 1er porte que les évêques auront soin non-seulement d'observer eux-mêmes la continence, mais encore de la faire observer aux prêtres et aux diacres; qu'ils pourront déposer les contrevenants et les renfermer dans un cloître, pour qu'ils fassent pénitence et servent d'exemple aux autres.

Le 2e défend à l'évêque de s'emparer du revenu d'une église ou d'une chapelle bâtie dans son diocèse, et veut qu'on donne ce revenu au prêtre qui fera le service, si le revenu est suffisant; s'il ne l'est pas, on y mettra un diacre; et s'il n'y a pas de quoi entretenir un diacre, on y mettra au moins un portier, pour tenir l'église propre et y allumer pendant la nuit les lampes qui sont devant les reliques.

TOLÈDE (Concile de), l'an 610, l'an 1er du règne de Gondemar. La primatie de l'Église de Tolède sur la province carthaginoise étant contestée par quelques-uns, le concile dont il s'agit ici décida cette primatie en frappant d'anathème ceux qui refuseraient de la reconnaître. Cette décision est souscrite par quinze évêques, et il ne paraît pas qu'elle l'ait été par l'évêque même de Tolède, quoiqu'il soit certain que celui-ci y était présent : c'est que, comme il était partie intéressée, il ne crut pas à propos, par modestie, d'appuyer de son suffrage le jugement de ses collègues prononçant en sa faveur.

Ce concile, aussi bien que le précédent, n'est pas compris dans le canon des conciles d'Espagne. *D'Aguirre*, t. II.

TOLÈDE (4e Concile de), l'an 633. Ce concile, composé de soixante-deux évêques et de sept députés d'évêques absents, tous présidés par saint Isidore de Séville, commença à s'assembler dans l'église de Sainte-Léocadie le neuvième de décembre de l'an 633, le troisième du règne de Sisenand, et le septième du pontificat du pape Honorius Ier. Sisenand, prince rempli de religion et de piété, entra dans le concile avec quelques seigneurs; et, prosterné en terre devant les évêques, il leur demanda, avec beaucoup de gémissements et de larmes, de prier Dieu pour lui, de conserver les droits de l'Église et de travailler à réformer les abus. Dans cette vue, les évêques firent soixante-quinze canons.

Le 1er contient une profession de foi fort étendue, où l'on explique avec netteté la croyance sur les mystères de la Trinité et de l'Incarnation, contre les principales hérésies. Il y est dit que, selon les divines Écritures et la doctrine des saints Pères, on croit la trinité des personnes dans l'unité d'essence; que le Fils est engendré du Père, qui n'est ni fait, ni engendré lui-même; que le Saint-Esprit procède du Père et du Fils; que le Fils s'est incarné dans le sein de la Vierge par l'opération du Saint-Esprit, etc. En parlant de l'incarnation, le concile se sert du terme *suscipiens hominem*, qui est fort usité dans les écrits des Pères, tels que saint Augustin (*Lib. LXXXIII Quæstion.*, 9; *et De Fide et Symbol. cap.* 4; *et lib.* IX, *de Civit. Dei, cap.* 17), saint Ambroise (*Lib.* V *de Fide, cap.* 5), Origène (*In Matth.* XIII), saint Jérôme (*Ad Galat.*), etc. Les scolastiques ont néanmoins rejeté cette expression, et lui ont substitué celle de *suscipiens humanitatem*, parce que les hérétiques pouvaient abuser de celle-là : ce qui a fait dire à saint Thomas (III *part.*, *quæst.* 4) qu'il ne fallait point l'entendre comme une locution propre, mais l'expliquer pieusement en disant que le Fils de Dieu a pris l'homme parce qu'il a pris la nature humaine, qui fait qu'il est véritablement homme.

Le 2e dit que, puisque les Pères du concile n'ont tous qu'une même foi, il ne doit y avoir entre eux qu'une même discipline dans la célébration des mystères et des autres parties de l'office divin, conformément aux anciens canons. Par ce canon, la liturgie d'Espagne, autrement dite mozarabique, se trouvait introduite dans la Septimanie, ou province des Gaules alors soumise à la monarchie des Goths.

Le 3e ordonne que, s'il survient quelque question touchant la foi, ou quelque affaire commune, l'on assemble un concile général de toute l'Espagne et de la Galice; mais que pour les affaires particulières, on en tiendra un tous les ans en chaque province, vers la mi-mai, au lieu désigné par le métropolitain.

Le 4e prescrit en détail la forme de tenir les conciles, en cette manière : « A la première heure du jour, avant le lever du soleil, on fera sortir tout le monde de l'Église, et on en fermera les portes. Tous les portiers se tiendront à celle par où les évêques doivent entrer. Ils entreront tous ensemble, et prendront séance selon leur rang d'ordination. Après les évêques, on appellera les prêtres que quelque raison obligera de faire entrer, puis les diacres que l'on croira nécessaires. Les évêques seront assis en rond : les prêtres s'assiéront aussi, mais derrière les évêques; les diacres se tiendront debout devant eux. Les laïques que le concile en jugera dignes entreront ensuite, puis les notaires, pour lire et écrire ce qui sera besoin; et l'on gardera les portes. Après que les évêques auront été longtemps assis en silence et appliqués à Dieu, l'archidiacre dira : *Priez.* Aussitôt tous se prosterneront à terre, prieront en silence avec larmes et gémissements; et les plus anciens évêques, se levant, fera tout haut une prière, les autres demeurant prosternés. Sa prière finie, et tous ayant répondu : *Amen,* l'archidiacre dira : *Levez-vous.* Tous se lèveront, et les évêques et les prêtres s'assiéront avec crainte et modestie. Alors un diacre, revêtu de son aube, apportera au milieu de l'assemblée le livre des Canons, et lira ceux qui parlent de la tenue des conciles; puis le métropolitain, prenant la parole, exhortera ceux qui auront quelque affaire à proposer, et on ne passera point à une autre que la première ne soit expédiée. Si quelque étranger, prêtre, clerc ou laïque, veut s'adresser au concile, il déclarera son affaire à l'archidiacre, qui la dénoncera au concile; après quoi l'on permettra à la partie d'entrer et de proposer elle-même son affaire. Aucun évêque ne quittera la séance avant l'heure de la finir; aucun ne sortira du concile que tout ne soit terminé, afin de pouvoir souscrire aux décisions : car on doit croire que Dieu est présent au milieu de ses prêtres quand les affaires ecclésiastiques se terminent sans tumulte, avec application et tranquillité. »

Le 5e porte que, pour éviter les variations qui arrivaient dans la célébration de la pâque, à cause des différentes tables ou cycles, les métropolitains s'instruiront l'un l'autre du jour de cette fête, afin d'en avertir leurs comprovinciaux et que tous la célèbrent en même temps.

Le 6e dit que, suivant la décision de saint Grégoire, on donnera le baptême par une seule immersion, pour ne pas sembler approuver les ariens, qui plongeaient trois fois; la croyance de la Trinité étant assez marquée par les paroles que l'on prononce en baptisant : « Au nom du Père, et du Fils, et du Saint-Esprit. »

Aux premiers temps de l'Eglise, on baptisait par trois immersions; c'est-à-dire que l'on plongeait trois fois dans l'eau la personne qui recevait le baptême, pour marquer, par cette triple immersion, la trinité des personnes en Dieu. Mais, parce que les ariens abusèrent de la cérémonie de cette triple immersion pour faire croire qu'il y avait en Dieu distinction et pluralité de natures, saint Grégoire pape statua, par une lettre adressée à saint Léandre de Séville, que l'on se contenterait en Espagne d'une seule immersion dans le baptême; et c'est ce que prescrit encore ce sixième canon, parce qu'il y avait des prêtres espagnols qui baptisaient par une triple immersion, tandis que les autres se contentaient d'une seule.

Le 7e réforme l'abus qui s'était introduit dans quelques églises d'en fermer les portes le vendredi saint, de ne point faire d'office, et de ne point prêcher la passion. Le concile ordonne le contraire, et veut qu'en ce jour on exhorte les peuples à demander pardon, à haute voix, de leurs péchés, afin que, purifiés par la componction de la pénitence, ils puissent célébrer le dimanche de la Résurrection, et recevoir avec un cœur pur le sacrement du corps et du sang du Seigneur.

Le 8e veut qu'on ne rompe le jeûne du vendredi saint qu'après la fin de l'office et des prières de l'indulgence ou de l'absoute, excepté les enfants, les vieillards et les malades.

On ne rompait les jeûnes du carême, en ce temps-là, qu'à six heures du soir : on devait donc, à plus forte raison, observer cette rigueur le jour du vendredi saint, où c'était la coutume de jeûner plus rigoureusement encore, et souvent au pain et à l'eau.

Le 9e veut que, dans toutes les églises de la Galice, l'on fasse la bénédiction de la lampe et du cierge la veille de Pâques, pour honorer la sainte nuit de la Résurrection.

La cérémonie de la bénédiction du cierge et du feu nouveau, la veille de Pâques, se faisait autrefois vers le milieu de la nuit. Il en est parlé dans le livre d'Alcuin *De divinis Officiis*, sous le titre *De Sabbatho sancti Paschæ;* dans celui d'Amalaire Fortunat *De ecclesiasticis officiis*, chapitre 118; dans Walafride Strabon, *De Rebus eccles.*, chapitre 30, et dans Raban Maur, liv. II *De Institutione Cleric.*, ch. 38. Tous ces auteurs attribuent l'établissement de cette cérémonie au pape Zosime, qui mourut l'an 418.

Le 10e corrige un abus qui s'était introduit dans quelques églises, où l'on ne disait l'Oraison dominicale que les dimanches, et ordonne que tous les clercs la récitent tous les jours dans l'office qu'ils diront en public ou en particulier, suivant le sentiment de saint Cyprien, de saint Hilaire, de saint Augustin; et cela sous peine de déposition.

L'usage de réciter l'Oraison dominicale à la messe vient de Jésus-Christ même, qui l'enseigna à ses apôtres, si nous en croyons saint Jérôme, dans son livre III contre les pélagiens, dont voici les termes : *Sic docuit Christus apostolos suos, ut quotidie in corporis illius sacrificio credentes audeant loqui : Pater noster, qui es in cœlis*.

Le 11e défend de chanter *Alleluia* durant tout le carême, parce que c'est un temps de tristesse et de pénitence, et le premier jour de janvier, auquel on jeûnait comme en carême, pour s'éloigner de la superstition des païens.

Alleluia est un mot hébreu qui signifie *louer Dieu avec joie, allégresse et chant ;* d'où vient que saint Augustin, *psalm.* 105, appelle *Alleluatici* les psaumes destinés à louer Dieu avec une sainte joie. Le même Père assure que la coutume de chanter *Alleluia* dans l'office divin et dans les temps de joie, tel que le temps pascal, vient des apôtres. On ne le chantait donc pas dans les temps de tristesse et de pénitence, tels que le temps du carême. Mais, parce qu'en quelques Eglises d'Espagne l'usage était introduit de le chanter même pendant le carême, excepté la dernière semaine, le concile veut qu'on s'en abstienne durant tout le carême, et si sa défense, à cet égard, ne remonte pas jusqu'au dimanche de la Septuagésime, c'est que l'usage n'était point encore établi, de son temps, de commencer à omettre l'*Alleluia* le dimanche de la Septuagésime.

Le 12e réforme l'usage de dire les louanges, ou laudes, après l'épître, voulant qu'on ne les dise qu'après l'évangile en l'honneur de Jésus-Christ, annoncé dans ce même évangile.

Le concile appelle *louanges*, ou *laudes*, l'hymne ou le cantique des trois Enfants, que l'on disait en Espagne après l'épître, dit Garsias Loaysa dans ses Notes sur ce canon; en quoi il se trompe.

Ce que ce canon appelle *laudes* n'est autre chose que le verset avec l'*Alleluia*, que l'on chante en Espagne, selon le rite mozarabique, après l'évangile, et qui est tout à fait semblable au verset avec l'*Alleluia* qui se chante après le répons suivant le rite romain. Quant au répons, les Espagnols le chantaient après la leçon de l'Ancien Testament, qui précédait l'épître. Après l'épître on disait *Amen*, et l'on commençait aussitôt l'évangile.

Le 13e permet de chanter des hymnes composées par les Pères, comme par saint Hilaire et saint Ambroise, quoiqu'elles ne soient point de l'Ecriture sainte; disant que, si l'on ne devait réciter dans l'office que ce qui est de l'Ecriture, il faudrait retrancher la plupart des messes et des autres prières ecclésiastiques. Il autorise l'usage de chanter des hymnes et des cantiques par l'exemple de Jésus-Christ et par ce qui est dit dans l'Epître aux Ephésiens.

L'usage de chanter des hymnes et des cantiques dans l'Eglise est de la plus haute antiquité, comme l'attestent Philon, dans son livre *De supplicum Virtutibus*; Eusèbe (*Lib.* II *Hist., cap.* 26), etc.: d'où vient que divers conciles d'Antioche, dès le troisième siècle, condamnèrent Paul de Samosate, qui, entre autres erreurs, rejetait les hymnes et les cantiques chantés en l'honneur de Jésus-Christ.

Le 14e. « Suivant l'usage universel de l'Eglise, on chantera à la messe, les jours de dimanches et de fêtes de martyrs, l'hymne des trois jeunes hommes dans la fournaise. »

Par le mot de *messe* le concile entend l'office du jour, qui est souvent appelé *messe* dans les livres ecclésiastiques. Le mot de *messe* se prend même quelquefois pour toutes sortes de prières.

Le 15e ordonne à tous les clercs, sous peine de la privation de la communion, de ne pas se contenter de dire à la fin de chaque psaume: *Gloire au Père*, mais *Gloire et honneur au Père*, selon qu'il est dit dans le psaume vingt-huitième et au troisième chapitre de l'Apocalypse.

Le 16e. Il y en avait qui ne disaient pas le *Gloria* après les répons, trouvant qu'il ne convenait pas à ce qu'on avait dit. Pour leur ôter tout scrupule, il est décidé qu'on le dira quand le sujet du répons est gai; et que, s'il est triste, on répétera le commencement du répons.

Le 17e ordonne, sous peine d'excommunication, de recevoir le livre de l'Apocalypse comme divin, et de le lire dans les églises depuis Pâques jusqu'à la Pentecôte, pendant l'office.

Le 18e. « A la messe, on donnera la bénédiction, non pas immédiatement après l'oraison dominicale, mais après le mélange de l'hostie avec le calice, et avant la communion, que les prêtres et les diacres recevront devant l'autel, les autres clercs dans le chœur, et le peuple hors du chœur. » Cela fait voir qu'en Espagne, comme à Rome, on portait à chacun la communion à sa place.

Le 19e renouvelle les règles des ordinations des évêques, principalement celles qui regardent la liberté des élections; et marque en détail les irrégularités, défendant d'élever au sacerdoce ceux qui ont été convaincus de crimes, ou qui, les ayant confessés, ont été mis en pénitence publique; qui ont été hérétiques ou rebaptisés; qui se sont faits eux-mêmes eunuques, ou sont mutilés de quelque partie du corps; qui ont eu plusieurs femmes, des concubines, ou épousé des veuves; qui sont de condition servile, ou néophytes, ou laïques, ou embarrassés d'affaires; qui ne sont point instruits des lettres; qui n'ont point atteint l'âge de trente ans et n'ont point passé par les divers degrés ecclésiastiques; qui ont employé les brigues ou l'argent pour parvenir à cette dignité; qui ont été choisis par leurs prédécesseurs; enfin ceux qui n'ont pas été élus par le peuple et par le clergé, ni approuvés par le métropolitain et par le synode de la province.

Le 20e: « Celui qui aura été élu évêque sera consacré un jour de dimanche par tous les évêques de la province, ou du moins par trois évêques du consentement des autres, en présence et par l'autorité du métropolitain, et dans le lieu qu'il aura désigné. »

Le 21e. « On n'ordonnera point de diacres avant l'âge de 25 ans, ni de prêtres avant celui de 30. »

Les 22e, 23e et 24e. « Les évêques mèneront une vie chaste et innocente. Ils auront des personnes d'une vie exemplaire, qui coucheront dans leurs chambres, pour être témoins de leur conduite. Les prêtres et les diacres qui ne pourront pas demeurer chez l'évêque à cause de leurs infirmités ou de leur grand âge, auront de même des personnes vertueuses qui coucheront dans leurs chambres. Les jeunes clercs logeront ensemble, en une même chambre, sous les yeux d'un sage vieillard. S'ils sont orphelins, l'évêque prendra soin de leurs biens et de leurs mœurs. »

On voit par ces canons que les prêtres et les diacres demeuraient autrefois dans la maison de l'évêque et menaient une vie commune avec lui. C'est ce qu'on voit aussi dans le deuxième concile de Tolède, dans le deuxième d'Orléans, dans le troisième de Tours, etc., dans la Vie de saint Augustin par Possidius. Et de là est venue l'origine des chanoines qui vivaient dans un même cloître et sous la même règle.

Les 25e, 26e et 27e. « Il est du devoir de l'évêque de savoir l'Ecriture sainte et les canons, pour instruire son peuple tant dans les matières de la foi que dans celles des mœurs. Lorsqu'un prêtre recevra la commission de desservir une paroisse, l'évêque lui donnera en même temps un livre contenant les rites de l'administration des sacrements; quand ce prêtre viendra au concile ou aux processions, il rendra compte à son évêque de l'administration de sa paroisse; comment il y fait l'office, et comment il y administre le baptême. Il promettra aussi à l'évêque, en recevant de lui sa commission, de vivre chastement et dans la crainte de Dieu. Il en sera de même des diacres commis à la desserte d'une paroisse. »

Le 28e. « L'évêque, le prêtre ou le diacre condamné injustement, et dont l'innocence aura été reconnue dans un second synode, ne pourra faire les fonctions qu'il faisait auparavant, qu'il n'ait reçu devant l'autel les degrés dont il était déchu, c'est-à-dire les marques de son office. L'évêque recevra l'étole, l'anneau et le bâton; le prêtre, l'étole et la chasuble; le diacre, l'étole et l'aube; le sous-diacre, la patène et le calice, et ainsi des autres degrés. »

Le 29e. « On déposera, et l'on enfermera dans des monastères, pour y faire pénitence les clercs qui auront consulté les magiciens, les aruspices, les augures et les autres devins. »

Les 30e et 31e. « Défense aux évêques voi

sins des ennemis de l'État, de recevoir d'eux aucun ordre, s'ils n'en ont permission du roi; d'accepter la commission d'examiner les criminels de lèse-majesté, si auparavant on ne leur a promis par serment de leur faire grâce. S'ils ont eu part à l'effusion du sang, ils seront déposés. »

Le 32e. « Il est de la charge des évêques d'avertir les juges qui commettent des injustices, et, au cas qu'ils ne se corrigent point, de les dénoncer au roi. »

Le 33e. « Quoique l'évêque ait l'administration entière des revenus des églises fondées, il ne peut en prendre pour lui au delà de la troisième partie. »

Les 34e, 35e et 36e. « La possession de trente ans est un titre suffisant à un évêque pour retenir les églises qu'il possède dans le diocèse d'un autre évêque de la même province; mais cette possession n'est pas valable entre les évêques de provinces différentes. On excepte de cette règle les églises nouvellement bâties, qui doivent être à l'évêque dans le diocèse duquel est le territoire où elles sont construites. »

Le 36e. « Si l'évêque ne peut faire chaque année la visite de son diocèse, il commettra des prêtres ou des diacres d'une probité connue, pour la faire, qui examineront le revenu des églises, les réparations nécessaires et la vie de ceux qui sont chargés de l'administration des paroisses. »

Le 37e. « On est obligé de payer ce qu'on a promis à l'Église sous condition de quelque service ecclésiastique. »

Le 38e. « Si ceux qui ont fait quelques donations à l'église se trouvent ensuite réduits à la nécessité, eux ou leurs enfants, cette église sera obligée de les assister. »

Le 39e. « Défense aux diacres de prendre place au premier rang du chœur pendant que les prêtres ne sont qu'au second rang. »

Le 40e. « Défense aux évêques, aux prêtres et, à plus forte raison, aux diacres, de porter deux étoles. Le diacre ne portera donc qu'une étole sur l'épaule gauche, et cette étole ne sera, ni de diverses couleurs, ni ornée d'or. »

L'étole était comme le symbole ou la marque principale du diaconat, et il y avait des églises où les diacres étaient obligés de porter jour et nuit pendant un an l'étole qu'ils avaient reçue dans leur ordination. L'étole des diacres était en forme de croix : ils la portaient sur l'épaule gauche, afin d'avoir la main droite libre pour la prédication et les autres fonctions de leur ordre.

Le 41e. « Tous les clercs, ou les lecteurs, raseront le dessus de leur tête comme les diacres et les prêtres, et ne laisseront qu'un bout ou un fil de cheveux, en forme de couronne, et non pas à la manière des lecteurs de Galice, qui portent les cheveux longs comme les séculiers, et se contentent de se faire raser en petit rond le haut de la tête. Tous les clercs porteront donc la même tonsure et le même habit, dans toute l'Espagne; et celui qui ne se conformera point à ce règlement, sera excommunié. »

Ce canon est très-remarquable. On y voit 1° que, sous le nom de *prêtres*, on comprenait les évêques, de même que, sous le nom de *lecteurs*, on comprenait tous les clercs des ordres inférieurs. On y voit 2° que tous les ecclésiastiques, y compris les évêques, avaient la tête entièrement rasée, à l'exception d'un fil ou d'un petit cercle de cheveux, tel que le portent encore aujourd'hui les bénédictins réformés. On y voit 3° que l'Église tenait cet usage pour si important, qu'elle regardait et excommuniait, comme hérétiques, les clercs qui refusaient de s'y conformer. Si l'on dit que cet usage n'était point universel, et qu'il y avait des pays où il n'était point connu, comme le vénérable Bède l'assure de l'Écosse, sa patrie, il est aisé de répondre que la pratique de quelques églises particulières, en petit nombre, ne saurait empêcher l'universalité morale de l'usage dont il s'agit ici ; puisque, si l'on consulte les canons qui ont été faits dans les différents conciles sur ce sujet, on n'en trouvera point, ou presque point, qui n'ordonne à tous les clercs d'avoir la tête entièrement rasée, ou du moins de porter les cheveux si courts, en forme de couronne, qu'ils ne parviennent que jusqu'aux oreilles exclusivement, en sorte que celles-ci paraissent entièrement à découvert. Saint Isidore (*Lib.* II *de Eccles. Offic.*, cap. 4) assure que les apôtres ont introduit eux-mêmes la tonsure cléricale dans l'Église, et qu'ils avaient pris cet usage des nazaréens; d'autres l'attribuent au pape saint Anicet, qui fut martyrisé en 161. Peut-être qu'il ne serait pas difficile de concilier ces deux opinions, en disant que saint Anicet ne fit que régler la manière de porter la tonsure déjà en usage dans l'Église parmi les clercs. Mais, que ce soient les apôtres mêmes qui l'aient introduite, ou seulement saint Anicet, toujours est-il certain qu'elle est vénérable par sa haute antiquité, qu'elle a toujours été sévèrement prescrite à tous les clercs par les conciles, les Pères, les évêques, les docteurs de tous les temps; que ces ordonnances multipliées, et si souvent répétées jusqu'à nos jours, subsistent encore aujourd'hui ; que le clergé séculier et régulier est tenu de s'y conformer, et que c'est, dit le P. Richard, un scandale tout à fait digne de larmes, que de voir des ecclésiastiques de tous les états qui portent sans scrupule, ou des perruques élégantes travaillées avec art, ou des cheveux longs, frisés, bouclés et chargés de poudre, sans aucun vestige de couronne ou de tonsure. C'est à tous les supérieurs et principalement aux évêques qu'il appartient d'extirper ces abus, dont ils rendront compte au souverain Juge. Ils le peuvent, et ils le doivent : ils le peuvent, et même facilement. Qui empêche un évêque de refuser inexorablement les ordres, les pouvoirs de prêcher et de confesser, les *visa*, et enfin tout ce qui peut dépendre de lui, à tout ecclésiastique qui ne sera point constamment exact à se conformer aux canons de l'Église touchant la simplicité de l'habit, de la chevelure et la régularité de la conduite en général? Ils le doivent : la modestie du clergé dans ses habits, ses cheveux, sa parure et tout le reste, a toujours été regardée avec raison comme l'un des points les plus importants de la discipline ecclésiastique ; puisque c'est par là spécialement qu'on édifie le peuple, et qu'on s'attire sa confiance, pour le gagner à Dieu ; tandis qu'un extérieur séculier et profane, une parure mondaine et affectée, le scandalisent souverainement, et ne sont propres qu'à l'éloigner, en lui inspirant du mépris pour les ministres de la religion. On peut voir le *Traité des Perruques* par M. Thiers.

Le 42e. On renouvelle la défense, faite si souvent aux clercs, d'avoir chez eux des femmes étrangères.

Le 43e. « Ordre aux évêques de mettre en pénitence les clercs qui ont péché avec des femmes étrangères ou avec leurs servantes, et de vendre ces femmes, en punition de leur crime. »

Le 44e. « Ordre aux évêques de séparer les clercs qui épousent des veuves, des femmes répudiées ou débauchées. »

Le 45e. « Les clercs qui auront pris, ou qui prendront les armes dans quelque sédition, seront déposés et renfermés dans un monastère, pour y faire pénitence. »

Le 46e. « Un clerc qui aura été trouvé pillant les sépulcres, sera chassé du clergé, et mis trois ans en pénitence. »

Le 47e. « Conformément aux édits du roi Sisenand, tous les clercs seront exempts des charges publiques, afin qu'ils soient plus libres de faire le service divin. »

Le 48e. « Les évêques se serviront de clercs pour administrer les biens de l'Eglise, ainsi qu'il fut ordonné dans le concile de Chalcédoine. »

On voit par ce canon combien l'Eglise a toujours eu à cœur que les évêques préférassent le spirituel au temporel, puisqu'elle leur ordonne d'avoir des économes pour administrer et dispenser leurs biens, afin qu'ils puissent se livrer tout entiers aux saintes fonctions de leur ministère, telles que la prière, l'instruction, la prédication, l'administration des sacrements.

Le 49e. « La dévotion des parents ou la profession volontaire fait un moine. Ainsi, que l'on soit moine de l'une ou de l'autre de ces deux manières, l'engagement subsiste, et on ne peut plus retourner dans le monde. »

Le 50e. « Les clercs qui voudront se faire moines, n'en seront pas empêchés par les évêques, parce que la vie monastique est meilleure que la cléricale, et plus propre à la contemplation. »

Ce canon paraît contraire au sentiment des Pères, en ce qu'il dit que la « vie monastique est meilleure que la vie cléricale, » tandis que les Pères disent, au contraire, que la « vie cléricale est meilleure que la vie monastique. » On peut expliquer ce canon, en disant qu'il ne compare point *état à état*, mais *personne à personne*, et qu'il préfère un clerc qui quitte le ministère ecclésiastique pour ne s'occuper que de la contemplation dans une entière retraite, à celui qui néglige absolument la contemplation, pour se livrer uniquement aux fonctions extérieures du ministère. Quoi qu'il en soit de cette explication, voici à quoi il faut s'en tenir sur le fond même de la question, savoir, laquelle des deux est la meilleure, de la vie cléricale ou de la vie monastique, de la vie active ou de la vie contemplative. La vie cléricale ou la vie active, telle que nous l'entendons ici, est l'état ou l'emploi qui s'occupe principalement aux fonctions que l'on exerce envers le prochain, par la voie de l'instruction, de la prédication, de l'administration des sacrements et de l'aumône. La vie monastique, ou la vie contemplative, consiste surtout à s'attacher uniquement et immédiatement à Dieu, par la considération affective de son essence, de ses perfections et de ses opérations. Cela posé, il est certain que la vie contemplative, considérée par sa partie principale, est meilleure en soi, plus excellente et plus parfaite que la vie active, puisqu'elle a Dieu pour objet immédiat, qu'elle le considère en lui-même, et qu'elle l'aime pour lui-même ; tandis que la vie active, considérée aussi par sa principale partie, regarde premièrement et immédiatement le prochain par rapport à Dieu, d'où il arrive qu'elle ne regarde Dieu que secondairement, et comme un rayon de la divinité réfléchi sur le prochain ; et de là vient la préférence que Jésus-Christ donne à Marie sur sa sœur Marthe, en disant qu'elle a choisi la meilleure part. Marie, symbole de la vie contemplative, se tient tranquillement assise aux pieds du Sauveur, pour écouter sa divine parole dans un sacré repos : voilà la meilleure part. Marthe, image de la vie active, se donne bien des mouvements dans une grande sollicitude, pour recevoir et servir le Sauveur ; ces soins empressés sont bons, quoique moins parfaits que la douce tranquillité de Marie. Mais, de ces deux vies unies ensemble comme deux sœurs, il s'en forme une troisième, qu'on appelle *mixte*, et qui comprend les exercices de l'une et de l'autre. Ce troisième genre de vie est plus parfait que les deux autres pris chacun séparément. Notre-Seigneur le choisit, il le donna à ses apôtres, et les apôtres le laissèrent à leurs successeurs dans le saint ministère. Telle est la doctrine des Pères, entre autres de saint Basile (*In Constit. monast., cap.* 2), de saint Jérôme (*In cap.* III *Hierem.*), de saint Grégoire pape (*Lib.* VI *Moral., cap.* 17), de saint Bernard (*Serm.* III *in Assumpt.*), de saint Thomas (2-2, *quæst.* 182).

Le 51e. « Les évêques n'emploieront pas les moines à des travaux fertiles pour leur profit, et ne s'attribueront à leur égard que ce que les canons leur donnent, savoir, d'exhorter les moines à la vertu, d'établir des abbés et les autres officiers, et de faire observer la règle. »

Les 52e et 53e. « S'il arrive qu'un moine quitte son état pour se marier, on le fera rentrer dans son monastère, pour y pleurer son crime, et l'expier par la pénitence. Pour ce qui est de certains religieux gyrovagues, qui ne sont ni clercs ni moines, on les obligera à choisir l'une de ces professions. »

Le 54°. « Ceux qui étant en danger ont reçu la pénitence, sans confesser aucun crime particulier, mais seulement en se reconnaissant en général pécheurs, pourront entrer dans le clergé ; mais on n'y admettra pas ceux qui, en recevant la pénitence, auront confessé publiquement un péché mortel. »

Il y avait autrefois deux sortes de pénitents publics. Les uns avaient commis et confessé des crimes publics, ou confessé publiquement des crimes secrets, et ceux-ci faisaient pénitence sous le cilice, les jours solennels, pendant la messe : les autres, qui n'avaient commis que des péchés secrets, dont ils ne s'étaient point publiquement accusés, et qui, pour cette raison, ne faisaient la pénitence publique, ni sous le cilice, ni les jours solennels. Et c'est de cette seconde espèce de pénitents publics que parle le 54° canon. Ils avaient donc commis et confessé secrètement des péchés secrets ; mais parce qu'ils ne les avaient pas confessés publiquement, le concile ne les exclut pas du clergé, quoiqu'ils eussent fait une pénitence publique. *Voy*. le P. Morin, *de Pœnit. lib.* V, *cap.* 7.

Le 55°. « Les laïques qui, après avoir reçu la pénitence, et s'être rasés à cet effet, rentrent dans leur premier état, seront contraints par l'évêque d'achever leur pénitence. S'ils refusent, on les traitera comme apostats, et on les anathématisera publiquement. Il en sera de même de ceux qui auront été dévoués par leurs parents, ou qui se seront dévoués eux-mêmes à la vie monastique, s'ils viennent à reprendre l'habit séculier, et des vierges ou des veuves, et des femmes pénitentes qui, ayant pris l'habit de religion ou de pénitence, l'auront quitté, ou se seront mariées. »

Les pénitents publics avaient un habit qui leur était propre, et contractaient, en le prenant, une obligation de le porter jusqu'à la fin de leur pénitence, à peu près semblable à celle qu'ont les religieux et les religieuses de porter l'habit de leurs ordres ; en sorte que, s'ils venaient à le quitter avant leur pénitence achevée, ils étaient censés avoir violé leurs vœux.

Le 56°. « Il y a deux sortes de veuves : les unes sont séculières, et les autres sanctimoniales ou religieuses. Les premières n'ont point changé d'habit, et elles peuvent se marier ; les autres en ont changé à la face de l'Eglise, et elles ne peuvent se marier sans crime. »

Le 57°. Sous le règne de Sisebut, on contraignit plusieurs juifs à se faire chrétiens : comme ils avaient déjà reçu les sacrements, savoir le baptême, l'onction du saint chrême, le corps et le sang du Seigneur, le concile veut qu'on les oblige de garder la foi qu'ils ont reçue par force, de peur qu'elle ne soit exposée au mépris, et le nom de Dieu blasphémé ; mais il défend de contraindre à l'avenir les juifs à professer la foi, disant qu'elle doit être embrassée volontairement, et par la seule persuasion.

Le 58°. « Défense aux clercs et aux laïques de donner aucune protection aux juifs contre les intérêts de la foi, sous peine d'excommunication. »

Le 59°. On ordonne aux évêques de rappeler au sein de l'Eglise les juifs qui l'ont quittée après avoir reçu le baptême. On ordonne aussi de leur enlever leurs propres enfants qu'ils auront circoncis, et de donner la liberté à leurs esclaves envers lesquels ils auront agi de même.

Le 60°. « Les fils et les filles des juifs apostats seront mis dans des monastères, ou avec des personnes pieuses, pour être élevés chrétiennement dans la foi et dans les mœurs. »

Le 61°. « Les enfants chrétiens des juifs qui auront apostasié, ne seront pas privés des biens de leurs parents. »

Le 62°. « Défense aux juifs chrétiens d'avoir commerce avec les juifs infidèles. »

Le 63°. « Les juifs qui ont des femmes chrétiennes seront avertis par l'évêque de se faire chrétiens : s'ils le refusent, on les séparera de leurs femmes, et les enfants qu'ils auront eus suivront la foi et la condition de leurs mères. Les enfants qui auront eu un père chrétien et une mère juive suivront aussi la religion chrétienne. »

Il pourrait paraître dur, et contre la justice, d'arracher des enfants du sein de leurs parents, pour les faire chrétiens malgré eux, si l'on ne savait que les juifs ont été regardés en Espagne comme des esclaves, qui ne pouvaient décider du sort ni de la religion de leurs enfants.

Le 64°. « Défense de recevoir le témoignage des juifs qui auront embrassé le christianisme et ensuite apostasié. »

Le 65°. « Ni les juifs, ni leurs descendants, ne possèderont des charges publiques. »

Le 66°. « Les juifs n'auront point d'esclaves chrétiens ; et s'ils ont la témérité d'en avoir, soit en les achetant, soit en les acceptant de ceux qui leur en feraient le don, ces esclaves seront mis en liberté. »

Les 67°, 68°, 69°, 70°, 71°, 72°, 73°, et 74°. « Il n'est pas permis à l'évêque d'affranchir les serfs de l'Eglise, s'il ne l'indemnise d'ailleurs ; autrement, son successeur les fera rentrer en servitude. Les affranchis de l'Eglise demeureront toujours sous sa protection, eux et leurs descendants, parce que l'Eglise ne meurt pas ; mais aussi ils sont obligés aux mêmes devoirs que les patrons ont coutume de réclamer de ceux qu'ils mettent en liberté. Permis de prendre des serfs de l'église pour les ordonner prêtres ou diacres à la campagne, pourvu qu'on les affranchisse auparavant, à la charge qu'après leur mort leur bien reviendra à l'Eglise, et qu'ils ne pourront porter témoignage contre elle, non plus que les autres affranchis ; mais on ne pourra faire clercs les affranchis des séculiers, si leurs patrons ne les déchargent de toutes leurs obligations. Seulement, l'Eglise prendra sous sa protection les affranchis des particuliers qui les lui auront recommandés. »

Le 75° et dernier canon regarde l'obéissance due aux princes, et il paraît que Sisenand le fit faire pour se maintenir dans la possession du royaume qu'il avait pris sur Suintila, roi des Goths, avec le secours de Dagobert, roi des Français. Le concile, après avoir déclamé dans ce canon contre ceux qui violent le serment fait à leurs rois, anathématise ceux qui feront quelque conjuration contre eux, qui attenteront à leur vie, ou qui usurperont leur autorité. *D'Aguirre, Concil. Hispan., t.* II; *Anal. des Conc., t.* I.

TOLÈDE (5e Concile de), l'an 636. Ce concile fut tenu dans la basilique de Sainte-Léocadie, l'an 636, le premier du règne de Cinthila, frère et successeur de Sisenand. Eugène, archevêque de Tolède, y présida; vingt et un évêques y assistèrent avec lui, et deux députés d'absents. On y fit huit canons.

Le 1er ordonne que l'on fasse des litanies, ou des prières publiques, tous les ans pendant trois jours, qui commenceront le 14 de décembre; en sorte néanmoins que, si le dimanche se trouve être l'un de ces trois jours, on les remettra à la semaine suivante.

Le 2e confirme tout ce qui s'est fait dans le concile tenu sous le roi Sisenand, et ordonne que l'on soit soumis au roi Cinthila, son successeur. Il défend aussi de faire aucune insulte à ses enfants, après sa mort.

Le 3e prononce anathème contre ceux qui s'élèveraient à la royauté sans être choisis par la noblesse, du consentement de tout le peuple.

Ce canon montre que le royaume des Goths était électif, et que les évêques avaient part au gouvernement temporel.

Le 4e et le 5e défendent, sous peine d'excommunication, de rechercher par des voies superstitieuses, pendant la vie du roi, quel sera son successeur, et de médire de lui.

Le 6e ordonne que les bienfaits des princes subsistent après leur mort; et le 7e, que, dans tous les conciles d'Espagne, on lise le règlement fait dans le quatrième concile de Tolède pour la sûreté des rois.

Le 8e confirme aux princes le pouvoir de faire grâce à ceux qui violeront ces règlements. *Ibid*

TOLÈDE (6e Concile de), l'an 638. Le roi Cinthila, qui avait donné un édit confirmatif des canons du cinquième concile de Tolède, le dernier de juin 636, convoqua ce sixième concile dans la même ville, le 9 de janvier 638. Il se tint dans la basilique de Sainte-Léocadie. Il s'y trouva quarante-sept évêques et cinq députés d'absents. Sylva, évêque de Narbonne, y présida et y souscrivit le premier. On y fit dix-neuf canons.

Le 1er contient une profession de foi sur les mystères de la Trinité et de l'Incarnation.

Le 2e ordonne que l'on continue la pratique des litanies ou prières publiques, prescrites par le concile précédent.

Le 3e porte que l'on rendra grâces au roi d'avoir chassé les juifs de son royaume, et de n'y souffrir que des catholiques. Il ordonne aussi que les rois qui seront élus à l'avenir soient obligés de faire serment qu'ils ne souffriront point d'infidèles, et prononce anathème contre ceux qui violeront ce serment.

Ce canon fut fait du consentement du roi Cinthila et des grands du royaume qui étaient présents. Le roi Récarède, du temps du troisième concile de Tolède, commença le premier à publier la loi qui bannit de tous les royaumes d'Espagne quiconque ne fait point profession de la foi catholique; et c'est cette loi, religieusement observée par ses successeurs, qui a mérité aux rois d'Espagne le nom de *Catholiques*, par antonomase.

Le 4e déclare les simoniaques indignes d'être élevés aux degrés ecclésiastiques; ceux qui se trouveront ordonnés par simonie, seront déchus de leur grade, de même que ceux qui les auront ordonnés.

Le 5e ordonne que ceux qui auront des biens de l'Église, ne les tiennent qu'à titre de précaire, et en donnent un acte, afin qu'ils ne puissent alléguer la prescription.

Les 6e et 7e. « Les moines, les religieuses et les veuves qui quittent l'habit de religion pour retourner dans le siècle, seront contraints de reprendre leur premier état, et renfermés dans des monastères. On en usera de même à l'égard de ceux et de celles qui, après s'être fait couper les cheveux, et avoir reçu l'habit de la pénitence publique, le quittent pour reprendre l'habit séculier. S'il se trouve de la difficulté à les soumettre de nouveau aux lois de la pénitence, ou à les enfermer dans les monastères, ils seront excommuniés jusqu'à ce qu'ils se soumettent. »

On voit par ce sixième et ce septième canon que les personnes de l'un et de l'autre sexe qui embrassaient la pénitence publique se faisaient tondre, et portaient une sorte d'habit religieux, qui était propre aux pénitents, et tout à fait différent des habits séculiers.

Le 8e. « Si une femme dont le mari a été mis en pénitence lui survit, elle pourra se remarier. Si elle meurt la première, son mari sera obligé de vivre le reste de ses jours en continence. Il en sera de même de la femme; si c'est elle qui a été mise en pénitence, elle ne pourra se remarier en cas qu'elle survive à son mari; mais si elle meurt la première, son mari pourra épouser une seconde femme. L'évêque doit néanmoins avoir égard à l'âge de ceux ou de celles à qui il accorde la pénitence, pour les obliger à la continence, suivant le sentiment de saint Léon, dans sa lettre à Rustique, évêque de Narbonne. »

Les 9e et 10e. « A chaque mutation d'évêque, les affranchis de l'église renouvelleront la déclaration qu'ils sont sous la dépendance de cette église. Mais en reconnaissance des services qu'ils continueront à lui rendre, leurs enfants seront instruits et élevés par l'évêque. »

Le 11e défend de recevoir des accusations, qu'on n'ait examiné auparavant si les accusateurs sont recevables, de peur que l'innocent ne soit flétri par la mauvaise volonté de l'accusateur.

Le 12e veut qu'on excommunie, et que l'on soumette à une longue pénitence, les traîtres qui abandonnent leurs princes légitimes, pour se retirer chez leurs ennemis. Il veut aussi que l'on garde l'immunité des églises, tant à cause de l'intercession des prêtres, que par le respect qui est dû à ces saints lieux.

Le 13ᵉ traite de l'honneur qu'on doit rendre aux principales personnes de la cour, de même que de l'affection que les anciens doivent porter aux jeunes gens, et de l'exemple qu'ils sont tenus de leur donner.

Le 14ᵉ recommande de traiter honorablement, et de récompenser les sujets qui servent avec fidélité le prince et la patrie.

Le 15ᵉ porte que les donations faites aux églises, soit par les princes, soit par d'autres, étant devenues le patrimoine des pauvres, seront fermes et stables, en sorte qu'on ne puisse les en frustrer en aucun temps, ni pour aucune raison.

Les derniers canons pourvoient à la sûreté de la personne du roi, de ses enfants et de ses biens. *Reg. t.* XIV; *Lab. t.* V; *Hard. t.* III; *D'Aguirre, Concil. Hispan., t.* II; *Anal. des Conc., t.* I.

TOLÈDE (7ᵉ Concile de), l'an 646. Ce concile fut assemblé à Tolède par les soins du roi Chinlasvind, l'an 646. C'est un concile national, qui fut composé de vingt-huit évêques et de onze députés des absents. Orontius, évêque de Mérida, y présida, assisté de trois autres métropolitains, Antoine de Séville, Eugène de Tolède, et Protais de Tarragone. On y fit six canons.

Le 1ᵉʳ déclare excommuniés pour toute leur vie tous les clercs, sans exception des évêques, et tous les laïques qui auront pris parti dans les révoltes. On permet néanmoins de leur donner la communion à la mort, s'ils ont persévéré dans la pénitence.

Le 2ᵉ dit que, si le célébrant tombe malade en célébrant les saints mystères, un autre évêque ou un prêtre pourra continuer le sacrifice; que personne ne célébrera la messe sans être à jeun, ni ne la quittera après l'avoir commencée.

Les accidents que le concile prévoit ici étaient alors plus fréquents, principalement les jours de jeûne, à cause de la longueur de la liturgie et du grand âge de plusieurs évêques: de là est venu l'usage des prêtres assistants (*Fleury, Liv.* 38).

Le 3ᵉ porte que l'évêque qui, étant averti, aura tardé à venir faire les funérailles de son confrère, sera privé de la communion pendant un an; et que les clercs qui auront négligé de l'avertir, seront enfermés un an dans des monastères, pour y faire pénitence.

Le 4ᵉ défend aux évêques de prendre plus de deux sols d'or par an, qui font deux écus monnaie de France, de chaque église de leur diocèse; de mener avec eux plus de cinq chevaux, quand ils vont en visite, et de demeurer plus d'un jour dans chaque église.

Le texte de ce canon porte: *Nec unquam quinquagenarium numerum erectionis excedat.* Mais on lit dans d'autres exemplaires, *quinarium*, à la place de *quinquagenarium*.

Et en effet le nombre de cinquante chevaux est tout à fait exorbitant pour un évêque qui fait la visite de son diocèse. Il n'est même nullement probable que les évêques de la Galice eussent pu marcher dans ce temps-là avec un si grand train quand ils l'auraient voulu. Si l'on dit que le pape Alexandre III, dans le troisième concile de Latran, permit aux archevêques d'avoir quarante ou cinquante chevaux dans la visite de leurs diocèses; on répond que ce n'est qu'une simple tolérance par rapport aux archevêques les plus opulents, dans un temps où la pompe des prélats avait crû avec les richesses de l'Eglise.

Le 5ᵉ défend de souffrir des ermites vagabonds, ou des reclus ignorants, avec ordre de les enfermer dans des monastères voisins, et de ne plus permettre de vivre en solitude qu'à ceux qui auront appris et pratiqué les maximes de la vie religieuse dans des monastères.

Le 6ᵉ porte que, pour le respect qui est dû au roi, pour l'honneur de la ville royale où il fait son séjour, et pour la consolation du métropolitain, les évêques les plus voisins de Tolède y viendront une fois chaque mois, quand il les en priera, à l'exception des temps de la moisson et de la vendange. *Ibidem.*

TOLÈDE (8ᵉ Concile de), l'an 653. Ce concile fut assemblé le 16 décembre de l'an 653, par les ordres du roi Recesvinthe, qui voulut y être présent, et qui y présenta un écrit adressé aux évêques du concile, qu'il exhortait à suivre la foi des quatre conciles généraux, et d'abolir le serment fait par toute la nation, au quatrième concile de Tolède, de condamner, sans espérance de pardon, ceux qui auraient conspiré contre le roi et contre l'Etat, regardant ce serment comme une source de plusieurs parjures. Le même écrit contenait une profession de foi, et une exhortation aux palatins, ou aux grands de la cour, présents au concile, de consentir à ce que les évêques ordonneraient, et à l'exécuter avec soin. Cet écrit est d'un style obscur et barbare. Il en est de même des douze canons, ou règlements, dressés par les évêques du concile, qui se trouvaient assemblés au nombre de cinquante-deux.

Le 1ᵉʳ contient la profession de foi des évêques, qui déclarent qu'ils professent unanimement celle qui est contenue dans le symbole de Constantinople, qu'ils ont coutume de réciter dans la célébration des saints mystères. Seulement ils y ajoutent, en parlant du Saint-Esprit, qu'il procède du Père et du Fils.

Le 2ᵉ porte, suivant la demande du roi, dispense du serment contre les rebelles, et la faculté de leur pardonner.

Le 3ᵉ est contre ceux qui parviennent aux ordres par simonie. On déclare ceux qui donnent ou qui reçoivent les ordres par cette voie, déchus de leur dignité.

Les 4ᵉ, 5ᵉ et 6ᵉ regardent la continence des clercs, particulièrement des sous-diacres, qui croyaient pouvoir se marier après leur ordination. Cela leur est défendu, sous peine d'être enfermés toute leur vie dans un monastère pour y faire pénitence.

Les sous-diacres ne faisaient dès lors, comme ils le font encore aujourd'hui, qu'un vœu implicite de continence ; d'où vient que ceux dont il s'agit dans ce canon prétendaient s'excuser, sur ce qu'ils ignoraient qu'ils eussent fait ce vœu dans leur ordination. Les Pères du concile leur répondent que l'Église leur a suffisamment fait connaître son intention là-dessus, par la tradition des vases sacrés, qu'ils ont reçus avec la bénédiction de l'évêque dans leur ordination.

Le 7ᵉ déclare que ceux qui ont été engagés dans les ordres ne peuvent point quitter l'état ecclésiastique, ni retourner avec leurs femmes, sous prétexte qu'ils ont été ordonnés de force. Le concile leur oppose que l'ordination est aussi stable que le baptême, que le saint chrême ou la confirmation, et que la consécration des autels ; et qu'ils ne sont pas moins obligés de persévérer dans leur état, que les enfants d'accomplir les promesses faites au baptême, quoique ces derniers aient reçu ce sacrement sans connaissance, ou même malgré eux. Ce qu'il faut entendre, avec saint Augustin, des efforts que les enfants font quelquefois contre ceux qui les baptisent.

Le 8ᵉ défend d'ordonner ceux qui ne savent pas le psautier tout entier, avec les cantiques et les hymnes d'usage, les cérémonies et la forme du baptême.

Le 9ᵉ porte que ceux qui, sans une évidente nécessité, auront mangé de la chair pendant le carême, en seront privés pendant toute l'année et ne communieront point à Pâques ; qu'à l'égard de ceux à qui le grand âge où la maladie ne permet pas de s'abstenir de viande, ils demanderont à l'évêque la permission d'en manger.

Le 10ᵉ est un règlement touchant l'élection du roi, ses qualités, ses obligations.

Le 11ᵉ confirme les anciens canons.

Le 12ᵉ veut que l'on observe envers les juifs les décrets du concile de Tolède tenu sous le roi Sisenand, en 633.

Cinquante-deux évêques souscrivirent à ces canons, avec seize comtes d'entre les principaux officiers du roi, dix députés des évêques absents, dix abbés, un archiprêtre et un primicier. A la suite des souscriptions est un décret du concile touchant la disposition des biens des rois, un édit de Receswinthe qui, après en avoir rapporté toutes les circonstances, en ordonne l'exécution. *Ibid.*

TOLÈDE (9ᵉ Concile de), l'an 655. Ce concile fut assemblé le deuxième jour de novembre de l'an 655, dans l'église de la Sainte-Vierge, par les soins du roi Receswinthe. Saint Eugène, archevêque de Tolède, y présida, et avec lui se trouvèrent quinze évêques, six abbés, un archiprêtre, un primicier, un diacre député d'un évêque absent, et quatre comtes. On y fit dix-sept canons.

Le 1ᵉʳ porte que, si les ecclésiastiques se rendent propriétaires des biens de l'église, il sera permis à ceux qui l'ont fondée ou enrichie, et à leurs héritiers, d'en porter leurs plaintes à l'évêque ou au métropolitain, ou même au roi, en cas que l'évêque et le métropolitain n'aient aucun égard à leurs remontrances.

Le 2ᵉ autorise les fondateurs à veiller aux réparations des églises et des monastères qu'ils auront fait construire, afin que ces bâtiments ne tombent point en ruine, et leur accorde le droit de présenter à l'évêque des prêtres pour les desservir (*a*). Si toutefois les fondateurs ne trouvaient point de clercs capables de cette desserte, l'évêque pourra, de l'agrément des fondateurs, en instituer qui soient dignes de ces fonctions. Que si, au mépris des fondateurs, l'évêque ordonne de sa propre autorité des ecclésiastiques pour la desserte de ces églises ou monastères, leur ordination sera nulle, et il sera tenu d'en ordonner d'autres qui lui seront présentés par les fondateurs. On voit le patronage laïque clairement établi dans ce canon.

Le 3ᵉ porte que, si l'évêque ou un autre ecclésiastique donne quelque partie du bien de son église, à titre de prestation ou de patrimoine, il sera obligé, sous peine de nullité, d'en insérer le motif dans l'acte de donation, afin que l'on voie si c'est avec justice ou par fraude qu'il l'a faite.

Le 4ᵉ dit que, si l'évêque avait peu de bien lors de son ordination, ce qu'il aura acquis depuis son épiscopat appartiendra à l'église ; que s'il en avait autant ou plus que son église, ses héritiers partageront avec l'église à proportion ; qu'il pourra disposer de ce qui lui aura été donné personnellement, en quelque manière que ce soit, et que, s'il meurt sans en avoir disposé, il appartiendra à l'église. On ordonne la même chose à l'égard des autres ecclésiastiques.

Le 5ᵉ déclare que l'évêque qui fonde un monastère dans son diocèse ne pourra le doter que de la cinquantième partie du revenu de son évêché, ou que de la centième, s'il fonde une simple église sans monastère.

Le 6ᵉ permet à l'évêque de remettre à une église paroissiale la troisième partie des revenus qu'elle lui doit, ou de donner cette troisième partie à une autre église, et veut que la remise ou la translation qu'il en fera soit perpétuelle et irrévocable.

Il paraît par ces deux derniers canons qu'il était permis aux évêques d'Espagne de fonder des monastères ou des chapelles, avec la faculté de les doter d'une partie des revenus de leurs évêchés, et que la troisième partie des biens d'une paroisse dont ils jouissaient n'était pas un droit nouveau, ni particulier à quelques endroits, mais un droit ancien et commun à toutes les paroisses d'un diocèse.

Le 7ᵉ fait défense aux héritiers de l'évêque ou du prêtre de se mettre en possession de la succession sans le consentement du métropolitain ou de l'évêque, et c'est un métropolitain, avant qu'il ait un successeur, ou qu'il y ait un concile assemblé.

(*a*) Le P. Richard ajoute ici : « Sans que l'évêque puisse en mettre d'autres à leur préjudice. » Dans le texte même il n'y a rien de semblable.

Le 8e déclare que la prescription de trente ans ne courra contre l'église, à l'égard des biens aliénés par un évêque, que du jour de sa mort et non de l'aliénation.

Le 9e règle les honoraires de l'évêque qui a pris soin des funérailles de son confrère et de l'inventaire des biens de l'église. Si elle est riche, il ne pourra prendre plus d'une livre d'or, et une demi-livre si elle est pauvre; mais il doit envoyer au métropolitain l'inventaire qu'il aura fait.

Le 10e porte que les enfants nés des ecclésiastiques, obligés au célibat par leur état, depuis l'évêque jusqu'au sous-diacre, seront incapables de succéder, et deviendront esclaves de l'église que leur père servait.

Le 11e dit que les évêques ne pourront faire entrer dans le clergé les serfs de l'église, sans les avoir auparavant affranchis.

Le 12e ajoute que l'on ne comptera pas les années d'affranchissement du jour de l'acte qui en aura été dressé, mais de la mort de celui qui aura affranchi.

Le 13e et les trois suivants portent que les affranchis de l'église ne pourront épouser des personnes libres qu'autrement; ils seront tous traités comme affranchis, c'est-à-dire obligés, eux et leurs descendants, à rendre à l'église les mêmes services que les affranchis doivent à leurs patrons, sans pouvoir disposer de leurs biens qu'en faveur de leurs enfants ou de leurs parents de même condition.

Le 17e ordonne aux juifs baptisés de se trouver aux fêtes principales dans la cité, pour assister à l'office solennel avec l'évêque, afin qu'il puisse juger de la sincérité de leur conversion et de leur foi, sous peine, pour ceux qui y manqueront, d'être punis selon leur âge, ou de verges, ou de quelque autre peine corporelle. Le concile finit en faisant des vœux pour la prospérité du règne de Receswinthe, et en indiquant un autre concile à Tolède, pour le 1er novembre de l'année suivante 656. *Ibid.*

TOLÈDE (10e Concile de), l'an 656. Saint Eugène, archevêque de Tolède, assisté de dix-neuf évêques et de cinq députés d'évêques absents, présida à ce concile, qui se tint le 1er décembre de l'an 656. Il passe pour un concile national, parce qu'il s'y trouva deux autres métropolitains avec saint Eugène, savoir Fugitive de Séville, et Fructueux de Brague. On y fit sept canons.

Le 1er ordonne que la fête de l'Annonciation de la sainte Vierge, qui se célébrait en différents jours dans les églises d'Espagne, sera fixée au 18 décembre, huit jours avant Noël.

Le 2e ordonne que les clercs qui auront violé les serments faits pour la sûreté du prince et de l'État soient privés de leur dignité, avec pouvoir néanmoins au prince de la leur rendre.

Le 3e défend aux évêques, sous peine d'un an d'excommunication, de donner à leurs parents ou à leurs amis les paroisses ou les monastères pour en tirer les revenus.

Le 4e et le 5e portent que les femmes qui embrassent l'état de viduité, feront leur profession par écrit devant l'évêque ou son ministre, qui leur donnera l'habit avec un voile noir ou violet, qu'elles seront obligées de porter sur leur tête; que celles qui quitteront l'habit de veuves seront excommuniées, et renfermées dans des monastères pour le reste de leur vie.

Le 6e veut qu'on oblige les enfants à qui les parents ont fait donner la tonsure et l'habit de religion, à vivre dans l'état religieux; mais que les parents n'aient le pouvoir d'offrir leurs enfants pour être religieux que jusqu'à ce qu'ils aient atteint l'âge de dix ans, et qu'après cet âge, le consentement des enfants soit nécessaire.

Il était permis en Espagne aux pères et aux mères de consacrer leurs enfants, tant filles que garçons, à la vie religieuse, avant qu'ils eussent atteint l'âge de dix ans; mais lorsqu'ils avaient atteint cet âge, ils étaient comme émancipés à cet égard, et il n'était plus au pouvoir de leurs pères et de leurs mères de les consacrer à la vie religieuse sans leur consentement. Le concile *in Trullo* contient la même disposition que celui-ci; ce qui vient de ce que ces deux conciles ont cru que l'âge de puberté commençait à dix ans; car cet âge n'était pas le même partout, soit par rapport à la nature qui le donnait, soit par rapport aux lois qui le fixaient; et il y avait des lois qui le fixaient à dix ans, d'autres à douze, d'autres à quatorze ou à seize.

Le 7e défend aux chrétiens, et principalement aux clercs, de vendre leurs esclaves à des juifs, parce qu'ils ne peuvent ignorer que ces esclaves ont été rachetés du précieux sang de Jésus-Christ; ce qui fait que l'on doit plutôt en acheter aux juifs que de leur en vendre.

Les évêques étaient encore assemblés, lorsqu'on leur présenta un écrit de Potamius, archevêque de Brague, dans lequel il se reconnaissait coupable d'un commerce charnel avec une femme. On le fit entrer et reconnaître son écrit: on lui demanda si sa confession était libre et contenait la vérité. Il en fit serment et déclara, fondant en larmes, qu'il avait, depuis environ neuf mois, quitté volontairement le gouvernement de son église, pour se renfermer dans une prison et y faire pénitence. Le concile déclara que, suivant les anciens canons, il devait être déposé de l'épiscopat; mais que, par compassion, il lui conservait le nom et le rang d'évêque, à condition néanmoins qu'il ferait pénitence toute sa vie: ensuite il choisit Fructuosus, évêque de Dume, pour gouverner l'église de Brague, qui n'était qu'à une lieue de Dume. Le même concile annula les dispositions testamentaires de Ricimer, évêque de Dume avant Fructuosus, comme contraires à celles de saint Martin, son prédécesseur, et préjudiciables à son église.

Cet exemple de Potamius est tout à fait mémorable, et tel qu'à peine en trouvera-t-on un semblable dans toute l'histoire de l'Église. C'est un archevêque qui s'accuse lui-même publiquement, et en présence d'un concile de toute sa nation, d'un crime honteux et secret, dont il n'y a ni témoin ni accusateur. Ceci nous donne lieu d'examiner quelle a été l'ancienne discipline de l'Eglise par rapport à l'ordination et à l'exercice des fonctions des ordres, touchant les chrétiens qui étaient tombés dans quelque péché mortel, et particulièrement dans le péché de la chair ou de la fornication. Cet examen ne sera ni long, ni pénible ; car il est certain qu'en parcourant des yeux les canons apostoliques, et ceux des anciens conciles, de même que les décrets du saint-siège, on verra que, selon l'ancienne discipline de l'Eglise, on punissait, par le refus de l'ordination, ou par la déposition et l'interdit des fonctions des ordres qu'on avait déjà reçus, tout chrétien qui tombait dans un péché mortel, quel qu'il fût, même secret, et surtout dans le péché de la chair, qui renferme une opposition particulière avec l'exercice des saints ordres, pour lesquels il faut une pureté singulière de cœur et de corps. On peut voir là-dessus le quinzième canon apostolique, les dix-neuvième, trentième et soixante-seizième du concile d'Elvire, le premier concile de Tolède, qui commence par rappeler les canons du concile général de Nicée touchant les ordinations, la lettre du pape saint Innocent Ier aux Pères du premier concile de Tolède, c'est-à-dire aux évêques qui avaient assisté à ce concile; les vingt-quatrième, vingt-cinquième et vingt-septième chapitres du concile de Lugo ; le neuvième canon du premier concile d'Orléans, le vingt-deuxième de celui d'Epaone, etc. Tous ces canons prouvent que Potamius ne fit que se conformer à l'ancienne discipline de l'Eglise, quand il se condamna lui-même à l'interdit de ses fonctions et à sa déposition, et qu'il y était obligé en conscience, quoique son péché fût secret. C'est ce que prouve encore l'exemple de saint Genebaud, premier évêque de Laon, qui avait épousé la nièce de saint Remi, évêque de Reims, et dont il s'était séparé pour vivre en continence avant son épiscopat, mais dont il avait eu ensuite deux enfants. Ce saint évêque pénitent se crut obligé, en vertu des lois de l'Eglise, de renoncer de lui-même à l'épiscopat, quoique son crime fût secret. Il le déclara librement à saint Remi, son oncle, qui le renferma dans une très-petite maison que l'on voit encore aujourd'hui près de l'église de Saint-Julien, où il fit sept ans de pénitence, pendant lesquels saint Remi gouverna l'église de Laon avec celle de Reims.

C'est donc une chose certaine que, selon l'ancienne discipline de l'Eglise, l'homicide, l'idolâtrie, la simonie et l'incontinence, soit publics, soit occultes, étaient des empêchements à la réception des ordres, et à l'exercice des fonctions de ceux qu'on avait reçus, tout comme encore aujourd'hui l'homicide, l'hérésie, la simonie et d'autres crimes semblables, produisent l'irrégularité. Ce ne fut que vers le milieu du sixième siècle que les Pères du concile de Lérida commencèrent à faire quelque brèche à cette ancienne discipline, dans leur cinquième canon, où ils disent que « si quelqu'un de ceux qui servent à l'autel tombe par fragilité dans le péché de la chair, et qu'il donne ensuite des marques de son regret, il est au pouvoir de l'évêque de le rétablir dans son office, sans l'élever à des ordres supérieurs. » Cette condescendance s'accrut surtout depuis le commencement du neuvième siècle, jusqu'au point où nous la voyons aujourd'hui, qu'on n'a plus besoin de dispense ni du pape, ni de l'évêque, pour rétablir dans ses fonctions, après une sincère pénitence, un clerc coupable de péchés secrets contre la continence. Mais il n'en est pas moins vrai de dire que l'esprit de l'Eglise n'a point changé, et qu'elle exige aujourd'hui, comme autrefois, une singulière pureté de cœur et de corps dans ses ministres. On peut voir sur ce sujet la *Dissertation du cardinal d'Aguirre*, qui se trouve à la suite du dixième concile de Tolède, au IIe tome de ses *Conciles d'Espagne*.

TOLÈDE (11e Concile de), l'an 675. Wamba, successeur du roi Recceswinthe, mort l'an 672, voyant son royaume tranquille, permit aux évêques de la province Carthaginoise de tenir un concile. Ils s'assemblèrent la quatrième année de son règne, c'est-à-dire l'an 675, à Tolède, dans l'église de la Sainte-Vierge, le 7 novembre. Quiricius, archevêque de cette ville, y présida ; seize autres évêques y souscrivirent, avec deux diacres députés pour des évêques absents, six abbés et l'archidiacre de Tolède. Les actes du concile commencent par une longue préface, dans laquelle les évêques font profession de leur foi. Elle est conforme à la doctrine des quatre premiers conciles généraux sur les mystères de la Trinité et de l'Incarnation ; mais elle traite ces deux mystères avec beaucoup plus d'étendue que ne font les symboles de Nicée et de Constantinople. A la suite de la préface viennent seize canons.

Le 1er règle la manière dont les évêques doivent se comporter dans les conciles, savoir avec gravité et modestie, en ne se répandant point en discours inutiles ni en injures, et en ne marquant pas trop d'opiniâtreté dans les disputes. Il ajoute que quiconque, loin d'observer ce règlement, troublera le concile par ses ris ou par le bruit qu'il y excitera, en sera chassé honteusement, et excommunié pendant trois jours.

Le 2e reproche aux évêques leur négligence à s'instruire et à instruire les autres : il ordonne aux métropolitains de veiller à l'instruction de leurs suffragants, et à ceux-ci d'instruire les peuples qui leur sont confiés.

Le 3e veut que dans chaque province l'on suive, pour la célébration de l'office public, les cérémonies et les rites observés dans l'église métropolitaine ; et que les abbés s'y conforment aussi dans l'office public de leurs monastères : ce qu'il entend des vêpres, des matines et de la messe.

Le 4e défend, suivant le chapitre neuf du quatrième concile de Carthage, de recevoir les oblations des prêtres (a) qui sont en discorde, et de les laisser approcher de l'autel, jusqu'à ce qu'ils soient réconciliés. Il ordonne en outre qu'ils demeurent en pénitence le double du temps qu'aura duré leur division.

Le 5° est un règlement contre les entreprises violentes et les excès de certains prêtres. On veut qu'ils réparent de leurs biens les torts qu'ils pourraient faire, ou qu'ils pourraient avoir faits ; et si quelque évêque vient à tomber avec quelque femme, fille, nièce ou parente, en quelque degré que ce soit, d'un grand, on ordonne qu'il soit excommunié et déposé pour toujours, et on ne lui accorde la communion qu'à la mort.

Le 6° défend à ceux qui ont à célébrer les saints mystères de juger par eux-mêmes les crimes dignes de mort, et d'ordonner la mutilation des membres, pas même aux serfs de leur église ; et cela sous peine de la déposition et de l'excommunication, sans recevoir la communion qu'à la mort.

Le 7° ordonne que les évêques corrigent publiquement les pécheurs, ou du moins qu'ils le fassent en présence de témoins ; et que, s'ils condamnent quelqu'un à l'exil ou à la prison, la sentence soit prononcée devant trois témoins, et signée de la main de l'évêque.

Le 8° défend, sous peine d'excommunication, de rien prendre, même de ce qu'on offre volontairement, pour le baptême, le saint chrême ou les ordres ; si c'est l'évêque qui a reçu, il sera excommunié deux mois ; le prêtre trois ; le diacre quatre ; le sous-diacre et les autres clercs à proportion.

Le 9° porte que celui qui sera ordonné évêque prêtera serment devant l'autel et avant son ordination, qu'il n'a rien donné, et qu'il ne donnera rien pour être élu évêque. Ceux que l'on aura convaincus d'être parvenus à l'épiscopat par simonie seront mis en pénitence et séparés de l'Eglise, sans pouvoir faire les fonctions de leur ordre, jusqu'à une entière satisfaction, qui consistera en deux ans d'une pénitence sincère et douloureuse.

Le 10° oblige ceux qui reçoivent les ordres, de promettre par écrit, qu'ils seront inviolablement attachés à la foi catholique, qu'ils ne feront rien contre ses lois, et qu'ils obéiront à leurs supérieurs.

Le 11° explique le quatorzième canon du premier concile de Tolède, qui ordonne de chasser de l'Eglise, comme sacrilèges, ceux qui, ayant reçu l'eucharistie de la main du prêtre, ne l'auraient pas consommée. On déclare ici que cette peine n'est que pour ceux qui rejettent l'eucharistie par mépris : il excuse, au contraire, ceux qui la rejettent par infirmité naturelle ; disant qu'il était arrivé à plusieurs malades de rejeter l'eucharistie, parce qu'ils avaient une telle sécheresse, qu'ils ne pouvaient l'avaler sans boire le calice du Seigneur. Il excuse aussi les enfants et ceux qui se trouvent dans quelque aliénation d'esprit. Quant à ceux qui rejettent l'eucharistie à dessein et par mépris, si c'est un fidèle qui commet ce péché, il sera privé de la communion, au moins pendant cinq ans ; et si c'est un infidèle, il sera châtié de verges et banni à perpétuité.

Il y a diverses choses à remarquer dans ce canon. On y voit d'abord que l'on communiait pour l'ordinaire les mourants sous la seule espèce du pain, mais qu'on y ajoutait aussi quelquefois l'espèce du vin. Il paraît encore que l'on communiait les enfants nouvellement baptisés, et les fous qui avaient des intervalles lucides.

La coutume de communier les enfants nouvellement baptisés dura jusqu'au onzième siècle, du moins en plusieurs Eglises ; mais, au lieu du corps de Jésus-Christ, on ne leur donnait dans les derniers siècles que le précieux sang, dans lequel le prêtre ne faisait que tremper le bout du doigt, qu'il présentait à sucer à l'enfant. Pour ce qui est des infidèles que ce canon condamne à être battus de verges et exilés pour avoir rejeté l'eucharistie, cela doit s'entendre des juifs qui s'étaient faits chrétiens par crainte, et qui prenaient la sainte eucharistie, en communiant avec le reste des fidèles, mais qui ne la consommaient pas.

Le 12° ordonne que l'on réconcilie sans délai les pénitents qui sont en danger de mort, et que s'ils meurent après avoir été admis à la pénitence par l'imposition des mains, sans avoir été néanmoins réconciliés, on ne laisse pas de prier pour eux à l'église, et de recevoir l'oblation faite à leur intention, c'est-à-dire pour le repos de leur âme.

Il faut distinguer trois choses exprimées dans ce canon, la pénitence, l'imposition des mains, et la réconciliation. Recevoir la pénitence, c'était se soumettre aux lois de la pénitence, et être admis au rang des pénitents, par la confession de la bouche et la contrition du cœur. Recevoir l'imposition des mains, c'était recevoir l'absolution du prêtre, après qu'on lui avait confessé ses péchés. La réconciliation était la communion même, ou la participation à la sainte eucharistie. C'est ce qui paraît par le soixante-seizième chapitre du quatrième concile de Carthage, conçu en ces termes, au sujet des malades tombés en frénésie : *Accipiat pœnitentiam, et si continuo creditur moriturus, reconcilietur per manus impositionem, et infundatur ori ejus eucharistia.* Ainsi raisonne Loaisa sur ce douzième canon, mais mal, quand il dit que recevoir l'imposition des mains c'était recevoir l'absolution du prêtre, et que la réconciliation était la communion même, par opposition à l'absolution du prêtre. Il est bien vrai que le prêtre imposait ou étendait la main, en donnant l'absolution sacramentelle au pénitent, comme il le fait encore aujourd'hui ; mais cette imposition des mains proprement réconcilia-

---

(a) Le P. Richard dit « des évêques. » Il y a dans le texte : *Quorumdam sacerdotum*. La même observation revient plus d'une fois aux canons suivants.

toire était précédée de plusieurs autres qui ne l'étaient pas, puisqu'il est certain qu'on imposait souvent les mains aux pénitents pour les préparer de loin et lentement à l'absolution sacramentelle, qu'on ne leur donnait, dans le cours ordinaire, qu'après qu'ils avaient entièrement satisfait et achevé leur pénitence. Il est encore vrai qu'on peut donner à la sainte communion le nom de *réconciliation*, puisqu'elle est comme le sceau de notre parfaite réconciliation avec Dieu, et qu'elle nous unit intimement à lui; mais ce nom ne peut lui appartenir exclusivement et par opposition à l'absolution sacerdotale, qui est vraiment réconciliatoire, et qui mérite le titre de *réconciliation* dans un sens strict et propre. Le chapitre soixante-seize du quatrième concile de Carthage, cité par Loaisa, fait contre lui, puisque l'imposition des mains du prêtre y est appelée *réconciliatoire*, dans le temps même qu'on la distingue de la communion : *Reconcilietur per manus impositionem, et infundatur ori ejus eucharistia.*

Le 13e renouvelle les anciens canons qui défendent à ceux qui sont possédés du démon, ou agités de violents mouvements, de servir à l'autel ou d'en approcher pour y recevoir les divins sacrements. Le concile en excepte toutefois ceux que la faiblesse ou la maladie fait tomber sans qu'ils soient agités de ces mouvements extraordinaires : il consent même à ce que ceux qui ont été possédés du démon reprennent les fonctions de leur ordre au bout d'un an, si, pendant tout ce temps-là, il a paru qu'ils n'en étaient plus possédés.

Le 14e ordonne que, pendant la célébration des divins offices, celui qui chante ou qui offre le saint sacrifice ait toujours avec lui, autant qu'il est possible, un aide capable de faire la même fonction, s'il venait à se trouver mal.

Les tournoiements qu'on nomme aujourd'hui *vapeurs* ou *vertiges*, étaient fort fréquents en Espagne du temps de ce concile; et, comme ces accidents arrivaient quelquefois aux prêtres qui faisaient l'office, ou qui célébraient la messe, le concile, pour obvier à cet inconvénient, ordonna sagement que le célébrant eût toujours auprès de lui, autant que faire se pourrait, un autre prêtre pour faire l'office ou pour achever le sacrifice à sa place, en cas de besoin ; et c'est de là peut-être qu'est venu l'usage de donner au célébrant un prêtre assistant, les jours de solennité, d'abord pour la nécessité, et ensuite pour l'honneur seulement.

Le 15e renouvelle les ordonnances précédentes touchant la tenue des conciles annuels, avec ordre à tous les évêques, sous peine d'excommunication d'une année, de s'y rendre, s'ils n'en sont empêchés par maladie, ou par quelques autres nécessités indispensables.

Le 16e contient des actions de grâces à Dieu, et ensuite au roi Wamba, qu'on appelle *le restaurateur de la discipline ecclésiastique de son temps*, et auquel on souhaite une longue vie en ce monde, et la gloire éternelle en l'autre. *Reg.* XV ; *Labb.* VI ; *Hard.* III. *D'Aguirre, Concil. Hispan. t.* II; *Anal. des Conc., t.* I.

TOLÈDE (12e Concile de), l'an 681. Wamba, roi des Goths en Espagne, ayant été empoisonné par Andabaste, demeura quelque temps dans son lit, sans mémoire et sans aucun sentiment. L'archevêque de Tolède, le voyant en cet état, lui donna la pénitence et le revêtit de l'habit monastique. Ce prince, revenu en santé, ayant appris ce qui s'était passé, renonça au royaume et déclara son successeur, par acte solennel, Ervige, parent du roi Chisdesvinte. Ervige, voulant s'assurer le royaume par la confirmation des évêques et des seigneurs de ses Etats, les assembla à Tolède la première année de son règne, qui était l'an 681. Le concile commença le 9 janvier et finit le 25. Il s'y trouva trente-cinq évêques, présidés par Julien de Tolède, quatre abbés, deux prêtres et un diacre députés d'évêques absents, et quinze seigneurs officiers du palais. Le concile fit treize canons.

Le 1er renferme la protestation qu'on reçoit les définitions de foi des quatre premiers conciles généraux. Les évêques y approuvèrent aussi l'élection d'Ervige et la déposition de Wamba, sur le vu des pièces qui leur avaient été présentées, savoir l'acte souscrit par les seigneurs du palais, en présence desquels Wamba avait reçu l'habit de religion et la tonsure, son décret par lequel il déclarait Ervige son successeur, une instruction à Julien de Tolède, à qui il marquait comment se devait faire l'onction d'Ervige, et enfin le procès-verbal du sacre de ce nouveau roi : en conséquence, ils déclarèrent les peuples déchargés du serment de fidélité envers Wamba, les obligèrent de reconnaître Ervige pour leur roi légitime, et de lui obéir en cette qualité, sous peine d'être frappés d'anathème.

Le 2e oblige ceux qui ont reçu la pénitence dans la maladie, même après avoir perdu la parole et la connaissance, d'observer inviolablement l'exercice des pénitences s'ils reviennent ensuite en santé, et leur interdit le retour aux fonctions militaires ; et, pour montrer qu'on peut donner la pénitence aux personnes qui sont sans connaissance, il allègue l'exemple des enfants, qui ne laissent pas d'être obligés aux engagements du baptême quoiqu'ils l'aient reçu sans connaissance. Il veut néanmoins que le prêtre ne la donne qu'à ceux qui l'ont demandée ; et, si quelqu'un la donne à ceux qui ont perdu la connaissance, il doit être excommunié pendant un an.

Le 3e ordonne que ceux qui ont été excommuniés comme coupables de quelque crime contre le prince ou contre l'Etat soient rétablis dans la communion ecclésiastique aussitôt que le prince leur aura rendu ses bonnes grâces, ou qu'ils auront eu l'honneur de manger à sa table.

Il faut bien observer qu'il ne s'agit dans ce canon que de ceux qui avaient été excommuniés parce qu'ils s'étaient rendus coupables de quelque crime contre le prince ou contre l'Etat; car s'il se fût agi d'une excommunication lancée pour un crime qui ne regardât ni la personne du prince, ni le bien de l'Etat et de la république, la faveur du prince par rapport à l'excommunié ne lui aurait servi de rien.

Le 4e défend d'ordonner des évêques là où il n'y en a jamais eu, spécialement dans les villages ou bourgades et dans les faubourgs des villes, de peur que, contre la défense des canons, il ne semble y avoir deux évêques dans une même ville. Il condamne aussi, en particulier, l'ordination que l'évêque de Mérida, forcé par le roi Wamba, avait faite d'un évêque dans un village où il n'y en avait point eu auparavant : il casse cette érection d'un nouvel évêché; et néanmoins, sans déposer le nouvel évêque, il lui destine, par grâce, le premier évêché vacant.

Le 5e condamne l'usage de quelques prêtres qui, offrant plusieurs fois le sacrifice en un même jour, ne communiaient qu'à leur dernière messe : il est ordonné que, toutes les fois qu'ils immoleront le corps et le sang de Jésus-Christ sur l'autel, ils ne manquent pas d'y participer.

Walafride Strabon, auteur du neuvième siècle, nous apprend (*De Rebus eccl. cap.* 21) que le pape Léon IV disait jusqu'à neuf messes en un seul jour. Il fut défendu dans la suite à tout prêtre de dire plusieurs messes dans un jour, si ce n'est en certains jours exceptés, et dans les cas de nécessité, avec la permission de l'évêque. *Sufficit sacerdoti unam missam in die una celebrare..... Non modica res est unam missam facere ; et valde felix est, qui unam digne celebrare potest. Quidam tamen pro defunctis unam faciunt, et alteram de die, si necesse fuerit* (*Ex Gratian. de Cons. dist.* 1, *cap. Sufficit*).

Le 6e permet à l'évêque de Tolède d'ordonner tous les évêques d'Espagne, suivant le choix du roi, sans préjudice néanmoins des droits des provinces, et à la charge que l'évêque de Tolède jugera digne de l'épiscopat le nouvel élu, et que celui-ci se présentera, dans trois mois, à son métropolitain, pour recevoir ses instructions.

Le 7e abroge une loi de Wamba, qui privait du droit de porter témoignage ceux qui n'avaient point pris les armes dans les besoins de l'Etat, et déclare que ces personnes ne seront point rejetées comme infâmes.

Le 8e défend aux maris de quitter leurs femmes, excepté le cas de fornication, avec menace de les séparer de la société des fidèles et de la communion de l'Eglise, s'ils ne retournent avec elles.

Le 9e renouvelle les lois faites contre les juifs.

Le 10e accorde le droit d'asile à ceux qui se retirent dans les églises, et à trente pas à l'entour, à condition toutefois de ne les rendre à ceux qui jureront de ne les point maltraiter.

Le 11e défend, sous peine d'excommunication et d'autres châtiments griefs, diverses superstitions païennes qui avaient encore lieu en Espagne.

Le 12e ordonne que l'on tienne chaque année un concile provincial le premier jour de novembre.

Le 13e contient des vœux pour la prospérité du règne d'Ervige, et des actions de grâces de ce qu'il avait assemblé le concile. Ce prince donna un édit pour en confirmer les décrets, en date du 25 janvier 681. *Ibid.*

TOLÈDE (13e Concile de), l'an 683. Ce concile fut tenu la quatrième année du règne d'Ervige, c'est-à-dire l'an 683, le 4 novembre. Il s'y trouva quarante-huit évêques, vingt-sept députés d'évêques absents, cinq abbés, l'archiprêtre, l'archidiacre et le primicier de l'église de Tolède, et vingt-six seigneurs. Le roi Ervige ayant envoyé au concile un mémoire contenant divers chefs sur lesquels il souhaitait qu'on fît des règlements, les évêques en firent douze, tous relatifs au mémoire du prince, après avoir commencé par la confession de foi, c'est-à-dire par la récitation du symbole de Nicée, que tout le monde chantait alors, pendant la messe, dans les églises d'Espagne.

Le 1er contient une amnistie en faveur de ceux qui, avec un nommé Paul, avaient conspiré contre le roi Wamba et contre l'Etat.

Le 2e règle la manière de procéder contre les clercs et les seigneurs de la cour accusés de crimes. Il défend de les priver de leurs biens et de leurs dignités, de les mettre aux fers ou en prison, de leur faire souffrir le fouet, la question, ou tout autre tourment, jusqu'à ce qu'ils aient été dûment jugés dans une assemblée de prêtres, d'anciens et de magistrats compétents.

Le 3e remet les arrérages des tributs jusqu'à la première année du règne d'Ervige, et frappe d'anathème quiconque osera contrevenir à ce règlement.

Le 4e défend aussi, sous peine d'anathème, de faire aucun mal soit à la femme, soit aux enfants du roi Ervige.

Le 5e porte qu'il ne sera pas permis aux veuves des rois de se remarier, pas même à un roi ; que si quelqu'un les épouse, il sera excommunié.

Le troisième concile de Saragosse va encore plus loin, et oblige les veuves des rois à prendre l'habit de religion dans quelque monastère, pour y passer le reste de leurs jours. Le but de ces canons est de prévenir les troubles qui pourraient arriver dans le cas où un homme ambitieux, qui aurait épousé la veuve d'un roi, voudrait, sous ce prétexte, usurper son royaume, au préjudice de ses légitimes successeurs. Cependant cette raison ne paraît point avoir assez de fondement ni assez de force pour obliger une veuve, non-seulement à garder la viduité, mais encore à se faire religieuse malgré elle et contre son inclination. Le droit naturel et divin semble y résister.

Le 6e déclare que ni les serfs, ni les affranchis, excepté ceux du fisc, ne pourront exercer aucune charge dans le palais, ou dans les terres royales.

Le 7e veut qu'on dépose les ecclésiastiques qui, en récrimination des chagrins qu'on leur donne, dépouillent les autels, éteignent les cierges, parent l'église d'une manière lugubre, ou cessent d'offrir le sacrifice de la messe.

Le 8e ordonne aux évêques, sous peine d'excommunication, de se rendre chez leur métropolitain, quand il les mandera, soit pour quelques solennités, comme de Pâques, de la Pentecôte et de Noël, soit pour des affaires, soit pour la consécration de quelques évêques, ou pour l'exécution des ordres du roi.

Le 9e confirme les canons du douzième concile de Tolède.

Le 10e permet à Gaudence, évêque de Valérie, qui, étant tombé malade, avait été mis en pénitence sans avoir confessé aucun crime, de faire ses fonctions et de célébrer les saints mystères, suivant les saints canons. A cette occasion on fit une loi générale, portant que les évêques qui auraient reçu la pénitence par l'imposition des mains, dans une maladie dangereuse, sans avoir confessé de péchés mortels, pourraient, étant réconciliés par leur métropolitain, rentrer dans leurs fonctions; mais que, s'ils avaient été convaincus d'un crime avant de recevoir la pénitence, ou qu'ils en eussent confessé en la recevant, ils s'abstiendraient de leurs fonctions, jusqu'à ce que le métropolitain en disposât autrement. Quant à ceux qui, ayant commis quelques péchés mortels secrets, ne les avaient pas confessés, on les livre à eux-mêmes et à leur conscience, pour savoir s'ils renonceront à leur dignité, ou s'ils la conserveront, en faisant une pénitence secrète.

Le 11e défend de retenir et même de recevoir le clerc d'un autre évêque, ou de favoriser sa fuite, ou de lui donner le moyen de se cacher : ce qui s'entend non-seulement des prêtres, des diacres et des autres clercs, mais aussi des abbés et des moines. Il déclare ensuite qu'on ne doit pas mettre au rang des fugitifs ceux qui vont trouver leur métropolitain pour leurs affaires.

Le 12e déclare que le clerc qui, ayant quelque affaire avec son évêque, se retire vers le métropolitain, ne doit point être excommunié par son évêque, avant que le métropolitain ait jugé qu'il est digne d'excommunication. Il peut même, en cas qu'il soit lésé par son métropolitain, recourir au prince. Mais, s'il était excommunié avant d'avoir eu recours soit au synode, soit au métropolitain, soit au roi, il demeurera excommunié, jusqu'à ce qu'il se soit justifié. Le concile finit par des remerciements au roi Ervige, et des vœux au ciel pour sa prospérité. *Reg. t. XVII; Labb. t. VI; Hard. t. III; d'Aguirre, Concil. Hispan. t. II; Anal. des Conc., t. I.*

TOLEDE (14e Concile de), l'an 684. Ce concile commença le 14 novembre de l'an 684, le cinquième du règne d'Ervige, et finit le 23 du même mois. Il s'y trouva dix-sept évêques, avec six abbés et dix députés d'évêques absents. Le motif de la convocation de ce concile fut la confirmation de ce qui avait été fait contre les erreurs des monothélites dans le sixième concile général, tenu à Constantinople. Les évêques, qui ne tenaient point le concile de Constantinople pour général, parce qu'ils n'y avaient pas été appelés, en examinèrent les actes, les comparèrent avec les quatre anciens conciles, les approuvèrent et les reçurent avec respect, leur donnant rang après ces quatre conciles. Ensuite ils expliquent leur foi sur l'incarnation, et confessent en termes exprès deux volontés en Jésus-Christ, l'une divine et l'autre humaine, et deux opérations, disant anathème à quiconque ne croit pas que Jésus-Christ soit vrai Dieu et homme parfait en une seule personne. Cela est contenu en dix canons ou chapitres. Ils envoyèrent au pape Léon II leur souscription à la définition de foi du concile de Constantinople, avec un livre où ils expliquaient leur croyance avec plus d'étendue. Mais Benoît II, successeur de Léon, ayant trouvé dans ce livre quelques expressions qui lui parurent peu correctes, cela donna lieu à la tenue du concile suivant. *Ibid.*

TOLEDE (15e Concile de), l'an 688. Ce concile fut tenu le 11 mai de l'an 688, le premier du pontificat du pape Sergius, et le premier du règne d'Egica, gendre et successeur d'Ervige. Soixante et un évêques s'y trouvèrent avec neuf abbés, l'archidiacre et le primicier de Tolède, cinq prêtres, dont deux abbés, pour des évêques absents, et dix-sept comtes. Le concile s'assembla dans l'église du palais, et le roi Egica s'y trouva en personne. Le concile commença par la discussion des expressions qui avaient fait peine au pape Benoît.

La première était celle-ci : « La volonté a engendré la volonté, comme la sagesse a engendré la sagesse. » La seconde portait : « Il y a trois substances en Jésus-Christ. »

Les Pères du concile de Tolède soutinrent que ces expressions étaient exactes, et les justifièrent par des témoignages de saint Athanase, de saint Augustin et de saint Cyrille. La volonté de Dieu, disent-ils, est commune aux trois personnes, aussi bien que la sagesse et les autres perfections divines, et la volonté de Dieu n'est autre chose que sa nature, sa substance et son essence. On peut dire par conséquent que la volonté du Père a engendré la volonté du Fils, ou que le Fils a été engendré de la volonté du Père, comme on peut dire que le Fils est ou a été engendré de la nature, de la substance et de l'essence du Père, quoiqu'il y ait une seule et unique essence dans les trois personnes divines.

Quant aux trois substances que les Pères du concile reconnaissent en Jésus-Christ, ils l'entendent du corps, de l'âme et de la divinité. Ils soutiennent donc que Jésus-Christ étant composé du corps, de l'âme et de la divinité, on peut dire en ce sens qu'il y a en lui trois substances, quoique, en ne prenant le corps et l'âme humaine que pour une nature et une substance, on doive dire qu'il n'y a en lui que deux natures et deux substances. Les évêques traitèrent ensuite des serments prêtés par le roi Egica, qui était présent au concile. Ce prince avait fait deux serments qui lui paraissaient contraires. Par l'un, il avait juré au roi Ervige de prendre la défense de ses enfants contre tous ceux qui les attaqueraient, et par l'autre, il avait promis de rendre la justice à tous ses sujets. « Je crains, dit le prince, de ne pouvoir défendre les enfants d'Ervige sans refuser la justice à plusieurs qu'il a, ou dépouillés injustement de leurs biens, ou réduits en servitude, ou opprimés par des jugements iniques. » Les évêques répondirent au roi Egica que ces deux serments n'étaient point contraires, puisqu'il était censé n'avoir promis de défendre ses beaux-frères que suivant les lois de l'équité; mais qu'au cas où il faudrait choisir, le serment de rendre la justice à tous ses sujets devait l'emporter, parce que le bien public est préférable au bien particulier. Le roi confirma par un édit les décrets du concile. *Ibid.*

TOLÈDE (16ᵉ Concile de), l'an 693. Ce concile se tint le 2 de mai 693. Il s'y trouva cinquante-neuf évêques, avec cinq abbés et trois députés d'évêques absents. Le roi Egica y assista en personne, accompagné de seize comtes. On lut d'abord le mémoire qu'il présenta aux évêques, contenant les matières qu'ils devaient traiter dans leur assemblée; après quoi ils firent, à leur ordinaire, une longue profession de foi, qui fut suivie de treize canons.

Le 1ᵉʳ porte que les juifs qui se convertiront seront exempts des tributs qu'ils avaient coutume de payer au fisc; mais il confirma les lois faites auparavant contre ceux de cette nation qui demeuraient endurcis.

Le 2ᵉ est contre les restes d'idolâtrie, c'est-à-dire contre ceux qui honoraient des pierres, des fontaines ou des arbres, qui observaient les augures ou pratiquaient des enchantements.

Le 3ᵉ sépare, pour toute leur vie, de la société des chrétiens ceux qui pèchent contre la nature, et les condamne à recevoir cent coups de fouet, à être rasés par infamie, et bannis pour toute leur vie, avec défense de leur accorder la communion, si ce n'est à la mort et après qu'ils auront fait de dignes fruits de pénitence.

Le 4ᵉ prive de la communion, pour deux mois, celui qui aura voulu se tuer par un mouvement de désespoir.

Le 5ᵉ ordonne aux évêques d'employer le tiers des revenus des églises de la campagne à leurs réparations. Il leur défend aussi de rien exiger des paroisses de leurs diocèses *pro regis inquisitionibus* : enfin, il défend de donner plusieurs églises à un même prêtre, avec ordre d'unir à d'autres celles qui auraient moins de dix serfs.

Le terme *inquisitio regis* signifie un *tribut* que les églises étaient obligées de payer au roi quand il le requérait, et qui revenait à peu près aux décimes de notre ancien régime, à nos dons gratuits, à nos joyeux avénements à la couronne. Et, comme il arrivait quelquefois que les évêques exigeaient de leurs églises ces sortes de tributs sous différents prétextes, outre le tiers des revenus qu'ils en tiraient, le concile leur défend ces abus, et veut qu'ils se contentent du tiers des revenus de leurs églises, comme suffisants, soit pour les réparations, soit pour les autres besoins que les évêques prétextaient, comme lorsqu'ils étaient appelés à la cour, ou à l'armée, ou au concile, ou qu'il fallait recevoir le roi, décorer les temples, etc.

Le 6ᵉ veut que l'on n'emploie pour la consécration qu'un pain entier de pure farine, fait exprès, et d'une médiocre grandeur, puisqu'il ne doit point charger l'estomac, n'étant destiné qu'à la nourriture de l'âme.

Ce canon a pour objet de corriger un abus qui s'était glissé parmi quelques prêtres d'Espagne, lesquels, au lieu de préparer avec soin les pains destinés à la consécration, se contentaient de leur pain ordinaire, dont ils coupaient une croûte en rond, qu'ils offraient sur l'autel.

Le 7ᵉ ordonne que, dans les six mois après la tenue d'un concile, chaque évêque en publie les règlements dans son synode, composé des abbés, des prêtres et de tout le clergé, avec le peuple de la ville épiscopale.

Le 8ᵉ ordonne que, dans toutes les églises cathédrales et les paroisses de la campagne, on offre chaque jour le sacrifice pour le roi et la famille royale, à l'exception du jour du vendredi saint, où les autels sont découverts, et auquel il n'est permis à personne de dire la messe. Il contient aussi divers règlements pour la sûreté des enfants des rois.

Le 9ᵉ est contre Sisbert, archevêque de Tolède, qui avait violé le serment de fidélité au roi Egica, en conspirant avec plusieurs autres pour lui faire perdre le royaume et la vie. On le déposa, on le priva de tous ses biens, et il fut mis en la puissance du roi, qui le condamna à une prison perpétuelle. Le concile le condamna de plus à ne recevoir la communion qu'à la mort, si le roi ne lui faisait grâce.

Le 10ᵉ prononce par trois fois anathème contre ceux qui attentent à la vie des rois, et qui entrent dans quelque conspiration, soit contre eux, soit contre l'État; et on les réduit, eux et leurs descendants, à la condition d'esclaves.

Le 11ᵉ ne contient que des vœux pour la prospérité du roi Egica, et pour ceux qui lui demeureraient fidèles.

Le 12ᵉ met à la place de Sisbert, à qui l'on venait d'ôter l'évêché de Tolède, Félix, évêque de Séville, dont on fit remplir le siége par Faustin, évêque de Brague, à qui l'on donna pour successeur Félix, évêque de *l'Église de Portugal*

Le 13ᵉ ordonne que les évêques de la province de Narbonne, qui n'avaient pu se trouver au concile à cause de la peste, en souscrivent les décrets dans un concile qu'ils assembleront à Narbonne. Le concile donne un édit pour confirmer ce concile de Tolède. *Ibid.*

TOLEDE (17ᵉ Concile de), l'an 694. Ce concile fut tenu le 9 novembre 694, dans l'église de Sainte-Léocadie, située dans un des faubourgs de Tolède. Le roi Egica s'y trouva avec un grand nombre d'évêques, mais dont nous n'avons pas les souscriptions. On y fit huit canons.

Le 1ᵉʳ ordonne qu'avant de traiter les affaires particulières dans les conciles, on jeûne trois jours en l'honneur de la sainte Trinité, et que, pendant ces trois jours, on traite de la foi, de la correction des évêques et des autres matières spirituelles, sans qu'il soit permis à aucun séculier d'y assister.

Le 2ᵉ porte que, depuis le commencement du carême jusqu'au jeudi saint, le baptistère sera fermé et scellé du sceau de l'évêque, sans qu'on puisse l'ouvrir, sinon en cas de grande nécessité; qu'au même jour du jeudi saint, on dépouillera les autels, et qu'on fermera les portes de l'église, parce qu'il n'est pas convenable de les laisser ouvertes les jours que l'on n'offre point le sacrifice.

Le 3ᵉ porte que chaque évêque observera la cérémonie de laver les pieds des frères le jeudi saint, pour se conformer à l'exemple de Jésus-Christ.

Le 4ᵉ défend aux prêtres d'employer à leur usage les vases sacrés ou les ornements de l'église, de les vendre ou de les dissiper, sous peine d'être privés de la communion, et de les rétablir à leurs frais.

Le 5ᵉ défend de dire des messes des morts pour les vivants, dans l'intention de leur causer la mort. Cette défense est sous peine de déposition pour le prêtre, de prison perpétuelle et d'excommunication jusqu'à la mort, tant contre lui que contre celui qui l'aura excité à commettre ce sacrilège.

Il y avait en Espagne des prêtres assez impies et assez ignorants pour dire des messes des morts, et les appliquer aux vivants, dans l'intention de les faire mourir par cette application, et dans la croyance qu'ils y réussiraient. C'est contre cette impie et sacrilège superstition que ce canon fut dressé.

Le 6ᵉ renouvelle l'usage de faire chaque mois des litanies ou prières publiques, pour la santé du roi, le bien de l'État, et la rémission des péchés du peuple.

Le 7ᵉ défend, sous de grièves peines, d'attenter à la vie des enfants du roi, ou à leurs biens, après sa mort; et on étend cette défense sur la reine, au cas qu'elle survive au roi.

Le 8ᵉ condamne tous les juifs d'Espagne à être dépouillés de leurs biens et réduits en servitude perpétuelle, à la charge que ceux dont ils seront les esclaves ne leur permettront point de pratiquer leurs cérémonies, et qu'ils leur ôteront leurs enfants âgés de sept ans, pour les faire élever chrétiennement, et ensuite marier à des chrétiens.

Ce qui donna lieu à ce canon fut la conspiration bien avérée de plusieurs juifs d'Espagne contre l'État et contre les chrétiens. Le roi Egica donna encore un édit pour confirmer ces canons. *Ibid.*

TOLEDE (18ᵉ concile de), l'an 701 ou 704. Vitiza, roi d'Espagne, assembla ce concile dans l'église de Saint-Pierre, près de Tolède, pour le règlement de son royaume. C'est pourquoi il y appela les seigneurs de sa cour avec les évêques d'Espagne. Mais les actes et les canons de ce concile ne sont pas venus jusqu'à nous. On croit communément que c'est parce qu'on y fit bien des règlements contraires à la piété et à la discipline de l'Eglise. Baronius pense différemment, et dit que Vitiza s'étant montré bon et religieux prince au commencement de son règne, il n'y a nulle apparence qu'il ait fait faire des règlements contraires à la religion et à la piété dans ce concile assemblé par ses ordres. Il est donc beaucoup plus probable que ces règlements, quoique bons et sages, furent abolis dans la suite par les ordres du prince même qui les avait fait dresser, parce que, s'étant démenti de ses premiers sentiments, et ayant vécu d'une manière licencieuse et tyrannique, il ne voulut point avoir ces témoins muets, qui auraient déposé contre lui s'il les eût laissés subsister. Quoi qu'il en puisse être, ce concile est compté pour le dernier de Tolède, sans doute parce qu'on fut très-longtemps depuis sans en tenir en cette ville. *Hist. des aut. sacr. et eccl.*, t. XX; *Anal. des Conc.*, t. I.

TOLEDE (Concile de), l'an 793. *Voy.* Espagne, même année.

TOLEDE (Concile de), l'an 1090. Ce concile est mal qualifié de Toulouse dans quelques collections. On y fit quelques règlements de discipline sur la réforme des cérémonies de l'archevêché de Tolède. *Reg.* XXV; *Labb.* X; *Hard.* VI.

TOLEDE (Concile de), l'an 1323. Jean, archevêque de Tolède, primat d'Espagne et chancelier du royaume de Castille, tint ce concile le 18 mai, et l'on y fit les dix-huit capitules suivants:

1. Il y a quatorze articles de foi, dont les sept premiers regardent la divinité, et les sept autres l'humanité de Jésus-Christ. Les sept premiers consistent à croire qu'il n'y a qu'un Dieu en trois personnes; que le Saint-Esprit procède du Père et du Fils; que Dieu est le créateur des choses visibles et invisibles, qu'il justifie et remet les péchés en conférant la grâce, et qu'il récompense en donnant la gloire éternelle. Les sept articles qui concernent l'humanité de Jésus-Christ, se réduisent à dire qu'il a été conçu par l'opération du Saint-Esprit, dans le sein de la bienheureuse vierge Marie, qu'il est né, qu'il a souffert, qu'il a été crucifié et enseveli pour nous, qu'il est descendu en âme aux enfers pour en tirer les saints qui y étaient, qu'il est ressuscité le troisième jour, qu'il est monté aux cieux où il est assis à la droite du Père, et d'où il viendra pour juger, punir ou récompenser les vivants et les morts. Il y a aussi sept sacrements, dix préceptes du Décalogue, quatre vertus morales ou cardinales, trois vertus théologales, sept vices

ou péchés capitaux, et sept vertus opposées à ces sept vices, savoir, l'humilité à l'orgueil, la libéralité à l'avarice, la chasteté à la luxure, la douceur à la colère, la tempérance à la gourmandise, la bienveillance à l'envie, le courage ou la constance à la paresse ou à la langueur.

2. On approuve la coutume de laisser au successeur d'un bénéficier mort, toutes dettes payées, les fruits nécessaires pour attendre la nouvelle récolte.

3. Les archiprêtres et les autres juges qui ne sauront pas le droit canon, ne se mêleront point des causes matrimoniales.

4. Tout clerc qui aura admis un prêtre étranger à célébrer publiquement, sans la permission de l'évêque, payera cent marbotins d'amende.

5. On confirme l'ordonnance de Guillaume de Godin, cardinal évêque de Sabine et légat du saint-siége, qui prescrit de réciter au peuple, en certains jours de l'année, les articles de foi, les préceptes du Décalogue, etc.

6. Les curés publieront dans l'église, tous les jours solennels, l'ordonnance du cardinal évêque de Sabine, qui excommunie les faux témoins, et ceux qui les excitent à porter faux témoignage.

7. Tous les prêtres se feront raser la barbe au moins une fois le mois, de peur qu'ils ne commettent quelque indécence en prenant le sang de Jésus-Christ, et ils se feront couper les cheveux de façon qu'ils ne s'étendent pas beaucoup au-delà des oreilles.

8. Aucun clerc marié ne portera ni cheveux longs, ni barbe longue, ni souliers dorés ou coupés et entaillés, *entalliatos sotulares*, ni tunique encordée, *tunicam cordatam*, ni chapes et habits rayés et ouverts, ou partagés en deux, *cappas, vestes virgatas, vel partitas*.

9. Un curé qui s'absentera de sa cure plus de deux mois, en perdra les fruits pendant tout le temps de son absence.

10. Nous défendons de partager les bénéfices, en sorte que, si un bénéficier cède une partie de son bénéfice il sera privé du tout.

11. Quoiqu'il soit permis de pleurer les morts par un mouvement de piété et d'humanité, nous blâmons néanmoins l'excès de la douleur qui marque que l'on désespère de la résurrection future; et nous réprouvons absolument l'abus exécrable qui fait que, quand quelqu'un vient à mourir, on voit des hommes et des femmes marcher par les rues en hurlant et en faisant des cris horribles jusque dans les églises, et commettent d'autres indécences qui approchent des rites des gentils. Nous défendons aux clercs, sous peine d'excommunication, de porter des habits de deuil hors le temps des obsèques, si ce n'est pour le père, la mère, le frère, le seigneur ou la sœur.

12. Tout curé qui dira la messe nuptiale pour un paroissien d'une autre paroisse, sans l'agrément du curé de cette paroisse, nous payera trois cents marbotins.

13. Tout clerc bénéficier qui induira quelqu'un à frauder la dîme en tout ou en partie, perdra son bénéfice.

14. La matière du sacrement du corps de Jésus-Christ est le pain azyme fait de froment, et le vin de la vigne mêlé d'un peu d'eau. On fera ce pain en présence d'un prêtre ou d'un autre clerc, de peur que ceux qui sont chargés de le faire n'y mêlent quelque autre chose par simplicité. Un prêtre coupable d'un péché mortel ne peut dire la messe sans s'être confessé, s'il le peut; mais s'il ne le peut faute de confesseur, et qu'il y ait une nécessité pressante de dire la messe, il pourra la dire, pourvu qu'il soit vraiment contrit et résolu de se confesser le plus tôt possible. Tout clerc constitué dans les ordres sacrés ou bénéficier, est tenu aux heures canoniales, sous peine de privation de son bénéfice. Tout prêtre qui célébrera la messe avant d'avoir dit matines, perdra les fruits de son bénéfice *ipso facto*, pendant un mois. Tous ceux qui sont obligés à l'office, et surtout les curés, doivent dire matines à l'église, s'ils le peuvent commodément. Quoique, selon la rigueur du droit, aucun prêtre ne puisse dire la messe sans deux serviteurs qui lui répondent, on pourra néanmoins la dire avec un seul serviteur habillé en clerc, ou un clerc en surplis, si cela se peut commodément. Une femme, ni le fils du célébrant, ne peuvent jamais lui servir la messe. On ne célébrera point la messe sans lumière, ni sans livre ou carton qui contienne le canon de la messe. Le curé renouvellera l'eucharistie pour les malades, de huit jours en huit jours. Il ne la donnera pas aux pécheurs publics, mais aux pécheurs occultes, à l'exemple de Jésus-Christ, qui la donna au traître Judas. Celui qui dit deux messes en un jour doit consacrer à l'une et à l'autre, et non pas faire semblant de consacrer à l'une des deux; ce qui serait se moquer de Dieu et du peuple. Si le prêtre laisse tomber quelque goutte du précieux sang sur la terre, il la léchera, raclera la place, brûlera la raclure et mettra la cendre sous l'autel. Si la goutte est tombée sur l'autel, le prêtre la humera; si c'est sur le corporal ou la nappe de l'autel, le prêtre les lavera trois fois, en mettant le calice dessous pour recevoir l'eau de l'ablution, qui sera mise sous l'autel. Tout prêtre bénéficier qui ne dira point la messe au moins quatre fois l'an, perdra tous les fruits de son bénéfice pour cette année.

15. La matière du baptême est l'eau naturelle : d'où vient que si, au défaut d'eau, l'on baptise avec du vin, de l'huile ou toute autre liqueur, il faudra rebaptiser. Quand on doute si le baptême a été donné validement à quelqu'un, on doit le rebaptiser sous cette forme : *Si baptizatus es, non te baptizo; sed si baptizatus non es, ego te baptizo in nomine Patris, et Filii, et Spiritus sancti.*

16. Défense, sous peine d'excommunication, d'introduire des sarrasins, des juifs ou des gentils dans l'église pendant les offices divins.

17. Défense de bâtir des églises ou des oratoires sans la permission de l'évêque.

18. Un curé pourra se confesser à son compagnon ou à un autre prêtre discret. S'il laisse mourir son paroissien sans sacrement, il perdra sa cure ; et il ne communiera pas ses paroissiens sans qu'il soit assuré qu'ils se sont confessés. *D'Aguirre, ibid. p. 253 et suiv.*

TOLEDE (concile de), l'an 1324. Jean, archevêque de Tolède, tint ce concile au mois de novembre 1324. Il y publia les constitutions du concile de Valladolid, et y ajouta les huit suivantes :

1. Les évêques qui ne se trouveront point au concile seront punis selon les lois.

2. Les clercs ne porteront point par-dessus leur habit de tabards si longs qu'ils traînent à terre, ni de manches si courtes qu'on voie leurs bras nus. Défense aux prélats de donner entrée chez eux aux femmes de mauvaise vie, appelées vulgairement *soladeræ*.

3. Toutes les chapelles auront des titulaires pour les desservir, et les clercs qui s'en partageront entre eux les revenus sans nommer de titulaires, sous prétexte qu'ils veulent les desservir eux-mêmes, seront suspens de leurs bénéfices jusqu'à ce qu'ils aient restitué tout ce qu'ils auront perçu.

4. Tous les bénéficiers ayant charge d'âmes, seront institués par les évêques, sauf les priviléges du siége apostolique.

5. Les ecclésiastiques ne pourront point donner à leurs enfants les biens acquis pour l'Eglise.

6. Les prêtres ne pourront exiger aucune rétribution pour la messe, mais ils pourront recevoir ce qu'on leur offrira par charité, sans pacte ni convention. Ils ne pourront non plus dire deux messes par jour, sans nécessité, hors le jour de Noël.

7. Les prêtres diront la messe au moins quatre fois l'année, et les autres clercs communieront au moins trois fois.

8. Les canons qui défendent aux chrétiens de rien vendre aux Sarrasins, doivent s'entendre des cas mêmes où les Sarrasins viendraient ou enverraient chercher les choses qu'ils voudraient acheter, et non pas seulement de ceux où les chrétiens iraient leur porter ces choses. *Reg.* XXIX ; *Lab.* XI.

TOLEDE (concile de), l'an 1339. Ce concile fut tenu sous Gilles d'Albornoz, archevêque de Tolède, le 19 mai 1339. Il ne contient que cinq capitules.

Le 1ᵉʳ défend l'aliénation des biens d'église.

Le 2ᵉ renouvelle la constitution du concile de Valladolid, touchant la capacité que doivent avoir ceux qui sont pourvus de cures de bénéfices à charges d'âmes.

Le 3ᵉ renouvelle aussi celle du même concile, touchant l'institution d'un maître de théologie dans chaque chapitre.

Le 4ᵉ renouvelle celle de Jean, archevêque de Tolède, prédécesseur de Gilles, touchant les procureurs que les évêques sont tenus d'envoyer au concile quand ils n'y peuvent pas aller.

Le 5ᵉ ordonne l'exécution du canon *Omnis utriusque sexus*, et, pour le faire observer, enjoint aux curés de mettre par écrit les noms de leurs paroissiens, et de s'informer s'ils se sont confessés et s'ils ont reçu la communion. *Ibid. et D'Aguirre, Concil. Hispan. t.* V.

TOLEDE (Concile de), l'an 1347. Gilles, archevêque de Tolède, tint ce concile le 24 avril 1347, à Alcala, et y publia quatre règlements.

1° « Les évêques porteront des chaperons de laine, et nullement de soie, sous peine de mille marbotins d'amende, dont un tiers sera pour la fabrique, l'autre pour le dénonciateur, et le troisième pour la rédemption des captifs. »

2° « Ceux qui attentent aux personnes ou aux biens des ecclésiastiques seront excommuniés, s'ils refusent de faire satisfaction quinze jours après qu'ils en auront été requis. »

3° « Les suffragants ne souffriront point de quêteurs d'autres diocèses, à moins qu'ils n'aient des lettres du pape ou de l'archevêque de Tolède. »

4° « Ceux qui exigeront plus que la taxe prescrite pour le sceau et les lettres dimissoires, payeront mille marbotins applicables comme ci-dessus. » *D'Aguirre, Conc. Hisp.; Anal. des Conc.*

TOLEDE (Concile de), l'an 1355. Ce concile fut présidé par Blaise, archevêque de Tolède. On y fit deux capitules, dont le premier déclare que les statuts provinciaux de l'Eglise de Tolède, tant anciens que nouveaux, ou à paraître dans la suite, n'obligent et n'obligeront qu'à la peine, et nullement à la coulpe, à moins qu'il n'en soit autrement et expressément ordonné par les statuts mêmes. Le second capitule explique la manière dont obligent les statuts d'un cardinal légat apostolique. *Daguirre, t.* V, *p.* 294.

TOLEDE (Concile de la province de), tenu à Alcala, l'an 1379. Pierre Tenario, archevêque de Tolède, tint ce concile national en 1379, ou peut-être l'année précédente, pour savoir auquel des deux papes Urbain VI ou Clément VII on rendrait obéissance. Il paraît que la chose resta pour lors indécise. Il y eut encore trois autres conciles tenus en Espagne la même année sur le même sujet : l'un à Illeras, ville de Castille ; l'autre à Tolède, et le troisième à Burgos. *D'Aguirre.*

TOLEDE (Concile de), l'an 1473. Alphonse Carrillo, archevêque de Tolède, tint ce concile dans la ville d'Aranda, et y publia les vingt-neuf règlements qui suivent.

Le 1ᵉʳ ordonne aux métropolitains de tenir leur concile provincial au moins une fois en deux ans, et à leurs suffragants de tenir leur synode tous les ans, sous peine d'être privés de l'entrée de l'église jusqu'à ce qu'ils aient réparé leur négligence.

Le 2ᵉ enjoint aux curés d'avoir soin d'instruire le peuple des principaux articles de la religion.

Le 3e défend de promouvoir aux ordres sacrés ceux qui ne savent point le latin;

Le 4e de recevoir les clercs d'un autre diocèse sans lettre de leur évêque.

Le 5e et le 6e sont sur les habits des évêques et des clercs, auxquels il est défendu de porter des habits de soie ou des habits courts, sous peine d'amende.

Le 7e, de l'observation du dimanche et des fêtes.

Le 8e défend aux ecclésiastiques de porter le deuil.

Le 10e fait défense de recevoir dans des cures ou dans des prébendes des ecclésiastiques qui ne savent point de latin.

Le 11e défend aux clercs de jouer aux dés.

Le 12e enjoint aux prêtres de célébrer la messe au moins quatre fois l'an, et aux prélats trois fois, sous peine d'amende.

Le 13e défend aux prédicateurs de prêcher sans la permission de l'évêque.

Le 14e est contre les clercs mineurs qui ne portent point l'habit clérical et la tonsure.

Le 15e fait défense aux clercs de fournir des soldats aux seigneurs temporels, à l'exception du roi.

Le 16e défend de célébrer les noces en d'autres temps qu'en ceux qu'il est permis de le faire par les lois de l'Église, et condamne à une amende les clercs qui donnent la bénédiction nuptiale dans les temps défendus.

Le 17e est contre les mariages clandestins.

Le 18e excommunie ceux qui achètent ou qui vendent des biens de bénéfices vacants.

Le 19e défend de représenter des comédies ou d'autres spectacles, de faire des mascarades, de réciter des chansons et de tenir des discours profanes dans les églises.

Le 20e prive de la sépulture ecclésiastique ceux qui meurent des blessures qu'ils reçoivent dans un duel, quand même ils auraient reçu le sacrement de pénitence avant leur mort.

Le 21e ordonne la même peine contre les ravisseurs.

Le 22e excommunie ceux qui portent préjudice aux immunités des ecclésiastiques.

Le 23e ordonne que l'excommunication portée dans un diocèse soit observée dans tous les autres.

Le 24e interdit le lieu d'où on aura chassé un clerc avec violence.

Le 25e défend de rien exiger ou recevoir pour l'ordination, soit devant, soit après, pas même pour le sel ou pour la cire.

Le 26e déclare que les peines portées contre les bénéficiers s'étendent à toutes sortes de prélats.

Le 27e accorde aux évêques le pouvoir d'absoudre des censures portées dans le synode.

Le 28e et le 29e ordonnent la publication de ces décrets dans les synodes diocésains et dans les cathédrales. *Ibid.*

TOLÈDE (Concile de), l'an 1565. Christophe de Sandoval, évêque de Cordoue, comme le plus ancien évêque de la province, présida à ce concile, dont l'ouverture se fit le 8 septembre 1565 dans l'église cathédrale, dédiée à la glorieuse Assomption de la sainte Vierge, la sixième année du pontificat de Pie IV, et la dixième du règne de Philippe II, roi d'Espagne. Il est divisé en trois sessions. La première contient le décret du concile de Trente touchant la célébration des conciles provinciaux, et une ample profession de foi, sous le nom de *symbole de la foi*. La seconde, qui fut tenue dans la même église, le dimanche 13 janvier de l'année 1566, la première du pontificat de Pie V, contient trente et un décrets de discipline, dont les dix-neuf premiers, qui regardent les évêques et leurs officiers, leur recommandent la résidence et la vigilance sur leur troupeau, la modestie et la simplicité dans leurs meubles et leurs habits, la frugalité dans leurs tables, l'exactitude à tenir leurs synodes et à faire leurs visites, l'attention à éviter tout soupçon d'avarice, eux et les officiers qu'ils employent. Le vingtième décret défend les veilles ou assemblées nocturnes dans les églises, sous peine d'excommunication. Le vingt et unième défend aussi les jeux qui se faisaient dans l'église le jour de la fête des Innocents, de même que l'élection puérile d'un évêque qui se pratiquait certains jours solennels dans les cathédrales et les collégiales, et, en général, toutes sortes de spectacles et de jeux indignes de la majesté de la religion chrétienne. Le vingt deuxième défend, sous peine d'excommunication, aux clercs constitués dans les ordres sacrés, de conduire, par la main ou à cheval, aucune personne du sexe, de quelque âge et de quelque condition qu'elle puisse être. Le vingt-troisième ordonne à tous les ecclésiastiques constitués dans les ordres sacrés, et à tous les bénéficiers d'observer les règlements prescrits aux évêques, pour ce qui regarde la modestie, la simplicité et la frugalité. Le vingt-quatrième ordonne l'exécution du décret du concile de Trente, touchant l'examen des curés; et le vingt-cinquième, l'exécution du décret de résidence. Le vingt-sixième porte que les curés demeureront continuellement dans l'endroit de leurs paroisses qui sera le plus convenable à l'exercice des fonctions de leur ministère. Le vingt-septième porte que les évêques érigeront des églises dans les paroisses dont les habitants sont dispersés, de façon qu'ils ne peuvent que difficilement se rendre à leur église paroissiale les jours de dimanches et de fêtes, afin qu'ils puissent entendre commodément la messe, et recevoir les sacrements dans ces églises nouvellement érigées. Le vingt-huitième veut que les prébendiers des cathédrales ou collégiales, qui sont chargés d'expliquer l'Écriture sainte, se mettent à la portée de leurs auditeurs, et qu'ils leur exposent d'une manière qui leur soit utile les endroits de l'Écriture qui ont trait aux sacrements, aux articles de foi et aux cas de conscience. Le vingt-neuvième ordonne qu'on ne donne les dignités et la moitié des canonicats des cahédrales ou des collégiales insignes, qu'à les maîtres ou docteurs, ou licenciés en théologie ou en droit canon. Le trentième ordonne aux évêques de faire observer la résidence à tous les chanoines et prébendiers des cathédrales et des collégiales, conformément aux décrets du concile de Trente. Le trente et unième porte que l'on regardera comme suspects de simonie tacite ou expresse celui qui aura reçu, sans la permission du siège apostolique, quelque partie des fruits d'un bénéfice qu'il a résigné, et celui qui la lui aura donnée, quoique volontairement.

La troisième session, qui se tint le 25 mars de la même année, contient les vingt-huit décrets suivants.

1. Les évêques auront des archives publiques, où l'on gardera toutes les écritures qui concernent leurs droits.

2. Les évêques ne donneront la tonsure qu'à ceux qui auront un bénéfice aussitôt après la réception de la tonsure, ou à ceux qui étudieront pour se mettre en état de recevoir les ordres, ou enfin à ceux que l'on députera pour le service de quelque église.

3. Les curés et tous ceux qui sont préposés à l'instruction des peuples éviteront les questions difficiles, embarrassées, et tout ce qui sent l'ostentation; et ils expliqueront l'Évangile d'une manière aisée, simple et propre à déraciner les vices, en inspirant l'amour et la pratique des vertus.

4. Le chanoine qui a une prébende magistrale qui l'oblige de prêcher, n'y manquera pas, toutes les fois qu'il y est obligé, selon les ordonnances épiscopales.

5. Les curés ou d'autres clercs qui auront subi l'examen de l'ordinaire, feront le catéchisme aux enfants, dans l'église, un peu après midi, tous les jours de dimanches et de fêtes.

6. Tous les chanoines et autres ecclésiastiques des cathédrales, collégiales, et généralement de toutes les églises, communieront à la messe solennelle, à moins qu'ils ne lisent la messe eux-mêmes, à Noël, le jeudi saint, les jours de Pâques, de la Pentecôte, de Saint-Pierre, de l'Assomption, de tous les saints et du patron de l'église.

7. Les évêques et tous ceux à qui il appartient de droit, puniront les clercs qui troublent l'office divin par leurs discours frivoles, leur dissipation et leur immodestie.

8. On observera le décret du concile de Trente, touchant les distributions manuelles.

9. On observera aussi le décret du concile de Trente qui ordonne d'attacher certains canonicats à certains ordres, tels que ceux de la prêtrise, du diaconat et du sous-diaconat, en sorte que le chanoine qui possède la prébende attachée au sous-diaconat, soit obligé de faire l'office de sous-diacre, et ainsi des autres.

10. Tous les chanoines et autres clercs attachés aux églises cathédrales ou collégiales doivent assister à tous les offices, depuis le commencement jusqu'à la fin, sous peine d'être privés des distributions attachées aux offices auxquels ils auront manqué, ou auxquels ils seront venus trop tard, ou dont ils seront sortis trop tôt.

11. Les évêques feront en sorte que la musique des églises n'empêche pas d'entendre prononcer les paroles des psaumes et de tout ce que l'on chante; et ils prendront garde surtout à ce que la musique des églises n'imite pas les airs profanes du théâtre, de l'amour ou de la guerre.

12 et 13. Les chanoines ne tiendront chapitre que deux fois la semaine; et ceux qui n'ont pas voix n'y seront point admis.

14. Les théologaux, ni les pénitenciers, ni les curés, ne pourront être ni vicaires provisoires de l'évêque, ni visiteurs, ni juges ordinaires ou délégués universels pour les appels.

15. Les laïques, hommes ou femmes, n'entreront point dans le chœur pendant les offices divins.

16. Les ordinaires prendront garde que les paroissiens n'abandonnent leur église paroissiale pour se transporter ailleurs; et si cela arrive, sans qu'on puisse l'empêcher, l'église abandonnée ne laissera pas d'être conservée de façon qu'on y dise la messe les jours de dimanches et de fêtes, n'y eût-il aucun paroissien.

17. Les ordinaires prendront sur les dîmes pour réparer les pauvres paroisses, et les fournir de tout ce qui est nécessaire pour le service divin.

18. Les clercs constitués dans les ordres sacrés, et les bénéficiers, ne seront ni économes des laïques, ni procureurs dans le for civil, si ce n'est dans les cas permis par le droit.

19. Les ordinaires procéderont contre les clercs concubinaires par la privation de leurs bénéfices.

20. Lorsque l'évêque aura puni quelque chanoine coupable par la privation de son office ou bénéfice, le chapitre ne pourra ni lui donner des affaires à gérer, ni lui rien fournir de la mense capitulaire.

21. Les prêtres qui ont des bénéfices simples dans une paroisse, sont tenus d'aider les confesseurs en titre d'office de cette paroisse, en temps de carême et de jubilé.

22. Les visiteurs députés par les évêques obligeront les maîtres et les maîtresses d'école à apprendre tous les jours à leurs enfants quelque chose des éléments de la religion.

23. Les évêques ne dispenseront de la résidence les clercs bénéficiers qui le demandent pour aller étudier dans quelque université, que quand ils seront assurés que ces bénéficiers sont propres pour l'étude.

24. Les fidèles ne satisfont pas au devoir de la communion pascale, s'ils ne communient à leurs paroisses pendant la quinzaine de Pâques, ou dans un autre temps réglé par le saint-siège ou par le droit.

25. Les religieuses ne peuvent sortir de leurs monastères, hors le cas d'un très-grand danger de mort; ni les personnes du dehors

y entrer, hors les cas de nécessité exprimés dans le droit.

26. Les spectacles des taureaux qui se donnent en public, dans le cirque ou ailleurs, ne peuvent être une matière de vœux : le peuple ne peut donc les vouer; et les vœux qu'il en aurait faits, sont nuls, les eût-il confirmés par serment. Les clercs qui assisteront à ces sortes de spectacles, seront punis au gré de l'ordinaire.

27. Les évêques établiront des séminaires selon l'esprit du concile de Trente.

28. On choisira des hommes sages, prudents, habiles et pieux, dans chaque diocèse, pour s'informer des abus à réformer et en faire leur rapport au synode.

TOLEDE (Synode diocésain de), 17 mai 1580, par le cardinal archevêque Gaspar de Quiroga, qui y publia ses constitutions. *Constituciones sinodales hechas por ill. y rev. senor don Gaspar de Quiroga; en Madrid*, 1583.

TOLEDE (Concile provincial de), commencé le 8 septembre 1582, et terminé le 12 mars 1583. Gaspar de Quiroga, archevêque de Tolède, tint ce concile avec les évêques de Palencia, de Cordoue, de Jaen, de Cuença, d'Osma, de Siguença, de Ségovie et de Valladolid, ses suffragants. Ce concile eut trois sessions.

Dans la première, on se borna à lire le décret du concile de Trente concernant la tenue des conciles provinciaux, et à régler le cérémonial et quelques autres formalités.

Dans la seconde, tenue le 9 mars 1583, on fit onze décrets.

Le 1er contient la profession de foi solennelle dans la forme prescrite par Pie IV.

Le 4e décrit les qualités que doit avoir celui qu'on élève à l'épiscopat. Il doit avoir au moins trente ans accomplis, et être engagé dans les ordres sacrés au moins depuis six mois.

Le 5e prescrit la résidence aux évêques, ne leur permettant de s'éloigner de leur église cathédrale que pour la visite diocésaine ou quelqu'autre des fonctions qui leur sont propres.

Le 6e leur recommande l'érection des séminaires.

Le 7e leur ordonne d'établir au plus tôt des archives où soient mis en dépôt les actes propres à relever la dignité du siège.

Le 8e leur défend de rien recevoir pour la collation ou la fondation des bénéfices.

Le 9e défend de conférer des bénéfices à d'autres qu'à des sujets approuvés par l'ordinaire.

Le 10e prescrit d'observer fidèlement les pieuses volontés des testateurs.

Le 11e défend d'aliéner ou de donner à long bail des biens d'église.

Les actes de la troisième et dernière session contiennent quarante-neuf ou cinquante et un décrets.

Le 1er est pour recommander aux évêques la visite triennale des officiers du tribunal ecclésiastique.

Le 2e contient la défense faite aux vicaires de l'évêque de rien recevoir même de ce qui leur serait offert spontanément au-dessus de la taxe pour l'exécution de brefs apostoliques.

Le 3e frappe d'excommunication ceux qui refuseraient à des personnes en litige la faculté qui leur serait attribuée par le droit ou la coutume de choisir, en cas d'appel, entre deux juges supérieurs.

Le 4e réserve à l'évêque, à l'exclusion même de ses vicaires généraux et de ses officiaux, le droit de porter des sentences d'excommunication.

Le 5e ordonne à chaque évêque de fixer le taux de ce que pourront exiger les visiteurs pour leurs droits de visite.

Le 6e et les trois suivants réservent également à l'évêque le droit de régler les dépenses des fabriques.

Le 10e proscrit l'abus de recevoir des présents pour l'admission aux bénéfices.

Le 11e impose à tous les bénéficiers l'obligation de faire leur profession de foi aux termes de la bulle de Pie IV.

Le 13e prescrit la résidence aux chanoines et aux autres membres du clergé des cathédrales ou des collégiales, en leur accordant toutefois trois mois de congé.

Les sept décrets qui viennent ensuite intéressent particulièrement les chanoines.

Le 21e ordonne aux évêques de marquer avec précision les limites des paroisses entre elles.

Le 22e leur recommande de visiter chaque année les bénéfices à charge d'âmes annexés à des collégiales, à des monastères ou à d'autres lieux, et de les pourvoir de vicaires, soit perpétuels, soit temporaires.

Le 23e ordonne la publicité de l'examen auquel étaient soumis les sujets nommés à des bénéfices.

Le 24e soumet à un nouvel examen ceux qui veulent passer d'un bénéfice à un autre devenu vacant.

Les suivants, jusqu'au 35e, regardent l'administration des sacrements, qui, aux termes du concile, doit être édifiante, fidèle et gratuite.

Le 35e ou 36e défend aux clercs de tenir par la main des personnes du sexe, de leur faire cortège et de les mettre en croupe derrière soi sur un même coursier.

Le 36e ou 37e défend de garder l'eucharistie ailleurs que sur le grand autel.

Le 37e ou 38e proscrit les comédies et les autres pièces théâtrales, les jeux et les danses dans les églises, même pour des représentations de sujets pieux.

Le 38e ou 39e ordonne que les femmes soient séparées des hommes dans les églises cathédrales et collégiales, et qu'il n'y ait que les hommes à être admis dans la grande nef.

Le 40e ou 41e défend aux évêques d'accorder à qui que ce soit la permission de dire la messe dans des chapelles privées.

Les derniers décrets du concile regardent les religieuses; nous ne jugeons pas nécessaire pour cela de les rapporter.

Les actes de ce concile provincial de Tolède ne furent publiés et livrés à l'impression, qu'après avoir été examinés et corrigés à Rome par la congrégation du concile. Le pape Grégoire XIII, avant de les approuver, exigea de l'archevêque de Tolède qu'il en fît disparaître le nom du député du roi, *legati regii*, qui s'y trouvait d'abord, contre l'usage observé jusque-là. La suppression de deux décrets de la troisième session fut de même exigée par la congrégation du concile, ce qui en réduisit le nombre total à quarante-neuf au lieu de cinquante et un, comme nous l'avons déjà fait entendre. *D'Aguirre, Conc. Hisp. t.* IV.

TOLÈDE (Synode diocésain de), le 15 juin 1601, par le cardinal archevêque Bernard de Sandoval, qui y publia ses constitutions, conformes à celles de ses prédécesseurs, et divisées en cinq livres. *Constituc. sinod. del arçob. de Toledo, hechas, copil. y orden. por el ill. y rev. sen. D. Bern. de Rojas y Sandoval; en Toledo*, 1601.

TOLÈDE (Synode diocésain de), 29 octobre 1620, par le cardinal Don Fernandez, administrateur perpétuel de cet archevêché, qui y renouvela les constitutions publiées au synode précédent.

TOLÈDE (Synode diocésain de), 8, 9 et 11 mai 1658, par le cardinal Balthasar de Sandoval. Les constitutions publiées dans ce synode ne sont au fond que les précédentes.

TOLOSANA (*Concilia*). *Voy.* TOULOUSE.

TONGRES (Synode de), *Tungrensis*, l'an 708. Saint Hubert, dit un auteur contemporain, ayant mandé auprès de lui des évêques et des prêtres, se rendit avec eux au tombeau de saint Lambert, son prédécesseur, et, après y avoir passé la nuit en prières, ils prirent l'urne où étaient conservées les cendres du saint, enlevèrent ses ossements et confièrent à la terre les saintes reliques dans le lieu où il avait souffert le martyre. C'est-à-dire que la translation se fit de la ville d'Utrecht, et du monastère de Saint-Côme et de Saint-Damien, à la ville de Liége. Cela arriva la treizième année de l'épiscopat de saint Hubert. *Apud P. Roberti, auctor. coæv. in Vita S. Hub.*

TONGRES (Synode de), l'an 709. Saint Hubert ayant assemblé un synode de trente évêques avec l'autorisation du souverain pontife, fit, de concert avec eux, la translation de son siège de la ville de Tongres, où il se trouvait, à celle de Liége. *Hist. ms. Adolph. Happart, cœnob. S. Hub. in monast. Andain.*

TORNACENSES (*Synodi*). V. TOURNAY.

TORRE (Concile provincial tenu à), *Turritana*, vers l'an 1089, par l'archevêque de Pise, légat du saint-siège. Torquitor, seigneur de Sardaigne, s'étant révolté contre le pape, y fut excommunié. Selon la conjecture de Mansi, ce seigneur, qualifié de juge, d'après l'usage du pays, dans l'unique monument qui nous reste de ce concile, pouvait être un partisan du roi Henri et de l'antipape Guibert. *Mansi*, *Conc. t.* XX.

TORRE (Concile provincial de), l'an 1156, tenu par Atho, qui en était l'archevêque. C'est tout ce qu'on sait de ce concile. *Mansi, Conc. t.* XXI.

TORRE (Synode diocésain de), en Sardaigne, *Turritana*, octobre 1625, par Jacques Passamar, archevêque de cette ville. Ce prélat y publia des statuts sur l'administration des sacrements, les confréries, etc. *Constit. et decr. synodalia; Saceri*, 1625.

TORTONE (Synode diocésain de). *Dertonensis*, 21 avril 1595, par l'évêque Maffei. Dans les statuts publiés par ce prélat, nous remarquons plus particulièrement ceux qui ont le baptême pour objet: il y est ordonné de refuser pour parrains les frères des enfants qu'on baptise. *Decreta edita et promulg. in diœc. synodo Dertonensi prima; Dertonœ*, 1598.

TORTONE (Synode diocésain de), 16, 17 et 18 avril 1632, par l'évêque Jean-François Fossati. C'est le second synode tenu par ce prélat. Des statuts y furent publiés touchant la profession de foi, les confréries de la doctrine chrétienne, les devoirs des prédicateurs et des chanoines, la messe et l'eucharistie, les fiançailles, les sépultures, les obligations des réguliers, les jugements ecclésiastiques, etc. *Synodus diœc. Dertonœ.*

TORTONE (Synode diocésain de), 12, 13 et 14 septembre 1673, par l'évêque Charles Septala. Les statuts qui y furent publiés sont plus étendus que les précédents. On y ordonne de renouveler les saintes espèces toutes les semaines, ou du moins tous les quinze jours. Ce synode fut le second tenu par le même évêque: nous n'avons rien du premier. *Decreta edita et promulg. in synodo diœc. S. Derton. Ecclesiæ.*

TORTOSE (Concile de), *Dertusanum*, l'an 1429. Pierre, cardinal de Foix, légat du saint-siège, tint ce concile de la province Tarragonaise, pour l'extinction du schisme. L'antipape Clément VIII y donna sa démission, et on y reconnut Martin V pour pape légitime. On y fit de plus vingt décrets de discipline.

Le 1er recommande la modestie et la simplicité dans les habits aux clercs bénéficiers et à tous ceux qui sont constitués dans les ordres sacrés. Il leur défend d'en porter d'une couleur trop vive, telle que le rouge ou le vert, ni d'une autre étoffe que la laine ou l'étamine: il ne veut pas non plus qu'ils soient trop courts ou trop longs, ni fourrés d'hermine ou d'autre peau semblable, ni ouverts par-devant ou par les côtés

Le 2e ordonne la peine de la prison et la privation de tous les bénéfices, contre les clercs qui seront retombés pour la troisième fois dans un concubinage notoire.

Le 3e veut qu'on excommunie publiquement les chevaliers religieux des ordres militaires qui ont des concubines; et qu'ils restent dans cet état, jusqu'à ce qu'ils aient renvoyé de bonne foi et sans aucune fraude ces personnes infâmes.

Le 4ᵉ porte que tous les clercs bénéficiers, et ceux qui seront constitués dans les ordres sacrés, auront un bréviaire; et que l'on n'ordonnera personne diacre, qu'il n'ait aussi un bréviaire, et qu'il ne sache réciter l'office divin.

Le 5ᵉ défend d'élever personne aux ordres sacrés, à moins qu'il n'en soit vraiment digne, dans le temps même où l'on veut les lui conférer.

Le 6ᵉ ordonne aux supérieurs ecclésiastiques de faire renfermer dans un abrégé que l'on puisse expliquer en six ou sept leçons, tout ce que le peuple fidèle est obligé de croire, de demander, de pratiquer, d'éviter, d'espérer et de craindre; savoir: les articles de foi, les demandes renfermées dans l'oraison dominicale, les commandements de Dieu, la gloire du paradis et les peines de l'enfer.

Le 7ᵉ défend d'administrer les sacrements dans les maisons particulières, ou d'y célébrer des messes, soit pour des noces, soit pour des funérailles, soit pour de secondes noces, ou une nouvelle bénédiction de noces après cinquante ans de mariage. C'est ce que signifie le terme de *novinuptiæ*, employé dans ce canon.

Le 8ᵉ défend de fonder ou d'accepter aucun bénéfice ecclésiastique, à moins que l'ordinaire n'y consente, et qu'il n'y ait un revenu suffisant pour l'entretien du prêtre nommé pour le desservir. Il veut aussi que l'ordinaire ne manque pas de joindre à l'autorisation qu'il fera de ce bénéfice, la clause: *Salvis canonicis institutis, et auctoritate provide dispensatis*; et il ajoute qu'en cas d'omission, cette clause sera censée avoir été apposée.

Le 9ᵉ ordonne aux ordinaires d'obliger les néophytes convertis, après avoir quitté le judaïsme ou le paganisme, de faire baptiser leurs enfants à l'église, huit jours après leur naissance.

Le 10ᵉ veut que les grands vicaires ou les principaux officiers des ordinaires soient constitués dans les ordres sacrés, sous peine de nullité des actes qu'ils pourront faire sans cette condition.

Le 11ᵉ ordonne que les clercs qui auront obtenu frauduleusement du roi des lettres de familiarité, *familiaritatis litteras*, seront privés de tous bénéfices, s'ils en ont; et, s'ils n'en ont point, ils seront inhabiles pendant trois ans à en avoir.

Les lettres de familiarité étaient des lettres que les rois et les princes accordaient à certaines personnes, et qui faisaient que ces personnes, qu'on appelait *familiers*, étaient censées de la famille ou de la maison des rois et des princes qui les leur accordaient. Comme ces lettres emportaient certains privilèges qui tiraient les familiers de la dépendance de leurs supérieurs ordinaires, le concile de Tortose punit avec raison les clercs qui les obtiennent frauduleusement pour se procurer l'impunité, et éluder la correction de leurs supérieurs. Le terme de *familier* est encore fort commun en Italie, et signifie la même chose que *commensal* parmi nous, mais dans un sens plus étendu; car il ne comprend pas moins que les domestiques, et généralement tous ceux qui sont au service et aux gages d'un prélat.

Le 12ᵉ ordonne de publier la constitution du pape Boniface VIII: *Qui ut intelleximus*, contre ceux qui, sous prétexte d'oppression, tâchent d'attirer les clercs aux tribunaux séculiers.

Le 13ᵉ soumet à la peine de l'excommunication ceux qui échauffent l'esprit des grands contre l'Eglise et ses libertés.

Le 14ᵉ menace de la vengeance du ciel et de celle du saint-siège les supérieurs monastiques qui négligent de corriger les excès de leurs inférieurs.

Le 15ᵉ défend aux juges délégués de passer les bornes de leur office.

Le 16ᵉ prononce la peine d'excommunication, *ipso facto*, contre ceux qui oseront quêter ou prêcher sans la permission par écrit de l'ordinaire.

Le 17ᵉ prononce la même peine contre les clercs ou les religieux qui osent diffamer les prélats de l'Eglise par parole ou par écrit; il défend aussi aux clercs séculiers de confesser sans la permission de l'ordinaire du lieu, et d'absoudre des cas épiscopaux sans lettres de l'évêque qui lui en accordent la faculté: il défend de plus aux religieux d'entendre les confessions des séculiers, à moins qu'ils n'aient été présentés aux ordinaires par leurs supérieurs, et admis par les premiers.

Le 18ᵉ défend aux prélats de s'emparer des biens dont les religieux ou les clercs ont disposé par testament, selon les statuts ou les coutumes, pourvu qu'ils aient laissé à ces prélats ce qui leur est dû selon les statuts ou les coutumes.

Le 19ᵉ défend aux médecins, sous peine d'excommunication, de visiter plus de trois fois un malade qui ne s'est point confessé pendant sa maladie, et ordonne aux ordinaires de faire publier quatre fois l'année ce décret dans les principales églises de leur diocèse ou territoire; savoir: à Noël, à Pâques, à la Pentecôte, et le jour de l'Assomption de la sainte Vierge.

Le 20ᵉ ordonne l'observation de la Clémentine contre les juifs et les Sarrasins. *D'Aguirre, Conc. Hisp.; Anal. des Conc.,* tome II.

TORTOSE (Concile de), l'an 1575, sur la discipline ecclésiastique; indiqué par Lenglet.

TORZELLO (Concile de), *Torcellense*, l'an 1127. Jean, patriarche de Grado, et Etienne, légat du saint-siège, assistés de plusieurs évêques, tinrent ce concile en présence de Dominique Michel, doge de Venise, touchant la discorde qui régnait entre l'évêque et les chanoines de Torzello, petite ville épiscopale dans l'Etat et sous la métropole de Venise. On y déposa les chanoines rebelles envers leur évêque, qui leur pardonna et les rétablit. *Mansi, Suppl. t.* II, *col.* 385.

TORZELLO (Synode diocésain de), l'an 1296, par l'évêque Airon, qui y publia les décrets du concile de Grado de cette même année. *Mansi, Conc. t.* XXIV.

TORZELLO (Synode diocésain de), l'an 1582, par Charles Pisaure. Ce prélat y traça à son clergé les règles à suivre, tant dans la conduite de la vie que dans l'administration des sacrements. Ce que nous y trouvons de plus singulier, c'est la règle qu'il établit par rapport aux époux qui auraient déjà contracté mariage en présence du curé et des témoins, mais ailleurs qu'à l'église, et qui ensuite viendraient pour se faire suppléer les cérémonies de la bénédiction nuptiale : il défend de leur faire répéter les paroles de présent, en se fondant sur ce principe : que le sacrement de mariage ne doit pas se réitérer entre les mêmes personnes. Nous n'avons trouvé ce principe formulé et cette règle établie nulle part ailleurs. Il ajoute, par rapport aux secondes noces, que le prêtre ne doit jamais les bénir, quand même ce serait l'homme qui deviendrait bigame et non la femme ; ce qui est contraire à la pratique universellement admise aujourd'hui.

Le prélat lut aussi à son synode les règlements qu'il avait faits pour les religieuses de son diocèse. Il prescrit particulièrement à celles-ci l'obéissance et l'exacte observation de la clôture ; il leur défend absolument toute propriété, fussent-elles supérieures ; il veut que l'abbesse ait au moins quarante ans d'âge et huit années de profession, ou du moins trente ans d'âge et cinq de profession dans les cas exceptionnels. *Constit. et ordinat. illust. et rever. DD. Caroli Pisauri.*

TORZELLO (Synode diocésain de), 7, 8 et 9 avril 1592, sous Antoine Grimani. Ce synode paraît avoir eu pour objet exclusif la discipline religieuse : les statuts en furent confirmés dans le synode de 1628. *Constitutioni et decreti approvati nella sinodo diocesana sopra la retta disciplina monacale.*

TORZELLO (Synode diocésain de), 3, 4 et 5 juillet 1628, par Marc Zeno. Ce prélat y publia des règlements pour la conduite des clercs, l'établissement des exercices de la doctrine chrétienne dans les paroisses, et des conférences dites des cas de conscience dans tous les districts ; il ordonna qu'il y eût des troncs placés à toutes les églises, pour l'entretien de son séminaire ; enfin il retraça les règles à suivre dans l'administration des sacrements. *Ibid.*

TORZELLO (Synode diocésain de), 17, 18 et 19 août 1648, par l'évêque Marc-Antoine, comte de Marengo. Ce prélat y publia de nouveaux règlements sur les mêmes matières que ceux de ses prédécesseurs ; il prescrivit à tous les bénéficiers, et généralement à tous les prêtres, la formule de profession de foi contenue dans la bulle de Pie IV. *Synod. diœc. a Marco Ant. celebr.*

TOSCANE (Synode de), tenu à Florence, l'an 1139, par l'évêque Gotifred. Le prélat y fit à son clergé la promesse solennelle de ne point lui imposer une plus forte charge que ce qu'avaient ordonné de tout temps ses prédécesseurs. *Mansi. Conc. t.* XXI.

TOSCANE (Assemblée de tous les évêques de) à Florence, 23 avril 1787. Ces prélats avaient été convoqués pour préparer les matières à traiter dans un concile national qui devait suivre. On voulait les amener à favoriser les changements que Ricci souhaitait d'introduire, et à faire en grand ce que celui-ci venait d'exécuter en petit à Pistoie. Ces prélats étaient au nombre de dix-sept, savoir : les trois archevêques de Florence, de Sienne et de Pise, et les évêques leurs suffragants. Ricci comptait déjà parmi eux quelques adhérents. Nicolas Sciarelli, évêque de Collé, avait adopté plusieurs des innovations du grand-duc. Il avait donné, en 1785, une instruction pastorale dans le goût de celles de l'évêque de Pistoie. Joseph Pannilini, évêque de Chiuzi et Pienza, n'avait pas montré moins de complaisance. Il avait publié, en 1786, une instruction pastorale que Pie VI avait cru être obligé de condamner par un bref. C'est avec ce renfort que Ricci espéra engager ses collègues à servir ses projets. Après les préliminaires usités dans ces assemblées, on arrêta, dit-on, les quatre articles suivants : 1° qu'on réformerait le bréviaire et le missel, à condition néanmoins que les trois archevêques seraient chargés de ce travail ; 2° qu'on traduirait le rituel en toscan, pour ce qui concerne l'administration des sacrements, excepté les paroles sacramentelles, qui se diraient toujours en latin ; 3° que les curés auraient toujours la préséance sur les chanoines, même sur ceux de la cathédrale ; 4° que la juridiction des évêques est de droit divin. Ricci voulait de plus qu'on rendît à l'épiscopat ce qu'il appelait ses droits primitifs. Quatre de ses collègues l'appuyèrent. Les autres ne voulurent point entamer une discussion, qui n'avait été mise en avant que pour fournir un moyen de querelle et de discorde. Les suffrages furent aussi partagés sur le plan d'études, sur la multiplicité des autels dans une même église, abus énorme que Ricci ne pouvait souffrir ; sur la suppression des autels privilégiés, etc. Cet évêque ayant proposé de changer le serment que les évêques font au pape lors de leur consécration, douze de ses collègues rejetèrent cette nouvelle réforme. L'évêque de Chiuzi avait cru trouver dans cette assemblée des juges moins sévères qu'à Rome, et avait soumis son instruction à l'examen des prélats ; mais ils prononcèrent, comme le pape, que cette instruction était pleine d'erreurs et d'un esprit de schisme et d'hérésie. Ils dressèrent aussi une censure des écrits que Ricci faisait imprimer à Pistoie, pour pervertir et troubler l'Italie. Enfin, quand cet évêque vit qu'il n'avait rien à attendre des prélats attachés au saint-siége, ennemis du schisme et de la discorde, et qui se croyaient d'autant plus obligés de repousser les innovations, qu'elles étaient plus fortement protégées, il prit le parti de faire dissoudre l'assemblée. Elle se sépara le 5 juin, après dix-neuf sessions employées à discuter une foule de matières. *Mém. pour serv. à l'hist. du dix-huit. siècle, t.* III.

TOUL (Concile de), l'an 550. Saint Nicet, archevêque de Trèves, qui avait assisté au cinquième concile d'Orléans et au second de Clermont, en assembla un à Toul en 550, du consentement du roi Théobalde. Les actes de ce concile ne sont pas venus jusqu'à nous; mais il paraît qu'il fut convoqué à l'occasion de quelques insultes faites à saint Nicet, par des Français qu'il avait excommuniés pour cause de mariages incestueux. Cela peut se tirer de la lettre que Mappinius, évêque de Reims, lui écrivit pour s'excuser de n'avoir pu assister au concile de Toul. Il parle dans cette lettre de celle que le roi Théobalde lui avait écrite pour se rendre en cette ville le premier jour de juin, et de la sentence d'excommunication que saint Nicet avait prononcée contre ceux qui avaient contracté des alliances incestueuses. Il y reconnaît qu'étant excommuniés par leur évêque suivant la rigueur des canons, il ne peut les recevoir à sa communion, sans participer à leurs crimes. Il distingue deux sortes d'excommunication, l'une pour les fautes graves marquées dans les canons, et l'autre pour les moindres fautes, qu'il n'est pas permis à la sollicitude pastorale de dissimuler. Il remarque que celui qui communique sciemment avec un excommunié participe à son crime, mais qu'il n'est point coupable s'il le fait par ignorance. Il marque que le roi Théobalde ne lui ayant rien dit du sujet de la convocation du concile de Toul, il n'avait pas cru devoir s'y trouver; que ce prince, pour l'instruire de ce que l'on devait y traiter, lui avait écrit une seconde lettre, mais qu'elle lui avait été rendue trop tard. Il se plaint à saint Nicet de ce qu'il ne lui avait pas fait lui-même savoir le sujet de la convocation de cette assemblée, puisqu'il lui convenait mieux qu'au prince de l'instruire sur ces sortes de matières; avouant néanmoins qu'il ne pouvait se dispenser d'obéir aux ordres du roi lorsqu'ils avaient le bien pour objet; et qu'il aurait en effet obéi, si la seconde lettre de ce prince lui eût été rendue à temps. Cette lettre de Mappinius se trouve dans le cinquième tome des Conciles du Père Labbe, comme pour servir de supplément au concile de Toul. *Hist. des aut. sacr. et eccl. t.* XVI.

TOUL (Synode de), l'an 838. Frothaire, évêque de Toul, confirma dans ce synode les droits de l'abbaye de Saint-Apre sur la paroisse de Saint-Mesmin. *Calmet, Hist. Lothar. t.* IV.

TOUL (Concile de), l'an 859. *V.* SAVONIÈRES.

TOUL (Concile de), l'an 860. *V.* TOUSI.

TOUL (Synode de), l'an 916. Drogon, évêque de Toul, rendit à l'abbaye de Saint-Apre, sur la réclamation de son abbé, des dîmes qui lui étaient disputées par une église du voisinage. *Mabill. Ann. Bened. t.* III.

TOUL (Synode de), l'an 971. Saint Gérard, évêque de Toul, y fit donation de plusieurs biens à l'église de Saint-Michel. *Calmet, Hist. Lothar. t.* IV.

TOUL (Synode de), l'an 982. Le même évêque confirma dans cet autre synode les biens et les privilèges de l'abbaye de Saint-Mansuet. *Calmet, Hist. Lothar. t.* II.

TOUL (Synode de), l'an 983. Nouvelle donation faite à l'église de Saint-Michel. *Calmet, Hist. Loth. t.* IV.

TOUL (Synode de), l'an 1050. Le pape saint Léon IX, ayant autour de lui plusieurs prélats, fit à cette époque la canonisation de saint Gérard, en élevant son corps, suivant l'usage de ces temps-là, du tombeau où il était déposé, dans l'église de l'abbaye de Saint-Mansuet. *Mabill. Ann. Bened. t.* IV.

TOUL (Synode de), l'an 1072. Confirmation faite par l'évêque Pibon des donations faites par ses prédécesseurs et par lui-même à l'abbaye de Saint-Apre. *Calmet, Hist. Loth. t.* IV.

TOUL (Synode de), l'an 1074. Objet à peu près semblable. *Mabill. Ann. Bened.*

TOUL (Synode diocésain de), l'an 1076. Ordonnance du même évêque en faveur de l'église de Notre-Dame, fondée par la comtesse Sophie, et consacrée par lui-même. *Calmet, Hist. Loth. t.* IV.

TOUL (Synode de), l'an 1090. C'est encore le même évêque qui adjuge à l'abbesse d'Épinal l'église de Bar. *Calmet, Hist. Lothar. t.* IV.

TOUL (Synode de), l'an 1091. Dotation de l'abbaye de Saint-Léon de Toul, faite par Luctulfe, doyen de la cathédrale, et ratifiée par l'évêque. *Calmet, Hist. Loth. t.* IV.

TOUL (Synode de), l'an 1105. Pibon y confirme les donations faites à l'église de Saint-Gengulphe de Toul.

TOUL (Synode diocésain de), l'an 1111. Riquin, administrateur (*provisor*) de l'église de Toul, y prononce un jugement en faveur de l'abbaye de Cluny. *Calmet, Hist. Lothar. t.* IV.

TOUL (Synode de), l'an 1116. Le même, devenu évêque, fait une nouvelle donation à l'abbaye de Saint-Apre. *Ibid.*

TOUL (Synode général diocésain de), l'an 1122. L'évêque Riquin y confirme la donation du prieuré de Saint-Dodon à l'abbaye de Saint-Mansuet. *Ibid.*

TOUL (Synode de), l'an 1136. Confirmation faite par l'évêque Henri d'une autre donation faite à la même abbaye. *Ibid.*

TOUL (Synode de), l'an 1192. Odon, évêque de Toul, y publia plusieurs statuts contre les usurpateurs des biens ecclésiastiques, et un autre contre les hérétiques vaudois, qu'il ordonne de lui amener liés, si on les trouve, pour qu'il leur inflige la punition qu'ils méritent. *Martène, Anecd. t.* IV.

TOUL (Synode de), 24 octobre 1359. Bertrand de la Tour, évêque de Toul, publia dans ce synode des statuts très-instructifs; mais il nous manque de les avoir sous les yeux pour en donner le détail. Dans un des articles, il ordonne aux abbesses de se trouver au synode épiscopal. Elles doivent même s'y présenter la crosse à la main : circonstance qui n'est point marquée dans les statuts, mais que nous apprenons de l'Histoire générale de Lorraine, par D. Calmet. *Hist. de l'Egl. gallic. liv.* XL.

TOUL (Synode diocésain de), 5 juin 1658. André du Saussay, évêque de Toul, tint ce synode diocésain, où il renouvela plusieurs anciens statuts, en réforma d'autres et en ajouta de nouveaux. Dans la lettre pastorale qu'il adressa à cette occasion à son peuple comme à son clergé, le zélé prélat ne fit pas difficulté de reconnaître que la tenue fréquente du synode diocésain était la voie la plus directe pour la réforme des abus et l'amendement des mœurs.

La profession de foi de Pie IV, imposée à tous les bénéficiers et à tous les maîtres d'école, fait la matière du premier des statuts publiés dans ce synode.

Le suivant contient une recommandation faite aux prédicateurs de ne point rechercher les artifices oratoires, les locutions poétiques et les expressions inconnues au vulgaire.

En traitant du baptême, le prélat prescrit de faire les onctions non avec le pouce, mais à l'aide d'un stylet ou d'un petit bâton d'étain ou d'argent : ce qui contredit l'opinion de Benoît XIV, et celle que rapporte ce savant pape de plusieurs théologiens, qui révoquent en doute la validité des onctions faites de cette manière.

En parlant du sacrement de pénitence, il défend aux confesseurs de trouver mauvais que leurs pénitents s'adressent quelquefois à d'autres qu'à eux-mêmes.

Au chapitre de l'eucharistie, il défend à ses prêtres, sous peine de dix francs d'amende, de dire la messe sans soutane.

A celui du mariage, il impose de même une amende aux prêtres qui admettraient à ce sacrement des personnes qui ne sauraient pas l'oraison dominicale, la salutation angélique, le symbole des apôtres, les commandements de Dieu et de l'Eglise et le nombre des sacrements.

Ce simple aperçu doit suffire pour faire voir que, quoique ces statuts en aient réformé de plus anciens, ils auraient eux-mêmes besoin aujourd'hui d'être modifiés à leur tour. *Statuta synodi diœcesanæ Tullensis*; *Tulli Leucorum*, 1658.

TOULON (Synode de), *Tulonensis*, l'an 1223, sous l'évêque Etienne. *Gall. Christ. t.* I, *col.* 746.

TOULON (Synode de), vers l'an 1299. On y décida qu'on célébrerait l'anniversaire d'Isnard de Entraveine. *Gall. Christ. t.* I, *col.* 748.

TOULON (Synode de), l'an 1704, par l'évêque Armand-Louis Bonnin de Chalucet, qui y fit quelques décrets synodaux. *Gall. Christ. t.* I, *col.* 758.

TOULOUSE (Concile de), *Tolosanum*, l'an 353. *V.* GAULES.

TOULOUSE (Concile de), l'an 506 ou 507. Ce concile fut tenu soit à Toulouse, soit du moins dans quelque autre ville de la domination des Visigoths. Alaric, qui avait convoqué cette assemblée d'évêques et de grands, y fit approuver son code Théodosien, rédigé et commenté par Anien.

TOULOUSE (Conciles de), l'an 828 et 829. Les actes de ces conciles sont perdus. *Gall. Christ. t.* II. *col.* 21, et *t.* VI, *col.* 16.

TOULOUSE (Concile de), l'an 844. Charles le Chauve étant à Toulouse au mois de juin, reçut des plaintes des prêtres du pays contre leurs évêques. En attendant qu'on pût les examiner avec plus de soin dans un concile, il y pourvut par un capitulaire de neuf articles, où il défend en premier lieu aux évêques de traiter mal leurs prêtres en vengeance de ce qu'ils auraient eu recours à lui. Ensuite il ordonne que les évêques n'exigeront point des prêtres au delà de la quantité de vin, de blé, d'orge et d'autres fournitures, qui est spécifiée ; que les prêtres ne seront obligés de faire porter qu'à cinq milles du lieu de leur demeure, sans qu'ils puissent être molestés sur ce point par les ministres des évêques ; que ceux-ci, en faisant la visite de leurs diocèses, se choisiront un logement où les paroisses puissent s'assembler commodément pour y recevoir la confirmation et les instructions nécessaires ; que le curé du lieu et quatre autres plus voisins fourniront une certaine quantité de vivres pour la dépense de l'évêque, avec défense à ses gens d'en exiger une plus grande que celle qui est ici marquée ; que les évêques ne feront qu'une fois l'an cette visite, et qu'en cas qu'ils la réitèrent, ils ne recevront qu'une fois cette fourniture ; qu'elle ne leur sera même délivrée que quand ils visiteront en personne ; qu'ils ne multiplieront point les paroisses dans la vue d'augmenter leurs revenus, mais uniquement pour l'utilité des peuples, et qu'en divisant une paroisse en deux, ils ne recevront des deux curés que ce qu'ils recevaient d'un seul ; qu'ils n'obligeront les curés qu'à deux synodes par an, et dans les temps réglés par les canons. On a inséré ce capitulaire dans le recueil des conciles. *Hist. des aut. sacr. et eccl.*

TOULOUSE (Concile de), vers l'an 879. On dit que ce concile fut tenu pour mettre en discussion une réclamation des juifs, qui se plaignaient qu'on soumît un de leurs avocats, d'après un usage bizarre, à recevoir un soufflet trois fois chaque année, savoir : le jour de Noël, le vendredi saint et à l'Assomption. Les Bollandistes cependant révoquent en doute la vérité de ce récit. *Gall. Christ. t.* VI.

TOULOUSE (Concile de), l'an 883. Ce concile fut tenu au sujet des plaintes des juifs contre les chrétiens. *Labb.* IX

TOULOUSE (Concile de), l'an 1020. Ce concile excommunia tous ceux qui, sur le chemin de *Stapes* à Toulouse, levaient illégalement des péages sur les denrées et les marchandises qu'on transportait en cette ville. On ignore quel est ce lieu nommé *Stapes*. *Lafaille*, *Annal. de Toulouse*, t. 1. *p.* 75.

TOULOUSE (Concile de), l'an 1056. Le

pape Victor II fit assembler ce concile au mois de septembre par ses légats, Raimbaud, archevêque d'Arles, et Ponce, archevêque d'Aix. Guifroi ou Wifroi de Narbonne, Arnaud de Toulouse et quatorze autres évêques y assistèrent. Bérenger, vicomte de Narbonne, forma ses plaintes contre Guifroi, son archevêque, disant qu'encore qu'il eût contribué à lui faire avoir l'archevêché pour une somme de cent mille sous, il l'avait depuis traité indignement et levé contre lui une grande armée; qu'il avait donné les terres de l'église et celles des chanoines à des laïques qui portaient les armes pour lui ; qu'il avait acheté de Guillaume, son frère, l'évêché d'Urgel pour cent mille sous, et que pour acquitter cette somme il avait vendu à des juifs d'Espagne les vases d'or et d'argent, les livres et les chapes et autres ornements de son église. Il accusa encore l'archevêque d'avoir violé la trêve de Dieu après l'avoir jurée ; de se faire payer de tous ceux à qui il donnait des ordres, et de la consécration des églises ; enfin de l'avoir excommunié, lui, sa femme, ses enfants et toutes ses terres. On ne sait point ce que produisit la plainte du vicomte ; mais le concile fit treize canons, dont quelques-uns ont du rapport à la mauvaise conduite de Guifroi.

1. On ordonne privation de dignité contre ceux qui recevront l'ordination ou qui la conféreront pour de l'argent

2. Défense d'ordonner quelqu'un évêque, abbé ou prêtre, avant l'âge de trente ans ; et diacre, avant l'âge de vingt-cinq ans.

3. Défense de rien prendre pour la dédicace d'une église.

4. Défense de rien donner pour avoir un bénéfice.

5. Celui qui se fera moine dans le dessein d'avoir une abbaye, ne pourra jamais être promu à cette dignité.

6. Les abbés feront observer dans leurs monastères la règle de saint Benoît, nourriront et habilleront leurs moines suivant cette règle, empêcheront qu'ils n'aient rien en propre; et un moine ne possédera point une prévôté sans la volonté de son abbé.

7. On privera de leur degré d'honneur et de leur office les prêtres, les diacres et les autres clercs qui ne voudront pas vivre dans le célibat.

8 et 9. Défense aux laïques, sous peine d'excommunication, de posséder ou de retirer les fruits d'aucun bénéfice ecclésiastique, pas même de sacristain ou de maître d'école, et de s'emparer des biens des défunts : on doit les partager selon leur dernière volonté, ou, s'ils meurent sans avoir fait de testament, selon qu'il en sera décidé par les héritiers.

10. Les églises dépendantes de la cathédrale payeront les droits ordinaires à l'évêque et aux clercs, c'est-à-dire le tiers de leurs revenus; et celles qui ne payeront point, donneront à l'évêque et aux clercs le tiers de leurs dîmes et des oblations qui leur seront faites pour les morts.

11. Si ces églises sont dans l'aleu des seigneurs laïques, le tiers des dîmes et des offrandes sera pour le prêtre et les clercs qui les desservent.

12 et 13. On excommunie les adultères, les incestueux, les parjures et ceux qui ont commerce avec les excommuniés, si ce n'est pour les reprendre et les avertir de se corriger. *Labb.* XI.

TOULOUSE (Concile de), l'an 1060. Saint Hugues, abbé de Cluny, assembla ce concile en qualité de légat du saint-siège, et quoiqu'on n'en sache pas l'objet, il n'est pas moins certain qu'il ne faut pas le confondre avec celui de l'an 1056. *D. Vaissette.*

TOULOUSE (Concile de), l'an 1068. Le cardinal Hugues le Blanc, légat du saint-siège, convoqua ce concile pour extirper la simonie et rétablir l'évêché de Lectoure, qui avait été changé en monastère.

TOULOUSE (Concile de), l'an 1075, tenu par Hugues, évêque de Die et légat du saint-siège. Frotard, évêque d'Albi, convaincu de simonie, y fut excommunié et suspendu de ses fonctions. *Mansi, Conc. t.* XX.

TOULOUSE (Concile de), l'an 1079, par le légat Hugues, évêque de Die ; on y déposa Frotard, évêque d'Albi, pour cause de simonie.

TOULOUSE (Concile de), l'an 1090. Ce concile fut tenu au printemps par les légats assistés des évêques de diverses provinces, en particulier par Bernard, archevêque de Tolède, retournant de Rome en Espagne. On y corrigea divers abus, et on envoya une légation à Tolède pour y rétablir la religion. *Gall. Christ. t.* VI, p. 41.

TOULOUSE (concile de), l'an 1110, par le légat Richard, contre ceux qui se rendaient coupables de vexations envers l'église de Mauriac.

TOULOUSE (Concile de), l'an 1118. Ce concile fut tenu vers le mois de février. On y conclut une croisade pour l'Espagne, en faveur d'Alphonse, roi d'Aragon, qui avait gagné, le 6 décembre, une grande bataille contre les Maures. *Labb. t.* X; *D. Vaissette.*

TOULOUSE (Concile de), l'an 1119. (a) Gui, archevêque de Vienne en Dauphiné, ayant été élu pape, malgré sa résistance, après la mort de Gélase II, prit le nom de Calliste II, et vint à Toulouse, où il tint, au mois de juin, un concile composé des cardinaux de sa suite, des archevêques, évêques et abbés de la Provence, du Languedoc, de la Gascogne, de l'Espagne et de la petite Bretagne. Il y a dans le texte de ce concile, *provinciæ Gothiæ*, sans virgule, de la province de Gothie ou Languedoc : il faut lire *Provinciæ, Gothiæ*, c'est-à-dire de la Provence, du Languedoc; car At-

(a) On marquait dans le texte de ce concile qu'il se tint l'an 1120, indiction XII, l'ère 1158, la première année du pontificat de Calliste II. Comme la suite de l'histoire, l'indiction et la première année du pontificat de Calliste désignent certainement l'an 1119, il faut qu'il se soit glissé une faute dans l'année de J.-C., qui est marquée l'an 1120, et dans l'ère espagnole 1158, qui répond à l'année de J.-C. 1120. Le P. Labbe a remarqué cette faute, mais le P. Pagi juge qu'il n'y en a point, parce qu'il prétend qu'on a suivi dans la date du concile l'ère de Pise, qui précède d'un an l'ère commune. *Note du P. Longueval.*

ton d'Arles et Foulques d'Aix étaient à ce concile. On y fit les dix canons suivants :

1. Défense, sous peine de déposition, de se faire ordonner pour de l'argent.

2. Personne ne sera promu à la dignité de prévôt, d'archiprêtre ou de doyen, sans être prêtre; ni à celle d'archidiacre, sans être diacre.

3. Nous condamnons et chassons de l'Eglise, comme hérétiques, ceux qui rejettent le sacrement du corps et du sang du Seigneur, le baptême des enfants et les ordres ecclésiastiques, aussi bien que le mariage; et nous ordonnons qu'ils soient réprimés par la puissance séculière.

Ces hérétiques étaient une secte de manichéens, qui couvraient d'un masque de piété les plus infâmes abominations.

4. Défense aux princes et à tout autre laïque, sous peine d'être chassés de l'église comme sacrilèges, de s'emparer des prémices, des dîmes, des offrandes, des cimetières, et de piller les maisons et les autres biens de l'évêque à sa mort.

5 et 6. Aucune puissance ecclésiastique ou séculière ne mettra en servitude des hommes libres, clercs ou laïques; et aucun clerc ne sera obligé de rendre quelques servitudes aux laïques à raison des bénéfices ecclésiastiques.

7. On laissera à l'évêque la quatrième partie des oblations qui lui appartient.

8. Aucun évêque, aucun prêtre, ni aucun clerc, ne laissera comme par héritage les dignités et bénéfices ecclésiastiques à ses proches.

9. On n'exigera aucun salaire pour les saintes huiles ou le saint chrême, ni pour la sépulture.

10. Défense aux moines, aux chanoines et autres clercs de quitter leur profession, sous peine d'être privés de la communion de l'Eglise : même peine pour les ecclésiastiques qui laissent croître leur barbe et leurs cheveux à la manière des séculiers.

On termina, dans ce concile de Toulouse, un procès entre l'église d'Arles et les moines d'Aniane; Atton, archevêque, prétendait que la celle de Gordien appartenait à son église, de qui les moines de la Chaise-Dieu la tenaient moyennant une redevance annuelle. Les moines d'Aniane prétendaient, au contraire, qu'elle avait été usurpée sur eux. Pour décider ce procès, le pape nomma une commission particulière de cardinaux, d'évêques et d'abbés, qui, après avoir examiné les titres des prétendants, rapportèrent au concile que la celle en question avait été donnée au monastère d'Aniane par Louis le Débonnaire, et qu'ensuite Louis, fils de Boson, roi de Provence, l'avait donnée à l'église d'Arles. Ainsi le pape et tout le concile l'adjugèrent aux moines d'Aniane, à condition que trois d'entre eux feraient serment que leur monastère avait possédé pacifiquement cette celle pendant trente ans.

Aicard, archidiacre de l'église de Saint-Etienne de Toulouse, présenta aussi une requête au concile, par laquelle il demanda que l'église de Saint-Amand fut rendue à l'église cathédrale, à laquelle il prétendait que l'église appartenait, et en effet elle lui fut adjugée. Il répéta aussi l'église de Saint-Sernin, mais cette affaire demandant trop de discussions, fut remise après le concile. Le pape jugea ce procès l'année suivante à Vienne, le jour de la Purification. L'Eglise de Toulouse le perdit par la faute de l'évêque Amelius, qui négligea de se rendre à Vienne pour soutenir ses droits. Car Urbain II avait ordonné qu'Isarne évêque de Toulouse tirât sa nourriture et celle de sa maison des biens de l'église de Saint-Sernin. *Hist. de l'Egl. gallic. liv.* XXIII.

TOULOUSE (Concile de), l'an 1124, contre quelques moines hérétiques.

TOULOUSE (Concile de), l'an 1161, en présence des deux rois de France et d'Angleterre, Louis VII et Henri II. Il y avait aussi des envoyés de l'empereur Frédéric et du roi d'Espagne, et des légats, tant du pape Alexandre III que de l'antipape Victor, dont on avait à discuter les prétentions. Le concile était composé de cent prélats, tant évêques qu'abbés. Les cardinaux d'Alexandre furent entendus les premiers, et on reconnut par les réponses de ceux de Victor, par des témoins présents et sans reproche, et par les propres paroles des schismatiques, que l'élection d'Octavien était nulle ; qu'il s'était lui-même revêtu de la chape, qu'il s'était mis dans la chaire pontificale par le secours des laïques ; qu'excommunié depuis huit jours, il avait été sacré par les évêques de Tusculum et de Ferentino, excommuniés avec lui, et par celui de Melfi, déjà condamné et déposé pour ses crimes notoires ; qu'au contraire Alexandre avait été élu par tous les cardinaux, à l'exception de deux, Jean de Saint-Martin et Gui de Crême ; que sans leur violence il aurait été dans le moment revêtu solennellement de la chape ; qu'il le fut depuis en temps et lieu.

Il y avait d'autres points plus embarrassants à vérifier, en ce qu'ils concernaient la conduite secrète de l'empereur ; mais on rendit manifeste qu'au lieu de cent cinquante-trois évêques dont on avait publié que son prétendu concile était composé, il n'y en avait eu que quarante-quatre, si étonnés eux-mêmes de leur petit nombre, qu'ils n'avaient osé s'attribuer une autorité suffisante pour faire la loi de l'Eglise, et n'avaient conclu qu'à se séparer en attendant une convocation plus complète. On mit pareillement en évidence tout ce qui avait été employé de caresses et de menaces pour les gagner ou les vaincre ; jusque-là que, fatigué de la vexation, plus de la moitié avait disparu ; l'évêque même de la ville s'était enfui ou caché, de sorte que ce sacré nom de *concile universel inspiré de Dieu pour assurer un pasteur et un père au monde chrétien*, ne disait rien de plus respectable que ce qu'on pouvait dire d'un conventicule de vingt évêques contraints ou engagés de manière ou d'autre sous la volonté du plus fort.

Aucun de ceux qui parlèrent dans le concile de Toulouse ne développa plus clairement ces particularités que le cardinal Guillaume de Pavie, le troisième légat d'Alexandre. C'est que lui-même avait été un des Pères convoqués à Pavie, et que la neutralité qu'il y avait crue au commencement un milieu raisonnable, ne passait depuis dans son esprit que pour un aveuglement grossier et une illusion volontaire. La conclusion qu'on avait à en tirer prudemment, était la détermination la plus convenable aux dispositions des deux royaumes. Le concile se termina donc comme ceux de Beauvais, de Londres et de Neuf-Marché quant aux suffrages, mais par une déclaration plus solennelle et plus soutenue, quant à l'impression qu'il devait faire sur les peuples. Louis et Henri, persuadés, unis et présents, reconnurent le pape Alexandre pour eux et pour leurs sujets, se soumettant à lui, comme des enfants à leur père, en tout ce qui serait du service de Dieu. On rejeta Victor, on congédia ses légats, et l'on dit hautement anathème à ses adhérents. *Hist. de l'Egl. gall.* liv. XXVI.

TOULOUSE (Concile de), l'an 1178. Des conférences y eurent lieu entre le cardinal de Saint-Chrysogone, légat du pape, les archevêques de Bourges et de Narbonne, les évêques de Bath et de Poitiers, l'abbé de Clairvaux et plusieurs autres prélats d'une part, et les principaux albigeois de l'autre, à l'effet de ramener ces derniers à des sentiments de soumission. Pierre Moran, leur chef, après avoir avoué qu'il ne croyait point que le pain consacré par le prêtre contînt réellement le corps du Sauveur, consentit enfin à faire abjuration de ses erreurs, et à ce prix on lui fit grâce du supplice qu'il allait subir. Toutefois, comme c'était un usurier notoire, chargé des malédictions du peuple pour ses biens mal acquis, il fut condamné à être produit plusieurs jours en posture de pénitent, à avoir une partie de ses effets confisqués, à faire sur ce qu'il lui en restait de grosses distributions, à perdre un ou deux châteaux qu'il possédait, et à être banni pour trois ans à Jérusalem, où il serait attaché au service des lépreux. *Hist. de l'Egl. gall.*

TOULOUSE (Concile de), l'an 1219. Romain, cardinal, diacre de Saint-Ange, présida à ce concile, et y publia quatre règlements.

1. Défense aux prélats, barons et seigneurs quelconques, d'affermer leurs terres aux hérétiques, ou de retenir dans leur famille un conseil de personnes suspectes d'hérésie.

2. Les paroissiens, savoir, le maître et la maîtresse de chaque maison, entendront la messe, le sermon et tout l'office divin, les jours de dimanches et de fêtes, sous peine d'une amende de douze deniers pour chacun, payable par moitié : une au seigneur de la paroisse, et pour l'autre, au curé.

3. Ils visiteront aussi l'église avec dévotion tous les samedis, vers l'heure de vêpres, en l'honneur de la sainte Vierge.

4. On fait l'énumération des fêtes chômées, parmi lesquelles on compte Saint-Sylvestre, les trois jours des Rogations, l'Invention et l'Exaltation de la sainte croix, Saint-Nicolas, la dédicace de chaque église, etc. *Martène, Collect.* t. VII ; *Mansi, Concil. Supplém.* t. II.

TOULOUSE (Concile de), l'an 1229 (a). Le jeune Raymond, comte de Toulouse, ayant fait sa paix avec le roi saint Louis, et étant retourné dans ses Etats, Romain, cardinal du titre de Saint-Ange, légat du saint-siège, le suivit pour achever de détruire l'hérésie dans ce pays, et y tint, pour cet effet, un concile commencé au mois de juillet 1229, et fini au mois de novembre de la même année. Les archevêques de Toulouse, de Bordeaux, d'Auch, s'y trouvèrent avec plusieurs évêques de ces provinces, les comtes de Toulouse et les barons et autres seigneurs du pays. Le légat y procéda contre quelques hérétiques, en réconcilia quelques-uns qui se convertirent, et fit quarante-cinq règlements.

Dans la préface, qui vraisemblablement est son ouvrage, le cardinal parle de la paix rendue au Languedoc par le concert inespéré des seigneurs et des villes, comme d'un événement qui approchait du miracle. Il appelle cette province une terre de néophytes ou de gens nouvellement initiés à la foi.

Les décrets sont : 1. Que les archevêques et évêques, dans toutes les paroisses, établiront un prêtre avec quelques laïques en réputation de probité, et qu'ils les obligeront par serment à y faire la recherche des hérétiques : recherche au reste qui doit être soigneuse, fidèle et fréquente, jusqu'à visiter chaque maison et chaque habitation souterraine soupçonnée de leur servir de retraite ; examinant les endroits les plus secrets, et donnant avis de tout ce qu'ils auront découvert aux seigneurs et à leurs baillis, afin qu'ils en usent, pour la punition, selon la griéveté du délit.

2. Que les abbés exempts emploieront la même diligence dans les lieux qui ne sont pas soumis à l'ordinaire.

3. Que les seigneurs particuliers y donneront aussi tous leurs soins, eussent-ils à creuser et à percer dans les bois et dans les cavernes, pour détruire ces asiles de l'hérésie.

4. Que celui qui aura souffert sciemment dans sa terre la retraite d'un hérétique, et qui en aura été convaincu, perdra pour toujours sa terre même, et demeurera, quant au corps, dans la disposition de son seigneur.

5. Que, s'il n'y a point de conviction, mais une négligence prouvée ; ou que l'on trouve souvent des hérétiques dans sa terre, et qu'il soit noté pour cela, le coupable sera puni selon les lois, à proportion de sa faute.

6. Que la maison où l'on aura découvert

(a) Et non 1338, comme il est dit dans l'*Encyclopédie du XIX⁰ siècle*, t. VIII, p. 441.

un hérétique soit renversée, et que le fonds en soit confisqué.

7. Que le bailli résidant en un lieu où il y aura présomption qu'on recèle des hérétiques, soit fort attentif à les découvrir; s'il est en faute, il sera dépouillé de ses biens, et perdra sa charge, sans espérance d'y rentrer jamais, ni là ni ailleurs.

8. Pour ne point confondre les innocents avec les coupables, on ne punira personne comme hérétique, qui n'ait été jugé tel par l'évêque du lieu, ou par un autre ecclésiastique qui ait ce droit.

9. On permet aux seigneurs et à leurs officiers de prendre les hérétiques sur les terres des autres.

10 et 11. Les hérétiques qui se convertiront librement ne demeureront point dans les villages où ils étaient, qui seraient suspects d'hérésie, mais ils iront s'établir dans d'autres catholiques et hors de soupçon. Ils porteront deux croix sur leurs habits, et auront des certificats de leur évêque qu'ils ont été réconciliés. On ne les recevra plus dans les charges publiques, ni on ne les admettra à faire des actes, qu'ils n'aient été réhabilités par le pape ou par son légat. A l'égard de ceux qui se convertissent par la crainte de la mort, ou pour quelqu'autre sujet, ils seront renfermés dans un lieu muré, afin qu'ils ne puissent corrompre les autres.

12. Tous les hommes, depuis l'âge de quatorze ans, et les femmes, depuis douze, feront abjuration de toutes sortes d'hérésies, et profession de la foi de l'Eglise romaine, et s'obligeront par serment à poursuivre les hérétiques.

13. Tous les adultes se confesseront à leur propre prêtre, et communieront trois fois l'année, savoir, à Noël, à Pâques et à la Pentecôte, si ce n'est que le prêtre juge à propos, pour quelque cause raisonnable, qu'ils s'abstiennent pendant un certain temps de la communion. Si quelqu'un s'en abstient sans l'avis du prêtre, il sera suspect d'hérésie.

14. On défend aux laïques d'avoir les livres de l'Ancien ou du Nouveau Testament, si ce n'est un psautier ou un bréviaire et les heures de la Vierge ; et on ne leur permet pas même d'avoir ces deux derniers livres traduits en langue vulgaire.

Il faut que cette défense soit fondée sur l'abus que l'on faisait alors des livres saints traduits en langue vulgaire, dans ces provinces où il y avait un grand nombre d'hérétiques qui se mêlaient de dogmatiser et d'expliquer l'Ecriture sainte à leur façon.

15. Ceux qui sont suspects d'hérésie ne feront pas la fonction de médecin ; et l'on ne permettra point qu'ils approchent des malades, même après que ceux-ci auront reçu le viatique.

16. Les testaments seront reçus par le curé et à son défaut, par un autre ecclésiastique, en présence de quelques personnes de bonne réputation.

17. Défense aux évêques et aux barons de donner les charges qui dépendent d'eux à des hérétiques, et d'avoir pour domestiques ou pour conseillers des personnes suspectes d'hérésie.

18. On déclare de mauvaise réputation ceux qui sont notoirement diffamés, ou contre lesquels des gens de bien rendent témoignage devant l'évêque du lieu.

19. On maintient les églises et les maisons religieuses dans leurs priviléges ; et l'on ordonne le payement entier des dîmes.

20 et 21. On ne mettra point les clercs à la taille, s'ils ne sont marchands ou mariés. On ne leur imposera point non plus de péages ou de nouveaux droits ; et l'on observera la même chose à l'égard des religieux, des pèlerins et des soldats, pourvu qu'ils ne se mêlent point de marchandises.

22. Ceux qui reçoivent les péages, garderont les chemins, et seront responsables des vols qui se feront entre deux soleils.

23. Défense aux laïques de mettre à la taille les serviteurs des églises ou des ecclésiastiques, s'ils ne tiennent des biens d'eux.

24. Si quelqu'un met en prison un clerc, quand même il n'aurait que la tonsure, on en avertira l'évêque ; et le juge laïque sera obligé de le remettre entre les mains des juges ecclésiastiques. S'il le refuse, il sera dénoncé excommunié, et contraint de le rendre par son seigneur.

25. Les paroissiens, et nommément les maîtres et maîtresses de chaque maison, se rendront à l'église les dimanches et les fêtes chômées : ils y entendront la prédication et l'office divin tout entier, et n'en sortiront qu'après la messe achevée. Si l'un des deux avait une raison légitime de n'y point assister, l'autre au moins sera dans l'obligation d'y venir ; et, si tous les deux y manquaient sans cause d'infirmité ou autre valable, ils payeront chacun douze deniers tournois, dont une partie appartiendra au seigneur du lieu, l'autre au curé et à l'église. On recommande aussi de visiter avec dévotion les églises, le samedi vers l'office de vêpres, en l'honneur de la bienheureuse Vierge Marie.

26. Le concile appelle jours de fête ceux de la Nativité du Seigneur, de saint Etienne, de saint Jean l'Evangéliste, des saints Innocents, de saint Sylvestre, de la Circoncision du Seigneur, de l'Epiphanie, de la Purification, de l'Annonciation, de l'Assomption et de la Nativité de la bienheureuse Vierge Marie, Pâques avec les deux jours suivants, les trois jours des Rogations, l'Ascension, le jour de la Pentecôte avec les deux jours suivants, la Nativité de saint Jean-Baptiste, l'Invention et l'Exaltation de la sainte croix, les jours des douze apôtres, de sainte Marie-Madeleine, de saint Laurent, de saint Martin, de saint Nicolas, la dédicace de saint Michel, celle de chaque église, la fête de chaque saint sous le nom de qui l'église est établie, et tous les dimanches.

Le 27e veut que le dimanche on suive l'ancien usage d'annoncer au peuple à la messe ce qu'il y aurait de jours de fête dans la semaine.

Le 28e et les autres jusqu'au 38e touchent le serment de la paix de Dieu; on oblige d'en jurer l'observation dès l'âge de quatorze ans. Le concile décerne des peines très-sévères contre les infracteurs.

Le 38e renouvelle des défenses déjà portées contre les ligues et les conspirations que l'on revêtait du nom de *confréries*. Les peines y sont proportionnées au rang : cent livres d'amende, monnaie courante, pour un baron; soixante pour un châtelain; quarante pour un simple noble; vingt pour un bourgeois ou un habitant de ville, et cent sous pour un homme de campagne.

Le 39e et les autres jusqu'au 43e peuvent être regardés comme une suite des précautions qu'on y avait à prendre pour entretenir la paix et la religion.

43 et 44. Les juges rendront la justice gratuitement, et ne consulteront dans leurs jugements ni la faveur, ni la passion, ni la crainte. Ils donneront des avocats pour les pauvres.

45. Les curés liront ces règlements quatre fois l'année à leurs paroissiens.

On peut regarder ces décrets du concile de Toulouse comme une extension et un commentaire des dix articles qui composaient le corps des statuts que le roi saint Louis venait de publier au mois d'avril de la même année 1229, sous le nom de *Libertés gallicanes*, comme on peut le voir, des servitudes vantées sous le même nom par les parlementaires français de ces derniers siècles. *Histoire de l'Église gallicane*, liv. XXXI.

TOULOUSE (Concile de), l'an 1319. On n'en a pas les actes.

TOULOUSE (Concile de), l'an 1327. Jean de Comminges, premier archevêque de Toulouse, convoqua ce concile pour le 8 juin, au sujet d'un fait assez singulier, arrivé à Toulouse durant son absence. L'un des consuls de cette ville, nommé d'*Escalquentio*, eut la bizarre dévotion de se faire chanter une messe de mort, et tout le cérémonial des pompes funèbres, le 22 d'avril 1327, dans l'église des frères prêcheurs, lui présent dans une bière, les mains jointes, et quarante torches allumées autour de la bière. La messe et toutes les cérémonies achevées, on porta la bière et le corps, comme pour l'enterrer près du maître-autel. Là finit la scène funèbre. Le mort apparent s'en retourna dans sa maison, où il régala ses collègues. L'archevêque ayant appris à son retour tout ce qui s'était passé, et que le chapitre de sa cathédrale avait assisté à la pompe funèbre, convoqua aussitôt son concile provincial, qui dura trois jours, et décida que l'anticipation de la pompe funèbre n'était qu'une vaine superstition, destituée de tout fondement, et que tous les clercs séculiers ou réguliers qui oseraient y prêter dorénavant leur ministère, seraient excommuniés. Hardouin, t. VIII, *ex chronico ms. Guillelmi Bardini sub anno* 1327.

TOULOUSE (Assemblée ecclésiastique de la province de), l'an 1416, au sujet de certaines délibérations prises dans l'assemblée générale du clergé de cette même année à Paris. Ces délibérations avaient eu pour objet un subside demandé par le roi, l'envoi de trois députés de chaque province au concile de Constance, et le sceau royal à apposer à des lettres royaux depuis longtemps accordés au clergé. L'assemblée de la province de Toulouse proposa ses doutes sur ces diverses questions. *Martène, Thes. anecd. t.* IV.

TOULOUSE (Synode diocésain de), au temps pascal de l'an 1452, par Bernard de Rosergue, archevêque. Les statuts publiés dans ce synode sont renfermés dans soixante-six chapitres.

1. Les curés sont obligés de s'instruire et d'instruire leurs peuples, tous les dimanches et les jours de fêtes, sur les *quatorze* articles de foi, sur les sept sacrements de l'Église, sur les dix commandements de la loi, sur les sept œuvres de miséricorde et sur les sept péchés mortels.

2. On interrogera exactement la personne laïque qui aura baptisé un enfant dans un cas de nécessité ; et si la forme du baptême a été observée, on se gardera bien de le réitérer. On le donnera sous condition, si l'on doute que la forme ait été bien appliquée.

3. Défense aux curés et aux vicaires de faire l'office de parrains sans y être autorisés.

4. Les fonts baptismaux seront décemment couverts d'un linge ou de quelque draperie.

5. Les vases aux saintes huiles ne devront être touchés que par les prêtres ou par quelque autre qui en ait la charge spéciale.

6. Les corporaux, les nappes et les autres linges d'autel devront être lavés au moins deux fois chaque année, savoir, à Pâques et à Noël.

9. Défense à un prêtre de dire plus d'une messe dans un jour, si ce n'est le jour de Noël, ou pour l'enterrement d'une personne notable, lorsque ce prêtre est seul et qu'il est d'ailleurs tenu à dire la messe pour les vivants, ou enfin si l'on est autorisé à dire plus d'une messe à cause que la paroisse est trop étendue.

10. On ne célébrera point la messe avant d'avoir récité matines et prime, excepté le seul jour de Noël.

15. Les maîtres enverront à l'église leurs serviteurs ou domestiques, pour y entendre la messe, au moins une fois le mois.

17. Les curés ou leurs vicaires exhorteront le peuple à se confesser au moins trois fois chaque année, savoir : au commencement du carême, avant la Pentecôte, et au commencement de l'avent.

19. « Comme il y a des cas où l'on doit imposer une pénitence solennelle et publique, savoir : les crimes énormes et publics qui auraient scandalisé tout le voisinage, tels que l'inceste, le sortilége, la mort donnée à des enfants qu'on aurait suffoqués, et d'autres semblables ; les coupables devront se présenter à l'église cathédrale le mercredi des Cendres et le jeudi saint pour recevoir l'ab-

solution, y étant envoyés par leurs curés. »

21. « Les prêtres administreront gratuitement les sacrements, sans rien demander qu'après qu'ils les auront conférés ; encore ne pourront-ils exiger que le droit autorisé par une coutume raisonnable. »

26. « Nous défendons strictement à tous les curés et à leurs vicaires d'enterrer qui que ce soit dans une église sans notre permission spéciale, si ce n'est le curé de l'église même, ou quelque noble personnage. »

35. Aucun clerc dans les ordres, ou en possession d'un bénéfice, ne pourra acheter soit du blé, soit du vin, pour le revendre ou pour en faire commerce.

39. Sont excommuniés par le fait tous ceux qui usurpent ou qui entravent en quelque manière que ce soit la juridiction et la liberté ecclésiastiques.

52. On refusera la communion de l'autel, et après leur mort, la sépulture ecclésiastique aux usuriers qui auront refusé de restituer leurs usures.

57. On supprime l'usage de célébrer dans les églises pendant la nuit de la vigile de la Toussaint (ou des Morts), à cause des danses et des autres désordres dont elle était le prétexte.

59. « Nous voulons que la commémoration générale des morts, qui se célèbre ailleurs dans le courant de chaque année, se célèbre aussi dans ce diocèse, de la manière qu'on a coutume de le faire le lendemain de la Toussaint, savoir, le lendemain aussi des trois octaves de l'Epiphanie, de Pâques et de la Pentecôte. » *Jus sacrum Eccl. Tolosanæ*, t. I.

TOULOUSE (Synode diocésain de), l'an 1531, par Jean d'Orléans, archevêque. Ce prélat y publia vingt et un chapitres de statuts, ou vingt-vingt-un, suivant la division qu'on adoptera.

Dans le 1er, il explique ce qui avait été dit dans ceux de l'an 1452 des quatorze articles à croire et à proposer aux fidèles, et qui se réduisent à sept concernant le mystère de la sainte Trinité et les dogmes de la création, de l'Eglise catholique et de la vie éternelle ; et à sept autres concernant la personne de Jésus-Christ.

Dans le 5e il ordonne qu'il y ait une lampe allumée jour et nuit devant le saint sacrement.

Nous ne nous étendrons pas davantage sur ces statuts, qui répètent en grande partie ceux de l'an 1452. *Les anc. statuts synod. de la cité et diocèse de Tolose* ; *Tolose*, 1597.

TOULOUSE (Concile de), l'an 1590. Le cardinal François de Joyeuse, archevêque de Toulouse, tint ce concile, au mois de mai, avec ses suffragants, et y fit un grand nombre de statuts divisés en quatre parties. La première comprend huit titres : 1, de la profession de foi ; 2, des évêques ; 3, des chapitres ; 4, des curés ; 5, des prêtres et autres clercs ; 6, des prédicateurs ; 7, des vicaires forains ; 8, des religieuses.

La seconde partie contient quinze titres : 1, des sacrements et des choses qui leur appartiennent ; 2, du baptême ; 3, de la confirmation ; 4, de la pénitence et de la confession ; 5, de l'eucharistie et de la sainte communion ; 6, de la célébration des messes ; 7, du sacrement de l'ordre ; 8, du mariage ; 9, de l'extrême-onction ; 10, du soin des morts, de leurs tombeaux et de leurs funérailles ; 11, des reliques et images des saints ; 12, des indulgences ; 13, des viandes défendues et de leurs dispenses ; 14, des jours de fêtes ; 15, des vœux et des pèlerinages.

La troisième partie comprend sept titres : 1, des églises, chapelles, autels et choses semblables ; 2, des oratoires situés sur les chemins ; 3, des écoles et des confréries de la doctrine chrétienne ; 4, des universités et des collèges ; 5, des séminaires ; 6, des hôpitaux et autres lieux pies ; 7, des confraternités ou confréries.

La quatrième partie est composée de seize titres : 1, de l'excommunication ; 2, de la juridiction ecclésiastique et du for judiciaire de l'évêque ; 3, de l'usage et de l'aliénation des biens d'église ; 4, des dîmes et des offrandes ; 5, de la simonie et de la confidence ; 6, de la provision et de la cession des bénéfices ; 7, de la résidence ; 8, de la visite ; 9, du droit de patronage ; 10, de l'inquisition ; 11, des livres défendus ; 12, des hérétiques, magiciens, sorciers, astrologues ; 13, du blasphème ; 14, des usures ; 15, des testaments et legs pieux ; 16, des exempts et privilégiés.

Tous ces statuts ou règlements sont à peu près les mêmes que ceux des autres conciles de la même époque. Il est dit dans le titre des évêques, qu'ils obligeront leurs domestiques à se confesser et à communier souvent, à entendre la messe tous les jours, et que les évêques les communieront de leurs propres mains, au moins les jours de fêtes les plus solennelles. Il est dit, dans le chapitre des chanoines, que ceux qui doivent chanter quelque partie de l'office, porteront l'exactitude et l'uniformité du chant jusqu'à un point et un accent. Il est dit, dans le chapitre des curés, que ceux qui auront seulement cinq prêtres dans leurs paroisses, y feront des conférences deux fois la semaine sur le Catéchisme romain, ou sur les cas de conscience, et qu'ils y inviteront tous les clercs de leurs paroisses. Le chapitre du soin des morts dit qu'on ne portera point de morts en terre pendant la nuit, ni pendant la grand'messe ; qu'on ne les enterrera point dans l'église ; qu'on les gardera vingt-quatre heures avant de les enterrer, et qu'on ne fera point leurs oraisons funèbres sans la permission de l'évêque. Le chapitre des viandes défendues porte que personne ne pourra vendre du fromage, du beurre, des œufs ni de la chair, pendant le carême, sans une permission, par écrit, de l'évêque. Le chapitre des collèges ordonne de commencer et de terminer la classe par une courte prière que l'on récitera à genoux. M. de Maslatrie met deux conciles tenus sous le cardinal de Joyeuse, l'un en 1490, et l'autre en 1590 ; mais c'est une erreur évidente

TOULOUSE (Synode diocésain de), 17 décembre 1596, par le cardinal François de Joyeuse. On y publia sept statuts assez peu importants, si ce n'est le premier, conçu en ces termes : « Afin que chacun curé aye prompte mémoire de tout ce qu'il lui convient faire, leur commandons d'avoir pour le moins les livres suivants, à savoir le concile de Trente, notre concile provincial et les statuts synodaux de feu M. d'Orléans, notre prédécesseur. » *Ibid.*

TOULOUSE (Synode de), 23 avril 1613, par les vicaires généraux, le siège vacant. Ils y firent une ordonnance pour obliger chaque fidèle d'assister aux offices de sa paroisse. *Jus sacr. Eccl. Tolos. t. II.*

TOULOUSE (Synode de), 23 octobre même année, par les mêmes, touchant la résidence des curés et l'habit ecclésiastique. *Ibid.*

TOULOUSE (Synode de), 5 mai 1615, par Philippe de Cospéan, évêque d'Aire et administrateur du diocèse de Toulouse, sur les mêmes objets et quelques autres. *Ibid.*

TOULOUSE (Synode de), 20 octobre de la même année, par Jean Rudèle, vicaire général, sur la propreté des églises et quelques autres objets. *Ibid.*

TOULOUSE (Synode de), 19 avril 1616, par le même, sur l'administration des sacrements et le service divin dans les paroisses. *Ibid.*

TOULOUSE (Synode de), 25 octobre de la même année, par le même. On y rappela aux prêtres habitués l'obligation d'obéir aux curés et à leurs vicaires, et de porter la *marque de recteur*, qui était le chaperon à cette époque. On y fit aussi quelques règlements concernant les marguilliers. *Ibid.*

TOULOUSE (Synode de), 24 octobre 1617, par le même, sur le service des obits, et quelques autres obligations des curés et des clercs en général. *Ibid.*

TOULOUSE (Synode de), 8 mai 1618, par le même, sur les mêmes objets. *Ibid.*

TOULOUSE (Synode de), 23 octobre de la même année, par le même, touchant la célébration des messes votives. *Ibid.*

TOULOUSE (Synode de), 16 avril 1619, par le même, touchant la communion pascale et quelques autres objets. *Ibid.*

TOULOUSE (Synode de), 22 octobre de la même année, par le même, sur le soin que les curés doivent avoir des pauvres, et sur les annonces qu'ils ont à faire à la messe. *Ibid.*

TOULOUSE (Synode de), 5 mai 1620, par le même, sur le prône et sur la clôture des cimetières et sur les quêtes. *Ibid.*

TOULOUSE (Synode de), 2 mai 1623, par de Claret, vicaire général, pour obliger les marguilliers à remettre aux curés, quand ils en sont requis par eux, les ornements nécessaires au service divin. *Ibid.*

TOULOUSE (Synode de), 11 juillet 1628, par Charles de Montchal, archevêque, touchant la discipline ecclésiastique. *Ibid.*

TOULOUSE (Synode de), 6 mai 1631, par le même, qui y fit défense de donner l'encens aux laïques et notamment aux femmes. *Ibid.*

TOULOUSE (Synode de), 12 avril 1644, par le même, sur l'obligation imposée aux curés de dire la messe pour chacun de leurs confrères décédés. *Ibid.*

TOULOUSE (Synode de), 29 avril 1659, par Pierre de Marca, archevêque de Toulouse, devenu plus tard archevêque de Paris. L'illustre prélat y fit une ordonnance contre les ecclésiastiques qui vont en habit indécent, et hantent les cabarets. *Ibid.*

TOULOUSE (Synode de), 26 avril 1667, par Charles d'Anglure de Bourlemont, archevêque, qui y renouvela en général les ordonnances de ses prédécesseurs, et quelques-unes même en particulier. *Ibid.*

TOULOUSE (Synode de), 4 mai 1677, par Joseph de Montpezat de Carbon, archevêque. Ce prélat y renouvela les ordonnances de ses prédécesseurs en les modifiant sur quelques points, et en publia lui-même de nouvelles sur tout l'ensemble de la discipline ecclésiastique. *Ordonn. de Mgr. l'illustr. et révérendiss. père en Dieu Jos. de Montp. de Carbon.*

TOURNAY (Synode de), *Tornacena*, l'an 520. Saint Eleuthère, évêque de Tournay, assembla ce synode pour guérir de leur erreur, ou pour anathématiser, d'après les ordres du pontife romain, plusieurs hérétiques de son diocèse, imbus d'opinions déjà condamnées dans les personnes d'Eutychès, de Photin, d'Arius et de Sabellius. Le savant éditeur des Conciles de Germanie nous a conservé le discours que le saint évêque prononça dans cette occasion sur le dogme de la Trinité et sur la divinité de Notre-Seigneur.

TOURNAY (Synode de), l'an 1090, par Rabbod, deuxième du nom, évêque de Tournay et de Noyon. L'évêque, de concert avec le prévôt de l'église de Lille, y accorda aux chanoines de Saint-Pierre de Lille le droit de desservir l'autel de Werwike. *Conc. Germ. t. X.*

TOURNAY (Synode de), l'an 1135, par Simon, dernier évêque des sièges réunis de Tournay et de Noyon. Ce prélat y obligea par serment les chanoines de Tournay à garder personnellement la résidence. *Ibid.*

TOURNAY (Synode de), l'an 1416, sous l'évêque Jean de Thoysi. *Summa Stat. syn. Torn. Eccl.*

TOURNAY (Synode de), l'an 1445. Jean Chevrot, évêque de Tournay, y renouvela les statuts de ses prédécesseurs.

TOURNAY (Synode diocésain de), l'an 1481. L'évêque Ferry de Cluny y publia des statuts distribués en treize chapitres, dont voici les plus remarquables. On ne bénira point après leurs couches les femmes de mauvaise vie, sans l'autorisation du doyen du district. Défense de dire deux messes en un même jour, si ce n'est dans les cas où le permet l'Église. Défense à un prêtre de gouverner deux paroisses à la fois, ou de quitter sa paroisse pour en prendre une autre. *Conc. Germ. t. V.*

TOURNAY (Synode de), l'an 1509. Charles du Haut-Bois, évêque de Tournay, y renouvela les statuts de ses prédécesseurs. *Le Groux, Coll. Stat. syn. Torn.*

TOURNAY (Synode de), l'an 1520. Louis Guillard, évêque de Tournay, y publia des statuts synodaux, qu'il divisa en dix-sept chapitres. On y déclare qu'un père ou une mère ne contracte aucun empêchement d'affinité spirituelle, pour avoir baptisé son enfant dans un cas de nécessité ; que les enfants qui ont atteint leur douzième année sont obligés de se confesser avant de recevoir la confirmation ; que les vases sacrés doivent être d'or, d'argent ou d'étain ; qu'il ne faut dire la messe qu'après avoir récité les heures canoniques au moins jusqu'à tierce ; que les curés doivent s'informer de la croyance de leurs paroissiens et des superstitions qu'ils pourraient pratiquer, soit pour opérer des guérisons, soit pour retrouver des objets perdus. *Summa Stat. syn. diœc. Torn.*

TOURNAY (Synode de), l'an 1574. Guilbert d'Ongnies, évêque de Tournay, publia dans ce synode des statuts divisés en vingt chapitres, sur les sacrements, les fêtes, les jeûnes, la vie des clercs, les monastères, les immunités ecclésiastiques, les excommunications, les testaments, les sacristains et les maîtres d'école, les curés et les doyens, et les règles à observer dans les synodes. *Ibid.*

TOURNAY (Synode de), l'an 1589. L'évêque Jean de Vendeuil y publia de nouveaux statuts en vingt-trois chapitres, dont la plupart sont une répétition des statuts précédents ; il y est question aussi des usuriers.

TOURNAY (Synode de), l'an 1600. L'évêque Michel Desne y publia vingt-quatre chapitres de statuts synodaux, ce sont, à peu de différences près, les mêmes que les précédents.

TOURNAY (Synode de), l'an 1643, sous Maximilien Villani de Gand, qui publia, sous vingt titres principaux, un nouveau corps de statuts pour le maintien de la discipline dans son diocèse.

TOURNAY (Synodes de), l'an 1648 et 1649, sous le même prélat.

TOURNAY (Synode de), l'an 1660, par le même. Il y est ordonné aux curés de célébrer l'office de vêpres après midi, au lieu de le faire immédiatement à la suite de la messe, comme on s'y était cru autorisé par le malheur des temps.

TOURNAY (Synode de), l'an 1661, par le même. La tenue des registres de baptêmes et de mariages, l'enseignement du catéchisme, sont fortement recommandés à tous les curés. Il est fait défense de présenter l'eau bénite ou le baiser de paix aux seigneurs temporels ou à leurs épouses, avant de le faire au sacristain habillé en clerc, et qui représente le clergé dans cette circonstance. *Stat. syn. diœc. Torn.*

TOURNAY (Synode de), l'an 1663, par François Villani de Gand, sur la discipline et les mœurs, sur les rapports des réguliers avec les curés. *Conc. Germ. t. X.*

TOURNAY (Synode de), l'an 1664, par le même. Ce prélat y ordonna de célébrer uniformément dans tout son diocèse l'anniversaire de la dédicace de sa cathédrale. *Conc. Germ. t. X.*

TOURNAY (Synode de), l'an 1665, par le même. Il y fut enjoint à tous les curés d'assister par eux-mêmes aux mariages de leurs paroissiens. *Ibid.*

TOURNAY (Synode de), l'an 1673, par Gilbert de Choiseul du Plessy-Praslin. Le prélat y fit défense aux laïques d'approcher de l'autel, et aux femmes de venir prier dans le chœur. *Ibid.*

TOURNAY (Synode de), l'an 1677, par le même. On y déclara nuls les mariages faits *en fraude* dans un pays étranger, pour éviter la présence du propre prêtre ; et on y défendit aux ecclésiastiques de faire ou d'exécuter les testaments des laïques. *Ibid.*

TOURNAY (Synode de), l'an 1678, par le même. On y réduisit à six sous le droit des curés pour la publication des bans de mariage. *Ibid.*

TOURNAY (Synode de), l'an 1679, par le même. On y déclara nuls, contrairement à la prescription du concile de Trente, les mariages contractés contre le gré formel des parents. Un statut de cette espèce est nul par cela même. *Ibid.*

TOURNAY (Synode de), l'an 1680, par le même. On y défendit tout autre catéchisme que celui ordonné par l'évêque, et l'on y ordonna aux prêtres, sous des peines spéciales, de porter la soutane et le manteau noir. *Ibid.*

TOURNAY (Synode de), l'an 1681, par le même. On y ordonna la recherche chez les libraires des livres hérétiques ou scandaleux. *Ibid.*

TOURNAY (Synode de), l'an 1682, par le même, sur les cérémonies et les vêtements ecclésiastiques. *Manuel de l'hist. des conc.*

TOURNAY (Synode de), l'an 1683, par le même. On y ordonna aux curés de s'accorder entre eux pour les processions. *Ibid.*

TOURNAY (Synode de), l'an 1688, par le même. L'évêque y supprima les troisièmes fêtes de Pâques et de la Pentecôte, les fêtes de Sainte-Madeleine, de Saint-Martin, de Sainte-Catherine, de Saint-Nicolas, des Saints Innocents, de l'Exaltation de la sainte croix, et transféra au dimanche la fête de Saint-Laurent. *Ibid.*

TOURNUS (Concile de), *Trenorchianum seu Tornusianum*, l'an 944. Pierre de Saint-Julien raconte, dans ses *Origines de Tournus*, qu'en 944 le duc Gisalbert assembla un concile dans le monastère, que les archevêques de Lyon et de Besançon y assistèrent avec cinq évêques, et qu'ils décidèrent unanimement que l'on enverrait à Saint-Portien en Auvergne pour redemander les reliques qui y avaient été transportées trois ans auparavant à l'occasion d'un différend entre les moines et le duc, qui voulait leur donner un abbé indigne de l'être. Il ajoute qu'après le retour de ces reliques les calamités dont le monastère avait été affligé dans leur absence cessèrent. *D. Ceillier, t. XXII.*

TOURNUS (1er concile de), l'an 949, pour rappeler les moines de Saint-Philibert, qui s'étaient retirés en Auvergne avec les reliques de leur saint patron. *Rituel du dioc. d'Autun*, 1833.

TOURNUS (2e concile de), l'an 1115. Gui,

archevêque de Vienne, légat, et depuis pape sous le nom de Calliste II, tint ce concile le 15 août, et y décida en faveur des chanoines de Saint-Jean de Besançon, la contestation sur l'église matrice, que les chanoines de Saint-Étienne de la même ville leur disputaient. Le pape Pascal II n'approuva pas ce jugement, et fit assembler un nouveau concile sur le même sujet, que le même légat tint la même année à Dijon. Ce concile ne termina pas la contestation; elle ne le fut que l'an 1253. *Ibid.*

TOURNUS (Concile de), l'an 1117, en faveur de l'église de Saint-Étienne de Dijon. *Labb.* X.

TOURS (Concile de), *Turonense*, l'an 375, pour l'ordination de l'évêque saint Martin. *Conc. Galliæ*, édit. de 1789.

TOURS (Concile dit 1er de), l'an 461. L'occasion de ce concile, qui se tint à Tours le 18 de novembre 461, fut la solennité de Saint-Martin. Les évêques s'y trouvèrent au nombre de neuf, savoir, Sainte-Perpétue de Tours, Sainte-Victoire du Mans, Léon de Bourges, Eusèbe de Nantes, Amandin de Châlons-sur-Marne, Germain de Rouen, Athénius de Rennes, Mansuet, évêque des Bretons, et Vénérand, dont on sait seulement qu'étant aveugle, il signa les décrets du concile par les mains de Jucondin, son prêtre. Ces décrets sont au nombre de treize.

Le 1er est une exhortation aux prêtres et aux ministres de l'Eglise de vivre dans la sainteté et la pureté de corps et d'esprit que demandent leur dignité et les fonctions sacrées. « Si la continence, y est-il dit, est commandée aux laïques, afin qu'ils puissent vaquer à l'oraison, et se faire exaucer de Dieu, combien l'est-elle plus aux prêtres et aux diacres, qui doivent en tout temps, être prêts ou à offrir le sacrifice ou à baptiser, s'il en est besoin. »

Le 2e modère la rigueur des anciens canons, selon lesquels les prêtres et les lévites qui avaient encore commerce avec leurs femmes, étaient retranchés de la communion. Il se contente de leur interdire leurs fonctions, et de les exclure des ordres supérieurs. Il les exhorte, et en général tous les ecclésiastiques, à éviter l'ivrognerie, qu'il appelle *le foyer de tous les vices*; et il ordonne à l'évêque de punir, selon son gré, un clerc qui s'enivrerait.

Le mot de *lévites*, employé dans ce canon, peut signifier tous les ministres de l'autel, c'est-à-dire non-seulement les diacres, mais encore les sous-diacres. Saint Léon comprenait les sous-diacres au nombre des ministres de l'autel obligés à la continence.

Le 3e défend aux clercs la fréquentation des femmes étrangères, comme des sources d'incontinence, et les prive de la communion, si, après avoir été avertis par l'évêque, ils ne se corrigent pas.

Le 4e réduit au rang des portiers les clercs inférieurs, à qui le mariage est permis, s'ils épousent des veuves.

Le 5e excommunie les clercs qui abandonnent leur ministère pour embrasser la milice ou pour vivre en laïques.

Le 6e soumet à la même peine ceux qui abandonnent la profession religieuse, ou qui épousent des vierges consacrées à Dieu, jusqu'à ce qu'ils fassent pénitence, et se retirent du précipice où le démon les a jetés.

Le 7e défend d'avoir aucune communication avec les homicides, jusqu'à ce qu'ils aient effacé leur crime par la pénitence.

Le 8e défend de manger avec ceux qui, après avoir reçu la pénitence, en abandonnaient les exercices pour se livrer de nouveau aux plaisirs du siècle, particulièrement à ceux que l'on défendait aux pénitents.

Le 9e prive de la communion de leurs confrères les évêques qui s'attribueraient des peuples ou des ecclésiastiques d'un autre diocèse.

Le 10e et le 11e sont sur la même matière. Ils séparent de la communion de l'Eglise les clercs qui quittaient leur évêque pour se donner à un autre, et veulent que, s'ils sont élevés à un degré supérieur par cet évêque étranger, leur ordination soit nulle, à moins que leur évêque légitime n'y donne son consentement.

Le 12e défend aux clercs d'aller en voyage hors de leur diocèse sans avoir des lettres de recommandation de leur évêque.

Le 13e permet aux clercs quelque trafic, pourvu qu'ils l'exercent sans usure, puisqu'elle est défendue par les commandements de Dieu.

Thalasius, évêque d'Angers, à qui ces décrets furent envoyés, les souscrivit en ces termes : « THALASIUS, pécheur: J'ai lu, souscrit et approuvé dans ma petite ville ces règlements de messeigneurs les évêques, qui me les ont envoyés. »

Thalasius est le premier évêque des Gaules qui ait ajouté à son nom la qualité de *pécheur* dans les souscriptions des conciles. Cet usage devint dans la suite fort fréquent. *Anal. des Conc.*

TOURS (Concile de), l'an 482, sur la discipline. *Masl.*

TOURS (Concile de), l'an 566 ou 567. Saint Euphrone de Tours assembla ce concile le 17 de novembre dans l'église de Saint-Martin, et y présida. Huit autres évêques y assistèrent, savoir, saint Prétextat de Rouen, saint Germain de Paris, saint Félix de Nantes, saint Chalétric de Chartres, Domitien d'Angers, Victure de Rennes, saint Domnole du Mans et Leudebaude de Séez. Le P. Pagi, parlant de ce concile, dit que Victure est honoré comme saint à Rennes. Cet évêque n'est cependant pas dans le calendrier des saints de ce diocèse, donné par le P. Lobineau. Ce fut à ce concile que sainte Radegonde écrivit pour obtenir la confirmation du monastère qu'elle avait établi à Poitiers, et de la règle qu'elle y faisait observer. Les évêques, qui ne s'étaient assemblés que pour le maintien de la discipline, firent sur ce sujet vingt-sept canons.

Le 1er veut qu'on tienne le concile provincial deux fois par an, ou du moins une fois, sous peine d'excommunication contre les évêques qui, étant mandés, refuseront d'y venir, même sous prétexte de leur utilité propre ou d'une défense du roi.

Le 2ᵉ dit que les évêques qui ont des différends entre eux choisiront des prêtres pour arbitres, et se soumettront à leur décision, sous peine d'être mis en pénitence par le concile suivant.

Le 3ᵉ est conçu en ces termes : *Ut corpus Christi in altari non imaginario ordine, sed crucis titulo componatur.*

On explique diversement ce canon. Les uns veulent que le concile déclare qu'on ne doit point mettre le corps de Notre-Seigneur Jésus-Christ sur l'autel au rang des images, mais sous la croix, comme cela se pratique encore aujourd'hui. Selon d'autres, ces paroles signifient qu'on ne doit point placer sur l'autel le corps de Jésus-Christ dans un arrangement arbitraire et selon la fantaisie du prêtre qui célèbre le sacrifice de la messe, mais en forme de croix, comme il avait déjà été ordonné dans d'autres conciles, et comme on le voit dans les anciens ordres. Cette seconde interprétation est plus conforme à la discipline de ce temps-là, où l'on offrait à chaque fois, et l'on mettait sur l'autel les pains qui devaient être consacrés pour la communion du peuple. Ce canon doit donc s'entendre de la manière de ranger sur l'autel ces pains ou ces hosties ; en sorte que, par leur arrangement, elles formassent une croix.

Le 4ᵉ défend aux laïques de se tenir avec les clercs près de l'autel, pendant la messe et pendant les vigiles, c'est-à-dire pendant les matines. « La partie supérieure de l'église, séparée par une balustrade, ne doit être ouverte qu'aux chœurs des clercs qui psalmodient. Cependant, ajoute le canon, le sanctuaire sera ouvert aux laïques, et même aux femmes, pour prier (en particulier) et pour recevoir la communion. »

Ce canon nous offre plusieurs choses dignes de remarque. La première est que la partie supérieure de l'église, séparée par une balustrade et destinée aux clercs, a été nommée *le chœur*, à cause des *bandes* ou des *chœurs* des clercs qui y psalmodiaient. La seconde est que nos sanctuaires ont été nommés ainsi du *sancta sanctorum*, c'est-à-dire *sanctissima*, de l'ancienne loi, où le tabernacle de Moïse était divisé en deux parties, dont la première se nommait *sancta* ; et la seconde, qui était séparée de la première par le voile, était appelée *sancta sanctorum*. La troisième chose à remarquer dans ce canon est la différence qui régnait entre l'Église gallicane et l'Église romaine, par rapport à la communion des laïques. L'usage de l'Église gallicane était que les hommes et les femmes allassent recevoir la communion dans le sanctuaire ; mais selon la discipline de l'Église romaine, marquée dans l'ordre romain, les évêques qui avaient assisté le pape à la messe parcouraient l'église, communiant hommes et femmes, chacun à sa place.

Le 5ᵉ. « Chaque ville nourrira ses pauvres. Les prêtres de la campagne et les habitants nourriront aussi les leurs, afin d'empêcher les mendiants vagabonds de courir les villes et les provinces. »

Le 6ᵉ. « Il ne sera permis qu'aux évêques de donner des lettres de communion ou de recommandation. »

Le 7ᵉ défend aux évêques de déposer un archiprêtre, ou un abbé, sans le consentement des prêtres de leur clergé, ou des abbés du diocèse.

Le 8ᵉ. « Défense à un évêque, sous peine d'excommunication, de communiquer avec celui qu'il saura avoir été excommunié par un autre évêque. »

Le 9ᵉ. « Défense d'ordonner dans l'Armorique un évêque breton ou romain, c'est-à-dire gaulois, sans le consentement du métropolitain ou des comprovinciaux. »

Ce canon fait juger que les Bretons, qui composaient une nation particulière dans l'Armorique, tâchaient dès lors de se soustraire à la juridiction de l'évêque de Tours, leur métropolitain.

Les 10ᵉ et 11ᵉ. « Défense, sous peine d'excommunication, aux évêques, aux prêtres, aux diacres, aux sous-diacres, d'avoir chez eux, sous quelque prétexte que ce soit, même pour conduire leur maison, des femmes étrangères, des veuves ou des vierges consacrées à Dieu. » Il n'y a que la mère et la fille qui soient exceptées. On ordonne aux évêques de tenir la main à ce règlement, et de se soutenir les uns les autres.

« Puisqu'il nous est ordonné, disent les Pères de ce concile, de travailler de nos mains pour nous nourrir et nous vêtir, pourquoi enfermer dans notre maison un serpent, sous prétexte que nous en avons besoin pour travailler à nos vêtements ? »

Le 12ᵉ. « L'évêque qui est marié doit vivre avec sa femme comme avec sa sœur ; et, quoique ses clercs, pour être témoins de sa chasteté, doivent toujours être présents avec lui, tant dans sa chambre qu'ailleurs ; cependant, afin d'éviter tout soupçon, il sera séparé d'habitation avec sa femme. »

Le 13ᵉ. « Si l'évêque n'est pas marié, il ne doit point avoir de femmes dans sa maison ; et, s'il en a, il sera permis aux clercs de les en éloigner. »

La femme d'un évêque est nommée, dans ce canon, *episcopa*.

Le 14ᵉ. « Les prêtres et les moines coucheront toujours seuls ; et les moines coucheront dans un dortoir commun, sous l'inspection, soit de l'abbé, soit du prévôt, où quelques-uns veilleront et feront la lecture, tandis que les autres prendront du repos. »

Le 15ᵉ. « On veillera à ce que les moines ne courent pas hors du monastère, et n'aient pas de familiarité avec les femmes. Si un moine ose se marier, il sera excommunié ; et l'on emploiera, pour le séparer de sa femme, l'autorité du juge laïque, qui sera obligé de prêter main forte, sous peine d'excommunication. »

Le 16ᵉ. « Qu'on ne permette à aucune

femme d'entrer dans l'enceinte des monastères. L'abbé et le prévôt qui seraient négligents en ce point, seront excommuniés. »

Le 17e règle les jeûnes des moines de la manière suivante : « Depuis Pâques jusqu'à la Quinquagésime, c'est-à-dire la Pentecôte, ils ne jeûneront que les jours des Rogations; mais ils jeûneront la semaine entière qui suit la Pentecôte, et ensuite trois jours de la semaine, le jeudi, le mercredi et le vendredi, jusqu'au mois d'août. Ils ne jeûneront pas dans le mois d'août, parce qu'il y a tous les jours quelque fête de saint. En septembre, octobre et novembre, ils jeûneront trois jours la semaine; et, depuis le premier de décembre jusqu'à Noël, tous les jours. Depuis Noël jusqu'à l'Epiphanie, ils ne jeûneront pas, à cause du grand nombre de fêtes, à l'exception des trois premiers jours de janvier, dans lesquels, pour abolir les superstitions que les païens faisaient ces jours-là, nos pères, dit le concile, ont ordonné qu'on récitât en particulier les litanies, qu'on psalmodiât dans les églises, et que le jour de la Circoncision, on célébrât la messe à la huitième heure, c'est-à-dire à deux heures après midi. Depuis l'Epiphanie jusqu'au carême, ils jeûneront trois fois la semaine. »

Ces règlements pour les jeûnes des moines sont tout à fait différents de ce qui est ordonné là-dessus par la règle de saint Benoît; ce qui prouve que cette règle n'était pas encore reçue dans les monastères des provinces des évêques du concile de Tours.

Le 18e règle l'ordre de la psalmodie. « Par respect pour saint Martin et pour l'honneur de son culte, voici, disent les Pères du concile, l'ordre de la psalmodie que nous ordonnons qu'on observe, tant dans la basilique de ce saint que dans nos églises. Tous les jours de fête on dira à matines, c'est-à-dire à l'office de la nuit, six antiennes avec deux psaumes pour chacune. Pendant tout le mois d'août, on se lèvera de grand matin, parce qu'il y a des fêtes et des messes des saints. (La raison de se lever matin était que ce mois était rempli d'offices de saints, dont on disait la messe de bonne heure, afin que le peuple pût ensuite travailler à la moisson.) Au mois de septembre, on dira sept antiennes avec deux psaumes pour chacune : au mois d'octobre, huit antiennes, à trois psaumes chacune, c'est-à-dire vingt-quatre psaumes ; en novembre, vingt-sept; en décembre, trente, avec dix antiennes, et de même en janvier et février, et jusqu'à Pâques. On fera en sorte de ne jamais dire moins de douze psaumes à matines ; car les Pères, dit le concile, ont ordonné de dire six psaumes à sexte, et douze à la douzième heure, c'est-à-dire à vêpres; ce qu'ils ont appris par la révélation d'un ange. Pourquoi donc ne dirait-on pas au moins douze psaumes à matines ? Celui qui aura manqué de le faire jeûnera ce jour-là au pain et à l'eau; et, s'il a omis de jeûner, il jeûnera une semaine entière au pain et à l'eau. »

Aimoin nous apprend (lib. III, cap. 81), que l'ordre de la psalmodie, observé à Saint-Martin de Tours, avait été établi par saint Avite, au monastère de Saint-Maurice, et par saint Germain, dans celui de Saint-Vincent; que le roi Gontran l'introduisit ensuite dans le monastère de Saint-Marcel, et le roi Dagobert dans celui de Saint-Denis.

Le concile fait ici allusion à ce que rapporte Cassien, livre II, chapitre 4, des *Institutions monastiques*, savoir « que les solitaires de l'Egypte et de la Thébaïde récitaient douze psaumes à vêpres, et douze à l'office de la nuit, comme un ange les avait avertis de faire. »

Le 19e. « Les archiprêtres, étant à la campagne, auront toujours un clerc qui couche dans leur chambre, et qui les accompagne partout, pour être témoin de leur chasteté. Pour les prêtres, les diacres et les sous-diacres qui sont mariés, il suffira qu'ils ne couchent pas dans la même chambre que leurs femmes, et que celles-ci soient toujours accompagnées de leurs esclaves. Les archiprêtres qui ne veilleront pas sur la chasteté des jeunes clercs qui leur sont soumis, seront renfermés par l'évêque, pour jeûner au pain et à l'eau. »

On voit par toutes ces précautions combien l'Eglise avait à cœur que la réputation de ses ministres fût hors de tout soupçon.

Le 20e défend aux religieuses de se marier, soit qu'elles aient reçu le voile de la main de l'évêque, ou seulement changé d'habit.

Les veuves qui faisaient profession de garder la viduité, avaient un habit particulier. Vincent de Lérins nous apprend qu'il était noir.

Le 21e renouvelle les anciens décrets à l'égard des degrés où il n'est pas permis de se marier entre parents. Il cite le 18e chapitre du Lévitique, les canons du premier concile d'Orléans, de celui d'Epaone et de celui de Clermont.

Le 22e ordonne aux pasteurs et aux prêtres de chasser de l'église les chrétiens qui, par un reste de superstition païenne, célébraient le premier jour de janvier en l'honneur de Janus; qui, à la fête de la Chaire de saint Pierre, offraient des viandes aux mânes des morts, et qui revenant chez eux après la messe, mangeaient de ces viandes consacrées aux démons; qui honoraient des pierres, des arbres ou des fontaines.

Les païens célébraient en l'honneur des morts une fête qu'ils appelaient *Feralia* ; elle commençait le 20 du mois de février, et durait jusqu'à la fin. Le 22 du même mois, ils célébraient une autre fête aussi en l'honneur des morts, qu'ils appelaient *Caristia* ou *cara Cognatio*, et portaient des viandes sur les tombeaux, persuadés que les mânes venaient s'en nourrir. Enfin ils faisaient aussi, dans le même mois et vers le même temps, la fête du dieu *Terme* ou *Terminus*, nommée *Terminalia*; ce qui fait croire que le culte superstitieux que condamne le canon en disant qu'il y en a qui honorent, « je ne sais quelles pierres, » doit s'entendre de l'honneur qu'on rendait aux bornes des champs. La fête de la Chaire de saint Pierre dont parle ce canon fut donc instituée le 22 février, pour détourner les fidèles des superstitions qui se pratiquaient ces jours-là; et, pour réussir plus sûrement à les éloigner des festins superstitieux que les païens faisaient aux morts, on leur permit de faire ce jour-là des agapes en l'honneur de saint Pierre, d'où vient que cette fête fut appelée *festum epularum sancti Petri*, « le banquet de saint Pierre. » La fête de saint Pierre-aux-Liens fut ainsi placée le premier jour d'août, pour détourner les chrétiens des superstitions païennes qui se faisaient au commencement de ce mois.

Le 23e permet, qu'outre les hymnes de saint Ambroise, qui étaient reçues dans l'office, on en récite encore quelques autres qui paraissent dignes d'être chantées, pourvu cependant que le nom de l'auteur soit marqué au commencement.

Le 24e et le 25e contiennent des imprécations tirées principalement du psaume CVIII, contre ceux qui prennent ou qui retiennent les biens de l'Eglise.

Le 26e porte qu'on ait à excommunier les juges et les seigneurs qui oppriment les pauvres, malgré la remontrance des évêques.

Le 27e et dernier traite non-seulement de sacrilèges, mais encore d'hérétiques, les évêques qui prennent de l'argent pour les ordinations, sur quoi l'on cite le *Traité des dogmes ecclésiastiques*, pour montrer que la simonie est une hérésie.

Le P. Sirmond nous a donné une lettre qu'il croit avoir été écrite depuis le second concile de Tours par les évêques qui y avaient assisté. Ce n'est qu'une exhortation au peuple pour le porter à détourner par la pratique des bonnes œuvres, les calamités dont on était menacé; à ne point célébrer de mariages, jusqu'après ces calamités; à rompre les conjonctions incestueuses; à payer la dîme de tous leurs biens, même des serfs, et pour ceux qui n'ont point de serfs, de payer le tiers d'un sou d'or pour chacun de leurs enfants, et de se réconcilier avec leurs ennemis : cette lettre est souscrite de quatre évêques qui s'étaient trouvés à ce concile; mais on ne sait si elle fut le fruit de cette assemblée, ou si elle fut écrite quelque temps après, comme l'inscription semble le dire. Nous en avons une autre qui est une réponse à celle que sainte Radegonde avait écrite à ce second concile de Tours pour lui demander la confirmation de l'établissement qu'elle avait fait à Poitiers pour des filles, et de la règle qu'elle leur faisait observer. Cette réponse n'est signée que de sept évêques, quoiqu'ils fussent neuf en tout. Ils y accordent à cette princesse ce qu'elle leur avait demandé; et insistant sur l'article de la règle de saint Césaire, qui regarde la clôture des religieuses, ils défendent à toutes celles qui s'étaient consacrées à Dieu dans le monastère de Poitiers, d'en sortir sous peine d'excommunication, les déclarant adul-

tères et excommuniées, elles et leurs maris, en cas qu'elles vinssent à se marier après avoir quitté leur premier état. Ils obligent leurs successeurs à maintenir cette discipline, sous peine de leur en répondre au jour du jugement. *Hist. de l'Egl. gallic.*

TOURS (Concile de), l'an 796. *Voy* GAULES, même année.

TOURS (Assemblée mixte de), l'an 800. Charlemagne y partagea ses Etats entre ses trois fils, Charles, Pepin et Louis.

TOURS (Concile de), l'an 813. On ne sait ni le mois, ni le jour de la tenue de ce concile, ni qui en fut le président : ce fut sans doute l'archevêque de cette ville. Plusieurs évêques y assistèrent avec des abbés et le clergé; les canons de ce concile sont au nombre de cinquante et un.

1. « On exhorte les peuples à être fidèles à l'empereur Charlemagne, et à prier Dieu continuellement pour sa conservation. »

2. « Les évêques doivent, autant qu'ils le peuvent, savoir par cœur l'Evangile et les Epîtres de saint Paul, et lire souvent les ouvrages des saints Pères qui les expliquent. »

3. « Il n'est pas permis à un évêque d'ignorer les canons et le Pastoral de saint Grégoire, qui doivent être pour eux comme un miroir dans lequel ils doivent se mirer continuellement. »

4. « L'évêque doit instruire son peuple par la prédication, et l'édifier par ses exemples. »

5, 6, 7 et 8. « La table de l'évêque doit être sobre : on y doit faire une lecture sainte, y recevoir les pauvres et les pèlerins. La chasse, la musique et les autres divertissements profanes sont interdits aux évêques. »

9. « Les prêtres et les diacres doivent imiter les bons exemples de leurs évêques, puisqu'ils ont les mêmes devoirs à remplir. »

10 et 11. « L'évêque doit, comme un fidèle économe, administrer avec soin les biens de l'église. Il lui est permis de tirer du trésor de l'église, en présence des prêtres ou des diacres, ce qui est nécessaire pour l'entretien de la famille et des pauvres de cette église. »

Il paraît, par ce canon, que les revenus des biens de l'église étaient mis dans un trésor commun, dont l'évêque, qui en était le dispensateur, ne devait rien tirer qu'en présence des prêtres et des diacres.

12. « On n'ordonnera aucun prêtre qu'il n'ait trente ans, et qu'il n'ait demeuré auparavant à l'évêché, jusqu'à ce qu'il soit instruit de ses fonctions, et qu'on se soit assuré de la régularité de ses mœurs. » On voit ici une image des séminaires établis longtemps après.

13. « On ne permettra pas à un prêtre d'un autre diocèse de dire la messe, à moins qu'il n'ait des lettres de recommandation. » C'étaient des *lettres formées*, dont l'usage subsistait encore.

14. « Si un prêtre passe d'un moindre titre à un plus grand, il sera frappé de la même

sentence qu'on lancerait contre un évêque qui passerait d'un petit siége à un plus grand. »

15. « Tout prêtre qui aura eu son église pour de l'argent en faisant chasser celui qui la possédait, sera déposé. Aucun clerc ni laïque ne pourra donner une église à desservir à quelque prêtre que ce soit, sans la permission de l'évêque. »

16. « Les dîmes de chaque église seront employées par les prêtres, de l'avis de l'évêque, pour les besoins des pauvres et pour ceux de l'église. »

17. « Chaque évêque aura pour l'instruction de son peuple des homélies; et, afin qu'on les entende, il les fera traduire en langue tudesque, ou en langue romaine rustique. » Ce qu'on nommait la langue romaine rustique, ou le roman, était un latin corrompu, d'où s'est formé insensiblement notre français.

18. « Les évêques auront grand soin d'instruire les prêtres des choses qui regardent le sacrement de baptême. »

19. « Il faut avertir les prêtres que, quand ils auront dit la messe et communié, ils ne donnent pas indifféremment le corps du Seigneur aux enfants et aux autres personnes qui sont présentes, de peur que, s'il s'en trouvait qui fussent chargés de crimes, l'eucharistie, au lieu de leur être un remède, ne leur attirât la condamnation. »

Ce canon fait voir que la plupart de ceux qui assistaient à la messe y communiaient encore, et qu'on observait aussi l'ancien usage de distribuer aux enfants ce qui restait de l'eucharistie, après la communion générale. Cet usage fut défendu par ce canon. Cependant on donnait encore l'eucharistie aux enfants dans le douzième siècle; et Odon, évêque de Paris, défendit dans un synode de l'an 1175, de donner aux enfants des hosties, quand même elles ne seraient point consacrées.

20. « Les prêtres serreront le saint chrême sous la clef, en sorte que personne n'en puisse prendre, parce que plusieurs croient que les criminels qui s'en sont frottés, ou qui en ont bu, ne sauraient être découverts. »

21. « Les prêtres n'entreront point dans les cabarets pour y manger ou pour y boire, sous peine d'être frappés d'une sentence canonique. »

22. « Pour observer l'uniformité dans l'administration de la pénitence, les évêques conviendront à leur première assemblée dans le palais, de quel livre pénitentiel des anciens ils se serviront à l'avenir pour régler les pénitences. »

23. « Les clercs et les chanoines qui sont dans l'évêché demeureront tous dans un cloître, coucheront dans un même dortoir, et mangeront dans un même réfectoire, afin qu'ils se rendent plus aisément à l'office. L'évêque doit leur fournir le vivre et le vêtir, selon ses facultés. » Ce qui montre que les chanoines vivaient alors en communauté, sous les yeux de leur évêque.

24. « Il en sera de même des chanoines qui vivent dans des monastères, sous la conduite des abbés. »

25. « On réformera les monastères qui se sont relâchés de la rigueur de leur règle, et dont les abbés vivent plutôt en chanoines qu'en moines. »

26. « Il en sera de même des abbesses et des religieuses qui négligent leur profession. »

27 et 28. « On ne se pressera pas de donner le voile aux jeunes veuves; et on ne le donnera pas aux vierges avant l'âge de vingt-cinq ans, sans nécessité. »

29. « Les clercs n'entreront dans les monastères de religieuses que pour y célébrer la messe, ou pour quelque autre office ecclésiastique; et ils en sortiront aussitôt qu'ils se seront acquittés de leurs fonctions. »

30. « Les abbesses ne sortiront point de leurs monastères sans la permission de l'évêque, à moins que ce ne soit pour aller trouver l'empereur. »

31. « On ne recevra de chanoines, de moines et de religieuses, que ce que les maisons pourront en entretenir. »

32. « Les fidèles vivront entre eux en paix et en union. »

33. « Les comtes et les juges doivent être obéissants à leurs évêques, pour l'amour de Dieu; prendre leurs conseils, écouter leurs avis; et les évêques doivent traiter les comtes et les juges avec honneur. »

34. « Les comtes et les juges seront avertis de ne pas permettre que des personnes indignes, ou de la lie du peuple, portent témoignage devant eux, parce que ces sortes de personnes peuvent être gagnées à un fort vil prix, pour porter un faux témoignage. »

35. « Nul chrétien ne peut ni recevoir, ni exiger de présents, pour rendre la justice. »

36. « Chacun sera averti de nourrir et d'entretenir sa famille et ses pauvres. »

37. « Il faut prier à genoux, excepté le dimanche et le temps pascal, où l'usage de toute l'Eglise est de le faire debout. »

38. « Les prêtres doivent avertir les fidèles de ne point faire de bruit en entrant dans l'église, de s'y comporter modestement; et non-seulement de s'abstenir d'y causer, mais encore d'éloigner leur esprit de toutes les mauvaises pensées. »

39. « Défense aux laïques de tenir leurs plaids dans l'église ou sous le portail. »

40. « Défense de tenir les plaids et les marchés les jours de dimanche. »

41. « C'est à la puissance séculière à réprimer les incestueux, les parricides et les homicides qui ne veulent pas se soumettre à la pénitence que les prêtres leur enjoignent. »

On voit par ce canon que les décrets de ce concile furent envoyés à l'empereur.

42. « Les prêtres enseigneront aux peuples que ce qui se pratique par sortilége ou enchantement, par ligation d'herbes ou d'ossements, pour guérir les maladies des hommes ou des bêtes, ne peut contribuer à leur santé. »

43. « On défend le jurement. »

44. On tâche d'empêcher que les puissants n'oppriment les pauvres, et l'on ordonne de s'adresser à l'empereur, pour le prier de faire examiner leurs causes.

45. On ordonne de se servir de poids et de mesures justes.

46. « On payera la dîme aux curés ; et les bénéficiers feront réparer les églises et les monastères dont ils tirent le revenu. »

47. « Tout le monde observera les jeûnes indiqués pour quelque nécessité publique. »

48. On condamne l'ivrognerie et la crapule, et l'on fait voir les maux qui en résultent.

49. On avertit les seigneurs de traiter leurs sujets avec bonté, loin de les vexer et de les opprimer.

50. « Les laïques communieront au moins trois fois l'année, s'ils n'en sont empêchés par leurs crimes. »

51. « Nous avons examiné avec soin, disent les évêques, suivant l'avertissement du prince, s'il y avait quelque personne qui prétendît avoir été dépouillée par quelqu'un de nous, des biens que ses parents avaient donnés à l'église ; mais nous n'avons trouvé aucune plainte contre nous à ce sujet ; car il n'y a presque personne qui donne son bien à l'église, sans qu'il reçoive en usufruit des biens de l'église autant qu'il a donné, ou même le double et le triple ; et après sa mort, ses enfants, ou ses parents, ainsi qu'il est convenu avec le supérieur de l'église, jouissent du même droit. Nous avons même offert à ces héritiers de leur donner en bénéfice (c'est-à-dire en fief) ces biens de leurs pères, dont ils sont exclus par la loi. »

TOURS (Synode de), l'an 841, par l'archevêque Usmarus, après que les Normands, obligés de lever le siège de Tours, eurent été défaits par ce prélat à Saint-Martin-le-Beau, ce qui arriva le 12 mai de cette année. En mémoire de cet événement, on ordonna de célébrer tous les ans à pareil jour dans tout le diocèse la fête de la Subvention de saint Martin. *Art de vérif. les dates*.

TOURS (Concile de), l'an 849. V. PARIS, même année.

TOURS (Synode de), 16 mai 858. Les statuts d'Hérard de Tours furent publiés dans ce synode, qu'il tint dans la troisième année de son épiscopat. Ils contiennent 140 articles qui sont tirés pour la plupart des anciens canons et des capitulaires de nos rois. On y remarque ce qui suit.

16. « Les prêtres ne commenceront pas les secrètes, c'est-à-dire le canon, avant qu'on ait achevé de chanter le *Sanctus*, qu'ils doivent chanter avec le peuple. »

28. « Un prêtre ne recevra pas à la messe les paroissiens d'un autre, à moins qu'il ne soit en voyage. »

46. « On ne bâtira pas d'église avant que l'évêque, ayant admis la dot de cette église, ait planté une croix dans le lieu. »

53. « On doit exhorter le peuple à communier une fois en trois semaines, ou du moins tous les mois. »

62. « On s'abstiendra de l'usage du mariage les jours de jeûne. »

75. « Ceux qui sont en âge doivent être à jeun et s'être confessés pour recevoir la confirmation. »

83. « Ceux qui ne jeûneront pas le samedi saint jusqu'au commencement de la nuit seront excommuniés et privés de la communion pascale. »

89. « L'époux et l'épouse recevront la bénédiction du prêtre, et garderont la continence deux ou trois jours. »

98. « Celui qui s'engage dans le clergé, doit demeurer cinq ans lecteur ou exorciste, quatre ans acolyte ou sous-diacre ; après cela, s'il en est jugé digne, il sera promu au diaconat, et il demeurera cinq ans dans cet ordre, avant d'être élevé à la prêtrise. »

111. « Un laïque ne doit point épouser plus de deux femmes successivement : ce qui est de plus est adultère. » On voit ici les troisièmes noces condamnées bien sévèrement, mais c'est par un évêque particulier.

112. « Défense de danser aux noces des chrétiens. »

114. « Les jours solennels, le peuple, en allant à l'église et en revenant de l'église, doit chanter *Kyrie eleison*, ou chacun doit prier en son particulier.... Qu'en ces saints jours on ne chante point de chansons déshonnêtes, ni dans les rues, ni dans les maisons : qu'on ne danse point ; mais qu'on aille trouver quelque personne vertueuse, pour s'édifier avec elle par de saintes lectures. »

131. « Les clercs qui viennent tard à l'office seront fouettés ou excommuniés. » *Hist. de l'Égl. gallic.*; Martène, *Thes. anecd.* t. IV.

TOURS (Concile de), l'an 858. Hérard ou Gérard, archevêque de Tours, tint ce concile de sa province le 16 mai : on y fit quelques extraits des canons, dont on ordonna l'observance. *Auctor fragmenti hist. Britanniæ Armoricæ, in Anecd. P. Martène, t. III; Anal. des Conc.*, t. V.

TOURS (Concile de), l'an 887. Ce concile décida que la fête du retour des reliques de saint Martin se célébrerait tous les ans le 13 décembre, qui est le jour où elles avaient été rapportées d'Auxerre en 887. L'auteur de l'*Art de vérifier les dates*, en donnant cette dernière époque pour celle du concile, paraît avoir confondu deux choses tout à fait distinctes, le retour des reliques et l'institution de la fête de leur retour.

TOURS (Concile de), l'an 912. *Voy.* l'article précédent.

TOURS (Synode de), l'an 925. D. Martène et le P. Hardouin ont publié les actes d'un synode de Tours en 925, où l'on ne voit point d'autre évêque que le diocésain. C'était Robert, archevêque de cette ville. Comme il tenait son synode ordinaire, le prêtre Rainald se plaignit de ce que le prêtre Gaufride lui enlevait les dîmes dues à l'église de Saint-Saturnin qu'il desservait. Gaufride soutint qu'il était en possession d'en percevoir la moitié, à cause de l'église de Saint-Vincent. Ses preuves n'ayant pas été jugées suffisantes, le synode fut d'avis que Gaufride recourrait au jugement de Dieu, par une personne députée de sa part. On fit l'épreuve du feu : l'homme en sortit sans aucun mal, et l'on adjugea à l'église de Saint-Vincent la moitié des dîmes contestées. *Hist. des aut. sacr. et ecclés. t.* XXII.

TOURS (Concile de), l'an 1050, par le légat Giraud, contre l'hérésie naissante de Bérenger. C'est le premier tenu sur cette matière. *Scriptores rer. Franc. t.* XI.

TOURS (Concile de), l'an 1055. Hildebrand, depuis saint-Grégoire VII, alors légat du pape saint Léon IX, tint ce concile avec le cardinal Gérard. On y donna à Bérenger la permission de défendre son sentiment sur l'eucharistie ; mais il n'osa le faire, et loin de le défendre, il jura qu'il n'aurait désormais d'autre foi que celle de l'Eglise sur ce mystère. Les légats le crurent et l'admirent à la communion. *Labb.* IX.

TOURS (Concile de), l'an 1060. Le pape Nicolas II fit assembler ce concile par son légat Etienne le 1er de mars : les canons qui y furent publiés sont absolument les mêmes que ceux du concile de Vienne tenu la même année. D. Luc d'Achery les a rapportés dans ses notes sur Lanfranc, sous le nom d'un concile d'Angers, apparemment, parce que le légat Etienne les publia de nouveau dans cette ville, où il se trouvait en 1067. *Voy.* VIENNE, l'an 1060.

TOURS (Concile de), l'an 1096. Le pape Urbain II assembla ce concile la troisième semaine de carême. On y confirma les décrets du concile de Clermont ; et le pape refusa d'absoudre le roi Philippe, quoiqu'une partie des évêques le demandât. Ce concile est daté de l'an 1095, à la manière des Français, qui commençaient alors l'année à Pâques. L'abbé Lenglet s'est donc trompé en disant, dans ses Tablettes chronologiques, que le roi Philippe fut absous dans ce concile de Tours ; il ne le fut que dans celui de Nîmes, tenu au commencement de juillet de la même année, après qu'il eut promis de quitter Berthrade. Il la quitta en effet ; mais l'ayant reprise l'année suivante 1097, il fut excommunié de nouveau l'an 1100, dans le concile de Poitiers. *Reg.* XXVI ; *Labb.* X ; *Hard.* VII.

TOURS (Concile de), l'an 1163. Le pape Alexandre III, après avoir célébré à Paris la fête de Pâques en 1163, retourna à Tours où il avait passé la fête de Noël de l'année précédente 1162, et y tint le concile indiqué quelque temps auparavant. Il était assisté de dix-sept cardinaux, de cent vingt-quatre évêques, de quatre cent quatorze abbés (a) et de beaucoup d'autres personnes tant ecclésiastiques que laïques de toutes les provinces soumises aux deux rois de France et d'Angleterre. Le premier jour du concile, 19 de mai, Arnoul, évêque de Lisieux, en fit l'ouverture par un discours où il exhorte tous les évêques à la défense de l'unité de l'Eglise contre les schismatiques, et de sa liberté contre les tyrans qui la pillaient et l'opprimaient. Il dit des schismatiques que leurs efforts pour déchirer l'Eglise n'empêchent pas qu'elle ne soit une en elle-même, puisqu'ils sortent de son sein et demeurent dehors. Il dit des tyrans, qu'encore qu'ils travaillent à lui ôter sa liberté, elle la conserve, puisqu'elle les punit par sa puissance spirituelle. Venant à l'empereur Frédéric, il en prédit la conversion et la réunion à l'Eglise, ajoutant qu'il reconnaîtra la seigneurie de l'Eglise romaine, ses prédécesseurs n'ayant reçu l'empire que par la seule grâce de cette Eglise. Il finit son discours en exhortant les prélats à faire servir leurs richesses au secours de l'Eglise exilée, et de ceux qui ont perdu leurs biens et leur repos pour la cause de Jésus-Christ : ce qu'il entend du pape et des cardinaux. Cet évêque souhaitait lui-même de mourir pour une si bonne cause, et de répandre son sang pour faire en quelque sorte une compensation de celui que Jésus-Christ avait répandu pour lui. Le concile reconnut tout d'une voix la canonicité de l'élection d'Alexandre, et venant ensuite à s'occuper de la discipline, il fit les dix canons suivants

1. Défense de diviser les prébendes et les dignités ecclésiastiques, particulièrement les moindres bénéfices.

2. Toute sorte d'usure est défendue aux clercs et aux religieux, même le contrat pignoratif par lequel on reçoit en gage un fonds, pour profiter des revenus sans les imputer sur le sort principal de l'argent prêté ; et, au cas où ils auraient perçu des fruits équivalents au sort principal, les frais de la récolte déduits, le concile les oblige de rendre le fonds.

3. Défense aux évêques et autres prélats, sous peine de déposition, de donner à aucun laïque ni église, ni dîme, ni oblation.

4. Pour arrêter le cours de l'hérésie des manichéens, connus sous le nom d'*Albigeois*, qui se répandaient dans la Gascogne et dans les provinces voisines, le concile défend, sous peine d'excommunication, à ceux qui les connaîtront, de leur donner retraite ni protection, et d'avoir avec eux aucun commerce, soit pour vendre, soit pour acheter, soit autrement ; et ordonne aux seigneurs catholiques de les faire emprisonner, avec confiscation de leurs biens ; de faire aussi toutes les diligences possibles pour les empêcher de s'assembler.

5. Défense de gager des prêtres pour desservir des églises, en leur donnant une certaine somme ou redevance annuelle. Le texte est conçu en ces termes : *Quoniam enormis quædam consuetudo in quibusdam locis contra sanctorum Patrum constitutiones invaluit, ut sub annuo pretio sacerdotes ad ecclesiarum regimen constituantur : id ne fiat modis omnibus prohibemus. Quia dum sacerdotium sub hujusmodi mercede venale disponitur, ad æternæ retributionis præmium consideratio non habetur.* Il paraît que ce

(a) D. Ceillier dit ici cent vingt-quatre archevêques et quatre cent quatorze évêques ; mais, au jugement du P. Richard, c'est sans doute par une erreur d'impression.

texte doit être rendu comme on vient de le rendre. Cependant il est des auteurs, tels que dom Ceillier, qui entendent ce canon de la défense de donner à ferme, pour un prix annuel, le gouvernement des églises; et d'autres, tels que le père Fontenai, dans le neuvième tome de l'histoire de l'Eglise gallicane, qui l'expliquent de l'une et l'autre manière, et traduisent ainsi : *Défense de louer des églises à des prêtres, ou de les y employer au service de l'autel, pour une certaine somme ou redevance annuelle qu'on y attache.*

6. Défense de rien exiger pour l'entrée en religion, de vendre les prieurés ou les chapelles des moines ou des clercs; de rien exiger aussi pour l'installation aux bénéfices, pour la sépulture, l'onction des malades ou le saint chrême, sans que là-dessus on puisse alléguer la coutume, qui ne ferait qu'augmenter le péché, bien loin de justifier l'infraction.

7. Défense aux évêques de commettre les doyens et les archiprêtres, moyennant une rétribution, pour terminer les affaires dont le jugement leur appartient, à eux et aux archidiacres.

Défense aux évêques et aux archidiacres de mettre à leur place des doyens ou des archidiacres, pour juger les causes ecclésiastiques, moyennant une certaine retribution annuelle.

8. On condamne l'usage où étaient quelques religieux de sortir de leurs cloîtres, sous prétexte de charité, pour exercer la médecine, étudier les lois civiles et poursuivre les affaires, prétendant s'en acquitter plus fidèlement que les séculiers; on leur ordonne de rentrer dans deux mois sous peine d'excommunication; et l'on veut que si quelqu'un d'eux se présente pour faire fonction d'avocat, toute audience lui soit déniée. Cet abus avait déjà été condamné par Innocent II au concile de Reims en 1131, et dans celui de Latran en 1139. Les clercs séculiers n'étaient point compris dans cette défense, parce que les laïques, étant alors sans lettres, étaient incapables d'exercer les professions de médecin et d'avocat. Le concile ne les défend pas non plus aux religieux, pourvu qu'elles ne les tirent pas de leurs cloîtres.

9. On déclare nulles les ordinations faites par Octavien, par les schismatiques et par les hérétiques.

10. On ordonne que les chapelains des châteaux, avertis que l'on y a porté quelque chose de pillé sur l'église, en avertiront le seigneur ou celui qui y commande; et qu'au cas où il ne donnerait pas ordre de restituer, ils cesseront dans le château tout office divin, excepté le baptême, la confession et le viatique; que l'on pourra aussi dire une messe par semaine, à huis-clos, dans le village, mais que si les gens du château demeurent incorrigibles pendant quarante jours depuis l'excommunication prononcée contre eux, les chapelains en sortiront, de même que les écrivains, c'est-à-dire les clercs qui écrivaient ou qui lisaient pour eux; car ces seigneurs, ne sachant ni lire ni écrire, se servaient du ministère des clercs pour ces deux fonctions. Le concile ajoute que les clercs des châteaux ne pourront être changés qu'en faisant serment, à la diligence de l'archidiacre, d'observer ce canon. Il ordonna de plus que les marchands et autres habitants des villes et des bourgs ne logeront aucun excommunié, et n'auront aucun commerce avec lui; et que, si dans les lieux du domaine du roi, le connétable, c'est-à-dire le gouverneur, est excommunié, l'office divin cessera quand il sera présent dans le lieu. *Reg.* XXVII; *Lab.* X; *Hard.* VI.

TOURS (Concile de la province de), tenu à Châteaugontier, l'an 1231, sur la discipline. *Voy.* CHATEAUGONTIER.

TOURS (Concile de), l'an 1233, par Juhel de Mayenne ou de Matteflon. On y fit quatorze canons.

Le 1er ordonne aux juges ecclésiastiques d'évoquer à leur tribunal la cause des croisés qui se trouveraient accusés de quelque crime devant des juges séculiers. Le même canon contient la défense faite aux croisés, comme à tous les autres chrétiens, de tuer les juifs, ou de leur enlever leurs biens, ou de leur faire le moindre tort ou le moindre injure; car, ajoute le canon, l'Eglise supporte les juifs, et elle ne veut pas la mort du pécheur, mais sa conversion et sa vie.

2e « On n'admettra pour avocats dans les causes publiques, que ceux qui auront étudié le droit pendant trois années. »

3e « On ne recevra de même en qualité de notaires que ceux qui connaîtront le style du palais. »

4e « On n'établira pour officiaux que ceux qui se seront exercés pendant cinq années à l'étude du droit. »

Le 5e canon impose certaines règles de prudence aux juges délégués.

Le 6e autorise les appels du jugement du suffragant ou de son official, au tribunal du métropolitain.

Le 7e défend de différer plus de huit jours de porter les testaments à la connaissance de l'évêque.

Le 8e proscrit les doubles mariages et les doubles fiançailles.

Le 9e défend le sortilége sous peine d'excommunication.

Le 10 modéré la peine portée contre ceux qui communiqueraient avec un excommunié.

Le 11e oblige ceux qui allèguent des priviléges à en montrer les preuves authentiques.

Le 12e condamne les faux témoins à être fustigés.

Le 13e ordonne de s'occuper de l'instruction et des besoins même temporels des nouveaux convertis.

Le 14e recommande l'hospitalité aux abbés et aux prieurs. *Maan, sacr. et metrop. Eccl. Turonensis.*

TOURS (concile de), l'an 1236. Juhel de Mayenne ou de Matteflon, archevêque de Tours, y tint ce concile au mois de juin avec ses suffragants, et y publia quatorze règlements pour la police ecclésiastique et civile.

1. Les juges séculiers seront contraints, par censures, de rendre aux juges ecclésiastiques les croisés qu'ils auront saisis pour cause de crime, afin qu'ils les punissent, s'ils les trouvent coupables. Les croisés ni les autres chrétiens ne maltraiteront les juifs en aucune façon, puisque l'Eglise les souffre et ne désire pas la mort du pécheur, mais sa vie et sa conversion.

2, 3 et 4. On ne recevra point d'avocats qui n'aient étudié trois ans en droit, ni d'official qui n'ait étudié cinq ans, ni de notaire qui ne sache le style de la cour et les ordonnances.

5. Pour obvier aux fraudes de ceux qui abusent des lettres du saint-siége, les commissaires délégués dans la province de Tours, n'en exécuteront point les commissions, à moins qu'on ne leur représente l'original des lettres obtenues de Rome, et que l'impétrant ne jure qu'il a obtenu ces lettres, qu'elles sont véritables, et qu'il ne traduira point celui avec lequel il a une affaire devant d'autres juges.

6. Les évêques, les officiaux et les autres juges inférieurs auront égard aux appellations, et ne molesteront point les appelants.

7. Les évêques auront soin de faire exécuter les testaments; et, pour empêcher qu'on ne les supprime, on les mettra entre leurs mains ou entre les mains de leurs archidiacres, dans les dix jours de la mort du testateur.

8. On déclare infâmes, et l'on condamne au fouet ceux qui contractent deux mariages à la fois, ou qui se fiancent et se marient tout à la fois.

9. Les curés excommunieront les sorciers tous les dimanches et toutes les fêtes. On fouettera publiquement ceux qui seront convaincus de sortilége, ou on leur imposera quelque autre peine convenable, qu'ils pourront néanmoins racheter pour de l'argent, que l'on distribuera aux pauvres de la paroisse.

10. On condamne à une amende pécuniaire les ecclésiastiques qui communiquent avec des excommuniés, et l'on révoque le canon du concile de Châteaugontier, qui avait déclaré qu'ils étaient excommuniés *ipso facto*.

11. Ceux qui se prétendent exempts de la juridiction de l'ordinaire seront tenus de représenter leurs lettres d'exemption.

12. Les faux témoins seront condamnés au fouet.

13. Les évêques auront soin de faire instruire les nouveaux convertis de leurs diocèses, soit qu'ils sortent de l'hérésie, ou qu'ils quittent le judaïsme; ils auront encore soin de pourvoir à leur subsistance, de peur qu'ils ne retournent à leur vomissement, sous prétexte de pauvreté.

14. On recommande l'hospitalité aux abbés et aux prieurs. *Ibid.*

TOURS (Concile de), l'an 1239. Juhel de Mayenne, archevêque de Tours, tint ce concile avec les évêques de sa province, et y fit treize canons ou décrets.

1. L'évêque nommera dans chaque paroisse trois clercs, ou du moins trois laïques de probité, auxquels il fera prêter serment de dire la vérité touchant les scandales qui arriveront dans cette paroisse ou dans les voisines, en matière de foi ou en d'autres matières dont l'Eglise ait à connaître.

2. Les clercs convaincus d'un délit par leur propre aveu, ou par le témoignage des autres, seront punis, pour la première fois, à la volonté de l'évêque, et la seconde fois, par la privation de leur bénéfice.

3. Les prêtres ne paraîtront en public qu'avec des habits fermés, sous peine de cinq sous d'amende, applicables à la fabrique.

4. On ne demandera et l'on n'exigera rien avant d'administrer les sacrements; mais on pourra demander le droit ordinaire établi par une pieuse coutume, après qu'ils auront été administrés; et l'évêque aura le pouvoir d'y contraindre ses diocésains par les censures ecclésiastiques.

5 et 6. Défense à tous les prêtres et à tous les recteurs ou curés des églises paroissiales d'excommunier leurs paroissiens de leur propre autorité, pour leurs droits ou pour ceux de leurs églises, sous peine de nullité de la censure.

7. On appliquera à l'église les legs faits par un clerc bénéficié, ou constitué dans les ordres sacrés, à son fils naturel ou à sa concubine.

8. On renouvelle la défense faite dans le concile de Châteaugontier, aux archidiacres et aux autres prélats inférieurs qui ont juridiction, d'avoir des officiaux; et on leur ordonne de s'acquitter des devoirs de leur charge par eux-mêmes.

9. On défend aux prélats de porter des sentences d'excommunication avec précipitation, et on leur enjoint de le faire mûrement, et après les monitions ordonnées par les lois, et faites dans les intervalles compétents, à moins que l'affaire n'ait besoin de célérité. On prescrit ensuite l'ordre qu'on doit suivre, quand il s'agit de prononcer une excommunication. C'est d'abord d'excommunier ceux qui sont personnellement en faute; puis, si la contumace croît, d'aggraver l'excommunication par le son des cloches et les autres solennités; et, si les excommuniés ne reviennent point au sein de l'Eglise, de soumettre à l'anathème quiconque communique avec eux aux marchés, aux fours, aux moulins et enfin dans le boire et le manger.

10. Défense de comprendre sous une excommunication générale ceux qui communiquent avec les excommuniés, à cause du danger où les âmes sont exposées dans ces sortes d'excommunications générales. De pareilles sentences sont donc nulles et invalides.

11. Défense de donner en argent aux religieux ce qui leur est nécessaire pour leur entretien : les maisons doivent y pourvoir.

12. Les clercs et les religieux n'auront point de personnes du sexe à leur service. Le canon désigne ces personnes sous le nom de *pédissèques, pedisequas*.

13. Les moines ne desserviront point les

paroisses, à moins que l'évêque ne leur ait confié le soin des âmes dans les cas permis. *Anal. des Conc.*, t. II.

TOURS (Concile de la province de), sans qu'on en sache le lieu précis, l'an 1276. Jean de Monsoreau, archevêque de Tours, présida à ce concile, dont il nous reste six canons.

Le 1er prescrit de tenir de nuit et de jour une lumière allumée dans chaque église.

Le 2e défend de se servir des églises comme de greniers.

Le 3e est pour obliger les juges séculiers à venger les injures faites aux ecclésiastiques.

Le 4e défend d'appeler ou d'admettre des excommuniés en témoignage dans un tribunal séculier.

Le 5e recommande la conservation des monastères.

Par le 6e, on renouvelle et l'on confirme tous les conciles de la province tenus jusqu'à cette époque. *Maan, sacr. et metrop. Eccl. Turon.*

TOURS (autre Concile de la province de), tenu à Rennes, sous Jean de Monsoreau. *Voy.* RENNES, de l'an 1270 à 1285.

TOURS (Concile de la province de), sans qu'on en sache le lieu précis, l'an 1277. Jean de Monsoreau présida de même à cet autre concile, dont il nous reste encore six canons.

Le 1er est une interprétation bénigne du canon du concile de Nantes, de l'an 1264, qui défendait absolument la pluralité des bénéfices. Celui-ci réserve à l'évêque la faculté de dispenser de cette loi.

Le 2e interdit aux ecclésiastiques les bottes ou les brodequins à la manière des laïques, ainsi que les vêtements trop éclatants.

Le 3e fait défense aux abbesses de garder en leur possession les biens des bénéficiers.

Le 4e interdit aux religieux la faculté d'appartenir à deux monastères à la fois.

Le 5e défend d'envoyer de nouveaux religieux dans des prieurés non conventuels.

Le 6e fait défense de dépouiller de leur mobilier les prieurés vacants. *Ibid.*

TOURS (Concile de), l'an 1282. Jean de Montereau, archevêque de Tours, tint l'an 1282, le jour de la fête saint Pierre-aux-Liens, dans sa ville métropolitaine, un concile de sa province, dans lequel il fit treize statuts.

1° Ceux qui font de gaieté de cœur des procès à des personnes, afin de retirer quelque chose d'elles pour rédimer cette vexation, seront excommuniés, outre la condamnation aux dommages-intérêts.

2. Même peine contre ceux qui excitent des procès ou des querelles.

3. Les clercs et les religieux n'iront point au cabaret, s'ils ne sont en voyage.

4. Ceux qui dérobent ou déchirent les livres et les ornements des églises, ou qui gâtent malignement ces écrits, seront excommuniés.

5. Les curés feront les processions qu'on a coutume de faire les dimanches et autres jours, sous peine de censure, au jugement de l'évêque.

6. On publiera tous les dimanches, dans toutes les églises cathédrales, collégiales et paroissiales de la province de Tours, jusqu'au prochain concile provincial, la constitution de Grégoire X, président au concile de Lyon, qui ordonne de chasser de tous les pays chrétiens les usuriers notoires, et de ne leur point louer de maisons.

7. Tous ceux qui oppriment les ecclésiastiques et qui troublent leur juridiction, seront excommuniés.

8. Même peine contre ceux qui, étant soupçonnés de pareils excès et d'autres semblables, ne se purgent pas de ce soupçon sur l'ordre de l'évêque.

9. Même peine contre ceux qui mettent des personnes à discrétion dans les maisons des religieux ou des clercs.

10. Même peine contre les baillis et autres ministres de la justice séculière, qui osent transporter à d'autres ou retenir eux-mêmes les biens d'église pour lesquels les curés et autres bénéficiers ont formé devant eux une complainte possessoire, ou se sont défendus contre le demandeur, en donnant chacun de son côté des pleiges en gages, *se applegiaverunt, vel contraplegiaverunt coram eis.*

Applegiare, applegier, c'est former complainte devant un juge, à l'effet d'obtenir ou de recouvrer une chose, *querelam instituere*, en donnant un pleige ou un gage pour le bien de la chose, si le demandeur vient à perdre sa cause. *Contraplegiare*, c'est se défendre contre le demandeur, en donnant aussi un pleige ou un gage, appelé *contraplegiamentum*, contrapleigement.

11. Ceux qui empêchent leurs sujets ou inférieurs d'avoir aucun commerce civil avec les ecclésiastiques, ou de leur fournir l'eau et le feu, encourent l'excommunication.

12. Même peine contre ceux qui empêchent les ecclésiastiques de percevoir les dîmes qui leur sont dues.

13. On exécutera toutes les constitutions faites dans les précédents conciles de la province. *Anal. des Conc.*, t. II.

TOURS (Concile de la province de), tenu à Saumur, l'an 1315. *Voy.* SAUMUR, même année.

TOURS (Synode de), l'an 1396, par très-révérend père en Dieu et seigneur, monseigneur Ameil, qui y publia vingt-six statuts, le jeudi après la fête de saint Luc. Les voici tels qu'ils sont rapportés par D. Martène :

1. « Comme le senne (synode) soit establi à la correction des crimes et réformation des meurs, nous commandons que les abbez, recteurs et chappelains entrent le senne à la première pulsation d'iceluy, tous jeunes et nouvellement reys, et que les abbez soient vestus de chappes de soye, et autres de surpeliz et d'estolles. »

2. « Item, que chacun recteur et chappelain desservant cure ait propre scel (sceau) en taille sous le nom de son église. Et ceulx qui ne l'auront, si le facent faire, et l'envoyent à Tours, à nostre official devant le prochain senne, et pour en retenir les impressions, et pour cause. »

3. « Item, que le premier dimanche de chacun moys ils induisent leurs paroissiens par quelles paroles, en cas de nécessité, ils baptizeront leurs enfants. Car nous avons entendu que aucunes femmes et gens les cuident baptizer en cas dessus dit, disant : *Je te ondoye*, et y doivent dire : Enfant, je te baptize au nom du Père et du Fils et du Saint-Esprit, quar autrement l'enfant ne seroit pas baptizé. »

4. « Item, que les recteurs et chappelains soient tenus, chacun jour férial, faire le service des morts au moins à trois lessons, et les heures de Nostre-Dame, comme autrefois fut establi par nos prédécesseurs. »

5. « Item, que les excommuniez et enregistrez denuncient en leurs églises, publiquement à haulte voix, sans aucune faveur, afin que les excommuniez se facent plustost absouldre pour la honte qu'ils en auront, si, comme il est accoustumé, toutes fois que requis en seront. »

6. « Item, que les curez qui ont aucun lais (legs) pour faire anniversaires et remembrances pour les deffunts, le facent diligemment. »

7. « Item, que les deffaulx qui sont es livres, ornements et aultres choses nécessaires pour le divin service, estre fait es églises, et aussi en vîtres, campanes, couvertures et aultres choses quelconques, les recteurs facent amender par ceulx qui à ce seront tenus ; et iceux en admonestent lesdits curez. Et au cas que remède sera mis, que ils le signifient à l'ordinaire dedans ung moys. »

8. « Item, que les noms de leurs paroissiens excommuniez, par an et par jour, ils les signifient à l'ordinaire. »

9. « Item, que nul curé ne chappelain ne cite aucuns, s'il n'a especial mandement par escript, où soient nommez ceulx qui doivent être citez. »

10. « Item, que les noms des exequuteurs de hers, ou ceulx à qui appartient l'exequution des testaments des deffunts de piecza ils notifient à nous dedans un moys. Et se aucuns doresenavant trespassent, le notifient dedans l'an de leur mort, afin que par négligence desdits exequuteurs ou héritiers, nous fasçons accomplir le contenu des testaments et darnières voulentez des trespassez. Quar nous avons entendu plusieurs testaments estre demourez sans accompli par faulte et négligence des exequuteurs et héritiers. »

11. « Item, que en chacunes solemnitez, et mesmement es festes annuelles, les curez dient publiquement au prosne que nous réservons l'absoulucion du crime de adultere à nous ou à nos pœnitentiers et vicaires, en nostre absence, ne n'entendons aucunement donner povoir de absouldre dudit crime à aucuns, quar plusieurs inconvénients par occasion de ce s'en sont ensuis, selon qui nous a esté rapporté. »

12. « Et aussy commandons que lesdits curez dient à leurs paroissiens, que ils sont tenus se confesser à leur propre curé au moins une fois l'an. »

13. « Item, que les curez, le premier dimenche d'avant le senne, enquierrent diligemment au prosne si aucuns sont malades en leurs paroisses, et iceulx malades aillent visiter avant qu'ils preignent le chemin à venir au senne, et leur amministrent, et facent ce qui sera nécessité à leur salut, ou cas que lesdits curez ne auront chappelains demourant en leur église en leur absence. »

14. « Item, que les curez ne ammonestent leurs paroissiens à venir ouïr les preschements des questeurs et expositions de leurs indulgences, si ce n'est à jour de feste, afin que les bonnes gens, par telle occasion, ne soyent retrais de faire leur besoigne. Et deffendons aux curez, que ils ne laissent prescher nuls questeurs ; mais voulons tant seulement que les curez exposent par eulx-mêmes à leurs paroissiens les indulgences desdits questeurs, et les induisent à leur donner de leurs biens pour gagner les indulgences octroyez ausdits questeurs, en disant : Monseigneur l'arcevesque, par ses lettres, donne tant de pardon à ceulx qui feront bien à ceulx qui seront cy contenus. »

15. « Item, que le sacre (les saintes espèces) soit renouvellé une fois le moys pour le moins, et que les curez ou chappelains usent devotement du viel sacrement. »

16. « Item, toutes fois quantes fois que, par coustume ou par commendement de l'ordinaire, les curez devront mener leurs paroissiens en procession, le dimenche précédent, les curez ammonestent leurs paroissiens que aillent honnestement es dittes processions, sans crier, noiser, ne tenser, ne chanter, comme ils ont accoustumé ; mes devotement, en disant leur *Pater noster* et ce qu'ils sauront de bien. Et que les curez ou chappelains qui les meneront les induisent ad ce faire par parole et exemple. »

17. « Item, nous denoncions pour excommuniez de droit canon tous les religieux non curez qui administrent les sacrements de sainte Eglise aultres que confession es cas qui leur sont permis, sans licence de nous ou des curez ; et tous ceulx qui ensevelissent gens en terre benoiste qui sont excommuniez, interdits et usuriers publiques. »

18. « Item, pour ce que plusieurs églises sont deshonnestement tenues et mains devotes, pour ce que les places ne sont pas unies, tellement que l'en ne si peut agenouiller bonnement, les curez facent esgayer les places par les procureurs des fabriques et paroissiens dedans un moys, et les facent ainsi maintenir, et leur deffendent qu'ils ne laissent les choses mondaines es églises, fors ce qui est pour l'onneur de Dieu, et nécessaire de l'église. »

19. « Item, defendons que les prestres et gens d'Eglise doresenavant n'aient manches trop larges, mes proportionnées selon la grosseur et la largeur du bras, afin que en eulx revestant, ils ne desrompent les aubes, et que on ne puisse dire que leurs vestements sont dissolus. »

20. « Item, tous et chacuns dimenches denuncient tous les non creans de la foy catholique, hérétiques, schismatiques, ceulx qui paient mal les dîmes à l'église, et ceulx qui usurpent ou empeschent la juridiction, franchises, droits, us, coustumes et libertez de l'Eglise, en quelque maniere que ce soit, ou aux empeschans et usurpans donnent conseil, confort et aide. »

21. « Item, que les curez et chappelains facent commendement à leurs paroissiens que en leur propre personne ou aucun de leur famille, en cas que justement ne seront empeschez, soyent chacun dimenche et feste solempnelle à l'église paroissiale, à heure de la messe, pour la ouïr, et les commendements, jeusnes et festes. Et si aucuns après la monicion en sont défaillans, soient accusez devers nous, nostre official, pour estre punis et corrigez. »

22. « Item, nous reputons pour contumax tous les absents qui estoient tenus d'estre ad ce present senne, se ils n'ont juste excusacion, et qu'elle soit approuvée et receüe par nous. »

23. « Item, nous revoquons toutes les lettres par nous données ou octroiées quant à chanter mesmes en chambres privées au dimenche ne en jour de grant feste. »

24. « Item, nous admonestons tous prestres qui tiennent concubines ou femmes suspectes en leur hostel, qu'ils s'en délivrent et les mettent hors dedens ung moys, sur paine d'excommunige et X livres d'amende. »

25. « Item, tous clercs mariez qui peuvent jouir de privilèges, nous ammonestons qui portent abis et tonsure, aultrement ils ne jouiront point du privilege de clerc, mes seront deffendus par l'église. »

26. « Item, nous commandons à tous curez de nostre dyocese, et à chacun d'eulx, que dedens un moys, ils nous certifient des chapelles fondées en leurs églises ou en leur paroisse, et des hospitaulx des pouvres, et qui sont ceulx qui les tiennent, absents ou présents; et que dès maintenant, ils mettent et adressent en nostre main tous les fruits, rentes et revenues desdittes chapelles et hospitaulx que tiennent ceulx qui sont absents, et defendent à leurs paroissiens que dores en avant ne leur paient rien sans nostre licence.

« Si donnons commandement à tous abbez, curez et chappelains, aiant cure d'ames, qu'ils aient un livre appelé le senne, et que chacun d'eux ait et preigne et rapporte la vraye coppie de ces présents nos status et ordonnances. » *Maan*.

TOURS (Concile de la province de), tenu à Angers, l'an 1448. *Voy*. ANGERS, même année.

TOURS (Concile de la province de), tenu à Vannes, l'an 1455. *Voy*. VANNES, même année.

TOURS (Assemblée des états-généraux à), l'an 1484. Cette grande assemblée où se trouvèrent les députés des trois ordres du royaume, avait choisi pour son orateur Jean de Rely, depuis évêque d'Angers, qui était docteur en théologie et chanoine de l'Eglise de Paris. On proposa dans ces états de corriger les abus qui s'étaient glissés dans le gouvernement ecclésiastique, dans l'administration des finances et de la justice. Nous ne devons rendre compte que du premier article.

Le clergé avait pour président le cardinal de Bourbon, archevêque de Lyon, et le cardinal de Bourdeille, archevêque de Tours. Les autres prélats étaient, outre les pairs ecclésiastiques, les archevêques de Bourges et de Bordeaux; les évêques de Lombez, de Châlons-sur-Saône, de Lavaur, de Nîmes, de Poitiers, de Luçon, du Mans, d'Arras, de Rodez, de Rieux, de Grasse, d'Angoulême, de Tulle, de Périgueux et de Cahors, avec un grand nombre d'abbés.

Le premier cahier qui fut présenté roulait uniquement sur le rétablissement des anciens canons, touchant la provision des bénéfices, le jugement des causes ecclésiastiques, et en général tout ce qu'on appelait *les franchises et les libertés* du clergé. On demandait que la pragmatique sanction fût observée dans tous ses points, sans préjudice toutefois des droits du saint-siège, qu'on offrait de satisfaire dans le prochain concile général.

Le troisième cahier qu'on produisit revenait encore aux affaires de l'Eglise de France, quoique cet écrit eût pour objet principal les intérêts du tiers-état. En recherchant les causes de la rareté de l'argent et de l'épuisement des finances, on trouvait que le transport des espèces à Rome et les contributions imposées par les légats y contribuaient beaucoup.

Ces remontrances ne furent point faites d'un consentement unanime. Les cardinaux avec plusieurs prélats s'y opposèrent, et la cour fut dispensée par là d'y faire réponse. *Hist. de l'Egl. gallic. liv.* L.

TOURS (Concile de), l'an 1510, non reconnu. Le roi Louis XII fit assembler ce concile, qui fut composé de tous les prélats du royaume, et d'un grand nombre de docteurs. Le roi y proposa huit questions touchant la guerre qu'il se disposait à déclarer au pape Jules II, pour secourir Alphonse, duc de Ferrare, son allié, que ce pontife voulait dépouiller de ses Etats. *Labb. t. XIII*.

TOURS (Synode diocésain de), l'an 1512, par le cardinal Charles Carret, dit de Finario, archevêque de Tours. Ce prélat y ordonna de publier quatre fois par an dans chaque paroisse soixante-cinq statuts composés dans des synodes antérieurs. Ce sont à peu près les mêmes que nous verrons reproduits au synode de 1537. *Maan. sacr. et metropol. Eccl. Turon*.

TOURS (Synode diocésain de), l'an 1537, par Antoine de la Barre, archevêque. Les anciens statuts du diocèse de Tours étant devenus rares, et les exemplaires qui en restaient étant à peine lisibles, tant ils étaient usés, le prélat qui occupait alors le siège entreprit d'en donner une nouvelle édition, revue, corrigée et augmentée par ses soins. C'est ce qu'il exécuta dans ce synode de 1537, après en avoir conféré avec les chanoines de son église cathédrale

En tête des nouveaux statuts qu'il donna, on lit un premier canon par lequel il oblige non-seulement tous les curés, mais aussi, ou du moins à leur défaut, tous les vicaires et tous ceux qui ont charge d'âmes à s'en procurer un exemplaire, qu'ils soient en état de présenter au synode le plus prochain. Puis, entrant dans le détail des règlements, il renouvelle à tous les prêtres à qui, à raison de la place qu'ils occupent, la coutume ou le droit fait un devoir de se rendre au synode, l'obligation d'y assister.

C. 2. Obligation aux curés de se procurer chaque année les nouvelles saintes huiles, au plus tard dans le courant de la première semaine après Pâques. Les sacrements s'administreront gratuitement; toutefois, après qu'ils seront conférés, il sera permis d'exiger le droit prescrit par une louable coutume.

C. 2. Défense aux curés et aux autres prêtres de baptiser, hors le cas de nécessité, les enfants qui ne sont pas de leur paroisse. L'opération césarienne ne doit être permise que dans le cas de la mort certaine de la mère et de la vie au moins probable de l'enfant. On ne devra jamais baptiser un enfant mort. Les avortons ne seront baptisés qu'autant qu'ils donneront des signes de vie évidents. Défense aux religieux et aux chanoines réguliers de faire l'office de parrains. On ne mettra point les petits enfants à coucher avec de grandes personnes avant l'âge de trois ans. Les chrémeaux qui auront servi au baptême ne devront point être gardés à la maison, mais ils devront être apportés à l'église la première fois que leurs mères viendront entendre la messe après leurs couches.

C. 5. On n'admettra point à la tonsure un enfant âgé de moins de sept ans, ni un homme marié, ou fiancé, ou né d'un commerce illégitime, ou irrégulier de quelque manière que ce soit, à moins d'une dispense du siége apostolique. Les ordres mineurs ne pourront pas être reçus avant l'âge de quinze ans commencés, ni le sous-diaconat avant dix-huit, ni le diaconat avant vingt, ni le sacerdoce avant vingt-cinq.

C. 6. On renouvellera au moins tous les quinze jours les espèces consacrées. Les garçons sont obligés à la communion annuelle dès la quatorzième année de leur âge, et les filles dès la douzième, ou même plus tôt, s'il y a dans ces enfants une instruction suffisante.

C. 7. Défense de célébrer la messe avant l'aurore; de réciter de mémoire le canon de la messe; de n'avoir intention en la célébrant, que de consacrer un certain nombre d'hosties, au lieu de l'intention générale de consacrer toutes les hosties qui se trouvent sur l'autel.

C. 8. Défense aux curés et aux autres prêtres d'imposer des pénitences publiques, sans l'avis de l'archevêque ou de son grand vicaire.

C. 9. On dispense de recevoir à la mort tout autre sacrement que celui de la pénitence les personnes atteintes de la peste. (Cette décision n'aurait pas été approuvée de saint Charles.)

C. 10. Défense de célébrer les mariages à l'église avant l'aurore. Les charivaris sont également défendus, sous peine d'excommunication.

C. 15. On refusera la sépulture ecclésiastique à ceux qui se font tuer dans les tournois défendus par le droit, ou qui meurent des blessures qu'ils y ont reçues.

C. 16. Défense aux clercs de porter les cheveux longs ou frisés. Les dîmes sont déclarées de droit divin; ce qui doit s'entendre sans doute en ce sens que les fidèles sont obligés par la loi divine de pourvoir à la subsistance de leurs prêtres. *Maan, sacr. et metrop. Eccl. Turon.*

TOURS (Concile de), l'an 1583. Ce concile fut tenu partie à Tours, au mois de mai de l'an 1583, et partie à Angers, au mois de septembre de la même année, par Simon de Maillé, archevêque de Tours, accompagné de ses suffragants. On y publia vingt et un décrets.

1. Anathème à quiconque ose contredire à la puissance du roi, qui ne vient que de Dieu, et qui refuse opiniâtrement d'obéir à ses justes ordonnances.

2. On prie le pape d'accorder aux évêques et à leurs grands vicaires, officiaux et pénitenciers, la permission d'absoudre de l'hérésie. On prie aussi le roi de faire publier le concile de Trente.

3. Tous les bénéficiers feront leur profession de foi entre les mains de l'évêque ou de ses grands vicaires.

4. On transcrit la formule de cette profession de foi.

5. On renouvelle les bulles de Pie IV et de Pie V, contre les simoniaques et les confidentiaires.

6. On baptisera les enfants nouveau-nés, le plus tôt possible, dans leurs paroisses.

7. On ne confirmera point, pour l'ordinaire, les enfants qui n'auront pas atteint l'âge de sept ans, ni les adultes sans qu'ils se soient auparavant confessés.

8. On ne dira point la messe dans les maisons des particuliers. On ne mettra sur l'autel que les reliques des saints et le Missel. On ne dira point de messes particulières pendant la grand'messe, dans la même église; et on ne fera point d'annonces profanes au prône.

9. On défend les mariages clandestins et ceux qui sont dans les degrés prohibés.

10. On fera les mêmes publications pour ceux qui voudront prendre les ordres sacrés, que pour ceux qui voudront se marier.

11. On ne permettra ni foires, ni marchés, ni jeux, ni danses, ni comédies, les jours de dimanches et de fêtes. On n'exposera point de nouvelles reliques à la vénération des peuples, sans les formalités requises. On ne laissera point la croix ni les images dans des endroits sales, ni dans ceux où on pourrait les briser et les fouler aux pieds.

12. Les évêques ayant été préposés par l'Esprit-Saint pour gouverner l'Eglise de Dieu, comme les successeurs des apôtres, ils s'appliqueront infatigablement à instruire leurs peuples, à consacrer les autels et les églises, ou à les réconcilier, à ordonner, à confirmer, à visiter leurs diocèses, et à donner des exemples continuels des plus éminentes vertus.

13. Les chanoines ne seront pas moins exacts à remplir tous les devoirs que leur imposent les saints canons, l'assiduité aux offices divins, la modestie, la retraite, l'application à l'étude, etc.

14. Les curés résideront dans leurs paroisses, pour y paître leurs troupeaux par leurs discours et par leurs exemples, leur administrer les sacrements, et les porter à la vertu. Tous les clercs généralement fuiront les plaisirs, les spectacles, les danses, les festins et les compagnies du monde.

15. Les laïques entendront la messe et les offices dans leurs propres paroisses, les jours de dimanches et de fêtes ; et, afin qu'ils n'en soient point détournés sous prétexte d'assister à la messe et aux offices divins dans les autres églises, on ne dira la grand'messe et les vêpres dans les églises cathédrales ou collégiales et dans celles des monastères, qu'après la messe et les vêpres des paroisses. Les femmes et les filles ne paraîtront jamais dans l'église sans être modestement couvertes et voilées, loin d'y paraître la tête nue et chargée de frisures, et avec d'autres nudités scandaleuses. Tous les chrétiens diront leur *Benedicite* avant le repas, et leurs grâces après.

16. Les religieux vivront conformément à leurs règles. Ils ne porteront ni habit d'une couleur différente de celle qui est permise par la règle, ni bague, ni chapeau, soit dedans, soit dehors. Ils ne sortiront point seuls. Ils auront les cheveux courts et une grande tonsure. Ils se retireront dans leurs cellules après complies. Ils garderont le silence dans les dortoirs, et l'on y mettra des lampes qui brûleront toute la nuit. Ils n'auront ni armes, ni oiseaux, ni chiens de chasse. Leurs cloîtres seront toujours fermés.

17. Tous ceux qui forceront une fille ou une femme à se faire religieuse contre sa volonté, ou qui l'en empêcheront, si elle en a la volonté, seront également excommuniés. Même peine pour ceux qui violeront une religieuse.

18. Les ecclésiastiques qui donneront la sépulture dans leurs églises ou dans leurs cimetières aux hérétiques, encourront l'excommunication majeure. On n'enterrera personne auprès du grand autel ; et toutes les fosses en seront éloignées au moins de cinq ou six pieds. On excepte de cette règle les évêques, les curés et les fondateurs.

19. Les officiaux seront prêtres, de bonne réputation et habiles dans le droit canonique. Les archidiacres, et tous ceux qui ont droit de visite, ne manqueront pas de la faire exactement tous les ans en personne dans les églises de leur dépendance.

20. On ne pourra aliéner les biens d'église que dans les cas permis par le droit, et avec les solennités requises.

21. On érigera autant de séminaires et d'écoles qu'il en sera besoin dans les différents diocèses.

TOURY (Assemblée mixte de), *Tauriacensis*, l'an 841. Cette assemblée, tenue près du champ de bataille de Fontenay, au diocèse d'Auxerre, décida que le succès de cette bataille, gagnée par Louis le Germanique et Charles le Chauve contre Lothaire, était le jugement de Dieu ; décerna des prières et ordonna un jeûne général de trois jours, pour tous ceux qui étaient morts de part et d'autre dans l'action.

TOUSI (Concile de), *Tussiacense*, l'an 860. Le 22 octobre de cette année, Charles le Chauve et Lothaire convoquèrent un nombreux concile à Tousi, dans le diocèse de Toul, pour rétablir la pureté des mœurs. Il était composé des évêques de douze, ou, selon d'autres, de quatorze provinces, savoir : Besançon, Lyon, Trèves, Reims, Vienne, Sens, Cologne, Bourges, Tours, Narbonne, Bordeaux, Rouen, Arles et Mayence. Ces deux dernières ne sont point nommées dans les actes imprimés du concile ; mais elles le sont dans quelques manuscrits. Ils étaient en tout cinquante-sept évêques, et ils publièrent cinq canons.

1. On soumet à l'anathème et on retranche de la communion du corps et du sang de Jésus-Christ, même à la mort, ceux qui s'emparent des biens de l'Eglise, qui les donnent ou qui les reçoivent sans la permission de l'évêque ; et l'on ordonne que les coupables, lorsqu'ils demanderont la pénitence, restituent le principal, et même le triple ou le quadruple, suivant la qualité de la personne et du dommage qu'ils auront causé à l'Eglise.

2. On ordonne d'enfermer dans des prisons, pour y faire pénitence toute leur vie, les religieuses qui se seront abandonnées en secret, ou mariées publiquement, de même que les veuves qui vivent dans la débauche, ou qui prostituent leurs filles ; et, à l'égard des hommes qui leur auront fait violence, ils seront contraints à faire pénitence par les censures ecclésiastiques, soutenues de l'autorité des princes et des juges, lorsqu'ils en seront requis par l'évêque.

3. On condamne les jurements, les parjures et les faux témoignages. Les coupables subiront la rigueur des peines portées par les anciens canons ; on les chassera de l'église, et on ne récitera point leurs noms parmi les fidèles.

4. On prive de l'assistance à l'office de la messe, et de toute société chrétienne, ceux qui exercent des rapines, des meurtres, les incendiaires, ceux qui pillent les biens de l'Eglise, ou qui se souillent de crimes énormes d'impureté ; et l'on ordonne aux évêques de s'écrire mutuellement touchant les excommuniés, afin que personne ne communique avec eux.

5. Comme les Normands avaient pillé ou

brûlé plusieurs églises et plusieurs monastères, d'où les clercs et les moines en grand nombre avaient pris occasion de quitter leurs habits et de vivre sans observer aucune règle, on ordonne que ces vagabonds se remettent sous la conduite et la discipline de leurs évêques et de leurs abbés.

On avait remis à traiter en ce concile la question des conciles de Valence et de Quercy. Mais on ne jugea pas à propos de le faire expressément, pour ne pas renouveler des disputes que l'animosité des évêques des différents royaumes rendait trop vives. On prit le parti de le faire d'une manière équivalente par une lettre synodique du concile adressée à tous les fidèles. Elle contient deux parties. La première est une exposition de la foi assez diffuse, où sans faire d'autre mention des dernières controverses, on explique sur les points contestés le sentiment catholique, d'une façon qui assure la victoire aux évêques de Quercy. Car on y enseigne que Dieu veut que tous les hommes soient sauvés, et que personne ne périsse; que, même après la chute d'Adam, Dieu n'a pas ôté aux hommes leur libre arbitre, mais que ce libre arbitre est délivré, guéri et prévenu par la grâce; que Jésus-Christ est mort sur la croix pour tous ceux qui étaient sujets à la mort; qu'il s'est soumis à la loi pour tous ceux qui étaient sujets à la loi du péché et de la mort. N'est-ce pas dire assez clairement que Jésus-Christ est mort pour tous les hommes sans exception? La seconde partie de cette lettre est contre les usurpateurs des biens ecclésiastiques, et l'on y rapporte un grand nombre d'autorités pour montrer la grièveté de ce péché.

Ce fut Hincmar qui composa cette lettre par ordre du concile. Quand on en fit la lecture dans l'assemblée, quelques-uns la trouvèrent trop longue. Les prélats qui en jugèrent ainsi étaient apparemment ceux qui n'approuvaient pas les articles de Quercy, et qui pour cette raison auraient souhaité qu'on ôtât la première partie de la lettre : mais on n'en retrancha rien, et elle fut souscrite par le concile. Ainsi cette dispute qui partageait depuis plusieurs années l'épiscopat en France fut terminée au gré d'Hincmar. On peut dire qu'elle ne dura si longtemps que parce qu'on ne voulait pas s'entendre: car il paraît que les prélats qui eurent part à ces contestations étaient d'accord sur le fond du dogme.

Quelques-uns des évêques qui trouvèrent trop longue la lettre synodique en firent une espèce d'abrégé qui contient cinq canons, la plupart contre les usurpateurs des biens des églises. On les regarde comme une seconde édition des actes de ce concile : mais Hincmar de Reims soutint à Hincmar de Laon qu'il n'avait jamais entendu parler dans le concile de ces articles, quoiqu'on suppose qu'il les a signés. En effet les souscriptions qu'on lit à la fin de ces canons suffisent pour les rendre suspects; car on y voit celle d'Immon de Noyon, tué l'année précédente, avec celle de Reinelme, son successeur.

On traita dans le même concile l'affaire du comte Regimond ou Raimond avec Etienne, son gendre. Ce comte écrivit au concile de Touzi, pour se plaindre d'Etienne comte d'Auvergne, qui, après avoir épousé sa fille, refusait de consommer le mariage. Etienne fut cité et comparut : mais il refusa de s'expliquer devant d'autres que des évêques. C'est pourquoi quand on eut fait sortir du concile tous ceux qui n'étaient pas évêques, il dit qu'après s'être fiancé avec la fille du comte Regimond, il s'était souvenu d'avoir eu commerce avec une jeune fille, parente de la fiancée; qu'il avait consulté son confesseur pour savoir s'il pouvait contracter ce mariage, en faisant secrètement pénitence; qu'il lui avait répondu que ce serait un inceste que d'épouser la parente de celle avec laquelle on avait péché, et que la pénitence sans la séparation serait inutile; que cependant il s'était trouvé dans des circonstances où, pour mettre sa vie en sûreté, il s'était cru obligé d'épouser la fille de Regimond; mais que pour ne pas blesser sa conscience, il n'avait eu aucun commerce avec elle : qu'au reste, il était près de se soumettre au jugement des évêques, et de suivre les avis qu'ils auraient la bonté de lui donner pour son salut, pour l'honneur de cette fille et pour la satisfaction de Regimond.

Le concile l'ayant fait retirer, délibéra sur cette affaire; et il fut conclu que Rodulfe de Bourges et Frothaire de Bordeaux, qui étaient les deux métropolitains des parties tiendraient, pour juger canoniquement la cause, un concile où le prince et les seigneurs assisteraient, afin d'empêcher le tumulte et les séditions. Etienne se soumit à cet ordre et Hincmar fut chargé d'écrire aux deux archevêques une lettre au nom du concile sur la manière de procéder à la décision de cette affaire. Il y marque qu'on doit obliger Etienne à nommer la personne avec laquelle il dit avoir péché avant son mariage, afin qu'on puisse s'assurer de la vérité, et que si le fait est constant, et qu'elle soit parente de la fille de Regimond, il faut rompre le mariage, et néanmoins laisser à la femme la dot qu'elle a reçue, qui tiendra lieu de ce que devrait Etienne, s'il avait rompu les fiançailles, comme il y était obligé. *D. Ceillier; le P. Longueval.*

TRAGO (Synode du mont). *Voy.* ASTORGA l'an 946.

TRAJECTENSIA (Concilia). Voy. MAESTRICHT et UTRECHT.

TRANI (Concile provincial de), *Tranensis*, du 5 au 15 octobre 1589. Ce concile, tenu par l'archevêque Scipion de Tolpha et ses deux suffragants, eut quatre sessions.

Dans la première, on fit la profession de foi prescrite par Pie IV, et on la déclara obligatoire pour tous les bénéficiers. On régla en même temps le cérémonial du concile.

Dans la seconde, tenu le 8 octobre, on fit des décrets sur les devoirs des vicaires, des archiprêtres et des curés, sur les fêtes et sur es sacrements. On fit défense aux notaires de passer des contrats les jours de fêtes.

Dans la troisième, ou du 12 octobre, on termina la matière des sacrements. On traça les obligations des clercs, des curés et des chanoines, des réguliers et des religieuses. On recommanda aux curés la conversion des Grecs et l'extirpation de l'abus où l'on était apparemment de conserver pour les infirmes l'eucharistie consacrée le jeudi saint, jusqu'au jeudi saint de l'année suivante. On défendit de recevoir des maîtres d'école, qu'ils n'eussent fait leur profession de foi dans les termes prescrits par la bulle de Pie IV.

Dans la dernière session, on rappela les décrets du concile de Trente touchant la résidence. On indiqua aux prédicateurs les règles qu'ils devaient suivre, et les désordres contre lesquels ils devaient particulièrement s'élever. On ordonna la suppression de la fête des fous et des combats de taureaux.

On termina le concile par les acclamations ordinaires. *Constit. synodi prov. Tran. et Salpensis.*

TRAMOYE (Concile de) en Bresse, *Straminiacense*, l'an 835. *Voy.* CRÉMIEU.

TRECENSIA (Concilia). Voy. TROYES en Champagne.

TRÉGUIER (Synode de), *Trecorensis*, vers l'an 1330. Nous trouvons dans le *Thesaurus anecdotorum* de D. Martène un recueil de quatre-vingt-neuf statuts synodaux dont rien ne nous indique la date ou l'époque précise, si ce n'est le statut 66e, relatif à la fête du saint sacrement, qu'on ordonne de célébrer le jeudi de la semaine de la Trinité; le 67e, qui fixe la fête de saint Louis évêque de Toulouse à un des jours de l'octave de l'Assomption, et le 69e, qui fait mention de vingt jours d'indulgences accordées par le pape Jean XXII à celui qui dirait: *Benedictum sit nomen Domini nostri Jesu Christi.* Outre ces statuts, utiles pour assurer l'époque au moins approximative de ce synode, nous citerons le 49e, qui défend de servir plus de deux plats à l'évêque et à ses archidiacres dans leurs visites, à moins que ce ne soit avec leur agrément, et qui enjoint de distribuer aux pauvres tout le surplus; le 70e, conçu en ces termes: « *Statuit dominus episcopus et præcipit omnibus curatis, quatenus indicant omnibus parochianis suis ætatem congruam et sanitatem habentibus jejunium quadragesimæ instante die Mercurii post sanctam Trinitatem in omnibus ecclesiis suis, et ut celebretur illa missa de S. Spiritu ad hoc ut Dominus concedat miracula nova fieri per preces domini Yvonis Hælori* (a). » La première partie de ce statut signifie-t-elle qu'on fixera tous les ans, à la messe qui se dira le mercredi après la Sainte-Trinité, l'époque du carême prochain; ou ne signifie-t-elle pas plutôt qu'on ordonnera un jeûne quadragésimal tous les ans le mercredi après la Trinité, ou la veille de la fête du saint sacrement? Nous croyons devoir

(a) Il s'agit de S. Yves, prêtre.

nous arrêter à cette dernière interprétation.

Le 76e oblige les femmes enceintes de se confesser dans le mois qui doit précéder leurs couches.

Le 78e ordonne, sous peine d'amende, de sonner les matines, les vêpres et le couvre-feu.

Le 81e impose aussi une amende aux riches qui travailleront le samedi après les vêpres à quelque œuvre servile; et quant aux pauvres surpris de même à travailler, il veut que, pendant cinq dimanches de suite, ils suivent la procession en chemise et en caleçon, ayant à leur cou l'instrument de leur travail. D'autres synodes, qu'on a pu voir cités déjà dans cet ouvrage, ont condamné comme judaïque la pratique de s'abstenir le samedi d'œuvres serviles.

Les autres statuts ne nous présentent rien de particulier. *Thes. nov. anecd.*, t. IV, col. 197 *et seq.*

TRÉGUIER (Synode de), l'an 1334, sous l'évêque Alain, qui y publia vingt-six statuts. Le 4e et le 5e sont contre les curés qui négligeraient de réclamer les clercs saisis par des juges laïques. Le 6e est de même contre les atteintes portées à la liberté de l'Église. Le 8e oblige tous les prêtres d'avoir et de lire l'histoire de saint Tudgual. Le 9e prescrit à tous les chapelains de visiter une fois chaque année l'église cathédrale de Tréguier. Le 2e, le 14e et le 23e recommandent la résidence aux curés et à tous les bénéficiers. Le 15e est contre les oppositions apportées malicieusement aux contrats de mariages. Le 16e déclare suspens les prêtres qui auraient chez eux des femmes suspectes. Le 17e réserve à l'évêque le pouvoir d'absoudre l'ecclésiastique qui aurait omis trois jours de suite la récitation de son office. Le 26e et dernier déclare excommuniés les curés qui attendraient plus de huit jours à passer à l'évêque les testaments de leurs paroissiens. *Ibid.*

TRÉGUIER (Synode de), l'an 1365. L'évêque Évin y publia huit statuts, dont le 2e et le dernier condamnent les charivaris donnés à l'occasion de secondes noces; le 3e fait défense de coucher de petits enfants dans un même lit avec soi; le 6e prescrit la résidence; et le 7e ordonne de faire l'office de la Vierge tous les samedis, celui de saint Tudgual tous les jeudis, et celui de saint Yves tous les lundis. *Ibid.*

TRÉGUIER (Synode de), l'an 1371, par l'ordre de l'évêque Jean. Des sept statuts qui y furent publiés, le 1er oblige tous les curés à se pourvoir d'un exemplaire des statuts du diocèse; le 2e ordonne de dénoncer excommuniés tous ceux qui attentent à la liberté des clercs; le 4e interdit aux chapelains de faire des quêtes, à moins d'y être autorisés par le titre de leur bénéfice; le 5e défend aux mêmes de célébrer ou d'administrer les sacrements sans l'agrément du curé de l'endroit; le dernier révoque les dispenses anciennement accordées. *Ibid.*

TRÉGUIER (Synode de), l'an 1372, sous

le même, qui y publia onze statuts. Le 1er et le 2e prescrivent le serment aux avocats et aux notaires, à leur entrée en charge ; le 5e défend à tout bénéficier de desservir un autre bénéfice en même temps avec le sien ; le 6e ordonne des quêtes pour la fabrique de chaque église ; le 7e et le 8e repoussent des fonctions du ministère les prêtres ivrognes ; le 9e recommande la régularité de l'office divin ; le 11e défend de dire deux messes en un même jour, excepté dans les cas exprimés par le droit. *Ibid.*

TREGUIER (Synode de), l'an 1374, sous le même. On y fit huit statuts. Le 1er recommande le culte de la sainte Vierge et de quelques autres saints ; le 2e accorde aux fondateurs le droit de sépulture dans les églises qu'ils ont fondées ; le 4e oblige chaque curé à se servir d'un cachet qui lui soit propre ; le 6e excommunie ceux qui portent atteinte aux libertés ecclésiastiques. *Ibid.*

TREGUIER (Synode de), l'an 1380, sous l'évêque Thibaud. Ce prélat y publia huit statuts. Le 1er interdit aux curés de se faire chapelains d'une autre église ; le 2e exige des chapelains, pour être admis à régir des églises, qu'ils présentent des lettres de l'évêque ; le 3e oblige les prêtres à être chaussés proprement pour dire la messe ; le 4e rappelle l'obligation de renouveler le saint chrême chaque année ; le 7e contient la défense d'afferner aux laïques les bénéfices ecclésiastiques. *Ibid.*

TREGUIER (synode de), l'an 1423, sous l'évêque Jean. Un des statuts publiés dans ce synode frappe d'excommunication les clercs qui abuseraient de la simplicité de quelques personnes pour les opprimer. *Ibid.*

TREGUIER (Synode de), l'an 1426, sous le même. Le 2e des trois statuts publiés dans ce synode renouvelle le 3e que nous venons de rapporter du synode précédent. Le dernier prohibe les foires pour les jours de fêtes. *Ibid.*

TREGUIER (Synode de), l'an 1431, sous l'évêque Pierre, qui y fit publier douze statuts ; le 3e fait défense aux curés d'être absents plus de huit jours de suite de leur bénéfice ; le 7e condamne la pluralité des bénéfices ; le 8e impose aux curés l'obligation de savoir le bas-breton, ou l'idiome de leurs paroissiens. *Ibid.*

TREGUIER (Synode de), l'an 1435, sous l'évêque Raoul. Il y publia neuf statuts. Le 3e prescrit la résidence ; le 4e oblige de tenir registre des excommuniés ; le 6e et le 7e prescrivent la fidèle exécution des testaments ; le 7e a pour objet de protéger la liberté ecclésiastique ; le 9e et dernier tend à réprimer l'abus des quêtes. *Ibid.*

TREGUIER (Synode de), l'an 1436, sous le même, qui y publia six statuts. Le 3e ordonne à tous les ecclésiastiques de porter la tonsure ; le 4e défend, sous peine de dix livres d'amende, de graver l'image de la croix sur les pierres des tombeaux ou sur le pavé des églises ; le 5e frappe d'une amende beaucoup plus forte les mariages clandestins ; le 6e réprime les prétentions d'une certaine as- sociation de personnes de l'un et de l'autre sexe appelées *cacos* dans le pays.

TREGUIER (Autre Synode de), même année. Statuts contre les concubinaires, contre les oppresseurs de la liberté ecclésiastique, et contre les bénéficiers non résidants. *Ibid.*

TREGUIER (Synode de), l'an 1437, sous le même. On y régla le calendrier des fêtes, et l'on recommanda de nouveau la résidence. *Ibid.*

TREGUIER (Synode de), l'an 1439, sous le même. Statuts semblables aux précédents. On y recommanda de plus le respect des cimetières et le payement des dîmes. *Ibid.*

TREGUIER (Synode de), l'an 1440, sous le même. Statut qui défend de permettre à des prêtres étrangers de dire la messe sans une autorisation de l'évêque, etc. *Ibid.*

TREGUIER (Synode de), l'an 1450, sous l'évêque Jean. Le prélat y diminua le nombre des fêtes d'obligation, et fit un autre statut pour réprimer le vagabondage et empêcher la mauvaise foi des débiteurs. *Ibid.*

TREGUIER (Synode de), l'an 1455, sous le même. Nouveaux statuts sur le devoir de la résidence et contre la pluralité des bénéfices ; défense d'ériger des monuments dans les cimetières et les églises sans en prévenir le curé et sans le consentement du procureur de la fabrique et de la meilleure partie des paroissiens ; obligation imposée de chômer la fête de la Présentation de la sainte Vierge. *Ibid.*

TREGUIER (Synode de), l'an 1456, sous le même. On rappelle à tous les ecclésiastiques, tant séculiers que réguliers, l'obligation de se rendre au synode ; à tous les bénéficiers, le devoir de la résidence ; on défend aux femmes, sous peine d'excommunication et d'amende, de se placer dans le chœur de l'église, ou à la distance de quatre pieds seulement de l'autel. *Ibid.*

TREGUIER (Synode de), l'an 1457, sous le même. On y ordonna, entre autres statuts, le respect de la juridiction ecclésiastique. *Ibid.*

TREGUIER (Synode de), l'an 1459, sous le même. On y régla de nouveau le calendrier des fêtes. *Ibid.*

TREGUIER (Synode de), l'an 1462, sous le même. Statut contre les assemblées nocturnes de femmes ; défense de détourner les oblations pour les donner aux baladins. *Ibid.*

TREGUIER (Synode de), l'an 1467, sous l'évêque Christophe. On y déclara fêtes d'obligation les fêtes de la Visitation et de la Présentation de la sainte Vierge, et celle de saint Thomas d'Aquin. *Ibid.*

TREGUIER (Synode de), l'an 1469, sous le même. Statuts en faveur des libertés ecclésiastiques. *Ibid.*

TREGUIER (Synode de), l'an 1485, sous l'évêque Robert. Statuts concernant les fabriques. *Ibid.*

TREGUIER (Synode de), l'an 1493. Statut contre les concubinaires, les fornicaleurs et les adultères ; autres semblables aux précédents. *Ibid.*

TREGUIER (Synode de), l'an 1494, sous le même. Le prélat y ordonne qu'à l'avenir les tailles ecclésiastiques soient imposées proportionnellement aux facultés de chacun des contribuables. *Ibid.*

TREGUIER (Synode de), l'an 1495, sous le même. Les assemblées ou veillées nocturnes de femmes y sont condamnées de nouveau. *Ibid.*

TREMEAIGUES (Concile de) en Roussillon, *inter Ambas Aquas*, l'an 1035 : sur l'abbaye de Saint-Michel de Cuxa. *Mabill. Annal.* t. IV.

TREMONIENSIA (*Concilia*). *Voy.* DORTMONT.

TRENORCHIENSIA (*Concilia*). *Voy.* TOURNUS.

TRENTE (Synode diocésain de), *Tridentina*, l'an 1279, tenu par l'évêque Henri, contre les détenteurs des biens d'église. *Mansi, Conc.* t. XXIV.

TRENTE (Synode diocésain de), *Tridentina*, l'an 1336, sous un autre évêque Henri. Il y fut publié trente et un règlements sur la tenue du chapitre et les devoirs des chanoines.

TRENTE (Concile, dernier œcuménique, de), *Tridentinum*, ouvert le 13 décembre 1545, et terminé le 4 décembre 1563. Ce concile, qui est encore aujourd'hui comme le dernier cri de l'Eglise s'expliquant librement dans ses assises générales, fut indiqué, par une bulle du pape Paul III, pour le 1er novembre 1542 (*a*) ; mais l'ouverture n'en fit que le 13 décembre 1545, par les légats du pape, savoir les cardinaux del Monte, évêque de Palestrine, Marcel Cervini, prêtre, et Renaud Polus, diacre. Ces trois légats, accompagnés du cardinal prêtre Christophe Madruce, évêque de Trente, de quatre archevêques et de vingt-deux évêques, avec cinq abbés généraux d'ordres, plusieurs théologiens et quelques ambassadeurs, tinrent la première session le 13 décembre (*b*).

Ire Session. Les légats ainsi que les autres Pères s'étaient d'abord revêtus de leurs habits pontificaux dans l'église de la Trinité. Là, après avoir chanté l'hymne d'invocation au Saint-Esprit, ils se mirent en procession. En tête marchaient les ordres réguliers, ensuite les chapitres collégiaux et le reste du clergé ; puis venaient les évêques, et enfin les légats, suivis des ambassadeurs du roi des Romains. Ils se rendirent en cet ordre à la cathédrale, qui est dédiée à saint Vigile. Là le premier légat officia solennellement et accorda ensuite, au nom du pape, à tous ceux qui étaient présents, une indulgence plénière, leur enjoignant de prier pour la paix et pour la concorde de l'Eglise. Ensuite un discours latin fut prononcé par Cornelius Musso, de Plaisance, frère mineur conventuel, et évêque de Bitonto ; après quoi le légat récita différentes prières selon le cérémonial, et bénit trois fois le concile entier. On chanta les litanies, et on lut les bulles d'indiction (*c*) du concile. Lorsque tout fut terminé, les Pères s'étant assis, le premier légat leur demanda s'ils étaient d'avis que le concile fût déclaré ouvert ; et ensuite s'ils étaient d'avis que, vu les empêchements des fêtes prochaines, la première session eût lieu le lendemain de l'Epiphanie. Les Pères répondirent à chaque fois par le mot que l'usage a consacré : *Placet.* Alors que tout Hercule Severoli, comme promoteur du concile, demanda que de tout ceci acte fût dressé. Enfin on chanta le *Te Deum*, et tous les prélats, s'étant dépouillés de leurs habits pontificaux, s'en retournèrent à leurs logis, ayant à leur tête les légats, précédés eux-mêmes de la croix.

Dans l'intervalle de cette première session, ou séance d'ouverture, à la suivante, on tint plusieurs congrégations. Dans la première, le 18 décembre, le cardinal del Monte proposa quelques règlements pour le bon ordre pendant la tenue du concile, et régla qu'on examinerait les matières qui devaient être traitées dans les congrégations et dans les sessions, et la manière dont on ferait cet examen. Les légats firent trouver bon aux Pères que le pape nommât les officiers pour le concile.

Dans la seconde congrégation, ou le 19 décembre, l'archevêque d'Aix et l'évêque d'Agde prièrent les légats de ne rien traiter d'essentiel, avant l'arrivée des ambassadeurs du roi de France. Les légats répondirent, que les choses dont on parlait actuellement n'étaient que des préliminaires, qui ne pouvaient intéresser Sa Majesté très-chrétienne ; qu'il ne fallait pour ces sortes de règlements que le concert d'un petit nombre d'évêques, et qu'avant d'entrer dans des matières plus importantes, on prendrait tous les délais nécessaires. Cette réponse fut approuvée de tous les assistants, excepté des deux Français, qui persistèrent dans leur demande, et l'on remit à un autre jour la solution de cette difficulté, qu'on accommoda en effet peu de jours après, en promettant par écrit au roi de France tous les égards que leur permettraient l'honneur de Dieu et du concile et la droite raison, en conjurant Sa Majesté de hâter le départ de ses ambassadeurs et l'arrivée des prélats. Une autre

---

(*a*) Le P. Richard dit, *pour le 15 mars 1543* ; mais nous ne savons sur quel fondement. La bulle d'indiction, mise en tête du concile, porte expressément *ad kalendas proximas novembris anni præsentis ab Incarnatione Domini 1542 incipiendum*.

(*b*) Pallavicini semble ne considérer (*Hist. du conc. de Trente, liv. V, c.* 17) cette session que comme une séance d'ouverture qui ne fait pas nombre, et il ne compte pour première session que la deuxième, tenue le 7 janvier. Cette observation est importante pour ne pas attribuer à la session du 13 décembre, sous prétexte que c'est la première, ce qui réellement ne s'est passé que le 7 janvier.

Un peu plus loin cependant (*liv. VI, c.* 5), Pallavicini appelle deuxième session la session du 7 janvier, comme elle est comptée dans les actes.

(*c*) Il semblerait, d'après Pallavicini, que la bulle d'indiction n'aurait été lue que le 7 janvier. Cependant les actes de la session du 13 décembre portent en termes exprès : *Lectæ fuerunt bullæ indictionis concilii* (*Labb.*, t. *XIV, col.* 733). C'est qu'il faut distinguer la bulle d'indiction d'avec le bref d'ouverture, qui ne fut lu en effet que le 7 janvier, et non le 13 décembre, comme l'a prétendu Fra Paolo.

chose remarquable qui se passa dans cette réunion ou celle de la veille fut l'arrivée de Jérôme Oléastro, dominicain célèbre par ses commentaires sur le Pentateuque : il était envoyé par Jean, roi de Portugal. Ce religieux prince avait des ambassadeurs désignés pour le concile ; mais comme leur départ était différé de quelque temps, à cause des préparatifs d'argent et de meubles qu'il fallait faire pour paraître sur ce grand théâtre avec la dignité convenable, Jean, pour prouver à l'Eglise sa bonne volonté, fit partir par avance trois dominicains, en les munissant de ses pouvoirs. Différents obstacles avaient arrêté les deux autres en route ; le seul Oléastro arriva alors, et après avoir exhibé ses lettres de créance, il demanda à être admis à titre d'ambassadeur. Les Pères remercièrent respectueusement le prince de son religieux empressement ; mais venant à examiner la teneur de ses lettres, ils ne trouvèrent pas qu'elles conférassent à Oléastro la qualité et les pouvoirs qu'il réclamait. Toutefois, comme il était à Trente le seul représentant de sa nation et l'envoyé d'un si bon monarque, ils jugèrent, tant pour ce motif qu'à cause de son mérite personnel, que sans obtenir précisément ce qu'il demandait, il avait droit d'obtenir du concile quelque marque particulière d'honneur.

Dans la troisième congrégation, tenue le 29 décembre, on accorda voix délibérative aux abbés et généraux d'ordres, et on chargea trois prélats de voir les procurations des évêques, et de marquer leurs places. Les légats ayant écrit au pape sur la manière d'opiner dans le concile, c'est-à-dire, si l'on opinerait par nations, comme on avait fait aux conciles de Constance et de Bâle, ou si chacun aurait son suffrage libre, en décidant à la pluralité des voix, comme on avait fait au dernier concile de Latran, le pape décida qu'il fallait suivre cette seconde manière d'opiner, ajoutant qu'il fallait traiter des points de religion, en condamnant la mauvaise doctrine sans toucher aux personnes, et ne traiter de la réformation, ni avant les dogmes, ni conjointement avec eux, parce que, disait-il, ce n'était pas la principale cause de la tenue du concile ; que s'il s'élevait quelque dispute sur ce qui concerne la cour de Rome, il faudrait écouter les prélats, non pour les satisfaire dans le concile, mais pour en informer le souverain pontife, qui appliquerait les remèdes convenables.

Dans celle du 5 janvier 1546, on traita de la manière de proposer les questions ; on décida, sur l'avis du pape, que ceux qui étaient chargés de procuration, n'auraient point voix délibérative dans le concile. On agita longtemps la question sur le titre qu'on donnerait au concile ; car la formule par laquelle les décrets doivent commencer, et que le pape avait envoyée aux légats, servit comme de texte à beaucoup de disputes. Elle était conçue ainsi : « Le saint et sacré concile de Trente assemblé légitimement dans le Saint-Esprit, les légats du siége apostolique y présidant, etc. » Plusieurs évêques voulaient qu'on y ajoutât le terme d'*œcuménique*, et d'autres demandaient qu'on y mît aussi ces mots, *représentant l'Eglise universelle*, comme il avait été pratiqué dans les conciles de Constance et de Bâle. Sur la qualité d'*œcuménique*, il n'y eut pas de grandes difficultés, et dans la suite on l'adopta ; on y ajouta même celle de *général* ; en sorte que partout, à partir de la troisième session, on trouva dans les titres des décrets : *Le saint et sacré concile œcuménique et général de Trente*. Mais pour les termes de *représentant l'Eglise universelle*, ce fut la matière d'une dispute très-considérable. Le cardinal del Monte, premier président, se déclara formellement contre cette addition. Il dit qu'elle avait pu paraître nécessaire au concile de Constance pour extirper le schisme ; que la pratique du concile de Bâle ne devait pas servir de modèle, puisque cette assemblée s'était laissé entraîner à des éclats schismatiques contre le pape Eugène IV ; que, dans les circonstances présentes, ces expressions pourraient offenser les protestants, et sembler leur interdire la liberté de se défendre, en les condamnant, pour ainsi dire, par le titre seul du concile.

Ces raisons firent impression sur la plupart des Pères, et le décret fut dressé sans qu'il y eût au titre ces mots, *représentant l'Eglise universelle*. Mais quand on fut assemblé en session, l'archevêque d'Aix et huit autres prélats dirent qu'ils n'y consentiraient point, si l'on supprimait cette addition. Les mêmes remontrances furent faites dans la congrégation suivante ; et les trois légats tâchèrent d'apaiser ces mouvements, en priant les Pères de ne rien changer à la forme du décret. Le cardinal Polus, soutenant toujours son caractère d'homme de bien, dit qu'il valait beaucoup mieux rentrer en soi-même et former le plan d'une conduite régulière, que de se procurer des titres qui ne donnaient aucun degré d'autorité, et qui pouvaient nuire à la cause de l'Eglise. Enfin, après bien des observations faites en toute liberté de part et d'autre, la pluralité des suffrages se déclara contre l'addition, et le décret fut publié avec le titre que nous voyons dans les actes. Car lorsque les légats proposèrent le décret qui devait être lu dans la troisième session pour fixer le jour de la quatrième, trois évêques demandèrent encore que cette addition fût faite au titre, et l'évêque de Fiesoli, qui était un de ces prélats, assura qu'il ne consentirait jamais au décret, si les termes faisant foi de la *représentation* n'y paraissaient pas. Sur quoi le cardinal del Monte lui remontra qu'il était fort inconvenant à un évêque de se raidir ainsi contre la décision de tout un concile ; que cependant, pour le satisfaire, on allait encore mettre la chose en délibération, mais que si l'addition était rejetée, il ne lui serait plus permis d'en parler dans l'assemblée des Pères. L'évêque repartit qu'il ne changerait point de sentiment, et que sa conscience l'obligeait de le soutenir de tout son pouvoir.

Alors le cardinal Polus lui fit observer que la conscience doit être tranquille, quand une affaire se trouve décidée par le plus grand nombre des suffrages; qu'on est même obligé dans ces circonstances de se rendre au sentiment des autres. L'évêque de Fiesoli persista néanmoins dans son opposition, et le premier légat lui dit d'un ton ferme : « Croyez-vous donc qu'il vous soit permis de troubler ainsi un concile, et d'être tous les jours un sujet de discorde? Sachez que votre devoir est de dire votre avis, et ensuite d'acquiescer à l'opinion qui a le plus de suffrages. Si vous passez ces bornes, on prendra des mesures pour réprimer vos entreprises. » Après cette réprimande sévère, on alla encore aux voix, et tous les membres de l'assemblée, hors l'évêque de Fiesoli, opinèrent pour laisser le décret dans son état, sans marquer dans le titre que le concile *représentait l'Eglise universelle*.

Cette qualité, qu'on pouvait difficilement lui refuser dès qu'on le reconnaissait pour œcuménique, paraissait toutefois d'une conséquence dangereuse, à cause de l'usage qu'en avaient fait les conciles de Constance et de Bâle. C'est pour cette raison que les légats se montrèrent toujours si difficiles à cet égard; ils craignaient, ainsi qu'ils s'en expliquèrent dans leur lettre du 5 janvier 1546 au cardinal Farnèse, qu'il ne prit envie à quelques prélats de joindre à cette première addition les termes dont on s'était servi à Constance et à Bâle, pour exprimer la supériorité du concile général au-dessus du pape. Pour détourner ce coup, ils insistèrent à dessein sur l'exemple des autres conciles, qui n'avaient point parlé de cette manière; ils s'attachèrent à faire voir qu'une telle addition ne pouvait être qu'odieuse, non-seulement au saint-siége, mais aux hérétiques eux-mêmes, et dirent enfin sur cela tout ce qui pouvait leur venir de mieux à la pensée, mais sans découvrir à l'assemblée le secret de leur âme.

Le général des augustins, Jérôme Seripandi, depuis cardinal, contribua plus que tout autre à ramener les opposants au sentiment des légats. Persuadé que ce qui rend si difficile la conciliation d'opinions opposées, c'est la répugnance qu'on éprouve à s'avouer vaincu dans un débat de raisonnement, il fit voir qu'il ne s'agissait pas alors de bannir ce titre à jamais, mais de le réserver à des temps meilleurs, lorsque le concile serait dans un état plus florissant, et pour des questions dont l'importance répondrait à la majesté de ce titre imposant placé en tête des décrets. Ainsi, cachant sous le nom d'ajournement leur désistement réel, ces évêques se retirèrent honorablement du combat. Ils voulurent cependant qu'on ajoutât au décret précédent les épithètes déjà mentionnées d'*œcuménique* et d'*universel*, puisque le souverain pontife les appliquait lui-même au concile dans la bulle de convocation. Et de cette nouvelle disposition prise à l'égard d'un décret fait antérieurement, il résulta qu'il en parut quelques exemplaires où était cette addition, et quelques autres où on ne la trouvait pas. Après ce triomphe obtenu par une voie si douce sur les plus obstinés, et cette nouvelle preuve de la condescendance des légats, on ne fut que plus indigné de voir un seul évêque récuser l'autorité unanime de ceux qui étaient rassemblés pour donner des lois à tout le monde chrétien.

Dans les congrégations du dix-huit et du vingt-deux, on discuta longuement et vivement si l'on traiterait d'abord des dogmes, ou si l'on commencerait par la réforme. Le pape pensait que le concile ne devait s'occuper que de la foi; l'empereur, pour complaire aux protestants, voulait que l'on commençât par la réforme. Ce qui était vouloir tirer les conséquences avant d'avoir posé les principes, vouloir couronner un édifice avant d'en avoir assuré les fondements. Pour concilier le tout, les légats proposèrent de s'occuper à la fois du dogme et de la réformation. La majorité parut de cet avis dans l'assemblée du dix-huit; mais dans celle du vingt-deux, le cardinal de Trente lut un discours qui fit revenir la majorité au sentiment de l'empereur. Le premier président, le cardinal del Monte, avant qu'elle se fût expliquée, prit son parti en homme habile. Il dit qu'il remercierait Dieu d'avoir inspiré au cardinal de Trente la pensée si ecclésiastique de commencer la réforme de la chrétienté par eux-mêmes; qu'il s'offrait sur-le-champ, comme il était le premier en dignité, à donner aussi le premier l'exemple; qu'il se démettrait de son évêché de Pavie, qu'il laisserait tout ce qu'il y avait de brillant dans son train, et qu'il réduirait sa cour; que chacun des autres en pourrait faire autant, et que la réforme des Pères serait consommée en peu de jours, à la grande édification du monde chrétien; mais qu'il ne fallait pas pour cela ajourner les décisions dogmatiques, ni souffrir que tant de chrétiens continuassent, au risque de se perdre, à vivre au milieu de ténèbres qui seraient imputables au concile chargé de les dissiper; que la réforme de la chrétienté était une affaire de difficile exécution, et qui demanderait beaucoup de temps; qu'il y avait besoin de réforme ailleurs qu'à la cour romaine; que si on criait plus fort contre elle, ce n'était pas qu'elle fût la plus vicieuse, mais parce qu'elle était le plus en évidence; que les abus se retrouvant dans tous les ordres, tout habit avait besoin de la brosse et tout champ du râteau; qu'il ne convenait pas d'attendre la fin d'un travail si long pour éclairer les fidèles sur la véritable doctrine du Sauveur, et de laisser, en attendant, s'engloutir dans les abîmes du Cocyte, comme parle l'Ecriture, tant d'âmes qui pensaient traverser les eaux du Jourdain.

Ces paroles du légat furent comme un enchantement qui changea à l'heure même le visage et le cœur de chacun. On avait cru jusqu'à ce jour que les prélats romains ne redoutaient rien tant que leur propre réforme, et que la foi et les dogmes n'étaient que des mots spécieux, avec lesquels ils se paraient des apparences du zèle. Mais à cette bonne volonté des légats pour l'exécution prompte de la réforme, chacun des évêques demeura étonné et satisfait. Le cardinal de Trente seul fut mortifié; il était, en entrant, à la tête de tous, et pour ainsi dire triomphant avant de combattre, et il se voyait tout à coup seul, abandonné, et de censeur ardent des autres, devenu l'objet d'une critique indirecte qui le signalait comme ayant besoin lui-même de réforme, à cause de l'opulence de ses revenus ecclésiastiques et de la magnificence du train qu'il menait. Il protesta donc, au milieu de son trouble, qu'on avait mal pris ses paroles; qu'il n'avait voulu attaquer personne; qu'il était persuadé qu'il y avait tel évêque qui administrait mieux deux évêchés que tel autre un seul; que quant à lui, il était disposé à se démettre de celui de Brixen, quand le concile le jugerait à propos.

Le cardinal Cervini, second président, développant la pensée de son collègue, ajouta que les Pères agissaient sous les yeux d'un juge qu'on ne pouvait tromper : si, au préjudice de leurs propres intérêts, ils cherchaient ceux de Dieu, ils acquerraient des droits à la vénération du monde entier; pour être digne de cette récompense, ce n'était pas la paille des paroles qu'il fallait, mais l'or des actions. Ensuite il montra la nécessité de ne pas négliger les décisions de la foi, à l'exemple de ce qui se faisait dans les anciens conciles, à une époque où pour tant le monde n'était pas pur d'abus. Ce même sentiment fut embrassé par le cardinal Polus et par le cardinal Pacheco; ce dernier ajouta que la réforme ne devait pas se borner à une classe de personnes, qu'elle devait être universelle. Vint après le général des servites, qui opina dans le même sens; il établit, avec les propres paroles des hérétiques, qu'eux-mêmes imputaient la démoralisation dans les ecclésiastiques à la religion qu'ils avaient dénaturée; que la corruption est la compagne inséparable de l'impiété : si donc on ne décidait pas d'abord les vérités de la religion, quelque grande amélioration qu'on fît dans ce qui regardait la discipline, les évêques n'approuveraient jamais comme honnête la vie de ceux dont ils jugeraient la croyance sacrilége. L'opinion qu'on ne devait pas préférer les règlements de discipline aux discussions sur la foi prévalut donc tellement, que quelques-uns enfin en vinrent à dire que, si une de ces matières devait se différer pour céder le pas à l'autre, il serait plus convenable de commencer exclusivement par celle de la foi.

Mais la raison qui convainquit le plus fortement de la nécessité d'embrasser les deux matières en même temps, fut la considération de ce qui avait été déclaré à la dernière diète tenue à Worms : on y avait dit que, dans le cas où, à l'époque de la diète suivante, indiquée pour être tenue à Ratisbonne, on n'aurait pas l'espérance d'obtenir par le concile un remède approprié aux deux maux à la fois, on y pourvoirait au moyen d'une assemblée impériale. On ne pouvait donc négliger l'un ou l'autre, sans s'exposer à voir les laïques s'en occuper les premiers, au grand applaudissement des hérétiques et à la honte de l'Église, dont la paix en serait troublée. D'autres résolutions moins importantes furent arrêtées aussi dans cette congrégation, tenue le 22 janvier.

II° Session, 7 janvier 1546. Il s'y trouva trois légats, le cardinal de Trente, quatre archevêques, vingt-huit évêques, trois abbés bénédictins, quatre généraux d'ordre, et environ vingt théologiens; à la messe qui fut chantée, Coriolan Martiran, évêque de Saint-Marc, prononça le discours; puis on lut, au nom des légats, une exhortation à tous les Pères, composée par le cardinal Polus. Après la messe, l'évêque de Castellamare, qui l'avait célébrée, lut du haut de la chaire les constitutions du pape, tant celles qui concernaient le jour de l'ouverture que celles qui défendaient d'admettre le suffrage des procureurs des absents. Vint ensuite un décret qui exhortait les fidèles présents à Trente à vivre dans la crainte de Dieu, à prier sans cesse, à se confesser souvent, à communier, à fréquenter les églises, et à observer les commandements de Dieu. On recommanda aux évêques et aux prêtres de célébrer le sacrifice de la messe au moins tous les dimanches; de prier pour le pape et pour les souverains; de jeûner tous les vendredis; de faire l'aumône aux pauvres; d'être sobres, chastes, irréprochables et exemplaires dans toute leur conduite. Le concile exhorta tous ceux qui étaient versés dans les saintes lettres à s'appliquer, chacun avec une sérieuse attention, à la recherche des moyens par lesquels la sainte intention qu'on avait eue en assemblant le concile pût être remplie. On recommanda à tous les membres de l'assemblée, conformément au premier statut du onzième concile de Tolède, lorsqu'ils tiendraient leurs séances, de ne pas s'en porter par des bruits indiscrets, ni par des contestations opiniâtres; mais que chacun tâchât d'adoucir ce qu'il aurait à dire par des termes si affables et si honnêtes, que ceux qui les entendraient n'en fussent pas offensés. On tint ensuite plusieurs congrégations.

Dans la première, qui se rassembla le 13 janvier, on renouvela la dispute sur le titre des décrets, où plusieurs voulaient, comme nous avons dit, qu'on ajoutât : *représentant l'Église universelle.*

On fit la lecture des lettres que le concile avait fait écrire aux princes. On divisa les évêques du concile en trois classes, pour s'assembler dans le logis de chacun des légats, avant de porter leurs délibérations à la congrégation générale, afin qu'elles y fussent reçues avec moins d'altercation, et on fit le choix des Pères qui devaient composer ces trois classes : on fit un décret pour la lecture du symbole de Constantinople à la session prochaine.

IIIe Session, 4 février 1546. A la messe par laquelle on commença cette session, selon l'usage, le sermon fut prêché par le frère Ambroise Politi de Sienne, à qui sa dévotion pour la sainte de son pays et de son ordre fit donner le surnom de Catharin, qu'il a rendu si célèbre. On lut ensuite deux décrets. On disait dans le premier que les Pères connaissant la grandeur des matières qu'ils avaient à traiter, et dont les principaux chefs étaient l'extirpation de l'hérésie et la réforme des mœurs, sachant d'ailleurs que ce ne serait pas contre la chair et le sang qu'ils auraient à combattre, mais contre la méchanceté d'esprits célestes, le concile les exhortait tous ensemble, et chacun en particulier, à se fortifier dans le Seigneur et dans la puissance de sa vertu, à s'armer du bouclier de la foi, à se couvrir du casque du salut, et à prendre en main le glaive de l'esprit, qui est la parole de Dieu. Puis on arrêtait qu'on ferait précéder tout autre acte de la confession de la foi, suivant l'exemple des Pères, qui avaient commencé par les plus saints conciles, et qui plus d'une fois n'avaient pas eu besoin d'autres armes pour amener à la foi les infidèles, dompter les hérétiques et affermir les fidèles. On concluait ce décret en reproduisant mot pour mot le symbole de Constantinople.

Dans l'autre, on fixait la prochaine session au huitième jour d'avril : si le terme en était si reculé, c'est qu'on se proposait par ce délai de donner plus de force et d'autorité aux décisions qu'on y devait prendre, en les présentant munies d'un plus grand nombre de suffrages ; car on savait que plusieurs évêques étaient en route, et que d'autres se préparaient à partir pour le concile.

Priés de dire leur avis sur le premier décret, le premier légat et ensuite tous les autres Pères répondirent : *Placet*, il nous plaît. Il n'y eut que l'évêque de Fiesoli, et deux autres avec lui, l'un italien et l'autre espagnol, qui demandèrent qu'on y ajoutât quelque chose. Le premier déclarait, dans son billet, qu'il ne pouvait approuver ce décret ni aucun autre, à moins qu'on ne donnât au concile le titre de concile *représentant l'Eglise universelle*. Les deux autres déclaraient qu'ils ne consentaient à l'omission du titre en question pour cette fois, qu'à condition que le concile se réserverait le droit de l'ajouter quand il le jugerait à propos. Tant certains hommes répugnent à se désister d'une opinion qu'ils ont une fois adoptée. Sur le second décret, l'évêque de Fiesoli fit encore la même protestation ; les deux autres firent paraître une nouvelle plainte, mais assez insignifiante.

Les légats furent sensibles à l'opposition de ces trois évêques ; aussi, dans la congrégation du 8 février, le cardinal del Monte pria chacun de se contenter du titre assez imposant d'*œcuménique* et de *général* qu'avait le concile et qu'il méritait ; que l'addition qu'on demandait d'y faire ne se trouvait pas dans les conciles les plus anciens ; qu'elle avait été introduite par celui de Constance, parce qu'alors il n'y avait pas de pape certain, et qu'on pût regarder comme le chef universel de l'Eglise, et que par conséquent on n'avait pas dit dans ce concile que tout concile représentât l'Eglise universelle, mais nommément celui de Constance ; que les deux conciles qui suivirent, à savoir : celui de Florence et celui de Latran, avaient renoncé à ce titre. Ces raisons en firent revenir quelques-uns de l'autre opinion.

Ensuite on passa aux matières qu'on devait avoir à examiner dans la session prochaine. Le même légat représenta qu'il serait à propos de commencer par énumérer et recevoir les livres canoniques de l'Ecriture, afin d'arrêter avec quelles armes on combattrait les hérétiques, et sur quelle base on fonderait la croyance des catholiques, dont quelques-uns vivaient à cet égard dans la plus déplorable incertitude, le même livre étant adoré par les uns comme l'expression du Saint-Esprit, et exécré par les autres comme l'œuvre d'un imposteur sacrilège.

On convint de procéder selon les vues du légat : trois questions furent proposées, le 11 février, dans les congrégations particulières. La première, de savoir si l'on approuverait tous les livres de l'un et de l'autre Testament ; la seconde, si cette approbation devrait être précédée d'un nouvel examen ; la troisième, s'il ne conviendrait pas de diviser les livres saints en deux classes : l'une qui ne serait que pour l'édification des fidèles, et dont les livres ne seraient acceptés comme bons par l'Eglise que sous ce rapport, tels que paraissaient être les Proverbes et la Sagesse, que l'Eglise n'avait point encore reconnus comme canoniques ; l'autre qui servirait aussi au maintien de la doctrine. Mais cette division, quoique imaginée déjà précédemment par Cajetan, et soutenue par Seripandi, n'avait au fond rien de solide ; elle ne parut pas même spécieuse, car à peine trouva-t-elle un approbateur. Aussi nous n'en parlerons pas davantage.

Quant à la première des trois questions, on la résolut affirmativement après un léger débat. Le cardinal Cervini avait parlé en ce sens, d'abord dans la congrégation particulière, et puis dans la congrégation générale du 12 février. Il dit que, pour se déterminer à une approbation formelle des livres qu'ils considéreraient comme canoniques, les Pères du concile avaient l'autorité du dernier canon des apôtres ; l'exemple du concile *in Trullo*, où pour la plupart ils se trouvent relatés ; ceux du concile de Laodicée, qui les énumère exactement, et du troisième concile de Carthage, qui reconnaît la canonicité des livres de Judith, de Tobie et de l'Apocalypse ; qu'on avait outre cela un pareil catalogue de saint Athanase, de saint Grégoire de Nazianze, du quatrième concile de Tolède, des souverains pontifes Innocent et Gélase, et enfin du concile de Florence.

Les légats ne s'accordaient pas sur la deuxième question, et toute l'assemblée se partageait en deux partis à peu près égaux. Le cardinal del Monte, suivi de Pacheco (et c'était à dire vrai celui-ci qui, en parlant sur la question précédente, avait le premier donné cette idée), repoussait tout examen nouveau, quel qu'il fût. Cervini et Polus, d'accord avec le cardinal de Trente, qui avait aussi, à l'occasion de la première question, exprimé que tel était son avis, pensaient qu'il valait mieux se mettre tout de nouveau à examiner les objections des adversaires, pour en mieux assurer la réfutation.

Les premiers prétendaient que c'était l'usage invariable de l'Eglise de ne pas revenir sur ce qui avait été déjà décidé par les conciles et par les Pères; ils rappelaient cet axiome si sage des souverains pontifes Gélase et Léon, que les choses une fois définies n'ont plus besoin d'être traitées; c'était conformément à cette règle que le très-religieux empereur Marcien avait porté des édits pour défendre de les remettre en question; il y avait eu assez de discussions dans les conciles précédents; les sophismes des hérétiques étaient suffisamment réfutés par le cardinal Frischer, par Cochlée, par Pighius, par Eckius et par d'autres très-savants auteurs. Pourquoi un nouvel examen? était-ce pour donner au concile un air de doute sur la légitimité de ces Ecritures qui sont le fondement des résolutions de l'Eglise contre les hérétiques et les premiers principes de notre croyance? Etait-ce pour faire triompher les luthériens, qui ne manqueraient pas de se vanter d'avoir, avec leurs arguments, rendu suspectes d'erreur aux catholiques les anciennes décisions des conciles? La discussion est le moyen de trouver la vérité, et quiconque use de ce moyen avoue par là même qu'il n'est point encore en possession de cette vérité.

On soutenait de l'autre côté que l'examen se ferait, non pour découvrir la vérité, mais pour la confirmer; que les Pères n'étaient pas seulement obligés de nourrir leur intelligence de la sagesse céleste; qu'ils étaient pasteurs, et même pasteurs des pasteurs, et par conséquent tenus de rendre ces derniers capables d'*exhorter selon la saine doctrine et de reprendre ceux qui contredisent;* que le dernier concile de Latran fait un devoir aux catholiques de résoudre toutes les difficultés qu'on oppose aux mystères de notre foi, supposant avec raison que toutes ces difficultés ne peuvent être en opposition avec la vérité sans être des sophismes et par conséquent solubles; que, selon l'enseignement de saint Thomas, autant il n'appartient pas à la théologie de prouver les principes de la croyance chrétienne, autant est-ce à elle de la venger de toutes les objections; que c'est ce que fait ce grand docteur dans son immortelle Somme contre les gentils, et qu'il avait eu pour devanciers les anciens Pères; que parmi les points discutés par saint Athanase contre Arius, par saint Jérôme contre un luciférien, on en trouve qui étaient reçus précédemment par les conciles;

que ces discussions n'avaient pas eu lieu, qu'elles étaient feintes, à la vérité, mais que, telles qu'elles étaient, elles ne laissaient pas de faire voir qu'au jugement de ces saints, pleins de sagesse, il n'est ni inutile ni hors de propos de défendre la doctrine catholique, même après la décision de l'Eglise; qu'on en a une preuve dans ce concile d'Afrique, où les donatistes furent invités par les catholiques à entrer en discussion avec eux sur les dogmes que le concile de Nicée avait condamnés bien longtemps auparavant, et où ce fut saint Augustin lui-même qui argumenta pour les catholiques; que c'était par l'ordre du pape Benoît que Boniface était entré en discussion avec Macaire, patriarche d'Antioche, et que Dominique n'avait pas moins été autorisé à le faire avec les Albigeois, tout hérétiques notoires qu'ils étaient : combien de fois n'avait-on pas, depuis les décrets de Nicée, disputé sur le mot ὁμοούσιον? que saint Léon lui-même, qui défendit de remettre en question ce qui avait été décidé à Nicée et à Chalcédoine par le Saint-Esprit, n'avait pas demandé mieux que d'écrire pour ceux qui, après avoir reçu avec simplicité le lait des décisions, désiraient se nourrir d'un aliment plus solide, en apprenant le motif de ces décisions : que jusqu'aux saints apôtres, les fondateurs de la foi chrétienne, eux qui avaient été instruits de la vérité par l'Esprit-Saint, lorsqu'ils eurent à juger si la loi ancienne obligeait, ne décidèrent pas ce point sans l'avoir discuté; que les décrets du concile inspireraient bien plus de confiance, quand on viendrait à savoir dans le monde que les objections des hérétiques avaient été examinées, qu'autrement ce que les Pères appelleraient respect pour l'antiquité, serait traité par les autres de paresse pour l'étude ou d'embarras pour répondre.

Cette seconde opinion prévalut dans la congrégation particulière qui se tenait devant Cervini; ce cardinal l'appuyait. Dans la première congrégation générale on ne conclut rien; dans la seconde il y eut une si grande diversité d'avis, et tant de confusion dans la discussion, qu'il fallut charger le promoteur de recueillir par ordre les voix et de les compter.

Cette forme de scrutin une fois adoptée, on convint unanimement de recevoir tous les livres de l'Ecriture. On ne se divisa que lorsqu'il fut question de savoir si on anathématiserait généralement quiconque les rejetterait, afin de réprimer l'audace même de quelques catholiques qui donnaient dans cette erreur; de ce nombre était Cajetan. Le cardinal Pacheco voulait qu'on le fît, et son sentiment était aussi celui des légats et de plus de vingt Pères. Madrucci s'y refusait, et il y avait quatorze Pères de son côté.

On passa de l'Ecriture aux traditions apostoliques, c'est-à-dire à ceux des enseignements et des commandements du Christ et des apôtres, qui n'ont pas été déposés dans les livres canoniques, mais qui, transmis de vive voix par ceux-ci à leurs disciples, se sont perpétués dans la croyance et la pratique universelles des fidèles, et qu'on trouve consignés dans les livres des Pères et dans les histoires ecclésiastiques. On arrêta, dans les congrégations particulières, qu'on traiterait en premier lieu de l'acceptation des traditions, ensuite des abus tant des Ecritures que des traditions, aussi bien ceux qui s'étaient glissés dans la transmission des premières, que ceux qui avaient altéré l'enseignement des unes et des autres. Un membre émit le vœu de voir y joindre les institutions de l'Eglise; d'autres parlèrent des conciles et des décrétales des papes. Il y eut presque autant d'avis que de têtes. Dans les congrégations particulières qui suivirent, chacune de ces trois congrégations désigna deux Pères, dont l'un théologien et l'autre canoniste, pour dresser le décret de l'approbation des livres canoniques et des traditions. Ce furent Salvador Alepo, archevêque de Sassari, et les archevêques de Matera et d'Armagh. On voit que ce dernier était bon à autre chose qu'à courir à cheval, seul talent que lui reconnaisse Sarpi. Ceux-ci étaient en outre assistés des évêques de Badajoz, de Belcastro et de Feltre.

On eut aussi les témoignages de l'Ecriture et des saints docteurs favorables aux traditions. Claude le Jay, de la compagnie de Jésus, chargé de pouvoirs du cardinal d'Augsbourg, fit observer avec raison qu'il y a deux sortes de traditions : les unes qui ont rapport à la foi, les autres aux mœurs et aux rites; que les premières doivent être reçues sans exception, mais qu'on ne doit adopter que celles qui subsistent encore aujourd'hui dans l'Eglise où elles sont passées en coutume. Cervini confirma cette observation par une citation de saint Basile; c'est le passage où ce Père enseigne qu'*on ne doit admettre que les traditions qui, venues des apôtres, se sont maintenues sans interruption jusqu'au temps présent.*

On soumit tout ce qui venait de se dire à la congrégation générale, et la division y fut grande. Les uns voulaient qu'on spécifiât nommément celles des traditions qu'on recevait; les autres, comme l'archevêque de Sassari, voulaient au contraire qu'on les approuvât en termes si généraux, qu'on s'abstînt même de leur donner l'épithète d'*apostoliques*, afin de ne pas paraître rejeter toutes les autres sur les rites dont l'origine ne remonte pas aux apôtres. L'évêque de Chioggia répugnait à admettre ces dernières, parce qu'elles étaient infinies pour le nombre, et très-onéreuses dans la pratique. Mais l'évêque de Fiesoli et celui d'Astorga, toujours d'accord quand il s'agissait de se mettre en opposition avec les autres, se plaignirent de ce que, malgré la résolution prise de traiter en même temps de la foi et de la discipline, on s'occupait exclusivement de la première, au risque d'encourir le reproche d'inconstance et de mauvais emploi de leur temps. Le dominicain Thomas Caselius, évêque de Bertinoro, indigné de cette interruption, répondit qu'il lui semblait étrange de voir un ou deux hommes prétendre s'opposer perpétuellement à tout le concile : est-ce qu'on n'avait pas arrêté, du plein consentement de tous, qu'après les livres canoniques on traiterait des traditions et ensuite des abus relatifs aux uns et aux autres? Qui donc était le plus en droit de se plaindre? Était-ce l'assemblée, qui n'avait contre elle que ces deux membres; ou ces deux membres isolés, qui s'élevaient contre le sentiment de tous? Le cardinal Polus lui-même, tout modéré et tout retenu qu'il était, ne put se contenir; il s'écria, en lançant un regard sévère sur les deux évêques turbulents : Quiconque, parmi les Pères, traite ce que nous faisons d'inconstance dans les délibérations, ou de perte de temps, fait bien voir qu'il n'entend rien aux affaires. Le tourbillon luthérien qui a bouleversé toute l'Eglise, de quelle caverne est-il sorti, si ce n'est de cette audace à attaquer l'original et la version des livres saints que l'Eglise reconnaît pour le fondement de ses doctrines?

Et pour ce qui est des abus dans le clergé, les plus nombreux et les plus funestes ne se réduisent-ils pas à deux chefs, c'est-à-dire à la prédication et à l'enseignement, ce qui a rapport aux Ecritures; et à la confession, au culte divin, à l'observation des rites et des lois ecclésiastiques, ce qui a rapport aux traditions? Ces points bien réglés, le concile aura parcouru heureusement plus de la moitié de sa route. Le poids de ces raisons, joint à la gravité de celui qui les exposait, arrêta la hardiesse de ces deux prélats, et la changea en confusion.

A la suite de ces contestations moins importantes, l'évêque de Chioggia proposa une difficulté qui paraissait très-forte. Nous voulons, dit-il, approuver aveuglément les traditions comme nous avons fait les Ecritures, et pour cela nous nous fondons sur un décret que nous supposons porté dans le concile de Florence. Or, ce décret n'a rien de commun avec ce concile. Car ce concile termina sa dernière session l'an 1439, et on voit que ce décret est daté du 4 février de l'année 1441.

Mais les légats firent remarquer, par l'organe du premier d'entre eux, qui, soit de son propre mouvement, soit sur l'avis de Cervini, se chargea de répondre, qu'on avait tort d'assigner à l'an 1439 la clôture du concile de Florence. Il est vrai que la traduction latine de Barthélemi Abraham le Crétois s'arrête là, parce que les Grecs n'y assistèrent que jusqu'à cette époque, c'est-à-dire jusqu'à la septième session, et qu'ils ne dressèrent les actes que de ce qui s'était passé devant eux; d'où le traducteur en question a tiré cette partie, qui se trouve dans la collection des conciles. Ce concile dura réellement plus de trois ans à Florence, et de là il fut transféré à Rome, comme en font foi les constitutions, qu'on lit non-seulement dans les actes où elles sont rapportées, mais qu'Auguste Patrice, chanoine de Sienne, a fait entrer dans l'abrégé du concile de Bâle, dont il est l'auteur. On trouve dans cet ouvrage deux décrets du concile de Florence.

l'un qui porte l'an 1440, et qui annulle l'élection de l'antipape Félix V ; l'autre du 26 avril 1442, pour la translation du concile de Florence à Rome. On ne peut douter que ce décret dont on parlait ne soit vraiment du concile de Florence, puisque Cervini avait vu de ses propres yeux, aux archives du château Saint-Ange, parmi les actes de ce concile, l'original revêtu de la signature du pape et des cardinaux, et muni du sceau de plomb. Il ajoutait qu'Eugène voyant, au départ des Grecs, que le concile illégitime de Bâle ne se séparait pas encore, avait maintenu aussi celui de Florence, pour l'opposer à l'autre comme un boulevard qui le contiendrait ; qu'alors, d'après l'avis des Pères, ce pontife avait reçu dans le sein de l'Eglise les hérétiques dits arméniens, dupes depuis longtemps de la séduction d'un Syrien appelé Jacques, qui les avait pervertis, et d'autres hérétiques égyptiens qui, rougissant encore moins du même fondateur, se faisaient appeler tout simplement de son nom *Jacobites* ; que dans l'instruction doctrinale qui fut remise à ces hérétiques pour être acceptée par eux dans les cérémonies de leur réconciliation, figure ce catalogue des livres saints ; qu'il fut question d'attendre aussi à Florence les ambassadeurs d'Ethiopie, qui, disait-on, attirés par la réputation de cette assemblée, s'étaient mis en route pour s'y rendre, mais que le pape, vaincu par les instances des Romains, transféra le concile à Rome, et assigna le quinzième jour après son retour dans sa capitale pour la tenue d'une session qui devait avoir lieu dans l'église de Latran ; que si cette constitution ne commence pas par la formule solennelle et accoutumée : *le saint concile approuvant*, cette omission ne devait pas faire difficulté, car l'exorde de cette constitution n'est qu'un pur préambule, particulier à cette circonstance. Mais aussitôt qu'il s'agit de l'enseignement doctrinal, on voit reparaître ces expressions d'usage.

Cependant les six membres qui en avaient été chargés eurent bientôt arrêté la rédaction du décret sur l'acceptation des livres canoniques et des traditions. Mais à peine fut-elle présentée à l'examen des Pères, qu'elle essuya tout à coup l'opposition ennuyeuse qui revenait à chaque décret. C'était toujours sur le titre du concile et de la part de l'évêque de Fiesole. D'un côté, il réclamait ces expressions, *représentant l'Eglise universelle*, et de l'autre il agitait celle-ci, *sous la présidence des légats du siége apostolique*, sous prétexte que les anciens ne les employaient pas. Mais le légat Cervini lui répondit avec la plus grande modération, et lui démontra de nouveau que, pour les premières expressions, le concile de Constance lui-même le plus souvent ne s'en servait pas, et que jamais même il ne le fît, tant qu'il y eut un pape dont la légitimité était universellement reconnue ; mais seulement lorsque l'incertitude où l'on était sur le droit des prétendants à la papauté et l'absence des Espagnols, qui n'étaient pas au concile, pouvaient faire douter s'il représentait bien toute l'Eglise. Quant aux secondes expressions, l'archevêque d'Aix commençait à réfuter l'évêque ; mais le cardinal le pria de s'épargner cette peine, et il prouva lui-même, par l'exemple des conciles généraux les plus anciens dont on eût les actes, que ce titre était mis en tête, sinon de chaque décret, au moins de presque toutes les sessions. On écouta cette contestation en admirant également et la patience du légat et l'opiniâtreté de l'évêque, qui ne se tint pas pour battu ; il renouvela mille fois la même chicane, qui ne lui valut jamais que le blâme de toute l'assemblée et la qualification d'obstiné qu'il justifia de plus en plus.

La rédaction de ce décret souffrit encore de l'opposition ; nous dirons en détail sur quels points, après que nous aurons rapporté la discussion qui eut d'abord lieu sur les abus. On avait établi une commission de simples théologiens pour examiner devant les légats les matières théologiques, afin qu'elles fussent déjà toutes préparées, lorsqu'on les porterait ensuite dans les congrégations particulières et générales des Pères. Dans la première de ces congrégations, qui se tint le 20 février, on arrêta, conformément à l'opinion manifestée auparavant par les Pères, qu'on recevrait les Ecritures et les traditions, et qu'on en ferait précéder l'acceptation, non d'une discussion publique qui dût être consignée dans les actes, mais d'un examen à huis clos, qui aurait pour objet de pouvoir rendre compte de ce qu'on ferait, et non de mettre en question si on devait le faire. Ensuite, pour observer le décret qui prescrivait la réunion des questions de doctrine et de celles de discipline, on nomma un commissaire spécial des Pères, et des conseillers pour s'occuper des abus qui concernaient la sainte Ecriture, et des remèdes à y apporter. Ce furent Filleul, archevêque d'Aix, Marc Vergerio, évêque de Sinigaglia, et les évêques de Cava, de Castellamare, de Funo, de Bitonto, et d'Astorga, le général des augustins Seripandi, les franciscains Alphonse de Castres et Richard du Mans, et le dominicain Ambroise Catharin. On régla encore que la réunion particulière des théologiens et des docteurs aurait lieu au moins deux fois la semaine, et que les prélats, autant pour en profiter eux-mêmes que pour encourager les autres, seraient invités à y venir aussi en grand nombre, mais à la condition expresse de garder le silence, afin que leur présence fît honneur aux théologiens, sans prendre sur leur temps et sur leur liberté.

Les commissaires firent à la congrégation suivante leur rapport sur les abus qu'ils avaient trouvés et les remèdes qu'ils proposaient. Ce fut l'archevêque d'Aix qui, comme le plus digne, les exposa d'abord en peu de mots, et puis l'évêque de Bitonto, qui était le plus éloquent, les développa plus amplement : ils signalaient surtout quatre abus touchant les Ecritures.

L'un était cette si grande variété de traductions qui finissait par rendre tout à fait incertain le vrai sens du texte sacré ; ils croyaient nécessaire, pour remédier à cela, de ne reconnaître comme bonne qu'une seule de ces traductions, c'est-à-dire celle qui avait la plus grande autorité dans l'Eglise où on la suivait communément, et qui pour cela était appelée la Vulgate.

L'autre était le grand nombre de fautes qui ne déshonoraient pas moins le texte hébreu que les versions latines et grecques. On ne pouvait, disaient-ils, remédier autrement au mal qu'en priant le pape de faire paraître une nouvelle édition, à la correction de laquelle on aurait apporté le plus grand soin, et d'en adresser un exemplaire à toutes les églises cathédrales.

Le troisième était la liberté que chacun prenait de faire violence aux divines Ecritures pour les interpréter à son gré. Afin de mettre un frein à cette licence, on proposa de fixer des règles invariables d'après lesquelles on entendrait toujours l'Ecriture selon le sens ancien de l'Eglise et des Pères, et on ne publierait jamais d'ouvrages de ce genre sans la permission des censeurs ecclésiastiques.

Le quatrième était les éditions que faisaient les imprimeurs sur des originaux altérés, et qu'ils accompagnaient des interprétations arbitraires dont nous parlions tout à l'heure. Pour obvier à cet abus, on pensa qu'il fallait leur défendre, sous peine de grosses amendes pécuniaires et d'autres châtiments qu'on désignerait, l'impression de tout livre qui ne porterait pas le nom de l'auteur et ne serait pas revêtu de l'approbation de l'ordinaire.

Cette dernière disposition fut combattue par l'évêque d'Astorga et l'archevêque de Palerme. Ils prétendaient que l'Eglise n'avait pas le droit d'imposer aux laïques des amendes pécuniaires, et que par conséquent la peine devait être toute spirituelle, comme par exemple l'excommunication. L'évêque de Bitonto répliqua que les commissaires avaient à la majorité pensé le contraire, reconnaissant à l'Eglise tout le pouvoir qu'il importe qu'elle ait pour le bon gouvernement de la chrétienté, et soutenant qu'il est d'expérience que les peines temporelles sont plus efficaces que les spirituelles pour empêcher les délits extérieurs. Car les peines sont établies pour arrêter les méchants; mais pour éloigner les bons d'une action, il suffirait que cette action ne fût pas permise, lors même qu'on pourrait la faire impunément. Les méchants au contraire sont méchants parce qu'ils donnent aux biens du corps la préférence sur ceux de l'âme.

Le cardinal Pacheco représenta comme abus la coutume de traduire l'Ecriture sainte en langue vulgaire, et de la mettre ainsi indifféremment à la portée de la foule ignorante. Madrucci combattit cette observation; son opposition, quoique polie, fut des plus vives. Il déclara que l'Allemagne serait scandalisée, si elle apprenait que les Pères voulaient enlever au peuple cette Ecriture qui,

(a) Ce que l'historien Pallavicini nous dit ici, comme l'observe Richard Simon dans la *Bibliothèque critique* (t. III, chap. 5, p. 874), est très-vrai et très-aisé à entendre. Mais Arnauld s'étant laissé tromper par la traduction latine de Pallavicini, où on lit *sacras litteras haud fuisse populari*

selon l'Apôtre, ne doit pas cesser d'être dans la bouche des fidèles; et comme Pacheco lui avait répondu qu'il y avait de telles défenses en Espagne, et qu'elles avaient même eu l'approbation de Paul II, Madrucci reprit que Paul II et tout autre pontife n'étaient pas infaillibles, quand il s'agit de juger si une loi est salutaire ou non. Pour cette fois la congrégation se sépara sans avoir rien arrêté. Mais le discours de Madrucci ne satisfit pas tout le monde. Quelques-uns pensaient que le plus communément, tant parmi les chrétiens qu'autrefois parmi les Hébreux, l'Ecriture n'avait point été dans la bouche (a) du peuple, et que les circonstances présentes ne montraient que trop clairement les inconvénients de cette innovation; qu'on ne pouvait bannir les matières religieuses des langues vulgaires, puisque ce serait condamner une foule d'hommes sages et de saints qui les ont traitées dans des ouvrages écrits en ces mêmes langues vivantes qu'on parlait de leur temps, et qu'au contraire, les hérétiques profitant de l'idiome national pour publier leurs erreurs, il fallait répandre le contre-poison dans ces mêmes eaux qui avaient été empoisonnées. Mais qu'on ne devait pas pour cela laisser, dans ces derniers temps, arriver jusqu'au plus bas peuple, par le moyen de la traduction, au moins toutes les parties de l'Ecriture; qu'il y avait dans quelques-unes des passages aussi profonds pour le sens qu'ils étaient simples en apparence; que la lettre en paraissait favorable aux novateurs, et qu'ils pouvaient jeter le trouble dans l'intelligence des ignorants, à ce moment où les hérésies modernes commençaient à faire du bruit; que cet inconvénient n'avait pas lieu pour les autres livres où il était question de religion; qu'ils étaient trop abstraits pour être entre les mains du vulgaire, et qu'en tous cas on n'y émettait pas les doutes sans les accompagner de la solution; qu'ils contenaient même la réponse aux doutes que les hérétiques semaient malignement, pour la ruine des simples, dans les livres du même idiome; qu'au reste les aliments les meilleurs en eux-mêmes ne réussissaient pas à tous les estomacs; que les plus substantiels, si on les donnait aux tempéraments les plus faibles, occasionnaient très-souvent des maladies, et quelquefois même la mort.

Sur ces entrefaites, les légats avaient exposé au pape avec une grande liberté, que tous les évêques s'entendaient pour vouloir et demander une seule chose dont ils se contenteraient, et qu'il semblait assez raisonnable de leur accorder, c'est-à-dire la libre administration de leurs diocèses; que pour cela il fallait leur laisser la collation des bénéfices à charge d'âmes, et la connaissance des causes en première instance, ainsi qu'une juridiction dans leurs diocèses qui exclût toutes les exemptions; si on obtempérait à leurs vœux, on n'aurait plus à craindre que le con-

idiomate vulgatas, fait dire à notre historien, contre toute vérité, que l'Ecriture n'avait point été le plus communément écrite en langue vulgaire ni parmi les Israélites, ni parmi les chrétiens.

cile souffrit la controverse séditieuse de la suprématie du concile sur le pape ou du pape sur le concile; que les évêques se montraient disposés à faire plaisir à Sa Sainteté, car ils comprenaient que ce serait un mauvais expédient pour triompher des hérétiques que de leur opposer un tronc sans tête : que ceux même des Pères qui s'étaient obstinés à réclamer l'inscription où le concile est traité de *représentant de toute l'Eglise*, n'avaient entendu cela du concile qu'autant qu'il comprend le souverain pontife qui en est le chef. Quant à la rédaction de la bulle en question, elle ne leur parut pas assez large. Le pape agréa les représentations des légats; il fit répondre que ces points seraient réglés à la satisfaction des Pères, et que les évêques auraient la libre administration de leurs églises, pourvu que par *libre* ils n'entendissent point indépendante du siége apostolique, et qu'ils ne demandassent de pouvoirs que ce qui est nécessaire pour faire l'office de supérieurs, et non ce qu'il en faut pour régner en souverains; car porter plus loin leurs prétentions, ce serait faire de l'Eglise un monstre à mille têtes.

Voilà où l'on en était pour la réforme. Quant à l'autre article, celui des dogmes, la rédaction du décret proposée par les légats portait qu'on recevrait conjointement avec les livres saints celles des traditions que les apôtres tenaient, soit de la bouche de Jésus-Christ, soit de l'inspiration intérieure du Saint-Esprit, et qui s'étaient conservées jusqu'au temps présent. Un membre s'opposa à cette restriction; elle devait devenir selon lui un sujet de dérision pour les hérétiques, qui ne manqueraient pas de dire que nous ne voulons recevoir que les traditions qui nous plaisent, et que nous nous débarrassons des autres en les laissant tomber en désuétude; que c'était reprocher indirectement à nos ancêtres d'avoir, par leur négligence, laissé périr quelques-unes de ces traditions dont l'Eglise est redevable à son céleste législateur. Seripandi au contraire pensait qu'une telle acceptation allait trop loin; qu'elle embrassait dans sa généralité jusqu'aux canons des apôtres; que pourtant, dans le dernier de ces canons, le livre de l'Ecclésiastique, reconnu pour canonique par le présent décret, était mis au nombre de ces livres qui peuvent être lus avec profit par les jeunes gens; qu'en se bornant à proclamer ainsi son utilité, c'était en méconnaître indirectement la canonicité.

Ces objections toutefois ne firent pas revenir la majorité sur le sentiment qu'elle avait adopté. On répondait à la première en faisant observer qu'on n'unissait dans ce décret les traditions et les Ecritures que parce qu'elles étaient, les unes aussi bien que les autres, les fondements de la foi, et par conséquent de la révélation divine; que quelques-unes de ce nombre qui avaient rapport aux mœurs, n'avaient point été données de Dieu aux apôtres pour des lois immuables, mais seulement pour des lois convenables à ces temps-là; qu'on avait aussi là-dessus le témoignage de la tradition de l'Eglise; que cette dernière ne peut se tromper, assistée divinement comme elle l'est, et qu'il n'est pas probable non plus, humainement parlant, qu'elle puisse tromper, à cause de la réunion innombrable de témoins qui la composent; que ce n'était donc pas par négligence, mais par discrétion que nos ancêtres avaient pu laisser tomber de telles lois, et que l'Eglise s'abstenait de les relever toutes présentement. On répondit au doute soulevé par Seripandi que le dernier canon des apôtres était évidemment parmi ceux que Gélase traite d'apocryphes, puisqu'on y voit figurer au rang des divines Ecritures les constitutions de Clément, livre écrit après le temps des apôtres : qu'ainsi ce canon, nonobstant l'approbation qu'il avait reçue du concile illégitime *in Trullo*, devait être rejeté par le concile de Trente, comme il l'avait été de ceux de Carthage et de Florence.

Le décret portait qu'on recevrait les Ecritures et les traditions avec *un sentiment égal de piété et de respect*. Cette égalité ne plaisait pas à quelques-uns, et surtout à Bertano, parce que, disait-il, encore bien que les unes et les autres vinssent de Dieu, c'est un caractère commun à toutes les vérités d'être une émanation de la vérité première, sans qu'on se croie pour cela obligé de les révérer toutes à l'égal de l'Ecriture sainte; Dieu n'a pas voulu doter les traditions d'une aussi grande stabilité, puisque nous en voyons qui ont disparu; il n'attend donc pas de nous non plus que nous ayons pour elles une aussi grande vénération. Mais Musso, appuyé de l'assentiment de la majorité, répliqua que toute vérité est bien émanation de la vérité première; mais que toute vérité n'est pas parole de la vérité première, et que par conséquent toute vérité n'a pas droit également à nos respects; que les traditions sont, aussi bien que les Ecritures, parole de Dieu et principes fondamentaux de la foi; qu'il n'y a entre elles qu'une différence purement accidentelle; que les secondes sont écrites aussi dans les livres qui nous les conservent, tandis que les premières ne le sont que dans les cœurs : qu'elles ne diffèrent pas autant qu'on le suppose; que la vérité des unes comme des autres est immuable, tandis qu'au contraire les lois sont également variables, qu'elles aient leur fondement dans les Ecritures ou dans la tradition, comme on le voit par rapport à la circoncision et à tant d'autres rites exprimés dans le Vieux Testament. Il est étonnant que Musso, qui avait pour lui la bonté de sa cause, la force de la raison et le nombre des suffrages, ait abandonné dans la congrégation suivante l'opinion qu'il avait si heureusement défendue, et qu'il soit venu proposer de substituer au mot *égal* celui de *semblable*; proposition au reste qui ne fut pas agréée.

Naclantus, évêque de Chioggia, s'éleva en termes encore plus durs contre une telle parité. Il ne considérait pas les traditions comme révélées; elles n'étaient à ses yeux que des lois, et des lois dont le poids lui paraissait insupportable. Quand on en vint à cette acceptation générale, il s'écria qu'une telle assimilation des Ecritures et des traditions lui semblait impie. Cette expression excita dans l'assemblée un étonnement mêlé d'horreur; mais on se contint jusqu'au moment où les suffrages furent tous recueillis.

Alors les évêques de Badajoz et de Bertinoro protestèrent avec indignation contre cette sortie, et on en demanda la punition. Naclantus persistait toujours dans son sentiment; c'est pourquoi le premier légat dit qu'il croyait à propos de convoquer les théologiens; qu'ils entendraient d'abord le décret, puis les raisons de Naclantus, et qu'alors ils jugeraient si c'était le décret qu'il fallait corriger, ou l'évêque de Chioggia qu'il fallait punir. A cette proposition, Naclantus commença à reculer, sans pourtant encore se rétracter entièrement. Qu'on les convoque, dit-il, les théologiens: ce n'est pas tout le décret, ce n'en est que quelques paroles que j'ai traitées d'impies; et par impies je n'ai pas voulu dire hérétiques, mais inhumaines, en ce sens qu'elles nous imposent un fardeau trop lourd.

Enfin se voyant pressé par tant de raisons, et en butte au reproche que chacun lui faisait d'avoir eu la hardiesse de venir les qualifier tous d'impies, lui qui était un des derniers à parler, il sut faire ce que souvent empêche de prendre sur soi la faiblesse qu'on prend faussement pour du courage; et, tandis que l'indignation n'avait pas encore pénétré au fond des cœurs, il déclara qu'il était fâché et repentant de la légèreté qui les avait scandalisés, et qu'il était prêt à recevoir avec respect et à approuver le décret, puisqu'il était maintenu par une assemblée aussi imposante. Son aveu fut suivi du pardon auquel tout le monde applaudit. Je ne dois pas dissimuler, ajoute Pallavicini, que longtemps après il s'éleva de forts soupçons en matière de foi contre cet évêque, et qu'on donna de Rome commission d'informer contre lui dans les Etats de Venise, à Ange Massarelli, secrétaire du concile qu'on avait transféré à Bologne: mais il faut bien qu'il ait été trouvé innocent, puisque plusieurs années après, lorsque le concile eut repris ses sessions sous Pie IV, il y assista, non pas comme simple membre, mais comme membre actif, que les présidents employèrent avec succès dans les affaires difficiles et importantes, qui avaient besoin d'être conduites par les hommes les plus réputés, moins encore par leur zèle et leur piété que par leur jugement et leur prudence.

Nous n'entrerons pas dans plus de détails sur l'acceptation des Ecritures; ce que nous laissons est trop peu intéressant pour être rapporté. Il y en eut qui demandèrent que les psaumes ne fussent pas appelés généralement psaumes de David, puisque bien des auteurs pensaient qu'ils n'étaient pas tous de lui. L'évêque de Feltre, qui s'était servi de cette expression dans la rédaction du décret, répondit qu'il l'avait tirée du concile de Florence, et Musso ajouta que la dénomination de tous se prenait du caractère du plus grand nombre. La majorité cependant se prononça de préférence pour la qualification de *Psautier Davidique*. On arrêta pareillement que les Actes des apôtres, au lieu de suivre les Epîtres de saint Paul, comme on l'avait décidé d'abord, les précéderaient.

La discussion s'échauffa quand on en fut à l'anathème dont on devait punir les violateurs des livres saints et des traditions apostoliques, comme parlait le décret. Seripandi objectait que cet anathème ne se lit ni dans le concile de Laodicée, ni dans ceux de Carthage et de Florence, ni dans les décrets d'Innocent et de Gélase, et que tout au plus on devait infliger l'excommunication qui n'a son effet qu'après la sentence du juge, et non celle qui s'encourt par le seul fait; qu'on trouve à la vérité l'anathème dans le décret du septième concile, rapporté par Gratien; mais que ce canon, loin de s'étendre aux violateurs des livres particuliers, ne porte que contre ceux de toutes les traditions écrites ou non écrites en général; et, quoiqu'il y en eût qui soutinssent que le texte de ce décret ne peut s'entendre que d'une excommunication qui a besoin de la sentence du juge pour avoir son effet, on leur répondit que l'opinion commune des canonistes sur ce même canon du septième concile, est l'opinion contraire que combat le cardinal d'Alexandrie, connu vulgairement sous le nom du *Maître*. On ne crut pas devoir pour cela changer le décret; on pensa qu'on n'a pas trop de tout le poids des expressions pour établir solidement un point sur lequel roule la foi tout entière.

Une dernière objection de Seripandi eut plus de partisans; il prétendit que le mot de *violateurs* était trop général et trop vague; qu'il semblait subordonner à l'anathème les transgresseurs de tout commandement que nous tenons de tradition apostolique. Et quoique l'archevêque de Matera répondît que cette expression se lisait aussi dans le septième concile, Seripandi répliqua que c'était aux modernes à expliquer ce qu'il y avait d'ambigu dans ce qu'avaient dit les anciens, qu'on a quelquefois des raisons de déroger aux usages, combien n'en a-t-on pas plus de déroger aux mots? On finit donc par arrêter qu'à la place de *violateurs* on substituerait *ceux qui ne recevraient pas les livres saints et qui mépriseraient sciemment les traditions*. C'est ainsi que de ce conflit des intelligences, quand c'est la vertu qui le règle, il résulte les plus sages délibérations, comme naissent de celui des éléments, lorsque c'est la nature qui le dirige, les plus admirables effets.

Pendant l'examen des décrets pour l'acceptation des Ecritures et des traditions divines, on ne laissait pas de s'occuper des moyens de remédier aux abus. On convenait que la Vulgate devait être préférée à toute autre traduction. Mais le cardinal Pacheco requérait de plus le rejet de toutes les autres, et surtout de celles qui avaient pour auteurs des hérétiques; il étendit même dans la suite jusqu'à celle des Septante cette proscription des traductions. Bertano au contraire prétendait qu'il y en avait toujours eu une multitude parmi les fidèles, et cela au vu et au su des saints Pères, qui ne s'y opposaient pas. Qui oserait prohiber celle des Septante, d'où nous tirons les psaumes qui se chantent à l'Eglise. Anciennement, quand on était moins en garde contre la fraude, qui était plus rare, on ne rejetait pas même celles des hérétiques, comme de Théodotion, de Symmaque, d'Aquila; qu'on ne peut donc pas les condamner, à présent surtout que ces auteurs ne sont pas hérétiques solennellement dénoncés, et que leurs noms, par conséquent, sont à l'abri de telles peines; qu'il ne faut reconnaître pour authentique qu'une seule tradition, sans approuver ou improuver les autres; que cela suffisait pour fermer la bouche aux hérétiques et les empêcher de répéter aux catholiques que leur doctrine ne saurait être légitime, puisque les livres qui lui servent de fondement sont tous tirés de traductions falsifiées.

On douta à cette occasion si l'on ne devait pas assigner un exemplaire des Ecritures qui serait seul autorité, non-seulement en latin, mais aussi en hébreu et en grec, comme quelques-uns le voulaient. Le cardinal de Trente demanda que la même mesure s'étendît à toutes les autres langues; mais le plus grand nombre pensa qu'il suffisait de le faire pour le latin, parce que cette langue, répandue dans les pays où fleurit l'Eglise de Dieu, et parmi les nations qu'on avait plus particulièrement en vue dans ces précautions, est entendue de tous les hommes qui ont de l'instruction et qui sont en état d'interpréter l'Ecriture; et que par conséquent elle pouvait facilement servir de règle pour discerner les bons exemplaires d'avec les mauvais dans les autres langues.

Il restait à remédier aux fautes qui, par l'ignorance des copistes, s'étaient glissées en foule dans la plus grande partie des exemplaires que nous avons de la même traduction, dite la Vulgate. Mais on se tint en garde pour ne pas donner à rire aux hérétiques, comme on aurait fait si, recevant la Vulgate et déclarant simplement corrompus les exemplaires qu'on en avait, on avait eu l'air d'approuver et de désapprouver en même temps le même livre. On jugea donc qu'il fallait dresser ainsi le décret : *Qu'on aurait soin de donner au plus tôt l'édition la plus correcte qu'on pourrait de cette traduction dite la Vulgate.*

Pour prévenir les mauvaises interprétations de l'Ecriture, on décerna les peines les plus graves contre quiconque les entendrait autrement que l'Eglise et les Pères. Mais l'évêque de Chioggia remarqua sagement que par *autrement* il fallait comprendre dans un sens opposé, et non dans un sens différent. Car il n'est pas défendu de donner un nouveau sens à un passage de l'Ecriture, quand le sens de ce passage n'a pas encore été déterminé, ou par l'autorité de l'Eglise, ou par la commune interprétation des Pères. Pour obvier à cet inconvénient, le cardinal de Jaen voulait qu'on défendit d'expliquer l'Ecriture à quiconque ne serait pas docteur ou clerc; et il ne cessa de travailler avec la plus grande ardeur au triomphe de cette opinion. Mais l'opinion contraire eut dans Madrucci un défenseur qui ne fut ni moins zélé ni moins constant. Ce cardinal ne trouvait pas qu'il fût à propos de restreindre la liberté si salutaire d'expliquer la parole de Dieu à certaines qualités personnelles qu'on peut ne pas avoir, sans en être ni moins pieux, ni moins savant. Que rien ne s'imprimât dans ce genre sans l'approbation des censeurs sacrés, avec cette condition on pourrait laisser à tout chrétien le droit de méditer les Ecritures. Car la parole de Dieu étant écrite pour tous les chrétiens, la méditation de cette parole doit aussi être à la portée de tout chrétien. Les auteurs de l'un et de l'autre sentiment eurent des partisans; mais ce fut la seconde qui prévalut, comme tout à la fois la plus juste et la plus favorisée des légats, qui avaient vu avec peine Pacheco prendre l'initiative : c'était exclusivement à eux qu'ils croyaient réservé le privilège de proposer, ainsi qu'ils l'avaient fait sentir à ce prélat dans la congrégation précédente.

Madrucci réussit mieux (7 avril) dans la proposition qu'il fit de ne recevoir aucune interprétation de l'Ecriture qui ne portât le nom de l'auteur. Quelques-uns s'y opposaient, parce que, disaient-ils, dès que le fruit est bon, il importe peu qu'on ne sache pas quel est l'arbre qui l'a porté. Mais on leur répondait que l'auteur ne se cache que lorsqu'il a des raisons de craindre que son œuvre pernicieuse ne lui attire châtiment ou infamie; que dans bien des aliments il y a un poison lent dont on ne s'aperçoit que lorsqu'il a produit son effet; que quand on soupçonne des embûches, on se garde bien de toucher à un mets qui est présenté par une main dont on n'est pas sûr; que placer son nom au bas de son livre, c'est, de la part de l'auteur, la coupe à boire et à présenter le premier, pour inspirer aux autres de la confiance en la liqueur qu'elle contient, puisqu'il s'expose à être blâmé et puni, s'il résulte quelque mal de ce qu'il a fait.

Quant aux imprimeurs, on confirma le dernier décret du concile de Latran, ainsi que la peine qui y est décernée contre ceux qui imprimeraient sans la permission des ordinaires. Il y eut pourtant des évêques qui pensèrent qu'on ne devait pas confier ce soin généralement aux ordinaires, dont plusieurs n'auraient ni assez de science pour juger, ni assez de courage pour contraindre. D'un autre côté, qu'il y aurait trop d'inconvénients à obliger les auteurs à envoyer leurs livres à Rome, pour y être examinés par des hommes que le souverain pontife aurait désignés. Il fut donc question de donner provisoirement cette charge aux inquisiteurs. La veille du jour assigné pour la session, on réunit de nouveau la congrégation générale, afin de mettre la dernière main aux décrets qu'on devait promulguer le lendemain. On décida de plus que le promoteur accuserait de contumace les absents; car c'était une indignité à quelques-uns qui étaient si rapprochés de Trente, qu'on les voyait pour ainsi dire par les fenêtres de cette ville, d'être demeurés sourds et insensibles à l'ordre du pontife. Le cardinal de Trente s'opposa fortement à cette accusation; il soutint qu'il fallait au moins excepter les Allemands, parce qu'ils avaient une excuse raisonnable dans la diète qu'on tenait pour lors à Ratisbonne, et à laquelle ils assistaient pour la défense de la religion et du concile lui-même. Mais on lui répliqua qu'il n'était question de condamner personne, ni même de nommer quelqu'un; que seulement le promoteur ferait son devoir contre les absents en général, et qu'ensuite le concile n'en viendrait à aucune condamnation qui ne fût trouvée juste après une mûre délibération. L'évêque d'Astorga prétendit que les absents ne pouvaient être accusés de contumace, sans avoir été cités de nouveau, parce que le concile ne s'étant pas ouvert au jour prescrit par la bulle, ils n'étaient plus tenus d'y venir en vertu de cette première citation. Mais l'auditeur Pighini et l'avocat Grassi répondirent que la première sommation n'obligeait pas seulement à se trouver au commencement; qu'elle obligeait à assister à la tenue tout entière du concile; qu'ainsi quiconque n'y était pas venu le jour de l'ouverture, était encore plus tenu d'y venir après, et que, plus il tardait, plus il se rendait coupable; que le retard apporté à l'ouverture ne détruisait donc pas l'obligation imposée à tous par la bulle d'assister au concile tant qu'il durerait.

Ce que nous venons de rapporter, d'après Pallavicini, des discussions soutenues dans les congrégations, montre suffisamment que la liberté des suffrages n'était nullement entravée dans le concile. Maintenant donc que ce point est établi, et que les extraits que nous venons de faire du savant historien ont dû faire naître le désir de le lire tout entier dans son histoire même, nous nous bornerons à peu près pour le reste à l'analyse du P. Alexandre et à celle du P. Richard, et si nos lecteurs viennent à y perdre quelque peu du côté de l'intérêt, ils n'y perdront peut-être rien du côté de la précision.

IVe session, 8 avril. Le général des servites, Jean-Baptiste Migliavica, y prêcha en latin. Ensuite on lut deux décrets, le premier sur les livres de l'Ecriture sainte. Il porte que le saint concile reçoit tous les livres de l'Ancien et du Nouveau Testament, aussi bien que les traditions qui regardent la foi et les mœurs, comme dictés de la bouche même de Jésus-Christ, ou par le Saint-Esprit, et conservés dans l'Eglise catholique par une succession continue, et qu'il s'y attache avec un égal respect. Ensuite le décret rapporte le catalogue des livres saints, tel qu'il est dans la Vulgate, et le concile frappe d'anathème ceux qui ne les reçoivent pas pour canoniques.

Le second décret déclare authentique la version vulgate, comme approuvée dans l'Eglise depuis de longs siècles; ordonne qu'elle soit imprimée avec tout le soin possible; défend d'employer les paroles de l'Ecriture aux usages profanes; veut que ceux qui en font des applications ridicules, ou qui s'en servent à des superstitions, soient punis comme profanateurs de la parole de Dieu.

CONGRÉGATIONS, 21 mai et jours suivants. On y traita des abus touchant les lecteurs en théologie et les prédicateurs; de l'exemption des réguliers; de la résidence des évêques, et si elle était de droit divin, ou seulement de droit ecclésiastique. On examina le dogme, et d'abord celui du péché originel: on le divisa en cinq articles: 1° de la nature de ce péché; 2° de la manière dont il se transmet dans les descendants; 3° des maux qu'il a causés au genre humain; 4° de son remède; 5° quelle est l'efficacité de ce remède? 6° on examina la question de la conception de la sainte Vierge, mais le concile en parla dans la session suivante.

Ve Session, 17 juin. Il s'y trouva, outre les trois légats, deux autres cardinaux, neuf archevêques et cinquante évêques; et le sermon de la messe solennelle fut prêché par Marc Laurent, religieux dominicain. Les cérémonies étant achevées, on lut le décret de la foi touchant le péché originel; il contient cinq canons que nous allons rapporter en entier.

1. « Si quelqu'un ne reconnaît pas qu'Adam le premier homme, ayant transgressé le commandement de Dieu dans le paradis, est déchu de l'état de sainteté et de justice dans lequel il avait été établi, et, par ce péché de désobéissance et cette prévarication, a encouru la colère et l'indignation de Dieu, et en conséquence la mort, dont Dieu l'avait auparavant menacé, et avec la mort la captivité sous la puissance du diable qui, depuis ce temps, a eu l'empire de la mort (*Hebr.*, II, 14); et que, par cette offense et cette prévarication, Adam, selon le corps et selon l'âme, a été changé en un pire état: qu'il soit anathème. »

2. « Si quelqu'un soutient que la prévarication d'Adam n'a été préjudiciable qu'à lui-même, et non pas à sa postérité; que ce n'a été que pour lui, et non pas aussi pour nous, qu'il a perdu la justice et la sainteté qu'il avait reçues, et dont il est déchu; ou qu'étant souillé personnellement par le péché de désobéissance, il n'a communiqué et transmis à tout le genre humain que la mort et les peines du corps, et non pas le péché, qui est la mort de l'âme: qu'il soit anathème, puisque c'est contredire l'Apôtre, qui dit (*Rom.*, V, 12) que le péché est entré dans le monde par un seul homme, et la mort par le péché; et qu'ainsi la mort est passée dans tous les hommes, tous ayant péché dans un seul. »

3. « Si quelqu'un soutient que ce péché d'Adam, qui est un dans sa source, mais qui, étant transmis par la génération et non pas seulement par l'imitation, devient propre à chacun, peut être effacé ou par les forces de la nature humaine, ou par un autre remède que par les mérites de Jésus-Christ Notre-

Seigneur, l'unique médiateur (I *Tim.*, II, 3), qui nous a réconciliés par son sang, s'étant fait notre justice, notre sanctification et notre rédemption (I *Cor.*, I, 30); ou si quelqu'un nie que les mêmes mérites de Jésus-Christ soient appliqués, tant aux adultes qu'aux enfants, par le sacrement de baptême, conféré selon la forme et l'usage de l'Eglise : qu'il soit anathème, parce qu'il n'y a point d'autre nom sous le ciel donné aux hommes, par lequel nous puissions être sauvés (*Act.*, IV, 12) : ce qui a donné lieu à cette parole (*Joan.*, I, 29) : « Voilà l'Agneau de Dieu, voilà celui qui ôte les péchés du monde; » et à cette autre (*Gal.*, III, 27) : « Vous tous qui avez été baptisés, vous avez été revêtus de Jésus-Christ. »

4. « Si quelqu'un nie que les enfants nouvellement sortis du sein de leurs mères, même ceux qui sont nés de parents baptisés, aient besoin d'être aussi baptisés; ou si quelqu'un, reconnaissant que véritablement ils sont baptisés pour la rémission des péchés, soutient pourtant qu'ils ne tirent rien du péché originel d'Adam qui ait besoin d'être expié par l'eau de la régénération, pour obtenir la vie éternelle, d'où il s'ensuivrait que la forme du baptême pour la rémission des péchés serait fausse et non pas véritable : qu'il soit anathème. Car la parole de l'Apôtre, qui dit (*Rom.*, V, 12) que le péché est entré dans le monde par un seul homme, et la mort par le péché, et qu'ainsi la mort est passée dans tous les hommes, tous ayant péché dans un seul, ne peut être entendue d'une autre manière que l'a toujours entendue l'Eglise catholique, répandue partout. Et c'est pour cela, et conformément à cette règle de foi, selon la tradition des apôtres, que même les petits enfants, qui n'ont pu encore commettre aucun péché personnel, sont pourtant véritablement baptisés pour la rémission des péchés, afin que ce qu'ils ont contracté par la génération soit lavé en eux par la renaissance; car quiconque ne renaît de l'eau et du Saint-Esprit ne peut entrer au royaume de Dieu (*Joan.*, III, 3). »

5. « Si quelqu'un nie que par la grâce de Notre-Seigneur Jésus-Christ, qui est conférée dans le baptême, l'offense du péché originel soit remise, ou soutient que tout ce qu'il y a proprement et véritablement de péché n'est pas ôté, mais est seulement comme rasé, ou n'est pas imputé : qu'il soit anathème. Car Dieu ne hait rien dans ceux qui sont régénérés; il n'y a point de condamnation pour ceux qui sont véritablement ensevelis dans la mort avec Jésus-Christ par le baptême, qui ne marchent point selon la chair, mais qui, dépouillant le vieil homme, et se revêtant du nouveau, qui est créé selon Dieu, sont devenus innocents, purs, sans tache et sans péché, agréables à Dieu, ses héritiers et cohéritiers en Jésus-Christ : en sorte qu'il ne reste rien du tout qui leur fasse obstacle pour entrer dans le ciel. Le saint concile néanmoins confesse et reconnaît que la concupiscence ou l'inclination au péché reste pourtant dans les personnes baptisées; laquelle, ayant été laissée pour le combat et l'exercice, ne peut nuire à ceux qui ne donnent pas leur consentement, mais qui résistent avec courage par la grâce de Jésus-Christ : au contraire, la couronne est préparée pour ceux qui auront bien combattu. Mais aussi le saint concile déclare que cette concupiscence, que l'Apôtre appelle quelquefois péché, n'a jamais été prise ni entendue par l'Eglise catholique comme un véritable péché qui reste, à proprement parler, dans les personnes baptisées: mais qu'elle n'a été appelée du nom de péché que parce qu'elle est un effet du péché et qu'elle porte au péché. Si quelqu'un est d'un sentiment contraire, qu'il soit anathème.

« Cependant le saint concile déclare que dans ce décret, qui regarde le péché originel, son intention n'est point de comprendre la bienheureuse et immaculée vierge Marie, mère de Dieu, mais qu'il entend qu'à ce sujet les constitutions du pape Sixte IV, d'heureuse mémoire, soient observées sous les peines qui y sont portées, et qu'il renouvelle. »

Suit le decret de la réformation, qui contient deux chapitres.

CHAPITRE PREMIER.
De l'établissement des écoles pour y enseigner l'Ecriture sainte.

De peur que le céleste trésor des Ecritures saintes, dont le Saint-Esprit a accordé si libéralement la connaissance aux hommes, ne soit négligé, le saint concile, embrassant et s'attachant aux constitutions des conciles approuvés par l'Eglise et aux décrets des souverains pontifes, et y ajoutant ce qu'il a jugé à propos, a ordonné que, dans les églises où il y a un fonds, de quelque nature qu'il soit, destiné pour enseigner la théologie, les évêques, les archevêques, les primats et les autres ordinaires, contraindront ceux qui possèdent ce revenu de faire des leçons sur l'Ecriture sainte, par eux-mêmes s'ils en sont capables, sinon par quelque habile homme qu'ils substitueront à leur place, et qui sera choisi par l'évêque et les autres ordinaires; qu'au reste, ces sortes de bénéfices ne seront donnés à l'avenir qu'à des gens capables de s'acquitter de cet emploi; que, dans les églises cathédrales des villes dépeuplées, et même dans les collégiales qui sont dans les bourgs considérables, quand même elles seraient exemptes, où il y a un clergé nombreux, lesquelles n'ont point encore de lecteur, la première prébende qui vaquera soit destinée et affectée à cet emploi; et, en cas qu'il n'y ait point de prébende qui soit suffisante, il y sera pourvu par l'assignation du revenu de quelque bénéfice simple, ou par une contribution des bénéfices ou du diocèse, sans préjudicier néanmoins aux autres études qui auraient été établies auparavant dans le même endroit; que, dans les églises pauvres, il y aura au moins un maître choisi par l'évêque, du consentement du chapitre, pour enseigner gratuitement la grammaire aux clercs, auquel on assignera le revenu de quelque bénéfice simple, ou quelques appointements de la mense de l'évêque ou du chapitre; que, dans les monastères des moines, on enseignera aussi l'Ecriture sainte partout où l'on pourra le faire commodément; et si les abbés manquent à ce devoir, les évêques des lieux, comme délégués du saint-siège, les y contraindront : la même chose se pratiquera aussi dans les autres couvents réguliers, et les maîtres seront choisis par les chapitres provinciaux ou généraux; que, dans les colléges où il n'y a point encore de ces leçons, les princes chrétiens et les républiques y en établiront ou les rétabliront dans les lieux où elles auront été seulement interrompues par négligence; et, de peur qu'on ne sème l'hérésie sous l'apparence de piété, personne ne pourra exercer cet emploi, soit en public, soit en particulier, sans avoir été examiné et approuvé par l'évêque, à la réserve des lecteurs qui enseignent dans les couvents; que les professeurs publics de l'Ecriture, pendant qu'ils enseigneront, et les écoliers, pendant qu'ils seront dans les écoles, jouiront paisiblement de tous les priviléges accordés par le droit, et nommément des fruits de leurs prébendes et de leurs bénéfices, quoique absents.

CHAPITRE II.
De la prédication de la parole de Dieu.

Et parce que la prédication de l'Evangile n'est pas moins nécessaire à la république chrétienne que sa lecture, et que c'est une des principales occupations des évêques, le même saint concile a ordonné que les évêques, archevêques, primats et autres prélats, seront tenus de prêcher eux-mêmes l'Evangile, s'ils n'ont un légitime empêchement, et de mettre des gens capables en leur place quand ils ne le pourront pas; que les archiprêtres, les curés et tous ceux qui ont charge d'âmes, enseigneront les choses nécessaires au salut, par eux-mêmes ou par autrui, du moins tous les dimanches et toutes les fêtes solennelles : et s'ils y manquent pendant trois mois, l'évêque les y contraindra, soit par censures ecclésiastiques, soit par la privation de leur revenu, nonobstant toute exemption.

Que, s'il y a des paroisses soumises à des monastères qui ne soient d'aucun diocèse, dans lesquelles les abbés et les prélats réguliers négligent de faire observer ce règlement, ils y seront contraints par les métropolitains, comme délégués du saint-siège; que les réguliers ne pourront prêcher, même dans les églises de leur ordre, sans l'approbation de leurs supérieurs, ni sans recevoir auparavant la bénédiction des évêques; que, pour prêcher dans les églises qui ne sont point de leur ordre, outre la permission de leurs supérieurs, il faudra qu'ils obtiennent la permission de l'évêque, qui la leur donnera gratuitement.

Si quelque prédicateur (ce qu'à Dieu ne plaise) semait parmi le peuple des erreurs ou des choses scandaleuses, l'évêque lui interdira la prédication. Que, s'il prêchait des hérésies, l'évêque, comme délégué du saint-siège, procéderait contre lui selon la disposition du droit ou la coutume du lieu, quand même le prédicateur se prétendrait exempt, soit par un privilége spécial ou général; néanmoins l'évêque prendra garde que les prédicateurs ne soient point calomniés ni inquiétés à tort, afin qu'ils n'aient aucun sujet de se plaindre de lui.

De plus, les évêques ne donneront aucune permission de prêcher aux réguliers qui vivent hors de leur couvent, et aux prêtres séculiers, s'ils ne sont connus, quelque privilége qu'ils puissent alléguer, qu'ils n'en aient informé le siége apostolique.

Et à l'égard des quêteurs, ils ne pourront prêcher par eux-mêmes ni par autrui; et s'ils ont eu la hardiesse de le faire, ils en seront empêchés par les évêques, nonobstant tout privilége contraire.

CONGRÉGATIONS, 21 juin et suivants. 1° On y examina la matière de la justification; 2° la doctrine de Luther sur le libre arbitre, la prédestination, le mérite des bonnes œuvres, etc.; et on arrêta que l'on ferait deux décrets, dont l'un établirait la doctrine de l'Eglise, sous le titre de *décrets*, et l'autre contiendrait les anathèmes, sous le titre de *canons*. On revint à la matière de la réformation et à la question de la résidence des évêques. La plupart des théologiens soutinrent que l'on devait décider que la résidence est de droit divin; les Espagnols demandèrent la même chose.

VIᵉ *Session*, 13 janvier 1547. On y publia deux décrets : le premier sur la justification; il comprend seize chapitres et trente-trois canons contre les hérétiques. Ce décret renferme une lumière admirable. Les Pères déclarèrent d'abord que le commencement de la justification dans les adultes vient de la grâce prévenante de Dieu par Jésus-Christ, qui les appelle sans aucun mérite de leur part, qui les excite et qui les aide à contribuer à leur justification, en consentant et en coopérant librement à cette même grâce. Ils exposent ensuite de quelle manière les pécheurs parviennent à la justification.

Les pécheurs, dit le concile, sont disposés à être justifiés lorsque, excités et aidés par la grâce, et ajoutant foi à la parole sainte qu'ils entendent, ils se portent librement vers Dieu, croyant que tout ce qu'il a révélé et promis est véritable, et surtout que l'impie est justifié par la grâce que Dieu lui donne par la rédemption de Jésus-Christ; et lorsque, se reconnaissant pécheurs, étant frappés utilement de la crainte de la justice de Dieu, et ayant recours à la divine miséricorde, ils conçoivent l'espérance et ont confiance que Dieu leur sera propice à cause de Jésus-Christ, et commencent à l'aimer comme source de toute justice; et que, pour cela, ils se tournent contre leurs péchés par la haine qu'ils en conçoivent et par la détestation, c'est-à-dire par la pénitence qu'il faut en faire avant le baptême; enfin lorsqu'ils se proposent de recevoir le baptême, de commencer une vie nouvelle et d'observer les commandements de Dieu.

Le concile explique ensuite la nature et les effets de la justification, en disant qu'elle ne consiste pas seulement dans la rémission des péchés, mais aussi dans la sanctification et le renouvellement intérieur de l'âme. Cette justification, disent les Pères, si l'on en recherche les causes, a pour cause finale la gloire de Dieu et de Jésus-Christ, et la vie éternelle; pour cause efficiente Dieu même, qui, en tant que miséricordieux, lave et sanctifie gratuitement par le sceau et l'onction du Saint-Esprit, promis par les Ecritures, qui est le gage de notre héritage; pour cause méritoire elle a Notre-Seigneur Jésus-Christ, son très-cher et unique Fils, qui, par l'amour extrême dont il nous a aimés, nous a mérité la justification et a satisfait pour nous à Dieu son Père, par sa très-sainte passion sur la croix, lorsque nous étions ses ennemis; pour cause instrumentelle elle a le sacrement de la foi, sans laquelle personne ne peut être justifié.

Enfin son unique cause formelle est la justice de Dieu, non la justice par laquelle il est juste lui-même, mais celle par laquelle il nous justifie, c'est-à-dire de laquelle étant gratifiés par lui, nous sommes renouvelés dans l'intérieur de notre âme, et non-seulement nous sommes réputés justes, mais nous sommes avec vérité nommés tels, et le sommes en effet, recevant la justice en nous, chacun selon sa mesure et selon le partage qu'en a fait le Saint-Esprit, comme il lui plaît, et suivant la disposition propre et la coopération de chacun; en sorte que le pécheur, par cette grâce ineffable, devient véritablement juste, ami de Dieu et héritier de la vie éternelle; que c'est le Saint-Esprit qui opère en lui ce merveilleux changement, en formant dans son cœur les saintes habitudes de la foi, de l'espérance et de la charité, qui l'unissent intimement à Jésus-Christ et en font un membre vivant de son corps. Mais personne, quelque justifié qu'il soit, ne doit s'estimer exempt de l'observation des commandements de Dieu; personne ne doit faire usage de ces paroles téméraires et condamnées par les saints Pères, sous peine d'anathème, que l'observation des commandements de Dieu est impossible à un homme justifié; car Dieu ne commande pas des choses impossibles, mais, en commandant, il avertit et de faire ce que l'on peut, et de demander ce qu'on ne peut pas faire; et il aide afin qu'on le puisse.

Le concile enseigne encore sur le même sujet, 1° que, dans cette vie mortelle, personne ne doit présumer du mystère secret de la prédestination de Dieu, de sorte qu'il soit certainement assuré qu'il est du nombre des prédestinés, comme s'il était vrai qu'étant justifié il ne pût plus pécher, ou que, s'il péchait, il dût se promettre assurément de se relever, parce que, sans une révélation particulière de Dieu, on ne peut savoir qui sont ceux que Dieu a choisis. Il en est de même du don de persévérance, dont il est écrit que celui qui aura persévéré jusqu'à la fin sera sauvé : ce qu'on ne peut obtenir d'ailleurs que de celui qui est tout-puissant pour soutenir celui qui est debout, afin qu'il continue d'être debout jusqu'à la fin, aussi bien que pour relever celui qui tombe. Mais personne là-dessus ne se peut promettre rien de certain d'une certitude absolue, quoique tous doivent mettre et établir une confiance très-ferme dans le secours de Dieu, qui achèvera et perfectionnera le bon ouvrage qu'il a commencé, en opérant en nous le vouloir et le faire, si ce n'est qu'ils manquent eux-mêmes à sa grâce.

2° Ceux qui, par le péché, sont déchus de la grâce de la justification qu'ils avaient reçue, pourront être justifiés de nouveau quand, Dieu les excitant par le moyen du sacrement de pénitence, ils feront en sorte de recouvrer, en vertu des mérites de Jésus-Christ, la grâce qu'ils auront perdue : c'est la réparation propre pour ceux qui sont tombés; c'est ce que les saints Pères nomment si à propos *la seconde table après le naufrage de la grâce qu'on a perdue*. Et ç'a été en faveur de ceux qui tombent dans le péché depuis le baptême que Jésus-Christ a établi le sacrement de pénitence, quand il a dit : « Recevez le Saint-Esprit : les péchés seront remis à ceux à qui vous les remettrez, et ils seront retenus à ceux à qui vous les retiendrez. » De là vient qu'il faut bien entendre que la pénitence d'un chrétien, après qu'il est tombé dans le péché, est fort différente de celle du baptême; car non-seulement elle demande qu'on cesse de pécher et qu'on ait son crime en horreur, c'est-à-dire qu'on ait le cœur contrit et humilié, mais elle renferme encore la confession sacramentelle de ses péchés, au moins en désir, pour la faire dans l'occasion, et l'absolution du prêtre avec la satisfaction par les jeûnes, les aumônes, les prières et les autres pieux exercices de la vie spirituelle, non pas à la vérité pour la peine éternelle, qui est remise avec l'offense par le sacrement ou par le désir de le recevoir, mais pour la peine temporelle qui, selon la doctrine des saintes lettres, n'est pas toujours, comme dans le baptême, entièrement remise à ceux qui, ingrats à l'égard des bienfaits de Dieu et de la grâce qu'ils ont reçue, ont contristé le Saint Esprit et ont profané sans respect le temple de Dieu.

3° Que l'on doit être persuadé que la grâce de la justification se perd, non-seulement par le crime de l'infidélité, par lequel la foi se perd aussi, mais même par tout autre péché mortel, par lequel la foi ne se perd pas; car la doctrine de la loi divine exclut du royaume de Dieu, non-seulement les infidèles, mais les fidèles aussi, s'ils sont fornicateurs, adultères, efféminés, sodomites, voleurs, avares, ivrognes, médisants, ravisseurs du bien d'autrui et tous autres sans exception qui commettent des péchés mortels, pour la punition desquels ils sont séparés de la grâce de Jésus-Christ.

Le concile, après avoir expliqué la doctrine catholique touchant la justification, condamne en détail, par trente-trois canons, les erreurs contraires à cette doctrine.

1. « Si quelqu'un dit qu'un homme peut être justifié devant Dieu par ses propres œuvres, faites seulement selon les lumières de la nature ou selon les préceptes de la loi, sans la grâce de Dieu méritée par Jésus-Christ, qu'il soit anathème. »

2. « Si quelqu'un dit que la grâce de Dieu méritée par Jésus-Christ, n'est donnée qu'afin seulement que l'homme puisse plus aisément vivre dans la justice et mériter la vie éternelle, comme si, par le libre arbitre, sans la grâce, il pouvait faire l'un et l'autre, quoique pourtant avec peine et difficulté, qu'il soit anathème. »

3. « Si quelqu'un dit que sans l'inspiration prévenante du Saint-Esprit et sans son secours, un homme peut faire des actes de foi, d'espérance, de charité et de repentir, tels qu'il les faut faire pour obtenir la grâce de la justification, qu'il soit anathème. »

4. « Si quelqu'un dit que le libre arbitre, mû et excité de Dieu, en donnant son consentement à Dieu qui l'excite et qui l'appelle, ne coopère en rien à se préparer et à se mettre en état d'obtenir la grâce de la justification, et qu'il ne peut refuser son consentement, s'il le veut, mais qu'il est comme quelque chose d'inanimé, sans rien faire, et purement passif, qu'il soit anathème. »

5. « Si quelqu'un dit que, depuis le péché d'Adam, le libre arbitre de l'homme est perdu et éteint ; que c'est un être qui n'a que le nom, ou plutôt un nom sans réalité, ou enfin une fiction ou vaine imagination que le démon a introduite dans l'Eglise, qu'il soit anathème. »

6. « Si quelqu'un dit qu'il n'est pas au pouvoir de l'homme de rendre ses voies mauvaises, mais que Dieu opère les mauvaises œuvres aussi bien que les bonnes, non-seulement en tant qu'il les permet, mais si proprement et si véritablement par lui-même, que la trahison de Judas n'est pas moins son ouvrage que la vocation de saint Paul, qu'il soit anathème. »

7. « Si quelqu'un dit que toutes les actions qui se font avant la justification, de quelque manière qu'elles soient faites, sont de véritables péchés, ou qu'elles méritent la haine de Dieu, ou que plus un homme s'efforce de se disposer à la grâce, plus il pèche grièvement, qu'il soit anathème. »

8. « Si quelqu'un dit que la crainte de l'enfer qui nous porte à avoir recours à la miséricorde de Dieu, ayant douleur de nos péchés, ou qui nous fait nous abstenir de pécher, est un péché, ou qu'elle rend les pécheurs encore pires, qu'il soit anathème. »

9. « Si quelqu'un dit que l'homme est justifié par la seule foi, en sorte qu'on entende par là que, pour obtenir la grâce de la justification, il n'est besoin d'aucune autre chose qui coopère, et qu'il n'est en aucune manière nécessaire que l'homme se prépare et se dispose par le mouvement de sa volonté, qu'il soit anathème. »

10. « Si quelqu'un dit que les hommes sont justes sans la justice de Jésus-Christ, par laquelle il nous a mérité d'être justifiés, ou que c'est par elle-même qu'ils sont formellement justes, qu'il soit anathème. »

11. « Si quelqu'un dit que les hommes sont justifiés, ou par la seule imputation de la justice de Jésus-Christ, ou par la seule rémission des péchés, faisant exclusion de la grâce et de la charité qui est répandue dans leurs cœurs par le Saint-Esprit, et qui leur est inhérente ; ou bien que la grâce par laquelle nous sommes justifiés n'est autre chose que la faveur de Dieu, qu'il soit anathème. »

12. « Si quelqu'un dit que la foi justifiante n'est autre chose que la confiance en la divine miséricorde qui remet les péchés à cause de Jésus-Christ, ou que c'est par cette seule confiance que nous sommes justifiés, qu'il soit anathème. »

13. « Si quelqu'un dit qu'il est nécessaire à tout homme, pour obtenir la rémission de ses péchés, de croire certainement, et sans hésiter sur ses propres faiblesses et sur son indisposition, que ses péchés lui sont remis, qu'il soit anathème. »

14. « Si quelqu'un dit qu'un homme est absous de ses péchés et justifié dès qu'il croit certainement être absous et justifié, ou que personne n'est véritablement justifié que celui qui se croit être justifié, et que c'est par cette seule foi ou confiance que l'absolution et la justification s'accomplit, qu'il soit anathème. »

15. « Si quelqu'un dit qu'un homme né de nouveau par le baptême et justifié est obligé, selon la foi, de croire qu'il est assurément du nombre des prédestinés, qu'il soit anathème. »

16. « Si quelqu'un soutient d'une certitude absolue et infaillible, s'il ne l'a appris par une révélation particulière, qu'il aura assurément le grand don de persévérance jusqu'à la fin, qu'il soit anathème. »

17. « Si quelqu'un dit que la grâce de la justification n'est que pour ceux qui sont prédestinés à la vie, et que tous les autres qui sont appelés, sont à la vérité appelés, mais qu'ils ne reçoivent point la grâce, comme étant prédestinés au mal par la puissance de Dieu, qu'il soit anathème. »

18. « Si quelqu'un dit que les commandements de Dieu sont impossibles à garder, même à un homme justifié et dans l'état de la grâce, qu'il soit anathème. »

19. « Si quelqu'un dit que dans l'Evangile il n'y a que la seule foi qui soit de précepte, que toutes les autres choses sont indifférentes, ni commandées ni défendues, mais laissées à la liberté ; ou que les dix commandements ne regardent en rien les chrétiens, qu'il soit anathème. »

20. « Si quelqu'un dit qu'un homme justifié, quelque parfait qu'il puisse être, n'est pas obligé à l'observation des commandements de Dieu et de l'Eglise, mais seulement à croire, comme si l'Evangile ne consistait qu'en la simple et absolue promesse de la vie éternelle, sans aucune condition d'observer

les commandements, qu'il soit anathème. »

21. « Si quelqu'un dit que Jésus-Christ a été donné de Dieu aux hommes en qualité seulement de rédempteur auquel ils doivent mettre leur confiance, et non pas aussi comme un législateur auquel ils doivent obéir, qu'il soit anathème. »

22. « Si quelqu'un dit qu'un homme justifié peut persévérer dans la justice qu'il a reçue, sans un secours particulier de Dieu ; ou, au contraire, qu'avec ce secours même il ne le peut pas, qu'il soit anathème. »

23. « Si quelqu'un dit qu'un homme, une fois justifié, ne peut plus pécher ni perdre la grâce, et qu'ainsi lorsque quelqu'un tombe et pèche, c'est une marque qu'il n'a jamais été véritablement justifié ; ou, au contraire, qu'un homme justifié ne peut, pendant toute sa vie, éviter toutes sortes de péchés, même les véniels, si ce n'est par un privilége particulier de Dieu, comme c'est le sentiment de l'Église à l'égard de la bienheureuse Vierge, qu'il soit anathème. »

24. « Si quelqu'un dit que la justice qui a été reçue n'est pas conservée et augmentée aussi devant Dieu par les bonnes œuvres, mais que ces bonnes œuvres sont seulement les fruits de la justification et les marques qu'on l'a reçue, non être une cause qui l'augmente, qu'il soit anathème »

25. « Si quelqu'un dit qu'en quelque bonne œuvre que ce soit, le juste pèche au moins véniellement, ou même, ce qui est encore plus insupportable, qu'il pèche mortellement, et qu'ainsi il mérite les peines éternelles ; et que la seule raison pour laquelle il n'est pas damné, c'est que Dieu ne lui impute pas ces fautes à damnation, qu'il soit anathème. »

26. « Si quelqu'un dit que les justes ne doivent point, pour leurs bonnes œuvres faites en Dieu, attendre ni espérer de lui la récompense éternelle, par sa miséricorde et par les mérites de Jésus-Christ, pourvu qu'ils persévèrent jusqu'à la fin, en faisant le bien et en gardant ses commandements, qu'il soit anathème. »

27. « Si quelqu'un dit qu'il n'y a point d'autre péché mortel que le péché d'infidélité, ou que la grâce qu'on a une fois reçue ne se perd par aucun autre péché, quelque grave et quelque énorme qu'il soit, que par celui d'infidélité, qu'il soit anathème. »

28. « Si quelqu'un dit que, la grâce étant perdue par le péché, la foi se perd aussi toujours en même temps ; ou que la foi qui reste n'est pas une véritable foi, bien qu'elle ne soit pas vive ; ou que celui qui a la foi sans la charité, n'est pas chrétien, qu'il soit anathème. »

29. « Si quelqu'un dit que celui qui est tombé en péché depuis le baptême ne peut se relever avec l'aide de la grâce de Dieu ; ou bien qu'il peut à la vérité recouvrer la grâce qu'il avait perdue, mais que c'est par la seule foi, sans le secours du sacrement de pénitence, contre ce que l'Église romaine et universelle, instruite par Jésus-Christ et par ses apôtres, a jusqu'ici cru, tenu et enseigné, qu'il soit anathème. »

30. « Si quelqu'un dit qu'à tout pécheur pénitent qui a reçu la grâce de la justification l'offense est tellement remise, et l'obligation à la peine éternelle tellement effacée et abolie, qu'il ne lui reste aucune obligation de peine temporelle à payer, soit en ce monde, soit en l'autre dans le purgatoire, avant que l'entrée du royaume du ciel lui puisse être ouverte, qu'il soit anathème. »

31. « Si quelqu'un dit qu'un homme justifié pèche lorsqu'il fait de bonnes œuvres en vue de la récompense éternelle, qu'il soit anathème. »

32. « Si quelqu'un dit que les bonnes œuvres d'un homme justifié sont tellement les dons de Dieu, qu'elles ne soient pas aussi les mérites de cet homme justifié ; ou que par ces bonnes œuvres, qu'il fait par le secours de la grâce de Dieu et par les mérites de Jésus-Christ, dont il est un membre vivant, il ne mérite pas véritablement une augmentation de grâce, la vie éternelle et la possession de cette même vie, pourvu qu'il meure dans la grâce, et même aussi une augmentation de gloire, qu'il soit anathème. »

33. « Si quelqu'un dit que par cette doctrine catholique touchant la justification exposée par le saint concile dans le présent décret, on déroge en quelque chose à la gloire de Dieu ou aux mérites de Notre-Seigneur Jésus-Christ ; au lieu de reconnaître qu'en effet la vérité de notre foi y est éclaircie et la gloire de Dieu et de Jésus-Christ est rendue plus éclatante, qu'il soit anathème. »

Le second décret fut sur la réformation. Il contient cinq chapitres.

CHAP. I. *De la résidence des évêques.* — Le même saint et sacré concile, voyant les mœurs extrêmement dépravées du clergé et du peuple, a jugé à propos de commencer par ceux qui gouvernent les églises majeures, puisque le salut des inférieurs et des sujets dépend de l'intégrité des personnes qui les commandent. Espérant donc de la miséricorde de Dieu et de Notre-Seigneur, et de la vigilance de son vicaire en terre, que ce gouvernement, qui est un fardeau véritable (même aux anges), ne soit donné qu'à des gens dignes et nourris dès leur enfance dans les exercices de la discipline ecclésiastique, il avertit tous ceux qui sont préposés à la conduite de ces églises de veiller sur leur troupeau, que Jésus-Christ leur a acquis par l'effusion de son sang ; que, comme il y en a quelques-uns qui abandonnent leur bergerie à la façon des pasteurs mercenaires, et le soin des brebis qui leur sont commises, aussi bien que le salut de leurs âmes, pour passer leur vie dans les cours et dans les embarras des affaires, en préférant les choses de ce monde à celles du ciel, il renouvelle contre ceux qui ne résident pas, les anciens canons qui sont presque abolis par l'injure des temps et la malice des hommes ; et, outre cela, ordonne que si quelque prélat, de quelque prééminence qu'il soit, sans cause légitime et raisonnable, demeure six mois de suite hors de son diocèse, il perde la quatrième partie des fruits de son revenu, applicable à la fabrique de l'église et à la nourriture des pauvres ; et que, s'il continue d'être absent six autres mois, il en perde un autre quart qu'on appliquera au même usage. Que, si la contumace va encore plus loin, le métropolitain, sous peine d'être interdit de l'entrée de l'église, sera tenu de le dénoncer dans trois mois au pape qui, par son autorité suprême, pourra le châtier ou pourvoir son église d'un meilleur et plus utile pasteur ; et si le métropolitain tombe dans la même faute, le plus ancien de ses suffragants sera pareillement obligé de le dénoncer.

Chap. II. Les autres ecclésiastiques dont les bénéfices demandent résidence personnelle, soit de droit, soit de coutume, y seront contraints par les évêques, sans que les privilèges qui exemptent pour toujours de résider puissent valoir en faveur de qui que ce soit. Quant aux dispenses accordées seulement pour un temps et pour des causes vraies et raisonnables, et qui seront approuvées par l'ordinaire, elles resteront en vigueur ; et alors l'évêque, comme délégué du saint-siège, pourvoira au soin des âmes, en commettant de bons vicaires à qui il assignera une portion honnête du revenu, nonobstant tous privilèges ou exemptions.

Chap. III. Que les prélats soient attentifs à corriger avec prudence leurs inférieurs ; et que nul clerc séculier, sous couleur d'aucun privilège, ni aucun régulier demeurant hors de son couvent, sous prétexte de quelque privilège de son ordre qu'il puisse alléguer, ne puisse, s'il tombe en faute, s'exempter de la visite, de la correction ni du châtiment de l'ordinaire, comme délégué du siège apostolique.

Chap. IV. Les chapitres des cathédrales et des autres églises majeures, et les personnes qui les composent, ne pourront se soustraire, par quelques exemptions, coutumes, serments et concordats que ce soit, à la visite des évêques, suivant les canons, toutes les fois qu'il en sera besoin, étant sur cela autorisés par le saint-siège.

Chap. V. Nul évêque, sous quelque prétexte de privilège que ce soit, ne pourra faire les fonctions épiscopales dans le diocèse d'autrui, sans la permission de l'ordinaire du lieu, et seulement à l'égard des personnes sujettes au même ordinaire ; que s'il contrevient à ce règlement, qu'il soit suspendu de ses fonctions.

Congrégation *pour examiner les articles sur les sacrements.* — On traita de leur nécessité, de leur excellence, de la manière dont ils produisent la grâce, comment ils effacent les péchés ; du caractère qu'ils impriment ; de la sainteté du ministre des sacrements ; quelles personnes doivent les administrer ; du changement dans la forme ; de l'intention du ministre. On dressa un décret portant que les sacrements seraient administrés gratuitement. On suivit l'avis du pape, qui décida qu'il fallait omettre les chapitres par rapport à l'explication de la doctrine sur les sacrements, et qu'on se contenterait de publier les canons avec anathème.

Sur la matière de la réformation, on examina, entre autres questions, si la pluralité des bénéfices qui demandent résidence es' défendue par la loi divine ; car ceux qui pensaient que la résidence était de droit divin concluaient de là que le pape ne pouvait dispenser de cette pluralité ; d'autres prétendaient qu'elle n'est défendue que par les canons.

VIIe *Session*, 3 mars 1547. 1° On lut les canons sur les sacrements : ils sont au nombre de trente, avec anathème.

Des Sacrements en général.

1. « Si quelqu'un dit que les sacrements de la nouvelle loi n'ont pas été tous institués par Notre-Seigneur Jésus-Christ, ou qu'il y en a plus ou moins de sept, savoir : le Baptême, la Confirmation, l'Eucharistie, la Pénitence, l'Extrême-Onction, l'Ordre et le Mariage ; ou que quelqu'un de ces sept n'est pas proprement et véritablement un sacrement : qu'il soit anathème. »

2. « Si quelqu'un dit que les sacrements de la nouvelle loi ne sont différents des sacrements de la loi ancienne, qu'en ce que les cérémonies et les pratiques extérieures sont diverses : qu'il soit anathème. »

3. « Si quelqu'un dit que les sept sacrements sont tellement égaux entre eux, qu'il n'y en ait aucun plus digne que l'autre, en quelque manière que ce soit : qu'il soit anathème. »

4. « Si quelqu'un dit que les sacrements de la nouvelle loi ne sont pas nécessaires au salut, mais qu'ils sont superflus, et que sans eux ou sans le désir de les recevoir, les hommes peuvent obtenir de Dieu, par la seule foi, la grâce de la justification, bien qu'il soit vrai que tous ne sont pas nécessaires à chacun en particulier : qu'il soit anathème. »

5. « Si quelqu'un dit que les sacrements n'ont été institués que pour entretenir seulement la foi : qu'il soit anathème. »

6. « Si quelqu'un dit que les sacrements de la nouvelle loi ne contiennent pas la grâce qu'ils signifient, ou qu'ils ne confèrent pas cette grâce à ceux qui n'y mettent point d'obstacle ; comme s'ils étaient seulement des signes extérieurs de la justice ou de la grâce qui a été reçue par la foi, ou des marques simplement distinctives de la religion chrétienne, par lesquelles on reconnaît dans le monde les fidèles d'avec les infidèles : qu'il soit anathème. »

7. « Si quelqu'un dit que la grâce, quant à ce qui est de la part de Dieu, n'est pas donnée toujours et à tous par ces sacrements, quand même ils seraient reçus avec toutes les conditions requises, mais que cette grâce n'est donnée que quelquefois et à quelques-uns : qu'il soit anathème. »

8. « Si quelqu'un dit que dans les mêmes sacrements de la nouvelle loi la grâce n'est pas conférée par la vertu qu'ils contiennent, mais que la seule foi aux pro-

messes de Dieu suffit pour obtenir la grâce : qu'il soit anathème. »

9. « Si quelqu'un dit que par les trois sacrements du baptême, de la confirmation et de l'ordre, il ne s'imprime point dans l'âme de caractère, c'est-à-dire une certaine marque spirituelle et ineffaçable, d'où vient que ces sacrements ne peuvent être réitérés : qu'il soit anathème. »

10. « Si quelqu'un dit que tous les chrétiens ont l'autorité et le pouvoir d'annoncer la parole de Dieu et d'administrer tous les sacrements : qu'il soit anathème. »

11. « Si quelqu'un dit que l'intention, au moins celle de faire ce que fait l'Eglise, n'est pas requise dans les ministres des sacrements, lorsqu'ils les font et les confèrent : qu'il soit anathème. »

12. « Si quelqu'un dit que le ministre d'un sacrement, lorsqu'il se trouve en péché mortel, quand bien même il observerait toutes les choses essentielles pour la confection ou l'administration de ce sacrement, ne fait pas ou ne confère pas le sacrement : qu'il soit anathème. »

13. « Si quelqu'un dit que les cérémonies reçues et approuvées dans l'Eglise catholique, et qui sont en usage dans l'administration solennelle des sacrements, peuvent sans péché être ou méprisées ou omises, selon qu'il plaît aux ministres, ou être changées en d'autres nouvelles par tout pasteur, quel qu'il soit : qu'il soit anathème. »

Du Baptême.

1. « Si quelqu'un dit que le baptême de saint Jean avait la même force que le baptême de Jésus-Christ : qu'il soit anathème. »

2. « Si quelqu'un dit que l'eau vraie et naturelle n'est pas de nécessité pour le sacrement de baptême, et, pour ce sujet, détourne à quelque explication métaphorique ces paroles de Notre-Seigneur Jésus-Christ : *Si quelqu'un ne renaît de l'eau et du Saint-Esprit* : qu'il soit anathème. »

3. « Si quelqu'un dit que l'Eglise romaine, qui est la mère et la maîtresse de toutes les Eglises, ne tient pas la véritable doctrine touchant le sacrement de baptême : qu'il soit anathème. »

4. « Si quelqu'un dit que le baptême donné même par les hérétiques au nom du Père, et du Fils, et du Saint-Esprit, avec l'intention de faire ce que fait l'Eglise, n'est pas un véritable baptême : qu'il soit anathème. »

5. « Si quelqu'un dit que le baptême est libre, c'est-à-dire, qu'il n'est pas nécessaire au salut : qu'il soit anathème. »

6. « Si quelqu'un dit qu'un homme baptisé ne peut pas, quand il le voudrait, perdre la grâce, quelque péché qu'il commette, à moins de renoncer à la foi : qu'il soit anathème. »

7. « Si quelqu'un dit que ceux qui sont baptisés ne contractent par le baptême d'autre obligation que celle de croire, et non pas aussi celle d'observer toute la loi de Jésus-Christ : qu'il soit anathème. »

8. « Si quelqu'un dit que ceux qui sont baptisés sont tellement libres et exempts de tous les préceptes de la sainte Eglise, soit écrits, soit de tradition, qu'ils ne soient point obligés de les garder, à moins qu'ils ne veuillent eux-mêmes de leur bon gré s'y soumettre : qu'il soit anathème. »

9. « Si quelqu'un dit qu'il faut de telle manière rappeler les hommes à la mémoire du baptême qu'ils ont reçu, qu'on leur fasse entendre que tous les vœux qui se font depuis sont vains et inutiles à cause de la promesse déjà faite dans le baptême, comme si par ces vœux on dérogeait et à la foi qu'on a embrassée, et au baptême même : qu'il soit anathème. »

10. « Si quelqu'un dit que par le seul souvenir et par la foi du baptême qu'on a reçu, tous les péchés qui se commettent depuis, ou sont remis, ou deviennent véniels : qu'il soit anathème. »

11. « Si quelqu'un dit que le vrai baptême, bien et dûment conféré, doit être réitéré en la personne de celui qui, ayant renoncé à la foi de Jésus-Christ chez les infidèles, se convertit à pénitence : qu'il soit anathème. »

12. « Si quelqu'un dit que personne ne doit être baptisé qu'à l'âge où Jésus-Christ l'a été, ou bien à l'article de la mort : qu'il soit anathème. »

13. « Si quelqu'un dit que les enfants, après leur baptême, ne doivent pas être mis au nombre des fidèles, parce qu'ils ne sont pas en état de faire des actes de foi, et que pour cela ils doivent être rebaptisés lorsqu'ils ont atteint l'âge de discernement; ou qu'il vaut mieux ne les point baptiser du tout que de les baptiser dans la seule foi de l'Eglise, avant qu'ils puissent croire par un acte de foi qu'ils produisent eux mêmes : qu'il soit anathème. »

14. « Si quelqu'un dit que les petits enfants ainsi baptisés doivent, quand ils sont grands, être interrogés s'ils veulent tenir et ratifier ce que leurs parrains ont promis pour eux quand ils ont été baptisés, et que s'ils répondent que non, il les faut laisser à leur liberté, sans les contraindre à vivre en chrétiens par aucune autre peine que par l'exclusion de la participation à l'eucharistie et aux autres sacrements, jusqu'à ce qu'ils viennent à résipiscence : qu'il soit anathème. »

De la Confirmation.

1. « Si quelqu'un dit que la confirmation en ceux qui sont baptisés n'est qu'une cérémonie vaine et superflue, au lieu de l'être proprement et en effet un véritable sacrement, ou qu'autrefois ce n'était autre chose qu'une espèce de catéchisme, où ceux qui étaient près d'entrer dans l'adolescence rendaient compte de leur créance en présence de l'Eglise : qu'il soit anathème. »

2. « Si quelqu'un dit que ceux qui attribuent quelque vertu au saint chrême de la confirmation font injure au Saint-Esprit : qu'il soit anathème. »

3. « Si quelqu'un dit que l'évêque seul n'est pas le ministre ordinaire de la sainte

confirmation, mais que tout simple prêtre l'est aussi : qu'il soit anathème. »

2° On lut le décret de réformation : il contient quinze chapitres.

Des Bénéficiers.

Chap. I. Nul ne sera fait évêque, s'il n'est né de légitime mariage, s'il n'est d'un âge mûr, grave, de bonnes mœurs, et savant dans les saintes lettres, suivant la constitution d'Alexandre III, publiée dans le concile général de Latran.

Chap. II. Que nul ne présume pouvoir recevoir ou garder plusieurs évêchés ensemble, en titre ou en commende, ou de quelque autre manière que ce soit, parce que cela est contre les saints canons, et qu'on doit estimer celui-là fort heureux, qui sait bien gouverner une seule église. Que ceux qui possèdent plusieurs églises, contre la teneur de ce présent décret, gardent celle qu'il leur plaira, et laissent les autres dans six mois, s'ils sont à la nomination du saint-siège, et dans un an, s'ils n'en sont pas ; autrement ces églises seront réputées vacantes, à l'exception de celle qu'on aura obtenue la dernière.

Chap. III. Que les autres bénéfices, et principalement les cures, soient donnés à des personnes dignes et capables, et qui gardent la résidence, suivant la constitution d'Alexandre III, publiée dans le concile de Latran, qui commence, *Quia nonnulli* ; et celle de Grégoire X, dans le concile général de Lyon, qui commence, *Licet canon*; faute de quoi le collateur ordinaire encourra les peines du canon *Grave nimis*.

Chap. IV. Quiconque à l'avenir acceptera ou gardera plusieurs bénéfices incompatibles, soit par voie d'union à vie, soit en commende perpétuelle, ou sous quelque autre nom ou titre que ce soit, contre l'intention des saints canons, et principalement contre la constitution d'Innocent III, qui commence, *De multa*, sera privé de tout.

Chap. V. Les ordinaires verront les dispenses de ceux qui tiendront plusieurs ou autres bénéfices incompatibles, et agiront suivant la constitution de Grégoire X, publiée dans le concile général de Lyon, qui commence, *Ordinariis*, que le saint concile renouvelle ; et, afin que le soin des âmes ne soit pas négligé, il ajoute encore que les mêmes ordinaires pourvoiront ces bénéfices de vicaires capables, et auxquels on assignera une portion du revenu, nonobstant tous priviléges, etc.

Chap. VI. Les unions à perpétuité, faites depuis quarante ans, pourront être examinées par les ordinaires, comme délégués du siége apostolique ; et celles qui se trouveront subreptices seront déclarées nulles, ainsi que toutes celles qui s'obtiendront à l'avenir, à moins que le saint-siège ne le déclare autrement.

Chap. VII. Que les cures unies aux cathédrales, aux églises collégiales, aux monastères ou aux colléges, soient visitées tous les ans par les ordinaires, qui y mettront des vicaires, perpétuels ou pour un temps, auxquels ils assigneront la troisième partie du revenu, plus ou moins, selon leur volonté, nonobstant toutes appellations ou exemptions.

Chap. VIII. Les ordinaires seront obligés de visiter tous les ans, par autorité apostolique, les églises exemptes, et pourvoiront au salut des âmes, aux réparations nécessaires et aux autres obligations, nonobstant toutes appellations, priviléges et coutumes, même prescrites de temps immémorial.

Chap. IX. Les évêques se feront sacrer dans le temps prescrit par le droit ; et les délais accordés au delà de six mois ne pourront valoir.

Chap. X. Pendant la vacance du siége, les chapitres ne pourront accorder de dimissoires pour les ordres, qu'à ceux qui seront pressés au sujet de leurs bénéfices. Les chapitres qui en useront autrement seront interdits ; ceux qui seront dans les ordres mineurs ne pourront jouir des priviléges accordés aux clercs ; et ceux qui seront dans les ordres sacrés seront suspens tant qu'il plaira à l'évêque nommé.

Chap. XI. On ne donnera des permissions pour être promu aux ordres par quelque prélat que ce soit, qu'à ceux qui auront une excuse légitime pour ne pas recevoir les ordres de leur propre évêque ; et, en ce cas, ils ne pourront être ordonnés que par l'évêque même du lieu où ils se trouveront, après qu'il les aura examinés.

Chap. XII. Les dispenses d'être promu aux ordres requis ne pourront valoir au delà d'une année, hors les cas réservés par le droit.

Chap. XIII. Ceux qui sont présentés, élus ou nommés à des bénéfices par des gens d'église, et même par les nonces du siége apostolique, ne seront point reçus, nonobstant tous priviléges et coutumes, même prescrits de temps immémorial, qu'ils n'aient été examinés par les ordinaires, et trouvés capables, excepté ceux qui seraient présentés ou nommés par les universités.

Chap. XIV. Dans les causes des exempts, l'on observera la constitution d'Innocent IV, dressée dans le concile général de Lyon, qui commence, *Volentes*, que le concile renouvelle ; et ajoutant au surplus que, lorsqu'il s'agit du salaire des pauvres gens, les clercs exempts, quoiqu'ils eussent un juge député par le siége apostolique, pourront être appelés devant les ordinaires, qui, comme délégués du même siége, connaîtront aussi des autres causes des exempts qui n'auraient point de juge particulier établi, nonobstant tous priviléges et exemptions contraires.

Chap. XV. Les ordinaires auront soin que les hôpitaux soient bien et fidèlement gouvernés par les administrateurs, de quelque manière qu'ils soient exempts, en se conformant toujours à la constitution du concile de Vienne, qui commence *Quia contingit*.

Congrégation. On y traita du sacrement de l'eucharistie.

Autre congrégation (9 et 10 mars), pour délibérer dans quel lieu on transférerait le concile, sur le bruit qui s'était répandu d'une maladie contagieuse à Trente.

VIIIe *Session*, 11 mars. On y lut le décret de la translation du concile à Bologne. Il ne passa qu'aux deux tiers des suffrages, les autres, c'est-à-dire les Espagnols et autres sujets de l'empereur, s'opposant à cette translation, ce qui excita de grandes contestations, et l'empereur se plaignit de ce que le concile était transféré.

IXe *Session*, à Bologne, le 21 avril. On y lut un décret portant, qu'afin de donner aux évêques absents le temps de se rendre à Bologne, on remettrait la session au 2 juin.

Xe *Session*, 2 juin. Comme il n'y avait encore à Bologne que six archevêques, trente-six évêques, un abbé et les généraux des cordeliers et des servites, on prorogea la session jusqu'au 15 septembre; mais les démêlés du pape avec l'empereur étant devenus plus considérables, le concile demeura suspendu quatre ans, malgré les sollicitations que firent auprès du pape les évêques d'Allemagne pour le rétablissement du concile. D'un autre côté, l'empereur voulait que le concile fût rétabli à Trente; il fit même solliciter le pape à cet effet, et, voyant ses prières inutiles, il fit faire contre l'assemblée de Bologne une protestation, sur le fondement que les Allemands n'y viendraient pas, cette ville étant sous la domination du pape. Ce fut alors qu'il fit dresser, par trois théologiens, ce célèbre formulaire de foi, connu sous le nom d'*Interim*, contenant vingt-six articles, qui fut approuvé par les électeurs, ensuite publié, mais qui fut au fond blâmé des deux partis. Sur ces entrefaites, le pape Paul III étant mort l'an 1549, le cardinal del Monte fut élu pape, sous le nom de *Jules III*; et, bientôt après, il donna une bulle, datée du 14 mars 1550, pour le rétablissement du concile à Trente.

XIe *Session*, 1er mai 1551. Après un discours, le cardinal Marcel Crescentio, président du concile, fit lire un décret portant que le concile était commencé de nouveau, et qu'il indiquait la session suivante au 1er septembre.

XIIe *Session*, 1er septembre. On y lut, au nom des présidents du concile, un discours où la puissance et l'autorité des conciles généraux étaient relevées. On exhorta les Pères à recourir à l'assistance divine, par leurs prières et une vie irréprochable. On fit un décret par lequel on déclarait que, dans la prochaine session, on traiterait du sacrement de la sainte eucharistie. Ensuite le comte de Montfort, ambassadeur de l'empereur, demanda d'être reçu au concile, ce qui lui fut accordé. Jacques Amyot, ambassadeur du roi de France Henri II, y présenta, de la part de ce prince, une lettre qui fut lue dans le concile. Les raisons qui avaient empêché Henri II d'envoyer au concile aucun évêque de son royaume, y étaient exposées. Ensuite Amyot fit une protestation contre le concile de Trente, de la part du roi son maître; et il en déduisit les causes : ce sont des plaintes qu'il faisait du pape Jules III, qu'il faisait entendre être la cause de la guerre qui allait s'allumer, en jetant des semences de division parmi les princes chrétiens.

CONGRÉGATION, 8 septembre. On y traita la question de l'eucharistie. On y proposa dix articles tirés de la doctrine de Zuingle et de Luther, qu'on devait examiner. On régla que les théologiens, en donnant leur avis sur chaque article, l'appuieraient de l'autorité de l'Ecriture sainte, de la tradition apostolique, des conciles approuvés, des constitutions des souverains pontifes, des saints Pères et du consentement de l'Eglise universelle; que l'on mesurerait si bien les expressions, et que les termes en seraient si exactement choisis et propres, qu'on ne donnât aucune atteinte aux différents sentiments de l'école, pour ne choquer aucun théologien sans nécessité; qu'on s'appliquerait à chercher des expressions qui ne blessassent les sentiments ni des uns ni des autres, afin de réunir toutes les forces catholiques contre les sectaires; et on choisit neuf Pères des plus savants pour dresser les décrets.

Dans la congrégation suivante (1er octobre), on présenta les canons tout dressés, afin qu'ils pussent être examinés, et réformés s'il était nécessaire; et on dressa huit chapitres qui traitaient de la présence réelle, de l'institution, de l'excellence et du culte de l'eucharistie, de la transsubstantiation, de la préparation pour recevoir ce sacrement, de l'usage du calice dans la communion des laïques et de la communion des enfants, du seul ministre de ce sacrement, qui est le prêtre légitimement ordonné.

CONGRÉGATION *sur la matière de la réformation*. — On y traita de la juridiction épiscopale. On y fit un règlement sur les appellations, et on convint qu'on n'appellerait des sentences des évêques et des officialités que dans les causes criminelles, sans toucher aux jugements civils, et qu'il ne serait pas permis, même dans les affaires criminelles, d'appeler des sentences interlocutoires, que le jugement définitif n'eût été rendu; mais on ne voulut pas rétablir les jugements synodaux, c'est-à-dire rendus par le métropolitain et ses comprovinciaux, quoique ce fût l'ancien droit des évêques, parce que l'on n'est pas porté à faciliter les jugements contre soi-même, et que les procès se font bien plus difficilement aux évêques, quand il faut aller à Rome ou en faire venir une commission, que si on pouvait les accuser sur les lieux devant les juges naturels. On laissa donc au pape le pouvoir de juger par des commissaires délégués *in partibus*. C'est une des raisons pour lesquelles on n'a pas voulu recevoir le concile en France.

XIIIe *Session*, 11 octobre. On y lut le décret de la doctrine sur l'eucharistie; il renferme huit chapitres. Le concile reconnaît qu'après la consécration du pain et du vin, Notre-Seigneur Jésus-Christ, vrai Dieu et vrai homme, est contenu véritablement, réellement et substantiellement sous l'espèce de ces choses sensibles ; que c'est un crime et un attentat horrible d'oser détourner à un sens métaphorique les paroles par lesquelles Jésus-Christ a institué ce sacrement; que l'Eglise a toujours cru qu'après la consécration, le véritable corps de Notre-Seigneur et son véritable sang, avec son âme et sa divinité, sont sous les espèces du pain et du vin; que l'une ou l'autre espèce contient autant que toutes les deux ensemble ; car Jésus-Christ est tout entier sous l'espèce du pain et sous la moindre partie de cette espèce, comme aussi sous l'espèce du vin et sous toutes ses parties ; que, par la consécration du pain et du vin, il se fait une conversion et un changement de toute la substance du pain en la substance du corps de Notre-Seigneur, et de toute la substance du vin en celle de son sang, et que ce changement a été fort à propos et très-proprement nommé *transsubstantiation*. Que plus ce sacrement est saint, plus un chrétien doit avoir soin de n'en approcher qu'avec un profond respect et une grande sainteté, se souvenant de ces terribles paroles de l'Apôtre : *Quiconque le mange et le boit indignement, mange et boit sa propre condamnation.* Que celui qui voudra communier doit bien considérer ce précepte : *Que l'homme s'éprouve soi-même.* Que cette épreuve consiste en ce qu'un homme qui a commis un péché mortel ne doit point s'approcher de la sainte eucharistie sans avoir fait précéder la confession sacramentelle, etc.

Le concile ajouta à ce décret les onze canons suivants avec anathème.

1. « Si quelqu'un nie que le corps et le sang de Notre-Seigneur Jésus-Christ, avec son âme et sa divinité, et par conséquent Jésus-Christ tout entier, soit contenu véritablement, réellement et substantiellement dans le sacrement de la très-sainte eucharistie, mais qu'il dise qu'il y est seulement comme dans un signe, ou bien en figure, ou en vertu : qu'il soit anathème. »

2. « Si quelqu'un dit que la substance du pain et du vin reste dans le très-saint sacrement de l'eucharistie ensemble avec le corps et le sang de Notre-Seigneur Jésus-Christ, et nie cette conversion admirable et singulière de toute la substance du pain au corps, et de toute la substance du vin au sang de Jésus-Christ, en sorte qu'il n'y reste que les espèces du pain et du vin ; laquelle conversion est appelée par l'Eglise catholique du nom très-propre de transsubstantiation : qu'il soit anathème. »

3. « Si quelqu'un nie que dans le vénérable sacrement de l'eucharistie Jésus-Christ tout entier soit contenu sous chaque espèce et sous chacune des parties de chaque espèce, après la séparation : qu'il soit anathème. »

4. « Si quelqu'un dit qu'après que la consécration est faite le corps et le sang de Notre-Seigneur Jésus-Christ ne sont pas dans l'admirable sacrement de l'eucharistie, mais qu'ils y sont seulement dans l'usage, pendant qu'on les reçoit, et non auparavant ni après ; et que dans les hosties ou parcelles consacrées que l'on réserve, ou qui restent après la communion, le vrai corps de Notre-Seigneur ne demeure pas : qu'il soit anathème. »

5. « Si quelqu'un dit, ou que le principal fruit de la très-sainte eucharistie est la rémission des péchés, ou qu'elle ne produit point d'autres effets : qu'il soit anathème. »

6. « Si quelqu'un dit que Jésus-Christ, Fils unique de Dieu, ne doit pas être adoré au saint sacrement de l'eucharistie du culte de latrie, même extérieur, et que par conséquent il ne faut pas non plus l'honorer d'une fête solennelle et particulière, ni le porter avec pompe et appareil aux processions, selon la louable coutume et l'usage universel de la sainte Eglise, ou qu'il ne faut pas l'exposer publiquement au peuple pour être adoré, et que ceux qui l'adorent sont idolâtres : qu'il soit anathème. »

7. « Si quelqu'un dit qu'il n'est pas permis de conserver la sainte eucharistie dans un vase sacré, mais qu'incontinent après la consécration il la faut nécessairement distribuer aux assistants, ou qu'il n'est pas permis de la porter avec honneur et respect aux malades : qu'il soit anathème. »

8. « Si quelqu'un dit que Jésus-Christ, présenté dans l'eucharistie, n'est mangé que spirituellement, et non pas aussi sacramentellement et réellement : qu'il soit anathème. »

9. « Si quelqu'un nie que tous les fidèles chrétiens, de l'un et de l'autre sexe, et chacun d'eux, ayant atteint l'âge de discrétion, soient obligés de communier tous les ans au moins à Pâques, selon le commandement de la sainte mère l'Eglise : qu'il soit anathème. »

10. « Si quelqu'un dit qu'il n'est pas permis à un prêtre célébrant de se communier lui-même : qu'il soit anathème. »

11. « Si quelqu'un dit que la foi seule est une préparation suffisante pour recevoir le sacrement de la très-sainte eucharistie : qu'il soit anathème. »

« Et pour empêcher qu'un si grand sacrement ne soit reçu indignement, et par conséquent pour la mort et la condamnation, le saint concile ordonne et déclare que ceux qui se sentent la conscience chargée de quelque péché mortel, quelque contrition qu'ils pensent en avoir, sont nécessairement obligés, s'ils peuvent avoir un confesseur, de faire précéder l'absolution sacramentelle. Et si quelqu'un avait la témérité d'enseigner ou de prêcher le contraire, ou bien même de l'assurer avec opiniâtreté, ou de le soutenir en dispute publique : qu'il soit dès là même excommunié. »

On lut le décret de la réformation, dont la matière fût la juridiction des évêques; il contient huit chapitres.

De la Réformation.

CHAP. I. Le saint concile de Trente recommande aux évêques de se souvenir qu'ils sont pasteurs, qu'ils ne doivent frapper personne, et qu'ils doivent tellement régir ceux qui sont sous leur conduite, que leur gouvernement ne sente point la domination; mais qu'ils les aiment comme leurs enfants et leurs frères, et qu'ils travaillent à les retirer du crime par leurs exhortations et leurs avertissements; qu'ils exercent leur juridiction avec la modération et la charité requise; que, dans les causes de visites, de correction et d'inhabileté, et dans les causes criminelles, l'on ne puisse appeler de l'évêque ni de son vicaire général, sous prétexte de quelque grief que ce soit, avant la sentence définitive.

Chap. II. Lorsqu'il y aura lieu d'appeler de la sentence de l'évêque ou de son grand vicaire au spirituel, dans une cause criminelle, et qu'il sera nécessaire de commettre la cause aux juges *in partibus*, c'est-à-dire, sur les lieux, elle sera commise par l'autorité apostolique au métropolitain ou bien à son vicaire; et, en cas que celui-ci soit ou suspect ou trop éloigné, ou même que l'on en appelle encore, la cause n'ira point à d'autre juge qu'à quelque évêque voisin ou bien à son vicaire.

Chap. III. Le criminel appelant sera obligé de produire devant le juge à qui il aura appelé les actes de la première instance; et ce juge ne procédera point à l'absolution du criminel, qu'il ne les ait vus : lesquels actes lui seront fournis gratuitement, dans le terme de trente jours, par le juge dont il appellera.

Chap. IV. Comme il se commet quelquefois par les ecclésiastiques des crimes si énormes, qu'on est obligé de les déposer et de les livrer même aux juges séculiers, et que, pour procéder à leur déposition, les canons demandent un certain nombre d'évêques qui, étant souvent difficile à remplir, retarderait trop l'exécution du jugement, c'est pourquoi le concile ordonne que l'évêque ou son grand vicaire pourra procéder contre chacun à la condamnation et à la déposition verbale, et même dégrader solennellement avec l'assistance d'autant d'abbés mitrés et crossés, ou d'autres personnes constituées en dignité ecclésiastique, au défaut des premiers, qu'il est requis d'évêques par les canons

Chap. V. L'évêque pourra connaître sommairement de l'absolution des criminels contre qui il aura commencé de procéder, ou qu'il aura condamnés, à cause que souvent ils surprennent leurs juges par des mensonges, et annulent l'absolution, s'ils l'ont obtenue par une fausse exposition du fait ou par une suppression de la vérité.

Chap. VI. Les évêques s'attirant souvent la haine des personnes qu'ils veulent corriger, qui leur imputent même des calomnies atroces, afin de leur causer du chagrin et de la peine, le concile ordonne qu'un évêque ne soit point cité à comparaître personnellement, si ce n'est pour une cause où il s'agisse de le priver, quelle que puisse être la forme du jugement.

Chap. VII. On ne recevra point de témoins à déposer contre un évêque dans une cause criminelle, s'ils ne sont reconnus pour des gens de bien et sans reproche; et ceux qui auront déposé par haine, par intérêt ou par témérité, seront punis rigoureusement.

Chap. VIII. Les causes criminelles des évêques où ils seront obligés de comparaître nécessairement, seront renvoyées au souverain pontife pour en juger.

Congrégation. On y examina les matières de la session suivante. Elles roulaient sur douze articles, touchant les sacrements de pénitence et d'extrême-onction. Ils étaient tirés des écrits de Luther et de ses disciples. On examina avec soin les articles de la contrition dans le sacrement de pénitence; celui de l'absolution et de l'institution de la pénitence, et enfin celui des cas réservés.

Dans une congrégation suivante (5 novembre), on rapporta les décrets et les canons tout dressés.

Sur la matière de la réformation, on dressa les décrets, et on en fit treize chapitres.

XIV° *Session*, 25 novembre 1551. On lut le décret sur la pénitence et l'extrême-onction. Il est dit que Notre-Seigneur Jésus-Christ a principalement institué le sacrement de pénitence, lorsqu'étant ressuscité des morts, il souffla sur ses disciples, en disant : « Recevez le Saint-Esprit, les péchés seront remis à ceux à qui vous les remettrez. » Le concile condamne ceux qui ne veulent point reconnaître que par ces paroles Jésus-Christ a communiqué aux apôtres et à leurs successeurs la puissance de remettre et de retenir les péchés commis après le baptême, et qui les entendent du pouvoir de prêcher la parole de Dieu, et d'annoncer l'Évangile de Jésus-Christ. Il fait voir 1° que, dans ce sacrement, le prêtre exerce la fonction de juge; que ce n'est que par beaucoup de larmes et de grands travaux que la justice de Dieu exige de nous, que nous pouvons parvenir à ce renouvellement total et parfait qui se fait en nous par le baptême; et que c'est avec raison que les saints Pères ont appelé la pénitence une sorte de baptême laborieux. 2° Que la forme du sacrement, en quoi consiste sa force et sa vertu, est renfermée dans les paroles de l'absolution que prononce le prêtre : *Ego te absolvo*, etc. (Sur quoi il est à propos de remarquer ici que cette forme *Ego te absolvo*, qu'on appelle indicative, a été introduite dans l'Église depuis le douzième siècle, au lieu de la forme déprécatoire qui était en usage auparavant, et qui l'est encore chez les Grecs.) 3° Que les actes du pénitent sont la contrition, la confession et la satisfaction; qu'ils sont comme la matière de ce sacrement, *quasi materia*, dit le concile, pour marquer que ces actes extérieurs tiennent lieu d'une matière sensible et permanente.

Le concile définit la contrition une douleur intérieure et une détestation du péché que l'on a commis, avec la résolution de ne plus pécher à l'avenir : il enseigne que la contrition renferme aussi la haine de la vie passée, et que, quoiqu'il arrive que, lorsque la contrition est parfaite par la charité, elle réconcilie l'homme avec Dieu avant qu'il ait reçu actuellement le sacrement de pénitence, il ne faut pas attribuer la réconciliation à la contrition même, sans le désir de recevoir le sacrement qui y est renfermé.

A l'égard de la contrition imparfaite, qu'on appelle *attrition*, comme elle est seulement conçue, ou par la honte et la laideur du péché, ou par la crainte des peines, le concile dit que si, étant jointe avec l'espérance du pardon, elle exclut la volonté de pécher, elle est un don de Dieu et une impulsion du Saint-Esprit; et que, bien loin qu'elle rende l'homme hypocrite et plus grand pécheur, elle le dispose à obtenir la grâce de Dieu dans le sacrement de pénitence. Sur quoi il faut observer que le concile n'a pas dit que la crainte seule sans amour soit une disposition suffisante; le mot de *disponit*, substitué à la place de celui de *sufficit*, qu'on avait mis d'abord quand on commença à faire le décret, le prouve évidemment. Il est donc permis de dire qu'il ne suffit pas, pour être justifié, de croire et d'espérer en Dieu; mais qu'il faut aussi l'aimer et se repentir du péché par le motif de l'amour de Dieu, comme l'a déclaré l'assemblée générale du clergé de France, de l'an 1700, en ces termes : « Personne ne doit se croire en sûreté si, dans ces deux sacrements, le baptême et la pénitence, outre les actes de foi et d'espérance, il ne commence pas à aimer Dieu comme source de toute justice. »

Ensuite le concile établit l'obligation de confesser tous les péchés mortels dont on se trouve coupable, après un sérieux examen, et d'expliquer les circonstances qui changent l'espèce du péché. A l'égard des péchés véniels, il dit que, quoiqu'il soit bon et utile de les déclarer dans la confession, on les peut omettre sans offense, et les expier par plusieurs autres remèdes. Touchant les cas réservés, le concile dit que, pour la bonne discipline, les saints Pères ont toujours regardé comme d'une grande importance que certains crimes atroces et griefs ne fussent pas absous indifféremment par tout prêtre, mais seulement par ceux du premier ordre.

A l'égard de la satisfaction, le concile enseigne que les peines que l'on impose pour la satisfaction doivent servir de remède et de préservatif contre le péché pour guérir les maladies de l'âme, et servir de pénitence pour les péchés passés; que les prêtres doivent imposer des satisfactions proportionnées à la qualité des péchés, de peur que, traitant les pénitents avec trop d'indulgence, par des satisfactions trop légères pour des crimes considérables, ils ne se rendent coupables des péchés des autres; que c'est de la satisfaction de Jésus-Christ que les nôtres tirent leur mérite, et que nous pouvons satisfaire à Dieu, non-seulement par les peines que nous nous imposons, ou par celles que le prêtre nous prescrit, mais aussi par les afflictions temporelles que Dieu nous envoie, quand nous les supportons avec patience et en esprit de pénitence.

On lut le décret sur l'extrême-onction. Il y est dit que les saints Pères ont regardé ce sacrement comme la consommation de la pénitence et de toute la vie chrétienne qui doit être une pénitence continuelle; que cette onction sacrée a été établie par Notre-Seigneur Jésus-Christ, comme un véritable sacrement du Nouveau Testament; qu'il est clairement recommandé aux fidèles par saint Jacques, et que l'usage en est insinué dans saint Marc; que la matière de ce sacrement est l'huile bénite par l'évêque; que sa forme consiste dans les paroles que l'on prononce en faisant les onctions; que son effet est de nettoyer les restes du péché, et les péchés même s'il en reste encore à expier; de rassurer et soulager l'âme du malade, en excitant en lui une grande confiance en la miséricorde de Dieu; et enfin de procurer quelquefois la santé du corps, lorsqu'elle est avantageuse au salut de l'âme; que les évêques et les prêtres en sont seuls les ministres. Le concile prononça ensuite quinze canons sur le sacrement de pénitence, et quatre sur celui de l'extrême-onction.

Du sacrement de Pénitence.

1. « Si quelqu'un dit que la pénitence dans l'Eglise catholique n'est pas véritablement et proprement un sacrement institué de Jésus-Christ Notre-Seigneur, pour réconcilier à Dieu les fidèles, toutes les fois qu'ils tombent en péché depuis le baptême : qu'il soit anathème. »

2. « Si quelqu'un, confondant les sacrements, dit que c'est le baptême même qui est le sacrement de pénitence, comme si ces deux sacrements n'étaient pas distingués; et qu'ainsi c'est mal à propos qu'on appelle la pénitence la seconde planche après le naufrage : qu'il soit anathème. »

3. « Si quelqu'un dit que ces paroles de notre Seigneur et Sauveur (*Joan.* XX, *Matth.* XVI) : *Recevez le Saint-Esprit, les péchés seront remis à ceux à qui vous les remettrez, et seront retenus à ceux à qui vous les retiendrez*, ne doivent pas être entendues de la puissance de remettre et de retenir les péchés dans le sacrement de pénitence, comme l'Eglise catholique les a toujours entendues dès le commencement; mais que, contre l'institution de ce sacrement, il détourne le sens de ces paroles, pour les appliquer au pouvoir de prêcher l'Evangile : qu'il soit anathème. »

4. « Si quelqu'un nie que pour l'entière et parfaite rémission des péchés trois actes soient requis dans le pénitent, qui sont comme la matière du sacrement de pénitence, savoir : la contrition, la confession et la satisfaction, qu'on appelle les trois parties de la pénitence; ou s'il soutient que la pénitence n'a que deux parties, savoir : les terreurs d'une conscience agitée à la vue de son péché qu'elle reconnaît, et la foi conçue par l'Evangile ou par l'absolution par laquelle on croit que ses péchés sont remis par Jésus-Christ : qu'il soit anathème. »

5. « Si quelqu'un dit que la contrition à laquelle on parvient par la discussion, le dénombrement et la détestation de ses pé-

chés, quand, repassant en son esprit les années de sa vie, dans l'amertume de son cœur, on vient à peser la griéveté, la multitude et la difformité de ses péchés, et avec cela le danger où l'on a été de perdre le bonheur éternel et d'encourir la damnation éternelle; qu'une telle contrition, avec la résolution de mener une meilleure vie, n'est pas une douleur véritable et utile, et ne prépare pas à la grâce, mais qu'elle rend l'homme hypocrite et plus grand pécheur, enfin que c'est une douleur forcée et non pas libre : qu'il soit anathème. »

6. « Si quelqu'un dit que la confession sacramentelle, ou n'a pas été instituée, ou n'est pas nécessaire au salut, de droit divin; ou que la manière de se confesser secrètement au prêtre seul, que l'Eglise catholique observe et a toujours observée dès le commencement, n'est pas conforme à l'institution et au précepte de Jésus-Christ, mais que c'est une invention humaine : qu'il soit anathème. »

7. « Si quelqu'un dit que dans le sacrement de pénitence il n'est pas nécessaire de droit divin, pour la rémission de ses péchés, de confesser tous et chacun à part les péchés mortels dont on peut se souvenir, après y avoir auparavant bien et sérieusement pensé, même les péchés secrets qui sont contre les deux derniers préceptes du décalogue, et les circonstances qui changent l'espèce du péché; mais qu'une telle confession est seulement utile pour l'instruction et la consolation du pénitent, et qu'autrefois elle n'était en usage que pour imposer une satisfaction canonique ; ou si quelqu'un avance que ceux qui s'attachent à confesser tous leurs péchés semblent ne vouloir rien laisser à la miséricorde de Dieu à pardonner; ou enfin qu'il n'est pas permis de confesser les péchés véniels : qu'il soit anathème. »

8. « Si quelqu'un dit que la confession de tous ses péchés, telle que l'observe l'Eglise, est impossible et n'est qu'une tradition humaine que les gens de bien doivent tâcher d'abolir, ou bien que tous les fidèles chrétiens, de l'un et de l'autre sexe, et chacun d'eux en particulier, n'y sont pas obligés, une fois l'an, conformément à la constitution du grand concile de Latran, et que pour cela il faut dissuader les fidèles de se confesser dans le temps du carême : qu'il soit anathème. »

9. « Si quelqu'un dit que l'absolution sacramentelle du prêtre n'est pas un acte judiciaire, mais un simple ministère où il va qu'à prononcer et à déclarer à celui qui se confesse que ses péchés lui sont remis, pourvu seulement qu'il croie qu'il est absous, encore que le prêtre ne l'absolve pas sérieusement, mais par manière de jeu ; ou que la confession du pénitent n'est pas requise, afin que le prêtre le puisse absoudre : qu'il soit anathème. »

10. « Si quelqu'un dit que les prêtres qui sont en péché mortel cessent d'avoir la puissance de lier et de délier; ou que les prêtres ne sont pas les seuls ministres de l'absolution, mais que ç'a été à tous les fidèles chrétiens, et à chacun d'eux, que ces paroles ont été adressées (*Matth.* XVI et XVIII) : *Tout ce que vous aurez lié sur la terre, sera aussi lié dans le ciel, et tout ce que vous aurez délié sur la terre sera délié dans le ciel* : et celles-ci (*Joan.* XX) : *Les péchés seront remis à ceux à qui vous les remettrez, et ils seront retenus à ceux à qui vous les retiendrez;* de sorte qu'en vertu de ces paroles chacun puisse absoudre des péchés, s'ils sont publics, par la correction seulement si celui qui est repris y défère, et s'ils sont secrets, par la confession volontaire : qu'il soit anathème. »

11. « Si quelqu'un dit que les évêques n'ont le droit de se réserver certains cas que pour la police extérieure; et qu'ainsi cette réserve n'empêche pas qu'un prêtre n'absolve véritablement des cas réservés : qu'il soit anathème. »

12. « Si quelqu'un dit que Dieu remet toujours toute la peine avec la coulpe, et que la satisfaction des pénitents n'est autre chose que la foi, par laquelle ils conçoivent que Jésus-Christ a satisfait pour eux : qu'il soit anathème. »

13. « Si quelqu'un dit qu'on ne satisfait nullement à Dieu pour ses péchés, quant à la peine temporelle, en vertu des mérites de Jésus-Christ, par les châtiments que Dieu même envoie et qu'on supporte patiemment, ou par ceux que le prêtre enjoint, ni même par ceux qu'on s'impose à soi-même volontairement, comme sont les jeûnes, les aumônes, ni par aucune autre œuvre de piété, mais que la véritable et bonne pénitence est seulement la nouvelle vie : qu'il soit anathème. »

14. « Si quelqu'un dit que les satisfactions par lesquelles les pénitents rachètent leurs péchés par Jésus-Christ ne font pas partie du culte de Dieu, mais ne sont que des traditions humaines qui obscurcissent la doctrine de la grâce, le vrai culte de Dieu et même le bienfait de la mort de Jésus-Christ : qu'il soit anathème. »

15. « Si quelqu'un dit que les clefs n'ont été données à l'Eglise que pour délier, et non pas aussi pour lier, et que pour cela les prêtres agissent contre la fin pour laquelle ils ont reçu les clefs, et contre l'institution de Jésus-Christ, lorsqu'ils imposent des peines à ceux qui se confessent, et que ce n'est qu'une fiction de dire qu'après que la peine éternelle a été remise en vertu des clefs, la peine temporelle reste encore le plus souvent à expier : qu'il soit anathème. »

Du sacrement de l'Extrême-Onction.

1. « Si quelqu'un dit que l'extrême-onction n'est pas véritablement et proprement un sacrement institué par Notre-Seigneur Jésus-Christ, et promulgué par l'apôtre saint Jacques, mais que c'est seulement un usage qu'on a reçu des Pères, ou bien une invention humaine : qu'il soit anathème. »

2. « Si quelqu'un dit que l'onction sacrée qui est donnée aux malades ne confère pas la grâce, ne remet pas les péchés, ou ne sou-

lage pas les malades, et que maintenant elle ne doit plus être en usage, comme si ce n'avait été autrefois que ce qu'on appelait la grâce de guérir les maladies : qu'il soit anathème. »

3. « Si quelqu'un dit que la pratique et l'usage de l'extrême-onction, selon que l'observe la sainte Église romaine, répugne au sentiment de l'apôtre saint Jacques, et que pour cela il y faut apporter du changement, et que les chrétiens peuvent sans péché en faire mépris : qu'il soit anathème. »

4. « Si quelqu'un dit que les prêtres de l'Église que saint Jacques exhorte à faire venir pour oindre le malade ne sont pas les prêtres ordonnés par l'évêque, mais que ce sont les plus avancés en âge dans chaque communauté, et qu'ainsi le propre ministre de l'extrême-onction n'est pas le seul prêtre: qu'il soit anathème. »

Le décret sur la réformation contient treize articles ou règlements, qui ont presque tous rapport à la juridiction épiscopale.

De la Réformation.

CHAP. I. Ce chapitre porte que, quand un évêque aura empêché quelqu'un de recevoir les ordres, ou qu'il aura suspendu un prêtre pour des causes justes et légitimes qui lui sont connues, on ne donnera aucune dispense ou permission de le réhabiliter, sans la permission de l'évêque diocésain qui l'aura interdit.

CHAP. II. Dans ce chapitre, il est défendu aux évêques *in partibus infidelium*, qui, n'ayant ni siège épiscopal, ni clergé, ni diocésains, se retiraient en des lieux qui ne reconnaissaient aucun évêque, et admettaient aux ordres sacrés ceux qui avaient été rejetés comme inhabiles par leur évêque, le faisant en vertu du privilége qu'ils avaient de pouvoir donner les ordres à tous ceux qui se présentaient; de conférer l'ordination à qui que ce soit, et sous quelque prétexte que ce soit, sans l'expresse permission ou sans lettres dimissoires de l'ordinaire; et déclare suspens de droit ceux qui transgresseront ce décret.

CHAP. III. Ce chapitre déclare que l'évêque pourra suspendre, pour le temps qu'il lui plaira, tous les clercs ordonnés sans leur examen et sans leurs dimissoires, quelque pouvoir qu'ait celui qui les ordonne.

CHAP. IV. Il est ordonné, dans ce chapitre, que les clercs séculiers seront sujets en tout temps et pour toutes sortes d'excès et de crimes, à la correction des évêques résidant dans leurs diocèses, comme délégués du siége apostolique, nonobstant toutes exemptions, déclarations à ce contraires, coutumes, sentences rendues et concordats passés.

CHAP. V. Quelques particuliers obtenant des juges à leur choix, qui portaient le nom de *conservateurs*, parce qu'ils étaient établis pour protéger, défendre et maintenir ces personnes dans leurs droits, en cas d'oppression; et ayant vu que ces juges, au lieu de mettre leurs clients à couvert des injures, entreprenaient de les soustraire à de justes corrections, et tourmentaient les autres, et, qui pis est, troublaient et harassaient les évêques, le saint concile ordonne que désormais personne ne pourra se prévaloir des lettres de conservation, pour s'exempter d'être recherché, accusé et cité devant l'ordinaire pour des causes criminelles et mixtes, et que, dans les causes civiles, celui qui aurait obtenu de ces lettres ne pourrait obliger sa partie à comparaître devant les conservateurs; que si, dans les causes criminelles et autres, l'accusé avait le conservateur pour suspect, ou s'il survenait quelque différend de compétence de juridiction entre ce juge et l'ordinaire, l'on élirait des arbitres selon la forme de droit; que les lettres de conservation qui comprendront aussi les domestiques ne pourront pas s'étendre à plus de deux; et encore à la charge que ces deux vivent aux dépens du conservé. Personne ne pourra jouir du bénéfice de ces lettres que pour cinq ans, ni les conservateurs ériger aucun tribunal; à l'égard des causes qui concernent les mercenaires ou les pauvres, le saint concile entend que ce décret demeure en sa force; mais il ne prétend point y comprendre les universités, les colléges de docteurs ou d'écoliers, les maisons régulières, ni les hôpitaux exerçant actuellement l'hospitalité.

CHAP. VI. Quoique l'habit ne fasse pas le moine, dit ce chapitre, néanmoins il faut que les clercs portent toujours l'habit convenable à leur ordre, afin que, par la décence qu'ils témoigneront à l'extérieur, ils fassent paraître l'intégrité de leurs mœurs; c'est pourquoi on déclare que tous les clercs qui ont des ordres sacrés ou des bénéfices, quelque exemption qu'ils puissent alléguer, sont obligés de porter l'habit convenable à leur ordre et à leur dignité, selon l'ordonnance et le mandement de leur évêque, qui sera en droit de suspendre les transgresseurs, s'ils n'obéissent après avoir été avertis, et de les priver même de leurs bénéfices, selon la constitution faite par Clément V dans le concile de Vienne, qui commence, *Quoniam*, s'ils retombent en faute après la première correction.

CHAP. VII. Il est porté, dans ce chapitre, que l'homicide volontaire, quoique le crime soit caché, sera privé pour toujours de tous ordres, bénéfices et ministères ecclésiastiques, quoiqu'ils soient sans charge d'âmes; mais que, si l'homicide se trouvait commis sans dessein, par accident ou pour se défendre, la dispense en sera commise à l'évêque, comme d'un cas qui mérite d'être excepté, et, à son défaut, au métropolitain ou à l'évêque le plus proche, qui s'informera exactement du fait.

CHAP. VIII. Ce chapitre regarde quelques prélats qui, pour se mettre en crédit dans les lieux où ils demeuraient, obtenaient du pape la permission de punir les ecclésiastiques en ces endroits-là; et quelques évêques même, sous prétexte que leurs prêtres étaient scandalisés du mauvais exemple que donnaient ceux des diocèses voisins, impétraient le pouvoir de les châtier ; le concile ordonne que ces prélats ne pourront procéder qu'avec l'intervention de l'ordinaire ou d'une personne commise par lui à cet effet, sous peine de nullité de toutes les procédures.

Chap. IX. Dans ce chapitre, le concile ayant montré que ç'a été avec beaucoup de sagesse qu'on a divisé les diocèses, pour assigner à chaque évêque et à chaque curé ses propres ouailles, afin qu'ils en aient soin les uns et les autres, il défend toutes les unions perpétuelles des églises d'un diocèse à celles d'un autre, sous quelque prétexte que ce soit.

Chap. X. Ce chapitre porte que les bénéfices en règle, qu'on avait coutume de donner en titre aux réguliers ou moines de quelque ordre, venant à vaquer par résignation, par mort ou de quelque autre manière, ne seraient plus conférés qu'aux profès du même ordre, ou bien à des gens qui seraient pour recevoir l'habit et faire profession.

Chap. XI. Les réguliers qui ont passé d'un ordre à un autre, obtenant facilement la permission de leurs supérieurs de sortir de leur monastère, ce qui leur fournit l'occasion d'exercer le vagabondage et même d'apostasier, le saint concile ordonne qu'aucun prélat ou supérieur n'admette qui que ce soit à faire profession, qu'à condition qu'il demeurera toujours dans le même couvent, sous l'obéissance du supérieur, sans pouvoir jamais tenir aucun bénéfice séculier, non pas même d'une cure, quand même ou serait d'un ordre de chanoines réguliers.

Chap. XII. Ce chapitre porte que le droit de patronage ne se peut accorder qu'à ceux qui ont fondé une nouvelle église ou chapelle, ou qui en auraient doté une déjà fondée.

Chap. XIII. Dans ce chapitre on défend à tous les patrons, sous prétexte de quelque privilège que ce soit, de faire leur présentation à d'autres qu'à l'évêque ; autrement la présentation sera nulle.

XVe *Session*, 25 janvier 1552. On y lut un décret portant que la décision des matières sur le sacrifice de la messe et le sacrement de l'ordre, que l'on devait y traiter, serait différée jusqu'au 19 mars, en faveur des protestants qui demandaient cette prorogation. On y lut aussi un nouveau sauf-conduit qu'on leur accordait, mais ils n'en furent point encore contents.

Les disputes qui survinrent ensuite entre les ambassadeurs de l'empereur et les légats du pape produisirent une nouvelle inaction dans le concile. Cependant les évêques espagnols, ceux du royaume de Naples et de Sicile, et tous ceux qui étaient sujets de l'empereur, voulaient, à la sollicitation de ses ministres, qu'on continuât le concile ; mais ceux qui étaient dans les intérêts de la cour de Rome, craignant que les Impériaux n'eussent dessein d'entamer la réformation de cette cour, cherchaient tous les moyens de l'empêcher, et ils n'étaient pas fâchés que quelque incident fît naître une suspension entière. Enfin le bruit de la guerre entre l'empereur et Maurice, électeur de Saxe, fit que la plupart des évêques se retirèrent de Trente ; car plusieurs princes et seigneurs protestants, qui se liguèrent avec ce dernier, n'étaient pas éloignés de cette ville.

XVIe *Session*, 28 mai 1552. La retraite de la plus grande partie des Pères donna lieu à cette session. On y lut un décret qui suspendait le concile jusqu'à ce que la paix et la sûreté eussent été rétablies. Or il demeura suspendu près de dix ans, c'est-à-dire jusqu'à l'an 1562, à laquelle année il fut convoqué de nouveau par le pape Pie IV, qui avait succédé à Jules III, mort en 1555, et qui nomma pour son premier légat au concile Gonzague, cardinal de Mantoue.

XVIIe *Session*, 18 janvier 1562. Il s'y trouva cent douze prélats et plusieurs théologiens. On y lut la bulle de convocation et un décret pour la continuation du concile : la clause *Proponentibus legatis*, qui y était insérée, passa, malgré l'opposition des quatre évêques espagnols, qui représentèrent que cette clause, étant nouvelle, ne devait point être admise, et qu'ailleurs elle était injurieuse aux conciles œcuméniques.

XVIIIe *Session*, 22 février. On lut différentes lettres par lesquelles le pape laissait au concile le soin de dresser le catalogue des livres prohibés, et un bref qui réglait le rang des évêques suivant leur ordination, sans avoir égard aux privilèges des primats.

Le 11 mars on tint une congrégation dans laquelle on proposa douze articles de réformation à examiner. Le célèbre dom Barthélemy des Martyrs, archevêque de Brague, parla sur ce sujet avec une vigueur épiscopale et évangélique. Il fut d'avis que l'on commençât la réforme par la cour de Rome, et quelques évêques ayant dit que les illustrissimes cardinaux n'avaient pas besoin d'être réformés, il s'écria d'un ton ferme que, pour lui, il croyait au contraire que *les très-illustres cardinaux avaient besoin d'une très-illustre réforme*.

Ensuite on examina les douze articles de la réformation. On commença par celui de la résidence ; il occasionna de grandes contestations : d'abord les Pères se trouvèrent partagés pour décider si la résidence était de droit divin ou non, ce qui intrigua beaucoup les légats, parce que le pape ne voulait point qu'on en vînt à une déclaration sur cet article ; car il craignait, selon les historiens du temps, que sa dignité n'en souffrît beaucoup de dommage. L'archevêque de Grenade appuya fortement l'opinion de faire déclarer la résidence de droit divin, disant que, quand elle serait déclarée telle, tous les empêchements cesseraient d'eux-mêmes ; que les évêques, connaissant leurs obligations, rentreraient dans leur devoir, et ne se regarderaient plus comme des mercenaires, mais comme de vrais pasteurs qui doivent répondre à Dieu du troupeau qui leur avait été confié, sans se reposer sur des dispenses qu'ils sauraient ne pouvoir leur servir d'excuse légitime, ni par conséquent les sauver ; et il prouva par beaucoup de passages de l'Ecriture et par l'autorité des saints Pères, que c'était une vérité catholique. Le plus grand nombre des prélats furent d'avis que la résidence fût décidée de droit divin : cependant les légats prirent le parti de remettre l'affaire à une autre congrégation.

Le second article fut sur les titres de ceux qu'on ordonne, et on décida de n'ordonner personne sans titre, ou de bénéfice, ou de patrimoine suffisant, et que le titre fût inaliénable. Le troisième, si l'on devait payer quelque chose pour la collation des ordres, et cela ne fut décidé qu'à la vingt et unième session, qui fut la cinquième sous Pie IV. Le cinquième, sur la division des paroisses en plusieurs. Le sixième, sur l'union des paroisses et des chapelles, sur les curés ignorants ou scandaleux ; et il fut dit qu'on devait les traiter différemment, en procédant avec rigueur contre ces derniers : et on résolut d'accorder à l'évêque le pouvoir de procéder contre eux, comme délégué du saint-siège. Le septième, sur les commendes : il fut dit qu'on accorderait aux évêques le pouvoir de visiter et de rétablir les bénéfices mis en commende de la même qualité. Le huitième, sur les quêteurs, dont on résolut d'abolir le nom et l'emploi, etc.

XIX° *Session*, 14 mai. Les nouveaux ambassadeurs de France, qui étaient encore en route pour se rendre au concile, ayant demandé par lettres qu'on attendît leur arrivée pour porter des décrets, on n'en fit point d'autre dans cette session, que de la proroger au 16 juillet suivant.

XX° *Session*, 4 juin. On y lut des lettres de créance des ambassadeurs du roi de France, Charles IX. Ensuite on lut un décret pour la prorogation de la session.

CONGRÉGATION. On y proposa cinq articles à examiner, au sujet du sacrement de l'eucharistie, et par rapport à la communion sous les deux espèces. On remit sur le tapis la question de la résidence, si elle devait être déclarée de droit divin. Le cardinal de Mantoue, pour éluder la décision, représenta qu'il était étonné qu'on voulût parler d'un sujet entièrement étranger à la dispute présente : qu'au reste, lui et ses collègues promettaient qu'on en traiterait en son lieu. Les légats avaient ordre du pape d'assoupir cette question. La cause de cet ordre, comme on voit par une lettre du cardinal Borromée au légat Simonette, était non que le saint-siège en pût souffrir quelque dommage, si l'on déclarait la résidence de droit divin, comme quelques-uns l'assuraient, mais parce que les disputes assez vives, survenues dans le concile à ce sujet, ayant donné occasion de répandre dans toutes les cours le bruit qu'une pareille décision tendait à la ruine du siège apostolique et de l'autorité pontificale, il n'était ni honnête ni convenable d'en faire un décret. En effet, quelque temps auparavant, le pape, dans un consistoire qu'il tint à Rome, dit que les évêques lui semblaient bien fondés à soutenir que la résidence était de droit divin, et qu'en tout cas elle devait être inviolablement observée.

Après que les théologiens eurent donné leur avis sur les cinq articles, on dressa quatre canons touchant la communion sous les deux espèces. Ce fut dans cette même congrégation que les ambassadeurs de France présentèrent un écrit où ils exhortaient les Pères à la concession du calice. Ils disaient que, dans les choses qui sont de droit positif comme celle-là, il fallait savoir céder à propos au temps, de peur de scandaliser, en paraissant si fermes à faire garder les commandements des hommes, et si négligents à observer ceux de Dieu ; ils concluaient en priant les Pères de dresser le décret de manière qu'il ne pût préjudicier au droit que les rois de France avaient de communier sous les deux espèces, le jour de leur sacre ; ni à l'usage où étaient quelques monastères de l'ordre de Cîteaux, dans ce royaume, de communier de même.

On tint plusieurs congrégations où l'on examina les articles de la réformation. Le premier fut sur le trop grand nombre de prêtres ; et quelques-uns des Pères dirent qu'il fallait réduire le nombre à ceux-là seulement qui jouissaient de revenus ecclésiastiques, et qui sont attachés au service de quelque église ; mais on décida qu'on laisserait cette affaire au jugement des évêques qui conféreraient les ordres sacrés, 1° sur un titre patrimonial ; 2° sur les ordinations gratuites ; 3° sur la destination d'une partie des fonds des églises cathédrales ou collégiales, pour être employée en distributions journalières : l'évêque des cinq églises représenta qu'il était important de pourvoir à ce que les grands évêchés fussent divisés en plusieurs ; 4° sur l'établissement des nouvelles paroisses dans les lieux où il y avait une grande multitude de peuple, ou dont la grande étendue faisait qu'un curé ne suffisait pas pour les desservir ; et il fut dit qu'on établirait de nouvelles paroisses, même malgré les curés des anciennes ; 5° sur les chapelles tombées en ruine : qu'on les transporterait dans les églises principales, en élevant une croix au lieu où elles étaient bâties ; 6° sur les commendes : on fit un décret portant que ces sortes de bénéfices seraient visités tous les ans par les évêques, surtout lorsque la discipline n'y était point en vigueur.

Le 14 juillet on tint une autre congrégation où l'on examina les quatre chapitres de la doctrine. On montra dans le premier, que les passages que l'on rapportait de l'Ecriture sainte, en faveur de la communion sous les deux espèces, n'en prouvaient pas la nécessité : sur quoi l'on apporta plusieurs témoignages, tirés des paroles de Jésus-Christ, dans le chapitre sixième de saint Jean, où le Sauveur parle indistinctement, tantôt de l'obligation de manger sa chair et de boire son sang, tantôt de la manducation seule de son corps : ce qui prouve que ce dernier suffit.

XXI° *Session*, 16 juillet 1562. Le concile y déclara que les laïques et les ecclésiastiques, quand ces derniers ne consacrent pas, ne sont tenus par aucun précepte divin de recevoir le sacrement de l'eucharistie sous les deux espèces; et qu'on ne peut douter, sans blesser la foi, 1° que la communion sous une des espèces ne soit suffisante au salut; 2° que l'Eglise a toujours eu le pouvoir d'établir et même de changer dans la dispensation des sacrements, sans néanmoins toucher au fond de leur essence, ce qu'elle a jugé de plus à propos pour le respect dû aux sacrements même, ou pour l'utilité de ceux qui les reçoivent, selon la diversité des temps, des lieux et des conjonctures; 3° que, quoique Jésus-Christ ait institué et donné aux apôtres ce sacrement sous les deux espèces, il faut néanmoins confesser que, sous l'une des deux espèces on reçoit Jésus-Christ tout entier et le véritable sacrement, et qu'on n'est privé, quant à l'effet, d'aucune des grâces qui y sont attachées; 4° que les enfants qui n'ont pas encore l'usage de la raison ne sont obligés par aucune nécessité à la communion sacramentelle de l'eucharistie, puisqu'étant régénérés par l'eau du baptême qui les a lavés, et étant incorporés avec Jésus-Christ, ils ne peuvent perdre en cet âge la grâce qu'ils ont acquise d'être enfants de Dieu.

On lut ensuite le décret de réformation contenant neuf chapitres.

De la Réformation.

CHAP. I. Ce chapitre ordonne que l'ordre ecclésiastique devant être entièrement exempt de soupçon d'avarice, l'évêque ni ses officiers ne doivent rien prendre pour la collation des ordres, ni pour les dimissoires et les attestations, soit pour le sceau ou pour toute autre cause, sous quelque prétexte que ce soit, quand même on leur donnerait volontairement; que les greffiers, seulement dans les lieux où la louable coutume de ne rien prendre n'est pas en vigueur, pourront recevoir la dixième partie d'un écu d'or, pourvu qu'ils n'aient point de gages affectés à leur charge, et que l'évêque ne retire aucun émolument de ce qui est donné au notaire, directement ni indirectement, et casse toutes taxes à ce contraires, et toutes coutumes établies de temps immémorial, qu'on doit plutôt appeler *des abus qui favorisent la simonie.*

Le chapitre second porte que, comme il ne convient pas que ceux qui sont élevés au ministère des autels mendient ou exercent quelque profession honteuse, où ils fassent un gain sordide, pour obvier à ce désordre, nul clerc séculier ne sera promu aux ordres sacrés, quoique d'ailleurs il en soit digne, à moins qu'il n'ait un bénéfice ecclésiastique, du bien de patrimoine, ou quelque pension suffisante pour vivre, et que ce bénéfice ne pourra être résigné, ni cette pension éteinte, ni ce patrimoine aliéné, sans la permission de l'évêque, si le clerc n'a de quoi vivre sans cela.

Le chapitre troisième déclare que les bénéfices étant établis pour s'acquitter du culte qui est dû à Dieu et des autres devoirs ecclésiastiques; afin que le service divin ne souffre aucune diminution, l'évêque, dans les cathédrales et collégiales où il n'y a point de distributions journalières, ou qui sont trop modiques, pourra convertir le tiers des revenus des prébendes, et dit qu'il ne prétend point toucher aux coutumes des églises dans lesquelles les chanoines qui ne résident pas, ou qui n'y rendent aucun service, ne perçoivent aucune distribution, ou moins que la troisième partie, nonobstant toutes coutumes ou exemptions contraires à ce décret.

Le chapitre quatrième donne pouvoir aux évêques, même comme délégués du saint-siége, d'obliger les curés dont les paroisses sont si grandes et le peuple si nombreux, qu'ils ne peuvent pas suffire seuls à l'administration des sacrements, de prendre un nombre de prêtres suffisant pour les aider dans leurs fonctions; même de diviser les paroisses qui ont trop d'étendue, malgré les curés; et, si le revenu n'est pas suffisant, de contraindre le peuple à fournir ce qui sera nécessaire pour la subsistance des nouveaux curés, suivant la constitution d'Alexandre III, qui commence, *Ad audientiam.*

Le chapitre cinquième permet aux évêques d'unir à perpétuité des églises paroissiales ou autres avec d'autres bénéfices-cures ou non cures, à raison de leur pauvreté et dans les autres cas permis par le droit, sans que ces unions puissent être révoquées sous quelque prétexte que ce soit.

Le chapitre sixième ordonne aux évêques de donner des vicaires aux curés ignorants, auxquels ils assigneront une partie du revenu des bénéfices; de châtier ceux qui vivent dans le scandale, et, s'ils ne se corrigent pas, de les priver de leurs bénéfices, suivant les constitutions canoniques.

Le chapitre septième veut que les évêques puissent transférer les bénéfices simples des églises qui tombent en ruine et qui sont trop pauvres pour être rétablies, dans les églises mères ou autres des mêmes lieux ou du voisinage, avec tous leurs droits et leurs revenus. De plus, qu'ils fassent rétablir les églises paroissiales des revenus qui leur appartiennent; et, s'ils ne sont pas suffisants, qu'ils obligent tous les patrons et tous les autres qui perçoivent quelques fruits provenant de ces églises, et à leur défaut les paroissiens, de contribuer à la réparation de ces églises, nonobstant toute appellation, exemption ou opposition à ce contraires.

Le chapitre huitième porte que les ordinaires, dans leur diocèse, étant obligés de veiller soigneusement sur les choses qui regardent le culte de Dieu, on leur accorde le pouvoir de visiter, tous les ans, les bénéfices qui sont en commende, de quelque nature qu'ils soient, et d'y apporter tous les remèdes convenables pour y rétablir la régularité.

Le chapitre neuvième dit, en parlant des quêteurs, que les remèdes apportés contre eux par plusieurs conciles généraux étant devenus inutiles par leur malice, qui semble augmenter tous les jours, au scandale et au murmure des fidèles, de sorte qu'il ne reste plus d'espérance de les corriger, le saint concile ordonne que le nom et l'emploi des quêteurs soient abolis dans tous les lieux de la chrétienté.

Quelques jours après cette session on remit aux évêques italiens une réponse du pape, dans laquelle, en parlant sur la résidence, il disait que, pour ce qui regardait la définition que quelques-uns avaient demandée, pour décider de quel droit était la résidence, chacun pouvait parler là-dessus selon sa science; qu'il ne le désapprouvait point; qu'il voulait que le concile jouît d'une liberté entière, mais qu'ils disputassent en paix. Cependant il écrivit à son nonce Visconti de prendre des voies sûres pour assoupir cette question et la faire renvoyer au saint-siége.

CONGRÉGATIONS *sur le sacrifice de la messe.* Dans la première il s'y trouva tous les légats, les ambassadeurs de l'empereur, du roi de France et de la république de Venise, cent cinquante-sept prélats, environ cent théologiens et près de deux mille autres personnes.

Tous les théologiens convinrent que la messe devait être reconnue pour un sacrifice véritable de la nouvelle alliance, où Jésus-Christ est offert sous les deux espèces sacramentelles. Leurs raisons principales étaient que Jésus-Christ est prêtre selon l'ordre de Melchisédech; que celui-ci offrit du pain et du vin; que par conséquent le sacrifice de cet Homme-Dieu renferme un sacrifice de pain et de vin. Dans la deuxième on examina si Jésus-Christ s'est offert en sacrifice à son Père dans la cène, ou s'il l'avait fait seulement sur la croix, et si le sacrifice de la messe était propitiatoire.

Dans cette même congrégation les ambassadeurs de l'empereur firent de nouvelles instances pour qu'on accordât l'usage du calice. Comme cette demande était délicate, et qu'il y avait de solides raisons pour et contre, on tint une congrégation sur cette matière, pour savoir ce que chacun pensait sur cette concession du calice. Le cardinal Madruce essaya de prouver que le concile pouvait et devait même accorder la demande qu'on lui faisait; que le concile de Bâle l'ayant autrefois accordée aux Bohémiens pour les engager à rentrer dans l'Eglise, le concile de Trente devait l'accorder avec plus de raison, puisque non-seulement c'était un moyen de faire revenir les hérétiques de leurs erreurs, mais encore empêcher les catholiques de se séparer. L'évêque des cinq églises avait déjà exposé, parmi ses raisons pour la concession, que la charité chrétienne ne souffrait pas que, pour faire observer une coutume avec trop de rigueur, l'on négligeât d'attirer quantité d'âmes dans le sein de l'Eglise catholique.

OElius, patriarche de Jérusalem, opinant pour le refus du calice, dit, entre autres raisons, que, si l'on accordait aux bohémiens ce qu'ils demandaient, il était à craindre qu'ils ne prissent occasion de se confirmer dans leur pernicieux sentiment, et ne crussent que le corps seul de Jésus-Christ était contenu sous l'espèce du pain, et le sang seul sous celle du vin : qu'en usant de quelque indulgence à leur égard, les autres nations ne manqueraient pas de demander la même chose, et qu'elles iraient encore plus loin, voulant qu'on abolît les images, comme une occasion d'idolâtrie aux peuples. D'autres évêques, appuyant ce sentiment, dirent que l'Eglise avait été portée à retrancher le calice par la crainte que le vin consacré ne se répandît ou ne s'aigrît. Et comment pourrait-on l'éviter dans les paroisses très-nombreuses, surtout quand on le porterait loin et par de mauvais chemins?

Osius, évêque de Riéti, parla plus fortement qu'aucun autre contre la concession du calice; il fit observer que les conciles avaient toujours pris le contre-pied de ce que les hérétiques avaient enseigné, et que, quelques juifs convertis ayant voulu qu'on observât les cérémonies de la loi ancienne, les apôtres en avaient défendu et aboli l'usage; que Nestorius ayant avancé que Marie était la mère de Jésus-Christ, et non la mère de Dieu, le concile d'Ephèse avait prononcé que Marie serait appelée dorénavant mère de Dieu; que les bohémiens ayant prétendu que l'usage du calice était de droit divin, le concile de Constance en avait interdit l'usage; que l'autorité du concile de Bâle n'était point à alléguer, puisque l'expérience avait fait connaître que l'Eglise n'avait tiré aucun avantage de la concession du calice; qu'elle n'avait servi qu'à rendre les hérétiques plus insolents; que le concile de Trente devait s'opposer à la même erreur, c'est-à-dire, ne point accorder le calice aux Allemands, et suivre la maxime des conciles précédents.

D'autres, qui étaient pour la concession, disaient que l'usage du calice défendu par le concile de Constance avait été en partie rétabli par le concile de Bâle; que plusieurs princes attachés à la religion la proposaient comme l'unique remède pour ramener les peuples; qu'il fallait suivre l'avis de saint Paul, qui veut qu'on reçoive celui qui est faible dans la foi.

Ainsi, les sentiments furent tellement partagés sur cette question, qu'elle occupa plusieurs congrégations depuis le 25 août jusqu'au 6 septembre. Le résultat fut que, de cent soixante-dix prélats, il y en eut trente-huit pour le refus, vingt-neuf pour la concession, vingt-quatre pour le renvoi de l'affaire au pape; trente et un opinèrent qu'il le fallait accorder, mais en voulaient renvoyer l'exécution au pape : dix furent d'avis qu'on priât le pape d'envoyer les délégués en Allemagne, et dix-neuf limitèrent la concession à la seule Allemagne et à la Hongrie.

XXIIᵉ *Session*, 17 septembre 1562. On y publia le décret de doctrine sur le sacrifice de la messe. Il y est dit, 1° que, quoique Notre-Seigneur dût une fois s'offrir lui-même à Dieu son père, en mourant sur l'autel de la croix, pour y opérer la rédemption éternelle, néanmoins, parce que son sacerdoce ne devait pas être éteint par sa mort, pour laisser à l'Eglise un sacrifice visible, tel que la nature des hommes le requérait, et par lequel le sacrifice sanglant de la croix fût représenté, dans la dernière cène, la nuit même qu'il fut livré, se déclarant prêtre établi pour l'éternité, selon l'ordre de Melchisédech, il offrit à Dieu le Père son corps et son sang, sous les espèces du pain et du vin, et sous les symboles des mêmes choses, les donna à prendre à ses apôtres, qu'il établissait alors prêtres du Nouveau Testament; et, par ces paroles : *Faites ceci en mémoire de moi*, leur ordonna, à eux et à leurs successeurs, de les offrir, ainsi que l'Eglise catholique l'a toujours entendu et enseigné.

2° Comme le même Jésus-Christ qui s'est offert une fois lui-même sur la croix avec effusion de son sang est contenu et immolé sans effusion de sang dans ce divin sacrifice qui s'accomplit à la messe, le saint concile déclare que ce sacrifice est véritablement propitiatoire, et que par lui nous obtenons miséricorde, et trouvons grâce et secours au besoin, si nous approchons de Dieu, contrits et pénitents, avec un cœur sincère, une foi droite et dans un esprit de crainte et de respect ; puisque c'est le même Jésus-Christ qui s'offrit autrefois sur la croix, qui offre encore à présent par le ministère des prêtres, n'y ayant de différence qu'en la manière d'offrir.

3° Que, quoique l'Eglise célèbre quelquefois des messes en l'honneur et en mémoire des saints, le sacrifice n'en est pas moins offert à Dieu seul qui les a couronnés ; mais elle implore seulement leur protection.

4° Que l'Eglise a établi, depuis plusieurs siècles, le saint canon de la messe, lequel est si épuré et si exempt de toute erreur, qu'il ne contient rien qui ne ressente la sainteté et la piété, n'étant composé que des paroles mêmes de Notre-Seigneur, des traditions des apôtres et des pieuses institutions des saints papes. 5° Que l'Eglise, pour rendre plus recommandable la majesté d'un si grand sacrifice, a établi certains usages, comme de prononcer à la messe certaines choses à voix basse, d'autres d'un ton plus haut, et a introduit des cérémonies, comme les bénédictions mystiques, les luminaires, les encensements, les ornements, suivant la tradition des apôtres. 6° Que, quoiqu'il fût à souhaiter qu'à chaque messe tous les fidèles communiassent non-seulement spirituellement, mais aussi sacramentellement, le concile ne condamne pas pour cela les messes privées auxquelles le prêtre seul communie, mais il les approuve et les autorise, parce qu'elles sont célébrées par un ministre public, et pour lui et pour tous les fidèles. 7° Que l'Eglise a ordonné aux prêtres de mêler de l'eau avec le vin, parce qu'il est à croire que Jésus-Christ en a usé de la sorte; qu'il sortit de son côté de l'eau avec le sang; et que, par ce mélange, on renouvelle la mémoire de ce mystère. 8° Que la messe ne doit pas être célébrée partout en langue vulgaire, et que chaque église doit retenir l'ancien usage qu'elle a pratiqué, et qui a été approuvé par la sainte Eglise romaine.

On lut ensuite, 1° neuf canons qui prononcent anathème contre ceux qui combattent cette doctrine.

1. « Si quelqu'un dit qu'à la messe on n'offre pas à Dieu un véritable et propre sacrifice, ou qu'être offert n'est autre chose que Jésus-Christ nous être donné à manger : qu'il soit anathème. »

2. « Si quelqu'un dit que par ces paroles (1 *Cor.* XI, *Luc.* XXII) : *Faites ceci en mémoire de moi*, Jésus-Christ n'a pas établi les apôtres prêtres, ou n'a pas ordonné qu'eux et les autres prêtres offrissent son corps et son sang : qu'il soit anathème. »

3. « Si quelqu'un dit que le sacrifice de la messe est seulement un sacrifice de louange et d'action de grâces, ou une simple mémoire du sacrifice qui a été accompli sur la croix, et qu'il n'est pas propitiatoire, ou qu'il n'est profitable qu'à celui qui le reçoit, et qu'il ne doit point être offert pour les vivants et pour les morts, pour les péchés, pour les peines, les satisfactions et toutes les autres nécessités : qu'il soit anathème. »

4. « Si quelqu'un dit que par le sacrifice de la messe on commet un blasphème contre le très-saint sacrifice de Jésus-Christ consommé en la croix, ou qu'on y déroge : qu'il soit anathème. »

5. « Si quelqu'un dit que c'est une imposture de célébrer des messes en l'honneur des saints, et pour obtenir leur entremise auprès de Dieu, comme c'est l'intention de l'Eglise : qu'il soit anathème. »

6. « Si quelqu'un dit que le canon de la messe contient des erreurs, et que pour cela il faut en supprimer l'usage : qu'il soit anathème. »

7. « Si quelqu'un dit que les cérémonies, les ornements et les signes extérieurs dont use l'Eglise catholique dans la célébration de la messe sont plutôt des choses qui portent à l'impiété, que des devoirs de piété et de dévotion : qu'il soit anathème. »

8. « Si quelqu'un dit que les messes auxquelles le seul prêtre communie sacramentellement sont illicites, et que pour cela il en faut faire cesser l'usage : qu'il soit anathème. »

9. « Si quelqu'un dit que l'usage de l'Eglise romaine de prononcer à basse voix une partie du canon et les paroles de la consécration doit être condamné, ou que la messe ne doit être célébrée qu'en langue vulgaire, et qu'on ne doit point mêler d'eau avec le vin qui doit être offert dans le calice, parce que c'est contre l'institution de Jésus-Christ : qu'il soit anathème. »

2° On lut le décret touchant les choses qu'il faut observer ou éviter dans la célébration de la messe ; il y est dit que les évêques défendront et aboliront tout ce qui a été introduit, ou par l'avarice, qui est une espèce d'idolâtrie, ou par l'irrévérence, qui est presque inséparable de l'impiété, ou par la superstition, qui imite faussement la piété. Ainsi ils défendront toute sorte de pacte ou de condition, pour quelques recompenses et salaires que ce soit, et tout ce qui se donne quand il se dit des premières messes : ils défendront de laisser dire la messe à des prêtres vagabonds et inconnus, comme à ceux qui seraient notoirement prévenus de crime, et d'offrir ce saint sacrifice dans des maisons particulières; ils banniront toute sorte de musique où il se mêle quelque chose d'impur et d'efféminé.

3° On lut le décret de réformation, qui contient onze chapitres.

Décret de la Réformation.

Le chapitre premier ordonne que toutes les choses qui ont été salutairement établies par les papes et par les conciles, touchant les mœurs, l'honnêteté de vie, la bienséance dans les habits, et la science nécessaire dans les ecclésiastiques, la fuite de la bonne chère, des danses et du jeu, soient observées à l'avenir, sous les mêmes peines ou même sous de plus grandes, selon qu'il plaira aux ordinaires de le régler; et que si quelques-uns de ces statuts ont été négligés, les évêques prennent soin de les remettre en usage.

Le chapitre deuxième porte que les évêchés ne soient conférés qu'à des personnes qui aient toutes les qualités requises par les saints canons, et qui soient entrées dans les ordres sacrés au moins six ans auparavant. Que, si les sujets ne sont pas connus à la cour de Rome, ou n'y sont connus que depuis peu, le procès-verbal en sera fait par les légats ou nonces apostoliques, ou par l'ordinaire du lieu, et, à son défaut, par les évêques les plus proches. De plus, il faut que les élus soient remplis de science, afin de s'acquitter dignement de leur charge; et, pour cela, ils doivent être docteurs ou licenciés en théologie ou en droit canon, ou du moins qu'ils aient un témoignage public de quelque université qu'ils sont capables d'enseigner les autres. Que s'ils sont réguliers, ils montreront un pareil certificat de leurs supérieurs; et que tous ceux de qui il faudra prendre information seront obligés de donner leur attestation gratuitement; autrement, qu'ils sachent qu'ils chargent beaucoup leur conscience, et que Dieu et leurs supérieurs les puniront de leur péché.

Le chapitre troisième permet aux évêques de convertir le tiers des revenus des églises cathédrales ou collégiales en distributions, et que ceux qui y posséderont quelque dignité sans juridiction et sans charge d'aucun service, et résideront dans quelque cure du même diocèse hors de la ville, soient tenus pour présents dans lesdites églises.

Le chapitre quatrième porte que ceux qui seront dans une église cathédrale ou collégiale, et qui n'auront pas au moins l'ordre de sous-diacre, n'auront point de voix dans le chapitre : et que ceux qui ont ou qui auront à l'avenir quelque dignité, personnat ou autre bénéfice où de certaines obligations sont attachées, comme de chanter la messe, l'évangile ou l'épître, seront tenus de prendre dans l'année les ordres requis pour leurs fonctions; autrement ils encourront les peines portées par la constitution du concile de Vienne, qui commence, *Ut ii qui*.

Le chapitre cinquième veut que les commissions des dispenses *extra curiam* soient adressées aux ordinaires; et, pour les dispenses qui seront de grâce, qu'elles n'aient point d'effet que les ordinaires, comme délégués apostoliques, n'aient reconnu sommairement qu'elles ont été impétrées sans subreption ou obreption.

Le chapitre sixième déclare que, dans les changements des dispositions de dernière volonté, les évêques, comme délégués du siège apostolique, reconnaîtront sommairement, avant que ces changements soient mis en exécution, si les impétrants ont exposé la vérité.

Le chapitre septième ordonne que les légats, les nonces, les patriarches et autres juges supérieurs seront tenus d'observer la constitution d'Innocent IV, qui commence, *Romana*, soit en recevant les appellations, soit en octroyant des défenses.

Le chapitre huitième porte que les évêques, comme délégués du saint-siège, seront exécuteurs de toutes les dispositions pieuses, soit de dernière volonté, soit entre-vifs; qu'ils auront droit de visiter tous les hôpitaux, collèges et communautés laïques, et même celles que l'on nomme *écoles* ou de quelque nom que ce soit, excepté les lieux qui sont sous la protection immédiate des rois : comme aussi les aumônes dites *Monts-de-Piété*, et tous les autres lieux pieux, quand même les laïques en auraient la direction; qu'enfin ils tiendront la main à l'exécution de toutes les choses établies pour le service de Dieu ou pour le salut des âmes, ou pour le soulagement des pauvres, suivant les constitutions des saints canons.

Le chapitre neuvième dit que les administrateurs, tant ecclésiastiques que laïques, de la fabrique des églises et de tous les autres lieux de dévotion, quels qu'ils soient, seront tenus de rendre compte tous les ans de leur administration à l'ordinaire, nonobstant toutes coutumes ou privilèges contraires à ce decret. Cependant, si, par quelque coutume de lieu, l'on en doit répondre à d'autres personnes députées pour cela, l'ordinaire ne laissera pas d'y être appelé, sans quoi les administrateurs ne seront nullement déchargés.

Le chapitre dixième enjoint aux évêques, comme délégués apostoliques, d'examiner tous notaires destinés pour les causes et affaires ecclésiastiques, soit qu'ils aient leur autorité de la cour de Rome, soit qu'ils la tiennent des rois ou des empereurs; et, en cas qu'ils les trouvent ignorants, de les interdire de leur office.

Le chapitre onzième et dernier porte que, si quelqu'un, de quelque rang qu'il soit, fût-il même empereur ou roi, ose usurper, sous quelque prétexte que ce puisse être, les juridictions, biens, cens, droits et revenus de quelque église ou quelque bénéfice, il sera excommunié jusqu'à ce qu'il ait fait une restitution entière, et qu'il ait obtenu l'absolution du pape. Que, si c'est un patron même de l'église, il sera privé de son droit de patronage; et tout clerc qui aura consenti ou adhéré à telles usurpations sera soumis aux mêmes peines, privé de tous bénéfices et rendu inhabile à tous autres.

On tint une congrégation où l'on proposa les articles qui concernaient la réformation des mœurs; et on chargea les théologiens d'examiner les matières du sacrement de l'ordre : ce qui occupa plusieurs congrégations.

Dans une de ces congrégations, un grand nombre de prélats demandèrent qu'on ajoutât au septième canon qui regarde l'institution des évêques, la clause qui exprime qu'elle est de droit divin; on esseya de prouver que, comme le pape est successeur de saint Pierre, les évêques sont les successeurs des autres apôtres : que l'épiscopat est le premier des trois ordres hiérarchiques : que Jésus-Christ étant l'auteur de la hiérarchie, il est aussi auteur de la juridiction qui en est inséparable : que les évêques ont succédé aux apôtres, et quant à la puissance de l'ordre, et quant à celle de juridiction; et qu'on devait regarder cette vérité comme appartenant à la foi.

Dans une autre congrégation, le cardinal de Lorraine, nouvellement arrivé au concile, exposa que le roi demandait que le concile travaillât sérieusement à la réformation des mœurs et de la discipline ecclésiastique, et que l'on commençât par celle de la maison de Dieu.

Du Ferrier, président au parlement de Paris, ambassadeur du roi, fit un discours plein de vigueur, sur la nécessité de cette réformation. Il y dit en substance que les propositions que l'Eglise de France avait à faire aux Pères du concile ne contenaient que des demandes qui leur étaient faites par toute la chrétienté, et qui étaient toutes renfermées dans l'Ecriture sainte, dans les anciens conciles et dans les constitutions des papes et des Pères.

Dans ce même intervalle de la vingt-deuxième session à la vingt-troisième, les ambassadeurs de France présentèrent aux légats les articles de réformation qu'ils avaient dressés, et qui étaient au nombre de trente-deux : voici principalement ce qu'on y demandait : Que l'on ne fit point d'évêques qui ne fussent vertueux et capables d'instruire : qu'on abolît la pluralité des bénéfices, sans s'arrêter à la distinction des compatibles et des incompatibles : qu'on fît en sorte que chaque curé eût assez de revenu pour entretenir deux clercs et exercer l'hospitalité : qu'on expliquât à la messe l'évangile au peuple, et la vertu des sacrements, avant de les administrer : que les bénéfices ne fussent donnés ni à des étrangers, ni à des indignes : qu'on abolît, comme contraires aux canons, les expectatives, les regrès, les résignations, les commendes : qu'on réunît les prieurés simples aux bénéfices à charge d'âmes, dont ils auraient été démembrés; que les évêques ne fissent rien d'important, sans l'avis de leur chapitre; que les chanoines résidassent continuellement dans leurs églises : qu'on n'excommuniât qu'après trois monitions, et seulement pour de grands péchés : qu'il fût ordonné aux évêques de donner les bénéfices à ceux qui les fuyaient, et non à ceux qui les demandaient, et qui, par cette demande, s'en déclaraient indignes : que les synodes diocésains s'assemblassent au moins une fois tous les ans, les provinciaux tous les trois ans, et les généraux tous les dix ans.

XXIIIᵉ Session, 15 juillet 1563. L'assemblée était composée de trois légats, des cardinaux de Lorraine et de Trente, des ambassadeurs de l'empereur, de ceux des rois de France, d'Espagne, de Portugal, de Pologne, de la république de Venise et du duc de Savoie; de deux cent huit évêques, des généraux d'ordres, des abbés et des docteurs en théologie.

On y lut, 1° le décret sur le sacrement de l'ordre : il porte en substance qu'il faut reconnaître dans l'Eglise un sacerdoce visible et extérieur, qui a succédé à l'ancien ; que l'Ecriture et la tradition apprennent qu'il a été institué par Notre-Seigneur Jésus-Christ, qui a donné aux apôtres et à leurs successeurs la puissance de consacrer, d'offrir et d'administrer son corps et son sang, aussi bien que celle de remettre et de retenir les péchés; que, pour le bon ordre de l'Eglise, il a été nécessaire qu'il y eût divers ordres de ministres qui fussent consacrés au service des autels ; que les saintes Ecritures parlent non-seulement des prêtres, mais des diacres, et que, dès le commencement de l'Eglise, les noms et les fonctions des autres ordres étaient en usage ; que l'ordre est un des sept sacrements de la sainte Eglise, parce que la grâce y est conférée par l'ordination, laquelle se fait par des paroles et des signes extérieurs ; que ce sacrement imprime un caractère qui ne peut être effacé ; que les évêques, qui ont succédé aux apôtres, appartiennent principalement à l'ordre hiérarchique ; qu'ils ont été établis par le Saint-Esprit pour gouverner l'Eglise de Dieu; qu'ils sont supérieurs aux prêtres, et qu'ils font des fonctions que ceux-ci ne peuvent exercer; que ceux qui, n'ayant pas été choisis et établis que par le peuple ou par quelque puissance séculière, s'ingèrent par cela seul d'exercer ce ministère, doivent être regardés comme des voleurs, et non comme de vrais ministres de l'Eglise.

2° On publia huit canons sur le sacrement de l'ordre; mais on n'y décida point que les évêques soient établis de droit divin, ni qu'ils soient aussi de droit divin supérieurs aux prêtres, quoique tous les évêques bien intentionnés demandassent la décision de ces deux points avec la plus grande force.

Canons sur le sacrement de l'Ordre.

1. « Si quelqu'un dit que dans le Nouveau Testament il n'y a point de sacerdoce visible et extérieur, ou qu'il n'y a pas une certaine puissance de consacrer et d'offrir le vrai corps et le vrai sang de Notre-Seigneur, et de remettre ou de retenir les péchés; mais que tout se réduit à la commission et au simple ministère de prêcher l'Evangile, ou bien que

ceux qui ne prêchent pas ne sont aucunement prêtres : qu'il soit anathème. »

2. « Si quelqu'un dit que, outre le sacerdoce, il n'y a point dans l'Eglise catholique d'autres ordres majeurs et mineurs par lesquels, comme par certains degrés, on monte au sacerdoce : qu'il soit anathème. »

3. « Si quelqu'un dit que l'ordre ou la sacrée ordination n'est pas véritablement et proprement un sacrement institué par Notre-Seigneur Jésus-Christ, ou que c'est une invention humaine, imaginée par des gens ignorants des choses ecclésiastiques ; ou bien que ce n'est qu'une certaine forme et manière de choisir des ministres de la parole de Dieu et des sacrements : qu'il soit anathème. »

4. « Si quelqu'un dit que le Saint-Esprit n'est pas donné par l'ordination sacrée, et qu'ainsi c'est vainement que les évêques disent : *Recevez le Saint-Esprit;* ou que par la même ordination il ne s'imprime point de caractère ; ou bien que celui qui a une fois été prêtre peut devenir laïque : qu'il soit anathème. »

5. « Si quelqu'un dit que l'onction sacrée dont use l'Eglise dans la sainte ordination, non-seulement n'est pas requise, mais qu'elle doit être rejetée, et qu'elle est pernicieuse aussi bien que les autres cérémonies de l'ordre : qu'il soit anathème. »

6. « Si quelqu'un dit que dans l'Eglise catholique il n'y a point de hiérarchie établie par l'ordre de Dieu, laquelle est composée d'évêques, de prêtres et de ministres : qu'il soit anathème. »

7. « Si quelqu'un dit que les évêques ne sont pas supérieurs aux prêtres, ou n'ont pas la puissance de conférer la confirmation ou les ordres, ou que celle qu'ils ont leur est commune avec les prêtres, ou que les ordres qu'ils confèrent sans le consentement ou l'intervention du peuple ou de la puissance séculière sont nuls ; ou que ceux qui ne sont ni ordonnés ni commis bien et légitimement par la puissance ecclésiastique et canonique, mais qui viennent d'ailleurs, sont pourtant de légitimes ministres de la parole de Dieu et des sacrements : qu'il soit anathème. »

8. « Si quelqu'un dit que les évêques qui sont choisis par l'autorité du pape ne sont pas vrais et légitimes évêques, mais que c'est une invention humaine : qu'il soit anathème. »

3° On lut le décret de la réformation : il contient dix-huit chapitres.

De la Réformation.

Le chapitre premier, qui concerne la résidence, et qui est fort étendu, porte que ceux qui sont chargés du soin des âmes en qualité de pasteurs, étant obligés, de précepte divin, de connaître leurs brebis, d'offrir le sacrifice pour elles, de les repaître par la prédication, par l'administration des sacrements et par le bon exemple, d'avoir soin des pauvres, et de s'appliquer incessamment à toutes les autres fonctions pastorales, et n'étant pas possible que ceux qui n'en sont pas toujours à veiller auprès de leur troupeau, puissent s'acquitter de toutes ces obligations, le saint concile les exhorte à le repaître et à le conduire selon la conscience et la vérité ; et, afin que personne n'interprète à sa mode et contre l'esprit du concile les règlements faits sur la résidence sous Paul III, et ne croie qu'il lui soit permis de s'absenter cinq mois de suite, le concile déclare que tous ceux qui sont préposés à la conduite des églises, soit patriarches, primats, métropolitains, évêques, ou sous quelque nom ou titre que ce soit, quand même ils seraient cardinaux, sont obligés de résider en personne, sans pouvoir jamais s'absenter, sinon lorsque la charité chrétienne, quelque urgente nécessité, l'obéissance due aux supérieurs, ou l'utilité manifeste de l'Eglise ou de l'Etat l'exigera ; voulant que les causes de légitime absence soient approuvées par le pape ou par le métropolitain, si ce n'est quand elles seront notoires, ou que ce seront des occasions survenues inopinément, et que le concile provincial juge des permissions qui auront été accordées, afin que personne n'abuse de cette liberté. Que les prélats qui seront obligés de s'absenter pourvoient si bien à leur troupeau, qu'il ne souffre aucun dommage de leur absence ; et attendu que ceux qui ne sont absents que pour peu de temps ne se doivent pas, suivant les anciens canons, compter pour absents, le saint concile entend que cette absence ne puisse être que de deux mois par année ou trois tout au plus, soit à compter de suite ou à diverses fois : encore faudra-t-il qu'il y ait une cause légitime pour cela et que le troupeau n'en souffre point ; ce qu'il laisse à la conscience des évêques, les avertissant de ne s'absenter jamais pendant l'avent ni le carême, ni les jours de Noël, de Pâques, de la Pentecôte et de la Fête-Dieu, qui sont des jours dans lesquels ils doivent nourrir spirituellement leur troupeau, et leur inspirer la joie par leur présence.

Si quelqu'un contrevient à ce décret, outre les peines établies et renouvelées sous Paul III, et outre l'offense du péché mortel qu'ils encourent, le saint concile déclare qu'il ne pourra, en sûreté de conscience, retenir les fruits de son revenu échus pendant son absence, mais qu'il sera obligé de les appliquer à la fabrique de l'église ou aux besoins des pauvres.

Le saint concile déclare encore que toutes les mêmes choses auront lieu à l'égard des pasteurs inférieurs ; et que, lorsqu'il arrivera qu'ils s'absenteront, ils seront obligés de mettre en leur place un vicaire capable, approuvé pour tel par l'évêque, auquel ils assigneront une portion suffisante. Enfin, le concile ordonne que le présent décret et celui qui a été rendu sous Paul III soient publiés dans les conciles provinciaux et diocésains.

Le chapitre second déclare que ceux qui auront été préposés à des églises cathédrales ou supérieures, sous quelque nom que ce puisse être, quand même ils seraient cardinaux, si dans trois mois ils ne se font pas sacrer, seront tenus de restituer les fruits qu'ils auront touchés, et que, s'ils diffèrent encore trois autres mois, ils seront de droit même privés de leurs églises. Que si leur sacre se fait hors de Rome, il se fera dans leur cathédrale même, ou du moins dans quelque lieu de la province, si cela se peut faire commodément.

Le chapitre troisième veut et entend que les évêques confèrent par eux mêmes les ordres; et, quand ils seront malades, ils n'enverront point leurs diocésains à d'autres évêques, qu'ils n'aient été auparavant examinés et trouvés capables.

Le chapitre quatrième porte que l'on n'admettra point à la première tonsure ceux qui n'auront pas été confirmés ni instruits des premiers principes de la foi, ni ceux qui ne sauront pas lire ni écrire, ou qui ne paraîtront pas choisir ce genre de vie pour servir Dieu, mais pour se soustraire à la juridiction séculière.

Le chapitre cinquième ordonne que ceux qui se présenteront pour recevoir les ordres mineurs, aient une attestation de leur curé et de leur maître d'étude. Pour ceux qui aspireront aux ordres majeurs, ils iront, un mois avant l'ordination, trouver l'évêque qui fera publier leurs noms en pleine église, et prendra l'information de leur naissance, de leurs mœurs et de leur vie.

Le chapitre sixième déclare que nul clerc, ayant même les ordres mineurs, ne pourra tenir aucun bénéfice avant l'âge de quatorze ans, ni jouir du privilége de la juridiction ecclésiastique, s'il ne possède quelque bénéfice, ou s'il ne demeure dans quelque séminaire ou dans quelque université, pour se disposer à recevoir les ordres majeurs. A l'égard des clercs mariés, on observera la constitution de Boniface VIII, qui commence, *Clerici qui cum unicis*, à condition que ces clercs servent actuellement dans quelque église, portant l'habit clérical et la tonsure.

Le chapitre septième ordonne, en suivant les vestiges des anciens canons, que, lorsque l'évêque voudra donner les ordres, il fera appeler à la ville, le mercredi d'auparavant ou tel jour qu'il voudra, tous ceux qui désireront les recevoir; et qu'assisté de gens versés dans les saintes lettres et bien instruits des ordonnances ecclésiastiques, il les examine soigneusement.

Le chapitre huitième enjoint aux évêques de faire les ordinations dans le temps porté par le droit, et dans l'église cathédrale, en présence des chanoines. Que, si elles se font dans quelque autre lieu du diocèse, on prendra toujours la principale église, où le clergé même du lieu sera appelé. Chacun doit être ordonné par son propre évêque, et nul ne le pourra être par un autre, si auparavant ses bonnes mœurs ne sont reconnues par le témoignage de son ordinaire.

Le chapitre neuvième défend aux évêques de donner les ordres à ceux de leurs domestiques qui ne seraient pas de leur diocèse, qu'après trois ans de demeure avec eux; et en ce cas ils seront obligés de les pourvoir en même temps d'un bénéfice, nonobstant toute coutume contraire.

Le chapitre dixième déclare que nul abbé ni aucun prélat, bien que privilégié, ne pourra à l'avenir donner la première tonsure ni les ordres mineurs à d'autres qu'à des réguliers soumis à leur juridiction; et que ces abbés, non plus que les colléges ou les chapitres, ne pourront donner des dimissoires à un clerc séculier, pour être ordonné par d'autres, nonobstant tous priviléges, prescriptions ou coutumes contraires, sous peine de suspense.

Le chapitre onzième porte que l'on ne donnera les ordres mineurs qu'à ceux qui du moins entendront le latin; et qu'on sera tenu de garder les interstices, afin qu'ils puissent mieux se convaincre de l'importance de cette discipline, et qu'ils puissent exercer leur office dans l'église que leur évêque leur a marquée; que, comme ces ordres sont des degrés pour monter aux autres, personne n'y sera promu qu'il ne donne lieu, par son savoir, d'espérer qu'un jour il deviendra digne des ordres majeurs; que, du dernier degré des mineurs, il y aura un interstice d'un an entier au premier des majeurs, à moins que l'évêque ne juge à propos d'en disposer autrement pour l'utilité de l'Église.

Le chapitre douzième dit que nul ne sera promu à l'ordre de sous-diacre avant l'âge de vingt-deux ans, à celui de diacre avant vingt-trois, ni à la prêtrise avant vingt-cinq; ce qui s'observera pareillement à l'égard des religieux, nonobstant leurs priviléges. Il avertit néanmoins les évêques de n'élever pas indifféremment aux ordres ceux qui ont atteint cet âge, mais seulement les personnes qui en sont dignes, et à qui la probité et la bonne vie tiennent lieu de vieillesse.

Le chapitre treizième veut que ceux que l'on recevra aux ordres de sous-diacre et de diacre aient donné des preuves d'une bonne conduite dans les ordres mineurs, et que, par la grâce de Dieu, ils se sentent capables de vivre en continence; qu'ils servent actuellement dans les églises où ils auront été appliqués, et qu'ils sachent qu'ils édifieront beaucoup, si on les voit communier du moins les dimanches et les autres jours solennels où ils serviront à l'autel; que les sous-diacres ne montent point plus haut, qu'ils n'aient été un an dans cet emploi; que l'on ne donne point deux ordres sacrés en un même jour, quelque privilége qu'on puisse alléguer.

Le chapitre quatorzième ordonne que nul ne sera élevé au sacerdoce, qu'il n'ait exercé du moins un an la fonction de diacre, à moins que l'évêque n'en dispose autrement pour la nécessité ou l'utilité de l'église, et qu'il ne soit reconnu capable d'enseigner le peuple et d'administrer les sacrements; que l'évêque aura soin que les prêtres célèbrent au moins les dimanches et les fêtes solennelles, et, s'ils ont charge d'âmes, aussi souvent qu'il sera besoin pour s'acquitter de leur charge; que l'évêque pourra faire grâce à ceux qui auront été promus *per saltum*, s'il y a cause légitime, et s'ils n'ont pas exercé leur office.

Le chapitre quinzième marque que, quoique les prêtres reçoivent avec la prêtrise la puissance d'absoudre des péchés, néanmoins le saint concile déclare que nul prêtre, même régulier, ne pourra confesser s'il n'a un bénéfice portant titre de cure, ou s'il n'a l'approbation de l'évêque, qui se donnera gratuitement, nonobstant tous priviléges et coutumes immémoriales.

Le chapitre seizième, renouvelant le sixième canon du concile de Chalcédoine, porte que personne ne recevra les ordres, qu'il ne soit appliqué au service de quelque église ou lieu de dévotion, pour y exercer son ministère; que, s'il quitte sans la permission de l'évêque le lieu qui lui aura été assigné, il sera interdit de ses fonctions : de plus, nul clerc étranger ne sera reçu à célébrer et à administrer les sacrements, qu'il n'ait un certificat de son ordinaire.

Le chapitre dix-septième ordonne que, pour remettre en usage, suivant les saints canons, les fonctions de tous les ordres, depuis celui de diacre jusqu'à celui de portier, lesquelles étaient exercées dans l'Eglise avec honneur dès le temps des apôtres, et pour ôter aux hérétiques tout sujet de les croire vaines et inutiles, ordonne, dis-je, que ces fonctions ne se feront à l'avenir que par ceux qui seront actuellement dans les ordres qu'elles regardent, et commande aux évêques d'en faire rétablir l'usage, autant qu'il sera possible, dans toutes les églises cathédrales, collégiales et paroissiales de leur diocèse; que s'il ne se trouve pas sur les lieux des clercs non mariés pour faire les fonctions des ordres mineurs, on en pourra prendre de mariés, pourvu qu'ils ne soient pas bigames, et qu'ils soient capables de servir.

Le chapitre dix-huitième et dernier porte que les jeunes gens étant naturellement enclins à la volupté, si l'on n'a soin de les tourner de bonne heure à la piété, les églises cathédrales feront instruire dans la profession ecclésiastique un certain nombre d'enfants du diocèse, dans un collège proche de l'évêché, ou dans quelque autre endroit commode; que l'on n'y en recevra aucun qui n'ait au moins douze ans, qui ne soit né de légitime mariage, et qui ne sache lire et écrire; qu'on préférera les pauvres aux riches, sans exclure les derniers, pourvu qu'ils fournissent à leur entretien, et qu'ils s'étudient à servir Dieu et son Eglise; que l'évêque, après avoir séparé les enfants en diverses bandes, selon leur nombre, leur âge et leurs progrès dans la discipline ecclésiastique, les attachera au service des églises, ou leur fera poursuivre leurs études dans les colléges, en remplaçant à mesure ceux qui sortent par de nouveaux; qu'ils porteront toujours l'habit clérical et la tonsure, et apprendront la grammaire, le chant et le calcul ecclésiastique; qu'on leur fera lire l'Ecriture sainte, les homélies des Pères, les rituels, et tout ce qui peut les rendre capables de confesser; que l'évêque aura soin qu'ils assistent tous les jours à la messe, qu'ils se confessent tous les mois, et qu'ils communient quand le confesseur le jugera à propos.

Quant aux fonds nécessaires pour entretenir ces colléges, il est dit que les revenus qui se trouveront déjà destinés en certains lieux à l'instruction et à la nourriture des enfants, seront censés dès là réellement appliqués au nouveau séminaire. Que, pour fournir au surplus, l'évêque, assisté du conseil de deux chanoines et de deux autres ecclésiastiques de la ville, fera distraction d'une certaine partie de tous les revenus des bénéfices du diocèse, laquelle sera appliquée et incorporée audit collège, et que même l'on y pourra unir quelque bénéfice simple, quel qu'il soit. Que les évêques obligeront ceux qui tiennent des charges ou prébendes auxquelles est attachée l'obligation d'enseigner, de faire leçon dans ces écoles, ou par eux-mêmes, ou par des gens capables qu'ils mettent en leur place; qu'à l'avenir, les dignités que l'on nomme *scholastiques* ne seront données qu'à des docteurs ou à des licenciés en théologie ou en droit canon. Que si, dans quelque province, les églises sont si pauvres que l'on ne puisse pas fonder un collège en chacune, l'on en établira un ou plusieurs dans la métropole ou dans quelque autre église plus commode de la province, du revenu de deux ou de plusieurs de ces églises pauvres. Que, dans les diocèses de grande étendue, l'évêque pourra ériger plusieurs séminaires en plusieurs lieux, comme bon lui semblera, avec dépendance de celui qui sera dans la ville épiscopale.

Le 22 septembre, on tint une congrégation, où l'ambassadeur Du Ferrier fit, en termes très-vifs, un discours ou plainte sur l'insuffisance des articles de réformation qu'on avait proposés.

XXIVᵉ *Session*, 11 novembre 1563. On y publia 1° une exposition de la doctrine catholique touchant le sacrement de mariage. Le concile, après avoir établi l'indissolubilité du lien du mariage sur les textes formels de la Genèse et de l'Evangile, ajoute que Jésus-Christ, par sa passion, a mérité la grâce nécessaire pour affermir et sanctifier l'union de l'époux et de l'épouse; ce que l'Apôtre a voulu nous faire entendre quand il a dit : « Maris, aimez vos femmes comme Jésus-Christ a aimé l'Eglise; » et un peu après : « Ce sacrement est grand : je dis en Jésus-Christ et en l'Eglise. » Le mariage dans la loi évangélique, continue le concile, étant donc beaucoup plus excellent que les anciens mariages, à cause de la grâce qu'il confère, c'est avec raison que nos saints Pères, les conciles et la tradition universelle, nous ont enseigné de tout temps à le mettre au nombre des sacrements de la nouvelle loi. En conséquence, on prononça les douze canons suivants, avec anathème sur ce sujet.

Du sacrement de Mariage.

1. « Si quelqu'un dit que le mariage n'est pas véritablement et proprement un des sept sacrements de la loi évangélique, institué par Notre-Seigneur Jésus-Christ, mais qu'il a été inventé par les hommes dans l'Eglise, et qu'il ne confère point la grâce : qu'il soit anathème. »

2. « Si quelqu'un dit qu'il est permis aux

chrétiens d'avoir plusieurs femmes, et que cela n'est défendu par aucune loi divine : qu'il soit anathème. »

3. « Si quelqu'un dit qu'il n'y a que les seuls degrés de parenté et d'alliance marqués dans le Lévitique (*Ch. VII*) qui puissent empêcher de contracter mariage, ou qui puissent le rompre quand il est contracté, et que l'Eglise ne peut pas donner dispense en quelques-uns de ces degrés, ou établir un plus grand nombre de degrés qui empêchent et qui rompent le mariage : qu'il soit anathème. »

4. « Si quelqu'un dit que l'Eglise n'a pas pu établir certains empêchements qui rompent le mariage, ou qu'elle a erré en les établissant : qu'il soit anathème. »

5. « Si quelqu'un dit que le lien du mariage peut être rompu pour cause d'hérésie, de cohabitation fâcheuse ou d'absence affectée de l'une des parties : qu'il soit anathème. »

6. « Si quelqu'un dit que le mariage fait et non consommé n'est pas rompu par la profession solennelle de religion faite par l'une des parties : qu'il soit anathème. »

7. « Si quelqu'un dit que l'Eglise est dans l'erreur quand elle enseigne, comme elle l'a toujours enseigné, suivant la doctrine de l'Evangile et des apôtres, que le lien du mariage ne peut être dissous pour le péché d'adultère de l'une des parties, et que ni l'une ni l'autre, non pas même la partie innocente qui n'a point donné sujet à l'adultère, ne peut contracter d'autre mariage pendant que l'autre partie est vivante ; mais que le mari qui, ayant quitté sa femme adultère, en épouse une autre, commet lui-même un adultère, ainsi que la femme qui, ayant quitté son mari adultère, en épouserait un autre : qu'il soit anathème. »

8. « Si quelqu'un dit que l'Eglise est dans l'erreur quand elle déclare que, pour plusieurs causes, il se peut faire séparation, quant à la couche et à la cohabitation, entre le mari et la femme, pour un temps déterminé ou non déterminé : qu'il soit anathème. »

9. « Si quelqu'un dit que les ecclésiastiques qui sont dans les ordres sacrés, ou les réguliers qui ont fait profession solennelle de chasteté, peuvent contracter mariage ; et que l'ayant contracté, il est bon et valide, nonobstant la loi ecclésiastique et le vœu qu'ils ont fait ; que de soutenir le contraire n'est autre chose que de condamner le mariage, et que tous ceux qui ne se sentent pas avoir le don de chasteté, encore qu'ils l'aient vouée, peuvent contracter mariage : qu'il soit anathème, puisque Dieu ne refuse point ce don à celui qui le lui demande comme il faut, et qu'il ne permet pas que nous soyons tentés au-dessus de nos forces (*I Cor.* X, 13). »

10. « Si quelqu'un dit que l'état de mariage doit être préféré à celui de virginité ou de célibat, et que ce n'est pas quelque chose de meilleur et de plus heureux de demeurer dans la virginité ou dans le célibat que de se marier : qu'il soit anathème. »

11. « Si quelqu'un dit que la défense de la solennité des noces en certains temps de l'année est une superstition tyrannique qui tient de celle des païens ; ou si quelqu'un condamne les bénédictions et les autres cérémonies que l'Eglise y pratique : qu'il soit anathème. »

12. « Si quelqu'un dit que les causes qui concernent le mariage n'appartiennent pas aux juges ecclésiastiques : qu'il soit anathème. »

2° On lut un décret sur ce même sacrement : les mariages clandestins en sont le principal objet : il contient dix chapitres.

De la Réformation sur le mariage.

Le chapitre premier porte que, quoiqu'il soit certain que les mariages clandestins soient de vrais mariages, tant que l'Eglise ne les a point annulés, et que le concile condamne ceux qui ne les tiennent pas pour bons et valides, et pareillement ceux qui assurent que les mariages contractés par les enfants de famille, sans le consentement de leurs parents, sont nuls, et que les pères et mères les peuvent rendre bons ou nuls ; néanmoins l'Eglise les a toujours eus en horreur, et toujours défendus : mais que le saint concile, voyant que les défenses ne servent plus de rien, ordonne que les mariages, avant d'être contractés, soient publiés dans l'église trois jours de fêtes consécutifs, suivant les décrets du concile de Latran, sous Innocent III ; après quoi, s'il n'y a pas d'opposition légitime, ils seront célébrés en face de l'Eglise, où le curé, après avoir interrogé l'homme et la femme, et pris leur consentement, leur dira : « Je vous joins ensemble en mariage, au nom du Père, et du Fils, et du Saint-Esprit », ou telles autres paroles, selon l'usage de chaque pays : que si l'on a quelque défiance qu'en faisant tant de publications de bans, on pût, par malice, apporter quelque empêchement au mariage, l'ordinaire pourra dispenser des deux derniers : que ceux qui oseront contracter mariage sans la présence du curé, ou d'un autre prêtre autorisé du curé ou de l'ordinaire, et sans deux ou trois témoins, auront mal contracté. Si le curé, ou tout autre prêtre, marie sans le nombre de témoins prescrit, les témoins qui y auront assisté sans le curé ou quelque autre prêtre, et pareillement les parties contractantes, seront punis à la discrétion de l'ordinaire. De plus, le saint concile exhorte l'homme et la femme à ne point demeurer ensemble avant la bénédiction nuptiale qu'ils doivent recevoir dans l'église, et veut que le curé ait un livre où il écrira le jour et le lieu du mariage, avec le nom des parties et des témoins.

Le chapitre second dit que, voyant par expérience que la multitude des défenses est cause qu'on contracte souvent par ignorance des mariages dans les cas prohibés, dans lesquels on offense Dieu grièvement en y persévérant, ou on est obligé de les casser, ce qui ne se fait pas sans grand scandale ; c'est pourquoi le saint concile, voulant remédier à ces inconvénients, restreint l'empêchement qui naît de l'alliance spirituelle au parrain et au filleul, au parrain et à la marraine, au prêtre qui confère le baptême et à l'enfant baptisé, comme aussi à ses père et mère. La même chose doit s'observer dans l'alliance contractée par la confirmation.

Le chapitre troisième porte que le saint concile lève entièrement l'empêchement de justice, pour l'honnêteté publique, quand les fiançailles ne seront pas valides; et, si elles le sont, l'empêchement ne s'étend pas plus loin qu'au premier degré.

Le chapitre quatrième déclare que le concile, pour de bonnes raisons, restreint l'empêchement de l'affinité contractée par fornication, à ceux qui se trouvent au premier et au second degré de cette affinité.

Le chapitre cinquième ordonne que ceux qui sciemment contracteront mariage aux degrés défendus, seront séparés, sans pouvoir jamais obtenir dispense; comme aussi ceux qui auront contracté sans savoir les degrés, mais qui auront négligé d'observer les cérémonies requises à contracter : que si quelqu'un, les ayant observées, se trouve avoir quelque empêchement secret, dont il soit probable qu'il n'ait rien su, il pourra obtenir dispense, qui, en ce cas, sera gratuite : que si on en donne quelqu'une pour les mariages encore à faire, ce sera rarement, pour cause légitime et gratuitement; mais l'on n'en donnera jamais au second degré, si ce n'est à de grands princes, et pour l'intérêt public.

Le chapitre sixième déclare que l'intention du saint concile est, qu'il ne peut y avoir de mariage entre le ravisseur et la personne enlevée, tant qu'elle est en la puissance du ravisseur; que si, en étant séparée et se trouvant libre, elle le veut bien pour mari, il pourra l'épouser; que cependant le ravisseur et tous ceux qui l'auront aidé de leur conseil ou autrement seront excommuniés *ipso facto*, infâmes à jamais, et incapables de toutes charges; que, s'ils sont clercs, ils seront déchus de leur grade : de plus, le ravisseur sera tenu, soit qu'il épouse la femme enlevée ou non, de la doter à la discrétion du juge.

Le chapitre septième défend d'admettre les vagabonds au sacrement de mariage, qu'auparavant on n'ait fait une enquête exacte de leurs personnes, et que l'ordinaire n'ait donné sa permission, et exhorté les magistrats à observer ces gens-là de près.

Le chapitre huitième ordonne que les concubinaires, soit qu'ils soient mariés ou non, de quelque condition qu'ils soient, seront excommuniés, s'ils ne chassent pas leurs concubines, après avoir été avertis trois fois par l'ordinaire ou par ses officiers : que, s'ils persistent dans leur péché un an après les censures, l'ordinaire procédera contre eux en toute rigueur; que les concubines qui n'obéiront pas après les trois admonitions seront chassées hors du lieu, et même hors du diocèse, si l'ordinaire le trouve à propos; et pour cela il implorera l'assistance du bras séculier, s'il en est besoin; déclarant au surplus que les autres peines portées par les canons contre les adultères et les concubinaires demeurent dans toute leur force.

Le chapitre neuvième porte que le saint concile défend à tous seigneurs et magistrats séculiers, sous peine d'anathème, de contraindre leurs vassaux ou leurs justiciables, ni directement ni indirectement, de se marier contre leur gré.

Le chapitre dixième ordonne que l'on gardera les anciennes défenses de la célébration des noces, depuis l'Avent jusqu'au jour de l'Epiphanie, et depuis le mercredi des Cendres jusqu'à l'octave de Pâques inclusivement; et que les évêques auront soin qu'on les célèbre avec beaucoup de modestie et d'honnêteté, parce que le mariage est une chose sainte et qu'il faut traiter saintement.

Le concile continuant la matière sur le sacrement de mariage, exhorte l'époux et l'épouse de ne point demeurer ensemble, dans la même maison, avant la bénédiction du prêtre, et de se confesser avec soin, et s'approcher avec dévotion du sacrement de l'eucharistie, avant que de se marier. Il expose les empêchements qui se trouvent entre certaines personnes, et qui font qu'elles ne peuvent se marier ensemble : 1° celui de l'alliance spirituelle qui naît du baptême, et qui fait que le parrain et la marraine ne peuvent contracter mariage avec celui ou celle qu'ils ont tenu sur les fonts de baptême, ni avec son père et sa mère ; de même que celui qui aura conféré le baptême, contracte alliance avec le baptisé et avec son père et sa mère. 2° Il déclare que l'empêchement de l'honnêteté publique qui naît des fiançailles, lorsque celles-ci deviennent invalides, ne s'étend point au delà du premier degré. 3° Il restreint l'empêchement qui naît de l'affinité contractée par fornication à ceux qui se trouvent aux premier et second degrés de cette affinité. 4° Ceux qui contracteront mariage aux degrés défendus seront séparés, sans espoir d'obtenir dispense. 5° On ne donnera aucune dispense, ou l'on ne la donnera que rarement, pour cause légitime et gratuitement. 6° On n'accordera jamais de dispense au second degré, si ce n'est en faveur des grands princes, et pour quelque bien public. 7° Le concile déclare qu'il ne peut y avoir de mariage entre le ravisseur et la personne qui a été enlevée, tant qu'elle demeure en sa puissance ; mais si elle en est séparée et mise en un lieu sûr et libre, et qu'elle consente de l'avoir pour mari, il la retiendra pour femme. Cependant le ravisseur et ceux qui lui ont prêté conseil et assistance seront de droit excommuniés.

XXV*e* et dernière Session, 3 décembre 1563. On lut d'abord le décret touchant le purgatoire, l'invocation des saints, le culte des images et les reliques.

On lut ensuite le décret de réformation : 1° Sur les réguliers et les religieuses.

De la Réformation sur les réguliers et les religieuses.

Le chapitre premier porte que le concile n'ignorant pas la gloire et l'utilité qui revient à l'Eglise des maisons religieuses, lorsque tout s'y passe dans l'ordre, a jugé nécessaire, afin de rétablir la régularité dans les lieux où elle pourrait s'être perdue, et pour l'entretenir dans ceux où elle s'est conservée, d'ordonner que tous les réguliers mènent une vie conforme à leur règle, et observent fidèlement les choses qui sont de la perfection de leur état, comme sont les vœux d'obéissance et de chasteté, et les autres qui sont particuliers à leur ordre, comme la manière de vivre et l'habit.

Le chapitre second déclare qu'aucun régulier ni religieuse ne pourront posséder en propre aucuns biens meubles ou immeubles; et qu'à l'avenir les supérieurs ne pourront accorder à aucuns réguliers aucuns biens en fonds, non pas même en titre d'usage, d'administration ni de commende. Quant aux meubles, les réguliers auront tous ceux qui leur seront nécessaires, mais rien de superflu. Si quelqu'un contrevient à cette ordonnance, il sera privé pendant deux ans de voix active et passive, et puni suivant sa règle et les constitutions de son ordre.

Le chapitre troisième accorde la permission à tous monastères, et même aux mendiants, excepté les capucins et les observantins, de posséder des biens en fonds. Il n'y aura, dans tous les couvents, que le nombre de religieux qui pourra être entretenu ou des revenus ou des aumônes ordinaires; et il ne s'en pourra établir de nouveaux sans la permission de l'évêque.

Le chapitre quatrième défend aux réguliers de se mettre au service d'aucun prélat, prince, université ou communauté, sans la permission de son supérieur, ni de s'éloigner de leur couvent, sans une obédience par écrit. Que si quelque religieux est trouvé sans cette obédience, il sera puni comme un déserteur de son ordre.

Le chapitre cinquième dit que le concile, en renouvelant la constitution de Boniface VIII, qui commence, *Periculoso*, ordonne aux évêques d'avoir un soin particulier de faire rétablir la clôture des religieuses aux lieux où elle aura été violée, et de la conserver dans les couvents où elle se sera maintenue, exhortant tous les princes à aider les évêques, en commandant aux magistrats séculiers de le faire, sous peine d'excommunication; que nulle religieuse ne pourra sortir de son couvent, ni personne y entrer, de quelque condition, sexe ou âge que ce soit, sans une permission par écrit de l'évêque; que les religieuses des monastères situés hors les murs des villes, seront mises en d'autres nouveaux; ou dans les anciens qui seront dans l'enceinte des villes, et qu'on contraindra, par censures ecclésiastiques, les rebelles à obéir.

Le chapitre sixième porte que les abbés, abbesses, supérieurs et supérieures, seront élus par suffrages secrets, sans qu'il soit permis à l'avenir d'établir aucuns procureurs pour suppléer les suffrages des absents; autrement l'élection sera nulle.

Le chapitre septième défend d'élire d'abbesse, de prieure ni de supérieure, qui n'ait quarante ans, et qui n'ait huit ans de profession. Que si ces conditions ne se rencontrent dans aucune religieuse du monastère, l'on en pourra prendre une qui ait passé trente ans, et en ait du moins cinq de profession; que nulle religieuse ne pourra être supérieure de deux monastères; que celui qui présidera à l'élection prendra les voix à la fenêtre de la grille.

Le chapitre huitième veut que les monastères des filles qui ne sont point soumises aux ordinaires, et qui n'ont point de visiteurs ordinaires réguliers, mais ont accoutumé d'être sous la direction immédiate du saint-siège, se réduisent en congrégation dans l'année d'après la clôture du concile, pour prendre une forme de gouvernement; que, lorsque cette forme sera établie, ceux qui auront été élus supérieurs ou visiteurs, auront la même autorité sur les monastères de leur congrégation que les autres supérieurs ont dans les autres ordres.

Le chapitre neuvième ordonne que les monastères des filles immédiatement sujettes au saint-siège, sous quelque nom qu'elles soient établies, seront gouvernés par les évêques, comme délégués du pape.

Le chapitre dixième enjoint aux religieuses de se confesser et communier du moins tous les mois, et veut qu'outre le confesseur ordinaire, il leur en soit donné un extraordinaire, qui entendra leurs confessions deux ou trois fois l'année; mais il leur défend de garder le saint sacrement dans leur enclos, nonobstant tout privilège à ce contraire.

Le chapitre onzième porte que dans les monastères d'hommes ou de filles où il y a droit d'exercer les fonctions curiales sur quelques séculiers, ceux qui les exercent seront immédiatement soumis, pour ce qui concerne l'administration des sacrements, à la visite et à la correction de l'évêque, excepté l'abbaye de Clugny et les monastères dont les abbés ont la juridiction épiscopale et temporelle sur les paroisses.

Le chapitre douzième ordonne aux réguliers de publier dans leurs églises et d'observer les censures et interdits, non-seulement du pape, mais encore des évêques, et de garder les fêtes que l'ordinaire aura commandées.

Le chapitre treizième donne aux évêques le pouvoir de juger sans appel de tous les différends de préséance entre les ecclésiastiques séculiers ou réguliers; les uns et les autres seront tenus d'assister aux processions publiques, excepté ceux qui vivent dans une clôture étroite.

Le chapitre quatorzième veut que tout régulier qui, au dehors, sera tombé en faute notoire et scandaleuse, soit puni sévèrement par son supérieur, tout le temps que l'évêque prescrira; autrement le coupable sera châtié par l'évêque.

Le chapitre quinzième déclare nulle toute profession de religieux ou de religieuse, faite avant seize ans accomplis, et sans avoir fait un an entier de noviciat.

Le chapitre seizième porte que nulle renonciation, ni aucune obligation ne sera valable, si elle n'est faite avec la permission de l'évêque, dans les deux mois qui auront précédé immédiatement la profession ; que, le noviciat fini, les supérieurs admettront les novices à la profession, ou les renverront : ce qui n'aura pas lieu pour les clercs de la société de Jésus ; que le couvent ne pourra rien recevoir du novice avant sa profession, sinon ce qu'il faudra pour la nourriture et le vêtement ; et que, si le novice se retire, tout ce qu'il aura apporté lui sera rendu.

Le chapitre dix-septième ordonne que nulle fille ne prendra l'habit, ni ne fera profession, que l'évêque, ou quelque autre par lui commis, n'ait examiné la volonté de la fille, et si elle a les conditions requises pour la règle du monastère.

Le chapitre dix-huitième prononce anathème contre tous ceux qui contraindront une fille ou une femme, hors les cas exprimés par le droit, de prendre l'habit ou de faire profession ; et pareillement contre ceux qui, sans juste sujet, empêcheront des filles ou des femmes de se faire religieuses. On en excepte toutefois les femmes converties.

Le chapitre dix-neuvième porte que quiconque prétendra que sa profession est nulle ne sera point écouté, s'il n'allègue ses raisons dans les cinq premières années de sa profession ; et que celui qui aura quitté l'habit avant que de les avoir déduites à son supérieur et à l'ordinaire sera contraint de retourner à son couvent. De plus, nul régulier ne pourra être transféré dans une autre religion moins austère, ni obtenir la permission de cacher son habit.

Le chapitre vingtième enjoint aux abbés, chefs d'ordres, de visiter leurs monastères, quand même ils seraient en commende, et veut que les commendataires soient tenus d'exécuter leurs ordonnances ; que les chapitres généraux ou les visiteurs établissent dans les monastères en commende, des prieurs claustraux pour la conduite spirituelle, laissant les ordres susdits, pour les autres choses, dans tous leurs priviléges.

Le chapitre vingt-unième déclare que le concile voudrait bien ramener les monastères à la discipline monastique, mais que la dure condition des temps ne permet pas de remédier à tout ; que néanmoins il espère que le pape fera en sorte, quand il en sera temps, que dans les monastères en commende, on établisse des réguliers profès du même ordre pour les gouverner ; que pour ceux qui vaqueront à l'avenir, ils ne seront plus commis qu'à des réguliers.

Le chapitre vingt-deuxième dit que le saint concile ordonne que tous les précédents décrets soient observés dans tous les couvents et monastères, de quelque nature qu'ils soient, nonobstant tous priviléges, même ceux qui ont été obtenus dans la fondation ; que les évêques et les abbés fassent exécuter ces décrets sans délai : à quoi il exhorte les princes et les magistrats à prêter leur assistance, toutes les fois qu'ils en seront requis.

2° *Décret de réformation contenant vingt et un chapitres.*

Le chapitre premier porte que, comme on doit beaucoup travailler, de peur qu'on ne se trompe dans une chose d'une aussi grande conséquence qu'est l'élection, quand une église viendra à vaquer, il faut faire des prières publiques pour obtenir un bon pasteur : que ceux qui ont quelque droit à l'élection se souviennent qu'ils pèchent mortellement, s'ils n'ont un soin particulier de faire élire ceux qu'ils jugeront les plus dignes et les plus utiles à l'Église, prenant garde qu'ils soient nés de légitime mariage, et qu'ils aient toutes les qualités requises par les saints canons et par les décrets de ce concile ; et, comme pour choisir une personne qui, au témoignage des gens probes et savants, ait toutes les qualités, il est bien difficile, à cause des électeurs qui sont de différents pays et mœurs, qu'ils conviennent tous ensemble, le saint concile ordonne que, dans un synode provincial qui sera tenu par chaque métropolitain, il s'établira une forme d'examen ou d'enquête propre à chaque province, laquelle devra être approuvée par le pape ; qu'après que l'enquête aura été faite de la sorte, il s'en dressera un acte public pour être envoyé à Rome, afin que le consistoire en juge ; que toutes les conditions nécessaires pour être élevé à l'épiscopat seront pareillement requises dans la promotion des cardinaux, quoiqu'ils ne soient que diacres ; que le pape les prendra de toutes les nations de la chrétienté autant que cela se pourra faire commodément, où qu'il y trouvera des sujets propres. Enfin le concile, touché des calamités de l'Église, ne peut se passer de dire qu'il est de la dernière importance que le pape s'applique, selon le devoir de sa charge, à n'élever au cardinalat que de dignes sujets ; à ne donner la conduite des églises qu'à des gens de bien et de capacité, d'autant plus que Jésus-Christ lui demandera compte des brebis qui seront péries par la négligence des pasteurs.

Le chapitre second ordonne que l'on rétablira les conciles provinciaux dans les lieux où ils ont été omis ; que les métropolitains, par eux-mêmes ou par le plus ancien suffragant, les assembleront, au plus tard dans un an après la clôture du concile ; et puis, tous les trois ans au moins, après l'octave de Pâques, ou dans un autre temps plus commode : que les évêques ne pourront, à l'avenir, être contraints d'aller, contre leur gré, à la métropole ; que ceux qui ne relèvent d'aucun archevêque feront choix une fois de quelque métropolitain du voisinage, au synode duquel ils seront obligés d'assister, et d'observer les statuts qui y auront été faits ; leurs priviléges, à l'égard du reste, demeurant en leur entier ; que les synodes de chaque diocèse se tiendront tous les ans, et que tous les exempts seront même tenus d'y assister, excepté ceux qui sont soumis à des chapitres généraux, si ce n'est qu'ils aient des églises séculières annexées, à raison desquelles ils doivent se trouver au synode.

Le chapitre troisième enjoint aux patriarches, métropolitains et évêques de faire tous les ans la visite de leurs diocèses, ou, s'ils ont quelque légitime empêchement, d'envoyer leur vicaire général ou quelque autre visiteur particulier : que si l'étendue de leur diocèse ne leur permet pas de faire cette visite tous les ans, ils la feront tout entière dans l'espace de deux ans ; que les métropolitains ne visiteront point les cathédrales ni les diocèses des évêques comprovinciaux, sinon pour des causes approuvées par le concile provincial. Les archidiacres et les autres ministres inférieurs feront leur visite en personne, et assistés d'un greffier. Les visiteurs que les chapitres députeront seront auparavant approuvés par l'évêque. Leur train sera modeste, et ils achèveront leur visite le plus promptement qu'il leur sera possible : ils ne prendront rien que la nourriture, et leur vie sera frugale. Il sera au choix de ceux qui seront visités de payer cette nourriture en argent ; et, dans les lieux où la coutume est de ne rien donner, cet usage y sera gardé. Les patrons ne se mêleront pas de ce qui regarde l'administration des sacrements, ni de la visite des ornements de l'église, ni des biens de la fabrique, à moins qu'ils n'en aient droit comme fondateurs ; mais ce sera aux évêques de se mêler de ce soin.

Le chapitre quatrième veut que les évêques prêchent eux-mêmes dans leur propre église, ou, s'ils ont quelque empêchement légitime, y suppléent par autrui ; que les curés prêchent dans leurs paroisses, ou, à leur défaut, des personnes nommées par l'évêque, aux frais de ceux qui y sont tenus, et cela du moins tous les dimanches, toutes les fêtes solennelles et tous les jours de l'avent et du carême, ou du moins trois fois la semaine ; que l'évêque avertisse le peuple de l'obligation d'assister à sa paroisse pour entendre la parole de Dieu ; que nul, soit séculier ou régulier, n'entreprenne de prêcher, sans le consentement de l'évêque ; que les évêques aient soin que la doctrine chrétienne soit enseignée aux enfants, dans chaque paroisse, les fêtes et dimanches. Pour ce qui regarde les autres choses touchant la prédication, on laisse dans son entier ce qui a été établi sous le pape Paul III.

Le chapitre cinquième porte que les causes grièves, en matière criminelle, contre les évêques, ne seront jugées que par le pape ; que, si elles sont telles qu'il faille les renvoyer hors de Rome, elles ne seront commises qu'aux métropolitains ou à des évêques que le pape choisira, lesquels n'auront d'autre pouvoir que d'instruire seulement le fait dont ils informeront le pape, auquel le jugement définitif demeurera réservé ; le concile renouvelant au surplus les décrets de Jules III, d'heureuse mémoire, et la constitution d'Innocent III, dans le concile général de Latran, qui commence : *Qualiter et quando*; que les causes criminelles de moindre conséquence seront vidées par le concile provincial, ou par les gens qu'il y commettra.

Le chapitre sixième donne pouvoir aux évêques de dispenser de toutes irrégularités et suspenses encourues pour des crimes cachés, excepté celle qui s'encourt par l'homicide volontaire ; et pareillement d'absoudre au for de la conscience de tous péchés secrets, et même réservés au saint-siége, soit par eux-mêmes ou par leurs vicaires, excepté le crime d'hérésie, où ils ne pourront commettre personne.

Le chapitre septième dit qu'afin que les fidèles s'approchent avec plus de respect et de dévotion des sacrements, le concile ordonne qu'avant que les sacrements leur soient administrés, on leur en expliquera la vertu et l'usage, en langue vulgaire, selon la forme que le concile prescrira dans son catéchisme, que les évêques auront soin de faire traduire fidèlement en langue du pays, afin que les curés les lisent au peuple ; qu'ils leur expliqueront aussi l'Ecriture sainte, les fêtes et les dimanches, en bannissant de la chaire les questions inutiles.

Le chapitre huitième ordonne que les pécheurs qui auront commis quelque péché public et scandaleux, subiront une pénitence publique proportionnée au crime, que l'évêque pourra néanmoins convertir en une secrète ; que, dans les églises cathédrales, si cela se peut, les évêques établiront un pénitencier, qui sera docteur ou licencié en théologie, ou en droit canon, âgé de quarante ans.

Le chapitre neuvième porte que les décrets faits sous Paul III et sous Paul IV, pour la visite des bénéfices, seront observés à l'égard des églises que l'on dit n'être d'aucun diocèse, lesquelles seront visitées par le plus proche évêque.

Le chapitre dixième ordonne que, dans tout ce qui concerne la visite et la correction des mœurs, l'exécution de ce que les évêques auront ordonné ou jugé ne pourra être empêchée ni arrêtée par aucune exemption ni appellation faite au siège apostolique même.

Le chapitre onzième dit que les priviléges et les exemptions qui s'accordent à la plupart des personnes, sous divers titres, n'ayant causé que des troubles et de la brouillerie dans les tribunaux ecclésiastiques, le saint concile déclare que les titres de protonotaires, d'acolytes, de comtes palatins, chapelains royaux, ou de frères servants des ordres militaires, des monastères et des hôpitaux, n'empêchent point que ceux à qui les priviléges ont été accordés ne soient soumis aux ordinaires, comme délégués du saint-siége, excepté néanmoins ceux qui servent actuellement dans ces lieux, et vivent sous leur obéissance; que les chapelains royaux seront pareillement sujets, mais dans les termes de la constitution d'Innocent III, qui commence, *Cum capellani;* que les exemptions dont jouissent les domestiques des cardinaux n'auront point lieu en faveur de ceux qui sont bénéficiers, en ce qui concerne leurs bénéfices.

Le chapitre douzième porte que les dignités, principalement des églises cathédrales, ayant été établies pour la conservation et l'augmentation de la discipline ecclésiastique, et afin que ceux qui les possèdent, surpassant les autres en piété, servissent d'exemple, et aidassent les évêques par leur office, le saint concile ordonne que nul ne sera pourvu d'aucune dignité qui ait charge d'âmes, avant l'âge de vingt-cinq ans, et sans qu'il soit instruit de son devoir, et recommandable par ses mœurs, suivant la constitution d'Alexandre III, dans le concile de Latran, qui commence, *Cum in cunctis;* que les archidiacres, autant que cela se pourra, soient docteurs en théologie ou licenciés en droit canon; que les autres dignités ne seront remplies que par des gens capables, et qui n'aient pas moins de vingt-deux ans; que ceux qui seront pourvus de bénéfices à charge d'âmes, et pareillement les chanoines des églises cathédrales, seront tenus de faire profession de leur foi, dans le terme de deux mois, non-seulement devant l'évêque, mais encore en plein chapitre; que nul ne sera admis à une dignité quelconque, prébende ou portion, qu'il ne soit dans l'ordre sacré requis par son titre, ou en âge de le recevoir; qu'à chaque prébende ou portion des églises cathédrales, il y ait une obligation attachée d'être dans un certain ordre, soit de prêtre, soit de diacre ou de sous-diacre, et que ce soit l'évêque qui fasse ce règlement avec son chapitre, mais en sorte qu'il y ait au moins la moitié de prêtres; que toutes les dignités, ou du moins la moitié des prébendes des églises cathédrales ou collégiales, ne soient conférées qu'à des docteurs ou à des licenciés en théologie ou en droit canon, et que ces bénéficiers ne puissent être absents de ces églises plus de trois mois de l'année; que ceux qui n'assisteront pas au service soient privés des distributions; que chacun fasse ses propres fonctions en personne, et non point par substitut; que les chanoines soient habillés décemment, tant dehors que dans le chœur, et qu'ils s'abstiennent de la chasse, des cabarets, des jeux et autres choses semblables, défendues par les canons; pour ce qui regarde la manière de faire l'office divin, on laisse au synode provincial la liberté d'en dresser une formule pour tout le diocèse.

Le chapitre treizième ordonne que, comme il y a plusieurs églises cathédrales qui sont d'un revenu fort modique, ce qui ne répond nullement à la dignité épiscopale, ce sera au concile provincial d'en augmenter les revenus, et d'en informer le pape pour en ordonner selon sa prudence; que l'évêque aura soin de pourvoir aux cures pauvres, ou par l'union de quelques bénéfices non réguliers, ou par l'attribution de quelques dîmes, ou par cotisation des paroissiens; que les églises paroissiales ne soient jamais unies, ni aux monastères, ni aux abbayes, ni aux dignités ou prébendes des églises cathédrales, ni aux autres bénéfices simples, hôpitaux ou ordres de chevaliers, et que celles qui s'y trouveront unies soient revues par les ordinaires; que les églises cathédrales dont le revenu ne passe pas mille écus, et les paroissiales qui n'en ont pas plus de cent, ne puissent à l'avenir être chargées d'aucunes pensions ni réserves des fruits; que, dans les lieux où les paroisses n'ont pas de limites réglées, et où les sacrements sont administrés indifféremment à ceux qui les demandent, l'évêque assigne à chaque paroisse son curé particulier; et que, dans les lieux où il n'y avait point de paroisses, l'on y en établisse au plus tôt.

Le chapitre quatorzième porte que les évêques aboliront tous les droits d'entrée et autres qui se payent pour la prise de possession, qui est une chose que le saint concile déteste, à moins qu'ils ne soient employés à des usages pieux; et que les transgresseurs encourent toutes les peines portées par les canons contre les simoniaques.

Le chapitre quinzième veut que, dans les églises cathédrales ou collégiales où les prébendes sont en grand nombre, et les distributions journalières non suffisantes pour entretenir honnêtement les chanoines, les évêques puissent, avec le consentement du chapitre, y unir quelques bénéfices simples, ou supprimer quelques-unes de ses prébendes.

Le chapitre seizième déclare que, pendant la vacance du siège épiscopal, le chapitre, à qui il appartient de recevoir les fruits, doit mettre un économe ou même plusieurs, pour avoir soin des revenus; que, huit jours après, il nommera un vicaire, ou confirmera celui du défunt, faute de quoi, le droit sera dévolu au métropolitain; que l'évêque nouveau se fera rendre compte de l'administration des fruits, et pourra punir les économes qui auront malversé.

Le chapitre dix-septième défend à tout ecclésiastique, quand même ce serait un cardinal, de tenir plus d'un bénéfice; que, si ce bénéfice n'est pas suffisant pour l'entretien d'un titulaire, il sera permis de lui conférer un autre bénéfice simple, pourvu que l'un ni l'autre n'oblige pas à résidence personnelle, ce qui aura lieu à l'égard de tous bénéfices tant séculiers que réguliers, même en commende, en quelque qualité qu'ils soient; que ceux qui tenaient alors plusieurs églises paroissiales, ou une cathédrale et une paroisse, seraient tenus d'en quitter une dans le terme de six mois, faute de quoi tous les autres bénéfices seraient censés vacants; que cependant le concile désirerait qu'il fût pourvu aux besoins de ceux qui seraient obligés de résigner de la sorte, par quelque voie commode, selon que le pape le jugerait à propos.

Le chapitre dix-huitième dit que, comme c'est l'avantage des fidèles d'être gouvernés par de dignes pasteurs, et d'en être pourvus le plus tôt qu'il se peut, le saint concile entend que, lorsque quelque cure viendra à vaquer soit par mort, soit par résignation ou autrement, on prenne le nom de tous ceux qui seront proposés, ou qui se présenteront d'eux-mêmes, afin qu'ils soient tous examinés par l'évêque, assisté de trois autres examinateurs ; que, de tous ceux qui auront été jugés capables, l'évêque choisira celui qui lui semblera le plus digne ; que, si l'église est de patronage ecclésiastique, le patron présentera à l'évêque le sujet qu'il estimera le plus propre de tous ceux qui auront été approuvés par les examinateurs. Mais, si l'église est de patronage laïque, celui qui sera présenté par le patron, sera examiné par les mêmes députés, et ne sera point admis s'il n'est trouvé capable ; que, tous les ans, il sera proposé dans le synode du diocèse six examinateurs, dont l'évêque choisira trois pour faire avec lui l'examen ; que ces examinateurs, qui seront tous docteurs ou licenciés en théologie ou en droit canon, jureront sur l'Évangile de s'acquitter fidèlement de cet emploi, et ne pourront rien recevoir ni avant ni après l'examen.

Le chapitre dix-neuvième déclare que le saint concile ne veut plus qu'on accorde des grâces expectatives, pas même aux colléges, universités, parlements et autres personnes, sous quelque prétexte que ce soit, même d'indult, et qu'il n'y aura plus de réserves mentales.

Le chapitre vingtième porte que les causes ecclésiastiques, quand elles seront bénéficiales, n'iront en première instance que devant l'ordinaire des lieux, et seront terminées dans l'espace de deux ans au plus ; autrement il sera libre aux parties de prendre d'autres juges ; que nul appel ne sera reçu qu'après une sentence définitive, ou une qui ait pareille force, excepté les causes que le pape jugera à propos d'évoquer à lui pour des raisons justes et pressantes ; que les causes de mariage et les causes criminelles iront seulement à l'évêque ; que si, en fait de mariage, l'une des parties justifie de sa pauvreté, elle ne pourra être contrainte de plaider hors de la province, ni en seconde, ni en troisième instance, à moins que l'autre partie ne veuille fournir la nourriture et porter les frais du procès ; que les légats, les nonces, les gouverneurs ecclésiastiques et autres ne troubleront point les évêques dans les causes susdites, et ne procéderont point non plus contre aucun clerc, sinon en cas de négligence de l'évêque ; que l'appelant sera tenu d'apporter à ses frais, devant le juge de l'appel, toutes les pièces du procès intenté devant l'évêque, desquelles le greffier sera tenu de donner copie à l'appelant, au plus tard dans un mois, moyennant un salaire raisonnable.

Le chapitre vingt et unième déclare que ce n'a jamais été l'intention du concile de changer en aucune façon, par la clause mise dans le décret publié dans la première session sous Pie IV, conçue en ces termes : *Proponentibus legatis*, la manière ordinaire de traiter les affaires dans les conciles généraux, ni de donner ou d'ôter rien à personne, contre ce que les saints canons et les conciles généraux ont établi.

Autre décret, de la Réformation générale, contenant vingt et un chapitres.

Le chapitre premier avertit d'abord les évêques de leur devoir, et les exhorte à régler si bien leur conduite extérieure, que ceux qui leur sont soumis puissent prendre d'eux des exemples de frugalité, de modestie et de continence ; de ne point enrichir leurs parents, ni leurs domestiques des biens de l'Église, mais seulement de les en assister s'ils sont pauvres : ce qui doit être observé pareillement par tous ceux qui tiennent des bénéfices, soit séculiers ou réguliers, et même par les cardinaux qui doivent d'autant plus paraître remplis de vertus, qu'étant destinés à gouverner l'Église avec le souverain pontife, tout le monde est attentif sur leur conduite.

Le chapitre second ordonne aux évêques et à tous ceux qui ont accoutumé de se trouver aux conciles provinciaux de recevoir ces décrets ; de jurer obéissance au pape, et d'anathématiser toutes les hérésies condamnées par les saints canons, par les conciles généraux, et, entre autres, par celui-ci, dans le premier concile provincial qui se tiendra ; que ceux qui, à l'avenir, seront promus à l'épiscopat, feront la même chose dans le premier synode provincial où ils assisteront, ainsi que tous les bénéficiers dans le premier synode qui se tiendra dans leur diocèse ; que ceux qui ont la direction des universités, y feront recevoir les mêmes décrets, conformément auxquels les professeurs enseigneront ce qui est de la foi catholique, à quoi ils s'obligeront par un serment solennel, au commencement de chaque année ; que le pape aura soin que les universités qui lui sont immédiatement soumises soient visitées et réformées par ses délégués, en la manière qu'il lui plaira.

Le chapitre troisième dit que, quoique le glaive de l'excommunication soit le nerf de la discipline ecclésiastique, et serve à contenir les hommes dans le devoir, il doit néanmoins être manié avec beaucoup de prudence, l'expérience montrant le mépris qu'on en fait quand on s'en sert témérairement, étant plus capable de faire perdre les âmes que de leur procurer le salut : c'est pourquoi les excommunications qui sont pour obliger à venir à révélation pour des choses perdues ou dérobées, ne pourront être décernées que par l'évêque, qui doit bien se garder d'agir en cela par la considération d'aucun séculier, non pas même du magistrat ; que le juge ecclésiastique, de quelque dignité qu'il soit revêtu, s'abstienne de l'interdit, quand l'exécution réelle ou personnelle pourra être faite de son autorité; que, dans les causes civiles qui appartiendront, d'une façon ou d'autre, au tribunal ecclésiastique, il pourra procéder contre les laïques, même par amende pécuniaire, par saisie de biens ou par prise de corps, se servant de ses propres officiers ou d'autres; que, si l'on n'en peut pas venir à l'exécution réelle ou personnelle, et que les coupables soient rebelles à la justice, le juge pourra passer à l'excommunication, si la qualité du crime le demande, après l'avoir fait précéder de deux monitions : défenses faites aux magistrats séculiers d'empêcher le juge ecclésiastique d'excommunier, ni de le forcer de lever son excommunication, sous prétexte qu'il n'a pas observé les formes du décret; que l'excommunié sera exclu des sacrements; et, s'il persiste un an dans son obstination, il sera traité comme suspect d'hérésie.

Le chapitre quatrième permet aux évêques dans leurs synodes, et aux chefs d'ordre dans leurs chapitres généraux, de régler ce qu'ils jugeront nécessaire pour le service de Dieu et l'avantage de leurs églises, sur le trop grand nombre de messes fondées, ou dont les aumônes sont si petites, qu'il ne se trouve pas de gens qui s'en veuillent charger, de sorte néanmoins qu'il se fasse toujours mémoire des défunts qui ont fait des legs pieux.

Le chapitre cinquième porte que, la raison demandant que les choses qui ont été établies ne se détruisent pas par les ordonnances contraires, dans la collation ou autre disposition de bénéfices, on ne dérogera point aux conditions ni aux charges imposées par les fondateurs; autrement la provision sera tenue pour subreptice.

Le chapitre sixième ordonne qu'on observera dans toutes les églises cathédrales et collégiales, le décret donné sous le pontificat de Paul III, qui commence, *Capitula cathedralium*, non-seulement dans le temps de la visite de l'évêque, mais aussi quand on procédera devant lui contre quelqu'un, pour quelque cause contenue dans ledit décret; que, cependant, quand l'évêque procédera contre quelque chanoine, hors de la visite, il le fera de l'avis et du consentement de deux chanoines que le chapitre élira au commencement de chaque année, mais qui n'auront ensemble qu'une voix, que si leur avis est contraire à celui de l'évêque, ils en choisiront un troisième; et, s'ils ne s'accordent pas dans l'élection de ce troisième, le choix en sera dévolu à l'évêque le plus prochain; que, dans les causes de concubinage et dans les autres crimes atroces, l'évêque seul pourra commencer l'information et procéder à la détention de l'accusé, en gardant l'ordre prescrit; que l'évêque aura la première place, soit au chœur, au chapitre ou aux processions publiques, et présidera dans le chapitre où il ne s'agira pas de son propre intérêt; qu'en son absence, tout se fera par le chapitre, sans que le vicaire général s'en puisse mêler; que ceux qui ne sont point du chapitre seront soumis à l'évêque dans les causes ecclésiastiques; que, dans les églises où les évêques, en vertu de la coutume ou de quelque autre droit, ont une juridiction plus grande, ce décret n'aura point lieu.

Le chapitre septième dit que, dans les bénéfices ecclésiastiques, tout ce qui ressent la succession héréditaire, étant une chose odieuse aux saints canons des conciles et aux décrets des saints Pères, à l'avenir, on n'accordera à personne faculté d'accès ou regrès à un bénéfice; et que celles qui auront été accordées, ne pourront être suspendues, étendues ni transférées, ce qui aura lieu à l'égard des cardinaux mêmes; que les coadjutoreries à succession future ne s'accorderont point non plus pour aucun bénéfice; que, s'il est utile ou nécessaire de le faire en faveur de quelque église cathédrale ou de quelque monastère, il faudra que le pape en connaisse, et que le coadjuteur qui sera élu se trouve avoir toutes les qualités requises dans les évêques.

Le chapitre huitième avertit les bénéficiers d'exercer l'hospitalité, si recommandée par les Pères, autant que leur revenu le pourra permettre, en se ressouvenant qu'on reçoit Jésus-Christ en exerçant l'hospitalité; que ceux qui tiennent les hôpitaux en commende, en régie ou sous d'autres titres, emploient au genre d'hospitalité ou de charité auquel ils sont tenus, les revenus qui y sont destinés, suivant la constitution du concile de Vienne, renouvelée sous Paul III, qui commence : *Quia contingit;* que s'il ne se trouve pas de gens de la qualité que la fondation demande, les revenus soient convertis en quelque autre usage pieux, qui approche le plus qu'il se pourra de l'intention du fondateur, et ce par l'avis de l'évêque et de deux de ses chanoines; que ceux qui manqueront d'exercer l'hospitalité, fussent-ils même administrateurs séculiers, pourront y être contraints par censures ecclésiastiques et par autres voies de droit, et même être privés de leur administration, outre qu'ils seront tenus en conscience à la restitution des fruits; qu'à l'avenir, cette administration ne durera pas plus de trois ans, si le fondateur n'en a autrement ordonné, nonobstant toutes exemptions, coutumes et privilèges à ce contraires.

Le chapitre neuvième dit que, comme il n'est pas juste d'ôter à qui que ce soit le droit de patronage, ni de violer les pieuses intentions des fondateurs, aussi n'est-il pas à propos de permettre, sous ce prétexte, de réduire en servitude les bénéfices ecclésiastiques : c'est pourquoi le saint concile déclare que la justification du droit de patronage doit être tirée de la fondation ou dotation, et prouvée par quelque acte authentique, ou par un grand nombre de présentations faites de tout temps; qu'à l'égard des personnes, des communautés ou des universités, qu'on présumera avoir usurpé ce droit, il faudra encore une preuve plus exacte pour justifier de la bonté du titre; et celle du temps immémorial ne suffira pas, si l'on ne la vérifie par des présentations réitérées sans interruption, par l'espace de cinquante ans au moins, lesquelles aient toutes eu leur effet ; que tous les autres patronats seront estimés nuls et abrogés, excepté ceux qui appartiennent à l'empereur, aux rois, ou à ceux qui possèdent des royaumes, et autres grands princes qui sont souverains dans leurs États, comme aussi ceux des universités ; que l'évêque pourra refuser les sujets qui seront présentés par le patron, s'ils ne se trouvent pas capables ; que les patrons ne pourront s'ingérer dans la perception des fruits ; que le droit de patronage ne pourra être transféré à d'autres, à titre de vente ou autrement ; que les unions des bénéfices libres à ceux qui sont de patronage, en cas qu'elles n'aient pas eu encore leur plein effet, seront abolies, et que les bénéfices ainsi unis venant à vaquer, seront conservés librement comme avant l'union ; que les unions faites depuis quarante ans, et qui ont eu leur effet, ne laisseront pas d'être revues par les ordinaires, comme délégués du saint-siége ; et celles qui se trouveront avoir été obtenues par subreption ou obreption, seront annulées ; que tous droits de patronage sur les églises acquis depuis quarante ans, soit par augmentation de dot ou par quelque autre nouveau bâtiment, seront pareillement examinés par les ordinaires et par eux révoqués, s'ils ne trouvent pas que la chose soit à l'avantage de l'église ou du bénéfice, auquel cas ils rendront aux patrons ce qu'ils auront donné.

Le chapitre dixième veut que, dans chaque concile provincial, ou dans les synodes de chaque diocèse, on élise, suivant la constitution de Boniface VIII, qui commence, *Statutum*, quelques personnes qui aient les qualités requises, à qui, à l'avenir, les causes ecclésiastiques puissent être commises par le saint-siége ou par les légats et nonces, en cas de renvoi sur les lieux ; après quoi, toutes délégations des juges adressées à d'autres que ceux que le concile provincial aura désignés, passeront pour subreptices.

Le chapitre onzième défend de donner à ferme les biens ecclésiastiques, sous condition de payer par avance, au préjudice des successeurs, comme pareillement les juridictions ecclésiastiques, lesquelles ceux qui les auront pris à ferme ne pourront exercer ni faire exercer par d'autres ; que les baux des biens d'église faits depuis trente ans en çà, pour un long temps ou pour vingt-neuf ans, ou pour plus, quand même ils auraient été confirmés par l'autorité apostolique, seront déclarés par le concile provincial préjudiciables à l'Eglise.

Le chapitre douzième dit qu'il ne faut point souffrir ceux qui, par divers artifices, veulent ôter les décimes aux églises, ou les faire divertir à leurs bénéfices, la dîme étant due à Dieu : et que ceux qui ne les veulent pas payer, ou empêchent qu'on ne les paye, prennent le bien d'autrui. C'est pour cela que le saint concile ordonne que ceux qui doivent les dîmes, de quelque condition qu'ils soient, les payent entièrement aux églises ; autrement ils seront excommuniés, sans pouvoir être absous qu'après une restitution entière. Ensuite les fidèles sont exhortés à faire part de leurs biens aux évêques et aux curés dont les églises sont pauvres.

Le chapitre treizième ordonne que, dans les lieux où la quatrième portion, nommée *des funérailles*, se payait il y a quarante ans à l'église cathédrale ou parpissiale, d'où elle a passé à des hôpitaux ou à d'autres lieux pieux, elle retourne à l'église, nonobstant toutes concessions, grâces, privilèges, même celles qui sont exprimées dans la bulle qui commence *Mari magno*, contraires à ce décret.

Le chapitre quatorzième défend à tous ecclésiastiques de tenir chez eux ou en ville des concubines ou autres femmes suspectes, sous peine d'être privés du tiers des revenus de leurs bénéfices, après la première admonition ; d'en perdre tous les fruits, si, après une seconde, ils persévèrent dans le même désordre ; et enfin d'être privés à perpétuité de tous bénéfices, offices et pensions ecclésiastiques (à moins que leurs supérieurs ne les dispensent dans la suite), s'ils continuent encore leur mauvaise vie ; que si, après avoir laissé leurs concubines, ils ont l'audace de les reprendre, ils seront excommuniés ; que la connaissance de ces cas n'appartiendra qu'aux évêques ; que les clercs qui n'ont point de bénéfices seront punis de l'évêque par emprisonnement, suspension de leurs fonctions et déclaration d'inhabileté à tous bénéfices ; que si les évêques mêmes tombent dans le désordre, et qu'ils ne s'en retirent pas après l'admonition du synode provincial, ils seront suspens ipso facto ; et, s'ils continuent encore, ils seront déférés par le synode au pape, qui les punira, suivant la qualité du crime, par la privation de leurs bénéfices.

Le chapitre quinzième porte que les enfants illégitimes des clercs ne pourront avoir ni bénéfice ni ministère dans les églises où leurs pères en ont ou en ont eu, ni même aucune pension sur les bénéfices dont leurs pères sont ou ont été possesseurs ; qu'un père et un fils en aient dans la même église, le fils sera obligé de le résigner dans trois mois, ou de le permuter ; que toute résignation faite par un père à un ami, pour résigner ensuite à son fils, sera nulle.

Le chapitre seizième défend de convertir les bénéfices à charge d'âmes en bénéfices simples, quand même on assignerait une portion congrue à un vicaire, nonobstant toutes grâces, si elles n'ont pas eu leur plein effet ; qu'à l'égard de ceux dont on a fait passer la charge d'âmes à un vicaire perpétuel, qui se trouvera n'avoir pas une portion congrue, l'ordinaire y pourvoira au plus tôt.

Le chapitre dix-septième déteste la complaisance de certains évêques qui en usent d'une manière basse et servile avec les officiers des rois et les autres seigneurs, et déshonorent leur caractère, jusqu'à leur céder la place dans l'église, et à les servir même en personne en qualité d'officiers : c'est pourquoi le concile renouvelle tous les canons faits par les conciles généraux et les autres constitutions apostoliques, pour la conservation de l'honneur et de la dignité épiscopale, et commande aux évêques de s'abstenir de toutes ces bassesses, et de se souvenir qu'ils sont pasteurs, recommandant aux princes et à tous autres de les respecter comme leurs pères.

Le chapitre dix-huitième avertit les fidèles qu'ils sont tenus d'observer fidèlement les saints canons; et s'il y a quelque raison pressante d'user de dispense en faveur de quelques personnes, le concile veut qu'il y soit procédé avec connaissance de cause, et que la dispense soit toujours gratuite.

Le chapitre dix-neuvième dit qu'il faut bannir entièrement du christianisme le détestable usage des duels, que le diable a introduit pour la perte des âmes, et déclare que l'empereur, les rois, les princes et autres seigneurs temporels qui accorderont sur leurs terres un lieu pour faire un duel entre chrétiens, seront dès là même excommuniés, et censés privés de la seigneurie de la ville ou place dans laquelle ils auront permis le duel, si elle relève de l'Eglise; que les duellistes et leurs parrains encourront la peine de l'excommunication, de la perte de leurs biens et d'une infamie perpétuelle; et, s'ils meurent dans le combat même, seront privés de la sépulture ecclésiastique; que les instigateurs, promoteurs et spectateurs du duel seront pareillement excommuniés.

Le chapitre vingtième porte que le concile se promet des princes trouveront bon que l'Eglise rentre dans ses droits, et qu'ils porteront même leurs sujets à respecter le clergé; qu'ils ne souffriront point que leurs officiers ni leurs magistrats violent les immunités de l'Eglise et des personnes ecclésiastiques, mais les exciteront, par leur exemple, à déférer aux constitutions des papes et des conciles. Il leur déclare qu'ils sont tenus d'observer les saints canons, les décrets des conciles généraux et les ordonnances faites par les papes en faveur des ecclésiastiques. Il exhorte l'empereur, les rois, les princes et les républiques, à révérer ce qui appartient à l'Eglise, et à ne point souffrir qu'elle soit troublée dans ses droits, afin que les prélats et les autres ecclésiastiques puissent résider paisiblement, et s'acquitter de leur charge à l'édification du peuple.

Le chapitre vingt et unième déclare que, quelles que soient les clauses et les paroles contenues dans les décrets de réformation faits sous les souverains pontifes Paul, Jules et Pie, le concile entend que l'autorité du siége apostolique reste toujours en son entier.

CONTINUATION DE LA SESSION XXV.
Du Décret touchant les Indulgences.

Ce décret porte que l'Eglise ayant reçu de Jésus-Christ le pouvoir de conférer les indulgences, et en ayant usé de tout temps, le concile déclare qu'on doit tenir cet usage comme très-salutaire au peuple chrétien, et approuvé par les saints conciles, et frappe d'anathème ceux qui disent que les indulgences sont inutiles, ou que l'Eglise n'a pas droit de les donner. Désirant néanmoins que, suivant la coutume ancienne de l'Eglise, elles soient conférées avec réserve et modération; et, pour remédier aux abus qui s'y sont glissés, le concile défend toute sorte de trafic à cet égard, et commande aux évêques de recueillir soigneusement tous les abus qui s'y sont répandus dans leurs diocèses, et d'en faire le rapport au concile provincial, pour les renvoyer ensuite au pape, afin qu'il en ordonne ce qui sera expédient à l'Eglise universelle, afin que la grâce des indulgences soit dispensée saintement et sans aucune corruption, à tous les fidèles.

Sur le choix des Viandes, les Jeûnes et les Fêtes.

De plus, le saint concile exhorte, par la venue du Sauveur, tous les pasteurs, à ce que, comme de bons soldats, ils recommandent à tous les fidèles toutes les choses que l'Eglise romaine a ordonnées, et tout ce qui a été établi dans ce concile et dans tous les autres conciles généraux; et qu'ils usent de toute diligence pour les porter à observer ce qui contribue particulièrement à la mortification de la chair, comme est la pratique des jeûnes, et ce qui augmente la piété, comme la sanctification des fêtes, les avertissant souvent d'obéir à leurs supérieurs.

Quant aux livres défendus, le concile dit que, dans la session seconde, sous Pie IV, on avait commis quelques-uns des Pères du concile, pour examiner ce qu'il était à propos de faire sur ce sujet; mais comme, à cause du grand nombre des mauvais livres, on ne pouvait pas juger de tous sur-le-champ, il remet le tout au jugement du pape, ainsi que la révision du catéchisme, du missel et du bréviaire.

Enfin, le concile convie tous les princes à ne pas souffrir que ses décrets soient violés par les hérétiques, mais au contraire à faire qu'ils soient reçus et fidèlement observés par tous leurs sujets; que s'il s'y rencontre quelque chose qui demande explication, le pape y pourvoira, soit en appelant des lieux mêmes où la difficulté se sera élevée, des gens éclairés pour la résoudre avec eux, soit en convoquant de nouveau un concile général, ou par quelque autre voie qu'il jugera opportune.

Après cette lecture, le secrétaire qui l'avait faite vint au milieu de l'assemblée et demanda aux Pères s'ils voulaient qu'on finit le concile, et que les légats demandassent, en son nom, aux Pères la confirmation de tous ces décrets : tous ayant répondu qu'ils le voulaient, à l'exception de trois, qui dirent qu'ils ne demandaient pas cette confirmation, le légat président dit : Après avoir rendu grâces à Dieu, révérendissimes Pères, retirez-vous. Ils répondirent : Ainsi soit-il. Ensuite le cardinal de Lorraine prononça les acclamations; c'étaient des souhaits, des bénédictions, des actions de grâces pour le pape, l'empereur, les rois, les princes, les républiques. Les ambassadeurs, les légats, les cardinaux et les évêques répondaient : *Ainsi soit-il* ; ou bien : *Grandes actions de grâces, longues années*, etc.

Le même cardinal finit par un applaudissement aux décrets du concile, en disant : *C'est la foi des Pères et des apôtres ; c'est la foi des orthodoxes.*

Ensuite, les Pères donnèrent leurs souscriptions ; elles étaient au nombre de deux cent cinquante-cinq ; savoir : quatre légats, deux cardinaux, trois patriarches, vingt-cinq archevêques, cent soixante-huit évêques, trente-neuf procureurs pour les absents, sept abbés et sept généraux d'ordres. Tous, à ce mot : *j'ai souscrit*, ajoutèrent, *en définissant*, excepté les procureurs, à qui on n'avait point accordé le droit de suffrage.

Le pape Pie IV confirma le concile par une bulle du 6 janvier 1564. Les Vénitiens furent les premiers à recevoir les décrets du concile de Trente ; le sénat les fit publier solennellement dans l'église de Saint-Marc, et en ordonna l'exécution ; ce qui n'a point empêché la république de conserver ses anciens usages et tous ses droits de souveraineté, nonobstant les décrets du concile qui leur sont contraires.

Le roi d'Espagne, Philippe II, après avoir délibéré quelque temps, et fait examiner dans des synodes ce qu'il était à propos de faire, conclut, dans son conseil, que le concile serait reçu et publié dans ses Etats, mais sans préjudice de ses droits. Il fut publié de la même manière en Flandre et dans les royaumes de Naples et de Sicile. Sébastien, roi de Portugal, ne fit aucune difficulté d'en recevoir les décrets purement et simplement. Ils furent aussi reçus de même par Sigismond III, roi de Pologne, dans une diète générale de la nation polonaise, tenue à Parzovie, l'an 1564, et non pas dans le concile de Petricow, comme l'assure Piaseki. *Chronic. an.* 1607, pag. 247.

Les princes protestants d'Allemagne refusèrent de recevoir le concile ; mais il fut reçu par l'empereur Maximilien II, pour ses Etats particuliers, et ensuite pour toute l'Allemagne, dans la diète qui se tint à Augsbourg, l'an 1566.

A l'égard de la France, on n'y trouva pas la même facilité à faire recevoir le concile de Trente que l'on avait trouvée dans les autres Etats catholiques ; et, malgré les instances souvent réitérées des papes et du clergé, nos rois n'ont jamais voulu permettre que l'on en publiât les décrets dans le royaume, pour y avoir force de loi. Cela n'empêche pas néanmoins que la France ne regarde le concile de Trente comme un concile vraiment œcuménique ; que les dogmes qu'il contient et qu'il propose à croire n'y soient crus, enseignés et reçus comme dans toutes les autres parties de l'Eglise, et même qu'il n'y ait plusieurs de ses règlements de discipline qui sont adoptés et suivis dans le royaume, comme très-utiles en eux-mêmes, et conformes à l'esprit des anciens canons.

« Quant aux raisons, dit le P. Richard, pour lesquelles la France (*a*) a toujours refusé la publication du concile de Trente, elles se réduisent à deux chefs, *l'entreprise sur la juridiction* des princes et des magistrats, et l'atteinte donnée aux *libertés de l'Eglise gallicane* et aux usages du royaume. Voici les principaux articles qui ont rapport à ces deux chefs :

« 1. Dans la session quatre, le concile de Trente statue, outre l'excommunication, des peines pécuniaires, en conformité des canons du dernier concile de Latran, célébré sous Léon X, contre les imprimeurs des livres de religion qui n'auront point obtenu la permission de l'ordinaire, ou qui auront imprimé des livres anonymes. De même, dans la session vingt-cinq, afin que les évêques ne soient point obligés d'employer sur-le-champ les excommunications, on leur accorde le même droit d'imposer des peines pécuniaires et de décerner des contraintes par prise de corps et emprisonnement, pour obliger ceux qui y seront condamnés à les payer, soit qu'ils soient ecclésiastiques ou séculiers, en se servant pour cela de leurs propres officiers ou de ceux qui ne dépendent point d'eux. Dans la session vingt-quatre, chapitre huit, il accorde encore aux évêques le droit de chasser de leurs diocèses les femmes, mariées ou non, qui vivent publiquement avec des adultères ou des concubinaires, et qui persistent dans leurs débauches, un an après leur excommunication ; et l'on dit qu'ils auront recours au bras séculier, seulement s'il leur est nécessaire, et que si l'exécution se fait par leurs propres officiers, elle sera bonne. Dans la session cinq, chapitres un et quatre de la réformation, il enjoint aux évêques de contraindre les ecclésiastiques par la privation du revenu de leurs bénéfices. Dans la même session, chapitre quinze, il donne aux évêques la disposition entière des hôpitaux. Dans la session vingt et une, chapitres quatre, six et huit, il leur accorde le pouvoir de contraindre les habitants à donner un revenu aux curés et à faire les réparations des églises, et de mettre les fruits des bénéfices en séquestre (*b*).

« 2. Dans la session vingt-deux, chapitre huit, le concile soumet à la visite des évêques tous les hôpitaux et toutes les confréries de séculiers, tous les monts et lieux pies fondés et administrés par eux, à la réserve de ceux qui sont immédiatement sous la protection royale. Par le chapitre neuf, on impose aux administrateurs laïques des fabriques de quelque église, hôpital ou confrérie que ce soit, l'obligation de rendre, chaque année, leurs comptes devant l'ordinaire. Dans le chapitre dix, les notaires impériaux et royaux sont soumis à l'examen des évêques, et peuvent être suspendus

---

(*a*) Il fallait dire le parlement de Paris.
(*b*) Refuser à l'Eglise le droit d'imposer des peines pécuniaires, c'est lui contester le droit de posséder des biens temporels. Cette dernière prétention était précisément l'erreur des vaudois.

par eux des fonctions de leurs charges, pour un temps ou à perpétuité. Dans le chapitre onze, on entreprend sur les laïques et sur ceux qui ont le droit de patronage, en ordonnant qu'ils en seront privés, quoique séculiers, en cas qu'ils fassent un mauvais usage des fruits, revenus, droits et juridictions des églises de leur dépendance (a).

« 3. Dans la session vingt-troisième, chapitre dix-sept, on accorde aux clercs à simple tonsure et à ceux qui sont mariés l'exemption de la juridiction séculière, à leur volonté et suivant les circonstances dont ils jugeront à propos de se prévaloir. Dans le chapitre dix-huit, on dispose des biens des corps séculiers, pour établir et fonder des séminaires. Dans la session vingt-quatre, chapitre onze, on entreprend sur les privilèges des chapelains royaux, qui sont exempts de la juridiction des ordinaires (b).

« 4. Par le chapitre trois de la session vingt-cinq, on permet aux juges ecclésiastiques de faire exécuter leurs sentences contre les laïques par la saisie des fruits de leurs biens, même par l'emprisonnement de leurs personnes. Il est aussi défendu à tout magistrat séculier d'empêcher le juge ecclésiastique de prononcer des excommunications, ou de l'obliger à révoquer celles qu'il aurait fulminées. Dans le chapitre huit, on donne aux évêques le pouvoir de changer les intentions des fondateurs des hôpitaux laïques, d'en appliquer les revenus à d'autres usages, de punir les administrateurs, en les privant de leurs fonctions et en substituant d'autres personnes à leur place. Le chapitre neuf dispose librement des droits de patronage des laïques, prescrivant des règles sur la manière dont ils peuvent s'acquérir, se prescrire ou être supprimés (c).

« 5. Par le chapitre dix-neuf de la session vingt-cinq, il est statué que tous empereurs, rois, princes, marquis, comtes et autres seigneurs temporels, qui permettront les duels dans leurs terres, seront non-seulement excommuniés, mais encore privés du domaine de la ville, château ou autre lieu dans lequel ils auront permis que se fît le duel ; que s'ils les possèdent en fiefs, ils retourneront sur-le-champ aux seigneurs directs. Quant aux particuliers qui se battent en duel et à ceux leur servent de parrains, ils auront tous qui leurs biens confisqués, seront notés d'une perpétuelle infamie, et punis comme homicides (d).

« 6. Le chapitre premier de la session six, attribue au pape le droit de substituer des évêques à la place de ceux qui, après avoir été dûment avertis, continueront d'être absents de leurs diocèses. Le chapitre quatorze de la session sept attribue aux ordinaires des lieux, comme délégués du saint-siége, la connaissance des causes civiles, concernant les salaires ou les personnes misérables, dans lesquelles les clercs se trouvent intéressés. Le chapitre huit de la session treize donne au pape le droit exclusif de juger les causes criminelles des évêques, en les obligeant de comparaître à Rome, et le chapitre cinq de la session vingt-quatre porte que les évêques ne pourront être déposés, même pour cause d'hérésie, que par le seul pontife romain. Le chapitre vingt de la même session permet au pape d'évoquer à Rome les causes des ecclésiastiques, pendantes devant l'ordinaire. Le concile semble encore blesser la juridiction qui appartient aux évêques de droit divin, en ne leur donnant pouvoir de l'exercer dans plusieurs occasions qu'en qualité de délégués du saint-siége. Ces différents statuts sont autant d'entreprises non-seulement contre la juridiction et la dignité des évêques, mais encore contre l'autorité du roi, des lois et des maximes du royaume, qui ne permettent pas que les sujets du roi soient tirés hors de ses États pour aller plaider leurs causes ailleurs. Le concile déroge encore en plusieurs endroits aux usages reçus dans le royaume, savoir : aux appels comme d'abus, au droit de patronage laïque, etc. (e).

« 7. Le chapitre cinq de la session quatorze donne des règles pour les conservateurs et leur juridiction. Ces conservateurs sont abolis dans le royaume et dans plusieurs autres. Le chapitre cinq de la session vingt une, qui donne pouvoir aux évêques de faire des unions d'églises et de bénéfices ; et le chapitre sept de la même session, qui traite du rétablissement des églises détruites, de la translation des bénéfices et du droit de patronage, ne peuvent avoir lieu sans l'autorité du prince et le consentement des patrons laïques (f).

« 8. Le concile de Trente, loin de reconnaître la supériorité des conciles généraux au-dessus du pape, comme avaient fait les conciles de Constance et de Bâle, paraît favoriser l'opinion contraire, en déclarant, dans le chapitre vingt et un de réformation de la dernière session, que tous les décrets du concile devaient être entendus et expliqués, sauf l'autorité du siége apostolique, en soumettant ces mêmes décrets au jugement du pape, et en ordonnant qu'on lui en demandât la confirmation, comme il l'a fait en ces termes, à la fin de cette dernière session : *Illustrissimi domini reverendissimique Patres, placetne vobis ut ad laudem Dei omnipotentis huic sacræ œcumenicæ synodo finis*

(a) Refuser à l'Église la liberté d'étendre sa juridiction sur les notaires ecclésiastiques, et même sur les lieux pies et sur les confréries de séculiers, c'est une liberté de l'Église gallicane d'étrange sorte.

(b) Refuser à l'Église toutes ces libertés, cela peut être une liberté pour l'État, mais ce n'en est pas une pour l'Église.

(c) Refuser à l'Église une liberté, ce n'est assurément pas prendre la défense de ses libertés. Empêcher le juge ecclésiastique de prononcer des excommunications, c'est enlever à l'Église les armes qui lui sont propres.

(d) Ceci, il est vrai, ne s'accorde pas avec le premier des quatre articles de 1682 ; mais s'accorde parfaitement avec les décrets des autres conciles généraux, sans même en excepter celui de Constance.

(e) Le concile suppose les gouvernements catholiques, et, dans ce cas, ils doivent être soumis à l'Église, à tout le moins dans les causes ecclésiastiques, telles que sont, par exemple, celles des ecclésiastiques mêmes pendantes devant les ordinaires.

(f) Assujettir l'Église aux princes, et même aux patrons qu'elle nomme, ce n'est pas pour l'Église une liberté ; mais c'est la plus étrange des servitudes.

imponatur; et omnium et singulorum, quæ tam sub felicis recordationis Paulo tertio et Julio tertio, quam sub sanctissimo domino nostro Pio IV, Romanis pontificibus in ea decreta et definita sunt, confirmatio nomine sanctæ hujus synodi per apostolicæ sedis legatos et præsidentes a beatissimo Romano pontifice petatur.

« Responderunt : *placet.*

« Il n'y eut que trois prélats, dont l'un était l'archevêque de Grenade, qui ne consentirent point à ce qu'on demandât au pape la confirmation du concile *(a).* »

« Pour peu que l'on examine les sessions de ce célèbre concile, dit M. Alzog (*Hist. univ. de l'Egl.*, t. III , p. 211), on acquiert la conviction que jamais synode ne développa et ne définit avec autant de prudence plus de matières et de plus importantes. Les extrêmes s'y rencontrèrent, sur un terrain commun, se limitèrent les uns les autres, et il en résulta l'équilibre nécessaire à la véritable catholicité. Les évêques et les théologiens espagnols se firent remarquer par la sagesse avec laquelle ils parvinrent à concilier les oppositions de la théologie spéculative et de l'histoire ecclésiastique. Quelle assemblée réunit jamais plus de cardinaux, d'évêques et de théologiens distingués par leur piété sincère et leur science profonde *(b)*? Quel zèle sérieux pour une réforme véritable dans les décrets de réformation ! Quels changements heureux, quel progrès dans l'Eglise, si tous ces décrets avaient été fidèlement observés, comme le désiraient ces vertueux représentants de la catholicité ! »

TRENTE (Synode diocésain de), l'an 1593, par le cardinal Louis Madrucci, évêque de Trente. Ce cardinal y publia des règlements sur tout le détail de la discipline ecclésiastique. Il fit aux personnes mariées une étroite obligation d'habiter ensemble, et menaça des peines ecclésiastiques ceux qui les recevraient pour vivre séparées dans leurs maisons. Il défendit aux prêtres d'avoir avec eux des personnes du sexe, autres que leurs plus proches parentes, qui n'auraient pas au moins quarante-cinq ans. Il établit qu'à la mort de chaque bénéficier, le doyen rural ou le vicaire général de l'évêque fixerait la portion que les héritiers devraient laisser à son successeur dans le bénéfice, pour que celui-ci pût vivre honnêtement jusqu'à la nouvelle récolte. Il frappa d'excommunication ceux qui convertiraient leurs champs en prés pour s'affranchir de la dîme. *Constit. ill. et rever. DD. Ludovici S. R. E. tituli S. Laur. in Lucina presbyter. cardin. Madrutii.*

TREVES (Concile de), *Trevirense*, l'an 385 ou 386. Ce concile fut assemblé pour donner un évêque à l'église de Trèves, après la mort de Britannius. Les évêques ithaciens, qui composaient ce concile, élurent Félix pour successeur de Britannius, et déclarèrent qu'Ithace n'était coupable d'aucune faute, pour avoir poursuivi la mort des priscillianistes. On appela *ithaciens* ceux des évêques qui approuvèrent la conduite d'Ithace par rapport aux priscillianistes, et qui prirent sa défense.

TREVES (Synode diocésain de), l'an 566. Saint Goar, accusé d'intempérance par Rustique, évêque de Trèves, prouva dans ce synode son innocence, en révélant à l'évêque ses propres crimes. *Mabill., Annal. Bened.*

TREVES (Synode de), l'an 664. Numérien, évêque de Trèves, y confirma, en présence de plusieurs évêques et de nombre de clercs, des donations faites au couvent de Saint-Dieudonné. *Mab. Annal. Bened.*

TREVES (Concile de), l'an 814. Frotaire, évêque de Toul, écrivant à Hetti, successeur d'Amalaire dans l'archevêché de Trèves, le pria de lui marquer le temps où il tiendrait son concile, suivant qu'il avait été dernièrement ordonné. On ne sait si Hetti en assembla un, ni ce qui y fut réglé. *Hist. des aut. sacr. et eccl., t. XXII.*

TREVES (Conventicule de), l'an 868. Le roi Lothaire y essaya, mais en vain, d'engager Theutberge, son épouse, à se calomnier elle-même devant les évêques de son parti qu'il avait pris à tâche de rassembler. *Annal. Bertin.*

TREVES (Synode de), l'an 898, sous l'évêque Rathbodon. L'objet de ce synode fut l'élévation du corps, ou la canonisation, suivant l'usage de ce temps-là, de saint Maximin, évêque de Trèves. *Acta Sanct. Antwerp., t. VII.*

TREVES (Synode provincial de), l'an 927. Ruotger ou Roger, archevêque de Trèves, tint ce concile avec ses suffragants. On y fit plusieurs règlements pour la réformation du clergé, et on y approuva un livre de Ruotger sur le même sujet; mais il ne nous reste rien de tout cela. *Conc. Germ., t. II.*

TREVES (Concile de), l'an 948. Artaud de Reims se rendit à Trèves dans le temps marqué à Ingelheim (*V.* INGELHEIM, l'an 948) pour ce concile, c'est-à-dire pour le 6 septembre, accompagné des évêques de Soissons, de Laon et de Térouanne. Le légat Marin les y attendait avec l'archevêque Robert. Il n'y vint point d'évêques de Lorraine ni de Germanie. Les prélats s'étant assemblés, le légat leur demanda comment le comte de Paris s'était conduit envers eux et envers le roi Louis, depuis le concile d'Ingelheim ; si on lui avait rendu ses lettres de citation, et s'il y avait quelques députés de sa part. Ils répondirent qu'il avait continué

(a) Nous prenons acte de cet aveu : le droit attribué au pape de confirmer les conciles généraux est une conséquence de la supériorité du pontife romain sur tous les conciles. Or, les papes ont fait usage de ce droit à l'égard de tous les conciles généraux, et il n'en est pas un seul sur lequel ils ne l'aient exercé.

(b) « Le vénitien Jérôme Ragosini, évêque de Nazianze *in partibus* et coadjuteur de Famagosta, n'exagère pas lorsque, dans le discours de clôture, il s'exprime ainsi en parlant des membres du concile : *Ex omnium populorum ac nationum, in quibus catholicæ religionis veritas agnoscitur, non solum Patres, sed et oratores, habuimus. At quos viros? Si doctrinam spectemus, eruditissimos ; si usum, peritissimos ; si ingenia, perspicacissimos ; si pietatem, religiosissimos; si vitam, innocentissimos.* » *Id. ibid.*

à leur faire beaucoup de maux, à eux et à leurs églises; qu'il avait été suffisamment appelé, tant par lettres que de vive voix, et qu'il ne paraissait personne de sa part. On attendit jusqu'au lendemain; et, quoique tous les assistants criassent qu'il fallait l'excommunier, les évêques donnèrent encore un délai de trois jours. Pendant ce temps, Guy, évêque de Soissons, l'un des ordinateurs de Hugues de Reims, se prosterna devant le légat Marin et l'archevêque Artaud, s'avouant coupable. Les deux archevêques, Robert de Trèves et Artaud de Reims, intercédèrent pour lui, et on lui pardonna. Il fut prouvé que Vicfred, évêque de Terouanne, n'avait eu aucune part à l'ordination de Hugues. Transmar, évêque de Noyon, avait été apparemment du nombre des ordinateurs; mais étant malade, il ne parut au concile de Trèves que par un député. Le délai accordé au comte de Paris étant passé sans qu'il comparût, ni lui ni personne de sa part, on l'excommunia jusqu'à ce qu'il vînt à résipiscence et fit satisfaction en présence du légat ou des évêques; à défaut de quoi il fut ordonné qu'il irait à Rome se faire absoudre.

On excommunia encore deux évêques ordonnés par Hugues, et un clerc de Laon, accusé par son évêque d'avoir introduit dans l'église l'officier Thébaud, depuis que celui-ci avait été excommunié. Ensuite on expédia des lettres pour citer Hildegaire, évêque de Beauvais, à comparaître devant le légat, ou à aller à Rome rendre compte de l'ordination de ces deux évêques à laquelle il avait assisté, et Héribert, fils du comte Héribert et frère de Hugues, pour faire satisfaction aux évêques des maux qu'il leur avait causés. *D. Ceill., Hist. des aut. sacr. et eccl.*

TRÈVES (Synode de), l'an 981, sous l'archevêque Egbert. Dotation de l'église de Saint-Paulin. *Brower. Annal. Trev.*

TRÈVES (Synode provincial de), l'an 1037. Translation des reliques de saint Materne, et dédicace de la nouvelle église bâtie sous son nom. Donation faite par Adelbert, marquis de Lorraine, et Judith, son épouse, en faveur de l'église de Saint-Matthias. *Hontheim, Hist. Diplom.*

TRÈVES (Synode de), l'an 1073. Un diacre, nommé Richer, convaincu d'avoir injustement acquis le bénéfice qu'il possédait, fut condamné dans ce synode à le rendre au prêtre à qui il appartenait primitivement. *Hard. t. VI*

TRÈVES (Synode de), l'an 1088, sous l'archevêque Egilbert. Le duc Godefroi y rendit à l'abbaye de Gorze les droits dont elle devait jouir sur le monastère de Saint-Dagobert près de Stenay. *Marten. Anecd., t. I.*

TRÈVES (Assemblée ecclésiastique de), l'an 1107, sous l'archevêque Brunon, pour la translation en Saxe du corps de saint Modoald, ancien évêque de Trèves. *Acta Sanct.*

TRÈVES (Concile de), l'an 1131, sous la présidence de trois légats, pour l'élection d'un nouvel archevêque. *Brower. Annal. Trev.*

DICTIONNAIRE DES CONCILES. II

TRÈVES (Synode de), l'an 1135, sur certains droits de dîmes que deux églises se disputaient. *Schannat, ex Archiv. monast. Steinveld.*

TRÈVES (Synode de), tenu à Rhétel, l'an 1136, pour la réconciliation entre l'évêque et le comte de Toul. *Calmet, Hist. Lothar. t. IV.*

TRÈVES (Synode de), l'an 1142, sur certains droits de dîmes et sur les appels au saint-siége. *Hontheim, Hist. Diplom.*

TRÈVES (Concile de), l'an 1148. Le pape Eugène III présida à ce concile, auquel se trouva saint Bernard, abbé de Clairvaux. Sur le récit que fit le saint abbé des miracles et des visions dont était favorisée sainte Hildegarde, le pape députa l'évêque de Verdun vers cette fille extraordinaire, pour s'assurer de la vérité des faits. Celui-ci ayant confirmé à son retour tout ce qui avait été dit d'avance, le pape approuva le livre des révélations de la sainte, et lui écrivit elle-même en témoignage de l'estime qu'il faisait d'elle. *Mabill. Annal. Bened.*

TRÈVES (Concile provincial de), l'an 1152, assemblé d'après l'ordre du pape Eugène III. On y réussit à ramener à des sentiments pacifiques Matthieu, duc de Lorraine. *Marten. et Dur. Vit. Script. Coll., t. VII.*

TRÈVES (Synode de), l'an 1163, où l'archevêque Hillin jugea le procès élevé entre le monastère de Steinfeld et l'église de Saint-Castor au sujet de certaines dîmes.

TRÈVES (Synode diocésain de), l'an 1179, où l'archevêque Arnould confirma une donation faite au couvent d'Himmerod. *Schannat.*

TRÈVES (Synode de), l'an 1187, tenu à Mosom par l'archevêque Folmar, revêtu de la qualité de légat apostolique. Mais ce prélat abusa de son autorité, en lançant d'imprudentes excommunications. *Hontheim. Prodr.*

TRÈVES (Synode de), l'an 1189. L'archevêque Folmar y fut déposé par un nouveau légat du saint-siége, et Jean, chancelier de la cour impériale, élu à sa place par le clergé et le peuple de Trèves. *Gesta Trever.*

TRÈVES (Concile provincial de), l'an 1227. On y publia divers statuts sur le Baptême, la Confirmation, l'Eucharistie, la Confession et le Mariage, sur les chanoines et les autres clercs, sur les religieux et les couvents, contre l'usure et le parjure, et contre les seigneurs qui obligeaient leurs gens à travailler le dimanche. *Ibid.*

TRÈVES (Synode diocésain de), l'an 1231, sous l'archevêque Thierry II, contre divers hérétiques qu'on avait découverts, et dont trois furent brûlés, avec une femme enthousiaste, qui prétendait replacer Lucifer dans le ciel. Les faux monnayeurs furent aussi excommuniés. *Marten. t. IV Veter. Monum.*

TRÈVES (Concile provincial de), l'an 1238. Thierry, archevêque de Trèves, tint ce concile avec les évêques de Verdun, de Metz et de Toul, ses suffragants, le jour de saint Matthieu, dans la cathédrale, et y publia quarante-cinq canons.

1. « On dénoncera excommuniés les incendiaires et leurs fauteurs, tous les dimanches, dans toutes les paroisses et tous les couvents, tant d'hommes que de filles. »

2. « On cessera l'office divin dans toutes les paroisses où l'on aura déposé des choses prises sur l'Eglise, tant qu'elles y resteront, ou ceux qui les auront prises, ou qui les auront achetées. »

3. « Si le ravisseur des biens de l'Eglise est excommunié, ou sa terre mise en interdit par l'ordinaire d'un lieu, les autres ordinaires, en étant requis, feront la même chose dans leurs diocèses. Il en sera de même de ceux qui prendront des clercs, ou qui les retiendront en captivité. »

4. « Quand un lieu est interdit pour les crimes du seigneur, les vassaux de ce seigneur ne seront point admis aux offices divins dans les lieux voisins, ni ailleurs. »

5. « On dénoncera excommuniés, sans aucun délai, ceux qui retiennent les clercs en captivité, de même que ceux qui protégent ces injustes détenteurs. »

6. « Si un laïque menace un clerc de lui faire tort dans sa personne, on l'obligera de rendre compte au juge de sa conduite, par la voie de l'excommunication et de l'interdit. »

7 et 8. « L'évêque fera emprisonner les clercs qui auront célébré dans un lieu interdit, ainsi que ceux qui auront célébré étant excommuniés ou interdits eux-mêmes. »

9. « Tout négoce est défendu aux bénéficiers et aux clercs qui sont dans les ordres majeurs. »

10. « L'habit des prêtres doit être long et fermé. Pour le service divin, ils seront revêtus d'un rochet. »

11. « Quand ils portent le viatique aux malades, ils doivent avoir un rochet, ou un surplis, ou une chape de chœur. »

12. « Ils n'auront ni agrafe d'argent, ni courroies dorées. »

13. « Tout clerc qui n'observera point les canons touchant la tonsure, la couronne et l'habit, ne sera point écouté dans ses causes. »

14. « Les cabarets sont défendus aux clercs, si ce n'est en voyage. »

15 et 16. « Les prêtres ne paraîtront point à l'église, ni en public, avec un simple habit ordinaire, et ne serviront jamais à l'église sans rochet. »

17. « Les clercs concubinaires ne pourront, ni élire, ni être élus pour gouverner aucune église. »

18. « Tout clerc concubinaire qui fera les fonctions du saint ministère sera traduit à la cour avec les lettres de l'ordinaire, qui contiendront la suite et la vérité des faits. »

19. « Tout curé ou vicaire, jouissant d'un revenu suffisant, aura chez lui un élève pour le service divin. »

20. « Les clercs éviteront les jeux de hasard, sous peine de privation de leur bénéfice. »

21. « Les prêtres n'auront point de chapes à manches. »

22. « Les clercs qui se mettront au service des laïques en qualité de baillis, de justiciers, etc., seront dépouillés de leurs bénéfices, s'ils ne renoncent à ces emplois, après qu'ils en auront été avertis. »

23. « Les prélats qui emploient des clercs pour exécuter leurs sentences seront tenus des dommages causés par la négligence de leurs employés. »

24. « L'ordinaire sera tenu de pourvoir à l'entretien des clercs qui, pour avoir exécuté sa sentence, auront été dépouillés de leurs revenus. »

25. « Les clercs qui célébreront dans la suspense ou l'excommunication ne pourront être absous que par le pape. »

26. « Les vicaires qui auront accepté une portion moindre que la congrue ne laisseront pas d'avoir action pour demander la portion congrue, parce qu'elle a été accordée à tout le clergé, et non en faveur d'un clerc particulier. »

27. « On enfermera sous clef la sainte eucharistie, l'huile des infirmes et les fonts baptismaux. On ne portera point le viatique aux malades sans lumière et sans clochette. »

28. « On renouvellera tous les quinze jours les hosties consacrées. »

29. « Les supérieurs obligeront leurs inférieurs à la résidence et à la fréquentation du chœur, par la soustraction des choses destinées à leur entretien. »

30. « On sonnera l'office divin dans les paroisses, et on obligera les habitants des environs d'y venir entendre la messe les jours de dimanches et de fêtes solennelles, si ce n'est qu'il y ait quelque chapelle éloignée, desservie par un prêtre qui y soit attaché par son bénéfice. »

31. « Tous les clercs et les laïques sont obligés, en vertu de la sainte obéissance, de dénoncer à l'évêque les hérétiques, leurs fauteurs et leurs auditeurs, afin qu'on les dénonce excommuniés tous les jours de dimanches et de fêtes. »

32. « On ne payera point les dîmes dans les maisons, mais dans les champs, les vignes et les autres lieux qui produisent les choses qui y sont sujettes. »

33. « Les curés, vicaires et doyens ruraux ne connaîtront pas des causes de mariage. »

34. « Les usuriers seront excommuniés. »

35. « Les adultères feront pénitence publique; et les femmes coupables de ce crime porteront une coupe, *scyphum*, sur l'épaule, et un bâton à la main. »

La femme prostituée nous est représentée, dans l'Apocalypse, avec une coupe à la main; et il y a apparence qu'à cette imitation, on obligeait en quelques endroits les femmes adultères ou prostituées à porter une coupe sur l'épaule, pour marque de leurs dérèglements, lorsqu'elles en étaient convaincues juridiquement, ou qu'elles les confessaient elles-mêmes. »

36. « Tout excommunié qui persistera six semaines dans son excommunication sera

contraint par son supérieur à s'en faire relever; faute de quoi ce supérieur sera excommunié lui-même. »

37. « Défense de deviner par l'inspection du feu ou du glaive, sous peine de suspense pour les clercs, et d'excommunication pour les laïques. »

38. « Aucune femme ne passera la nuit dans un lieu habité par les moines ou les chanoines réguliers. »

39. « Tout religieux propriétaire, ou qui aura commis le péché de la chair, occupera la dernière place au chœur, et sera privé de voix active et passive. Même peine pour la religieuse coupable des mêmes crimes. »

40. « On appelle *propriétaires* ceux qui disposent à leur gré, et sans dépendance de leurs supérieurs, des choses qu'ils peuvent avoir. »

41. « Les évêques puniront les abbés et les moines infracteurs de leurs règles. »

42. « On ne donnera aucune administration à un moine non profès. »

43. « Tous les curés des lieux où l'on fait de la fausse monnaie s'abstiendront d'y célébrer l'office divin, aussitôt qu'ils en auront connaissance. »

44. « On dénoncera excommuniés, les jours de dimanches et de fêtes, tous ceux qui font de la fausse monnaie, leurs complices et ceux qui s'en servent. »

45. « On abolit l'an de grâce du Seigneur, *annum Domini gratiæ*, à cause des abus. »

En fait de bénéfice, on appelait *an de grâce du Seigneur* les fruits provenant au bénéficier dans l'année qui suivait sa mort, et dont il lui était libre de disposer à son gré. C'est cet usage que le concile abolit, à cause des abus qui s'y étaient glissés. *Martène, Collect. t. VII; Thesauri t. IV; Mansi, Supplem. Concil., t. II.*

TREVES (Concile de), tenu l'an 1263 par l'archevêque Henri Vinsting, qui n'avait encore reçu ni le pallium, ni la confirmation de sa dignité. Il effaça l'irrégularité de cet acte par la conduite qu'il tint étant une fois confirmé. *Brower. Annal. Trever.*

TREVES (Concile provincial de), l'an 1310, sous l'archevêque Baudouin, comte de Luxembourg. On y fit cent cinquante-six statuts. Quelques-uns de ces statuts sont contre les béghards, espèce de béats qui blâmaient le travail des mains; d'autres contre les sorciers et les devins; plusieurs contre la simonie. On y déclare qu'une femme peut faire l'aumône de ses biens patrimoniaux, même contre le gré de son mari, et qu'elle doit présumer son consentement pour les aumônes légères dont la coutume fait une loi. *Marten. Thes. Anecd. t. IV.*

TREVES (Concile de), l'an 1337. Ce concile fut tenu par l'archevêque Baudouin de Luxembourg. On y publia un statut en huit articles, concernant le clergé. *Concil. Germ. t. IV.*

TREVES (Concile de), l'an 1338. Le même prélat publia dans ce concile plusieurs décrets, en particulier contre la pluralité des bénéfices. *Hontheim, Hist. Diplom*

TREVES (Synode de), l'an 1339. L'objet de ce synode paraît avoir été de réprimer les usurpateurs des biens et des priviléges ecclésiastiques. *Ibid.*

TREVES (Concile), l'an 1423. Otton de Ziegenheim tint ce concile avec ses suffragants. On y dressa dix statuts, dont le premier est contre les hérésies de Jean Hus et de Wiclef. *Conc. Germ. t. V; Art de vérifier les dates.*

TREVES (Synode de), l'an 1548. Jean d'Issenbourg, archevêque de Trèves, se proposa pour objet dans ce synode de réprimer le concubinage des clercs par de sages règlements qu'il y publia.

TREVES (Concile de), l'an 1549. Jean, archevêque et électeur de Trèves, tint ce concile le 13 mai 1549, accompagné des députés des évêques de Toul, de Metz et de Verdun, ses suffragants, et du chapitre de son église métropolitaine. On y dressa vingt règlements.

Le premier porte qu'il ne faut rien croire, tenir ni enseigner, que ce que croit et enseigne la sainte Église romaine.

Le second, que personne ne doit prêcher qu'il n'ait reçu sa mission de l'évêque ou de son grand vicaire. Il y est défendu aux laïques de prêcher ou de tenir des assemblées secrètes. La destitution des curés, comme leur institution, est déclarée du droit de l'évêque; et tous ceux qui entreprendront d'usurper le ministère de la prédication y sont excommuniés.

Dans le troisième, il est enjoint aux évêques d'examiner ceux à qui ils donneront le pouvoir d'enseigner et de prêcher; et de prendre garde qu'ils ne soient infectés des nouvelles doctrines; et il leur est recommandé de choisir, non ceux qui sont les plus éloquents, mais ceux qui sont les plus saints, pourvu qu'ils ne soient pas tout à fait incapables d'enseigner le peuple. Il y est remarqué qu'on doit d'autant plus prendre ces précautions à l'égard de ceux qui sont éloquents, qu'ils sont plus en état de nuire et de tromper, sous prétexte d'enseigner les autres.

Le quatrième contient plusieurs avis touchant la prédication : que les prédicateurs doivent prêcher la parole de Dieu de bonne foi et selon la pureté de l'Évangile, sans y mêler des choses inutiles ou de peu d'édification; qu'ils doivent prendre garde de ne pas assurer des opinions douteuses comme choses certaines et indubitables; qu'ils ne doivent point avancer d'histoires apocryphes, ni publier dans la chaire des choses que l'Église a jugé devoir cacher; qu'ils n'exposeront point au public des fables comiques, puériles et souvent immodestes, plus propres à exciter la risée que les pleurs; qu'ils enseigneront pacifiquement l'Évangile de paix, sans faire paraître de passion, de haine, d'envie, d'intérêt ni d'ambition; qu'ils ne se déchireront et ne se réfuteront point mutuellement; mais que, si quelqu'un découvre que quelque prédicateur ait avancé quelque chose qui scandalise les fidèles, il en avertira l'évêque ou son vicaire, ou l'inquisiteur, ou l'official; qu'ils enseigneront les choses qui peuvent servir à la paix et à la tranquillité de l'Eglise, et qui sont à la portée du peuple, comme sont l'explication du symbole, du décalogue, des sacrements, des cérémonies de l'Eglise et de l'oraison dominicale, des exhortations à la pénitence, en représentant les bienfaits de Jésus-Christ et les peines éternelles, des consolations tirées de la miséricorde de Dieu, etc. Il leur recommande aussi de proposer les exemples des saints, et de consoler par la confiance en leur intercession : enfin, de tirer leur morale des évangiles et des leçons qui se récitent tous les dimanches et les fêtes.

Le cinquième recommande le chant de l'office avec ordre et avec dévotion; et le sixième, l'attention à réciter les heures canoniales.

Il est défendu, par le septième, de se promener dans l'église ou de s'y entretenir de choses profanes.

Le huitième contient un règlement pour les assistances des chanoines au chœur et au chapitre.

Le neuvième, diverses rubriques sur la célébration de la messe. Il y est marqué que, dans les messes solennelles, le chœur ne doit point interrompre en chantant pendant qu'on lit l'épître; que pendant l'élévation de l'hostie et du calice, et jusqu'à l'*Agnus Dei*, les orgues ne doivent point jouer, et qu'on ne doit chanter aucune antienne ; mais que chacun doit, en silence, à genoux ou prosterné, faire commémoraison de la passion et de la mort de Jésus-Christ, et remercier Dieu des grâces qu'ils nous a méritées par sa mort; que l'on ne doit point dire de messe basse pendant la solennelle, et qu'il serait à souhaiter qu'il y eût tous les jours quelqu'un qui communiât.

Le dixième diminue le nombre des fêtes, fixe celles qu'on doit célébrer, et explique la manière dont on doit le faire.

Le onzième prescrit plusieurs règlements pour la réforme des moines et des religieuses.

Le douzième est contre les violences que l'on exerce envers les monastères. Il fait défense aux religieux de gouverner les cures sans y être appelés par l'ordinaire, et à moins qu'ils ne puissent toujours être révoqués par leurs supérieurs. Il permet aux églises et aux monastères qui ont des cures unies, de les faire desservir par des vicaires amovibles ou perpétuels. Il ordonne aux religieux mendiants de se conformer aux constitutions des papes, dans l'administration du sacrement de pénitence, dans la prédication de la parole de Dieu, et dans les autres exercices publics de religion. Il leur défend d'absoudre des cas réservés, ou d'administrer les sacrements dans le temps de Pâques, sans la permission du curé.

Le treizième et le quatorzième contiennent le règlement touchant les droits des archidiacres, des doyens et des curés.

Le quinzième est sur les maîtres d'écoles et sur les études des chanoines.

Le seizième est contre ceux qui attirent les ecclésiastiques aux tribunaux des juges séculiers.

Le dix-septième maintient l'immunité des personnes et des biens ecclésiastiques.

Le dix-huitième annule les lois faites contre la liberté des églises.

Le dix-neuvième confirme les règlements faits à Augsbourg pour la réforme du clergé, et en ordonne l'exécution.

Le vingtième ordonne aux évêques de publier les statuts de ce concile, et d'en donner des copies aux doyens ruraux, aux prélats, aux supérieurs des monastères et aux curés de la province, afin qu'ils n'en puissent prétendre cause d'ignorance. L'archevêque de Trèves s'y réserve, à lui et à ses successeurs, le droit d'y ajouter, d'en diminuer, d'y corriger ce qui sera jugé à propos, aussi bien que de les expliquer et de les étendre. *Anal. des Conc.*, t. II.

TRÈVES (Synode de), l'an 1570, sous l'archevêque Jacques d'Eltz. Statuts synodaux concernant les doyens, les curés et les autres supérieurs ecclésiastiques. On lit à la fin ces mots : *Legite, expendite, utimini, et bene valete.*

TRÈVES (Synode de), l'an 1622, sous l'archevêque Lothaire de Metternich, qui y publia plusieurs constitutions, particulièrement pour recommander aux prêtres l'administration gratuite des sacrements et l'instruction chrétienne de la jeunesse. *Brow. Contin. Jac. Masen. Annal. Trev.*

TRÈVES (Synode de), l'an 1678, où l'on défend au chœur l'usage du tabac pendant les offices. *Guérin, Manuel de l'Hist. des Conc.*

TREVISE (Synode de), vers le milieu du onzième siècle, ou on ne sait à quelle époque. Il nous en reste un canon, qui défend, sous peine d'excommunication, de soumettre à l'impôt ou à quelque redevance les biens donnés à l'Eglise, les dîmes et les autres offrandes des fidèles. *Mansi, Conc. t.* XIX

TREVISE (Synode de), *Tarvisina*, l'an 1581, sous François Cornaro. Ce prélat y publia des constitutions comprises sous six titres : le 1er, de la foi; le 2e, du devoir des dignitaires de l'église cathédrale; le 3e, du devoir des curés; le 4e, de l'administration des sacrements; le 5e, de la vie des clercs; le 6e, du soin des églises.

Au titre 1er, on fait une longue énumération des superstitions les plus ordinaires de ce temps-là, comme des plus ridicules, dont nous citerons pour exemple l'opinion où l'on était que les femmes accouchées de deux jumeaux étaient propres à guérir certaines maladies, pourvu que le malade se résignât à se laisser fouler le dos par leurs pieds et à essuyer leurs plaisanteries.

On exige des maîtres d'école la formule de profession de foi prescrite par Pie IV.

Au titre 2, on ordonne aux chanoines de procéder toujours dans les délibérations de leurs chapitres par la voie du scrutin secret.

Au titre 3, on recommande la prière faite en commun dans chaque paroisse.

Au titre 4, on ordonne de n'entendre les confessions des femmes que dans un lieu de l'église qui soit patent, de manière que le confesseur et la pénitente soient exposés à la vue des fidèles, n'étant séparés l'un de l'autre que par le treillis du confessionnal.

On fait une loi de renouveler les saintes espèces au moins tous les quinze jours. On ordonne que la communion pascale se fasse à l'église de la paroisse, et non à une autre, sans exception de l'église cathédrale.

Au titre 5, on interdit à tous les clercs les spectacles, les danses et les jeux, le commerce, l'exercice de la médecine et surtout la chirurgie, et enfin le barreau, où ils ne pourront se charger d'aucune cause, pas même par charité, sans y être spécialement autorisés par l'évêque. *Ill. ac rev. Tarvisii episc. Constitutiones.*

TREVISE (Synode de), 12 mai 1592. Le même prélat fit dans cet autre synode de nouveaux règlements, pour la plupart explicatifs de ceux du premier. Nous y lisons que les sacristes de l'église cathédrale ne doivent ni exiger, ni demander quoi que ce soit pour la distribution des saintes huiles, mais qu'il leur sera permis de recevoir ce qu'on leur offrira de soi-même; qu'il ne sera pas permis aux personnes qui se marient de se donner des parrains; qu'à la cérémonie de la bénédiction nuptiale, on ne doit pas bénir d'autre anneau que celui que l'époux doit mettre au doigt de son épouse. *Decreta ill. ac rever. Franc. Cornelii.*

TREVISE (Synode diocésain de), l'an 1604, par Louis, archevêque-évêque de Trévise. Ce prélat publia cette année les décrets synodaux de son église, portés jusqu'à cette époque et qu'il remit en vigueur. Ils sont divisés en trois parties: la 1re, de la foi; la 2e, des sacrements, des sépultures et de l'office divin; la 3e, du bon gouvernement de l'église, ou des obligations des chanoines, des curés et des clercs. On entre sur tous ces points dans un grand détail.

Dans le synode qui fait l'objet de cet article, et qui est le troisième de ceux que tint ce prélat, il fit quelques règlements pour recommander la frugalité aux repas des conférences ecclésiastiques, la pratique de la prière commune du soir, et d'autres dévotions. *Decr. synod. Eccl. Tarvis. usq. ad ann. 1601.*

TREVISE (Synode diocésain de), l'an 1619, par François Justiniani, évêque de cette ville. Les décrets qu'y publia ce prélat sont dressés sur le même plan que ceux dont il a été parlé au commencement de l'article précédent. On y défend aux prêtres qui ont charge d'âmes d'abandonner leurs églises les jours d'obligation, pour assister à des fêtes patronales dans des paroisses autres que la leur. *Constit. Fr. Justiniani episc. Tarvis.*

TREVISE (Synode diocésain de), 3, 4 et 5 juin 1642, par Marc Mauroceni, évêque de cette ville. Ce prélat y publia des règlements fort détaillés: on y recommande la dévotion à la sainte Vierge, et la récitation du chapelet à l'église tous les jours de dimanches et de fêtes; on y ordonne que tous les clochers soient surmontés d'une croix; qu'à chaque messe, au moment de l'élévation, on allume un cierge, qu'on n'éteindra ensuite qu'après la communion achevée. *Constit. illust. et rev. DD. Marci Mauroceni episc. Tarv. promulg. in synodo I.*

TREVISE (Synode diocésain de), 16, 17 et 18 septembre 1670, par Barthélemi Gradenigo. Ce prélat y publia ses constitutions, divisées en trente-neuf chapitres, sur les mêmes matières que les précédentes. *Constitut. ill. et rev. DD. Barthol. Gradenici episc. Tarvis. promulg. in synodo I.*

TRIBUR (Concile de), ou TEUVER, près de Mayence, *Triburiense*, l'an 822. On y confirma les décrets portés l'année précédente dans le concile tenu à Thionville. *Schram, t. II.*

TRIBUR (Concile de), l'an 895. Le roi Arnoul assembla ce concile au mois de mai 895, dans son palais de Tribur, près de Mayence; et il y appela tous les évêques de ses Etats: il s'y en trouva vingt-deux. De ce nombre étaient les archevêques de Mayence, de Cologne et de Trèves, qui signèrent les premiers. Il s'y trouva aussi des abbés, mais dont les souscriptions ne paraissent pas. Le concile fut précédé d'un jeûne de trois jours, de processions et de prières publiques. Le jour de l'assemblée, les évêques députèrent au roi pour savoir s'il était dans le dessein de protéger l'Eglise et d'en augmenter l'autorité. Le roi leur envoya des seigneurs de sa part pour leur dire qu'ils ne s'appliquassent qu'aux fonctions de leur ministère, et qu'ils le trouveraient toujours prêt à les défendre. Sur cela, les évêques se levèrent, firent des prières et des acclamations pour ce prince. On sonna les cloches, et l'on chanta le *Te Deum*. Puis les évêques, s'étant inclinés devant les députés du roi, les chargèrent de lui témoigner leur reconnaissance. Comme ils commençaient à traiter des affaires de l'Eglise, le roi entra dans le concile, fut admis aux délibérations, et de son côté il admit les évêques à son conseil; en sorte que tout se passa dans le concile avec unanimité. On y fit cinquante-huit canons qui tendent presque tous à réprimer les violences et l'impunité des crimes.

1 C'est une instruction de l'esprit de paix.

2. Un laïque avait crevé les yeux à un prêtre, sous prétexte d'un crime dont il était innocent. L'évêque avait cité ce laïque à son synode, mais celui-ci n'avait point voulu y comparaître, et avait appelé au concile. Le prêtre ayant demandé justice aux évêques, ils députèrent au roi pour savoir ce que l'on ordonnerait de ce laïque et des autres pécheurs excommuniés, qui refusaient de faire

pénitence; et lui envoyèrent en même temps l'extrait des canons qui défendent de communiquer avec les excommuniés.

3. « Le roi ordonna à tous les comtes de son royaume de se saisir de tous les excommuniés qui ne se soumettaient pas à la pénitence, et de les lui amener. Il ajouta que si quelques-uns d'eux venaient à être tués en se révoltant contre ceux qu'on enverrait pour les prendre, les évêques n'imposeraient aucune pénitence à ces envoyés, et que de son côté il ne permettrait pas qu'on leur fît payer la composition des lois, ni que les parents des morts en poursuivissent la vengeance.

4. « L'amende que l'on payera pour avoir blessé un prêtre sera toute pour lui, s'il survit à ses blessures; mais, s'il meurt, on la distribuera en trois parties : l'une pour son église, l'autre pour son évêque, et la troisième pour ses parents. »

5. « On impose à celui qui tuera un prêtre une pénitence, à peu près dans les mêmes termes qu'elle avait été réglée par le seizième canon du concile de Mayence en 888. »

6 et 7. « Celui-là est coupable de sacrilège, qui entre dans l'église l'épée nue. C'en est un d'enlever l'argent ou les meubles de l'église. Quant aux biens qu'elle possède au dehors, les comtes doivent contraindre ceux qui s'en sont emparés, à les restituer. A leur défaut, les évêques procéderont à cette restitution par les voies canoniques. »

8. « Celui qui méprise le ban de l'évêque, c'est-à-dire sa citation, en refusant de comparaître devant lui, jeûnera quarante jours au pain et à l'eau. »

9. « Si le jour que l'évêque, dans le cours de sa visite, a marqué pour tenir son audience, se rencontre avec celui que le comte a indiqué pour la sienne, tout le peuple obéira à l'évêque, préférablement au comte, qui sera obligé de se trouver lui-même à l'audience de l'évêque, dans le lieu de la résidence de l'évêque même. On aura néanmoins égard à celui des deux qui aura indiqué le premier son audience. »

10. « Un évêque ne pourra être déposé que par douze évêques, un prêtre par six, un diacre par trois, comme il est porté dans un concile de Carthage.

11. « Le clerc qui aura fait un homicide, même par contrainte, sera déposé, soit qu'il soit prêtre ou diacre; mais s'il n'a été que présent à l'homicide, sans y avoir participé en aucune sorte, il demeurera dans son grade. »

12. « Les jours destinés au baptême solennel sont les fêtes de Pâques et de la Pentecôte. Le baptême se donnait encore alors par la triple immersion; et, en cas de nécessité, on pouvait le conférer en tout temps. »

13. « On renouvelle l'ancien usage pour le partage des dîmes et des oblations en quatre parts; une pour l'évêque, une autre pour les clercs, la troisième pour les pauvres, et la quatrième pour les réparations des églises. »

14. « Les dîmes et les autres possessions seront conservées aux anciennes églises. Si quelqu'un cultive de nouvelles terres dans la dépendance de l'ancienne église, elle en percevra la dîme; mais s'il arrive que celui qui a essarté un bois, ou défriché une campagne déserte d'une étendue de quatre à cinq milles, y bâtisse une église avec le consentement de l'évêque, alors la dîme de ces cantons nouvellement cultivés appartiendra au prêtre établi pour la desserte de cette nouvelle église, sauf le pouvoir de l'évêque. »

15. « On enterrera les morts dans l'église du lieu où l'évêque fait sa demeure, c'est-à-dire, dans l'église cathédrale; et si cette église est trop éloignée, on enterrera en quelque autre église où il y aura une communauté de chanoines, de moines ou de religieuses, afin que le défunt soit soulagé par leurs prières. Que si cela n'est pas faisable, on enterrera le mort dans le lieu où il payait la dîme de son vivant, c'est-à-dire dans sa paroisse. » Il paraît, par ce canon, que l'on n'enterrait alors les morts dans les paroisses que quand on ne pouvait le faire dans le cimetière de la cathédrale ou dans les monastères. La discipline d'aujourd'hui est bien différente de celle de ces temps-là.

16. « Défense de rien exiger pour la sépulture. On pourra néanmoins recevoir ce qui sera donné gratuitement. »

17. « On défend, selon les statuts des saints Pères, d'enterrer les laïques dans les églises. »

Pour accorder ce canon avec le quinzième, il faut dire que ce quinzième canon de la sépulture dans l'église de la ville épiscopale ne doit pas se prendre à la lettre; mais qu'il doit s'entendre, ou des obsèques, ou de la sépulture dans le cimetière public de la ville où demeure l'évêque.

18. « Défense de célébrer les saints mystères dans des calices ou des patènes de bois, et de consacrer le vin sans eau. »

19. « On mettra dans le calice deux tiers de vin et un tiers d'eau, parce que la majesté du sang de Jésus-Christ est plus grande que la fragilité du peuple figuré par l'eau. »

20. On renouvelle les peines prononcées dans le second et le troisième canon contre ceux qui maltraitent les clercs.

21. « Les procès entre les prêtres et les laïques seront terminés par les évêques. Les laïques pourront employer le serment dans leur cause; mais on ne demandera aux prêtres que d'assurer le vrai par leur consécration, parce qu'ils ne doivent point jurer pour une chose légère. »

22. « Si l'accusation est grave et répandue parmi le peuple, et que le serment de l'accusé ne suffise pas pour sa justification, on pourra employer l'épreuve du fer chaud. »

23. « Celui qui aura épousé une vierge consacrée à Dieu par le saint voile sera privé de la communion, et ne pourra y être

admis de nouveau qu'après avoir fait pénitence publique de son crime. »

24. Il avait été réglé dans un concile de Carthage qu'on ne donnerait pas le voile à une vierge avant l'âge de vingt-cinq ans. Celui de Tribur ne fixe point l'âge, et veut que toute fille qui a pris le voile de sa propre volonté et sans contrainte, et qui l'a gardé un an et un jour, le garde tout le reste de sa vie.

25. « On défend aux évêques, conformément aux décrets du pape Gélase, de donner le voile aux veuves, et l'on oblige au célibat celles qui l'ont une fois pris. »

26. « Si un moine, par le désir de son salut ou de celui des autres, demande de changer de monastère, il le pourra, du consentement de l'évêque, de l'abbé et des frères. S'il le quitte pour vivre avec plus de liberté, on l'obligera d'y retourner, et en cas d'un refus opiniâtre de sa part, on le mettra en prison. »

27. « Les clercs apostats seront punis par l'évêque, suivant la rigueur des canons. »

28 et 29. On renouvelle les décrets des conciles de Nicée et de Chalcédoine, au sujet de la translation des évêques et des prêtres d'une église à une autre, et les anciens canons qui défendent d'ordonner un esclave, avant qu'il ait obtenu sa liberté.

30. « Il sera au pouvoir des évêques de faire mettre en prison celui qui sera porteur de lettres supposées au pape, jusqu'à ce qu'ils en aient écrit à Rome, pour savoir de quelle manière on doit punir ce faussaire. »

31. « On défend de faire prier et de donner des aumônes pour les voleurs et les pillards qui seront morts sans pénitence. »

32. « Lorsque des cohéritiers, à qui appartient le patronage d'une église, ne s'accorderont pas sur le prêtre qu'ils y doivent nommer, l'évêque en ôtera les reliques, en fermera les portes, et y mettra son sceau, afin qu'on n'y fasse point d'office, jusqu'à ce que les patrons conviennent ensemble. »

33. « Défense d'admettre à la cléricature ceux qui sont mutilés ou non lettrés. »

34. « On veut que dans l'imposition de la pénitence, on traite humainement ceux qui, dans la guerre contre les barbares, tuent par mégarde des chrétiens qu'ils ont pris pour des païens. »

35. « On défend de tenir des plaids les dimanches, les fêtes, les jours de jeûne et de carême; et l'on enjoint aux chrétiens de sanctifier les fêtes et les dimanches, en assistant dévotement au service divin. »

36. « S'il arrive qu'un homme qui abat un arbre, le voyant prêt à tomber, avertisse son compagnon de se retirer, et que, par malheur, celui-ci ne le fasse pas et soit accablé dessous, celui qui l'aura abattu ne sera point repris. »

37. C'est un cas à peu près semblable.

38. « On ordonne que toute personne libre, qui épousera une fille affranchie, la garde comme sa femme. »

39. « La diversité de nations et de lois n'est point un empêchement du mariage ; un Franc peut épouser une Bavaroise ou une Saxonne en suppléant ce qui manque au contrat civil (a). »

40. « On déclare nul le mariage d'un homme et d'une veuve, avec laquelle il aurait commis un adultère du vivant de son mari. »

41. « Si quelqu'un a épousé une femme ne pouvant user du mariage avec elle, et que son frère abuse de cette femme, on les séparera; et elle n'aura plus de commerce ni avec l'un ni avec l'autre : cependant l'évêque pourra leur permettre de contracter un mariage légitime, après qu'ils auront fait pénitence. »

42. « Si quelqu'un change de diocèse après avoir commis un inceste, il sera repris de son crime, et mis en pénitence par l'évêque du lieu où il l'aura commis. »

43. « Si quelqu'un pèche sans le savoir avec une femme qui ait eu commerce avec son fils ou son frère, et qu'il assure par serment qu'il n'en avait aucune connaissance, on pourra lui permettre de se marier, quand il aura fait pénitence. » Les deux canons suivants regardent à peu près la même matière.

46. « Si une femme poursuivie en justice par son mari, pour cause d'adultère, a recours à l'évêque, celui-ci tâchera d'obtenir du mari qu'il ne la fasse pas mourir, et s'il ne le peut, il ne doit pas la lui remettre entre les mains, mais l'envoyer où elle voudra se retirer. »

47. « On permet à celui qui a tenu un enfant d'un autre sur les fonts de baptême, d'épouser la veuve, si elle n'est pas sa commère. »

48. « Si quelqu'un épouse par hasard la fille de sa commère, il pourra la garder et vivre avec elle comme avec sa femme. »

49. « Défense à ceux qui ont commis un adultère ensemble de jamais se marier, ni d'habiter, ni d'avoir aucun commerce l'un avec l'autre; s'ils se sont donné l'un à l'autre quelque bien, on le conservera pour les enfants qu'ils auront eus de cette conjonction adultérine. »

50. « On traitera comme homicide celui qui aura fait mourir quelqu'un par le poison ou par quelque maléfice que ce soit, et on lui imposera une double pénitence. »

51. C'est une confirmation du canon 40 du même concile, qui fait défense à un adultère d'épouser la femme avec qui a commis un adultère, après la mort de son mari.

52 et 53. On règle la pénitence de ceux qui ont commis un homicide involontaire, conformément au concile d'Ancyre.

Les cinq derniers canons règlent ainsi la pénitence de l'homicide volontaire. « Il fera pénitence pendant sept ans. Les quarante premiers jours, il ne lui sera pas permis d'entrer à l'église; il ne mangera que du pain et du sel, et ne boira que de l'eau, marchera

---

(a) De l'aveu de P. Richard, les formalités du contrat civil n'obligeaient donc pas alors, si jamais elles l'ont fait, sous peine de nullité.

nu-pieds, ne portera point de linge, si ce n'est des caleçons ; il n'usera ni d'armes, ni de voitures, et vivra dans la continence, sans aucun commerce avec les autres chrétiens, ni même avec un autre pénitent. En cas de maladie, ou que ses ennemis cherchent à le faire mourir, on différera sa pénitence, jusqu'à ce que l'évêque l'ait réconcilié avec eux. Les quarante jours écoulés, l'entrée de l'église lui sera encore interdite pendant une année; il s'abstiendra de chair, de fromage, de vin et de toute boisson emmiellée, excepté les fêtes et dimanches. En maladie ou en voyage, il pourra racheter le mardi, le jeudi et le samedi, pour un denier ou par la nourriture de trois pauvres. Cette année finie, l'église lui sera ouverte comme aux autres pénitents. Il passera les deux années suivantes dans les mêmes exercices, si ce n'est qu'il aura le pouvoir de racheter les trois jours de la semaine, en quelque lieu qu'il se trouve, soit à la maison, soit en campagne. Pendant chacune des quatre autres années, il jeûnera trois carêmes, un avant Pâques, un avant la Saint-Jean, et le troisième avant Noël. Dans les autres temps, il ne jeûnera que le lundi, le mercredi et le vendredi ; encore lui sera-t-il permis de racheter le lundi et le mercredi. Les sept ans de sa pénitence accomplis, il sera réconcilié à la manière des autres pénitents, et admis à la sainte communion. »

TRIBUR (Concile de), l'an 1031 ou environ. On y fixa le jeûne des quatre-temps de printemps à la première semaine de carême. *Conc. Germ. t.* III.

TRIBUR (Concile de), l'an 1035. Ce concile se tint sous l'épiscopat de Bardon de Oppershoven, archevêque de Mayence. On y renouvela d'anciens canons, et l'on y en ajouta quelques nouveaux, dont l'un porte que si une religieuse veut passer un monastère plus régulier que le sien, ce changement lui sera permis; mais non pas, si elle veut passer à un monastère moins régulier. *R.* XXV; *L.* IX; *H.* VI; *Concil. Germ. t.* III.

TRIBUR (Synode de), l'an 1036. On y renouvela les canons portés dans les conciles précédents. On y autorisa de plus le divorce de deux époux, qui affirmaient sous serment l'existence d'un empêchement qui ne leur permettait pas de s'unir. *Conc. Germ. t.* III.

TRIBUR (Concile de), l'an 1076. Ce fut une assemblée mixte, qui se tint le 16 octobre, près de Mayence, où les légats, avec plusieurs seigneurs et quelques évêques d'Allemagne, voulurent encore déposer Henri. Ces différentes tentatives le déterminèrent enfin à se rendre en Italie, pour se faire absoudre par le pape. Il reçut en effet l'absolution du pontife, au château de Canosse, le 25 ou le 28 janvier 1077, à des conditions *très-dures* (a), *qui firent qu'il rompit le traité quinze jours après qu'il l'eut conclu. Anal. des Conc.*, t. V.

(a) Nous n'adoptons pas ce jugement du P. Richard, que lui ont inspiré ses préventions gallicanes contre saint Grégoire VII ; nous les rapportons seulement pour preuve de

TRICASSINA (Concilia). Voy. TROYES, en Champagne.

TRIDENTINÆ (Synodi). Voy. TRENTE.

TRIE (Assemblée mixte de), l'an 1188. *Voy.* GISORS.

TROIA (Concile de), dans la Pouille, *Trojanum*, l'an 1093. Urbain II tint ce concile le 11 mars, à la tête d'environ soixante-quinze évêques et douze abbés. On y parla des mariages entre parents, et on y confirma la *Trêve de Dieu*. On trouve ce concile à l'an 1089 dans les collections ordinaires. *Anal. des Conc.*, t. V.

TROIA (Concile de), l'an 1115. Le pape Pascal II tint ce concile le 24 août. On y établit la Trêve de Dieu pour trois ans. *Mansi, t.* II.

TROIA (Concile de), l'an 1127. Le pape Honorius II y confirma, sur la fin de novembre, l'excommunication qu'il avait prononcée à Bénévent contre Roger, pour avoir pris le titre de duc de la Pouille et de Sicile. *Pagi.*

TROLI (Concile de) ou TROSLÉ, *Trosleianum*, l'an 909. Les évêques de la province de Reims avaient été pendant plusieurs années dans l'impossibilité de s'assembler, à cause du malheur des temps, et de satisfaire à cet égard aux canons qui ordonnent la fréquente tenue des conciles. Hervé, qui en était le métropolitain, en ayant obtenu la permission du roi Charles, en indiqua un à Troli, près de Soissons, pour le 26 juin de l'an 909. Il en fit lui-même l'ouverture par un discours, où il représentait le triste état de l'Église et du royaume. D'un côté, la religion était comme abandonnée; les crimes se multipliaient chaque jour ; ce n'étaient partout que fornications, qu'adultères, qu'homicides. Les évêques ne remplissaient pas leurs devoirs, et négligeant le ministère de la parole de Dieu, ils laissaient périr, faute d'instructions et de bons exemples, le troupeau du Seigneur. D'un autre, les pillages et les violences continuaient, les villes étaient dépeuplées, les monastères ruinés ou brûlés, les campagnes désertes. Les moines, les chanoines, les religieuses, n'ayant plus pour supérieurs que des étrangers, tombaient dans le dérèglement. Des abbés laïques consumaient les revenus des monastères avec leurs femmes, leurs enfants et leurs chiens : quoique la plupart ne sussent pas même lire, ils ne laissaient pas de vouloir juger de la conduite des prêtres et des moines.

Il n'était pas aisé de remédier à tant de maux. Cependant le concile, où assistèrent douze prélats, y compris l'archevêque de Reims et celui de Rouen, fit quinze canons, qui ont moins l'air de décrets que d'exhortations.

Les évêques y disent, 1° qu'il est de la décence que le roi et les princes conservent aux églises leurs biens et leurs privilèges, tels qu'elles les ont reçus des anciens rois, et qu'ils protégent les prêtres et les autres serviteurs de Dieu, pour les mettre en état de remplir leurs devoirs.

notre bonne foi. *Voy. l'Université cathol., Cours de Sorbonne par M. Jager.*

2° Ils reconnaissent que, comme les rois ont besoin, pour acquérir la vie éternelle, du ministère des évêques, ceux-ci ne peuvent se passer du secours des rois dans l'administration des biens temporels, et qu'ils doivent à leur souverain l'obéissance et la fidélité.

3. Ils déplorent la décadence des monastères des deux sexes, et en particulier de ceux d'hommes, causée surtout par la faute des abbés, qui, étant laïques, et la plupart sans lettres et mariés, ne se trouvaient pas en état de faire observer la règle. Le concile rapporte les capitulaires des rois, où il est défendu aux laïques, même de piété, de disposer des biens des monastères, et ordonné que les abbés entendent la règle, et la pratiquent avec les moines, et qu'il soit permis à ceux-ci de se choisir leurs abbés : en conséquence, il ordonne qu'à l'avenir les abbés soient des religieux instruits de la discipline régulière, et que les moines et les religieuses vivent dans la piété et la simplicité de leur profession ; et qu'afin de retrancher dans les monastères le vice de propriété et la vanité dans les habillements, il soit fourni, selon la règle, tout le nécessaire, tant pour la nourriture que pour le vêtement.

4. On explique ensuite ce que c'est que le sacrilége, combien il y en a d'espèces ; et on prononce quatre anathèmes contre les coupables de ce crime : que la porte du ciel leur soit fermée ; que la porte de l'enfer leur soit ouverte ; qu'ils n'aient aucune communion ni société avec les chrétiens, et qu'on ne donne pas même aux pauvres ce qui sort de leur table. Ces anathèmes sont particulièrement contre les voleurs d'églises et ceux qui en détiennent les biens.

5. On prononce encore anathème contre ceux qui manquaient de respect envers les prêtres et autres ministres sacrés, qui les méprisaient ou les outrageaient.

6. On se plaint de l'avarice des laïques, montée à un tel point qu'ils exigeaient des prêtres, sur les biens consacrés à Dieu, des cens et autres tributs, des présents, des repas, des chevaux ou de quoi les engraisser, quoiqu'il ne leur fût permis d'exiger, pour ces biens, que le service spirituel. Ces plaintes regardaient apparemment les patrons qui, en nommant aux bénéfices de leur collation, imposaient ces charges à ceux qu'ils nommaient. Le concile déclare les dîmes, les oblations et les prémices exemptes de tous droits fiscaux et seigneuriaux, et ordonne qu'elles soient administrées, suivant l'ancien usage, par les prêtres, avec la participation de l'évêque. Il exhorte néanmoins les prêtres à rendre aux seigneurs des lieux où leurs églises sont situées, le respect convenable, et à se faire aimer de même de leurs paroissiens, sans préjudice de leur ministère. Il fait voir, par l'autorité de l'Écriture, qu'on doit la dîme de tous les biens, fussent-ils les fruits du trafic ou de l'industrie.

7. On condamne les rapines, les pillages, le rapt et les mariages clandestins ou qui se contractaient en secret et sans les formalités ordinaires prescrites par les lois.

8. Avant de contracter mariage, on en doit donner avis au curé de la paroisse, qui interrogera les contractants dans l'église, en présence de tout le peuple, pour savoir d'eux s'ils ne sont pas parents ou s'ils n'ont point d'engagements ; alors le prêtre leur donnera la bénédiction nuptiale ; la fille doit avoir sa dot, et ce sont les parents qui la doivent mettre entre les mains de l'époux ou des paranymphes.

9. On condamne la débauche, surtout dans les ecclésiastiques, à qui, pour ce sujet, on défend la fréquentation des femmes.

10. On exhorte tous les chrétiens à vivre dans la chasteté.

11. On rapporte plusieurs beaux passages de l'Écriture sainte et des saints Pères, pour montrer l'obligation où l'on est d'observer les serments qu'on a faits, et de ne pas être parjure.

12 et 13. On condamne les emportements, les violences, les homicides et les mensonges.

14. Pour empêcher qu'à la mort d'un évêque on ne s'empare des meubles et autres biens de l'Église, sous prétexte qu'ils auraient appartenu au défunt, le concile traite ce pillage de sacrilége, et veut que, pour obvier à cet abus, l'évêque le plus voisin assiste aux funérailles ; qu'il fasse inventorier tout ce qui se trouve dans la maison épiscopale, et qu'il envoie cet inventaire au métropolitain : il veut encore qu'autant que faire se pourra, deux ou trois évêques se trouvent aux obsèques de leur confrère, afin de lui témoigner la même charité après sa mort, qu'ils auraient eue pour lui de son vivant. Le concile ajoute qu'étant informé par le saint-siége que l'on répandait en Orient les erreurs et les blasphèmes d'un certain Photius contre le Saint-Esprit, assurant qu'il ne procède que du Père, et non du Fils, il exhorte les évêques à chercher dans l'Écriture et dans les Pères de quoi réfuter cette erreur.

15. C'est une longue exhortation qui roule sur la nécessité d'instruire les fidèles, d'éviter le péché, et de remplir fidèlement tous ses devoirs.

On a mis à la suite du concile de Trosley le testament de Guillaume, comte d'Auvergne et duc d'Aquitaine : c'est proprement la charte de la fondation de l'abbaye de Cluny. Elle est datée du 11 septembre de l'an 910, le onzième du règne de Charles. Le duc y déclare que, voulant employer utilement, pour le salut de son âme, les biens que Dieu lui avait donnés, son dessein était d'entretenir à ses dépens une communauté de moines ; qu'il donnait à cet effet la terre de Cluny avec la chapelle qui y était, à condition que l'on bâtirait à Cluny même un monastère en l'honneur de saint Pierre et saint Paul, où la règle de saint Benoît serait observée ; et qu'il servirait de refuge à ceux qui, sortant pauvres du siècle, n'apporteraient avec eux qu'une bonne volonté. Il régla que les moines de ce monastère et les biens qui en dépendaient demeureraient sous la puissance de l'abbé Bernon, tant qu'il vivrait ; et qu'après sa mort, il leur serait permis d'élire pour abbé, selon la règle de saint Benoît, celui qu'il leur plairait du même ordre, sans que lui, duc, ni aucune autre puissance pût empêcher l'élection régulière. Une autre condition fut que les moines de Cluny payeraient, tous les cinq ans, dix sous d'or à Saint-Pierre de Rome, pour le luminaire; et qu'ils exerceraient tous les jours les œuvres de miséricorde envers les pauvres, les étrangers et les pèlerins. Guillaume déclara que, dès ce jour, ces moines ne seraient soumis ni à lui, ni à ses parents, ni au roi ni à aucune puissance de la terre ; conjurant au nom de Dieu, les princes, le pape, les évêques, de ne point s'emparer des biens de ce monastère ; de ne les vendre, ni les échanger, ni les diminuer, ni les donner en fief à personne ; et de ne point leur imposer de supérieur contre leur volonté. Cette donation fut passée à Bourges, et souscrite par le duc Guillaume, par Madalbert archevêque de Bourges, par Adalard, évêque de Clermont, par un autre évêque nommé Atton, par plusieurs seigneurs et par Oddon, diacre et vice-chancelier. *Hist. des aut. sacrés et eccl.* t. XXII.

TROLI (Concile de), l'an 921. Hervé, archevêque de Reims, tint ce concile, où à la prière du roi il leva l'excommunication qu'il avait prononcée quelque temps auparavant contre le comte Erdebald, coupable d'avoir usurpé quelques biens qui appartenaient à son église. Ce seigneur avait été tué dans le temps de son excommunication. Il n'en fut donc relevé qu'après sa mort. *Labb.* IX.

TROLI (Concile de), l'an 924. A ce concile, présidé par Seulfe, archevêque de Reims, Etienne, évêque de Cambrai, reçut satisfaction du comte Isaac, qui avait incendié un de ses châteaux. L'évêque donna son absolution au comte, moyennant cent livres d'argent qu'il reçut de lui en indemnité. *Hist. des aut. sacr. et ecclés.*, t. XXII.

TROLI (Concile de), l'an 927. Herluin, comte de Ponthieu, qu'on avait excommunié pour avoir pris une seconde femme du vivant de la première, y fut admis à pénitence. L'assemblée était composée de six évêques, et le comte Héribert, qui l'avait convoquée y était présent. *Ibid.*

TROTMANI (Concile de), l'an 940. *Voy.* DORTMOND.

TROYES (Concile de), *Tricassinum seu Trecense,* l'an 429. Les évêques de Bretagne, ayant demandé du secours à ceux de France pour combattre les pélagiens qui s'étaient glissés dans la Grande-Bretagne, les évêques de France assemblèrent un concile nombreux pour délibérer sur cette affaire. On y résolut d'envoyer au secours des catholiques bretons saint Loup de Troyes et saint Germain d'Auxerre, qui acceptèrent la commission avec zèle et s'en acquittèrent avec les plus grands succès. Le P. Garnier, dans son dernier *Appendice sur la première partie des Œuvres de* Marius Mercator, *dissert.* 2, prétend que le concile qui députa ces deux saints évêques aux Bretons se tint à Arles en 427 ; mais les Bollandistes prouvent qu'il fut assemblé à Troyes en 429. L'une des preuves qu'ils en apportent est qu'on lit dans des actes anciens de la vie de saint Loup, que lui et saint Germain faisaient embrasser aux Bretons la confession de foi de Troyes. *Omnes enim prorsus ad fidem Trecassinæ confessionis ab errore populos abduxere;* ce qui veut dire sans doute la confession de foi qui fut arrêtée dans le concile de Troyes. *Acta Sanct. Julii.* t. VII, p. 69 *et suiv.*

TROYES (Concile de), l'an 867. Les mêmes évêques qui s'étaient trouvés au concile de Soissons en 866, reçurent ordre du pape Nicolas de s'assembler de nouveau, mais ils en avaient eux-mêmes plusieurs raisons. On continuait à piller les églises, à attaquer la réputation des évêques et à opprimer les peuples. Tous ces maux avaient leur source dans la rareté des conciles ; et persuadés qu'un concile général pourrait y apporter remède, les évêques des Etats de Charles le Chauve et de Lothaire invitèrent ceux du royaume de Louis de Germanie à se rendre à Troyes vers le 25 octobre 867. Cette invitation se fit avec l'agrément de Charles et de Lothaire, et Adventius, évêque de Metz, fut député vers Louis de Germanie pour avoir son consentement ; mais elle fut sans succès. Le concile se tint au jour marqué, et il n'y eut que vingt évêques, tous des royaumes de Charles et de Lothaire, y compris six archevêques, qui s'y trouvèrent. Quelques évêques y agitèrent d'abord certaines questions qui avaient pour but d'examiner de nouveau la canonicité de l'élection d'Hincmar et de la déposition d'Ebbon ; mais Hincmar se défendit de façon qu'il fut convenu, à la pluralité des voix, qu'on se contenterait de dresser une relation exacte de ce qui s'était passé au sujet d'Ebbon et des clercs qu'il avait ordonnés, et qu'on en enverrait copie au pape, comme il l'avait demandé. Cette relation commence à la déposition de Louis le Débonnaire en 833, et l'autre concile indiqué à Trèves en 846 par le pape Sergius, sur la demande de l'empereur Lothaire. Les évêques terminent leur lettre synodale en priant le pape de ne point toucher à ce qui avait été réglé par ses prédécesseurs ; de ne pas permettre qu'à l'avenir aucun évêque soit déposé sans la participation du saint-siège, suivant les anciennes décrétales (a), et d'accorder le *pallium* à Wulfade de Bourges, au rétablissement duquel il s'était si fort intéressé. Actard, évêque de Nantes, fut le porteur de cette lettre. *D. Ceillier.* t. XXI.

TROYES (Concile de), l'an 878. Le pape Jean VIII, contraint de sortir d'Italie par les violences de Lambert duc de Spolète, se retira en France et tint un concile à Troyes, le onzième jour d'août de l'an 878. Quoiqu'il eût convoqué douze archevêques des Gaules et trois d'Allemagne, avec leurs suffra-

(a) Le P. Richard ajoute ici : « Ce qui ne peut s'entendre que des fausses décrétales, » sans rien alléguer en preuve de cette étrange assertion. C'est compter beaucoup sur l'esprit de son siècle ou sur la partialité de ses lecteurs.

gants, il ne s'y trouva en tout que trente évêques (a), y compris Valbert de Porto, Pierre de Fossumbrune et Paschase d'Amarie, qu'il avait amenés d'Italie.

Ire *Session*. Il fit l'ouverture du concile dans l'église de Saint-Pierre de Troyes, par un petit discours où il exhorte les évêques à compatir à l'injure faite à l'Eglise romaine par Lambert et ses complices, que nous avons, dit-il, excommuniés, et que nous vous prions d'excommunier avec nous. Les évêques demandèrent du temps, afin d'en délibérer avec leurs confrères lorsqu'ils seraient tous arrivés.

IIe *Session*. Le pape fit lire de nouveau, dans cette session, les violences commises à Rome par Lambert. Le concile convint que, selon la loi du monde, il était digne de mort et d'anathème perpétuel. Rostaing d'Arles forma une plainte contre les évêques et les prêtres qui passaient d'une église à une autre, et contre les maris qui quittaient leurs femmes pour en épouser d'autres de leur vivant. Hincmar de Reims, répondant au nom de l'assemblée, demanda du temps pour produire ce que les canons prescrivaient là-dessus.

IIIe *Session*. Les évêques présentèrent au pape l'acte de leur consentement au jugement rendu contre Lambert et ses complices ; et parce que leurs églises souffraient les mêmes violences de la part de ceux qui les pillaient, le pape, à leurs prières, porta sentence d'excommunication contre les usurpateurs des biens de l'Eglise, avec privation de la sépulture s'ils ne restituaient dans le temps limité. On présenta une plainte au concile touchant le différend qui régnait entre Ratfred, évêque d'Avignon, et Valfred, évêque d'Uzès, au sujet de la juridiction sur une paroisse. L'affaire fut renvoyée aux archevêques d'Arles et de Narbonne, leurs métropolitains, à cause de l'absence d'une des parties. Hincmar de Laon forma une plainte contre l'archevêque de Reims, son oncle, où il racontait ce qui s'était passé au concile de Douzy, son exil, sa prison, et comment on lui avait ôté la vue. On donna du temps à Hincmar de Reims pour répondre à cette plainte.

IVe *Session*. On lut dans cette session les sept canons suivants, que le pape avait dressés, et ils furent approuvés unanimement.

1. « Les grands du monde porteront du respect aux évêques, et ne s'assiéront point devant eux, à moins qu'ils n'en aient leur permission ; les laïques ne toucheront point aux biens de l'Eglise. »

2. « Personne ne demandera au pape ni aux évêques les monastères, les patrimoines, les maisons, les terres appartenant aux églises, si ce n'est ceux à qui les canons le permettent.

3. « On avait déjà décidé la même chose au concile de Ravenne, et l'on confirme les canons qu'on y avait publiés. »

4. « Les évêques aideront leurs confrères à se tirer de la vexation, et ils combattront ensemble pour la défense de l'Eglise, armés du bâton pastoral et de l'autorité apostolique. »

5. « Un laïque ou un clerc, excommunié par son évêque, ne sera point reçu par un autre, afin qu'il se trouve obligé de faire pénitence. »

6. « On ne recevra non plus le vassal d'un autre que dans les cas portés par les lois civiles. »

7. « S'il y a plainte contre un évêque, elle se fera publiquement et suivant les canons, pour empêcher, comme il arrive souvent, que les innocents ne soient condamnés par les méchants. » Le concile ordonne l'observation de tous ces canons, sous peine de déposition pour les clercs, et de privation de toute dignité chrétienne pour les laïques. On lut ensuite la sentence déjà publiée par le pape contre Formose, évêque de Porto, et Grégoire Nomenclateur, et contre tous leurs complices qui continuaient à piller les églises.

Ve *Session*. Ottulfe, évêque de Troyes, présenta une requête contre Isaac, évêque de Langres, portant qu'il s'était emparé de la paroisse de Vandèvre, qui était de son diocèse. On fit lecture des canons qui défendent aux évêques de passer d'une moindre église à une plus considérable. Cela regardait Frotaire, qui était passé de l'église de Bordeaux à celle de Poitiers, et ensuite à celle de Bourges. Le pape lui ordonna de venir au concile et d'y produire les motifs de sa translation et les autorités dont il s'appuyait. Il y cita aussi le comte Bernard, dont Frotaire s'était plaint ; et ce comte, n'ayant point comparu, fut excommunié par le concile. Les évêques firent un décret portant défense aux laïques de quitter leurs femmes pour en épouser d'autres, avec ordre de retourner avec la première ; et aux évêques de retourner aussi à l'évêché qu'ils avaient quitté pour passer à un autre. Le pape couronna le roi Louis le Bègue, mais il refusa de couronner Adelaïde, son épouse, parce qu'Ansgarde, qu'il avait d'abord épousée, vivait encore. Il avait été obligé de la quitter par le roi Charles, son père, à cause qu'il l'avait épousée sans son consentement. Le roi Louis fit demander au pape la confirmation du royaume d'Italie, que Charles, son père, lui avait donné, comme il était prouvé par ses lettres. Mais le pape demanda de son côté au roi Louis la confirmation de la donation que le même prince avait faite de l'abbaye de Saint-Denis à l'Eglise romaine. Aucune de ces donations n'eut lieu ; mais on publia dans le concile une excommunication contre Hugues, fils naturel de Lothaire, et contre ses complices, parce qu'ils continuaient leurs ravages. Il fut décidé aussi qu'Hérédulfe, qui avait été fait évêque de Laon à la place d'Hincmar, après le concile de Douzi, resterait paisible possesseur

(a) Ménard, dans son *Histoire civile, ecclésiastique et littéraire de la ville de Nîmes*, dit (p. 129) qu'il s'en trouva cinquante-deux

de ce siége. On permit toutefois à Hincmar de chanter, s'il pouvait, la messe, et on lui assigna une partie des revenus de l'évêché de Laon pour fournir à sa subsistance. Le pape termina le concile par un discours où il exhorta les évêques à s'unir avec lui pour la défense de l'Eglise romaine, et le roi à la venir délivrer de ses ennemis. Il accorda quelques priviléges aux Eglises de Tours, de Poitiers, au monastère de Fleury, et le *pallium* à Vala, évêque de Metz ; ce qui occasionna dans la suite un différend entre lui et Bertulfe, archevêque de Trèves, son métropolitain, qui, fondé sur un canon portant défense à un suffragant de s'attribuer de nouveaux droits, sans le consentement de son métropolitain, lui défendit de porter le pallium. *Hist. de l'Egl. gall.; Anal. des Conc.*, t. I

TROYES (Concile de), l'an 1104. Richard, évêque d'Albane et légat du saint-siége, fut le président de ce concile. Hubert, évêque de Senlis, y fut accusé de simonie ; mais les accusateurs parurent ne pas mériter assez de créance, et l'évêque, pour ôter tout soupçon, se purgea par serment.

Les députés de l'Eglise d'Amiens se trouvèrent à ce concile, et y exposèrent que le siége de leur Eglise était vacant ; qu'on avait élu d'un consentement unanime, pour le remplir, Godefroi, abbé de Nogent, qui était présent, et que le roi consentait à cette élection. Tous les Pères du concile qui connaissaient Godefroi en rendirent grâces à Dieu. Pour lui, son humilité lui inspirait d'autres sentiments, et il cherchait comment il pourrait s'enfuir du concile, lorsqu'il fut arrêté par ordre du légat et des évêques, et conduit au milieu de l'assemblée, où on l'obligea d'accepter l'épiscopat, tout le concile félicitant l'Eglise d'Amiens d'avoir trouvé un si digne pasteur. Guibert, qui fut successeur de Godefroi dans l'abbaye de Nogent, ne rend pas assez justice à ce saint évêque, et semble vouloir rendre suspecte sa modestie. Une basse jalousie l'aurait-elle porté à diminuer le mérite d'un prédécesseur dont il craignait que la gloire n'obscurcît la sienne ? Le siége d'Amiens était vacant par l'abdication de Gervin, qui, pour faire pénitence de ses péchés, se retira à Marmoutier, où il mourut peu de temps après. Il avait longtemps gardé l'abbaye de Saint-Riquier avec l'évêché d'Amiens, et il ne fut ni bon abbé, ni bon évêque.

Quelques priviléges accordés par Hugues, comte de Champagne, à l'église de Saint-Pierre de Troyes et au monastère de Molême, et confirmés au concile de Troyes, nous font connaître plusieurs des évêques qui y assistèrent, savoir, Manassès II de Reims, Manassès de Soissons, Hugues de Châlons-sur-Marne, Daimbert de Sens, Yves de Chartres, Jean d'Orléans, Radulfe de Tours,

et Marbode de Rennes avec plusieurs autres. Il paraît qu'il n'y avait à ce concile que des évêques des provinces ecclésiastiques de Reims, de Sens et de Tours. *Hist. de l'Egl. gallic. liv.* XXII.

TROYES (Concile de), l'an 1107. Le pape Pascal II, qui était venu en France au commencement de la même année, tint ce concile vers l'Ascension. On y traita de la croisade, et l'on y excommunia tous ceux qui violeraient la *Trêve de Dieu*. On y rétablit la liberté des élections, et on y confirma la condamnation des investitures, sur lesquelles les Allemands ne s'étaient point accordés avec les Romains dans la conférence de Châlons, tenue peu auparavant. Plusieurs évêques d'Allemagne y furent suspendus de leurs fonctions pour diverses causes.

Mansi attribue les cinq canons suivants à ce concile.

1. Quiconque aura reçu l'investiture de quelque bénéfice que ce soit sera déposé avec son consécrateur.

2. On n'élèvera personne à la dignité d'archiprêtre, s'il n'a reçu le sacerdoce ; et ceux qui auront été revêtus de cette dignité avant d'être prêtres, en seront dépouillés, jusqu'à ce qu'après leur ordination on les juge dignes d'en être de nouveau pourvus.

3. Même règlement pour les archidiacres.

4. Les prêtres et les diacres concubinaires seront déposés et excommuniés.

5. Aucun supérieur ecclésiastique ne recevra dans son église celui qui aura été frappé de censure par un autre. *Mansi Suppl. t.* II, *col.* 235.

TROYES (Concile de), l'an 1128. Le cardinal Matthieu, évêque d'Albane (*a*), ayant été envoyé légat en France, tint ce concile au mois de janvier, Rainald, archevêque de Reims, Henri, archevêque de Sens, Geoffroi (*b*), évêque de Chartres, s'y trouvèrent avec les évêques de Paris, de Troyes, d'Orléans, d'Auxerre, de Meaux, de Châlons-sur-Marne, de Laon et de Beauvais, et plusieurs abbés, du nombre desquels étaient saint Etienne, abbé de Cîteaux, et saint Bernard, abbé de Clairvaux.

Quant aux affaires qui y furent traitées, nous ne savons que ce qui s'y fit au sujet des chevaliers du Temple. C'était un nouvel ordre militaire, établi neuf ans auparavant à Jérusalem. Hugues de Payens et Geoffroi de Saint-Adelmar en furent les premiers instituteurs. Ils furent nommés chevaliers du Temple, parce que Baudouin II, roi de Jérusalem, leur donna une demeure dans son palais, proche du temple de Salomon. Cet ordre, n'étant pas encore approuvé du pape, fit peu de progrès dans les premières années depuis sa fondation ; en sorte que neuf ans après sa naissance on ne comptait encore que neuf chevaliers. Hugues de Payens, qui en était le grand maître, passa dans l'Occident

---

(*a*) Le P. Mabillon, t. V des Annales de son ordre, pag. 529, dit que Matthieu, qui avait été chanoine de Reims et moine de Saint-Martin-des-Champs, fut fait cardinal et évêque d'Ostie. C'est une méprise : il fallait dire d'Albane. *Hist. de l'Egl. gall.*

(*b*) On lit dans le texte de ce concile *Ranckedus Carnotensis episcopus*. C'est évidemment une faute de copiste, que les éditeurs auraient dû, ce semble, corriger. Il faut lire *Gaufredus* ; car Geoffroi, évêque de Chartres, vivait encore, et il n'y a pas eu de *Ranckede* évêque de Chartres. *Ibid.*

avec quelques-uns de ses premiers chevaliers, savoir, Geoffroi de Bisol et Archambaud de Saint-Anian. Il se rendit au concile de Troyes, et, pour faire approuver son institut, il en exposa toutes les observances. Les Pères du concile convinrent qu'il fallait donner à ces nouveaux chevaliers une règle qui serait approuvée par le pape Honorius, par Etienne, patriarche de Jérusalem, et par le chapitre des chevaliers, et ils chargèrent particulièrement saint Bernard, qui était au concile, de la rédiger. Jean de Saint-Michel l'écrivit par ordre du concile et de saint Bernard : elle contient soixante-douze articles, et est intitulée : *Règle des pauvres soldats de Jésus-Christ et du temple de Salomon*. En voici le précis :

1 et 2. Les frères chevaliers doivent assister à tout l'office, et quand ils ne pourront s'y trouver, ils diront pour matines treize *Pater noster*; pour chacune des petites heures sept, et pour vêpres neuf.

7. On permet aux chevaliers d'être assis pendant l'office, excepté au psaume *Venite, exsultemus*, aux hymnes, au *Gloria Patri*, et à l'Evangile, pendant lequel temps ils doivent être debout.

8, 9, 10 et 11. Les frères chevaliers doivent manger au réfectoire, et pendant le repas on doit leur faire une lecture. Ils ne mangeront de la chair que trois jours de la semaine, à moins qu'il n'arrive quelque fête. Ils mangeront deux au même plat, mais chacun aura sa portion de vin séparée.

12 et 13. Les jours qu'ils ne mangeront pas de viande, ils auront deux ou trois portions de légumes, ou d'autres mets; et depuis la Toussaint jusqu'à Pâques, ils jeûneront le vendredi. Pendant toute l'année, ils ne mangeront le vendredi que des viandes de carême, c'est-à-dire, qu'ils ne mangeront ni œufs ni laitage.

15. Le dixième pain sera toujours remis à l'aumônier pour les pauvres.

16. Il sera au pouvoir du grand maître de faire donner à la collation de l'eau seulement, ou du vin mêlé d'eau.

20 et 21. Les chevaliers auront tous des habits de même couleur, noirs ou blancs. On leur assigna ensuite l'habit blanc, et on défendit de le laisser porter à leurs écuyers et à leurs valets.

28. On recommande à tous les chevaliers d'avoir les cheveux courts, de ne point porter la barbe et les moustaches trop longues. Il y a dans le texte du vingt-huitième chapitre de la règle : *In barba et in grennioribus*. Quelques auteurs pensent que *grenniores* signifient *moustaches*, *grenons*, et, en effet, Ducange dit que *grenniores*, ou plutôt *grenniones*, *grenones*, *greunones*, *granones*, *grani*, signifient *moustache* : *Mystacem eam scilicet barbæ partem, quæ infra aures est*. Il ajoute : *Ernulfus Roffensis episcopus*, t. II *Spicileg. Acheri*, p. 455, *quærit cur sacer calix laicis propinandus non detur?* Il répond : *Evenit frequenter, ut barbati et prolixos habentes granos, dum poculum inter epulas sumunt, prius liquore pilos inficiant, quam ori liquorem infundant*. Les anciens statuts des chartreux portent, en parlant des convers : *Barbam non decurtent, nec rasoriis granones radant*.

31 et 32. Il est permis à chaque chevalier d'avoir un écuyer et trois chevaux.

46, 47 et 48. On défend la chasse aux chevaliers; mais on leur ordonne de tuer les lions, lorsqu'ils en trouvent.

52. On ne recevra personne dans l'ordre à moins qu'il ne soit en âge de porter les armes.

56. On défend aux chevaliers d'avoir dans la suite des sœurs, c'est-à-dire des religieuses chevalières, et de jamais donner le baiser à aucune femme, pas même à leur propre mère, à leurs sœurs et à leurs tantes.

Cette règle, qui fut approuvée par le saint-siége, et acceptée par les chevaliers du Temple, fit connaître cet institut dans l'Occident. Il devint en peu de temps très-florissant et très-riche, et il servit utilement la chrétienté contre les infidèles. Les templiers portaient des croix d'étoffes rouges sur leur habit blanc, pour se distinguer des chevaliers de l'Hôpital de Saint-Jean qui portaient une croix de linge blanc sur leur habit noir. Les grandes richesses des templiers devinrent dans la suite la cause des grands désordres dont on les accusa, et des poursuites qu'on fit en conséquence, pour l'extinction de l'ordre. *Hist. de l'Egl. gallic.*, liv. XXIV; *Anal. des Conc.*, t. II.

TROYES (Synode diocésain de), vers l'an 1501, sous l'évêque Jacques. Ce prélat y renouvela les statuts de ses prédécesseurs Jean d'Auxey et Henri de Poitiers, et publia lui-même un corps de nouveaux statuts sur la tenue des synodes, l'administration des sacrements, la vie cléricale, les jeûnes, les sortiléges, les testaments, les sépultures, les excommunications, les fêtes et le calendrier. Il rappela aussi à ses prêtres les décrets publiés en 1424 par le concile provincial de Sens. *Statuta synod. civit. et diœc. Trec.*

TROYES (Synode de), l'an 1529. On cite le discours synodal qui y fut prononcé par Nicolas Gombault. L'année suivante, l'évêque Odard Hennequin publia les statuts synodaux de son diocèse, renouvelés en grande partie des précédents, parmi lesquels sont cités ceux des synodes de 1399 et de 1427. On y marque les précautions à prendre par rapport aux lépreux. On y compte sept commandements de l'Eglise, dont les deux derniers sont ceux-ci :

> Les excommuniez fuyras
> Et denoncez expressemen
> Quant excommunié seras
> Faitz toy absouldre promptement.

Les mesures prescrites à l'égard des lépreux sont remarquables par leur sévérité, aussi bien que par la solennité qui les accompagne. Nous allons les rapporter dans les termes naïfs où elles sont formulées.

« C'est la maniere de recevoir le ladre, et mettre hors du siecle et rendre en sa borde.

« Primo. La journee quant on les veult recevoir ilz viesnent a leglise et sont a la messe : laquelle est chantee du jour ou autrement selon la devotion du cure, et ne doit point estre des mors si comme aucuns curez sont acoustume de faire.

« Item a icelle messe le malade doit estre separe des aultres gens, et doit avoir son visage couvert et embrunchi comme le jour des trespasez.

« Item a icelle messe doit offrir le dit ladre : et doit baiser le pied du prestre et non pas la main.

« Item a lissue de leglise ; le cure doit avoir une pele en sa main : et a icelle pele doit prendre de la terre du cimytiere troys foys : mettre sur la teste du ladre en disant : mon ami cest signe que tu es mort quant au monde et pour ce ay es pacience en toy.

« Item la messe chantee le cure avec la croix et leaue benoiste le doit mener a sa borde comme par maniere de procession.

« Item quant il est a lentree de la dicte borde : le cure lui doit faire faire ses sermens et instructions apres escrites en disant en ceste maniere.

« Je te deffend que tu ne trespasse ne offense es articles cy apres escripts.

« Primo. Que tant que tu seras malade : tu nentreras en maison nulle autre quen tadicte borde. Item quen pays ne en fontaine tu ne regarderas : et que tu ne mengeras que tout par toi.

« Item que tu nentreras plus en leglise tant comme on fera le service.

« Item quant tu parleras a aucune personne : va au dessous du vent.

« Item que tu ayes ton pays ou ta fontaine devant ta borde : et que tu ne puyses a autre.

« Item que tu ne passes pont ne planche sans avoir mis tes gandz.

« Item que tu ne voyses nulle part hors que tu ne puysses retourner pour coucher le soir en ta borde sans congie ou licence de ton cure du lieu et de monseigneur lofficial.

« Item si tu vas loing dehors par licence comme dit est : que tu ne voyses point sans avoir lettres de tondit cure : et approbation dudit monseigneur l'official. » *Ibid.*

TROYES (Synode de), 3 septembre 1652, par François Malier. Ce prélat y publia des statuts sur les obligations des ecclésiastiques et en particulier des curés, et sur l'administration des sacrements. Ce sont au fond les mêmes que ceux de tant d'autres synodes tenus en ce siècle, et nous n'y trouvons rien qui mérite particulièrement d'être remarqué. *Statuts synod. de Troyes.*

TROYES (Synode de), 15 mai 1668, par le même. Ce même prélat y publia de nouveaux statuts sur la résidence, qu'il prescrit à tous les bénéficiers sous peine d'excommunication ; sur les secondes messes, qu'il permet dans le cas « d'une nécessité absolue, en faveur du peuple, pour une fois seulement, en cas d'accident survenu inopinément ; » sur la fréquentation des cabarets, tant de fois défendue aux clercs ; sur l'habit et la tonsure ecclésiastiques ; sur les instructions, qu'il ordonne aux curés de faire à leurs paroissiens depuis la Toussaint jusqu'au dimanche d'après l'octave du saint-sacrement, et pendant le reste de l'année, le premier dimanche et aux fêtes solennelles de chaque mois : il leur recommande particulièrement les bergers, qu'ils doivent instruire aux heures les plus commodes pour ceux-ci, soit à l'église, soit ailleurs. *Ibid.*

TROYES (Synode de), 4 juin 1680, par François Bouthillier. Ce prélat y invita ses prêtres par un mandement, où il leur intime l'obligation de se rendre non-seulement à celui-ci, mais à tous les autres qui se tiendraient dans la suite ; il leur trace en même temps les règles qu'ils ont à observer pour s'y rendre. Dans le synode même, il publia dix-neufs statuts, en partie les mêmes que les précédents. Il impose aux curés l'obligation de faire le catéchisme tous les dimanches et les jours solennels de l'année. Il ne permet aux prêtres de loger leurs nièces chez eux qu'autant qu'elles y seraient avec leur père ou leur mère. Il prévient en ces termes les abus des *veilleries* ou *escreines :* « Nous défendons aux hommes et aux garçons, sous peine d'excommunication, dont nous nous réservons l'absolution, de se trouver avec les femmes et filles aux lieux où elles s'assemblent la nuit pour filer ou travailler, de s'y arrêter en aucune façon, ni de les attendre pour les reconduire chez elles. Comme aussi nous défendons sous les mêmes peines aux femmes et aux filles de les y recevoir. » *Ibid.*

TROYES (Synode de), 1er juin 1688, par le même. Il y publia vingt-quatre statuts nouveaux, ou en confirmation des anciens. Le 3e fait à tous les prêtres une étroite obligation d'assister aux conférences de leur district. Le 9e porte que les curés et les vicaires ne donneront point de l'eau bénite ni de l'encens aux personnes laïques, et qu'ils ne permettront pas qu'on leur donne la paix ou le pain bénit avant les ecclésiastiques, et ceux qui se trouvent dans l'église revêtus de soutanes ou de surplis. *Ibid.*

TROYES (Synode de), 18 mai 1706, par Denys-François Bouthillier de Chavigny, neveu du précédent. Ce fut à ce synode que ce prélat proposa à son clergé la nouvelle édition des statuts de son diocèse, édition où nous avons puisé nous-même tous nos renseignements. Il y publia de plus un mandement pour l'établissement des calendes ou des assemblées des doyennés, et un autre pour le calendrier des fêtes. Enfin il donna lui-même dix-neuf statuts nouveaux. Par le 4e de ces statuts, il défend aux curés d'inviter un trop grand nombre de prêtres à leurs fêtes patronales. Par le 9e, il ordonne aux curés et aux vicaires de donner l'eau bénite seulement par aspersion aux seigneurs de leurs paroisses, auxquels et à leur famille ils la donneront séparément. Ils ne la présenteront à la main à aucune laïque, non pas même aux ecclésiastiques, si ce n'est aux évêques. *Ibid.*

TRULLANUM (*Concilium*), l'an 692. *Voy.* Constantinople, même année.

TUDERTINA (*Synodus*), l'an 1052. Ce

concile fut présidé par le pape Sylvestre II en personne, et eut pour objet le différend élevé entre l'archevêque de Mayence et l'évêque d'Hildesheim, qui se disputaient la juridiction du monastère de Gandersheim. Willigise, archevêque de Mayence, fut blâmé par le pape, pour son entêtement et sa témérité. *Schram.*

TULLENSIA (*Concilia*). *Voy.* Toul.

TULLE (Synode de), *Tutelensis*, vers l'an 1320, sous l'évêque Guillaume. On y adopta les statuts de Rodez publiés en 1289. *Voy.* Rodez, l'an 1289

TULUJE (Concile de), *Tulugiense*, au diocèse d'Elne dans le Roussillon, l'an 1041. Guifred, archevêque de Narbonne, tint ce concile, où l'on établit la *Trêve de Dieu*, aux termes de laquelle personne, depuis le mercredi soir jusqu'au lundi matin de chaque semaine, ne pouvait rien prendre par force, ni tirer vengeance d'aucune injure, ni exiger de gages pour aucune caution. Quiconque violait ce règlement devait payer la composition fixée par les lois, comme ayant mérité la mort, ou être excommunié et banni du pays. Baluze place mal à propos ce concile en 1045, et le P. Cossart en 1065. *D. Vaissette, Hist. du Languedoc, t.* II, p. 608.

TULUJE (Concile de), au diocèse d'Elne en Roussillon, *Arulense*, l'an 1047. *Voy.* Telujes.

TULUJE (Concile de), l'an 1065. Selon D. Vaissette, ce concile, aussi bien que le précédent, est le même que le concile que nous venons de rapporter à l'an 1041.

TULUJE (Concile de), l'an 1157. *Voy.* Arles ou Arlas, même année.

TUNGRENSES (*Synodi*). *Voy.* Tongres.

TURIASONENSIA (*Concilia*). *Voy.* Taraçona.

TURIN (Concile de), *Taurinense*, l'an 401. Baronius met ce concile en 397 : d'autres le placent en 400, et quelques-uns le reculent encore plus loin; mais ce qui prouve qu'il s'est tenu l'an 401, et non l'an 400, c'est que saint Martin, évêque de Tours, mourut au mois de novembre de l'an 400, et que saint Brice, son successeur immédiat, gouvernait cette Eglise lors de la tenue du concile qui nous occupe, puisque l'affaire qu'eut ce dernier au commencement de son épiscopat y fut discutée, comme nous allons le voir, et comme on le voit aussi dans la 3ᵉ dissertation du 1ᵉʳ tome de la dernière édition des œuvres de Sulpice Sévère. Ce concile se tint dans l'église de Turin, le 22 septembre, à la prière des évêques des Gaules, pour régler diverses difficultés qui troublaient alors la paix de leurs provinces. Outre les évêques d'Italie, il s'y trouva quelques évêques des Gaules, savoir : Procule, évêque de Marseille, Simplice, évêque de Vienne, et quelques autres qui ne sont pas nommés.

Un prêtre, nommé Lazare, qu'on croit avoir été du clergé de Tours, accusa Brice, qui en était évêque, on ne sait de quels crimes. Le concile reconnut l'innocence de Brice, et Lazare fut condamné comme calomniateur. C'est ce que nous apprend le pape Zosime (*Ep. ad Afric.*); car il ne nous reste des actes de ce concile que la lettre synodale, contenant huit canons, qui sont autant de décrets sur les difficultés proposées dans le concile.

Le 1ᵉʳ regarde Procule, évêque de Marseille, qui, quoique de la province Viennoise, prétendait être métropolitain de la seconde Narbonnaise. Ses raisons étaient que les églises de cette province avaient autrefois fait partie de celle de Marseille, et qu'il en avait ordonné les premiers évêques; les évêques du pays soutenaient au contraire qu'ils ne devaient pas avoir pour métropolitain un évêque d'une autre province. Le concile ordonna que Procule aurait la primatie à laquelle il prétendait, mais seulement comme un privilège personnel accordé à son âge et à son mérite, et non comme un droit de son siége, voulant qu'après sa mort les choses rentrassent dans l'ordre commun.

Simplice, de Vienne, disputait aussi le droit de métropolitain de la Viennoise à l'évêque d'Arles, qui se l'arrogeait, à cause que saint Trophime, évêque d'Arles, avait prêché le premier la foi dans ces provinces. Le concile, sans avoir égard aux raisons de l'évêque d'Arles, voulut que l'on examinât laquelle des deux villes était métropole pour le civil, et que celui dont la ville serait métropole, aurait l'honneur de la primatie dans toute la province, en ordonnerait les évêques, et en visiterait les églises; leur laissant toutefois, pour le bien de la paix et de la charité, la liberté de visiter, chacun dans sa province, les églises voisines, comme métropolitain. C'est le sujet du second canon. On ne voit pas encore qu'on voulût terminer cette contestation par l'antiquité des églises, comme on tâcha de le faire dans la suite. Il paraît que, pour terminer cette difficulté, les deux évêques suivirent l'avis du concile, partagèrent la province entre eux, comme elle l'était encore à l'époque de la révolution de 1789. Dans les anciennes notices, Vienne est mise pour la métropole, et Arles au rang des simples villes; mais, depuis que Constantin eut donné son nom à Arles, avec de grands priviléges, elle fut regardée comme la seconde ville des Gaules; et les empereurs lui accordèrent même le titre de métropole, comme on le voit par une lettre d'Honorius, en 418.

Le 3ᵉ règlement concerne quatre évêques qui étaient présents au concile, et qui avaient fait diverses fautes dans les ordinations. Ils en convinrent, et le concile leur pardonna le passé, arrêtant néanmoins que quiconque violerait à l'avenir les anciens décrets de l'Eglise, perdrait le droit d'ordonner, et celui de suffrage dans les conciles, et que ceux qu'ils auraient ordonnés contre les canons seraient privés de l'honneur du sacerdoce.

Le 4ᵉ et le 5ᵉ confirment deux sentences de l'évêque Trifêrius : l'une contre un laïque, nommé *Pallade*, et l'autre contre le prêtre Exupérance.

Le 6e règlement est contre ceux qui communiquaient avec Félix, évêque de Trèves, qui était dans le parti des ithaciens, dont il avait reçu l'ordination. Le concile arrêta que, conformément à ce qui avait été pratiqué par saint Sirice et par saint Ambroise, on n'accorderait la communion de l'Eglise qu'à ceux qui se sépareraient de celle de Félix.

Le 7e défend aux évêques d'enlever les clercs de leurs confrères pour les ordonner dans leur église, et de recevoir à la communion ceux qui ont été excommuniés, en quelque lieu que ce soit.

Le 8e défend d'élever à un degré plus éminent ceux qui auraient eu des enfants étant ministres de l'Eglise, ou qui auraient été ordonnés illicitement. Ce canon, touchant l'incontinence des clercs, fut cité dans le concile d'Orange, en 441. Celui de Riez, en 439, jugea que, suivant ce qui avait été décidé dans le concile de Turin, les deux évêques qui en avaient ordonné un à Embrun, contre l'ordre des canons, seraient privés à l'avenir du droit d'ordonner. *Anal. des Conc.*, t. I; *Hist. de l'Egl. gallic.*

TURIN (Synode diocésain de), 1er avril 1500, par Louis Ruvère, évêque de cette ville. Ce prélat y fit défense à tous les clercs, de quelque âge qu'ils fussent, d'avoir dans leurs maisons de jeunes personnes du sexe, de jouer aux dés ou aux cartes, et même de regarder d'autres personnes y jouer; aux laïques, de contracter mariage sans avoir auparavant fait publier leurs bans; de faire des charivaris aux secondes noces; de coucher avec soi de petits enfants de moins d'un an, à cause du danger qu'il y a de les étouffer, etc. *Sommario delle constit. sinod. di Turino.*

TURIN (Synode diocésain de), 11 octobre 1514, par François Ruvère, premier archevêque de cette ville. Il défendit aux clercs les soutanes, soit trop courtes, soit traînantes; il rappela à ses diocésains l'obligation de payer le droit cathédratique dans les quinze jours qui suivent Pâques, sous peine d'amende; il proscrivit absolument toute sorte de spectacles dans les églises. *Ibid.*

TURIN (Synode diocésain de), 19 avril 1575, par l'archevêque Jérôme de la Rovère. Ce prélat y ordonna la profession de foi de Pie IV; il défendit à tous les clercs d'aller au bal ou à la comédie, de se rendre à l'église ou à la campagne dans la compagnie des personnes du sexe, de se charger de services bas et inconvenants à leur état. Il fit encore d'autres règlements qu'il serait trop long de rapporter; mais notre dictionnaire nous paraîtrait incomplet si l'on n'y trouvait nulle part la profession de foi de Pie IV, quoique citée dans tant d'articles. Nous allons donc donner ici cette espèce de supplément.

Cette profession est conçue en ces termes : « Je crois d'une foi ferme, tant en général qu'en particulier, les articles contenus au symbole de la foi dont se sert la sainte Eglise romaine, savoir : Je crois en un seul Dieu, le Père tout-puissant, etc. » (C'est le symbole de Nicée et de Constantinople rapporté en entier tel qu'il se dit à la messe.)

« Je reçois et embrasse très-fermement les traditions apostoliques et ecclésiastiques, et toutes les autres observances et constitutions de la même Eglise; je reçois aussi la sainte Ecriture selon le sens qu'a tenu et que tient l'Eglise notre sainte mère, à laquelle il appartient de juger du vrai sens et de l'interprétation des Ecritures saintes; et je ne la prendrai ni interpréterai jamais que selon le consentement unanime des Pères.

« Je professe encore qu'il y a sept sacrements de la loi nouvelle, vraiment et proprement ainsi appelés, institués par Notre-Seigneur Jésus-Christ, et utiles au genre humain, quoiqu'ils ne le soient pas tous pour chaque homme en particulier : savoir, le baptême, la confirmation, l'eucharistie, la pénitence, l'extrême-onction, l'ordre et le mariage; qu'ils confèrent la grâce, et que dans ce nombre, le baptême, la confirmation et l'ordre ne peuvent se réitérer sans sacrilége. Je reçois aussi et admets les rites de l'Eglise catholique reçus et approuvés dans l'administration solennelle de tous les sacrements; j'embrasse et je reçois tout ce qui a été défini et déclaré par le saint concile de Trente, touchant le péché originel et la justification. Je reconnais aussi que dans la messe on offre à Dieu un sacrifice véritable, proprement dit et propitiatoire pour les vivants et pour les morts; et que le corps et le sang avec l'âme et la divinité de Notre-Seigneur Jésus-Christ sont vraiment, réellement et substantiellement au très-saint sacrement de l'eucharistie, et qu'il s'y fait un changement de toute la substance du pain au corps et de toute la substance du vin au sang, changement que l'Eglise catholique appelle transsubstantiation. Je confesse aussi que, sous une seule des deux espèces, on reçoit Jésus-Christ tout entier; et qu'en le recevant ainsi, on reçoit un vrai sacrement.

« Je crois fermement qu'il y a un purgatoire, et que les âmes y détenues sont soulagées par les prières des fidèles. Je tiens aussi que les saints qui règnent avec Jésus-Christ sont à honorer et à invoquer; qu'ils offrent à Dieu leurs prières pour nous, et que leurs reliques sont à vénérer. Je tiens aussi fermement que les images de Jésus-Christ et de la Mère de Dieu toujours vierge, et des autres saints, sont à avoir et à retenir, et qu'il faut leur rendre l'honneur et la vénération qui leur sont dus. Je confesse que Jésus-Christ a laissé dans son Eglise le pouvoir de donner des indulgences, et que l'usage en est très-salutaire au peuple chrétien.

« Je reconnais que l'Eglise romaine est sainte, catholique et apostolique, et qu'elle est la mère et la maîtresse de toutes les Eglises. Et je promets et jure une vraie obéissance au pape, successeur de saint Pierre, prince des apôtres et vicaire de Jésus-Christ. Je reçois aussi sans aucun doute, et professe toutes les autres choses qui nous ont été données, définies et déclarées par les sacrés canons et par les conciles œcuméniques, et principalement par le saint concile de Trente ; et en même temps je condamne aussi, je rejette et j'anathématise tout ce qui leur est contraire et toutes les hérésies que l'Eglise a condamnées, rejetées et anathématisées. »

TURIN (Synode diocésain de), 15 mai 1647, par Jules César Bergera, archevêque de cette ville. Le prélat y donna à son clergé un corps de statuts sur la foi et les sacrements, et contre les blasphémateurs, les sorciers, les concubinaires et les usuriers. Ce sont les mêmes pour le fond que ceux de tant d'autres synodes du même pays et de la même époque. *Synodus prima diœc. Taurin.*

TURRITANA (Synodus). Voy. TORRE.

TURONENSIA (Concilia). Voy. TOURS.

TURSAN (Synode d'Aire, tenu à), l'an 1643. *Bibl. hist. de la France, t.* I.

TUSCULUM (Synode diocésain de) ou Frascati, *Tusculana*, 6 octobre 1669, par le cardinal Brancati, évêque de Frascati. Il y publia des décrets relatifs à la profession de foi, qu'il exige non-seulement de tous les bénéficiers, prédicateurs et professeurs, mais encore de tous les professeurs et maîtres d'école ; à l'administration des sacrements ; à la vie des clercs ; aux heures canoniques ; aux conférences des cas de conscience, etc. Il défend aux chanoines de dire la messe pendant l'office du chœur, à moins d'une nécessité qui les excuse. *Synodus Tusculana Romæ*, 1690.

TUSCULUM (Synode diocésain de), 10 mai 1688, par le cardinal Fransoni. L'éminent prélat y confirma les statuts de son prédécesseur, en y ajoutant quelques nouveaux décrets. *Ibid.*

TUSCULUM (Synode de) ou Frascati, 8, 9, 10 et 11 septembre 1763, par Henri, cardinal duc d'York, évêque de Frascati. L'éminentissime prélat publia à l'occasion de ce synode un corps entier de constitutions synodales, qu'il divisa en trois parties, comprenant les devoirs de l'homme envers Dieu, envers soi-même et envers son prochain. Au titre *des devoirs envers Dieu*, il traite de la foi, de l'espérance, de la charité et de la religion ; et cette dernière vertu lui donne lieu de parler du sacrifice de la messe, de la prière, des vœux, du culte dû à Dieu et aux saints, des fêtes, des églises et du respect qui leur est dû, des droits de l'église cathédrale de Frascati et d'autres particulières, des confréries, des hôpitaux et des monts-de-piété, des immunités des biens ecclésiastiques et des privilèges des clercs, des réguliers et des religieuses, et enfin des vices, tels que la superstition, la simonie et le blasphème, opposés à la vertu de religion. La 2ᵉ partie, intitulée *Des devoirs de l'homme envers soi-même*, présente l'exposé des trois premières vertus morales, la prudence, la force et la tempérance, et des vices contraires à ces vertus : à l'occasion de la dernière, on parle des jeûnes prescrits par l'Eglise, de la chasteté et de la luxure, de la garde des sens, des devoirs imposés aux clercs et des choses qui leur sont interdites. La troisième partie, *Des devoirs envers le prochain*, traite en particulier de la vertu de justice, et à cette occasion, des sacrements et des sacramentaux, des crimes d'homicide et de larcin, des détractions, des contrats illicites et des diverses sortes de censures. *Constitut. synod. Eccl. Tusculanæ, Romæ,* 1764.

TUSDRE (Concile de), vers l'an 411. Nous ne connaissons le concile de Tusdre, colonie assez célèbre dans la Byzacène, que par ce qui en est dit dans la préface de celui de Telle ou Telepte, dans laquelle Vincent et Fortunatien, tous deux évêques de la Province proconsulaire, témoignent avoir assisté à une assemblée des évêques de la Byzacène tenue à Tusdre, et y avoir demandé la lecture des lettres de Sirice, évêque du siége apostolique. Il y est dit que Latonius, évêque de Thène ou Thénise dans la Byzacène, fit dans ce concile la lecture d'une des lettres de ce pape. C'est, comme on le croit, celle qu'il écrivit en 386 aux évêques d'Afrique. Le concile de Tusdre fit deux canons, dont le premier ordonne que ceux des évêques qui ne viendront pas au concile après avoir été avertis de s'y rendre, soient privés de la communion. Il ne fait d'exception qu'en faveur des vieillards qui ne peuvent plus sortir, et des infirmes. Le second défend aux évêques députés pour le concile général d'Afrique, d'y admettre l'évêque qui n'y aura point été député. *Hist. des aut. sacr. et eccl. t.* XII.

TUSEY (Concile de) près de Vaucouleurs, *Tusiacense.* Voy. TOUSY.

TUTELENSIS (Synodus). Voy. TULLES.

TWIFORD (Concile de) en Angleterre, vers l'an 685. Saint Cuthbert y fut élu évêque de Lindisfarne, et l'on y confirma les donations faites par le roi Egfrid. *D. Ceill. t.* XIX.

TYANE (Concile de), *Tyanense,* l'an 365. Les macédoniens réunis se trouvèrent à ce concile, et y apportèrent des lettres de communion du pape Libère et des autres évêques d'Occident. Les catholiques orientaux s'y trouvèrent aussi, de concert avec les macédoniens : ils indiquèrent un concile à Tarse pour confirmer la foi de Nicée. Les ariens empêchèrent la tenue de ce concile, par l'autorité de l'empereur Valens, qui fit défendre aux évêques de s'assembler. *Anal. des Conc. t.* V.

TYR (Conciliabule de), l'an 335. Cette assemblée se tint au mois d'août de l'an 335, la trentième année du règne de Constantin, sous le consulat de Constantius et d'Albin, trente mois depuis que le concile de Césarée avait été indiqué. Il paraît par la lettre de Constantin au concile de Tyr, qu'il ne l'assembla que dans la vue de réunir les évêques divisés, de faire cesser les disputes, et de rendre la paix aux Eglises. Il était encore bien aise d'assembler un grand nombre d'évêques en Palestine, pour rendre plus solennelle la dédicace de l'église qu'il avait fait bâtir à Jérusalem. Il se trouva à Tyr des évêques de toutes les parties de l'Egypte, de la Libye, de l'Asie, de la Bithynie, de toutes les parties de l'Orient, de la Macédoine, de la Pannonie; mais ils tenaient pour la plupart le parti d'Arius. Les plus connus étaient les deux Eusèbe, Flaccile d'Antioche, Théognis de Nicée, Maris de Chalcédoine, Narcisse de Néroniade, Théodore d'Héraclée, Patrophile de Scythopolis, Ursace de Syngidon, Valens de Murse, Macédonius de Mopsueste, Georges de Laodicée. Il y vint aussi quelques évêques qui n'étaient point dans le parti d'Arius ; savoir, Maxime de Jérusalem, qui avait souffert pour la foi dans la persécution de Maximien, Marcel d'Ancyre, Asclepas de Gaze, et quelques autres qui étaient accusés d'erreurs contre la foi. Ils étaient en tout soixante évêques, sans compter ceux d'Egypte, qui ne s'y rendirent pas d'abord. Car saint Athanase refusa quelque temps d'y aller, non qu'il craignît d'être convaincu, étant assuré de son innocence, mais de peur que l'on n'y fît quelques décisions contraires à celles de Nicée. Il y alla néanmoins, contraint par les menaces de l'empereur, qui lui avait mandé que, s'il n'y allait volontairement, on l'y ferait aller de force. Il amena avec lui quarante-neuf évêques d'Egypte, entre autres Paphnuce et Potamon, qui avaient tous deux confessé le nom de Jésus-Christ dans les persécutions précédentes. Le prêtre Macaire y fut conduit d'Alexandrie chargé de chaînes et traîné par des soldats. Flaccile, l'un des partisans d'Arius, présidait au concile, comme évêque d'Antioche, capitale de tout l'Orient. Le comte Denys, qui avait été envoyé de l'empereur pour maintenir le bon ordre, dominait dans le concile, disposant de toutes choses à sa volonté, et toujours en faveur des ariens. Accompagné de ministres de justice, d'appariteurs et de soldats, il faisait les fonctions de geôlier, tenant la porte pour faire entrer les évêques, ce que les diacres auraient dû faire. Quand il parlait, tout le monde demeurait dans le silence, et tous lui obéissaient. Il empêchait que l'on ne fît sortir de l'assemblée des évêques qui ne devaient pas y être présents : et ses soldats y traînaient, par ses ordres, ou plutôt par les ordres d'Eusèbe de Nicomédie et de ses adhérents, les évêques qui faisaient difficulté de s'y rendre. Archelaüs, comte d'Orient et gouverneur de la Palestine, y était aussi et secondait le comte Denys.

Tout étant disposé pour condamner saint Athanase, on le fit entrer dans le concile, et demeurer debout comme un accusé devant ses juges. Potamon ne le put souffrir : il en répandit des larmes ; et s'adressant à Eusèbe de Césarée, il lui dit tout haut : Quoi! Eusèbe, tu es assis pour juger Athanase qui est innocent? Le peut-on souffrir? Dis-moi, n'étais-tu pas en prison avec moi durant la persécution? Pour moi j'y perdis un œil : le voilà sain et entier : comment en es-tu sorti sans rien faire contre ta conscience? Eusèbe se leva à l'instant et sortit de l'assemblée en disant : Si vous avez la hardiesse de nous traiter ainsi en ce lieu, peut-on douter que vos accusateurs ne disent vrai? Et si vous exercez ici une telle tyrannie, que ne faites-vous point chez-vous? Paphnuce de son côté s'adressa à Maxime de Jérusalem, et traversant l'assemblée, il le prit par la main et lui dit : Puisque je porte les mêmes marques que vous, et que nous avons perdu chacun un œil pour Jésus-Christ, je ne puis souffrir de vous voir assis dans l'assemblée des méchants. Il le fit sortir, et l'instruisit de toute la conspiration qu'on lui avait dissimulée, et le joignit pour toujours à la communion de saint Athanase. Les autres évêques d'Egypte insistaient aussi pour ne point reconnaître comme juges de leur archevêque ceux qui étaient ouvertement déclarés contre lui. Ils récusaient nommément Eusèbe, Narcisse, Flaccile, Théognis, Maris, Théodore, Patrophile, Théophile, Macédonius, Georges, Ursace et Valens. Ils reprochaient à Eusèbe de Césarée son apostasie ; à Georges de Laodicée, qu'il avait été déposé par saint Alexandre. Mais toutes ces remontrances furent sans effet. On procéda contre saint Athanase, et on le pressa de répondre aux accusations formées contre lui de la part de Jean Archaph, de Callinique de Peluse, d'Ischyras ou Ichiron, tous du parti des méléciens. Ils l'accusaient d'avoir rompu un vase qui servait à la célébration des saints mystères ; fait mettre plusieurs fois cet Ischyras dans les fers, par Hygin, gouverneur d'Egypte, l'accusant faussement d'avoir jeté des pierres aux statues de l'empereur; d'avoir déposé Callinique, évêque de Peluse, en haine de ce qu'il ne voulait point communiquer avec lui, et donné le gouvernement de l'Eglise de Peluse à un prêtre nommé Marc, bien qu'il en fût indigne ; d'avoir fait garder Callinique par des soldats, de lui avoir fait donner la question, et de l'avoir traduit devant divers tribunaux. Ils attaquaient encore l'ordination de saint Athanase, disant que sept de ceux qui l'avaient élu étaient coupables de parjure, ayant contrevenu à la convention que tous les évêques d'Egypte avaient faite de ne point ordonner d'évêque à Alexandrie, jusqu'à ce qu'il se fût justifié devant eux des crimes dont il était accusé; que c'est ce qui les avait obligés à se séparer de la communion d'Athanase, qui de son côté, avait eu recours aux voies de fait, ayant fait emprisonner ceux qui lui avaient résisté. Ils ajoutaient qu'il avait commis de grandes violences pendant la fête de Pâques, se faisant accompagner par des comtes, qui pour obliger les peuples à communiquer avec lui, mettaient les uns en prison, faisaient battre, fouetter et tourmenter les autres. On lut un écrit qui portait que le peuple d'Alexandrie ne pouvait à cause de lui se résoudre à s'assembler dans l'Eglise selon la coutume. On soutint de nouveau qu'il avait coupé le bras à Arsène, et violé une vierge consacrée à Dieu.

Saint Athanase, pressé de répondre à tous ces chefs d'accusations, se justifia sur la plupart, et demanda du temps pour répondre aux autres. Celles d'Ischyras, du calice rompu, de la main coupée à Arsène, et de la violence faite à une vierge, furent agitées le plus vivement de toutes dans ce concile. Mais, par un effet de la Providence, le prêtre Macaire, qu'on disait avoir rompu le calice, s'étant trouvé alors à Tyr, et Jean Archaph, celui qui accusait le saint d'avoir tué Arsène, y étant aussi, tous deux servirent à faire connaître l'innocence du saint et les calomnies de ses ennemis. Ischyras se disait prêtre d'un village de la Maréote, nommé la Paix de Sécontarure, et soutenait qu'Athanase, faisant la visite dans cette contrée, avait voulu l'interdire; que Macaire, l'un de ses prêtres, étant venu de sa part dans ce village, et ayant trouvé Ischyras à l'autel où il offrait le sacrifice, avait rompu le calice, brisé l'autel, renversé à terre les saints mystères, brûlé les livres sacrés, abattu la chaire sacerdotale, et démoli l'église jusqu'aux fondements. Il ne fut pas difficile à saint Athanase de détruire cette accusation. Il fit voir qu'Ischyras n'avait jamais été prêtre, n'ayant été ordonné, ni par Mélèce, puisqu'il ne se trouvait point sur la liste que Mélèce avait donnée à l'évêque d'Alexandrie des prêtres de sa communion; ni par Colluthe, dont les ordinations avaient été déclarées nulles au concile d'Alexandrie, où se trouva Osius. Il fit voir ensuite qu'il n'y avait pas plus de raison d'accuser Macaire d'avoir rompu le calice, et renversé l'autel sur lequel Ischyras offrait actuellement, puisque le jour qu'il envoya Macaire n'était pas un dimanche, ni conséquemment un jour d'assemblée pour les chrétiens; que Macaire trouva Ischyras, non à l'autel, mais malade au lit dans sa chambre; que le lieu où Ischyras tenait les assemblées n'était pas une église, mais une petite chambre, appartenant à un orphelin, nommé Ision; qu'étant laïque, il n'avait point de vases sacrés; enfin, qu'en présence de l'empereur, il n'avait pu rien prouver contre le prêtre Macaire. Saint Athanase ajouta : Depuis, le même Ischyras, pressé par les réprimandes de ses parents et les reproches de sa conscience, est venu, fondant en larmes, se jeter à mes pieds, et me demander ma communion. Il m'a donné même une déclaration par écrit, signée de sa main, par laquelle il proteste que ce n'est point de son mouvement qu'il a parlé contre moi, mais à la suggestion de trois évêques méléciens, Isaac, Héraclide et Isaac de Lète, qui l'ont même frappé outrageusement pour l'y contraindre; déclarant au surplus que toute l'accusation est fausse, et qu'il n'y a eu ni calice brisé, ni autel renversé. Cet écrit, que nous avons encore, était signé d'Ischyras, et donné en présence de six prêtres et de sept diacres, qui y sont nommés.

Toutes ces preuves mettaient la calomnie en évidence. Mais les eusébiens, qui ne cherchaient que des prétextes pour perdre le saint, persuadèrent au comte Denys qu'il fallait envoyer à la Maréote, pour avoir des informations plus amples. Saint Athanase et les évêques d'Egypte s'y opposèrent, disant que, depuis trois ans que cette accusation était intentée, on avait eu le loisir d'en chercher toutes les preuves : ils demandèrent qu'au moins on n'y envoyât point de personnes suspectes ou récusées. Cette demande ayant paru raisonnable au comte, on convint que les députés seraient choisis d'un commun consentement. Mais les eusébiens, sans avoir égard à cette convention, choisirent secrètement pour députés six des plus grands ennemis de saint Athanase, savoir Théognis, Maris, Macédonius, Théodore, Ursace et Valens, tous gens les plus méchants et les plus perdus du monde. Les méléciens, ne doutant point que cette députation ne fût ordonnée, avaient, quatre jours auparavant, envoyé quatre des leurs en Egypte, et le soir même ils dépêchèrent des courriers à leurs partisans dans toute l'Egypte, pour les faire venir dans la Maréote, où il n'y en avait pas encore, et y assembler les colluthiens et les ariens. D'un autre côté, les eusébiens faisaient signer à chaque évêque du concile leur décret de députation. Les évêques d'Egypte qui étaient venus à Tyr avec saint Athanase, voyant toute cette cabale, firent une protestation par écrit, adressée à tous les évêques, par laquelle, après avoir représenté la conspiration des eusébiens, leurs intrigues et leurs violences, ils les exhortent à ne point souscrire à leur décret de députation, n'étant pas convenable que leurs ennemis fussent aussi leurs juges en cette affaire; à ne point entrer dans leurs desseins, à n'avoir égard qu'à la vérité, et non aux menaces de leurs ennemis, et à se souvenir qu'ils rendront compte à Dieu de tout ce qu'ils feront en cette occasion. Ils en firent une seconde et une troisième, adressées au comte Denys, le priant d'empêcher qu'on n'envoyât des députés dans la Maréote, autrement que de leur consentement; qu'on n'entreprît rien de nouveau dans le concile touchant leurs affaires, et d'en réserver la connaissance à l'empereur, à qui ils croyaient pouvoir confier la cause de l'Eglise et la justice de leurs droits. Ils ajoutèrent qu'ils avaient déclaré la même chose aux évêques orthodoxes. Alexandre de Thessalonique, averti de ce qui se passait, écrivit au comte Denys sur le même sujet en ces termes : Je vois une conspiration manifeste contre Athanase : car, sans nous rien faire savoir, ils ont affecté de députer tous ceux qu'il avait récusés, quoique l'on eût arrêté qu'il faudrait délibérer tous ensemble sur ceux qu'on y enverrait. Prenez donc garde que l'on ne précipite rien, de peur que l'on ne nous blâme de n'avoir pas suivi dans ce jugement les règles de la justice. On craint que ces députés, parcourant les églises dont les évêques sont ici, n'y jettent tellement l'épouvante, que toute l'Egypte en soit troublée; car ils sont tout à fait abandonnés aux méléciens. Le comte Denys, qui respectait beaucoup Alexandre, qu'il appelle le seigneur et le maître de son âme, fut touché de sa lettre et des plaintes que faisait Athanase de la nomination des députés. Il en écrivit aux eusébiens, les avertissant de prendre garde à ce qu'ils avaient à faire en cette rencontre, et leur représentant que ce ne serait pas un petit sujet de blâmer ce qu'ils auraient fait, s'ils n'avaient pas le suffrage d'Alexandre, dont il leur envoyait la lettre : car ce prélat était un des principaux de l'Eglise, et par son antiquité, et par la dignité de son siége, qui le rendait métropolitain de la Macédoine.

Les eusébiens, qui ne suivaient d'autres règles dans toute cette procédure que leur volonté, n'eurent d'égard, ni aux remontrances du comte Denys et d'Alexandre, ni aux protestations des évêques d'Egypte contre la nomination des députés. Ceux-ci partirent pour la Maréote, emmenant avec eux Ischyras, qui était l'accusateur, afin qu'il fût présent à l'information : ce qui était une nouvelle injustice. Philagra, préfet d'Egypte, s'y rendit avec eux, accompagné de ses officiers et de ses soldats. C'était un homme de mauvaises mœurs, qui adorait ouvertement les idoles, et grand ennemi de l'Eglise, mais favorable aux eusébiens. Ses soldats étaient aussi païens. Etant arrivés dans la Maréote, ils logèrent chez Ischyras, et firent leurs informations dans sa maison, et n'y ayant d'autres témoins qu'eux-mêmes, avec l'accusateur et le préfet Philagra. Les prêtres d'Alexandrie et de la Maréote demandèrent d'y être présents, s'offrant de les instruire de la vérité ; mais on les chassa avec injures. On reçut la déposition des ariens et des parents d'Ischyras. On entendit même en témoignage des catéchumènes, des juifs et des païens, quoiqu'il fût question d'une affaire dont ils ne pouvaient avoir connaissance, et dont il n'était pas permis de parler devant eux, suivant la discipline de l'Eglise. Et quoique les députés ne reçussent pour témoins que ceux qu'ils jugeaient propres à favoriser leurs desseins, ils les intimidaient encore par leurs menaces et par la crainte de Philagra ; ils leur marquaient par signe ce qu'ils avaient à répondre, et lorsqu'ils refusaient de dire ce qu'on souhaitait, les soldats les y contraignaient par force de coups et d'outrages. Nonobstant toutes ces violences, les témoins déposèrent qu'Ischyras était malade dans sa chambre et couché, lorsque Macaire entra chez lui ; que ce jour n'était pas un dimanche, et qu'il n'y avait point eu de livres brûlés. Les catéchumènes que l'on interrogea sur le lieu où ils étaient lorsque Macaire renversa la table sacrée, répondirent qu'ils étaient dans l'assemblée, et cette réponse seule découvrit l'imposture de ceux qui accusaient Macaire d'avoir renversé l'autel pendant qu'Ischyras y offrait les saints mystères, puisque les catéchumènes auraient dû dans ce temps-là être hors de l'assemblée. Le peu de succès de ces informations obligea les députés d'en cacher les actes autant qu'ils purent. Ils n'en firent délivrer qu'une expédition, et défendirent au greffier d'en donner des copies. Mais dans la suite ils devinrent publics, ayant été contraints eux-mêmes de les envoyer au pape Jules,

(a) On appelait *Curieux* certains contrôleurs qui avaient l'œil sur les voitures publiques, et en général sur tout ce

qui en donna communication à saint Athanase. Le greffier qui avait servi dans cette information vivait encore lorsque saint Athanase en écrivait la relation vers l'an 350.

Les ecclésiastiques d'Alexandrie et de la Maréote, qui n'avaient pu obtenir d'assister à cette procédure, protestèrent par écrit contre tout ce qu'on y avait fait. La protestation du clergé de la ville d'Alexandrie était signée de seize prêtres et de cinq diacres, et adressée aux évêques députés : ils leur disaient : « Vous deviez, en venant ici, amener avec vous le prêtre Macaire, comme vous ameniez son accusateur : car c'est l'ordre des jugements, suivant les saintes Ecritures (*Act.* XXV, 16), que l'accusateur paraisse avec l'accusé. Mais puisque vous n'avez pas amené Macaire, et que notre révérendissime évêque Athanase n'est pas venu avec vous, nous vous avons priés que du moins nous puissions assister à la procédure, afin que notre présence la rendît plus authentique et que nous y puissions déférer. Vous nous l'avez refusé, et vous avez voulu agir seuls avec le préfet d'Egypte et l'accusateur : c'est pourquoi nous déclarons que nous prenons un mauvais soupçon de cette affaire, et que votre voyage nous paraît une conspiration. Nous vous donnons donc cette lettre, qui servira de témoignage à un véritable concile, afin que tout le monde sache que vous avez fait ce que vous avez voulu en l'absence d'une des parties, et que votre unique dessein a été de nous surprendre : nous en avons donné copie à Pallade, curieux *(a)* de l'empereur, de peur que vous ne la cachiez ; car votre conduite nous oblige à nous défier et à user de précaution avec vous. » Tous les prêtres et tous les diacres de la Maréote adressèrent une semblable protestation au concile de l'Eglise catholique, pour faire connaître les choses comme ils les avaient vues de leurs yeux. Ils y déclaraient qu'Ischyras n'avait jamais été du nombre des ministres de l'Eglise ; que, quoiqu'il prétendît avoir été ordonné par Colluthe, personne, excepté ses parents, n'avait reconnu son ordination ; qu'ayant voulu se faire passer pour prêtre au concile d'Alexandrie, il avait été réduit à la communion laïque en présence d'Osius ; que jamais il n'avait eu d'église dans la Maréote, où on ne l'avait pas même regardé comme clerc ; que tout ce que l'on disait du calice rompu et de l'autel renversé par Athanase, ou par quelqu'un de ceux qui l'accompagnaient dans le cours de ses visites, était une pure calomnie, et ils en prenaient Dieu à témoin. Ils ajoutaient : « Nous rendons ce témoignage, parce que nous sommes tous avec notre évêque quand il visite la Maréote ; car il ne fait jamais ses visites seul, mais avec tous nous autres prêtres et les diacres, et beaucoup de peuple. » Et ensuite : « Les députés, prévoyant que les embûches qu'ils dressaient à Athanase, notre évêque, seraient découvertes, ont fait dire ce qu'ils ont voulu aux ariens et aux parents

qui regardait le service de l'empereur. *Fleury, Hist. ecclés. lib.* II, *num.* 52.

d'Ischyras; mais aucun des catholiques de la Maréote n'a rien dit contre l'évêque. » Ils finissaient ainsi leur protestation : « Nous voudrions tous vous aller trouver, mais nous avons cru qu'il suffisait d'y envoyer quelqu'un des nôtres avec ces lettres. » L'acte était signé de quinze prêtres et de quinze diacres, mais sans date, de même que celui du clergé d'Alexandrie. Ils en adressèrent un autre au préfet Philagra, à Pallade *le Curieux*, et à Antoine, biarque (a), centenier des préfets du prétoire, daté du consulat de Jules Constantius et de Rufin Albin, le dixième du mois égyptien thot, c'est-à-dire le septième de septembre de l'année 335. Il n'est point si détaillé que les précédents, et ils n'y insistent que sur le fait d'Ischyras, qu'ils disent n'avoir jamais été prêtre et n'avoir point eu d'autre lieu pour tenir des assemblées que la petite maison d'un orphelin nommé Ision. Ils les conjurent, au nom de Dieu, de Constantin et des Césars, ses enfants, de donner avis de tout cela à l'empereur.

Pendant que ces choses se passaient dans la Maréote, on poursuivait à Tyr les autres chefs d'accusation contre saint Athanase. Les évêques qui l'avaient accusé d'avoir violé une vierge consacrée à Dieu firent paraître au milieu de l'assemblée une femme débauchée, qui commença à crier qu'elle avait voué à Dieu sa virginité, mais qu'ayant logé chez elle l'évêque Athanase, il avait abusé d'elle, malgré sa résistance. Saint Athanase, qui était averti, avait concerté avec un de ses prêtres, nommé Timothée, ce qu'ils devaient faire. Les juges lui ayant donc ordonné de répondre à cette accusation, il se tut, feignant que cela ne le regardait pas. Mais Timothée, qui était entré avec lui, prenant la parole, dit à cette femme : Quoi ! vous prétendez que j'ai logé chez vous et que je vous ai déshonorée? Alors cette femme, criant plus haut qu'auparavant, et étendant la main vers Timothée, et le montrant au doigt : Oui, c'est vous-même, lui dit-elle, qui m'avez fait cet outrage ; et elle ajouta tout ce qu'une femme qui n'a point de pudeur peut avancer en pareille occasion. Une accusation si mal concertée et si bien détruite couvrit de confusion ceux qui en étaient les auteurs. Saint Athanase, voyant qu'ils faisaient sortir cette femme, demanda qu'elle fût arrêtée et mise à la question, pour informer contre ceux qui l'avaient subornée. Mais les accusateurs s'écrièrent qu'il y avait des crimes de plus grande importance à examiner, dont il n'était pas possible à Athanase de se justifier; qu'il ne fallait que des yeux pour l'en reconnaître coupable. Ils produisirent à l'heure même la boîte dans laquelle ils conservaient depuis longtemps une main desséchée, et s'adressant à saint Athanase : Voilà, lui dirent-ils en montrant cette main, votre accusateur; voilà la main droite de l'évêque Arsène : c'est à vous à dire comment et pourquoi vous l'avez coupée? A la vue de cette main, il s'éleva de grands cris dans l'assemblée, les uns croyant que le crime était véritable, les autres ne doutant point qu'il ne fût faux. L'accusé, ayant obtenu de ses juges un peu de silence, demanda s'il y avait quelqu'un de la compagnie qui connût Arsène. Plusieurs ayant répondu qu'ils l'avaient connu particulièrement, saint Athanase demanda un de ses domestiques et lui donna ordre de l'aller quérir ; car la Providence l'avait amené à Tyr, et saint Athanase le tenait caché dans sa maison. Quand il fut entré, il le montra à l'assemblée, lui faisant lever la tête, et disant : Est-ce là cet Arsène que j'ai tué, et à qui j'ai coupé une main après sa mort, cet homme que l'on a tant cherché? Ceux qui le connaissaient furent extrêmement surpris de le voir, les uns parce qu'ils le croyaient mort, les autres parce qu'ils le croyaient éloigné ; car Arsène n'avait point paru depuis la première accusation, et il était venu secrètement à Tyr trouver saint Athanase. Arsène s'était présenté à l'assemblée couvert de son manteau, en sorte que ses mains ne paraissaient point. Saint Athanase en découvrit une en levant un côté du manteau. On attendait s'il montrerait l'autre, lorsqu'il tira un peu Arsène par derrière, comme pour lui dire de s'en aller ; mais aussitôt il leva l'autre côté du manteau et découvrit l'autre main. Alors il s'adressa à tout le concile, et dit : Voilà Arsène avec ses deux mains : Dieu ne nous en a pas donné davantage : c'est à mes accusateurs à chercher où pourrait être placée la troisième, ou à vous à examiner d'où vient celle que l'on vous montre. Les accusateurs et les juges, qui étaient complices de leur perfidie, s'écrièrent qu'Athanase était un magicien, qui par ses prestiges avait trompé les yeux de l'assemblée. Ils se jetèrent sur lui en furie, et ils l'auraient mis en pièces si ceux que l'empereur avait envoyés au concile pour maintenir le bon ordre ne l'eussent sauvé de leurs mains : pour plus grande sûreté, ils le firent embarquer la nuit suivante sur un vaisseau qui le conduisit à Constantinople.

Il était déjà sorti de Tyr, lorsque les députés de la Maréote y revinrent : et quoique, par les informations qu'ils rapportèrent, il ne fût convaincu d'aucun crime, les eusébiens ne laissèrent pas de faire prononcer contre lui une sentence de déposition, avec défense de demeurer dans Alexandrie, de peur que sa présence n'y excitât des troubles et des séditions. Plusieurs évêques souscrivirent à ce jugement ; mais quelques-uns le refusèrent, entre autres Marcel d'Ancyre. Le concile donna avis de la déposition d'Athanase à l'empereur et à tous les évêques, les avertissant de ne le pas admettre dans leur communion et de ne pas même communiquer par lettres avec lui. Ils alléguaient, pour raisons de sa condamnation, que l'année précédente il avait refusé de se trouver au concile que l'empereur avait fait assembler à Césarée à cause de lui ; qu'il était venu à Tyr avec une grande escorte, et avait excité du trouble et du tumulte dans le

---

(a) Le biarque était un intendant des vivres.

concile, tantôt refusant de se justifier des crimes dont on l'accusait, tantôt disant des injures à chaque évêque en particulier, quelquefois refusant de leur obéir et de se soumettre à leur jugement. Ils ajoutaient qu'il était suffisamment convaincu, par les informations faites dans la Maréote, d'avoir brisé un calice, et ils citaient pour témoins Théognis et les autres députés. Ils marquaient aussi en peu de mots les autres crimes dont ils voulaient qu'il fût coupable, ne rougissant pas même de lui attribuer encore la mort d'Arsène. C'est ainsi que, publiant ces calomnies par toute la terre, ils engagèrent les autres évêques dans leur prévarication, par l'autorité de l'empereur.

Le concile, avant de se séparer, reçut à la communion de l'Eglise Jean Archaph, chef des méléciens, avec tous ceux de son parti, en les conservant tous dans leurs degrés d'honneur, ajoutant même qu'on les avait injustement persécutés. Ils y admirent aussi Arsène, qui avait autrefois été de la secte des méléciens. Socrate, qui rapporte ce fait, ajoute que cet Arsène souscrivit à la condamnation de saint Athanase en qualité d'évêque de la ville des Hypsélites : en sorte que celui qu'on disait avoir été mis à mort par saint Athanase se trouva vivant pour le déposer. Mais nous ne voyons pas que saint Athanase ni le concile d'Alexandrie reprochent aux eusébiens une si étrange absurdité, et il paraît hors de vraisemblance qu'ils aient fait souscrire à la condamnation de saint Athanase un homme qu'ils faisaient passer pour mort dans l'acte de ce jugement.

Il est bien plus probable, dit Tillemont, qu'Arsène ne se sépara jamais de la communion et de l'intérêt de saint Athanase depuis qu'il s'y fut une fois attaché. Ischyras reçut aussi dans le concile la récompense de ses calomnies : les eusébiens lui donnèrent le nom d'évêque, et ils obtinrent de l'empereur que le trésorier général de l'Egypte lui ferait bâtir une église à Secontarure, en la place de celle qu'ils prétendaient avoir été détruite par saint Athanase. Ils étaient encore tout prêts à recevoir Arius à la communion de l'Eglise; mais ils n'en eurent pas le loisir, l'empereur leur ayant ordonné de sortir de Tyr dans le moment où ils allaient faire cette nouvelle plaie à la discipline de l'Eglise. *Hist. des aut. sacr. et eccl.*, *t.* IV.

TYR (Concile de la province de), tenu à Béryte, l'an 448. *Voy.* BÉRYTE.

TYR (Concile de), l'an 518. Ce concile, tenu le 16 septembre, et où il ne se trouva que quatre évêques avec le métropolitain de Tyr, adopta tout ce qui avait été fait au concile de Constantinople et à celui de Jérusalem, qui l'avaient précédé, l'un le 15 juillet, l'autre le 6 août de la même année : d'où vient que ces trois conciles sont en partie approuvés et en partie rejetés par l'Eglise romaine. Ils sont approuvés en ce qu'ils reçoivent le concile de Chalcédoine, et qu'ils condamnent les sévériens, les eutychéens, etc.; ils sont rejetés en ce qu'ils remettent dans les diptyques les noms d'*Euphemius*, de *Macedonius* et d'*Acacius*, que le pape Hormisdas en avait ôtés. *Reg.* X, *Labb.* IV, *Hard* II.

U

UCETIENSIA (*Concilia*). *Voy.* UZÈS.

UDINE (Concile d'), *Utinense*, l'an 1310. Ottoboni, patriarche d'Aquilée, tint ce concile le 9 février, et y confirma les statuts du concile d'Aquilée tenu en 1307. *Mansi*, *t.* III, *col.* 335.

UDINE (Concile d'), l'an 1409, convoqué par le pape Grégoire XII, en opposition avec le concile de Pise.

UDINE (Synode diocésain d'), *Utinensis seu Aquileiensis*, 25 et 26 avril 1627, par Antoine Grimani, patriarche d'Aquilée. Ce prélat y publia des règlements sur les devoirs des curés, sur le soin des églises, des autels et des sacristies, sur les reliques des saints, sur les biens et les droits des églises, sur la sanctification des fêtes, sur les chanoines et les mansionaires, sur les vicaires forains, sur la vie et l'honnêteté des clercs, enfin sur les témoins synodaux. Ce sont à peu près les mêmes décrets que ceux du dernier concile provincial d'Aquilée. *Voy.* AQUILÉE, l'an 1596. *Const. synod.*, *Utini*, 1627.

On appelle *témoins synodaux* des personnes de mérite et de vertu que les évêques désignaient, dans leurs synodes, pour être en quelque sorte les gardiens et les zélateurs des statuts qui y avaient été faits. Leur office était de faire la visite du diocèse, pour voir si en effet ces statuts s'y observaient, et en faire leur rapport à l'évêque dans le prochain synode.

Il est des auteurs qui rapportent l'origine des témoins synodaux à celle des visiteurs, qui sont appelés *perisceutæ* dans le cinquante-septième canon du concile de Laodicée, et que l'on nomme en latin *circuitores*. Mais ces visiteurs dont il est parlé dans ce canon exerçaient la juridiction et faisaient des ordonnances au nom de l'évêque, au lieu que les témoins synodaux n'avaient aucune juridiction et n'étaient que simples rapporteurs. Les témoins synodaux ne remontent donc pas plus haut que le milieu du neuvième siècle. On en voit des traces dans le premier tome, page 716, des œuvres d'Hincmar, archevêque de Reims, qui vivait en ce temps-là; et Reginon, abbé de Prum, qui florissait à la fin du même siècle, dit expressément (*lib.* II *de Eccl. disc.*, *c.* 2) que l'évêque doit choisir dans chaque paroisse sept hommes graves et prudents pour témoins synodaux, et les obliger, par la religion du serment, à lui rapporter tout ce qu'ils auront trouvé digne de remarque.

Le pape Benoît XIV observe (*de Syn. diœc.*, *lib.* IV, *c.* 3) que la grande difficulté, pour ne pas dire l'impossibilité, de trouver des témoins synodaux tels qu'il les eût fallu, en avait fait cesser l'usage presque partout. On leur substitua les archiprêtres et les doyens ruraux. *Anal. des Conc.*, t. IV.

UDWARD (Concile d'), *Udwardense*, l'an 1309. Thomas, archevêque de Strigonie, assisté de ses suffragants, célébra ce concile, où l'on convint des quatre règlements suivants :
1. On sonnera l'*Angelus* à midi et sur le soir.
2. Les habitants de la ville de Bude seront excommuniés tant qu'ils refuseront de payer les impôts mis sur les ports du Danube.
3. Même peine contre les opposants à l'élection de Charles ou Charobert Ier, roi de Hongrie.
4. On observera les constitutions du cardinal légat Gentil. *Petersy, Conc. Hungar.*, t. I. *Anal. des Conc.*

ULM (Synode de), *Ulmensis*, l'an 1093. Gebehard, évêque de Constance et légat du saint-siége, y reçut chevalier Welphon, duc de Bavière, et l'obligea, avec les autres seigneurs d'Allemagne, à garder la paix depuis le 7 des calendes de décembre jusqu'à Pâques, et pendant deux années à partir de cette époque, avec les moines, les convers, les clercs soumis à l'évêque, les églises et leurs dépendances, les marchands et tous ceux qui se lieraient par le même serment, excepté Arnould, qui avait usurpé le siége de Constance, et tous ses fauteurs, partisans, comme ce dernier, de l'empereur Henri IV. *Berthold. Constant.*

ULM (Congrès d'), l'an 1150. Mansi juge à propos de faire mention de cette assemblée, précisément parce qu'on y fit un décret contraire à l'immunité ecclésiastique. *Mansi, Conc. t. XXI.*

ULTONIE (Concile d'), *Cleonadense*, l'an 1162, tenu par Gelase, archevêque d'Armach. On y statua qu'à l'avenir personne ne serait admis à enseigner la théologie, qu'il n'eût suivi les cours de l'académie d'Armach. *Mansi, Conc. t. XXI.*

ULTRAJECTENSIA (*Concilia*). Voyez UTRECHT.

ULYSSIPONENSIA (*Concilia*). Voyez LISBONNE.

UNIEJOVIENSE (*Concilium*). Voyez WINNUSKI.

UPSAL (Concile de la province d'), tenu à Arbogen, l'an 1396. *Voy.* ARBOGEN.

URATISLATENSIA (*Concilia*). Voyez BRESLAU et l'article suivant.

URATISLAVIENSIS (*Synodus diœcesana*), vers l'an 1279, par l'évêque Thomas. *Voy.* BRESLAU, même année. *Mansi, Conc. t. XXIV.*

URBEVETANÆ (*Synodi*). *Voy.* ORVIETO.

URBIN (Concile d'), *Urbinatense*, l'an 1569. Ce concile fut tenu par Félix Tyran, archevêque d'Urbin en Italie, et ses suffragants. Après la profession de foi, selon la forme de celle du pape Pie IV, on y fit un grand nombre de règlements ou de capitules, comme ceux de Ravenne de l'année précédente, et sur les mêmes objets. *Voy.* RAVENNE, l'an 1568.

URBIN (Synode diocésain d'), *Urbinatensis*, 8 juin 1648 et les trois jours suivants, par Ascagne Maffei, archevêque de cette ville. Les statuts publiés dans ce synode, quoique fort étendus, ne présentent rien de plus remarquable que ceux de tant d'autres du même siècle, dont nous avons présenté l'analyse. C'est toujours le même fond, c'est-à-dire l'application régulière des décrets du concile de Trente à tout le détail de la discipline ecclésiastique. *Synodus diœc. Urbinatensis; Urbini*, 1649.

URGEL (Concile d'), *Urgellense*, l'an 799. Ce concile fut composé de Leidrade, archevêque de Lyon; de Néfride, archevêque de Narbonne; de Benoît, abbé d'Aniane; de plusieurs autres, tant évêques qu'abbés, que Charlemagne avait envoyés à Félix, évêque d'Urgel, pour le faire revenir de son erreur. Tous ces prélats s'étant assemblés conciliairement, persuadèrent à Félix de venir trouver l'empereur, en lui promettant une entière liberté de produire en sa présence les passages des Pères qu'il croyait favorables à son opinion. Félix y consentit et fut entendu dans le concile qui se tint la même année à Aix-la-Chapelle, en présence de Charlemagne et des seigneurs de sa cour. *Baluze, in notis ad Agobardum.*

URGEL (Concile d'), l'an 887. On y confirma la déposition de deux évêques intrus, et Frodoin, évêque de Barcelone, y demanda pardon en chemise et pieds nus, pour avoir ordonné l'un de ces deux évêques. *D. Vaissette, t. II.*

URGEL (Synode d'), l'an 991. L'évêque d'Urgel, assisté de deux de ses collègues, tint ce synode, où il avait réuni les chanoines, les prêtres et les moines de son diocèse, et il y jeta l'interdit sur tout le pays de Cardone et de Baraguer, parce que les églises en avaient été envahies par des hommes méchants, qui après cela refusaient à l'évêque les droits fondés sur elles. Les évêques jugèrent à propos d'épargner la comtesse Ermengarde et ses fils, quoique ce fût sous leurs noms que s'était fait le désordre, et ils se contentèrent d'excommunier leurs ministres. *D'Aguirre, t. III.*

URGEL (Assemblée épiscopale d'), l'an 1040, pour la dédicace de l'église d'Urgel. Cette assemblée, présidée par Guifroi, archevêque de Narbonne, était composée en outre de six évêques de la même province, dont dépendait à cette époque l'évêché d'Urgel. *Labb. t. IX.*

URGEL (Synode diocésain d'), l'an 1632, par Antoine Perez, évêque de cette ville. Les constitutions publiées dans ce synode sont divisées en trois traités : le premier a pour objet le culte divin, et, sous ce titre général, le sacrement de confirmation, les fêtes patronales, celle de l'ange gardien, la célébration des messes (qu'on permet de dire deux fois en un jour aux curés qui ont en même temps une succursale à desservir), les dîmes et les oblations. Le second traité a pour objet les obligations des ecclésiastiques envers leur prochain, et à cette occasion on y explique les devoirs des visiteurs, des curés et des autres clercs, on fait le détail des excommucations et des cas reservés. Le troisième, ou le dernier, concerne les obligations des ecclésiastiques envers eux-mêmes, l'habit qu'ils doivent porter, le trafic et le port d'armes qui leur sont défendus; on décerne des peines contre ceux qui négligent de se rendre au synode, et l'ouvrage se termine par une instruction sommaire donnée aux confesseurs sur les interrogations qu'ils ont à faire à leurs pénitents par rapport aux dix commandements de Dieu. *Constituciones synod. del obispado de Urgel; en Barcelona*, 1632.

USNEACH (Concile d') en Irlande, *Usneachense*, l'an 1112. Ce fut un concile très-nombreux, qui eut pour objet la réforme des mœurs du clergé et du peuple. *Angl.*, 1.

UTINENSIA (*Concilia*). *Voy.* UDINE

UTRECHT (Concile d'), *Trajectense seu Ultrajectense*, l'an 697. Saint Willebrod, archevêque d'Utrecht, présida à ce concile. Il y fut résolu qu'on enverrait des missionnaires dans les provinces voisines. Marcellin rapporte les actes de ce concile dans la Vie de saint Swibert, *apud Surium, die prima martii*. Hard. I.

UTRECHT (Synode d'), l'an 826. *Voyez* WALCHEREN, même année.

UTRECHT (Synode d'), l'an 836. *Voyez* FRISE, même année.

UTRECHT (Synode d'), vers 1063. Un accord y fut passé entre Guillaume, évêque d'Utrecht, et l'abbé Regimbert d'Epernay, pour des biens dont celui-ci fut établi le maître. *Heda in Hist. Episc. Ultraj.*

UTRECHT (Faux synode d'), l'an 1079. Guillaume, évêque d'Utrecht, et partisan de l'empereur Henri IV, osa excommunier dans cette assemblée de Bélial le saint pape Grégoire VII. Des douleurs soudaines et une mort à peu près subite firent justice de son attentat. *Hugo abbas Flaviniensis in Chron. Virdun.*; *Conc. Germ. t.* III. Le P. Richard a commis sur ce concile deux erreurs : il le met à la date de l'an 1080, et il renvoie au tome II des Conciles de Germanie, qui n'en parle pas, à moins qu'il ne se soit servi d'une édition qui nous est inconnue.

UTRECHT (Synode d'), l'an 1173. Le pays d'Utrecht ayant été affligé d'une inondation et puis d'un incendie, Godefroi, qui en était évêque, assembla ce synode, qui fut diocésain, pour ordonner un jeûne général et une procession accompagnée de litanies : cette cérémonie eut lieu le mercredi de la semaine de la Pentecôte. *Wilhelm. Mon. Egmund. in Chron.*

UTRECHT (Synode d'), l'an 1209. L'évêque Otton y fit, avec l'assentiment commun, plusieurs statuts, dont l'un porte qu'à la mort d'un prélat ou d'un chanoine, on en donnera connaissance par le son de la cloche aux autres églises, pour qu'on y sonne pareillement; et que le même cérémonial devra s'observer le septième jour, le trentième, et le premier anniversaire de la mort du défunt. *Conc. Germ. t.* III.

UTRECHT (Synode d'), l'an 1249. Goswin d'Amstel, évêque d'Utrecht, y donna volontairement sa démission, à la suite d'une enquête que firent sur sa conduite Guillaume de Hollande, roi de Germanie, le cardinal Pierre Capuzzio, et Conrad, archevêque de Cologne, son métropolitain. On ne lui reproche cependant que son peu d'énergie et le malheur qu'il avait de déplaire au roi à cause de la famille dont il était issu. *Heusden Batav. sacra.*

UTRECHT (Synode d'), l'an 1291, sous Jean de Zyrich, qui y publia dix statuts. Par le septième de ces statuts, il est fait défense de destituer un bénéficier de son propre mouvement, et sans un motif raisonnable ; attendu, y est-il ajouté, qu'il n'est avantageux ni aux églises, ni aux paroissiens, d'avoir des curés ou des vicaires amovibles (*temporales*). *Ibid.*

UTRECHT (Synode d'), l'an 1293. Le même évêque y publia trente et un nouveaux statuts, dont le 19e interdit aux bigames la fonction de sacristains; le 20e défend d'accorder la sépulture ecclésiastique à ceux qui se seraient donné la mort à eux-mêmes, à moins d'une autorisation spéciale de l'évêque ou de son official qui permette la sépulture ; le 30e comprend les cas dont l'absolution était réservée à l'évêque dans les six vers suivants :

> Qui facit incestum, deflorans, aut homicida,
> Sacrilegus patrum percussor, vel sodomita,
> Transgressor voti, perjurus sacrilegusque,
> Et mentita fides, faciens incendia, prolis
> Oppressor, blasphemus, hæreticus, omnis adultus
> Pontificem super his semper devotus adibit. *Ibid.*

UTRECHT (Synode d'), l'an 1294. Le même prélat publia dans ce synode un statut contre les meurtriers de clercs et les violateurs de priviléges ecclésiastiques. *Ibid.*

UTRECHT (Synode d'), l'an 1297. Dans une lettre synodique, l'évêque Guillaume Berthold déclara à ses diocésains, que la simple dispense de l'empêchement d'irrégularité *ex defectu natalium* ne rendrait pas plus apte à être élu chanoine de sa cathédrale, à moins que cette clause particulière ne fût exprimée sur la lettre même de dispense. *Ibid.*

UTRECHT (Synode d'), l'an 1310. L'évêque Jean d'Avesnes y publia quarante statuts, dont la plupart ne faisaient que renouveler les statuts précédents. Le prédécesseur de Jean d'Avesnes, Guillaume Berthold, avait péri de mort violente. Rien de plus fréquent, dans ces temps à demi-barbares, que les meurtres d'évêques et de seigneurs. Il est à remarquer que la plupart des prélats qui ont péri de mort violente avaient d'avance fait des lois contre leurs meurtriers. *Ibid.*

UTRECHT (Synode d'), l'an 1318. L'évêque Frédéric de Zyrich y fit des statuts pour recommander la résidence aux prêtres chargés du soin des âmes, et à tous ses diocésains la soumission aux lois portées par ses prédécesseurs. *Ibid.*

UTRECHT (Synode d'), l'an 1343. Jean d'Arkel, évêque d'Utrecht, publia dans ce synode de nouveaux statuts concernant le devoir de la résidence et les cas réservés à l'évêque. *Ibid.*

UTRECHT (Synodes d'), en 1345, 46, 47 et 48, 50, 51, 52, 53, 54 et 55. Lettres synodiques de Jean d'Arkel pour recommander à son clergé la ponctualité à se rendre au synode, avec plusieurs autres points de discipline.

UTRECHT (Synode d'), l'an 1355. Ordre de publier en chaire, au moins une fois chaque année, la décrétale de saint Grégoire IX, portant que celui qui a eu commerce avec une personne en lui promettant de l'épouser, ne doit pas en épouser une autre, mais est obligé de revenir à elle, lors même qu'il aurait contracté mariage avec une autre en face de l'Eglise. Cette décrétale a été modifiée par le nouveau droit qu'a introduit le concile de Trente. *Ibid.*

UTRECHT (Concile d'), l'an 1392. L'archevêque Florent et sept de ses suffragants tinrent ce concile le 30 septembre, au sujet d'un frère mineur, nommé Jacques de Juliers, parce qu'il était originaire du pays de Juliers. Ce méchant religieux, se faisant passer pour évêque, avait ordonné plusieurs prêtres en Flandre et en Hollande. Le concile l'ayant dégradé le livra au bras séculier, qui lui fit trancher la tête. *Raynaldi, ad an.* 1391; *Mansi, t.* III.

UTRECHT (Concile provincial d'), l'an 1565. Ce concile fut tenu au mois d'octobre par Frédéric Schenck, archevêque d'Utrecht, et ses suffragants. On y reçut le concile de Trente, et l'on y fit divers règlements de discipline analogues à ceux des conciles précédents, sur la résidence et les devoirs des curés, la conduite des clercs inférieurs, les abbés, abbesses et autres supérieurs de monastères, etc. *Mansi, Suppl. t.* V.

UTRECHT (Concile provincial d'), l'an 1568. Ce concile eut encore pour objet de presser l'acceptation du concile de Trente : on l'avait reçu, il est vrai, dès le premier abord, quant à tous ceux de ses décrets qui avaient pour objet la foi et les mœurs; mais on faisait difficulté de se conformer également à quelques articles qui concernaient la discipline. Les députés des cinq églises de la province firent pour ce sujet leurs représentations respectueuses à l'archevêque d'Utrecht, qui ne jugea pas à propos d'y obtempérer. Le concile de Trente fut promulgué en son entier par ordre du duc d'Albe dans tous les Pays-Bas soumis au roi d'Espagne, et ceux qui faisaient encore difficulté de s'y conformer furent contraints d'étouffer leurs murmures, jusqu'à ce qu'une révolution nouvelle, en renversant la domination espagnole, et en même temps l'empire de l'Eglise catholique dans ces contrées, vînt apprendre à un clergé trop peu soumis les funestes effets du défaut d'union. *Heussen. Batav. sacra.*

UTRECHT (Conciliabule d'), l'an 1763. Les appelants (*a*) désiraient depuis longtemps de donner du relief à leur parti par la tenue d'un concile, et d'en imposer, par ce nom respectable, aux simples et aux crédules. Des divisions survenues parmi eux leur parurent exiger la convocation des principaux de leur clergé. Un nommé Leclerc, sous-diacre du diocèse de Rouen, d'abord convulsionniste et visionnaire, puis enfermé pour ses folies, s'était réfugié en Hollande, asile de tous ces fanatiques. Il était appelant, et ce fut le commencement de ses égarements. Bientôt il alla plus loin. Il publia en 1733 un acte de révocation de la signature du formulaire, non-seulement pour ce qu'on appelle le fait, mais même quant au droit, prétendant que les cinq propositions de Jansénius ne contenaient que la doctrine très-saine de la grâce efficace par elle-même, et de la prédestination gratuite. On dit que ç'avait été autrefois le sentiment de Pascal dans ses dernières années, et bien des écrits prouvent que si tous les appelants ne tiennent pas tout haut le même langage, beaucoup ne s'en éloignent pas dans le fond. Leclerc une fois retiré en Hollande, et respirant l'air d'indépendance de ce pays, devint plus hardi encore. Il se mit à crier contre les abus, et, comme Luther, il passa des abus à ce qu'il y a de plus essentiel dans la religion. Il donna, en 1757, le *Renversement de la religion par les bulles contre Baïus, Jansénius et Quesnel.*

Enfin il renversa tout lui-même, l'autorité de l'Eglise dispersée, celle de la tradition, la primauté du pape, la supériorité des évêques sur les prêtres. Il s'éleva contre la profession de foi de Pie IV, et soutint que l'Eglise grecque n'était ni hérétique ni schismatique. D'ailleurs parfait imitateur des intrigues de son parti, il écrivait de tous côtés, répandait des libelles, et troublait la petite Eglise d'Utrecht. Il avait gagné un évêque schismatique grec de l'île de Candie, qui se trouvait à Amsterdam, et qui adhéra aux écrits de ce réformateur. Ce fut, dit-on, pour s'opposer à ses progrès qu'on résolut de s'assembler en manière de concile. Les appelants de France secondèrent ce dessein. C'étaient eux qui soutenaient l'Eglise schismatique de Hollande par leurs conseils et surtout par leur argent. Ils se réunirent pour faire face aux frais du concile, et y envoyèrent des théologiens, pour aider les Pères de leurs lumières. D'autres se rendirent d'eux-mêmes à Utrecht pour être spectateurs des opérations de cette assemblée, dont on espérait beaucoup d'avantage pour la cause commune. L'archevêque Meindartz la convoqua par une circulaire du 20 août. Dans des temps plus favorables, dit un écrivain du parti, on eût cité juridiquement Leclerc pour répondre sur sa doctrine, et s'il eût persisté dans ses hérésies, on l'aurait anathématisé. Le 13 septembre, le concile s'ouvrit dans la chapelle de l'église de Sainte-Gertrude à Utrecht. On copia le cérémonial observé ordinairement dans ces respectables assemblées. Meindartz présidait. Van-Stiphaut et Byevelt, qu'il avait faits évêques de Haarlem et de Deventer, siégeaient avec lui. Il y avait aussi dix-sept chanoines et curés hollandais, auxquels, pour faire nombre, on accorda voix délibérative à l'égal des

---

(*a*) On qualifiait de ce nom ceux qui refusaient de souscrire à la bulle *Unigenitus.*

évêques. On approuva et adopta les cinq articles présentés, en 1663, à M. de Choiseul par quelques théologiens jansénistes, et adressés à Alexandre VII ; les articles théologiques présentés à Innocent XI, en 1677, par l'université de Louvain ; et les douze articles envoyés, en 1725, à Benoît XIII par le cardinal de Noailles, quoique les uns ni les autres n'eussent jamais été autorisés. Mais on était bien aise de faire revivre ce que l'on regardait comme favorable aux préjugés du parti. On rendit ensuite douze décrets contre les erreurs de Leclerc, contre les jésuites Hardouin, Berruyer et Pichon, et contre la morale *relâchée* des casuistes modernes. Le *concile* déclara indignes de participer aux sacrements ceux qui soutiendraient la doctrine qu'il avait condamnée. Le reste des décrets regarde les matières de discipline et de sacrements. La dernière session se tint le 20 septembre. Le lendemain, les décrets furent lus publiquement, approuvés et confirmés par tous les Pères, qui les signèrent tous en se servant également, évêques et prêtres, de cette formule réservée jusque-là aux premiers pasteurs : *Ego... judicans subscripsi*. Les actes de cette assemblée sont signés de trois évêques et de seize prêtres. Il y assista en outre plusieurs Français, d'Etemare, de Bellegarde, Duhamel, Rivière, plus connu sous le nom de Pelvert, Clément, etc. *Mém. pour serv. à l'hist. eccl., t. II.*

UZEDOM (Synode d') ou Uznoym en Poméranie, *Uzedomense*, l'an 1127, le jour de la Pentecôte. Saint Otton, évêque de Bamberg et apôtre de la Poméranie, y fit un discours aux nouveaux convertis, à qui il expliqua sans art, mais avec autant d'onction que de clarté, la doctrine de l'Église sur les sept sacrements. Le saint évêque employa la semaine entière à baptiser les uns, à réconcilier les autres, à les instruire tous, et il ne se sépara point de ce peuple, avant de lui avoir fait part de tous les dons spirituels. *Sefred. Vita S. Ottonis.*

UZÈS (Synode d'), dans la Gaule Narbonnaise, *Uceliensis*, l'an 558 ou environ. Saint Ferréol, évêque d'Uzès, avait été accusé auprès du roi Childebert à cause de sa bonté pour les juifs, et déporté à Paris, où il demeura trois ans. De retour dans son diocèse en 558, il assembla un synode dans l'église de Saint-Théodoric, y réunit tous les juifs de la ville et des environs, les instruisit de la foi catholique, et les engagea à abjurer leurs erreurs. Quelques-uns se convertirent et reçurent le baptême. Pour les autres, ils furent forcés de sortir de la ville. La mention de ce concile se trouve dans la vie de saint Ferréol, chez les Bollandistes, au 18 septembre. Les Bénédictins l'ont porté dans leur nouvelle collection des conciles de France.

UZÈS (Concile d'), l'an 1139. Ce concile se tint dans l'église cathédrale d'Uzès, par ordre du pape Innocent II, vers le commencement de l'an 1139. Gui, cardinal-diacre, et Guillaume, archevêque d'Arles, y présidèrent en qualité de légats du saint-siège. On termina dans ce concile le différend qui régnait depuis plusieurs années entre l'abbaye de la Chaise-Dieu et celle de Saint-Tibéri, au sujet de l'église de Bessan, et qui avait donné lieu à plaid dix ans auparavant. Cette église fut adjugée au monastère de Saint-Tibéri, moyennant une rente annuelle de quinze sols melgoriens envers celui de la Chaise-Dieu. *Ménard, Hist. de Nîmes.*

V

VAGAIS (Conciliabule de), l'an 394. *Voy.* BAGAIE, même année.

VAISON (Concile de), l'an 350. Labbe et Sirmond traitent ce concile de concile imaginaire ; Hardouin, qui le cite, n'en dit rien davantage. *Conc. Hard. t. XI, Suppl.*

VAISON (Concile de), *Vasense*, l'an 442. Le concile qui devait s'assembler le 18 octobre de l'an 442 à Lucienne, dans le diocèse d'Orange, se tint le 13 novembre, non dans le diocèse d'Orange, mais dans celui de Vaison, et à Vaison même, chez Auspicius, évêque de l'église catholique de cette ville, ainsi qu'il est marqué dans le titre de ce concile. On ne sait point d'autres motifs de sa convocation que la résolution formée dans les conciles précédents, d'en tenir un ou deux chaque année. On ne sait non plus ni le nom ni le nombre des évêques qui y assistèrent, parce que nous n'en avons point les souscriptions. Adon, évêque de Vienne, qui parle de ce concile sur la fin de l'an 337, dit que Nectaire, l'un de ses prédécesseurs, présida à ce concile, et qu'il y prêcha publiquement dans l'église que le Père, le Fils et le Saint-Esprit n'ont qu'une nature, une puissance, une divinité et une vertu. On y fit dix canons.

Le 1er « Les évêques des Gaules, passant d'une province à une autre dans l'étendue du royaume, n'auront point besoin de témoignage, c'est-à-dire apparemment de lettres formées, pourvu qu'ils ne soient point excommuniés, le voisinage les faisant assez connaître. »

On voit par ce canon que les lettres formées, ou de recommandation, n'étaient nécessaires aux évêques que quand ils voyageaient dans les pays étrangers.

Le 2e ordonne de prier pour ceux qui meurent subitement, et sans avoir reçu la communion, dans le cours de la pénitence qu'ils accomplissaient avec fidélité. Il veut aussi qu'on reçoive leur oblation, et qu'on fasse mémoire d'eux à l'autel : la raison qu'il en donne est que, s'ils eussent vécu, on ne leur eût pas refusé l'eucharistie.

La même chose avait été ordonnée dans le quatrième concile de Carthage, *can.* 79, et dans le onzième de Tolède, *can.* 12.

Le 3e. « Les prêtres et les diacres ne s'adresseront qu'à l'évêque diocésain pour avoir le saint chrême, ce qu'ils feront vers la fête de Pâques par eux-mêmes, ou du moins par un sous-diacre, lorsqu'ils ne le pourront par eux-mêmes, n'étant pas convenable que l'on commette de moindres ministres pour une chose si importante. »

On voit la même ordonnance dans le premier concile de Tolède, can. 20 ; dans le second de Brague, can. 11 ; et dans le quatrième de Carthage, can. 36.

Le 4°. « Ceux qui retiennent les oblations des défunts, ou diffèrent de les donner à l'église, seront excommuniés comme sacriléges et meurtriers des pauvres. » Il cite, à cet effet, un passage de la lettre de saint Jérôme à Népotien, où ce Père dit que « de prendre quelque chose à un ami, c'est un vol, » mais que « de prendre à l'Eglise, c'est un sacrilége. »

On trouve le même règlement dans le deuxième concile d'Arles, can. 47 ; dans celui d'Agde, can. 4 ; dans le troisième d'Orléans, can. 22, et dans le cinquième, can. 16 ; et dans le premier de Mâcon, can. 4.

Le 5° permet à celui qui ne veut pas s'en tenir à la sentence de son évêque d'en appeler au concile.

Même règlement dans le quatrième concile de Carthage, can. 66 ; et dans le troisième d'Orléans, can. 20

Le 6° montre par la première lettre de saint Clément à saint Jacques, que l'on doit éviter non-seulement ceux que l'évêque a excommuniés nommément, mais encore ceux dont il témoigne, sans le dire, n'être pas satisfait.

Les critiques conviennent que les deux lettres de saint Clément à saint Jacques, frère du Seigneur, sont supposées.

Le 7°, pour arrêter la facilité d'accuser ou d'excommunier légèrement, ordonne aux évêques de se laisser aisément fléchir pour les fautes légères; à quoi il ajoute que, pour les autres crimes, ils doivent se porter pour accusateurs en forme.

Le 8° dit que, si un évêque connaît seul le crime d'un autre, qu'il puisse le prouver par témoins, il ne doit point le publier, mais travailler en secret à corriger le coupable, en le laissant tant dans sa communion que dans celle des autres, aussi longtemps qu'il n'y aura point de preuves contre lui, mais que, si le coupable s'obstine à ne vouloir pas se corriger, l'évêque pourra le séparer de sa communion, et non pas de celle des autres qui ne connaissent pas son crime.

D. Ceillier observe que ce canon est contraire au cinquième du septième concile de Carthage, en 419, qui sépare de la communion de ses confrères l'évêque qui aura agi de la sorte.

Les deux canons suivants ont pour but d'empêcher que ceux qui, par charité, se chargeaient des enfants trouvés, ne fussent détournés de cette bonne action par la crainte qu'on ne leur fît un procès, comme il arrivait souvent, et qu'on ne les accusât de les avoir enlevés. Le concile ordonne donc, suivant la loi d'Honorius, que ceux qui trouveront des enfants exposés, en fassent leur déclaration à l'église, et que, le dimanche suivant, on publie à l'autel que l'on a trouvé un enfant exposé, afin que, si dans dix jours de l'exposition de l'enfant, il se rencontre quelqu'un qui le reconnaisse pour le sien, on le lui rende, et qu'après ce temps personne ne soit plus reçu à le demander, sous peine d'être frappé de censure ecclésiastique, comme homicide

L'empereur Constantin avait décrété en 331 que les enfants exposés appartiendraient, comme leurs enfants ou leurs esclaves, à ceux qui les auraient nourris et élevés. Honorius avait ajouté, en 412, que celui qui ramasserait un enfant ainsi exposé prendrait pour sa sûreté une attestation de témoins, signée de l'évêque. Malgré ces lois, on inquiétait souvent ceux qui avaient eu la charité de recueillir ces enfants; et après qu'ils les avaient nourris, on les obligeait à les rendre : ce qui était cause que personne n'osait plus s'en charger ; et ils étaient plutôt exposés aux chiens, dit le concile, qu'à la compassion de ceux qui voudraient les recueillir. Le concile avait donc un juste sujet d'ordonner que les lois des empereurs fussent observées. *Labb.* III.

VAISON (Concile de), l'an 529. Saint Césaire d'Arles présida à ce concile, qui se tint aux nones de novembre, sous le consulat de Décius, c'est-à-dire le septième jour de novembre 529, le quatrième du pontificat de Félix et du règne d'Athalaric, roi d'Italie. Ce concile avait été indiqué deux ans auparavant dans le concile de Carpentras, et les évêques qui l'avaient indiqué s'y trouvèrent au nombre de douze. Leur premier soin fut d'ordonner la lecture des anciens canons, suivant la coûtume. Aucun des évêques présents n'y ayant donné atteinte, tous en rendirent grâces à Dieu, et le bénirent de ce que cette assemblée n'aurait servi qu'à se donner mutuellement des témoignages d'amitié et à entretenir la charité. Toutefois, pour ne pas se séparer sans qu'il en revînt quelque chose à l'édification de l'Eglise, ils dressèrent cinq canons pour le règlement de la discipline, et principalement pour l'arrangement de l'office divin. Le premier porte que, suivant l'usage établi salutairement en Italie, tous les prêtres de la campagne recevront chez eux les jeunes lecteurs qui ne sont point mariés, pour les élever et nourrir spirituellement comme de bons pères, leur faisant apprendre les psaumes, lire les divines Ecritures, et les instruisant dans la loi du Seigneur, afin de se préparer dans ces jeunes élèves de dignes successeurs, et de recevoir pour cette bonne œuvre des récompenses éternelles de la part de Dieu. Le canon ajoute que lorsqu'ils seront venus à l'âge parfait, si quelqu'un d'eux, par la fragilité de la chair, veut se marier, on ne lui en ôtera pas le pouvoir. Le second permet aux prêtres, pour l'édification de toutes les églises et pour l'utilité de tout le peuple, de prêcher non-seulement dans les villes, mais dans toutes les paroisses de la campagne : voulant que si quelque infirmité empêche le prêtre de prêcher, les diacres récitent à haute voix les homélies des saints Pères, cela leur étant bien permis, puisqu'ils peuvent même lire l'Evangile devant le peuple.

Le 3e ordonne qu'à l'exemple du siége apostolique et des provinces d'Orient et d'Italie, où l'on dit souvent *Kyrie eleison* avec une grande dévotion, on le dise dans toutes les églises de la dépendance des évêques du concile, à matines, à la messe et à vêpres, et qu'à toutes les messes, même de carême et des morts, on dise trois fois *Sanctus*, comme aux messes publiques ; une parole si sainte ne pouvant produire de dégoût, quand même on la prononcerait jour et nuit.

Le 4e ordonne de faire mémoire, dans toutes les églises, du pape qui occupera alors le saint-siége ; et, parce que tel était aussi l'usage en Orient, en Afrique et en Italie, d'ajouter après *Gloria Patri*, etc., *Sicut erat in principio*, etc., à cause des hérétiques qui disent que le Fils de Dieu n'a pas toujours été avec le Père, mais qu'il a commencé avec le temps.

Le 5e ordonne de suivre cet usage dans les provinces du ressort du concile, à cause que les ariens y dominaient. *Hist. des aut. sacr. et eccl.*, t. XVI ; *Anal. des Conc.*, t. I.

VALENCE (1er Concile de) en Dauphiné, *Valentinum*, l'an 374.

On voit par la date de ce concile qu'il se tint, le 4 des ides de juillet, sous le consulat de l'empereur Gratien et d'Equitius, c'est-à-dire le 12 juillet de l'an 374. Il s'y trouva vingt-deux évêques, ou même trente selon un manuscrit, dont les plus connus sont saint Florent de Vienne, saint Phœbade d'Agen, qui est nommé *Phœgade* ou *Fagade*; saint Concordius d'Arles, Artémius d'Embrun, saint Vincent, premier évêque de Digne ; Britton ou Britannius de Trèves, Eortius qu'on croit être saint Evortius ou Euverte d'Orléans; saint Just de Lyon, Emilien de Valence, saint Paul de Trois-Châteaux, Nicétius de Mayence, et Constantius d'Orange. Le martyrologe d'Usuard et quelques autres font saint Paul évêque de Troyes. La ressemblance des noms *Tricassinus* et *Tricastinus* a donné lieu à l'erreur. On ne sait pas bien de quels endroits les autres étaient évêques, ni quel fut le président de ce concile. Saint Phébade d'Agen, qui est le premier en tête des lettres du concile, ne se trouve point dans les souscriptions, et saint Florent de Vienne y est nommé le premier ; ce qui ferait juger qu'il présida à ce concile en qualité de métropolitain de la province Viennoise, d'où Valence dépendait. Il paraît que le concile ne fut convoqué que pour faire cesser quelque division arrivée dans les Eglises des Gaules ; mais les évêques, ayant remis les choses dans l'état où elles devaient être, firent de plus les quatre canons suivants :

1er. « Pour ne pas déshonorer le clergé, on défend d'ordonner dans la suite les bigames, c'est-à-dire ceux qui ont été mariés deux fois, ou qui ont épousé une veuve, quand même ils auraient contracté ces mariages étant encore idolâtres. Cependant, comme cet abus était commun, on ne veut pas qu'on inquiète ceux qui, par le passé, ont été ordonnés en cet état, à moins qu'il n'y ait quelque autre sujet de procéder à leur déposition. »

2e. « On n'accordera pas d'abord la pénitence aux filles qui se sont mariées librement, après avoir voué à Dieu leur virginité ; et, lorsqu'on la leur aura accordée, on leur différera la communion, jusqu'à ce qu'elles aient satisfait par une pénitence pleine et convenable. »

3e. « Ceux qui, après avoir reçu une fois le saint baptême, se sont souillés par les sacrifices des démons, ou par quelque baptême impur, seront reçus à pénitence, comme l'ordonne le concile de Nicée, pour ne pas les jeter dans le désespoir ; mais ils la feront jusqu'à la mort. »

4e. « Ceux qui, étant sur le point d'être ordonnés diacres, prêtres, ou évêques, se confessent coupables de quelque crime mortel, ne seront pas promus à ces ordres, parce que, s'ils ne sont pas en effet coupables de ces crimes, ils le sont du moins d'avoir menti pour s'en faire croire coupables. » On voit par ce canon que la crainte d'être élevé aux dignités ecclésiastiques était si grande alors, qu'elle portait souvent les fidèles à s'imposer à eux-mêmes de faux crimes.

Outre ces quatre canons, on en trouve deux autres cités par Gratien comme de ce concile. Le premier défend à l'évêque de donner ou d'échanger les biens de l'église sans le consentement par écrit de son clergé, et déclare la donation nulle. Le second ordonne que les prêtres qui gouvernent les églises du diocèse demandent, avant la solennité de Pâques, le saint chrême à leur propre évêque, par eux-mêmes ou par un autre prêtre, et non par un jeune clerc. Mais la lettre synodale du premier concile de Valence, telle que nous l'avons, ne contient que les quatre premiers canons. Elle est adressée aux évêques des Gaules et des cinq provinces, c'est-à-dire de la Viennoise, des deux Narbonnaises, des Alpes maritimes et des Alpes grecques, ou, selon quelques auteurs, la Novempopulanie, au lieu des Alpes grecques. Par les Gaules, on n'entendait alors que la Lyonnaise et la Belgique. Outre cette lettre, le concile en adressa une au clergé et au peuple de Fréjus, qui avaient élu unanimement pour évêque un nommé Acceptus. Celui-ci, pour éviter l'ordination, et par esprit d'humilité, s'accusa d'un crime. L'affaire ayant été portée au concile, les Pères répondirent, qu'ayant résolu (dans le quatrième canon) de rejeter ces sortes d'ordinations, ils n'ont pu dispenser Acceptus de la règle, quoique Concordius d'Arles, rapporteur de cette affaire, lui eût rendu un témoignage très-avantageux. *Hist. des aut. sacr. et eccl.*, t. V ; *Hist. de l'Egl. gall.*

VALENCE (Concile de), l'an 419. Les évêques de la Viennoise y examinèrent diverses accusations portées contre l'évêque de Valence.

VALENCE (Concile de), l'an 474. *Gall. Christ.*, t. IV, col. 862.

VALENCE (Concile de) en Dauphiné, l'an 529 ou 530. Les actes de ce concile sont perdus, et nous ne le connaissons que par un fragment qui en est rapporté dans la Vie de saint Césaire d'Arles, par le diacre Cyprien. On voit par ce fragment que les matières de la grâce furent agitées dans ce concile, et que saint Cyprien, évêque de Toulon, y prouva, par l'Ecriture et par les Pères, que l'homme ne peut rien faire dans l'ouvrage de son salut, s'il n'est appelé par une grâce de Dieu prévenante. *Reg.* IX; *Labb.* IV; *Hard.* II.

VALENCE (2e Concile de), l'an 584 ou 585. Ce concile se tint le 23 mai de l'an 584 ou 585, qui était le vingt-troisième ou le vingt-quatrième du règne de Gontran. Sapaudus, évêque d'Arles, y présida à la tête de seize autres évêques, qui confirmèrent les donations faites ou à faire aux lieux saints par le roi Gontran, par la défunte reine Austrechilde, son épouse, et ses filles consacrées à Dieu. Par les lieux saints, le concile n'entend pas seulement les églises de Saint-Marcel de Châlons-sur-Saône, et de Saint-Symphorien d'Autun, comme semble le dire l'auteur du *Dictionnaire portatif des Conciles;* mais tous les lieux saints en général, et même toutes les personnes consacrées à Dieu, *vel quibuscumque locis, vel servientibus Deo.* Il ajoute la défense, sous peine d'anathème, aux évêques des lieux et aux rois, de rien ôter ou diminuer de ces biens à l'avenir. *Labb.* t. V.

Valence (3e Concile de), l'an 855. L'évêque de Valence, ville des États de l'empereur Lothaire, ayant été accusé de plusieurs crimes, les prélats s'assemblèrent à Valence le 8 janvier de l'an 855, pour lui faire son procès. Ils avaient à leur tête les métropolitains Remi de Lyon, Agilmare de Vienne et Roland d'Arles. Après qu'on eut examiné les chefs d'accusation contre l'évêque, et jugé cette cause, dont on ne sait point l'issue, on fit plusieurs canons concernant la foi et la discipline. Ebbon, évêque de Grenoble, neveu d'Ebbon de Reims, et pour ce sujet ennemi secret d'Hincmar, profita de l'occasion et fit dresser les six premiers articles sur la grâce, sur la prédestination, sur la mort de Jésus-Christ et sur la liberté, comme pour les opposer aux quatre articles de Quercy, dont on parle ici en termes peu mesurés.

Dans le premier article, les Pères de Valence déclarent qu'ils rejettent toute nouveauté de paroles et qu'ils s'attachent aux sentiments des saints docteurs Cyprien, Hilaire, Ambroise, Jérôme et Augustin. C'était ce qu'ils pouvaient faire de mieux.

Dans le second et le troisième article, ils enseignent que Dieu a prédestiné la peine aux méchants, mais qu'il ne les a pas prédestinés au mal; sur quoi ils disent : « Nonseulement nous ne croyons pas que Dieu en ait prédestiné quelques-uns au mal, en sorte qu'ils n'aient pu l'éviter; mais si quelques-uns sont dans de si détestables sentiments, nous les avons en horreur, et leur disons anathème avec le concile d'Orange. » C'est le second concile d'Orange, dont on emprunte ici les expressions contre les prédestinatiens.

Le quatrième canon attaque plus directement les quatre articles de Quercy. Il est conçu en ces termes : « Il s'est élevé une grande erreur touchant la rédemption du sang de Jésus-Christ. Quelques-uns, ainsi que leurs écrits en font foi, soutiennent que ce sang a été répandu pour tous les impies, qui, depuis le commencement du monde jusqu'à la passion, sont morts dans leur impiété et ont été punis de la damnation éternelle; ce qui est contraire à cet oracle du prophète : *Ero mors tua, o mors, et morsus tuus, inferne.* » Pour nous opposer à cette erreur, nous croyons qu'on doit simplement tenir et enseigner, comme l'Evangile et l'Apôtre l'enseignent, que le prix de ce sang a été donné pour ceux dont Notre-Seigneur a dit : « De même que Moïse a élevé le serpent dans le désert, ainsi il faut que le Fils de l'homme soit élevé, afin que quiconque croit en lui ne périsse point, mais qu'il ait la vie éternelle. » Ils continuent : « Quant aux quatre articles qui ont été reçus inconsidérément par un concile de nos frères, nous défendons de les enseigner, puisqu'ils sont inutiles et même nuisibles, et renferment une erreur contraire à la vérité, aussi bien que dix-neuf autres articles fort impertinents, qui contiennent plutôt des fictions diaboliques que des preuves de la foi. » Les évêques parlent sans doute du livre de Jean Scot sur la prédestination, dont, en effet, on avait extrait dix-neuf articles.

On voit par ce canon que les évêques du concile de Valence, pour combattre les articles de Quercy, leur attribuèrent un sens que le seul esprit d'animosité et de critique leur y fit trouver. Ils firent entendre qu'on enseignait dans ces articles que Jésus-Christ était tellement mort pour tous les hommes, qu'il avait délivré tous les damnés de l'enfer. Or, il est manifeste qu'il n'y a rien dans les articles de Quercy qui insinue cette erreur. Au contraire, en établissant que Jésus-Christ est mort généralement pour tous les hommes, on y enseignait que la rédemption est offerte à tous, mais que le remède ne guérit pas ceux qui ne veulent pas le prendre.

Dans le cinquième canon, les Pères de Valence déclarent que tous les fidèles qui ont été régénérés sont véritablement incorporés à l'Eglise, et qu'il n'y a rien d'illusoire dans les sacrements qui leur sont administrés, quoiqu'une partie de ces fidèles périssent en ne persévérant pas dans la grâce de la rédemption, parce qu'ils ne le veulent pas. Cette doctrine est directement contre les erreurs attribuées à Gotescalc par Amolon de Lyon.

Le sixième canon est sur la nécessité de la grâce et sur le libre arbitre, affaibli par le péché d'Adam et rétabli par la grâce de Jésus-Christ. Les évêques déclarent que sur ces points ils s'en tiennent à ce qu'ont enseigné les saints Pères, les papes, les conciles d'Afrique, et en particulier celui de Carthage. Mais, ajoutent-ils, pour les questions impertinentes, les contes de bonnes femmes, et les mets insipides des Ecossais qui soulèvent le cœur à ceux qui ont la foi pure, et toutes ces opinions qui, pour mettre le comble à nos maux dans ces temps malheureux, ont fait assez de progrès pour venir à bout de rompre les liens de la charité, nous les rejetons entièrement, de peur qu'elles n'infectent les esprits et ne leur fassent perdre la simplicité et la pureté de la foi. C'est encore contre Jean Scot que ces traits sont lancés. Pour justifier la censure des articles de Quercy, on publia dans le royaume de Lothaire un écrit sur ces matières plus violent que ceux qui avaient paru jusqu'alors. Il n'y avait de modération que dans le titre, conçu en ces termes : *De tenenda Scripturæ veritate*. Les injures qu'on y dit aux prélats de Quercy sont les seules fleurs qu'on y trouve parmi les épines de ces questions théologiques. On chicane partout les auteurs des quatre articles. On leur prête des sens controuvés, on condamne jusqu'aux pensées et aux expressions de saint Prosper, dont ils se sont servis. En un mot, ce nouveau censeur n'a pas mieux observé les règles de la critique que celles de la charité; car il tombe en contradiction avec lui-même, et condamne dans les articles de Quercy ce qui est loué dans la réfutation de trois lettres, laquelle il adopte.

Outre ces six premiers canons sur les points de doctrine qui étaient alors des questions à la mode, les évêques du concile de Valence en dressèrent plusieurs de discipline, qui pouvaient être d'une plus grande utilité. En voici les principales dispositions.

7. Ils ordonnent que, pour le maintien de la vigueur ecclésiastique, qui perd sa force dans des évêques qui n'ont ni mœurs ni savoir, le prince soit supplié de laisser au clergé et au peuple la liberté des élections ; que les évêques soient choisis dans le clergé de la cathédrale, ou dans le diocèse, ou du moins dans le voisinage; et que, si l'on prend pour évêque un clerc attaché au service du prince, le métropolitain s'informe exactement de sa vie et de sa doctrine, pour ne point ordonner un indigne.

8. « Ceux qui s'empareront des biens de l'Eglise seront excommuniés, quoiqu'ils disent qu'ils leur ont été donnés par le prince.»

9. « On usera de la même sévérité envers les laïques qui manqueront de respect pour les curés ou qui s'empareront des biens des paroisses. Les laïques qui veulent bâtir quelque église sur leurs terres doivent la doter, lui assigner une métairie et trois esclaves, et de plus la soumettre à l'église-mère et à l'évêque. »

Il y a dans le texte *unam colonicam*. Ce terme signifie une métairie qui a une certaine étendue de terre à cultiver. *Mansus* signifie à peu près la même chose. Cependant, dans quelques anciennes chartres, on paraît distinguer *colonica* de *mansus* ou *munsum*.

10. « Tous les fidèles payeront exactement la dîme de tout ce qu'ils possèdent.»

11. « On abolira l'abus introduit dans les tribunaux séculiers, de faire prêter serment aux deux parties qui sont en procès, puisqu'il n'est pas possible que l'une des deux ne soit parjure. »

12. « Celui qui aura tué ou chargé de plaies son adversaire en duel sera soumis à la pénitence de l'homicide, et le mort privé des prières et de la sépulture ecclésiastique; on suppliera l'empereur de confirmer ce décret et d'abolir lui-même un si grand mal par des lois publiques.»

13. « Pour maintenir la charité et l'unité entre les *évêques*, ils se soutiendront l'un l'autre contre les rebelles à l'Eglise, afin de les obliger, sous peine d'excommunication, à se soumettre à la pénitence.»

14. « Les *évêques* ne donneront point lieu aux clercs et aux moines de se plaindre de leurs vexations. »

15. « Les *évêques* mèneront une vie exemplaire. »

16 et 17. «Chaque *évêque* instruira par lui-même, ou par d'autres personnes capables, les peuples, tant de la ville que de la campagne, et fera la visite de son diocèse, sans être trop à charge.»

18. « On remettra sur pied les écoles où l'on apprendra les sciences, tant divines qu'humaines, et le chant ecclésiastique. »

19. « Les métropolitains veilleront sur la conduite de leurs suffragants ; et ceux-ci sur le clergé de leur diocèse.»

20. « On gardera soigneusement les ornements des églises : on en fera usage suivant l'intention des donateurs, et on ne les emploiera à rien qui soit contraire aux canons.»

21. «On ne fera point d'échange des biens de l'Eglise ; et, si l'on en fait, ce sera avec beaucoup de soin et d'exactitude.»

22. On condamne l'abus selon lequel les *évêques* exigeaient des droits de visite, quoiqu'ils ne la fissent point

23. On menace d'excommunication quiconque continuerait à inquiéter l'archidiacre de Vienne, soit dans sa personne, soit dans ses proches. L'empereur, pour confirmer les décrets de ce concile, qui est appelé le *troisième de Valence*, emprunta l'édit de Constantin adressé à Ablavius, préfet du prétoire. *Reg.* tom. XXI ; *Lab.* tom. VIII ; *Hard.* tom. V ; *Anal. des Conc.* t. I.

VALENCE (Concile de), l'an 890. En cette année Bernoin, archevêque de Vienne, fit un voyage à Rome, où il représenta au pape Etienne V le fâcheux état du royaume depuis la mort de l'empereur Charles. Tout y était dans le trouble, faute de maître pour gouverner; et les habitants se voyaient exposés au pillage, tant de la part des Normands que des Sarrasins. Le pape, touché jusqu'aux larmes écrivit aux évêques de la Gaule Cisalpine de proclamer roi d'un commun accord Louis, fils de Boson. Ce fut le motif du concile de Valence tenu la même année.

Aurélien de Lyon, Rostaing d'Arles, Arnaud d'Embrun et Bernoin de Vienne y assistèrent avec plusieurs autres évêques, qui s'accordèrent, suivant le conseil d'Etienne V, à choisir et à sacrer roi Louis, fils de Boson et d'Ermengarde, fille de l'empereur Louis II. Quoiqu'il ne fût pas d'un âge à réprimer les entreprises des barbares, n'ayant encore que dix ans, on comptait sur les bons conseils de la noblesse, et surtout de son oncle Richard, duc de Bourgogne, et de sa mère la reine Ermengarde. *Hist. des aut. sacrés et ecclés.*, tom. XXII.

VALENCE (Concile de), l'an 1100. Le pape Pascal II, dès qu'il fut élevé sur le saint-siége, envoya en France deux cardinaux légats : savoir, Jean et Benoît, qui à leur arrivée indiquèrent un concile à Valence. Il s'assembla le dernier jour de septembre de l'an 1100, et il s'y trouva vingt-quatre tant évêques qu'abbés, avec des envoyés de l'archevêque de Lyon, qui était malade.

Hugues, abbé de Flavigni, était venu à ce concile pour se plaindre des violences de l'évêque d'Autun, qui l'avait interdit lui et son monastère, et qui avait soulevé contre lui ses religieux. Jarenton, abbé de Dijon, plaida si éloquemment la cause de Hugues, son disciple, que le concile ordonna sur-le-champ qu'on le revêtît de la chape, et qu'on lui rendît le bâton pastoral. Ainsi on le fit asseoir dans le concile au rang des abbés. Les évêques écrivirent même une lettre en sa faveur, ordonnant aux moines de le reconnaître pour leur abbé; mais les moines refusèrent de se soumettre, et Hugues ne put jamais recouvrer son abbaye.

Après que l'affaire de Hugues, qui paraissait plus aisée, eut été terminée au concile de Valence, on mit sur le bureau celle de Nortgand, évêque d'Autun. Treize chanoines députés du chapitre étaient présents pour l'accuser de simonie. Les défenseurs de Nortgand répondaient que les ouailles ne devaient point être reçues pour accuser le pasteur; que d'ailleurs ceux qui accusaient leur pasteur de simonie avaient encouru l'excommunication pour avoir consenti à son ordination contre leur conscience. Les légats dirent que quand il s'agissait de simonie, les inférieurs et même les infâmes étaient reçus à accuser; ils apportèrent là-dessus l'exemple de saint Grégoire VII, qui déposa un évêque simoniaque sur l'accusation du complice de la simonie, qu'il déposa pareillement.

Comme les légats voulaient juger cette affaire, les évêques prétendirent que, selon l'usage de l'Eglise gallicane, qui avait été confirmé dans le concile de Clermont en présence du pape Urbain, et dans les conciles tenus par Hugues de Lyon, il fallait d'abord permettre à celui qui était accusé de se purger. Mais les légats soutenaient que c'était aux accusateurs à prouver ce qu'ils avaient avancé, c'est-à-dire, que les légats ne voulaient pas qu'on informât d'abord à la décharge de l'accusé, ou qu'il fût reçu à se purger, avant qu'on eût entendu les témoins contre lui.

Nortgand, pour se tirer d'affaire, voulut appeler au saint-siége; mais les légats ne reçurent pas cet appel, parce que, en qualité de légats, ils étaient revêtus de la plénitude du pouvoir; on disputa ainsi jusqu'au soir. La décision fut remise au lendemain; et comme on ne put encore convenir, elle fut renvoyée au concile que deux légats convoquèrent à Poitiers, pour la même année 1100. En attendant, Nortgand fut suspendu de ses fonctions. Il avait envoyé la nuit précédente des présents aux évêques; mais plusieurs les refusèrent, et ils en furent félicités par les légats en plein concile. *Hist. de l'Egl. gallic.*

L'abbé Lenglet s'est trompé en condamnant de simonie Hugues de Flavigni aussi bien que Nortgand, dans ses Tablettes chronologiques. *Anal. des Conc.*, t. V.

VALENCE (Concile de), l'an 1209. Le comte de Toulouse se trouva à ce concile, à la mi-juin, sur la citation du légat, et accepta les conditions qui lui furent imposées pour obtenir son absolution, qui ne lui fut pas néanmoins accordée encore. *Ibid.*

VALENCE (Concile de), tenu à Montélimar, ou Monteil, l'an 1248. Le concile dont il s'agit avait pour fin le maintien de la foi, de la paix et de la liberté de l'Eglise. Les prélats qui le composaient étaient des quatre provinces de Narbonne, de Vienne, d'Arles et d'Aix, sous les cardinaux Pierre, évêque d'Albane, et Hugues de Saint-Cher, prêtre du titre de Sainte-Sabine, présidents. Ils se proposaient, non de rien statuer de nouveau, mais de rafraîchir la mémoire des statuts déjà portés, qui avaient perdu leur vigueur. Cette déclaration fait le premier article.

Le second représente nettement Frédéric (déposé par Innocent IV) comme un prince auquel on ne doit plus rien, en vertu de sa déposition. Que de trois en trois ans, dit le texte, on renouvelle le serment de garder la paix. A ce serment, dont il est si souvent fait mention dans les conciles, celui-ci veut « qu'on en ajoute un autre contre le schismatique Frédéric, auteur de toutes les discordes : on ne lui prêtera ni aide ni appui ; et, en cas qu'il vînt dans ces provinces, ou personnellement ou par un officier autorisé par lui à se faire obéir, on ne le recevra point, et on ne lui rendra point d'obéissance, puisqu'il n'aurait d'autre intention que de rompre l'unité de l'Eglise, et de troubler la paix des catholiques. » C'était une suite de ce qui s'était passé au dernier concile général de Lyon, et ce qu'on avait principalement en vue dans celui-ci.

Le 3e défend aux ecclésiastiques engagés dans les ordres sacrés, ou pourvus d'un bénéfice, d'exercer aucun office public dans les cours ou les tribunaux laïques : ce qu'il explique même des charges de juge ou de viguier, de consul, d'assesseur et autre, où ils seraient élevés par l'élection du public ou par la nomination d'une personne séculière.

Le 4e ne laisse pas à la liberté des clercs bénéficiers le refus de prendre les ordres, quand la nécessité ou l'ordre de l'évêque leur en fait un devoir. C'est la confirmation d'un règlement fait dans d'autres conciles, surtout dans celui de Béziers de la même année que celui-ci.

Le 5e veut qu'on contraigne les juifs à porter sur eux un signe qui les fasse reconnaître.

Le 6e, qu'on poursuive la punition des parjures, surtout, dit l'article suivant, si ce sont des parjures dont la paix, la religion, la défense et la liberté des églises aient à souffrir.

Le 8e ordonne de les dénoncer publiquement.

Le 9e pourvoit à ce que les sentences des inquisiteurs soient exécutées.

Le 10e en impose particulièrement l'obligation aux évêques.

Le 11e défend les procédures tumultueuses par avocats, qui retarderaient les affaires de l'inquisition.

Le 12e montre qu'il y avait non-seulement des gens qui faisaient profession d'être sacrilèges et sorciers, mais qu'on en faisait un métier qui avait ses maîtres pour l'enseigner. C'est contre eux surtout que le canon est fait. « Qu'on les rende, dit le concile, à leur évêque, et qu'il les punisse. »

Le 13e assure, autant qu'il est possible, les formalités employées par les inquisiteurs contre la propagation de l'hérésie et contre l'impunité des prédicants en France.

Le 14e défend d'élire des excommuniés pour remplir des offices publics.

Le 15e tâche de réprimer les retours de vengeance exercés après une excommunication contre ceux qui l'auraient portée ou dénoncée. C'est ce qu'on appelait des bans, sorte de proscription qui tendait à interdire toute société avec les ecclésiastiques ou les autres dont on avait envie de se venger. « Si ce n'est pas là une hérésie formelle, dit le concile, on ne saurait nier que cela n'en approche et ne soit contraire à la discipline de l'Eglise, en tant que c'est mépriser le pouvoir des clefs, éluder et enfreindre l'excommunication même. »

Le 16e ordonne à tous les prélats à qui l'évêque diocésain dénonce quelqu'un qu'il a excommunié, de le dénoncer eux-mêmes dans leurs diocèses, et d'éviter tout rapport avec lui, sous peine d'être privés d'entrer dans l'église durant un mois.

Le 17e et le 18e ont encore les excommuniés pour objet, défendant toute communication avec eux, surtout s'ils s'ingèrent, bon gré mal gré, dans les offices ecclésiastiques.

Les violences contre les clercs, même les meurtres, étaient des cas si peu rares, qu'à l'article 19 le concile ramasse en forme de préceptes tout ce que les canons avaient jamais prononcé de plus rigoureux sur ce sujet.

Le 20e ne sévit pas moins contre les conspirations, qu'il ne distingue pas des confréries, parce que ces deux noms couvraient également de très-dangereux projets.

Le 21e enveloppe parmi ceux qui méritent d'être excommuniés quiconque refuse de faire la paix et d'en prêter serment.

Le 22e est une sentence expresse d'excommunication portée contre Frédéric ci-devant empereur, et contre tous ceux dont il reçoit, ou faveur, ou secours, ou conseil.

Le 23e frappe séparément du même anathème et des peines qui y étaient annexées, telles que la privation de bénéfices et la déposition, tout ce qu'il y aurait dans le clergé de complices ou de fauteurs de sa contumace contre l'Eglise. Il est remarquable que ce concile était totalement composé d'évêques qui avaient leurs siéges en Languedoc, en Provence, dans le comtat Venaissin et en Dauphiné, terres alors reconnues pour impériales. Outre les deux légats et les quatre métropolitains que nous avons indiqués, il y avait les évêques de Béziers, d'Agde, d'Uzès, de Nîmes, de Lodève, d'Agen, de Viviers, de Marseille, de Fréjus, de Cavaillon, de Carpentras, d'Avignon, de Vaison, de Die et de Saint-Paul-Trois-Châteaux. *Hist. de l'Egl. gall.*, t. XXXII.

VALENCE (Concile de), en Espagne, *Valentinum*, 524, ou mieux, 546. Ce concile fut tenu le 3 novembre, la 15e année du roi Théodoric, disent les collections, et la première du pontificat du pape Jean Ier. Il ne s'y trouva que six évêques, avec l'archidiacre Sallustius, qui souscrivit au nom de Marcellin, son évêque. Les six canons que l'on y fit regardent principalement ce qui doit être observé pendant la vacance du siège et quelques points de discipline.

Il est dit dans le 1er qu'avant qu'on apporte les oblations, et que l'on renvoie les catéchumènes, on lira les saints Evangiles après les Epîtres de saint Paul, afin que non-seulement les fidèles, mais aussi les catéchumènes, les pénitents et même les païens, puissent entendre les préceptes salutaires de Notre-Seigneur Jésus-Christ et la prédication de l'évêque.

Le 2e porte que, quand Dieu aura appelé à lui un évêque, les clercs ne prendront rien de ce qui se trouvera dans la maison de l'église ou de l'évêque ; que s'ils ont enlevé quelque chose, ils seront contraints de le rendre, par l'autorité du métropolitain ou des évêques de la province ; qu'à cet effet on observera le décret du concile de Riez, suivant lequel, à la mort d'un évêque, l'évêque le plus voisin viendra faire les funérailles, et prendra soin de l'église jusqu'à l'ordination du successeur, en sorte que, par sa présence, il empêchera qu'aucun des clercs ne malverse ; que, pour plus grande sûreté, le même évêque fera faire, dans la huitaine, s'il est possible, l'inventaire de tout ce que le défunt aura laissé, et l'enverra au métropolitain qui commettra une personne capable, pour payer aux clercs leurs pensions, à la charge de lui rendre compte, si la vacance dure longtemps, afin que les clercs reçoivent leur subsistance, et que, de l'autre, l'évêque futur n'ait jamais le chagrin d'entrer dans une maison vide de tout, où il ne puisse trouve de quoi subsister, ni en fournir aux autres.

Il est dit dans le 3e que si un évêque meurt sans faire de testament, ses parents seront avertis de ne rien prendre de ses biens à l'insu du métropolitain et de ses comprovinciaux, de peur qu'ils ne confondent les biens de l'église avec ceux de la succession du défunt ; que pour cette raison, ses parents attendront jusqu'à l'ordination d'un nouvel évêque, ou s'adresseront au métropolitain, si la vacance dure trop longtemps. Les clercs ou les laïques qui contreviendront à ce règlement seront privés de la communion de l'Eglise, à moins qu'ils ne se corrigent et ne cessent leurs poursuites.

Le 4e porte que l'évêque qui a coutume d'être invité aux funérailles de son confrère, viendra le visiter dans sa maladie, ou pour se réjouir avec lui de sa convalescence, ou pour l'avertir de donner ordre aux affaires de sa maison, ou pour exécuter sa dernière volonté ; qu'aussitôt après la mort de l'évêque, il offrira à Dieu le sacrifice pour lui, le fera enterrer, et observera ce qui a été réglé dans les canons précédents, touchant les biens et les meubles qui appartenaient à lui ou à l'Eglise. Il est ajouté que si un évêque meurt subitement, et que les évêques des frontières ne puissent se trouver à ses funérailles, à cause de leur éloignement, on gardera son corps un jour et une nuit, pendant lesquels les frères et les religieux ou d'autres demeureront auprès de lui, chantant continuellement des psaumes ; qu'ensuite les prêtres le mettront dans un cercueil d'une manière décente, sans toutefois l'enterrer, jusqu'à l'arrivée de l'évêque invité avec le plus de diligence que l'on pourra, pour l'ensevelir solennellement.

Le 5e ordonne de priver de leurs fonctions et de la communion les clercs désobéissants à leur évêque, ou vagabonds, qu'ils soient diacres, ou qu'ils soient prêtres.

Le 6e porte qu'un évêque n'ordonnera pas un clerc d'un autre diocèse sans l'agrément du diocésain, et que les évêques ne conféreront l'ordre de prêtrise à aucun, qu'il ne promette d'être stable dans le lieu de son service.

En plaçant le concile de Lérida et celui de Valence à l'an 524, nous avons suivi les collections ordinaires des conciles ; mais nous devons avertir ici qu'elles sont fautives en ce point, et que ces deux conciles ont été tenus, non l'an 524, mais l'an 546, qui était la quinzième du règne, non de *Théodoric*, mais de *Theudes*, lequel commença à régner en Espagne la septième année de l'empire de Justinien, c'est-à-dire l'an 531 de Jésus-Christ. C'est ce que l'on voit dans le plus ancien manuscrit des conciles d'Espagne, que l'on garde à Lucques. Mansi conjecture même que ce concile est postérieur à l'an 546, parce que le nom de l'évêque Celsinius, qui est en tête des souscriptions, se rencontre aussi parmi celles du concile de Tolède de l'an 590, ou plutôt 589. Le lecteur jugera de la solidité de cette conjecture, dit l'auteur de l'*Art de vé-*

rifier les dates ; et nous ajouterons que le cardinal d'Aguirre observe que les souscriptions des évêques du concile de Valence sont corrompues et mutilées. *Aguirre*, t. I ; *Hist. des aut. sacr. et ecclés. ; Anal. des Conc.*, t. I

VALENCE (Synode diocésain de), l'an 1255, par André d'Albalato. Ce prélat y publia des constitutions sur l'administration des sacrements et sur la résidence des curés. Il y défendit aussi aux clercs les jeux de dés, les danses, les spectacles et les cabarets. Il y condamna les désordres qui se commettaient dans les églises ou dans les cimetières à l'occasion des vigiles. Enfin, il y réprouva les ligues ou les associations secrètes qui se faisaient en certains endroits. *Aguirre*, t. III.

VALENCE (Synodes de), de l'an 1261 à l'an 1273, sous Arnald de Péralta. Les constitutions publiées dans ces synodes contiennent une défense de boire avec les juifs en acceptant de leur vin. On y défend aux quêteurs de faire aucune quête sans l'aveu de l'ordinaire. On y réprime dans les clercs tout ce qui pouvait favoriser le concubinage, l'ivrognerie, le penchant au jeu. On leur recommande la modestie dans leur chevelure et dans leurs habits. *Ibid.*

VALENCE (Synode diocésain de), 14 juin 1548, sous saint Thomas de Villeneuve, archevêque de cette ville. Le saint prélat y fit quelques règlements sur la discipline à observer dans le chœur. Il fit défense aux prêtres de porter des corps aux sépultures, à moins que ce ne fussent des corps de leurs confrères décédés. *Aguirre*, *Concil. Hispan.* t. IV.

VALENCE (Concile provincial de); ouvert le 11 novembre 1565, et terminé le 24 février 1566. Martin Ayala, archevêque de Valence, tint ce concile avec Didace d'Arnedo, évêque de Maïorque, et Jean Segriano, évêque de Christopolis, chargé de la procuration du siége épiscopal d'Orihuela. Le concile eut cinq sessions.

Ire Session. Les prélats firent leur profession de foi en répétant le symbole de Constantinople. Puis ils firent six chapitres de décrets sur la doctrine.

1. Défense à tous les chapitres et à tous les curés de la province d'admettre même des réguliers à prêcher dans leurs églises, qu'ils n'aient été approuvés par l'ordinaire, et n'en aient reçu la permission par écrit.

2. On ne permettra de prêcher ou de dire la messe aux réguliers sortis de leur monastère, même avec l'autorisation de leurs supérieurs, qu'autant qu'ils en seraient sortis pour les affaires de leur ordre ou pour une autre cause jugée légitime par l'ordinaire.

3. Défense d'imprimer, de vendre ou de garder chez soi des livres défendus. La lecture dans les écoles de livres obscènes, tels que les ouvrages de Martial, et plusieurs de Juvénal et d'Ovide, est défendue sous peine d'une forte amende, et même d'excommunication.

4. On ordonne, conformément au décret du concile de Trente, l'enseignement public

de l'Ecriture sainte dans toutes les églises cathédrales, et dans plusieurs collégiales et couvents de réguliers qu'on désigne nommément dans le décret.

5. Les curés prêcheront par eux-mêmes, ou par d'autres s'ils se trouvent légitimement empêchés, tous les dimanches et les jours de fêtes, et même plus souvent en temps d'avent et de carême, en s'abstenant de toutes questions inutiles, et en se bornant à expliquer avec brièveté et clarté quelques passages de l'Evangile, ou à dire en peu de mots les vices qu'il faut fuir et les vertus qu'il faut pratiquer. Ils feront de même le catéchisme aux enfants tous les dimanches et les jours de fêtes, entre l'office de la messe et celui des vêpres, et à la messe même ils rappelleront la doctrine chrétienne aux adultes qui pourraient l'avoir oubliée.

IIe Session, 9 décembre 1565. On y fit trente-trois chapitres de décrets sur les sacrements. Nous n'en rapporterons ici que les plus remarquables.

1. Que celui qui ose administrer un sacrement avec la conscience d'un péché mortel sache bien qu'il se rend très-coupable envers Dieu. Les ministres chargés de chanter à la messe l'épître et l'évangile doivent le faire avec la dignité et le respect qui conviennent à une fonction sainte. Les prédicateurs doivent aussi prendre garde qu'on ne puisse leur objecter ces paroles : *Peccatori autem dixit Deus : Quare tu enarras justitias meas?*

3. Le concile défend, sous peine d'amende et d'excommunication, de rien exiger dans l'administration du baptême.

4. Les sages-femmes et autres n'auront point la témérité de baptiser les enfants hors le cas d'un pressant danger de mort. Pour les enfants baptisés ainsi, le curé se gardera bien de leur conférer de nouveau le baptême, quand il se sera assuré, comme il doit le faire, qu'ils l'auront reçu validement.

6. Les femmes nouvellement accouchées seront tenues de venir à leur église paroissiale pour rendre à Dieu leurs actions de grâces, la première fois qu'elles pourront sortir de chez elles, sous peine d'une amende que le curé pourra leur remettre en partie si elles sont pauvres.

8. Défense à ces femmes, aussi bien qu'à tous les malades, de recevoir la visite de docteurs mahométans.

25. Le concile défend à tous les nouveaux convertis d'observer les jeûnes, les fêtes ou d'autres usages quelconques de la secte qu'ils ont quittée.

32. Les prêtres nouvellement ordonnés ne pourront dire leur première messe qu'après avoir été examinés sur les cérémonies de la messe par le maître des cérémonies ou par quelque autre du choix de l'ordinaire.

33. Défense à ceux qui ne sont pas dans les ordres sacrés de chanter l'épître et de servir à l'autel en dalmatique.

IIIe Session, 21 décembre. On y fit vingt-huit chapitres de décrets sur le bon gouvernement des églises.

1. Les évêques ne dépenseront point leurs revenus en prodigalités ; mais ils s'en serviront pour soulager les pauvres, au lieu d'en enrichir leurs parents et leurs alliés, ou d'en amasser des trésors pour eux-mêmes.

2. On rappelle aux pasteurs le devoir de la résidence.

Les honoraires de messes seront les mêmes dans toute la province. On bannira de la célébration de la messe en particulier tout ce qui ressent un culte superstitieux.

10. On abolit l'usage qui s'était introduit en quelques endroits de dire et de chanter trois messes en même temps à un même autel.

12. Les clercs obligés à l'office du chœur perdront leur rétribution, si, tandis qu'on le chante, ils récitent en particulier leur propre office.

15. Les ecclésiastiques ne diront point leur office dans les rues, ou aux fenêtres, ou en d'autres endroits peu convenables, mais dans des lieux retirés et qui conviennent davantage à la prière.

18. Défense aux prêtres, sous peine d'amende ou de prison, d'accompagner une femme en route, à moins qu'elle ne soit leur mère, leur sœur, leur tante ou leur nièce.

20. Défense aux clercs, et même aux laïques, sous peine d'excommunication *ipso facto*, d'avoir dans leur maison une table publique de jeu, appelée *tablaje*.

IVe Session, 22 janvier 1566. On y fit dix-huit ou vingt-trois chapitres de décrets sur le même sujet que ceux de la session précédente.

4e ou 5e. Défense aux chapitres et aux curés d'introduire des fêtes nouvelles et autres que celles du calendrier.

7e ou 9e. On ne suspendra aux voûtes des temples ni drapeaux militaires, ni casques, ni boucliers.

13e ou 15e. Les statuts des confréries doivent être soumis à l'examen de l'ordinaire.

16e ou 21e. On déclare excommuniés les juges séculiers qui condamnent à la prison des gens d'église.

Ve Session, 24 février 1566. On y fit vingt et un décrets concernant la conduite des fidèles.

3. Défense de faire des œuvres serviles, les dimanches et autres jours d'obligation, même dans les églises et sous prétexte de piété.

6. Défense aux pauvres de mendier dans les églises pendant l'office divin.

10. On défend aux laïques de se servir d'ornements sacrés pour représenter des mystères, et on condamne à une amende les curés ou les sacristes qui les leur prêteraient.

17. On condamne toute sorte de contrats usuraires, et on déclare tels ceux où l'on convient d'un prix moindre, précisément parce qu'on s'engage à payer comptant, ou d'un prix plus élevé, précisément à cause du délai qu'on demande.

18. On borne au seul jour du vendredi saint, à cause des abus, la permission de se

flageller dans les églises; Aguirre, Conc. Hisp. t. IV.

VALENCE (Synode diocésain de), mai 1566, sous le même. Ce synode occupa deux séances. Dans la première, du 5 mai, on fit l'acceptation du synode provincial dernièrement terminé, et l'on publia d'autres décrets au nombre de vingt-six.

Le 2ᵉ et le suivant ont pour objet de défendre aux clercs les jeux, les danses et les spectacles publics.

Par le 5ᵉ, on exclut des distributions quotidiennes les clercs qui ignorent le chant.

Par le 7ᵉ, on défend de prêcher pendant la nuit, même le vendredi saint.

Le 9ᵉ défend aux prêtres de rien recevoir pour le sacrement de l'extrême-onction.

Dans la 2ᵉ séance, qui se tint le 9 mai, on dressa trente et un chapitres de décrets. Par le 11ᵉ, on défend de porter dehors la sainte eucharistie pour arrêter les incendies ou les inondations.

Par le 13ᵉ, on défend aux femmes de demeurer dans l'enceinte des églises.

Par le 17ᵉ, on défend aux laïques de tenir des assemblées dans les églises. *Ibid.*

VALENCE (Chapitres de), de l'an 1200 à 1580. Les constitutions synodales de l'Église de Valence ont été mises par ordre de matières et données en abrégé par Bernardin Gomez, et dédiées à Jean de Ribera, archevêque de Valence à la fin du seizième siècle. Ce recueil se trouve dans la grande collection du cardinal d'Aguirre. C'est un corps de décisions données par les archevêques de Valence, ou leurs vicaires généraux, avec l'avis de leur chapitre, pour l'administration de ce chapitre même. Les synodes où ces constitutions ont été faites n'étaient donc pas diocésains, mais simplement capitulaires. C'est ce qui nous dispense de nous en occuper davantage. Aguirre, *Conc. Hisp. t.* IV.

VALENCE (Synode diocésain de), l'an 1578, par Jean Ribera, patriarche d'Antioche et archevêque de Valence. Ce synode eut deux séances. Dans la première, il fut ordonné (c. 4) que le curé, ou, à son défaut, le vicaire de chaque paroisse assisterait à toutes les distributions de vêtements qui s'y feraient aux pauvres; (c. 6) que lorsqu'on porterait le saint sacrement aux malades, ce seraient deux prêtres, ou du moins deux clercs qui l'accompagneraient avec des flambeaux, plutôt que des laïques; il y fut fait défense (c. 8) aux curés, sous peine d'amende, de s'absenter de leurs paroisses aux fêtes de Notre-Seigneur, ou de la sainte Vierge, ou des saints titulaires ou patrons, quand même ce serait par le motif de prêcher dans d'autres paroisses. Dans la 2ᵉ séance, il fut question de réductions de messes et d'autres articles réglementaires. *Omnium decr. quæ in Valent. synodis statuta sunt epitome; Valentiæ,* 1616.

VALENCE (Synode diocésain de), l'an 1584, sous Jean Ribera, patriarche d'Antioche et archevêque de Valence. Ce prélat y publia dix-neuf décrets, par le 5ᵉ desquels il ordonne d'enterrer avec les cérémonies accoutumées, quoique avec moins de pompe, ceux qui auraient été tués par leurs ennemis ou par quelque accident. Le reste mérite peu de fixer l'attention. *Ibid.*

VALENCE (Synode diocésain de), l'an 1590, sous le même, qui y publia vingt-trois décrets. Il permet, par le 2ᵉ, à un même prêtre de dire deux messes les jours de dimanches et de fêtes, dans les paroisses où il y a une annexe. Par le 6ᵉ, il impose l'obligation de se servir du bréviaire et du missel romains, conformément à la bulle de Pie V. *Ibid.*

VALENCE (Autre synode de), 25 octobre 1590, sous le même, qui y publia trois nouveaux règlements touchant l'honoraire des messes, les enterrements des pauvres et les cérémonies de la messe. *Ibid.*

VALENCE (Synode diocésain de), mai 1594, sous le même, qui y publia dix nouveaux décrets. Il défend par le second d'employer des femmes au service des églises, en particulier pour le chant. Par le 4ᵉ, il oblige les curés d'appliquer à leurs paroissiens l'intention de la messe les jours de dimanches et de fêtes. *Ibid.*

VALENCE (Synode diocésain de), l'an 1599, par le même. Ce prélat y défendit à tous les laïques, sous peine d'excommunication, d'entrer dans le chœur de sa cathédrale pendant les offices, en n'exceptant de cette défense que ceux qui servaient au chœur et les gens de robe. Il ordonna que la sépulture des curés et des autres principaux bénéficiers se ferait gratuitement; qu'à leur mort tous les prêtres de la même paroisse diraient chacun une messe pour le repos de leur âme, et que les diacres et les sous-diacres en feraient également dire une. *Ibid.*

VALENCE (Synode diocésain de), l'an 1607, par le même. Ce prélat y déclara excommuniés ceux qui s'occuperaient d'astrologie judiciaire. Il y défendit de donner la communion à la messe dans les oratoires privés, et d'y faire des oblations ou des quêtes sans l'agrément du curé. Il ordonna aux prêtres qui auraient à célébrer la messe à un autel après un de leurs confrères, d'attendre que celui-ci eût achevé la sienne pour y faire eux-mêmes leurs apprêts. *Ibid.*

VALENCE (Synode diocésain de), 24 février 1631, par Isidore Aliaga, archevêque de cette ville. Ce prélat y publia quatre-vingt-seize chapitres de décrets.

Il ordonne par le 1ᵉʳ de porter les enfants à baptiser à l'église de leur paroisse.

Par le 2ᵉ, il défend de faire à l'église pour les baptêmes des apprêts somptueux, tels que d'étendre des tapis, des lits ou des coussins; et par le 3ᵉ, il prescrit de garder des registres de baptêmes, de confirmations et de mariages.

Par le 4ᵉ, il défend de se servir de moules d'hosties qui représentent autre chose que l'image de Notre-Seigneur : il veut que ces hosties soient faites dans la paroisse même, et qu'on les renouvelle tous les huit jours.

Le 5ᵉ défend aux confesseurs, comme à

tous les autres prêtres, d'admettre des enfants pour la première communion, avant qu'ils aient été examinés et trouvés dignes par le curé de la paroisse.

Le 6e et le 7e prescrivent de ne confesser qu'à l'église, et pendant le jour, hors les cas de nécessité, et règlent la forme et la place des confessionnaux.

Les quatre suivants sont relatifs à la célébration des mariages.

Le 13e fait défense aux fiancés d'entrer chez leurs fiancées avant que leur mariage soit célébré en face de l'église.

Les six suivants règlent le cérémonial de l'office divin.

Le 20e défend les messes privées le jeudi saint.

Le 21e proscrit l'usage de chanter, pendant les offices, des cantiques en langue vulgaire.

Le 22e ne permet de lire dans les églises, en fait de compositions poétiques, que celles qui auraient été préalablement approuvées par l'ordinaire.

Le 24e défend de mettre du vin dans les calices, après la communion du précieux sang, pour le porter ensuite aux malades.

Le 25e interdit la mendicité dans les églises.

Le 30e défend de porter aux processions de la semaine sainte d'autres images que celles qui représentent des circonstances de la passion de Notre-Seigneur.

Le 31e défend les processions du Saint-Sacrement et de l'Assomption en d'autres temps que dans ces fêtes et leurs octaves.

Le 32e oblige les curés et les bénéficiers d'assister aux processions générales, et d'y donner l'exemple de la modestie.

Le 33e laisse au pouvoir de l'archevêque de permettre des danses en certains cas aux processions publiques, pourvu toutefois que ces danses se fassent hors de l'église et en habits laïques.

Le 34e adjuge aux curés toutes les oblations qui se font dans leurs églises.

Le 40e enjoint aux curés et aux vicaires de demeurer dans leurs paroisses et dans le voisinage de leurs églises.

Le 44e réserve à eux seuls l'usage ordinaire du rochet avec l'étole.

Le 56e interdit les gants aux clercs dans les processions et pendant l'office du chœur.

Le 57e leur défend les longs cheveux et la longue barbe.

Le 67e ordonne de tenir chapitre le premier jour libre de chaque mois dans toutes les églises où le clergé est assez nombreux.

Le 69e défend de choisir des laïques pour collecteurs de revenus ecclésiastiques.

Le 78e défend toutes les congrégations qui ne seraient pas autorisées par l'Église.

Le 90e porte la peine d'excommunication contre les barbiers qui feraient les cheveux ou seulement la barbe les jours de dimanche et de fête. *Synodus diœc. Valentiæ celebrata; Valentiæ*, 1631.

VALENCE (Synode diocésain de), 22 avril 1657, par D. Pèdre d'Urbina, archevêque de Valence. De nombreux décrets y furent encore publiés, et compris sous trente-trois titres, touchant la foi, les sacrements, les jeûnes et les fêtes, les testaments et les sépultures, la visite diocésaine, les juges et les témoins synodaux. *Constit. synod.*

Pour les autres conciles de Valence en Espagne qui auraient été omis, *voy.* TARRAGONE et ESPAGNE.

VALENCIENNES (Concile de), *Valentinianense*, l'an 771. On ignore l'objet, ou du moins les actes de ce concile, qu'on sait seulement avoir été indiqué par Charlemagne.

VALENCIENNES (Synode du diocèse de Cambrai, tenu à), l'an 1575. On s'y occupa principalement de l'établissement d'un séminaire. Il ne nous reste rien des actes de ce synode.

VALLADOLID (Concile de), *Vallis-Oletanum*, l'an 1137. Ce concile fut célébré à la demande du roi Alphonse VII, sous la présidence de Gui, cardinal et légat du saint-siége. On y délibéra sur les moyens de réconcilier Alphonse avec le roi de Portugal. *D'Aguirre*, t. V.

VALLADOLID (Concile de), l'an 1155. Ce concile fut tenu le 25 janvier, sous le règne d'Alphonse VIII, et sous la présidence du cardinal Hyacinthe, légat du saint-siége. On y confirma un privilège accordé au monastère de Saint-Pierre de Exlonza, près de la ville de Léon, par la reine Dona Sanche, sœur du roi Alphonse VII ou VIII. *Sandoval, Vie d'Alphonse VII; D'Aguirre, Conc. Hispan.*

VALLADOLID (Concile de), l'an 1322. Guillaume de Godin, cardinal évêque de Sabine, et légat du pape Jean XXII, tint ce concile au mois d'août de cette année, avec tous les évêques de sa légation, à Valladolid, diocèse de Palenza en Castille, et y publia vingt-sept capitules ou statuts.

1. On tiendra tous les deux ans des conciles provinciaux, et tous les ans des synodes diocésains. Les archevêques et les évêques qui manqueront de tenir ces conciles ou ces synodes seront privés de l'entrée de l'église jusqu'à ce qu'ils aient réparé leur négligence, en tenant ces conciles ou ces synodes. Ceux qui causeront un dommage notable aux ecclésiastiques qui vont aux conciles ou aux synodes, encourront l'excommunication *ipso facto*. Les évêques avertiront les visiteurs de leurs diocèses de s'informer avec soin dans leurs visites si l'on observe les statuts des conciles et des synodes, et d'en faire leur rapport aux évêques dans le prochain synode.

2. Les curés auront soin de lire au peuple en langue vulgaire les articles de foi, le décalogue, le nombre des sacrements, et les espèces des vertus et des vices, quatre fois l'an, savoir à Noël, à Pâques, à la Pentecôte, à l'Assomption de la Vierge, et tous les dimanches de carême.

3. Les évêques feront publier dans les conciles, les synodes et les églises de leurs diocèses, la décrétale *Quoniam ut intellexi-*

mus de Boniface VIII, qui défend d'appeler les ecclésiastiques aux tribunaux des juges séculiers.

4. On s'abstiendra d'œuvres serviles les dimanches et fêtes : en ces jours, personne ne labourera la terre ou ne travaillera des mains, si ce n'est en cas d'urgente nécessité, ou pour une cause pieuse et avec la permission du prêtre. Les ordinaires puniront les transgresseurs par la peine de l'excommunication.

5. Les faux témoins et tous ceux qui excitent les autres à porter un faux témoignage seront excommuniés.

6. Les évêques n'auront point d'habits de soie. Ils célébreront la messe en public dans leurs églises les jours de fêtes solennelles. Ils feront porter avec eux dans leurs voyages des autels portatifs, pour faire célébrer la messe tous les jours devant eux. Ils réciteront les heures canoniales avec leurs clercs, et célébreront l'office divin dans leurs cathédrales. Aucun clerc séculier ou régulier, même évêque, n'assistera aux fiançailles, au baptême, ni aux noces de ses enfants ou neveux.

7. Les clercs concubinaires incorrigibles seront excommuniés et privés de leurs bénéfices.

8. Les chanoines et autres bénéficiers qui sont attachés au service et à la personne de l'évêque jouiront du revenu de leurs bénéfices.

9. L'on ne partagera point les bénéfices, et l'on n'ordonnera personne qui ne soit suffisamment lettré.

10. L'on ne mettra point dans les églises plus de clercs qu'elles n'en peuvent nourrir. Les religieux ne donneront point leur habit à des clercs séculiers pour les soustraire à la juridiction de l'ordinaire. Les bénéfices seront conférés dans le chapitre par des actes publics et authentiques, sous peine de nullité.

11. On assignera les limites des paroisses; et les curés ne recevront pas les paroissiens des autres.

12. Pour empêcher les fraudes que les religieux commettent dans le payement des dimes, on excommuniera dans les synodes diocésains ceux qui en auront commis.

13. Les supérieurs des monastères n'en pourront pas aliéner les biens. Ils tiendront leurs chapitres provinciaux de trois ans en trois ans pour le maintien de la discipline régulière. Les évêques et les autres supérieurs des monastères de filles députeront des ecclésiastiques réguliers, s'il est possible, ou au moins respectables par leur âge et par leurs mœurs, pour veiller à la garde de ces monastères, et empêcher qu'aucune religieuse ne parle aux personnes du dehors sans sa permission, et sans deux ou trois compagnes, en temps et lieux convenables; et cela sous peine d'excommunication.

14. Les curés exerceront volontiers l'hospitalité envers les religieux et les autres voyageurs qui la leur demanderont.

15. Les patrons des bénéfices ne donneront point de lettres de présentation avant la vacance des bénéfices dont ils ont le patronage, sous peine de nullité de ces lettres de présentation prématurées ; et les clercs qui auront impétré ces sortes de lettres , ou pour lesquels on les aura impétrées à leur su et gré, seront inhabiles à posséder ces sortes de bénéfices. Les patrons qui donneront à des enfants les églises dont ils sont patrons seront excommuniés *ipso facto*.

16. Tous les clercs séculiers et réguliers, exempts et non exempts, demanderont tous les ans du nouveau chrême à l'évêque , ou à celui qu'il aura commis pour le distribuer, sans qu'ils puissent se servir de l'ancien chrême dans l'administration du baptême, sous peine d'être privés, pendant six mois, des revenus de leurs bénéfices.

17. Les fidèles suffisamment âgés qui violeront l'abstinence du carême ou des quatre-temps encourront l'excommunication *ipso facto*; et cette sentence sera publiée dans les paroisses tous les dimanches, depuis la Septuagésime jusqu'à Pâques. Ceux qui vendront publiquement de la chair les jours d'abstinence encourront aussi l'excommunication.

18. Les évêques feront publier la bulle *Decet domum Domini*, de Grégoire X, contre les juges séculiers qui tiennent leurs plaids dans les églises. On ne tiendra non plus ni foires ni marchés dans les églises ou les cimetières, sous peine d'excommunication encourue par le seul fait. Même peine contre ceux qui empêchent ou qui troublent les immunités et le droit d'asile des églises. Même peine contre ceux qui blessent ou qui prennent les ecclésiastiques, qui pillent ou qui détruisent les églises ou les monastères. On y ajoute la peine de la privation de la sépulture ecclésiastique contre ces malfaiteurs, et de l'interdit contre les villes et autres lieux qui leur donneront retraite.

19. Les évêques feront publier dans leurs cathédrales, et les curés dans leurs paroisses, aux quatre fêtes principales de l'année et à tous les dimanches de carême, le décret du concile général de Vienne contre ceux qui contractent des mariages dans les degrés prohibés.

20. Ceux qui se rendront coupables de simonie en recevant quelque chose pour la collation des bénéfices, ou pour l'ordination, encourront l'excommunication, s'ils sont laïques, ou l'inhabilité, pendant deux ans, à posséder aucun bénéfice, s'ils sont clercs non bénéficiers, ou enfin la privation des fruits de leur bénéfice, jusqu'à ce qu'ils aient restitué le double de ce qu'ils ont reçu, s'ils sont bénéficiers. Au reste, on pourra recevoir, après l'ordination, ce que ceux qui auront été ordonnés offriront gratuitement pour l'écriture, le papier et la cire, pourvu que cette offrande gratuite n'excède pas la somme de cinq marbotins. (Le marbotin, en latin *marabotinus* , *maurabotinus* , *morabetinus* , *marmotinus* , *marbotinus* , *morabotinus*, était une espèce de monnaie d'or

d'Espagne, qui était déjà en usage sous les rois Goths, dit Mariana, *Lib. de Ponder. et Mensur.*, cap. 23.) On condamne aussi la simonie dans les patrons des bénéfices, et dans les clercs qui donnent ou qui promettent quelque chose pour être pourvus. Enfin on proscrit un abus fort commun et fort enraciné, qui consistait à empêcher les clercs nouvellement ordonnés de faire les fonctions de leurs ordres avant d'avoir donné, pendant un ou plusieurs jours, des festins somptueux aux ecclésiastiques et à certains laïques du lieu, ou une certaine somme d'argent.

21. Les évêques auront soin d'établir des maîtres de grammaire selon l'étendue et le besoin de leurs diocèses. Ils établiront aussi des maîtres de logique dans les grandes villes. Les clercs pourront étudier trois ans ou plus, au gré des évêques ou des chapitres, et cependant jouir des fonds de leurs bénéfices pendant tout le temps d'étude. Les évêques et les chapitres seront obligés de choisir dans les églises cathédrales ou collégiales un sujet entre dix, qui soit propre à être envoyé à l'étude générale de la théologie, du droit canon et des arts libéraux.

22. Les infidèles, comme les juifs et les sarrasins, n'assisteront point aux divins offices dans les églises avec les fidèles. On ne fera plus de veilles nocturnes dans les églises. Les chrétiens n'assisteront point aux noces ni aux funérailles des juifs ou des sarrasins. Les juifs et les sarrasins qui se convertiront en embrassant la foi chrétienne seront mis dans les hôpitaux ou autres lieux de piété, pour y être nourris et entretenus. Ceux qui vendront des vivres aux sarrasins durant la guerre seront excommuniés.

23. Tout homme marié qui entretiendra publiquement une concubine sera excommunié. Même peine contre celui entretiendra une parente, ou une sanctimoniale, ou une femme mariée à un autre. Même peine contre quiconque aura une concubine infidèle.

24. Celui qui vole des chrétiens pour les vendre ou les donner, en quelque manière que ce soit, aux sarrasins, sera excommunié et privé de la sépulture de l'Eglise.

25. Les sorciers, les devins, les enchanteurs, les augures, et ceux qui les consultent, seront excommuniés.

26. La purgation canonique n'aura lieu que dans les cas marqués par le droit.

27. Ceux qui, étant soupçonnés de quelque crime, ont recours, pour s'en purger, à l'épreuve du fer chaud ou de l'eau bouillante, seront excommuniés par le seul fait, de même que ceux qui leur donneront un tel conseil, parce que c'est tenter Dieu, et s'exposer à périr, quoique l'on soit innocent.

28. Les curés publieront, au moins tous les dimanches depuis la Septuagésime jusqu'à Pâques, le canon du concile général de Latran, *Omnis utriusque sexus. Reg.* XXIX; *Labb.* XI; *Hard.* VIII; *D'Aguirre, Concil.*

Hispan., t. V, p. 41 *et suiv. Anal. des Conc.*, t. II.

VALLADOLID (Concile de), non reconnu, l'an 1403. Ce fut une assemblée mixte, composée du roi, des grands du royaume, et de beaucoup de prélats, qui se décidèrent en faveur de l'antipape Pierre de Lune. *D'Aguire*, t. V.

VALLADOLID (Synode diocésain de), l'an 1606, par Jean-Baptiste d'Azevedo, évêque de ce siège et patriarche des Indes. Les constitutions qu'y publia ce prélat sont divisées en cinq livres, et concernent les obligations attachées aux divers offices ecclésiastiques, les matières de procédures, les fiançailles et les mariages, les crimes d'usure et de sortilége, et les excommunications. *Constituciones synodales fechas y promulgadas en la primera synodo que se celebro en la ciudad y obispado de Vallad.*

VALLEM GUIDONIS (*Concilia apud*). *Voy.* LAVAL.

VALLUM OLETI (*Concilia apud*), *seu Vallis Oletana*. *Voy.* VALLADOLID.

VALVE (Synode diocésain de) et de Sulmone. *Valvensis et Sulmonensis*, in ecclesia *S. Mariæ de Misericordia Pacentri*, 6 avril 1603, par César Peti, évêque de ces deux diocèses unis. Ce prélat y publia des statuts sur la foi, les sacrements et l'entretien des églises, en conformité au concile de Trente, à la bulle de Pie IV, et à celles des autres papes ses successeurs. Il y ordonna l'établissement dans sa cathédrale d'une chaire de théologie pour la résolution des cas de conscience. *Constit. synodales; Neapoli*, 1604.

VANNES (Concile de), en Bretagne, *Veneticum seu Venetense* (a), l'an 461 selon le P. Pagi, ou 465 selon le P. Richard. Saint Perpétue, évêque de Tours, assembla ce concile, à l'occasion de l'ordination d'un évêque de Vannes. Il s'y trouva cinq évêques, outre saint Perpétue, savoir Paterne, qui souscrivit le second aux actes du concile; Athénius de Rennes, Nunéchius de Nantes, Albin et Libéralis, dont on ignore les sièges. Ces évêques firent seize canons, dont quelques-uns sont assez semblables à ceux du concile de Tours.

Le 1er sépare de la communion ecclésiastique les homicides et les faux témoins, jusqu'à ce qu'ils aient effacé leurs crimes par la pénitence.

Le 2e prononce la même peine contre ceux qui, répudiant leurs femmes comme adultères, sans avoir prouvé qu'elles le fussent, en épousaient d'autres.

Le 3e prive non-seulement de la communion des sacrements, mais encore de la table commune des fidèles, ceux qui, après s'être soumis à la pénitence, en interrompent les exercices pour se livrer de nouveau à leurs anciennes habitudes et à une vie toute séculière.

Le 4e sépare de la communion, et met au rang des adultères celles qui, après avoir fait profession de virginité, et reçu en consé-

---

(a) M. Jager, dans son opuscule sur le *Célibat des prêtres*, a placé ce concile à Venise, trompé apparemment par la ressemblance du mot latin.

quencé la bénédiction par l'imposition des mains, sont trouvées coupables d'adultère. Il ordonne la même peine contre ceux avec qui elles l'auront commis.

Le 5e ordonne la même peine contre les clercs qui courent les provinces, sans lettres de recommandation de leur évêque.

Le 6e étend cette même peine aux moines qui voyageront sans de pareilles lettres, et ordonne qu'on les punisse corporellement, si les paroles ne suffisent pas pour les corriger.

Le 7e leur défend d'avoir des cellules particulières, si ce n'est dans l'enceinte du monastère, et avec la permission de l'abbé. Encore le concile restreint-il cette permission à ceux qu'une longue expérience fait juger capables d'une plus grande solitude, ou à ceux qui, à cause de leurs infirmités, ne peuvent pas garder la règle ordinaire.

Le 8e défend à un abbé d'avoir plusieurs monastères, ou diverses demeures, sinon des retraites dans les villes, pour se mettre à couvert des incursions de l'ennemi.

Le 9e défend aux clercs, sous peine d'excommunication, de s'adresser aux tribunaux séculiers, sans permission de leur évêque. Mais il ajoute que si l'évêque leur est suspect, ou si c'est contre lui-même qu'ils aient affaire, ils s'adresseront aux autres évêques.

Le 10e ordonne que pour le maintien de la charité fraternelle, un évêque ne pourra promouvoir à un degré supérieur un clerc ordonné par un autre évêque, sans la permission de celui-ci.

Le 11e porte que les clercs à qui le mariage est interdit, c'est-à-dire les prêtres, les diacres et les sous-diacres, ne pourront point assister au festin des noces, ni aux assemblées dans lesquelles on chante des chansons déshonnêtes, et où l'on fait des danses, afin de ne pas salir leurs yeux et leurs oreilles destinés au sacrés mystères.

Le 12e leur défend de manger chez les juifs, et de les inviter à manger chez eux, parce qu'ils ne mangent pas de toutes les viandes que nous croyons permises.

Le 13e est contre l'ivrognerie. Le clerc qui se sera enivré doit être séparé de la communion, ou puni corporellement. Il est remarqué dans ce canon que le mal que fait un homme ivre sans le savoir ne laisse pas de le rendre coupable, parce que son ignorance est l'effet d'une aliénation d'esprit volontaire.

Le 14e dit qu'un clerc qui, étant dans la ville sans être malade, aura manqué d'assister à l'office de laudes, c'est-à-dire aux prières du matin, sera privé, durant sept jours, de la communion.

Le 15e veut que l'ordre des sacrées cérémonies, et l'usage de la psalmodie, soit le même dans toute la province ecclésiastique de Tours, c'est-à-dire la troisième Lyonnaise.

Le 16e défend aux clercs, sous peine d'excommunication, la divination appelée les *sorts des saints*. On nommait ainsi l'usage superstitieux de deviner l'avenir par les premiers passages qui se trouvaient à l'ouverture de quelques livres de l'Ecriture. Les clercs étaient fort adonnés à cette vaine superstition, que le concile leur défend, comme particulièrement opposée à la piété et à la foi. Le P. Sirmond, et après lui D. Ceillier, ont cru que Paterne, qui souscrivit le second aux actes du concile, est saint Paterne de Vannes, et que ce fut à l'occasion de son ordination que se tint ce concile. Mais la vie de saint Paterne de Vannes, donnée par les Bollandistes, nous apprend que saint Paterne vivait un siècle après le concile de Vannes.

Le concile adressa ces règlements à Victorius, évêque du Mans, et à Thalassius, évêque d'Angers, qui n'avaient pu s'y joindre à leurs confrères. *Labb. t.* IV; *Anal. des Conc.*, *t.* I et V.

VANNES (Assemblée mixte), l'an 818. Ce fut une assemblée d'évêques et de grands tenue par Louis le Débonnaire, après la défaite des Bretons, et dans laquelle on s'occupa des affaires civiles et ecclésiastiques.

VANNES (Concile de), l'an 848. V. REDON.

VANNES (Concile de), l'an 1040. Sur la discipline. *Labb.* IX.

VANNES (Conc. de) ou de Tours, an 1455. Ce qui donna occasion à la tenue de ce conc. à Vannes, fut la translation de S. Vincent Ferrier.

VANNES (Synode de), 4 juin 1648, par Charles de Rosmadec, évêque de cette ville. Ce prélat y publia quelques statuts sur la résidence des curés, sur le catéchisme des paroisses, sur les fabriques, etc. *Ordonn. et stat. de Mgr l'év. de Vannes*.

VAPINCENSIS (*Synodus*), ou synode de Gap, tenu à Baulme-lès-Sisteron, l'an 1587, par P. Pararin de Chaumont, qui y publia des statuts synodaux pour son diocèse. *Bibl. hist. de la France, t.* I.

Pour les autres synodes de ce diocèse, *voy.* GAP.

VARADEN (Concile de) ou d'Udward, *Wardense seu Udwardense*. *Voy.* UDWARD.

VARENNES (Plaid de), *Varennense*, l'an 889. La reine Ermengarde se trouvant à Varennes avec plusieurs évêques et les seigneurs de la cour de Louis, fils de Boson, Bernon, abbé de Gigny, du diocèse de Lyon, se plaignit de ce qu'un nommé Bernard, vassal de cette princesse, s'était emparé de la celle de la Baume, qui appartenait au monastère de Gigny par concession du roi Rodolphe. Bernard, cité devant le concile, répondit que Louis, fils de Boson, lui en avait fait donation. Les deux parties entendues, la celle de la Baume fut adjugée à Bernon, et à ses moines. Ermengarde souscrivit à ce jugement, et après elle Rostaing, archevêque d'Arles, Andrade de Châlons-sur-Saône, Isaac de Grenoble, puis les seigneurs laïques. On met cette assemblée en 889, parce que Louis n'y est point qualifié roi, et qu'il ne le fut que l'année suivante. Mais il semble qu'on ne peut la mettre au plus tôt qu'en 894, puisque le diplôme du roi Rodolphe portant la donation de cette celle au monastère de Gigny, est datée de cette année-là, qui était la seizième du règne de ce prince. Si Louis n'est pas qualifié roi dans ce concile, ce n'est pas qu'il n'en eût le titre. L'empereur Charles le lui avait donné avant l'an 889, comme il est dit dans les actes du concile de Valence de l'année suivante. Au reste, quoiqu'il y ait eu trois prélats présents à cette assemblée, elle ne mérite pas le nom de concile, ni même à peine celui d'assemblée mixte, puisque ce fut une femme qui y présida, et qui en dicta la décision. *Mansi, Conc. t.* XVIII.

VARENSIA (Concilia). Voy. LAVAUR.

VARMIENSIA (Concilia). Voy. WARMIE.

VARSOVIE (Concile provincial tenu à), *Varsoviæ*, le 4 mars 1561; sous Jean Przerembski. On y fit des règlements relatifs à l'élection des archidiacres et à l'observation d'anciens statuts. On rappela aux évêques et aux doyens ruraux leurs devoirs particuliers. On réserva aux seuls évêques, à l'exclusion de leurs officiaux, le droit de fulminer des interdits. *Constitutiones synodor. metrop. eccl. Gnesnensis, Cracoviæ*, 1579.

VARSOVIE (Concile provincial tenu à), le 13 novembre 1634, et les deux jours suivants, sous Jean Wesyk, archevêque de Gnesne. Ce prélat y ordonna, pour toute la province, l'exécution d'un édit qu'il venait de lancer, avec l'approbation du saint-siège, contre une traduction polonaise de la sainte Bible. On convint aussi dans ce synode de demander au saint-siège la faculté pour tous les prêtres de dire trois messes le jour de la Commémoration de tous les fidèles défunts. On y fit encore quelques règlements sur les processions, sur les confréries, sur la communion pascale et sur d'autres objets de discipline. Ce concile fut confirmé par le saint-siége, le 1er septembre 1635. *Synodus provincialis, Cracoviæ*, 1636.

VARSOVIE (Concile provincial de Gnesne tenu à), 11 novembre 1643, et les jours suivants. Mathias Lubienski, archevêque de Gnesne, tint ce concile, qui prépara les voies aux conférences de Thorn, tenues deux ans après. Georges Tyszkiewicz, évêque de Samogitie, fut chargé par le concile d'aller à ces conférences représenter les catholiques et défendre leurs intérêts communs. *Acta conv. Thorun.; Varsoviæ*, 1645.

VASATENSIS (Synodus) ou de Bazas, vers l'an 1112. L'Eglise de Saint-Etienne de Rus y fut définitivement adjugée aux moines de la Sauve-Majeure, malgré les prétentions rivales d'un autre monastère. *Mansi, Conc. t.* XXI.

Pour les autres, *voy.* BAZAS.

VASCONENSES (Synodi). Synodes d'Auch, en 1543, 1624, 1665, 1698. *Bibl. hist. de la France, t.* I.

VASENSIA (Concilia). Voy. VAISON.

VAURENSIA (Concilia). Voy. LAVAUR.

VAYSTON (Concile de) en Suède, *Vaystenense*, l'an 1400. Daniel, archevêque d'Upsal, tint ce concile ou cette assemblée dans le monastère de Sainte-Brigitte, nommé Vaysten ou Vaystan, en présence du roi Eric et de la reine Marguerite son épouse. Ce prince étant parvenu à l'âge de majorité, y reçut l'administration pleine et entière de son royaume. *Mansi, Conc. t.* XXI.

VELLETRI (Synode diocésain de), *Veliternensis*, 11, 12 et 13 juin 1673, par François Barberino, cardinal-évêque d'Ostie et de Velletri. Ce cardinal y publia pour ses deux diocèses réunis des décrets divisés en quarante-huit chapitres sur les mêmes matières et dans le même sens que tous les autres en général de cette époque. *Constitutiones synodales; Romæ*, 1673.

VELLETRI (Synode diocésain tenu à), l'an 1818, par le cardinal Mattei. On y traita du dogme, de la morale et de la discipline ecclésiastique. On y adopta une règle pour les chapitres, les curés, etc.

VELLETRI (Synode diocésain tenu à), l'an 1818, par l'évêque de Citta de Castello. On y traita plusieurs points importants du dogme et de la discipline ecclésiastique.

VENAFRE (Synode diocésain de), 21 septembre 1634, par Vincent Martinelli Romain. Ce prélat y publia de nombreux statuts, dont voici quelques-uns des plus remarquables.

Défense aux chanoines de dire leur messe particulière pendant l'office divin. Si quelque motif grave les y oblige, ils n'en seront pas moins pointés et perdront la rétribution de l'office auquel ils n'auront pas assisté, parce qu'ils ne doivent pas être rétribués pour les deux choses à la fois.

Les vêtements sacrés ne doivent être ni donnés, ni vendus, ni cédés en échange, quand ils sont usés, mais ils doivent plutôt être brûlés, et leurs cendres jetées dans le sacraire ou la piscine.

Défense à tous les clercs, sous peine d'amende, de se promener dans la ville ou dans les faubourgs, passé la deuxième heure de la nuit. *Fr. Vincentii Martinelli Romani diæces. synodus.*

VENAISSIN (Synode du comtat) ou de Cavaillon, en 1680, par Jean de Sade de Mazan. *Bibl. hist. de la France, t.* I.

VENCE (Synode de), l'an 1644. Le célèbre Antoine Godeau, évêque de Vence, publia en cette année ses *Ordonnances synodales*. *Bibl. hist. de la France, t.* I.

VENDOME (Synode de), *Vindocinensis*, l'an 1040, tenu par huit évêques, vingt-trois abbés et plusieurs barons, pour la dédicace du monastère de la Sainte-Trinité, nouvellement fondé et richement doté par Geoffroi, comte d'Anjou, et sa femme Agnès.

VENETENSIA (Concilia) seu Venetica. Voy. VANNES.

VENISE (Concile de), *Venetum*, vers l'an 818. Fortunat, patriarche de Grado, ayant été obligé de s'absenter, à cause des affaires qu'il avait avec les Vénitiens, un certain moine, appelé Jean, s'empara de son siége et le retint pendant quatre ans. Mais Fortunat s'étant réconcilié avec les Vénitiens, on assembla un concile à Venise, environ l'an 818, où le moine Jean fut déposé, et Fortunat rétabli sur son siége. *Dandulus, Chronic. lib.* VIII, *cap.* I; *Mansi, t.* I. *col.* 805.

VENISE (Concile de), l'an 1040. Ce concile

fut tenu en présence du duc Flabanien. On y rétablit la *Trève de Dieu*, et l'on y fit plusieurs canons, dont nous n'avons que les sommaires. L'un de ces canons fixait l'âge du diaconat à vingt-six ans, et celui de la prêtrise à trente. *Edit. Venet. t.* XI; *L'Art de vérifier les dates, pag.* 203.

VENISE (Concile de), l'an 1152. Henri Denduli, patriarche de Grado, assisté d'un grand nombre d'évêques et de clercs inférieurs, tint ce concile, touchant l'église de Sainte-Marie de Mariennei. *Mansi, t.* II.

VENISE (Concile de), l'an 1177. Ce concile fut célébré le 14 août par le pape Alexandre III, assisté de ses cardinaux et de plusieurs évêques d'Italie, d'Allemagne, de Lombardie et de Toscane. L'empereur Frédéric Ier, qui avait renoncé au schisme et juré la paix le premier du même mois, dans la même ville de Venise, était présent au concile. Le pape y prononça l'excommunication contre quiconque troublerait cette paix. *Reg.* XXVII; *Labb.* X ; *Hard.* VII; *Mansi, t.* II.

VENISE (Synode diocésain de), l'an 1564, sous le patriarche Jean de Trévise. Ce patriarche commença par déclarer qu'il recevait tous les décrets du concile de Trente, qu'il promettait une vraie obéissance au pontife romain, et qu'il détestait et anathématisait toutes les hérésies condamnées dans le même concile. Tous les membres du synode firent à son exemple la même profession. Il fit faire ensuite la lecture des décrets du concile *de vita et hon. cler.* (sess. XIV, *de Ref. c.* 1, *et sess.* XXII, *c.* 1); *contra cler. concub.* (sess. XXV, *c. Quam turpe, et c. Ut paternæ*) ; *de Residentia* (sess. VI , *c.* 1, *et sess.* XXIII. *c,* 1); le chapitre X de la XXVe session (*Quoniam ob malitiosam*), et on proposa, en exécution de ce décret, des juges qui furent approuvés aussitôt ; le chap. IV de la même session (*Contingit sæpe*), touchant la célébration des messes pour les défunts ; le décret de la session XXIII, *c.* 18, *de Seminariis;* le chapitre 2 et les suivants jusqu'au 10e de la session XXIV, *de Matrim. clandestino*, et le décret contenu dans le chapitre 8 de la VIIe session (*Locorum ordinarii*) ; enfin, les décrets, sess. XXII *de Observat. et rit. in celebr. missarum;* sess. XXIII, *c.* 10, *de abbatibus;* sess. XXIII, *c.* 15, *Quamvis presbyteri;* sess. V, *Regulares vero;* sess. XXIV, *c.* 4, *Prædicationis munus;* sess. XXI, *c.* 8, *Quæcunque in diœcesi;* et il fit lui-même un décret pour défendre aux bénéficiers de louer les maisons où ils ne résidaient pas à des personnes mal famées. *Constit. et decreta sub rev. Joan. Trivisano ; Veronæ,* 1581.

VENISE (Synode diocésain de), entre l'an 1568 et 1578. Le même patriarche défendit à tous les clercs de porter des habits de soie, des collerets, des bouffants, et à leurs doigts des anneaux, à moins d'y être autorisés par la dignité qu'ils occuperaient ; il ne leur permit l'usage du chapeau que pour le temps de pluie; il leur rappela l'obligation de porter la tonsure et l'habit clérical, et la défense de loger chez eux des femmes suspectes. *Ibid.*

VENISE (Synode diocésain de), 3e tenu sous le même patriarche, l'an 1578. Le prélat y renouvela et confirma en même temps les constitutions de ses prédécesseurs ; il défendit aux clercs la familiarité avec les laïques et les religieuses, leur interdit de leur faire ou d'en recevoir des présents ; il leur défendit encore les habits séculiers et les cheveux frisés, les cabarets, les danses, les femmes suspectes, et prescrivit aux bénéficiers de ne se faire remplacer, même en cas de besoin, dans leur bénéfice, que par d'autres clercs qui lui auraient été présentés, et qu'il aurait approuvés. *Ibid.*

VENISE (Synode diocésain de), sous Laurent Prioli, 9, 10 et 11 septembre 1592. Ce prélat y publia de nombreux statuts sur les sacrements, sur la vie des clercs, sur le soin des églises, sur les réguliers et les religieuses, et il recommanda l'exécution des anciens décrets. *Synodus Veneta ab. ill. et rev. DD. L. Priolo, secundo anno sui patriarchatus celebrata, Venetiis,* 1592.

VENISE (Synode diocésain de), 15, 16 et 17 novembre 1594, sous le même. Il y publia dix-sept chapitres de décrets, où l'on trouve entre autres la défense de faire aucune demande intéressée à l'occasion de nouvelles messes ; de souffrir les pauvres mendier dans les églises pendant les offices ; de laisser sa propre église, un jour d'obligation, pour aller célébrer une fête patronale dans une église étrangère ; il recommanda le rite romain dans tous les offices ; dans ce synode ou le précédent il défendit de graver ou de peindre l'image de la croix sur le pavé des églises, et partout où ce signe de notre salut serait exposé à être foulé aux pieds. *Synodus Veneta secunda; Venetiis,* 1595.

VENISE (Synode diocésain de), 17, 18 et 19 juin 1653, sous le patriarche François Morosini. Le prélat y recommanda la prière publique dans toutes les paroisses, et l'observation des statuts de ses prédécesseurs. *Synodus diœc. Veneta ; Venetiis,* 1654.

VENISE (Synode diocésain de), 18, 19 et 20 avril 1667, 2e tenu sous le même prélat. Ce synode commença, aussi bien que les précédents, par la profession de foi dans la forme prescrite par Pie IV (a); on y fit une loi à tous les membres du synode honorés du sacerdoce, de dire la messe pendant les trois jours de sa durée, et à ceux qui n'étaient pas prêtres, de l'entendre et d'y communier ; on recommanda à chacun de mettre par écrit ce qu'il aurait à proposer, et l'on prescrivit à tous d'observer le silence, surtout pendant la lecture des décrets. Ces décrets, qu'on y porta, regardent principalement l'administration des sacrements et la discipline cléricale. On approuva l'usage qui tendait apparemment à s'établir, comme il l'est de nos jours, de bénir les époux, lors même que le mari aurait déjà été marié.

(a) Nous avons rapporté plus haut cette profession de foi. *Voy.* TURIN, l'an 1575.

Constit. et privilegia patriarchatus et cleri Venetiarum; Venetiis, 1668.

VENOUSE (Synode diocésain de), *Venusina*, 17 septembre 1589. Pierre Rodulphe, évêque de Venouse, publia dans ce synode des décrets pour la discipline de son clergé et la bonne administration des sacrements. Il défendit aux clercs de jouer aux cartes et aux dés, sans même leur permettre d'assister à ces sortes de jeux : il leur interdit également la chasse, l'entrée aux cabarets, les affaires séculières, les masques ou les habits déguisés ; il régla la table du chapitre, l'office du chœur ; fit une loi à tous les curés de la ville d'assister aux offices de matines et de prime, ainsi qu'à la messe solennelle, a la cathédrale les jours de dimanche et de fête, sans préjudice des offices de leurs propres paroisses ; il défendit à son chapitre de choisir pour s'assembler l'heure des offices ; il marqua les fonctions particulières de l'archidiacre, de l'archiprêtre, du primicier, du chantre, du sacriste ; il fit une obligation à ce dernier, sous peine d'amende, d'entretenir continuellement allumée la lampe du saint sacrement. Quant aux personnes laïques, il leur défendit les débauches ou les excès de vin à l'occasion de baptêmes. Il proscrivit de même l'abus des repas dans les confréries. Enfin il donna un règlement très-détaillé pour la conduite des religieuses. *Constit. synod. eccl. Venusinæ; Romæ*, 1591.

VENOUSE (Synode diocésain de), 11, 12 et 13 mai 1614, par André Perbenedetti. Après la profession de foi que firent tous les prêtres présents au synode, on y lut et reçut des décrets en grand nombre, la plupart liturgiques et formant un rituel presque complet. La fête de saint Sylvestre, qui n'était pas encore portée parmi les fêtes d'obligation au synode précédent, est déclarée obligatoire dans celui-ci. On tolère l'abus passé en coutume pour les veuves de ne pas paraître à l'église après la mort de leurs époux ; toutefois on ne permet cet usage que pour le premier mois qui suit la mort, et on menace des censures ecclésiastiques les personnes qui le prolongeraient au delà. On déclare que les enterrements des pauvres doivent se faire gratuitement, et aux frais de l'église, ou au moyen de quelques aumônes. On défend de rétribuer les prêtres qui assistent avec des gants aux enterrements, ou en chapeau, à moins de pluie ou de neige. On oblige tous les curés à renouveler tous les ans le livre de l'état des âmes de leurs paroisses, en y faisant leur visite au commencement de chaque carême. On ordonne la procession du saint sacrement pour le troisième dimanche de chaque mois dans l'église cathédrale et dans les autres principales églises du diocèse. *Synod. diæc. eccl. Venusinæ; Neapoli*, 1615.

VER (Conciles de). *Voy.* VERN.

VERBERIE (Concile de), *Vermeriense*, l'an 753. Pepin, s'étant fait proclamer roi à la place de Childeric, qui fut contraint de prendre l'habit dans le monastère de Sithiu, c'est-à-dire de Saint-Bertin, convoqua une assemblée de la nation française la seconde année de son règne, ou l'an 753, à Verberie, maison royale au diocèse de Soissons. Un grand nombre d'évêques, d'abbés et de seigneurs y assistèrent, et l'on y dressa vingt et un canons, dont la plupart concernent le mariage, mais qui prouvent qu'on n'était pas assez instruit en ce temps-là des règles de l'Eglise touchant l'indissolubilité de ce sacrement.

1. « On séparera ceux qui se sont mariés au troisième degré de parenté; mais, après qu'ils auront fait pénitence, il leur sera libre de se marier à d'autres. On ne séparera pas ceux qui se sont mariés au quatrième degré; mais ces mariages seront défendus dans la suite. »

2. « Celui qui a eu commerce avec la fille de sa femme, c'est-à-dire avec sa belle-fille, ne peut plus avoir de commerce ni avec la mère, ni avec la fille ; et ni lui ni la fille ne peuvent se marier à d'autres. Mais si la femme n'a point de commerce avec son mari, depuis qu'elle a eu connaissance qu'il avait péché avec sa fille, elle peut se remarier, si elle n'aime mieux garder la continence. »

3. « Un prêtre qui a épousé sa nièce sera séparé et déposé. Si quelque autre l'a épousée ensuite, il doit en être séparé ; et, s'il ne peut garder la continence, il peut se remarier à une autre. »

4. « De quelque manière qu'une femme ait reçu le voile, elle doit le garder, à moins qu'elle n'ait été voilée malgré elle, et en ce cas le prêtre qui l'aura ainsi voilée sera déposé. Si elle a pris le voile sans le consentement de son mari, il sera au pouvoir du mari de l'obliger de le garder ou de le quitter. »

5. « Si une femme a conjuré avec quelqu'un la mort de son mari, et que son mari n'ait tué l'assassin qu'en se défendant, et qu'il puisse le prouver, il peut répudier sa femme et en épouser une autre. »

6. « Un homme libre qui a épousé une fille esclave, la croyant libre, pourra en épouser une autre ; aussi bien que la femme qui a épousé un homme esclave qu'elle croyait libre. »

7. « Un esclave qui a pour concubine sa propre esclave peut la quitter pour épouser l'esclave de son maître. Il ferait cependant mieux d'épouser sa propre esclave. » On voit ici que les esclaves avaient quelquefois eux-mêmes des esclaves.

8. « Si un affranchi pèche avec l'esclave de son maître, le maître peut l'obliger de l'épouser. »

9. « Si une femme refuse de suivre son mari obligé de passer dans une autre province, ou de suivre lui-même son seigneur, elle ne pourra pas se marier à un autre du vivant de son mari ; mais le mari, qu'elle a refusé de suivre, pourra épouser une autre femme, en se soumettant à la pénitence. »

Le Père le Cointe, Fleury et d'autres auteurs, prétendent qu'il ne faut entendre la liberté de se remarier, que donnent les évéques par ce canon et par quelques autres du même concile, qu'après la mort de l'un des époux; mais cette interprétation est insoutenable, et la simple lecture de ces canons suffit pour être persuadé qu'il y est question de la liberté de se marier pendant la vie même des deux époux. Ces canons servent donc à faire connaître combien les règles de l'Eglise étaient peu connues de nos ancêtres dans ces temps d'ignorance, surtout par rapport à l'indissolubilité du mariage, l'un des points de la morale chrétienne qui a trouvé le plus de contradictions de la part des nations barbares.

10. « Si un fils a eu commerce avec sa belle-mère, ni lui ni elle ne pourront se marier; mais le mari pourra prendre une autre femme, quoiqu'il soit plus convenable qu'il ne le fasse pas. »

11. « Ceux qui abusent de leurs belles-filles, ou de leurs belles-sœurs ne pourront se marier, non plus que celles avec lesquelles ils ont péché. »

12. « Celui qui a eu commerce avec les deux sœurs n'aura ni l'une ni l'autre, quoique l'une soit sa femme. »

On voit par ces deux derniers canons que l'exclusion du mariage était une pénitence qu'on imposait pour les grands crimes.

13. « Celui qui a épousé librement une esclave, la connaissant telle, doit la garder. »

14. « Les évêques qui n'ont pas de siége, et qui courent le pays, n'ordonneront pas de prêtres, et si ceux qu'ils ont ordonnés sont de bons sujets, on les ordonnera une seconde fois. » On ne croyait pas sans doute que ces évêques ambulants eussent reçu l'ordination épiscopale, ou qu'ils fussent véritablement évêques.

15. Un prêtre déposé peut administrer le baptême, en cas de nécessité. »

16. « Défense aux clercs de porter des armes. »

17. « Si une femme se plaint que son mari n'ait jamais consommé le mariage, qu'ils aillent à la croix et, si ce que la femme dit se trouve vrai, qu'ils soient séparés, et qu'elle fasse ce qu'elle voudra. »

La croix à laquelle on renvoie ici est une sorte d'épreuve qu'on nommait l'*épreuve de la croix*, parce que quand deux personnes s'y soumettaient, l'une et l'autre se tenaient debout, ayant les bras étendus en croix, pendant qu'on faisait l'office divin, et que celle des deux qui remuait la première les bras ou le corps perdait sa cause. Il est surprenant qu'un concile autorise ces sortes d'épreuves.

18. « Que celui qui a commerce avec la cousine de sa femme soit séparé de sa femme, et ne puisse en prendre une autre. La femme qu'il a eue fera ce qu'elle voudra. »

On trouve à la fin de ce canon ces paroles: « L'Eglise ne reçoit pas ceci. » C'est apparemment une note qui aura passé dans le texte. On aurait pu en faire de semblables sur plusieurs des canons précédents.

19. « Quand des époux esclaves ont été séparés, parce qu'ils ont été vendus à différents maîtres, si l'on ne peut les réunir, il faut les exhorter à ne pas se remarier. »

20. « Si un homme qui a été affranchi par un écrit avait épousé une esclave, il ne pourrait, après avoir obtenu sa liberté, la répudier, pour prendre une autre femme. »

Il y a dans le texte *chartellarius*. Les esclaves qui avaient été mis en liberté par un écrit qu'on nommait *charta ingenuitatis*, étaient appelés *chartularii* ou *chartellarii*, de même qu'on nommait *denariales*, ceux qui avaient été affranchis en jetant un denier en présence du roi.

21. « Celui qui aura permis à sa femme de prendre le voile ne pourra pas en épouser une autre. » *Anal. des Conc.*, t. I.

VERBERIE (Concile de), l'an 853. Le roi Charles le Chauve fit relire dans ce concile, qui fut tenu au mois d'août, les capitules qu'il avait fait publier dans celui de Soissons, et qui furent agréés tout d'une voix. Le même concile défendit de donner à titre de précaire et de bénéfice le monastère de Saint-Alexandre de Leberaw, ou Lieure, en Alsace, à Conrad, parce qu'il avait été donné à l'abbaye de Saint-Denis par l'abbé Fulrade, et que cette donation avait été confirmée par le pape Etienne. Leberaw, au commencement du dernier siècle, était uni à l'église primatiale de Nancy. *Hist. des auteurs sacrés et ecclés.*, t. XXII.

VERBERIE (Concile de), l'an 863. Ce concile fut tenu le 25 octobre, en présence du roi Charles le Chauve. Ce prince y reçut en ses bonnes grâces sa fille Judith et le comte Baudouin. Il résolut, dans la même assemblée, d'envoyer à Rome Rothade de Soissons, selon l'ordre qu'il en avait reçu du pape. Enfin, l'on termina dans ce concile le différend des moines de Saint-Calais avec l'évêque du Mans, à l'avantage des premiers. *Mansi*, t. I; *Anal. des Conc.*, t. V.

VERBERIE (Concile de), l'an 869. Ce concile fut tenu par l'ordre du roi Charles, le 24 avril, pour juger Hincmar, évêque de Laon, qui était devenu odieux à son clergé et à son peuple par ses injustices et ses violences. Vingt-neuf évêques y assistèrent, et Hincmar de Reims, oncle de celui de Laon, y présida comme métropolitain de la province.

L'évêque de Laon, embarrassé des accusations qu'on formait contre lui, en appela au pape et demanda la permission d'aller à Rome. On la lui refusa; mais on suspendit la procédure entamée contre lui. Le concile confirma l'union de trois monastères à celui de Charroux, déjà faite sous l'agrément du roi Charles.

VERCEIL (Concile de), *Vercellense*, l'an 1050. Le pape saint Léon IX tint ce concile le 1ᵉʳ septembre. Il s'y trouva des évêques de divers pays: Bérenger y fut cité, et ne vint pas. On y condamna son erreur, de même que le livre de Jean Scot sur l'Eucharistie. Le pape y donna aussi une bulle, adressée à Pierre, abbé de Saint-Victor de Marseille, pour l'assurer de la protection du saint-siége, et accorder à son monastère une petite abbaye nommée de Saint-Victor, située à Valence. *Labb. t.* IX.

VERCEIL (Synodes diocésains de), sous Jean-François Bonhomme. Nous avons les statuts, ou du moins les traces de onze synodes au moins, tenus sous cet évêque ; mais les dates de plusieurs nous manquent. Les trois premiers ont été tenus avant l'an 1575, ou du moins jusque-là ; le onzième a eu lieu l'an 1584.

1er Synode. Le prélat y publia vingt-trois décrets. L'un de ces décrets a pour objet d'obliger les prêtres à lire l'évangile *In principio*, de saint Jean, à la fin de chaque messe, et à se conformer en tout au nouveau missel romain.

2e Synode. Dix-neuf décrets y furent publiés sur la discipline, comme les précédents. Un d'eux contient la défense d'omettre le psaume *Judica* au commencement de la messe, excepté dans les cas prévus par la rubrique. Un autre recommande l'usage du Catéchisme romain. On y trouve aussi la défense de faire des œuvres serviles les dimanches et les jours de fête, même pour le service et l'utilité de l'église.

3e Synode. On y fit treize nouveaux décrets, la plupart ayant pour objet la décence des églises. On y défend aux prêtres de dire la messe dans des églises où se trouveraient des personnes du sexe non voilées.

4e Synode, tenu l'an 1576. Le prélat y publia quinze décrets. Il défendit à ses prêtres d'avoir avec eux aucune femme, si ce n'est leur mère, leur tante, leur sœur, ou, tout au plus, leur belle-sœur, et, dans ce cas-là même, il leur prescrivit d'en demander la permission à l'évêque ou à son vicaire général. Il ordonna l'abolition d'une farce qui se faisait le premier mai de chaque année, et qui consistait à planter des branches d'arbre ou des *mais* çà et là devant les maisons, dans les rues ou sur les places publiques. Il défendit le commerce avec les juifs, ainsi que diverses superstitions.

5e Synode, tenu l'an 1578. La peste ayant empêché l'année précédente la tenue du synode, le prélat déclare qu'à moins de pareils empêchements, l'assemblée tous les ans à l'avenir. Il signala dans celui-ci plusieurs abus relatifs au mariage, et il défendit en particulier au prêtre de bénir, sans l'avoir auparavant consulté, les mariages des enfants de famille qui n'auraient pas le consentement de leurs parents.

6e Synode, tenu l'an 1579. Le prélat y publia vingt-quatre décrets. Il condamna les charivaris qui se faisaient à l'occasion de secondes noces, et la coutume où l'on était d'obliger les nouveaux mariés à donner de l'argent ou à payer des repas.

7e Synode, tenu l'an 1580. L'évêque y revendiqua le droit d'asile pour les églises, qui toutes en jouissaient alors ; il y détailla aussi les règles à suivre dans le jugement des causes ecclésiastiques.

8e Synode, tenu l'an 1581. L'évêque y fit treize décrets. Il régla le droit cathédratique, et taxa tous les prêtres, à l'exception des plus pauvres, pour l'établissement d'un séminaire diocésain.

9e Synode, tenu l'an 1582. On y fit plusieurs règlements relatifs à la tenue des synodes, à la sanctification des fêtes et aux cas réservés à l'évêque ; d'autres pour recommander la clôture aux religieuses ; d'autres touchant les juifs.

10e Synode, tenu le 21 avril 1583. Il n'y eut point de nouveaux décrets portés dans ce synode ; on se contenta d'y prononcer trois discours synodaux, d'y renouveler la profession de foi de Pie IV, de relire les instructions du quatrième concile de Milan, et de faire quelques règlements disciplinaires. On y régla ce qui s'appelait alors le scrutin synodal, ou l'enquête générale sur chacun des membres du clergé et du peuple. On y fit encore quelques autres règlements, en particulier par rapport au calendrier et aux fêtes, et on dressa la table générale des noms qui pourraient être donnés aux personnes du sexe à leur baptême. *Synodi Vercellenses.*

VERCEIL (Synode diocésain de), 10, 11 et 12 mai 1666, sous Michel-Ange Brolia. Ce prélat y publia grand nombre de règlements sur tous les points de la discipline ecclésiastique, et en tout conformes à la discipline générale de ces temps-là. Il y défend, par exemple, d'admettre à la bénédiction nuptiale des personnes qui ne sauraient pas le symbole des apôtres, l'oraison dominicale et la salutation angélique, et qui n'auraient pas rempli dans l'année le devoir pascal. Il y renouvelle l'arrêté pris par Jean-François Bonhomme, son prédécesseur, au synode de l'an 1578, de tenir le synode diocésain une fois chaque année. *Synodus diœc. prima; Vercellis,* 1667.

VERCEIL (2e Synode diocésain de), 20, 21 et 22 mai 1670, sous le même. On y traita des obligations des chanoines. On y fit un devoir au clergé de la ville de se rendre en corps à l'église cathédrale le jour de la fête patronale ou de saint Eusèbe, le jour anniversaire de la dédicace, et toutes les fois que l'évêque y célébrerait pontificalement ; au reste du clergé diocésain, d'assister de même aux fêtes les plus solennelles de la principale église de chaque district. *Synodus diœc. secunda, Vercellis,* 1670.

VERCEIL (4e Synode diocésain de), tenu sous le même, 17 et 18 mai 1677 (le 3e nous manque). Entre autres règlements, il y fut fait défense aux prêtres nouvellement ordonnés de dire leur première messe avant d'en avoir reçu de l'évêque une permission spéciale ; on leur défendit aussi de recevoir, à l'occasion de leur première messe, des cadeaux particuliers, ou d'y donner des repas. Par un autre statut, on entre dans un grand détail sur les diverses espèces de contrats usuraires, et l'on déclare tels les contrats de réméré où la chose vendue se rachète aussitôt à un prix moindre qu'elle n'a été vendue, et les autres contrats où l'on achète à moindre prix uniquement parce qu'on paye comptant. *Synodus Vercellensis quarta; Vercellis,* 1677.

VERDENSIS (*Synodus*), ou synode de

Ferden, l'an 1197. L'évêque Rudolphe y approuva la fondation d'un monastère de l'ordre de Saint-Benoît, près de Buxtehade, doté en même temps par les princes Henri et Herlag, et par la princesse épouse de Henri. *Conc. Germ. t.* III.

VERDENSIS (*Synodus*), ou synode de Ferden, l'an 1333. L'évêque Jean y régla la manière de payer les dîmes. *Conc. Germ. t.* IV *et* X.

VERDUN (Concile de), *Virdunense*, l'an 947. Le roi Louis ayant repris Reims en 946, à l'aide d'Otton, roi de Germanie, l'archevêque Hugues fut obligé d'en sortir, et Artaud remis dans son siège par les archevêques de Trèves et de Mayence. Les deux rois tinrent quelque temps après un parlement à Douzi sur le Cher, où l'affaire des deux contendants à l'archevêché de Reims fut examinée. Hugues produisit des lettres d'Artaud au pape, dans lesquelles il renonçait à l'archevêché. Artaud soutint qu'elles étaient supposées. Le parlement ne pouvant passer pour un concile, il fut arrêté qu'on en tiendrait un à la minovembre, et qu'en attendant, Artaud demeurerait en possession de l'église de Reims, et que Hugues pourrait faire son séjour à Mouzon. Le concile fut tenu à Verdun au mois de novembre 947 : Robert, archevêque de Trèves, y présida avec Artaud et Odolric, archevêque d'Aix, qui s'était réfugié à Reims. Les autres évêques étaient Adalbéron de Metz, Goslin de Toul, Hildebalde de Munster, et Israël, évêque breton. L'abbé Brunon, frère du roi Otton, y assista avec Agenold, Odilon et quelques autres. On député deux évêques à Hugues pour l'amener au concile; et sur le refus qu'il fit de s'y rendre, on maintint Artaud en possession du siège de Reims, et on indiqua un autre concile pour le 13 janvier de l'année suivante. C'est celui de Mouzon. *Voy.* ce mot. *Hist. des aut. sacrés et eccl., t.* XXII.

VERDUN (Synode de), l'an 967. On y adjugea la chapelle de Saint-Martin à l'église de Saint-Cyr. *Conc. Germ. t.* II.

VERDUN (Synode de), l'an 1080. Le comte Arnoul ayant pris en embuscade Henri, évêque de Liége, dans un pèlerinage que celui-ci avait entrepris pour Rome, l'avait dévalisé, et lui avait fait jurer en même temps qu'il ne réclamerait de lui la restitution de rien : les collègues de l'évêque, réunis en synode à Verdun, par l'ordre de saint Grégoire VII, menacèrent le comte Arnoul de l'excommunication avec ses fauteurs, s'il ne rendait ce qu'il avait pris et ne revenait à pénitence. En même temps ils délièrent l'évêque de Liége de son serment. Nous n'avons du reste d'autre preuve de la tenue de ce synode que la lettre du pape à l'évêque de Verdun pour lui ordonner de l'assembler. *Conc. Germ. t.* III.

VERDUN (Synode de), l'an 1135. Dans ce synode, l'évêque Alberon mit les prémontrés en possession du couvent de Saint-Paul. *Conc. Germ. t.* II.

VERDUN (Synode de), l'an 1574, par Nicolas Psalmée, évêque de cette ville. On y régla que, dans chaque paroisse, les fidèles suppléeraient selon leur moyens pour ce qui manquerait, faute de revenus suffisants, à leur église. *Statuta primæ synod. Virdun. ab illustr. et rever. D. Car. a Lotharing.*

VERDUN (Synode diocésain de), l'an 1598, par Henri de Lorraine, évêque et comte de Verdun, qui y publia soixante-dix-huit règlements. Voici les plus remarquables : (28) Celui qui aura blasphémé le nom de Dieu, Notre-Seigneur Jésus-Christ, la sainte Vierge ou les saints, si c'est un clerc, sera privé pendant une année du revenu de tous ses bénéfices, et en cas de récidive il perdra ses bénéfices, sans espérance de jamais les recouvrer; si c'est un laïque, il sera sujet à toute la rigueur des lois canoniques et civiles. (33) Les curés visiteront souvent les malades, même sans avoir été appelés, et les exhorteront à recevoir les sacrements. (42) On changera les corporaux et les purificatoires, qui devront être de lin, tous les huit jours, ou même plus souvent, là où il se dit un grand nombre de messes, et tous les quinze jours au plus tard là où il s'en dit moins. (53) Nous recommandons à tous les prêtres, en vertu de la sainte obéissance, de n'absoudre jamais, si ce n'est à l'article de la mort, des cas marqués dans la bulle *in Cœna Domini*, ou, en général, réservés au saint-siège. *Conc. Germ. t.* VIII.

VERDUN (Synode de), 12 avril 1616, par Charles de Lorraine, évêque de Verdun. Ce prélat y publia divers statuts, dont le troisième, concernant le baptême, porte qu'on ne doit pas exiger pour les enfants nés d'un commerce illégitime plus que la coutume n'y autorise pour les autres, ni attendre pour les baptiser que leur père soit connu. *Stat. prim. synod. Vird. ab ill. et rev. D. Car. a Lotharingia.*

VERLAM-CASTER (Concile de), *Verolamiense*, vers l'an 446. Saint Germain d'Auxerre et saint Loup de Troyes furent priés d'aller prendre la défense de la foi orthodoxe sur la grâce de Jésus-Christ. Le pape saint Célestin appuya cette mission, et les deux évêques de Gaule, étant arrivés en Angleterre, y assemblèrent un concile nombreux à *Verlam-Caster*, ou Saint-Albans, ville célèbre par le martyre du saint dont elle porte le nom. Les évêques y condamnèrent, d'une voix unanime, Pélage, et Agricola, l'un de ses disciples, qui avait infecté des erreurs de son maître la foi des Anglais. C'est le premier concile tenu en Angleterre. *Reg. t.* VII; *Labb. t.* III; *Hard. t.* I; *Wilkins, t.* I.

VERLAM-CASTER (Concile de), l'an 793, ou 794 selon Labbe. Les collections ordinaires mettent deux conciles à Verlam : l'un en 793, sur la sépulture de saint Alban, qui passe pour le premier martyr d'Angleterre; l'autre en l'année suivante 794, pour fonder l'abbaye du même saint. L'auteur de *l'Art de vérifier les dates* ne parle point d'un concile de Varlam, qu'il met en 793, et auquel il donne pour objet la fondation de l'abbaye de Saint-Alban. Wilkins, d'après Spelman, parle en effet de deux assemblées ecclésiastiques tenues à Verlam en 793, au sujet de saint Alban, avec cette différence, qu'il ne donne à la première que le nom de conférence : *Collatio Verolamii sub Offa, rege Merciorum, de exquirendo sancti Albani protomartyris sepulturæ loco.* Anglic. t. I, pag. 154.

VERMANDOIS (Synode du), *apud Capi-Castellum*, l'an 1108. Dans cette assemblée, l'évêque d'Arras, de concert avec les évêques de Cambrai, de Terouanne, et celui de Tournay et de Noyon, sans compter nombre de prélats et de simples prêtres, rétablit la concorde entre les chanoines de Tournay et les moines de Saint-Martin. Mansi, Conc. t. XX.

VERMÉRIENSIA (*Concilia*). Voy. VERBERIE.

VERNEUIL (Concile de), *Vernoriense (a)*, l'an 755. Le roi Pepin fit assembler ce concile le 11 de juillet de l'an 755, le quatrième de son règne, et y appela tous les évêques des Gaules, quoique nous ne sachions pas combien il y en assista, parce que nous n'avons les souscriptions d'aucun. Le but de ce concile fut le rétablissement de l'ancienne discipline, et la réformation d'un grand nombre d'abus. Il fit vingt-cinq canons.

1. « Chaque cité, c'est-à-dire chaque ville considérable, aura son évêque, et par conséquent un évêque ne pourra posséder plusieurs évêchés. »

2. « Tous les prélats obéiront à ceux des évêques qui auront été établis en la place des métropolitains, en attendant qu'on remédie autrement aux abus, selon les voies canoniques. »

On voit par ce canon que l'on avait attribué le pouvoir de métropolitain à de simples évêques ; apparemment parce que plusieurs grands sièges, tels que celui de Reims, étaient occupés par des clercs qui n'avaient quelquefois que la tonsure.

3. « Chaque évêque aura pouvoir dans son diocèse, tant sur le clergé que sur les moines et les laïques, pour la correction de leurs mœurs. »

4. « On tiendra deux conciles chaque année : l'un au premier mois, c'est-à-dire au mois de mars, en présence du roi, et dans le lieu qu'il choisira ; l'autre le premier d'octobre, à Soissons, ou ailleurs, comme en seront convenus les évêques au concile du mois de mars. »

Ce concile du mois de mars était l'assemblée générale des évêques et des seigneurs, qu'on nommait *Champ de mars* : c'est pourquoi on laisse au roi à en déterminer le lieu. Pepin ordonna cette même année qu'elle ne se tînt qu'au mois de mai. Ainsi on ne la nomma plus *Campo-Martius, Champ de mars*, comme on faisait auparavant, mais *Campo-Madius, Champ de mai*.

5. « Les évêques veilleront à ce que la règle soit gardée dans les monastères d'hommes ou de filles. S'ils ne peuvent corriger les abus, ils les dénonceront au métropolitain, et si le métropolitain ne peut y apporter remède, il en portera ses plaintes au concile, qui excommuniera et déposera les coupables. »

6. « Défense aux abbesses d'avoir deux monastères, ou de sortir de leur cloître, à moins qu'elles ne soient exposées aux incursions des ennemis. Quand le roi mandera à la cour quelque abbesse, une fois l'an, et du consentement de l'évêque, qu'elle y aille et retourne à son monastère le plus tôt qu'elle pourra, sans s'arrêter en chemin. Les religieuses ne sortiront point non plus de leur cloître, et si quelqu'une tombe dans quelque faute grave, elle en fera pénitence dans le monastère, au jugement de l'évêque. Que si elles ont quelque raison de parler au roi ou au synode, elles y enverront des séculiers, et n'iront pas même à la cour, sous prétexte d'y porter des présents, se contentant de les y envoyer. S'il y a des monastères de filles si pauvres qu'on ne puisse y garder la règle, l'évêque en avertira le roi, afin qu'il y pourvoie par ses aumônes. »

Il paraît, par ce canon, que la coutume était dès lors établie que les abbés et les abbesses de certains monastères fissent, tous les ans, un présent au roi.

7. « Il n'y aura de baptistère public que dans les lieux marqués par l'évêque ; mais, en cas de nécessité, les prêtres pourront baptiser en tous lieux. »

8. « Les prêtres ne pourront baptiser ni dire la messe sans la permission de leur évêque, et ils seront obligés de se trouver à son synode, sous les peines portées par les saints canons. »

9. « Celui qui communique avec un clerc ou un laïque excommunié par son évêque est excommunié lui-même. Personne ne doit recevoir ses présents, lui donner le baiser de paix, le saluer, ni prier avec lui. Celui qui se croit injustement excommunié peut recourir au métropolitain ; et cependant, qu'il observe son excommunication. Si quelqu'un la méprise, le roi le condamnera à l'exil. »

10. « On ne permettra pas aux moines d'aller à Rome ou ailleurs, à moins que leur abbé ne les y envoie. Si un monastère est tellement déréglé, par la négligence de l'abbé, que l'évêque n'y puisse apporter remède, il permettra aux moines qui voudront en sortir, de passer dans un autre monastère pour y faire leur salut. »

11. « Ceux qui disent qu'ils se sont coupé les cheveux pour servir le Seigneur, et qui cependant gardent encore leurs biens, sans entrer ni parmi les clercs soumis à l'évêque, ni parmi les moines, feront l'un ou l'autre, sous peine d'excommunication. Les vierges qui se sont données à Dieu en prenant le voile entreront aussi dans des monastères de filles. »

12. « Les clercs ne changeront point d'é-

(a) Il ne faut pas confondre ce lieu, comme quelques-uns l'ont fait, avec la ville de Verneuil en Normandie. Suivant la judicieuse observation de Maan, si le concile s'était tenu en Normandie, il aurait été présidé par l'archevêque de Rouen, ou quelque évêque du moins de la Normandie y aurait assisté. Or, on n'y vit rien de semblable. Verneuil dont il est ici question, était un palais royal. Maan., *Sacra et metrop. eccl. Turonensis.*

glise, et on ne recevra pas le clerc d'une autre église. »

13. « Les évêques ambulants, qui n'ont point de diocèse, ne pourront faire aucune fonction sans la permission de l'évêque diocésain, sous peine de suspense. Le clerc ou le laïque qui prendra la défense d'un tel évêque sera excommunié, jusqu'à ce qu'il se corrige. »

14. On permet de voyager le dimanche avec des chevaux, des bœufs et des chariots; de préparer à manger, et de faire ce qui est convenable pour la propreté des maisons et des personnes. Mais on défend, en ce saint jour, les ouvrages de la campagne.

15. « Les mariages des laïques, nobles ou roturiers, doivent se faire publiquement. »

16. « Défense aux clercs d'être fermiers, c'est-à-dire de se mêler des affaires séculières, à moins que l'évêque ou l'abbé ne le leur ordonne pour l'intérêt des églises, des orphelins ou des veuves. » C'est le troisième canon du concile de Chalcédoine.

17. « On ne laissera pas une église sans évêque plus de trois mois, à moins qu'il ne soit pas possible de faire autrement. » C'est le vingt-cinquième canon du concile de Chalcédoine.

18. On renouvelle le neuvième canon du troisième concile de Carthage, qui défend aux clercs de porter leurs causes aux tribunaux laïques, sans la permission des évêques ou des abbés.

19. « On conservera les immunités des églises. »

20. « Les abbés et les abbesses des monastères royaux rendront compte au roi de l'administration des biens du monastère, et si c'est un monastère épiscopal, on en rendra compte à l'évêque. »

Les monastères royaux étaient ceux de fondation royale, ou qui avaient été mis sous la protection spéciale de nos rois. Les monastères épiscopaux étaient ceux qui avaient été fondés par des évêques des biens de leur église, ou qui avaient été soumis spécialement à l'évêque et à son église.

21. « L'évêque aura la disposition des cures de son diocèse. »

22. « Les pèlerins seront exempts de péage. »

23. « Les causes des veuves, des orphelins et des églises, seront expédiées les premières par les comtes et les autres juges. »

24. « Défense de donner de l'argent pour parvenir à quelque degré que ce soit du ministère ecclésiastique. »

25. « Ni les évêques, ni les abbés, ni même les laïques, ne prendront aucun salaire pour rendre la justice. »

A ces canons, il y en a cinq d'ajoutés dans les capitulaires, mais ils sont absolument les mêmes que les cinq derniers du concile de Metz tenu en 756.

VERN (Concile de) ou Verneuil (a), l'an 844. Le roi Charles fit assembler ce concile à Verneuil-sur-Oise, au mois de décembre 844. Ebroin, évêque de Poitiers, y présida

(a) Voy. la note (a) de l'article précédent.

comme archi-chapelain du palais, quoique Venilon, archevêque de Sens, y fût présent. Les évêques, qui regardaient la convocation de ce concile comme une grâce de la part du roi, lui en témoignèrent leur reconnaissance, et firent douze canons pour le rétablissement de la discipline de l'Eglise.

1. « Les évêques exhortent le roi à tempérer la sévérité par la douceur de la miséricorde, et à gouverner son peuple avec justice, à l'exemple de David et d'Ezéchiel, et de son aïeul Charlemagne. »

2 et 3. « Ils le prient d'envoyer des commissaires, pour procurer la réforme des clercs et des moines. »

4. « Les moines vagabonds seront contraints de retourner à leurs monastères, et s'ils ont quitté l'habit ou ont été chassés par leur faute, et qu'ils ne veuillent pas accomplir ce qu'ils ont promis à Dieu, on les enfermera jusqu'à ce qu'ils se soient corrigés. »

5. « Ceux qui auront épousé des religieuses seront excommuniés, mis en pénitence publique, et ne recevront le viatique qu'à la mort, si toutefois ils sont repentants de leur faute. »

6. « Les ravisseurs, parce qu'ils méprisent l'excommunication ecclésiastique, seront réprimés par la sévérité des lois civiles. »

7. « Les religieuses qui, sous un faux prétexte de piété, prennent un habit d'homme et se coupent les cheveux, ne seront qu'admonestées, parce qu'elles le font plutôt par ignorance que par mauvais dessein; au lieu qu'elles devraient être séparées du corps de l'Eglise, si elles agissaient en cela par malice. »

8. « Les évêques, informés que quelques-uns de leurs confrères s'excusaient du service de guerre sur la faiblesse de leur corps, et que d'autres en avaient été dispensés par le roi, prient ce prince de trouver bon qu'ils donnent la conduite de leurs hommes à quelqu'un de ses vassaux. » Ebroin, président du concile, et Loup, abbé de Ferrières, qui en composa les canons, s'étaient trouvés en personne, la même année, à la bataille donnée près d'Angoulême : Loup y fut fait prisonnier.

10. Les évêques prient aussi le roi de pourvoir à la vacance de l'église de Reims, destituée de pasteur depuis longtemps, et dépouillée depuis peu de ses biens, et d'approuver l'ordination d'Agius, évêque d'Orléans, et auparavant prêtre de son palais, disant que cette ordination avait été faite par Venilon, archevêque de Sens, du consentement de ses suffragants, sur le témoignage du clergé, et à la demande du peuple.

11. On renvoie à un concile plus nombreux l'examen de l'affaire de Drogon, évêque de Metz, et archi-chapelain de l'empereur Lothaire, qui voulait, en vertu des lettres qu'il avait obtenues du pape Sergius, se faire reconnaître pour vicaire apostolique dans le royaume de Charles.

12. Les évêques finissent par une très-humble remontrance au roi, pour empê-

cher les rapines et quantité d'autres crimes qui attiraient la colère de Dieu sur les peuples, et surtout pour ôter des mains des séculiers les biens que les princes et les autres fidèles avaient offerts à Dieu, pour l'entretien des ministres des autels et des autres serviteurs de Dieu, pour le soulagement des pauvres et des étrangers, pour la rédemption des captifs et le rétablissement des églises. *Anal. des Conc.*, t. I.

VERNON (Assemblée mixte), *in regnorum Franciæ et Angliæ limite*, entre Vernon et les Andelys, l'an 1199. Ce fut une assemblée d'évêques et de grands, convoqués par le cardinal-légat Pierre de Capoue, pour arrêter les conditions de la paix entre le roi de France et le comte de Flandre, allié du roi d'Angleterre. On ne put y convenir que d'une suspension d'armes.

VERNON (Concile de), l'an 1422. Ce concile fut assemblé pour députer au concile de Pavie. *Bessin, Conc. Norm. Voy.* PAVIE, l'an 1423.

VEROLAMIENSIA (Concilia). Voy. VERLAM-CASTER.

VEROLI (Concile de), *Verulanum*, l'an 1111. Le pape Pascal II tint ce concile de Veroli, entre Anagni et Veletri. On y obligea Grimaldi, archidiacre de Saint-Paterne, à reconnaître la juridiction de l'évêque diocésain. Fabricius met ce concile en 1140; mais D. Mabillon a prouvé qu'il est de l'an 1111. *Muratori, Ital. t. II.*

VEROLI (Concile de), l'an 1141. Ce concile de Veroli, dans la campagne de Rome, eut pour objet l'obéissance ecclésiastique. *Mabill. Diar. Ital. t. I.*

VEROLI (Synode diocésain de), 7, 8 et 9 novembre 1695, par Dominique Zauli. Ce prélat y publia des statuts sur la foi, le service divin et les sacrements, ainsi que sur le reste de la discipline ecclésiastique. Il décerna les peines suivantes contre ceux qui se rendraient coupables des crimes dont nous allons parler en même temps.

Les usuriers sont frappés d'excommunication, et privés après leur mort de la sépulture ecclésiastique, à moins qu'ils n'aient fait pénitence et restitué leurs usures. Les notaires qui auront conseillé des contrats usuraires, même sous des titres palliés, seront traités comme usuriers.

La fille qui se sera laissé corrompre sera mise en prison; son séducteur lui payera une dot s'il ne l'épouse pas, et de plus il subira une peine afflictive.

L'inceste, dans tous les degrés de parenté qui fondent un empêchement dirimant au mariage, et dans le premier degré d'affinité comme dans celui de parenté spirituelle, est puni des galères, dans l'homme, pour cinq ans, outre une amende de cent scudis; dans la femme, de la fustigation et du bannissement, si elle est roturière, ou d'une amende de cent scudis et de la prison, si elle est noble.

Des peines semblables, ou différentes, selon la qualité des personnes, sont portées contre les adultères.

Quant aux concubinaires, ils subiront les peines ordonnées par le concile de Trente.

Défense aux femmes de mauvaise vie de demeurer auprès des églises ou des monastères et dans les lieux fréquentés des villes, et de recevoir des hommes dans des jours d'avent ou de carême, et dans les huit jours qui précèdent ou qui suivent Noël et Pâques, sous peine d'amende ou de fustigation, ou de bannissement, à la volonté de l'évêque. *Synodus diœc. Verularum; Romæ*, 1697.

VÉRONE (Synode diocésain de), *Veronensis*, l'an 967, contre les clercs concubinaires. *Mansi, Suppl. t. I.*

VÉRONE (Concile de), l'an 994 ou 995. Ce concile eut pour objet le différend qui était survenu entre Jean, patriarche d'Aquilée, et Otbert ou Othelbert, évêque de Vérone, au sujet de quelques églises situées dans la ville même de Vérone, dont les prêtres refusaient d'obéir à l'évêque, sous prétexte qu'ils ne dépendaient que du patriarche d'Aquilée. Le concile jugea en faveur de l'évêque, et décida que les prêtres de ces églises obéiraient à l'évêque de Vérone, quand il les inviterait aux synodes, aux processions publiques, etc. *Muratori, in Dissert. med. ævi.*

VÉRONE (Concile de), l'an 1014. Ce concile fut tenu en présence du pape Benoît VIII et du roi Henri II, pour terminer les différends qui divisaient les patriarches d'Aquilée et de Grado. Il ne paraît pourtant pas que ces différends aient été terminés en effet dans ce concile. *Mansi, t. I, col. 1229.*

VÉRONE (Concile de), l'an 1184. Le pape Lucius III tint ce concile qui dura depuis le premier août jusqu'au 4 novembre ou plus encore. Ce pape y fit une constitution contre les hérétiques, en présence de l'empereur Frédéric, où l'on voit le concours des deux puissances pour l'extirpation des hérésies. L'Église y emploie les peines spirituelles, et l'empereur, les seigneurs et les magistrats, les temporelles. *Labb. X; Hard.VII; Mansi, t. II.* RICHARD.

VÉRONE (Synode de), douteux, l'an 1542. Giberti, évêque de Vérone et légat du saint-siége, publia vers cette année des constitutions pour son diocèse, qui obtinrent l'approbation du pape Paul III. Du reste, nous n'avons pas la certitude qu'un synode diocésain ait été assemblé à Vérone pour ce sujet. *Constitutiones editæ, Venetiis*, 1563.

Un *concile* de même nom, tenu sous le même prélat, est porté à l'an 1552 par l'abbé Lenglet du Fresnoi. *M. Guérin, Man. de l'hist. des conc.*

VÉRONE (Synodes de), de l'an 1580 à l'an 1589 environ, sous Augustin Valère. Huit synodes au moins furent tenus par ce prélat, à savoir les huit premières années qu'il tint cet évêché; mais il ne fit point de nouvelles constitutions, se contentant de faire observer celles de ses prédécesseurs, et en particulier celles de Mathieu Giberti, qui, d'après le témoignage qu'il en donne, avaient été adoptées dans plusieurs diocèses, et même par des conciles provinciaux. *Constit. editæ per rev. D. Jo. Math. Gibertum; Veronæ*, 1589.

VÉRONE (Synode de), l'an 1629, sous Albert Valère. Ce prélat y ordonna des conférences mensuelles dans chaque district, que devaient présider les vicaires forains, sous diverses peines contre ceux qui négligeraient de les tenir ou d'y assister.

VERONE (Synodes de), 15 avril 1633 et 6 mai 1636, sous Marc Justiniani. Ce prélat y confirma les constitutions de ses prédécesseurs; il y prescrivit en particulier, pour tout son diocèse, l'usage du rituel romain. *Decreta et edicta quæcunque; Veronæ*, 1636.

VERONE (Synode diocésain de), 7 avril 1655, sous Sébastien Pisan. Ce prélat y fit quelques nouveaux statuts pour rappeler à ses prêtres leurs principales obligations, et en particulier la fuite des jeux profanes et le devoir de la résidence; il recommanda de nouveau l'observation des cérémonies prescrites dans le Rituel romain, la défense à tous autres qu'aux clercs engagés dans les saints ordres de toucher aux vases et aux linges sacrés, la clôture des cimetières, le payement des dîmes, etc. *Constit. et decreta, Veronæ.*

VERONE (Synode diocésain de), 3 septembre 1665, par le même. Le prélat y rappela à ses prêtres l'obligation d'assister aux conférences rurales. *Ibid.*

VERSAILLES (Conciliabule de), l'an 1796, tenu le 18 janvier par les jansénistes appelants, ayant à leur tête Clément, l'un des plus fougueux du parti. Cette assemblée fut dissoute par le Directoire.

VERULANA (*Concilia*). *Voy.* VEROLI.

VESONTIANENSIA (*Concilia*). *Voy.* BESANÇON.

VEZELAI (Concile de), *Vizeliacense*, l'an 1146. Ce concile de Vezelai, ville du duché de Bourgogne dans l'Auxerrois, se tint le jour de Pâques, 31 mars. Le roi Louis VII, dit le Jeune, s'y croisa avec la reine Aliénor et grand nombre de seigneurs. Il y eut la même année des assemblées à Chartres, à Laon et en Bavière, pour le même sujet. *Labb.* X.

VIC D'AUSONE (Conciles du), tenus en 1027 et en 1068. *Voy.* AUSONE.

VIC D'AUSONE (Synode diocésain du), *Vicensis seu Ausonensis*, l'an 1628, par D. Pedro de Magarola, évêque de cette ville. Ce prélat y ordonna qu'à l'avenir le synode diocésain se tiendrait tous les ans le mercredi après le dimanche de *Quasimodo*. Il y publia en outre de nombreux décrets, qu'il rangea sous quarante-trois titres.

Le 1er contient la profession de foi de Pie IV (a), par l'évêque lui-même.

Sous le 2e titre, l'évêque oblige tous les clercs à se procurer un exemplaire des constitutions anciennes et nouvelles, tant de la province (de Tarragone) que du diocèse.

3. Il est ordonné de même aux curés de tenir registre des usages particuliers de leurs paroisses.

4. Il leur est défendu de livrer ce registre à des mains étrangères.

Le titre 5 contient le calendrier des fêtes obligatoires du diocèse : nous y en avons compté jusqu'à soixante-quinze sous cette dénomination générale : *Dies festi, præter dominicos dies, quos oportet omnes christianos colere, et in eis cessante legitima causa missam audire, et ab opere servili abstinere, diesque feriati curiæ ecclesiasticæ Vicensis hi sunt....*

8. Défense est faite aux curés d'établir leur demeure chez des laïques : on leur ordonne de faire des exorcismes et de sonner les cloches en temps d'orage.

10. Défense aux clercs de prendre à ferme même des biens ecclésiastiques.

13. On leur défend d'accompagner en voyage, soit à pied, soit à cheval, d'autres femmes que leur aïeule, leur mère, leur sœur ou leur tante.

15. On défend de quêter pour les pauvres dans les églises mêmes, pendant les offices.

19. On exige des ermites qu'ils n'embrassent ce genre de vie qu'avec l'autorisation de l'ordinaire, et qu'ils se confessent et communient ostensiblement tous les mois.

21. On revendique pour les églises le droit d'asile.

23. On défend de donner des ajustements profanes aux images de Notre-Seigneur et des saints.

25. Dans le cas où l'évêque viendrait à mourir, on oblige tous les prêtres à dire chacun une messe pour le repos de son âme.

27. On interdit aux prêtres et aux bénéficiers d'être parrains.

30. On défend de porter le saint sacrement hors des églises pour arrêter les incendies, les inondations, les tempêtes, ou pour faire cesser des querelles. On ne permet pas aux laïques de communier le même jour que celui où ils se seraient confessés, et s'ils veulent communier fréquemment, on les exhorte à se contenter d'une communion par semaine. (Ces deux dernières décisions sentent beaucoup le rigorisme.) *Constit. Synod. Vicenses; Barcenone*, 1623.

VICENCE (Synode diocésain de), 3 décembre 1566, sous Mathieu Prioli. Ce synode fut le second tenu sous ce prélat : il nous manque les statuts qui ont pu être portés dans le premier. Dans celui-ci, l'évêque publia des règlements pour son séminaire, établit qu'il y aurait tous les jours dans son église cathédrale des leçons d'Écriture sainte ou de théologie, et tous les soirs pour les jeunes clercs des leçons de chant et de musique sacrée; il traça ensuite les devoirs des clercs, et en particulier des curés et des vicaires forains, recommanda le soin des églises et des cimetières; fit des statuts pour la conduite des religieuses, d'autres contre les usurpateurs de biens ecclésiastiques, etc. *Constit. et decreta; Patavii.*

VICENCE (Synode diocésain de), l'an 1583, sous Michel Prioli. Les statuts de ce synode sont divisés en sept parties, et traitent successivement de ce qui concerne l'instruction chrétienne et l'office divin : les ordres mineurs et majeurs, le séminaire et l'église

(a) *Voy.* cette profession de foi à l'article TURIN.

cathédrale, la célébration des messes et l'administration des sacrements, la réparation et l'entretien des églises, les confréries et les hôpitaux, les obligations des vicaires forains, relatives soit aux visites, soit aux conférences; les devoirs des clercs, la collation des bénéfices; enfin, des règlements pour les religieux, tant de l'un que de l'autre sexe. *Constit. et decreta; Vincentiæ*, 1584.

VICENCE (Synode diocésain de), septembre 1591, sous Denys Delfini. Ce prélat y publia quelques nouveaux règlements; il déclara que les prêtres qui, après s'être engagés à dire une messe à un autel, la disaient à un autre, ne satisfaisaient pas à leur obligation. *Cons'it. et decreta; Vincentiæ*, 1591.

VICENCE (Synode diocésain de), octobre 1623, sous le même. Les constitutions publiées dans ce dernier synode sont à peu près les mêmes, et avec les mêmes divisions, que celles de l'an 1583. On y régla en particulier tout ce qui concernait le synode diocésain, dont on ordonna la tenue annuelle. *Constit. et decreta; Vincentiæ*, 1624.

VICENCE (Synode diocésain de), l'an 1647, par le cardinal Marc-Antoine Bragadeni, évêque de cette ville. Des décrets y furent publiés, divisés en six parties, sur la foi, sur l'office divin, sur les sacrements, sur les églises, sur les obligations des clercs, sur les séminaires et autres établissements ecclésiastiques. *Constit. et decreta; Vincentiæ*, 1647.

VIENNE (Concile légatin de), en Autriche, *Viennense*, l'an 1267. Gui, cardinal légat, tint ce concile, et y publia dix-neuf capitules ou décrets pour la réforme de la province de Salzbourg et du diocèse de Prague. Dans le premier, il recommande à tous les clercs la tempérance et la sobriété; dans le deuxième, il exhorte les prélats à ne pas grever leurs sujets dans leurs visites par un train trop nombreux; dans le troisième, il déclare privés de leurs bénéfices les clercs qui dans un mois n'auront pas congédié leurs concubines; dans le quatrième, il frappe d'excommunication les laïques détenteurs de biens d'église, qui refuseraient de les restituer; dans le cinquième, il réserve au saint-siége l'absolution de ceux qui auraient blessé énormément ou fait captifs des gens d'église; le sixième est contre la pluralité des bénéfices; le septième contre les laïques qui refusaient de payer la dîme; le huitième, contre les usuriers; le neuvième contient la défense de conférer les bénéfices à des jeunes gens qui n'auraient pas encore dix-huit ans; le dixième est contre les patrons, avoués ou juges d'églises, qui s'emparaient du mobilier des bénéficiers à leur mort; le onzième défend aux ecclésiastiques, sous peine de suspense, de recevoir des bénéfices de la main des laïques sans y être institués par l'évêque ou son archidiacre; le douzième enjoint la résidence aux curés; le treizième ordonne aux évêques de visiter tous les couvents de moines noirs pour y réformer les abus; le quatorzième interdit aux abbés le droit de consacrer des calices ou des patè- nes, ainsi que les autres fonctions épiscopales; le quinzième est pour obliger les juifs à porter un habillement qui les distingue des chrétiens. Les autres statuts jusqu'au dernier ont de même pour objet d'interdire aux chrétiens le commerce avec les juifs. *Conc. Germ. t.* III.

VIENNE (Assemblée des fidèles de) et de Lyon, l'an 177. On rédigea dans cette assemblée l'histoire des martyrs de Lyon, qu'on envoya aux Églises d'Asie, avec plusieurs lettres des martyrs contre l'hérésie de Montan, et le jugement que les Pères du concile de Lyon de cette même année avaient porté contre la doctrine de cet imposteur.

VIENNE (Concile de), en Dauphiné, l'an 451 ou environ. Cette assemblée eut lieu pour l'élection de Ravenne, successeur de saint Hilaire sur le siége d'Arles. *Anal. des Conc., t.* I.

VIENNE (Concile de), l'an 474. Ce fut saint Mamert, évêque de cette ville, qui assembla ce concile, à l'occasion des incendies, des tremblements de terre et des autres fléaux qui désolaient la France, ainsi que des calamités particulières qui affligeaient la ville de Vienne du temps de saint Mamert. Il établit dans ce concile les rogations ou prières publiques, accompagnées de jeûnes et de processions. *Chron. de Cambrai; Reg.* XIX; *Labb.* IV.

VIENNE (Concile de), l'an 870. Pendant qu'Adon de Vienne tenait son synode en 870, Mannon, prévôt du monastère de Saint-Oyant, ou Mont-Jura, vint lui représenter que ses prédécesseurs avaient accordé à son monastère une église située dans le diocèse de Vienne, et qu'au préjudice de cette donation, le curé de Saint-Alban voulait s'en emparer. Cette contestation n'était pas nouvelle. Un curé du même lieu avait déjà tenté de se rendre maître de cette église sous l'archevêque Agilemar, qui l'avait débouté de ses prétentions par sentence rendue avec connaissance de cause. Mais parce que les chanoines de Vienne n'y avaient pas souscrit, Adon crut devoir reprendre toute l'affaire, et la faire examiner par ses prêtres, afin de mettre fin à cette contestation. Il fut décidé, du consentement de tout le concile, que l'église dont le curé de Saint-Alban voulait s'approprier l'administration, demeurerait à la communauté de Saint-Oyant, comme elle lui avait été donnée par les archevêques de Vienne. La sentence est datée du mois d'avril, indiction troisième, c'est-à-dire l'an 870. *Hist. des aut. sacr. et eccl.*

VIENNE (Concile de), l'an 892. Les deux légats, Pascal et Jean, que le pape Formose avait envoyés en France, y tinrent ce concile par son ordre, et y présidèrent. Il s'y trouva, entre autres prélats, Bernon, archevêque de Vienne, et Aurélien de Lyon. Le concile fit quatre canons.

1er On excommunie ceux qui continueront à s'emparer des biens d'église.

2e Même peine contre les laïques qui auront tué, ou mutilé, ou déshonoré un clerc ou lui auront coupé quelque membre.

3° Même peine contre ceux qui auront fraudé les legs pieux faits par un évêque ou par un prêtre.

4° Il y avait des séculiers qui donnaient ou qui offraient des églises sans le consentement des évêques, et qui exigeaient des prêtres les droits d'entrée dans les bénéfices. Le concile condamne tous ces abus. *Anal. des Conc.*, t. I.

VIENNE (Synode de), l'an 907. Alexandre, archevêque de Vienne, tint ce synode pour terminer un différend entre Aribert, abbé de Roman-Moutier, et Bernard, abbé de Saint-Maurice, au sujet des dîmes qu'ils prétendaient l'un et l'autre sur une certaine chapelle. Il ne se trouva dans cette assemblée que des abbés et des prêtres, avec l'archevêque qui présidait. Les parties entendues, le gain de cause fut adjugé à Aribert. *Hist. des aut. sacrés et ecclés.*, t. XXII.

VIENNE (Conciles de), en Dauphiné, et de Tours, l'an 1060. Le pape Nicolas II fit assembler ces deux conciles par son légat Étienne; celui de Vienne le 31 janvier, et celui de Tours le 1er mars. Les canons de ces deux conciles sont les mêmes, mot pour mot, de même que la préface qui y est à la tête. D. Luc d'Achéri les a rapportés dans ses notes sur Lanfranc, sous le nom d'un concile d'Angers; apparemment parce que le légat Étienne les publia de nouveau dans cette ville, où il se trouvait en 1067. L'entière conformité de ces canons, dans les différentes villes où ils furent publiés, fait conjecturer que le légat les avait apportés de Rome tout dressés, ou qu'il les composa lui-même sur ce qui avait été prescrit dans le concile de Rome sous le pape Nicolas II; car ils roulent sur les mêmes points de discipline. Ils sont au nombre de dix, tous contre la simonie, l'incontinence des clercs, les mariages incestueux, la pluralité des bénéfices, les moines apostats, et les autres désordres si souvent condamnés dans les conciles précédents. Ce qu'il y a de particulier dans le second canon, c'est qu'il y est dit que si un évêque confère par simonie quelque ministère ecclésiastique, ou la pension qui y est attachée, il sera permis au clergé de s'y opposer et d'avoir recours aux évêques voisins, ou même au saint-siège. Il est dit à la fin du concile de Tours que les canons en furent souscrits, premièrement par le légat Étienne, comme président au nom du pape, ensuite par dix prélats, tant archevêques qu'évêques. Ils ne sont point nommés. *Anal. des Conc.*, t. II.

VIENNE (Concile de), l'an 1112. Gui, archevêque de Vienne et légat du saint-siège, tint ce concile le 16 septembre. On y décida que c'est une hérésie de croire qu'on puisse recevoir des mains d'un laïque l'investiture des évêchés, des abbayes et autres dignités de l'Église. On y condamna aussi et l'on déclara nul le privilège que le roi Henri avait fait signer au pape touchant les investitures; on y anathématisa ce prince, en le retranchant du sein de l'Église, jusqu'à ce qu'il eût fait une pleine satisfaction.

VIENNE (Concile de), l'an 1115. On y excommunia l'empereur Henri V. Ce concile est mal nommé *de Vienne en Allemagne* dans la table du tome XII des Conciles du P. Labbe, de l'édition de Venise. Ce fut Gui, archevêque de Vienne en Dauphiné et légat du saint-siège, qui y présida, assisté de dix-neuf évêques, sans compter le cardinal Boson, qui s'y trouva aussi. *Mansi*, t. II, col. 305; *Anal. des Conc.*, t. V.

VIENNE (Concile de), l'an 1118. Le pape Gélase II, qui s'était rendu en France au mois de novembre 1118, tint ce concile la même année. Les actes en sont perdus. On trouve ce concile à l'an 1119 dans les collections ordinaires, mais mal, puisque le pape Gélase mourut à Cluny, où il s'était fait transporter dès le 29 de janvier de l'an 1119. Cela vient sans doute de ce que le pape Gélase suivait dans ses dates le calcul Pisan, qui commençait l'année le 25 de mars, jour de l'Annonciation de la sainte Vierge. Ainsi, le concile de Vienne, qui se tint au mois de novembre ou de décembre 1118 selon notre calcul qui commence l'année au mois de janvier, se tint l'an 1119, selon le calcul Pisan.

VIENNE (Concile de), l'an 1120, tenu par le pape Calliste II. *Rer. gallic. script.* t. XII.

VIENNE (Concile de), l'an 1124. Pierre de Léon, légat du saint-siège, qui fut depuis antipape, tint ce concile, dont on ignore les actes.

VIENNE (Concile de), l'an 1141. Étienne, archevêque de Vienne, tint ce concile, où l'on mit sur le siége épiscopal de Valence en Dauphiné Jean Ier, abbé de Bonneval, de l'ordre de Cîteaux, à la place d'Eustache, dégradé par le pape. C'est ce que nous apprennent les PP. Durand et Martène, dans la Vie de saint Jean Ier, évêque de Valence, qu'ils ont donnée dans le troisième tome de leurs Anecdotes, pag. 1693.

VIENNE (Concile de), l'an 1164. Ce fut un conciliabule assemblé par Renould, archevêque de Cologne, que l'empereur Frédéric Ier avait envoyé en France, pour y faire reconnaître l'antipape Pascal III. C'est ce que nous apprend la lettre de celui que saint Thomas, archevêque de Cantorbery, députa à Rome, pour défendre sa cause, lettre qui se trouve dans les œuvres du P. Christianus Lupus, t. X, *epist.* III, pag. 67. Edit. Venet. Mansi, t. II, col. 543.

VIENNE (Concile de), l'an 1200. Ce concile, qui est une continuation de celui de Dijon de l'an 1199, se tint au mois de janvier, et fut présidé par le même légat Pierre de Capoue, qui, se voyant sur les terres de l'empire, publia l'interdit sur toutes celles de l'obéissance du roi de France, avec ordre à tous les prélats de l'observer, sous peine de suspense. *Ibid.*

VIENNE (Concile de), en Dauphiné, l'an 1289. Guillaume de Valence, archevêque de Vienne, tint ce concile avec ses suffragants, le jour de S. Luc. On n'en a pas les actes; mais on trouve au quarante-huitième chapitre des Antiquités de Vienne, les statuts qui y furent dressés. *Gall. Christ. et Hard.* VIII.

VIENNE (Concile œcuménique de), l'an 1311. Ce concile, qui est le quinzième général, fut assemblé par le pape Clément V, l'an 1311, pour quatre causes principales, savoir : l'affaire de l'ordre des Templiers, qui y fut aboli ; les erreurs des Fratricelles, des Dulcinistes, des Béguards et des Béguines ; le secours de la terre sainte et le rétablissement de la discipline ecclésiastique, comme il paraît par les Clémentines et par la bulle de convocation qui commence par ces mots : *Regnans in cœlis.*

La première session se tint le 16 octobre. Le pape l'ouvrit par un discours dont le texte était : *Les œuvres du Seigneur sont grandes dans l'assemblée des justes*, et où il proposa les objets principaux du concile. Tout l'hiver se passa en diverses conférences sur les motifs que le pape avait proposés, et spécialement sur l'affaire des Templiers. On attendait l'arrivée du roi Philippe, qui avait été l'auteur de la découverte, et qui passait pour le principal zélateur de toute l'affaire. En attendant, le pape, au commencement de décembre, assembla les cardinaux et les prélats, à qui on lut les actes faits contre les chevaliers du Temple. Chacun d'eux étant requis en particulier par le pape de dire son avis, ils convinrent qu'il devait écouter les accusés dans leurs défenses. Ce fut l'avis de tous les évêques d'Italie, excepté d'un seul, et de tous ceux d'Espagne, d'Allemagne, de Danemarck, d'Angleterre, d'Ecosse et d'Irlande. Ceux de France en jugèrent de même, excepté les trois archevêques de Reims, de Sens et de Rouen.

Il y eut d'autres conférences sur cela ; et nous apprenons des auteurs contemporains qu'il s'en tint durant plusieurs mois. Enfin, le mercredi 22 mars de l'année suivante 1312, le pape, ayant appelé en conseil secret les cardinaux avec plusieurs prélats, cassa par provision, plutôt que par voie de condamnation, l'ordre des Templiers, réservant leurs personnes et leurs biens à sa disposition et à celle de l'Église.

La seconde session se tint le troisième jour d'avril. Le roi de France étant arrivé avec le comte de Valois son frère, et les trois fils de France, Louis, roi de Navarre, Philippe et Charles, entra au concile, et prit place à la droite du pape sur un trône un peu plus bas. Clément V, ayant pris pour texte ces paroles : *Les impies ne se relèveront point dans le jugement, ni les pécheurs dans l'assemblée des justes*, s'adressa par manière de sermon aux Templiers, en citant cet ordre militaire. Ensuite il publia contre eux la sentence provisionnelle qu'il avait déjà portée dans le consistoire, et il déclara, de l'agrément du concile, cet institut proscrit et aboli, jusqu'au nom et à l'habit, tant parce qu'il devenait inutile (nul honnête homme ne pouvant désormais vouloir y entrer), que pour éteindre d'autres maux et prévenir les scandales. Enfin il fit lire la constitution qu'il avait faite contre ceux qui retiendraient ou qui reprendraient de nouveau l'habit, ou qui en choisiraient un autre pour faire profession de cet ordre ; le tout sous peine d'excommunication qui serait encourue par les recevants et les reçus. La bulle ne fut promulguée dans les formes que le sixième jour de mai. Quant aux personnes et aux biens, le pape en réserva au saint-siége la destination dès le sixième d'avril, pour y pourvoir avant la fin du concile.

Il fut souvent question des biens de l'ordre dans la suite de l'assemblée ; et les avis se trouvèrent partagés. Quelques-uns voulaient qu'on créât un nouvel ordre. Le pape eut une autre pensée, qui fut approuvée universellement.

Il considéra que les biens des Templiers leur ayant été donnés pour le secours de la terre sainte, il était juste de suivre cette destination, et de les transporter pour le même usage aux Hospitaliers de Saint-Jean de Jérusalem, depuis chevaliers de Rhodes et enfin de Malte. Les circonstances étaient favorables : on ne parlait dans tout le monde chrétien qu'avec admiration des Hospitaliers, qui venaient de consommer une des plus glorieuses entreprises qu'on fit jamais contre les Turcs, nous voulons dire la conquête de Rhodes, commencée l'année 1308, et terminée le jour de l'Assomption, quinzième d'août de l'an 1310. Le roi Philippe consentit à ce transport, comme il paraît par sa lettre au pape du 24 d'août 1312. Il dit que « les biens dont il s'agit pour la France étant sous sa garde, le droit de patronage lui appartenant, et le pape avec le concile lui ayant demandé son consentement pour cette destination, il le donne volontiers, déduction faite des sommes employées à la garde et à l'administration de ces biens. » Enfin les chevaliers de l'Hôpital en furent mis en possession la même année 1312, par arrêt du parlement, après la bulle de translation, datée du second mai.

L'emploi de ces biens ne fut pas le même partout. Le pape et le concile exceptèrent les biens situés dans les royaumes d'Espagne, de Castille, de Portugal, d'Aragon, de Majorque ; et parce que les Templiers s'y trouvaient obligés de défendre l'État contre les entreprises des Sarrasins et des Mores de Grenade (ainsi qu'on l'exposa), ces biens y furent appliqués à la même défense. Dans la suite les possessions des Templiers en Aragon et à Majorque furent mises entre les mains des Hospitaliers, comme ailleurs, à quelques réserves près.

L'exception que fit le concile fut faite à la sollicitation des souverains d'Espagne, qui alléguèrent, pour être saisis des biens, la nécessité indispensable de se défendre contre les Mores, serpents dangereux, qui vivaient dans le sein de la domination espagnole, pour la déchirer et se conserver leurs anciennes conquêtes. Jacques II, roi d'Aragon, eut pour sa part dix-sept places fortes des Templiers. Il les demandait pour établir l'ordre de Calatrava qui se forma depuis. Ferdinand IV, roi de Castille, ne s'étant point présenté au jour que le pape avait marqué, pour décider sur ce qui le concernait quant à l'emploi de ces biens, le pape unit ceux qui se trouvaient en Castille aux chevaliers de l'Hôpital. Mais Ferdinand ne tint aucun compte de cette union. Par voie de fait, il mit en ses mains les biens et les nombreuses places des Templiers de son royaume. Le roi de Portugal, Denys, par le conseil du pape, fonda de ces biens abandonnés l'ordre des chevaliers d Christ, dont le principal emploi était alors de combattre contre les Mores. En Angleterre, comme en France, et dans tous les autres pays chrétiens, ces biens furent remis fidèlement aux Hospitaliers de Saint-Jean de Jérusalem, devenus chevaliers de Rhodes.

Pour les personnes des Templiers, le concile général régla qu'à l'exception de quelques-uns, dont le pape se réserva nommément la destinée, tous les autres qui restaient en très-grand nombre seraient renvoyés au jugement des conciles de leurs provinces, lesquels procéderaient en cette manière : « Ceux qu'on trouvera être innocents ou avoir mérité l'absolution, seront entretenus honnêtement suivant leur condition sur les revenus de l'ordre. Ceux qui auront confessé leurs erreurs seront traités avec indulgence. Pour les impénitents et les relaps, on les traitera à la rigueur. Ceux qui après la question même ont persisté à nier qu'ils soient coupables, seront mis à part ou logés séparément, ou dans les maisons de l'ordre, ou dans des monastères aux dépens de l'ordre. » Voilà pour ceux qui avaient déjà été examinés par les évêques et les inquisiteurs, ou qui étaient en état de l'être par leur détention. Quant aux autres qui étaient en fuite ou cachés, on les cita par un acte public du concile pour se sister dans le terme d'une année devant leurs évêques, afin d'être jugés par les conciles provinciaux, sous peine, s'ils différaient à comparaître, d'être d'abord excommuniés, puis, au delà du terme prescrit, d'être regardés et traités comme hérétiques.

Outre l'affaire des Templiers, le concile de Vienne termina celle des poursuites contre la mémoire de Boniface VIII, poursuites poussées avec vigueur durant plusieurs années, et dont le roi s'était désisté au commencement de l'an 1311. Comme le concile n'avait été résolu d'abord que pour cela, le pape, malgré le désistement du roi, ne laissa pas de mettre encore cette affaire en délibération dans l'assemblée des prélats en présence du roi même. Trois savants cardinaux, savoir Richard de Sienne, Jean de Namur, et Gentil de Montfiore, se chargèrent de justifier la mémoire de Boniface du crime d'hérésie par des preuves tirées de la théologie, du droit civil et du droit canon. On ne daigna pas renouveler le souvenir des autres accusations. Le concile déclara que Boniface VIII avait été catholique, et saint Antonin ajoute, vrai et légitime pape. Deux Catalans qui se trouvèrent à cette assemblée s'offrirent brusquement à soutenir la même chose par un défi de duel. On n'alla pas plus loin. Le pape, pour contenter le roi, fit un décret portant qu'on ne pourrait jamais inquiéter ce prince ni ses successeurs, sur ce qu'il avait fait au sujet du pape Boniface. Telle avait été auparavant la décision de Clément V durant le cours de la poursuite : on dit même que tout ce que nous venons de raconter comme un règlement ou une décision du concile de Vienne, avait été conclu avant le concile dans un consistoire public, tenu par le pape et les cardinaux. Ce qu'il y a de certain, c'est que Clément ne proposa point cette affaire parmi les motifs qu'il allégua d'assembler le concile de Vienne, et qu'il n'en reste aucune trace dans les décrets qui furent publiés depuis.

Quoi qu'il en soit, Clément lui-même, le 21 de mars de l'an 1313, promulgua les constitutions approuvées par le concile de Vienne avec quelques autres qu'il avait fait ranger en un corps d'ouvrage, qu'il prétendait nommer la septième des décrétales, pour servir de suite au sexte de Boniface VIII ; mais la mort empêcha qu'il n'envoyât cet ouvrage aux écoles, suivant l'usage, c'est-à-dire, qu'il ne le publiât authentiquement. Ce ne fut qu'en 1317 que Jean XXII, son successeur, rendit public et autorisa, par une bulle adressée aux universités, ce recueil et les constitutions promulguées, partie dans le concile de Vienne, partie avant et après. On l'appelle le volume des Clémentines : il est inséré dans le corps du droit. C'est de cet ouvrage que nous tirerons les principaux articles réglés au concile. Il est divisé en cinq livres, dont le premier contient onze titres, le second douze, le troisième dix-sept, le quatrième un seul sur la parenté et l'affinité par rapport au mariage, le cinquième onze. Ces livres ont plusieurs chapitres, ou quelquefois un seul. Parmi ces constitutions, les unes sont de doctrine et regardent la foi ; d'autres sont de discipline ; d'autres des règlements sur des affaires, ou de clercs, ou de réguliers. Il y en a quantité qui ont été publiées dans le concile de Vienne, et que l'on reconnaît à cette clause, *avec l'approbation du concile.*

Le premier capitule du concile de Vienne est une profession de foi qui dit : « Le Fils de Dieu existe de toute éternité avec le Père, et de la même substance que le Père : il s'est revêtu de toute notre nature qu'il a prise entièrement, savoir le corps passible et l'âme raisonnable. Celle-ci est essentiellement la forme du corps humain. Le Fils de Dieu, revêtu de la nature humaine, a voulu opérer le salut de tous les hommes, et pour cela être crucifié, mourir sur la croix et ensuite être percé au côté d'une lance ; tel est le récit de l'évangéliste saint Jean, et nous déclarons avec l'approbation du concile que saint Jean a suivi l'arrangement des faits. Le concile décide ensuite qu'on doit regarder comme hérétiques ceux qui soutiendront que l'âme n'est pas essentiellement la forme du corps humain ; qu'il faut reconnaître un seul baptême, qui est le moyen de parvenir au salut, tant pour les adultes que pour les enfants ; que l'opinion de ceux qui croient que, par ce sacrement la grâce sanctifiante et l'habitude des vertus sont infuses dans l'âme des enfants est la plus probable, et qu'il faut la suivre. »

Les erreurs de ceux qu'on appelait *béguards* et *béguines, fratricelles* ou *bizoques*, sont condamnées dans la constitution qui est au chapitre III du tit. 3 du cinquième livre. Ces erreurs sont : 1° que l'homme peut acquérir en cette vie un tel degré de perfection, qu'il devienne impeccable et hors d'état de croître en grâce ; 2° que ceux qui sont parvenus à cette perfection ne doivent plus jeûner ni prier, parce qu'en cet état les sens sont tellement assujettis à l'esprit et à la raison, que l'homme peut librement accorder à son corps tout ce qu'il lui plaît ; 3° que ceux qui sont parvenus à cet esprit de liberté ne sont plus sujets à obéir, ni tenus de pratiquer les préceptes de l'Eglise ; 4° que l'homme peut parvenir à la béatitude finale en cette vie, et obtenir le même degré de perfection qu'il aura dans l'autre ; 5° que toute créature intellectuelle est naturellement bienheureuse, et que l'âme n'a pas besoin de la lumière de gloire pour s'élever à la vision et à la jouissance de Dieu ; 6° que la pratique de la vertu est pour les hommes imparfaits, mais que l'âme parfaite se dispense de les pratiquer ; 7° que le simple baiser d'une femme est un péché mortel, mais que l'action de la chair avec elle n'est pas un péché ; 8° que, pendant l'élévation du corps de Jésus-Christ, il n'est pas nécessaire aux parfaits de se lever, ni de lui rendre aucun respect, parce que ce serait une imperfection pour eux de descendre de la pureté et de la hauteur de leur contemplation pour penser au sacrement de l'eucharistie ou à la passion de Jésus-Christ.

Il ne faut pas confondre les béguines condamnées comme hérétiques par le concile avec les béguines qui subsistent peut-être encore à Liége et en Flandre, et qui reconnaissent pour leur instituteur Lambert le Bègue, antérieur d'un siècle et demi au concile de Vienne.

On traita aussi beaucoup d'autres articles dans le concile de Vienne, et en particulier des exemptions des religieux, que l'on modéra sans les abolir. On fit un règlement sur les moines noirs et sur les religieuses. On défend aux premiers l'abus de leurs richesses, la superfluité, la mondanité, la chasse, les voyages chez les princes : on les exhorte à la retraite, à l'étude et à la paix avec leurs supérieurs. A l'égard des religieuses, on leur défend d'être curieuses, de se parer, d'assister aux fêtes du monde et de sortir de leurs monastères. On veut qu'elles aient des visiteurs, sans excepter celles mêmes qui se disaient chanoinesses non-religieuses.

Le règlement sur les hôpitaux est remarquable en ce qu'il a donné lieu aux administrations laïques de ces maisons. Il y est dit que ceux de qui dépend la fondation et, à leur défaut, les ordinaires empêcheront que les directeurs ne détournent à leur profit les revenus destinés aux pauvres ; et qu'aucun hôpital ne sera désormais donné comme bénéfice à des clercs séculiers, sous peine de nullité, à moins que cela ne soit ainsi ordonné par le titre de la fondation ; et que, hors de ce cas, le soin des hôpitaux sera mis entre les mains de personnes sages, intelligentes, sensibles aux misères des pauvres, et capables de se comporter en vrais tuteurs, obligées au reste à prêter serment, à faire leur inventaire et à rendre des comptes annuels aux ordinaires.

Les règlements sur le clergé consistent entre autres dans la défense de pratiquer des métiers ou de vaquer à des commerces peu convenables aux clercs même mariés ; celle de porter des habits de couleur ou indécents ; l'âge nécessaire pour les ordres : dix-huit ans pour le sous-diaconat, vingt pour le diaconat et vingt-cinq pour la prêtrise. Point de voix au chapitre pour les chanoines, s'ils ne prennent l'ordre attaché à leur prébende.

Dans le titre 5 du cinquième livre touchant les usures, Clément V condamne comme coupables d'hérésie ceux qui assureraient avec opiniâtreté que l'usure n'est point péché.

Dans le premier chapitre du titre 9, au livre cinq des Clémentines, on enjoint aux ordinaires d'avertir les juges de ne pas refuser les sacrements de pénitence et d'eucharistie aux coupables condamnés à mort, et même de les contraindre, s'il le faut, par les censures à les accorder.

Le second chapitre du titre 3 dans le premier livre règle la juridiction des cardinaux, le saint-siége vacant. Ils n'ont pas celle du pape ; mais ils peuvent pourvoir aux charges de camérier et de pénitencier en cas de mort.

Le chapitre unique du titre 16 dans le livre troisième contient la bulle de l'institution de la fête du Saint-Sacrement par Urbain IV, confirmée par Clément V.

La Clémentine *Inter sollicitudines*, l. IV, tit. 1 *de Magist.* c. 1, ordonne qu'on enseigne publiquement les langues orientales ; qu'on établisse deux maîtres pour l'hébreu, deux pour l'arabe, et autant pour le chaldéen ; et cela à Bologne, à Paris, à Salamanque, à Oxford et dans les lieux où résiderait la cour romaine. Ce règlement fut fait à la sollicitation du célèbre Raimond Lulle. *Hist. de l'Egl. gall.; Anal. des Conciles.*

VIENNE (Concile de), l'an 1530. Sur la discipline ecclésiastique.

VIENNE (Concile de), en Dauphiné, l'an 1557. On y publia quatorze statuts, qui ne renferment que des répétitions sur l'obligation qu'ont les curés d'apprendre à leurs peuples les éléments et les prières de la religion chrétienne ; sur la nécessité de l'approbation de l'ordinaire pour être admis à prêcher ; sur le devoir pascal ; la sanctification des jours de dimanche et de fête ; l'habit et la tonsure cléricale ; la défense d'entrer dans les monastères de filles, etc. *Martène, Thesauri tom.* IV.

VIGILIENSES (Synodi), ou synodes de Biseglia, en juin 1692, 1693 et 1694, par

Pompée Sarnelli. A la suite de ces trois synodes ce prélat publia les constitutions qui y avaient été portées. Elles sont comprises sous trente-cinq titres, et renferment des détails fort curieux. Il y est dit, par exemple, qu'on ne doit point admettre à recevoir la tonsure quelqu'un qui a un frère déjà tonsuré, à moins qu'il n'ait d'autres frères qui soient laïques, et l'on traite d'abus tout à fait blâmable l'usage contraire; que les fils uniques ne doivent être admis à la cléricature que dans un âge où ils puissent s'assurer que c'est Dieu qui les y appelle, mais qu'on les admettra dans ce cas, pour ne pas s'opposer à la volonté divine. On interdit les autels sous lesquels il y aurait des sépulcres jusqu'à ce que ces derniers en aient été enlevés, et qu'on ait comblé l'espace resté vide. *Diœc. synod. constit. S. Vigiliensis Eccl.; Beneventi.*

VILLA REGIA (*Concilium in*). Voyez VILLEROI.

VILLEBERTRAND (Synode de), *Villæ Bertrandi*, l'an 1102, au diocèse de Girone, pour la dédicace de l'église de Villebertrand. Les évêques de Barcelone et de Carcassonne s'y trouvèrent avec celui de Girone, qui présida, et ils imposèrent aux clercs de cette église la règle de saint Augustin, avec le renoncement à toute propriété Les actes de cette assemblée furent ensuite confirmés par l'autorité de l'archevêque de Narbonne et par celle des légats. *D'Aguirre, tom. III.*

VILLEROI (Conciliabule de), l'an 685, ou plutôt 684 selon Labbe. Ebroïn, maire du palais du roi Thierry, convoqua cette assemblée d'évêques et de comtes pour juger saint Lambert, évêque d'Utrecht, et saint Léger, évêque d'Autun. Lambert fut relégué dans un monastère, et Léger fut livré au comte Chrodobert ou Robert, pour être mis à mort. Nous renvoyons à l'excellente *Histoire de saint Léger*, par D. Pitra, pour les détails de ce grand drame. On ne dit pas et il n'est pas certain que saint Léger ait comparu en personne devant le concile. Ebroïn put trouver plus expédient de le prendre à part, dans l'espérance d'extorquer de lui quelque imprudent aveu; mais le saint conserva sa présence d'esprit jusqu'à la consommation de son glorieux martyre.

VINDAUSCENSES (*Synodi*). Nous rangeons sous ce titre les synodes d'Avignon qui ont été omis au tome Ier de ce Dictionnaire.

Synode d'Avignon. — L'an 1337. Outre le synode rapporté *col.* 252 du tome Ier, dans lequel l'évêque Jean publia six statuts et qui se tint à la Saint-Luc, il y en eut un autre, tenu le 7 mai de la même année, où neuf statuts furent portés, 1° pour rappeler aux bénéficiers le devoir de la résidence; 2° pour leur défendre de céder à rente leur bénéfice; 3° pour enjoindre de ne célébrer aucun mariage sans y dire la messe; 4° pour empêcher les charivaris qui se donnaient dès lors à l'occasion de mariages; 5° pour prescrire de cesser l'office divin dans les lieux où les seigneurs tiendraient des clercs en captivité; 6° sur l'obligation de ne pas différer le baptême aux enfants; 7° sur le devoir imposé à cette époque à tous les fidèles de ne faire aucun testament sans qu'un prêtre y fût présent; 8° sur l'obligation pour les bénéficiers de se rendre au synode; 9° sur celle de publier et de mettre à exécution les statuts synodaux. *Martène, Thes. nov. anecd., t. IV.*

Synode d'Avignon. — A la Saint-Luc 1340. Statut qui prescrit aux ecclésiastiques de chanter ou de psalmodier les sept psaumes ou l'office des morts, en allant chercher les corps aux sépultures. *Ibid.*

Synode d'Avignon. — 25 avril 1341. Défense à tout chrétien de se servir de médecins juifs. *Ibid.*

Synode d'Avignon. — A la Saint-Luc de la même année. Des cinq statuts qui furent publiés dans ce synode, le 1er oblige chaque paroissien parvenu à l'âge de discrétion de se rendre à l'église de sa paroisse au moins tous les dimanches; le 2e fait défense de confesser sans surplis et aumusse, et injonction de tenir registre des personnes confessées; le 3e fait de même un devoir d'avoir un registre des excommuniés; le 4e prescrit de n'en enterrer aucun sans la permission de l'évêque ou de son official, et le dernier ordonne à toutes les paroisses de prendre copie de tous ces statuts, dans le délai d'un mois. *Ib.*

Synode d'Avignon. — 13 octobre 1344. Ordre d'acquitter dans l'année les legs pieux; défense aux curés de rien recevoir des frères quêteurs. *Ibid.*

Synode d'Avignon. — 12 octobre 1345. De nouveaux statuts y furent publiés pour presser l'observation de ceux de l'année précédente par rapport aux legs pieux, et pour enjoindre aux curés de ne rien recevoir pour prix de leurs sceaux apposés aux lettres venant de l'évêque, et de tenir en état de propreté leurs ornements et leurs autels. *Ibid.*

Synode d'Avignon. — L'an 1365. Quatorze nouveaux statuts y furent portés pour presser l'observation des anciens, en particulier sur la résidence des curés, et l'obligation des fidèles de s'abstenir d'œuvres serviles et de fréquenter l'église de leur paroisse les jours de dimanche. On y recommanda l'hospitalité aux curés et aux vicaires, surtout à l'égard des religieux, et on leur fit une loi d'en inviter un chaque mois à prêcher dans leurs églises, en lui donnant pour ce jour-là le vivre et le couvert, ainsi qu'au frère dont il sera accompagné. On défendit d'admettre pour chapelains des prêtres qui ne sauraient pas la langue d'Oc ou du pays. *Ibid.*

Synode d'Avignon. — L'an 1366, sous Arnaud, vicaire général du diocèse en même temps qu'archevêque d'Auch. Seize statuts y furent publiés, un en particulier contre les sorciers, et un autre pour recommander à tous les prêtres présents au synode de payer le droit synodal et le droit cathédratique, avec la décime annuelle, s'ils veulent éviter l'excommunication et des frais de procédure. *Ibid.*

Assemblée ecclésiastique d'Avignon (*Vindauscensis conventus*). — L'an 1397. Cette assemblée, composée du cardinal de Pampelune, qui paraît y avoir présidé, et des évêques d'Avignon, de Saintes, de Tarascon et de Mâcon, ne fut qu'un long plaidoyer en faveur des prétendus droits de l'antipape Benoît XIII au souverain pontificat. *Mansi, Conc. t.* XXVI.

Assemblée diocésaine d'Avignon (*Concilium diœcesanum*). — L'an 1403. On s'y occupa d'un subside d'argent que le roi demandait au clergé. *Mansi, Conc. t.* XXVI.

Synode d'Avignon. — Tenu sous le pontificat d'Eugène IV, et sous l'évêque Alain, qui y publia quarante et un statuts, pour la plupart renouvelés d'anciens. Le 6ᵉ fait défense de donner la sépulture ecclésiastique à ceux qui seraient morts dans une excommunication qu'ils auraient encourue publiquement, quand même à l'article de la mort ils auraient reçu leur absolution d'un confesseur. Le 12ᵉ oblige tous les ecclésiastiques à porter le surpis à larges manches à tous les offices de l'Église et à tous les enterrements. Nous passons les autres sous silence. *Ibid.*

Synode d'Avignon. — L'an 1441, sous Jean Blancher, vicaire général. Défense y fut faite, sous peine d'excommunication, aux ecclésiastiques et aux clercs même mariés d'entrer aux bains publics de la ville, à cause des prostituées qui s'y commettaient. *Ibid.* Ce synode est le même que celui indiqué *col.* 252 du tome Iᵉʳ de ce dictionnaire.

Synode d'Avignon. — 7 octobre 1442, sous Jean Morose, doyen administrateur de cette Église. La défense y fut portée d'enterrer ecclésiastiquement les personnes frappées de mort subite, à moins d'en avoir la permission de l'évêque, ou de son vicaire ou official général. *Ibid.*

Synode d'Avignon. — L'an 1447, 11 octobre, sous le même. Des statuts y furent portés contre les clercs concubinaires et les mariages clandestins. *Ibid.*

Synode d'Avignon. — L'an 1448. On y recommanda aux ecclésiastiques de ne porter des habits ni trop longs ni trop courts. *Ibid.*

Synode d'Avignon. — 15 octobre 1449. Le vicaire général qui présida à ce synode y fit défense aux bouchers de tuer ou d'écorcher des animaux les jours de dimanche ou de fête ; aux curés d'admettre ces mêmes jours dans leurs églises des personnes d'autres paroisses qui y viendraient au mépris de leur propre église ; ordre à tous les prêtres de la ville et du diocèse de ne dire leurs messes privées que les uns après les autres, les jours de dimanche et de fête, dans toutes les églises, cathédrale, collégiales et paroissiales. *Ibid.*

Synode d'Avignon. — 13 octobre 1451. Les curés exhorteront leurs paroissiens à se confesser le plus tôt possible quand ils viendront à tomber dans quelque péché. Ils n'enterreront point dans leur église ou leur cimetière des fidèles d'autres paroisses, à moins que ceux-ci n'y aient choisi leur sépulture. Défense aux seigneurs et aux magistrats séculiers de porter atteinte à la liberté des clercs. *Ibid.*

Synode d'Avignon. — L'an 1452. Statut relatif aux excommuniés qui feraient satisfaction à l'Église. *Ibid.*

Synode d'Avignon. — L'an 1462. Ordre à tous les curés et chapelains de rendre compte aux officiers que l'évêque en aura chargés des fondations et des droits particuliers de leurs églises. *Ibid.*

VINDOCINENSIS (Synodus). *Voy.* Vendôme.

VINTIMILLE (Synode diocésain de), par Etienne Spinola. Ce prélat fit imprimer dans l'année 1608 les actes du synode dont il est question dans cet article, sous le titre de *Prima synodus diœcesana*, ce qui paraît supposer que d'autres synodes du même prélat ont été tenus depuis celui-ci. Quoi qu'il en soit de la date précise de ce synode, on y défend aux personnes non versées dans la théologie de disputer de la religion avec qui que ce soit, et aux curés de célébrer hors de leur paroisse les jours d'obligation, même sous prétexte d'aider un confrère à une fête patronale. On les frappe de suspense *ipso facto*, s'ils s'ingèrent de rebaptiser, même sous condition (*etiam sub quavis cautela*), ceux sur la tête de qui l'eau aurait été certainement versée avec l'application de la forme. Parmi les désordres à réprimer, on signale en particulier les usures, et l'on défend avec sévérité d'user de fiction dans les contrats. *Prima synodus diœcesana. Romæ*, 1608.

VINTONIENSIA (Concilia). *Voy.* Winchester.

VIRDUNENSIA (Concilia). *Voy.* Verdun.

VITERBE (Synode diocésain de), *Viterbiensis*, l'an 1252, sous l'évêque Alfieri. Ce prélat y dressa quelques constitutions, qu'il modifia ensuite l'an 1254. *Constit. editæ in diœc. synodo habita Viterbii* 25 sept. 1639.

VITERBE (Synodes diocésains de), en 1320 et 1323, sous Angèle Tineosi. Le premier de ces deux synodes diocésains se tint à Corneto et non à Viterbe même. *Ibid.*

VITERBE (Synode de), 4 décembre 1347, sous Oddon *de Oddonibus*, proévêque et vicaire capitulaire, *sede vacante*. Nous ne savons si ce fut un synode diocésain ou simplement une assemblée capitulaire. Jusque-là l'archiprêtre de la cathédrale de Viterbe avait joui du droit d'administrer le diocèse lorsque le siège devenait vacant. Ce droit lui ayant été retiré à cette époque, il y eut de grands troubles à la mort de l'évêque Bernard du Lac *(a)*, pour l'élection d'un vicaire capitulaire. Les suffrages s'étant enfin réunis sur la tête d'Oddon, primicier de Toscanella, celui-ci fit ratifier son élection par le clergé rassemblé : c'est le synode dont il s'agit. *Ibid.*

VITERBE (Synode diocésain de), l'an 1564. Sébastien Gualterio ou Gaultier, évêque de Viterbe et auteur d'une histoire du concile de

---

(a) Bernard du Lac ou Dulac était français, et du diocèse de Rodez. Avant d'être évêque de Viterbe, il avait été établi gouverneur et capitaine général de toute cette province, connue sous le nom de Patrimoine de Saint-Pierre, et il paraît qu'en recevant l'épiscopat, il ne fit que cumuler ces deux dignités. Nommé gouverneur en 1341, et évêque vers la fin de 1343, il mourut en 1347.

Trente, divisée en onze tomes, et de discours d'une grande élégance de style, tint ce synode à son retour du concile de Trente, à la conclusion duquel il venait d'assister. *Ibid.*

VITERBE (Synode diocésain de), l'an 1573, par le cardinal Jean-François Gambara, évêque de cette ville. *Ibid.*

VITERBE (Synode diocésain de), 12 mai 1584, par l'évêque Charles Montili. *Ibid.*

VITERBE (Synode diocésain de), 15, 16 et 17 janvier 1614, par l'évêque Tibère Muti Domicelli, depuis cardinal. Les statuts qu'y publia ce prélat devraient, si les bornes que nous nous sommes prescrites pouvaient nous le permettre, être rapportés tout entiers, comme résumant dans un parfait ensemble la discipline usitée au commencement du dix-septième siècle. Chaque statut s'y trouve justifié par de nombreuses citations, soit de l'Ecriture sainte, soit des Pères ou des conciles et des synodes précédents. C'est une concordance fort savante, et qui conviendrait très-bien à la fin d'un dictionnaire universel et complet des conciles. *Constit. et decreta ; Viterbii.*

VITERBE (2ᵉ Synode diocésain de), sous le cardinal Muti, 18 et 19 janvier 1624. Les statuts publiés dans ce nouveau synode contiennent une explication et en même temps que la confirmation des décrets du précédent. On y impose l'obligation aux médecins de jurer l'observation de la constitution de saint Pie V, relativement aux malades qui ne se seraient pas confessés. On y défend aux prédicateurs d'établir des associations ou d'ordonner des processions sans la permission de l'évêque. On y range au nombre des sortiléges les sornettes et les vaines observances qui se débitent parmi le peuple comme ayant la vertu de guérir et d'autres effets aussi imaginaires. On y ordonne, par rapport aux saintes images tombées en vétusté, de les brûler si elles sont en bois, ou de blanchir les murs où elles seraient peintes. On défend d'en exposer sur les autels, ou de célébrer devant des images peintes sur les murailles, avant qu'elles aient été bénites par l'évêque. On défend l'œuvre servile, et défendue le dimanche, l'action de faire les cheveux. On défend les serments comme tous les autres actes judiciaires qui se feraient les jours de fêtes. On réitère les peines portées dans d'autres constitutions synodales contre ceux qui joueront aux dés ou à d'autres jeux de hasard du dimanche des Rameaux à celui de *Quasimodo*, et de la veille de Noël au jour de l'Epiphanie. On recommande aux ministres de l'eucharistie de présenter aussi l'ablution, et d'exhorter à la prendre ceux qui la refusent. On défend d'entendre les confessions lorsqu'on est à l'autel, même celles des personnes qui voudraient communier, surtout si la communion se donne à la messe. On ordonne que le pain d'autel ne soit fait que par des clercs, et l'on défend absolument de charger des femmes de ce soin. On défend aux prêtres nouvellement ordonnés de dire la messe avant d'avoir été examinés sur les cérémonies. On veut que les confesseurs ne reçoivent rien de leurs pénitents, pas même comme honoraire des messes ou comme moyen de procurer quelque restitution, et on frappe de suspense ceux qui se le permettent. On recommande aux confesseurs de garder les uns par rapport aux autres une conduite uniforme, et de ne point changer facilement les pénitences que d'autres auraient imposées. On fait défense aux prêtres d'exorciser des énergumènes, à moins d'en avoir reçu de l'évêque une autorisation spéciale. On oblige les prêtres qui ne peuvent dire la messe à communier au moins le troisième dimanche de chaque mois, outre les fêtes solennelles ; et l'on astreint de même les diacres et les sous-diacres à communier toutes les fois qu'ils exercent leur ministère à l'autel. On défend aux clercs de jouer en public et même en secret avec les personnes de vile condition ; et réciproquement on défend aux laïques de jouer avec les clercs, sous peine de confiscation de tout le gain qu'ils feraient. Les inspections de cadavres dans les églises sont interdites aux laïques, sous peine d'excommunication, et aux ecclésiastiques qui les permettraient, sous peine de suspense. On recommande aux curés de ne pas permettre aux femmes d'accompagner les cercueils aux funérailles, même de leurs proches, et de s'abandonner à des lamentations immodérées. On déclare la cire des enterrements propriété de l'église, et l'on ordonne d'en faire la distribution conformément aux constitutions du diocèse. Si la personne décédée doit être enterrée ailleurs que sur sa paroisse, sans que ce soit elle-même qui, de son vivant, ait choisi sa sépulture, la cire n'accompagnera point le corps jusqu'au lieu de la sépulture, ou bien elle sera rapportée à l'église paroissiale. Dans chaque église, les corps des petits enfants seront enterrés dans un lieu séparé de celui des adultes. Les clercs, tant réguliers que séculiers, ne feront promettre à personne de faire choix de leur sépulture dans leur église, sous peine d'être excommuniés par le fait même, sans pouvoir être absous autrement que par le saint-siège. *Constit. et decr. ; Viterbii,* 1624.

VITERBE (Synode diocésain de), 25 septembre 1639, par le cardinal Brancaccio, évêque de Viterbe et de Toscanella. Les statuts publiés par le cardinal dans ce synode contiennent l'obligation imposée aux maîtres de faire expliquer à leurs écoliers le Concile de Trente, des hymnes sacrés, le Catéchisme romain et d'autres écrits d'auteurs ecclésiastiques, et de leur faire apprendre tous les samedis quelque chose de la doctrine chrétienne, sous peine d'être déclarés inhabiles à remplir leurs fonctions.

On y ordonne aussi aux clercs d'assister aux sermons qui se font dans leur église, et on leur défend, sous des peines arbitraires, de paraître pendant ces temps-là sur les places publiques.

On y recommande l'usage d'une procession qui se faisait à une église appelée Notre-Dame du Chêne, en mémoire de certain miracle (*beneficii maximi percepti*).

On y déclare excommuniés et infâmes les

laïques concubinaires, si, sous quinze jours après avoir été avertis, ils ne se séparent de leurs concubines.

On y rappelle la défense faite aux prêtres dans un synode précédent, tenu à *Montili* (peut-être Montefiascone), de dire la messe dans une église où l'évêque la dirait en même temps, quand même ce serait une messe privée.

On défend également de dire des messes basses pendant l'office du chœur.

On ordonne aux chanoines présents au chœur de se lever à l'arrivée de chacun de leurs confrères.

Les curés devront faire gratuitement la sépulture des pauvres, et apporter à celle des enfants la pompe que les parents souhaiteront qu'on y mette. *Const. ed. Viterb.*, 1639.

VITERBE (2e Synode diocésain de), sous le cardinal Brancaccio, 23 avril 1645. Il y fut statué qu'on n'accorderait l'exposition du saint sacrement pour les prières des quarante heures qu'aux paroisses qui justifieraient d'un nombre suffisant d'adorateurs pour toutes les heures où il demeurerait exposé.

On y fit aussi aux curés une étroite obligation de visiter et d'instruire par eux-mêmes ou par d'autres les gardiens de troupeaux, condamnés à passer leur temps loin des églises, dans des champs ou des forêts. *Const. ed. in diœc. syn.* II *Viterbii*, 1645.

VISELIACUM (*Concilium*). Voy. VEZELAI.

VOLTERRA (Synode diocésain de), *Volaterranum*, l'an 1070. L'évêque Herman profita de l'occasion de ce synode pour déterminer les chanoines de son église à embrasser la vie commune. *Mansi, Suppl. t.* I.

VOLTERRA (Synode diocésain de), 8, 9 et 10 mai 1590, par l'évêque Gui Servidio. Ce prélat y publia quarante-sept titres ou rubriques de décrets sur les devoirs des curés et des clercs, pour l'extirpation des abus et pour le maintien de la discipline ecclésiastique. *Const. syn. et decreta in diœc. syn. Volaterrana; Florentiæ*, 1590.

VOLVIC (Assemblée mixte de), *Volvicensis*, l'an 761. Volvic était encore, du temps de Labbe, un prieuré dépendant de l'abbaye de Mauzac, au pays de Riom, en Auvergne. Pepin, après avoir pris et détruit la ville des Arvernes, qu'il rebâtit bientôt après sous le nom de *Clarus Mons*, Clermont, assembla à Volvic grand nombre de prélats et de comtes, discourut avec eux sur le dogme de la Trinité contre les hérétiques qui le combattaient, et expulsa de son royaume les incorrigibles avec leurs complices. Il fit aussi à cette occasion beaucoup de présents aux serviteurs de Dieu pour la réparation d. s églises et des monastères, et permit à l'abbé de Mauzac de rapporter dans sa propre église les reliques de saint Austremoine, qui depuis longtemps avaient été déposées à Volvic. *Mansi, Conc. t.* XII.

WALARE (Concile de), bourg d'Étrurie, *in Vico Walari*, an 715, tenu dans l'église de Saint-Genès, pour y juger un différend entre l'évêque d'Arezzo et celui de Sienne. *Mansi, Conc. t.* XII.

WALCKEREN (Syn. de), *in Walachria*, l'an 826. L'objet de ce synode, convoqué par saint Frédéric, évêque d'Utrecht, fut d'engager les habitants à renoncer à leurs mariages incestueux. Le saint apôtre y réussit. *Vita S. Frederici*.

WALLES (Assemblée générale de), vers l'an 935. On rapporte à ce temps les lois que Hoéli, surnommé le bon roi de Walles, ou Galles en Angleterre, fit en faveur de l'Église, dans une assemblée qu'il convoqua de tous ses États. Tous les évêques, abbés et supérieurs de monastères y furent appelés, avec six laïques de chaque centurie ou canton, et il choisit les plus doctes et les plus prudents. Ces lois sont divisées en quarante articles, et on passa tout le carême à les former. Voici les plus remarquables. Le roi donnait à son prêtre, le jour de Pâques, les habits dont il s'était servi pendant le carême; et la reine donnait aussi à son prêtre ceux avec lesquels elle avait fait pénitence pendant ce saint temps. L'office du prêtre de la cour dans les audiences est d'effacer du registre les procès qui sont jugés; de conserver par écrit ceux qui ne le sont pas, et de prêter son ministère au roi pour les lettres qu'il reçoit, et pour les réponses. Les douze principaux officiers de la cour prêtaient chaque année serment dans l'église, devant le chapelain, de rendre justice gratuitement, avec équité et sans acception de personne.

Le prêtre du roi était chargé de bénir les viandes et la boisson qu'on servait à sa table. Lorsqu'il fallait se purger d'un crime par un serment, on le répétait trois fois en présence du prêtre, à l'entrée du cimetière, à la porte de l'église, et à la porte du chœur. Il paraît par le dix-septième article qu'un homme pouvait répudier sa femme pour le seul cas de familiarité avec un autre, sans preuve d'adultère. *Hist. des aut. sacr. et eccl.*

WARMIE (Concile de), en Pologne, *Warmiense*, l'an 1415. Ce concile, composé de tous les évêques de la Pologne, se tint à l'occasion de l'hérésie de Wiclef, et des extravagances que commettaient les sectaires. Le concile recommanda l'usage de l'eau bénite dans les maisons, et ceux qui recourraient à ce moyen, dit la chronique, furent préservés de tout danger. Cette circonstance fut rappelée dans le synode du même diocèse tenu l'an 1726. *Conc. Germ. t.* V.

WARMIE (Synode diocésain de), tenu à Heilsperg, l'an 1497. L'évêque y publia cinquante-deux statuts, dont voici les plus curieux : (14) Les célébrations de mariages sont prohibées depuis le premier dimanche de l'Avent jusqu'à l'Épiphanie, depuis la Septuagésime jusqu'après l'octave de Pâques, et depuis les Rogations jusqu'après le dimanche de la Trinité. (18) Si un paroissien ne se met pas en devoir de se confesser avant la mi-carême, on recevra, il est vrai, sa confession, mais on pourra le renvoyer après Pâques pour la réception du sacrement de l'eucharistie. (20) Les parents engageront leurs enfants à se choisir chacun un apôtre pour se mettre sous sa garde, et les enfants qui négligeront cette pratique seront éloignés de la communion. (24) Nous abolissons l'usage suivi dans quelques églises de ne chanter à la messe qu'une partie du *Credo*, d'omettre, soit la Préface, soit le *Pater*, de substituer des cantiques au chant de l'Eglise, de lire la messe tellement bas, même dans ses parties non secrètes, qu'on ne puisse être entendu des assistants. (35) Les curés qui auront des Allemands ou des Prussiens dans leur paroisse seront tenus de leur procurer, selon leurs moyens, des chapelains qui sachent leur langue. (46) Les curés payeront chaque année à leurs servantes les gages qu'ils leur doivent, et si quelqu'une de celles-ci prétend, à la mort de son maître, qu'il lui était dû des gages arriérés, on refusera d'ajouter foi à son discours. *Cod. Constit. Synod. diœc. Warm.*

WARMIE (Synode de), l'an 1565, tenu par Stanislas Hosius, cardinal et évêque de Warmie, qui y publia plusieurs statuts. La plupart sont une répétition des précédents, d'autres sont pour recommander le concile de Trente; voici ceux qui nous paraissent les plus remarquables.

« On n'exigera point d'argent pour la réception du saint chrême, pas plus que pour un sacrement quel qu'il soit; on pourra cependant avoir recours aux juges, pour réclamer ce qui est dû d'après la coutume. »

« On n'admettra à diriger les écoles que des maîtres qui professent la même foi que leur pasteurs. Ce sera aux archiprêtres et aux curés à en faire l'examen. Nous réglerons nous-même quel catéchisme on suivra, et quels livres on pourra lire dans les écoles.» *Ibid.*

WARMIE (Synode diocésain de), l'an 1575. Martin Cromer, coadjuteur du cardinal Hosius, y publia cinquante et une constitutions, dont les plus remarquables contiennent en substance ce qui suit : Ceux qui fréquentent les écoles des hérétiques ne seront admis à aucune charge. Les mariages de catholiques avec des hérétiques sont défendus. Les hérétiques ne pourront faire l'office de parrains. La propriété des places d'église ne passera point aux héritiers. Les offrandes déposées sur les autels appartiennent au curé; celles des troncs à la fabrique; celles qu'on suspend aux images ou aux statues des saints doivent être partagées entre la fabrique et le curé.

WARMIE (Synode diocésain de), l'an 1577, tenu par le même prélat. Il défend aux prêtres de rien léguer par testament à leurs concubines, et ordonne à celles-ci de s'éloigner à trois milles de distance du domicile des prêtres. *Conc. Germ. t. VII.*

WARMIE (Synode diocésain de), l'an 1582. Martin Cromer, évêque de Warmie, défendit dans ce synode de faire durer la messe plus de deux heures, en y comprenant le sermon.

WARMIE (Synode diocésain de), l'an 1610. L'évêque Simon Rudnicky publia dans ce synode des règlements fort étendus sur les sacrements et les sacramentaux ; sur les qualités nécessaires pour être admis aux Ordres; sur la vie que doivent mener les clercs; sur les curés, les archiprêtres et les chanoines; sur les vicaires, les maîtres d'école, les marguilliers et les fabriques, sur les cimetières et les clochers ; en un mot, sur tout le détail de la discipline ecclésiastique. *Conc. Germ. t. IX.*

WARMIE (Synode diocésain de.), l'an 1726. Christophe-Jean, comte de Slupowszembeck et évêque de Warmie, renouvela dans ce synode les statuts de ses prédécesseurs. *Conc. Germ. t. X.*

WATERFORD (Concile de), l'an 1158. Il fut ordonné dans ce concile de Waterford que les Anglais, en quelque endroit de l'Irlande qu'ils se trouvassent, seraient mis en liberté, ceux qui les avaient vendus ou achetés étant coupables d'un grand crime. *Hist. des ant. sacr. et eccl.*

WEDDEL (Concile de), dans le Jutland, l'an 1278 ou 1279, tenu par Tengot, archevêque de Lund. Les actes n'en sont pas venus jusqu'à nous. *Mansi, Conc. t. XXIII.*

WERLE (Synode de), *Werlense*, l'an 1008. Le roi de Germanie, saint Henri II, y ratifia l'abandon que l'archevêque de Mayence avait fait au synode de Poelde de ses prétentions sur le monastère de Gandersheim. *Conc. Germ. t. III. Voy.* POELDE.

WESTMINSTER (Concile de), l'an 1065. L'église de Westminster près de Londres étant achevée, le roi Edouard en fit faire la dédicace le jour des saints Innocents de l'an 1066 ; car en Angleterre l'année commençait le jour de Noël. Il avait assemblé pour cela un concile plénier, afin que la cérémonie s'en fit plus solennellement. Le jour même, il fit expédier un diplôme, dans lequel il dit qu'il a employé la dixième partie de son bien, tant en or qu'en argent et en autres espèces, pour le rétablissement de cette basilique; qu'il y a mis quantité de reliques qui lui venaient du roi Alfred et de Carloman, roi des Français, c'est-à-dire de Charles le Chauve, dont Alfred, ou Echelvelf, avait épousé la fille en secondes noces. Entre ces reliques il y avait deux morceaux de la vraie croix, un morceau d'un clou, et une partie de la tunique sans couture. En conséquence des bulles des papes Léon IX et Nicolas II, il confirma les biens et les privilèges de Westminster, même l'exemption de la juridiction épiscopale, avec la faculté aux moines de se choisir un abbé suivant la règle de saint Benoît. Il y ajouta le droit d'asile, le tout du consentement des évêques et des seigneurs. Le diplôme fut souscrit par le roi, la reine Eadgithe, son épouse, Stigand, archevêque de Cantorbery, Eahed d'York, huit autres évêques et sept abbés, puis par plusieurs seigneurs, dont le premier est le duc Harold qui succéda à ce prince dans le royaume d'Angleterre. On lut dans la même assemblée les bulles de Léon IX et de Nicolas II, et la lettre du roi Edouard à ce dernier pape, par laquelle il lui demandait la confirmation de tous les biens et des droits du monastère de Westminster. Le diplôme de ce prince dans les imprimés est daté de la vingt-cinquième année de son règne. C'est une faute : on doit lire la vingt-quatrième, Edouard n'ayant régné que trois ans, six mois et vingt-sept jours, selon Hoveden et les autres écrivains anglais. Il mourut le quatrième de janvier 1066.

WESTMINSTER (Concile de), l'an 1077. Ce concile eut pour objet plusieurs affaires concernant l'Eglise, qui ne sont point spécifiées. *Wilkins, t. I.*

WESTMINSTER (Concile de), l'an 1136. Le roi Etienne fit assembler ce concile pendant les fêtes de Pâques, pour l'élection d'un évêque de Londres. *Anglic.* I, *pag.* 412. C'est sans doute le même concile que le Père Pagi appelle concile de Londres, et dans lequel il dit qu'on traita des affaires de l'Eglise et de l'Etat, en présence du roi Etienne. Il nous semble néanmoins que cette assemblée ne fut pas un concile, puisqu'on n'y voit aucun évêque, mais une simple assemblée capitulaire des chanoines de Londres, en présence du roi Etienne, pour procéder à l'élection d'un évêque de cette ville.

WESTMINSTER (Concile de), l'an 1138. Le légat Albéric convoqua ce concile, et y présida, le 13 décembre. Il s'y trouva dix-sept évêques, environ trente abbés, plusieurs clercs, et une multitude de peuple. On y fit dix-sept canons, dont la plupart ne font que renouveler ce qui avait été ordonné dans les conciles précédents contre la simonie, l'incontinence et l'usure des clercs, l'usurpation des biens de l'Eglise, et la succession héréditaire des bénéfices.

Le 2ᵉ canon déclare qu'on ne gardera pas plus de huit jours le corps de Notre-Seigneur; qu'il ne sera administré aux malades que par un prêtre ou un diacre ; mais qu'en cas de nécessité, toute personne pourra le leur porter, en gardant un très-grand respect.

Le 7ᵉ défend à ceux qui ont reçu les ordres d'un évêque étranger sans dimissoire diocésain d'en faire les fonctions, si ce n'est qu'ils en obtiennent le pouvoir du pape, ou qu'ils prennent l'habit de religion.

Le 10ᵉ renvoie au pape l'absolution de ceux qui ont maltraité des prêtres ou des personnes consacrées à Dieu, à moins qu'il n'y ait danger de mort.

Le 12ᵉ défend de bâtir des chapelles sans la permission de l'évêque.

Le 13ᵉ fait défense aux ecclésiastiques de porter des armes et de s'engager dans la milice.

Le 14ᵉ rappelle cette belle règle donnée par le pape Innocent I à Victrice, évêque de Rouen : *Monachi diu morati in monasteriis, si postea ad clericatum pervenerint, non debent aliquatenus a priore proposito deviare.*

Le 15ᵉ défend aux religieuses de porter des fourrures de prix, comme de martres ou d'hermines, de se servir d'anneaux d'or ; et de friser leurs cheveux ; le tout sous peine d'anathème.

Le 16ᵉ prescrit la dîme de toutes les prémices, en vertu de l'autorité du saint-siège.

Le 17ᵉ défend aux maîtres d'école de louer pour de l'argent leurs écoles à d'autres. *Nat. Alex. Hist. eccl., t.* VII, *p.* 67.

WESTMINSTER (Concile de), l'an 1141. Ce concile fut tenu le 7 décembre. Henri, évêque de Winchester, légat du saint-siège, s'y excusa d'avoir reconnu Mathilde pour reine, et détermina les assistants à fournir des secours à Etienne, son frère, délivré de prison, et présent à cette assemblée, pour se maintenir. *Pagi, ad hunc ann.*

WESTMINSTER (Concile de), l'an 1142. Le même légat tint ce concile le jour de l'octave de Saint-André. Le roi Etienne, qui y était présent, s'y plaignit des insultes de ses sujets. *Ibid.*

WESTMINSTER (Concile de), l'an 1162. Ce concile se tint le 26 mai, veille de la Pentecôte. Le roi Henri y assista, et Thomas Becket, chancelier du royaume, y fut élu, d'une voix unanime, archevêque de Cantorbery, non par tous les évêques d'Angleterre, comme le dit Baronius, mais par tous les suffragants de l'Eglise de Cantorbery, selon l'usage. Ce concile ne fut donc pas un concile général ou national de tout le royaume d'Angleterre, mais un concile provincial seulement.

WESTMINSTER (Concile de), l'an 1173. *Voy.* LONDRES.

WESTMINSTER (Concile de), l'an 1176. Ce concile se tint le 6 juillet. Richard, prieur du monastère de Saint-Augustin, y fut élu archevêque de Cantorbery. On y lut ensuite la bulle du pape Alexandre III, qui canonisait saint Thomas, archevêque de Cantorbery. Wilkins croit qu'il faut attribuer à ce concile vingt-sept règlements ou canons de discipline qu'il rapporte, et qui sont pris des anciens conciles, de même que ceux du concile de Londres de l'an 1175.

WESTMINSTER (Concile de), l'an 1177. Le roi Henri II convoqua aussi ce concile, qui est appelé général, pour pacifier Alphonse, roi de Castille, et Sanche, roi de Navarre. *Ibid.*

WESTMINSTER (Concile de), l'an 1190. Baudouin, archevêque de Cantorbery, tint ce concile immédiatement avant de partir pour la terre sainte. *Mansi, Conc. t.* XXII.

WESTMINSTER (Autre concile de), l'an 1190. Guillaume, évêque d'Ely et légat du pape, tint ce concile, où l'on ne fit rien ou que peu de chose, dit Matthieu Paris, pour l'édification de l'Eglise anglicane. Gervais ajoute que l'évêque de Rochester et le prieur de Cantorbery recommandèrent, ou plutôt prescrivirent au légat, tout fier de sa dignité, de ne rien entreprendre contre les droits de l'Eglise de Cantorbery, ou contre la dignité et le mandat de l'archevêque. *Id., ibid.*

WESTMINSTER (Concile de), l'an 1199. Ce concile fut tenu le 1ᵉʳ octobre, sous la présidence d'Hubert, archevêque de Cantorbery, sur quelques affaires ecclésiastiques. *Anal. des Conc., t.* V.

WESTMINSTER (Concile de), l'an 1213. On y traita des mêmes objets que dans le concile de Londres de la même année.

WESTMINSTER (Concile de), l'an 1226. La bulle du pape Innocent III qui demandait deux prébendes à sa collation dans chaque église cathédrale, et deux places monacales dans chaque abbaye, y fut rejetée, comme elle l'avait été dans le concile de Bourges de l'année précédente. *Ibid.*

WESTMINSTER (Concile de), l'an 1229. Le nonce Etienne tint ce concile le 29 avril, avec les prélats d'Angleterre, en présence du roi Henri III et des grands du royaume. Etienne y demanda, au nom du pape Grégoire IX, le dixième de tous les revenus de l'Angleterre et de l'Irlande, pour être employé à faire la guerre à l'empereur Frédéric II. Les seigneurs laïques le refusèrent; et le clergé n'y consentit que par la crainte de l'excommunication. *Wilkins, t. I, ex Matth. Paris.*

WESTMINSTER (Concile de), l'an 1253. On y excommunia ceux qui porteraient atteinte aux libertés ecclésiastiques. *Schram, t. III.*

WESTMINSTER (Concile de), l'an 1256. L'archevêque de Messine, légat du pape Alexandre IV, tint ce concile, dans le dessein d'engager l'Angleterre à prendre fait et cause pour la Sicile; ce qui lui fut refusé. *Anglic. I.*

WESTMINSTER (Concile de), l'an 1263. Léonard et Bérard, nonces du pape Urbain IV, assemblèrent ce concile après la fête de la sainte Trinité. On y demanda des secours pour l'empereur de Constantinople; mais le concile répondit que le clergé d'Angleterre en avait besoin lui-même, loin d'en pouvoir donner aux autres. *Anglic. I.*

WESTMINSTER (Concile de), l'an 1265. Ottobon, cardinal du titre de Saint-Adrien et légat du saint-siége, présida à ce concile, où il excommunia les ennemis du roi. *Labb. XI, ex Matth. Westmonast.*

WESTMINSTER (Concile de), l'an 1325. L'archevêque d'York y fut élu pour la charge de trésorier, malgré la réclamation de l'archevêque de Cantorbery, qui ne voulait pas permettre que son collègue parût dans sa province avec les attributs de sa dignité archiépiscopale; il l'excommunia même pour ce sujet. Néanmoins il fut le premier à enfreindre sa propre sentence, en communiquant avec l'excommunié. *Wilkins, t. II.*

WESTMINSTER (Concile de), l'an 1555, sur la discipline.

WEST-SAXONS (Synode de) ou Vessex, l'an 705, sous Ina, roi des West-Saxons. On y résolut de faire deux évêchés de l'unique diocèse qui comprenait alors le royaume des Saxons occidentaux.

WEST-SAXONS (Synode de), sous le roi Ina; on ne sait en quelle année. Le clergé, convoqué en synode, sur l'invitation du roi, pour apaiser une dissension, ne crut pas pouvoir délibérer avant d'avoir pris conseil de l'archevêque de Cantorbery. On y députa vers ce prélat Winfred, plus connu sous le nom de saint Boniface, qui rapporta au synode sa réponse d'assentiment. *Angl. I.*

WEST-SAXONS (Assemblée d'évêques et de seigneurs), l'an 712, pour cimenter l'union des Saxons avec la nation bretonne. *Anglic. I.*

WEXFORD (Concile de), l'an 1240. *Voy.* FERNES, même année.

WEYLE (Concile de), l'an 1256. *Voy.* DANEMARK, même année.

WIGORNIENSIA (Concilia). Voy. WORCHESTRE.

WINCHELCOMBE (Assemblée de), l'an 811, pour la fondation de ce monastère. A cette assemblée, convoquée par Kenulphe, roi de Mercie, se trouvèrent réunis trois rois, l'archevêque Wulfred, douze évêques et onze ducs. *Anglic. I.*

WINCHESTER (Concile de), l'an 855. Ethelulfe, roi de Wessex en Angleterre, étant de retour du voyage qu'il avait fait à Rome au commencement de l'an 855, assembla au mois de novembre de la même année un concile à Winchester, dans l'église de Saint-Pierre. Les deux archevêques de Cantorbery et d'York y assistèrent avec tous les évêques d'Angleterre, plusieurs abbés, Beorred, roi de Mercie, Edmond, roi d'Estangle, et grand nombre de seigneurs. Il fut ordonné qu'à l'avenir la dixième partie de toutes les terres du royaume de Wessex appartiendrait à l'Eglise, pour l'indemniser des pertes qu'elle avait faites pendant la guerre, et des pillages des barbares, c'est-à-dire des Normands. Le principal auteur de ce décret fut le roi Ethelulfe. Il offrit lui-même sur l'autel de saint Pierre la charte de cette donation, signée de sa main. Les princes et évêques présents y souscrivirent, même des abbesses; et les évêques en ayant pris copie, la publièrent dans leurs diocèses. Elle portait que cette dixième partie qu'il donnait à l'Eglise serait franche de toutes charges et de toutes servitudes séculaires. *Hist. des aut. sacr. et eccl.*

WINCHESTER (Assemblée de), l'an 966. Le roi Edgar chassa de l'église de Winchester, dans cette assemblée, les prêtres mariés ou de mœurs déréglées, mit à leur place des moines, et se déclara le protecteur de ce nouveau monastère. Il fait voir dans le diplôme qu'il leur accorda de grands sentiments de piété; donne aux moines des avis sur la manière dont ils devaient se comporter dans le cloître et recevoir les étrangers, et leur permet l'élection de leur abbé, suivant la règle de saint Benoît. Il souscrivit ce diplôme, et avec lui un grand nombre d'évêques, d'abbés et de seigneurs laïques. Par un autre diplôme, il donna au même monastère plusieurs terres considérables, et de grandes menaces contre ceux qui à l'avenir tenteraient de l'en dépouiller. *Ibid.*

WINCHESTER (Concile de), l'an 975. Saint Dunstan, archevêque de Cantorbery, tint ce concile dans l'intervalle des règnes d'Edgar et d'Edouard, son fils aîné, dit le Martyr. L'objet du concile fut de juger le différend qui partageait les esprits entre les clercs et les moines qu'on leur avait substitués, et contre lesquels ils voulaient revenir. Le concile jugea en faveur des moines. *Labb. IX.*

WINCHESTER (Concile national de), l'an

1021. Le monastère de Saint-Edmond y fut déclaré exempt de toute juridiction.

WINCHESTER (Assemblée de), l'an 1032. Le roi Canut, fils de Suénon, roi de Danemark, étant devenu seul maître de l'Angleterre après la mort d'Ethelred en 1017, s'appliqua à rétablir la discipline dans l'Eglise et dans l'Etat. Dans cette vue, il fit, avec le secours de gens habiles, un code de lois à Winchester, dont il prescrivit l'observation dans tout le royaume. On les trouve de différentes versions dans les collections générales des conciles sur l'an 1032. L'année précédente, le roi Canut, étant à Rome, écrivit aux grands seigneurs de ses Etats, pour leur donner part de la manière gracieuse dont il avait été reçu du pape Jean XIX, de l'empereur Conrad et du roi Rodulphe, et pour les exhorter à l'équité envers l'Eglise et envers l'Etat. Ses lois tendent au bon ordre dans l'un et dans l'autre. Il défend toute division en matière de religion ; ordonne le respect pour les lieux saints et pour les ministres des autels ; et recommande à ceux-ci de vivre conformément à la sainteté de leur état ; il prescrit à ses sujets le payement des dîmes, l'observation des dimanches et des fêtes, des jeûnes du carême, des quatre-temps et de tous les autres jeûnes prescrits par l'Eglise ; exhorte les fidèles à confesser leurs péchés, et à en faire pénitence, et à s'approcher de l'eucharistie au moins trois fois l'année, à aimer Dieu de tout leur cœur, et toujours, à apprendre par cœur l'Oraison dominicale et le Symbole des apôtres, et les évêques à prêcher la vertu à leurs peuples, de vive voix et par leur bonne vie. Ce sont les principaux articles de la première table des lois de ce prince. La seconde renferme les peines corporelles dont on punissait les prévaricateurs de ces lois. *Hist. des aut. sacr. et eccl.*

WINCHESTER (Concile de), l'an 1070. Les trois légats envoyés par le pape Alexandre II, à la prière du roi Guillaume, présidèrent de sa part à ce concile, qui se tint pendant l'octave de Pâques : le roi y fut présent. On y déposa Stigand, archevêque de Cantorbéry, et plusieurs de ses suffragants, à cause de leur ignorance et de leurs mauvaises mœurs. Stigand était accusé de parjure et d'homicide ; mais on insista sur ce qu'il avait gardé l'évêché de Winchester avec l'archevêché de Cantorbéry ; qu'il s'était emparé de ce dernier siège du vivant même de l'archevêque Robert, et qu'il avait reçu le pallium de l'antipape Benoît. Saint Wulstan répéta les terres de son église qu'avait retenues Elfred, en passant de l'évêché de Worchester à l'archevêché d'York. Mais cet archevêque était mort, et les terres qu'il avait usurpées étaient sous la puissance du roi : ainsi l'on ne décida rien sur cette affaire. *Hist. des aut. sacrés et eccl.*, t. XXIII.

WINCHESTER (Concile de), l'an 1076. Il y eut cette année, selon le P. Richard, deux conciles tenus à Winchester, dont le dernier se fit à la Pentecôte. D. Ceillier ne parle que d'un concile, dont il prétend que la collection générale des conciles présente deux exemplaires différents. L'archevêque Lanfranc, dit-il, y présida, et saint Wulstan, évêque de Worchester, fut du nombre des prélats qui y assistèrent. Les canons de ce concile sont divisés en trois parties, et précédés d'un décret portant défense aux chanoines et aux prêtres de la campagne d'avoir des femmes ; et aux évêques d'ordonner, soit prêtres, soit diacres, qui ne fassent auparavant profession de continence, dans les termes qui y sont rapportés.

La première partie contient treize canons.

1 et 2. On défend la simonie dans les élections des évêques et des abbés, et dans les ordinations.

3. On recommande aux clercs de vivre d'une manière conforme à leur état.

4 et 5. Les évêques doivent tenir deux conciles par an. Ils ordonneront les archidiacres et les autres ministres sacrés, dans leurs églises.

6. Les évêques auront la juridiction sur les clercs et les laïques de leurs diocèses.

7. Les évêques et les prêtres inviteront les laïques à la pénitence.

8. On parle dans ce canon des clercs et des moines apostats.

9. Les évêques auront des sièges fixes, et ne feront aucune conspiration contre le prince.

10 et 11. Les laïques payeront les dîmes, et ne prendront pas les biens de l'Eglise.

12. Aucun clerc ne portera les armes.

13. On respectera les clercs et les moines comme il convient.

La seconde partie contient seize canons.

1. Aucun évêque n'aura deux évêchés à la fois.

2. Personne ne sera ordonné par simonie.

3. On ne recevra point les clercs étrangers, sans lettres de recommandation de leurs évêques.

4. Les ordinations se feront dans des temps réglés.

5. Les autels seront de pierre.

6. On ne célébrera point la messe avec de la bière ou de l'eau seule, mais avec du vin mêlé d'eau.

7. On n'administrera le baptême qu'à Pâques et à la Pentecôte, hors le danger de mort.

8. On ne dira la messe que dans des églises consacrées par l'évêque.

9. On n'enterrera pas dans les églises.

10. On ne sonnera point la cloche pendant la récitation du canon.

11. Il n'y aura que les évêques qui imposeront la pénitence pour les crimes.

12. Les moines apostats seront excommuniés, et on ne les recevra ni dans la milice ni dans le clergé.

13. Chaque évêque tiendra son synode tous les ans

14. Tout le monde payera les dîmes.

15. Les clercs garderont la continence, ou ils seront déposés.

16. Les calices ne seront ni de cire ni de bois.

La troisième partie renferme treize canons.

1, 2, 3 et 4. Celui qui aura tué à la guerre fera autant d'années de pénitence qu'il aura tué d'hommes. S'il a frappé, sans savoir s'il a tué, il fera autant de quarantaines de pénitence qu'il aura frappé d'hommes. S'il ignore le nombre de ceux qu'il aura tués ou frappés, il fera un jour de pénitence chaque semaine, tant qu'il vivra, à la volonté de l'évêque, ou, s'il le peut, il bâtira ou dotera une église. Que s'il a eu la volonté de frapper, sans l'avoir exécutée, il fera pénitence pendant trois jours.

5. Les clercs qui auront combattu, ou qui se seront armés pour combattre, feront la pénitence qu'ils feraient s'ils avaient péché contre leur patrie, parce que les canons leur défendent de combattre. Les moines feront pénitence selon leur règle et le jugement de leurs abbés.

6. Ceux qui ont combattu étant gagés pour cela, feront pénitence comme pour un homicide.

7. Ceux qui ont combattu dans une guerre publique feront trois ans de pénitence.

8. Les arbalétriers qui ont tué sans le savoir, ou qui ont blessé sans tuer, feront pénitence pendant trois quarantaines.

Les quatre canons suivants règlent aussi la pénitence des homicides en diverses circonstances, et celle des adultères et des ravisseurs.

Le treizième canon oblige celui qui a volé quelque chose à une église, de la lui restituer ou de le faire à une autre église, s'il ne le peut à celle qu'il a volée.

Dans l'autre concile tenu à la Pentecôte, si ce n'est pas, comme nous l'avons déjà dit, un second exemplaire du premier, il fut décidé qu'aucun chanoine ne serait marié; que les prêtres qui demeuraient dans les villages ou les châteaux, ne seraient point obligés de quitter leurs femmes, s'ils en avaient; mais qu'on ne leur permettrait point d'en prendre, s'ils n'en avaient pas, et qu'on n'ordonnerait dans la suite ni prêtres, ni diacres, sans leur faire promettre la continence. *Wilkins*, t. I.

WINCHESTER (Concile de), l'an 1085, par Lanfranc, archevêque de Cantorbery. *Wilkins*, t. I.

WINCHESTER (Concile de), l'an 1139. Thibault, archevêque de Cantorbery, présida à ce concile, qui commença le 30 d'août, et finit le premier de septembre inclusivement. Il y fut question du roi Etienne, qui, après avoir saisi des châteaux appartenant aux églises de Salisbury et de Lincoln, en avait fait mettre les deux évêques en prison. *Reg.* XXVII; *L.* X; *H.* VII; *Anglic.* I.

WINCHESTER (Concile de), l'an 1141. Ce concile se tint le 7 d'avril. Henri, évêque de Winchester et légat du pape, y fit reconnaître Mathilde pour reine d'Angleterre, au préjudice d'Etienne, frère du prélat, qu'elle tenait pour lors en prison. Wilkins met ce concile en 1142; mais Guillaume de Malmesbury, sur lequel il se fonde, dit lui-même que l'année où se tint le concile de Winchester, le 14 des kalendes de mars, ou le 16 février, tombait au premier dimanche de carême, ce qui ne convient qu'à l'an 1141. *L'Art de vérifier les dates*.

WINCHESTER (Concile de), l'an 1142. Henri, évêque de Winchester et légat du saint-siége, tint ce concile le lundi d'après l'octave de Pâques, à la tête de tous les évêques d'Angleterre. On y traita de la paix du royaume. *Wilkins*, tom. I, pag. 420.

WINCHESTER (Concile de), l'an 1143. Henri, évêque de Winchester et légat du saint-siége, tint ce concile, qui confirma le privilége d'exemption des moines de Saint-Augustin de Cantorbery, contre les archevêques de la même ville. *Wilkins*, tom. I, pag. 422.

WINCHESTER (Synode de), vers l'an 1308. L'évêque Henri Woodloke y publia ses constitutions synodales sur les sacrements, l'entretien des églises, la vie des clercs, les dîmes et les oblations, les testaments, les obligations des archidiacres et des officiaux, le culte des saints et la célébration des fêtes. *Wilkins*, t. II.

WINCHESTER (Concile de), l'an 1329. Nous n'avons de ce concile que l'acte de convocation fait par Simon, archevêque de Cantorbery, qui l'adressa à l'évêque de Londres pour être communiqué à tous les suffragants. *Ibid.*

WINDREFORD (Concile de), *Windelshoriense*. Voy. tout à l'heure la note *a* de l'article suivant.

WINDSOR(*a*) (Concile de), *Windelshoriense*, l'an 1070. A la Pentecôte de cette année, le roi Guillaume étant à Windsor, y fit tenir un concile où présida le légat Emenfroi, évêque de Sion. Elgeric, évêque de Sussex, y fut déposé avec plusieurs abbés. Le roi donna l'évêché de Sussex à Stigand, auparavant archevêque de Cantorbery, et cet archevêché à Lanfranc, abbé de Saint-Etienne de Caen. Orderic Vital rapporte la déposition de Stigand au concile de Windsor, et ne dit rien de celui de Winchester, tenu à Pâques de cette même année; mais l'historien Roger distingue nettement ces deux conciles dans ses Annales. *Hist. des aut. sacrés et ecclés.* t. XXIII.

WINDSOR (Concile, ou plutôt Parlement de), l'an 1101. On y confirma la charte de fondation de l'église de Norwich, et acte en fut signé du roi et de la reine, des deux archevêques de Cantorbery et d'York, et des évêques présents, ainsi que des seigneurs. *Mansi*, *Conc.* t. XX.

WINDSOR (Concile de), l'an 1114, pour

(*a*) C'est sans doute par erreur que D. Ceillier (*Hist. des aut. sacr.* t. XXI, *Vie de Lanfranc*) appelle concile de Windreford ce concile, où Lanfranc fut élu pour le siége de Cantorbery. On lit dans les Collections *Concilium Win-* *delshoriense*: or, il est plus naturel de traduire ce dernier mot par Windsor que par Windreford, qui, s'il existe, est un lieu inconnu.

l'élection de Raoul à l'archevêché de Cantorbery. *Labb.* X.

WINDSOR (Concile de), l'an 1175. Le roi d'Irlande s'y soumit à celui d'Angleterre. *Angl.* I.

WINDSOR (Concile de), l'an 1184 : pour l'élection d'un archevêque de Cantorbery.

WINDSOR (Concile de), l'an 1278. On ne sait rien de ce concile, sinon qu'il fut tenu la veille de Noël, par ordre du roi. *Wilkins*, *t.* II.

WINNUSKY (Concile de), *Uniejoviense*, l'an 1375. Jaroflaw, archevêque de Gnesne, assembla ce concile pour fournir des secours au pape Grégoire XI, contre le sultan Amurat, qui menaçait l'Italie. *Labb.* XI; *Hard.* VIII, *et Baluze.*

WINTONIENSIA (*Concilia*). *Voy.* WINCHESTER.

WIRTZBOURG (Concile de), l'an 1080. Il avait été résolu au concile de Rome en 1078 qu'on enverrait des légats en Allemagne, afin d'y rétablir la paix par la discussion du droit des deux partis de Henri et de Rodolphe. En conséquence, le saint pape Grégoire VII écrivit aux évêques et aux seigneurs du royaume teutonique de tenir une assemblée, où il se trouvât de part et d'autre des personnes favorables à ces deux princes. Les légats nommés pour s'y rendre étaient les évêques de Padoue et d'Albane. Ils tinrent le concile à Wirtzbourg. On ne sait pas bien ce qui s'y passa; mais il paraît que le roi Henri trouva le moyen de rendre cette conférence inutile, et que ce fut une raison pour le pape de déclarer qu'il avait encouru l'excommunication dont on l'avait menacé dans le concile tenu à Rome au commencement de l'an 1080. *Hist. des aut. sacr. et eccl., t.* XXIII.

WIRTZBOURG (Synode de), l'an 1115. L'évêque Erling y confirma les droits de l'abbaye de Swarzac, et termina la contention qui existait entre elle et le couvent de Kitzingen. *Chron. Schwarzac.*

WIRTZBOURG (Assemblée mixte de), l'an 1121. On y traita de la paix de l'Eglise en Allemagne avec l'empereur Henri V ; mais elle ne fut conclue que l'année suivante dans l'assemblée de Worms. *Voy.* WORMS, l'an 1122.

WIRTZBOURG (Concile de), l'an 1127. Les archevêques de Magdebourg, de Mayence, de Salzbourg, et divers autres prélats, composèrent ce concile, qui prononça une excommunication contre Conrad, duc de Franconie, compétiteur de l'empereur Lothaire II.

WIRTZBOURG (Concile de), l'an 1130. Ce concile fut tenu au mois d'octobre par Gualterio, archevêque de Ravenne et légat du saint-siége, à la tête de seize autres prélats. L'empereur Lothaire s'y trouva en personne, et y approuva l'élection du pape Innocent II. *Pagi, ad hunc ann. Mansi, t.* II, *col.* 401.

WIRTZBOURG (Assemblée de), l'an 1133. On y confirma les élections de Henri à l'évêché de Ratisbonne, et de Walter, à celui d'Augsbourg, et on donna Adalbéron, abbé de Nienbourg, pour successeur à Henri,
évêque de Bâle, qui avait été dégradé. L'empereur Lothaire, de retour de Rome avec son épouse, fut présent à cette réunion d'évêques et de grands de l'empire. *Cont. Germ. t.* III.

WIRTZBOURG (Synode diocésain de) l'an 1136. On y érigea en paroisse l'église d'Aschabach. *Conc. Germ. t.* III.

WIRTZBOURG (Synode diocésain de), l'an 1137. L'évêque Embricon y confirma des donations faites au monastère de Notre-Dame d'Ebera. *Act. mon. Ebrac.*

WIRTZBOURG (Concile de), l'an 1165. L'empereur Frédéric Ier, à la tête d'une quarantaine d'évêques, en comptant ceux qui n'étaient point encore sacrés, tint ce conciliabule le 23 mai, jour de la Pentecôte. Tous jurèrent qu'ils ne reconnaîtraient jamais le pape Alexandre III, et qu'ils demeureraient inviolablement attachés au soi-disant Pascal III, que les schismatiques avaient élu après la mort de Victor III. *L'Art de vérif. les dates.*

WIRTZBOURG (Synode diocésain de), l'an 1169. L'évêque Hérold y ordonna la restitution de certaines dîmes dues au couvent de Saint-Michel de Bamberg. *Schannat, ex Cod. MS. Mon. S. Mich. Bamb.*

WIRTZBOURG (Assemblée ecclésiastique de), l'an 1209. L'objet de ce concile, présidé par le cardinal-légat Hugues, évêque d'Ostie, fut d'examiner les causes de la dispense que demandait le roi de Germanie, Otton IV, pour pouvoir contracter mariage avec la fille du roi, duc de Souabe, sa parente. L'abbé de Morimond, présent à l'assemblée, proposa d'exiger en compensation de la violation de la règle, 1° qu'il se fît le protecteur des églises et des monastères ; 2° qu'il se montrât équitable envers les veuves et les orphelins ; 3° qu'il fondât sur ses terres un monastère de l'ordre de Cîteaux ; 4° qu'il allât en personne au secours de la terre sainte. Le roi protestant qu'il n'y avait rien qu'il ne fût prêt à sacrifier au salut de son âme, l'assemblée lui fit connaître, par l'organe de Léopold, duc d'Autriche, qu'elle était d'avis qu'il épousât la princesse, et le mariage eut lieu effectivement. A l'occasion de cette assemblée, Hugold, abbé de la nouvelle Corbie, demanda et obtint du roi la confirmation des priviléges de son monastère. *Conc. Germ., t.* III.

WIRTZBOURG (Concile de), l'an 1287. Jean, évêque de Frescati, légat du pape en Allemagne, tint son concile provincial avec les archevêques de Mayence, de Trèves, de Cologne et de Brême, et plusieurs évêques et abbés. On y fit quarante-deux canons.

Les cinq premiers regardent les clercs, et leur prescrivent d'être habillés d'une manière convenable à leur état, et d'éviter les cabarets, les jeux, la fréquentation des religieuses, les tournois, le port des armes et les femmes.

6. Ceux qui usurpent ou retiennent injustement des bénéfices, ou qui s'en approprient les revenus, encourent l'excommunication *ipso facto*.

7. Les évêques puniront sévèrement les

prêtres qui diront plus d'une messe par jour, hors les cas permis par le droit.

C'est aux évêques seuls à donner la permission à un prêtre de biner, ou de dire deux messes en un même jour; et ils ne doivent l'accorder que quand deux églises n'ont pas de revenus suffisants pour entretenir chacune un prêtre. Il n'est donc plus permis aux prêtres, dit le P. Richard, de biner aujourd'hui dans les cas mêmes où le droit le leur permettait autrefois, tels que celui de dire, dans le besoin, une messe de mort pour un défunt, et une autre messe du jour. *Dist.* 1, *de Consecr. can.* 53.

8. Lorsque le prêtre portera le très-saint corps de Jésus-Christ aux malades et aux femmes sur le point d'accoucher, il sera en surplis avec une étole, précédé d'un clerc portant un cierge allumé et une sonnette. Les passants se mettront à genoux; et, s'ils sont vraiment pénitents, ils gagneront une indulgence de dix jours des pénitences enjointes.

9. Ceux qui gouvernent les églises n'en aliéneront pas les biens sans la permission des supérieurs, ni hors les cas permis par le droit.

Les supérieurs dont la permission est requise pour l'aliénation des biens de l'Eglise, selon les canons, sont les évêques, et les cas où le droit le permet sont ceux de la nécessité ou de l'utilité de l'Eglise, et les devoirs de piété ou de charité. Il y a donc deux sortes de causes des aliénations: les causes ordinaires, qui sont les propres affaires et les nécessités des églises, fabriques, hôpitaux, chapitres, monastères; et les causes extraordinaires, telles que les subventions dues aux princes dans les pressants besoins de l'Etat, et le soulagement des pauvres dans les calamités publiques, peste, guerre, famine.

Quant aux formalités des aliénations, il y en a aussi de deux sortes: les unes sont prescrites par les ordonnances et les dispositions canoniques tout ensemble, et les autres ne sont requises que par les ordonnances.

Les premières sont le consentement de l'évêque de l'église qui fait l'aliénation, quoique le bien soit situé dans un autre diocèse, et l'examen ou la discussion des causes de l'aliénation. Les formalités de la seconde espèce sont: 1° la permission du prince, *Déclar. de* 1661; 2° l'enregistrement des actes d'aliénation dans le greffe des gens de mainmorte, *Edit du mois d'octobre* 1705, art. 8; 3° les affiches; 4° les proclamations ou enchères. Si quelques-unes de ces formalités manquent, l'aliénation est nulle, ou au moins cassable. *Van-Espen, Jur. eccl. univ.*, t. II, p. 111; et *Gibert, Supplém. sur la Jur. eccl. de Van-Espen*, chap. 4, *des Causes et des Formalités requises pour les aliénations.*

10. Les curés qui ont deux cures seront privés de la première *ipso facto*, et des revenus de la seconde s'ils s'obstinent à les garder toutes deux.

11 et 12. Les patrons ou collateurs ne donneront de cure à personne au-dessous de vingt-cinq ans. Ils n'en donneront non plus qu'à des sujets capables, dans le temps marqué par le droit; en sorte que si les patrons retiennent ces églises sans y pourvoir un mois entier outre ce temps, ils encourront l'excommunication, et seront privés du droit de présentation pour cette fois.

13. Défense aux clercs séculiers et réguliers de chanter ou de célébrer publiquement l'office divin dans des lieux interdits, et d'y sonner les cloches, à moins qu'ils n'aient un privilége ou un indult pour le faire.

14. Tout clerc qui recevra un bénéfice de la main d'un laïque, ou de tout autre qui n'a pas droit de le conférer, encourra l'excommunication jusqu'à ce qu'il ait résigné ce bénéfice à celui qui a droit de le conférer.

15. Défense aux prêtres de pactiser pour la bénédiction des mariages et pour les enterrements. Ils pourront néanmoins accepter ce qui leur sera volontairement offert selon la coutume des lieux.

16. Les curés qui ont des églises matrices d'où dépendent des chapelles auront soin d'établir des vicaires dans ces chapelles pour les desservir, si elles ont un revenu suffisant pour cela.

17. Les abbés ou prieurs des monastères qui ont des cures de leur dépendance seront suspens de leur office, s'ils n'y mettent des vicaires propres à les desservir, un mois après qu'elles ont commencé à vaquer.

18. Les abbés et prieurs porteront l'habit régulier, et ne permettront point à leurs religieux de sortir sans une cause juste et raisonnable.

19. Les abbesses et prieures des monastères de religieuses auront soin de leur faire porter le voile, de les empêcher de sortir sans une cause évidemment juste, et de les pourvoir du nécessaire.

20 et 21. On excommunie les laïques qui s'emparent des biens de l'Eglise ou qui les retiennent, excepté le roi et la famille royale.

22. On excommunie les avoués des églises qui les pillent et les ravagent, loin de les défendre comme ils y sont obligés, et l'on veut qu'ils se contentent des droits accordés à leurs ancêtres.

23, 24, 25 et 26. On renouvelle les lois ecclésiastiques contre les usuriers et ceux qui maltraitent les clercs, spécialement les nonces du pape, et contre ceux qui s'emparent des biens des églises vacantes.

27. Les évêques et archevêques visiteront, au moins une fois en deux ans, leurs diocèses par eux-mêmes ou par d'autres, pour donner la confirmation et corriger tout ce qui méritera de l'être.

28. On excommunie ceux qui fortifient les églises, les clochers ou les maisons qui en dépendent, pour s'y défendre contre leurs ennemis comme dans des camps retranchés ou des châteaux forts.

29. Défense d'excommunier les femmes pour les dettes de leurs maris, ou les mères pour celles de leurs enfants morts, à moins que les femmes n'héritent de leurs maris, et les mères de leurs enfants.

30. On déclare excommuniés *ipso facto*

les voleurs de grands chemins et ceux qui leur donnent retraite.

31, 32 et 33. Même peine contre ceux qui vendent ou qui achètent les biens de l'Eglise sans les permissions nécessaires, ou qui s'en emparent sous prétexte qu'un particulier d'une église lui doit quelque chose ou qu'il est en guerre avec l'avoué de cette église.

34. Défense aux clercs de recevoir ou de nourrir les faux apôtres et les écoliers vagabonds.

35. On excommunie *ipso facto* les laïques qui, sous prétexte de la réparation des fabriques, s'ingèrent dans l'administration des biens de l'Eglise malgré les évêques et les chapitres.

36. On excommunie les particuliers et l'on interdit les communautés ou universités qui empêchent qu'on ne rende des plaintes devant les juges ecclésiastiques, ou qui font des statuts contraires au clergé et à ses libertés.

37. On excommunie les faussaires des lettres apostoliques et leurs fauteurs.

38. Les évêques voisins feront observer les interdits portés par leurs confrères pour de justes causes.

39. Les conservateurs donnés par le pape aux maisons religieuses ne se mêleront pas des choses qui ne sont point comprises dans leur commission.

40. Les ordinaires des lieux dénonceront excommuniés tous les ans, le jour de la Cène du Seigneur, en présence du peuple, tous ceux qui exigeront de nouveaux droits de péage, ou qui augmenteront les anciens.

41. On publiera ces constitutions tous les ans dans les églises cathédrales.

42. On renouvelle les constitutions des papes Alexandre IV et Clément IV, qui révoquent les priviléges accordés à des particuliers, soit laïques, soit ecclésiastiques, de ne pouvoir être interdits, ni suspens, ni excommuniés. *Ibid.*

WIRTZBOURG (Synode diocésain de), l'an 1298. Manégold, évêque de Wirtzbourg, y publia vingt titres de règlements dont le dernier en particulier, concernant la pénitence, est fort étendu. Le 1er fait une loi aux prêtres d'être à jeun et en surplis lorsqu'ils se rendent au synode. Le 2e prescrit d'omettre les exorcismes dans le supplément des cérémonies du baptême, ce qui est contraire à l'usage actuel autorisé par le pontifical romain. Le 3e recommande de ne point consacrer avec des hosties brisées, ou avec du vin aigri; de ne point dire la messe avant d'avoir récité matines, prime et tierce; de ne donner des hosties aux enfants que pour la communion; d'attendre pour célébrer sur un autel dont la table aurait été remuée, ou aurait éprouvé d'énormes fractures, que cet autel soit remis en état et consacré de nouveau; de défendre sous peine d'excommunication les danses qu'on voudrait faire dans les églises ou dans les cimetières, et de les abolir autant que possible partout ailleurs. Le 4e statut défend aux femmes de servir à l'autel, ou même de se tenir dans l'enceinte du sanctuaire pendant le saint sacrifice, et à tous les fidèles de rendre un culte public à des reliques qui n'auraient pas été reconnues par le pontife romain. Le 5e exige l'approbation du pape ou de l'évêque pour l'administration du sacrement de pénitence. Le 11e interdit aux prêtres de porter des armes avec eux, à moins de justes motifs. Le 18e défend, sous peine d'excommunication, aux personnes qui doivent s'épouser, de contracter ensemble par des paroles de présent, avant d'être à l'église pour y recevoir la bénédiction nuptiale. Le 19e défend aux médecins, sous la même peine, d'indiquer aux malades des remèdes qui tourneraient à la perte de leurs âmes. Il ne sera permis aux diacres de porter le saint viatique aux malades qu'en cas de nécessité ou à défaut de prêtres. *Conc. Germ. tom. IV.*

WIRTZBOURG (Synode diocésain de), l'an 1314. L'évêque André y publia 21 statuts. Le 1er défend d'exercer à la fois plusieurs vicariats; le 2e recommande aux prêtres d'être exacts à envoyer à l'évêque, le jour du jeudi saint, ceux de leurs paroissiens qui doivent lui être envoyés (sans doute pour recevoir de lui l'absolution canonique, ce qui semblerait prouver que la pénitence canonique était encore en usage). *Conc. Germ. tom. IV.*

WIRTZBOURG (Synode de), l'an 1373, sous l'évêque Albert. On y rappela le décret du concile de Latran relatif à la confession annuelle. *Conc. Germ. tom. IV.*

WIRTZBOURG (Synode diocésain de), l'an 1407. L'évêque Jean y publia 29 chapitres de statuts, dont le 27e rappelle les décrets des conciles de Latran, de Vienne et de Lyon contre les usuriers; le 28e prescrit, conformément à la décision du concile de Vienne, de ne pas refuser le sacrement de pénitence à ceux qui vont subir le dernier supplice. *Conc. Germ. tom. V.*

WIRTZBOURG (Synode diocésain de), l'an 1411, sous l'évêque Jean d'Egloffstein. L'évêque y renouvela quelques-uns des statuts précédents, indiqua les fêtes qui devaient être célébrées chaque année dans le diocèse, et ordonna que les prélats et les doyens ruraux fussent ponctuels à se rendre chaque cinquième année au synode épiscopal. *Conc. Germ. tom. V.*

WIRTZBOURG (Synode de), l'an 1446, sous Godefroi de Limbourg. On y renouvela les statuts provinciaux des archevêques de Mayence, particulièrement ceux de l'an 1310, aussi bien que les statuts diocésains de plusieurs des synodes précédents. *Conc. Germ. tom. V.*

WIRTZBOURG (Synode de), l'an 1452, sous le même prélat. Nous n'avons guère que les titres des statuts publiés dans ce synode. *Ibid.*

WIRTZBOURG (Synode de), l'an 1453, sous le même. On y publia la bulle du pape Eugène IV portant concession d'indulgence pour la fête du Saint-Sacrement. *Ibid.*

WISCHAU (synode de), l'an 1413. *Voy.* OLMUTZ, même année.

WITSLARIENSE (Concilium), l'an 1244. L'archevêque de Mayence y dénonça excommuniés l'empereur Frédéric et ses fauteurs. *Mansi. Conc. tom.* XXIII.

WODESTOCK (Concile de) en Angleterre, l'an 1173. On y pourvut de pasteurs l'église épiscopale de Norwick, et plusieurs églises abbatiales qui étaient vacantes. *Angl. t.* I.

WOLWICH (Concile de), l'an 761. *Voyez* VOLVIC.

WORCHESTER (Concile de), *Wigornense*, l'an 604. Saint Augustin, premier évêque de Cantorbery et apôtre des Anglais, présida à ce concile, où il exhorta les évêques bretons à célébrer la fête de Pâques le dimanche après le 14 de la lune; à conférer le baptême suivant l'usage de l'Eglise romaine, et à prêcher de concert l'Evangile aux Anglais. Ces évêques schismatiques refusèrent de profiter de ces avis salutaires, et saint Augustin leur prédit les malheurs qui leur arrivèrent en effet quelque temps après. *Labb. t.* V; *Anal. des Conc., t.* V.

WORCHESTER (Concile de), l'an 738. Dix prélats y confirmèrent les donations faites au monastère de Wudiandune, situé dans le même diocèse. *Anglic. t.* I.

WORCHESTER (Synode de), l'an 1092. On y termina un différend qui s'était élevé entre certaines paroisses. *Schram, t.* II.

WORCHESTER (Synode de), l'an 1239. Walter de Chanteloup, évêque de Worchester, y publia ses constitutions diocésaines. *Ibid.*

WORCHESTER (Synode diocésain de), l'an 1464, pour un subside que demandait le pape dans la guerre contre les Turcs. *Wilkins, tom.* III.

WORMS (Concile de), *Wormatiense*, l'an 700 ou environ. On y fit douze canons sur la discipline, dont le premier défend d'accorder la communion, même à la mort, à ceux qui n'auront pu prouver une accusation formée par eux contre un évêque, un prêtre ou un diacre. Le onzième et le douzième déclarent nulles les sentences rendues par des évêques contre des clercs qui ne sont point de leur diocèse. *Hartzeim, t.* I.

WORMS (Assemblée mixte de), l'an 764. Le roi Pepin s'y trouvait présent. On y vit percer les germes des contestations qui s'élevèrent quelques années après entre les Français et les Orientaux. *Conc. Germ. t.* I.

WORMS (Concile de), l'an 770. Ce concile fut indiqué par Charlemagne, mais les actes en sont perdus.

WORMS (Assemblée de), l'an 772. On y résolut la guerre contre les Saxons, qui dura trente-trois ans. En même temps, Charlemagne conféra avec les évêques assemblés sur les moyens de convertir les Saxons à la foi chrétienne. *Conc. Germ. t.* I.

WORMS (Assemblée de), l'an 776. Charlemagne y implora le secours de Dieu, au moment de partir pour une nouvelle expédition contre les Saxons. *Conc. Germ. t.* I.

WORMS (Assemblée de), l'an 781. Charlemagne y accorda aux évêques, sur la demande du peuple, le privilége d'être exempts du service de guerre. *Ibid.*

WORMS (Assemblée de), l'an 786. Charlemagne y accorda l'amnistie à ceux qui s'étaient laissé entraîner par simplicité dans la révolte. *Ibid.*

WORMS (Assemblée de), l'an 787. Le roi Charles (ou Charlemagne) fit en 787 le troisième de ses voyages à Rome, dans le dessein de prendre le pape Adrien pour arbitre de son différend avec Tassillon, duc de Bavière; et ce duc de son côté envoya un évêque et un abbé pour le même sujet. Le pape consentit à accommoder les parties; mais les ambassadeurs de Tassillon ayant déclaré qu'ils n'avaient aucun pouvoir pour régler les conditions du traité, le pape, mécontent de ce procédé, prononça l'anathème contre Tassillon et ses complices, s'il n'accomplissait les serments qu'il avait faits au roi Charles. Ce prince, après avoir fait sa prière au tombeau de saint Pierre et reçu la bénédiction du pape, retourna en France, et s'arrêta à Worms, où était Fastrade, son épouse. Il y assembla les évêques et les grands de son royaume, leur exposa le sujet de son voyage à Rome, et comment le souverain pontife avait découvert la mauvaise foi de Tassillon. Puis, de l'avis de l'assemblée, il députa à ce duc, pour l'avertir de se rendre aux exhortations du pape. *Hist. des aut. sacrés et ecclés., tom.* XXII.

WORMS (Synode de), l'an 803. Charlemagne, qui s'y trouvait, y déclara les évêques et les prêtres exempts d'aller à la guerre, tout en protestant qu'il ne voulait rien diminuer par là de l'honneur qui leur était dû (c'était en effet une sorte de déshonneur aux yeux de ces peuples guerriers que de se trouver exclu du service militaire). Il marqua dans cette même assemblée des règles pleines de modération et d'équité pour recevoir la justification des prêtres contre qui de téméraires accusations viendraient à être portées. *Conc. Germ. tom.* I.

WORMS (Assemblée de), l'an 829. L'empereur Louis le Debonnaire tint cette assemblée, pour confirmer par son autorité, du consentement des évêques, des seigneurs et du légat du pape, ce qui parut le plus utile dans les règlements du concile tenu cette même année à Paris. Il publia à cet effet un capitulaire dont on peut remarquer les articles suivants.

1ᵉʳ. « Ceux qui établissent des prêtres dans leurs églises, ou qui les chassent sans le consentement de l'évêque, payeront le ban de l'empereur, ou une amende plus considérable. » Il y a dans le texte *harmiscara*, qui signifie une grosse amende pécuniaire et quelquefois une amende honorable qu'on faisait faire, surtout pour les grands crimes, en obligeant les coupables à se mettre tête, pieds et jambes nus, à la suite d'une procession, en portant une selle ou un chien sur leurs épaules. Il y a lieu de croire que les mots *hacheria* et *hachée*, dont les Français se sont servis ensuite pour signifier une amende, ont été formés par corruption d'*Armiscara*.

5°. « Ordre, sous peine d'amende, de payer la dîme; et à ceux qui tiennent les fiefs de l'église, de payer le neuvième outre la dîme, sous peine de perdre le fief. »

8°. « On ne pourra troubler l'église dans la possession d'un bien qu'elle possède paisiblement depuis trente ans. »

L'empereur et les évêques qui assistèrent à cette assemblée ou à ce concile statuèrent encore que celui qui aurait quitté sa femme, ou l'aurait tuée pour en épouser une autre, ferait pénitence publique après avoir quitté les armes; et que, s'il résistait, il serait mis en prison jusqu'à ce que l'empereur connût du fait. On fit aussi défense d'employer dans la suite l'examen ou l'épreuve de l'eau froide, que l'on avait pratiquée jusqu'alors.

On lit dans un manuscrit de l'abbaye de Saint-Remi de Reims que ce fut le pape Eugène II qui institua cette épreuve, pour empêcher qu'on ne jurât sur les reliques, ou qu'on ne mît la main sur l'autel. D. Mabillon, *in Analect.*, p. 161 et 162, rapporte, sur l'autorité de ce manuscrit, qu'il croit être du neuvième siècle, les rites de cet examen. On chantait une messe à laquelle les accusés assistaient et communiaient; mais le prêtre, avant de leur donner la communion, les conjurait au nom de la sainte Trinité et de tout ce que la religion chrétienne a de plus saint, de ne point recevoir s'ils étaient coupables du crime dont on les accusait. S'ils ne répondaient point, il les communiait, en disant: « Que ce corps et ce sang de Notre-Seigneur Jésus-Christ soit aujourd'hui pour votre épreuve. » La messe finie, il bénissait de l'eau, la portait au lieu où l'examen devait se faire, leur en faisait boire, puis, après avoir exorcisé l'eau dans laquelle ils devaient être plongés, il les y plongeait lui-même, en priant Jésus-Christ d'empêcher qu'elle ne reçût s'ils étaient coupables. Cette cérémonie se faisait à jeun, tant de la part du prêtre que des accusés. Le décret de l'empereur ne fut pas généralement observé, puisque Hincmar, consulté sur cette épreuve quelque temps après par Hildegaire, évêque de Meaux, apporte plusieurs raisons pour prouver que l'on pouvait admettre le jugement de l'eau froide. *Hist. des aut. sacr. et eccl.*, t. XXII.

WORMS (Concile de), l'an 833. Aldric, archevêque de Sens, ne prit aucune part à la révolte des enfants de Louis le Débonnaire. Voyant que le monastère de Saint-Remi, situé dans un des faubourgs de cette ville, avait été dilapidé sous ses prédécesseurs, qu'il était d'ailleurs en un lieu stérile et incommode, il le transféra, de l'avis de ses chanoines, des moines et des fidèles, à Vareilles, et lui accorda plusieurs fonds et divers priviléges. L'acte de cette translation se trouve dans le second tome du Spicilége, d'où il est passé dans le recueil des conciles. Il est sans date dans les imprimés, ce qui en rend l'époque incertaine; mais l'inscription, qui est aux évêques et aux abbés de la domination de Lothaire, fait voir qu'il fut dressé après la déposition de l'empereur Louis, mais avant l'an 834, puisqu'en cette année ce prince, étant à Aix-la-Chapelle, confirma cette translation par un diplôme daté du seizième des calendes, la vingt-deuxième année de son empire, indiction treizième, c'est-à-dire du seizième de novembre 834. Aldric fit approuver ce qu'il avait fait par les évêques assemblés à Worms. Il signa le premier l'acte de cette translation, qui fut ensuite souscrit par Landramn de Tours, Barthélemi de Narbonne, Jonas d'Orléans, Fulcoin de Worms, et plusieurs autres évêques ou abbés.

WORMS (Concile de), l'an 857. On y conclut l'union de l'Eglise de Hambourg avec celle de Brême; ce qui fut confirmé par le pape Nicolas Ier. Mansi croit que ce concile doit être renvoyé à l'an 863 ou 864.

WORMS (Concile de), l'an 868. Ce concile, qui est tenu pour national, parce que Louis, roi de Germanie, y appela tous les évêques de son royaume, fut assemblé le 16 mai 868. Les prélats le commencèrent par une longue profession de foi, où ils s'expliquent très-clairement sur tous les articles du symbole, et en particulier sur la Trinité et sur la procession du Saint-Esprit. Ils firent ensuite les quarante-quatre canons suivants.

1. « Défense de conférer le baptême, sans nécessité, hors du temps de Pâques et de la Pentecôte. »

2. « C'est à l'évêque qu'il appartient de consacrer le saint chrême. »

3. « L'évêque invité à consacrer une église ne doit point exiger de présents de celui qui l'a fait bâtir, ou du fondateur, mais il peut recevoir ce qui lui sera offert. Il ne doit point consacrer que le fondateur n'ait doté l'église par un acte authentique, afin qu'elle soit pourvue de luminaire et des fonds nécessaires à la subsistance des ministres. »

4. « On n'offrira dans le sacrifice de l'autel que du pain et du vin mêlé d'eau. »

5. On approuve la décision du pape saint Grégoire, dans sa lettre à l'évêque saint Léandre, savoir: que le baptême conféré par une ou par trois immersions est également valide.

6. On déclare que la disposition du revenu des évêques appartient aux évêques, et non pas aux fondateurs.

7. On ordonne que l'on fera quatre portions des revenus ecclésiastiques et des oblations des fidèles: une pour l'évêque, une autre pour les clercs, la troisième pour les pauvres et pour les pèlerins, et la quatrième pour la fabrique de l'église.

8. C'est un extrait du septième canon du second concile de Séville, qui règle les fonctions qui appartiennent à l'évêque seul: comme de consacrer les vierges, de bénir les autels et le chrême, de confirmer les néophytes, de réconcilier publiquement les pénitents à la messe.

9. « Les évêques, les prêtres, les diacres, et même les sous-diacres, seront obligés à la continence, sous peine d'être privés de l'honneur de la cléricature. »

10. « Si l'on accuse un évêque ou un prêtre de quelques crimes, il se purgera, en disant autant de messes qu'on lui aura imputé de crimes, et s'il ne le fait, il sera privé de l'entrée de l'église pendant l'espace de cinq ans, selon les anciens canons. »

11. « Les prêtres convaincus de fornication seront déposés. »

12. « Les prêtres accusés, mais non convaincus de fornication, se purgeront par serment, selon le neuvième canon du concile de Néocésarée. »

13. « Les évêques et les prêtres n'excommunieront personne pour de légers sujets. »

14. « Si un évêque excommunie des innocents, ou des personnes coupables de quelques légères fautes seulement, les évêques voisins ne refuseront pas leur communion à ces sortes d'excommuniés jusqu'au prochain concile. »

15. « S'il s'est fait un vol dans un monastère, et qu'on n'en connaisse point l'auteur, l'abbé, ou un autre prêtre, dira la messe, à laquelle tous les frères communieront, afin de faire connaître par cette action qu'ils sont innocents. »

Quelques autres conciles ont prescrit cette façon de se purger des crimes dont on ignorait l'auteur, ou dont on était accusé sans preuves suffisantes; mais cet usage a été depuis longtemps abrogé dans l'Église, par la crainte qu'on ne profanât le corps de Jésus-Christ, en faisant une communion sacrilége.

16. On excommunie les évêques qui refusent de se trouver au concile, ou qui s'en retirent avant qu'il soit fini.

17. « Si un évêque nourrit des chiens ou des oiseaux de chasse, il sera suspendu de ses fonctions pour trois mois; si c'est un prêtre, il sera suspendu pendant deux mois, et un diacre, pendant un mois. »

18. « Défense de permettre à un prêtre étranger de faire ses fonctions, s'il n'a une lettre de son évêque en bonne forme. »

19. « Les prêtres et les diacres qui ne voudront pas obéir à leur évêque, ni faire les fonctions de leur ordre dans l'église qu'il leur aura marquée, seront privés de leur rang et de la communion, jusqu'à ce qu'ils se corrigent. »

20. « Les femmes consacrées à Dieu par le voile seront soumises à la pénitence, si elles tombent dans le péché de la chair. »

21. « On empêchera l'entrée de l'église aux veuves qui quittent le voile pour retourner au siècle. »

22. « Il n'est pas permis à ceux qui ont été offerts dans leur enfance par leurs parents à des monastères, et qui y ont été élevés dans la discipline régulière, d'en sortir et de quitter cet état quand ils sont parvenus à l'âge de puberté. »

23. On renouvelle cette maxime des conciles d'Espagne, qu'un homme est fait moine, ou par la dévotion de ses parents, ou par sa propre profession; et que ceux qui le sont d'une manière ou de l'autre ne peuvent plus retourner au siècle.

24. « Ceux qui font tort aux ecclésiastiques ou aux églises seront excommuniés. »

25. « Les prêtres imposeront des pénitences proportionnées aux crimes des pécheurs, eu égard néanmoins aux temps, aux lieux, à l'âge, à la douleur et à la qualité des pénitents. »

26. « Quiconque aura tué un prêtre sera condamné à s'abstenir de chair, de vin, du port des armes et de voitures. Il jeûnera tous les jours, excepté les fêtes et les dimanches. L'entrée de l'église lui sera interdite pour cinq ans. Il restera à genoux, à la porte de l'église pendant les offices divins et la messe. Les cinq ans passés, il entrera dans l'église, et se mettra au rang des auditeurs; mais il ne lui sera pas permis de communier. On ne lui accordera cette grâce qu'après la dixième année de sa pénitence, et il continuera à jeûner trois fois la semaine, jusqu'à ce qu'il ait été entièrement réconcilié. »

27. « On soumet à la pénitence publique des homicides celui qui tue un païen par un motif de haine ou d'avarice. »

28. « Celui qui, étant devenu insensé, en a tué un autre, sera mis en pénitence, parce que cette maladie peut lui être arrivée par quelque péché caché qu'il aura commis; mais sa pénitence sera plus légère que celle qu'on imposerait à un homme qui, étant dans son bon sens, en aurait tué un autre. »

29. « Si quelqu'un, en coupant un arbre, tue un homme à dessein, ou par négligence, il sera puni comme un homicide; mais non, s'il le tue par pur hasard. »

30. « Les parricides et les fratricides seront un an à prier devant la porte de l'église, et un an parmi les auditeurs. Ils pourront ensuite communier; mais ils ne mangeront point de chair, et ils jeûneront jusqu'à none, pendant toute leur vie, excepté les jours de fêtes et de dimanches. Ils s'abstiendront de vin trois jours de la semaine, ne porteront point d'armes, si ce n'est contre les païens, et feront tous leurs voyages à pied. L'évêque pourra augmenter ou diminuer cette pénitence. »

31. « Les lépreux seront admis à la communion du corps et du sang de Jésus-Christ; mais il ne leur sera point permis de manger avec ceux qui se portent bien. »

32. « On n'entreprendra point de fixer le nombre d'enfants qu'on peut avoir dans le mariage; mais on décide qu'on ne peut se marier avec ses parents. »

33. « Ceux qui ont commis des incestes pourront se marier, après avoir fait pénitence, s'ils ne peuvent garder la continence. »

34. « Celui qui commet le péché de la chair avec sa commère ou sa filleule sera excommunié. »

35. « On condamne aux peines des homicides les femmes qui se font avorter, et à des peines plus légères celles qui étouffent

leurs enfants en dormant, sans y penser. »

36. « Celui qui a couché avec les deux sœurs, ou avec la fille que sa femme a eue d'un premier lit, sera privé pendant trois ans de la communion. Il jeûnera tous les jours, excepté les dimanches et les fêtes, ne mangera point de chair, et ne boira point de vin. Même pénitence pour l'inceste d'une fille avec son père, ou d'une mère avec son fils. »

37. « On ne séparera point les personnes mariées, quoiqu'elles soient en pénitence. »

38. « Le maître qui aura tué son esclave de son autorité privée, fera deux ans de pénitence. »

39. « On ordonne sept ans de pénitence pour une femme qui aura battu sa servante de façon qu'elle en soit morte le troisième jour, si elle l'a fait à dessein; et cinq ans seulement, si la servante est morte le troisième jour des coups qu'elle a reçus, mais par accident, et sans dessein de la part de sa maîtresse. »

40. « Un évêque qui aura ordonné avec connaissance un esclave, à l'insu de son maître, payera à ce maître le double de ce que peut valoir son esclave; mais si l'évêque a ignoré la condition de l'esclave, cette somme sera payée par ceux qui ont rendu témoignage pour lui. »

41. « On excommuniera ceux qui ont des inimitiés, et qui ne veulent pas se réconcilier, ou qui ont de vieux procès qu'ils ne veulent pas finir. »

42. « Défense de condamner personne, qu'il n'ait été convaincu dans les formes. »

43. « Ceux qui passeront du côté des ennemis de l'Etat seront excommuniés et privés de leurs biens jusqu'à la mort. »

44. « Les adultères feront pénitence pendant sept ans. »

Il y a des exemplaires où l'on trouve encore trente-six canons à la suite de ceux-ci, comme appartenant au même concile; mais les meilleurs exemplaires n'ont que ces quarante-quatre que l'on vient de transcrire. En effet, ceux qui suivent le quarante-quatrième ne font que répéter, pour la plupart, ce qui est dit dans les précédents, et souvent en mêmes termes.

WORMS (Concile de), l'an 890. Il est parlé dans Luitprand, dans Adam de Brême et dans Flodoard, d'un concile tenu à Worms par l'ordre du pape Etienne V. Voici quelle en fut l'occasion. Herman ou Hériman, archevêque de Cologne, avait envoyé des plaintes au saint-siége contre Adelgaire, évêque de Hambourg et de Brême, qui de son côté en envoya aussi contre Herman, qu'il accusait d'entreprendre sur les droits de son Eglise. Adelgaire fit même le voyage de Rome, pour être plus à portée de soutenir son droit sur l'Eglise de Brême, que Herman lui contestait. Le pape cita Herman à Rome. Comme il ne comparut point, Etienne écrivit à Foulques, archevêque de Reims, de tenir en son nom un concile à Worms, où les archevêques de Cologne et de Mayence devaient assister avec leurs suffragants en même temps qu'Adelgaire, afin que les droits des parties fussent examinés en leur présence. On ne sait point ce qui fut décidé alors; mais dans le concile de Tribur, en 895, sous le pape Formose, on donna raison à l'archevêque de Cologne, et les siéges réunis de Hambourg et de Brême furent réduits à deux simples évêchés. *Voy.* TRIBUR, l'an 895. Ce décret cependant fut révoqué bientôt après par Sergius, successeur de Formose. *Hist. des aut. sacrés et ecclés.*, t. XXII.

WORMS (Synode de), l'an 1027. L'empereur Conrad y amena Poppon, archevêque de Mayence, à consacrer Brunon évêque de Toul. *Conc. Germ.* t. III.

WORMS (Concile de), l'an 1048. Ce concile fut tenu au mois de décembre. On y élut pape Brunon, évêque de Toul, en présence et par les soins de l'empereur Henri III. Le nouveau pape prit le nom de Léon IX. *Conc. Germ.* t. III.

WORMS (Assemblée ecclésiastique de), l'an 1052. Le pape saint Léon IX y réhabilita, en considération de l'archevêque de Mayence, un lecteur qui avait perdu son rang. *Conc. Germ.* t. III.

WORMS (Assemblée ecclésiastique de), l'an 1069. Le roi de Germanie y demanda son divorce avec la reine Berthe, alléguant l'impuissance de consommer avec elle l'acte du mariage. Il sut attirer l'archevêque de Mayence dans son parti, en lui promettant de l'aider à main armée à se faire payer les dîmes de la Thuringe. L'affaire fut renvoyée au concile qui devait se tenir à Mayence. *Conc. Germ.* t. III.

WORMS (Conciliabule de), l'an 1076. Le roi Henri IV fit assembler ce concile. Le cardinal Hugues, condamné par le pape Grégoire VII pour ses mœurs déréglées et comme fauteur des simoniaques, y présida. On y déposa le pape; tout le concile souscrivit à sa déposition, et le roi en écrivit aux évêques de Lombardie, de la Marche d'Ancône, et au pape lui-même. *Anal. des Conc.*, t. V.

WORMS (Concile de), l'an 1118, présidé par le cardinal Conon. C'est peut-être par erreur que ce concile est donné pour avoir été tenu à Worms, tandis qu'il ne serait pas différent de celui de Fritzlar. Quoi qu'il en soit, nous pouvons rapporter à cette occasion une lettre du légat Conon à Frédéric, archevêque de Cologne : « Nous vous recommandons, lui écrit-il, de ne vous laisser ébranler ni par de faux frères, ni par d'autres qui vous diraient que ce n'est pas à nous (a) d'excommunier le roi, sous prétexte que nous ne sommes pas chargés de sa conduite, ou qu'il ne dépend pas de notre juridiction. A ceux qui tiennent ce langage nous répondons, avec l'autorité que le pape nous a conférée, que malgré que le roi ne soit pas soumis à notre juridiction diocésaine, notre devoir n'en était pas moins de l'excommunier pour un si grand crime, en suivant l'inspiration de Dieu et les exemples des saints Pères, de saint Ambroise en particulier, qui, bien

---

(a) Il y a dans le texte de Mansi : *Non pertinere ad vos*; mais il est visible qu'il faut lire *ad nos*.

qu'il ne fût ni pape, ni patriarche, ni légat de l'Eglise romaine, n'a pas craint d'excommunier un empereur romain, Théodose, qui n'était pas de son diocèse, et pour un crime commis non dans son diocèse, mais à Thessalonique.» *Mansi.*

WORMS (Concile de), l'an 1122. Ce fut aussi une assemblée mixte, composée des grands et des prélats de l'Empire, sur le même objet. L'empereur Henri V, qui y était en personne, ainsi qu'à l'assemblée de Wirtzbourg, y renonça aux investitures; et le pape lui conserva le droit de donner les régales, qui sont les droits royaux de justice, de monnaie, de péage, ou autres semblables accordés à des églises ou à des particuliers; c'est ainsi que l'union de l'empire et du sacerdoce fut rétablie le 22 ou le 23 septembre. *Reg.* XXVII; *Labb.* X; *Hard.* VII; *Hartzeim*, III.

WORMS (Concile de), l'an 1127. Le cardinal Pierre tint ce concile en vertu des ordres du pape Honorius II. On y examina l'élection de Godefroi, archevêque de Trèves, faite près de trois ans auparavant, et taxée de simoniaque par le clergé de Trèves. On ignore le résultat de cette assemblée; on sait seulement qu'après qu'elle fut terminée, Godefroi, soit de gré, soit de force, abdiqua. *Conc. Germ.* t. III; *L'Art de vérifier les dates*, p. 212.

WORMS (Concile de), l'an 1153. Les cardinaux Bernard et Grégoire tinrent ce concile aux fêtes de la Pentecôte. Henri, archevêque de Mavence, y fut déposé sur les accusations calomnieuses de plusieurs de ses clercs; et Arnold de Sélehoven, prévôt de cette église, y fut mis à sa place. *Conc. Germ.* t. III.

WORMS (Synode diocésain de), l'an 1196. L'évêque Léopold y accorda à l'abbé d'Arnstein le droit de faire administrer la paroisse de Bubenheim par un vicaire de son choix; il ratifia aussi une donation faite à un autre monastère. *Conc. Germ.* t. III.

WORMS (Synode diocésain de), l'an 1224. L'évêque Henri y confirma au couvent de Schonaug la propriété de certaines terres qui lui étaient disputées. *Conc. Germ.* t. III.

WORMS (Concile de), l'an 1253. Les fauteurs de l'empereur Frédéric y furent excommuniés. *Mansi, Conc.* t. XXIII.

WORMS (Synode de), l'an 1331. L'évêque Gerlac y publia une ordonnance pour assurer la conservation des biens de l'Eglise, et pour maintenir chaque paroisse dans ses usages légitimes. *Conc. Germ.* t. IV.

WORMS (Synode diocésain de), l'an 1384. Les actes de ce synode sont perdus. *Ibid.*

WORMS (Synode de), l'an 1414. L'évêque Jean de Fleckenstein y ordonna qu'on célébrerait dans tout son diocèse la fête de la Visitation de la sainte Vierge, et qu'on ferait la fête de la sainte Trinité le premier dimanche après la Pentecôte. *Conc. Germ.* t. V.

WRATISLAVIENSIA (*Concilia*). *Voy.* BRESLAU.

WURTZBOURG (Conciles de). *Voy.* WIRTZBOURG.

Y

YACCA (Concile de). *Voy.* JACCA.
YÈNE (Concile d'). *Voy.* EPAONE.
YORK (Concile d'). *Eboracense*, l'an 1195. Hubert, archevêque de Cantorbery et légat du saint-siége en Angleterre, tint ce concile au mois de juin, sous le pontificat de Célestin III, et y fit les douze règlements qui suivent.

1. On consacrera la divine eucharistie avec humilité; on la prendra avec crainte; on la dispensera avec respect. Le prêtre ne célébrera point le sacrifice de l'autel sans être certain qu'il y a du pain, du vin et de l'eau, et un serviteur lettré. On gardera les hosties consacrées dans une boîte propre et décente, et on les renouvellera tous les dimanches. Le prêtre portera le viatique aux malades en habit clérical, et précédé d'un flambeau, s'il est possible.

2. Les archidiacres auront soin que le canon de la messe soit bien correct.

3. Les prêtres ne donneront point pour pénitence aux laïques de faire dire des messes; ils ne feront point non plus marché pour le prix des messes, et se contenteront de ce qui sera offert.

4. On défend d'admettre plus de trois personnes pour tenir un enfant sur les fonts: savoir deux hommes et une femme pour un garçon, et deux femmes et un homme quand c'est une fille. On ordonne de baptiser les enfants exposés, soit qu'on trouve sur eux du sel ou non; et l'on défend aux diacres de baptiser, si ce n'est dans une pressante nécessité, et de donner le corps de Jésus-Christ ou la pénitence.

5. On aura soin de réparer et d'orner les églises, et de consacrer dans un calice d'argent.

6. Les ecclésiastiques porteront la couronne et les habits conformes à leur profession; et s'ils négligent de le faire, ils y seront contraints par la privation de leurs bénéfices.

7 et 8. On doit exercer gratuitement la justice ecclésiastique et payer exactement la dîme.

9. Les chanoines réguliers et les moines ne prendront point d'obédience à ferme; ils ne voyageront et ne sortiront point de leurs monastères sans sujet et sans quelque personne du couvent qui les accompagne; et à l'égard des religieuses, elles ne sortiront point non plus, à moins qu'elles ne soient accompagnées de leur abbesse ou de leur prieure.

10. Défense de donner des églises ou des dîmes à ferme aux laïques, quand même ils seraient associés avec un ecclésiastique.

11. On excommuniera solennellement les parjures, et ce cas sera réservé à l'archevêque ou à l'évêque, ou, en leur absence, au pénitencier.

12. Défense aux ecclésiastiques d'entrer dans les cabarets pour y boire ou pour y manger, et d'avoir commerce avec des femmes. *Labb.* t. X; *Anglic.* t. I.

YORK (Concile d'), l'an 1307, pour accorder au roi le quinzième de tous les revenus ecclésiastiques. *Wilkins*, t. II.

YORK (Concile d'), l'an 1310. Guillaume de Grennfield, archevêque d'York, tint ce concile au sujet des templiers, et pour la réforme de son Eglise. *Anal. des Conc.*, t. V.

YORK (Concile d'), l'an 1311. Ce concile eut pour objet la cause des templiers. *Angl.* t. II.

YORK (Concile provincial d'), l'an 1322. Le clergé s'y excusa sur sa pauvreté actuelle, d'accorder au roi, partant pour l'Ecosse, les subsides qu'il lui demandait. *Wilkins*, t. II.

YORK (Concile d'), l'an 1331. Ce concile fut assemblé le jour de la fête de saint Tiburce et de saint Valérien, par l'ordre de l'archevêque d'York. On n'en a point les actes. *Anglic.* t. II.

YORK (Concile d'), l'an 1344. Le clergé de la province d'York y accorda au roi Edouard les décimes pour trois ans, et le roi, de son côté, accorda au clergé qu'aucun clerc ne serait obligé de répondre aux juges séculiers, mais seulement aux ecclésiastiques. *Wilkins*, t. II.

YORK (Assemblée provinciale d'), l'an 1351. On y vota une décime pour aider le roi dans la guerre contre la France. *Wilkins*, t. III.

YORK (Assemblée du clergé de la province d'), l'an 1355, par ordre du roi. *Ibid.*

YORK (Assemblée provinciale d'), l'an 1356. On y accorda une décime au roi. *Ibid.*

YORK (Synodes provinciaux d'), années 1357, 1359, 1369, 1371, 1373, 1377, 1379, 1380, 1381, 1382, 1384, 1385, 1386, 1387, 1388, 1391, 1392, 1393, 1394, 1397, 1398, 1401, 1402, 1404, 1406, 1408, 1409, 1410, 1411, 1412, 1413, 1414, 1415, 1416, 1417, 1419, 1421. Toutes ces assemblées, convoquées par les ordres des rois, n'eurent pas d'autre objet connu que de leur accorder des subsides. *Ibid.*

YORK (Concile d'), l'an 1367. Jean, archevêque d'York, tint ce concile de sa province au mois de septembre, et y publia dix articles de constitutions.

Il est défendu, par le premier, de tenir des marchés ou des plaids dans les églises ou dans les cimetières.

Par le 2e, de faire des insolences dans les églises les jours de vigiles de saints ou aux funérailles des morts.

Le 3e règle les rétributions des chapelains, suivant la constitution de Guillaume Zouches, prédécesseur du prélat qui tint ce concile.

Le 4e défend aux pères, aux mères et aux nourrices, de mettre à coucher dans leurs lits les enfants à la mamelle, de peur de les étouffer.

Le 5e ordonne le payement des dîmes.

Le 6e défend les aliénations des biens d'église.

Le 7e ordonne aux ecclésiastiques la modestie dans les habits.

(a) Ce sont les sept renfermées dans ce vers technique :
Visito, poto, cibo, redimo, tego, colligo, condo.

Le 8e a rapport aux causes matrimoniales.

Le 9e est contre les mariages clandestins, et prescrit la publication des bans.

Le 10e ordonne que ces statuts soient publiés et observés dans les diocèses. *Anal. des Conc.*, t. II.

YORK (Concile d'), l'an 1426. On y interdit la prédication, jusqu'à amendement, à Thomas Richmond, de l'ordre des frères mineurs, pour avoir avancé en chaire les propositions suivantes : *Sacerdos in peccato mortali lapsus non est sacerdos. Iterum dico quod non est sacerdos, et tertio dico quod non est sacerdos coram Deo. Item quod sœcularis judex manum imponens violentam in sacerdotem mortaliter delinquentem, in sacerdotem manum violentam non imponit. Item, quod hæc duo, scilicet, thurificare in Veteri Testamento, et eucharistiam consecrare in Novo, solum et in solidum includunt et exprimunt officium sacerdotale. Item quod Ecclesia nolente vel non puniente fornicarios, licitum est sœcularibus eosdem pœna carceris castigare, et ad hoc astringuntur vinculo charitatis. Item quod nonnulli tam mulieres quam presbyteri modo, quod dolendum est, non verentur perjurii peccatum incurrere; et Ecclesia circa suspectos de peccato mortali, præter abjurare, non habet ultra facere; propterea licet judici sæculari nedum mulieribus, sed presbyteris suspectis insidias ponere, et eosdem deprehensos publice per vicos adducere, et judici præsentare. Item quod sacerdos per laicos captus, carceres intrare recusans, licite ab eisdem sæcularibus verberibus compelli possit adire, absque injectione manuum violentarum quarumcunque, eo quod licitum sit vim vi repellere.*

Le religieux fut obligé de faire abjuration de toutes ces erreurs en plein concile. *Ibid.*

YORK (Assemblées provinciales d'), années 1428, 1430, 1432, 1436, 1437, 1438, 1440, 1441, 1442, 1444, 1445, 1450, 1452, 1453, 1461, 1462, 1463, 1464. Toutes ces assemblées, qui méritent à peine le nom de conciles ou de synodes, eurent pour objet d'accorder des subsides au roi, et quelques-unes au pape. *Ibid.*

YORK (Concile provincial d'), l'an 1466. Georges Nevill, archevêque d'York, tint ce concile avec ses suffragants, et, de leur consentement comme de celui des autres prélats et de tout le clergé, il y publia de nombreux statuts sur la discipline.

« 1. Il veut que, dans chaque paroisse, on instruise le peuple au moins quatre fois l'année, sur les *quatorze* articles de la foi, sur les dix commandements de Dieu, sur les sept œuvres de miséricorde (corporelle) (a), sur les sept péchés capitaux et sur les sept sacrements. Les quatorze articles de la foi, comme il l'explique aussitôt après, sont relatifs, les sept premiers à la sainte Trinité, et les sept autres à l'humanité de Jésus-Christ. Les sept premiers sont, 1° qu'il n'y a qu'un Dieu en trois personnes ; 2° que le Père est Dieu et ne procède d'aucun autre ;

Les six premières sont exprimées dans l'Evangile, et la septième dans le livre de Tobie.

3° que le Fils est Dieu, et qu'il est engendré du Père; 4° que le Saint-Esprit, sans être engendré, procède du Père et du Fils ; 5° que le ciel et la terre ont été tirés du néant par l'indivisible Trinité; 6° que l'Eglise est sanctifiée par le Saint-Esprit et au moyen des sacrements ; 7° que ses membres vivants seront glorifiés éternellement en corps et en âme, et que les réprouvés, au contraire, subiront une damnation éternelle.

Les sept articles relatifs à l'humanité de Jésus-Christ sont, 1° son incarnation; 2° sa naissance; 3° sa passion et sa mort; 4° sa descente aux enfers ; 5° sa résurrection ; 6° son ascension au ciel; 7° le jugement qu'il exercera à la fin du monde.

Les autres statuts concernent les dîmes et les oblations, la liberté des jugements ecclésiastiques et le droit d'asile des églises. *Ibid.*

YORK (Assemblées provinciales d'), années 1470, 1472, 1474, 1477, 1478, 1480, 1486, 1488, 1491, 1495, 1497, 1501, 1504, 1508, 1512, 1514, 1516. Les subsides à accorder aux rois d'Angleterre furent l'objet à peu près exclusif de ces assemblées. *Ibid.*

YORK (Concile d'), vers l'an 1518. Dans ce concile ou synode, dont on ne sait pas bien l'époque précise, l'archevêque Thomas (peut-être Thomas Volsey), légat du siége apostolique, renouvela un grand nombre des constitutions de ses prédécesseurs, qu'il divisa en cinq livres. Elles ont pour objet les devoirs des archidiacres, des archiprêtres, des vicaires qu'on oblige à la résidence, et des autres clercs, les immunités des églises, les testaments, les sépultures, etc. *Ibid.*

YORK (Assemblées provinciales d'), années 1522, 1530, 1531. Nouveaux subsides accordés à l'indigne roi Henri VIII. *Ibid.*

YPRES (Synode diocésain d'), l'an 1577. L'évêque Martin Rythow y recommanda l'observation des décrets des conciles de Trente et de Malines. *Conc. Germ. t.* VII.

YPRES (Synode diocésain d'), l'an 1609. Charles Maëz, évêque d'Ypres, y défendit de recevoir des religieux sans le consentement de leurs parents, même absents. *Conc. Germ. t.* VIII.

YPRES (Synode diocésain d'), l'an 1629. L'évêque Georges Chamberlin y publia des statuts sur les devoirs des doyens, des curés et des autres pasteurs; sur les sacrements et les sacramentaux; sur l'obligation de conserver les biens ecclésiastiques, et sur les règles que doivent suivre les prédicateurs. *Conc. Germ. t.* IX.

YPRES (Synode diocésain d'), l'an 1630. Le même évêque publia dans ce synode de nouveaux statuts sur les devoirs des doyens et des curés, sur les sacrements et les sacramentaux, sur l'office divin et l'observation des fêtes, sur l'administration des biens d'église, et sur les écoles et les catéchismes. *Ibid.*

YPRES (Synode diocésain d'), l'an 1631. Autres statuts du même prélat concernant la discipline de son diocèse. *Ibid.*

ZAMOSKI (Concile de), *Zamoseium*, l'an 1720, par les soins de Clément XI et de l'archevêque de Kiow. Outre l'archevêque d'Edesse, président, et le métropolitain de Kiow, il s'y trouva sept évêques grecs unis, huit archimandrites ou abbés, et plus de cent vingt ecclésiastiques séculiers et réguliers de la même communion. On y reconnut l'œcuménicité du concile de Trente, et l'on se soumit à tous ses décrets, ainsi qu'à ceux des autres conciles généraux tenus dans l'Eglise latine. La constitution *Unigenitus* fut reconnue ainsi que plusieurs autres. On y dressa une profession de foi, et on y fit plusieurs canons de discipline sur la prédication, les fêtes, l'administration des sacrements, les religieux et les religieuses, etc. On y condamna spécialement les erreurs d'un nommé Philippe qui avait, à ce qu'il paraît, plusieurs partisans dans ces contrées, et qui enseignait qu'on ne devait plus recourir aux sacrements, que le temps de l'Antéchrist était arrivé. On cita onze propositions de sa doctrine, et le concile les réprouva. Le pape Benoît XIII approuva et confirma les décrets de ce concile, le 19 juillet 1724.

ZARA (Assemblée provinciale de), 20 mai 1579. Cette assemblée fut présidée par Augustin Valère, évêque de Vérone, nommé visiteur de la Dalmatie par le pape Grégoire XIII. Les archevêques de Zara et de Spalatro s'y trouvèrent présents, ainsi que les évêques de Veggio, de Sebenico, d'Ossero, de Nona, de Cataro et de Lesina. Les décrets qu'on y publia, et qui furent confirmés par le saint-siége, après avoir été examinés et corrigés par la congrégation du concile de Trente, sont les mêmes que ceux qui avaient déjà été portés dans une première assemblée tenue à Sebenico. *Voy.* SEBENICO, l'an 1579.

ZELE (Conciliabule de), dans le Pont, *Zelense*, l'an 363 ou environ. Les semi-ariens y dressèrent une confession de foi. Ce concile est rejeté.

ZERTE (Conciles de), *Zertensia. Voy.* CYRTHE.

ZEUGMA (Concile de la province dite Euphratésienne, tenu à), l'an 433. Ce concile n'est pas reconnu. Théodoret, évêque de Cyr, et André de Samosate, s'y trouvèrent avec les autres évêques de la province; mais Alexandre d'Hyéraple qui en était métropolitain, refusa de s'y rendre. On lut la lettre de saint Cyrille à Jean d'Antioche, et on la trouva entièrement orthodoxe ; et les Pères de l'assemblée employèrent tous les moyens possibles pour faire apercevoir la vérité à Alexandre au moyen de cette lettre ; mais leurs efforts furent inutiles. Le concile n'écrivit point de lettre synodale, apparemment parce que le métropolitain était absent; mais Théodoret et André écrivirent séparément à Léon d'Antioche. Théodoret louait beaucoup la lettre de saint Cyrille, mais condamnait fort ses anathématismes, qu'il prétendait être tout à fait contraires à la lettre, et introduire la confession des deux natures en Jésus-Christ : erreur que Cyrille était loin d'admettre, c. que l'Eglise condamna quelques années après dans Eutychès. Théodoret rejetait en conséquence le terme d'union hypostatique employé par saint Cyrille dans le deuxième de ses anathématismes. Pour André de Samosate, il pensa mieux que Théodoret, et rentra en communion avec le saint archevêque. *Hist. des aut. sacr. et eccl*., *t*. XIII.

TABLE CHRONOLOGIQUE
DES CONCILES, ETC.,
ACCOMPAGNÉE DE PLUSIEURS PIÈCES OMISES DANS LE DICTIONNAIRE.

Ans de Jésus-Christ.	Conciles ou Synodes.
33.	JÉRUSALEM. T. *I*, col. 997. 1er Concile des apôtres.
33.	JÉRUSALEM. *I*, 998. 2e Conc. des apôtr.
49, ou 50, ou 51	JÉRUSALEM. *I*, 999. 3e Conc. des apôtr.
56	JÉRUSALEM. *I*, 1002. 4e Concile ou Synode des apôtres.
Vers 57	ANTIOCHE de Syrie. *I*, 130. Concile supposé ou douteux.
Vers 115 ou 125	SICILE. *II*, 872. Concile.
146.	ROME. *II*, 555. Concile.
152	PERGAME. *II*, 386. Concile.
Vers 154 ou 160	ORIENT. *II*, 160. Concile.
170.	ROME. *II*, 555. Concile.
Vers 173 ou 197	HIÉRAPLES. *I*, 973. Concile.
177	LYON et VIENNE. *I*, 1177, et *II*, 1260. Concile ou assemblée du clergé et des fidèles.
179	PALESTINE. *II*, 249. Concile.
192	GRÈCE. *I*, 966. L'archevêque de Séleucie y obtint le droit patriarchal sur toute l'Assyrie, la Médie et la Perse. Ce Concile est douteux.
196 ou 197	ACHAÏE ou CORINTHE. *I*, 9 et 781. Concile.
196 ou 197	EPHÈSE ou ASIE. *I*, 225. Concile réprouvé.
196 ou 197	PALESTINE OU CÉSARÉE. *I*, 537, et *II*, 249. C'est par erreur d'impression que ce Concile est donné, t. 1er, pour avoir été tenu dans le Pont, et pour n'avoir pas été reçu. La décision par rapport à la Pâque y fut conforme à celle du pape Victor.
197 ou 198	ACHILLA. *I*, 11. Concile.
197	PONT ou ASIE. *I*, 226, et *II*, 426. Concile.
197	LYON ou GAULES. *I*, 1177. Concile.
197 ou 198	MÉSOPOTAMIE. *I*, 1266. Concile.
197	OSRHOÈNE. *II*, Concile au sujet de la Pâque.
197.	ROME. *II*, 555. Concile.
198.	ROME. *II*, 555. Concile.
198 ou 199	LYON. *I*, 1177. Concile.
Vers 200.	GRÈCE. Divers Conciles. *Tertullien, de Jejunio, c*. 15.

Canons Apostoliques.

Nous avons sous le nom des Apôtres quatre-vingt-cinq canons ou règlements qui concernent la discipline des premiers siècles de l'Eglise, mais il n'y aucune apparence que les Apôtres eux-mêmes les aient faits, ni tous, comme Turrien a essayé de le prouver (*a*), ni en partie, comme l'ont prétendu Binius (*b*), Sixte de Sienne (*c*), Baronius (*d*), Bellarmin (*e*) et Possevin (*f*). Nous ne pouvons croire non plus avec le ministre Daillé (*g*) et quelques autres (*h*) qui ont suivi son opinion, que ces canons aient été fabriqués dans le cinquième siècle; et nous aimons mieux dire que, encore que les Apôtres n'en soient pas auteurs, ils sont néanmoins très anciens, et que c'est proprement une collection de divers règlements de discipline établis avant le concile de Nicée, soit dans différents conciles particuliers tenus dans le deuxième et le troisième siècle, soit par les évêques de ce temps-là (*i*).

Ce qui montre que ces canons ne sont pas des Apôtres, c'est non-seulement qu'ils n'ont jamais été mis par l'Eglise au rang des divines Ecritures, mais qu'aucun Père ni aucun concile avant celui d'Ephèse ne les ont cités sous le nom des Apôtres; et même à l'endroit où il en est parlé dans ce dernier concile, plusieurs prétendent qu'au lieu de *Canons des Apôtres*, il faut lire, *Canons des Pères*. Les anciens qui s'en sont servis, les ont simplement appelés *Canons anciens*, *Canons des Pères*, *Canons ecclésiastiques*; et si quelquefois on les a nommés ou intitulés *Canons apostoliques*, ce n'est pas qu'on ait cru qu'ils étaient des Apôtres; il suffit que quelques-uns aient été faits par des évêques qui touchaient au temps des Apôtres: car c'était la coutume de nommer hommes apostoliques ceux qui avaient vécu ou avec les Apôtres, ou peu de temps après eux.

Une autre preuve, c'est qu'il est parlé dans ces canons de certaines cérémonies que l'on ne voit pas avoir été usitées du temps des Apôtres. Telles sont celles dont il est fait mention dans les canons troisième et quatrième, d'offrir sur l'autel des épis nouveaux, des raisins, de l'huile pour le luminaire, et de l'encens pour brûler dans le temps de la sainte oblation. Le canon trente-sixième, qui défend à un évêque de faire des ordinations dans les villes ou villages hors de sa juridiction, ne convient pas au siècle des Apôtres, où les limites des diocèses n'étaient pas encore fixées, chaque apôtre exerçant sa mission par toute la terre, suivant le pouvoir qu'il en avaient reçu de Jésus-Christ. On n'aurait pas non plus attendu jusqu'au concile de Nicée pour savoir à quoi s'en tenir touchant le jour auquel on devait faire la Pâque, si les Apôtres eussent décidé, comme il l'est en effet dans le huitième canon, qu'il n'est pas per-

---

(*a*) Turrian. *in defensione pro Canonib. Apost.*
(*b*) Binn. in Tit. Can. tom. I Concil.
(*c*) Sixtus Senens. lib. II *Bibl. Sanctæ* in Clement.
(*d*) Baron. ad ann. 103, num. 14.
(*e*) Bellarm. lib. de *Script. Eccles.* in Clement.
(*f*) Possev. in Apparatu, verbo *Clemens*.
(*g*) Dall. de *Pseudigrap. Apost.* lib. III.
(*h*) Natal. Alexand. Dissert. 17, *Hist. Eccles.*, sæc. 1.
(*i*) C'est le sentiment de M. de l'Aubépine, évêque d'Orléans. Lib. I *Observal.* cap. 13; de M. de Marca, Lib. de *Concord. Sacerdot.* cap. 2; de Beveregius qui, dans l'une de ses dissertations, prouve l'opinion dont il s'agit, et répond dans une autre aux raisons qu'un auteur inconnu avait apportées contre lui pour la défense de M. Daillé. *Apud Cotel.* tom I, pag. 432, et tom. II, p. 1. C'est aussi le sentiment de Pierre Gunning, in *Oper. de Jejun. ante Pasch.* p. 40; de Jean Pearson, in *Vindiciis Epistol. S. Ignat.* parte I, cap. 4, pag. 51; de M. Dupin, tom. I *Bibl. Eccles.*, p. 59, et de plusieurs autres.

mis de la célébrer avec les Juifs; outre qu'il ne paraît nulle part qu'on ait agité cette question avant le pape Victor. Enfin il est évident que les canons cinquante-unième et cinquante-troisième en veulent à l'hérésie des manichéens, et le cinquante-deuxième à celles des novatiens et des montanistes; hérésies qui ne se sont élevées que longtemps après les Apôtres. Il en faut dire autant du quarante-sixième et du quarante-septième, dans lesquels il est ordonné de déposer un évêque ou un prêtre qui aurait admis comme valide le baptême des hérétiques: car il est hors de doute que si dans le temps de la contestation sur le baptême, on les avait reconnus pour être des Apôtres, saint Firmilien et saint Cyprien n'auraient pas manqué de s'en prévaloir contre ceux qui tenaient un sentiment contraire au leur.

Il est donc constant que ces canons ne sont pas des Apôtres. Quant à leur antiquité, nous avons déjà dit qu'ils furent dressés par différents évêques ou conciles des premiers siècles, c'est-à-dire au second et du troisième. On peut ajouter que la collection que nous en avons, à quelques additions près qui y ont été glissées dans la suite, s'en fit au plus tard vers le commencement du quatrième. C'est ce qui paraît par les témoignages tant des Pères que des conciles du quatrième et du cinquième siècle, qui appuient leurs décisions de l'autorité des canons qu'ils nomment *Canons apostoliques, Canons anciens, Canons ecclésiastiques*, et qui ne se trouvent pas ailleurs que dans la collection dont il s'agit.

Alexandre d'Alexandrie, dans sa lettre à celui de Constantinople écrite avant le concile de Nicée, se plaignant des évêques qui avaient reçu dans l'Église Arius et ses fauteurs, au préjudice de la sentence de déposition qu'il avait prononcée contre eux, assure qu'ils se chargeraient par là d'un grand reproche, d'autant plus, dit-il, *que c'est une chose qui n'est point permis*, suivant qu'il est défini dans ce canon Apostolique, c'est-à-dire dans le trente-troisième canon des Apôtres, qui déclare qu'un prêtre ou un diacre excommunié par son évêque, ne peut être reçu à la communion par un autre. C'est apparemment le même canon que le concile de Nicée (*L'an*. 5) confirme en ces termes: *Qu'on se tienne à ce qui a été défini dans un canon, que ceux qui ont été chassés de l'Église par leur évêque ne peuvent y être admis par d'autres*.

On voit aussi (*Eus. l.* 3 *de Vit. Const. c.* 61) que quand Eusèbe de Césarée eut refusé l'évêché d'Antioche, quoique beaucoup plus considérable que le sien, l'empereur Constantin le loua hautement de son attachement au *canon apostolique et ecclésiastique;* canon qui ne peut être que le quatorzième des Apôtres qui défend les translations des évêques. Ils étaient si bien connus dès l'an 341, que de vingt-cinq canons qui furent dressés dans le concile d'Antioche tenu en cette année, il y en a dix-huit qui sont visiblement tirés des canons apostoliques. Les décisions sont les mêmes, et on y traite les mêmes points de discipline. Il serait inutile de répondre qu'au contraire les canons apostoliques ont été fabriqués sur ceux d'Antioche; car ce concile rappelle *un ancien canon qui se trouve être le trente-cinquième des Apôtres: Sachent, dit-il, tous les évêques qui sont dans chaque province, que l'évêque de la métropole est chargé du soin de toute la province, parce que c'est dans sa ville qu'abordent de tous côtés ceux qui ont quelque affaire à terminer. Il nous a donc semblé bon qu'il ait rang au-dessus de tous les évêques de sa province, et que ceux-ci n'entreprennent rien sans l'en avoir averti, suivant l'ancienne coutume établie par un canon de nos Pères*.

Les canons ecclésiastiques dont saint Athanase (*Ep. encyc. ad episc*.) reproche la violation à Georges, qui s'était emparé du siége d'Alexandrie à force d'argent et par l'appui des puissances séculières, sont, selon toutes les apparences, le 30e ou le 31e des Apôtres, qui défendent sous peine de déposition et d'excommunication les ordinations simoniaques, et qui privent de son siége un évêque qui y serait monté à la faveur de la puissance séculière. Il y a tout lieu de croire que ce que saint Basile appelle en plusieurs endroits *canons anciens* (*Ep. ad Amphil. can*. 3), ou simplement *canons* (*Ib. can*. 12), sont ceux des Apôtres, que l'on ne connaissait pas encore sous ce titre. Ils sont encore cités dans plusieurs conciles vers le milieu du cinquième siècle, dans le premier de Constantinople (*Ep. ad Damas.*), dans le troisième de Carthage (*can*. 39), en 394, dans celui d'Éphèse (a) et dans un concile particulier de Constantinople.

Ajoutons que plusieurs des règlements contenus dans les canons apostoliques ont rapport à certains points que l'on sait avoir été traités dans des conciles particuliers tenus avant celui de Nicée. Il est à croire, par exemple, que le huitième canon, qui défend de célébrer la Pâque avec les Juifs, est le résultat de quelqu'un des conciles qui se tinrent sur ce sujet en assez grand nombre du temps du pape Victor; et que les quarante-sixième et quarante-septième, qui rejettent le baptême des hérétiques, sont une suite du synode où Agrippin l'avait décidé longtemps avant S. Cyprien; car on ne se persuadera pas aisément que ces deux canons aient été fabriqués sur la fin du quatrième siècle, ou au commencement du cinquième, dans un temps où l'opinion de saint Cyprien et de quelques autres touchant la rébaptization des hérétiques n'avait presque plus de sectateurs. Le

---

(a) «Rogamus et petimus ne permittatur hominibus nihil non audentibus, ullam novitatem invehere olim et ab initio volentibus, præter Ecclesiasticos canones, et Constitutiones expositas a sanctissimis Patribus in Nicæa congregatis, imponere magni et sanctæ synodo, finitionibus ad nihil utilibus.» Art. 7 Concil. Ephes. Ce sont les paroles de Rheginus, évêque de Constantia, dans le libelle qu'il présenta aux Pères du concile au nom des évêques de l'île de Chypre, pour empêcher l'évêque d'Antioche de rien entreprendre sur cette province, qui n'était point de sa juridiction; sur quoi le concile donna le décret suivant: «Rem quæ præter ecclesiasticas constitutiones et sanctorum Patrum canones innovatur, et omnium libertatem attingit, annuntiavit plus episcopus Rheginus, et qui cum eo possimi episcopi provinciæ Zenon et Evagrius. Unde, quoniam communis morbi majore egent remedio, eo quod majus damnum afferant, et maxime si non sit vetus mos, quod episcopus Antiochenus ordinet in Cypro: habebunt jus suum intactum et inviolatum qui sancti in Cypro ecclesiis præsunt, secundum canones sanctorum Patrum, et veterem consuetudinem, per seipsos ordinationes religiosissimorum episcoporum facientes.» Les entreprises dont les évêques de l'île de Chypre s'étaient plaints au concile, étaient donc principalement de ce que l'évêque d'Antioche prétendait faire des ordinations dans leur province, quoiqu'elle ne lui fût point soumise; or c'est ce qui est défendu par le trente-sixième canon des Apôtres; on ne peut douter que ce ne soient ces canons que les évêques disent avoir été violés par celui d'Antioche. Pour s'en convaincre, il ne faut qu'un peu d'attention aux remontrances de l'évêque Rheginus, et à ce que le concile y répond. Rheginus représente que l'évêque d'Antioche en faisant des ordinations dans la province de Chypre, qui ne lui était pas soumise, violait les canons ecclésiastiques expliqués par les saints Pères assemblés à Nicée: *Præter ecclesiasticos canones et constitutiones expositas a sanctis Patribus in Nicæa congregatis*. Ce qui suppose qu'avant le concile de Nicée il y avait des canons qui défendaient ces ordinations irrégulières; or on ne trouve cette défense, avant le concile de Nicée, nulle part ailleurs que dans les canons des Apôtres, et on ne peut dire que par ces canons ecclésiastiques ou canons des saints Pères, le concile ait entendu la coutume des Églises fondée sur la tradition des Apôtres, puisqu'on y distingue expressément ces deux choses: *Les évêques de Chypre*, dit le concile, *conserveront leur droit d'ordonner les évêques de leur province, suivant les canons des saints Pères et l'ancienne coutume: Secundum canones sanctorum Patrum et veterem consuetudinem*.

même saint Cyprien dit (*Ep.* 1, *ad pleb. Furnit.*) que c'était une chose statuée par les évêques ses prédécesseurs dans un concile, qu'un clerc ne doit pas être chargé de l'administration des affaires publiques et séculières; décret qui fait la matière des canons septième et quatre-vingt-unième des Apôtres. On peut croire aussi que le cinquante-deuxième, qui ordonne de recevoir à la pénitence ceux qui la demandaient après leur chute, est celui que saint Cyprien cite (*Epist.* 55 *ad Antonian.*) à ce sujet comme une décision d'un nombreux concile d'évêques.

Ceux qui veulent avec Daillé que ces canons soient l'ouvrage d'un auteur du cinquième siècle, se fondent sur ce que le quatre-vingt-cinq ième donne pour canoniques les trois livres des Machabées et les huit livres des Constitutions Apostoliques; erreur si grossière, dit ce ministre, qu'il n'est pas probable qu'un écrivain catholique, aussi ancien qu'on le suppose, en soit auteur. Mais il est à remarquer que ce canon, tel que nous l'avons dans le Code grec de Jean d'Antioche (*Tit.* 50), ne fait aucune mention des livres des Machabées parmi ceux qu'il dit être canoniques; et quand il serait vrai qu'il les reconnaîtrait pour tels, qu'en pourrait-on inférer, sinon que l'auteur vivait dans un temps où le nombre des livres canoniques n'était pas encore fixé, et par conséquent avant le concile de Nicée? En effet on n'y trouve ni les livres de l'Ancien Testament qui n'étaient pas dans le canon des Hébreux, ni l'Apocalypse. A l'égard des Constitutions Apostoliques, il est aisé de voir que ce qui en est dit dans ce canon, aussi bien que des Epîtres de saint Clément, y a été ajouté après coup, apparemment par l'auteur même des Constitutions, qui ayant inséré dans le 8e livre la collection entière des canons des Apôtres, et empruntant partout le nom de Clément, disciple des Apôtres, a voulu donner autorité aux ouvrages qu'il lui attribue, en les mettant au nombre des livres canoniques. Or ce n'est pas le seul endroit que cet imposteur ait corrompu; c'est lui sans doute qui à la fin du trentième canon a ajouté ces paroles : *Par moi Pierre*; car dans la traduction de Denis le Petit, on lit simplement qu'un évêque simoniaque doit être excommunié comme Simon l'a été par saint Pierre. On voit encore d'autres changements de cette nature dans les canons cinquantième, quatre-vingt-deuxième et quatre-vingt-cinquième, qui ne tendent qu'à faire croire que ces canons sont des Apôtres mêmes.

Il est vrai qu'ils ne se trouvent point dans le Code des canons de l'Eglise universelle; qu'Eusèbe ni saint Jérôme n'en ont point parlé; mais ce n'est pas une suite qu'ils n'aient été faits que dans le cinquième. L'auteur de ce Code, qui vivait avant le concile de Calcédoine, n'a rapporté les canons d'aucun concile des trois premiers siècles, si ce n'est ceux de Néocésarée et d'Ancyre. Il est pourtant certain qu'on en fit beaucoup d'autres dans différents conciles de ces temps-là, n'y eût-il que ceux qui furent dressés dans les conciles qui se tinrent sous Agrippin et sous saint Cyprien ; ce n'est donc pas une conséquence que ces canons soient postérieurs au Code dont il s'agit, parce qu'ils y sont omis. Et parce qu'Eusèbe ni saint Jérôme ne disent rien des canons du concile d'Ancyre et de celui de Néocésarée, on ne doit pas croire pour cela qu'ils soient supposés. Si avant Eusèbe (j'en dis de même de saint Jérôme et des autres) on eût avancé que ces canons étaient véritablement des Apôtres, Eusèbe et les autres attentifs à rejeter les écrits apocryphes, surtout ceux qu'ils croyaient faussement attribués aux Apôtres, n'auraient peut-être pas manqué de parler de ceux-ci comme leur étant supposés; mais alors l'opinion de Turrien, de Bovius et de quelques autres n'était point encore connue. Quant à la supposition de Daillé, que ces canons n'ont été cités dans aucun ancien concile, ni par les Pères des quatre premiers siècles, nous en

avons suffisamment montré la fausseté plus haut par les témoignages de saint Alexandre d'Alexandrie, de saint Athanase, de saint Basile, et des conciles de Nicée, d'Antioche, de Constantinople et d'Ephèse.

Ce ministre n'a pas mieux réussi en apportant pour preuve que ces canons ont été composés par un hérétique du cinquième siècle, la censure que le pape Gélase en fit dans un concile de soixante-dix évêques, tenu à Rome en 494, où il les mit au rang des apocryphes. Ce ne sera jamais une preuve que Tertullien, Arnobe, Africain, Lactance, n'aient écrit plusieurs siècles avant le décret de ce pape, parce que leurs écrits y sont déclarés apocryphes: et ce n'en est pas une non plus qu'ils aient été hérétiques; au moins n'a-t-on pas regardé comme tels ni Arnobe, ni Africain, ni Lactance. Mais on rencontre dans leurs écrits certaines opinions particulières qu'il est difficile d'accorder avec la croyance de l'Eglise; et il n'en fallait pas davantage pour les faire déclarer apocryphes, c'est-à-dire pour en interdire la lecture, ou pour avertir qu'on ne doit les lire qu'avec précaution. C'est apparemment en ce sens que les canons des Apôtres ont été censurés par le pape Gélase; car il y en a qui sont directement opposés aux définitions de l'Eglise, comme le quarante-sixième et le quarante-septième, qui ordonnent la rébaptization des hérétiques. Peut-être aussi ne les a-t-il rejetés qu'à cause du faux titre qu'ils portent. Au reste il est remarquable que les paroles du décret de Gélase : *Le livre des canons des Apôtres, apocryphe,* ne se trouve pas dans plusieurs manuscrits, particulièrement dans celui dont Justelle s'est servi ; et Hincmar de Reims, le premier, ou au moins un des premiers qui ait parlé de ce décret, dit expressément (*Opusc.* 55) qu'il n'y était fait aucune mention des canons des Apôtres.

Il doit donc demeurer pour certain que ces canons sont plus anciens que Daillé ne le prétend. On peut appuyer les preuves que nous en avons données, du témoignage d'Innocent Ier dans sa lettre aux évêques de Macédoine, écrite l'an de Jésus-Christ 414. Ce pape y décide que ceux qui, ayant été ordonnés par les hérétiques, reviennent ensuite à l'Eglise, ne doivent pas y être admis dans leurs ordres, quoiqu'on eût quelquefois usé de dispense à cet égard. Car, dit-il, il est constant que ce qui s'est fait dans ces occasions, à cause de la nécessité des temps, n'était point en usage dès le commencement, et qu'il y a eu sur ce sujet d'anciennes règles faites pour les Apôtres, ou plutôt par des hommes apostoliques, que l'Eglise Romaine observe, et enjoint d'observer à ceux qui ont coutume de la consulter. Ces anciennes règles, citées par Innocent, se trouvent dans les canons des Apôtres, dont le soixantième défend de recevoir comme clercs ceux qui ont été ordonnés par les hérétiques. Le sentiment de Hincmar, archevêque de Reims, touchant l'antiquité des canons apostoliques, est entièrement conforme à celui que nous avons embrassé. Les canons, dit-il (*Opusc. et epist. cap.* 24), qu'on appelle *des Apôtres,* recueillis par quelques chrétiens, sont du temps auquel les évêques ne pouvaient s'assembler ni tenir des conciles librement : ils contiennent plusieurs choses qu'on peut recevoir ; mais ils en ordonnent aussi d'autres qu'il ne faut point observer. Nous allons voir que, malgré la censure du pape Gélase, soit qu'elle soit vraie ou qu'elle soit supposée, ils ne laissèrent pas d'être en grande autorité, même dans l'Eglise Romaine, surtout depuis la traduction latine que Denis le Petit en donna vers le commencement du sixième siècle.

On ne sait point quelles raisons eut cet abbé de n'insérer dans sa nouvelle traduction des canons de l'Eglise universelle, que les cinquante premiers des Apôtres. Peut-être n'y en avait-il pas un plus grand nombre dans l'exemplaire grec qui lui était tombé entre les mains. Peut-être aussi que, par égard pour le décret du pape Gélase, il omit exprès les trente-cinq derniers, afin de faire retomber sur ceux-ci tout l'odieux de la censure de ce pape. Quoi qu'il en soit, sa collection fut reçue avec applaudissement par l'Eglise Romaine, comme le témoigne Cassiodore (*de Div. lect. c.* 23), auteur du même temps; et les seuls canons des Apôtres auxquels il y avait donné place, c'e-t-à-dire les cinquante premiers, furent en autorité chez les Occidentaux. Anastase le bibliothécaire (*in Præf. ad VII synod.*) nous apprend que le pape Etienne n'en avait pas approuvé un plus grand nombre dans un synode où il en avait été question; et le cardinal Humbert, pressé par Nicétas Pectorat, qui reprochait aux Latins de jeûner le samedi, contre la défense du soixante-cinquième canon des Apôtres, ne répond autre chose, sinon que les canons qu'il lui objectait étaient des écrits apocryphes, rejetés unanimement par les Pères, à la réserve des cinquante premiers qu'ils avaient jugé à propos de joindre aux autres règles de l'Eglise. Urbain II (*apud Grat. dist.* 32. c. 6), Gratien (*Dist.* 16) et Cresconius (*in Concordia Canon.*), évêque en Afrique, ne font mention que de cinquante. Jean II (*Epist. ad Cæsar. Arelat.*), qui tenait le saint-siège en 532, fit valoir leur autorité contre Contumeliosus, évêque de Riès. Il ne paraît pas qu'ils aient été connus en France avant l'an 577, qu'ils y furent allégués dans la cause de Prétextat, évêque de Rouen, sous le règne de Chilpéric. Grégoire de Tours (*L.* 5 *Hist. Franc. c.* 18), de qui nous apprenons ce fait, dit qu'on apporta de la part du roi un nouveau cahier de la collection des canons, où il y en avait qui passaient pour être des Apôtres; et il ajoute qu'on se rendit à leur autorité. Il semble néanmoins que cette collection était différente de celle de Denis le Petit, puisque Grégoire de Tours en cite la vingt-cinquième d'une autre manière que cet auteur. Le premier des écrivains anglais qui en fasse mention expresse est Egbert, archevêque d'Yorck, en l'an 750; mais on croit qu'ils étaient reçus en Angleterre dès avant Bède, vers l'an 670 (*Bed. l.* 6 *Hist. c.* 5), que Théodore, archevêque de Cantorbéry, ayant été sacré à Rome, où il demeura environ deux ans depuis sa consécration, revint de là chargé de quantité de livres tant grecs que latins, entre lesquels il peut bien avoir apporté celui du canon des Apôtres. En effet, de dix règlements qu'il fit approuver dans un concile qu'il tint à Hereford,

(*a*) « Episcopus a duobus aut tribus episcopis ordinetur. » Can. 1. Apost. pag. 442. Apud Cotel. tom. 1. Patr. Apostol.
(*b*) « Presbyter ab uno episcopo ordinetur, et diaconus, et reliqui clerici. » Can. 2.
(*c*) « Si quis episcopus aut presbyter, præter ordinationem Domini, alia quædam in sacrificio offerat super altare : id est aut mel, aut lac, aut pro vino siceram et confecta quædam, aut volatilia, aut animalia aliqua, aut legumina; contra constitutionem Domini faciens, congruo tempore deponatur. » Can. 3.
(*d*) « Offerri non liceat aliquid ad altare præter novas spicas et uvas, et oleum ad luminaria et thymiama, id est incensum tempore quo sancta celebratur oblatio. » Can. 4. Tertullien assure que les chrétiens n'achetaient point d'encens, in *Apolog.* cap. 42. Ainsi il faut dire que ce canon est de la fin du troisième siècle; car nous voyons par saint Ambroise dans le quatrième siècle c'était une coutume déjà établie d'encenser les autels pendant le saint sacrifice : « Utinam, *dit-il*, nobis quoque adolentibus altaria, sacrificium deferentibus, assistat Angelus, imo præbeat se videndum. » Comment. in Luc. cap. 1. On voit encore des traces de cet usage dans le livre de la Consommation du monde, attribué à saint Hippolyte : « Lugebunt Ecclesiæ, quia nec oblatio, nec suffitus (θυμιαμα) fiet, nec cultus Deo gratus. »
(*e*) « Reliqua poma omnia, ad domum primitiæ episcopo et presbyteris dirigantur, nec offerantur in altari. Certum est autem quod episcopus et presbyteri dividant et diaconis et reliquis clericis. » Can. 5. Il paraît bien par l'usage constant observé dans l'Eglise dès le commencement, que les chrétiens se sont toujours fait un devoir de donner à Dieu en la personne de ses ministres une partie de leurs

trois ans après son retour de Rome, il s'en trouve cinq qui paraissent être tirés de ces canons.

Les Grecs n'en ont pas fait moins de cas que les Latins, et ils sont même allés plus loin. Car, outre qu'ils les ont reçus jusqu'au nombre de quatre-vingt-cinq, presque tous leurs auteurs qui en ont parlé depuis le sixième siècle, ont cru qu'ils étaient des Apôtres. Jean d'Antioche, surnommé le Scholastique, qui vivait en même temps que Denis le Petit, et que Justinien éleva sur le siége de Constantinople après en avoir chassé Eutychius, les donna sous ce titre dans une nouvelle collection des canons de l'Eglise Orientale, où il assure lui-même qu'il n'avait rien changé à l'ancienne, et n'avait fait que rassembler sous un même titre tous les canons qui traitaient de la même matière, en y ajoutant néanmoins ceux de saint Basile, qu'il n'avait point trouvés dans les anciennes collections. Justinien les cite comme étant des Apôtres dans sa Novelle à Epiphane, patriarche de Constantinople, et ils furent approuvés solennellement dans le concile *in Trullo* (Can. 2), comme ayant été reçus et confirmés par les Pères qui les avaient transmis sous le nom des Apôtres. Le second concile de Nicée (*Can.* 1), que l'on compte pour le septième œcuménique, les reçoit avec le même respect que ceux des six premiers conciles généraux. On est même cité plusieurs dans le canon des Ecritures par saint Jean de Damas (*l.* 4 *de Fide orthod. c.* 18). Photius (*Cod.* 112, *et Præf. in Nomocan.*) et Blastares (*Præmed.*) sont les seuls d'entre les Grecs qui aient témoigné douter s'ils étaient effectivement des Apôtres.

La connaissance de ces canons est également utile et nécessaire à ceux qui veulent s'instruire de l'ancienne discipline de l'Eglise. On y voit (*a*) qu'un évêque devait être ordonné par trois ou au moins par deux évêques; qu'un seul suffisait (*b*) pour l'ordination d'un prêtre, d'un diacre ou de quelque autre clerc que ce fût; qu'il n'était pas permis (*c*) aux évêques et aux prêtres d'offrir autre chose pour le sacrifice que ce qui a été prescrit par le Seigneur; c'est-à-dire du pain et du vin mêlé d'eau; mais il n'était pas défendu (*d*) aux simples fidèles de mettre en offrandes sur l'autel des épis nouveaux, des raisins, de l'huile pour le luminaire de l'Eglise, et de l'encens pour brûler pendant le temps de l'oblation sainte. Ils étaient même obligés (*e*) de porter les prémices de leurs fruits à l'évêque et aux prêtres biens, et des fruits qu'ils percevaient de la terre. Origène en fait une obligation dans la Loi nouvelle comme elle en était une dans l'ancienne : « Primitias omnium frugum, omniumque pecudum sacerdotibus lex mandat offerri..... Hanc ergo legem observari etiam secundum litteram, sicut et alia nonnulla necessarium puto. Sunt enim aliquanta legis mandata quæ etiam novi Testamenti discipuli necessaria observatione custodiunt. » Orig. Hom. 11 in Num., pag. 130, tom. I. Geneb. Il ajoute de suite que manquer à ce devoir c'est oublier entièrement ce que nous devons à Dieu, et nier en quelque façon qu'il soit l'auteur des biens qui nous viennent. Plus bas, parlant toujours de cette même obligation, il insinue assez clairement que c'était la coutume d'offrir sur l'autel les prémices de certains fruits. « Quomodo ergo, *dit-il*, abundat justitia nostra plusquam scribarum et Pharisæorum, si illi de fructibus terræ suæ gustare non audent priusquam primitias sacerdotibus offerant, et levitis decimæ separentur : et ego nihil horum faciens, fructibus terræ ita abutar, ut sacerdos nesciat, levites ignoret, *divinum altare non sentiat*. » Ibid. Saint Irénée a peu près du même sentiment, et s'il dit que ces sortes d'offrandes étaient libres de la part des fidèles, ce n'est que par opposition à celles des Juifs, qui esclaves de la Loi ne faisaient rien que par contrainte. « Et non genus oblationum reprobatum est, oblationes enim et illic, oblationes autem et hic; sacrificia in populo, sacrificia in Ecclesia; sed species immutata est tantum, quippe jam non a servis sed a liberis offeratur.... et propter hoc illi decimas suorum habebant consecratas : qui autem perceperunt libertatem, omnia quæ sunt ipsorum ad Dominicos decernunt usus, hilariter et libere dantes ea non quæ sunt minora, utpote majorum spem habentes. » Iren. lib. IV *contr. Hæres.* c. 18. C'est pour cette raison que les

dans leurs maisons, afin qu'ils en fissent part aux diacres et aux autres c'ercs. Il est dit dans (a) le sixième de ces canons qu'un évêque ne doit point chasser sa femme, même sous prétexte de religion; que s'il le fait il sera excommunié, et déposé, s'il persiste à ne vouloir pas la reprendre. Il en était de même pour un prêtre; et il était défendu (b) à l'un et à l'autre, comme aussi aux diacres, de se charger d'affaires séculières, et cela sous peine de déposition. On déposait aussi (c) celui qui avait célébré la Pâque avant l'équinoxe du printemps, à la manière des Juifs.

Le neuvième (d) ordonne que si un évêque, un prêtre, un diacre ou un autre clerc refuse de communier lorsqu'il assiste au sacrifice, sans en donner d'excuses raisonnables, il soit privé de la communion, à cause du scandale qu'il a donné au peuple, en donnant lieu de soupçonner que celui qui a fait l'oblation ne l'a pas bien faite. On punissait de la même peine (e) les fidèles qui sortaient de l'église après avoir ouï la lecture des saintes Écritures, sans attendre la fin des prières, et sans recevoir la sainte communion. S'il arrivait que quelqu'un (f) priât avec un excommunié, quoique dans une maison particulière, il subissait lui-même la peine de l'excommunication, et on en agissait avec la même rigueur (g) envers celui qui priait avec un clerc déposé, parce qu'il était censé le reconnaître encore pour clerc. Or, afin que l'on connût ceux avec qui l'on devait communiquer, il était défendu de recevoir dans l'église (h) aucun clerc ni laïque étranger sans lettres de recommandation de son évêque. Il était pareillement défendu (i) à un évêque de passer d'un siège à un autre, sans de fortes raisons, et à moins que plusieurs évêques ne l'eussent jugé nécessaire, et qu'il n'y fût en quelque manière obligé par les instantes prières du peuple qui le désirât. Un prêtre ne pouvait non plus quitter (j) sa paroisse pour en desservir une autre, sans le consentement de son évêque, sous peine d'être interdit de ses fonctions et réduit à la communion laïque : et cette loi avait également lieu contre les diacres (k) et les autres ministres de l'Église. Il était même ordonné de priver de la communion l'évêque (l) qui les recevait comme clercs, malgré l'interdit prononcé contre eux par leur propre évêque. Les bigames étaient exclus des ordres, lorsqu'ils l'étaient depuis leur baptême. On en excluait aussi (m) celui qui avait épousé une veuve, une femme de mauvaise vie, sa servante, une comédienne, les deux sœurs (n) ou la fille de son frère.

Le vingtième canon défend à un clerc (o) de se rendre caution pour qui que ce soit. Les suivants portent en substance que celui qui a été fait eunuque (p) par violence, ou qui est venu ainsi au monde, pourra être promu à l'épiscopat, s'il en est jugé digne; mais que l'on exclura de tout ordre celui (q) qui s'est fait lui-même eunuque. Que si dans le temps (r) qu'il s'est fait l'opération il était clerc, on le déposait. S'il était laïque, (s) on le privait de la communion pendant trois ans. Il était ordonné de (t) déposer un prêtre, un diacre et tout autre clerc coupable de fornication, de parjure ou de vol, mais on ne le privait (u) pas de la communion, selon ce

Pères du concile de Gangres condamnèrent les eustathiens, qui, sous prétexte d'une profession extérieure de piété, s'attribuaient les prémices et les oblations des fidèles, qui appartenaient à l'Église, dit le concile, suivant l'institution des anciens. « Primitias quoque fructuum et oblationes eorum quas veterum institutio Ecclesiis tribuit, sibimet vindicasse, id est propræ ratiocinatione doctrinæ, tanquam sanctis sibi offerri debere apud se et inter se dispensandas. » Conc. Gangrens. in Præf. Et c'est sur cela fait la matière du septième canon de ce même concile, conçu en ces termes : « Si quis oblationes Ecclesiæ, extra Ecclesiam accipere vel dare voluerit præter conscientiam episcopi vel ejus cui hujusmodi officia commissa sunt, nec cum ejus agere voluerit consilio, anathema sit. » Ibid.

(a) « Episcopus aut presbyter uxorem propriam nequaquam sub obtentu religionis abjiciat. Si vero rejecerit, excommunicetur : sed et si perseveraverit, dejiciatur. » Can. 6.

(b) « Episcopus aut presbyter, aut diaconus, nequaquam sæculares curas assumat; sin alter, dejiciatur. » Can. 7.

(c) « Si quis episcopus aut presbyter, aut diaconus sanctum Paschæ diem ante vernale æquinoctium cum Judæis celebraverit, abjiciatur. » Can. 8.

(d) « Si quis episcopus, aut presbyter, aut diaconus, vel quilibet e sacerdotali catalogo, facta oblatione, non communicaverit; aut causam dicat, ut si rationabilis fuerit, veniam consequatur, aut si non dixerit, communione privetur, tanquam qui populo causa læsionis exstiterit, dans suspicionem de eo qui sacrificavit, quod recte non obtulerit. » Can. 9.

(e) « Omnes fideles qui ingrediuntur ecclesias et Scripturas audiunt, non autem perseverant in oratione, nec sanctam communionem percipiunt, velut inquietudines Ecclesiæ commoventes, convenit communione privare. » Can. 10. C'est que tous ceux qui assistaient aux assemblées y recevaient l'Eucharistie, et qu'on l'envoyait même aux absents, quoiqu'ils s'en communiassent dans leurs maisons. Justin. Apolog. 2. Tertull. lib. de Corona, cap. 3, et lib. de Oratione, cap. 14.

(f) « Si quis cum excommunicato, saltem in domo simul oraverit, iste communione privetur. » Can. 11. Origène ne voulut pas communiquer dans la prière avec un nommé Paul, fameux hérétique, avec lequel il logeait chez une dame d'Alexandrie, ainsi que nous l'avons remarqué après Eusèbe. Euseb. lib. 6, cap. 2.

(g) « Si quis cum damnato clerico, veluti cum clerico simul oraverit, iste damnetur. » Can. 12.

(h) « Si quis clericus aut laicus a communione suspensus seu communicans ad aliam properet civitatem et suscipiatur præter commendatitias litteras; et qui susceperunt et qui susceptus est, communione priventur, excommunicato vero protelatur ipsa correptio, tanquam qui mentitus sit et Ecclesiam Dei seduxerit. » Can. 13.

(i) « Episcopo non licere alienam parochiam propria relicta pervadere, licet cogatur a plurimis : nisi forte quædam eum rationabilis causa compellat, tanquam qui possit ibidem constitutis plus lucri conferre, et in causa religionis aliquid profecto prospicere, et hoc non a semetipso pertentet, sed multorum episcoporum judicio, et maxima supplicatione perficiat. » Can. 14.

(j) « Si quis presbyter aut diaconus, aut quilibet de numero clericorum relinquens propriam parochiam pergat ad alienam, et omnino demigrans, præter episcopi sui conscientiam, in aliena parochia commoretur, hunc ulterius ministrare non patimur; præcipue si vocatus ab episcopo, redire contempserit, in sua inquietudine perseverans, verumtamen tanquam laicus ibi communicet. » Can. 15.

(k) « Episcopus vero apud quem moratos esse constiterit, si contra eos decretam cessationem pro nihilo reputans, tanquam clericos forte susceperit; velut magister inquietudinis, communione privetur. » Can. 16.

(l) « Si quis post baptisma secundis fuerit nuptiis copulatus aut concubinam habuerit, non potest esse episcopus, non presbyter aut diaconus, aut prorsus ex numero eorum qui ministerio sacro deserviunt. » Can. 17.

(m) « Si quis viduam aut ejectam acceperit, aut meretricem, aut ancillam, vel aliquam de his quæ publicis spectaculis mancipantur, non potest esse episcopus, aut presbyter aut diaconus aut ex eorum numero qui ministerio sacro deserviunt. » Can. 18.

(n) « Qui duas in conjugium sorores acceperit, vel filiam fratris, clericus esse non poterit. » Can. 19.

(o) « Clericus fidejussionibus inserviens, abjiciatur. » Can. 20.

(p) « Eunuchus si per insidias hominum factus est, vel si in persecutione ejus sunt amputata virilia, vel si ita natus est et est dignus, efficiatur episcopus. » Can. 21.

(q) « Si quis absciderit semetipsum, idest si quis amputavit sibi virilia, non fiat clericus; quia suus homicida est, et Dei conditionis inimicus. » Can. 22.

(r) « Si quis cum clericus fuerit, absciderit semetipsum, omnino damnetur, quia sous est homicida. » Can. 23.

(s) « Laicus semetipsum abscindens annis tribus communione privetur, quia suæ vitæ insidiator exstitit. » Can. 24.

(t) « Episcopus aut presbyter, aut diaconus qui in fornicatione aut perjurio aut furto captus est, deponatur, non tamen communione privetur; dicit enim Scriptura : Non vindicabit Dominus bis in idipsum. » Can. 25.

(u) « Similiter et reliqui clerici huic conditioni subjaceant. » Can. 26. Les anciens Pères, auteurs de ces caqui est écrit, que le Seigneur ne tirera pas une double vengeance d'un même crime. Les lecteurs et les chantres (a) avaient seuls la liberté de se marier après leur ordination. Quoiqu'un laïque du nombre des fidèles tombât dans quelque faute (b), il n'était pas permis à l'évêque, ni aux prêtres, ni aux diacres de le frapper, ni d'user de violence envers un infidèle qui leur aurait insulté : et il était ordonné de déposer celui qui ferait le contraire. Si un clerc (c) déposé pour des crimes dont il avait été convaincu, continuait à faire les fonctions de son ordre, on le retranchait absolument de l'Église. On déposait et on excommuniait tout ensemble (d) ceux qui s'étaient fait ordonner pour de l'argent, et ceux qui les avaient ordonnés : et on soumettait à cette double peine l'évêque (e) qui, appuyé de la puissance séculière, s'était emparé d'une église, et tous ceux qui communiquaient avec lui.

Il était pareillement ordonné (f) de déposer un prêtre qui, méprisant son évêque, entreprenait de faire des assemblées à part et d'élever autel contre autel, et de traiter de même tous les clercs de son parti. Toutefois cette sentence ne devait être prononcée qu'après trois monitions de la part de l'évêque. C'était une loi qu'un prêtre ou un diacre (g),

séparé de la communion par son évêque, ne pouvait y être admis par un autre : mais seulement par celui qui l'en avait séparé, si ce n'est qu'il fût mort. Aussi ne recevait-on ni prêtres ni diacres d'une autre église qu'ils n'eussent des lettres (h) de communion de leur évêque ; sans quoi il était défendu de leur fournir les choses même nécessaires à la vie. Dans chaque province il y avait un évêque qui tenait le premier rang parmi les autres (i), et qui en était comme le chef. Ils ne devaient rien entreprendre au-delà des affaires de leur diocèse, sans l'en avoir averti auparavant : et lui-même ne devait rien faire qu'avec les évêques ses comprovinciaux. Si un évêque avait fait des ordinations dans un autre diocèse (j), on le déposait, lui et ceux qu'il avait ordonnés.

Un évêque ordonné pour une Église (k) était obligé d'en prendre soin, sous peine d'être privé de la communion ; et il en était de même d'un prêtre et d'un diacre. Au contraire, si le peuple refusait avec obstination de le recevoir, il demeurait dans sa qualité d'évêque, et on excommuniait tous les clercs de la ville, comme coupables de n'avoir pas instruit le peuple de l'obéissance due aux supérieurs.

Les évêques étaient obligés (l) de tenir deux con-

nons, ne prenaient pas si fort à la lettre ces paroles de l'Écriture, de ne pas tirer double vengeance d'un même crime, qu'ils ne s'en dispensassent en certaines occasions, comme on le voit par le trentième canon, qui dépose et excommunie les ecclésiastiques coupables de simonie. On ne peut dire néanmoins qu'elles y aient été ajoutées, puisqu'elles s'y trouvaient dès les temps de S. Basile, ce qui paraît par sa lettre à Amphiloque, où le saint docteur décide qu'un diacre tombé en fornication depuis son ordination doit être déposé, mais qu'on ne doit pas le priver de la communion, d'autant, dit-il, qu'il y a un ancien canon qui porte que ceux que l'on prive de leur ordre pour quelque crime, ne se ont pas soumis à d'autres peines, les Anciens suivant en cela, comme je crois, la loi qui dit : *Vous ne tirerez pas double vengeance d'une même faute* ; et il en ajoute de lui-même une autre raison, qui est qu'un laïque chassé de l'Église peut y rentrer ensuite, mais qu'un diacre déposé ne peut jamais être rétabli. « Diaconus post diaconatum fornicans, diaconatu ejicietur quidem, sed in la corum detrusus locum a communione non arcebitur : quoniam antiq us est canon ut ii qui gradu exciderunt, huic soli pœnæ generi subjiciantur ; antiquis, optinor, secutis leg m illam : *Non vindicabis bis in idipsum*. Atque etiam propter aliam causam ; quod qui in ordine sunt laico, si a loco fidelium ejiciantur, rursus in eum ex quo deciderunt locum recipiantur ; diaconus vero semel habet semper mansuram pœnam depositionis. » Basil. *Epist. ad Amphiloch.* can. 3.

(a) « Innuptis autem qui ad clerum provecti sunt, præcipimus ut si voluerint, uxo es accipiant, sed lectores, cantoresque tantummodo. » Can. 27.

(b) « Episcopi non aut presbyterum aut diaconum percutientem fide es delinquentes, aut infideles inique agentes, et per hujusmodi volentem timeri, dejici ab officio suo præcipimus, quia nusquam nos hoc Dominus docuit : contrario vero ipse cum percuteretur, non repercutiebat ; cum malediceretur, non remaledicebat ; cum pateretur, non comminabatur. » Can. 28.

(c) « Si quis episcopus aut presbyter aut diaconus depositus juste super certis criminibus ausus fuerit attrectare ministerium, dudum sibi commissum, hic ab Ecclesia penitus abscindatur. » Can. 29.

(d) « Si quis episcopus aut presbyter aut diaconus, per pecunias hanc obtinuerit dignitatem, dejiciatur et ipse et ordina or ejus, et a communione modis omnibus abscindatur, sicut Simon magus a Petro. » Can. 30.

(e) « Si quis episcopus sæcularibus potestatibus usus Ecclesiam per ipsos obtineat, deponatur et segregentur omnes qui illi communicant. » Can. 31.

(f) « Si quis presbyter contemnens episcopum suum, seorsim collegerit, et altare aliud erexerit, nihil habens quo reprehendat episcopum in causa pietatis et justitiæ, deponatur quasi principatus amator existens. Est enim tyrannus ; et cæteri clerici, quicumque tali consentient, deponantur, laici vero segregentur. Hæc autem post unam et secundam et tertiam episcopi obsecrationem fieri conveniat. » Can. 32.

(g) « Si quis presbyter aut diaconus ab episcopo suo segregetur, hunc non licere ab alio recipi, sed ab ipso qui

eum sequestraverat, nisi forsitan obierit episcopus ipse qui eum segregass t cognoscitur. » Can. 33.

(h) « Nullus episcoporum peregrinorum aut presbyterorum, aut diaconorum, sine commendatitiis suscipiatur epistolis : et cum scripta detulerint, discutiantur attentius et ita suscipiantur, si prædicatores pietatis exstiterint ; sin minus nec quæ sunt necessaria subministrentur eis, et ad communionem nullatenus admittantur ; quia per subreptionem multa proveniunt. » Can. 34. On voit cette discipline exactement observée dans le second siècle de l'Église. Marcion étant chassé de l'Église par son père, se réfugia à Rome, où on refusa de le recevoir à la communion malgré ses instantes prières ; et comme il en demanda la raison, les prêtres de Rome, qui gouvernaient pendant la vacance du saint-siège après la mort du pape Hygin, lui répondirent qu'il ne leur était point permis de rien faire en cette occasion sans le consentement de l'évêque son père. « Nobis injussu venerandi patris tui, facere istud non licet. Una siquidem fides est animorum, una consensio. Neque contra spectatissimum collegam patrem tuum moliri quippiam possumus. » Epiph. *Hæres*. 42, art. 1, pag 503.

(i) « Episcopos gentium singularum scire convenit quis inter eos primus habeatur, quem velut caput existimant, et nihil amplius præter ejus conscientiam gerant, quam illa sola singuli quæ parochiæ propriæ et villis quæ sub ea sunt, competunt. Sed nec ille, præter omnium conscientiam faciat aliquid. Sic enim unanimitas erit, et glorificabitur Deus per Christum in Spiritu sancto. » Can. 35. C'est une preuve de l'antiquité de ce canon, que l'on n'y emploie point le nom de métropolitain pour marquer celui d'entre les évêques qui présidait sur tous les autres de la province. En effet, ce titre ne paraît pas avoir été en usage avant le concile de Nicée, quoique les droits de métropolitain fussent établis longtemps auparavant, comme le reconnaît ce même concile, en décidant qu'il fallait s'en tenir à cet égard aux anciennes coutumes. *Conc. Nic.* can. 6.

(j) « Episcopum non audere extra terminos proprios ordinationes facere in civitatibus et villis quæ illi nullo jure subjectæ sunt. Quod si convictus f erit hoc fecisse, præter eorum conscientiam qui civitates ipsas et villas detinent, et ipse deponatur et qui ab illo sunt ordinati. » Can. 36.

(k) « Si quis episcopus non susceperit officium et curam populi sibi commissam, hic communione privetur quodusque consen at, obedientiam commodus. Similiter autem et presbyter et diaconus. Si vero perrexerit, nec receptus fuerit, non pro sua sententia, sed pro malitia populi ; ipse quidem maneat episcopus ; clerici vero civitatis, communione priventur, eo quod eruditiores inobedientis populi non fuerunt. » Can. 37.

(l) « Bis in anno episcoporum concilia celebrentur, ut inter se invicem dogmata pietatis explorent, et emergentes ecclesiasticas contentiones amoveant : semel quidem quarta septimana Pentecostes, secundo vero duodecima die mensis hyperberetæi, id est juxta Romanos quarto idus octobris. » Can. 38.

ciles chaque année, le premier pendant la quatrième semaine de la Pentecôte, le second au douzième du mois d'octobre. Ils étaient chargés (a) du soin des affaires et de la dispensation des biens de leur église, sans qu'il leur fût permis d'en rien détourner à leur profit, ou pour leurs parents, qu'ils pouvaient néanmoins soulager comme les autres pauvres. Les prêtres et les diacres (b) ne pouvaient rien faire sans la participation de l'évêque; et celui-ci était tellement le maître des biens de son patrimoine, qu'il pouvait en disposer par testament. Quant à ceux de son église, il n'en avait, comme nous avons dit, que la dispensation, et c'était par ses ordres (c) que les prêtres et les diacres les distribuaient aux autres : ce qui n'empêchait pas qu'il n'en réservât une partie pour ses besoins et ceux des frères étrangers, suivant la loi qui permet à ceux qui servent à l'autel de vivre de l'autel. Les canons suivants sont contre les clercs et (d) les laïques (e) adonnés au vin, aux jeux de hasard, et contre les clercs usuriers (f) ; contre les évêques et les autres ministres (g) qui prient avec les hérétiques, qui leur permettent quelque fonction ecclésiastique, qui reçoivent leur baptême comme valide (h), ou qui baptisent une seconde fois (i) celui qui a été légitimement baptisé; contre un laïque qui répudie sa femme (j) pour en épouser une autre, ou qui épouse une femme répudiée par son mari. Le quarante-neuvième ne reconnaît de baptême légitime (k) que celui qui est donné au nom du Père, du Fils et du Saint-Esprit, et retranche du corps de l'Eglise un évêque ou un prêtre qui aurait baptisé au nom de trois *Principes* sans commencement, de trois *Fils* et de trois *Paraclets*. Il était encore ordonné (l) de baptiser par trois immersions, et l'on condamnait ceux qui baptisaient par une seule en la mort du Seigneur. On retranchait de l'Eglise (m) ceux qui s'abstenaient de la chair, du vin et du mariage en les regardant comme des choses mauvaises. Si un évêque ou un prêtre (n) refusait d'admettre à la pénitence un pécheur converti, il était déposé; et on leur faisait subir la même peine, s'ils s'abstenaient de la chair ou du vin (o) un jour de fête, les tenant pour choses mauvaises; et on les séparait même de la communion (p), s'ils étaient trouvés mangeant dans un cabaret, excepté en voyage. Cette défense était générale pour tous les clercs.

Un clerc qui insultait son évêque sans sujet (q) était déposé. S'il insultait un prêtre ou un diacre (r), il était séparé de la communion. Mais, soit clerc, soit laïque, quiconque reprochait avec mépris (s) à un autre des défauts naturels, comme la surdité et autres semblables, on le séparait de la communion. La même peine était décernée contre un évêque (t) ou un prêtre qui négligeait d'instruire le clergé ou le peuple commis à ses soins, et s'il persévérait dans sa négligence on le déposait. Il était puni de la même manière (u), s'il négligeait de subvenir aux besoins des clercs indigents. La peine de déposition était ordonnée (v) contre celui qui publiait comme sacerdotibus jure discernens. » Can. 47.

(a) « Omnium negotiorum ecclesiasticorum curam episcopus habeat, et ea velut Deo contemplante dispenset, nec ei liceat ex his aliquid omnino contingere aut parentibus propriis quæ Dei sunt condonare. Quod si pauperes sint, tanquam pauperibus subministret, nec eorum occasione Ecclesiæ negotia depraedetur. » Can. 39.

(b) « Presbyteri et diaconi præter episcopum nihil agere pertentent! nam Domini populus ipsi commissus est et pro animabus eorum hic redditurus est rationem. Sint autem manifesta res propria episcopi [si tamen et habet proprias], et manifestæ Dominicæ; ut potestatem habeat de propriis moriens episcopus, sicut voluerit et quibus voluerit derelinquere; nec sub occasione ecclesiasticarum rerum, quæ episcopi esse probantur intercidant, fortassis enim aut uxorem habet aut filios, aut propinquos aut servos. Et justum est hoc apud Deum et homines, ut nec Ecclesia detrimentum patiatur, ignoratione rerum pontificis; nec episcopus vel ejus propinqui sub tentura Ecclesiæ proscribantur, et in causas incidant qui ad eum pertinent, morsque ejus injuriis maæ famæ subjaceat. » Can. 40.

(c) « Præcipimus ut in potestate sua episcopus Ecclesiæ res habeat. Si enim animæ hominum pretiosæ illi sunt creditæ, multo magis oportet eum curam pecuniarum gerere, ita ut potestate ejus indigentibus omnia dispensetur per presbyteros et diaconos, et cum timore omnique sollicitudine ministrentur; ex his autem quæ indiget, si tamen indiget, ad suas necessitates et ad peregrinorum fratrum usus et ipse percipiat, ut nihil eis possit omnino deesse. Lex enim præcipit ut qui altari deserviunt, de altari pascantur : quia nec miles stipendiis propriis contra hostes arma sustollit. » Can. 41.

(d) « Episcopus aut presbyter aut diaconus aleæ atque ebrietati deserviens, aut desinat, aut certe damnetur. » Can. 42.

(e) « Subdiaconus aut lector aut cantor similiter faciens, aut desinat, aut communione privetur. Similiter etiam laici. » Can. 43.

(f) « Episcopus, aut presbyter, aut diaconus usuras a debitoribus exigens, aut desinat, aut certe damnetur. » Can. 44.

(g) « Episcopus, presbyter et diaconus qui cum hæreticis oraverit tantummodo, communione privetur : si vero tanquam clericos hortatus fuerit eos agere, vel orare, damnetur. » Can. 45.

(h) « Episcopum aut presbyterum hæreticorum suscipientem baptisma damnari præcipimus. Quæ enim conventio Christi ad Belial, aut quæ pars fideli cum infideli ? » Can. 46.

(i) « Episcopus aut presbyter, si eum qui secundum veritatem habuerit baptisma, denuo baptizaverit, aut si pollutum ab impiis non baptizaverit, deponatur, tanquam deridens crucem et mortem Domini, nec sacerdotes a falsis

(j) « Si quis laicus uxorem propriam pellens, alteram vel ab alio dimissam duxerit, communione privetur. » Can. 48.

(k) « Si quis episcopus aut presbyter, juxta præceptum Domini non baptizaverit in nomine Patris et Filii et Spiritus sancti, sed in tribus sine initio Principiis, aut in tribus Filiis aut in tribus Paracletis, abjiciatur. » Can. 49.

(l) « Si quis episcopus aut presbyter non trinam mersionem unius mysterii celebret, sed semel mergat in baptismate, quod dari videtur in Domini morte, deponatur. Non enim dixit nobis Dominus : in morte mea baptizate ; sed : *Euntes docete omnes gentes, Baptizantes eos in nomine Patris et Filii et Spiritus sancti*. Can. 50.

(m) « Si quis episcopus, aut presbyter, aut diaconus, aut omnino ex numero clericorum a nuptiis et carne et vino, non propter exercitationem, verum propter detestationem abstinuerit, oblitus quod omnia valde sunt bona, et quod masculum et feminam Deus fecit hominem ; sed blasphemans accusaverit creationem ; vel corrigat se, vel deponatur, atque ex Ecclesia ejiciatur. Itidem et laicus. » Can. 51.

(n) « Si quis episcopus aut presbyter eum, qui se converit a peccato, non receperit, sed ejecerit, deponatur ; quia contristat Christum dicentem : *Gaudium oritur in cœlo super uno peccatore pœnitentiam agente*.» Can. 52.

(o) « Si quis episcopus, aut presbyter, aut diaconus in diebus festis non sumit carnem aut vinum abominans, et non propter exercitationem, deponatur, ut qui cauteriatam habeat suam conscientiam, multisque sit causa scandali. » Can. 53.

(p) « Si quis clericus in caupona comedens deprehensus fuerit ; præterquam cum ex necessitate de via divertet ad hospitium » Can. 54.

(q) « Si quis clericus episcopum contumelia affecerit injuste, deponatur. Ait enim Scriptura : *Principi populi tui non maledices*. » Can. 55.

(r) « Si quis clericus contumelia affecerit presbyterum, vel diaconum, segregetur. » Can. 56.

(s) « Si quis clericus mutilum, aut surdum, seu mutum, aut cæcum, aut debilitatum pedibus irriserit, segregetur. Item et laicus. » Can. 57.

(t) « Episcopus aut presbyter clerum vel populum negligens, non docens eos pietatem, segregetur : si autem in socordia perseveret, deponatur. » Can. 58.

(u) « Si quis episcopus aut presbyter, cum aliquis clericorum inopia laborat, ei non suppeditet necessaria, segregetur ; quod si perseveret, deponatur, ut qui occiderit fratrem suum. » Can. 59.

(v) « Si quis falso inscriptos impiorum libros tanquam sanctos in Ecclesia publicaverit, ad perniciem populi et cleri, deponatur. » Can. 60

bons des livres fabriqués par des hérétiques sous de faux titres. Tout homme convaincu de fornication (a), d'adultère ou de quelque autre crime, ne pouvait être promu à la cléricature : et si un clerc, craignant quelque violence (b) de la part d'un païen, d'un Juif, ou d'un hérétique, avait eu la faiblesse de nier qu'il fût chrétien, on le séparait de l'Église, jusqu'à ce qu'avant fait pénitence, il y pût être reçu à la communion laïque. Mais s'il avait seulement nié qu'il fût clerc, on se contentait de le déposer. Il y avait peine de déposition (c) pour un clerc, et peine d'excommunication pour un laïque convaincu d'avoir mangé de la chair d'une bête étouffée, morte d'ellemême, ou prise par une autre bête; pour celui qui aurait jeûné (d) le dimanche ou le samedi, excepté le samedi qui précède la fête de Pâques; pour celui qu'on saurait (e) être entré dans les synagogues des Juifs ou des hérétiques pour y prier; ou, qui étant en querelle (f) avec son adversaire, l'aurait tué, quoiqu'il ne lui eût donné qu'un seul coup. On excommuniait (g) celui qui avait fait violence à une vierge, et on l'obligeait à l'épouser, quoiqu'elle fût pauvre.

Le soixante-huitième canon défend (h), sous peine de déposition, de réitérer l'ordination, si ce n'est qu'elle ait été faite par un hérétique : car il ne veut point que l'on tienne pour clercs ni pour fidèles ceux qui ont reçu l'ordination ou le baptême de la main des hérétiques. Le suivant ordonne (i) le jeûne de carême, du mercredi et du vendredi aux clercs, sous peine de déposition; et aux laïcs d'être privés de la communion, excepté le cas d'infirmité. Il était défendu (j) sous les mêmes peines d'observer les jeûnes et d'aller chez les Juifs, de garder leurs fêtes, et de pratiquer quelques-unes de leurs cérémonies, comme seraient celles d'user de pain azyme dans le temps de la Pâque ; de porter de l'huile (k) aux temples des gentils ou aux synagogues des Juifs, ou d'allumer des lampes aux jours de leurs fêtes ; de prendre (l) de l'huile ou de la cire dans l'église ; et, outre les peines susdites, on obligeait celui qui avait fait ce vol à rendre ce qu'il avait pris et cinq fois davantage. Il était encore défendu (m), sous peine d'excommunication, de tourner à son propre usage ce qui avait été consacré à Dieu, tel que les ornements de l'église, soit qu'ils fussent d'or, d'argent ou de lin. Si un évêque se trouvait accusé (n) par des chrétiens dignes de foi, les autres évêques le citaient jusqu'à trois fois par deux de leurs confrères ; et s'il refusait de comparaître, ils prononçaient contre lui une sentence convenable ; mais on ne recevait point le témoignage des hérétiques contre un évêque (o), ni même celui d'un fidèle, lorsqu'il était seul à l'accuser. Il n'était pas permis (p) à un évêque d'ordonner ses parents par des vues humaines, comme s'il eût voulu les rendre héritiers de sa dignité ; autrement son ordination était regardée comme nulle, et lui-même devait être déposé. La privation de la vue, de l'ouïe et de l'usage de la langue était un obstacle à l'ordination (q) ; mais on pouvait promouvoir aux ordres celui qui avait perdu un œil, ou qui était estropié d'une jambe. Les énergumènes (r) étaient encore exclus de la cléricature, même des assemblées des fidèles ; on les y recevait néanmoins lorsqu'ils étaient délivrés, et ils étaient admis à la cléricature, s'ils en étaient jugés dignes. A l'égard des

(a) « Si contra fidelem aliqua fiat accusatio fornicationis, vel adulterii, vel alterius cujuspiam vetitæ actionis, et convictus fuerit, non provebatur ad clerum. » Can. 61.
(b) « Si quis clericus, propter metum humanum judæi vel gentilis vel hæretici, negaverit, siquidem nomen Christi, segregetur ; si vero nomen clerici, deponatur : si autem pœnitentiam egerit, ut laicus recipiatur. » Can. 62.
(c) « Si quis episcopus, aut presbyter, aut diaconus, aut omnino ex catalogo clericorum, manducaverit carnem in sanguine ejus, vel captum a bestia, vel morticinum, deponatur : id enim lex quoque interdixit. Quod si laicus sit, segregetur. » Can. 63.
(d) « Si quis clericus inventus fuerit die dominica jejunans, vel sabbato præter unum solum, deponatur ; si vero laicus sit, segregetur. » Can. 64. Tertullien dit que la coutume de ne pas jeûner ni de prier à genoux le dimanche venait de la tradition des apôtres. Lib. de Corona militis, cap. 3, pag. 102. Quant au samedi, il nous apprend que les catholiques n'en jeûnaient point d'autres que celui d'avant Pâques. Lib. de Jejuniis, cap. 14.
(e) « Si quis clericus aut laicus ingressus fuerit in synagogam judæorum vel hæreticorum, ad orandum, deponatur et segregetur. » Can. 65.
(f) « Si quis clericus alicuem in altercatione pulsaverit, et vel uno ictu occiderit, deponatur propter suam præcipitationem. Si vero laicus, segregetur. » Can. 66. Il s'agit dans ce canon d'un homicide en quelque sorte involontaire.
(g) « Si quis virginem non desponsatam, vi illata, habeat, segregetur : non liceat autem ei aliam accipere ; sed illam retineat, quam et elegit, quamvis sit paupercula. » Can. 67.
(h) « Si quis episcopus, aut presbyter, aut diaconus, secundam ordinationem acceperit ab aliquo, deponatur et ipse et qui ordinavit, nisi ostendat se ordinationem habere ab hæreticis : qui enim a talibus baptizati vel ordinati fuerunt, neque fideles, neque clerici esse possunt. » Can. 68.
(i) « Si quis episcopus, aut presbyter, aut diaconus, aut lector, aut cantor sanctam Quadragesimam non jejunat vel ferias quartam, vel parasceven, deponatur, præterquam si per imbecillitatem corporalem impediatur : sin vero laicus sit, segregetur. » Can. 69.
(j) « Si quis episcopus aut alius clericus jejunat cum judæis, vel cum eis festos dies agit, vel accipit eorum festi xenia, exempli gratia azyma, vel quid hujusmodi, deponatur : quod si laicus sit, segregetur. » Can. 70.
(k) « Si quis christianus oleum detulerit ad templum gentilium vel ad synagogam judæorum ; aut in festis eorum lucernas accenderit, segregetur. » Can. 71.

(l) « Si quis clericus aut laicus abstulerit ex sancta ecclesia ceram vel oleum, segregetur et quintam partem addat una cum eo quod accepit. » Can. 72. C'est mal à propos que l'on conteste l'antiquité de ce canon parce qu'il est parlé d'huile et de cire. On sait qu'ils s'en passer dans les assemblées qu'ils faisaient la nuit, comme le dit Pline le Jeune (Lib. 1, epist. 97)? et saint Athanase, dans sa lettre aux Orthodoxes (tom. I), ne se plaint-il pas de ce que Georges, usurpateur du siége d'Alexandrie, avait enlevé l'huile et la cire à l'usage de l'église ? Le préfet de Rome dit à saint Laurent que le bruit était, que les pontifes des chrétiens offraient des libations avec des vases d'or, que le sang de la victime était reçu dans des coupes d'argent, et que, pour éclairer les sacrifices nocturnes, ils avaient des cierges fichés à des chandeliers d'or. Acta Martyr. sincera.
(m) « Vas ac instrumentum, ex auro, vel argento vel linteo, Deo consecratum, nemo amplius in usum suum converat : iniquum enim est. Si quis autem deprehensus fuerit, segregatione mulctetur. » Can. 73.
(n) « Episcopum de aliquo ab hominibus fide dignis ac fidelibus ac usatum, oportet vocari ab episcopis. Et siquidem occurrerit ac responderit : cum fuerit convictus, pœna definiatur : sin vero vocatus non paruerit, vocetur iterum, missis ad eum duobus episcopis : si autem vel sic non paruerit, vocetur etiam tertio, duobus rursum episcopis ad eum missis : quod si etiam sic, aspernatus non advenerit, synodus adversus eum, prout videbuntur, ne judicium detrectans videatur lucrum facere. » Can. 74.
(o) « Ad testimonium dicendum adversus episcopum ne recipiatis hæreticum, sed nec fidelem unum solum : sit enim lex : in ore duorum aut trium testium stabit omne verbum. » Can. 75.
(p) « Non oportet episcopum, fratri vel filio vel alteri propinquo dignitatem episcopatus largiendo, ordinare quos ipse vult : non enim æquum est ut episcopatus sui hæredes faciat, humano affectu largiens quæ Dei sunt : nam Christi Ecclesiam non debet hereditati subjicere. Si quis autem hoc fecerit, irrita quidem sit ejus ordinatio ; ipse vero coinmunii segregatione. » Can. 76.
(q) « Si quis fuerit oculo læsus, vel crure debilitatus, est autem dignus episcopatu, episcopus fiat : non enim vitium corporis eum polluit, sed animæ inquinatio. Qui vero surdus est, mutus aut cæcus, ne fiat episcopus : non quasi pollutus, sed ne impediantur ecclesiastica. » Can. 77 et 78.
(r) « Si quis dæmonem habeat, ne fiat clericus ; sed nec una cum fidelibus oret : cum autem purgatus fuerit, recipiatur ; et si dignus exstiterit, clericus fiat. » Can. 79.

nouveaux convertis (a), on ne les élevait pas aussitôt à l'épiscopat, à moins que la grâce divine n'eût éclaté en eux, parce qu'il n'est pas raisonnable que celui qui n'a pas encore donné l'exemple de la vertu soit chargé de la prêcher aux autres. Les canons suivants défendent aux évêques de s'embarrasser (b) dans l'administration des affaires publiques et séculières, et d'ordonner des esclaves non affranchis (c) par leurs maîtres. Si un évêque, un prêtre ou un diacre se trouvait pourvu (d) d'un emploi militaire, il eût obligé de le quitter, sous peine d'être privé de sa dignité ecclésiastique. On déposait aussi un clerc (e) qui manquait au respect dû aux rois et aux princes ; et si un laïque tombait dans cette faute, on l'excommuniait. Le dernier contient un catalogue des livres canoniques (f), tant de l'Ancien que du Nouveau Testament. On n'y reçoit pour livres sacrés de l'Ancien Testament que ceux que les Juifs admettaient, si l'on excepte les livres de Judith et des Machabées, que les Hébreux ne recevaient pas dans leur canon, et qui se trouvent néanmoins dans celui-ci, selon quelques exemplaires. Car il y en a (g) où il n'en est fait aucune mention. Il n'y est rien dit du livre de Tobie ni de celui de l'Ecclésiastique ; mais on y recommande aux jeunes gens la lecture du livre de la Sagesse. On n'y voit point l'Apocalypse parmi les livres canoniques du Nouveau Testament : en quoi ce canon est conforme à celui du concile de Laodicée. Les Constitutions apostoliques y sont mises au rang des livres sacrés avec les épîtres de saint Clément romain ; et on ne doute pas que ce ne soit une addition de la façon du collecteur de ces Constitutions, pour leur donner plus d'autorité, ainsi que nous l'avons remarqué plus haut.

Les Canons des Apôtres furent imprimés, pour la première fois dans la collection des Conciles faite par Jacques Merlin, docteur en théologie de la faculté de Paris, et imprimée par Jean Cornicularius dans la maison de Gahot Dupré, à Paris en 1524, fol. La seconde s'en fit à Mayence en 1527, fol., par les soins de Jean Vendelstein, sous ce titre : *Corps des Canons des Apôtres et des Conciles, présenté à Charlemagne par Hadrien premier*. François Pithou changea ce titre en celui de *Code des Canons de l'Eglise Romaine*, et le fit imprimer à Paris en 1609, in-8°. Il l'a été depuis au Louvre en 1687, fol., avec les œuvres mêmes de cet érudit. Les Canons des Apôtres ne sont qu'en latin dans l'édition de Mayence ; mais Georges Haloander y ajouta le texte grec, et les donna au public en ces deux langues avec les Novelles de Justinien, à Nuremberg, en 1531, fol., d'où ils ont passé dans tous les Corps du droit civil, à la suite des Constitutions impériales. Jean du Til-

let les inséra dans son Code de l'Eglise d'Orient imprimé à Paris en 1540, in-4°, et Conrad Gesner dans la collection des Sentences d'Antoine et de Maxime, à Zurich, en 1546 et 1559. fol. On les trouve aussi imprimés à Florence en 1555 par les soins de Gaspard Contarini, à Bâle en 1555, chez Oporin, fol., par Jean Sagittarius. François Joverus les publia la même année à Paris, dans un recueil de divers statuts et lois ecclésiastiques divisé en trois parties. Gentien Hervet les traduisit de nouveau et les fit imprimer en latin à Paris en 1561, avec ses notes et celles de Théodore Balsamon. C'est de cette traduction que se sont servis la plupart de ceux qui dans la suite ont donné les Canons des Apôtres ; mais dans les orthodoxographes imprimés à Bâle en 1569, fol., ils y sont de la traduction de Georges Haloander, que François Joverus a aussi suivie. L'édition suivante est de François Turrien, à Anvers en 1578, à la suite des Constitutions apostoliques. Elie Ehinger en donna une autre en 1614, à Wirtemberg, de la traduction de Gentien Hervet. Ils se trouvent encore à la tête du *Code des Canons Ecclésiastiques* recueillis par Denys le Petit, imprimé à Paris en 1628, in-8°, par les soins de Cristophe Justel ; et dans le *Code des Canons de l'Eglise d'Afrique*, que le même Justel publia en grec et en latin avec des notes, à Paris, en 1614 et 1620, fol., et que son fils et avec lui M. Voelle ont donné depuis dans leur Bibliothèque du droit canonique ancien, imprimée à Paris en 1661, fol. Les Canons des Apôtres y sont répétés plusieurs fois, nommément dans les collections de Jean d'Antioche, de Siméon Logothète et de Crésconius, évêque d'Afrique. La collection de ce dernier est composée de deux parties, dont la première, qui ne fait que citer les titres des Canons, suivant les matières auxquelles ils ont rapport, avait déjà été imprimée à Paris en 1588 par M. Pithou, à Poitiers en 1650 par M. Hauteserre, et à Dijon en 1649 par le P. Chiflet. La seconde rapporte les Canons des Apôtres tout au long, et elle parut pour la première fois à Mayence en 1525. Ils sont aussi cités dans le Nomocanon de Photius, et dans quelques autres collections de Canons rapportées dans la Bibliothèque de M. Justel. Mais on les lit en entier dans le Code d'Adrien premier, imprimé au sixième tome des anciennes leçons de Canisius à Ingolstadt en 1604, in-4° ; dans le neuvième tome des Conciles du P. Labbe, et au troisième du P. Harduin ; dans les Collections des Conciles de Binius, de Sorbonne, du Louvre, du P. Labbe et du P. Harduin ; dans le recueil des Canons par Guillaume Beveregius avec ses notes et celles de Balsamon, de Zonare et d'Aristhène à Oxfort en 1672, fol. ; parmi

---

(a) « Eum qui ex gentibus accessit, et baptizatus fuit, aut ex prava vivendi ratione ; non est æquum statim ad episcopatum promovere : iniquum est enim, eum qui nondum specimen exhibuerit, aliorum esse doctorem ; nisi forte divina gratia hoc fiat. » Can. 80.

(b) « Divinus qui est oportet ut episcopus se in publicis administrationibus dilatet ; sed ecclesiasticis usibus vacet. Aut igitur persuadeatur hoc non facere, aut deponatur. Nemo enim potest duobus dominis servire, juxta dominicam admonitionem. » Can. 81.

(c) « Servos ad clerum promoveri sine dominorum voluntate non permittimus, cum molestia eorum qui possident : hoc namque domorum eversionem efficit. Si quando autem servus visus fuerit dignus, qui in gradu ecclesiastico constituatur, qualis Onesimus noster apparuit, et permittunt domini ac libertate donant, eque domo sua emittunt : fiat. » Can. 82.

(d) « Episcopus, aut presbyter aut diaconus militiæ vacans, et utrumque retinere volens, romanum magistratum et sacram administrationem, deponatur. Quæ enim sunt Cæsaris Cæsari, et quæ sunt Dei Deo. » Can. 83. On voit par Tertullien (In Apologet. cap. 37), et par les actes du martyre de la légion thébéenne (Apud Ruin. Act. sinc.), que les chrétiens exerçaient des emplois dans les armées et des charges dans les palais des princes. Mais on ne souffrait pas qu'ils possédassent en même temps des dignités ecclésiastiques, comme on le voit par le concile

d'Antioche, dans lequel on reprocha à Paul de Samosate de gérer des charges séculières en même temps avec l'épiscopat (Apud Euseb. lib. VII, cap. 30).

(e) « Quicumque contumelia affecerit regem, vel magistratum præter jus, pœnas luat : et siquidem clericus est, deponatur : si vero laicus, segregetur. » Can. 84.

(f) « Sint autem vobis omnibus clericis, et laicis libri venerabiles et sancti : Veteris quidem Testamenti, Moysis quinque, Genesis, Exodus, Leviticus, Numeri et Deuteronomium ; Jesu filii Nave unus ; Judicum unus, Ruthæ unus, Regnorum quatuor ; Paralipomenon, libri dierum duo ; Esdræ, duo ; Estheræ, unus ; Judithæ, unus ; Machabæorum, tres ; Jobi, unus ; Psalmi centum quinquaginta ; Salomonis libri tres : Proverbia, Ecclesiastes, Canticum canticorum ; Prophetæ sexdecim (extra hos vobis insuper commemoratum sit, ut juvenes vestri discant Sapientiam admodum eruditi Sirach). Libri vero nostri, hoc est Novi Testamenti, Evangelia quatuor, Matthæi, Marci, Lucæ, Joannis ; Pauli Epistolæ quatuordecim ; Petri Epistolæ duæ ; Joannis tres ; Jacobi una ; Judæ una ; Clementis Epistolæ duæ, et Constitutiones vobis Episcopis per me Clementem in octo Libris nuncupatæ ; quas non oportet coram omnibus divulgare, ob mystica quæ in eis sunt et Acta nostra apostolorum. » Can. 85.

(g) Cotelerius in canonem apostolicum 85, pag. 452, tom. I.

les écrits des Pères apostoliques recueillis par M. Cotelier, et imprimés à Oxfort en 1685, et à Amsterdam en 1724 *fol.*, et dans l'Histoire des Conciles de Labbe ut, à Lyon, en 1680, *fol.* M. Hermant, curé de Maltot en Normandie, différent du chanoine de Beauvais, les a traduits en français, et fait imprimer en cette langue à Rouen en 1699 et 1704, *in-12*, avec l'Abrégé de l'Histoire des Conciles, de la vie des Papes et de leurs décisions. *D. Ceillier, Hist. des aut. sacr. et eccl. t.* III.

Constitutions apostoliques, entre l'an 509 et l'an 525, selon la conjecture de MANSI.

Nous allons rapporter de suite les Constitutions apostoliques, quoiqu'elles soient postérieures peut-être de plus d'un siècle aux Canons des Apôtres. C'est là encore, dit toujours D. Ceillier, une des pièces supposées aux Apôtres, dont on ne peut raisonnablement prendre la défense. L'imposture s'y découvre à chaque page, et à mesure que l'auteur fait parler les apôtres, il fournit de nouvelles preuves que les constitutions qu'il leur attribue ne viennent pas d'eux. Après les avoir rapportées dans sept livres, il dit, au huitième, qu'elles ont été composées par les douze apôtres (*a*) en présence de Paul, vase d'élection et leur coapôtre, et en présence des prêtres et des sept diacres. Ce qui, comme tout le monde sait, est insoutenable, puisque saint Etienne, l'un de ces sept diacres, était mort par le martyre avant que saint Paul eût été appelé à l'apostolat par Jésus-Christ. Il y a plus: c'est que l'auteur même avait fait mention du martyre de saint Etienne (*b*) dans son cinquième livre. Il fait une faute semblable à l'égard de Jacques fils de Zébédée et frère de Jean, disant qu'il assista au concile (*c*) assemblé à Jérusalem au sujet des cérémonies légales, lui qui, plusieurs années auparavant, avait été mis à mort par Hérode. Il n'y a pas moyen non plus d'excuser ce qu'il dit touchant les livres que les Apôtres ont ordonné de lire dans l'Eglise (*d*), entre lesquels il marque l'Evangile de saint Jean, qu'on sait n'avoir été écrit que longtemps après la mort des autres apôtres. Il y met encore les Epîtres de saint Paul, dont cet apôtre n'a pu ordonner la lecture par un décret commun avec les autres apôtres, puisqu'il y en a qu'il n'écrivit que pendant sa seconde captivité (*e*), d'où il ne sortit que pour souffrir le martyre.

Saint Epiphane cite en plusieurs endroits de ses ouvrages (*f*) les Constitutions des Apôtres: ce qui ne laisse aucun lieu de douter qu'il n'y ait eu dès lors sous ce nom un recueil de lois ecclésiastiques attribuées aux apôtres, différent apparemment (*g*) du livre intitulé *La Doctrine des Apôtres*, qu'Eusèbe et saint Athanase ont connu. Mais les Constitutions dont parle saint Epiphane, et qu'il reçoit comme bonnes et orthodoxes, ne sont pas venues jusqu'à nous, ou on les a beaucoup altérées depuis. On en voit une preuve dans le cinquième livre (*h*) de celles que nous avons aujourd'hui, où le jour de la naissance du Seigneur est distingué de celui de l'Epiphanie: le premier, marqué au 25 de décembre; le second, au 6 de janvier. Cependant saint Epiphane (*i*), qui assure que les Constitutions des Apôtres ne contenaient rien de contraire à la discipline de son temps, ne distinguait pas (*j*) le jour de Noël de celui de l'Epiphanie, et en faisait un seul jour et une seule fête (*k*). Il y a encore une contrariété manifeste dans la manière dont les Constitutions apostoliques, citées dans saint Epiphane et les nôtres, ordonnent de célébrer la fête de Pâques. Celles-là veulent qu'on la fasse (*l*) avec les Juifs; celles-ci défendent de la célébrer avec eux (*m*), accusant de fausseté leur calcul sur la Pâque.

On ne peut douter néanmoins que l'auteur de nos Constitutions apostoliques n'ait eu en main celles que saint Epiphane cite dans ses écrits; il en a même transcrit une grande partie dans son recueil, mais en changeant beaucoup de choses, pour les accommoder à la discipline ecclésiastique de son temps, ou souvent ne faisant qu'y donner un nouveau tour, comme on peut s'en assurer par la table mise en note au bas de cette page (*n*). Outre cela,

---

(*a*) « Nos igitur duodecim apostoli Domini qui una sumus, has vobis Constitutiones de omni ecclesiastica forma indicimus, præsente Paulo vase electionis et coapostolo nostro, et Jacobo et reliquis presbyteris et septem diaconis. » Lib. VIII Constit. cap. 14.

(*b*) « Beatus Jacobus et sanctus Stephanus, condiaconus noster, apud nos honorati fuerunt, ii enim sunt a Deo beatitudine donati. » Lib. V Constit. cap. 8.

(*c*) Lib. VI, cap. 14.

(*d*) Lib. II, cap. 57.

(*e*) II Timoth. VI, 8.

(*f*) Epiphan., hæres. 45, num. 5; hæres. 80, num. 7; hæres. 70, num. 11; hæres. 75, num. 6.

(*g*) Saint Athanase parlant du livre intitulé: *La Doctrine des apôtres*, dit que suivant les ordonnances des Pères on le lisait aux catéchumènes. *Apostolorum doctrinam Patres sanxerunt iis qui accedunt ad fidem, cupiuntque in pietatis verbo institui.* Athan. Epist. Festal. Ce qui ne peut s'entendre des Constitutions apostoliques, qui regardent beaucoup plus les évêques et les ministres de l'Eglise que les catéchumènes, puisque l'on y parle clairement des mystères qu'on avait soin de cacher aux catéchumènes, selon la remarque du même saint Athanase. *Nec pudet eos (Arianos) coram catechumenis, et quod pejus est, coram ethnicis mysteria hæc traducere.* Athan. *Apolog. cont. Arian.* D'ailleurs la doctrine des apôtres, dans la Stichométrie de Nicéphore, n'est composée que de deux cents versets, au lieu que les Constitutions apostoliques sont très-amples.

(*h*) « Dies festos observate, fratres, ac primum quidem diem Domini natalem qui a vobis præscribetur die vigesima quinta noni mensis. Post hunc diem, dies Epiphaniæ sit vobis maxime honorabilis, qua Dominus nobis divinitatem suam patefecit. Is autem agatur sexta decimi mensis. » Lib. V Constit. cap. 13.

(*i*) « Audiani instituum suum quamdam ex Apostolorum Constitutione auctoritate accommodant. Qui liber tametsi dubiæ apud nonnullos fidei sit, non tamen improbandus. Nam in eo quæ ad Ecclesiæ disciplinam attinent omnia comprehenduntur; neque quidquam aut in fide ac catholica professione depravatum, aut Ecclesiæ administrationi ac decretis contrarium continent. » Epiphan., hæresi 70, num. 10.

(*j*) « Neque in die Epiphaniorum, quando natus est Dominus in carne, licet jejunare. » Epiph. in Panarii Epilogo.

(*k*) « A natali suo die, hoc est Epiphaniorum, etc. » Idem, hæresi 51, num. 27.

(*l*) « Apostoli in illa Constitutione ita definiunt: « Vos, inquiunt, temporum rationes ne subducite; sed tempore celebrate quo fratres vestri qui ex circumcisione prodierunt. Cum iis itaque Pascha peragite. » Idem, hæresi 70, num. 10.

(*m*) « Oportet ergo, fratres, ut vos qui pretioso Christi sanguine redempti estis dies Paschæ accurate et cum omni diligentia celebretis, post equinoxium, non amplius observantes ut cum Judæis festum agitetis; nulla enim nobis nunc cum eis est societas; nam in ipso etiam calculo falluntur, quem putant se recte ponere. » Lib. V Constit. cap. 17.

(*n*) EPIPHAN. hæres. 45, n. 5.

Apostoli in eo libro qui Διαταξις, hoc est Constitutio vocatur, Dei stirpem ac vineam esse catholicam Ecclesiam produnt.
EPIPHAN. hæres. 80, num. 7.

Quod ad barbam attinet in Apostolorum Constitutionibus divino sermone ac dogmate præscribitur ne ea corrumpatur.
EPIPHAN. hæres. 70, num. 11.

Sic iidem apostoli præcipiunt: dum epulantur illi Judæi, vos jejunantes pro illis lugete, quoniam festo illo Christum in crucem sustulerunt.

CONSTIT. CLEMENT. in Proœmio.

Ecclesia catholica plantatio Dei est et vinea ejus electa.

CONSTIT. lib. I, cap. 5.

Oportet præterea non barbæ pilum corrumpere...... Non enim, inquit lex, depilabitis barbas vestras.

CONSTIT. lib. V, cap. 15.

Christus ergo præcepit nobis jejunare his sex diebus, propter Judæorum impietatem et scelus admonens ut defleamus eos.... in Parasceve jussit nos jejunare propter Passionem.

Il y a fait entrer des fragments de divers écrits composés dans les premiers siècles sous le nom des apôtres, et plusieurs endroits des lettres de saint Ignace, de saint Clément romain, de saint Polycarpe, et des oracles attribués aux sibylles, ce qui se remarque surtout dans le cinquième livre où il parle du phénix, du jugement dernier et de la résurrection. Le huitième livre renferme une liturgie qu'on ne peut attribuer aux apôtres. L'ordre, le grand nombre et la magnificence des cérémonies qui y sont prescrites, prouvent clairement qu'elle n'a été faite que dans un temps où l'Église, jouissant de la paix sous les princes chrétiens, tâchait de célébrer les divins mystères avec la solennité qui leur convient.

Ce recueil des Constitutions apostoliques porte le nom de saint Clément romain. Il le portait dès le temps de Photius, et peut-être longtemps auparavant : mais on convient aujourd'hui que cet ouvrage n'est point de lui, et qu'il n'a été composé que plusieurs siècles après sa mort. Le premier qui l'ait cité est l'auteur de l'Ouvrage imparfait sur saint Matthieu (a), qui, ayant vécu sous l'empire d'Arcade et d'Honorius (b), sert de témoin que les Constitutions apostoliques, telles que nous les avons aujourd'hui, subsistaient avant lui, et qu'il y avait même déjà plusieurs années, puisqu'il n'est pas à présumer que cet écrivain en eût allégué l'autorité, s'il ne les eût connues pour nouvelles. Il fut cité depuis par les Pères du concile (c) dit du Dome ou in Trullo, en 692, et ils remarquèrent en le citant qu'il avait été cor-

rompu par les hérétiques. Photius y trouvait aussi des endroits infectés de l'erreur d'Arius. Il regardait néanmoins les Constitutions apostoliques comme plus pures (d) pour la doctrine que les Reconnitions, mais beaucoup au-dessous pour le style et la manière d'écrire. Ce qui intéresse davantage dans ce recueil, c'est qu'on y trouve quantité de choses excellentes touchant la discipline observée dans l'Église grecque pendant les quatre premiers siècles et jusqu'au commencement du cinquième, où nous croyons que ces Constitutions ont été mises dans l'ordre que nous les avons.

Il y est ordonné de choisir pour évêque un homme de bonnes mœurs (e) âgé de cinquante ans, qui n'ait eu qu'une femme, et dont la femme n'ait pas eu d'autre mari. S'il s'agit de donner un évêque à une Église moins considérable, et qu'il ne s'en trouve point de cinquante ans, les évêques de la province pourront en choisir un plus jeune, qui suppléera à son âge par la maturité et la probité de ses mœurs. L'évêque élu devait être ordonné par trois autres évêques (f), ou au moins par deux ; et si quelqu'un avait reçu l'ordination d'un seul, on le déposait (g), lui et l'évêque qui l'avait ordonné. On exceptait néanmoins le cas de nécessité, comme le temps de persécution, ou quelque autre raison semblable qui ne permettait pas aux évêques de s'assembler : car alors un seul suffisait pour l'ordination, pourvu que plusieurs y consentissent. L'élection faite, le peuple s'assemblait (h) le jour de dimanche dans l'église avec les prêtres et les évêques ; celui d'entre

Epiphan. 70 num. 11.	Constit. lib. V, cap. 20.
Cum apostolos in illa Constitutione audiamus : qui affixerit animam suam Dominica die maledictus est Deo.	In omni Dominica lætos conventus celebrate : erit enim reus peccati qui per Dominicam jejunaverit.

Epiphan. hæres. 75, num. 6.	Constit. lib. V, cap. 15.
Quod si ex Apostolicæ Constitutione repetenda nobis auctoritas est, cur illis quartæ sextæque feriæ jejunium perpetua lege sancitur? Cur sex Paschatis diebus nihil omnino ad cibum præter panem, salem et aquam, adhibendum deliniunt? Quamnam vero celebrari diem et in illucescentem Dominicam dimittere præcipiat, nemini potest esse obscurum.	Christus ergo in quarta feria et in Parasceve jussit nos jejunare. Et cap. 18. In diebus ergo Paschæ incipiente feria secunda usque ad Parasceven et Sabbatum per sex dies, solo utentes pane, sale, oleribus et aquæ potu, et quidem in Parasceve et Sabbato ex omni parte jejunato quibus sit virium suppetit, nihil penitus gustantes usque ad nocturnum galli cantum.

(a) « Quomodo autem quidam sacerdotes ex hominibus ordinantur, manifeste in lib. VIII Canonum Apostolorum dicitur. Qui autem ex hominibus ordinatus est, quantum is Deum, non est diaconus, aut sacerdos. » Auctor Operis Imperfecti in Matth. homilia 53, pag. 221, tom. I Operum S. Chrysostomi novæ editionis. Cet auteur ne rapporte pas en propres termes ce que nous lisons dans le huitième livre des Constitutions apostoliques ; il se contente d'en prendre le sens. « Neque episcopus insciliæ vel animi pravitate constrictus, episcopus es', sed falsum nomen gerit, non a Deo, verum ab hominibus promotus. » Lib. VIII Constit. cap. 2, pag. 593.

(b) « Si quis autem auditiones quidem prælorum, fames, et tumultus, et pestilentias intelligat esse omnia hæc mala spiritualia; quæ facta sunt tempore Constantini simul et Theodosii usque nunc. » Auctor Oper. imperf. in Matth. Homil. 49, pag. 202.

(c) « Quoniam autem in his nobis canonicis præceptum est, ut eorumdem sanctorum Apostolorum per Clementem Constitutiones susciperemus; quibus jam olim ab iis qui a fide alieni sentiunt ad labem Ecclesiæ aspergendam, adulterina quædam et a pietate aliena introducta sunt, quæ divinorum nobis decretorum elegantiam ac decoram speciem obscurarunt, has Constitutiones ad Christianissimi gregis ædificationem ac securitatem rejicimus, hæreticæ falsitatis fœtus nequaquam admittentes, et germanæ ac integræ apostolorum doctrinæ inserentes. » Concilium Quinisextum in Trullo. Can. 2, pag. 1140, tom. VI Concil.

(d) « Legimus Clementis Romani pontificis librorum volumina duo. Horum alteri hic est titulus : Constitutiones Apostolorum per Clementem, continetque Synodicos Canones illos qui apostolorum cœtui adscribuntur... Constitu-

tiones porro tribus ex capitibus duntaxat reprehensioni videntur obnoxiæ. Ex mala nimirum fictione quam depellere non est admodum difficil : deinde quod contra Deuteronomum criminationes quasdam adducant, quæ et ipsæ dilui facile possunt : denique et ex arianismo, quem item acrius paulo instando, refellere queas. Liber tamen Petri, qui de Recognitionibus inscriptus est, perspicuitate ac gravitate, animi puritate et vehementia, aliisque orationibus, dotibus rerum item variarum doctrina, tantum Constitutiones ipsas superet, nulla ut his inter comparatio, ad sermonem quod attinet fieri debeat. » Phot. Cod. 112, 113. En parlant des Recognitions, il avait dit un peu plus haut : « Referunt autem hoc opus absurdis nugis, non sine pluribus ex Arii opinione in Filium blasphemiis. » Idem, ibid.

(e) « De episcopis vero ex Domino nostro audivimus, eum qui pastor et episcopus in aliqua Ecclesia et parœcia sit constitutus, oportet esse sine crimine, irreprehensibilem.... Quod si in quapiam parva parœcia ætate provectus non reperiatur, et sit aliquis juvenis, quam æquales suos dignum judicent contubernales, quique in adolescentia senile mansuetudinem ac disciplinam ostenderit ; is testimonio illorum fretus, salva pace constituatur. » Lib. II Constit. cap. 1.

(f) « Episcopum præcipimus ordinari a tribus episcopis ; aut ut minimum a d. obus. Non licere autem vobis ab uno constitui. » Constit. Lib. III, cap. 20.

(g) « Episcopus a tribus vel duobus episcopis ordinatur. Si quis autem ordinatus fuerit ab uno episcopo, deponatur, et ipse et is qui ordinavit eum. Quod si necessitas incidens coegerit ab uno ordinari, eo quod propter persecutionem, aut aliam similem causam plures interesse non possint, afferat auctoritatem mandati plurium episcoporum. » Lib. VIII Constit. cap. 27.

(h) « Nominato et placente electo, congregatus populus una cum presbyterio ac episcopis qui præsentes erunt, in die Dominica, consentiat. Qui vero inter reliquos præcipuus est, interroget presbyterium ac plebem, an ipse est quem in præsidem postulent : et illis annuentibus, rursus roget an ab omnibus testimonium habeat, quod dignus sit magna hac et illustri præfectura.... cumque universi pariter secundum veritatem, non autem secundum præoccupatam opinionem testificati fuerint talem eum esse ; quasi ante judicem Deum ac Christum, præsente etiam scilicet sancto Spiritu et omnibus sanctis ac administratoriis spiritibus, rursus tertio sciscitentur an vere dignus sit ministerio.... atque iis tertio assentientibus dignum esse ; a cunctis petatur signum assensionis, et sine ullo dante audiantur, silentioque facto, unus ex primis episcopis una cum duobus aliis prope altare stans, reliquis episcopis ac presbyteris tacite orantibus, atque diaconis divina Evangelia super caput ejus qui ordinatur aperta tenentibus dicat, ad Deum, etc. » Lib. VIII Constit. cap. 5.

ET APPENDICES AU DICTIONNAIRE.

eux qui présidait à l'assemblée, présentait aux prêtres et au peuple le nouvel élu, et leur demandait si c'était lui qu'ils avaient choisi pour évêque. Ils répondaient qu'oui. Le président leur demandait ensuite s'ils le croyaient digne d'un si grand ministère. Tous répondaient qu'ils le croyaient ainsi, et l'assuraient comme en présence de Dieu, de Jésus-Christ et du Saint-Esprit. Ils répondaient de même à une troisième demande que le président leur faisait touchant la capacité de l'élu. Après quoi un des premiers évêques présents à l'assemblée, se tenait debout auprès de l'autel avec deux autres, faisait sur l'élu la prière, demandant pour lui à Dieu, par Notre-Seigneur Jésus-Christ, les grâces nécessaires pour bien gouverner son troupeau. Pendant ce temps-là un diacre tenait le livre des saints Évangiles ouvert sur la tête de celui qu'on ordonnait, et les évêques et les prêtres priaient en silence. La prière finie et les prêtres ayant répondu Amen, un des évêques mettait (a) dans les mains de celui qu'on ordonnait une hostie, et les autres le conduisaient au trône qui lui était préparé. Là il recevait le saint baiser de tous les évêques; et, après la lecture des Prophètes (b) et des Évangiles, il saluait le peuple, en lui souhaitant la grâce de Notre-Seigneur Jésus-Christ, et faisait ensuite un discours pour l'exhorter à la vertu. Ce discours fini (c), tous se levaient, et le diacre ayant dit qu'il n'était pas permis à ceux qui étaient dans le degré des écoutants ni aux infidèles de rester davantage dans l'assemblée, on commençait la liturgie.

Un évêque (d) ne peut seul déposer un autre évêque; mais il a ce pouvoir sur les autres clercs qui méritent d'être déposés. Il ne doit point se mêler (e) dans les affaires séculières, ni prendre la défense des causes pécuniaires, ni répondre pour personne, ni se trouver aux fêtes des gentils. Qu'il use selon Dieu des prémices et des dîmes que la loi veut qu'on lui donne (f); et qu'il distribue fidèlement aux orphelins, aux veuves, aux affligés et aux étrangers les aumônes qu'on lui met en main. Les prêtres et les diacres tiraient aussi leur subsistance des prémices (g), et on prenait dans les dîmes de quoi nourrir les autres clercs et les pauvres. Ce qui restait des oblations de pain et de vin faites par les fidèles (h), et qui n'avaient pas été consacrées pour la communion, était distribué au clergé à proportion de la dignité de chacun. L'évêque y prenait quatre parts; le prêtre, trois; le diacre, deux; les autres, une: c'est ce qu'on appelait Eulogies. Le baptême (i) était réservé aux évêques et aux prêtres. Mais les diacres les aidaient dans ces fonctions.

L'élection d'un prêtre (j) se faisait par les suffrages de tout le clergé. Ensuite l'évêque lui imposait les mains, assisté des autres prêtres et des diacres, et priait Dieu de lui accorder les dons de guérir les maladies des âmes, de bien enseigner et de célébrer avec innocence les sacrés mystères; parce que les fonctions du prêtre sont (k) d'enseigner, d'offrir, de distribuer l'eucharistie, de remettre les péchés et de baptiser. Il n'ordonnait point, mais il imposait les mains (l), et avait pouvoir de punir, même d'excommunier les clercs inférieurs. Aussi les chrétiens respectaient les prêtres (m) comme leurs rois et leurs princes, et leur fournissaient les choses nécessaires à la vie et à leurs domestiques. Les diacres avaient soin des pauvres (n), ils visitaient les affligés et les faisaient connaître à l'évêque, dont ils étaient comme l'âme à l'égard des malheureux. Ils étaient ordonnés (o) par un seul évêque, de même que les autres clercs inférieurs; mais ils n'avaient pas le pouvoir d'ordonner un laïque. L'évêque, en ordonnant (p) un diacre, lui imposait les mains, et priait Dieu de le rendre digne de son ministère, et même d'un autre plus élevé. Les diacres ne baptisaient (q) point et n'offraient point les mystères; mais ils distribuaient au peuple ce qui avait été offert par l'évêque ou par le prêtre. Leur pouvoir s'étendait (r) sur les sous-diacres et sur les autres ministres inférieurs, qu'ils excommuniaient en l'absence du prêtre, s'il y avait nécessité. Ils faisaient aussi (s), sur celui que l'on baptisait, les onctions ordinaires avec de l'huile sanctifiée par l'évêque. Mais si c'était une femme à qui l'on administrait le baptême, ils ne l'oignaient que sur le front, laissant aux diaconesses le soin d'achever l'onction qui se faisait ordinairement par tout le corps. Ces diaconesses (t) devaient être vierges ou veuves, et n'avoir eu qu'un mari. L'évêque leur con-

---

(a) « Et post precationem unus ex episcopis hostiam offera in manibus ordinati. Et nunc in loco ac throno ad ipsum pertinente a cæteris episcopis collocetur cunctis osculantibus eum osculo in Domino. » Lib. VIII Constit., cap. 5.
(b) Ibid.
(c) Ibid.
(d) « Episcopus deponit omnem clericum dignum qui deponatur, excepto episcopo : id enim solus non potest. » Lib. VIII Constit., cap. 28.
(e) Lib. II Const. cap. 6.
(f) « Decimas et primitias quæ juxta Dei mandatum erogantur, consumat ut homines Dei decet : quæ causa pauperum sponte conferuntur, recte in pupillis, viduis, afflictos et peregrinos inopes dispenset, velut qui habeat horum impendiorum raticinatorem Deum a quo ipsi hæc procuratio commissa est » Ibid., c. 25.
(g) « Omnes primitiæ afferentur episcopo et presbyteris et diaconis ad eorum alimentum : omnes decimæ offerantur ad alendos reliquos clericos et virgines, ac viduas et pauperitate afflictos. Primitiæ enim sacerdotum sunt, atque iis ministrantium diaconorum. » Lib. VIII Constit., cap. 30.
(h) « Eulogias quæ in mysticis oblationibus supersunt, diaconi ex voluntate episcopi aut presbyterorum distribuant clero; episcopo partes quatuor, presbytero partes tres, diacono partes duas, cæteris vero, subdiaconis vel lectoribus, vel cantoribus, vel diaconissis partem unam. Id enim pulchrum et coram Deo acceptum est, unumquemque secundum dignitatem suam honorari. » Ibid. cap. 31.
(i) « Sed neque reliquis clericis baptismum conferre volumus nisi solis episcopis et presbyteros, ministrantibus diaconis. » Lib. III Const. cap. 11.
(j) « Ipse nunc quoque respice super hunc famulum tuum, qui suffragio ac judicio totius cleri in presbyterium cooptatus est. » Lib. VIII Constit. cap. 16. « Cum presbyterum ordinas, episcope, manum super caput ejus impone, astante tibi presbyterio, nec non diaconis, et orans dic : Domine, etc. » Ibid.
(k) « Admonet vos Scriptura honorandos illos qui per aquam regeneraverunt vos, qui spiritu repleverunt, qui verbo lactarunt , qui in doctrina educaverunt, qui corpore salutari et pretioso sanguine vos dignati sunt, qui a peccatis absolverunt et sacrosanctæ Eucharistiæ fecerunt participes. » Lib. II Constit., cap. 33, de Sacerdotibus.
(l) « Presbyter manus imponit, non ordinat, non deponit, segregat autem et excommunicat inferiores, si eam pœnam mereantur. » Lib. VIII Constit., cap. 28.
(m) Lib. II Const., cap. 34.
(n) Lib. III, cap. 19.
(o) « Diaconus ab uno episcopo ordinetur et reliqui clerici : nec presbyter, nec diaconus clericos ex laicis ordinent; sed solummodo, presbyter quidem doceat, offerat, baptizet, benedicat populi, diaconus vero ministret episcopo ac presbyteris. » Ibid., cap. 20.
(p) « Diaconum efficies, episcope, imponens ei manus, adstante tibi cuncto presbyterio cum diaconis. » Lib. VIII, cap. 17.
(q) « Diaconus non baptizat, non offert, ipse vero, cum episcopus aut presbyter obtulit, dat populo, non tanquam sacerdos, sed tanquam ministraus sacerdotibus. » Ibid., cap. 28.
(r) « Diaconus excommunicat subdiaconum, lectorem, cantorem, diaconissam, si absente presbytero res id postulet. » Ibid.
(s) « Cum baptizantur mulieres, diaconus tantum earum frontem unget oleo sa cto, et post diaconissa eas illinet, non enim opus est, ut feminæ aspiciantur a viris. » Lib. III, cap. 15.
(t) « Diaconissa eligatur virgo pudica, sin minus saltem vidua, unius quondam viri uxor, fidelis et digna honore. » Lib. VI, cap. 17.

fiait (a) le ministère par l'imposition des mains et par la prière, en présence des prêtres, des diacres et des autres diaconesses : la principale de leurs fonctions (b) était d'oindre par tout le corps les femmes qu'on allait baptiser ; car on ne croyait pas que les diacres pussent avec décence faire cette cérémonie. Elles avaient aussi l'intendance sur les veuves (c), et gardaient les portes (d) de l'église, ne s'ingérant au surplus en rien de ce qui était du ministère des prêtres et des diacres.

L'évêque imposait aussi les mains (e) aux sous-diacres, et priait en même temps pour leur obtenir la grâce du Saint-Esprit, afin qu'ils exécutassent les volontés du Seigneur, et qu'ils touchassent avec décence les vases qui leur étaient confiés. Ils n'avaient aucun pouvoir (f) sur les lecteurs ni sur les autres clercs. Les lecteurs (g) lisaient les saintes Écritures en présence du peuple ; et afin qu'ils le fissent dignement, l'évêque, en les ordonnant lecteurs, leur imposait les mains et priait pour eux. Quant (h) aux exorcistes, on ne les ordonnait pas; mais on prenait pour faire leurs fonctions ceux que Dieu favorisait de ses dons ; et il y en avait beaucoup de tels dans les premiers siècles de l'Eglise. On n'ordonnait pas non plus ceux qu'on nommait confesseurs (i); mais comme ils étaient dignes des plus grands honneurs, à cause qu'ils avaient confessé Jésus-Christ devant les rois et les infidèles, on les honorait, s'il était besoin, de la dignité d'évêque, de prêtre et de diacre. Pour ce qui est des vierges et des veuves (j), on ne les ordonnait pas : et on ne recevait même au rang des veuves (k) que celles qui l'étaient depuis longtemps, et qui avaient vécu sans reproche depuis la mort de leur mari.

La loi qui défendait d'ordonner évêque, prêtre ou diacre celui qui avait eu plus d'une femme, leur défendait aussi de se marier (l) après leur ordination ; mais il leur était permis de garder celle qu'ils avaient dans le temps où on les avait promus aux dignités ecclésiastiques, sans pouvoir en prendre d'autres. Il n'en était pas de même des sous-diacres, des lecteurs et des portiers : quoiqu'ils dussent n'avoir été mariés qu'une fois, il était permis à ceux qui ne l'étaient pas encore dans le temps de leur ordination, de se marier après. En général on défendait aux clercs de se marier soit avec une fille de mauvaise vie, soit avec une servante, soit avec une veuve ; et toutes sortes de fonctions ecclésiastiques étaient interdites aux laïques, même celle de baptiser, apparemment hors le cas de nécessité.

Il n'y a qu'un baptême (m), et ce baptême doit être conféré en invoquant et en prononçant le nom du Père, du Fils et du Saint-Esprit. Les Constitutions apostoliques ne reconnaissent pas pour ministre du baptême (n) les hérétiques, mais les prêtres d'une vie sainte. Quand quelqu'un désirait être baptisé il s'adressait pour cet effet (o) aux diacres, qui le présentaient à l'évêque ou aux prêtres. Ceux-ci lui demandaient raison de son désir, et ils examinaient avec beaucoup de soin ses mœurs et sa condition ; et s'il se trouvait engagé dans quelque profession défendue, comme de farceur (p), de magicien, de gladiateur et autres semblables, on ne l'admettait pas qu'il ne l'eût quittée. Mais on ne refusait pas le baptême (q) à une concubine esclave d'un païen, pourvu qu'elle ne connût point d'autre homme que lui. Car on distinguait alors deux sortes de concubinage, l'un de débauche, l'autre qui n'avait pour but que d'avoir des enfants. Le premier était absolument défendu; on tolérait le second, et il ne procurait aucun douaire à la concubine ; mais cette tolérance n'avait lieu que chez les païens ; et on obligeait un chrétien qui avait une concubine, soit libre, soit esclave, à la prendre pour sa femme ; et en cas de refus de sa part, on le chassait de l'Eglise. Celui qui était admis demeurait pendant trois ans dans le rang des catéchumènes, à moins que par sa ferveur il ne méritât d'être admis plus tôt au baptême. Pendant tout ce temps on l'instruisait dans la doctrine de l'Eglise (r), et on lui apprenait ce qu'il devait croire touchant le Fils unique de Dieu, le Saint-Esprit, la création du monde, l'ordre de la Providence, les lois de l'Eglise, la fin de l'homme, le jugement dernier, où Dieu punira les méchants et récompensera les bons éternellement. On lui imposait aussi les mains, et on priait sur lui. Le catéchumène jeûnait avant de recevoir le baptême (s) ; et il apprenait par cœur les deux formules qu'il devait prononcer en quittant le démon pour s'attacher à Jésus-Christ. Dans la dernière formule étaient renfermés (t) tous les articles que nous faisons profession de croire dans le Symbole. Dans l'autre, il renonçait (u) au diable, à ses

---

(a) « De diaconissa vero constituo, episcope, impones eis manus adstante presbyterio, una cum diaconis ac diaconissis, et dices, etc. » Lib. VIII, cap. 19.
(b) Lib. III, cap. 15, ubi supra.
(c) Ibid., cap. 7.
(d) Lib. VIII, cap. 28.
(e) « Quando subdiaconum ordinas, episcope, impones super eum manus et dices. » Lib. VIII, cap. 21.
(f) Ibid., cap. 28.
(g) Ibid., cap. 22.
(h) Ibid., cap. 26.
(i) Ibid., cap. 23.
(j) Ibid., cap. 24.
(k) Ibid., cap. 25.
(l) « In episcopum, presbyterum et diaconum constitui præcipimus viros unius matrimonii, sive vivant eorum uxores sive obierint; non licere autem illis post ordinationem, si uxores non habent, matrimonium contrahere, aut si uxores habeant, cùm aliis copulari; sed contentos esse ea, quam habentes, ad ordinationem venerunt. Ministros vero, cantores, lectores et ostiarios, ipsos quoque monogamos esse jubemus: quod si ante conjugium ad clerum accesserint, permittimus eis uxores accipere, siquidem ad id propensiores habeant, ne, cum deliquerint, in castigationem incurrant. Nulli autem clerico permittimus ducere aut meretricem, aut ancillam, aut viduam, aut repudiatam, sicut etiam lex ait, Levitici xx, 7. Diaconissa vero eligatur virgo pudica ; sin minùs, saltem vidua, unius quondam viri uxor fidelis et digna honore. » Lib. VI, cap. 17.
(m) « Itidem contentos esse debere uno baptismo solo in morte Domini tradito : non illo quem infausti hæretici, sed quem irreprehensi sacerdotes conferunt in nomine Patris et Filii et Spiritus sancti. » Ibid., cap. 15.
(n) Ibid.
(o) « Qui primo ad mysterium pietatis accedunt, episcopo vel presbyteris per diaconos adducantur, et causas exquirant, quare se ad verbum Domini adjunxerint: quique obtulerunt, testimonium eis præbeant, diligenter exploratis quæ ad eos spectant. Examinentur autem eorum mores ac vitæ, et an servi sint, vel liberi. » Lib. VIII, cap. 32.
(p) Ibid.
(q) « Concubina cujuspiam infidelis mancipium, illi soli dedita admittatur ; si autem etiam cum aliis petulanter agit, rejiciatur. » Ibid. On trouve dans saint Augustin une décision à peu près semblable. « De concubina quoque, si professa fuerit nullum se alium cognituram, etiamsi ab illo cui subdita est dimittatur, merito dubitatur, utrum ad percipiendum baptismum non debeat admitti. » Lib. de Fide et operibus, cap. 19.
(r) « Qui ergo ad doctrinam pietatis instruendus est, erudiatur ante baptismum in scientia de Ingenito, in cognitione de Filio unigenito, in persuasione certa de Spiritu sancto. Discat creationis diversæ ordinem, providentiæ seriem, variæ legislationis tribunalia. Erudiatur quare mundus sit factus, et cur mundi civis homo constitutus sit…… doceatur quomodo Deus improbos aqua et igne puniet, sanctos vero per singulas ætates honore ac gloria decoraverit…… hæc et his consentanea discat in catechesi qui accedit. Qui autem manus ei imponit, adoret Deum, universorum Dominum, gratias agens pro creatura ejus, etc. » Lib. VII Const. cap. 39.
(s) « Cæterum jejunet qui baptizatur. » Ibid., cap. 22.
(t) « Cumque jamjam erit baptizandus catechumenus, discat quæ ad renuntiandum diabolo, et quæ ad se adscribendum Christo pertinent. » Ibid., cap. 40.
(u) « Renuntio satanæ, et operibus ejus, et pompis ejus,

œuvres, à ses pompes, à son culte, à ses anges, à ses inventions et à tout ce qui est sous sa puissance. Après cette profession, on oignait le catéchumène de l'huile sanctifiée (a) par l'évêque; et on le conduisait au bain sacré, où les prêtres, en demandant à Dieu de sanctifier l'eau (b), demandaient en même temps que celui qu'on baptisait y fût crucifié et enseveli avec Jésus-Christ, pour ressusciter avec lui, et vivre de la vie de la justice après être mort au péché. L'évêque, en le plongeant dans l'eau, invoquait le nom du Père, du Fils et du Saint-Esprit. Après quoi il l'oignait, priant Dieu que cette onction eût la vertu de faire demeurer en lui la bonne odeur de Jésus-Christ. Cette dernière onction était le sacrement de Confirmation. L'évêque disait l'Oraison dominicale tourné vers l'orient (c), et priait le Saint-Esprit de descendre sur le nouveau baptisé (d), pour l'affermir dans la foi et la profession de la vérité.

Les églises où s'assemblaient les chrétiens étaient semblables à un vaisseau (e) d'une figure oblongue, tournées vers l'orient, ayant à côté diverses chambres pour les besoins de l'église et de ses ministres. Le siège de l'évêque était placé au milieu de ceux des prêtres, de part et d'autre. Les diacres se tenaient debout, vêtus à la légère. Ils avaient soin que les laïques, qui étaient assis à l'autre bout de l'église, les hommes séparés des femmes, s'y comportassent modestement et en silence. Le lecteur se mettait au milieu de tous en un lieu élevé, et lisait les livres de Moïse et des écrivains de l'Ancien Testament : un autre chantait ensuite les psaumes de David, et le peuple lui répondait en répétant l'extrémité des versets. Suivait la lecture des Actes des apôtres ; et quand elle était finie, un diacre ou un prêtre lisait l'Évangile (f), tous les assistants se tenant debout en silence. Après cela chaque prêtre en particulier, l'un après l'autre, faisait un discours au peuple ; l'évêque parlait le dernier, et cet usage était en vigueur dans les Églises d'Antioche et de Constantinople, selon la remarque de saint Chrysostome (g). Si, pendant le sermon, la lecture et le chant des psaumes, il entrait quelque personne de considération (h), on avait soin qu'elle n'interrompit pas ceux qui faisaient ces fonctions ; mais les diacres la recevaient et la faisaient asseoir. Comme il y avait deux entrées (i) dans l'église, l'une pour les hommes, l'autre pour les femmes, les portiers se tenaient à la première, et les diaconesses à l'autre. Si quelqu'un de l'assemblée se dérangeait, il en était repris par un diacre, qui le faisait retirer en un lieu convenable. Quand il y avait place, on permettait aux jeunes gens de s'asseoir en un lieu particulier ; sinon, ils se tenaient debout, mais les personnes âgées s'asseyaient, les pères et les mères ayant auprès d'eux leurs enfants debout. Si le lieu le permettait, on mettait les jeunes filles à part, autrement elles avaient place avec les femmes. On usait de la même précaution envers les femmes qui avaient des enfants. Mais les vierges (j), les veuves et les vieilles étaient placées les premières de toutes. C'était aux diacres (k) à prendre soin que chacun fût à la place qui lui était assignée, et à empêcher que personne ne demeurât dans le vestibule, ou ne commît dans l'église quelque immodestie, en causant, riant, et faisant des signes. Le sermon fini, tous se levaient (l), et le diacre, montant sur un lieu élevé, disait à haute voix : *Qu'il n'y ait aucun des écoutants ni des infidèles*. Puis il commençait les prières pour les catéchumènes, et à chacune le peuple répondait : *Seigneur, ayez pitié*. Les enfants mêlaient leurs voix à cette sainte symphonie, et la commençaient. Ensuite les catéchumènes baissant la tête par ordre du diacre, l'évêque leur donnait sa bénédiction et les renvoyait. Les prières pour les (m) énergumènes, les compétents et les pénitents se faisaient de la même manière ; et après qu'on les avait fait sortir de l'église (n), eux et tous ceux à qui il n'était pas permis d'assister à la célébration des mystères, le diacre invitait les fidèles à se mettre à genoux. En cette posture on priait (o) pour la sainte Église catholique et apostolique répandue par toute la terre ; pour l'église particulière où se tenait l'assemblée ; pour tous les évêques du monde, spécialement pour l'évêque diocésain et pour son diocèse ; pour tous les prêtres, les diacres, les lecteurs, les chantres, les vierges, les veuves, les personnes engagées dans le mariage, et celles qui vivaient dans la continence ; pour ceux des fidèles qui avaient donné des offres et des aumônes aux pauvres, ou qui avaient offert des hosties et des prémices au Seigneur ; pour les nouveaux baptisés ; pour les infirmes ; pour ceux qui étaient sur mer, ou condamnés aux mines ou à quelque autre supplice ; pour nos ennemis et nos persécuteurs ; pour les hérétiques et les infidèles, afin que Dieu les convertisse. Après ces prières, l'évêque saluait (p) le peuple, en disant : *La paix de Dieu soit avec vous tous*. Le peuple répon-

---

et cultibus ejus, et angelis ejus, et inventis ejus, ac omnibus quæ sub eo sunt. Post renuntiationem vero, dum adscribit se, dicat : Et adscribor Christo, et baptizor in unum ingenitum, solum verum Deum omnipotentem, Patrem Christi, creatorem atque opificem universorum, etc. » Ibid., cap. 41.

(a) « Post hanc autem professionem ordine venit ad olei unctionem. Benedicitur autem a pontifice in remissionem peccatorum, et præparationem baptismi..... » Ibid. et cap. 42.

(b) « Deinde venit ad aquam.... ipsum (Deum) ergo et nunc invocet sacerdos sub baptismum, et dicat : Respice de cœlo, et sanctifica hanc aquam ; da vero gratiam et virtutem, ut qui baptizatur, secundum mandatum Christi tui, cum eodem crucifigatur, et commoriatur, et consepeliatur, et consuscitetur in adoptionem quæ in eo fit, ut perimatur quidem peccato, vivat autem justitiæ. Et post hoc, cum baptizaveris eum in nomine Patris et Filii et Spiritus sancti, liniat unguento et dicat : Domine Deus, qui ingenitus es.... qui odorem cognitionis Evangelii in omnibus gentibus suum præbuisti ; tu et nunc præsta ut hoc unguentum efficax fiat in baptizato ; quo firma et stabilis maneat in ipso fragrantia Christi tui, cui ipse commortuus, consuscitetur ac convivat. » Ibid., cap. 42 et 43.

(c) Ibid., cap. 44.
(d) Ibid., cap. 45.
(e) Lib. II, cap. 57.
(f) « Cum recitabitur Evangelium, omnes presbyteri ac diaconi, universusque populus magno cum silentio stent..... post hæc presbyteri exhortentur populum, singuli nimirum, non autem omnes ; et cunctorum postremus episcopus » Ibid.

(g) Chrysostomus, homil. 2 in psal. 48.

(h) Lib. II Const. cap. 58.
(i) « Ostiarii stent ad virorum introitus, quos custodiant ; diaconissæ ad mulierum..... quod si quis extra locum suum sedens repetiatur, increpetur a diacono, qui vice proretæ fungitur et ad locum convenientem traducatur. » Ibid., cap. 57.

(j) « Virgines et viduæ, et anus, primæ omnium stent, aut sedeant. » Ibid. cap. 57.

(k) Ibid., cap. 57.
(l) « Cum doctrinam sermonem finierit..... universis consurgentibus diaconus in excelsum locum ascendens, proclamet : Ne quis audientium, ne quis infidelium. Ac silentio facto, dicat : Orate, catechumeni. Et omnes fideles pro illis cum attentione orent, dicentes : Kyrie eleison. Diaconus vero pro eis precetur dicens : Pro catechumenis omnes Deum invocemus, etc. Porro in singulis horum, quæ diaconus proloquitur, populus respondeat : Kyrie eleison, et ante cunctos pueri. Catechumenis autem capita inclinantibus, episcopus ordinatus benedicat eis benedictione. » Lib. VIII, cap. 6.

(m) Ibid., cap. 7, 8.
(n) « Diaconus dicat : Abite, qui estis in pœnitentia. Et addat : Nemo eorum quibus non licet, exeat. Qui fideles sumus, flectamus genu. Precemur Deum per Christum ejus. Omnes contente Deum per Christum ejus appellemus. Ibid., cap. 9.

(o) Ibid., cap. 10.
(p) « Salutet episcopus ecclesiam, ac dicat : Pax Dei cum omnibus vobis. Et populus respondeat : Et cum spiritu tuo. Diaconus vero dicat omnibus : Salut te vos invicem in osculo sancto. Et clerici osculentur episcopum, laici viri laicos, feminæ feminas. » Ibid., cap. 11.

dait : *Et avec votre esprit.* Le diacre ajoutait à haute voix : *Embrassez-vous, et vous donnez le saint baiser.* En même temps les clercs saluaient l'évêque en lui donnant ce baiser. Les laïques se le donnaient l'un à l'autre, les hommes aux hommes, les femmes aux femmes, en signe d'une parfaite réconciliation. Mais les enfants se tenaient debout auprès du pupitre, et un diacre veillait sur leur conduite. D'autres se promenaient dans l'église, et avaient soin que les hommes et les femmes ne fissent pas de bruit. D'autres enfin gardaient la porte par où les hommes entraient, afin que personne n'entrât (*a*) ou ne sortît pendant l'oblation. Les sous-diacres se tenaient à celle des femmes pour la même raison, et un d'eux donnait à laver les mains aux prêtres. Aussitôt après le diacre renouvelait la défense aux catéchumènes, aux écoutants, aux infidèles et aux hérétiques de demeurer pendant l'oblation, et ordonnait aux mères de prendre leurs enfants (*b*), et à tous les assistants de bannir la haine et l'hypocrisie de leur cœur, et de se préparer au Sacrifice en s'unissant d'esprit à Dieu. Alors les diacres apportaient les dons sur l'autel, où l'évêque les recevait, ayant les prêtres à ses deux côtés, rangés tout autour de l'autel, et deux diacres préposés pour éloigner doucement les mouches et les autres insectes, qui sans cette précaution auraient pu tomber dans les calices. L'évêque, vêtu magnifiquement (*c*), priait d'abord en secret avec les prêtres ; puis, se tenant debout à l'autel, il faisait sur son front le signe de la croix, et saluait l'assemblée, souhaitant à tous la grâce du Tout-Puissant, la charité de Jésus-Christ et la communication du Saint-Esprit. Tous répondaient ensemble à ce salut à la manière ordinaire. Suivait cette partie de la messe que nous appelons la Préface, parce que c'est comme une préparation au saint Canon. L'évêque la commençait en disant à haute voix : *Elevez vos cœurs.* Tous répondent : *Nous les avons élevés au Seigneur.* L'évêque ajoutait : *Rendons grâces au Seigneur.* Tous répondaient : *Il est juste et raisonnable de lui rendre grâces.* L'évêque répétait ces dernières paroles, et lorsqu'il avait achevé la Préface, qui est fort longue dans les Constitutions apostoliques, tout le peuple récitait ensemble l'hymne des Séraphins marquée dans Isaïe, disant : *Saint, Saint, Saint, est le Seigneur, le Dieu des armées.* L'évêque continuait ; et après avoir consacré le pain et le vin mêlé d'eau (*d*) en mémoire de Jésus-Christ, comme il est porté dans les Évangiles de saint Matthieu, de saint Marc et de saint Luc, et dans la première Épître aux Corinthiens, il priait pour toute l'Église, pour lui-même et pour le clergé, pour le roi et les puissances du monde, et ajoutant qu'il offrait aussi pour tous les saints, les patriarches, les prophètes, les apôtres, les martyrs,

les confesseurs, les évêques, les prêtres, et pour tous ceux dont les noms étaient connus de Dieu. Enfin il offrait pour la conservation et l'augmentation des biens de la terre ; pour ceux qui étaient absents pour quelque cause raisonnable, et pour tout le peuple, et finissait cette prière par la glorification du Père et du Fils et du Saint-Esprit. Le peuple répondait : *Ainsi soit-il.* L'évêque ajoutait : *La paix soit avec vous.* Le peuple répondait : *Et avec votre esprit.* On réitérait la prière pour les diverses conditions, même pour ceux qui étaient morts en paix (*e*) ; et en faisant mémoire des martyrs, on demandait de participer à leurs combats. Ensuite le diacre ayant averti le peuple d'être attentif, l'évêque disait : *Les choses saintes aux saints.* Le peuple répondait : *Jésus-Christ seul est saint, lui seul est Seigneur.* L'évêque prenait l'Eucharistie (*f*), et communiait le premier, et après lui les prêtres, les diacres, les sous-diacres, les lecteurs, les chantres, les moines, les diaconesses, les vierges, les veuves et les enfants. Tout le monde communiait ensuite par ordre, avec modestie, révérence et sans bruit. L'évêque, en donnant l'Eucharistie, disait : *C'est le Corps de Jésus-Christ :* et celui qui la recevait répondait : *Amen ;* c'est-à-dire *Je le crois,* comme l'expliquent les saints Pères (*g*). Le diacre tenait en même temps le calice, et le présentait à celui qui avait déjà communié sous une espèce, en lui disant : *C'est le Sang de Jésus-Christ, le calice de vie.* Celui qui en buvait répondait : *Amen, Je le crois.* Pendant que le peuple communiait, on chantait le psaume trente-troisième pour occuper l'assemblée ; et on avait choisi ce psaume à l'occasion du huitième verset, où il est dit : *Goûtez et voyez combien le Seigneur est doux.* Tous ayant communié, les diacres emportaient (*h*) dans une chambre voisine de l'église ce qui restait des espèces. Suivait l'action de grâces à Dieu qui avait fait participer à de si grands mystères, puis la dernière oraison, que nous appelons Postcommunion. Après quoi, l'évêque ayant béni l'assemblée (*i*), un diacre la congédiait, en disant : *Allez en paix.* Voilà ce qui nous a paru de plus remarquable dans la liturgie rapportée au huitième livre des Constitutions apostoliques. On en lit une autre dans le second livre, moins longue et moins détaillée. Il n'y est rien dit de la prière que l'on trouve après les paroles de la consécration dans la grande liturgie, par laquelle le célébrant semble demander à Dieu le changement du pain et du vin au corps et au sang de Jésus-Christ. Mais on y entre dans un plus grand détail touchant les étrangers, soit clercs, soit laïques, qui se présentent pour participer aux mystères, et il y est dit... Que si un frère ou une sœur d'une autre paroisse (*j*) se présentent avec les lettres de recom-

---

(*a*) « Diaconi vero stent ad januas virorum, et subdiaconi ad januas mulierum ; ut nemo egrediatur, neve aperiatur janua tempore oblationis, licet aliquis qui spiam fidelis. Unus autem subdiaconus det sacerdotibus aquam ad lavandum. » Lib. VIII Const. cap. 11.

(*b*) « Matres, assumite pueros. Ne quis contra aliquem. Ne quis in hypocrisi. Erecti ad Dominum cum timore ac tremore stemus ad offerendum. Quibus peractis, diaconi dona ad altare admoveant episcopo : ac presbyteri a dextris illius et a sinistris astent, ut discipuli magistro assistentes. » Ibid., cap. 12.

(*c*) « Orans igitur apud se pontifex una cum sacerdotibus, et splendidam vestem indutus, tropæum crucis in fronte manu faciat. » Ibid.

(*d*) « Si utiliter calicem miscuit ex vino et aqua, sanctificavit, ac dedit in sem. » Ibid.

(*e*) « Pro iis qui in fide requieverunt oremus. » Ibid., cap. 13.

(*f*) « Post hoc sumat et communicet episcopus ; deinde presbyteri, diaconi, subdiaconi, lectores, cantores, et ascetæ ; et in feminis diaconissæ, virgines, et viduæ ; postea pueri ; tuncque omnis populus ordine, cum pudore et reverentia. Ac episcopus tribuat oblatam, dicens : *Corpus Christi ;* et qui recepit respondeat, *Amen.* Diaconus vero teneat calicem, ac tradendo dicat : *Sanguis Christi, calix vitæ ;* et qui bibit, *Amen* respondeat. Psalmus autem trigesimus tertius dicatur, dum reliqui omnes communicant. » Ibid.

(*g*) « Post consecrationem sanguis nuncupatur. Et tu dicis : *Amen, hoc est, verum.* Quod os loquitur, mens interna fateatur : quod sermo sonat, affectus sentiat. Ambros. lib. *de Mysteriis,* cap. 9. Audis, *Corpus Christi,* et respondes, *Amen.* Esto membrum corporis Christi, ut verum sit *Amen.* » Aug. serm. 272.

(*h*) « Cumque universi et universæ communicaverint, accipientes diaconi quæ supersunt, inferant in pastophoria. » Lib. VIII Const. cap. 13.

(*i*) « Diaconus dicat : *Deo per Christum ejus inclinate, et accipite benedictionem.* Tunc episcopus precetur his verbis : *Deus omnipotens.... promptus factus, exaudi me propter nomen tuum ; ac benedic iis qui tibi inclinarunt cervices suas,* etc. Et diaconus dicat : *Ite in pace.* » Ibid., cap. 15.

(*j*) « Quod si frater aut soror ex alia parœcia advenerit, qui commendatitias afferant, diaconus quæ ad eos spectant probet, inquirens an fideles sint, an Ecclesiæ filii, an a nulla hæresi contaminati ; et si sum an illa nupta vel vidua sit, atque ita cognito eorum statu, quod vere credant, et in Domini religione cum Ecclesia concordent, deducat singulos ad congruum eis locum. Si autem presbyter ex parœcia advenerit, excipiatur a presbyteris in communitatem ; et si diaconus, a diaconis ; si vero episcopus, cum episcopo sedeat, a quo parem honorem obtinebit ; rogabisque eum,

mandation, le diacre s'informera s'ils sont fidèles et enfants de l'Église; s'ils sont exempts de toute tache d'hérésie; si ce sont des veuves ou des personnes engagées dans le mariage; et lorsqu'il sera informé de toutes ces choses, il les placera dans l'église en un lieu convenable à leur état. Si un prêtre d'une autre paroisse se présente, il sera reçu par les prêtres, et placé parmi eux; si c'est un diacre, les diacres le recevront, et le placeront dans leur rang. Si c'est un évêque, il aura place auprès de l'évêque, et celui-ci le priera par honneur de parler au peuple, parce que la parole de Dieu profite plus dans la bouche d'un étranger. Il lui permettra même d'offrir les saints Mystères. Lorsque l'évêque prêchait, il n'interrompait pas son discours en considération de la personne qui entrait, quoiqu'elle fût d'une condition distinguée (ª), et on n'interrompait pas non plus pour une semblable raison la lecture de l'Écriture-sainte ni le chant des Psaumes. S'il ne se trouvait point de place pour l'étranger, pauvre ou riche, le diacre qui le recevait faisait de son mieux pour le placer sans déranger les autres.

Autant qu'il était possible, on s'assemblait tous les jours dans l'église le matin et le soir (ᵇ), surtout le samedi et le dimanche. Le matin, on chantait le psaume soixante-deuxième; le soir, le cent-quarantième. Le dimanche, on priait debout en trois différentes fois, en mémoire de Jésus-Christ qui est ressuscité ce jour-là, après avoir été trois jours dans le tombeau. On lisait aussi les Écritures de l'Ancien et du Nouveau Testament, on prêchait, on célébrait les saints Mystères, et les fidèles y participaient. Dans les temps où l'on ne pouvait s'assembler ni dans l'église, ni dans une maison particulière, chacun priait et chantait des psaumes (ᶜ) seul, ou deux ou trois ensemble. Les chrétiens priaient (ᵈ) ordinairement le matin, à tierce, à sexte, à none, à vêpres et au chant du coq. On travaillait cinq jours de la semaine (ᵉ); mais le samedi et le dimanche étaient entièrement occupés à des œuvres de piété,

particulièrement à s'instruire dans l'église. Les serviteurs étaient dispensés du travail pendant la grande semaine entière et la suivante, parce que pendant ces quinze jours il était besoin de les instruire des mystères de la passion et de la résurrection de Jésus-Christ. Ils étaient aussi les jours de l'Ascension, de la Pentecôte, de Noël, de l'Épiphanie, des Apôtres, de saint Étienne premier Martyr, et des autres saints martyrs.

Aux jours des fêtes des martyrs, les chrétiens s'assemblaient dans les cimetières (ᶠ), pour y lire les saintes Écritures et chanter des psaumes. Il y priaient aussi pour leurs frères qui s'étaient endormis dans le Seigneur, et offraient pour eux, soit là, soit dans les églises, le corps de Jésus-Christ. Ils assistaient aux funérailles en chantant des psaumes; et dans les prières qu'ils adressaient pour eux au Seigneur, ils demandaient (ᵍ) qu'il leur pardonnât leurs péchés et qu'il leur accordât place dans le séjour des saints. Ils célébraient (ʰ) le troisième, le neuvième, et le quarantième jour depuis la mort, en priant, en chantant des psaumes et en lisant les Écritures en mémoire du défunt. C'était aussi la coutume de donner de son bien aux pauvres, et on était persuadé que cette œuvre de charité lui profitait, si en ce monde il avait vécu (ⁱ) dans la piété: car on ne croyait pas que l'aumône faite pour des impies leur fût utile. On servait à manger à ceux qui étaient invités aux funérailles; mais ils en prenaient avec une telle modération (ʲ), qu'ils n'en fussent pas empêchés de prier pour le défunt.

Les chrétiens s'assemblaient aussi pour certains festins de charité qu'ils faisaient entre eux, et qu'ils appelaient Agapes. On y invitait les pauvres vieilles (ᵏ), et on y mettait à part ce que l'on avait coutume de donner au prêtre, qui par ce moyen participait aux Agapes, quoiqu'absent. Les diacres y recevaient une fois plus que ces vieilles, et on donnait aux prêtres double portion, à cause de leur assiduité à distribuer le pain de la parole divine, parce qu'ils

---

o episcope, ut populum alloquatur in sermone doctrinæ: peregrinorum enim cohortatio et admonitio acceptissima et utilissima est. Permittes etiam arbitrio illius ut offerat eucharistiam. » Lib. II, cap. 58.

(ª) « Quod si, dum sedetur, vir quispiam superveniat honestus, et in sæculo clarus, sive alterius sive ejusdem regionis; tu, episcope, dum de Deo sermonem habes ad plebem, aut dum audis cum qui psallit vel legit, ne per acceptionem personæ relinquas verbi ministerium, ut illi locum inter primas sedes constituas: verum quietus mane, nec interrumpe sermonem tuum, vel auditionem; fratres vero eum per diaconos recipiant, atque si locus desit, diaconus omnium juniorem, prudenter, non autem præfracte loco monens, honoratim illum sedere faciat... cum autem pauper, vel ignobilis, vel peregrinus isque senex aut juvenis intervenerit, sedibus occupatis, iis quoque diaconus ex toto corde locum faciet. » Ibid.

(ᵇ) « Singulis diebus congregemini, mane et vespere, psallentes et orantes in ædibus dominicis, mane qui sit dicentes psalmum sexagesimum secundum, vespere vero centesimum quadragesimum. Præcipue autem die sabbati, et die qua Dominus resurrexit, et dominica studiosius ad ecclesiam occurrite... qua enim expurgatione apud Deum utetur, qui ad audiendum de resurrectione sermonem non convenit in die dominico? In quo et tres precationes stando peragimus, ob memoriam illius qui in tridua resurrexit, et in quo habentur lectio prophetarum, Evangelii prædicatio, sacrificii oblatio, et sacri cibi donum. » Ibid., cap. 59.

(ᶜ) « Si neque in domo neque in ecclesia congregatio potest agitari, unusquisque apud se psallat, legat, precetur, vel duo aut tres simul. » Lib. VIII Constit. cap. 34.

(ᵈ) « Precationes facite mane, et tertia hora, ac sexta, et nona, et vespere, atque in gallicinio. » Ibid.

(ᵉ) « Servi operentur quinque diebus: sabbato autem et dominica, vacent in ecclesia propter doctrinam pietatis. Magna hebdomade tota, et ea quæ illam sequitur, servi otientur: quia illa passionis est, hæc resurrectionis, et opus est doceri quis sit qui passus est et resurrexit... Ascensio die festa feriatus... in festo Pentecoste feriantur... festo Natalis cessent ab opere... in Epiphaniæ festo vacent... in apostolorum diebus opus non faciant... in die

Stephani primi martyris feriantur, atque in diebus cæterorum martyrum. » Lib. VIII, cap. 33.

(ᶠ) « Congregamini in cœmeteriis, lectionem sacrorum librorum facientes, a quæ psallentes pro defunctis martyribus, et omnibus a sæculo sanctis, et pro fratribus vestris qui in Domino dormierunt: item antitypam regalis corporis Christi et acceptam seu gratam Eucharistiam offerte in ecclesiis vestris, et in cœmeteriis; atque in funeribus mortuorum, cum psalmis deducite eos, si fideles fuerint in Domino. » Lib. VI, cap. 30.

(ᵍ) « Pro fratribus nostris, qui in Christo requieverunt, oremus; ut hominum amans Deus, qui animam defuncti suscepit, ei remittat omne peccatum voluntarium ac non voluntarium, et collocet cum in regione piorum quiescentium in sinu Abrahæ, Isaaci et Jacobi, cum omnibus qui a sæculo placuerunt Deo. » Lib. VIII, cap. 41.

(ʰ) « Quod spectat ad mortuum, celebretur die tertius, in psalmis, lectionibus, et precibus... Item dies nonus atque etiam dies quadragesimus: denique anniversarius dies pro memoria ipsius. Ex bonis vero ejusdem detur pauperibus ad illius commemorationem. » Lib. VIII, cap. 42.

(ⁱ) « Porro hæc dicimus: nam de impiis, licet omnia mundi bona pauperibus dederis, nihil juvabis impium. » Ibid., cap. 43.

(ʲ) « In mortuorum vero memoriis, invitati, cum moderatione ac Dei metu epulamini, ut possitis etiam deprecari pro iis qui e vita migrarunt. » Ibid., cap. 44.

(ᵏ) « Qui ad Agapen, seu, ut Dominus apellavit, convivium anus invitare voluerint: ei quum diaconi inopem esse sciunt, mittant persæpe. Cæterum in convivio, illud quod pastori solitum erat dari, id quod primitiarum et cleri: ipsi, licet non sit convivio præsens, tanquam sacerdoti seponatur, in honorem Dei, a quo sacerdotium accepit. Quantum autem unicuique anui tribuitur, ejus duplum diaconis in Christi reverentiam concedatur. Presbyteris vero, quia assidue circa sermonem doctrinæ laborant, dupla etiam portio assignetur, in gratiam apostolorum Domini, quorum et locum tenent, velut consiliarii episcopi et Ecclesiæ corona... qui autem lector est, ipse quoque partem ferat unam, ad prophetarum honorem, parique modo cantor et ostiarius. » Lib. II Const., cap. 28

tiennent la place des apôtres, et qu'ils sont comme le conseil de l'évêque et la couronne de l'Eglise. Les lecteurs, les chantres et les portiers y avaient une part.

Parmi les jeûnes ordonnés dans l'Eglise, celui du carême était le plus considérable (a). Il commençait le lundi et finissait le vendredi, en telle sorte néanmoins qu'on jeûnait quarante jours avant le jeûne de Pâques, qui commençait à la fête des Palmes, et continuait toute la semaine jusqu'au jour de Pâques. Car en cette semaine on jeûnait même le samedi, à cause qu'en ce jour Jésus-Christ avait été enseveli (b). On jeûnait aussi (c) pendant la semaine qui suivait la fête de la Pentecôte, et les mercredis (d) et vendredis du reste de l'année : le mercredi, parce que ce jour-là Jésus-Christ avait été trahi par Judas; le vendredi, en mémoire de sa passion. L'Eglise en ordonnant aux fidèles de jeûner, leur ordonnait en même temps (e) de donner aux pauvres ce qu'ils se retranchaient en jeûnant.

Lorsque quelqu'un des fidèles tombait dans une faute considérable (f), l'évêque le chassait de l'Eglise, mais en témoignant qu'il ne le faisait qu'avec douleur. Les diacres en faisaient aussi paraître du déplaisir; ils s'informaient même de ce que le pécheur était devenu, et l'ayant retrouvé, ils le retenaient hors de l'Eglise. Ils y rentraient ensuite, et priaient l'évêque pour lui. L'évêque ordonnait qu'on le fît entrer; et après avoir examiné s'il était pénitent de sa faute et digne d'être admis dans l'église, on lui imposait plusieurs jours ou plusieurs semaines de jeûne, selon la grandeur de son péché, et le temps de la pénitence accompli, on le renvoyait en l'avertissant d'implorer la miséricorde de Dieu. Le pécheur était rétabli dans la communion de l'Eglise (g) par l'imposition des mains : l'évêque les lui imposait même souvent pendant le cours de sa pénitence, et il l'obligeait de sortir de l'église avant que l'on commençât la divine Liturgie (h). On proportionnait la pénitence au péché, et on punissait d'une manière différente les péchés (i) d'action, de paroles et de pensée. L'évêque se contentait de menacer certains pécheurs; il obligeait les autres à faire des aumônes, d'autres à jeûner, et retranchait du corps de l'Eglise les impénitents (j) et les endurcis. Si après la sentence d'excommunication ils se repentaient (k), on les recevait comme on reçoit les infidèles, c'est-à-dire qu'on les mettait au rang des écoutants; mais on ne communiquait point avec eux dans la prière; et après la lecture des Prophètes et de l'Evangile, on les faisait sortir de l'église, jusqu'à ce qu'ils se fussent rendus dignes d'assister aux saintes assemblées.

On jugeait ordinairement, le lundi, les différends qui survenaient entre les chrétiens (l); et quand ils ne pouvaient se terminer en ce jour, on remettait l'examen de la cause au samedi suivant, afin qu'il ne restât point de contestation entre eux le jour du dimanche. L'évêque jugeait, assisté des prêtres et des diacres, et ils devaient juger sans acception de personne. Chaque partie (m) disait ses raisons debout au milieu de la salle de l'audience, et après que les prêtres et les diacres les avaient ouïes, ils tâchaient de concilier les parties avant que l'évêque prononçât son décret; car on n'aimait pas qu'il fût dans le public qu'un chrétien avait été condamné, et l'évêque ne rendait compte de son jugement qu'à Jésus-Christ. On prenait surtout ces précautions lorsqu'il s'agissait

(a) « Servandum vobis est jejunium Quadragesimæ... celebretur vero jejunium hoc ante jejunium Paschæ; incipiatque a secunda die, ac desinat in Parasceven; post quos dies, finito jejunio, incipite sanctam Pascæ hebdomadam, cuncti per eum jejunantes cum timore et tremore, orantes in iis diebus pro peremantis » Lib. V, cap. 13. On voit par les Questions qui portent le nom d'Anastase, que l'on distinguait le jeûne du carême d'avec celui de la semaine sainte, et que le premier finissait au vendredi qui précède le dimanche des Rameaux. « Quadragesima finitur ad festum palmarum, magnum enim hebdomadem jejunamus propter Domini passionem et Pascha, non propter Quadragesimam. » Anastas. quæst. 64.
(b) « Unum vero duntaxat sabbatum vobis observandum est in toto anno : illud quo Dominus sepultus fuit, quo jejunare docuit, non autem festum agere. » Lib. VII, cap. 23.
(c) « Postquam celebraveritis Pentecosten, celebrate hebdomadem unam; et post illam jejunate eam quæ sequitur. » Lib. V, cap. 20.
(d) « In quarta feria et in Parasceve jussit nos [Christus] jejunare ; in illa quidem propter traditionem, in hac vero propter passionem. » Ibid. cap. 15.
(e) « Post hanc autem hebdomadam jejunii, in omnibus quartis et sextis feriis vobis præcipimus jejunare; ac quod ob jejunium vestrum superfluit, pauperibus elargiri. » Ibid. cap. 20.
(f) « Cum videris aliquem deliquisse, acerbe ferens jube eum ejici foras ; qui exeunte diacono moleste etiam ferant, et inquisitum deinde extra ecclesiam ; postea quo ingressi, pro ipso rogent te.... tunc jubebis eum intrare : et examine facto, an ductor pœnitentia, dignusque sit qui in Ecclesiam omnino admittatur, afflictum jejuniis per dies hebdomadum aut duarum, aut trium, aut quinque, aut septem, pro ratione delicti ; ita illum dimittes, et locutus quæ a castigatore salubriter doceri ac moneri convenit peccatorem; quo apud se humiliter maneat, Deum, ut sit sibi propitius, deprecans. » Lib. II Const. cap. 16.
( ) « Jam si quis conversus, fructus pœnitentiæ ediderit, tunc ad orationem admitte : ut filium illum prodigum, qui perierat.... ita igitur et tu facito, o episcope : ac quemadmodum ethnicum induci post institutionem sic et bonc, per sanctam impositionem, utpote a pœnitentia purgatum, cunctis pro eo deprecantibus, restitue in antiqua pascua. » Ibid. cap. 41.
(h) Lib. VIII, cap. 8 et 9.
(i) « Nolite de omni peccato eamdem proferre sententiam, sed de unoquoque propriam ; cum multa prudentia judicantes singula delicta, tum parva tum magna ; atque aliter sancientes de peccato operis, iterumque aliter de peccato sermonis, diverse etiam de delictis propriis, aut convicii, aut suspicionis. Et quidem ex peccatoribus hos solis minis subjice, alios eleemosynis erga pauperes, alios vero jejuniis comprimes, et alios pro gravitate criminis sui a fidelibus separabis. » Lib. II, cap. 48.
(j) « Si demum impænitentem aliquem videris et obduratum, tunc cum dolore ac luctu ab Ecclesia insanabilem reseca. » Ibid. cap. 41.
(k) « Si vero postea sententiam mutet, et ab errore se retrahat : quemadmodum gentiles, quando pœnitentiam agere volunt, in ecclesia ad audiendum admittimus, non tamen cum iis communicamus donec per baptismi signaculum consummationem acceptant : ita, inquam, ad meliora conversis, donec pœnitentiæ fructus ostendant, ingredi permittimus ; ut Dei doctrinam audientes, non statim a fundibus intereant, hi tamen in oratione non communicent; sed post legis prophetarum, ac Evangelii lectionem egrediantur, ut exeundo vitam et mores emendent; studentes occurrere quotidie ad sacros conventus, et orationi vacare ; quo et possint admitti, et qui eos viderint, compungantur, metuque similis calamitatis cautiores evadant. » Lib. II, c. 39.
(l) « Fiant judicia vestra, secunda post sabbatum die, ut si vestræ sententiæ contradicatur, vacantes usque ad sabbatum, possitis contradictionem expendere, et inter se dissentientes, in diem dominicum pacificare. Assistant autem tribunali diaconi et presbyteri, cum justitia ac cum personarum acceptione judicantes tanquam homilicæ Dei. » Ibid. cap. 47.
(m) « Cum igitur utraque persona, sicut et dicit lex, advenerit, stabunt partes adversæ in medio foro : et auditis iis, sancte ferte suffragia, conantes inter ambos conciliare amicitiam, ante episcopi decretum, ne in publicum proferat sententia adversus eum qui deliquit, quia episcopus tribunali approbatorem et conscium judicii habet Christum Dei. Si qui vero de infamia non recte ambulandi in Domino a quopiam arguantur, eumdem in modum utramque personam, et accusatoris et accusati, audite ; et non ex præsumpta opinione, neque ex studio alius partis, sed ex justitia, tanquam de æterna vita ut inforte, dicite sententiam.... nam qui juste a vobis punitus est a excommunicatus, a sempiterna vita et gloria rejectus evasit, tum apud sanctos homines ignominiosus, tum obnoxius apud Deum. » Lib. II Constit. cap. 47.

de quelque cas infamant. Les Constitutions Apostoliques veulent qu'en ces rencontres les juges ecclésiastiques se mettent devant les yeux que par leur sentence ils décident de la vie ou de la mort éternelle de l'accusé, l'excommunication, lorsqu'elle est juste, ayant le pouvoir d'exclure de la vie et de la gloire celui qui en est frappé, et de le couvrir de confusion devant Dieu et devant les hommes. On ne devait recevoir (a) en témoignage que des gens de probité reconnue, ni condamner l'accusé sans avoir pris connaissance de sa conduite précédente. Si le délateur était convaincu de calomnie (b), on le punissait, afin que dans la suite il ne s'aviât plus de calomnier personne, ou de peur que d'autres n'imitassent son exemple : on punissait au si l'accusé, quand il était convaincu, pour servir d'exemple aux autres. L'auteur des Constitutions propose l'exactitude que les magistrats séculiers (c) apportaient dans leurs jugements, et remarque qu'après avoir convaincu le coupable par son propre aveu, ils différaient encore plusieurs jours avant de le condamner au dernier supplice, s'assurant par de nouvelles recherches et par de mûres délibérations de la vérité de son crime; qu'alors celui qui devait prononcer la sentence de mort, levait les mains vers le soleil, le prenant à témoin de ce qu'il était innocent du sang humain. Mais, quelques précautions (d) qu'ils apportassent dans leurs jugements, on ne permettait pas aux chrétiens de paraître devant leur tribunal, ni que les magistrats séculiers connussent des affaires ecclésiastiques.

Il y aurait encore beaucoup d'endroits importants à remarquer dans les huit livres des Constitutions, particulièrement divers préceptes touchant la conduite des chrétiens, soit clercs, soit laïques, si elles avaient une plus grande autorité. Cet ouvrage n'a pas d'abord été imprimé tel que nous l'avons aujourd'hui. Charles Cape le en donna un abrégé en latin à Ingolstad en 1546, que Pierre Crabbe fit entrer dans la seconde édition de ses Conciles, à Cologne en 1551, fol. Turrien, l'ayant recouvré en entier dans trois manuscrits, le fit imprimer en grec et en latin avec ses remarques, à Venise en 1563, in-4°. La même année Bovius, évêque d'Osimo, en donna une nouvelle version latine à Venise, in-4°, qui fut réimprimée à Paris en 1564, in-8°; à Cologne en 1567, fol., dans la Collection des Conciles de Surius, et parmi les OEuvres de saint Clément, à Paris en 1568. fol., et à Cologne en 1569. On réimprima celle de Turrien avec ses notes, à Anvers, chez Plantin en 1578, fol.; à Venise en 1585, dans la Collection des Conciles de Nicolin, et dans celles de Binius, à Cologne en 1606, fol. Mais il ne jugea pas à propos de lui donner place dans la seconde édition de ses Conciles, à Cologne, en 1618. Fronton-le-Duc joignit les huit livres des Constitutions en grec et en latin de la version de Turrien aux commentaires de Zonare sur les Canons Apostoliques à Paris, en 1618, fol.; et le P. Labbe, dans l'édition des Conciles, à Paris, en 1672. La même année, M. Cotelier en donna une version, et les fit imprimer en grec et en latin à Paris, avec de nouvelles notes, parmi les écrits des Pères que l'on nomme Apostoliques. Cette édition parut depuis à Amsterdam en 1698 et 1724, par les soins de M. le Clerc, qui y a ajouté quelques notes de sa façon. D. Ceill. Hist. des Aut. sacr. t. III.

(a) «Sint igitur testes mansueti, iræ expertes, æqui, cavitate p æuti, temperan es, continentes, malitia vacui, fideles, religiosi, talium enim testimonium propter mores eorum firmum est, et propter eorum vitam verum : at testimonium hominum qui tales non sunt, nolite suscipere, quamvis in la indicatione consentire videantur. Ex alia vero parte reum etiam a vobis oportet cognosci qualem sit in vitæ usu et consuetudine gesserit, an ex moribus laudem sibi comparavit, an incupatus sit, etc. » Lib. II, cap. 49.
(b) « Porro delatorem impunitum non sinatis, ne adhuc alium quempiam recte viventem calumnietur, vel aliquem alium ad similia facienda provocet; rursum que eum qui convictus fuerit nulla contumelia affectum non dimittatis, ne alius eodem crimine constringatur. » Ibid. c. 50.
(c) « Respicite ad mundana judicia..... cum magistratus ab iis qui reos in jus rapiunt, ea acceperint quæ ad horum

pertinent causam, quærunt ex malefico an ita res se habet : et licet confiteatur, non illico eum mittunt ad supplicium, sed pluribus diebus, cum multa consolatione, et interjecto velo, inquirunt de crimine; postremo qui sententiam et suffragium de capite contra reum laturus est, sublatis ad solem manibus, contestatur, insontem se esse humani sanguinis. » Ibid. cap. 52.
(d) « Præclara sane christiano homini laus est, cum nemine contendere; sin autem alicujus impulsu vel vexatione, alicui negotium incidat, det operam ut dirimatur, quamvis sibi in eo aliquid capiendum sit detrimenti; et se adeat ad gentilium tribunal. Sed nec patiam ni ut sæculares magistratus de causis vestris judicium proferant : per eos enim diabolus servis Dei facessit negotium, probrumque excitat, quasi non habeamus nos virum sapientem, qui possit inter partes jus dicere et controversias disceptare.» Ibid. cap. 45.

200 (Vers l'an). Asie. I, 226. Concile.
215 (Vers l'an). Afrique ou Carthage. I, 460. Concile non reconnu.
217. Afrique ou Carthage. I, 400. Concile.
225 ou 231. Alexandrie. I, 70. Conc.
235 (Vers l'an). Alexandrie ou Egypte. I, 808. Concile.
235 ou 236, ou 255 selon Mansi. Icone. I, 984. Concile non reconnu
235 (Vers). Synnade. II, 919. Concile non reconnu.
237. Rome. II, 555. Concile.
240. Afrique ou Lambèse. Concile tenu par 90 évêques, contre l'hérétique Privat, et continué par le pape S. Fabien. Cypr. ep. 55 ad Cornel. On ignore quelles étaient en particulier les erreurs de Privat. On croit qu'il demeura opiniâtre, et qu'il se jeta dans le parti de Félicissime et des autres schismatiques. Hist. des aut. sacr. t. III. Voy. Afrique, l'an 252, t. I, col. 19.
242 ou 243. Arabie ou Bostra I, 354. Concile.
245. Asie ou Éphèse. I, 236 et 841. Concile. Au lieu de Noël (p. 851), lisez Noët.
246 ou 249. Arabie. I, 185. Concile.
249. Afrique, I, 15. Concile.

250. Achaïe, I, 9. Concile.
250 ou 253. Rome. II, 555. Concile.
251. Afrique. I, 15. Concile.
251 ou 255. Italie. I, 996 Concile.
252. Afrique. I, 18 Concile.
252. Rome II, 556. Concile.
253. Antioche. I, 132. Conc. douteux.
253 ou 254. Carthage. I, 461. Concile.
255. Carthage. I, 462. Concile non approuvé.
255 (Vers l'an). Arsinoé. I, 223. Conférence.
256 (Vers l'an). Carthage. I, 463. Concile non approuvé.
256 Carthage. I, 406. Autre concile non approuvé.
256. Rome. II, 556. Concile.
257 ou 260. Narbonne. II, 33.
258. Alexandrie. I, 71. Concile.
258. Rome. II, 556. Concile.
260 ou 263. Rome. II, 556. Concile.
262. Afrique. I, 18 Conc. douteux.
263. Alexandrie. I, 71. Deux conciles.
264. Antioche. I, 133 Deux conciles.
268. Rome. II, 556 Concile.
270. Antioche. I, 134 Concile.
273. Ancyre en Galatie. I, 101. Conc.
275. Mésopotamie ou Orient. I, 1266, et II, 160. Conférence.

277. Ancyre en Célésyrie. I, 101. Concile.
300 (Vers l'an). II, 169. Concile supp.
300 ou 301 ou 306. Alexandrie. I, 71. Concile.
500 (Vers l'an), ou 509 selon Mansi. Elne ou Elvire. I, 811. Concile.
303. Sinuesse. II, 876. Concile supposé.
304. Afrique ou Aluta. I, 94. Concile.
305. Cirthe ou Zerte. I, 561. Concile.
311 ou 312. Carthage. I, 468. Concile.
311 ou 312. Carthage. I, 469. Concilabule.
313. Latran ou Rome. II, 556. Conc.
314. Ancyre en Galatie. I, 101. Conc.
314. Arles I, 187. Concile.
314. Séleucie en Perse. II, 55. Conc.
314 ou 315. Néocésarée. II, 55. Conc.
315 Rome. I, 561. Conc le supposé.
315 ou 321. Alexandrie I, 72. Conc.
318. Palestine. II, 219. Concile.
323. Bithynie. I, 341. Concile non reconnu.
324. Alexandrie. I, 75. Concile.
324. Rome. II, 561. Concile supposé.
325. Nicée en Bithynie. II, 65. Concile 1er œcuménique.
325. Rome. II, 561. Concile.
325 ou 526. Nicée en Bithynie. II, 98. Concile.

TABLE CHRONOLOGIQUE DES CONCILES

326. ALEXANDRIE. I, 74. **Concile.**
327 ou 331. ANTIOCHE ou NICOMÉDIE. I, 138, et II, 118. Conciliabule.
330. ALEXANDRIE. Concile tenu contre Ischyras, arien. Lengl. du Fr. d'apr. Hard. s ul.
332. ANTIOCHE. I, 138. Concile.
333. CARTHAGE. Concile tenu au sujet des libellatiques. Lengl. du Fr. d'apr. Hard. seu.
335 ou 334. CÉSARÉE de Palestine. I, 537. Conciliabule.
335. JÉRUSALEM. I, 1005. Conciliab.
335. MARÉTIS, en Egypte. Conciliabule assemblé contre saint Athanase. Lengl. du Fr. d'apr. Fabricius.
335. TYR. II, 1194. Conciliabule.
336. CONSTANTINOPLE. I, 65. Conciliabule.
337. ROME. II, 562. Concile.
339. ALEXANDRIE. I, 74. Concile.
339. ANTIOCHE. I, 143. Conciliabule.
337 ou 340 selon Mansi. CONSTANTINOPLE. I, 661. Conciliabule.
341. ANTIOCHE. I, 146. Concile dit de la Dédicace.
341 ou 342. ROME. II, 563. Concile.
342. ANTIOCHE. I, 150 Conciliabule.
344 ou 345. ANTIOCHE. I, 151. Conciliabule.
344. MILAN. I, 1271. Concile.
345 ou 346. COLOGNE. I, 553. Concile douteux.
346 (Vers). ANTIOCHE. I, 151. Conciliabule.
347. MILAN. I, 1271. Concile
347. LATOPOLE. I, 1042. Concile.
347. SARDIQUE. II, 778. Concile général, considéré comme faisant suite au 1er de Nicée.
347. PHILIPPOPOLIS ou SARDIQUE. II, 801. Conciliabule.
348 ou 349. AFRIQUE. I, 20. Concile.
348. NUMIDIE. I, 143. Conciliabule.
349. NUMIDIE. II, 143 Conciliabule.
349. CORDOUE. I, 780. Concile.
349 ou 5-6. Jérusalem. I, 1004. Conc.
349. ROME. II, 563. Concile.
349 ou 350. ALEXANDRIE. I, 75. Conc.
349 à 351 (De). JÉRUSALEM. I, 1005. Conciliabule et Concile.
349 ou 350. MILAN. I, 1272. Concile.
350. SIRMICH. II, 877. Concile.
351. BAZAS. I, 317. Concile.
351. SIRMICH. II, 878. Concile réprouvé.
352. ROME. II, 569. Concile.
353 ou 354. ARLES. I, 202. Concile.
354 ou 355. ANTIOCHE. I, 152. Conciliabule.
355 (Vers). GAULES ou POITIERS ou TOULOUSE. I, 948. Concile.
356 ou 358. ANTIOCHE. I, 152. Conciliabule.
355. BÉZIERS. I, 553. Conciliabule.
357. SIRMICH II, 884. Conciliabule.
358. ALLEMAGNE. I, 995 Concile.
358. ANCYRE en Galatie. I, 109. Conciliabule.
358. MELITINE. I, 1259. Concile.
359. NÉOCÉSARÉE. II, 26. Concile.
358. ROME. II, 569. Concile.
359. NICÉE de Bithynie. Le Synodique fait mention de ce conciliabule tenu par les ariens la même année que le suivant, mais qu'il dit avoir été dissipé par un tremblement de terre. Mansi, Conc. t. III.
359. NICÉE de Thrace. II, 118. Conciliabule.
359. RIMINI. II, 557. Conc. réprouvé.
359. SÉLEUCIE. II, 831. Concile réprouvé.
359. SIRMICH. II, 885. Conciliabule.
360 ou 362 (Vers). ACHAÏE. I, 11. Concile.
360. CONSTANTINOPLE. II, 662. Conciliabule.
360. ou 361. PARIS. II, 220. Concile

1er de Paris.
361. ANTIOCHE. I, 152 et 155. Concile et Conciabule.
362. ALEXANDRIE. I, 75. Concile.
362. ANTIOCHE. I, 155. Conciliabule.
3 2 (Vers). ESPAGNE. I, 837. Conc.
362 (Vers). GAULES. I, 918. Conc.
362. MACEDOINE I, 1253 Concile.
362. THÉVETTE. II, 951. Conc. hab.
363. ANTIOCHE. I, 156. Concile.
363 ou 364. ÉGYPTE. I, 809. Concile.
385. ou 386 selon Lenglet. ZÈLE. II, 1506. Conciliabule.
364 ou 375. GANGRES. I, 944. Conc.
364. LAMPSACTE. I, 1147. Concile.
364. LAODICÉE. I, 1045. Concile.
364. ROME. II, 569. Concile.
365 ou 367, ou 375. ILLYRIE. I, 986. Concile.
365. TYANE. II, 1194. Concile non reçu.
366. ROME. II, 569. Concile.
366. SICILE. II, 872. Concile.
367. ANTIOCHE de Carie. I, 150. Conciliabule.
367. ROME. II, 569. Concile.
367. ROME. Concile pour justifier le pape Damase. Lengl.
367. SNOIDON. II, 876. Conciliabule.
368. ROME. II, 569. Concile.
369. AFRIQUE. I, 23. Concile.
369 ROME II, 569. Concile.
370 (Vers). ALEXANDRIE. I, 82. Conc.
370 ou 372. CAPPADOCE ou CÉSARÉE. I, 458. Concile.
371. GAULES. I, 918. Concile.
372 ou 376 CYZIQUE I, 790. Concile
372 NICOPOLIS. II, 118. Concile.
373 ou 374. VALENCE en Dauph. Conc.
374. ROME. II, 570. Concile.
II, 1215. Concile 1er de ce nom.
375. ANCYRE en Galatie. I, 110. Conciliabule.
575 ou 363. PAPUZE ou PUZE. II, 220. Conciliabule.
375. TOURS. II, 1027. Concile.
376. GAULES. I, 948. Concile.
377 ou 378. ROME. II, 570. Concile.
579, ou 377 selon Mansi. ANTIOCHE. I, 157. Concile.
579. ROME. II, 571. Concile.
580 (Vers l'an). ACHAVANS. I, 981. Concile.
380. MILAN. I, 1272. Concile.
380. SARRAGOSSE. II, 774. Concile 1er de ce nom.
381. AQUILÉE. I, 171. Concile.
381. CONSTANTINOPLE. I, 672. Concile 2e œcuménique.
381. ITALIE. I, 996. Concile.
381. ROME. II, 571. Concile.
382. CONSTANTINOPLE. I, 659. Conc.
382. ROME. II, 571. Concile.
383 ou 384. ANTIOCHE. I, 159. Conc.
383, ou 390 selon Lenglet. CONSTANTINOPLE. I, 692. Concile.
383, ou 385, ou 395. NîMES. II, 123 et 124. Concile.
383, selon Mansi. SIDE. II, 872. On y refusa d'admettre à la communion Adelphe, hérétique massalien, malgré les témoignages qu'il donnait de son repentir, parce qu'il paraissait manquer de sincérité.
384 ou 385. BORDEAUX. I, 343. Conc.
385 ou 585. TRÈVES. II, 1139. Conc.
386. CARTHAGE. I, 471. Concile.
386. GAULES, lieu incertain. II, 746. Concile.
586. LEPTES. I, 1112. Concile.
587. ROME. II, 572. Concile.
585. ZELLE. Concile sur la discipline. Lengl. d'apr. Hardouin seul. Voy. 363.
388 ou 589. ANTIOCHE. I, 160. Conc.
589, ou 591 selon Mansi. CAPOUE. I, 431. Concile.
390. CARTHAGE. I, 471. Concile.
390. MILAN. I, 1272. Concile.
590. ROME. II, 573. **Concile.**

590. THESSALONIQUE. II, 953. Concile.
591 ou 593. ANCYRE ou SANGARE. II, 773. Conciliabule.
593. AFRIQUE ou HIPPONE. I, 974. Concile.
393. CABARSUSSE. I, 393. Conciliab.
395. CARTHAGE. I, 474. Concile.
594. ADRUMÈTE. I, 13. Concile.
594. BAGAï. I, 254. Conciliabule.
594. CONSTANTINOPLE. I, 694. Conc.
594. CAVERNES. I, 551. Conciliabule.
595. HIPPONE. I, 979.
596. TOLÈDE. II, 940. Concile.
597. AFRIQUE ou CARTHAGE. I, 474. Concile.
598. CARTHAGE. I, 482. Concile.
599. AFRIQUE ou CARTHAGE. I, 491. Concile.
599. ALEXANDRIE. I, 85. Concile.
599 ou 401. CHYPRE. I, 59 . Concile.
599. CONSTANTINOPLE. I, 694. Concile.
599. JÉRUSALEM. I, 1005. Concile.
599 SÉLEUCIE en Perse. II, 445. Conc.
IVe siècle, année incertaine. CARTHAGE. II, 742. Conciliabule.
400. CARTHAGE. I, 491. Concile.
400. CONSTANTINOPLE. I, 696. Concile.
403. ROME. II, 575. Concile.
400 ou 405. TOLÈDE. II, 940. Conc.
4e ou 5e siècle. PIÉGES. I, 935 Conc.
401. AFRIQUE ou CARTHAGE. I, 491. Concile.
401, ou 402 s lon Lenglet. ÉPHÈSE. I, 851. Concile.
401. TURIN. II, 1189. Concile.
402. AFRIQUE ou MILÈVE. I, 1316. Concile.
412. ROME. II, 575. Concile.
403. AFRIQUE ou CARTHAGE. I, 493. Concile.
403. CHÊNE. I, 554. Conciliabule.
403. CONSTANTINOPLE. I, 699. Concile.
403. AFRIQUE ou CARTHAGE. I, 495. Concile.
404. CONSTANTINOPLE. I, 699. **Concile.**
405. AFRIQUE ou CARTHAGE. I, 497. Concile.
405. ITALIE ou ROME I, 996. Concile.
416. TOLÈDE. Concile tenu sur quelques plaintes portées contre des évêques. Lengl. d'apr. Fabricius.
407. AFRIQUE ou CARTHAGE. I, 498. Concile.
408. AFRIQUE ou CARTHAGE. I, 501. Concile.
409. AFRIQUE ou CARTHAGE. I, 501. Concile.
410. AFRIQUE ou CARTHAGE. I, 501. Concile.
410. SÉLEUCIE. II, 815. Concile.
411 BRAGUE. I, 370. Concile.
411. CARTHAGE. I, 503 et 510. Conc.
411. PTOLÉMAÏDE. II, 446. Syn. dioc.
412 CIRTHE ou ZERTHE. I, 561. Conc.
414. CARTHAGE. I, 511. Concile.
414. MACÉDOINE. Concile provincial, confirmé par le pape Innocent Ier.
415. DIOSPOLIS ou PALESTINE. I, 795. Concile.
415. ILLYRIE. I, 987. Concile.
415. JÉRUSALEM. I, 1005. Concile.
415, ou 417 selon Lenglet. TUSDRE. II, 1194. Concile.
416. CARTHAGE. I, 54. Concile.
416. MILÈVE. I, 1317. Concile.
417. CARTHAGE. I, 513. Concile.
417. ROME. II, 576. Synode.
418. AFRIQUE ou CARTHAGE. I, 431. Concile.
418. AFRIQUE ou CARTHAGE. I, 517. Concile
418 ou 421. ANTIOCHE. I, 162. Conc.
418. CÉSARÉE de Mauritanie. I, 555. Concile.
418. HIPPONE. I, 980. Concile.
418. MAZAZÈNE. I, 1221. Concile.
418. ROME. II, 580. Synode.
418. SEPTMUNIQUE. II, 866. Concile.
418. SUFFETULA. II, 911. **Concile.**

418. Tel'e ou Telepte. II, 951. Conc.
418 ou 411. Thenise ou Thènes. II, 953. Concile.
419. Afrique ou Carthage. I, 518. Concile.
419. Ravenne. II, 464. Concile.
419. Valence en Dauphiné. II, 1216. Concile.
420. Ctésiphon. I, 787. Concile.
421. Carthage. I, 519. Concile.
421 ou 419 selon Lenglet. Corinthe. I, 721. Concile.
422. Hippone ou Numidie. I, 380. Concile.
423. Cilicie. I, 561. Concile.
424. Carthage. I, 520. Concile.
424 ou 425. Rome. II, 583. Décret contre les pélagiens.
426. Afrique ou Carthage. I, 520. Concile.
426. Constantinople. I, 699. Conc.
426. Hippone. I, 981. Concile.
427. Orient. II, 170. Concile.
428 ou 429. Constantinople. I, 700. Concile.
429. Gaules. I, 918. Concile.
429. Troyes. II, 1179. Concile.
430. Saint-Alban. I, 63. Concile.
430. Alexand ie. I, 85. Concile.
430. Alexandrie. I, 86. Concile.
430. Alexandrie. I, 87. Concile.
Année incertaine. Quarojuton, en Arménie. Concile tenu contre les pélagiens. On y anathématisa ceux qui niaient que les enfants fussent baptisés pour la rémission des péchés, ou qu'ils eussent contracté d'Adam quelque péché originel, dont ils eussent besoin d'être lavés par le sacrement de la régénération. Conc. Armen. anni 1342. in Collect. vet. monum. D. Martene, t. VII.
430. Perse. II, 387. Concile dit de l'Arche.
430. Rome. II, 585. Concile.
431. Anazarbe. I, 100. Conciliabule.
431 ou 452. Antioche. I, 162. Conc.
431. Constantinople. I, 701. Concile.
431 ou 432. Constantinople. I, 702. Concile
431. Éphèse. I, 832 et 862. Concile 3e œcuménique.
431. Éphèse. I, 861. Conciliabule.
431. Rome. II, 584. Concile.
431 ou 432. Tarse. II, 950. Conciliab.
433. Rome. II, 584. Concile.
432, ou 433 selon Lenglet. Zeugma. II, 1350. Concile.
434. Antioche. Concile tenu contre Nestorius. Lenglet, d'apr. Fabricius.
434. Constantinople. I, 702. Concile.
435. Anazarbe. I, 101 Concile.
435 ou 436. Antioche. I, 162. Conc.
435. Arménie. I, 224. Concile.
435, ou 434 selon Lenglet. Tarse. II, 950. Concile.
435. Thessalonique. Concile, peut-être le même que le suivant. Lenglet, d'apr. Baluze.
437. Illyrie et peut-être Thessalonique. Nous ne connaissons ce concile que par une lettre qu'adressa le pape Sixte III aux évêques qui y étaient assemblés. Mansi, Conc. t. V.
438 selon Lenglet, ou 440 selon Mansi. Antioche. I, 162 Concile.
438. Constantinople. Concile tenu pour la foi catholique. Lenglet, d'apr. Fabricius. C'est peut-être le même que celui que nous rapportons plus bas à l'an 439.
439. Constantinople. I, 703. Concile.
439 et 549 (Entre) Forojuliensis. I, 927. Synodus. Le décret que rapporte Marlène de ce prétendu concile n'est autre que celui du concile de Valence de l'an 574, dans l'affaire d'Acceptus, évêque nommé de Fréjus. Voy. Valence, l'an 574.

459. Riez. II, 553. Conc. provincial d'Arles.
441. Orange. II, 147. Concile de la province d'Arles.
442. Narbonne. II, 53. Concile
442. Vaison. II, 1211. Concile.
443. Arles. I, 205. Concile.
443 ou 444. Rome. II, 584. Concile.
444. Besançon. I, 526. Concile.
444. Constantinople. I, 703. Concile.
444. ou 440 selon Lenglet (Vers). Éphèse. I, 887. Concile.
444. Gaules ou Besançon. I, 526. Concile.
445. Antioche. I, 163. Concile.
445 ou 445. Astorga. I, 226. Conc.
445. Hiéraples ou Orient. II, 170. Concile.
445. Rome. II, 585. Concile.
446 (Vers). Bretagne ou Verlamcaster. II, 1250. Concile.
447. Éphèse. Concile au sujet de Bassien, évêque de cette ville. Lenglet, d'apr. Baluze seul.
447 ou 448. Galice, ou Celenense, ou Espagne. I, 911. Concile.
447. Rome. II, 587. Concile.
447. Tolède. I, 943. Concile.
448. Antioche. I, 163. Conc le.
448. Byzte ou Tyr. I, 526.
448. Constantinople. I, 703. Concile.
448. Constantinople. I, 703. Autre concile.
449. Alexandrie. I, 90. Conciliab.
449. Constantinople. I, 714. Concile
449. Éphèse. I, 888. Brigandage.
449. Rome II, 587. Concile.
450. Constantinople. I, 712. Concile.
450 ou 456 (Vers). Irlande ou Saint-Patrice. I 950. Concile.
450 ou 456 (Vers). Irlande ou Saint-Patrice. I, 953. Autre Concile.
451. Alexandrie. I, 90. Selon Lenglet, il y eut cette année deux conciles tenus à Alexandrie pour la conversion des eutychiens.
451. Antioche. Concile tenu pour la conversion des eutychiens. Lenglet, d'apr. Baluze.
451. Chalcédoine. I, 394. Concile 4e œcuménique.
451. Constantinople. Concile tenu pour la conversion des eutychiens. Lenglet, d'apr. Baluze.
451. Gaules. I, 943. Concile.
451. Milan. I, 1273. Concile.
451. Rome. II, 588. Deux conciles furent tenus cette année à Rome, selon Lenglet, pour ramener les eutychiens à la foi catholique.
451. Thessalonique. Concile tenu pour ramener les eutychiens à la foi catholique. Lenglet, d'apr. Baluze.
451, ou 444 selon Lenglet. Vienne en France. II, 1260. Concile.
452, ou 465, ou 461. Arles. I, 207. Concile.
453. Angers. I, 111. Concile.
455 Jérusalem. I, 1007. Concile.
455. Orient. II, 170. Concile non reconnu.
454. Bourges. I, 453. Concile.
455 ou 457 (Vers). Thessalunique. II, 933. Concile.
457. Alexandrie. I, 90. Conciliabule.
457 (Vers). Constantinople. I, 713. Concile.
458. Rome. II, 588. Concile.
459. Constantinople. I, 714. Concile.
460. Lyon. II, 729. Concile.
461, ou 460 selon Lenglet. Lyon. I, 1177. Concile.
461. Tours. II, 1027. Concile 1er de ce nom.
461. Vannes. II, 1256. Concile.
462. Rome. II, 588. Concile
463. Arles. II, 221. Concile.
464 ou 465. Espagne ou Taragone. II, 922. Concile.

465. Caverie. I, 447. Concile.
465. Rome. II, 589. Concile.
467 (Vers). Rome. Concile tenu par le pape Simplice, en confirmation du concile de Chalcédoine. Labbe, t. IV.
470. Chalons-sur-Saône. I, 558. Concile.
472. Antioche. I, 163. Concile.
472. Bourges. I, 555. Concile.
474. Valence. II, 1217. Concile. Gall. Christ. t. IV, col. 862.
474. Vienne en Dauphiné. II, 1260. Synode.
475 (Vers l'an). Arles. I, 208. Conc.
475. Lyon. I, 1178. Concile.
476 ou 477. Éphèse. I, 895. Conciliab.
477. Alexandrie. I, 90. Conciliabule.
478. Constantinople. I, 714. Concile.
478. Cyr. I, 720. Synode.
478. Orient ou Antioche. I, 164. Concile.
480. Rome. II, 590. Concile.
481. Laodicée. On y rétablit sur le siège d'Antioche Etienne, que les partisans de Pierre le Foulon avaient accusé faussement de nestorianisme. Labbe, ex Synodico.
482. Alexandrie. I, 90. Synode.
482. Antioche. I, 164. Concile.
482. Antioche. I, 164. Autre concile.
482. Tours. II, 1028. Concile.
483. Rome. II, 590. Concile.
484. Alexandrie. I, 91. Conciliabule.
484. Carthage. I, 522. Conférence.
484. Rome. II, 571. Concile.
484. Rome. II, 591. Autre concile.
485. Alexandrie. I, 91. Concile.
485. Æsculianum. I, 186. Concile douteux.
485. Rome. II, 592. Concile.
485 ou 485. Rome. II, 593. Concile.
485. Séleucie. II, 846. Conciliabule nestorien.
485. Séleucie. II, 846. Concile.
487 ou 488. Rome. II, 593. Concile.
490. Lyon. I, 1178. Concile.
492. Constantinople. I, 714. Concile.
493. Rome. II, 595. Concile.
495. Gandisapor ou Beth-Lapet. I, 1041. Conciliabule.
495. Rome. II, 599. Concile.
495. Séleucie. II, 846. Conciliabule.
496 ou 497 (Vers). Constantinople. I, 715. Conciliabule.
498 (Vers). Constantinople. I, 715. Concile.
496. Reims. II, 482. Assemblée ecclésiastique.
498. Constantinople. I, 715. Synod.
499. Constantinople. Concile où l'on condamne Nestorius et Eutychès. Lenglet, d'apr. Baluze.
499. Constantinople. Conciliabule contre le concile de Chalcédoine. Lenglet, d'apr. Baluze ; peut-être est-ce le même que celui que nous avons rapporté à l'an 498.
497. Perse. II, 588. Conciliabule de nestoriens.
499. Rome. II, 600. Concile.
500, ou 499 selon Lenglet. Lyon. I, 1178. Concile.
500. Rome. II, 101. Concile.
501. Orange. II, 154. Concile.
501. Rome. II, 601. Concile.
502. Rome. II, 604. Concile.
503. Rome ou Palme. II, 605. Conc.
504. Rome. II, 609. Concile.
506. Agde. I, 29. Concile.
506 ou 7. Toulouse. II, 1009. Conc.
507, ou 504 selon Lenglet. Byzacène. I, 292. Concile.
508. Antioche. I, 164. Concile non reconnu.
511. Orléans. II, 179. 1er Concile. Ce fut un concile national.
511, ou 521 selon Lenglet. Sidon. II, 875. Conciliabule.
512. Constantinople. I, 715. Conci-

TABLE CHRONOLOGIQUE DES CONCILES

liabule.
512. LANDAFF ou GRANDE-BRETAGNE. I, 1018. Synode.
515. AGAUNE. I, 27. Concile.
516. BRETAGNE. II. 742. Ass. d'év.
516. CONSTANTINOPLE. I, 715. Conciliabule.
516. ÉPIRE. I, 896. Concile.
516. GAULES. I, 949. Concile.
516, ou 515 selon Lenglet. ILLYRIE. I, 987. Concile.
516 LYON. I, 1182. Concile.
516 ou 517. MANS. II, 730. Concile.
516. TARRAGONE. II, 922. Concile.
517. ÉPAONE. I, 847. Concile.
517 GIRONE. I, 936. Concile provincial de Tarragone.
517. LYON. I, 1182. Concile.
517. REIMS. II, 482. Concile.
518. CONSTANTINOPLE. I, 715. Conc.
518 JÉRUSALEM. I, 1007. Concile.
518. THESSALONIQUE. II, 933. Conc.
518. TYR. II, 1204. Concile.
519 BRÉVI. I, 385. Concile.
519. CONSTANTINOPLE. I, 716. Conc.
519. CAERLÉON. I, 593. Concile général de Bretagne.
519. GRANDE-BRETAGNE. I, 385. Conc.
519. ROME. II, 610. Concile.
520. CONSTANTINOPLE. I, 717. Conc.
520. TOURNAY. II, 1024. Synode.
521. SARDAIGNE ou ANDRÉA. Il nous reste de ce concile une lettre synodique, souscrite par les évêques d'Afrique exilés en Sardaigne. Labb. IV.
523. AGAUNE ou ST.-MAURICE. I, 28. Concile.
523, ou 524 selon Lenglet. JUNQUE. I, 1010. Concile.
524. ARLES. I, 210. Concile.
524 ou 546. LÉRIDA. I, 1112. Concila.
524. SUIFÈTE. II, 910. Concile.
525. AFRIQUE ou CARTHAGE. I, 526. Concile.
525. CLERMONT. I, 562. Concile.
527. CARPENTRAS. I, 460. Concile.
527. MAINE. I, 1213. Assemb. d'év.
527 ou 531. TOLÈDE. II, 948. Concile.
529. ORANGE. II, 154. Conc. de la prov. d'Arles, confirmé par le saint siége.
529. VAISON. II, 1214. Concile. C'est par erreur que nous avons donné, t. I, col. 317, ce même concile sous le nom de concile de Bazas.
529 ou 30. VALENCE en Dauphiné. II, 1217. Concile.
530, ou 524 selon Lenglet. ANGERS. I, 113. Concile.
530 ou 31. LARISSE. I, 1041. Concile.
530. REIMS. II, 482. Concile.
530. ROME. II, 611. Concile.
530 ou 31. CONSTANTINOPLE, I, 717. Concile.
531. ROME. II, 611. Concile.
532 ou 533. CONSTANTINOPLE ou ORIENT. I, 718, et II, 170. Conférence.
533 ou 536. ORLÉANS. II, 183 et 184. 2e Concile d'O... Ce concile fut national.
534 ou 35. AFRIQUE ou CARTHAGE. I, 527. Concile.
534, ou 532 selon Labbe. ROME. II, 612. Concile.
535. CLERMONT ou AUVERGNE (a). I, 562. Concile.
556. CONSTANTINOPLE. I, 718. Synod.
556. JÉRUSALEM. I, 1007. Concile.
536. SYRIE. II, 920. Concile.
536. THEVIS, ou THEVIN, ou THIBE. II, 934. Concile réprouvé.
558. GAULES. I, 949. Concile.
538. ORLÉANS. II, 184. Ce concile, 3e des conciles d'Orléans, fut national comme les deux premiers.
540. BARCELONE. I, 310. Concile.
540. ORLÉANS. II, 189. Conciliabule.
54.1. BYZACÈNE. I, 392. Concile.
541 ou 42. GAZA. I, 950. Concile.

541. ORLÉANS. II. 189. Ce concile, 4e d'Orléans, fut national comme les trois premiers.
542. ANTIOCHE. I, 164. Concile.
543, ou 558 selon Lenglet. CONSTANTINOPLE. I, 719. Concile.
544. PERSE. II, 388. Conciliabule.
545 ARLES ou NARBONNE. II, 413. Conc.
545. ORLÉANS. Concile tenu sur la discipline. Ibid.
546. VALLADOLID.
546. VALENCE en Espagne. II, 1221, Concile.
547 ou 48. CONSTANTINOPLE. I, 720. Concile.
549 ou 50. CLERMONT ou AUVERGNE. I, 564. Concile.
549. ORLÉANS. II, 192. Concile 5e d'Orléans, national comme les quatre premiers.
550, ou 551 selon Lenglet. AFRIQUE ou CARTHAGE. I, 527. Concile non approuvé.
550. ILLYRIE. I, 987. Concile non reconnu.
550. METZ. I, 1266. Concile.
550 MOPSUESTE, I, 1326. Concile.
550. TOUL. II, 1007. C'est par erreur que l'abbé Lenglet (Tabl. chronol.) a placé ce concile à Tulles en Limousin.
551. CONSTANTINOPLE. I, 721. Conc.
551 ou 52, ou 553 selon Mansi. PARIS. II, 222. Concile 2e de Paris : il fut général, ou assemblé de plusieurs provinces.
552. TIBER. II, 938. Conciliabule, qui par là être le même que celui que nous avons déjà rapporté à l'an 536, et nommé conciliabule de Thibe avec le P. Richard. L'ère arménienne, qui date de ce conciliabule, commence à l'an 552 de l'ère chrétienne, si l'on en croit Fréret. Vo Mém. de l'acad. des inscr. t. XIX.
553. CONSTANTINOPLE, I, 721. Concile 5e œcuménique.
553. JÉRUSALEM. I, 1007. Concile.
553. PERSE. II, 388. Conciliabule.
554. ARLES. I, 211. Concile.
555. PETITE-BRETAGNE. I, 385. Conc.
557 ou 583 selon Lenglet. AQUILÉE. I, 180. Conciliabule.
557. PARIS. II, 222. Concile, 3e de Paris, assemblé de tout le royaume soumis à Childebert.
558 (Ver). UZÈS. II, 1212. Synode.
560. ANTIOCHE. Concile tenu pour la défense du concile de Chalcédoine. Lengl. ex Sinodico veteri.
560 ou 63. BRAGUE. I, 371. Concile.
562 ou 569, ou 572 selon Lenglet. LUGO. I, 1178. Concile.
562 ou 563. SAINTES. II, 752. Concil. provincial de Bordeaux.
562 (Vers). THÈVES ou THÉVIN. II, 934. Conciliabule, 2e de ce nom.
565, ou 550 selon Lenglet. CONSTANTINOPLE. I, 752. Conciliabule.
566 ou 7. LYON. II, 1183. Concile.
566 ou 7. TOURS. II, 1028. Concile, 2e de ce nom.
566. TRÈVES. II, 1160. Syn. diocésain.
570. LYON. I, 1183. Concile.
572. BRAGUE. I, 376. Concile.
573. PARIS. II, 225. Concile, 4e de Paris, assemblé de tout le royaume soumis à Gontran.
575. LYON. I, 1184. Concile.
576. PARIS. Concile au sujet d'un différend entre les deux rois Gontran et Chilpéric. Lengl. d'apr. Labb.
576, ou 566 selon Lenglet. SÉLEUCIE. II, 817. Conciliabule.
577. PARIS. II, 224. Concile, 2e de ce nom.

578. ÉGYPTE. I, 810. Conciliabule.
579. CHALONS-SUR-SAÔNE. I, 538. Concile.
579. GRADO. I, 961 Concile légatin.
579, ou 581. ou 582. MACON. I, 1203. Concile, 1er de ce nom.
579. SAINTES. II, 752. Concile.
580. BERNI ou BRAINE. I, 325. Conc.
581. ALEXANDRIE. I, 91. Concile.
581. CHALONS-SUR-SAÔNE ou GAULES. I, 949. Concile.
581, ou 85, ou 86. LYON. I, 1184. Concile.
581. ORLÉANS. II, 196. Voy. LYON, même année.
581 ou 85. TOLÈDE. II, 949. Conciliabule.
584. ROUEN. II, 687. Concile.
584 ou 5. VALENCE en Dauphiné. II, 1217. Concile, 2e de ce nom, mal à propos rapporté par Lenglet à l'an 589.
585, ou 578 selon Lenglet. AUXERRE. I, 258. Synode.
585. ou 584 selon Lenglet. MACON. I, 1206. Concile, 2e de ce nom.
585. ORIENT. II, 177. Conciliabule.
587. ANDELOT. I. 110. Assemblée.
587. ou 586 selon Lenglet CLERMONT ou AUVERGNE. I, 564. Concile.
587. LYON. Concile tenu en faveur des pauvres ladres. Lenglet. Nous croyons que l'abbé Lenglet s'est trompé en faisant de ce concile un concile différent de celui qu'il a rapporté comme nous à l'an 581, et dont le sixième canon est en faveur des lépreux.
587. TOLÈDE. II, 949. Conférence.
587. ou 88. GAULES ou NORMANDIE. I, 949. II, 155. Concile.
588. CONSTANTINOPLE. I. 732. Conc.
588. EMBRUN. I, 830. Concile.
588. PERSE. II. 385. Conciliabule.
589. ALEXANDRIE. I, 91. Concile.
589 CHALONS-SUR-SAÔNE. I, 538. Concile.
589. NARBONNE. II. 31. Concile.
589 ou 590, ou 592 selon Lenglet. POITIERS. II, 419. Concile.
589. ROME. II, 612. Concile.
589 ou 90. SÉVILLE. II, 867. Concile, 1er de ce nom.
589. TOLÈDE. II. 950. Concile.
591 AUTUN. I, 236. Synode.
590. GAULES ou GEVAUDAN. I, 955. Concile.
590. MARANO. I, 1221. Concile.
590. METZ. I, 1266. Concile.
590. ROME. II, 612. Concile.
589 ou 90. SAURCY ou SOURCY. II, 809 et 904. Concile.
591. TRIBUR. I, 993. Conciliabule.
591. NANTERRE. II, 44. Ass. mixte.
591. ROME. II, 613. Concile.
591. SALONE. II, 762. Synode.
592. SARRAGOSSE. II, 766. Concile, 2e de ce nom.
593, ou 590 selon Lenglet. NUMIDIE. II, 143. Concile non reconnu.
594. CARTHAGE. I, 528. Concile.
594 CHALONS-SUR-SAÔNE. I, 539. Conc.
595. ROME. II, 613. Concile.
596. PERSE. II, 389. Conciliabule.
597, ou 560 selon Lenglet. (Vers). LANDAFF. I, 1018. Trois Synodes.
597. TOLÈDE. II, 956. Concile.
598. HUESCA. I, 982. Concile.
599. BARCELONE. I. 311. Concile.
599. CONSTANTINOPLE. I, 733. Conc.
600. ROME. II. 614. Concile.
601. ROME. II, 614. Concile.
601. SENS. II, 852. Concile.
602. BYZACÈNE. I, 392. Conc. prov.
602 ou 603. NUMIDIE. II, 143. Concile provincial.
603. CHALONS-SUR-SAÔNE. I, 539. Concile.
604, ou 601 selon Lenglet. BRETA-

(a) La capitale de l'Auvergne ne prit le nom de Clermont, *Clarus Mons*, que sous le règne de Pépin le Bref.

ET APPENDICES AU DICTIONNAIRE.

LNE DU WORCHESTER. II, 1925. Concile.
605. CANTORBÉRY. I, 448. Concile.
605 (Vers). LONDRES. I, 1112. Conc.
6 6. ROME. II, 615. Concile.
607. PERSE. II, 389. Conciliabule.
610. ROME. II, 615. Concile.
610. TOLÈDE. II, 957. Concile.
611 ou 615, ou 618. GAULES, ou BONNEUIL, ou PARIS, ou plutôt lieu incertain. I, 312. Concile.
614 ou 15. TARRAGONE ou EGARA. I, 808. Concile.
615. PARIS. II, 225. Concile national, 5e de Paris.
616. CONSTANCE. I, 626. Synode.
617, ou 616 selon Lenglet. CANTORBERY. I, 448. Concile.
619. SÉVILLE. II, 867. Concile 2e de ce nom.
622. CHARNE. I, 549. Concile.
623. MACON. Gall. Christ. 8, IV, col. 2059. Ce concile est le même que le suivant, quoiqu'il en soit distingué par l'abbé Lenglet.
624. MACON. I, 1209. Concile.
625 ou 28, ou 39. CLICHY. I, 570. Concile.
625, ou 630 selon Lenglet. REIMS. Concile, 1er de ce nom, assemblé de la partie des Gaules soumise au roi Clotaire.
626. CONSTANTINOPLE. I, 733. Conciliabule.
627. CLICHY. I, 571. Concile, peut-être le même que celui marqué à l'an 625.
630 (Vers). ALEXANDRIE. I, 91. Conciliabule.
630. ECOSSE. Conciliabule, où l'on voulut que la pâque se célébrât le 14 même de la lune de mars. Lenglet d'après Pagi.
630. LÉNIA. I, 1110. Concile.
630. LECHLEN. I, 1110. Concile
633. CLICHY. I, 571. Concile, peut-être le même que celui rapporté déjà à l'an 625.
633 (ers). CONSTANTINOPLE. I, 733. C'est le conciliabule de 626, ou encore le même que celui que nous avons rapporté à l'an 639, et qui se trouve marqué à l'an 638 dans la collection de Mansi, X, 605.
633. TOLÈDE. II, 957. Concile.
634. JÉRUSALEM. I, 1007. Concile.
634 ou 645 (Vers). ORLÉANS. II, 196. Concile, 6e d'Orléans, national comme les cinq premiers.
636. CLICHY. I, 571. Concile.
636. MAYENCE. I, 1224. Ass. mixte.
636. TOLÈDE. II, 969. Concile, 5e de ce nom.
637. TOLÈDE. Concile où le roi Chintila ou Sinti'la décréta l'expulsion des infidèles de ses États. Lenglet d'apr. Labb. et Hard.
638 ou 639. CONSTANTINOPLE. I, 733. Conciliabule.
638. JÉRUSALEM. Concile assemblé pour envoyer à Rome les reliques de saint Ignace, martyr. Lengl. d'apr. Tillemont. Ne serait-ce pas le même que celui que nous avons rapporté à l'an 631 ?
638. PARIS. II, 227. Assembl. mixte.
638. TOLÈDE. II, 969. Concile.
639 ou 640. CONSTANTINOPLE. I, 733. C'est le conciliabule tenu par Pyrrhus, et rapporté à l'an 616 dans la collection de Mansi, X, 607.
640, ou 641 selon Labbe. ROME. II, 616. Concile.
613. CHYPRE. Concile tenu contre les monothé ites. Lengl. d'apr. Mansi.
645. AFRIQUE. I, 23. Conférence.
645. NISIBE. II, 122. Conciliabule.
646. AFRIQUE ou MAURITANIE. I, 25. Concile.
646. BYZACÈNE. I, 582. Conc. prov.
646. NUMIDIE. II, 145. Conc. prov.

646. TOLÈDE. II, 969. Concile, 7e de ce nom.
617 et 650 (Entre). SAINT-SIMÉON ou SÉLEU IE. II, 736. Conciliabule tenu par les nestoriens.
618. BOURGES. I, 353. Concile provincial.
644. ROME. II, 617. Concile.
649. LATRAN ou ROME. I 1041 Conc.
649. PARIS ou FRANCE. II, 227. Conc.
649 ou 50. ROME. II, 617. Concile.
650. CHALONS-SUR-SAÔNE. I, 539. Concile, 1er de ce nom.
650. ROUEN. II, 687. Concile.
650. THESSALONIQUE. II, 933. Deux conciles réprouvés.
653. CLICHY. I, 571. Conc., peut-être le même que celui rapporté plus haut.
653. TOLÈDE. II, 972. Concile, 8e de ce nom.
654. SÉLEUCIE. II, 847. Conciliabule.
655. TOL DE. II, 973.
655. TOLÈDE. II, 973. Concile, 10e de ce nom.
657 ou 659. MALAY-LE-ROI. I, 1214. Concile.
657. SENS. II, 852. Concile, peut-être le même que celui tenu à Malay-le-Roi.
658. NANTES. II, 14. Conc. national.
658 (Vers l'an). PARIS. II, 228. Assemblée ecclésiastique.
659. TOLÈDE. Concile sur la fête de l'Annonciation. Lenglet.
660. PÉTERSBOURG. II, 591. Assemblée mixte.
661 ou 683. AUTUN. Concile tenu sous saint Léger. C'est sans doute le même que celui que nous rapportons à l'an 670, quoiqu'il en soit distingué par Lenglet.
662. CAEN. II, 156. Concile.
664. ANGLETERRE ou PHARE. II, 596. Concile au sujet de la Pâque.
664. PARIS. II, 228. Concile.
664. STRENESHAL. II, 908. Confér.
664. TRÈVES. II, 1160. Syn. dioc.
665. CONSTANTINOPLE. II, 751. Conciliabule.
666. MÉRIDA. I, 1261. Concile.
667. CRÈTE. I, 787. Concile.
667. SENS. II, 852. Concile.
669 ou 90. SENS. II, 852. Concile.
670. AUTUN. I, 256. Concile.
670. BORDEAUX. I, 353. Concile.
673. HERFORD. I, 971. Concile.
675. BRAGUE. I, 377. Concile.
675. TOLÈDE. II, 978. Concile, 11e de ce nom.
676. CRÉCI. I, 784. Concile.
677, ou 678 selon Lenglet. MARLY ou peut-être MORLAY en Champagne. I, 1222. Concile.
677. ORIENT. II, 177. Conciliabule.
678, ou 683 selon Lenglet. GAULES. I, 611. Concile.
679. GAULES. I, 630. Concile.
679. MILAN. I, 1273. Concile.
679, ou 678 selon Lenglet. ROME. II, 617. Concile.
680, ou 679 selon Lenglet. ANGLETERRE ou HERFELD, ou HETFELD. I, 971 et 972. Concile.
680. CONSTANTINOPLE. I, 734. Concile 6e œcuménique.
680. NORTHUMBERLAND. II, 159. Conc.
680. ROME. II, 619. Concile.
681. TOLÈDE. II, 982. Concile, 12e de ce nom.
682. ARLES. I, 413. Concile.
683. TOLÈDE. II, 984. Concile, 13e de ce nom.
684. IRLANDE. II, 752. Concile.
684. ROME. II, 621. Concile.
684. TOLÈDE. II, 985. Concile, 14e de ce nom.
685. CANTORBÉRY ou TWIFORD. II, 1194. Concile.
686. VILL-ROI. II, 1269. Conciliab.
688. GAULES. II, 930. Concile.

688. TOLÈDE. II, 986. Concile, 15e de ce nom.
691. SARAGOSSE. II, 776. Concile.
6 2. ANGLETERRE ou BRETAGNE I, 385. Concile.
692 ou 694 (Vers). BACANCELD. I, 233. Concile.
692. CONSTANTINOPLE. I, 748. Concile in Trullo.
692 selon Labbe, ou 689, ou 693 selon Lenglet, ou 687 selon Longueval. ROUEN. II, 687. Concile.
693. TOLÈDE. II, 987. Concile, 16e de ce nom.
694. ORIENT. II, 177. Conciliabule
694. TOLÈDE. II, 989. Concile, 17e d ce nom.
695 (Vers). AUXERRE. I, 242. Syn.
695. BERGAMSTÈDE. I, 324. Concile.
697. UTRECHT. II, 1207. Concile.
598. AQUILÉE. I, 180. Concile.
700 (Vers). WORMS. II, 1215. Conc.
701. ANGLETERRE. I, 127. Concile.
701, ou 2, ou 4. TOLÈDE. II, 990. Conc le, 18e de ce nom.
703. NETFIELD ou ESTREVALD. II, 56. Concile national.
704. ROME. II, 621. Concile.
705. ADERBOURN. I. 12. Concile.
705. MERCIE. I, 1261. Concile.
705. NID ou NIDDRE. II. in l. Conc. nat.
705. ROME. II, 622. Conc le.
705. WEST-SAXONS ou WESSEX. II, 1281. Concile.
705 (Vers l'an). WEST-SAXONS ou WESSEX. II, 1281. Con ile.
708. TONGRES. II, 1001. Synode.
709. ALNE I, 93. Concile.
709. TONGRES. II, 1001. Synode.
710. LIÈGE. I, 1119. Synode.
710. ROME. II, 622. Concile.
712. CONSTANTINOPLE I, 756. Concile œ.
712 ou 714. LONDRES. I, 1112. Deux conciles.
712. WEST-SAXONS. II, 1281. Concile.
713. CONSTANTINOPLE. I, 756. Deux conciles.
715. WALARE. II, 1275. Concile.
719. MAESTRICHT. I, 1210. Concile.
721. ROME. II, 622. Concile.
724. ROME. II, 625. Concile.
725. JÉRUSALEM. I, 1008. Concile.
726 ou 31. ROME. II, 622. Concile.
726. SYRIE. II, 920. Conciliabule.
730. CONSTANTINOPLE. I, 757. Conc.
730. ORIENT. II, 177. Conciliabule.
731 (Vers). RAVENNE. II, 464. Conc.
731. ROME. II, 624. Concile.
732. ROME. II, 624. Concile.
738. WORCHESTER. II, 1243. Concile.
740. BAVIÈRE. I, 314. Concile.
740 et 755 (Entre). TARMANE. II, 921. Conciliabule.
741. DANUBE, ou RATISBONNE selon Lenglet. I, 791. Concile.
742. ALLEMAGNE ou AUGSBOURG. I, 91. Concile.
742. CLOVESHOU. I, 571. Concile.
743. LESTINES. I, 1117. Concile.
744. ALLEMAGNE ou GERMANIE. I, 953. Concile légat in.
744, ou 745 selon Labbe. ROME. II, 625. Concile.
744. SOISSONS. II, 835. Concile. nat.
745. ALLEMAGNE. I, 93. Concile.
745, ou 747 selon Lenglet. CLOVESHOU. I, 571. Concile.
745. ROME. II, 626. Concile.
747. ALL M GNE. I, 93. Concile.
748. DUREN. I, 800. Concile.
752 ou 753. MAYENCE. I, 1225. Conc.
753 (Vers). GAULES. II, 746. Concile.
753. ROME. I, 626. Concile dout ux.
755, ou 752 selon Lenglet. VERBERIE. II, 1243. Concile.
754. CONSTANTINOPLE. I, 757. Conciliabule.
754. GRÈCE. I, 966. Conciliabule.

755. Hiérapleen Syrie. II, 178. Conciliabule tenu par les jacobites.
755. Vern ou Verneuil. II, 12 1. Conc.
756. Angleterre. I, 127. Concile.
756. Cantorbery ou Kenterbury. I, 1011. Synode.
756 ou 757. Compiègne. I, 618. Conc.
756. Lestines. I, 1116. C'est le même, selon le P. Pagi, que celui de l'an 745.
756, ou 755 selon Lenglet. Metz. I, 1268. Concile.
757 ou 758. Compiègne. I, 620. Conc.
757. Rome. II, 626. Concile.
759. Constance. I, 625. Synode.
759. Germanie ou Allemagne. I, 955 Concile.
759. Tela. II, 951. Conciliabule.
761. As heim. I, 225. Concile.
761. Duren. I, 800 Assembl. mixte.
761. Fréjus. II, 746 Syn de.
761. Rome. II, 626. Conc le.
761. Volvic. II, 1275. Ass. mixte.
763. Nevers. Assemblée tenue par Pepin, résolu à punir l'infidélité de Gaifre, duc d'Aquitaine. Lenglet.
764. Gaules. II, 747. Concile sans doute le même que celui de Volvic.
764. Worms. II, 1293. Ass. mixte.
765. Attigny. I, 227. Concile.
- 765. Freysingen. I, 955. Synode.
765 (Vers l'an). Palestine. II, 219. Concile.
765, ou 755 selon Lenglet. Sarco. II, 804. Conciliabule.
766, ou 767 selon Lenglet. Gentilli. I, 952. Concile.
766. Orléans. II, 197. Ass. ou Plaid.
767. Bourges. I, 555. Concile.
767. Rome. Conciliabule tenu par l'antipape Constantin, mais dont les actes furent brûlés par le concile de l'an 769. Lenglet.
768 ou 69. Ratisbonne II, 459. Conc.
768. Saint-Denis. I, 791. Ass. mixte.
768. Saint-Goar. I, 960. Concile.
769. Bourges. I, 365. Concile.
769. Rome. II, 627. Conc le.
770. Dalma ou Slaves. II, 832. Concile de Aux.
770. Worms. II, 1295. Concile.
771. Valen iennes. II, 1252. Concile.
772. Bavière ou D.ngelfind. I, 792. Concile.
772. Worms. II, 1295. Assemblée.
773. Freysingen. I, 955. Synode.
773. Genève. I, 952. Assemblée.
774. Duren. I, 800. Synode.
774. Rome. II, 627. Concile supposé.
775. Duren. I, 800. Synode.
775. Worms. II, 1295. Assemblée.
777. Paderborn. I, 211. Concile.
779. Duren. I, 800. Synode.
779. Héristal. I, 972. Assemblée.
780. Lipstadt ou Paderborn. II, 211. Concile.
780 (Vers). Rome. II, 627. Concile.
781. Worms. II, 1295. Assemblée.
782. Cologne. I, 544. Concile.
782. Lipstadt ou Paderborn. II, 211. Assemblée mixte.
783 ou 787. Calchute. I, 428. Conc.
785. Paderborn. II, 211. Ass. mixte.
786. Constantinople. I, 757. Conc.
786. Worms. II, 1294. Assemblée.
787. Nicée. II, 93. VII° Concile œcuménique. II° de Nicée.
787. Worms. II, 1294. Assemblée.
788. Acleth. I, 11. Concile.
788. Finkeley. I, 916. Concile.
788. Ingelheim. I, 988. Concile.
788 ou 791. Narbonne. II, 35. Conc.
789. Aix-la-Chapelle. I, 39. Capitul.
791 ou 95. Aquilée ou Friol. I, 959 Concile.
792. Ratisbonne. II, 459. Concile.
792. Rome. II, 627. Concile.
793. Beth-Boten. I, 555. Concile.
793. Espagne ou Tolède. I, 897. Conc.
793. Verlam-Caster. II, 1250. Conc.

794. Celchite ou Calchute. II, 742. Concile.
794. Francfort. I, 929. Concile.
794. Rome. II, 627. Conc le.
794. Verlam-Caster. II, 1250. Concile.
795. Irlande. I, 935. Co cile.
796 ou 795. Bagancelt. I, 251. Conc.
796. Cantorbery ou Kenterbury. I, 1011. Concile.
797. Gaules ou Tours. I, 950. Conc.
797. Aix-la-Chapelle. I, 40. Concile et Capitulaire.
797. Clovesou. I, 575. Concile.
798. Ratisbonne. II, 459. Concile.
799. Aix-la-Chapelle. I, 42. Conc.
799. Ratisbonne. II, 459. Syn. dioc.
799. Risbach. II, 585. Concile.
799. Rome. II, 627. Concile.
799. ou 800 selon Lenglet. Urgel. II, 1206. Concile.
799. Yorck ou Finckley. I, 916. Conc.
800. Clovesou. I, 575. Concile.
800 (Après l'an). Gaules. I, 951. Conc.
800. Mantes. I, 1219. Concile.
800 (Vers). Mayence. II, 750. Assemblée mixte.
800. Rome. II, 628. Concile.
802. Tours. II, 1054. Ass. mixte.
802. Aix-la-Chapelle. I, 42. Conc.
802. Altino. I, 94. Concile.
803. Clovesou. I, 575. Concile.
803. Ratisbonne. II, 460 Concile.
803. Worms. II, 1294. Conc ile.
804. Perse. II, 389. Conciliabule.
804. Salz. II, 762. Assembl. mixte.
804. Tegernsel. II, 951. Concile.
805 ou 806. Constantinople. II, 751. Concile.
806, ou 807 selon Lenglet. Constantinople. I, 757. Con ile.
806. France. Assemblée où Charlemagne fait le partage de son royaume.
807, ou 806 selon Lenglet. Saltzbourg. II, 765. Concile.
809. Aix-la-Chapelle. I, 45. Concile.
809, ou 804 selon Lenglet. Constantinople. I, 757. Conciliabule.
809. Freysingen. I, 935. Synode.
810. Constantinople. I, 757. Conc.
810. Ratisbonne. II, 460. Concile.
810. Rome. II, 629. Conférence.
811. Mercie ou Winchelcombe. II, 1232. Assemblée.
812. Aix-l -Chapelle. I, 43. Conc.
812. Constantinople. I, 758. Conc.
813. Aix-la-Chapelle. I, 43. Conc.
813. Arles. I, 211. Concile dit 6° d'Arles.
813 Chalons-sur-Saone. I, 541. Concile, 2° de ce nom.
813. Mayence. I, 1225. Concile.
813. Reims. II, 455. Concile, 2° de ce nom.
813. Rouen. II, 688. Concile provincial.
813 Tours. II, 1054. Concile provincial, dit 3°.
814. Constantinople. I, 758. Il y eut cette année quatre conciles assemblés à Constantinople, selon Mansi.
814, ou 816 selon Lenglet. Lyon. I, 1184. Concile.
814. Noyon. II, 139. Concile provincial de Reims.
814. Thionville. Concile en faveur des prêtres maltraités. Lenglet. d'apr. La b. et Hard.
814. Trèves. II, 1160. Concile.
815. Constantinople. I, 753. Conciliabule.
815. Freysingen. I, 935. Synode.
815. Paderborn. II, 210. Assemblée mixte
816. Aix-la-Chapelle. I, 46. Conc.
816. Celchute. I, 551. Concile.
816. Compiègne II, 744. Concile.
816. Rome. II, 632. Concile.
817. Aix-la-Chapelle. I, 51. Assem-

blée nationale et Chapitre.
817. Freysingen. I, 956. Synode.
817. Ingelheim. I, 988. Concile.
817. Ratisbonne. II, 461. Concile.
818. Aix-la-Chapelle. I, 58. Conc.
818. Freysingen. I, 956. Synode.
818. Vannes. II, 1253. Ass. mixte.
818 (Vers). Venise. II, 1210. Conc.
819. Aix-la-Chapelle. I, 58. Ass.
819. Freysingen. I, 956. Synode.
820. Cantorbery. I, 418. Concile.
820. Freysingen. I, 955. Synode.
820, ou 797 selon Lenglet. Orléans. II, 197. Synode diocésain.
821. Constantinople. I, 758. Concile.
821. Freysingen. I, 956. Synode.
821. Nimègue. Assemblée. Lenglet. d'apr. Chifflet seul.
821. Oslaveshlem. II, 202. Concile.
821. Thionville. II, 955. Concile assemblé de plusieurs provinces.
822. Attigny. I, 227. Concile.
822. Clovesou. I, 575. Concile.
822. Freysingen. I, 956. Synode.
822. Reims. II, 487. Concile provincial.
822. Trèves. II, 1170. Concile.
825. Compiègne. II, 744. Concile.
825. Lata n ou Rome. II, 632. Conc.
825. Port. II, 453. Concile.
825. Rome. II, 632. Concile.
824 ou 25. Clovesou. I, 575. Conc.
825. Aix-la-Chapelle. I, 58. Conc.
825. Paris. II, 225. Assemblée générale des évêques de France.
826. Ingelheim. I, 990. Ass. mixte.
826. Rome. II, 633. Concile.
826. Utrecht ou Walkeren. II, 1276. Synode.
827. Freysingen. I, 956. Synode.
827. Mantoue. I, 1219. Deux Conc.
828. Aix-la-Chapelle. I, 59. Ass.
828. Freysingen. I, 956. Synode.
828. Toulouse. II, 1010 Concile.
82 . Blaque nes ou Constantinople I, 758, et II, 741. Conciliabule.
829, ou 828 selon Lenglet. Lyon. I, 1184. Concile.
829. Mayence. I, 1229. Concile.
829. Paris. II, 254. Concile dit 6° de Paris.
829. Toulouse. II, 1010. Concile.
829. Worms. II, 1294. Assemblée.
850. Freysingen. I, 956. Synode.
850. Langr s. I, 1020. Concile.
850 ou 51. Nimègue. II, 125. Assemblée ecclésiastique.
851. Aix-la-Chapelle. I, 59. Conc.
851. Hambourg. I, 970. Concile.
851. Noyon Concile tenu contre Jessé, évêque d'Amiens. Lenglet.
852. Constantinople. Conciliabule tenu contre les saintes images. Lenglet d'après Fabricius.
853. St.-Denis ou Paris. I, 791. Concile.
853. Compiègne. I, 618. Concile non approuvé.
855. Londres. I, 1112. Concile.
855. Worms. II, 1295. Concile.
854 ou 855. Attigny. I, 227. Conc.
854. Metz. Concile où l'empereur excommunié par Ebbon, archevêque de Reims, est absous. Lengl. d'apr. Labb. et Hard.
854. Saint-Denis I, 791. Concile.
855. Crémieu (Stram niacense). I, 785. Concile.
855. Lyon. II, 750. Concile.
855. Mantoue. Concile au sujet du patriarchat de Grade. Lengl. d'apr. Le Cointe, t. VII° p. 568. Voy. à l'an 827.
855. Metz. I, 1268. Concile.
855. Thionville. II, 956. Concile.
856. Aix-la-Chapelle. I, 59. Conc.
856. Frise ou Utrecht. Synode tenu par saint Frédéric, évêque d'Utrecht, qui y dressa un symbole sur le modèle de celui de saint Athanase contre l'er-

ET APPENDICES AU DICTIONNAIRE.

reur arienne qui était reparue dans ces contrées. *Conc. Germ. t. II.*
83. Aix-la-Chapelle. I, 61. Conc.
838. Kingstown. I, 1012. Concile.
838, ou 837 selon Lenglet. Quercy (*Carisiacum*). II, 452. Concile.
838. Toul. II, 1007. Synode.
839. Chalons-sur-Saone I, 546. Conc.
839. Ciméti (*Theutina*). II, 933. Syn.
839. Mans. II, 730. Syn. diocésain.
839. Térouanne. II, 952. Synode.
840. Ingelheim. I, 989. Concile.
841. Allemagne ou Fontenai. I, 93. Concile.
841. Tours. II, 1037. Synode.
841. Auxerre ou Toury. II, 1034. Assemblée mixte.
842. Aix-la-Chapelle. I, 61. Conc.
842. Bourges. I, 355. Concile.
842. Constantinople. I, 759. Conc.
842. Germigny. I, 955. Concile.
842. Milan. II, 721. Concile.
842. Quercy. II, 454. Assemb. eccl.
843. Coulaine. I, 781. Concile.
843. Freysingen. I, 956. Synode.
843. Germigny. I, 955. Concile.
843. Loire. I, 1141. Concile.
844. Thionville. II, 937. Concile.
844. Toulouse. II, 1010. Concile.
844. Vern ou Verneuil. II, 1233. Concile.
845. Beauvais. I, 318. Concile.
845. Meaux. I, 1247. Concile.
845. Paderborn. II, 211. Ass. mixte.
846. Constantinople. I, 759. Conc.
846. Paris. II, 239. Conc. national.
846. Sens. II, 852. Concile.
847. Constantinople. I, 759. Conc.
847, ou 848. Epernay. I, 831. Conc.
847. Mayence. I, 1229. Concile.
847. Paris. II, 240. Concile où se trouvèrent des légats, et les archevêques de Rouen, de Sens, de Reims et de Tours.
848. Limoges. I, 1135. Concile.
848. Lyon. I, 1184. Concile.
848. Mayence. I, 1233. Concile.
848. ou 846 selon Lenglet. Petite-Bretagne, ou Rennes, ou Redon, ou Vannes. I, 387, et II, 482. Concile.
848. Rome. II, 635. Concile.
849. Chartres. I, 550. Concile.
849. Paris ou Tours. II, 241. Concile des évêques de France.
849. Quercy. II, 455. Concile.
849. Rome. II, 635. Concile.
850. Germanie. I, 954. Concile.
850. Moret. I, 1326. Concile.
850. Pavie. II, 377. Concile.
850. Rome. II, 635. Concile.
850. Sens ou Moret. II, 852. Conc.
851, ou 850 selon Lenglet. Beningdon. I, 324. Concile.
851. Kingsbury. I, 1011. Concile.
851. Soissons. II, 894. Concile.
852. Cordoue. I, 780. Conciliabule.
852. Mayence. I, 1233. Concile.
852, ou 853 selon Lenglet. Sens. II, 852. Concile.
853. Germigny. II, 748. Concile.
853. Paris. II, 242. Concile.
853. Pavie. II, 380. Assemblée d'évêques et de seigneurs.
853. Quercy. II, 455. Concile.
853. Rome. II, 635. Concile.
853. Sens. II, 852. Concile.
853. Soissons. II, 894. Concile.
853. Verberie. II, 1246. Concile.
853. Bonneuil. I, 342. Concile.
853. Pavie. II, 380. Concile.
853. Rome. II, 636. Concile.
855. Valence en Dauphiné. II, 1217. Concile.
855. Winchester. II, 1282. Concile général d'Angleterre.
856. Mayence. II, 781. Concile.
856. Rome. II, 636. Concile.
857. Mayence. I, 1234. Concile.
857, ou 859 selon Lenglet. Metz. I, Synode.

1268. Concile.
857. Quercy. II, 456. Concile.
857. Worms. II, 1295. Concile.
858 ou 859. Constantinople. I, 759. Concile.
858. Quercy. II, 456 et 457. Concile des provinces réunies de Reims et de Rouen.
858. Soissons. II, 896. Concile.
858. Tours. II, 1057. Concile.
858. Tours. II, 1038. Conc. provinc.
858. Langres ou Saint-Jaumes. I, 997. Concile.
859. Savonières ou Toul. II, 811. Concile assemblé de douze provinces.
859. Sisteron ou Sisteril. II, 891. Concile.
860. Aix-la-Chapelle. I, 62. Conc.
860. Aix-la-Chapelle. I, 62. Autre concile.
860. Coblentz. I, 576. Concile.
860. Freysingen. I, 956. Synode.
860. Gaules. I, 950. Concile.
860. Mayence. II, 1234. Concile.
860. Milan. I, 1273. Concile.
860, ou 866 selon Lenglet. Toul ou Tousy. II, 1034. Concile assemblé de douze ou quatorze provinces.
861. Constantinople I, 759. Conciliabule.
861. Rome. II, 637. Concile.
861. Senlis. II, 849. Conc. légatin.
861. Soissons. II, 896. Concile.
862. Aix-la-Chapelle. I, 62. Concile.
862. Pitres. II, 408. Concile assemblé de quatre provinces.
862. Rome. II, 637. Concile.
862. Sablonnières. II, 720. Concile.
862. Sens. II, 852. Concile.
862. Soissons. II, 896. Deux conc.
862. *JUSTENSIS*. I, 1010. Conventus.
863. Aquitaine. I, 185. Concile.
863. *Convicinum*. I, 880. Concile.
863. Metz. I, 1268. Concile.
863 ou 862. Rome. II, 637. Concile.
863, ou 862 suivant Mansi. Rome. II, 637. Concile.
863. Senlis. II, 849. Conc. légatin.
863. Verberie. II, 1246. Concile.
864. Constance. I, 627. Synode.
864. Latran ou Rome. II, 638. Conc.
864. Pitres. II, 408. Concile.
864, ou 863 selon Lenglet. Schirvan. II, 814. Concile.
865. Attigny. I, 227. Concile.
865. Rome. II, 639. Concile.
866. Pavie. II, 381. Concile.
866. Soissons. II, 896. Concile.
867. Constantinople. I, 760. Concili.
867. Constantinople. I, 760. Concile.
867. Troyes. II, 1180. Concile.
868. Gaules ou Bourgogne. I, 950. Concile.
868. Pitres. II, 408. Concile en faveur d'Hincmar de Laon.
868. Quercy. II, 458. Concile composé de prélats de plusieurs provinces, outre ceux de la province de Reims.
868. Rome. II, 639. Concile.
868. Rome. II, 640. Autre Conc.
868. Trèves. II, 1160. Conventicule.
868. Worms. II, 1296. Conc. national.
869. Cologne. I, 584. Concile.
869. Constantinople. I, 760. Concile 8° œcuménique.
869. Laon. II, *init.* Synode diocésain.
869. Metz. I, 1268. Concile.
869. Orient. II, 178. Conciliabule.
869. Pitres. II, 408. Concile.
869. Rome ou Mont-Cassin. I, 529. Concile tenu par le pape Adr en II.
869. Verberie. II, 1246. Concile.
870. Attigny. I, 227. Concile.
870. Cologne. I, 584. Concile.
870. Spalatro. II, 904. Concile.
870. Vienne en Dauphiné. II, 1260. Synode.

871. Compiègne. I, 620. Conc. prov
871. Douzi. I, 796. Concile.
871. Orléans ou Bou. II, 197. Synode diocésain.
872. Rome. II, 640. Concile.
873. Chalons-sur-Saône. I, 546. Concile.
873. Cologne. I, 584. Concile.
873. Francfort. I, 934. Assemblée d'évêques.
873, ou 877, ou 901. Oviédo. II, 203. Concile.
873. Senlis. II, 849. Conc. des deux provinces de Sens et de Reims.
874. Arles ou Narbonne. II, 445. Concile.
874. Douzi. I, 797. Concile.
874. Ravennes. II, 464. Concile présidé par le pape Jean VIII.
874. Reims. II, 488. Synode dioces.
875. Chalons-sur-Saône. I, 547. Concile.
875. Rome. II, 640. Concile.
876. Laon. II, *init.* Syn. diocésain.
876. Pavie. II. 581. Concile en partie politique et en partie disciplinaire.
876. Pontion. II, 432. Concile national présidé par deux légats.
876. Reims. II, 488. Assembl. mixte.
876. Rome. II, 640. Concile.
877. Cologne. Concile. Les évêques de la province s'étant réunis à Cologne pour la dédicace de l'église métropolitaine de Saint-Pierre qui venait d'être achevée, Alfred, évêque d'Hildesheim, profita de cette occasion pour faire approuver de tous ses collègues les privilèges du couvent de religieuses d'Asnide, qu'il venait lui-même de fonder. Cette pièce paraît à D. Mabillon supposée, et Mansi, qui rapporte les raisons du savant bénédictin, ne dit rien pour les réfuter. *Mansi, Conc. t. VIII; Mab., Ann. Ord. S. Bened. ad hunc ann.*
877. Compiègne. I, 620. Deux conc.
877. Ravenne. II, 464. Concile présidé par le pape Jean VIII.
877. Rome. II, 640. Concile.
878. Neustrie. II, 57. Concile p ésidé par Hincmar, archev. de Reims.
878, ou 877 selon Lenglet. Pavie. II, 382. Concile sur la disci. line.
878. Rome. II, 640. Concile.
878 (Vers). Rouen. II, 688. Concile.
878. Troyes. II, 1180. Concile tenu par le pape Jean VIII.
879. Alexandrie. I, 91. Concile.
879. Antioche. I, 164. Concile.
879. Constantinople. I, 768. Concile.
879. Jérusalem. I, 108. Concile.
879. Mante en Dauphiné. I, 1219. Concile.
879. Narbonne. II, 36. Concile assemblé des deux provinces d'Arles et de Narbonne.
879. Reims. II, 489. Concile.
879. Rome. II, 640. Concile.
879. Rome. II, 410. Deux conciles.
879 (Vers). Toulouse. II, 1010 Conc.
880 Chalons-sur-Saône. I, 547. Concile prétendu, que nous avons cité sur la foi de M. de Mas-Latrie; mais nous n'en avons trouvé de traces nulle part, pas même dans le *Gallia Christiana*, où il renvoie son lecteur.
880. Germanie. I, 954. Concile.
880. Milan. II, 721. Conc provincial.
880. Rome. II, 641. Concile.
881. Fimes. I, 914. Concile.
881. Rome. II, 611. Concile.
881. Rome. II, 641. Autre concile.
881. Rome. II, 642. 3e concile.
881, ou 881 selon Lenglet. Ravenne. II, 466. Assemblée mixte présidée par le pape Jean VIII.
883. Rome. II, 642. Concile.
883. Toulouse. II, 1010. Concile.
884. Rome. II, 642. Concile.

885. ITALIE. T. 996. Concile tenu par le pape Adrien III.
886 ou 87. CHALONS-SUR-SAÔNE. I, 547, et II, 756. Concile.
886. ITALIE. I, 996. Concile.
886 ou 887 (Vers). LANDAFF. I, 1018, et II, 724. Trois synodes.
886. LONDRES. II, 734. Concile.
887 (Vers). CHALONS-SUR-SAÔNE. I, 547. Concile.
887. COLOGNE. I, 584. Concile.
887 (Vers). LANDAFF. I, 1018. Sept synodes dont les époques sont incertaines.
887 (Vers). NIMES ou PORT. II, 454. Concile.
887. SAINT-ELPIDE. II, 725. Concile.
887. TOURS. II, 1038. Concile.
887. URGEL. II, 1206. Concile.
888. AGAUNE ou SAINT-MAURICE. I, 28. Concile.
888. MAYENCE. I, 1254. Concile assemblé des trois provinces de Mayence, de Cologne et de Trèves.
888. METZ. I, 1268. Concile provincial de Trèves.
889. PAVIE. II, 382. Concile en partie politique, et en partie disciplinaire.
889. VARENNES. II, 1258. Concile.
890. FORCHEIM. I, 926. Concile.
890. VALENCE en Dauphiné. II, 1220. Concile.
890. WORMS. II, 1299. Conc. légatin.
891. MEDUN. I, 1255. Concile.
892. ANGLETERRE. I, 127. Concile.
892. FRANCFORT. I, 934. Concile.
892. REIMS. II, 489. Concile.
892. VIENNE en Dauphiné. II, 1260. Concile légatin.
893 et 900 (Entre). CHALONS-SUR-MARNE. I, 745. Synode.
893. CONSTANTINOPLE. I, 771. Conc.
893. REIMS. II, 489. Concile en faveur du pape Formose. (Gall. Chr., t. III, col. 14).
893. ROME II, 642. Concile.
894. CHALONS-SUR-SAÔNE. I, 547. Concile.
894. FLATIGNY. I, 916. Synode.
894. JONQUIÈRES (apud Juniarias). I, 1009. Concile de Maguelone, tenu à Jonquières.
895 (Vers). ANGLETERRE. I, 127. Concile.
895. TRIBUR. II, 1170. Concile.
896 ou 897. ROME. II, 642. Concile.
897 ou 898. NIMES ou PORT. II, 454. Concile.
898. AIX-LA-CHAPELLE. I, 63. Syn.
808 ou 902. RAVENNE. II, 466. Conc.
898. ROME. II, 642. Concile.
898 ou 900. ROME. II, 645. Concile.
898. TRÈVES. II, 1160. Synode.
899. SALTZBOURG. I, 765. Concile.
893. SOISSONS. II. 987. Concile imaginaire, commentitium, disent les auteurs mêmes du Gallia Christiana, que cite M. de Mas-Latrie en témoignage de son existence.
900. COMPOSTELLE. I, 624. Concile.
900. (Vers). LANDAFF. II, 724 et 724. Deux synodes.
900 ou 903. LATRAN ou ROME. I, 1048, et II, 645. Concile.
900 ou environ. NORMANDIE. Concile dont le lieu et le temps sont incertains, mais que l'on croit du neuvième au dixième siècle, sur la discipline. Lenglet, d'apr. Bessin.
900. REIMS. II, 489. Concile.
900 (Vers) ROME. II, 645. Concile.
900 ou 905. ROME ou LATRAN. I, 1048. Concile.
901, ou 899 selon Lenglet. CONSTANTINOPLE. I, 771. Deux conciles non reconnus.
902. ATTILLY ou NARBONNE. I, 228. Concile. Lengl. d'apr. Martène, Thes. anecd. IV.
903. BAVIÈRE ou OTTINGEN. I, 314, et II, 203. Synode.
903. FORCHEIM. I, 926. Concile.
904. ROME. II, 645. Concile.
905, ou 904 selon Lenglet. ANGLETERRE. I, 127. Concile.
905. GIRONE. I, 938. Syn. diocésain.
906. BARCELONE. I, 511. Concile de la province de Narbonne.
906. BAVIÈRE. I, 514. Concile.
906. HOLTZEKIRICH. I, 982. Assemblée d'évêques.
906. MACON ou SAINT-OYANT. II, 212, et I, 1209. Concile.
906. ROME. II, 645. Concile.
906. SCÔNE. II, 814. Concile.
907. CESSERON, au diocèse d'Agde. Gall. Chr. t. VI, col. 23.
907. NARBONNE ou SAINT-TIBÉRI. II, 36 et 938. Concile provincial.
907. VIENNE en Dauphiné. II, 1261. Synode.
908. BERGAME. II, 758. Synode.
908. FREYSINGEN. I, 936. Synode.
909. JONQUIÈRES ou MAGUELONE. I, 1009. Concile.
909. SOISSONS. Sur la discipline. Lengl. d'apr. Lubb. et Hard.
909. TROLI. II, 1176. Concile.
910 (Vers). LANDAFF. II, 725. Syn.
910. ROME. II, 646. Concile.
911. CONSTANTINOPLE. I, 772. Concile non reconnu.
911. FONTAINE-COUVERTE ou NARBONNE. II, 36. Concile.
912. HALBERSTADT. I, 967. Synode.
912. LYON. I, 1185. Concile.
912, ou 920 selon Labbe. SENS. II, 853. Concile.
912. TOURS. II, 1038. Concile.
913. PARIS ou FRANCE. II, 242. Concile national.
915. CHALONS-SUR-SAÔNE. I, 547. Conc.
916. ALTHEIM. I, 93. Concile.
916. TOUL. II, 1007. Synode.
918. CONSTANTINOPLE. Contre le schisme. Lengl. d'apr. Mansi. Voyez 920.
920. CONSTANTINOPLE. I, 772. Conc.
920. LIÈGE. I, 1120. Synode.
921. BONN. I, 342. Congrès.
921. TROLI. II, 1179. Concile.
922. COLLENTZ. I, 576. Concile.
923 ou 924. REIMS. II, 489. Concile de la prov. de Reims, lieu incertain.
924. TROLI. II, 1119. Concile.
925 (Vers). LANDAFF. II, 725. Deux synodes.
925 Tours. II, 1038. Synode.
926. CHARLIEU. I, 549. Synode.
927, ou 926 selon Lenglet. DUISBOURG. I, 800. Concile.
927. TRÈVES. II, 1160. Conc. prov.
927. TROLI. II, 1179. Concile.
928. GRATELEAN. I, 963. Concile national d'Angleterre.
931. ALTHEIM. I, 94. Concile.
932. DINGELFIND. I, 795. Concile.
932. EUFURTH. I, 896. Concile.
932. RATISBONNE. II, 461. Concile.
933. CHATEAU-THIERRY. I, 554. Conc.
934 ou 35. FIMES. I, 916. Concile.
935. WALLES. II, 1276. Ass. génér.
936. REIMS. II, 490. Assemb. mixte.
937. AUSÈDE. I, 256. Concile.
937. PAVIE. II, 382. Concile.
937. POITIERS. II, 419. Synode dioc.
938. COMPOSTELLE ou SAINT-JACQUES. I, 997. Concile.
940. CAMBRIDGE. Lengl. d'apr. Spelman, t. I.
940. ANDREA ou FONTAINE ou NARBONNE. II, 36. Concile, sans doute le même que celui qui a été rapporté à l'an 911.
941. REIMS. II, 490. Concile.
941. SOISSONS. II, 897. Concile.
942. BONN. I, 342. Concile.
943. BUNDEN. II, 742. Concile.
943. CANTORBERY. II, 721. Conc. prov.
943 ou 50. LANDAFF. I, 1018, et II, 725. Synode.
944. CONSTANTINOPLE. I, 772. Conciliabule.
944. DUISBOURG. I, 800. Ass. génér.
944. LONDRES. I, 1142. Concile.
944. TOURNUS. II, 1026. Concile légatin.
946, ou 947 selon Lenglet. ASTORGA. I, 228. Concile.
947 ou 944. ELNE ou FONTAINE. Concile peut-être le même que le précédent.
947. NARBONNE. II, 36. Conc. prov.
947. VERDUN. II, 1249. Concile.
948. COLOGNE. I, 584. Concile.
948. INGELHEIM. I, 989. Concile légatin.
948. LAON. I, 1040. Concile.
948. LONDRES. I, 1143. Concile.
948. MOUZON. I, 1326. Concile.
948. TRÈVES. II, 1160. Conc. légatin.
949. ROME. II, 646. Concile.
949. TOURNUS. II, 1006. Concile.
952. AUGSBOURG. I, 230. Concile.
952. FRANCFORT. I, 934. Concile.
953. REIMS ou ST.-THIERRY. II, 935. Concile.
954. RAVENNE. II, 467. Concile.
9 5. BOURGOGNE. I, 569. Concile.
955, ou 950 selon Lenglet. LANDAFF. I, 1018. Synode.
955. PADOUE. II, 215. Synode.
956. REIMS. II, 646. Concile.
958. INGELHEIM. I, 9.0. Concile.
959. QUIDLIMBOURG. II, 448. Assemblée ecclésiast que.
961. RATISBONNE. II, 461. Ass. eccl.
962. MEAUX ou MARNE. I, 1222. Conc.
962. ROME. II, 646. Concile.
963. CONSTANTINOPLE. I, 772. Conc.
963. LAON. I, 1041. Synode.
963. ROME. II, 646. Conciliabule.
964, ou 959 selon Lenglet. BRANDORFORD. I, 389. Concile.
964. ROME. II, 647. Concile.
964. ROME. II, 648. Autre concile.
965. COLOGNE. I, 585. Concile.
965. QUEDLIMBOURG. II, 447. Assemblée ecclésiastique.
965. WINCHESTER. II, 1282. Assembl.
967. RAVENNE. II, 467. Concile présidé par le pape Jean XIII.
967. ROME. II, 649. Concile.
967. VERDUN. II, 1249. Concile.
967. VÉRONE. II, 1236. Concile.
968. LIÈGE. I, 1120. Synode.
968. RAVENNE. II, 467. Concile présidé par le pape Jean XIII.
967 et 968. ROME. II, 649. Concile.
968. SAINT-GALL. I, 911. Concile.
969. ANGLETERRE ou CANTORBERY. I, 127. Concile national.
969. CONSTANTINOPLE. I, 772. Conc.
969 (Vers). MAYENCE. I, 1256. Deux conciles.
969. MILAN. I, 1275. Concile.
969. ROME. II, 649. Concile.
969. ROME. II, 649. Autre concile.
970. MAGDEBOURG. I, 1210. Concile légatin.
970. METZ. I, 1269. Synode diocés.
971. COMPOSTELLE. I, 624. Concile.
971. LONDRES. I, 1143. Concile.
971. ROME. II, 649. Concile.
971. TOUL. II, 1007. Synode.
972. ANDREA ou MONT-SAINTE-MARIE. I, 1325. Concile.
972. INGELHEIM. I, 990. Concile.
972. ROME. II, 649. Concile.
973. ANDREA ou MONT-SAINTE-MARIE. I, 1325. Concile.
973. BATH. I, 314. Concile.
973. MARZELLE. I, 1225. Concile.
973. MODÈNE. I, 1318. Concile.
973. ROME. II, 650. Concile.
974 ou 975 CONSTANTINOPLE. I, 772.

Concile.
975. REIMS. II, 490. Concile légatin.
975. ROME. II. 650. Concile.
975. WINCHESTER. II, 1282. Concile.
976. *LAUREACUM* ou LORC. I,1105 et 1174. Il faut lire LORC. et non LORE. Conc.
976. RAVENNE. II, 467. Concile.
977, ou 978 selon Lenglet. AMBRES-BIRE. I, 98. Concile.
977, ou 978 selon Lenglet. CALW. I, 450. Concile.
977. KYRTLINGTON. I, 1012. Concile.
977. RIPOLL. II, 553. Assembl. d'év.
978. KETLING ou ABRENDON. II, 730. Concile.
979 ou 980. INGELHEIM. I, 990. Conc.
979. ROME II. 650. Concile.
980. LIÈGE. I, 1120. Synode.
980. SENS. II. 854. Concile.
980 et 982 (Entre). REIMS. II, 490. Concile.
981. ROME. II, 630. Concile.
981. TRÈVES. II, 1161. Synode.
982. ROME. II, 650. Concile.
982. TOUL. II, 1008. Synode.
983 (1er juin). CHARROUX. Ce concile paraît ne devoir pas être confondu avec celui de l'an 989 cité plus bas. *Gall. chr.* t. II, p. 511.
983. ROME. II, 650. Concile.
983. TOUL. II, 1008. Synode.
985. *LAUREACUM* ou LORC. I, 1105. Concile.
985. REIMS II, 490. Concile provinc.
986. SENS. II, 854. Concile.
987. REIMS. II, 490. Concile.
988, ou 982 selon Lenglet. LANDAFF. I, 1019. Concile.
988 ou 990. SENLIS. II, 849. Concile.
989. CHARROUX. I, 549. Concile.
989. REIMS. II, 491. Concile.
990. FÉCAMP. I, 902. Réunion d'év.
990 ou 994 (Vers). NARBONNE. II, 56. Concile unique, dont l'abbé Lenglet a fait par erreur deux conciles distincts.
991. CANTORBERY. I, 448. Concile.
991. HALBERSTADT. I, 967. Synode.
991, ou 992 selon Lenglet. SAINT-BASLE ou REIMS. II, 491. Concile.
991. URGEL. II, 1206. Synode.
992. AIX-LA-CHAPELLE. I, 65. Conc.
993. REIMS. II, 498. Concile provinc.
993. ROME. II, 651. Concile.
994 ANSE. I, 129. Concile.
994. PUY. *Gall. Chr.* t. VI, col. 618. Ce concile est imaginaire : on a lu *Aniciense*, concile du Puy, pour *Ansanum*, concile d'Anse, le seul qui ait eu lieu. Les auteurs eux-mêmes du *Gallia Christiana* ont commis cette faute, et l'ont répétée à l'an 990, dans l'*Index generalis* du tome VI.
995. GANDERSHEIM. I, 944. Concile.
995. MOUZON. I, 1527. Conc. légatin.
995. REIMS. II, 498. Concile.
994 ou 995. VÉRONE. II, 1236. Conc.
996, ou ROME. II, 651. Concile.
996, ou 997 selon Lenglet. SAINT-DENIS. I, 791. Concile.
996, ou 995 selon Lenglet. SENS. II, 854. Concile.
997. CONSTANTINOPLE, sur les mariages. Lengl. d'après Mansi, dit-il (t. II, Append. col. 58). Pour nous, il nous a été impossible de trouver ce concile, à une date semblable, dans la grande collection de Mansi.
997. CORMERY. I, 781. Concile.
997. PAVIE. II, 382. Concile.
998, ou 997 selon Lenglet. RAVENNE. II, 467. Concile.
998 ou 999. ROME. II, 652. Concile.
998. ROME. II, 653. Autre concile.
999. LIMOGES. I, 960. Concile.
999. MAGDEBOURG. I, 1210. Concile provincial.
999. ROME. II, 653. Concile.
1000. AIX-LA-CHAPELLE. I, 65. Conc.
1000 (Vers). FORLI. I, 926. Concile.
1000. GANDERSHEIM. I, 944. Synode.

1000 (Vers). ITALIE. I, 996. Divers conciles.
999 ou 1000. POITIERS. II, 419. Conc.
1000 QUEDLIMBOURG. II, 417. Conc.
1000 (Vers). ROUEN. II, 690. Concile provincial.
1001. FRANCFORT. I, 934. Concile.
1001. POELDE. II, 411. Conc. légatin.
1001. ROME. II, 654. Concile.
1001. TOUL. II, 940. Concile présidé par le pape Sylvestre II.
1002. FAENZA. I, 899. Concile.
1002. FRANCE ou GAULE. I, 928. Divers conciles.
1002. ROME. II, 654. Concile.
1002. TUDERTINA. II, 1188. Concile tenu par le pape Sylvestre II.
1003. THIONVILLE. II, 957. Concile.
1003. ARNEBORCH ou BRANDEBOURG. I, 221. Concile.
1005. CONSTANCE. I. 627. Concile.
1005. DORTMONT. I, 796. Concile.
1005. TOULOUSE. Concile convoqué de concert par Raimond, évêque de Toulouse, et par le comte Guillaume. *Gall. Chr.* t. VI, col. 31.
1006. FÉCAMP. I. 902. Réunion d'év.
1006. PARIS. II, 212. Synode.
1007 (Vers). AQUILÉE. I, 181. Conc.
1007. FALAISE.
1007. FRANCFORT. I, 934. Concile.
1007. MAGDEBOURG ou HALLE. I, 1211. Synode.
1007. POELDE. II, 411. Concile.
1007. ROME. II, 654. Concile.
1008. CHELLES. I, 534. Concile.
1008. WERLE. II, 1278. Synode.
1009. BARCELONE. I, 312. Concile.
1009. GOSLAR. I, 960. Concile.
1009 (Vers). MILAN. I, 1273. Conc.
1010. COME. II, 744. Synode.
1010 ou 1011. POITIERS. *Gall. Christ.* t. II, col. 313.
1011. MAYENCE. I, 1236. Concile.
1012, ou 1011 selon Lenglet. BAMBERG. I, 507. Concile mal à propos rapporté à l'an 1002 par l'abbé Lenglet.
1012. CORLENTZ. I, 577. Concile.
1012 (Vers l'an). HABA. Assemblée. Vers ce temps-là, Ethelrède, roi des Anglais, fit à Haba un code de lois, divisé en quatre parties, dont la quatrième concernait les matières ecclésiastiques. Il y est ordonné, entre autres choses, que tous les chrétiens en âge de jeûner jeûneront trois jours avant la fête de saint Michel, le lundi, le mardi et le mercredi, en ne mangeant ces jours-là que du pain et des herbes crues, et ne buvant que de l'eau; qu'ils iront à l'église nu-pieds pour se confesser; qu'il se fera pendant ces trois jours des processions, auxquelles les prêtres, comme le peuple, assisteront nu-pieds. Il y a un autre règlement qui porte que l'on chantera chaque jour dans toutes les assemblées du matin la messe intitulée : *Contra les Païens*, dans laquelle on priera en particulier pour le roi; et que, à chaque heure de l'office, on chantera, le corps étendu sur la terre, le psaume *Domine, quid multiplicati sunt,* avec la collecte contre les païens; ce que l'on continuera de faire tant qu'il y aura nécessité. *Hist. des Ant. sacrés,* t. XXIII.
1012. LÉON. I, 1110 Concile.
1012 ou 1020. PAVIE. II, 382. Concile présidé par le pape Benoît VIII.
1014. RAVENNE. II, 468. Concile.
1014. ROME. II, 654. Concile.
1014. VÉRONE. II, 1256. Concile tenu par le pape Benoît VIII.
1015. AQUILÉE. I, 181. Concile.
1015 (Vers). MILAN. I, 1271. C'est le même que le concile marqué à l'an 1009, mais dont la véritable époque est incertaine.
1015. REIMS. II, 498. Concile.

1015. ROME. II, 654. Concile.
1016. RAVENNE. II, 468. Concile.
1017. LANGRES. I, 1020. Synode
1017. LUTZGO. I, 1125. Assemblée de prélats.
1018. GOSLAR. I, 960. Concile.
1018. NIMÈGUE. II, 125. Concile.
1019. GIRONE. I 957. Concile.
1020 (Vers). AURAC ou AIRY, I, 38. Concile.
1020. BAMBERG. I, 508. Concile.
1020. BEAUNE. I, 317. Concile.
1020. DIJON. I, 792. Concile.
1020. FRITZLAR. I, 942. Concile.
1020. LYON. I, 1188. Concile.
1020. TOULOUSE. II, 1010. Concile.
1020. WINCHESTER. II, 1282. Concile national.
1022. RODEZ. *Gall. Chr.* t. VI, col. 672.
1022. SELINGSTADT. II, 847 Concile provincial de Mayence.
1022 ou 23, ou 1021 selon Lenglet. AIX-LA-CHAPELLE. I, 65. Concile.
1022. ALLEMAGNE. I, 85. Concile.
1022 ou 1023. FRANCE, lieu incertain. II, 746. Concile.
1022. GRONINGUE. I, 967. Concile.
1022. LEYRA. I, 1118. Synode.
1022. ORLÉANS. II, 198. Concile.
1022. ROYA. II, 687. Assemblée d'évêques.
1023. MAYENCE. I, 1236. Concile national.
1025. POITIERS. II, 419. Concile.
1024. PARIS. II, 212. Concile.
1025. ANSE. I, 129. Concile.
1025. ARRAS. I, 221. Synode.
1025. PUY. *Gall. Chr.* t. VI, col. 618.
1026. SELINGSTADT. II, 849. Concile.
1027. AUSONE. I, 256. Concile.
1027 ou 28. CHARROUX. I, 550. Conc.
1027. CONSTANTINOPLE. I, 772. Deux conciles.
1027. FINEOU TULFJES. I, 811. Conc.
1027. FRANCFORT. I, 934.
10.7 ou 28. GEISLAR ou MAYENCZ. I, 1237. Concile.
1027. ROME. II, 654.
1027 et 1031 (Entre). POITIERS. II, 419. Synode capitulaire.
1027 et 1031 (Entre), ou l'an 1030, selon Lenglet. VIENNE en Dauphiné. Synode, dans lequel l'archevêque Léodegaire assura aux moines de Saint-Pierre la possession de l'église de Cédran. *Mansi, Conc.* t. XIX.
WORMS II, 1500. Synode.
1028. LIMOGES. I, 1158. Concile.
1028. MAYENCE. I, 1237. Concile provincial tenu par l'archevêque Arihon assisté de ses suffragants. On traita l'affaire d'un homme libre accusé d'avoir tué le comte Sigefroi. N'ayant de convaincre par témoins, le concile ordonna qu'il se justifierait par l'épreuve du fer chaud, ce qui lui réussit. *Hist. des Ant. sacr.*, t. XXIII.
1028. MERSEBOURG. I, 1235. Concile.
1028. ROME. II, 655. Concile.
1029. CONSTANTINOPLE. I, 772. Conc.
1029. MAYENCE ou POELDE. II, 411. Concile.
1029. ORLÉANS. II, 199. Concile.
1029. PADERBORN. II, 212. Concile.
1029. ROME. II, 655. Concile.
1030 ou 1032. POITIERS. II, 419. Concile.
1031. AUCH. I, 228. Concile.
1031 (Vers). BOURGES. I, 555. Conc. provincial.
1031. COMPOSTELLE. I, 624. Concile.
1031 (Vers). FRANCE. Conciles. Le dérangement de saisons, vers l'an 1030, occasionna une famine si affreuse que dans plusieurs endroits on mangea de la chair humaine. Les coupables furent punis; et on tâcha de subvenir à la misère publique en

TABLE CHRONOLOGIQUE DES CONCILES

vendant les ornements des églises, en vidant leur trésor. La stérilité fut suivie de l'abondance. Alors les évêques et les abbés commencèrent, premièrement en Aquitaine, à assembler des conciles, dans l'assurance que la mémoire toute récente des calamités et la considération des bienfaits de Dieu engageraient les hommes à la conversion de leurs mœurs. On en assembla ensuite dans la province d'Arles, dans celle de Lyon, par toute la Bourgogne, et jusqu'aux extrémités de la France. On portait à toutes ces assemblées les reliques des saints. Les seigneurs furent invités de s'y trouver, et les peuples y accouraient avec joie, parce qu'il s'opérait plusieurs miracles par la vertu de ces reliques. Tous, grands et petits, témoignèrent être disposés à écouter les évêques, et à exécuter leurs ordres comme s'ils venaient du ciel. On déclara par articles tous les crimes que l'on devait éviter, et les bonnes œuvres que chacun s'engageait à faire. L'article principal regardait la paix que l'on devait observer inviolablement, et il y était dit que les hommes, soit libres, soit serfs, marcheraient sans armes, quelques différends qu'ils eussent eus ensemble auparavant; que les voleurs, ou usurpateurs du bien d'autrui, seraient punis, selon les lois, de peines pécuniaires ou corporelles. Il fut ordonné que les églises seraient des lieux de sûreté pour ceux qui s'y réfugieraient pour quelque crime que ce fût, hors celui de violement de la paix, dont les coupables pouvaient être pris même à l'autel; qu'il ne serait fait aucune insulte aux clercs et aux moines, ni aux religieuses, ni à ceux qui les accompagneraient dans leurs voyages; que chaque semaine on s'abstiendrait de vin le vendredi, et de chair le samedi, sinon en cas de maladie considérable ou de fête solennelle, et que celui qui en serait dispensé pour cause d'infirmité nourrirait trois pauvres. Vers le même temps un évêque de France qui disait avoir reçu des lettres du ciel pour le renouvellement de la paix, envoya à ses confrères les statuts suivants pour les publier à leurs peuples : Personne ne prendra les armes, soit pour répéter ce qui lui aura été pris, soit pour venger le sang de son parent, mais il pardonnera aux meurtriers. On jeûnera tous les vendredis au pain et à l'eau, et le samedi on s'abstiendra de chair. Ceux qui refuseront d'accomplir cette ordonnance seront excommuniés; on ne les visitera point à la mort, et ils seront privés de la sépulture. Ces règlements paraissant trop sévères, divers évêques refusèrent de les recevoir. *Hist. des Aut. sacr. et eccl.* t. XXIII.

1031. BEAULIEU ou LIMOGES. I, 1135. Concile.
1031. NARBONNE. II, 36. Concile.
1031 (Vers). TRIBUR. II, 1175. Conc.
1032 ou 33. PAMPELUNE. II, 220. Concile national de Navarre.
1032. POITIERS. II, 419. Concile.
1032. RIPOLL. II, 553. Concile provincial.
1032. WINCHESTER. II, 1283. Assemblée.
1033. AUXERRE. I, 243. Concile.
1033. CONSTANCE. I, 627. Concile.
1033. ROME. II, 655. Concile.
1034 ou 1035. AQUITAINE, ou ARLES, ou BOURGES. I, 183. Concile.
1034. BEAUVAIS. II, 723. Synode diocésain.
1034. LANDAFF. I, 1019. Concile.

1034. LYON ou FRANCE. I, 928. Divers conciles.
1035. CUCA, ou CUXA, ou TREMEAIGUES. II, 1061. Concile.
1035. MAYENCE ou TRIBUR. II, 1175. Concile.
1035. HILDESHEIM. I, 973. Synode.
1035 ou 1036. POITIERS. II, 420. Concile.
1036. TRIBUR. II, 1175. Synode.
1037. MAGUELONNE. II, 750. Concile.
1037. ROME. II, 655. Concile.
1037. TRÈVES. II, 1161. Conc. prov.
1038. AUSONE. Concile à l'occasion de la dédicace de l'église de Vic d'Ausone. On s'y occupa des limites de l'évêché de cette ville. *M. de Mas-Latrie.*
1038. GIRONE. I, 937. Concile.
1038. ITALIE ou ROME. II, 997. Conc.
1039 ou 40. ROME. II, 655. Conc.
1040. BOURGES. I, 557. Concile.
1040. MARSEILLE. I, 1222. Concile.
1040. URGEL. II, 1259. Assemblée épiscopale.
1040. VENDÔME. II, 1210. Concile.
1040. VENISE. II, 1240. Concile. L'abbé Lenglet distingue deux conciles de Venise tenus en cette même année.
1041. BESANÇON. I, 327. Synode.
1041. FRANCE. I, 928. Divers conc.
1041. GIRONE. I, 957. Concile légat.
1041. TULUJES. II, 1189. Concile.
1042 ou 47. CAEN. I, 393. Concile.
1042, ou 1041 selon Lenglet. CÉSÈNE. I, 537. Concile.
1042. SAINT-GILLES. I, 956. Concile.
1043, ou 1041 selon Lenglet. CONSTANCE. I, 627. Concile.
1043. NARBONNE. II, 36. Concile sur les biens de l'abbaye de Saint-Michel de Cuxa en Roussillon. *Lenglet d'après Martène.*
1043. NARBONNE. II, 36. Concile sur une donation faite à l'église de Carcassonne. *Ibid.*
1044. ROME. II, 655. Concile.
1045. *FLUVIANENSE.* I, 923. Concile.
1045. NARBONNE. II, 37. Concile.
1046 ou 1047. ARLES, ou ELNE, ou TULUJES. II, 952. Concile.
1046. ROME ou SUTRI. II, 1046. Conc.
1046. ROME. II, 653. Autre concile tenu à Rome.
1047. ALLEMAGNE. I, 93. Concile.
1047. CONSTANCE. I, 627. Synode.
1047. ROME. II, 653. Concile.
1048 (Vers). AMALFI. II, 757. Conc.
1048. SENLIS. II, 850. Concile.
1048. SENS. II, 834. Concile.
1048. WORMS. II, 1300. Concile.
1049. MAYENCE. II, 1237. Concile tenu par le pape saint Léon IX.
1049. PAVIE. II, 385. Concile présidé par le pape saint Léon IX, rapporté, si c'est le même, à l'an 1046 par l'abbé Lenglet.
1049. REIMS. II, 498. Concile présidé par le pape saint Léon IX.
1049. ROME. II, 656. Concile.
1049 (Vers). ROME. II, 656. Concile.
1049 ou 50. ROUEN. II, 690. Concile.
1050. BRIONNE. I, 584. Concile.
1050. COYANÇA. I, 785. Concile.
11e siècle. FORLI. I, 926. Concile.
1051. NARBONNE. Pour les biens de l'abbaye d'Arlas en Roussillon. *Lengl.*
1050. PARIS. II, 242. Concile.
1050. ROME. II, 656. Concile.
1050. SAINT-GILLES. I, 956. Concile.
1050 ou 1056. SAINT-GILLES. I, 956. Concile.
1050. SAINT-TIBERI. II, 958. Concile.
1050. SIPONTO. II, 877. Concile tenu par le pape saint Léon IX.
1050. TOUL. II, 1008. Synode.
1050. TOURS. II, 1039. Conc. légatin.
1050 (Vers). TRÉVISE. II, 1168. Syn.

1050. VERCEIL. II, 1216. Concile.
1051. GOSLAR. I, 160. Synode.
1051. MAYENCE. I, 1237. Concile tenu par le pape saint Léon IX.
1051. ROME. II, 657. Concile.
1051. SUBLAC. II, 910. Conc. supposé.
1052. BAMBERG. I, 308. Concile.
1052. LIMOGES. I, 1136. Concile.
1052 ou 53. SAINT-DENIS. I, 792. Assemblée mixte.
1052. WORMS. II, 1300. Assemblée ecclésiastique.
1053 (Vers). AFRIQUE. II, 737. Conc.
1053. GOZEK. I, 961. Assemblée d'évêques.
1053, ou 1052 selon Lenglet. MANTOUE. I 1219. Concile tenu par le pape saint Léon IX.
1053. ROME. II, 657. Concile.
1054. BARCELONE. I, 312. Concile.
1054. CONSTANTINOPLE. I, 713. Conc.
1054. NARBONNE. II, 37. Concile provincial.
1055. ARLES. II, 445. Concile.
1055. AUTUN. I, 238. Concile.
1055. FLORENCE. I, 916. Concile tenu par le pape Victor II.
1055. LIÉGE. I, 1120. Synode.
1055. LISIEUX. I, 1137. Conc. légatin.
1055. LYON. I, 1185. Conc. légatin.
1055. MAYENCE. I, 1237. Concile.
1055. NARBONNE. II, 38. Concile.
1055. TOURS. II, 1039. Conc. légatin.
1056. CHALONS-SUR-SAÔNE. I, 547. Concile.
1056, ou 1055 selon Lenglet. COLOGNE. I, 583. Concile.
1056. COMPOSTELLE. I, 624. Concile.
1056. FONTANETO. I, 926. Concile.
1056, ou 1063 selon Bessin. ROUEN. II, 691. Concile provincial.
1056. TOULOUSE. II, 1010. Concile.
1056. TOULOUSE. II, 1010. En faveur de l'abbaye de Cluny. *Lenglet, d'après Martène.*
1057. NOVARRE. II, init. Concile réprouvé.
1057. ROME. II, 658. Concile.
1058. BAMBERG. I, 308. Syn. diocés.
1058. BARCELONE. I, 312. Concile.
1058. ELNE. I, 811. Concile.
1058. GRADO. Sur divers droits, *Lenglet, d'apr. Mansi,* dit-il ; mais nous ne voyons pas qu'il soit question de ce concile dans la grande collection de Mansi.
1058. NARBONNE. II, 38. Concile.
1058. ROME. II, 658. Concile.
1058. SARAGOSSE. Sur une ligue contre les Mores. *Lengl. d'apr. Aguirr* t. III.
1058. SIENNE. II, 873. Concile.
1059. ARLES. II, 214. Concile.
1059. BÉNÉVENT. I, 320. Concile tenu par le pape Nicolas II.
1059. LANDAFF. I, 1019. Concile.
1059. MELFI. I, 1256. Concile présidé par le pape Nicolas II.
1059. MILAN. II, 721. Concile.
1059. REIMS. II, 500. Assemb. mixte.
1059. ROME. II, 658. Concile.
1059. ROME. II, 658. Autre concile.
1059 ou 1060. SPALATRO. II, 904. Concile légatin.
1059. SUTRI. II, 919. Concile tenu par le pape Nicolas II.
1060, ou 1061 selon Lenglet. AVIGNON. I, 244. Concile.
1060 ou 1063. JACCA. I, 997. Concile.
1060. ROUEN. Synode.
1060. TOULOUSE. II, 1012. Conc. légat.
1060. TOURS. II, 1039 et 1261. Concile légatin.
1060. VIENNE en Dauphiné. II, 1261. Concile légatin.
1061. AUTUN. I, 258. Concile.
1061. BALE. I, 255. Conciliabule.
1061. BÉNÉVENT. I, 520. Concile.
1061. CAEN. I, 393. Concile.

1061. Rome. II, 660. Concile.
1061. Sleswick. II, 892. Concile.
1062. Angers. I, 113. Concile.
1062. Bénévent. I, 520. Concile provincial.
1062. Florence. Contre l'anti-pape Cadaloüs. *Lengl.*
1062. Germanie. I, 934. Concile.
1062. La Pegna ou La Rocca. II, 385. Concile du royaume d'Aragon.
1062. Lucoües. I, 1175. Concile tenu par le pape Alexandre II.
1062. Osbor. II, 201. Concile.
1062. Parme. II, 374. Conciliabule.
1062. Pavie. Contre l'anti-pape Cadaloüs. *Lengl.*
1062. Rome. II, 661. Concile.
1063. Amiens. II, 397. Synode dioc.
1063. Cahors. I, 394. Conc. supposé.
1063. Chalons-sur-Saône. I, 547. Concile.
1063. Moissac. I, 1318. Concile.
1063 ou 1068. Rome. II, 661. Conc.
1063. Utrecht. II, 1207. Synode.
1064. Barcelone. I, 312. Concile.
1064. Bari. Sous Arnoul, vicaire du pape Alexandre II. *Lengl.*
1064. Bari. Sous l'archevêque André. *Lengl. ex anonym. Burrensi.*
1064. Cambrai. I, 430. Concile prov. de Reims.
1064. Chalons-sur-Saône. *Gall. chr.* t. IV, col. 443. Ce concile où un évêque de Lodève souscrivit à une charte donnée par l'évêque de Nevers en faveur de l'abbaye de Saint-Etienne, est peut-être, sauf erreur de date, le même que celui que nous avons rapporté à l'an 1063.
1064. Mantoue. I, 1219. Concile.
1064. Rouen. II, 691. Concile.
1065. Autun. I, 238. Concile.
1065. Elne ou Tulujes. II, 1189. Concile peut-être le même que celui que nous avons rapporté à l'an 1041.
1065 ou 1063. Rome. II, 661. Deux conciles.
1065. Westminster. II, 1278. Conc.
1066. Compiègne. II, 744. Assemblée ou Plaid.
1066. Constantinople. I, 773. Conc.
1066. Grado. II, 748. Concile.
1066. Lillebonne. I, 1126. Concile.
1066. Londres ou Westminster. Assemblée ou parlement où se trouvèrent, avec le roi Edouard et les principaux seigneurs, les deux archevêques de Cantorbery et d'Yorck, et la plus grande partie des évêques de l'Angleterre. On s'y occupa de la dotation et des privilèges de l'église de Saint-Pierre de Westminster, qui venait d'être rebâtie et consacrée de nouveau. *Labb.* IX.
1067. Constantinople. I, 775. Conc.
1067. Jumièges. II, 156 et 159. Syn.
1067. Mantoue. I, 1219. Concile tenu par le pape Alexandre II.
1067. Melfi. II, 755. Concile.
1067. Poitiers. II, 420. Concile.
1067. Salerne. II, 757. Concile présidé par le pape Alexandre II.
1068. Auch. I, 228. Concile légatin et provincial.
1068. Auch. Concile autre que le précédent, selon Lenglet. Voyez *Mab. Ann.*, t. V, p. 13 et 14.
1068. Ausone. I, 236. Concile.
1068. Bordeaux. I, 344. Concile.
1068 (Vers l'an). Espagne ou Leyra. Concile tenu par le cardinal légat Hugues le Blanc. On y abolit le rite gothique ou mozarabique, pour y substituer le rite romain.
1068. Girone. I, 937. Conc. légatin.
1068. Rouen. II, 692. Concile.
1068. Toulouse. II, 1012. Concile légatin.
1069. Mayence. I, 1237. Conc. légat.

1069. Rennes. II, 550. Synode.
1069. Soissons. II, 904. Conc. légat.
1069. Worms. II, 1300. Assembl. ecclésiastique.
1070. Anse. I, 130. Concile.
1070. Leyra en Espagne. Sur les privilèges, de cette abbaye. *Lenglet, d'apr. Mab. Ann.*, t. V, p. 31.
1070. Londres. I, 1145. Concile.
1070. Normandie. II, 135. Concile.
1070. Rome. II, 661. Concile.
1070.l. Volterra. II, 1278. Synode diocésain.
1070. Winchester. II, 1283. Conc. légat.
1070. Windsor. II, 1286. Concile.
1071 (Vers). Autun. Concile présidé par Hugues, archevêque de Lyon, et auquel assistèrent les évêques de Besançon, de Mâcon et de Chàlons avec celui d'Autun. Grâce à la médiation de saint Hugues, abbé de Cluny, le concile put amener Robert, duc de Bourgogne, à faire satisfaction à l'évêque d'Autun qui avait à se plaindre de ses vexations. *Gall. chr.*, t. IV, col. 1062. Voy. 1077.
1071. Germanie ou Mayence. I, 1237. Concile.
1071. Pedredan. II, 383. Concile.
1071. Sens. II, 834. Concile.
1072. Angleterre. I, 128. Concile.
1072. Chalons-sur-Saône. I, 547. Concile.
1072. Paris. II, 242. Conc. légatin.
1072. Rome. II, 662. Concile.
1072. Rouen. II, 692. Concile.
1072. Toul. II, 1008. Synode.
1073. Chalons-sur-Saône. I, 547. Concile.
1073. Erfurth. I, 896. Concile.
1073. Novempopulanie ou Gascogne. II, 139. Concile légatin.
1073. Orre, dans le Bigorre. Conc. provincial d'Auch, pour l'abbaye de Simorra, à la juridiction de laquelle les moines de Sainte-Dode prétendaient se soustraire. On ne put les mettre à la raison qu'au moyen de l'épreuve de l'eau froide.
1073. Poitiers. II, 420. Conc. légat.
1073. Prague. II, 455. Conc. légat.
1073. Rouen. II, 693. Conc. provinc.
1073. Trèves. II, 1161. Synode.
1074. Angleterre. Conciliabule où l'on déposa injustement saint Wulstan. *Lengl. d'apr. Hard.*
1074. Erfurth. I, 896. Concile.
1074. Liège. I, 1120. Synode.
1074. Paris. II, 243. Concile non reconnu.
1074. Passau. II, 375. Synode dioc.
1074. Poitiers. II, 420. Conc. légat.
1074. Reims. II, 500. Synode diocés.
1074. Rome. II, 662. Concile.
1074. Rome. II, 664. Autre concile.
1074. Rome. II, 699. Conc. provinc.
1074 ou 1075. Saintes. II, 752. Conc.
1074. Toul. II, 1008. Synode.
1075. Angleterre. I, 128. Conc. nat.
1075. Bénévent. I, 520. Concile.
1075. Londres. I, 1145. Conc. nat.
1075. Mayence. I, 1258. Concile.
1075. Ratisbonne. II, 461. Synode.
1075. Rome. II, 664. Deux conciles.
1075, ou 1074 selon Lenglet. Saint-Maixent ou Poitiers. I, 1215. Concile.
1075. Salone. II, 762. Conc. légat.
1075. Spalatro. II, 904. Conc. légat.
1075. Toulouse. II, 1012. Conc. lég.
1075. Burgos. *Gall. chr.* t. VI, col. 44. Ce concile, sauf une erreur de date, paraît être le même que celui de 1080, tenu par le même légat et pour le même objet.
1076 (Vers). Cologne. Un homme qui avait perdu ses deux yeux en blasphémant contre Dieu et saint Annon, et qui les avait recouvrés en invoquant

le même saint, rendit témoignage devant ce concile de la vérité du miracle dont il avait été le sujet. *Gall. chr.* t. III, col. 669. Ce concile au reste est peut-être le même que celui de 1077.
1076. Ecosse. I, 801. Plusieurs conc.
1076 ou 1077. Lyon ou Anse. I, 130. Concile légatin.
1076. Oppenheim. II, 147. Assemblée mixte, présidée par des légats.
1076. Pavie. II, 383. Conciliabule.
1076. Poitiers. II, 420. Concile.
1076. Rome. II, 664. Concile.
1076. Salone. II, 762. Conc. légatin.
1076. Toul. II, 1008. Synode dioc.
1076. Tribur. II, 1175. Ass. mixte.
1076. Winchester. II, 1283. Deux conciles, dont l'un douteux.
1076. Worms. II, 1300. Conciliabule.
1077. Autun. I, 238. Concile légat.
1077. Bec. II, 136. Synode.
1077. Bésalu. I, 326. Concile légat.
1077. Caen. II, 726. Assembl. prov.
1077. Clermont. I, 565. Concile lég.
1077. Cologne. I, 585. Concile.
1077. Cologne. I, 585. Synode dioc.
1077. Dijon. I, 792. Concile légatin.
1077. Forcheim. I, 925. Concile.
1077. Grèce. II, 748. Concile.
1077. Westminster. II, 1279. Conc.
1078. Bordeaux. I, 344. Concile.
1078. Girone. I, 938. Concile.
1078. Londres. I, 1144. Concile.
1078. Poitiers. II, 420. Conc. légat.
1078. Rome. II, 664. Conc.
1078. Rome. II, 665. Autre concile. Selon Lenglet, il se tint cette année trois conciles à Rome, dans le troisième desquels le pape aurait reçu l'abjuration de Bérenger. *Martène, Thes. anecd.* IV.
1078. Rouen. II, 696. Concile.
1078. Soissons. II, 897. Synode.
1079 et 1080. Burdeaux. I, 344. Deux conciles légatins, qu'on doit réellement distinguer l'un de l'autre.
1079. Petite Bretagne ou Rennes. I, 383, et II, 550. Concile légat.
1079. Rome. II, 666. Concile.
1079. Saint-Genès. I, 952. Concile.
1079. Toulouse. II, 1012. Concile légatin.
1079. Utrecht. II, 1207. Faux syn.
1080. Avignon. I, 244. Conc. légatin.
1080. Brixen. I, 383. Conciliabule.
1080. Burgos. I, 392. Conc. légatin.
1080 (Vers). Charroux. I, 550. Concile légatin.
1080. Langres. I, 1020. Synode.
1080. Lillebonne. I, 1126. Concile provincial de Rouen.
1080. Lyon. I, 1137. Concile tenu par le légat Hugues de Die, et non de Diè, comme le porte notre Dictionnaire par une erreur d'impression.
1080. Mayence. I, 1258. Conciliabule.
1080. Pampelune. II, 220. Concile.
1080. Rome. II, 667. Concile.
1080. Saintes. II, 762. Concile.
1080. Sens. II, 854. Concile.
1080. Verdun. II, 1249. Concile.
1080. Wirtzbourg. II, 1287. Concile.
1081. Bourges ou Issoudun. I, 995. Concile légatin.
1081. Pavie. II, 383. Conciliabule.
1081. Rome. II, 667. Concile.
1081. Saintes. II, 752. Conc. légatin.
1081. Saintes. II, 755. Autre concile légatin, ou peut-être le même que le précédent.
1082. Caen. II, 731. Assemblée des évêques de Normandie.
1082. Charroux. I, 550. Concile.
1082. Lyon. II, 730. Conc. provincial.
1082. Meaux. I, 1252. Concile.
1082. Oissel. II, 145. Concile.
1083. Huzillos. I, 982. Conc. légatin.
1083. Rome. II, 667. Concile.
1083. Saintes. II, 755. Concile.

1084. Rome. II, 667. Concile.
1085. Berbac. II, 738. Conférence.
1085. Compiègne ou Saint-Corneille. I, 620. Concile provincial.
1085 ou 1087. Glocester. I, 953. Concile.
1085. Londres. I, 1144. Deux conc.
1085. Mayence. I, 1238. Conciliabule.
1085. Peterstadt. II, 383. Assemblée mixte.
1085. Quedlimbourg. II, 448. Conc.
1085. Rome. II, 667. Concile.
1085. Winchester. II, 1238. Concile.
1086. Balnéole. II, 723. Assemblée d'évêques.
1086. Mayence. I, 1238. Conciliabule.
1086. Ravenne. II, 469. Conciliabule.
1087. Aix-la-Chapelle. I, 63. Assemblée.
1087. Bamberg. I, 3 8. Synode dioc.
1087. Bénévent. I, 320. Concile.
1087. Capoue. I, 453. Concile.
1088. Bordeaux ou Saintes. II, 753. Concile.
1088. Palencia ou Huzillos. II, 214. Concile légatin.
1088. Trèves. II, 1161. Synode.
1089. Melfi. I, 1237. Concile général d'Italie.
1089. Rome. II, 667. Concile.
1089. Saintes. II, 782. Concile.
1089. Torres. II, 1001. Concile provincial et légatin.
1090. Arras. I, 221. Synode.
1090. Béziers. I, 333. Concile.
1090. Mayence. I, 1238. Assemblée ecclésiastique.
1090. Tolède. II, 990. Concile.
1090. Toul. II, 1008. Synode.
1090. Toulouse. II, 1012. Concile légatin.
1090. Tournay. II, 1024. Synode.
1091. Bénévent. I, 320. Concile tenu par le pape Urbain II.
1091, ou 1092 selon Lenglet. Etampes. I, 897. Concile.
1091. Léon. I, 1111. Concile.
1091. Narbonne. II, 58. Concile.
1091. Rouen. II, 696. Concile.
1091. Toul. II, 1008. Synode.
1092 Compiègne. I, 621. Concile.
1092. Paris. II, 213. Concile.
1092. Reims. II, 500. Concile contre Robert le Frison, comte de Flandres.
1092. Reims. II, 501. Autre concile au sujet de l'élection de l'évêque d'Arras.
1092. Soissons. II, 897. Concile.
1092. Szabolchs. II, 922. Concile.
1092. Worchester. II, 1295. Synode.
1093. Bordeaux. I, 344. Concile.
1093. Cantorbery. I, 419. Concile.
1093. Heiligenstadt. I, 971. Assemblée.
1093. Rome. Concile où le pape Urbain II excommunia Obert, évêque de Liège, comme coupable de simonie et de l'usurpation de plusieurs églises. Gall. Christ., t. III, p. 168, in Instrumentis.
1093 ou 1108. Rouen. II, 697. Concile provincial.
1093 ou 1108. Troia. II, 1176. Concile tenu par le pape Urbain II.
1093 ou 1108. Ulm. II, 1203. Synode.
1094. Autun. I, 238. Concile assemblé de plusieurs provinces.
1094. Autun. I, 238. Autre concile.
1094. Brioude ou Brives. I, 384. Concile.
1094. Constance. I, 627. Synode.
1094. Dol. I, 706. Concile.
1094 ou 1095. Mayence. I, 1238. Concile général d'Allemagne.
1094. Poitiers. Conc. de la province de Bordeaux. Gall. Chr., t. II, col. 1064.
1094. Reims. II, 500. Concile.
1094. Rockingham. II, 534. Concile non approuvé.
1095. Angleterre. I, 128. Concile.
1095. Auvergne. Pour établir une trève dans le royaume. Martène, Thes. anecd. IV. Ce concile, distingué par Lenglet de celui de Clermont, n'est autre que celui-ci.
1095. Clermont. I, 563. Concile tenu par le pape Urbain II.
1095. Compiègne. I, 621. Concile.
1095. Glocester. Sur les libertés ecclésiastiques. Lengl. d'apr. Mansi, t. II, Suppl. Nous n'avons pu trouver ce concile dans la grande collection de Mansi.
1095. Limoges. I, 1156. Concile tenu par le pape Urbain II.
1095. Paris. II, 409. Concile présidé par le pape Urbain II.
1095. Arras. I, 122. Syn. diocésain.
1096. Clermont. I, 567. Concile.
1096. Nîmes. II, 124. Concile presque général, présidé par le pape Urbain II.
1096. Rouen. II, 695. Conc. prov.
1096 ou 97. Saintes. II, 753. Concile tenu par le pape Urbain II.
1096 ou 97. Tours. II, 1039. Concile tenu par le pape Urbain II.
1097. Arras. I, 221, et II, init. Synode diocésain.
1097. Girone. I, 938. Concile.
1097. Irlande. I, 993. Concile.
1097. Reims. II, 500. Concile.
1098. Arras. I, 221. Synode.
1098. Bari. I, 312. Concile tenu par le pape Urbain II.
1098. Bordeaux. I, 344. Concile.
1098 ou 99. Lyon. I, 1185.
1098. Milan. Concile assemblé sous la présidence de l'archevêque Anselme, et où se trouvèrent des évêques tant de France que d'Italie, entre autres l'archevêque d'Arles. On s'y occupa de la réforme du clergé et de l'expulsion de certains ambitieux qui avaient envahi plusieurs sièges épiscopaux. Mansi. Conc., t. XX.
1098. Rome. II, 668. Conc. l.
1098. Rome II, 668. Conciliabule.
1099. Ansillæ (apud Portum). I, 130.
1099. Constantinople. I, 713. Conc.
1099. Etampes. I, 898. Concile.
1099. France, lieu incertain. II, 746. Concile légatin. Voy. aussi Lyon, l'an 1098 ou 1099.
1099. Gissone. I, 939. Assemblée d'évêques.
1099. Jérusalem. I, 1008. Concile.
1099. Pierre-Encise. II, 717. Concile, peut-être le même que celui d'Anse, ou que le concile tenu apud Portum Ansillæ.
1099. Rome. II, 668. Concile.
1099. Saint-Omer. II, 146. Concile de la province de Reims.
1100. Anse. I, 139. Concile.
1100. Lambeth. I, 1011. Concile.
1100. Melfi. I, 1238. Concile tenu par le pape Pascal II.
1100. Poitiers. II, 421. Concile légatin.
1100. Soissons. II, 898. Conc. prov.
1100. Valence en Dauphiné. II, 1221. Concile légatin.
1101. Arras. I, 222. Synode.
1101. Girone. II, 748. Concile.
1102. Latran ou Rome, II, 670. Conc.
1102. Londres. I, 1144. Concile. L'abbé Lenglet fait mention de deux conciles tenus à Londres en cette année, d'après la collection des conciles d'Angleterre, t. I.
1102. Villebertrand. II, 1269. Conc.
1103. Londres. I, 1146. Concile.
1103. Marseille. I, 1222. Concile.
1103 ou 1101, selon Lenglet. Milan. I, 1274. Concile.
1103. Paderborn. II, 212. Syn. dioc.
1103. Rome. II, 671. Concile.
1104. Beaugenci. I, 317.
1104. Fussel ou Huzillos, ou Palencia. I, 942 et II, 214. Concile légatin.
1104. Poitiers. II, 423. Concile.
1104. Ratisbonne. II, 461. Concile.
1104. Rome. II, 671. Concile.
1104. Troyes. II, 1160. Concile.
1105. Latran ou Rome. II, 671. Concile.
1105. Latran ou Rome. II, 671. Autre concile.
1105. Mayence. I, 1238. Diète.
1105 ou 1127. Nantes. II, 17. Concile provincial.
1105. Paris. II, 243. Concile convoqué et confirmé par le pape Pascal II.
1105. Quedlimbourg. II, 449 et 158. C'est le même que celui de Northausen, sauf qu'on puisse déterminer dans lequel de ces deux endroits il s'est réellement tenu.
1105. Reims. II, 501. Concile.
1105. Sens. II, 834. Concile.
1105. Thuringe. II, 937. Concile.
1105. Toul. II, 1008. Synode.
1106. Fécamp. I, 902. Réunion d'évêques.
1106 ou 1105, selon Lenglet. Florence. I, 916. Concile tenu par le pape Pascal II.
1106. Guastalla. I, 967. Concile tenu par le même pape.
1106. Lisieux. I, 1137. Assemblée mixte.
1106. Modène. II, 750. Concile.
1106. Poitiers. II, 423. Concile.
1107. Jérusalem. I, 1008. Concile légatin.
1107. Langres. II, 751. Synode diocésain.
1107. Lestines. II, 748. Concile.
1107. Lisieux. I, 1138. Concile.
1107. Londres. I, 1146. Concile dit général.
1107. Nantes. II, 17. Conc. légatin.
1107. Plaisance. II, 409. Concile présidé par le pape Pascal II.
1107, et non 1108, comme il est marqué par erreur dans le Dictionnaire. Pont-de-Sorgues. II, 431. Concile légatin.
1107. Saint-Benoît-sur-Loire. I, 324. Assemblée mixte.
1107. Trèves. II, 1161. Assemblée ecclésiastique.
1107. Troyes. II, 1184. Concile tenu par le pape Pascal II.
1108. Bénévent. I, 321. Concile tenu par le pape Pascal II.
1108. Londres. I, 1147. Concile.
1108. Vermandois. II, 1231. Conc.
1109. Londres. I, 1147. Concile.
1109. Loudun. I, 1174. Concile.
1109. Poitiers. II, 423. Concile.
1109. Reims. II, 501. Concile.
1110. Clermont. I, 567. Concile légatin.
1110. Cologne. I, 585. Concile.
1110. Constantinople. I, 773. Concile.
1110. Corogne. II, 744. Concile.
1110. Latran. II, 1049. Concile.
1110. Magdebourg. II, 1211. Concile provincial.
1110. Rome. II, 671. Concile.
1110. Saint-Benoît-sur-Loire. I, 324. Concile.
1110. Soissons. II, 898. Concile.
1110. Toulouse. II, 1012. Concile légatin.
1111. Capoue. II, 742. Concile douteux.
1111. Jérusalem. I, 1008. Concile.
1111. Latran ou Rome. II, 1049 Concile.
1111. Toul. II, 1008. Synode dioc.
1111. Véroli. II, 1253. Concile présidé par le pape Pascal II.

1112. Aix en Provence. I, 59. Conc.
1112 (Vers). Angoulême. II, 737.
1112. Anse, I, 150. Concile.
1112. Bazas. II, 1259. Synode.
1112. Cambrai. I, 434. Syn. diocés.
1112. Jérusalem. I, 1008. Concile.
1112. Latran ou Rome. I, 1049. Concile.
1112. Usneach. II, 1207. Concile.
1112. Vienne en Dauphiné. II, 1261. Concile.
1113. Bénévent. I, 521. Concile tenu par le pape Pascal II.
1113. Chalons-sur-Marne. II, 742. Concile rapporté mal à propos à l'an 1084.
1113. Reims. II, 502. Concile.
1114. Beauvais. I, 518. Concile.
1114. Cépérano. I, 552. Concile tenu par le pape Pascal II.
1114. Compostelle. I, 625. Concile.
1114. Dalone. I, 791. Concile.
1114. Elne. I, 811. Synode.
1114. Gran. I, 962. Concile prov.
1114. Léon. I, 1111. Concile.
1114. Palencia. II, 214. Concile légatin et général de toute l'Espagne.
1114. Pavie. II, 585. Concile.
1114. Reims. II, 502. Concile prov.
1114. Strigonie ou Gran. I, 962. Concile provincial.
1114. Windsor. II, 1286. Concile.
1115. Chalons-sur-Marne. I, 557. Concile légatin.
1115. Chateauroux. II, 459. Concile légatin.
1115. Cologne. I, 585. Concile.
1115. Goslar. I, 960. Ass. mixte.
1115. Oviédo. II, 204. Concile présidé par un archevêque de Tolède, légat du saint-siège.
1115. Reims. II, 502. Concile légat.
1115. Soissons. II, 898. Concile.
1115. Syrie. II, 920. Concile.
1115. Tournus. II, 1026. Conc. légat.
1115. Troia. II, 1176. Concile tenu par le pape Pascal II.
1115. Vienne en Dauphiné. II, 1262. Concile.
1115. Wirtzbourg. II, 1287. Synode.
1116. Cologne. Sur l'archevêque de Mayence. Lengl. d'apr. Usperg. in Chron.
1116 ou 1117, selon Lenglet. Dijon. I, 792. Concile légatin.
1116. Langres ou Lyon. I, 1020. Conc.
1116. Latran ou Rome. I, 1049. Concile.
1116. Rome. II, 671. Concile. Lenglet rapporte à l'an 1119 un autre concile de Rome, sur l'autorité, dit-il, de Labbe et d'Hardouin, qui n'en disent pas un mot.
1116. Salisbury. Serberianum Conc. II, 762. Concile.
1116. Toul. II, 1008. Synode.
1117. Angoulême. I, 128. Concile légatin.
1117. Bénévent. I, 521. Concile tenu par le pape Pascal II.
1117. Milan. I, 1274. Concile.
1117. Tournus. II, 1027. Concile.
1118. Angoulême. II, 128. Concile.
1118. Capoue, I, 455. Concile tenu par le pape Gélase II.
1118. Fritzlar. I, 942. Conc. légat.
1118. Rouen. II, 698. Ass. mixte.
1118. Toulouse. II, 1012. Concile.
1118. Vienne en Dauphiné. II, 1262. Concile tenu par le pape Gélase II.
1118. Worms. II, 1300. Concile légatin, peut-être le même que celui de Fritzlar.
1119. Augsbourg. I, 251. Synode.
1119. Bénévent. I, 521. Concile.
1119 ou 1118, selon Lenglet. Cologne. I, 585. Concile.
1119. Lisieux. I, 1158. Assemblée.
1119. Reims. II, 502. Concile présidé par le pape Calliste II.
1119 ou 1120. Reims. II, 507. Autre concile.
1119. Rouen. II, 698. Syn. diocés.
1119. Toulouse. II. 1012. Concile présidé par le pape Calliste II.
1120 ou 1119, selon Lenglet. Beauvais. I, 518. Concile.
1120. Halberstadt. I, 968. Synode.
1120. Nantes. II, 48. Concile.
1120. Napoli ou Naplouse. II, 55. Concile de la province de Jérusalem.
1120. Vienne. II, 1262. Concile tenu par le pape Calliste II.
1121. Avranches. I, 254. Assemblée d'évêques.
1121. Erfurth. I, 897. Concile.
1121. Halberstadt. I, 968. Synode.
1121. Quedliambourg. Assembl. mixte, où se trouva l'empereur Henri V. au sujet des différends qu'il avait avec l'Église. Anselm. Gemblac. Cette assemblée est peut-être la même que celle qu'un autre écrivain du temps a placée à Wirtzbourg. Usperg. Labb. X.
1121. Rome. II, 671. Concile.
1121. Soissons. II, 899. Concile.
1121. Wirtzlocrg. II, 1287. Assemblée mixte.
1122. Glocester. I, 959. Concile.
1122. Mayence. I, 1258. Concile.
1122. Rome. II, 672. Concile.
1122. Toul. II, 1008. Synode.
1122. Worms. II, 1301. Assemblée mixte.
1123. Bourges. II, 726. Concile.
1123. Latran ou Rome. I, 1050. Concile, 1er général de Latran, 9e œcuménique.
1124. Beauvais. I, 519. Concile.
1124. Besançon. I, 327. Concile.
1124. Chartres. I, 550. Concile légatin.
1124. Clermont. Concile mentionné par la Chronique de Maillezais. Labb. X.
1124. Liége. I, 1120. Synode.
1124. Mayence. I, 1259. Concile.
1124. Toulouse. II, 1014. Concile.
1124. Vienne en Dauphiné. II, 1262. Concile légatin.
1125 (Vers). Chateauroux. II, 743.
1125. Londres. I, 1147. Concile légatin.
1125. Narbonne. II, 58. Concile.
1126. Barcelone. II, 758. États.
1126. Lyon. I, 1185, et II, 750. Concile légatin.
1126. Magdebourg. II, 1211. Concile.
1126. Rochebourg. II, 535. Concile légatin.
1126. Rome. II, 672. Concile.
1126. Rouen. II, 698. Assembl. d'év.
1126. Séez. II, 818. Assembl. d'év.
1127. Londres. I, 1147. Concile légatin et national d'Angleterre et d'Écosse.
1127. Mayence. I, 1259. Concile.
1127. Nantes. II, 18. Concile provincial, confirmé par le pape Honorius II.
1127. Rome. II, 672. Concile.
1127. Strasbourg. II, 905. Concile.
1127. Torzello. II, 1004. Concile.
1127. Troia. II, 1176. Concile tenu par le pape Honorius II.
1127. Uzedom. II, 1211. Synode.
1127. Wirtzbourg. II, 1287. Concile.
1127. Worms. II, 1301. Concile légatin.
1128. Arras. I, 222. Concile.
1128. Bordeaux. I, 345. Concile.
1128. Bourg-Déols, I, 555. Concile légatin.
1128. Dol. I, 796. Concile.
1128. Mayence. I, 1259. Concile.
1128. Pavie. II, 585. Conc. légatin.
1128. Ravennes. II, 493. Concile présidé par le pape Honorius II.
1128. Reims. II, 507. Conc. légatin.
1128. Rouen. II, 698. Conc. légatin.
1128. Rome. II, 672. Concile.
1128. Troyes. II, 1184. Conc. légat.
1128. Chalons-sur-Marne. I, 558. Concile.
1129. Lauffen. I, 1104. Concile.
1129. Londres. II, 1148. Concile.
1129. Narbonne. Concile où l'archevêque Arnauld de Le ezon assura aux chanoines de sa cathédrale la possession de diverses églises, pour les encourager eux-mêmes à la pratique de la vie régulière. Gall. Chr., t. IV, col. 48.
1129 ou 1127. Orléans. II, 199. Concile tenu par Umbaud, archevêque de Lyon et Légat du saint-siège. Geoffroi, abbé de Vendôme, refusa de s'y rendre sur l'invitation qui lui en avait été faite, alléguant pour excuse l'exemption attachée à son titre par plusieurs papes. Labbe, X.
1129. Palencia. II, 214. Concile général de l'Espagne.
1129. Paris. II, 243. Conc. légatin.
1129. Reims. Ce concile est douteux. Gall. Chr., t. IV, c. l. 86.
1129. Rome. Concile où Otton, évêque d'Halberstadt, fut déposé par le pape Honorius II, pour crime de simonie. Conc. germ., t. III.
1130. Clermont. I, 567. Concile tenu par le pape Innocent II.
1130. Étampes. I, 898. Concile.
1130. Mayence. I, 1259. Synode.
1130. Pöcile. II, 455. Conciliabule.
1130. Puy. II, 447. Concile.
1130. Reims. II, 507. Conc. province.
1130. Saint-Gilles. II, 758. Concile.
1130. Wirtzbourg. II, 1287. Concile légatin.
1131. Hildesheim. I, 975. Synode.
1131. Liége. I, 1120. Concile présidé par le pape Innocent II.
1131. Louvain. II, 749. Concile.
1131. Mayence. I, 1259. Conc. légat.
1131. Reims. II, 507. Concile présidé par le pape Innocent II.
1131. Trèves. II, 1161. Conc. légat.
1132. Aix-la-Chapelle. I, 65. Assemblée.
1132. Cologne. I, 585. Concile.
1132. Creixan. I, 785. Concile.
1132. Hildesheim. I, 975. Synode.
1132. Londres. I, 1148. Assemblée.
1132. Plaisance. II, 405. Concile présidé par le pape Innocent II.
1132. Reims. II, 509. Concile.
1132. Thionville. II, 957. Concile.
1133. Jouarre. I, 1010. Concile. L'abbaye de bénédictines de Jouarre, qui existe toujours, est distincte de l'hospice de femmes incurables qui se trouve aussi dans cette ville, quoique nous ayons dit le contraire au t. I.
1133. Provence. II, 445. Concile des trois provinces d'Arles, d'Aix et d'Embrun, et qui se tint apparemment à Arles.
1133. Redon. II, 482. Concile.
1133. Rome. II, 672. Concile.
1133. Wirtzbourg. II, 1287. Assemb.
1134. Montpellier. I, 1521. Concile.
1134. Narbonne. II, 58. Conc. prov.
1134. Pise. II, 599. Concile général présidé par le pape Innocent II.
1135. Ardea (Picentin). II, 597. Conc.
1135. Augsbourg. I, 251. Synode.
1135. Bamberg. I, 308. Assemblée.
1135. Léon. I, 1111. Concile.
1135. Milan. I, 1274. Concile.
1135. Nantes. II, 18. Concile.
1135. Tournay. II, 1024. Synode.
1135. Trèves. II, 1162. Concile prov.
1135. Verdun. II, 1249. Synode.
1136. Antioche. I, 164. Concile.
1136. Burgos. I, 595. Assem. mixte.
1136. Jérusalem. I, 1008. Concile.
1136. Londres ou Westminster. II, 1279. Concile.

1136. Magdebourg. I, 1211. Concile.
1156 ou 1158. Northampton. II, 136 Concile national.
1156. Toul. II, 1008. Synode.
1156. Trèves. II, 1162. Synode.
1156. Westminster. II, 1279. Conc.
1156. Wirtzbourg. II, 1288. Synode diocésain.
1157. Bordeaux. I, 345. Concile.
1157. Halberstadt. I, 968. Synode.
1157. Herford. I, 972. Synode.
1157. Melfi. I, 1258. Concile.
1157. Valladolid. II, 1232. Concile.
1157. Wirtzbourg. II, 1288. Synode diocésain.
1157. Salerne. Conférence pour l'extinction du schisme d'Anaclet. *Voy. Hist. de S. Bernard* par l'abbé Ratisbonne.
1158. Arras. I, 212. Synode.
1158. Cologne. I, 585. Conc. prov.
1158. Karlel. I, 1009. Conc. légat.
1158. Londres. I, 1148. Conc. légat.
1158. Westminster. II, 1279. Conc.
1158. Westminster. II, 1279. Sur la canonisation de saint Édouard. Lengl. Ne serait-ce pas le même concile que le précédent?
1139. Latran ou Rome. I, 1051. Concile 2e général de Latran, 10e œcuméniq.
1139. Magdebourg. I, 1211. Conc.
1139. Toscane ou Florence. II, 1005. Synode.
1139. Uzès II, 1212. Concile.
1139. Winchester. II, 1285. Concile.
1140. Constantinople. I, 775. Conc.
1140. Freysingen. I, 936. Synode.
1140. Narbonne. Pour les captifs. *Gall. Chr.*, t. VI, col. 516.
1140. Ratisbonne. II, 461. Assemblée mixte.
1140. Sens. II, 854. Concile.
1141, ou 1142 selon Lenglet. Antioche. I, 164. Concile légatin.
1141. Halberstadt. I, 968. Synode.
1141. Londres. I, 1148. Conc. légat.
1141. Nougarol. II, 131. Concile de la province d'Auch.
1141. Reggio. II, 482. Synode.
1141. Reims. II, 509. Concile.
1141. Saltzbourg. II, 763. Synode.
1141 ou 1140, selon Lenglet. Veroli. II, 1253. Concile.
1141. Vienne en Dauphiné. Concile.
1141. Westminster. II, 1280. Concile légatin.
1141. Winchester. II, 1283. Concile légatin.
1142. Lagny. I, 1011. Conc. légatin.
1142 ou 43. Londres. I, 1148. Concile légatin.
1142. Trèves. II, 1162. Synode.
1142. Westminster. II, 1280. Concile légatin.
1142. Winchester. II, 1286. Concile légatin.
1143. Constantino le. I, 774. Deux conciles.
1143. Freysingen. I, 936. Synode.
1143. Girone. I, 958. Conc. légatin.
1143. Jérusalem. I, 1008. Conc. légat.
1143. Lincoln. I, 1137.
1143. Mayence. I, 1259. Concile.
1143. Winchester. II, 1286. Concile légatin.
1144. Constantinople. I, 774. Conc.
1144. Liége. I, 1121. Synode.
1144. Rome. II, 672. Concile.
1144. Térouanne. II, 785. Synode.
1145. Bourges. I, 357. Ass. mixte.
1145. Hall. I, 970. Concile provincial de Saltzbourg.
1146. Bavière. Pour la croisade contre les Turcs. Lenglet.
1146. Chartres. I, 559. Concile.
1146. Cologne. I, 585. Syn. diocés.
1146. Fulgine. II, 746. Conc. légat.
1146. Hall. I, 970. Concile.
1146. Hildesheim. I, 973. Synode.

1146. Laon. I, 1041. Ass. mixte.
1146. Taragone. II, 924. Concile provincial.
1146. Vézelai. II, 1237. Concile.
1147. Constantinople. I, 774. Conc.
1147. Étampes. I, 898. Concile.
1147. Francfort. I, 934. Concile.
1147. Halberstadt. I, 968. Synode.
1147. Hildesheim. I, 973. Synode.
1147. Paris. II, 243. Concile présidé par le pape Eugène III, au sujet de Gilbert de la Porrée.
1147. Saltzbourg. II, 763. Conc. C'est sans doute ce concile que Lenglet dit avoir été tenu à Ratisbonne, quoique Mansi, dont il allègue l'autorité, rapporte simplement que l'archevêque de Saltzbourg y présida.
1148. Lincoping. I, 1157. Concile légatin.
1148. Marsi. I, 1222. Concile.
1148. Palencia. II, 215. Assemblée ou États.
1148. Reims. II, 509. Concile présidé par le pape Eugène III.
1148. Trèves. II, 1162. Concile présidé par le pape Eugène III.
1149. Bordeaux. I, 345. Conc.
1149. Hildesheim. I, 973. Synode.
1149. Mayence ou Erfurth. I, 897 et 1259. Concile.
1149. Spire. II, 905. Syn. diocésain.
1150. Bamberg. I, 308. Synode.
1150. Halberstadt. I, 968. Synode.
1150. Mayence. I, 1259. Synode.
1150. Ratisbonne. II, 461. Concile sur la liturgie.
1150. Saltzbourg. II, 763. Concile.
1150. Ulm. II, 1203. Congrès.
1151. Londres. II, 1149. Concile.
1151. Liége. I, 1121. Concile.
1151 ou 1152, selon Lenglet. Metz. I, 1270. Synode diocésain.
1151 ou 1152. Beaugenci. I, 317. Concile.
1151. Reims. II, 521. Concile présidé par le pape Eugène III.
1152. Cologne. II, 735. Concile.
1152. Constance. I, 628. Concile.
1152. Grado. II, 718. Concile.
1152. Irlande ou Mellifont. I, 1239. Concile légatin.
1152. Neuville ou Kenan en Irlande. II, 735. Concile.
1152. Trèves. II, 1162. Concile provincial.
1152. Venise. II, 1241. Concile.
1153. Arras. II, 139. Syn. dioc.
1153. Constance. I, 628. Concile.
1153 ou 54. Constantinople. I, 774. Conférence.
1153. Macon. I, 1209. Concile légatin, 4e de Macon.
1153 ou 54. Mayence. I, 1259. Concile provincial.
1153. Worms. II, 1301. Conc. légat.
1154. Augsbourg. I, 281. Synode.
1154 ou 1152, selon Lenglet. Bourgueuil. I, 369. Concile provincial de Tours.
1154. Halberstadt. I, 968. Synode.
1154. Londres. I, 1149. Concile.
1154. Moret. I, 1325. Concile.
1154. Nogarol. II, 122. Conc. légat.
1154. Rouen. II, 699. Concile.
1154. Salamanque. II, 754. Concile.
1155. Constantinople. I, 774. Conc.
1155 ou 56. Soissons. II, 901. Concile des deux provinces de Reims et de Sens. Lenglet rapporte ce concile à 1154, en s'appuyant sur ce qu'à propos de l'autorité de Labbe, qui lui assigne pour époque précise l'an 1155, 10 juin.
1155. Valladolid. II, 1232. Concile.
1156. Constantinople. I, 774. Conc.
1156. Tornê. II, 1032. Conc. prov.
1157 ou 61. Angers. I, 1137. Concile.
1157. Arlas ou Roussillon. Assemblée d'évêques pour la dédicace de l'église d'Arles.

1157. Castro-Morello en Aragon. Concile où les évêques rassemblés, sous la présidence de l'archevêque de Tarragone, confirmèrent, en présence du comte Raymon I, de la reine d'Aragon, comtesse de Barcelone, et d'un grand nombre de seigneurs, les privilèges du monastère de Saint-Ruf du diocèse de Valence en Dauphiné. *Mansi, Conc.* t. XXI.
1157. Chichester. I, 559. Concile.
1157. Halberstadt. I, 968. Synode.
1157. Magdebourg. I, 1211. Concile provincial.
1157. Northampton. II, 136. Concile de la province de Cantorbery.
1157. Reims. II, 521. Concile.
1158. Reims. II, 521. Concile.
1158. Roscoman. II, 687. Concile.
1158. Waterford. I, 1278. Concile.
1159. Embrun. I, 830. Synode.
1159. Mayence. I, 1259. Concile.
1160. Anagni. I, 100. Concile.
1160. Crémone. I, 783. Conciliabule.
1160. Frisac. I, 941. Concile.
1160. Nazareth. II, 52. Concile de la province de Jérusalem.
1160 ou 1161, selon Lenglet. Oxford. II, 204. Conc. contre quelques hérétiques.
1160 et non 1159, comme le prétend Lenglet. *Voy. Gall. Chr.* III, 678.
Pavie. II, 385. Conciliabule.
1161. Beauvais. I, 319. Concile.
1161. Erfurth. I, 897. Concile.
1161. Francfort. I, 934. Concile.
1161. Lodi. I, 1140. Conciliabule.
1161. Neuf-Marché. II, 57. Concile de la province de Rouen.
1161. Rodez. II, 534. Syn. diocésain.
1161. Toulouse. II, 1014. L'abbé Lenglet, par distraction, sans doute, a mentionné premièrement un concile de Toulouse tenu par le pape Alexandre III, puis un autre tenu la même année contre l'antipape Victor. Ces deux conciles se réduisent évidemment au même, et le père Labbe, à qui nous renvoie l'abbé Lenglet, ne parle aussi que d'un seul.
1162. Besançon. I, 327. Conciliabule.
1162. Londres. I, 1149. Concile.
1162. Magdebourg. I, 1211. Concile.
1162. Montpellier. I, 1321. Concile tenu par le pape Alexandre II.
1162. Ultonie. II, 1205. Concile.
1162. Westminster. II, 1280. Concile provincial de Cantorbery.
1163. Cologne. I, 585. Synode.
1163. Gaules. II, 747. Concile.
1163. Tours. II, 1059. Concile tenu par le pape Alexandre III.
1163. Trèves. II, 1162. Synode.
1164. Clarendon. I, 561. Concile national.
1164. Northampton. II, 136. Conciliabule.
1164. Paris. II, 243. Assemblée ecclésiastique, tenue par le pape et ses cardinaux.
1164. Reims. II, 521. Concile présidé par le pape Alexandre IV.
1164. Vienne en Dauphiné. II, 1262. Conciliabule.
1165 ou 1167, selon Lenglet. Chinon. I, 560. Concile.
1165. Salamanque. II, 754. Concile légatin.
1165 et 1177 (Entre). Sens. II, 887. Concile.
1165. Wirtzbourg. II, 1288. Conciliabule.
1166. Aix-la-Chapelle. I, 61. Assemblée ecclésiastique.
1166. Constantinople. I, 774. Conc.
1166. Constantinople. I, 775. Autre concile.
1166. Mans. II, 751. Ass. mixte.

1166. Oxford. II, 205. Concile contre les Vaudois.
1167. Angleterre. I, 128. Concile.
1167. Latran. I, 1053. Concile.
1167. Saint-Félix. I, 902. Conciliab.
1168. Constantinople. I, 775. Conc.
1168. Lavaur. I, 1106. Concile assemblé de trois provinces.
1169. Norwich. II, 158. Synode.
1169. Strigonie. II, 910. Concile.
1169. Wirtzbourg. II, 1288. Synode diocésain.
1170. Angoulême. I, 129. Concile.
1170. Boisse. I, 341. Concile.
1170. Constantinople. I, 775. Conciliabule.
1170. Freysingen. I, 936. Synode.
1170. Londres. I, 1149. Ass. mixte.
1170. Paris. II, 244. Concile.
1171. Armach. I, 220. Concile national d'Irlande.
1171. Constantinople. I, 775. Conc.
1171. Mayence. I, 1259. Concile.
1171. Saltzbourg. II, 763. Concile.
1172. Avranches. I, 254. Concile.
1172. Cashel ou Limerick. I, 529. Concile.
1173. Caen. I, 393. Concile.
1173. Londres ou Westminster. I, 1149. Concile.
1173. Utrecht. II, 1207. Synode.
1173. Wodestock. II, 1293. Concile.
1174. Naumbourg. II, 52. Synode diocésain.
1174. Ratisbonne. II, 461. Conciliab.
1175. Hall de Magdebourg. I, 970. Concile.
1175. Londres. I, 1150. Concile provincial de Cantorbery.
1175. Salamanque. II, 754. Concile légatin.
1175. Windsor. II, 1287. Concile.
1176. Albi. Concile où assista un évêque de Poitiers. *Gall. Chr.* t. II, col. 1180.
1176. Dublin. I, 797. Conc. légatin.
1176. Gaules. II, 747. Concile.
1176 ou 1165. Lombers. I, 1141. Concile.
1176. Northampton. II, 136. Concile légatin.
1176. Rennes. II, 550. Concile de la province de Tours.
1176. Westminster. II, 1280. Conc.
1177. Bec. II, 136. Synode.
1177. Ecosse ou *Castellum puellarum*. I, 801. Concile légatin.
1177. Edimbourg. I, 8.8. Concile légatin.
1177. Mayence. I, 1259. Concile.
1177. Northampton. II, 137. Concile général d'Angleterre.
1177. Swerin. II, 919. Synode.
1177. Tarse. II, 951. Concile.
1177. Venise. II, 1241. Concile tenu par le pape Alexandre III.
1177. Westminster. II, 1280. Conc. général d'Angleterre.
1178. Halberstadt. I, 969. Synode.
1178. Hildesheim. I, 973. Synode.
1178. Hochenau. I, 982. Concile provincial de Saltzbourg.
1178. Toulouse. II, 1015. Concile légatin.
1179. Halberstadt. I, 969. Synode.
1179. Latran ou Rome. I, 1053. Concile, 3e général de Latran, 11e œcuménique.
1179. Trèves. II, 1162. Synode dioc.
1180. Saltzbourg. II, 763. Concile.
1180. Tarragone. II, 924. Concile provincial.
1181. Aquilée. I, 181. Concile.
1181. Baias. I, 317. Concile.
1181. Puy. II, 448. Concile légatin.
1182. Caen. I, 593. Concile.
1182. Limoges. I, 1136. Concile légatin.
1182. Merzbourg. I, 1265. Synode.

1182. Marleberg. I, 1222. Concile.
1182. Segni. II, 831. Concile.
1183. Angleterre. I, 128. Concile.
1183. Arras. I, 222. Assembl. mixte.
1183. Dublin. I, 797. Concile.
1183. Halberstadt. I, 969. Synode.
1184. Aquilée. I, 181. Concile.
1184. Halberstadt. I, 969. Synode.
1184. Vérone. II, 1236. Concile tenu par le pape Lucius II.
1184. Windsor. II, 1237. Concile.
1185. Londres. I, 1131. Concile.
1185. Paris. II, 244. Concile au sujet d'une croisade.
1185. Spalatro. II, 904. Concile provincial.
1186. Charroux. I, 550. Concile légatin.
1186. Cologne. I, 585. Concile.
1186. Constantinople. I, 776. Conc.
1186. Dublin. I, 797. Conc. provinc.
1186. Egenesham. I, 808. Concile.
1186. Halberstadt. I, 969. Synode.
1186 ou 87. Mouzon. I, 1327. Concile légatin. et provincial de Trèves.
1187. Cologne. I, 585. Concile.
1187. Libnitz. I, 1118. Synode diocésain.
1187. Parme. II, 375. Concile pour la liberté ecclésiastique.
1187. Trèves. II, 1162. Synode.
1188. Angleterre. I, 128. Concile.
1188. Gisors. I, 939. Ass. mixte.
1188. Guntington. I, 968. Concile.
1188. Lanciski. I, 1017. Concile.
1188. Liège. I, 1121. Synode.
1188. Mans. I, 1118. Ass. mixte.
1188. Mayence. I, 1240. Ass. mixte.
1188. Paris. II, 244. Concile au sujet de la croisade.
1189. Cantorbery. I, 449. Concile.
1189. Cracovie. I, 784. Concile légatin.
1189. Halberstadt. I, 969. Synode.
1189. Paderborn. II, 212. Synode diocésain.
1189. Pipewell. II, 598. Concile.
1189 ou 1190. Rouen. II, 639. Concile provincial.
1189. Trèves. II, 1162. Concile.
1190. Freysingen. I, 936. Synode.
1190. Glocester (*Glavornensis syn.*) I, 960 et II, 748. Concile.
1190. Salamanque. II, 754. Conc.
1190. Vernon. II, 1253. Assemblée mixte.
1190. Westminster. II, 1280. Conc.
1190. Westminster. II, 1280. Autre concile, tenu par un légat.
1191. Hildesheim. I, 973. Synode.
1191. Londres. I, 1151. Concile.
1191. Mayence. I, 1240. Synode.
1192. Toul. II, 1008. Synode.
1193. Cantorbery. I, 449. Concile.
1195, ou 1193 selon Mansi. Compiègne ou Reims. I, 621. Concile non approuvé, quoique présidé par l'archevêque de Reims, légat du saint-siège. Mansi traite ce concile de conciliabule.
1193. Hildesheim. I, 973. Synode.
1193. Rome. II, 672. Concile.
1193. Francfort. I, 935 Concile.
1195. Lauffen ou Saltzbourg. I, 1105. Concile.
1195. Montpellier. I, 1321. Concile légatin.
1195. Orléans. II, 199. Syn. diocés.
1195. York. II, 1501. Concile légatin et provincial.
1196. Bamberg. I, 308. Synode.
1196. Liège. I, 1121. Synode.
1196. Mayence. I, 1240. Synode diocésain.
1196. Paris. II, 244. Concile légatin, au sujet de la reine Ingelburge.
1196. Worms. II, 1502. Syn. diocés.
1197. Ferden (*Verdensis*). II, 1218.
1197. Girone. I, 938. Assembl. d'év.

1197. Lanciski. I, 1017. Concile provincial de Gnesne.
1198. Aix-la-Chapelle. I, 64. Assemblée.
1199. Antivari ou Dalmatie I, 789, et II, 737. Concile légatin.
1199. Dijon. I, 792. Concile légatin.
1199. Dioclée en Dalmatie. Concile légatin et national, où il se publia douze décrets. Le 1er défend aux évêques de recevoir de l'argent des clercs qu'ils ordonnent. Le 2e rappelle aux prêtres et aux diacres l'obligation du célibat. Le 4e recommande le secret de la confession sous des peines sévères. Le 10e excommunie les hommes mariés qui divorcent avec leurs épouses sans y être autorisés par les juges ecclésiastiques. Le 12e et dernier fixe à trente ans l'âge requis pour pouvoir être promu au sacerdoce. *Labb. XI*.
1199. France. I, 928. Concile.
1199. Normandie. II, 133. Assemblée d'évêques et de grands.
1198 ou 99. Sens. II, 837. Concile.
1199. Westminster. II, 1280. Conc.
1200 (Vers). Fritzlard. II, 746. Assemblée provinciale de Mayence.
1200. Halberstadt. I, 969. Synode.
1200. Londres. I, 1151. Concile national.
1200. Néelie. II, 55. Concile national, présidé par un légat.
1200 (Vers l'an). Paris. II, 244. Synodes diocésains.
1200. Rome. II, 672. Concile.
1200. Vienne en Dauphiné. II, 1262. Concile.
1201. Compiègne. I, 621. Assemblée provinciale.
1201. Paris. II, 244. Concile légatin.
1201. Perth ou Ecosse. II, 390. Concile légatin, pour la réforme des mœurs.
1201. Soissons. II, 901. Concile.
1202. Londres. Sur la discipline. *Lenglet*.
1203. Antioche. I, 164. Concile légatin.
1203. Passau. II, 375. Syn. diocés.
1204. Antioche. Contre le roi d'Arménie. *Lengl. d'apr. Raynaldi*.
1204. Camin. I, 447. Syn. diocésain.
1204. Meaux. I, 1252. Conc. légatin.
1205. Andrea. I, 111. Concile.
1205. Arles. II, 214. Concile légatin.
1205. Halberstadt. I, 969. Synode.
1205 ou 1204 selon Mansi. Lambeth. I, 1012. Concile provincial de Cantorbery.
1205. Montelimar. I, 1321. Synode légatin.
1206. Halberstadt. I, 969. Synode.
1206. Perth. II, 390. Concile de toute l'Ecosse.
1206. Reading. II, 481. Concile légatin.
1206. Saint-Alban. II, 720. Concile.
1207. Augsbourg. I, 251. Assemblée mixte.
1207 ou 8. Laval. I, 1108. Concile provincial de Tours.
1207. Londres. I, 1152. Concile.
1207. Narbonne ou Montpellier. I, 1322, et II, 38. Concile provincial, mais peut-être supposé.
1207. Montréal I, 1325. Conférence.
1207. Oxford. I, 1152. Concile.
1208. Halberstadt. I, 969. Synode.
1208. Saint-Séver-Cap. II, 866. Concile provincial et légatin.
1209. Avignon. I, 214. Concile légatin, assemblée de plusieurs provinces.
1209. Cantorbery. I, 1011. Synode.
1209. Goslar. I, 960. Ass. mixte.
1209. Montelimar. I, 1321. Concile légatin.

TABLE CHRONOLOGIQUE DES CONCILES.

1209. Paris. II, 247. Concile.
1209. Saint-Gilles. I, 956. Concile légatin.
12 9. Utrecht. II, 1207. Synode.
1209. Valence. II, 1221. Concile légatin.
1209 Wurtzbourg. II, 1296. Assemblée ecclésiastique.
1210. Avignon. I, 246. Concile légatin.
1210. Gnesne. I, 980. Concile.
1210. Londres. I, 1153. Concile.
1210. Ravenica. II, 465. Assemblée ecclésiastique.
1210. Rome. II, 672. Concile.
1210. Saint-Gilles. I, 956. Concile.
1211. Arles. I, 214. Concile.
1211, ou 1210 selon Lenglet. Kelmelek. I, 1010. Concile.
1211. Lincoln. I, 1137. Synode diocésain.
1211. Montpellier. I, 1322. Assemblée.
1211. Narbonne. II, 39. Concile légatin.
1211. Northampton II, 137. Concile légatin.
1211. Perth. II, 390. Concile.
1211. Spire. II, 903. Syn. diocésain.
1212. Lavaur. Gall. Chr. t. VI, col. 444. Voy. 1213.
1212. Pamiers. II, 219. Concile du Languedoc.
1212. Narbonne. Concile légatin et provincial, où l'archevêque Arnauld Amauri donna au chapitre de sa métropole l'église de Coussy (de Cuxiaco). Gall. Chr. t. VI, col. 62.
1212. Paris. II, 219. Conc. légatin.
1213. Bourges. I, 357. Concile.
1213. Lavaur. I, 1107. Concile légatin.
1213. Londres. I, 1153. Concile.
1213. Muret en Languedoc I, 1332. Concile.
1213. Reading. II, 481. Concile.
1213. Saint Alban. I, 65. Concile.
1213. Westminster. II, 1280. Concile.
1214. Bo nges. I, 357. Conc. légatin.
1214. Dunstaple. I, 800. Concile légatin.
1214. Londres. I, 1153. Concile légatin.
1214. Montpellier. I, 1322. Concile.
1214. Montpellier. Concile présidé par Pierre, archevêque de Bénévent et légat du saint-siège, et où se trouvèrent les cinq archevêques de Narbonne, d'Auch, d'Embrun, d'Arles et d'Aix, avec vingt-huit évêques et grand nombre d'abbés et d'autres prélats. On y adjugea à Simon, comte de Montfort, le territoire de Toulouse et toutes les autres terres qui appartenaient jusque-là au comte de Toulouse, excommunié à cause de la protection qu'il accordait aux Albigeois. Le concile députa à Rome l'archevêque d'Embrun, pour faire ratifier cet acte par le souverain pontife. On publia de plus trente décrets.
1. On enjoint aux archevêques et évêques de ne paraître jamais qu'en habit ecclésiastique et propre à leur ordre.
2. On défend aux chanoines et en général à tous les clercs l'usage d'éperons ou de freins dorés.
5 et 6. On leur interdit également les habits de couleur rouge ou verte.
4 et 20. On leur prescrit de porter la tonsure plus ou moins grande selon l'ordre de chacun.
5. On leur défend de percevoir le revenu de ce qu'ils auraient reçu en gage, aussi bien que toute autre pratique usuraire.
7. On leur défend de nourrir des oiseaux de proie.

8 et 9. On défend de refuser aux laïques la part qu'ils prétendraient aux prébendes canoniales.
10 et suiv. On continue à recommander aux évêques et aux abbés, et en général à tous les prélats, l'esprit de pauvreté et de désintéressement, et l'on condamne la propriété dans les moines et les chanoines réguliers.
18. On défend à ces derniers l'office d'avocat, à moins d'une permission spéciale de l'évêque ou de l'abbé.
19. On leur fait une loi de distribuer aux pauvres ce qui reste de chacun de leurs repas.
21. On leur recommande la stabilité.
25. On frappe d'excommunication ux qui accorderaient les sacrements ou la sépulture ecclésiastique à des usuriers, à des excommuniés ou à des interdits.
27. On ordonne à tous les seigneurs, avec menace des censures ecclésiastiques, d'observer la paix que les archevêques et les évêques devront sous quinze jours publier dans leurs diocèses.
28. On proscrit toute confrérie qui n'aurait pas l'approbation de l'évêque diocésain.
29. On oblige les prélats, sous peine d'être eux-mêmes excommuniés, d'établir chacun dans son diocèse un prêtre et plusieurs laïques chargés de dénoncer à leur tribunal, ainsi qu'aux tribunaux séculiers, les hérétiques et fauteur d'hérétiques qu'ils viendraient à découvrir.
30. On ordonne la publication de ces statuts dans tous les diocèses et toutes les paroisses. Baluze, Conc. Gall. Narbon. Le concile de l'an 1215, rapporté au tome 1er de notre Dictionnaire, col. 1322 et suiv., ne fit que reproduire dans ses 50 premiers canons les canons de ce concile.
1214. Rouen. II, 701. Concile légatin et provincial.
1215. Bordeaux. I, 345. Concile.
1215. Bourges. I, 357. Concile.
1215 (Après). Espagne. II, 728. Concile.
1215 (Après). Espagne. II, 745. Concile.
1215. Latran ou Rome. I, 1058. Concile, 4e général de Latran, 12e œcuménique.
1215. Montpellier. I, 1322. Concile légatin.
1215. Paris. II, 254. Conc. légatin.
1215. Riga. II, 537. Concile.
1216. Aquilée. I, 184. Concile.
1216. Bristol. I, 384. Conc. légatin.
1216. Gênes. I, 931. Concile.
1216, ou 1217 selon Lenglet. Melun. I, 1260. Concile tenu sur la discipline.
1216 (Vers l'an). Nantes. II, 18. Synode diocésain.
1216. Neuville ou Kenan en Irlande. II, 755. Synode
1216. Saltzbourg. II, 765. Concile provincial.
1216. Sens. II, 859. Conc. provinc.
1217. Dublin. I, 587. Synode.
1217. Ratzbourg. II, 463. Synode diocésain.
1217. Salisbury. II, 762. Syn. dioc.
1219. Halber tadt. I, 969. Synode.
1219. Saltzbourg. II, 765. Concile provincial.
1219. Toulouse. II, 1015. Concile légatin.
1220. Cantorbery. I, 419. Concile.
1220. Durham. I, 802. Concile.
1220. Grèce. I, 966. Concile.
1220 (Vers). Maguelone. I, 1215. Synode.

1220. Passau. II, 373. Synode ou Chapitre, tenu en présence des légats du saint-siège.
1220. Rome. II, 673. Concile.
1221. Pologne ou Gnesne. II, 426 Synode.
1221. Perth. II, 390. Conc. légatin.
1222. Cantorbery. I, 419. Concile.
1222. Cologne. I, 585. Concile.
1222. Constantinople. I, 776. Conc.
1222. Oxford. II, 205. Concile de la province de Cantorbery.
1222. Puy. II, 448. Concile légatin.
1222. Sleswick. II, 892. Conc. légat.
1223. Erfurth. I, 897. Concile.
1223. Paris. II, 255. Concile légatin.
1223. Rouen. II, 701. Concile.
1223. Toulon. II, 1008. Synode.
1224. Halberstadt. I, 9 9. Synode.
1224. Hildesheim. I, 975. Concile.
1224. Montpellier. I, 1324. Deux conciles ou conférences.
1224. Paderborn. II, 212. Syn. dioc.
1224. Paris. II, 255. Trois conciles furent tenus cette année à Paris, selon Lenglet, sur les Albigeois et sur les différends de la France avec l'Angleterre. Lubb. XI ; Hard. VII.
1224. Riga. II, 537. Conc. légatin.
1224. Sens. II, 859. Conc. provinc.
1224. Vaucouleurs (apud Vallem Coloris). Mansi, qui fait mention de cette assemblée, en la qualifiant de Concilium, n'en rapporte cependant pas autre chose que des pourparlers entre le roi de France et le fils de l'empereur d'Allemagne sur les affaires de leurs États. Mansi, Conc., t. XXII.
1224. Worms. II, 1302. Syn. dioc.
1225. Allemagne ou Germanie. I, 93 et 954. Concile.
1225. Béziers. Concile provincial. Gall. Chr., t. VI, col. 407.
1225. Douvres. I, 337. Conc. légat.
1225. Cologne. I, 586. Conc. légat.
1225. Ecosse. I, 801. Concile.
1225. Londres et Westminster. II, 734. Concile.
1225. Magdebourg. I, 1211. Concile légatin.
1225. Mayence. I, 1210. Conc. légat.
1225. Melun. I, 1269. Concile.
1225. Paris. II, 255. Conc. légatin.
1225. Saint-Quentin. Concile ou sujet des reliques de Saint Quentin, martyr, patron de cette ville. M. de Mas Latrie.
1225. Crémone. I, 785. Concile.
1226. Foix. I, 926. Concile légatin.
1226. Liége. I, 1121. Concile légatin. Lenglet semble distinguer deux conciles tenus à Liége cette année, sans dire en particulier quel a pu être l'objet du second.
1226. Londres. I, 1153. Concile.
1226. Mont-Luçon. I, 1321. Synode.
1226. Paris. I, 286. Conc. légat.
1226. Paris. Ibidem. Autre concile tenu par le même légat.
1226. Westminster. II, 1280. Concile, peut-être le même que celui de Londres.
1227. Mayence. I, 1211. Syn. dioc.
1227. Narbonne. II, 59. Conc. prov.
1227. Rome. II, 673. Concile.
1226, ou 1277 selon Martène. Trèves. II, 1162. Conc. prov.
1228. Bourges. I, 357. Conc. prov.
1228. Portugal. II, 434. Concile.
1228. Rome. II, 673. Concile.
1229, ou 1228 selon Lenglet. Bassége, ou Meaux, ou Paris. I, 1232 et 314. Assemblée mixte.
1229. Grèce ou Orient, lieu incertain. II, 748. Synode schismatique.
1229. Lérida. I, 1116. Conc. légat.
1229. Orange. II, 110. Concile.
1229 ou 1259. Sodore. II, 892. Synode diocésain.

ET APPENDICES AU DICTIONNAIRE.

1229. TARRAGONA. II, 923. Conc. légat.
1229. TOULOUSE. II, 1016. Conc. legat.
1229. WESTMINSTER. II, 1281. Concile général d'Angleterre.
1230. FRANCE : sur les guerres du royaume. Lengl. d'apr. Raynaldi.
1230. HILDESHEIM. I, 974. Synode.
1230. TARRAGONE. II, 924. Conc. prov.
1231. CHATEAU-GONTIER. I, 531. Concile provincial de Tours.
1231. LIÉGE. I, 1121. Concile légat.
1231. MEISSEN. I, 1253. Synode.
1231. REIMS. II, 321. Concile provincial, tenu à Saint-Quentin.
1231. ROUEN. II, 701. Conc. prov.
1231. SAINT-ALBAN. II, 720. Synode.
1231. TRÈVES. II, 1162. Syn. diocés.
1232. BEAUVAIS II, 726. Syn. dioc.
1232. CONSTANTINOPLE. I 776. Conc.
1232 GRÈCE ou ORIENT II, 748. Conc.
1232. LONDRES. I, 1153. Concile.
1232. MELUN. I, 1260. Concile.
1232. NICÉE. II, 118. Concile, terminé à Nymphée.
1232. SAINT-QUENTIN. II, 449. Concile de la province de Reims.
1233. BEAUVAIS. II, 726. Syn. dioc.
1233. LAON. I, 1041. Concile de la même province.
1233. LAON. I, 1041. Concile provincial de Reims.
1233. MAYENCE. I, 1241. Conc. légat.
1233. NOYON. II, 140. Concile prov.
1233. SAINT-QUENTIN. II, 449. Concile de la province de Reims.
1233. SAINT-QUENTIN. II, 450. Autre concile provincial de Reims.
1233. SAINT-BRIEUC. II, 722. Synode diocésain.
1233. TARRAGONE : sur la discipline. Lengl. d'apr. Martène, col. nov. t. VII.
1233. TOURS. II, 1042. Conc. prov.
1234. ARLES. I, 213. Conc. provinc.
1234. BÉZIERS. I, 333. Conc. légat.
1234. FRANCFORT. I, 935. Concile non reconnu.
1234. NYMPHÉE. II, 144. Concile pour la réunion de l'Église grecque à l'Église romaine, sans résultat.
1234. ROME. II, 675. Concile.
1234. SPOLETTE. II, 903. Concile.
1234. TARRAGONE. II, 924. Assembl.
1235. COMPIÈGNE. I, 621. Conc. prov.
1235. MAYENCE. Conciliabule où les hérétiques appelés stigands furent absous, et les meurtriers de Conrad, évêque de Marbourg, renvoyés sans autre peine au jugement du saint-siège. Mansi, t. XXII.
1235 ou 1241. NARBONNE. II, 40. Concile assemblé des trois provinces de Narbonne, d'Aix et d'Arles.
1235. ORIENT. II, 178. Concile, non reconnu, présidé par le patriarche schismatique de Constantinople.
1235. PARIS. II, 256. Assemblée de docteurs.
1235. SAINT-QUENTIN ou REIMS. II, 450. Conc. prov., tenu à Saint-Quentin.
1235. SCHERLING, en Danemarck : sur la discipline. Lengl. d'apr. Olaüs Maq. Hist. Col. lib. XIX.
1235. SENLIS, ou province de Reims. II, 850. Concile.
1236. ARLES. I, 216. Concile.
1236. CANTORBÉRY. I, 449. Concile provincial.
1236. MARPOURG. I, 1222. Concile.
1236 et 1253 (Entre). ROUEN. II, 703. Synode diocésain.
1236. TOURS. II, 1042. Conc. prov.
1237. COVENTRY. I, 783. Syn. dioc.
1237. LÉRIDA. I, 1116. Concile.
1237. LONDRES. I, 1153. Conc. légat.
1237. MANS. II, 731. Conc. douteux.
1237. MANS, Cenamanense. Concile provincial de Tours, tenu au Mans, dont les actes sont perdus. Martène, Vet. monum. ampl. collect., t. VII.

1238. COGNAC. I, 577. Concile provincial de Bordeaux.
1238. LONDRES. I, 1153. Conc. légat.
1238. PARIS. II, 256. Assemblée de docteurs.
1238. TRÈVES. II, 1162. Conc. prov.
1239. BOURGES. I, 357. Concile.
1239. CAIRE. II, 742. Syn. schismat.
1239. EDIMBOURG. I, 808. Conc. légat.
1239. LONDRES. I, 1153. Conc. légat.
1239. MAYENCE. I, 1241. Concile.
1239. SAINT-QUENTIN. II, 452. Concile provincial de Reims.
1239. SENS. II, 859. Concile.
1239. STROUBINGEN. II, 910. Concile.
1239. TOURS. II, 1043. Concile prov.
1239, ou 1240 selon Lenglet. WORCHESTER. II, 1293. Synode diocésain.
1240 (Vers). ANGERS. I, 114. Synode diocésain.
1240 (Vers). COUTANCES. I, 782. Synode diocésain.
1240. FERNES. I, 906. Synode.
1240. MEAUX. I, 1252. Conc. légat.
1240. NORTHAMPTON. II, 157. Concile légatin.
1240. PARIS. Assemblée où l'on condamna des propositions erronées. Lengl.
1240. READING. II, 481. Conc. légat.
1240. ROME OR LATRAN. Gall. Chr., t. IV, col. 993. Concile général convoqué par le pape Grégoire IX, mais qui ne put avoir lieu à cause des obstacles qu'y mit l'empereur Frédéric.
1240. SENLIS. II, 850. Conc. légat.
1240. TARRAGONE ou VALENCE en Espagne. II, 924. Concile.
1241. OXFORD. II, 209. Concile présidé par l'archevêque d'Yorck.
1242. BAMBERG. I, 309. Synode.
1242. LAVAL. I, 1106. Concile provincial de Tours.
1242. PERTH. II, 390. Concile général de l'Ecosse.
1242. TARRAGONE. II, 923. Concile.
1243. BÉZIERS. I, 333. Concile.
1243. MAYENCE. I, 1212. Concile.
1243. SAUMUR. II, 804. Concile provincial de Tours.
1243. TARRAGONE. I, 923. Concile.
1244. LONDRES. I, 1153. Concile.
1244. NARBONNE. Gall. Chr., t. VII, col. 70.
1244. ROCHESTER : sur la discipline. Angl. I.
1244. TARRAGONE. II, 925. Concile.
1244. WITZLARIENSE. II, 1293. Conc.
1245. LYON. I, 1183. Concile, 1er général de Lyon, 13e œcuménique.
1245. ODENSÉE. II, 143. Concile.
1245. ROUEN. II, 703. Synode dioc.
1246. ARLES. I, 216. Concile.
1246. BÉZIERS. I, 333. Concile provincial de Narbonne.
1246. CHICHESTER. I, 559. Syn. dioc.
1246. FRITZLAR. I, 942. Concile.
1246. HALBERSTADT. I, 969. Synode.
1246. LANCISKI. I, 1017. Concile provincial de Guesne.
1246. LÉRIDA. I, 1117. Concile.
1246. LONDRES. I, 1153. Concile.
1246. MEAUX. I, 1252. Syn. dioc.
1246. NEVERS. II, 57. Syn. dioc.
1246. TARRAGONE. II, 925. Concile.
1247. COLOGNE. II, 735. Concile.
1247. ETAMPES. I, 898. Concile provincial de Sens.
1247. NOYS. II, 144. Concile légatin.
1247. TARRAGONE. II, 925. Concile.
1248. BRESLAU. I, 381. Conc. légat.
1248. EMBRUN. I, 830. Synode.
1248. FREYSINGEN. I, 956. Synode.
1248. MONTÉLIMAR ou VALENCE. II, 1222. Conc. légatin.
1248. PARIS. II, 258. Concile provincial de Sens, tenu à Paris.
1248. PROVINS. Lengl. d'apr. Mansi. Nous ne voyons pas cependant que

Mansi en ait parlé dans sa grande collection.
1248. SCHENNING. II, 814. Concile légatin.
1248. TARRAGONE. II, 925. Concile.
1249. MILDORF ou SALTZBOURG. I, 1316. Concile provincial.
1249. TARRAGONE. II, 926. Concile.
1249. UTRECHT. II, 1207. Synode.
1250. NICÉE. II, 118. Concile.
1250. OXFORD. II, 2.9. Concile national d'Angleterre.
1250. YORCK. Concile que Mansi prétend avoir été tenu par Walter Gray, archevêque d'Yorck, quoiqu'il ne cite à l'appui qu'une constitution de ce prélat, donnée à l'occasion de sa visite dans la province, et qui a pour objet le mobilier dont chaque église devait se pourvoir pour la décence du culte. Mansi, Conc., t. XXIII.
13e siècle, année incertaine. AUTUN. II, 723. Synode diocésain.
1251. ARLES ou LILLE. I, 1125. Concile provincial.
1251. NARBONNE. II, 42. Concile.
1251. PROVINS. II, 446. Concile de la province de Sens.
1252. LONDRES. I, 1153. Concile.
1252. SENS. II, 860. Concile.
1252. VITERBE. II, 1272. Syn. dioc.
1253. CHATEAU-GONTIER. I, 583. Concile provincial de Tours.
1253. NICOSIE. II, 119. Synode dioc.
1253. LUCQUES. II, 731. Syn. dioc.
1253. PARIS. II, 260. Concile de la province de Sens.
1253. RAVENNES. II, 469. Concile.
1253. SAUMUR. II, 804. Concile provincial de Tours.
1253. TARRAGONE. II, 926. Concile.
1253. WESTMINSTER. II, 1281. Conc.
1253. WORMS. II, 1302. Concile.
1254. SYRIE. II, 920. Conc. provinc.
1255. ALBI. I, 69. Conc. légatin.
1255. BÉZIERS. I, 336. Concile provincial de Narbonne.
1255. BORDEAUX. I, 343. Synode.
1255, ou 1256 selon Lengl. DURHAM. I, 802. Synode diocésain.
1255. LONDRES. I, 1153. Concile.
1255. NORWICH. II, 138. Syn. dioc.
1255. PARIS ou SENS. II, 260. Concile provincial, tenu à Paris.
1255. VALENCE en Espagne. II, 1226. Synode diocésain.
1256. COMPIÈGNE. I, 622. Concile.
1256. MAYENCE. I, 1242. Concile.
1256. PARIS. II, 260. Deux conciles, touchant le différend de l'Université avec les frères prêcheurs.
1256. ROUEN. II, 704. Conc. prov.
1256. SAINT-QUENTIN. II, 452. Concile provincial de Reims.
1256. SALISBURY. II, 762. Synode diocésain.
1256. SENS. II, 860. Deux conciles.
1256. STRIGONIE. II, 910. Concile.
1256. TARRAGONE. II, 926. Concile.
1256. WESTMINSTER. II, 1281. Concile légatin.
1257. COMPIÈGNE. I, 622. Concile.
1257. DANEMARCK. I, 791. Concile.
1257. GIRONE. I, 958. Synode dioc.
1257. LANCISKI. I, 1017. Concile.
1257. LÉRIDA. I, 1117. Concile.
1257. LONDRES. I, 1157. Concile.
1257. NICOSIE. II, 119. Synode dioc.
1257. NORWICH. II, 138. Syn. dioc.
1257. PONT-AUDEMER. II, 428. Concile sur la discipline.
1258 (Vers l'an). COGNAC. I, 579. Concile provincial de Bordeaux.
1258. MERTON. I, 1265. Concile provincial de Cantorbéry.
1258. MONTPELLIER. II, 1321. Concile provincial de Narbonne.
1258. OXFORD. II, 209. Concile.
1258. RAVENNE. II, 469. Concile.

1258. Ruffec. II, 716. Concile provincial de Bordeaux.
1259. Écosse ou Perth. I, 807. Concile provincial de Saint-André.
1259. Hildesheim. I, 974. Synode.
1259. Mayence. I, 1212. Conc. prov.
1240 et 1269 (Entre). Angers. I, 116. Synodes diocésains.
1260. Arles. I, 216. Conc. provinc. Concile légatin.
1260. Bordeaux. I, 346. Concile.
1260. Chypre. I, 560. Concile.
1260. Cognac. I, 581. Concile provincial de Bordeaux.
1260. Cologne. I, 586. Conc. prov.
1260. Girone. I, 658. Synode dioc.
1260. Paris. II, 260. Conc. touchant la discipline.
13ᵉ siècle. Autun. II, 723. Synode diocésain.
1261. Angers. I, 116. Synode dioc.
1261. Beverley. I, 333. Concile.
1261. Constantinople. Conciliabule où l'on déposa injustement le patriarche Arsène. Lengl.
1261. Girone. I, 958. Synode dioc.
1261. Lambeth. I, 1013. Concile provincial de Cantorbéry.
1261. Londres. I, 1157. Concile général de la province de Cantorbéry.
1261. Mayence. I, 1212. Concile.
1261. Passau. II, 375. Synode dioc.
1261. Ravenne. II, 469. Concile indiqué par le pape Alexandre IV, mais qui n'eut pas lieu.
1262. Angers. I, 116. Deux synodes diocésains.
1262, ou 1263 selon Lenglet. Bordeaux. I, 346. Concile provincial.
1262. Cognac. I, 582. Concile provincial de Bordeaux.
1262. *PONTANUM* en Irlande. II, 432. Concile.
1263. Angers. I, 116. Synode dioc.
1263. Bourges. Conc. douteux. *Gall. Chr.*, t. II, col. 70.
1263. Clermont. Concile qui se tint dans l'église des Dominicains de cette ville. *Gall. Chr.*, t. II, col. 340.
1263. Marseille. II, 139. Syn. dioc.
1263. Paderborn. II, 212. Syn. dioc.
1263. Paris. II, 260. Assemblée de prélats.
1263. Sardaigne ou Bonarcada. II, 778. Concile.
1263. Trèves. II, 1165. Concile.
1263. Viterbe. Assemblée où le pape Urbain IV accorda le royaume de Sicile à Charles d'Anjou, frère de saint Louis. *S. Antonin Hist.*, 3ᵉ part., tit. 19.
1263. Westminster. II, 1281. Conc.
1264. Boulogne. I, 354. Conc. légat.
1264. Nantes. II, 19. Concile provincial de Tours.
1264. Paris. II, 261. Concile légatin ou plutôt assemblée de grands et de prélats.
1265. Angers. I, 116. Deux synodes diocésains.
1265. Londres ou Westminster. II, 1281. Concile légatin.
1266. Angers. I, 116. Synode dioc.
1266, ou 1265 selon Lenglet. Brême. I, 380. Concile légatin.
1266. Cologne. I, 588. Synode dioc.
1266. Constantinople. II, 751. Conciliabule.
1266. Magdebourg. I, 1212. Concile légatin.
1266. Mont-Luçon. I, 1321. Concile.
1266 ou 67. Northampton. II, 137. Concile légatin.
1266. Tarragone. II, 926. Conc. prov.
1267. Breslau. I, 581. Conc. légat.
1267. Danemarck. I, 791. Concile.
1267. Embrun. II, 745. Concile.
1267. Girone. I, 958. Synode dioc.
1267. Pont-Audemer. II, 429. Concile de la province de Rouen.
1267. Seyne. II, 870. Concile C'est par erreur que Lenglet a compté deux conciles tenus cette année, l'un à Seden, dit-il, province d'Arles, l'autre à Seines en Dauphiné. Seyne, véritable lieu de cet unique concile, *Sedenensis*, est du diocèse de Digne et de l'ancienne province d'Embrun.
1267. Vienne en Autriche. II, 1239. Concile légatin.
1268. Chateau-Gontier. I, 553. Concile provincial de Tours.
1268. Clermont. II, 743. Synode.
1268. Londres. I, 1157. Conc. légat.
1268. Perth. II, 390. Concile contre les moines de Melvos.
1269. Angers. I, 116. Synode dioc.
1269. Angers. I, 116. Concile de la province de Tours.
1269. Angleterre. I, 128. Concile.
1269. Montpellier. Conc. provincial *Gall. Chr.*, t. VI, col. 391.
1209. Sens. II, 860. Conc. provincial.
1270. Angers. I, 116. Deux synodes diocésains.
1270. Avignon. I, 246. Concile provincial d'Arles.
1270. Compiègne. I, 622. Conc. prov.
1270. Langeais. II, 748. Concile.
1270. Pont-Audemer. II, 429. Conc.
1270. Ravenne. II, 469. Concile.
1271. Angers. I, 116. Synode dioc.
1271. Béziers. Synode diocésain, où l'évêque Ponce de Saint-Just lança l'excommunication contre tous ceux qui mépriseraient sa juridiction, soit spirituelle, soit temporelle. *Gall. Chr.*, t. VI, col. 538.
1271. Langeais. I, 1019. Concile.
1271. Noyon. II, 140. Concile.
1271. Reading. II, 481. Concile.
1271. Saint-Quentin. II, 452. Concile provincial présidé par l'évêque de Soissons, le siège de Reims étant vacant.
1272. Angers. I, 117. Synode dioc.
1272. Cantorbery. I, 431. Concile.
1272. Londres. I, 1160. Concile.
1272. Narbonne. Concile provincial. *Gall. Chr.*, t. VI, col. 408.
1272. Norwich. II, 138. Syn. dioc.
1273. Angers. I, 117. Synode dioc.
1273. Liège. I, 1121. Conc. légatin.
1273. Rennes. II, 531. Concile provincial de Tours.
1273 à 1275 (De l'an). Valence en Espagne. II, 1226. Synodes diocésains.
1273. Tarragone. II, 926. Concile.
1274. Angers. I, 117. Synode dioc.
1274. Girone. I, 958. Synode dioc.
1274. Lyon. I, 1194. Concile 2ᵉ général de Lyon, 14ᵉ œcuménique.
1274. Narbonne. II, 42. Concile.
1274. Salzbourg. II, 763. Concile provincial.
1275. Angers. II, 732. Synode dioc.
1275. Arles. I, 216. Concile prov.
1275. Constantinople. I, 776. Conc.
1275. Perth. II, 390. Concile pour un subside demandé par le pape.
1275. Rouen. II, 704. Synode dioc.
1276, ou 1278 selon D. Martène. Aurillac. I, 236. Concile provincial de Bourges.
1276. Bourges. I, 358. Conc. légatin.
1276. Durham. I, 802. Synode dioc.
1276. Saumur. Concile, peut-être le même que le suivant : sur l'abbé de Saint-Florent. *Lengl.*
1276. Saumur. I, 807. Concile provincial de Tours.
1276. Tours, ou plutôt lieu incertain. II, 1045. Concile provincial.
1277. Angers. I, 117. Synode dioc.
1277. Béziers. II, 758. Synode. *Gall. Chr.*, t. VI, col. 447.
1277. Constantinople. I, 776. Conc.
1277. Constantinople. I, 776. Conc.
1277. Narbonne. Concile provincial. *Gall. Chr.*, t. VI, col. 195.
1277. Tarragone. II, 926. Concile.
1277. Tours. II, 1045. Concile provincial.
1278. Compiègne. I, 622. Concile provincial.
1278. Langeais. I, 1019. Concile provincial de Tours.
1278. Londres. I, 1160. Concile.
1278 ou 1279. Weddel. II, 1373. Concile.
1278. Windsor. II, 1287. Concile.
1279. Angers. I, 117. Concile provincial.
1279, ou 1278 selon Lenglet. Auch. I, 228. Concile.
1279. Avignon. I, 246. Concile provincial d'Arles.
1279. Béziers. I, 337. Concile provincial de Narbonne.
1279. Bude. I, 385. Concile légatin.
1279. Londres. I, 1160. Concile.
1279. Munster. I, 1327. Syn. dioc.
1279. Minden. I, 1317. Synode dioc.
1279. Pont-Audemer. II, 429. Concile de la province de Rouen.
1279. Reading. II, 481. Concile provincial de Cantorbery, tenu à Reading.
1279. Tarragone. II, 926. Concile.
1279. Trente. II, 1061. Synode dioc.
1280. Béziers. I, 337. Concile provincial de Narbonne.
1280. Bourges. I, 359. Concile.
1280. Cologne. I, 590. Conc. prov.
1280. Conserans. II, 731. Syn. dioc.
1280. Constantinople. I, 776. Conc.
1280. Lambeth. I, 1013. Concile provincial de Cantorbery.
1280. Londres. I, 1160. Concile.
1280. Narbonne. II, 42. Concile.
1280. Noyon. II, 140. Concile.
1280. Perth. II, 390. Concile.
1280. Poitiers. II, 425. Synode diocésain.
1280. Ravenne. II, 469. Concile provincial, tenu à Imola.
1280. Saintes. II, 753. Synode.
1280. Sens. II, 860. Concile.
13ᵉ siècle. Coutanc. 782. Synode diocésain.
1281. Cantorbery. I, 431. Concile.
1281. Lambeth. I, 1081. Concile.
1281. Paris. II, 261. Concile assemblé de plusieurs provinces.
1281. Saltzbourg. II, 767. Concile provincial.
1282. Aquilée. I, 181. Concile.
1282. Arles ou Avignon. I, 247. Concile provincial.
1282. Aschaffenbourg. I, 224. Conc.
1282. Besançon. I, 327. Concile provincial.
1282. Halberstad. I, 969. Synode.
1282. Londres. I, 1160. Concile.
1282. Saintes. II, 753. Synode.
1282. Tarragone. II, 926. Concile.
1282. Tours. II, 1045. Concile provincial.
1283. Blaquernes ou Constantinople. I, 777. Conciliabule.
1283 ou 84. Constantinople. I, 777. Conciliabule.
1283. Londres. I, 1160. Concile prov.
1284. Brême. I, 380. Synode.
1284. Melfi. I, 1258. Conc. légatin.
1284. Nîmes. II, 129. Syn. diocésain.
1284. Paris. II, 261. Conc. légatin.
1284. Passau. II, 375. Deux synodes diocésains. Voir, plus bas, S.-Hippolyte.
1284. Poitiers. II, 425. Syn. diocés.
1284. Saint-Hippolyte ou Passau. II, 728. Tribur. Sur la discipline. *Lambert d'Aschaffentbourg.*
1285. Ageren. I, 36. Synode.
1285. Constantinople. I, 777. Conciliabule.
1285. Lanciski. I, 1017. Concile.
1286. Bourges. I, 359. Concile prov.

1286. LONDRES. I, 1160. Concile.
1286. MACON. I, 1209. Concile.
1286. NAUMBOURG. II, 52. Concile.
1286. RAVENNE. II, 469. Concile provincial.
1286. RIEZ. II, 535. Conc. provincial d'Aix.
1287. ERFURTH. I, 897. Concile.
1287. EXCESTER. I, 900. Syn. dioc.
1287. LIÉGE. I, 1121. Synode.
1287. LONDRES. I, 1160. Concile.
1287. MILAN. I, 1275. Conc. province.
1287. REIMS. II, 521. Concile provincial en faveur des dominicains et des franciscains. *Lengl.*
1287. REIMS. Autre concile. *Martène, Thes. anecd. IV.*
1287. SALTZBOURG. II, 768. Concile légatin.
1287. WURTZBOURG. II, 1288. Concile légatin.
1288. ARLES ou LILLE. I, 1125. Concile provincial.
1288. NICOSIE. II, 119. Concile.
1288. SALTZBOURG. II, 768. Concile provincial.
1289. CAHORS. I, 594. Syn. diocésain.
1289. CHICHESTER. I, 560. Syn. dioc.
1289. RODEZ. II, 554. Syn. diocésain.
1289. VIENNE en Dauphiné. II, 1262. Concile provincial.
1290. BRESLAU. I, 331. Synode dioc.
1290. BRESLAU. I, 381. Autre synode diocésain.
1290. ELY. I, 830. Assemblée provinciale de Cantorbery.
1290. EMBRUN. I, 830. Concile.
1290. NOGAROL. II, 131. Concile de la province d'Auch.
1290. PARIS. II, 261. Conc. légatin.
1290. SAINT-LÉONARD-LE-NOBLAT. I, 1112. Concile.
1291. LONDRES. I, 1161. Concile.
1291. MILAN. I, 1275. Concile provincial.
1291. REIMS. II, 522. Concile.
1291. SALTZBOURG. II, 768. Concile.
1291. SODORE. II, 892. Synode diocésain.
1291. TARRAGONE. II, 926. Concile.
1291. UTRECHT. II, 1208. Synode diocésain.
1292. ANGERS. Concile provincial de Tours, dont les actes sont perdus. *Martène. Vet. momum. ampliss. coll. in-fol.* t. VII, col. 288.
1292. ANGERS. I, 117. Synode diocésain.
1292. ASCHAFFENBOURG. I, 224. Concile provincial de Mayence.
1292. BRÊME. I, 380. Concile provincial.
1292. CHICHESTER. I, 560, et II, 743. Synode.
1292. GÊNES. I, 931. Concile.
1292. LYON. Sur la discipline. *Lenglet.*
1292, ou 1293 selon Lenglet. SPALATRO. II, 904. Concile provincial.
1292. TARRAGONE. II, 926. Concile provincial.
1293. FRANCFORT. I, 935. Concile.
1293. PASSAU. II, 376. Synode diocésain.
1293. UTRECHT. II, 1208. Synode diocésain.
1294. ANGERS. I, 117. Syn. diocésain.
1294. AURILLAC. I, 236. Concile de la province de Bourges.
1294. BÉZIERS. Concile tenu par Pierre de Montbrun, archevêque de Narbonne. *Gall. Chr.* t. VI, col. 83.
1294. COUTANCES. I, 782. Synode diocésain.
1294. GRAN ou STRIGONIE. I, 965. Concile provincial.
1294. PASSAU. II, 376. Synode ou chapitre.
1294. PONS. II, 428. Concile.

1294. SALTZBOURG. II, 768. Concile.
1294. SAUMUR. II, 808. Concile provincial de Tours.
1294. TARRAGONE. II, 927. Concile.
1294. UTRECHT. II, 1208. Synode diocésain.
1295. BÉZIERS. Concile tenu par Pierre de Montbrun, archevêque de Narbonne. *Gall. Chr.* t. VI, col. 83.
1295. CLERMONT. I, 568, et II, 743. Concile.
1296. CANTORBERY. I, 431. Synode diocésain.
1296. GRADO. I, 962. Concile provincial.
1296. HALBERSTADT. I, 969. Synode.
1296, jeudi avant la Saint-Jean. PARIS. Concile national. *Gall. Chr.* t. II, col. 284. Cette assemblée paraît devoir être distinguée de celle marquée plus bas à l'an 1297.
1296. TORZELLO. II, 1005. Syn. dioc.
1297. CONSTANTINOPLE. I, 777. Concile non reconnu.
1297. LIMOGES. I, 1157. Synode diocésain, tenu par l'évêque Régnauld de la Porte, qui y rendit obligatoire pour tout son diocèse la fête de saint Étienne de Grammont, déjà établie par ses prédécesseurs. *Gall. Chr. II.*
1297. LONDRES. I, 1161. Concile provincial de Cantorbery.
1297. LONDRES. I, 1161. Autre concile provincial de Cantorbery.
1297. LYON. I, 1202. Concile supposé.
1297. PARIS. II, 262. Assemblée générale du clergé de France.
1297 ou 1298. SAINTES. II, 754. Syn. diocésain.
1297. UTRECHT. II, 1208. Synode diocésain.
1298. NICOSIE. II, 119. Concile légatin et provincial, tenu à Nimocium.
1298. PONS. II, 428. Concile.
1298. WURTZBOURG. II, 1291. Synode diocésain.
1299. ANSE. II, 454. Concile de la province de Lyon.
12 9. AUTUN. II, 723. Syn. diocés.
1299. BÉZIERS. I, 337, et II, 738. Concile provincial de Narbonne.
1299. CHATEAU-GONTIER.
1299. CONSTANTINOPLE. I, 777. Concile non reconnu.
1299. LYON. Concile. *Gall. Chr.* t. IV, col. 408.
1299. MACON. Concile. *Gall. Chr.* t. IV, col. 408.
1299. MINDEN. I, 1317. Syn. diocés.
1299 (Vers l'an). NANTES. II, 20. Syn. diocésain.
1299. N.-D. du Pré ou ROUEN. II, 704. Concile provincial.
1299. ROUEN. II. 704. Syn. diocés.
1299. TOULON. II, 1009. Syn. dioc.
1300. AUCH. I, 229. Concile provinc.
1300. AUTUN. II, 723. Syn. diocés.
1300 (Vers). BAYEUX. I, 314. Syn. diocésain.
1300. CAMBRAI. I, 430. Syn. diocés.
1300. CANTORBERY. I, 451. Concile provincial.
1300. COLOGNE. I, 593. Synode dioc.
1300. COUTANCES. I, 782. Synode diocésain.
1300. MELUN. I, 1260. Concile provincial de Sens.
1300. MERTON. I, 1266. Ce concile, selon Mansi, s'est tenu l'an 1305. L'abbé Lenglet, en citant Mansi (*Suppl. III*), a rapporté ce concile à l'an 1305, ou plutôt en a fait deux, tenus l'un en 1300, et l'autre en 1305. C'est une méprise. Ces deux prétendus conciles se réduisent à un seul, qui ne s'est tenu, ni en 1300, ni en 1305, mais en 1305. *Voy. Mansi, Conc.* t. XXV.
1300. SALTZBOURG. II, 768. Concile provincial.
1300. SAUMUR. II, 808. Concile provincial de Tours.
1300 (Vers). SISTERON. II, 891. Syn. diocésain.
1300. STRASBOURG. II, 905. Synode.
13e ou 14e siècle. CRÉMONE. I, 785. Synode diocésain.
13e siècle ou commencement du 14e. PARIS. II, 262. Synodes diocésains tenus par l'évêque Guillaume.
1301. AUTUN. II, 723. Synode diocésain.
1301. CAMBRAI. I, 433. Concile provincial de Reims.
1301. COMPIÈGNE. I, 622. Concile provincial de Reims.
1301. MAYENCE. I. 1243. Syn. dioc.
1301. REIMS. II, 522. Concile.
1302. MINDEN. I, 1318. Syn. dioc.
1302. NÎMES. II, 130. Concile de la province de Narbonne, douteux.
1302. NÎMES. II, 130. Autre concile, ou peut-être le même.
1302. PARIS. II, 262. Ass. des États.
1302. PEGNAFIEL. II, 383. Concile provincial de Tolède.
1302. REIMS. II, 523. Concile.
1302. ROME. II, 673. Concile.
1303. AUCH. Concile provincial, tenu par Amanée d'Armagnac. *Gall. Chr.* t. I, col. 994.
1303. CAMBRAI. I, 433. Concile provincial de Reims.
1303. HUESCA. I, 982. Concile.
1303. MONTPELLIER. I, 1324. Assemblée.
1303. NOUGAROL. II, 131. Concile de la province d'Auch.
1303. PARIS. II, 263. Ass. des États.
1303. REIMS. II, 523. Concile provincial.
1303. RIETI. II, 531. Synode diocés.
1304. BÉZIERS. I, 337. Concile.
1304. COMPIÈGNE. I, 623. Concile provincial de Reims.
1304 à 1337 (De). NANTES. II, 21. Synode diocésain.
1304. PARIS. II, 264. Assemblée du clergé.
1304. PINTERVILLE ou ROUEN. II, 398, et II, 704. Concile de la province de Rouen.
1304. POITIERS. II, 426. Synode dioc.
1304. RUFFEC. II, 717. Concile provincial de Bordeaux.
1305. BRESLAU. I, 381. Synode dioc.
1305. DEVILLE. I, 792. Concile provincial de Rouen.
1305. LONDRES. I, 1161. Concile.
1305. PONT-AUDEMER. II, 431. Conc.
1305. ROUEN. II, 704. Synode dioc.
1305. TARRAGONE. II, 927. Concile.
1306 ou 1307 (Vers). BAYEUX. I, 135. Synode diocésain.
1306. COLOGNE. I, 593. Concile.
1306. MUNSTER. I, 1328. Synode dioc.
1306. RIPPON. II, 533. Synode diocésain d'York.
1307. AQUILÉE. I, 182. Concile.
1307. CAMBRAI. I, 430. Synode dioc.
1307. COLOGNE. I, 593. Synode dioc.
1307. RAVENNE. II, 470. Conc. prov.
1307. SISE. II, 886. Concile national d'Arménie.
1307. TARRAGONE. II, 927. Conc. prov.
1307. YORK. II, 1303. Concile.
1308. AUCH. I, 229. Concile prov.
1308. CAMBRAI. I, 430. Synode dioc.
1308. LUCQUES. II, 731. Synode dioc.
1308. MINDEN. I, 1318. Synode dioc.
1308. PISTOIE. II, 405. Synode dioc.
1308 (Vers). WINCHESTER. II, 1286. Synode.
1309. BUDE. I, 391. Concile légatin.
1309. CAMBRAI. I, 430. Synode dioc.
1309. DUNDÉE. I, 796. Concile général d'Écosse.
1309. LONDRES. I, 1161. Conc. prov.

1309. NARBONNE. II, 42. Concile provincial.
1309. PRESBOURG. II, 444. Concile légatin, sur la discipline.
1309. UDWARD OU VARADEN. II, 1205. Concile.
1310. ASCHAFFENBOURG. I, 225. Conc.
1310. BÉZIERS. I, 338. Concile provincial de Narbonne.
1310. CAMBRAI. I, 430. Synode dioc.
1310. CANTORBERY. I, 431. Concile.
1310. COLOGNE. I, 593. Concile prov.
1310. MAYENCE. I, 1243. Concile.
1310. MUNSTER. I, 1328. Syn. dioc.
1310. PARIS. II, 264. Concile de la province de Sens.
1310. PONT-DE-L'ARCHE. II, 431. Concile.
1310. RAVENNE. II, 470. Conc. prov.
1310. RAVENNE. II, 470. Autre concile provincial tenu à Bologne.
1310. ROUEN. II, 704. Concile, le même apparemment que celui du Pont-de-l'Arche.
1310. SALAMANQUE. II, 754. Concile.
1310. SALTZBOURG. II, 768. Concile légatin et provincial.
1310, et non 1313, comme l'a prétendu Lenglet. SENLIS. II, 850. Conc.
1310. TRÈVES. II, 1165. Concile provincial où les Templiers furent absous des crimes dont ils étaient accusés. *Serv. Hist. Mogunt.*, l. V.
1310. UDINE. II, 1205. Concile.
1310. UTRECHT. II, 1208. Syn dioc.
1310. YORK. II, 1303. Concile.
1311. AQUILÉE. I, 182 Concile.
1311. BERGAME OU MILAN. I, 321 et 1273. C'est par erreur que l'abbé Lenglet a placé ce concile à l'an 1301.
1311. BOURGES. Concile provincial. *Gal. Chr.*, t. II, col 77.
1311. CAMBRAI. I, 434. Synode dioc.
1311. CANTORBERY. I, 431. Concile.
1311. LONDRES. I, 1162. Concile.
1311, ou 1312 selon Le glet. RAVENNE. II, 471. Concile provincial.
1311. ROUEN. II, 704. Concile.
1311. STRASBOURG. II, 936. Synode.
1311. VIENNE en Dauphiné. II, 1263. Concile 13e œcuménique.
1311. YORK II, 1303. Conc.
1312. BOURGES. I, 367. Concile prov.
1312. CAMBRAI. I, 434. Synode dioc.
1312. DURHAM. I, 802. Synode dioc.
1312. LONDRES. I, 1162. Deux conc.
1312. SABINE. II, 717. Synode dioc.
1312. SALAMANQUE. II, 754. Concile.
1312. TARRAGONE. II, 928. Concile provincial.
1313. CAMBRAI. I, 434. Synode dioc.
1313. MAGDEBOURG. I, 1212. Concile provincial.
1313. NICOSIE. II, 119. Synode diocésain ou plutôt provincial.
1313 (Vers l'an). PARIS. II, 264. Synode diocésain.
1313. ROUEN. II, 705. Synode dioc.
1314. ANGERS. I, 117. Synode dioc.
1314. CAMBRAI. I, 434. Synode dioc.
1314. ORLÉANS. II, 199. Synode prov.
1314. PARIS. II, 264. Concile de la province de Sens.
1314. RAVENNE. II, 475. Conc. prov.
1314. WURTZBOURG. II, 1292. Synode diocésain.
1315. AUTUN. II, 723. Synode dioc.
1315. BÉZIERS. I, 359. Synode.
1315. BOURGES. II, 726. Conc. prov.
1315. CAMBRAI. I, 434. Synode dioc.
1315. NOUGAROL. II, 152. Concile de la province d'Auch.
1315. RIETI. II, 555. Synode dioc.
1315. ROUEN. II, 705. Concile.
1315. SAUMUR. II, 809. Concile provincial de Tours.
1315 et 1316. SENLIS. II, 850. Conc.
1315. SENS. II, 861. Concile.
1316. ADANA. I, 11. Concile.

1316. AUTUN. II, 723. Synode dioc.
1316. CAMBRAI. I, 434. Synode dioc.
1316. MAYENCE. I, 1243. Syn. dioc.
1316. WESTMINSTER. Ce concile, que l'abbé Lenglet prétend avoir trouvé dans Labbe, t. XI, nous n'avons pu le trouver nulle part. Ce peut donc être une erreur, et ce ne serait pas la seule, de l'abbé Lenglet.
1317. BÉZIERS. I, 359. Concile.
1317. BOLOGNE OU RAVENNE. I, 341, et II, 476. Concile provincial tenu à Bologne.
1317. CAMBRAI. I, 435. Synode dioc.
1317. CAMBRAI. I, 435. Conc. prov.
1317. MUNSTER. I, 1328. Syn. dioc.
1317. PONTOISE. II, 455. Concile.
1317. RAVENNE. II, 476. Conc. prov.
1317. TARRAGONE. II, 928. Conc. prov.
1318. CANTORBERY. I, 1011. Concile provincial.
1318. MAYENCE. I, 1243. Syn. dioc.
1318. MUNSTER. I, 1328. Syn. dioc.
1318. OLMUTZ. II, 143. Synode diocésain tenu à Cremster.
1318. SARAGOSSE. II, 777. Concile provincial.
1318. SENLIS. II, 851. Concile.
1318. UTRECHT. II, 1208. Syn. dioc.
1319. CAMBRAI. I, 435. Synode dioc.
1319. TOULOUSE. II, 1019. Ce concile a été rapporté à l'an 1317 par l'abbé Lenglet, qui cite en sa faveur l'Hist. de l'ang. IV. 69, Labb. t. XI, et Hard. t. VII. Mais dans la collection de Labbe et celle de Mansi, ce concile se trouve réellement placé à l'an 1319.
1320. ADANA. I, 11. Pour confirmer le concile de Sise. Lenglet, d'apr. *Galanus*. Voy. 1316.
1320. BÉZIERS. I, 359. Concile.
1320. CAHORS. II, 723. Synode dioc.
1320. CAMBRAI. I, 435. Synode dioc. Concile provincial.
1320. HALL DE MAGDEBOURG. I, 1212. Concile provincial.
1320. NICOSIE. II, 121. Chapitre métropolitain.
1320. OSSORE. II, 203. Synode dioc.
1320. PÉROUSE. II, 386. Synode dioc.
1320. SAUMUR. II, 809. Concile provincial de Tours.
1320. SENS. II, 861. Concile.
1320. TULLE. II. 1189. Synode dioc.
1320. VITERBE. II, 1272. Synode dioc.
1321. CAMBRAI. I, 435. Synode dioc.
1321. CANTORBERY OU LONDRES. I, 1162. Concile provincial.
1321. COLOGNE. I, 593. Concile.
1321. GRADO. II, 748. Concile.
1321. LISIEUX. I, 1158. Synode dioc.
1321. LONDRES. I, 1162. Concile provincial de Cantorbery.
1321. MONTPELLIER. Concile provincial de Narbonne. *Gall. Chr.*, t. VI, col. 449.
1321. NICOSIE. II, 121. Chapitre métropolitain.
1321. NORMANDIE. II, 133. Concile.
1321. PERTH. II, 590. Concile.
1321. ROUEN. II, 705. Concile.
1322. AUTUN. II, 723. Synode dioc.
1322. BORGOLI. I, 354. Concile provincial de Milan, achevé à Valence dans le Milanais.
1322, ou 1323 selon Lenglet. CANTORBERY OU LONDRES. I, 1162. Concile provincial.
1322. COLOGNE. I, 593. Concile prov.
1322. MAGDEBOURG. I, 1212. Concile provincial.
1322. MAYENCE. I, 1243. Syn. dioc.
1322. OXFORD. II, 209. Concile de la province de Cantorbery.
1322. PALENCIA OU VALLADOLID. II, 1252. Concile légatin.
1322. PALENCIA OU VALLADOLID. II, 1252. Concile légatin. C'est à tort que Lenglet, citant entre autres la collection de Labbe, a rapporté ce concile

à l'an 1321. Partout il se trouve placé à l'an 1322.
1322. PRAGUE. II, 436. Synode dioc.
1322. RISBOURG OU POMESEN. II, 583. Synode diocésain.
1322. YORK. II, 1303. Concile prov.
1323. AUTUN. II, 724. Synode dioc.
1323. CAMBRAI. I, 435. Synode de bc.
1323 ou 24. VITERBE. II, 1272. Syn. diocésain.
1323. TARRAGONE. II, 928. Concile.
1323. TOLÈDE. II, 990. Concile.
1324. AUCH. I, 229. Concile provinc.
1324. CAMBRAI. I, 435. Synode dioc.
1324. COMPIÈGNE : Concile imaginaire et supposé par Lenglet, qui s'appuie à tort du témoignage des auteurs du *Gallia Christiana*. *Gall. Chr.*, t. VI, col. 534.
1324. ICONE OU SCHONE. II, 814. Concile.
1324. NICOSIE. II, 421. Chapitre métropolitain.
1324. ORLÉANS. II, 199. Synode dioc.
1324. PADERBORN. II, 212. Syn. dioc.
1324. PARIS. II, 265. Concile de la province de Sens.
1324. TOLÈDE. II, 993. Concile.
1325. ALCALA. I, 69. Concile provincial de Tolède.
1325. CAMBRAI. I, 435. Synode dioc.
1325. LODÈVE. I, 1140. Synode diocésain. C'est par erreur que, sur la foi de M. de Mas Latrie, nous avons donné ce synode pour un concile présidé par un *archevêque*. Bernard de la Guionie, quoiqu'il ne fût qu'évêque de Lodève, qui au surplus n'a jamais été un archevêché.
1325. NICOSIE. II, 121. Chap. métrop.
1325. WESTMINSTER. II, 1281. Conc.
1326. ALCALA. I, 70. Concile provincial de Tolède.
1326. AVIGNON. I, 248. Concile assemblé de plusieurs provinces.
1326. BÉZIERS. I, 359. Synode.
1326. CANTORBERY OU LONDRES. I, 1162. Concile provincial.
1326. MARCIAC OU AUCH. I, 1221. Concile provincial.
1326. SENLIS. II, 851. Concile provincial de Reims.
1327. AVIGNON. I, 252. Concile papal.
1327. BÉZIERS. Concile provincial. *Gall. Chr.*, t. VI, col. 175.
1327. COLOGNE. I, 593. Synode.
1327. CONSTANCE. I, 628. Synode.
1327. MAYENCE. Concile provincial, tenu par l'archevêque Mathias et ses suffragants, pour la réformation du clergé. La mort de l'archevêque, survenue bientôt après, empêcha l'exécution des règlements qui y avaient été arrêtés. *Conc. Germ.*, t. IV.
1327, ou 1326 selon Lengl. RUFFEC. II, 717. Conc. de la prov. de Bordeaux.
1327. TOSCANE ou FLORENCE. Concile où furent publiées les constitutions du cardinal Jean, légat du saint-siège, pour toute cette province. On y recommande à tous les clercs l'habit ecclésiastique et l'usage de la tonsure, et on leur défend le port des armes. On y déclare privés de leurs bénéfices par le seul fait les clercs concubinaires. On leur prescrit sous des peines sévères la résidence et l'assiduité aux offices du chœur. On y ordonne de refuser la sépulture ecclésiastique aux usurpateurs de bénéfices, quand même ils seraient repentants de leur crime, jusqu'à ce que l'injustice commise par eux soit entièrement réparée. On y déclare dévolue à l'évêque diocésain l'exécution des testaments qu'on aurait négligé d'exécuter dans l'année. On s'y élève aussi avec vigueur contre les patrons des églises, qui s'en appropriaient les revenus, au lieu de les

distribuer à qui de droit. On y défend aux laïques, sous peine d'excommunication, de mettre les églises à contribution pour des repas ou des pots-de-vin. On y déclare excommuniés par le seul fait les ecclésiastiques qui célèbreraient dans des lieux interdits : Enfin, on y oblige les bénéficiers à charge d'âmes de se faire promouvoir dans l'année aux ordres sacrés. *Mansi*, *Conc.*, t. XXV.

1327. TOULOUSE. II, 1019. Concile.
1328. ANGERS. I, 117. Synode dioc.
1328. ASCHAFFENBOURG. I, 225. Conc.
1328. BRÊME. I, 381. Synode.
1328. HALBERSTADT. I, 989. Synode diocésain.
1328. LONDRES. II, 735. Concile provincial de Cantorbery.
1328. NARBONNE. II, 43. Concile.
1328. SARAGOSSE. II, 777. Conc. prov.
1329. COMPIÈGNE. I, 623. Concile provincial de Reims.
1329. LONDRES. I, 1162. Concile provincial de Cantorbery.
1329 ou 30. MANCIAC. I, 1221. Concile provincial d'Auch.
1329 et 30. PARIS et *Vincennes*. II, 260. Conférences sur la juridiction ecclésiastique.
1329. TARRAGONE. II, 928. Concile provincial.
1329. WINCHESTER. II, 1236. Concile.
1330. CAMBRAI. I, 435. Synode dioc.
1330. CHARMES. I, 549. Concile.
1330. COLOGNE. I, 595. Concile.
1330. GRADO. I, 962. Concile.
1330. LAMBETH. I, 1013. Concile.
1330. TRÉGUIER. II, 1037. Syn. d'oc.
1331. BÉNÉVENT. I, 321. Concile provincial.
1331. BRESLAU. I, 382. Syn. dioc.
1331. BRESLAU. I, 382. Autre synode diocésain.
1331. PADERBORN. II, 212. Syn. dioc.
1331. TARRAGONE. II, 928. Conc. prov.
1331. WORMS. II. 1502. Synode.
1331. YORCK. II, 1303. Concile.
1332. BARCELONE. II, 738. Synode capitulaire.
1332. CANTORBERY ou LONDRES. I, 1162. Concile provincial.
1332. FERRARE. II, 7-6. Syn. capit.
1332. MACHFELD. I, 1213. Concile.
1332 (Vers). TARRAGONE. II, 929. Concile provincial.
1333. AGEREN. I, 36. Synode.
1333. ALCALA. I, 70. Concile provincial de Tolède.
1333. CAMBRAI. I, 435. Synode dioc.
1333. COLOGNE. I, 595. Syn. dioc.
1333. FERDEN (*Verdensis*). II, 1249. Synode diocésain.
1333 et 34. PARIS et VINCENNES. II, 270. Assemblée de docteurs sur l'état des âmes justes après la mort.
1334. AGEREN. I, 36. Synode.
1334. AVIGNON. I, 252. Concile.
1334. CAMBRAI. I, 435. Synode dioc.
1334. GIRONE. I, 958. Synode dioc.
1334. SOISSONS. II, 902. Synode dioc.
1334. TRÉGUIER. II. 1038. Syn. dioc.
1335. CAMBRAI. I, 435. Synode dioc.
1335. ELNE. I, 811. Synode.
1335. ORLÉANS. II, 199. Syn. dioc.
1335. ROUEN. II, 705. Concile prov.
1335. SALAMANQUE. II, 753. Concile provincial de Compostelle.
1335. STRASBOURG. II, 906. Synode.
1336. BOURGES. I, 361. Concile prov.
1336. CAMBRAI. I, 435. Synode dioc.
1336. CHATEAU-GONTIER. I, 553. Concile provincial de Tours.
1336. COLOGNE. I, 595. Synode dioc.
1336. GIRONE. I, 958. Synode diocés.
1336. LIÈGE. I, 1124. Synode capitulaire.
1336. RODEZ. II, 554. Synode dioc.
1336. TARRAGONE. II, 929. Concile.

1336. TRENTE. II, 1061. Syn. diocés.
1337. AVIGNON. II, 1269. Syn. dioc.
1337. AVIGNON. I, 252. Autre synode diocésain.
1337. COLOGNE. I, 595. Synode dioc.
1337. ELNE. I, 811. Synode.
1337. GIRONE. I, 958. Synode diocés.
1337. LIÈGE. I, 1124. Synode capitulaire.
1337. MONTAUBAN. II, 750. Synode.
1337. TRÈVES. II, 1165. Concile.
1338. COLOGNE. I, 595. Synode dioc.
1338. ELNE. I, 811. Synode.
1338. FRANCFORT. II, 746. Congrès.
1338. SARAGOSSE. II, 777. Concile provincial.
1338. TRÈVES. II, 1165. Concile.
1339. AGEREN. I, 36. Synode.
1339. AQUILÉE. I, 182. Conc. prov.
1339. BARCELONE. I, 312. Concile.
1339. ELNE. I, 811. Synode.
1339. GIRONE. I, 958. Synode dioc.
1339. MONTPELLIER. I, 1524. Synode diocésain. tenu par l'évêque Arnauld de Verdale dans l'église de Saint-Denis de Montpellier. Le prélat, dans de nombreux statuts, recommande particulièrement la résidence à tous les possesseurs de bénéfices. Il leur défend de porter dans les processions l'aumusse en même temps que le surplis. Enfin, et c'est ce qu'il y a de plus singulier, il leur ordonne à tous de se procurer dans l'année chacun un bréviaire, un surplis, une aumusse, et une soutane qui puisse leur servir pour leur sépulture (*vestem propriam qua sepeliantur*). *Gall. Chr.*, t. VI, 383, *in instrum*.
1339. PADOUE. II, 213. Syn. diocés.
1339. TOLÈDE. II, 993. Concile.
1339. TRÈVES. II, 1166. Synode.
1340. AVIGNON. II, 1270. Syn. dioc.
1340. ELNE. I, 811. Synode.
1340 et 1530 (Entre). NANTES. II, 21. Synode diocésain.
1340. NICOSIE. II, 121. Conc. prov.
1340. SALTZBOURG. II, 709. Concile.
1341. AVIGNON. II, 1270. Deux syn. diocésains.
1341 (Vers). CANTORBERY. I, 451. Concile.
1341, ou 1540 selon Lenglet. CONSTANTINOPLE. I, 778. Conc. non reconnu.
1341. RODEZ. II, 555. Synode dioc.
1341. SABINE. II, 717. Synode dioc.
1342, ou 41, ou 43. ARMÉNIE. I, 220, et II, 886. Concile national.
1342. BÉZIERS. I, 359, et II, 739. Synode capitulaire.
1342. LONDRES. I, 1162. Concile provincial de Cantorbery.
1342. LONDRES. I, 1162. Autre concile provincial.
1342. LUBECK. I, 1174. Synode dioc.
1342. OLMUTZ. II, 145. Synode dioc.
1342. ROUEN. II, 706. Concile prov.
1342. SIS ou PETITE ARMÉNIE. I, 220 et II, 886. Concile national.
1342. SARAGOSSE. II, 777. Conc. prov.
1342. SAUMUR. II, 803. Concile provincial de Tours.
1343. CAMBRAI. I, 435. Synode dioc.
1343. GIRONE. I, 958. Synode diocés.
1343. PADERBORN. II, 212. Syn. dioc.
1343. UTRECHT. II, 1208. Syn. dioc.
1344. AVIGNON. II, 1270. Syn. dioc.
1344. CANTORBERY. I, 452. Concile.
1344. GIRONE. I, 958. Synode diocés.
1344. MAGDEBOURG. I, 1212. Concile.
1344. NOYON. II, 140. Concile prov.
1344. YORK. II, 1303. Ass. prov.
1345. AVIGNON. II, 1270. Syn. dioc.
1345. CONSTANTINOPLE. I, 778. Concile non reconnu.
1345. CANTORBERY. I, 452. Concile.
1345. UTRECHT. II, 1209. Syn. dioc.
1346. COLOGNE. I, 595. Syn. dioc.
1346. FLORENCE. II, 730. Syn. dioc.

1346. GIRONE. I, 958. Synode dioc.
1346. UTRECHT. II, 1209. Syn. dioc.
1347. ALCALA ou TOLÈDE. II, 994. Concile.
1347. CANTORBERY. I, 1011. Concile provincial.
1347. CONSTANTINOPLE. I, 778. Deux conciles non reconnus.
1347. PARIS. II, 271. Concile de la province de Sens.
1347. UTRECHT. II, 1209. Syn. dioc.
1347. VITERBE. II, 1272. Syn. dioc.
1348. CAMBRAI. I, 435. Syn. diocés.
1348. DUBLIN. I, 797. Concile prov.
1348. GIRONE. I, 958. Synode diocés.
1348. UTRECHT. II, 1209. Syn. dioc.
1349. SAINT-QUENTIN. II, 452. Concile provincial des chapitres des églises cathédrales de la province de Reims.
1350. AREZZO. II, 738. Synode dioc.
1350. BRÊME. I, 381. Synode.
1350. CONSTANTINOPLE. Conciliabule où l'on approuva les erreurs de Grégoire Palamas. *Harduoin*, t. VII; *Mansi*, *Conc.* t. XXVI.
1350. NAUMBOURG. II, 52. Syn. dioc.
1350. PADOUE. II, 213. Syn. dioc.
1350. SAINT-MALO. I, 1218. Synode diocésain.
1350. UTRECHT. II, 1209. Syn. dioc.
1351. BÉZIERS. I, 359. Concile prov. de Narbonne.
1351. CONSTANTINOPLE. I, 778. Concile non reconnu.
1351. DUBLIN. I, 797. Concile prov.
1351. LAMBETH. I, 1016. Concile provincial de Cantorbery.
1351. UTRECHT. II, 1203. Syn. dioc.
1351. YORK. II, 1303. Ass. prov.
1352. LIÈGE. I, 1124. Synode capitul.
1352. SABINE. II, 718. Synode dioc.
1352. SARAGOSSE. II, 777. Concile provincial.
1352, ou 1351 selon Lenglet. SÉVILLE. II, 870. Concile.
1352. UTRECHT. II, 1209. Syn. dioc.
1353. COLOGNE. I, 596. Synode dioc.
1353. NICOSIE. II, 121. Chapitre métropolitain.
1353. UTRECHT. II, 1209. Syn. dioc.
1354. AICHSTOEDT. I, 37. Synode.
1354. ARRAS. I, 222. Synode.
1354. GIRONE. I, 958. Synode dioc.
1354. NICOSIE. II, 121. Chapitre métropolitain.
1354. UTRECHT. II, 1209. Syn. dioc.
1354. TARRAGONE. II, 930. Conc. prov.
1355. ARRAS. I, 222. Synode.
1355. CANTORBERY. I, 1011. Assemblée provinciale.
1355. GIRONE. I, 958. Synode diocés.
1355. PRAGUE. II, 456. Concile provincial.
1355. TOLÈDE. II, 990. Conc. provinc.
1355. UTRECHT. II. 1209. Synode diocésain.
1355. YORK. II, 1303. Assemblée du clergé de la province.
1356. COLOGNE. I, 596. Syn. dioc.
1356. LONDRES. I, 1164. Concile provincial de Cantorbery.
1356. SPIRE. II, 905. Synode diocés.
1356. YORK. II, 1303. Ass. provinc.
1357. COLOGNE. I, 596. Deux synodes diocésains.
1357. LONDRES. I, 1164. Concile provincial de Cantorbery.
1357. SARAGOSSE. II, 777. Concile provincial.
1357. YORK. II, 1303. Assemblée provinciale.
1358. CAMIN. I, 448. Synode diocés.
1358. CASTRES. II, 724. Syn. diocés.
1359. LONDRES. I, 1164. Concile provincial de Cantorbery.
1359. TOUL. II, 1008. Synode.
1359. YORK. II, 1303. Assemblée provinciale.
1361. PRAGUE. II, 442. Syn. diocés.

1361. Rouen. II, 706. Chapitre métropolitain.
1361. Saragosse. II, 777. Concile provincial.
1362. Cantorbery. I, 462. Concile.
1362. Lambeth. I, 1016. Concile provincial de Cantorbery.
1362. Magdebourg. I, 1212. Concile.
1362. Magnfeld. I, 1213. Concile.
1363. Londres. I, 1164. Concile provincial de Cantorbery.
1363. Marseille. I, 1222. Synode ou concile, tout est ici imaginaire, et n'existe que sur le papier de M. de Mas Latrie, et sur le nôtre, où nous avons en l'imprudence de le copier.
1363. Reims. Sous l'archevêque Jean de Craon. *Lenglet.*
1364. Aichstoedt. I, 37. Synode.
1364. Arras. I, 222. Synode.
1364. Auch. I, 250. Concile.
1364. Nîmes. II, 150. Assemblée provinciale.
1364. Tarragone. II, 930. Concile provincial.
1365. Avignon. II, 1270. Syn. diocésain.
1365. Angers. I, 117. Concile provincial de Tours.
1365. Apt. I, 168. Concile de trois provinces.
1365. France. I, 928. Divers conciles.
1365. Périgueux. II, 386. Concile provincial de Bordeaux.
1365. Prague. II, 442. Synode archidiaconal.
1365 (Vers). S.-Ruf. II, 716. Conc.
1365. Tréguier. II, 1058. Syn. diocésain.
1366. Agen. II, 737. Concile.
1366. Avignon. II, 1270. Syn. dioc. De 1366 à 1381. Nantes. II, 21. Synode diocésain
1367. Poitiers. *Lenglet.*
1367. Tarragone. II, 930. Concile provincial.
1367. York. II, 1303. Concile provincial.
1368. Béziers. II, 740. Synode capitulaire.
1368. Cantorbery. I, 1011. Synode diocésain.
1368. Girone. I, 958. Synode diocés.
1368. Lambeth. On trouve, datée de cette ville, qu'il s'y soit tenu un concile ou simplement une assemblée de docteurs, la condamnation de trente propositions erronées prononcée par Simon Langham, archevêque de Cantorbery. *Mansi, Conc.* t. XXVI.
1368. Lavaur. I, 1107. Concile général de Languedoc.
1369. Béziers. I, 540, et II, 741. Deux synodes diocésains.
1369. Cambrai. I, 435. Synode diocésain.
1369. Cracovie ou Pologne. II, 426. Concile.
1369. Londres. I, 1165. Concile provincial de Cantorbery.
1369. Tarragone. Sur la discipline. *Martène, Coll.* t. VII. C'est ce que dit Lenglet dans ses *Tablettes chronologiques*; mais nous n'avons pu trouver l'article dans tout l'ouvrage indiqué.
1369. York. II, 1303. Assemblée provinciale.
1370 (Avant). Bayeux. II, 136. Syn. diocésain.
1370. Bayeux. II, 136. Synode diocésain.
1370. Béziers. I, 359. Concile provincial de Narbonne.
1370. Béziers. II, 741. Synode diocésain.
1370. Cologne. I, 596. Concile.
1370. Magdebourg. I, 1212. Concile provincial.

1370. Munster. I, 1328. Synode diocésain.
1371. Cologne. I, 596. Syn. diocés.
1371. Londres. I, 1165. Concile provincial de Cantorbery.
1374. Tréguier. II, 1058. Synode diocésain.
1371. York. II, 1303. Assemblée provinciale.
1372. Cologne. I, 596. Syn. diocés.
1372. Coutances. I, 782. Synode diocésain.
1372. Tréguier. II, 1058. Synode diocésain.
1373. Londres. I, 1165. Concile provincial de Cantorbery.
1373. Wurtzbourg. II, 1292. Synode provinciale.
1373. York. II, 1303. Assemblée provinciale.
1374. Aix en Provence. I, 39. Conc.
1374. Bénévent. I, 322. Concile provincial.
1374. Londres. I, 1165. Concile provincial de Cantorbery.
1374. Narbonne. II, 43. Concile provincial.
1374. Tréguier. II, 1059. Synode diocésain.
1375. Arras. I, 222. Synode.
1375. Béziers. II, 741. Synode diocésain.
1375. Béziers. I, 340. Synode.
1375. Cologne. I, 596. Concile.
1375. Coutances. I, 782. Synode diocésain.
1375. Winnuski. II, 1287. Concile.
1376. Cantorbery. I, 462. Deux conciles.
1376. Londres. I, 1165. Concile provincial de Cantorbery.
1376. Lyon. II, 750. Concile prov.
1377. Augsbourg. I, 231. Synode.
1377. Londres. I, 1165. Deux conciles de la province de Cantorbery.
1377. Saragosse. II, 777. Concile provincial.
1377. York. II, 1303. Assemblée provinciale.
1377. York. II, 1303. Synode prov.
1378. Bénévent. I, 322. Concile provincial.
1378. Glocester. I, 960. Concile provincial de Cantorbery.
1379. Alcala. I, 70. Concile provincial de Tolède.
1379. Burgos. I, 392. Assemblée mixte.
1379. Cantorbery ou Londres. I, 1165. Concile provincial.
1379. Illeras. I, 985. Concile.
1379. Paris. II, 274. Concile.
1379. Pontefract. II, 452. Synode diocésain d'York.
1379. Tolède ou Alcala. II, 991. Concile provincial.
1379. York. II, 1303. Assemblée provinciale.
1380. Brandebourg. I, 380. Synode.
1380. Cantorbery ou Northampton. II, 137. Assemblée provinciale.
1380. Cantorbery ou Londres. I, 462 et 1165. Concile provincial.
1380. Elne. I, 812. Synode diocés.
1380 et 81. Médina-Campo et Salamanque. II, 756. Concile.
1380. Olmutz. II, 146. Synode diocésain.
1380. Saltzbourg. II, 769. Concile provincial.
1380. Tréguier. II, 1059. Synode diocésain.
1380. York. II, 1303. Assemblée provinciale.
1381. Girone. I, 958. Synode diocés.
1381. Prague. II, 442. Concile provincial.
1381. Salamanque. Concile présidé par l'archevêque de Tolède, avec beaucoup d'autres prélats, où l'on décida en faveur de l'antipape Clément VII.
1381. Santaren en Portugal. Conciliabule tenu par Pierre de Lune. *Lenglet d'apr. Raynaldi.*
1381. York. II, 1303. Assemblée provinciale.
1382. Girone. I, 958. Synode diocés.
1382. Gran ou Strigonie. I, 965. Concile provincial.
1382. Londres. I, 1165. Concile provincial de Cantorbery.
1382. Oxford. II, 209. Concile de la province de Cantorbery.
1382. York. II, 1303. Assemblée provinciale.
1383. Cambrai. I, 435. Concile non reconnu.
1383. Elne. I, 812. Synode diocés.
1383. Londres. I, 1166. Concile provincial de Cantorbery.
1384. Lille en Flandre. Concile à l'occasion du schisme. Il ne paraît pas certain que ce concile ait été réellement tenu. *Hist. de l'univ. de Paris,* t. III, p. 64.
1384. Prague. II, 442. Synode diocésain.
1384. Salisbury. II, 762. Assemblée provinciale de Cantorbery.
1384. Worms. II, 1302. Synode diocésain.
1384. York. II, 1303. Assemblée provinciale.
1385. Elne. I, 812. Syno le diocés.
1385. Londres. I, 1166. Concile provincial de Cantorbery.
1385. Nantes. II, 21. Synode diocés.
1385. York. II, 1303. Assemblée provinciale.
1386. Londres. I, 1166. Concile provincial de Cantorbery.
1386. Saltzbourg. II, 769. Concile provincial.
1386. York. II, 1303. Assemblée provinciale.
1387. Barcelone. I, 312. Concile réprouvé.
1387. Londres. I, 1166. Concile provincial de Cantorbery.
1387. Mayence. I, 1244. Concile.
1387. Nantes. II, 21. Syno le diocés.
1387. Navarre. II, 52. Concile national non approuvé.
1387. Poitiers. *Lengl. d'apr. l'éd. du Louvre.*
1387. York. II, 1303. Assemblée provinciale.
1388. Londres. I, 1166. Concile provincial de Cantorbery.
1388 Palencia. II, 215. Concile non reconnu.
1388. Palerme. II, 216. Concile provincial.
1388. Saltzbourg. II, 779. Concile provincial.
1388. York. II, 1303. Assemblée provinciale.
1389. Nantes. II, 21. Deux synodes diocésains.
1389. S.-Tibéry. II, 938. Concile.
1390. Cologne. I, 596. Concile.
1391. Londres. I, 1166. Concile provincial de Cantorbery.
1391. Paris. II, 274. Concile.
1391. York. II, 1303. Assemblée provinciale.
1392. Londres. I, 1166. Concile provincial de Cantorbery.
1392. Prague. II, 442. Concile provincial.
1392, ou 1391 selon Lenglet. Utrecht. II, 1209. Concile provincial.
1392. York. II, 1303. Assembl. prov.
1393. Chalons-sur-Marne. II, 743. Synode.
1393. Munster. I, 1328. Syn. diocés.
1393. Saragosse. II, 777. Concile provincial.

ET APPENDICES AU DICTIONNAIRE.

1393. York. II, 1303. Ass. provinc.
1394. Londres. I, 1166. Concile provincial de Cantorbery.
1394. York. II, 1303. Ass. provinc.
1395. Oxford. II, 210. Assemblée de docteurs.
1395. Paris. II, 274. Concile nation.
1395. Saragosse. II, 777. Concile provincial.
1396. Arbogen. I, 183. Concile provincial d'Upsal.
1396. Londres. II, 755. Concile.
1396. Poitiers. II, 426. Synd. dioc.
1396. Tours. II, 1046. Synode.
1397. Avignon. II, 1270. Assemblée ecclésiastique.
1397. Londres. I, 1167. Concile provincial de Cantorbery.
1397. Rome. On répond à des ambassadeurs, Lngl. d'apr. Rayn.
1397. York. II, 1303. Assemblée provinciale.
1398. Cambrai. I, 435. Syn. diocés.
1398. Londres. I, 1168. Concile.
1398. Oxford. II, 210. Concile de la province de Cantorbery.
1398. Paris. II, 274. Concile non approuvé.
1398. York. II, 1303. Assemblée provinciale.
1399. Cantorbery ou Londres. I, 432 et 1168. Concile provincial.
1399. Troyes. II, 1186. Syn. dioc.
1400. Alcala. Concile tenu en présence de Henri, roi de Castille. On y décida qu'on cesserait de reconnaître le soi-disant Benoît XIII, et on renvoya au futur concile œcuménique l'élection d'un pape certain, D'Aguirre, Conc. Hist., t. III.
1400. Angleterre. Sur une décime et demie accordée au roi. Angl. III.
1400 ou 1399. Béziers. II, 741. Synode diocésain.
1400. Cologne. I, 596. Concile.
1400. Vayston. II, 1259. Concile.
1400. Londres. I, 1168. Concile.
1401. Rouen. II, 706. Ass. générale.
1401. Saint-Tiberi. II, 939. Concile provincial de Narbonne.
1401. York. II, 1303. Ass. provinc.
1402. Londres. I, 1168. Concile.
1402. Senlis. II, 851. Concile.
1402. Tarragone. II, 930. Conc. prov.
1402. York. II, 1303. Ass. provinc.
1403. Avignon. II, 1271. Assemblée diocésaine.
1403, ou 1402 selon Lenglet. Londres. I, 1168. Concile provincial de Cantorbery.
1403. Magdebourg. I, 1212. Concile provincial.
1403. Rouen. II, 706. Concile.
1403. Soissons. II, 902. Synode dioc.
1403. Valladolid. II, 1236. Concile non reconnu.
1404. Angleterre. En faveur de l'antipape Benoît XIII. Lenglet.
1404. Langres. I, 1029. Syn. dioc.
1404. Londres. I, 1168. Concile.
1404. Paris. II, 275. Concile non approuvé.
1404. York. II, 1303. Ass. provinc.
1405. Londres. I, 1168. Concile provincial de Cantorbery.
1405. Nantes. II, 22. Synode dioc.
1405. Poitiers. II, 426 Synode dioc.
1405. Prague. II, 442. Concile provincial contre Pierre de Lune, dit Benoît XIII.
1406. Hambourg. II, 741. Concile provincial de Brême.
1406. Londres. I, 1168. Concile provincial de Cantorbery.
1406. Nantes. II, 22. Synode dioc.
1406. Paris. II, 275. Concile.
1406. York. II, 1303. Ass. provinc.
1407. Oxford. II, 210. Concile de la province de Cantorbery.

1407. Paris. II, 275. Concile.
1407. Wirtzbourg. II, 1292. Synode diocésain.
1408. Aragon. Conciliabule en faveur de l'antipape Benoît XIII. Mansi, Conc., t. XXVI.
1408. Halberstadt. I, 969. Synode diocésain.
1408. Londres. I, 1168. Conc. légat.
1408. Nantes. II, 22. Synode diocésain tenu à la Roche-Bernard. Autre synode diocésain de la même année.
1408. Oxford. II, 210. Concile de la province de Cantorbery.
1408. Paris. II, 275. Concile.
1408. Perpignan. I, 387. Concile où se trouva l'antipape Benoît XIII.
1408. Prague. II, 442. Concile contre les erreurs de Wiclef.
1408. Rems. II, 523. Concile prov.
1408. York. II, 1303. Ass. provinc.
1403. Aceren. I, 56. Synode.
1409. Aix en Provence. II, 443. Concile composé de trois provinces réunies.
1409. Aquilée ou Udine. II, 1203. Concile.
1409. Autriche. Concile assemblé, dit Lenglet, contre le concile de Pise. Nous n'en avons trouvé aucune trace dans la collection de Labbe, pas plus qu'ailleurs, où l'abbé Lenglet renvoie son lecteur.
1409. Béziers. I, 310, et II, 741. Synode diocésain.
1409. Florence. I, 917. Conc. prov.
1409. Francfort. I, 935. Concile provincial et légatin.
1409. Londres. I, 1169. Deux conciles provinciaux de Cantorbery.
1409. Nantes. II, 22. Synode.
1403 et 1403. Perpignan. II, 387. Concile non approuvé.
1409. Pise. II, 590. Concile assemblé de diverses nations.
1409. Ud ne. II, 1203. Concile.
1409. York. II, 1303. Ass. provinc.
1410. Arras. I, 222. Synode.
1410. Calaorra. I, 394. Syn. dioc.
1410. Nantes. II, 22 et 23. Deux synodes diocésains.
1410. Nuremberg. II, 144. Colloque.
1410. Poitiers. II, 426. Syn. dioc.
1410. Salamanque. II, 756. Concile.
1410. York. II, 1303. Ass. provinc.
1411. Londres. I, 1169. Concile provincial de Cantorbery.
1411. Nantes. II, 23. Synode dioc.
1411. Orléans. II, 199. Concile.
1411. Paderborn. II, 212. Syn. dioc.
1411. Rome. Concile convoqué par Balthasar Cossa, dit Jean XXIII, mais qui ne put avoir lieu. Martène, Vet. Monum., t. VII.
1411. Tarragone. II, 930. Conc. prov.
1411. Wirtzbourg. II, 1292. Synode diocésain.
1411. York. II, 1303. Ass. provinc.
1412. Caspes. I, 529. Assemblée ecclésiastique.
1412. Londres. I, 1169. Concile provincial de Cantorbery.
1412. Pétrikovic en Pologne. Sur la discipline. Lenglet.
1412 et 13. Rome. II, 674. Concile.
1412. Salamanque. Concile non approuvé, en faveur de Pierre de Lune. Mansi, Conc., t. XXVII.
1412. Séville. II, 870. Concile.
1412. York. II, 1303.
1413. Londres. I, 1169. Concile provincial de Cantorbery.
1413. Meissen. I, 1236. Synode dioc.
1413. Olmutz ou Vischau. II, 116. Synode diocésain.
1413. Prague. II, 442. Synode diocésain tenu à Raudnitz.
1413. York. II, 1303. Assemblée provinciale.

1414. Augsbourg ou Laving. I, 231. Synode.
1414 à 1418 (De). Constance. I, 628. Concile œcuménique.
1414. Digne. I, 792. Synode dioc.
1414. Londres. I, 1169. Concile provincial de Cantorbery.
1414. Paris. II, 278. Concile.
1414. Worms. II, 13 2. Synode.
1414. York. II, 1303. Ass. provinc.
1415. Bourges. I, 362. Concile.
1415. Londres. I, 1169. Concile provincial de Cantorbery.
1415. Novogrodek. II, init. Concile provincial.
1415. Peniscola en Espagne. Conciliabule présidé par Pierre de Lune. Raynaldi.
1415. Rouen. II, 706. Synode dioc.
1415. Warmie. II, 1276. Concile général de Pologne.
1415. York. II, 1303. Ass. provinc.
1416. Aix en Provence. II, 443. Concile.
1416. Breslau. I, 382. Synode dioc.
1416. Londres. I, 1170. Deux conciles provinciaux de Cantorbery.
1416. Perth. II, 390. Concile en faveur du concile de Constance.
1416. Toulouse. II, 1019. Ass. prov.
1416. Tournay. II, 1021. Synode.
1416. York. II, 1303. Ass. provinc.
1417. Cantorbery ou Londres. I, 1170. Concile.
1417. Cologne. I, 597. Concile.
1417. Londres. I, 1170. Concile de la province de Cantorbery.
1417. Paris. II, 278. Assemblée contre les réserves. Mém. du Clergé.
1417. Rouen. II, 706. Synode dioc.
1417. Saragosse. II, 777. Conc. prov.
1417. York. II, 1303. Ass. provinc.
1418. Cologne. I, 597. Concile.
1418 à 1420. Saltzbourg. II, 770. Concile provincial et légatin.
1419. Cantorbrey ou Londres. I, 1170. Concile.
1419. Halberstadt. I, 970. Synode diocésain.
1419. Londres. I, 1170. Concile de la province de Cantorbery.
1419. York. II, 1303. Ass. provinc.
1420. Calisek. I, 423. Concile.
1420. Lubeck. I, 1175. Synode dioc.
1420. Mayence. Sur la discipline. Serrar, Hist. Mog. Lenglet.
1420. Perth. II, 391. Concile prov.
1420. Saltzbourg. II, 772. Synode diocésain.
1421. Langres. I, 1021. Synode dioc.
1421. Londres. I, 1170. Concile provincial de Cantorbery
1421. Prague. II, 443. Conciliabule tenu par les calixtins.
1421. York. II, 1303. Synode prov.
1422. Londres. I, 1170. Concile provincial de Cantorbery.
1422. Sabine. II, 718. Synode dioc.
1422. Vernon II, 1238. Concile.
1422. Angles (Saint-Maurice d'). I, 1224. Synode diocésain.
1423. Cologne. I, 597. Concile prov.
1423. Lanciski ou prov. de Gnesne. Conc. tenu contre les Hussites. Mansi, Conc., t. XXVIII. C'est à tort que l'abbé Lenglet fait de cet unique concile deux conciles distincts, l'un de Gnesne, l'autre de Lanciski.
1423. Mayence. I, 1244. Concile.
1423. Nuremberg. II, 144. Assemblée mixte présidée par un légat.
1423. Pavie. II, 384. Concile transféré à Sienne après son ouverture.
1423. Pise. C'est le même concile de Pavie transféré à Pise. Gall. Chr., t. III, col. 703.
1423. Sienne. II, 873. Concile faisant suite à celui de Pavie, et confirmé par Martin V, en 1424.

Dictionnaire des Conciles. II.

1423. TRÉGUIER. II, 1059. Syn. dioc.
1423. TRÈVES. II, 1166. Concile prov.
1423. LIÈGE I, 1124. Synode dioc.
1424. LYON. Contre quelques impostures. *Lengl. d'apr. Raynaldi.*
1424. TARRAGONE. II, 930. Conc. prov.
1425. COPENHAGUE. I, 780. Concile provincial de Lunden.
1426. BÉZIERS. I, 340, et II, 741. Synode diocésain.
1426. CASTELNAUDARY. I, 530. Conc.
1426. NORTHAMPTON. II, 137. Chapitre provincial des moines noirs.
1426. TRÉGUIER. II, 1059. Syn. dioc.
1426. YORK. II, 1304. Con île.
1427. CASTELNAUDARY. I, 530. Conc.
1427. TROYES. II, 1186. Synode dioc.
1428. CANTORBERY ou LONDRES. I, 1170. Concile provincial.
1428. LICHTFIELD. I, 1119. Synode capitulaire.
1428. PARIS. II, 278. Synode dioc.
1428. RIGA. II, 557. Concile.
1428. YORK. II, 1304. Ass. provinc.
1429. LONDRES. I, 1170. Concile provincial de Cantorbery.
1429. PARIS. II, 278. Concile de la province de Sens.
1429. TORTOSE. II, 1002. Concile provincial de Taragone.
1430. LONDRES. I, 1170. Concile provincial de Cantorbery.
1430. NARBONNE OU BÉZIERS. II, 43 et 741. Concile provincial.
1430. TARRAGONE. Sur la liberté de l'Église, *lengl. d'apr. Raynaldi.*
1430. YORK. II, 1304. Ass. provinc.
1431. BALE. I, 256. Conc. réprouvé.
1431. NANTES. II, 23. Concile prov.
1431 ou 1435. STRASBOURG. II, 906. Synode diocésain.
1431. TRÉGUIER. II, 1059. Syn. dioc.
1432. BOURGES. I, 562. Assemblée du clergé de France.
1432. LONDRES. I, 1171. Concile provincial de Cantorbery.
1432. YORK. II, 1304. Ass. provinc.
1433. LONDRES. I, 1171. Concile provincial de Cantorbery.
1434. COUTANCES. I, 782. Syn. dioc.
1434. LONDRES. I, 1171. Concile provincial de Cantorbery.
1434. PRAGUE. Pour la réunion des Hussites. *Lenglet.*
1435 (Vers). CASTELNAUDARY. I, 530. Concile.
1435. LONDRES. I, 1171. Concile provincial de Cantorbery.
1435. TRÉGUIER. II, 1059. Syn. dioc.
1436. LONDRES. I, 1171. Concile provincial de Cantorbery.
1436. PERTH. II, 391. Concile général d'Écosse.
1436. TRÉGUIER. II, 1059. Syn. dioc.
1436. TRÉGUIER. II, 1059 et 1060. Deux synodes diocésains.
1436. YORK. II, 1304. Ass. provinc.
1437. BÉZIERS. II, 741. Synode d oc.
1437. LONDRES. I, 1171. Concile provincial de Cantorbery.
1437. TRÉGUIER. II, 1060. Syn. dioc.
1437. YORK. II, 1304. Ass. provinc.
1438. BOURGES. I, 563. Assemblée.
1438. CANTORBERY OU LONDRES. I, 1171. Concile provincial.
1438. FERRARE. I, 907. Concile œcuménique achevé à Florence.
1438. FREYSINGEN. I, 936. Synode.
1438. YORK. II, 1304. Ass. provinc.
1439. CANTORBERY OU LONDRES. 452 et 1171. Concile provincial.
1439. FLORENCE. I, 917. Conc., 17° œcuménique, terminé le 26 avril 1442.
1439. MAYENCE. I, 1244. Concile.
1439. MOSCOVIE. Conciliabule où l'on arrêta comme prisonnier Isidore, évêque de Kiovie et légat du saint-siège. *Lengl. d'apr. Raynaldi.*
1439. TRÉGUIER. II, 1060. Syn. dioc.

1440 (Vers). AVIGNON. II, 1271. Synode diocésain.
1440. BOURGES. I, 564. Assemblée.
1440. FREYSINGEN. I, 936. Concile.
1440. SALTZBOURG. II, 772. Concile provincial.
1440. TRÉGUIER. II, 1060. Syn. dioc.
1440. YORK. II, 1304. Ass. provinc.
1441. AVIGNON. I, 252. Synode.
1441. BARCELONE. II, 758. Synode captulaire.
1441. LANGRES. I, 1022. Syn. dioc.
1441. ROUEN. II, 706. Synode dioc.
1441. YORK. II, 1304. Ass. provinc.
1442. AVIGNON. II, 1271. Syn. dioc.
1442. BÉZIERS. Synode diocésain. *Gall. Chr., t. VI, col. 339.*
1442. CANTORBERY OU LONDRES. I, 1171. Concile provincial.
1442. CONSTANTINOPLE. Conciliabule, mentionné par Lenglet, sur la réunion des Grecs; mais il est supposé, ajoute cet écrivain.
1442. YORK. II, 1304. Ass. provinc.
1443. BARCELONE. II, 758. Synode capitulaire.
1443. CONSTANTINOPLE. Conciliabule où le patriarche Métrophane fut déposé. *Lengl. d'apr. Allatius, in Consensione,* l. III.
1444. FREYSINGEN. I, 939. Synode.
1444. LATRAN. On dépose l'évêque de Grenoble. *Lenglet, d'après Raynaldi.*
1444. LONDRES. I, 1171. Conc. prov.
1444. YORK. II, 1304. Ass. provinc.
1445. EDIMBOURG. II, 745 et 814. Concile général d'Écosse.
1445. NANTES. II, 24. Synode dioc.
1445. ROUEN. II, 706. Synode prov.
1445. TOURNAY. II, 1024. Synode.
1445. YORK. II, 1304. Ass. provinc.
1446. BRESLAU. I, 582. Synode dioc.
1446. LAMBETH. I, 1016. Assemblée d'évêques.
1446. LIÈGE. I, 1124. Synode dioc.
1446. LONDRES. I, 1171. Assemblée provinciale de Cantorbery.
1446. NANTES. II, 24. Synode dioc.
1446. WIRTZBOURG. II, 1292. Synode diocésain.
1447. AICHSTAEDT. I, 57. Synode.
1447. AVIGNON. II, 1271. Syn. dioc.
1447. LONDRES. I, 1171. Conc. prov.
1448. ANGERS ou TOURS. I, 119. Concile provincial.
1448. AVIGNON. II, 1271. Syn. dioc.
1448. LISIEUX. I, 1159. Synode dioc.
1449. AVIGNON. II, 1271. Syn. dioc.
1449. LAUSANNE. I, 1105. Concile non reconnu.
1449. LONDRES. I, 1171. Assemblée provinciale de Cantorbery.
1449. LYON. I, 1202. Concile non reconnu.
1450. CONSTANTINOPLE. I, 778, et II, 751. Conciliabule, peut-être même supposé.
1430. (Vers) année incertaine. SARAGOSSE. II, 777. Concile sous D. Dalmace.
1450. TRÉGUIER. II, 1060. Syn. dioc.
1450. YORK. II, 1304. Ass. provinc.
1451. AUXERRE II, 725. Syn. dioc.
1451. AVIGNON. II, 1271 Syn. dioc.
1451. MAYENCE. I, 1244. C'est par erreur que l'abbé Le glet a rapporté ce concile à l'an 1441.
1451. ROUEN. II, 707. Assemblée du clergé de France.
1451. SALTZBOURG. II, 772. Concile légat'n.
1452. AVIGNON. II, 1272. Syn. dioc.
1452. COLOGNE. I, 597, et II, 397. Concile légatin et provincial.
1452. LANGRES. I, 1022. Syn. dioc.
1452. LONDRES. I, 1171. Concile provincial de Cantorbery.
1452, ou 1451 selon Lenglet d'après

Raynaldi. MAGDEBOURG. I, 1213. Concile légatin.
1452. TOULOUSE. II, 1020. Syn. dioc.
1452. WIRTZBOURG. II, 1292. Synode diocésain.
1452. YORK. II, 1304. Ass. provinc.
1453. AICHSTAEDT. I, 57. Synode.
1453. CASHEL ou LIMERICK. I, 529 et 1135. Concile provincial.
1453. WIRTZBOURG. II, 1292. Synode diocésain.
1453. YORK. II, 1304. Ass. provinc.
1454. CALAHORRA. I, 394. Syn. dioc.
1454. CAMIN. I, 448. Synode dioc.
1454. COUTANCES. I, 782. Syn. dioc.
1454. LICHTFIELD. I, 1119. Synode capitulaire.
1455. ASCHAFFENBOURG. I, 225. Concile provincial de Mayence.
1455. LANGRES. I, 1022. Syn. dioc.
1455 ou 1456. SOISSONS. II, 902. Concile.
1455. TOURS ou VANNES. II, 1238. Concile provincial.
1455. TRÉGUIER. II, 1060. Syn. dioc.
1456. AUXERRE II, 725. Syn. dioc.
1456. LANGRES. I, 1022. Syn. dioc.
1456. PÉTRIKOVIC. Sur la discipline. *Lenglet.*
1456. SALTZBOURG. II, 772. Concile provincial.
1456. TRÉGUIER. II, 1060. Syn. dioc.
1457. AVIGNON. I, 252. Conc. légatin.
1457. LAMBETH. I, 1017. Concile.
1457. TRÉGUIER. II, 1060. Syn. dioc.
1459. LANGRES. I, 1022. Syn. dioc.
1459. MANTOUE. I, 1220. Congrès.
1459. PERTH. II, 391. Concile général d'Écosse.
1459. TRÉGUIER. II, 1060. Syn. dioc.
1460. LANGRES. I, 1022. Syn. dioc.
1460. LONDRES. I, 1171. Concile provincial de Cantorbery.
1460, ou 1461 selon Lenglet. SENS II, 861 Concile provincial.
1461. YORK. II, 1304. Ass. provinc.
1462. AVIGNON. I, 252. Conc. légatin.
1462. LANCISKI. Sur la discipline. *Lenglet.*
1462. LONDRES. I, 1172. Concile provincial de Cantorbery.
1462. SARAGOSSE ou ALBALAT. II, 777. Concile provincial.
1462. TRÉGUIER. II, 1060. Syn. dioc.
1462. YORK. II, 1304. Ass. provinc.
1463. CANTORBERY ou LONDRES. I, 1172. Concile prov. de Cantorbery.
1463. CONSTANCE. I, 659. Synode.
1463. YORK. II, 1304. Ass. provinc.
1464. CANTORBERY (KENTERBURY). I, 1012. Synode diocésain.
1464. LANGRES. I, 1022. Syn. dioc.
1464. WORCESTER. II, 1293. Synode diocésain.
1464. YORK. II, 1304. Ass. provinc.
1465. AICHSTAEDT. I, 57 Synode.
1465. PADERBORN. II, 212. Synode diocésain.
1466. LANCISKI. Sur les mœurs. *Lenglet.*
1466. LYON. I, 1203 Synode dioc.
1466. MAGDEBOURG. I, 1213. Synode diocésain.
1466. OSNABRUCK. II, 202 Synode diocésain.
1466. YORK. II, 1304. Concile prov.
1467. TRÉGUIER. II, 1060. Syn. dioc.
1468. AUTUN (HEDUENSIS). I, 971. Synode diocésain.
1468. LONDRES. I, 1172. Concile provincial de Cantorbery.
1469. TRÉGUIER. II, 1060. Syn. dioc.
1470. BÉNÉVENT. I, 392. Conc. prov.
1470. COLOGNE. Concile tenu par l'archevêque Robert, sur les formalités à observer dans les procédures ecclésiastiques. *Labb. XIII.*
1470. PASSAU. II, 576. Synode dioc.
1470. YORK. II, 1304. Ass. provinc.

1471. CANTORBERY (KENTERBURY). I, 1012. Assemblée provinciale.
1472. CANTORBERY (KENTERBURY). I, 1012. Assemblée provinciale.
1472. YORK. II 1304. Ass. provinc.
1473. BRESLAU. I, 382. Synode dioc.
1473. CANTORBERY (KENTERBURY). I, 1012. Assemblée provinciale.
1473. MADRID. I, 1210. Conc. légat.
1473. TOLÈDE ou ARANDA. II, 994. Concile.
1474. CANTORBERY. I, 1012. Assemblée provinciale.
1474. YORK. II, 1304. Ass. provinc.
1475. BRESLAU. I, 382. Synode dioc.
1475. FREY-INGEN. I, 939. Synode.
1475. LONDRES. I, 1172. Concile provincial de Cantorbery.
1475. SARAGOSSE. II, 777. Concile provincial.
1476. CONSTANCE. I, 659. Synode.
1476. LAMBETH. Contre les erreurs de Reguauld, évêque de Chester. Lenglet, qui fait mention de ce concile, cite à son appui Labbe et Hardouin. Nous n'avons pu l'y trouver.
1476. ROUEN. II, 708. Synode dioc.
1477. YORK. II, 1304. Ass. provinc.
1478. CANTORBERY. I, 1012. Assemblée provinciale.
1478. NANTES. II, 24. Syn. diocés.
1478. ORLÉANS. II, 199. Assemblée du clergé de France.
1478. YORK. II, 1303. Ass. provinc.
1479. ALCALA. Assemblée de théologiens, où furent condamnées les erreurs de Pierre d'Osma. D'Aguirre, Conc. Hisp. t. III.
1479. COUTANCES. I, 782. Synode diocésain.
1479. LANGRES. I, 1022. Syn. diocés.
1479. LYON. II, 750. Assemblée du clergé de France.
1479. SARAGOSSE. II, 777. Concile provincial.
1480. BESANÇON. I, 327. Syn. diocés.
1480. CALAHORRA. I, 394. Syn. dioc.
1480. FREYSINGEN. I, 939. Synode.
1480. YORK. II, 1305. Assembl. prov.
1481. BESANÇON. I, 327. Syn. diocés.
1481. COUTANCES. I, 782. Synode diocésain.
1481. LONDRES. I, 1172. Assemblée provinciale de Cantorbery.
1481. NANTES. II, 24. Syn. diocés.
1481. TOURNAY. II, 1024. Synode.
1483. CANTORBERY. I, 1012. Assemblée provinciale.
1483. COLOGNE. I, 598. Syn. diocés.
1483. CONSTANCE. I, 659. Synode diocésain.
1484. AICHSTÆDT. I, 57. Synode.
1484. CANTORBERY. I, 1012. Assemblée provinciale.
1484. SALERNE. II, 757. Conc. prov.
1484. TOURS. II, 1049. Etats-généraux.
1485. CANTORBERY. I, 1012. Assemblée provinciale.
1485. PÉTRIKOVIE. en POLOGNE. Lenglet.
1485. SENS. II, 863. Concile provincial. C'est par erreur que l'abbé Lenglet a rapporté ce concile à l'an 1475.
1485. TRÉGUIER. II, 1060. Synode diocésain.
1486. LONDRES. I, 1172. Concile provincial de Cantorbery. C'est par erreur que l'abbé Lenglet a rapporté ce concile à l'an 1476.
1486. YORK. II, 1303. Ass. provinc.
1487. COUTANCES. I, 783. Synode diocésain.
1487. SAINT-ANDRÉ. I, 110, et II, 721. Concile général de l'Ecosse.
1487. SARAGOSSE. II, 777. Concile provincial.
1488. LONDRES. I, 1172. Assemblée provinciale de Cantorbery.

1488. YORK. II, 1303. Ass. provinc.
1489. GIRONE. I, 958. Syn. dio és.
1489. MAGDEBOURG. I, 1213. Concile provincial.
1490. ARRAS. Sous l'évêque Pierre de Ranchicourt. Lenglet.
1490. SALTZBOURG. II, 772. Concile provincial.
1491. BAMBERG. I, 309. Synode.
1491. CANTORBERY. I, 1012. Assemblée provinciale.
1491. LANGRES. I, 1022. Syn. diocés.
1491. PÉTRIKOVIE. Sous Frédéric, cardinal de Guesne.
1491. YORK. II, 1305. Ass. provinc.
1492. CALAHORRA. I, 394. Syn. dioc.
1492. CAMIN. I, 448 Synode diocés.
1492. SWERIN. II, 919. Synode.
1493. ANGERS. I, 120. Syn. diocés.
1493. MEAUX. I, 1255. Syn diocés.
1493. STRIGONIE. Lenglet, d'apr. la collection des Conc. de Hongrie.
1493. TRÉGUIER. II, 1060. Syn. dioc.
1494. SABINE. II, 749. Syn. diocés.
1494. TRÉGUIER. II, 1061. Synode diocésain.
1495. BESANÇON. Sous Charles de Neufchatel. Lenglet.
14 5. CANTORBERY. I, 1012. Assemblée provinciale.
1495. PARIS. II, 279. Synode diocésain.
1495. SARAGOSSE. II, 777. Concile provincial.
1495. TOULOUSE. Sous le cardinal de Joyeuse. Lenglet.
1495. TRÉGUIER. II, 1061. Synode diocésain.
1495. YORK. II, 1305. Ass. provinc.
1496. BRESLAU. I, 382. Syn. diocés.
1496. CANTORBERY. I, 1012. Assemblée provinciale.
1497. BRESLAU. I, 382. Syn. diocés.
1497. WARMIE. II, 1276. Synode diocésain.
1497. YORK. II, 1303. Ass. provinc.
1498. SARAGOSSE. II, 777. Concile provincial.
1498. TALIGA. Sous le cardinal Ximenès, sur les mœurs. Lenglet, d'apr. Raynaldi.
1499. BURGOS. Sous l'évêque Pascal. Lenglet, d'apr. d'Aguirre.
1499. CHARTRES. I, 139. Synode diocésain.
1499. MAYENCE. I, 1214. Syn. diocés.
1499. NANTES. II, 24. Syn. diocés.
1500. CAMIN. I, 448. Syn. diocés.
1500. GIRONE. I, 958. Syn. d océs.
1500. TURIN. II, 1191. Syn. diocés.
1501. LONDRES. I, 1172. Ass mblée provinciale de Cantorbery.
1501. MEAUX. I, 1255. Syn. diocés.
1501. TROYES. II, 1184. Syn. diocés.
1501. YORK. II, 1305. Ass. provinc.
1502. CALAHORRA. I, 394. Syn. dioc.
1502. GIRONE. I, 958. Syn. diocés.
1503. ANGERS. I, 120. Syn. diocés.
1503. GIRONE. I, 958. Syn. diocés.
1503. LONDRES. I, 1175. Assemblée provinciale de Cantorbery.
1503 (Après l'an). PARIS. II, 280. Synode diocésain.
1504. ANGERS. I, 120. Syn. diocés.
1504 (Vers). CLERMONT. II, 743. Synode diocésain.
1504. MEISSEN. I, 1256. Syn. diocés.
1504. YORK. II, 1303. Assembl. prov.
1505 et 1516 (Entre). CLERMONT. I, 568. Synode diocésain sous Jacques d'Amboise.
1505. MAGDEBOURG. I, 1213. Synode diocésain.
1506. COUTANCES. I, 783. Syn. diocés.
1506. ROUEN. II, 708. Synode diocés.
1508. YORK. II, 1305. Ass. provinc.
1509. AVIGNON. I, 252. Concile.
1509. BRESLAU. I, 382. Syn. diocés.
1509. TOURNAY. II, 1024. Synode.

1510. LISIEUX. I, 1139. Syn. diocés.
1510. PETERKAU. II, 591. Concile provincial de Guesne.
1510. TOURS. II, 1050. Concile réprouvé.
1511. AUGSBOURG. Assemblée contre le conciliabule de Pise. Lenglet.
1511. CANTORBERY. I, 1012. Assemblée provinciale.
1511. FLORENCE. Sur la discipline. Lenglet, d'apr. Mansi, Suppl. t. V.
1511. HAVELBERG. I, 970. Synode diocésain.
1511. LIMERICK ou CASHEL. I, 1135. Concile provincial.
1511. LYON. I, 1203. Conciliabule.
1511. MILAN ou PISE. II, 404. Conciliabule.
1511. SAINT-PONS, sancti Pontii Tomeriarum. Synode diocésain, tenu par le cardinal évêque Philippe de Luxembourg. M. de Mas Latrie, que nous avons eu la simplicité de copier (tom. I, 1218 de ce Dictionnaire), a fait de ce simple synode un concile du Mans!!!
1512. BRANDEBOURG. I, 380. Synode.
1512. CANTORBERY. I, 1012. Assemblée provinciale.
1512. GIRONE. I, 958. Syn. diocés.
1512 à 1517 (De). LATRAN ou ROME. I, 1079. Concile, 5e général de Latran, 18e œcuméni que.
1512. RATISBONNE. II, 461. Synode diocésain.
1512. SÉVILLE. II, 870. Conc. prov.
1512. TOURS. II, 1050. Syn. diocés.
1512. YORK. II, 1305. Ass. provinc.
1513. COLOGNE. I, 598. Syn. diocés.
1514. CASHEL. II, 742. Conc. prov.
1514. LONDRES. I, 1173. Assemblée provinciale de Cantorbery.
1514. TURIN. II, 1191. Syn. diocés.
1514. YORK. II, 1303. Ass. provinc.
1515. GIRONE. I, 958. Syn. diocés.
1515. LONDRES. I, 1173. Assemblée provinciale de Cantorbery.
1515. ROME. Nous ne citons ce prétendu concile que pour relever une bévue de Lenglet, qui a lu 1515, au lieu de 1215, dans le Gallia Christiana. Gall. Chr. t. IV, col. 991.
1515. TOUL. Synode diocésain, tenu par l'évêque comte de Toul, Hugues des Hasards. Nous ne citerons des statuts de ce prélat que le dernier, qui pourra donner quelque idée du style du temps. « Pour le dernier statut, en voulant clourre la boutique et remettre dedans les outiz. Nous statuons et ordonnons de faict commendons à tous et a chascung de noz doyens ruraulx et a tous noz aultres subjetz curez vicaires mercenaires. Et generalement a tous ceulx qui ont charge ou qui desservent a paroiches en chiefz ou en membre de noz cité et diocese. Que doresenavant et au temps advenir ilz se prouvoyent et facent diligence davoir ces presens noz statuz sinodaulx. Toutteffoys cnangées et innovées en aulcunes choses et adjoutées selon la varieté du tems. Et quilz les tiennent devers eulx ou en leurs eglises. Affin que ne eulx ne leurs successeurs puissent alleguer cause d'ignorance en leur besoingnes et affaires. Car ignorance se dit mère de toutes faultes et erreurs... Donnez et ordonnez en nostre soyne de saint Luc soubz le seel de nostre court de Toul et le signet manuel de nosire clerc de chambre jure. » Stat. synod. olim per rev. Patres Tullen. Eccl. præsules edita.
1515. VIENNE en Autriche. Assemblée pour la paix entre les princes chrétiens. Lenglet.
1516. YORK. II, 1305. Ass. provinc.
1517 et 1518. FLORENCE. I, 922 Synode diocésain.

1517. Girone. I, 958. Syn. diocés.
1517. Tarragone. II, 950. Concile provincial.
1518. Bayeux. II, 136. Syn. diocés.
1518. Dublin. I, 797, et II, 714. Concile provincial.
1518. Girone. I, 958. Syn. diocés.
1518. York. II, 1303. Ass. province.
1519. Herford. I, 972. Syn. diocés.
1519. Limoges. I, 1137. Concile.
1520. Peterkau. II, 592. Concile de la province de Gnesne.
1520. Tournai. II, 1024. Synode.
1521. Paris. II, 280. Concile de la province de Sens.
1522. Lanciski. I, 1017. Concile provincial de Gnesne.
1522 Rouen. Sur la discipline. *Lenglet, d'apr. Bessin Conc. Norm.* Voy. 1525.
1522. York. II, 1303. Ass. province.
1523. Angers. I, 120. Syn. diocés.
1523. Lanciski. I, 1017. Concile provincial de Gnesne.
1523. Londres. I, 1173. Assemblée provinciale de Cantorbery.
1523. Meaux. I, 1235. Synode.
1523. Paris. II, 280. Concile de la province de Sens.
1523. Rouen. II, 703. Conc. provinc.
1524. Ratisbonne. Assemblée où l'archiduc Ferdinand publ'e un édit contre les luthériens. *Raynaldi, Lenglet.*
1524. Séez. II, 819. Syn. d'océs.
1524. Sens. II, 861. Syn. diocés.
1525. Mexique. Sur la discipline. *Lenglet, d'apr. Raynaldi.*
1525. Orléans. II, 199. Syn. d'océs.
1525. Chartres. I, 550. Sy ode.
1526. Orléans. II, 200. Syn. diocés.
1527. Alby. II, 756. Syn. diocés.
1527. Cologne. I, 598. Deux synodes diocésains.
1527. Lanciski. I, 1017. Concile provincial de Gnesne.
1527. Mayence. I, 1214. Syn. diocés.
1527. Rouen. II, 709. Concile.
1528. Bourges. I, 364. Conc. prov.
1528. Cologne. I, 598. Syn. diocés.
1528. Ely. II, 515. Syn. diocés.
1528, ou 1527 selon Lenglet. Lyon. I, 1204. Concile provincial.
1528. Paris ou Sens II, 280. Concile provincial de Sens, tenu à Paris.
1528. Ratisbonne. II, 461. Diète présidée par un cardinal légat.
1529. Calahorra. I, 594. Syn. dioc.
1529. Cantorbery ou Londres. Concile provincial, où l'on fit quelques décrets contre le luxe et autres désordres des clercs et pour la répression de l'hérésie. *Wilkins*, t. III.
1529. Nantes. II, 25. Syn. diocés.
1529. Troyes. II, 1184. Syn. diocés.
1530 (Vers). Autun. I, 238. Synode diocésain.
1530. Boulogne. II, 158. Syn. diocés.
1530. Cantorbery. I, 453. Concile provincial.
1530. Peterkau. II, 392. Concile de la province de Gnesne.
1530. Vienne en Dauphiné. II, 1268. Concile.
1530. York. II, 1303. Ass. province.
1531. Beauvais. I, 519. Syn. diocés.
1531. Cuença. I, 787. Syn. diocés.
1531 ou 1532. Soissons. II, 903. Synode diocésain.
1531 Toulouse. II, 1021. Synode diocesain.
1531. York. II, 1303. Ass. province.
1532. Peterkau. II, 392. Concile de la province de Gnesne.
1533. Angers. I, 120. Syn. diocés.
1533. Angers. I, 120. Autre synode diocésain.
1533. Gap. I, 947. Syn. diocésain.
1533 (Vers). Limoges. II, 749. Synode diocésain.

1533. Osnabruck. II, 202. Synode diocésain.
1534. Angers. I, 121. Syn. diocés.
1534. Gap. I, 947. Syn. diocés.
1534. Lominez. I, 1142. Syn. diocés.
1534. Londres. I, 1173. Assemblée provinciale de Cantorbery.
1534. Peterkau. II, 392. Concile de la province de Gnesne.
1535. Agde. Synode diocésain. *Gall. Chr.* t. VI, col. 241. Ce synode est sans doute le même que celui que nous allons rapporter à l'an 1537.
1535. Bologne. I, 541. Syn. diocés.
1535. Girone. I, 958. Syn. diocés.
1536. Cologne. I, 593. Concile prov.
1536. Hombourg. Synode luthérien contre les anabaptistes. Presque tous les ministres présents y opinèrent entre ces misérables pour la confiscation des biens, l'exil et la mort, en cas d'impénitence. Mélanchton lui-même, le Fénélon de la réforme, dit élégamment M. Audin, opina pour la peine capitale contre tout anabaptiste qui persisterait dans ses erreurs, ou qui romprait son ban sur la terre d'exil où les magistrats l'auraient déporté. Voici le texte de la résolution prise par l'assemblée.
« Les ministres de la parole évangélique exhorteront tous les peuples à prier le Seigneur pour la conversion des rebaptisés ; qu'une punition exemplaire soit infligée à ceux de nos frères qui par les dérèglements scandaliseront les consciences ; que les ivrognes, les adultères, les joueurs soient réprimandés ; que nos mœurs se réforment. Qui rejette le baptême des enfants, qui transgresse les ordres des magistrats, qui prêche contre les impôts, qui enseigne la communauté des biens, qui usurpe le sacerdoce, qui tient des assemblées illicites, qui prêche contre la foi, soit puni de mort. Voici comment on procédera contre les coupables : on amènera devant le surintendant tout chrétien soupçonné d'anabaptisme ; le ministre le reprendra et l'exhortera avec douceur et charité ; s'il se repent, on écrira aux magistrats et au pasteur de sa résidence qui pourra lui pardonner et l'admettre à la communion des fidèles. Le coupable abjurera ses erreurs, confessera ses fautes, en demandera pardon à l'Eglise et promettra de vivre en fils soumis. S'il retombe, et qu'il veuille se réconcilier de nouveau avec Dieu, il sera frappé d'une amende dont on devra distribuer le produit aux pauvres. Tout étranger qui s'obstinera dans ses erreurs sera banni du pays ; s'il rompt son ban, on le fera mourir. Quant aux simples qui n'auront ni prêché, ni administré le baptême, mais qui, séduits, se seront laissé entraîner aux assemblées des hérétiques, s'ils ne veulent pas renoncer à l'anabaptisme, ils seront battus de verges, exilés à jamais de leur patrie, mis à mort, s'ils reviennent par trois fois au lieu d'où ils auront été chassés. » M. Audin, *Hist. de Luther.*
1537. Agde. I, 36. Syn. diocés.
1537. Angers. I, 121. Syn. diocés.
1537. Clermont. II, 713. Deux synodes diocésains.
1537. Lanciski. I, 1017. Concile provincial de Gnesne.
1537. Langres. I, 1022. Syn. diocés.
1537. Tours. II, 1030. Syn. diocés.
1538. Clermont. I, 508. Syn. diocés.
1538. Mayence. Contre les hérétiques. *Lenglet, d'apr. Laur. Surius, in Comm.*

1538. Munster. Même objet. *Ibid.*
1538. Osnabruck. Même objet. *Ibid.*
1538. Rome. Assemblée de cardinaux et d'autres prélats pour la réforme de l'Eglise. Elle ne se trouve pas mentionnée ailleurs que dans l'édition de Crabbe, de l'an 1551. *Lenglet.*
1539. Calahorra. I, 594. Syn. dioc.
1539. Hildesheim. I, 974. Synode diocésain.
1539. Mans. I, 128. Syn. diocés.
1539. Peterkau. II, 393. Concile de la province de Gnesne.
1540. Peterkau. Contre les erreurs de Luther. *Lenglet.* Ce concile est sans doute le même que le précédent.
1540. Angers. I, 121. Syn. diocés.
1541. Angers. I, 121 Syn. diocésain.
1541. Bourges. II, 726. Syn. diocés.
1542. Angers. I, 122. Syn. diocés.
1542. Lanciski. I, 1018. Concile provincial de Gnesne.
1542. Naples. II, 26. Syn. diocés.
1542. Orléans. II, 200. Syn diocés.
1542. Peterkau. II, 393. Concile de la province de Gnesne.
1542. Vérone. II, 1246. Constitutions diocésaines de l'évêque Gibert.
1543. Angers. I, 122. Deux synodes diocésains.
1543. Auch. II, 1259. Synode diocés.
1543. Girone. I, 958. Synode diocés.
1544. Peterkau. II, 395. Concile de la province de Gnesne.
1544. Saltzbourg. II, 772. Concile provincial.
1545. Bénévent. I, 523. Conc. prov.
1545. Calahorra. I, 594. Syn. dioc.
1545 à 1563 (De). Trente. II, 1061. Concile, dernier œcuménique.
1546. Amiens. I, 93. Synode diocés.
1546. Calahorra. I, 594. Syn. dioc.
1546. Liège. I, 1124. Synode diocés.
1547. Agen. II, 725. Synode diocés.
1547. Angers. I, 122. Syn. diocés.
1547. Gnesne. Pour députer au concile de Trente. *Lenglet. d'apr. Raynaldi* : voir le suivant.
1547. Lanciski. I, 1018. Concile provincial de Gnesne.
1548. Augsbourg. I, 251. Synode légatin.
1548. Boulogne.
1548. Cologne. I, 615. Synode dioc.
1548. Milun. I, 1260. Assemblée. Les évêques assemblés y émirent l'avis que la Provence et la Bretagne devaient être soustraites au droit concernant les réserves et les expectatives, etc., pour passer sous le droit particulier de la France. *Baluze, Miscellan.*, t. VII.
1548. Trèves. II, 1165. Synode.
1548. Valence en Espagne. II, 1226, Synode diocésain.
1549. Cologne. I, 615. Concile prov.
1549. Cologne. I, 617. Synode dioc.
1549. Edimbourg. I, 808. Concile provincial de Saint-André.
1549. Mayence. I, 1214. Concile provincial.
1549. Saltzbourg. II, 772. Concile provincial.
1549. Strasbourg. II, 907. Syn. dioc.
1549. Trèves. II, 1166. Concile prov.
1550. Avranches. I, 154. Syn. d'oc.
1550. Cambrai. I, 455. Syn. diocés.
1550. Chartres. I, 551. Syn. diocés.
1550. Cologne. I, 617. Deux synodes diocésains.
1551. Cologne. I, 617. Syn. dioc.
1551. Edimbourg. I, 808. Concile provincial de Saint-André.
1551. Narbonne. II, 44. Conc. prov.
1551. Peterkau. II, 393. Concile de la province de Gnesne.
1552. Auxerre. I, 243. Syn. dioc.
1552. Calahorra. I, 594. Syn. dioc.
1552. Lescar ou Lescure. I, 1117, et II, 748. Synode diocésain.

1552. Lima. I, 1128. Concile non reconnu.

1552. Novare. Sous le cardinal Jean de Miron. Lenglet.

1552 (Avant). Saint-Floch. I, 925. Synode diocésain.

1552. Vérone. II, 1236. Conc. ou syn., mention è sans preuves par Lenglet.

1553. Calahorra ou Logroño. I, 394 et 1110. Synode diocésain.

1554. Algarve. I, 91. Synode.

1554. Angers. I, 122. Synode diocés.

1554. Béavais. II, 726. Syn. dioc.

1554. Chalons-sur-Saône. I, 518. Syn de diocésain.

1554. Meaux. I, 1253. Synode dioc.

1554. Naumbourg. Conventicule luthérien, présidé par Mélanchthon. On y soutint la nécessité de la dépendance de l'Église vis-à-vis des princes par les deux textes bibliques : *Attollite portas principes vestras*, et : *Erant reges nutritii tui*.

1554. Piterkau. II, 393. Concile de la province de Gnesne.

1554. Sens. II, 854. Synode diocés.

1555. Chartres. I, 550. Syn. diocés.

1555. Nantes. II, 25. Synode diocés.

1555. Westminster. II, 1281. Conc.

1556. Canterbery ou Angleterre. I, 454 Concile.

1556. Lanciski. I, 1018. Conc. prov.

1556. Léopold ou Lowicz. I, 1112. Concile légatin.

1556. Nantes. II, 25. Synode diocés.

1557. Cantorbery. I, 454. Conc. prov.

1557 (Vers). Chalons-sur-Marne. I 538. et II, 743. Synodes dioc.

1557. Vienne. II, 1268. Concile.

1558. Angers. I, 122. Synode dioc.

1558. Chartres. I, 551. Syn. diocés.

1558. Gérone. I, 958. Synode diocés.

1558. Nantes. II, 25. Synode diocés.

1558. Orléans. II, 200. Syn. diocés.

1559. Edimbourg. I, 808. Concile général d'Écosse.

1559. Florence. Sur la doctrine et la discipline. Lenglet, d'apr. Mansi. Suppl., t. V.

1559. Glatz. I, 1579. Synode.

1559, 25 mai. Paris. 1er Synode national des Églises prétendues réformées de France. On y dressa 40 articles dont voici les plus remarquables.

1. « Aucune Église ne pourra prétendre primauté ni domination sur l'autre, ni pareillement les ministres d'une Église les uns sur les autres, ni les anciens ou diacres les uns sur les autres. »

9. « Ceux qui seront élus (comme députés aux synodes) signeront la confession de foi entre nous, tant dans les Églises où ils seront élus que dans les autres où ils seront envoyés ; et leur élection sera confirmée par les prières et l'imposition des mains des ministres ; toutefois sans une superstition. »

10. « Ceux qui s'ingéreront au ministère dans les lieux où l'on que ministère de la parole de Dieu serait déjà établi seront suffisamment avertis de s'en désister, et au cas qu'ils n'en veuillent rien faire ils seront déclarés schismatiques ; et quant à ceux qui les suivront, on leur fera le même avertissement ; et, s'ils sont contumaces et obstinés, ils seront aussi déclarés schismatiques. »

20. « Les ministres ni autres personnes de l'Église ne pourront faire imprimer aucun livre composé par eux ou par au roi touchant la religion, ni en publier d'autres matières, sans les communiquer à deux ou trois ministres de la parole, non suspects. »

37. « Les fidèles qui auront laissé leurs parties convaincues de paillardise, seront exhortés de se réunir avec elles ; et

s'ils ne le veulent pas faire, on leur déclarera la liberté qu'ils ont selon la parole de Dieu. Mais les Églises ne dissoudront point les mariages, afin de n'entreprendre rien sur l'autorité du magistrat. »

38. « Nul ne pourra contracter mariage sans le consentement de ses père et mère. Toutefois quand ils auraient des pères et mères si déraisonnables que de ne vouloir pas consentir à une chose si sainte et si profitable, ce sera au consistoire d'y pourvoir. »

1559. Besançon. I, 328. Syn. diocés.

1560. Iéna. Synode luthérien, où les Zuingliens furent condamnés. Voyez Bossuet, *Hist. des var*., liv. viii.

1560. Lyon. I, 1204. Synode diocés.

1560. Nantes. II, 25. Synode diocés.

1560. (Vers l'an) Paris. II, 297. Syn. diocés, tenu par Eustache du Bellay.

15 0, 10 mars. Poitiers. 2e *Synode national des Églises* prétendues réformées de France. On y dressa un mémoire pour être présenté aux États de France, et on arrêta quelques modifications à faire à plusieurs articles du 1er synode, autres que ceux que nous avons rapportés.

1561. Cassel. Conférence où l'accord fut réciproque entre les calvinistes de Marbourg et les luthériens de Rintel. *Hist. des var*., t. xiv.

1561. Poissy. II, 411. Colloque entre les catholiques et les calvinistes.

1561. Varsovie. II, 1259. Concile provincial de Gnesne.

1562, 25 avril. Orléans. 3e *Synode national des Églises prétendues réformées* de France. On y aboli l'empêchement de mariage provenant d'affinité spirituelle, et on y prononça quelques nouvelles excommunications.

1562. Saltzbourg. II, 772. Concile.

15 3, 10 août. Lyon. 4e *Synode national des Églises prétendues réformées* de France. On y déclara, art. 3, stables et valides à l'avenir toutes les sentences d'excommunication confirmées par le *Synode provincial*.

Art. 19. « Les ministres ne peuvent ni ne doivent marier des papistes jusqu'à ce qu'ils aient renoncé à leur religion, à leur *superstition*, et à la messe, et qu'ils fassent profession de notre foi, quand même le mari serait de la religion réformée. »

Art. 22. « Le jugement du *Synode* est qu'un homme qui aura quitté sa femme pour cause de lèpre, et qui en aura épousé une autre, sa première étant encore vivante, le second mariage est nul devant Dieu ; et qu'ainsi il ne pourra être admis à la table du Seigneur qu'il ne se soit séparé de sa seconde femme. »

Les actes de ce synode calviniste contiennent une réponse curieuse des frères de Genève au sujet des baptêmes administrés par des personnes privées. En voici l'article 1er : « Nous, ministres et docteurs de l'*Église* de Genève, accompagnés de nos frères, venus au *synode* de Lyon, nous étant assemblés au nom du Seigneur, après avoir examiné ce cas de conscience qui nous a été proposé, si le baptême administré par une personne privée, c'est-à-dire qui n'a aucun office dans l'*Église* de Dieu, doit être réitéré ou non, nous déclarons que notre jugement unanime est qu'un tel baptême ne s'accordant pas avec l'institution de Notre-Seigneur Jésus-Christ, est par conséquent nulle validité ou effet, et que l'enfant doit être apporté à l'*Église* de Dieu pour y être baptisé ; parce que séparer l'administration des sacrements de l'office du pasteur, c'est

comme si on détachait un sceau pour vouloir s'en servir sans la commission des lettres patentes auxquelles il était apposé, et en pareil cas nous devons nous servir de la maxime de Notre-Seigneur, lorsqu'il dit que l'homme ne sépare pas ce que Dieu a conjoint. »

1564. Angers. I, 122. Synode dioc.

1564. Chartres. II, 139. Syn. dioc.

1564. Forli. I, 926. Synode diocés.

1564. Harlem. I, 970. Synode dioc.

1564. Reims. II, 524. Concile prov.

1564. Venise. II, 1241. Synode dioc.

1564. Viterbe. II, 1272. Syn. diocés.

1564. Tarragone ou Barcelone. II, 950. Concile provincial.

1565. Brague. I, 380. Concile prov.

1565. Cambrai. I, 43. Concile prov.

1565. Constantinople. I, 778. Concile non reconnu.

1565. Evora. I, 898. Concile prov.

1565. Grenade. II, 748. Conc. prov.

1565. Lugo. II, 749. Synode dioc.

1565. Milan. I, 1276. Concile provincial, 1er sous saint Charles.

15 5. Modène. I, 1318. Synode dioc.

1565. Naples. II, 26. Synode d'oc.

1565 (Vers). Paris. I, 297. Synode diocésain.

1565. Paris. 5e Syn. nat des *Églises* réformées. On y déclara, art. 22 : « Sur le fait des divorces pour la cause d'adultère, vérifiée devant le magistrat, les consistoires pourront la manifester à la partie innocente la liberté qu'elle a de se remarier selon la parole de Dieu ; mais ils ne se trouveront point à l'exécution du contrat, ni à la dissolution du mariage, pour recevoir ladite partie dans son nouveau ménage, parce que cela appartient au magistrat. »

1565. Prague. II, 443. Synode dioc.

1565. St-Malo. I, 1218. Syn. dioc.

1565 et 1566. Salamanque. Concile provincial de Compostelle, tenu à Salamanque le 8 septembre 1565 au 28 avril 1566, et non 15 5, comme nous l'avions dit par erreur au tome IV de ce Dictionnaire. Ce concile, présidé par G spar, archevêque de Compostelle, eut trois sessions.

Dans la première on lut le décret du concile de Trente concernant la tenue des conciles provinciaux ; on récita la formule de profession de foi prescrite par Pie IV, et l'on reçut solennellement le concile de Trente.

Dans la seconde on porta quarante-deux décrets.

Les premiers ont pour objet les règles à suivre dans l'élection et la promotion des sujets aux bénéfices ecclésiastiques. Le 4e recommande d'ériger au plus tôt des collèges et des séminaires. Les deux suivants rappellent les décrets du concile de Trente relatifs aux images et aux reliques. Le 7e fixe une fois par semaine la tenue des chapitres. Le 8e prescrit de renouveler toutes les semaines les saintes espèces. Le 9e et le suivant recommandent la célébrité des fêtes de Noël et du saint Sacrement. Le 11e remet à la discrétion de l'évêque de permettre ou de défendre la représentation théâtrale de la Passion de Jésus-Christ dans les jours de la semaine sainte. Le 12e a pour objet de réprimer les désordres qui se commettaient à l'occasion des processions de la confrérie de la Vraie Croix ou des flagellations faites en public. Les suivants condamnent les superstitions dans le culte divin, et prescrivent l'uniformité des rites. Le 20e fait un devoir à tous les bénéficiers de chanter aux offices où ils sont tenus de se trouver. Les deux suivants prescrivent le silence et l'assiduité au chœur,

TABLE CHRONOLOGIQUE DES CONCILES

sous peine de perdre son droit aux distributions. Le 23ᵉ ne permet d'entremêler ou alternativement avec le chant le son de l'orgue qu'au *Sanctus*, et à l'*Agnus Dei*, et le défend pour le *Gloria*, le *Credo*, la Préface et le *Pater*. Les suivants sont de même relatifs à la décence de l'office divin, ordonnent de créer dans chaque diocèse des prébendes de théologal et de pénitencier, et d'élever partout des collèges et des séminaires.

La troisième session contient de même quarante-deux décrets, relatifs la plupart aux obligations particulières des évêques et des curés, à qui l'on recommande la résidence et le désintéressement dans l'exercice de leurs fonctions.

Ce concile, souscrit de tous les évêques de la province, fut confirmé par le saint pape Pie V, le 12 octobre 1569. D'Aguirre, *Conc. Hisp.*, t. IV.

1565. Saragosse II, 777. Conc. prov.
1565. Tol de II, 995. Concile prov.
1565. Utrecht. II, 1209. Conc. prov.
1565. Valence. II, 1226. Conc. prov.
1565. Warmie. II, 1277. Syn. dioc.
1566, ou 1567, selon Lenglet. Naples. II, 26. Synode diocésain.
1566. Pavie. II, 84. Synode dioc.
1566. Valence. II, 1229. Syn. dioc.
1566. Vicence. II, 1258. Syn. d. c.
1567. Augsbourg. I, 234. Syn. dioc.
1567. Bénévent. I, 325. Conc. prov.
1567. Bénévent. I, 325. Syn. dioc.
1567. Cambrai. I, 446. Synode dioc.
1567. Constance. I, 659. Syn. dioc.
1567. Lima. I, 1128. Concile prov.
1567. Siponto. II, 877. Concile.
1567. Terni. II, 932. Synode dioc.
1567. Verteuil en Angoumois. 6ᵉ *Syn. nat. des Églises réformées.* On y dit, art. 9 : « Nos frères ayant proposé un doute, savoir, si une personne, autre que le ministre, pouvait délivrer la coupe au peuple dans le sacrement, ce *synode*, ayant dûment pesé les raisons de part et d'autre, décide que le 14ᵉ article décrété au concile de Lyon restera en son entier, qui est que nul autre, sinon le ministre, ne délivrera la coupe, s'il est possible. »

Au titre : *Avertissements sur diverses matières*, on lit, art. 2 : « Les femmes desquelles les maris s'en seront allés dans les pays étrangers, et en sont fort longtemps pour quelque négoce ou autre chose, se pourvoiront pardevant leur magistrat si elles désirent de se remarier. »

1568. Lune ou Sarzana. II, 804. Synode diocésain.
1568. Olmutz. II, 146. Synode dioc.
1568. Utrecht. II, 1209. Conc. prov.
1568 et 1578 (Entre l'an). Venise. II, 1241. Synode diocésain.
1568. Wladislaw. Synode diocésain tenu par l'évêque Stanislas Carncowski, qui y publia les constitutions de son diocèse, rangées sous divers titres et divisées en trois parties.
1569. Avignon. I, 252. Concile. prov.
1569. Besançon. I, 327. Syn. dioc.
1569. Capoue. I, 455. Concile prov.
1569. Faenza. I, 899. Synode dioc.
1569. Girone. I, 958. Synode dioc.
1569. Milan. I, 1297. Concile provincial, IIᵉ sous saint Charles.
1569. Ravenne. II, 479. Conc. prov.
1569. Ruremonde. II, 717. Synode.
1569. Saltzbourg. II, 772. Conc. prov.
1569. Urbin. II, 1205. Concile prov.
1570. Arras. I, 222. Synode dioc.
1570. Leuwarde. I, 1118. Synode dioc.
1570. Malines. I, 1214. Conc. prov.
1570. Namur. II, 9. Synode dioc.
1570. Plaisance. II, 409. Syn. dioc.

1570. Ruremonde. II, 717. Syn. dioc.
1570. Sandomir, en Pologne. Conventicule protestant, où fut dressé le *Concordat des Églises polonaises.*
1570. Trèves. II, 1165. Synode dioc.
1571. Albenga. I, 63. Synode diocés.
1571. Aleria. I, 70. Synode d'océs.
1571. Bénévent. I, 325. Conc. prov.
1571. Besançon. I, 327. Conc. prov.
1571. Bois-le-Duc. II, 385. Syn. dioc.
1571. Bruges. I, 385. Synode dioc.
1571. Cuença. I, 787. Synode dioc.
1571. Gand. I, 945. Synode dioc.
1571. Harlem. I, 970. Synode dioc.
1571. La Rochelle. 7ᵉ *Syn. nat. des Églises réformées.* Dans ce *synode*, où Théodore de Bèze fut élu pour modérateur, on soutint la vérité de la nature divine et de la nature humaine unies en Jésus-Christ, contre les nouveaux hérétiques de Transylvanie et de Pologne.

1571. Lugo. I, 1176. Synode diocés.
1571. Osnabrück. II, 202. Syn. dioc.
1572. Nîmes. 8ᵉ *Syn. nat. des Églises réformées.* Il y fut décrété, *Matières générales,* art. 7 : « En cas que les enfants des fidèles contractent mariage avec d'autres d'une religion contraire, contre la volonté de leurs parents, les parents ne leur alloueront aucun douaire par acte public, ni ne feront rien par où ils pourraient consentir ou approuver de tels mariages. »

1572. Ruremonde. II, 717. Synode.
1573. Besançon. I, 328. Synode dioc.
1573. Florence. I, 922. Conc. prov.
1573. Milan. I, 1298. Concile provin.
1573. Ruremonde. II, 717. Syn. dioc.
1573. Saltzbourg. II, 773. Conc. prov.
1573. (Vers). Verceil. II, 1247. Syn.
1573. Viterbe. II, 1275. Syn. diocés.
1574. Brescia. I, 381. Synode diocés.
1574. Cuença. I, 787. Synode dioc.
1574. Gènes. I, 951. Concile prov.
1574. Louvain. Concile provincial de Malines. Martène (*Thes. anecd.*, t. IV) a publié le premier les actes de ce concile, tenu par l'évêque d'Ypres, président, par les évêques d'Anvers, de Ruremonde, de Gand, de Bruges et de Bois-le-Duc, et par le vicaire général de l'archevêque. Ce concile eut principalement pour objet certaines difficultés relatives à l'exécution des décrets du concile de Trente.

1574. Plaisance. II, 410. Syn. diocés.
1574. Tournay. II, 1025. Synode dioc.
1574. Verceil. II, 1247. Syn. dioc.
1574. Verdun. II, 1249. Synode dioc.
1575. Barbastro. I, 309. Syn. dioc.
1575. Cambrai ou Valenciennes. II, 1252. Synode diocésain.
1575. Tortose. II, 1004. Concile.
1575. Turin. II, 1191. Synode diocés.
1575. Verceil. II, 1247. Syn. dioc.
1575. Warmie. II, 1277. Syn. dioc.
1576. Anvers. I, 164. Synode diocés.
1576. Evreux. II, 898. Synode dioc.
1576. Milan. I, 1502. Concile provincial, IVᵉ sous saint Charles.
1576. Naples. II, 26. Concile. prov.
1576. Verceil. II, 1247. Syn. diocés.
1577. Capoue. I, 455. Concile prov.
1577. Lyon. I, 1243. Synode dioc.
1577. Peterkau. I, 59. Conc. prov.
1577. Rimini. II, 551. Synode diocés.
1577. Warmie. I, 1277. Syn. dioc.
1577. Ypres. II, 130. Syn. diocésain.
1578. Girone. I, 958. Synode dioc.
1578. Peterkau. I, 393. Concile de la province de Gnesne.
1578. Rimini. II, 552. Synode dioc.
1578. Rouen. II, 709. Synode dioc.
1578. Sainte-Foi. 9ᵉ *Syn. nat. des Églises réformées.* Dans ce *synode*, dit-on, art. 11 des *Matières générales* : « Vu la calamité des temps, et les afflictions qui menacent l'Église, avec les vices et corruptions qui

naissent et augmentent de plus en plus au milieu de nous, ce présent *synode* publie un jeûne universel, pour humilier le peuple devant Dieu, par toutes les églises de ce royaume, en ou même jour, qui sera le mardi 25 de mars prochain, et le dimanche suivant on administrera la sainte *Cène* par toutes les églises, s'il est possible. »

Art. 19. « Quoique ce soit une chose indifférente de tenir à ferme le temporel des bénéfices, néanmoins les ministres seront avertis de ne s'en entremêler pas beaucoup de tels trafics, à cause des mauvaises et dangereuses conséquences, dont les consistoires et colloques jugeront prudemment. »

On dressa dans ce même *synode* un projet de réunion entre toutes les *Églises réformées et protestantes* du monde chrétien.

1578. Valence. II, 1229. Syn. dioc.
1578. Venise. II, 1242. Synode dioc.
1578. Verceil. II, 1247. Syn. dioc.
1579. Ageren. I, 56. Synode diocés.
1579. Bitonto. I, 341. Synode dioc.
1579. Comacchio. I, 618. Syn. dioc.
1579. Cosence. I, 751. Synode dioc.
1579. Figeac. 10ᵉ *Synode des Églises réformées.* On y porta l'article suivant, qui est le 2ᵉ des *Matières générales* : « Aucun ne pourra épouser la tante de sa femme, un tel mariage étant incestueux. »

1579. Melun. I, 1260. Assemblée du clergé de France. Les évêques assemblés y demandèrent au roi Henri III, par l'organe d'Arnauld Pontac, évêque de Bazas, la restauration de la discipline et la publication du concile de Trente. L'assemblée finie, ils se réunirent de nouveau auprès du roi pour lui réitérer les mêmes réclamations, et lui demander en particulier l'abrogation du concordat de François Iᵉʳ, et le rétablissement des élections. Le roi répondit, au sujet du concile de Trente, qu'il en délibérerait plus mûrement, et au sujet du concordat, que les évêques, dont la plupart ni devaient leurs sièges, ne devaient pas envier la même faveur à ceux qui auraient pu tard à leur succéder. C'est ainsi que se traitaient alors dans les antichambres des rois les affaires ecclésiastiques.

1579. Milan. I, 1314. Concile provincial, Vᵉ sous saint Charles.
1579. Padoue. II, 213. Syn. dioc.
1579. Salerne. II, 738. Syn. dioc.
1579. Sébenico. II, 814. Assemblée provinciale de Spalatro.
1579. Verceil. II, 1247. Syn. dioc.
1579. Zara. II, 1306 Conc.
1580. Breslau. I, 383. Synode dioc.
1580. Léon. I, 1111. Synode diocés.
1580. Lugo. I, 1176. Synode dioc.
1580. Ravenne. II, 460. Syn. dioc.
1580. Rimini. II, 552. Synode dioc.
1580. Orléans. II, 200. Syn. diocés.
1580. Tolède. II, 999. Syn. dioc.
1200 à 1580 (De l'an). Valence. II, 1229. Chapitres.
1580. Verceil. II, 1247. Syn. diocés.
1580 et années suivantes. Vérone. II, 1256. Huit synodes diocésains.
1581. Bâle ou Thelesperg. 11ᵉ *Synode national des Églises prétendues réformées de France.* On y porta l'article ou le décret suivant, qui est le 42ᵉ des *Matières générales* : « Toutes usures excessives et scandaleuses seront absolument défendues et abolies. »

Art. 46. « Les fidèles seront exhortés, tant dans les prêches qu'en particulier, de ne laisser pas longtemps leurs enfants sans les faire baptiser, s'il n'y a quelque grande nécessité, ou

ET APPENDICES AU DICTIONNAIRE.

des raisons importantes pour cela. »

Art. 48. » Les ministres et les fidèles ne publieront à l'avenir aucuns de leurs écrits imprimés ou autrement sur les matières de religion, de politique, de conseils ou autres choses de quelque importance, sans la permission expresse et l'approbation du colloque de leurs Eglises. »

1581. LYON. I, 1204. Synode diocés.
1581. ROUEN. II, 709. Concile prov.
1581. TRÉVISE. II, 1168. Syn. diocés.
1581. VERCEIL. II, 1217. Syn. dioc.
1581. VLADISLAU. Synode protestant.
1582. ANDRIA. I, 111. Synode diocés.
1582, et non 1583, comme l'ont prétendu les auteurs du *Gallia Christiana*.

EMBRUN. Concile provincial.

Trompé par un renseignement inexact puisé dans le *Gallia Christiana* (t. III, col. 1093), nous avions cru que les actes de ce concile étaient restés inédits, et qu'ils ne se trouveraient que difficilement parmi les manuscrits de la Bibliothèque royale. Nous sommes enfin désabusé, et nous pouvons présenter ici une courte analyse de ce concile remarquable, dont les décrets ont été imprimés à Lyon en 1600.

On y lit en tête la lettre du roi Henri III à l'archevêque d'Embrun, qui était à cette époque Guillaume d'Avanson, pour inviter ce prélat à tenir son concile provincial. « Avons bien voulu, lui dit-il dans cette lettre, vous en admonester par la présente, prier et ordonner soigneusement, comme des-ja ont fait aucuns d'entre vous à leur grand honneur et à notre contentement; et que pour le plus long terme ladicte célébration se face pour le moys d'Octobre prochain, si ferez chose que nous aurons très-agréable. » La lettre est datée du *dixieme jour de Juillet, mille cinq cens huictante deux*. On ne peut donc douter que ce concile n'ait été tenu en 1582, ainsi que le porte le titre même.

Les décrets du concile commencent par la réception solennelle et absolue du concile de Trente. « Il nous a semblé bon, disent les Pères, rassemblés que nous sommes au nom de Notre-Seigneur Jésus-Christ, de faire serment d'admettre le concile de Trente, d'adopter sa doctrine et ses sentiments, de le recevoir en tout, et d'observer à l'avenir chacun de ses décrets. C'est notre vœu unanime, c'est le serment que nous avons fait à une unanime voix, bien convaincus qu'une aussi petite partie qu'on peut considérer du corps mystique de l'Eglise, ne doit pas se séparer d'un concile général qui est comme le corps entier, puisqu'autrement ce serait pour le membre malheureux se condamner à mourir. Il est surtout de notre devoir de ne pas souffrir que tant et de si grands travaux entrepris dans le concile général de Trente, et soutenus jusqu'à la fin par cette Eglise universelle de Jésus-Christ, soient rendus vains et inutiles par notre lâcheté, en particulier à l'égard de cette France, depuis si longtemps affligée de tant de maux, et dont le soulagement a été certainement l'objet des travaux endurés avec tant de charité, de patience et de longanimité par cette Eglise principale, mère pleine d'affection pour les royaumes, les Etats et les provinces qu'elle renferme dans son vaste sein (a). » Les prélats font ensuite leur profession de foi dans la forme prescrite par Pie IV, et déclarent tous les bénéficiers, les professeurs même d'arts libéraux, et leurs sous-maîtres ou leurs aides obligés de la faire aussi. Ils veulent qu'on ait un soin particulier d'éloigner des paroisses les maîtres d'école dont la conduite serait scandaleuse ou la foi suspecte. Ils ordonnent l'érection de deux séminaires pour toute la province, l'un dans la ville d'Embrun pour ce diocèse et ceux de Digne, de Senez et de Nice, l'autre à Grasse pour ce diocèse également et les deux autres diocèses de Vence et de Glandève. Ils font un devoir à tous les curés de faire le catéchisme tous les dimanches et tous les jours de fêtes d'obligation de l'année. Ils veulent qu'on établisse une prébende pour l'enseignement public de la théologie dans chaque cathédrale et dans chaque collégiale, et qu'on crée de même pour chaque diocèse, autant que possible, une charge de pénitencier. Ils recommandent aux prédicateurs qui doivent discuter en chaire contre les hérétiques en faisant imprudemment connaître leurs arguments au peuple qui les ignore, de ne point y traiter des questions difficiles ou des sujets propres seulement à leur donner à eux-mêmes une vaine réputation d'éloquence; de ne point se permettre d'invectives contre les ordres, ou des genres de vie, ou des états approuvés de l'Eglise; de ne désigner personne, en termes exprès ou couverts, dans la peinture qu'ils font des vices; de ne censurer publiquement ni les évêques ou d'autres prélats, ni même les magistrats civils, mais d'enseigner plutôt à leurs auditeurs l'obéissance qu'ils doivent à leurs supérieurs même fâcheux, aussi bien que leurs autres devoirs, soit de pères, soit d'enfants, d'époux ou d'épouses, de maîtres ou de serviteurs, de clercs ou de laïques, de magistrats ou de personnes privées, et de les porter à la détestation de leurs péchés et à la pratique de toutes les vertus par la considération des peines éternelles et des récompenses célestes.

En exhortant les fidèles à honorer les images exposées dans les temples avec l'approbation de l'évêque, ils défendent aux peintres eux-mêmes d'en peindre aucunes sous une forme insolite sans l'avis de leur curé, quand même ces images ne seraient pas destinées à un culte public. Ils donnent de même des règles pour la vénération des reliques, qu'on ne doit point exposer à la vue des fidèles sans flambeaux allumés, et ils condamnent pour l'avenir toute représentation comique ou tragique des mystères de Notre-Seigneur ou de la sainte Vierge, ou de la vie et de la mort des saints, à moins d'une permission particulière de l'évêque.

Ils portent des peines sévères contre les magiciens, les blasphémateurs, les usuriers, les concubinaires, etc. Les clercs coupables du crime de blasphème perdront, pour une première fois, le revenu d'un an de leurs bénéfices, pour une seconde, leurs bénéfices mêmes, et pour une troisième, seront déposés et envoyés en exil. S'ils n'ont pas de bénéfices, ils subiront, pour une première fois une peine corporelle ou pécuniaire, pour une seconde, celle de la prison, et pour la troisième, ils seront dégradés. Les laïques coupables du même crime seront condamnés pour une première fois à une amende de vingt-cinq ducats, pour une seconde au double de cette amende, et pour une troisième au quadruple, à une note d'infamie et à l'exil. Mais s'ils sont roturiers et qu'ils ne puissent payer l'amende, ils seront, pour la première fois, exposés, les mains liées derrière le dos, un jour entier à la porte de l'église; pour une seconde, ils seront fouettés à travers la ville, et pour la troisième, on leur percera la langue et on les mettra aux galères.

Les contrats de *réméré* sont proscrits comme usuraires, et on condamne de même les ventes de marchandises portées à un plus haut prix sous prétexte de délai de payement, ou à un prix moins élevé sous le prétexte contraire. On défend également, comme pratique usuraire, de recevoir en gage des objets qui dépassent la valeur de ce qui serait dû, sous la condition de se les approprier à défaut de remboursement. Dans les contrats de cheptel, on exige que ce soit le bailleur qui supporte la perte des bestiaux qui dépérissent ou qui meurent sans que ce soit la faute de celui qui en a pris le soin. Les contrats où le vendeur serait obligé de racheter, on ne pourrait racheter ce qu'il aurait vendu qu'après un certain temps, sont rigoureusement interdits. Si un prix de ferme ou de loyer doit se payer en choses consomptibles, telles que du vin, du blé, etc., on doit en réduire la quantité à l'équivalent du numéraire où à un juste prix, selon la coutume du lieu. Enfin on ne doit rien exiger au delà du capital pour prêt ou dépôt, même de la part d'un juif.

On ordonne la fermeture des boutiques les jours de fêtes, et la remise à un autre jour des marchés ou des foires qui tomberaient ces jours-là. On proscrit également les danses, soit publiques, soit privées.

D'autres décrets, et en grand nombre, sont relatifs aux sacrements. On défend les messes sèches, au point qu'à l'avenir on ne devra plus même en prononcer le nom. On ne permettra à aucun laïque de toucher au saint chrême. Dans l'administration des sacrements, les exorcismes, les bénédictions des fonts, celles des époux, et les autres rites et cérémonies, on se conformera exactement à la pratique de l'Eglise romaine.

Dans les processions on aura soin que les laïques soient séparés des clercs, et les femmes des hommes, sous peine de réprimande et d'autres peines même plus sévères.

(a) « *Nobis omnibus, in nomine Domini nostri Jesu Christi congregatis, visum est ab initio statim in sacrosanctam synodum Tridentinam verba et mentem jurare, eam agnoscere et recipere, omnia atque singula ejus scitu et decreta in posterum observare. In quam quidem sententiam omnes unanimes descendimus, ipsiusque generale concilium et recepimus et juravimus, perspicue intelligentes non debere particulam corporis mystici a toto corpore, id est hoc concilium provinciale a concilio generali sejunctum esse : cum infelix et moribunda marcescat omnis pars quae suo corpori non cohaereat : illud etiam nobis potissimum esse debere ducentes, ne pateamur tot tantosque in Tridentina generali synodo susceptos, et ab illa universali Ecclesia exantlatos labores, ignavia nostra vanosque et inutiles esse, huic praesertim laudi, tamque misere vexatae, et afflictae Galliae, in cujus maxime levamen et auxilium, Ecclesiam illam inclytam, Regno um, Ditionum et Provinciarum orbis Christiani piissimam matrem libentissime, flagranti ac longanimi caritate, et patienti, eosdem illos labores pertulisse constat.* » *Decr. syn. prov. habitae Ebredoni.*

Les chantres ne feront point entendre de modulations qui ressentent la mollesse, et qui semblent plutôt sortir de la gorge, que d'être articulées par la bouche; ils feront entendre distinctement les paroles, auxquelles ils ne feront qu'accommoder leurs voix. Toutes les fois que le *Credo* devra se dire et se chanter après l'Évangile, on le chantera d'un bout à l'autre, sans interrompre par le son de l'orgue.

Les autres décrets qu'il resterait à analyser regardent la collation des bénéfices, l'examen de ceux qui doivent être promus à l'épiscopat, la sainteté de vie requise dans les évêques, les prêtres et les autres ecclésiastiques, les obligations des vicaires forains, la visite des diocèses, la discipline à observer dans les égl. ses métropolitaines, cathédrales et collégiales, l'ordre des offices, la conservation et l'administration des biens d'église, la juridiction ecclésiastique, la conduite à observer à l'égard des réguliers, le soin des hôpitaux, la sépulture des évêques, celle des fidèles, et en part culier celle des pauvres, qui doit toujours se faire aux frais du curé de l'endroit, les précautions à prendre par rapport aux juifs, etc.

Tous ces décrets, au bas desquels nous sommes étonné de ne pas voir d'autres signatures que celle de l'archevêque d'Embrun, furent confirmés par le pape Grégoire XIII, le 26 janvier 1585.

1582. Gérone. I, 953. Synode d'océs.
1582. Léon. I, 1111. Synode d'océs.
1582. Lima. I, 1130. Synode d'océs.
1582. Lune. I, 1176. Synode d'océs.
1582. Memphis. I, 1220. Concile.
1582. Milan. I, 1515. Concile provincial, VIe sous saint Charles.
1582. Paris. Assemblée du clergé de France. Regnaud de Beaune, archevêque de Bourges, fut l'orateur de cette assemblée, et demanda au roi la publication du concile de Trente et le rétablissement des élections canoniques. Le roi répondit sur ce double sujet comme il l'avait fait à Melun.
1582. Pérouse. II, 387. Syn. diocés.
1582. Tolède. II, 999. Concile prov.
1582. Tonzello. II, 1005. Syn. diocés.
1582. Verceil. II, 1218. Syn. diocés.
1582. Vérone. II, 1236. Syn. d'oc.
1582. Warmie. II, 1277. Syn. diocés.
1583. Albenga. I, 69. Synode dioc.
1583. Angers ou Tours. II, 1032. Concile provincial, tenu partie à Tours, et partie à Angers.
1583. Bordeaux. I, 586. Conc. prov.
1583. Culm. I, 788. Synode diocés.
1583. Léon. I, 1111. Synode diocés.
1582 à 1585. Lima. I, 1128. Concile.
1583. Ravenne. II, 489. Conc. prov.
1583. Reims. II, 327. Concile prov.
1583. Saint-Omer. II, 147. Concile prov.
1583. Spoleto. II, 903. Syn. d'océs.
1583. Verceil. II, 1218. Syn. diocés.
1583. Vérone. II, 1236. Syn. dioc.
1583. Vicence. II, 1258. Syn. dioc.
1583. Vitré. 12e *Syn. national des Églises réformées*. On y rédigea cet article, qui est le 12e : « Quand il vient à la connaissance du consistoire, par l'un de ses membres, quelque crime énorme, et méritant la mort exemplaire de celui qui aura commis ledit crime, et qui n'a pas pu être appelé au consistoire, et ne s'est pas découvert lui-même pour demander conseil, on demande si on le déclarera au magistrat? La compagnie a été d'avis que le consistoire ne le dénoncera point, si ce n'est au magistrat fidèle, et seulement par manière d'avertissement, et non pas comme délateur. »

Art. 16 : « Touchant la question proposée par les députés d'Anjou, s'il est licite d'accompagner une épouse de l'Église papiste jusqu'au tombeau? on a dit que cela ne doit se faire que le plus rarement qu'il sera possible, et pourvu qu'il n'y ait dans cette compagnie ni dissolution, ni violons, ni aucunes autres choses qui tendent à la vanité et au débordement accoutumé. Et on a ordonné que la même chose se doit observer touchant les convois des funérailles de ceux de l'Église romaine jusqu'au sépulcre, à savoir qu'il n'est pas licite d'y assister, s'il y a quelque espèce d'idolâtrie ou de superstition. »

Par l'article 21, la *Compagnie* ordonne un jeûne général.

Art. 23. « Quant à la question proposée par les députés de l'Île-de-France, comment il faut procéder contre ceux qui sont ingrats envers leurs ministres, et ceux qui doivent contribuer aux frais ecclésiastiques, la *Compagnie* a été d'avis qu'ayant égard aux blâmes et calomnies que l'*Église* pourrait s'attirer en cela, ils seront seulement avertis et exhortés de faire leur devoir envers leurs *pasteurs*, et en cas de besoin qu'on tâchera de les y porter, en leur faisant de vives remontrances sur cette obligation, devant les principaux chefs de famille, sans qu'on puisse néanmoins leur interdire le sacrement pour le seul refus de ces contributions. »

Art. 25. « Quant à la question proposée par les députés de Poitou, s'il est expédient que les ministres aillent visiter les malades pestiférés? la *Compagnie* a remis cela à la prudence des consistoires, estimant néanmoins que CELA NE DOIT PAS ÊTRE FAIT SANS UNE TRÈS-URGENTE NÉCESSITÉ, puisqu'on exposerait à un danger toute une *Église* pour quelques particuliers : si ce n'est que le ministre puisse consoler ces malades en leur parlant de loin, sans risquer d'en être infecté. »

Sous le titre de *Matières particulières*, on lit, art. 33 : Plusieurs s'étant plaints de la censure faite par le dernier *synode* de La Rochelle sur l'*Exposition du livre de la Genèse*, par Brocard, auquel *synode* elle fut condamnée d'impiété, parce que la sainte parole de Dieu y est profanée, et les choses interprétées trop à la lettre : quoique quelques-uns voulussent excuser l'auteur, à cause qu'il convient avec nous sur tous les articles de notre *foi*, cette assemblée confirme néanmoins la censure faite par ledit *synode*... »

1584. Arras. II, 158. Syn. diocés.
1584. Bourges. I, 367. Concile prov.
1584 (Vers). Crémone. I, 786. Syn.
1584. Imola. I, 987. Syn. diocésain.
1584. Lima. I, 1131. Syn. diocés.
1584. Tarragone ou Barcelone. II, 930. Concile provincial.
1584. Valence. II, 1229. Syn. dioc.
1584. Vérone. II, 1236. Syn. dioc.
1584. Viterbe. II, 1273. Syn. diocés.
1585. Aix II, 443. Conc. prov.
1585. Cologne. I, 617. Conc. douteux.
1585. Liège. I, 1124. Syn. diocés.
1585. Lima. I, 1131. Syn. diocés.
1585. Mexique. I, 1271. Conc. prov.
1585. Paris. II, 297. Syn. diocés.
1585. Saint-Omer. II, 147. Synode.
1585. Sainte-Agathe-des-Gots ou Argenti. I, 26.
1585. Vérone. II, 1236. Syn. dioc.
1586. Angers. I, 122. Syn. diocés.
1586. Barbastro. I, 309. Syn. diocés.
1586. Cambrai ou Mons. I, 1518. Concile provincial.
1586. Lima. I, 1131. Syn. diocés.

1586. Massa. I, 1224. Syn. diocés.
1586. Palerme. II, 217. Syn. ojoc.
1586. Paris. II, 297. Ass. d'évêq.
1586. Parme. II, 810. Syn. diocés.
1587. Camerino. I, 417. Syn. dioc.
1587. Chartres. I, 551. Syn. dioc.
1587. Concordia. I, 625. Syn. dioc.
1587. Gap. II, 1238. Syn. diocésain.
1587. Orléans. II, 200. Syn. dioc.
1587. Pistoie. II, 405. Syn. diocés.
1587. Sainte-Agathe-des-Gots ou Argenti. I, 26. Synode diocésain.
1587. Vérone. II, 1236. Syn. dioc.
1588. Angers. I, 122. Syn. diocés.
1588. Asti. I, 226. Syn. diocésain.
1588. Baulme-liz-Sisteron ou Gap. I, 947. Syn. diocésain.
1588. Besançon. I, 528. Syn. diocés.
1588. Calvi. I, 450. Syn. diocésain.
1588. Gap. I, 947. Syn. diocésain.
1588. Gênes. I, 952. Syn. diocés.
1588. Lima. I, 1131. Syn. diocés.
1588. Metz. I, 1271. Syn. diocésain.
1588. Nantes. II, 25. Syn. diocés.
1588. Noli. II, 1133. Syn. diocés.
1588. Vérone. II, 1236. Syn. dioc.
1589. Besançon. I, 528. Syn. diocés.
1589. Florence. I, 924. Syn. dioc.
1589. Orléans. II, 200. Syn. dioc.
1589. Plaisance. II, 410. Syn. dioc.
1589. Savone. II, 810. Syn. diocés.
1589. Tournay. II, 1025. Syn. dioc.
1589. Trani. II, 1056. Concile prov.
1589. Venouse. II, 1243. Syn. dioc.
1589. Vérone. II, 1236. Syn. diocés.
1590. Besançon. I, 528. Syn. diocés.
1590. Césène. I, 557. Syn. diocés.
1590. Crema. I, 785. Syn. diocésain.
1590. Fermo. I, 903. Syn. diocés.
1590. Lima. I, 1131. Syn. d océsain.
1590. Novare. II, 139. Syn. diocés.
1590. Sabine. II, 719. Syn. diocés.
1590. Toulouse. II, 1021. Conc. prov
1590. Valence. II, 1230. Syn. dioc.
1590. Valence. II, 1230. Autre syn
1590. Volterra. II, 1275. Syn. dioc
1591. Coïmbre. I, 582. Syn. diocés.
1591. Lima. I, 1132. Concile prov.
1591. Lune. I, 1176. Syn. diocésain
1591. Mont-Cassin. I, 520. Synode
1591. Montefiascone. I, 1521. Syn.
1591. Olmutz. II, 146. Syn. diocés.
1591. Tarragone. II, 950. Conc. prov
1591. Vicence. II, 1259. Syn. d océs
1592. Atri ou Adria. I, 12. Synode
1592. Besançon. I, 528. Syn. diocés.
1592. Breslau. I, 585. Syn. diocés.
1592. Coïmbre. I, 582. Syn. diocés.
1592. Cuença. I, 787. Syn. diocés.
1592. Feretri. I, 903. Syn. diocés.
1592. Ferrare. I, 914. Syn. diocés.
1592. Lima. I, 1132. Syn. diocésain
1592. Montréal. I, 1525. Syn. dioc
1592. Savone. II, 810. Syn. diocés.
1592. Tarragone. II, 950. Concile.
1592. Torzello. II, 1005. Syn. dioc.
1592. Trévise II, 1168. Syn. d océs.
1592. Venise. II, 1242. Syn. diocés.
1593. Besançon. I, 528. Syn. diocés.
1593. Gérone. I, 958. Syn. diocés.
1593. Hiéracium. I, 972. Syn. dioc.
1593. Mont-Vierge. I, 1526. Synode.
1593. Osimo. II, 202. Synode dioés.
1593. Rimini. II, 552. Synode dioc.
1593. Sabine. II, 719. Syn. dioc.
1593. Trente. II, 1159. Syn. diocés.
1594. Atri (*Adria*). I, 13. Syn.
1594. Amalfi. I, 94. Synode diocés.
1594. Angers. I, 122. Syn. d océs.
1594. Averse. I, 213. Synode diocés.
1594. Avignon. I, 252. Concile prov.
1594. Bénévent. I, 323. Syn. d oc.
1594. Collé. I, 583. Synode diocés.
1594. Lima. I, 1132. Syn. diocésain.
1594. Lima. I, 1204. Syn. d océsain.
1594. Montauban. 13e *Syn. nat. des Églises réformées*. On y dit, *Matières générales*, art. 3 : « La liberté demeurera à l'*Église* de rendre toujours plus par-

faite traduction de la sainte Bible : et nos *Eglises*, à l'exemple de la *primitive*, sont exhortées de recevoir la dernière traduction qui en a été faite par les pasteurs et les professeurs de l'Eglise de Genève. »

Art. 6 : « Sur la proposition faite par les députés de Saintonge, suivant la résolution prise au *synode* de Vitré, si l'on doit changer le formulaire du catéchisme de monsieur Calvin, il a été résolu qu'on le retiendra, et qu'il ne sera pas permis auxdits ministres d'en exposer un autre. »

1594. Noli. II, 153. Synode d.océs.
1594. Sabine. II, 719. Syn. diocés.
1594. Savone. II, 810. Syn. diocés.
1594. Valence. II, 1230. Syn. dioc.
1594. Venise. II, 1242. Syn. diocés.
1595. Amel a. I, 95. Syn. dioc.
1595. Angers. I, 125. Synode d.oc.
1595. Angers. I, 124. Synode dioc.
1595. Aquilée. I, 184. Syn. diocés.
1595. Astorga. I, 226. Syn. diocés.
1595. Castellaneto. I, 559. Synode
1595. Lune. I, 1176 Syn. diocés.
1595. Sabine. II, 719. Synode dioc.
1595. Tortone. II, 1002. Syn. dioc.
1596. Anagni. I, 100. Règle dioc.
1596. Aquilée. I, 184. Conc. prov.
1596. Liban. I, 1118. Concile.
1596. Lima. I, 1152. Synode diocés.
1596. Rimini. II, 552. Synode dioc.
1596. Salerne. I, 153. Conc. prov.
1596. Saumur. 14° *S. nat. des Eglises* réf. ranées. On y fit entre autres l'article suivant, qui est le 19° des *Matières particulières* : « A la requête des *Eglises* du haut Languedoc, on écrira à M. de la Force, gouverneur du pays de Béarn, et à messieurs de la cour du parlement de Pau, qu'ils empêchent PAR TOUTES SORTES DE MOYENS que la messe ne soit remise en Béarn. »

1596. Toulouse. II, 1023. Synode.
1597. Amalfi. I, 95. L'auteur s'est trompé en plaçant ce concile provincial à Melfe, qui n'est qu'un simple évêché de la province de Rome.
1597. B.Sançon. I, 528. Synode dioc.
1597. Coxza. I, 780. Synode diocés.
1597. Sable. II, 719. Synode dioc.
1597. Santa-Severina. II, 773. Concile provincial de Naples.
1597. Savone. II, 811. Synode dioc.
1598. Cologne. I, 617. Synode dioc.
1598. Lima. I, 1132. Synode dioc.
1598. Montpellier. 16° *Synode national des Eglises prétendues réformées* de France. On y déclara, *Matières générales*, art. 2 : « Sur la plainte des *Eglises* de Genève, Berne, Bâle, du Palatinat, et autres, touchant plusieurs écrits mis en lumière, sous prétexte de la réunion des chrétiens en une même doctrine, au préjudice de la vérité de Dieu, et entre autres un ouvrage intitulé : *Apparatus ad fidem catholicam*, et un autre avec cette inscription : *Avis pour la paix de l'Eglise et du royaume de France*; le Synode, après avoir lu et examiné les dits écrits, et entendu l'avis du colloque de Nîmes, assisté des députés d'un autre colloque de la même province, ensemble des censures des *Eglises* nommées pour en faire l'examen, les a condamnés, comme contenant plusieurs propositions erronées, à savoir que la vérité de la doctrine a toujours demeuré en son entier entre tous ceux qui se disent chrétiens, que ceux de l'Eglise romaine ont les mêmes articles de foi, les mêmes commandements de Dieu, les mêmes formulaires de prières, le baptême et les mêmes moyens que nous pour parvenir au salut, et que par conséquent ils ont la vraie Eglise; que la dispute

n'est que de mots, et non pas de choses, et que les anciens conciles et les écrits des Pères doivent être les juges de nos différends. » Cet article, du moins en ce qu'il a de relatif au livre intitulé : *Apparatus ad fidem catholicam*, paraît avoir été révoqué par le convent.cule de Gergeau, tenu en 1601, et par celui de Gap du l'an 1603; car voici ce que dit ce dernier (*Obse v. sur le synode nat. de Gergeau*, art. 10) : « L'*Eglise* de Paris est censurée de n'avoir pas reçu le livre intitulé : *Apparatus ad fidem catholicam*, ni les autres, dont elle était chargée par le *synode* de Gergeau. La province qui convoquera le *synode* national prochain est nommée pour examiner les dits livres. »

1601. Gergeau. 16° *Synode national des Eglises* prétendues réformées de France. Sous le titre de *Révision de la discipline ecclésiastique*, on y déclara, art. 21 : « Les disputes de l'Eglise on avec les adversaires seront réglées en telle sorte que les nôtres ne seront point agresseurs : et s'ils sont engagés en disputes verbales, ils ne parleront pas suivant la règle de l'Ecriture sainte et n'emploieront point le jugement et la décision de la doctrine. »

1598. Verdun. II, 1230. Syn. dioc.
1599. Benévent. I, 323. Conc. prov.
1599. Besançon. I, 328. Syn. d.oc.
1599. Clermont. I, 598, et II, 743. Synode diocésain.
1599. Crémone. I, 787. Syn. diocés.
1599. Diamper. I, 702. Concile.
1599. Ferrare. I, 914. Syn. diocés.
1599. Ischia. I, 995. Syn. diocés.
1599. Plaisance. II, 410. Synode.
1599. Sienne. II, 875. Conc. prov.
1599. Valence. II, 1230. Syn. dioc.
1600. Angers. I, 124. Syn. dioc.
1600 (Vers). Annecy. II, 747. Syn.
1600. Avranches. II, 134. Synode.
1600. B.Sançon. I, 528. Syn. dioc.
1600. Bordeaux. I, 318. Syn. dioc.
1600 (Vers). Brindes. I, 584. Syn.
1600. Girone. I, 958. Syn. dioc.
1600. Lima. I, 1152. Syn. dioc.
1600. Ormuela. II, 178. Syn. dioc.
1600. Pérouse. I, 587. Syn. dioc.
1603. Tournay. II, 1025. Synode.
1604. Girone. I, 958. Syn. dioc.
1601. Lima. I, 1132. Concile prov.
1601. Leiria. I, 1110. Syn. di.c.
1601. Tolède. II, 1091. Syn. dioc.
1602. Cuença. I, 787. Syn. dioc.
1602. Lima. I, 1132. Syn. d.oc.
1602. Parme. I, 373. Syn. dioc.
1602. Rimis. II, 552. Syn. dioc.
1603. Besançon. I, 528. Syn. dioc.
1603. Bordeaux. I, 348. Syn. dioc.
1603. Brixen. I, 583. Syn. dioc.
1603. Capoue. I, 457. Concile prov.
1603. Chioza. I, 560. Syn. dioc.
1603. Gap. 17° *Synode national des Eglises* réformées de France. Outre les ministres députés des provinces de France, il s'y trouva des étrangers, contre les défenses que le roi en avait faites en 1598, et même des luthériens allemands; mais ceux-ci ne purent convenir avec les calvinistes sur aucun des points contestés entre eux. Ce prétendu synode déclara que le baptême conféré par un prophane, c'est-à-dire par un de ceux qui aspirent à l'emploi de ministre, est invalide, et conséquemment doit être réitéré, comme il avait déjà été décidé à Poitiers; que les ministres devaient employer plus rarement le témoignage des Pères et des docteurs scolastiques dans leurs sermons, pour s'en tenir à la pure parole de Dieu; que les disputes scolastiques ne se-

raient plus traitées dans les consistoires, mais renvoyées aux écoles, ainsi qu'on l'avait réglé à Saumur; que le roi serait prié d'employer son intercession auprès du duc de Savoie, pour obtenir la liberté de conscience aux protestants du marquisat de Saluces; qu'on supplierait encore Sa Majesté de trouver bon qu'on n'employât plus dans les actes les termes de religion prétendue réformée, les ministres ayant déclaré qu'ils ne pouvaient s'en servir en conscience. Tous ces articles regardent la discipline, et sont peu importants, à la réserve du premier, auquel on ne peut faire la plus légère attention sans apercevoir la contradiction manifeste qui règne dans la conduite et dans la doctrine des sacramentaires. Ces messieurs font profession de suivre en tout la pure parole de Dieu, et les voilà qui prononcent hardiment sur la nullité du baptême conféré par tout autre que par un ministre, quoique certainement cette décision soit aussi peu fondée dans les Ecritures que leur sentiment sur la nécessité du baptême en général, qui y est opposé. Jésus-Christ a dit, en termes exprès, que nul ne peut entrer dans le royaume de Dieu, s'il ne renaît de l'eau et de l'Esprit-Saint; cependant, comme si cet oracle ne renfermait qu'une menace vaine et frivole, les calvinistes laissent tous les jours périr des enfants plutôt que de leur administrer le baptême hors de leurs assemblées. Au contraire, par qui le baptême doit-il être conféré ? C'est ce que Jésus-Christ ne détermine point absolument, et les sectaires veulent que ce soit par un ministre, sans quoi le soutiennent qu'il est de nulle valeur, tant il est difficile d'agir conséquemment, et de suivre des principes certains quand on est hors de la voie. L'assemblée de Gap s'occupa longtemps à examiner la doctrine de Jean Piscator de Strasbourg. Ce professeur de théologie dans l'académie d'Herborne s'était mis dans la tête de se faire une réputation par la singularité de ses sentiments, et il en publiait de fort extraordinaires et de très-éloignés de ceux de sa secte. Il enseignait entre autres choses que la fraction du pain était si essentielle à la Cène, que sans cela elle ne pouvait subsister; que la loi de Moïse n'avait point été abolie quant aux préceptes judiciaires ni aux peines qu'ils prescrivent, et qu'ainsi on devait les garder. Il n'était pas plus d'accord avec ses confrères sur les articles de la prédestination, de la pénitence et de la satisfaction de Jésus-Christ. Il soutenait que nous sommes justifiés par l'imputation de la mort seule du rédempteur, et non pas de ses oeuvres à œuvres méritoires, par lesquelles il n'avait mérité que pour lui, ayant été assujetti à l'observation de la loi comme fils d'Adam et d'Abraham. Le conciliabule s'attacha à discuter cette dernière opinion, et, après un long examen, les ministres déclarèrent que toute l'obéissance de Christ en sa vie et en sa mort nous est imputée pour l'entière rémission de nos péchés, comme n'étant qu'une seule et même obéissance. Les synodes de La Rochelle en 1607, de Privas en 1612, et de Tonneins en 1614, confirmèrent ce qui avait été fait à Gap, et déclarèrent pareillement la doctrine de Piscator détestable. Pierre du Moulin, si fameux dans son parti, et le synode d'Ay jugèrent au contraire qu'il ne s'agissait que d'une bagatelle pour laquelle on n'aurait pas dû troubler la paix de l'Eglise. Ils pouvaient ajouter qu'on avait fort crié contre le professeur d'Herborne, mais que dans le fond on n'avait rien prouvé contre lui par les Ecritures. Ce que le synode fit de plus considérable fut un article de foi, qui, pour avoir été omis dans les confessions précédentes, n'en était pas, disait-on, moins fondé sur la parole de Dieu, ni moins scellé par le sang des martyrs de la réforme. Il concerne le pape, qu'on déclare être *pr*prement *l'Antechrist et le fils de perdition marqué dans la parole de Dieu, et la tête vêtue d'écarlate que le Seigneur déconfira comme il l'a promis, et comme il commençait déjà*. Calvin, à l'exemple de Luther, avait honoré le pape du beau nom d'Antechrist, et avancé qu'on pouvait lui appliquer ce que Daniel en dit aux chapitres 7, 8, 25, et saint Paul dans la seconde épître aux Thessaloniciens, ch. 2, v. 4 ; mais il n'avait jamais pensé en faire un article de foi. On le jugea nécessaire alors pour appuyer le ministre Ferrier qui venait de soutenir dans une thèse que Clément VIII était l'Antechrist, et rassurer quelques scrupuleux qui se reprochaient d'avoir parlé comme lui. Ce fut l'occasion du décret, qui ne fut pas du goût de tous les calvinistes : le marquis de Rosni ne put s'empêcher de dire que c'était l'ouvrage d'une troupe de bigots (car il y a des gens de cette espèce dans toutes les sectes); il écrivit plus à l'assemblée pour l'obliger à retrancher le nouvel article ; mais elle eut d'autant moins d'égard à ses remontrances, qu'elle ne le regardait pas comme un homme fort dévot. Il ne le devint, comme la plupart des autres courtisans, que sur la fin de ses jours, au rapport d'un historien reçu et fort estimé dans son parti. Le roi, n'ayant rien gagné par la douceur, ordonna la suppression de l'article, que les huguenots firent néanmoins revivre en 1607, au synode de La Rochelle, où l'on régla que *comme très-véritable et conforme à ce qui était prédit dans l'Ecriture, et que nous voyons en nos jours clairement accompli, il serait imprimé dans les exemplaires de la confession de foi, qui serait mise de nouveau sous la presse*. Cette ordonnance, qui demeura sans effet, parce qu'Henri IV défendit encore d'y avoir aucun égard, fait voir l'invincible opiniâtreté des sectaires à mettre en usage tout ce qu'ils ont jugé de plus propre à inspirer au peuple de la haine et de l'horreur pour la religion catholique. D'AVRIGNY.

1603. GIRONE. I, 958. Syn. dioc.
1603. SAVONE. II, 811. Syn. dioc.
1603. VALVE. II, 1236. Syn. dioc.
1604. BARBASTRO. I, 309. Syn. dioc.
1604. BESANÇON. I, 328. Syn. dioc.
1604. BORDEAUX. I, 348. Syn. dioc.
1604. CAMBRAI. I, 416. Syn. dioc.
1604. GÊNES. I, 952. Syn. diocésain.
1604. GIRONE. I, 958. Syn. dioc.
1604. LIMA. I, 1135. Syn. diocésain.
1604. METZ. I, 1271. Syn. dioc.
1604. NAMUR II, 9. Syn. diocésain.
1604. SALAMANQUE. II, 7 5. Synode.
1604. TRÉVISE. II, 1108. Syn. dioc.
1605. AGEREN. I, 37. Synode.
1605. ANGERS. I, 124. Syn. dioc. dioc.
1605. ASTI. I, 226. Syn. diocésain.
1605. BESANÇON. I, 328. Syn. dioc.
1605. COIRE. I, 582. Syn. diocésain.
1605. COLOGNE. I, 618. Syn. dioc.
1605. CULM. I, 789. Syn. diocésain.
1605. FERENTINO. I, 902. Syn. dioc.
1605. GIRONE. I, 958. Syn. dioc.
1605. PARIS. II, 300. Ass. du clergé.

1605. PRAGUE. II, 443. Syn. dioc.
1606. AVIGNON. I, 253. Synode.
1606. BORDEAUX. I, 318. Syn. dioc.
1606. ORLÉANS. II, 200. Syn. dioc.
1606. PESCHIA. II, 399. Syn. dioc.
1606. POTENZA. I, 435. Syn. dioc.
1606 ROUEN. II, 711. Syn. dioc.
1606. VALLADOLID. II, 1236. Synode.
1607. BARI. I, 313. Syn. diocésain.
1607. BESANÇON. I, 328. Syn. dioc.
1607. LA ROCHELLE. 18ᵉ *Syn. nat. des Eglises* réformées. On y confirma ce qui avait été arrêté à Gap, l'an 1603, par rapport au livre de Piscator et au nom d'*Antechrist* appliqué au pape. On y fit aussi les articles suivants :
Art. 20. « Les femmes de ceux qui sont absents pour crime ne peuvent pas contracter mariage en bonne conscience avec d'autres, pendant que leurs maris seront vivants. »
Art. 21. « La *Compagnie*, suivant les avis des *Synodes* précédents de Lyon et de Vitré, déclare nuls les mariages de ceux qui en auront contracté avec d'autres du vivant de leurs parties, quoiqu'elles soient séquestrées pour cause de lèpre. »
1607. MALINES. I, 1218. C'est par erreur que l'abbé Lenglet a donné l'an 1606 pour date à ce concile provincial.
1607. PETERKAU. II, 393. Concile de la province de Guesne.
1607. RAVENNE. II, 481. Syn. dioc.
1607. ROME. Congrégations dites *de Auxiliis*, à l'occasion des disputes qui s'étaient élevées entre les dominicains et les jésuites sur les matières de la grâce. Ces disputes avaient commencé dès 1581. Le père Prudence de Monte-Major, jésuite, théologien dans l'université de Salamanque, fronda dans les thèses la prédétermination physique qu'on ne faisait guère que d'éclore, du moins telle qu'on la soutenait en ce temps-là et qu'on l'a enseignée depuis, et il établit la prescience divine des futurs contingents conditionnels indépendamment d'aucun décret absolu précédent. Dominique Bagnez, jacobin, qui était regardé comme le père de la prédétermination, entra dans l'assemblée lorsqu'on y soutenait la thèse, et fit grand bruit. Il appela ensuite ses amis, et chercha avec eux les moyens de couper pied à une doctrine qui sapait la sienne par les fondements. Pour cela, de leur avis, il composa un écrit dans lequel il réfutait seize propositions établies, selon lui, dans la thèse, et l'envoya à l'inquisition de Valladolid. Malheureusement pour lui, il se trouva que les propositions qu'il s'était donné la peine de réfuter étaient toutes différentes de celles qu'on avait soutenues. La doctrine de Monte-Major n'en eut que plus de cours, et le chagrin de Bagnez augmenta par la nouvelle qu'il reçut que Louis Molina, autre jésuite, préparait un ouvrage où il traitait de la concorde du libre arbitre avec les secours de la grâce. Bagnez regarda comme un coup de parti d'empêcher le débit du livre. Il ne l'avait pas vu ; mais il ne doutait pas qu'il ne fût pélagien, dès qu'il combattait sa prémotion, et comme tel il le déféra au cardinal Albert d'Autriche, inquisiteur général. Bagnez et ses compagnons dit un célèbre père feuillant (Pierre de Saint-Joseph), voyant que leur prédétermination est ruinée si le livre de Molina subsiste, et qu'il y a danger qu'ils ne soient calvinistes, si celui-ci n'est pas pélagien, cela les porta à commencer leurs plaintes. L'édition achevée, le livre de la *Concorde* parait avec une ample approbation du

père Barthélemy Ferreira, dominicain, l'un des inquisiteurs de Portugal, qui avait été chargé de l'examiner. Ferreira n'était pas prédéterminant, non plus que tant d'autres savants dominicains, qui ont regardé la prémotion physique comme un enfant supposé, dont on avait tort de faire saint Thomas le père. Cependant Bagnez se plaint, et propose des objections ; Molina y répond, et son livre se débite avec tout le succès qu'il pouvait souhaiter. Les pères cordeliers et les augustins se déclarèrent presque aussitôt pour la science des futurs conditionnels ou la science moyenne, et la défendirent dans les thèses publiques ; on la soutint dans les différentes universités : à Saragosse, à Grenade, à Séville, à Tolède et ailleurs. La prémotion physique n'était pas mieux traitée en France, en Allemagne et en Lorraine, où l'on n'en parlait guère que comme d'une opinion qui blesse également et la raison de la liberté de l'homme. Il n'en fallait pas tant pour mettre Bagnez de mauvaise humeur, aussi bien que ceux de ses confrères qui étaient dans son parti. Il était triste pour eux de voir renverser tout à coup la fortune des décrets prédéterminants qu'ils avaient pris tant de peine à établir. Ils présentent requêtes sur requêtes à l'inquisition et au nonce du pape, qui aboutirent à leur faire défendre de traiter à l'avenir d'hérétique ou Molina ou sa doctrine.

Cependant quelques cardinaux et quelques évêques écrivirent à Rome que les dominicains troublaient toute l'Espagne par leurs invectives contre la société des jésuites, à laquelle ils avaient déclaré une guerre aussi vive que scandaleuse. Leurs lettres arrivèrent un peu tard ; Clément VIII était déjà prévenu. Le cardinal Alexandrin, autrefois enfant et alors protecteur de l'ordre de Saint-Dominique, lui avait fait entendre que le livre de Molina mettait toute l'Espagne en combustion ; que ses opinions reçues avec tant de succès pourraient être fatales à la doctrine du docteur de la grâce et de l'Ange de l'école, qu'elles renversaient de fond en comble ; et qu'il serait bon de faire examiner à Rome, non-seulement les questions sur lesquelles on avait disputé en Espagne, mais encore le livre entier de la *Concorde*. C'est que Bagnez avait fait solliciter auprès du cardinal protecteur par Didaque Alvarez, qui avait fait exprès le voyage d'Italie. Le pape y consentit, et, après avoir nommé des consulteurs, il défendit aux parties de disputer des matières controversées, et de se noter d'aucune censure jusqu'à ce qu'il eût décidé. L'ordre fut mal gardé, quoiqu'il eût été porté sous peine d'excommunication majeure contre les contrevenants. Il y a toujours dans les corps les mieux policés des hommes vifs, inquiets, turbulents, intraitables, qui ne cèdent ni à la raison, parce qu'ils ne la connaissent pas, ni à l'autorité, parce que l'indocilité de leur humeur ne respecte aucune barrière ; esprits dangereux, surtout lorsqu'ils viennent se persuader que, dans ce qu'ils font, ils n'ont point d'autre objet que la gloire de Dieu et l'intérêt de son Eglise. Le père Alphonse Avendano se distingua entre tous ceux qui avaient pris à tâche de déchirer les jésuites. Il était prédicateur de profession, et il fit de la chaire de vérité un théâtre d'où il déclamait contre eux avec une espèce de fureur. Il croyait avoir reçu mission immédiatement du Saint-Esprit pour renverser la société; il disait bonnement qu'il ne participait jamais aux saints mystères sans se sentir vivement pressé de travailler à sa destruction, et qu'il était résolu de s'y employer jusqu'à la mort. Voila ce qui s'appelle profiter des sacrements. L'effet en était sensible. Un jour qu'il prêchait à Salamanque, pendant l'avent, il tomba sur les religieux de la compagnie, et il les représenta comme des hypocrites, qui ne s'étaient établis en Espagne que pour la trahir et le livrer à ses ennemis. Avendano intentait cette accusation infamante aux jésuites au delà des Pyrénées, dans le temps qu'on les accusait en France de vouloir rendre les Espagnols maîtres de l'État. Saragosse, Medina de Campo, Alcala, retentirent des déclamations du jacobin. Les jésuites faisaient toujours le beau morceau de ses sermons. Tantôt ils étaient les suppôts de l'Antechrist et les instruments du diable; tantôt c'étaient des illuminés qui séduisaient ceux qui s'attachaient à eux. Le père n'était pas plus épargné que les enfants; Ignace et ses premiers compagnons étaient, selon ce bon religieux, des hérétiques qui faisaient tourner la tête aux gens simples par leurs maléfices et leurs enchantements. Avendano n'était pas le seul qui parlât de la sorte; quelques-uns de ses confrères, qui avaient reçu la même mission, le secondaient de leur mieux. Les jésuites perdirent enfin patience; et le nonce, à qui ils portèrent leurs plaintes, fit instruire le procès des plus coupables, qu'on punit. Cependant Bagnez ayant fait présenter au pape une requête, pour demander qu'il fût permis aux dominicains, à l'exclusion des jésuites, de traiter des matières de la grâce, Sa Sainteté leva les défenses qu'elle avait faites aux deux partis d'agiter ces questions, et leur rendit la liberté de soutenir leurs sentiments. Il s'était passé à Rome des choses fort considérables par rapport au livre de Molina. Nous avons dit qu'Alvarez avait représenté au cardinal protecteur combien il importait à tout l'ordre que l'ouvrage de la *Concorde* fût flétri. Le cardinal Alexandrin, appuyé du cardinal Ascoli, qui avait été dominicain comme lui, et de François Pegna, auditeur de Rote fort accrédité, avait prié le pape de nommer des consulteurs pour l'examen du livre. Clément en avait marqué huit au mois de novembre 1597, tous à la dévotion de ceux qui pressaient la conclusion de cette affaire, à la réserve de deux, qui furent toujours pour Molina. Les autres censurèrent, en janvier et février 1598, soixante et une propositions du livre de la *Concorde*, en beaucoup moins de temps qu'il n'en fallait pour le parcourir; aussi n'en avaient-ils vu que les extraits que Bagnez et Alvarez leur avaient fournis; et ils avaient si peu pris la peine de les confronter avec l'original, qu'ils déclarèrent que Molina donnait pour raison et pour motif particulier de la prédestination, le bon usage que Dieu prévoyait que l'homme ferait du libre arbitre, quoique cet auteur, dans les endroits mêmes où ils supposaient qu'il établit ce principe demi-pélagien, le réfute expressément, en attribuant la prédestination qu'à la volonté libre de Dieu, qui distribue ses dons quand il veut et à qui il veut. C'est ce qu'on peut voir à la question 23 art. 4 et 5, *disp.* 1, *membr.* 12.

Clément VIII s'aperçut bientôt qu'il n'était pas possible de faire fond sur un jugement si précipité, et quelques égards qu'il eût pour ceux qui avaient instruit la cause, il crut devoir en ordonner la révision. Les consulteurs ne changèrent point d'avis, quoiqu'on leur eût communiqué les actes de tout ce qui s'était passé en Espagne, aussi bien que les sentiments d'un grand nombre de docteurs et d'universités la plupart déclarés pour Molina. Tout allait au gré de Bagnez, lorsque son indiscrétion ruina ses affaires. Il sut par Alvarez qu'il était à la veille de triompher de son adversaire, et la joie qu'il en eut fut telle que, n'en pouvant contenir l'excès, il voulut la partager avec ceux de ses amis sur qui il comptait le plus. Ce ne fut pas sans exiger le secret, car on le lui avait recommandé, et il lui était infiniment important dans la conjoncture; on le lui promit, et on le garda comme il l'avait gardé lui-même, c'est-à-dire qu'il courut bientôt toute l'Espagne. Le pape ne fut pas longtemps sans apprendre, par les écrits que lui présentèrent les jésuites, que les sentiments traités d'hérétiques par les consulteurs avaient été déclarés orthodoxes par des jugements contradictoires de l'inquisition de Portugal, et qu'on ne pouvait censurer la doctrine de Molina sans envelopper dans sa condamnation quantité d'évêques et de docteurs. Sur cela il prit le parti d'engager les généraux des deux ordres à voir si on ne pourrait pas terminer cette affaire à l'amiable. On s'assembla chez le cardinal Madruce le 22 février 1599. Les jésuites y développèrent le système de la prédestination tel que l'enseigne Molina, et marquèrent en même temps ce qui pouvait dans ce lui des décrets prédéterminants. Les dominicains eurent assez de peine à se résoudre à exposer ces décrets, parce qu'ils n'étaient pas, disaient-ils, des accusés, mais les accusateurs, et que d'ailleurs ils ne pouvaient parler de la prémotion physique comme d'une doctrine qui fût commune à l'ordre, avant d'avoir pris l'avis de toutes leurs provinces. On vit qu'alors on pouvait être dominicain sans être banésien, comme on pouvait être prédéterminant. Les choses changèrent à ce temps. Le pape, à qui on fit le rapport de cette conférence, voulut que les assemblées continuassent, et qu'on y traitât des secours de la grâce en général, sans s'arrêter à l'ouvrage du jésuite espagnol. Le cardinal Alexandrin était mort, c'était une perte pour les dominicains; le P. Robert Bellarmin venait d'être revêtu de la pourpre, c'était un appui pour la société. Le nouveau cardinal proposa de la part de Sa Sainteté aux généraux des deux ordres quelques points de doctrine qui renfermaient toute la controverse, et sur lesquels il leur était ordonné de répondre par écrit. Le général des dominicains refusa absolument ce qu'on exigeait. Cependant la mort du cardinal Madruce qui survint laissa les consulteurs maîtres du champ de bataille, et alors ils ne pensèrent qu'à dresser leur censure. Le P. Claude Aquaviva, qui gouvernait la société, montra qu'ils attribuaient à Molina des erreurs qu'il n'avait jamais enseignées, et qu'ils notaient des propositions ou vraies ou communément reçues dans les écoles, et il le fit voir si clairement, que les consulteurs, qui avaient condamné soixante et une propositions, en restreignirent le nombre à quarante-neuf, ensuite à quarante et une, puis à vingt. Tant de variations n'étaient pas un préjugé favorable pour la censure. Le pape en parla aux consulteurs le 23 janvier 1601, et l'on peut juger quel effet cela fit sur leurs esprits. Les PP. Grégoire de Valentia et Christophe de Los Cobos s'étant présentés pour justifier leur confrère, on eut vint à des disputes réglées, où, au rapport des écrivains de la société, les défenseurs de Molina, eurent proprement affaire aux consulteurs, qui se défendaient plus ouvertement leurs parties que les dominicains mêmes. Ils ne laissèrent pas de prouver que les accusateurs de Molina déguisaient sa doctrine pour la faire pélagien, ou condamnaient Pélage et les demi-pélagiens dans les points sur lesquels l'Église ne les a jamais condamnés. Les PP. Plumbino et Bovio, l'un augustin et l'autre carme et du nombre des consulteurs, en tombèrent d'accord; aussi s'étaient-ils nullement pour la censure. Leurs collègues qui les pressaient furent fort étonnés quand ils apprirent de la bouche du pape que la cause n'était pas en état d'être jugée, et qu'on n'avait pas fait assez d'attention aux défenses des jésuites. Tout ce qu'ils purent dire ne le lui pas changer de sentiment; il prit même le parti de présider aux disputes, pour décider ensuite avec connaissance de cause; mais il voulut que les disputes se bornassent à la discussion des sentiments de saint Augustin sur le libre arbitre et sur la grâce, et à examiner si ceux de Molina lui étaient conformes.

Ce fut le 20 mars 1602 que se tint la première congrégation dans une salle du Vatican : le pape y était en personne. Il avait à ses côtés les cardinaux, Pompée Perigonius et Camille Borghèse. Les consulteurs furent placés sur des sièges plus bas. Les généraux des deux ordres ayant été introduits dans la salle avec Alvarez et Valentia, qui devaient entrer en lice, le pape fit un petit discours pour montrer l'importance de l'affaire sur laquelle il s'agissait de prononcer, et exhorter les assistants à s'acquitter fidèlement de leur devoir; il finit en s'adressant à Grégoire de Valentia, à qui il ordonna de parler le premier des deux articles qu'il lui avait fait communiquer, savoir lequel de saint Augustin ou de Molina donne le plus au libre arbitre quand l'homme fait le bien. Valentia avança d'abord que le théologien dont il se faisait l'avocat n'accorde rien à la liberté que saint Augustin lui conteste, et que tout ce que ce Père lui refuse lui est également ôté par Molina, ce qu'il prouva assez au long. Alvarez ne répliqua qu'en alléguant quelques passages du jésuite espagnol, qui ne faisaient rien à la question. Son général en fut si peu content, qu'il lui substitua le P. Thomas Lemos.

Lemos était fait pour la dispute : il avait de la santé, et autant de voix et de poitrine pour le moins que d'érudition; il en donna des preuves dans les congrégations suivantes. Valentia succomba bientôt au travail : il se trouva si faible le 30 septembre, que se tenant la neuvième, il ne pouvait-il se soutenir; en sorte que Sa Sainteté, qui le considérait particulièrement, lui fit l'honneur de le faire asseoir. L'on en crut les actes de Lemos, Valentia se trouva si mal que parce qu'il fut convaincu d'avoir honteusement falsifié un passage de saint Augustin. L'évidence de la supercherie, et surtout le reproche amer que lui en fit le saint Père, fut le coup de foudre qui le fit tomber à ses pieds sans pouls et sans mouvement. Par malheur, ni Pegna, ni les deux secrétaires, qui recueillaient avec tant de soin tout ce qui était favorable aux dominicains, ne parlent ni de la corruption du passage, ni de reproches du souverain pontife, ni du vertige prétendu de Valentia, circonstance assez singulière néanmoins pour n'être pas omise. A dire vrai, je ne vois pas, bi ce que la théologie jésuite pouvait espérer de gagner en faisant un texte que ses adversaires n'auraient en garde de lui passer sans le vérifier s'il leur eût été contraire, ni quel crime on aurait pu lui faire d'une simple méprise, quand il serait vrai qu'il se serait trompé dans l'allégation du passage. Mille ouvrages composés à l'ombre et dans le loisir du cabinet sont pleins de fausses citations, sans qu'on impute autre chose aux auteurs qu'un manque d'attention et une inadvertance pardonnable. Est-il nécessaire que pour une seule un si traité comme un scélérat un homme qui dans l'intervalle des congrégations avait à peine le temps de consulter les livres et de préparer les matières sur lesquelles il devait répondre? Si ce théologien, l'un des plus subtils, des plus exacts et des plus célèbres de l'école, avait été saisi de frayeur, ç'an ait été sans doute à la vue du miracle perpétuel que Dieu opérait en faveur de son adversaire. Car à l'ouverture de la dispute Lemos paraissait environné d'un cercle de rayons brillants de lumière qui lui faisaient une espèce de couronne dont les yeux des cardinaux étaient éblouis. C'est le R. P. Chouquet, dominicain, qui nous a appris ce prodige dans son livre curieux des *Entrailles maternelles de la sainte Vierge pour l'ordre des frères prêcheurs*; livre imprimé en 1631, et presque aussitôt condamné comme plein de fables et de faussetés.

Pierre Arrubal, professeur de théologie au collége romain, ayant été choisi par les jésuites pour faire tête au chef des troupes prédéterminantes, on examina le 18 novembre la conformité des sentiments de Molina avec ceux de Cassien sur les frères nature les qu'a l'homme pour faire le bien. Le combat recommença à diverses reprises jusqu'au 10 novembre 1603, que se tint la vingtième congrégation, et ce fut La Bastide qui parla pour Molina. Arrubal n'en pouvait déjà plus : l'infatigable Lemos se trouva mal de son côté, quoiqu'il eût infiniment moins à travailler; mais il fut bientôt en état de reprendre le commandement, qui avait été donné par *interim* à Didaque Alvarez. Les disputes continuèrent jusqu'à la mort de Clément VIII, à laquelle on crut qu'elles n'avaient pas peu contribué. On convient assez généralement que le pape penchait du côté des dominicains, et ce que lui dit un jour le cardinal du Perron, que si l'on faisait un décret en faveur de la prédétermination physique, il se faisait fort d'y faire souscrire tous les protestants de l'Europe, en est une bonne preuve... Quoi qu'il en soit, Clément VIII mourut bien instruit de la cause de Molina, et par les disputes précédentes, et par la lecture de son ouvrage, dont il parcourut une partie peu avant sa mort, mais ne connaissait guère les prédéterminations physiques des jacobins, dont l'examen était réservé au successeur de Léon XI; lequel tint trop peu de temps le siège pontifical pour pouvoir entrer dans ces disputes.

Paul V, n'étant encore que le cardinal Camille Borghèse, avait assisté aux congrégations; ainsi il était parfaitement au fait. Son premier soin cependant fut de consulter différents docteurs dont il voulut avoir le sentiment sur les matières présentes, et la manière dont on pouvait les terminer. Le saint évêque de Genève François de Sales fut un de ceux dont on prit l'avis, qui a toujours été tenu fort secret, aussi bien que celui de tous les autres; mais, comme le remarque l'élégant écrivain de sa vie (le P. Marsollier), on peut juger de sa réponse par la doctrine répandue dans ses livres, où qui que ce soit jusqu'ici ne s'est imaginé voir la prédétermination. Le pape ne fut pas longtemps sans s'apercevoir que toutes les disputes n'ayant roulé que sur le livre de *la Concorde*, il restait quelque chose de plus essentiel à faire; que le point capital était d'examiner la nature même de la grâce efficace, et les prédéterminations physiques, dont la discussion était tout autrement importante à l'Église entière que celle qui avait occupée jusque là. Les dominicains avaient paré le coup sous Clément VIII; mais enfin il fallut céder, et se mettre sur la défensive lorsqu'il en fallut son le personnage fût aussi aisé à jouer.

La Bastida commença son discours, dans la seconde congrégation tenue en présence du nouveau pape, par établir l'état de la question, après quoi il avança que la prédétermination physique renverse la liberté, détruit la grâce suffisante, fait Dieu auteur du péché; qu'elle est contraire à saint Augustin et à saint Thomas; que la plupart des théologiens la regardent comme une opinion dangereuse qui approche du calvinisme, et déjà condamnée dans le saint concile de Trente; qu'elle est contraire à l'Écriture, à la doctrine des Pères, aux décisions de l'Église et aux principes de la foi : ce qu'il s'efforça de prouver par les arguments qu'on emploie encore aujourd'hui dans l'école. Ces arguments sont *certainement* invincibles quand on les emploie contre les thomistes, qui ont fait consister la prémotion dans une entité ou qualité active séparée de la volonté qu'elle détermine à l'action, parce que cette entité, déterminant activement la volonté, ne peut faire autrement qu'elle, sans ruiner la liberté. C'est ce qu'Alvarez a reconnu lui-même (*Disput.* 24, 57), et ce que Lemos reconnut comme l'*Hist. congr. de Aux. disp.* 5). Ces théologiens ne parlèrent dans les congrégations de leur prédétermination que comme d'un concours préalable, d'un complément de la vertu active par lequel la cause seconde agit actuellement, de manière cependant qu'elle peut agir sans cela, se déterminer, choisir entre deux partis, embrasser l'un préférablement à l'autre, refuser même la prémotion lorsqu'elle lui est offerte, ne pas s'en servir quand elle l'a; en un mot, si elle ne lui plaît, une action qui lui est commandée, cela ne tient pas à Dieu, mais à elle. Telle est la prédétermination physique qu'Alvarez a défendue dans une occasion où il s'agissait de justifier leur foi et celle de leur école. On trouvera peut-être, en l'examinant de près, qu'après bien des détours, ces théologiens se rapprochaient fort de ce qu'on appelle molinisme; car enfin un secours toujours prêt pour quiconque en veut, que le libre arbitre admet ou rejette à son gré, *qu'est-ce*

autre chose qu'un concours simultané ? Si ce n'est pas un, ce n'est rien. Mais les thomistes les plus radoucis veulent que ce soit quelque chose, et quelque chose de distingué du concours, sans pouvoir néanmoins en expliquer la nature, et c'est ce qui fait toute la difficulté.... Lemos fit valoir habilement le *sens divisé* et le *sens composé*, distinction d'un grand usage pour toutes les difficultés qui ont embarrassé, et d'une ressource infinie dans la déroute. Il prouva en deux mots que la prémotion physique n'est point contraire à la doctrine de saint Augustin : c'est, dit-il, que les pélagiens n'étaient hérétiques que parce qu'ils n'admettaient pas les décrets prédéterminants. La conséquence était évidente et sans réplique, supposé la vérité du principe sur lequel Lemos n'eut garde d'appuyer. Il se tira pareillement des arguments pris de l'autorité d'Origène, de saint Grégoire de Nysse, de saint Jérôme, de saint Jean Chrysostome, de saint Cyrille, de saint Léon, de saint Anselme et de quelques autres Pères, en disant qu'un état pélagien ou non n'était pas prédéterminant. Le parallèle que le théologien de la société fit en vingt articles de la doctrine des décrets baneziens avec ce le de Calvin sur la grâce efficace et le libre arbitre aurait pu embarrasser Lemos, si Lemos avait été homme à paraître embarrassé; mais il était de ces grands capitaines qui ne font jamais meilleure contenance que quand le péril est le plus pressant. Il répliqua avec beaucoup de force aux jésuites qu'ont été pélagiens. C'était le refrain ordinaire et la solution de toutes les objections. Cependant, comme les juges l'auraient peut-être trouvée par trop générale, il voulut bien en donner une plus précise et plus particulière. Il avoua donc que Calvin avait enseigné comme les jacobins que la grâce était efficace par elle-même, indépendamment de la volonté, mais, il ajouta que cela ne sectaire n'avait rien dit que de vrai, que son erreur consistait dans la conséquence qu'il avait tirée de ce principe, savoir, que le consentement de la volonté s'ensuivait nécessairement par nécessité de conséquent, comme on parle dans l'école, au lieu que les jacobins soutenaient qu'il n'était besoin que d'une nécessité de conséquence. Il distingua ensuite trois sortes de prédéterminations physiques dont il attribua l'une aux pélagiens, l'autre à Calvin, et la troisième, seule vraie et catholique, à l'incomparable Bañez. Lemos fut si content de cette invention, qu'il s'en applaudissait encore longtemps après. Tous les assistants, selon lui, admirèrent la fécondité de ce génie qui trouvait sur-le-champ de si belles choses, mais il en référait toute la gloire à celui de qui il croyait tenir ces rares découvertes, et loin de s'en faire honneur, il s'écriait avec l'Apôtre : « C'est par la grâce de Dieu que je suis ce que je suis. » Que n'auraît-il pas dit, si le Ciel lui avait découvert alors le mystère tout à fait curieux que depuis à été révélé à ses confrères, que les anges n'ont été rebelles que pour avoir rejeté le dogme de la prédétermination physique, lorsque Dieu le leur proposa pour les éprouver? Au reste, le système de la prédétermination ayant résulté les assises mêmes, tout-il s'étonner qu'il ait jusqu'à présent fait si peu de fortune parmi les hommes, et qu'il n'ait guère pu étendre ses conquêtes hors des cloîtres des dominicains? Simon le Magicien, dit encore un auteur de cet ordre, combattit ce système à l'exemple de Lucifer, et ce fut le sujet des disputes de saint Pierre contre cet imposteur. C'est grand dommage que le saint-siège ait laissé perdre cette tradition. Dans les dernières congrégations l'on discuta le sentiment des docteurs de l'école. La Bastide ne pouvait avoir le champ plus libre, ni triompher à moins de frais; car il ne s'était point encore fait de ligue en faveur de la prédétermination physique, et il n'avait guère de protecteurs que s s pères et ses proches. La cause était suffisamment instruite, le pape pensa à prononcer; pour cela il ordonna aux consulteurs de lui donner leur sentiment par écrit, et de marquer sur quoi il était appuyé. Il leur défendit en même temps, sous peine d'excommunication, d'en communiquer avec qui que ce fût. Les consulteurs s'étaient rendus plus favorables aux jésuites; mais la difficulté était de soutenir leur jugement par de bonnes raisons. Ils furent quatre mois à en chercher; après quoi il se trouva tant d'incertitudes et de variations dans leurs écrits, que Paul V fut obligé de leur ordonner de conférer ensemble pour voir s'ils ne pourraient pas de cette manière faire quelque chose de mieux lié, de plus suivi, et de plus raisonnable que ce qu'ils avaient fait chacun en particulier; ils conférèrent, et n'en firent pas mieux. Sa Sainteté leur avait recommandé de marquer précisément en quoi les catholiques s'étaient différents des hérétiques sur la matière de la grâce et du libre arbitre; c'était le point capital, et ils n'y avaient pas touché. Paul V pensa donc à prendre d'autres mesures, et, persuadé que les décisions du concile de Trente contre les luthériens et les calvinistes devaient servir de base à la sienne, il fit remettre secrètement tous les actes manuscrits de ce concile au cardinal du Perron, l'un des plus grands théologiens de ce siècle, qu'il chargea de les parcourir, pour se régler ensuite sur son rapport, et voir s'il serait conforme au jugement des censeurs. Néanmoins, comme les brouilleries de la cour de Rome avec les Vénitiens devinrent plus sérieuses, il eut d'autres occupations; quand il les eut accommodées, il pensa à terminer les disputes théologiques qui ne lui donnaient guère moins de peine. C'est à quoi n'a pas fait attention un critique qui publia sur la fin du dix-septième siècle une lettre à un abbé prétendu qui préparait une histoire de Auxiliis. Il dit que le pape, se trouvant assez occupé des affaires qu'il avait à démêler avec les Vénitiens, résolut de se délivrer une bonne fois du soin que lui donnaient les différends des jésuites et des jacobins; que pour cela il fit assembler les cardinaux le 28 d'août 1607. L'accommodement de Paul V avec le sénat avait précédé de quatre mois la tenue de cette congrégation. Tous les cardinaux à qui avait communiqué les avis des consulteurs y assistèrent; mais on n'a jamais su ce qui s'y passa, et elle a toujours été un mystère que la curiosité de ceux qui aiment le plus à deviner n'a pu pénétrer jusqu'ici. On n'a point laissé de répandre la copie d'une bulle que l'on veut que Paul V ait dressée, à laquelle il n'a manqué que d'être promulguée. Mais l'unique fait constant, c'est que, peu de jours après la congrégation, le pape fit dire, tant aux consulteurs qu'aux avocats des parties, qu'ils

pouvaient s'en retourner chacun chez eux, et qu'il publierait sa décision dans un temps convenable; qu'il défendait cependant très-sérieusement qu'en traitant les questions de la grâce l'on se donnât la liberté de censurer l'opinion de ses adversaires. Les généraux des dominicains et des jésuites furent chargés de tenir la main à l'exécution des ordres de Sa Sainteté. Ainsi cette dispute, qui avait été agitée avec tant de contention et d'animosité, qui avait occupé les plus précieux moments de ceux grands papes, et sur la décision de laquelle toute l'Europe avait les yeux ouverts, finit comme finissent la plupart des disputes, c'est-à-dire, qu'on ne termina rien, que les deux partis chantèrent victoire, et que chacun d'eux demeura dans son sentiment. D'AVRIGNY.

1607. VALENCE. II, 1530. Syn. dioc.
1608. BORDEAUX. I, 548. 2 syn. dioc.
1608. BOURGES. II, 726. Syn. dioc.
1608 (Vers). VINTIMILLE. II, 1272. S.
1609. BORDEAUX. I, 548. Syn. dioc.
1609. CONSTANCE. I, 639. Syn. d c.
1609. MILAN. I, 1515. Concile prov.
1609. NARBONNE. II, 50. Conc. prov.
1609. SAINT-MAIXENT. 19e Synode national des Églises réformées. On y ordonna un jeûne général, qu'on fixa au 5 novembre de cette même année.
1609. SIGUENÇA. II, 876. Syn. dioc.
1609. TARANTAISE. II, 921. Synode.
1609. YPRES. II, 1500. Syn. dioc.
1610. ANVERS. I, 166. Synode dioc.
1610. AUGSBOURG. I, 235. Syn. dioc.
1610. GRASSE. I, 965. Concile provincial d'Embrun: les actes en sont perdus.
1610. MITZ. I, 1270. Syn. diocésain.
1610 (Vers) MILAN. I, 1315. 22e syn.
1610. PLAISANCE. II, 410. Syn. dioc.
1610. WARMIE. II, 1277. Syn. dioc.
1611. BORDEAUX. I, 549. Syn. dioc.
1611. LIVONIE ou RIGA. II, 557. Syn.
1611. SURA. II, 905. Synode dioc.
1612. AGEREN. I, 57.
1612. AIX. I, 51. Conc. prov.
1612. BOIS-LE-DUC. II, 585. Syn.
1612. BORDEAUX. I, 549. Syn. dioc.
1612. COLOGNE. I, 618. Syn. dioc.
1612. FERRARE. I, 914. Syn. dioc.
1612. MISOCORAMIE. I, 52 bis. Concile.
1612. PARIS ou SENS. II, 700. Concile provincial de Sens tenu à Paris.
1612. PAVIE. II, 584. Synode dioc.
1612. PRIVAS 20e Syn. nat. des Églises réformées. On y prêta le serment suivant: « Nous avons, au nom de toutes nos Églises, pour leur bien commun, et pour le service de Leurs Majestés (le roi et la reine régente), juré et protesté, jurons et protestons de demeurer inséparablement unis dans la confession de foi des Églises réformées de ce royaume. »

Quel est aujourd'hui le calviniste qui pourrait faire ce serment?

L'article suivant, le 22e des Appellations, est curieux sous un autre rapport : « On a confirmé le jugement rendu par le Synode national de Saint-Maixent, qui porte que les anciens et les diacres, en cas de nécessité, pourront distribuer la coupe, mais sans parler, cela étant fondé sur l'exemple de Notre-Seigneur Jésus-Christ : lequel, avant parlé seul, a néanmoins permis que les apôtres se donnassent le pain et la coupe l'un et l'autre, et de main en main. » Avec cette manière d'interpréter l'Écriture, on peut y voir tout ce qu'on veut.

Une division avait éclaté à la dernière assemblée de Saumur entre les chefs des prétendus réformés de France. Le conventicule, dit synode national, de Privas, dressa un acte de

réunion, pour être envoyé aux maréchaux de Bouillon et de Lesdiguières d'une part, et aux ducs de Rohan, de Sully, de Soubise, de la Force, du Plessis, de l'autre.

Dans ce même prétendu synode, on rejeta le décret du synode de Saint-Maixent de l'an 1609, par lequel il avait été ordonné que le baptême serait administré sans prédication en cas de besoin, et l'on réfuta au long la doctrine de Piscator touchant la satisfaction de Jésus-Christ, doctrine déjà condamnée dans deux conventicules précédents. Enfin, on excommunia Jérémie Ferrier, ministre de Nîmes, pour avoir, conséquemment aux principes mêmes de la prétendue réforme, refusé de reconnaître l'autorité de ces assemblées.

1613. BERGAME. I, 524. Syn. dioc.
1613 (Vers). BRESCIA. I, 381. Syn.
1613 (Vers). BRINDES. I, 384. 2 syn.
1613. GAND. I, 943. Syn. d.océs.in.
1613. TOULOUSE. II, 1023. 2 syn. dioc.
1614. LYON. I, 1204. Syn. diocésain.
1614. NEBBIO. II, 53. Syn. dioc.
1614. TARENTE. II, 921. Syn. dioc.
1614. TONNEINS. 21e S. n des Églises ré ornées. On y dressa sur la matière de la justification, cette formule de profession de foi: « Que l'homme ne trouvant en soi-même, devant ni après sa justification, aucune justice par laquelle il puisse subsister au jugement de Dieu, ne peut être justifié qu'en Jésus-Christ notre Sauveur, lequel étant venu, a été obéissant à Dieu son Père, depuis son entrée au monde jusqu'à la mort ignominieuse de la croix, ayant accompli parfaitement en sa vie et en sa mort toute la loi donnée aux hommes, et le commandement de souffrir et de donner son âme en rançon pour plusieurs. Par laquelle obéissance parfaite nous sommes rendus justes, en tant qu'elle nous est imputée par la grâce de Dieu, et embrassée par la foi qu'il nous a donnée, par laquelle nous sommes assurés que, par le mérite de toute cette obéissance, nous avons la rémission de tous nos péchés, et sommes rendus dignes de la vie éternelle. » Pour les sens équivoques de cette confession de foi, voy. l'Hist. des Variations.

Ce formulaire de foi avait été dressé à l'occasion des démêlés qu'avaient ensemble Tilenus et Dumoulin, les deux coryphées du parti. Le roi de la Grande-Bretagne écrivit au synode pour l'improuver. « Nous avons trouvé bon, dit-il dans sa lettre, de vous envoyer M. Home, l'un de nos sujets, chargé de cette lettre, pour vous exhorter, de notre part, que les esprits de vos pasteurs et professeurs ne s'aigrissent pas les uns contre les autres, touchant des questions plus subtiles que profitables, plus curieuses que nécessaires; mais de tâcher de modérer ces animosités, qui se sont déjà trop augmentées avec tant de chaleur parmi vos ministres; et que vous éteigniez ces bluettes de dissension, lesquelles se rencontrant avec le bois, la foi, la chaume et des matières légères, plutôt que graves et solides, pourront vous embraser et causer un schisme parmi vous, qui vous consumera tous. »

Le synode répondit humblement au roi, dont il ambitionnait l'alliance: « Nous sommes forcés, à notre très-grand regret, de reconnaître qu'il s'était glissé quelque chose de mauvais parmi nous; mais aussi nous pouvons assurer Votre Majesté que cela n'a pas eu de suite. »

Le *synode* concerta un projet de réunion avec l'Eglise établie d'Angleterre et les luthériens d'Allemagne. A l'égard de l'Eglise établie, la chose paraissait facile : « Les parties qui seraient en traité étant les *Eglises réformées*, qui conviennent dans les articles fondamentaux de la foi, et qui ne diffèrent l'une de l'autre que touchant des vétilles de cérémonies et le gouvernement de l'*Eglise*. »

Mais, par rapport aux luthériens, l'accord devait souffrir plus de difficulté. « Les points dans lesquels nous différons des luthériens, dirent les ministres assemblés, sont de deux sortes : il y en a qui seraient faciles à accorder ; les cérémonies des *Eglises* luthériennes sont de cette nature, qu'on les peut facilement excuser et tolérer, parce qu'elles regardent plutôt la bienséance qu'aucune nécessité : aussi ne leur en attribue-t-on pas ; comme aussi certaines opinions touchant la prédestination, sur lesquelles on pourrait dresser un article particulier dans notre confession commune, qu'on approuverait sans difficulté, pourvu que l'on pût éviter d'être trop curieux. Il y a aussi quelque différence entre eux et nous touchant la nécessité du baptême, que l'on peut en bon sens dire être nécessaire à salut, c'est-à-dire que le baptême doit être célébré dans l'Eglise, et qu'il est nécessaire qu'il ne soit pas méprisé, sans pousser plus loin sa nécessité.

« Il y a, en second lieu, cet article de la cène du Seigneur, dans lequel nous ne nous rencontrerons pas si aisément, parce qu'il y a deux branches capitales : 1° l'ubiquité du corps de Jésus-Christ, 2° la réception du corps de Christ, et la communion au corps de Christ, dans le sacrement.

« Pour ce qui est du premier de ces points, nous pouvons fort bien convenir dans ces choses, 1° que Jésus-Christ prit dans les flancs de la sainte vierge Marie un vrai corps humain semblable aux nôtres en toutes choses, excepté seulement le péché ; 2° que son corps avait une vraie chair, sa quantité et ses dimensions ; 3° que quand son corps était dans le sein de la sainte Vierge, quand il pendait à la croix et quand il était dans le tombeau, il n'était pas ailleurs en ce temps-là, ni en divers lieux à la fois ; 4° que le Fils éternel de Dieu est présent en tous lieux ; 5° qu'il est monté au ciel, qu'il est assis à la droite de Dieu, que le Père lui a donné tout pouvoir dans le ciel et sur la terre ; que la glorification a éloigné de lui toute infirmité, mais qu'il n'a pas détruit la vérité de sa nature humaine ; 7° qu'il viendra au dernier jour avec cette même chair qu'il a prise dans le ventre de la sainte Vierge, pour juger les vivants et les morts. Et si, outre ces choses, ils ont encore des opinions différentes, touchant lesquelles nous ne puissions pas nous accorder, il faut que les deux parties conviennent de ne pas se condamner ou damner l'une l'autre pour ces différences, et que dans la suite on n'écrira plus de livres touchant cette controverse, et que l'on ne déclamera plus l'un contre l'autre dans les chaires ; mais que nous vivrons dans une amitié fraternelle, en attendant que Dieu nous éclaire, lequel ne refuse pas sa lumière à ceux qui la lui demandent de bonne foi.

« Touchant le sacrement et notre participation au corps de Notre-Seigneur Jésus-Christ, nous pouvons être d'accord avec eux en ces points : 1° que les éléments sacramentaux ne sont pas des signes nus et vides, ni des symboles dépouillés, et de simples figures destituées de la vérité ; 2° que dans le repas du Seigneur, nous participons réellement et en effet au corps de notre Seigneur Jésus-Christ ; 3° que le pain n'est pas transsubstantié, et qu'il ne cesse pas d'être pain après la consécration ; d'où il s'en-suit, 4° que le sacrement ne doit pas être adoré, mais que nous devons élever nos cœurs à Jésus-Christ, qui est dans le ciel. Pour ce qui est de la manière de notre participation au corps de Notre-Seigneur Jésus-Christ, nous ne devons pas nous en informer scrupuleusement, mais seulement conclure, avec l'Apôtre, que Jésus-Christ demeure dans nos cœurs par la foi ; d'où il suit nécessairement qu'il n'habite aucunement dans les cœurs des incrédules *(a)*. Mais si quelqu'un est d'un sentiment contraire, qu'il tolère et supporte la faiblesse de ses frères, sans les persécuter d'une manière violente et cruelle. Et dans les matières touchant lesquelles nous sommes d'accord, donnons-nous la main.....

« Nous savons qu'il y a deux sortes d'erreurs ; quelques-unes regardent les articles de la foi, et les autres les actions extérieures et la pratique. Celles-là sont de la première classe, et concernent la nature de Jésus-Christ, la prédestination et le libre arbitre ; et celles de la seconde regardent la communion sous une seule espèce, l'adoration de l'hostie consacrée, les prières que l'on fait en une langue que l'on n'entend pas. Quoique les erreurs de cette dernière classe soient moindres en elles-mêmes, cependant il arrive très-souvent qu'elles causent des divisions très-dangereuses, en aigrissant et en envenimant les esprits, d'où les schismes suivent immédiatement. Car si un homme communie à la table du Seigneur avec une personne qui soit dans l'erreur touchant la prédestination ou la nature de Jésus-Christ, ou qui croie que le corps de Notre-Seigneur est partout en même temps, quoique la vérité cette erreur soit fort considérable, cependant celui qui communie ne lui en doit pas s'en embarrasser. Mais si nous communions avec celui qui rendrait un culte religieux au pain ou prétendrait sacrifier Notre-Seigneur, cette action nous scandaliserait et nous ferait abandonner sa communion, à moins que nous ne voulussions participer avec lui à l'idolâtrie et à un faux sacrifice. Mais nous avons cet avantage avec les Eglises luthériennes, que tous nos différends du premier genre ; et à l'égard des cérémonies extérieures qui sont pratiquées parmi eux, le différend n'est pas si considérable que l'on ne puisse l'ajuster, et même très-facilement. »

Ainsi, au jugement de cette assemblée, des prières faites en latin ne rendaient nos calvinistes plus difficiles à se réunir que l'absurde monstrueuse opinion de l'ubiquité. Mais c'est qu'au fond on savait bien qu'on n'obtiendrait aucune transaction de nous, et qu'on pouvait espérer d'en obtenir une des luthériens.

1614. Venouse. II, 1245. Syn. dioc.
1614. Viterbe. II, 1273. Syn. dioc.
1615. Angers. I, 124. Synode dioc.

1615. Ay. Synode calviniste de l'Ile-de-France. Le ministre Dumoulin s'y moqua, aux applaudissements de ses confrères, des décisions portées contre la doctrine de Piscator dans quatre *synodes* précédents. *Hist. des var.*, l. xii,
1615. Bordeaux. I, 349. Syn. dioc.
1615. Bordeaux. I, 349. Syn. dioc.
1615. Brindes. I, 384. Deux synodes
1615. Faenza. I, 899. Synode dioc.
1615. Palerme. II, 218. Synode dioc.
1615. Paris. II, 301. Ass. du clergé.
1615. Salerne. I, 759. Conc. prov.
1615. Toulouse. II, 1023. 2 synodes.
1616. Chioza. I, 560. Synode diocés.
1616. Langres. I, 122. Syn. dioc.
1616. Luxe. I, 1176. Synode dioc.
1616. Pise. II, 405. Synode dioc.
1616. Rouen. II, 711. Synode dioc.
16 G. Toulouse. II, 1023. 2 syn.
1616. Verdun. II, 1250. Syn. dioc.
1617. Ajaccio. I, 64. Synode diocés.
1617. Angers. I, 124. Synode dioc.
1617. Barbastro. I, 309. Syn. dioc.
1617. Brindes. I, 384. Synode diocés.
1617. Cambrai. I, 446. Synode dioc.
1617. Capaccio. I, 454. Syn. diocés.
1617. Mondoñedo. I, 1318. Synode
1617. Toulouse. II, 1023. Syn. dioc.
1617. Vitré. 22° *S. n. des Eglises* réf.

Les actes de ce nouveau conventicule ne présentent rien de plus remarquable que des révisions de comptes et de nouvelles subventions pour les académies et les collèges calvinistes. La province calviniste de la basse Guyenne avait demandé que toutes leurs académies fussent réduites à deux : la *Compagnie* ne trouva pas à propos d'acquiescer à cette demande.

1618. Ajaccio. I, 64. Synode diocés.
1618. Albenga. I, 69. Synode diocés.
1618. Besançon. I, 328. Syn. diocés.
1618. Brindes. I, 384. Syn. diocés.
1618. Cifalu. I, 560. Synode diocés.
1618 Dordrecht. Synode ou assemblée générale des Eglises réformées et anglicanes, contre les sentiments d'Arminius, opposés à ceux de Luther et de Calvin. Lenglet.
1618. Liège. I, 1125. Synod. diocés.
1618. Paris. II, 302. Synode diocés.
1618. Perth. Ass. des presbytériens.

Jacques Ier, roi d'Angleterre, s'était rendu en Ecosse l'année précédente, en partie pour introduire dans ce royaume quelques coutumes de l'*Eglise* anglicane dans ce pays de sa naissance où elles n'étaient point en vigueur. Ce fut dans cette vue qu'il y convoqua le parlement pour le 13 juin. La première chose qu'on y proposa concernait l'autorité du roi dans les matières ecclésiastiques : le prince soutint que prélats et laïques étaient également subordonnés à son autorité dans les choses qui n'étaient pas évidemment contraires à l'Ecriture sainte ; et comme le parti de la cour ne manque guère de prévaloir dans les assemblées, on dressa un acte qui portait que tout ce qui serait résolu par Sa Majesté touchant le gouvernement de l'Eglise, de l'avis et du consentement des évêques et d'un certain nombre de ministres aurait force de loi. Les presbytériens firent grand bruit dans la crainte que de la discipline on ne passât insensiblement au dogme, et ils protestèrent contre l'acte. Jacques en fut extrêmement piqué ; mais il ne laissa pas de leur permettre de convoquer une assemblée pour délibérer sur cinq articles auxquels il voulait les assujétir ; le premier, de recevoir l'Eucharistie à genoux ; le second, de la donner en

(a) Tout ce qui s'ensuit nécessairement, c'est que Jésus-Christ n'habite pas par la foi dans les cœurs des incrédules. Mais ne peut-il pas y habiter d'une autre manière ?

particulier dans certains cas ; le troisième, d'administrer le baptême dans les maisons particulières ; le quatrième, de conférer la confirmation aux enfants ; le cinquième, d'observer r certaines fêtes pendant l'année. La plupart des ministres avaient beaucoup de répugnance à se soumettre à ces articles ; cependant l'archevêque de Saint-André fit si bien, qu'ils passèrent dans l'assemblée qui se tint à Perth le 25 août 1618. On y apporta néanmoins quelques modifications ; mais quelques mesures qu'on eût prises pour faire goûter cette innovation au peuple, elle fut rejetée par plusieurs *Églises* particulières qui ne se soumirent qu'après une proclamation que le roi fit publier pour oblig r tout le monde à adhérer au résultat de l'assemblée de Perth. Les presbytériens firent tant de bruit après la mort de Jacques I, que le roi, son fils, révoqua en 1638 l'édit donné par son père pour l'observation des cinq articles. D'AVRIGNY.

1618 et 1619. DORT ou DORDRECHT. Synode de calvinistes.

François Gomar et Jacques Arminius se trouvèrent en même temps professeurs de théologie à Leyde, l'an 1603. De collègues ils devinrent bientôt rivaux : le premier était o iniatrement attaché à Calvin, l'autre pensait différemment sur la prédestination, l'universalité de la rédemption, la corruption de l'homme, sa conversion et sa persévérance ; et il était persuadé que la doctrine reçue dans la *Réforme* sur ces articles était contraire à la sagesse de Dieu, à sa bonté et à sa justice ; qu'elle ne pouvait subsister ni avec l'usage de la prédication et des sacrements, ni avec les devoirs du chrétien. C'est ce qu'il prouva dans des thèses publiques et des conversations particulières, qui lui firent beaucoup de partisans. Gomar en fit grand bruit, et l'on en vint bientôt à une division ouverte. Un synode tenu à Rotterdam, le 30 août 1605, ordonna à tous les ministres de souscrire de nouveau le catéchisme et la confession de foi reçue parmi les *réformés* ; les ministres arminiens l'ayant refusé pour la plupart, le synode présenta une requête aux États généraux pour faire voir la nécessité d'en assembler un national. Les lettres de convocation furent envoyées à toutes les *Églises* ; et les États, après en avoir conféré avec les principaux théologiens du pays, réglèrent en 1608 qu'on s'assemblerait à Utrecht, et que les députés auraient un plein pouvoir de définir tout ce qui serait agité, à condition qu'on ne déciderait rien qui conformément à la parole de Dieu contenue dans les saintes Écritures. Arminius s'obstina avec quelques-uns de ses partisans à ne vouloir qu'on revît la confession et le catéchisme flamand des *Églises* prétendues réformées ; les autres ministres s'y opposèrent : ce qui retarda la tenue du synode. Arminius, qui n'était fort ébranlé, tant dans les disputes qu'il avait eues avec Gomar que dans les discours qu'il avait prononcés en présence des États, mourut le 19 octobre 1609 (a) ; mais sa mort ne termina pas la querelle. Ses disciples, dont le nombre était fort augmenté, présentèrent une requête aux magistrats où ils exposaient leur sentiment sur les décrets de Dieu : ce qui leur fit donner le nom de *Remontrants*. Les gomaristes firent leurs remontrances contre la requête, d'où on les appela *Contre-Remontrants*. Les États indiquèrent une nouvelle conférence à la Haye pour 1611, dans la pensée qu'on pourrait y finir les contestations. Cependant Vorstius, fameux arminien, fut installé professeur à Leyde, et sa nomination augmenta les brouilleries. Après sa disgrâce, survenue en 1611, le prince Maurice se déclara ouvertement pour les gomaristes, qu'il soutint a ec d autant plus de hauteur, que l'avocat général Barnevelt, son ennemi, appuyait les arminiens. Les choses en vinrent à un tel point, qu'il ne paraissait plus possible de rétablir la tranquillité publique. On ne voyait qu'écrits pour ou contre la doctrine d'Arminius, que satires sanglantes, que libelles diffamatoires contre les magistrats. Les ministres se déchiraient dans les prêches ; et les ouailles, épousant la querelle des pasteurs dans les familles, dans les places publiques, dans les repas, chez le boulangemestre, chez le marchand, on n'entendait parler que de la grâce et de la prédestination. Grotius, à qui une lecture attentive des Pères avait dessillé les yeux sur la plupart des erreurs de Calvin, agit si puissamment auprès du roi d'Angleterre, qu'il l'engagea à écrire aux États généraux pour les exhorter à tolérer les deux partis. En conséquence de ses lettres, on publia en Hollande un décret par lequel il était enjoint aux ministres d'enseigner que le principe et l'accroissement de la foi venaient de la grâce que Jésus-Christ nous a méritée ; que Dieu n'a créé personne pour le damner, qu'il n'impose à personne la nécessité de pécher, et qu'il a la volonté de sauver tous les fidèles : du reste il leur était défendu de traiter les questions obscures qui partageaient si fort les esprits. Cette ordonnance accommodait fort les arminiens, qu'elle maintenait dans la possession d'enseigner leurs sentiments, et leur ouvrait une voie pour augmenter le nombre de leurs partisans. Dans toutes les querelles, les plus faibles gagnent toujours quand ils gagnent du temps. Les gomaristes ne l'ignoraient pas : on les entendit bientôt crier que le remède aigrissait le mal au lieu de le guérir, et que tout était perdu ; puisqu'on renversait les fondements de la *Réforme*. Enfin, persuadés qu'ils étaient dans une de ces circonstances où la religion dominante est ruinée, si l'on en vient aux dernières extrémités, ils rompirent tout commerce avec les Remontrants Ce coup était d'un grand éclat, mais il était nécessaire, et il sauva le calvinisme rigide dans les Provinces-Unies. Les arminiens ne manquèrent pas de déclamer à leur tour contre cette démarche, qu'ils représentaient comme la plus violente entreprise qu'on pût jamais faire : ils parlaient des gomaristes comme de gens en reprenants qui étaient capables de tout, séditieux et turbulents, qui, ne voulant entrer dans aucun tempérament, aimaient mieux voir le feu allumé dans toutes les Églises que de se conformer aux sages règlements des magistrats, dont l'exacte observance pouvait seule rétablir et conserver la paix. De ces plaintes réciproques on en vint aux injures, des injures aux coups, des coups aux émeutes populaires et aux armes ; chacun pensait se rendre le plus fort dans les villes, selon qu'elles tenaient pour les anciennes ou les nouvelles opinions : tout paraissait disposé pour une guerre civile, lorsque Carleton, ambassadeur d'Angleterre, représenta à l'assemblée générale qui se tenait à la Haye, que leur république était sur le penchant de sa ruine, si l'on ne faisait au plus tôt cesser les divisions qui la désolaient ; qu'au reste la connaissance de ces affaires n'appartenait point aux magistrats, mais au synode national, suivant l'ancien usage de l'Église ; que c'était à lui de décider laquelle de ces deux opinions était la plus conforme à la parole divine, ou du moins que de façon l'une et l'autre pouvaient être tolérées. Ces raisons, et encore plus l'appréhension d'une guerre intestine, firent résoudre les États à prendre ce parti. Les arminiens déclarèrent inutile à ce qui serait réglé dans un concile œcuménique : ce qui leur répondit qu'ils se soumettraient par provision à ce qui serait réglé dans le concile national, et on l'indiqua pour le 1er novembre 1618.

Quelque mauvaise que fût la situation où se trouvait alors l'arminianisme, peut-être n'aurait-il pas manqué de ressources, si l'homme le plus puissant de la république n'avait pas entrepris de l'abattre. Je parle du comté Maurice, devenu prince d'Orange par la mort de Philippe-Guillaume de Nassau, son frère, décédé le 21 février de cette année 1618. Sa puissance, ses emplois, ses services relevés par ceux de ses ancêtres lui avaient acquis un crédit qui n'aurait peut-être pont eu de bornes, si l'habileté de Barneveld n'avait pas lui en soutenir. L'émulation et la jalousie d'autorité ne pouvait être plus grande entre eux. L'un tenait la noblesse et la milice dans sa main ; l'autre disposait des bourgmestres et de la plupart des magistrats. Ceux qui cherchaient à faire fortune à la guerre étaient dévoués au prince ; ceux qui aimaient la forme du gouvernement établi ; par les lois demeuraient attachés à l'avocat général. Chacun avait son parti assez grand pour faire une espèce d'équilibre à la puissance de son adversaire ; mais enfin la hardiesse du prince fit pencher la balance de son côté, et s'il n'osa attenter à la république, il eut du moins la douce consolation de sacrifier à son ressentiment le premier des républicains. Ils avaient déclaré gomaristes : le bien de l'État avait été le prétexte de cette déclaration ; les mouvements présents lui servirent de raison pour agir contre les arminiens, plus en souverain indépendant qu'en capitaine général et gouverneur d'une république libre. Il leva des troupes, avec lesquelles il parcourut la plupart des villes, destituant les magistrats qui favorisaient les nouvelles opinions, renvoyant chez eux les soldats enrôlés sans son ordre. Tout pliant sous son autorité, il obtint le consentement des États généraux pour faire arrêter Barneveld : ce qui s'exécuta le 24 août à l'issue de leur assemblée, aussi tranquillement que s'il n'eût été question que d'un scélérat ou d'un simple bourgeois. On se saisit en même temps d'Hogerbertz et de Grotius, amis particuliers de l'avocat général, et après lui les plus forts appuis de l'arminianisme.

Cependant le temps fixé pour la tenue du synode approchait. Chacune des provinces unies choisit six députés d'entre les plus habiles théologiens ; le roi d'Angleterre, l'électeur Pala-

(a) Le 6 octobre 1608 selon Maimbourg, dans sa *Méthode pacifique*

tio, le landgrave de Hesse, les cantons de Zurich, de Berne, de Bâle et de Schaffouse, les comtés de Vétéravie, les républiques de Genève, de Brême et d'Embden y députèrent de leur côté, à la prière des États-généraux. Langherack, leur ambassadeur, sollicita inutilement Sa Majes.é très-chrétienne de permettre à quelques ministres de son royaume de se rendre à Dordrecht. Henri IV avait défendu en 1598 aux protestants de France d'envoyer personne à ces sortes d'assemblées, et de recevoir aucun étranger aux leurs; Louis XIII n'eut garde de déroger à une ordonnance si sage, dont l'exacte observation ne contribuait pas peu à maintenir la tranquillité de ses États : ainsi les princ paux ministres se contentèrent d'envoyer leur avis sur les matières contestées. Celui de Dumoulin fut lu publiquement dans la sess on 115e du synode, aux décisions duquel il est très-conforme. L'ouverture s'en fit le 13 novembre par deux sermons, l'un en flamand et l'autre en français; après quoi l'on tint la première séance. Les remontrants protestèrent solennellement dès le 11 décembre contre l'autorité du synode, qui ne pouvait, disaient-ils, passer pour légitime et canonique, puisqu'à la plupart point de voix délibérative, et que les gomaristes, leurs ennemis, étaient en même temps juges et parties ; en cela ils ne faisaient que suivre la route que leur avaient ouverte les premiers réformateurs, qui avaient récusé sur ce seul fondement les Pères assemblés à Trente : cependant on n'eut point d'égard à leurs plaintes, qui furent jugées nulles par tout ce qu'il y avait de députés. Les théologiens anglais soutinrent que la protestation était contre l'usage des premiers conciles de Nicée, de Constantinople, d'Éphèse et de Chalcédoine, où les évêques qui s'étaient opposés les premiers aux erreurs d'Arius, de Macédonius, de Nestorius et d'Eutychès, n'avaient pas laissé d'être juges. Ceux de Hesse diront que si l'on y avait égard, on ne pourrait jamais assembler de conciles légitimes, parce que les pasteurs et les docteurs sont toujours les premiers à s'opposer aux hérésies ; les théologiens de Hesse ajoutèrent que s'il fallait demeurer neutre dans les contestations qui s'élèvent touchant la doctrine, pour ne pas perdre le droit de devenir juge, il n'y aurait point d'hérésie qui ne s'établît sans résistance; qu'on ne pouvait pas dire pour cela qu'on fût juge dans sa propre cause, parce que, lorsqu'il est question de définir quelle est la doctrine orthodoxe, il ne s'agit point de la cause de chaque particulier, mais de celle de Dieu et de son Église. Les autres députés étrangers parlèrent dans le même sens : ceux de Genève avancèrent de plus que les remontrants ne pouvaient adhérer à leur protestation sans renoncer à la communion des Églises réformées, et qu'en ce cas c'était aux puissances souveraines à voir ce qu'elles avaient à faire. Sur cela les députés des Provinces-Unies sommèrent les arminiens de reconnaître la validité de l'assemblée, et de se soumettre à ce qu'elle prononcerait, permis à eux au surplus de dire ce qu'ils pouvaient alléguer pour la défense de leurs articles. Les remontrants avaient réduit leur doctrine à cinq points capitaux, qu'il est bon de rapporter ici, puisqu'ils donnèrent lieu aux contestations, et qu'ils furent l'objet des délibérations du synode.

1. Que Dieu, par un décret éternel et immuable, a ordonné en Jésus-Christ son Fils, avant la création du monde, de sauver en Christ, pour l'amour de Christ, et par Christ, ceux du genre humain déchu et tombé en péché, qui croient par la grâce du Saint-Esprit en ce même Fils, et lesquels par la même grâce persévèrent jusqu'à la fin dans la foi et l'obéissance; de laisser au contraire ceux qui ne se convertissent pas et demeurent infidèles, dans le péché, sujets à la colère de Dieu, et les condamner comme ennemis de Christ, selon cette parole de l'Évangile de saint Jean III, v. 36 : *Qui croit au Fils a la vie éternelle; mais celui qui n'y croit pas ne jouira point de la vie, et la colère de Dieu ne se retirera point de dessus lui.*

2. Conséquemment, Jésus-Christ, Sauveur du monde, est mort pour tous en général et chacun en particulier, en sorte que par sa mort il a obtenu à tous la réconciliation et la rémission de leurs péchés; à condition cependant que personne ne jouira de ce bienfait, s'il n'est fidèle; et cela comme il est encore marqué en saint Jean III, 16 : *Dieu a aimé le monde jusqu'à donner son Fils unique, afin que tout homme qui croit en lui ne périsse point, mais qu'il ait la vie éternelle.* Et encore dans sa première épître, II, 2 : *Il est lui-même victime de propitiation pour nos péchés ; et non-seulement pour les nôtres, mais pour ceux du monde entier.*

3. Que l'homme n'a pas la foi salutaire, ni de lui-même, ni par les forces de son franc arbitre, vu que dans l'état de la nature corrompue il ne peut rien faire ni penser qui soit vraiment bon, comme la foi salutaire; mais qu'il est nécessaire que Dieu en Christ le régénère et le renouvelle par son esprit dans son entendement, dans sa volonté et dans toutes ses facultés, pour qu'il puisse comprendre, penser, vouloir et achever quelque chose de bien, selon la parole de Jésus-Christ en saint Jean, XV, 5 : *Sans moi vous ne pouvez rien faire.*

4. Que cette grâce de Dieu est le commencement, le progrès et la perfection de tout bien, jusque-là que l'homme même régéné é sans cette grâce précédente ou excitante, conséquente ou coopérante, ne peut penser, ni vouloir, ni faire aucun bien, pas même résister à aucune tentation qui le porte au mal; de manière que toutes les bonnes œuvres, sans en excepter aucune, doivent être attribuées à la grâce de Dieu en Christ ; mais que pour la manière de l'opération de la grâce, elle n'est pas irrésistible, puisqu'il est écrit de plusieurs qu'ils ont résisté au Saint-Esprit, comme il est dit au chapitre 7 des Actes.

5. Que ceux qui sont entés en Jésus-Christ par la vraie foi, et en conséquence de cette incorporation, participant de son Esprit vivifiant, ont assez de force pour combattre le démon, le péché, le monde, leur propre chair, et en triompher, toutefois avec le secours du Saint-Esprit, et que Jésus-Christ leur tend la main dans toutes ces tentations; que pourvu qu'ils sollicitent son secours, ne manquant à rien de ce qui dépend d'eux, il les assiste et les fortifie de manière qu'ils ne peuvent ni être séduits par l'artifice ou par la force du démon, ni être arrachés des mains de Jésus-Christ, suivant ce qui est dit en saint Jean, X : *Qui que ce soit ne me les arrachera d'entre les mains;* mais qu'il faudrait examiner avec soin par les saintes Écritures, avant d'enseigner avec une parfaite assurance, si ceux-là mêmes ne peuvent pas par leur négligence abandonner Jésus-Christ, se livrer de nouveau au monde, renoncer à la saine doctrine qu'ils ont embrassée, perdre leur conscience et la grâce.

Voilà le précis de la doctrine des arminiens, qui, comme il est aisé de le voir, ne tenaient point d'élection absolue, ni de préférence par laquelle Dieu préparât certains moyens à ses élus, et à eux seuls, pour les conduire à la gloire; mais seulement une volonté générale de sauver tous les hommes, surtout ceux à qui l'Évangile é ait annoncé, en conséquence de laquelle ils avaient tous les moyens suffisants de se co vertir, dont ils pouvaient user à leur gré. Il s'ensuivit de là qu'on pouvait perdre la grâce tout entière et sans retour, et qu'on n'avait nulle assurance de son s lut. Ces deux conséquences sont directement opposées aux principes de Calvin, qui veut que le fidèle soit assuré qu'il a la grâce actuellement, et qu'il ne la perdra jamais. Tout le monde sent que cet excès porte cette doctr ne, tout monstrueuse qu'elle est, c'était celle des gomaristes. Ainsi Episcopius, professeur de théologie à Leyde, harangua inutilement pour faire goûter les sentiments de son parti au synode. Ils furent condamnés tout d'une voix après plus de cent cinquante séances, dans lesquelles on établit de nouveau la certitude du salut et l'amissibilité de la grâce. Ce fut le 6 mai 1619 que la sentence définitive fut portée. « Le synode, dit-on, après l'invocation du saint nom de Dieu, bien persuadé de son autorité par la parole de Dieu même, suivant les traces de tous les synodes légitimes, tant an iens que nouveaux, et muni de l'autorité des États généraux, déclare et juge que les pasteurs qui se sont faits chefs de parti dans l'Église et maîtres de l'erreur, ont corrompu la religion, déchiré l'unité de l'Église et causé de très-grands scandales. C'est pourquoi le synode les déclare incapables de toute charge ecclésiastique, leur ôte leurs emplois, et les juge même indignes de toute fonction académique, jusqu'à ce qu'ayant satisfait à l'Église par un retour sincère, dont leurs paroles, leurs actions et leur conduite soient de sûrs garants, ils soient parfaitement réconciliés et reçus à sa communion. » Les ministres étaient ensuite exhortés à veiller sur leur troupeau, et à empêcher l'établissement ou le cours des nouveautés. On examina ensuite la confession de foi des Églises belgiques, et le catéchisme du Palatinat, dont se servait dans les Pays-Bas, et l'on n'y trouva rien que de conforme à la doctrine orthodoxe; puis la doctrine de Vorstius, qui fut proscrite comme hérétique et propre à ébranler les fondements du christianisme et à renouveler les impiétés de Socin. Après quoi l'assemblée se sépara le 9 mai. Les États généraux ratifièrent le 2 juillet les 93 canons dressés à Dordrecht avec ordre à tous les ministres, professeurs et docteurs, de s'y conformer, et ils firent exécuter leur ordonnance avec une sévérité qui n'avait point d'exemple dans la république. On avait promis aux remontrants que s'ils se trouvaient lésés par le synode national, ils auraient leur recours libre à un concile œcuménique; cependant on les traita non-seulement comme des hérétiques, mais comme des rebelles. Barneveld, la première victime de l'arminianisme, avait été sacrifié, dès le 13 mai, à la haine du prince d'Orange. Les services les plus importants rendus à sa patrie, la considération dont il jouissait dans toutes les cours étrangères, l'intercession du roi très-chrétien, son âge enfin, n'avaient pu lui sauver la vie; ses amis particuliers étaient en prison, le reste des arminiens ne fut pas plus épargné; on déposa les uns de leurs emplois, on bannit les autres. Ce fut un crime irrémissible de n'être pas, ou du moins de ne paraître pas calviniste rigide dans cette révolution, où l'on exerça contre les sectateurs du professeur de Leyde plus de rigueurs que n'en ont exercé contre les sectaires les princes les plus catholiques, qu'il plaît aux protestants de traiter de persécuteurs. D'AVRIGNY.

1618. ROUEN. II, 713. Synode dioc.
1618. TOULOUSE. II, 1023. 2 synodes.
1619. AVERSE. I, 214. Syn. dioc.
1619. BRINDES. I, 384. Synode dioc.
1619. FLORENCE. I, 925. Syn. dioc.
1619. LIMOGES. I, 1157, et II, 749. S.
1619. SAINT-MALO. I, 1218. Synode.
1619. TOULOUSE. II, 1023. Deux syn.
1619. TRÉVISE. II, 1169. Syn. dioc.
1620. ALAIS. 23e Syn. calv. national
1620. Pendant qu'on faisait valoir en Hollande le synode de Dordrecht, les religionnaires de France travaillaient à en faire recevoir les décisions dans leurs synodes nationaux. Dans celui qui se tint à Alais, on ne se contenta pas de les approuver, mais on obligea encore les ministres et les anciens qui avaient été députés à l'assemblée de jurer qu'ils en embrassaient la doctrine comme entièrement conforme à la parole de Dieu et à la confession de foi de leurs Églises; qu'ils la professeraient toute leur vie et la défendraient de tous leurs pouvoirs; qu'ils condamnaient, au contraire, la doctrine des arminiens, vu qu'elle fait dépendre l'élection de Dieu de la volonté de l'homme, dont elle relève le franc arbitre aux dépens de la grâce qu'elle anéantit; qu'elle ramène au pélagianisme, déguise le papisme, et renverse toute la certitude du salut. Pierre Dumoulin, ministre de Paris, qui avait un grand crédit dans toutes les Églises de son parti, s'était déclaré pour Gomar, dès le commencement des disputes, parce qu'il ne pouvait souffrir qu'un fidèle doutât de sa béatitude éternelle, ni qu'on avançât qu'il y a des justifiés qui perdent la grâce et sont damnés. Avec tout cela, néanmoins, il s'est trouvé des ministres célèbres, comme Cameron, Amiraut, Daillé, et les universités entières, qui ont donné un asile à la grâce universelle proscrite en Hollande. Elle trouva des défenseurs en Angleterre du vivant même de Jacques, qui avait tant fulminé contre l'arminianisme; et depuis elle a pénétré dans tous les États où il y a de ces sectaires. D'AVR.
1620. CLERMONT. I, 569, et II, 743. Synode diocésain.
1620 (Après). CLERMONT. II, 743. Syn.
1620. FAENZA. I, 899. Syn. diocés.
1620. PAMIERS. II, 220. Syn. dioc.
1620. SAINT-MALO. I, 1218. Synode
1620. SENLIS. II, 851. Syn. dioc.
1620. TOLÈDE. II, 1091. Syn. dioc.
1620. TOULOUSE. II, 1023. Syn. dioc.
1621. BRINDES. I, 384. Syn. dioc.
1621. LANGRES. I, 1023. Syn. dioc.
1621. PETERKAU. II, 395. Concile de la province de Gnesne.
1621. SAVONE. II, 811. Syn. dioc.

1622. AUXERRE. II, 725. Syn. dioc.
1622. BORDEAUX. I, 349. Syn. dioc.
1622. BRINDES. I, 384. Syn. dioc.
1622. CAS L. I, 528. Syn. diocésain.
1622. IMOLA. I, 987. Syn. diocésain.
1622. LANGRES. I, 1023. Syn. dioc.
1622. MILAN. I, 1515. 50e syn. dioc.
1622. MONTEFIASCONE. I, 1321. Syn.
1622. MONTRÉAL. I, 1325. Syn. dioc
1622. PALERME. II, 218. Syn. dioc.
1622. TRÈVES. II, 1168. Syn. dioc.
1623. AGEREN. I, 37. Synode.
1623. BARBASTRO. I, 309. Syn. dioc.
1623. BORDEAUX. I, 349. Syn. dioc.
1623. CHARENTON. 24e Syn. national des Églises réformées. On y confirma les décrets du prétendu synode de Dordrecht; et l'on condamna, sous les titres d'erreurs particulières, un grand nombre de propositions opposées à la doctrine contenue dans ces décrets.
1623. MAILLEZAIS. I, 1215. C'est par erreur d'impression que ce synode a été porté à un 1628.
1623. TOULOUSE. II, 1023. Syn. dioc.
1623. VICENCE. II, 1259. Syn. dioc.
1624. AUCH. II, 1239. Syn. diocés.
1624. BARI. I, 313. Syn. diocésain.
1624. BORDEAUX. I, 349. Conc. prov.
1624. BORGO-SAN-DONINO. I, 334. Syn.
1624. CORTONA. I, 781. Syn. dioc.
1624. GUDSTADT. I, 968. Syn. dioc.
1624. MELFI. I, 1259. Syn. dioc.
1624. PADOUE. II, 213. Syn. dioc.
1624. RIMINI. II, 552. Syn. dioc.
1624. VITERBE. II, 1273. Syn. dioc.
1625. LUGO. I, 1176. Syn. diocésain.
1625. NARNI. II, 52. Syn. dioc.
1625. NAMUR. II, 9. Syn. dioc.
1625. OSNABRUCK. II, 202. Syn. dioc.
1625. PISE. II, 403. Syn. diocésain.
1625. TOULON. II, 1002. Syn. dioc.
1626. AGEN N. I, 37. Synode.
1626. ASCOLI. I, 225. Syn. dioc.
1626. BARBASTRO. I, 309. Syn. dioc.
1626. CASTELLANETO. I, 530. Synode.
1626. CASTRES. 25e syn. nat. des Églises réformées de France. On y ordonna un jeûne général. A la fin des actes de ce synode se trouve un catalogue de toutes les Églises réformées de France, qui porte à 625 le nombre total des ministres distribués à cette époque dans les quinze provinces de Bourgogne, de l'Ile-de-France, de Bretagne, de Touraine, Anjou, Maine, Vendômois et grand Perche, de Poitou, de Saintonge, Aunis et Angoumois, de basse Guyenne, de haute Guyenne et haut Languedoc, de bas Languedoc, des Cévennes, de Dauphiné, de Vivarais, de Provence, d'Orléanais et Berry, et de Normandie. Les députés du Béarn n'avaient pas apporté avec eux le rôle des pasteurs de leur province.
1626. CUENÇA. I, 787. Syn. dioc.
1626. LORETO. I, 1174. Syn. dioc.
1626. MONT-CASSIN. I, 529. Synode.
1626. NAMUR. II, 9. Syn. diocésain
1626. ORTONA. II, 201. Syn. dioc.
1626. PARIS. II, 3. Ass. du clergé.
1626. SION. II, 876. Syn. diocésain.
1626. SOANA. II, 892. Syn. dioc.
1627. BORDEAUX. I, 353. Syn. dioc.
1627. FLORENCE. I, 925. Syn. dioc.
1627. LODEZ. II, 1142. Syn. dioc.
1627. MASSA. I, 1224. Syn. dioc.
1627. MILAN. I, 1316. 51e synode.
1627. NAMUR. II, 10. Syn. dioc.
1627. RAVENNE. II, 481. Syn. dioc.
1627. ROVIGO OU ATRI. II, 715. Syn. d.
1627. SAVONE. II, 811. Syn. dioc.
1627. SINIGAGLIA. II, 816. Syn. dioc.
1627. UDINE. II, 1203. Syn. dioc.
1627. 37. Synode.
1628. BERGAME. I, 324. Syn. dioc.
1628. FARFENSIS. I, 901. Synode.
1628. IMOLA. I, 938. Syn. diocésain.

1628. LANGRES. I, 1024. Syn. dioc.
1628. MAILLEZAIS. I, 1215. Syn. dioc.
1628. OSNABRUCK. II, 202. Syn. dioc.
1628. PETERKAU. II, 396. Concile de la province de Gnesne.
1628. ROUEN. II, 713. Syn. dioc.
1628. TOULOUSE. II, 1023. Syn. dioc.
1628. TORZELLO. II, 1005. Syn. dioc.
1628. VIC-D'AUSONE. II, 1257. Synode.
1629. AGEREN. I, 37. Synode.
1629. BELLUNE. I, 320. Syn. dioc.
1629. CAPACCIO. I, 454. Syn. dioc.
1629. FOSSOMBRONE. I, 928. Synode.
1629. LUÇON. II, 749. Syn. dioc.
1629. MALTE. I, 1271. Syn. diocésain.
1629. OSNABRUCK. II, 203. Syn. dioc.
1629. S.-POL-DE-LÉON. I, 1111. Syn.
1629. VÉRONE. I, 1257. Syn. dioc.
1629. YPRES. II, 1500. Syn. dioc.
1630. BOULOGNE. II, 158. Syn. dioc.
1630. CAMERINO I, 447. Syn. dioc.
1630. GIRGENTI. I, 956. Syn. dioc.
1630. OSNABRUCK. II, 205. Syn. dioc.
1630. PAMIERS. II, 220. Syn. dioc.
1630. RIMINI. II, 552. Syn. dioc.
1630. ROUEN. II, 713. Syn. dioc.
1630. S.-POL-DE-LÉON. I, 1111. Syn.
1630. YPRES. II, 552. Syn. dioc.
1631. BESANÇON. I, 328. Synode dioc.
1631. CAMBRAI. I, 446. Concile prov.
1631. CHARENTON. 26e Synode national des Églises prétendues réformées. Le sieur Galand présida à ce synode, comme aux deux précédents, de la part de Louis XIII, pour empêcher qu'il ne s'y fît aucune proposition qui ne concernât pas leur croyance, et les obliger d'ordonner qu'il ne se ferait plus d'assemblées nationales qu'en présence d'un commissaire du roi, et que ceux qui ne seraient pas français seraient exclus du ministère.
Le synode condamna un livre de Berrault, dans lequel il soutenait que les ministres avaient une vocation particulière de Dieu pour porter les armes; mais le règlement le plus considérable que fit ce synode, fut celui par lequel il reçut à sa communion tous ceux de la confession d'Augsbourg, comme convenant avec les calvinistes sur les points fondamentaux de la vraie religion. Personne n'ignore les efforts que les calvinistes ont faits dans tous les temps depuis le commencement de la prétendue réforme, pour se rapprocher des luthériens, dans la vue de donner du crédit à la secte par le nombre des sectateurs. Bèze et ses collègues avaient déclaré au colloque de Poissy, qu'ils étaient prêts à admettre la confession d'Augsbourg, au dixième article près, qui regarde la Cène. Dans la plupart de leurs confessions de foi, qui ont si souvent varié, ils ont toujours évité avec soin de rien dire qui pût choquer les protestants d'Allemagne. Plus d'une fois ils ont nommé des députés pour travailler à cette union si désirée; tout avait été inutile: enfin ils se résolurent à Charenton à faire les dernières avances sur le bruit des victoires du grand Gustave, dont ils ne doutaient pas que la religion ne dût devenir la religion de la plus grande partie de l'Europe, comme l'annonçaient grand nombre de prophètes. Leur complaisance fut mal payée. Les luthériens persistèrent à regarder comme excommuniés les sacramentaires de tout nommé bien les tenir pour frères. D'AVRIGNY.
1631. ROUEN. II, 713. Synode dioc.
1631. TOULOUSE. II, 1023. Syn. dioc.
1631. VALENCE. II, 1230. Syn. dioc.
1631. YPRES. II, 1308. Synode dioc.
1632. ORLÉANS. II, 200. Syn. diocés.
1632. PÉROUSE. II, 387. Syn. diocés.
1632. PLAISANCE. II, 410. Syn. d. oc.

1632. PULICASTRO. II, 416. Synod.
1632. ROUEN. II, 713. Synode dioés.
1632. SABINE. II, 719. Synode dioc.
1632. TARENTE. II, 921. Syn. dioc.
1632. URGEL. II, 1206. Synode dioc.
1633. AUXERRE. II, 725. Syn dioc.
1633. BORDEAUX. I, 333. Syn. diocés.
1633. ELVAS. I, 812. Synode diocés.
1633. METZ. I, 1271. Synode diocés.
1633. ORLÉANS. II, 200. Synode di)c.
1633. PALERME. II, 218. Syn. dioc.
1633. PARIS. II, 302. Cons. d'évêq.
1633. VÉRONE. I, 1257. Syn. dioc.
1634. BOLOGNE. I. 341. Synode dioc.
1634. CERVIA. I, 333. Synode diocés.
1634. CORTONA. I, 781. Synode dioc.
1634. GNESNE.
1634. MENDE. I, 1260. Syn. diocés.
1634. ORLÉANS. II, 200. Syn. dio.es.
1634. VARSOVIE. II, 1239. Conc. prov.
1634. VENAFRE. II, 1240. Syn. dioc.
1635. CIFALU. I, 360. Synode dioc.
1635. MELFI. I, 1259. Synode dio és.
1635. NARBONNE. II, 51. Syn. dioc.
1635. ORLÉANS. II, 200. Synode diocés.
1635. PARIS. II, 303. Ass. du clergé.
1636. BORDEAUX. I, 333. Syn. dioc
1636. MAJORQUE. I, 1247. Syn. (inc.
1636. MILAN. I, 1316. Synode dioc.
1636. TIVOLI. II, 959. Synode dioc.
1636. VÉRONE. I, 1257. Syn. dioc.
1637. ALENÇON en Normandie. 27e S.
n. des Eglises réform. Le commissaire
du roi, y fit une vive remontrance aux
députés assemblés sur l'insubordination de leurs commettants. Dans cette
même assemblée, les calvinistes du
Béarn furent incorporés à ceux de
France.
1637. COUTANCES. I, 783. Syn. dioc.
1637. FERRARE. I, 914. Synode dioc.
1637. FLORENCE. I, 925. Syn. diocés.
1637. GLASCOW. Syn. presbytérien.
Ce synode s'ouvrit le 1er décembre,
et le duc d'Hamilton le rompit le 8,
sur il protesta ion de nullité faite par
les évêques, et qu'il jugea v.lide : ce
qui n'empêcha pas la plupart des députés de continuer leurs séances, et
de dégrader tous les prélats sans exception. Les archevêques de Saint-
André et de Glascow, les évêques d'E-
dimbourg, de Galloway, de Ross, de
Bréchan, d'Aberden et de Dumblen,
furent non-seulement privés de leur
dignité, mais encore déclarés incapables d'exercer aucune fonction ministérielle, excommuniés, livrés à Satan,
pires que les païens et les publicains.
La conclusion de tout cela fut l'abolition de l'épiscopat, et la condamnation
de la liturgie. D'AVRIGNY.
1638. BORDEAUX. I, 328. Syn. dioc.
1638. CAHORS. II, 726. Synode dioc.
1638. CÉSÈNE. I, 537. Synode diocés.
1638. CONSTANTINOPLE. I, 778. Concile non reconnu.
1638. IMOLA. I, 989. Synode dioc.
1638. LA PAZ. II, 585. Synode dioc.
1638. MINIATO. I, 1518. Synode dioc.
1638. MONTRÉAL. I, 1325. Syn. dioc.
1638. NANTES. II, 25. Synode diocés.
1638. PULICASTRO. II, 446. Syn. dioc.
1638. ROUEN. II, 713. Synode dioc.
1639. AGEREN. I, 37. Synode.
1639. AMALFI. I, 98. Syn. diocés.
1639. FORLI. I, 927. Synode dioc.
1639. GIUVENAZZO. I, 959. Syn. dioc.
1639. NAMUR. II, 10. Synode diocés.
1639. PARIS. II, 303. Ass. de prélats.
1639. PISE. II, 403. Synode diocés.
1639. RIMINI. II, 533. Synode diocés.
1639. ROUEN. II. 713. Synode dioc.
1639. VITERBE. II, 1274. Syn. diocés.
1640. BESANÇON. I, 328. Synode diocés.
1640. LISBONNE. I, 1137. Syn. dioc.
1640. MANS. II, 734. Synode diocés.
1640. MILAN. I, 1316. Syn. dioc.
1640. ORLÉANS. II, 200. Syn. diocés.

1640. PARIS. II, 303. Ass. provinc.
1640. ROUEN. II, 713. Synode dioc.
1641. CIFALU. I, 361. Synode diocés.
1641. COMMINGES. II, 744. Syn. dioc.
1641. CULM. I, 789. Syn. diocésain.
1641. MAZARA. I, 1224. Synode dioc.
1641. ROUEN. II, 714. Synode diocés.
1641. ROUEN. II, 714. Autre synode.
1642. AUXERRE. II, 725. Syn. diocés.
1642. CÉNÉDA. I, 532. Synode diocés.
1642. CORDOUE. I, 781. Synode dioc.
1642. GÊNES. I, 932. Synode diocés.
1642. GIAS ou JASSI ou MOLDAVIE I,
935. Concile provincial d Kinvie.
1642. LUNE. I, 1176. Synode diocés.
1642. NANTES. II, 5. Synode diocés.
1642. NAPLES. II, 26. Synode diocés.
1642. ORLÉANS. II, 200 Syn. diocés.
1642. PARIS. II, 383. Ass. du clergé.
1642. ROUEN. II, 714. Synode dioc.
1642. ROUEN. II, 714. Autre synode.
1642. TRÉVISE. II, 1170. Syn. dioc.
1643. AIRE ou TURSAN. II, 1195. Syn.
1643. ANVERS. I, 167. Synode dioc.
1643. AVRANCHES. II, 134. Syn. dioc.
1643. MARSI. I, 1223. Synode diocés.
1643. ROUEN. II, 714. Synode diocés.
1643. TOURNAY. II, 1025. Synode.
1643. VARSOVIE II, 1239. Concile
provincial de Gnesne.
1644. AGEREN. I, 37. Synode.
1644. CITTANOVA. I, 551. Synode d'o.
1644. CONSTANTINOPLE. I, 779. Concile non reconnu.
1644. EVREUX. I, 898. Synode dioc.
1644. MANS. II, 731. Synode diocés.
1644. NAPLES. II, 26. Synode diocés.
1644. ORLÉANS. II, 200. Synode dio.
1644. PADERBORN. II, 212. Syn. d oc.
1644. ROUEN. II, 714. Synode diocés.
1644. ROUEN. II, 714. Autre synode.
1644. SENS. I, 864. Synode diocés.
1644. TOULOUSE. II. 1025. Syn. dioc.
1644. VENCE. II, 1240. Syn. dioc.
1645. ALBA. I, 61. Synode diocés.
1645. BARBASTRO. I, 310. Syn. dioc.
1645. BESANÇON. I, 328. Syn. dioc.
1645. CHARENTON. 28e Synode national des Eglises rétendues réformées
de France. Sous le titre de Révision
de la disc pline ecclésiastique, on y fit
les articles suivants :
Art. 3. « Le dixième canon du treizième chapitre de notre discipline sera
entendu en ce sens, qu'un homme ne
pourra pas épouser la mère de son
épouse défunte s ns que le magistrat
civil en octroie la permission, que le
pasteur demandera, et les deux parties contractantes. »
Art. 4. « Le douzième canon sera
conçu en ces termes : que, quoique la
civilité et la bienséance ne permettent
pas à un homme de se marier avec la
veuve du frère de sa femme, néanmoins au cas que le magistrat civil autorise ce mariage, nos Eglises ne feront aucune difficulté de le bénir. »
1645. FLORENCE. I, 925. Syn. dioc.
1645. ROUEN. II, 714. Synode dioc.
1645. THORN. II, 938 Conférences.
1645. VITERBE. II, 1273. Syn. dioc.
1646. AVRANCHES. II, 134. Synode.
1646. (Vers). BEAUVAIS. I, 319. Syn.
1646. NAPLES. II, 26. Synode dioc.
1646. PLAISANCE. II, 410. Syn. dioc.
1646. ROUEN. II, 714. Synode dioc.
1647. AVRANCHES. II, 134. Synode.
1647. CAHORS. II, 726. Synode dioc.
1647. CONZA. I, 780. Syn. diocés.
1647. FAENZA. I, 900. Synode dioc.
1647. MARSEILLE. I, 1222. Synode.
1647. MODÈNE. I, 1518. Synode dioc.
1647. MONT-VIERGE. I, 1326. Syn.
1647. OTÉRO. II, 201. Synode dioc.
1647. PADOUE. II, 214. Synode dioc.
1647. ROUEN. II, 714. Synode dioc.
1647. TURIN. II, 1195. Synode dioc.
1647. VICENCE. II, 1259. Syn. dioc.

1648. AGEREN. I, 37. Synode.
1648. BARBASTRO. I, 310. Syn. dioc.
1648. BESANÇON. I, 328. Conc. prov.
1648. CHIOZA. I, 560. Synode diocés.
1648. FIESOLI. I, 914. Synode dioc.
1648. MANTOUE. I, 1221. Synode dioc.
1648. SALUCES. II, 773. Syn. diocés.
1648. SÉGOVIE. II, 831. Syn. dioc.
1648. TORZELLO. II, 1005. Syn. dioc.
1648. TOURNAY. II, 1025. Synode.
1648. URBIN. II, 1205. Syn. dioc.
1648. VANNES. II, 1258. Synode dio.
1649. FAENZA. I, 900. Synode dioc.
1649. NANTES. II, 25. Synode dioc.
1649. NAPLES. II, 27. Synode dioc.
1649. TOURNAY. II, 1025. Synode.
1650. BESANÇON. I, 328. Syn. dioc.
1650. CRÉMA. I, 783. Synode diocés.
1650. FERMO. I, 906. Synode diocés.
1650. GAND. I, 944. Synode dioc.
1650. LISIEUX. I, 1139. Synode diocés.
1650. MILAN. I, 1316. Synode dioc.
1650. ROUEN. II, 714. Synode diocés.
1651. ANGERS. I, 125. Synode dioc.
1651. CALLER. I, 429. Concile.
1651. FAENZA. I, 900. Synode diocés.
1651. LÉON, en Espagne. Syn. diocésain, tenu par l'évêque D. Barthélemi Santa de Rissoha, qui y publia ses
constitutions synodales, en y joignant
celles de ses prédécesseurs.
1651. LISIEUX. II, 136. Synode dioc.
1651. MACERATA. I, 1203. Syn. dioc.
1651. SAINT-ANGE-DES-LOMBARDS. I,
111. Synode diocésain.
1651. SARAGOÇA. II, 774. Syn. dioc.
1652. ALÉRIA OU CAMPOLURO. I, 448.
Synode diocésain.
1652. ANGERS. I, 125. Synode dioc.
1652. HILDESHEIM. I, 974. Syn. dioc.
1652. MONT-CASSIN. I, 529. Synode.
1652. MONTRÉAL. I, 1325. Syn. dioc.
1652. MUNSTER. I, 1328. Syn. dioc.
1652. NAPLES. II, 27. Synode dioc.
1652. PALERME. II, 210. Synode dioc.
1652. ROUEN. II, 714. Synode dioc.
1652. ROUEN. II, 714. Synode dioc.
1652. RUREMONDE. II, 718. Synode.
1652. TORTONE. II, 1002. Syn. dioc.
1652. TROYES. II, 1187. Synode dioc.
1653. ALÉRIA ou CAMPOLURO. I, 448.
Synode diocésain.
1653. BEAUVAIS. II, 726. Syn. dioc.
1653. BOULOGNE. II, 138. Syn. dioc.
1653. CLERMONT. II, 744. Syn. dioc.
1653. PARIS II, 303. Ass. de prélats.
1653. SÉEZ. II, 820. Synode diocés.
1653. VENISE II, 1242. Syn. diocés.
1653. VENISE. II, 1242. Syn. diocés.
1654. ANGERS. I, 125. Syn. diocés.
1654. AVELLINO. I, 243. Synode dioc.
1654. FAENZA. I, 900. Synode dioc.
1654. MEAUX. I, 1238. Synode dioc.
1654. PARIS. II, 304 Ass. de prélats.
1654. SALAMANQUE. II, 757. Synode.
1654. SORRENTO. II, 904. Syn. dioc.
1655. ANGERS. I, 126. Synode dioc.
1655. BESANÇON. I, 328. Syn. diocés.
1655. CHALONS-SUR-MARNE.
1655. GIRGENTI. I, 936. Syn. dioc.
1655. MUNSTER. I, 1328. Syn. dioc.
1655. PULICASTRO. II, 447. Syn. dioc.
1655. VÉRONE. I, 1257. Syn. dioc.
1656. BARBASTRO. I, 310. Syn. dioc.
1656. BAYEUX. II, 139. Synode dioc.
1656. BÉNÉVENT. I, 325. Conc. prov.
1656. CASTRO. I, 530. Synode diocés.
1656. FLORENCE. I, 925. Synode dioc.
1656. GLANDÈVE II, 748. Sy. dioc.
1656. LANGRES. I, 1025. Syn. diocés.
1656. PARIS II, 304. Ass. du clergé.
1657. ANGERS. I, 126. Synode diocés.
1657. ATRI (Adria). I, 14. Synode.
1657. BESANÇON. I, 328. Synode dioc.
1657. FAENZA. I, 900. Synode dioc.
1657. LANGRES. I, 1025. Synode dioc.
1657. MARIANA. I, 1222. Syn. dioc.
1657. PARIS. II, 307. Ass. du clergé.
1657. SARAGOSSE. II, 777. Syn. dioc.

1657. Valence en Espagne. II, 1231.
1658. Bari. I, 513. Synode diocés.
1658. Besançon. I, 328. Synode d o.
1658. Milan. I, 1316. Synode dioc.
1658. Nonantula. I, 133. Synode.
1658. Sens. II, 864. Synode diocés.
1659. Tivoli. II, 940. Synode dioc.
1658. Tolède. II, 1001. Synode dio.
1658. Toul. II, 1009. Synode dioc.
1659. Besançon. I, 328. Syn. dioc.
1659. Imola. I, 988. Syn. diocésain.
1659. Munster. I, 1329. Syn. dioc.
1659. Namur. II, 12. Syn. diocésain.
1659. Siguença. II, 876. Syn. dioc.
1659. Toulouse. II, 1024. Syn. dioc.
1660. Aquapendente. I, 170. Synode.
1660. Chartres. II, 138. Syn. dioc.
1660. Conversano. I, 779. Syn. dioc.
1660. Faenza. I, 901. Syn. dioc.
1660. Loudun. 29e et dernier *Synode national des Eglises* prétendues réformées de France. On y défendit d'administrer la cène au jour ouvrier.
1660. Osseno. II, 203. Syn. dioc.
1660. Paris. II, 307. Ass. du clergé.
1660. Ratisbonne. II, 463. Synode dioc.
1660. Tournay. II, 1025. Synode.
1661. Cambrai. I, 447. Syn. dioc.
1661. Gallipoli. I, 842. Syn. dioc.
1661. Nantes. II, 25. Syn. dioc.
1661. Paris. II, 307. Ass. du clergé.
1661. Rouen. II, 714. Syn. dioc.
1661. Tourna . II, 1025. Synode.
1662. Amiens. I, 99. Syn. diocésain.
1662 et suiv. Bayeux. II, 136. Syn.
1662. Cahors. II, 726. Syn. dioc.
1662. Cologne. Synode diocésain.
1662. Naples. II, 27. Syn. dioc.
1662. Prague. II, 444. Syn. dioc.
1662. Prato. II, 444. Syn. dioc.
1663. Angers. I, 126. Syn. dioc.
1663. Besançon. I, 328. Syn. dioc.
1663. Porgo-San-Donino I, 554. Syn.
1663. Condom. II, 744. Syn. dioc.
1663. Faenza. I, 901. Syn. dioc.
1663. Macerata. I, 1203. Syn. dioc.
1663. Orihuela. II, 179. Syn. dioc.
1663. Orléans. II, 201. Syn. dioc.
1663. Tournay. II, 1025. Syn. dioc.
1664. Besançon. I, 328. Syn. dioc.
1664. Cambrai. I, 447. Syn. dioc.
1664. Evreux. I, 818. Syn. dioc.
1664. Florence ou I, 914. Syn. dioc.
1664. Orléans. II, 201. Syn. dioc.
1664. Tournay. II, 1025. Synode.
1665. Auch. II, 1259. Syn. dioc.
1665. Besançon. I, 328. Syn. dioc.
1665. Munster. I, 1329. Syn. dioc.
1665. Narni. II, 52. Syn. diocésain.
1665. Rouen. II, 715. Syn. dioc.
1665. Tournay. II, 1025. Syn. dioc.
1665. Vérone. II, 1257. Syn. d oc.
1666 à 73. Agen. I, 36.
1666. Aquapendente. I, 171. Synode.
1666. Besançon. I, 328. Syn. dioc.
1666. Metz. I, 1271. Syn. diocésain.
1666. Munster. I, 1329. Syn. dioc.
1666. Orvieto. II, 201. Syn. dioc.
1666. Vercel . II, 1248. Syn. dioc.
1667. Angers. I, 126. Syn. dioc.
1667. Munster. I, 1329. Deux syn.
1667. Narbonne. II, 51. Syn. dioc.
1667. Toulouse. II, 1024. Syn. dioc.
1667. Venise. II, 1242. Syn. dioc.
1668. Angers. I, 126. Syn. dioc.
1668. Avignon. I, 253 Concile.
1668. Catane. I, 530. Syn. dioc.
1668. Faenza. I, 901. Syn. dioc.
1668. Munster. I, 1329. Syn. dioc.
1668. Munster. I, 1329. Syn. dioc.
1668. Saluces. II, 773. Syn. dioc.
1668. San-Severino. II, 866. Syn.
1668. Segorbe. I, 831. Syn. dioc.
1668. Troyes. II, 1187. Syn. dio.
1669. Besançon. I, 328. Syn. dioc.
1669. Munster. I, 1330. Syn. dioc.
1669. Munster. I, 1330. Autre syn.
1669. Reims. II, 550. Syn. dioc.
1669. Tusculum. II, 1193. Syn. dioc.

1670. Alet. I, 70. Syn. diocésain.
1670. Milan. I, 1316. Syn. dioc.
1670. Nantes. II, 25. Syn. dioc.
1670. Trévise. II, 1170. Syn. dioc.
1670. Verceil. II, 1248. Syn. dioc.
1671. Alhenga. I, 63. Syn. dioc.
1671. Badajoz. I, 254. Syn. dioc.
1671. Léon, en Espagne. Synode dioc. tenu par Don Fray Joan de Toledo, qui y publia de nouvelles constitutions avec celles de ses prédécesseurs.
1671. Luçon. II, 749. Syn. dioc.
1671. Malaga. I, 1214. Syn. dioc.
1671. Metz. I, 1271. Syn. dioc.
1671. Munster. I, 1330. Syn. dioc.
1671. Munster. I, 1330. Autre syn.
1671. Nantes. II, 25. Syn. dioc.
1671. Narbonne. II, 51. Syn. dioc.
1671. Sutri. II, 919. Syn. dioc.
1672. Aix en Provence. I, 39. Syn.
1672. Annecy. II, 748. Syn. dioc.
1672. Camerino. I, 447. Syn. d oc.
1672. Constantinople. I, 779. Syn.
1672. Jérusalem. I. 1008. Concile.
1672. Munster. I, 1330. Deux syn.
1672. Tournay. II, 1026. Synode.
1673. Ajaccio. I, 64. Syn. dioc.
1673. Marseille. I, 1222. Syn. dioc.
1673. Marsi. I, 12-3. Syn. dioc.
1673. Nantes. II, 25. Syn. dioc.
1673. Noyon. II, 142. Syn. dioc.
1673. Paris. II, 308. Syn. dioc.
1673. Tortone. II, 1026. Syn. dioc.
1673. Velletri. II, 1210. Syn. dioc.
1674. Auxerre. I, 254. Syn. dioc.
1674. Barbastro. I, 310. Syn. dioc.
1674. Besançon. I, 328. Syn. dioc.
1674. Cahors. II, 726. Syn. dioc.
1674. Faenza. I, 901. Syn. dioc.
1674. Luçon. II, 749. Syn. dioc.
1674. Lune. I, 1176. Syn. dioc.
1674. Munster. I, 1330. Syn. dioc.
1674. Novare. II, 139. Syn. dioc.
1674. Parme. I, 573. Syn. dioc.
1674. Séez. II, 823. Syn. dioc.
1674. Subiaco. II, 910. Syn. dioc.
1675. Meaux. I, 1275. Syn. dioc.
1675. Munster. I, 1330. Deux syn.
1675. Nantes. II, 25. Syn. dioc.
1676. Angers. I, 126. Syn. dioc.
1676. Besançon. I, 328. Syn. dioc.
1676. Coutances. I, 785. Syn. dioc.
1676. Montalto. I, 1320. Syn. dioc.
1676. Munster. I, 1330. Syn. dioc.
1676. Munster. I, 1330. Autre syn.
1677. Angers. I, 126. Syn. dioc.
1677. Besançon. I, 328. Syn. dioc.
1677. Munster. I, 1330. Syn. dioc.
1677. Plaisance. II, 410. Syn. dioc.
1677. Toulouse. II, 1024. Syn. dioc.
1677. Tournay. II, 1026. Syn. dioc.
1677. Verceil. II, 1248. Syn. dioc.
1678. Angers. I, 126. Syn. dioc.
1678. Arras. II, 138. Syn. dioc.
1678. Besançon. I, 328. Syn. dioc.
1678. Munster. I, 1330. Deux syn.
1678. Palencia. II, 215. Syn. dioc.
1678. Tournay. II, 1026. Syn. dioc.
1678. Trèves. II, 1168. Syn. dioc.
1679. Angers. I, 127. Syn. dioc.
1679. Besançon. I, 328. Syn. dioc.
1679. Langres. I, 1026. Syn. dioc.
1679. Metz. I, 1271. Syn. dioc.
1679. Nantes. II, 25. Syn. dioc.
1679. Tournay. II, 1026. Syn. dioc.
1680. Anvers. I, 168. Syn. dioc.
1680. Besançon. I, 328.
1680. Bourges. II, 726. Syn. dioc.
1680. Cavaillon. II, 1240. Synode.
1680. Munster. I, 1330. Syn. dioc.
1680. Tournai. II, 1026. Syn. dioc.
1680. Troyes. II, 1188. Syn. dioc.
1681 (Vers). Grenoble. I, 966. Syn.
1681. Luçon. II, 749. Syn. dio.
1681. Messina. I, 1266. Syn. dioc.
1681. Paris. II, 309. Ass. du clergé.
1681. Sainte-Agathe-des-Goths. I, 27. Syn. diocésain
1681. Tournai. II, 1026. Synode.

1682. Avranches. II, 134. Syn. dioc.
1682. Bitonto. I, 341. Syn. dioc.
1682. Munster. I, 1330. Syn. dioc.
1682. Nantes. II, 26. Syn. dioc.
1682. Paris. II, 309. Ass. du clergé.
1682. Tournai. II, 1026. Synode.
1683. Limoges. II, 749. Syn. dioc.
1683. Tournai. II, 1026. Syn. dioc.
1684. Bordeaux. I, 554. Syn. dioc.
1684. Luçon. I, 1175. Syn. dioc.
1685. Cahors. II, 726. Syn. dioc.
1685. Farfa. Synode diocésain. Farfa était une abbaye de l'ordre de Saint-Benoît, dont l'abbé jouissait d'une juridiction diocésaine et exemple de toute autre juridiction que de celle du souverain pontife. Nous avons rapporté au tome 1er, col. 901, un premier synode tenu dans cette abbaye l'an 1628. Celui-ci, présidé par un nouveau cardinal Barberini, abbé commendataire, ne présente rien de plus remarquable que le premier. *Syn. dioec. insign. abbat. S. Mar. Farf., Romæ, 1686.*
1685. Luçon. I, 1175, et II, 749. Syn.
1685. Paris. II, 317. Ass. du clergé.
1686. Minden. Syn. diocésain.
1687. Albano. I, 68. Syn. dioc.
1687. Arras. II, 138. Syn. dioc.
1687. Strasbourg. II, 908. Synode.
1688. Munster. I, 1330. Syn. dio.
1688. Paderborn. II, 213. Synode.
1688. Tournai. II, 1026. Syn. dioc.
1688. Troyes. II, 1188. Syn. dioc.
1688. Tusculum. II, 1193. Synode.
1689. Lodi. I, 1140. Syn. dioc.
1689. Munster. I, 1331. Syn. dioc.
1691. Arras. II, 138. Syn. dioc.
1691 (Avant). Lérida. I, 1117. Syn.
1691. Meaux. I, 1225 Syn. dioc.
1691. Munster. I, 131. Synode dioc
1692. Besiglia (*Vigiliensis*). II, 1268. Synode diocésain.
1693. Avranches. II, 135. Syn. dioc.
1693. Besiglia. II, 1268. Syn. dioc.
1693. Bénévent. I, 323. Conc. prov.
1693. Bruges. I, 385. Syn. dioc.
1693. Césene. I, 557. Syn. dioc.
1693. Cuartero. II, 138. Syn. dioc.
1693. Luçon. I, 1175, et II, 749. Syn. diocésain.
1693. Munster. I, 1331. Synode.
1694. Besiglia. II, 1268. Syn. dioc.
1694. Langres. I, 1026. Syn. dioc.
1694. Munster. I, 1331. Syn. dioc.
1694. Munster. I, 1331. Autre syn.
1694. Naples. II, 27. Syn. dioc.
1695. Albi. I, 756. Syn. dioc.
1695. Auxerre. II, 725. Syn. dio.
1695. Veroli. II, 1255. Syn. dioc.
1696. Amiens (Picardie). II, 307. Syn. diocésain.
1696. Laon. II, 748. Syn. dioc.
1697. Paris. II, 317. Syn. dioc.
1697. Saragosse. II, 777. Synode.
1698. Auch. II, 1259. Syn. dioc.
1698. Bologne. I, 342. Syn. dioc.
1698. Die. II, 744. Syn. diocésain.
1698. Evreux. II, 136. Syn. dioc.
1698. Namur. II, 14. Syn. dioc.
1698. Noyon. II, 142. Syn. dioc.
1699. Beauvais. I, 319. Syn. dioc.
1699. Castres. II, 722. Syn. dioc.
1699. Chalons-sur-Saône. I, 518. Syn. diocésain.
1699. Metz. I, 1271. Syn. dioc.
1699. Naples. II, 27. Concile provincial, confirmé par le Saint-Siége.
1699. Narbonne. II, 51. Syn. dioc.
1700. Aichstædt. I, 38. Synode.
1700. Nantes. II, 26. Syn. dioc.
1700. Saint-Germain-en-Laye. II, 726. Assemblée du clergé de France.
1701. Boulogne. II, 138. Synode.
1702. Munster. I, 1331. Syn. dioc.
1703. Albania. I, 65. Concile provincial ou national.
1703. Limoges. II, 749. Syn. dioc.
1703. Malte. I, 1218. Syn. dioc.

TABLE CHRONOLOGIQUE DES CONCILES.

1703. Munster. I, 1331. Syn. dioc.
1704. Bordeaux. I, 354. Syn. dioc.
1704. Toulon. II, 1009. Synode.
1705. Lyon. I, 1204. Syn. dioc.
1705. Paris. II, 318. Ass. du clergé.
1706. Saint-Pol-de-Léon, I, 1112.
1706. Troyes. II, 1188. Syn. dio .
1707. Besançon. I, 333. Syn. dioc.
1707. Helmstadt. Assemblée de docteurs luthériens.

La princesse Elisabeth-Christine Wolfembuttel, étant sur le point d'épouser l'archiduc d'Autriche, depuis empereur, jugea à propos pour la tranquillité de sa conscience de s'informer des luthériens mêmes si elle pouvait abandonner la confession d'Augsbourg en considération de ce mariage. Elle leur fit donc demander si les catholiques errent dans le fond ou le principe de la foi, et si leur doctrine est telle qu'on puisse se sauver en la suivant. Les docteurs assemblés à Helmstadt répondirent que les catholiques ne sont point dans l'erreur pour le fond de la doctrine, et qu'on peut se sauver dans leur religion : 1° parce qu'ils ont le même principe de la foi que les luthériens, croyant en Dieu le Père qui nous a créés, au Fils de Dieu, le Messie qui nous a sauvés, et au Saint-Esprit qui nous a éclairés, ayant le même décalogue et faisant les mêmes prières; 2° parce que l'Eglise catholique est véritable Eglise, étant une assemblée qui écoute la parole de Dieu, et qui reçoit les sacrements institués de Jésus-Christ, de même que les protestants. C'est ce que personne ne peut nier, ajoutent les docteurs; autrement il faudrait dire que tous ceux qui ont été ou qui sont encore dans l'Eglise catholique seraient damnés : ce que nous n'avons jamais dit ni écrit, non plus que Mélancthon, qui montre dans son *Abrégé de l'examen* que l'Eglise catholique a toujours été la vraie Eglise. L'Eglise catholique, dit-il, enseigne qu'on ne peut être sauvé que par Jésus-Christ, médiateur entre Dieu et les hommes, que les péchés ne peuvent être remis que par ses mérites et par sa passion. A l'égard de la pénitence et des bonnes œuvres, je crois que les protestants et les catholiques conviennent de toutes ces choses, et ne diffèrent que dans la manière de s'exprimer. La conclusion de tout ceci est que la princesse peut épouser Charles d'Autriche, et embrasser sa religion.

Assez de luthériens ont voulu se scandaliser de cette décision; et même Pictet, ministre de Genève, dans un ouvrage imprimé en 1714 et intitulé : *La religion des protestants justifiée d'hérésie*, avance que la consultation des théologiens de l'université d'Helmstadt est une pièce supposée, sur quoi il produit le certificat de quelques luthériens. Le fait ne laisse pas d'être certain, et, après tout, ces docteurs ont eu autant de raison de dire que les catholiques n'errent pas dans les points fondamentaux, que les calvinistes en ont eu d'établir que les luthériens n'errent pas dans ces mêmes points, ainsi qu'ils firent dans le fameux synode de Charenton où ils les reconnurent pour frères et les admirent à leur communion. Les théologiens d'Helmstadt pouvaient citer non-seulement Melanchthon, mais Luther lui-même, qui parle de la sorte dans ses ouvrages : « Nous savons que dans la papauté se trouve la vraie Ecriture sainte, le

vrai baptême, les vrais sacrements, le vrai pouvoir des clefs pour remettre les péchés, le vrai ministère de la parole de Dieu, la vraie mission pour l'annoncer, le vrai catéchisme, le véritable christianisme, bien plus le noyau du vrai christianisme.» D'Avrigny, *Mém. chronol.* t. IV.

1707. Munster. I, 1331. Syn. dioc.
San-Miniato. Synode diocésain, tenu par Jean-François-Marie Poggi. Les constitutions publiées dans ce synode sont divisées en quatre parties. La première, outre la lettre d'indiction et le discours d'ouverture, contient à proprement parler les constitutions synodales, qui ont principalement pour objet la profession de foi, l'administration des sacrements, les règles de la liturgie, la discipline cléricale, et la vigilance à exercer sur les confréries et le soin des hôpitaux. La deuxième renferme diverses instructions pour les curés, avec les avis qu'ils doivent adresser au peuple les jours de dimanche et de fête. La troisième est un recueil de constitutions apostoliques et de décrets émanés des congrégations romaines. La quatrième, enfin, contient les pièces qui n'avaient pu trouver leur place dans les trois autres. *Synodus diœc. Miniatensis, Lucæ,* 1710.

1708. Munster. I, 1331. Syn. dioc.
1708. Munster. I, 1331. Autre syn.
1710. Montefiascone. I, 1321. Syn.
1711. Munster. I, 1331. Syn. dioc.
1712. Marseille. I, 1222. Syn. dioc.
1712. Munster. I, 1331. Syn. dioc.
1712. Munster. I, 1331. Autre syn.
1713. Aichstædt. I, 38. Syn. dioc.
1714. Munster. I, 1331. Syn. dioc.
1714. Paris. II, 318. Ass. d'évêq.
1716. Munster. I, 1331. Syn. dioc.
1718. Munster. I, 1331. Syn. dioc.
1720. Russie. II, 1308. Concile.
1721. Luçon. I, 1175, et II, 749. Synode diocésain.
1721. Munster. I, 1331. Syn. dioc.
1721. Munster. I, 1331. Syn. dioc.
1722. Munster. I, 1331. Syn. dioc.
1722. Saint-Brieuc. I, 381. Syn.
1723. Munster. I, 1331. Syn. dioc.
1724. Meaux. I, 1123. Synode dioc.
1725. Avignon. I, 235. Concile.
1725. Langres. I, 1026. Synode.
1725. Montpellier. I, 1325. Synode.
1725. Paris. II, 319. Ass. du clergé.
1725. Rome. II, 674. Concile.
1726. Munster. I, 1332. Syn. dioc.
1726. Paris. II, 321. Ass. du clergé.
1726. Warmie. II, 1278. Syn. dioc.
1727. Embrun. I, 830. Conc. prov.
1727. Munster. I, 1332. Syn. diocés.
1727. Paris. II, 321. Ass. du clergé.
1727. Saragoça. II, 774. Syn. dioc.
1728. Paris. II, 322. Ass. d'évêques.
1730. Munster. I, 1332. Syn. diocés.
1730. Paris. II, 323. Ass. du clergé.
1732. Munster. I, 1332. Syn. dioc.
1732. Munster. I, 1332. Syn. dioc.
1733. Langres. I, 1027. Synode.
1733. Ploezko. II, 411. Syn. dioc.
1733. Munster. I, 1332. Syn. dioc.
1736. Orléans. II, 201. Syn. dioc.
1736. Sabine. II, 719. Synode dioc.
1736. Syrie. II, 920. Concile.
1738. Auxerre. I, 725. Syn. dioc.
1738. Mende. I, 1261. Syn. diocés.
1740. Munster. I, 1332. Syn. dioc.
1741. Langres. I, 1027. Synode.
1741. Munster. I, 1332. Syn. dioc.
1741. Munster. I, 1332. Syn. dioc.
1742. Chartres. II, 138. Syn. dioc.
1744. Dijon. II, 726. Synode dioc.
1744. Munster. I, 1332. Syn. dioc.

1743. Culm et Pomesen. I, 790, et II, 426. C'est par erreur que ce synode est porté à l'an 1743 dans le tom. 1er.
1745. Munster. I, 1332. Syn. dioc.
1745. Paris. II, 324. Ass. du clergé.
1746. Belley. II, 738. Synode dioc.
1747. Belley. II, 738. Syn. diocés.
1747. Munster. I, 1332. Syn. dioc.
1748. Belley. II, 738. Synode dioc.
1748. Munster. II, 1332. Syn. dioc.
1749. Belley. II, 738. Synode dioc.
1749. Munster. I, 1332. Syn. dioc.
1749. Munster. I, 1332. Syn. dioc.
1750. Munster. I, 1332. Syn. dioc.
1750. Munster. I, 1332 Syn. diocés.
1750. Paris. I, 325. Ass. du clergé.
1752. Munster. I, 1332. Syn. dioc.
1752. Paris. I, 326. Ass. du clergé.
1753. Munster. I, 1332. Syn. dioc.
1755. Paris. II, 327. Ass. à Conflans.
1754. Munster. I, 1332. Syn. dioc.
1755. Paris. II, 328. Ass. du clergé.
1757. Munster. I, 1332. Syn. dioc.
1758. Paris. II, 331. Ass. d'évêques.
1761. Paris. II, 331. Ass. d'évêques.
1762. Albi. I, 1033. Synode diocés.
1762. Paris. II, 532. Ass. du clergé.
1763. Tusculum ou Frascati. II, 1193. Synode diocésain.
1765. Utrecht. II, 1209. Conciliab.
1765. Paris. II, 333. Ass. du clergé.
1766. Paris. II, 339. Reprise de l'assemblée du clergé.
1770. Paris. II, 340. Ass. du clergé.
1775. Paris. II, 333. Ass. du clergé.
1778. Fréjus. I, 935. Synode diocés.
1780. Munster. II, 1345. Ass. du clergé.
1783. Langres. I, 1028. Synode.
1786. Pistoie. II, 405. Syn. réprouvé.
1787. Toscane ou Florence II, 1006. Assemblée d'évêques.
1788. Paris. II, 347. Ass. du clergé.
1791. Baltimore. I, 294. Syn. dioc.
1795. Liban ou Maronites. Synode.
1796. Versailles. II, 1257. Conc.
1797. Paris. II, 347. Conciliabule d'évêques constitutionnels.
1801. Paris. II, 333. Conciliabule d'évêques constitutionnels.
1803. Sutchuen. II, 911. Synode.
1806. Antioche. II, 737. Synode.
1808. Irlande. II, 732. Ass. d'évêq.
1810. Baltimore. I, 296. Conf. épisc.
1810. Dublin. II, 733. Ass. d'évêq.
1810. Paris. II, 559. Commission d'évêques.
1811. Paris. II, 362. Assemblée générale des évêques de France et d'Italie.
1815. Dublin. II, 734. Ass. d'évêq.
1818. Velletri. II, 1240. Syn. dioc.
1821. Hongrie ou Presbourg. II, 444. Concile national.
1829. Baltimore. I, 297. 1er Concile provincial.
1833. Baltimore. I, 304. 2e Concile provincial.
1837. Baltimore. I, 305. 3e Concile provincial.
1838. Aix. I, 39. Ass. métropolit.
1840. Baltimore. I, 305. 4e Concile provincial.
1841. Langres. I, 1029. Synode.
1842. Langres. I, 1029. Synode.
1843. Baltimore. I, 307. 5e Concile provincial.
1843. Langres. I, 1030. Synode.
1843. Nevers. II, 57. Synode d.oc.
1844. Langres. I, 1031. Synode.
1844. Pondichéry. II, 426. Synode.
1845. Langres. I, 1031. Synode.
1845. Magliano. II, 749. Syn. dioc.
1846. Baltimore. I, 307. 6e Concile
1846. Langres. I, 1031. Synode.

FIN DU SECOND ET DERNIER VOLUME.